Lieber Leser

Der Rote ... liegt ...
28. Ausgabe vor.
Er bringt eine
in voller Unabhängigkeit getroffene,
bewußt begrenzte Auswahl
an Hotels und Restaurants.
Sie basiert auf den regelmäßigen
Überprüfungen durch unsere Inspektoren,
komplettiert durch die zahlreichen
Zuschriften und Erfahrungsberichte
unserer Leser.

Bemüht um aktuellen Service
für den Benutzer bringt dieser Führer
eine Auswahl von Hotels und Restaurants
in 51 Städten Ostdeutschlands.
Nur die neueste Ausgabe
ist wirklich zuverlässig —
denken Sie bitte daran,
wenn der nächste
Rote Michelin-Führer erscheint.

Gute Reise mit Michelin !

Inhaltsverzeichnis

Wahl
eines Hotels, eines Restaurants

Die Auswahl der in diesem Führer aufgeführten Hotels und Restaurants ist für Durchreisende gedacht. In jeder Kategorie drückt die Reihenfolge der Betriebe (sie sind nach ihrem Komfort klassifiziert) eine weitere Rangordnung aus.

KATEGORIEN

🏨	Großer Luxus und Tradition	XXXXX
🏨	Großer Komfort	XXXX
🏨	Sehr komfortabel	XXX
🏨	Mit gutem Komfort	XX
🏨	Mit ausreichendem Komfort	X
🏠	Bürgerlich	
garni	Hotel ohne Restaurant	
	Restaurant vermietet auch Zimmer	mit Zim

ANNEHMLICHKEITEN

Manche Häuser sind im Führer durch rote Symbole gekennzeichnet (s. unten.) Der Aufenthalt in diesen Hotels ist wegen der schönen, ruhigen Lage, der nicht alltäglichen Einrichtung und Atmosphäre und dem gebotenen Service besonders angenehm und erholsam.

🏨 bis 🏠	Angenehme Hotels
XXXXX bis X	Angenehme Restaurants
« Park »	Besondere Annehmlichkeit
🦢	Sehr ruhiges, oder abgelegenes und ruhiges Hotel
🦢	Ruhiges Hotel
⩽ Rhein	Reizvolle Aussicht
⩽	Interessante oder weite Sicht

Die Übersichtskarten S. 36 – S. 44, auf denen die Orte mit besonders angenehmen oder ruhigen Häusern eingezeichnet sind, helfen Ihnen bei der Reisevorbereitung. Teilen Sie uns bitte nach der Reise Ihre Erfahrungen und Meinungen mit. Sie helfen uns damit, den Führer weiter zu verbessern.

Einrichtung

Die meisten der empfohlenen Hotels verfügen über Zimmer, die alle oder doch zum größten Teil mit einer Naßzelle ausgestattet sind. In den Häusern der Kategorien 🏨, 🏠 und ☘ kann diese jedoch in einigen Zimmern fehlen.

30 Z	Anzahl der Zimmer
50 B	Anzahl der Betten
🛗	Fahrstuhl
▤	Klimaanlage
TV	Fernsehen im Zimmer
⟺	Haus teilweise reserviert für Nichtraucher
☎	Zimmertelefon mit direkter Außenverbindung
♿	Für Körperbehinderte leicht zugängliche Zimmer
🛝	Spezielle Einrichtungen/Angebote für Kinder
🍽	Garten-, Terrassenrestaurant
⊠	Freibad, Hallenbad oder Thermalhallenbad
⅃⊙ ⅄ ≋	Fitneß-Center – Kneippabteilung – Sauna
🏖 🐎	Strandbad – Liegewiese, Garten
✂	Hoteleigener Tennisplatz
⌐18 🏇	Golfplatz und Lochzahl – Reitpferde
🏛 25/150	Konferenzräume (Mindest- und Höchstkapazität)
🚗	Hotelgarage, überdachter Parkplatz (wird gewöhnlich berechnet)
🅿	Parkplatz reserviert für Gäste
🐕⃠	Hunde sind unerwünscht (im ganzen Haus bzw. in den Zimmern oder im Restaurant)
Fax	Telefonische Dokumentenübermittlung
Mai–Okt.	Öffnungszeit, vom Hotelier mitgeteilt
nur Saison	Unbestimmte Öffnungszeit eines Saisonhotels. Häuser ohne Angabe von Schließungszeiten sind ganzjährig geöffnet.

Küche

DIE STERNE

Einige Häuser verdienen wegen ihrer überdurchschnittlich guten Küche Ihre besondere Beachtung. Auf diese Häuser weisen die Sterne hin.

Bei den mit « **Stern** » ausgezeichneten Betrieben nennen wir drei kulinarische Spezialitäten und regionale Weine, die Sie probieren sollten.

❀❀❀ | **Eine der besten Küchen : eine Reise wert**

Ein denkwürdiges Essen, edle Weine, tadelloser Service, gepflegte Atmosphäre... entsprechende Preise.

❀❀ | **Eine hervorragende Küche : verdient einen Umweg**

Ausgesuchte Menus und Weine... angemessene Preise.

❀ | **Eine sehr gute Küche : verdient Ihre besondere Beachtung**

Der Stern bedeutet eine angenehme Unterbrechung Ihrer Reise. Vergleichen Sie aber bitte nicht den Stern eines sehr teuren Luxusrestaurants mit dem Stern eines kleineren oder mittleren Hauses, wo man Ihnen zu einem annehmbaren Preis eine ebenfalls vorzügliche Mahlzeit reicht.

SORGFÄLTIG ZUBEREITETE, PREISWERTE MAHLZEITEN

Für Sie wird es interessant sein, auch solche Häuser kennenzulernen, die eine sehr gute, vorzugsweise regionale Küche zu einem besonders günstigen Preis/Leistungs-Verhältnis bieten. Im Text sind die betreffenden Restaurants durch die rote Angabe Menu kenntlich gemacht, z. B Menu 29/41.

Siehe Karten der Orte mit « Stern » und « Sorgfältig zubereitete, preiswerte Mahlzeiten » S. 36 bis S. 44.

Biere und Weine : siehe S. 46, 48 bis 50

Preise

Die in diesem Führer genannten Preise wurden uns im Sommer 1990 angegeben. Sie können sich mit den Preisen von Waren und Dienstleistungen ändern. Sie enthalten Bedienung und MWSt. Es sind Inklusivpreise, die sich nur noch durch die evtl. zu zahlende Kurtaxe erhöhen können.

Erfahrungsgemäß werden bei größeren Veranstaltungen, Messen und Ausstellungen (siehe Seiten am Ende des Führers) in vielen Städten und deren Umgebung erhöhte Preise verlangt.

Die Namen der Hotels und Restaurants, die ihre Preise genannt haben, sind fettgedruckt. Gleichzeitig haben sich diese Häuser verpflichtet, die von den Hoteliers selbst angegebenen Preise den Benutzern des Michelin-Führers zu berechnen.

Halten Sie beim Betreten des Hotels den Führer in der Hand. Sie zeigen damit, daß Sie aufgrund dieser Empfehlung gekommen sind.

MAHLZEITEN

→	**Mahlzeiten** (3-gängig) **unter 22 DM**
M 25/65	**Feste Menupreise :** Mindestpreis 25 DM, Höchstpreis 65 DM
M à la carte 44/82	**Mahlzeiten « à la carte »** – Der erste Preis entspricht einer einfachen Mahlzeit und umfaßt Suppe, Hauptgericht, Dessert. Der zweite Preis entspricht einer reichlicheren Mahlzeit (mit Spezialität) bestehend aus: Vorspeise, Hauptgericht, Käse oder Dessert.
♨	Preiswerte offene Weine
Fb	Frühstücksbuffet, im Übernachtungspreis enthalten (gelegentlich wird jedoch ein Zuschlag erhoben).

ZIMMER

14 Z : 27 B	Zimmer- und Bettenzahl mit
25/64 – 45/95	Mindest- und Höchstpreisen für Einzelzimmer – Doppelzimmer inkl. Frühstück.
5 Fewo 70/120	Anzahl der Ferienwohnungen mit Mindest- und Höchstpreis pro Tag.

HALBPENSION

1/2 P 58/89	Mindestpreis und Höchstpreis für Halbpension pro Person und Tag während der Hauptsaison. Es ist ratsam, sich beim Hotelier vor der Anreise nach den genauen Bedingungen zu erkundigen.

ANZAHLUNG – KREDITKARTEN

Einige Hoteliers verlangen eine Anzahlung. Diese ist als Garantie sowohl für den Hotelier als auch für den Gast anzusehen.
Es ist ratsam, sich beim Hotelier nach den genauen Bedingungen und Preisen zu erkundigen.

AE ① E VISA | Vom Haus akzeptierte Kreditkarten

Städte

In alphabetischer Reihenfolge (ä = ae, ö = oe, ü = ue, ß = ss)

7500	Postleitzahl
✉ 2891 Waddens	Postleitzahl und Name des Verteilerpostamtes
☎ 0211	Vorwahlnummer (bei Gesprächen vom Ausland aus wird die erste Null weggelassen)
☎ 0591 (Lingen)	Vorwahlnummer und zuständiges Fernsprechamt
Ⓛ	Landeshauptstadt
413 R 20 987 ③	Nummer der Michelin-Karte mit Koordinaten bzw. Faltseite
24 000 Ew.	Einwohnerzahl
Höhe 175 m	Höhe
Heilbad Kneippkurort Heilklimatischer Kurort-Luftkurort Seebad Erholungsort Wintersport	Art des Ortes
800/1 000 m	Höhe des Wintersportgeländes und Maximal-Höhe, die mit Kabinenbahn oder Lift erreicht werden kann
✈ 2	Anzahl der Kabinenbahnen
✓ 4	Anzahl der Schlepp- oder Sessellifts
✗ 4	Anzahl der Langlaufloipen
AX A	Markierung auf dem Stadtplan
✳ ≤	Rundblick, Aussichtspunkt
⛳₁₈	Golfplatz mit Lochzahl
✈	Flughafen
🚗 ✆ 7720	Ladestelle für Autoreisezüge – Nähere Auskünfte unter der angegebenen Telefonnummer
⛴ ⛴	Autofähre, Personenfähre
🛈	Informationsstelle
ADAC	Allgemeiner Deutscher Automobilclub (mit Angabe der Geschäftsstelle)

Sehenswürdigkeiten

BEWERTUNG

★★★	Eine Reise wert
★★	Verdient einen Umweg
★	Sehenswert

LAGE

Sehenswert	In der Stadt
Ausflugsziel	In der Umgebung der Stadt
N, S, O, W	Im Norden (N), Süden (S), Osten (O), Westen (W) der Stadt.
über ①, ④	Zu erreichen über die Ausfallstraße ① bzw. ④, die auf dem Stadtplan und der Michelin-Karte identisch gekennzeichnet sind
6 km	Entfernung in Kilometern

Reiseinformationen

Deutsche Zentrale für Tourismus (DZT)
Beethovenstr. 69, 6000 Frankfurt 1, ☎ 7 57 20, Telex 4189178, Fax 751903.

Allgemeine Deutsche Zimmerreservierung (ADZ)
Corneliusstr. 34, 6000 Frankfurt 1, ☎ 74 07 67, Telex 416666, Fax 751056.

ADAC : Adressen im jeweiligen Ortstext
Notruf (Ortstarif, bundeseinheitlich) ☎ (01308) 1 92 11

AvD : Lyoner Str. 16, 6000 Frankfurt 71 – Niederrad, ☎ 6 60 60, Telex 411237, Fax 6606210, Notruf (gebührenfrei) ☎ 0130-99 09.

ACE : Schmidener Str. 233, 7000 Stuttgart 50, ☎ 5 30 30, Telex 7254825, Notruf : ☎ 5 30 31 11.

DTC : Amalienburgstr. 23, 8000 München 60, ☎ 8 11 10 48, Telex 524508.

Stadtpläne

□	●	**Hotels**
■	●	**Restaurants**

Sehenswürdigkeiten

Sehenswertes Gebäude mit Haupteingang

Sehenswerter Sakralbau
   Kathedrale, Kirche oder Kapelle

Straßen

Autobahn, Schnellstraße
   Anschlußstelle : Autobahneinfahrt und/oder ausfahrt,

Hauptverkehrsstraße

Einbahnstraße – nicht befahrbare Straße

Fußgängerzone – Straßenbahn

Pasteur   Einkaufsstraße – Parkplatz

Tor – Passage – Tunnel

Bahnhof und Bahnlinie

Standseilbahn – Seilschwebebahn

Bewegliche Brücke – Autofähre

Sonstige Zeichen

Informationsstelle

Moschee – Synagoge

Turm – Ruine – Windmühle – Wasserturm

Garten, Park, Wäldchen – Friedhof – Bildstock

Stadion – Golfplatz – Pferderennbahn

Freibad – Hallenbad

Aussicht – Rundblick

Denkmal – Brunnen – Fabrik

Jachthafen – Leuchtturm

Flughafen – U-Bahnstation, unterirdischer S-Bahnhof

Schiffsverbindungen :
   Autofähre – Personenfähre

③   Straßenkennzeichnung (identisch auf Michelin Stadt-
plänen und -Abschnittskarten)

Hauptpostamt (postlagernde Sendungen), Telefon

Krankenhaus – Markthalle

Öffentliches Gebäude, durch einen Buchstaben
gekennzeichnet :

L	R	Sitz der Landesregierung – Rathaus
	J	Gerichtsgebäude
M	T	Museum – Theater
	U	Universität, Hochschule
	POL.	Polizei (in größeren Städten Polizeipräsidium)
ADAC		Automobilclub

Die Stadtpläne sind eingenordet (Norden = oben).

Ami lecteur

Le présent volume représente la 28ᵉ édition du Guide Michelin Deutschland.

Réalisée en toute indépendance, sa sélection d'hôtels et de restaurants est le fruit des recherches de ses inspecteurs, que complètent vos précieux courriers et commentaires.

Soucieux d'actualité et de service, le Guide propose cette année un choix d'établissements dans 51 villes d'Allemagne orientale.

Seul le Guide de l'année mérite ainsi votre confiance. Pensez à le renouveler...

Bon voyage avec Michelin

Sommaire

Le choix
d'un hôtel, d'un restaurant

Ce guide vous propose une sélection d'hôtels et restaurants
établie à l'usage de l'automobiliste de passage. Les établissements, classés selon leur confort, sont cités par ordre de
préférence dans chaque catégorie.

CATÉGORIES

🏨	Grand luxe et tradition	XXXXX
🏨	Grand confort	XXXX
🏨	Très confortable	XXX
🏨	De bon confort	XX
🏨	Assez confortable	X
🏨	Simple mais convenable	
garni	L'hôtel n'a pas de restaurant	
	Le restaurant possède des chambres	mit Zim

AGRÉMENT ET TRANQUILLITÉ

Certains établissements se distinguent dans le guide par les
symboles rouges indiqués ci-après. Le séjour dans ces hôtels
se révèle particulièrement agréable ou reposant.
Cela peut tenir d'une part au caractère de l'édifice, au décor
original, au site, à l'accueil et aux services qui sont proposés,
d'autre part à la tranquillité des lieux.

🏨 à 🏨	Hôtels agréables
XXXXX à X	Restaurants agréables
« Park »	Élément particulièrement agréable
🦢	Hôtel très tranquille ou isolé et tranquille
🦢	Hôtel tranquille
≤ Rhein	Vue exceptionnelle
≤	Vue intéressante ou étendue.

*Les localités possédant des établissements agréables ou
tranquilles sont repérées sur les cartes pages 36 à 44.*

*Consultez-les pour la préparation de vos voyages et donnez-
nous vos appréciations à votre retour, vous faciliterez ainsi
nos enquêtes.*

L'installation

Les chambres des hôtels que nous recommandons possèdent, en général, des installations sanitaires complètes. Il est toutefois possible que dans les catégories 🏨, 🏠 et 🛖, certaines chambres en soient dépourvues.

30 Z	Nombre de chambres
50 B	Nombre de lits
	Ascenseur
	Air conditionné
	Télévision dans la chambre
	Établissement en partie réservé aux non-fumeurs
	Téléphone dans la chambre, direct avec l'extérieur
	Chambres accessibles aux handicapés physiques
	Equipements d'accueil pour les enfants
	Repas servis au jardin ou en terrasse
	Piscine : de plein air ou couverte
	Salle de remise en forme – Cure Kneipp – Sauna
	Plage aménagée – Jardin de repos
	Tennis à l'hôtel
	Golf et nombre de trous – Chevaux de selle
25/150	Salles de conférences : capacité des salles
	Garage dans l'hôtel (généralement payant)
	Parking réservé à la clientèle
	Accès interdit aux chiens (dans tout ou partie de l'établissement)
Fax	Transmission de documents par télécopie
Mai-Okt.	Période d'ouverture, communiquée par l'hôtelier
nur Saison	Ouverture probable en saison mais dates non précisées. En l'absence de mention, l'établissement est ouvert toute l'année.

La table

LES ÉTOILES

Certains établissements méritent d'être signalés à votre attention pour la qualité de leur cuisine. Nous les distinguons par **les étoiles de bonne table**.

Nous indiquons, pour ces établissements, trois spécialités culinaires et des vins locaux qui pourront orienter votre choix.

❀❀❀ | **Une des meilleures tables, vaut le voyage**
Table merveilleuse, grands vins, service impeccable, cadre élégant... Prix en conséquence.

❀❀ | **Table excellente, mérite un détour**
Spécialités et vins de choix... Attendez-vous à une dépense en rapport.

❀ | **Une très bonne table dans sa catégorie**
L'étoile marque une bonne étape sur votre itinéraire.
Mais ne comparez pas l'étoile d'un établissement de luxe à prix élevés avec celle d'une petite maison où à prix raisonnables, on sert également une cuisine de qualité.

REPAS SOIGNÉS A PRIX MODÉRÉS

Vous souhaitez parfois trouver des tables plus simples, à prix modérés ; c'est pourquoi nous avons sélectionné des restaurants proposant, pour un rapport qualité-prix particulièrement favorable, un repas soigné, souvent de type régional. Ces restaurants sont signalés par Menu en rouge. Ex. Menu 29/41.

Consultez les cartes des localités (étoiles de bonne table *et* repas soignés à prix modérés) *pages 36 à 44.*

La bière et les vins : voir p. 46, 48, 51 et 52

Les prix

Les prix que nous indiquons dans ce guide ont été établis en été 1990. Ils sont susceptibles de modifications, notamment en cas de variations des prix des biens et services. Ils s'entendent taxes et services compris. Aucune majoration ne doit figurer sur votre note, sauf éventuellement la taxe de séjour.

A l'occasion de certaines manifestations commerciales ou touristiques (voir les dernières pages), les prix demandés par les hôteliers risquent d'être sensiblement majorés dans certaines villes jusqu'à leurs lointains environs.

Les hôtels et restaurants figurent en gros caractères lorsque les hôteliers nous ont donné tous leurs prix et se sont engagés, **sous leur propre responsabilité,** à les appliquer aux touristes de passage porteurs de notre guide.

Entrez à l'hôtel le Guide à la main, vous montrerez ainsi qu'il vous conduit là en confiance.

REPAS

→	Établissement proposant un repas simple à **moins de** 22 DM
M 25/65	**Menus à prix fixe :** minimum 25 maximum 65
M à la carte 44/82	**Repas à la carte –** Le premier prix correspond à un repas normal comprenant : potage, plat garni et dessert. Le 2ᵉ prix concerne un repas plus complet (avec spécialité) comprenant : entrée, plat garni, fromage ou dessert.
⌀	vin de table en carafe à prix modéré
Fb	Frühstücksbuffet : petit déjeuner-buffet, compris dans le prix de la chambre.

CHAMBRES

14 Z : 27 B	Nombre de chambres et de lits
25/64 – 45/95	Prix des chambres minimum et maximum pour une personne – pour deux personnes, par nuit, petit déjeuner compris
5 Fewo 70/120	Appartements avec cuisine, destinés aux séjours. Prix minimum et maximum par jour.

DEMI-PENSION

1/2 P 58/90	Prix minimum et maximum de la demi-pension par personne et par jour, en saison. Il est indispensable de s'entendre par avance avec l'hôtelier pour conclure un arrangement définitif.

LES ARRHES – CARTES DE CRÉDIT

Certains hôteliers demandent le versement d'arrhes. Il s'agit d'un dépôt-garantie qui engage l'hôtelier comme le client. Bien faire préciser les dispositions de cette garantie.

AE ① E VISA | Cartes de crédit acceptées par l'établissement

Les villes

Classées par ordre alphabétique (mais ä = ae, ö = oe, ü = ue, ß = ss)

7500	Numéro de code postal
⊠ 2891 Waddens	Numéro de code postal et nom du bureau distributeur du courrier
☎ 0211	Indicatif téléphonique interurbain
☎ 0591 (Lingen)	Indicatif téléphonique interurbain suivi, si nécessaire, de la localité de rattachement
🅛	Capitale de « Land »
413 R 20 **987** ③	Numéro de la Carte Michelin et carroyage ou numéro du pli
24 000 Ew	Population
Höhe 175 m	Altitude de la localité
Heilbad	Station thermale
Kneippkurort	Station de cures Kneipp
Heilklimatischer	Station climatique
Kurort-Luftkurort	Station climatique
Seebad	Station balnéaire
Erholungsort	Station de villégiature
Wintersport	Sports d'hiver
800/1 000 m	Altitude de la station et altitude maximum atteinte par les rémontées mécaniques
🚠 2	Nombre de téléphériques ou télécabines
🚡 4	Nombre de remonte-pentes et télésièges
🎿 4	Ski de fond et nombre de pistes
AX A	Lettres repérant un emplacement sur le plan
❉ ≤	Panorama, vue
⛳18	Golf et nombre de trous
✈	Aéroport
🚗 ℰ 7720	Localité desservie par train-auto. Renseignements au numéro de téléphone indiqué
🛳 ⛴	Transports maritimes : passagers et voitures, passagers seulement
🛈	Information touristique
ADAC	Automobile Club d'Allemagne

Les curiosités

INTÉRÊT

★★★	Vaut le voyage
★★	Mérite un détour
★	Intéressant

SITUATION

Sehenswert	Dans la ville
Ausflugsziel	Aux environs de la ville
N, S, O, W	La curiosité est située : au Nord, Sud, Est, ou Ouest
über ①, ④	On s'y rend par la sortie ① ou ④ repérée par le même signe sur le plan du Guide et sur la carte
6 km	Distance en kilomètres

Les plans

	Hôtels
	Restaurants

Curiosités

Bâtiment intéressant et entrée principale

Édifice religieux intéressant :
  Cathédrale, église ou chapelle

Voirie

Autoroute, route à chaussées séparées
  échangeur : complet, partiel

Grande voie de circulation

Sens unique – Rue impraticable

Rue piétonne – Tramway

Pasteur   Rue commerçante – Parc de stationnement

Porte – Passage sous voûte – Tunnel

Gare et voie ferrée

Funiculaire – Téléphérique, télécabine

Pont mobile – Bac pour autos

Signes divers

Information touristique

Mosquée – Synagogue

Tour – Ruines – Moulin à vent – Château d'eau

Jardin, parc, bois – Cimetière – Calvaire

Stade – Golf – Hippodrome

Piscine de plein air, couverte

Vue – Panorama

Monument – Fontaine – Usine

Port de plaisance – Phare

Aéroport – Station de métro, gare souterraine

Transport par bateau :
  passagers et voitures, passagers seulement

③ Repère commun aux plans et aux cartes Michelin
  détaillées

Bureau principal de poste restante – Téléphone

Hôpital – Marché couvert

Bâtiment public repéré par une lettre :
L   R   Conseil provincial – Hôtel de ville
   J   Palais de justice
M   T   Musée – Théâtre
   U   Université, grande école
   POL.   Police (commissariat central)
ADAC   Automobile Club

Les plans de villes sont disposés le Nord en haut.

Dear Reader

The present volume is the 28th edition of the Michelin Guide Deutschland.

The unbiased and independent selection of hotels and restaurants is the result of local visits and enquiries by our inspectors. In addition we receive considerable help from our readers' invaluable letters and comments.

In accordance with our aim to provide the most up-to-date information and to be of greatest service to our readers, this year we have included a selection of establishements in 51 towns in eastern Germany.

As only the Guide of the year merits your complete confidence please remember to use the latest edition.

Bon voyage

Contents

Choosing
a hotel or restaurant

This guide offers a selection of hotels and restaurants to help the motorist on his travels. In each category establishments are listed in order of preference according to the degree of comfort they offer.

CATEGORIES

🏨	Luxury in the traditional style	XXXXX
🏨	Top class comfort	XXXX
🏨	Very comfortable	XXX
🏨	Comfortable	XX
🏨	Quite comfortable	X
🏠	Simple comfort	
garni	The hotel has no restaurant	
	The restaurant also offers accommodation	mit Zim

PEACEFUL ATMOSPHERE AND SETTING

Certain establishments are distinguished in the guide by the red symbols shown below.
Your stay in such hotels will be particularly pleasant or restful, owing to the character of the building, its decor, the setting, the welcome and services offered, or simply the peace and quiet to be enjoyed there.

🏨 to 🏠	Pleasant hotels
XXXXX to X	Pleasant restaurants
« Park »	Particularly attractive feature
🕊	Very quiet or quiet, secluded hotel
🕊	Quiet hotel
← Rhein	Exceptional view
←	Interesting or extensive view

The maps on pages 36 to 44 indicate places with such peaceful, pleasant hotels and restaurants.
By consulting them before setting out and sending us your comments on your return you can help us with our enquiries.

Hotel facilities

In general the hotels we recommend have full bathroom and toilet facilities in each room. However, this may not be the case for certain rooms in categories 🏨, 🏠 and 🛖.

30 Z	Number of rooms
50 B	Number of beds
🛗	Lift (elevator)
▤	Air conditioning
TV	Television in room
⇍⇏	Hotel partly reserved for non-smokers
☎	Direct-dial phone in room
♿	Rooms accessible to disabled people
🤾	Special facilities for children
🏛	Meals served in garden or on terrace
🏊 🏊	Outdoor or indoor swimming pool
🏋 🧖 ≋s	Exercise room – Kneipp cure service – Sauna
🏖 🎋	Beach with bathing facilities – Garden
✵	Hotel tennis court
🏌18 🏇	Golf course and number of holes – Horse riding
🏛 25/150	Equipped conference hall (minimum and maximum capacity)
🚗	Hotel garage (additional charge in most cases)
P	Car park for customers only
🐕	Dogs are not allowed in all or part of the hotel
Fax	Telephone document transmission
Mai-Okt.	Dates when open, as indicated by the hotelier
nur Saison	Probably open for the season – precise dates not available.
	Where no date or season is shown, establishments are open all year round.

Cuisine

STARS

Certain establishments deserve to be brought to your attention for the particularly fine quality of their cooking. **Michelin stars** are awarded for the standard of meals served. For each of these restaurants we indicate three culinary specialities and a number of local wines to assist you in your choice.

❀❀❀ | **Exceptional cuisine, worth a special journey**
Superb food, fine wines, faultless service, elegant surroundings. One will pay accordingly!

❀❀ | **Excellent cooking, worth a detour**
Specialities and wines of first class quality. This will be reflected in the price.

❀ | **A very good restaurant in its category**
The star indicates a good place to stop on your journey.
But beware of comparing the star given to an expensive « de luxe » establishment to that of a simple restaurant where you can appreciate fine cuisine at a reasonable price.

GOOD FOOD AT MODERATE PRICES

You may also like to know of other restaurants with less elaborate, moderately priced menus that offer good value for money and serve carefully prepared meals, often of regional cooking.
In the guide such establishments are shown with the word Menu in red just before the price of the menu, for example Menu 29/41.

Please refer to the map of star-rated restaurants and good food at moderate prices Menu *(pp 36 to 44).*

Beer and wine : see pages 47, 48, 53 and 54

Prices

Prices quoted are valid for summer 1990. Changes may arise if goods and service costs are revised. The rates include tax and service and no extra charge should appear on your bill, with the possible exception of visitors' tax.

In the case of certain trade exhibitions or tourist events (see end of guide), prices demanded by hoteliers are liable to reasonable increases in certain cities and for some distance in the area around them.

Hotels and restaurants in bold type have supplied details of all their rates and **have assumed responsability** for maintaining them for all travellers in possession of this guide.

Your recommendation is self-evident if you always walk into a hotel, Guide in hand.

MEALS

→	Establishment serving a simple meal **for less than** 22 DM
M 25/65	**Set meals** – Lowest 25 and highest 65 prices for set meals
M à la carte 44/82	« **A la carte** » **meals** – The first figure is for a plain meal and includes soup, main dish of the day with vegetables and dessert. The second figure is for a fuller meal (with « spécialité ») and includes hors d'œuvre or soup, main dish with vegetables, cheese or dessert.
♨	Table wine at a moderate price
Fb	Frühstücksbuffet : breakfast with choice from buffet, included in the price of the room.

ROOMS

14 Z : 27 B	Number of rooms and beds
25/64 – 45/95	with lowest and highest prices for single rooms – double rooms for one night, breakfast included
5 Fewo 70/120	The hotel also has apartments with kitchen for stays of some length. Prices given are the minimum and maximum daily rates.

HALF BOARD

1/2 P 58/90	Lowest and highest prices per person, per day in the season. It is advisable to agree on terms with the hotelier before arriving.

DEPOSITS – CREDIT CARDS

Some hotels will require a deposit, which confirms the commitment of customer and hotelier alike. Make sure the terms of the agreement are clear.

AE ⑩ E *VISA* | Credit cards accepted by the establishment

Towns

in alphabetical order (but ä = ae, ö = oe, ü = ue, ß = ss)

7500	Postal number
✉ 2891 Waddens	Postal number and Post Office serving the town
✆ 0211	Telephone dialling code. Omit O when dialling from abroad
✆ 0591 (Lingen)	For a town not having its own telephone exchange, the town where the exchange serving it is located is given in brackets after the dialling code
Ⓛ	Capital of « Land »
413 R 20 987 ③	Michelin map number, co-ordinates or fold
24 000 Ew	Population
Höhe 175 m	Altitude (in metres)
Heilbad	Spa
Kneippkurort	Health resort (Kneipp)
Heilklimatischer	Health resort
Kurort-Luftkurort	Health resort
Seebad	Seaside resort
Erholungsort	Holiday resort
Wintersport	Winter sports
800/1 000 m	Altitude (in metres) of resort and highest point reached by lifts
🚡 2	Number of cable-cars
🚠 4	Number of ski and chairlifts
🎿 4	Cross-country skiing and number of runs
AX A	Letters giving the location of a place on the town plan
❋ ≼	Panoramic view, view
⛳ 18	Golf course and number of holes
✈	Airport
🚗 ✆ 7720	Place with a motorail connection, further information from telephone number listed
🚢 🚢	Shipping line : passengers and cars, passengers only
🛈	Tourist Information Centre
ADAC	German Automobile Club

Sights

STAR-RATING

★★★	Worth a journey
★★	Worth a detour
★	Interesting

LOCATION

Sehenswert	Sights in town
Ausflugsziel	On the outskirts
N, S, O, W	The sight lies north, south, east or west of the town
über ①, ④	Sign on town plan and on the Michelin road map indicating the road leading to a place of interest
6 km	Distance in kilometres

Town plans

▫	●	**Hotels**
▪	●	**Restaurants**

Sights

◼	◪	Place of interest and its main entrance
⛪	⛪ ☖	Interesting place of worship: Cathedral, church or chapel

Roads

═══		Motorway, dual carriageway
◂▸	◂◂	Interchange : complete, limited
══	■■ ══	Major through route
← ◂	⊏⊐⊐⊐⊐	One-way street – Unsuitable for traffic
⇥⇤	▨ ━▸	Pedestrian street – Tramway
Pasteur	🅿 🅿	Shopping street – Car park
╪ ╬	╫	Gateway – Street passing under arch – Tunnel
	🚆	Station and railway
∘┼┼┼┼┼∘	∘●●●●∘	Funicular – Cable-car
△	🄴	Lever bridge – Car ferry

Various signs

	🛈	Tourist Information Centre
☪	✡	Mosque – Synagogue
● ○	⚒ ✻ ♖	Tower – Ruins – Windmill – Water tower
▦ ▩	⊥ ✝	Garden, park, wood – Cemetery – Cross
⬭	🏌 🐎	Stadium – Golf course – Racecourse
≋ ⌿	⛉ 🄻	Outdoor or indoor swimming pool
◃	⚡	View – Panorama
▪	◎ ✿	Monument – Fountain – Factory
⚓	🛥	Pleasure boat harbour – Lighthouse
✈	●	Airport – Underground station, S-Bahn station underground
		Ferry services :
⛴	⇝ ⇝	passengers and cars, passengers only
	③	Reference number common to town plans and Michelin maps
📮	✆	Main post office with poste restante and telephone
✚	⌂	Hospital – Covered market
◼	▭	Public buildings located by letter :
L	R	Provincial Government Office – Town Hall
	J	Law Courts
M	T	Museum – Theatre
	U	University, College
	POL.	Police (in large towns police headquarters)
ADAC		Automobile Club

North is at the top on all town plans.

Amico Lettore

Questo volume rappresenta la 28^{esima} edizione della Guida Michelin Deutschland.

La sua selezione di alberghi e ristoranti, realizzata in assoluta indipendenza, è il risultato delle indagini dei suoi ispettori, che completano le vostre preziose informazioni e giudizi.

Desiderosa di mantenersi sempre aggiornata per fornire un buon servizio, la Guida propone quest'anno anche una selezione di esercizi in 51 città della Germania Orientale.

Soltanto la Guida dell'anno merita perciò la vostra fiducia. Pensate a rinnovarla...

Buon viaggio con Michelin

Sommario

La scelta
di un albergo, di un ristorante

Questa guida Vi propone una selezione di alberghi e ristoranti stabilita ad uso dell'automobilista di passaggio. Gli esercizi, classificati in base al confort che offrono, vengono citati in ordine di preferenza per ogni categoria.

CATEGORIE

🏰	Gran lusso e tradizione	XXXXX
🏰	Gran confort	XXXX
🏰	Molto confortevole	XXX
🏰	Di buon confort	XX
🏠	Abbastanza confortevole	X
🏠	Semplice, ma conveniente	
garni	L'albergo non ha ristorante	
	Il ristorante dispone di camere	mit Zim

AMENITÀ E TRANQUILLITÀ

Alcuni esercizi sono evidenziati nella guida dai simboli rossi indicati qui di seguito. Il soggiorno in questi alberghi dovrebbe rivelarsi particolarmente ameno o riposante.
Ciò puo dipendere sia dalle caratteristiche dell'edifico, dalle decorazioni non comuni, dalla sua posizione e dal servizio offerto, sia dalla tranquillità dei luoghi.

🏰 a 🏠	Alberghi ameni
XXXXX a X	Ristoranti ameni
« Park »	Un particolare piacevole
🦢	Albergo molto tranquillo o isolato e tranquillo
🦢	Albergo tranquillo
← Rhein	Vista eccezionale
←	Vista interessante o estesa

Le località che possiedono degli esercizi ameni o tranquilli sono riportate sulle carte da pagina 36 a 44.

Consultatele per la preparazione dei Vostri viaggi e, al ritorno, inviateci i Vostri pareri ; in tal modo agevolerete le nostre inchieste.

Installazioni

Le camere degli alberghi che raccomandiamo possiedono, generalmente, delle installazioni sanitarie complete. È possibile tuttavia che nelle categorie 🏨, 🏠 e ♔ alcune camere ne siano sprovviste.

30 Z	Numero di camere
50 B	Numero di letti
🛗	Ascensore
▦	Aria condizionata
📺	Televisione in camera
⇥	Esercizio riservato in parte ai non fumatori
☎	Telefono in camera comunicante direttamente con l'esterno
👤	Camere di agevole accesso per i minorati fisici
👫	Attrezzatura per accoglienza e ricreazione dei bambini
⛱	Pasti serviti in giardino o in terrazza
⏃ ▣	Piscina : all'aperto, coperta
🏋 ♨	Palestra – Cura Kneipp – Sauna
⛱ ☀	Spiaggia attrezzata – Giardino da riposo
🎾	Tennis appartenente all'albergo
⛳ 🐎	Golf e numero di buche – Cavalli da sella
🏛 25/150	Sale per conferenze : capienza minima e massima delle sale
🚗	Garage nell'albergo (generalmente a pagamento)
🅿	Parcheggio riservato alla clientela
⛔	Accesso vietato ai cani (in tutto o in parte dell'esercizio)
Fax	Trasmissione telefonica di documenti
Mai-Okt.	Periodo di apertura, comunicato dall'albergatore
nur Saison	Probabile apertura in stagione, ma periodo non precisato. Gli esercizi senza tali menzioni sono aperti tutto l'anno.

La tavola

LE STELLE

Alcuni esercizi meritano di essere segnalati alla Vostra attenzione per la qualità tutta particolare della loro cucina. Noi li evidenziamo con le « **stelle di ottima tavola** ».
Per questi ristoranti indichiamo tre specialità culinarie e alcuni vini locali che potranno aiutarVi nella scelta.

❀❀❀ | **Una delle migliori tavole, vale il viaggio**
Tavola meravigliosa, grandi vini, servizio impeccabile, ambientazione accurata... Prezzi conformi.

❀❀ | **Tavola eccellente, merita una deviazione**
Specialità e vini scelti... AspettateVi una spesa in proporzione.

❀ | **Un'ottima tavola nella sua categoria**
La stella indica una tappa gastronomica sul Vostro itinerario.
Non mettete però a confronto la stella di un esercizio di lusso, dai prezzi elevati, con quella di un piccolo esercizio dove, a prezzi ragionevoli, viene offerta una cucina di qualità.

PASTI ACCURATI A PREZZI CONTENUTI

Talvolta desiderate trovare delle tavole più semplici a prezzi contenuti. Per questo motivo abbiamo selezionato dei ristoranti che, per un rapporto qualità-prezzo particolarmente favorevole, offrono un pasto accurato spesso a carattere tipicamente regionale. Questi ristoranti sono evidenziati nel testo con Menu in rosso. Es Menu 29/41.

Consultate le carte delle località con stelle e con il simbolo di pasto accurato a prezzo contenuto (pagine 36 a 44).

La birra e i vini : vedere p. 47, 48, 55 e 56

I prezzi

I prezzi che indichiamo in questa guida sono stati stabiliti nell'estate 1990. Potranno pertanto subire delle variazioni in relazione ai cambiamenti dei prezzi di beni e servizi. Essi s'intendono comprensivi di tasse e servizio. Nessuna maggiorazione deve figurare sul Vostro conto, salvo eventualmente la tassa di soggiorno.

In occasione di alcune manifestazioni commerciali o turistiche (vedere le ultime pagine), i prezzi richiesti dagli albergatori possono subire un sensibile aumento nelle località interessate e nei loro dintorni.

Gli alberghi e ristoranti vengono menzionati in carattere grassetto quando gli albergatori ci hanno comunicato tutti i loro prezzi e si sono impegnati, **sotto la propria responsabilità,** ad applicarli ai turisti di passaggio, in possesso della nostra guida.

Entrate nell'albergo con la Guida alla mano, dimostrando in tal modo la fiducia in chi vi ha indirizzato.

PASTI

←	Esercizio che offre un pasto semplice **per meno di** 22 DM
M 25/65	**Menu a prezzo fisso** : minimo 25 massimo 65.
M à la carte 44/82	**Pasto alla carta** – Il primo prezzo corrisponde ad un pasto semplice comprendente : minestra, piatto con contorno e dessert. Il secondo prezzo corrisponde ad un pasto più completo (con specialità) comprendente : antipasto, piatto con contorno, formaggio o dessert.
ⓓ	Vino da tavola a prezzo modico
Fb	Frühstücksbuffet : prima colazione con ampia scelta servita al buffet, inclusa nel prezzo della camera.

CAMERE

14 Z : 27 B	Numero di camere e di letti
25/64 – 45/95	Prezzo minimo e prezzo massimo per una notte, per una camera singola – per una camera occupata da due persone, compresa la prima colazione
5 Fewo 70/120	L'albergo dispone anche di appartamenti con cucina, destinati a soggiorni. Prezzo minimo e massimo giornaliero.

MEZZA PENSIONE

1/2 P 58/90	Prezzo minimo e massimo della mezza pensione per persona e per giorno, in alta stagione : è indispensabile contattare precedentemente l'albergatore per raggiungere un accordo definitivo.

LA CAPARRA – CARTE DI CREDITO

Alcuni albergatori chiedono il versamento di una caparra. Si tratta di un deposito-garanzia che impegna tanto l'albergatore che il cliente. Vi raccomandiamo di farVi precisare le norme riguardanti la reciproca garanzia di tale caparra.

AE ⓪ E 𝘝𝘐𝘚𝘈 | Carte di credito accettate dall'esercizio

Le città

Elencate in ordine alfabetico (ma ä = ae, ö = oe, ü = ue, ß = ss)

7500	Codice di avviamento postale
⊠ 2891 Waddens	Numero di codice e sede dell'Ufficio postale
✆ 0211	Prefisso telefonico interurbano. Dall'estero non formare lo O
✆ 0591 (Lingen)	Quando il centralino telefonico si trova in un'altra località, ne indichiamo il nome tra parentesi, dopo il prefisso
Ⓛ	Capoluogo di « Land »
𝟒𝟏𝟑 R 20 𝟗𝟖𝟕 ③	Numero della carta Michelin e del riquadro o numero della piega
24 000 Ew	Popolazione
Höhe 175 m	Altitudine
Heilbad	Stazione termale
Kneippkurort	Stazione di cure Kneipp
Heilklimatischer	Stazione climatica
Kurort-Luftkurort	Stazione climatica
Seebad	Stazione balneare
Erholungsort	Stazione di villeggiatura
Wintersport	Sport invernali
800/1 000 m	Altitudine della località ed altitudine massima raggiungibile con le risalite meccaniche
⛷ 2	Numero di funivie o cabinovie
⛷ 4	Numero di sciovie e seggiovie
⛷ 4	Sci di fondo e numero di piste
AX B	Lettere indicanti l'ubicazione sulla pianta
✳ ≤	Panorama, vista
🏌18	Golf e numero di buche
✈	Aeroporto
🚗 ✆ 7720	Localitá con servizio auto su treno. Informarsi al numero di telefono indicato
🚢 🚢	Trasporti marittimi : passeggeri ed autovetture, solo passeggeri
🛈	Ufficio informazioni turistiche
ADAC	Automobile Club Tedesco

Le curiosità

GRADO DI INTERESSE

★★★	Vale il viaggio
★★	Merita una deviazione
★	Interessante

UBICAZIONE

Sehenswert	Nella città
Ausflugsziel	Nei dintorni della città
N, S, O, W	La curiosità è situata : a Nord, a Sud, a Est, a Ovest
über ①, ④	Ci si va dall'uscita ① o ④ indicata con lo stesso segno sulla pianta
6 km	Distanza chilometrica

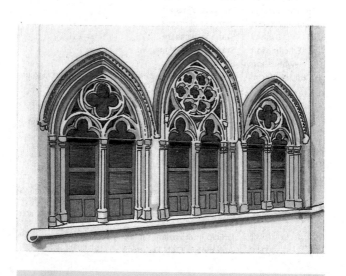

Le piante

◻	●	**Alberghi**
◼	●	**Ristoranti**

Curiosità

Edificio interessante ed entrata principale

Costruzione religiosa interessante :
  Cattedrale, chiesa o cappella

Viabilità

Autostrada, strada a carreggiate separate

svincolo : completo, parziale,

Grande via di circolazione

Senso unico – Via impraticabile

Via pedonale – Tranvia

Pasteur   Via commerciale – Parcheggio

Porta – Sottopassaggio – Galleria

Stazione e ferrovia

Funicolare – Funivia, Cabinovia

Ponte mobile – Battello per auto

Simboli vari

Ufficio informazioni turistiche

Moschea – Sinagoga

Torre – Ruderi – Mulino a vento – Torre idrica

Giardino, parco, bosco – Cimitero – Calvario

Stadio – Golf – Ippodromo

Piscina : all'aperto, coperta

Vista – Panorama

Monumento – Fontana – Fabbrica

Porto per imbarcazioni da diporto – Faro

Aeroporto – Stazione della Metropolitana, stazione sotterranea

Trasporto con traghetto :
  passeggeri ed autovetture, solo passeggeri

③ Simbolo di riferimento comune alle piante ed alle carte
Michelin particolareggiate

Ufficio centrale di fermo posta e telefono

Ospedale – Mercato coperto

Edificio pubblico indicato con lettera :

L   R   Sede del Governo della Provincia – Municipio

J   Palazzo di Giustizia

M   T   Museo – Teatro

U   Università, grande scuola

POL.   Polizia (Questura, nelle grandi città)

ADAC   Automobile Club

Le piante topografiche sono orientate col Nord in alto.

DIE STERNE

LES ÉTOILES

THE STARS

LE STELLE

ANNEHMLICHKEIT

L'AGRÉMENT

PEACEFUL ATMOSPHERE
AND SETTING

AMENITÀ
E TRANQUILLITÀ

Ortstext le texte text il testo	Karte la carte map la carta
🏇	◇
🏛🏛 .... 🏠	◈
🏛🏛 ... 🏠 + 🏇	◆

SORGFÄLTIG ZUBEREITETE
preiswerte MAHLZEITEN

REPAS SOIGNÉS
à prix modérés

GOOD FOOD
at moderate prices

PASTI ACCURATI
a prezzi contenuti

Menu 29/41	—

Ostfriesische Inseln

Cuxhaven

SYLT
Westerland
Sylt-Ost
Föhr
Bargum
Bredstedt
Husu

Norderney
Wittmund — Wilhelmshaven
Norden
Aurich
Wiesmoor
Emden
Varel
A 31
Nordenham
Bremerhaven

N 355
Groningen
A 7
E 22
A 28
E 232
Ems
Bad Zwischenahn
Oldenburg
A 28
E 22
Rastede
Hunte
WESER
Worpswe
A 27
BREMEN
A 28

Cloppenburg
A 1
E 233
E 57
Hase

36

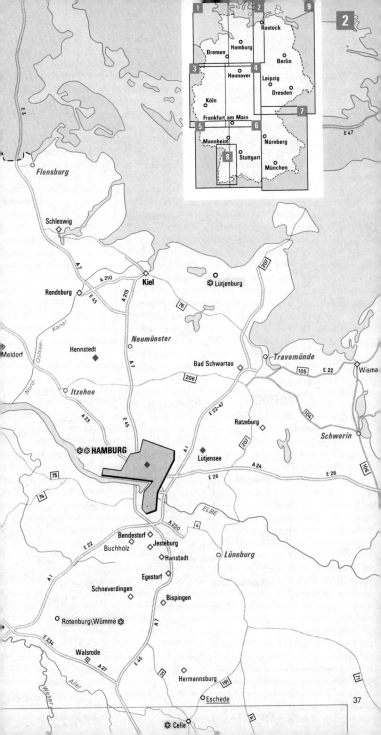

1
2
9

Rostock

Bremen   Hamburg

3   4   Berlin

Hannover

Leipzig
Dresden

Köln

7

5

Frankfurt am Main

6

Mannheim   Nürnberg

8   Stuttgart

München

E 3

E 47

Flensburg

Schleswig

A 7

A 210

Kiel

A 215

Rendsburg   E 45

A 7

76

❋ Lütjenburg

E 201

Ostsee-   Kanal

Nord-

Neumünster

Hennstedt

❖ Meldorf

A 7

Itzehoe

206

Bad Schwartau

❖ *Travemünde*

105   E 22

Wisma

A 23

E 45

E 22-47

104

Ratzeburg

Schwerin

❋❋ **HAMBURG**

A 1

207

75

◆ Lütjensee

A 24

E 26

E 26

106

74

ELBE

A 250   4

Bendestorf

E 22   Buchholz   Jesteburg

Hanstedt

○ *Lüneburg*

A 1

Egestorf

Schneverdingen

A 7

Bispingen

○ Rotenburg\Wümme ❋

E 234

Walsrode

A 27

E 45

3

191

Hermannsburg

○ Eschede

37

❋ Celle

Weser   Aller

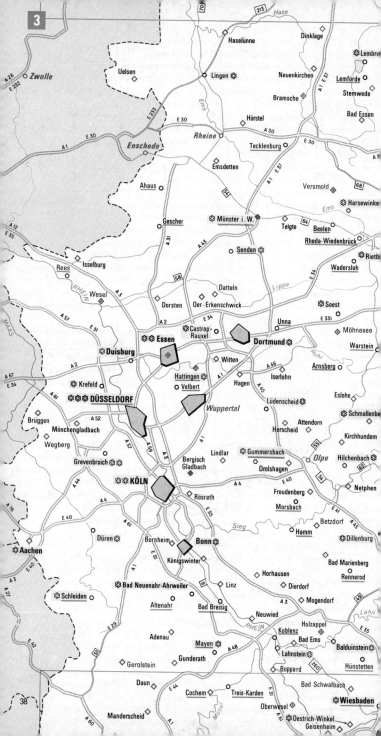

5

Baun
Cochem
Treis-Karden
Bad Schwalbach
Kelkhe
Niedernhau

Manderscheid
Oberwesel
Wiesbaden
Hochheim

Mosel
Oestrich-Winkel
Geisenheim

Kyllburg
Wittlich
Simmern
Rüdesheim
Mainz

Bitburg
Traben-Trarbach

Bollendorf
Kordel
Trittenheim
Kirn
Bad Kreuznach
Guldental

Morbach
Nahe

Obermoschel

Trier
Kirchheimbolanden

LUXEMBOURG
Ayl
Konz
Altenglan

Saarburg
Mannheim

Weiskirchen
Kaiserslautern

A 62
Deidesheim

Saarlouis
Neunkirchen
Elmstein
Neustadt a.d.W.

St. Ingbert
St. Martin
Maikammer

Saarbrücken
Zweibrücken
Münchweiler a.d.R.
Landau

Hauenstein
Bellhe

Karlsruhe

E 25

Baden-Baden

NANCY

STRASBOURG
Offenburg

E 531

8

RHEIN

Darmstadt
Ober-Ramstadt

Pfungstadt
Fischbachtal
Klingenberg

Seeheim-Jugenheim
Bad König
Weilbach

Bensheim
Lindenfels
Amorbach

Worms
Lampertheim
Hemsbach

Wald-Michelbach

Viernheim
Birkenau

Mannheim
Heiligkreuzsteinach

Colmar

ludwigshafen
Eberbach
Limbach

Hirschhorn
Freiburg

Schwetzingen
Neckar

Heidelberg
E 35

Speyer
Wiesloch
Neckarzimmern

Dielheim

Germersheim
Bad Rappenau
Mulhouse

Rauenberg
Sinsheim

BASEL

40

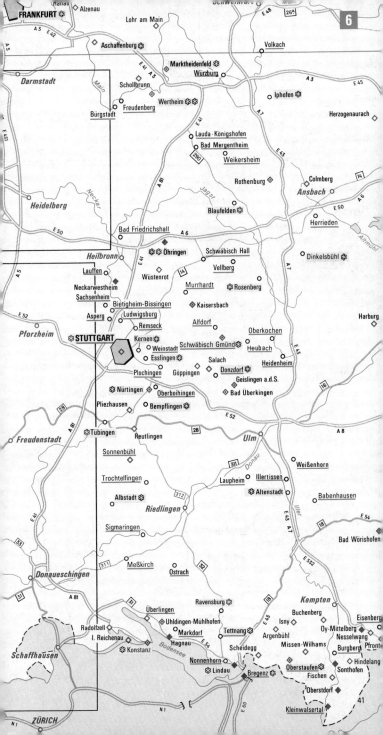

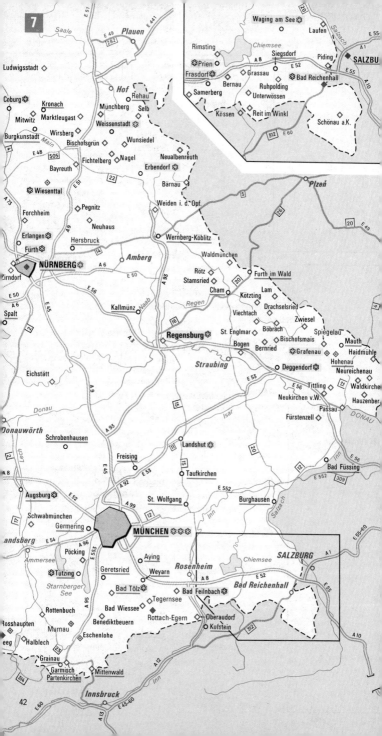

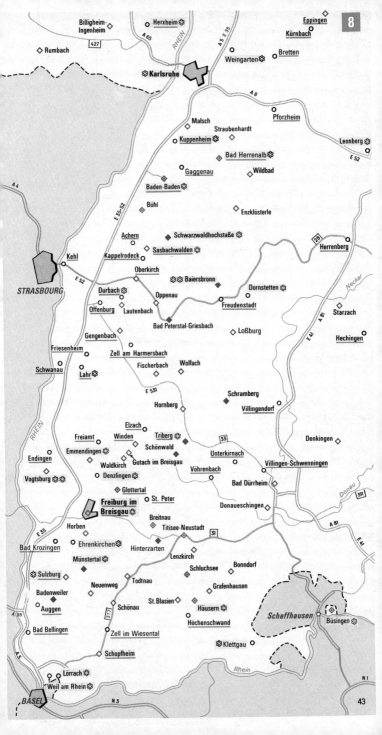

Erwähnte Städte in Ostdeutschland
Localités d'Allemagne orientale
Towns in eastern Germany
Località della Germania Orientale

Siehe Karten Seite 4 und 9
Consultez les cartes pages 4 et 9
Refer to the maps pages 4 and 9
Consultate le carte pagine 4 e 9

BIERE

Die Bierherstellung, deren Anfänge bis ins 9. Jh. zurückreichen, unterliegt in Deutschland seit 1516 dem Reinheitsgebot, welches vorschreibt, daß zum Bierbrauen nur Hopfen, Gerstenmalz, Hefe und Wasser verwendet werden dürfen.

Etwa 1 400 Brauereien stellen heute in Deutschland ca. 4 000 verschiedene Biere her, deren geschmackliche Vielfalt auf den hauseigenen Braurezepten beruht.

Beim Brauen prägt die aus Malz und dem aromagebenden Hopfen gewonnene Würze zusammen mit dem Brauwasser, der Gärungsart (obergärig, untergärig) und der für das Gären verwendeten Hefe entscheidend Qualität, Geschmack, Farbe und Alkoholgehalt des Bieres.

Die Vollbiere (Alt, Export, Kölsch, Märzen, Pils, Weizenbier) haben einen Alkoholgehalt von 3,7 % bis 4,2 % und einen Stammwürzegehalt (= vor der Gärung gemessener Malzextraktgehalt der Würze) von 11 % bis 14 %.

Die Starkbiere (Bock- und Doppelbockbiere) liegen im Alkoholgehalt bei 5,3 % bis 5,7 % und im Stammwürzegehalt bei 16 % bis 18 %.

Durch den höheren Malzanteil wirken vor allem die dunklen Biere (Rauchbier, Bockbier, Malzbier) im Geschmack leicht süß.

LA BIÈRE

La fabrication de la bière en Allemagne remonte au début du 9e siècle. En 1516 une « ordonnance d'intégrité » (Reinheitsgebot) précise que seuls le houblon, le malt, la levure et l'eau peuvent être utilisés pour le brassage de la bière. Il en est toujours ainsi et le procédé utilisé est le suivant :

Le malt de brasserie – grains d'orge trempés, germés et grillés – est mis à tremper et à cuire en présence de houblon qui apporte au moût, ainsi élaboré, ses éléments aromatiques. Grâce à une levure, ce moût entre en fermentation.

Aujourd'hui environ 1 400 brasseries produisent en Allemagne 4 000 sortes de bières diverses par leur goût, leur couleur et également leur teneur en alcool.

Au restaurant ou à la taverne, la bière se consomme généralement à la pression « vom Fass ».

Les bières courantes ou Vollbiere (Kölsch, Alt, Export, Pils, Märzen, bière de froment) sont les plus légères et titrent 3 à 4° d'alcool.

Les bières fortes ou Starkbiere (Bockbier, Doppelbock) atteignent 5 à 6° et sont plus riches en malt.

Elles sont légères dans le Sud (Munich, Stuttgart), un peu plus fermentées et amères en Rhénanie (Dortmund, Cologne) douceâtres à Berlin.

Les bières brunes (malt torréfié) peuvent paraître sucrées (Rauchbier, Bockbier, Malzbier).

BEER

Beer has been brewed in Germany since the beginning of 9C. In 1516 a decree on quality (Reinheitsgebot) was passed which stated that only hops, malt, yeast and water should be used for brewing. This still applies and the following method is used :
Brewer's malt – obtained from barley after soaking, germination and roasting – is mixed with water and hops which flavour the must, and boiled. Yeast is added and the must is left to ferment.
Today about 1400 breweries in Germany produce 4000 kinds of beer which vary in taste, colour and alcohol content.
In restaurants and bars, beer is generally on draught "vom Fass".
Popular beers or Vollbiere (Kölsch, Alt, Export, Pils, Märzen and beer from wheatgerm) are light and 3-4 % proof.
Strong beers or Starkbiere (Bockbier, Doppelbock) are rich in malt and 5-6 % proof.
These are light in the South (Munich, Stuttgart), stronger and more bitter in Rhineland (Dortmund, Cologne) and sweeter in Berlin.
Dark beers (roasted malt) may seem rather sugary (Rauchbier, Bockbier, Malzbier).

LA BIRRA

La fabbricazione della birra in Germania risale all'inizio del nono secolo. Nel 1516, un « ordinanza d'integrità » (Reinheitsgebot) precisa che, per la produzione della birra, possono essere solamente adoperati il luppolo, il malto, il lievito e l'acqua. Ciò è rimasto immutato e il processo impiegato è il seguente :
Il malto – derivato da semi d'orzo macerati, germinati e tostati – viene macerato e tostato unitamente al luppolo che aggiunge al mosto, elaborato in tal modo, le sue componenti aromatiche. Grazie all'apporto di un lievito, questo mosto entra in fermentazione.
Oggigiorno, circa 1400 birrerie producono in Germania 4000 tipi di birra diversi per il loro gusto, colore e la loro gradazione alcolica.
Nei ristoranti o nelle taverne, la birra viene consumata alla spina « vom Fass ».
Le birre comuni o Vollbiere (Kölsch, Alt, Export, Pils, Märzen, birra di frumento) sono le più leggere e raggiungono una gradazione alcolica di 3 o 4°.
Le birre forti o Starkbiere (Bockbier, Doppelbock) raggiungono una gradazione alcolica di 5 o 6° e sono le più ricche di malto.
Esse sono leggere nel Sud (Monaco, Stuttgart), leggermente più fermentate e amare in Renania (Dortmund, Colonia), dolciastre a Berlino.
Le birre scure (malto torrefatto) possono sembrare dolcificate (Rauchbier, Bockbier, Malzbier).

WEINBAUGEBIETE – CARTE DU VIGNOBLE
MAP OF THE VINEYARDS – CARTA DEI VIGNETI

Neben den Spitzengewächsen gibt es in vielen Regionen gebietstypische Weine, die – am Ort verkostet – für manche Überraschung gut sind.

En dehors des grands crus, il existe en maintes régions des vins locaux qui, bus sur place, vous réserveront d'heureuses surprises.

In addition to the fine wines there are many wines, best drunk in their region of origin and which you will find extremely pleasant.

Al di fuori dei grandi vini, esistono in molte regioni dei vini locali che, bevuti sul posto, Vi riserveranno piacevoli sorprese.

WEINE

Auf einer Gesamtanbaufläche von ca. 91 000 ha gedeiht in Süd- und Westdeutschland in den elf bestimmten Anbaugebieten (Ahr, Mittelrhein, Mosel-Saar-Ruwer, Nahe, Rheingau, Rheinhessen, Hessische Bergstraße, Franken, Rheinpfalz, Württemberg, Baden) eine Vielfalt von Weinen unterschiedlichsten Charakters, geprägt von der Verschiedenartigkeit der Böden, vom Klima und von der Rebsorte.

In Ostdeutschland wird Wein in bisher noch bescheidenem Umfang im Elbtal (Region Dresden-Meißen) und im Saale-Unstrut Gebiet (Naumburg-Freyburg) angebaut. Anbaufläche insgesamt ca. 700 ha.

DIE WICHTIGSTEN WEINE

REBSORTEN UND CHARAKTERISTIK	HAUPTANBAUGEBIET
Weißwein *(ca. 80 % der dt. Weinproduktion)*	
Gutedel *leicht, aromatisch*	Baden
Kerner *rieslingähnlich, rassig*	Württemberg
Morio-Muskat *aromatisch, bukettreich*	Rheinpfalz
Müller-Thurgau *würzig-süffig, feine Säure*	Franken, Rheinhessen, Baden, Nahe, Elbtal, Saale-Unstrut
Riesling (in Baden : Klingelberger) *rassig, spritzig, elegant, feine Fruchtsäure*	Mittelrhein, Mosel-Saar-Ruwer, Rheingau
Ruländer (Grauburgunder) *kräftig, füllig, gehaltvoll*	Baden
Silvaner *fruchtig, blumig, kräftig*	Franken, Rheinhessen, Nahe, Rheinpfalz
(Gewürz-) Traminer (i. d. Ortenau : Clevner) *würzig, harmonisch*	Baden, Elbtal
Weißburgunder *blumig, fruchtig, elegant*	Baden, Elbtal, Saale-Unstrut
Rotwein	
Lemberger *kernig, kräftig, wuchtig*	Württemberg
Portugieser *leicht, süffig, mundig frisch*	Ahr, Rheinpfalz
Schwarzriesling *zart, fruchtig*	Württemberg
(blauer) Spätburgunder (in Württemberg : Clevner) *rubinfarben, samtig, körperreich*	Ahr, Baden
Trollinger *leicht, frisch, fruchtig*	Württemberg

Fortsetzung →

Das Weingesetz von 1971 und 1982 teilt die deutschen Weine in 4 Güteklassen ein :

deutscher Tafelwein muß aus einer der 4 Weinregionen stammen (Tafelwein, ohne den Zusatz « deutscher » kann mit Weinen aus EG-Ländern verschnitten sein).

Landwein trägt eine allgemeine Herkunftsbezeichnung (z. B. Pfälzer Landwein), darf nur aus amtlich zugelassenen Rebsorten gewonnen werden, muß mindestens 55 Öchslegrade haben und darf nur trocken oder halbtrocken sein.

Qualitätswein bestimmter Anbaugebiete muß aus einem der deutschen Anbaugebiete stammen und auf dem Etikett eine Prüfnummer haben.

Qualitätswein mit Prädikat darf nur aus einem einzigen Bereich innerhalb der deutschen Anbaugebiete stammen, muß auf dem Etikett eine Prüfnummer haben und eines der 6 Prädikate besitzen :

Kabinett, Spätlese, Auslese, Beerenauslese, Trockenbeerenauslese, Eiswein.

Eiswein, wird aus Trauben gewonnen, die nach Frost von mindestens – 7 °C gelesen wurden.

LES VINS

En Allemagne du sud et de l'ouest, le vignoble s'étend sur plus de 91 000 ha. Les vins les plus connus proviennent principalement des 11 régions suivantes : Ahr, Mittelrhein (Rhin moyen), Mosel-Saar-Ruwer, Nahe, Rheingau, Rheinhessen (Hesse rhénane), Hessische Bergstraße (Montagne de Hesse), Franken (Franconie), Rheinpfalz (Rhénanie-Palatinat), Württemberg (Wurtemberg), Baden (Pays de Bade).

En Allemagne orientale, le vignoble, encore modeste, s'étend dans la vallée de l'Elbe (entre Dresde et Meissen) et la région drainée par la Saale et l'Unstrut (entre Naumburg et Freyburg). La superficie totale exploitée est d'environ 700 ha.

PRINCIPAUX VINS	
CÉPAGES ET CARACTÉRISTIQUES	**PRINCIPALES RÉGIONS**
Vins blancs *(80 % de la production)*	
Gutedel *léger, bouqueté*	Pays de Bade
Kerner *proche du Riesling*	Wurtemberg
Morio-Muskat *aromatique, bouqueté*	Rhénanie-Palatinat
Müller-Thurgau *vigoureux, nerveux*	Franconie, Hesse rhénane, Pays de Bade, Nahe, vallée de l'Elbe, région de Saale-Unstrut
Riesling (dans le pays de Bade Klingelberger) *racé, élégant, au fruité légèrement acidulé*	Rhin moyen Moselle-Sarre-Ruwer, Rheingau
Ruländer *puissant, rond, riche*	Pays de Bade
Silvaner *fruité, bouqueté, puissant*	Franconie, Hesse rhénane, Nahe, Rhénanie-Palatinat
Traminer, Gewürztraminer *épicé, harmonieux*	Pays de Bade, vallée de l'Elbe
Weißburgunder *bouqueté, fruité, élégant*	Pays de Bade, vallée de l'Elbe, région de Saale-Unstrut
Vins rouges	
Lemberger *charnu, puissant*	Wurtemberg
Portugieser *léger, gouleyant, frais*	Ahr, Rhénanie-Palatinat
Schwarzriesling *tendre, fruité*	Wurtemberg
(blauer) Spätburgunder (en Wurtemberg : Clevner) *de couleur rubis, velouté*	Ahr, Pays de Bade
Trollinger *léger, frais, fruité*	Wurtemberg

Tourner →

La législation de 1971 et de 1982 classe les vins allemands en 4 catégories :

Tafelwein ou deutscher Tafelwein, vins de table, sans provenance précise, pouvant être des coupages, soit de vins de la C.E.E., soit de vins exclusivement allemands.

Landwein porte une appellation d'origine générale (ex. Pfälzer Landwein), et ne peut provenir que de cépages officiellement reconnus ; il doit avoir au minimum 55° Öchsle et ne peut être que sec ou demi sec.

Qualitätswein bestimmter Anbaugebiete, vins de qualité supérieure, ils portent un numéro de contrôle officiel et ont pour origine une des régions (Gebiet) déterminées.

Qualitätswein mit Prädikat, vins strictement contrôlés, ils représentent l'aristocratie du vignoble, ils proviennent d'un seul vignoble d'appellation et portent en général l'une des dénominations suivantes :

Kabinett (réserve spéciale), Spätlese (récolte tardive), Auslese (récolte tardive, raisins sélectionnés), Beerenauslese, Trockenbeerenauslese (vins liquoreux), Eiswein.

Les « Eiswein » (vins des glaces) sont obtenus à partir de raisins récoltés après une gelée d'au moins –7 °C.

WINES

The vineyards of South and West Germany extend over 91 000 ha – 225 000 acres and 11 regions : Ahr, Mittelrhein, Mosel-Saar-Ruwer, Nahe, Rheingau, Rheinhessen, Hessische Bergstraße, Franken (Franconia), Rheinpfalz (Rhineland-Palatinate), Württemberg, Baden.

In eastern Germany modest wine growing areas covering 700 ha – 1730 acres are located along the Elbe Valley (Dresden-Meissen) and in the country bordering the rivers Saale and Unstrut (Naumburg-Freyburg).

PRINCIPAL WINES	
GRAPE STOCK AND CHARACTERISTICS	**MAIN REGIONS**
White wines *(80 % of production)*	
Gutedel *light, fragrant*	Baden
Kerner *similar to Riesling*	Württemberg
Morio-Muskat *fragrant full bouquet*	Rhineland-Palatinate
Müller-Thurgau *potent, lively*	Franconia, Rheinhessen, Baden, Nahe, valley of the Elbe, Saale-Unstrut region
Riesling (in Baden : Klingelberger) *noble, elegant, slightly acid and fruity*	Mittelrhein, Mosel-Saar-Ruwer, Rheingau
Ruländer *potent, smooth, robust*	Baden
Silvaner *fruity, good bouquet, potent*	Franconia, Rheinhessen, Nahe, Rhineland-Palatinate
Traminer, Gewürztraminer *spicy, smooth*	Baden, valley of the Elbe
Weißburgunder *delicate bouquet, fruity, elegant*	Baden, valley of the Elbe, Saale-Unstrut region
Red wines	
Lemberger *full bodied, potent*	Württemberg
Portugieser *light, smooth, fresh*	Ahr, Rhineland-Palatinate
Schwarzriesling *delicate, fruity*	Württemberg
(blauer) Spätburgunder (in Württemberg : Clevner) *ruby colour, velvety*	Ahr, Baden
Trollinger *light, fresh, fruity*	Württemberg

P.T.O. →

Following legislation in 1971 and 1982, German wines fall into 4 categories :

Tafelwein or deutscher Tafelwein are table wines with no clearly defined region of origin, and which in effect may be a blending of other Common Market wines or of purely German ones.

Landwein are medium quality wines between the table wines and the Qualitätswein b. A. which carry a general appellation of origin (i.e. Pfälzer Landwein) and can only be made from officially approved grapes, must have 55° "Öchslegrade" minimum and must be dry or medium dry.

Qualitätswein bestimmter Anbaugebiete, are wines of superior quality which carry an official control number and originate from one of the clearly defined regions (Gebiet) e.g. Moselle, Baden, Rhine.

Qualitätswein mit Prädikat, are strictly controlled wines of prime quality. These wines are grown and made in a clearly defined and limited area or vineyard and generally carry one of the following special descriptions.

Kabinett (a perfect reserve wine), Spätlese (wine from late harvest grapes), Auslese (wine from specially selected grapes), Beerenauslese, Trockenbeerenauslese (sweet wines), Eiswein.

Eiswein (ice wines) are produced from grapes harvested after a minimum –7 °C frost.

I VINI

Il vigneto della Germania del Sud e del Ovest si estende su più di 91.000 ettari. Esso comporta 11 regioni : Ahr, Mittelrhein (Reno medio), Mosel-Saar-Ruwer, Nahe, Rheingau, Rheinhessen (Hesse renano), Hessische Bergstraße (montagna di Hesse), Franken (Franconia), Rheinpfalz (Renania-Palatinato), Württemberg, Baden.

Nella Germania Orientale la coltivazione a vigneto, ancora modesta si estende nella valle dell'Elba (tra Dresda e Meissen) e nella regione drenata dalla Saale e dall'Unstrut (tra Naumburg e Friburgo). La superficie coltivata è, in totale di circa 700 ha.

VINI PRINCIPALI	
VITIGNI E CARACTTERISTICHE	**PRINCIPALI REGIONI**
Vini bianchi *(80 % della produzione)*	
Gutedel *leggero, aromatico*	Baden
Kerner *molto simile al Riesling*	Württemberg
Morio-Muskat *aromatico*	Renania-Palatinato
Müller-Thurgau *vigoroso*	Franconia, Hesse renano, Baden, Nahe, Valle di Elbe, regione Saale-Unstrut
Riesling (Nella regione di Baden : Klingelberger) *aristocratico, elegante, fruttato leggermente acidulo*	Reno medio, Mosella-Sarre-Ruwer, Rheingau
Ruländer *forte, corposo, robusto*	Baden
Silvaner *fruttato, aromatico, forte*	Franconia, Hesse renano, Nahe Renania-Palatinato
Traminer (Gewürz-) *corposo, armonico*	Baden, valle di Elbe
Weißburgunder *aromatico, fruttato, elegante*	Baden, valle di Elbe, regione Saale-Unstrut
Vini rossi	
Lemberger *corposo, forte*	Württemberg
Portugieser *leggero, fresco*	Ahr, Renania-Palatinato
Schwarzriesling *tenero, fruttato*	Württemberg
(blauer) Spätburgunder (nella regione di Württemberg : Clevner) *colore rubino, vellutato, pieno, corposo*	Ahr, Baden
Trollinger *leggero, fresco, fruttato*	Württemberg

Badisch Rotgold
*miscela di Grauburgunder (pinot grigio) e Spatburgunder (pinot nero),
nella maggior parte dei casi in proporzione 3 : 1.*

Schillerwein
miscuglio di uve nere e bianche pigiate insieme.

Weissherbst
*pigiatura immediate di uve nere, seguita da fermentazione del mosto,
senza graspi.*

La legislazione del 1971 e del 1982 classifica i vini tedeschi
in 4 categorie :

Tafelwein o deutscher Tafelwein : vini da tavola, senza
provenienza precisa, possono essere di taglio, sia per i vini
della C.E.E. che per vini esclusivamente tedeschi.

Landwein : in termini di qualità è una via di mezzo fra il
vino da tavola e il Qualitätswein b.A., è contrassegnato da
denominazione di origine generale (es. : Pfälzer Landwein)
e proviene esclusivamente da uve ufficialmente riconosciute ;
deve raggiungere minimo 55° Öchsle e può essere solo secco
o semi secco.

Qualitätswein bestimmter Anbaugebiete : vini di qualità
superiore, sono contrassegnati da un numero di controllo
ufficiale e provengono da una delle regioni (Gebiet) determi-
nate (Mosel, Baden, Rhein...)

Qualitätswein mit Prädikat : vini rigorosamente controllati,
rappresentano l'aristocrazia del vigneto, provengono da un
unico vigneto di denominazione e sono generalmente contrassegnati da una delle seguenti denominazioni :

Kabinett (riserva speciale), Spätlese (raccolta tardiva), Auslese (raccolta tardiva, uve selezionate), Beerenauslese, Trockenbeerenauslese (vini liquorosi), Eiswein.

Gli « Eiswein » (vini dei ghiacci) si ottengono a partire da
una raccolta dopo una gelata di almeno –7°C.

Städte

in alphabetischer Reihenfolge

(ä = ae, ö = oe, ü = ue)

Villes

classées par ordre alphabétique

(mais ä = ae, ö = oe, ü = ue)

Towns

in alphabetical order

(but ä = ae, ö = oe, ü = ue)

Città

in ordine alfabetico

(se non che ä = ae, ö = oe, ü = ue)

BREGENZ, KÖSSEN, KUFSTEIN, SALZBURG (Österreich) sind in der alphabetischen Reihenfolge,
BOTTIGHOFEN, ERMATINGEN, GOTTLIEBEN, KREUZLINGEN (Schweiz) unter Konstanz erwähnt.

AACHEN 5100. Nordrhein-Westfalen **987** ㉓, **412** B 14, **409** L 3 — 246 000 Ew — Höhe 174 m — Heilbad — **☉** 0241.

Sehenswert : Domschatzkammer★★★ — Dom★★ (Pala d'Oro★★★, Ambo Heinrichs II★★★, Radleuchter★★) — Couven-Museum★ BY **M1** — Suermondt- Ludwig-Museum★ CZ **M2**.

☞ Aachen-Seffent (über ⑨), Schurzelter Str. 300, 𝒫 1 25 01 ; ☞ Aachen-Vaalserquartier (über ⑧), Dreiländerweg 105, 𝒫 8 23 00.

🚗 𝒫 43 33 28.

Kongreßzentrum Eurogress (CY), 𝒫 15 10 11, Telex 832319.

🛈 Verkehrsverein, Bahnhofsplatz 4, 𝒫 1 80 29 65 — 🛈 Verkehrsverein, Markt 39, 𝒫 1 80 29 60.

ADAC, Strangenhäuschen 16, 𝒫 1 80 28 28, Notruf 𝒫 1 92 11.

◆Düsseldorf 81 ③ — Antwerpen 140 ⑨ — ◆Bonn 91 ③ — Bruxelles 142 ⑥ — ◆Köln 69 ③ — Liège 54 ⑥ — Luxembourg 182 ⑥.

AACHEN

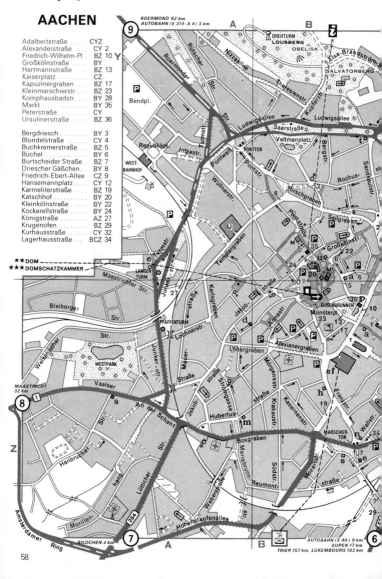

🏨 ✿ **Steigenberger Hotel Quellenhof**, Monheimsallee 52, ℘ 15 20 81, Telex 832864, Fax
154504, « Großer Park, Terrasse mit ≤ », direkter Zugang zum Kurmittelhaus – 🛗 ✕✕ Zim
📺 🕭 ⇐⇒ – 🛦 25/1800. 🆎 ⓪ 🇪 𝘝𝘐𝘚𝘈   CY **a**
M *(Juli - Aug. geschl.)* a la carte 53/97 – **Parkstube** *(nur Abendessen, Montag geschl.)* **M** a
la carte 43/70 – **160 Z : 240 B** 175/260 - 260/380 Fb – 4 Appart. 500/800
Spez. Terrine von geräuchertem Wels, Medaillons vom Lamm in Thymian, Grießpudding.

🏨 **Aquis-Grana-Hotel**, Büchel 32, ℘ 44 30, Telex 8329718, Fax 443137, direkter Zugang
zum Thermalhallenbad Römerbad (Gebühr) – 🛗 📺 🕭 ⇐⇒ – 🛦 25/60. 🆎 ⓪ 🇪
𝘝𝘐𝘚𝘈   BY **a**
M *(nur Abendessen, Samstag - Sonntag und Feiertage geschl.)* a la carte 36/72 – **90 Z :**
157 B 165/185 - 205/235 Fb.

Fortsetzung →

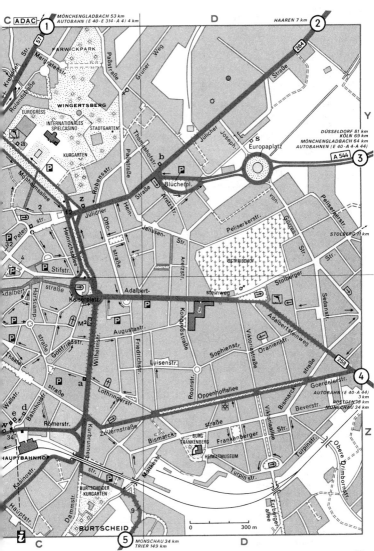

59

🏨 **Novotel**, Joseph-von-Görres-Straße (Am Europaplatz), ℰ 1 68 70, Telex 832435, Fax 163911, 😤, 🔼 (geheizt), 🐎 – 🛗 🖿 📺 ☎ ♿ ❷ – 🛗 25/250. 🖭 **E** 𝖵𝖨𝖲𝖠 DY s
M a la carte 37/61 – **119 Z : 238 B** 163 - 191 Fb.

🏨 **Regence**, Peterstr. 71 /Ecke Peterskirchhof, ℰ 4 78 70, Telex 8329449, Fax 39055, 😤 – 🛗 ✥✥ Zim 📺 ☎ ⇔. 🖭 ① **E** 𝖵𝖨𝖲𝖠 CY e
M (Montag geschl.) a la carte 41/60 – **60 Z : 100 B** 145/220 - 198/250 Fb.

🏨 **Royal**, Jülicher Str. 1, ℰ 1 50 61, Telex 8329357, Fax 156813 – 🛗 🖿 Rest 📺 ☎. 🖭 ① **E** 𝖵𝖨𝖲𝖠 CY z
M (nur Abendessen, Indische Küche) a la carte 40/55 – **31 Z : 60 B** 125/150 - 175/195 Fb.

🏨 **Burtscheider Markt** 🦢 garni, Burtscheider Markt 14, ℰ 6 60 45, Fax 66048 – 🛗 ✥✥ Zim 📺 ☎ ♿. 🖭 **E** über Dammstraße CZ
24. Dez.- 7. Jan. geschl. – **30 Z : 47 B** 100/150 - 160/220 Fb.

🏨 **Benelux** garni, Franzstr. 21, ℰ 2 23 43, Fax 22345 – 🛗 📺 ☎ ❷. 🖭 ① **E** 𝖵𝖨𝖲𝖠 BZ f
33 Z : 55 B 110/125 - 135/180.

🏨 **Krott**, Wirichsbongardstr. 16, ℰ 4 83 73, Telex 832150, Fax 403892, 😤 – 🛗 📺 ☎. 🖭 ①
E 𝖵𝖨𝖲𝖠 BZ a
M a la carte 46/78 – **20 Z : 33 B** 110/150 - 150/215.

🏨 **Hotel am Marschiertor** garni, Wallstr. 1, ℰ 3 19 41, Fax 31944 – 🛗 📺 ☎ – 🛗 45. 🖭
① 𝖵𝖨𝖲𝖠 BZ n
50 Z : 80 B 98/120 - 140/165 Fb.

🏨 **Ibis**, Friedlandstr. 8, ℰ 4 78 80, Telex 832413, Fax 4788110 – 🛗 📺 ☎ ♿ ❷ – 🛗 80. 🖭 **E**
← 𝖵𝖨𝖲𝖠 BZ s
M a la carte 29/48 – **104 Z : 156 B** 110/140 - 152 Fb.

🏨 **Baccara** garni, Turmstr. 174, ℰ 8 30 05, Fax 874876 – 🛗 ☎. 🖭 **E** 𝖵𝖨𝖲𝖠 ✂ AY e
33 Z : 51 B 90/120 - 125/140 Fb.

🏨 **Krone** garni, Jülicher Str. 91 a, ℰ 15 30 51, Telex 832505, Fax 152511 – 🛗 📺 ☎ ⇔. 🖭
① **E** 𝖵𝖨𝖲𝖠 DY b
37 Z : 60 B 89/130 - 120/160 Fb.

🏨 **Lousberg** garni, Saarstr. 108, ℰ 2 03 31, Fax 22047 – 🛗 📺 ☎ ⇔. 🖭 ① **E** 𝖵𝖨𝖲𝖠 ✂ BY t
29 Z : 41 B 95/127 - 140/173 Fb.

🏨 **Eupener Hof** garni, Krugenofen 63, ℰ 6 20 35, Telex 832131, Fax 61390 – 🛗 📺 ☎ ⇔.
① **E** 𝖵𝖨𝖲𝖠 über ⑥
21 Z : 39 B 89/130 - 120/160.

🏨 **Stadt Koblenz** garni, Leydelstr. 2, ℰ 2 22 41, Fax 30326 – 📺 ☎. 🖭 ① **E** 𝖵𝖨𝖲𝖠 CZ e
22. Dez.- 6. Jan. geschl. – **16 Z : 24 B** 85/115 - 125/140.

🏨 **Marx** garni, Hubertusstr. 35, ℰ 3 75 41, Fax 26705 – 🛗 ☎ ❷ AZ m
33 Z : 60 B 60/105 - 100/140.

🏨 **Drei Könige** garni, Ecke Markt/Büchel 5, ℰ 4 83 93, Telex 8329381, Fax 36152 – 🛗 📺 ☎ BY u
18 Z : 30 B.

🏨 **Danica** garni, Franzstr. 36, ℰ 3 49 91 – 🛗 ☎ ⇔. 🖭 ① **E** 𝖵𝖨𝖲𝖠 BZ h
26 Z : 45 B 80/100 - 120/140 Fb.

🏨 **Danmark** garni, Lagerhausstr. 21, ℰ 3 44 14 – 🛗 ☎. 🖭 ① **E** 𝖵𝖨𝖲𝖠 CZ w
19 Z : 30 B 80/100 - 110/125 Fb.

🏨 **Frankfurter Hof** garni, Bahnhofstr. 30, ℰ 3 71 44 – 🛗 📺 ☎ ⇔ CZ d
22 Z : 37 B Fb.

XXXXX ❀ **Gala**, Monheimsallee 44 (im Casino), ℰ 15 30 13, « Modern-elegante Einrichtung » –
🖿 🖭 **E** CY
nur Abendessen, Montag geschl. – **M** (Tischbestellung ratsam) 155 und a la carte 80/115
(siehe auch Rest. Palm-Bistro)
Spez. Hummer und Kalbskopf, Sauerbraten vom Rinderfilet mit Zwiebelschmarrn, Aachener Printenauflauf (im
Winter).

XXX **Le Canard**, Bendelstr. 28, ℰ 3 86 63, 😤 – 🖭 ① **E** 𝖵𝖨𝖲𝖠 AZ d
Donnerstag - Freitag 19 Uhr, 10.- 15. Feb. und 9.- 16. Mai geschl. – **M** 49 (mittags) und a la
carte 73/90.

XX **La Bécasse** (modernes Restaurant mit französischer Küche), Hanbrucher Str. 1, ℰ 7 44 44
– 🖭 ① **E** 𝖵𝖨𝖲𝖠 AZ s
Samstag bis 18 Uhr, Sonntag - Montag 18 Uhr sowie Feb. und Juli - Aug. jeweils 2 Wochen
geschl. – **M** a la carte 72/95.

XX **Tradition**, Burtscheider Str. 11, ℰ 4 48 42 – 🖭 ① **E** 𝖵𝖨𝖲𝖠 BZ e
Dienstag - Mittwoch 18 Uhr und über Karneval 1 Woche geschl. – **M** (abends
Tischbestellung ratsam) a la carte 35/65.

XX **Ratskeller**, Markt (im historischen Rathaus), ℰ 3 50 01, Fax 30442, 😤, « Rustikale
Einrichtung, Ziegelgewölbe » – 🖭 ① **E** 𝖵𝖨𝖲𝖠 BY R
M a la carte 40/70.

XX **Elisenbrunnen**, Friedrich-Wilhelm-Platz 13a, ℰ 2 97 72, 😤 – 🖭 ① **E** 𝖵𝖨𝖲𝖠 BZ p
Weihnachten geschl. – **M** a la carte 38/69.

XX **Palm-Bistro**, Monheimsallee 44 (im Casino), ℰ 15 30 13 – 🖿. 🖭 **E** CY
nur Abendessen – **M** a la carte 43/70.

XX **Ristorante Piccolo** (Italienische Küche), Wilhelmstr. 68, 𝒫 2 68 52 – ᴬᴱ Ⓞᴰ E 𝘝𝘐𝘚𝘈   CZ **a**
   Montag und Juli 2 Wochen geschl. – **M** a la carte 34/60.

XX **Da Salvatore** (Italienische Küche), Bahnhofsplatz 5, 𝒫 3 13 77 – ᴬᴱ Ⓞᴰ E 𝘝𝘐𝘚𝘈   CZ **w**
   M a la carte 32/63.

X **Zum Schiffgen**, Hühnermarkt 23, 𝒫 3 35 29 – ᴬᴱ Ⓞᴰ E 𝘝𝘐𝘚𝘈   BYZ **c**
   Sonntag und Montag jeweils ab 18 Uhr geschl. – **M** a la carte 23/53.

In Aachen-Friesenrath ④ : 14 km :

XXX **Schloß Friesenrath** 🦢 mit Zim, Pannekoogweg 46, 𝒫 (02408)50 48, « Ehem. gräfliches
    Palais, Park » – 📺 ☎ 🅿. ᴬᴱ E
    Juli - Aug. 2 Wochen und 24. Dez.- 18. Jan. geschl. – **M** *(wochentags nur Abendessen,
    Montag geschl.)* a la carte 58/81 – **3 Z : 6 B** 160.

In Aachen-Kornelimünster ④ : 10 km :

🏠 **Zur Abtei**, Napoleonsberg 132 (B 258), 𝒫 (02408) 21 48 – ☎ ⇦. Ⓞᴰ E 𝘝𝘐𝘚𝘈. ⚬⚬ Rest
   M a la carte 53/73 – **12 Z : 20 B** 75/120 - 120/180.

XX ⚙ **St. Benedikt**, Benediktusplatz 12, 𝒫 (02408) 28 88 – E 𝘝𝘐𝘚𝘈
   nur Abendessen, Sonntag - Montag und Juli - Aug. 3 Wochen geschl. – **M** (Tischbestellung
   erforderlich) 72/98 und a la carte 63/81
   Spez. Bretonischer Salat, Lamm in Thymianblüten-Jus, Dessertteller "St. Benedikt".

In Aachen-Lichtenbusch ⑤ : 8 km :

🏨 **Zur Heide**, Raafstr. 80, 𝒫 (02408)20 85, Fax 6268 – 📺 ☎ 🅿 – 🔬 35. ᴬᴱ Ⓞᴰ E 𝘝𝘐𝘚𝘈
   M a la carte 30/55 – **29 Z : 63 B** 40/83 - 70/120 Fb.

In Aachen-Walheim ④ : 12 km :

XX **Brunnenhof** mit Zim, Schleidener Str. 132 (B 258), 𝒫 (02408) 8 00 24, Fax 81559 – 📺 ☎
   ⇦ 🅿. ᴬᴱ Ⓞᴰ E 𝘝𝘐𝘚𝘈
   M a la carte 49/74 – **10 Z : 14 B** 65/90 - 95/130.

An der B 258 Richtung Monschau ⑤ : 12 km :

🏨 **Relais Königsberg**, Monschauer Str. 440, ✉ 5100 AC-Walheim, 𝒫 (02408) 50 45, Fax
   59184, 🌳 – 🛗 📺 ☎ ⇦ 🅿 – 🔬 25/40. E. ⚬⚬ Zim
   20. Dez.- 10. Jan. geschl. – **M** a la carte 34/62 – **19 Z : 33 B** 85/95 - 125/145.

XX **Gut Kalkhäuschen** (Italienische Küche), Schleidener Str. 400, ✉ 5100 AC-Walheim,
   𝒫 (02408) 5 83 10 – 🅿
   nur Abendessen, Montag, Jan. 2 Wochen und Juli - Aug. 4 Wochen geschl. – **M**
   (Tischbestellung ratsam) a la carte 58/70.

An der Straße Verlautenheide-Stolberg ③ : 9 km :

XXX **Gut Schwarzenbruch**, ✉ 5190 Stolberg, 𝒫 (02402) 2 22 75, « Stilvolle Einrichtung » –
    🅿. ᴬᴱ Ⓞᴰ E 𝘝𝘐𝘚𝘈
    M 30/46 (mittags) und a la carte 52/80.

Siehe auch : *Würselen* ① : 6 km

AALEN 7080. Baden-Württemberg 𝟜𝟙𝟛 N 20, 𝟡𝟠𝟟 ㉟ – 64 000 Ew – Höhe 433 m –
Wintersport : 450/520 m ⚡1 ⚡2 – ۞ 07361.

Sehenswert : Besucherbergwerk in Aalen-Wasseralfingen.

🛈 Informations- und Verkehrsamt, Neues Rathaus, 𝒫 50 03 58, Fax 66750. **ADAC**, Bahnhofstr. 81, 𝒫 6 47 07.

♦Stuttgart 73 – ♦Augsburg 119 – Heilbronn 131 – ♦Nürnberg 132 – ♦Ulm (Donau) 67 – ♦Würzburg 135.

🏠 **Antik**, Stuttgarter Str. 47, 𝒫 5 71 60, Fax 571625, 🚬 – 📺 ☎ ⇦ 🅿. ᴬᴱ Ⓞᴰ E 𝘝𝘐𝘚𝘈
   (Restaurant nur für Hausgäste) – **50 Z : 102 B** 58/98 - 120/160 Fb.

🏠 **Aalener Ratshotel** garni, Friedrichstr. 7, 𝒫 6 20 01, Fax 66060 – 🛗 📺 ☎ 🅿. ᴬᴱ Ⓞᴰ E 𝘝𝘐𝘚𝘈
   40 Z : 70 B 78 - 120 Fb.

🏠 **Grauleshof**, Ziegelstr. 155, 𝒫 3 24 69, Biergarten – ☎ 🅿. Ⓞᴰ 𝘝𝘐𝘚𝘈
   Jan.- Feb. und Juli - Aug. jeweils 2 Wochen geschl. – **M** *(Montag und jeden 3. Sonntag im
   Monat geschl.)* a la carte 27/50 – **8 Z : 13 B** 55/60 - 80/90.

🏠 **Weißer Ochsen**, Bahnhofstr. 47, 𝒫 6 26 85 – ☎ 🅿. ⚬⚬
   M *(Samstag geschl.)* a la carte 25/47 – **7 Z : 13 B** 55 - 100.

XX **Roter Ochsen**, Radgasse 9, 𝒫 6 25 17 – ᴬᴱ Ⓞᴰ E
   Sonntag und 9.- 27. Aug. geschl. – **M** a la carte 24/55.

X **Ratskeller**, Marktplatz 30, 𝒫 6 21 11 – 🅿. ⚬⚬.

X **Waldcafé** mit Zim, Stadionweg 1, 𝒫 4 10 20, « Waldterrasse » – 🅿
   5.- 21. Feb. geschl. – **M** *(Dienstag - Mittwoch geschl.)* a la carte 26/56 – **2 Z : 3 B** 40 - 80.

X **Im Pelzwasen** 🦢 mit Zim, Eichendorffstr. 10, 𝒫 3 17 61, Fax 36463, ≤, 🌇, 🚬 – ☎ ⇦
   🅿
   Aug. 3 Wochen geschl. – **M** *(Montag - Dienstag 17 Uhr geschl.)* a la carte 26/60 – **10 Z :
   14 B** 30/40 - 65.

In Aalen-Röthardt NO : 4 km :

🏠 **Vogthof** 🦢, Bergbaustr. 28, 𝒫 7 36 88, 🌇 – 📺 ☎ ⇦ 🅿. ᴬᴱ Ⓞᴰ E 𝘝𝘐𝘚𝘈
   Juli - Aug. 3 Wochen geschl. – **M** *(Freitag geschl.)* a la carte 24/52 ⚬ – **14 Z : 19 B** 55 - 85.

61

In Aalen-Unterkochen SO : 4 km :

🏨 **Asbrock - Goldenes Lamm**, Kocherstr. 8, 🕻 81 82 — 📳 📺 ☎ ⇔ 🅿 — 🅐 25/150. 🅐
⓪ 🔚 𝗩𝗜𝗦𝗔
M *(Samstag und Montag nur Abendessen, Sonntag geschl.)* a la carte 33/60 — **50 Z : 79** ▮
68/108 - 98/138 — 7 Appart. 148/198.

🏨 **Scholz**, Aalener Str. 80, 🕻 81 21, 🍴 — 📺 ☎ ⇔ 🅿 — 🅐 25/60. 🅐🔚 ⓪ 🔚 𝗩𝗜𝗦𝗔. ❄ Rest
M *(Freitag geschl.)* a la carte 25/48 — **54 Z : 80 B** 70/95 - 112/140 Fb.

🏠 **Kälber** ⚘, Behringstr. 26, 🕻 84 44, Fax 88264, ≤, 🍴 — 📺 ☎ ⇔ 🅿 🅐🔚 ⓪ 🔚 𝗩𝗜𝗦𝗔
2.- 10. Jan. geschl. — **M** *(Sonntag ab 15 Uhr geschl.)* a la carte 29/45 — **20 Z : 33 B** 59/89
88/120.

In Aalen-Waldhausen O : 9,5 km :

🍽🍽 Adler mit Zim, Deutschordenstr. 8, 🕻 (07367) 24 26 — 🅿 — **8 Z : 12 B**.

In Aalen-Wasseralfingen N : 2 km :

🍽 **Waldgasthof Erzgrube**, Bergbaupfad (O : 2 km, in Richtung Röthardt), 🕻 7 15 24, 🏡
← « Betsaal der ehemaligen Grubenwirtschaft a.d.J. 1852 » — 🅿 🅐🔚 🔚
Montag 18 Uhr - Dienstag und Mitte März geschl. — **M** a la carte 20/40 🍷.

Siehe auch : *Oberkochen* (S : 9 km)

ABBACH, BAD 8403. Bayern 🟦🟦🟦 T 20 — 6 800 Ew — Höhe 374 m — Heilbad — 🔵 09405.
🅱 Kurverwaltung, Kaiser-Karl V.-Allee 5, 🕻 15 55.
♦München 109 — Ingolstadt 62 — Landshut 63 — ♦Nürnberg 112 — ♦Regensburg 10 — Straubing 56.

🏠 **Pension Elisabeth** ⚘ garni, Ratsdienerweg 8, 🕻 13 15, 🚭, 🍴 — ☎ 🅿
25 Z : 31 B 45 - 75/85 Fb — 8 Fewo 65/80.

🏠 **Zur Post**, Am Markt 21, 🕻 13 33, Biergarten — ☎ 🅿 — **20 Z : 28 B**.

🏠 **Café Rathaus**, Kaiser-Karl V.-Allee 6, 🕻 10 48, Biergarten — ⇔ 🅿
← *23. Dez. - 12. Jan. geschl.* — **M** *(Samstag ab 17 Uhr geschl.)* a la carte 16/40 — **23 Z : 32** ▮
30/40 - 55/75.

ABENSBERG 8423. Bayern 🟦🟦🟦 S 20. 🟨🟨🟨 ⑳ — 9 600 Ew — Höhe 371 m — 🔵 09443.
♦München 89 — Ingolstadt 39 — Landshut 46 — ♦Regensburg 34.

🏠 **Jungbräu**, Weinbergerstr. 6, 🕻 68 74 — 🅿. 🅐🔚 ⓪ 🔚 𝗩𝗜𝗦𝗔
← *26.- 31. Jan. geschl.* — **M** *(Donnerstag geschl.)* a la carte 19/45 — **32 Z : 43 B** 29/42 - 58/80.

🏠 **Zum Kuchlbauer**, Stadtplatz 2, 🕻 14 84 — 🅿
M a la carte 24/41 — **24 Z : 38 B** 30/50 - 60/100.

In Siegenburg 8427 S : 6 km :

🍽 **Bräustüberl**, Hopfenstr. 3, 🕻 (09444) 4 53, 🏡 — 🅿
Montag, 7.- 21. Jan. und Okt.- Nov. 2 Wochen geschl. — **M** a la carte 25/50.

ABTSDORFER SEE Bayern siehe Laufen.

ABTSWIND 8711. Bayern 🟦🟦🟦 O 17 — 700 Ew — Höhe 265 m — 🔵 09383.
♦München 249 — ♦Nürnberg 79 — ♦Würzburg 36.

🏠 **Weinstube Zur Linde** garni, Ebracher Gasse 2, 🕻 18 58 — 🅿
9 Z : 16 B 45/50 - 79.

🍽 **Weingut Behringer**, an der Straße nach Rehweiler (O : 2 km), 🕻 8 41, 🏡 — 🅿
← *Montag - Dienstag und Mitte Dez.- Anfang Feb. geschl.* — **M** a la carte 20/44 🍷.

ACHERN 7590. Baden-Württemberg 🟦🟦🟦 H 21. 🟨🟨🟨 ㉞. 🟥🟥🟥 ⑳ — 20 600 Ew — Höhe 143 m -
🔵 07841.
🅱 Reisebüro der Sparkasse, Hauptstr. 84, 🕻 64 15 11.
♦Stuttgart 127 — Baden-Baden 33 — Offenburg 26 — Strasbourg 36.

🏨🏨 Götz Sonne-Eintracht, Hauptstr. 112, 🕻 64 50, Telex 752277, Fax 645645, 🏡, 🔲, 🍴 — ▮
📺 ᏛᏛ ⇔ 🅿 — 🅐 25/80 — **56 Z : 90 B** Fb.

🏨 **Schwarzwälder Hof**, Kirchstr. 38, 🕻 50 01, Telex 752280, Fax 27837 — 📺 ☎ ⇔ 🅿 —
🅐 25/50. ⓪ 🔚 𝗩𝗜𝗦𝗔
M *(Sonntag 17 Uhr - Montag 17 Uhr geschl.)* a la carte 25/65 — **22 Z : 42 B** 49/71 - 98
139 Fb.

In Achern-Oberachern SO : 1,5 km :

🍽 **Zum Hirsch** mit Zim, Oberacherner Str. 26, 🕻 2 15 79, 🏡 — 📺 ☎ 🅿. ⓪ 🔚 𝗩𝗜𝗦𝗔
Menu *(Mittwoch, Ende Feb.- Anfang März und Ende Okt.- Anfang Nov. geschl.)* (auch
vegetarische Gerichte) 64 und a la carte 25/57 🍷 — **5 Z : 9 B** 69/100 - 120.

In Achern-Onsbach SW : 4 km :

🍽🍽 **Adler** (Restauriertes Fachwerkhaus a.d.J. 1724), Rathausstr. 5, 🕻 41 04, 🏡 — 🅿. 🔚
Sonntag - Montag sowie Feb. und Juli - Aug. jeweils 3 Wochen geschl. — Menu 33/85 🍷.

ACHIM 2807. Niedersachsen **987** ⑮ – 29 000 Ew – Höhe 20 m – ☎ 04202.
Hannover 102 – ◆Bremen 20 – Verden an der Aller 21.

🏨 **Stadt Bremen**, Obernstr. 45, ℰ 89 20, Telex 249428, ⇌ – 🛗 🔟 ☎ ❷ – 🔏 40. ⚙
    M a la carte 22/55 – **43 Z : 58 B** 41/90 - 75/170 Fb.

🏠 **Gieschen's Hotel**, Obernstr. 12, ℰ 80 06, Fax 2711, 🏤 – ☎ ❷. 🖭 ⓞ E 🚾
    M a la carte 33/56 – **24 Z : 30 B** 45/54 - 87/98 Fb.

In Achim-Uphusen NW : 5,5 km :

🏨 **Novotel Bremer Kreuz**, zum Klümoor, ℰ 60 86, Telex 249440, Fax 44457, 🏤, 🏊 (geheizt),
    🛳 – 🛗 ⇎ Zim ▤ 🔟 ☎ � ❷ – 🔏 25/320. 🖭 E 🚾
    M a la carte 33/63 – **116 Z : 232 B** 142 - 157 Fb.

ACHSLACH 8371. Bayern **413** V 20 – 1 100 Ew – Höhe 600 m – Wintersport : 600/800 m ⚞1
⚞2 – ☎ 09929 (Ruhmannsfelden).
München 163 – Cham 41 – Deggendorf 19.

In Achslach-Kalteck S : 4 km – Höhe 750 m :

🏠 **Berghotel Kalteck** ⑤, ℰ (09905) 2 63, ≼, 🏤, ⇌, 🔲, 🛲, ⚞ – ❷
◆ 11. März - 27. April und 28. Okt.- 20. Dez. geschl. – **M** a la carte 19/42 – **23 Z : 42 B** 53/65 -
    79/86 Fb – 3 Appart. 124.

ADELEBSEN 3404. Niedersachsen **412** M 12 – 3 200 Ew – Höhe 180 m – ☎ 05506.
Hannover 131 – Göttingen 18 – Münden 27.

🕿 **Zur Post**, Mühlenanger 38, ℰ 6 00 – ☎ ⇎ ❷
    Juli geschl. – **M** a la carte 24/47 – **13 Z : 19 B** 40 - 78.

ADELSDORF Bayern siehe Höchstadt an der Aisch.

ADELSRIED 8901. Bayern **413** P 21 – 1 500 Ew – Höhe 491 m – ☎ 08294 (Horgau).
München 76 – ◆Augsburg 18 – ◆Ulm (Donau) 65.

🏨 **Schmid**, Augsburger Str. 28, ℰ 29 10, Fax 2429, 🏤, ⇌, 🔲, 🛲 – 🛗 🔟 ☎ ❷ – 🔏 25/120.
    🖭 ⓞ E 🚾
    24. Dez.- 5. Jan. geschl. – **M** a la carte 27/60 – **96 Z : 180 B** 95/135 - 130/170 Fb.

ADENAU 5488. Rheinland-Pfalz **987** ㉔, **412** D 15 – 2 800 Ew – Höhe 300 m – ☎ 02691.
Verkehrsamt, Markt 8, ℰ 3 05 16.
Mainz 163 – ◆Aachen 105 – ◆Bonn 48 – ◆Koblenz 72 – ◆Trier 95.

🏨 **Zum Wilden Schwein**, Hauptstr. 117, ℰ 70 61, 🏤 – 🔟 ☎ ⇎ ❷. E
    M a la carte 28/55 – **10 Z : 15 B** 60 - 120/160 Fb.

🏠 **Hof Hirzenstein** ⑤, Hirzensteinstraße, ℰ 21 66, ≼, 🏤, 🛲, 🐎 – ❷
    8 Z : 16 B Fb.

XX **Historisches Haus - Blaue Ecke** mit Zim, Markt 4, ℰ 20 05, Fax 3805, « Schönes
    Fachwerkhaus a.d.J. 1578 » – 🔟 ☎ ⇎ ❷. 🖭 ⓞ E 🚾
    2. Jan.- 7. Feb. geschl. – **M** *(Feb.- April Mittwoch geschl.)* a la carte 32/58 – **7 Z : 14 B**
    60/90 - 90/135 Fb.

An der B 412 O : 9 km :

🏨 **St. Georg** ⑤, ⊠ 5488 Hohe Acht, ℰ (02691) 15 16, Fax 7441, ≼, 🏤 – 🔟 ☎ ❷ – 🔏 30.
    ⚙ Rest – **18 Z : 35 B** Fb.

AERZEN Niedersachsen siehe Hameln.

AHAUS 4422. Nordrhein-Westfalen **987** ⑬ ⑭, **408** ⑭, **412** E 10 – 29 000 Ew – Höhe 50 m –
☎ 02561 – 🏌 Jägerskamp 45, ℰ 10 68 – 🄱 Verkehrsverein, Schloßstr. 16 a, ℰ 7 22 88.
Düsseldorf 116 – Bocholt 39 – Enschede 26 – Münster (Westfalen) 55.

🏨 **Ratshotel Rudolph**, Coesfelder Str. 21, ℰ 20 51, Telex 89761, Fax 2055, ⇌ – 🛗 ⇎ Zim
    🔟 🛳 ❷ – 🔏 25/150. 🖭 ⓞ E 🚾
    Menu a la carte 33/60 – **39 Z : 75 B** 90/110 - 140/148 Fb – 3 Appart. 190.

X **Zur Barriere**, Legdener Str. 99 (B 474; SO : 3 km), ℰ 38 00, 🏤 – ❷.
X **Zur Stadthalle**, Wüllener Str. 18, ℰ 27 97 – ❷.

In Ahaus-Ottenstein W : 7 km :

XX **Haus im Flör** ⑤ mit Zim, Hörsteloe 49 (N : 2 km Richtung Alstätte), ℰ (02567) 10 57, 🏤,
    🛲 – 🔟 ☎ ⇎ ❷. 🖭 ⓞ E 🚾. ⚙
    Juli - Aug. 3 Wochen geschl. – **M** *(Samstag bis 17 Uhr und Montag geschl.)* 22 (mittags)
    und a la carte 38/68 – **11 Z : 20 B** 65 - 110.

In Ahaus-Wüllen SW : 3 km :

🏠 **Hof zum Ahaus**, Argenréstr. 10, ℰ 88 21 – 🔟 ☎ ❷. E
    M *(nur Abendessen, Mittwoch geschl.)* a la carte 22/42 – **14 Z : 30 B** 45/50 - 80/90.

AHAUSEN Niedersachsen siehe Rotenburg (Wümme).

AHLEN 4730. Nordrhein-Westfalen 987 ⑭. 412 G 11 − 51 200 Ew − Höhe 83 m − ✿ 02382.

◆Düsseldorf 124 − Bielefeld 67 − Hamm in Westfalen 13 − Münster (Westfalen) 34.

🏠 **Gretenkort**, Oststr. 4, 𝒫 52 76, Fax 2181 − |🛄| 📺 ☎ ⬅. 🅰🅴 ⓐ 🄴 𝘝𝘐𝘚𝘈
   M *(Samstag geschl.)* a la carte 37/62 − **23 Z : 40 B** 40/70 - 90/130 Fb.

XX **Landgasthaus zur Langst**, Am Stadtwald 6, 𝒫 23 00, 🌳 − ⓟ
   Dienstag und Jan. geschl. − **M** a la carte 33/47.

In Ahlen-Vorhelm NO : 7 km :

🏠 **Witte-Vorhelmer Dorfkrug**, Hauptstr. 32, 𝒫 (02528) 88 86, Fax 3110 − 📺 ☎ ⓟ 🅰🅴
   𝘝𝘐𝘚𝘈
   M *(Dienstag geschl.)* a la carte 23/58 − **17 Z : 27 B** 55 - 90.

An der Straße nach Warendorf NO : 7 km :

XX **Alte Schänke Samson**, Tönnishäuschen 7, ✉ 4730 Ahlen 5, 𝒫 (02528) 14 54, 🌳 − ❶
   🅰🅴 ⓐ 🄴 𝘝𝘐𝘚𝘈
   Dienstag und Jan. geschl. − **M** a la carte 27/56.

AHORN Bayern siehe Coburg.

AHRENSBURG 2070. Schleswig-Holstein 987 ⑤ − 27 000 Ew − Höhe 25 m − ✿ 04102.

🖈 Am Haidschlag 45, 𝒫 5 13 09.

◆Kiel 79 − ◆Hamburg 23 − ◆Lübeck 47.

🏨 **Ahrensburg** 🌳 garni, Ahrensfelder Weg 48, 𝒫 5 15 60, Telex 2182855, Fax 515656 − ❶
   ☎ ⓟ. 🅰🅴 ⓐ 🄴 𝘝𝘐𝘚𝘈. �
   24 Z : 42 B 95/109 - 136/156.

🏠 **Goldener Kegel**, Am alten Markt 17 (B 75), 𝒫 8 00 50, Fax 1801 − |🛄| 📺 ☎ ⬅ − 🔬 4❶
   🅰🅴 ⓐ 🄴 𝘝𝘐𝘚𝘈
   M *(Sonntag geschl.)* a la carte 32/55 − **54 Z : 88 B** 85/115 - 135/150 Fb.

In Ahrensburg-Ahrensfelde S : 4 km :

🏠 **Ahrensfelder Hof** 🌳, Dorfstr. 10, 𝒫 6 63 16, 🌳, 🐎, 🐴(Halle) − ☎ ⓟ. 🄴
   M *(Montag geschl.)* a la carte 32/58 − **9 Z : 14 B** 70/90 - 120/180.

AHRENSFELDE Schleswig-Holstein siehe Ahrensburg.

AIBLING, BAD 8202. Bayern 413 T 23. 987 ㊲. 426 ⑱ − 13 400 Ew − Höhe 501 m − Heilba❙
− ✿ 08061.

🅱 Städt. Kurverwaltung, W.-Leibl-Platz, 𝒫 21 66.

◆München 63 − Rosenheim 12 − Salzburg 92.

🏨 **Romantik-Hotel Lindner**, Marienplatz 5, 𝒫 40 50, Fax 30535, « Stilvolle Einrichtung »
   🌳 − 📺 ☎ ⬅ ⓟ − 🔬 25. 🄴 𝘝𝘐𝘚𝘈
   M *(26. Dez.- 6. Jan. geschl.)* 19 (mittags) und a la carte 29/60 − **32 Z : 45 B** 50/120 - 9❙
   190 Fb − ½ P 75/150.

🏨 **Schmelzer Hof**, Schwimmbadstr. 15, 𝒫 49 20, Fax 492551, 🌳, Bade- und Massage
   abteilung, 🌡, 🏊, 🐎 − |🛄| ☎ ⓟ − 🔬 25/100
   M a la carte 34/52 − **110 Z : 165 B** 79/119 - 150/210 Fb − 11 Fewo − ½ P 105/149.

🏨 **Kur- und Sporthotel St. Georg** 🌳, Ghersburgstr. 18, 𝒫 49 70, Telex 525902, Fax 4971❶
   🌳, Bade- und Massageabteilung, 🌡, 🏊, 🐎, 🎾 − |🛄| 📺 ☎ & ⬅ ⓟ − 🔬 25/50. 🄌
   ⓐ 🄴 𝘝𝘐𝘚𝘈
   M 27 und a la carte 37/58 − **226 Z : 452 B** 123/145 - 188 Fb − 14 Appart. 255.

🏨 **Moorbad-Hotel Meier**, Frühlingsstr. 2, 𝒫 20 34, Fax 6112, Bade- und Massageabteilun❙
   🌡, 🏊, 🐎 − |🛄| 📺 ☎ ⬅ ⓟ. 🅰🅴 ⓐ 🄴 𝘝𝘐𝘚𝘈. 🌞 Rest
   Ende Nov.- Mitte Jan. geschl. − **M** a la carte 24/51 − **80 Z : 124 B** 65/120 - 100/160 Fb −
   ½ P 65/100.

🏨 **Kurhotel Schuhbräu**, Rosenheimer Str. 6, 𝒫 20 20, 🌳, Bade- und Massageabteilung
   🌡, 🏊, 🐎 − |🛄| 📺 ☎ ⓟ. 🅰🅴 ⓐ 🄴 𝘝𝘐𝘚𝘈
   M 14/29 (mittags) und a la carte 29/62 − **51 Z : 82 B** 70/100 - 130/170 Fb.

🏠 **Parkcafé Bihler** 🌳, Katharinenstr. 8, 𝒫 40 66, 🌳, 🌡, 🐎 − ☎ ⬅ ⓟ. 🌞 Zim
   Mitte Jan.- Mitte Feb. geschl. − **M** *(Donnerstag geschl., Nov.- April wochentags n❙*
   Abendessen) a la carte 28/50 − **23 Z : 34 B** 53/75 - 80/120 Fb.

🏠 **Pension Medl** 🌳, Erlenweg 4 (Harthausen), 𝒫 60 19, 🐎 − 📺 ☎ ⓟ. 🌞 Zim
   13 Z : 20 B.

X **Ratskeller** mit Zim, Kirchzeile 13, 𝒫 23 29, Biergarten
   M *(Mittwoch geschl.)* a la carte 28/52 − **6 Z : 10 B** 40/45 - 80.

64

AICHACH 8890. Bayern 四下 Q 21, 987 ⊗ — 15 500 Ew — Höhe 445 m — ✆ 08251.
München 59 — ♦Augsburg 24 — Ingolstadt 53 — ♦Ulm (Donau) 98.

🏠 **Bauerntanz**, Stadtplatz 18, ℰ 70 22 — 🛏 ☎ 🅿. 亙 E
  Mitte - Ende Juli geschl. — **M** *(Sonntag 14 Uhr - Montag geschl.)* a la carte 28/48 — **16 Z :**
  25 B 60 - 100.

🏠 **Specht**, Stadtplatz 43, ℰ 32 55, 🍴 — ☎ 🅿. ✻
➔ 18. - 30. Juli und 24. Dez.- 6. Jan. geschl. — **M** *(Sonntag ab 14 Uhr und Samstag geschl.)* a la
  carte 15/35 ⅜ — **20 Z : 40 B** 42/47 - 75/80.

In Aichach - Untergriesbach :

🏠 **Wagner** ⑤, Harthofstr. 38, ℰ 29 97 — 🅿 — ♨ 25/40
➔ **M** *(Dienstag geschl.)* a la carte 16/35 ⅜ — **31 Z : 52 B** 40/49 - 70/75 Fb.

AICHELBERG 7321. Baden-Württemberg 四下 L 21 — 850 Ew — Höhe 400 m — ✆ 07164 (Boll).
Ausflugsziel : Holzmaden : Museum Hauff★, W : 3 km.
Stuttgart 43 — Göppingen 12 — Kirchheim unter Teck 11 — ♦Ulm (Donau) 51.

🏠 **Panorama** ⑤, Boller Str. 11, ℰ 20 81, ≼ — ☎ ⟸⟹ 🅿 — ♨ 30
  20 Z : 25 B.

AIDENBACH 8359. Bayern 四下 W 21, 987 ⊗ ⊛, 四邑 ⑦ — 2 500 Ew — Höhe 337 m —
Erholungsort — ✆ 08543.
München 155 — Passau 35 — ♦Regensburg 103.

🏠 **Zum Bergwirt**, Egglhamer Str. 9, ℰ 12 08, 🍴 — ⟸⟹ 🅿
  16 Z : 30 B.

AISCHFELD Baden-Württemberg siehe Alpirsbach.

AITERHOFEN Bayern siehe Straubing.

AIX-LA-CHAPELLE = Aachen.

ALBERSDORF 2243. Schleswig-Holstein 987 ⑤ — 3 700 Ew — Höhe 6 m — Luftkurort —
✆ 04835.
Kiel 72 — Itzehoe 37 — Neumünster 59 — Rendsburg 36.

🏠 **Kurhotel Ohlen** ⑤, Am Weg zur Badeanstalt 1, ℰ 3 51, Fax 1079, 🍴, 🎋 — ☎ ⟸⟹ 🅿.
  E
  Jan. geschl. — **M** *(Montag geschl.)* a la carte 34/52 — **8 Z : 16 B** 60/65 - 110/120.

🏠 **Ramundt**, Friedrichstr. 1, ℰ 2 21 — 📺 ☎ ⟸⟹ 🅿
  M *(Sonntag geschl.)* a la carte 26/48 — **13 Z : 27 B** 35/55 - 65/100.

ALBERSHAUSEN Baden-Württemberg siehe Göppingen.

ALBSTADT 7470. Baden-Württemberg 四下 K 22, 987 ⊛ — 45 900 Ew — Höhe 730 m —
Wintersport : 600/975 m ⚡5 ⚡5 — ✆ 07431.
Ausflugsziel : Raichberg ≼★★, N : 11 km.
🛈 Städtisches Verkehrsamt, Albstadt-Ebingen, Marktstraße, Rathaus, ℰ 16 21 22.
♦Stuttgart 98 — ♦Freiburg im Breisgau 132 — ♦Konstanz 104 — ♦Ulm (Donau) 97.

In Albstadt 1-Ebingen :

🏠 ✿ **Linde**, Untere Vorstadt 1, ℰ 5 30 61, Fax 53322, « Elegantes Restaurant » — 📺 ☎
  29. Juli - 23. Aug. geschl. — **M** *(Tischbestellung ratsam)* (Samstag sowie Sonn- und Feiertage
  geschl.) a la carte 45/86 — **23 Z : 30 B** 95/120 - 165/180 Fb
  Spez. Gänseleberterrine, Hummergerichte, Lammrücken mit Kräutern gebraten.

🏠 **Alt Ebingen**, Langwatte 51, ℰ 5 30 22, Fax 53024 — 📺 ☎. 亙 E
  Juli - Aug. 3 Wochen geschl. — **M** *(Samstag geschl.)* a la carte 31/59 — **16 Z : 22 B** 58/80 -
  98/124 Fb.

🏠 **Maria** ⑤, Mozartstr. 1, ℰ 44 63, 🛏, 🎋 — ☎ ⟸⟹. ◑ E 亙
  23. Juli - 13. Aug. und 23. Dez.- 6. Jan. geschl. — (nur Abendessen für Hausgäste) — **19 Z :**
  24 B 58/75 - 98/130 Fb.

✕ **In der Breite** mit Zim, Ferdinand-Steinbeis-Str. 2, ℰ 29 10, 🍴 — ☎ 🅿. ◑ E 亙
  Juli - Aug. 3 Wochen geschl. — **M** *(Samstag bis 18 Uhr und Montag geschl.)* a la carte 25/45
  — **5 Z : 7 B** 48/55 - 85/90.

In Albstadt 15-Lautlingen :

🏠 **Falken**, Falkenstr. 13, ℰ 7 46 44, 🎋 — ⟸⟹ 🅿
  Mitte Juli - Mitte Aug. geschl. — **M** *(Freitag geschl.)* a la carte 22/32 ⅜ — **14 Z : 22 B** 34/43 -
  62/72.

In Albstadt 2-Tailfingen – ✪ 07432

🏨 Blume - Post garni, Gerhardstr. 10, ✆ 1 20 22, Fax 14320 – 🛗 📺 ☎ 🚗 – 🔬 40. ❀
   22 Z : 27 B Fb.

🏠 Post, Goethestr. 27, ✆ 40 98, 🍽 – ☎ 🚗 🅿
   30 Z : 40 B Fb.

In Meßstetten-Oberdigisheim 7475 SW : 15 km ab Albstadt-Ebingen :

✗ **Zum Ochsen**, Breitenstr. 9, ✆ (07436) 12 10 – 🅿
   Montag 14 Uhr - Dienstag geschl. – **M** *(auch vegetarische Gerichte)* (abends Tischbestellung-
   ratsam) a la carte 24/50.

ALDERSBACH 8359. Bayern 413 W 21, 426 ⑦ – 3 500 Ew – Höhe 324 m – ✪ 08543 (Aidenbach
◆München 158 – Passau 32 – Regensburg 111 – Salzburg 122.

🏠 **Mayerhofer**, Ritter-Tuschl-Str. 2, ✆ 16 02, Biergarten, 🚗 – 🅿. E 𝚅𝙸𝚂𝙰
➡ *25. Aug. - 18. Sept.geschl.* – **M** *(Freitag ab 14 Uhr und Montag geschl.)* a la carte 21/38 –
   24 Z : 34 B 38/50 - 76/98 Fb.

ALEXANDERSBAD, BAD 8591. Bayern 413 T 16,17 – 1 250 Ew – Höhe 590 m – Heilbad –
✪ 09232 (Wunsiedel).

🎫 Verkehrsbüro und Kurverwaltung, Markgräfliches Schloß, ✆ 26 34.
◆München 262 – Bayreuth 46 – Hof 58.

🏨 **Alexandersbad** ⌕, Markgrafenstr. 24, ✆ 88 90, Telex 641170, Fax 889461, Bade- un
   Massageabteilung, 🔬, 🚐, 🔲 – 🛗 📺 ☎ 🚗 🅿 – 🔬 25/150. 🆎 ⓞ E
   M *(auch vegetarische Gerichte)* 22 und a la carte 31/59 – **112 Z : 220 B** 89/92 - 156/162 Fb –
   ½ P 111/116.

🏠 **Landhaus am Forst** ⌕ garni, Zum Nagelbrunnen 18, ✆ 42 42, 🚗 – 🅿
   Nov.- 20. Dez. geschl. – **25 Z : 41 B** 37 - 70 Fb.

ALF 5584. Rheinland-Pfalz 987 ㉓, 412 E 16 – 1 200 Ew – Höhe 95 m – ✪ 06542 (Zell a.d. Mosel)
Ausflugsziele : Marienburg : Lage** (◀★★) S : 2 km – Burg Arras (Lage, Museum, ◀) W : 3 km.
Mainz 108 – ◆Koblenz 84 – ◆Trier 61.

🏠 **Mosel-Hotel-Alf**, Moselstr. 1, ✆ 25 81, ◀, 🍽 – 🚗 🅿. 🆎 ⓞ E 𝚅𝙸𝚂𝙰. ❀ Zim
   März - 10. Nov. – **M** a la carte 24/48 ⅃ – **15 Z : 30 B** 40/55 - 62/96.

🏠 **Börner**, Ferd.-Remy-Str. 27, ✆ 23 10, 🍽 – 🛗. E
➡ **M** a la carte 21/37 – **33 Z : 60 B** 40/47 - 70/84.

ALFDORF 7077. Baden-Württemberg 413 M 20 – 5 700 Ew – Höhe 500 m – ✪ 07172.
🎯 Alfdorf-Haghof, ✆ 30 40.
◆Stuttgart 49 – Schwäbisch Gmünd 12 – Schwäbisch Hall 40.

In Alfdorf 2-Haghof W : 5 km:

🏨 **Haghof**, Welzheimer Str. 3, ✆ (07182) 5 45, Telex 7246712, Fax 6394, 🚐, 🔲, 🚗, 🎯 – 🛗
   📺 ☎ 🅿 – 🔬 25/50. ⓞ E 𝚅𝙸𝚂𝙰
   Menu (auch vegetarisches Menu) 65 und a la carte 32/69 – **40 Z : 65 B** 95/115 - 110/150 Fb.

ALFELD (LEINE) 3220. Niedersachsen 987 ⑮, 412 M 11 – 23 800 Ew – Höhe 93 m – ✪ 05181
◆Hannover 52 – Göttingen 66 – Hildesheim 26 – ◆Kassel 108.

🏠 **City-Hotel** garni, Leinstr. 14, ✆ 30 73 – 🛗 📺 ☎ 🚗. 🆎 ⓞ E 𝚅𝙸𝚂𝙰. ❀
   Juli - Aug. 3 Wochen geschl. – **28 Z : 34 B** 55/70 - 95/130 Fb.

🏠 **Deutsches Haus**, Holzerstr. 25, ✆ 30 98, Fax 26100 – 🛗 📺 ☎ 🚗 – 🔬 25/80. 🆎 ⓞ E
   𝚅𝙸𝚂𝙰. ❀ Rest
   M a la carte 28/56 – **28 Z : 50 B** 55/75 - 99 Fb.

✗ Ratskeller, Marktplatz 1, ✆ 51 92.

In Alfeld-Hörsum SO : 3,5 km :

🏠 **Zur Eule** ⌕, Horststr. 45, ✆ 46 61, 🔲, 🚗 – ☎ 🅿. E
   M *(Montag geschl.)* a la carte 23/45 – **27 Z : 45 B** 40/45 - 80/100.

🏠 **Haus Rosemarie** garni, Horststr. 52, ✆ 34 33, 🚗 – ☎ 🅿
   12 Z : 22 B.

ALFTER 5305. Nordrhein-Westfalen 412 E 14 – 18 000 Ew – Höhe 173 m – ✪ 0228 (Bonn).
◆Düsseldorf 74 – ◆Aachen 89 – ◆Bonn 6 – ◆Köln 24.

✗✗✗ **Herrenhaus Buchholz**, Buchholzweg 1 (NW : 2 km), ✆ (02222) 6 00 05, « Gartenterrasse » – 🅿 – 🔬 25/50. ⓞ E
   M (Tischbestellung ratsam) a la carte 49/85.

ALITZHEIM Bayern siehe Sulzheim.

ALKEN 5401. Rheinland-Pfalz **412** F 16 — 700 Ew — Höhe 85 m — ۞ 02605 (Löf).
Mainz 93 — Cochem 28 — ✦Koblenz 23.

🏠 **Landhaus Schnee**, Moselstr. 6, ℰ 33 83, Fax 8126, ≼, ☎ — ▤ Rest 📺 ☎ ⇦ ℗. **E**
    20. Feb.- 1. März geschl. — **M** (Mittwoch ab 15 Uhr geschl.) a la carte 24/50 ⅃ — **20 Z : 40 B**
    50/80 - 90/120.

🏠 **Zum Roten Ochsen**, Moselstr. 14, ℰ 6 89, Fax 707, ≼ — ℗
    15. Dez.- Jan. geschl. — **M** (Montag bis 18 Uhr geschl.) a la carte 18/42 ⅃ — **40 Z : 72 B**
    40/70 - 70/90 Fb.

XX **Burg Thurant** mit Zim, Moselstr. 15, ℰ 35 81, 济, « Restaurant in einem alten Turm » —
    ℗ **E**
    25. Jan.- 5. März und 18.- 28. Juni geschl. — **M** (Montag - Dienstag 18 Uhr geschl., Okt.-
    Ostern wochentags nur Abendessen) a la carte 33/68 — **5 Z : 10 B** 70 - 100.

ALLENBACH Rheinland-Pfalz siehe Idar-Oberstein.

ALLENSBACH 7753. Baden-Württemberg **413** K 23, **987** ㉟, **427** ⑦ — 6 200 Ew — Höhe 400 m
— Erholungsort — ۞ 07533.
🛈 Verkehrsamt, Rathausplatz 2, ℰ 8 00 35.
✦Stuttgart 173 — ✦Konstanz 11 — Singen (Hohentwiel) 21.

🏠 **Haus Rose** garni, Konstanzer Str. 23, ℰ 31 00 — 📺 ☎ ⇦ ℗. **E**
    27. Dez.- 19. Jan. geschl. — **8 Z : 12 B** 68 - 106 Fb.

🏠 **Haus Regina** garni, Gallus-Zembroth-Str. 17, ℰ 50 91 — ℗
    18 Z : 28 B 44/52 - 88/94.

ALLERSBERG 8501. Bayern **413** Q 19, **987** ㉘ — 7 400 Ew — Höhe 384 m — ۞ 09176.
✦München 139 — Ingolstadt 65 — ✦Nürnberg 29 — ✦Regensburg 94.

🏠 Zum Roten Ochsen, Marktplatz 6, ℰ 4 61 — ☎ ℗
    11 Z : 22 B.

🏠 **Traube** garni, Gilardistr. 27, ℰ 3 67 — ℗
    29 Z : 50 B 45/65 - 72.

🏠 **Café Kattenbeck** garni, Marktplatz 12, ℰ 2 74 — ⇦ ℗. ① **E** 𝘝𝘐𝘚𝘈
    12 Z : 25 B 50/65 - 75/85.

An der Straße nach Nürnberg N : 6 km :

XXX **Faberhof**, ⊠ 8501 Pyrbaum, ℰ (09180) 6 13, Fax 2977, 济 — ℗. 🖭 ① **E**
    Dienstag geschl. — **M** a la carte 53/82.

ALPE ECK Bayern siehe Sonthofen.

ALPIRSBACH 7297. Baden-Württemberg **413** I 21, **987** ㉟ — 7 500 Ew — Höhe 441 m —
Luftkurort — Wintersport : 628/749 m ⚡2 ⚡5 — ۞ 07444.
Sehenswert : Ehemaliges Kloster★.
🛈 Kurverwaltung im Rathaus, Marktplatz, ℰ 61 42 81.
✦Stuttgart 99 — Freudenstadt 18 — Schramberg 19 — Villingen-Schwenningen 51.

🏠 **Rößle**, Aischbachstr. 5, ℰ 22 81 — 🛗 ☎ ⇦ ℗ 🖭
    10. Nov.- 1. Dez. geschl. — **M** (Montag geschl.) a la carte 25/46 — **26 Z : 51 B** 53/55 - 86/
    88 Fb.

🏠 **Waldhorn**, Kreuzgasse 4, ℰ 24 11 — ℗ 🖭 ① **E** 𝘝𝘐𝘚𝘈
    M a la carte 22/52 ⅃ — **10 Z : 18 B** 45/60 - 90/120 Fb.

In Alpirsbach-Aischfeld O : 5 km :

🏠 **Sonne**, Im Aischfeld 2, ℰ 23 30, ⇻ — ℗. ① **E** 𝘝𝘐𝘚𝘈
    Jan. 2 Wochen geschl. — **M** (Dienstag geschl.) a la carte 19/51 ⅃ — **21 Z : 38 B** 38/42 - 76.

In Alpirsbach-Ehlenbogen :

🏠 Mittlere Mühle ⬂, nahe der B 294 (NO : 6 km), ℰ 23 80, 济, ⇻, ✗ — ☎ ℗
    12 Z : 23 B.

🏠 **Adler**, an der B 294 (N : 2 km), ℰ 22 15, ⇻ — ⇦ ℗ 🖭 ① **E**
    März 2 Wochen geschl. — **M** (Mittwoch geschl.) a la carte 21/40 — **16 Z : 29 B** 38/50 - 56/85.

ALSFELD 6320. Hessen **987** ㉟, **412** K 14 — 17 100 Ew — Höhe 264 m — ۞ 06631.
Sehenswert : Marktplatz★ — Rathaus★ — Rittergasse (Fachwerkhäuser★).
🛈 Städt. Verkehrsbüro, Rittergasse 3, ℰ 18 21 65.
✦Wiesbaden 128 — ✦Frankfurt am Main 107 — Fulda 44 — ✦Kassel 93.

🏠 **Zum Schwalbennest** ⑤, Pfarrwiesenweg 12, ℰ 50 61, Telex 49460, Fax 71081, 🐎 – 🛏
→ 🖭 ☎ 🅟 – 🔏 25/100. 🖭 ⓘ ⴹ ⴹ 𝑉𝐼𝑆𝐴
M a la carte 21/51 – **65 Z : 130 B** 70 - 120 Fb.

🏠 **Krone**, Schellengasse 2 (B 62), ℰ 40 41, Fax 4043 – ☎ ◁▷ 🅟 – 🔏 25/50. 🖭 ⓘ ⴹ 𝑉𝐼𝑆𝐴
M a la carte 23/56 – **38 Z : 70 B** 55/65 - 90/98 Fb.

🏠 **Klingelhöffer**, Hersfelder Str. 4, ℰ 20 73, Fax 71064 – 🖭 ☎ ◁▷ 🅟 – 🔏 25/90. ⓘ ⴹ
→ 𝑉𝐼𝑆𝐴 – **M** 15/22 und a la carte 34/56 – **40 Z : 75 B** 47/60 - 79/120 Fb.

🏠 **Zur Erholung**, Grünberger Str. 26 (B 49), ℰ 20 23, Fax 2043 – ☎ ◁▷ 🅟 – 🔏 25/120. 🖭
→ ⓘ ⴹ 𝑉𝐼𝑆𝐴 – **M** a la carte 20/54 – **29 Z : 52 B** 50 - 90.

In Alsfeld-Eudorf NO : 3 km :

🏠 **Zur Schmiede**, Ziegenhainer Str. 26 (B 254), ℰ 22 82, 🐎 – 🛏 🖭 ◁▷ 🅟 – 🔏 25/300
→ **M** *(Montag bis 18 Uhr geschl.)* a la carte 21/40 🕯 – **53 Z : 98 B** 38/45 - 66/80.

In Romrod 1 6326 SW : 6 km über die B 49 :

🏨 **Sport-Hotel Vogelsberg** ⑤, Kneippstr. 1 (S : 1 km), ℰ (06636) 8 90, Telex 49404, Fax
89522, 🏖, 🐝, 🏊 (Gebühr), 🐎, ℀ (Halle), Fahrradverleih – 🛏 🖭 ☎ 🅟 – 🔏 25/180. 🖭
ⓘ ⴹ 𝑉𝐼𝑆𝐴 ℀ Rest
M a la carte 25/60 – **104 Z : 186 B** 109/129 - 178/268 Fb.

ALSHEIM 6526. Rheinland-Pfalz 412 413 I 17 – 2 700 Ew – Höhe 92 m – ✿ 06249.
Mainz 32 – Alzey 19 – ✦Darmstadt 34 – Worms 16.

🏖 **Hubertushof**, Mainzer Str. 1, ℰ 41 00, 🏖, 🏊 (geheizt), 🐎 – 🅟
27. Dez.- 20. Jan. geschl. – **M** *(nur Abendessen, Montag geschl.)* a la carte 25/48 🕯 – **9 Z :
16 B** 30/45 - 60/84.

ALTBACH Baden-Württemberg siehe Plochingen.

ALTDORF 8503. Bayern 413 R 18, 987 ② – 12 900 Ew – Höhe 446 m – ✿ 09187.
✦München 176 – ✦Nürnberg 22 – ✦Regensburg 80.

🏠 **Alte Nagelschmiede**, Oberer Markt 13, ℰ 56 45 – ☎ 🅟
Mitte Aug.- Mitte Sept. geschl. – **M** *(Tischbestellung ratsam)* (Sonntag - Montag 17 Uhr
geschl.) a la carte 24/50 – **22 Z : 28 B** 52/65 - 77/82.

🏠 **Türkenbräu** ⑤, Mühlweg 5, ℰ 23 21, Fax 8763 – ☎ ◁▷ 🅟
(nur Abendessen) – **33 Z : 42 B**.

℀ **Rotes Ross**, Oberer Markt 5, ℰ 52 72 – (Tischbestellung ratsam).

ALTDORF Bayern siehe Landshut.

ALTDROSSENFELD Bayern siehe Neudrossenfeld.

ALTENA 5990. Nordrhein-Westfalen 987 ⑭, 412 G 13 – 22 100 Ew – Höhe 159 m – ✿ 02352.
✦Düsseldorf 88 – Hagen 25 – Iserlohn 16 – Lüdenscheid 14.

℀℀ Burg Altena, Fritz-Thomée-Str.80 (in der Burg), ℰ 28 84 – 🅟.

In Altena-Dahle O : 7 km :

🏠 **Alte Linden** (restauriertes Fachwerkhaus a.d. 17. Jh.), Hauptstr. 38, ℰ 7 12 10, 🏖 – 🖭
☎ ⴹ
M *(Montag bis 17 Uhr geschl.)* a la carte 24/52 – **11 Z : 22 B** 60 - 95.

In Altena-Großendrescheid SW : 7 km, in Altroggenrahmede rechts ab :

🏠 **Gasthof Spelsberg** ⑤, Großendrescheid 17, ℰ 5 02 25, ≤, 🐎 – 🖭 ☎ 🅟
M *(Dienstag, Juli - Aug. 3 Wochen und 23. Dez.- 5. Jan. geschl.)* a la carte 29/48 – **10 Z :
22 B** 73/85 - 110 Fb.

ALTENAHR 5486. Rheinland-Pfalz 987 ②, 412 D 15 – 1 900 Ew – Höhe 169 m – ✿ 02643.
🚉 Verkehrsverein, im ehemaligen Bahnhof, ℰ 84 48.
Mainz 163 – ✦Bonn 30 – Euskirchen 29 – ✦Koblenz 62 – ✦Trier 113.

🏠 **Central-Hotel**, Brückenstr. 5, ℰ 18 15, 🏖 – 🅟 ℀
Dez. geschl. – **M** *(außer Saison Montag geschl.)* a la carte 24/57 – **25 Z : 47 B** 45/55 -
80/95.

🏠 **Zur Post**, Brückenstr. 2, ℰ 20 98, Fax 2095, 🐝, 🏊 – 🛏 🖭 ☎ 🅟 – 🔏 25/50. 🖭 ⓘ ⴹ
𝑉𝐼𝑆𝐴 – 20. Nov.- 20. Dez. geschl. – **M** a la carte 28/52 – **55 Z : 90 B** 50/75 - 90/130.

🏠 **Cafe Lang**, Altenburger Str. 1, ℰ 20 91, Telex 172643911, Fax 2090 – 🖭 ☎ 🅟 – 🔏 25/50
🖭 ⓘ ⴹ 𝑉𝐼𝑆𝐴
Jan.- Feb. geschl. – **M** a la carte 26/50 – **29 Z : 58 B** 59/69 - 118/138 Fb.

🏠 **Ruland**, Brückenstr. 6, ℰ 83 18, 🏖 – 🅟
→ **M** a la carte 21/45 – **43 Z : 80 B** 35/50 - 60/90.

℀℀ **Wein-Gasthaus Schäferkarre** (restauriertes Winzerhaus a.d.J. 1716), Brückenstr. 29,
ℰ 71 28, bemerkenswertes Angebot von Ahrweinen – 🖭 ⓘ ⴹ. ℀
Montag und 20. Dez.- Ende Jan. geschl. – Menu 23/30 (mittags) und a la carte 32/58.

ALTENAU 3396. Niedersachsen 🔢🔢🔢 ⑯, 🔢🔢🔢 J 12 − 2 900 Ew − Höhe 450 m − Heilklimatischer Kurort − Wintersport : 450/900 m ⟨3 ⟨3 − ✪ 05328.

🛈 Kurverwaltung, Schultal 5, ℰ 8 02 22.

♦Hannover 109 − ♦Braunschweig 61 − Göttingen 71 − Goslar 18.

- 🏠 **Moock's Hotel**, Am Schwarzenberg 11, ℰ 2 22, 🏠 − 📺 ☎ ⟨ ❷
  14 Z : 25 B Fb.

- 🏠 **Landhaus am Kunstberg** ⟨ garni, Bergmannsstieg 5, ℰ 2 55, ⟨, ⟨s, 🗔, 🎝 − 📺 ☎ ⟨ ❷. ⟨
  4. Nov.- 18. Dez. geschl. − **14 Z : 26 B** 58/70 - 98/116 Fb − 7 Fewo 45/95.

- 🏠 **Gebirgshotel** ⟨, Kleine Oker 17, ℰ 2 18, ⟨s, 🗔, 🎝 − 🛗 ☎ ⟨ ❷. ⟨ Rest
  ♦ **M** a la carte 20/40 − **39 Z : 62 B** 44/52 - 82/88.

- ✕ **Kaminrestaurant Zur Kleinen Oker**, Kleine Oker 34, ℰ 5 84, 🏠 − ❷. ⓘ
  ♦ Donnerstag, 8.- 28. April und 4. Nov.- 15. Dez. geschl. − **M** 14/23 und a la carte 24/40.

ALTENBERGE 4417. Nordrhein-Westfalen 🔢🔢🔢 ⑭, 🔢🔢🔢 F 10 − 8 000 Ew − Höhe 104 m − ✪ 02505.

♦Düsseldorf 138 − Enschede 49 − Münster (Westfalen) 15.

- 🏠 **Stüer**, Laerstr. 6, ℰ 12 12, Fax 3747, ⟨s, 🎝 − 📺 ☎ ❷. 🖭 ⓘ 🄴 🆅🆂🄰
  M (Dienstag - Freitag nur Abendessen, Montag geschl.) a la carte 30/44 − **43 Z : 82 B** 42/75 - 76/140.

ALTENGLAN 6799. Rheinland-Pfalz 🔢🔢🔢 ③, 🔢🔢🔢 F 18 − 3 500 Ew − Höhe 199 m − ✪ 06381.

Mainz 102 − Kaiserslautern 27 − ♦Saarbrücken 72 − ♦Trier 94.

Beim Wildpark Potzberg SO : 7 km − Höhe 562 m :

- 🏠 **Turm-Hotel** ⟨, Auf dem Potzberg, ⊠ 6791 Föckelberg, ℰ (06385) 56 77, ⟨ Pfälzer Bergland, 🏠, ⟨s − ⟨ ❷ − 🔏 25/80
  15. Jan.- 15. Feb. geschl. − **M** (Montag geschl.) a la carte 23/45 ⟨ − **25 Z : 50 B** 45/55 - 75/98.

ALTENHEIM Baden-Württemberg siehe Neuried.

ALTENKIRCHEN IM WESTERWALD 5230. Rheinland-Pfalz 🔢🔢🔢 ㉔, 🔢🔢🔢 F 14 − 5 300 Ew − Höhe 245 m − ✪ 02681.

Mainz 110 − ♦Bonn 49 − ♦Koblenz 56 − ♦Köln 65 − Limburg an der Lahn 50.

- 🏠 **Haus Hubertus** ⟨, Frankfurter Str. 59a, ℰ 34 28, 🏠, « Garten » − ☎ ⟨ ❷. 🖭 ⓘ 🄴 🆅🆂🄰
  M (Freitag und 2. Jan.- Feb. geschl.) a la carte 25/52 − **13 Z : 23 B** 49/55 - 90/100 Fb.

In Altenkirchen-Leuzbach SW : 2 km :

- 🏠 **Petershof**, Wiedstr. 84, ℰ 29 83, 🏠, 🎝 − ⟨ ❷
  M (Freitag geschl.) a la carte 23/44 − **7 Z : 11 B** 35/48 - 80.

In Weyerbusch 5231 NW : 8 km − Luftkurort :

- 🏠 **Sonnenhof**, Kölner Str. 33 (B 8), ℰ (02686) 83 33 − ☎ ⟨ ❷ − 🔏 30/200
  13 Z : 24 B.

ALTENKUNSTADT Bayern siehe Burgkunstadt.

ALTENMARKT Bayern siehe Fürstenzell.

ALTENMARKT AN DER ALZ 8226. Bayern 🔢🔢🔢 U 22,23, 🔢🔢🔢 ⑦, 🔢🔢🔢 ⑲ − 3 300 Ew − Höhe 490 m − ✪ 08621 (Trostberg).

♦München 82 − Passau 113 − Rosenheim 44 − Salzburg 60.

- 🏠 **Angermühle**, Angermühle 1, ℰ 30 26, 🏠 − ⟨ ❷
  M (Freitag - Samstag geschl.) a la carte 24/46 − **28 Z : 45 B** 35/55 - 65/85.

ALTENMEDINGEN Niedersachsen siehe Bevensen, Bad.

ALTENSTADT 7919. Bayern 🔢🔢🔢 ㊱, 🔢🔢🔢 N 22, 🔢🔢🔢 C 4 − 4 500 Ew − Höhe 530 m − ✪ 08337.

♦München 165 − Bregenz 93 − Kempten (Allgäu) 58 − ♦Ulm (Donau) 36.

- 🏠 Zur Sonne, Bahnhofstr. 8, ℰ 14 02 − ☎ ⟨ ❷
  32 Z : 60 B Fb.

In Altenstadt-Illereichen

- 🏠🏠 ⟨ **Landhotel Schloßwirtschaft** ⟨, Kirchplatz 2, ℰ 80 45, Fax 460, 🏠, 🎝 − 📺 ☎ ⟨ ❷. 🖭 ⓘ 🄴 🆅🆂🄰
  M (abends Tischbestellung ratsam) (Montag geschl.) 122/145 und a la carte 76/93 − **11 Z : 23 B** 96 - 140/160
  Spez. Parfait von Gänsestopfleber, Lammcarré mit Sesam überkrustet, Apfeltarte mit Champagnereis..

69

ALTENSTEIG 7272. Baden-Württemberg **413** I 21. **987** ㉟ — 10 300 Ew — Höhe 504 m — Luftkurort — Wintersport : 561/584 m ✔1 ✗1 — ✪ 07453.

Sehenswert : Lage★ — ≼★ auf Berneck (von der Straße nach Calw).

🛈 Städt. Verkehrsamt, Rosenstr. 28 (ev. Gemeindehaus), ✆ 66 33.

♦Stuttgart 68 — Freudenstadt 25 — Tübingen 48.

🛎 **Traube**, Rosenstr. 6, ✆ 70 33, Fax 7037 — ⇐ 🅿. 🖭 ⓞ **E**. ❄ Zim
— 26. Okt.- 21. Nov. geschl. — **M** (Montag geschl.) a la carte 20/42 ⬧ — **33 Z : 52 B** 35/50 - 64/90.

🛎 **Deutscher Kaiser**, Poststr. 1, ✆ 85 58 — ⇐ 🅿. ⓞ **E**
— 20. Sept.- 19. Okt. geschl. — **M** (Freitag geschl.) a la carte 23/43 ⬧ — **9 Z : 15 B** 32/44 - 62/84.

In Altensteig 4-Berneck NO : 3 km — Erholungsort :

🏨 **Traube**, Hauptstr. 22, ✆ 80 04, ☎, ☒ — 🛗 📺 ☎ ⇐ 🅿 — ♨ 25/40
M a la carte 29/60 ⬧ — **54 Z : 85 B** 45/75 - 75/130 Fb.

🛎 **Rössle** (mit 🏨 Gästehaus, ⏅), Marktplatz 8, ✆ 81 56, ☎, ☒, ⇔ — 📺 ⇐ 🅿.
— ❄ Zim
Mitte Nov.- Mitte Dez. geschl. — **M** (Mittwoch geschl.) a la carte 20/42 — **26 Z : 42 B** 70 - 130 — ½ P 86.

In Altensteig 5-Spielberg SW : 5 km :

🛎 **Ochsen**, Römerstr. 2, ✆ 61 22, ⇔ — ⇐ 🅿
— Nov. geschl. — **M** (Montag geschl.) a la carte 23/37 ⬧ — **16 Z : 31 B** 30/45 - 60/76 — ½ P 34/50.

In Altensteig 1-Überberg NW : 2 km :

🏠 **Hirsch**, Simmersfelder Str. 24, ✆ 82 90, ☎, ⇔ — ⇐ 🅿. 🖭
— Mitte - Ende Nov. geschl. — **M** (Dienstag geschl.) a la carte 21/52 ⬧ — **18 Z : 36 B** 38/50 - 70/95 — ½ P 55/65.

In Altensteig 6-Wart NO : 7 km :

🏰 **Sonnenbühl** ⏅, Wildbader Str. 44, ✆ (07458) 77 10, Telex 765400, Fax 771522, ⇔, Bade- und Massageabteilung, ☎, ☒, ⇔, ❄ — 🛗 📺 ⚗ 🅿 — ♨ 25/200. 🖭 **E** 𝐕𝐈𝐒𝐀
M a la carte 42/65 — **112 Z : 220 B** 120/160 - 165/195 Fb.

ALTGLASHÜTTE Bayern siehe Bärnau.

ALTGLASHÜTTEN Baden-Württemberg siehe Feldberg im Schwarzwald.

ALTLOHBERGHÜTTE Bayern siehe Lohberg.

ALTÖTTING 8262. Bayern **413** V 22. **987** ㊲. **426** ⑥ — 12 000 Ew — Höhe 402 m — Wallfahrtsort — ✪ 08671.

🛈 Wallfahrts- und Verkehrsbüro, Kapellplatz 2a, ✆ 80 68, Fax 6303.

♦München 93 — Landshut 64 — Passau 83 — Salzburg 66.

🏰 **Zur Post**, Kapellplatz 2, ✆ 50 40, Telex 56962, Fax 6214, ⇔, ☎, ☒ — 🛗 📺 🅿 — ♨ 25/150. 🖭 ⓞ **E** 𝐕𝐈𝐒𝐀
M a la carte 30/65 — **100 Z : 160 B** 105/190 - 145/250 Fb.

🏨 **Schex**, Kapuziner Str. 13, ✆ 40 21, Biergarten — 🛗 ⇐ 🅿
50 Z : 98 B.

🏨 **Parkhotel** garni, Neuöttinger Str. 28, ✆ 1 20 27 — 📺 ☎ ⇐ 🅿. 🖭 **E**
18 Z : 28 B 75 - 130 Fb.

🏠 **Plankl**, Schlotthamer Str. 4, ✆ 65 22, Fax 12495 — 🛗 🅿. 🖭
— **M** a la carte 21/31 — **78 Z : 100 B** 40/80 - 76/160.

🛎 **Scharnagl**, Neuöttinger Str. 2, ✆ 69 83 — ⇐ 🅿
— 20. Dez.- 10. Jan. geschl. — **M** a la carte 18/34 — **105 Z : 180 B** 48/56 - 80/95.

In Bräu im Moos SW : 9,5 km, über Tüßling :

✕ Bräu im Moos, Moos 21, ✉ 8261 Tüßling, ✆ (08633) 10 41, Fax 7941, Biergarten, Brauerei-Museum, Hirschgehege — 🅿.

In Teising 8261 W : 5 km :

✕ **Gasthof Hutter**, Hauptstr. 17 (B 12), ✆ (08633) 2 07, ⇔
— Dienstag 14 Uhr - Mittwoch und Nov. 3 Wochen geschl. — **M** a la carte 21/37.

In Tüßling-Kiefering 8261 W : 6 km über die B 299 :

🏠 **Landgasthof zum Bauernsepp**, ✆ (08633) 71 02, Fax 7994, « Innenhofterrasse », ❄ — 📺 ☎ 🅿 — ♨ 25/70. 🖭 **E**
M a la carte 26/60 — **40 Z : 80 B** 50/80 - 85/120.

ALTRIP Rheinland-Pfalz siehe Ludwigshafen am Rhein.

ALTWEILNAU Hessen siehe Weilrod.

ALZENAU 8755. Bayern 987 ㉘. 412 413 K 16 — 16 000 Ew — Höhe 114 m — 🕭 06023.
🛈 Städt. Verkehrsamt, Am Marktplatz 2, 𝒫 3 02 30.
◆München 378 — Aschaffenburg 19 — ◆Frankfurt am Main 36.

In Alzenau-Hörstein S : 4 km :

🏨 **Käfernberg** ⤾, Mömbriser Str. 9, 𝒫 26 26, Fax 2822, ≤, 霈, « Weinstube im alpenländischen Stil », 🚗 — 👪 📺 ☎ 🅿. 🆒 ⓘ 🄴 𝘝𝘐𝘚𝘈
M *(Sonntag, 1.- 7. Jan. und 28. Juli - 18. Aug. geschl.)* a la carte 38/67 — **31 Z : 58 B** 65/108 - 105/150 Fb.

In Alzenau-Wasserlos SO : 2 km :

🏨 **Krone am Park** ⤾ garni, Hellersweg 1, 𝒫 60 52, Telex 4188169, Fax 8724, ≤, 🚗, 🛋, ❤
— 📺 ☎ ⟷ 🅿 — 👪 25
28 Z : 37 B 84/114 - 144/164 Fb.

🏨 **Schloßberg im Weinberg** ⤾, Schloßberg 2, 𝒫 10 58, Fax 30253, ≤ Maintal, 霈, 🔲 —
📺 ☎ 🅿 — 👪 25/50. 🆒 ⓘ 🄴 𝘝𝘐𝘚𝘈
2.- 25. Jan. geschl. — **M** a la carte 34/65 — **19 Z : 31 B** 75/115 - 118/170 Fb.

🏠 **Krone** ⤾, Hahnenkammstr. 37, 𝒫 60 25, Telex 4188169, Fax 8724 — ☎ 🅿 — 👪 25/50
Mitte Juli - Mitte Aug. geschl. — **M** *(Sonntag 15 Uhr - Montag 17 Uhr geschl.)* a la carte
26/55 — **22 Z : 34 B** 58/85 - 110/120 Fb.

☞ *Keine Aufnahme in den Michelin-Führer durch*
  - *Beziehungen oder*
  - *Bezahlung*

ALZENBACH Nordrhein-Westfalen siehe Eitorf.

ALZEY 6508. Rheinland-Pfalz 987 ㉘. 412 H 17 — 15 800 Ew — Höhe 173 m — 🕭 06731.
🛈 Städt. Verkehrsamt, Fischmarkt 3, 𝒫 65 03, Fax 495555.
Mainz 34 — ◆Darmstadt 48 — Kaiserslautern 49 — Bad Kreuznach 29 — Worms 28.

🏨 **Alzeyer Hof**, Antoniterstr. 60, 𝒫 88 05, Fax 6267 — 👪 📺 ☎ ⟷ — 👪 60. 🆒 🄴 𝘝𝘐𝘚𝘈
M *(Dienstag geschl.)* a la carte 40/64 — **25 Z : 56 B** 89 - 109.

🏨 **Rheinhessen - Treff**, Industriestr. 13 (O : 1 km, nahe der Autobahn), 𝒫 40 30, Telex 42461,
Fax 403106, 霈, ❤ (Halle) — 📺 ☎ 🅿 — 👪 25/110. 🆒 ⓘ 🄴 𝘝𝘐𝘚𝘈
M a la carte 31/52 ⓙ — **97 Z : 135 B** 89/99 - 122 Fb.

🏨 **Am Schloss** ⤾ garni, Amtgasse 39, 𝒫 86 56 — 📺 ☎ ✆ 🅿 — 👪 25/50
24 Z : 45 B Fb.

🏠 **Krause**, Gartenstr. 2, 𝒫 61 81 — 📺 ☎ ⟷ 🅿. 🆒 🄴
1.- 14. Jan. geschl. — **M** *(Samstag bis 18 Uhr geschl.)* a la carte 33/64 ⓙ — **16 Z : 20 B** 69 -
99.

AMBERG 8450. Bayern 413 S 18, 987 ㉗ — 42 000 Ew — Höhe 374 m — 🕭 09621.
Sehenswert : Deutsche Schulkirche★ AZ A.
🛈 Fremdenverkehrsamt, Zeughausstr. 1 a, 𝒫 1 02 39.
ADAC, Kaiser-Wilhelm-Ring 29a, 𝒫 2 23 80, Notruf 𝒫 1 92 11, Telex 631247.
◆München 204 ⑤ — Bayreuth 79 ⑥ — ◆Nürnberg 61 ⑤ — ◆Regensburg 64 ③.

Stadtplan siehe nächste Seite.

🏨 **Drahthammer Schlößl**, Drahthammer Str. 30, 𝒫 8 50 88, Fax 88424, 霈 — ☎ 🅿. 🆒 ⓘ
🄴 𝘝𝘐𝘚𝘈   BY **a**
Aug. geschl. — **M** *(Dienstag geschl.)* 30/65 — **14 Z : 23 B** 65/75 - 110/120 Fb.

🏨 **Brunner**, Batteriegasse 3, 𝒫 2 39 44 — 👪 ☎ ⟷   BZ **e**
(nur Abendessen für Hausgäste) — **40 Z : 63 B** Fb.

🏠 **Fleischmann** garni, Wörthstr. 4, 𝒫 1 51 32 — 📺 ☎ ⟷. 🄴   AZ **f**
24. Dez.- 6.Jan. geschl. — **34 Z : 50 B** 35/69 - 70/110 Fb.

XX **Casino - Altdeutsche Stube**, Schrannenplatz 8, 𝒫 2 26 64, Fax 22066 — 👪 25/200. 🆒
ⓘ 🄴 𝘝𝘐𝘚𝘈   AZ **T**
Donnerstag und 10.- 31. Aug. geschl. — **M** a la carte 30/60.

In Freudenberg 8451 NO : 10 km über Krumbacher Straße BY :

🏨 **Hammermühle** ⤾, Hammermühlstr. 1, 𝒫 (09627) 6 11, 霈, ❤, 🚗, ❤ — ☎ 🅿 —
◆ 👪 25/50. 🆒 ⓘ 🄴 𝘝𝘐𝘚𝘈
M *(Jan.- März Freitag geschl.)* 20/50 — **28 Z : 52 B** 72/78 - 104/118 Fb.

AMBERG

AMBURGO = Hamburg.

AMELINGHAUSEN 2124. Niedersachsen 987 ⑮ – 2 700 Ew – Höhe 65 m – Erholungsort –
🕿 04132.
◀ Verkehrs- und Kulturverein, Lüneburger Str. 50 (Rathaus), 𝒫 92 09 19, Fax 920916.
Hannover 104 – ◆Hamburg 57 – Lüneburg 26.

  🏠 **Schenck's Gasthaus** (mit Gästehaus Bergpension 🦢), Lüneburger Str. 48, 𝒫 3 14, 🚘,
    🔲, 🚗 – 🕿 ⟺ 🅿 – 🔏 50. 🅰🅴 ⓞ 🄴 𝘝𝘐𝘚𝘈
    M a la carte 28/42 – **29 Z : 54 B** 55/80 - 75/120 Fb – ½ P 65/85.

  🔾 **Fehlhaber**, Lüneburger Str. 38, 𝒫 3 76 – ⟺ 🅿
    M (Mittwoch geschl.) a la carte 24/52 – **11 Z : 22 B** 42/50 - 84/90 – ½ P 55/58.

  In Wriedel-Wettenbostel 3111 SO : 8 km :

  🏠 **Zur Erika** 🦢, Brunnenweg 1, 𝒫 (05829) 5 29, 🏡, 🚘, 🚗 – ⟺ 🅿
    März geschl. – **M** (Mittwoch geschl.) a la carte 23/42 – **15 Z : 28 B** 40/45 - 76/88 – 2 Fewo
    60.

AMERDINGEN 8861. Bayern 413 O 20 – 750 Ew – Höhe 530 m – 🕿 09008.
◆München 132 – ◆Augsburg 66 – Nördlingen 17 – ◆Ulm (Donau) 67.

  🏠 **Landhotel Kesseltaler Hof** 🦢, Graf-Stauffenberg-Str. 21, 𝒫 6 16, 🏡, « Renoviertes
  ← ehemaliges Bauernhaus », 🚘, 🔲, 🚗 – 🕿 ⟺ 🅿. ⓞ 🄴
    Feb. 2 Wochen geschl. – **M** (Dienstag geschl.) a la carte 20/54 – **13 Z : 28 B** 60 - 98/125 Fb.

AMMERBUCH 7403. Baden-Württemberg 413 J 21 – 10 000 Ew – Höhe 365 m – 🕿 07073.
Stuttgart 44 – Freudenstadt 51 – Pforzheim 67 – Reutlingen 25.

  In Ammerbuch 1-Entringen :

  🍴🍴 Im Gärtle, Bebenhauser Str. 44, 𝒫 64 35, « Gartenterrasse » – 🅿.

  In Ammerbuch 2-Pfäffingen :

  🏠 **Lamm**, Dorfstr. 42, 𝒫 30 50, Fax 30513, 🏡 – 📺 🕿 🅿. 🅰🅴 ⓞ 🄴 𝘝𝘐𝘚𝘈
    22. Dez.- 8. Jan. geschl. – **M** (auch vegetarische Gerichte) (Samstag bis 18 Uhr und Montag
    geschl.) a la carte 28/60 – **20 Z : 35 B** 65/79 - 95/110 Fb.

AMMERN Thüringen siehe Mühlhausen.

AMMERTSWEILER Baden-Württemberg siehe Mainhardt.

AMÖNEBURG 3572. Hessen 412 J 14 – 4 800 Ew – Höhe 362 m – Erholungsort – 🕿 06422.
◆Wiesbaden 125 – Gießen 34 – Bad Hersfeld 71 – ◆Kassel 97 – Marburg 14.

  🍴🍴 Dombäcker, Markt 18, 𝒫 37 55, 🏡.

AMORBACH 8762. Bayern 987 ㉖. 412 413 K 18 – 5 000 Ew – Höhe 166 m – Luftkurort –
🕿 09373.
Sehenswert : Abteikirche* (Chorgitter*, Bibliothek*, Grüner Saal*).
🎫 Städt. Verkehrsamt, im alten Rathaus, Marktplatz, 𝒫 7 78.
◆München 353 – Aschaffenburg 47 – ◆Darmstadt 69 – Heidelberg 67 – ◆Würzburg 77.

  🏠 **Post**, Schmiedstr. 2, 𝒫 14 10, 🏡, 🚘, 🚗 – 📱 🕿 ⟺ 🅿. 🍽 Rest
    30 Z : 53 B Fb.

  🏠 **Frankenberg** 🦢, Gotthardsweg 12 (Sommerberg), 𝒫 12 50, ≤, 🏡, 🔲, 🔲, 🚗 – 🕿 ⟺
    🅿 ⓞ 🄴
    15. Feb.- 15. Nov. – **M** a la carte 23/43 – **20 Z : 37 B** 65/75 - 90/98 – ½ P 63/88.

  🏠 **Badischer Hof** (mit Gästehaus 🦢), Am Stadttor 4, 𝒫 12 08, 🏡 – ⟺ 🅿
    32 Z : 50 B.

  🍴🍴 **Victoria**, Johannesturmstr. 10, 𝒫 17 50 – 🄴
    Dienstag sowie Jan. und Aug .jeweils 2 Wochen geschl. – **M** a la carte 39/64.

  In Amorbach-Boxbrunn NW : 10 km :

  🔾 **Bayerischer Hof** (mit Gästehaus), Hauptstr. 8 (B 47), 𝒫 14 35 – ⟺ 🅿
  ← *22. Mai - 7. Juni und 29. Dez.- 26. Jan. geschl.* – **M** (Freitag geschl.) a la carte 19/32 🍷 –
    15 Z : 28 B 32/42 - 58/76.

  Im Otterbachtal W : 3 km über Amorsbrunner Straße :

  🏠 **Der Schafhof** 🦢 (ehem. Klostergut), ✉ 8762 Amorbach, 𝒫 (09373) 80 88, Telex 689293,
    Fax 4120, ≤, 🏡, 🚗, 🎾 – 📺 🕿 🅿 – 🔏 35. 🅰🅴 ⓞ 🄴 𝘝𝘐𝘚𝘈. 🍽 Zim
    2. Jan.- 7. Feb. geschl. – **M** (bemerkenswerte Weinkarte) a la carte 50/80 – **16 Z : 32 B**
    130/150 - 165/265 Fb.

AMPFING 8261. Bayern 🔟🔢🔥 U 22. 🄰🄱🄲 ⑦. 🄰🄲🄶 ⑤ — 5 100 Ew — Höhe 415 m — 🕿 08636.
♦München 74 — Landshut 60 — Salzburg 89.

🏠 **Fohlenhof**, Zangberger Str. 23, 𝄢 8 88, Fax 7691, 🍴 — 🕿 🄿 🄰🄴 ⓸ E 𝘝𝘐𝘚𝘈
M *(Freitag - Samstag 17 Uhr und 12.- 31. Aug. geschl.)* a la carte 24/56 — **31 Z : 47 B** 63/85 - 110/130 Fb.

AMRUM (Insel) Schleswig-Holstein 🗾🔢🔥 ④ — Seeheilbad — Insel der Nordfriesischen Inselgruppe.

🚢 von Dagebüll (ca. 2 h). Für PKW Voranmeldung bei Wyker Dampfschiffs-Reederei GmbH in 2270 Wyk auf Föhr, 𝄢 (04681) 7 01.

Nebel 2278. — 1 045 Ew — 🕿 04682 — 🅸 Kurverwaltung, 𝄢 5 44.

🍴 **Ekke-Nekkepenn**, Waasterstigh 17, 𝄢 22 45 — 🄿
Mitte März - Ende Okt. und 30. Dez.- 5. Jan. geöffnet, außer Saison Montag geschl. — **M** a la carte 25/50.

Norddorf 2278. — 900 Ew — 🕿 04682 — 🅸 Kurverwaltung, 𝄢 8 11 — Nebel 4 — Wittdün 9.

🏠 **Hüttmann** 🐾, 𝄢 8 68, Fax 595, ≼, 🍴, 🔥 — 🔲 🕿 🄿. 🍽
15. März - Sept. — **M** a la carte 28/62 — **26 Z : 50 B** 53/96 - 86/195 Fb — 4 Fewo 105/150 — ½ P 68/121.

🏠 **Seeblick** 🐾 (Appartement-Hotel), Strunwai 13, 𝄢 8 88, Fax 2574, 🍴, Bedeabteilung, 🌊, 🔲, 🔥 — 🛗 🔲 🕿 🚗 🄿 — 🄰 80. ⓸ E 𝘝𝘐𝘚𝘈
7. Jan.- 12. Feb. geschl. — **M** *(Nov.- März Montag und Dienstag geschl.)* a la carte 28/57 — **22 Z : 44 B** 115/125 - 200/220 Fb — 15 Fewo 100/180 — ½ P 135/145.

🏠 **Öömrang Wiartshüs** 🐾, 𝄢 8 36, « Altfriesische Kate, Seemannsstube », 🌊, 🔥 — 🔲 🕿 🄿 — **12 Z : 26 B** Fb — 2 Fewo.

🏠 **Graf Luckner** 🐾, 𝄢 23 67, Fax 2467 — 🄿
Nov.- 24. Dez. geschl. — **M** *(Dienstag - Mittwoch geschl.)* a la carte 30/56 — **18 Z : 29 B** 60/65 - 120/130 — ½ P 75/80.

Wittdün 2278. — 680 Ew — 🕿 04682.
🅸 Kurverwaltung, 𝄢 8 61.

🏠 **Strandhotel Vierjahreszeiten** 🐾, Obere Wandelbahn 16, 𝄢 3 50, ≼ Nordsee, 🍴 — 🔲 🕿 🄿. 🍽 Rest — **35 Z : 65 B** — 2 Fewo.

🏠 **Ferienhotel Weiße Düne**, Achtern Strand 6, 𝄢 8 55, Fax 2039, 🌊, 🔲 — 🔲 🕿 🄿
10. Nov.- 10. Dez. geschl. — **M** *(Montag geschl.)* a la carte 33/70 — **13 Z : 40 B** 110/120 - 166/183 Fb — ½ P 129/166.

ANDECHS (Klosterkirche) Bayern. Sehenswürdigkeit siehe Herrsching am Ammersee.

ANDERNACH 5470. Rheinland-Pfalz 🗾🔢🔥 ⑳. 🄰🄱🄲 F 15 — 28 000 Ew — Höhe 65 m — 🕿 02632.
🅸 Touristinformation, Läufstr. 11, 𝄢 40 62 24.
Mainz 120 — ♦Bonn 43 — ♦Koblenz 18 — Mayen 23.

🏠 **Parkhotel Andernach**, Konrad-Adenauer-Allee 33, 𝄢 4 40 51, Telex 865738, Fax 493441, ≼, 🍴 — 🔲 🕿 🚗 🄿 — 🄰 25/300. 🄰🄴 E 𝘝𝘐𝘚𝘈. 🍽
M 26 (mittags) und a la carte 40/70 — **28 Z : 56 B** 85 - 140 Fb.

🏠 **Fischer**, Am Helmwartsturm 4, 𝄢 49 20 47, Fax 45547 — 🛗 🔲 🕿. 🄰🄴 ⓸ E 𝘝𝘐𝘚𝘈
M *(Samstag bis 18 Uhr und Sonntag geschl.)* 45 (mittags) und a la carte 58/75 — **20 Z : 40 B** 115/160 - 160/240 Fb.

🏠 **Villa am Rhein**, Konrad-Adenauer-Allee 31, 𝄢 4 40 56, ≼, 🍴 — 🔲 🕿 🄿. 🄰🄴 ⓸ E 𝘝𝘐𝘚𝘈
Jan. 2 Wochen geschl. — **M** a la carte 34/53 🍷 — **25 Z : 50 B** 80 - 130 Fb.

🏠 **Traube**, Konrad-Adenauer-Allee 14, 𝄢 4 50 30, ≼, 🍴 — 🕿. 🄰🄴 ⓸ E 𝘝𝘐𝘚𝘈
M *(Montag und 15. Nov.- 15. Dez. geschl.)* a la carte 30/60 — **23 Z : 45 B** 54/65 - 95 Fb.

🏠 **Altenhofen** (historisches Haus a.d.J. 1677), Steinweg 30, 𝄢 4 44 47, Fax 494865 — 🔲 🕿 🄰🄴 ⓸ E 𝘝𝘐𝘚𝘈
22. Dez.- 6. Jan. geschl. — **M** *(nur Abendessen, Sonntag geschl.)* a la carte 31/55 — **10 Z 20 B** 80/90 - 130/150.

🏠 **Meder**, Konrad-Adenauer-Allee 17, 𝄢 4 26 32, ≼ — 🔲 🕿. 🄰🄴 ⓸ E 𝘝𝘐𝘚𝘈. 🍽 Rest
(nur Abendessen für Hausgäste) — **10 Z : 19 B** 80/90 - 130/140.

🏠 **Urmersbach** 🐾 garni, Frankenstr. 6, 𝄢 4 55 22 — 🚗 🄿
28 Z : 45 B 50 - 90.

🏠 **Maaßmann** garni, Markt 12, 𝄢 4 22 36 — 🚗
13 Z : 24 B 50/60 - 90.

🍴🍴 **Bagatelle**, Hochstr. 92 (Eingang Obere Wallstraße), 𝄢 49 33 81, 🍴 — 🄰🄴 ⓸ E 𝘝𝘐𝘚𝘈
Montag geschl. — **M** a la carte 48/75.

🍴🍴 **Krahnenburg**, Auf dem Krahnenberg 17 (NW : 2 km), 𝄢 49 27 47, ≼ Rheintal, 🍴 — 🄿 🄰🄴 ⓸ E 𝘝𝘐𝘚𝘈
Freitag geschl. — **M** a la carte 32/58.

ANDREASBERG Nordrhein-Westfalen siehe Bestwig.

ANGELBACHTAL 6929. Baden-Württemberg **412** **413** J 19 – 3 600 Ew – Höhe 154 m – ✆ 07265.

✦Stuttgart 91 – Heilbronn 40 – ✦Karlsruhe 47 – ✦Mannheim 44.

In Angelbachtal-Eichtersheim :

XX **Schloß Eichtersheim** (Wasserschloß in einem Park), Schloßstr. 1, ✆ 72 00 – 🅿
Montag - Dienstag 18 Uhr, über Fasching und Juli - Aug. 3 Wochen geschl. – **M** a la carte 45/76.

In Angelbachtal-Michelfeld :

🏨 **Schloß Michelfeld**, Friedrichstr. 2, ✆ 70 41, Fax 279, 🏤 – 🛗 📺 ☎ ⇔ 🅿. 🆎 ⑩ ⅇ 𝘝𝘐𝘚𝘈
M (Montag - Dienstag 18 Uhr, über Fasching 1 Woche und Juli - Aug. 3 Wochen geschl.) a la carte 39/70 – **18 Z : 34 B** 95/130 - 150/200 Fb.

ANIF Österreich siehe Salzburg.

ANKUM 4554. Niedersachsen – 5 200 Ew – Höhe 54 m – ✆ 05462.

✦Hannover 149 – ✦Bremen 103 – Nordhorn 62 – ✦Osnabrück 40.

🏨 **Artland-Sporthotel** ⤓, Tütinger Str. 28, ✆ 4 56, Fax 8732, 😊, 🏊, 🎾 (Halle) – 🛗 📺 ☎
🅿 – 🔬 25/100. 🆎 ⑩ ⅇ 𝘝𝘐𝘚𝘈
M a la carte 31/60 – **57 Z : 117 B** 75/95 - 120/175 Fb.

🏨 **Schmidt**, Hauptstr. 35, ✆ 88 90, Telex 941418, Fax 88988, 😊 – ☎ 🅿 – 🔬 50. 🎇
19 Z : 34 B Fb.

☝ **Raming**, Hauptstr. 21, ✆ 2 02 – ⇔ 🅿
M a la carte 20/33 – **18 Z : 28 B** 25/50 - 50/85.

ANNOVER = Hannover.

ANNWEILER 6747. Rheinland-Pfalz **987** ㉔, **412** **413** G 19, **242** ⑥ – 7 300 Ew – Höhe 183 m – Luftkurort – ✆ 06346.

Ausflugsziele : Burg Trifels : Lage✶, Kapellenturm ⁂✶ O : 7 km – Asselstein : Felsen✶ S : 5 km.

🛈 Verkehrsamt, Rathaus, ✆ 22 00.

Mainz 125 – Landau in der Pfalz 15 – Neustadt an der Weinstraße 33 – Pirmasens 33 – Speyer 42.

🏠 **Bergterrasse** ⤓ garni, Trifelsstr. 8, ✆ 72 19, 🌳 – 🅿. 🎇
25 Z : 41 B 35/40 - 70.

☝ **Richard Löwenherz**, Burgstr. 23, ✆ 83 94 – 🅿. ⅇ 𝘝𝘐𝘚𝘈
Jan.- Feb. 3 Wochen geschl. – **M** (Mittwoch geschl.) a la carte 20/50 ⅄ – **11 Z : 19 B** 36/43 - 72.

☝ **Scharfeneck**, Altenstr. 17, ✆ 83 92 – ⑩ 𝘝𝘐𝘚𝘈
15. Dez.- 15. Jan. geschl. – **M** a la carte 22/45 ⅄ – **17 Z : 28 B** 35/48 - 68/78.

✗ **Stadtschänke**, Landauer Str. 1, ✆ 89 09 – 🅿.

ANRÖCHTE 4783. Nordrhein-Westfalen **412** H 12 – 9 300 Ew – Höhe 200 m – ✆ 02947.

✦Düsseldorf 134 – Lippstadt 13 – Meschede 30 – Soest 21.

☝ **Café Buddeus**, Hauptstr. 128, ✆ 39 95 – ☎ ⇔ 🅿
M (Freitag geschl.) a la carte 18,50/38 – **25 Z : 35 B** 28/40 - 55/75.

ANSBACH 8800. Bayern **413** O 19, **987** ㉖ – 40 000 Ew – Höhe 409 m – ✆ 0981.

Sehenswert : Residenz✶ (Fayencenzimmer✶✶, Spiegelkabinett✶).

🏌 Schloß Colmberg (NW : 17 km), ✆ (09803) 2 62 ; 🏌 Lichtenau, Weickershof 1 (O : 9 km), ✆ (09827) 69 07.

🛈 Städt. Verkehrsamt, Rathaus, Martin-Luther-Pl. 1, ✆ 5 12 43.

ADAC, Promenade 21, ✆ 1 77 00, Notruf ✆ 1 92 11.

✦München 202 – ✦Nürnberg 56 – ✦Stuttgart 162 – ✦Würzburg 78.

🏨 **Am Drechselsgarten** ⤓, Am Drechselsgarten 1, ✆ 8 90 20, Telex 61850, Fax 8902605, ≤, 🏤, 😊 – 🛗 ✂ Zim 📺 🅿 – 🔬 25/100. 🆎 ⑩ ⅇ 𝘝𝘐𝘚𝘈. 🎇
2.- 7. Jan. geschl. – **M** a la carte 45/70 – **85 Z : 170 B** 135/180 - 165/250 Fb.

🏨 **Bürger-Palais**, Neustadt 48, ✆ 9 51 31, 🏤, « Modernisiertes Barockhaus, elegante Einrichtung » – 📺 ☎
10 Z : 20 B.

🏠 **Der Platengarten**, Promenade 30, ✆ 56 11, « Gartenterrasse » – 🛗 ☎
22 Z : 36 B.

🏠 **Christl** ⤓ garni, Richard-Wagner-Str. 39, ✆ 81 21 – 📺 ☎ ⇔ 🅿. 🆎 ⅇ
18 Z : 31 B 75/99 - 120/139.

🏠 **Schwarzer Bock**, Pfarrstr. 31, ✆ 9 51 11, Fax 95490, 🏤 – 📺 ☎. 🆎 ⑩ ⅇ 𝘝𝘐𝘚𝘈
M (Sonntag ab 15 Uhr geschl.) a la carte 26/54 – **19 Z : 31 B** 65/85 - 115/145 Fb.

🏠 **Windmühle**, Rummelsberger Str. 1 (B 14), ℰ 1 50 88, Fax 17980 – 📺 ☎ 🄿, 🄰🄴 ⓞ 🄴 𝗩𝗜𝗦𝗔
↠ 21. Dez.- 6. Jan. geschl. – **M** (Samstag geschl.) a la carte 20/44 ⅙ – **40 Z : 60 B** 42/80 - 70/128.

🏠 **Augustiner**, Karolinenstr. 30, ℰ 24 32 – 🄿. 🄴 𝗩𝗜𝗦𝗔
↠ 23. Dez.- 6. Jan. geschl. – **M** (Donnerstag geschl.) a la carte 18/39 – **14 Z : 23 B** 50/60 - 90.

🏵🏵 **Orangerie**, Promenade 33, ℰ 21 70, Fax 13897, 🈐
Sonntag 18 Uhr - Montag und Jan.- Feb. geschl. – **M** a la carte 30/58.

🏵 **Museumsstube** mit Zim, Schaitberger Str. 16, ℰ 1 59 97 – 📺
M (nur Abendessen, Sonntag geschl.) a la carte 22/53 – **4 Z : 6 B** 48/58 - 96.

In Ansbach-Brodswinden S : 7 km über die B 13 :

🏠 **Landgasthof Kaeßer** 📎, Brodswinden 23, ℰ 73 18, Fax 94307 – 📺 ☎ 🄿. 🄴. 🎋 Zim
↠ **M** (Samstag geschl.) a la carte 16/31 – **19 Z : 35 B** 59 - 106 Fb.

ANZING 8011. Bayern 🟦🟦🟦 S 22 – 3 100 Ew – Höhe 516 m – 🄲 08121.
♦München 22 – Landshut 65 – Salzburg 148.

🏠 **Zur Ulme** garni, Amselweg 4, ℰ 50 56, Fax 46546, 🚘 – 📺 ☎ 🚗 🄿
14 Z : 26 B 118 - 158 Fb.

🏠 **Kirchenwirt**, Hoegerstr. 2, ℰ 30 33, 🈐 – 🚗 🄿. 🄰🄴 🄴
↠ 1.- 8. Jan. geschl. – **M** (Montag und 1.- 21. Aug. geschl.) a la carte 21/48 – **17 Z : 28 B** 50 - 90.

APPENWEIER 7604. Baden-Württemberg 🟦🟦🟦 GH 21, 🟫🟫🟫 ㉞, 🟫🟫🟫 ㉒ – 8 100 Ew – Höhe 137 m – 🄲 07805.
♦Stuttgart 143 – Baden-Baden 47 – Freudenstadt 50 – Strasbourg 22.

🏠 **Schwarzer Adler** garni, Ortenauer Str. 44 (B 3), ℰ 27 85 – 🚗 🄿. ⓞ 🄴 𝗩𝗜𝗦𝗔
22 Z : 40 B 40/60 - 88/120 Fb.

🏠 **Hanauer Hof**, Ortenauer Str. 50 (B 3), ℰ 27 48, Fax 5365 – 📳 🄿. 🄰🄴 ⓞ 🄴
ab Aschermittwoch 2 Wochen geschl. – **M** (Dienstag geschl.) a la carte 25/49 ⅙ – **34 Z :**
66 B 30/50 - 55/80.

AQUISGRANA = Aachen.

ARGENBÜHL 7989. Baden-Württemberg 🟦🟦🟦 MN 23, 24 – 5 200 Ew – Höhe 600 m – Erholungsort – 🄲 07566.
🄱 Verkehrsamt, Rathaus in Eisenharz, Eglofser Str. 4, ℰ 6 15.
♦Stuttgart 194 – Bregenz 38 – Ravensburg 34 – ♦Ulm (Donau) 98.

In Argenbühl-Eglofs :

🏚 **Zur Rose** 📎, Dorfplatz 7, ℰ 3 36, ≤, 🈐, 🚘, 🚗 – 🄿
↠ 12. Nov.- 25. Dez. geschl. – **M** (Montag geschl.) a la carte 20/45 ⅙ – **19 Z : 34 B** 31/37 - 62/74 – ½ P 51/57.

In Argenbühl-Isnyberg SO : 5 km ab Eisenharz, über die B 12 Richtung Isny und Straße nach Lindenberg :

🏨 **Bromerhof** 📎, ℰ (07566) 23 81, ≤, 🈐, Bade- und Massageabteilung, 🚘, 🏊, 🚗, 🎾 –
📳 📺 ☎ 🄿 – 🛗 25/150. 🄰🄴 ⓞ 🄴 𝗩𝗜𝗦𝗔
M a la carte 25/56 – **60 Z : 85 B** 65/98 - 106/190 Fb – ½ P 83/123.

ARNSBERG Bayern siehe Kipfenberg.

ARNSBERG 5760. Nordrhein-Westfalen 🟦🟦🟦 ㉙, 🟦🟦🟦 H 12 – 78 000 Ew – Höhe 230 m – 🄲 02931.
🚉 Neheim-Hüsten (NW : 9 km), ℰ (02932) 3 15 46.
🄱 Verkehrsverein, Neumarkt 6, ℰ 40 55, Fax 12331.
ADAC, Lange Wende 42 (Neheim-Hüsten), ℰ 2 79 79, Notruf ℰ 1 92 11.
♦Düsseldorf 129 – Dortmund 62 – Hamm in Westfalen 42 – Meschede 22.

🏨 **Menge**, Ruhrstr. 60, ℰ 40 44, « Kleiner Garten », 🚗 – 📺 ☎ 🚗 🄿. 🄴
Menu (nur Abendessen, Sonntag und Juli - Aug. 3 Wochen geschl.) a la carte 33/60 – **19 Z :**
33 B 60 - 110 Fb.

🏨 **Landsberger Hof**, Alter Markt 18, ℰ 33 18 – 📺 ☎ 🚗 🄿. 🄴
M (Mittwoch geschl.) a la carte 27/49 – **10 Z : 20 B** 58 - 96.

🏠 **Swora** garni, Nordring 30, ℰ 1 23 39 – 📺 ☎ 🄿. 🄴
10 Z : 19 B 49 - 90.

🏚 **Zur Linde**, Ruhrstr. 41, ℰ 34 02 – 🄿. 🄰🄴 ⓞ 🄴
↠ 21. Dez.- 21. Jan. geschl. – **M** (Freitag geschl.) a la carte 27/58 – **14 Z : 24 B** 40/45 - 80/90.

🏵🏵 **Mand**, Neumarkt 6, ℰ 44 00 – 🄰🄴 ⓞ 🄴 𝗩𝗜𝗦𝗔
M a la carte 32/59.

In Arnsberg 1 - Bruchhausen NW : 4 km :

Zur Post, Bruchhausener Str. 29, ✆ (02932) 46 25, Fax 34088, 🍴, ≘s – |≡| ☎ ⇔ Ⓟ – 🎤 25/80. AE ⓓ E VISA
M a la carte 20/50 – **48 Z : 82 B** 28/45 - 56/90.

In Arnsberg 1 - Neheim-Hüsten NW: 9 km – ☎ 02932 :

Dorint-Hotel ⛰, Zu den drei Bänken, ✆ 20 01, Fax 200228, ≤, 🍴, ≘s, 🏊, 🌳 – |≡| TV ☎ Ⓟ – 🎤 25/120. ✻ Rest
165 Z : 330 B Fb.

Waldhaus - Rodelhaus ⛰, Zu den drei Bänken 1, ✆ 2 27 60, ≤, ≘s – TV ☎ Ⓟ. ✻
21 Z : 36 B Fb.

Krone ⛰, Johannesstr. 62, ✆ 2 42 31 – |≡| ☎ ⇔ Ⓟ. E. ✻ Zim
Juli - Aug. 2 Wochen geschl. – **M** *(nur Abendessen, Sonntag geschl.)* a la carte 19/40 – **25 Z : 48 B** 29/43 - 58/82.

Haus Risse, Neheimer Markt 2, ✆ 2 98 89, 🍴 – AE ⓓ E VISA
Montag geschl. – **M** a la carte 30/65.

ARNSTEIN 8725. Bayern 987 ㉕ ㉖, 413 M 17 – 8 000 Ew – Höhe 228 m – ☎ 09363.
♦München 295 – Fulda 100 – Schweinfurt 24 – ♦Würzburg 25.

Goldener Engel, Marktstr. 2, ✆ 3 05, 🍴 – Ⓟ
ab Aschermittwoch und Aug.-Sept. je 2 Wochen geschl. – **M** *(Montag geschl.)* a la carte 18/35 – **13 Z : 21 B** 29/37 - 58/74.

An der Autobahn A 7 Würzburg - Fulda :

Rasthaus Riedener Wald-Ost mit Zim, ✉ 8702 Hausen-Rieden, ✆ (09363) 50 01, Fax 1435, 🍴 – TV ☎ ⇔ Ⓟ
M a la carte 26/55 – **6 Z : 11 B** 76 - 104.

AROLSEN 3548. Hessen 987 ⑮, 412 ⑮ 12 – 16 500 Ew – Höhe 290 m – Heilbad – ☎ 05691.
ℹ Kur- und Verkehrsverwaltung, Haus des Kurgastes, Prof.-Klapp-Str. 14, ✆ 20 30.
♦Wiesbaden 205 – ♦Kassel 46 – Marburg 85 – Paderborn 55.

Schloßhotel ⛰, Große Allee 1, ✆ 30 91, Telex 994521, Fax 40341, 🍴, direkter Zugang zum Kurmittelhaus mit ≘s und 🏊 – |≡| TV ☎ ⇔ Ⓟ – 🎤 25/120. ✻ Rest
175 Z : 350 B Fb.

In Arolsen-Mengeringhausen – Erholungsort :

Luisen-Mühle ⛰, Luisenmühler Weg 1, ✆ 30 21, Fax 2578, ≘s, 🏊, 🌳 – TV ☎ ⇔ Ⓟ. ⓓ E VISA
M *(Freitag geschl.)* 14/30 (mittags) und a la carte 25/50 – **22 Z : 40 B** 48/55 - 95/110 – ½ P 62/69.

ASBACH Bayern siehe Drachselsried.

ASBACHER HÜTTE Rheinland-Pfalz siehe Kempfeld.

ASCHAFFENBURG 8750. Bayern 987 ㉕, 412 413 K 17 – 59 000 Ew – Höhe 130 m – ☎ 06021.
Sehenswert : Schloß Johannisburg★ – Park Schöntal★ Z.
Ausflugsziel : Park Schönbusch : ≤★★ bis zum Aschaffenburger Schloß, ③ : 3 km.
⛳9 Hösbach-Feldkahl (über ②), ✆ (06024) 72 22.
ℹ Tourist-Information, Dalbergstr. 6, ✆ 3 04 26.
ADAC, Wermbachstr. 10, ✆ 2 78 90, Notruf ✆ 1 92 11.
♦München 354 ① – ♦Darmstadt 40 ③ – ♦Frankfurt am Main 40 ④ – ♦Würzburg 78 ①.

Stadtplan siehe nächste Seite.

Romantik-Hotel Post, Goldbacher Str. 19, ✆ 2 13 33, Telex 4188949, Fax 13483, ≘s, 🏊 – |≡| TV ☎ ⇔ Ⓟ – 🎤 25/40. AE ⓓ E VISA Y p
M 29/110 – **71 Z : 100 B** 88/130 - 180/220 Fb.

Aschaffenburger Hof, Frohsinnstr. 11 (Einfahrt Weißenburger Str. 20), ✆ 2 14 41, Telex 4188736, Fax 27298, 🍴 – |≡| TV ☎ ♿ ⇔ Ⓟ. AE ⓓ E VISA Y a
M *(auch vegetarische Gerichte)* 20 (mittags) und a la carte 32/65 – **65 Z : 110 B** 108/118 - 138/158 Fb.

Wilder Mann, Löherstr. 51, ✆ 2 15 55, Telex 4188329, Fax 22893, ≘s – |≡| TV ☎ ⇔ Ⓟ – 🎤 25/80. AE ⓓ E VISA Z e
22. Dez.- 7. Jan. geschl. – **M** a la carte 30/60 – **70 Z : 140 B** 88/110 - 135/190 Fb – 6 Appart. 195/220.

City Hotel garni, Frohsinnstr. 23, ✆ 2 15 15, Fax 21514 – |≡| TV ☎. AE ⓓ E VISA Y e
22. Dez.- 5. Jan. geschl. – **29 Z : 58 B** 78/108 - 128/218 Fb.

Fortsetzung →

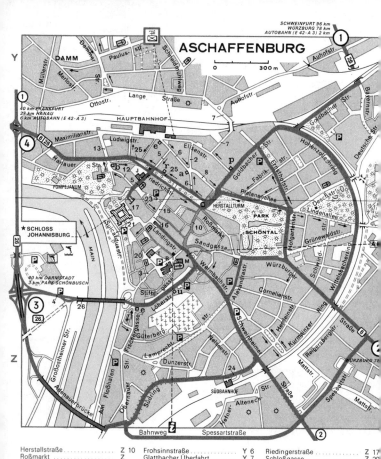

Herstallstraße	Z 10
Roßmarkt	Z
Bodelschwinghstraße	Y 2
Dalbergstraße	Z 3
Darmstädter Straße	Z 4
Erthalstraße	Y 5

Frohsinnstraße	Y 6
Glattbacher Überfahrt	Y 7
Heinsestraße	Y 8
Karlstraße	Y 12
Kolpingstraße	Y 13
Luitpoldstraße	Z 15
Marktplatz	Z 16

Riedingerstraße	Z 17
Schloßgasse	Z 20
Schloßplatz	Z 21
Strickergasse	YZ
Südbahnhofstraße	Z 24
Weißenburger Straße	Y 25
Willigisbrücke	Z 26

🏠 **Zum Ochsen**, Karlstr. 16, ℰ 2 31 32 – 📺 ☎ ℗ – 🔺 30. 🆀 ⓸ 🇪 💳   Y b
→ **M** *(Montag bis 17 Uhr und Aug. 3 Wochen geschl.)* 15 und a la carte 30/49 ⅜ – **34 Z : 52 B**
62/75 - 100/115 Fb.

🏠 **Fischer** garni, Weißenburger Str. 32, ℰ 2 34 85 – 📶 📺 ☎ – **19 Z : 40 B** Fb.   Y r

🏠 **Syndikus**, Löherstr. 35, ℰ 2 35 88, Fax 29280 – 📶 ☎. 🆀 ⓸ 🇪 💳   Z u
M *(nur Abendessen, Sonntag und 15. Juli - 1. Aug. geschl.)* a la carte 37/75 – **19 Z : 30 B**
75/140 - 110/180 Fb.

✕ **Hofgut Fasanerie** mit Zim, Bismarckallee 1, ℰ 9 10 06, Fax 98944, 🍴, Biergarten, « Ehem.
Hofgut in einer Parkanlage » – 📺 ☎ ℗ 🇪   über Lindenallee Z
1.- 15. Nov. und 27. Dez.- 15. Jan. geschl. – **M** *(nur Abendessen, Montag geschl.)* a la carte
25/45 – **6 Z : 12 B** 75/85 - 96/110.

In Bessenbach-Steiger 8751 ①: 10 km :

🏩 Gasthaus Spessart-Ruh ⤳ garni, ℰ (06093)88 82 – 🚗 ℗ – **17 Z : 34 B**.

In Goldbach 8758 ①: 3,5 km :

🏠 **Russmann**, Aschaffenburger Str. 96, ℰ 5 30 40 – ▤ Rest 📺 ☎ 🚗 ℗. 🆀 ⓸ 🇪 💳
M *(Sonn- und Feiertage ab 15 Uhr geschl.)* a la carte 46/68 – **21 Z : 31 B** 65/85 - 110/135 Fb.

✕ **Frankenstube**, Aschaffenburger Str. 42, ℰ 5 41 44, 🍴 – 🆀 ⓸ 🇪 💳
Samstag bis 18 Uhr, Montag und 10.- 28. Aug. geschl. – **M** *(auch vegetarische Gerichte)* a
la carte 35/66.

ASCHAFFENBURG

In Goldbach-Unterafferbach 8758 NO : 7 km über ① :

🏠 **Landhaus Spessart** ⟋ garni, Dr.-Leissner-Str. 20, ℰ (06021) 5 21 71, � – 🅿
10 Z : 20 B 58/68 - 98 — 7 Fewo 50/112.

In Haibach 8751 ② : 4,5 km :

🏠 **Spessartstuben**, Jahnstr. 7, ℰ (06021) 67 96, Fax 66190, ⟸ – 📺 ☎ 🅿. ⓞ E. ⁒ Rest
M *(Samstag sowie Feb. und Aug. jeweils 2 Wochen geschl.)* a la carte 32/65 ⅃ – **28 Z : 50 B**
75/85 - 110/125 Fb.

In Hösbach-Bahnhof 8759 ① : 8 km :

🏠 **Gerber-Restaurant Gewölbe**, Aschaffenburger Str. 12, ℰ (06021)5 20 05, Fax 52000, 🍴
– 🖄 📺 ☎ 🅿 – 🕍 25/60. 🖭 ⓞ E 𝘝𝘐𝘚𝘈
M *(nur Abendessen, Sonntag geschl.)* a la carte 27/50 ⅃ – **40 Z : 75 B** 85/95 - 120/185 Fb.

In Hösbach-Winzenhohl 8759 ② : 6,5 km, in Haibach-Ortsmitte links ab :

🏠 **Klingerhof** ⟋, Am Hügel 7, ℰ (06021) 64 60, Fax 64680, ≤ Spessart, 🍴, Biergarten, ⟸,
🏊, 🌳 – 🖄 📺 ☎ 🅿. 25/60. 🖭 ⓞ E 𝘝𝘐𝘚𝘈
15.- 31. Dez. geschl. – **M** 27 und a la carte 43/66 – **50 Z : 95 B** 105/140 - 160/180 Fb.

In Johannesberg 8752 N : 8 km über Müllerstraße Y :

XX ⊛ **Sonne - Meier's Restaurant** mit Zim, Hauptstr. 2, ℰ (06021) 4 21 77, « Gartenterrasse »
– 📺 ☎ 🅿. 🖭 ⓞ E 𝘝𝘐𝘚𝘈
Ende Aug.- Anfang Sept. geschl. – **M** *(Tischbestellung ratsam)* (Montag geschl.) 69/118
und a la carte 45/80 – **10 Z : 16 B** 68/78 - 98
Spez. Gemüsesuppe ''für Makart'', Gänseleber mit Korinthenschaum, Potpourri von Meeresfrüchten.

In Johannesberg-Steinbach 8752 N : 8 km über Müllerstraße Y :

🏠 **Berghof** ⟋, Heppenberg 7, ℰ (06021) 4 38 31, ≤, 🍴 – ⟸ 🅿
M *(wochentags nur Abendessen, Freitag - Samstag und Aug. 2 Wochen geschl.)* a la carte
24/47 ⅃ – **18 Z : 27 B** 40/58 - 60/95.

XX ⊛ **Gasthaus Fäth**, Steinbacher Str. 21, ℰ (06021) 4 69 17 – 🅿. 🖭 ⓞ E. ⁒
Freitag bis 18 Uhr, Montag und 1.- 28. Aug. geschl. – **M** (abends Tischbestellung ratsam)
58/105 und a la carte 57/90
Spez. Mousses und Terrinen, Roulade von Zander mit Hummer, Kaninchenrücken im Wirsingmantel.

ASCHAU IM CHIEMGAU 8213. Bayern 🔢 TU 23, 🔢 ⑰. 🔢 I5 – 4 500 Ew – Höhe 615 m
– Luftkurort – Wintersport : 700/1 550 m ⟵1 ⟷15 ⟷5 – 🕓 08052.
🅱 Kurverwaltung, Kampenwandstr. 38, ℰ 3 92, Fax 4394.
♦München 82 – Rosenheim 23 – Salzburg 64 – Traunstein 35.

🏨 **Burghotel**, Kampenwandstr. 94, ℰ 17 20, Fax 172200, ⟸ – 🖄 📺 ☎ ⟸ 🅿. 🖭 E 𝘝𝘐𝘚𝘈
M a la carte 30/56 – **112 Z : 220 B** 75/92 - 118/190 Fb.

🏠 **Edeltraud**, Narzissenweg 15, ℰ 40 95, ≤, 🌳 – ⟸ 🅿. ⁒
Mitte Nov.- Mitte Dez. geschl. – (nur Abendessen für Hausgäste) – **16 Z : 30 B** 46/60 -
80/86 Fb.

♕ **Alpengasthof Brucker** ⟋, Schloßbergstr. 12, ℰ 9 87/49 87, Biergarten, 🌳 – 🅿. ⁒ Zim
Nov. geschl. – **M** *(Donnerstag geschl.)* a la carte 18/34 – **11 Z : 19 B** 35 - 65.

In Aschau-Sachrang SW : 12 km – Höhe 738 m :

🏠 **Sachranger Hof** ⟋, Dorfstr. 3, ℰ (08057) 3 83, 🍴, ⟸ – 🅿
11 Z : 24 B Fb.

ASCHBACH Hessen siehe Wald-Michelbach.

ASCHEBERG 4715. Nordrhein-Westfalen 🔢 ⑭. 🔢 F 11 – 13 000 Ew – Höhe 65 m –
🕓 02593.
🏌 Nordkirchen, Golfplatz 6 (SW : 5 km), ℰ (02596) 30 05.
🅱 Verkehrsverein, Katharinenplatz 1, ℰ 6 09 36.
♦Düsseldorf 116 – Dortmund 50 – Hamm in Westfalen 24 – Münster (Westfalen) 24.

🏠 **Goldener Stern**, Appelhofstr. 5, ℰ 3 73 – 📺 ☎ ⟸ 🅿. E 𝘝𝘐𝘚𝘈
M a la carte 20/37 – **13 Z : 25 B** 55 - 95.

🏠 Haus Klaverkamp - Gästehaus Eschenburg, Steinfurter Str. 21, ℰ 10 35 (Hotel) 8 84 (Rest.)
– 📺 ☎ 🅿
29 Z : 46 B.

In Ascheberg 2-Herbern SO : 7 km :

🏨 Zum Wolfsjäger garni, Südstr. 36, ℰ (02599) 4 14 – 🖄 📺 ☎ ⟸ 🅿 – 🕍 40
13 Z : 25 B.

🏠 **Wesselmann** ⟋, Benediktuskirchplatz 6, ℰ (02599) 8 56 – ⁒
M *(Jan. und Mittwoch geschl.)* a la carte 20/40 – **9 Z : 18 B** 45/50 - 80.

79

ASCHHAUSERFELD Niedersachsen siehe Zwischenahn, Bad.

ASCHHEIM Bayern siehe München.

ASENDORF Niedersachsen siehe Jesteburg.

ASPACH Baden-Württemberg siehe Backnang.

ASPERG 7144. Baden-Württemberg 987 ⊛⊛ — 11 400 Ew — Höhe 270 m — ✿ 07141.
♦Stuttgart 20 — Heilbronn 38 — Ludwigsburg 5 — Pforzheim 54.

🏨 **Adler** ॐ, Stuttgarter Str. 2, ℰ 6 30 01, Telex 7264603, Fax 63006, ➾, 🔲 — 🛗 ⇆ Zim
🍽 Rest 📺 ⇐⇒ ☻ — 🛦 25/100. 🕮 ⓞ E 🆅🆂🅰
Menu *(Tischbestellung erforderlich)* (Montag und Juli - Aug. 3 Wochen geschl.) a la carte
34/80 — **Adler-Stube** *(nur Abendessen, Sonn- und Feiertage geschl.)* **M** a la carte 31/48 —
63 Z : 95 B 125/175 - 190/280 Fb.

🏨 Landgasthof Lamm, Lammstr. 1, ℰ 6 20 06, « Modern-rustikale Einrichtung » — 📺 ☎ ☻
18 Z : 33 B Fb.

🏨 **Bären**, Königstr. 8, ℰ 6 20 31, Fax 65478, 🍴 — ☎ ☻. ⓞ E 🆅🆂🅰
Juli - Aug. 3 Wochen geschl. — **M** *(auch vegetarische Gerichte)* (Montag geschl.) a la carte
23/48 ॐ — **10 Z : 19 B** 65/79 - 100/125.

🍴🍴 **Alte Krone** (Fachwerkhaus a.d.J. 1649), Königstr. 15, ℰ 6 58 00, Fax 65143 — 🕮 ⓞ E
🆅🆂🅰
Sonntag und Mai 2 Wochen geschl. — **M** (Tischbestellung ratsam) 30/65.

In Tamm 7146 NW : 2,5 km :

🏨 **Historischer Gasthof Ochsen**, Hauptstr. 40, ℰ (07141) 6 09 01, Fax 601957, 🍴,
« Restauriertes Fachwerkhaus a.d. 18. Jh. » — 📺 ☻ ⇐⇒. 🕮 ⓞ E 🆅🆂🅰
M a la carte 45/75 — **18 Z : 29 B** 105/130 - 140/150 Fb.

ATTENDORN 5952. Nordrhein-Westfalen 987 ⊛. 412 G 13 — 21 400 Ew — Höhe 255 m —
✿ 02722.

Sehenswert : Attahöhle★ — Biggetalsperre★.

🛈 Reise- und Fremdenverkehrs GmbH, Kölner Str. 12a, ℰ 30 91.
♦Düsseldorf 131 — Lüdenscheid 37 — Siegen 46.

🏨 **Rauch**, Wasserstr. 6, ℰ 20 48 (Hotel) 22 67 (Rest.) — 📺 ☎ ⇐⇒ ☻. ⓞ E
M *(Sonntag geschl.)* a la carte 32/60 — **15 Z : 24 B** 61/69 - 105 Fb.

🏖 **Zur Post**, Niederste Str. 7, ℰ 24 65, ➾, 🔲 — ☻
M *(Sonntag 16 Uhr - Montag 17 Uhr geschl.)* a la carte 22/50 — **40 Z : 70 B** 35/60 - 70/120.

Außerhalb O : 3,5 km, Richtung Helden :

🏨 **Burghotel Schnellenberg** ॐ, ⊠ 5952 Attendorn, ℰ (02722) 69 40, Telex 876732, Fax
69469, « Burg a. d. 13. Jh., Burgkapelle, Burgmuseum », 🍴 — 📺 ☻ — 🛦 25/80. 🕮 ⓞ E
🆅🆂🅰
1.- 24. Jan. und 19.- 27. Dez. geschl. — **M** 40/105 — **42 Z : 81 B** 120/150 - 190/260 Fb.

In Attendorn-Mecklinghausen O : 6 km :

🏨 **Schnepper**, Talstr. 19, ℰ 82 96 — ☻
nach Karneval 3 Wochen geschl. — **M** *(Dienstag geschl.)* a la carte 23/48 — **14 Z : 28 B** 50 -
90.

In Attendorn 3-Neu Listernohl SW : 3 km :

🏨 **Parkhotel Wiederhold**, Ihnestr. 30, ℰ 76 26 — 📺 ⇐⇒ ☻
Mitte Nov.- Mitte Dez. geschl. — **M** a la carte 23/45 — **7 Z : 13 B** 35/55 - 70/80.

🍴🍴 **Le Pâté** ॐ mit Zim, Alte Handelsstr. 15, ℰ 75 42, Fax 70136 — ⓞ E 🆅🆂🅰. ⬚
Juli - Aug. 3 Wochen geschl. — **M** *(Tischbestellung ratsam)* (Montag geschl.) a la carte
46/74 — **3 Z : 6 B** 40 - 80.

In Attendorn 11-Niederhelden O : 8 km :

🏨 **Sporthotel Haus Platte**, Repetalstr. 219, ℰ (02721) 13 10, Fax 131455, 🍴, ➾, 🔲, 🐎,
🎳 (Halle) — 📺 ⇐⇒ ☻ — 🛦 25/80. 🕮 ⓞ E
M a la carte 27/56 — **53 Z : 104 B** 75/95 - 130/170 Fb.

🏨 **Landhotel Struck**, Repetalstr. 245, ℰ (02721) 15 23, Fax 20161, ➾, 🔲, 🐎 — 📺 ☎ ⇐⇒
☻ — 🛦 25/150. 🕮 ⓞ E
M a la carte 25/60 — **37 Z : 75 B** 77/90 - 138/180 Fb.

ATZENHAIN Hessen siehe Mücke.

AUA Hessen siehe Neuenstein.

AUERBACH IN DER OBERPFALZ 8572. Bayern 413 R 17, 987 ⑳ – 8 900 Ew – Höhe 435 m
– 😊 09643.

München 212 – Bayreuth 42 – ♦Nürnberg 68 – ♦Regensburg 102 – Weiden in der Oberpfalz 49.

🏠 **Romantik-Hotel Goldener Löwe**, Unterer Markt 9, 𝒫 17 65, Telex 631404, Fax 4670 –
|🛗| 🍽 Rest 📺 ☎ 🚗 🅿 – 🔬 25/80. 🆎 ⓞ ∈ 𝓥𝓘𝓢𝓐 ❀ Rest
6.- 20. Jan. geschl. – **M** 35/105 – **23 Z : 42 B** 65/168 - 116/238 Fb.

🏠 **Federhof**, Bahnhofstr. 37, 𝒫 12 69 – 🚗 🅿
→ 22. Dez.- 15. Jan. geschl. – **M** (Freitag ab 13 Uhr geschl.) a la carte 19/34 ⅃ – **22 Z : 30 B**
45/70 - 90/100.

AUERSBERGSREUT Bayern siehe Haidmühle.

AUFSESS 8551. Bayern 413 Q 17 – 1 400 Ew – Höhe 426 m – 😊 09198.

München 231 – ♦Bamberg 29 – Bayreuth 31 – ♦Nürnberg 61.

🏠 **Sonnenhof** (Brauerei-Gasthof), Im Tal 70, 𝒫 7 36, 🌰, ⅃ (geheizt), 🐴 – 🅿
→ Jan. 2 Wochen und Mitte Nov.- Mitte Dez. geschl. – **M** (Dienstag geschl.) a la carte
18,50/29 – **18 Z : 36 B** 33/45 - 56/78.

AUGGEN 7841. Baden-Württemberg 413 F 23, 242 ⑳, 87 ⑨ – 2 000 Ew – Höhe 266 m –
😊 07631 (Müllheim).

Stuttgart 240 – Basel 31 – ♦Freiburg im Breisgau 44 – Mulhouse 28.

🏠 **Gästehaus Krone** garni (mit Gästehaus Kutscherhaus 📶), Hauptstr. 6, 𝒫 60 75, 🛏, ⬛,
🐴 – |🛗| 📺 🅿. 🆎 ∈
28 Z : 50 B 85/110 - 115/200 Fb.

🍴 **Zur Krone**, Hauptstr. 12, 𝒫 25 56 – 🅿
Mittwoch, Feb. und Mitte - Ende Juli geschl. – Menu 27 und a la carte 34/62 ⅃.

🍴 **Bären** mit Zim, Bahnhofstr. 1 (B 3), 𝒫 23 06, 🌰 – 🅿
→ 28. Dez.- 28. Jan. geschl. – **M** (Donnerstag-Freitag 15 Uhr geschl.) a la carte 26/52 ⅃ –
7 Z : 15 B 50 - 68/90 Fb.

AUGSBURG 8900. Bayern 413 P 21, 987 ㊱ – 250 000 Ew – Höhe 496 m – 😊 0821.

Sehenswert : Fuggerei* – Maximilianstraße* – St.-Ulrich- und St.-Afra-Kirche* (Simpertus-
kapelle : Baldachin mit Statuen*) – Dom (Südportal** des Chores, Türflügel*, Propheten-
fenster*, Gemälde* von Holbein dem Älteren) – Städtische Kunstsammlungen
(Festsaal**) Y M1 – St.-Anna-Kirche (Fuggerkapelle*) X B.

🏌 Bobingen-Burgwalden (④ : 17 km), 𝒫 (08234) 56 21 ; 🏌 Stadtbergen (3 km über Augsburger
Straße), 𝒫 (0821) 43 49 19 ; 🏌 Gessertshausen (SW : 15 km über ⑤), Weiherhof, 𝒫 (08238) 37 27.

🏛 Verkehrsverein, Bahnhofstr. 7, 𝒫 50 20 70, Fax 5020745.

ADAC, Ernst-Reuter-Platz 3, 𝒫 3 63 05, Notruf 𝒫 1 92 11.

München 68 ① – ♦Ulm (Donau) 80 ⑤.

Stadtplan siehe nächste Seite.

🏨 **Steigenberger Drei Mohren-Hotel** 📶, Maximilianstr. 40, 𝒫 51 00 31/5 01 30,
Telex 53710, Fax 157864, « Gartenterrasse » – |🛗| ⇗ Zim 🍽 Rest 📺 🚗 – 🔬 25/170. 🆎
ⓞ ∈ 𝓥𝓘𝓢𝓐 ❀ Rest   Y a
M a la carte 45/72 – **107 Z : 170 B** 179/260 - 260/320 Fb – 5 Appart. 500.

🏠 **Augusta**, Ludwigstr. 2, 𝒫 5 01 40, Telex 533853, Fax 5014605, 🛏 – |🛗| 📺 ☎ 🔥 🅿 –
🔬 25/140. 🆎 ⓞ ∈ 𝓥𝓘𝓢𝓐   X v
M a la carte 28/58 – **111 Z : 220 B** 125/145 - 165/295 Fb.

🏠 **Ost** garni, Fuggerstr. 4, 𝒫 3 30 88, Telex 533576, Fax 35519 – |🛗| 📺 ☎. 🆎 ⓞ ∈ 𝓥𝓘𝓢𝓐   X z
21. Dez.- 7. Jan. geschl. – **46 Z : 85 B** 90/125 - 145/170 Fb.

🏠 **Fischertor - Wirtshaus im Zuckerhäusle**, Pfärrle 16, 𝒫 15 60 51, Fax 30702 – |🛗| 📺 ☎
🚗. 🆎 ⓞ ∈ 𝓥𝓘𝓢𝓐   Z c
24. Dez.- 6. Jan. geschl. – **M** (Sonn- und Feiertage geschl.) a la carte 37/57 – **21 Z : 33 B**
85/105 - 115/145 Fb.

🏠 **Dom-Hotel** 📶 garni, Frauentorstr. 8, 𝒫 15 30 31, Fax 510126 – |🛗| 📺 ☎ 🚗 🅿. 🆎 ∈ 𝓥𝓘𝓢𝓐
44 Z : 77 B 80/95 - 106/145 Fb.   X c

🏠 **Augsburger Hof**, Auf dem Kreuz 2, 𝒫 31 40 83, Fax 38322, 🌰, 🛏 – |🛗| 📺 ☎ 🔥 🚗. 🆎
∈ 𝓥𝓘𝓢𝓐   Z v
M a la carte 31/62 – **40 Z : 78 B** 85/105 - 110/170 Fb.

🏠 **Ulrich** garni, Kapuzinergasse 6, 𝒫 3 30 77, Fax 33081 – |🛗| 📺 ☎ 🚗 – 🔬 25. 🆎 ⓞ ∈
𝓥𝓘𝓢𝓐   Y e
Aug. 3 Wochen geschl. – **31 Z : 50 B** 110/135 - 175/185 Fb.

🏠 **Hotel am Rathaus** garni, Am Hinteren Perlachberg 1, 𝒫 15 60 72, Telex 533326, Fax
517746 – |🛗| 📺 ☎ 🚗. 🆎 ⓞ ∈ 𝓥𝓘𝓢𝓐   X a
32 Z : 60 B 120 - 160 Fb.

🏠 **Riegele** garni, Viktoriastr. 4, 𝒫 3 90 39, Fax 510419 – |🛗| 📺 ☎ 🅿. 🆎 ⓞ ∈ 𝓥𝓘𝓢𝓐   Z d
M (Samstag geschl.) a la carte 28/55 – **31 Z : 54 B** 105/135 - 155/200 Fb.

🏠 **Langer** garni, Gögginger Str. 39, 𝒫 57 80 77, Fax 592600 – |🛗| 📺 ☎ 🚗 🅿. 🆎 ⓞ ∈ 𝓥𝓘𝓢𝓐
25 Z : 60 B 80/98 - 100/158 Fb.   Z r

AUGSBURG

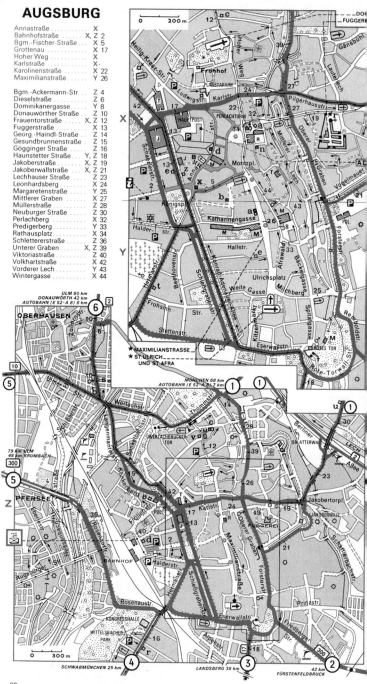

★ MAXIMILIANSTRASSE
★ ST ULRICH
UND ST-AFRA

82

🏠 **Ibis**, Hermanstr. 25, ℘ 5 03 10, Telex 533946, Fax 5031300 − 🛗 📺 ☎ 👌 ⇔ − 🛦 25/80.   **Y t**
🔲 🗉 *VISA*
M a la carte 24/45 − **104 Z : 152 B** 106 - 148 Fb.

🏠 **Post**, Fuggerstr. 7, ℘ 3 60 44, Fax 33664 − 🛗 ☎ − 🛦 25/60. 🗛 🗉 *VISA*   **X e**
21. Dez.- 10. Jan. geschl. − **M** a la carte 29/55 − **50 Z : 75 B** 80/95 - 120/160 Fb.

🏠 **Von den Rappen** garni, Äußere Uferstr. 3, ℘ 41 20 66 − 🛗 ☎. 🗉 *VISA*   **Z s**
41 Z : 61 B 35/60 - 60/95.

🏠 **Gästehaus Iris** garni, Gartenstr. 4, ℘ 51 09 81 − ⇔   **Z e**
Aug. geschl. − **10 Z : 14 B** 55/75 - 130/140.

XXX ❀ **Zum alten Fischertor**, Pfärrle 14, ℘ 51 86 62, Fax 30702, bemerkenswerte Weinkarte
− 🗛 ⓞ 🗉 *VISA*. ⬚   **Z c**
Montag, Sonn- und Feiertage sowie 24.- 30. Dez. geschl. − **M** (Tischbestellung ratsam) a la
carte 81/100
Spez. Kalbskopf in Riesling-Vinaigrette, Schwäbische Festtagssuppe von Flußfischen, Ente in Limonensauce.

XX **Die Ecke**, Elias-Holl-Platz 2, ℘ 51 06 00 − ⓞ 🗉 *VISA*   **X n**
M a la carte 40/75.

XX Restaurant im Feinkost Kahn, Annastr. 16 (2. Etage), ℘ 31 20 31, Fax 516216   **X d**

XX **Fuggerkeller**, Maximilianstr. 38, ℘ 51 62 60 − 🗐. 🗛 ⓞ 🗉 *VISA*   **Y a**
Sonn- und Feiertage ab 15 Uhr sowie 6.- 26. Aug. geschl. − **M** a la carte 25/50.

X **Fuggerei-Stube**, Jakoberstr. 26, ℘ 3 08 70, Fax 159023 − 🗛 ⓞ 🗉 *VISA*   **X r**
Sonn- und Feiertage ab 15 Uhr sowie Montag geschl. − **M** (Tischbestellung ratsam) a la
carte 27/64.

X Zeughaus-Stuben, Zeugplatz 4, ℘ 51 16 85, 🌺, Biergarten − 👌   **X b**

X **7-Schwaben-Stuben** (Schwäbische Küche), Bürgermeister-Fischer-Str. 12, ℘ 31 45 63,
Fax 513767 − 🗛 ⓞ 🗉 *VISA*   **X x**
M a la carte 26/54.

In Augsburg 21-Haunstetten ③ : 7 km :

🏠🏠 ❀ **Gregor-Restaurant Cheval blanc**, Landsberger Str. 62, ℘ 8 00 50, Fax 800569, 🌺 −
🛗 📺 ☎ ❷ − 🛦 25/150. ⓞ 🗉 *VISA*
Restaurants : **Cheval blanc** (nur Abendessen,Sonn- und Feiertage, Montag, 2.- 6. Jan. und
Aug. geschl.) **M** 120 und a la carte 62/100 − **Lindenstube** (Sonn- und Feiertage geschl.)
Menu a la carte 34/65 − **40 Z : 60 B** 80/110 - 115/160 Fb
Spez. Variationen von der Gänseleber, Pfannkuchenroulade mit Langustinen, Gefüllter Milchlammrücken.

🏠 **Prinz Leopold**, Bürgermeister-Widmeier-Str. 54, ℘ 8 40 71(Hotel) 81 25 64(Rest.),
Telex 533882, Fax 84314 − 🛗 📺 ☎ ❷ − 🛦 25/150
M (Mittwoch - Donnerstag 17 Uhr und Aug. 2 Wochen geschl.) a la carte 27/51 − **38 Z :
69 B** 95/115 - 150/170 Fb.

In Augsburg-Lechhausen :

🏠 **Lech-Hotel** garni, Neuburger Str. 31, ℘ 72 10 64, Fax 719244 − 🛗 📺 ☎. 🗛 ⓞ 🗉 *VISA*
39 Z : 60 B 85/95 - 135/155 Fb.   **Z u**

AUGUSTA = Augsburg.

AUKRUG 2356. Schleswig-Holstein − 3 400 Ew − Höhe 25 m − ✿ 04873.
🏌 Aukrug-Bargfeld, ℘ (04873) 5 95.
◆Kiel 44 − ◆Hamburg 71 − Itzehoe 26 − Neumünster 14.

In Aukrug-Innien :

XX Gasthof Aukrug, Bargfelder Str. 2, ℘ 4 24 − ❷
(wochentags nur Abendessen).

In Aukrug-Bucken SW : 6,5 km nahe der B 430 :

XX **Hof Bucken** (mit Gästehaus ⤵), ℘ 2 09, 🌺, « Garten » − ❷. 🗉
M a la carte 25/60 − **11 Z : 20 B** 35/45 - 70/90.

AUMÜHLE 2055. Schleswig-Holstein − 3 500 Ew − Höhe 35 m − ✿ 04104.
🏌 Dassendorf (SO : 5 km), ℘ (04104) 61 20.
◆Kiel 104 − ◆Hamburg 26 − ◆Lübeck 57.

🏠 **Waldesruh am See** ⤵ (ehemaliges Jagdschloß a.d. 18. Jh.), Am Mühlenteich 2, ℘ 30 46,
Fax 2073, « Gartenterrasse mit ≤ » − 🛗 📺 ☎ ❷. 🗛 ⓞ 🗉 *VISA*
M (Dienstag geschl.) a la carte 34/60 − **15 Z : 21 B** 70/110 - 120/170.

XX **Fischerhaus** ⤵ mit Zim, Am Mühlenteich 3, ℘ 50 42, ≤, 🌺 − 📺 ☎ ❷
M a la carte 34/72 − **12 Z : 21 B** 72 - 110.

XX **Fürst Bismarck Mühle** ⤵ mit Zim, Mühlenweg 3, ℘ 20 28, 🌺 − 📺 ☎ ❷. 🗛 ⓞ 🗉 *VISA*
M (Mittwoch geschl.) a la carte 39/75 − **6 Z : 12 B** 70/90 - 105/140.

AURICH (OSTFRIESLAND) 2960. Niedersachsen 987 ⑭. 408 N 1 – 35 000 Ew – Höhe 8 – ⑳ 04941.

🔰 Tourist-Information, Am Pferdemarkt, ℰ 44 64.

ADAC, Esenser Str. 122a, ℰ 7 29 99, Notruf ℰ 1 92 11.

♦Hannover 241 – Emden 26 – Oldenburg 70 – Wilhelmshaven 51.

🏨 **Piqueurhof**, Burgstraße, ℰ 41 18, Telex 27457, Fax 66821, ⇔, 🔲 – 📶 📺 ☎ ᵴ ⇐ ℗
🛗 25/250. 🖭 ⑩ 𝐄 VISA
M a la carte 31/65 – **40 Z : 80 B** 65/90 - 100/170.

🏨 **Stadt Aurich**, Hoheberger Weg 17, ℰ 43 31(Hotel) 6 65 56(Rest.), Fax 62572, 🍽, ⇔ –
📶 📺 ☎ ℗ – 🛗 25/60. 🖭 ⑩ 𝐄 VISA
M a la carte 31/57 – **47 Z : 92 B** 70/90 - 120/140 Fb.

🏨 **Brems Garten**, Kirchdorfer Str. 7, ℰ 1 00 08, Fax 10413 – 📺 ☎ ℗ – 🛗 25/350. ⑩ ▌
VISA
M a la carte 28/60 – **29 Z : 53 B** 65/85 - 105/145 Fb.

In Aurich-Wallinghausen O : 3 km :

🏨 **Köhlers Forsthaus** ⑤, Hoheberger Weg 192, ℰ 1 79 20, Fax 179217, 🍽, « Garten »
⇔, 🔲 – 📺 ☎ ℗ – 🛗 25/80. ⑩ 𝐄 VISA
M a la carte 35/74 – **48 Z : 88 B** 60/120 - 110/220 Fb.

In Aurich-Wiesens SO : 6 km :

XXX **Waldhof** ⑤ mit Zim, Zum alten Moor 10, ℰ 6 10 99, Fax 66579, « Park, Gartenterrasse »
– 📺 ☎ ⇐ ℗
M *(Montag geschl.)* a la carte 49/72 – **8 Z : 12 B** 60 - 120.

AYING 8011. Bayern 413 S 23 – 3 000 Ew – Höhe 611 m – Wintersport : ⚡1 – ⑳ 08095.

♦München 26 – Rosenheim 34.

🏨 **Brauereigasthof Aying**, Zornedinger Str. 2, ℰ 7 05, Fax 8850, 🍽, « Rustikale
Einrichtung » – 📺 ☎ ℗ – 🛗 25/100. 🖭 ⑩ 𝐄
Mitte Jan.- Anfang Feb. geschl. – Menu a la carte 31/70 – **18 Z : 31 B** 90/100 - 170/200 Fb.

AYL 5511. Rheinland-Pfalz 412 C 18 – 1 200 Ew – Höhe 160 m – ⑳ 06581 (Saarburg).

Mainz 178 – Merzig 28 – Saarburg 3,5 – ♦Trier 21.

🏨 **Weinhaus Ayler Kupp** ⑤, Trierer Str. 49, ℰ 30 31, « Gartenterrasse », ⚓ – 📺 ☎ ℗
⑩ 𝐄 ۞ Rest
15. Dez.- Jan. geschl. – Menu *(Sonntag - Montag 17 Uhr geschl.)* a la carte 31/61 ⅄ – **13 Z
22 B** 35/65 - 65/100.

BABENHAUSEN 8943. Bayern 413 N 22. 987 ㉟. 426 ⑮ – 4 800 Ew – Höhe 563 m –
Erholungsort – ⑳ 08333.

♦München 112 – ♦Augsburg 64 – Memmingen 22 – ♦Ulm (Donau) 39.

🏨 **Sailer Bräu** ⑤, Judengasse 10, ℰ 13 28 – ⇐ ℗
M *(Donnerstag, 15.- 30. Jan. und 24. Juli - 10. Aug. geschl.)* a la carte 26/41 – **18 Z : 35 B**
28/40 - 52/76.

XX **Post**, Stadtgasse 1, ℰ 13 03 – 🖭 ⑩ 𝐄
Montag 15 Uhr - Dienstag, 4.- 15. März und 12.- 30. Aug. geschl. – Menu a la carte 30/64.

BABENHAUSEN 6113. Hessen 987 ㉟. 412 413 J 17 – 14 000 Ew – Höhe 126 m – ⑳ 06073.

♦Wiesbaden 63 – Aschaffenburg 14 – ♦Darmstadt 26.

🏨 **Deutscher Hof** garni, Bismarckplatz 4, ℰ 20 11, Fax 2013 – ☎ ⇐ ℗. 🖭 𝐄 VISA
➡ **24 Z : 35 B** 70/80 - 120/160 Fb.

BACHARACH 6533. Rheinland-Pfalz 987 ㉟. 412 G 16 – 2 600 Ew – Höhe 80 m – ⑳ 06743.

Sehenswert : Markt★ – Posthof★ – Burg Stahleck (Aussichtsturm ⩽★★).

🔰 Städtisches Verkehrsamt, Oberstr. 1, ℰ 12 97.

Mainz 50 – ♦Koblenz 50 – Bad Kreuznach 33.

🏨 **Park-Café**, Marktstr. 8, ℰ 14 22, Fax 1541, ⇔, 🔲 – 📶 ⇐ 𝐄 VISA ۞
März - Nov. – **M** a la carte 23/50 – **23 Z : 46 B** 65/80 - 88/150.

🏨 **Altkölnischer Hof**, Blücherstr. 2, ℰ 13 39, Fax 2793 – 📶 ⇐ ⑩ VISA
April - Okt. – **M** a la carte 27/46 – **21 Z : 43 B** 55/75 - 80/105.

🏨 **Gelber Hof**, Blücherstr. 26, ℰ 10 17, Fax 1088, ⚓ – 📶 ☎ – 🛗 30. 🖭 ⑩ 𝐄 VISA
2.- 31. Jan. und 15.- 25. Dez. geschl. – **M** *(Montag geschl.)* a la carte 29/53 ⅄ – **32 Z : 50 B**
45/75 - 85/115.

🏨 **Zur Post**, Oberstr. 38, ℰ 12 77 – 🖭. ۞ Rest
Mitte März - Okt. – **M** *(Dienstag geschl.)* a la carte 24/48 ⅄ – **17 Z : 35 B** 40/65 - 62/90.

🏨 **Im Malerwinkel** ⑤ garni (Fachwerkhaus a.d.J. 1696), Blücherstr. 41, ℰ 12 39, ⚓ – ⇐
℗
25 Z : 45 B 30/45 - 60/70.

[ACKNANG] **7150.** Baden-Württemberg [413] L 20, [987] ㉕ – 30 000 Ew – Höhe 271 m – ☎ 07191.

Stuttgart 32 – Heilbronn 36 – Schwäbisch Gmünd 42 – Schwäbisch Hall 37.

🏨 **Schwanen** 🔇, Schillerstr. 9, ☎ 81 31, Fax 64588 – 🛗 📺 ☎ 🚗. [AE] ⓓ E. 🚫 Zim
M *(Samstag und Juli - Aug. 3 Wochen geschl.)* a la carte 32/62 – **14 Z : 25 B** 110/130 - 160/170 Fb.

🏨 **Bitzer** garni, Eugen-Adolff-Str. 29, ☎ 6 53 09, Fax 87636 – 📺 ☎ 🚗 [P]. [AE] ⓓ E [VISA]
32 Z : 49 B 59 - 96.

🏨 **Holzwarth** garni, Eduard-Breuninger-Str. 2, ☎ 81 94 – 📺 ☎ [P]
15 Z : 28 B 67/75 - 107.

🍴🍴 **Weinstube Mildenberger**, Schillerstr. 23 (1. Etage), ☎ 6 82 11 – [AE] E
Sonntag - Montag geschl. – **M** a la carte 49/80.

🍴🍴 **Backnanger Stuben**, Bahnhofstr. 7 (Bürgerhaus), ☎ 6 20 61 – 🏢 30. [AE] ⓓ E [VISA]
Dienstag geschl. – **M** a la carte 30/60.

🍴 **Königsbacher Klause**, Sulzbacher Str. 10, ☎ 6 62 38 – E
◆ *Samstag und 15.- 30. Juli geschl.* – **M** 15/21 🍷.

In Backnang 4-Steinbach O : 4 km :

🍴 Auberge du Linde mit Zim, Lindenplatz 2, ☎ 6 17 71 – [P]
8 Z : 12 B.

In Aspach-Großaspach **7152** NW : 4 km :

🍴🍴 **Lamm**, Hauptstr. 23, ☎ (07191) 2 02 71 – [P]
Sonntag 15 Uhr - Montag, 18. Juli - 15. Aug. und 24. Dez.- 6. Jan. geschl. – **M** a la carte 33/62.

In Aspach-Kleinaspach **7152** NW : 7 km :

🏨 **Sonnenhof** 🔇, Oberstenfelder Straße, ☎ (07148) 3 70, Fax 37303, 🧖, 🏊 (geheizt), 🏊, 🌳, 🎾 – 📺 ☎ [P] – 🏢 25/60. E
M a la carte 25/55 – **155 Z : 300 B** 50/80 - 80/110 Fb.

[BAD...]

siehe unter dem Eigennamen des Ortes (z. B. Bad Orb siehe Orb, Bad).

voir au nom propre de la localité (ex. : Bad Orb voir Orb, Bad).

see under second part of town name (e.g. for Bad Orb see under Orb, Bad).

vedere nome proprio della località (es. : Bad Orb vedere Orb, Bad).

[BADEN-BADEN] **7570.** Baden-Württemberg [413] H 20, [987] ㉞㉟ – 50 000 Ew – Höhe 181 m – Heilbad – ☎ 07221.

Sehenswert : Lichtentaler Allee★★ BZ.

Ausflugsziele : Ruine Yburg ✻★★, AZ – Schwarzwaldhochstraße (Höhenstraße★★ von Baden-Baden bis Freudenstadt) – Autobahnkirche★, ① : 8 km.

⛳ Fremersbergstr. 127 (über Moltkestr. AZ), ☎ 2 35 79.

ℹ Kurdirektion (Abt. Information), Augustaplatz 8, ☎ 27 52 00, Telex 781208.

ADAC, Lange Str. 57, ☎ 2 22 10, Notruf ☎ 1 92 11.

Stuttgart 112 ① – ♦Freiburg im Breisgau 112 ① – ♦Karlsruhe 39 ① – Strasbourg 61 ①.

Stadtplan siehe nächste Seite.

🏨 **Brenner's Park-Hotel** 🔇, Schillerstr. 6, ☎ 35 30, Telex 781261, Fax 353353, ≤, « Park, Caféterrasse », Bade- und Massageabteilung, 🏋 (Brenners Spa), 🧘, 🧖, 🏊, 🌳 – 🛗 📺 🚗 [P] – 🏢 25/80. [AE] ⓓ E [VISA]. 🚫 Rest BZ a
Restaurants : **Park-Restaurant M** a la carte 74/109 – **Schwarzwaldstube M** a la carte 65/100 – **100 Z : 170 B** 272/472 - 364/1322 – 12 Appart. 1444/2422 – ½ P 223/480.

🏨 Steigenberger-Hotel Europäischer Hof, Kaiserallee 2, ☎ 2 35 61, Telex 781188, Fax 28831, ≤ – 🛗 🚭 Zim 📺 [P] – 🏢 25/90. 🚫 Rest BY b
135 Z : 201 B Fb – 4 Appart..

🏨 **Steigenberger Hotel Badischer Hof**, Lange Str. 47, ☎ 2 28 27, Telex 781121, Fax 28729, 🌂, Bade- und Massageabteilung, 🧖, 🏊 (Thermal), 🏊, 🌳 – 🛗 🚭 Zim 📺 ♿ 🚗 – 🏢 25/150. [AE] ⓓ E [VISA]. 🚫 Rest AY e
M *(auch vegetarisches Menu)* a la carte 60/86 – **140 Z : 235 B** 175/250 - 270/430 Fb – 5 Appart. 485/805 – ½ P 185/300.

🏨 **Quisisana** 🔇, Bismarckstr. 21, ☎ 34 46, Fax 38195, « Elegante Einrichtung », Bade- und Massageabteilung, 🧘, 🧖, 🏊, 🌳 – 🛗 📺 🚗 – 🏢 30. E [VISA]. 🚫 Rest AZ n
M a la carte 40/70 – **60 Z : 90 B** 165/240 - 250/330 Fb – 9 Appart. 360 – ½ P 185/270.

🏨 **Der Quellenhof** 🔇, Sophienstr. 27, ☎ 2 21 34, Telex 781202, Fax 28320, 🌂 – 🛗 🚭 Zim ▤ Rest 📺 🚗 – 🏢 25/50. [AE] ⓓ E [VISA] BY s
7.- 28. Jan. geschl. – Restaurants (Sonntag - Montag geschl.): **s'Badstüble** *(auch vegetarische Gerichte)* **M** a la carte 29/54 – **Das süße Löchel** *(nur Abendessen)* **M** a la carte 44/81 – **51 Z : 100 B** 165/194 - 230/250 Fb – 4 Appart. 450 – ½ P 143/222.

BADEN-BADEN

Gernsbacher Str.	BY 6
Kreuzstraße	BY 13
Lange Straße	BY 14
Lichtentaler Str.	AZ 16
Luisenstraße	ABY
Sophienstraße	BY
Burgstraße	BY 3
Fremersbergstr.	AZ 5
Geroldsauer Str.	AZ 7

Hermann-Sielcken-Straße	AZ 8
Hirschstraße	BY 1
Kaiser-Wilhelm-Str.	AZ 1
Lichtentaler Allee	AZ 1
Ludwig-Wilhelm-Platz	BZ 1
Markgrafenstr.	AZ 1
Marktplatz	BY 1
Rheinstraße	AZ 2
Sonnenplatz	BY 2
Steinstraße	BY 3
Werderstraße	AZ 3

Golf-Hotel ⑤, Fremersbergstr. 113, ℘ 3 60 10, Telex 781174, Fax 3601100, 佘, « Park »,
⊆s, ⌧, ⌧, ℘ – 阝 ⎄ 丞 ⊕ – 益 25/100. 彯 ⑩ E ☒. ℘ Rest
AZ n
April-Okt. – **M** a la carte 45/72 – **85 Z : 140 B** 130/240 - 175/260 Fb – 10 Appart. 280/400 –
½ P 123/215.

Holiday Inn Sporthotel ⑤, Falkenstr. 2, ℘ 21 90, Telex 781255, Fax 219519, 佘, ⊆s, ⌧,
佘 – 阝 ⎄ 丞 彯 ⊕ – 益 25/110. 彯 ⑩ E ☒
BZ
M (auch vegetarische Gerichte) 29/31 und a la carte 44/87 – **121 Z : 200 B** 190/260 - 274/310
Fb – 5 Appart. 375/520.

Fairway Hotel, Fremersbergstr. 125, ℘ 21 71, Telex 781407, Fax 26215, « Gartenterrasse »,
Bade- und Massageabteilung, ⊆s, ⌧ (geheizt), ⌧, 佘 – 阝 ⎄ 丞 ⎄ ⊕ – 益 25/60
彯 ⑩ E ☒ über Fremersbergstr. AZ
M a la carte 51/80 – **113 Z : 200 B** 178 - 256 Fb – 18 Appart. 306 – ½ P 166/216.

Holland Hotel Sophienpark, Sophienstr. 14, ℘ 35 60, Telex 781368, Fax 356121, « Park »,
佘 – 阝 ⎄ 丞 ⊕ – 益 25/70. 彯 ⑩ E ☒
BY
M 25/Buffet (mittags) und a la carte 45/78 – **75 Z : 111 B** 130/215 - 190/240 Fb – 5 Appart.
300.

Bad-Hotel Zum Hirsch ⑤, Hirschstr. 1, ℘ 2 38 96, Telex 781193, Fax 28831, « Antike
Einrichtung, Ballsaal », Bade-und Massageabteilung – 阝 ⎄ 丞 丞 ⎄ – 益 25/100. 彯
⑩ E ☒. ℘ Rest
BY
(nur Abendessen für Hausgäste) – **58 Z : 82 B** 110/160 - 195/260 Fb – ½ P 140/202.

🏠 **Romantik-Hotel Der kleine Prinz**, Lichtentaler Str. 36, ℰ 34 64, Telex 781433, Fax 382264 – 🛗 📺 ☎ ⇐. ⅊ 🄴 **VISA**   BZ **u**
M *(Montag - Dienstag 18 Uhr und Jan. 3 Wochen geschl.)* 65/98 – **33 Z : 60 B** 150/250 - 200/300 Fb – 9 Appart. 350/450.

🏠 **Allee-Hotel Bären**, Hauptstr. 36, ℰ 70 20, Telex 781291, Fax 702113, ⩽, « Parkterrasse », 🐾 – 🛗 📺 ☎ ⇐. ⇐ ⅊ – 🔬 25/60. ⅊ 🄾 🄴 **VISA**   AZ **p**
M a la carte 45/80 – **81 Z : 120 B** 102/265 - 178/335 Fb – ½ P 129/220.

🏠 **Atlantic** garni, Sophienstr. 2a, ℰ 2 41 11 – 🛗 📺 ☎. ⅊ 🄾 🄴 **VISA**   BY **r**
51 Z : 71 B 96/250 - 197/283 Fb.

🏠 **Haus Reichert** garni, Sophienstr. 4, ℰ 2 41 91, ⇔, 🖳 – 🛗 📺 ☎. ⅊ 🄾 🄴 **VISA**   BY **v**
42 Z : 70 B 100/200 - 180/300 Fb – 8 Appart. 350.

🏠 **Deutscher Kaiser** ⑤, Merkurstr. 9, ℰ 27 00, Fax 270270 – 🛗 📺 ☎ ⇐ – 🔬 40. 💅 Rest
26 Z : 44 B Fb.   BZ **h**

🏠 **Falkenhalde** ⑤, Hahnhofstr. 71, ℰ 34 31, 🍴, ⇔, 🖳, 🐾 – 🛗 ☎ ⇐ ⅊. ⅊ 🄴 **VISA**
M *(nur Abendessen, Montag - Dienstag und Dez.- Feb. geschl.)* a la carte 27/50 – **35 Z : 60 B** 130/165 - 180/195 Fb.   BZ **v**

🏠 **Tannenhof** ⑤, Hans-Bredow-Str. 20, ℰ 27 11 81, Fax 2764141, ⩽, 🍴 – 🛗 📺 ☎ ⅊ – 🔬 25/40. ⅊ 🄾 🄴 **VISA**   AZ **m**
M *(Samstag bis 18 Uhr, Sonntag und 21. Juli - 11. Aug. geschl.)* a la carte 39/60 – **27 Z : 47 B** 95/200 - 180/300 Fb.

🏠 **Süß** ⑤, Friesenbergstr. 2, ℰ 2 23 65, Fax 28772, ⩽, 🐾 – ☎ ⅊. ⅊ 🄾 🄴. 💅 Rest   AY **t**
Mitte März - 10. Nov. – *(nur Mittagessen für Hausgäste)* – **40 Z : 62 B** 52/120 - 95/156.

🏠 **Müller** ⑤ garni, Lange Str. 34, ℰ 2 32 11 – 🛗 📺 ☎. ⅊ 🄾 🄴 **VISA**   BY **g**
24 Z : 40 B 92/115 - 135/165 Fb.

🏠 **Etol** ⑤ garni, Merkurstr. 7, ℰ 27 00 – 📺 ☎ ⅊   BZ **h**
20 Z : 32 B Fb.

🏠 **Merkur** ⑤ garni, Merkurstr. 8, ℰ 3 33 90 – 🛗 📺 ☎ ⇐. ⅊ 🄾 🄴 **VISA**   BZ **c**
29 Z : 48 B 70/100 - 120/140 Fb.

🏠 **Schweizer Hof** garni, Lange Str. 73, ℰ 2 42 31 – 🛗 ☎. 🄴 **VISA**   AY **s**
29 Z : 42 B 45/60 - 90/140.

🏠 **Greiner** ⑤ garni, Lichtentaler Allee 88, ℰ 7 11 35, ⩽ – ⅊. 💅   AZ **u**
Mitte Nov.- Anfang Dez. geschl. – **33 Z : 54 B** 50/75 - 80/90.

🏠 **Am Markt**, Marktplatz 18, ℰ 2 27 47 – 🛗 ☎. ⅊ 🄾 🄴 **VISA**   BY **u**
(nur Abendessen für Hausgäste) – **27 Z : 42 B** 42/65 - 84/100.

🏠 **Bischoff** garni, Römerplatz 2, ℰ 2 23 78 – 🛗 ☎. ⅊ 🄾 🄴 **VISA**. 💅   BY **a**
15. Feb.- Okt. – **22 Z : 40 B** 65 - 110/130.

🏠 **Römerhof** garni, Sophienstr. 25, ℰ 2 34 15 – 🛗 ☎ ⇐. ⅊ 🄾 🄴 **VISA**. 💅   BY **k**
Mitte Dez.-Ende Jan. geschl. – **24 Z : 40 B** 70 - 120/130.

XXX **Stahlbad**, Augustaplatz 2, ℰ 2 45 69, « Gartenterrasse » – ⅊ 🄾 🄴 **VISA**   BZ **w**
Sonntag 14 Uhr - Montag geschl. – **M** a la carte 70/118.

XXX **Oxmox**, Kaiserallee 4, ℰ 2 99 00, Fax 26289 – 🄴 **VISA**   ABY **x**
nur Abendessen, Montag geschl. – **M** a la carte 54/97.

X **Kurhaus-Betriebe**, Kaiserallee 1, ℰ 2 27 17, Fax 29557, 🍴 – ⅊ 🄾 🄴 **VISA**. 💅   AY
Montag geschl. – **M** a la carte 39/66.

X **Molkenkur**, Quettigstr. 19, ℰ 3 32 57, Fax 38579, 🍴 – ⅊. 🄴 **VISA**   AZ **e**
Sonntag geschl. – **M** a la carte 26/74.

X **Nest**, Rettigstr. 1, ℰ 2 30 76 – 🔳 ⅊. ⅊ 🄾 🄴 **VISA**   BY **m**
Donnerstag geschl. – **M** *(auch vegetarische Gerichte)* a la carte 28/58.

X **Münchner Löwenbräu**, Gernsbacher Str. 9, ℰ 2 23 11, Fax 26320, 🍴, Biergarten – 🄴 **VISA**   BY **n**
M a la carte 31/58.

X **Badner Stuben**, Rettigstr. 4, ℰ 2 20 39   BY **e**
Sonntag 14 Uhr - Montag und Ende Feb.- Mitte März geschl. – **M** a la carte 25/60.

An der Straße nach Ebersteinburg NO : 2 km :

🏠 **Kappelmann**, Rotenbachtalstr. 30, ✉ 7570 Baden-Baden, ℰ (07221) 35 50, Fax 355100, 🍴, 🐾 – 🛗 📺 ☎ ⅊ – 🔬 25. 🄾 🄴 **VISA**
15. Jan.- 15. Feb. geschl. – **M** a la carte 24/64 – **42 Z : 65 B** 100/140 - 170/190 Fb – ½ P 115/160.

An der Straße nach Gernsbach ② : 5 km :

🏠 **Waldhotel Forellenhof** ⑤, Gaisbach 91, ✉ 7570 Baden-Baden, ℰ (07221) 7 10 25, Fax 270270, 🍴, 🐾 – 🛗 📺 ☎ ⇐ ⅊. ⅊ 🄾 🄴 **VISA**
Feb. geschl. – **M** a la carte 34/67 – **27 Z : 50 B** 85/109 - 150/180 Fb – ½ P 105/139.

In Baden-Baden - Geroldsau S : 5 km über Geroldsauer Str. AZ :

🏠 **Sonne** garni, Geroldsauer Str. 145, ℰ 74 12 – ☎ ⇐ ⅊
18 Z : 36 B 70/85 - 95/100.

🏠 **Hirsch**, Geroldsauer Str. 130, ℰ 7 13 17, Biergarten – 📺 ⅊. 🄴
M *(Mittwoch geschl.)* a la carte 26/45 – **12 Z : 24 B** 45/60 - 80/110.

In Baden-Baden 23 - Neuweier SW : 10 km über Fremersbergstr. AZ – 🕲 07223 :

🏤 **Rebenhof** ⬚, Weinstr. 58, 🍽 54 06, ≤ Weinberge und Rheinebene, 🏤, 🏤 – ☎ ⟸ 🕲 🕸 Zim
13. Jan.- 4. März geschl. – **M** *(Sonntag - Montag 18 Uhr geschl.)* a la carte 27/62 – **17 Z 29 B** 65 - 115/140.

🏤 **Heiligenstein** ⬚, Heiligensteinstr. 19a, 🍽 5 20 25, Fax 58933, ≤ Weinbergern und Yburg, ⟸ – ᠗ 📺 ☎ 🅿 – ♨ 25. **E**
20.- 25. Dez. geschl. – **M** *(nur Abendessen, Dienstag geschl.)* a la carte 35/60 – **24 Z : 48** 69/105 - 120/260 Fb.

🏠 **Pension Röderhof** ⬚ garni, Im Nußgärtel 2, 🍽 5 20 44, 🏤 – ☎ ⟸ 🅿
Mitte Dez.- Mitte Jan. geschl. – **15 Z : 30 B** 50 - 78/105.

🏠 **Zum Altenberg** ⬚ (mit Gästehaus), Schartenbergstr. 6, 🍽 5 72 36, 🏤, ◹, 🏤 – 🅿
19 Z : 25 B.

XX 🕸 **Zum Alde Gott**, Weinstr. 10, 🍽 55 13, ≤, 🏤 – 🅿. **E** [VISA]
3.- 31. Jan. und Donnerstag - Freitag 18 Uhr geschl. – **M** 85/140 und a la carte 74/101
Spez. Gänseleberterrine, Lachssülze mit Schnittlauchsauce, Gebratene Ente mit Linsen und Spätzle.

XX **Schloß Neuweier**, Mauerbergstr. 21, 🍽 5 79 44, « Gartenterrasse » – 🅿. **E**
Dienstag - Mittwoch 18 Uhr, Jan., Juli - Aug. 1 Woche und 22.- 25. Dez. geschl. – **M** 45/98
la carte 56/98.

XX **Traube** (mit Zim und Gästehaus), Mauerbergstr. 107, 🍽 5 72 16, ⟸ – 📺 ☎ 🅿. 🅰🅴 **E**
M *(Mittwoch geschl.)* 30/85 a la carte 45/75 – **20 Z : 35 B** 55/95 - 90/168.

XX **Zum Lamm** mit Zim, Mauerbergstr. 34, 🍽 5 70 38, « Rustikale Einrichtung Gartenterrasse » – ☎ 🅿. 🅰🅴 🅾 **E** [VISA]
M *(Montag - Dienstag geschl.)* a la carte 46/68 – **Weinstube M** a la carte 31/40 – **12 Z 21 B** 60 - 95/140 Fb.

XX Rebstock ⬚ mit Zim, Schloßackerweg 3, 🍽 5 72 40, 🏤, 🏤 – 🅿 – **4 Z : 8 B**.

In Baden-Baden - Oberbeuern über ② Richtung Gernsbach :

🏠 **Waldhorn**, Beuerner Str. 54, 🍽 7 22 88, « Gartenterrasse mit Grill » – 📺 ☎ 🅿. 🅰🅴 🅾 ⬥ [VISA]
M *(Montag und Ende Feb.- Anfang März geschl.)* 17/30 und a la carte 26/48 – **13 Z : 21** 45/70 - 105/115.

In Baden-Baden-Oos NW : 3 km über Rheinstraße AZ :

🏤 Karlshof garni, Ooser Bahnhofstr. 4 (im Bahnhof), 🍽 6 14 36/6 16 76, 🏤 – 📺 ☎ 🅿
9 Z : 20 B.

In Baden-Baden 24 - Sandweier ① : 8 km :

🏤 **Blume**, Mühlstr. 24, 🍽 5 17 11, Fax 52280, 🏤, ⟸, ◹, 🏤 – ᠗ ☎ 🅿 – ♨ 25/60
M a la carte 33/56 – **17 Z : 34 B** 70/90 - 120 – ½ P 73/88.

In Baden-Baden 11-Umweg SW : 8,5 km über Fremersbergstraße AZ :

XXX **Bocksbeutel** mit Zim, Umweger Str. 103, 🍽 (07223) 5 80 31, Fax 60808, ≤ Weinberge un Rheinebene – ☎ 🅿. 🅾 **E** [VISA]
Menu *(auch vegetarisches Menu)* (Montag - Dienstag 18 Uhr geschl.) a la carte 35/76 –
10 Z : 20 B 65/85 - 100/140.

In Baden-Baden 22-Varnhalt SW : 6 km über Fremersbergstr. AZ – 🕲 07223 :

🏠 **Haus Rebland**, Umweger Str. 133, 🍽 5 20 47, ≤ Weinberge und Rheinebene, 🏤, ⟸, ◹
– ☎ 🅿
15. Nov.- 15. Dez. geschl. – **M** a la carte 24/53 – **24 Z : 43 B** 55/70 - 95/140 – ½ P 70/92.

XX **Pospisil's Restaurant Merkurius** mit Zim, Klosterbergstr. 2, 🍽 54 74, ≤ Weinberg und Rheinebene, 🏤, 🏤 – 📺 ☎ 🅿. 🅰🅴 **E**
M *(Montag - Dienstag 19 Uhr geschl.)* a la carte 71/93 – **4 Z : 8 B** 80/100 - 110/130.

XX **Zum Adler** mit Zim, Klosterbergstr. 15, 🍽 5 72 41, ≤ Weinberge und Rheinebene, 🏤 –
🅿. **E** [VISA]
10.- 30. Jan. geschl. – **M** *(Donnerstag geschl.)* a la carte 30/79 – **9 Z : 15 B** 65/70 - 120.

An der Autobahn A 5 über ① :

🏤 **Rasthaus Baden-Baden**, ⬚ 7570 Baden-Baden 24, 🍽 (07221) 6 50 43, Fax 17661, 🏤 –
᠗ 🕸 Zim 📺 ☎ ♿ ⟸ 🅿 – ♨ 25/50. **E** [VISA]
M (auch Self-Service) a la carte 26/53 – **39 Z : 73 B** 105 - 160.

BADENWEILER 7847. Baden-Württemberg 🐠🐂🐐 G 23. 🐔🐓🐙 ⊛. 🐖🐗🐘 ④⑤ – 3 400 Ew – Höh 426 m – Heilbad – Das Kurzentrum ist von März bis Okt. für den Durchgangsverkehr gesperr Fahrerlaubnis nur für Hotelgäste oder mit Sondergenehmigung. – 🕲 07632.

Sehenswert : Kurpark★★ – Burgruine ✳★.

Ausflugsziele : Blauen : Aussichtsturm ✳★★, SO : 8 km – Schloß Bürgeln★, S : 8 km.

🏌 beim Grenzübergang Neuenburg (W : 16 km), 🍽 (07632) 50 31.

🏛 Kurverwaltung, Ernst-Eisenlohr-Str. 4, 🍽 7 21 10.

♦Stuttgart 242 – Basel 45 – ♦Freiburg im Breisgau 46 – Mulhouse 30.

Römerbad ⌘, Schloßplatz 1, 🕾 7 00, Telex 772933, Fax 70200, « Park », Massage, ⌘,
⊥ (Thermal), 🔲, 🛱, 🍴 – 📶 📺 🕸 🚗 🅿 – 🏛 25/80. 🖭 **E** 🎟 . 🕸 Rest
M a la carte 60/82 – **107 Z : 142 B** 190/340 - 320/400 – 7 Appart. 440/520 – 3 Fewo 230 –
½ P 205/315.

Schwarzmatt ⌘, Akazienstr. 4, 🕾 60 42, Fax 6047, 🛱, 🔲 – 📶 📺 ⌕ 🚗 🅿 – 🏛 50.
🕸 Rest
M (Tischbestellung ratsam) a la carte 58/78 – **45 Z : 80 B** 160/180 - 260/310 Fb – 4 Appart.
390.

Parkhotel Weißes Haus ⌘, Wilhelmstr. 6, 🕾 50 41, Fax 5045, ≤, « Park », Massage,
🛱, 🍴 – 📶 📺 🚗 🅿. 🕸
März - 15. Nov. – (Rest. nur für Hausgäste) – **40 Z : 60 B** 110/150 - 180/220 Fb – 3 Appart.
260 – ½ P 110/150.

Blauenwald ⌘ garni, Blauenstr. 11, 🕾 50 08, 🔲 – 📶 🕾 🚗 🅿
6. Jan.- Feb. und 20. Nov.- 20. Dez. geschl. – **38 Z : 46 B** 59/85 - 119/129 – 3 Appart. 200.

Eckerlin - Mirador Garden ⌘, Römerstr. 2, 🕾 75 09 01, Fax 750990, ≤, 🛱, « Garten »,
⊥, 🔲, 🛱 – 📶 🕾 🅿
6. Jan.- Feb. und 15. Nov.- 15. Dez. garni – **M** (Dienstag geschl.) a la carte 26/47 – **63 Z :
90 B** 95/150 - 190/280 Fb – ½ P 115/145.

Romantik-Hotel Sonne ⌘, Moltkestr. 1, 🕾 7 50 80, Fax 750865, 🛱 – 📺 🕾 🚗 🅿. 🖭
⑩ **E** 🎟. 🕸 Zim
Mitte Feb.- Mitte Nov. – **M** (Mittwoch - Donnerstag 18 Uhr geschl.) 15/40 (mittags) und a la
carte 36/68 – **40 Z : 60 B** 80/105 - 140/190 Fb – 8 Fewo 105/150 – ½ P 95/130.

Anna ⌘, Oberer Kirchweg 2, 🕾 50 31, ≤, « Dachterrasse », 🔲, 🛱 – 📶 🅿. 🕸 Rest
Mitte Feb.- Mitte Nov. – (Restaurant nur für Hausgäste) – **40 Z : 60 B** 90/110 - 160/220 Fb.

Ritter, Friedrichstr. 2, 🕾 50 74, Telex 774105, Fax 5073, 🛱, « Garten », Bade- und
Massageabteilung, ⌘, 🔲, 🛱 – 📶 📺 🕾 🅿. 🖭 **E**. 🕸
M a la carte 32/63 – **70 Z : 95 B** 70/160 - 130/250 Fb – ½ P 90/155.

Post ⌘ (mit Gästehaus), Sofienstr. 1, 🕾 50 51, Fax 5123, 🛱, ⌘, 🔲 – 📶 🕾 🚗
Mitte Feb.- Okt. – **M** (Donnerstag geschl.) 18/25 (mittags) und a la carte 31/51 ⅜ – **55 Z :
87 B** 68/105 - 130/240 Fb – ½ P 85/125.

Am Kurpark-Villa Hedwig ⌘, Römerstr. 10, 🕾 2 20, « Ehemalige Villa mit stilvoller
Einrichtung », 🛱 – 📺 🕾 🅿
6.- 31. Jan. geschl. – (nur Abendessen für Hausgäste) – **12 Z : 18 B** 80/130 - 130/160 Fb –
4 Appart. 160 – ½ P 85/100.

Daheim ⌘, Römerstr. 8, 🕾 75 80, Fax 758276, ≤, Massage, ⌘, 🔲, 🛱 – 📶 🕾 🚗 🅿.
⑩ **E** 🎟. 🕸
Dez.-Jan. geschl. – (Restaurant nur für Hausgäste) – **43 Z : 70 B** 80/120 - 160/200 Fb.

Schnepple ⌘ garni, Hebelweg 15, 🕾 54 20, 🛱 – 📶 🕾 🚗 🅿. 🕸
März- 15. Nov. – **19 Z : 30 B** 66/90 - 110/158 Fb.

Schlößle ⌘ garni, Kanderner Str. 4, 🕾 2 40, ≤, « Geschmackvolle Einrichtung »,
⊥ (geheizt), 🛱 – 🕾
Jan. geschl. – **15 Z : 20 B** 55/65 - 110/140 Fb.

Schloßberg ⌘, Schloßbergstr. 3, 🕾 50 16, ≤, ⌘, 🛱 – 📶 📺 🕾 🅿. 🕸
März - 15. Nov. – (nur Abendessen für Hausgäste) – **26 Z : 37 B** 85/90 - 150/190 Fb.

Kurhotel Hasenburg, Schweighofstr. 6, 🕾 4 10, Massage, ⌘, 🔲, 🛱 – 📶 🕾 🅿
nur Saison – **40 Z : 60 B** Fb.

Eberhardt - Burghardt ⌘, Waldweg 2, 🕾 50 39, Fax 1281, 🛱 – 📶 🕾 🅿. **E**
M a la carte 27/53 ⅜ – **38 Z : 54 B** 60/95 - 120/170 Fb – ½ P 76/101.

Badenweiler Hof ⌘ garni, Wilhelmstr. 40, 🕾 3 44 – 🕾 🅿
19 Z : 32 B 65/85 - 120/130 Fb.

Försterhaus Lais ⌘, Badstr. 42, 🕾 3 17, ⌘, 🔲, 🛱 – 🅿. ⑩ **E**
M (Sonntag geschl.) a la carte 24/52 ⅜ – **27 Z : 42 B** 58/80 - 98/170 Fb.

Haus Christine ⌘ garni, Glasbachweg 1, 🕾 60 04, ⌘, 🛱 – 🕾 🅿
7. Jan.- 16. Feb. und 1.- 21. Dez. geschl. – **15 Z : 21 B** 65/92 - 120/142.

Haus Ebert garni, Friedrichstr. 7, 🕾 4 65, 🛱 – 🚗. 🕸
Mitte Feb.- Mitte Nov. – **15 Z : 20 B** 45/55 - 108/140.

In Badenweiler 3-Lipburg SW : 3 km :

Landgasthof Schwanen ⌘, E.-Scheffelt-Str. 5, 🕾 52 28, Fax 5208, 🛱, 🛱 – 🕾 🚗
🅿. 🖭 ⑩ **E**
7. Jan.- 25. Feb. geschl. – **M** (Donnerstag geschl.) a la carte 28/58 ⅜ – **18 Z : 28 B** 50/65 -
90/110 Fb.

In Badenweiler 3-Sehringen S : 3 km :

Gasthof zum grünen Baum ⌘, Sehringer Str. 19, 🕾 74 11, ≤, 🛱 – 🚗 🅿. 🕸 Zim
11. Dez.- 7. Feb. geschl. – **M** (Montag geschl.) a la carte 27/57 ⅜ – **14 Z : 24 B** 30/56 -
60/105 – ½ P 59/85.

Fortsetzung →

Auf dem Blauen SO : 8 km — Höhe 1 165 m :

⚐ **Hochblauen** ⌇, ☒ 7847 Badenweiler, ℰ (07632) 3 88, ≼ Schwarzwald und Alpen, ☆
☆ – ⇔ ℗
Mitte März - Anfang Nov. — (Rest. nur für Hausgäste, für Passanten Self-Service) (Mittwoch
18 Uhr - Donnerstag geschl.) ⅃ — **15 Z : 25 B** 35/50 - 65/94.

BÄRENTAL Baden-Württemberg siehe Feldberg im Schwarzwald.

BÄRNAU 8599 Bayern 🔟🔢🔣 U 17. 🔟🔟🔟 ㉗ — 3 800 Ew — Höhe 615 m — 🅲 09635.
🛈 Verkehrsamt, Rathaus, ℰ 2 01.
♦München 285 — Bayreuth 73 — ♦Nürnberg 139.

In Bärnau-Altglashütte S : 9 km — Wintersport : 800/900 m ⚡2 :

⚐ **Haus Rose** ⌇, ℰ 4 31, ≼, ⊜, ⚐ – ℗
→ **M** *(Dienstag geschl.)* a la carte 14/30 — **16 Z : 30 B** 30/35 - 60/70.

BAHLINGEN 7836. Baden-Württemberg 🔟🔢🔣 G 22. 🔢🔢🔢 ㉘. 🔠🔠 ⑦ — 3 000 Ew — Höhe 248 m
🅲 07663 (Eichstetten).
♦Stuttgart 190 — ♦Freiburg im Breisgau 22 — Offenburg 48.

🏠 **Lamm**, Hauptstr. 49, ℰ 13 11, ⊜ – 📺 ☎ ⇔ ℗ – ⚖ 40. 🝰 **E**
M *(Sonntag geschl.)* a la carte 26/58 ⅃ — **29 Z : 51 B** 52/72 - 68/124 Fb.

⚐ **Hecht**, Hauptstr. 59, ℰ 16 33, ☆ – ℗
M *(Montag geschl.)* a la carte 24/40 ⅃ — **9 Z : 19 B** 30/65 - 50/90.

BAIERBRUNN 8021. Bayern 🔟🔢🔣 R 22 — 2 400 Ew — Höhe 638 m — 🅲 089 (München).
♦München 15 — Garmisch Partenkirchen 72.

🏠 **Strobl**, Wolfratshauser Str. 54 a, ℰ 7 93 06 79, Fax 7938969, Biergarten – 📺 ☎ ♿ ℗. **E**
→ **M** *(Mahlzeiten im Gasthof gegenüber)* a la carte 18,50/40 — **19 Z : 38 B** 75/90 - 110/125 Fb.

In Baierbrunn-Buchenhain NO : 1,5 km :

🏠 **Waldgasthof Buchenhain**, Buchenhain 1, ℰ 7 93 01 24, Fax 7938701, Biergarten – 🎧 🚫
℗
20. Dez.- 15. Jan. geschl. — M (Freitag geschl.) a la carte 26/51 — **42 Z : 70 B** 70/90 - 100,
110 Fb.

BAIERSBRONN 7292. Baden-Württemberg 🔟🔢🔣 HI 21. 🔟🔟🔟 ㉙ — 14 000 Ew — Höhe 550 m —
Luftkurort — Wintersport : 584/1 065 m ⚡11 ⚡14 — 🅲 07442.
🛈 Kurverwaltung, Freudenstädter Str. 36, ℰ 25 70.
♦Stuttgart 100 ② — Baden-Baden 50 ① — Freudenstadt 7 ②.

Stadtplan siehe gegenüberliegende Seite.

🏛 **Rose**, Bildstöckleweg 2, ℰ 20 35, Fax 4396, ⊜, ◻ – 🎧 📺 ☎ ♿ ⇔ ℗ – ⚖ 25/40. 🝰 **E**
🗺 🛇 AX **h**
20. Nov.- 20. Dez. geschl. — M (Dienstag geschl.) a la carte 28/53 — **41 Z : 70 B** 60/70 -
100/120 Fb — 3 Appart. 150 — 2 Fewo 70.

🏛 **Falken**, Oberdorfstr. 95, ℰ 24 43, ☆, ⊜, ⚐ – 🎧 📺 ☎ ⇔ ℗. 🝰 ⓞ **E** 🗺 AY **s**
Mitte März - Anfang April und Nov.- Anfang Dez. geschl. — M (Dienstag geschl.) a la carte
22/40 ⅃ — **21 Z : 36 B** 55/80 - 90/100 Fb.

🏛 **Rosengarten** ⌇, Bildstöckleweg 35, ℰ 20 88, ⊜, ◻ – ☎ ℗. 🛇 Zim AX **a**
→ *8.- 25. April und 11. Nov.- 19. Dez. geschl. — M (Mittwoch geschl.)* a la carte 21/45 — **27 Z :**
50 B 50/60 - 96/120 Fb — 2 Fewo 60/90 — ½ P 67/77.

🏠 **Café Berghof** ⌇, Bildstöckleweg 17, ℰ 70 18, Fax 7349, ≼, ☆, Bade- und
→ Massageabteilung, ◻ – 🎧 ℗. 🛇 Rest AX **t**
9.- 21. April und 5. Nov.- 24. Dez. geschl. — M (Montag geschl.) a la carte 21/45 — **34 Z :**
56 B 42/90 - 84/110 Fb — ½ P 58/81.

🏠 **Hirsch**, Oberdorfstr. 74, ℰ 30 33, ⊜, ◻, ⚐ – 🎧 📺 ℗ AY **d**
→ *15. Jan.- 3. März und 29. Nov.- 19. Dez. geschl. — M (Dienstag geschl.)* a la carte 21/49 ⅃
— **41 Z : 60 B** 36/58 - 100/120 Fb.

🏠 **Miller-Wagner**, Forbachstr. 4, ℰ 22 57, ☆ – 🎧 ℗ AX **e**
→ *Nov. geschl. — M (Mittwoch geschl.)* 20/29 — **20 Z : 30 B** 47/60 - 84/98 Fb — ½ P 62/70.

🏠 **Pappel**, Oberdorfstr. 1, ℰ 22 08 – 🎧 ℗ AY **f**
20 Z : 40 B.

🏠 **Krone**, Freudenstädter Str. 32, ℰ 22 09, ⊜, ◻ – ⇔ ℗ AY **r**
8.- 25. Jan. und 25. Okt.- 10. Nov. geschl. — M (Montag geschl.) a la carte 24/45 ⅃ — **47 Z :**
75 B 46/66 - 92/120 Fb — ½ P 62/71.

🏠 **Gästehaus Gaiser** garni, Lochweg 8, ℰ 37 10, ⚐ – 🎧 ℗. 🛇 AX **s**
Nov.- 15. Dez. geschl. — **19 Z : 33 B** 34/40 - 64/72.

🏠 **Panorama-Hotel** garni, Forststr. 1, ℰ 24 85, ≼ – ℗. 🛇 AY **k**
Nov.- 15. Dez. geschl. — **27 Z : 46 B** 40/42 - 76/80.

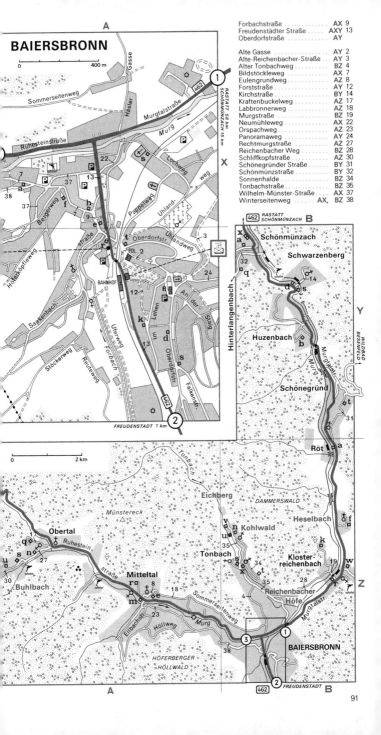

BAIERSBRONN

0 ——— 400 m

0 ——— 2 km

91

BAIERSBRONN

In Baiersbronn 1-Tonbach :

🏨 **Kur- und Sporthotel Traube Tonbach** ⑤, Tonbachstr. 237, ℰ 49 20, Telex 764394, Fᵃ
492692, ≼, Bade- und Massageabteilung, ₭₆, ♨, ≘ₛ, ☒ (geheizt), ☒, 舜, ℀ (Halle) –
☒ ⋔ ⇔ Ⓟ – 🛆 40. ℀   BZ
(Restaurant nur für Hausgäste) (siehe auch Restaurant Schwarzwaldstube und Köhlerstubᵉ
– **182 Z : 300 B** 132/189 - 270/438 Fb – 8 Appart. 540/1450 – ½ P 152/239.

🏨 **Kurhotel Sonnenhalde** ⑤, Obere Sonnenhalde 63, ℰ 30 44, ≼, 舜, ≘ₛ, ☒, 舜 –
☒ ⇔ Ⓟ ℀ Rest   BZ
5. Nov.- 15. Dez. geschl. – **M** *(Mittwoch geschl.)* a la carte 31/52 – **33 Z : 58 B** 51/115
132/208 Fb – ½ P 71/120.

🏨 **Waldlust**, Tonbachstr. 174, ℰ 30 28, ≘ₛ, ☒, 舜 – ﹦ ☒ ☎ ⇔ Ⓟ   BZ
Anfang Nov.- Mitte Dez. geschl. – **M** *(Dienstag geschl.)* a la carte 25/53 – **45 Z : 80 B** 55/⑨
- 95/145 Fb – 4 Appart.196 – ½ P 65/110.

🏨 **Kurhotel Tanne** ⑤, Tonbachstr. 243, ℰ 20 69, ≼, 舜, Bade- und Massageabteilung, ≘ᵃ
☒, 舜 – ﹦ ☒ ☎ ⇔ Ⓟ – 🛆 30   BZ
Mitte Nov.- Mitte Dez. geschl. – **M** *(Montag geschl.)* a la carte 35/65 – **60 Z : 96 B** 44/75
88/152 Fb – ½ P 52/84.

🏨 **Alte Mühle** garni, Tonbachstr. 177, ℰ 26 05, ☒, 舜 – ⇔ Ⓟ. ℀   BZ
Nov.- 20. Dez. geschl. – **16 Z : 28 B** 50 - 92.

XXXX ❀❀ **Schwarzwaldstube** (Französisches Restaurant), Tonbachstr. 237, ℰ 49 26 65, ≼
Ⓟ. 延 ⓪ Ε 𝘝𝘐𝘚𝘈. ℀   BZ
Montag - Dienstag, 14.- 30. Jan. und 8.- 30. Juli geschl. – **M** (Tischbestellung ratsamᵖ
120/165 und a la carte 84/120
Spez. Hausgebeizter Lachs mit Stern-Anis parfümiert, Langustinen auf Korail-Sauce, Rehkarree mit Rouenes
Sauce.

XXX **Köhlerstube**, Tonbachstr. 237, ℰ 49 26 65, ≼, 舜, « Behaglich-rustikale Restaᵘ
ranträume » – Ⓟ. 延 ⓪ Ε 𝘝𝘐𝘚𝘈   BZ
M (Tischbestellung ratsam) 36/92.

Im Murgtal, Richtung Schwarzwaldhochstraße :

In Baiersbronn 2-Mitteltal :

🏨 **Kurhotel Mitteltal** ⑤, Gärtenbühlweg 14, ℰ 4 70, Fax 47320, ≼, « Gartenterrasse »
Bade- und Massageabteilung, ♨, ≘ₛ, ☒ (geheizt), ☒, 舜, ℀ – ﹦ ☐ Rest ☒ ⋔ ℂ
℀ Rest – *(Restaurant nur für Hausgäste)* (siehe auch Restaurant Bareiss) – **100 Z : 190**
160/260 - 300/510 Fb – 9 Appart. 600/800 – ½ P 170/280

🏨 **Lamm**, Ellbachstr. 4, ℰ 30 15, ≘ₛ, ☒, 舜, ⌘ – ﹦ ☒ ⇔ Ⓟ. 延 ⓪ Ε 𝘝𝘐𝘚𝘈   AZ r
Mitte Nov.- Mitte Dez. geschl. – **M** a la carte 24/55 – **44 Z : 72 B** 52/90 - 110/168 Fb –
½ P 72/104.

🏨 **Gästehaus Birkenhof** ⑤, Oedenhofweg 17, ℰ 39 19, 舜 – Ⓟ   AZ
(Restaurant nur für Hausgäste) – **15 Z : 25 B** 36/58 - 70/102 – ½ P 50/65.

XXXX ❀❀ **Restaurant Bareiss**, Gärtenbühlweg 14, ℰ 4 70, Fax 47320, ≼, bemerkenswert
Weinkarte – ▤ Ⓟ. 延 ⓪ Ε 𝘝𝘐𝘚𝘈   AZ
Montag - Dienstag, 21. Mai - 21. Juni und 25. Nov.- 24. Dez. geschl. – **M** (Tischbestellun
ratsam) 130/160 und a la carte 85/112
Spez. Ravioli mit Flußkrebsen, Rotbarbe in der Kartoffelkruste, Täubchen mit Perigord Trüffel (in 2 Gängen).

In Baiersbronn 1-Obertal – ✆ 07449 :

🏨 **Zum Engel** ⑤, Rechtmurgstr. 28, ℰ 8 50, Fax 85200, Bade- und Massageabteilung, ≘ₛ
☒, 舜 – ﹦ ☒ Ⓟ – 🛆 30. ℀ Zim   AZ
M a la carte 30/65 – **68 Z : 121 B** 87/126 - 166/318 Fb – ½ P 114/153.

🏨 **Waldhotel Sommerberg** ⑤, Hirschauerwald 23, ℰ 2 17, Fax 8014, ≼ Obertal, ☒
舜 – ﹦ ☒ ☎ ⇔ Ⓟ. ⓪   AZ
M a la carte 24/50 – **35 Z : 60 B** 70/180 - 120/240 Fb – 2 Fewo 70.

🏨 **Pension Sigwart** ⑤, Am Hänger 24 (Buhlbach), ℰ 6 96, Fax 698, ≼, 舜 – ☎ Ⓟ   AZ
10. Nov.- 18. Dez. geschl. – (Restaurant nur für Hausgäste) – **17 Z : 30 B** 47/68 - 96/120 –
2 Fewo 80 – ½ P 64/77.

🏛 **Blume** ⑤, Rechtmurgstr. 108 (Buhlbach), ℰ 3 83, 舜 – ⇔ Ⓟ   AZ
Mitte Nov.- Mitte Dez. geschl. – **M** *(Mittwoch geschl.)* a la carte 20/39 ⌀ – **23 Z : 38**
27/60 - 54/120.

Im Murgtal, Richtung Forbach :

In Baiersbronn 6-Klosterreichenbach :

🏨 **Heselbacher Hof** ⑤, Heselbacher Weg 72, ℰ 30 98, ≼, 舜, ≘ₛ, ☒, 舜 – ☒ ☎ ⇔
Ⓟ. ℀ Zim – Nov.- 15. Dez. geschl. – **M** *(Montag geschl.)* a la carte 26/43 – **26 Z : 50**
62/78 - 94/152 Fb – ½ P 71/85

🏛 **Landhotel Ailwaldhof** ⑤, Ailwald 1, ℰ 24 84, ≼, 舜, 舜 – ⇔ Ⓟ. ℀   BZ
Mitte Nov.- Mitte Dez. geschl. – **M** a la carte 38/74 ⌀ – **15 Z : 25 B** 75/140 - 130/165.

🏛 **Schützen**, Murgstr. 1, ℰ 35 94, Fax 50278 – ⇔ Ⓟ. ℀ Zim   BZ
Mitte Nov.- Mitte Dez. geschl. – **M** *(Montag geschl.)* a la carte 21/46 ⌀ – **19 Z : 32 B** 36/⑤
- 68/90 – ½ P 47/58.

🏛 **Ochsen**, Musbacher Str. 5, ℰ 22 22, 舜 – ⇔ Ⓟ. ℀ Zim   BZ v
April 3 Wochen und Ende Nov.- Mitte Dez. geschl. – **M** *(Dienstag geschl.)* a la carte 18/4
⌀ – **17 Z : 30 B** 39 - 72/78 – ½ P 51/55.

In Baiersbronn 6-Röt :

🏠 **Sonne**, Murgtalstr. 323, 𝒫 23 86, 🔲, 🐎 – ☎ 🅿 – **40 Z : 62 B** Fb.   BZ **a**

In Baiersbronn 6-Schönegründ :

🏡 **Löwen** 🍴, Schönegründer Str. 90, 𝒫 (07447) 4 33, ≤, 🐎 – 🅿   BY **t**
➡️ 20. Okt.- 14. Nov. geschl. – **M** *(Dienstag geschl.)* a la carte 18,50/30 ⅃ – **18 Z : 30 B** 40 - 73/81 – ½ P 53/56.

In Baiersbronn 6-Huzenbach :

🏨 **Höhenhotel Huzenbach** 🍴, Roter Rain 47, 𝒫 (07447) 10 77, ≤, « Gartenterrasse », Bade- und Massageabteilung, ♨, ⇄, 🐎 – 🛗 📺 ☎ 🅿   BY **b**
32 Z : 57 B Fb.

In Baiersbronn 9-Schwarzenberg :

🏨 **Sackmann**, Murgtalstr. 602 (B 462), 𝒫 (07447) 28 90, Fax 289400, ♨, Bade- und Massageabteilung, ♨, ⇄, 🔲 – 🛗 ⇦ 🅿 – ♨ 50   BY **s**
M *(Sonntag - Montag geschl.)* a la carte 32/82 – **58 Z : 105 B** 70/92 - 130/210 Fb – 7 Fewo 106/116 – ½ P 85/120.

🏨 **Löwen**, Murgtalstr. 604 (B 462), 𝒫 (07447) 10 47, ♨ – 🛗 📺 ☎ ⇦ 🅿   BY **d**
14.- 28. Jan. geschl. – **M** a la carte 29/63 – **28 Z : 48 B** 48/70 - 96/130 Fb – ½ P 68/85.

In Baiersbronn 9-Schönmünzach : – 😊 07447 :

🏨 **Sonnenhof** 🍴, Schifferstr. 36, 𝒫 10 46, ♨, ⇄, 🔲 – 🛗 ☎ 🅿. 🍴 Rest   BY **a**
Mitte Nov.- Mitte Dez. geschl. – **M** a la carte 25/50 ⅃ – **42 Z : 70 B** 48/76 - 98/136 Fb – ½ P 65/88.

🏠 **Café Klumpp** 🍴, Schönmünzstr. 95 (SW : 1 km), 𝒫 3 56, ⇄, 🔲, 🐎 – 🛗 ☎ 🅿. 🍴   BY **q**
40 Z : 60 B.

🏠 **Kurhotel Schwarzwald**, Murgtalstr. 655, 𝒫 10 88, Bade- und Massageabteilung, ♨, ⇄, 🔲, 🐎 – 🛗 📺 ☎ ⇦ 🅿. 🍴 Rest   BY **x**
M *(Dienstag bis 18 Uhr geschl.)* a la carte 27/56 – **27 Z : 45 B** 47/79 - 100/172 Fb – ½ P 64/103.

🏠 **Carola**, Murgtalstr. 647, 𝒫 3 29 – ☎ 🅿   BY **x**
Ende Okt.- Mitte Nov. geschl. – **M** *(Montag geschl.)* a la carte 22/38 – **13 Z : 23 B** 42/57 - 84/112 Fb.

In Baiersbronn 9-Hinterlangenbach W : 10,5 km ab Schönmünzach BY :

🏨 **Forsthaus Auerhahn - Gästehaus Katrin** 🍴, 𝒫 (07447) 3 90, ♨, Wildgehege, ⇄, 🔲, 🐎, ⚒ – 🛗 📺 ⇦ 🅿   ➡️
15.- 26. April und 21.Nov.- 14. Dez. geschl. – **M** *(Dienstag ab 14 Uhr geschl.)* a la carte 21/43 – **14 Z : 30 B** 54/100 - 108/144 Fb – 9 Fewo 80/92 – ½ P 72/90.

BAIERSDORF Bayern siehe Erlangen.

BALDUINSTEIN 6251. Rheinland-Pfalz 🔢🔢 G 15 – 610 Ew – Höhe 105 m – 😊 06432 (Diez).
Mainz 69 – Limburg an der Lahn 10 – ◆Koblenz 62.

🏨 😊 **Zum Bären - Kleines Restaurant**, Bahnhofstr. 24, 𝒫 8 10 91 – ☎ 🅿. 🆎 ⓞ Ⓔ 📛. 🍴 Rest
12. Feb.- 5. März und 21.- 29.Okt. geschl. – **M** *(Tischbestellung ratsam)* (Dienstag - Mittwoch 18 Uhr geschl.) 86/128 und a la carte 54/92 – **Kachelofen** *(Dienstag geschl.)* **M** 40/70 – **10 Z : 18 B** 55/70 - 110/140
Spez. Ravioli von Hummer in Tomatenjus, Taubenbrust mit Trüffeln auf Wirsing, Medaillons vom Rehrücken mit Pflaumensauce.

BALINGEN 7460. Baden-Württemberg 🔢🔢 J 22. 🔢🔢🔢 😊 – 30 000 Ew – Höhe 517 m – 😊 07433.
Ausflugsziel : Lochenstein ≤★, S : 8 km.
ADAC, Wilhelm-Kraut-Str. 46, 𝒫 1 03 33, Telex 763626.
◆Stuttgart 82 – ◆Freiburg im Breisgau 116 – ◆Konstanz 116 – Tübingen 36 – ◆Ulm (Donau) 134.

🏨 **Hamann**, Neue Str. 11, 𝒫 25 25, Fax 5123 – 🛗 📺 ☎ ⇦. 🆎 ⓞ Ⓔ 📛
M *(Samstag - Sonntag und 24. Dez.- 6. Jan. geschl.)* a la carte 29/60 *(auch vegetarische Gerichte)* – **50 Z : 70 B** 70/120 - 120/150 Fb.

🏨 **Stadt Balingen** garni, Hirschbergstr. 48 (Nähe Stadthalle), 𝒫 80 21, Telex 763621 – 🛗 ☎ 🅿 🆎 ⓞ Ⓔ 📛
59 Z : 79 B 98/120 - 160 Fb.

🏠 **Thum**, Neige 20 (B 27), 𝒫 87 93, Fax 15627, ♨ – 🛗 📺 ☎ ⇦ 🅿. ⓞ Ⓔ 📛
Mitte Juli - Mitte Aug. geschl. – **M** *(Samstag geschl.)* a la carte 26/51 ⅃ – **22 Z : 32 B** 55/75 - 100/145.

🏠 **Lang**, Wilhelm-Kraut-Str. 1, 𝒫 2 14 89 – ☎. Ⓔ
23. Dez.- 10. Jan. geschl. – **M** *(Samstag geschl.)* a la carte 30/50 – **26 Z : 38 B** 38/65 - 75/100.

🍴🍴 **Zum Hirschgulden**, Charlottenstr. 27 (Stadthalle), 𝒫 25 81, ♨ – 🅿. ⓞ Ⓔ 📛
M a la carte 30/62.

BALJE 2161. Niedersachsen — 1 100 Ew — Höhe 2 m — ✆ 04753.
♦Hannover 218 — Bremerhaven 74 — Cuxhaven 38 — ♦Hamburg 114.

In Balje-Hörne SW : 5 km :

🏠 **Zwei Linden**, Itzwördener Str. 4, 𝒫 3 24 — 📺 ☎ ⇐⇒ 🅿. 🖭 **E** 𝘝𝘐𝘚𝘈
→ **M** a la carte 20/37 — **8 Z : 13 B** 45 - 80.

BALLERSBACH Hessen siehe Mittenaar.

BALLRECHTEN-DOTTINGEN Baden-Württemberg siehe Sulzburg.

BALTRUM (Insel) 2985. Niedersachsen 987 ④ — 500 Ew — Seeheilbad — Insel de
ostfriesischen Inselgruppe, Autos nicht zugelassen — ✆ 04939.
⇐ von Neßmersiel (ca. 30 min.), 𝒫 2 35.
🚩 Pavillon am Anleger, 𝒫 80 48 — ♦Hannover 269 — Aurich (Ostfriesland) 28 — Norden 17 — Wilhelmshaven 70.

🏠 **Strandhotel Wietjes** 🦢, Nr. 58, 𝒫 2 37, ≼, ≘s — 🛗 📺 ☎
→ 26. Feb.- 16. Okt. — **M** a la carte 20/49 — **45 Z : 80 B** 75/110 - 140/220 Fb — 25 Fewo 75/20
— ½ P 83/118.

🏠 **Dünenschlößchen** 🦢, Ostdorf 48, 𝒫 2 34, ≼, 🐾 — 🛗 ☎. 🍽
15. März - 15. Okt. — **M** (Montag ab 13 Uhr geschl.) a la carte 26/56 — **43 Z : 72 B** 60/100
110/180 Fb — 8 Fewo 100/200 — ½ P 70/105.

🏠 **Strandhof** 🦢, Nr. 123, 𝒫 2 54, Fax 391, ≘s, 🐾 — ☎. 🍽
März - Okt. — **M** a la carte 28/46 — **37 Z : 63 B** 74 - 140 Fb — 20 Fewo 85/162.

XX **Witthus** 🦢 (mit Zim. und Gästehaus), Nr. 137, 𝒫 3 58, ≼, 🏡 — 📺
15. Jan.- 15. März und Nov.- 25. Dez. geschl. — **M** a la carte 25/60 — **12 Z : 24 B** 50/60
90/120.

BALVE 5983. Nordrhein-Westfalen 412 G 13 — 10 800 Ew — Höhe 250 m — ✆ 02375.
♦Düsseldorf 101 — Arnsberg 26 — Hagen 38 — Plettenberg 16.

In Balve 6-Binolen N : 5 km :

XX **Haus Recke** mit Zim, an der B 515, 𝒫 (02379) 2 09, « Tropfsteinhöhle (Eintritt DM 3,00) »
— 📺 🅿
10.- 30. Nov. geschl. — **M** (Montag geschl.) 19,50/27 (mittags) und a la carte 28/56 — **6 Z
12 B** 60/65 - 105.

In Balve 6-Eisborn N : 9 km :

🏨 **Zur Post** 🦢, Dorfstr. 3, 𝒫 (02379) 6 66, Fax 248, 🏡, ≘s, 🏊, 🐾 — 🛗 ☎ 🅿 — 🔬 25/100
🖭 ① **E** 𝘝𝘐𝘚𝘈. 🍽 Zim
18. Juli - 7. Aug. geschl. — **M** 16/35 (mittags) und a la carte 35/59 — **50 Z : 75 B** 68/73
103/116 Fb.

🏨 **Antoniushütte** 🦢, Dorfstr. 10, 𝒫 (02379) 2 53, 🏡 — ☎ 🅿 — 🔬 25/40. **E**
M 17/36 (mittags) und a la carte 28/62 — **40 Z : 80 B** 70/80 - 130/140 Fb.

BAMBERG 8600. Bayern 413 PQ 17, 987 ㉖ — 70 000 Ew — Höhe 260 m — ✆ 0951.
Sehenswert : Dom** (Bamberger Reiter***, St.-Heinrichs-Grab***) Z — Altes Rathaus* Z F —
Diözesanmuseum* Z C — Böttingerhaus* Z D — Concordia-Haus* Z A — Alte Hofhaltung
(Innenhof**) Z — Vierkirchenblick ≼* Z B — Terrasse der ehem. St.-Michael Abtei ≼* Y E —
Neue Residenz : Rosengarten ≼* Z.
🖂 Gut Leimershof (NO : 16 km über ⑤), 𝒫 (09547) 15 24.
🚩 Fremdenverkehrsamt, Gayersworthstr. 3 a, 𝒫 2 10 40.
ADAC, Schützenstr. 4a (Parkhaus), 𝒫 2 10 77, Notruf 𝒫 1 92 11.
♦München 232 ② — Erfurt 154 ⑤ — ♦Nürnberg 61 ② — ♦Würzburg 96 ②.

Stadtplan siehe gegenüberliegende Seite.

🏯 **Bamberger Hof - Bellevue**, Schönleinsplatz 4, 𝒫 2 22 16, Telex 662867, Fax 22219 — 🛗
📺 🖭 ① **E** 𝘝𝘐𝘚𝘈   Z
M (Juli - Sept. Sonntag geschl.) a la carte 44/68 — **48 Z : 92 B** 105/165 - 150/220 Fb.

🏨 **National**, Luitpoldstr. 37, 𝒫 2 41 12, Telex 662916, Fax 22436 — 🛗 📺 ☎ ⇐⇒. 🖭 ① **E** 𝘝𝘐𝘚
M (Sonntag geschl.) a la carte 34/65 — **41 Z : 72 B** 87/135 - 128/180 Fb.   Y

🏨 **St. Nepomuk** 🦢, Obere Mühlbrücke 9, 𝒫 2 51 83, Fax 26651, ≼, « Ehemalige Mühle i
der Regnitz gelegen » — 🛗 📺 ☎ — 🔬 35. ① **E** 𝘝𝘐𝘚𝘈   Z
M a la carte 40/76 — **12 Z : 22 B** 100/120 - 150/170 Fb.

🏨 **Gästehaus Steinmühle** 🦢 garni (Anmeldung im Rest. Böttingerhaus), Obere Mühlbrück
5, 𝒫 5 40 74, Telex 662946 — 🛗 📺 ☎ 🖐 ⇐⇒   Z
23 Z : 47 B.

🏨 **Barock-Hotel am Dom** 🦢 garni, Vorderer Bach 4, 𝒫 5 40 31 — 🛗 📺 ☎ 🅖. 🖭 ① **E**
6.- 31. Jan. geschl. — **19 Z : 36 B** 70 - 110/120.   Z

🏨 **Romantik-Hotel Weinhaus Messerschmitt**, Lange Str. 41, 𝒫 2 78 66, Fax 26141
« Brunnenhof » — 📺 ☎ — 🔬 25/60. 🖭 ① **E** 𝘝𝘐𝘚𝘈. 🍽 Zim   Z
M a la carte 38/67 — **14 Z : 24 B** 63/95 - 169/185 Fb.

94

BAMBERG

🏨 **Wilde Rose** ⏃, Keßlerstr. 7, ℰ 2 83 17 – 📺 ☎. 🅰🅴 ① 🅴 𝖵𝖨𝖲𝖠. ⅏ Zim   Y **e**
     M a la carte 24/49 – **29 Z : 50 B** 70/90 - 120/130 Fb.

🏨 **Alt Ringlein und Gästehaus** garni, Dominikanerstr. 9, ℰ 5 40 98, Fax 52230 – 🛗 📺 ☎
     🚐. 🅰🅴 ① 🅴 𝖵𝖨𝖲𝖠   Z **n**
     54 Z : 100 B 75/115 - 120/140 Fb.

🏨 **Bergschlößchen** ⏃, Am Bundleshof 2, ℰ 5 20 05, ≤ Bamberg – ☎ 🅿
     8.- 30. Jan. geschl. – (nur Abendessen für Hausgäste) – **14 Z : 26 B** 65/90 - 110/130 Fb.   Y
     über St.-Getreu-Straße

🏨 **Brudermühle**, Schranne 1, ℰ 5 40 91, Fax 51211 – 📺 ☎. ① 🅴 𝖵𝖨𝖲𝖠   Z **b**
     M (Montag geschl.) a la carte 25/57 ⅃ – **16 Z : 28 B** 80/90 - 120 Fb.

🏠 **Altenburgblick** ॐ garni, Panzerleite 59, ℘ 5 40 23, ≤ – 🛗 ☎ 🅿 E   Z
   44 Z : 54 B 60/80 - 110/120 Fb.

🏠 **Weierich**, Lugbank 5, ℘ 5 40 04, Fax 55800, « Rest. in fränkischem Bauernstil » – 📺 ☎
   M a la carte 28/50 – **23 Z : 47 B** 75/80 - 95/110 Fb.   Z

🏠 **Café Graupner** garni (mit Gästehaus), Lange Str. 5, ℘ 2 51 32 – ☎. 🄰🄴 E   Z
   30 Z : 51 B 40/70 - 70/100 Fb.

🏠 **Alt Bamberg** garni, Habergasse 11, ℘ 2 52 66 – 📺 ☎. 🄰🄴 ⑩ E 🆅🅸🆂🅰   Z
   21 Z : 33 B 45/60 - 90/120.

XXX **Böttingerhaus**, Judenstr. 14, ℘ 5 40 74, Telex 662946, « Restauriertes Barockhaus a.d.
   1713, Innenhofterrasse » – 🅪 25/100. ⋙   Z

XX **Würzburger Weinstuben**, Zinkenwörth 6, ℘ 2 26 67, 😤 – 🄰🄴 ⑩ E 🆅🅸🆂🅰   Z
   Ende Aug.- Mitte Sept. und Dienstag 15 Uhr - Mittwoch geschl. – **M** a la carte 28/62.

XX **Bassanese** (Italienische Küche), Obere Sandstr. 32, ℘ 5 75 51 – ⋙   Z
   1.- 14. Jan., 21. Mai - 3. Juni, 26. Aug.- 10. Sept. und Sonntag 15 Uhr - Montag geschl.
   M 65/125.

In Bamberg-Bug ③ : 4 km :

🏛 **Lieb-Café Bug** ॐ, Am Regnitzufer 23, ℘ 5 60 78, 😤 – ⟸ 🅿
→ 20. Dez.- 10. Jan. geschl. – **M** (Sonn- und Feiertage ab 17 Uhr sowie Freitag geschl.) a
   carte 18/41 – **15 Z : 23 B** 40/60 - 70/95.

In Hallstadt 8605 ⑤ : 4 km :

🏠 **Frankenland**, Bamberger Str. 76, ℘ (0951) 7 12 21, Fax 73685 – 🛗 📺 ☎ ⟸ 🅿. 🄰🄴 E
→ **M** (Freitag und 10.- 20. Aug. geschl.) a la carte 21/38 ⅛ – **39 Z : 62 B** 56/64 - 80/94 Fb.

   Siehe auch : **Breitengüßbach und Memmelsdorf**

MICHELIN-REIFENWERKE KGaA. 8605 Hallstadt (über ⑤ : 5 km), Michelinstr. 130, ℘ (0951)
79 11, Fax 791248.

BARDENBACH Saarland siehe Wadern.

BARGTEHEIDE 2072. Schleswig-Holstein 9⃞8⃞7⃞ ⑤ – 11 000 Ew – Höhe 48 m – ✆ 04532.
🏌 Gut Jersbek (W : 3 km), ℘ (04532) 2 35 55.
◆Kiel 73 – ◆Hamburg 29 – ◆Lübeck 38 – Bad Oldesloe 14.

🏠 **Papendoor** (mit Gästehaus), Lindenstr. 1, ℘ 70 41, Fax 7043, ⇌, 🎱 – 📺 ☎ ⟸ 🅿 E
   M (nur Abendessen, Sonntag geschl.) a la carte 33/60 – **27 Z : 56 B** 95/110 - 130/150 Fb.

XX **Utspann**, Hamburger Str. 1 (B 75), ℘ 62 20, 😤 – 🅿. 🄰🄴 ⑩ E 🆅🅸🆂🅰
   Jan. und Montag geschl. – **M** a la carte 35/60.

BARGUM 2255. Schleswig-Holstein – 800 Ew – Höhe 3 m – ✆ 04672 (Langenhorn).
◆Kiel 111 – Flensburg 37 – Schleswig 63.

XXX ✿ **Andresen's Gasthof - Friesenstuben** mit Zim, an der B 5, ℘ 10 98, « Geschmackvo
   eingerichtete Restauranträume im friesischen Stil » – 📺 ☎ 🅿. 🄰🄴 ⑩ E 🆅🅸🆂🅰 ⋙
   10. Jan.- 5. Feb. und Ende Sept.- Anfang Okt. geschl. – **M** (Tischbestellung erforderlich
   (Montag - Dienstag geschl.) 105/138 und a la carte 81/101 – **5 Z : 10 B** 95 - 160
   Spez. Geräucherte Meeräsche in Tomatengelee, Rotbarbenfilet mit Spinatcreme, Sauté von der Taube m
   Wirsingpüree.

BARK Schleswig-Holstein siehe Segeberg, Bad.

BARMSEE Bayern siehe Krün.

BARNSTORF 2847. Niedersachsen 9⃞8⃞7⃞ ⑭ – 5 300 Ew – Höhe 30 m – ✆ 05442.
◆Hannover 105 – ◆Bremen 52 – ◆Osnabrück 67.

🏨 **Roshop**, Am Markt 6, ℘ 6 42, Fax 641, ⇌, 🎱, 🌭 – 🛗 🍴 Rest 📺 ᶑ ⟸ 🅿 – 🅪 25/200
   🄰🄴 E
   M a la carte 27/55 – **62 Z : 106 B** 66/90 - 120/245 Fb.

BARNTRUP 4924. Nordrhein-Westfalen 9⃞8⃞7⃞ ⑮, 4⃞1⃞2⃞ K 11 – 9 200 Ew – Höhe 200 m – ✆ 0526
🄸 Verkehrsamt, Mittelstr. 24, ℘ 4 09 31.
◆Düsseldorf 216 – Bielefeld 47 – Detmold 30 – ◆Hannover 67.

🏠 **Jägerhof**, Im Frettholz 1 (B 1/66), ℘ 25 52, 😤 – ⋙ Rest ☎ 🅿. 🄰🄴 ⑩ E 🆅🅸🆂🅰
   M (Montag geschl.) a la carte 26/49 – **12 Z : 24 B** 65 - 110 Fb.

BARSINGHAUSEN 3013. Niedersachsen 9⃞8⃞7⃞ ⑮, 4⃞1⃞2⃞ L 10 – 34 600 Ew – Höhe 100 m –
✆ 05105.
🄸 Fremdenverkehrsamt, Deisterstr. 2, ℘ 77 42 63.
◆Hannover 23 – Bielefeld 87 – Hameln 42 – ◆Osnabrück 117.

🏠 **Sporthotel Fuchsbachtal** ⑤, Bergstr. 54, ℰ 30 04, Fax 65029, 霪, 😨, 🗔, ※ – 📺 ☎
⑫ – 🏃 25/150. **E**
M a la carte 32/61 – **57 Z : 85 B** 74/105 - 139/185 Fb.

🏠 Caspar ⑤ garni, Lauenauer Allee 8, ℰ 35 43 – 📺 ☎ ⇐⇒. ※ – **11 Z : 20 B**.

In Barsinghausen-Hohenbostel NW : 2 km :

❌❌ **Flegel**, Heerstr. 15, ℰ 14 28, Fax 2947 – ⑫. 🖭 **E**
Donnerstag und Ende Sept.- Anfang Okt. geschl. – **M** a la carte 40/58.

BARSSEL 2914. Niedersachsen – 9 500 Ew – Höhe 9 m – ✪ 04499.
🅹 Fremdenverkehrsverein, Rathaus, Lange Str. 25, ℰ 81 40.
•Hannover 208 – Cloppenburg 53 – Oldenburg 37 – Papenburg 36.

🏠 **Ummen**, Friesoyther Str. 2, ℰ 15 76 – 📺 ☎ ⑫
25. Dez.- 5. Jan. geschl. – **M** a la carte 23/41 – **13 Z : 25 B** 45/50 - 80/100.

BARTHOLOMÄ 7071. Baden-Württemberg ⁴¹³ MN 20 – 1 800 Ew – Höhe 642 m –
Wintersport : ✖️4 – ✪ 07173.
•Stuttgart 74 – Aalen 16 – Heidenheim an der Brenz 18 – Schwäbisch Gmünd 21.

An der Straße nach Steinheim SO : 3 km :

🏠 Gasthof im Wental, ✉ 7071 Bartholomä, ℰ (07173) 75 19, 霪 – ⇐⇒ ⑫ – 🏃 30/60. ※ Zim
25 Z : 38 B.

BASDAHL 2740. Niedersachsen – 850 Ew – Höhe 30 M – ✪ 04766.
•Hannover 92 – ♦Bremen 57 – ♦Bremerhaven 34 – ♦Hamburg 92.

🏠 **Sethmann's Gasthof**, Kluste 1 (NO : 1 km, an der B 71/74), ℰ 10 21, Fax 1023, 霪 – ☎
♦ ⇐⇒ ⑫ – 🏃 25. 🖭 ① **E** 🚾
M *(Montag geschl.)* a la carte 18/44 – **16 Z : 32 B** 42/52 - 70/90 Fb.

BASEL Schweiz siehe Michelin-Führer "France" (unter Bâle).

BASSUM 2830. Niedersachsen ⁹⁸⁷ ⑭⑮ – 14 000 Ew – Höhe 46 m – ✪ 04241.
•Hannover 91 – ♦Bremen 30 – ♦Hamburg 137 – ♦Osnabrück 88.

☝ **Brokate**, Bremer Str. 3, ℰ 25 72 – ⇐⇒ ⑫. 🖭 **E**
♦ *Juli - Aug. 3 Wochen geschl.* – **M** *(Samstag geschl.)* a la carte 21/40 – **13 Z : 17 B** 35/50 -
60/80.

BATTENBERG AN DER EDER 3559. Hessen ⁹⁸⁷ ㉕, ⁴¹² I 13 – 5 100 Ew – Höhe 349 m –
✪ 06452 – ♦Wiesbaden 151 – ♦Kassel 85 – Marburg 31 – Siegen 71.

☝ **Rohde** ⑤, Hauptstr. 53, ℰ 32 04 – ⇐⇒ ⑫. **E**
♦ **M** *(Mittwoch geschl.)* a la carte 21/45 🍷 – **10 Z : 20 B** 34/40 - 68/80.

BATTWEILER Rheinland-Pfalz siehe Zweibrücken.

BAUMBERG Nordrhein-Westfalen siehe Monheim.

BAUMHOLDER 6587. Rheinland-Pfalz ⁹⁸⁷ ㉘, ⁴¹² F 18 – 4 500 Ew – Höhe 450 m –
Erholungsort – ✪ 06783 – Mainz 107 – Kaiserslautern 52 – ♦Saarbrücken 75 – ♦Trier 76.

🏠 **Berghof** ⑤, Korngasse 12, ℰ 10 11 – 📺 ☎ ⇐⇒ ⑫ – 🏃 35. 🖭 ① **E** 🚾
♦ **M** *(Mittwoch, 15.- 30. Jan. und 15.- 30. Juli geschl.)* a la carte 21/47 – **16 Z : 43 B** 60/65 -
100/110.

BAUNATAL 3507. Hessen ⁴¹² L 13 – 24 600 Ew – Höhe 180 m – ✪ 0561 (Kassel).
•Wiesbaden 218 – Göttingen 57 – ♦Kassel 11 – Marburg 82.

In Baunatal 1-Altenbauna :

🏠 **Ambassador**, Friedrich-Ebert-Allee, ℰ 4 99 30, Telex 992240, Fax 4993500, 😨 – 🛗
⛄ Zim 📺 ☎ ⇐⇒ ⑫ – 🏃 25/1000. 🖭 ① **E** 🚾
M a la carte 35/68 – **120 Z : 240 B** 120/160 - 165/240 Fb.

🏠 **Scirocco**, Heinrich-Nordhoff-Str. 1, ℰ 49 30 21, Telex 992478, Fax 4912760, Biergarten, 😨
– 🛗 📺 ☎ ⑫ – 🏃 25/80. 🖭 ① **E** 🚾
M a la carte 25/56 – **61 Z : 114 B** 78/95 - 115/145 Fb.

🏠 Baunataler Hof, Altenritter Str. 8, ℰ 49 68 21 – ☎ ⑫. ※ Zim – **18 Z : 36 B** Fb.

In Baunatal 2-Altenritte :

🏠 **Stadt Baunatal**, Wilhelmshöher Str. 5, ℰ 49 30 25, Telex 992274, Fax 492403, Biergarten
– 🛗 ☎ ⑫ – 🏃 25/300. 🖭 **E**
M a la carte 24/52 – **50 Z : 110 B** 65 - 110 Fb.

BAVEN Niedersachsen siehe Hermannsburg.

BAYERBACH 8399. Bayern ❹❶❸ W 21 — 1 400 Ew — Höhe 354 m — ✪ 08563.
♦München 140 — Landshut 90 — Passau 34.

In Bayerbach-Holzham NO : 1,5 km :

🏠 **Landgasthof Winbeck**, nahe der B 388, ℰ (08532) 78 17 — ℗. ✷ Zim
➡ **M** *(Sonntag geschl.)* a la carte 21/33 ⅙ — **16 Z : 25 Z** 30/38 - 60/76.

BAYERISCH EISENSTEIN 8371. Bayern ❹❶❸ W 19. ❾❽❼ ㉘ — 1 600 Ew — Höhe 724 m —
Luftkurort — Wintersport : 724/1 456 m ⅀7 ⤚5 — ✪ 09925.
Ausflugsziel : Hindenburg-Kanzel ≤★, NW : 9 km.
🛈 Verkehrsamt, im Arberhallenwellenbad, ℰ 3 27.
♦München 193 — Passau 77 — Straubing 85.

🏠 **Sportel**, Hafenbrädl-Allee 16, ℰ 6 25, ≤, 🌲 — ⊡ ☎ ℗. **E**. ✷
   Nov.- 15. Dez. geschl. — (nur Abendessen für Hausgäste) — **15 Z : 30 B** 44 - 81 Fb.

🏠 **Waldspitze**, Hauptstr. 4, ℰ 3 08, Fax 1287, ⇔, ⬚, — ⌸ ⊡ ⇐ ℗
➡ 15. Nov.- 17. Dez. geschl. — **M** a la carte 20/46 — **40 Z : 72 B** 45/55 - 76/90 Fb — 3 Fewo —
   ½ P 57/92.

🏠 **Pension am Regen** ⌾ garni, Anton-Pech-Weg 21, ℰ 4 64, Fax 1088, ⇔, ⬚, 🌲 — ⊡
   ⇐ ℗. **E**
   20. Okt.- 15. Dez. geschl. — **22 Z : 38 B** 28/45 - 78/90 — 6 Fewo 58/88.

🏠 **Neuwaldhaus**, Hauptstr. 5, ℰ 4 44, �& ⇔ — ⊡ ☎ ℗. ⒶⒺ ⓄⒹ **E**
➡ **M** a la carte 15/38 ⅙ — **33 Z : 60 B** 31/36 - 62.

🏠 **Pension Wimmer** ⌾ garni, Am Buchenacker 13, ℰ 4 38, ≤, ⇔, ⬚, 🌲. Skischule —
   ⇐ ℗. ✷
   20 Z : 32 B 27/36 - 50/78 Fb.

In Bayerisch-Eisenstein - Seebachschleife S : 4 km :

🏠 **Waldhotel Seebachschleife** ⌾, ℰ 10 00, Telex 69130, Fax 646, �& ⇔, ⬚, — ⌸ ℗. **E**
➡ Mitte Nov.- 25. Dez. geschl. — **M** *(Dienstag bis 17 Uhr geschl.)* a la carte 18/32 ⅙ — **50 Z :
   100 B** 48 - 80.

*If you intend staying in a resort or hotel
off the beaten track, telephone in advance,
especially during the season.*

BAYERISCH GMAIN Bayern siehe Reichenhall, Bad.

BAYERSOIEN 8117. Bayern ❹❶❸ PQ 23 — 1 000 Ew — Höhe 812 m — Luftkurort und Moorkurer
— ✪ 08845.
Ausflugsziel : Echelsbacher Brücke★ N : 3 km.
🛈 Kurverwaltung, Dorfstr. 45, ℰ 18 90, Fax 9000.
♦München 102 — Garmisch-Partenkirchen 31 — Weilheim 38.

🏠 **Parkhotel** ⌾, Am Kurpark, ℰ 1 20, Fax 8398, �& Bade- und Massageabteilung, ♨, ⇔,
   ⬚, 🌲 — ⌸ ↔ Rest ⊡ ☎ & ⇐ ℗ — 🛆 40. ⒶⒺ **E**
   M *(auch Diät)* a la carte 33/57 — **92 Z : 180 B** 105/130 - 140/180 Fb.

🏠 **Metzgerwirt**, Dorfstr. 39, ℰ 18 65 — ⊡ ☎ ℗. **E** 🆅🆂🅰
➡ 13. Nov.- 24. Dez. geschl. — **M** *(Mittwoch geschl.)* a la carte 18/43 — **10 Z : 21 B** 50 - 80 Fb
   — 4 Appart. 100 — 10 Fewo 78/88.

🏠 **Haus am Kapellenberg** ⌾, Eckweg 8, ℰ 5 22, ≤, �& 🌲 — ⇐ ℗
➡ Mitte Nov.- Mitte Dez. geschl. — **M** a la carte 21/40 — **15 Z : 30 B** 39/45 - 86/90 — ½ P 54/60.

🏠 **Fischer am See** garni, Dorfstr. 80, ℰ 87 91 — ℗. ✷
   20. Okt.- 20. Dez. geschl. — **15 Z : 28 B** 30/32 - 60/68 — 2 Fewo 60.

BAYREUTH 8580. Bayern ❹❶❸ R 17, ❾❽❼ ㉘ ㉗ — 70 000 Ew — Höhe 340 m — ✪ 0921.
Sehenswert : Markgräfliches Opernhaus★ Z — Richard-Wagner-Museum★ Z M1.
Ausflugsziel : Schloß Eremitage★ : Schloßpark★ 4 km über ③.

Festspiel-Preise : siehe Seite 8
Prix pendant le festival : voir p. 16
Prices during tourist events : see p. 24
Prezzi duranti i festival : vedere p. 32.

✈ Bindlacher Berg, ① : 7 km, ℰ (09208) 85 22.
🛈 Tourist-Information, Luitpoldplatz 9, ℰ 8 85 88, Telex 642706.
ADAC, Hohenzollernring 64, ℰ 6 96 60, Notruf 1 92 11.
♦München 231 ③ — ♦Bamberg 65 ⑤ — ♦Nürnberg 80 ③ — ♦Regensburg 159 ③.

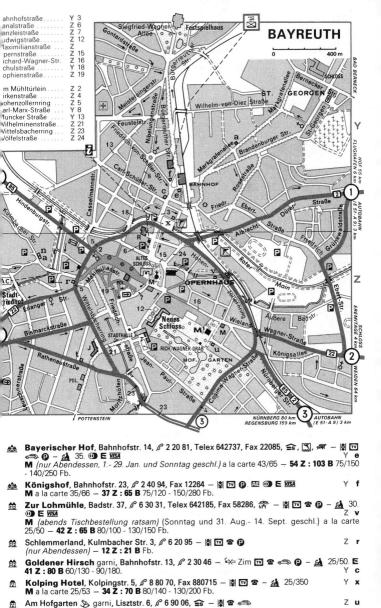

BAYREUTH

🏨 **Bayerischer Hof**, Bahnhofstr. 14, ℰ 2 20 81, Telex 642737, Fax 22085, 🚉, 🔲, ⚲ – 🛗 📺 ⟵ 🅿 – 🛦 35. ① 🗲 🆅🆂🅰   Y e
M *(nur Abendessen, 1.- 29. Jan. und Sonntag geschl.)* a la carte 43/65 – **54 Z : 103 B** 75/150 - 140/250 Fb.

🏨 **Königshof**, Bahnhofstr. 23, ℰ 2 40 94, Fax 12264 – 🛗 📺 🅿. 🆎 ① 🗲 🆅🆂🅰   Y f
M a la carte 35/66 – **37 Z : 65 B** 75/120 - 150/280 Fb.

🏨 **Zur Lohmühle**, Badstr. 37, ℰ 6 30 31, Telex 642185, Fax 58286, 🏤 – 🛗 📺 ☎ 🅿 – 🛦 30.
① 🗲 🆅🆂🅰   Z v
M *(abends Tischbestellung ratsam)* (Sonntag und 31. Aug.- 14. Sept. geschl.) a la carte 25/50 – **42 Z : 65 B** 80/100 - 130/150 Fb.

🏨 **Schlemmerland**, Kulmbacher Str. 3, ℰ 6 20 95 – 🛗 📺 ☎ 🅿   Z r
(nur Abendessen) – **12 Z : 21 B** Fb.

🏨 **Goldener Hirsch** garni, Bahnhofstr. 13, ℰ 2 30 46 – 😾 Zim 📺 ☎ ⟵ 🅿 – 🛦 25/50. 🗲
41 Z : 80 B 60/130 - 90/180.   Y c

🏨 **Kolping Hotel**, Kolpingstr. 5, ℰ 8 80 70, Fax 880715 – 🛗 📺 ☎ – 🛦 25/350   Y x
M a la carte 25/53 – **34 Z : 70 B** 80/140 - 130/200 Fb.

🏨 **Am Hofgarten** 🦢 garni, Lisztstr. 6, ℰ 6 90 06, 🚉 – 🛗 ☎ ⟵   Z u
17 Z : 27 B Fb.

🏨 **Spiegelmühle**, Kulmbacher Str. 28, ℰ 4 10 91 – 📺 ☎ 🅿   Z a
(wochentags nur Abendessen) – **13 Z : 18 B** Fb.

🏨 **Fränkischer Hof**, Rathenaustr. 28, ℰ 6 42 14 – ☎ 🅿. 🆎 ① 🗲 🆅🆂🅰   Z t
M *(Mittwoch geschl.)* a la carte 43/70 – **12 Z : 20 B** 42/85 - 75/155.

🏨 **Goldener Löwe**, Kulmbacher Str. 30, ℰ 4 10 46, 🏤 – ☎ 🅿. 🆎 ① 🗲 🆅🆂🅰   Z n
23. Dez.- 15. Jan. geschl. – M *(Sonntag und 1.- 15. Sept. geschl.)* a la carte 24/38 – **11 Z : 20 B** 58/65 - 92 Fb.

XX **Cuvée**, Markgrafenallee 15, ℰ 2 34 22 – ⓪ **E** _VISA_ Y
nur Abendessen, Sonntag und 2.- 17. Sept. geschl. – **M** a la carte 47/75.

XX **Bürgerreuth** ⅋ mit Zim, An der Bürgerreuth 20, ℰ 7 84 00, Fax 21708, ⅋, Biergarten –
Ⓟ über Siegfried-Wagner-Allee Y
1.- 21. Sept. geschl. – **M** *(Italienische Küche) (Dienstag geschl.)* a la carte 35/59 – **8 Z**
14 B 78/130 - 165/298.

In Bayreuth-Oberkonnersreuth ③ : 3 km :

XX **Zur Sudpfanne**, Oberkonnersreuther Str. 4, ℰ 5 28 83, ⅋ – Ⓟ. ⒜⒠ ⓪ **E** _VISA_
Montag - Dienstag 17 Uhr geschl. – **M** a la carte 28/66.

In Bayreuth - Seulbitz ② : 6,5 km :

🏨 **Waldhotel Stein** ⅋, ℰ 90 01, Fax 94725, ⩽, ⅋, ⬜, ⅋ – ↝ 📺 ☎ Ⓟ – ⚒ 40. ⒜⒠
E _VISA_. ⅋ Zim
Mitte Dez.- Mitte Jan. geschl. – **M** a la carte 39/71 – **48 Z : 110 B** 58/250 - 96/360 Fb.

In Bayreuth-Thiergarten ③ : 6 km :

XXX **Schloßhotel Thiergarten** ⅋ mit Zim, ℰ (09209) 13 14, Telex 642153, ⅋, ⅋ – 📺 ☎ Ⓞ
– ⚒ 25. ⒜⒠ ⓪ **E** ⅋ Rest
19. Feb.- 19. März geschl. – **M** *(Sonntag 18 Uhr - Montag geschl.)* 73/108 – **8 Z : 16 B**
100/110 - 200/220 Fb.

In Eckersdorf-Donndorf 8581 ④ : 5 km :

🏨 **Gästehaus Teupert** garni, Bayreuther Str. 1, ℰ (0921) 3 00 12, ⅋ – ⇐ Ⓟ
15 Z : 25 B 50/90 - 80/110.

BAYRISCHZELL 8163. Bayern ⒋⒈⒊ ST 23, 24, ⒐⒏⒎ ⑰. ⒋⒉⒍ HI 5,6 – 1 600 Ew – Höhe 802 m –
Heilklimatischer Kurort – Wintersport : 800/1800 m ⩤ 1 ⩤ 20 – ☼ 08023.
Ausflugsziele : Wendelstein ⅋⅋ ** (⩤ ab Bayrischzell-Osterhofen) – Ursprung-Paß* S : 6 km.
🛈 Kuramt, Kirchplatz 2, ℰ 6 48 – ♦München 77 – Miesbach 23 – Rosenheim 37.

🏨 **Haus Effland** ⅋ garni, Tannermühlstr. 14, ℰ 2 63, ⅋, ⬜, ⅋ – ☎ Ⓟ
Nov.- 20. Dez. geschl. – **14 Z : 22 B** 62/65 - 104/142.

🏨 **Alpenrose**, Schlierseer Str. 6, ℰ 6 20, ⅋, Biergarten, ⅋ – ⇐ Ⓟ
← *20. Nov.- 15. Dez. geschl.* – **M** a la carte 21/54 – **30 Z : 60 B** 56/90 - 87/126 Fb – ½ P 70/107.

🏨 **Deutsches Haus**, Schlierseer Str. 16, ℰ 2 02, ⅋ – ☎ Ⓟ. ⒜⒠ ⓪ **E** _VISA_
20. Nov.- 19. Dez. geschl. – **M** a la carte 22/47 – **26 Z : 45 B** 38/58 - 77/114 – ½ P 57/76.

🏨 **Gasthof zur Post**, Schulstr. 3, ℰ 2 26 – ⇐ Ⓟ. ⒜⒠ ⓪ **E** _VISA_
Ende Okt.- Mitte Dez. geschl. – **M** *(Dienstag geschl.)* a la carte 23/46 – **46 Z : 71 B** 57/120
109/125 Fb – 8 Fewo 75/120.

⌂ **Wendelstein**, Ursprungstr. 1, ℰ 6 10, Fax 1044, Biergarten – Ⓟ. **E**
Nov.-22. Dez. geschl. – **M** *(Montag geschl.)* a la carte 24/53 – **22 Z : 40 B** 35/55 - 70/100 –
½ P 50/61.

In Bayrischzell-Geitau NW : 5 km :

🏨 **Postgasthof Rote Wand** ⅋, ℰ 2 43, Fax 656, ⩽, « Gartenterrasse » – ☎ ⇐ Ⓟ. **E**
← *8.- 20. April und Nov.- 15. Dez. geschl.* – **M** *(Dienstag geschl.)* a la carte 19,50/44 – **30 Z :
50 B** 40/55 - 80/96 Fb – ½ P 60/68.

In Bayrischzell-Osterhofen NW : 3 km :

🏨 **Alpenhof**, Osterhofen 1, ℰ 2 87, ⩽, ⅋, ⅋, ⬜, ⅋ – ▯ ☎ ⇐ Ⓟ – ⚒ 25
18. April - 5. Mai und 21. Okt.- 21. Dez. geschl. – **M** *(Montag geschl.)* a la carte 23/61 ⅋ –
42 Z : 68 B 67/88 - 120/146 Fb – ½ P 69/85.

BEBRA 6440. Hessen ⒐⒏⒎ ⑱. ⒋⒈⒉ M 14 – 16 500 Ew – Höhe 205 m – ☼ 06622.
♦Wiesbaden 182 – Erfurt 120 – Bad Hersfeld 15 – ♦Kassel 64.

🏨 **Röse**, Hersfelder Str. 1, ℰ 80 26, Fax 42462, Biergarten, ⅋ – 📺 ☎ ⇐ Ⓟ – ⚒ 25/40
⒜⒠ ⓪ **E** _VISA_
M a la carte 26/53 – **27 Z : 62 B** 69 - 114/169 Fb.

🏨 **Hessischer Hof**, Kasseler Str. 4, ℰ 60 71 – ☎ ⇐
← *24. Dez.- 10. Jan. geschl.* – **M** *(Samstag geschl.)* a la carte 20/40 – **15 Z : 22 B** 50 - 95.

In Bebra-Weiterode SO : 3 km :

🏨 **Haus Sonnenblick**, Sonnenblick 1, ℰ 30 58, Fax 42208, ⅋, ⅋, ⬜ – 📺 ☎ Ⓟ –
⚒ 25/120. ⒜⒠ ⓪ **E** _VISA_
M a la carte 32/57 – **45 Z : 90 B** 63/80 - 89/130 Fb.

BECHHOFEN 8809. Bayern ⒐⒏⒎ ⑲. ⒋⒈⒊ O 19 – 5 600 Ew – Höhe 425 m – ☼ 09822.
♦München 189 – Ansbach 19 – ♦Augsburg 131 – ♦Nürnberg 67 – ♦Ulm 127.

In Bechhofen-Kleinried NO : 5 km :

XX **Landhotel Riederhof** ⅋ mit Zim, ℰ 58 51, ⅋, ⅋ – ☎ ⇐ Ⓟ. ⓪ **E**
M *(Donnerstag geschl.)* a la carte 30/65 – **6 Z : 12 B** 55/70 - 85/100.

BECHTHEIM Hessen siehe Hünstetten.

BECKE Nordrhein-Westfalen siehe Gummersbach.

BECKINGEN Saarland siehe Merzig.

BECKUM 4720. Nordrhein-Westfalen 987 ⑱, 412 H 11 — 38 500 Ew — Höhe 110 m — 🅣 02521.
ᴦ Bauernschaft Ebbecke (S : 7 km über die B 475), 𝒫 (02527) 81 91.
◧ Stadtinformation, Markt 1, 𝒫 2 91 71.
Düsseldorf 130 — Bielefeld 56 — Hamm in Westfalen 20 — Lippstadt 25 — Münster (Westfalen) 41.

Am Höxberg S : 1,5 km — ⊠ *4720* Beckum — 🅣 02521 :

🏨 **Höxberg** ⤸, Soestwarte 1, 𝒫 70 88, Fax 3410, ㎡, ☎ — 🄣 ☎ ᵶ ⟸ ℗ — 🔬 25/60
40 Z : 67 B Fb.

🏠 **Haus Pöpsel** ⤸, Herzfelder Str. 60, 𝒫 36 28 — ℗. ⁇
Juli geschl. — **M** *(nur Abendessen, Mittwoch geschl.)* a la carte 22/39 — **7 Z : 11 B** 41 - 82.

🗶🗶 **Zur Windmühle** mit Zim, Unterberg 2/33, 𝒫 34 08 — ⟸ ℗. 🄐 ⓪ 𝐄 𝘝𝘐𝘚𝘈
Juli - Aug. 3 Wochen geschl. — **M** *(Samstag bis 18 Uhr und Montag geschl.)* a la carte 35/61 — **11 Z : 16 B** 50 - 90.

In Beckum-Vellern NO : 4 km :

🗶 **Alt Vellern** mit Zim, Dorfstr. 21, 𝒫 1 45 33, « Gemütliche Stuben im westfälischen Stil » — 🄣 ☎ ℗. 🄐 ⓪ 𝐄 𝘝𝘐𝘚𝘈
Juni - Juli 2 Wochen geschl. — **M** *(Dienstag ab 15 Uhr geschl.)* a la carte 30/49 — **5 Z : 7 B** 68 - 108.

BEDBURG-HAU Nordrhein-Westfalen siehe Kleve.

BEDERKESA 2852. Niedersachsen 987 ④⑤ — 4 300 Ew — Höhe 10 m — Luftkurort — Moorheilbad — 🅣 04745.
◧ Kurverwaltung, Amtsstr. 8, 𝒫 7 91 45.
Hannover 198 — Bremerhaven 25 — Cuxhaven 39 — ✦Hamburg 108.

🏩 **Waldschlößchen - Bösehof** ⤸, Hauptmann-Böse-Str. 19, 𝒫 70 31, Fax 7027, ≼, ㎡, ☎, 🔲, ⇆ — ⫯ 🄣 ⟸ ℗ — 🔬 25/60. 🄐 ⓪ 𝐄 𝘝𝘐𝘚𝘈
M 35/85 — **30 Z : 51 B** 60/95 - 126/150 Fb — ½ P 85/120.

🏨 **Seehotel Dock**, Zum Hasengarten 2, 𝒫 60 61, ☎, 🔲 — ⫯ ᵶ ℗ — 🔬 25/40. ⁇ Zim
M a la carte 29/52 — **43 Z : 77 B** 60/70 - 110/150.

🏨 Hotel im Sport- und Freizeitzentrum garni, Zum Hasengarten 9, 𝒫 70 61 — 🄣 ☎ ℗
13 Z : 24 B.

BEEDENBOSTEL Niedersachsen siehe Lachendorf.

BEELEN 4413. Nordrhein-Westfalen 412 H 11 — 5 000 Ew — Höhe 52 m — 🅣 02586.
Düsseldorf 148 — Bielefeld 37 — Münster (Westfalen) 37.

🗶🗶 **Hemfelder Hof** mit Zim, Clarholzer Str. 21 (SO : 3 km, B 64), 𝒫 2 15, ㎡ — 🄣 ☎ ⟸ ℗ — 🔬 25/40. 🄐 𝐄. ⁇
Juli - Aug. 3 Wochen geschl. — Menu *(Freitag 14 Uhr - Samstag 18 Uhr geschl.)* a la carte 34/60 — **11 Z : 17 B** 45 - 80.

BEERFELDEN 6124. Hessen 987 ㉖, 412 413 J 18 — 7 000 Ew — Höhe 427 m — Erholungsort — 🅣 06068.
Beerfelden-Hetzbach (NW : 5 km), 𝒫 (06068) 39 08.
Wiesbaden 106 — ✦Darmstadt 61 — Heidelberg 44 — ✦Mannheim 58.

🏠 **Schwanen**, Metzkeil 4, 𝒫 22 27 — 🄣 ☎ ℗. 🄐 𝐄 𝘝𝘐𝘚𝘈
Mitte - Ende Feb. und Ende Okt.- Anfang Nov. geschl. — **M** *(Montag geschl.)* a la carte 29/49 ᷧ — **7 Z : 14 B** 45/54 - 88.

Auf dem Krähberg NO : 10 km :

🏠 **Reussenkreuz** ⤸, ⊠ 6121 Sensbachtal, 𝒫 (06068) 22 63, ≼, ㎡, ☎, ⪦ — ⟸ ℗
16. Nov.- 24. Dez. geschl. — **M** *(Freitag ab 14 Uhr geschl.)* a la carte 27/59 ᷧ — **15 Z : 30 B** 53/70 - 94/116.

BEHRINGEN Niedersachsen siehe Bispingen.

BEHRINGERSMÜHLE Bayern siehe Gössweinstein.

BEILNGRIES 8432. Bayern 🔳🔳🔳 R 19. 🔳🔳🔳 ⑦ − 7 200 Ew − Höhe 372 m − Erholungsort −
🔾 08461.
🅱 Touristik-Verband, Hauptstr. 14 (Haus des Gastes), 𝒫 84 35.
♦München 108 − Ingolstadt 35 − ♦Nürnberg 72 − ♦Regensburg 51.

🏨 **Fuchs-Bräu**, Hauptstr. 23, 𝒫 2 95, Telex 55404, Fax 8357, 😗, 😓, 🔲, 🐾 − 🛗 📺 ☎ ♿
🅿 − 🔬 25/180. 🆎 ⓞ 🗲 𝗩𝗜𝗦𝗔
M a la carte 24/48 − **67 Z : 120 B** 64/80 - 92/150 Fb.

🏨 **Gams**, Hauptstr. 16, 𝒫 2 56, Fax 7475, 😓 − 🛗 📺 ☎ ♿ − 🔬 25/60. 🆎 ⓞ 🗲 𝗩𝗜𝗦𝗔
M a la carte 23/53 − **65 Z : 125 B** 75/95 - 98/140 Fb.

🏠 **Gasthof Gallus**, Neumarkter Str. 25, 𝒫 2 47, Telex 55451, 😓 − 🛗 📺 ☎ ♿ − 🔬 25/80
40 Z : 72 B.

🏠 **Goldener Hahn** (Brauerei-Gasthof), Hauptstr. 44, 𝒫 4 19, 😗 − 🛗 ☎ ♿. ⓞ 🗲 𝗩𝗜𝗦𝗔
◆ **M** a la carte 20/39 − **38 Z : 72 B** 34/65 - 62/98 − ½ P 49/78.

BEILSTEIN 7141. Baden Württemberg 🔳🔳🔳 K 19 − 5 400 Ew − Höhe 258 m − 🔾 07062.
♦Stuttgart 41 − Heilbronn 16 − Schwäbisch Hall 47.

✕ **Langhans** mit Zim, Auensteiner Str. 1, 𝒫 54 36 − ♿
7 Z : 12 B.

✕ **Alte Bauernschänke**, Heerweg 19 (Ecke Wunnensteinstraße), 𝒫 33 27 − ♿. 🆎 ⓞ 🗲
𝗩𝗜𝗦𝗔
Dienstag - Freitag nur Abendessen, Montag geschl. − **M** a la carte 30/58.

✕ **Burg Hohenbeilstein**, Langhans 1, 𝒫 57 70, 😗, « Burg a.d. 13. Jh., Burgfalknerei » −
♿. 🆎 ⓞ 🗲
Montag und 3. Jan.- Feb. geschl. − **M** a la carte 27/50.

In Beilstein-Stocksberg 7156 NO : 11 km − Höhe 540 m :

🏫 **Landgasthof Krone**, Prevorster Str. 2, 𝒫 (07130) 13 22, Fax 3224, 😗, 🐾 − ♿ − 🔬 30.
🦖 Zim
über Fastnacht 2 Wochen, Mitte - Ende Juli und 2 Wochen vor Weihnachten geschl. −
M *(auch vegetarische Gerichte, Montag geschl.)* a la carte 24/49 − **10 Z : 16 B** 45/62 - 78/
135 Fb − 3 Fewo 53.

BEILSTEIN 5591. Rheinland-Pfalz 🔳🔳🔳 E 16 − 150 Ew − Höhe 86 m − 🔾 02673 (Ellenz-Poltersdorf).
Sehenswert : Burg Metternich ⬉★.
Mainz 111 − Bernkastel-Kues 68 − Cochem 11.

🏠 **Haus Burgfrieden**, Im Mühlental 62, 𝒫 14 32, Fax 1577, 😓 − 🛗 ♿. 🦖
◆ *27. März - 2. Nov.* − **M** 13,50/18,50 (mittags) und a la carte 21/46 − **46 Z : 72 B** 45/60 - 90.

✕ **Haus Lipmann** mit Zim, Marktplatz 3, 𝒫 15 73, ⬉, « Rittersaal, Gartenterrasse » − 📺 ♿
15. März-15. Nov. − **M** a la carte 25/47 🍷 − **5 Z : 10 B** 65/70 - 85/90.

BELCHEN Baden-Württemberg .Sehenswürdigkeit siehe Schönau im Schwarzwald.

BELL Rheinland-Pfalz siehe Mendig.

BELLERSDORF Hessen siehe Mittenaar.

BELLHEIM 6729. Rheinland-Pfalz 🔳🔳🔳 🔳🔳🔳 H 19 − 7 000 Ew − Höhe 110 m − 🔾 07272.
Mainz 126 − ♦Karlsruhe 32 − Landau in der Pfalz 13 − Speyer 22.

🏠 **Bellheimer Braustübl**, Hauptstr. 78 1/2, 𝒫 7 55 00, 😗 − ☎ 🚲 ♿. 🗲
28. Dez.- 15. Jan. geschl. − Menu *(Dienstag geschl.)* a la carte 28/66 🍷 − **7 Z : 11 B** 58/62
92 Fb.

✕✕ **Lindner's Restaurant**, Postgrabenstr. 54, 𝒫 7 53 00, 😗 − ♿. 🗲
Montag - Dienstag 18 Uhr, 2.- 8. Jan. und 20. Juni - 12. Juli geschl. − **M** (Tischbestellung
ratsam) a la carte 33/58 🍷.

✕ **Wappenschmiedmühle**, an der B 9 (O : 2 km), 𝒫 23 57, 😗 − ♿. 🗲
◆ *Montag bis 18 Uhr und Donnerstag geschl.* − **M** a la carte 20/52 🍷.

In Zeiskam 6721 NW : 4,5 km :

🏨 **Zeiskamer Mühle** 🦢, Hauptstr. 87, 𝒫 (06347) 67 67, Fax 6193, Innenhofterrasse − 🛗 📺
☎ ♿ 🆎 🗲
M *(Montag und Donnerstag jeweils bis 17 Uhr sowie 7.- 15. Feb. und 25. Juni - 12. Ju*
geschl.) a la carte 32/55 🍷 − **17 Z : 30 B** 65 - 110 Fb.

BELLINGEN, BAD 7848. Baden-Württemberg 🔳🔳🔳 F 23, 🔳🔳🔳 ④, 🔳🔳🔳 ⑩ − 3 000 Ew − Höh
256 m − Heilbad − 🔾 07635.
🅱 Bade- und Kurverwaltung, im Kurmittelhaus, 𝒫 10 25.
♦Stuttgart 247 − Basel 27 − Müllheim 12.

🏨 **Paracelsus**, Akazienweg 1, ℰ 10 18, Massageabteilung, 🐎 – 🔟 ☎ 🅟. ⚓
Dez.- Jan. geschl. – (nur Abendessen für Hausgäste) *–* **23 Z : 34 B** 74/88 - 118/170 Fb.

🏨 **Landgasthof Schwanen**, Rheinstr. 50, ℰ 13 14, 🍴 – 🅟. **E**
18. Dez.- 18. Jan. geschl. – Menu *(Dienstag - Mittwoch 17 Uhr geschl.)* a la carte 32/61 –
13 Z : 20 B 48/70 - 78/98 Fb – ½ P 58/81.

🏨 Wintergarten, Ebnetstr. 4, ℰ 25 74, 🍴 – 🕍 🔟 ☎ ♿ 🅟 – **16 Z : 32 B** Fb.

🏨 **Burger**, Im Mittelgrund 5, ℰ 94 58, 🍴 – 🔟 🅟. 🆎 ⓪ **E** 𝖵𝖨𝖲𝖠
➡ **M** 18/32 und a la carte 26/59 – **14 Z : 23 B** 65/99 - 100/130 Fb – ½ P 73/122.

🏨 **Markushof**, Badstr. 6, ℰ 10 83, 🍴 – ☎ ⇦ 🅟. **E**. ⚓
Mitte Dez.- Mitte Jan. geschl. – **M** *(Mittwoch geschl.)* a la carte 27/53 – **27 Z : 37 B** 66/110
- 110/150 Fb – ½ P 79/99.

🏨 Kaiserhof, Rheinstr. 68, ℰ 6 00 – 🅟. ⚓ Zim – **20 Z : 30 B**.

🏨 **Birkenhof**, Rheinstr. 76, ℰ 6 23, 🐎 – ☎ 🅟 ⚓
Dez.- Jan. geschl. – (Restaurant nur für Pensionsgäste) *–* **15 Z : 25 B** 48 - 96.

🏨 **Eden**, Im Mittelgrund 2, ℰ 10 61, 🐎 – ☎ ⇦ 🅟. ⚓
(Restaurant nur für Pensionsgäste) *–* **23 Z : 29 B** 50/60 - 90/120 Fb – ½ P 62/75.

🏨 **Therme** garni, Rheinstr. 72, ℰ 93 48, 🐎 – ⇦ 🅟
Anfang Nov.- 26. Dez. geschl. – **16 Z : 26 B** 46/70 - 87/110.

🏨 **Römerhof** garni, Ebnetstr. 9, ℰ 94 21, 🐎 – 🅟. ⚓
15. Dez.- Jan. geschl. – **21 Z : 32 B** 40/52 - 88/96.

In Bad Bellingen 4-Hertingen O : 3 km :

🏨 **Hebelhof-Römerbrunnen** ⚓, Bellinger Str. 5, ℰ 10 01, Fax 3322, 🍴, Massage, ⚓, ▨,
➡ 🐎 – 🔟 ☎ ♿ ⇦ 🅟. **E**. ⚓
6.- 30. Jan. geschl. – **M** *(Donnerstag geschl.)* 20/90 *(auch vegetarisches Menu)* ⚗ – **18 Z :**
32 B 68/90 - 130/190 Fb – ½ P 95/125.

BELM Niedersachsen siehe Osnabrück.

BELTERSROT Baden-Württemberg siehe Kupferzell.

BEMPFLINGEN 7445. Baden-Württemberg 𝟺𝟷𝟹 K 21 – 3 100 Ew – Höhe 336 m – ✆ 07123.
Stuttgart 34 – Reutlingen 13 – Tübingen 21 – ♦Ulm 71.

XXX ⚙ **Krone**, Brunnenweg 40, ℰ 3 10 83 – 🅟 – 🎵 25/50
*Montag, Sonn- und Feiertage, 24.- 31. März, Ende Juli - Anfang Aug. sowie 22. Dez.- 7. Jan.
geschl. –* **M** *(Tischbestellung ratsam)* 54/128 und a la carte 45/95
Spez. Wachtelbrüstchen mit Kalbsbries und Hummer, Rehrücken mit Lemberger-Gänseleberssöße, Lamm auf
Lauchgemüse.

BENDESTORF 2106. Niedersachsen – 2 000 Ew – Höhe 50 m – Luftkurort – ✆ 04183.
Hannover 130 – ♦Hamburg 30 – Lüneburg 40.

🏨 **Landhaus Meinsbur** ⚓, Gartenstr. 2, ℰ 60 88, « Ehem. Bauernhaus mit geschmackvoller
Einrichtung, Gartenterrasse » – 🔟 ☎ 🅟. 🆎 ⓪ **E** 𝖵𝖨𝖲𝖠
M a la carte 38/77 – **15 Z : 32 B** 125/150 - 190/250.

🏨 **Waldfrieden** ⚓, Waldfriedenweg 17, ℰ 66 55, « Waldterrasse », 🐎 – 🅟 – 🎵 25/40
M 15,50/28 (mittags) und a la carte 23/50 – **20 Z : 33 B** 35/61 - 70/92 – 4 Fewo 120.

BENDORF 5413. Rheinland-Pfalz 𝟿𝟾𝟽 ㉘, 𝟺𝟷𝟸 F 15 – 15 800 Ew – Höhe 67 m – ✆ 02622.
⬩Mainz 101 – ♦Bonn 63 – ♦Koblenz 10 – Limburg an der Lahn 42.

🏨 **Berghotel Rheinblick** ⚓, Remystr. 79, ℰ 1 40 81, Fax 14323, ≤ Rheintal, 🍴, 🐎, ⚙ –
🔟 ☎ ⇦ 🅟 – 🎵 30. 🆎 ⓪ **E** 𝖵𝖨𝖲𝖠
20. Dez.- 10. Jan. geschl. – **M** *(Freitag geschl.)* a la carte 28/65 ⚗ – **23 Z : 40 B** 50/85 -
110/130.

XX **Weinhaus Syré**, Engersport 12, ℰ 25 81 – 🅟. 🆎 **E**
Montag - Dienstag 18 Uhr und Juni - Juli 3 Wochen geschl. – **M** a la carte 50/77.

XX **La Charrue**, Bergstr. 25, ℰ 1 02 12 – 🅟. 🆎 **E**
nur Abendessen, Donnerstag, Jan. 2 Wochen und Juni - Juli 3 Wochen geschl. – **M** 49/92.

BENEDIKTBEUERN 8174. Bayern 𝟺𝟷𝟹 R 23, 𝟿𝟾𝟽 ㉗, 𝟺𝟸𝟼 G 5 – 2 800 Ew – Höhe 615 m –
Erholungsort – ✆ 08857.
Sehenswert : Ehemalige Klosterkirche (Anastasia-Kapelle★).
🛈 Verkehrsamt, Prälatenstr. 5, ℰ 2 48.
⬩München 61 – Garmisch-Partenkirchen 44 – Bad Tölz 15.

🏨 **Alpengasthof Friedenseiche** ⚓, Häusernstr. 34, ℰ 82 05, 🍴, 🐎 – ☎ ⇦ 🅟 –
➡ 🎵 25. 🆎 **E**
6. Nov.- 20. Dez. geschl. – **M** *(Mittwoch geschl.)* a la carte 21/45 ⚗ – **30 Z : 50 B** 48/70 -
88/96.

BENNINGEN Baden-Württemberg siehe Marbach am Neckar.

BENSHEIM AN DER BERGSTRASSE 6140. Hessen 987 ㉙. 412 413 I 17 − 34 000 Ew − Höhe 115 m − ✪ 06251.

Ausflugsziele : Staatspark Fürstenlager★★ N : 3 km − Auerbacher Schloß : Nordturm ≼★ N 7 km.

⌕ über Berliner Ring (S : 1 km), 𝓟 6 77 32.

🛈 Städt. Verkehrsbüro, Beauner Platz (Pavillon), 𝓟 1 41 17.

ADAC, Bahnhofstr. 30, 𝓟 6 98 88, Telex 468388.

♦Wiesbaden 66 − ♦Darmstadt 26 − Heidelberg 35 − Mainz 59 − ♦Mannheim 32 − Worms 20.

- 🏠 **Bacchus**, Rodensteinstr. 30, 𝓟 3 90 91 − 📺 ☎ 🅿. 🆎 E 𝘝𝘐𝘚𝘈
  M *(Montag geschl.)* a la carte 28/50 ⅜ − **22 Z : 45 B** 80 - 120 Fb.

- 🏠 **Hans** garni, Rodensteinstr. 48, 𝓟 21 73 − 📺 ☎ ⇐⇒ 🅿. 🆎 E 𝘝𝘐𝘚𝘈
  23. Dez.- 6. Jan. geschl. − **15 Z : 24 B** 40/65 - 90/100.

- 🏠 **Präsenzhof** ⌂, Am Wambolter Hof 7, 𝓟 42 56 (Hotel) 6 11 86 (Rest.), ⇐⇒ − 🛗 📺 ☎ ⇐⇒
  (Italienische Küche) − **28 Z : 50 B**.

- 🏠 **Stadtmühle**, Plantanenallee 2, 𝓟 3 80 08 − ☎. 🆎 ⓞ E 𝘝𝘐𝘚𝘈
- ⬸ **M** a la carte 21/46 − **7 Z : 12 B** 55 - 100.

- 🍽 **Dalberger Hof**, Dalberger Gasse 15 (Bürgerhaus), 𝓟 47 47, Fax 63795, �br. 🆎 E
  M a la carte 34/55.

  In Bensheim 3-Auerbach − Luftkurort :

- 🏨 **Parkhotel Krone**, Darmstädter Str. 168 (B 3), 𝓟 7 30 81, Telex 468537, Fax 78450, �br, ⇐s
  🖩, 🚗 − 🛗 ⇐⇒ 🅿 − ⚖ 25/120. 🆎 ⓞ E 𝘝𝘐𝘚𝘈
  M *(auch vegetarische Gerichte)* a la carte 41/65 − **55 Z : 110 B** 135/160 - 175/200 Fb.

- 🏠 **Poststuben** ⌂ (mit Gästehaus), Schloßstr. 28, 𝓟 7 29 87, Fax 74743, �br, « Behagliche Restaurant » − 📺 🆎 ⓞ E 𝘝𝘐𝘚𝘈
  M *(Sonntag 15 Uhr - Montag 17 Uhr, Feb. und Juli - Aug. jeweils 2 Wochen geschl.)* a l carte 28/61 ⅜ − **18 Z : 30 B** Fb.

- 🍽🍽 **Burggraf-Bräu**, Darmstädter Str. 231, 𝓟 7 25 25, �br − 🅿.
- 🍽 **Parkhotel Herrenhaus** ⌂ mit Zim, Im Staatspark Fürstenlager (O : 1 km), 𝓟 7 22 74
  Fax 78473, �br, 🚗 − 📺 ☎ ⇐⇒ 🅿
  M *(Abendessen nur nach Voranmeldung)* a la carte 33/64 − **9 Z : 17 B** 100/160 - 140/180.

BENTHEIM, BAD 4444. Niedersachsen 987 ⑭. 408 ⑭. 412 E 10 − 14 500 Ew − Höhe 50 m − Heilbad − ✪ 05922.

🛈 Verkehrsbüro, Schloßstr. 2, 𝓟 31 66.

♦Hannover 207 − Enschede 29 − Münster (Westfalen) 56 − ♦Osnabrück 75.

- 🏨 **Großfeld** ⌂ (mit Gästehäusern), Schloßstr. 6, 𝓟 8 28, Fax 4349, « Brunnengarten », ⇐s
  🖩, 🚗 − 🛗 ⇐⇒ 🅿 − 🔥 25/40. 🆎 ⓞ E 𝘝𝘐𝘚𝘈 🎇 Rest
  M a la carte 34/64 − **100 Z : 197 B** 90 - 180 Fb.

- 🏨 **Am Berghang** ⌂, Am Kathagen 69, 𝓟 20 47, Fax 4867, ⇐s, 🖩, 🚗 − 📺 ☎ 🅿. ⓞ E. 🎇
  Jan. geschl. − **M** a la carte 30/58 − **27 Z : 54 B** 80/90 - 130/180 Fb − ½ P 90/115.

- 🏠 **Altes Wasserwerk** ⌂ garni, Möllenkamp 2, 𝓟 36 61, ⇐s, 🖩 − 📺 🅿. 🎇 − **10 Z : 15 B**.
- 🏠 **Steenweg**, Ostend 1, 𝓟 32 38 − ☎ 🅿. 🆎 ⓞ E 𝘝𝘐𝘚𝘈 🎇 Rest
  M *(Donnerstag geschl.)* a la carte 26/39 − **17 Z : 26 B** 44/65 - 85.

- 🍽🍽 **Schulze-Berndt**, Ochtruper Str. 38, 𝓟 23 22 − 🅿. 🆎 ⓞ E 𝘝𝘐𝘚𝘈
  M a la carte 31/61.

  In Bad Bentheim-Gildehaus W : 5 km :

- 🏨 **Niedersächsischer Hof** ⌂, Am Mühlenberg 5, 𝓟 (05924) 5 67, Fax 6016, �br, ⇐s, 🖩
  🚗 − 📺 🅿 − 🔥 30. 🆎 ⓞ E
  M a la carte 34/63 − **25 Z : 35 B** 75/85 - 150/170 Fb − ½ P 100/110.

  In Bad Bentheim-Hagelshoek W : 4 km, nahe der B 65 :

- 🍽 **Heuerhaus**, Wasserwerkstr. 7, 𝓟 (05924) 69 13, �br − 🅿
  Dienstag geschl. − **M** a la carte 44/62.

BERCHING 8434. Bayern 413 R 19. 987 ㉖㉗ − 7 500 Ew − Höhe 390 m − Erholungsort ✪ 08462 − ♦München 114 − Ingolstadt 41 − ♦Nürnberg 66 − ♦Regensburg 45.

- 🍽 **Brauereigastgof Winkler**, Reichenauplatz 22, 𝓟 13 27, �br − 🅿. 🆎 ⓞ E 𝘝𝘐𝘚𝘈
- ⬸ Dienstag und Sonntag jeweils ab 16 Uhr und 1.- 14. Sept. geschl. − **M** a la carte 19/35 ⅜.

BERCHTESGADEN 8240. Bayern 413 VW 24. 987 ㉘. 426 ⑲ − 8 200 Ew − Höhe 540 m − Heilklimatischer Kurort − Wintersport : 530/1 800 m ⚡2 ≴29 − ✪ 08652.

Sehenswert : Schloßplatz★ − Schloß (Dormitorium★) − Salzbergwerk.

Ausflugsziele : Deutsche Alpenstraße★★★ (von Berchtesgaden bis Lindau) − Kehlstein straße★★★ − Kehlstein 🎇★★ (nur mit RVO - Bus ab Obersalzberg : O : 4 km) − Roßfeld Ringstraße ≼★★ (O : 7 km über die B 425).

⌕ Obersalzberg, 𝓟 21 00.

🛈 Kurdirektion, Königseer Str. 2, 𝓟 50 11, Telex 56213.

♦München 154 ③ − Kitzbühel 77 ② − Bad Reichenhall 18 ③ − Salzburg 23 ①.

BERCHTESGADEN

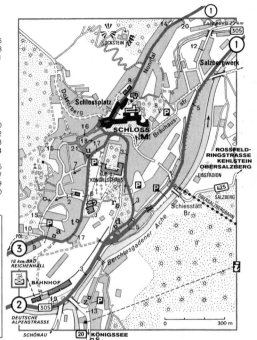

Benutzen Sie
auf Ihren Reisen in Europa
die Michelin-Länderkarten
1:400 000 bis 1:1 000 000.

Pour parcourir l'Europe,
utilisez les cartes Michelin
Grandes Routes
1/400 000 à 1/1 000 000.

🏨🏨 **Geiger**, Stanggass, ℰ 50 55, Telex 56222, Fax 5058, ≤, 🏤, « Park », ≘s, ⴜ (geheizt), 🏊,
🞂 – 🕸 ⟸ 🅿 – 🔬 50. E 𝗩𝗜𝗦𝗔. 🞕 Rest   über ③
Mitte Nov.- Mitte Dez. geschl. – **M** a la carte 47/75 – **49 Z : 90 B** 105/180 - 140/300 Fb –
½ P 115/205.

🏨🏨 **Fischer**, Königsseer Str. 51, ℰ 40 44, Fax 64873, ≤, ≘s, 🏊 – 🕸 📺 ⟸ 🅿. 𝖠𝖤 E. 🞕   s
2.- 28. April und 3. Nov.- 20. Dez. geschl. – **M** *(Montag - Dienstag 15 Uhr geschl.)* a la carte
24/49 – **57 Z : 100 B** 72/150 - 128/184 Fb.

🏨 **Alpenhotel Kronprinz** ⸎, Am Brandholz, ℰ 6 10 61, Telex 56201, Fax 3380, ≤, 🏤, ≘s
– 🕸 📺 ☎ ⟸ 🅿. 𝖠𝖤 ⓸ E 𝗩𝗜𝗦𝗔. 🞕 Rest   über Kälbersteinstr.
2. Nov.- 20. Dez. geschl. – **M** *(nur Abendessen)* a la carte 29/53 – **65 Z : 131 B** 82/123 -
128/190 Fb.

🏨 **Krone** ⸎, Am Rad 5, ℰ 6 20 51, ≤, 🏤, « Gemütlich eingerichtete Zimmer im Bauernstil »,
🞂 – 📺 ☎ 🅿. 🞕 Rest   über Locksteinstraße
Nov.- 20. Dez. geschl. – (nur Abendessen für Hausgäste) – **28 Z : 42 B** 65/77 - 120/150 –
½ P 57/87.

🏨 **Wittelsbach** garni, Maximilianstr. 16, ℰ 50 61, ≤ – 🕸 ☎ 🅿. 𝖠𝖤 ⓸ E 𝗩𝗜𝗦𝗔   t
Nov.- 15. Dez. geschl. – **29 Z : 52 B** 70/90 - 150/300 Fb.

🏨 **Post**, Maximilianstr. 2, ℰ 50 67, 🏤, Biergarten – 🕸 📺 ☎. 𝖠𝖤 ⓸ E 𝗩𝗜𝗦𝗔   u
M a la carte 31/55 – **42 Z : 80 B** 85/160 - 160/240 Fb – ½ P 98/138.

🏨 **Demming** ⸎, Sunklergäßchen 2, ℰ 50 21, Fax 64878, ≤, ≘s, 🏊 – 🕸 📺 ☎ 🅿. 𝖠𝖤 ⓸ E
𝗩𝗜𝗦𝗔   r
5. Nov.- 18. Dez. geschl. – **M** a la carte 29/50 – **35 Z : 64 B** 74/100 - 140/160 Fb.

🏨 **Vier Jahreszeiten**, Maximilianstr. 20, ℰ 50 26, Fax 5029, ≤, ≘s, 🏊 – 🕸 ☎ ⟸ 🅿 –
🔬 25/60. 𝖠𝖤 ⓸ E 𝗩𝗜𝗦𝗔   a
M a la carte 25/58 – **61 Z : 97 B** 80/160 - 125/220 Fb – ½ P 87/134.

🏨 **Sporthotel Seimler**, Maria am Berg 3 (NO : 1,5 km), ℰ 60 50, 🏤, ≘s, 🏊 – 🕸 📺 ☎ ⟸
🅿   über ①
75 Z : 150 B Fb.

🏨 **Grünberger**, Hansererweg 1, ℰ 45 60, Fax 62254 – 🕸 📺 🅿. 🞕   z
Anfang Nov.- Mitte Dez. geschl. – (nur Abendessen für Hausgäste) – **65 Z : 130 B** 69 - 98
– ½ P 68/90.

🏨 **Bavaria**, Sunklergäßchen 11, ℰ 26 20, ≤ – 📺   d
Mitte Okt.- Mitte Dez. geschl. – (nur Abendessen für Hausgäste) – **29 Z : 45 B** 49/79 -
90/118 – ½ P 58/82.

An der Roßfeld-Ringstraße O : 7 km :

🏨 **Grenzgasthaus Neuhäusl** ॐ, Wildmoos 45, Höhe 850 m, ⊠ 8240 Berchtesgaden 3,
➡ 𝒫 6 20 73, Fax 64637, ≼ Untersberg, 🏤, ⇌, 🐾 – 🆃🆅 ☎ 🄿
15. Nov.- 20. Dez. geschl. – **M** *(Dienstag geschl.)* a la carte 21/40 ⚒ – **23 Z : 50 B** 55/72 -
100/120 – 3 Fewo 140 – ½ P 68/85.

🏨 **Pension Meisl** ॐ garni, Wildmoos 42, Höhe 850 m, ⊠ 8240 Berchtesgaden 3,
𝒫 (08652) 39 91, ≼ Untersberg, 🐾 – ⇜ 🄿
19 Z : 36 B 31/40 - 60/80.

Siehe auch : *Schönau am Königssee, Ramsau und Bischofswiesen*

BERG Baden-Württemberg siehe Ravensburg.

BERG 8137. Bayern 🗺🗺🗺 R 23, 🗺🗺🗺 G 5 – 7 000 Ew – Höhe 630 m – 🄲 08151 (Starnberg).
🥾 Berg-Leoni, Rottmannweg 5, 𝒫 (08041) 32 10.
♦München 30 – Garmisch-Partenkirchen 69 – Starnberg 6.

🏨 **Park Hotel** ॐ garni, Am Ölschlag 9, 𝒫 5 01 01, Fax 50105, ≼, ⇌, 🎾 – 🛗 🆃🆅 ☎ 🄿 –
🏊 35. 🄴
33 Z : 64 B 115/140 - 150/195 Fb.

🏨 **Strandhotel** ॐ, Seestr. 17, 𝒫 5 01 06, ≼ Starnberger See, « Seeterrasse » – ☎ 🄿
22 Z : 37 B.

In Berg 3-Leoni S : 1 km :

🏨 **Dorint Hotel Starnberger See** ॐ, Assenbucher Str. 44, 𝒫 50 60, Telex 526483, Fax
506140, ≼ Starnberger See, 🏤, ⇌, 🏊, ⩜ₒ – 🛗 🆃🆅 ☎ 🄿 – 🏊 40. 🄰🄴 🄾 🄴 𝒱𝒾𝒮𝒜
M a la carte 42/70 – **72 Z : 142 B** 145/180 - 225/270 Fb – 3 Appart. 335 – ½ P 146/213.

BERG 8683. Bayern 🗺🗺🗺 S 15 – 2 800 Ew – Höhe 614 m – 🄲 09293.
♦München 286 – Bayreuth 57 – ♦Nürnberg 142.

In Berg-Rudolphstein N : 7 km 🗺🗺🗺 ⑰ :

🏨 Vogel garni, Am Bühl 50, 𝒫 14 49, 🐾 – ⇜ 🄿
50 Z : 100 B.

✗ Gasthof Vogel, Panoramastr. 8, 𝒫 2 28 – 🄿.

BERG bei Neumarkt (Oberpfalz) 8438. Bayern 🗺🗺🗺 R 18 – 6 000 Ew – Höhe 406 m – 🄲 09189.
♦München 145 – Amberg 50 – ♦Nürnberg 29 – ♦Regensburg 71.

🏨 Lindenhof, Rosenbergstr. 13, 𝒫 5 40, 🏤 – 🆃🆅 🄿
25 Z : 40 B.

BERGEN 8221. Bayern 🗺🗺🗺 U 23, 🗺🗺🗺 ⑱ – 3 800 Ew – Höhe 554 m – Luftkurort –
Wintersport : 550/1 670 m ≤1 ≤5 ⤸4 – 🄲 08662 (Siegsdorf).
🄱 Verkehrsverein, Dorfplatz 5, 𝒫 83 21.
♦München 105 – Rosenheim 46 – Salzburg 42 – Traunstein 10.

🏨 **Säulner Hof** ॐ, Säulner Weg 1, 𝒫 86 55, 🏤, 🐾 – 🄿. 🄴
22. Okt.- 1. Dez. geschl. – **M** *(wochentags nur Abendessen, Donnerstag geschl.)* a la carte
23/49 – **15 Z : 30 B** 55/65 - 85 Fb.

In Bergen-Holzhausen NW : 4 km :

🏨 **Alpenblick**, Schönblickstr. 6, 𝒫 (08661) 3 18, « Terrasse mit ≼ » – 🄿. 🎾 Zim
Nov.- 15. Dez. geschl. – **M** *(Dienstag geschl.)* a la carte 27/43 – **13 Z : 26 B** 40/45 - 75/
85.

BERGEN 3103. Niedersachsen 🗺🗺🗺 ⑮ – 12 500 Ew – Höhe 75 m – 🄲 05051.
♦Hannover 67 – Celle 24 – ♦Hamburg 94 – Lüneburg 68.

🏨 **Kohlmann**, Lukenstr. 6, 𝒫 30 14, Fax 2240 – 🆃🆅 ☎ ⇜ 🄿. 🄰🄴 🄾 🄴 𝒱𝒾𝒮𝒜
M *(Montag bis 18 Uhr geschl.)* a la carte 25/56 – **14 Z : 21 B** 50/55 - 80/98 Fb.

Bergen 2-Altensatzkoth siehe : *Celle*

BERGHAUPTEN Baden-Württemberg siehe Gengenbach.

BERGHAUSEN Rheinland-Pfalz siehe Katzenelnbogen.

BERGHEIM Österreich siehe Salzburg.

[BERGHEIM] 5010. Nordrhein-Westfalen [987] ㉓, [412] C 14 – 56 500 Ew – Höhe 69 m – ☎ 02271.
•Düsseldorf 41 – •Köln 26 – Mönchengladbach 38.

🏨 Parkhotel, Kirchstr. 12, ☎ 4 15 60 – ☎ – 🏛 50. 🐕
25 Z : 43 B Fb.

🏨 **Konert**, Kölner Str. 33 (B 55), ☎ 4 41 83 – 🚗 [P]
22. Dez.- 7. Jan. geschl. – **M** *(Sonn- und Feiertage geschl.)* a la carte 18,50/40 – **11 Z : 16 B** 40/50 - 85.

[BERGHÜLEN] Baden-Württemberg siehe Merklingen.

[BERGISCH GLADBACH] 5060. Nordrhein-Westfalen [987] ㉔, [412] E 14 – 102 100 Ew – Höhe 86 m – ☎ 02202.
⛳ Bensberg-Refrath, ☎ (02204) 6 31 14.
•Düsseldorf 50 – •Köln 17.

In Bergisch Gladbach 2 (Stadtzentrum) :

🏨 **Zur Post** garni, Hauptstr. 154 (Fußgängerzone), ☎ 3 50 51, Fax 36846 – [TV] ☎ [P]. [AE] [D] [E] [VISA]
33 Z : 55 B 70/100 - 120/200.

🍴 Eggemanns Bürgerhaus, Bensberger Str. 102, ☎ 3 61 34
(Tischbestellung ratsam).

🍴 Diepeschrather Mühle 🌳 mit Zim, Diepeschrath 2 (W : 3,5 km über Paffrath), ☎ 5 16 51, 🌂 – [P]
11 Z : 14 B.

In Bergisch Gladbach 1-Bensberg – ☎ 02204 :

🏨 **Waldhotel Mangold** 🌳, Am Milchbornsberg 32, ☎ 5 40 11, Fax 54500 – [TV] ☎ [P] – 🏛 25/100. [E] [VISA]. 🐕
M *(nur Abendessen, Montag, Sonn- und Feiertage, 15. Juli - 14. Sept. sowie 20. Dez.- 10. Jan. geschl.)* a la carte 53/73 – **20 Z : 36 B** 115/135 - 165/225.

🏨 **Goethehaus**, Am Markt 3, ☎ 5 40 31, Fax 56122 – [TV] ☎. [D] [E] [VISA]
M a la carte 48/90 – **16 Z : 26 B** 90/165 - 160/210 Fb.

🍴 **Tessiner Klause**, Wipperfürther Str. 43, ☎ 5 34 63, 🌂 – [P]
Dienstag geschl. – **M** a la carte 26/45.

In Bergisch Gladbach 2-Gronau :

🏨 **Gronauer Tannenhof**, Robert-Schuman-Str. 2, ☎ 3 50 88, Fax 35579 – [$] [TV] ☎ 🚗 [P] – 🏛 25/80
M a la carte 32/61 – **35 Z : 70 B** 110/145 - 165/220 Fb.

In Bergisch Gladbach 1-Herkenrath :

🏨 **Arnold**, Strassen 31, ☎ (02204) 80 54, Fax 83406, 🌂 – ☎ [P]. [E]. 🐕 Rest
M *(Freitag geschl.)* a la carte 36/58 – **20 Z : 38 B** 70/90 - 110/120.

🏨 **Hamm**, Strassen 14, ☎ (02204) 80 41, Fax 85001, [S] – ☎ [P] – 🏛 70. [AE] [D] [E] [VISA]
M *(Montag bis 18 Uhr geschl.)* a la carte 28/60 – **26 Z : 53 B** 65/115 - 107/155.

In Bergisch Gladbach 1-Refrath :

🏨 **Tannenhof Refrath** garni, Lustheide 45a, ☎ (02204) 6 70 85, Fax 21773 – ☎ [P]. [AE] [D] [E] [VISA]
34 Z : 70 B 70/110 - 110/170.

[BERGKIRCHEN] Bayern bzw. Nordrhein-Westfalen siehe Dachau bzw. Oeynhausen, Bad.

[BERGLEN] Baden-Württemberg siehe Winnenden.

[BERGNEUSTADT] 5275. Nordrhein-Westfalen [987] ㉔, [412] F 13 – 18 500 Ew – Höhe 254 m – ☎ 02261 (Gummersbach).
•Düsseldorf 95 – •Köln 57 – Olpe 20 – Siegen 47.

🏨 **Feste Neustadt**, Hauptstr. 19, ☎ 4 17 95 – ☎ 🚗
Mitte Juli - Anfang Aug. geschl. – **M** *(Sonntag ab 15 Uhr geschl.)* a la carte 23/51 – **18 Z : 27 B** 50 - 100.

In Bergneustadt-Niederrengse NO : 7 km :

🍴 **Rengser Mühle** mit Zim, ☎ (02763) 3 24, 🌂, « Rustikale gemütliche Einrichtung » – [TV] ☎ [P]. [E]
M *(Montag 14 Uhr - Dienstag geschl.)* a la carte 38/59 – **4 Z : 8 B** 65 - 95.

[BERGRHEINFELD] Bayern siehe Schweinfurt.

[BERGSTEIG] Baden-Württemberg siehe Fridingen an der Donau.

BERGTHEIM 8702. Bayern 圖圖 N 17 − 1 900 Ew − Höhe 272 m − ✦ 09367.
✦München 285 − Schweinfurt 23 − ✦Würzburg 17.

　🏠 **Pension Schlier** 🌳 garni, Raiffeisenstr. 8, 🖋 4 48, 🍴 − 🚗. 🕸
　　11 Z : 15 B 30/38 - 52/65.

BERGZABERN, BAD 6748. Rheinland-Pfalz 圖圖 ②⑳. 圖圖 圖圖 G 19. 圖圖 ② − 6 500 Ew − Höhe
200 m − Heilklimatischer Kurort − Kneippheilbad − ✦ 06343.
🮮 Kurverwaltung, Kurtalstr. 25 (im Thermalhallenbad), 🖋 88 11.
Mainz 127 − ✦Karlsruhe 38 − Landau in der Pfalz 15 − Pirmasens 42 − Wissembourg 10.

　🏩 Petronella, Kurtalstr. 47, 🖋 10 75, 🏖, 🍴, 🍴 − 🕴 🕿 🕭 🕑 − 🛁 − **34 Z : 48 B** Fb.
　🏠 **Hotel Rebenhof** 🌳, Weinstr. 58, 🖋 10 35(Hotel) 22 07(Rest.), 🍴 − 🕿 🚗 🕸
　　M (Montag - Dienstag 18 Uhr geschl.) a la carte 22/47 − **16 Z : 32 B** 65/85 - 95/150.
　🏠 **Pfälzer Wald**, Kurtalstr. 77 (B 427), 🖋 10 56, ≤, 🏖, 🍴 − 🕿 🕑. 🆎 🅴 💳. 🕸 Zim
　　M (Jan. - Feb. geschl.) a la carte 21.50/43 ☕ − **25 Z : 40 B** 45/60 - 90/120 Fb − ½ P 65/80.
　🏠 **Wasgau** 🌳, Friedrich-Ebert-Str. 21, 🖋 84 01, 🍴 − 🕑. 🅴
　　10. Jan. - 20. Feb. geschl. − **M** (Donnerstag bis 17 Uhr geschl.) a la carte 32/48 − **25 Z : 40 B**
　　50/70 - 100/110 Fb − ½ P 60/65.
　🏠 Seeblick, Kurtalstr. 71, 🖋 25 39, 🔲 − 🕴 🕑. 🕸 Rest
　　(Restaurant nur für Hausgäste) − **60 Z : 90 B**.
　🍴 **Zum Engel**, Königstr. 45, 🖋 49 33, « Restauriertes Renaissancehaus a.d. 16. Jh. »
　　6. - 26. Feb. und Dienstag geschl., Nov. - März auch Montag ab 14 Uhr geschl. − **M** a la carte
　　21/43 ☕.

　　In Pleisweiler-Oberhofen 6749 NO : 2,5 km :

　🍴 **Schloßbergkeller** 🌳 mit Zim, Im Bienengarten 22 (Pleisweiler), 🖋 (06343) 15 82, 🏖 −
　　🕿 🕑. 🅴
　　Jan. geschl. − **M** (Mittwoch geschl.) a la carte 21/44 ☕ − **9 Z : 21 B** 43 - 74/78.

　　In Gleiszellen-Gleishorbach 6749 N : 4,5 km :

　🏩 **Südpfalz-Terrassen** 🌳, Winzergasse 42 (Gleiszellen), 🖋 (06343) 20 66, ≤, 🏖, 🍴, 🔲,
　　🍴 − 🕑 − 🛁 25/80. 🅴
　　6. - 31. Jan. geschl. − **M** (Montag geschl.) a la carte 28/55 ☕ − **60 Z : 110 B** 58/70 - 90/130 Fb
　　− ½ P 60/80.

BERKHEIM 7951. Baden-Württemberg 圖圖 N 22. 圖圖 ⑳. 圖圖 C 4 − 2 000 Ew − Höhe 580 m
− ✦ 08395.
✦Stuttgart 138 − Memmingen 11 − Ravensburg 65 − ✦Ulm (Donau) 46.

　🏠 **Ochsen**, Alte Steige 1, 🖋 6 57 − 🕑
　　Ende Juli - Anfang Aug. geschl. − **M** (auch vegetarische Gerichte) (Sonntag geschl.) a la
　　carte 18/37 ☕ − **15 Z : 22 B** 42 - 80/100.

BERLEBURG, BAD 5920. Nordrhein-Westfalen 圖圖 ②⑳. 圖圖 I 13 − 20 000 Ew − Höhe 450 m
− Kneippheilbad − Wintersport : 500/750 m ✂2 ✂9 − ✦ 02751.
🮮 Verkehrsbüro, Im Herrengarten 1, 🖋 70 77.
✦Düsseldorf 174 − Frankenberg an der Eder 46 − Meschede 56 − Siegen 44.

　🏠 Kaiser Friedrich, Ederstr. 18 (B 480), 🖋 71 61 − 🖵 🕿 🕑 − **9 Z : 16 B**.
　🏠 **Westfälischer Hof**, Astenbergstr. 6 (B 480), 🖋 4 94, Fax 496, Bade- und Massage-
　　abteilung, 🧖, 🍴 − 🕿 🚗 🕑 − 🛁 30. 🆎 🅾 🅴 💳 🕸 Rest
　　M a la carte 23/49 − **40 Z : 60 B** 39/60 - 72/99 − ½ P 56/75.
　🏠 **Zum Starenkasten** 🌳, Goetheplatz 2, 🖋 39 64, ≤, 🏖, 🍴 − 🕿 🕑. 🅾 🅴
　　M (auch vegetar. Kost) (Mittwoch - Okt. - 12. Nov. geschl.) a la carte 24/49 − **19 Z : 30 B** 43 - 86 − ½ P 55.
　🏠 **Wittgensteiner Hof**, Parkstr. 14, 🖋 72 02, 🏖, 🍴 − 🕑. 🅾 🅴 💳
　　M a la carte 26/60 − **30 Z : 50 B** 32/55 - 64/96 Fb − ½ P 45/63.

　　An der Straße nach Hallenberg NO : 6 km :

　🏠 **Erholung** 🌳, ✉ 5920 Bad Berleburg 1-Laibach, 🖋 (02751) 72 18, ≤, 🏖, 🍴 − 🚗 🕑
　　Mitte Nov. - Anfang Dez. geschl. − **M** a la carte 21/48 − **17 Z : 31 B** 39/55 - 78/110.

　　In Bad Berleburg 5-Raumland S : 4 km :

　🏠 **Raumland**, Hinterstöppel 7, 🖋 56 67, 🏖, 🍴 − 🚗 🕑. 🕸 Zim
　　M a la carte 26/43 − **12 Z : 20 B** 39/45 - 77/88 − ½ P 49/52.

　　In Bad Berleburg 6-Wemlighausen NO : 3 km :

　🏠 **Aderhold**, An der Lindenstr. 22, 🖋 39 60, 🍴, 🍴 − 🚗 🕑. 🕸
　　1. - 18. Okt. geschl. − **M** (Montag geschl.) 15/25 (mittags) und a la carte 20/38 − **16 Z : 28 B**
　　30/33 - 60/66 − ½ P 35/38.

　　In Bad Berleburg 3-Wingeshausen W : 14 km :

　🍴 **Weber** 🌳 mit Zim, Inselweg 5, 🖋 (02759) 4 12, 🍴 − 🕑. 🕸 Zim
　　15. Nov. - 15. Dez. geschl. − Menu (Montag 17 Uhr - Dienstag geschl.) 17/24 (mittags) und a
　　la carte 21/43 − **7 Z : 14 B** 33/40 - 66/80.

BERLIN

ERLIN 987 ⑰⑱, 984 ⑮⑯ – Höhe 40 m.

rankfurt/Oder 105 – ♦Hamburg 289 – ♦Hannover 288 – ♦Leipzig 183 – ♦Rostock 222.

HAUPTSEHENSWÜRDIGKEITEN

Kurfürstendamm** BDX und Kaiser-Wilhelm-Gedächtniskirche DEV – Brandenburger Tor** NY – Zoologischer Garten (Aquarium) ** EV – Alexanderplatz** RSY – Fernsehturm** RY – Olympia-Stadion** LS F – Botanischer Garten** MT – Wannsee** LT – Havel* und Pfaueninsel* LT – Unter den Linden* NPY – Platz der Akademie* PZ – Marx-Engels-Platz* PY 70 – Karl-Marx-Allee* SY – Nikolaiviertel* RY – Neue Wache* PY D – Deutsche Staatsoper* PY C – Sowjetisches Ehrenmahl* NS – Maria-Regina-Martyrum-Kirche* BU D und Gedenkstätte von Plötzensee DU – Funkturm (✳*) AV.

Museum Dahlem*** (Gemäldegalerie**, Museum für Völkerkunde**) MT – Pergamon-Museum*** PY M⁷ – Schloß Charlottenburg** (im Knobelsdorff-Flügel : Gemäldesammlung**, Goldene Galerie**) BU – Nationalgalerie** PY M⁶ – Arsenal (Zeughaus)** PY – Kunstgewerbemuseum* FV M² – Antikenmuseum* (Schatzkammer***) BU M³ – Ägyptisches Museum* (Büste der Königin Nofretete*) BU M⁴ – Nationalgalerie* (Postdamer Straße 50) FV M⁶ – Bode-Museum* PY M² – Altes Museum* PY M³ – Schloß Köpenick (Kunstgewerbemuseum* über Köpenicker Str.) SZ

Die Stadtpläne
sind eingenordet
(Norden = oben).

Les plans de villes
sont disposés
le Nord en haut.

North is at the top
on all town plans.

Le piante topografiche
sono orientate
col Nord in alto.

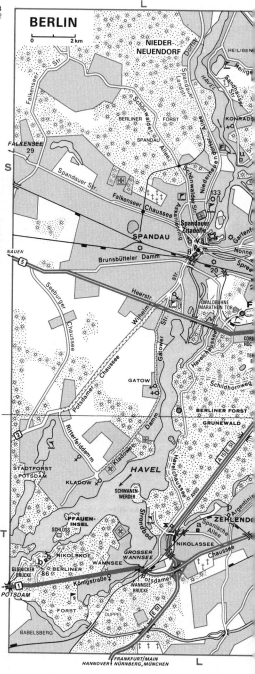

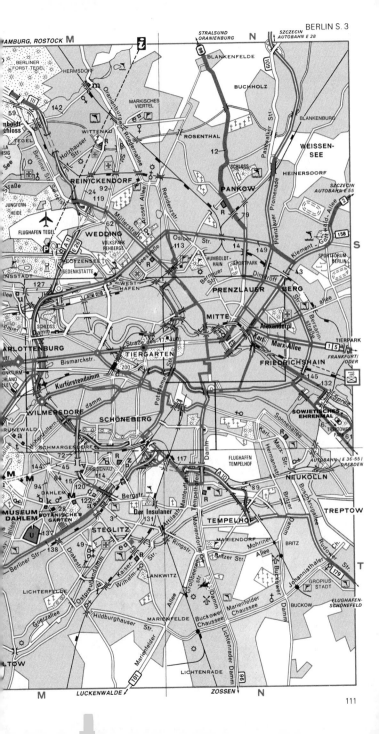

BERLIN S. 4

112

BERLIN

Straßenverzeichnis
siehe Berlin S. 10 u. 11.

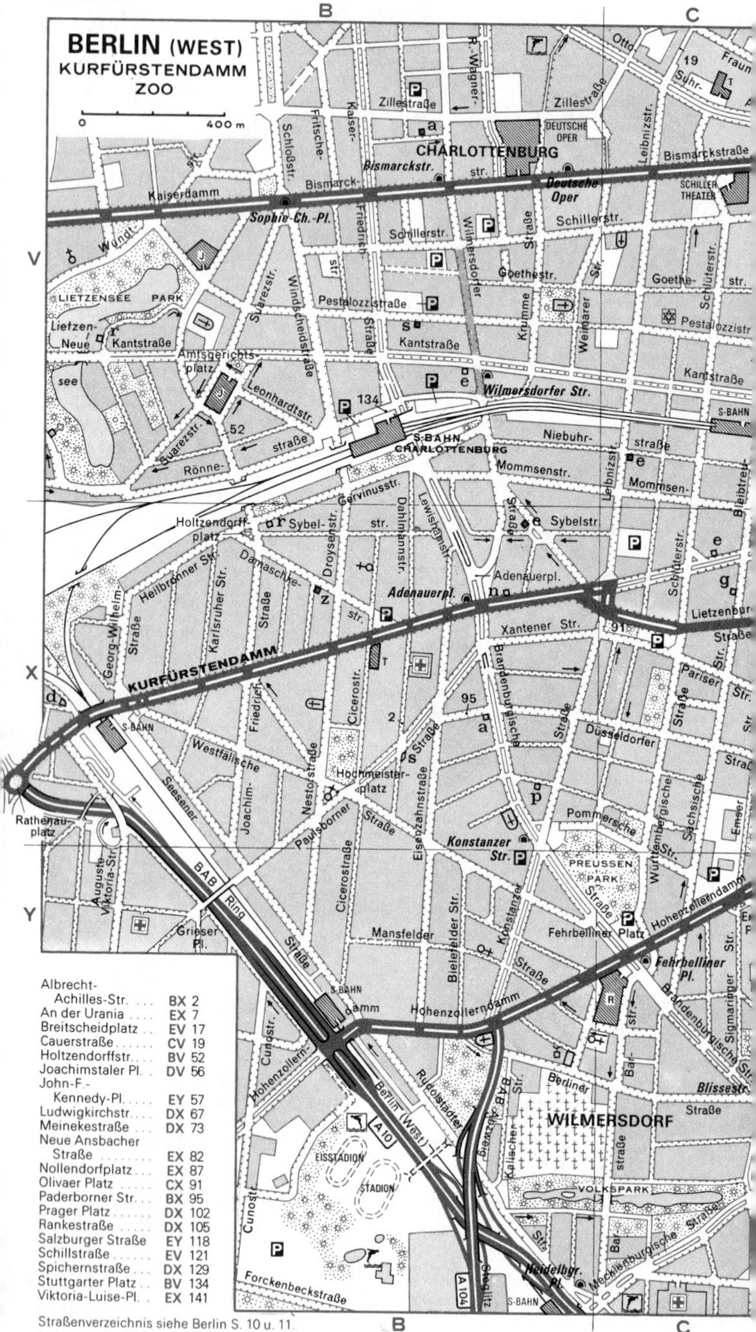

BERLIN (WEST)
KURFÜRSTENDAMM ZOO

0   400 m

CHARLOTTENBURG

DEUTSCHE OPER

SCHILLER THEATER

Deutsche Oper

Zillestraße

Bismarckstr.

Kaiserdamm

Sophie-Ch.-Pl.

Schillerstr.

Goethestr.

Pestalozzistraße

LIETZENSEE PARK

Lietzen-Neue Kantstraße

Amtsgerichts-platz

Leonhardtstr.

Kantstraße

Wilmersdorfer Str.

S-BAHN

Niebuhr- straße

S-BAHN CHARLOTTENBURG

Mommsenstr.

Mommsen-

Holtzendorff-platz

Sybel- str.

Sybelstr.

KURFÜRSTENDAMM

Adenauerpl.

Xantener Str.

Lietzenbur Straße

Pariser Str.

Düsseldorfer

Hochmeister-platz

Westfälische

Pommersche

Konstanzer Str.

PREUSSEN PARK

Rathenau-platz

Auguste-Viktoria-Str.

Grieser Pl.

Mansfelder Straße

Fehrbelliner Platz

Fehrbelliner Pl.

Hohenzollerndamm

WILMERSDORF

EISSTADION

STADION

VOLKSPARK

Heidelbg. Pl.

Forckenbeckstraße

Straßenverzeichnis siehe Berlin S. 10 u. 11.

114

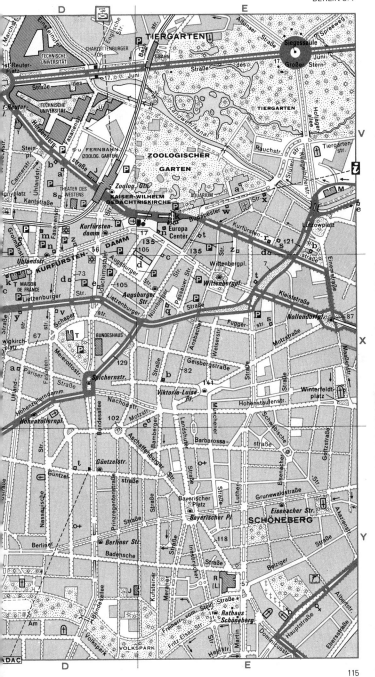

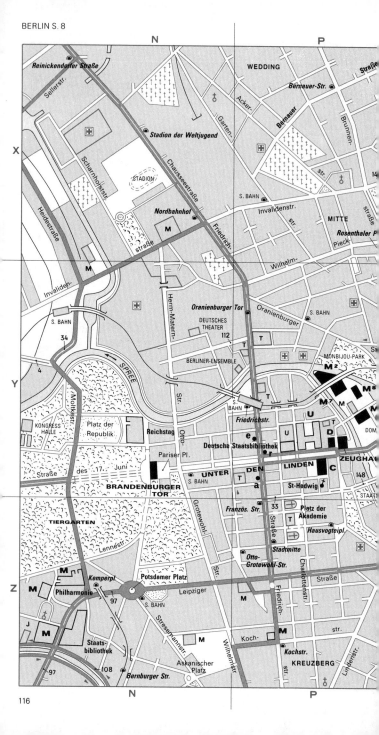

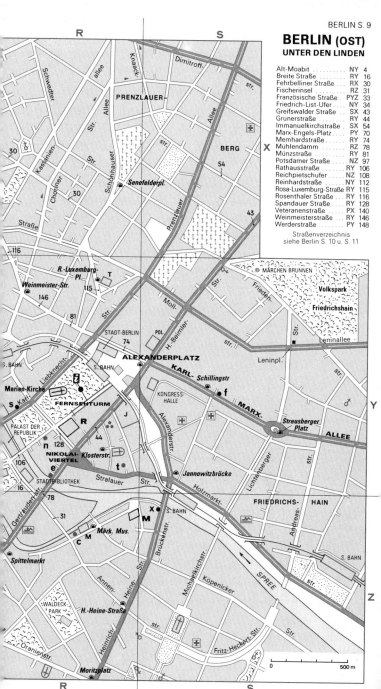

BERLIN (OST)
UNTER DEN LINDEN

PRENZLAUER-

BERG

Schwedter

Knaack

Dimitroff-

allee

Kastanien-

Choriner

Schönhauser

Str.

Senefelderpl.

Straße

R.-Luxemburg-Pl.

Weinmeister-Str.

115

146

81

STADT-BERLIN

74

POL

H. Beimler-

ALEXANDERPLATZ

KARL- Schillingstr

Leninpl.

Leninallee

Leninallee

MÄRCHEN BRUNNEN

Friedrich-

Volkspark

Friedrichshain

S. BAHN

S. BAHN

Liebknecht-

Marien-Kirche

S. Karl-

FERNSEHTURM

PALAST DER REPUBLIK

R

J

44

n 128

106

e

NIKOLAI-VIERTEL

Klosterstr.

t

STADTBIBLIOTHEK

Stralauer

16

78

Gertraudenstr.

31

Märk. Mus.

C M

M

Spittelmarkt

WALDECK-PARK

H.-Heine-Straße

Oranienstr.

Heinrich-

Moritzplatz

KONGRESS-HALLE

f

MARX-

Strausberger Platz

ALLEE

Lichtenberger

str.

Alexanderstr.

Jannowitzbrücke

Holzmarkt.

FRIEDRICHS- HAIN

Andreas-

S. BAHN

Brückenstr.

Michaelkirchstr.

Köpenicker

SPREE

str.

Fritz-Heckert-Str.

str.

Moll-

str.

Str.

Prenzlauer

43

54

X

Y

Z

R

S

30

116

T

0   500 m

1*

HOTELS UND

RESTAURANTS

Berlin-West ⊠ 1000.

🛪 Berlin-Wannsee, Am Stölpchenweg, ℰ 8 05 50 75.

✈ Tegel. ℰ 4 11 01.

🚢 Berlin-Wannsee, ℰ 31 04 33.

Messegelände (Berlin. S. 4 AV), ℰ 3 03 81, Telex 182908.

🖪 Berlin Tourist - Information im Europa-Center (Budapester Straße) ℰ 2 62 60 31. Telex 183356. Fax 21232520.

🖪 Verkehrsamt im Flughafen Tegel ℰ 41 01 31 45.

ADAC, Berlin-Wilmersdorf, Bundesallee 29 (B 31). ℰ 8 68 61. Telex 183513. Notruf ℰ 1 92 11

> Die Angabe (B 15) nach der Anschrift gibt den Postzustellbezirk an : Berlin 15
> L'indication (B 15) à la suite de l'adresse désigne l'arrondissement : Berlin 15
> The reference (B 15) at the end of the address is the postal district : Berlin 15
> L'indicazione (B 15) posta dopo l'indirizzo precisa il quartiere urbano : Berlin 15

Im Zentrum Stadtplan Berlin : S. 6 - 7 :

🏨 **Bristol-Hotel Kempinski** 🦢, Kurfürstendamm 27 (B 15), ℰ 88 43 40, Telex 185651, Fax 8836075, 🍴, Massage, ⇌, 🔲 – 🛗 ⇖ Zim 🍽 📺 ⇌ – 🔬 25/400. 🖽 🕦 🖪 𝘝𝘐𝘚𝘈 🛠
Restaurants : **Kempinski-Grill** *(Sonntag geschl.)* **M** a la carte 62/106 – **Kempinski-Rest.**
(Montag geschl.) **M** a la carte 49/81 – **Kempinski-Eck M** a la carte 33/50 – **325 Z : 501 B**
355/455 - 430/480 Fb – 33 Appart. 850/1250.
DV n

🏨 **Inter-Continental,** Budapester Str. 2 (B 30), ℰ 2 60 20, Telex 184380, Fax 260280760,
Massage, ⇌, 🔲 – 🛗 🍽 📺 🔥 ⇖ 🅿 – 🔬 25/900. 🖽 🕦 🖪 𝘝𝘐𝘚𝘈 🛠 Rest
EV a
(bemerkenswerte Weinkarte) Restaurants : **Zum Hugenotten M** a la carte 68/110 –
Buffet-Restaurant Brasserie M 40 (Buffet) und a la carte 46/68 – **600 Z : 1 150 B** 380/505 -
455/580 Fb – 70 Appart. 700/2250.

🏨 **Steigenberger Berlin,** Los-Angeles-Platz 1 (B 30), ℰ 2 10 80, Telex 181444, Fax 2108117,
🍴, Massage, ⇌, 🔲 – 🛗 ⇖ Zim 📺 🔥 ⇖ – 🔬 25/600. 🖽 🕦 🖪 𝘝𝘐𝘚𝘈
EX d
Restaurants : **Park-Restaurant** *(nur Abendessen, Montag geschl.)* **M** a la carte 55/79 –
Berliner Stube M a la carte 33/59 – **386 Z : 700 B** 239/394 - 323/498 Fb – 11 Appart. 648/1948.

🏨 **Grand Hotel Esplanade** (modernes Hotel mit integrierter Sammlung zeitgenössischer
Kunst), Lützowufer 15 (B 30), ℰ 26 10 11, Telex 185986, Fax 2629121, Massage, ⇌, 🔲 – 🛗
⇖ Zim 🍽 📺 ⇌ – 🔬 25/400. 🖽 🕦 🖪 𝘝𝘐𝘚𝘈 🛠 Rest
EV e
M *(Sonntag geschl.)* a la carte 56/85 – **402 Z : 804 B** 365 - 440 Fb – 33 Appart. 585/1850.

🏨 **Schweizerhof,** Budapester Str. 21 (B 30), ℰ 2 69 60, Telex 185501, Fax 2696900, Bade-
und Massageabteilung, ⇌, 🔲 – 🛗 ⇖ Zim 🍽 📺 ⇌ 🅿 – 🔬 25/400. 🖽 🕦 🖪 𝘝𝘐𝘚𝘈
🛠 Rest
EV w
M 37 (mittags) und a la carte 55/81 – **430 Z : 800 B** 380/505 - 455/580 Fb – 7 Appart.
744/2544.

🏨 **Palace - Restaurant La Reserve,** Budapester Str. 42 (im Europa-Center) (B 30),
ℰ 25 49 70, Telex 184825, Fax 2626577, freier Zugang zu den Thermen – 🛗 ⇖ Zim 🍽 📺
⇌ – 🔬 25/400. 🖽 🕦 🖪 𝘝𝘐𝘚𝘈 🛠 Rest
EV k
M *(nur Abendessen)* 95 und a la carte 56/70 – **258 Z : 430 B** 252/442 - 314/594 Fb.

🏨 **Berlin,** Lützowplatz 17 (B 30), ℰ 2 60 50, Telex 184332, Fax 26052716, 🍴, Massage, ⇌ –
🛗 🍽 Rest 📺 ⇌ 🅿 – 🔬 25/500. 🖽 🕦 🖪 𝘝𝘐𝘚𝘈
EV b
M a la carte 38/88 – **470 Z : 830 B** 275/415 - 340/470 Fb – 11 Appart. 650/1550.

🏥 **Savoy**, Fasanenstr. 9 (B 12), ℰ 31 10 30, Telex 184292, Fax 31103333, Dachgartenterrasse,
⇔ – 🛗 🖵 – ⚿ 30. 🖭 ⓞ 🗲 Rest   DV **s**
M a la carte 39/65 – **130 Z : 220 B** 261/361 - 462 Fb – 8 Appart. 642.

🏥 **Ambassador**, Bayreuther Str. 42 (B 30), ℰ 21 90 20, Telex 184259, Fax 21902380, Massage,
⇔, 🔲 – 🛗 🖙 Zim 🔳 Rest 🖵 ⇔ ⚿ – ⚿ 25/100. 🖭 ⓞ 🗲 🗲 Rest   EV **z**
Restaurants : **Conti-Fischstuben** *(nur Abendessen, Sonntag - Montag geschl.)* **M** 59/140 –
Schöneberger Krug M a la carte 25/58 – **200 Z : 360 B** 225/255 - 265/395 Fb.

🏥 **Mondial** ⑤, Kurfürstendamm 47 (B 15), ℰ 88 41 10, Telex 182839, Fax 8841150, 🍴,
Massage, 🔲 – 🛗 🔳 Rest 🖵 ⚿ ⇔ – ⚿ 25/100. 🖭 ⓞ 🗲 🗲 Rest   CX **e**
M a la carte 36/72 – **75 Z : 125 B** 170/350 - 220/380 Fb.

🏥 **Alsterhof**, Augsburger Str. 5 (B 30), ℰ 21 99 60, Telex 183484, Fax 243949, Massage, ⇔,
🔲 – 🛗 🖵 ⇔ ⚿. 🖭 ⓞ 🗲 🗲 Rest   EX **q**
M a la carte 47/68 – **144 Z : 250 B** 169/228 - 228/298 Fb.

🏥 **Berlin Penta Hotel** ⑤, Nürnberger Str. 65 (B 30), ℰ 21 00 78 19, Telex 182877, Fax
2132009, Massage, ⇔, 🔲 – 🛗 🖙 Zim 🔳 🖵 ⚿ ⇔ ⚿ – ⚿ 25/120. 🖭 ⓞ 🗲 🗲
🗲 Rest   EV **t**
M a la carte 46/69 – **425 Z : 850 B** 185/209 - 238/263 Fb.

🏥 **President**, An der Urania 16 (B 30), ℰ 21 90 30, Telex 184018, Fax 2141200, ⇔ – 🛗 🔳 🖵
⇔ ⚿ – ⚿ 🗲 Rest   EX **t**
M a la carte 38/77 – **132 Z : 243 B** 195/245 - 235/285 Fb – 6 Appart. 300/450.

🏥 **Berlin Excelsior Hotel**, Hardenbergstr. 14 (B 12), ℰ 3 19 90, Telex 184781, Fax 31992849
– 🛗 🔳 Rest 🖵 ⇔ ⚿ – ⚿ 25/120. 🖭 ⓞ 🗲 🗲 Rest   DV **b**
Restaurants : **Peacock M** 30 (mittags) und a la carte 43/75 – **Store House Grill M** a la carte
30/53 – **320 Z : 610 B** 198 - 278 Fb – 3 Appart. 575.

🏨 **Art-Hotel Sorat** garni (modernes Hotel mit Ausstellung zeitgenössischer Kunst),
Joachimstalerstr. 28 (B 15), ℰ 88 44 70, Fax 88447700 – 🛗 🖙 🔳 🖵 ☎ ⚿ ⇔. 🖭 ⓞ 🗲
🗲🗲   DX **e**
75 Z : 150 B 195/215 - 235/255 Fb.

🏨 **Am Zoo** garni, Kurfürstendamm 25 (B 15), ℰ 88 43 70, Telex 183835, Fax 88437714 – 🛗 🖵
☎ ⚿ – ⚿ 40 – **138 Z : 240 B** Fb.   DV **z**

🏨 **Hecker's Deele**, Grolmanstr. 35 (B 12), ℰ 8 89 00, Telex 184954, Fax 8890260 – 🛗 🔳 Rest
🖵 ☎ ⇔ ⚿. 🖭 ⓞ 🗲 🗲🗲   DV **e**
M a la carte 32/56 – **54 Z : 108 B** 195/255 - 250/320 Fb.

🏨 **Residenz - Restaurant Grand Cru**, Meinekestr. 9 (B 15), ℰ 88 44 30, Telex 183082, Fax
8824726 – 🛗 🖵 🖭 ⓞ 🗲 🗲🗲. 🗲 Rest   DX **d**
M a la carte 50/76 – **85 Z : 170 B** 184 - 250 Fb – 9 Appart. 520.

🏨 **Domus** garni, Uhlandstr. 49 (B 15), ℰ 88 20 41, Telex 185975, Fax 8820410 – 🛗 ☎. 🖭 ⓞ 🗲
🗲🗲   DX **a**
24. Dez.- 2. Jan. geschl. – **72 Z : 93 B** 110/175 - 158/200 Fb.

🏨 **Sylter Hof**, Kurfürstendamm 116 (B 30), ℰ 2 12 00, Telex 183317, Fax 2142826 – 🛗 🖵 ☎ ⚿
– ⚿ 25/200. 🖭 ⓞ 🗲 🗲🗲. 🗲 Rest   EV **d**
M a la carte 35/59 – **154 Z : 250 B** 208/238 - 326 Fb – 16 Appart. 536.

🏨 **Kronprinz** garni (restauriertes Haus a.d.J. 1894), Kronprinzendamm 1 (B 31), ℰ 89 60 30,
Telex 181459, Fax 8931215 – 🛗 🖵 ☎ – ⚿ 30. 🖭 ⓞ 🗲 🗲🗲   BX **d**
53 Z : 96 B 140/165 - 170/210 Fb.

🏨 **Bremen** garni, Bleibtreustr. 25 (B 15), ℰ 8 81 40 76, Telex 184892, Fax 8824685 – 🛗 ☎ 🖵
🖭 ⓞ 🗲 🗲🗲   CX **g**
53 Z : 84 B 210/240 - 270/310 Fb.

🏨 **Hamburg**, Landgrafenstr. 4 (B 30), ℰ 26 91 61, Telex 184974, Fax 2629394 – 🛗 🖙 Zim 🖵
☎ ⇔ ⚿ – ⚿ 25/100. 🖭 ⓞ 🗲 🗲🗲. 🗲 Rest   EV **s**
M a la carte 35/62 – **240 Z : 330 B** 179/199 - 198/260 Fb.

🏨 **Castor**, Fuggerstr. 8 (B 30), ℰ 21 30 30, Fax 21303160 – 🛗 🖵 ☎. 🖭 ⓞ 🗲 🗲🗲   EX **s**
M *(Samstag - Sonntag, 1.- 20. Jan. und Juli geschl.)* a la carte 32/54 – **78 Z : 138 B** 148/190 -
205 Fb.

🏠 **Arosa Parkschloß-Hotel**, Lietzenburger Str. 79 (B 15), ℰ 88 00 50, Telex 183397, Fax
8824579, 🍴, ⑤ (geheizt) – 🛗 🖵 ☎ ⇔ – ⚿ 40. 🖭 ⓞ 🗲 🗲🗲   DX **y**
M *(Sonntag geschl.)* a la carte 45/76 – **90 Z : 140 B** 160/215 - 235/290 Fb.

🏠 **Kurfürstendamm am Adenauerplatz** garni, Kurfürstendamm 68 (B 15), ℰ 88 28 41,
Telex 184630, Fax 8825528 – 🛗 🖵 ☎ ⚿ – ⚿ 25/45. 🖭 ⓞ 🗲 🗲🗲   BX **n**
33 Z : 55 B 88/136 - 172/230 Fb.

🏠 **Berlin-Plaza**, Knesebeckstr. 63 (B 15), ℰ 88 41 30, Telex 184181, Fax 88413754, 🍴 – 🛗
☎ ⇔ ⚿ – ⚿ 30. 🖭 ⓞ 🗲 🗲🗲   DX **c**
M a la carte 25/42 – **131 Z : 221 B** 158 - 220 Fb.

🏠 **Astoria** garni, Fasanenstr. 2 (B 12), ℰ 3 12 40 67, Telex 181745, Fax 3125027 – 🛗 🖵 ☎. 🖭
ⓞ 🗲 🗲🗲   DV **a**
33 Z : 54 B 169 - 230 Fb.

🏠 **Remter** garni, Marburger Str. 17 (B 30), ℰ 24 60 61, Telex 183497, Fax 2138612 – 🛗 🖵 ☎.
   EVX **c**
33 Z : 51 B 110/125 - 160/180 Fb.

🏠 **Atrium-Hotel** garni, Motzstr. 87 (B 30), ℰ 24 40 57, Fax 8824593 – 🛗 🖵 ☎. 🗲   EX **e**
22 Z : 40 B 85/105 - 130.

XXX **Ristorante Anselmo**, Damaschkestr. 17 (B 31), ℰ 3 23 30 94, Fax 3246228, « Modernes
italienisches Restaurant » – ℅   BX a
    Montag geschl. – **M** a la carte 58/76.

XX ✦ **Bamberger Reiter**, Regensburger Str. 7 (B 30), ℰ 24 42 82, Fax 2142348 – ℅   EX k
    nur Abendessen, Samstag - Sonntag, 1.- 15. Jan. und 4.- 27. Aug. geschl. – **M**
    (Tischbestellung ratsam) 96/145 und a la carte 78/105
    Spez. Gänsestopfleber in Strudelteig, Taubenbrust in Spinatbiskuit, Erdbeerknödel mit Pralineneis.

XX **Mövenpick**, Europa-Center (1. Etage) (B 30), ℰ 2 62 70 77, Fax 2629486, ≤ – AE ① E
    VISA   EV n
    M a la carte 35/64.

XX **Du Pont**, Budapester Str. 1 (B 30), ℰ 2 61 88 11, 佘 – AE ① E *VISA*   EV x
    Samstag bis 18 Uhr, Sonn- und Feiertage sowie 24. Dez.- 2. Jan. geschl. – **M** a la carte
    52/79.

XX **Daitokai** (Japanische Küche), Tauentzienstr. 9 (im Europa-Center, 1. Etage) (B 30),
    ℰ 2 61 80 99, Fax 2616036 – AE ① E *VISA*. ℅   EV r
    Montag geschl. – **M** a la carte 48/71.

XX **Peppino** (Italienische Küche), Fasanenstr. 65 (B 15), ℰ 8 83 67 22 – AE E *VISA*   DX v
    Montag und Juli - Aug. 4 Wochen geschl. – **M** a la carte 47/68.

XX **Ristorante IL Sorriso** (Italienische Küche), Kurfürstenstr. 76 (B 30), ℰ 2 62 13 13, 佘 –
    AE ① E *VISA*. ℅   EV v
    Sonntag geschl. – **M** (abends Tischbestellung ratsam) a la carte 44/71.

X **Stachel** (Restaurant im Bistrostil), Giesebrechtstr. 3 (B 12), ℰ 8 82 36 29, 佘 – AE E
    VISA   BX e
    nur Abendessen – **M** a la carte 42/60.

X **Kopenhagen** (Dänische Smörrebröds), Kurfürstendamm 203 (B 15), ℰ 8 81 62 19 – ▤. AE
    E *VISA*   DX h
    M a la carte 35/60.

X **Friesenhof**, Uhlandstr. 185 (B 12), ℰ 8 83 60 79, Fax 8833898 – ▤. AE E *VISA*   DV m
    M a la carte 26/49.

X **Hongkong** (China-Rest.), Kurfürstendamm 210 (2. Etage, 🛗) (B 15), ℰ 8 81 57 56 – AE ①
    E *VISA*   DX z
    M 14/22 (mittags) und a la carte 31/49.

In Berlin-Charlottenburg Stadtplan Berlin : S. 3, 4 und 7 :

🏨 **Seehof** ≤, Lietzensee-Ufer 11 (B 19), ℰ 32 00 20, Telex 182943, Fax 32002251, ≤, 佘, ≤s
    🏊 – 🛗 ▤ Rest 🖵 ⇔ – 🔬 25/50. AE ① E *VISA*. ℅ Rest   BV s
    M 29/45 (mittags) und a la carte 54/80 – **77 Z : 130 B** 175/285 - 280/350 Fb.

🏨 **Kanthotel** garni, Kantstr. 111 (B 12), ℰ 32 30 26, Telex 183330, Fax 3240952 – 🛗 🖵 ☎ ⓟ
    AE ① E *VISA*   BV e
    55 Z : 110 B 164 - 210 Fb.

🏨 **Schloßparkhotel** ≤, Heubnerweg 2a (B 19), ℰ 3 22 40 61, Telex 183462, Fax 8919942, 🔲
    佘 – 🛗 🖵 ☎ ⓟ   BU a
    39 Z : 78 B Fb.

🏨 **Kardell**, Gervinusstr. 24 (B 12), ℰ 3 24 10 66 – 🛗 🖵 ☎ ⓟ. AE ① E *VISA*   BX n
    M *(Samstag bis 17 Uhr geschl.)* a la carte 39/61 – **33 Z : 49 B** 95/115 - 170 Fb.

🏨 **Am Studio** garni, Kaiserdamm 80 (B 19), ℰ 30 20 81, Telex 182825, Fax 3019578 – 🛗 🖵 ☎
    ⇔. AE ① E *VISA*   AV s
    80 Z : 156 B 125/150 - 158/190 Fb.

🏨 **Ibis** garni, Messedamm 10 (B 19), ℰ 30 39 30, Telex 182882, Fax 3019536 – 🛗 🖵 ☎ –
    🔬 40   AV k
    191 Z : 350 B Fb.

XX ✦ **Ponte Vecchio** (Toskanische Küche), Spielhagenstr. 3 (B 10), ℰ 3 42 19 99 – ①   BV a
    nur Abendessen, Dienstag und Juli - Aug. 4 Wochen geschl. – **M** (Tischbestellung
    erforderlich) a la carte 55/74
    Spez. Saltimbocca di rombo, Tortellini di ricotta alla salvia, Capretto al forno con fagiolini.

XX ✦ **Alt Luxemburg**, Pestalozzistr. 70 (B 12), ℰ 3 23 87 30   BV s
    nur Abendessen, Sonntag - Montag sowie Jan. und Juni - Juli jeweils 3 Wochen geschl. –
    M (Tischbestellung ratsam) 95 und a la carte 62/77.

XX **Ugo** (Italienische Küche), Sophie-Charlotten-Str. 101 (B 19), ℰ 3 25 71 10 – AE E *VISA*
    nur Abendessen, Montag und 8.- 29. Juli geschl. – **M** a la carte 61/72.   BU s

XX **Trio**, Klausenerplatz 14 (B 19), ℰ 3 21 77 82   BU e
    nur Abendessen, Mittwoch - Donnerstag geschl. – **M** (Tischbestellung ratsam) 40/78 a la
    carte 44/80.

XX Ristorante Mario (Italienische Küche), Leibnizstr. 43 (B 12), ℰ 3 24 35 16   CV e
    (Tischbestellung ratsam).

XX **Funkturm-Restaurant** (🛗, DM 2), Messedamm 22 (B 19), ℰ 30 38 29 96, ≤ Berlin – ⓟ
    AE ① E *VISA*. ℅   AV
    M (Tischbestellung ratsam) a la carte 47/75.

In Berlin-Dahlem Stadtplan Berlin : S. 3 :

🏨 **Forsthaus Paulsborn** 🦢, Am Grunewaldsee (B 33), ℘ 8 13 80 10, 🏠 – 📺 ☎ 🄿   MT **u**
11 Z : 22 B.

XX **Alter Krug**, Königin-Luise-Str. 52 (B 33), ℘ 8 32 50 89, « Gartenterrasse » – 🄿. 🄾 E 𝘝𝘐𝘚𝘈
Donnerstag geschl. – **M** a la carte 38/77.   MT **k**

X **La Vernaccia** (Italienische Küche), Breitenbachplatz 4 (B 33), ℘ 8 24 57 88, 🏠   MT **v**

In Berlin-Friedenau Stadtplan Berlin : S. 3 :

🏠 **Hospiz Friedenau** 🦢 garni, Fregestr. 68 (B 41), ℘ 8 51 90 17 – ☎ ⇦ 🄿. 🛇   MT **z**
16 Z : 25 B 70/80 - 90/115.

In Berlin-Grunewald Stadtplan Berlin : S. 2-4 :

XXX **Hemingway's**, Hagenstr. 18 (B 33), ℘ 8 25 45 71, Fax 8266175 – ᴀᴇ 🄾 E 𝘝𝘐𝘚𝘈. 🛇   MS **t**
Samstag bis 19 Uhr geschl. – **M** a la carte 57/74.

XX **Chalet Corniche**, Königsallee 5b (B 33), ℘ 8 92 85 97, Fax 4328094, « Terrasse über dem Ufer des Halensees » – 🄿 ᴀᴇ 🄾 E 𝘝𝘐𝘚𝘈   AX **s**
wochentags nur Abendessen – **M** a la carte 53/83.

XX **Castel Sardo** (Italienische Küche), Hagenstr. 2 (B 33), ℘ 8 25 60 14, 🏠   MS **a**

In Berlin-Kreuzberg Stadtplan Berlin : S. 5 :

🏨 **Hervis** garni, Stresemannstr. 97 (B 61), ℘ 2 61 14 44, Telex 184063, Fax 2615027 – 🛗 📺 ☎
🄿. ᴀᴇ 🄾 E 𝘝𝘐𝘚𝘈   GV **a**
71 Z : 118 B 110/180 - 190/230 Fb.

🏨 **Riehmers Hofgarten** garni, Yorckstr. 83 (B 61), ℘ 78 10 11, Fax 7866059 – 🛗 📺 ☎. ᴀᴇ
🄾 E 𝘝𝘐𝘚𝘈   GY **a**
21 Z : 40 B 126/156 - 166/196.

In Berlin-Lankwitz Stadtplan Berlin : S. 3 :

🏠 **Pichlers Viktoriagarten**, Leonorenstr. 18 (B 46), ℘ 7 71 60 88 – ☎ 🄿   MT **e**
Juli - Aug. 4 Wochen geschl. – **M** *(Montag bis 17 Uhr geschl.)* 15,50/28 (mittags) und a la carte 22/48 – **24 Z : 31 B** 46/115 - 89/148.

In Berlin-Lichterfelde Stadtplan Berlin : S. 3 :

🏠 **Haus Franken** 🦢 garni (ehem. Villa), Hochbergplatz 7 (B 45), ℘ 7 72 10 89, ⇧ – ☎
11 Z : 18 B 94/115 - 146/158.   MT **f**

In Berlin-Nikolassee Stadtplan Berlin : S. 2 :

XXX ✿ **Frühsammers Restaurant An der Rehwiese**, Matterhornstr. 101 (B 38), ℘ 8 03 27 20, Fax 8033736, 🏠 – E 𝘝𝘐𝘚𝘈   LT **a**
nur Abendessen, Sonntag sowie Jan. und Juli - Aug. je 3 Wochen geschl. – **M** *(Tischbestellung ratsam)* 120/195
Spez. Wachtelbrüstchen mit Portweinsauce, Seezungenroulade mit beurre blanc, Apfelpfannküchle mit Karamelsauce.

In Berlin-Reinickendorf Stadtplan Berlin : S. 3 :

🏨 **Rheinsberg am See**, Finsterwalder Str. 64 (B 26), ℘ 4 02 10 02, Telex 185972, Fax 4035057, « Gartenterrasse am See », Massage, ⇧, 🛇, 🌳 – 🛗 📺 ☎ 🄿. E 𝘝𝘐𝘚𝘈   MS **s**
M a la carte 40/71 – **80 Z : 160 B** 145/180 - 180/260 Fb.

In Berlin-Siemensstadt Stadtplan Berlin : S. 3 :

🏨 **Novotel**, Ohmstr. 4 (B 13), ℘ 38 10 61, Telex 181415, Fax 3819403, 🌊 (geheizt) – 🛗 🍽 Rest
📺 ☎ 🄿 – 🛠 25/200. ᴀᴇ 🄾 E 𝘝𝘐𝘚𝘈   MS **u**
M a la carte 30/55 – **119 Z : 238 B** 183 - 236 Fb – 5 Appart. 266.

In Berlin - Spandau Stadtplan Berlin : S. 3 :

🏠 **Herbst** garni, Moritzstr. 20 (B 20), ℘ 3 33 40 32 – 📺 ☎. ᴀᴇ 🄾   LS **v**
21. Dez.- 2. Jan. geschl. – **22 Z : 31 B** 100/140 - 170 Fb.

In Berlin - Steglitz Stadtplan Berlin : S. 3 :

🏨 **Steglitz International**, Albrechtstr. 2 (Ecke Schloßstraße) (B 41), ℘ 79 00 50, Telex 183545, Fax 79005550, Massage, ⇧ – 🛗 📺 ♿ ⇦ – 🛠 25/400. ᴀᴇ 🄾 E 𝘝𝘐𝘚𝘈
M a la carte 41/62 – **212 Z : 400 B** 180/220 - 230/270 Fb – 3 Appart. 550.   MT **a**

🏠 **Ravenna Hotel** garni, Grunewaldstr. 8 (B 41), ℘ 7 92 80 31, Telex 184310, Fax 7924412 –
🛗 ☎ ⇦ 🄿. ᴀᴇ 🄾 E 𝘝𝘐𝘚𝘈   MT **c**
45 Z : 86 B 125/190 - 165/250 Fb.

In Berlin-Tegel Stadtplan Berlin : S. 3 :

🏨 **Novotel Berlin Airport**, Kurt-Schumacher-Damm 202 (über Flughafen-Zufahrt) (B 51), ℘ 4 10 60, Telex 181605, Fax 4106700, ⇧, 🌊 (geheizt) – 🛗 🍽 📺 ☎ ♿ 🄿 – 🛠 25/300. ᴀᴇ
E 𝘝𝘐𝘚𝘈 – **M** a la carte 36/57 – **187 Z : 374 B** 175 - 220 Fb.   MS **r**

In Berlin-Tegelort Stadtplan Berlin : S. 2 :

🏠 **Igel** 🦢 garni, Friederikestr. 33 (B 27), ℘ 4 33 90 67, Fax 4362470, ⇧ – ☎ 🄿. ᴀᴇ 🄾 E 𝘝𝘐𝘚𝘈
48 Z : 100 B 96/145 - 138/165 Fb.   LS **u**

In Berlin-Waidmannslust Stadtplan Berlin : S. 3 :

XXX ✿✿ **Rockendorf's Restaurant**, Düsterhauptstr. 1 (B 28), ℰ 4 02 30 99, Fax 4023000,
« Elegante Einrichtung » – **⦿**. **AE ⓞ E** VISA   MS **m**
Juli - Aug. 3 Wochen, 22. Dez.- 6. Jan. und Montag - Dienstag geschl. – **M** (Tischbestellung
ratsam) 85/190
Spez. Mousse von geräuchertem Seeteufel, Geschmortes Zicklein in Trüffeljus, Beerenmichel auf Vanillesauce
mit Pralineneis.

In Berlin - Wedding Stadtplan Berlin : S. 5 :

🏠 Gästehaus Axel Springer garni, Föhrer Str. 14 (B 65), ℰ 45 00 60, Telex 183462, Fax 8919942
– 🛗 📺 ☎ **⦿**. ⅍ – **35 Z : 54 B** Fb.   EU **a**

In Berlin-Wilmersdorf Stadtplan Berlin : S. 6-7 :

🏠 Queens Hotel garni, Güntzelstr. 14 (B 31), ℰ 87 02 41, Telex 182948, Fax 8619326 – 🛗
✂ Zim 📺 ☎ ⟺ – **110 Z : 150 B** Fb.   DY **t**

🏠 **Pension Wittelsbach** garni, Wittelsbacherstr. 22 (B 31), ℰ 87 63 45, Fax 8621532,
« Geschmackvolle Einrichtung », 🌳 – 🛗 📺 ☎ ⅙ 🏃   BX **p**
37 Z : 70 B 70/150 - 115/240 Fb.

🏠 **Prinzregent** garni, Prinzregentenstr. 47 (B 31), ℰ 8 53 80 51, Telex 185217, Fax 8547637 –
🛗 📺 ☎ **⦿**. **AE E** VISA   (Berlin : S. 6) DZ **s**
35 Z : 63 B 95/135 - 145/165.

🏠 **Franke**, Albrecht-Achilles-Str. 57 (B 31), ℰ 8 92 10 97, Telex 184857, Fax 8911639 – 🛗 ☎
⦿. **AE ⓞ E** VISA   BX **s**
M a la carte 25/42 – **67 Z : 90 B** 110/125 - 160/180.

🏠 **Lichtburg**, Paderborner Str. 10 (B 15), ℰ 8 91 80 41, Telex 184208, Fax 8926106 – 🛗 ☎. **AE**
ⓞ E VISA   BX **a**
M a la carte 25/38 – **62 Z : 100 B** 100/130 - 160/180.

In Berlin-Zehlendorf Stadtplan Berlin : S. 3 :

🏠 Landhaus Schlachtensee garni, Bogotastr. 9 (B 37), ℰ 8 16 00 60 – 📺 ☎   LT **p**
19 Z : 26 B Fb.

XX **Cristallo** (Italienische Küche), Teltower Damm 52 (B 37), ℰ 8 15 66 09, 🌤 – **⦿**. **AE E** VISA
Dienstag geschl. – **M** a la carte 49/80.   MT **s**

Am Wannsee Stadtplan Berlin : S. 2 :

X Blockhaus Nikolskoe, Nikolskoer Weg (B 39), ℰ 8 05 29 14, 🌤 – **⦿**   LT **b**

An der Avus Stadtplan Berlin : S. 2 :

🏠 **Raststätte - Motel Grunewald**, Kronprinzessinnenweg 120 (B 38), ℰ 8 03 10 11, Fax
8033189, 🌤 – 🛗 ☎ **⦿**. **E** VISA   LT **x**
M a la carte 24/53 – **40 Z : 75 B** 105/125 - 165.

MICHELIN-REIFENWERKE KGaA. Niederlassung Alt Moabit 95-97 (B 21) (Berlin S. 5 EU)
ℰ 391 30 11, Fax 3938607.

▮ Berlin-Ost ✉ 1020. – 1 250 000 Ew – ✿ 00372..

🖝 Berlin-Schönefeld (S : 25 km), Interflug-Stadtbüro, Alexanderplatz 5 (5 NS), ℰ 2 10 91 81.
Kfz-Hilfsdienst (Tag und Nacht), Alt-Biesdorf 64, 1140 Berlin, ℰ 5 24 35 65.
🄱 Berlin Information, Am Fernsehturm, 1020 Berlin, ℰ 2 12 46 75.
🄱 Zentraler Touristenservice, Alexanderplatz 5, 1026 Berlin, ℰ 2 15 41 61.
🄱 Travel Service Interhotel, Unter den Linden 35, 1080 Berlin, ℰ 20 92 23 00, Telex 114770, Fax 2294098.

🏨 Grand Hotel, Friedrichstr. 158, ✉ 1080, ℰ 2 09 20, Telex 115189, Fax 2294095, 🌤, Massage,
⇖ – 🛗 📺 ⅙ – 🔬 25/100. **AE ⓞ E** VISA   PY **a**
Restaurants : **Le Grand Silhouette – Goldene Gans** – **350 Z : 500 B** Fb – 20 Appart..

🏨 **Metropol**, Friedrichstr. 150, ✉ 1086, ℰ 2 20 40, Telex 114141, Fax 2204209, Massage, ⇖,
🔲 – 🛗 ▤ 📺 ⅙ ⟺ – 🔬 25/200. **AE ⓞ E** VISA. ⅍ Rest   PY **e**
M a la carte 38/86 – **340 Z : 690 B** 230/320 - 310/365 Fb – 30 Appart. 350/1200.

🏨 **Palasthotel**, Karl-Liebknecht-Str. 5, ✉ 24 10, Telex 115050, Fax 2127273, ⇖, 🔲 – 🛗 📺
⟺ – 🔬 25/480.   RY **s**
600 Z : 1000 B Fb.

🏠 **Berliner-Congress-Center**, Märkisches Ufer 54, ✉ 1026, ℰ 2 70 05 31, Fax 3610740, ⇖
– 🛗 📺 ☎ – 🔬 25/100. **AE ⓞ E** VISA. ⅍   SZ **x**
M a la carte 16/28 – **110 Z : 196 B** 150 - 200 – 12 Appart. 350/450.

🏠 **Unter den Linden**, Unter den Linden 14, ✉ 1080, ℰ 2 20 03 11, Telex 112109 – 🛗 📺 ☎.
AE ⓞ E VISA   PY **r**
300 Z : 400 B Fb.

🏠 **Berolina**, Karl-Marx-Allee 31, ℰ 2 10 95 41, Telex 114331 – 🛗 📺 ☎ **⦿** – 🔬 25/60. **AE ⓞ**
E VISA   SY **◆**
344 Z : 602 B – 11 Appart..

🏠 **Stadt Berlin**, Alexanderplatz, ✉ 1026, ℰ 2 19 40, Telex 114111, ≼, ⇖ – 🛗 📺 ☎ ⟺ –
🔬 25/400. **AE ⓞ E** VISA   RY
880 Z : 1540 B – 60 Appart..

XX **Ermeler Haus** (rekonstruiertes Patrizierhaus a.d. 18. Jh.), Märkisches Ufer 10 (1. Etage), ✉ 1026, ☎ 2 75 51 03 – ❀ RZ **c**
M a la carte 37/54.

XX **Ephraim-Palais**, Poststr. 16, ☎ 21 71 32 53 – ❀ RY **e**
M a la carte 30/51.

X **Am Marstall**, Marx-Engels-Forum 23, ☎ 21 71 32 13 RY **n**
jeden 1. Montag im Monat ab 17 Uhr geschl. – **M** a la carte 27/51.

X **Zur letzten Instanz** (Alt-Berliner Gaststätte a.d.J. 1621), Waisenstr. 14, ☎ 2 12 55 28
◆ *Montag bis 16 Uhr geschl.* – **M** (Tischbestellung ratsam) a la carte 17/34. RY **t**

In Berlin-Köpenick 1170 SO : 13 km über Köpenicker Landstraße NS :

X **Ratskeller Köpenick**, Alt Köpenick 21, ☎ (00372) 6 57 20 35
◆ *jeden 4. Mittwoch im Monat geschl.* – **M** a la carte 21/34.

Am Müggelsee SO : 15 km über Köpenicker Landstraße NS :

🏨 **Seehotel Belvedere**, Müggelseedamm 288 (nördliches Ufer), ✉ 1162 Berlin-Köpenick-Friedrichshagen, ☎ (00372) 6 45 56 82, ≤, « Terrasse am See », ≘, Bootssteg – 📺 ☎ 🅿
– 🏖 25/100. ❀
M 47 und a la carte 23/42 – **32 Z : 66 B** 145 - 190 Fb – 7 Appart. 285.

🏨 **Müggelsee** ≫, Am Müggelsee (südliches Ufer), ✉ 1170 Berlin-Köpenick, ☎ (00372) 6 60 20, Fax 6602263, ≤, Massage, ≘, ≪ – 📺 ☎ 🅿 – 🏖 25/200. 🅰🅴 ① 🄴 𝖵𝖨𝖲𝖠 ❀
M a la carte 35/64 – **174 Z : 366 B** 104/145 - 150/210 Fb – 6 Appart. 352.

Am Peetzsee SO : 31 km über Köpenicker Landstraße NS :

🏨 **Seegarten Grünheide** ≫, Am Schlangenbuch 12, ✉ 1252 Grünheide, ☎ (0037357) 61 29,
◆ ≘, 🐾, 🚗 ▤ 📺 ☎ 🅿 ⇐ 🅿 – 🏖 30. ❀
M a la carte 20/34 – **23 Z : 42 B** 80/170 - 190.

📭 *Benutzen Sie für weite Fahrten in Europa die Michelin-Länderkarten :*
970 *Europa,* **980** *Griechenland,* **984** *Deutschland,* **985** *Skandinavien-Finnland,*
986 *Großbritannien-Irland,* **987** *Deutschland-Österreich-Benelux,* **988** *Italien,*
989 *Frankreich,* **990** *Spanien-Portugal,* **991** *Jugoslawien.*

BERMATINGEN Baden-Württemberg siehe Markdorf.

BERNAU AM CHIEMSEE 8214. Bayern **413** U 23, **987** ㊲, **426** ⑱ – 5 400 Ew – Höhe 555 m – Luftkurort – ✆ 08051 (Prien).
🅱 Kur- u. Verkehrsamt, Aschauer Straße, ☎ 72 18.
◆München 84 – Rosenheim 25 – Salzburg 59 – Traunstein 30.

🏨 **Talfriede**, Kastanienallee 1, ☎ 74 18 – 📺 🅿 🅰🅴 ① 🄴 𝖵𝖨𝖲𝖠 ❀
April - Okt. – (nur Abendessen für Hausgäste) – **29 Z : 65 B** 88/135 - 125/183 Fb.

🏨 **Alter Wirt - Bonnschlößl**, Kirchplatz 9, ☎ 8 90 11, Fax 89103, Biergarten, « Park », 🐾
◆ – ⊜ ☎ ⇐ 🅿
Mitte Okt.- Mitte Nov. geschl. – **M** (Montag geschl.) a la carte 16/40 ⅄ – **44 Z : 87 B** 45/60 - 72/120 Fb.

🏠 **Jägerhof**, Rottauer Str. 15, ☎ 73 77, � – 🅿 ① 🄴
23.- 31. Jan., 3.- 15. April und 13. Nov.- 11. Dez. geschl. – **M** (Dienstag - Mittwoch 17 Uhr geschl.) 19/29 (mittags) und a la carte 30/63 – **13 Z : 21 B** 43/68 - 76/115.

In Bernau-Reit SW : 3 km – Höhe 700 m :

🏨 **Seiser Alm** ≫, Reit 4, ☎ 74 04, ≤ Chiemgau und Chiemsee, �, ≘, 🐾 – ⇐ 🅿 –
◆ 🏖 25/80
20. Okt.- 20. Nov. geschl. – **M** (Donnerstag geschl.) a la carte 18/36 ⅄ – **25 Z : 45 B** 35/50 - 70/90.

🏨 **Seiserhof** ≫, Reit 5, ☎ 72 95, ≤ Chiemgau und Chiemsee, �, 🐾 – ⇐ 🅿
◆ *Mitte - Ende Jan. und 19. Nov.- 21. Dez. geschl.* – **M** (Mittwoch geschl.) a la carte 21/43 –
24 Z : 44 B 36/55 - 68/85 Fb – 2 Fewo 110.

BERNAU IM SCHWARZWALD 7821. Baden-Württemberg **413** H 23, **987** ㉞, **427** I 2 –
1 700 Ew – Höhe 930 m – Luftkurort – Wintersport : 930/1 415 m ⌁ 7 ⌁ 4 – ✆ 07675.
🅱 Kurverwaltung, Bernau-Innerlehen, Rathaus, ☎ 8 96.
◆Stuttgart 198 – Basel 59 – ◆Freiburg im Breisgau 47 – Waldshut-Tiengen 35.

In Bernau-Dorf :

🏠 **Bergblick**, Dorf 19, ☎ 4 24, ≤, �, 🐾 – ⇐ 🅿 ❀
26. Okt.- 25. Dez. geschl. – **M** (Dienstag geschl.) a la carte 24/46 ⅄ – **12 Z : 23 B** 45 - 82 –
½ P 47/60.

In Bernau-Innerlehen :

🏠 Schwarzwaldhaus, Innerlehen 134, ℰ 3 65, 🍴 – 🛏 🅿
14 Z : 25 B.

In Bernau-Oberlehen :

🏠 **Schwarzwaldgasthof Schwanen**, Oberlehen 43, ℰ 3 48, 🍴 – ⅍ Zim ☎ 🛏 🅿. ◑
↔ **E** *VISA*
Mitte Nov.- Mitte Dez. geschl. – **M** *(Mittwoch geschl.)* a la carte 19/49 ♨ – **22 Z : 38** ♿
40/60 - 70/100 Fb – ½ P 53/78.

🏠 **Bären**, Oberlehen 14, ℰ 6 40, 🌤 – 📺 ☎ 🅿. ⅍
April und Nov.- 20. Dez. geschl. – **M** *(Montag geschl.)* a la carte 24/51 – **12 Z : 22 B** 45/65
70/90 – ½ P 55/83.

BERNE 2876. Niedersachsen 987 ⑩ – 6 900 Ew – Höhe 2 m – ✆ 04406.
◆Hannover 158 – ◆Bremen 37 – Bremerhaven 54 – Oldenburg 25 – Wilhelmshaven 64.

🍴🍴 **Weserblick**, Juliusplate 6 (an der Fähre nach Farge), ℰ 2 14, ≤, 🌤 – 🅿. 🗚 ◑ **E** *VISA*
Montag und 2.- 11. Jan. geschl. – **M** a la carte 37/73.

BERNECK IM FICHTELGEBIRGE, BAD 8582. Bayern 413 RS 16. 987 ㉗ – 5 000 Ew – Höh
377 m – Kneippheilbad – Luftkurort – ✆ 09273.
🛈 Kurverwaltung, Rathaus, Bahnhofstr. 77, ℰ 89 16.
◆München 244 – Bayreuth 15 – Hof 45.

🏨 **Kurhotel zur Mühle** 🌤, Kolonnadenweg 1, ℰ 61 33, « Gartenterrasse », Bade- un⬤
Massageabteilung, ♨, 🔳 – ☎ 🛏 🅿. 🗚 ◑ **E** *VISA*. ⅍ Rest
M a la carte 26/52 – **37 Z : 57 B** 44/85 - 78/140 Fb – ½ P 61/87.

🏠 **Kurhotel Heissinger** 🌤 garni, An der Ölschnitz 51, ℰ 3 31, ♨ – |⬤| 🛏. **E**
10. Jan.- 15. Feb. und 1.- 15. Dez. geschl. – **17 Z : 25 B** 42/55 - 88/110 Fb.

🏠 **Haus am Kurpark** 🌤, Heinersreuther Weg 1, ℰ 76 18 – ☎ 🅿. 🗚 ◑ **E** *VISA*
↔ *Nov. geschl.* – **M** *(Montag geschl.)* a la carte 21/36 – **15 Z : 30 B** 50/85 - 95/140 Fb –
½ P 65/85.

🍴🍴 **Hübner** mit Zim, Marktplatz 34, ℰ 82 82, 🛏 – 📺. 🗚 ◑ **E** *VISA*
↔ *Feb. geschl.* – **M** *(Donnerstag geschl.)* a la carte 18/55 – **4 Z : 8 B** 50 - 80 – ½ P 50/60.

In Bad Berneck-Goldmühl SO : 3 km :

🏠 **Schwarzes Roß** 🌤, Maintalstr. 11, ℰ 3 64, 🍴 – ☎ 🛏 🅿 – 🏛 25/120
↔ *28. Okt.- Nov. geschl.* – **M** *(Ostern - Okt. Sonntag ab 14 Uhr, Dez.- Ostern Sonntag ganztägi*
geschl.) a la carte 15/35 – **27 Z : 50 B** 30/50 - 60/75 – 6 Fewo 60/150 – ½ P 45/65.

In Goldkronach 8581 SO : 5 km – Erholungsort :

🏠 **Zum Alexander von Humboldt** (mit Gästehaus), Bad Bernecker Str. 4, ℰ (09273) 61 96
Fax 8395, 🛏, 🔳 – |⬤| 📺 ☎ 🛏 🅿 – 🏛 25/120. 🗚 ◑ **E** *VISA*
M *(Nov.- Mai Montag und 10. Jan.- 10. Feb. geschl.)* a la carte 26/53 ♨ – **40 Z : 70 B** 66/98
108/148 Fb.

BERNKASTEL-KUES 5550. Rheinland-Pfalz 987 ㉔. 412 E 17 – 7 200 Ew – Höhe 115 m –
Erholungsort – ✆ 06531.
Sehenswert : Markt★ – Ausflugsziel : Burg Landshut ≤★★, S : 3 km.
🛈 Tourist-Information, in Bernkastel, Gestade 5, ℰ 40 23.
Mainz 113 – ◆Koblenz 103 – ◆Trier 49 – Wittlich 16.

Im Ortsteil Bernkastel :

🏨 **Zur Post** (Fachwerkhaus a.d.J. 1827 mit neuzeitlichem Hotelanbau), Gestade 17, ℰ 20 22,
Telex 4721569, Fax 2927, « Gemütliche Gasträume » – |⬤| 📺 ☎ 🛏 & – 🏛 25/40. 🗚 ◑ **E**
VISA
3.- 28. Jan. geschl. – **M** a la carte 33/62 – **40 Z : 75 B** 75/90 - 120/140 Fb.

🏨 **Römischer Kaiser**, Markt 29, ℰ 30 38, Fax 7672 – ☎. 🗚 ◑ **E** *VISA*
Jan.- Feb. geschl. – **M** a la carte 22/65 – **31 Z : 60 B** 65/75 - 85/130.

🏠 **Behrens** garni, Schanzstr. 9, ℰ 60 88, Fax 6089 – |⬤| 📺 ☎ 🛏
25 Z : 48 B Fb.

🏠 **Burg Landshut**, Gestade 11, ℰ 30 19, Telex 4721565 – ☎
30 Z : 60 B Fb.

🏠 **Binz**, Markt 1, ℰ 22 25 – 📺 ☎
15. Dez.- Jan. geschl. – **M** *(Feb.- Juli Dienstag geschl.)* a la carte 22/46 – **10 Z : 20 B** 35/65
- 70/100.

🏠 **Moselblümchen**, Schwanenstr. 10, ℰ 23 35, Fax 7633
↔ *15. Jan.- 15. März geschl.* – **M** *(Montag 15 Uhr - Dienstag geschl.)* a la carte 19/53 – **22 Z :**
40 B 34/50 - 54/92.

🍴 **Kapuziner-Stübchen**, Römerstr. 35, ℰ 23 53
↔ *Ende Feb.- Anfang März geschl.* – **M** *(Montag geschl.)* a la carte 17/33 ♨ – **10 Z : 17 B**
28/45 - 56/80 – ½ P 42/54.

✗ Altes Brauhaus, Gestade 4, ℰ 25 52, 佘.

✗ **Ratskeller**, Am Markt, ℰ 73 29 — ⓘ **E** 𝑽𝑰𝑺𝑨
Montag und Anfang Feb.- Mitte März geschl. — **M** a la carte 29/52.

Im Ortsteil Kues :

🏨 **Mosel Hotelpark** ⑤, Am Kurpark, ℰ 50 80, Telex 4721559, Fax 7311, 佘, 𝐈𝐬, 🖼,
🏊, ℛ, ✗ (Halle) — 🛗 📺 ☎ ᕷ ᕰ — 🔬 25/300. **E** 𝑽𝑰𝑺𝑨
M a la carte 34/60 — **110 Z : 220 B** 129/139 - 164/184 Fb — 12 Appart. 198/230 — 40 Fewo
127/230.

🏠 **Drei Könige** garni, Bahnhofstr. 1, ℰ 20 35, Fax 7815 — 🛗 📺 ☎ ᕰ. **AE** ⓘ **E**
Mitte März- Mitte Nov. — **40 Z : 68 B** 75/100 - 125/150.

🏠 **Panorama** ⑤ garni, Rebschulweg 48, ℰ 30 61, 𝐈𝐬, ℛ — ☎ ᕰ. ⓘ **E**
15. Jan.- 15. Feb. geschl. — **15 Z : 30 B** 50/70 - 90/110.

🏠 **Weinhaus St. Maximilian** garni, Saarallee 12, ℰ 24 31 — ᕰ. **E** 𝑽𝑰𝑺𝑨
Mitte März - Ende Nov. — **10 Z : 20 B** 45/65 - 70/90.

✗ **Café Volz** ⑤ mit Zim, Lindenweg 18, ℰ 66 27, Fax 7611, 佘 — ☎ ᕰ. **AE** ⓘ **E**
2. Jan.- 5. Feb. geschl. — **M** *(Montag geschl.)* a la carte 24/46 — **7 Z : 13 B** 45/50 - 80.

Im Ortsteil Wehlen NW : 4 km :

🏠 **Mosel-Hotel** ⑤, Uferallee 3, ℰ 85 27, ≼, 佘, ℛ — ᕰ
März - 15. Nov. — **M** *(bemerkenswertes Angebot regionaler Weine)* a la carte 25/48 ⅛ —
16 Z : 30 B 55/70 - 70/110.

BERNRIED 8351. Bayern 𝟒𝟏𝟑 V 20 — 4 100 Ew — Höhe 500 m — Wintersport : 750/1 000 m ✂3
⚡5 — 🕿 09905.
🛈 Verkehrsamt, ℰ 2 17.
◆München 160 — Passau 57 — ◆ Regensburg 65 — Straubing 33.

🏠 **Bernrieder Hof** ⑤, Bogener Str. 9, ℰ 2 28, 佘, 𝐈𝐬, 🖼 (geheizt), ℛ — 📺 ☎ ᕷ ᕰ —
◆ 🔬 25/150. **E**
M a la carte 18/46 — **30 Z : 56 B** 45/50 - 78/88 Fb.

In Bernried-Böbrach N : 2 km :

🏠 Staufert ⑤, Böbrach 12, ℰ 4 35, ≼, 佘, 𝐈𝐬, 🖼, ℛ — ᕰ — **15 Z : 30 B**.

In Bernried-Rebling NO : 10 km :

🏨 **Reblinger Hof** ⑤, Kreisstr. 3, ℰ 5 55, Fax 1839, ≼, 佘, Damwildgehege, 𝐈𝐬, 🖼, ℛ —
☎ ᕷ ᕰ **E**
Mitte Nov.- 24. Dez. geschl. — **M** *(Montag - Dienstag geschl.)* a la carte 25/52 — **16 Z : 31 B**
60/75 - 110/140 Fb.

BERNRIED AM STARNBERGER SEE 8139. Bayern 𝟒𝟏𝟑 Q 23, 𝟒𝟐𝟔 F 5 — 2 000 Ew — Höhe
633 m — Erholungsort — 🕿 08158.
🛈 Verkehrsbüro, Bahnhofstr. 4, ℰ 80 45.
◆München 47 — Starnberg 20 — Weilheim 18.

🏨 **Marina** ⑤, Segelhafen 1, ℰ 60 46, Telex 527764, Fax 7117, ≼, 佘, 𝐈𝐬, 🖼, 🚣, ℛ,
Yachthafen — 📺 ☎ ᕰ — 🔬 25/80. ⓘ **E** 𝑽𝑰𝑺𝑨
20. Dez.- 7. Jan. geschl. — **M** a la carte 32/65 — **57 Z : 114 B** 135/185 - 175/245 Fb — 18 Fewo
115/130.

BERTRICH, BAD 5582. Rheinland-Pfalz 𝟗𝟖𝟕 ⑳. 𝟒𝟏𝟐 E 16 — 1 400 Ew — Höhe 165 m — Heilbad
— 🕿 02674.
🛈 Verkehrsamt, im Thermalhallenbad, ℰ 12 93.
Mainz 118 — ◆Koblenz 93 — ◆Trier 60.

🏠 **Staatl. Kurhotel**, Kurfürstenstr. 34, ℰ 8 34, « Gartenterrasse », Bade- und Massageabteilung — 🛗 📺 ☎ ᕷ — 🔬 25/50. **AE** ⓘ **E** 𝑽𝑰𝑺𝑨
M 19/29 (mittags) und a la carte 28/58 — **36 Z : 50 B** 75/130 - 150/180 Fb — ½ P 95/115.

🏠 **Fürstenhof** ⑤, Kurfürstenstr. 36, ℰ 3 66, Fax 737, direkter Zugang zum Kurmittelhaus,
🖼 — 🛗 📺 ☎ ᕷ. **AE E**
M a la carte 30/61 — **38 Z : 65 B** 68 - 136 Fb — ½ P 86.

🏠 Diana, Kurfürstenstr. 5, ℰ 8 91, 佘, Bade- und Massageabteilung — 📺 ☎ ᕷ ᕰ. ✽
15 Z : 23 B — 3 Appart.

🏠 **Alte Mühle** ⑤, Bäderstr. 46, ℰ 1 80 80, « Terrasse am Park », 𝐈𝐬 — 🛗 ☎ ᕰ — 🔬 40
M a la carte 28/57 — **40 Z : 55 B** 50/92 - 104/124 Fb.

🏠 **Café Am Schwanenweiher** ⑤ garni, Am Schwanenweiher 7, ℰ 6 69, ℛ — ☎ ᕷ ᕰ.
✽
12 Z : 24 B 60/65 - 104/110 — 3 Appart. 140.

🏠 **Haus Christa** ⑤ garni, Viktoriastr. 4, ℰ 4 29 — 🛗 ☎. **AE** ⓘ **E** 𝑽𝑰𝑺𝑨 ✽
März - Okt. — **24 Z : 36 B** 52 - 90.

🏠 Am Üßbach, Kurfürstenstr. 19, ℰ 3 69, ℛ — 🛗 📺 ☎ ᕹ
50 Z : 70 B Fb.

127

BESCHEID Rheinland-Pfalz siehe Trittenheim.

BESENFELD Baden-Württemberg siehe Seewald.

BESIGHEIM 7122. Baden-Württemberg **413** K 20. **987** ⊗ − 9 000 Ew − Höhe 185 m − ✆ 0714
Ausflugsziel : Hessigheim (Felsengarten ≤ ⋆) O : 3 km.
♦ Stuttgart 30 − Heilbronn 20 − Ludwigsburg 14 − Pforzheim 60.

🏠 **Ortel**, Am Kelterplatz, ✆ 30 31, Fax 32623 − 🔟 ☎ ⓘ 🇪 𝑽𝑰𝑺𝑨
M *(Dienstag geschl.)* a la carte 27/49 − **7 Z : 14 B** 75 - 108 Fb.

🏠 **Hotel am Markt** garni, Kirchstr. 43, ✆ 38 98, Fax 35141, « Renoviertes Fachwerkhau
a.d.J. 1615 » − ☎ ℗
22. Dez.- 6. Jan. geschl. − **9 Z : 19 B** 65/78 - 98/118.

✗ **Ratsstüble**, Kirchstr. 22, ✆ 3 59 41
Montag, 10.- 18. Feb. und 22. Sept.- 14. Okt. geschl. − **M** a la carte 34/50.

In Freudental 7121 W : 6 km :

♨ **Lamm**, Hauptstr. 14, ✆ (07143) 2 53 53, Fax 25353 − ☎ ℗ 🇪
Feb. geschl. − **M** *(Donnerstag - Freitag 17 Uhr geschl.)* a la carte 24/40 ↓ − **11 Z : 20 ▮**
45/60 - 65/80.

BESSENBACH Bayern siehe Aschaffenburg.

BESTWIG 5780. Nordrhein-Westfalen **412** I 12 − 11 200 Ew − Höhe 350 m − Wintersport
500/750 m ⧊3 ⧊4 − ✆ 02904.
🗓 Verkehrsamt, Rathaus, an der B 7, ✆ 8 12 75.
♦ Düsseldorf 156 − Brilon 14 − Meschede 8.

In Bestwig 7-Andreasberg SO : 6 km :

🏠 **Andreasberg**, Dorfstr. 37, ✆ (02905) 6 13, « Garten », ≤s, 🔲 − ℗ − ⌀ 25/40. ⅗ Rest
März und Juli - Aug. jeweils 2 Wochen geschl. − **M** a la carte 25/45 − **18 Z : 32 B** 50 - 90.

In Bestwig 2-Föckinghausen N : 3,5 km :

🏠 **Waldhaus Föckinghausen** ⅍, ✆ 22 62, 🍴, 🌳 − ☎ ℗
Mitte Nov.- Mitte Dez. geschl. − **M** *(Montag geschl.)* a la carte 26/56 − **17 Z : 30 B** 45/52
90/104.

In Bestwig 4-Ostwig O : 1,5 km :

🏩 **Nieder**, Hauptstr. 19, ✆ 5 91, « Gartenterrasse », ≤s, 🌳 − 🔅 ☎ ℗ − ⌀ 30. 🇪 ⅗ Rest
Juli - Aug. 2 Wochen geschl. − **M** *(Montag geschl.)* a la carte 24/56 − **35 Z : 60 B** 59/69
106 − ½ P 70/76.

In Bestwig 6-Ramsbeck S : 6,5 km :

✗ Ramsbecker Hof mit Zim, Heinrich-Lübke-Str. 30, ✆ (02905) 5 25 − ☎ ℗. ⅗
8 Z : 15 B.

In Bestwig 2-Velmede W : 1,5 km :

✗✗ **Frielinghausen** mit Zim, Oststr. 4, ✆ 5 55, Biergarten − ℗. 🄰🄴 ⓘ 𝑽𝑰𝑺𝑨
Feb. und Aug. jeweils 2 Wochen geschl. − **M** *(Montag geschl.)* a la carte 37/58 − **8 Z : 12 B**
42 - 70.

BETZDORF 5240. Rheinland-Pfalz **987** ⊗, **412** G 14 − 10 700 Ew − Höhe 185 m − ✆ 02741.
Mainz 120 − ♦ Köln 99 − Limburg an der Lahn 65 − Siegen 23.

🏩 **Breidenbacher Hof**, Klosterhof 7, ✆ 2 26 96, Fax 4724 − ☎ ⇐⇒ ℗ − ⌀ 25/60. 🄰🄴 ⓘ 🇪
𝑽𝑰𝑺𝑨
1.- 6. Jan. und 20. Juli - 4. Aug. geschl. − **M** *(Samstag und Feiertage jeweils bis 18 Uhr*
sowie Sonntag geschl.) a la carte 30/65 − **16 Z : 28 B** 60/110 - 110/150 Fb.

🏠 **Bürgergesellschaft**, Augustastr. 5, ✆ 10 41, 🍴 − 🔟 ☎ ℗. 🄰🄴 ⓘ 🇪 𝑽𝑰𝑺𝑨
M *(Montag geschl.)* a la carte 24/58 − **8 Z : 14 B** 65/80 - 150.

✗ Alt Betzdorf, Hellerstr. 30 (Stadthalle), ✆ 2 55 55, Biergarten − ℗ − ⌀ 25/300.

In Kirchen-Katzenbach 5242 NO : 5 km :

🏩 **Zum weissen Stein** ⅍, Dorfstr. 50, ✆ (02741)6 20 85, ≤, 🌳 − 🔟 ☎ ℗ − ⌀ 40. 🄰🄴 ⓘ
🇪 𝑽𝑰𝑺𝑨. ⅗ Rest
M a la carte 27/53 − **31 Z : 58 B** 72/80 - 134/150.

BETZENSTEIN 8571. Bayern **413** R 17 − 2 300 Ew − Höhe 511 m − Erholungsort − ✆ 09244.
♦ München 211 − Bayreuth 41 − ♦ Nürnberg 45 − ♦ Regensburg 125 − Weiden in der Oberpfalz 65.

♨ **Burghardt**, Hauptstr. 7, ✆ 2 06 − ⇐⇒
→ Feb.- März 3 Wochen geschl. − **M** *(Mittwoch ab 14 Uhr geschl.)* a la carte 16/27 − **13 Z :**
21 B 30/35 - 50/65.

EUREN 7444. Baden-Württemberg **413** L 21 − 3 300 Ew − Höhe 434 m − Erholungsort − 07025 (Neuffen).

Stuttgart 44 − Reutlingen 21 − ◆Ulm (Donau) 66.

🏨 **Beurener Hof** ॐ, Hohenneuffenstr. 16, 𝒫 51 57, Fax 4487, 😤 − 🕿 🅿
Mitte Jan.- Anfang Feb. geschl. − **M** *(Dienstag - Mittwoch 18 Uhr geschl.)* a la carte 40/68 − **10 Z : 17 B** 75/80 - 110.

🍴 **Schwanen** ॐ, Kelterstr. 6, 𝒫 22 90 − 🅿
Juli - Aug. 2 Wochen und Weihnachten - Anfang Jan. geschl. − **M** *(nur Abendessen, Montag geschl.)* a la carte 23/44 ⅃ − **12 Z : 18 B** 34/40 - 60/72.

✕ **Schloß-Café**, Am Thermalbad 1, 𝒫 32 70, 😤 − 🅿
Montag, jedes letzte Wochenende im Monat und Aug. 2 Wochen geschl. − **M** a la carte 26/49.

EURON 7792. Baden-Württemberg **413** J 22, **987** ③ − 900 Ew − Höhe 625 m − ✪ 07466.

Stuttgart 117 − ◆Freiburg im Breisgau 114 − ◆Konstanz 64 − ◆Ulm (Donau) 113.

🏨 Pelikan, Abteistr. 12, 𝒫 4 06, 😤 − 🛗 🕿 🚗 🅿
30 Z : 50 B Fb.

In Beuron-Hausen im Tal NO : 9 km :

🏨 Steinhaus, Schwenninger Str. 2, 𝒫 (07579) 5 56 − 🅿. 🕸 Zim
11 Z : 20 B.

In Beuron-Thiergarten NO : 14,5 km :

✕✕ **Hammer** mit Zim, Zum Hammer 3, 𝒫 (07570) 4 76 − 🚗 🅿
Feb. geschl. − **M** *(Donnerstag geschl.)* a la carte 37/57 − **7 Z : 14 B** 45 - 75 − ½ P 52.

✕ **Berghaus Alber** ॐ mit Zim, Waldstr. 1, 𝒫 (07570) 3 93, ≤, 😤, 🐴 − 🅿. **E**
15.- 30. Jan. und 15.- 30. Nov. geschl. − **M** *(Nov.- Feb. Montag geschl.)* a la carte 32/48 ⅃ − **7 Z : 14 B** 42 - 74.

BEVENSEN, BAD 3118. Niedersachsen **987** ⑯ − 9 600 Ew − Höhe 39 m − Heilbad und Kneipp-Kurort − ✪ 05821.

Kurverwaltung im Kurzentrum, Dahlenburger Str. 1, 𝒫 5 70, Fax 5766.

Hannover 113 − ◆Braunschweig 100 − Celle 70 − Lüneburg 24.

🏨🏨 Fährhaus ॐ, Alter Mühlenweg 1, 𝒫 4 20 22, Fax 43781, 😤, Bade- und Massageabteilung, ≘s, 🖾, 🐴 − 🛗 🕸 Rest 🖵 ⅃ 🅿 − 🔬 25/40
49 Z : 82 B Fb.

🏨 **Landhaus Marina** ॐ, Haberkamp 2, 𝒫 30 06, « Gartenterrasse », Bade- und Massageabteilung, 🖾, 🐴 − 🖵 🕿 🅿. 🕸
7.- 31. Jan. und 1.- 17. Dez. geschl. − **M** *(Tischbestellung erforderlich)* (Montag - Dienstag geschl.) a la carte 59/74 − **25 Z : 38 B** 83/101 - 156/180 Fb − ½ P 97/120.

🏨 **Kieferneck** ॐ, Lerchenweg 1, 𝒫 5 60, Fax 5688, Bade- und Massageabteilung, ≘s, 🖾 − 🛗 🕸 Rest 🖵 🕿 🅿. **E**
M 22/35 (mittags) und a la carte 45/80 − **52 Z : 85 B** 73/93 - 130/158 Fb − ½ P 90/118.

🏨 **Zur Amtsheide** ॐ (mit Gästehäusern), Zur Amtsheide 5, 𝒫 8 51, Fax 85338, Bade- und Massageabteilung, 🖾, 🐴 − 🛗 🖵 🕿 ⅃ 🅿. 🕸 Rest
6. Nov.- 15. Dez. geschl. − (Restaurant nur für Hausgäste) − **95 Z : 140 B** 75/160 - 140/ 175 Fb − 18 Fewo 146.

🏨 **Sonnenhügel** ॐ, Zur Amtsheide 9, 𝒫 4 10 41, Bade- und Massageabteilung, ≘s − 🛗 🖵 🕿 🅿. 🕸
(Restaurant nur für Hausgäste) − **37 Z : 55 B** 67/87 - 126/184 Fb − 8 Fewo 105/140.

🏨 Heidekrug, Bergstr. 15, 𝒫 70 71, 🐴 − 🛗 🖵 🕿 🚗 🅿
Mitte Jan.- Feb. geschl. − **M** *(Dienstag geschl.)* a la carte 26/63 − **17 Z : 21 B** 56/71 - 98/ 102 Fb − ½ P 77/92.

🏨 Sporthotel, Römstedter Str. 8, 𝒫 30 85, 😤, ≘s, 🕷 (Halle) − 🕸 Rest 🖵 🕿 🅿 − 🔬 40
31 Z : 69 B Fb − 6 Appart..

🏨 Karstens ॐ, Am Klaubusch 1, 𝒫 4 10 27, 😤 − 🖵 🕿 🅿. 🕸
11. Dez.- 11. Jan. geschl. − **M** a la carte 29/55 − **14 Z : 19 B** 64/96 - 112/124 Fb − ½ P 77/117.

🏨 Sonnenhof ॐ, Krummer Arm 23, 𝒫 70 37, 🐴 − 🖵 🕿 🅿. 🕸
Dez.- Mitte Feb. geschl. − (Restaurant nur für Hausgäste) − **25 Z : 40 B** 60 - 110 Fb.

In Bad Bevensen-Medingen NW : 1,5 km :

🏨🏨 Vier Linden, Bevenser Str. 3, 𝒫 30 88, Fax 1584, 😤, Bade- und Massageabteilung, ≘s, 🖾, 🐴 − 🖵 🖵 ⓪ **E** **VISA**
M a la carte 31/63 − **43 Z : 74 B** 70/120 - 120/170 Fb − ½ P 82/142.

In Altenmedingen 3119 N : 6 km :

🏨🏨 Fehlhabers Hotel, Hauptstr. 5, 𝒫 (05807) 8 80, Fax 88222, ≘s, 🖾, 🐴 − 🛗 🖵 🕿 🚗 🅿 − 🔬 25/80. ⒶⒺ ⓪ **E** **VISA**
M a la carte 21/43 − **43 Z : 75 B** 51/80 - 102/142 Fb − ½ P 66/95.

🏨 Hof Rose ॐ (Niedersächsischer Gutshof), Niendorfer Weg 12, 𝒫 (05807) 2 21, « Gartenanlagen », ≘s, 🖾, 🐴, 🕷 − 🕿 🅿
6. Jan.- Feb. geschl. − (Restaurant nur für Hausgäste) − **16 Z : 28 B** 68/98 - 118/124 Fb.

129

BEVENSEN, BAD

In Altenmedingen 2-Eddelstorf 3119   N : 8 km :

🏨 **Hansens Hof** ⬚, Alte Dorfstr. 2, ℰ (05807) 12 57, Telex 91239, Fax 80300 « Niedersächsischer Gutshof mit geschmackvoller Einrichtung », 🐎, ✕, 🐎 – 📺 ☎
   – 🔥 30. 🆎 ⓞ 🇪
   M a la carte 40/63 – **19 Z : 36 B** 60/90 - 120/170 Fb – ½ P 79/104.

In Altenmedingen 3-Bohndorf 3119   N : 11 km :

🏠 Landgasthof Stössel, Im Dorfe 2, ℰ (05807) 2 91, 🔲, 🐎, ✕ – 📺 ⓟ
   16 Z : 30 B.

In Bienenbüttel 3116   NW : 11 km :

🏠 **Drei Linden**, Lindenstr. 6, ℰ (05823) 70 82, �início, ⬚, 🔲, 🐎 – 📶 ☎ 📨 ⓟ – 🔥 25
   M a la carte 23/58 – **29 Z : 50 B** 33/52 - 72/102 – ½ P 53/72.

BEVERN 3454. Niedersachsen 🔢 L 11 – 4 600 Ew – Höhe 90 m – ✪ 05531.

♦Hannover 71 – Göttingen 63 – ♦Kassel 85 – Paderborn 68.

✕✕ ✿ **Schloß Bevern** (modern-elegantes Restaurant in einem Schloß der Weserrenaissance Schloß 1, ℰ 87 83, 🌿 – ⓟ 🆎 ⓞ 🇪 🆅🆂🅰
   Montag sowie Feb. und Aug. jeweils 2 Wochen geschl. – **M** 45 und a la carte 53/80
   Spez. Badische Grünkernsuppe, Pochiertes Rinderfilet mit Schnittlauchsauce, Dessertteller Schloß Bevern .

BEVERUNGEN 3472. Nordrhein-Westfalen 🔢 ⑮. 🔢 L 12 – 15 700 Ew – Höhe 96 m ✪ 05273.

🅱 Verkehrsamt, Weserstr. 12 (beim Rathaus), ℰ 9 22 20.

♦Düsseldorf 226 – Göttingen 63 – ♦Hannover 115 – ♦Kassel 56.

🏨 **Stadt Bremen**, Lange Str. 13, ℰ 13 75, Telex 527333, Fax 21575, ⬚, 🔲 – 📶 📺 ☎ ⓟ
   🔥 25/50. 🆎 ⓞ 🇪 🆅🆂🅰
   M a la carte 26/51 – **48 Z : 80 B** 50/75 - 110/150 Fb.

🏠 **Pension Resi** ⬚, Am Kapellenberg 17, ℰ 13 97, ⬚, 🔲, 🐎 – ⓟ
   (Restaurant nur für Hausgäste) – **11 Z : 20 B.**

🏠 **Pension Bevertal** ⬚ garni, Jahnweg 1a, ℰ 54 85, 🐎 – ⓟ. ✾
   15 Z : 28 B 35/40 - 66/70.

🏠 **Böker**, Bahnhofstr. 25, ℰ 13 54 – 📨 ⓟ
   M *(Sonntag ab 14 Uhr geschl.)* a la carte 18/39 – **10 Z : 21 B** 45/50 - 80/90.

🏠 **Kuhn** ⬚, Weserstr. 27, ℰ 13 53, 🌿 – 📨 ⓟ
   M *(Mittwoch geschl.)* a la carte 18/34 – **15 Z : 29 B** 40 - 70.

In Beverungen 1 - Blankenau   N : 3 km :

🏠 Weserblick, Kasseler Str. 2, ℰ 53 03, 🌿, ⬚, 🐎 – ☎ 📨 ⓟ – 🔥
   28 Z : 56 B Fb.

BEXBACH 6652. Saarland 🔢 E 18, 🔢 ⑦. 🔢 ⑪ – 19 500 Ew – Höhe 249 m – ✪ 06826.

♦Saarbrücken 30 – Homburg/Saar 7 – Kaiserslautern 41 – Neunkirchen/Saar 7.

🏨 **Hochwiesmühle** ⬚, Hochwiesmühle 50 (N : 1,5 km), ℰ 81 90, Fax 819147, Biergarten
   ⬚, 🔲, ✾ – 📶 📺 ☎ ⓟ – 🔥 25/200. 🇪 🆅🆂🅰
   M a la carte 34/60 – **80 Z : 160 B** 59/89 - 118/138 Fb.

🏨 **Zur Krone**, Rathausstr. 6, ℰ 59 56, Fax 51124 – 📶 📺 ☎ 📨 ⓟ. 🆎 ⓞ 🇪 🆅🆂🅰
   M *(Sonntag ab 18 Uhr geschl.)* a la carte 29/56 – **16 Z : 30 B** 60/75 - 110/145 Fb.

🏠 **Klein - Restaurant Stadtkeller**, Rathausstr. 35, ℰ 48 10 (Hotel) 14 96 (Rest.) – 📺
   M *(Freitag 14 Uhr - Samstag 17 Uhr geschl.)* a la carte 23/50 – **20 Z : 40 B** 50 - 90.

✕ **Carola** mit Zim, Rathausstr. 70, ℰ 40 34 – ☎ ⓟ. ⓞ 🇪 🆅🆂🅰
   M *(Dienstag geschl.)* a la carte 21/54 – **13 Z : 20 B** 30 - 60.

BIBERACH AN DER RISS 7950. Baden-Württemberg 🔢 M 22, 🔢 ⑯. 🔢 B 4 – 28 000 Ew
– Höhe 532 m – ✪ 07351.

🅱 Städt. Fremdenverkehrsstelle, Theaterstr. 6, ℰ 5 14 36.

♦Stuttgart 134 – Ravensburg 47 – ♦Ulm (Donau) 42.

🏨 **Eberbacher Hof**, Schulstr. 11, ℰ 1 20 16, Fax 12019, 🌿 – 📶 📺 ☎. 🆎 🇪 🆅🆂🅰
   Juli - Aug. 2 Wochen geschl. - Anfang Jan. geschl. – **M** *(Samstag geschl.)* a la
   carte 31/68 – **26 Z : 41 B** 78/88 - 95/140 Fb.

🏠 Berliner Hof, Berliner Platz 5, ℰ 2 10 51, ⬚ – 📶 📺 ☎ 📨 ⓟ – 🔥 25
   28 Z : 46 B.

🏠 Erlenhof garni, Erlenweg 18, ℰ 20 71 – 📺 ☎ 📨 ⓟ
   16 Z : 30 B Fb.

🏠 **Brauerei-Gaststätte und Gästehaus Haberhäusle** ⬚, Haberhäuslestr. 22, ℰ 70 57
   Fax 12710, 🌿 – 📶 📺 ☎ 📨 ⓟ. ⓞ 🇪. ✾ Zim
   Juli - Aug. 2 Wochen geschl. – **M** *(Samstag bis 17 Uhr und Sonntag 14 Uhr - Montag
   geschl.)* a la carte 26/40 🍺 – **13 Z : 19 B** 72/75 - 103/110.

✕ Stadthalle - Restaurant Kupferdächle, Theaterstr. 8, ℰ 79 88, 🌿 – 🔥 25/100. ✾.

BIBERACH IM KINZIGTAL 7616. Baden-Württemberg **413** GH 21. **987** ㉞. **242** ㉘ − 3 000 Ew − Höhe 195 m − Erholungsort − ✆ 07835 (Zell am Harmersbach).

Verkehrsbüro, Hauptstr. 27, ℰ 33 14.

Stuttgart 164 − ♦Freiburg im Breisgau 55 − Freudenstadt 47 − Offenburg 18.

In Biberach-Prinzbach SW : 6 km :

🏠 **Badischer Hof** ⌂ (mit 2 Gästehäusern), Talstr. 20, ℰ 81 49, ≋, ⊐ (geheizt), 🥗 − ☎ ❶
   − ☷ 40
   M *(im Sommer Mittwoch ab 18 Uhr, im Winter Mittwoch ganztägig geschl.)* a la carte 22/45
   − **44 Z : 80 B** 40/80 - 80/90 Fb.

BIEBELRIED Bayern siehe Würzburg.

BIEBEREHREN Baden-Württemberg siehe Creglingen.

BIEBERTAL 6301. Hessen **412** I 15 − 9 600 Ew − Höhe 190 m − ✆ 06409.

Wiesbaden 99 − Gießen 10 − Marburg 27.

In Biebertal 4-Fellingshausen :

🏡 **Pfaff am Dünsberg** ⌂, ℰ 20 91, Fax 2036, ≼, �, ⊐, 🥗 − ☎ ❶. ① E **VISA**
   Jan. 2 Wochen geschl. − **M** *(Sonntag ab 18 Uhr geschl.)* a la carte 23/46 ⅓ − **21 Z : 30 B** 48
   - 92 Fb.

In Biebertal 2-Königsberg :

✕✕ **Berghof Reehmühle** mit Zim, Bergstr. 47, ℰ (06446) 3 60, ≼, « Hübsche Einrichtung »,
   🥗 − 📺 ☎ ❶. E
   Jan. geschl. − **M** *(Montag geschl.)* a la carte 25/52 − **8 Z : 14 B** 45/50 - 90/95.

BIEBESHEIM 6083. Hessen **412** **413** I 17 − 6 200 Ew − Höhe 90 m − ✆ 06258.

Wiesbaden 48 − ♦Darmstadt 19 − Mainz 36 − ♦Mannheim 39 − Worms 24.

🏠 **Biebesheimer Hof**, Königsberger Str. 1, ℰ 70 54, � − ☎ ❶ − ☷ 30
   19 Z : 24 B Fb.

BIEDENKOPF 3560. Hessen **987** ㉖. **412** I 14 − 14 400 Ew − Höhe 271 m − Luftkurort −
Wintersport : 500/674 m ⬍2 ⬍2 − ✆ 06461.

Städt.Verkehrsbüro, Am Markt 4, ℰ 30 26.

Wiesbaden 152 − ♦Kassel 101 − Marburg 32 − Siegen 55.

🏠 **Panorama** ⌂, Auf dem Radeköppel, ℰ 30 91, ≼, �, ≋ − 📺 ☎ ❶ − ☷ 25/300. ☷
   ① E **VISA** ✼ Rest
   M a la carte 24/50 − **40 Z : 85 B** 65/75 - 110/130 Fb.

🏠 **Berggarten** ⌂, Am Altenberg 1, ℰ 49 00, ≼, � − ❶
   18 Z : 30 B.

✕ **Die Esse**, Am Freibad 13, ℰ 39 90, � − ❶. ☷ E
   M a la carte 29/51.

BIELEFELD 4800. Nordrhein-Westfalen **987** ⑭. **412** I 10 − 305 300 Ew − Höhe 118 m − ✆ 0521.

Bielefeld-Hoberge, Dornberger Str. 375 (AY), ℰ 10 51 03.

Tourist - Information, Am Bahnhof (Leinenmeisterhaus), ℰ 17 88 44.

Tourist - Information, Neues Rathaus, Niederwall 23, ℰ 17 88 99.

ADAC, Stapenhorststr. 131, ℰ 1 08 10, Notruf ℰ1 92 11.

Düsseldorf 182 ⑤ − Dortmund 114 ⑤ − ♦Hannover 108 ②.

Stadtplan siehe nächste Seiten.

🏨 **Mercure**, Am Waldhof 15, ℰ 5 28 00, Telex 932891, Fax 5280113, ≋ − 📶 ▤ 📺 ☎ −
   ☷ 25/250. ☷ ① E **VISA**   DZ **a**
   M *(nur Abendessen)* a la carte 43/67 − **125 Z : 236 B** Fb.

🏨 **Brenner Hotel Diekmann**, Otto-Brenner-Str. 133, ℰ 2 99 90, Telex 932303, Fax 2999220
   − 📶 📺 ☎ ❶ − ☷ 25/40. ☷ ① E **VISA**   BY **y**
   M 18,50 (mittags) und a la carte 30/67 − **69 Z : 110 B** 95/150 - 150/170 Fb.

🏨 **Senator**, Sonderburger Str. 3, ℰ 2 50 55, Telex 932766, Fax 25058, ≋ − 📶 📺 ☎ ❶. ☷
   ① E **VISA**   BY **v**
   M a la carte 32/65 − **57 Z : 71 B** 140/210 - 180/250 Fb.

🏨 **Waldhotel Brand's Busch** ⌂, Furtwänglerstr. 52, ℰ 2 40 91, Fax 26626, �, ≋ − 📶 📺 ☎
   ❶ − ☷ 25/70   BY **m**
   65 Z : 120 B Fb.

🏨 **Novotel** ⌂, Am Johannisberg 5, ℰ 12 40 51, Telex 932991, Fax 133849, ⊐ (geheizt), 🥗 −
   📶 ▤ 📺 ❶ ⌖ ❶ − ☷ 25/300   BY **b**
   119 Z : 238 B Fb.

🏨 **Altstadt-Hotel** garni, Ritterstr. 15, ℰ 17 93 14, Fax 61389,, ≋ − 📶 📺 ☎. ☷ E **VISA**
                                                                                               DY **v**
   23 Z : 37 B 115/130 - 170 Fb.

131

BIELEFELD

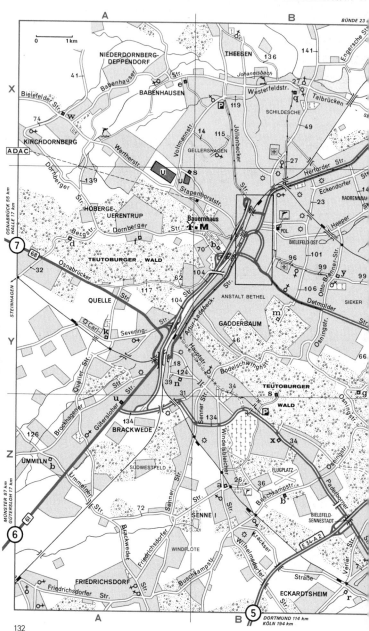

XXX **Markloff's**, Niedernstr. 18 (1. Etage, 🛗), 𝒫 55 54 55 — AE ⓞ E VISA   DY a
Sonntag. Montag und Feiertage geschl. — M (Tischbestellung ratsam) a la carte 45/80.

XX   La Bohème (Italienische Küche), Niederwall 37, 𝒫 17 85 53 — 🐾   DZ s

X ✿ **Klötzer's Kleines Restaurant** (Bistro), Ritterstr. 33, 𝒫 6 89 54, Fax 69321 — E   DY e
Samstag 16 Uhr - Montag geschl. — M a la carte 52/75
Spez. Feine Nudeln mit Hummerkrabbe und Safransauce, Lachs mit Senfsauce, Lammcarré mit Rosmarinsauce.

X   Im Bültmannshof (restaurierter Fachwerkbau a.d.J. 1802), Kurt-Schumacher-Str. 17a,
𝒫 10 08 41, 🌲 — ❷   AY s

X   **Sparrenburg**, Am Sparrenberg 38a, 𝒫 6 59 39, 🌲 — ❷   DZ f
Dienstag, Mitte - Ende Jan. und 12.- 28. Aug. geschl. — M a la carte 30/55.

In Bielefeld 1-Babenhausen :

XX   **Am Hainteich**, Hainteichstr. 1, 𝒫 88 20 77, 🌲 — ❷ AE ⓞ E VISA   AX e
Samstag bis 15 Uhr und Donnerstag geschl. — M a la carte 37/64.

In Bielefeld 14-Brackwede :

🏠   Wiebracht, Cheruskerstr. 35, 𝒫 44 14 03, Fax 441904, ☎, 🔲 — TV ☎ 🔜 ❷   AY n
30 Z : 51 B Fb.

XX   **Brackweder Hof**, Gütersloher Str. 236, 𝒫 44 25 26 — ❷ ⓞ E VISA   AZ u
Montag und Juli - Aug. 3 Wochen geschl. — Menu 16 (mittags) und a la carte 28/54.

In Bielefeld 1-Großdornberg :

XX   Kreuzkrug, Werther Str. 462, 𝒫 10 22 64, 🌲 — ❷   AX w

In Bielefeld 17-Heepen :

🏛   **Petter**, Alter Postweg 68, 𝒫 3 38 61, Fax 335238 — TV ☎ 🔜 ❷. ⓞ E VISA. 🐾 Rest
23.- 31. Dez. geschl. — M (nur Abendessen, Sonntag geschl.) a la carte 38/54 — **18 Z : 26 B**
85 - 128.   CY h

In Bielefeld 18-Hillegossen :

🏛   **Berghotel Stiller Friede** ⋙, Selhausenstr. 12, 𝒫 2 30 54, Fax 24858, 🌲, ☎, 🌳 — TV
↤   ☎ 🔜 ❷. ⓞ E   BY g
M (Freitag geschl.) a la carte 18/55 — **28 Z : 38 B** 85/110 - 120/180 Fb.

🏠   **Schweizer Haus**, Christophorusstr. 23, 𝒫 20 50 94, Fax 206112 — TV ☎ 🔜 ❷. AE ⓞ E
VISA   CY
M (nur Abendessen, Sonn- und Feiertage, Juli und 20.- 31. Dez. geschl.) a la carte 32/56 —
20 Z : 32 B 75/90 - 120/140 Fb.

🏠   **Siekmann**, Detmolder Str. 624, 𝒫 20 60 43, Fax 205043 — TV ☎ ❷. AE ⓞ E VISA   CY
M (Samstag, 13. Juli - 9. Aug. und 27.- 30. Dez. geschl.) a la carte 29/50 — **16 Z : 19 B** 66
98 Fb.

In Bielefeld 1 - Hoberge-Uerentrup :

🏛   **Hoberger Landhaus** ⋙, Schäferdreesch 18, 𝒫 10 10 31, Fax 103927, ☎, 🔲 — TV ☎
🔜 ❷ — 🦽 25/100. ⓞ E VISA   AY
27. Dez.- 7. Jan. geschl. — M (Sonntag ab 15 Uhr geschl.) a la carte 38/61 — **30 Z : 50 B**
105/145 - 165/175 Fb.

🏠   **Peter auf'm Berge**, Bergstr. 45, 𝒫 10 00 36, 🌲 — ☎ ❷. ⓞ E. 🐾 Rest   AY
M a la carte 24/47 — **12 Z : 16 B** 70/80 - 109/140.

In Bielefeld 18-Oldentrup :

🏛🏛 **Oldentruper Hof**, Hillegosser Str. 260, 𝒫 2 09 00, Telex 932537, Fax 2090100, 🌲, ☎, 🔲
— 🛗 TV ❷ — 🦽 25/120. AE ⓞ E VISA   CY
M 40 (mittags) und a la carte 44/64 — **140 Z : 260 B** 155/175 - 200/220 Fb.

In Bielefeld 14-Quelle :

🏠   **Büscher**, Carl-Severing-Str. 136, 𝒫 45 03 11, Fax 452796, ☎, 🔲, 🔲, 🌳 — TV ☎ 🔜 ❷
— 🦽 25/150. AE ⓞ E VISA   AY
M a la carte 32/57 — **34 Z : 49 B** 65/85 - 100/130 Fb.

In Bielefeld 1-Schildesche :

XX   **Bonne Auberge** (restauriertes Fachwerkhaus a.d.J. 1775), An der Stiftskirche 10, 𝒫 8 16 6
— ❷   BX
nur Abendessen, 2.- 17. Jan. geschl. — M (auch vegetarisches Menu) a la carte 36/56.

In Bielefeld 12-Senne :

🏠   **Zur Spitze**, Windelsbleicher Str. 215, 𝒫 4 00 08 — ❷. AE E   BZ
M *(Samstag bis 17 Uhr und Sonntag ab 14 Uhr geschl.)* 18 (mittags) und a la carte 27/51
21 Z : 30 B 38/48 - 68/86 Fb.

🏠   Café Busch, Brackweder Str. 120 (B 68), 𝒫 4 90 05, 🌲 — TV ☎ 🔜 ❷. E. 🐾 Zim   BZ
11 Z : 17 B.

XXX ✿ **Auberge le Concarneau**, Buschkampstr. 75, ☎ 49 37 17, Fax 493388, bemerkenswerte Weinkarte, « Restauriertes, westfälisches Fachwerkhaus im Museumshof Senne » – [P]. [E] BZ **b**
nur Abendessen, Montag, Sonn- und Feiertage sowie März - April 3 Wochen und Juli - Aug. 2 Wochen geschl. – **M** (Tischbestellung ratsam) 95/140
Spez. Salat von Kalbsbries und Artischocken, Steinbutt mit Algen, Geeiste Pralinés.

XX **Gasthaus Buschkamp** (regionale Küche), Buschkampstr. 75, ☎ 49 28 00, « Historisches Gasthaus im Museumshof Senne » – [P]. [E] BZ **b**
Menu a la carte 33/56.

XX **Waterbör**, Waterboerstr. 77, ☎ 2 41 41, 🍴, « Restauriertes Fachwerkhaus im Ravensberger Bauernstil » – [P]. [AE] [E] BYZ **s**
Freitag und März - April 3 Wochen geschl. – **M** a la carte 30/69.

In Bielefeld 11-Sennestadt :

🏠 **Niedermeyer**, Paderborner Str. 290 (B 68), ☎ (05205) 76 73, Fax 72277 – ☎ 🚗 [P]. ✗ Zim
21. Dez.- 5. Jan. geschl. – **M** *(nur Abendessen, Sonntag geschl.)* a la carte 30/53 – **40 Z : 60 B** 60/90 - 120/140 Fb – 4 Appart. 180. CZ **u**

🏠 **Wintersmühle**, Sender Str. 6, ☎ (05205) 7 03 85, 🏊, 🌳 – [TV] ☎ 🚗 [P]. [AE] [O] [E]. ✗
(nur Abendessen für Hausgäste) – **14 Z : 22 B** 65/90 - 100/140 Fb. BZ **r**

In Bielefeld 14-Ummeln:

🏠 **Diembeck**, Steinhagener Str. 45, ☎ 48 78 78, Fax 489477, Biergarten – [TV] ☎ 🚗 [P]. [AE] [E] [VISA] AZ **b**
M *(Montag und Aug. geschl.)* a la carte 26/63 – **26 Z : 34 B** 58/120 - 95/145.

MICHELIN-REIFENWERKE KGaA. Niederlassung Eckendorfer Str. 129 (CX), ☎ 7 59 55, Fax 750068.

BIENENBÜTTEL Niedersachsen siehe Bevensen, Bad.

BIENGEN Baden-Württemberg siehe Krozingen, Bad.

BIESSENHOFEN Bayern siehe Kaufbeuren.

BIETIGHEIM-BISSINGEN 7120. Baden-Württemberg [413] K 20, [987] ㉕ – 38 000 Ew – Höhe 220 m – ☎ 07142 – [i] Stadtinformation, Arkadengebäude, Marktplatz, ☎ 7 42 27.
Stuttgart 25 – Heilbronn 25 – Ludwigsburg 9 – Pforzheim 55.

Im Stadtteil Bietigheim :

🏨 **Parkhotel**, Freiberger Str. 71, ☎ 5 10 77, Telex 724203, Fax 54099, 🍴 – [‡] [TV] ☎ 🚗 [P] – 🎤 25/100. [AE] [O] [E] [VISA]
M *(Sonntag ab 15 Uhr geschl.)* a la carte 33/60 – **60 Z : 100 B** 82/90 - 120/140 Fb.

🏠 **Rose**, Kronenbergstr. 14, ☎ 4 20 04, Fax 45928 – [TV] ☎ 🚗 [P]. [E] [VISA]
M *(Montag geschl.)* a la carte 34/67 – **25 Z : 32 B** 65/95 - 85/145 Fb.

🏠 Alka, Freiberger Str. 57, ☎ 5 27 30 – [TV] 🚗 [P]. ✗ Zim – **20 Z : 32 B.**

XX **Zum Schiller** mit Zim (mit 🏨 Gästehaus), Marktplatz 5, ☎ 4 10 18, Fax 43918 – [‡] [TV] ☎. [O] [E] [VISA]
Menu *(Sonn- und Feiertage, April 1 Woche und Sept. 2 Wochen geschl.)* a la carte 34/78 🍷 – **30 Z : 48 B** 90/120 - 110/140 Fb.

Im Stadtteil Bissingen :

🏨 **Otterbach**, Bahnhofstr. 153, ☎ 58 40, Fax 64142 – [‡] [TV] ☎ [P] – 🎤 40. [AE] [O] [E] [VISA]
12. Juli - 3. Aug. und 24.- 30. Dez. geschl. – **M** *(Samstag bis 18 Uhr geschl.)* a la carte 28/58 🍷 – **55 Z : 90 B** 70/95 - 120/140 Fb.

🏠 **Litz - Restaurant Flößerstube**, Bahnhofstr. 9/2, ☎ 39 12 – [TV] ☎ [P]. [AE] [O] [E] [VISA]
M *(Samstag und 30. Juli - 19. Aug. geschl.)* a la carte 28/55 – **28 Z : 38 B** 60/75 - 98/120 Fb.

BIETINGEN Baden-Württemberg siehe Gottmadingen.

BILFINGEN Baden-Württemberg siehe Kämpfelbach.

BILLERBECK 4425. Nordrhein-Westfalen [987] ⑭, [408] M 6, [412] E 11 – 10 000 Ew – Höhe 138 m – ☎ 02543 – [i] Verkehrsamt, Markt 1, ☎ 73 73.
Düsseldorf 110 – Enschede 56 – Münster (Westfalen) 32 – Nordhorn 65.

🏨 **Weissenburg** ⛰, Gantweg 18 (N : 2 km), ☎ 7 50, Fax 75275, ←, « Wildgehege, Park », 🏊, [🏊], 🌳 – [‡] [TV] ☎ 🚗 [P] – 🎤 25/100. [AE] [O] [E] [VISA]
M *(Montag geschl.)* a la carte 26/65 – **55 Z : 90 B** 65/120 - 130/200 Fb.

🏨 Domschenke, Markt 6, ☎ 44 24, 🍴, « Gediegene, gemütliche Einrichtung » – [TV] ☎ 🚗
17 Z : 35 B.

🏠 **Homoet**, Schmiedestr. 2, ☎ 3 26, 🍴 – ☎ 🚗. [E]
M *(wochentags nur Abendessen, Donnerstag und 1.- 22. März geschl.)* a la carte 24/50 – **15 Z : 28 B** 50/70 - 85/145.

    ✕   **Pfälzer Hof**, Hauptstr. 45, 𝒫 86 16, 🏠 – 🅰🅴 ⓪ 🄴
        (Montag - Dienstag geschl.) – **M** a la carte 26/60.

       In Heuchelheim-Klingen 6741 W : 3,5 km :

    🏠 **Gästehaus Mühlengrund** 🦢, Untermühle 2 (Heuchelheim), 𝒫 (06349) 14 49, 🏠, 🌳
    ← **Ⓟ**. 🍽 Zim
        Mitte Jan.- Mitte Feb. geschl. – **M** *(Montag - Dienstag geschl.)* a la carte 20/40 ⅃ – **16 Z**
        30 B 33 - 60.

BILLINGSHAUSEN Bayern siehe Birkenfeld.

BILM Niedersachsen siehe Sehnde.

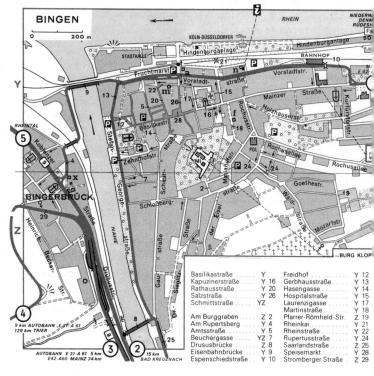

Basilikastraße	Y	Freidhof	Y 12
Kapuzinerstraße	Y 16	Gerbhausstraße	Y 13
Rathausstraße	Y 20	Hasengasse	Y 14
Salzstraße	Y 26	Hospitalstraße	Y 15
Schmittstraße	YZ	Laurenzigasse	Y 17
		Martinstraße	Y 18
Am Burggraben	Z 2	Pfarrer-Römheld-Str.	Z 19
Am Rupertsberg	Y 4	Rheinkai	Y 21
Amtsstraße	Y 5	Rheinstraße	Y 22
Beuchergasse	YZ 7	Rupertusstraße	Y 24
Drususbrücke	Z 8	Saarlandstraße	Z 25
Eisenbahnbrücke	Y 9	Speisemarkt	Y 28
Espenschiedstraße	Y 10	Stromberger Straße	Z 29

    🏠 **Krone**, Rheinkai 19, 𝒫 1 70 16, Fax 17210 – 📺 ☎. 🅰🅴 ⓪ 🄴 𝘝𝘐𝘚𝘈   Y
    ← *18. März - 5. April und 27. Dez.- 10. Jan. geschl.* – **M** *(Sonntag 16 Uhr - Montag geschl.)* a
        carte 20/50 ⅃ – **26 Z : 45 B** 58/75 - 100.

    🏠 **Martinskeller** 🦢 garni, Martinstr. 1, 𝒫 1 34 75, Fax 2508, 🔲 – 📺 ☎ 🚗 🅰🅴 ⓪ 🄴 𝘝𝘐𝘚𝘈
        21. Dez.- 2. Jan. geschl. – **15 Z : 30 B** 85/105 - 120/165.   Y

    🏠 **Rheinhotel Starkenburger Hof** garni, Rheinkai 1, 𝒫 1 43 41, Fax 13350 – ☎. 🅰🅴 ⓪ ▮
        𝘝𝘐𝘚𝘈   Y
        Dez.- Mitte Feb. geschl. – **30 Z : 48 B** 60/70 - 95/110.

    🏠 **Goldener Kochlöffel** garni, Rheinstr. 22, 𝒫 1 39 44   Y r
        12 Z : 22 B 36/65 - 70/99.

In Bingen-Bingerbrück :

🏠 **Römerhof** garni, Rupertsberg 10, ℘ 3 22 48 − 📺 🅿   Z **x**
34 Z : 60 B.

In Münster-Sarmsheim 6538 ② : 4 km :

🏠 **Trollmühle**, Rheinstr. 199, ℘ (06721) 4 40 66, 😤, ⇔ − ☎ 🅿 E
M a la carte 28/52 ⅃ − **24 Z : 40 B** 62/75 - 98/110 Fb.

In Laubenheim 6531 ② : 6 km :

🏠 **Traube**, Naheweinstr. 66, ℘ (06704) 12 28 − 🅿
M *(nur Abendessen, Sonntag und Aug. geschl.)* a la carte 23/47 − **14 Z : 21 B** 35/45 - 65/75.

In Trechtingshausen 6531 ⑤ : 6,5 km :

🏠 **Burg Reichenstein** ⑤, Burgweg, ℘ (06721) 61 01, Fax 6198, ≼, 😤 − 🅿 − 🏛 50. ⅍ ⓞ
E 🆅🆂🅰
M a la carte 25/58 − **9 Z : 18 B** 75 - 120.

BINZEN 7852. Baden-Württemberg 🔢 F 24, 🔢 ⑳, 🔢 ④ − 2 200 Ew − Höhe 285 m −
✪ 07621 (Lörrach).
▸Stuttgart 260 − Basel 11 − ♦Freiburg im Breisgau 64 − Lörrach 6.

🏠 **Mühle** ⑤, Mühlenstr. 26, ℘ 60 72, Fax 65808, « Gartenterrasse », 😤 − 📺 ☎ ⇔ 🅿 −
🏛 40
über Fastnacht 2 Wochen geschl. − **M** *(Sonntag - Montag geschl.)* a la carte 46/82 ⅃ −
25 Z : 43 B 80/120 - 110/150.

🏠 **Ochsen**, Hauptstr. 42, ℘ 6 23 26, 😤 − 📺 ☎ 🅿
15.- 30. Nov. geschl. − **M** *(Mittwoch - Donnerstag 17 Uhr geschl.)* a la carte 30/69 − **22 Z :
40 B** 55/85 - 100/130 Fb.

In Schallbach 7851 N : 4 km :

✗ **Zur Alten Post** (mit Gästehaus), Alte Poststr. 16, ℘ (07621) 8 82 42, Fax 88015, 😤 − 📺
☎ 🅿 ⅍ ⓞ E 🆅🆂🅰
15.- 30. Jan. geschl. − **M** *(Donnerstag - Freitag 17 Uhr geschl.)* a la carte 26/58 ⅃ − **19 Z :
35 B** 60/80 - 110/150.

BIPPEN 4576. Niedersachsen − 2 600 Ew − Höhe 60 m − Erholungsort − ✪ 05435.
▸Hannover 160 − Nordhorn 59 − ♦Osnabrück 45.

🏠 **Maiburger Hof**, Bahnhofstr. 6, ℘ 3 33, 😤, ✗ − ⇔ 🅿
1.- 15. Okt. geschl. − **M** *(Montag geschl.)* a la carte 18/30 − **16 Z : 21 B** 35/45 - 70/80.

BIRGLAND 8451. Bayern 🔢 R 18 − 1 500 Ew − Höhe 510 m − ✪ 09666 (Illschwang).
▸München 194 − Amberg 22 − ♦Nürnberg 51.

In Birgland-Schwend :

🏠 **Birgländer Hof** ⑤, ℘ 5 05, ⇔, ⅃, ⬛, 😤 − ☎ ⇔ 🅿
36 Z : 60 B Fb.

BIRKENAU 6943. Hessen 🔢 🔢 J 18 − 10 500 Ew − Höhe 110 m − Luftkurort − ✪ 06201
(Weinheim a.d.B.).
🗓 Verkehrsamt, Rathaus, Hauptstr. 119, ℘ 30 05.
▸Wiesbaden 97 − ♦Darmstadt 44 − Heidelberg 27 − ♦Mannheim 22.

🏠 **Drei Birken** garni, Königsberger Str. 2, ℘ 30 32, ⇔, ⬛, 😤 − ☎ 🅿 ⓞ E
20 Z : 35 B 70/80 - 110/120.

✗✗ **Drei Birken**, Hauptstr. 170, ℘ 3 23 68, 😤 − 🅿 ⓞ
Freitag, Feb. 2 Wochen und Juli - Aug. 3 Wochen geschl. − **M** a la carte 38/68.

In Birkenau 2 - Reisen-Schimbach NO : 7 km :

🏠 **Schimbacher Hof** ⑤, ℘ (06209) 2 58, 😤, ⇔, 😤, ✗ − 📺 ☎ ⇔ 🅿 − 🏛 40
19 Z : 36 B Fb.

BIRKENFELD Baden-Württemberg siehe Pforzheim.

BIRKENFELD (MAIN-SPESSART-KREIS) 8771. Bayern 🔢 🔢 M 17 − 1 800 Ew − Höhe
211 m − ✪ 09398.
▸München 312 − ♦Frankfurt 100 − ♦Würzburg 28.

In Birkenfeld-Billingshausen NO : 2 km :

✗ **Goldenes Lamm** (Steinhaus a. d. J. 1883), Untertorstr. 13, ℘ 3 52 − 🅿 − 🏛 80. ✸
Dienstag - Mittwoch und Juli 3 Wochen geschl. − **M** a la carte 26/50.

BIRKENFELD 6588. Rheinland-Pfalz 🔢 E 18 – 6 100 Ew – Höhe 396 m – ✪ 06782.
Mainz 107 – Idar Oberstein 16 – Neunkirchen/Saar 46 – St. Wendel 26.

🏠 **Oldenburger Hof**, Achtstr. 7, 🖉 8 25 – 📺 ☎ 🖘 ℗. 🖭 ⓪ 🇪 𝖵𝖨𝖲𝖠
M *(Samstag bis 17 Uhr geschl.)* a la carte 31/52 – **10 Z : 19 B** 58 - 98.

BIRKWEILER Rheinland-Pfalz siehe Landau.

BIRNAU-MAURACH Baden-Württemberg. Sehenswürdigkeit siehe Uhldingen-Mühlhofen.

BIRNBACH, BAD 8345. Bayern 🔢 W 21, 🔢 ⑥⑦ – 5 500 Ew – Höhe 450 m – Heilbad –
✪ 08563.
🛈 Kurverwaltung, Neuer Marktplatz 1, 🖉 2 98 40, Fax 29850.
♦München 147 – Landshut 82 – Passau 46.

🏤 Sammareier Gutshof, Pfarrkirchner Str. 22, 🖉 29 70, Massage, 🖘, 🔲 – 📶 📺 ☎ 🖘
38 Z : 76 B Fb.

🏤 **Kurhotel Hofmark** 🅂, Professor-Drexel-Str. 16, 🖉 29 60, 🍴, Bade- und
Massageabteilung, direkter Zugang zur Therme – 📶 📺 ☎ 🅖 ℗
M a la carte 23/45 – **76 Z : 152 B** 79/99 - 126/162 Fb – ½ P 85/121.

🏤 **Kurhotel Quellenhof** 🅂, Brunnaderstr. 11, 🖉 6 66, Bade- und Massageabteilung, 🖘
🔲, 🛋 – 📺 ☎ 🖘 ℗. 🖭 🇪
7. Dez.- 26. Jan. geschl. – **M** *(Donnerstag geschl.)* a la carte 23/54 – **38 Z : 76 B** 80/100 -
120/170 Fb – ½ P 78/118.

🏠 Alte Post, Hofmark 23, 🖉 21 64, 🍴, Massage, 🛋 – ☎ ℗
30 Z : 50 B Fb.

🏠 **Eckershof** 🅂 garni, Brunnaderstr. 17, 🖉 18 80, Bade- und Massageabteilung, 🖘 – 🅖
🖘 ℗. 🎿
26 Z : 43 B 43/63 - 74/134 Fb.

🏠 **Rappensberg** garni, Brunnaderstr. 9, 🖉 6 02, 🖘 – 🖘 ℗. 🎿
6.- 27. Dez. geschl. – **19 Z : 33 B** 40/48 - 64.

BISCHOFSGRÜN 8583. Bayern 🔢 S 16, 🔢 ⑦ – 2 000 Ew – Höhe 679 m – Luftkurort –
Wintersport : 653/1 024 m ✂5 ✂6 (Skizirkus Ochsenkopf) – Sommerrodelbahn – ✪ 09276.
🛈 Verkehrsamt im Rathaus, Hauptstr. 27, 🖉 12 92.
♦München 259 – Bayreuth 27 – Hof 57.

🏨 **Sport-Hotel Kaiseralm** 🅂, Fröbershammer 31, 🖉 8 00, Fax 8145, ≤ Bischofsgrün und
Fichtelgebirge, 🍴, 🖘, 🔲, 🎿 (Halle) – 📶 📺 🏋 🖘 ℗ – 🔬 25/200. 🖭 ⓪ 🇪 𝖵𝖨𝖲𝖠
🎿 Rest
M a la carte 41/66 – **119 Z : 198 B** 92/160 - 176/208 Fb – 4 Appart. 250/390 – ½ P 112/134.

🏤 **Kurhotel Puchtler - Deutscher Adler**, Kirchenring 4, 🖉 10 44, Telex 642164, Bade- und
➡ Massageabteilung, 🔥, 🖘, 🛋, ✂ – 📶 ☎ 🅖 🖘 ℗ – 🔬 25/60. 🖭 ⓪
15. Nov.- 15. Dez. geschl. – **M** *(auch Diät)* a la carte 21/51 – **46 Z : 85 B** 38/70 - 62/140 Fb –
½ P 46/76.

🏠 **Berghof** 🅂, Ochsenkopfstr. 40, 🖉 10 21, Fax 1301, ≤, 🍴, 🖘, 🛋 – 📺 ☎ 🖘
➡ ℗ ⓪
Mitte Nov.- Mitte Dez. geschl. – **M** a la carte 20/42 – **30 Z : 54 B** 38/50 - 72/90 – ½ P 49/58.

🏠 Goldener Löwe, Hauptstr. 10, 🖉 4 59, 🍴, 🛋 – 🖘 ℗
20 Z : 30 B.

🏠 **Jägerhof**, Hauptstr. 12, 🖉 2 57, 🖘 – ℗
➡ *10. Nov.- 15. Dez. geschl.* – **M** *(Donnerstag ab 15 Uhr geschl.)* a la carte 17/42 ♨ – **16 Z :
29 B** 33/46 - 58/78 Fb.

🏠 **Siebenstern** 🅂 garni, Kirchbühl 15, 🖉 3 07, ≤, 🛋 – ℗
Nov.- 15. Dez. geschl. – **26 Z : 50 B** 45 - 70/75.

🏠 **Hirschmann** 🅂 garni, Fröbershammer 9, 🖉 4 37, 🖘, 🛋 – 🖘 ℗. 🎿
10. Nov.- 15. Dez. geschl. – **18 Z : 30 B** 37/42 - 66/71.

BISCHOFSHEIM AN DER RHÖN 8743. Bayern 🔢 ⑧ ⑱, 🔢 🔢 N 15 – 5 000 Ew – Höhe
447 m – Erholungsort – Wintersport : 450/930 m ✂10 ✂5 – ✪ 09772.
Ausflugsziel : Kreuzberg (Kreuzigungsgruppe ≤★) SW : 7 km.
🛈 Verkehrsverein, Altes Amtsgericht, Kirchplatz 5, 🖉 14 52.
♦München 364 – Fulda 39 – Bad Neustadt an der Saale 20 – ♦Würzburg 96.

🏠 **Bischofsheimer Hof** 🅂, Bauersbergstr. 59a, 🖉 12 97, ≤, 🍴, 🖘, 🛋 – 🖘 ℗
➡ *10. Nov.- 5. Dez. geschl.* – **M** *(Montag geschl.)* a la carte 20/42 – **8 Z : 14 B** 40 - 74 –
½ P 52.

🏡 **Adler**, Ludwigstr. 28, 🖉 3 20, 🛋 – 🖘 ℗
Mitte Nov.- Mitte Dez. geschl. – **M** a la carte 24/38 ♨ – **23 Z : 44 B** 32/54 - 56/72 –
½ P 44/62.

In Bischofsheim-Haselbach :

🏠 **Luisenhof** ॐ garni, Haselbachstr. 93, ℰ 18 80, ☎, 🐎 – 🅿. 🖭 **E**
  1.- 21. März geschl. – **14 Z : 27 B** 40 - 69 Fb.

In Bischofsheim - Oberweißenbrunn W : 5 km :

🏠 **Zum Lamm**, Geigensteinstr. 26 (B 279), ℰ 2 96, ☎, 🐎 – ☎ 🚗 🅿
◆ *14. Okt.- 16. Dez. geschl.* – **M** *(Montag geschl.)* a la carte 17/36 – **23 Z : 40 B** 29/37 - 54/62
  – ½ P 36/40.

BISCHOFSMAIS 8379. Bayern 🖪🖫🖫 W 20 – 3 000 Ew – Höhe 685 m – Erholungsort –
Wintersport : 700/1 097 m ≰6 ≰8 – ✿ 09920.
🛈 Verkehrsamt im Rathaus, ℰ 13 80.
•München 159 – Deggendorf 18 – Regen 8.

🏠 **Alte Post**, Dorfstr. 2, ℰ 2 74 – 🛗 ☎ ㈻ 🅿. 🖭 **E**
◆ *8.- 27. April und 27. Okt.- 18. Dez. geschl.* – **M** a la carte 18/35 – **32 Z : 65 B** 45 - 80 Fb –
  2 Fewo 55/65.

🏠 **Berghof Plenk** ॐ garni, Oberdorf 18, ℰ 4 42, 🐎 – 🅿
  17 Z : 32 B Fb.

In Bischofsmais-Habischried NW : 4,5 km :

🏠 **Schäffler**, Ortsstr. 2, ℰ 13 75, 㟫, ☎, 🐎 – ☎ 🅿
◆ *10. Nov.- 15. Dez. geschl.* – **M** *(Montag geschl.)* a la carte 18/35 – **16 Z : 26 B** 30/35 - 60 Fb
  – ½ P 40/45.

In Bischofsmais-Wastlsäg NW : 2 km :

🏨 **Wastlsäge** ॐ, Lina-Müller-Weg 3, ℰ 1 70, Telex 69158, Fax 17150, ≤, 㟫, Massage, ☎,
  🏊, 🐎, ⚁ – 🛗 ☎ ㈻ 🚗 🅿 – 🔬 25/100. 🖭 **E** 𝚅𝙸𝚂𝙰 ⚵ Rest
  M a la carte 42/72 – **91 Z : 180 B** 77/120 - 120/165 Fb – 9 Appart. 175/235 – ½ P 85/145.

  Siehe auch : *Liste der Feriendörfer*

BISCHOFSWIESEN 8242. Bayern 🖪🖫🖫 V 24, 🖲🖳🖷 ㊳. 🖳🖳🖷 ⑲ – 7 500 Ew – Höhe 600 m –
Heilklimatischer Kurort – Wintersport : 600/1 390 m ≰3 ≰3 – ✿ 08652 (Berchtesgaden).
🛈 Verkehrsverein, Hauptstr. 48 (B 20), ℰ 72 25, Telex 56238.
•München 148 – Berchtesgaden 5 – Bad Reichenhall 13 – Salzburg 28.

🏨 **Brennerbascht**, Hauptstr. 46 (B 20), ℰ 70 21, 㟫, « Gaststuben in alpenländischem Stil mit
  kleiner Brauerei » – 🛗 ☎ 🅿
  25 Z : 52 B Fb.

🏠 **Mooshäusl**, Jennerweg 11, ℰ 72 61, ≤ Watzmann, Hoher Göll und Brett, ☎, 🐎 – 🚗
  🅿 ⚵ Rest
  25. Okt.- 20. Dez. geschl. – (nur Abendessen für Hausgäste) – **20 Z : 34 B** 50/70 - 92/102
  Fb.

BISPINGEN 3045. Niedersachsen 🖲🖳🖷 ⑮ – 5 500 Ew – Höhe 70 m – Luftkurort – ✿ 05194.
🛈 Verkehrsverein, Rathaus, Borsteler Str. 4, ℰ 3 98 50
•Hannover 94 – ◆Hamburg 60 – Lüneburg 45.

🏠 **König-Stuben**, Luheweg 25, ℰ 5 14, ☎, 🏊, 🐎 – 📺 ☎ 🚗 🅿. 🖭 **E** 𝚅𝙸𝚂𝙰
  5. Jan.- 17. Feb. geschl. – **M** *(Nov.- Mai Mittwoch geschl.)* a la carte 24/54 – **15 Z : 29 B** 52
  - 88 Fb.

🏠 **Rieckmann's Gasthof**, Kirchweg 1, ℰ 12 11, « Cafégarten », 🐎 – 📺 🚗 🅿. 🖭 **E** 𝚅𝙸𝚂𝙰
◆ *20. Dez.- 10. Jan. geschl.* – **M** *(Nov.- April Montag geschl.)* a la carte 20/39 – **24 Z : 46 B**
  32/55 - 64/102.

In Bispingen-Behringen NW : 4 km :

🏠 **Behringer Hof**, Seestr. 6, ℰ 4 44, 㟫, 🐎 – 🅿
  14 Z : 25 B Fb.

XX **Niedersachsen Hof** mit Zim, Widukindstr. 3, ℰ 77 50, 㟫 – 📺 ☎ 🚗 🅿. 🖭 **E** 𝚅𝙸𝚂𝙰
  Jan.- Feb. geschl. – **M** *(Okt.- Juni Dienstag geschl.)* a la carte 29/64 – **5 Z : 10 B** 85 - 140 –
  ½ P 90/105.

In Bispingen-Hützel NO : 2,5 km :

🏠 **Ehlbeck's Gasthaus**, Bispinger Str. 8, ℰ 23 19, 㟫, 🐎 – 🚗 🅿
  Mitte Feb.- Mitte März geschl. – **M** *(Nov.- Mai Montag geschl.)* a la carte 22/43 – **14 Z :
  22 B** 38/44 - 78/90 – ½ P 47/62.

In Bispingen-Niederhaverbeck NW : 10 km – ✿ 05198 :

🏠 **Menke** ॐ, ℰ 3 30, ≤, 㟫, ☎, 🐎 – 📺 🚗 🅿 – 🔬 25
  Anfang Feb.- Mitte März geschl. – **M** *(Nov.- Juni Donnerstag geschl.)* a la carte 28/62 –
  16 Z : 31 B 60 - 98/124.

🏠 **Landhaus Haverbeckhof** ॐ, ℰ 12 51, 㟫, 🐎 – 🅿
  M *(auch vegetarische Gerichte)* a la carte 25/55 – **37 Z : 57 B** 38/90 - 76/116 – ½ P 56/80.

In Bispingen-Oberhaverbeck NW : 9 km :

XX **Das Kleine Landhaus** ♨ mit Zim, 𝒫 (05198) 7 50, ☎, ☞ – ❶
16. Jan.- 14. März geschl. – **M** a la carte 30/48 – **12 Z : 19 B** 45 - 90 Fb.

An der Autobahn A 7- Westseite :

🏠 Motel - Raststätte Brunautal, ✉ 3045 Bispingen-Behringen, 𝒫 (05194) 8 85, 🍴 – ☎ ❶
30 Z : 67 B.

BISSENDORF KREIS OSNABRÜCK 4516. Niedersachsen 🔢 H 10 – 13 100 Ew – Höh
108 m – ✿ 05402.

🏌 Jeggen (N : 8 km), 𝒫 (05402) 6 36.
♦Hannover 129 – Bielefeld 49 – ♦Osnabrück 13.

In Bissendorf 2-Schledehausen NO : 8 km – Luftkurort :

🏠 **Bracksiek**, Bergstr. 22, 𝒫 71 81, Fax 8217, 🍴 – 📶 ☎ 👍 ⇐ ❶, 🅰🅴 🅴 🆅🅸🆂🅰
M *(Dienstag bis 18 Uhr geschl.)* a la carte 25/43 – **33 Z : 50 B** 46/51 - 82/92 Fb.

BISTENSEE Schleswig-Holstein siehe Rendsburg.

Michelin hängt keine Schilder an die empfohlenen Hotels und Restaurants.

BITBURG 5520. Rheinland-Pfalz 🔢 ✿. 🔢 M 6. 🔢 C 17 – 11 700 Ew – Höhe 339 m
✿ 06561.
🎫 Verkehrsbüro Bitburger Land, Bedastr. 11, 𝒫 89 34.
Mainz 165 – ♦Trier 31 – Wittlich 36.

🏨 **Eifelbräu**, Römermauer 36, 𝒫 70 31, Fax 7060 – 📺 ☎ ⇐ ❶ – 🔏 25/180. 🅰🅴 ⓞ 🅴 🆅🅸🆂🅰
M *(Montag geschl.)* 18 (mittags) und a la carte 32/55 – **28 Z : 51 B** 65 - 100 Fb.

XX Zum Simonbräu mit Zim, Am Markt 7, 𝒫 33 33 – 🔱 📺 ☎ ❶ – 🔏
5 Z : 9 B.

In Rittersdorf 5521 NW : 4 km :

🏠 **Zur Wisselbach**, Bitburger Str. 2, 𝒫 (06561) 70 57, ☞ – 📺 ❶. 🅰🅴 ⓞ 🅴 🆅🅸🆂🅰 ☆ Rest
7.- 27. Jan. geschl. – **M** a la carte 24/43 – **20 Z : 40 B** 43/50 - 80/94 – ½ P 58/65.

XX **Burg Rittersdorf**, in der Burg, 𝒫 (06561) 24 33, 🍴, « Wasserburg a.d. 15. Jh. » – ❶. 🅰
ⓞ 🅴 🆅🅸🆂🅰
Montag geschl. – **M** a la carte 40/60.

In Wolsfeld 5521 SW : 8 km :

🏠 **Zur Post**, an der B 257, 𝒫 (06568) 3 27, ☞ – ❶. ☆
◆ **M** *(Dienstag geschl.)* a la carte 18/40 – **19 Z : 40 B** 50 - 80/90.

In Dudeldorf 5521 O : 11 km über die B 50 :

🏨 **Romantik-Hotel Zum alten Brauhaus**, Herrengasse 2, 𝒫 (06565) 20 57, Fax 2125
« Gartenterrasse », ☞ – 📺 ☎ ❶. 🅰🅴 ⓞ 🅴 🆅🅸🆂🅰 ☆ Rest
15.- 30. Jan. und 1.- 15. Dez. geschl. – **M** *(Mittwoch geschl.)* a la carte 38/73 – **15 Z : 30 B**
100 - 130/170 Fb.

In Gondorf 5521 O : 11 km über die B 50 :

🏨 Waldhaus Eifel ♨, Eifelpark, 𝒫 (06565) 20 77, Fax 3361, 🍴, ☎, 🏊 – 🔱 📺 ☎ ❶ –
🔏 50
52 Z : 100 B Fb.

Am Stausee Bitburg NW : 12 km über Biersdorf – ✉ 5521 Biersdorf – ✿ 06569 :

🏨 **Dorint Sporthotel Südeifel** ♨, 𝒫 9 90, Telex 4729607, Fax 7909, ≤, 🍴, Massage, ☎
🏊, ☞, ➕ (Halle) – 🔱 📺 🏊 ❶ – 🔏 25/120. 🅰🅴 ⓞ 🅴 🆅🅸🆂🅰 ☆ Rest
Restaurants : **Gartenrestaurant M** a la carte 40/67 – **Bitstube M** a la carte 30/52 – **100 Z :
160 B** 110/155 - 180/250 Fb – 4 Appart. 270 – ½ P 123/188.

🏠 **Waldhaus Seeblick** ♨, Ferienstr. 1, 𝒫 2 22, Fax 3361, ≤ Stausee, « Terrasse », ☞ –
◆ ⇐ ❶. 🅴. ☆ Rest
5. Jan.- 15. Feb. geschl. – **M** *(16.- 25. Feb. geschl.)* a la carte 20/41 – **20 Z : 40 B** 45/51
72/80.

🏠 **Berghof** ♨, Ferienstr. 3, 𝒫 8 88, ≤ Stausee, 🍴, ☞ – 📺 ☎ ⇐ ❶
15. Nov.- 15. Dez. geschl. – **M** *(Montag geschl.)* a la carte 24/51 – **12 Z : 24 B** 50/55 - 86/91

Siehe auch : *Liste der Feriendörfer*

BITZFELD Baden-Württemberg siehe Bretzfeld.

BLAIBACH Bayern siehe Kötzting.

BLAICHACH Bayern siehe Sonthofen.

LANKENHEIM 5378. Nordrhein-Westfalen 987 ㉓, 412 C 15 − 8 300 Ew − Höhe 497 m − holungsort − ✪ 02449.

Verkehrsbüro im Rathaus, Rathausplatz, ☏ 3 33.

Düsseldorf 110 − ♦Aachen 77 − ♦Köln 74 − ♦Trier 99.

🏨 **Kölner Hof**, Ahrstr. 22, ☏ 10 61, 🍴, 🚘 − 📺 ☏ 🚗 🅿
März 3 Wochen geschl. − **M** *(Mittwoch geschl.)* a la carte 31/68 − **26 Z : 50 B** 45/68 - 78/95.

🏨 **Schloßblick**, Nonnenbacher Weg 2, ☏ 2 38, Telex 833631, Fax 253, 🚘, 🔲 − 🛗 ☏ 🅿 −
🛎 30. 🆎 ⓞ 🅴 𝐕𝐈𝐒𝐀
5. Nov. - 22. Dez. geschl. − **M** *(Nov.- April Mittwoch geschl.)* a la carte 23/51 − **33 Z : 62 B** 55/70 - 72/104.

🏨 **Café Violet**, Kölner Str. 7, ☏ 13 88, 🍴, 🚘, 🔲 − ⓞ 🅴
15. März - 1. April und 20. Nov.- 20. Dez. geschl. − **M** *(Dienstag geschl.)* a la carte 26/50 −
9 Z : 18 B 50/60 - 80 − ½ P 56/66.

LAUBACH Rheinland-Pfalz siehe Kusel.

LAUBEUREN 7902. Baden-Württemberg 413 M 21, 987 ㉟ ㊱ − 11 500 Ew − Höhe 519 m − 07344.

♦henswert : Ehemaliges Kloster (Hochaltar★★).

Stuttgart 83 − Reutlingen 57 − ♦Ulm (Donau) 18.

🏨 **Zum Ochsen**, Marktstr. 4, ☏ 62 65, Fax 8430 − 📺 ☏ 🚗 🅿. 🆎 ⓞ 🅴 𝐕𝐈𝐒𝐀
M a la carte 25/58 − **29 Z : 48 B** 68/75 - 110/130 Fb.

In Blaubeuren-Weiler W : 2 km :

🏨 **Forellenfischer** 🔺 garni, Aachtalstr. 5, ☏ 50 24 − ☏ 🅿. 🆎 🅴
22. Dez.- 15. Jan. geschl. − **22 Z : 36 B** 45/85 - 90/120 Fb.

🍴🍴 **Forellen-Fischer**, Aachtalstr. 6, ☏ 65 45 − 🅿. ⓞ
Sonntag 15 Uhr - Montag und Jan. 3 Wochen geschl. − **M** a la carte 30/64.

LAUEN Baden-Württemberg siehe Badenweiler.

LAUFELDEN 7186. Baden-Württemberg 413 M 19 − 4 500 Ew − Höhe 460 m − ✪ 07953.

Stuttgart 123 − Heilbronn 80 − ♦Nürnberg 122 − ♦Würzburg 89.

🏨 ❀ **Zum Hirschen**, Hauptstr. 15, ☏ 10 41, bemerkenswerte Weinkarte, « Modern - elegante Einrichtung » − 📺 ☏ 🚗 🅿
Jan. geschl. − **M** *(auch regionale Küche, Tischbestellung ratsam)* (April - Okt. Montag, Nov.- März Sonntag 15 Uhr - Montag geschl.) 110/125 und a la carte 37/85 − **12 Z : 20 B** 65/180 - 90/260
Spez. Hummersalat mit Koriander, Geschmorte Zickleinschulter mit Gemüsen (Mai - Juli), Gefüllte Taube mit Waldpilzen.

LECKEDE 2122. Niedersachsen 987 ⑯ − 8 000 Ew − Höhe 10 m − ✪ 05852.

Stadtverwaltung, Auf dem Kamp 1, ☏ 14 24.

Hannover 148 − ♦Hamburg 66 − Lüneburg 24.

🏨 **Landhaus an der Elbe** 🔺, Elbstr. 5, ☏ 12 30, ≼, 🍴, 🚤 − 📺 ☏ 🅿
M *(Okt.- März Freitag geschl.)* a la carte 23/35 − **15 Z : 23 B** 50/65 - 78/120.

In Neetze 2121 SW : 8 km :

🏨 Gasthof Strampe, Am Dorfplatz 10, ☏ (05850) 13 16, 🚘 − 🅿 − 🛎 35
30 Z : 60 B.

LEIALF Rheinland-Pfalz siehe Prüm.

LIESKASTEL 6653. Saarland 987 ㉓, 412 E 19, 242 ⑪ − 23 500 Ew − Höhe 211 m − neippkurort − ✪ 06842.

Saarbrücken 25 − Neunkirchen/Saar 16 − Sarreguemines 24 − Zweibrücken 12.

🍴 **Gasthaus Schwalb**, Gerbergasse 4, ☏ 23 06 − 🅿. ✂
← *Mitte - Ende Jan., Juli 3 Wochen und Sonntag 15 Uhr - Montag geschl.* − **M** a la carte 21/49
🍺.

In Blieskastel-Mimbach O : 1,5 km :

🏨 **Bliestal-Hotel**, Breitfurter Str. 10, ☏ 27 60, Fax 4156 − 📺 ☏ 🅿. ⓞ 🅴 𝐕𝐈𝐒𝐀 ✂ Rest
1.- 5. Jan. geschl. − **M** a la carte 26/55 − **13 Z : 26 B** 50 - 90 Fb.

In Blieskastel-Niederwürzbach NW : 5 km :

🍴🍴 Gutshof Junkerwald, Am Weiher (NW : 2 km), ☏ 70 77, « Gartenterrasse mit ≼ Weiher »
− 🅿.

🍴 Hubertushof 🔺 mit Zim, Kirschendell 32, ☏ 65 44, 🍴, Damwildgehege − 📺 ☏ 🅿
6 Z : 12 B.

BLOMBERG 4933. Nordrhein-Westfalen 987 ⑮. 412 K 11 − 15 000 Ew − Höhe 200 m
− ✪ 05235.

🔂 Blomberg-Cappel, 𝒫 (05236) 4 59.

🚹 Städt. Verkehrsamt, Marktplatz 2, 𝒫 50 40.

♦Düsseldorf 208 − Detmold 21 − ♦Hannover 74 − Paderborn 38.

🏨 **Burghotel Blomberg** 🦢, Am Brink 1, 𝒫 5 00 10, Fax 500145, « Mittelalterliche Burg »
🍴, ◻️ − 🛗 🅿 − 🛦 25/110. ⓞ 🅴 🆅🆂🅰
M a la carte 44/81 − **52 Z : 94 B** 90/120 - 145/190 Fb.

🏨 **Café Knoll**, Langer Steinweg 23, 𝒫 81 75, « Historische Fachwerkfassade a.d.J.1622 »
← 📺 🕾 🅿. 🅴
M (Montag bis 17 Uhr geschl.) a la carte 20/47 − **10 Z : 19 B** 59 - 95.

🏨 **Deutsches Haus**, Marktplatz 7, 𝒫 4 68 − 📺 🕾 − 🛦 25/60. 🅴 🆅🆂🅰
M a la carte 28/51 − **16 Z : 27 B** 65/80 - 106/120.

BLUMBERG 7712. Baden-Württemberg 413 I 23, 427 J 2, 216 ⑦ − 10 000 Ew − Höhe 703
− ✪ 07702.

🚹 Verkehrsamt, Hauptstr. 97 (Rathaus), 𝒫 51 27.

♦Stuttgart 143 − Donaueschingen 17 − Schaffhausen 26 − Waldshut-Tiengen 44.

In Blumberg 3-Epfenhofen SO : 3 km :

🏨 **Löwen**, Kommentalstr. 2 (B 314), 𝒫 21 19, 🐎 − 🛗 🅿
6. Jan.- 15. Feb. und Nov. geschl. − **M** (Donnerstag 15 Uhr - Freitag geschl.) a la carte 22/
🍴 − **25 Z : 48 B** 45 - 82.

In Blumberg 2-Zollhaus O : 1,5 km :

🏨 **Kranz**, Schaffhausener Str. 11 (B 27), 𝒫 25 30 − 📺 🕾 ⇆ 🅿. 🅴
← 3.- 25. Nov. geschl. − **M** (Samstag geschl.) a la carte 17/55 − **27 Z : 51 B** 46/49 - 79/92.

BOCHOLT 4290. Nordrhein-Westfalen 987 ⑬. 412 C 11. 408 K 6 − 70 000 Ew − Höhe 26
− ✪ 02871.

🚹 Stadtinformation - Verkehrsbüro, Europaplatz 22, 𝒫 50 44.

♦Düsseldorf 83 − Arnhem 57 − Enschede 58 − Münster (Westfalen) 82.

🏨 **Am Erzengel**, Münsterstr. 250 (B 67), 𝒫 1 40 95, Fax 184499, 🍴 − 🛗 📺 � ⇆ 🅿
🛦 25/250. 🅰🅴 🅴 🍴 Zim
M (Montag geschl.) a la carte 26/60 − **35 Z : 70 B** 130/140 - 180/200 Fb.

🏨 **Kupferkanne**, Dinxperloer Str. 53, 𝒫 41 31, Fax 43935 − 🛗 📺 🕾 ⇆ 🅿 − 🛦 25/80. ◻
ⓞ 🅴 🆅🆂🅰
M a la carte 32/53 − **29 Z : 55 B** 75/85 - 115/135 Fb.

🏨 **Zigeuner-Baron**, Bahnhofstr. 17, 𝒫 1 53 18, 🍴 − 📺 🕾 ⇆ 🅿. 🅰🅴 ⓞ 🅴 🆅🆂🅰
M a la carte 25/51 − **11 Z : 21 B** 60/70 - 115/130.

In Bocholt-Barlo N : 5 km :

🏨 Schloß Diepenbrock 🦢, Schloßallee 5, 𝒫 35 45, Fax 39607, 🍴 − 📺 🕾 🅿 − 🛦 25/5
🍴 Rest
22 Z : 39 B Fb.

BOCHUM 4630. Nordrhein-Westfalen 987 ⑭. 412 E 12 − 403 000 Ew − Höhe 83 m − ✪ 0234

Siehe Ruhrgebiet (Übersichtsplan).

Sehenswert : Bergbaumuseum★.

🔂 Im Mailand 125 (über ④), 𝒫 79 98 32.

🚹 Verkehrsverein im Hauptbahnhof, 𝒫 1 30 31.

🚹 Informationszentrum Ruhr-Bochum, Rathaus, Rathausplatz, 𝒫 6 21 39 75.

ADAC, Ferdinandstr. 12, 𝒫 31 10 01, Notruf 𝒫 1 92 11.

♦Düsseldorf 48 ⑥ − Dortmund 21 ② − ♦Essen 17 ⑥.

Stadtplan siehe gegenüberliegende Seite.

🏨 **Novotel**, Stadionring 22, 𝒫 59 40 41, Telex 825429, Fax 503036, 🍴, ⌧ (geheizt), 🐎 −
↩ Zim 🍴 📺 🕾 ⅆ 🅿 − 🛦 25/250. 🅰🅴 🅴 🆅🆂🅰   X
M a la carte 31/66 − **118 Z : 236 B** 143/153 - 174/290 Fb.

🏨 **Haus Oekey**, Auf dem Alten Kamp 10, 𝒫 3 86 71, Fax 382960, 🍴 − 📺 🕾 ⇆ 🅿. 🅰🅴 ⓞ
🅴 🆅🆂🅰   X
M (Sonntag bis 17 Uhr geschl.) a la carte 40/70 − **17 Z : 33 B** 95 - 138 Fb.

🏨 **Schmidt-Mönnikes - Restaurant Vitrine**, Drusenbergstr. 164, 𝒫 33 39 60 (Hote
31 24 69 (Rest.), Fax 3339666 − 📺 🕾 🅿. 🅰🅴 🅴   X
M a la carte 39/61 − **33 Z : 45 B** 70 - 98.

🏨 **Ibis** garni, Kurt-Schumacher-Platz (Im Hauptbahnhof), 𝒫 6 06 61, Telex 825644, Fax 68077
− 🛗 📺 🕾 🅿 − 🛦 25. 🅰🅴 🅴 🆅🆂🅰   Z
80 Z : 145 B 109 - 153.

142

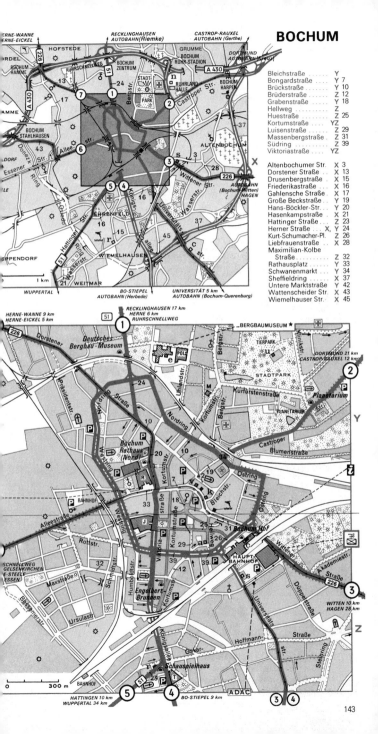

BOCHUM

143

🏨 **Arcade**, Universitätsstr. 3, ℰ 3 33 11, Telex 825447, Fax 3331867 – 🛗 ☎ 😊 – 🔬 50. **E** ▪
M *(Freitag 14 Uhr - Sonntag, 1.- 6. Jan. und 17. Juni - 4. Aug. geschl.)* a la carte 30/45
157 Z : 330 B 102/145 - 145/193 Fb.   Z

🏨 **Plaza** garni, Hellweg 20, ℰ 1 30 85 – 🛗 📺 ☎   Z
36 Z : 40 B Fb.

XXX **Gastronomie im Stadtpark**, Klinikstr. 41, ℰ 50 70 90, Fax 5070999, 🌲 – ♿ 😊
🔬 25/600. 🆎 😊 **E** 𝒱𝒾𝒮𝒜   Y
M 29/45 und a la carte 50/77.

XX **Altes Bergamt**, Schillerstr. 20, ℰ 5 19 55, Fax 51956 – 😊. 😊 **E** 𝒱𝒾𝒮𝒜   Y
1.- 15. Jan. geschl. – **M** a la carte 34/67.

XX **Alt Nürnberg**, Königsallee 16, ℰ 31 16 98 – 🆎 😊 **E**   Z
nur Abendessen, Montag geschl. – **M** a la carte 43/69.

XX **Jacky Balliére**, Wittener Str. 123, ℰ 33 57 60 – ⋙   X
Samstag bis 18 Uhr, Mittwoch und Juli - Aug. 4 Wochen geschl. – **M** a la carte 45/65.

XX **Stammhaus Fiege**, Bongardstr. 23, ℰ 1 26 43 – 🆎 **E**   Y
Donnerstag, 25. Juli - 19. Aug. und 26. Dez.- 3. Jan. geschl. – **M** a la carte 32/63.

X **Mutter Wittig**, Bongardstr. 35, ℰ 1 21 41, 🌲 – 🆎 😊 **E** 𝒱𝒾𝒮𝒜   Y
M a la carte 26/50.

In Bochum-Sundern über ⑤ :

XXX **Haus Waldesruh**, Papenloh 8 (nahe der Sternwarte), ℰ 47 16 76, Fax 461815, ≤, 🌲
😊 – 🔬 25/120. 🆎
Montag und Feb. geschl. – **M** a la carte 31/63.

In Bochum 6-Wattenscheid ⑥ : 9 km :

🏨 **Beckmannshof**, Berliner Str. 39, ℰ (02327) 37 84, Fax 33857, 🌲 – 📺 ☎ 😊 – 🔬 25/8
🆎 😊 **E** 𝒱𝒾𝒮𝒜
27. Dez.- 6. Jan. geschl. – **M** *(Samstag bis 18 Uhr und Sonntag geschl.)* a la carte 41/73
20 Z : 24 B 80/90 - 130 Fb.

🏨 **Am Südpark**, Höntroper Str. 103, ℰ (02327) 7 31 62, Fax 73337, 🌲 – 📺 ☎ 😊 – 🔬 25/8
19 Z : 30 B.

BOCKENEM 3205. Niedersachsen 🐵🐵🐵 ⑮ – 12 000 Ew – Höhe 113 m – ✆ 05067.
♦Hannover 68 – ♦Braunschweig 50 – Göttingen 54.

🏤 **Mackensen** ⋙, Stobenstr. 4, ℰ 15 84 – ⋙ Zim
← **M** *(April - Sept. Samstag und Sonntag jeweils bis 18 Uhr, Okt.- März Samstag geschl.)* a
carte 17/38 – **12 Z : 20 B** 40/50 - 68/88.

BOCKLET, BAD 8733. Bayern 🐵🐵🐵 N 16 – 2 200 Ew – Höhe 230 m – Heilbad – ✆ 09708.
Ausflugsziel : Schloß Aschach: Graf-Luxburg-Museum★, SW : 1 km (Mai - Okt. Fahrten mit his
Postkutsche).
🛈 Kurverwaltung, im Haus des Kurgastes, Kurhausstraße ℰ 2 17.
♦München 339 – Fulda 62 – Bad Kissingen 10.

🏨 **Kurhotel Kunzmann** ⋙, An der Promenade 6, ℰ 8 11, 🌲, Bade- und Massageabteilun
🔥, 😊, 📰, 🔭 🞓 Rest ☎ ♿ ⟷ 😊 – 🔬 25/80
M *(auch Diät)* a la carte 23/52 – **79 Z : 112 B** 68/91 - 134/162 Fb – ½ P 80/93.

🏨 **Laudensack**, von-Hutten-Str. 37, ℰ 2 24, « Gartenterrasse », 🞓 – 😊
← *Mitte Dez.- Mitte Feb. geschl.* – **M** *(Sonntag ab 18 Uhr und Dienstag geschl.)* a la car
20/45 🟊 – **33 Z : 51 B** 47/57 - 82/90.

🏨 **Kurpension Diana** ⋙, Waldstr. 19, ℰ 13 86, ≤, Massage, 😘, 🞓 – ⟷ 😊
März - Mitte Nov. – (Restaurant nur für Hausgäste) – **17 Z : 25 B** 43/55 - 86/90.

In Bad Bocklet 2-Steinach NO : 4 km :

X **Adler und Post**, Am Marktplatz 6, ℰ 15 57 – 😊
← *Mittwoch und ab Aschermittwoch 3 Wochen geschl.* – **M** a la carte 18/33 🟊.

BODELSHAUSEN Baden-Württemberg siehe Hechingen.

BODENHEIM Rheinland-Pfalz siehe Mainz.

Les hôtels ou restaurants agréables
sont indiqués dans le guide par un signe rouge.   🏰🏰🏰 ... 🏠
Aidez-nous en nous signalant les maisons où,
par expérience, vous savez qu'il fait bon vivre.   XXXXX ... X
Votre guide Michelin sera encore meilleur.

BODENMAIS 8373. Bayern **413** W 19, **987** ㉘ − 3 400 Ew − Höhe 689 m − Luftkurort −
Wintersport : 700/1 456 m ✦1 ✦1 ✦3, am Arber : ✦1 ✦5 ✦5 − ✪ 09924.

Ausflugsziele : Großer Arber ≤★★ NO : 11 km und Sessellift − Großer Arbersee★ NO : 8 km.

🏛 Kur- und Verkehrsamt, Bahnhofstr. 55, ℘ 7 78 35.

München 178 − Cham 51 − Deggendorf 35 − Passau 73.

- 🏨 **Kur- und Sporthotel Adam**, Bahnhofstr. 51, ℘ 70 11, Bade- und Massageabteilung, 🛋,
  ⇌, 🔲, 🌡 − 🕸 🔲 🛎 ☎ ✆ ✿ Rest
  (Restaurant nur für Hausgäste) − **32 Z : 68 B** Fb.

- 🏨 **Waldhotel Riederin** 🦢, Riederin 1, ℘ 70 71, Fax 7337, ≤ Bodenmais, Bade- und
  Massageabteilung, ⇌, 🌡 (geheizt), 🔲, 🌬, 🌵 (Halle), 🗲 − 🕸 🌡 Rest 🔲 ☎ ✆
  ❶. 🌵
  7.- 26. April und 3. Nov.- 19. Dez. geschl. − **M** a la carte 23/45 − **53 Z : 100 B** 61/78 - 118/
  152 Fb − ½ P 77/96.

- 🏨 **Hofbräuhaus**, Marktplatz 5, ℘ 70 21, Fax 7210, �& ⇌, 🔲 − 🕸 🔲 🛎 ✆ ✿ **❶**
- ◆ Anfang Nov.- Mitte Dez. geschl. − **M** a la carte 20/45 🍴 − **79 Z : 148 B** 56/66 - 96/130 Fb −
  ½ P 63/77.

- 🏨 **Neue Post** (mit Gästehaus 🦢), Kötztinger Str. 25, ℘ 70 77, �& ⇌, 🌬, 🌵 − 🔲 ☎ **❶**.
  🌵 Rest
  11.- 28. April und 10. Nov.- 15. Dez. geschl. − **M** a la carte 22/42 − **42 Z : 80 B** 42/ 70 - 70/
  96 Fb − ½ P 51/70.

- 🏨 **Andrea** 🦢, Hölzlweg 10, ℘ 3 86, ≤ Bodenmais, ⇌, 🔲, 🌬 − 🔲 ☎ **❶**. **E**. 🌵 Rest
  10. Nov.- 15. Dez. geschl. − (nur Abendessen für Hausgäste) − **20 Z : 39 B** nur ½ P 79/94 -
  158/166 Fb.

- 🏨 **Hubertus** 🦢, Amselweg 2, ℘ 70 26, ≤, �& ⇌, 🔲, 🌬 − 🔲 ☎ ✆ **❶**
- ◆ 14.- 27. April und 6. Nov.- 19. Dez. geschl. − **M** (Dienstag geschl.) a la carte 20/42 − **36 Z :
  66 B** 50/74 - 92/128 Fb.

- 🏨 **Waldesruh** 🦢, Scharebenstr. 31, ℘ 70 81, Fax 7217, ≤, �& ⇌, 🔲, 🌬 − 🕸 ☎ **❶** −
- ◆ 🎿 45
  Nov.- 20. Dez. geschl. − **M** a la carte 20/42 − **76 Z : 130 B** 45/80 - 80/120 − 6 Fewo 70/120
  − ½ P 55/75.

- 🏨 **Waldeck**, Arberseestr. 39, ℘ 70 55, ≤, Biergarten, ⇌, 🌬 − 🔲 **❶**
  48 Z : 96 B Fb.

- 🏨 **Fürstenbauer**, Kötztinger Str. 34, ℘ 70 91, ≤, �& ⇌, 🌬 − 🔲 ☎ **❶**
  22 Z : 43 B Fb.

- 🏨 **Appartementhotel Bergknappenhof** garni, Silberbergstr. 8, ℘ 4 66, ≤, ⇌, 🔲, 🌬,
  🌵 − **❶** ✆ **❶**. 🌵
  18 Z : 31 B 45/75 - 80/130.

- 🏨 **Kurparkhotel**, Amselweg 1, ℘ 10 94, �& − 🔲 ☎ **❶**. 🌵 Zim
  18 Z : 35 B.

- 🏨 **Zur Klause** 🦢 garni, Klause 1a, ℘ 18 85, ≤, ⇌ − **❶**. 🌵
  Nov.- Mitte Dez. geschl. − **18 Z : 36 B** 45 - 70 Fb.

  ### *In Bodenmais-Böhmhof* SO : 1 km :

- 🏨 **Böhmhof** 🦢, Böhmhof 1, ℘ 2 22, �& ⇌, 🌡 (geheizt), 🌬 − 🔲 ☎ ✆ **❶**
- ◆ Nov.- 15. Dez. geschl. − **M** a la carte 20/39 🍴 − **24 Z : 46 B** 54/66 - 98/110 Fb.

  ### *In Bodenmais-Mais* NW : 2,5 km :

- 🏨 **Waldblick**, ℘ 3 57, ⇌, 🔲, 🌬 − 🔲 **❶**
  Ende Okt.- Mitte Dez. geschl. − (nur Abendessen für Hausgäste) − **20 Z : 40 B** 37/46 -
  74/92 − ½ P 51/60.

  ### *In Bodenmais-Mooshof* NW : 1 km :

- 🏨 **Mooshof**, Mooshof 7, ℘ 70 61, ≤, �& Massage, ⇌, 🔲, 🌬, 🌵 − 🕸 🔲 ☎ **❶**
- ◆ 🌵 Rest
  2. Nov.- 15. Dez. geschl. − **M** a la carte 18/42 − **60 Z : 99 B** 45/80 - 82/125 Fb.

BODENSEE Baden-Württemberg und Bayern **413** KL 23, 24, **987** ㊺ ㊻, **216** ⑨ ⑩ ⑪ − Höhe
395 m.

Sehenswert : See★★ mit den Inseln Mainau★★ und Reichenau★ (Details siehe unter den erwähnten
Ufer-Orten).

BODENTEICH 3123. Niedersachsen **987** ⑯ − 4 600 Ew − Höhe 55 m − Kneipp-Kurort −
Luftkurort − ✪ 05824.

🏛 Kurverwaltung und Fremdenverkehrsamt, Burgstr. 8, ℘ 10 11.

◆Hannover 107 − ◆Braunschweig 76 − Lüneburg 50 − Wolfsburg 54.

- 🏨 **Braunschweiger Hof**, Neustädter Str. 2, ℘ 2 50, Fax 255, �& Bade- und Massageabteilung, 🛋, 🔲, 🌬, 🍴 − 🕸 ☎ 🛗 **❶** − 🎿 25/60
  M a la carte 22/48 − **50 Z : 96 B** 60/70 - 100/120 − ½ P 68/88.

145

BODENWERDER 3452. Niedersachsen 987 ⑮. 412 L 11 — 6 000 Ew — Höhe 75 m — Luftkuro▮ — ⊕ 05533.

🛈 Fremdenverkehrsamt, Brückenstr. 7, 𝒫 4 05 41.

♦Hannover 68 — Detmold 59 — Hameln 23 — ♦Kassel 103.

🏠 **Deutsches Haus**, Münchhausenplatz 4, 𝒫 39 25, Fax 4113, 🌳 — |‡| 🖵 ☎ 🅟 — 🛆 25/150
　 𝔸𝔼 𝔼
　 M a la carte 24/50 — **43 Z : 68 B** 40/75 - 70/105 Fb.

BODENWÖHR 8465. Bayern 413 TU 19. 987 ㉗ — 3 500 Ew — Höhe 378 m — ⊕ 09434.

♦München 168 — Cham 34 — ♦Nürnberg 99 — ♦Regensburg 46.

🏨 **Brauereigasthof Jacob**, Ludwigsheide 2, 𝒫 12 38, ≤, 🌳, « Geschmackvolle Einrichtung
　➡ im Landhausstil », 🐾ₛ, 🐎 — 🖵 ☎ 🚗 🅟 — 🛆 25/50. 🕸 Zim
　 M a la carte 19/38 — **24 Z : 48 B** 60/65 - 90/100 Fb — ½ P 65/85.

BODMAN-LUDWIGSHAFEN 7762. Baden-Württemberg 413 JK 23. 987 ㊵. 427 ⑦ — 3 300 Ew▮ — Höhe 408 m — ⊕ 07773.

🛈 Verkehrsamt, Rathaus (Bodman), Seestr. 5, 𝒫 54 86.

🛈 Verkehrsbüro, Rathaus (Ludwigshafen), Rathausstr. 2, 𝒫 50 23.

♦Stuttgart 165 — Bregenz 74 — ♦Konstanz 34 — Singen (Hohentwiel) 26.

Im Ortsteil Bodman — Erholungsort :

🏠 **Sommerhaus** garni, Kaiserpfalzstr. 67, 𝒫 76 82, ≤, 🐎 — 🖵. 𝔸𝔼
　 15. März - Okt. — **11 Z : 21 B** 55/65 - 90/100.

🏠 Adler 🦢, Kaiserpfalzstr. 119, 𝒫 56 50, « Terrasse mit ≤ », 🖘ₛ, 🐎 — 🅟
　 nur Saison — **18 Z : 27 B**.

🏠 **Seehaus** 🦢, Kaiserpfalzstr. 21, 𝒫 56 62, ≤, 🌳, 🐾ₛ, 🐎, Bootssteg — 🅟
　 23. März - Okt. — **M** (Dienstag geschl.) a la carte 24/50 — **9 Z : 18 B** 65/85 - 100/110.

💥 Weinstube Torkel (Fachwerkhaus a.d.J. 1772), Am Torkel 6, 𝒫 56 66 — 🅟
　 wochentags nur Abendessen — (Tischbestellung ratsam).

Im Ortsteil Ludwigshafen :

🏨 **Strandhotel Adler**, Hafenstr. 4, 𝒫 52 14, ≤, « Gartenterrasse am See », 🖘ₛ, 🐎 — 🖵 🛋
　 🅟. 𝔸𝔼 ⓞ 𝔼 𝕍𝕀𝕊𝔸
　 1.- 16. Feb. geschl. — Restaurants (Mittwoch geschl.): **Gourmet-Restaurant M** a la carte
　 54/77 — **Stüble M** a la carte 32/49 — **18 Z : 36 B** 85/125 - 170/210 Fb.

🏠 **Krone**, Hauptstr. 25, 𝒫 53 16, Fax 7221, 🌳, 🖘ₛ — 🖵 🅟. ⓞ 𝔼 𝕍𝕀𝕊𝔸
　 27. Okt.- 11. Nov. geschl. — **M** (Mittwoch bis 17 Uhr geschl.) a la carte 22/44 🍷 — **21 Z : 38 B**
　 60 - 95/115 Fb.

Se cercate un albergo tranquillo,
oltre a consultare le carte dell' introduzione,
rintracciate nell'elenco degli esercizi quelli con il simbolo 🦢 o 🦢 .

BÖBLINGEN 7030. Baden-Württemberg 413 K 20. 987 ㉟ — 43 000 Ew — Höhe 464 m -▮ ⊕ 07031.

🛈 Städt. Verkehrsamt, Kongreßhalle, 𝒫 66 62 25.

♦Stuttgart 19 ① — ♦Karlsruhe 80 ① — Reutlingen 36 ② — ♦Ulm (Donau) 97 ①.

Stadtpläne siehe nächste Seiten.

🏨 **Böhler**, Postplatz 17, 𝒫 2 51 43, Fax 226168, 🖘ₛ, 🔲 — |‡| 🖵 ☎ 🚗 🅟 — 🛆 30　　DY **r**
　 M (Freitag 18 Uhr - Samstag und Aug. 3 Wochen geschl.) a la carte 38/71 — **41 Z : 60 B**
　 130/150 - 170/220 Fb.

🏨 **Zum Reussenstein** garni (Mahlzeiten im Gasthof Zum Reussenstein, Kalkofenstr. 20,
　 𝒫 6 60 00, Fax 660055, 🖘ₛ — |‡| 🖵 ☎ 🚗 🅟. 𝔸𝔼 ⓞ 𝔼 𝕍𝕀𝕊𝔸　　　　　　　　BT **h**
　 42 Z : 60 B 85/115 - 130/165 Fb.

🏨 **Wanner** garni, Tübinger Str. 2, 𝒫 22 60 06, Fax 223386 — |‡| 🖵 ☎ 🚗. 𝔸𝔼 ⓞ 𝔼 𝕍𝕀𝕊𝔸
　 20. Dez.- 6. Jan. geschl. — **34 Z : 69 B** 114/155 - 174/315 Fb.　　　　　　　　DZ **p**

🏨 **Böblinger Haus**, Keilbergstr. 2, 𝒫 22 70 44, Fax 23811, 🌳 — 🖵 ☎ 🚗 🅟. 𝔸𝔼 ⓞ 𝔼 𝕍𝕀𝕊𝔸
　 🕸　　　　　　　　　　　　　　　　　　　　　　　　　　　　　　　　　　BT **u**
　 20. Dez.- 8. Jan. geschl. — **M** (Sonntag ab 15 Uhr, Samstag und 12.- 31. Aug. geschl.) a la
　 carte 36/60 — **25 Z : 39 B** 105/115 - 150/160 Fb.

🏠 **Rieth**, Tübinger Str. 155 (B 464), 𝒫 27 35 44, Fax 277760, 🐎 — 🖵 ☎ 🚗 🅟. 𝔸𝔼 ⓞ 𝔼 𝕍𝕀𝕊𝔸
　 22. Juli - 11. Aug. und 23. Dez.- 2. Jan. geschl. — (nur Abendessen für Hausgäste) — **46 Z :**
　 67 B 98/110 - 130/150 Fb.　　　　　　　　　　　　　　　　　　　　　BU **v**

In Böblingen-Hulb :

🏨 Novotel Böblingen, Otto-Lilienthal-Str. 18, 𝒫 2 30 71, Telex 7265438, Fax 228816, 🌳, 🖘ₛ,
　 ⬜ (geheizt), 🐎 — |‡| 🖵 ☎ ৬ 🅟 — 🛆 25/150　　　　　　　　　　　　AT **s**
　 118 Z : 236 B Fb.

In Schönaich 7036 SO : 6 km BU – 🕿 07031 :

🏠 **Sulzbachtal** 🍴, im Sulzbachtal (NO : 2 km, Richtung Steinenbronn), 🖉 5 10 88 (Hotel)
5 15 11 (Rest.), 🌳, 🛋 – 📺 🕿 🅿
22. Dez.- 15. Jan. geschl. – **M** (Montag geschl.) a la carte 25/50 – **20 Z : 32 B** 75/79 -
104/108 Fb.

🏠 **Pfefferburg**, Böblinger Straße (NW : 2 km), 🖉 5 50 10, Fax 550160, ≤, 🌳 – 📺 🕿
🅿   BU **q**
27 Z : 36 B Fb.

🏠 **Wagner** 🍴 garni, Cheruskerstr. 6, 🖉 5 10 94, Fax 51097 – 📺 🕿 🅿 🆎 ⑩ 🅴 💳
🌺   südlich BU
20 Z : 35 B 79 - 105.

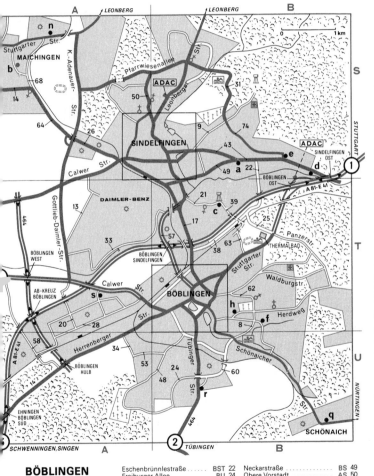

BÖBLINGEN
SINDELFINGEN

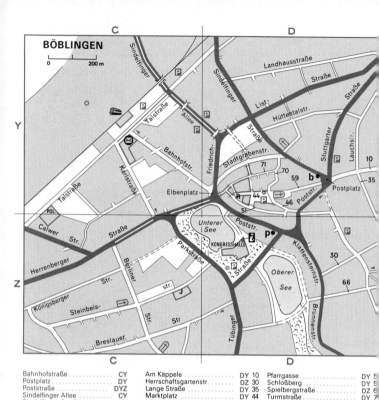

BÖBLINGEN

0 — 200 m

BÖBRACH 8371. Bayern 📖 W 19 – 1 500 Ew – Erholungsort – Wintersport ⚡️8 – 🕿 09923 (Teisnach) – 🛈 Verkehrsverein, Rathaus, ℰ 23 52.
♦München 171 – Passau 78 – Regen 18 – ♦Regensburg 98.

🏠 Ödhof 🦌, Od Nr. 5, ℰ 12 46, ≼, 🍴, 🍸, 🔲, 🛏, 🍴 – 🛎 🕿 🚗 🅿. 🎖 Zim
18 Z : 34 B.

BÖHMENKIRCH 7926. Baden-Württemberg 📖 M 20. 🔢 🟣 – 4 500 Ew – Höhe 696 m –
🕿 07332 (Weißenstein) – ♦Stuttgart 70 – Göppingen 26 – Heidenheim an der Brenz 17 – ♦Ulm (Donau) 45.

🏚 **Lamm**, Kirchstr. 8, ℰ 52 43 – 🕿 🚗 🅿
← 5.- 19. Aug. geschl. – **M** (Montag geschl.) a la carte 19,50/37 🍷 – **27 Z : 50 B** 32/42 - 60/80.

BÖNNIGHEIM 7124. Baden-Württemberg 📖 📖 K 19 – 6 300 Ew – Höhe 221 m – 🕿 07143
♦Stuttgart 40 – Heilbronn 17 – Ludwigsburg 24 – Pforzheim 36.

🏠 **Bebenhauser Hof**, Ringstr. 19, ℰ 20 89 – 📺 🕿 – 🅰 25/40. 🖭 🅴 🌐
M (Montag geschl.) a la carte 37/64 – **19 Z : 32 B** 75 - 110/140 Fb.

🏚 Rössle, Karlstr. 37, ℰ 2 17 80 – 🅿 – **11 Z : 14 B**.

BÖRSTINGEN Baden-Württemberg siehe Starzach.

BÖSINGEN Baden-Württemberg siehe Pfalzgrafenweiler.

BÖTTIGHEIM Bayern siehe Neubrunn.

BÖTZINGEN 7805. Baden-Württemberg 📖 G 22. 🔢 🟣. 🔢 ⑦ – 4 500 Ew – Höhe 186 m –
🕿 07663 (Eichstetten) – ♦Stuttgart 224 – Colmar 35 – ♦Freiburg im Breisgau 16.

🏠 Zur Krone, Gottenheimer Str. 1, ℰ 1 23 20, 🍴 – 🕿 🅿 – **30 Z : 53 B** Fb.

BOGEN 8443. Bayern 🔲 V 20, 🔲 ㉗ — 9 000 Ew — Höhe 332 m — 🕓 09422.

München 134 — ◆Regensburg 60 — Straubing 12.

🏨 **Zur Post**, Stadtplatz 15, 𝒫 13 46, Biergarten — 🚗 🅿
→ 21. Mai - 2. Juni geschl. — **M** *(Freitag 14 Uhr - Samstag 18 Uhr geschl.)* a la carte 19/36 — **20 Z : 31 B** 30/35 - 60/70.

In Bogen-Bogenberg O : 3,5 km :

✗ **Schöne Aussicht** 🌲 mit Zim, 𝒫 15 39, ≤ Donauebene, Biergarten — 🚗 🅿. ✸ Zim
15. Jan.- 20. Feb. geschl. — **M** *(im Winter Freitag geschl.)* a la carte 23/40 ⅄ — **3 Z : 6 B** 28 - 50.

In Niederwinkling-Welchenberg 8351 SO : 8 km :

✗✗ **Landgasthof Buchner**, Freymannstr. 15, 𝒫 (09962) 7 30, Biergarten — 🅿. 🆎 ⓞ 🅴
Montag - Dienstag und Mitte Sept.- Mitte Okt. geschl. — Menu a la carte 34/59.

BOHMTE 4508. Niedersachsen 🔲 ⑭, 🔲 H 9 — 9 700 Ew — Höhe 58 m — 🕓 05471.

◆Hannover 122 — ◆Bremen 98 — ◆Osnabrück 21.

🏨 Gieseke-Asshorn, Bremer Str. 55, 𝒫 10 01, 🕿 — 🕿 🚗 🅿
11 Z : 18 B.

BOLL 7325. Baden-Württemberg 🔲 L 21 — 4 600 Ew — Höhe 425 m — 🕓 07164.

◢ Verkehrsamt, Hauptstr. 94 (Rathaus). 𝒫 8 08 28.

Stuttgart 48 — Göppingen 9 — ◆Ulm (Donau) 49.

🏨 **Badhotel Stauferland** 🌲, Gruibinger Str. 32, 𝒫 20 77, Fax 4146, « Terrasse mit ≤ », 🕿,
🔲, 🌳 — 📳 📺 🕿 🕹 🚗 🅿 — 🔬 30. ✸ Rest
45 Z : 57 B Fb.

🏨 **Löwen**, Hauptstr. 46, 𝒫 50 13 — 📺 🅿. ⓞ 🅴 🆅🆂🅰
→ Mitte Dez.- Mitte Jan. geschl. — **M** *(Montag geschl.)* a la carte 19/50 ⅄ — **22 Z : 30 B** 62/66 - 77/117.

BOLLENDORF 5526. Rheinland-Pfalz 🔲 C 17, 🔲 M 6, 🔲 ⑳ — 1 700 Ew — Höhe 215 m —
.uftkurort — 🕓 06526.

◢ Tourist - Information, Am Sauerstaden, 𝒫 2 30.

Mainz 193 — Bitburg 28 — Luxembourg 43 — ◆Trier 34.

🏨 **Burg Bollendorf** 🌲, Burgstr. 7, 𝒫 6 90, Fax 6938, 🍴, Vogelpark, 🕿, 🌳, ✗, 🐎 — 📳
📺 🕿 🅿 — 🔬 25/100. 🆎 🅴. ✸
M a la carte 27/56 — **29 Z : 57 B** 75 - 130 Fb — 20 Fewo 98 — ½ P 78/88.

🏨 **Ritschlay** 🌲, Auf der Ritschlay 3, 𝒫 2 12, ≤ Sauertal, « Garten », 🌳 — 🅿. 🅴
10. Jan. - Feb. und 15. Nov.- 20. Dez. geschl. — (Restaurant nur für Hausgäste) — **20 Z : 35 B** 57 - 92/113 — ½ P 65/74.

🏨 **Waldhotel Sonnenberg** 🌲, Sonnenbergallee (NW:1,5 km), 𝒫 5 52, Fax 8677, ≤ Sauertal,
🍴, 🕿, 🔲 — 📳 🅿. ✸ Rest
7. Jan.- März und 20. Nov.- 20. Dez. geschl. — **M** a la carte 24/55 — **29 Z : 57 B** 55/90 - 100/150 Fb — ½ P 65/95.

🏨 **Scheuerhof**, Sauerstaden 42, 𝒫 3 95, Fax 8639, 🍴, Biergarten — 🕿 🅿. ⓞ 🅴. ✸
→ 10.- 28. März und 1.-25 Dez. geschl. — **M** *(Nov.- März Montag - Dienstag geschl.)* a la carte 21/46 ⅄ — **14 Z : 30 B** 48/55 - 96/102 Fb — ½ P 56/68.

🏨 **Landhaus Oesen** 🌲, Auf dem Oesen 13, 𝒫 3 05, ≤ Sauertal und Bollendorf, 🍴, 🌳 — 🅿.
✸
15 Z : 30 B.

🏨 **Vierjahreszeiten** 🌲, Auf dem Träuschfeld 6, 𝒫 2 67, ≤, 🍴, 🌳 — 📺 🅿. ✸
→ **M** *(nur Abendessen)* a la carte 21/48 — **10 Z : 20 B** 66 - 90/100 Fb — ½ P 58/68.

🏨 **Hauer**, Sauerstaden 20, 𝒫 3 23, Fax 314, 🍴 — 🅿. 🅴. ✸
→ **M** a la carte 19/42 — **21 Z : 42 B** 50/54 - 80/88 — ½ P 59/63.

An der Straße nach Echternacherbrück SO : 2 km :

🏨 **Am Wehr**, ✉ 5526 Bollendorf, 𝒫 (06526) 2 42, Fax 298, ≤, 🍴 — 🚗 🅿. ⓞ 🅴. ✸
→ 2.- 15. Jan. und 20. Nov.- 20. Dez. geschl. — **M** *(Abendessen nur für Hausgäste)* a la carte 20/42 ⅄ — **16 Z : 36 B** 48/56 - 80/104 Fb — ½ P 51/64.

BONN 5300. Nordrhein-Westfalen 🔲 ㉓㉔, 🔲 E 14 — Bundeshauptstadt — 296 000 Ew —
Höhe 64 m — 🕓 0228.

Sehenswert : In Bonn : Regierungsviertel*, Beethovenhaus* CY — Doppelkirche
Schwarz-Rheindorf* DY — Rheinisches Landesmuseum (Römische Abteilung*) BZ **M** — Münster
Kreuzgang*) CZ **A** — Alter Zoll ≤* CY **B** — In Bonn-Bad Godesberg : Rheinufer* (≤*) —
Godesburg ✳* —.

🛬 Köln-Bonn in Wahn (① : 27 km), 𝒫 (02203) 4 01.

◢ Informationsstelle, Münsterstr. 20 (Cassius Bastei), 𝒫 77 34 66.

◢DAC, Godesberger Allee 125 (Bad Godesberg), 𝒫 8 10 09 99, Notruf 𝒫 1 92 11.

◆Düsseldorf 73 ⑥ — ◆Aachen 91 ⑥ — ◆Köln 28 ⑥ — Luxembourg 190 ④.

5   149

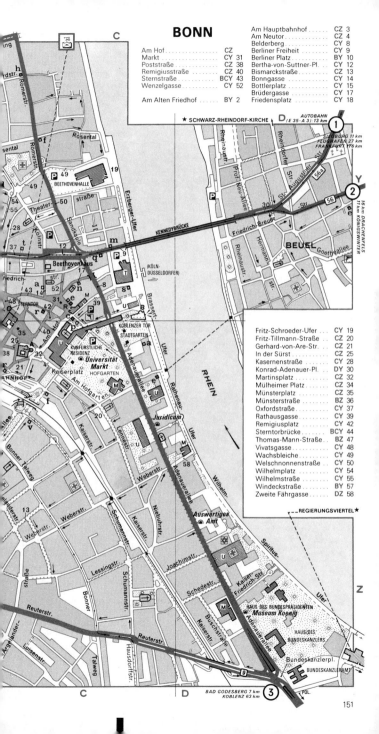

BONN

★ SCHWARZ-RHEINDORF-KIRCHE

AUTOBAHN
(E 35-A 3) 13 km

SIEGBURG 11 km
FLUGHAFEN 27 km
FRANKFURT 176 km

16 km DRACHENFELS
11 km KÖNIGSWINTER

BEUEL

BAD GODESBERG 7 km
KOBLENZ 63 km

─ ─ REGIERUNGSVIERTEL ★

RHEIN

BONN -
BAD GODESBERG

0   500 m

Maritim, Godesberger Allee (B 9), ℰ 8 10 80, Telex 886413, Fax 8108811, Massage, ↻, ⇌, ☒ – 🛗 ❖ Zim 🚻 📺 ⇔ – 🔬 25/1500. 🖭 ⓞ 🖻 𝘝𝘐𝘚𝘈   über ③
Restaurants : **La Marée** *(Samstag bis 18 Uhr, Sonntag und Mitte Juli - Mitte Aug. geschl.)* **M**
a la carte 78/99 – **Rôtisserie M** 37/69 (Buffet) – **412 Z : 730 B** 205/375 - 254/454 Fb –
41 Appart. 550/1800.

Bristol ⌕, Prinz-Albert-Str. 2, ℰ 2 69 80, Telex 8869661, Fax 2698222, 😕, ⇌, ☒ – 🛗 ❖ Zim 🚻 📺 ⇔ – 🔬 40/300. 🖭 ⓞ 🖻 𝘝𝘐𝘚𝘈 ❧ Rest   CZ **v**
M *(Sonntag und Juli - Aug. 4 Wochen geschl.)* a la carte 60/90 – **120 Z : 200 B** 280 - 390 –
6 Appart. 800/1500.

Pullman-Hotel Königshof, Adenauerallee 9, ℰ 2 60 10, Telex 886535, Fax 2601529, ⩽ Rhein, 😕 – 🛗 📺 ⇔ – 🔬 25/200. 🖭 ⓞ 🖻 𝘝𝘐𝘚𝘈 ❧ Rest   CZ **a**
M a la carte 41/83 – **137 Z : 209 B** 208/248 - 236/266 Fb – 4 Appart.

Scandic Crown Hotel, Berliner Freiheit 2, ℰ 7 26 90, Telex 885271, Fax 7269700, 😕, Massage, ⇌, ☒ – 🛗 ❖ Zim 🚻 📺 ⅙ ⇔ – 🔬 25/250. 🖭 ⓞ 🖻 𝘝𝘐𝘚𝘈 ❧ Rest   CY **m**
Restaurants : **La Couronne** *(Sonn- und Feiertage geschl.)* **M** a la carte 70/90 – **Rhapsody M**
a la carte 48/70 – **252 Z : 500 B** 210 - 270 Fb – 14 Appart. 500/1000.

Günnewig Residence Hotel ⌕, Kaiserplatz, ℰ 2 69 70, Telex 885693, Fax 2697728, Biergarten, ⇌, 🛇, 🐾 – 🛗 🚻 📺 ⅙ ⇔ – 🔬 25/200. 🖭 ⓞ 🖻 𝘝𝘐𝘚𝘈 ❧ Zim   CZ **f**
M a la carte 32/68 – **150 Z : 250 B** 212/242 - 262/292 Fb – 5 Appart. 400/450.

Domicil, Thomas-Mann-Str. 24, ℰ 72 90 90, Fax 691207, « Modern-elegante Einrichtung », ⇌, ⇔, 🔬 35. 🖭 ⓞ 🖻   BY **e**
21. Dez.- 2. Jan. geschl. – **M** siehe Restaurant Felix Krull – **42 Z : 70 B** 189/384 - 273/453 Fb.

Kaiser-Karl-Hotel garni, Vorgebirgsstr. 56, ℰ 65 09 33, Telex 886856, Fax 637899, « Elegante Einrichtung » – 🛗 📺 ⇔ – 🔬 35. 🖭 ⓞ 🖻 𝘝𝘐𝘚𝘈   BY **a**
42 Z : 60 B 180/319 - 250/380.

Consul garni, Oxfordstr. 12, ℰ 7 29 20, Telex 8869660, Fax 7292250 – 🛗 📺 ☎ ⇔ – 🔬 35. 🖭 ⓞ 🖻 𝘝𝘐𝘚𝘈   CY **t**
23. Dez.- 2. Jan. geschl. – **92 Z : 144 B** 120/140 - 170/195 Fb.

Schloßpark-Hotel, Venusbergweg 27, ℰ 21 70 36, Telex 889661, Fax 261070, ⇌, ☒ – 🛗 📺 ☎ ⇔ – 🔬 80. 🖭 ⓞ 🖻 𝘝𝘐𝘚𝘈   BZ **a**
M *(Samstag bis 18 Uhr geschl.)* a la carte 38/60 – **70 Z : 90 B** 100/170 - 130/260 Fb.

Continental garni, Am Hauptbahnhof, ℰ 63 53 60, Fax 631190 – 🛗 📺 ☎. 🖭 ⓞ 🖻 𝘝𝘐𝘚𝘈
23. Dez.- 9. Jan. geschl. – **35 Z : 62 B** 130/200 - 190/260.   CZ **r**

President, Clemens-August-Str. 32, ℰ 69 40 01, Fax 694090, 😕 – 🛗 ❖ Zim 📺 ☎ ⇔ – 🔬 25/80. 🖭 ⓞ 🖻 𝘝𝘐𝘚𝘈   BZ **s**
M *(Samstag geschl.)* a la carte 26/55 – **98 Z : 181 B** 144/234 - 184/264 Fb.

Beethoven, Rheingasse 26, ℰ 63 14 11, Telex 886467, Fax 691629 – 🛗 📺 ☎ ⇔. ⓞ 🖻 𝘝𝘐𝘚𝘈. ❧   CY **s**
27. Dez.- 5. Jan. geschl. – **M** *(Samstag und 18. Juli - 10. Aug. geschl.)* 15/26 (mittags) und a
la carte 33/54 – **59 Z : 99 B** 69/139 - 139/159 Fb.

Astoria, Hausdorffstr. 105, ℰ 23 95 07, Telex 8869992, Fax 230378, ⇌ – 🛗 📺 ☎ ⓟ. ⓞ 🖻 𝘝𝘐𝘚𝘈   über Hausdorffstraße CZ
20. Dez.- 5. Jan. geschl. – (nur Abendessen für Hausgäste) – **53 Z : 80 B** 90/165 - 140/
185 Fb.

Arcade, Vorgebirgsstr. 33, ℰ 7 26 60, Telex 886683, Fax 7266405, 😕 – 🛗 📺 ☎ ⅙ ⇔ ⓟ – 🔬 25/130. 🖭 🖻 𝘝𝘐𝘚𝘈   BY **d**
M *(Samstag - Sonntag und Aug. geschl.)* a la carte 26/48 – **147 Z : 339 B** 115 - 164 Fb.

Sternhotel garni, Markt 8, ℰ 7 26 70, Telex 886508, Fax 7267125 – 🛗 📺 ☎. 🖭 ⓞ 🖻 𝘝𝘐𝘚𝘈 ❧   CY **e**
70 Z : 125 B 100/150 - 135/190.

Römerhof, Römerstr. 20, ℰ 63 47 96 – ☎ ⓟ. ❧   CY **f**
(nur Abendessen für Hausgäste) – **26 Z : 37 B** 86/102 - 148/162.

Jacobs garni, Bergstr. 85, ℰ 23 28 22, « Einrichtung im Bauernstil, ländliche Antiquitäten », ⇌ – 🛗 📺 ☎ ⓟ   über Hausdorffstraße CZ
40 Z : 65 B 60/110 - 100/145 Fb.

Rheinland garni, Berliner Freiheit 11, ℰ 65 80 96 – 🛗 📺 ☎ ⇔. 🖭   CY **q**
20. Dez.- 10. Jan. geschl. – **32 Z : 56 B** 98/110 - 145.

Krug garni, Sternenburgstr. 15 (Poppelsdorf), ℰ 22 58 68 – ☎ ⓟ. 🖻 𝘝𝘐𝘚𝘈   BZ **e**
28 Z : 52 B 60/74 - 90/109 Fb.

Kurfürstenhof garni, Baumschulallee 20, ℰ 63 11 66, Fax 632045 – 🛗 📺 ☎ ⓟ. ⓞ 🖻 𝘝𝘐𝘚𝘈   BZ **x**
28 Z : 49 B 50/95 - 85/125.

Löhndorf garni, Stockenstr. 6, ℰ 63 47 26 – 🛗 📺 ☎. ❧   CYZ **p**
15 Z : 21 B 60/110 - 90/150 Fb.

Mozart garni, Mozartstr. 1, ℰ 65 90 71, Fax 659075 – 🛗 ☎ ⇔ – **39 Z : 68 B**.   BZ **n**

Kölner Hof garni, Kölnstr. 502, ℰ 67 10 04, Fax 679737 – 📺 ☎ ⇔ ⓟ. 🖭 🖻 𝘝𝘐𝘚𝘈
39 Z : 59 B 72/85 - 110/135.   über Kölnstraße ABY

Groß garni, Bonngasse 17, ℰ 65 40 80 – 🛗 📺 ☎   CY **a**
22. Dez.- 7. Jan. geschl. – **18 Z : 20 B** 75/85 - 125 Fb.

Weiland garni, Breite Str. 98a, ℰ 65 50 57 – ☎. 🖭 ⓞ 🖻 𝘝𝘐𝘚𝘈   CY **d**
17 Z : 28 B 50/90 - 120/130.

XXX **Am Tulpenfeld**, Heussallee 2, 𝒸 21 90 81, 😊 – 🍽 – 🔬 25/100. ⓞ 🖪 𝓥𝓘𝓢𝓐. 🍴 über ③
Sonn- und Feiertage ab 15 Uhr sowie Samstag geschl. – **M** 28/38 (mittags) und a la carte
48/85.

XX **Le Petit Poisson**, Wilhelmstr. 23a, 𝒸 63 38 83 – 🄰🄴 ⓞ 🖪 𝓥𝓘𝓢𝓐   CY
Sonntag - Montag geschl. – **M** (Tischbestellung ratsam) a la carte 65/102.

XX **Zur Lese**, Adenauerallee 37, 𝒸 22 33 22, Fax 222060, ≤ Rhein, 😊 – ⓟ. 🄰🄴 ⓞ 🖪 𝓥𝓘𝓢𝓐. 🍴
Montag geschl. – **M** a la carte 37/60.   CZ

XX **Ristorante Grand'Italia** (Italienische Küche), Bischofsplatz 1, 𝒸 63 83 33 – 🄰🄴 ⓞ
𝓥𝓘𝓢𝓐   CYZ
M a la carte 37/67.

XX **Zum Kapellchen**, Brüdergasse 12, 𝒸 65 10 52, 😊 – 🄰🄴 ⓞ 🖪 𝓥𝓘𝓢𝓐. 🍴   CY
Sonntag und Juli - Aug. 3 Wochen geschl. – **M** a la carte 48/80.

XX **Felix Krull**, Thomas-Mann-Str. 24, 𝒸 65 53 00   BY

XX **Ristorante Caminetto** (Italienische Küche), Römerstr. 83, 𝒸 65 42 27 – ⓞ 𝓥𝓘𝓢𝓐   CY
Sonntag und Juli - Aug. 3 Wochen geschl. – **M** a la carte 41/65.

XX **Em Höttche**, Markt 4, 𝒸 65 85 96, « Altdeutsche Gaststätte » – 🄰🄴 ⓞ 🖪 𝓥𝓘𝓢𝓐   CY
22. Dez.- 6. Jan. geschl. – **M** a la carte 35/74.

X **Im Bären** (Brauereigaststätte), Acherstr. 1, 𝒸 63 32 00, 😊   CY
M a la carte 22/50.

Auf dem Venusberg   SW : 4 km über Trierer Straße BZ und Im Wingert :

🏨 **Steigenberger Hotel Venusberg** 🌳, An der Casselsruhe 1, ✉ 5300 Bonn 1
𝒸 (0228) 28 80, Telex 886363, Fax 288288, 😊, Massage, ≏ – 🛗 📺 ⇔ ⓟ – 🔬 25/150.
🄰🄴 ⓞ 🖪 𝓥𝓘𝓢𝓐. 🍴 Rest
M a la carte 55/86 – **86 Z : 130 B** 235/275 - 280/360 Fb – 6 Appart. 490/1280.

In Bonn 3-Beuel :

🏨 Schloßhotel Kommende Ramersdorf 🌳 (ehem. Ritterordens-Schloß, Schloßmuseum)
Oberkasseler Str. 10 (Ramersdorf), 𝒸 44 07 34, Fax 444400, ≤, 😊, « Einrichtung mi
Stil-Möbeln und Antiquitäten » – ☎ ⓟ   über ② und die B 4
(Italienische Küche) – **18 Z : 28 B** Fb.

🏠 **Willkens**, Goetheallee 1, 𝒸 47 16 40, Telex 8869769, Fax 462293 – 🛗 📺 ☎. 🄰🄴 ⓞ 🖪 𝓥𝓘𝓢𝓐
🍴 Rest   über Goetheallee   DY
Juli geschl. – **M** (nur Abendessen, Freitag - Samstag geschl.) a la carte 30/44 – **34 Z : 55**
74/90 - 115/125.

🏠 Florin 🌳 garni, Ölbergweg 17, 𝒸 47 18 40 – 📺 ☎ ⓟ   über Hermannstr.   DY
16 Z : 23 B.

🏠 **Mertens**, Rheindorfer Str. 134, 𝒸 47 44 51 – ☎ ⓟ   über Rheindorfer Str.   DY
M (wochentags nur Abendessen, Dienstag geschl.) a la carte 24/53 ⅜ – **14 Z : 24 B** 53/62
95/105.

XX **Schaarschmidt**, Siegfried-Leopold-Str. 66, 𝒸 46 00 56, 😊 – 🖪. 🍴   DY
Samstag bis 19 Uhr geschl. – **M** a la carte 57/82 – **Bistro M** a la carte 26/54.

In Bonn 1-Endenich :

XX **Altes Treppchen** mit Zim, Endenicher Str. 308, 𝒸 62 50 04, Fax 621264, « Behagliche
Restaurant mit altdeutscher Einrichtung » – ☎ ⇔ ⓟ. 🄰🄴 ⓞ 🖪 𝓥𝓘𝓢𝓐   AZ
7.- 13. Feb. und Weihnachten - Neujahr geschl. – **M** (Samstag - Sonntag geschl.) a la carte
40/65 – **23 Z : 29 B** 70 - 120.

In Bonn 2-Bad Godesberg :

🏨 **Rheinhotel Dreesen** 🌳, Rheinstr. 45, 𝒸 8 20 20, Telex 885417, Fax 8202153, ≤ Rhein un
Siebengebirge, « Park » – 🛗 📺 ⓟ – 🔬 25/400. 🄰🄴 ⓞ 🖪 𝓥𝓘𝓢𝓐. 🍴 Rest   Z
M a la carte 39/77 – **72 Z : 122 B** 131/320 - 195/380 Fb.

🏠 **Kaiserhof** garni, Moltkestr. 64, 𝒸 36 20 16, Telex 889757, Fax 363825 – 🛗 📺 ☎ ⇔. 🄰
ⓞ 🖪 𝓥𝓘𝓢𝓐   Y
22. Dez.- 2. Jan. geschl. – **50 Z : 73 B** 115/180 - 195/210 Fb.

🏠 **Godesburg-Hotel** 🌳, Auf dem Godesberg 5 (in der Godesberg-Ruine), 𝒸 31 60 71
Telex 885503, ≤ Bad Godesberg und Siebengebirge, 😊 – 📺 ☎ ⓟ. 🄰🄴 ⓞ 🖪 𝓥𝓘𝓢𝓐. 🍴 Res
M a la carte 30/73 – **14 Z : 20 B** 100/130 - 140/160.   Y

🏠 **Parkhotel** garni, Am Kurpark 1, 𝒸 36 30 81, Telex 885463 – 🛗 📺 ☎ ⓟ. 🖪 𝓥𝓘𝓢𝓐. 🍴   Y
50 Z : 65 B 90/180 - 145/250 Fb.

🏠 **Insel-Hotel**, Theaterplatz 5, 𝒸 36 40 82, Telex 885592, Fax 352878, 😊 – 🛗 📺 ☎ ⓟ
➤ **M** a la carte 21/42 – **66 Z : 100 B** 111/125 - 175/240.   Y

🏠 Rheinland, Rheinallee 17, 𝒸 35 30 87, Fax 351177 – 📺 ☎ ⓟ – **40 Z : 60 B** Fb.   Y

🏠 **Zum Adler** garni, Koblenzer Str. 60, 𝒸 36 40 71, Fax 361933 – 🛗 📺 ☎ ⇔. 🄰🄴 ⓞ 🖪 𝓥𝓘𝓢𝓐
39 Z : 54 B 105/140 - 150/180.   Y

🏠 **Eden** garni, Am Kurpark 5a, 𝒸 35 60 34, Telex 885440, Fax 362494 – 🛗 📺 ☎ ⓟ. 🄰🄴 ⓞ
𝓥𝓘𝓢𝓐   Z
42 Z : 64 B 95/180 - 135/240 Fb.

🏠 Schaumburger Hof 🌳, Am Schaumburger Hof 10, 𝒸 36 40 95, ≤ Rhein und Siebengebirge
« Gartenterrasse am Rhein » – ☎ ⓟ – **34 Z : 54 B**.   Y

XXX **Wirtshaus St. Michael**, Brunnenallee 26, $\mathscr{E}$ 36 47 65, $\widehat{\mathbb{R}}$, « Antike Einrichtung » – **Ⓟ**. **Z r**
AE ⓞ E VISA
Samstag bis 18 Uhr und Sonntag geschl. – **M** a la carte 38/70.

XX ✿ **Halbedel's Gasthaus**, Rheinallee 47, $\mathscr{E}$ 35 42 53, $\widehat{\mathbb{R}}$ – **E** **Y h**
nur Abendessen, Montag und Juli - Aug. 3 Wochen geschl. – **M** (Tischbestellung ratsam)
89/105 und a la carte 56/87
Spez. Warmer Sprossensalat mit Taubenbrust, Piccata vom Seeteufel auf Basilikumnudeln, Birnenstrudel mit
Pralineneis.

XX **Korkeiche** (rustikales Restaurant in einem kleinen Fachwerkhaus), Lyngsbergstr. 104 (in
Lannesdorf), $\mathscr{E}$ 34 78 97, $\widehat{\mathbb{R}}$ über ②
nur Abendessen – (Tischbestellung erforderlich).

XX **Cäcilienhöhe** mit Zim, Goldbergweg 17, $\mathscr{E}$ 32 10 01, $\leqslant$ Bad Godesberg und Siebengebirge
– **☎ Ⓟ**. **AE ⓞ E** über Muffendorfer Str. **Z**
M *(Italienische Küche)* (Samstag bis 18 Uhr und Sonntag geschl.) a la carte 50/74 – **10 Z :
19 B** 100 - 130.

XX **Stadthalle**, Koblenzer Str. 80, $\mathscr{E}$ 36 40 35, Fax 357681, $\leqslant$, $\widehat{\mathbb{R}}$ – **Ⓟ** – **益** 25/1000 **Z u**
19. - 25. Dez. geschl. – **M** a la carte 28/45.

X **Redüttchen**, Kurfürstenallee 1, $\mathscr{E}$ 36 40 41, Fax 361551, $\widehat{\mathbb{R}}$ **Z s**

In Bonn 1-Hardtberg über ④ :

🏨 **Novotel**, Max-Habermann-Str. 2/Ecke Konrad-Adenauer-Damm, $\mathscr{E}$ 5 20 10, Telex 886743,
Fax 614658, $\widehat{\mathbb{R}}$, $\underline{\underline{\searrow}}$ – 閣 ⓣⓥ ☎ ⓺ **Ⓟ** – **益** 25/300. **AE E VISA**
M a la carte 34/65 – **142 Z : 284 B** 155/195 - 193/231 Fb.

In Bonn 3-Holzlar über ② :

🏨 **Wald-Café** ⑤, Am Rehsprung 35, $\mathscr{E}$ 48 20 44, Fax 484254, $\widehat{\mathbb{R}}$ – ⓣⓥ ☎ ⟷ **Ⓟ** – **益** 25/70.
AE E
M *(Montag geschl.)* a la carte 28/59 – **26 Z : 40 B** 58/75 - 85/130 Fb.

In Bonn 1-Lengsdorf über ④ :

🏨 **Kreuzberg** garni, Provinzialstr. 35 (B 257), $\mathscr{E}$ 25 39 18 – **Ⓟ**. **AE ⓞ E**
20 Z : 24 B 45/55 - 68/80.

XXX ✿ **Le Marron**, Provinzialstr. 35 (B 257), $\mathscr{E}$ 25 32 61 – **Ⓟ**. **AE ⓞ E VISA**
Samstag bis 18 Uhr und Sonntag 19 Uhr geschl. – **M** a la carte 65/94
Spez. Marinierter Kalbskopf, Dorade mit Thymianbutter, Lammrücken in süß-saurer Sauce.

BONNDORF 7823. Baden-Württemberg **413** I 23, **987** ㉟, **427** IJ 2 – 5 000 Ew – Höhe 847 m
- Luftkurort – Wintersport : 847/898 m ⟨3 ⟨6 – ✿ 07703.
▮ Tourist-Informations-Zentrum, Schloßstr. 1, $\mathscr{E}$ 76 07.
Stuttgart 151 – Donaueschingen 25 – ♦Freiburg im Breisgau 55 – Schaffhausen 35.

🏨 **Schwarzwald-Hotel**, Rothausstr. 7, $\mathscr{E}$ 4 21, $\widehat{\Xi}\widehat{\Xi}$, $\underline{\underline{\diagdown}}$, $\not\!\!\!\pi$ – 閣 ⓣⓥ **Ⓟ** – **益** 25/50. **AE ⓞ**
E VISA
Mitte Nov. - Mitte Dez. geschl. – **M** a la carte 33/54 ⅄ – **67 Z : 120 B** 51/85 - 96/150 Fb –
½ P 69/96.

🏠 **Sonne**, Martinstr. 7, $\mathscr{E}$ 3 36 – **Ⓟ**
8. Nov. - 5. Dez. geschl. – **M** a la carte 18/43 ⅄ – **33 Z : 60 B** 30/39 - 70/76 – ½ P 46/57.

🏠 **Bonndorfer Hof**, Bahnhofstr. 2, $\mathscr{E}$ 71 18, $\not\!\!\!\pi$ – **Ⓟ**. ✕ Zim
24. Feb. - 12. März geschl. – **M** *(Montag geschl.)* a la carte 25/43 ⅄ – **13 B : 22 B** 30/50 -
60/76 – ½ P 45/53.

X **Germania** mit Zim, Martinstr. 66, $\mathscr{E}$ 2 81, $\widehat{\mathbb{R}}$ – ⓣⓥ **Ⓟ**. ✕ Zim
Jan. geschl. – **M** *(Montag geschl.)* 21/35 ⅄ – **8 Z : 12 B** 27/36 - 70/80.

Im Steinatal – ✉ 7823 Bonndorf – ✿ 07703 :

🏨 **Steinasäge**, (W : 4 km), $\mathscr{E}$ 5 84, $\widehat{\mathbb{R}}$ – ☎ ⟷ **Ⓟ**
10. Jan. - 10. Feb. geschl. – **M** *(Nov. - Mai Donnerstag geschl.)* a la carte 29/53 ⅄ – **9 Z :
16 B** 45/60 - 90/100 Fb.

🏨 Walkenmühle ⑤, (W : 5 km), $\mathscr{E}$ 80 84, $\widehat{\Xi}\widehat{\Xi}$, $\not\!\!\!\pi$ – ☎ ⟷ **Ⓟ**
(nur Abendessen für Hausgäste) – **14 Z : 26 B**.

In Bonndorf-Holzschlag NW : 8 km – Luftkurort :

🏨 Schwarzwaldhof Nicklas, Bonndorfer Str. 66, $\mathscr{E}$ (07653) 8 03, « Schwarzwaldhaus mit
geschmackvoll eingerichtetem Restaurant, Terrasse », $\not\!\!\!\pi$ – ☎ **Ⓟ**
12 Z : 24 B.

BOPFINGEN 7085. Baden-Württemberg **413** O 20, **987** ㉖㉟ – 11 200 Ew – Höhe 470 m –
✿ 07362.
Stuttgart 100 – ♦Augsburg 82 – ♦Nürnberg 104 – ♦Ulm (Donau) 77.

🏨 **Sonne**, Hauptstr. 20, $\mathscr{E}$ 30 11, Fax 3366, $\widehat{\Xi}\widehat{\Xi}$ – ☎ ⟷ **Ⓟ**. **AE ⓞ E VISA**
8. - 15. Feb. und 29. Juli - 12. Aug. geschl. – **M** *(Sonntag 14 Uhr - Montag18 Uhr geschl.)* a la
carte 40/65 – **20 Z : 32 B** 60/90 - 110/120 Fb.

🏨 **Café Dietz** garni, Hauptstr. 63, $\mathscr{E}$ 70 44 – ⓣⓥ ☎ **Ⓟ**. **AE ⓞ E VISA**
34 Z : 67 B 60 - 100.

BOPPARD 5407. Rheinland-Pfalz 987 ㉔, 412 F 16 — 16 500 Ew — Höhe 70 m — Kneipphheilba
— ✪ 06742.

Sehenswert : Gedeonseck ≤★.

🛈 Städt. Verkehrsamt, Oberstr. 118. ℰ 38 88, Fax 81402.

🛈 Verkehrsamt, Am Theodor-Hoffmann-Platz (Bad Salzig). ℰ 62 97.

Mainz 89 — Bingen 42 — ◆Koblenz 21.

🏨 **Bellevue**, Rheinallee 41, ℰ 10 20, Telex 426310, Fax 102602, ≤, 🌧, Massage, ≘s, 🔲, ℁ -
🛗 📺 ♿ — 🔬 25/200. ℁ Rest
95 Z : 200 B Fb.

🏨 **Rheinlust**, Rheinallee 27, ℰ 30 01, Telex 426319, Fax 3004, ≤ — 🛗 ☎ ♿ — 🔬 25. ⒶⒺ ⓄⒹ ▮
VISA
Mitte April - Okt. — **M** a la carte 26/67 ⓐ — **93 Z : 186 B** 40/85 - 70/150 — ½ P 65/110.

🏠 **Günther** garni, Rheinallee 40, ℰ 23 35, ≤ — 🛗 📺 ☎. ℁
Mitte Dez.- Mitte Jan. geschl. — **19 Z : 35 B** 45/59 - 74/109 Fb.

🏠 **Residenz Rosenhain**, Rheinallee 19, ℰ 47 47, 🌧 — ☎ ⇔ ♿
M (nur Abendessen) (auch vegetarische Gerichte) a la carte 39/68 — **10 Z : 19 B** 65/70
120/140.

🏠 **Baudobriga - Weinhaus Ries**, Rheinallee 43, ℰ 23 30, Fax 1800, ≤, 🌧 — 🛗. ⒶⒺ ⓄⒹ ▮
➡ **VISA**
März - Okt. — **M** a la carte 19/45 ⓐ — **42 Z : 72 B** 45/120 - 64/172.

🏠 **Rebstock**, Rheinallee 31, ℰ 48 76, Fax 4877, ≤ — 🛗 ♿. **E**
8. Jan.- Feb. geschl. — **M** (Dienstag geschl.) a la carte 25/55 ⓐ — **14 Z : 26 B** 50/70 - 10(
140 Fb.

🏠 **Am Ebertor**, Heerstraße (B 9), ℰ 20 81, 🌧 — ☎ ⇔ ♿ — 🔬 25/200
nur Saison — **60 Z : 120 B** Fb.

In Boppard 4-Buchholz W : 6,5 km — Höhe 406 m :

🏠 **Tannenheim**, Bahnhof Buchholz 3 (B 327), ℰ 22 81, 🌧, 🌧 — 📺 ⇔ ♿. **E**
➡ 15. Juli - 11. Aug. geschl. — **M** (Sonn- und Feiertage kein Abendessen) a la carte 20/45 ⓐ -
14 Z : 23 B 42/45 - 76/88.

In Boppard 1-Bad Salzig S : 3 km — Mineralheilbad :

🏠 **Bach** 📎, Salzbornstr. 6, ℰ 62 54, Fax 6405, 🌧 — 🛗. ⒶⒺ ⓄⒹ **E**
➡ Jan. geschl. — **M** (im Winter Montag geschl.) a la carte 21/45 — **33 Z : 62 B** 50 - 80 -
½ P 65.

🏠 **Berghotel Rheinpracht** 📎, Am Kurpark, ℰ 62 79, ≤, 🌧, 🌧 — ♿
➡ 15. März - 24. Okt. — **M** (Dienstag geschl.) a la carte 18/36 ⓐ — **12 Z : 22 B** 31/56 - 64/86 —
½ P 41/53.

Außerhalb N : 12 km über die B 9 bis Spay, dann links ab Auffahrt Rheingoldstraße :

🏨 **Klostergut Jakobsberg** 📎, Höhe 318 m, ✉ 5407 Boppard, ℰ (06742) 30 61, Telex 426323
Fax 3069, ≤, Bade- und Massageabteilung, ♨, ≘s, 🔲, 🌧, ℁ (Halle) — 🛗 📺 ♿
🔬 25/200. ℁ Rest
(Tischbestellung ratsam) — **110 Z : 214 B** Fb — 6 Appart..

BORCHEN Nordrhein-Westfalen siehe Paderborn.

BORDESHOLM 2352. Schleswig-Holstein 987 ⑤ — 7 000 Ew — Höhe 25 m — ✪ 04322.

◆Kiel 22 — ◆Hamburg 78 — Neumünster 12.

🏯 **Zur Kreuzung** (mit Gästehaus), Holstenstr. 23, ℰ 45 86 — ☎ ♿ — 🔬 25/100
34 Z : 70 B.

BORGHOLZHAUSEN 4807. Nordrhein-Westfalen 987 ⑭, 412 H 10 — 8 000 Ew — Höhe 133 r
— ✪ 05425.

◆Düsseldorf 185 — Bielefeld 26 — Münster (Westfalen) 57 — ◆Osnabrück 35.

In Borgholzhausen 3 - Kleekamp W : 5 km :

🏠 **Sportel Westfalenruh**, Osnabrücker Str. 82, ℰ (05421) 17 17, ≘s, 🔲, 🌧, ℁ — ☎ ♿
(nur Abendessen für Hausgäste) — **11 Z : 24 B** 40/60 - 80/110 — 2 Fewo 70/120.

In Borgholzhausen - Winkelshütten N : 3 km :

🏨 **Landhaus Uffmann**, Meller Str. 27, ℰ 50 05, Fax 255, ≘s — 📺 ☎ ♿ — 🔬 25/80. ⓄⒹ ▮
VISA
M a la carte 31/56 — **34 Z : 65 B** 63/87 - 105/146 Fb.

BORKEN 3587. Hessen 412 K 13 — 15 400 Ew — Höhe 190 m — ✪ 05682.

◆Wiesbaden 196 — Bad Hersfeld 42 — ◆Kassel 43 — Marburg 56.

🏠 **Bürgerhaus**, Bahnhofstr. 33, ℰ 24 91 — 📺 ☎ ⇔ ♿ — 🔬 25/100
27. Dez.- 10. Jan. geschl. — **M** (Sonntag ab 14 Uhr und Samstag geschl.) a la carte 22/46 -
11 Z : 15 B 45 - 80.

BORKEN 4280. Nordrhein-Westfalen 987 ⑬. 412 D 11, 408 L 6 — 33 900 Ew — Höhe 46 m — ☎ 02861.

Stadtinformation, Am Markt 15, ℰ 8 82 51.

Düsseldorf 86 — Bocholt 18 — Enschede 57 — Münster (Westfalen) 64.

🏨 **Lindenhof**, Raesfelder Str. 2, ℰ 81 87, Fax 63430 — 🛗 ☎ ⇔ 🅿 — 🔬 25/100. 🖭 ⓞ 🇪 VISA
M 21/35 (mittags) und a la carte 36/60 — **58 Z : 100 B** 70/150 - 100/180 Fb.

In Borken-Gemen N : 1 km :

🏨 **Demming**, Neustr. 15, ℰ 23 12 — 📺 🅿
21 Z : 40 B Fb.

In Borken-Rhedebrügge W : 6 km :

XX **Haus Grüneklee** mit Zim, Rhedebrügger Str. 16, ℰ (02872) 18 18, « Gartenterrasse » — 📺 ☎ 🅿. 🇪
Jan. geschl. — M (wochentags nur Abendessen, Dienstag geschl.) a la carte 36/60 — **5 Z : 10 B** 45 - 80.

In Heiden 4284 SO : 7 km :

🏨 **Beckmann**, Borkener Str. 7a, ℰ (02867) 85 41, 🌦 — 📺 ☎ ⇔ 🅿
13 Z : 28 B.

BORKUM (Insel) 2972. Niedersachsen 987 ③. 408 KL 1 — 8 300 Ew — Seeheilbad — Größte Insel der ostfriesischen Inselgruppe — ☎ 04922.

⛴ von Emden-Außenhafen (ca. 2h 30min) - Voranmeldung erforderlich , ℰ (04921) 89 07 22, Fax 890746.

🛈 Verkehrsbüro am Bahnhof, ℰ 42 80/8 41, Fax 4800.

Hannover 253 — Emden 4.

🏨 **Nordsee-Hotel** ⑤, Bubertstr. 9, ℰ 30 80, Fax 308113, ≤, Bade- und Massageabteilung, 🛋, ☎s, 🔲 — 🛗 📺 ☎ 🅿 — 🔬 30. ⓞ 🇪 VISA. ℁ Rest
25. Nov.- 26. Dez. geschl. — (Restaurant nur für Hausgäste) — **78 Z : 160 B** 116/239 - 187/297 Fb.

🏨 **Nautic-Hotel Upstalsboom** ⑤, Goethestr. 18, ℰ 30 40, Fax 304911,, Bade- und Massageabteilung, ☎s — 🛗 📺 ☎ 🅿 — 🔬 25/50. 🖭 ⓞ 🇪 VISA
(Restaurant nur für Hausgäste) — **70 Z : 155 B** 115/140 - 190/200 Fb — 12 Appart. 230/300 — ½ P 107/157.

🏨 **Poseidon** ⑤, Bismarckstr. 40, ℰ 8 11, Fax 4189, ☎s, 🔲 — 🛗 📺 ☎
M (nur Abendessen) a la carte 34/70 — **62 Z : 117 B** 99/171 - 180/250 Fb — ½ P 115/150.

🏨 **Seehotel Upstalsboom** ⑤, Viktoriastr. 2, ℰ 20 67 — 🛗 📺 ☎. 🖭 ⓞ 🇪 VISA. ℁ Rest
März - 5. Nov. — M (Montag geschl.) a la carte 30/58 — **39 Z : 66 B** 105/140 - 170/210 Fb — ½ P 105/135.

🏨 **Miramar** ⑤, Am Westkaap 20, ℰ 8 91, Fax 4484, ≤, Bade- und Massageabteilung, ☎s, 🔲 — 📺 ☎ 🅿. ℁ Rest
(Restaurant nur für Hausgäste) — **36 Z : 72 B** 119/149 - 180/298 Fb — ½ P 110/169.

🏨 **Graf Waldersee** ⑤, Bahnhofstr. 6, ℰ 10 94, Fax 1095 — ☎. ⓞ 🇪 VISA. ℁ Rest
Mitte März - Okt. — M (auch Diät) a la carte 27/60 — **28 Z : 49 B** 80/85 - 110/176 Fb — ½ P 71/109.

BORNHEIM 5303. Nordrhein-Westfalen 412 D 14 — 35 000 Ew — Höhe 55 m — ☎ 02222.

Düsseldorf 71 — ◆ Aachen 86 — ◆ Bonn 11 — ◆ Köln 21.

In Bornheim-Roisdorf SO : 2 km :

🏨 **Heimatblick** ⑤, Brombeerweg 1, ℰ 6 00 37, ≤ Bonn und Rheinebene, « Gartenterrasse » — ☎ 🅿. 🇪. ℁ Zim
M a la carte 35/58 — **14 Z : 26 B** 50 - 90.

BORNHEIM Rheinland-Pfalz siehe Landau in der Pfalz.

BORNHÖVED 2351. Schleswig-Holstein 987 ⑤ — 2 600 Ew — Höhe 42 m — ☎ 04323.

◆ Kiel 31 — ◆ Hamburg 83 — ◆ Lübeck 49 — Oldenburg in Holstein 60.

In Ruhwinkel 2355 N : 2 km :

🏮 **Zum Landhaus**, Dorfstr. 18, ℰ (04323) 63 82, « Garten » — 🅿
Okt.- Nov. 2 Wochen geschl. — M (außer Saison Freitag geschl.) a la carte 17/37 — **14 Z : 24 B** 27/40 - 60/70.

Gute Küchen

haben wir durch

Menu, ❀, ❀❀ oder ❀❀❀ kenntlich gemacht.

BOSAU 2422. Schleswig-Holstein — 800 Ew — Höhe 25 m — Erholungsort — ❸ 04527.
♦Kiel 41 — Eutin 16 — ♦Lübeck 37.

🏨 **Strauers Hotel am See** ॐ, Neuer Damm 2, ℰ 2 07, ≤, « Gartenterrasse », Bade- u■
Massageabteilung, ☎, 🖾, ♣♣, 🛥, Bootssteg — ☎ ₰ ♠♠ ❿ — ☗ 30
*März - Nov. — M (Mai - Okt. Montag ab 18 Uhr, März - April und Nov. Montag ganztäg■
geschl.)* a la carte 37/65 — **35 Z : 65 B** 92/119 - 139/187 Fb — 5 Fewo 90/160.

🏚 **Braasch zum Frohsinn** ॐ, Kirchplatz 6, ℰ 2 69, ☜, Bootssteg — ❿
März - Nov. — M (außer Saison Dienstag geschl.) a la carte 23/44 — **25 Z : 50 B** 48 - 84 Fb.

BOSEN Saarland siehe Nohfelden.

BOTHEL Niedersachsen siehe Rotenburg (Wümme).

BOTTIGHOFEN Schweiz siehe Konstanz.

BOTTROP 4250. Nordrhein-Westfalen 🗹🗹🗹 ③, 🗹🗹🗹 D 12 — 115 000 Ew — Höhe 30 m — ❸ 020■
Siehe Ruhrgebiet (Übersichtsplan).

🏌 Bottrop-Kirchhellen (N : 14 km), ℰ (02045) 8 24 88.
🛈 Reisebüro und Verkehrsverein, Gladbecker Str. 9, ℰ 2 70 11, Telex 8579426.
ADAC, Schützenstr. 3, ℰ 2 80 32.
♦Düsseldorf 44 — ♦Essen 11 — Oberhausen 8,5.

🏨 **City-Hotel** garni, Osterfelder Str. 9, ℰ 2 30 48 — 🛗 📺 ☎ ❿ — **23 Z : 46 B**.

Außerhalb N : 4 km :

🍴🍴 **Forsthaus Specht**, Oberhausener Str. 391 (B 223), ✉ 4250 Bottrop, ℰ (02041) 9 40 8■
🍴 — ❿ ⑩ 🄴 🆅🅸🆂🅰
M a la carte 25/61.

In Bottrop-Fuhlenbrock NW : 1 km :

🍴🍴 **Fleur blanche im Birkeneck**, Birkenstr. 2, ℰ 5 78 77 — ❿. 🄴
nur Abendessen, Dienstag und Aug. 3 Wochen geschl. — **M** 76/115.

In Bottrop 2-Kirchhellen NW : 9 km über die B 223 :

🍴 **Petit marché** (Restaurant im Bistro-Stil), Hauptstr. 16, ℰ (02045) 32 31 — ❿
nur Abendessen, Sonntag - Montag geschl. — **M** (Tischbestellung erforderlich) a la car■
50/76.

In Bottrop 2 - Kirchhellen-Feldhausen N : 14 km über die B 223 :

🏚 **Landhaus Berger** ॐ garni, Marienstr. 5, ℰ (02045) 30 61, ♣♣, 🛥 — 📺 ☎ ♠♠ ❿. ⑩ ■
🆅🅸🆂🅰
12 Z : 17 B 70/78 - 130.

🍴 **Gasthof Berger**, Schloßgasse 35, ℰ (02045) 26 68, 🍴 — ❿. ⑩ 🄴 🆅🅸🆂🅰
← *Montag und Mitte Juli - Anfang Aug. geschl.* — **M** a la carte 19/53.

BRACHTTAL Hessen siehe Bad Soden-Salmünster.

BRACKENHEIM 7129. Baden-Württemberg 🗹🗹🗹 ③. 🗹🗹🗹 🗹🗹🗹 K 19 — 10 500 Ew — Höhe 192 ■
— ❸ 07135 — ♦Stuttgart 41 — Heilbronn 15 — ♦Karlsruhe 58.

In Brackenheim-Botenheim S : 1,5 km :

🍴🍴 **Adler**, Hindenburgstr. 4, ℰ 51 63 — ❿. 🄴
Dienstag und Juli - Aug. 4 Wochen geschl. — **M** a la carte 38/64.

BRÄUNLINGEN 7715. Baden-Württemberg 🗹🗹🗹 I 23, 🗹🗹🗹 J 2 — 5 300 Ew — Höhe 694 m ■
Erholungsort — ❸ 0771 (Donaueschingen) — 🛈 Städt. Verkehrsamt, Kirchstr. 10, ℰ 6 19 00.
♦Stuttgart 132 — Donaueschingen 6,5 — ♦Freiburg im Breisgau 58 — Schaffhausen 41.

🏚 **Lindenhof**, Zähringer Str. 24, ℰ 6 10 63, Fax 6723 — 🛗 ☎ ♠♠ ❿. 🄰🄴
← *18. Feb. - 9. März geschl.* — **M** (Freitag geschl.) a la carte 21/54 ☖ — **26 Z : 50 B** 35/55 - 66/9■
🍴🍴 **Österreichische Stub'n**, Kirchstr. 7, ℰ 6 17 57 — ❿.

In Bräunlingen 5-Unterbränd W : 7,5 km :

🏚 **Sternen-Post** ॐ, Kapellenstr. 5, ℰ (07654) 4 02, 🍴, 🖾 — 🛗 ♠♠ ❿ — **18 Z : 35 B** Fb.

BRAKE 2880. Niedersachsen 🗹🗹🗹 ③. 🗹🗹🗹 J 10 — 17 000 Ew — Höhe 4 m — ❸ 04401.
♦Hannover 178 — ♦Bremen 59 — Oldenburg 31.

🏨 **Wilkens-Hotel Haus Linne**, Mitteldeichstr. 51, ℰ 53 57, ≤, 🍴 — 📺 ☎ ❿ — ☗ 25/5■
❄
M (Samstag geschl.) 25/38 (mittags) und a la carte 38/56 — **12 Z : 23 B** 75 - 120 Fb.

🏚 **Landhaus**, Am Stadion 4 (Zufahrt Weserstraße), ℰ 50 11 — 📺 ☎ ❿. 🄰🄴 ⑩ 🄴 🆅🅸🆂🅰
M (Montag und 1. - 21. Juli geschl.) a la carte 24/53 — **14 Z : 28 B** 65/100 - 95/140.

BRAKEL 3492. Nordrhein-Westfalen 987 ⑮, 412 K 11 − 16 700 Ew − Höhe 141 m − Luftkurort − ✪ 05272.

Verkehrsamt, Haus des Gastes, Am Markt, ✆ 60 92 69.

Düsseldorf 206 − Detmold 43 − ◆Kassel 76 − Paderborn 36.

🏨 **Kurhotel am Kaiserbrunnen - Haus am Park** 🕭, Brunnenallee 77, ✆ 60 50, Telex 931717, 🌇, ≦s, 🔄, 🐎 − 🛗 ☎ ❷ − 🔬 25/80
70 Z : 110 B Fb.

🕭 **Stein** 🕭, Ringstr. 30, ✆ 96 95, 🌇 − 🖘 ❷
◆ **M** (Sonntag 14 Uhr - Montag 16 Uhr geschl.) a la carte 17/37 − **10 Z : 20 B** 35 - 65.

In Brakel-Istrup SW : 6,5 km :

🕭 **Waldesruh** 🕭, Am Brunsberg 119, ✆ 71 97, ≦s, 🔄 (Gebühr), 🐎 − ❷
M a la carte 23/45 − **9 Z : 16 B** 38/40 - 65/75.

RAMSCHE 4550. Niedersachsen 987 ⑭, 412 G 9 − 25 000 Ew − Höhe 46 m − ✪ 05461.

Hannover 167 − ◆Bremen 111 − Lingen 56 − ◆Osnabrück 16 − Rheine 54.

🏨 **Idingshof** 🕭, Bührener Esch 1 (über Malgartener Str.), ✆ 88 90, Fax 88964, 🌇, ≦s, ✖ (Halle) − 🛗 📺 ☎ ❷ − 🔬. 🆎 ⑩ E 💳
M a la carte 31/66 − **80 Z : 137 B** 70/120 - 120/170 Fb.

🏠 **Bramgau**, Malgartener Str. 9, ✆ 38 54 − ☎ 🖘 ❷
M (nur Abendessen, Dienstag geschl.) a la carte 24/40 − **9 Z : 15 B** 50 - 80.

✕ **Alte Post** (ehem. Posthalterei a.d. 18. Jh.), Am Markt 1, ✆ 12 33 − 🆎 ⑩ E 💳
Samstag bis 18 Uhr und Montag geschl. − **M** a la carte 33/57.

In Bramsche 4-Hesepe N : 2,5 km :

🏨 **Haus Surendorff**, Dinklingsweg 1, ✆ 30 46, ≦s, 🔄, 🐎 − ☎ 🖘 ❷. ⑩ E 💳. ✖ Zim
2.- 7. Jan. geschl. − **M** (Samstag bis 17 Uhr und Mitte - Ende Juli geschl.) 14,50/32 (mittags) und a la carte 25/54 − **16 Z : 25 B** 50/60 - 90/95.

In Bramsche 1-Malgarten NO : 6 km :

✕✕ **Landhaus Hellmich** mit Zim, Sögelner Allee 47, ✆ 38 41 − ☎ 🖘 ❷. ⑩ E 💳
3.- 23. Jan. geschl. − **M** (Montag geschl.) 29/60 (mittags) und a la carte 46/80 − **8 Z : 14 B** 55/60 - 86/136.

RAMSTEDT 2856. Niedersachsen − 1 400 Ew − Höhe 18 m − ✪ 04746.

Hannover 167 − Bremerhaven 26 − ◆Bremen 44.

🏠 **Bauernschänke**, Dorfstr. 31, ✆ 60 61 − 📺 ☎ 🖘 ❷
10 Z : 20 B.

RAMSTEDT, BAD 2357. Schleswig-Holstein 987 ⑤ − 10 000 Ew − Höhe 10 m − Heilbad − ✪ 04192.

Ochsenweg 7, ✆ 34 44.

Verkehrsbüro, Rathaus, Bleeck 17, ✆ 15 35.

Kiel 58 − ◆Hamburg 48 − Itzehoe 27 − ◆Lübeck 60.

🏨 **Köhlerhof** 🕭, Am Köhlerhof 4, ✆ 50 50, Telex 2180104, Fax 505638, 🌇, « Park mit Teich », ≦s, 🔄 − 🛗 ✖ Zim 📺 ☎ ❷ − 🔬 25/280. ⑩ E 💳
M a la carte 43/68 − **130 Z : 260 B** 105/125 - 155/185 Fb − ½ P 118/165.

🏨 **Kurhotel Gutsmann** 🕭, Birkenweg 4, ✆ 50 80, Fax 508159, « Gartenterrasse », ≦s, 🔄 − 🛗 📺 ☎ ❷ − 🔬 25/100
152 Z : 264 B Fb − 4 Appart..

🏨 **Zur Post**, Bleeck 29, ✆ 5 00 60, Fax 500680, 🌇 − 🛗 📺 ☎ ❷ − 🔬 25/100. 🆎 ⑩ E 💳
M a la carte 33/64 − **44 Z : 63 B** 75/98 - 116/155 Fb − ½ P 83/123.

✕ **Bramstedter Wappen**, Bleeck 9, ✆ 33 54, 🌇 − ❷
Donnerstag 18 Uhr - Freitag und 29. Aug.- 23. Sept. geschl. − **M** a la carte 26/45.

✕ **Bruse** mit Zim, Bleeck 7, ✆ 14 38, 🌇 − 📺 ❷
7 Z : 13 B.

BRANDENBERG Baden-Württemberg siehe Todtnau.

BRANDENBURG 1800. Brandenburg 984 ⑮, 987 ⑰ − 94 000 Ew − Höhe 35 m − ✪ 003738.

Sehenswert : Dom★.

Ausflugsziel : Klosterkirche Lehnin★ (SO : 20 km)..

Brandenburg-Information, Plauer Str. 4, ✆ 2 37 43.

Berlin - Ost 69 − Cottbus 178 − Dessau 82 − Magdeburg 83.

🕭 **Haveltourist**, Katharinenkirchplatz 1, ✆ 52 24 02 − ☎
M a la carte 25/39 − **42 Z : 79 B** 36/80 - 60/100 Fb.

BRANDMATT Baden-Württemberg siehe Sasbachwalden.

BRANNENBURG 8204. Bayern **413** T 23. **426** J 5 — 5 000 Ew — Höhe 509 m — Luftkurort
Wintersport : 800/1 730 m ⟜2 (Skizirkus Wendelstein) ⟟1 — ⊛ 08034.
Ausflugsziel : Wendelsteingipfel ❄❄❄ (mit Zahnradbahn, 55 Min.).
🛈 Verkehrsamt, Rosenheimer Str. 5, ✆5 15.
♦München 72 — Miesbach 32 — Rosenheim 17.

🏠 **Hubertushof**, Nußdorfer Str. 15, ✆ 86 45, ➡ — ☎ ⟺ ❷
Ende Okt.- Mitte Dez. geschl. — **M** (Dienstag - Mittwoch 17 Uhr geschl.) a la carte 29/48
19 Z : 36 B 65/80 - 105/160 — ½ P 71/98.

🛎 **Zur Post**, Sudelfeldstr. 20, ✆ 10 66, Fax 1864, ☕, ⇌, ➡ — ☎ ⟺ ❷
15. Jan.- 15. Feb. geschl. — **M** (Donnerstag geschl.) a la carte 21/43 — **35 Z : 65 B** 48/7
78/105.

🛎 **Schloßwirt**, Kirchplatz 1, ✆ 23 65, Fax 7187 — ⟺ ❷. ❀
Mitte Nov.- Mitte Dez. geschl. — **M** (Montag - Dienstag geschl.) a la carte 18/38 ⅃ — **16**
34 B 48/50 - 84/90.

🛎 **Kürmeier**, Dapferstr. 5, ✆ 4 35, ☕ — ⟺ ❷. ❀ Zim
18.- 30. April und 2.- 30. Nov. geschl. — **M** (Montag - Dienstag geschl.) a la carte 18/38
19 Z : 37 B 41/48 - 76/86.

BRAUBACH 5423. Rheinland-Pfalz **987** ⊗. **412** F 16 — 3 800 Ew — Höhe 71 m — ⊛ 02627.
Ausflugsziel : Lage❋❋ der Marksburg❋ S : 2 km — 🛈 Städt. Verkehrsamt, Rathausstr. 8, ✆ 2 03.
Mainz 87 — ♦Koblenz 13.

🏠 **Zum weißen Schwanen**, Brunnenstr. 4, ✆ 5 59, « Weinhaus a.d. 17. Jh. und Müh
a.d.J. 1341 », ➡ — ☎ ❷. � ⓞ Ⓔ
M (nur Abendessen, Tischbestellung ratsam) (Mittwoch geschl.) a la carte 32/51 ⅃ — **14 :**
25 B 50/60 - 90/120.

BRAUNFELS 6333. Hessen **987** ⊗ ⊗. **412** **413** I 15 — 9 800 Ew — Höhe 236 m — Luftkurort
⊛ 06442 — 🏌 Homburger Hof (W : 1 km), ✆ 45 30.
🛈 Kur-GmbH, Fürst-Ferdinand-Str. 4 (Haus des Gastes), ✆ 50 61.
♦Wiesbaden 84 — Gießen 28 — Limburg an der Lahn 34.

🏨 **Schloß Hotel - Linka Grill**, Hubertusstr. 2, ✆ 30 50 (Hotel) 55 88 (Rest.), Fax 305222,
— ⭤ ☎ ❷ — 🛁 25/40. ⭤ Ⓔ
Weihnachten - Mitte Jan. geschl. — **M** (wochentags nur Abendessen) a la carte 25/54
36 Z : 60 B 80/95 - 95/135 Fb.

XX **Solmser Hof**, Markt 1, ✆ 42 35, ☕ — ⭤ ⓞ Ⓔ Ⓥ𝖨𝖲𝖠
Donnerstag geschl. — **M** (auch vegetarische Gerichte) a la carte 29/57.

X **Ratsstube**, Fürst-Ferdinand-Str. 4a, ✆ 62 67 — ❷ — 🛁 25/100.

BRAUNLAGE 3389. Niedersachsen **987** ⑯ — 6 500 Ew — Höhe 565 m — Heilklimatische
Kurort — Wintersport : 560/965 m ⟜1 ⟜3 ⟜3 — ⊛ 05520.
🛈 Kurverwaltung Braunlage, Elbingeroder Str. 17, ✆ 10 54, Fax 3666.
🛈 Kurverwaltung Hohegeiss, Kirchstr. 15 a, ✆ (05583) 2 41.
♦Hannover 124 — ♦Braunschweig 69 — Göttingen 67 — Goslar 33.

🏩 **Maritim** ⟝, Pfaffenstieg, ✆ 80 50, Telex 96261, Fax 3620, ≤, Bade- und Massageabteilun
⭤, ⊼, ⊠, ➡ — ⩚ ☎ ⭤ ❷ — 🛁 25/400. ⭤ ⓞ Ⓔ Ⓥ𝖨𝖲𝖠. ❀ Rest
M a la carte 48/76 — **300 Z : 600 B** 145/265 - 218/380 Fb — 6 Appart. 480/520.

🏨 **Hohenzollern** ⟝, Dr.- Barner-Str. 11, ✆ 30 91, ≤, ⇌, ⊠, ➡ — ⩚ ☎ ⟺ ❷. ❀
31 Z : 55 B Fb.

🏨 **Klavehn** ⟝, Am Jermerstein 17, ✆ 5 29, ≤, ⇌, ⊠, ➡ — ☎ ❷
(nur Abendessen für Hausgäste) — **23 Z : 43 B** 45/70 - 90/130 Fb — ½ P 63/88.

🏨 **Kurhotel Rögener**, Wurmbergstr. 1, ✆ 30 86, Fax 1647, ☕, ⇌, ⊠ — ⩚ ☎ ❷. Ⓔ. ❀
64 Z : 110 B Fb.

🏠 **Brauner Hirsch**, Am Brunnen 1, ✆ 10 64, Fax 1713, ☕ — ⩚ ☎ ⟺ ❷ — **46 Z : 74 B**.

🏠 **Bremer Schlüssel** ⟝, Robert-Roloff-Str. 11, ✆ 30 68, ➡ — ⩚ ☎ ⟺ ❷. ❀
15. Nov.- 15. Dez. geschl. — (Restaurant nur für Pensionsgäste) — **12 Z : 21 B** 46/56 - 82/9
— ½ P 57/62.

🏠 **Hasselhof** ⟝ garni, Schützenstr. 6, ✆ 30 41, ⊠, ➡ — ☎ ❷. ⭤ ⓞ Ⓔ Ⓥ𝖨𝖲𝖠
Mitte Nov.- 20. Dez. geschl. — **20 Z : 40 B** 38/75 - 60/122.

🏠 **Zur Erholung**, Lauterberger Str. 12, ✆ 13 79, ➡ — ⟺ ❷. Ⓔ
Mitte Nov.- Mitte Dez. geschl. — **M** 12 (mittags) und a la carte 24/51 — **32 Z : 59 B** 47/72
80/94.

🛎 **Berliner Hof**, Elbingeröder Str. 12, ✆ 4 27 — ⟺ ❷
5. Nov.- 16. Dez. geschl. — **M** (Mittwoch geschl.) a la carte 14/40 — **26 Z : 39 B** 25/38
58/76.

XX **Romantik-Hotel Tanne** (mit Zim. und Gästehaus), Herzog-Wilhelm-Str. 8, ✆ 10 34, Fa
3992, « Geschmackvoll - behagliche Einrichtung » — ⭤ ☎ ❷. ⭤ ⓞ Ⓔ Ⓥ𝖨𝖲𝖠. ❀ Zim
M (Tischbestellung ratsam) 13,50/29 (mittags) und a la carte 40/89 — **22 Z : 38 B** 60/95
90/175 Fb — ½ P 75/120.

In Braunlage 2 - Hohegeiss SO : 12 km — Höhe 642 m — Heilklimatischer Kurort — Wintersport : 600/700 m ≰4 ≰3 — ۞ 05583 :

🏠 **Rust** 🍴, Am Brande 3, ℘ 8 31, ≤, ⏱, 🔲, 🚗 — ☎ 🅿. 🌿 Zim
Nov.- 15. Dez. geschl. — **M** a la carte 24/31 — **15 Z : 27 B** 47/50 - 86/94 — ½ P 60.

🏠 **Gästehaus Brettschneider** 🍴, Hubertusstr. 2, ℘ 8 06, ≤, — 🚗 🅿. 🌿
Nov.- 20. Dez. geschl. — (Restaurant nur für Hausgäste) — **11 Z : 19 B** 40/43 - 80/86.

XX **Landhaus Bei Wolfgang**, Hindenburgstr. 6, ℘ 8 88 — 🆎 ⓪ E
Donnerstag und 4. Nov.- 15. Dez. geschl. — **M** (ab 21 Uhr Unterhaltungsmusik) a la carte 38/75.

BRAUNSBACH 7176. Baden-Württemberg 🔢 M 19 — 2 600 Ew — Höhe 235 m — ۞ 07906.
Stuttgart 93 — Heilbronn 53 — Schwäbisch Hall 13.

In Braunsbach-Döttingen NW : 3 km :

🏠 **Schloß Döttingen** 🍴 (mit 🏠 Gästehäusern), ℘ 10 10, Fax 10110, ≤s, 🔲, 🚗 — ☎
🅿 — ⚒ 25/80
25. Juli - 6. Aug. geschl. — (Restaurant nur für Hausgäste) — **78 Z : 130 B** 55/69 - 110/130.

BRAUNSCHWEIG 3300. Niedersachsen 🔢 ⑮ ⑯ — 252 000 Ew — Höhe 72 m — ۞ 0531.
Sehenswert : Dom★ (Imerward-Kruzifix★★, Bronzeleuchter★) — Ausstellung : Ausgewählte
Kostbarkeiten mittelalterlicher Kunst★ BY M1 — Burgplatz (Löwendenkmal★).

₰ Schwarzkopfstr. 10 (über ④), ℘ 69 13 69 — 🚉 Lilienthalplatz, ② : 9 km, ℘ 35 00 05.
🏛 Städt. Verkehrsverein, Hauptbahnhof, ℘ 7 92 37 und Bohlweg (Pavillon), ℘ 4 64 19, Telex 952895.
ADAC, Kurt-Schumacher-Str. 2, ℘ 7 20 66, Notruf ℘ 1 92 11.
Hannover 64 ⑦ — ◆Berlin 230 ② — Magdeburg 92 ②.

Stadtplan siehe nächste Seiten.

🏨 **Mövenpick-Hotel**, Welfenhof, ℘ 4 81 70, Telex 952777, Fax 4817551, 🍴, direkter Zugang
zum Fun-Club mit Saunarium 🔲 und Sole-Grotte — 📶 Zim 📺 & 🚗 — ⚒ 25/200. 🆎
⓪ E 🆚   BY z
M a la carte 28/75 — **132 Z : 220 B** 198/228 - 266/356 Fb — 10 Appart. 334/510.

🏨 **Ritter St. Georg**, Alte Knochenhauerstr. 13, ℘ 1 30 39, Fax 13038, « Ältestes
Fachwerkhaus Braunschweigs, barocke Deckenbemalung im Restaurant » — 📺. 🆎 ⓪ E
🆚   AY e
M (Tischbestellung ratsam) 50/90 — **22 Z : 44 B** 105/175 - 155/260.

🏨 **Mercure Atrium**, Berliner Platz 3, ℘ 7 00 80, Telex 952576, Fax 7008125 — 📶 📺 🚗 —
⚒ 25/500. 🆎 🆚   BZ a
M a la carte 33/62 — **130 Z : 200 B** 173/233 - 209/334 Fb.

🏨 **Deutsches Haus**, Ruhfäutchenplatz 1, ℘ 4 44 22, Telex 952744, Fax 44422 — 📶 📺 ☎ 🅿
— ⚒ 25/150. 🆎 ⓪ E 🆚   BY u
M a la carte 34/70 — **84 Z : 120 B** 91/105 - 136/218.

🏠 **Lessing- Hof** 🍴, Okerstr. 13, ℘ 4 54 55, Fax 400535 — 📶 📺 ☎ 🚗 🅿 — ⚒ 25/60
M (nur Abendessen, Sonn- u. Feiertage geschl.) a la carte 27/55 — **42 Z : 70 B** 65/92 -
92/175 Fb.   AX b

🏠 **Gästehaus Wartburg** 🍴 garni, Rennelbergstr. 12, ℘ 50 00 11 — 📶 📺 ☎. 🆎 E   AX z
21 Z : 31 B 75/95 - 125/140.

🏠 **Fürstenhof**, Campestr. 12, ℘ 79 10 61, Fax 791064, ≤s, 🔲, — ☎. 🆎 ⓪ E 🆚   BZ c
M (wochentags nur Abendessen, auch indonesische Küche) a la carte 25/55 — **44 Z : 65 B**
99 - 128/164 Fb.

🏠 **Lorenz**, Friedrich-Wilhelm-Str. 2, ℘ 4 55 68 — 📶 ☎ 🚗 — ⚒ 30. 🆎 ⓪ E 🆚   BY d
M 15/28 (mittags) und a la carte 26/57 — **45 Z : 60 B** 65/100 - 100/130 Fb.

🏠 **Frühlingshotel** garni, Bankplatz 7, ℘ 4 93 17, Fax 13268 — 📶 📺 ☎. 🆎 ⓪ E 🆚   AY a
62 Z : 95 B 69/115 - 108/158 Fb.

🏠 **Pension Wienecke** garni, Kuhstr. 14, ℘ 4 64 76 — 📺 🚗   BY w
17 Z : 20 B 44/80 - 74/96.

🏠 **Zur Oper** garni, Jasperallee 21, ℘ 33 60 95 — ☎   BY v
42 Z : 65 B 43/95 - 88/130.

🏠 **Thüringer Hof** garni, Sophienstr. 1, ℘ 8 12 22 — 🚗   AY h
27 Z : 45 B.

XXX **Haus zur Hanse**, Güldenstr. 7, ℘ 4 61 54, Fax 43916, « Fachwerkhaus a.d. 16. Jh. » — 🆎
⓪ E 🆚   AY x
M 19/26 (mittags) und a la carte 37/75.

XX **Altes Haus** (Fachwerkhaus a.d. 15. Jh.), Alte Knochenhauerstr. 11, ℘ 4 66 06, 🍴 — 🆎
⓪ E 🆚   AY e
nur Abendessen, Montag geschl. — **M** a la carte 33/57.

X **Brabanter Hof**, Güldenstr. 77, ℘ 4 30 90 — 🆎 ⓪ E 🆚   AY c
Montag und Juli geschl. — **M** a la carte 32/63.

X **Löwen-Krone**, Leonhardplatz (Stadthalle), ℘ 7 20 76, 🍴 — 🅿 — ⚒ 60. 🆎 ⓪ E 🆚
M a la carte 27/53.   BY r

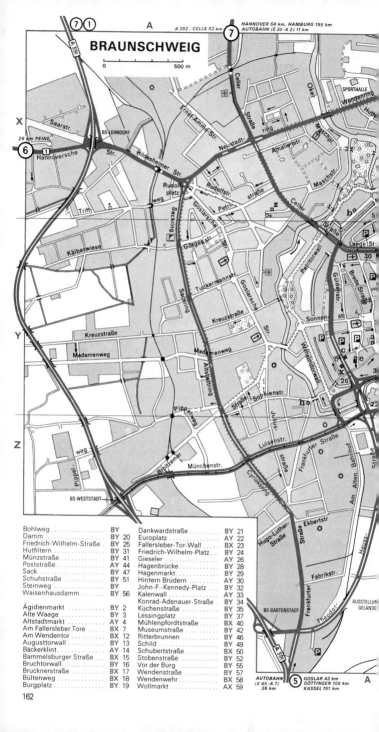

BRAUNSCHWEIG

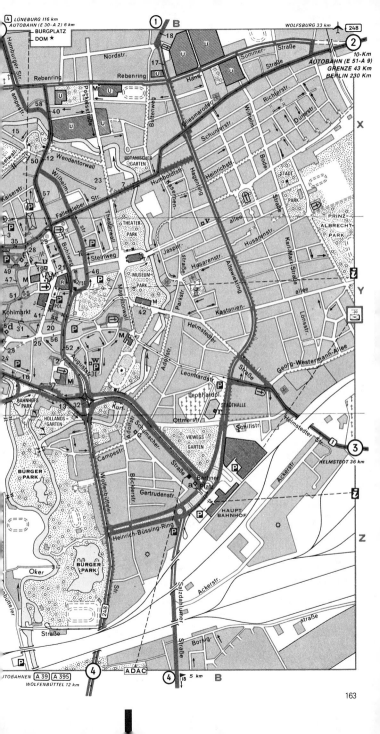

Im Industriegebiet Hansestraße über Hamburger Str. BX :

🏠 **Nord** garni, Robert-Bosch-Str. 7 (Nähe BAB Kreuz BS-Nord), ✆ 31 08 60, Fax 3108686 — 📺 ☎ 🚗 Ⓟ. 🕮 ⑩ 🖃 𝘝𝘐𝘚𝘈
32 Z : 50 B 95 - 145/195 Fb.

In Braunschweig-Ölper ⑦ : 3,5 km :

🏠 **Ölper Turm** (historisches Gebäude a.d. Zeit um 1600), Celler Heerstr. 46, ✆ 5 40 8… Biergarten — 📺 ☎ Ⓟ — 🔬 40
M *(nur Abendessen)* a la carte 25/54 — **8 Z : 14 B** 60/80 - 110.

In Braunschweig-Riddagshausen über Kastanienallee BY :

🏠 **Landhaus Seela**, Messeweg 41, ✆ 3 70 01 62, Fax 3700193, 🌇 — 📳 📺 ☎ 🚗 Ⓟ — 🔬 25/110. ⑩ 🖃 𝘝𝘐𝘚𝘈. 🎇
M 19/28 (mittags) und a la carte 32/63 — **38 Z : 58 B** 90/180 - 160/320 Fb.

In Braunschweig-Rüningen ⑤ : 5 km :

🏠 Zum Starenkasten, Thiedestr. 25 (B 248), ✆ 87 41 21, Fax 874126, 🈺, 🔲 — 📳 📺 ☎ Ⓟ
🔬 25/120
57 Z : 102 B Fb.

In Braunschweig-Wenden ① : 7 km :

🏠 **Sport- und Seminarhotel**, Hauptstr. 48 b, ✆ (05307) 20 90, Telex 952267, Fax 20940… 🌇, 🈺, 🎇 (Halle) — 📳 📺 📺 & Ⓟ — 🔬 25/100. 🕮 ⑩ 🖃 𝘝𝘐𝘚𝘈. 🎇 Rest
M a la carte 38/59 — **66 Z : 110 B** 120/250 - 180/300 Fb.

In Cremlingen 1-Weddel 3302 ③ : 10 km :

🏠 **Weddeler Hof**, Dorfplatz 24, ✆ (05306) 44 77 — 🚗 Ⓟ
M *(Montag bis 17 Uhr geschl.)* a la carte 24/53 — **16 Z : 22 B** 45/50 - 80/90 Fb.

In Schwülper 3301 ⑦ : 11 km, nahe BAB-Abfahrt Braunschweig-West :

🏠 **Zwischen Harz und Heide**, Ackerstr. 25 (B 214), ✆ (05303) 60 55 — 📺 ☎ Ⓟ
→ 22. Dez.- 2. Jan. geschl. — **M** a la carte 19/39 — **8 Z : 14 B** 70/80 - 105/115.

BRAUWEILER Nordrhein-Westfalen siehe Pulheim.

BREDSTEDT 2257. Schleswig-Holstein 🔟🔟🔟 ④ — 4 500 Ew — Höhe 5 m — ✆ 04671.
🖪 Fremdenverkehrsverein, Süderstr. 36, ✆ 58 57.
♦Kiel 101 — Flensburg 38 — Husum 17 — Niebüll 25.

🏠 **Thomsens Gasthof**, Markt 13, ✆ 14 13 — 🚗 Ⓟ
M *(Donnerstag ab 14 Uhr geschl.)* a la carte 26/49 — **17 Z : 30 B** 38/45 - 65/75 Fb.

XX **Friesenhalle** mit Zim, Hohle Gasse 2, ✆ 15 21 — 📺 ☎ 🚗 Ⓟ. 🕮 🖃 𝘝𝘐𝘚𝘈. 🎇
Ende Feb.- Mitte März und Okt. 3 Wochen geschl. — **M** *(Okt.- Mai Freitag 14 Uhr - Samsta…
18 Uhr geschl.)* a la carte 35/72 — **5 Z : 10 B** 43/60 - 85/120.

In Ockholm-Bongsiel 2255 NW : 13 km Richtung Dagebüll :

🏠 **Gaststätte Bongsiel** (nordfriesisches Dorfgasthaus und ehem. Schleusen… wärterhaus), ✆ (04674) 14 45, « Bildersammlung bekannter deutscher Maler », 🌇 — Ⓟ
Mitte Jan.- Mitte Feb. geschl. — **M** *(Dienstag bis 18 Uhr, außer Saison Dienstag ganztägi… geschl.)* a la carte 34/52 — **10 Z : 22 B** 40 - 70 — 6 Fewo 60/85.

In Ockholm - Schlüttsiel 2255 NW : 17 km :

X **Fährhaus Schlüttsiel** 🛏 mit Zim, ✆ (04674) 2 55, < Nordsee und Halligen — 📺 🚗 Ⓟ
🕮 🖃
15. Nov.- 15. Dez. geschl. — **M** a la carte 25/55 — **5 Z : 10 B** 56 - 92.

Siehe auch : *Bargum* N : 10,5 km

BREGENZ A-6900. 🔲 Österreich 🔢🔢🔢 M 24. 🔟🔟🔟 ⑱. 🔢🔢🔢 B 6 — 26 000 Ew — Höhe 396 m -
Wintersport : 414/1 020 m ⌁1 ⌁2 — ✆ 05574 (innerhalb Österreich).
Sehenswert : <* (vom Hafendamm) BY — Vorarlberger Landesmuseum* BY M1 — Martinsturm
<* BY.
Ausflugsziele : Pfänder** : <**, Alpenwildpark (auch mit ⌁) BY.

Festspiel-Preise : siehe Seite 8

Prix pendant le festival : voir p. 16

Prices during tourist events : see p. 24

Prezzi duranti i festival : vedere p. 32.

🖪 Fremdenverkehrsamt, Inselstr. 15, ✆ 43 99 10, Fax 4339110.
Wien 627 ① — Innsbruck 199 ② — ♦München 196 ① — Zürich 119 ③.

Die Preise sind in der Landeswährung (ö. S.) angegeben.

BREGENZ

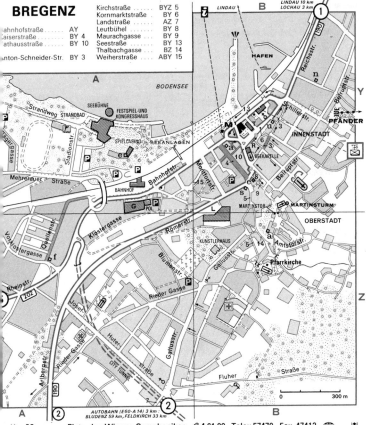

🏨 **Mercure**, Platz der Wiener Symphoniker, ℰ 4 61 00, Telex 57470, Fax 47412, 🌇 – 📱
■ Rest 📺 & Ⓟ – 🔏 25/200. 🖭 ⓞ Ε 𝘝𝘐𝘚𝘈   AY **e**
Restaurants : **Gourmet-Restaurant** *(nur Abendessen)* **M** a la carte 385/470 – **Theater-Café**
M a la carte 221/390 – **94 Z : 190 B** 1230/1470 - 1780 Fb – 3 Appart. 2500.

🏨 **Schwärzler**, Landstr. 9, ℰ 4 24 22, Telex 57672, Fax 47575, 🌇, ⇌, ⩩, 🐎 – 📱 📺 ☎ &.
⇦ Ⓟ – 🔏 25/100. 🖭 ⓞ Ε 𝘝𝘐𝘚𝘈   über Landstr.   AZ
M a la carte 266/375 – **83 Z : 150 B** 680/1200 - 1380/1560 Fb – 7 Appart. 2100/2980.

🏨 **Messmer Hotel am Kornmarkt**, Kornmarktstr. 16, ℰ 4 23 44, Telex 57715, Fax 423446,
🌇, ⇌ – 🔏 25/100. 🖭 ⓞ Ε 𝘝𝘐𝘚𝘈   BY **u**
16.- 30. Dez. geschl. – **M** a la carte 235/440 – **82 Z : 160 B** 790/990 - 1180/1600 Fb.

🏨 **Weisses Kreuz** garni, Römerstr. 5, ℰ 2 24 88/49 88, Telex 57741, Fax 2248867/498867 – 📱
📺 ☎ 🖭 𝘝𝘐𝘚𝘈   BY **s**
Weihnachten - 1. Jan. geschl. – **45 Z : 80 B** 640/1010 - 1090/1890 Fb.

🏨 **Falken**, Quellenstr. 49, ℰ 4 77 33, Fax 46357 – 📺 ☎ Ⓟ. 🖭 ⓞ Ε 𝘝𝘐𝘚𝘈   AZ **f**
M a la carte 290/430 – **17 Z : 33 B** 580/750 - 980/2000 Fb.

🏨 **Germania**, Am Steinenbach 9, ℰ 4 27 66, Fax 427664, 🌇 – 📺 ☎ ⇦ Ⓟ. 🖭 Ε 𝘝𝘐𝘚𝘈.
⛄ Zim – 29. Okt.- 18. Nov. geschl. – **M** *(auch vegetarische Gerichte)* (Sonntag 15 Uhr -
Montag 17 Uhr geschl.) a la carte 220/420 – **17 Z : 32 B** 480/640 - 800/1300 Fb -(Anbau mit
20 Z ab Sommer 1991)   BY **n**

🏨 **Central** garni, Kaiserstr. 26, ℰ 4 29 48, Fax 47892 – 📱 ☎. 🖭 Ε 𝘝𝘐𝘚𝘈   BY **a**
20. Dez.- 1. Feb. geschl. – **35 Z : 55 B** 390/700 - 700/1200.

XXX ⛛ **Deuring-Schlössle** 🦢 mit Zim (kleines Stadtschloß a.d.J. 1690), Ehre-Guta-Platz 4,
ℰ 4 78 00, Fax 4780080, 🌇, 🐎 – ⇤ Rest 📺 ☎ Ⓟ – 🔏 25/70. 🖭 ⓞ Ε 𝘝𝘐𝘚𝘈. ⛄   BZ **a**
M *(Tischbestellung ratsam)* 350/580 (mittags), 650/1200 (abends) – **13 Z : 26 B** 1350/2700 -
2300/2700 – 3 Appart. 5000.

X **Weinstube Ilge** (Haus a.d. 15. Jh.), Maurachgasse 6, ℰ 4 36 09 – 𝘝𝘐𝘚𝘈   BY **e**
Sonntag - Montag 18 Uhr geschl. – Menu (abends Tischbestellung ratsam) a la carte 180/520.

165

In Bregenz-Fluh O : 5 km über Fluher Str. BZ — Höhe 750 m :

🏠 **Berghof Fluh** ⤸, 𝒫 4 42 13, ≼ Bregenzer Wald, 🏤 – 🕿 ⇦⇨ 🅿. 🕮 ⓞ Ε 𝘝𝘐𝘚𝘈
➔ *6. Jan.- Feb. geschl. –* **M** *(Feb.- Juni Mittwoch geschl.)* a la carte 125/305 – **12 Z : 22 B** 40
- 800.

In Lochau A-6911 ① : 3 km :

𝕏𝕏 **Mangold**, Pfänderstr. 3, 𝒫 (05574) 4 24 31, Fax 424319, 🏤 – 🅿. ⓞ
Montag und 7.- 31. Jan. geschl. – **M** a la carte 230/420.

𝕏 **Weinstube Messmer**, Landstr. 3, 𝒫 (05574) 49 15 10, « Gastgarten » – 🅿. 🛇
Ende Nov.- Anfang Dez. und Donnerstag - Freitag 17 Uhr geschl. – **M** a la carte 180/351 ⅃.

In Hörbranz A-6912 ① : 6 km :

🏠 **Brauer** garni, Unterhochstgstr. 25, 𝒫 (05573) 24 04 – 📺 🕿 🅿
34 Z : 66 B 380/650 - 700/900.

𝕏 **Kronen-Stuben**, Lindauer Str. 48, 𝒫 (05573) 23 41, 🏤 – 🅿. 🕮 ⓞ Ε 𝘝𝘐𝘚𝘈
Montag geschl. – **M** a la carte 194/330 ⅃.

In Eichenberg A-6911 ① : 8 km — Höhe 796 m — Erholungsort :

🏨 **Schönblick** ⤸, Dorf 6, 𝒫 (05574) 4 59 65, Fax 459657, ≼ Bodensee, Lindau und Alpen
🏤, 🛋, 🔲, 🐎, 𝕏 – 🔳 📺 🅿 ⇦⇨ 🅿
8. Jan.- 5. Feb. und 20. Nov.- 20. Dez. geschl. – **M** *(Montag geschl.)* a la carte 180/445 ⅃ –
17 Z : 35 B 500/650 - 900/1000 Fb – 7 Fewo 520/960.

BREISACH 7814. Baden-Württemberg 𝟜𝟙𝟛 F 22, 𝟿𝟠𝟟 ㉞. 𝟸𝟜𝟸 ㉜ — 10 000 Ew — Höhe 191 m -
❀ 07667.

Sehenswert : Münster (Lage★, Hochaltar★), Terrasse ≼★.

🛈 Verkehrsamt, Werd 9, 𝒫 8 32 27.
ADAC, Im Grenzzollamt, 𝒫 5 45.

◆Stuttgart 209 — Colmar 24 — ◆Freiburg im Breisgau 28.

🏨 **Am Münster** ⤸, Münsterbergstr. 23, 𝒫 70 71, Telex 772687, Fax 8603, ≼ Rheinebene und
Vogesen, 🏤, 🛋, 🔲, 🐎 ⇦⇨ 🅿 – 🔬 25/60. 🕮 ⓞ Ε 𝘝𝘐𝘚𝘈
7.- 20. Jan. geschl. – **M** 29/56 – **42 Z : 63 B** 85/99 - 126/164 Fb -(Erweiterungsbau mit 28 Z
ab Mitte 1991).

🏨 **Kapuzinergarten** ⤸, Kapuzinergasse 26, 𝒫 10 55, ≼ Kaiserstuhl und Schwarzwald, 🏤,
🐎 – 🕿 🐎 🅿. Ε 𝘝𝘐𝘚𝘈
28. Jan.- 3. März geschl. – **M** *(Mittwoch geschl.)* a la carte 34/70 – **12 Z : 24 B** 79/106 -
106/134 Fb.

🏠 Breisacher Hof, Neutorplatz 16, 𝒫 3 92, 🏤 – 🅿
28 Z : 55 B.

🏠 **Kaiserstühler Hof**, Richard-Müller-Str. 2, 𝒫 2 36 – ⓞ Ε 𝘝𝘐𝘚𝘈
M *(Mittwoch geschl.)* 26/56 – **16 Z : 30 B** 30/35 - 60/70.

🏨 **Bären**, Kupfertorplatz 7, 𝒫 2 81, Fax 7055, 🏤 – 🅿
➔ *Jan. geschl. –* **M** *(Sonntag 14 Uhr - Montag 17 Uhr geschl.)* a la carte 20/51 ⅃ – **27 Z : 51 B**
65/80 - 90.

In Breisach-Hochstetten SO : 2,5 km :

🏠 **Landgasthof Adler**, Hochstetter Landstr. 3, 𝒫 2 85, 🏤, 🛋, 🐎 – 🕿 🅿. Ε
Jan. geschl. – **M** *(Samstag bis 16 Uhr und Donnerstag geschl.)* a la carte 26/48 – **23 Z :**
42 B 50/60 - 80/90 Fb – ½ P 60/80.

BREISIG, BAD 5484. Rheinland-Pfalz 𝟜𝟙𝟚 E 15 — 7 000 Ew — Höhe 62 m — Heilbad – ❀ 02633.
Ausflugsziel : Burg Rheineck ≼★ S : 2 km.

🛈 Verkehrsamt, Albert-Mertes-Str. 11 (Heilbäderhaus Geiersprudel), 𝒫 9 70 71.

Mainz 133 – ◆Bonn 33 – ◆Koblenz 30.

🏨 **Rheinhotel Vier Jahreszeiten** ⤸, Rheinstr. 11, 𝒫 60 70, Telex 863333, Fax 9220, ≼
Rhein, 🏤, 🛋, 🔲 – 🔳 📺 🅿 – 🔬 25/200. 🕮 ⓞ Ε
M a la carte 31/65 ⅃ – **133 Z : 320 B** 85/120 - 150/290 Fb.

🏠 **Zur Mühle** ⤸, Koblenzer Str.15 (B 9), 𝒫 91 42, ≼, 🔲, 🐎 – 🅿. 🕮 ⓞ Ε. 🛇 Rest
➔ *6. Jan.- Feb. geschl. –* **M** a la carte 17/43 ⅃ – **41 Z : 60 B** 40/72 - 76/128 – ½ P 52/86.

🏠 **Quellenhof**, Albert-Mertes-Str. 23, 𝒫 94 79, 🏤 – 🅿. 🕮 Ε 🛇 Zim
➔ *5. Nov.- 20. Dez. geschl. –* **M** *(Dienstag geschl.)* a la carte 18/54 – **17 Z : 25 B** 38/50 - 76/94
Fb – ½ P 50/62.

🏠 **Niederée**, Zehnerstr. 2 (B 9), 𝒫 92 10, 🛋 – 🔳 📺 🕿 🅿. 🕮 ⓞ Ε 𝘝𝘐𝘚𝘈
➔ **M** *(7.Jan.- 4. Feb. und Mittwoch geschl.)* a la carte 18/55 ⅃ – **31 Z : 48 B** 55/60 - 94/110 Fb
– ½ P 64/77.

🏠 **Haus am Bocksborn** ⤸, Eifelstr. 62, 𝒫 93 35, 🛋, 🔲 – 🅿. 🛇 Rest
Jan.- Feb. 3 Wochen geschl. – (Restaurant nur für Hausgäste) – **16 Z : 24 B** 45/90 - 90/100.

🏠 Haus Mathilde ⤸, Waldstr. 5, 𝒫 91 44 – 🅿
(Restaurant nur für Hausgäste) – **21 Z : 30 B**.

XX **Zum Weißen Roß** mit Zim (Haus a.d.J. 1628), Zehnerstr. 19 (B 9), ℰ 91 35, 🍴 – 📺 ☎.
🖭 ⑩ Ε 𝗩𝗜𝗦𝗔
M 25/32 (mittags) und a la carte 38/77 – **10 Z : 18 B** 50/90 - 90/180.

XX **Am Kamin**, Zehnerstr. 10 (B 9), ℰ 9 67 22, 🍴 – 🖭 ⑩ Ε 𝗩𝗜𝗦𝗔
Montag geschl. – Menu a la carte 33/65.

XX **Historisches Weinhaus Templerhof** (Haus a.d.J. 1657), Koblenzer Str.45 (B 9), ℰ 94 35,
🍴 – ᰔ 📵. 🖭 ⑩ Ε 𝗩𝗜𝗦𝗔
Mittwoch - Donnerstag 17 Uhr sowie Jan. und Juni jeweils 2 Wochen geschl. – **M** (auch
vegetarisches Menu) a la carte 44/84.

X **Vater und Sohn** mit Zim, Zehnerstr. 78 (B 9), ℰ 91 48, 🍴 – 📵. 🖭 ⑩ Ε 𝗩𝗜𝗦𝗔
M a la carte 27/55 – **8 Z : 15 B** 35/45 - 66/86.

BREITACHKLAMM Bayern. Sehenswürdigkeit siehe Oberstdorf.

BREITBRUNN AM CHIEMSEE 8211. Bayern 𝟰𝟭𝟯 U 23 – 1 300 Ew – Höhe 539 m – ✆ 08054.
Sehenswert : Chiemsee★ – 🛈 Verkehrsamt, Gollenshauser Str. 1, ℰ 2 34.
◆München 96 – Rosenheim 26 – Traunstein 28.

XX **Wastlhuberhof**, ℰ 4 82 – 📵
Montag - Freitag nur Abendessen, Jan.- Feb. und Dienstag geschl. – **M** a la carte 34/56.

X **Beim Oberleitner am See** ⚭ mit Zim, Seestr. 24, ℰ 3 96, ≤, 🍴, 🔛, Bootssteg – 📵
6. Jan.- 27. März und 20. Okt.- 25. Dez. geschl. – **M** (Dienstag 14 Uhr - Mittwoch geschl.) a
la carte 22/45 ⅃ – **6 Z : 11 B** 40/50 - 70/90.

BREITENBACH AM HERZBERG 6431. Hessen 𝟰𝟭𝟮 L 14 – 2 000 Ew – Höhe 250 m –
Erholungsort – ✆ 06675.
◆Wiesbaden 149 – Fulda 35 – Gießen 42 – ◆Kassel 75.

An der Autobahn A 5 (Nordseite) NW : 5 km :

🏠 **Rasthaus Motel Rimberg**, ✉ 6431 Rimberg, ℰ (06675) 5 61, ≤ – 📳 ☎ ᰔ ⟷ 📵. 🖭 ⑩
◆ Ε 𝗩𝗜𝗦𝗔
M a la carte 20/47 – **11 Z : 24 B** 69 - 102.

BREITENGÜSSBACH 8613. Bayern 𝟰𝟭𝟯 P 17. 𝟵𝟴𝟳 ㉘ – 3 500 Ew – Höhe 245 m – ✆ 09544.
◆München 239 – ◆Bamberg 9 – Bayreuth 64 – Coburg 37 – Schweinfurt 63.

🏦 **Vierjahreszeiten** ⚭, Sportplatz 6, ℰ 8 61, Fax 864, ☎, 🔲 – 📺 ☎ 📵 – 🔼 30. 🎆
M (Freitag und 8.- 18. Feb. geschl.) a la carte 19,50/45 – **35 Z : 60 B** 60/90 - 98/150 Fb.

BREITNAU 7821. Baden-Württemberg 𝟰𝟭𝟯 H 23 – 1 800 Ew – Höhe 950 m – Luftkurort –
Wintersport : 1 000/1 200 m ⚡2 ⚡1 – ✆ 07652 (Hinterzarten).
🛈 Kurverwaltung, Rathaus, ℰ 16 97.
◆Stuttgart 167 – Donaueschingen 42 – ◆Freiburg im Breisgau 30.

🏦 **Kaiser's Tanne Wirtshus**, Am Wirbstein 27 (B 500, SO : 2, km), ℰ 15 51, Fax 1507,
« Gartenterrasse mit ≤ », ☎, 🔲, 🔛 – 📳 📺 ☎ ⟷ 📵
M (Montag geschl.) a la carte 40/73 – **35 Z : 70 B** 80/110 - 140/200 Fb – 4 Appart. 350 –
½ P 105/145.

🏦 **Café Faller**, an der B 500 (SO : 2 km), ℰ 10 01, Fax 311, « Terrasse mit ≤ », ☎, 🔛 – 📳
📺 ☎ 📵. Ε 𝗩𝗜𝗦𝗔 🎆 Zim
Ende Nov.- Mitte Dez. geschl. – **M** (Mittwoch 17 Uhr - Donnerstag geschl.) a la carte 29/54
⅃ – **25 Z : 46 B** 44/85 - 70/100 – 12 Appart. 100/200 – ½ P 64/105.

🏠 **Löwen**, an der B 500 (O : 1 km), ℰ 3 59, ≤, 🍴, ☎, 🔛, 🕹 – ☎ 📵
10. Nov.- 20. Dez. geschl. – **M** (Dienstag geschl.) a la carte 24/48 ⅃ – **13 Z : 26 B** 45 - 80/90
– ½ P 61/66.

🏠 **Backhof Helmle**, Ödenbachstr. 3 (SO : 2 km, an der B 500), ℰ 3 89, 🍴, 🔛 – ☎ ⟷ 📵
M (Dienstag geschl.) a la carte 24/36 ⅃ – **24 Z : 54 B** 37/47 - 68 Fb – ½ P 46.

🏠 **Kreuz**, Dorfstr. 1, ℰ 13 88, ≤, direkter Zugang zum 🔲 im Kurhaus – ⟷ 📵
◆ Ende März - 8. April und 5. Nov.- 19. Dez. geschl. – **M** (Montag geschl.) a la carte 20/40 ⅃
– **16 Z : 32 B** 45/50 - 80/90 Fb – ½ P 60/70.

In Breitnau-Höllsteig SW : 9 km über die B 31 :

🏦 **Hofgut Sternen**, am Eingang der Ravennaschlucht, ℰ 10 82, Fax 88142, 🍴 – 📳 📺 ☎ ᰔ
📵 – 🔼 25/60. 🖭 ⑩ Ε 𝗩𝗜𝗦𝗔
7. Jan.- Feb. geschl. – **M** a la carte 31/46 – **54 Z : 114 B** 100 - 154 Fb – ½ P 99/122.

BREKENDORF 2372. Schleswig-Holstein – 700 Ew – Höhe 15 m – ✆ 04336.
◆Kiel 46 – Rendsburg 24 – Schleswig 14.

🏠 **Hüttener Berge**, Am Hang 1, ℰ 32 88, Fax 1052 – 📵
M (Mittwoch geschl.) a la carte 20/37 – **32 Z : 60 B** 55/60 - 90/100.

BRELINGEN Niedersachsen siehe Wedemark.

BREMEN 2800. Ⅼ Stadtstaat Bremen **987** ⑭⑮ − 530 000 Ew − Höhe 10 m − ✆ 0421.

Sehenswert : Marktplatz★★ − Focke-Museum★★ U **M2** − **Rathaus★ (Treppe★★) − Dom S**
Petri★ (Taufbecken★★ Madonna★) − Wallanlagen★ ABXY − Böttcherstraße★ BY : Roseliushaus★
(Nr.6) und Paula-Modersohn-Becker-Haus★ (Nr.8) BY **B** − Schnoor-Viertel★ BY − Kunsthalle★
CY **M**.

ﺎ Bremen-Vahr, Bgm.-Spitta-Allee 34 (U), ✆ 23 00 41 ; ﺎ Garlstedt (N : 11 km über die B 6 U)
✆ (04795) 4 17 ; ﺎ Bremen-Oberneuland (über ①), Heinrich-Baden-Weg 25, ✆ 25 93 21.

✈ Bremen-Neustadt (S : 6 km) V, ✆ 5 59 51.

🚂 ✆ 30 63 07.

Ausstellungsgelände a. d. Stadthalle (CX), ✆ 3 50 52 34.

🛈 Verkehrsverein, Touristinformation am Bahnhofsplatz, ✆ 30 80 00, Telex 244854, Fax 3080030.

ADAC, Bennigsenstr. 2, ✆ 4 99 40, Notruf ✆ 1 92 11.

♦Hamburg 120 ① − ♦Hannover 123 ①.

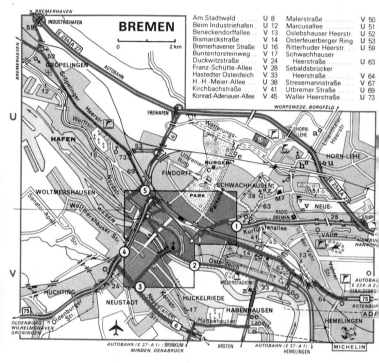

Am Stadtwald	U 8
Beim Industriehafen	U 12
Benneckendorffallee	V 13
Bismarckstraße	V 14
Bremerhavener Straße	U 16
Buntentorsteinweg	V 17
Duckwitzstraße	V 24
Franz-Schütte-Allee	V 28
Hastedter Osterdeich	V 33
H.-H.-Meier-Allee	U 38
Kirchbachstraße	V 41
Konrad-Adenauer-Allee	V 45

Malerstraße	V 50
Marcusallee	U 51
Oslebshauser Heerstr.	U 52
Osterfeuerberger Ring	U 53
Ritterhuder Heerstr.	U 59
Schwachhauser Heerstraße	U 63
Sebaldsbrücker Heerstraße	V 64
Stresemannstraße	V 67
Utbremer Straße	U 69
Waller Heerstraße	U 73

🏨🏨🏨🏨 **Park-Hotel** ⚓, im Bürgerpark, ✆ 3 40 80, Telex 244343, Fax 3408602, ≼, « Terrasse am
Hollersee » − 🛗 📺 ⟺ 🅿 − 🔬 25/500. 🅰🅴 ⓪ 🅴 🆅🅸🆂🅰   CX **a**
Restaurants : **Parkrestaurant** (bemerkenswertes Weinangebot) **M** a la carte 66/98 − **buten**
und binnen M a la carte 42/75 − **150 Z : 230 B** 265/330 - 390/460 − 10 Appart. 520/1500.

🏨🏨🏨 **Bremen Marriott**, Hillmannplatz 20, ✆ 1 76 70, Telex 246868, Fax 238203 − 🛗 ↔ Zim 🖭
📺 ᴔ ⟺ − 🔬 25/600. 🅰🅴 ⓪ 🅴 🆅🅸🆂🅰   BXY **n**
M a la carte 53/86 − **230 Z : 460 B** 292/352 - 364/424 Fb − 4 Appart..

🏨🏨 **Zur Post**, Bahnhofsplatz 11, ✆ 3 05 90, Telex 244971, Fax 3059591, Massage, 🛋, 🔲 − 🛗
↔ Zim 📺 ᴔ ⟺ − 🔬 25/150. 🅰🅴 ⓪ 🅴 🆅🅸🆂🅰   BX **x**
Restaurants : **L'Orchidée** separat erwähnt − **Der Tingheter M** a la carte 34/52 −
Kachelstübchen (nur Abendessen) **M** a la carte 37/65 − **205 Z : 334 B** 165/250 - 210/320 Fb
− 4 Appart. 380/490.

🏨🏨 **Munte am Stadtwald**, Parkallee 299, ✆ 21 20 63, Telex 246562, Fax 219876, 🛋, 🔲 − 🛗
📺 ⟺ 🅿 − 🔬 25/300. 🅰🅴 ⓪ 🅴 🆅🅸🆂🅰   U **e**
M (auch vegetarische Gerichte) a la carte 23/58 − **124 Z : 248 B** 120/180 - 150/210 Fb.

🏨🏨 **Mercure-Columbus**, Bahnhofsplatz 5, ✆ 1 41 61, Telex 244688, Fax 15369, 🛋 − 🛗 📺 −
🔬 25/90. 🅰🅴 🅴 🆅🅸🆂🅰   BX **f**
M (nur Abendessen) a la carte 40/58 − **153 Z : 270 B** 160/214 - 200/303 Fb.

🏨 **Überseehotel** garni, Wachtstr. 27, ✆ 3 60 10, Telex 246501, Fax 3601555 – 🛗 📺 ☎ 👤 –
🔬 30. 🕮 ⓞ 🗲 𝑉𝐼𝑆𝐴 BY u
126 Z : 220 B 100/140 - 140/180 Fb.

🏨 **Bremer Haus**, Löningstr. 16, ✆ 3 29 40, Fax 3294411 – 🛗 📺 ☎ 👉 🅿. 🕮 ⓞ 🗲 𝑉𝐼𝑆𝐴
M *(Samstag - Sonntag nur Mittagessen)* a la carte 27/50 – **76 Z : 110 B** 105/120 - 130/
170 Fb. CXY d

🏨 **Hanseat** garni, Bahnhofsplatz 8, ✆ 1 46 88, Fax 170588 – 🛗 📺 ☎. 🕮 ⓞ 🗲 𝑉𝐼𝑆𝐴 BX e
33 Z : 55 B 118/138 - 158/178.

🏨 **Ibis**, Rembertiring 51, ✆ 3 69 70, Telex 244511, Fax 3697109 – 🛗 📺 ☎ 👤 👉 – 🔬 25/40.
🕮 🗲 𝑉𝐼𝑆𝐴 CY e
M a la carte 30/43 – **162 Z : 250 B** 123 - 167 Fb.

🏨 **Schaper-Siedenburg** garni, Bahnhofstr. 8, ✆ 3 08 70, Telex 246644, Fax 308788 – 🛗
🌐 Zim 📺 ☎. 🕮 ⓞ 🗲 𝑉𝐼𝑆𝐴 BX r
23. Dez.- 2. Jan. geschl. – **70 Z : 111 B** 95/120 - 139/158.

🏠 **Lichtsinn** garni, Rembertstr. 11, ✆ 32 32 35, Fax 327287 – 📺 ☎ 👉. 🕮 🗲 𝑉𝐼𝑆𝐴 🌌
31 Z : 45 B 120/150 - 150/200 Fb. CY a

🏠 **Flensburger Hof - Ristorante Mama und Papa**, An der Weide 18, ✆ 32 05 57,
Telex 246862 – 🛗 ☎. 🕮 ⓞ 🗲 𝑉𝐼𝑆𝐴 CX v
M *(Italienische Küche)* a la carte 27/62 – **49 Z : 59 B** 60/75 - 95/130 Fb.

🏠 **Residence** garni, Hohenlohestr. 42, ✆ 34 10 20, Fax 342322, ☎ – 🛗 ☎. 🕮 ⓞ 🗲 𝑉𝐼𝑆𝐴
20. Dez.- 3. Jan. geschl. – **34 Z : 60 B** 59/84 - 103/128 Fb. CX k

XXX ❀ **L'Orchidée** (im Hotel zur Post), Bahnhofsplatz 11 (6. Etage, 🛗) – 🕮 ⓞ 🗲 𝑉𝐼𝑆𝐴 🌌
nur Abendessen, Sonntag - Montag, 1.- 15. Jan. und 21. Juli - 19. Aug. geschl. – **M**
(Tischbestellung ratsam) 75/102 und a la carte 66/85 BX x
Spez. Parfait von Kalbsbries, Taubenbrüstchen in Rotweinjus, Dessertvariation.

XX **Meierei**, im Bürgerpark, ✆ 21 19 22, ≤, « Gartenterrasse » – 🅿 U c

XX **Flett**, Böttcherstr. 3, ✆ 32 09 95 – 🕮 🗲 𝑉𝐼𝑆𝐴 BY g
Sonntag geschl. – **M** a la carte 40/68.

XX **Ratskeller-Bacchuskeller**, im alten Rathaus, ✆ 32 16 76, Fax 3378121. 🕮 ⓞ 🗲 𝑉𝐼𝑆𝐴
🌌 BY R
M (Weinkarte mit etwa 600 deutschen Weinen) a la carte 42/70.

XX **Jürgenshof**, Jürgensdeich 1 (Nähe Weserstadion), ✆ 44 10 37, Fax 4985458,
« Gartenterrasse » – 🅿. 🕮 ⓞ 🗲 𝑉𝐼𝑆𝐴 V z
M a la carte 43/71.

X ❀ **Grashoff's Bistro**, Contrescarpe 80 (neben der Hillmann-Passage), ✆ 1 47 40, Fax
302040 – ⓞ 𝑉𝐼𝑆𝐴 🌌 BY n
wochentags bis 18.30 Uhr geöffnet, Samstag 14 Uhr - Sonntag geschl. – **M** (Tischbestellung
erforderlich) a la carte 65/86
Spez. Spaghetti mit Hummer, Schellfisch mit Senfbutter, Früchte mit Mascarpone-Crème.

X **Concordenhaus**, Hinter der Holzpforte 2, ✆ 32 53 31 – 🕮 ⓞ 🗲 𝑉𝐼𝑆𝐴 🌌 BY r
M (abends Tischbestellung ratsam) 46/120.

X **Deutsches Haus - Fischrestaurant**, Am Markt 1 (1. Etage), ✆ 3 29 09 20, Fax 3290990
– 🕮 ⓞ 🗲 𝑉𝐼𝑆𝐴 BY s
M a la carte 34/65.

X **Vosteen am Ostertor**, Ostertorsteinweg 80, ✆ 7 80 37 – 🕮 ⓞ 🗲 𝑉𝐼𝑆𝐴 CY r
Mittwoch und Mitte Juli - Mitte Aug. geschl. – **M** a la carte 26/54.

X **La Villa** (Italienische Küche), Goetheplatz 4, ✆ 32 79 63, « Gartenterrasse » CY s
24. Dez.- 1. Jan., Samstag bis 18 Uhr und Sonntag geschl. – **M** (Tischbestellung ratsam) a
la carte 44/64.

X **Alte Gilde**, Ansgaritorstr. 24, ✆ 17 17 12 BY a

X **Topaz** (Einrichtung im Bistro-Stil), Violenstr. 13, ✆ 32 52 58, Fax 327042 – ⓞ 🗲 𝑉𝐼𝑆𝐴
Samstag bis 18 Uhr und Sonntag geschl. – **M** a la carte 59/77. BY e

X **Friesenhof** (Brauerei-Gaststätte), Hinter dem Schütting 12, ✆ 32 16 61 BY u

X **Zum Herforder** (Brauerei-Gaststätte), Pelzerstr. 8, ✆ 1 30 51 BY t
Sonntag geschl. – **M** a la carte 25/52.

In Bremen 1 - Alte Neustadt :

🏨 **Westfalia**, Langemarckstr. 40, ✆ 50 04 40, Telex 246190, Fax 507457 – 🛗 📺 ☎ 👤 🅿 –
🔬 25. 🕮 ⓞ 🗲 𝑉𝐼𝑆𝐴 AY n
M *(Sonntag geschl.)* a la carte 33/50 – **69 Z : 105 B** 92/110 - 135/160 Fb.

In Bremen 71-Blumenthal 2820 ⑤ : 26 km :

🏨 **Zur Heidquelle**, Schwaneweder Str. 52, ✆ 60 33 12 – ☎ 👉 🅿. 🕮 ⓞ 🗲
M a la carte 36/69 – **22 Z : 37 B** 60/120 - 100/150.

In Bremen 33 - Borgfeld NO : 11 km über Lilienthaler Heerstr. U :

XX **Borgfelder Landhaus**, Warfer Landstr. 73, ✆ 27 05 12 – 🅿. 🕮 ⓞ
Dienstag geschl. – **M** a la carte 36/55.

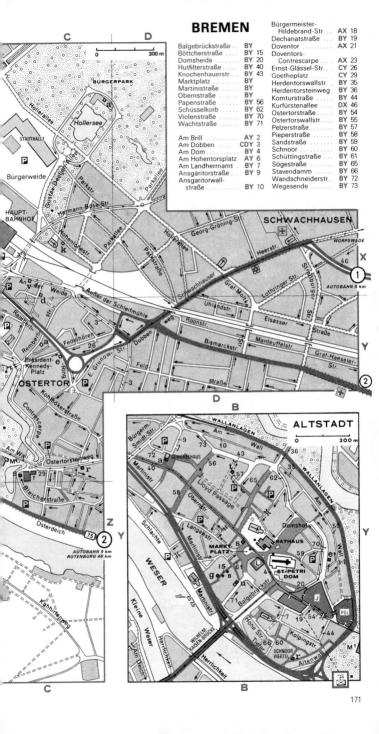

BREMEN

In Bremen 71-Farge 2820 ⑤ : 32 km :

🏛 **Fährhaus Meyer-Farge**, Wilhelmshavener Str. 1, ℰ 6 86 81, Telex 245074, Fax 68684, ≤,
🍴, « Schiffsbegrüßungsanlage » – 📺 ☎ 🅿 – 🔬 30. 🖭 ① 🗲 𝕍𝕀𝕊𝔸
M a la carte 41/70 – **20 Z : 38 B** 97/117 - 140/160 Fb.

In Bremen 61-Habenhausen :

🏠 **Zum Werdersee**, Holzdamm 104, ℰ 8 35 04 – 📺 ☎ 🅿 – **13 Z : 25 B** Fb. V e

In Bremen 33-Horn-Lehe :

🏛 **Landgut Horn**, Leher Heerstr. 140, ℰ 2 58 90, Fax 2589222, 🚗 – ❘⦁❘ ⇖ Zim 📺 ☎ 🕭 ⇦
🅿 – 🔬 25/120. 🖭 ① 🗲 𝕍𝕀𝕊𝔸   U u
M a la carte 36/60 – **106 Z : 211 B** 120/150 - 150/260 Fb.

🏛 **Landhaus Louisenthal - Senator Bölkenhof**, Leher Heerstr. 105, ℰ 23 20 76, 🚗 –
📺 ⇦ 🅿 – 🔬 30. 🖭 ① 🗲   U h
M *(wochentags nur Abendessen)* a la carte 38/62 – **60 Z : 125 B** 65/115 - 100/175 Fb.

🏛 **Deutsche Eiche**, Lilienthaler Heerstr. 174, ℰ 25 10 11, Telex 244130, 🍴, 🚗 – ❘⦁❘ ▦ Rest
📺 ☎ 🅿 – **42 Z : 70 B** Fb.   U a

In Bremen 41-Neue Vahr :

🏛🏛 **Queens Hotel**, August-Bebel-Allee 4, ℰ 2 38 70, Telex 244560, Fax 234617 – ❘⦁❘ ⇖ Zim
▦ Rest 📺 🕭 🅿 – 🔬 25/300. 🖭 ① 🗲 𝕍𝕀𝕊𝔸   U v
M a la carte 46/73 – **144 Z : 188 B** 189/229 - 238/298 Fb – 3 Appart. 388.

In Bremen 41-Schwachhausen :

🏠 **Heldt** 🍴, Friedhofstr. 41, ℰ 21 30 51, Fax 215145 – 📺 🕭. 🖭 ① 🗲 𝕍𝕀𝕊𝔸   U z
M *(nur Abendessen, Sonntag geschl.)* a la carte 22/42 – **43 Z : 65 B** 70/100 - 94/135 Fb.

In Bremen 70 - Vegesack 2820 ⑤ : 22 km :

🏛🏛 **Strandlust Vegesack** 🍴, Rohrstr. 11, ℰ 66 70 73, Fax 661655, ≤, « Terrasse am
Weserufer » – 📺 ⇦ 🅿 – 🔬 25/300. 🖭 ① 🗲 𝕍𝕀𝕊𝔸. 🍽 Zim
M a la carte 36/64 – **23 Z : 44 B** 110/140 - 170/200 Fb (Anbau mit 25 Z, ❘⦁❘ ab Mitte 1991).

🕭 **Garni**, Gerhard-Rohlfs-Str. 54, ℰ 66 90 15 – ❘⦁❘ ☎ 🅿
41 Z : 53 B 40/70 - 70/95.

In Lilienthal 2804   NO : 12 km Richtung Worpswede U – 🕿 04298 :

🏠 **Rohdenburg's Gaststätte**, Trupermoorer Landstr. 28, ℰ 36 10, 🍴 – 📺 ☎ 🅿
M *(Mittwoch geschl., Montag nur Abendessen)* 16/27 (mittags) und a la carte 25/45 –
16 Z : 27 B 55/60 - 90/105.

🏠 **Schomacker**, Heidberger Str. 25, ℰ 37 10 – ☎ 🅿. ① 🗲 𝕍𝕀𝕊𝔸
M *(Freitag bis 16 Uhr und Dienstag geschl.)* a la carte 25/50 – **28 Z : 48 B** 73/83 - 115/
123 Fb.

In Oyten 2806   SO : 17 km über die B 75 – 🕿 04207 :

🏛 **Am Markt** garni, Hauptstr. 85, ℰ 45 54, Fax 4149 – ❘⦁❘ 📺 ⇦ ⇦ 🅿. 🖭 ① 🗲 𝕍𝕀𝕊𝔸. 🍽
18 Z : 25 B 78 - 108 Fb.

🏛 **Motel Höper**, Hauptstr. 58, ℰ 9 66, Fax 5838, 🚗, 🔲, 🛋 – 📺 ☎ ⇦ 🅿 – 🔬 25/50.
🍽 Rest – **35 Z : 70 B**.

🏠 **Fehsenfeld** garni, Hauptstr. 50, ℰ 8 48 – 📺 ☎ 🅿. 🖭 ① 🗲 𝕍𝕀𝕊𝔸. 🍽
9 Z : 17 B 59/65 - 89/95.

MICHELIN-REIFENWERKE KGaA. Niederlassung 2800 Bremen 61-Habenhausen,
Ziegelbrennerstr. 5 (V), ℰ 8 35 41, Fax 832126.

BREMERHAVEN 2850. Bremen 𝟿𝟾𝟽 ④ – 133 300 Ew – Höhe 3 m – 🕿 0471.
Sehenswert : Deutsches Schiffahrtsmuseum ★★★ AZ M.

🖪 Verkehrsamt und Stadtstudio, Obere Bürger 13 (im Columbus-Center). ℰ 4 30 00.
ADAC, Fährstr. 18, ℰ 4 24 70, Notruf ℰ 1 92 11.
◆Bremen 58 ③ – ◆Hamburg 134 ②.

Stadtplan siehe gegenüberliegende Seite.

🏛🏛 **Nordsee-Hotel Naber**, Theodor-Heuss-Platz 1, ℰ 4 87 70, Telex 238881, Fax 4877999, 🍴
– ❘⦁❘ 📺 ⇦ 🅿 – 🔬 25/250. 🖭 ① 🗲 𝕍𝕀𝕊𝔸   AZ a
M 24/40 (mittags) und a la carte 41/71 – **99 Z : 184 B** 139/160 - 175/220 Fb – 5 Appart.
245/350.

🏛 **Haverkamp**, Prager Str. 34, ℰ 4 83 30, Telex 238679, Fax 4833281, 🚗, 🔲 – ❘⦁❘ ⇖ 📺 ☎
🅿 – 🔬 25/60. 🖭 ① 🗲 𝕍𝕀𝕊𝔸. 🍽 Rest   AZ n
M a la carte 33/58 – **107 Z : 164 B** 115/180 - 160/275 Fb.

🏛 **Parkhotel Waldschenke** 🍴, im Bürgerpark, ℰ 2 70 41, Fax 27047, 🍴 – 📺 ☎ 🅿 –
🔬 25/150. 🖭 ① 🗲 𝕍𝕀𝕊𝔸   über Walter-Delius-Str.   BZ
M a la carte 32/59 – **46 Z : 91 B** 89/119 - 128/160 Fb.

🏠 **Geestemünde** 🍴 garni, Am Klint 20, ℰ 2 88 00 – ⇖   BZ z
14 Z : 20 B 58/79 - 95/105.

🏠 **Am Theaterplatz** garni, Schleswiger Str. 5, ℰ 4 26 20 – 🅿. 🖭 ① 🗲 𝕍𝕀𝕊𝔸. 🍽   AZ r
14 Z : 24 B 50/60 - 80/100 Fb.

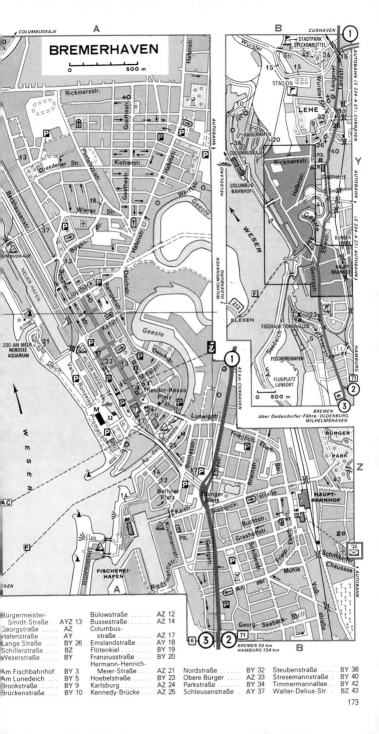

BREMERHAVEN

0 ____ 500 m

BREMERHAVEN

XX **Fischereihafen-Restaurant Natusch**, Am Fischbahnhof 1, ℰ 7 10 21, Fax 75006
« Maritimes Dekor » – 🆎 ⓞ 🇪 𝑽𝑰𝑺𝑨   BY
Montag geschl. – **M** a la carte 33/76.

X **Museums-Restaurant Seute Deern**, Am Alten Hafen, ℰ 41 62 64, « Restaurant au
einer Dreimast-Bark a.d.J. 1919 » – 🆎 ⓞ 🇪 𝑽𝑰𝑺𝑨   AZ
M (vorwiegend Fischgerichte) a la carte 32/63.

BREMERVÖRDE 2740. Niedersachsen 𝟿𝟾𝟽 ⑤⑮ – 19 200 Ew – Höhe 4 m – ☎ 04761.
🛈 Touristik-Information, Bremer Str. 3, ℰ 8 63 35.
♦Hannover 170 – ♦Bremen 71 – Bremerhaven 48 – ♦Hamburg 78.

🏠 **Daub**, Bahnhofstr. 2, ℰ 30 86, ⇔ – ☎ ⓟ – 🔬 25/200. 🆎 ⓞ 🇪 𝑽𝑰𝑺𝑨
M *(Sonntag ab 14 Uhr geschl.)* a la carte 27/53 – **50 Z : 90 B** 47/60 - 84/95.

🏠 **Park-Hotel**, Stader Str. 22 (B 74), ℰ 24 60, Fax 71327, �, 🐎 – 📺 ☎ ⓟ – 🔬 25/100
🆎 ⓞ 🇪 𝑽𝑰𝑺𝑨
M a la carte 28/55 – **15 Z : 24 B** 55/80 - 100/110 Fb.

BRENSBACH 6101. Hessen 𝟺𝟷𝟸 𝟺𝟷𝟹 J 17 – 4 700 Ew – Höhe 175 m – ☎ 06161.
♦Wiesbaden 73 – ♦Darmstadt 26 – ♦Mannheim 53 – Michelstadt 19.

   In Brensbach-Mummenroth NO : 3 km :

X **Zum Brünnchen**, ℰ 5 53, 🌳 – ⓟ
Montag - Dienstag, 4.- 7. Mai. und 30. Sept.- 22. Okt. geschl. – **M** a la carte 27/57 🍸.

   In Brensbach 3-Stierbach SO : 4 km :

🏠 Schnellertshof, Erbacher Str. 100, ℰ 23 80, Wildgehege, ⇔, 🔲, 🐎, 🎾 – ☎ ⓟ
14 Z : 28 B.

   In Brensbach 1-Wersau NW : 2 km :

🏨 **Zum Kühlen Grund**, Bahnhofstr. 81 (B 38), ℰ 4 47 – 🕮 ☎ ⓟ – 🔬 25/40. 🇪 🐾 Zim
➡ *8. Juli - 3. Aug. geschl.* – **M** *(Montag geschl.)* a la carte 18/49 🍸 – **26 Z : 36 B** 52/55 - 90
95 Fb.

BRETTEN 7518. Baden-Württemberg 𝟿𝟾𝟽 ⑱. 𝟺𝟷𝟸 𝟺𝟷𝟹 J 19 – 23 100 Ew – Höhe 170 m –
☎ 07252.
♦Stuttgart 54 – Heilbronn 47 – ♦Karlsruhe 28 – ♦Mannheim 64.

🏨 **Krone**, Melanchthonstr. 2, ℰ 20 41, Fax 80598 – 🕮 ☎ ⓟ – 🔬 25/40. 🆎 ⓞ 🇪 𝑽𝑰𝑺𝑨
26. Dez.- 10. Jan. geschl. – **M** *(Freitag - Samstag 18 Uhr geschl.)* a la carte 29/62 – **46 Z
80 B** 45/80 - 68/120 Fb.

   In Bretten-Neibsheim NW : 6 km :

X **Zur Rose**, Heidelsheimer Str. 2, ℰ 71 38 – 🆎 ⓞ 𝑽𝑰𝑺𝑨
Montag, 4.- 18. Feb. und 5.- 19. Aug. geschl. – Menu *(auch vegetarisches Menu)* a la carte
23/45 🍸.

BRETZENHEIM 6551. Rheinland-Pfalz 𝟺𝟷𝟸 G 17 – 2 200 Ew – Höhe 110 m – ☎ 0671 (Ba
Kreuznach).
Mainz 38 – ♦Koblenz 75 – Bad Kreuznach 5.

🏠 **Grüner Baum**, Kreuznacher Str. 33, ℰ 22 38, 🌳 – 🕮 ☎ ⇔ ⓟ. 🐾 Zim
➡ *13.- 28. Juli und 21. Dez.- 5. Jan. geschl.* – **M** *(nur Abendessen, Freitag und Sonntag
geschl.)* a la carte 21,50/34 🍸 – **35 Z : 47 B** 34/50 - 64/92 Fb.

BRETZFELD 7117. Baden-Württemberg 𝟺𝟷𝟹 L 19 – 8 500 Ew – Höhe 210 m – ☎ 07946.
♦Stuttgart 61 – Heilbronn 20 – ♦Nürnberg 145 – ♦Würzburg 107.

   In Bretzfeld-Bitzfeld N : 2 km :

🏠 **Zur Rose**, Weißlensburger Str. 12, ℰ 20 47 – 🕮 📺 ☎ ⓟ – 🔬 50. ⓞ 🇪
11.- 24. Feb. und Aug. 2 Wochen geschl. – **M** *(Donnerstag geschl.)* a la carte 22/46 🍸 –
16 Z : 26 B 38/55 - 66/98 Fb.

   In Bretzfeld-Brettach SO : 9 km, Richtung Mainhardt :

XX **Rössle** 🏡 mit Zim, Mainhardter Str. 26, ℰ (07945) 22 64, Biergarten – ☎ ⓟ. 🆎 🇪
11.- 20. Feb. und 16.- 30. Juli geschl. – **M** *(Montag 14 Uhr - Dienstag geschl.)* a la carte
32/58 🍸 – **4 Z : 7 B** 45/48 - 78/84.

| Europe | If the name of the hotel is not in bold type, on arrival ask the hotelier his prices. |

BREUBERG/ODENWALD 6127. Hessen **412** **413** K 17 — 7 150 Ew — Höhe 150 m — ✆ 06165.
Wiesbaden 83 — Aschaffenburg 24 — ◆Darmstadt 38.

In Breuberg-Neustadt :

🏨 **Rodensteiner**, Wertheimer Str. 3, ℰ 20 01, Fax 2004, 🌧, 🎠 — 🕪 📺 ☎ 🅿 — 🛦 25/70.
① 🖪 *VISA*
M *(Montag und 1.- 15. Jan. geschl.)* a la carte 35/69 — **31 Z : 60 B** 75/95 - 130/170 Fb.

BREUNA 3549. Hessen **412** K 12 — 3 600 Ew — Höhe 200 m — ✆ 05693.
Wiesbaden 240 — ◆Kassel 36 — Paderborn 59.

🏠 **Sonneneck** ⑨, Stadtpfad 2, ℰ 2 93, 🌧, 🖘, 🎠 — 📺 ☎ 🅿. ① 🖪 *VISA*
März geschl. — **M** *(Montag ab 14 Uhr geschl.)* a la carte 27/44 — **19 Z : 36 B** 50/75 - 90/140.

BRIETLINGEN Niedersachsen siehe Lüneburg.

BRIGACHTAL Baden-Württemberg siehe Villingen-Schwenningen.

BRILON 5790. Nordrhein-Westfalen **987** ⑭⑮, **412** I 12 — 25 000 Ew — Höhe 455 m — Luftkurort
— Wintersport : 450/600 m ⨯2 ⨯3 — ✆ 02961.
🛈 Städt. Verkehrsamt, Steinweg 26, ℰ 80 96.
◆Düsseldorf 168 — ◆Kassel 89 — Lippstadt 47 — Paderborn 47.

🏨 **Zur Post**, Königstr. 7, ℰ 40 44, Fax 51659, 🌧, 🖘, 🖻 — 🕪 📺 ☎ ⇦ 🅿. 🖭 ① 🖪 *VISA*
M a la carte 22/59 ⅓ — **16 Z : 40 B** 65/75 - 99/134 Fb.

🏠 **Quellenhof**, Strackestr. 12, ℰ 20 45, Fax 2047, 🖘, 🖻 — 📺 ☎ ⇦ 🅿. 🖭 ① 🖪 *VISA*.
⟵ ⁒⁗ Rest
M *(Donnerstag geschl.)* a la carte 20/50 ⅓ — **18 Z : 35 B** 48/70 - 98/115 — ½ P 63/87.

🏠 **Waldpension Brilon**, Hölsterloh 1 (SO : 1,5 km), ℰ 34 73, ≼, 🖘, 🎠 — ☎ 🅿. 🖭 ① 🖪
Mitte Nov.- Mitte Dez. geschl. — **M** a la carte 24/43 — **13 Z : 25 B** 49 - 86 Fb — ½ P 53/59.

In Brilon-Gudenhagen S : 4 km über die B 7 und die B 251 :

🏠 **Berghotel Schwarzwald** ⑨, Triftweg 20, ℰ 35 45, ≼, 🌧, 🖘, 🕱, 🖻, 🎠 — 🅿. ⁒⁗ Rest
Mitte Nov.- Mitte Dez. geschl. — **M** *(Mittwoch geschl.)* a la carte 30/47 — **21 Z : 40 B** 40/60 -
80/140 — ½ P 55/85.

XX **Haus Waldsee** mit Zim, Am Waldfreibad, ℰ 33 18, 🎠 — 📺 ☎ 🅿. 🖪
M *(nur Abendessen, Montag geschl.)* (auf Vorbestellung auch Mittagessen) a la carte 36/67
— **5 Z : 11 B** 55 - 100.

In Brilon-Wald S : 8 km über die B 7 und die B 251 :

🏠 **Jagdhaus Schellhorn** ⑨, In der Lüttmecke 9, ℰ 33 34, 🖘, 🖻, 🎠 — 📺 ☎ 🅿. 🖪
M *(nur Abendessen, Dienstag geschl.)* a la carte 36/61 — **14 Z : 24 B** 55/65 - 110/130 Fb —
½ P 75/85.

BRINKUM Niedersachsen siehe Stuhr.

BRODENBACH 5401. Rheinland-Pfalz **412** F 16 — 600 Ew — Höhe 85 m — Erholungsort —
✆ 02605 (Löf).
Mainz 94 — Cochem 25 — ◆Koblenz 26.

🏨 Peifer, Moselufer 43 (SW : 1,5 km), ℰ 7 56, ≼, 🌧, 🖻, 🎠 — 🕪 🅿. ⁒⁗ — **31 Z : 58 B**.

BRODERSBY Schleswig-Holstein siehe Liste der Feriendörfer.

BROMBACH Nordrhein-Westfalen siehe Overath.

BROME 3127. Niedersachsen **987** ⑯ — 2 500 Ew — Höhe 67 m — ✆ 05833.
◆Hannover 118 — ◆Hamburg 141 — ◆Braunschweig 60.

In Brome-Zicherie S : 4 km :

🏠 **Hubertus**, an der B 244, ℰ 15 15, 🌧, Wildgehege, 🖘 — ☎ 🅿 — 🛦 25/80. ⁒⁗ Rest
Mitte Jan.- Mitte Feb. geschl. — **M** *(Montag geschl.)* a la carte 23/48 — **31 Z : 41 B** 55 - 90.

BRUCHHAUSEN-VILSEN 2814. Niedersachsen — 4 800 Ew — Höhe 19 m — Luftkurort —
✆ 04252.
◆Hannover 79 — ◆Bremen 40 — Minden 83 — Verden an der Aller 30.

XX **Forsthaus Heiligenberg**, im Ortsteil Homfeld (SW : 4 km), ℰ 6 33, « Niedersächsisches
Fachwerkhaus mit gemütlicher Einrichtung im Landhausstil, Gartenterrasse » — 🅿 —
🛦 25/50.

XX **Dillertal**, an der B 6 (SW : 4 km), ℰ 26 80, 🌧 — 🅿 — 🛦 25/300. ① 🖪
M 18/32 (mittags) und a la carte 24/56.

BRUCHKÖBEL 6454. Hessen **412** **413** J 16 — 18 000 Ew — Höhe 113 m — ✆ 06181.

♦Wiesbaden 65 — ♦ Frankfurt am Main 21 — Fulda 86 — Gießen 60 — ♦ Würzburg 118.

XX ✿ **Zum Adler,** Hauptstr. 63, ℰ 7 59 10, Fax 740613, 🏡, « Restauriertes Fachwerkhaus a.d.J. 1842 » — ❷. E.
Samstag bis 18 Uhr und Montag geschl. — **M** 75/95 und a la carte 62/80
Spez. Geräuchertes Taubenbrüstchen, Seeteufelmedaillons mit Safransabayon gratiniert, Rinderfiletröllchen mit Meerrettichcreme.

BRUCHMÜHLBACH-MIESAU 6793. Rheinland-Pfalz **412** **413** F 18, **57** ⑧ — 7 500 Ew — Höhe 265 m — ✆ 06372.

Mainz 109 — Homburg/Saar 13 — Kaiserslautern 26 — ♦Saarbrücken 48.

🏠 **Haus Hubertus,** Sandstr. 3 (Bruchmühlbach), ℰ 13 26 — ⟸ ❷ 🌿
◆ *Mitte Juli - Anfang Aug. geschl.* — **M** *(nur Abendessen, Samstag geschl.)* a la carte 15/35 ⅃
— **8 Z : 11 B** 27/34 - 45/51.

BRUCHSAL 7520. Baden-Württemberg **987** ㉘. **412** **413** I 19 — 37 000 Ew — Höhe 115 m — ✆ 07251.

Sehenswert : Schloß (Treppenhaus★★).

🅱 Stadtinformation, Am alten Schloß 2 (Bürgerzentrum), ℰ 7 93 01, Telex 7822430.

♦Stuttgart 68 — Heidelberg 37 — Heilbronn 61 — ♦Karlsruhe 25 — ♦Mannheim 49.

🏨 **Scheffelhöhe - Restaurant Belvedere** ⟆, Adolf-Bieringer-Str. 20, ℰ 80 20 (Hotel) 33 73 (Rest.), Telex 7822221, Fax 802156, ≤, 🏡, ☎ — 🛗 📺 ☎ ❷ — 🔬 25/40. 🖭 ⑩ E 🖾
M a la carte 31/61 — **93 Z : 126 B** 95/130 - 130/180 Fb.

🏨 **Keller,** Heidelberger Str. 19 (B 3), ℰ 1 80 11, Telex 7822415, Fax 18013, ☎, 🔲, 🐎 —
🢁⟆ Zim 📺 ☎ ❷ — 🔬 25/50. 🖭 ⑩ E 🖾
Weihnachten - 6. Jan. geschl. — **M** *(Samstag - Sonntag geschl.)* a la carte 32/61 — **54 Z : 80 B** 90/140 - 140/160 Fb.

🏨 **Goldenes Lamm,** Kübelmarkt 8, ℰ 20 58 — 📺 ☎ ⟸. 🖭 ⑩ E 🖾
Aug. geschl. — **M** *(Freitag - Samstag 18 Uhr geschl.)* a la carte 29/78 — **16 Z : 32 B** 90 - 150.

🏠 **Garni,** Amalienstr. 6, ℰ 21 38 — 🛗 ⟸. 🖭 E
15 Z : 27 B 55/58 - 96.

XX **Zum Bären,** Schönbornstr. 28, ℰ 8 86 27, 🏡 — ❷. 🖭 ⑩ E 🖾
M 19/25 (mittags) und a la carte 31/57.

In Bruchsal 5-Büchenau SW : 7 km :

🏨 **Ritter Residenz,** Au in den Buchen 92, ℰ (07257) 8 80, Fax 88111 — 🛗 📺 ☎ ❷ — 🔬 35. 🖭 ⑩ E 🖾
27. Dez.- 6. Jan. geschl. — **M** *(nur Abendessen, Samstag - Sonntag geschl.)* a la carte 36/54 — **48 Z : 73 B** 85/115 - 125/155 Fb.

🏨 **Ritter,** Au in den Buchen 83, ℰ (07257) 8 83 33(Hotel) 8 84 44(Rest.), Telex 725710, 🏡, ☎ — 🛗 📺 ☎ ❷ — 🔬 25/50. 🖭 ⑩ E 🖾
27. Dez.- 6. Jan. geschl. — **M** a la carte 28/57 — **55 Z : 80 B** 78/115 - 125/155 Fb.

In Bruchsal 3-Obergrombach S : 7 km :

X **Landgasthof Grüner Baum** mit Zim, Hauptstr. 40, ℰ (07257) 33 31 — 📺 ☎. E 🖾
ab Aschermittwoch 2 Wochen und Aug. 3 Wochen geschl. — **M** *(Donnerstag - Freitag 16 Uhr geschl.)* a la carte 24/52 — **4 Z : 8 B** 45 - 80.

In Bruchsal 4-Untergrombach SW : 4,5 km :

X **Michaelsklause,** Auf dem Michaelsberg (NO : 2,5 km), Höhe 274 m, ℰ (07257) 32 30, ≤ Rheinebene und Pfälzer Wald, 🏡 — ❷. 🖭 ⑩ E 🖾
M a la carte 25/47.

In Karlsdorf-Neuthard 7528 NW : 4 km :

🏠 **Karlshof,** Bruchsaler Str. 1 (B 35), ℰ (07251) 4 10 79 — 📺 ☎ ⟸ ❷. 🖭 E
M *(Nov. geschl.)* 16/22 (mittags) und a la carte 30/58 — **16 Z : 31 B** 85/95 - 95/120 Fb.

XX **Schlindwein-Stuben,** Altenbürgstr. 6, ℰ (07251) 4 10 76, 🏡 — 🖭 ⑩ E 🖾
Donnerstag und Juli - Aug. 3 Wochen geschl. — **M** a la carte 25/62.

In Forst 7529 NW : 5 km :

🏨 **Forst** ⟆, Gottlieb-Daimler-Straße 6 (Nähe BAB Ausfahrt), ℰ (07251) 1 60 58, Fax 83994, 🏡, 🐎 — 📺 ☎ ❷. 🖭 ⑩ E 🖾
M *(Feb. 1 Woche, Juli - Aug. 3 Wochen, Samstag bis 18 Uhr und Montag geschl.)* a la carte 29/74 — **27 Z : 48 B** 85/120 - 145/160.

An der Autobahn A 5 - Westseite :

🏨 Rasthof Bruchsal, ✉ 7529 Forst, ℰ (07251) 33 23, Telex 7822203, Fax 81359, 🏡 — ☎ ♿
⟸ ❷
48 Z : 110 B.

RUCKMÜHL 8206. Bayern 413 S 23. 987 ⑰. 426 H 5 — 12 000 Ew — Höhe 507 m — ✪ 08062.
München 44 — Innsbruck 119 — Salzburg 100.

In Bruckmühl-Högling NO : 3 km :

XX **Gasthaus Bartl**, Dorfstr. 29, ℰ 12 31 — **☉**
nur Abendessen, Mittwoch, 2.- 16. Sept. und 24.- 30. Dez. geschl. — **M** *(Tischbestellung erforderlich)* a la carte 45/63.

In Bruckmühl-Kirchdorf N : 1 km :

⌂ **Großer Wirt**, Am Griesberg 2, ℰ 12 49, 佘, ☎, ⊒ (geheizt), 巢 — ☎ ➠ **☉** B
18. Feb.- 3. März geschl. — **M** *(Donnerstag geschl.)* a la carte 23/53 — **12 Z : 26 B** 48/55 - 80/90 Fb.

RÜCKENAU, BAD 8788. Bayern 412 413 M 16. 987 ㉙ — 6 600 Ew — Höhe 300 m — Heilbad ✪ 09741.
Städt. Kurverwaltung, Rathaus, ℰ 8 04 11.
München 345 — ✦Frankfurt am Main 97 — Fulda 34 — ✦Würzburg 78.

In Bad Brückenau 1 — Stadtbezirk :

⌂ **Zur Krone**, Marktplatz 5, ℰ 40 81 — **TV** ☎. AE E
7.- 20. Jan. geschl. — **M** *(Montag geschl.)* a la carte 27/47 — **10 Z : 19 B** 70 - 120.

⌂ **Zur Mühle** ⍋, Ernst-Putz-Str. 17, ℰ 50 61, « Kleiner Park mit Teich » — ➠ **☉** ➊ E
◆ VISA. 綏
Mitte Nov.- Mitte Dez. geschl. — **M** *(Nov.- April Mittwoch geschl.)* a la carte 21/43 ⅄ — **37 Z : 60 B** 33/60 - 72/126 Fb — ½ P 53/67.

In Bad Brückenau 2 — Staatsbad :

🏛 **Dorint Hotel** ⍋, Heinrich-von-Bibra-Str. 13, ℰ 8 50, Fax 85425, 佘, direkter Zugang zum
◆ Kurmittelzentrum — 🛗 ✕⊳ Rest **TV** ⅓ ➠ **☉** — 🔏 25./130. AE ➊ E VISA. 綏 Rest
M a la carte 33/65 — **Quellenstube M** a la carte 20/35 — **146 Z : 219 B** 150/195 - 220/360 Fb — 31 Fewo 95/150 — ½ P 143/228.

⌂ **Haus Buchonia** ⍋ garni, Wernarzer Str. 21, ℰ 28 23, 巢 — ☎ **☉**. 綏
Jan.- Feb. geschl. — **8 Z : 12 B** 42 - 78.

🏨 **Jägerhof**, Wernarzer Str. 7a, ℰ 7 97, 巢 — 🛗 ☎ **☉**
(Restaurant nur für Hausgäste) — **41 Z : 60 B** 43/50 - 80/100.

In Bad Brückenau-Volkers NW : 3 km :

⌂ Rhönhotel Berghof, Hainweg 9, ℰ 20 22 — 🛗 **☉**
50 Z : 100 B.

In Bad Brückenau-Wernarz SW : 4 km :

⌂ Landhotel Weißes Ross, Frankfurter Str. 30, ℰ 20 60, ☎, ⊠, 巢, ↝ — **☉**
17 Z : 35 B.

In Oberleichtersbach 8781 S : 4 km :

🏛 Rhön-Hof, Hammelburger Str. 4 (B 27), ℰ (09741) 50 91, ≤, 佘, ☎, ⊠, 巢 — 🛗 ☎ **☉** — 🔏 25/40
32 Z : 56 B Fb.

In Zeitlofs-Rupboden 8787 SW : 8 km:

XX **Alte Villa** mit Zim, Kohlgraben 2, ℰ (09746) 6 31, 佘 — **TV** ☎ **☉**. AE ➊ E VISA
Mitte Jan.- Mitte Feb. geschl. — **M** *(Dienstag - Mittwoch 17 Uhr geschl.)* a la carte 37/59 — **5 Z : 10 B** 75 - 150.

BRÜGGEN 4057. Nordrhein-Westfalen 412 D 14. 408 ⑲, 212 ⑳ — 12 500 Ew — Höhe 40 m — ✪ 02163.
Düsseldorf 54 — Mönchengladbach 22 — Roermond 17 — Venlo 17.

🏨 **Brüggener Klimp** (mit Gästehaus), Burgwall 15, ℰ 50 95, Fax 7917, 佘, ☎, ⊠, 巢 — **TV** ☎ **☉** — 🔏 35. AE E VISA
M *(Dienstag geschl.)* a la carte 25/48 — **60 Z : 120 B** 70/80 - 95/105 Fb.

In Brüggen-Born NO : 2 km :

🏨 **Borner Mühle** ⍋, ℰ 70 01, Fax 59003, 佘 — 🛗 ☎ **☉** — 🔏 25/50. AE ➊ E VISA
M a la carte 28/56 — **27 Z : 47 B** 45/80 - 120/140 Fb — 9 Appart. 160.

Verwechseln Sie nicht :

Komfort der Hotels   : 🏨🏨 ... ⌂, 🏨
Komfort der Restaurants : XXXXX ... X
Gute Küche   : ⊛⊛⊛, ⊛⊛, ⊛, Menu

BRÜHL 5040. Nordrhein-Westfalen **987** ㉖. **412** D 14 – 41 500 Ew – Höhe 65 m – ✿ 02232.
Sehenswert : Schloß (Treppenhaus★).
🛈 Informationszentrum, Uhlstr.3, ℰ 7 93 45.
◆Düsseldorf 61 – ◆Bonn 20 – Düren 35 – ◆Köln 13.

🏤 **Am Stern** garni, Uhlstr. 101, ℰ 1 80 00, Fax 180055 – 🛗 📺 ☎ 🅿. 🆎 ⑩ 🇪 𝗩𝗜𝗦𝗔
40 Z : 69 B 100/130 - 160/180.

🏤 **Rheinischer Hof** garni, Euskirchener Str. 123 (Pingsdorf), ℰ 3 30 21, Fax 31689 – 🛗 📺
☎ 🅿. 🆎 ⑩ 🇪 𝗩𝗜𝗦𝗔
15. Dez.- 15. Jan. geschl. – **22 Z : 48 B** 75/100 - 100/120 Fb.

BRÜN Nordrhein-Westfalen siehe Wenden.

BRUNSBÜTTEL 2212. Schleswig-Holstein **987** ⑤ – 13 000 Ew – Höhe 2 m – ✿ 04852.
◆Kiel 96 – ◆Hamburg 83 – Itzehoe 27.

🏤 **Zur Traube**, Am Markt 9, ℰ 5 10 11, Fax 7257 – 📺 ☎ ⇦ 🅿. 🇪. 🎀 Rest
M a la carte 41/63 – **18 Z : 34 B** 80/85 - 100/120 Fb.

In Neufeld 2221 NW : 7 km :

✗ **Op'n Diek**, Op'n Diek 3, ℰ (04851) 18 40, ≤, 🌫 – 🕭 🅿
Donnerstag, März und Okt. geschl. – **M** (abends Tischbestellung ratsam) a la carte 23/41.

BRUNSWICK = Braunschweig.

BRUSCHIED Rheinland-Pfalz siehe Kirn.

BUBENREUTH Bayern siehe Erlangen.

BUCHAU, BAD 7952. Baden-Württemberg **413** L 22, **987** ㊱ ㊲ – 3 900 Ew – Höhe 586 m –
Moorheilbad – ✿ 07582.
Ausflugsziele : Steinhausen : Wallfahrtskirche★ SO : 10 km – Bad Schussenried : ehemaliges
Kloster (Klosterbibliothek★) SO : 9 km.
🛈 Städt. Kur- und Verkehrsamt, Marktplatz 1, ℰ 8 08 12, Fax 80840.
◆Stuttgart 112 – Ravensburg 43 – Reutlingen 71 – ◆Ulm (Donau) 63.

🏠 **Zum Kreuz**, Hofgartenstr. 1, ℰ 82 72 – 📺 ⇦
Ende Dez.- Mitte Jan. geschl. – **M** (Mittwoch geschl.) a la carte 22/42 – **20 Z : 40 B** 45/50 -
90/100 Fb.

✗ Hofbräuhaus mit Zim, Schloßplatz 12, ℰ 82 27 – 🅿. 🎀 – **8 Z : 12 B**.

BUCHEN (ODENWALD) 6967. Baden-Württemberg **987** ㉖. **412 413** K 18 – 14 500 Ew – Höhe
340 m – Erholungsort – ✿ 06281.
🛈 Verkehrsamt, Hochstadtstr. 2, ℰ 27 80.
◆Stuttgart 113 – Heidelberg 87 – Heilbronn 59 – ◆Würzburg 68.

🏤 **Romantik-Hotel Prinz Carl**, Hochstadtstr. 1, ℰ 18 77, Fax 1879, 🌫, « Rustikale
Weinstube, außer Montag ab 18 Uhr geöffnet » – 🛗 📺 ☎ ⇦ 🅿 – 🔬 40. 🆎 ⑩ 🇪 𝗩𝗜𝗦𝗔
🎀
M a la carte 39/64 – **23 Z : 32 B** 92/105 - 150/240 Fb.

In Buchen-Hainstadt N : 1,5 km :

🏠 **Zum Schwanen**, Hornbacher Str. 4, ℰ 28 63, 🔲 – 🛗 ☎. 🎀 Zim
➡ Juli - Aug. 3 Wochen geschl. – **M** (Mittwoch geschl.) a la carte 16/27 ⑤ – **19 Z : 35 B** 41 -
72.

In Buchen-Hettigenbeuern NW : 9 km :

🏠 **Löwen** 🌭, Morretalstr. 8, ℰ (06286) 2 75, 🈺, 🔲, 🛋 – 🅿. 🎀
➡ 20. Nov.- 20. Dez. geschl. – **M** (Mittwoch geschl.) a la carte 17/30 ⑤ – **20 Z : 40 B** 38/50 -
80.

BUCHENBACH Baden-Württemberg siehe Kirchzarten.

BUCHENBERG 8961. Bayern **413** N 23, **426** ⑤ – 3 500 Ew – Höhe 895 m – Luftkurort –
Wintersport : 900/1 036 m ⑤7 ⑤3 – ✿ 08378.
◆München 133 – Kempten (Allgäu) 8,5 – Isny 17.

🏤 **Jagdhaus Schwarzer Bock** 🌭, Kürnacher Str. 169 (NW : 1,5 km), ℰ 4 72, Fax 7820, 🈺,
🔲, 🛋, 🎾 (Halle) – 📺 ☎ ⇦ 🔬 25
Mitte Nov.- Mitte Dez. geschl. – **M** (Sonntag 15 Uhr - Montag 17 Uhr geschl.) a la carte
29/49 – **27 Z : 46 B** 70/125 - 130/180 Fb – ½ P 90/150.

🏤 **Haus Sommerau** 🌭, Eschacher Str. 35, ℰ 70 11, Fax 7014, ≤, 🌫, Massage, 🈺, 🛋 –
☎ 🅿 – 🔬 25/50. 🆎 🇪
M (Dienstag geschl.) a la carte 29/51 – **39 Z : 73 B** 65/80 - 110/130 Fb – ½ P 80/105.

🏠 Adler, Lindauer Str. 15, ℰ 2 49, Biergarten, 🈺, 🔲, 🛋 – 🅿 – **21 Z : 38 B** Fb.

BUCHHOLZ IN DER NORDHEIDE 2110. Niedersachsen 987 ⑮ − 29 000 Ew − Höhe 46 m − ✈ 04181 − ⓕ Holm-Seppensen (S : 5 km), ℰ (04181) 3 62 00.
◆Hannover 124 − ◆Bremen 96 − ◆Hamburg 37.

In Buchholz-Dibbersen :

🏨 **Frommann,** Harburger Str. 8 (B 75), ℰ 78 00, Fax 39432, 🏡, 🔲, 🐎 − ☎ ⟷ ❷ −
➤ 🔬 25/60. Ⅷ ① Ｅ 𝘝𝘐𝘚𝘈
   M a la carte 15/52 − **40 Z : 75 B** 39/65 - 68/95.

In Buchholz-Holm-Seppensen :

🏨 **Seppenser Mühle** ⍋, ℰ (04187) 68 99 − 🔁 ❷. ⅧＥ
   M a la carte 27/51 − **19 Z : 38 B** 70 - 120 Fb.

In Buchholz-Steinbeck :

🏨 Zur Eiche, Steinbecker Str. 111, ℰ 80 68, Fax 39509, 🏡 − 📺 ☎ ⟷ ❷ − 🔬 40
   18 Z : 36 B Fb.

🏨 **Hoheluft,** Hoheluft 1 (an der B 75), ℰ 3 17 00, 🐎 − ☎ ⟷ ❷ − 🔬 25/40. Ｅ
   M *(Samstag geschl.)* a la carte 24/47 − **31 Z : 54 B** 45/80 - 80/115.

BUCHING Bayern siehe Halblech.

BUCHLOE 8938. Bayern 413 P 22, 987 ㊱ − 8 500 Ew − Höhe 627 m − ✆ 08241.
München 68 − ◆Augsburg 42 − Kempten (Allgäu) 60 − Memmingen 49.

🏢 **Hirsch,** Bahnhofstr. 57, ℰ 45 22 − ⟷ ❷. 🍴 Zim
➤ 23. Dez. - 16. Jan. geschl. − **M** *(Samstag - Sonntag geschl.)* a la carte 21/38 − **25 Z : 30 B**
   36/40 - 65/80.

BUCHLBERG 8391. Bayern 413 X 20,21 − 3 400 Ew − Höhe 489 m − Erholungsort −
Wintersport : 🎿2 − ✆ 08505.
🅸 Verkehrsamt, Hauptstr. 5 (Rathaus), ℰ 12 22.
◆München 192 − Freyung 21 − Passau 15.

🏨 **Binder,** Freihofer Str. 6, ℰ 16 71, ≼, 🚋, 🐎 − 🔁 ☎ ❷
➤ Mitte Jan.- Mitte Feb. geschl. − **M** *(Donnerstag geschl.)* a la carte 18/36 − **29 Z : 52 B**
   37/42 - 70/72 Fb.

🏨 **Pension Beinbauer** ⍋ garni, Pangerlbergstr. 5, ℰ 5 20, 🚋, 🐎 − 📺 ❷
   15. Jan.- 15. Feb. und Nov.- 20. Dez. geschl. − **28 Z : 50 B** 40 - 65.

🏢 **Zur Post,** Marktplatz 6, ℰ 12 10, 🏡, 🐎, 🐴 − ❷
➤ Nov.- 15.Dez. geschl. − **M** *(Mitte Jan.- Mitte April Montag geschl.)* a la carte 16/29 − **35 Z :
   60 B** 30 - 60 Fb − ½ P 42.

BÜCKEBURG 3062. Niedersachsen 987 ⑮. 412 K 10 − 19 400 Ew − Höhe 60 m − ✆ 05722.
Sehenswert : Schloß (Fassade★).
🅸 Städt. Verkehrsamt, Stadthaus 2, Lange Str. 45, ℰ 2 06 24, Fax 20688.
◆Hannover 62 − Bielefeld 63 − ◆Bremen 106 − ◆Osnabrück 93.

🏨 **Altes Forsthaus** ⍋, Am Harrl 2, ℰ 2 80 40, Fax 280444, 🏡, 🐎 − 🔁 📺 ☎ ❷ −
   🔬 25/60. ⅧＯＥ 𝘝𝘐𝘚𝘈
   M a la carte 35/61 − **42 Z : 54 B** 85/190 - 155/320 Fb.

✕ **Ratskeller,** Bahnhofstr. 2, ℰ 40 96, Fax 26548 − ⅧＥ 𝘝𝘐𝘚𝘈
   Mittwoch geschl. − **M** a la carte 27/55.

In Bückeburg-Röcke W : 5 km :

✕✕ **Große Klus,** Am Klusbrink 19, ℰ 62 48, « Gemütlich-rustikale Einrichtung » − ❷. Ｅ
   Montag - Samstag nur Abendessen, Juli 2 Wochen geschl. − Menu *(bemerkenswerte
   Weinkarte)* 27/88.

BUCKEN 2811. Niedersachsen − 1 000 Ew − Höhe 20 m − ✆ 04251.
◆Hannover 68 − ◆Bremen 56 − ◆Hamburg 122.

🏨 **Thöle - Zur Linde,** Dedendorf 33, ℰ 23 25, 🏡, 🐎 − ☎ ❷ − 🔬 25/40. Ｅ
➤ **M** *(Sonntag ab 14 Uhr geschl.)* a la carte 21,50/43 − **25 Z : 42 B** 28/55 - 51/85.

BÜDINGEN 6470. Hessen 987 ㉕. 412 413 K 16 − 18 000 Ew − Höhe 130 m − Luftkurort −
✆ 06042 − Sehenswert : Stadtmauer★ − Schloß (Kapelle : Chorgestühl★).
🅸 Städt. Verkehrsamt, Auf dem Damm 2, ℰ 88 41 37.
◆Wiesbaden 91 − ◆Frankfurt am Main 48 − Fulda 78.

🏨 Stadt Büdingen, Jahnstr. 16, ℰ 5 61, 🏡 − 🔁 📺 ☎ ❷ − 🔬 25/70 − **52 Z : 96 B** Fb.

🏨 **Haus Sonnenberg,** Sudetenstr. 4, ℰ 30 51, 🏡, 🚋 − 📺 ☎ ❷ − 🔬 25/100. Ⅷ ① Ｅ
   𝘝𝘐𝘚𝘈 🍴 Rest
   M *(Sonntag 15 Uhr - Montag 17 Uhr geschl.)* a la carte 36/63 − **13 Z : 21 B** 75/105 - 112/
   150 Fb.

179

BÜDLICHERBRÜCK Rheinland-Pfalz siehe Trittenheim.

BÜHL 7580. Baden-Württemberg **413** H 20. **987** ⑭. **242** ⑳ − 23 700 Ew − Höhe 135 m − ✆ 07223.

Ausflugsziel : Burg Altwindeck ⩽★ SO : 4 km.

🛈 Verkehrsamt, Hauptstr. 41, ℘ 28 32 33.

♦Stuttgart 117 − Baden-Baden 17 − Offenburg 41.

🏛 Wehlauer's Badischer Hof, Hauptstr. 36, ℘ 2 30 63, Telex 786121, Fax 23065, « Gartenrestaurant » − |‡| 📺 ☎ − 🔏 25/40 *(bemerkenswerte Weinkarte)* − **25 Z : 46 B** Fb.

🏠 Zum Sternen, Hauptstr. 32, ℘ 2 41 57 − |‡| 📺 ☎ 🅿 − 🔏 25/50
20 Z : 40 B.

🏠 Adler, Johannesplatz 3, ℘ 2 46 22 − |‡| ⟸
↠ **M** *(Freitag - Samstag 17 Uhr geschl.)* a la carte 21/46 − **9 Z : 16 B** 43/65 - 80.

XX Grüne Bettlad mit Zim (Haus a.d. 17. Jh.), Blumenstr. 4, ℘ 2 42 38, �, « Hübsche bäuerliche Einrichtung » − ☎
Weihnachten - Mitte Jan. geschl. − **M** *(Sonntag - Montag und Juli - Aug. 2 Wochen geschl.)* a la carte 52/83 − **7 Z : 13 B** 80/120 - 140/180.

XX Gude Stub, Dreherstr. 9, ℘ 84 80, �, « Kleine Stuben im Bauernstil »
Samstag bis 18 Uhr geschl. − **M** *(Tischbestellung ratsam)* a la carte 41/70.

In Bühl-Eisental :

X Zum Rebstock, Weinstr. 2 (B 3), ℘ 2 42 45 − 🅿. ⓞ **E** 𝘝𝘐𝘚𝘈. ✼
nur Abendessen, Montag sowie Jan. und Aug. jeweils 2 Wochen geschl. − **M** *(auch vegetarische Gerichte)* a la carte 39/68.

In Bühl-Kappelwindeck :

🏠 Jägersteig ⤧, Kappelwindeckstr. 95a, ℘ 2 41 25, ⩽ Bühl und Rheinebene, 🌿 − 🅿
12 Z : 24 B.

XX Der Einsiedelhof mit Zim, Kappelwindeckstr. 51, ℘ 2 12 76, 🌿 − ⟸ 🅿
9 Z : 15 B.

X Zum Rebstock mit Zim, Kappelwindeckstr. 85, ℘ 2 21 09, 🌿 − 📺 🅿
Mitte Feb.- Mitte März geschl. − **M** *(Mittwoch geschl.)* a la carte 23/56 ⅄ − **6 Z : 13 B** 35/50 - 70/90.

In Bühl-Neusatz :

🏠 Pension Linz ⤧ garni, Waldmattstr. 10, ℘ 2 52 06, ⩽, 🜁, 🔲, 🌿, ✕ − ☎ ⟸ 🅿
11 Z : 19 B 52 - 98.

XX Traube, Obere Windeckstr. 20 (Waldmatt), ℘ 2 16 42 − ⓞ **E**
Montag - Dienstag sowie Jan. und Sept. jeweils 2 Wochen geschl. − **M** a la carte 34/60.

In Bühl-Rittersbach :

🏠 Zur Blume, Hubstr. 85, ℘ 2 21 04 − ☎ ⟸ 🅿
↠ **M** *(Donnerstag und Jan.- Feb. 2 Wochen geschl.)* a la carte 21/52 ⅄ − **10 Z : 20 B** 35/60 - 70/120.

Siehe auch : *Schwarzwaldhochstraße*

BÜHL AM ALPSEE Bayern siehe Immenstadt im Allgäu.

BÜHLERTAL 7582. Baden-Württemberg **413** H 20. **242** ⑳ − 8 000 Ew − Höhe 500 m − Luftkurort − ✆ 07223 (Bühl).

🛈 Verkehrsamt, Hauptstr. 92, ℘ 7 33 95.

♦Stuttgart 120 − Baden-Baden 20 − Strasbourg 51.

🏛 Rebstock, Hauptstr. 110, ℘ 7 31 18, Fax 75943, 🌿, 🌲 − |‡| ☎ 🅿 − 🔏 25/180. 🆎 ⓞ **E**. ✼ Rest
Feb. 2 Wochen und 11.- 27. Nov. geschl. − **M** *(Donnerstag geschl.)* a la carte 30/70 ⅄ −
21 Z : 50 B 70/90 - 120/150 Fb.

🏠 Grüner Baum, Hauptstr. 31, ℘ 7 22 06, Fax 75848, 🌲 − ☎ ⟸ 🅿 − 🔏 25/80. 🆎 ✼
M a la carte 24/50 − **50 Z : 80 B** 50/55 - 90/110 − ½ P 65/75.

🏠 Zur Laube, Hauptstr. 72, ℘ 7 22 30 − 🅿
↠ *1.- 22. Nov. geschl.* − **M** *(Montag geschl.)* a la carte 20/35 ⅄ − **10 Z : 15 B** 35 - 60.

BÜHLERZELL 7161. Baden-Württemberg **413** M 19, 20 − 1 700 Ew − Höhe 391 m − ✆ 07974.
♦Stuttgart 84 − Aalen 42 − Schwäbisch Hall 23.

🏠 Goldener Hirsch, Heilbergerstr. 2, ℘ 3 86 − 🅿
10 Z : 15 B.

BÜNDE 4980. Nordrhein-Westfalen 987 ⑭. 412 I 10 − 41 500 Ew − Höhe 70 m − 🕿 05223.
🏛 Verkehrsamt, Rathaus, Bahnhofstr. 15, 𝒫 16 12 12.
Düsseldorf 203 − Bielefeld 23 − ◆Hannover 97 − ◆Osnabrück 46.

🏨 **City Hotel - Restaurant zur alten Post,** Kaiser-Wilhelm-Str. 2, 𝒫 1 00 96, Fax 10097 −
🏾 📺 🕿 🅿 − 🛄 25/50. 🖭 ⓞ 🖪 𝚅𝙸𝚂𝙰
M *(Samstag - Sonntag 18 Uhr geschl.)* a la carte 26/66 − **54 Z : 106 B** 94 - 144 Fb.

In Bünde 1-Ennigloh :

🏨 **Parkhotel Sonnenhaus,** Borriesstr. 29, 𝒫 4 29 69, 🌼 − 📺 🕿 🚗 🅿 − 🛄 25/100. 🖭
ⓞ 🖪 𝚅𝙸𝚂𝙰
M *(Sonntag geschl.)* a la carte 27/64 − **18 Z : 20 B** 69/75 - 120 Fb.

XX **Waldhaus Dustholz,** Ellersiekstr. 81, 𝒫 6 16 06, 🌼 − 🅿
Montag sowie Feb. und Okt. jeweils 2 Wochen geschl. − **M** a la carte 26/67.

BÜRCHAU Baden-Württemberg siehe Neuenweg.

BÜREN 4793. Nordrhein-Westfalen 987 ⑭ ⑮. 412 I 12 − 18 000 Ew − Höhe 232 m − 🕿 02951.
Düsseldorf 152 − ◆Kassel 92 − Paderborn 29.

🏨 **Kretzer,** Wilhelmstr. 2, 𝒫 24 43 − 📺 🕿 🅿. ⓞ 🖪
← *15. Juli - 4. Aug. geschl.* − **M** *(Mittwoch ab 14 Uhr geschl.)* a la carte 20/40 − **12 Z : 21 B**
30/35 - 57/60.

🏗 Ackfeld, Bertholdstr. 9, 𝒫 22 04 − 🚗 − **16 Z : 26 B.**

In Büren-Brenken NO : 4 km :

X **Forsthaus Krug,** Loretoberg 9 (NW : 2 km), 𝒫 24 81 − 🅿. 🖪
Mittwoch und Aug. geschl. − **M** a la carte 26/66.

BÜRGSTADT 8768. Bayern 412 413 K 17 − 3 850 Ew − Höhe 130 m − 🕿 09371 (Miltenberg).
München 352 − Aschaffenburg 43 − Heidelberg 79 − ◆Würzburg 76.

🏨 **Weinhaus Stern,** Hauptstr. 23, 𝒫 26 76, « Weinlaube », 🍴 − 🕿 🅿
Jan.- Feb. 3 Wochen und Aug. 2 Wochen geschl. − Menu *(Donnerstag - Freitag 18 Uhr
geschl.)* a la carte 33/65 ⅃ − **10 Z : 17 B** 45/60 - 78/98 Fb.

🏨 **Adler,** Hauptstr. 30, 𝒫 26 00, 🌼 − 🕿 🅿. 🖭 🖪
M *(Montag - Dienstag 17 Uhr und 1.- 10. Feb.geschl.)* a la carte 25/52 ⅃ − **12 Z : 23 B** 40/55
- 72/98.

X **Centgraf-Anker** mit Zim, Josef-Ulrich-Str. 19, 𝒫 21 29, 🌼 − 🅿
← **M** *(Donnerstag bis 18 Uhr geschl.)* a la carte 16,50/39 ⅃ − **10 Z : 20 B** 33/48 - 58/75.

BÜRSTADT 6842. Hessen 987 ㉕ ㉖. 412 413 I 18 − 15 000 Ew − Höhe 90 m − 🕿 06206.
Wiesbaden 73 − ◆Frankfurt am Main 65 − ◆Mannheim 21 − Worms 7.

🏨 Berg - Restaurant St. Michael, Vinzenzstr. 6, 𝒫 60 65 (Hotel) 7 17 94 (Rest.), ➔ − 📺 🕿
🚗 🅿 − **30 Z : 55 B** Fb.

In Bürstadt-Bobstadt N : 3 km :

🏨 **Bergsträsser Hof,** Mannheimer Str. 2, 𝒫 (06245) 80 94 − 🕿. ⓞ 🖪 𝚅𝙸𝚂𝙰
M *(wochentags nur Abendessen, Samstag geschl.)* a la carte 28/50 − **13 Z : 20 B** 52 - 92.

BÜSINGEN 7701. Baden-Württemberg 413 J 23. 427 ②. 216 ⑧ − Deutsche Exklave im
Schweizer Hoheitsgebiet, Schweizer Währung (sfrs) − 1 300 Ew − Höhe 421 m − 🕿 07734
(Gailingen) − ◆Stuttgart 167 − ◆Konstanz 42 − Schaffhausen 5 − Singen (Hohentwiel) 15.

XX ✿ **Alte Rheinmühle** mit Zim **(ehemalige Mühle a.d.J. 1664),** Junkerstr. 93, 𝒫 60 76,
Telex 793788, Fax 420, ≼, 🍴 − 🕿 🅿 − 🛄 25/60
(Tischbestellung ratsam) − **15 Z : 30 B.**

X **Hauenstein,** Schaffhauser Str. 69 (W : 2,5 km), 𝒫 62 77, ≼ − 🅿
Montag - Dienstag sowie Jan., Juni und Okt. jeweils 2 Wochen geschl. − **M** (Tischbestellung
ratsam) a la carte 39/48.

BÜSUM 2242. Schleswig-Holstein 987 ④ − 5 000 Ew − Nordseeheilbad − 🕿 04834.
🚢 Warwerort (O : 8 km), 𝒫 (04834) 63 00 − 🚩 Kurverwaltung, 𝒫 80 01, Fax 6530.
◆Kiel 102 − Flensburg 103 − Meldorf 25.

🏨 **Strandhotel Hohenzollern** ♨, Strandstr. 2, 𝒫 22 93 − 🏾 📺 🕿 🅿. 🖭
Nov.- 20. Dez. geschl., 5. Jan.- Feb. garni − **M** a la carte 27/62 − **43 Z : 81 B** 63/141 -
126/146 Fb − ½ P 81/91.

🏨 **Zur Alten Apotheke** garni, Hafenstr. 10, 𝒫 20 46, 🍴 − 🏾 📺 🕿 🚗 🅿. 🎀
März - Okt. − **17 Z : 35 B** 95/100 - 130/140 Fb.

🏨 **Friesenhof** ♨, Nordseestr. 66, 𝒫 20 95, Fax 8108, 🌼, ➔, 🍴, ❊ − 🏾 📺 🕿 🔾 🅿. 🖭
ⓞ 🖪 𝚅𝙸𝚂𝙰
7. Jan.- 15. Feb. geschl. − **M** a la carte 32/66 − **44 Z : 90 B** 84/96 - 120/260 Fb − ½ P 84/154.

🏨 **Windjammer** ♨, Dithmarscher Str. 17, 𝒫 66 61 − 📺 🕿 🅿. 🖭 ⓞ 🖪 𝚅𝙸𝚂𝙰. ❊
15. Jan.- 25. Feb. und 15. Nov.- 24. Dez. geschl. − (Restaurant nur für Hausgäste) − **17 Z :
33 B** 58/97 - 120/150 Fb − ½ P 78/117.

🏠 **Strandhotel Erlengrund** ⑤, Nordseestr. 100 (NW : 2 km), 𝒫 20 71, Fax 6749, 🏠, 🗲s,
🔲, 🌴 – 🔲 ☎ ⇔ 🅿. 🖭 E
20.- 26. Dez. geschl. – **M** 17,50/28 (mittags) und a la carte 27/50 – **53 Z : 90 B** 49/95 -
98/160 – ½ P 68/99.

🏠 **Seegarten** ⑤ garni, Strandstr. 3, 𝒫 60 20, Fax 60266, ≤ – 🛗 🔲 ☎ 🅿. ⓞ E 🖭 🛇
Mitte März - Mitte Okt. – **23 Z : 39 B** 65/85 - 130/160 Fb – 4 Appart. 180 – 21 Fewo 90/140.

🏠 **Büsum** ⑤ garni, Blauort 18, 𝒫 6 01 40, Fax 6783, 🗲s – 🔲 ☎ 🅿. E
Mitte März - Okt. – **35 Z : 70 B** 43/73 - 126/144 Fb.

🏠 **Zur Alten Post** (mit Gästehaus), Hafenstr. 2, 𝒫 23 92, « Dithmarscher Bauernstube » –
🔲 ☎ 🅿
1.- 25. Dez. geschl. – **M** a la carte 24/56 – **29 Z : 52 B** 42/48 - 76/92 – ½ P 54/64.

🏠 Stadt Hamburg (mit Gästehaus, ⑤), Kirchenstr. 11, 𝒫 20 85, 🌴 – 🛗 🔲 ⇔ 🅿 –
🔬 25/120. 🛇 Zim
47 Z : 69 B Fb.

🏠 Pension Dorn ⑤, Deichstr. 15, 𝒫 20 15, 🌴 – 🔲 ☎ ⇔ 🅿. 🛇 Rest
(Restaurant nur für Hausgäste) – **31 Z : 45 B** Fb – 8 Fewo.

In Büsumer Deichhausen 2242 O : 2 km :

🏨 **Dohrn's Rosenhof** ⑤, To Wurth 12, 𝒫 (04834) 20 54, Fax 6767, « Gartenterrasse », 🗲s,
🌴 – 🔲 ☎ 🕭 🅿 – 🔬 30
15. März - Okt. – **M** *(Montag geschl.)* a la carte 39/60 – **23 Z : 45 B** 82/90 - 138/165 Fb –
3 Appart. 264 – ½ P 84/107.

🏠 **Deichgraf** ⑤, Achtern Dieck 24, 𝒫 (04834) 22 71, 🏠, 🌴 – 🅿
Mitte März - Mitte Okt. – **M** a la carte 22/48 – **22 Z : 40 B** 46/55 - 78/96 Fb – 2 Fewo 75.

BÜTTELBORN 6087. Hessen ⓭⓮ ⓯⓰ I 17 – 10 000 Ew – Höhe 85 m – ✆ 06152.
♦Wiesbaden 35 – ♦Darmstadt 12 – ♦Frankfurt am Main 35 – Mainz 28 – ♦Mannheim 56.

🏠 **Haus Monika**, an der B 42 (O : 1,5 km), 𝒫 18 10 – 🛗 ☎ 🅿. 🖭 E 🖭 🛇
24. Dez.- 2. Jan. geschl. – **M** *(Freitag - Samstag 18 Uhr geschl.)* a la carte 24/55 ♨ – **39 Z :**
55 B 70/100 - 100/130 Fb.

BUFLINGS Bayern siehe Oberstaufen.

BURBACH 5909. Nordrhein-Westfalen ⓰⓱⓲ ㉙, ⓭⓮ H 14 – 14 000 Ew – Höhe 370 m – ✆ 02736.
♦Düsseldorf 145 – ♦Köln 108 – Limburg an der Lahn 45 – Siegen 21.

In Burbach-Holzhausen O : 8 km :

✖✖ D'r Fiester-Hannes, Flammersbacher Str. 7, 𝒫 39 33, « Restauriertes Fachwerkhaus a.d.
17. Jh. mit geschmackvoller Einrichtung »
(Tischbestellung ratsam).

In Burbach-Wahlbach NW : 2 km :

🏠 **Gilde-Hotel Bechtel** ⑤, Heisterner Weg 49, 𝒫 66 73, Fax 8101, 🏠, 🌴 – ⇔ 🅿. 🖭
ⓞ E 🖭
M *(Freitag geschl.)* a la carte 23/43 – **16 Z : 28 B** 45/60 - 85/100 Fb.

In Burbach-Wasserscheide O : 5,5 km :

🏠 **Haus Wasserscheide**, Dillenburger Str. 66, 𝒫 80 68, Biergarten – ☎ 🅿. E
M *(Samstag bis 16 Uhr geschl.)* a la carte 25/58 – **15 Z : 23 B** 35/57 - 70/105.

BURG Schleswig-Holstein siehe Fehmarn (Insel).

BURG (KREIS DITHMARSCHEN) 2224. Schleswig-Holstein – 4 000 Ew – Höhe 46 m –
Luftkurort – ✆ 04825
🅱 Fremdenverkehrsverein, Holzmarkt 1 a, 𝒫 14 44.
♦Kiel 87 – Flensburg 114 – ♦Hamburg 78.

🏠 **Riedel**, Nantzstr. 3, 𝒫 81 34 – ☎
M *(Okt.- Mai Samstag geschl.)* a la carte 23/40 – **14 Z : 22 B** 45 - 80.

BURG/MOSEL Rheinland-Pfalz siehe Enkirch.

BURGBERG IM ALLGÄU 8978. Bayern ⓭⓮ N 24 – 2 750 Ew – Höhe 750 m – Wintersport
750/900 m ⤋1 ⤋2 – ✆ 08321 (Sonthofen).
🅱 Verkehrsbüro, Rathaus, Grüntenstr. 2, 𝒫 8 48 10.
♦München 145 – Kempten (Allgäu) 26 – Oberstdorf 16.

✖✖ **Burgberger Stuben**, Bergstr. 2, 𝒫 8 74 10 – 🅿
Dienstag - Mittwoch 18 Uhr geschl. – Menu a la carte 30/59.

URGDORF 3167. Niedersachsen 987 ⑮. 412 N 9 — 29 300 Ew — Höhe 56 m — ✆ 05136.
Burgdorf-Ehlershausen, ✆ (05085) 76 28.
Hannover 25 — ♦Braunschweig 52 — Celle 24.

In Burgdorf-Ehlershausen N : 10 km :

🏠 **Bähre**, Ramlinger Str. 1, ✆ (05085) 60 06 — ☎ 🄿. 🐾 Rest
   15.- 30. Juli geschl. — **M** (Donnerstag geschl.) a la carte 23/49 — **20 Z : 30 B** 60/75 - 95/110.

In Burgdorf-Hülptingsen O : 3 km :

🏨 **Sporting-Hotel**, Tuchmacherweg 20 (B 188), ✆ 8 50 51, Telex 921553, 🎾 (Halle) — 🖂 ☎ 🄿
   13 Z : 26 B Fb.

URGEBRACH 8602. Bayern 413 P 17 — 4 800 Ew — Höhe 269 m — ✆ 09546.
München 227 — ♦Bamberg 15 — ♦Nürnberg 56 — ♦Würzburg 66.

🏠 **Gasthof u. Gästehaus Goldener Hirsch**, Hauptstr. 14, ✆ 12 27, Fax 6709, 🛋, 🔲, 🐎
🡒   — 🛗 🡨 🄿. 🐾 Zim
   27. Dez.- 8. Jan. geschl. — **M** (Freitag bis 18 Uhr geschl.) a la carte 14,50/26 — **58 Z : 100 B**
   45 - 80.

URGHASLACH 8602. Bayern 413 O 17 — 2 100 Ew — Höhe 300 m — ✆ 09552 (Schlüsselfeld).
München 229 — ♦Bamberg 46 — ♦Nürnberg 58 — ♦Würzburg 59.

🏠 **Pension Talblick** 🐾 garni, Fürstenforster Str. 32, ✆ 17 70, ←, 🐎 — 🡨 🄿. **E**. 🐾
   11. Jan.- Feb. und Nov.- 27. Dez. geschl. — **10 Z : 23 B** 25 - 50.

🏠 **Rotes Ross**, Kirchplatz 5, ✆ 3 74 — 🛗 🄿
🡒   5. Jan.- 4. Feb. geschl. — **M** a la carte 14/30 ♨ — **16 Z : 28 B** 32/36 - 52/58.

In Burghaslach-Oberrimbach W : 5 km :

🏠 **Steigerwaldhaus**, ✆ 8 58, 🌳, 🐎 — 🄿. 🄰🄴 ① **E**. 🐾 Zim
🡒   19. Feb.- 19. März und 5.- 27. Aug. geschl. — **M** (Montag 15 Uhr - Dienstag geschl.) a la
   carte 21/53 ♨ — **17 Z : 30 B** 26/40 - 50/82 — ½ P 36/46.

URGHAUSEN 8263. Bayern 413 V 22. 987 ㊳. 426 ⑲ — 17 500 Ew — Höhe 350 m — ✆ 08677.
ehenswert : Lage★★ der Burg★★.
, Marktl, Falkenhof 1 (N : 13 km), ✆ (08678) 2 07 ; 🏌 Haiming, Schloß Piesing (NO : 5 km),
° (08678) 70 01.
Verkehrsamt, Rathaus, Stadtplatz 112, ✆ 24 35.
München 110 — Landshut 78 — Passau 81 — Salzburg 58.

🏨 **Post**, Stadtplatz 39, ✆ 30 43, Fax 62091, 🌳 — 🖂 ☎ 🡨 — 🛡 25/60. ① **E** 🆅🆂🆁
🡒   27. Dez.- 3. Jan. geschl. — **M** (Freitag geschl.) a la carte 18/51 — **37 Z : 70 B** 70/125 - 105/
   150 Fb.

🏨 **Glöcklhofer**, Ludwigsberg 4, ✆ 70 24, Telex 563227, Biergarten, 🔲 (geheizt), 🐎 — 🖂 ☎
🡒   🛗 🡨 🄿 — 🛡 25/80. 🄰🄴 ① **E** 🆅🆂🆁
   M a la carte 32/60 — **49 Z : 80 B** 75/84 - 118/150 Fb.

🏨 **Bayerische Alm** 🐾, Robert-Koch-Str. 211, ✆ 20 61, Fax 65161, 🌳, Biergarten — 🖂 ☎
   🡨 🄿 ① **E** 🆅🆂🆁
   M (Freitag geschl.) a la carte 24/56 — **22 Z : 38 B** 80/100 - 115/155 Fb.

🏠 **Burghotel**, Marktler Str. 2, ✆ 70 38, 🌳 — 🄿. 🄰🄴 ① **E** 🆅🆂🆁
   M a la carte 23/50 — **30 Z : 52 B** 40/60 - 78/90.

🗙🗙 **Fuchsstuben**, Mautnerstr. 271, ✆ 6 27 24, 🌳
   Sonntag 15 Uhr - Montag, Pfingsten und 15. Aug.- 6. Sept. geschl. — Menu a la carte 28/65.

In Burghausen-Raitenhaslach SW : 5 km :

🏨 **Klostergasthof Raitenhaslach** 🐾, ✆ 70 62, 🌳, Biergarten, « Modernisierter
   Brauereigasthof a.d. 16. Jh. » — 🖂 ☎ 🄿 🄰🄴 ① **E** 🆅🆂🆁
   M (Montag geschl.) a la carte 24/47 — **14 Z : 26 B** 75 - 110 Fb.

URGKUNSTADT 8622. Bayern 413 Q 16. 987 ㉖ — 6 800 Ew — Höhe 304 m — ✆ 09572.
München 273 — ♦Bamberg 48 — Bayreuth 38 — Coburg 34.

🏠 **Drei Kronen**, Lichtenfelser Str. 24, ✆ 8 18 — ☎ 🄿
🡒   **M** a la carte 19/30 — **55 Z : 110 B** 30/40 - 60/76.

🏠 **Gampertbräu**, Bahnhofstr. 22, ✆ 14 67, 🌳 — 🖂 ☎ 🄿
   M (Montag geschl.) a la carte 23/40 ♨ — **6 Z : 10 B** 40 - 80.

In Altenkunstadt 8621 S : 2 km :

🏨 **Gondel**, Marktplatz 7, ✆ (09572) 6 61, Fax 4596, « Restaurant mit rustikaler Einrichtung »
🡒   — 🖂 ☎ 🄿
   2.- 10. Jan. geschl. — Menu (Freitag 14 Uhr - Samstag 17 Uhr geschl.) 16,50/22 und a la carte
   29/65 — **37 Z : 65 B** 48/95 - 85/160 Fb.

BURGLENGENFELD 8412. Bayern ４１３ ST 19, ９８７ ㉗ — 10 300 Ew — Höhe 347 m — ✿ 09471.
Ausflugsziel : Kallmünz (Burgruine ≤*) SW : 9 km.
🛐 Schmidmühlen (NW : 11 km), ♪ (09474) 7 01.
♦München 149 — Amberg 34 — ♦Nürnberg 90 — ♦Regensburg 27.

🏠 Gerstmeier, Berggasse 5, ♪ 52 44 — ☎ ❻ — *(nur Abendessen)* — 27̄ **Z : 43 B.**

✗ **Drei Kronen**, Hauptstr. 1, ♪ 52 81 — ❻
→ 25. Feb.- 5. März, 20.- 30. Sept. und Mittwoch geschl. — **M** a la carte 17/31.

BURGTHANN 8501. Bayern ４１３ Q 18 — 9 500 Ew — Höhe 440 m — ✿ 09183.
♦München 159 — ♦Nürnberg 24 — ♦Regensburg 79.

✗✗ Blaue Traube mit Zim, Schwarzachstr. 7, ♪ 5 55, 🌧 — ☎ — **8 Z : 13 B.**

BURGWALD 3559. Hessen ４１２ J 14 — 4 900 Ew — Höhe 230 m — ✿ 06457.
♦Wiesbaden 145 — ♦Kassel 90 — Marburg 24 — Paderborn 111 — Siegen 82.

In Burgwald-Ernsthausen :

✗✗ **Burgwald-Stuben**, Marburger Str. 25 (B 252), ♪ 80 66 — ❻ 🅰🅴 **E**
Mittwoch und Juli 3 Wochen geschl. — **M** 35 (mittags) und a la carte 39/80.

BURGWEDEL 3006. Niedersachsen ４１２ M 9 — 19 500 Ew — Höhe 58 m — ✿ 05139.
♦Hannover 22 — ♦Bremen 107 — Celle 28 — ♦Hamburg 137.

In Burgwedel 1-Grossburgwedel ９８７ ⑮ :

🏛 Springhorstsee ⚲, Am Springhorstsee (NW : 1,5 km, Richtung Bissendor
♪ 70 88 (Hotel) 33 47 (Rest.), 🌧 — 📺 ☎ ❻
(wochentags nur Abendessen) — **20 Z : 30 B** Fb.

🏛 **Marktkieker** garni, Am Markt 7, ♪ 70 93, « Modernes Hotel in einem 300 Jahre alte
Fachwerkhaus » — 📺 ☎ ❻ 🅰🅴
Weihnachten - Anfang Jan. geschl. — **12 Z : 20 B** 88/124 - 134/184 Fb.

🏚 **Oetting**, Dammstr. 18, ♪ 25 09 — ❻
5. Dez.- 5. Jan. geschl. — **M** *(nur Abendessen, Freitag geschl.)* a la carte 23/42 — **28 Z : 40**
50/75 - 85/110 Fb.

In Burgwedel 5-Wettmar :

✗✗ **Remise**, Hauptstr. 31, ♪ 33 33, « Ehem. Remise, eingerichtet mit alten ostfriesisch
Möbeln » — ❻
wochentags nur Abendessen, Dienstag geschl. — **M** (Tischbestellung ratsam) a la car
38/65.

BURLADINGEN 7453. Baden-Württemberg ４１３ K 22 — 11 800 Ew — Höhe 722 m — ✿ 07475.
♦Stuttgart 78 — ♦Freiburg im Breisgau 173 — ♦Ulm (Donau) 92.

In Burladingen 9-Gauselfingen SO : 4,5 km :

🏠 **Wiesental**, Gauzolfstr. 23, ♪ 75 35 — ☎ 🚗 ❻
M *(Donnerstag geschl.)* a la carte 23/43 🍴 — **15 Z : 19 B** 55 - 90.

In Burladingen 4-Killer NW : 6 km :

🏠 **Lamm**, Bundesstr. 1 (B 32), ♪ (07477) 10 88 — ☎ 🚗 ❻
→ Jan.- Feb. 3 Wochen geschl. — **M** *(Freitag geschl.)* à la carte 21/50 — **13 Z : 23 B** 32/4C
64/80.

In Burladingen 7-Melchingen N : 12 km :

🏠 **Gästehaus Hirlinger** ⚲ garni, Falltorstr. 9, ♪ (07126) 5 55, 🛁, 🎠 — 🚗 ❻
14 Z : 26 B 37 - 64.

BURSCHEID 5093. Nordrhein-Westfalen ９８７ ㉔, ４１２ E 13 — 16 500 Ew — Höhe 200 m
✿ 02174 — ♦Düsseldorf 42 — ♦Köln 26 — Remscheid 19.

🏠 **Schützenburg**, Hauptstr. 116 (B 232), ♪ 56 18, ◳ — 📺 ☎ ❻ — 🍴 25/40. **E**
14. Juli - 11. Aug. geschl. — **M** *(Freitag - Samstag 18 Uhr geschl.)* a la carte 30/55 — **26 Z**
36 B 60/120 - 110/160 Fb.

An der B 232 W : 2 km :

✗✗ **Haus Kuckenberg** mit Zim, Kuckenberg 28, ✉ 5093 Burscheid, ♪ (02174) 80 94 — 📺
❻ 🅰🅴 **E**
M *(nur Abendessen, Mittwoch und 1.- 21. Aug. geschl.)* a la carte 32/57 — **11 Z : 20 B** 7C
110.

In Burscheid 2-Hilgen NO : 4 km :

🏠 **Heyder**, Kölner Str. 94 (B 51), ♪ 50 91, Fax 61814, ◳ — 📺 ☎ 🚗 ❻ **E**
22. Dez.- 4. Jan. geschl. — **M** *(Samstag geschl.)* a la carte 30/55 — **28 Z : 40 B** 50/95 - 9
160 Fb.

BUSENBACH Baden-Württemberg siehe Waldbronn.

BUTJADINGEN 2893. Niedersachsen — 6 400 Ew — Höhe 3 m — 🕲 04733.
◀ Kurverwaltung, Strandallee (Burhave). 𝒫 16 16.
▪Hannover 214 — Bremerhaven 15 — Oldenburg 67.

In Butjadingen 1-Burhave — Seebad :

╳ **Haus am Meer** ᠑ mit Zim, Deichstr. 26, 𝒫 4 22, 🛲 — 🅿. 🛠
    14 Z : 24 B.

In Butjadingen 1-Fedderwardersiel — Seebad :

🏠 **Zur Fischerklause** ᠑, Sielstr. 16, 𝒫 3 62, 🛲 — 📺 🅿. 🛠 Rest
    15. Feb.- 15. März und 5.- 30. Nov. geschl. — **M** (Dienstag geschl.) a la carte 25/48 — **17 Z :
    29 B** 65 - 95.

In Butjadingen 3-Ruhwarden :

🏨 **Schild's Hotel** ᠑ (mit Gästehäusern), Butjadinger Str. 8, 𝒫 (04736) 2 25 (Hotel)
    2 18 (Rest.), 🏤, 🕿, 🛋 (geheizt), 🛲 — 🅿 E 🛠
    Hotel Okt.- Ostern geschl. — **M** (Okt.- März Mittwoch geschl.) a la carte 33/65 — **68 Z :
    160 B** 42/55 - 84/96 Fb — ½ P 52/56.

In Butjadingen 3-Tossens — Seebad :

🏠 **Strandhof** ᠑, Strandallee 35, 𝒫 (04736) 12 71, Bade- und Massageabteilung, 🕿, 🛲 —
    📺 🅿 🅿 E
    M a la carte 25/52 — **19 Z : 38 B** 45/69 - 90 — 18 Fewo 110/130 — ½ P 59.

BUTZBACH 6308. Hessen 987 ⑧. 412 413 J 15 — 21 500 Ew — Höhe 205 m — 🕲 06033.
Wiesbaden 71 — ◆Frankfurt am Main 42 — Gießen 23.

🏠 **Hessischer Hof** garni, Weiseler Str. 43, 𝒫 41 38, Fax 16282 — ▐ 📺 🕿. E
    34 Z : 50 B 75/115 - 130/160 Fb.

🏠 **Römer** garni, Jakob-Rumpf-Str. 2, 𝒫 69 63 — ▐ 🕿 ⇔. 🆎 ⓞ E 🚾
    30 Z : 60 B 80 - 135 Fb.

╳╳ **Zum Roßbrunnen** (Italienische Küche), Am Roßbrunnen 2, 𝒫 6 51 99, 🏤.

BUXHEIM Bayern siehe Memmingen.

BUXTEHUDE 2150. Niedersachsen 987 ⑤ — 32 500 Ew — Höhe 5 m — 🕲 04161.
▪ Zum Lehmfeld 1 (S : 4 km), 𝒫 (04161) 8 13 33 ; ▪ Ardestorfer Weg 1 (SO : 6 km),
𝒫 (04161) 8 76 99.
▪ Stadtinformation, Lange Str. 4, 𝒫 50 12 97.
◆Hannover 158 — ◆Bremen 99 — Cuxhaven 93 — ◆Hamburg 37.

🏨 **Zur Mühle**, Ritterstr. 16, 𝒫 5 06 50, Fax 506530 — ▐ 📺 🕿. 🆎 ⓞ E 🚾. 🛠
    M (Sonntag geschl.) a la carte 42/78 — **36 Z : 68 B** 79/150 - 110/220 Fb.

🏨 **Am Stadtpark** garni, Bahnhofstr. 1, 𝒫 50 68 10, Fax 506815 — 📺 🕿 🅿. 🆎 ⓞ E 🚾
    13 Z : 26 B 89 - 135.

In Buxtehude-Hedendorf W : 5 km :

🏠 **Zur Eiche**, Harsefelder Str. 64, 𝒫 (04163) 23 01, Fax 7727 — 📺 🕿 🅿 — 🔬 25/150
    M (Montag - Freitag nur Abendessen, Donnerstag und 1.- 13. Jan. geschl.) a la carte 29/43
    — **10 Z : 20 B** 65 - 98.

In Buxtehude 1-Neukloster W : 4 km :

🏨 **Seeburg**, Cuxhavener Str. 145 (B 73), 𝒫 8 20 71, ≼, « Gartenterrasse » — 📺 🕿 ⇔ 🅿 —
    🔬 30/60. ⓞ E
    M a la carte 33/68 — **14 Z : 23 B** 80/90 - 110/115 Fb.

CADENBERGE 2175. Niedersachsen 987 ⑤ — 3 200 Ew — Höhe 8 m — 🕲 04777.
◆Hannover 218 — Bremerhaven 56 — Cuxhaven 33 — ◆Hamburg 97.

🏠 **Eylmann's Hotel** (mit Gästehaus), Bergstr. 5, 𝒫 2 21 — ▐ 📺 🕿 ⇔ 🅿 — 🔬 25/80
    31 Z : 55 B.

CADOLZBURG 8501. Bayern 413 P 18 — 8 000 Ew — Höhe 351 m — 🕲 09103.
◆München 179 — Ansbach 30 — ◆Nürnberg 19 — ◆Würzburg 87.

In Cadolzburg-Egersdorf O : 2 km :

🏠 **Grüner Baum** ᠑, Dorfstr. 11, 𝒫 9 21, 🏤 — 🕿 🅿 — 🔬 25/50
    35 Z : 64 B.

CALDEN Hessen siehe Kassel.

CALW 7260. Baden-Württemberg 🔢 J 20. 🔢 ⑱ — 22 500 Ew — Höhe 395 m — ✆ 07051.

🅱 Kurverwaltung, Rathaus Hirsau, ℰ 56 71.

♦Stuttgart 47 — Freudenstadt 66 — Pforzheim 26 — Tübingen 40.

🏨 **Ratsstube**, Marktplatz 12, ℰ 18 64, Fax 20311 — 📺 ☎ – 🏧 30
M a la carte 26/55 — **13 Z : 23 B** 95/105 - 148 Fb.

🏠 **Zum Rössle**, Hermann-Hesse-Platz 2, ℰ 3 00 52 — 📺 ☎ 🚗 E 𝘝𝘐𝘚𝘈 🍽
Aug. geschl. — **M** (Freitag geschl.) a la carte 22/45 — **20 Z : 32 B** 40/90 - 75/120.

In Calw-Hirsau N : 2,5 km — Luftkurort :

🏨 **Kloster Hirsau**, Wildbader Str. 2, ℰ 56 21, Fax 51795, 🍴, 🔲, 🌳, 🎾 (Halle) — 🛗 📺 🅰
🚗 🅿 – 🏧 25/100
M 35/118 — **42 Z : 71 B** 95/118 - 150 Fb.

In Calw - Stammheim SO : 4,5 km :

XX **Adler** mit Zim, Hauptstr. 16, ℰ 42 87, Fax 20311, 🍴 — 📺 ☎ 🅿. 🍽
M a la carte 41/69 — **8 Z : 15 B** 75 - 140.

In questa guida
uno stesso simbolo, uno stesso carattere
stampati in rosso o in nero, in magro o in grassetto,
hanno un significato diverso.
Leggete attentamente le pagine esplicative.

CAMBERG, BAD 6277. Hessen 🔢 ⑳. 🔢 🔢 H 16 — 12 000 Ew — Höhe 200 m
Kneippheilbad — ✆ 06434.

🅱 Städt. Kurverwaltung, Chambray-les-Tours-Platz 2, ℰ 2 02 32.

♦Wiesbaden 37 — ♦Frankfurt am Main 61 — Limburg an der Lahn 17.

🏠 **Panorama** 🦔 garni, Priessnitzstr. 6, ℰ 63 96
14 Z : 22 B 55/80 - 90/120.

An der Hochtaunusstraße O : 2 km :

🏠 **Waldschloß**, ✉ 6277 Bad Camberg, ℰ (06434) 60 96, Fax 5896, 🍴 — 📺 ☎ 🚗 🅿. ⓞ E
𝘝𝘐𝘚𝘈
M a la carte 25/59 — **17 Z : 30 B** 50/85 - 80/160 Fb.

An der Autobahn A 3 W : 4 km :

🏠 **Rasthaus und Motel Camberg**, (Westseite), ✉ 6277 Bad Camberg, ℰ (06434) 60 66
Fax 7004, ⬅ – ☎ 🚗 🅿 – 🏧 25. ⓞ E 𝘝𝘐𝘚𝘈
M a la carte 29/55 — **27 Z : 51 B** 81 - 129.

CARTHAUSEN Nordrhein-Westfalen siehe Halver.

CASSEL = Kassel.

CASTROP-RAUXEL 4620. Nordrhein-Westfalen 🔢 ⑭. 🔢 E 12 — 80 000 Ew — Höhe 55 m
— ✆ 02305.

Siehe Ruhrgebiet (Übersichtsplan).

🗏 Dortmunder Str. 383 (O : 3,5 km), ℰ 6 20 27.

♦Düsseldorf 73 — Bochum 12 — Dortmund 12 — Münster (Westfalen) 56.

🏨🏨 ❀ **Goldschmieding**, Ringstr. 97, ℰ 1 80 61, Fax 31320 — 📺 ☎ 🅿 – 🏧 25/80. 🄰🄴 ⓞ
E 𝘝𝘐𝘚𝘈
M 45/65 (mittags) und a la carte 65/90 — **43 Z : 78 B** 140/180 - 180/280 Fb
Spez. Gebeizte Gänseleber mit Buchtel, Duett von Seezunge und Hummer, Topfentörtchen mit Eis.

🏠 **Daun**, Bochumer Str. 266, ℰ 2 29 92 — 🅿
13 Z : 26 B.

XX **Haus Bladenhorst**, Wartburgstr. 5, ℰ 7 79 91, Fax 703506, 🍴 — 🅿 – 🏧 25/60. 🄰
E
M a la carte 36/58.

CELLE 3100. Niedersachsen 🔢 ⑮ — 71 500 Ew — Höhe 40 m — ✆ 05141.

Sehenswert : Altstadt★★ — Schloß (Hofkapelle★) Y.

Ausflugsziel : Wienhausen (Kloster★) ③ : 10 km.

🗏 Celle-Garßen (über ②), ℰ (05086) 3 95.

🅱 Verkehrsverein, Markt 6, ℰ 12 12, Fax 12459.

ADAC, Nordwall 1a, ℰ 10 60, Notruf ℰ 1 92 11.

♦Hannover 45 ④ — ♦Bremen 112 ⑤ — ♦Hamburg 117 ①.

CELLE

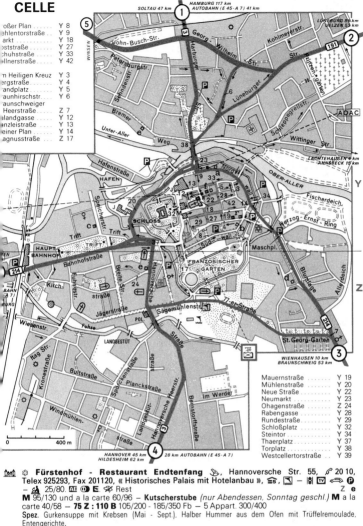

🏨 ۞ **Fürstenhof - Restaurant Endtenfang** 🦢, Hannoversche Str. 55, 𝒫 20 10, Telex 925293, Fax 201120, « Historisches Palais mit Hotelanbau », 🚗, 🔲 – 🛗 📺 🚗 🅿️ – 🛎️ 25/80. 🖭 ⓞ 🄴. 🛠 Rest
Z e
M 95/130 und a la carte 60/96 – **Kutscherstube** *(nur Abendessen, Sonntag geschl.)* **M** a la carte 40/58 – **75 Z : 110 B** 105/200 - 185/350 Fb – 5 Appart. 300/400
Spez. Gurkensuppe mit Krebsen (Mai - Sept.). Halber Hummer aus dem Ofen mit Trüffelremoulade, Entengerichte.

🏨 **Caroline Mathilde** garni, Bremer Weg 37, 𝒫 3 20 23, Fax 32026, 🚗 – 🛗 📺 ☎ 🅿️. 🖭 ⓞ 🄴 🥽
Y e
28 Z : 60 B 80/130 - 105/180.

🏨 **Blumlage** garni, Blumlage 87, 𝒫 70 71 – 📺 ☎ 🅿️. 🖭 ⓞ 🄴 🥽
Z d
32 Z : 52 B 88/150 - 130/200 Fb.

🏨 **Borchers** garni, Schuhstr. 52 (Passage), 𝒫 70 61 – 🛗 📺 ☎ 🚗. 🖭 ⓞ 🄴
Y f
19 Z : 37 B 95/145 - 130/200 Fb.

🏨 **Nordwall** garni, Nordwall 4, 𝒫 2 90 77, Fax 925293 – 📺 ☎ 🅿️. 🖭 ⓞ 🄴
Y a
20 Z : 35 B 85/135 - 105/190 Fb.

🏨 **Bacchus**, Bremer Weg 132a, 𝒫 5 20 31, Telex 925249, Fax 52689 – ☎ 🚗 🅿️. 🖭 ⓞ 🄴
🥽. 🛠 Rest
über Bremer Weg   Y
M *(nur Abendessen)* a la carte 27/54 – **15 Z : 28 B** 65/72 - 118.

🏨 **Atlantik** garni, Südwall 12a, 𝒫 2 30 39, Fax 24009 – 📺 ☎. 🖭 ⓞ 🄴 🥽
Y b
20. Dez.- 2. Jan. geschl. – **14 Z : 22 B** 75/153 - 98/200 Fb.

XX Schifferkrug mit Zim, Speicherstr. 9, ☎ 70 15, Fax 6350 — ☎ Y
   (wochentags nur Abendessen) — **13 Z : 24 B** Fb.

XX Historischer Ratskeller, Markt 14, ☎ 2 90 99 Y

XX Zum Kanonier, Schuhstr. 52 (Passage), ☎ 2 40 60 — ▦ Y

X **Schmidt** mit Zim, Kleiner Plan 4, ☎ 2 80 71 — 📺 ☎. AE E VISA Y
   M a la carte 25/51 — **8 Z : 16 B** 90/120 - 120/180.

X **Schwarzwaldstube**, Bergstr. 14, ☎ 21 73 41 — ① E VISA Y
   Montag - Dienstag geschl. — **M** a la carte 30/57.

   In Celle-Altencelle ③ : 3 km :

🏠 **Schaperkrug**, Braunschweiger Heerstr. 85 (B 214), ☎ 8 30 91, Fax 881958 — 📺 ☎ ⟵ ◀
   — 🛦 25/70. AE ① E VISA
   20. Dez.- 7. Jan. geschl. — **M** *(Sonntag ab 14 Uhr geschl.)* a la carte 28/61 — **34 Z : 59**
   75/100 - 120/180 Fb.

   In Celle-Groß Hehlen ① : 4 km :

🏨 **Celler Tor**, Celler Str. 13 (B 3), ☎ 5 10 11, Fax 55696, 🕿, ⃞, 🐎 — 🛗 📺 🅿 — 🛦 25/30◀
   AE ① E VISA
   M *(Sonn- und Feiertage ab 15 Uhr geschl.)* a la carte 39/72 — **64 Z : 120 B** 105/180 - 16◀
   450 Fb.

   In Nienhagen 3101 S : 10 km über ④ :

X ❀ **Jahnstuben**, Jahnring 13, ☎ (05144) 31 11 — 🅿. E
   Montag und Juli - Aug. 3 Wochen geschl. — **M** a la carte 34/74
   Spez. Terrine von Meeresfrüchten, Perlhuhn im Wirsingblatt, Plettenpudding.

   In Wienhausen 3101 SO : 10 km über ③ :

🏠 **Voß** garni, Hauptstr. 27, ☎ (05149) 5 92, Fax 202, 🐎 — 📺 ☎ ⅋ 🅿. ✻
   19 Z : 38 B 85/100 - 130/220 Fb.

   In Winsen/Aller 3108 NW : 12 km über ⑤ :

🏡 Jann Hinsch Hof, Bannetzer Str. 26, ☎ (05143) 50 31, 🍴, 🐎 — ☎ 🅿 — 🛦 25/60
   36 Z : 62 B Fb.

   In Bergen 2-Altensalzkoth 3103 N : 14 km über ① :

🏡 **Helms**, ☎ (05054) 10 71/8 10, Fax 8532/8180, 🕿, 🐎 — 📺 ☎ ⟵ 🅿 — 🛦 25/45. ① ◀
◀ VISA
   15. Dez.- Jan. geschl. — **M** a la carte 20/49 — **41 Z : 63 B** 53/83 - 106/136.

   Les prix de chambre et de pension
   peuvent parfois être majorés de la taxe de séjour et d'un supplément de chauffag◀
   Lors de votre réservation à l'hôtel,
   faites-vous bien préciser le prix définitif qui vous sera facturé.

CHAM 8490. Bayern 413 UV 19, 987 ㉗ — 16 600 Ew — Höhe 368 m — ✪ 09971.
🅸 Städt. Verkehrsamt, Probsteistr. 46 (im Cordonhaus), ☎ 49 33.
◆München 178 — Amberg 73 — Passau 109 — Plzen 94 — ◆Regensburg 56.

🏡 **Randsberger Hof**, Randsberger-Hof-Str. 15, ☎ 12 66, Fax 20299, Biergarten, 🕿, Squas◀
◀ — 🛗 ☎ ⟵ 🅿 — 🛦 25/200. AE ① E VISA
   M a la carte 17,50/40 — **89 Z : 164 B** 39/47 - 78/94 Fb.

🏤 **Gästeheim am Stadtpark** ⧖ garni, Tilsiter Str. 3, ☎ 22 53 — ⟵
   11 Z : 20 B 30/35 - 60/70 — 2 Fewo 40/50.

XX **Ratskeller** mit Zim, Am Kirchplatz, ☎ 14 41 — 📺 ☎ ⟵. AE ① E VISA
   10.- 31. Jan. geschl. — Menu *(Sonntag 15 Uhr - Montag geschl.)* a la carte 27/59 — **11 Z◀**
   17 B 48/60 - 80/85 Fb.

   In Cham-Chammünster 8491 O : 3 km über die B 85 :

🏡 **Berggasthaus Oedenturm** ⧖, Am Oedenturm 11, ☎ 38 80, ≤, 🍴, 🐎 — 🅿. ① E
◀ *8. Okt.- 8. Dez. geschl.* — **M** *(Sonntag 14 Uhr - Montag geschl.)* a la carte 18/49 ⅌ — **11 Z◀**
   20 B 32/38 - 64/76 — ½ P 40/45.

CHEMNITZ 9001 Sachsen 984 ㉓㉔, 987 ㉗ — 300 000 Ew — Höhe 300 m — ✪ 003771.
Sehenswert : Altes Rathaus — Museum für Naturkunde (Versteinerter Wald★) — Städ◀
Kunstsammlungen — Schloßkirche (Geißelsäule★).
Ausflugsziel : Schloß Augustusburg (Museum für Jagdtier- und Vogelkunde★, Motorrad◀
museum★★), O : 15 km.
🅸 Tourist-Information, Straße der Nationen 3, ☎ 6 20 51.
◆Berlin - Ost 268 — ◆Dresden 70 — ◆Leipzig 78 — Praha 163.

🏨 **Kongreß**, Karl-Marx-Allee, ℰ 6830, Telex 7108, Fax 683505, ≼, ≘s — 🛗 ↫ Zim 🍽 Rest
📺 ☎ – 🔥 25/120. 🏧 ⓪ Ε 𝘃𝘐𝘚𝘈
M a la carte 33/68 — **Jalta** (26. Etage) **M** a la carte 30/60 — **369 Z : 588 B** 130/160 - 160/
200 Fb — 7 Appart. 380.

🏨 **Chemnitzer Hof**, Theaterplatz 4, ℰ 68 40, Telex 7310, Fax 62587, 🏡 — 🛗 ↫ Zim 📺 ☎
🔥 – 🔥 60/180. 🏧 ⓪ Ε 𝘃𝘐𝘚𝘈. 🍽 Rest
M a la carte 26/54 — **Stadtrestaurant** (nur Fischgerichte) **M** a la carte 27/50 — **Erzgebirgsstube**
M a la carte 23/34 — **110 Z : 170 B** 105/160 - 190/220 Fb — 3 Appart. 510.

🏨 **Moskau**, Straße der Nationen 56, ℰ 68 11 17, Telex 7220 — 🛗 ↫ Zim 📺 ☎. 🏧 ⓪ Ε 𝘃𝘐𝘚𝘈.
◆ 🍽 Rest
M a la carte 26/57 — **Tanzcafe M** a la carte 18,50/42 — **108 Z : 188 B** 65/110 - 140/220 Fb.

🍴 **Ratskeller**, Neumarkt 1, ℰ 6 16 05
◆ Sonntag ab 15 Uhr geschl. — **M** a la carte 16/33.

CHIEMING 8224. Bayern 🄰🄱🄲 U 23, 🄦🄱🄵 ㊲, 🄣🄦🄷 ⑱ — 3 700 Ew — Höhe 532 m — Erholungsort
- ✆ 08664 — Sehenswert : Chiemsee★.

🈁 Chieming-Hart (N : 7 km), ℰ (08669) 75 57. 🚹 Verkehrsamt, Haus des Gastes, Hauptstr. 20b, ℰ 2 45.
◆München 104 — Traunstein 12 — Wasserburg am Inn 37.

🏠 **Unterwirt**, Hauptstr. 32, ℰ 5 51, Fax 1649, Biergarten — ⇔ 🅟
◆ 18. Feb.- 13. März und 4.- 27. Nov. geschl. — **M** (auch vegetarische Gerichte) (Montag -
Dienstag geschl.) a la carte 18/46 ⓓ — **19 Z : 28 B** 58 - 44/86.

In Chieming-Ising NW : 7 km — Luftkurort :

🏨 **Zum goldenen Pflug** ⑤, Kirchberg 3, ℰ (08667)7 90, Telex 56542, Fax 79432, 🏡,
Biergarten, « Bayerischer Gutsgasthof, Zimmer mit Stil- und Bauernmöbeln », ≘s, 🌾,
🍽 (Halle), 🐎 (Reitschule und -hallen) — 🛗 📺 ☎ ⇔ 🅟 – 🔥 25/120. 🏧 ⓪ Ε 𝘃𝘐𝘚𝘈
M a la carte 32/68 — **89 Z : 200 B** 119/127 - 184/196 — 7 Appart. 268/286 — ½ P 117/152.

CLAUSTHAL-ZELLERFELD 3392. Niedersachsen 🄦🄱🄵 ⑯ — 17 100 Ew — Höhe 600 m —
Heilklimatischer Kurort — Wintersport : 600/800 m ≰1 ⚞4 — ✆ 05323.

Ausflugsziel : ≼★★ von der B 242, SO : 7 km — 🚹 Kurgeschäftsstelle, Bahnhofstr. 5a, ℰ 8 10 24.
◆Hannover 98 — ◆Braunschweig 62 — Göttingen 59 — Goslar 19.

🏠 **Kronprinz**, Goslarsche Str. 20 (B 241), ℰ 8 10 88 — ☎ ⇔ 🅟
Nov. geschl. — **M** (Montag geschl.) a la carte 22/44 — **22 Z : 44 B** 50/75 - 80/120 — ½ P 58/93.

🏠 **Wolfs-Hotel**, Goslarsche Str. 60 (B 241), ℰ 8 10 14, Fax 81015, ≘s, 🖳, 🌾 — 📺 ☎ 🅟. 🏧
⓪ Ε 𝘃𝘐𝘚𝘈
M (Sonntag ab 14 Uhr und Juli - Aug. 2 Wochen geschl.) a la carte 28/48 — **30 Z : 60 B** 75/85
- 110/130 Fb — ½ P 73/103.

In Clausthal-Zellerfeld 3 - Buntenbock S : 3,5 km — Luftkurort :

🏠 **Gästehaus Tannenhof**, An der Ziegelhütte 2 (B 241), ℰ 55 69 (Hotel) 16 97 (Rest.), ≘s,
🌾 – 📺 🅟 ☎
25. Okt.- 15. Nov. geschl. — **M** (Mittwoch, März 3 Wochen und Nov. geschl.) a la carte 24/45
— **10 Z : 20 B** 42 - 75.

CLEVE **CLEVES** = Kleve.

CLOEF Saarland. Sehenswürdigkeit siehe Mettlach.

CLOPPENBURG 4590. Niedersachsen 🄦🄱🄵 ⑭ — 23 400 Ew — Höhe 39 m — ✆ 04471.
Sehenswert : Museumsdorf★ — 🚹 Städt. Verkehrsamt, Rathaus, ℰ 18 50.
◆Hannover 178 — ◆Bremen 67 — Lingen 68 — ◆Osnabrück 76.

🏠 **Schäfers Hotel**, Lange Str. 66, ℰ 24 84 — 📺 ☎ ⇔ 🅟. 🏧 ⓪ Ε 𝘃𝘐𝘚𝘈
M (Sonntag 15 Uhr - Montag 18 Uhr geschl.) 22/33 (mittags) und a la carte 37/63 — **12 Z :
18 B** 60/90 - 100/120.

🏠 **Schlömer**, Bahnhofstr. 17, ℰ 28 38 — 📺 ☎ ⇔ 🅟. 🏧 ⓪ Ε 𝘃𝘐𝘚𝘈
M (Sonntag geschl.) a la carte 29/56 — **15 Z : 27 B** 65/80 - 110/130 Fb.

🏠 **Deeken**, Friesoyther Str. 2, ℰ 65 52, Fax 6554, ≘s, 🌾 — ☎ ⇔ 🅟 – 🔥 25. 🏧 ⓪
M (Samstag und Juli - Aug. 3 Wochen geschl.) 14/24 (mittags) und a la carte 28/55 — **25 Z :
40 B** 50/70 - 100/120 Fb.

In Resthausen 4599 NW : 6 km über Resthauser Straße :

🏠 **Landhaus Schuler** ⑤, Kastanienallee 6, ℰ (04475) 4 95, 🏡, 🌾 — 🅟. Ε
M (Freitag geschl.) a la carte 25/58 — **11 Z : 17 B** 50/70 - 100/140.

Siehe auch : *Molbergen (W : 8,5 km)*

COBBENRODE Nordrhein-Westfalen siehe Eslohe.

COBLENCE **COBLENZA** = Koblenz.

COBURG 8630. Bayern **413** P 16, **987** ㉖ – 44 500 Ew – Höhe 297 m – ✆ 09561.

Sehenswert : Veste Coburg★ Y – Schloß Ehrenburg Z und Hofgarten★ YZ – Gymnasium Casimirianum★ Z A – Natur-Museum Y M.

🌀 Schloß Tambach (W : 10 km), ✆ (09567) 12 12.

🛈 Tourist-Information, Herrngasse 4, ✆ 7 41 80.

ADAC, Mauer 9, ✆ 9 47 47.

◆München 279 ② – ◆Bamberg 47 ② – Bayreuth 74 ②.

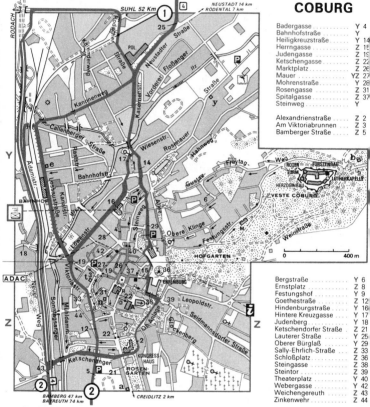

COBURG

🏨 **Blankenburg - Restaurant Kräutergarten**, Rosenauer Str. 30, ✆ 7 50 05, Fax 75674, 🏤, « Restaurant mit rustikaler Einrichtung » – 🛗 📺 ☎ 🅿 – 🔬 25/50. 🆎 ⓪ 🇪 𝐕𝐈𝐒𝐀
🛳
M *(Sonntag geschl.)* a la carte 40/69 – **36 Z : 56 B** 85/115 - 120/150 Fb – 2 Appart. 215.
Y

🏨 **Stadt Coburg** 🦢, Lossaustr. 12, ✆ 77 81, Fax 75648, « Rustikales Grillrestaurant », 🖙 –
🛗 📺 ☎ 🅿 – 🔬 25/60. ⓪ 🇪 𝐕𝐈𝐒𝐀. 🕸 Rest
Y
M *(Sonntag geschl.)* a la carte 27/50 – **44 Z : 75 B** 93/135 - 145/165 Fb.

🏨 ✿ **Coburger Tor - Restaurant Schaller**, Ketschendorfer Str. 22, ✆ 2 50 74, Fax 28874,
🏤 – 🛗 📺 ☎ 🅿 🕸
Z
M *(1. Jan., 1. Mai, 9. Mai, 20. Nov., Juli 1 Woche und Freitag - Samstag 18 Uhr geschl.)*
88/128 und a la carte 66/90 *(Tischbestellung ratsam)* – **15 Z : 28 B** 75/105 - 128/168 Fb
Spez. Warmes Zandercarpaccio mit kandiertem Meerrettich, Steinbutt in Nudellasagne, Gratin von Kalbsbries und Ochsenmark.

🏨 **Goldene Traube**, Am Viktoriabrunnen 2, ✆ 98 33, Fax 92621, 🖙 – 🛗 📺 ☎ 🚗 –
🔬 25/100. 🆎 ⓪ 🇪 𝐕𝐈𝐒𝐀
Z
M a la carte 26/54 – **77 Z : 135 B** 49/110 - 98/180 Fb.

🏨 **Festungshof** 🦢, Festungsberg 1, ✆ 7 50 77, Fax 94372, 🏤 – 📺 ☎ 🚗 🅿 – 🔬 25/120.
🆎 ⓪ 🇪 𝐕𝐈𝐒𝐀
Y
M *(Nov.- März Mittwoch geschl.)* a la carte 27/55 – **14 Z : 26 B** 80/120 - 140/200 Fb.

190

🏠 **Goldener Anker**, Rosengasse 14, ℰ 9 50 27, Fax 92560, 🌫, 🔲 – 📶 📺 ☎ 🚗 – 🏄 40.
Ⅲ ⑩ Ε 𝘝𝘐𝘚𝘈
　　　　　　　　　　　　　　　　　　　　　　　　　　　　　　　　　　　　　　Z n
M *(Sonntag geschl.)* a la carte 29/62 – **71 Z : 120 B** 70/120 - 130/210 Fb.

In Coburg-Scheuerfeld W : 3 km über Judenberg Y :

🏠 Gasthof Löhnert 🐾, Schustersdamm 28, ℰ 3 00 41, 🌫, 🔲 – ☎ 🅿
56 Z : 81 B.

In Rödental 8633 N : 7 km über Neustadter Straße Y :

🏠 **Brauereigasthof Grosch**, Oeslauer Str. 115, ℰ (09563) 5 47, Fax 4700 – ☎ 🚗 🅿
◆ **M** *(Montag geschl.)* a la carte 21/50 – **16 Z : 30 B** 35/60 - 65/120.

In Ahorn-Witzmannsberg 8637 SW : 10 km über B 303 :

🏠 **Waldpension am Löhrholz** 🐾, Badstr. 20a, ℰ (09561) 13 35, 🏡 – ☎ 🅿 Ε 𝘝𝘐𝘚𝘈
M (im Restaurant Freizeitzentrum, 15. Jan.- 13. Feb. geschl.) a la carte 26/43 ⅃ – **22 Z : 39 B**
48/55 - 85/88 Fb.

In Großheirath 8621 ② : 11 km :

🏨 **Steiner**, Hauptstr. 5, ℰ (09565) 8 35, Fax 830, 🌫, 🔲 – 📶 📺 ☎ 🅿 – 🏄 25/60. Ε
◆ **M** *(Montag bis 18 Uhr geschl.)* a la carte 18/48 – **70 Z : 120 B** 47/68 - 80/165 Fb.

COCHEM 5590. Rheinland-Pfalz 𝟿𝟾𝟽 ㉙, 𝟺𝟷𝟸 Ε 16 – 6 000 Ew – Höhe 91 m – ✆ 02671.

Sehenswert : Lage★ – Pinnerkreuz ⩽★ (mit Sessellift).

🛈 Verkehrsamt, Endertplatz, ℰ 39 71.

Mainz 139 – ◆Koblenz 51 – ◆Trier 92.

🏨 **Germania**, Moselpromenade 1, ℰ 2 61, Telex 869422, Fax 1360, ⩽, 🏡 – 📶 📺 ☎ 🚗. Ⅲ
⑩ 𝘝𝘐𝘚𝘈
M a la carte 31/59 – **15 Z : 30 B** 85 - 140/180.

🏨 **Alte Thorschenke**, Brückenstr. 3, ℰ 70 59, Fax 4202, 🏡, « Historisches Haus a.d.J.
1332 » – 📶 📺 ☎ – 🏄 30. Ⅲ ⑩ Ε 𝘝𝘐𝘚𝘈. 🍴 Rest
· 5. Jan.- 15. März geschl. – **M** *(Nov.- Jan. Mittwoch geschl.)* 22/36 (mittags) und a la carte
46/68 – **45 Z : 80 B** 95/135 - 145/205 Fb.

🏠 **Haus Erholung** garni (mit Gästehäusern), Moselpromenade 64, ℰ 75 99, 🌫, 🔲 – 📶 🅿
Ε 🍴
10. März - 11. Nov. – **23 Z : 46 B** 40/70 - 80/88 – 2 Fewo 120.

🏠 **Weinhaus Feiden**, Liniusstr. 1, ℰ 32 56
13. Feb.- 18. März geschl. – Menu *(Nov.- Juni Montag geschl.)* a la carte 22/51 ⅃ – **10 Z :
18 B** 45 - 64/70.

🍴🍴 **Lohspeicher** 🐾 mit Zim, Obergasse 1, ℰ 39 76, Fax 1772, 🏡 – 📶 ☎. Ⅲ ⑩ Ε. 🍴
2. Jan.- Feb. geschl. – **M** *(Dienstag geschl.)* a la carte 29/83 – **8 Z : 17 B** 70 - 110/130.

In Cochem-Cond :

🏨 **Görg** garni, Bergstr. 6, ℰ 88 94, ⩽, 🌫 – 📶 📺 🚗 🅿. ⑩ 𝘝𝘐𝘚𝘈. 🍴
15. Jan.- 15. Feb. geschl. – **12 Z : 24 B** 55/70 - 90/120 Fb – 9 Fewo 80/95.

🏨 **Am Rosenhügel** garni, Valwiger Str. 57, ℰ 13 96, ⩽, 🌲 – 📶 📺 🅿. Ε 𝘝𝘐𝘚𝘈
Dez.- 15. Feb. geschl. – **23 Z : 45 B** 55 - 110 Fb.

🏨 **Café Thul** 🐾, Brauselaystr. 27, ℰ 71 34, ⩽ Cochem und Mosel, 🏡, 🌲 – 📶 📺 ☎ 🚗
🅿. ⑩ Ε
März - Nov. – **M** a la carte 24/46 ⅃ – **23 Z : 43 B** 60/96 - 110/132 Fb.

🏠 **Am Hafen**, Uferstr. 4, ℰ 84 74, Fax 8099, ⩽, 🏡 – 📺 ☎ 🚗. Ⅲ ⑩ Ε 𝘝𝘐𝘚𝘈. 🍴 Zim
◆ **M** *(2.- 31. Jan. geschl.)* a la carte 21/55 – **16 Z : 30 B** 50/80 - 80/120.

In Cochem-Sehl :

🏨 **Parkhotel Landenberg**, Sehler Anlagen 1, ℰ 71 10, « Gartenterrasse », 🌫, 🔲 – ☎
🚗 🅿 Ⅲ ⑩ Ε 𝘝𝘐𝘚𝘈 🍴
Anfang Jan.- Mitte März geschl. – **M** a la carte 33/68 – **24 Z : 42 B** 80/130 - 140/180 Fb.

🏨 **Panorama**, Klostergartenstr. 44, ℰ 84 30, Fax 3064, 🌫, 🔲, 🌲 – 📶 ☎ 🅿 – 🏄 25/160.
⑩ Ε 𝘝𝘐𝘚𝘈. 🍴 Rest
Jan. geschl. – **M** a la carte 28/52 – **43 Z : 80 B** 75/135 - 110/160 Fb – 8 Fewo 60/90.

🏠 **Keßler-Meyer**, Am Reilsbach, ℰ 45 64, Fax 4600, ⩽, 🌫, 🔲 – 📺 ☎ 🚗 🅿
April - Okt. – (nur Abendessen für Hausgäste) – **19 Z : 38 B** 85/95 - 120/140 Fb.

🏠 **Weinhaus Klasen**, Sehler Anlagen 8, ℰ 76 01 – 📶 🅿. 🍴 Zim
◆ 4.- 15. Jan. geschl. – **M** *(nur Abendessen, Nov.- Mai Mittwoch geschl.)* a la carte 17/32 ⅃ –
12 Z : 23 B 43 - 86 – 2 Fewo 70 – ½ P 56.

🏛 **Zur schönen Aussicht**, Sehler Anlagen 22, ℰ 72 32, ⩽, 🏡
◆ **M** *(Nov.- Mai Montag geschl.)* a la carte 19/40 ⅃ – **17 Z : 34 B** 32/45 - 55/98.

Im Enderttal NW : 3 km :

🏨 **Weißmühle** 🐾, ⊠ 5590 Cochem, ℰ (02671) 89 55, Fax 8207, 🏡 – 📶 📺 ☎ 🅳 🅿 –
🏄 25/60. ⑩ Ε 𝘝𝘐𝘚𝘈
M a la carte 31/63 – **36 Z : 66 B** 67/86 - 132/165 Fb – ½ P 85/112.

In Valwig **5591** O : 4 km :

🏠 **Moog**, Moselweinstr. 60, 𝒫 (02671) 74 75, Fax 5257, ≼, 🍽, 🚗 – 🛗 🅿
21 Z : 41 B.

In Ernst **5591** O : 5 km :

🏠 **Weinhaus Traube**, Moselstr. 33, 𝒫 (02671) 71 20, ≼, 🍽 – 🅿
28 Z : 54 B.

🏠 **Weinhaus André**, Moselstr. 1, 𝒫 (02671) 46 88, ≼ – 🅿
Jan. geschl. – (Restaurant nur für Hausgäste) – **15 Z : 29 B** 45 - 72/75.

COESFELD 4420. Nordrhein-Westfalen 🔢 ⑭. 🔢 E 11, 🔢 M 6 – 31 000 Ew – Höhe 81 m – 🕿 02541.

🛈 Verkehrsamt, Rathaus, Markt 8, 𝒫 1 51 51.

♦Düsseldorf 105 – Münster (Westfalen) 38.

🏠 **Westfälischer Hof**, Süringstr. 32, 𝒫 28 58 – 📺 🕿 🚗 🅿. 🔢 ⓞ 🇪
➡ **M** a la carte 19,50/40 ⚭ – **13 Z : 19 B** 50 - 90.

🏠 **Haus Klinke**, Harle 1 (Daruper Straße), 𝒫 10 01, 🍽 – 📺 🕿 🅿
➡ **M** a la carte 20/42 – **17 Z : 24 B** 50 - 100.

🏠 **Am Münstertor**, Münsterstraße 59, 𝒫 34 62 – 📺 🕿 🚗 🅿
17 Z : 25 B.

🍴 **Jägerhof**, Süringstr. 48, 𝒫 50 73 – 📺 🚗 🅿
13 Z : 19 B.

COLMBERG 8801. Bayern 🔢 O 18 – 1 100 Ew – Höhe 442 m – 🕿 09803.

♦München 225 – Ansbach 17 – Rothenburg ob der Tauber 18 – ♦Würzburg 71.

🏠 **Burg Colmberg** 🦌, 𝒫 6 15, Fax 262, ≼, « Hotel in einer 1000-jährigen Burganlage,
➡ Wildpark, Gartenterrasse », 🐴 – 🕿 🅿 – 🔔 25/130. 🇪 🍽 Rest
Feb. geschl. – **M** *(Dienstag geschl.)* a la carte 20/45 – **27 Z : 50 B** 55/80 - 90/150.

COLOGNE **COLONIA** = Köln.

CONSTANCE **CONSTANZA** = Konstanz.

COTTBUS 7500. Sachsen 🔢 ⑳. 🔢 ⑱ – 129 000 Ew – Höhe 64 m – 🕿 003759.

🛈 Cottbus-Information, Altmarkt 29, 𝒫 2 42 54.

♦Berlin - Ost 131 – ♦Dresden 104 – ♦Frankfurt/Oder 80 – ♦Leipzig 174.

🏠 **Lausitz**, Berliner Platz, 𝒫 3 01 51, Telex 17391 – 🛗 📺 🕿 🅿. 🍽 Rest
➡ **M** a la carte 20/44 – **200 Z : 300 B** 67/111 - 112/136 – 5 Appart. 197/212.

🏠 **Branitz** 🦌, Heinrich-Zille-Straße, 𝒫 71 31 03, Telex 17397, 🍽 – 🛗 📺 🕿 🅿 – 🔔 25/500
M a la carte 25/45 – **206 Z : 396 B** 115/125 - 145/160 Fb.

🏠 **Giro**, Rudolf-Breitscheid-Str. 10, 𝒫 61 96 40 – 📺 🕿 🅿
➡ **M** a la carte 19/35 – **15 Z : 26 B** 65/90 - 100/120 – 3 Appart. 160.

CRAILSHEIM 7180. Baden-Württemberg 🔢 N 19. 🔢 ㉘ – 26 800 Ew – Höhe 413 m – 🕿 07951.

🛈 Städt. Verkehrsamt, Rathaus, 𝒫 40 31 25.

♦Stuttgart 114 – ♦Nürnberg 102 – ♦Würzburg 112.

🏨 **Post-Faber**, Lange Str. 2 (B 14/290), 𝒫 80 38, Fax 8030, 🛏 – 🛗 🕿 🚗 🅿 – 🔔 40. 🔢 ⓞ 🇪 🆅🆂🅰
M *(Freitag 15 Uhr - Samstag 17 Uhr geschl.)* 18,50/30 (mittags) und a la carte 31/59 – **67 Z : 100 B** 60/98 - 108/168 Fb.

🍴 **Schwarzer Bock**, Bahnhofstr. 5, 𝒫 2 30 55, Biergarten – 🅿
27 Z : 38 B.

CREGLINGEN 6993. Baden-Württemberg 🔢 N 18. 🔢 ㉖ – 4 900 Ew – Höhe 277 m – Erholungsort – 🕿 07933.

Sehenswert : Herrgottskirche (Marienaltar★★).

🛈 Verkehrsamt, Rathaus, 𝒫 6 31.

♦Stuttgart 145 – Ansbach 50 – Bad Mergentheim 28 – ♦Würzburg 45.

🍴 **Krone**, Hauptstr. 12, 𝒫 5 58 – 🚗 🅿. 🍽 Zim
➡ *10. Dez.- Jan. geschl.* – **M** *(Montag geschl.)* a la carte 19/34 ⚭ – **25 Z : 40 B** 30/60 - 60/98.

In Bieberehren-Klingen 8701 NW : 3,5 Km :

🏠 Zur Romantischen Straße, ℰ (09338) 2 09 – 🍴 🅿
(nur Abendessen für Hausgäste) – **11 Z : 20 B**.

CREMLINGEN Niedersachsen siehe Braunschweig.

CUXHAVEN 2190. Niedersachsen 𝟗𝟖𝟕 ④ – 62 000 Ew – Höhe 3 m – Nordseeheilbad – ☎ 04721.

Sehenswert : Landungsbrücke "Alte Liebe★" (≤★ Schiffsverkehr) – Kugelbake ≤★ Elbmündung).

Ausflugsziel : Lüdingworth : Kirche★ ① : 9,5 km.
🚣 Oxstedt, Hohe Klint (SW : 11 km über ②), ℰ (04723) 27 37.
🛈 Verkehrsverein, Lichtenbergplatz, ℰ 3 60 46, Fax 52564.
♦Hannover 222 ② – Bremerhaven 43 ① – ♦Hamburg 130 ①.

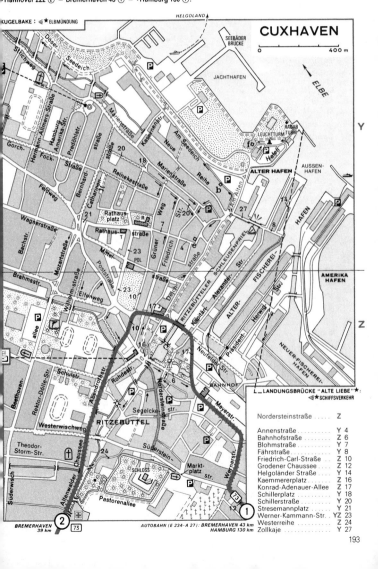

Nordersteinstraße	Z
Annenstraße	Y 4
Bahnhofstraße	Z 6
Blohmstraße	Y 7
Fährstraße	Y 8
Friedrich-Carl-Straße	Z 10
Grodener Chaussee	Z 12
Helgoländer Straße	Y 14
Kaemmererplatz	Z 16
Konrad-Adenauer-Allee	Z 17
Schillerplatz	Y 18
Schillerstraße	Y 20
Stresemannplatz	Y 21
Werner-Kammann-Str.	YZ 23
Westerreihe	Z 24
Zollkaje	Y 27

🏨 **Donner's Hotel** 🦢, Am Seedeich 2, 𝒫 50 90, Telex 232152, Fax 509134, ≤, 🚬, 🖂 – 🛗
📺 🕿 🅿 – 🔬 25/100. 🅰🅴 ⑩ 🗲 𝘝𝘐𝘚𝘈   Y
M a la carte 38/79 – **85 Z : 150 B** 75/140 - 135/230 Fb.

🏨 **Seepavillon Donner** 🦢, Bei der Alten Liebe 5, 𝒫 3 80 64, Telex 232145, Fax 38167
≤ Nordsee-Schiffsverkehr – 📺 🕿 🅿 – 🔬 25/100. 🅰🅴 ⑩ 🗲 𝘝𝘐𝘚𝘈, ⁘ Zim   Y
M a la carte 32/71 – **47 Z : 88 B** 139/97 - 140/152 Fb – ½ P 93/120.

🏨 **Stadt Cuxhaven**, Alter Deichweg 11, 𝒫 3 70 88, Fax 38431 – 🛗 📺 🕿 🅿 – 🔬 25. 🅰🅴 ⑩
🗲 𝘝𝘐𝘚𝘈   Y
M a la carte 27/72 – **42 Z : 72 B** 65/78 - 128 Fb – ½ P 80/94.

In Cuxhaven 12-Altenbruch ① : 8 km :

🏨 **Deutsches Haus**, Altenbrucher Bahnhofstr. 2, 𝒫 (04722) 3 11, Fax 314 – 📺 🕿 ⇌ 🅿
◆ *Jan. geschl.* – **M** *(Okt.- März Sonn- und Feiertage geschl.)* a la carte 21/46 – **24 Z : 40 B** 52
- 96/130 – ½ P 64/81.

In Cuxhaven 13-Altenwalde ② : 5 km :

🏨 **Am Königshof** garni, Hauptstr. 67 (B 6), 𝒫 (04723) 30 42 – 🛗 🕿 🅿. 🅰🅴 🗲 𝘝𝘐𝘚𝘈
17 Z : 34 B 50/60 - 85/98.

🏨 **Messmer** garni, Schmetterlingsweg 6, 𝒫 (04723) 41 69, Fax 4665, 🌧, – 🕿 ⇌ 🅿. 🗲
15. Dez.- 15. Jan. geschl. – **23 Z : 42 B** 55/75 - 90/120 Fb.

In Cuxhaven-Döse NW : 3 km über Strichweg Y :

🏨 Kur-Hotel Deichgraf 🦢, Nordfeldstr. 16, 𝒫 40 50, Telex 472164, Fax 405614, ≤, Bade- und
Massageabteilung, 🚬, 🖂 – 🛗 📺 🕿 🕹 ⇌ 🅿 – 🔬 25/60
84 Z : 150 B Fb – 4 Appart. – 37 Fewo.

🏨 **Astrid** 🦢 garni, Hinter der Kirche 26, 𝒫 4 89 03, 🚬 – 📺 🕿 🅿
25 Z : 47 B Fb – 6 Appart..

In Cuxhaven-Duhnen NW : 6 km über Strichweg Y :

🏨 **Badhotel Sternhagen** 🦢, Cuxhavener Str. 86, 𝒫 4 70 04, Fax 48204, ≤, 🚬, 🖂 – 🛗 ⁘⁘
📺 🅿. ⑩. ⁘
26. Nov.- 20. Dez. geschl. – **M** a la carte 58/87 – **50 Z : 90 B** 135/300 - 200/400 Fb –
10 Appart. 600/680.

🏨 **Golf- und Strandhotel Duhnen** 🦢, Duhner Strandstr. 7, 𝒫 40 30, Fax 403333, ≤, 🚬, 🖂 –
🛗 📺 🅿 – 🔬 25/120. ⁘
82 Z : 175 B Fb – 13 Appart..

🏨 **Strandperle** 🦢 (mit Appartementhäusern), Duhner Strandstr. 15, 𝒫 4 00 60, Fax 400696
≤, 🌧, 🚬, 🖂 – 🛗 📺 🕿 🅿 – 🔬 25/130. 🅰🅴 ⑩ 🗲
Restaurants : **Le Jardin M** a la carte 46/79 – **Schweizer Stuben M** a la carte 28/69 – **63 Z :**
105 B 80/135 - 140/220 Fb – 4 Appart. 225/290 – 10 Fewo 120/190 – ½ P 88/153.

🏨 **Seehütte** 🦢, Wehrbergsweg 34, 𝒫 4 70 34, ≤, 🌧, 🚬 – 🛗 📺 🕿 🅿
37 Z : 74 B Fb.

🏨 **Seelust**, Cuxhavener Str. 65, 𝒫 40 50, Fax 402555, ≤, 🚬, 🖂, 🌧, – 🛗 📺 🕿 🕹 🅿 –
🔬 25/50
M a la carte 26/57 – **86 Z : 146 B** 65/150 - 128/208 Fb – 14 Appart. 180/500 – ½ P 86/126.

🏨 **Wehrburg** 🦢 (mit Gästehaus), Wehrbergsweg 53, 𝒫 4 00 80, Fax 400876, 🚬, 🌧, – 🛗 🕿
⇌ 🅿. 🅰🅴 ⑩ 🗲 𝘝𝘐𝘚𝘈
(nur Abendessen für Hausgäste) – **65 Z : 120 B** 55/105 - 100/160 Fb – 7 Fewo 75/100 –
½ P 68/113.

🏨 **Meeresfriede** 🦢, Wehrbergsweg 11, 𝒫 4 60 11, Fax 49866, 🖂, 🌧 – 📺 🕿 ⇌ 🅿. ⑩
🗲 𝘝𝘐𝘚𝘈
Jan.- Feb. geschl. – (nur Abendessen für Hausgäste) – **29 Z : 72 B** 78/96 - 144/194 Fb –
3 Fewo 120/140 – ½ P 88/120.

🏨 Neptun 🦢 garni, Nordstr. 11, 𝒫 4 80 71, 🌧 – 📺 🕿 🅿. ⁘ – *nur Saison* – **24 Z : 46 B**
Fb.

🍽 **Fischerstube**, Nordstr. 8a, 𝒫 4 81 44, Fax 45503 – 🅿. 🅰🅴 ⑩ 🗲 𝘝𝘐𝘚𝘈
März - Mitte Nov. – **M** a la carte 25/60.

In Cuxhaven-Sahlenburg W : 10 km über Westerwischweg Z :

🏨 **Itjen** 🦢 garni, Am Sahlenburger Strand 3, 𝒫 2 94 45, ≤ – 📺 🕿 🅿. ⁘
März - Nov. – **21 Z : 42 B** 60/70 - 92/105.

DACHAU 8060. Bayern 🔢🔢🔢 R 22. 🔢🔢🔢 ㉗. 🔢🔢🔢 ⑰ – 33 100 Ew – Höhe 505 m – 🌀 08131.

🏌 An der Floßlände 1, 𝒫 1 08 79 ; 🏌 Eschenried (SW : 4 km), 𝒫 (08131) 32 38.
◆München 17 – ◆Augsburg 54 – Landshut 72.

🏨 **Hörhammerbräu**, Konrad-Adenauer-Str. 12, 𝒫 47 11, Fax 79484 – 📺 🕿 – 🔬 25. 🅰🅴 ⑩
𝘝𝘐𝘚𝘈
M a la carte 25/50 – **21 Z : 38 B** 95/115 - 160/180 Fb.

🏨 **Zieglerbräu**, Konrad-Adenauer-Str. 8, 𝒫 40 74, 🌧 – 🕿 – **26 Z : 50 B**.

🍽🍽 **Le Gourmet**, Martin-Huber-Str. 20, 𝒫 7 23 39 – ⑩
nur Abendessen, Sonntag - Montag und 24. Juli - 20. Aug. geschl. – **M** a la carte 38/54.

In Dachau-Ost :

🏨 **Götz**, Pollnstr. 6, ℰ 2 10 61, Fax 26387, ≘s, 🔲 (Gebühr) – 🛗 📺 ☎ ⇔ 🅿. 🆎 **E**
M *(nur Abendessen)* a la carte 28/52 – **38 Z : 55 B** 96/108 - 104/152 Fb.

🏨 **Huber** ॐ garni, Josef-Seliger-Str. 7, ℰ 18 88, Fax 13602 – 📺 ☎ ⇔ 🅿. 🆎 ⓞ **E** 𝒱𝐼𝒮𝒜. 🛇
17 Z : 28 B 89/96 - 110/130.

🏠 **Bavaria-Hotel** garni, Rudolf-Diesel-Str. 12a, ℰ 17 31, Telex 526645 – 🛗 📺 ☎ 🅿
31 Z : 67 B Fb.

In Bergkirchen-Günding 8066 SW : 3 km :

🏠 **Forelle**, Brucker Str. 16, ℰ (08131) 40 07, Fax 80119, 🍽 – 📺 ☎ ⇔ 🅿. 🆎 **E** 𝒱𝐼𝒮𝒜. 🛇 Zim
24. Dez.- 8. Jan. geschl. – (nur Abendessen für Hausgäste) – **25 Z : 50 B** 65/75 - 80/110 Fb.

In Hebertshausen 8061 N : 4 km :

🏠 **Landgasthof Herzog**, Heripertplatz 1, ℰ (08131) 16 21, Fax 1623, 🍽 – 🛗 ☎ 🅿. 🆎 **E**
M *(Montag geschl.)* a la carte 24/60 – **25 Z : 54 B** 59 - 95/99.

DACHSBERG 7821. Baden-Württemberg 𝟜𝟙𝟛 H 23, 𝟚𝟙𝟞 ⑥ – 1 300 Ew – Höhe 940 m –
Erholungsort – Wintersport : ✼3 – ✪ 07672.
▪ Verkehrsbüro, Rathaus Wittenschwand, ℰ 20 41.
Stuttgart 201 – Basel 65 – Donaueschingen 75 – St. Blasien 11.

In Dachsberg - Wilfingen S : 8 km ab Wittenschwand :

🏠 **Landhaus Hochwiesen** ॐ, ℰ (07755) 80 80, ≤, 🍽, ≘s, 🐎 – ☎ 🅿
(Restaurant nur für Hausgäste) – **25 Z : 50 B** Fb.

In Dachsberg-Wittenschwand :

🏤 **Dachsberger Hof** ॐ, ℰ 26 47, ≤, 🍽, ≘s, 🔲, 🐎 – 📺 ⇔ 🅿. 🆎
↝ 10. Nov.- 15. Dez. geschl. – **M** a la carte 16,50/42 ⅃ – **18 Z : 30 B** 35/50 - 70/100 Fb –
2 Fewo 90 – ½ P 43/58.

DÄNISCH-NIENHOF Schleswig-Holstein siehe Schwedeneck.

DAHLEM 5377. Nordrhein-Westfalen 𝟜𝟙𝟚 C 15 – 4 300 Ew – Höhe 520 m – ✪ 02447.
Düsseldorf 122 – ♦Aachen 79 – ♦Köln 80 – Mayen 69 – Prüm 26.

In Dahlem-Kronenburg SW : 9 km :

🏤 **Eifelhaus** ॐ, Burgbering 12, ℰ (06557) 2 95, ≤
Jan. 3 Wochen geschl. – **M** *(Montag geschl.)* a la carte 27/46 – **16 Z : 29 B** 30/40 - 60/70.

DAHLENBURG 2121. Niedersachsen 𝟿𝟠𝟟 ⑯ – 3 100 Ew – Höhe 30 m – ✪ 05851.
Hannover 148 – ♦Braunschweig 118 – Lüneburg 24.

🏠 **Kurlbaum**, Gartenstr. 12, ℰ 4 09, 🐎 – 📺 ☎ ⇔ 🅿
M *(Samstag geschl.)* a la carte 24/50 – **13 Z : 21 B** 33/60 - 65/98.

In Tosterglope-Ventschau 2121 NO : 10 km :

🏠 **Heil's Hotel** ॐ, Hauptstr. 31, ℰ (05853) 18 16, 🍽, ≘s, 🔲, 🐎 – 📺 ☎ ⇔ 🅿 – 🛆 25
11 Z : 20 B – 7 Fewo.

DAHME 2435. Schleswig-Holstein 𝟿𝟠𝟟 ⑥ – 1 400 Ew – Höhe 5 m – Ostseeheilbad – ✪ 04364.
▪ Kurverwaltung, Kurpromenade, ℰ 80 11.
♦Kiel 79 – Grömitz 13 – Heiligenhafen 22.

🏠 **Holsteinischer Hof** ॐ, Strandstr. 9, ℰ 10 85 – 🛗 ☎ 🅿. **E**
10. Jan.- Feb. und 15. Okt.- Nov. geschl. – **M** *(nur Abendessen, Montag geschl.)* a la carte
32/55 – **35 Z : 59 B** 75/80 - 140/150 – ½ P 90/95.

🏠 **Boness**, Denkmalplatz 5, ℰ 3 43, 🐎 – 🅿. 🆎 ⓞ **E** 𝒱𝐼𝒮𝒜
15. Nov.- 20. Dez. geschl. – **M** *(Donnerstag geschl.)* a la carte 25/57 – **15 Z : 28 B** 40/85 -
65/150 – 4 Fewo 65/95 – ½ P 55/97.

DAHN 6783. Rheinland-Pfalz 𝟿𝟠𝟟 ㉔, 𝟜𝟙𝟚 𝟜𝟙𝟛 G 19, 𝟻𝟟 ⑨ – 5 200 Ew – Höhe 210 m –
Luftkurort – ✪ 06391.
Sehenswert : Burgruinen★ (≤★).
Ausflugsziel : Felsenlandschaft★ des Wasgaus.
▪ Fremdenverkehrsbüro, Schulstr. 29, Rathaus, ℰ 58 11.
Mainz 143 – Landau in der Pfalz 35 – Pirmasens 22 – Wissembourg 24.

🏠 **Zum Jungfernsprung**, Pirmasenser Str. 9, ℰ 32 11 (Hotel) 56 19 (Rest.) – 🅿. 🛇
18 Z : 28 B.

🍴 **Ratsstube**, Weißenburger Str. 1, ℰ 16 53 – **E**. 🛇
Montag - Dienstag 17 Uhr und Mitte Jan.- Mitte Feb. geschl. – **M** a la carte 32/60 ⅃.

In Dahn-Reichenbach SO : 3 km :

🍴 **Altes Bahnhöf'l**, an der B 427, ℰ 37 55, 🍽 – **Ⓟ**
Montag - Dienstag 17 Uhr und Jan. geschl. – **M** a la carte 25/48.

In Erfweiler 6781 NO : 3 km :

🏠 **Die kleine Blume**, Winterbergstr. 106, ℰ (06391) 12 34, Fax 813, 🍽, ⇔, 🔲 – 🛗 ☎ ⇐
Ⓟ – 🚗 25. ⓞ **E** 𝓥𝓘𝓢𝓐. ✍ Rest
M *(Montag - Dienstag 18 Uhr geschl.)* a la carte 25/53 – **13 Z : 26 B** 74 - 118 Fb
½ P 79/94.

🏠 **Haus Felsenland** ⬞ garni, Eibachstr. 1, ℰ (06391) 26 91, Fax 1223, ⇔, ✍ – **Ⓟ**
April-Mitte Nov. – **15 Z : 29 B** 35/45 - 70.

DAMP Schleswig-Holstein siehe Liste der Feriendörfer.

DANNENBERG 3138. Niedersachsen 𝟵𝟴𝟳 ⑯ – 8 000 Ew – Höhe 22 m – 🕿 05861.
🇫 Zernien-Braasche (W : 14 km), ℰ (05863) 5 56.
🄱 Gästeinformation, Markt 5, ℰ 8 08 43.
♦Hannover 137 – ♦Braunschweig 125 – Lüneburg 51.

🏠 **Zur Post**, Marschtorstr. 6, ℰ 25 11 – 📺 ☎ ⇐ **Ⓟ**
14 Z : 28 B Fb.

DANNENFELS Rheinland-Pfalz siehe Kircheimbolanden.

DARMSTADT 6100. Hessen 𝟵𝟴𝟳 ㉕. 𝟰𝟭𝟮 𝟰𝟭𝟯 I 17 – 135 000 Ew – Höhe 146 m – 🕿 06151.
Sehenswert : Hessisches Landesmuseum★ – Prinz-Georg-Palais (Großherzogliche Porzellansammlung★).
Ausflugsziel : Jagdschloß Kranichstein : Jagdmuseum★ NO : 5 km.
🇫 Mühltal-Traisa, Dippelshof, ℰ 14 65 43.
🄱 Verkehrsamt, Luisen-Center, Luisenplatz 5, ℰ 13 27 80.
🄱 Tourist-Information am Hauptbahnhof, ℰ 13 27 82.
ADAC, Marktplatz 4, ℰ 2 62 77, Notruf ℰ 1 92 11.
♦Wiesbaden 44 ④ – ♦Frankfurt am Main 33 ⑤ – ♦Mannheim 50 ④.
Stadtplan siehe gegenüberliegende Seite.

🏨 **Maritim-Hotel**, Rheinstr. 105 (B 26), ℰ 87 80, Telex 419625, Fax 893294, ⇔, 🔲 – 🛗
⇔ Zim 🍽 📺 ❤ ⇐ – 🚗 25/400. 🄰🄴 **E** 𝓥𝓘𝓢𝓐. ✍ Rest   Y
M a la carte 56/81 – **358 Z : 558 B** 189/374 - 254/394 Fb – 11 Appart..

🏨 **Weinmichel**, Schleiermacherstr. 10, ℰ 2 68 22, Telex 419275, Fax 23592
« Gemütlich-rustikales Restaurant, Weinrestaurant "Taverne" (ab 17 Uhr) » – 🛗 ⇔ Zim
📺 ☎ **Ⓟ** – 🚗 25/45. 🄰🄴 **E** 𝓥𝓘𝓢𝓐   X
M a la carte 42/67 🍴 – **74 Z : 114 B** 92/134 - 154/173 Fb.

🏨 **Prinz Heinrich** (mit Appartement-Gästehaus), Bleichstr. 48, ℰ 8 28 88, Fax 895901
« Rustikale Einrichtung » – 🛗 📺 ☎ – **Ⓟ**   Y
M (abends Tischbestellung ratsam) a la carte 32/55 – **114 Z : 164 B** 90/115 - 150/160 Fb.

🏨 **Donnersberg** garni, Donnersbergring 38, ℰ 3 31 58, Fax 33147 – 🛗 📺 ☎. 🄰🄴 **E** 𝓥𝓘𝓢
✍   Z
31. Dez. - 7. Jan. geschl. – **20 Z : 30 B** 95/140 - 130/170.

🏨 **Mathildenhöhe** garni, Spessartring 53, ℰ 4 80 46, ⇔ – 🛗 ⇔ 📺 ☎ ⇐ **Ⓟ**   Y
22 Z : 44 B Fb.

🏨 **Parkhaus-Hotel**, Grafenstr. 31, ℰ 2 81 00, Telex 419434, Fax 293908, 🍽 – 🛗 📺 ☎ ⇐
– 🚗 25/50. 🄰🄴 ⓞ **E** 𝓥𝓘𝓢𝓐   X
M *(nur Abendessen)* a la carte 32/60 🍴 – **80 Z : 140 B** 135 - 170 Fb.

🏠 **City-Hotel** garni, Adelungstr. 44, ℰ 3 36 91 – 🛗 ☎ ⇐ **Ⓟ**. 🄰🄴 ⓞ **E** 𝓥𝓘𝓢𝓐   X
58 Z : 81 B 85/95 - 130/150.

🍴🍴🍴 **Orangerie**, Bessunger Str. 44, ℰ 66 49 46, Fax 663798, 🍽 – **Ⓟ**. 🄰🄴 ⓞ **E** 𝓥𝓘𝓢𝓐   Z
Sonntag - Montag und 23. Dez.- 15. Jan. geschl. – **M** (Tischbestellung ratsam) a la carte
62/98.

🍴🍴 **Gallo Nero**, Heidelberger Str. 96, ℰ 6 26 99 – 🄰🄴 ⓞ **E** 𝓥𝓘𝓢𝓐   Z
M 40/100.

🍴 **Da Marino** (Italienische Küche), Am Alten Bahnhof 4, ℰ 8 44 10 – **Ⓟ**. 🄰🄴 ⓞ **E** 𝓥𝓘𝓢𝓐
→ *Montag und Juni - Juli 3 Wochen geschl.* – **M** a la carte 20/50 🍴.   Y

In Darmstadt-Arheilgen ① : 4 km :

🏠 **Weißer Schwan**, Frankfurter Landstr. 190 (B 3), ℰ 37 17 02, Fax 377884 – ⇐ **Ⓟ** –
🚗 25/160. 🄰🄴 **E** 𝓥𝓘𝓢𝓐
M a la carte 28/54 – **29 Z : 50 B** 85 - 100/150.

DARMSTADT

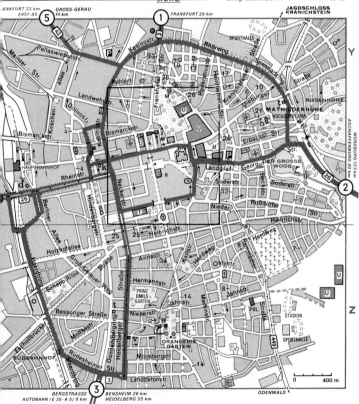

In Darmstadt-Eberstadt ③ : 7 km :

🏠 **Rehm** garni, Heidelberger Landstr. 306, ℰ 5 50 22, Fax 593033 − 🆃🆅 ☎ ⬅. ⚶
Juni - Juli 3 Wochen geschl. − **22 Z : 44 B** 45/65 - 80/105.

🏠 **Schweizerhaus**, Mühltalstr. 35, ℰ 5 44 60, Fax 57740, « Gartenterrasse » − ☎ ⬅ 🅿. 🄴
M *(Freitag geschl.)* a la carte 40/66 − **20 Z : 25 B** 45/75 - 120 Fb.

🏠 Stadt Heidelberg, Heidelberger Landstr. 351, ℰ 5 50 71, 🍽, 🚘, 🔲 − 🆃🆅 ☎
20 Z : 33 B.

In Darmstadt-Einsiedel NO : 7 km über Dieburger Straße Y :

🍴🍴🍴 Einsiedel, Dieburger Str. 263, ℰ (06159) 2 44, 🍽 − 🅿.

In Mühltal 4-Trautheim 6109 SO : 5 km über Nieder-Ramstädter-Straße Z :

🏠 **Waldesruh** ⟍, Am Bessunger Forst 28, ℰ (06151) 1 40 88, 🍽, 🔲 − 📶 ☎ 🅿
M *(Freitag geschl.)* a la carte 32/53 ⅃ − **36 Z : 50 B** 65/80 - 100/110 Fb.

Auf der Ruine Frankenstein ③ : 11 km über Darmstadt-Eberstadt :

🍴🍴 **Burg Frankenstein**, ✉ 6109 Mühltal 3, ℰ (06151) 5 46 18, ≼ Rheinebene, 🍽 − ⇖ 🅿
🅐 25/100
Montag geschl. − **M** a la carte 29/53.

In Weiterstadt-Gräfenhausen 6108 NW : 8 km über ⑤ :

🏠 **Zum Löwen**, Darmstädter Landstr. 11, ℰ (06150) 5 10 25 − 🆃🆅 ☎ 🅿. ⚶ Zim
Juli - Aug. 4 Wochen geschl. − **M** *(Samstag geschl.)* a la carte 26/49 ⅃ − **14 Z : 19 B** 58
88.

DARSCHEID Rheinland-Pfalz siehe Daun.

DASSEL 3354. Niedersachsen 987 ⑮. 412 M 11 − 11 600 Ew − Höhe 125 m − Erholungso
− ✪ 05562 − ♦ Hannover 82 − ♦Braunschweig 105 − Göttingen 52 − Goslar 75.

In Dassel-Lüthorst NO : 6 km :

🏠 **Wilhelm-Busch-Landhotel** ⟍, Weiße Mühle 11, ℰ 10 82, Fax 6400 − ☎ ⬅ 🅿. ⚶ Re
⬅ **M** *(Mittwoch geschl.)* a la carte 19,50/45 − **26 Z : 52 B** 50 - 80 − ½ P 60/70.

DATTELN 4354. Nordrhein-Westfalen 987 ⑭. 412 F 12 − 36 500 Ew − Höhe 53 m − ✪ 02363.
Siehe Ruhrgebiet (Übersichtsplan).
♦Düsseldorf 81 − ♦Dortmund 20 − Münster (Westfalen) 44 − Recklinghausen 12.

🏠 **Zum Ring**, Ostring 41 (B 235), ℰ 5 24 65, Fax 53501, 🍽, « Individuelle, gemütlich
Einrichtung », 🚘 − 🆃🆅 ☎ 🅿. 🄰🄴 ⓄⒹ 🄴 🆅🄸🅂🄰
M a la carte 26/55 − **9 Z : 14 B** 70/80 - 110/120.

In Datteln-Ahsen NW : 7 km über Westring :

🏨 **Landhaus Jammertal** ⟍, Redderstr. 421, ℰ 3 36 75, Fax 3 36 70, 🍽, 🚘, 🌳, ⚶ −
🆃🆅 ☎ 🅿 − 🅐 25/60. ⓄⒹ 🄴 🆅🄸🅂🄰 ⚶ Rest
M a la carte 39/70 − **40 Z : 60 B** 70/105 - 95/150 Fb − ½ P 80/100.

DAUCHINGEN Baden-Württemberg siehe Villingen-Schwenningen.

DAUN 5568. Rheinland-Pfalz 987 ㉓. 412 D 16 − 8 200 Ew − Höhe 420 m − Heilklimatisch
Kneippkurort − Mineralheilbad − ✪ 06592.
Ausflugsziel : Weinfelder Kirche : Lage★ SO : 3 km.
🅱 Kurverwaltung, Leopoldstr. 14, ℰ 7 14 77.
Mainz 161 − ♦Bonn 79 − ♦Koblenz 70 − ♦Trier 64.

🏩 **Schloß-Hotel Kurfürstliches Amtshaus** ⟍, Auf dem Burgberg, ℰ 30 3
Telex 4729310, Fax 4942, ≼, 🚘, 🔲, 🌳 − 📶 🆃🆅 🅿 − 🅐 25/50. 🄰🄴 ⓄⒹ 🄴 🆅🄸🅂🄰 ⚶ Rest
2.- 17. Jan. geschl. − **M** 42/65 (mittags) und a la carte 69/96 − **42 Z : 68 B** 95/125 - 170/3
Fb − ½ P 129/219.

🏨 **Panorama** ⟍, Rosenbergstr. 26, ℰ 13 47, ≼, 🍽, Bade- und Massageabteilung, ⚕, 🚘
🔲, 🌳 − 📶 🆃🆅 🅿 & 🅿. ⚶ Rest
14. Feb.- 15. April und 15. Nov.- 13. Dez. geschl. − **M** *(Montag geschl.)* a la carte 28/51 ⅃
26 Z : 52 B 76/82 - 132/140 Fb − ½ P 82/100.

🏨 **Hommes**, Wirichstr. 9, ℰ 5 38, Fax 8126, ≼, 🚘, 🔲, 🌳 − 📶 🆃🆅 ☎ ⬅ 🅿 − 🅐 50. 🄳
ⓄⒹ 🄴 🆅🄸🅂🄰
15. Nov.- 22. Dez. geschl. − **M** a la carte 28/67 − **42 Z : 70 B** 77/81 - 140/148 Fb − 3 Appar
208 − ½ P 92/103.

🏠 **Zum Goldenen Fäßchen**, Rosenbergstr. 5, ℰ 30 97, 🚘 − 📶 ☎ ⬅ 🅿. 🄰🄴 ⓄⒹ 🄴 🆅🄸🅂🄰
⬅ **M** *(Donnerstag geschl.)* a la carte 19/52 ⅃ − **27 Z : 48 B** 62/68 - 104/112 Fb.

🏠 **Eifelperle** ⟍, Reiffenbergstr. 1, ℰ 5 47, 🌳 − ☎ 🅿
⬅ *10.- 30. Jan. und 15.- 30. Nov. geschl.* − **M** a la carte 20/40 − **22 Z : 34 B** 38/48 - 76/96 Fb
½ P 54/64.

In Daun-Gemünden S : 2 km :

🏠 Berghof ᠖, Lieserstr. 20, ℘ 28 91, ≤, 🍴 – ⇐ 🅿. 🎬 Rest
17 Z : 34 B.

🏠 **Müller**, Lieserstr. 17, ℘ 25 06, ≊, 🍴 – ⇐ 🅿. 🎬 Rest
4. Jan.- 7. Feb. geschl. – **M** *(Donnerstag geschl.)* a la carte 23/47 ⅃ – **12 Z : 23 B** 32/40 -
70/76 – ½ P 44/48.

In Schalkenmehren 5569 SO : 5 km – Erholungsort – 🌣 06592 :

🏨 **Landgasthof Michels** ᠖, St.-Martin-Str. 9, ℘ 70 81, Fax 7085, ≊, ▧, 🍴 – ▮ 📺 ☎ ᕕ
⇐ 🅿. ◫ ⓪ ⳿ 𝘝𝘐𝘚𝘈
8. Jan.- 8. Feb. geschl. – **M** a la carte 26/63 – **29 Z : 50 B** 55/67 - 88/130 Fb – ½ P 64/87.

🏨 Schneider-Haus am Maar, Maarstr. 22, ℘ 5 51, ⌂, 🍴 – 📺 ☎ ⇐ 🅿
22 Z : 33 B Fb – 2 Fewo.

In Darscheid 5569 NO : 6 km – Erholungsort :

XX **Kucher's Landhotel** mit Zim, Karl-Kaufmann-Str. 2, ℘ (06592) 6 29, Fax 3677, ⌂ – 🅿.
◫
3. Jan.- 5. Feb. geschl. – **M** *(Montag geschl.)* (bemerkenswerte Weinkarte) a la carte 42/75
⅃ – **Weinstube M** a la carte 31/44 – **15 Z : 30 B** 45/48 - 90/96 Fb – ½ P 73/76.

Siehe auch : *Liste der Feriendörfer*

)AUSENAU Rheinland-Pfalz siehe Ems, Bad.

)ECKENPFRONN 7269. Baden-Württemberg ◪◩◪ J 21 – 2 200 Ew – Höhe 575 m – 🌣 07056.
tuttgart 37 – Freudenstadt 57 – Pforzheim 37 – Tübingen 29.

🏠 **Krone** garni, Marktplatz 10, ℘ 30 11, Fax 1853, ≊ – ▮ 📺 ☎ 🅿. ⓪ ⳿ 𝘝𝘐𝘚𝘈
24 Z : 32 B 65/90 - 108/128 Fb.

)EDELSTORF Niedersachsen siehe Hankensbüttel.

EGGENDORF 8360. Bayern ◪◩◪ V 20. ◲◱▤ ㉘ – 30 000 Ew – Höhe 312 m – Wintersport :
0/1 200 m ⁵⁄₅ ⏚⁸ – 🌣 0991.

usflugsziele : Kloster Metten (Kirche und Bibliothek★) NW : 5 km – Klosterkirche★ in
iederalteich SO : 11 km.

Berghof Rusel (NO : 10 km), ℘ (09920) 9 11.

Kultur- und Verkehrsamt, Oberer Stadtplatz, ℘ 38 01 69.

Münchеn 144 – Landshut 74 – Passau 65 – ✦Regensburg 80.

🏨 **Donauhof**, Hafenstr. 1, ℘ 3 89 90, Fax 389966 – ▮ 📺 ☎ 🅿 – 🔬 25/50. ◫ ⓪ ⳿ 𝘝𝘐𝘚𝘈
➡ **M** a la carte 21/48 – **45 Z : 80 B** 65/85 - 95/110 Fb – 3 Appart. 150.

XX ⚝ **Charivari**, Bahnhofstr. 26 (im Tekko-Haus), ℘ 77 70 – ◫ ⳿
*Montag und Samstag jeweils bis 18 Uhr, Sonntag, Jan. 1 Woche und Ende Juli - Mitte Aug.
geschl.* – **M** (Tischbestellung ratsam) 48/95 und a la carte 63/80
Spez. Essenz von der Ente mit Orangensauce, Süßwasserfische im Reiberdatschi gebacken, Lammrücken in
der Kräuterkruste.

X **Ratskeller**, Oberer Stadtplatz 1, ℘ 67 37
M a la carte 25/50.

X **Zum Grafenwirt**, Bahnhofstr. 7, ℘ 87 29, ⌂ – ◫ ⓪ ⳿ 𝘝𝘐𝘚𝘈
➡ *Dienstag und 15. Mai - 1. Juni geschl.* – **M** a la carte 20/44.

In Deggendorf-Fischerdorf SW 2 km :

🏠 **Müller** ᠖ garni, Rosenstr. 7, ℘ 82 55 – ᕕ ⇐ 🅿. ◫ ⓪ ⳿ 𝘝𝘐𝘚𝘈. 🎬
17 Z : 30 B 55 - 90 Fb.

In Deggendorf-Natternberg SW : 6 km :

🏠 **Zum Burgwirt** ᠖ (mit Gästehaus), Deggendorfer Str. 7, ℘ 3 00 45, ⌂, ≊ – 📺 ⇐ 🅿
Aug. geschl. – **M** *(Montag geschl.)* a la carte 22/40 – **35 Z : 65 B** 50/60 - 80/120 Fb.

In Grafling-Ulrichsberg 8351 NO : 5 km :

🏠 Berghof Ulrichsberg ᠖, ℘ (0991) 2 69 80, ≤, Biergarten – ☎ 🅿 – **8 Z : 13 B**.

)EGGENHAUSERTAL 7774. Baden-Württemberg ◪◩◪ L 23. ◮◲◱ ◲ – 3 000 Ew – Höhe 497 m
🌣 07555 – ✦ Stuttgart 144 – Bregenz 55 – Ravensburg 20.

In Deggenhausertal-Limpach :

🏠 Gutsgasthof Mohren, Kirchgasse, ℘ 53 55, ⌂, 🍴 – ☎ 🅿 – 🔬 25/60 – **39 Z : 70 B**.

In Deggenhausertal-Roggenbeuren :

🏠 **Krone**, ℘ 2 96, Fax 666, ▧, 🍴 – ☎ 🅿. ⳿ 𝘝𝘐𝘚𝘈
Jan. 3 Wochen und Nov. 1 Woche geschl. – **M** *(Donnerstag geschl.)* a la carte 25/41 ⅃ –
24 Z : 48 B 46/65 - 88/104 Fb – ½ P 56.

DEIDESHEIM 6705. Rheinland-Pfalz 🔢🔢 ㉔. 🔢🔢 🔢🔢 H 18. 🔢🔢 ④ − 3 500 Ew − Höhe 117 − Luftkurort − 🕾 06326.

🛈 Tourist Information, Bahnhofstraße (Stadthalle), 🖉 50 21.

Mainz 88 − Kaiserslautern 39 − ♦Mannheim 23 − Neustadt an der Weinstraße 8.

🏨 **Hatterer's Hotel Zum Reichsrat**, Weinstr. 12, 🖉 60 11, Fax 7539, 🏤 − 🕿 ⇐ 🅿
🛁 25/80. 🆀 ⓪ 🅴 𝗩𝗜𝗦𝗔
Jan. - März garni − **M** a la carte 34/90 − **57 Z : 97 B** 105/140 - 155/210 Fb − ½ P 135/165.

🏨 **Romantik-Hotel Deidesheimer Hof**, Am Marktplatz, 🖉 18 11, Fax 7685, 🏤 − 🆃🆅 🕿
🛁 25/60. 🆀 ⓪ 🅴 𝗩𝗜𝗦𝗔
1. - 6. Jan. geschl. − **M** a la carte 45/66 *(siehe auch Restaurant Schwarzer Hahn)* 🍷 − **27 Z**
48 B 85/135 - 135/195 Fb − ½ P 103/170.

🏠 **Gästehaus Hebinger** garni, Bahnhofstr. 21, 🖉 3 87 − 🆃🆅 🕿 🅿. 🛇
20. Dez. - 6. Jan. geschl. − **12 Z : 24 B** 45/55 - 80/95.

🏠 **Tenne**, Weinstr. 69, 🖉 14 24, 🍴, 🍺 − 🕿 🅿. 🛇
(nur Abendessen) − **7 Z : 13 B**.

🍴🍴🍴🍴 ❀ **Schwarzer Hahn**, Am Marktplatz 1, 🖉 18 12, Fax 7685, « Gewölbekeller » − 🆀 ⓪
𝗩𝗜𝗦𝗔
nur Abendessen, 1. - 7. Jan., Aug. und Sonntag - Montag geschl. − **M** (Tischbestellun
erforderlich) 105/145 und a la carte 71/106
Spez. Spaghettini mit Garnelen und Seezungenstreifen, Gratinierter Lachs auf Passe-Pierre-Algenvinaigret
Täubchen auf Pfifferlingen in Burgunder.

🍴🍴🍴 **Zur Kanne** (Gasthaus seit dem 12. Jh., mit kleinem Innenhof), Weinstr. 31, 🖉 3 96, Fa
6980 − ⓪ 🅴 𝗩𝗜𝗦𝗔
Dienstag - Mittwoch 18 Uhr geschl. − **M** a la carte 63/88.

In Forst 6701 N : 2 km :

🍴 **Landhaus an der Wehr**, Im Elster 8, 🖉 (06326) 69 84 − 🅿
Montag und 8. - 19. Juli geschl. − **M** a la carte 23/58.

DEIZISAU Baden-Württemberg siehe Plochingen.

DELBRÜCK 4795. Nordrhein-Westfalen 🔢🔢 I 11 − 23 000 Ew − Höhe 95 m − 🕾 05250.
♦Düsseldorf 171 − Bielefeld 39 − Münster (Westfalen) 74 − Paderborn 16.

🏨 **Waldkrug**, Graf-Sporck-Str. 34, 🖉 2 03, Fax 5699 − 🕼 🆃🆅 ⇐ 🅿. 🅴
M a la carte 23/53 − **16 Z : 28 B** 85/105 - 140/200.

🏠 **Balzer**, Oststr. 4, 🖉 5 32 41 − 🕿 ⇐. 🅴. 🛇 Zim
Juli - Aug. 3 Wochen geschl. − **M** *(Samstag geschl.)* a la carte 34/69 − **9 Z : 14 B** 55/60
100.

DELECKE Nordrhein-Westfalen siehe Möhnesee.

DELLIGSEN 3223. Niedersachsen 🔢🔢 M 11 − 4 000 Ew − Höhe 130 m − 🕾 05187.
♦Hannover 54 − Hameln 55 − Hildesheim 41.

In Grünenplan 3223 NW : 4 km − Erholungsort :

🏠 **Lampes Hotel**, Obere Hilsstr. 1 (Kurhausweg 1), 🖉 72 82 − 🕼 🆃🆅 🕿 🅿 − 🛁 25/140
22 Z : 45 B.

DELLMENSINGEN Baden-Württemberg siehe Erbach (Alb-Donau-Kreis).

DELMENHORST 2870. Niedersachsen 🔢🔢 ⑭ − 78 000 Ew − Höhe 18 m − 🕾 04221.
ADAC, Reinersweg 34, 🖉 7 10 00.
♦Hannover 136 − ♦Bremen 13 − Oldenburg 37.

🏨 **Gut Hasport**, Hasporter Damm 220, 🖉 26 81, 🍺 − 🆃🆅 🕿 🅿
(nur Abendessen für Hausgäste) − **21 Z : 41 B** 65/69 - 98 Fb − 4 Appart. 150.

🏨 **Hotel am Stadtpark**, An den Graften 3, 🖉 1 46 44, Telex 249545, 🍴, 🔲 − 🕼 🆃🆅 🕿 ⇐
− 🛁 25/1000. 🆀 ⓪ 🅴 𝗩𝗜𝗦𝗔
M a la carte 28/60 − **100 Z : 200 B** 95/110 - 136 Fb.

🏠 **Thomsen**, Bremer Str. 186, 🖉 7 00 98, Fax 70001 − 🕼 🕿 🅿. 🆀 ⓪ 🅴 𝗩𝗜𝗦𝗔
M a la carte 18/48 − **70 Z : 120 B** 50/60 - 90.

🏠 **Motel Annenriede**, Annenheider Damm 129, 🖉 68 71, Telex 249514, Fax 60255 − 🆃🆅 🕾
🅿. 🆀 ⓪ 🅴 𝗩𝗜𝗦𝗔. 🛇 Rest
23. Dez. - 2. Jan. geschl. − **M** *(nur Abendessen)* a la carte 26/52 − **60 Z : 110 B** 55/60
80/100 Fb.

Siehe auch : *Ganderkesee*

DENKENDORF 7306. Baden-Württemberg **413** KL 20 — 9 400 Ew — Höhe 300 m — ☎ 0711 (Stuttgart).

♦Stuttgart 23 — Göppingen 34 — Reutlingen 32 — ♦Ulm (Donau) 71.

🏛 **Bären-Post**, Deizisauer Str. 12, ℰ 34 40 26, Fax 3460625, 🏤 — 💇 📺 ☎ 🅿 — 🔬 25/100.
🖭 **E**
22. Dez.- 8. Jan. geschl. — **M** *(Samstag bis 17 Uhr und 10.- 29. Aug. geschl.)* a la carte 35/54 — **62 Z : 108 B** 116 - 156 Fb.

DENKENDORF 8071. Bayern **413** R 20, **987** ㉗ — 3 200 Ew — Höhe 480 m — ☎ 08466.

♦München 95 — ♦Augsburg 107 — Ingolstadt 22 — ♦Nürnberg 72 — ♦Regensburg 88.

🏠 **Post**, Hauptstr. 14, ℰ 2 36, 🏤 — 🚗 🅿
68 Z : 130 B.

DENKINGEN 7209. Baden-Württemberg **413** J 22 — 1 800 Ew — Höhe 697 m — ☎ 07424.

♦Stuttgart 107 — Donaueschingen 37 — Offenburg 97 — Tübingen 73.

Auf dem Klippeneck O : 4,5 km — Höhe 998 m :

XX **Höhenrestaurant Klippeneck** 🕭 mit Zim, ✉ 7209 Denkingen, ℰ (07424) 8 59 28, Fax 85059, € Baar und Schwarzwald, 🏤 — ☎ 🅿
7.- 30. Jan. geschl. — **M** *(Montag geschl.)* a la carte 30/59 — **8 Z : 13 B** 60 - 110.

DENZLINGEN 7819. Baden-Württemberg **413** G 22, **242** ㉙ — 11 500 Ew — Höhe 235 m — ☎ 07666.

♦Stuttgart 203 — ♦Freiburg im Breisgau 12 — Offenburg 61.

🏠 **Krone**, Hauptstr. 44, ℰ 22 41, 🏤 — 🅿
Aug. geschl. — **M** *(wochentags nur Abendessen, Freitag - Samstag geschl.)* a la carte 23/44 — **20 Z : 30 B** 34/48 - 68/88.

XX ☺ **Rebstock-Stube** mit Zim (Gasthof a.d. 14. Jh.), Hauptstr. 74, ℰ 20 71 — 📺 ☎ 🅿 🖭 ⓞ
E 🖭
M *(Tischbestellung ratsam)* (Sonntag - Montag geschl., an Feiertagen geöffnet) 75/105 und a la carte 46/78 — **8 Z : 14 B** 70/85 - 120/160
Spez. Pasteten und Terrinen, Seeteufel gebraten mit Knoblauch und Kräutern, Tarte Tatin mit Vanillesauce.

In Vörstetten 7801 W : 3 km :

🏨 **Sonne**, Freiburger Str. 4, ℰ (07666) 23 26, 🏤 — 🅿. **E**. 🕱 Rest
27. Aug.- 19. Sept. geschl. — **M** *(Samstag geschl.)* a la carte 20/47 — **11 Z : 19 B** 35/45 - 70/90.

In Vörstetten-Schupfholz 7801 NW : 5 km :

🏠 **Jahn** 🕭, Kaiserstuhlstr. 2, ℰ (07666) 25 92, 🐴 — 🚗 🅿
(nur Abendessen für Hausgäste) — **16 Z : 25 B** 32/40 - 70/80.

DERNAU 5487. Rheinland-Pfalz **412** E 15 — 2 000 Ew — Höhe 125 m — ☎ 02643 (Altenahr).
Mainz 152 — Adenau 27 — ♦Bonn 30.

🏨 **Kölner Hof**, Schmittmannstr. 40 (B 267), ℰ 84 07 — 🚗 🅿
11. Jan.- 8. Feb. und 5.- 16. Aug. geschl. — **M** *(Mittwoch 14 Uhr - Donnerstag geschl.)* a la carte 18/35 — **9 Z : 16 B** 35/40 - 65/70.

DERNBACH (KREIS NEUWIED) 5419. Rheinland-Pfalz **412** F 15 — 750 Ew — Höhe 310 m — ☎ 02689 (Dierdorf).
Mainz 106 — ♦Koblenz 30 — ♦Köln 71 — Limburg an der Lahn 47.

🏩 **Country-Hotel** 🕭, Hauptstr. 16, ℰ 29 90, Telex 869939, Fax 299322, 🏤, 🍴, 🏊, 🐴, 🛷 — 💇 📺 🅿 — 🔬 25/300. 🖭 ⓞ 🖭
M a la carte 38/70 — **148 Z : 260 B** 95/125 - 170 Fb.

DERSAU 2323. Schleswig-Holstein — 800 Ew — Höhe 40 m — Luftkurort — ☎ 04526.

♦Kiel 39 — ♦Hamburg 92 — ♦Lübeck 60.

🏠 **Zur Mühle am See** (mit Gästehäusern), Dorfstr. 47, ℰ 3 45, Fax 1403, 🏖, 🛷, Bootssteg — 📺 ☎ 🅿 🖭 ⓞ 🖭
M a la carte 24/52 — **36 Z : 67 B** 55 - 102 Fb.

DESSAU 4500. Sachsen-Anhalt **984** ⑯, **987** ⑰ — 100 000 Ew — Höhe 61 m — ☎ 003747.
🛈 Dessau-Information, Friedrich-Naumann-Str. 12, ℰ 46 61.
♦Berlin - Ost 116 — ♦Leipzig 60 — Magdeburg 63 — Nordhausen 140.

🏨 **Stadt Dessau**, Wilhelm-Pieck-Str. 35, ℰ 72 85, Telex 488375, Fax 7289, 🏤 — 📺 ☎ — 🔬 25/35
M a la carte 19/35 — **51 Z : 93 B** 63/72 - 104/149 Fb.

X **Ratskeller**, Am Markt, ℰ 22 46
M a la carte 16,50/25.

DETMOLD

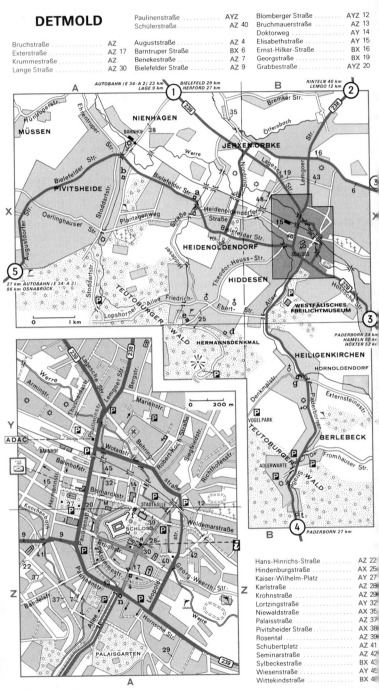

DETMOLD 4930. Nordrhein-Westfalen 987 ⑯. 412 J 11 — 68 000 Ew — Höhe 134 m — ✪ 05231.
Ausflugsziele : Westfälisches Freilichtmuseum★, S : 2 km BX — Hermannsdenkmal★ (⁂★) SW : 6 km ABY.

🛈 Städt. Verkehrsamt, Rathaus, Lange Straße, ℰ 76 73 28.

ADAC, Paulinerstr. 64, ℰ 2 34 06, Notruf ℰ 1 92 11.

Düsseldorf 197 ⑤ — Bielefeld 29 ① — ◆Hannover 95 ③ — Paderborn 27 ④.

Stadtplan siehe vorhergehende Seite.

🏔 **Detmolder Hof** (Steingiebelhaus a.d.J. 1560), Lange Str. 19, ℰ 2 82 44, Fax 39527 — 📳 📺
— 🍴 40. 🄰🄴 ⑩ 🄴 𝗩𝗜𝗦𝗔   AZ **v**
M a la carte 29/67 — **39 Z : 65 B** 95/140 - 140/240 Fb.

🏨 **Lippischer Hof - Restaurant Le Gourmet**, Hornsche Str. 1, ℰ 3 10 41, Fax 24470 — 📳
📺 🕿 🕭 🅿 — 🍴 25/80. 🄰🄴 ⑩ 🄴 𝗩𝗜𝗦𝗔 ⅏ Rest   AZ **n**
M 20/38 (mittags) und a la carte 45/78 — **25 Z : 44 B** 80/120 - 130/180 Fb.

XX **Ratskeller**, Rosental am Schloß, ℰ 2 22 66 — 🍴 25/120   AZ **f**

In Detmold-Berlebeck :

XXX **Romantik-Hotel Hirschsprung** mit Zim, Paderborner Str. 212, ℰ 49 11, Fax 4172,
« Gartenterrasse », 🐾 — 📺 🕿 🕭 🅿. 🄰🄴 🄴   BY **t**
M (im Winter Donnerstag geschl.) (Tischbestellung ratsam) a la carte 36/76 — **10 Z : 16 B**
70/110 - 105/180.

In Detmold-Heidenoldendorf :

🏠 **Landhotel Diele**, Bielefelder Str. 257, ℰ 6 60 31, Fax 63698 — 📺 🕿 🅿   AX **a**
(wochentags nur Abendessen) — **21 Z : 36 B** Fb.

In Detmold-Heiligenkirchen :

🏠 **Achilles**, Paderborner Str. 87, ℰ 41 66, Fax 48867, ⟷ — 🕿 🕭 🅿   BY **g**
25 Z : 44 B Fb.

In Detmold-Hiddesen — Kneippkurort :

🏠 **Römerhof** 🐾, Maiweg 37, ℰ 8 82 38, Fax 8132, <, 🍴, — 📳 📺 🕿 🅿. 🄰🄴 ⑩ 🄴 𝗩𝗜𝗦𝗔 AY **d**
M (nur Abendessen) a la carte 27/45 — **19 Z : 38 B** 60/90 - 115/160.

XX **Teutonis**, Hindenburgstr. 50, ℰ 8 72 89, 🍴 — 🅿   AX **e**

In Detmold-Pivitsheide :

🏠 **Forellenhof** 🐾, Gebr.-Meyer-Str. 50, ℰ (05232) 8 78 91, Fax 80923, 🐾 — 📺 🕿 🅿. 🄰🄴 ⑩
🄴 𝗩𝗜𝗦𝗔 ⅏   AX **b**
(nur Abendessen für Hausgäste) — **8 Z : 18 B** 55/65 - 85/120 Fb.

DETTELBACH 8716. Bayern 413 N 17. 987 ㉖ — 4 300 Ew — Höhe 189 m — ✪ 09324.
Sehenswert : Wallfahrtskirche (Kanzel★).

📷 Dettelbach-Mainsondheim, ℰ 46 56.

◆München 264 — ◆Bamberg 61 — ◆Nürnberg 93 — ◆Würzburg 19.

🕯 **Grüner Baum** (altfränkischer Gasthof), Falterstr. 2, ℰ 14 93 — 🕭. 🄴
19. Juni - 14. Juli und 24. Dez.- 15. Jan. geschl. — **M** (Sonntag 16 Uhr - Montag 17 Uhr
geschl.) a la carte 25/56 ⅃ — **23 Z : 36 B** 28/65 - 55/85.

DETTINGEN / ERMS 7433. Baden-Württemberg 413 L 21 — 8 000 Ew — Höhe 398 m — ✪ 07123
Metzingen).

◆Stuttgart 46 — Reutlingen 13 — ◆ Ulm (Donau) 61.

🏠 **Zum Rößle**, Uracher Str. 30, ℰ 7 10 91 — 🕿 🅿. ⅏
Ende Juni - Mitte Juli geschl. — **M** (Sonntag - Montag geschl.) a la carte 25/63 — **13 Z :
19 B** 40/60 - 90/100 Fb.

DETTINGEN UNTER TECK 7319. Baden-Württemberg 413 L 21 — 5 200 Ew — Höhe 385 m —
✪ 07021.

◆Stuttgart 36 — Reutlingen 34 — ◆Ulm (Donau) 57.

🏠 **Teckblick**, Teckstr. 36, ℰ 8 30 48, 🍴 — 📳 📺 🕿 🅿 — 🍴 30. 🄰🄴 🄴 𝗩𝗜𝗦𝗔
1.- 6. Jan. geschl. — **M** (Sonntag ab 14 Uhr geschl.) a la carte 28/45 — **26 Z : 40 B** 65 - 95 Fb.

DEUDESFELD 5531. Rheinland-Pfalz 412 D 16 — 500 Ew — Höhe 450 m — Erholungsort —
✪ 06599 (Weidenbach).

Mainz 181 — Bitburg 28 — ◆Bonn 107 — ◆Trier 67.

🏠 **Sonnenberg** 🐾, Birkenstr. 14, ℰ 8 67, ⟷, ▧, 🐾 — 🅿
22 Z : 36 B.

🕯 **Zur Post**, Hauptstr. 8, ℰ 8 66, ⟷, 🐾 — 🅿. ⅏ Rest
↔ 5.- 30. Nov. geschl. — **M** (im Winter Donnerstag geschl.) a la carte 20/37 — **23 Z : 40 B** 30 -
54/60.

DEUTSCH-EVERN Niedersachsen siehe Lüneburg.

DEUTSCHE ALPENSTRASSE Bayern 🗺️🗺️🗺️ LM 24 bis W 24, 🗺️🗺️🗺️ ㉞㉟㉸

Sehenswert : Panoramastraße★★★ von Lindau bis Berchtesgaden (Details siehe unter der erwähnten Orten entlang der Strecke).

DEUX-PONTS = Zweibrücken.

DIEBLICH 5401. Rheinland-Pfalz 🗺️🗺️ F 16 − 2 200 Ew − Höhe 65 m − ✆ 02607 (Kobern).
Mainz 96 − Cochem 39 − ♦Koblenz 14.

🏛️ **Pistono**, Hauptstr. 30, ℰ 2 18, 😊, 🍴, 🔲 − 🛗 🅿 . E. 🛝
♦ 25. Feb.- 10. März und 22.- 27. Dez. geschl. − **M** (Montag geschl.) a la carte 19/42 ⅜ −
86 Z : 185 B 50/60 - 90/120.

DIEBURG 6110. Hessen 🗺️🗺️🗺️ ㉘, 🗺️🗺️ 🗺️🗺️🗺️ J 17 − 14 000 Ew − Höhe 144 m − ✆ 06071.
♦Wiesbaden 61 − Aschaffenburg 28 − ♦Darmstadt 16 − ♦Frankfurt 36.

🏛️ **Mainzer Hof**, Markt 22, ℰ 2 50 95, Fax 25090, Biergarten − 📺 ☎ 🅿 − 🔼 25/200. 🗚 🗚
E 🗚
Restaurants : **Le Gourmet M** a la carte 44/64 − **Rustikal M** a la carte 28/56 − **34 Z : 53 B**
89/124 - 132/172 Fb.

DIELHEIM 6912. Baden-Württemberg 🗺️🗺️ 🗺️🗺️🗺️ J 19 − 7 600 Ew − Höhe 130 m − ✆ 06222.
♦Stuttgart 102 − Heidelberg 25 − ♦Karlsruhe 48 − ♦Mannheim 38.

In Dielheim 2-Horrenberg O : 3,5 km :

XX Hirsch mit Zim, Hoffenheimer Str. 7, ℰ 7 20 58 − ☎ 🅿 . 🛝 Zim − **5 Z : 8 B**.
XX **Zum wilden Mann**, Burgweg 1, ℰ 7 10 53 − 🅿 . E
Dienstag und Aug. geschl. − Menu a la carte 34/61.

DIEMELSEE 3543. Hessen 🗺️🗺️ J 12 − 5 000 Ew − Höhe 340 m − ✆ 05633.
♦Wiesbaden 200 − ♦Kassel 70 − Marburg 80 − Paderborn 62.

In Diemelsee-Heringhausen :

🏛️ **Fewotel Diemelsee**, Seestr. 9, ℰ 8 83, Fax 5429, ≼, 😊, 🍴, 🔲 − 🛗 📺 ☎ ♿ 🅿 −
🔼 25/60. 🗚 🗚 🗚 . 🛝 Rest
M a la carte 31/46 − **69 Z : 292 B** 79/105 - 138/170 Fb.

In Diemelsee-Ottlar :

🏛️ **Ottonenhof**, Zum Upland 8, ℰ 10 55, 😊, 🍴, 🚗 − 🚐 🅿 . E
♦ 15. Nov.- 15. Dez. geschl. − **M** (Mittwoch geschl.) a la carte 17/35 − **17 Z : 35 B** 43/49
80/88 Fb.

In Diemelsee-Vasbeck :

🏛️ Landhotel Brockhaus, Marsberger Str. 22, ℰ (02993) 4 11, Fax 1299, ≼, 😊, 🍴, 🔲, 🚗 −
☎ 🅿 − 🔼 50 − **35 Z : 70 B**.

DIEMELSTADT 3549. Hessen 🗺️🗺️🗺️ ⑮, 🗺️🗺️ J 12 − 6 000 Ew − Höhe 280 m − ✆ 05694.
🖪 Städt. Verkehrsamt, Ramser Str. 6 (Wrexen), ℰ (05642) 4 34.
♦Wiesbaden 218 − Dortmund 126 − ♦Kassel 53 − Paderborn 38.

In Diemelstadt 1-Rhoden :

XX **Rosengarten** 🏛️ mit Zim, Schloßplatz 1, ℰ 2 28, 😊 − 🗚 E 🗚
Juni geschl. − **M** (Dienstag geschl.) a la carte 44/64 − **8 Z : 16 B** 48/65 - 79/107.

In Diemelstadt 4-Wethen :

🏛️ Pension Hanebeck 🏛️, ℰ 4 32, 🍴, 🔲, 🚗 − 📺 🅿 . 🛝
(Restaurant nur für Hausgäste) − **16 Z : 32 B** Fb.

DIEPHOLZ 2840. Niedersachsen 🗺️🗺️🗺️ ⑭ − 14 700 Ew − Höhe 39 m − ✆ 05441.
♦Hannover 109 − ♦Bremen 67 − Oldenburg 64 − ♦Osnabrück 51.

In Diepholz 4 -Heede NO : 2 km :

X **Zum Jagdhorn** mit Zim, Heeder Dorfstr. 31, ℰ 22 02 − 📺 🚐 🅿
♦ 29. Juli - 22. Aug. geschl. − **M** (Mittwoch geschl.) a la carte 20/49 − **6 Z : 10 B** 40/45 - 80.

In Diepholz 3-St. Hülfe NO : 3 km :

🏛️ **Lohaus** (Niedersächsisches Fachwerkhaus a.d.J. 1819, mit Gästehaus), Bremer Str.
20 (B 51), ℰ 20 64, 😊, 🍴 − 📺 ☎ 🚐 🅿 🗚 🗚
26. Dez.- 1. Jan. geschl. − **M** (Montag geschl.) a la carte 22/45 − **13 Z : 25 B** 52/56 - 86/90.

DIERDORF 5419. Rheinland-Pfalz 🗺️🗺️🗺️ ㉘, 🗺️🗺️ F 15 − 4 400 Ew − Höhe 240 m − ✆ 02689.
Mainz 106 − ♦Koblenz 30 − ♦Köln 77 − Limburg an der Lahn 47.

🏛️ **Waldhotel** 🏛️, nahe der B 413 (W : 2 km), ℰ 20 88, Fax 7881, 🍴, 🔲 (geheizt), 🚗 − 📺
☎ 🚐 🅿
M (Montag geschl.) a la carte 26/53 − **16 Z : 28 B** 51 - 82.

In Großmaischeid 5419   SW : 6 km :

🏠 **Tannenhof** ⑤, Stebacher Str. 64, ℰ (02689) 51 67, ℛ, ℀ – 🅟 – 🔬 25/60. ⓞ 🄴 🆅🄸🅂🄰
➡ **M** a la carte 18/46 – **20 Z : 36 B** 50/76 - 92/112.

In Thalhausen 5459   SW : 10 km :

🏠 **Thalhauser Mühle** ⑤, Iserstr. 85, ℰ (02639) 2 22(Hotel) 6 18 (Rest.), 🛋, 🆊, 🔼, ℛ –
🅟 ℀ Zim
Jan.- Anfang Feb. geschl. – **M** *(Mittwoch geschl.)* a la carte 31/50 – **12 Z : 26 B** 50/55 -
80/100.

In Isenburg 5411   SW : 11 km :

🏠 **Haus Maria** ⑤, Caaner Str. 5, ℰ (02601) 29 80, 🛋, ℛ – ⟜ 🅟 – 🔬 25. ⓞ 🄴
28. Dez.- 10. Jan. geschl. – **M** *(Montag bis 18 Uhr geschl.)* a la carte 22/50 – **14 Z : 28 B**
40/55 - 80/100.

DIERHAGEN Mecklenburg-Vorpommern siehe Rostock.

DIESSEN AM AMMERSEE 8918. Bayern 🔢 Q 23, 🔢 ㊳, 🔢 F 5 – 8 400 Ew – Höhe 536 m
Luftkurort – ✆ 08807.

Sehenswert : Stiftskirche★ – Ammersee★.

☑ Verkehrsamt, Mühlstr. 4a, ℰ 10 48.

München 53 – Garmisch-Partenkirchen 62 – Landsberg am Lech 22.

🏠 **Strand-Hotel** ⑤, Jahnstr. 10, ℰ 50 38, ≤, 🛋, 🔜, ℛ – 🅟. ⓞ 🆅🄸🅂🄰 ℀ Zim
15. Dez.- 10. Feb. geschl. – **M** *(April - Okt. Montag, Nov.- März auch Dienstag geschl.)* a la
carte 39/60 – **13 Z : 24 B** 72/105 - 110/160.

🏠 **Seefelder Hof**, Alexander-Koester-Weg 6, ℰ 10 22, 🛋 – ☎ 🅟. ⓞ
M *(Juni - Sept. Donnerstag, Okt.- Mai auch Freitag sowie 21. Dez.- 9. Feb. geschl.)* a la carte
25/57 – **22 Z : 40 B** 38/102 - 74/142 Fb – ½ P 65/130.

In Diessen-Riederau N : 4 km :

🏠 **Kramerhof** ⑤, Ringstr. 4, ℰ 77 97, 🛋, Biergarten, ℛ – 📺 ☎ 🅟. 🄴
2.- 20. Jan. geschl. – **M** *(Mittwoch geschl.)* a la carte 22/48 – **12 Z : 25 B** 60/80 - 90/110.

🍴 **Seehaus**, Seeweg 22, ℰ 73 00, ≤ Ammersee, « Terrassen am See », Bootssteg – 🅟.

DIETERSHEIM Bayern siehe Neustadt an der Aisch.

DIETFURT AN DER ALTMÜHL 8435. Bayern 🔢 R 19, 🔢 ㉗ – 5 100 Ew – Höhe 365 m –
✆ 08464 – ☑ Verkehrsbüro, Rathaus, Hauptstraße, ℰ 17 15.

München 126 – Ingolstadt 44 – ◆Nürnberg 81 – ◆Regensburg 61.

🏠 **Zur Post**, Hauptstr. 25, ℰ 3 21, 🛋 – ⟜ 🅟
➡ *Nov. geschl.* – **M** *(Dienstag geschl.)* a la carte 16/28 – **28 Z : 48 B** 33/38 - 66.

In Dietfurt-Mühlbach SO : 2,5 km :

🏠 Zum Wolfsberg, Riedenburger Str. 1, ℰ 17 57, 🛋, 🔼, ℛ – 🅟 – 🔬 25/50
65 Z : 100 B.

DIETMANNSRIED 8969. Bayern 🔢 N 23, 🔢 ㊳ – 5 900 Ew – Höhe 682 m – ✆ 08374.

München 112 – ◆Augsburg 90 – Kempten 13 – Memmingen 25.

In Dietmannsried-Probstried NO : 3 km :

🍴 **Landhaus Haase** mit Zim, Wohlmutser Weg 2, ℰ 80 10, Fax 6655, 🛋,
« Gemütlich-rustikale Einrichtung » – 📺 ☎ ⟜ 🅟. 🄰🄴 🄴 🆅🄸🅂🄰
M *(Tischbestellung ratsam)* a la carte 37/70 – **8 Z : 15 B** 70 - 130.

DIETRINGEN Bayern siehe Füssen.

DIETZHÖLZTAL 6344. Hessen 🔢 H 14 – 6 000 Ew – Höhe 315 m – ✆ 02774.

Wiesbaden 142 – Gießen 63 – Marburg 49 – Siegen 30.

In Dietzhölztal-Ewersbach :

🏠 Wickel ⑤, Am Ebersbach 2, ℰ 24 38, 🆊 – 🅟 – **8 Z : 14 B**.

DIEZ/LAHN 6252. Rheinland-Pfalz 🔢 ㉙, 🔢 H 15 – 9 000 Ew – Höhe 119 m – Felke- und
Luftkurort – ✆ 06432 – ☑ Verkehrsamt, Rathaus, Wilhelmstr. 63, ℰ 50 12 70.

Mainz 54 – ◆Koblenz 56 – Limburg an der Lahn 4,5.

🍷 **Bauernschänke**, Bergstr. 8, ℰ 33 30 – 🅟
➡ **M** a la carte 21/40 ♨ – **16 Z : 34 B** 40/50 - 60/70.

🍴 **IL Mulino**, Wilhelmstr. 42, ℰ 46 06, 🛋 – 🄰🄴 ⓞ 🄴 🆅🄸🅂🄰
M a la carte 31/65.

In Diez-Freiendiez:

🏨 **Wilhelm von Nassau** garni, Weiherstr. 38, ℰ 10 14, Fax 1447, ⇆, ◻ – 🛗 📺 ☎ 🕭 🅿
🔏 40. 🖭 ⓞ **E** 𝘝𝘐𝘚𝘈
37 Z : 74 B 75 - 120.

DILLENBURG 6340. Hessen 𝟡𝟠𝟟 ㉘. 𝟜𝟙𝟚 H 14 – 23 250 Ew – Höhe 220 m – ✪ 02771.
🟥 Städt. Verkehrsamt, Hauptstr. 19, ℰ 9 61 17.
♦Wiesbaden 127 – Gießen 47 – Marburg 52 – Siegen 30.

🏨 **Zum Schwan**, Wilhelmsplatz 6, ℰ 60 11, Fax 7511 – ☎ 🖭 ⓞ **E** 𝘝𝘐𝘚𝘈
27. Dez.- 14. Jan. geschl. – **M** (Samstag geschl.) a la carte 26/63 – **16 Z : 22 B** 80 - 103/110

🏨 **Oranien** garni, Am Untertor 1, ℰ 70 85, Fax 22951 – ☎ ⇚ 🅿. 🖭 ⓞ **E** 𝘝𝘐𝘚𝘈
25 Z : 50 B 85 - 115.

🍽 ❀ **Bartmann's Haus**, Untertor 3, ℰ 78 51, « Restauriertes Fachwerkhaus m
geschmackvoller Einrichtung » – **E**
Sonntag - Montag, 1.- 8. Jan. und Juli - Aug. 3 Wochen geschl. – **M** 21/29 (mittags) und
la carte 44/66
Spez. Gemüsenudeln mit Lachs, Sauerbraten vom Angus-Filet, Himbeergratin mit weißem Schokolade
(Juni - Aug.).

In Dillenburg-Eibach O : 2,5 km :

🏠 **Kanzelstein** 🦌, Fasanenweg 2, ℰ 58 36, 🌤 – 🅿. 🛖 Zim
M a la carte 22/30 – **20 Z : 26 B** 43 - 82.

DILLINGEN AN DER DONAU 8880. Bayern 𝟜𝟙𝟹 O 21, 𝟡𝟠𝟟 ㊱ – 16 000 Ew – Höhe 434 m
✪ 09071.
♦München 108 – ♦Augsburg 50 – ♦Nürnberg 121 – ♦Ulm (Donau) 53.

🏨 Dillinger Hof, Rudolf-Diesel-Str. 8 (an der B 16), ℰ 80 61 (Hotel) 86 71 (Rest.) – 📺 ☎ 🅿
🔏 30 – **43 Z : 65 B** Fb.

🏠 **Convikt** 🦌, Conviktstr. 9, ℰ 40 55, 🌤 – ☎ ⇚ 🅿 – 🔏 25/60
40 Z : 60 B Fb.

🏠 **Garni Trumm**, Donauwörther Str. 62 (B 16), ℰ 30 72 – ☎ ⇚ 🅿 **E**
20 Z : 26 B 30/52 - 68/78.

🏠 **Gästehaus am Zoll** garni, Donaustr. 23 ½, ℰ 47 95 – ⇚ 🅿. **E**
23. Dez.- 10. Jan. geschl. – **14 Z : 21 B** 32/42 - 60/68.

DILLINGEN/SAAR 6638. Saarland 𝟡𝟠𝟟 ㉓ ㉔. 𝟜𝟙𝟚 D 18. 𝟚𝟜𝟚 ⑥ – 23 000 Ew – Höhe 182 m
✪ 06831 (Saarlouis).
♦Saarbrücken 33 – Saarlouis 5 – ♦Trier 62.

🏨 **Saarland-Hotel König**, Göbenstr. 1, ℰ 7 80 01 – 📺 ☎ 🅿. 🖭 ⓞ **E** 𝘝𝘐𝘚𝘈
M (Sonntag 15 Uhr - Montag 17 Uhr geschl.) a la carte 29/57 – **15 Z : 25 B** 59/65 - 98 Fb.

🏠 **Gambrinus**, Saarstr. 33, ℰ 7 11 03 – 🅿. ⓞ **E** 𝘝𝘐𝘚𝘈
M (Samstag bis 18 Uhr, Sonntag ab 15 Uhr und Juli geschl.) a la carte 30/52 – **11 Z : 21**
40/60 - 80/110.

In Dillingen-Diefflen NO : 3,5 km :

🏨🏨 **Bawelsberger Hof** (modernes Hotel, Einrichtung im Stil Henri II und Louis XV
ℰ 70 39 93, Fax 73976 – 🛗 📺 🕭 🅿 – 🔏 25/80. 🖭 ⓞ **E** 𝘝𝘐𝘚𝘈. 🛖 Rest
M (Sonntag 14 Uhr - Montag geschl.) a la carte 44/66 – **47 Z : 59 B** 98/128 - 138/168 Fb.

DINGOLFING 8312. Bayern 𝟜𝟙𝟹 U 21. 𝟡𝟠𝟟 ㊲ – 14 300 Ew – Höhe 364 m – ✪ 08731.
♦München 101 – Landshut 32 – Straubing 34.

In Loiching 1-Oberteisbach 8311 SW : 5 km :

🏨 **Räucherhansl**, ℰ 5 00 25, Fax 40670, 🌤, ⇆ – 🛗 📺 ☎ 🕭 🅿 – 🔏 30/100
M (Dienstag bis 17 Uhr geschl.) a la carte 23/43 – **56 Z : 107 B** 70 - 100 Fb.

DINKELSBÜHL 8804. Bayern 𝟜𝟙𝟹 NO 19. 𝟡𝟠𝟟 ㉘ – 11 000 Ew – Höhe 440 m – ✪ 09851.
Sehenswert : St.-Georg-Kirche★ – Deutsches Haus★.
🟥 Städt. Verkehrsamt, Marktplatz, ℰ 9 02 40, Fax 90279.
♦München 159 – ♦Nürnberg 93 – ♦Stuttgart 115 – ♦Ulm (Donau) 103 – ♦Würzburg 105.

🏨 **Deutsches Haus**, Weinmarkt 3, ℰ 23 46, Fax 7911, 🌤, « Fachwerkhaus a.d. 15. Jh. »
⇆ – 📺 ☎ ⇚ – 🔏 25. 🖭 ⓞ **E** 𝘝𝘐𝘚𝘈
23. Dez.- 6. Jan. geschl. – **M** a la carte 33/61 – **11 Z : 20 B** 90/120 - 150/240 Fb.

🏨 ❀ **Eisenkrug - Restaurant Zum kleinen Obristen**, Dr.-Martin-Luther-Str. 1, ℰ 60 1
Fax 6020 – 🛗 📺 ☎. 🖭 ⓞ **E** 𝘝𝘐𝘚𝘈
M (Sonntag 14 Uhr - Montag geschl.) 45 (mittags) und a la carte 55/70 – **Weinkeller** (n
Abendessen) **M** a la carte 25/56 – **12 Z : 24 B** 95 - 130/150 Fb
Spez. Lachsschnitte auf Orangen-Crevetten-Sauce, Ochsenfilet überkrustet mit Burgundersauce, Gefüll
Strudelblätter mit Mohneis.

🏨 **Blauer Hecht**, Schweinemarkt 1, ℰ 8 11, Fax 814, ☎, ◻ – ⊡ ☎ – ⚿ 25/60. ⒶⒺ ⑩ Ε 𝑉𝐼𝑆𝐴
2.- 14. Jan. geschl. – **M** *(Montag und 15.- 31. Jan. geschl.)* a la carte 30/61 – **44 Z : 78 B** 75/97 - 108/160 Fb.

🏨 **Goldene Kanne**, Segringer Str. 8, ℰ 60 11, Fax 2281 – ⊡ ☎ ⇦ – ⚿ 25. ⒶⒺ ⑩ Ε 𝑉𝐼𝑆𝐴
M a la carte 30/57 – **26 Z : 48 B** 65/75 - 100/150 Fb.

🏠 **Goldener Anker**, Untere Schmiedsgasse 22, ℰ 8 22, Fax 6722 – ⊡ ☎. ⒶⒺ ⑩ Ε 𝑉𝐼𝑆𝐴
M a la carte 22/57 – **15 Z : 30 B** 68/83 - 125/140.

🏠 **Weißes Ross (mit Gästehaus)**, Steingasse 12, ℰ 22 74, Fax 6770 – ⊡ ☎. ⍤ Rest
26 Z : 46 B Fb.

🏠 **Goldene Rose (mit Gästehaus)**, Marktplatz 4, ℰ 8 31, Telex 61123, Fax 6135 – ⊡ ☎ ⇦ Ⓟ. ⒶⒺ Ε 𝑉𝐼𝑆𝐴
7.- 28. Jan. geschl. – **M** a la carte 27/53 – **34 Z : 68 B** 65/130 - 89/160 Fb.

🏠 **Goldene Krone**, Nördlinger Str. 24, ℰ 22 93, Fax 6520 – 🕸 ⇦. ⒶⒺ ⑩ Ε 𝑉𝐼𝑆𝐴
✦ Mitte - Ende Aug. und Mitte - Ende Nov. geschl. – **M** *(Mittwoch geschl.)* a la carte 19/34 –
25 Z : 48 B 49/55 - 74/78.

In Dürrwangen 8817 NO : 8 km :

🕸 Zum Hirschen, Hauptstr. 13, ℰ (09856) 2 60 – Ⓟ
30 Z : 60 B.

DINKLAGE 2843. Niedersachsen 𝟿𝟾𝟽 ⑭ – 9 600 Ew – Höhe 30 m – 🕿 04443.
Hannover 131 – ◆Bremen 79 – Oldenburg 59 – ◆Osnabrück 48.

🏨 **Burghotel** ⌂, Burgallee 1, ℰ 10 25, Telex 25929, 🏵, Wildpark, ☎ – 🕸 ⊡ ☎ & Ⓟ –
⚿ 25/100. ⒶⒺ ⑩ Ε 𝑉𝐼𝑆𝐴
M a la carte 41/62 – **54 Z : 103 B** 90/110 - 150/170 Fb.

An der Straße zur Autobahn :

🏠 Wiesengrund, Lohner Str. 17 (W : 2 km), ⊠ 2843 Dinklage, ℰ (04443) 20 50 – ☎ ⇦ Ⓟ –
⚿ 25/80
(nur Abendessen) – **20 Z : 40 B.**

💥💥 **Landhaus Stuben**, Dinklager Str. 132, ⊠ 2842 Lohne, ℰ (04443) 43 83 – Ⓟ. ⒶⒺ Ε
Samstag bis 18 Uhr, Mittwoch und Feb. 3 Wochen geschl. – **M** 23/27 (mittags) und a la carte 37/56.

DINSLAKEN 4220. Nordrhein-Westfalen 𝟿𝟾𝟽 ⑭, 𝟺𝟷𝟸 D 12 – 63 900 Ew – Höhe 30 m – 🕿 02134.
Siehe Ruhrgebiet (Übersichtsplan).

⌇ Hünxe (NO : 8 km), ℰ (02858) 64 80.

Stadtinformation, Friedrich-Ebert-Str. 82, ℰ 6 62 22.

Düsseldorf 49 – Duisburg 16 – Oberhausen 20 – Wesel 14.

🏠 **Garni**, Bahnhofsvorplatz 9, ℰ 5 23 09, Fax 2686 – Ⓟ. ⒶⒺ ⑩ Ε
22 Z : 34 B 42/60 - 75/90.

🏠 **Zum schwarzen Ferkel**, Voerder Str. 79 (an der B 8), ℰ 5 11 20 – ☎ ⇦ Ⓟ
✦ **M** *(Sonntag geschl.)* a la carte 21/48 – **20 Z : 25 B** 50/75 - 80/120.

DIRMSTEIN 6716. Rheinland-Pfalz 𝟺𝟷𝟸 𝟺𝟷𝟹 H 18 – 2 500 Ew – Höhe 108 m – 🕿 06238.
Mainz 61 – Kaiserslautern 43 – ◆Mannheim 24 – Worms 13.

🏨 Café Kempf, Marktstr. 3, ℰ 30 11, 🏵, ☎, ◻ – 🕸 ☎ – ⚿ 25/80. ⍤ Zim
28 Z : 56 B Fb.

In Großkarlbach 6711 SW : 4 km :

🏠 **Winzergarten**, Hauptstr. 17, ℰ (06238) 21 51, 🏵 – ☎ Ⓟ – ⚿ 25/50. ⍤
M a la carte 28/50 ⌕ – **35 Z : 65 B** 49 - 80 Fb.

💥💥 **Restaurant Gebr. Meurer**, Hauptstr. 67, ℰ (06238) 6 78, Fax 1007, « Gartenterrasse » –
⚿ 80. ⒶⒺ
nur Abendessen – **M** *(Tischbestellung ratsam)* a la carte 60/82.

DISCHINGEN 7925. Baden-Württemberg 𝟺𝟷𝟹 NO 20 – 4 500 Ew – Höhe 463 m – 🕿 07327.
Stuttgart 109 – Heidenheim an der Brenz 18 – Nördlingen 27.

🏠 **Schloßgaststätte** ⌂, Im Schloß Taxis, ℰ 4 25 – ☎ ⇦ Ⓟ. Ε
✦ **M** *(Montag geschl.)* a la carte 19/36 – **14 Z : 22 B** 30/45 - 76/88.

Check-in :
Nicht schriftlich reservierte Zimmer werden in den meisten Hotels
nur bis 18 Uhr freigehalten.
Bei späterer Anreise ist daher der ausdrückliche Hinweis
auf die Ankunftzeit oder – besser noch – schriftliche Zimmerreservierung ratsam.

DITZENBACH, BAD 7342. Baden-Württemberg **408** M 21 – 3 000 Ew – Höhe 509 m Heilbad – ✦ 07334 (Deggingen).

🛈 Verkehrsamt, Haus des Gastes, Helfensteinstr. 20, ℰ 69 11.

◆Stuttgart 56 – Göppingen 19 – Reutlingen 51 – ◆Ulm (Donau) 44.

🏠 **Zum Lamm** (mit 🏨 Gästehaus ⌘), Hauptstr. 30, ℰ 50 80 – 📺 ☎ 👪 ⇔ 🅿. ⅀ ⓒ
E 💳
Feb. geschl. – **M** *(Dienstag 14 Uhr - Mittwoch geschl.)* a la carte 39/63 – **16 Z : 34 B** 50/1. - 80/180.

🏫 **Heuändres**, Helfensteinstr. 8, ℰ 53 20, 🍽 – 🅿
11.- 29. Juli und Mitte Dez.- Anfang Jan. geschl. – **M** *(Montag geschl.)* a la carte 25/51
9 Z : 13 B 32/40 - 76 – ½ P 50/60.

In Bad Ditzenbach-Gosbach SW : 2 km :

🏠 **Hirsch**, Unterdorfstr. 2, ℰ (07335) 51 88 – ☎ 🅿. E. ⌘
Mitte Jan.- Mitte Feb., 6.- 20. Aug. und Mitte - Ende Okt. geschl. – **M** *(Montag geschl.)* a carte 25/58 ⅃ – **8 Z : 14 B** 45/55 - 75/85 – ½ P 60/75.

DOBEL 7544. Baden-Württemberg **408** I 20. **987** ⊛ – 1 700 Ew – Höhe 689 m Heilklimatischer Kurort – Wintersport : 500/710 m ⚡2 ⚡2 – ✦ 07083 (Bad Herrenalb).

🛈 Kurverwaltung, im Rathaus, ℰ 7 45 13.

◆Stuttgart 74 – Baden-Baden 28 – ◆Karlsruhe 33 – Pforzheim 24.

🏠 **Rössle** ⌘, Joh.-P.-Hebel-Str. 7, ℰ 23 53 – 📳 ☎ ⇔ 🅿
➔ *15. Nov.- 15. Dez. geschl.* – **M** *(Dienstag geschl.)* a la carte 21/50 ⅃ – **34 Z : 55 B** 35/70
66/110 – ½ P 50/80.

🏠 **Gästehaus Flora** ⌘ garni, Brunnenstr. 7, ℰ 29 48, 🔍, 🍽 – ☎ 🅿. ⌘
10 Z : 18 B 44 - 76/88.

DOBERAN, BAD Mecklenburg-Vorpommern siehe Rostock.

DÖHLE Niedersachsen siehe Egestorf.

DÖRENTRUP 4926. Nordrhein-Westfalen **402** K 10 – 8 000 Ew – Höhe 200 m – ✦ 05265.

◆Düsseldorf 206 – Bielefeld 37 – Detmold 20 – ◆Hannover 75.

In Dörentrup-Farmbeck :

🏨 **Landhaus Begatal**, Bundesstr. 2 (B 66), ℰ 82 55, Fax 8225, 🍽 – ⚡= Zim 📺 ☎ 👪 🅿
🄰 30. ⓒ E 💳 ⌘ Rest
M *(Montag geschl.)* a la carte 27/47 – **10 Z : 19 B** 58/68 - 96/116 Fb.

In Dörentrup 4-Schwelentrup – Luftkurort :

✗ **Jagdrestaurant Grünental**, Sternberger Str. 3, ℰ 2 52 – 🅿. ⓒ E 💳
Dienstag geschl. – **M** 15/24 (mittags) und a la carte 25/53.

DÖRLINBACH Baden-Württemberg siehe Schuttertal.

DÖRNICK Schleswig-Holstein siehe Plön.

DÖRPEN 2992. Niedersachsen – 3 300 Ew – Höhe 5 m – ✦ 04963.

◆Hannover 242 – ◆Bremen 118 – Groningen 64 – Oldenburg 71 – ◆Osnabrück 115.

🏠 **Borchers**, Neudörpener Str. 210, ℰ 16 72, Fax 4434, 🍽 – 📺 ☎ ⇔ 🅿 – 🄰 40. ⅀ ⓒ
E 💳
M *(Samstag geschl.)* a la carte 26/54 – **31 Z : 42 B** 55/60 - 99/110 Fb.

DÖRRENBACH 6749. Rheinland-Pfalz **402** **408** G 19, **242** ⊛, **87** ② – 1 100 Ew – Höhe 350 – Erholungsort – ✦ 06343.

Mainz 131 – ◆Karlsruhe 42 – Pirmasens 46 – Wissembourg 10.

🏠 **Pension Waldruhe** ⌘ garni, Wiesenstr. 6, ℰ 15 06 – 🅿. ⓒ E
10 Z : 19 B 38 - 62/70.

DÖRVERDEN Niedersachsen siehe Verden an der Aller.

DÖTTESFELD 5419. Rheinland-Pfalz **402** F 15 – 350 Ew – Höhe 220 m – Erholungsort ✦ 02685 (Flammersfeld).

Mainz 117 – ◆Koblenz 43 – ◆Köln 74 – Limburg an der Lahn 58.

🏠 **Zum Wiedbachtal** ⌘, Wiedstr. 14, ℰ 10 60, 🔍, 🍽 – ☎ 🅿. ⅀ E. ⌘
M *(Dienstag geschl.)* a la carte 25/44 – **14 Z : 22 B** 50 - 90 – ½ P 70/75.

In Oberlahr 5231 W : 3 km :

🏨 **Der Westerwald Treff** ⌘, ℰ (02685) 8 70, Telex 868611, Fax 87268, Biergarten, 🈸, ⚡≋
🔍, 🍽, ⌘ (Halle) – 📳 📺 ☎ ☀╫ 🅿 – 🄰 25/250. ⅀ ⓒ E 💳
M a la carte 35/61 – **148 Z : 296 B** 95/105 - 150/170 Fb – 48 Fewo 70/125.

DÖTTINGEN Baden-Württemberg siehe Braunsbach.

DONAUESCHINGEN 7710. Baden-Württemberg **ᴬᴵᴵᴮ** I 23, **987** ⑤, **427** J 2 − 18 200 Ew − Höhe
86 m − ✆ 0771 − **Sehenswert** : Fürstenberg-Sammlungen (Gemäldegalerie★ : Passionsaltar★★).

☜ Donaueschingen-Aasen (NO : 4 km), ✆ 8 45 25 − 🛈 Verkehrsamt, Karlstr. 58, ✆ 38 34.

◆Stuttgart 131 − Basel 108 − ◆Freiburg im Breisgau 65 − ◆Konstanz 67 − Reutlingen 124 − Zürich 99.

🏨 **Öschberghof** ⚲, am Golfplatz (NO : 4 km), ✆ 8 40, Telex 792717, Fax 84600, ≤, 😚,
Massage, ≘s, 🔲, ⛆, 🛷 − 🛗 🕿 ⟺ 🅟 − 🕮 25/80. 🕮 **E** **VISA** 🛠
4.- 28. Jan. geschl. − **M** *(Tischbestellung ratsam)* a la carte 42/74 − **53 Z : 93 B** 155/205 -
195/255 Fb.

🏨 **Ochsen**, Käferstr. 18, ✆ 40 44 (Hotel) 36 88 (Rest.), ≘s, 🔲 − 🛗 🕿 ⟺ 🅟
➤ 27. Okt.- 3. Nov. geschl. − **M** *(Donnerstag, 8.- 25. Jan. und Mitte - Ende Juli geschl.)* a la
carte 20/42 − **46 Z : 70 B** 55/66 - 86/96.

🏨 **Linde**, Karlstr. 18, ✆ 30 48 − 🛗 🕿 ⟺ 🅟. **E** **VISA** 🛠
7.- 16. Feb. und 16. Dez.- 12. Jan. geschl. − **M** *(nur Abendessen, Freitag - Samstag geschl.)*
a la carte 23/45 − **22 Z : 35 B** 60/80 - 98/110 Fb.

🏨 **Zur Sonne**, Karlstr. 38, ✆ 31 44, ≘s − ⟺ 🅟. 🕮 **E** **VISA**
15. Dez.- 20. Jan. geschl. − (Restaurant nur für Hausgäste) − **20 Z : 30 B** 58/75 - 98/120 Fb.

✗ **Donaustuben**, Marktstr. 2 (Donauhalle), ✆ 21 89, 😚 − 🅟. **E**
1.- 11. März und Sonntag 15 Uhr - Montag geschl. − **M** a la carte 26/50 🍴.

In Donaueschingen - Allmendshofen S : 2 km :

🏨 **Grüner Baum**, Friedrich-Ebert-Str. 59, ✆ 20 97, 😚, 🛷 − 🛗 🕿 🅟 − 🕮 25/100
40 Z : 70 B Fb.

In Donaueschingen-Aufen NW : 2,5 km − Erholungsort :

🏨 **Waldblick** ⚲, Am Hinteren Berg 7, ✆ 40 74, Fax 12535, ≘s, 🔲, 🛷, 🏇 − 🛗 🕿 ⟺
🅟 − 🕮 25/80. 🕮 ⓞ **E** **VISA**
Dez. 3 Wochen geschl. − **M** a la carte 23/57 🍴 − **45 Z : 70 B** 60/85 - 95/136 Fb.

In Donaueschingen 15-Wolterdingen NW : 6 km :

🏨 **Tannenhof**, Hubertshofener Str. 8, ✆ (07705) 4 44, 🛷 − 🕿 ⟺ 🅟
M *(Donnerstag geschl.)* a la carte 25/51 🍴 − **23 Z : 46 B** 44/60 - 84/110 Fb.

DONAUSTAUF Bayern siehe Regensburg.

DONAUWÖRTH 8850. Bayern **ᴬᴵᴵᴮ** P 20, **987** ⑳ − 17 500 Ew − Höhe 405 m − ✆ 0906.
Ausflugsziele : Kaisheim : ehemalige Klosterkirche (Chorumgang★) N : 6 km − Harburg :
Schloß (Sammlungen★) NW : 11 km.
🛈 Verkehrsamt, Rathaus, Rathausgasse 1, ✆ 78 91 45, Fax 789222.
◆München 100 − Ingolstadt 56 − ◆Nürnberg 95 − ◆Ulm (Donau) 79.

🏨 **Posthotel Traube**, Kapellstr. 14, ✆ 60 96, Telex 51331, Fax 23390, ≘s − 🛗 🕿 🅟. 🕮
ⓞ **E** **VISA**
M *(Donnerstag geschl.)* a la carte 22/45 − **43 Z : 65 B** 69/87 - 108/130 Fb.

In Donauwörth-Nordheim SO : 2 km über die B 16 :

🏨 Donauwörther Hof, Teutonenweg 16, ✆ 59 50, ☄, 🛷 ⟺ 🅟 − **27 Z : 50 B**.

In Donauwörth-Parkstadt :

🏨 **Parkhotel**, Sternschanzenstr. 1, ✆ 60 37, Fax 23283, ≤ Donauwörth, 😚 − 🖂 🕿 🅟 −
🕮 25/50. 🕮 ⓞ **E** **VISA**
27. Dez.- 8. Jan. geschl. − **M** a la carte 33/67 − **35 Z : 50 B** 67/80 - 105/120 Fb.

🏨 **Parkstadt** ⚲ garni, Andreas-Mayr-Str. 11, ✆ 40 39, 🔲 − 🅟. **E** **VISA**
28. Juli - 18. Aug. geschl. − **14 Z : 20 B** 47/51 - 82/92.

🏨 **Zum Deutschmeister** ⚲, Hochbrucker Str. 2, ✆ 80 95, 😚 − 🖂 🕿 🅟. **E**
➤ Aug. geschl. − **M** *(Montag geschl.)* a la carte 21/48 − **9 Z : 13 B** 45 - 78.

In Tapfheim-Erlingshofen 8851 SW : 7 km :

✗✗ **Kartäuserklause** mit Zim, Donauwörther Str. 3 (B 16), ✆ (09004) 3 02, 😚 − 🖂 🕿 🅟. 🕮
E.
M *(wochentags nur Abendessen)* a la carte 29/61 − **5 Z : 7 B** 35 - 70.

DONZDORF 7322. Baden-Württemberg **ᴬᴵᴵᴮ** M 20 − 11 100 Ew − Höhe 405 m − ✆ 07162 (Süßen)
− ☜ Schloß Ramsberg, ✆ 2 71 71.
◆Stuttgart 57 − Göppingen 13 − Schwäbisch Gmünd 17 − ◆Ulm (Donau) 45.

🏨 ۞ **Becher - Restaurant De Balzac** (mit 🏨 Gästehaus, ⚲), Schloßstr. 7,
✆ 2 00 50 (Hotel) 20 05 37 (Rest.), ≘s − 🖂 🕿 🅟 − 🕮 25/120. 🕮 ⓞ **E** **VISA**
nur Restaurants: Jan. 2 Wochen und Juli - Aug. 3 Wochen geschl. − **M** *(Tischbestellung
ratsam)*(Sonn- und Feiertage sowie Montag geschl.) a la carte 69/95 − **Bauernstube** *(Sonntag
14 Uhr - Montag 18 Uhr geschl.)* Menu a la carte 34/63 🍴 − **72 Z : 119 B** 80/130 - 120/180 Fb
Spez. Lasagne von Wildlachs mit Limonenbutter, Pot au feu von der Wachtel, Reh- und Wildschweinfilet mit
Schupfnudeln.

DORMAGEN 4047. Nordrhein-Westfalen 987 ②, 412 D 13 – 57 000 Ew – Höhe 45 m – ✆ 0213
Ausflugsziel : Zons : befestigtes Städtchen* N : 6 km.

🅱 Fremdenverkehrsamt (Bürgerhaus), im Ortsteil Zons, Schloßstr. 37, ℰ 5 32 62.
◆Düsseldorf 25 – ◆Köln 24 – Neuß 19.

🏰 **Romantik-Hotel Höttche,** Krefelder Str. 14, ℰ 4 10 41, Telex 8517376, Fax 10616
« Rustikales Restaurant », ⇄, 🔲 – 🛗 📺 ⇐⇒ ② – 🔬 25/60. 🅰🅴 ⓞ 🅴 🆅🆂🅰
23.- 30. Dez. geschl. – **M** a la carte 49/82 – **56 Z : 84 B** 100/150 - 189/300 Fb.

🏠 **Zur Flora,** Florastr. 49, ℰ 4 60 11, Fax 477824 – 📺 ☎ ⇐⇒ ②. 🅰🅴 🅴
M (Sonntag 14 Uhr - Montag 17 Uhr geschl.) a la carte 23/52 – **16 Z : 30 B** 85/110 - 115
160 Fb.

In Dormagen 5-St. Peter NW : 5,5 km über die B 9 :

🏠 **Stadt Dormagen** garni, Robert-Bosch-Str. 2, ℰ 78 28, Fax 70940, ⇄ – ☎ ②. 🅰🅴 ⓞ 🅴
🆅🆂🅰
22. Dez.- 8. Jan. geschl. – **14 Z : 20 B** 70/75 - 110/120.

In Dormagen 5-Zons N : 6 km :

XX Altes Zollhaus, Rheinstr. 16, ℰ 4 01 03.

DORNBURG 6255. Hessen 412 H 15 – 8 000 Ew – Höhe 400 m – ✆ 06436.
Mainz 75 – ◆ Frankfurt am Main 88 – Koblenz 46 – Siegen 55.

In Dornburg-Frickhofen :

🏠 Café Bock garni, Hauptstr. 30, ℰ 20 77 – 📺 ☎ ⇐⇒
10 Z : 20 B.

DORNSTADT Baden-Württemberg siehe Ulm (Donau).

DORNSTETTEN 7295. Baden-Württemberg 413 I 21, 987 ③ – 5 700 Ew – Höhe 615 m -
Luftkurort – ✆ 07443.
🅱 Kurverwaltung, Rathaus, Marktplatz 2, ℰ 58 68.
◆Stuttgart 87 – Freudenstadt 8.

🏠 **Löwen,** Hauptstr. 3, ℰ 64 81, 🍴 – ⇐⇒. 🅴
Nov. geschl. – **M** (Freitag geschl.) a la carte 23/42 – **30 Z : 60 B** 38/48 - 74/84 – ½ P 50/60.

In Dornstetten-Aach SW : 2 km – Erholungsort :

🏠 **Waldgericht** (Fachwerkhaus a.d. 15. Jh.), Grüntaler Str. 4, ℰ 80 33 – 📺 ☎ ②
Ende Jan.- Mitte Feb. geschl. – **M** a la carte 24/45 ♨ – **23 Z : 37 B** 90 - 180.

In Dornstetten-Hallwangen NO : 2,5 km – Luftkurort :

XX ❀ **Die Mühle,** Eichenweg 23 (nahe der B 28), ℰ 63 29 – ②
Mittwoch - Donnerstag 17 Uhr geschl. – **M** 68/110 und a la carte 42/80
Spez. Hummer auf Gemüsespaghetti, Seeteufel auf Wirsingspätzle, Bresse-Taube in Honigessigsauce.

DORNUM 2988. Niedersachsen 987 ④ – 4 500 Ew – Höhe 5 m – ✆ 04933.
◆Hannover 262 – Emden 46 – Oldenburg 91 – Wilhelmshaven 54.

XX Burg-Hotel ⤳ mit Zim (Wasserschloß a.d.J. 1507), Beningalohne 2, ℰ 19 11, 🍴 – ☎ ②
10 Z : 19 B.

DORSTEN 4270. Nordrhein-Westfalen 987 ⑬, 412 D 12 – 74 000 Ew – Höhe 37 m – ✆ 02362.
Siehe Ruhrgebiet (Übersichtsplan).
◆Düsseldorf 61 – Bottrop 17 – ◆Essen 29 – Recklinghausen 19.

🏰 **Am Kamin,** Alleestr. 37, ℰ 2 70 07 (Hotel) 4 37 15 (Rest.) – 🛗 📺 ☎ ⇐⇒ ②. 🅰🅴 ⓞ 🅴 🆅🆂🅰
M (nur Abendessen, Sonntag geschl.) a la carte 25/60 – **25 Z : 50 B** 120 - 150 Fb.

🏠 **Koop - Dorstener Hof** ⤳, Markt 13, ℰ 2 26 29 – 🅰🅴 ⓞ 🅴 🆅🆂🅰
M (Freitag ab 14 Uhr und Montag geschl.) a la carte 33/53 – **14 Z : 20 B** 53/70 - 60/95.

In Dorsten 11 - Deuten N : 9 km :

🏠 **Grewer,** Weseler Str. 351 (B 58), ℰ (02369) 80 83, 🍴 – ⇐⇒ ②. ⓞ 🅴
Juli - Aug. 3 Wochen geschl. – **M** (Donnerstag geschl.) a la carte 26/48 – **15 Z : 21 B** 40/52
- 70/90.

In Dorsten 21-Hervest :

🏠 **Haus Berken,** An der Molkerei 30, ℰ 6 12 13, 🍴 – 📺 ②. 🅰🅴 🅴
M (Samstag bis 18 Uhr und Mittwoch geschl.) a la carte 26/62 – **21 Z : 30 B** 55/80 - 120/140

XXX **Henschel,** Borkener Str. 47, ℰ 6 26 70 – ②. 🅰🅴 ⓞ 🅴 ✸
Samstag bis 18 Uhr, Jan. 1 Woche und Mitte - Ende Aug. geschl. – **M** a la carte 62/89.

In Dorsten 12 - Lembeck NO : 10,5 km :

XX **Schloßhotel Lembeck** 🦢 mit Zim, im Schloß (S : 2 km), 𝒫 (02369) 72 13, « Wasserschloß a.d. 17. Jh. mit Schloßkapelle und Museum, Park » – 📺 ☎ 🅿. 🆎 ⓞ 🅴
𝗩𝗜𝗦𝗔
M *(Montag, Donnerstag und Freitag nur Abendessen)* a la carte 35/68 – **10 Z : 19 B** 76 -
108/158.

In Dorsten 11 - Wulfen NO : 7 km :

🏠 **Humbert**, Burghof 2 (B 58), 𝒫 (02369) 41 09, 🍴 – ☎ 🚗 🅿 – 🛦 50. 🆎 ⓞ 🅴 𝗩𝗜𝗦𝗔
Aug. geschl. – **M** *(Montag geschl.)* a la carte 23/52 – **21 Z : 32 B** 45/55 - 90/110.

↦ *Michelin puts no plaque or sign*
on the hotels and restaurants mentioned in this Guide.

DORTMUND 4600. Nordrhein-Westfalen 🇩🇪🇪 ⑭. 🇩🇪🇪 F 12 – 570 000 Ew – Höhe 87 m – ✪ 0231.
Siehe Ruhrgebiet (Übersichtsplan).

ehenswert : Fernsehturm★ (⁂★) – Westfalenpark★ BCZ – Marienkirche (Marienaltar★) BYZ B.

; Dortmund-Reichsmark (⑤ : 7 km), 𝒫 77 41 33.

⤴ Dortmund-Wickede, ③ : 11 km, 𝒫 21 89 01.

🚇 (Holzwickede) 𝒫 (02301) 23 81.

usstellungsgelände Westfalenhalle (AZ), 𝒫 1 20 45 21, Telex 822321.

Verkehrspavillon am Hauptbahnhof, 𝒫 14 03 41.

Informations- und Presseamt, Friedensplatz 3, 𝒫 54 22 56 66.

DAC, Kaiserstr. 63, 𝒫 5 49 91 15, Notruf 𝒫 1 92 11.

Düsseldorf 82 ⑤ – ♦Bremen 236 ③ – ♦Frankfurt am Main 224 ⑤ – ♦Hannover 212 ③ – ♦Köln 94 ⑤.

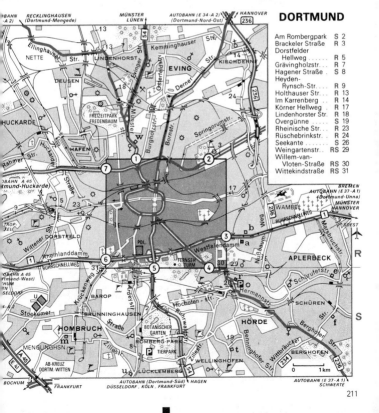

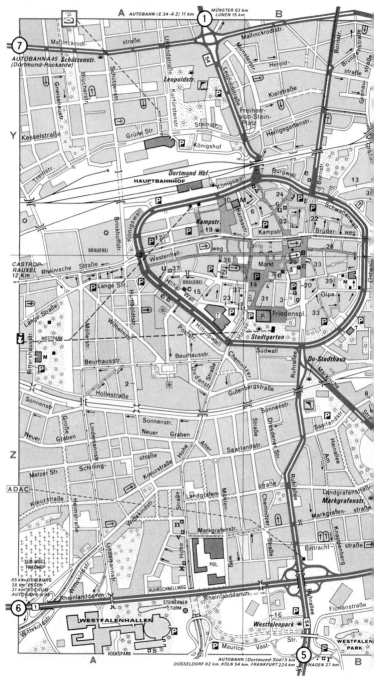

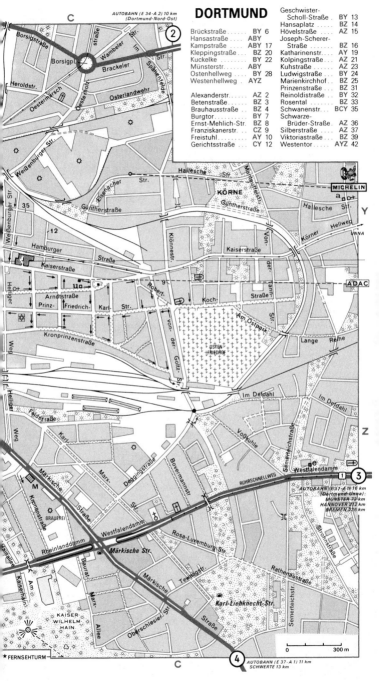

DORTMUND

🏨🏨 **Holiday Inn - Römischer Kaiser**, Olpe 2, ℰ 54 32 00, Telex 822479, Fax 574354, 🏤 – 🕼 📺
♿ – 🏛 25/200
M siehe Restaurant Gastronomie im Römischen Kaiser – **126 Z : 220 B**.
BZ a

🏨🏨 **Scandic Crown Hotel**, An der Buschmühle 1, ℰ 1 08 60, Telex 822221, Fax 1086777
Massage, 🏋, ⊆s, 🔲 – 🕼 ⇖Zim 📺 ♿ ⇔ 🅿 – 🏛 25/350. 🖭 ⓞ 🝙 𝚅𝚂𝙰
🛠 Rest
BZ i
24.- 26. Dez. geschl. – Restaurants: **Rhapsody M** a la carte 34/54 – **Victoria M** a la carte
42/76 – **190 Z : 380 B** 185 - 245 Fb – 5 Appart. 400.

🏨🏨 **Parkhotel Wittekindshof**, Westfalendamm 270 (B 1), ℰ 59 60 81, Telex 822216, Fax 516081
🏤, ⊆s – 🕼 ⇖Zim 🗐 📺 ♿ 🅿 – 🏛 25/200. 🛠
R b
65 Z : 105 B Fb.

🏨🏨 **Parkhotel Westfalenhallen** 🦢, Strobelallee 41, ℰ 1 20 42 45, Telex 822413, Fax 1204555
≤, 🏤, ⊆s, 🔲 – 🕼 📺 ♿ 🅿 – 🏛 25/350. 🖭 ⓞ 𝚅𝚂𝙰
AZ s
Juli - Aug. 3 Wochen geschl. – **M** 17,50/32 (mittags) und a la carte 37/69 – **107 Z : 132 B**
150/170 - 200/270 Fb.

🏨🏨 **Drees**, Hohe Str. 107, ℰ 1 29 90, Telex 822490, Fax 1299555, 🔲 – 🕼 📺 🅿 – 🏛 25/100
🖭 ⓞ 🝙 𝚅𝚂𝙰 🛠 Rest
AZ n
M a la carte 36/56 – **114 Z : 170 B** 95/151 - 140/170 Fb.

🏨 **Consul** garni, Gerstenstr. 3, ℰ 1 29 96 66, Telex 822490, Fax 129955, ⊆s, 🔲 – 🕼 📺 🕿
⇔ 🖭 ⓞ 🝙 𝚅𝚂𝙰
AZ v
42 Z : 53 B 105/135 - 150/160 Fb.

🏨 **Senator**, Münsterstr. 187 (B 54), ℰ 81 81 61, Telex 8227507, Fax 813690, ⊆s – 🕼 📺 🕿
⇔ 🅿 – 🏛 30. 🖭 ⓞ 🝙 𝚅𝚂𝙰
R w
21. Dez.- 3. Jan. geschl. – **M** (nur Abendessen, Sonntag geschl.) a la carte 28/42 – **37 Z :
74 B** 94/124 - 138/190 Fb.

🏨 **Esplanade** garni, Bornstr. 4, ℰ 52 89 31, Telex 822330, Fax 529536 – 🕼 📺 🕿 🅿. 🖭 ⓞ 🝙
𝚅𝚂𝙰
BY e
23. Dez.- 2. Jan. geschl. – **49 Z : 70 B** 95/120 - 130/180 Fb.

🏨 **City - Hotel** garni, Silberstr. 37, ℰ 14 20 86, Telex 8227570, Fax 162765 – 🕼 ⇖⇖ 📺 🕿 🅿
🖭 ⓞ 🝙 𝚅𝚂𝙰
AZ t
50 Z : 100 B 115/150 - 150/200 Fb.

🏨 **Gildenhof** garni, Hohe Str. 139, ℰ 12 20 35, Telex 822807, Fax 122038 – 🕼 📺 🅿 – 🏛 40
ⓞ 🝙
AZ x
20. Dez.- 8. Jan. geschl. – **49 Z : 90 B** 80/95 - 120/145 Fb.

🏨 **Stadthotel** garni, Reinoldistr. 14, ℰ 57 10 11, Fax 577194 – 🕼 📺 🕿 ⇔. 🖭 ⓞ 🝙
𝚅𝚂𝙰
BY u
24. Dez.- 1. Jan. geschl. – **31 Z : 47 B** 92/140 - 145/175.

🏨 **Königshof** garni, Königswall 4, ℰ 5 70 41, Telex 822356, Fax 57040 – 🕼 📺 🕿 🅿 – 🏛 35
🖭 ⓞ 🝙 𝚅𝚂𝙰
BY v
45 Z : 72 B 94/115 - 128/138 Fb.

🏨 **Union** garni, Arndtstr. 66, ℰ 52 82 43 – 🕼 📺 🕿 ⇔. 🖭 ⓞ 🝙 𝚅𝚂𝙰
CZ u
26 Z : 42 B 50/95 - 90/140 Fb.

🏨 **National** garni, Hoher Wall 2, ℰ 14 00 12 – 🕼 📺 🕿
AZ e
21 Z : 35 B.

🍽🍽 **Gastronomie im Römischen Kaiser**, Kleppingstr. 27, ℰ 54 32 01, 🏤 – 🖭 ⓞ 🝙
𝚅𝚂𝙰
BZ a
– **Castellino M** a la carte 48/85 – **Bonvivant M** a la carte 28/51.

🍽🍽 **Mövenpick-Appenzeller Stube**, Kleppingstr. 11, ℰ 57 92 25, Fax 524160 – 🖭 ⓞ
🝙 𝚅𝚂𝙰
BZ c
M a la carte 49/75.

🍽🍽 **Krone - Rôtisserie**, Alter Markt, ℰ 52 75 48, 🏤, Biergarten – 🏛 25/350
BZ e

🍽 **SBB-Restaurant**, Westfalendamm 166 (B 1), ℰ 59 78 15, 🏤 – 🅿. 🖭 ⓞ 🝙 𝚅𝚂𝙰
CZ e
Samstag bis 18 Uhr geschl. – **M** a la carte 36/61 – **Edo** (japanisches Restaurant) (wochentags
nur Abendessen) **M** 60/110.

🍽 **Hövels Hausbrauerei**, Hoher Wall 5, ℰ 14 10 44, Biergarten, « Kleine Brauerei im
Restaurant » – 🖭 ⓞ 🝙 𝚅𝚂𝙰
AZ c
M a la carte 27/48.

🍽 **Turmrestaurant**, im Westfalenpark (Eintritt und 🕼 3,50 DM), ℰ 12 61 44, ⁂ Dort-
mund und Umgebung, « Rotierendes Restaurant in 138 m Höhe » – 🗐 🅿. 🖭
🝙. 🛠
CZ
M a la carte 32/71.

In Dortmund 41-Aplerbeck :

🏨 **Postkutsche** garni, Postkutschenstr. 20, ℰ 44 10 01, Fax 441003 – 📺 🕿 🅿. 🖭 🝙
S e
27 Z : 45 B 65 - 110.

🏨 **Märker Stuben**, Kleine Schwerter Str. 4, ℰ 48 89 89 – 📺 🕿 🅿
S f
10 Z : 18 B.

In Dortmund 50-Barop :

🏠 **Romantik-Hotel Lennhof** ⊗, Menglinghauser Str. 20, ℰ 7 57 26, Fax 759361, 🌳, « Rustikale Einrichtung », ≘s, 🔲, 🐎, ❀ — 🔟 ☎ 🅿 — 🔬 30. 🖭 🕦 🖪 𝘝𝘐𝘚𝘈   S m
M a la carte 57/86 — **35 Z : 60 B** 130 - 180/240 Fb.

In Dortmund 72-Bövinghausen ⑥ : 8 km :

🏠 Commerz garni, Provinzialstr. 396, ℰ 69 22 53 — 🛗 ☎ ⟲ 🅿
37 Z : 75 B Fb.

In Dortmund 30-Brücherhof :

🏠 Schuggert, Brücherhofstr. 98, ℰ 46 40 81, 🌳 — ☎ 🅿   S t
26 Z : 50 B Fb.

In Dortmund 1-Gartenstadt :

🍴 **Grüner Baum**, Lübkestr. 9, ℰ 43 02 55, 🌳 — 🖭 🕦 🖪 𝘝𝘐𝘚𝘈   R a
Samstag bis 18 Uhr und Montag geschl. — **M** a la carte 33/55.

In Dortmund 30-Höchsten über Wittbräucker Str. S :

🏠 Haus Überacker, Wittbräucker Str. 504 (B 234), ℰ (02304) 8 04 21, « Gartenterrasse » — 🔟 🅿
17 Z : 25 B.

In Dortmund 30-Hörde :

🍴 Zum Treppchen, Faßstr. 21, ℰ 43 14 42, Biergarten, « Haus a.d.J. 1763, rustikale Einrichtung »   S r
(Tischbestellung ratsam).

In Dortmund 50-Kirchhörde :

🏠 Haus Mentler, Schneiderstr. 1, ℰ 73 17 88, 🌳 — 🔟 ☎ 🅿 — 🔬 25/100   S u
16 Z : 28 B.

In Dortmund 1-Körne :

🏠 **Körner Hof** garni, Hallesche Str. 102, ℰ 59 00 28, Fax 561071, ≘s, 🔲 — 🛗 🔟 ☎ ⟲ 🖭
🕦 🖪 𝘝𝘐𝘚𝘈   CY a
20. Dez.- 6. Jan. geschl. — **21 Z : 44 B** 89/105 - 130/155.

In Dortmund 50-Lücklemberg über Hagener Str. S :

🏠 **Zum Kühlen Grunde** ⊗, Galoppstr. 57, ℰ 7 39 47, Biergarten, ≘s, 🔲 — 🔟 ☎ 🅿. 🖭 🕦
🖪 𝘝𝘐𝘚𝘈
21. Dez.- 20. Jan. geschl. — **M** *(nur Abendessen, Sonntag geschl.)* a la carte 25/52 — **30 Z : 43 B** 85 - 128.

In Dortmund 76-Oespel ⑥ : 6 km :

🏠 **Novotel Dortmund-West**, Brennaborstr. 2, ℰ 6 54 85, Telex 8227007, Fax 650944, 🌳, ≘s, 🔲 (geheizt), 🐎 — 🛗 🔟 ☎ 🕹 🅿 — 🔬 25/200. 🖭 🖪 𝘝𝘐𝘚𝘈
M a la carte 37/75 — **104 Z : 208 B** 138 - 174 Fb.

🍴 **Haus Horster**, Borussiastr. 7, ℰ 6 58 58 — 🅿
Montag geschl. — **M** a la carte 32/56.

In Dortmund 50-Schanze ⑤ : 10 km, nach BAB-Kreuz Dortmund-Süd rechts ab :

🏠 Hülsenhain ⊗, Am Ossenbrink 57, ℰ 73 17 67, 🌳 — 🔟 ☎ 🅿. ❀ Zim
14 Z : 24 B.

In Dortmund 30-Syburg ⑤ : 13 km :

🏠 **Landhaus Syburg**, Westhofener Str. 1, ℰ 7 74 50, Telex 8227534, Fax 774421, Massage, ≘s, 🔲 — 🛗 🔟 ⟲ 🅿 — 🔬 25/80. 🖭 🕦 🖪 𝘝𝘐𝘚𝘈
M a la carte 43/68 — **64 Z : 118 B** 175/190 - 220/250 Fb — 5 Appart. 290.

🏠 **Dieckmann**, Wittbräcker Str. 980 (B 54), ℰ 77 44 61, Fax 774271, 🌳, Biergarten, « Individuelle, gemütliche Einrichtung » — 🛗 🔟 ☎ 🅿. 🖭 🕦 🖪 𝘝𝘐𝘚𝘈
M a la carte 34/62 — **21 Z : 36 B** 95 - 130/150 Fb.

🍴 ✦ **La Table**, Hohensyburgstr. 200 (im Spielcasino), ℰ 77 44 44, Fax 774146 — 🅿 — 🔬 30. 🖭 🖪. ❀
nur Abendessen — **M** *(bemerkenswerte Weinkarte)* 88/130 und a la carte 75/98 — **Neue Ruhrterrassen** *(auch Mittagessen)* **M** a la carte 37/68
Spez. Glacierter Steinbutt, Blutwurstravioli, Täubchen im Netz.

MICHELIN-REIFENWERKE KGaA. Niederlassung 4600 Dortmund, Eisenacher Str. 13 (CY), ℰ 52 73 45, Fax 553288.

Europe	Wenn der Name eines Hotels dünn gedruckt ist, dann hat uns der Hotelier Preise und Öffnungszeiten nicht oder nicht vollständig angegeben.

DORUM 2853. Niedersachsen 🔢🔢🔢 ④ − 2 800 Ew − Höhe 2 m − Seebad − 🕿 04742.

🇿 Kurverwaltung, Poststr. 16, 🖉 87 50.

◆Hannover 207 − Bremerhaven 20 − Cuxhaven 25.

In Dorum-Neufeld NW : 6,5 km :

🏦 Wurster Land, Sieltrift 37, 🖉 (04741) 10 71, 😯, 🚅, 🚗 − 📺 🕿 🅿 − 🛋 25
    16 Z : 50 B Fb.

🏖 **Grube** 🦢, Am Neuen Deich 2, 🖉 (04741) 14 36 − 🅿
    Mitte Nov.- Anfang Jan. geschl. − **M** *(Mittagessen nur für Hausgäste)* (Jan.- Feb. geschl.
    Nov.- April Montag Ruhetag) a la carte 27/51 − **13 Z : 25 B** 48 - 80/96 − 5 Fewo 85/90.

Siehe auch : *Liste der Feriendörfer*

DOSSENHEIM 6915. Baden-Württemberg 🔢🔢🔢 🔢🔢🔢 J 18 − 9 600 Ew − Höhe 120 m − 🕿 0622
(Heidelberg).

◆Stuttgart 126 − ◆Darmstadt 57 − Heidelberg 5,5 − Mainz 86 − ◆Mannheim 22.

🏠 Am Kirchberg 🦢 garni, Steinbruchweg 4, 🖉 8 50 40 − 🕿 🅿 🎿
    14 Z : 28 B Fb.

🏠 Goldener Hirsch, Hauptstr. 59, 🖉 8 51 19 − 🕿 🅿. 🎿 Zim
    10 Z : 20 B Fb.

🏠 **Bären** garni, Daimlerstr. 6 (Gewerbegebiet-Süd), 🖉 8 50 29 − 🕿 🅿
    19 Z : 38 B 60 - 92 Fb.

🏠 Heidelberger Tor, Heidelberger Str. 32, 🖉 8 52 34 − 🕿 🅿. 🎿
    (nur Abendessen für Hausgäste) − **20 Z : 40 B** Fb.

DRACHSELSRIED 8371. Bayern 🔢🔢🔢 W 19 − 2 200 Ew − Höhe 533 m − Erholungsort −
Wintersport : 700/850 m ⏴2 ⏴6 − 🕿 09945 (Arnbruck).

🇿 Verkehrsamt, Zellertalstr. 8, 🖉 5 05.

◆München 178 − Cham 37 − Deggendorf 35.

🏠 Falter, Zellertalstr. 6, 🖉 4 06, 🚅, 🏊, 🚗 − 🛗 🤝 🅿
    34 Z : 59 B Fb.

🏠 Zum Schlossbräu, Hofmark 1, 🖉 10 38, 🏊, 🚗 − 🤝 🅿. 🎿 Zim
➤ *Nov.- 22. Dez. geschl.* − **M** a la carte 17/30 🍴 − **70 Z : 130 B** 25/45 - 46/80.

In Drachselsried-Asbach S : 6 km :

🏠 **Berggasthof Fritz** 🦢 (mit Gästehaus), 🖉 (09923) 22 12, ≤, 🚅, 🏊, 🚗 − 🤝 🅿
➤ *Nov.- 15. Dez. geschl.* − **M** a la carte 16,50/31 − **45 Z : 81 B** 30/36 - 50/70 Fb − ½ P 42/50.

In Drachselsried-Oberried SO : 2 km :

🏦 Margeriten-Hof 🦢, Oberried 124, 🖉 4 96, 😯, Massage, 🚅, 🏊 − 🛗 🅿 − 🛋 40. 🎿 Rest
    (Mittagessen nur für Hausgäste) − **30 Z : 60 B** Fb.

🏠 **Berggasthof Hochstein** 🦢, Oberried 9 1/2, 🖉 4 63, ≤, 😯, 🚗 − 🅿
➤ *Nov.- 22. Dez. geschl.* − **M** a la carte 17,50/38 − **38 Z : 72 B** 51/53 - 86/103 − ½ P 54/64.

🏠 Rieder Eck 🦢, Oberried 31, 🖉 6 42, ≤, 🚅, 🏊, 🚗 − 🕿 🤝 🅿
    (Restaurant nur für Hausgäste) − **28 Z : 58 B** Fb.

In Drachselsried-Unterried SO : 3 km :

🏠 **Lindenwirt** 🦢, Unterried 9, 🖉 24 44, 🚅, 🏊, 🚗 − 🛗 🅿
➤ *28. Okt.- 19. Dez. geschl.* − **M** a la carte 17/31 − **55 Z : 100 B** 44/70 - 80/110 Fb − ½ P 54/66.

Außerhalb O : 6 km, über Oberried − Höhe 730 m :

🏠 **Berggasthof Riedlberg** 🦢, ✉ 8371 Drachselsried, 🖉 (09924) 70 35, Fax 7273, ≤, 😯,
➤ 🏊 (geheizt), 🚗, ⏴ − 🅿
    4. Nov.- 18. Dez. geschl. − **M** a la carte 16/30 − **28 Z : 56 B** 40/52 - 70/94 − ½ P 45/55.

DREIBURGENSEE Bayern siehe Tittling.

DREIEICH 6072. Hessen 🔢🔢🔢 🔢🔢🔢 J 16 − 39 400 Ew − Höhe 130 m − 🕿 06103.

◆Wiesbaden 45 − ◆Darmstadt 17 − ◆Frankfurt am Main 18.

In Dreieich-Dreieichenhain :

XX **Alte Bergmühle**, Geisberg 25, 🖉 8 18 58, Fax 88999, « Rustikale Einrichtung,
    Gartenterrasse » − 🅿. 🆎 ① 📧 💳
    M a la carte 43/68.

In Dreieich-Götzenhain :

🏖 **Krone**, Wallstr. 2, 🖉 8 41 15, Fax 88970, 🚅 − 🛗 🅿
➤ *Juni - Juli 4 Wochen geschl.* − **M** *(wochentags nur Abendessen, Samstag geschl.)* a la
    carte 19/35 − **47 Z : 60 B** 55/65 - 95/110.

In Dreieich-Sprendlingen :

🏨 **Dorint - Hotel**, Eisenbahnstr. 200, ℰ 60 60, Telex 417954, Fax 63019, ⇌, 🔲 – 📳 📺 ☎
🄿 – 🔏 25/90. 🝆 ⓞ Ε 𝓥𝓘𝓢𝓐. ⁓ Rest
M 33 (mittags) und a la carte 45/70 – **94 Z : 178 B** 205/265 - 250/320 Fb – 4 Appart. 500.

🏠 **Herrenbrod - Ständecke**, Hauptstr. 29, ℰ 6 30 37, Fax 65272 – 📳 📺 ☎ 🄿. Ε 𝓥𝓘𝓢𝓐
M *(Samstag - Sonntag 17 Uhr und 13. Juli - 11. Aug. geschl.)* a la carte 26/41 – **59 Z : 68 B**
75/110 - 115/140 Fb.

XX **Ristorante Tonini** (Italienische Küche), Fichtestr. 50 (im Bürgerhaus), ℰ 6 10 81, Fax
600077 – 🄿 – 🔏 30/200. 🝆 ⓞ Ε 𝓥𝓘𝓢𝓐
Juli - 2. Aug. geschl. – **M** (Tischbestellung ratsam) a la carte 27/59.

Gutsschänke Neuhof siehe unter *Frankfurt am Main*.

◗REIS KREIS BERNKASTEL-WITTLICH Rheinland-Pfalz siehe Wittlich.

◗RENSTEINFURT 4406. Nordrhein-Westfalen 🄳🄸🄲 G 11 – 11 600 Ew – Höhe 78 m – 🕲 02508.
Düsseldorf 123 – Hamm in Westfalen 15 – Münster (Westfalen) 22.

An der B 63 SO : 6,5 km :

🏠 Haus Volking, Herrenstein 22, ⊠ 4406 Drensteinfurt 2-Walstedde, ℰ (02387) 6 65 – 📳 ⟷
🄿 – **19 Z : 36 B** Fb.

◗RESDEN 8010 Sachsen 🄳🄸🄰 ㉔, 🄳🄸🄷 ⑱ – 500 000 Ew – Höhe 105 m – 🕲 003751.
Sehenswert : Zwinger★★★ (Wallpavillon★★, Nymphenbad★★, Porzellansammlung★★,
Mathematisch-physikalischer Salon★★) AY – Semper-Oper★★ AY – Hofkirche★★ BY – Schloss
(Fürstenzug-Mosaik★, Langer Gang★) BY – Albertinum (Gemäldegalerie Alte Meister★★★,
Gemäldegalerie Neue Meister★★★, Grünes Gewölbe★★★) BY – Prager Straße★ ABZ – Museum
für Geschichte der Stadt Dresden★ BY L – Kreuzkirche★ BY – Japanisches Palais★ ABX –
Museum für Volkskunst★ BX M2 – Großer Garten★ CDZ – Russisch-orthodoxe Kirche★ (über
Leningrader Str. BZ) – Brühlsche Terrasse ≤★ BY.

Ausflugsziele : Schloß Moritzburg★ (NW: 14 km über Hansastr. BX) – Schloß Pillnitz★ (SO: 15
km über Bautzner Str. CX) – Sächsische Schweiz★★★ (Bastei★★★, Festung Königstein★★ ≤★★,
Großsedlitz: Barockgarten★).

✈ Dresden-Klotzsche (N: 13 km), ℰ 58 31 41. Interflug-Stadtbüro, Rampische Str. 2,
ℰ 4 95 60 13.

🛈 Dresden-Information, Prager Str. 10, ℰ 4 95 50 25, Telex 26198.
Berlin - Ost 198 – Chemnitz 70 – Görlitz 98 – ◆Leipzig 111 – Praha 152.

Stadtpläne siehe nächste Seiten.

🏨🏨 **Bellevue**, Köpckestr. 15, ⊠ 8060, ℰ 5 66 20, Telex 26162, Fax 55997, ≤, 🏤,
« Innenhofterrassen », Bade- und Massageabteilung, 🛋, ⇌, 🔲 – 📳 ≁ Zim 🍴 🛏 ㎍
⟷ 🄿 – 🔏 30/200. 🝆 ⓞ Ε 𝓥𝓘𝓢𝓐   BX **a**
M a la carte 37/79 – **326 Z : 550 B** 220/280 - 320/380 Fb – 6 Appart. 500/950.

🏨🏨 **Dresdner Hof**, An der Frauenkirche 5, ℰ 4 84 10, Telex 2488, Fax 4841700, ⇌, 🔲 – 📳
≁ Zim 🍴 ㎍ ⟷ 🄿 – 🔏 30/300. 🝆 ⓞ Ε 𝓥𝓘𝓢𝓐   BY **e**
11.- 14. Jan. geschl. – **M** a la carte 34/79 – **333 Z : 520 B** 240 - 345/435 Fb – 12 Appart.
430/550.

🏠 **Newa**, Prager Straße, ℰ 4 96 71 12, Telex 26067, 🏤, ⇌ – 📳 📺 ☎. 🝆 ⓞ Ε 𝓥𝓘𝓢𝓐   BZ **n**
M a la carte 25/47 – **309 Z : 595 B** 157/195 - 174/314 Fb.

🏠 **Lilienstein**, Prager Str. 15, ⊠ 8020, ℰ 4 85 60, Telex 26165 – 📳 ☎. 🝆 ⓞ Ε 𝓥𝓘𝓢𝓐   BZ **b**
◆ **M** a la carte 20/44 – **303 Z : 606 B** 119/142 - 143/204 Fb – 9 Appart. 218/245.

🏠 **Königstein**, Prager Str. 9, ℰ 4 85 60, Telex 26165, ⇌ – 📳 🝆 ⓞ Ε 𝓥𝓘𝓢𝓐   BZ **d**
◆ **M** a la carte 20/40 – **295 Z : 594 B** 115/152 - 150/205 Fb – 8 Appart. 210/240.

🏠 **Motel Dresden** ⸲, Münzmeisterstr. 10, ⊠ 8020, ℰ 47 58 51, 🏤 – 📺 ☎ 🄿. 🝆 ⓞ Ε
◆ 𝓥𝓘𝓢𝓐   über Leningrader Str. BZ
M a la carte 21/40 – **84 Z : 144 B** 125/155 - 170 Fb – 3 Fewo 320.

🏠 **Astoria**, Ernst-Thälmann-Platz 1, ℰ 47 51 71, Telex 2442 – 📳 📺 ☎ 🄿. 🝆 ⓞ Ε 𝓥𝓘𝓢𝓐
◆ **M** a la carte 18/47 – **70 Z : 90 B** 80/90 - 140/230 Fb.   über Parkstr. BZ

🏠 **Gewandhaus** garni, Ringstr. 1, ℰ 4 95 61 80, Telex 26216 – 📳 ☎. 🝆 ⓞ Ε 𝓥𝓘𝓢𝓐   BY **c**
100 Z : 180 B 54/90 - 84/132 Fb – 2 Appart. 274.

XX **Opernrestaurant**, Theaterplatz 2 (1. Etage), ℰ 4 84 25 00, 🏤 – 🝆 ⓞ Ε 𝓥𝓘𝓢𝓐   AY **r**
M a la carte 31/56.

XX **Blockhaus**, Neustädter Markt 19 (2. Etage, 📳), ⊠ 8060, ℰ 54 41, ≤ – 🔏 30/200. 🝆 ⓞ
◆ Ε 𝓥𝓘𝓢𝓐. ⁓   BX **f**
M a la carte 20/42.

XX **Kügelhaus** (Historisches Stadthaus a.d.18. Jh., Museum für Frühromantik), Straße
◆ der Befreiung 13, ⊠ 8060, ℰ 5 45 18, 🏤 – 🝆 ⓞ Ε 𝓥𝓘𝓢𝓐   BX **h**
M a la carte 16/33 🍴.

X **Szeges**, Ernst-Thälmann-Str. 6 (1. Etage), ℰ 4 95 13 71 – 🝆 ⓞ Ε 𝓥𝓘𝓢𝓐. ⁓   BY **p**
◆ **M** a la carte 18/49.

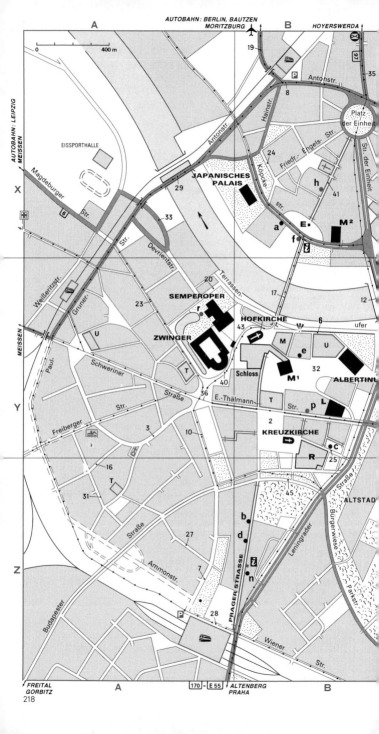

AUTOBAHN: BERLIN, BAUTZEN
MORITZBURG

AUTOBAHN: LEIPZIG
MEISSEN

HOYERSWERDA

Platz
der Einheit

EISSPORTHALLE

Magdeburger

Str.

JAPANISCHES
PALAIS

Antonstr.

Antonstr.

Hainstr.

Köpcke

str.

Friedr. Engels- Str.

Str. der Einheit

h

a   E.

f   M²

Devrientstr.

Terrassen-

ufer

Weißeritzstr.

MEISSEN

Gruner·

SEMPEROPER

HOFKIRCHE

ZWINGER

Schloss

M   e   U

M¹

ALBERTINU

Paul·

Schweriner

Straße

E.-Thälmann-

T   Str.   p   L

Str.

Freiberger

Str.

KREUZKIRCHE

c

R   25

T

ALTSTAD

Straße

Straße

Bürgerwiese

b

d

Leningrader

Parkstr.

Ammonstr.

PRAGER STRASSE

n

Budapester

Wiener

Str.

FREITAL
GORBITZ
218

170 - E 55 ALTENBERG
PRAHA

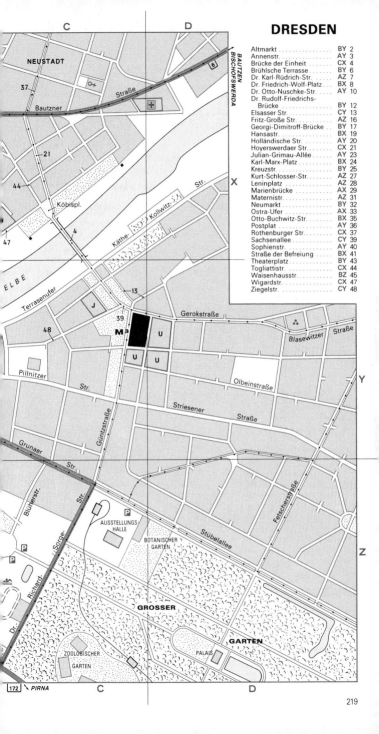

DRESDEN

DRIBURG, BAD 3490. Nordrhein-Westfalen **987** ⑮, **412** K 11 — 18 500 Ew — Höhe 220 m — Heilbad — ✿ 05253.

🔓 Am Kurpark, ℘ 84 23 49.

🅱 Verkehrsamt, Lange Str. 140, ℘ 8 81 80.

◆Düsseldorf 190 — Detmold 28 — ◆Kassel 86 — Paderborn 20.

🏤 **Kur- und Sporthotel Quellenhof**, Caspar-Heinrich-Str. 14, ℘ 30 11, Fax 3014, 😗, Bade und Massageabteilung, 🏋️, 🐟, 🍴, 🔳, 🌳 — 🛗 📺 🅿 — 🔬 25/40. 🆎 ⓞ 🔴 🗺️. 🛞
M à la carte 31/57 — **48 Z : 92 B** 85 - 162/180 Fb — ½ P 106/115.

🏤 **Gräfliches Kurhaus** 🏠, Am Bad 9 (im Kurpark), ℘ 8 41, Telex 936629, Fax 842204, 😗
🌳, 🍴, 🔓 — 🛗 📺 ⇔ 🅿 — 🔬 30/70. 🆎 🔴. 🛞
M à la carte 35/69 — **79 Z : 106 B** 98/133 - 196/206 Fb.

🏨 **Schwallenhof**, Brunnenstr. 34, ℘ 20 08, 😗, 🐟, 🔳, 🌳, 🦌 — 🛗 📺 ☎ ⇔ 🅿
🔬 25/40
M (Jan. geschl.) à la carte 26/51 — **39 Z : 59 B** 60/89 - 120/150 Fb — 5 Fewo 55/100.

🏨 **Neuhaus** 🏠, Steinbergstieg 18, ℘ 40 80, Fax 408616, 😗, 🐟, 🔳, 🌳 — 🛗 📺 ☎ ⇔ 🏡
— 🔬 25/55. ⓞ 🔴. 🛞 Rest
4. - 20. Jan. geschl. — **M** à la carte 39/61 — **Steinbergstube M** à la carte 25/39 — **68 Z : 91**
49/89 - 88/138 Fb — 6 Fewo 95/135 — ½ P 63/83.

🏨 **Althaus Parkhotel**, Caspar-Heinrich-Str. 17, ℘ 20 88, « Gartenterrasse » — 🛗 ☎ 🅿
🔬 25/80
50 Z : 70 B — 3 Fewo.

🏨 **Café am Rosenberg** 🏠, Hinter dem Rosenberge 22, ℘ 20 02, ≤, « Gartenterrasse »
🐟, 🔳, 🌳 — 🅿. 🛞 Zim
M (Mittwoch geschl.) 17/23 (mittags) und à la carte 24/49 ⅃ — **22 Z : 29 B** 36/58 - 96/108 F
— ½ P 50/65.

🏨 **Reform-Hotel** 🏠, Steinbergstieg 15, ℘ 4 00 10, Fax 408616, 😗, 🐟, 🔳, 🌳 — 🛗 ↖️ 🏡
◆ ⇔ 🅿. 🛞 Rest
14. Jan.- 1. Feb. geschl. — **M** (nur vegetarische Kost) à la carte 20/36 — **39 Z : 49 B** 51/71
100/104 Fb — ½ P 67/74.

🏨 **Zur Rose** 🏠, Rosenmühlenweg 4, ℘ 34 79, 😗, 🌳 — ⇔ 🅿
(Restaurant nur für Hausgäste) — **14 Z : 27 B** 45/55 - 75/95.

🏨 **Eggenwirth**, Mühlenstr. 17, ℘ 24 51, 😗 — 📺 ☎ ⇔ 🅿. ⓞ 🔴 🗺️
M à la carte 24/55 — **18 Z : 28 B** 53 - 90/120 Fb.

🏨 **Teutoburger Hof** garni, Brunnenstr. 2, ℘ 22 25, 🌳 — 🅿
18 Z : 24 B 45 - 90 Fb.

✕ **Brauner Hirsch** mit Zim, Lange Str. 70, ℘ 22 20, 😗 — 📺 ⇔ 🅿
7 Z : 11 B.

DROLSHAGEN 5962. Nordrhein-Westfalen **412** G 13 — 10 500 Ew — Höhe 375 m — ✿ 02761.

🅱 Verkehrsamt, Klosterhof 2, ℘ 7 03 17.

◆Düsseldorf 114 — Hagen 59 — ◆Köln 70 — Siegen 34.

🏞️ **Auf dem Papenberg** 🏠, Am Papenberg 15, ℘ 7 12 10, ≤, 🌳 — 🅿. 🛞
(Restaurant nur für Hausgäste) — **9 Z : 16 B** 35/40 - 70.

✕✕ **Zur Brücke** mit Zim, Hagener Str. 12, ℘ 7 12 69 — ⇔ 🅿. ⓞ 🔴 🗺️. 🛞
12. Feb.- 9. März geschl. — **M** (Dienstag geschl.) à la carte 32/56 — **9 Z : 16 B** 50 - 90.

In Drolshagen-Frenkhauserhöh N : 4 km :

🏨 **Zur schönen Aussicht** 🏠, Biggeseestraße, ℘ 25 83, ≤, 🌳 — 📺 🅿. 🔴. 🛞
Anfang - Mitte Jan. geschl. — **M** (Dienstag geschl.) à la carte 26/44 — **14 Z : 24 B** 40/48
78/90 — ½ P 52/58.

In Drolshagen-Hützemert NW : 3 km :

🏨 **Haus Wigger**, Vorm Bahnhof 4, ℘ (02763) 2 16, Fax 218, 😗, 🐟, 🌳 — 🅿
M (Donnerstag geschl.) à la carte 25/49 — **14 Z : 26 B** 38/45 - 70/80.

In Drolshagen-Scheda NW : 6 km :

🏨 **Haus Schulte**, Zum Höchsten 2, ℘ (02763) 3 88, 🍴 — 🅿. 🔴
M (Mittwoch geschl.) à la carte 22/54 — **16 Z : 32 B** 30/35 - 60/70.

DUDELDORF Rheinland-Pfalz siehe Bitburg.

Gerenommeerde keukens

Fijnproevers

voor U hebben wij bepaalde

restaurants aangeduid met Menu, ✿, ✿✿, ✿✿✿.

220

DUDERSTADT 3408. Niedersachsen 987 ⑮ ⑯, 412 N 12 – 23 500 Ew – Höhe 172 m – ✆ 05527.

🛈 Fremdenverkehrsamt, Rathaus, Marktstr. 66, ☎ 84 12 11.

Hannover 131 – ◆Braunschweig 118 – Göttingen 32.

🏨 **Zum Löwen**, Marktstr. 30, ☎ 30 72, Fax 72630, « Elegante Einrichtung », ≘s, ☒ – 🛗 📺 ⅙ 🛏 – 🔬 25/80
36 Z : 70 B Fb.

In Duderstadt-Fuhrbach NO : 6 km :

🏠 **Zum Kronprinzen** 🦌, Fuhrbacher Str. 31, ☎ 30 01, Fax 73355, ✿ – ☎ 🅿 – 🔬 25/150.
🔜 ⅭⒺ ⓪ Ⓔ 𝘝𝘐𝘚𝘈
1.- 6. Jan. geschl. – **M** a la carte 20/42 – **37 Z : 70 B** 55/65 - 75/100.

DÜLMEN 4408. Nordrhein-Westfalen 987 ⑭, 412 E 11, 408 M 6 – 40 000 Ew – Höhe 70 m – ✆ 02594.

🛈 Verkehrsamt, Rathaus, ☎ 1 22 92.

Düsseldorf 94 – Münster (Westfalen) 34 – Recklinghausen 27.

🏨 **Merfelder Hof**, Borkener Str. 60, ☎ 10 55, Fax 80904, 🌳, ≘s – 📺 ☎ 🅿 – 🔬 40
M 16,50/38 (mittags) und a la carte 40/59 – **35 Z : 66 B** 50/80 - 90/130 Fb.

🏨 **Zum Wildpferd**, Münsterstr. 52 (B51), ☎ 50 63, ≘s, ☒ – 🛗 📺 ☎ ⇐ 🅿 – 🔬 25/100.
🔜 ⅭⒺ ⓪ Ⓔ 𝘝𝘐𝘚𝘈
M *(Sonntag geschl.)* a la carte 26/50 – **37 Z : 70 B** 40/77 - 75/135 Fb.

🏠 **Am Markt**, Marktstr. 21, ☎ 23 88, Fax 85235 – 📺 ☎ ⇐ – 🔬 25/50. ⅭⒺ ⓪ Ⓔ 𝘝𝘐𝘚𝘈
M 17,50/27 (mittags) und a la carte 25/54 – **20 Z : 28 B** 40/58 - 75/95 Fb.

🏠 **Lehmkuhl** garni, Coesfelder Str. 8, ☎ 44 34
11 Z : 20 B 30/40 - 60/80.

In Dülmen 4-Hausdülmen SW : 3 km :

🏠 Große Teichsmühle, Borkenbergstr. 78, ☎ 23 74, 🌳 – ⇐ 🅿 – 🔬 25/80
17 Z : 33 B.

Außerhalb NW : 5 km über Borkener Straße :

🍴 **Haus Waldfrieden**, Börnste 20, ⊠ 4408 Dülmen, ☎ (02594) 22 73, 🌳 – 🅿. ⚘
24. Nov.- 25. Dez. und Freitag geschl. – **M** 15/32 (mittags) und a la carte 24/56.

DÜREN 5160. Nordrhein-Westfalen 987 ㉓, 412 C 14 – 85 000 Ew – Höhe 130 m – ✆ 02421.

Düren-Gürzenich (über ⑥ und die B 264 X), ☎ 6 72 78.

ADAC, Oberstr. 30, ☎ 1 45 98., Notruf ☎ 1 92 11.

◆Düsseldorf 71 ① – ◆Aachen 34 ② – ◆Bonn 57 ④ – ◆Köln 48 ③.

Stadtplan siehe nächste Seite.

🏨 **Düren's Post-Hotel**, Josef-Schregel-Str. 36, ☎ 1 70 01, Telex 833880, Fax 10138 – 🛗 🍽
📺 🅿 ⇐ – 🔬 25/180. ⅭⒺ ⓪ Ⓔ 𝘝𝘐𝘚𝘈   Y r
M *(Sonntag geschl.)* 28/75 – **51 Z : 73 B** 140 - 200/240.

🏠 **Germania**, Josef-Schregel-Str. 20, ☎ 1 50 00, Fax 10745 – 🛗 📺 ☎ – 🔬 25/80. ⓪ Ⓔ
𝘝𝘐𝘚𝘈   Y c
M a la carte 27/57 – **49 Z : 85 B** 80/100 - 110/140 Fb.

🍲 Zum Nachtwächter, Kölner Landstr. 12 (B 264), ☎ 7 50 81 – ☎ 🅿   Y e
(nur Abendessen) – **37 Z : 75 B**.

🍴🍴🍴 ⚗ **Hefter** (kleines modern-elegantes Restaurant), Kölnstr. 95, ☎ 1 45 85   Y a
nur Abendessen, Montag - Dienstag sowie Jan.- Feb. und Juli - Aug. jeweils 2 Wochen geschl. – **M** (Tischbestellung erforderlich) a la carte 60/87 – **Bistro Bonne Cuisine** *(auch Mittagessen)* **M** a la carte 45/67
Spez. Kalbsbries auf Trüffelsauce, Wildgerichte, Printenparfait auf Schokoladenschaum.

🍴🍴 **Stadtpark-Restaurant**, Valenciener Str. 2, ☎ 6 30 68, Fax 66737, « Gartenterrasse » –
🅿 – 🔬 25/500   X n
Samstag bis 18 Uhr, Dienstag und Feb. 3 Wochen geschl. – **M** a la carte 41/65.

🍴🍴 Stadthalle, Bismarckstr. 15, ☎ 1 63 74, 🌳 – 🅿 – 🔬 25/500   Y

In Düren-Niederau S : 3 km über Nideggener Str. X :

🏠 **Europa**, Kreuzauer Str. 103, ☎ 5 30 08 – 📺 ☎ 🅿. ⅭⒺ ⓪ Ⓔ 𝘝𝘐𝘚𝘈
M a la carte 33/60 – **15 Z : 25 B** 110 - 220 Fb.

In Kreuzau-Untermaubach 5166 S : 11 km über Nideggener Str. X :

🍴🍴 Mühlenbach, Rurstr. 16, ☎ (02422) 41 58 – 🅿. Ⓔ
Dienstag und 1.- 18. März geschl. – **M** a la carte 29/60.

221

DÜREN

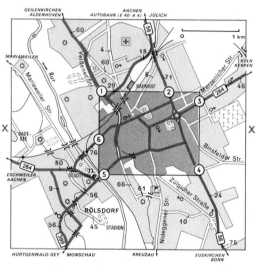

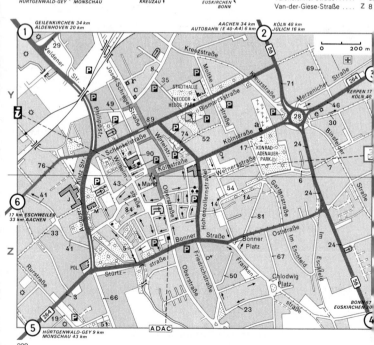

222

DÜRKHEIM, BAD 6702. Rheinland-Pfalz 987 ㉔, 412 413 H 18, 242 ④ — 18 500 Ew — Höhe 20 m — Heilbad — ✆ 06322.

🛈 Städt. Verkehrsamt, am Bahnhofsplatz, ℘ 79 32 75.

Mainz 82 — Kaiserslautern 33 — ◆Mannheim 22 — Neustadt an der Weinstraße 14.

🏨 **Dorint Hotel** ⟨⟩, Kurbrunnenstr. 30, ℘ 60 10, Telex 454694, Fax 601603 — 🛗 ≒ Zim 📺 & ❷ — 🔬 25/60. 🝆 ⓘ 🛇 🚾
   M a la carte 40/65 — **100 Z : 200 B** 165 - 210/310 Fb — ½ P 135/185.

🏨 **Kurparkhotel** ⟨⟩, Schloßplatz 1, ℘ 79 70, Telex 454818, Fax 797158, ≤, 🛋, Massage, ≘s, ☒ — 🛗 & ⟺ ❷ — 🔬 25/300
   107 Z : 190 B Fb.

🏨 **Leininger Hof** garni, Kurgartenstr. 17, ℘ 60 20, Fax 602300, ≘s, ☒, 🛦 — 🛗 ≒ 📺 ☎ ⟺ — 🔬 25/120. 🝆 ⓘ 🛇 🚾
   96 Z : 144 B 126/143 - 190/210 Fb.

🏨 **Fronmühle**, Salinenstr. 15, ℘ 6 80 81, 🛋, ≘s, ☒, 🛦 — 🛗 ☎ ❷ — 🔬 25. 🝆 ⓘ 🛇 🚾
   M *(Montag geschl.)* a la carte 35/71 ⅃ — **21 Z : 45 B** 80 - 135 Fb.

🏨 **Gartenhotel Heusser** ⟨⟩, Seebacher Str. 50, ℘ 20 66, Telex 454889, Fax 8720, « Garten », ≘s, ☒ (geheizt), ☒, 🛦 — 🛗 📺 ☎ ❷ — 🔬 25/50. 🝆 ⓘ 🛇 🚾
   M *(Sonntag geschl.)* a la carte 30/50 — **76 Z : 130 B** 85/110 - 150/195 Fb — ½ P 97/132.

🏠 Haus Boller, Kurgartenstr. 19, ℘ 14 28, 🛦 — ☎ ⟺
   15 Z : 24 B.

✕ **Weinakademie**, Holzweg 76, ℘ 24 14
   wochentags nur Abendessen, Mittwoch, Mitte Juni - Anfang Juli und Sept. 3 Wochen geschl. — **M** a la carte 31/59 ⅃.

✕ **Weinstube Ester**, Triftweg 21, ℘ 27 98, 🛋 — ❷
   nur Abendessen, Montag - Dienstag und 6.- 18. Sept. geschl. — **M** a la carte 19,50/35 ⅃.

✕ **Weinstube Bach-Mayer**, Gerberstr. 13, ℘ 86 11
   nur Abendessen, 1.- 15. Sept., 23. Dez.- 6. Jan. und Sonntag geschl. — **M** a la carte 27/50 ⅃.

In Bad Dürkheim-Seebach SW : 1,5 km :

🏠 **Landhaus Fluch** ⟨⟩ garni, Seebacher Str. 95, ℘ 24 88, 🛦 — ☎ ❷. 🖇
   20. Dez.- 20. Jan. geschl. — **25 Z : 42 B** 65/75 - 105/120 Fb.

In Bad Dürkheim-Ungstein N : 2 km :

🏠 **Panorama** ⟨⟩, Alter Dürkheimer Weg 8, ℘ 47 11, ≤, 🛋, 🛦 — ⟺ ❷
   20. Jan. geschl. — **M** *(nur Abendessen, Freitag geschl.)* a la carte 18/35 — **18 Z : 36 B** 40/55 - 90/120.

🏠 **Weinstube Bettelhaus**, Weinstr. 89, ℘ 6 35 59
   Mitte Dez.- Mitte Jan. geschl. — **M** *(wochentags nur Abendessen, Dienstag geschl.)* a la carte 21/37 ⅃ — **16 Z : 33 B** 47 - 90.

DÜRRHEIM, BAD 7737. Baden-Württemberg 413 I 22, 987 ㉟ — 10 500 Ew — Höhe 706 m — Heilbad — Heilklimatischer Kurort — Wintersport : ✣2 — ✆ 07726.

🛈 Zimmernachweis, im Kurmittelhaus, ℘ 6 42 96.

◆Stuttgart 113 — ◆Freiburg im Breisgau 70 — ◆Konstanz 76 — Villingen-Schwenningen 8.

🏨 **Parkhotel Waldeck** ⟨⟩, Waldstr. 18, ℘ 66 31 00, Telex 7921315, Fax 8001, Bade- und Massageabteilung, ♨, ≘s, ☒, 🛦 — 🛗 ≒ 🍽 Rest 📺 ☎ & ⟺ ❷ — 🔬 25/120. 🝆 ⓘ 🛇 🚾. 🖇 Zim
   M *(auch Diät und vegetarische Gerichte)* 24 (mittags) und a la carte 34/62 — **43 Z : 70 B** 115/145 - 160/240 Fb — ½ P 100/165.

🏨 **Hänslehof** ⟨⟩, Hofstr. 13, ℘ 66 70, Telex 7921328, Fax 667555, 🛋, ≘s, ☒ — 🛗 📺 ☎ ⟺ ❷. 🝆 ⓘ 🛇 🚾
   Restaurants : **Alte Vogtei** *(Samstag bis 18 Uhr und Sonntag ab 15 Uhr geschl.)* **M** a la carte 30/62 — **Hänslehofstuben M** a la carte 30/52 — **120 Z : 220 B** 112/166 - 156/190 Fb — ½ P 97/151.

🏠 **Salinensee** ⟨⟩, Am Salinensee 1, ℘ 80 21, ≤, « Terrasse am See », 🛦 — 📺 ☎ ⟺ ❷ — 🔬 40. 🖇
   M *(Dez.- Feb. Freitag geschl.)* a la carte 23/44 — **20 Z : 30 B** 60/65 - 120/130.

🏠 **Haus Baden** ⟨⟩ garni, Kapfstr. 6, ℘ 76 81, 🛦 — ❷
   18 Z : 25 B 55/80 - 92/110.

DÜRRWANGEN Bayern siehe Dinkelsbühl.

Gli alberghi o ristoranti ameni sono indicati nella guida con un simbolo rosso.

🏰🏰🏰 ... 🏠

Contribuite a mantenere
la guida aggiornata segnalandoci
gli alberghi e ristoranti dove avete soggiornato piacevolmente.

 XXXXX ... ✕

DÜSSELDORF 4000. ⒧ Nordrhein-Westfalen ⑨⑧⑦ ㉘㉙, ④①② D 13 − 570 000 Ew − Höhe 40 m − ✪ 0211 − **Sehenswert** : Königsallee★ − Hofgarten★ − Hetjensmuseum★ BX **M2** − Landesmuseum Volk u. Wirtschaft★ BV **M1** − Goethe-Museum CV **M** − Thyssenhaus★ CVX **E**.

Ausflugsziel : Schloß Benrath (Park★) S : 10 km über Kölner Landstr. T.

◫ Ratingen-Hösel (16 km über die A 44 S , 𝒫 (02102) ; ◫ Gut Rommeljans (12 km über die A 44 S), 𝒫 (02102) 8 10 92 ; ◫ D-Hubbelrath (12 km über die B 7 S), 𝒫 (02104) 7 21 78 , ◫ Düsseldorf-Hafen (T), Auf der Lausward, 𝒫 (0211) 39 65 98.

✈ Düsseldorf-Lohausen (① : 8 km), 𝒫 42 11 − 🚆 𝒫 3 68 04 68.

Messe-Gelände (S), 𝒫 4 56 01, Telex 8584853.

🛈 Verkehrsverein, Konrad-Adenauer-Platz, Heinrich-Heine-Allee 24 , 𝒫 35 05 05, Telex 8587785, Fax 161071.

ADAC, Himmelgeister Str. 63, 𝒫 3 10 93 33, Notruf 𝒫 1 92 11.

Amsterdam 225 ② − ✦Essen 31 ② − ✦Köln 40 ⑦ − Rotterdam 237 ②.

Die Angabe (D 15) nach der Anschrift gibt den Postzustellbezirk an : Düsseldorf 15
L'indication (D 15) à la suite de l'adresse désigne l'arrondissement : Düsseldorf 15
The reference (D 15) at the end of the address is the postal district : Düsseldorf 15
L'indicazione (D 15) posta dopo l'indirizzo precisa il quartiere urbano : Düsseldorf 15

Messe-Preise : siehe S. 8   **Foires et salons** : voir p. 16
Fairs : see p. 24   **Fiere** : vedere p. 32

Stadtpläne siehe nächste Seiten.

🏨🏨 **Breidenbacher Hof**, Heinrich-Heine-Allee 36 (D 1), 𝒫 1 30 30, Telex 8582630, Fax 1303830, 🖚 − 🛗 ⇖ Zim 🔲 📺 ⇦ − 🔬 25/90. 🖭 ⓪ 🗲 𝘃𝘐𝘚𝘈. ⚑ Rest   BX a
Restaurants : **Grill Royal** (Samstag und Sonntag jeweils bis 18 Uhr geschl.) **M** a la carte 72/99 − **Breidenbacher Eck M** a la carte 47/72 − **Trader Vic's** (nur Abendessen) **M** a la carte 49/63 − **135 Z : 200 B** 290/480 - 440/590 − 30 Appart. 690/2600.

🏨🏨 **Steigenberger Parkhotel**, Corneliusplatz 1 (D 1), 𝒫 86 51, Telex 8582331, Fax 131679, 🍽 − 🛗 🔲 📺 📞 − 🔬 25/250. 🖭 ⓪ 🗲 𝘃𝘐𝘚𝘈   CX p
M a la carte 59/96 − **160 Z : 230 B** 295/375 - 390/490 Fb − 12 Appart. 650/1350.

🏨🏨 **Nikko**, Immermannstr. 41 (D 1), 𝒫 83 40, Telex 8582080, Fax 161216, 🍽, Massage, 🖚, 🔲 − 🛗 ⇖ Zim 🔲 📺 👌 − 🔬 25/500. ⚑ Rest   DX a
301 Z : 600 B Fb − 16 Appart..

🏨 **Holiday Inn**, Graf-Adolf-Platz 10 (D 1), 𝒫 3 87 30, Telex 8586359, Fax 3873390, 🖚, 🔲 − 🛗 ⇖ Zim 🔲 👌 ⇦ − 🔬 25/80. 🖭 ⓪ 🗲 𝘃𝘐𝘚𝘈   CY ■
M a la carte 49/68 − **177 Z : 275 B** 317/467 - 389/467 Fb.

🏨 **Savoy**, Oststr. 128 (D 1), 𝒫 36 03 36, Telex 8584215, Fax 356642, Massage, 🖚, 🔲 − 🛗 🔲 Rest 📺 ⇦ 📞 − 🔬 25/100. 🖭 ⓪ 🗲 𝘃𝘐𝘚𝘈   CX w
M a la carte 51/74 − **130 Z : 180 B** 185/260 - 265/362 Fb.

🏨 **Majestic - Restaurant La Grappa**, Cantadorstr. 4 (D 1), 𝒫 36 70 30 (Hotel) 35 72 92 (Rest.), Telex 8584649, Fax 3670399, 🍽 − 🛗 🔲 📺 👌 − 🔬 40. 🖭 ⓪ 🗲 𝘃𝘐𝘚𝘈 22. Dez.- 1. Jan. geschl. − **M** (Italienische Küche) (außerhalb der Messezeiten Sonn- und Feiertage geschl.) a la carte 58/82 − **52 Z : 88 B** 170/260 - 230/410 Fb.   DVX b

🏨 **Uebachs**, Leopoldstr. 5 (D 1), 𝒫 36 05 66, Telex 8587620, Fax 358064 − 🛗 📺 ☎ ⇦ − 🔬 30. 🖭 ⓪ 🗲 𝘃𝘐𝘚𝘈. ⚑ Rest   DX e
M (außerhalb der Messezeiten Sonntag geschl.) a la carte 45/73 − **82 Z : 110 B** 147/219 - 200/310 Fb.

🏨 **Graf Adolf** ⑤, Stresemannplatz 1 (D 1), 𝒫 3 55 40, Telex 8587844, Fax 354120, 🖚 − 🛗 📺 ☎ ⇦ − 🔬 25/120. 🖭 ⓪ 🗲 𝘃𝘐𝘚𝘈. ⚑ Rest   CX e
Restaurants : **Orangerie** − **Le Bistro** − **151 Z : 250 B** 175/295 - 240/375 Fb − 9 Appart. 350/450.

🏨 **Esplanade**, Fürstenplatz 17 (D 1), 𝒫 37 50 10, Telex 8582970, Fax 374032, 🖚, 🔲 − 🛗 📺 ☎ ⇦ − 🔬 25/60. 🖭 ⓪ 🗲 𝘃𝘐𝘚𝘈   CY s
M a la carte 41/65 − **80 Z : 110 B** 145/280 - 186/398 Fb.

🏨 **Grand Hotel** garni, Varnhagenstr. 37 (D 1), 𝒫 31 08 00, Telex 8584072, Fax 316667, 🖚 − 🛗 ⇖ 📺 ☎ 👌 − 🔬 30 − **70 Z : 120 B** Fb.   Z a

🏨 **Madison I** garni, Graf-Adolf-Str. 94 (D 1), 𝒫 1 68 50, Fax 1685328, 𝐼b, 🖚, 🔲 − 🛗 📺 ⇦ − 🔬 25/100. 🖭 ⓪ 🗲 𝘃𝘐𝘚𝘈   DX n
95 Z : 169 B 145/160 - 190/260 Fb.

🏨 **Madison II** garni, Graf-Adolf-Str. 47 (D 1), 𝒫 37 02 96, Fax 1685328 − 🛗 📺 ☎ ⇦. 🖭 ⓪ 🗲 𝘃𝘐𝘚𝘈   CY x
15. Juli - 14. Aug. geschl. − **24 Z : 48 B** 130/200 - 170/230 Fb.

🏨 **Hotel An der Kö** garni, Talstr. 9 (D 1), 𝒫 37 10 48, Fax 370835 − 🛗 ☎ 📞 🖭 ⓪ 🗲 𝘃𝘐𝘚𝘈 **40 Z : 60 B** 148/230 - 180/320 Fb.   CY u

🏨 **Monopol** garni, Oststr. 135 (D 1), 𝒫 8 42 08, Telex 8587770, Fax 328843 − 🛗 ⇖ 📺 ☎. 🖭 ⓪ 🗲 𝘃𝘐𝘚𝘈   CX b
50 Z : 66 B 195/220 - 270 Fb.

🏠 **Astoria** garni, Jahnstr. 72 (D 1), ☎ 38 20 88, Telex 8581834, Fax 372089 – 🛗 📺 ☎ Ⓟ 🖭
Ⓞ 🖪 *VISA*. ※
20. Dez.- 4. Jan. geschl. – **25 Z : 40 B** 115/220 - 165/280 Fb – 3 Appart. 310.
CY **b**

🏠 **Concorde** garni, Graf-Adolf-Str. 60 (D 1), ☎ 36 98 25, Telex 8588008, Fax 354606 – 🛗 📺
☎. 🖭 Ⓞ 🖪 *VISA*
75 Z : 140 B 130/250 - 220/305 Fb.
CY **f**

🏠 **Central** garni, Luisenstr. 42 (D 1), ☎ 37 90 01, Telex 8582145, Fax 379094 – 🛗 📺 ☎. 🖭 Ⓞ
🖪 *VISA* – *20. Dez.- 1. Jan. geschl.* – **75 Z : 116 B** 170/285 - 240/450 Fb.
CY **v**

🏠 **Terminus** garni, Am Wehrhahn 81 (D 1), ☎ 35 05 91, Telex 8586576, Fax 358350, ⇌, 🖪 –
🛗 📺 ☎ – **44 Z : 66 B** Fb.
DV **a**

🏠 **Ambassador** garni, Harkortstr. 7 (D 1), ☎ 37 00 03, Telex 8586286, Fax 376702 – 🛗 📺 ☎
Ⓟ 🖭 Ⓞ 🖪 *VISA*
68 Z : 120 B 102/155 - 147/200 Fb.
CY **a**

🏠 **Eden** garni, Adersstr. 29 (D 1), ☎ 3 89 70, Telex 8582530, Fax 3897777 – 🛗 ⇌ 📺 ☎ ⟵
🍴 25/100. 🖭 Ⓞ 🖪 *VISA*
130 Z : 200 B 189/281 - 249/376 Fb.
CY **m**

🏠 **Bellevue** garni, Luisenstr. 98 (D 1), ☎ 37 70 71, Fax 377076 – 🛗 📺 ☎ ⟵. 🖭 Ⓞ 🖪 *VISA*
20. Dez.- 5. Jan. geschl. – **52 Z : 65 B** 150/205 - 195/265 Fb.
CY **z**

Fortsetzung →

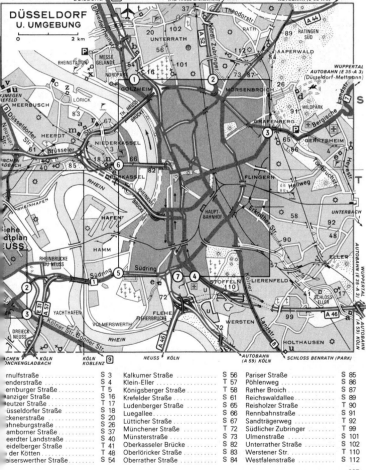

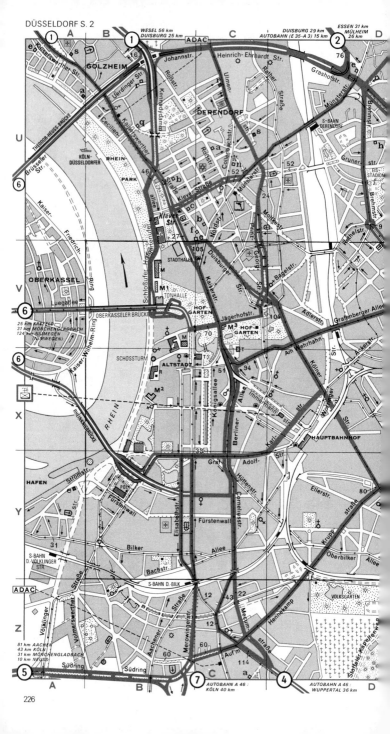

WESEL 56 km
DUISBURG 25 km
ADAC

DUISBURG 29 km   ESSEN 31 km
AUTOBAHN (E 35-A 3) 15 km   MÜLHEIM 26 km

76

GOLZHEIM

Johannstr.

Heinrich- Ehrhardt- Str.

Grashofstr.

Kaiserswerther Str.

Uerdinger Str.

Rotstr.

Kennedydamm

Ulmenstr.

Rather Straße

Münsterstr.

Brehmstr.

Cecilien-

DERENDORF

S-Bahn
DERENDORF

U

KÖLN-
DÜSSELDORFER

RHEIN

PARK

Rotstr.

Collenbachstr.

Münsterstr.

Gruner-
str.

EIS-
STADION

Brehmstr.

Brüsseler Str.

Theodor-Heuss-Brücke

46

Kleve-
str.

Klever Straße

52

52

2

Moltkestr.

6

OBERKASSEL

Kaiser-

Friedrich-

Ring

Kleve
str.

27

105

Duisburger Str.

Georg-

Bagelstr.

Rethelstr.

9

STADTHALLE

Schloßufer

Holzstraße

M

M1
TONHALLE

Kaiserstr.

Luegallee

OBERKASSELER BRÜCKE

HOF-
GARTEN

Jägerhofstr.

104

Adlerstr.

Grafenberger Allee

6

25 km KREFELD
31 km MÖNCHENGLADBACH
124 km NIJMEGEN (NIMWEGEN)

Kaiser-Wilhelm-Ring

70

M3 HOF-
GARTEN

Am Wehrhahn

Kölner Str.

Ackerstr.

6

SCHLOSSTURM

ALTSTADT

T

51

94

Berliner Allee

Immermannstr.

Karl-

Worringer Str.

HAUPTBAHNHOF

X

RHEIN

RHEINKNIEBRÜCKE

M2

Königsallee

383

Graf-

Adolf-

Hüttenstr.

Cornelius-str.

Ellerstr.

80

HAFEN

Stromstr.

POST

Fürstenwall

Straße

Berliner Allee

Krupp
straße

Oberbilker Allee

Y

31

Elisabethstr.

Bilker

Bachstr.

Allee

Fürstenwall

Ellisabethstr.

S-BAHN
D. VOLKLINGER
STR.

S-BAHN D. BILK

VOLKSGARTEN

ADAC

12

43 22

Volklinger Straße

Volmerswerther Straße

Aachener Straße

Straße

Merowingerstr.

12

Metm

Hennekamp

81 km AACHEN
43 km KÖLN
31 km MÖNCHENGLADBACH
10 km NEUSS

Südring

Südring

60

60

Auf'm

114

str.

Stoffeler-Kapellenweg

5

A

B

7

C

4

D

AUTOBAHN A 46 :
KÖLN 40 km

AUTOBAHN A 46 :
WUPPERTAL 36 km

DÜSSELDORF

Benutzen Sie im Stadtverkehr die

Pläne des Roten Michelin-Führers :

Durchfahrts- und Umgehungsstraßen,

wichtige Kreuzungen und Plätze,

neu angelegte Straßen,

Einbahnstraßen

Parkplätze,

Fußgängerzonen...

Eine Fülle nützlicher

Informationen, die jährlich auf den

neuesten Stand gebracht werden.

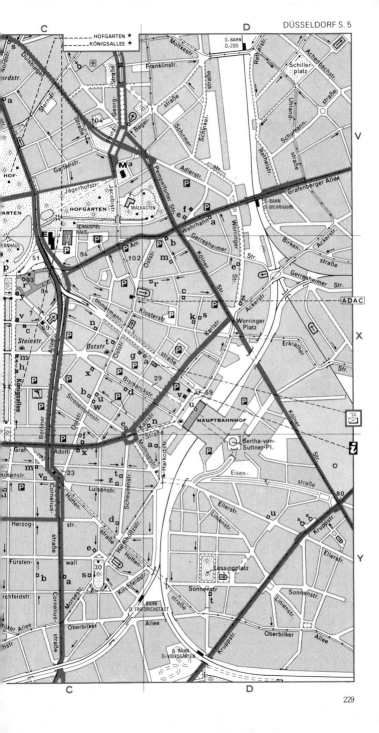

🏨 **Lindenhof** garni, Oststr. 124 (D 1), ℰ 36 09 63, Telex 8587012, Fax 162767 — 📶 📺 ☎.
⓪ 🇪 𝚅𝙸𝚂𝙰   CX
Juli - Aug. 3 Wochen und 24. Dez.- 2. Jan. geschl. — **43 Z : 70 B** 120/195 - 160/230.

🏨 **Fürstenhof** garni, Fürstenplatz 3 (D 1), ℰ 37 05 45, Telex 8586540, Fax 379062, ⇌ —
📺 ☎ 📶 🅰🅴 ⓪ 🇪 𝚅𝙸𝚂𝙰   CY
43 Z : 75 B 205 - 280 Fb.

🏨 **Cristallo** garni, Schadowplatz 7 (D 1), ℰ 8 45 25, Telex 8582119 — 📶 📺 ☎. 🅰🅴 ⓪ 🇪 𝚅𝙸
🛇   CX
24. Dez.- 1. Jan. geschl. — **35 Z : 39 B** 150 - 215.

🏨 **City** garni, Bismarckstr. 73 (D 1), ℰ 36 50 23, Telex 8587362, Fax 365343 — 📶 📺 ☎. 🅰🅴
🇪 𝚅𝙸𝚂𝙰   CX
23. Dez.- 2. Jan. geschl. — **54 Z : 101 B** 120/180 - 170/260.

🏨 Börsenhotel garni, Kreuzstr. 19a (D 1), ℰ 36 30 71, Telex 8587323, Fax 365338 — 📶 📺 📶
🛀 80 — **76 Z : 102 B** Fb.   CX

🏠 **Cornelius**, Corneliusstr. 82 (D 1), ℰ 38 20 55 (Hotel) 37 64 74 (Rest.), Telex 8587385, F
382050, ⇌ — 📶 📺 ☎ 🅿 ⓪ 🇪 𝚅𝙸𝚂𝙰   CY
20. Dez.- 7. Jan. geschl. — **M** *(Samstag geschl.)* a la carte 32/52 — **48 Z : 70 B** 130/18
180/230 Fb.

🏠 **Prinz Anton** garni, Karl-Anton-Str. 11 (D 1), ℰ 35 20 00, Telex 8588925, Fax 362010 —
📺 ☎ ⇌. 🅰🅴 ⓪ 🇪 𝚅𝙸𝚂𝙰   DX
23. Dez.- 2. Jan. geschl. — **42 Z : 66 B** 95/250 - 145/350 Fb.

🏠 **Residenz** garni, Worringer Str. 88 (D 1), ℰ 36 08 54, Telex 8587897, Fax 364676 — 📶 📺 📶
🅰🅴 ⓪ 🇪 𝚅𝙸𝚂𝙰   DX
34 Z : 65 B 120/250 - 160/295 Fb.

🏠 **Schumacher** garni, Worringer Str. 55 (D 1), ℰ 36 78 50, Telex 8586610, Fax 3678570, ⇌
📶 📺 ☎ ⇌. 🅰🅴 ⓪ 🇪   DX
30 Z : 53 B 120/280 - 160/350 Fb.

🏠 **Intercity-Hotel Ibis** garni, Konrad-Adenauer-Platz 14 (D 1), ℰ 1 67 20, Telex 85889
Fax 1672101 — 📶 📺 ☎ 🛉. 🛀 35. 🅰🅴 ⓪ 🇪 𝚅𝙸𝚂𝙰   DX
166 Z : 255 B 139/169 - 183 Fb.

🏠 **Beyer** garni, Scheurenstr. 57 (D 1), ℰ 37 09 91, Fax 370993 — 📶 📺 ☎. 🅰🅴 ⓪ 🇪 𝚅𝙸𝚂𝙰 CY
19 Z : 36 B 95/145 - 150/200.

🏠 **Lancaster** garni, Oststr. 166 (D 1), ℰ 35 10 66, Fax 162884 — 📶 📺 ☎. 🅰🅴 ⓪ 🇪 𝚅𝙸𝚂𝙰. 🛇
38 Z : 60 B 135/175 - 175/195 Fb.   CXY

🏠 **An der Oper** garni, Heinrich-Heine-Allee 15 (D 1), ℰ 8 06 21, Telex 8581970 — 📶 📺 ☎. 📶
⓪ 🇪 𝚅𝙸𝚂𝙰   BX
48 Z : 70 B 99/222 - 174/274 Fb.

🏠 Minerva garni, Cantadorstr. 13a (D 1), ℰ 35 09 61, Fax 356398 — 📶 📺 ☎   DX
15 Z : 25 B Fb.

🏠 **Astor** garni, Kurfürstenstr. 23 (D 1), ℰ 36 06 61, Telex 8586201, Fax 162597, ⇌ — 📺 ☎. 📶
🇪 𝚅𝙸𝚂𝙰   DX
22. Dez.- 5. Jan. geschl. — **16 Z : 25 B** 85/145 - 110/185.

🏠 **Großer Kurfürst** garni, Kurfürstenstr. 18 (D 1), ℰ 35 76 47, Telex 8586201, Fax 162597
📶 📺 ☎. 🅰🅴 🇪 𝚅𝙸𝚂𝙰   DX
22. Dez.- 5. Jan. geschl. — **22 Z : 38 B** 85/145 - 110/185.

🏠 **Wurms** garni, Scheurenstr. 23 (D 1), ℰ 37 50 01, Telex 8584290, Fax 375003 — 📶 📺 ☎. 📶
⓪ 🇪 𝚅𝙸𝚂𝙰   CY
Weihnachten - Neujahr geschl. — **28 Z : 41 B** 95/130 - 130/180.

🏠 Stuttgarter Hof garni, Bismarckstr. 39 (D 1), ℰ 32 90 63 — 📶 📺 ☎ — **37 Z : 48 B** Fb. CX

🏠 **Wieland** garni, Wielandstr. 8 (D 1), ℰ 35 01 71, Telex 8588923, Fax 353330 — 📶 📺 ☎. 📶
⓪ 🇪 𝚅𝙸𝚂𝙰. 🛇   DV
26 Z : 54 B 100/250 - 150/320.

🏠 **Weidenhof** garni, Oststr. 87 (Ecke Marienstraße) (D 1), ℰ 32 54 54, Telex 8586271, F
133852 — 📶 📺 ☎ 🅰🅴 ⓪ 🇪 𝚅𝙸𝚂𝙰 🛇   CX
30 Z : 45 B 150/180 - 195/230 Fb.

🍴🍴🍴 ❀ **Victorian**, Königstr. 3a (1. Etage) (D 1), ℰ 32 02 22, Fax 131013 — 🍽. 🅰🅴 ⓪ 🇪 𝚅𝙸𝚂𝙰. 🛇
Sonn- und Feiertage geschl. — **M** *(Tischbestellung erforderlich)* 55 (mittags) und a la car
65/95 — **Lounge** *(Mitte Juli - Aug. Sonn- und Feiertage geschl.)* **M** a la carte 35/74   CX
Spez. Entenleber mit grünem Pfeffer, Seehecht im Zitronensud pochiert, Kalbsniere in Rotwein
Schalottenbutter.

🍴🍴🍴 **La Scala** (Italienische Küche), Königsallee 14 (1. Etage, 📶) (D 1), ℰ 32 68 32 — 🅰🅴 ⓪
𝚅𝙸𝚂𝙰   CX
über Weihnachten und Ostern je 1 Woche geschl., Sonntag nur Abendessen, außerhalb o
Messezeiten Sonntag geschl. — **M** a la carte 55/84.

🍴🍴 **La Terrazza** (Italienische Küche), Königsallee 30 (Kö-Center, 2. Etage, 📶) (D 1), ℰ 32 75 4
Fax 320975 — 🅰🅴 ⓪ 🇪 𝚅𝙸𝚂𝙰   CX
außerhalb der Messezeiten Samstag sowie Sonn- und Feiertage geschl. —
(Tischbestellung ratsam) a la carte 61/93.

🍴🍴 Mövenpick - Café des Artistes, Königsallee 60 (Kö-Galerie) (D 1), ℰ 32 03 14, Fax 328058
🍽   CX

XX **Tse-Yang** (Chinesisches Restaurant), Immermannstr. 65 (Immermannhof) (D 1), ✆ 36 90 20 – AE ⓓ E VISA DX v
M a la carte 39/76.

XX **Weinhaus Tante Anna** (ehemalige Hauskapelle a. d. J. 1593), Andreasstr. 2 (D 1), ✆ 13 11 63, Fax 132974, « Antike Bilder und Möbel » – AE ⓓ E VISA. ✻ BX c
nur Abendessen, außerhalb der Messezeiten Sonntag geschl. – **M** (Tischbestellung ratsam) a la carte 48/80.

XX **Daitokai** (Japanisches Restaurant), Mutter-Ey-Str. 1 (D 1), ✆ 32 50 54, Fax 325056 – ▤. AE ⓓ E VISA. ✻ BX z
außerhalb der Messezeiten Sonntag geschl. – **M** (Tischbestellung ratsam) a la carte 48/74.

XX **Nippon Kan** (Japanisches Restaurant), Immermannstr. 35 (D 1), ✆ 35 31 35, Fax 3613625 – AE ⓓ E VISA. ✻ CX g
M (Tischbestellung ratsam) a la carte 34/76.

X China-Sichuan-Restaurant, Graf-Adolf-Platz 7 (1. Etage) (D 1), ✆ 37 96 41 BY s
(Tischbestellung ratsam).

Brauerei-Gaststätten :

X **Zum Schiffchen**, Hafenstr. 5 (D 1), ✆ 13 24 22, Fax 134596 – AE ⓓ E VISA BX f
Weihnachten - Neujahr, sowie Sonn- und Feiertage geschl. – **M** a la carte 31/58.

X Frankenheim, Wielandstr. 14 (D 1), ✆ 35 14 47, Biergarten DV f

X **Im Goldenen Ring**, Burgplatz 21 (D 1), ✆ 13 31 61, Fax 324780, Biergarten BX n
M a la carte 23/49.

X **Benrather Hof**, Steinstr. 1 (D 1), ✆ 32 52 18, Fax 132957, 🏕 CX m
M a la carte 24/50.

X Im Goldenen Kessel, Bolker Str. 44 (D 1), ✆ 32 60 07 BX d

In Düsseldorf 31-Angermund ① : 15 km über die B 8 :

Haus Litzbrück, Bahnhofstr. 33, ✆ (0203) 7 44 81, Fax 74485, « Gartenterrasse », ≘s, 🏊, 🐎 – TV ☎ 🚗 Ⓟ – 🏛 25/50. AE ⓓ E VISA. ✻
M a la carte 50/72 – **23 Z : 38 B** 145/195 - 185/350.

In Düsseldorf 13-Benrath über Kölner Landstr. T :

Rheinterrasse, Benrather Schloßufer 39, ✆ 71 10 70, Telex 8582459, Fax 7110770, « Terrasse mit ≤ » – TV ☎ Ⓟ – 🏛 25. AE ⓓ E VISA
M a la carte 52/73 – **42 Z : 90 B** 110/195 - 195/245 Fb.

Waldesruh, Am Wald 6, ✆ 71 60 08, Fax 712845 – ☎. ⓓ E VISA
M *(nur Abendessen)* a la carte 24/50 – **35 Z : 42 B** 75/95 - 120/140.

XX **Lignano** (Italienische Küche), Hildener Str. 43, ✆ 71 19 36 – AE ⓓ E VISA. ✻
Samstag bis 18 Uhr, Sonntag und Juli - Aug. 3 Wochen geschl. – **M** a la carte 55/78.

XX **Pigage** (Italienische Küche), Benrather Schloßallee 28, ✆ 71 40 66 – ⓓ E VISA
außerhalb der Messezeiten Samstag bis 18 Uhr und Sonntag geschl. – **M** a la carte 46/75.

In Düsseldorf 1-Bilk Stadtplan Düsseldorf S. 1 :

Aida garni, Ubierstr. 36, ✆ 1 59 90, Fax 1599103, ≘s – 🛗 TV ☎ ♿ Ⓟ – 🏛 25/50. AE ⓓ E VISA. ✻ – **93 Z : 137 B** 135/245 - 195/275 Fb. T e

In Düsseldorf 30-Derendorf Stadtplan Düsseldorf S. 2 und 5 :

Rhein Residence, Kaiserswerther Str. 20, ✆ 4 99 90, Fax 4999499, Massage, ≘s – 🛗 TV – 🏛 30. AE ⓓ E VISA. ✻ Rest BCU f
M a la carte 40/52 – **126 Z : 174 B** 228/293 - 301/361 Fb.

Saga Excelsior garni, Kapellstr. 1, ✆ 48 60 06, Telex 8584737, Fax 490242 – 🛗 TV. AE ⓓ E VISA. ✻ CV a
65 Z : 90 B 155/198 - 255/298.

Michelangelo garni, Roßstr. 61, ✆ 48 01 01, Telex 8588649, Fax 467742 – 🛗 TV ☎ 🚗. AE ⓓ E VISA CU a
21. Dez.- 1. Jan. geschl. – **70 Z : 133 B** 130/240 - 160/260 Fb.

Consul garni, Kaiserswerther Str. 59, ✆ 49 20 78, Telex 8584624, Fax 4982577 – 🛗 TV ☎ 🚗. AE ⓓ E VISA BU c
29 Z : 65 B 127/170 - 162/220 Fb.

Gildors Hotel garni (mit Gästehaus), Collenbachstr. 51, ✆ 48 80 05, Telex 8584418, Fax 446329 – 🛗 TV ☎ 🚗. AE ⓓ E VISA CU n
Weihnachten - Neujahr geschl. – **50 Z : 81 B** 145/200 - 195/265.

Doria garni, Duisburger Str. 1a, ✆ 49 91 92, Fax 4910402 – 🛗 TV ☎. AE E VISA CV s
23. Dez.- 2. Jan. geschl. – **40 Z : 59 B** 95/165 - 140/240 Fb.

Imperial garni, Venloer Str.9, ✆ 48 30 08/4 92 19 08, Telex 8587187 – 🛗 TV ☎ 🚗. AE ⓓ E VISA – *21. Dez.- 2. Jan. geschl.* – **39 Z : 56 B** 94/169 - 129/199 Fb. BCU e

National garni, Schwerinstr. 16, ✆ 49 90 62, Telex 8586597, Fax 494590, ≘s – 🛗 TV ☎ 🚗. AE ⓓ E VISA CU b
22. Dez.- 2. Jan. geschl. – **32 Z : 64 B** 115/185 - 160/240 Fb.

XX Amalfi (Italienische Küche), Ulmenstr. 122, ✆ 43 38 09 CU r

XX **Gatto Verde** (Italienische Küche), Rheinbabenstr. 5, ✆ 46 18 17, 🏕 – AE ⓓ E VISA
Samstag bis 18 Uhr, Sonntag - Montag und 6.- 31. Aug. geschl. – **M** a la carte 47/71. CU s

In Düsseldorf 1-Düsseltal Stadtplan Düsseldorf : S. 2 :

🏨 **Haus am Zoo** 🦫 garni, Sybelstr. 21, ℰ 62 63 33, Fax 626536, « Garten », 🛏, ⛉ (geheiz
🖼 – 🛗 📺 ☎ 🚗. 🎿
22 Z : 37 B Fb.   DU

In Düsseldorf 13-Eller Stadtplan Düsseldorf : S. 1 :

🏨 **Novotel Düsseldorf Süd**, Am Schönenkamp 9, ℰ 74 10 92, Telex 8584374, Fax 74551
🏦, ⛉ (geheizt), 🖼 – 🛗 ▤ 📺 ☎ 🕭 🅿 – 🛎 25/300. 🅰🅴 ① 🄴 🆅🅸🆂🅰. T
M a la carte 33/63 – **120 Z : 240 B** 163/180 - 198 Fb.

In Düsseldorf 1-Flingern Stadtplan Düsseldorf : S. 3 :

🏨 **Im Tönnchen** garni, Wetterstr. 4, ℰ 68 44 04, Fax 669179 – 🛗 📺 ☎. 🅰🅴 ① 🄴 🆅🅸🆂🅰 EX
20 Z : 40 B 100/125 - 160/180 Fb.

In Düsseldorf 12-Gerresheim Stadtplan Düsseldorf : S. 1 :

🏨 **Gerricus** garni, Schönaustr. 15, ℰ 28 20 21, Fax 283189 – 🛗 📺 ☎ 🚗. 🅰🅴 ① 🄴 🆅🅸🆂🅰
27 Z : 43 B 135/230 - 180/255 Fb.   S

In Düsseldorf 30-Golzheim Stadtplan Düsseldorf : S. 2 :

🏨 **Inter-Continental**, Karl-Arnold-Platz 5, ℰ 4 55 30, Telex 8584601, Fax 4553110, Massag
🛏, ⛉ – 🛗 ▤ 📺 🕭 🚗 🅿 – 🛎 25/400. 🅰🅴 ① 🄴 🆅🅸🆂🅰. 🎿 Rest BU
Restaurants : **Les Continents** *(Samstag bis 18 Uhr, Sonntag und Juli - Aug. 4 Woch
geschl.)* **M** a la carte 82/108 – **Café de la Paix M** a la carte 45/80 – **310 Z : 520 B** 274/47
352/582 Fb – 20 Appart. 857/1332.

🏨 **Düsseldorf Hilton**, Georg-Glock-Str. 20, ℰ 4 37 70, Telex 8584376, Fax 4377650, 🏦, ｜
🛏, ⛉, 🖼 – 🛗 ⥸ Zim ▤ 📺 🕭 🅿 – 🛎 25/1500. 🅰🅴 ① 🄴 🆅🅸🆂🅰. 🎿 Rest BU
Restaurants : **San Francisco** *(nur Abendessen, Montag und Juli geschl.)* **M** a la carte 67/
– **Hofgarten M** 32 (mittags Buffet) und a la carte 44/68 – **376 Z : 556 B** 277/532 - 353/558
– 9 Appart. 853/1753.

🏨 **Golzheimer Krug** 🦫, Karl-Kleppe-Str. 20, ℰ 43 44 53, Telex 8588919, Fax 453299, 🏦
📺 ☎ 🅿 – 🛎 25/80. 🅰🅴 ① 🄴 🆅🅸🆂🅰. 🎿 Rest AU
M *(Montag geschl.)* a la carte 37/72 – **32 Z : 60 B** 145/250 - 185/450 Fb.

🏨 **Rheinpark** garni, Bankstr. 13, ℰ 49 91 86 – 🚗 🅿. 🎿 BU
30 Z : 40 B 60/115 - 98/130 Fb.

🍴🍴 **Fischer-Stuben Mulfinger**, Rotterdamer Str. 15, ℰ 43 26 12, « Gartenterrasse » – 🅰🅴
Samstag geschl. – **M** (Tischbestellung ratsam) a la carte 47/77. ABU

🍴🍴 **Rosati** (Italienische Küche), Felix-Klein-Str. 1, ℰ 4 36 05 03, Fax 452963, 🏦 – 🅿. 🅰🅴 ｜
🄴 🆅🅸🆂🅰 AU
Samstag bis 18 Uhr und Sonntag geschl. – **M** (Tischbestellung ratsam) a la carte 57/79
Rosati due M a la carte 30/49.

In Düsseldorf 12-Grafenberg Stadtplan Düsseldorf S. 1 und 3 :

🏨 **Rolandsburg** 🦫, Rennbahnstr. 2, ℰ 61 00 90, Fax 6100943, 🏦, « Modernes Hote
elegante Einrichtung », 🛏, ⛉ – 🛗 📺 🅿 – 🛎 25/50. 🅰🅴 ① 🄴 🆅🅸🆂🅰 S
M a la carte 69/90 – **59 Z : 80 B** 210/290 - 350/490 Fb.

In Düsseldorf 13-Holthausen Stadtplan Düsseldorf : S. 1 :

🏨 **Schumann** garni, Bonner Str. 15, ℰ 79 11 16, Telex 8588726, Fax 792439 – 🛗 📺 ☎. 🅰🅴 ｜
🄴 🆅🅸🆂🅰 über Kölner Landstr. T
38 Z : 67 B 115/210 - 185/225 Fb.

🏨 **Dase** garni, Bonner Str. 7 (Eingang Am Langen Weiher), ℰ 79 90 71, Fax 7900088 – 🛗 ｜
☎ 🚗. 🅰🅴 ① 🄴 🆅🅸🆂🅰. 🎿 T
22. Dez.- 2. Jan. geschl. – **50 Z : 54 B** 100/150 - 150/190 Fb.

In Düsseldorf 31-Kaiserswerth über ① und die B 8 :

🏨 **Barbarossa** garni, Niederrheinstr. 365 (B 8), ℰ 40 27 19, Fax 400801 – 🛗 ☎ 🅿. 🅰🅴 ①
🆅🅸🆂🅰
33 Z : 39 B 85/125 - 125/165.

🏨 **Haus Rittendorf** garni, Friedrich-von-Spee-Str. 44, ℰ 40 40 41 – ☎ 🅿
10 Z : 20 B 78/90 - 120/150.

🍴🍴🍴🍴 ✸✸✸ **Im Schiffchen** (Französische Küche), Kaiserswerther Markt 9 (1. Etage), ℰ 40 10 5
Fax 403667 – 🅰🅴 ① 🄴 🆅🅸🆂🅰. 🎿
Sonntag - Montag und Feiertage geschl. – **M** *(Tischbestellung erforderlich)* (siehe au
Restaurant Aalschokker) 144/189 und a la carte 112/146
Spez. Gänseleber - Maultasche auf Trüffel - Coulis, Brachfeldfrüchte in leichtem Knoblauchsud, Dentelle v
weißem Ahrtal - Pfirsich (Saison).

🍴🍴 ✸ **Aalschokker** (Deutsche Küche), Kaiserswerther Markt 9 (Erdgeschoß), ℰ 40 39 48, Fa
403667 – 🅰🅴 ① 🄴 🆅🅸🆂🅰
Sonntag - Montag und Feiertage geschl. – **M** (Tischbestellung ratsam) 125 und a la car
61/88
Spez. Maultaschen in Steinpilzbutter, Himmel und Erde mit Gänseleber, Zimtauflauf mit Dörrpflaumen.

In Düsseldorf 31-Kalkum ① : 10 km über die B 8 :

X **Landgasthof zum Schwarzbach**, Edmund-Bertrams-Str. 43, ℰ 40 43 08, Biergarten —
℗
Dienstag - Freitag nur Abendessen, 1.- 24. Jan. und Montag geschl. — **M** (Tischbestellung ratsam) a la carte 40/84.

In Düsseldorf 11-Lörick Stadtplan Düsseldorf : S. 1 :

🏨 **Fischerhaus** ⬙, Bonifatiusstr. 35, ℰ 59 20 07, Telex 8584449 — 📺 ☎ ℗ AE ⓞ E ☒
M : siehe Restaurant Hummerstübchen — **30 Z : 55 B** 119/199 - 159/248 Fb.   S z

XX ⊛ **Hummerstübchen**, Bonifatiusstr. 35 (im Hotel Fischerhaus), ℰ 59 44 02 — ℗ AE ⓞ E
☒   S z
Sonntag - Montag und Juli - Aug. 3 Wochen geschl. — **M** (Tischbestellung ratsam) a la carte 80/101
Spez. Gratin von Hummer auf Nudeln, Seeteufel mit Knoblauch in Beerenauslese, Lammrücken in der Rosmarinschwarte.

In Düsseldorf 30-Lohausen Stadtplan Düsseldorf : S. 1 :

🏨 **Arabella Airport Hotel** ⬙, am Flughafen, ℰ 4 17 30, Telex 8584612, Fax 4173707 — 🛗
⇔ Zim 🍽 📺 ⬥ — 🔬 25/190. AE ⓞ E ☒   S t
M 32 (mittags) und a la carte 41/63 — **200 Z : 400 B** 161/185 - 202/384 Fb.

In Düsseldorf 30-Mörsenbroich Stadtplan Düsseldorf : S. 2-3 :

🏨 **Ramada-Renaissance-Hotel**, Nördlicher Zubringer 6, ℰ 6 21 60, Telex 172114001, Fax 6216666, 🏋, ⌨, 🖰 — 🛗 ⇔ Zim 📺 ⬥ ⇦ — 🔬 25/400. AE ⓞ E ☒ ⁄ Rest   DU e
M a la carte 62/83 — **245 Z : 490 B** 321/406 - 412/512 Fb — 8 Appart. 802/1402.

🏠 **Merkur** garni, Mörsenbroicher Weg 49, ℰ 63 40 31, Fax 622525 — ☎ ℗ AE ⓞ E ☒
23.- 31. Dez. geschl. — **28 Z : 46 B** 95/130 - 150/290 Fb.   EU a

In Düsseldorf 1-Oberbilk Stadtplan Düsseldorf : S. 5 :

🏨 **Lessing** garni, Volksgartenstr. 6, ℰ 72 30 53, Telex 8587219, Fax 723050, ⌨ — 🛗 ⇔ 📺
☎ ⇦ AE ⓞ E ☒   DY t
30 Z : 60 B 150/230 - 195/295 Fb.

🏠 **Berliner Hof** garni, Ellerstr. 110, ℰ 78 47 44, Fax 786420 — 🛗 📺 ☎ ⇦ AE ⓞ E ☒
21 Z : 30 B 109/124 - 140/175.   DY u

In Düsseldorf 11-Oberkassel Stadtplan Düsseldorf : S. 1 :

🏨 **Ramada**, Am Seestern 16, ℰ 59 10 47, Telex 8585575, Fax 593569, ⌨, 🖰 — 🛗 ⇔ Zim 🍽
📺 ℗ — 🔬 25/200. AE ⓞ E ☒ ⁄ Rest   S a
M a la carte 49/80 — **222 Z : 390 B** 215/384 - 290/470 Fb — 6 Appart. 800/1300.

🏠 **Hanseat** garni, Belsenstr. 6, ℰ 57 50 69, Telex 8581997, Fax 589662, « Geschmackvolle
Einrichtung » — 📺 ℗ AE ⓞ E ☒   S n
39 Z : 50 B 150/220 - 200/280 Fb.

🏠 **Arosa** garni, Sonderburgstr. 48, ℰ 55 40 11, Telex 8582242 — 🛗 📺 ☎ ⇦ ℗   ST e
32 Z : 44 B.

XXX **De' Medici** (Italienische Küche), Amboßstr. 3, ℰ 59 41 51 — AE ⓞ E ☒   S m
außerhalb der Messezeiten Samstag bis 18 Uhr sowie Sonn- und Feiertage geschl. — **M**
(abends Tischbestellung erforderlich) a la carte 47/72.

XX **Edo** (Japanische Restaurants : Teppan, Robata und Tatami), Am Seestern 3, ℰ 59 10 82,
Fax 591394, « Japanische Gartenanlage » — ℗. AE ⓞ E ☒. ⁄   S r
Samstag nur Abendessen, außerhalb der Messezeiten Sonntag geschl. — **M** a la carte 50/90.

In Düsseldorf 30-Stockum Stadtplan Düsseldorf : S. 1 :

🏠 **Fashion Hotel**, Am Hain 44, ℰ 43 41 82, Telex 8584452, Fax 434189 — 📺 ☎ ℗   S b
29 Z : 43 B Fb.

🏠 **Schnellenburg**, Rotterdamer Str. 120, ℰ 43 41 33 (Hotel) 4 38 04 38 (Rest.), Telex 8581828,
Fax 452283, ← — 📺 ☎ ℗ — 🔬 25/50. AE ⓞ E ☒   S x
M a la carte 39/71 — **50 Z : 85 B** 140/220 - 180/420 Fb.

In Düsseldorf 12-Unterbach SO : 11 km über Rothenbergstr. T :

🏠 **Landhotel Am Zault**, Gerresheimer Landstr. 40, ℰ 25 10 81, Telex 8581872, Fax 254718 —
📺 ☎ ℗ — 🔬 40. AE ⓞ E ☒
M *(Samstag bis 18 Uhr geschl.)* 29/55 (mittags) und a la carte 50/85 — **44 Z : 72 B** 145/170 -
190/240 Fb.

In Düsseldorf 1-Unterbilk Stadtplan Düsseldorf : S. 2 :

XXX **Savini**, Stromstr. 47, ℰ 39 39 31, Fax 391719 — AE ⓞ E ☒   AY e
außerhalb der Messezeiten Sonntag geschl. — **M** (Tischbestellung ratsam) a la carte 65/90.

XX **Rheinturm Top 180** (rotierendes Restaurant in 172 m Höhe), Stromstr. 20, ℰ 84 85 80,
Fax 325619, ⁂ Düsseldorf und Rhein, (🛗 Gebühr DM 4,50) — 🍽 — 🔬 60. AE ⓞ E
☒. ⁄   Stadtplan Düsseldorf : S. 4   BY a
M a la carte 46/70.

233

In Düsseldorf 31-Wittlaer ① : 12 km über die B 8 :

XX **Brand's Jupp**, Kalkstr. 49, *📞* 40 40 49, « Gartenterrasse » – 🆊 ⓪ 🄴 𝘝𝘐𝘚𝘈
  außer an Feiertagen Montag - Dienstag 18 Uhr geschl. – **M** a la carte 41/66.

In Meerbusch 1-Büderich 4005 – 🕒 02105 /02132 – Stadtplan Düsseldorf : S. 1 :.

XXX **Landhaus Mönchenwerth**, Niederlöricker Str. 56 (an der Schiffsanlegestelle), *📞* 7 79 3
  Fax 71899, ≤, « Gartenterrasse » – ⓟ. 🆊 ⓪ 🄴 𝘝𝘐𝘚𝘈. 🛇   S
  Samstag geschl. – **M** a la carte 51/80.

XXX **Landsknecht** mit Zim, Poststr. 70, *📞* 59 47, Fax 10978 – 📺 ☎ ⓟ. 🆊 ⓪ 🄴 𝘝𝘐𝘚𝘈. 🛇
  M *(Sept.- Juni Samstag bis 18 Uhr, Juli - Aug. Samstag ganztägig geschl.)* 48/100 – **8 Z**
  14 B 95/195 - 160/260.   S

X **Lindenhof**, Dorfstr. 48, *📞* 26 64   S
  nur Abendessen, Montag, Juli - Aug. 3 Wochen und 23. Dez.- 4. Jan. geschl. – Mer
  (Tischbestellung erforderlich) a la carte 35/60.

In Meerbusch 3 - Langst-Kierst 4005 über ⑥ und Neußer Str. S :

🏠 **Haus Niederrhein** 🦐, Zur Rheinfähre, *📞* (02150) 28 39, ≤, 🏡 – 📺 ☎ ⓟ. 🆊 ⓪ 🄴 𝘝𝘐𝘚𝘈
  M a la carte 49/69 – **12 Z : 24 B** 125/180 - 170/210.

MICHELIN-REIFENWERKE KGaA. Niederlassung 4040 Neuß 1, Moselstr. 11 (über ⑤
📞 (02101/02131) 49061, Fax 49564.

DUISBURG 4100. Nordrhein-Westfalen 𝟵𝟴𝟳 ⑬, 𝟰𝟭𝟮 D 12 – 540 000 Ew – Höhe 31 m – 🕒 020

Siehe Ruhrgebiet (Übersichtsplan).

Sehenswert : Hafen ★ (Rundfahrt★) AZ.

🏌 Großenbaumer Allee 240 (AZ), *📞* 72 14 69.

🛈 Stadtinformation, Königstr. 53, *📞* 2 83 21 89.

ADAC, Clauberstr. 4, *📞* 2 90 33, Notruf *📞* 1 92 11.

♦Düsseldorf 29 ③ – ♦Essen 20 ① – Nijmegen 107 ①.

Stadtpläne siehe nächste Seiten.

🏨 **Steigenberger Duisburger Hof**, Neckarstr. 2, *📞* 33 10 21, Telex 855750, Fax 339847, 🏡
  ⟺ – ▐ ↤ Zim 📺 & ⓟ – 🛦 25/170. 🆊 ⓪ 🄴 𝘝𝘐𝘚𝘈. 🛇 Rest   CX
  M *(Mitte Juli - Aug. geschl.)* a la carte 45/86 – **111 Z : 133 B** 175/265 - 205/475 Fb -
  9 Appart. 550/850.

🏨 **Regent und Haus Hammerstein** garni, Dellplatz 1, *📞* 29 59 00, Telex 8551661, Fax 22288
  ⟺, ◨ – ▐ 📺 ☎ ⓪ 🄴 𝘝𝘐𝘚𝘈   BY
  61 Z : 80 B 98/149 - 120/245 Fb.

🏨 Stadt Duisburg, Düsseldorfer Str. 124, *📞* 28 70 85, Telex 855888, ⟺ – ▐ 📺 ☎ ⓟ. 🛇 Res
  (nur Abendessen) – **35 Z : 60 B** Fb.

🏨 **Novotel**, Landfermannstr. 20, *📞* 30 00 30, Telex 8551638, Fax 338689, ⟺, ◨ – ▐ ↤ Zir
  ▤ 📺 ☎ & – 🛦 25/200. 🆊 🄴 𝘝𝘐𝘚𝘈   CX v
  M a la carte 34/57 – **162 Z : 324 B** 165 - 193 Fb.

🏨 **Haus Reinhard** garni, Fuldastr. 31, *📞* 33 13 16, Fax 330175, Garten, ⟺ – 📺 ☎. 🄴. 🛇
  24. Dez.- 6. Jan. geschl. – **19 Z : 30 B** 110/160 - 160/240 Fb.   CX

🏨 **Haus Friederichs**, Neudorfer Str. 33, *📞* 35 57 37 – ▐ 📺 ☎   CY
  M *(nur Abendessen, Sonntag und 1.- 22. Aug. geschl.)* a la carte 29/47 – **34 Z : 46 B** 80/95
  140 Fb.

🏠 Intercity Hotel Ibis (im Hauptbahnhof), Mercatorstr. 15, *📞* 30 00 50, Telex 855872, Fa
  339979, 🏡 – ▐ 📺 ☎ & ⓟ – 🛦   CY
  95 Z : 143 B Fb.

XX ❀ **La Provence**, Hohe Str. 29, *📞* 2 44 53 – 🛇   CX
  Juli - Aug. 2 Wochen, 22. Dez.- 7. Jan., Samstag bis 18,30 Uhr sowie Sonn- und Feiertag
  geschl. – **M** (Tischbestellung ratsam) a la carte 71/100
  Spez. Hummersülze in Gemüsevinaigrette, Steinbutt auf Linsen, Bluttäubchen mit Waldpilzen.

XX **Rôtisserie Laterne im Klöcknerhaus**, Mülheimer Str. 38, *📞* 2 12 98, 🏡 – ▤ ⓟ -
  🛦 25/60   CX
  Samstag sowie Sonn- und Feiertage geschl. – **M** a la carte 32/65.

XX **Mercatorhalle**, König-Heinrich-Platz, *📞* 33 20 66, 🏡 – ▤ – 🛦 25/300. 🆊 ⓪ 🄴 𝘝𝘐𝘚𝘈
  M a la carte 31/67.   CX

In Duisburg 17 - Homberg :

🏨 **Ampurias**, Königstr. 24, *📞* (02136) 1 20 05, Fax 12007, ≤, 🏡, 🔸 – ▐ 📺 ☎ ⓟ. 🆊 ⓪ 🄴
  𝘝𝘐𝘚𝘈   AZ
  über Weihnachten geschl. – **M** *(Sonntag geschl.)* a la carte 40/68 – **12 Z : 24 B** 150/240
  190/284 Fb.

🏨 **Rheingarten**, Königstr. 78, *📞* (02136) 50 01, Fax 5004, ≤, 🏡 – ▐ 📺 ☎ ⓟ – 🛦 25/100
  🆊 ⓪ 🄴 𝘝𝘐𝘚𝘈   AZ
  M a la carte 43/70 – **28 Z : 56 B** 100/130 - 146/170 Fb.

DUISBURG

DUISBURG

0   300 m

236

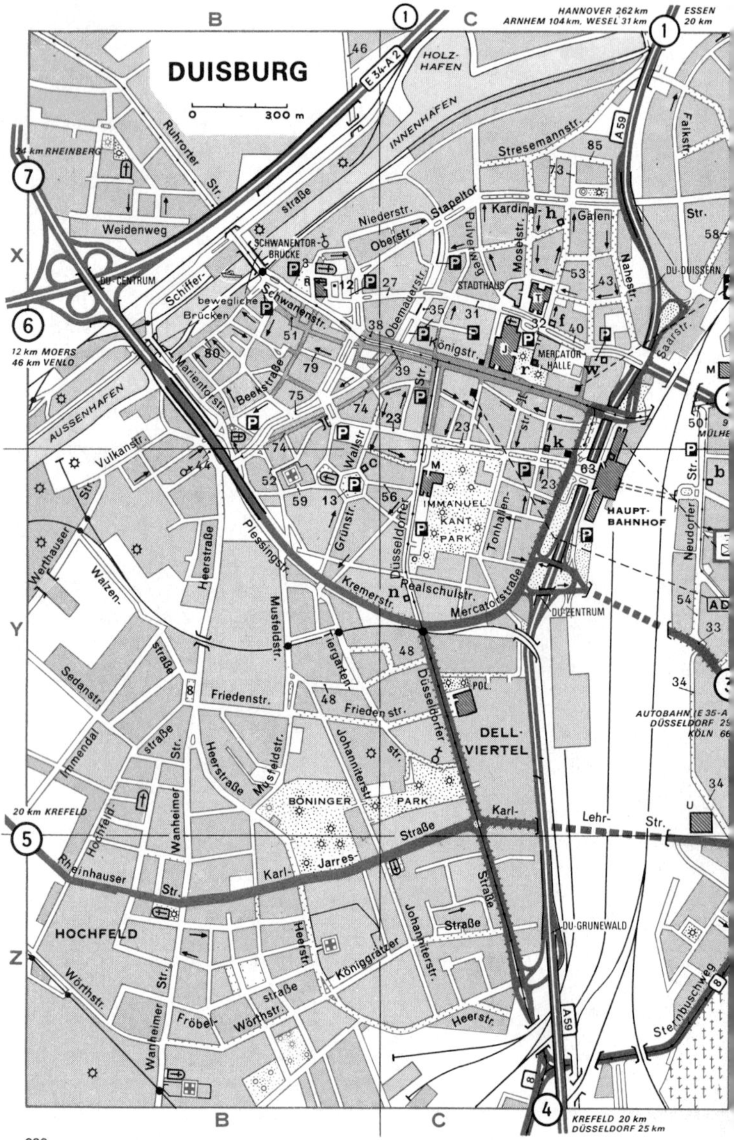

In Duisburg 25-Huckingen über die B 8 AZ :

XX Angerhof mit Zim, Düsseldorfer Landstr. 431, $\mathscr{E}$ 78 16 58 − ☎ ⇐ 🅿. ❀
   10 Z : 18 B.

In Duisburg 1-Kaiserberg :

XX Wilhelmshöhe, Am Botanischen Garten 21, $\mathscr{E}$ 33 06 66, « Gartenterrasse » − 🅿   AZ **s**

In Duisburg 14-Rheinhausen :

🏠 **Mühlenberger Hof**, Hohenbudberger Str. 88, $\mathscr{E}$ (02135) 45 65, Biergarten,
   « Rustikal-gemütliche Einrichtung » − 📺 ☎ 🅿. 🅰🅴 E   AZ **t**
   über Karneval 2 Wochen und Mitte Sept.- Mitte Okt. geschl. − **M** *(wochentags nur
   Abendessen, Montag geschl.)* a la carte 30/57 − **11 Z : 16 B** 60/90 - 120/150.

In Duisburg 1-Wanheimerort :

🏠 **Am Sportpark** garni, Buchholzstr. 27, $\mathscr{E}$ 77 03 40, Fax 771250, ⇌, 🔲 − 🛗 ⇐ 🅿. 🅰🅴 ⓞ
   E 𝓥𝓘𝓢𝓐   AZ **f**
   20 Z : 35 B 70/80 - 99/110.

DUNNINGEN 7213. Baden-Württemberg 🗺 l 22 − 5 000 Ew − Höhe 665 m − ✪ 07403.
Stuttgart 101 − Freudenstadt 49 − Villingen-Schwenningen 25.

🏠 **Krone**, Hauptstr. 8 (B 462), $\mathscr{E}$ 2 75 − ☎ ⇐ 🅿
   Ende Jan.- Anfang Feb. und 15. Juli - 9. Aug. geschl. − **M** *(Freitag ab 14 Uhr und Montag
   geschl.)* a la carte 23/43 ⅄ − **10 Z : 16 B** 45 - 85.

DURACH Bayern siehe Kempten (Allgäu).

DURBACH 7601. Baden-Württemberg 🗺 H 21, 🗺 ⊗ − 3 700 Ew − Höhe 216 m −
Erholungsort − ✪ 0781 (Offenburg).
Verkehrsverein, Talstr. 36, $\mathscr{E}$ 4 21 53.
Stuttgart 148 − Baden-Baden 54 − Freudenstadt 51 − Offenburg 9.

🏨 ✿ **Zum Ritter** ⬩, Tal 185, $\mathscr{E}$ 3 10 31, « Geschmackvolle Einrichtung », ⇌, 🔲 − 🛗 📺 ⅙
   ⇐ 🅿 − 🔧 30. 🅰🅴 ⓞ E
   M *(Montag bis 18 Uhr und 10. Jan.- 15. Feb. geschl.)* 66/130 und a la carte 45/92 − **50 Z :
   90 B** 85/170 - 138/230 Fb − 8 Appart. 300/380
   Spez. Badische Schneckensuppe, Gratiniertes Lammrückenfilet mit Rosmarinsauce, Schwarzwälder
   Kirschauflauf mit Traminer-Weinschaum-Sauce (2 Pers.).

🏨 **Rebstock** ⬩, Halbgütle 30, $\mathscr{E}$ 4 15 70, Fax 39412, 🏛, ⇌, 🌳 − 🛗 📺 ☎ 🅿 − 🔧 30
   Menu *(Montag und 22. Jan.- 20. Feb. geschl.)* a la carte 34/59 ⅄ − **37 Z : 70 B** 50/100 -
   100/180 Fb − ½ P 75/115.

In Durbach-Ebersweier NW : 4 km :

🏡 Krone, Am Durbach 1, $\mathscr{E}$ 4 12 44, 🏛 − ⇐ 🅿
   14 Z : 27 B.

DURMERSHEIM 7552. Baden-Württemberg 🗺 H 20 − 11 500 Ew − Höhe 119 m − ✪ 07245.
Stuttgart 91 − ♦Karlsruhe 14 − Rastatt 10.

X **Wolf** mit Zim, Hauptstr. 55, $\mathscr{E}$ 22 20, Fax 83359 − 🅰🅴 ⓞ E 𝓥𝓘𝓢𝓐
   M a la carte 22/52 − **7 Z : 15 B** 60 - 100/120.

EBELSBACH Bayern siehe Eltmann.

EBENSFELD 8629. Bayern 🗺 P 16 − 5 200 Ew − Höhe 254 m − ✪ 09573.
München 251 − ♦ Bamberg 21 − Bayreuth 67 − Coburg 29 − Hof 88.

🏠 **Pension Veitsberg** ⬩ garni, Prächtinger Str. 14, $\mathscr{E}$ 64 00, 🌳 − ⇐ 🅿
   11 Z : 18 B − 2 Fewo.

EBERBACH AM NECKAR 6930. Baden-Württemberg 🗺 ⊗, 🗺 🗺 J 18 − 15 000 Ew −
Höhe 131 m − Heilquellen-Kurbetrieb − ✪ 06271.
🛈 Kurverwaltung, Im Kurzentrum, Kellereistr. 32, $\mathscr{E}$ 48 99, Fax 1319.
Stuttgart 107 − Heidelberg 33 − Heilbronn 53 − ♦Würzburg 111.

🏠 **Karpfen** (Fassade mit Fresken der Stadtgeschichte), Am alten Markt 1, $\mathscr{E}$ 7 10 15 − 🛗 🅿
   52 Z : 90 B.

XXX ✿ **Altes Badhaus - Gourmet Restaurant** mit Zim, Am Lindenplatz 1, $\mathscr{E}$ 7 10 57, Fax
   7671, 🏛, « Fachwerkhaus a.d. 15. Jh. mit moderner Einrichtung » − 📺 ☎. 🅰🅴 ⓞ E 𝓥𝓘𝓢𝓐
   M *(nur Abendessen, Sonntag - Montag und Juli - Aug. 2 Wochen geschl.)* (bemerkenswerte
   Weinkarte, Tischbestellung ratsam) 95/160 und a la carte 70/106 − **Badstube** *(auch
   Mittagessen, Montag geschl.)* **M** 45/65 − **14 Z : 25 B** 120/165 - 185/265 Fb
   Spez. Terrinen, Lachs in Basilikumsauce, Joghurtparfait.

XX Kurhaus, Leopoldsplatz 1, $\mathscr{E}$ 27 00, ≼, 🏛.

Eberbach-Brombach siehe unter *Hirschhorn am Neckar*.

EBERMANNSTADT 8553. Bayern 🐠🔢 Q 17. 🔢🔢 ⓦ — 5 800 Ew — Höhe 290 m — Erholungso
— 🖂 09194.

🏌 Kanndorf 8, 🖉 92 28.

🖽 Verkehrsamt, im Bürgerhaus, Bahnhofstr. 7, 🖉 5 06 40, Fax 4525.

◆München 219 — ◆Bamberg 30 — Bayreuth 61 — ◆Nürnberg 48.

🏨 **Schwanenbräu**, Marktplatz 2, 🖉 2 09 — 📺 ☎ ⇦ — 🍴 25/100
→ 2.- 15. Jan. geschl. — **M** a la carte 17/40 — **17 Z : 30 B** 45 - 80 — ½ P 52.

🏨 **Resengörg** (mit Gästehäusern), Hauptstr. 36, 🖉 81 74, Fax 4598, 🐎 — 🔋 ☎ ⇦ 🅿
🍴 25/40. ⓓ 🄴 𝖵𝖨𝖲𝖠
M a la carte 21/35 🍷 — **31 Z : 62 B** 48 - 80/90 — ½ P 55/63.

🏠 **Sonne**, Hauptstr. 29, 🖉 3 42, Fax 4548, 🐎 — ⇦
→ **M** (Mittwoch geschl.) a la carte 18/46 — **32 Z : 60 B** 50/60 - 100.

🏠 **Haus Feuerstein** garni, Georg-Wagner-Str. 15, 🖉 85 05, 🐎
→ 12. Jan.- 12. Feb. geschl. — **14 Z : 27 B** 37 - 64.

In Ebermannstadt-Rothenbühl O : 2 km über die Straße nach Gößweinstein :

🏤 Pension Bieger 🦢, Rothenbühl 3, 🖉 95 34, 🐎 — 🅿. 🕮 Rest
39 Z : 70 B.

EBERN 8603. Bayern 🐠🔢 P 16. 🔢🔢 ⓦ — 7 000 Ew — Höhe 269 m — 🖂 09531.

◆München 255 — ◆Bamberg 26 — Coburg 26 — Schweinfurt 56.

🏤 **Post**, Bahnhofstr. 2, 🖉 80 77 — 🅿
→ 27. Dez.- 18. Jan. geschl. — **M** (Montag geschl.) a la carte 16/33 🍷 — **17 Z : 26 B** 28/38
56/60.

In Pfarrweisach 8601 NW : 7 km :

🏤 **Goldener Adler**, Lohrer Str. 2 (B 279), 🖉 (09535) 2 69 — 🅿
→ Aug. geschl. — **M** (Nov.- Mai Mittwoch ab 13 Uhr geschl.) a la carte 15/22 🍷 — **18 Z : 34**
35 - 55.

EBERSBACH AN DER FILS 7333. Baden-Württemberg 🐠🔢 L 20 — 15 300 Ew — Höhe 292
— 🖂 07163.

◆Stuttgart 33 — Göppingen 10 — ◆Ulm (Donau) 70.

🏠 Rose, Hauptstr. 16 (B 10), 🖉 20 94, Fax 4636 — 📺 ☎
23 Z : 30 B Fb.

EBERSBERG 8017. Bayern 🐠🔢 S 22. 🔢🔢 ⓦ. 🔢🔢 ⓦ🔢 — 8 700 Ew — Höhe 563 m
Erholungsort — 🖂 08092.

◆München 32 — Landshut 69 — Rosenheim 31.

🏨 **Klostersee** 🦢, Am Priel 3, 🖉 2 10 73, Fax 24375 — 📺 ☎ 🅿 — 🍴 30. 🕮 ⓓ 🄴
18. Mai - 2. Juni und 21. Dez.- 7. Jan. geschl. — **M** (nur Abendessen, Samstag - Sonnta
geschl.) a la carte 28/43 — **23 Z : 35 B** 60/70 - 90/100 Fb.

🏨 **Hölzerbräu**, Sieghartstr. 1, 🖉 2 40 20, Biergarten, ⇦ — 🔋 📺 ☎ ⇦ 🅿 — 🍴 30. 🕮 🄴
→ **M** (Montag und 25. Juli - 9. Sept. geschl.) a la carte 21/47 — **30 Z : 60 B** 72 - 119 — ½ P 98.

🏠 **Ebersberger Hof**, Sieghartstr. 16, 🖉 2 04 42 — ☎ ⇦. 🄴 𝖵𝖨𝖲𝖠
1.- 8. Jan. und 1.- 28. Aug. geschl. — **M** (wochentags nur Abendessen, Dienstag geschl.)
la carte 30/50 — **11 Z : 18 B** 60/80 - 80/110.

In Ebersberg-Oberndorf O : 2,5 km :

🏨 **Huber**, Münchner Str. 11, 🖉 28 41, ⇦, 🔲, 🍴 — 🔋 ☎ 🅿 — 🍴 25/60. 🕮
2.- 13. Jan. geschl. — **M** a la carte 23/49 — **54 Z : 90 B** 65/80 - 105/190 Fb — ½ P 65/75.

EBERSDORF 8624. Bayern 🐠🔢 Q 16 — 5 700 Ew — Höhe 303 m — 🖂 09562.

◆München 276 — ◆Bamberg 49 — Coburg 12 — Kronach 20.

🏠 **Goldener Stern**, Canter Str. 15, 🖉 10 61 — 🔋 ☎ 🅿. 🕮 Zim
→ Aug. 1 Woche geschl. — **M** (Montag ab 14 Uhr geschl.) a la carte 17/41 🍷 — **24 Z : 30**
29/49 - 56/94.

EBERSTADT Baden-Württemberg siehe Weinsberg.

EBRACH 8612. Bayern 🐠🔢 O 17. 🔢🔢 ⓦ — 1 950 Ew — Höhe 340 m — Erholungsort — 🖂 09553
Sehenswert : Ehemaliges Kloster★★ (Klosterkirche★).

🖽 Verkehrsamt, Rathausplatz 4, 🖉 2 17.

◆ München 248 — ◆Bamberg 34 — ◆Nürnberg 77 — ◆Würzburg 47.

🏨 Klosterbräu, Marktplatz 4, 🖉 1 80, Fax 1888, 🍴, 🐎 — 🔋 📺 ☎ 🔥 ⇦ 🅿 — 🍴 25/80
41 Z : 80 B Fb.

EBSDORFERGRUND Hessen siehe Marburg.

EBSTORF 3112. Niedersachsen 987 ⑮⑯ − 4 500 Ew − Höhe 50 m − Luftkurort − ✆ 05822.

Sehenswert : Ehemaliges Benediktiner Kloster (Nachbildung der Ebstorfer Weltkarte★).

Verkehrsbüro, Rathaus, Hauptstr. 30, ℰ 29 96.

Hannover 108 − ◆Braunschweig 95 − ◆Hamburg 80 − Lüneburg 25.

🏠 **Zur Tannenworth**, Lutherstr. 5, ℰ 39 92, 🎐 − 📺 ☎ 🅿
   6 Z : 12 B.

🏤 **Zur Krone**, Bahnhofstr. 8, ℰ 24 77 − ☎ 🅿
   Feb. geschl. − **M** *(Donnerstag geschl.)* a la carte 24/45 − **9 Z : 17 B** 38 - 75/85.

ECHING 8057. Bayern 413 R 22 − 10 500 Ew − Höhe 460 m − ✆ 089 (München).

München 21 − Ingolstadt 59 − Landshut 55.

🏨 **Olymp**, Wielandstr. 3, ℰ 3 19 09 10, Telex 5214960, Fax 31909112, ⌂, 🔲 − 🛗 📺 ☎ 🅿 −
   🔬 25/40. 🆎 ⓞ 🈀 🆅🆂🅰
   M a la carte 29/69 − **66 Z : 106 B** 99/145 - 138/186 Fb − 3 Appart. 350 -(Anbau mit 60 B ab
   Frühjahr 1991).

🏠 **Huberwirt**, Untere Hauptstr. 1, ℰ 31 90 50, Fax 31905123 − 🛗 📺 ☎ 🚗 🅿 − 🔬 25/150.
➔ 🈀
   M *(Dienstag geschl.)* a la carte 18/42 − **55 Z : 94 B** 45/80 - 75/110 Fb.

ECKENHAGEN Nordrhein-Westfalen siehe Reichshof.

ECKERNFÖRDE 2330. Schleswig-Holstein 987 ⑤ − 23 000 Ew − Höhe 5 m − Seebad −
🟆 04351.

🟆 Schloß Altenhof, ℰ (04351) 4 12 27.

Kurverwaltung, im Meerwasserwellenbad, ℰ 9 05 20.

Kiel 28 − Rendsburg 30 − Schleswig 24.

🏠 **Stadt Kiel** garni, Kieler Str. 74, ℰ 50 27 − 📺 ☎ 🚗
   18 Z : 31 B.

🏠 **Sandkrug**, Berliner Str. 146 (B 76), ℰ 4 14 93, ≼ − 🚗 🅿
   15 Z : 30 B.

🏵🏵 **Ratskeller** (Haus a.d.J. 1420), Rathausmarkt 8, ℰ 24 12, 🏠
   Feb. und Montag geschl. − **M** *(auch Diät)* a la carte 28/60.

   In Gammelby 2330 NW : 5 km über die B 76 :

🏠 **Gammelby**, Dorfstr. 6, ℰ (04351) 88 10, Fax 88166, ⌂, 🏹 − 📺 ☎ 🕭 🚗 🅿 − 🔬 25/60.
   🆎 ⓞ 🈀 🆅🆂🅰
   M a la carte 30/64 − **32 Z : 65 B** 55/80 - 102/130 Fb.

   In Groß Wittensee 2333 SW : 9 km, an der B 203 :

🏠 **Schützenhof**, Rendsburger Str. 2, ℰ (04356) 70, Fax 766, ⌂, 🎐 − 📺 ☎ 🚗 🅿 −
   🔬 25/50. 🆎 ⓞ 🈀 🆅🆂🅰
   M *(Mai - Sept. Donnerstag bis 17 Uhr, Okt.- April Donnerstag geschl.)* a la carte 27/51 −
   45 Z : 90 B 48/85 - 88/140 − 13 Fewo 95/180.

ECKERSDORF Bayern siehe Bayreuth.

EDELSFELD Bayern siehe Königstein.

EDENKOBEN 6732. Rheinland-Pfalz 987 ㉔, 412 413 H 19, 242 ⑧ − 6 000 Ew − Höhe 148 m
- Luftkurort − ✆ 06323.

Ausflugsziele : Schloß Ludwigshöhe (Max-Slevogt - Sammlung) W : 2 km − Rietburg : ≼ ★ W :
km und Sessellift.

Verkehrsamt, Weinstr. 86, ℰ 32 34.

Mainz 101 − Landau in der Pfalz 11 − Neustadt an der Weinstraße 10.

🏠 Pfälzer Hof, Weinstr. 85, ℰ 29 41
   11 Z : 17 B.

   In Weyher 6741 W : 2 km :

🏠 **Gästehaus Siener** 🌲 garni, Froehlichstr. 5, ℰ (06323) 44 67, 🎐 − 🅿
   11 Z : 22 B 35 - 65.

EDERSEE, EDERTAL Hessen siehe Waldeck.

EDESHEIM 6736. Rheinland-Pfalz 412 413 H 19 − 2 400 Ew − Höhe 150 m − ✆ 06323
(Edenkoben).

Mainz 101 − Kaiserslautern 48 − ◆ Karlsruhe 46 − ◆ Mannheim 41.

🏵 **Wein-Castell mit Zim** (Sandsteinbau a.d.J. 1840), Staatsstr. 21 (B 38), ℰ 23 92 − 🅿. 🍴 Zim
   10 Z : 22 B.

EDIGER-ELLER 5591. Rheinland-Pfalz **412** E 16 — 1 500 Ew — Höhe 92 m — 🕿 02675.
Mainz 118 — Cochem 8 — ✦Koblenz 61 — ✦Trier 70.

Im Ortsteil Ediger :

🏠 **Weinhaus Feiden**, Moselweinstr. 22, 🖉 2 59, ≼, « Blumenterrasse » — ⇐⇒ 🅿. **E**
Feb. geschl. — **M** *(Donnerstag geschl.)* a la carte 22/54 🍷 — **17 Z : 31 B** 50/60 - 80/90.

🏠 **Zum Löwen**, Moselweinstr. 23, 🖉 2 08, Fax 214, ≼, 🍴 — ⇐⇒ 🅿. **AE** ⑩ **E** **VISA**
M a la carte 24/62 🍷 — **26 Z : 50 B** 40/75 - 70/140.

🏠 **St. Georg**, Moselweinstr. 10, 🖉 2 05, ⇔ — **AE** ⑩ **E** **VISA**
↠ März - 15. Nov. — **M** a la carte 19/40 🍷 — **14 Z : 29 B** 45/60 - 80/120.

Im Ortsteil Eller :

🏠 **Oster**, Moselweinstr. 61, 🖉 2 32 — ⇐⇒ 🅿. **AE** ⑩ **E** **VISA**
↠ März - Mitte Nov. — **M** *(Dienstag bis 17 Uhr geschl.)* a la carte 20/37 🍷 — **14 Z : 28 B** 31/50
56/80 Fb.

EDINGEN-NECKARHAUSEN Baden-Württemberg siehe Mannheim.

EFRINGEN-KIRCHEN 7859. Baden-Württemberg **413** F 24, **427** ④. **216** ④ — 6 800 Ew — Höh
266 m — 🕿 07628 — ✦Stuttgart 254 — Basel 15 — ✦Freiburg im Breisgau 60 — Müllheim 28.

In Efringen-Kirchen 4 - Egringen NO : 3 km :

✗ **Rebstock** mit Zim, Kanderner Str. 21, 🖉 3 70, 🍴 — 📺 🕿 🅿
Feb. und Aug. jeweils 2 Wochen geschl. — **M** *(Montag - Dienstag geschl.)* a la carte 37/61
— **7 Z : 14 B** 55/68 - 80/95.

In Efringen-Kirchen - Maugenhard NO : 7 km :

🏡 **Krone** ⑊ (mit Gästehaus), Mappacher Str. 34, 🖉 3 22, 🍴, 🍺 — ⇐⇒ 🅿
Feb. 2 Wochen geschl. — **M** *(Dienstag - Mittwoch geschl.)* a la carte 26/54 🍷 — **25 Z : 50**
45/65 - 90/120 — 2 Fewo 70/160.

EGESTORF 2115. Niedersachsen **987** ⑮. **412** L 10 — 2 200 Ew — Höhe 80 m — Erholungso
— 🕿 04175 — 🛈 Verkehrsverein, Barkhof 1 b, 🖉 15 16.
✦Hannover 107 — ✦Hamburg 46 — Lüneburg 29.

🏠 **Zu den 8 Linden**, Alte Dorfstr. 1, 🖉 4 50, Fax 743, 🍴 — 📺 🕿 🅿 — 🔬 25/100. **AE** ⑩
VISA 🎿
M 15,50/33 (mittags) und a la carte 24/55 — **30 Z : 50 B** 50/75 - 95/130 — ½ P 64/91.

🏠 **Soltau**, Lübberstedter Str. 1, 🖉 4 80, Fax 1090, 🍴 — 📺 🕿 🅿 — 🔬 30
M a la carte 25/48 — **25 Z : 50 B** 45/65 - 75/115 Fb — 3 Fewo 85/105 — ½ P 56/83.

In Egestorf-Döhle SW : 5 km :

🏠 **Aevermannshof** ⑊, Dorfstr. 44, 🖉 14 54, 🍴 — 🕿 🅿 — 🔬 30. **AE** **E**. 🎿
M a la carte 27/50 — **20 Z : 37 B** 52/65 - 90/96 — ½ P 65/75.

🏡 **Pension Auetal** ⑊, Dorfstr. 42, 🖉 4 39, ⇔, 🍺 — 🅿
(nur Abendessen für Hausgäste) — **20 Z : 34 B** 32/38 - 60/72.

In Egestorf-Sahrendorf NW : 3 km :

🏠 **Studtmann's Gasthof**, Im Sahrendorf 19, 🖉 5 03, 🍴, 🍺, 🎠 — 🅿 — 🔬 25/80. 🎿 Zim
18 Z : 30 B.

In Egestorf-Sudermühlen W : 2 Km :

🏘 **Hof Sudermühlen** ⑊, 🖉 14 41, Telex 2180412, Fax 1201, 🍴, ⇔, 🏊, 🎠, 🎾, 🐎 — 🛗 🖃
🕿 ⇐⇒ 🅿 — 🔬 25/60 — **52 Z : 100 B**.

EGGENFELDEN 8330. Bayern **413** V 21. **987** ㊲. **426** ⑥ — 12 000 Ew — Höhe 415 m — 🕿 08721
🛅 beim Bahnhof Kaismühle (O : 11 km über die B 388), 🖉 (08561) 28 61.
ADAC, Lindhofstr. 10 (Krone-Einkaufszentrum), 🖉 68 26.
✦München 117 — Landshut 56 — Passau 72 — Salzburg 98 — Straubing 62.

🏘 **Bachmeier**, Schönauer Str. 2, 🖉 30 71, Fax 3075, 🍴, Biergarten, ⇔, 🎠 — 🕿 ⇐⇒ 🅿
🔬 25/50. **AE** **E** **VISA**. 🎿 Rest
M a la carte 31/64 — **42 Z : 65 B** 64/85 - 95/140 Fb.

🏠 **Motel Waldhof** ⑊, Michael-Sallinger-Weg 5, 🖉 28 58 — ⇐⇒ 🅿. **AE** ⑩ **E**
20. Dez.- 10. Jan. geschl. — (nur Abendessen für Hausgäste) — **19 Z : 25 B** 37/45 - 68/72.

EGGENSTEIN-LEOPOLDSHAFEN 7514. Baden-Württemberg **412** **413** I 19 — 13 000 Ew
Höhe 112 m — 🕿 0721 (Karlsruhe) — ✦Stuttgart 97 — ✦ Karlsruhe 12 — ✦ Mannheim 63.

Im Ortsteil Eggenstein :

🏡 **Goldener Anker**, Hauptstr. 20, 🖉 70 60 29 — 🕿. **E**. 🎿
↠ **M** *(Dienstag geschl.)* a la carte 20/36 🍷 — **14 Z : 19 B** 44 - 70.

✗✗ **Zum Löwen** mit Zim, Hauptstr. 51, 🖉 78 72 01 — 📺 🕿
M *(Samstag bis 18 Uhr und Sonntag geschl.)* a la carte 45/71 — **11 Z : 14 B** 60 - 120.

EGGERODE Nordrhein-Westfalen siehe Schöppingen.

EGGINGEN 7891. Baden-Württemberg **413** I 23, **427** J 2, **216** ⑦ – 1 500 Ew – Höhe 460 m –
☼ 07746 – ♦Stuttgart 163 – Donaueschingen 37 – Schaffhausen 29 – Waldshut-Tiengen 21.

　　⚿ Drei König, Waldshuter Str. 6, 𝒫 6 20, 🍽, – ⇐ **②**. 🛏 Zim – **10 Z : 18 B** Fb.

EGGSTÄTT 8201. Bayern **413** U 23 – 1 800 Ew – Höhe 539 m – Erholungsort – ☼ 08056.
▶München 99 – Rosenheim 23 – Traunstein 28.

　　🏠 **Zur Linde** (mit Gästehaus 🦢 🔲), Priener Str. 42, 𝒫 2 47, 🛎, 🌴 – **②**
　　　Mitte Jan.- Ende Feb. und Mitte Nov.- Mitte Dez. geschl. – (Restaurant nur für
　　　Pensionsgäste) – **37 Z : 61 B** 40 - 80 Fb – ½ P 51.

　　⚿ **Unterwirt-Widemann**, Kirchplatz 8, 𝒫 3 37, 🍽, 🌴 – **②**. 🛏
　　　M *(Okt.- Mai Montag geschl.)* a la carte 16/30 🍸 – **40 Z : 80 B** 35/44 - 70/82 – 4 Fewo
　　　70/120.

EGING AM SEE 8359. Bayern **413** W 20 – 3 000 Ew – Höhe 420 m – Erholungsort – ☼ 08544.
🛈 Gästeinformation, Prof.-Reiter-Str. 2, 𝒫 80 52, Fax 7584 – ♦München 172 – Deggendorf 29 – Passau 30.

　　⚿ Passauer Hof (mit Gästehaus 🦢), Deggendorfer Str. 9, 𝒫 2 29, « Park », 🛎, 🔲 – **②**
　　　100 Z : 200 B.

EGLING Bayern siehe Wolfratshausen.

EGLOFFSTEIN 8551. Bayern **413** Q 17, **987** ㉖ – 2 000 Ew – Höhe 350 m – Luftkurort –
☼ 09197 – ♦München 201 – ♦Bamberg 45 – Bayreuth 52 – ♦Nürnberg 36.

　　🏠 **Häfner**, Badstr. 131, 𝒫 5 35, 🍽, 🛎, – 🢀 Rest 📺 ☎ **②**. 🖭 ⑩ E 🆅🆂🅰
　　　7.- 30. Jan. und 8.- 28. Feb. geschl. – **M** *(Dienstag geschl.)* a la carte 23/45 – **23 Z : 42 B**
　　　50/75 - 100.

　　🏠 **Zur Post**, Talstr. 8, 𝒫 5 55, 🍽, 🛎, 🌴 – 🛗 ☎ **②**. E 🆅🆂🅰
　　　8. Jan.- 20. Feb. geschl. – **M** *(Montag geschl.)* a la carte 19/47 – **24 Z : 42 B** 25/41 - 50/
　　　80 Fb – ½ P 39/55.

EGLOFS Baden-Württemberg siehe Argenbühl.

EGRINGEN Baden-Württemberg siehe Efringen-Kirchen.

EHEKIRCHEN 8859. Bayern **413** Q 21 – 3 200 Ew – Höhe 405 m – ☼ 08435.
▶München 54 – ♦Augsburg 40 – Ingolstadt 35.

　　🏠 **Strixner Hof** 🦢, Leitenweg 5 (Schönesberg), 𝒫 18 77, 🍽, 🛎 – 📺 ☎ **②**
　　　28. Jan.- 14. Feb. geschl. – **M** *(Donnerstag geschl.)* a la carte 23/43 🍸 – **7 Z : 14 B** 58 - 88.

EHINGEN 7930. Baden-Württemberg **413** M 22, **987** ㉖ – 22 000 Ew – Höhe 511 m – ☼ 07391.
Ausflugsziel : Obermarchtal : ehem. Kloster* SW : 14 km.
▶Stuttgart 101 – Ravensburg 70 – ♦Ulm (Donau) 26.

　　🏨 **Adler**, Hauptstr. 116, 𝒫 5 12 94 – 📺 ☎ ⇐ **②**. E
　　　Aug.- Sept. 3 Wochen geschl. – **M** *(Montag geschl.)* a la carte 21/52 🍸 – **14 Z : 20 B** 60 -
　　　95 Fb -(Erweiterungsbau mit 30 B, 🛗 ab Mitte 1991).

　　🏨 **Gasthof zum Ochsen**, Schulgasse 3, 𝒫 5 35 68, Fax 52867, 🍽 – 🛗 📺 ☎ – 🔬 25. 🖭 E
　　　🆅🆂🅰
　　　M *(Samstag geschl.)* a la carte 28/64 – **19 Z : 29 B** 73 - 108/130 Fb.

　　🏠 **Zur Linde**, Lindenstr. 51, 𝒫 34 98, Fax 3490, 🍽 – 📺 ☎ – 🔬 25/500. E 🆅🆂🅰
　　　M a la carte 21/45 – **12 Z : 20 B** 70 - 105.

　　✗ **Rose**, Hauptstr. 10, 𝒫 83 00
　　　Montag und Juli - Aug. 3 Wochen geschl. – **M** a la carte 20/58.

　　In Ehingen 15-Kirchen W : 7,5 km :

　　🏨 **Zum Hirsch** 🦢, Osterstr. 3, 𝒫 (07393) 40 41, Fax 4101 – 🛗 📺 ☎ **②**
　　　M *(Montag bis 17 Uhr geschl.)* a la carte 20/44 🍸 – **17 Z : 30 B** 50/75 - 85/110 Fb.

EHLSCHEID 5451. Rheinland-Pfalz **412** F 15 – 1 200 Ew – Höhe 360 m – Luftkurort – ☼ 02634.
🛈 Kurverwaltung, Haus des Kurgastes, 𝒫 22 07 – Mainz 118 – ♦Koblenz 35 – ♦Köln 73.

　　🏨 **Haus Westerwald** 🦢, Parkstr. 3, 𝒫 26 26, 🍽, 🛎, 🔲, 🌴 – 🛗 ☎ **②** – 🔬 25/45
　　　60 Z : 96 B.

　　🏠 **Ungerer's Park-Hotel** 🦢, Parkstr. 17, 𝒫 85 43, 🍽 – ☎ **②**
　　　18. Feb.- 9. März geschl. – **M** *(Montag geschl.)* a la carte 24/49 – **14 Z : 23 B** 46/66 - 92/112
　　　– ½ P 62/72.

　　🏠 **Müller-Krug** 🦢, Parkstr. 15, 𝒫 80 65, Fax 3569, 🍽, 🛎, 🔲, 🌴 – **②**. 🖭 ⑩ E
　　　7. Jan.- 1. Feb. und 18. Nov.- 25. Dez. geschl. – **M** 15/28 (mittags) und a la carte 28/60 –
　　　24 Z : 40 B 47/69 - 87/98 – ½ P 60/73.

　　🏠 Zum grünen Kranz 🦢, Wilhelmstr. 5, 𝒫 23 02, 🌴 – ⇐ **②** – **22 Z : 35 B**.

EHRENBERG (RHÖN) 6414. Hessen 987 ⊛ ⊛. 412 413 N 15 − 2 700 Ew − Höhe 577 m −
Wintersport : 800/900 m ≰ 3 − 🅲 06683 − 🛂 Verkehrsamt, Rathaus in Wüstensachsen, 𝒫 12 06.
♦Wiesbaden 168 − ♦Frankfurt am Main 124 − Fulda 30 − ♦Nürnberg 171.

In Ehrenberg-Seiferts :

🏛 **Zur Krone**, Eisenacher Str. 24 (B 278), 𝒫 2 38 − ⇔ 🅿
➤ Nov. geschl. − **M** (auch vegetarische Gerichte) (Mittwoch geschl.) a la carte 18,50/30 ⅃ −
19 Z : 37 B 35/40 - 48/60 − ½ P 32/48.

EHRENKIRCHEN 7801. Baden-Württemberg 413 G 23, 242 ⊛ − 5 600 Ew − Höhe 265 m −
🅲 07633 − ♦Stuttgart 221 − Basel 58 − ♦Freiburg im Breisgau 14.

In Ehrenkirchen-Ehrenstetten :

🏛 **Adler**, Wenzinger Str. 33, 𝒫 70 62, 🍴 − 📺 ☎ 🅿. ⓞ E 𝖵𝖨𝖲𝖠
Jan.- Feb. geschl. − **M** (Montag geschl.) a la carte 23/66 ⅃ − **11 Z : 22 B** 40/60 - 70/98 Fb −
½ P 55/80.

In Ehrenkirchen 1-Kirchhofen :

🏛 **Sonne-Winzerstuben**, Lazarus-Schwendi-Str. 20, 𝒫 70 70, « Garten » − ⇔ 🅿. ⒶⒺ ⓞ
E 𝖵𝖨𝖲𝖠
1.- 12. Aug. und 22. Dez.- 15. Jan. geschl. − **M** (Freitag geschl.) a la carte 32/59 ⅃ − **12 Z**
15 B 35/50 - 70/100.

✗ **Zur Krone** mit Zim, Herrenstr. 5, 𝒫 52 13, 🍴 − ⇔ 🅿. ⓞ E 𝖵𝖨𝖲𝖠
M (Dienstag - Mittwoch 17 Uhr, März und Juli - Aug. jeweils 2 Wochen geschl.) a la carte
25/59 ⅃ − **8 Z : 15 B** 40/45 - 70 Fb − ½ P 65.

In Pfaffenweiler 7801 NO : 2 km ab Kirchhofen :

✗✗✗ ⊛ **Historisches Gasthaus zur Stube**, Weinstr. 39, 𝒫 (07664) 62 25 − 🅿. E
Sonntag - Montag 18 Uhr, 19. Mai - 3. Juni und Ende Okt.- Anfang Nov. geschl. − **M** 59/125
und a la carte 69/90
Spez. Rotbarbenfilet auf rotem Linsengemüse, Taubenbrust im Blätterteig mit Trüffelsauce, Beeren-Strudel mit
Pralineneis.

EHRINGSHAUSEN 6332. Hessen 412 413 I 15 − 8 900 Ew − Höhe 174 m − 🅲 06443.
♦Wiesbaden 107 − ♦Frankfurt am Main 96 − ♦Koblenz 86.

🏛 Friedrichshof, Bahnhofstr. 72, 𝒫 22 20 − 📺 ☎ 🅿 − **13 Z : 23 B**.

EHRLICH Rheinland-Pfalz siehe Heimborn.

EIBELSTADT 8701. Bayern 413 MN 17 − 2 300 Ew − Höhe 177 m − 🅲 09303.
♦München 271 − ♦Frankfurt am Main 119 − ♦Nürnberg 108 − ♦Stuttgart 149 − ♦Würzburg 10.

🏛 **Zum Roß**, Hauptstr. 14, 𝒫 2 14 − 🅿
➤ Mitte Jan.- Ende Feb. geschl. − **M** (Montag - Dienstag geschl.) a la carte 21/36 ⅃ − **18 Z :**
34 B 40/50 - 70/80.

EICHELHÜTTE Rheinland-Pfalz siehe Eisenschmitt.

EICHENBERG Österreich siehe Bregenz.

EICHENZELL 6405. Hessen 412 413 M 15 − 8 200 Ew − Höhe 285 m − 🅲 06659.
♦Wiesbaden 134 − ♦ Frankfurt am Main 95 − Fulda 8 − Würzburg 100.

🏛 **Kramer**, Fuldaer Str. 4, 𝒫 16 91 − ⇔ 🅿
➤ **M** (Donnerstag geschl.) a la carte 19/35 − **23 Z : 49 B** 40 - 70.

In Eichenzell 7-Löschenrod W : 2,5 km :

✗✗ **Zur Alten Brauerei**, Frankfurter Str. 1, 𝒫 12 08 − 🅿. E. 🍴
Montag geschl. − **M** (abends Tischbestellung ratsam) a la carte 57/78.

EICHSTÄTT 8078. Bayern 413 Q 20, 987 ⊛ − 13 100 Ew − Höhe 390 m − 🅲 08421.
Sehenswert : Bischöflicher Residenzbezirk★ : Residenzplatz★★ (Mariensäule★) − Dom
(Pappenheimer Altar ★★, Mortuarium ★, Kreuzgang ★) − Hofgarten (Muschelpavillon★).
🛂 Städt. Verkehrsbüro, Domplatz 18, 𝒫 79 77.
♦München 107 − ♦Augsburg 76 − Ingolstadt 27 − ♦Nürnberg 93.

🏨 **Adler** garni, Marktplatz 22, 𝒫 67 67, Fax 8283, « Restauriertes Barockhaus a.d. 17. Jh. »
🍴 − 📳 🍴 📺 ☎ 🅿 ⅃. ⒶⒺ ⓞ E 𝖵𝖨𝖲𝖠. 🍴
15. Dez.- 15. Jan. geschl. − **28 Z : 68 B** 80/100 - 130/160 Fb.

🏛 **Café Fuchs** garni, Ostenstr. 8, 𝒫 67 88, 🍴 − 📳 ☎ ⒶⒺ E
über Weihnachten geschl. − **21 Z : 37 B** 46/60 - 76/80 Fb.

🏛 **Zur Trompete**, Ostenstr. 3, 𝒫 16 13, 🍴 − ☎
➤ **M** (Montag geschl.) a la carte 19/41 − **14 Z : 22 B** 45/56 - 78.

XXX **Domherrenhof**, Domplatz 5 (1. Etage |$|), $\mathscr{E}$ 61 26, Fax 80849, « Restauriertes Stadthaus a.d. Rokokozeit » – $\underline{\underline{A}}$ 30. $\boxed{A\!E}$ **E**
Montag und Mitte Jan.- Anfang Feb. geschl. – **M** 29/35 (mittags) und a la carte 55/83.

X **Krone**, Domplatz 3, $\mathscr{E}$ 44 06, 余
→ **M** a la carte 17/46.

X **Burgschänke** 😕 mit Zim, Burgstr. 19 (in der Willibaldsburg), $\mathscr{E}$ 49 70, $\leqslant$, 余, 𝄞 – ☎ ❷.
⁓ – **8 Z : 17 B** Fb.

In Eichstätt-Landershofen O : 3 km :

🏠 **Haselberg**, Am Haselberg 1, $\mathscr{E}$ 67 01 – ❷ – $\underline{\underline{A}}$ 40. ⁓
Jan.- 9. Feb. geschl. – **M** *(Dienstag geschl.)* a la carte 28/55 – **26 Z : 43 B** 40/67 - 87/92 Fb.

In Eichstätt-Wasserzell SW : 4,5 km :

🏠 **Zum Hirschen** 😕 (mit Gästehaus |$|), Brückenstr. 9, $\mathscr{E}$ 40 07, 余, 𝄞 – ☎ ⟺ ❷ – $\underline{\underline{A}}$ 40
→ *Jan. geschl.* – **M** *(Mittwoch bis 17 Uhr geschl.)* a la carte 17/35 – **42 Z : 80 B** 40/46 - 64/76
– ½ P 47/61.

An der B 13 NW : 9 km :

🏠 **Zum Geländer** 😕, ⊠ 8079 Schernfeld-Geländer, $\mathscr{E}$ (08421) 67 61, Fax 2614, 余,
→ Wildschweingehege, 𝄞 – ☎ ⟺ ❷ – $\underline{\underline{A}}$ 25
15. Jan.- 20. Feb. geschl. – **M** *(Donnerstag geschl.)* a la carte 19/38 – **29 Z : 53 B** 29/49 -
54/88.

EICHSTETTEN 7837. Baden-Württemberg 🄰🄱🄳 G 22 – 2 600 Ew – Höhe 190 m – ✪ 07663.
•Stuttgart 193 – •Freiburg im Breisgau 19 – Offenburg 51.

X Zum Ochsen, Altweg 2, $\mathscr{E}$ 15 16 – ❷.

EICHTERSHEIM Baden-Württemberg siehe Angelbachtal.

EIGELTINGEN 7706. Baden-Württemberg 🄰🄱🄸 J 23, 🄰🄱🄷 K 2, 🄰🄱🄶 ⑧⑨ – 2 700 Ew – Höhe 450 m
- ✪ 07774 – •Stuttgart 148 – •Freiburg im Breisgau 103 – •Konstanz 45 – Stockach 10 – •Ulm (Donau) 124.

🏠 **Zur Lochmühle** 😕, Hinterdorfstr. 44, $\mathscr{E}$ 71 41, « Einrichtung mit bäuerlichen Antiquitäten,
Sammlung von Kutschen und Traktoren, Gartenterrasse », 🛇 – 📺 ☎ ❷
Feb. geschl. – **M** a la carte 24/49 🍸 – **24 Z : 50 B** 70 - 120/200 – 2 Fewo
200.

EILSEN, BAD 3064. Niedersachsen 🄰🄱🄲 K 10 – 2 400 Ew – Höhe 70 m – Heilbad – ✪ 05722.
Kurverwaltung, Haus des Gastes, Bückeburger Str. 2, $\mathscr{E}$ 8 53 72. •Hannover 58 – Hameln 27 – Minden 15.

🏠 **Haus Christopher** 😕 garni, Rosenstr. 11, $\mathscr{E}$ 8 44 46 – ❷
20. Dez.- 3. Jan. geschl. – **15 Z : 23 B** 65/110 - 90/120 Fb.

EIMELDINGEN 7855. Baden-Württemberg 🄰🄱🄳 F 24, 🄰🄱🄰 ㊵, 🄰🄱🄶 ④ – 1 600 Ew – Höhe 266 m
- ✪ 07621 (Lörrach) – •Stuttgart 260 – Basel 11 – •Freiburg im Breisgau 63 – Lörrach 7.

X **Zum Löwen** (mit Gästehaus), Hauptstr. 23 (B 3), $\mathscr{E}$ 60 63 (Hotel) 6 25 88 (Rest.), 余, ⟺
– 📺 ⟺ ❷
M *(Dienstag - Mittwoch und 15. Jan.- 2. Feb. geschl.)* a la carte 27/59 🍸 – **6 Z : 12 B** 75/85 -
116/128 Fb.

EIMKE 3111. Niedersachsen – 1 100 Ew – Höhe 45 m – ✪ 05873.
•Hannover 97 – •Braunschweig 93 – Celle 54 – Lüneburg 48.

🏠 **Dittmer's Gasthaus**, Dorfstr. 6, $\mathscr{E}$ 3 29, 𝄞 – ❷
→ *19. Feb.- 5. März geschl.* – **M** *(Montag geschl.)* a la carte 21/43 – **8 Z : 14 B** 37 - 74.

EINBECK 3352. Niedersachsen 🄰🄱🄵 ⑮, 🄰🄱🄲 M 11 – 29 400 Ew – Höhe 114 m – ✪ 05561.
Sehenswert : Marktplatz** – Haus Marktstraße 13** – Tiedexer Straße** – Ratswaage*.
Tourist-Information, Rathaus, Marktplatz 6, $\mathscr{E}$ 31 61 21, Fax 316108.
•Hannover 71 – •Braunschweig 94 – Göttingen 41 – Goslar 64.

🏠 **Panorama** 😕, Mozartstr. 2, $\mathscr{E}$ 7 20 72, Telex 965600, Fax 74011, 余, ⟺ – |$| 📺 ☎ ❷ –
$\underline{\underline{A}}$ 30. ⓞ **E** 𝗩𝗜𝗦𝗔
M a la carte 33/57 – **40 Z : 70 B** 75/90 - 120/150 Fb.

🏠 **Zum Hasenjäger** 😕, Hubeweg 119, $\mathscr{E}$ 40 63, Fax 73667, $\leqslant$, 余 – 📺 ☎ ❷. $\boxed{A\!E}$ ⓞ **E** 𝗩𝗜𝗦𝗔
M a la carte 30/61 – **18 Z : 31 B** 69/75 - 85/125 Fb.

XX **Zum Schwan** mit Zim, Tiedexer Str. 1, $\mathscr{E}$ 46 09, 余 – 📺 ☎ ⟺ ❷. $\boxed{A\!E}$ ⓞ **E** 𝗩𝗜𝗦𝗔.
⁓ Rest
M *(wochentags nur Abendessen, Freitag geschl.)* a la carte 36/70 – **11 Z : 16 B** 59/75 -
98/115.

An der Straße nach Bad Gandersheim O : 3 km :

🏠 **Die Clus**, Am Roten Stein 3, ⊠ 3352 Einbeck 1, $\mathscr{E}$ (05561) 48 45, 余 – ⟺ ❷
M *(Freitag geschl.)* a la carte 25/44 – **12 Z : 20 B** 40 - 70.

EISENACH 5900. Thüringen 984 ② ㉓, 987 ㉖ — 50 000 Ew — Höhe 426 m — 🏛 0037623.

Sehenswert : Markt ★ (Schloß, Rathaus, St.-Georg-Kirche, Predigerkirche, Lutherhaus).

Ausflugsziele : Wartburg ★★ (Palas ★, ≤ ★), SO : 4 km — Thüringer Wald ★★.

🛈 Eisenach-Information, Bahnhofstr. 3, ℘ 48 95.

♦Berlin - Ost 340 — Erfurt 53 — ♦Kassel 92 — Nordhausen 130.

🏨 **Parkhotel**, Wartburg - Allee 2, ℘ 52 91 — 📺 ☎. ❀ Zim
— M a la carte 16/27 — **Turmschänke** *(nur Abendessen, Mittwoch - Donnerstag geschl.)* M a la carte 19/32 — **Zwinger** M a la carte 10/15 — **39 Z : 100 B** 41/75 - 80/110.

🏨 **Thüringer Hof**, Karlsplatz 11, ℘ 31 31 — 📶 📺 ☎ — 🔬 30. ❀ Rest
M a la carte 24/39 — **40 Z : 75 B** 45 - 70/90.

🏤 **Hospiz Glockenhof**, Grimmelgasse 4, ℘ 52 16 — 📺
— M a la carte 19/28 — **23 Z : 35 B** 50/110 - 60/180.

✗ **Schloßkeller - Gastmahl des Meeres**, Markt 10, ℘ 38 85, 🍴
— *Sonntag ganztägig, an Feiertagen bis 15 Uhr geschl.* — M a la carte 17/30.

Auf der Wartburg SO : 4 km — Höhe 516 m :

🏨 **Wartburg - Hotel** ⑤, ✉ 5900 Eisenach, ℘ (0037623) 51 11, ≤ Eisenach und Thüringer
— Wald, 🍴 — 📺 ☎
M a la carte 16/33 — **28 Z : 50 B** 50/65 - 70/140 Fb.

EISENÄRZT Bayern siehe Siegsdorf.

EISENBACH 7821. Baden-Württemberg 418 H 23 — 2 200 Ew — Höhe 950 m — Luftkurort — Wintersport : 959/1 138 m ≤2 ⚞2 — 🏛 07657.

🛈 Kurverwaltung, im Bürgermeisteramt, ℘ 4 98.

♦Stuttgart 148 — Donaueschingen 22 — ♦Freiburg im Breisgau 43.

🏨 **Eisenbachstube**, Mühleweg 1, ℘ 4 64 — 🅿
16. Feb.- 5. März geschl. — **M** *(Dienstag geschl.)* 13/19 (mittags) und a la carte 24/36 ♨ — **11 Z : 20 B** 46 - 82 — ½ P 59/64.

🏨 **Bad**, Hauptstr. 55, ℘ 4 71, 🍴, 🚿, 🔲, 🍃, ✗ — 🚗 🅿
— *Nov. geschl.* — **M** *(auch Diät und vegetarische Gerichte)* (Montag geschl.) a la carte 20/37 ♨ — **39 Z : 72 B** 32/50 - 60/76 — ½ P 46/61.

EISENBACH Baden-Württemberg siehe Seewald.

EISENBERG 8959. Bayern 413 O 24 — 850 Ew — Höhe 870 m — Erholungsort — 🏛 08364.

🛈 Fremdenverkehrsbüro, Pröbstener Str. 9, ℘ 12 37.

♦ München 125 — Füssen 12 — Kempten (Allgäu) 34.

🏨 **Gockelwirt** ⑤, Pröbstener Str. 23, ℘ 8 30, Fax 8320, 🍴, 🚿, 🔲, 🍃, ✗ — ☎ 🚗 🅿
❀ Zim
15. Jan.- 15. Feb. und Nov.-26. Dez. geschl. — **M** *(Okt.- Juni Donnerstag geschl.)* a la carte 22/59 ♨ — **23 Z : 46 B** 55/63 - 96/154 Fb — 3 Appart. 162.

🏨 **Pfeffermühle**, Pröbstener Str. 5, ℘ 82 64, 🍴 — 📺 🅿
6 Z : 12 B — 3 Fewo.

In Eisenberg-Zell SW : 2 km :

🏨 **Bären** ⑤, Dorfstr. 4, ℘ (08363) 50 11, 🍴, 🚿, 🍃 — 📶 ☎ 🚗 🅿. ❀ Zim
8.- 29. April und 25. Nov.- 24. Dez. geschl. — Menu *(bemerkenswerte Weinkarte)* (Dienstag geschl.) 17/30 (mittags) und a la carte 23/54 — **26 Z : 50 B** 56/59 - 102/118 Fb.

EISENBERG (PFALZ) 6719. Rheinland-Pfalz 412 H 18 — 8 100 Ew — Höhe 248 m — 🏛 06351.

Mainz 59 — Kaiserslautern 29 — ♦Mannheim 40.

🏨 **Waldhotel** ⑤, Martin-Luther-Str. 20, ℘ 4 31 75, 🍴, 🚿, 🍃 — 📶 📺 ☎ ⑤ 🅿 — 🔬
39 Z : 78 B Fb.

EISENHEIM Bayern siehe Volkach.

EISENHÜTTENSTADT 1220 Brandenburg 984 ⑯, 987 ⑱ — 54 000 Ew — Höhe 30 m — 🏛 0037375.

🛈 Eisenhüttenstadt-Information, Fischerstr. 15, ℘ 28 36.

♦Berlin - Ost 112 — Cottbus 64 — ♦Frankfurt/Oder 28.

🏨 **Lunik**, Straße der Republik 35 a, ℘ 55 41, Telex 162764 — 📶 📺 ☎ 🅿 — 🔬 25. 🅴 ❀
— **M** a la carte 17/37 — **89 Z : 127 B** 50/75 - 105/120 Fb — 2 Appart. 160.

Im Fünfeichener Forst W : 7 km :

✗ **Forsthaus Schierenberg** ⑤ mit Zim, ✉ 1221 Fünfeichen, ℘ (003737594) 3 04, 🍴 — 📺 🅿
M a la carte 27/43 — **6 Z : 20 B** 61/117 - 108/181.

Am Großen Treppelsee W : 20 km :

🏠 **Forsthaus Siehdichum** ⌂, ✉ 1220 Eisenhüttenstadt, 𝄢 (003737595) 2 10, � – 📺
➡ ⇔ 🅿
M a la carte 21/35 – **12 Z : 23 B** 75/95 - 100/110.

EISENSCHMITT 5561. Rheinland-Pfalz 🔢 D 16 – 600 Ew – Höhe 328 m – Erholungsort –
🕭 06567 (Oberkail) – Mainz 146 – Kyllburg 13 – ✦Trier 54 – Wittlich 17.

In Eisenschmitt-Eichelhütte :

🏠 **Molitors Mühle** ⌂, 𝄢 5 81, Fax 580, ≼, « Gartenterrasse », 🔂, 🔲, 🐾, ℀ – 📺 ☎
⇔ 🅿 🄴 𝖵𝖨𝖲𝖠. ℀ Rest
10. Jan.- 10. Feb. und 10.- 20. Dez. geschl. – **M** *(Montag geschl.)* a la carte 30/65 – **30 Z :**
50 B 60/95 - 110/200 Fb – 5 Fewo 60/110 – ½ P 70/120.

EISLINGEN AN DER FILS 7332. Baden-Württemberg 🔢 M 20. 🔢 ⊛ ⊛ – 18 300 Ew – Höhe
36 m – 🕭 07161 (Göppingen).
Stuttgart 49 – Göppingen 5 – Heidenheim an der Brenz 38 – ✦Ulm (Donau) 45.

🏠 **Hirsch,** Ulmer Str. 1 (B 10), 𝄢 8 30 41, Fax 817689 – 📠 ☎ ⇔ 🅿. 🄰🄴 ⓞ 🄴 𝖵𝖨𝖲𝖠. ℀
➡ **M** *(Freitag - Samstag 18 Uhr geschl.)* a la carte 20/51 – **26 Z : 38 B** 59/92 - 130/160 Fb.

℀℀ **Schönblick,** Höhenweg 11, 𝄢 8 20 47, Fax 87467, Terrasse mit ≼ – 🄴 𝖵𝖨𝖲𝖠
Ende Juli - Mitte Aug. und Montag - Dienstag geschl. – **M** a la carte 39/62.

EITORF 5208. Nordrhein-Westfalen 🔢 ⊛. 🔢 F 14 – 16 500 Ew – Höhe 89 m – 🕭 02243.
Düsseldorf 89 – ✦Bonn 32 – ✦Köln 49 – Limburg an der Lahn 76 – Siegen 78.

℀ **Böck Dich,** Markt 15, 𝄢 25 93
➡ *15. Juni - 5. Juli und Dienstag geschl.* – **M** a la carte 17,50/42.

In Eitorf-Alzenbach O : 2 km :

🏠 **Schützenhof,** Windecker Str. 2, 𝄢 23 57, 🔂, 🔲 – 📠 ☎ 🅿 – 🔬 25/150
➡ **M** a la carte 16,50/37 – **86 Z : 180 B** 35/65 - 65/110 Fb.

In Eitorf-Niederottersbach NO : 4,5 km :

🏠 **Steffens** ⌂, Ottersbachtalstr. 15, 𝄢 62 24, 🔂 – 📺 ☎ 🅿. ℀ Zim
M *(Montag geschl.)* a la carte 28/52 – **17 Z : 30 B** 45 - 86.

EIWEILER Saarland siehe Heusweiler.

ELCHINGEN 7915. Bayern 🔢 N 21 – 9 100 Ew – Höhe 464 m – 🕭 07308.
München 127 – ✦Augsburg 69 – ✦Ulm (Donau) 14.

In Elchingen-Unterelchingen :

🏠 **Zahn,** Hauptstr. 35, 𝄢 30 07 – 🅿. 🄰🄴 🄴
2.- 15. Feb. und 17. Aug.- 5. Sept. geschl. – **M** *(Freitag geschl.)* a la carte 25/47 – **16 Z :**
24 B 50 - 90 Fb.

ELFERSHAUSEN 8731. Bayern 🔢 M 16 – 2 200 Ew – Höhe 199 m – 🕭 09704.
München 318 – Fulda 69 – Bad Kissingen 12 – ✦Würzburg 52.

🏠 **Gästehaus Ullrich,** August-Ullrich-Str. 42, 𝄢 2 81, Telex 672807, Fax 6107, �, « Garten »,
🔂, 🔲, 🐾 – 📠 📺 ☎ ⅙ ⇔ 🅿 – 🔬 25/100. 🄰🄴 ⓞ 🄴
23.- 27. Dez. geschl. – **M** a la carte 35/75 – **71 Z : 132 B** 89/93 - 124/135 Fb.

ELLENZ-POLTERSDORF 5597. Rheinland-Pfalz 🔢 E 16 – 900 Ew – Höhe 85 m – 🕭 02673.
Mainz 130 – Bernkastel-Kues 69 – Cochem 11.

🏠 **Weinhaus Fuhrmann,** Moselweinstr. 21 (Ellenz), 𝄢 15 62, Fax 1564, ≼, �, 🔂 – ☎ 🅿.
➡ 🄰🄴 ⓞ 𝖵𝖨𝖲𝖠
2. Jan.- 15. März geschl. – **M** a la carte 21/47 ⅙ – **61 Z : 116 B** 46/56 - 82/102 Fb.

🏠 Dehren, Kurfürstenstr. 30 (Poltersdorf), 𝄢 13 25 – 🅿. ℀ – **24 Z : 47 B**.

ELLMENDINGEN Baden-Württemberg siehe Keltern.

ELLWANGEN 7090. Baden-Württemberg 🔢 N 20, 🔢 ⊛ – 22 000 Ew – Höhe 439 m –
rholungsort – 🕭 07961 – 🄱 Städt. Verkehrsamt, Schmiedstr. 1, 𝄢 24 63, Telex 74565.
Stuttgart 94 – Aalen 19 – ✦Nürnberg 114 – ✦Ulm (Donau) 82 – ✦Würzburg 135.

🏠 **Roter Ochsen,** Schmiedstr. 16, 𝄢 40 71 – 📠 ☎ ⇔ 🅿 – 🔬 80. 🄰🄴. ℀ Zim
M a la carte 28/61 – **40 Z : 67 B** 43/98 - 75/150.

🏠 **Weißer Ochsen,** Schmiedstr. 20, 𝄢 24 37 – ⇔ 🅿 – 🔬 30. 🄴
12. Jan.- 10. Feb. geschl. – **M** *(Dienstag geschl.)* a la carte 23/50 – **22 Z : 32 B** 37/68 -
88/108 Fb.

7

XX **König Karl**, Schloßvorstadt 6, ℰ 5 36 82 − ⓞ **E**
Freitag 15 Uhr - Samstag 18 Uhr geschl. − **M** a la carte 26/55 ⅍.

X Stiftskeller (Gewölbekeller a.d.J. 1730), Marktplatz 18, ℰ 26 66
wochentags nur Abendessen.

In Ellwangen-Espachweiler SW : 4 km :

☝ **Seegasthof** ⤳, Bussardweg 1, ℰ 77 60, 🌤 − ☎ ⓟ
27. Dez.- 20. Jan. geschl. − **M** *(Freitag geschl.)* a la carte 24/41 ⅍ − **11 Z : 18 B** 32/37
70/74.

In Ellwangen-Neunheim O : 2,5 km :

🏠 Hirsch, Maierstr. 2, ℰ 73 44 − ☎ ⓟ. ⚹ Zim − **9 Z : 14 B**.

In Ellwangen-Röhlingen SO : 7 km :

🏠 **Konle** garni, Hofackerstr. 16, ℰ (07965) 5 51, ⛄(Halle und Parcours) − 📺 ☎ ⓟ. 🄰🄴 ⓞ
VISA
14 Z : 30 B 55/70 - 85/100 Fb.

ELM Saarland siehe Schwalbach.

ELMSHORN 2200. Schleswig-Holstein 📕📗📘 ⑤ − 41 500 Ew − Höhe 5 m − 🅰 04121.
♦Kiel 90 − Cuxhaven 77 − ♦Hamburg 34 − Itzehoe 25.

🏠 **Royal**, Lönsweg 5, ℰ 2 20 66, Fax 20443, 😐, 🗓 − ☎ ⓟ − 🔬 25/300. 🄰🄴 ⓞ **E** **VISA**
M a la carte 30/66 − **64 Z : 110 B** 68/83 - 111/146 Fb.

🏠 **Drei Kronen**, Gärtnerstr. 92, ℰ 2 20 49, Fax 1476 − 📺 ☎ ⇐ ⓟ. 🄰🄴 ⓞ **E** **VISA**
M a la carte 25/59 − **31 Z : 65 B** 68/92 - 92/110 Fb.

ELMSTEIN 6738. Rheinland-Pfalz 📗📘📙 G 18, 📙📙 ⑧. 📗📘 ① − 3 000 Ew − Höhe 225 m
Erholungsort − 🅰 06328 − 🆔 Verkehrsamt, Bahnhofstr. 14, ℰ 2 34.
Mainz 111 − Kaiserslautern 28 − Neustadt an der Weinstraße 23.

In Elmstein-Appenthal SO : 1 km :

XX **Zum Lokschuppen**, Bahnhofstr. 13, ℰ 2 81, 🌤 − ⓟ. ⓞ **E** **VISA**
Montag 14 Uhr - Dienstag und 14.- 31. Jan. geschl. − **M** a la carte 28/55.

In Elmstein 2-Hornesselwiese S : 10 km über Helmbach :

☝ **Waldhotel Hornesselwiese** ⤳, ℰ 7 24, Fax 758, 🌤, 🐎 − 📺 ☎ ⓟ
M *(Nov.- März Montag geschl.)* a la carte 29/59 ⅍ − **7 Z : 13 B** 43 - 76/90 Fb.

ELTEN Nordrhein-Westfalen siehe Emmerich.

ELTMANN 8729. Bayern 📘📙📗 OP 17. 📕📗📘 ㉘ − 4 900 Ew − Höhe 240 m − 🅰 09522.
♦München 254 − ♦Bamberg 19 − Schweinfurt 35.

🏠 **Haus am Wald** ⤳, Georg-Göpfert-Str. 31, ℰ 2 31, ≤, 🏊 (geheizt), 🐎 − ☎ ⓟ
(Restaurant nur für Hausgäste) − **12 Z : 24 B** 36/50 - 68/72.

🏠 **Zur Wallburg**, Wallburgstr. 1, ℰ 60 11, 🌤, 😐, 🐎 − ☎ ⇐. ⚹
➡ *Weihnachten - Mitte Jan. geschl.* − **M** *(wochentags nur Abendessen, Dienstag geschl.)* a la
carte 16/34 ⅍ − **16 Z : 32 B** 30/40 - 60/64.

In Ebelsbach 8729 N : 1 km :

☝ **Klosterbräu**, Georg-Schäfer-Str. 11, ℰ (09522) 60 27, 🌤 − ☎ ⇐ ⓟ
➡ *Ende Dez.- Mitte Jan. geschl.* − **M** *(Okt.- April Freitag geschl.)* a la carte 16/31 ⅍ − **15 Z**
25 B 27/45 - 65/82.

In Ebelsbach-Steinbach 8729 NW : 3,5 km :

🏠 **Landgasthof Neeb**, Dorfstr. 1 (an der B 26), ℰ (09522) 60 22, 🌤, « Gemütliche, rustika
➡ Atmosphäre », 🐎 − 📺 ☎ ⓟ − 🔬 25/80. **E**. ⚹ Zim
M *(Montag geschl.)* a la carte 21/40 ⅍ − **16 Z : 32 B** 42 - 74.

In Oberaurach-Oberschleichach 8729 SW : 7 km :

🏠 **Landhaus Oberaurach** ⤳, Steigerwaldstr. 23, ℰ (09529) 12 03, 😐, 🗓, 🐎 − ☎ ⓟ. **E**
M *(Montag geschl.)* a la carte 27/51 − **14 Z : 25 B** 60 - 90.

ELTVILLE AM RHEIN 6228. Hessen 📗📙📘 H 16 − 16 000 Ew − Höhe 90 m − 🅰 06123.
🆔 Städt. Verkehrsamt, Schmittstr. 2, ℰ 69 71 53 − ♦Wiesbaden 14 − Limburg an der Lahn 51 − Mainz 17.

🏨 **Sonnenberg** ⤳ garni, Friedrichstr. 65, ℰ 30 81 − 📶 📺 ☎ ⇐ ⓟ. 🄰🄴 **E**
15. Dez.- 5. Jan. geschl. − **29 Z : 60 B** 85/110 - 115/180 Fb.

XX **Rosenhof** (Haus a.d.J. 1540), Martinsgasse 9 (1. Etage), ℰ 33 60 − 🄰🄴 ⓞ **E** **VISA**
Montag - Dienstag geschl. − **M** a la carte 43/75 ⅍.

XX Ristorante Piccolo Mondo, Schmittstr. 1, ℰ 21 24, 🌤.

X Schänke Altes Holztor, Schwalbacher Str. 18, ℰ 25 82 − *wochentags nur Abendessen.*

In Eltville 2-Erbach   W : 2 km :

🏠 **Tillmanns Erben**, Hauptstr. 2, ℰ 40 14, 🍴 – 📺 ☎ 🅿. 🆎 Ⓔ 𝖵𝖨𝖲𝖠
23. Feb.- 22. März geschl. – M (nur Abendessen, Donnerstag geschl.) a la carte 30/55 ⅃ –
16 Z : 34 B 60/100 - 135/180.

🍴🍴🍴 **Pan zu Erbach**, Erbacher Str. 44, ℰ 6 35 38, 🍴 – 🆎 ⓞ Ⓔ 𝖵𝖨𝖲𝖠. 🍽
Samstag bis 18 Uhr, Mittwoch und 3.- 12. Feb. geschl. – M (Tischbestellung ratsam)
55/110.

In Eltville 3-Hattenheim   W : 4 km :

🏠 **Zum Krug** (Fachwerkhaus a.d.J. 1720), Hauptstr. 34, ℰ (06723) 28 12, Fax 7677,
« Gemütliche, rustikale Gasträume » – ☎ 🅿
1.- 20. Jan. und 20. Juli - 4. Aug. geschl. – M (Sonntag 16 Uhr - Montag geschl.) a la carte
31/68 ⅃ – **9 Z : 16 B** 75/85 - 140/160.

🍴🍴🍴 **Kronenschlösschen**, Rheinallee, ℰ (06723) 30 13, Fax 7663, 🍴 – 🅿. ⓞ Ⓔ 𝖵𝖨𝖲𝖠
M a la carte 71/90 -(Hotel mit 20 Z : 37 B 182/272 - 242/482 ab Frühjahr 1991).

In Eltville 5-Rauenthal   N : 5 km :

🏠 Weinhaus Engel, Hauptstr. 12, ℰ 7 23 00, 🍴 – 🅿. 🍽 Zim
9 Z : 17 B.

Si vous cherchez un hôtel tranquille,
consultez d'abord les cartes thématiques de l'introduction
ou repérez dans le texte les établissements indiqués avec le signe 🦢 ou 🦢.

ELTZ (Burg) Rheinland-Pfalz Sehenswürdigkeit siehe Moselkern.

ELZACH 7807. Baden-Württemberg 📔 H 22, 📔 ㉞, 📔 ㉒ – 6 400 Ew – Höhe 361 m –
Luftkurort – 🕿 07682.
🚩 Verkehrsamt, im Haus des Gastes, ℰ 79 90.
♦Stuttgart 189 – ♦Freiburg im Breisgau 31 – Offenburg 43.

🏠 Bären, Hauptstr. 59, ℰ 3 20
10 Z : 17 B.

🏠 **Waldgasthof Summeri** 🦢, Krankenhausstr. 4a, ℰ 12 12, ≤, 🍴 – 🅿. 🍽
⬥ *1.- 20. Dez. geschl. – M (wochentags Mittagessen nur für Hausgäste, Montag geschl.)* a la
carte 19/33 ⅃ – **7 Z : 14 B** 37/39 - 74/78 – ½ P 50/55.

🍴 **Hirsch-Post** (mit Gästehaus), Hauptstr. 37 (B 294), ℰ 2 01, 🕿 – 🚗. 🍽 Zim
⬥ *Feb.- März und Okt.- Nov. jeweils 3 Wochen geschl. – M (Donnerstag 14 Uhr - Freitag
geschl.)* a la carte 21/37 ⅃ – **10 Z : 18 B** 35/45 - 68/85 Fb – ½ P 44/53.

In Elzach-Ladhof :

🏠 **Krone-Ladhof**, Ladhof 5 (B 294), ℰ 5 75, 🕿 – ☎ 🅿. 🆎 Ⓔ 𝖵𝖨𝖲𝖠
Feb. 3 Wochen geschl. – M a la carte 29/54 ⅃ – **15 Z : 30 B** 35 - 65/70.

In Elzach 3-Oberprechtal   NO : 7,5 km – Höhe 459 m :

🏠 **Adler**, Waldkircher Str. 2, ℰ 12 91 – 🅿. 🍽 Rest
Menu *(Montag geschl.)* 20/35 (mittags) und a la carte 30/55 – **20 Z : 35 B** 45 - 90 – ½ P 55.

🏠 Pension Endehof, Waldkircher Str. 13, ℰ 12 62, 🕿, 🍴 – 🅿
(Restaurant nur für Hausgäste) – **24 Z : 42 B**.

ELZE 3210. Niedersachsen 📔 ⑮, 📔 M 10 – 9 600 Ew – Höhe 76 m – 🕿 05068.
♦Hannover 30 – Göttingen 82 – Hameln 31 – Hildesheim 17.

In Elze-Mehle   SW : 3 km :

🍴🍴🍴 **Schökel** mit Zim, Alte Poststr. 35 (B 1), ℰ 30 66, Fax 3069 – 📺 ☎ 🚗 🅿
1.- 10. Jan. geschl. – M (Montag - Dienstag geschl.) a la carte 43/70 – **10 Z : 18 B** 70/95 -
120/170.

ELZTAL Baden-Württemberg siehe Mosbach.

EMBSEN Niedersachsen siehe Lüneburg.

EMDEN 2970. Niedersachsen 📔 ⑤⑭, 📔 M 1 – 50 000 Ew – Höhe 4 m – 🕿 04921.
Sehenswert : Ostfriesisches Landesmuseum★ (Rüstkammer★★) Z M.
🛥 nach Borkum (Autofähre, Voranmeldung erforderlich) ℰ 89 07 22, Fax 890746.
🚩 Verkehrsverein, Feuerschiff im Ratsdelft, ℰ 2 00 94, Fax 32528.
ADAC, Kirchstr. 12, ℰ 2 20 02.
♦Hannover 251 ② – Groningen 98 ② – Oldenburg 80 ② – Wilhelmshaven 77 ①.

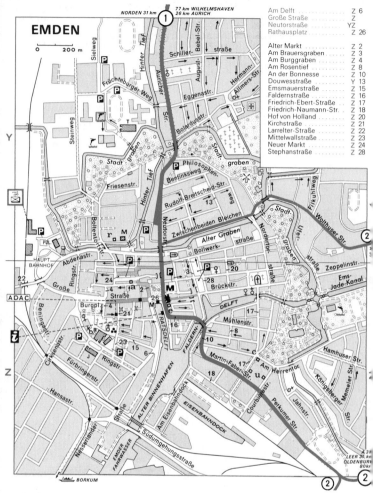

🏨 **Parkhotel Upstalsboom**, Friedrich-Ebert-Str. 73, ℘ 82 80, Fax 828599, ⬛ – 🚲 📺 ☎
🚗 🅿 – 🔏 25/70. 🆎 ⓞ 🅴 💳   Z u
M a la carte 33/60 – **95 Z : 170 B** 110/120 - 130/190 Fb.

🏨 **Goldener Adler**, Neutorstr. 5, ℘ 2 40 55 – 📺 ☎. 🆎 ⓞ 🅴 💳   Z e
M (Sonntag - Montag geschl.) 17/38 (mittags) und a la carte 32/62 – **16 Z : 25 B** 90/100 -
130 Fb.

🏨 **Am Boltentor** garni, Hinter dem Rahmen 10, ℘ 3 23 46 – 📺 ☎ 🅿. 🅴. 🛇   Y r
19 Z : 32 B 95 - 135 Fb.

🏨 **Faldernpoort**, Courbièrestr. 6, ℘ 2 10 75, Fax 28761 – 📺 ☎ 🅿 – 🔏 25/300
🛇   Z u
M (nur Abendessen) a la carte 29/57 – **43 Z : 70 B** 95/100 - 140/160 Fb.

🏨 **Heerens Hotel**, Friedrich-Ebert-Str. 67, ℘ 2 37 40, Fax 23158 – 📺 ☎ 🚗 🅿. ⓞ 🅴
🛇   Z c
M (Samstag und Juli - Aug. 2 Wochen geschl.) 23/34 (mittags) und a la carte 31/64 – **21 Z :**
33 B 80/95 - 90/165 Fb.

🏨 **Deutsches Haus**, Neuer Markt 7, ℘ 2 20 48, Fax 31657 – 📺 ☎ 🚗 🅿. 🆎 ⓞ 🅴
💳   Z a
20. Dez.- 2. Jan. geschl. – **M** (Samstag - Sonntag geschl.) a la carte 24/55 – **27 Z : 36 B**
90/140 - 140/160 Fb.

EMMELSHAUSEN 5401. Rheinland-Pfalz 📙 F 16 − 4 100 Ew − Höhe 490 m − Luftkurort −
📞 06747.

Mainz 76 − ◆Koblenz 30 − Bad Kreuznach 57 − ◆Trier 112.

🏠 **Union - Hotel**, Rhein-Mosel-Str. 71, 𝒫 15 67, 😤 − 📳 ☎ ⇔ 🅿 − 🔬 25/60. 🆎 **E**. 🎇
→ 1.- 15. Juli geschl. − **M** (Mittwoch geschl.) a la carte 20/48 − **30 Z : 56 B** 50 - 90 Fb.

🏠 **Stoffel** 🕭, Waldstr. 3a, 𝒫 80 64, 🚅, 🚗 − 📺 ☎ ⇔ 🅿 **E**
(Restaurant nur für Hausgäste) − **17 Z : 33 B** 42/52 - 76/90 Fb − ½ P 49/61.

🏠 **Tannenhof** 🕭, Simmerner Str. 21, 𝒫 76 54, 🚅, 🔲, 🚗 − 📳 ☎ ⇔ 🅿. 🎇 Rest
(nur Abendessen für Hausgäste) − **14 Z : 30 B** 53/58 - 86/93 − 2 Fewo 60.

In Halsenbach-Ehr 5401 N : 3,5 km :

🏠 **Zur Katz**, Auf der Katz 6 (B 327), 𝒫 (06747) 66 26, 😤, 🚅, 🔲, 🚗 − ⇔ 🅿 − 🔬 25/80.
→ 🎇
M (Montag geschl.) a la carte 17/41 − **18 Z : 30 B** 40/60 - 80/100.

EMMENDINGEN 7830. Baden-Württemberg 📗 G 22, 📙 ㉞, 📒 ㉜ − 23 000 Ew − Höhe
201 m − 📞 07641.

🛈 Verkehrsamt, Marktplatz 1 (Rathaus), 𝒫 45 23 26.

Stuttgart 193 − ◆Freiburg im Breisgau 16 − Offenburg 51.

In Emmendingen 12-Maleck NO : 4 km :

XXX 🕸 **Park-Hotel Krone** 🕭 mit Zim, Brandelweg 1, 𝒫 84 96, Fax 52576, « Gartenterrasse
mit Pavillons und Teich », 🚗 − 📺 ☎ 🅿 − 🔬 25. 🆎 ⓪ **E** 𝖵𝖨𝖲𝖠
5. Feb.- 4. März geschl. − **M** (Tischbestellung ratsam) (Montag geschl.) 75/145 und a la
carte 48/90 − **13 Z : 21 B** 70/90 - 120/130 Fb
Spez. Piccata von Kalbsbries, Zanderfilet in Currysauce mit Kaviar, Perlhuhnbrust mit Walnuß-Sauce.

In Emmendingen 13-Windenreute O : 3,5 km :

🏠 **Windenreuter Hof** 🕭, Rathausweg 19, 𝒫 40 86, Fax 53275, ≤, 😤, 🚗 − 📺 ☎ 🅿 −
🔬 25/150. 🆎 ⓪ **E** 𝖵𝖨𝖲𝖠
M 23/45 (mittags) und a la carte 40/82 − **60 Z : 96 B** 70/95 - 140/160 Fb − 3 Appart. 350.

EMMERICH 4240. Nordrhein-Westfalen 📙 ⑬, 📗 B 11, 📘 J 6 − 30 000 Ew − Höhe 19 m
− 📞 02822.

🛈 Fremdenverkehrsamt, Martinikirchgang 2 (Rheinmuseum), 𝒫 7 54 00.

◆Düsseldorf 103 − Arnhem 33 − Nijmegen 34 − Wesel 40.

XX Rheincafé Staffeld, Rheinpromenade 2, 𝒫 38 59, ≤, 😤.

In Emmerich 3-Elten NW : 7 km − 📞 02828 :

🏠 **Waldhotel Hoch-Elten** 🕭, Lindenallee 34, 𝒫 20 91, Fax 7122, ≤ Niederrheinische
Tiefebene, 😤, 🚅, 🔲, 🚗 − 📳📺 ☎ 🅿 − 🔬 25/40. 🆎 ⓪ **E** 𝖵𝖨𝖲𝖠 🎇 Rest
M (Jan. 2 Wochen geschl.) 48/110 − **21 Z : 40 B** 115 - 170 Fb − ½ P 130.

🏠 **Auf der Heide** 🕭, Luitgardisstr. 8, 𝒫 70 61, 🚗 − 📺 ☎ & 🅿 ⓪ **E** 𝖵𝖨𝖲𝖠
M (Montag und Dienstag nur Abendessen) a la carte 29/56 − **25 Z : 52 B** 79/89 - 107/137 Fb.

🏠 Wanders, Eltener Markt 2, 𝒫 22 20 − ⇔ 🅿. 🎇 − **11 Z : 20 B**.

In Emmerich 1-Vrasselt SO : 5 km :

🏠 **Heering**, Reeser Str. 384 (B 8), 𝒫 81 93, 🚅, 🔲 − 📺 ☎ ⇔ 🅿
22. Dez.- 7. Jan. geschl. − **M** (Freitag - Samstag geschl.) a la carte 30/52 − **17 Z : 26 B** 45/85
- 80/120.

EMS, BAD 5427. Rheinland-Pfalz 📙 ㉞, 📗 G 15 − 10 000 Ew − Höhe 85 m − Heilbad −
📞 02603.

🏌 Denzerheide (N : 5 km), 𝒫 (02603) 65 41.

🛈 Kur- und Verkehrsverein, Pavillon, Lahnstr. 90, 𝒫 44 88.

Mainz 66 − ◆Koblenz 17 − Limburg an der Lahn 40 − ◆Wiesbaden 61.

🏨 **Kurhotel**, Römerstr. 1, 𝒫 79 90, Telex 869017, Fax 799252, Bade- und Massageabteilung,
🚅, 🔲, 🚗 − 📳 📺 & ⇔ − 🔬 25/400. 🆎 ⓪ **E** 𝖵𝖨𝖲𝖠
M 33/40 (mittags) und a la carte 52/74 − **107 Z : 180 B** 130/220 - 160/250 Fb − 4 Appart.
280/450 − ½ P 112/252.

🏠 **Kuckenberg**, Lahnstr. 6, 𝒫 25 82, ≤, 😤 − 📳 📺 ☎
nur Saison − **33 Z : 60 B**.

🏠 **Park-Hotel** 🕭, Malbergstr. 7, 𝒫 20 58, 😤, 🚅, 🔲, 🚗 − 📳 ☎ 🅿. 🆎 ⓪ **E**
Nov.- Dez. geschl., Jan.- Feb. garni − **M** 26/40 − **30 Z : 50 B** 58/71 - 116/122 Fb − ½ P 74/77.

XX **Schweizer Haus** 🕭 mit Zim, Malbergstr. 21, 𝒫 27 16, 😤 − 🅿. 🆎 ⓪ **E** 𝖵𝖨𝖲𝖠
Anfang - Mitte Nov. geschl. − **M** (Donnerstag geschl.) a la carte 36/60 − **11 Z : 20 B** 55/60 -
110/116 − ½ P 75/80.

XX **Alter Kaiser** mit Zim, Koblenzer Str. 36, 𝒫 43 44, 🚅 − 📺 ☎ 🅿
9 Z : 18 B Fb.

Außerhalb S : 3 km über Braubacher Str. :

🏨 **Café Wintersberg** 🦌 garni, ⊠ 5427 Bad Ems, 𝒫 (02603) 42 82, ≤ Bad Ems un.
Umgebung, ⇌, 🐎 – 🅿
15. Dez.- 15. Jan. geschl. – **14 Z : 24 B** 57/68 - 110/114.

In Dausenau 5409 O : 4 km :

🍴 **Lahnhof**, Lahnstr. 3, 𝒫 (02603) 61 74 – 🙊
→ *März 3 Wochen geschl.* – **M** *(Donnerstag geschl.)* a la carte 18/39 ⌀ – **15 Z : 28 B** 30/40
52/72.

In Kemmenau 5421 NO : 5 km – Erholungsort :

XX **Kupferpfanne-Maurer-Schmidt** (mit Gästehaus, 🦌), Hauptstr. 17, 𝒫 (02603) 1 41 97
🐎 – 📺 ☎ ⇌ 🅿, 🆎 ⓞ 🅴 𝑉𝐼𝑆𝐴. 🙊
Nov. geschl. – **M** *(Dienstag geschl.)* a la carte 46/78 – **12 Z : 21 B** 60/80 - 120/160.

EMSBÜREN 4448. Niedersachsen 🐜🐜🐜 E 9 – 1 700 Ew – Höhe 49 m – 🕿 05903.
♦Hannover 218 – Groningen 136 – Münster(Westfalen) 71 – ♦Osnabrück 77.

🍴 **Evering**, Lange Str. 24, 𝒫 2 94 – ☎ 🅿
10 Z : 18 B.

EMSDETTEN 4407. Nordrhein-Westfalen 🐜🐜🐜 ⓦ, 🐜🐜🐜 F 10 – 31 600 Ew – Höhe 45 m – 🕿 0257.
🅱 Verkehrsverein, Am Markt, 𝒫 8 26 66.
♦Düsseldorf 152 – Enschede 50 – Münster (Westfalen) 31 – ♦Osnabrück 46.

🏨 **Lindenhof**, Emsstr. 42, 𝒫 70 11, Fax 7014, ⇌ – 📺 ☎ ⇌ 🅿
Mitte Juli - Anfang Aug. und 20. Dez.- 6. Jan. geschl. – **M** *(nur Abendessen, Sonnta*
geschl.) a la carte 30/52 – **25 Z : 40 B** 60/65 - 98/105.

🏨 **Kloppenborg**, Frauenstr. 15, 𝒫 8 10 77, Fax 7368 – 📳 ☎ ⇌ 🅿, 🅴 𝑉𝐼𝑆𝐴
M *(nur Abendessen, Sonntag und 15. Juli - 3. Aug. geschl.)* a la carte 30/45 – **22 Z : 40 B** 7
- 130 Fb.

X Altdeutsches Gasthaus Bisping-Waldesruh, Emsstr. 100 (NO : 1 km), 𝒫 28 82, 🎄 – 🅿.

Jenseits der Ems NO : 4 km über die B 475, dann links ab :

🏨 **Schipp-Hummert** 🦌, Veltrup 17, ⊠ 4407 Emsdetten, 𝒫 (02572) 73 37, 🎄 – ♿ 🅿
M *(Montag geschl.)* a la carte 25/45 – **16 Z : 25 B** 45 - 75.

EMSING Bayern siehe Titting.

EMSKIRCHEN 8535. Bayern 🐜🐜🐜 P 18. 🐜🐜🐜 ㉘ – 4 900 Ew – Höhe 359 m – 🕿 09104.
♦München 207 – ♦Bamberg 59 – ♦Nürnberg 32 – ♦Würzburg 69.

🍴 **Rotes Herz**, Hindenburgstr. 21 (B 8), 𝒫 6 94 – 📺 ⇌ 🅿. 🙊
→ *1.- 6. Jan. und 21. Mai - 9. Juni geschl.* – **M** *(Samstag - Sonntag geschl.)* a la carte 19/35 ⌀
– **12 Z : 20 B** 45 - 78.

🍴 Post-Gasthof Goldener Hirsch, Marktplatz 6 (B 8), 𝒫 6 95 – ☎ ⇌ 🅿
10 Z : 20 B.

EMSTAL 3501. Hessen 🐜🐜🐜 K 13 – 5 300 Ew – Höhe 320 m – Luftkurort – 🕿 05624.
🅱 Kur- und Verkehrsamt, im Thermalbad, Karlsbader Str. 4, 𝒫 7 77.
♦Wiesbaden 212 – ♦Frankfurt am Main 203 – ♦Kassel 22.

In Emstal-Sand :

🏨 **Emstaler Höhe** 🦌, Kissinger Str. 2, 𝒫 50 90, Fax 509200, ≤, 🎄, ⇌ – 📳 📺 ☎ & 🅿 –
🚗 25/150. 🆎 ⓞ 🅴 𝑉𝐼𝑆𝐴. 🙊
M a la carte 27/66 – **51 Z : 95 B** 60/80 - 113/145 Fb – ½ P 72/95.

🏨 **Sander Hof** 🦌, Karlsbader Str. 27, 𝒫 80 11 – & 🅿
3. Jan.- 24. Feb. geschl. – (Restaurant nur für Hausgäste) – **30 Z : 51 B** 48/60 - 86/92 Fb –
½ P 59/66.

🏨 **Grischäfer**, Kasseler Str. 78, 𝒫 3 54, « Hessisch-rustikale Einrichtung » – 🅿
Jan. geschl. – **M** *(nur Abendessen, Montag geschl.)* a la carte 41/54 – **16 Z : 32 B** 60 - 90.

ENDINGEN 7833. Baden-Württemberg 🐜🐜🐜 G 22. 🐜🐜🐜 ㉗, 🐜🐜 ㉚ – 7 300 Ew – Höhe 187 m –
🕿 07642.
🅱 Verkehrsbüro, Hauptstr. 60, 𝒫 15 55.
♦Stuttgart 189 – ♦Freiburg im Breisgau 27 – Offenburg 47.

XXX **Schindlers Ratsstube**, Marktplatz 10, 𝒫 34 58, 🎄 – 🍽. 🅴
Dienstag 15 Uhr - Mittwoch, ab Aschermittwoch 2 Wochen und Mitte - Ende Juli geschl. –
M (Tischbestellung ratsam) a la carte 34/70 ⌀.

X Badische Weinstube, Hauptstr. 23, 𝒫 78 16.

In Endingen-Kiechlingsbergen SW : 5,5 km :

✗ **Stube** mit Zim (Fachwerkhaus a.d. 16. Jh.), Winterstr. 28, ✆ 17 86 TV
Jan.- Feb. 3 Wochen und Juli 2 Wochen geschl. – Menu *(Montag - Dienstag geschl.)* a la carte 28/52 – **5 Z : 10 B** 40 - 65.

In Endingen-Königschaffhausen W : 4,5 km :

Adler, Hauptstr. 35, ✆ 32 12 – P
12 Z : 23 B.

ENDORF, BAD **8207.** Bayern 413 T 23, 987 ㊲, 426 ⑱ – 5 400 Ew – Höhe 520 m – Heilbad – 08053.

Höslwang (N : 8 km), ✆ (08075) 7 14.

Kurverwaltung im Rathaus, Bahnhofstr. 6, ✆ 94 22.

♦München 85 – Rosenheim 15 – Wasserburg am Inn 19.

Kurhotel Kurfer Hof, Kurf 1, ✆ 20 50, Fax 205219, Bade- und Massageabteilung, – TV – P –
31 Z : 50 B Fb.

Zum Alten Ziehbrunnen, Bergstr. 30, ✆ 93 29, – P
11. Nov.- 24. Dez. geschl. – (Restaurant nur für Hausgäste) – **11 Z : 15 B** 45/55 - 84/110 – ½ P 62/75.

Münchner Kindl, Kirchplatz 2, ✆ 12 14, – P
25. Feb.- 11. März und 8.- 28. Okt. geschl. – **M** *(Montag geschl.)* a la carte 19/37 – **8 Z : 15 B** 40/45 - 75.

In Bad Endorf-Pelham NO : 5 km :

Seeblick, ✆ 30 90, ≤, – P. Rest
Nov.- 17. Dez. geschl. – **M** a la carte 19/38 – **75 Z : 150 B** 35/50 - 70/100.

ENGELSBERG Bayern siehe Tacherting.

ENGELSBRAND **7543.** Baden-Württemberg 413 I 20 – 4 000 Ew – Höhe 620 m – 07082 (Neuenbürg) – ♦Stuttgart 61 – Calw 19 – Pforzheim 11.

In Engelsbrand 3-Salmbach :

Schwarzwald, Pforzheimer Str. 41, ✆ (07235) 3 32, – TV P
11 Z : 20 B.

ENGELSKIRCHEN **5250.** Nordrhein-Westfalen 987 ㉔, 412 F 14 – 19 900 Ew – Höhe 120 m – 02263.

Verkehrsamt, Rathaus, Engels-Platz 4 ✆ 8 31 37.

♦Düsseldorf 73 – ♦Köln 36 – Olpe 43.

Lindenhof, Bergische Str. 27, ✆ 25 61 – P
24. Dez.- 7. Jan. geschl. – **M** a la carte 23/47 – **14 Z : 26 B** 63 - 97.

In Engelskirchen - Wiehlmünden O : 6,5 km :

✗✗ **Kümmelecke**, Gummersbacher Str. 60 (B 55/56), ✆ 7 03 22 – P. AE VISA
Dienstag geschl. – **M** 19/36 (mittags) und a la carte 30/62.

ENGELTHAL Bayern siehe Hersbruck.

ENGEN IM HEGAU **7707.** Baden-Württemberg 413 J 23, 987 ㉟, 427 K 2 – 9 000 Ew – Höhe 520 m – 07733 – **Ausflugsziel** : Hegaublick ≤★, NW : 6 km (an der B 31).

Verkehrsamt, Rathaus, Hauptstr. 11, ✆ 50 22 02.

♦Stuttgart 142 – Bregenz 101 – Donaueschingen 28 – Singen (Hohentwiel) 16.

Sonne, Bahnhofstr. 2, ✆ 52 07 – P. AE E VISA
26. Okt.- 5. Nov. geschl. – **M** *(Montag - Dienstag 17 Uhr geschl.)* a la carte 24/41 – **18 Z : 30 B** 55/75 - 95.

✗ Kapuziner Stube, Hegaustr. 7, ✆ 68 76 – P.

ENGENHAHN Hessen siehe Niedernhausen.

ENGER **4904.** Nordrhein-Westfalen 987 ⑭, 412 I 10 – 17 000 Ew – Höhe 94 m – 05224.

♦Düsseldorf 196 – Bielefeld 16 – ♦Hannover 99 – Herford 9 – ♦Osnabrück 45.

✗✗ **Brünger in der Wörde**, Herforder Str. 14, ✆ 23 24 – P. AE E VISA
Montag geschl. – **M** a la carte 30/54.

ENINGEN UNTER ACHALM Baden-Württemberg siehe Reutlingen.

ENKIRCH 5585. Rheinland-Pfalz **412** E 17 − 2 000 Ew − Höhe 100 m − Erholungsort − ❀ 0654⬛ (Traben-Trarbach).

Ausflugsziel : Starkenburg ⩽★, S : 5 km.

🛈 Verkehrsbüro, Brunnenplatz, ℰ 92 65.

Mainz 104 − Bernkastel-Kues 29 − Cochem 51.

🏠 **Sponheimer Hof** ॐ (mit Gästehäusern), Sponheimer Str. 19, ℰ 66 28, ⇌s, 🔲, 🥀 − 📺 🄿 ⅏ ⓘ 🄴 𝗩𝗜𝗦𝗔
5. Jan.- 15. Feb. geschl. − **M** (Dienstag geschl.) a la carte 24/49 ⅄ − **20 Z : 40 B** 40 - 76 − 4 Fewo 45/95 − ½ P 60.

🏠 **Neumühle** ॐ, Großbachtal 17, ℰ 15 50, 🥀, nur Eigenbauweine, 🥀 − 🄿
39 Z : 73 B.

🏠 **Dampfmühle**, Am Steffensberg 80, ℰ 68 67, Fax 4904, 🥀, ⃑, 🥀 − ⅏ Zim 🄿 ⓘ 🄴 𝗩𝗜𝗦𝗔
14. Feb.- 4. März geschl. − **M** (Nov.- April Montag geschl.) a la carte 26/47 − **18 Z : 32 B** 50/75 - 100/120 − ½ P 72/97.

In Burg/Mosel 5581 N : 3 km :

🏠 **Zur Post**, Moselstr. 18, ℰ (06541) 92 14, 🥀 − ⇌, ⅏ Rest
6. Jan.- 12. Feb. geschl. − **M** 18/30 (mittags) und a la carte 25/52 ⅄ − **12 Z : 22 B** 34/45 - 64/72 − ½ P 45/50.

ENNEPETAL 5828. Nordrhein-Westfalen **987** ⒁, **412** F 13 − 35 000 Ew − Höhe 200 m − ❀ 02333.

🛈 Haus Ennepetal, Gasstr. 10 (Milspe), ℰ 78 65.

◆Düsseldorf 54 − Hagen 12 − ◆Köln 61 − Wuppertal 14.

In Ennepetal-Königsfeld SW : 7 km ab E.-Milspe :

✕ **Spreeler Mühle**, Spreeler Weg 128, ℰ (0202) 61 13 49, 🥀 − 🄿
Montag und 15. Jan.- 15. Feb. geschl. − **M** a la carte 22/51.

In Ennepetal-Voerde :

🏠 **Haus Grete**, Breckerfelder Str. 15, ℰ 82 08 − 📺 ☎ 🄿 ⅏ ⓘ 🄴 𝗩𝗜𝗦𝗔
M a la carte 28/51 − **25 Z : 50 B** 59/90 - 88/140 Fb.

ENNIGER Nordrhein-Westfalen siehe Ennigerloh.

ENNIGERLOH 4722. Nordrhein-Westfalen **412** H 11 − 20 400 Ew − Höhe 106 m − ❀ 02524.

Ausflugsziel : Wasserburg Vornholz★ NO : 5 km.

🛇 Ennigerloh-Ostenfelde (NO : 5 km), ℰ 57 99.

◆Düsseldorf 134 − Beckum 10 − Bielefeld 60 − Warendorf 16.

🏠🏠 **Hubertus**, Enniger Str. 4, ℰ 20 94, ⇌s − 📺 ☎ ⇌ 🄿 − 🛆 50. ⅏ ⓘ 🄴 𝗩𝗜𝗦𝗔
M (Donnerstag geschl.) a la carte 25/56 − **19 Z : 25 B** 55/80 - 100/105 Fb.

In Ennigerloh-Enniger W : 5,5 km :

✕ Lindenhof (restauriertes Fachwerkhaus a. d. 18. Jh.), Hauptstr. 62, ℰ (02528) 84 65 − 🄿.

In Ennigerloh-Ostenfelde NO : 5 km :

🏠 **Kröger**, Hessenknapp 17, ℰ 22 14, 🥀 − 📺 ☎ 🄿 − 🛆 25/200
━ **M** (nur Abendessen, Freitag geschl.) a la carte 19/40 − **14 Z : 22 B** 50 - 80.

ENZKLÖSTERLE 7546. Baden-Württemberg **413** I 20, 21 − 1 300 Ew − Höhe 598 m − Luftkurort − Wintersport : 600/900 m ⅊3 ⅊4 − ❀ 07085.

🛈 Kurverwaltung, Friedenstr. 16, ℰ 5 16.

◆Stuttgart 89 − Freudenstadt 26 − Pforzheim 39.

🏠🏠🏠 **Enztalhotel**, Freudenstädter Str. 67, ℰ 1 80, Fax 1642, 🥀, ⇌s, 🔲 − 🛗 📺 ⇌ 🄿. ⅏ Zim
10.- 22. Dez. geschl. − **M** 35 (mittags) und a la carte 46/72 − **50 Z : 88 B** 80/108 - 144/220 Fb − ½ P 94/123.

🏠🏠 **Schwarzwaldschäfer** ॐ, Am Dietersberg 2, ℰ 17 12, Fax 502, ⇌s, 🔲, 🥀 − 📺 ⇌ 🄿
15. Nov.- 15. Dez. geschl. − **M** a la carte 28/48 − **27 Z : 44 B** 75/100 - 130/160 Fb − 2 Fewo 110 − ½ P 90/110.

🏠🏠 **Gästehaus am Lappach** garni, Aichelberger Weg 4, ℰ 5 11, 🔲, 🥀 − 🛗 ☎ 🄿. ⅏
5. Nov.- 19. Dez. geschl. − **32 Z : 53 B** 62/70 - 92/110 Fb.

🏠 **Gästehaus Forsthaus** ॐ garni, Im Rohnbachtal 63, ℰ 6 80, ⇌s, 🔲, 🥀 − 📺 ☎ 🄿. ⅏
Nov.- 20. Dez. geschl. − **13 Z : 25 B** 76 - 90/138 Fb.

🏠 **Wiesengrund** ॐ, Friedenstr. 1, ℰ 2 27, 🥀 − 🛗 ⇌ 🄿. ⅏
━ 10. Jan.- 15. März geschl. − **M** (Dienstag geschl.) a la carte 19/46 − **28 Z : 49 B** 60/72 - 78/116 Fb − ½ P 56/89.

🏠 **Hirsch - Café Klösterle**, Freudenstädter Str. 2, ℰ 2 61, �, ⇔ – ⇔ ℗
➡ *Nov.- 20. Dez. geschl.* – **M** a la carte 19/41 – **55 Z : 88 B** 53/91 - 90/106 Fb – ½ P 67/75.

🏠 **Schwarzwaldhof**, Freudenstädter Str. 9, ℰ 2 63, � – 📳 📺 ⇔ ℗
Feb.- März 2 Wochen geschl. – **M** a la carte 24/47 – **25 Z : 40 B** 58/62 - 104/112 Fb.

🏠 **Parkhotel Hetschelhof** 🔖, Hetschelhofweg 1, ℰ 2 73, Fax 1785, �, 🌤 – 📺 ℗. ◑
E. 🍴 Zim
Nov. geschl. – **M** a la carte 23/50 – **29 Z : 58 B** 60 - 96/110 Fb.

In Enzklösterle-Poppeltal SW : 5 km :

🏡 **Waldeck** 🔖, Eschentalweg 10, ℰ 5 15 – 📳 ℗
➡ **M** a la carte 21/37 🍴 – **26 Z : 46 B** 45/55 - 80.

EPPELHEIM Baden-Württemberg siehe Heidelberg.

EPPENBRUNN 6789. Rheinland-Pfalz **412** **418** F 19. **242** ⑳ – 1 700 Ew – Höhe 390 m –
uftkurort – ☎ 06335.

ainz 135 – Landau in der Pfalz 59 – Pirmasens 14.

🏠 Kupper 🔖, Himbaumstr. 22, ℰ 3 41, Biergarten, ⇔, ⬛ – ℗ – **20 Z : 40 B**.

EPPERTSHAUSEN 6116. Hessen **412** **418** J 17 – 5 300 Ew – Höhe 140 m – ☎ 06071.

Wiesbaden 57 – Aschaffenburg 27 – ◆Darmstadt 22 – ◆Frankfurt am Main 24.

🏠 **Alte Krone**, Dieburger Str. 1, ℰ 3 00 00, Fax 300010 – 📳 📺 ☎ ℗ – 🔬 25/80. 🅰🅴 **E** 𝑽𝑰𝑺𝑨.
🍴
M *(Sonn- und Feiertage sowie Weihnachten - Anfang Jan. geschl.)* a la carte 24/50 – **40 Z :
60 B** 62/88 - 96/120.

🏠 **Am Rotkäppchenwald** garni, Jahnstr. 22 (Gewerbegebiet), ℰ 3 75 20, Fax 38452 – 📳
⇔ 📺 ☎ ⇔ ℗. 🍴
18 Z : 25 B 85/120 - 140 Fb.

EPPINGEN 7519. Baden-Württemberg **987** ㉛. **412** **418** J 19 – 15 500 Ew – Höhe 190 m –
☎ 07262.

Stuttgart 80 – Heilbronn 26 – ◆Karlsruhe 48 – ◆Mannheim 64.

🏠 **Villa Waldeck** 🔖, Waldstr. 80, ℰ 10 61, �, 🌤 – 📺 ☎ ⇔ ℗ – 🔬 25/40. 🅰🅴 ◑ **E**
𝑽𝑰𝑺𝑨
1.- 23. Jan. geschl. – **M** *(Montag geschl.)* a la carte 30/56 🍴 – **16 Z : 26 B** 60/70 - 110/120
Fb.

🏠 **Geier**, Kleinbrückentorplatz 2, ℰ 44 24 – 📳 ☎ – 🔬 40. 🅰🅴 ◑ **E** 𝑽𝑰𝑺𝑨
➡ **M** *(Samstag geschl.)* a la carte 16/41 🍴 – **26 Z : 38 B** 48/50 - 90/95.

❌❌ **Palmbräuhaus**, Rappenauer Str. 5, ℰ 84 22, �
Dienstag und Feb. 3 Wochen geschl. – **M** a la carte 31/63.

In Gemmingen 7519 NO : 8 km :

❌ **Restaurant am Park - Krone**, Richener Str. 3, ℰ (07267) 2 56 – ℗. 🅰🅴. 🍴
Samstag bis 18 Uhr, Dienstag, 26.- 29. März und Juli - Aug. 3 Wochen geschl. – Menu a la
carte 30/55 🍴.

EPPSTEIN 6239. Hessen **412** **418** I 16 – 12 500 Ew – Höhe 184 m – Luftkurort – ☎ 06198.

Sehenswert : Hauptstraße (≤ ⋆ zur Burgruine).

Wiesbaden 20 – ◆Frankfurt am Main 28 – Limburg an der Lahn 41.

In Eppstein-Vockenhausen :

🏡 **Nassauer Hof**, Hauptstr. 104, ℰ 14 44, Fax 33666, 🌤 – ⇔ ℗. 🅰🅴 **E** 𝑽𝑰𝑺𝑨
25. Juni - 15. Juli geschl. – **M** *(Montag - Dienstag geschl.)* a la carte 26/50 – **10 Z : 16 B** 35
- 70.

ERBACH (ALB-DONAU-KREIS) 7904. Baden-Württemberg **418** M 22 – 11 000 Ew – Höhe
530 m – ☎ 07305.

◆Stuttgart 104 – Tuttlingen 105 – ◆Ulm (Donau) 12.

🏠 **Kögel - Restaurant Trüffel**, Ehinger Str. 44 (B 311), ℰ 80 21 – 📺 ☎ ⇔ ℗. ◑ **E**
1.- 21. Jan. und 5.- 19. Aug. geschl. – **M** *(Sonn- und Feiertage geschl.)* a la carte 41/64 –
28 Z : 42 B 45/82 - 76/96 Fb.

🏠 **Zur Linde**, Bahnhofstr. 8, ℰ 73 20 – ⇔ ℗
Ende Aug.- Mitte Sept. geschl. – **M** *(Samstag 14 Uhr - Sonntag geschl.)* a la carte 22/40 –
14 Z : 23 B 50 - 90.

❌❌ **Schloß-Restaurant**, Am Schloßberg 1, ℰ 69 54, 🌤 – ℗. 🅰🅴 ◑ **E** 𝑽𝑰𝑺𝑨
Montag - Dienstag 18 Uhr, 4.- 25. Feb. und 5.- 12. Aug. geschl. – **M** a la carte 41/63.

In Erbach-Dellmensingen SO : 3 km :

🏠 Brauereigasthof Adler, Adlergasse 2, ℰ 73 42 – ☎ ℗. 🍴 – **13 Z : 25 B**.

ERBACH IM ODENWALD 6120. Hessen 🟦🟦🟦 ⊛, 🟦🟦🟦 🟦🟦🟦 J 18 — 11 000 Ew — Höhe 212 m
Luftkurort — ✆ 06062.

Sehenswert : Schloß (Hirschgalerie★).

🟦 Fremdenverkehrsamt, Marktplatz 1, ☎ 64 39.

◆Wiesbaden 95 — ◆Darmstadt 50 — Heilbronn 79 — ◆Mannheim 59 — ◆Würzburg 100.

🏠 **Odenwälder Bauern- und Wappenstube** ⌂, Am Schloßgraben 30, ☎ 22 36 — ☎.
    🟦 VISA
    4. Feb.- 7. März geschl. — **M** (nur Abendessen, Montag geschl.) a la carte 23/50 ⅜ — **11 Z**
    19 B 50/75 - 78/120.

✕✕ **Zum Hirsch**, Bahnstr. 2, ☎ 35 59 — ⌖
    Mittwoch - Donnerstag 18 Uhr und Juli 2 Wochen geschl. — **M** a la carte 29/65 ⅜
    Gourmet - Stube (Tischbestellung ratsam) (Mittwoch, Sonntag sowie Jan. und Juli je
    Wochen geschl.) **M** 65/105.

    In Erbach-Erlenbach SO : 2 km :

🏠 **Erlenhof** (ehemaliger Bauernhof), Bullauer Str. 10, ☎ 31 74, 🏛, 🍴, 🍴 — ☎ ℗
    18 Z : 34 B.

ERBENDORF 8488. Bayern 🟦🟦🟦 T 17, 🟦🟦🟦 ⊛ — 5 000 Ew — Höhe 509 m — Erholungsort
✆ 09682.

🟦 Verkehrsamt, Marktplatz, ☎ 23 27.

◆München 248 — Bayreuth 40 — ◆Nürnberg 108 — Weiden in der Oberpfalz 24.

🏚 **Pension Pöllath** ⌂ garni, Josef-Höser-Str. 12, ☎ 5 87, 🍴, 🍴 — 🍴 ℗
    12 Z : 18 B 23/27 - 46/50.

✕✕ ⊛ **Am Kreuzstein** mit Zim, an der B 22/B 299 (SW : 1 km), ☎ 13 20 — ℗. ⊙. ⌖
    M (wochentags nur Abendessen, Sonntag 14 Uhr - Dienstag geschl.) (Tischbestellur
    ratsam) 110 und a la carte 65/85 — **2 Z : 4 B** 30 - 60
    Spez. Ravioli von Edelfischen in Tomatenschaum, Kaninchenrücken im Mohn-Grieß-Mantel r
    Käsebuttersauce, Pistazienkuchen in weißer Schokoladensauce.

    In Erbendorf-Pfaben N : 6 km, Höhe 720 m — Wintersport ⌘1 :

🏨 **Steinwaldhaus** ⌂, ☎ 23 91, Telex 63887, Fax 3923, ≤ Oberpfälzer Wald, 🟥, 🍴 — ☎
◆ — 🏛 25. ⌖ Zim
    24. Febr.- 22. März und 10. Nov.- 19. Dez. geschl. — **M** a la carte 21/43 ⅜ — **64 Z : 120 B** 59
    102/144 Fb — 31 Fewo 94/115.

ERDING 8058. Bayern 🟦🟦🟦 S 22, 🟦🟦🟦 ⊛ — 25 500 Ew — Höhe 462 m — ✆ 08122.

🟦 Grünbach (O : 8 km über die B 388), ☎ (08122) 64 65.

◆München 35 — Landshut 39 — Rosenheim 66.

🏨 **Kastanienhof**, Am Bahnhof 7, ☎ 4 10 41, Telex 5270424, Fax 42477, 🏛, 🍴 — 🛗 📺
    🍴 — 🏛 25/100. 🟦 ⊙ 🟦 VISA
    M a la carte 30/59 — **88 Z : 195 B** 130/170 - 175/250 Fb.

🏠 **Mayr-Wirt**, Haager Str. 4, ☎ 70 94, Fax 7098 — 🛗 📺 ☎ 🍴 — 🏛 25/100. 🟦 ⊙ 🟦 VISA
    M (Samstag geschl.) a la carte 25/62 ⅜ — **62 Z : 110 B** 80/95 - 120/200 Fb.

🏚 **Schmidbauer**, Zollnerstr. 7, ☎ 1 41 40 — ☎ 🍴. ⌖ Zim
    16 Z : 20 B.

    In Oberding 8059 NW : 6 km :

✕✕ **Balthasar Schmid** mit Zim, Hauptstr. 29, ☎ (08122) 25 65 — 📺 ℗
    M (Donnerstag geschl.) a la carte 23/49 ⅜ — **5 Z : 7 B** 75 - 125.

ERFTSTADT 5042. Nordrhein-Westfalen 🟦🟦🟦 ⊛, 🟦🟦🟦 D 14 — 44 700 Ew — Höhe 90 m — ✆ 022

🟦 Erftstadt-Konradsheim, ☎ 7 60 94.

◆Düsseldorf 64 — Brühl 8 — ◆Köln 18.

    In Erftstadt-Lechenich :

✕✕ **Husarenquartier** mit Zim, Schloßstr. 10, ☎ 50 96 — ☎ ℗
    6 Z : 11 B.

    In Erftstadt-Kierdorf :

✕✕ **Zingsheim**, Goldenbergstr. 30, ☎ 8 53 32 — 🏛 50. ⊙ 🟦 VISA
    wochentags nur Abendessen, Mittwoch geschl. — **M** a la carte 47/86.

ERFURT 5000. Thüringen 🟦🟦🟦 ⊛, 🟦🟦🟦 ⊛ — 220 000 Ew — Höhe 192 m — ✆ 003761.

Sehenswert : Dom★★ (Nordportale★★, Mosaikfenster★ im Chor, Kandelaber-Statue★)
Severi-Kirche★ — Rathaus (Fresken★) — Krämerbrücke★ — Angermuseum★ (Altaraufsätze★★
Pieta★★) — Barfüßerkirche (Museum für Kunst des Mittelalters).

✈ Erfurt-Bindersleben (W : 4 km), ☎ 2 15 43.

🟦 Erfurt-Information, Bahnhofstr. 37, ☎ 2 62 67.

◆Berlin - Ost 264 — Chemnitz 154 — ◆Leipzig 130 — Nordhausen 77.

🏨 **Erfurter Hof**, Am Bahnhofsvorplatz 1, 𝒫 5 11 51, Telex 61283 – 🛗 🖲 Rest 📺 – 🛦 25/200. 🖾 ⓞ 🗲 𝖵𝖨𝖲𝖠
M a la carte 25/57 – **Kellerrestaurant M** a la carte 24/42 – **161 Z : 224 B** 120/165 - 190/270 Fb – 5 Appart. 260/340.

🏨 **Cyriaksburg** 🦢, Cyriakstr. 37, ⊠ 5023, 𝒫 2 49 84, Fax 24985, 🍴, ⇔ – 📺 ☎ 🅿. 🖾 ⓞ 🗲
M a la carte 25/57 – **13 Z : 24 B** 90/160 - 120/200 – 4 Appart. 260/420.

🏨 **Kosmos**, Juri-Gagarin-Ring 126, 𝒫 55 10, Telex 61317 – 🛗 🖲 Rest 📺 ☎ 🅿 – 🛦 25/100. 🕸 Rest
Restaurants: **Galaxis M** a la carte 25/57 – **Orbit** *(ab 19 Uhr geöffnet, Sonntag geschl.)* **M** a la carte 36/60 – **320 Z : 550 B** 110/135 - 170/220 Fb.

🍴 **Gildehaus** (Renaissancehaus a.d.J. 1883), Fischmarkt 13, 𝒫 2 32 73
➜ **M** a la carte 17/39.

🍴 **Zur alten Stadtmauer**, Juri-Gagarin-Ring 131 b, 𝒫 2 64 20, 🍴
➜ **M** a la carte 18/34.

ERFWEILER Rheinland-Pfalz siehe Dahn.

ERGOLDING Bayern siehe Landshut.

ERGOLDSBACH 8305. Bayern 𝟜𝟙𝟛 T 20, 𝟗𝟠𝟟 ㉗㊲ – 6 000 Ew – Höhe 417 m – 😊 08771.
München 88 – Ingolstadt 80 – Landshut 16 – ◆Regensburg 44.

🏠 **Dallmaier**, Hauptstr. 26, 𝒫 12 10, Biergarten – 🚗 🅿. 🕸 Zim
➜ *27. Dez.- 8. Jan. geschl.* – **M** a la carte 15/39 – **15 Z : 24 B** 36 - 72.

ERKELENZ 5140. Nordrhein-Westfalen 𝟗𝟠𝟟 ㉓, 𝟜𝟙𝟚 B 13 – 37 800 Ew – Höhe 97 m – 😊 02431.
Düsseldorf 45 – ◆Aachen 38 – Mönchengladbach 15.

🏨 **Rheinischer Hof** garni, Kölner Str. 18, 𝒫 22 94, Fax 74666 – 📺 ☎ 🚗. 🖾 ⓞ 🗲 𝖵𝖨𝖲𝖠
25 Z : 36 B 88/130 - 120/220 Fb.

🍴🍴 **Oerather Mühle**, Roermonder Str. 36, 𝒫 24 02, 🍴 – 🅿. 🖾 🗲
Mittwoch geschl. – **M** 24/68.

Siehe auch : *Wegberg* N : 8 km

ERKENSRUHR Nordrhein-Westfalen siehe Simmerath.

ERKHEIM 8941. Bayern 𝟜𝟙𝟛 NO 22, 𝟜𝟚𝟞 D 4 – 2 500 Ew – Höhe 600 m – 😊 08336.
München 98 – ◆Augsburg 67 – Memmingen 14 – ◆Ulm (Donau) 68.

🏠 **Gästehaus Herzner** 🦢, Färberstr. 19, 𝒫 3 00, ⇔, 🍴, 🌿 – 🅿
(nur Abendessen für Hausgäste) – **14 Z : 23 B** 32/45 - 75/80.

ERKRATH 4006. Nordrhein-Westfalen 𝟜𝟙𝟚 D 13 – 46 000 Ew – Höhe 50 m – 😊 0211 (Düsseldorf).
Düsseldorf 9 – Wuppertal 26.

In Erkrath 2-Hochdahl O : 3 km :

🏠 **Schildsheide**, Schildsheider Str. 47, 𝒫 (02104) 4 60 81, Fax 46083, 🍴, ⇔, 🍴 – 📺 ☎
🅿. 🖾 ⓞ 🗲
M *(wochentags nur Abendessen, Montag geschl.)* a la carte 27/53 – **19 Z : 32 B** 95/208 - 130/318 Fb.

🏠 **Neanderhöhle**, Neandertal 3 (O : 2 km), 𝒫 (02104) 78 29, 🍴 – 📺 ☎ 🅿. 🖾 ⓞ 🗲 𝖵𝖨𝖲𝖠
M *(Montag geschl.)* 18 (mittags) und a la carte 36/59 – **14 Z : 24 B** 75/95 - 100/120.

In Erkrath-Unterfeldhaus S : 4,5 km :

🏠 **Unterfeldhaus** 🦢 garni, Millrather Weg 21, 𝒫 25 30 00, Fax 254332 – 📺 ☎ 🅿. 🕸
22. Dez.- 2. Jan. geschl. – **12 Z : 22 B** 95/150 - 130/220 Fb.

ERLABRUNN Bayern siehe Würzburg.

ERLANGEN 8520. Bayern 𝟜𝟙𝟛 PQ 18, 𝟗𝟠𝟟 ㉖ – 100 000 Ew – Höhe 285 m – 😊 09131.
🏌 Kleinsendelbach (O : 14 km über ②), 𝒫 (09126) 50 40.
🛈 Touristinformation, Rathaus, Rathausplatz 1, 𝒫 2 50 74.
ADAC, Henkestr. 26, 𝒫 2 56 52, Notruf 𝒫 1 92 11.
◆München 191 ④ – ◆Bamberg 40 ① – ◆Nürnberg 20 ④ – ◆Würzburg 91 ⑥.

ERLANGEN

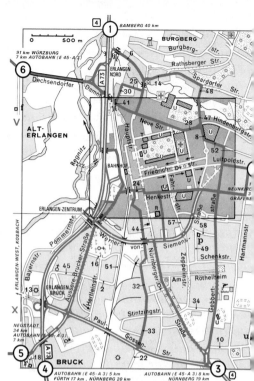

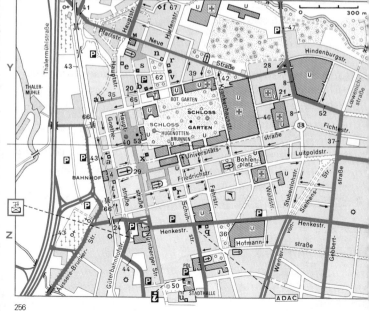

🏨 **Bayerischer Hof**, Schuhstr. 31, ℰ 81 10, Telex 629908, Fax 25800, 🍴, 🔥, 🚘 – 🛗 ⇔ Zim 📺 🕭 ⇔ – 🔥 25/250. 🖭 ⑩ 🗲 𝖵𝖨𝖲𝖠   Z q
M a la carte 32/62 – **155 Z : 300 B** 134/240 - 190/280 Fb.

🏨 **Transmar-Kongress-Hotel**, Beethovenstr. 3, ℰ 80 40, Telex 629750, Fax 804104, 🚘, 🔍 – 🛗 ⇔ Zim 🔲 📺 – 🔥 25/60. 🖭 ⑩ 🗲 𝖵𝖨𝖲𝖠   Z u
M (Freitag ab 18 Uhr geschl.) a la carte 38/55 – **138 Z : 263 B** 169/254 - 199/344 Fb.

🏠 **Luise** garni, Sophienstr. 10, ℰ 12 20, Fax 303717, 🔍 – 🛗 📺 🕿 ⇔. ⑩ 🗲 𝖵𝖨𝖲𝖠   X p
24. Dez.- 2. Jan. geschl. – **100 Z : 140 B** 95/125 - 129/169 Fb.

🏠 **Altstadt** garni, Kuttlerstr. 10, ℰ 2 70 70, Fax 28246, 🚘 – 🛗 📺 🕿 𝖠𝖤 ⑩ 🗲 𝖵𝖨𝖲𝖠   Y a
23. Dez.- 6. Jan. geschl. – **31 Z : 45 B** 95 - 140/150 Fb.

🏠 **Rokokohaus** 🍸 garni, Theaterplatz 13, ℰ 2 90 63, Fax 29336 – 🛗 📺 🕿 ⇔. 𝖠𝖤 ⑩ 🗲 𝖵𝖨𝖲𝖠   Y r
21. Dez.- 5. Jan. geschl. – **37 Z : 60 B** 90/125 - 130/170 Fb.

🏠 **Fischküche Silberhorn** 🍸, Wöhrstr. 13, ℰ 2 30 05, Fax 209218 – 📺 🕿 🅿   Y f
Mai - Aug. garni – **M** (Sonntag ab 15 Uhr und Dienstag geschl.) a la carte 30/61 – **20 Z : 26 B** 80/100 - 140/160 Fb.

🏠 **Fränkischer Hof** (mit rustikalem Salvator- und Weinkeller ab 17 Uhr geöffnet), Goethestr. 34, ℰ 2 20 12, Fax 23798 – 🛗 📺 🕿 ⇔ – 🔥 30   Z a
M (Sonntag ab 15 Uhr und Montag geschl.) a la carte 26/52 – **31 Z : 50 B** 80/100 - 120/160 Fb.

🏠 **Bahnhof-Hotel** garni, Bahnhofplatz 5, ℰ 2 70 07 – 🛗 📺 🕿 ⇔. 𝖠𝖤 ⑩ 🗲 𝖵𝖨𝖲𝖠 ⅏   Z t
5. Aug.- 2. Sept. geschl. – **15 Z : 20 B** 45/95 - 130/140 Fb.

🏠 **Grauer Wolf**, Hauptstr. 80, ℰ 8 10 60, Fax 810647 – 🛗 📺 🕿 🅿   Y e
M a la carte 34/52 – **34 Z : 47 B** 85/95 - 125/135 Fb.

🏠 **Süd** 🍸 garni, Wacholderweg 37, ℰ 3 20 21 – 📺 🕿 ⇔. 🗲 𝖵𝖨𝖲𝖠   X u
12 Z : 16 B 75 - 110.

🏠 **Antik** 🍸 garni, Wilhelmstr. 23, ℰ 2 10 86 – 📺 🕿   über Schillerstr.   V
12 Z : 17 B 85 - 130.

🏠 **Wiessner** garni, Harfenstr. 1c, ℰ 2 90 84 – 📺 🕿 ⇔   Y n
20. Dez.- 8. Jan. geschl. – **23 Z : 30 B** 68/80 - 98/135.

XX ⚫ **A'Petit** (Einrichtung im Bistro-Stil), Theaterstr. 6, ℰ 2 42 39 – 🗲   Y b
Samstag sowie Sonn- und Feiertage jeweils bis 18 Uhr und Dienstag geschl. – **M** (abends Tischbestellung ratsam) 35/85 (mittags) und a la carte 56/77
Spez. Ligurischer Fischtopf, Lammfilet in Dinkel-Anisbrot gebacken, Mandel-Krokantmus mit Pfirsichbeignets.

XX **Altmann's Stube** mit Zim, Theaterplatz 9, ℰ 2 40 82, 🍴 – 📺 🕿. 𝖠𝖤 ⑩ 🗲 𝖵𝖨𝖲𝖠 ⅏   Y v
M 35 (mittags) a la carte 41/65 – **14 Z : 21 B** 65/85 - 105/125 Fb.

XX **Weinstube Kach**, Kirchenstr. 2, ℰ 2 23 72 – ⑩ 🗲 𝖵𝖨𝖲𝖠 ⅏   Y s
10. Aug.- 10. Sept. sowie Sonn- und Feiertage geschl. – **M** a la carte 38/60.

X Oppelei, Halbmondstr. 4, ℰ 2 15 62   Z x

X **Gasthof Strauß** mit Zim, Rückertstr. 10, ℰ 2 36 45 – 📺 🕿   Z r
M a la carte 22/53 – **13 Z : 20 B** 46/80 - 90/110.

In Erlangen-Alterlangen :

🏠 **West** garni, Möhrendorfer Str. 44, ℰ 4 20 46, 🔍 – 📺 🕿 🅿   V f
44 Z : 65 B 80/105 - 100/170.

In Erlangen-Bruck :

🏠 **Grille**, Bunsenstr. 35, ℰ 61 36, Telex 629839, Fax 65534, 🚘 – 🛗 📺 🕿 🅿. 𝖠𝖤 ⑩ 🗲 𝖵𝖨𝖲𝖠. ⅏ Rest   über Günther-Scharowsky-Str.   X
M (Samstag, 22. Dez.- 6. Jan. und 3.- 31. Aug. geschl.) a la carte 43/70 – **62 Z : 90 B** 87/135 - 162/210 Fb.

🏠 **Roter Adler**, Fürther Str. 5, ℰ 6 60 01 (Hotel) 6 60 04 (Rest.), 🚘 – 📺 🕿. 🗲 𝖵𝖨𝖲𝖠   X r
24. Dez.- 6. Jan. geschl. – **M** (Samstag und über Pfingsten geschl.) a la carte 28/47 – **35 Z : 58 B** 78/88 - 99/150.

In Erlangen-Eltersdorf S : 5 km über Fürther Str. X :

🏠 **Rotes Ross** garni, Eltersdorfer Str. 15a, ℰ 6 00 84, Fax 603411, 🚘, 🌳 – 📺 🕿 ⇔ 🅿. 𝖠𝖤 ⑩ 🗲 𝖵𝖨𝖲𝖠
28 Z : 50 B 62/82 - 94/115 Fb.

In Erlangen-Frauenaurach über ⑤ :

🏠 **Schwarzer Adler** 🍸 garni, Herdegenplatz 1, ℰ 99 20 51, « Renoviertes Fachwerkhaus a.d. 16. Jh., Weinstube » – 📺 🕿 ⑩ 𝖵𝖨𝖲𝖠
17. Mai - 3. Juni und 12. Aug.- 9. Sept. geschl. – **8 Z : 13 B** 90/120 - 135/160.

In Erlangen-Kosbach W : 6 km über Büchenbacher Damm X :

XX ⚫ **Polster**, Am Deckersweiher 26, ℰ 4 14 32, 🍴, (bemerkenswerte Weinkarte) – 🅿. 𝖠𝖤 ⑩ 🗲
Montag geschl. – **M** (Tischbestellung ratsam) 35 (mittags) und a la carte 47/78
Spez. Zanderfilet auf Hagebuttensauce, Das Beste vom Milchkalb auf Schnittlauchsabayon, Hefekrapferl mit Quarksauce.

In Erlangen-Tennenlohe über ③ :

🏨 **Transmar-Motor-Hotel**, Am Wetterkreuz 7, ℰ 60 80, Telex 629912, Fax 608100, 🖘, ☐ 🚗 – ⧏ 📺 🅿 – 🛦 25/250. 🆎 ⓪ ᴇ 𝘝𝘐𝘚𝘈
M a la carte 33/55 – **126 Z : 252 B** 159/244 - 189/329 Fb.

🏠 **Tennenloher Hof**, Am Wetterkreuz 32, ℰ 69 60, Fax 696295, 🖘, ☐ – ⧏ 📺 ☎ 🅿. 🆎 ⓒ
→ ᴇ 𝘝𝘐𝘚𝘈
M *(nur Abendessen, Samstag geschl.)* a la carte 21/45 ⅃ – **35 Z : 70 B** 80/90 - 100/120 Fb.

In Bubenreuth 8526 N : 3 km :

🏠 **Mörsbergei**, Hauptstr. 14, ℰ (09131) 2 00 00, Fax 205697, Biergarten – 📺 ☎ 🅿. ⓪ ᴇ 𝘝𝘐𝘚𝘈
M a la carte 28/60 – **19 Z : 32 B** 85 - 115/129.

In Marloffstein 8525 NO : 5 km :

🏠 Alter Brunnen, Am alten Brunnen 1, ℰ (09131) 5 00 15, 🏡 – ☎ 🅿
(wochentags nur Abendessen) – **18 Z : 35 B** Fb.

In Baiersdorf 8523 ① : 7 km :

XX ۞ **Zum Storchennest**, Hauptstr. 41, ℰ (09133) 8 26, 🏡 – 🅿. ⓪ ᴇ 𝘝𝘐𝘚𝘈
Sonntag 15 Uhr - Montag, 2.- 10. Jan. und Aug. 2 Wochen geschl. – **M** 60/89
Spez. Wachtelterrine, Lachs und Steinbutt mit Champagnersauce, Blutorangen-Parfait mit Dukaten-Buchteln

ERLENBACH Baden-Württemberg siehe Weinsberg.

ERLENBACH AM MAIN 8765. Bayern 𝟦𝟷𝟤 𝟦𝟷𝟥 K 17 – 8 500 Ew – Höhe 125 m – ۞ 09372.
♦München 354 – Aschaffenburg 25 – Miltenberg 16 – ♦Würzburg 78.

🏠 Tannenhof 🕏, Am Stadtwald 66, ℰ 44 40, 🚗 – 📺 🖚 🅿. ❄
(nur Abendessen) – **20 Z : 34 B**.

🏠 **Fränkische Weinstuben**, Mechenharder Str. 5, ℰ 50 49, 🏡, 🚗 – 🅿. ᴇ
→ **M** *(Freitag geschl.)* a la carte 20/51 ⅃ – **16 Z : 24 B** 40/48 - 68/75.

ERLENSEE 6455. Hessen 𝟦𝟷𝟤 𝟦𝟷𝟥 J 16 – 10 700 Ew – Höhe 105 m – ۞ 06183.
♦Wiesbaden 65 – ♦Frankfurt am Main 26 – Fulda 81 – ♦Würzburg 114.

In Erlensee-Rückingen :

🏠 **Brüder-Grimm-Hotel**, Rhönstr. 9 (B 40 - Abfahrt Erlensee-Süd), ℰ 8 20, Fax 82109 –
📺 ☎ 🅿 – 🛦 25/80. 🆎 ⓪ ᴇ 𝘝𝘐𝘚𝘈
M *(Samstag - Sonntag 18 Uhr geschl.)* a la carte 29/55 – **90 Z : 144 B** 90/95 - 135/140 Fb.

ERMATINGEN Schweiz siehe Konstanz.

ERNST Rheinland-Pfalz siehe Cochem.

ERNSTHAUSEN Hessen siehe Burgwald.

ERPFINGEN Baden-Württemberg siehe Sonnenbühl.

ERWITTE 4782. Nordrhein-Westfalen 𝟫𝟪𝟽 ⑭. 𝟦𝟷𝟤 I 12 – 13 700 Ew – Höhe 106 m – ۞ 02943.
♦Düsseldorf 135 – Lippstadt 7 – Meschede 36 – Soest 17.

🏡 **Büker**, Am Markt 14, ℰ 23 36 – 🖚 🅿. 🆎 ᴇ
22. Dez.- 6. Jan. geschl. – **M** *(Freitag geschl.)* a la carte 24/50 – **21 Z : 30 B** 30/45 - 60/85.

ERZBACH Hessen siehe Reichelsheim.

ESCHAU 8751. Bayern 𝟦𝟷𝟤 𝟦𝟷𝟥 K 17 – 4 100 Ew – Höhe 171 m – ۞ 09374.
♦München 347 – Aschaffenburg 32 – Miltenberg 16 – ♦Würzburg 71.

In Eschau-Hobbach NO : 5,5 km :

🏠 **Zum Engel** (ehem. Bauernhof a.d.J. 1786 mit Gästehaus), Bayernstr. 47, ℰ 3 88, Fax 83
🏡, 🚗 – ☎ 🅿 – 🛦 25. ᴇ ❄ Rest
29. Juli - 9. Aug. und 16.- 22. Dez. geschl. – **M** *(Montag geschl.)* a la carte 23/45 ⅃ – **24 Z**
36 B 30/46 - 60/90 – ½ P 45/65.

In Eschau-Wildensee O : 10 km :

🏡 **Waldfrieden** 🕏, ℰ 3 28, 🚗 – 🖚 🅿. ❄ Zim
→ Nov.- 25. Dez. geschl. – **M** *(Montag geschl.)* a la carte 19/35 ⅃ – **27 Z : 45 B** 32/36 - 64.

🏡 Zum Hirschen 🕏 (mit Gästehaus), Hauptstr. 8, ℰ 12 78, 🚗 – 🖚 🅿. ❄ Zim
9 Z : 16 B.

ESCHBACH 5429. Rheinland-Pfalz **412** G 16 — 300 Ew — Höhe 380 m — ✆ 06771.
Mainz 57 — Bingen 37 — ✦Koblenz 27.

🏠 Zur Suhle ⚲, Talstr. 2, ℘ 79 21, ≤, 🏛, « Garten mit Teich », 🚗, 🔲, 🐎, 🎾 — 🛗 📺 ☎
   🅿 — 🔏 25. 🎇 Rest
   21 Z : 40 B

ESCHBORN Hessen siehe Frankfurt am Main.

ESCHEDE 3106. Niedersachsen **987** ⑯ — 6 500 Ew — Höhe 70 m — ✆ 05142.
Hannover 60 — Celle 17 — Lüneburg 69.

🏠 **Deutsches Haus**, Albert-König-Str. 8, ℘ 22 36, 🐎 — ☎ 🚗 🅿 ⓪ 🎇
   Anfang Feb.- Mitte März geschl. — Menu *(Montag geschl.)* a la carte 26/53 — **11 Z : 19 B**
   30/50 - 60/90.

ESCHENBURG 6345. Hessen **412** I 14 — 9 900 Ew — Höhe 299 m — ✆ 02774.
Wiesbaden 137 — Gießen 58 — Marburg 44 — Siegen 41.

In Eschenburg-Wissenbach :

✗ Bauernstuben mit Zim, Bezirksstr. 22 (B 253), ℘ 18 29 — 🚗 🅿
   9 Z : 17 B.

ESCHENLOHE 8116. Bayern **413** Q 24, **426** F 6 — 1 400 Ew — Höhe 636 m — Erholungsort —
✆ 08824.
🛈 Verkehrsamt im Rathaus, Murnauer Str. 1, ℘ 2 21.
München 74 — Garmisch-Partenkirchen 15 — Weilheim 30.

🏠 **Tonihof** ⚲, Walchenseestr. 42, ℘ 10 21, ≤ Loisachtal mit Wettersteingebirge, 🏛,
   Massage, 🚗, 🐎 — 📺 ☎ 🚗 🅿
   M *(Mittwoch geschl.)* a la carte 44/84 — **25 Z : 43 B** 67/96 - 118/192 Fb — ½ P 87/116.

🏠 **Zur Brücke**, Loisachstr. 1, ℘ 2 10 — ☎ 🚗 🅿
   Mitte Nov.- Mitte Dez. geschl. — **M** *(Dienstag geschl.)* a la carte 20/43 — **19 Z : 35 B** 48 - 86.

🏠 **Villa Bergkristall** ⚲ garni, Walchenseestr. 33, ℘ 6 32, ≤, 🐎 — ☎ 🅿. 🎇
   8 Z : 14 B 52 - 102.

In Eschenlohe-Wengen :

🏠 **Wengererhof** ⚲ garni, ℘ 10 42, ≤, 🐎 — ☎ 🅿. 🎇
   23 Z : 50 B 52/62 - 110/120 Fb.

ESCHWEGE 3440. Hessen **987** ⑮⑯, **412** N 13 — 24 000 Ew — Höhe 170 m — ✆ 05651.
🛈 Verkehrsbüro, Hospitalplatz 16, ℘ 30 42 10, Fax 31412.
Wiesbaden 221 — Göttingen 49 — Bad Hersfeld 58 — ✦Kassel 56.

🏠 **Dölle's Nr. 1**, Friedrich-Wilhelm-Str. 2, ℘ 6 00 35, Fax 32632, 🚗 — 🛗 📺 ☎ 🚗 —
   🔏 25/120. ⓪ 🈺 💳
   M *(auch vegetarisches Menu)* *(Sonntag geschl.)* 24/40 (mittags) und a la carte 39/67 —
   38 Z : 69 B 68/85 - 132/150 Fb.

🏠 Zur Struth ⚲, Struthstr. 7a, ℘ 86 61, 🏛 — ☎ 🅿
   31 Z : 42 B.

🏠 Stadthalle, Wiesenstr. 9, ℘ 5 00 41, 🏛 — 🛗 ☎ 🅿 — 🔏 25/45
   15 Z : 23 B Fb.

In Meinhard-Schwebda 3446 NO : 5 km :

🏰 **Schloß Wolfsbrunnen** ⚲ (Herrensitz a.d. Zeit der Jahrhundertwende), ℘ (05651) 30 50,
   Fax 305333, ≤ Eschwege und Werratal, 🚗, 🔲, 🎾 — 🛗 📺 🅿 — 🔏 25/100. 🆎 ⓪ 🈺 💳
   6.- 20. Jan. geschl. — **M** a la carte 33/61 — **74 Z : 150 B** 115/170 - 165/270.

ESCHWEILER 5180. Nordrhein-Westfalen **987** ㉓, **412** B 14, **213** ㉔ — 52 000 Ew — Höhe 161 m
— ✆ 02403.
✦Düsseldorf 74 — ✦Aachen 15 — Düren 17 — ✦Köln 55.

🏠 **Park-Hotel**, Parkstr. 16, ℘ 2 61 88 — 📺 ☎. 🆎 ⓪ 💳
   M *(Sonntag geschl.)* a la carte 31/61 — **18 Z : 26 B** 58/120 - 111/136.

ESENS 2943. Niedersachsen **987** ④ — 6 000 Ew — Seebad — ✆ 04971.
🛈 Kurverwaltung, Kirchplatz 1, ℘ 30 88.
Hannover 261 — Emden 50 — Oldenburg 91 — Wilhelmshaven 50.

🏠 **Krögers Hotel**, Bahnhofstr. 18, ℘ 30 65, Fax 4265, 🚗, 🐎 — 🛗 📺 ☎ 🕹 🅿. 🆎 💳 💳
   M *(15. Sept.- 15. März Montag geschl.)* a la carte 33/55 — **27 Z : 54 B** 69/78 - 138/156 Fb.

🏠 **Wieting's Hotel**, Am Markt 7, ℘ 45 68, Fax 4151, 🚗, 🐎 — 📺 ☎ 🅿. 🆎 ⓪ 💳 💳 🎇
   M a la carte 21/60 — **23 Z : 44 B** 55/65 - 92/120.

🏠 **Waldhotel**, Auricher Str. 52, ℘ 21 11, Fax 2387, 🐎 — ☎ 🕹 🚗 🅿. 🆎 ⓪ 💳 💳 🎇 Zim
   5.- 25 Jan. geschl. — **M** *(Donnerstag geschl.)* a la carte 24/49 — **9 Z : 16 B** 45/50 - 80/85.

259

ESENS

In Esens-Bensersiel NW : 4 km :

🏨 **Hörn van Diek** garni, Lammertshörn 1, 𝒸 24 29, 🔳 – 🅿. 🦌
3. Nov.- Weihnachten geschl. – **18 Appart. : 40 B** 60/75 - 110/140 Fb.

🏠 **Röttgers** garni, Am Wattenmeer 6, 𝒸 30 18 – 🅿
22 Z : 43 B 80 - 160 Fb.

🏠 **Störtebeker**, Am Wattenmeer 4, 𝒸 17 67, ⇔ – ☎ 🅿
(nur Abendessen für Hausgäste) – **25 Z : 45 B** 43 - 76 – 7 Fewo 90.

🏠 **Nordkap** garni, Am Wattenmeer 2, 𝒸 40 24, ⇔ – ☎ 🅿. 🦌
10 Z : 20 B 45 - 70/80.

Siehe auch : *Liste der Feriendörfer*

ESLOHE 5779. Nordrhein-Westfalen 987 ⑭. 412 H 13 – 8 900 Ew – Höhe 310 m – Luftkurort – 🌣 02973 – 🛈 Verkehrsbüro, Kurhaus, Kupferstr. 30, 𝒸 4 42.
♦Düsseldorf 159 – Meschede 20 – Olpe 43.

🏠 **Forellenhof Poggel**, Homertstr. 21, 𝒸 62 71, 🌫, 🌲 – 🛏 📺 ☎ ⅙ 🅿. E
M a la carte 28/51 – **20 Z : 39 B** 50/55 - 100/110 Fb.

🏠 **Haus Stoetzel - Brauereigasthof Domschänke**, St. Rochus-Weg 1a, 𝒸 67 32(Hotel) 7 10(Rest.), 🌲 – 📺 🅿. 🦌 Zim
Weihnachten geschl. – **M** *(Dienstag und Nov. 2 Wochen geschl.)* a la carte 28/49 – **7 Z : 12 B** 42 - 80.

In Esloher 2-Cobbenrode S : 7,5 km :

🏨 **Berghotel Habbel**, Stertberg 1, 𝒸 3 96, Fax 3692, ≤ Sauerland u. Cobbenrode, 🌫, ⇔ 🔳, 🌲 – 🛏 📺 ☎ 🅿 – 🔬 30. 🦌
32 Z : 63 B Fb.

🏨 **Hennemann**, Olper Str. 28 (B 55), 𝒸 (02970) 2 36, Fax 779, ⇔, 🔳, 🌲, 🦌 (Halle) – 🛏 📺 ☎ 🅿 – 🔬 30. ⅏ E 🦌 Rest
Mitte - Ende Juli geschl. – **M** *(Montag ab 15 Uhr geschl.)* a la carte 26/51 – **23 Z : 45 B** 68/75 - 114/126 Fb – 4 Appart. 150/180.

In Esloher 7-Niedersalwey W : 4 km :

🏤 **Woiler Hof**, Salweytal 10, 𝒸 4 97, 🌫 – 🚗 🅿
M *(Dienstag geschl.)* a la carte 19/35 – **19 Z : 35 B** 25/40 - 50/64.

In Esloher-Obersalwey W : 6 km :

🏠 **Montana-Hotel Vellberg**, (NW : 1,5 km), 𝒸 7 85, Fax 516, ≤, ⇔, 🔳 – 🛏 ☎ 🅿
27 Z : 55 B.

In Esloher 3-Wenholthausen N : 4 km :

🏠 **Sauerländer Hof**, Südstr. 35, 𝒸 63 47, Fax 2363, 🌫, ⇔, 🔳 – 📺 ☎ 🅿. 🦌 Rest
25. Feb.- 19. März und über Weihnachten geschl. – **M** *(Donnerstag geschl.)* a la carte 21/44 – **21 Z : 38 B** 53/68 - 98/136 Fb – ½ P 71/85.

ESPACHWEILER Baden-Württemberg siehe Ellwangen (Jagst).

ESPELKAMP 4992. Nordrhein-Westfalen 987 ⑭⑮. 412 I 9 – 24 500 Ew – Höhe 43 m – 🌣 05772.
♦Düsseldorf 223 – ♦Bremen 99 – ♦Hannover 93 – ♦Osnabrück 46.

🏨 **Haus Mittwald**, Ostlandstr. 23, 𝒸 40 29, Fax 7149, ⇔ – 🛏 📺 ☎ 🅿 – 🔬 35. ⅏ E
VISA
M *(Samstag geschl.)* a la carte 26/50 – **50 Z : 70 B** 65/90 - 105/140 Fb.

ESPENAU Hessen siehe Kassel.

ESSELBACH Bayern siehe Marktheidenfeld.

ESSEN 4300. Nordrhein-Westfalen 987 ⑭. 412 E 12 – 620 000 Ew – Höhe 120 m – 🌣 0201.
Siehe Ruhrgebiet (Übersichtsplan).

Sehenswert : Münster : Münsterschatzkammer** (Vortragekreuze***) BX E, Goldene Madonna*** BX D – Museum Folkwang** ABY – Villa Hügel* (Historische Sammlung Krupp**) S – Grugapark* AZ – Johanniskirche : Altar* BX F.

Ausflugsziel : Essen-Werden : Abteikirche (Vierungskuppel*, Bronzekruzifixus*) S A.

🏌 Essen-Heidhausen (über die B 224 S), 𝒸 40 41 11 ; 🏌 Essen-Kettwig, Laupendahler Landstr. (S), 𝒸 (02054) 8 39 11 ; 🏌 Essen-Bredeney, Freiherr-vom-Stein-Str. 92a (S), 𝒸 44 14 26.
Messegelände a.d. Grugahalle (AZ), 𝒸 7 24 41, Telex 8579647.
🛈 Verkehrsverein im Hauptbahnhof, Südseite, 𝒸 23 54 27 und 8 10 60 82.
ADAC, Klarastr. 58, 𝒸 77 00 88, Notruf 𝒸 1 92 11.
♦Düsseldorf 31 ⑤ – Amsterdam 204 ⑧ – Arnhem 108 ⑧ – Dortmund 38 ③.

Siehe Stadtplan
GELSENKIRCHEN

ESSEN

Sheraton Hotel, Huyssenallee 55, ℰ 2 09 51, Telex 8571266, Fax 231173, ..., ..., ℰs, ... – Zim ... – 25/120. AE ① E VISA ﹪ Rest BY **e**
M a la carte 59/97 – **205 Z : 410 B** 225/415 - 285/495 Fb – 12 Appart. 535/1175.

Handelshof Hotel Mövenpick, Am Hauptbahnhof 2, ℰ 1 70 80, Telex 857562, Fax 1708173 – ... Zim ... – 25/150. AE ① E VISA BX **n**
Restaurants : **La Pecherie Au Premier M** a la carte 41/68 – **Le Bistro M** a la carte 29/55 –
193 Z : 258 B 198/248 - 256/516 Fb.

Essener Hof, Teichstr. 2, ℰ 2 09 01, Telex 8579582, Fax 238351 – ... – 25/80. AE ① E VISA ﹪ Rest BX **c**
M (nur Abendessen, Samstag - Sonntag geschl.) a la carte 38/69 – **130 Z : 160 B** 91/150 - 150/220 Fb.

261

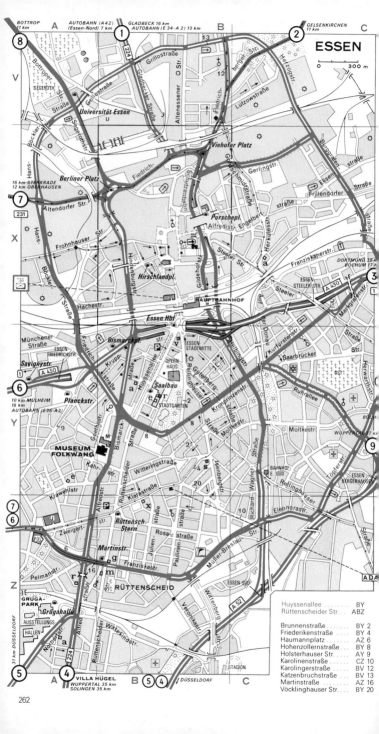

ESSEN

0   300 m

262

ESSEN

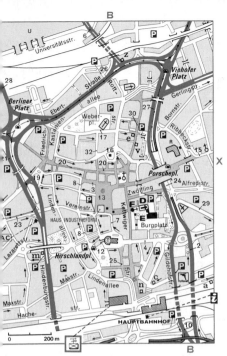

En haute saison,
et surtout dans les stations,
il est prudent de
retenir à l'avance

Europa garni, Hindenburgstr. 35, ℰ 23 20 41, Telex 8579852, Fax 232656 – 📶 📺 ☎. 🅰🅴 ⓞ 🅴 💳
BX m
50 Z : 75 B 105/115 - 160/175 Fb.

Assindia, Viehofer Platz 5, ℰ 23 50 77, Telex 8571374, Fax 236685, ☎ – 📶 📺 ☎ 🚗 🅿.
🅰🅴 🅴
BX z
M (nur Abendessen, Samstag geschl.) a la carte 40/55 – **45 Z : 80 B** 120/210 - 160/250 Fb.

Arcade, Hollestr. 50, ℰ 2 42 80, Telex 8571133, Fax 2428600 – 📶 📺 ☎ & 🅿 – 🔬 25/80.
🅰🅴 🅴 💳. 🦺
BX a
M (Samstag - Sonntag und Juli - Aug. geschl.) a la carte 28/42 – **144 Z : 288 B** 105/145 - 155/170 Fb.

Central garni, Herkulesstr. 14, ℰ 22 78 27, Fax 517523 – ☎ 🚗
CX a
17 Z : 30 B 87/105 - 135/165.

Ambassador garni, Viehofer Str. 23, ℰ 23 73 15, Telex 8579586 – 📺 ☎. 🦺
BX e
29 Z : 46 B Fb.

Luise garni, Dreilindenstr. 96, ℰ 23 92 53 – 📶 📺 ☎. 🅰🅴
BY a
29 Z : 41 B 90 - 138 Fb.

City-Hotel garni, Viehofer Str. 22, ℰ 23 39 36 – 📶 ☎
BX v
32 Z : 39 B Fb.

Rôtisserie im Saalbau, Huyssenallee 53, ℰ 22 18 66, Fax 221860, 🏡 – 🅿 – 🔬 25/1200.
🅰🅴 ⓞ 🅴 💳
BY r
M a la carte 43/73.

La Grappa (Italienische Küche), Rellinghauser Str. 4, ℰ 23 17 66, bemerkenswertes
Angebot italienischer Weine – 🅰🅴 ⓞ 🅴 💳. 🦺
BY v
Samstag bis 18 Uhr und Sonntag geschl. – **M** (Tischbestellung ratsam) a la carte 60/80.

In Essen 12-Altenessen:

Astoria, Altenessener Str. 450, ℰ 34 31 22, Fax 356731 – 📶 📺 ☎ 🅿 – 🔬 35. 🅰🅴 ⓞ 🅴
💳
R s
M (nur Abendessen, Sonntag geschl.) a la carte 25/46 – **46 Z : 72 B** 120/140 - 150/180.

In Essen 11-Borbeck:

Hotel am Schloßpark - Gasthof Krebs, Borbecker Str. 180, ℰ 67 50 01, Fax 687762,
Biergarten – 📺 ☎ 🅿. 🅰🅴 🅴
R c
M (wochentags nur Abendessen) a la carte 36/69 – **12 Z : 22 B** 90/120 - 150/180.

263

In Essen 1-Bredeney :

🏨🏨 **Scandic Crown Hotel Bredeney** ⑤, Theodor-Althoff-Str. 5, ℰ 76 90, Telex 857597, Fa
7693143, 😚, �* ⌂, ⑤, ⊶ – 🛎 ↔ Zim 🍴 Rest 🖵 ᕏ ❷ – 🔬 25/350. 🆔 ⓞ 🗉 ᴠⁱˢᵃ. 🞿 Res
M a la carte 40/86 – **293 Z : 370 B** 210 - 255 Fb.   S

🏠🏠🏠 **Parkhaus Hügel** mit Zim, Freiherr-vom-Stein-Str. 209, ℰ 41 10 91, Telex 8571190, Fa
444207, ⇐, 😚 – 🖵 🕿 ❷ – 🔬 25/60. 🆔 ⓞ 🗉 ᴠⁱˢᵃ
M a la carte 49/81 – **13 Z : 25 B** 95/110 - 150 Fb.   S

🏠🏠 Die schwarze Lene, Baldeney 38, ℰ 44 23 51, ≤ Baldeneysee, 😚 – ❷   S

🏠 **Seeterrassen Schloß Baldeney**, Freiherr-vom-Stein-Str. 386a, ℰ 47 20 86, ≤, 😚 – ❷
Montag geschl. – **M** a la carte 24/65.   S

In Essen 17-Burgaltendorf SO : 12 km über Wuppertaler Str. S :

🏨 **Burg Mintrop** ⑤ garni, Schwarzensteinweg 81, ℰ 57 17 10, Fax 5717147, ⇐s, ⊠, 🚗 –
🛗 🖵 🕿 ❷ – 🔬 30. 🆔 ⓞ 🗉 ᴠⁱˢᵃ
23. Dez.- 2. Jan. geschl. – **60 Z : 100 B** 115/160 - 160/255.

In Essen 1-Frohnhausen :

🏠 **Oehler** ⑤ garni, Liebigstr. 8, ℰ 70 53 27 – 🕿 ❷. 🞿
10. Dez.- 5. Jan. geschl. – **12 Z : 18 B** 60/70 - 86/96 Fb.   R

🏠🏠 **Kölner Hof**, Duisburger Str. 20, ℰ 76 34 30 – 🆔 ⓞ 🗉 ᴠⁱˢᵃ   R
Montag - Dienstag 18 Uhr, Jan. und Juli - Aug. je 3 Wochen geschl. – **M** a la carte 44/80.

In Essen 18-Kettwig ④ : 11 km – 🕿 02054 :

🏨🏨🏨 ❀ **Schloß Hugenpoet** ⑤ (ehem. Wasserschloß), August-Thyssen-Str. 51 (W : 2,5 km)
ℰ 1 20 40, Telex 8579180, Fax 120450, 😚, « Park, umfangreiche Gemäldesammlung », 🞿
– 🛗 🖵 ⊷ ❷ – 🔬 25/60. 🆔 ⓞ 🗉 ᴠⁱˢᵃ. 🞿 Rest
M 105/145 und a la carte 65/104 – **19 Z : 33 B** 195/340 - 250/395
Spez. Gänseleberparfait, Roulade von Lachs und Lotte auf Sauerampferschaum, Ganzer Fasan au
Champagnerkraut (Okt.- Feb.).

🏨 ❀❀ **Romantik-Hotel Résidence** ⑤, Auf der Forst 1, ℰ 89 11, Fax 82501 – 🖵 🕿 ❷. 🆔
ⓞ 🗉 ᴠⁱˢᵃ
2.- 10. Jan. und 9.- 27. Juli geschl. – **M** (Tischbestellung ratsam) (nur Abendessen, Sonntag
- Montag geschl.) a la carte 74/105 – **Benedikt** ↔ (Öffnungszeiten wie Hotelrestaurant) **M**
105/170 – **18 Z : 33 B** 165/275 - 230/450 Fb
Spez. Hummer mit Dicken Bohnen, Roulade von Lachs und Petersfisch, Quarkauflauf mit Zitrusfrüchten.

🏨 **Sengelmannshof** ⑤, Sengelmannsweg 35, ℰ 60 68, Fax 83200, 😚, ⇐s – 🛗 🖵 🕿 ⊶
❷ – 🔬 25/40. 🆔 ⓞ 🗉 ᴠⁱˢᵃ
1.- 9. Jan. geschl. – **M** (auch vegetarische Gerichte) a la carte 42/72 – **26 Z : 42 B** 90/110
150/175 Fb.

🏠 **Schmachtenbergshof**, Schmachtenbergstr. 157, ℰ 89 33, Fax 16547 – 🖵 🕿 ❷ –
🔬 30/70
M (wochentags nur Abendessen, Montag und Aug. geschl.) a la carte 24/42 – **24 Z : 37 B**
80/100 - 140/160 Fb.

🏠 **Knappmann**, Ringstr. 198, ℰ 22 73, Fax 6789 – 🖵 🕿 ⊶ ❷. 🆔 🗉 ᴠⁱˢᵃ. 🞿 Zim
⬅ 23. Dez.- 2. Jan. geschl. – **M** (Montag - Freitag nur Abendessen, Donnerstag geschl.) a la
carte 21/37 – **10 Z : 20 B** 70/85 - 110/120 Fb.

🏠🏠🏠🏠 ❀❀ **Ange d'or**, Ruhrtalstr. 326, ℰ 23 07, Fax 6343, 😚 – ❷. 🆔 ⓞ 🗉 ᴠⁱˢᵃ. 🞿
nur Abendessen, Sonntag - Montag, über Ostern 2 Wochen, Mitte Juli - Anfang Aug., Okt
1 Woche und 20. Dez.- 10. Jan. geschl. – **M** (Tischbestellung ratsam) 145 und a la carte
81/118
Spez. Steinbutt mit Meerrettichkruste auf Linsengemüse, Hummergerichte, Taube in Strudelteig.

In Essen 1-Margarethenhöhe :

🏠 **Bauer-Barkhoff** (ehem. Bauernhaus a.d.J. 1825), Lehnsgrund 14 a, ℰ 71 54 83, 😚 – ❷
Donnerstag - Freitag 15 Uhr geschl. – **M** a la carte 23/52.   R

In Essen 1-Rellinghausen :

🏠🏠🏠 **Kockshusen** (Fachwerkhaus a.d. 17. Jh.), Pilgrimsteig 51, ℰ 47 17 21, « Gartenterrasse »
– ❷ – 🔬 25. 🆔 ⓞ 🗉   S m
Dienstag und Juli - Aug. 3 Wochen geschl. – **M** a la carte 49/74.

In Essen 1-Rüttenscheid :

🏨🏨 **Hotel an der Gruga** garni, Eduard-Lucas-Str. 17, ℰ 4 19 10, « Behagliche Einrichtung »
– ❷ 🖵 🕿 ⊶ ❷   AZ a
39 Z : 50 B 102/130 - 180/200 Fb.

🏨🏨 **Arosa**, Rüttenscheider Str. 149, ℰ 7 22 80, Telex 857354, Fax 7228100 – 🛗 🍴 🖵 🕿 ❷. 🞿
68 Z : 85 B Fb.   BZ g

🏠 **Ruhr - Hotel** garni, Krawehlstr. 42, ℰ 77 80 53, Fax 780283 – 🛗 🖵 🕿. 🗉   AY e
29 Z : 40 B 98/115 - 150/180 Fb.

🏠 Behr's **Parkhotel** garni, Alfredstr. 118, ℰ 77 90 95 – 🕿 ❷   AZ
20 Z : 30 B.

🏨 **Rüttenscheider Hof**, Klarastr. 18, ℘ 79 10 51, Fax 792875 – 📺 ☎ 🖭 ⓸ Ε 𝖵𝖨𝖲𝖠   BZ **x**
M *(Mittwoch und Samstag nur Abendessen, Donnerstag und Juli - Aug. 4 Wochen geschl.)*
a la carte 33/66 – **22 Z : 33 B** 95/98 - 160/170 Fb.

🏨 **Jung** garni, Wehmenkamp 1, ℘ 79 30 33, Fax 789352 – 🛗 📺 ☎ 🖭 ⓸ Ε 𝖵𝖨𝖲𝖠. 🛇   BZ **m**
42 Z : 54 B 98/158 - 158/180 Fb.

XX **Silberkuhlshof**, Lührmannstr. 80, ℘ 77 32 67, « Gartenterrasse » – ⓟ. 🖭 ⓸ Ε 𝖵𝖨𝖲𝖠   R **e**
Montag und 27. Dez.- 16. Jan. geschl. – **M** a la carte 35/60.

XX **Bonne auberge**, Witteringstr. 92, ℘ 78 39 99 – 🖭 ⓸ Ε 𝖵𝖨𝖲𝖠   BY **s**
Sonn- und Feiertage geschl. – **M** 60/88.

In Essen 16-Werden :

XXX **La Buvette**, An der Altenburg 30, ℘ 40 80 48 – ⓟ. Ε   S **t**
M a la carte 75/103.

XX **Zur Platte**, Weg zur Platte 73, ℘ 49 12 37, ≤ Baldeneysee und Werden, �& – ⓟ   S **x**

ESSEN, BAD 4515. Niedersachsen 𝟵𝟴𝟳 ⑲ 𝟰𝟭𝟮 I 10 – 12 400 Ew – Höhe 90 m – Sole-Heilbad
– ✆ 05472 – 🯄 Kurverwaltung, Ludwigsweg 6, ℘ 8 33.
◆Hannover 133 – Bielefeld 54 – ◆Osnabrück 24.

🏨 **Haus Deutsch Krone** ⑊, Ludwigsweg 10, ℘ 8 61, Fax 4943, ≤, 🌴, ≘s, 🏊 – 🛗 📺 ☎
 ➡ ⓟ – 🔏 25/100. ⓸ 🖸
M a la carte 21/50 – **74 Z : 166 B** 54/85 - 90/124 Fb – 8 Appart. 160/217 – ½ P 64/126.

🏨 **Park- und Tagungshotel** ⑊, Auf der Breede 1, ℘ 8 88, Fax 1434, ≤, 🌴 – 🛗 📺 ☎ ⓟ
 – 🔏 25/80
M a la carte 25/58 – **27 Z : 50 B** 65/75 - 110/120 Fb – ½ P 75/95.

ESSING Bayern siehe Kelheim.

ESSINGEN 7087. Baden-Württemberg 𝟰𝟭𝟯 N 20 – 5 200 Ew – Höhe 520 m – Wintersport :
500/700 m ✂3 ⼑3 – ✆ 07365.
◆Stuttgart 70 – Aalen 6 – ◆Augsburg 126 – ◆Ulm (Donau) 68.

🟡 **Brauereigasthof Sonne**, Rathausgasse 17, ℘ 2 72 – ➡ ⓟ. Ε
 ➡ **M** *(Freitag und Aug. 3 Wochen geschl.)* a la carte 21/38 – **18 Z : 28 B** 30/40 - 54/76.

ESSLINGEN AM NECKAR 7300. Baden-Württemberg 𝟰𝟭𝟯 KL 20, 𝟵𝟴𝟳 ⑳ – 91 000 Ew – Höhe
240 m – ✆ 0711 (Stuttgart).

Sehenswert : Altes Rathaus★ Y B.
🯄 Kultur- und Freizeitamt, Marktplatz 16 (Spaeth'sches Haus), ℘ 3 51 24 41.
ADAC, Hindenburgstr. 95, ℘ 31 10 72, Telex 7256472.
◆Stuttgart 14 ④ – Reutlingen 40 ③ – ◆Ulm (Donau) 80 ③.

Stadtplan siehe nächste Seite.

🏨 **Am Schelztor**, Schelztorstr. 5, ℘ 35 30 51, Telex 7256684, Fax 3702727, ≘s – 🛗 📺 ☎. 🖭
 ⓸ Ε 𝖵𝖨𝖲𝖠. 🛇 Zim   Z **e**
M *(Samstag - Sonntag und Juli - Aug. 3 Wochen geschl.)* a la carte 26/45 – **33 Z : 65 B** 120
 - 130/160 Fb.

🏨 **Rosenau**, Plochinger Str. 65, ℘ 31 63 97, Fax 3161344, ≘s, 🏊 – 🛗 📺 ☎ ⓟ
M *(nur Abendessen, Samstag und 4.- 27. Aug. geschl.)* a la carte 27/50 – **57 Z : 80 B** 80/130
 - 130/160 Fb.   über Plochinger Straße Z

🏨 **Panorama-Hotel** garni, Mülberger Str. 66, ℘ 37 31 88, Fax 371096, ≤ – 🛗 📺 ☎ ⓟ. 🖭
 ⓸ Ε 𝖵𝖨𝖲𝖠   Y **a**
22. Dez.- 10. Jan. geschl. – **35 Z : 43 B** 94 - 130 Fb.

XX **Dicker Turm**, in der Burg (Zufahrt über Mülberger Str.), ℘ 35 50 35, Fax 385596,
 ≤ Esslingen – 🛗 ⓟ. 🖭 ⓸ Ε 𝖵𝖨𝖲𝖠   Y **d**
Sonntag 18 Uhr - Montag geschl. – **M** *(abends Tischbestellung ratsam)* a la carte 42/81.

In Esslingen-Berkheim ③ : 4 km :

🏨 **Linde**, Ruiter Str. 2, ℘ 34 53 18, Fax 3454125, ≘s, 🏊 (geheizt), 🏊, 🐎 – 🛗 📺 ☎ ➡ ⓟ.
 🖭 ⓸ Ε 𝖵𝖨𝖲𝖠. 🛇 Rest
M *(Samstag und 22. Dez.- 10. Jan. geschl.)* a la carte 22/55 – **90 Z : 110 B** 50/150 - 86/190.

In Esslingen-Liebersbronn ① : 4 km :

🏨 **Jägerhaus**, Römerstr. 1, ℘ 37 12 69, ≤ Schwäbische Alb, « Gartenterrasse », ≘s – 🛗 📺
 ☎ ᫔ ➡ ⓟ – **38 Z : 76 B** Fb.

🏨 **Traube** ⑊ (mit Gästehaus), Im Gehren 6, ℘ 37 03 10, ≘s, 🏊 – 🛗 📺 ☎ ➡ ⓟ. Ε. 🛇
Mitte Juli - Anfang Aug. geschl. – **M** a la carte 25/52 – **52 Z : 100 B** 75/95 - 100/120 Fb.

In Esslingen-Sulzgries NW : 4 km über Geiselbachstraße Y :

XX **Hirsch**, Sulzgrieser Str. 114, ℘ 37 13 56 – ⓟ. 🖭 ⓸ 𝖵𝖨𝖲𝖠
Mittwoch - Donnerstag 17 Uhr geschl. – **M** a la carte 40/68.

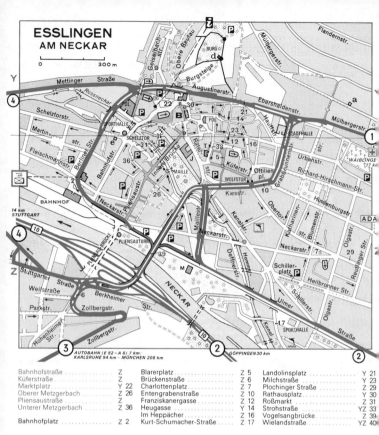

In Esslingen - Zell ② : 4 km :

🏨 ❀ Zeller Zehnt, Hauptstr. 97, ℰ 36 70 21, Telex 7256684, Fax 3702737, 🖘 – 🛗 📺 ☎ 🚗 **ℙ**. **AE** **①** **E** **VISA**
Juli - Aug. 3 Wochen geschl. – M (Samstag bis 18 Uhr, Sonn- und Feiertage sowie 1.-14. Jan. geschl.) 50/145 und a la carte 63/92 – **29 Z : 39 B** 110/120 - 130/160 Fb
Spez. Fischgerichte, Pochierter Lammrücken mit Rosmarinsauce, Dessertteller.

ETTAL 8107. Bayern 📘📗📙 Q 24, 📙📗📙 F 6 – 1 000 Ew – Höhe 878 m – Luftkurort – Wintersport : ⤼2 – ❀ 08822 (Oberammergau).

Sehenswert : Benediktiner-Kloster.

Ausflugsziel : Schloß Linderhof★ : Schloßpark★★ W : 9,5 km.

🖪 Verkehrsamt, Ammergauer Str. 8, ℰ 5 34.

◆München 88 – Garmisch-Partenkirchen 15 – Landsberg am Lech 62.

🏨 Blaue Gams 🌫 (mit ☎ Altbau), Vogelherdweg 12, ℰ 64 49, ≤, 🏤, 🖘, 🔲, 🛲 – 🛗 📺 ☎ **ℙ** – 🔬 70
48 Z : 90 B Fb.

🏨 Benediktenhof 🌫, Zieglerstr. 1, ℰ 46 37, Telex 592460, ≤, 🏤, « Haus im bäuerlichen Barockstil » – ☎ 🚗 **ℙ**. 🦐 Zim
16 Z : 32 B.

🏠 Ludwig der Bayer, Kaiser-Ludwig-Platz 10, ℰ 66 01, Telex 592416, Fax 74480, 🏤, 🖘, **➡** 🔲, 🛲, 🎾 – 🛗 🚻 ☎ **ℙ** – 🔬 30. 🦐
5. Nov.- 22. Dez. geschl. – M a la carte 17/45 – **70 Z : 130 B** 65/85 - 95/180 Fb – 7 Fewo 60/130 – ½ P 65/107.

🏠 Zur Post, Kaiser-Ludwig-Platz 18, ℰ 5 96, Fax 6971 – 📺 🚗 **ℙ**. **AE** **①** **E** **VISA**
10. Nov.- 20. Dez. geschl. – M (Jan.- April nur Abendessen) a la carte 24/46 – **20 Z : 40 B** 75/95 - 110/160 Fb – ½ P 75/115.

ETTENHAUSEN Bayern siehe Schleching.

ETTLINGEN 7505. Baden-Württemberg **413** HI 20, **987** ㉟ ㊱ – 37 000 Ew – Höhe 135 m – ☎ 07243.

🛈 Verkehrsamt im Schloß, ℰ 10 1221, Fax 101430.

Stuttgart 79 – Baden-Baden 36 – ✦Karlsruhe 8 – Pforzheim 30.

🏨 **Erbprinz**, Rheinstr. 1, ℰ 32 20, Telex 782848, Fax 16471, « Elegantes Restaurant » – 🔋 📺 ⬅ 🅿 – 🔬 25/50. 🆎 ⓪ 🄴 𝑉𝐼𝑆𝐴
M 42 (mittags) und a la carte 59/94 – **Weinstube Sibylla M** a la carte 35/60 – **42 Z : 65 B** 145/220 - 238/370.

🏨 **Stadthotel Engel** garni (siehe auch Weinstube zum Engele), Kronenstr. 13, ℰ 33 00, Fax 330199, 🆒 – 🔋 📺 ☎ ⅙ ⬅ – 🔬 25/50. 🆎 ⓪ 🄴 𝑉𝐼𝑆𝐴
21. Dez.- 1. Jan. geschl. – **68 Z : 110 B** 117 - 135/198 Fb.

🏨 **Holder**, Forlenweg 18, ℰ 1 60 08, 🆒 – ☎ 🅿 🄴
1.- 15. Sept. und 24. Dez.- 7. Jan. geschl. – (nur Abendessen für Hausgäste) – **30 Z : 42 B** 61/95 - 105/125 Fb.

🏨 **Sonne**, Pforzheimer Str. 21, ℰ 1 22 15, Fax 31865 – ⬅ 🅿. 🄴 𝑉𝐼𝑆𝐴
← 4.- 20. Dez. geschl. – **M** (wochentags nur Abendessen, Mittwoch - Donnerstag geschl.) a la carte 20/49 ⅜ – **24 Z : 45 B** 45/80 - 80/100.

XXX **Weinstube zum Engele**, Kronenstr. 13, ℰ 1 28 52, bemerkenswerte Weinkarte – 🄴 𝑉𝐼𝑆𝐴
nur Abendessen, Sonntag, 1.- 7. Jan. und Mitte Juli - Anfang Aug. geschl. – **M** a la carte 54/71.

XX **Ratsstuben**, Kirchenplatz 1, ℰ 1 47 54.

XX **Yasmin** (Chinesische Küche), Marktstr. 16 (1. Etage), ℰ 39 29 – 🆎 🄴
M a la carte 26/52.

In Ettlingen 3-Spessart SO : 5 km :

🏤 **Zum Strauß**, Talstr. 2, ℰ 21 10, �──, – ⬅ 🅿. ⅍ Zim
Juli - Aug. 3 Wochen geschl. – **M** (Montag geschl.) a la carte 24/49 – **7 Z : 11 B** 38 - 70.

🏤 **Spessarter Hof** ⑤, Linienring 18, ℰ 24 98, �──, – 🅿 🆎
← **M** (Freitag geschl.) a la carte 21/52 ⅜ – **6 Z : 11 B** 35/40 - 65/70.

An der Autobahn A 5 (Anschlußstelle Karlsruhe-Süd) NW : 2,5 km :

🏨 **Scandic Crown Hotel**, Am Hardtwald (Runder Plom), ℰ 7 10, Telex 7826615, Fax 71666, �──, Massage, 🎱, 🆒, 🔲 – 🔋 ⇆ Zim 🍽 ⅙ 🅿 – 🔬 25/350. 🆎 ⓪ 🄴 𝑉𝐼𝑆𝐴. ⅍ Rest
Restaurants : **Smögen** (Sonntag - Montag geschl.) **M** a la carte 61/90 – **Rhapsody M** a la carte 33/64 – **199 Z : 398 B** 195 - 260 Fb – 4 Appart. 420.   Stadtplan Karlsruhe AV **e**

EUSKIRCHEN 5350. Nordrhein-Westfalen **987** ㉓, **412** D 15 – 48 500 Ew – Höhe 150 m – ☎ 02251.

Düsseldorf 78 – ✦Bonn 27 – Düren 30 – ✦Köln 41.

🏨 **Eifel-Hotel** garni, Frauenberger Str. 181, ℰ 50 10, Fax 73847, 🆒 – 🔋 ⇆ 📺 ☎ ⅙ ⬅ 🅿 – 🔬 25. 🆎 ⓪ 🄴 𝑉𝐼𝑆𝐴. ⅍
25 Z : 50 B 95 - 130/150 Fb.

🏨 **Regent** ⑤ garni, Kirchwall 18, ℰ 44 66, 🆒 – 📺 ☎. 🆎 ⓪ 🄴 𝑉𝐼𝑆𝐴
21 Z : 34 B 50/75 - 95/110.

🏨 **Rothkopf**, Kommerner Str. 76 (B 56), ℰ 5 56 11, Fax 30 60 – 📺 ☎ 🅿. 🆎 ⓪ 🄴 𝑉𝐼𝑆𝐴
← **M** a la carte 18/55 – **29 Z : 54 B** 78/85 - 110/125 Fb.

EUTIN 2420. Schleswig-Holstein **987** ⑥ – 16 300 Ew – Höhe 43 m – Luftkurort – ✪ 04521.

🛈 Fremdenverkehrsamt, Haus des Kurgastes, ℰ 31 55.

✦Kiel 44 – ✦Lübeck 40 – Oldenburg in Holstein 29.

🏨 **Romantik-Hotel Voss-Haus**, Vossplatz 6, ℰ 17 97, Fax 1357, �──, « Historische Räume a. d.18. Jh. » – 📺 ☎ ⬅ – 🔬 25/40 – **15 Z : 32 B** Fb.

In Eutin-Fissau N : 2,5 km :

🏨 **Wiesenhof**, Leonhardt-Boldt-Str. 25, ℰ 27 26, 🆒, 🔲, �──, – ☎ 🅿. ⅍
21. März - Okt. – (nur Abendessen für Hausgäste) – **32 Z : 58 B** 57/76 - 102/144 Fb.

In Eutin-Neudorf SW : 2 km :

🏨 **Freischütz** garni, Braaker Str. 1, ℰ 24 60, 🆒 – ☎ ⬅ 🅿 – **15 Z : 30 B**.

In Eutin-Sielbeck N : 5,5 km :

🏨 **Uklei-Fährhaus**, Eutiner Str. 7 (am Kellersee), ℰ 24 58, ≼, « Terrasse am See », �──, – 🅿
Dez.- 10. Feb. geschl. – **M** (außer Saison Donnerstag geschl.) a la carte 25/55 – **22 Z : 40 B** 55/75 - 98/145 – 6 Fewo 80/150 – ½ P 75/100.

An der Straße nach Schönwalde NO : 3 km :

X **Der Redderkrug**, Am Redderkrug 5, ✉ 2420 Eutin, ℰ (04521) 22 32, ≼, �──, – 🅿 – 🔬 40
Nov.- März Donnerstag geschl. – **M** a la carte 24/53 – auch 22 Fewo 100/150.

EXTERTAL 4923. Nordrhein-Westfalen 🗺️🔢 K 10 – 13 100 Ew – Höhe 220 m – ✆ 05262.
🛈 Verkehrsamt, Mittelstr. 36 (Bösingfeld), ℰ 40 20.
◆Düsseldorf 221 – ◆Hannover 72 – Paderborn 64 – ◆Osnabrück 103.

In Extertal-Bösingfeld :

🏠 **Timpen-Krug**, Mittelstr. 14, ℰ 7 52 – 📺 ☎ ⇐⇒ 🅿
M a la carte 22/41 – **18 Z : 34 B** 36/49 - 59/69.

In Extertal-Linderhofe :

🏠 **Zur Burg Sternberg**, Sternberger Str. 37, ℰ 21 79, ⇔, 🔲, 🌳, 🐎, ♨ – 🕴 📺 ⇐⇒ 🅿 –
→ 🍴 25/50
M a la carte 17/43 – **70 Z : 100 B** 48/67 - 82/109.

FAHL Baden-Württemberg siehe Todtnau.

FALKAU Baden-Württemberg siehe Feldberg im Schwarzwald.

FALKENSTEIN KREIS CHAM 8411. Bayern 🔲🔢 U 19 – 3 000 Ew – Höhe 627 m – Luftkuror
– Wintersport : 630/700 m ≰1 ≰1 – ✆ 09462.
🛈 Verkehrsamt im Rathaus, ℰ 2 44.
◆München 162 – Cham 21 – ◆Regensburg 40 – Straubing 29.

🏠 Schröttinger Bräu, Marktplatz 7, ℰ 3 21, Fax 1664, Biergarten – 🅿
25 Z : 45 B.

🏠 **Café Schwarz** 🌳, Arracher Höhe 1, ℰ 2 50, ≤, ⇔, 🔲, 🌳 – ⇐⇒ 🅿
Mitte Nov. - Mitte Dez. geschl. – (Restaurant nur für Hausgäste) – **23 Z : 46 B** 39 - 74 –
½ P 45.

FALLINGBOSTEL 3032. Niedersachsen 🔲🔢 ⑮ – 10 500 Ew – Höhe 45 m – Kneipphheilba
und Luftkurort – ✆ 05162 – 🛈 Kurverwaltung, Sebastian-Kneipp-Platz 1, ℰ 30 83.
◆Hannover 59 – ◆Bremen 70 – ◆Hamburg 95 – Lüneburg 69.

🏨 **Berlin**, Düshorner Str. 7, ℰ 30 66, Fax 1636, 🍴, 🌳 – 📺 ☎ ⇐⇒ 🅿 – 🍴 25. 🆎 ⓸ 🇪 🆅🇮🇸🇦
M a la carte 39/50 – **20 Z : 38 B** 75/95 - 88/110 Fb – ½ P 62/113.

🏠 **Karpinski** garni, Kirchplatz 1, ℰ 30 41 – 🕴 ☎ ⇐⇒ 🅿. ⓸ 🇪 🆅🇮🇸🇦
Mitte Dez.- Mitte Jan. geschl. – **22 Z : 38 B** 52/70 - 86/95.

In Fallingbostel-Dorfmark NO : 7 km :

🏡 Deutsches Haus, Hauptstr. 26, ℰ (05163) 12 32, Biergarten, 🌳 – 🅿 – **15 Z : 25 B**.

FARCHANT 8105. Bayern 🔲🔢 Q 24, 🔢🔢 F 6 – 3 400 Ew – Höhe 700 m – Erholungsort –
Wintersport : 650/700 m ≰2 – ✆ 08821 (Garmisch-Partenkirchen).
🛈 Verkehrsamt im Rathaus, Am Gern 1, ℰ 67 55, Fax 61316.
◆München 84 – Garmisch-Partenkirchen 4 – Landsberg am Lech 73.

🏨 **Apparthotel Farchanter Alm** 🌳, Esterbergstr. 37, ℰ 6 87 18, ≤, 🍴, ⇔, 🔲, 🌳 – 📺
→ ☎ ⇐⇒ 🅿. ⓸ 🇪
22. Okt.- 18. Dez. geschl. – **M** *(Dienstag geschl.)* a la carte 20/46 – **25 Z : 60 B** 90 - 130.

🏠 **Kirchmayer**, Hauptstr. 14, ℰ 6 87 33, Fax 6345, 🍴 – 🕴 📺 ☎ 🅿. 🇪
→ *16.- 24. April und 21. Nov.- 20. Dez. geschl.* – **M** a la carte 20/49 – **16 Z : 32 B** 65/70 –
120 Fb.

🏠 **Föhrenhof** 🌳, Frickenstr. 2, ℰ 66 40, 🍴, 🌳 – 📺 🅿
14.- 31. Jan., 8. April - 7. Mai und 21. Okt.- 21. Dez. geschl. – **M** *(Montag geschl.)* a la carte
26/45 – **18 Z : 31 B** 42/72 - 80/144.

🏠 **Gästehaus Zugspitz** garni, Mühldörflstr. 4, ℰ 67 29, ≤, ⇔, 🌳 – ☎ 🅿. 🎿
5.- 30. April und 10. Nov.- 20. Dez. geschl. – **14 Z : 22 B** 40/45 - 80/90.

In Oberau 8106 NO : 4 km 🔲🔢 ㉚㉜

🏠 **Forsthaus**, Hauptstr. 1 (B 2), ℰ (08824) 2 12, Biergarten, ⇔ – ☎ ⇐⇒ 🅿. 🆎 ⓸ 🇪 🆅🇮🇸🇦
Nov.- 20. Dez. geschl. – **M** *(Dienstag geschl.)* a la carte 23/46 – **33 Z : 64 B** 60/88 - 98/150
– ½ P 67/96.

FASSBERG 3105. Niedersachsen – 6 300 Ew – Höhe 60 m – ✆ 05055.
🛈 Verkehrsbüro in Müden, Hauptstr. 6, ℰ (05053) 3 29.
◆Hannover 87 – Celle 44 – Munster 14.

In Faßberg 2-Müden SW : 4 km – Erholungsort – ✆ 05053 :

🏨 **Niemeyer's Posthotel**, Hauptstr. 7, ℰ 10 77, Fax 248, « Gartenterrasse », ⇔ – 📺 ☎
🅿 – 🍴 40. 🇪 🆅🇮🇸🇦. 🎿
M a la carte 41/65 – **34 Z : 55 B** 85/120 - 120/170 Fb.

🏨 **Zum Bauernwald** 🌳, Alte Dorfstr. 8, ℰ 5 88, Fax 1556, « Gartenterrasse », ⇔, 🌳 – 📺
☎ ⇐⇒ 🅿 – 🍴 30. 🇪 🎿
Mitte Dez.- Mitte Jan geschl. – **M** *(Montag - Dienstag 17 Uhr geschl.)* a la carte 28/52 –
37 Z : 60 B 75/95 - 110/140 Fb.

FEHMARN Schleswig-Holstein **987** ⑥ — Ostseeinsel, durch die Fehmarnsundbrücke★ (Auto nd Eisenbahn) mit dem Festland verbunden.

🟩 Burg-Wulfen, 𝒫 (04371) 59 00.

🚢 (Fähre), 𝒫 (04371) 21 68.

⚓ von Puttgarden nach Rodbyhavn/Dänemark.

🎫 Verkehrsamt in Burg, Rathaus, Markt 1, 𝒫 30 54.

🎫 Kurverwaltung in Südstrand, 𝒫 40 11.

Burg 2448 — 6 500 Ew — Ostseeheilbad — 🟢 04371.
♦Kiel 86 — ♦Lübeck 86 — Oldenburg in Holstein 31.

🏛 **Kurhotel Hasselbarth** ⌂, Sahrensdorfer Str. 39, 𝒫 23 22, Telex 29813, Bade- und Massageabteilung, ⚕, 🚲, 🌳 — 📺 🕿 🗢 🅿
(Restaurant nur für Hausgäste) — **15 Z : 23 B** 80/130 - 150/160 — ½ P 105.

XX **Doppeleiche**, Breite Str. 32, 𝒫 99 20, 🏡 — 🆎 ⓞ 🄴 ⱽⁱˢᵃ
8. Jan.- 2. März und 5.- 30. Nov. geschl., Okt.- Mai Dienstag Ruhetag — **M** a la carte 26/54.

In Burg-Burgstaaken :

🏛 **Schützenhof** ⌂, Menzelweg 2, 𝒫 96 02 — 📺 🕿 🅿. 🄴. 🦌 Zim
→ Anfang Jan.- Anfang Feb. geschl. — **M** *(Okt.- Mai Dienstag geschl.)* a la carte 21/46 — **32 Z : 58 B** 35/65 - 70/110.

In Burg-Südstrand :

🏨 **Intersol** ⌂, Südstrandpromenade, 𝒫 40 91, Fax 3765, ≤, 🏡 — 📳 📺 🕿 ᵇ 🅿 — 🔬 50.
ⓞ 🄴
Anfang Jan.- Feb. geschl. — **M** a la carte 30/61 — **45 Z : 132 B** 144/224 - 172/261 Fb.

Landkirchen 2448 — 1 900 Ew — 🟢 04371.
Burg 7.

In Landkirchen-Neujellingsdorf :

XX **Margaretenhof**, Dorfstraße, 𝒫 39 75 — 🅿
nur Abendessen.

Siehe auch : *Liste der Feriendörfer*

FEILNBACH, BAD 8201. Bayern **413** T 23, **426** HI 5 — 6 000 Ew — Höhe 540 m — Moorheilbad — 🟢 08066.

🎫 Kur- und Verkehrsamt, Bahnhofstr. 5, 𝒫 14 44, Fax 1602.
♦München 62 — Miesbach 22 — Rosenheim 19.

🏛 **Gästehaus Kniep** ⌂, Wendelsteinstr. 41, 𝒫 3 37, ≤, 🚲, 🌳 — 🅿. 🦌 Zim
(nur Mittagessen für Hausgäste) — **12 Z : 19 B.**

🏔 **Gundelsberg** ⌂, Gundelsberger Str. 9, 𝒫 2 19, ≤ Voralpenlandschaft, 🏡, 🌳 — 🗢 🅿
→ 20. Jan.- Ende Feb. geschl. — **M** *(Okt.- April Montag geschl.)* a la carte 21/42 — **14 Z : 23 B** 33/45 - 80/90.

In Bad Feilnbach - Au NW : 5 km :

XX ⚜ **Landgasthof zur Post** mit Zim, Hauptstr. 48, 𝒫 (08064) 7 42 — 🅿. 🄴
Ende Aug.- Anfang Sept. geschl. — **M** *(Tischbestellung erforderlich)* (wochentags nur Abendessen, Sonntag 15 Uhr - Montag geschl.) 68/108 — **6 Z : 11 B** 50 - 100
Spez. Terrine von geräuchertem Saibling, Rinderrücken in Rotweinsauce, Joghurtmousse mit Früchten.

FELDAFING 8133. Bayern **413** Q 23, **987** ㉝, **426** F 5 — 4 900 Ew — Höhe 650 m — Erholungsort — 🟢 08157.

🟩 Tutzinger Str. 15, 𝒫 70 05.
♦München 35 — Garmisch-Partenkirchen 65 — Weilheim 19.

🏛 **Kaiserin Elisabeth**, Tutzinger Str. 2, 𝒫 10 13, Telex 526408, Fax 539, ≤ Starnberger See, 🏡, « Park », 🌳, 🎾 — 📳 🕿 🅿 — 🔬 25/200. 🆎 ⓞ 🄴 ⱽⁱˢᵃ. 🦌 Rest
M a la carte 42/66 — **70 Z : 100 B** 70/160 - 130/280 Fb.

FELDBERG IM SCHWARZWALD 7828. Baden-Württemberg **413** H 23, **987** ㉞, **427** HI 2 — ♦ 500 Ew — Höhe 1 230 m — Luftkurort — Wintersport : 1 000/1 500 m ✂17 ⌘3 — 🟢 07655.

Sehenswert : Fernsehturm ☀★★ — Bismarck-Denkmal ≤★★ — Feldsee★★ (3 km zu Fuß).

🎫 Kurverwaltung, Feldberg-Altglashütten, Kirchgasse 1, 𝒫 80 19.
♦Stuttgart 170 — Basel 60 — Donaueschingen 45 — ♦Freiburg im Breisgau 43.

🏨 **Kur- und Sporthotel Feldberger Hof** ⌂, Am Seebuck 10, 𝒫 (07676) 3 11, Telex 7721124, Fax 1220, ≤, 🏡, Massage, 🚲, 🏊 — 📳 📺 🕿 ⚡ 🗢 🅿 — 🔬 40/60. ⓞ 🄴 ⱽⁱˢᵃ
7.- 26. April und Ende Nov.- Mitte Dez. geschl. — **M** a la carte 31/62 — **75 Z : 150 B** 98/170 - 136/240 Fb — 15 Appart. 196/330 — 35 Fewo 80/190 — ½ P 98/150.

In Feldberg 1-Altglashütten — Höhe 950 m :

🏠 **Waldeck - Gästehaus Monika**, Windgfällstr. 19, ℰ 3 64, ≤, 🍴, 🚗 – ☎ 🚗 🅿. ⑩ 🔳
〈VISA〉
Nov.- Mitte Dez. geschl. — **M** *(Mittwoch geschl.)* a la carte 22/53 — **30 Z : 55 B** 45/58
90/100 Fb.

🏠 **Pension Schlehdorn**, Sommerberg 1 (B 500), ℰ 5 64, ≤, 🍴, 🚗 – 🚗 🅿
(Restaurant nur für Hausgäste) — **16 Z : 31 B** 45/50 - 80/110 Fb — ½ P 58/78.

🏠 **Sonneck**, Schwarzenbachweg 5, ℰ 14 11, 🚗 – 🅿
17 Z : 30 B.

🏡 **Seehof**, Am Windgfällweiher (SO : 1,5 km), ℰ 2 55, ≤, 🍴 – 🅿 – **11 Z : 20 B** Fb.

In Feldberg 2-Bärental — Höhe 980 m :

🏠🏠 **Adler** (Schwarzwaldgasthof a.d.J. 1840), Feldbergstr. 4 (B 317), ℰ 12 42, Fax 1228, 🍴 –
📺 ☎ 🚗 🅿. ⑩ 🔳 〈VISA〉
M *(Dienstag - Mittwoch 17 Uhr geschl.)* a la carte 33/58 ⅃ — **13 Z : 26 B** 60/80 - 110/170 Fb.

🏠 **Hubertus**, Panoramaweg 9, ℰ 5 36, ≤, 🚗 – 🚗 🅿. ❄ Rest
(nur Abendessen für Hausgäste) — **12 Z : 25 B**.

In Feldberg 4-Falkau — Höhe 950 m :

🏠 **Peterle** 🌳, Schuppenhörnlestr. 18, ℰ 6 77, ≤, 🚗 – 📺 ☎ 🚗 🅿. ⑩ 🔳
➔ 8.- 21. April und 15. Nov.- 15. Dez. geschl. — **M** *(auch vegetarische Gerichte)* (Donnerstag
Freitag 15 Uhr geschl.) a la carte 21/48 ⅃ — **12 Z : 22 B** 34 - 72 Fb.

FELDKIRCHEN Bayern siehe München.

FELDKIRCHEN-WESTERHAM 8152. Bayern 〈413〉 S 23 — 6 000 Ew — Höhe 551 m – ✪ 08063.
🏠 Oed 1, ℰ 63 00.
♦München 37 — Rosenheim 24.

Im Ortsteil Feldkirchen :

🏠 **Mareis**, Münchner Str. 10, ℰ 97 30, Fax 97385, 🍴, ≤, 🔳 – 🔃 ☎ 🚗 🅿 – 🔺 25/60. 〈AE〉
⑩ 🔳 〈VISA〉
2.- 7. Jan. und 10.- 17. Feb. geschl. — **M** *(auch vegetarische Gerichte)* (Sonntag ab 15 Uh
geschl.) a la carte 28/57 — **62 Z : 96 B** 65/85 - 100/125 Fb.

Im Ortsteil Westerham :

🏡 **Schäffler**, Miesbacher Str. 23, ℰ 2 03 — 🚗 🅿. ❄ Zim
➔ Feb. geschl. — **M** *(Dienstag - Mittwoch geschl.)* a la carte 17/34 — **16 Z : 27 B** 30/40 - 60.

Im Ortsteil Aschbach NW : 3 km ab Feldkirchen :

✕✕ **Berggasthof Aschbach** mit Zim, ℰ 90 91, Fax 200, ≤, 🍴 – ☎ 🅿. 🔳 〈VISA〉
14. Jan.- 7. Feb. geschl. — **M** *(Montag geschl.)* a la carte 27/60 — **9 Z : 18 B** 60/70 - 92/105.

FELDSEE Baden-Württemberg. Sehenswürdigkeit siehe Feldberg.

FELLBACH Baden-Württemberg siehe Stuttgart.

FELLINGSHAUSEN Hessen siehe Biebertal.

FENSTERBACH Bayern siehe Schwarzenfeld.

FEUCHT 8501. Bayern 〈413〉 Q 18, 〈987〉 ㉘ — 12 500 Ew — Höhe 361 m – ✪ 09128.
Siehe Nürnberg (Umgebungsplan).
♦München 153 — ♦Nürnberg 17 — ♦Regensburg 95.

🏠 **Bauer** garni, Schwabacher Str. 25b, ℰ 29 33 – 🔃 ☎ 🚗 🅿. 🔳   CT ✕
37 Z : 55 B 35/50 - 60/110.

An der Autobahn A 9 SW : 2 km :

🏠 **Rasthaus und Motel Nürnberg-Feucht**, Ostseite, ✉ 8501 Feucht, ℰ (09128) 34 44
Fax 12318 – 🚗 🅿   CT e
M a la carte 24/43 — **58 Z : 110 B** 50/65 - 70/100.

FEUCHTWANGEN 8805. Bayern 〈413〉 NO 19. 〈987〉 ㉘ — 10 500 Ew — Höhe 450 m — Erholungsor
– ✪ 09852.
🖪 Verkehrsbüro, Marktplatz 1, ℰ 9 04 44, Fax 90432.
♦München 171 — Ansbach 25 — Schwäbisch Hall 52 — ♦Ulm (Donau) 115.

🏠🏠 **Romantik-Hotel Greifen-Post**, Marktplatz 8, ℰ 20 02, Telex 61137, Fax 4841,
« Geschmackvolle Einrichtung », ≤, 🔳 – 🔃 ❄ Zim 📺 ☎ 🚗. 〈AE〉 ⑩ 🔳 〈VISA〉
M *(Sonntag 14 Uhr - Montag und 2. Jan.- 1. Feb. geschl.)* a la carte 55/85 — **35 Z : 60 B**
95/125 - 150/210 Fb — 3 Appart. 250/380 — ½ P 120/170.

🏨 **Wilder Mann**, Alter Ansbacher Berg 2, ℘ 7 19 – [P]
✈ *Ende Aug.-Mitte Sept. geschl.* – **M** *(Donnerstag geschl.)* a la carte 18/30 🍷 – **13 Z : 26 B** 38 - 68 – ½ P 48.

🏨 **Lamm**, Marktplatz 5, ℘ 5 00 – [TV] ☎
✈ *20. Dez.- 10. Jan. geschl.* – **M** *(Dienstag geschl.)* a la carte 18/37 – **8 Z : 15 B** 55/75 - 75/85.

🍴 **Ballheimer** mit Zim, Ringstr. 57, ℘ 91 82, ⛱ – [P]. [E]
2.- 14. Jan. geschl. – **M** *(Montag geschl.)* a la carte 30/52 – **10 Z : 16 B** 40/54 - 60/79.

In Feuchtwangen-Dorfgütingen N : 6 km :

🏨 **Landgasthof Zum Ross**, Dorfgütingen 37 (B 25), ℘ 99 33, ⛱, ≋, 🎾 – [TV] 🚗 [P]
24. Dez.- 17. Jan. geschl. – **M** *(Juli - Sept. Dienstag, Okt.- Juni Freitag geschl.)* a la carte 25/52 – **12 Z : 22 B** 49/55 - 74/89.

In Feuchtwangen-Wehlmäusel SO : 7 km :

🏠 Pension am Forst 🌙, Wehlmäusel 4, ℘ (09856) 5 14, ≋, 🌳 – 🚗 [P]
20 Z : 40 B.

ICHTELBERG 8591. Bayern [413] S 16, 17 – 2 800 Ew – Höhe 684 m – Luftkurort – 'intersport : 700/1 024 m ⛷1 ⛷5 – ☎ 09272.
Verkehrsamt im Rathaus, Bayreuther Str. 4, ℘ 3 53.
/lünchen 259 – Bayreuth 30 – Marktredwitz 21.

🏨 **Schönblick** 🌙, Gustav-Leutelt-Str. 18, ℘ 4 27, Fax 6731, ≋, [🏊], 🌳 – ☎ 🚗 [P] – 🎪 40
7.- 31. Jan. geschl. – **M** *(nur Abendessen, Mittwoch geschl.)* a la carte 32/58 – **48 Z : 100 B** 55/85 - 90/165 Fb – 2 Fewo 90/120 – ½ P 67/110.

In Fichtelberg-Neubau NW : 2 km :

🏨 **Waldhotel am Fichtelsee** 🌙, ℘ 4 66, Fax 469, ≤, ⛱, 🌳 – ☎ [P]
4.- 15. März und 28. Okt.- 13. Dez. geschl. – **M** a la carte 22/36 – **18 Z : 35 B** 45/55 - 80/90.

🏠 Specht, Fichtelberger Str. 41, ℘ 4 11, ⛱, 🌳 – [P]
26 Z : 48 B.

ILDERSTADT 7024. Baden-Württemberg [413] K 20,21 – 37 000 Ew – Höhe 370 m – ☎ 0711 ;tuttgart).
Stuttgart 16 – Reutlingen 25 – ♦Ulm (Donau) 80.

In Filderstadt 1-Bernhausen :

🏨 **Schumacher** garni, Volmarstr. 19, ℘ 70 30 83, Fax 704420 – [lift] ☎ ♿ 🚗
25 Z : 31 B 85 - 120 Fb.

In Filderstadt 4-Bonlanden :

🏨 **Am Schinderbuckel**, Bonländer Hauptstr. 145 (nahe der B 312), ℘ 77 10 36, Telex 7255837, Fax 772095, ⛱, ≋, [🏊] – [lift] [TV] [P] – 🎪 25/150. [AE] [O] [E] [VISA]
M a la carte 40/86 – **121 Z : 135 B** 146/210 - 185/245 Fb.

INNENTROP 5950. Nordrhein-Westfalen [987] ㉔, [412] G 13 – 17 400 Ew – Höhe 230 m – ☎ 02721 (Grevenbrück).
Düsseldorf 130 – Lüdenscheid 43 – Meschede 46 – Olpe 25.

In Finnentrop 1-Bamenohl SO : 2 km :

🏨 **Cordes**, Bamenohler Str. 59, ℘ 7 07 36 – ☎ 🚗 [P] – 🎪 70. [E]. 🚫 Rest
M *(Dienstag geschl.)* a la carte 27/55 – **10 Z : 18 B** 45/60 - 90/120.

In Finnentrop 13-Rönkhausen N : 7 km :

🏨 **Im stillen Winkel** 🌙, Kapellenstr. 11, ℘ (02395) 3 71, Fax 1583 – ▤ Rest [TV] ☎ [P]. [O] [E] [VISA]. 🚫 Rest
M *(Donnerstag geschl.)* a la carte 25/49 – **9 Z : 15 B** 55/70 - 95/120.

INSTERAU Bayern siehe Mauth.

ISCHACH 8935. Bayern [413] OP 22 – 3 700 Ew – Höhe 490 m – ☎ 08236.
; Gessertshausen, Weiherhof (O : 14 km), ℘ (08238) 37 27.
München 90 – ♦Augsburg 22 – ♦Ulm (Donau) 73.

🍴🍴 **Zur Posthalterei** mit Zim, Poststr. 14, ℘ 15 57, Biergarten – ☎ [P]. [O]
Juni 3 Wochen geschl. – **M** *(Donnerstag geschl.)* a la carte 22/43 – **9 Z : 14 B** 38 - 70.

ISCHBACH Saarland siehe Quierschied.

ISCHBACH KREIS HOCHSCHWARZWALD Baden-Württemberg siehe Schluchsee.

FISCHBACHAU 8165. Bayern **413** S 23, **426** H 5 − 4 700 Ew − Höhe 771 m − Erholungsort
Wintersport : 770/900 m ⟋1 ⟍7 − 🕄 08028.

🛈 Verkehrsamt, Rathaus, Kirchplatz 10, 𝒫 8 76.

♦München 72 − Miesbach 18.

In Fischbachau-Birkenstein O : 1 km :

🏠 **Oberwirt** ⚲, Birkensteinstr. 91, 𝒫 8 14, 🍴 − 🅟
➡ 15.- 30. Jan. und 1.- 12. Dez. geschl. − **M** *(Mittwoch geschl.)* a la carte 18/42 − **18 Z : 36**
31/56 - 62/76 − ½ P 41/48.

In Fischbachau-Winkl N : 1 km :

✕ **Café Winklstüberl** mit Zim, Leitzachtalstr. 68, 𝒫 7 42, « Gemütliche Bauernstube
Sammlung von Kaffeemühlen, Gartenterrasse mit ≼ » − 🅟
M a la carte 24/39 − **8 Z : 14 B** 25/30 - 50/60.

FISCHBACHERHÜTTE Rheinland-Pfalz siehe Niederfischbach.

FISCHBACHTAL 6101. Hessen **412** **413** J 17 − 2 500 Ew − Höhe 300 m − 🕄 06166.
♦Wiesbaden 72 − ♦Darmstadt 25 − ♦Mannheim 57.

In Fischbachtal 2-Lichtenberg − Erholungsort :

✕✕✕ ✿ **Landhaus Baur** ⚲ mit Zim (ehem. Villa in einem kleinen Park, auch Gästehaus mit 📺
🍴), Lippmannweg 15, 𝒫 83 13, ≼, 🍴 − 📺 🅟. 🛇 Rest
über Fasching 2 Wochen und Nov. 1 Woche geschl. − **M** *(Tischbestellung erforderlic*
(Montag geschl.) 90/140 und a la carte 70/90 − **10 Z : 20 B** 70/100 - 100/140
Spez. Gefülltes Schnitzel vom Rehbock (Ende Mai - Juni), Entenstopfleber mit Johannisbeeren (Somme
Gebackene Lachsforellenbällchen (Winter).

FISCHEN IM ALLGÄU 8975. Bayern **413** N 24, **987** ㊱, **426** ⑮ − 2 700 Ew − Höhe 760 m
Luftkurort − Wintersport : 760/1 665 m ⟋3 ⟍4 − 🕄 08326.

🛈 Verkehrsamt, Am Anger 15, 𝒫 18 15.

♦München 157 − Kempten (Allgäu) 33 − Oberstdorf 6.

🏨 **Rosenstock**, Berger Weg 14, 𝒫 18 95, 🍴, 🛋, 🏊, 🛏 − 📱 📺 🅿 🅟. 🛇
3. Nov.- 17. Dez. geschl. − *(Restaurant nur für Hausgäste)* − **42 Z : 70 B** 74/85 - 114/170 F
− ½ P 69/97.

🏨 **Burgmühle** ⚲, Auf der Insel 4a, 𝒫 73 52, 🛋, 🛏 − ≼⚬ Zim 📺 ☎ ≈⚬ 🅟. 🛇
Mitte Nov.- Mitte Dez. geschl. − *(nur Abendessen für Hausgäste)* − **26 Z : 46 B** 80/130
120/160 − 3 Fewo 70/120.

🏠 **Café Haus Alpenblick** ⚲, Maderhalmer Weg 10, 𝒫 3 37, ≼, 🛏 − ≈⚬ 🅟. 🛇
8. April - 2. Mai und 28. Okt.- 20. Dez. geschl. − *(nur Abendessen für Hausgäste)* − **21 Z**
36 B 45/63 - 98/104 Fb − ½ P 64/67.

🏠 **Münchner Kindl**, Hauptstr. 11, 𝒫 3 89, 🛏 − 🅟
➡ *2. Nov.- Mitte Dez. geschl.* − **M** *(Donnerstag geschl.)* a la carte 19/32 − **16 Z : 31 B** 44/49
86/96 − 12 Fewo 65/90.

🏠 **Krone**, Auf der Insel 1, 𝒫 2 87, 🍴 − 🅟
15. April - 8. Mai und 4. Nov.- 19. Dez. geschl. − **M** *(Montag 14 Uhr - Dienstag geschl.)* a
carte 25/51 − **12 Z : 21 B** 52 - 92.

In Fischen-Berg :

🏠 Kaserer-Zacher ⚲, Gundelsberger Weg 7, 𝒫 4 17, ≼, 🛏 − ≈⚬ 🅟. 🛇
(nur Abendessen für Hausgäste) − **32 Z : 56 B**.

In Fischen-Langenwang S : 3 km :

🏨 **Kur- und Sporthotel Sonnenbichl** ⚲, Sägestr. 19, 𝒫 18 51, ≼, 🍴, Bade- un
Massageabteilung, 🛀, 🛋, 🛏, 🛏, 🛏, ✕ − 🅿 🅟 🛇 Zim
Nov.- 20. Dez. geschl. − **M** *(auch Diät)* a la carte 30/48 − **53 Z : 100 B** 82/124 - 166/218 Fb
½ P 93/120.

🏠 **Café Frohsinn** ⚲, Wiesenweg 4, 𝒫 18 48, Fax 1840, ≼, Bade- und Massageabteilun
🛋, 🛏, 🛏 − 📱 🅟. 🛇
14.- 30. April und 4. Nov.- 19. Dez. geschl. − **M** *(Abendessen nur für Hausgäste, Monta*
geschl.) a la carte 28/43 − **54 Z : 92 B** 65/87 - 104/155 Fb − ½ P 62/88.

In Fischen-Maderhalm :

🏨🏨 **Kur- und Sporthotel Tanneck** ⚲, Maderhalmer Weg 20, 𝒫 99 90, Fax 999133, ≼ Fische
und Allgäuer Berge, 🍴, Bade- und Massageabteilung, 🛀, 🛋, 🛏, 🛏, ✕ − 📱 📺 ≈⚬
🅟 − 🛀 40. 🆎
2. Nov.- 19. Dez. geschl. − *(Rest. nur für Hausgäste)* − **63 Z : 110 B** 119/143 - 192/286 Fb
3 Appart. 328.

🏠 **Café Maderhalm** ⚲, Maderhalmer Weg 19, 𝒫 2 56, ≼ Fischen und Allgäuer Berge, 🍴
➡ − ≈⚬ 🅟. 🆎 🅴. 🛇 Zim
Nov.- 24. Dez. geschl. − **M** *(Mittwoch 14 Uhr - Donnerstag geschl.)* a la carte 21/44 − **15 Z**
25 B 49/78 - 115.

In Obermaiselstein 8975 W : 3 km :

🏨 **Berwanger** ॐ, Niederdorf 11, ℘ (08326) 18 55, Fax 9454, ≤, ⌂, ☞ – ⧚ ☎ ⇔ 🅿
5. Nov.- 18. Dez. geschl. – **M** *(Donnerstag geschl.)* a la carte 28/56 – **26 Z : 52 B** 62/66 -
116/124 Fb – ½ P 66/74.

🎭 **Café Steiner** ॐ, Niederdorf 21, ℘ (08326) 4 90, ≤, ☞ – 🅿
Nov.- Mitte Dez. geschl. – (Restaurant nur für Hausgäste) – **13 Z : 24 B** 42 - 84/90 Fb –
½ P 54/64.

FISCHERBACH 7612. Baden-Württemberg 🗺 H 22, 🗺 ⑳ – 1 600 Ew – Höhe 220 m –
Erholungsort – 🕿 07832 (Haslach im Kinzigtal).

Stuttgart 149 – ◆Freiburg im Breisgau 51 – Freudenstadt 50 – Offenburg 33.

🏨 **Krone** ॐ, Vordertalstr. 17, ℘ 29 97, 🍽, ☞ – ⧚ ⓺ ⇔ 🅿 ⚡ Zim
über Fastnacht 2 Wochen geschl. – **M** *(Montag geschl.)* a la carte 17,50/45 – **20 Z : 36 B** 45
- 80/86 – ½ P 52/58.

Außerhalb N : 7 km, Zufahrt über Hintertal – Höhe 668 m :

🏨 **Nillhof** ॐ, Hintertal 29, ⊠ 7612 Fischerbach, ℘ (07832) 25 00, ≤ Schwarzwald, 🍽, ⌂,
☞ – ⇔ 🅿, 🆎 ⑩ 🅴
20. Nov.- 12. Dez. geschl. – **M** a la carte 20/51 ⅄ – **17 Z : 29 B** 40/55 - 88/110 Fb –
½ P 50/70.

FISSAU Schleswig-Holstein siehe Eutin.

FLADUNGEN 8741. Bayern 🗺 ⑳, 🗺 🗺 N 15 – 2 400 Ew – Höhe 416 m – 🕿 09778.
◨ Verkehrsamt, Rathaus, Marktplatz, ℘ 80 21.

München 377 – ◆Bamberg 107 – Fulda 40 – ◆Würzburg 109.

🏨 Sonnentau ॐ, Wurmbergstr. 1 (NO : 1,5 km), ℘ 3 92, ≤, ⌂, ☞ – ⇔ 🅿
18 Z : 36 B – 2 Fewo.

FLAMMERSFELD 5232. Rheinland-Pfalz 🗺 F 15 – 1 000 Ew – Höhe 270 m – Luftkurort –
🕿 02685.
◨ Verkehrsverein, Raiffeisenstr. 4 (Raiffeisenbank), ℘ 10 11.

Mainz 119 – ◆Koblenz 45 – ◆Köln 66 – Limburg an der Lahn 60.

In Rott 5232 SW : 2 km :

🏨 Zur Schönen Aussicht ॐ, Hauptstr. 17, ℘ (02685) 3 44, « Garten », ⌂, 🆒, ☞ – 📺 🅿
(Restaurant nur für Hausgäste) – **18 Z : 30 B**.

FLECK Bayern siehe Lenggries.

FLECKEBY 2334. Schleswig-Holstein – 1 400 Ew – Höhe 20 m – 🕿 04354.
◆Kiel 38 – Eckernförde 10 – Schleswig 13.

In Hummelfeld-Fellhorst 2334 S : 5 km :

🏨 Sport- und Tagungshotel Fellhorst ॐ, ℘ (04354) 7 21, 🍽, ⌂, 🆒, ☞, ⚞ – ☎ 🅿
– ⚒ 25/80. ⑩ 🅴 🆅🆂🅰
M a la carte 28/56 – **26 Z : 52 B** 76 - 136 Fb.

FLECKL Bayern siehe Warmensteinach.

FLEIN Baden-Württemberg siehe Heilbronn.

FLENSBURG 2390. Schleswig-Holstein 🗺 ⑤ – 86 000 Ew – Höhe 20 m – 🕿 0461.
Sehenswert : Städtisches Museum★ – Nikolaikirche (Orgel★) – Flensburger Förde★ Y.
◨ Verkehrsverein, Norder Str. 6, ℘ 2 30 90.
ADAC, Robert-Koch-Str. 33, ℘ 5 30 33, Notruf ℘ 1 92 11.
◆Kiel 88 ③ – ◆Hamburg 158 ③.

Stadtplan siehe nächste Seite.

🏨 **Central-Hotel - Restaurant Le Castillon**, Neumarkt 1, ℘ 8 60 00, Fax 22599 – ⧚ 📺
☎ 🅿. 🆎 ⑩ 🅴 🆅🆂🅰. ⚡ Rest   Z a
M a la carte 37/67 – **54 Z : 100 B** 80/130 - 150/165 Fb.

🏨 **Flensburger Hof**, Süderhofenden 38, ℘ 1 73 29, Fax 17331 – ⧚ 📺 ☎ ⇔. 🆎 ⑩ 🅴
🆅🆂🅰   Z g
M *(nur Abendessen, Mai - Sept. Samstag, Okt.- April Samstag - Sonntag geschl.)* a la carte
25/54 – **28 Z : 50 B** 125/135 - 170 Fb.

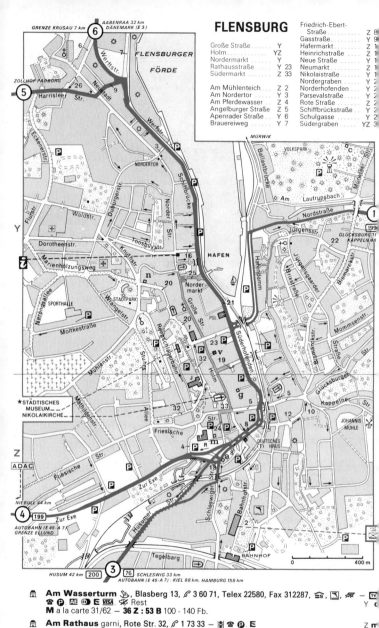

FLENSBURG

🏩 **Am Wasserturm** 🍴, Blasberg 13, ☎ 3 60 71, Telex 22580, Fax 312287, 🖙, 🔲, 🐎 – 📺
☎ 🄿. 🆎 ⑩ 🄴 𝚅𝙸𝚂𝙰. ❄ Rest
M a la carte 31/62 – **36 Z : 53 B** 100 - 140 Fb.
Y c

🏩 **Am Rathaus** garni, Rote Str. 32, ☎ 1 73 33 – 🛗 ☎ 🄿. 🄴
22. Dez.- 4. Jan. geschl. – **44 Z : 65 B** 80/95 - 130/135.
Z m

🏩 Am Stadtpark, Nordergraben 70, ☎ 2 49 00
22 Z : 30 B.
Y r

🍽️🍽️ Stadtrestaurant im Deutschen Haus, Bahnhofstr. 15, ☎ 2 35 66 – 🄿 – 🔏 25/500
Z

🍽️ **Borgerforeningen**, Holm 17, ☎ 2 33 85, 🍴 – 🄿 – 🔏 30/200. 🆎 ⑩ 🄴 𝚅𝙸𝚂𝙰
Sonntag geschl. – **M** a la carte 24/55.
Y v

274

In Harrislee 2398 ⑤ : 3,5 km :

🏡 Nordkreuz, Süderstr. 12, ℰ (0461) 7 74 00 — 📺 ☎ 🅿 — **17 Z : 36 B** Fb.

In Harrislee-Kupfermühle 2398 ⑥ : 6 km :

🏨 **Hotel an der Grenze** (mit Gästehäusern), am Grenzübergang Kupfermühle, ℰ (0461) 70 20, Fax 702702, ⇌, ⊿ (geheizt, 🔲, 🖼, 🎾 — 🛗 📺 ☎ 🅿 — 🏌 25/60. 🝙 ⓞ 𝗩𝗜𝗦𝗔
M (siehe auch Rest. Chez Paul) a la carte 28/69 — **270 Z : 528 B** 80/160 - 122/175 Fb.

XXX **Chez Paul**, im Hotel an der Grenze (3. Etage 🛗), ℰ (0461) 70 27 22, Fax 702702 — 🅿. 🝙 ⓞ 🝙 𝗩𝗜𝗦𝗔. ⬚
Montag - Dienstag 18 Uhr, 1.- 16. Jan. und Mitte - Ende Aug. geschl. — **M** 78/116.

In Harrislee-Wassersleben 2398 ⑥ : 5 km :

🏡 **Wassersleben**, Wassersleben 4, ℰ (0461) 7 20 85, ≤, 🌥 — 📺 ☎ 🅿. 🝙 ⓞ 🝙 𝗩𝗜𝗦𝗔
M a la carte 34/69 — **25 Z : 50 B** 90/120 - 150/200.

In Oeversee 2391 ③ : 9 km an der B 76 :

🏨 **Historischer Krug**, ℰ (04630) 3 00, Telex 22714, Fax 780, Massage, ⇌, ⊿, 🌥 — 📺 ☎ 👍 🅿 — 🏌 40. 🝙 ⓞ 🝙 𝗩𝗜𝗦𝗔. ⬚ Rest
2.- 15. Jan. geschl. — **M** a la carte 57/83 — **49 Z : 90 B** 79/99 - 135/149 Fb.

LINTSBACH AM INN 8201. Bayern 𝟜𝟙𝟛 T 23 — 2 200 Ew — Höhe 496 m — Luftkurort — ● 08034.

Verkehrsamt, Rathaus, Kirchstr. 9, ℰ 4 13.
München 73 — Rosenheim 18.

🏡 **Dannerwirt** ⬚, Kirchplatz 4, ℰ 20 17, Fax 7144 — ☎ 🅿 🝙
12.- 30. Nov. geschl. — **M** *(Donnerstag geschl.)* a la carte 23/42 — **28 Z : 50 B** 50/55 - 80/85 — ½ P 57/72.

LÖRSHEIM 6093. Hessen 𝟜𝟙𝟚 𝟜𝟙𝟛 I 16 — 16 600 Ew — Höhe 95 m — ● 06145.

Wiesbaden 21 — ♦Darmstadt 28 — ♦Frankfurt am Main 29 — Mainz 15.

🏡 **Herrnberg**, Bürgermeister-Lauck-Str., ℰ 20 11, Telex 4064352, Fax 53211 — 🛗 ↔ Zim 📺 ☎ ⬟ 🅿. 🝙 ⓞ 🝙 𝗩𝗜𝗦𝗔
M *(Sonntag ab 15 Uhr geschl.)* a la carte 27/45 — **36 Z : 66 B** 90/125 - 125/155 Fb.

LÖCKINGHAUSEN Nordrhein-Westfalen siehe Bestwig.

FÖHR (Insel) Schleswig-Holstein 𝟵𝟴𝟳 ④ Insel der Nordfriesischen Inselgruppe — Seebad.
Nieblum, ℰ (04681) 32 77.
↠ von Dagebüll (ca. 45 min). Für PKW Voranmeldung bei Wyker Dampfschiffs-Reederei GmbH ● Wyk, ℰ (04681) 80 40.
Kiel 126 — Flensburg 57 — Niebüll 15.

Süderende 2270 — 150 Ew — ● 04683

🏨 **Landhaus Altes Pastorat** ⬚, ℰ 2 26, « Garten », 🌥 — ↔ Rest 📺 ☎ 🅿. ⬚
Ostern - Sept. — (nur Abendessen für Hausgäste, für Passanten Voranmeldung erforderlich) — **5 Z : 10 B** (nur ½ P) 250 - 450/500.

Wyk 2270 — 4 500 Ew — Heilbad — ● 04681.
🛈 Städt. Kurverwaltung, Rathaus, Hafenstraße, ℰ 30 40.

🏨 Kurhaus - Hotel ⬚ garni, Sandwall 40, ℰ 7 92, ≤, ⇌ — 📺 ☎ 🅿
nur Saison — **28 Z : 55 B**

🏨 **Kurhotel am Wellenbad** ⬚, Sandwall 29, ℰ 21 99, Fax 4663, ≤, Massage, ⇌, 🔲, 🌥 — 🛗 📺 ☎ 🅿. 🝙 ⓞ 🝙 𝗩𝗜𝗦𝗔. ⬚ Rest
Mitte Jan.- Feb. geschl. — **M** a la carte 35/68 — **44 Z : 88 B** 96/142 - 186/210 Fb — ½ P 119/168.

🏡 **Duus**, Hafenstr. 40, ℰ 7 08 — 📺 ☎. 🝙 🝙
10. Jan.- 20. März geschl. — **M** a la carte 29/63 — **22 Z : 42 B** 85/110 - 140/170.

🏡 **Strandhotel**, Königstr. 1, ℰ 7 97, ≤, 🌥 — 🛗 📺 ☎ 🅿
M a la carte 24/49 — **14 Z : 19 B** 68/95 - 120/160 — 12 Fewo 175/225.

🏡 **Colosseum** ⬚, Große Str. 42, ℰ 9 61, ⇌ — 📺 ☎ 🅿
März geschl. — **M** *(Okt.- Mai Samstag geschl.)* a la carte 27/45 — **20 Z : 34 B** 67/85 - 124 Fb — 4 Fewo 90/115 — ½ P 80/85.

🏡 Haus der Landwirte, Hafenstr. 2, ℰ 5 35 — 📺 ☎. ⬚ Zim
(Nov.- Mitte März garni) — **11 Z : 21 B**.

X Alt Wyk, Große Str. 4, ℰ 32 12.

X **Friesenstube**, Süderstr. 8, ℰ 24 04 — 🝙 ⓞ 🝙 𝗩𝗜𝗦𝗔
Montag und 8. Jan.- 19. Feb. geschl. — **M** a la carte 29/68.

FÖRTSCHENDORF Bayern siehe Pressig.

FORBACH 7564. Baden-Württemberg **413** I 20 — 6 000 Ew — Höhe 331 m — Luftkurort
✪ 07228.

🛈 Kurverwaltung, Kurhaus, Striedstr. 14, ✆ 23 40.

♦Stuttgart 106 — Baden-Baden 26 — Freudenstadt 31 — ♦Karlsruhe 50.

⚐ **Löwen**, Hauptstr. 9, ✆ 22 29, 🌳, 🐎 — |💈| 🚗
➡ Nov. geschl. — **M** (Dienstag geschl.) a la carte 17,50/31 — **21 Z : 40 B** 26/35 - 58/68
½ P 37/46.

In Forbach 5-Raumünzach S : 6,5 km :

🏠 **Wasserfall**, Schwarzwaldtälerstr. 5 (B 462), ✆ 8 89, ≤, 🐎 — ❷
M (Donnerstag geschl.) a la carte 22/42 — **15 Z : 27 B** 40/50 - 70/90 — ½ P 53/68.

In Forbach 5-Hundsbach SW : 14 km über Raumünzach — Wintersport : 750/1000 m ⚡
🎿1 — ✪ 07220 :

🏠 **Feiner Schnabel** ⚞, Hundseckstr. 24, ✆ 2 72, 🌳, 🚌, 🔲, 🐎 — 📺 🚗 ❷ ◑ 📼
➡ 🍴 Rest
4. Nov.- 20. Dez. geschl. — **M** a la carte 18/44 ⅃ — **10 Z : 19 B** 57/60 - 102 Fb — ½ P 60/78.

⚐ Zur Schönen Aussicht ⚞, Kapellenstr. 14, ✆ 2 27, ≤, 🐎 — ❷
14 Z : 25 B.

FORCHHEIM 8550. Bayern **413** PQ 17, **987** ㉘ — 28 000 Ew — Höhe 265 m — ✪ 09191.

Sehenswert : Pfarrkirche (Bilder der Martinslegende⋆).

🛈 Städt. Verkehrsamt, Rathaus, ✆ 8 43 38, Fax 84277.

♦München 206 — ♦Bamberg 25 — ♦Nürnberg 35 — ♦Würzburg 93.

🏛 **Franken** ⚞ garni, Ziegeleistr. 17, ✆ 16 09 — 📺 ☎ 🚗 ❷ 🆎 ◑ 🇪 𝘝𝘐𝘚𝘈 🍴
40 Z : 60 B 54/68 - 89/94.

🏛 **Am Kronengarten** garni, Bamberger Str. 6 a, ✆ 6 67 68, Fax 66331 — |💈| 📺 ☎ 🍴
25 Z : 45 B 60 - 90 Fb.

🏠 **Pilatushof** ⚞ garni, Kapellenstr. 13, ✆ 8 99 70 — 📺 ☎ 🆎 ◑ 🇪 𝘝𝘐𝘚𝘈
Aug. geschl. — **8 Z : 12 B** 70 - 95 Fb.

In Forchheim-Burk W : 1,5 km :

🏠 **Schweizer Grom**, Röthenstr. 5, ✆ 3 32 57, Biergarten — 📺 ❷ — 🏛 25. 🇪 🍴
➡ 21. Mai - 8. Juni geschl. — **M** (Freitag geschl.) a la carte 21/33 — **27 Z : 38 B** 48/65 - 75/90.

In Kunreuth-Regensberg 8551 SO : 15 km :

🏠 **Berggasthof Hötzelein** ⚞, ✆ (09199) 5 31, ≤Veldensteiner Forst, 🌳, 🚌, 🐎 — |💈| ◀
➡ — 🏛 30. ◑ 🇪 𝘝𝘐𝘚𝘈 🍴
24. Nov.- 24. Dez. geschl. — **M** (Dienstag geschl.) a la carte 20/46 — **30 Z : 53 B** 52/60
92/120.

FORCHTENBERG 7119. Baden-Württemberg **413** L 19 — 3 800 Ew — Höhe 189 m — ✪ 07947.

♦Stuttgart 83 — Heilbronn 41 — Künzelsau 13 — ♦Würzburg 93.

In Forchtenberg-Sindringen W : 6 km :

🏠 **Krone**, Untere Gasse 2, ✆ (07948) 4 01, 🌳 — ☎ ❷ — 🏛 40. 🇪 🍴 Zim
2.- 24. Jan. geschl. — **M** (Dienstag geschl.) a la carte 23/43 ⅃ — **15 Z : 25 B** 45/48 - 75/85
½ P 55/61.

FORSBACH Nordrhein-Westfalen siehe Rösrath.

FORST Baden-Württemberg bzw. Rheinland-Pfalz siehe Bruchsal bzw. Deidesheim.

FRAMMERSBACH 8773. Bayern **987** ㉘, **412** **413** L 16 — 4 800 Ew — Höhe 225 m
Erholungsort — Wintersport : 450/530 m ⚡1 ⚡3 — ✪ 09355.

🛈 Verkehrsverein im Rathaus, Marktplatz 3, ✆ 8 00.

♦München 332 — ♦Frankfurt am Main 71 — Fulda 74 — ♦Würzburg 52.

🏠 **Spessartruh**, Wiesener Str. 129, ✆ 74 43, ≤, 🌳, 🚌, 🔲, 🐎 — |💈| 🚗 ❷ 🇪 🍴
➡ 4. Jan.- Feb. und Nov.- 15. Dez. geschl. — **M** (Montag geschl.) a la carte 19,50/41 ⅃ — **32 Z**
56 B 50/54 - 100 Fb.

⚐ **Kessler**, Orber Str. 23 (B 276), ✆ 12 36, 🐎 — 🚗 ❷
➡ Mitte Jan.- Mitte Feb. und Ende Okt.- Ende Nov. geschl. — **M** (Mittwoch ab 15 Uhr gesch
a la carte 19/40 ⅃ — **13 Z : 27 B** 35 - 70 Fb.

✗ **Schwarzkopf** mit Zim, Lohrer Str. 80 (B 276), ✆ 3 07 — 📺 🚗 🇪
Mai - Juni 3 Wochen geschl. — **M** (Montag geschl.) a la carte 24/51 — **5 Z : 8 B** 40 - 80.

In Frammersbach-Habichsthal W : 7,5 km :

⚐ Zur frischen Quelle, Dorfstr. 10, ✆ (06020) 3 93, 🌳, 🐎 — ❷
20 Z : 36 B.

RANCFORT-SUR-LE-MAIN , **FRANCOFORTE-SUL-MENO** = Frankfurt am Main.

RANKENBERG AN DER EDER 3558. Hessen 987 ㉕. 412 J 13 – 18 000 Ew – Höhe 323 m
– ✪ 06451.

henswert : Rathaus★.

sflugsziel : Haina : Ehemaliges Kloster★ (Klosterkirche★) O : 18 km.

Verkehrsamt, Obermarkt 13 (Stadthaus), ☎ 50 51 13.

Tiesbaden 156 – ✦Kassel 78 – Marburg 36 – Paderborn 104 – Siegen 83.

🏨 **Sonne** �▷, Marktplatz 2, ☎ 90 19, Fax 22147 – 🗲 📺 ☎ – 🐾 25/50. 🖭 ⓪ 🗲 𝑉𝐼𝑆𝐴
M 32 (mittags) und a la carte 44/77 – **25 Z : 45 B** 70/90 - 130/180 Fb.

🏨 **Rats-Schänke** ⍥, Marktplatz 7, ☎ 30 66, Fax 30 69 – 🗲 📺 ☎ ⟵. ⓪ 🗲
2.- 17. Jan. geschl. – **M** (Donnerstag bis 17 Uhr geschl.) a la carte 25/50 – **27 Z : 54 B** 65/80
- 110/135 Fb.

RANKENSTEIN (Ruine) Hessen siehe Darmstadt.

RANKENTHAL IN DER PFALZ 6710. Rheinland-Pfalz 987 ㉔ ㉕. 412 413 I 18 – 47 000 Ew
Höhe 94 m – ✪ 06233.

Siehe auch Mannheim-Ludwigshafen (Umgebungsplan).

Städt. Verkehrsverein, Rathaus, ☎ 8 93 95.

ainz 66 ③ – Kaiserslautern 47 ③ – ✦Mannheim 13 ① – Worms 10 ③.

FRANKENTHAL
IN DER PFALZ

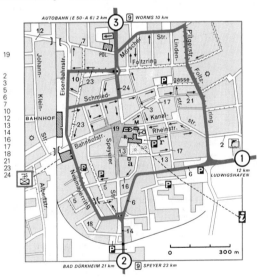

🏨 **Central**, Karolinenstr. 6, ☎ 87 80, Fax 22151, ☎s, 🔳 – 🗲 ⇔ Zim 🍽 Rest 📺 🅿 –
🐾 25/150. 🖭 ⓪ 🗲 𝑉𝐼𝑆𝐴   **a**
M a la carte 54/82 – **80 Z : 155 B** 119/139 - 149/159 Fb – 3 Appart. 200.

🏨 **Rathaus-Café** garni, Rheinstr. 8, ☎ 2 10 41 – ☎. 🗲 𝑉𝐼𝑆𝐴   **r**
32 Z : 51 B 42/65 - 75/95.

XX **Adamslust**, An der Adamslust 10, ☎ 6 17 16, � – 🅿. ⓪ 🗲 𝑉𝐼𝑆𝐴
über Fasching 2 Wochen, Anfang - Mitte Sept. sowie Sonntag - Montag geschl. – **M**
(Tischbestellung ratsam) a la carte 51/83 ♨.
Umgebungsplan Mannheim-Ludwigshafen AU **n**

Michelin-Straßenkarten für Deutschland :

Nr. 984 im Maßstab 1:750 000

Nr. 987 im Maßstab 1:1 000 000

Nr. 412 im Maßstab 1:400 000 (Nordrhein-Westfalen, Rheinland-Pfalz, Hessen, Saarland)

Nr. 413 im Maßstab 1:400 000 (Bayern und Baden-Württemberg)

FRANKFURT AM MAIN 6000. Hessen 987 ⑳. 412 413 J 16 – 617 600 Ew – Höhe 91 m
🌀 069.

Sehenswert : Zoo★★★ FX – Goethehaus★★ und Goethemuseum★ DEY M1 – Dom★ (Turm★
Domschatz★, Chorgestühl★) EY – Palmengarten★ CV – Senckenberg-Museum★ (Pa
onthologie★★) CX M8 – Städelsches Kunstinstitut★★ DY M2 – Museum für Kunsthandwerk
EY M4 – Evangelische Katharinenkirche (Glasfenster★) EX A – Henninger Turm ✳ ★ DZ.

🇮🇸 Frankfurt-Niederrad (BT), ℰ 6 66 23 17.

✈ Rhein-Main (⑤ : 12 km, AU), ℰ 6 90 25 95 – 🚗 in Neu-Isenburg, ℰ (06102) 85 75.

Messegelände (CY), ℰ 7 57 50, Telex 411558.

🅱 Verkehrsamt im Hauptbahnhof (Nordseite), ℰ 21 23 88 49 – 🅱 Verkehrsamt im Römer, ℰ 21 23 87 08.
🅱 Verkehrsamt, im Flughafen (Ankunft Halle B), ℰ 69 31 53.

ADAC, Schumannstr. 4, ℰ 7 43 00, Notruf ℰ 1 92 11 – ADAC, Schillerstr. 12, ℰ 7 43 02 95.

◆Wiesbaden 41 ⑤ – ◆Bonn 178 ⑤ – ◆Nürnberg 226 ④ – ◆Stuttgart 204 ⑤.

Die Angabe (F 15) nach der Anschrift gibt den Postzustellbezirk an : Frankfurt 15
L'indication (F 15) à la suite de l'adresse désigne l'arrondissement : Frankfurt 15
The reference (F 15) at the end of the address is the postal district : Frankfurt 15
L'indicazione (F 15) posta dopo l'indirizzo precisa il quartiere urbano : Frankfurt 15

Messe-Preise : siehe S. 8   Foires et salons : voir p. 16
Fairs : see p. 24   Fiere : vedere p. 32

Stadtpläne siehe nächste Seiten.

🏨🏨 **Steigenberger Frankfurter Hof**, Bethmannstr. 33 (F 1), ℰ 2 15 02, Telex 411806, F
215900, 🍴 – 🛗 ✽ Zim 🗏 📺 – 🛆 25/300. 🆎 ⓪ Ε 🚾. ℅ Rest   DY
Restaurants (siehe auch Restaurant français und Frankfurter Stubb) : Hofgarten *(Samst
geschl.)* **M** a la carte 47/79 – **Kaiserbrunnen M** a la carte 33/47 – **360 Z : 570 B** 320/46(
390/530 Fb – 30 Appart. 1294/3544.

🏨🏨 **Hessischer Hof**, Friedrich-Ebert-Anlage 40 (F 97), ℰ 7 54 00, Telex 411776, Fax 75409ʒ
« Sèvres-Porzellansammlung im Restaurant » – 🛗 🗏 📺 ← 🅿 – 🛆 25/300. 🆎 ⓪
🚾. ℅ Rest   CY
M a la carte 70/103 – **114 Z : 201 B** 295/555 - 455/575 – 11 Appart. 850/1545.

🏨🏨 **Frankfurt Intercontinental**, Wilhelm-Leuschner-Str. 43 (F 1), ℰ 2 60 50, Telex 41363
Fax 252467, ≤ Frankfurt, Massage, 🎣, ≋, 🔲 – 🛗 ✽ Zim 🗏 📺 ᗒ – 🛆 25/800. 🆎 (
Ε 🚾. ℅ Rest   CY
M a la carte 48/99 – **800 Z : 1 450 B** 395/475 - 470/600 Fb – 45 Appart. 1200/3500.

🏨🏨 **Arabella Grand Hotel**, Konrad-Adenauer-Str. 7 (F 1), ℰ 2 98 10, Telex 4175926, F
2981812, Massage, ≋, 🔲 – 🛗 ✽ Zim 🗏 📺 ᗒ – 🛆 25/500. 🆎 ⓪ Ε 🚾. ℅ Rest
Restaurants (siehe auch Rest. Dynasty): **Premiere** *(nur Abendessen)* **M** a la carte 65/95
Brasserie M 38(mittags Buffet) und a la carte 36/62 – **378 Z : 500 B** 316/446 - 391/521 Fb
11 Appart. 846/1951.   EX

🏨🏨 **Mövenpick Parkhotel Frankfurt**, Wiesenhüttenplatz 28 (F 1), ℰ 2 69 70, Telex 4128(
Fax 26978849, ≋ – 🛗 ✽ Zim 🗏 📺 🅿 – 🛆 25/160. 🆎 ⓪ Ε 🚾   CY
Restaurants : **La Truffe** *(Samstag, Sonn- und Feiertage sowie Juli - Aug. 4 Wochen gesch*
M a la carte 68/97 – **Mövenpick-Restaurants M** a la carte 37/63 – **300 Z : 400 B** 299/36ʒ
440/509 Fb – 4 Appart. 630/2442.

🏨🏨 **Frankfurt Marriott Hotel**, Hamburger Allee 2 (F 90), ℰ 7 95 50, Telex 412573, F
79552432, ≤ Frankfurt – 🛗 ✽ Zim 🗏 📺 – 🛆 25/1000. 🆎 ⓪ Ε 🚾. ℅ Rest   CX
M a la carte 54/100 – **591 Z : 1 182 B** 320/471 - 392/547 Fb – 25 Appart. 652/1252.

🏨🏨 **Palmenhof - Restaurant Bastei**, Bockenheimer Landstr. 89 (F 1), ℰ 7 53 00 60, F
75300666 – 🛗 📺 ← 🆎 ⓪ Ε 🚾   CX
M *(Sonn- und Feiertage sowie außerhalb der Messezeiten auch Samstag geschl.)* a la car
50/78 – **47 Z : 80 B** 150/190 - 230/300 Fb.

🏨🏨 **Altea Hotel**, Voltastr. 29 (F 90), ℰ 7 92 60, Telex 413791, Fax 79261606, 🍴, ≋ –
✽ Zim 📺 ← 🆎 ⓪ Ε 🚾   BS
M a la carte 43/73 – **426 Z : 872 B** 170/260 - 228/308 Fb – 12 Appart. 343/403.

🏨🏨 **Scandic Crown Hotel**, Wiesenhüttenstr. 42 (F 16), ℰ 27 39 60, Telex 416394, Fax 2739679
Massageabteilung, ≋, 🔲 – 🛗 ✽ Zim 🗏 Rest 📺 ← – 🛆 25/100. ℅   CY
Restaurants : **Savoy** – **Rhapsody** – **144 Z : 200 B** fb.

🏨🏨 **Pullman Hotel Savigny**, Savignystr. 14 (F 1), ℰ 7 53 30, Telex 412061, Fax 7533175 –
📺 – 🛆 25/80. 🆎 ⓪ Ε 🚾   CY
M 35 a la carte 47/74 – **124 Z : 180 B** 209/359 - 278/498 Fb.

🏨🏨 **National**, Baseler Str. 50 (F 1), ℰ 27 39 40, Telex 412570, Fax 234460 – 🛗 📺 – 🛆 25/6(
🆎 ⓪ Ε 🚾   CY
M 29/38 (mittags) und a la carte 45/72 – **76 Z : 130 B** 151/255 - 245/270 Fb.

🏨🏨 **An der Messe** garni, Westendstr. 104 (F 1), ℰ 74 79 79, Telex 4189009, Fax 748349 –
📺 ←. 🆎 ⓪ Ε 🚾   CX
46 Z : 88 B 180/270 - 210/400 Fb.

🏨 **Novotel Frankfurt-Messe**, Voltastraße 1b (F 90), ℰ 79 30 30, Telex 412054, Fax 79303930,
🍴, ⇌ – 📺 ⌨ ⊁ Zim ▤ 📺 & ⇔ 🅟 – 🔬 25/300. 🆎 ⓪ 🗲 𝘝𝘐𝘚𝘈   CX **r**
M a la carte 41/68 – **235 Z : 470 B** 190/220 - 230/260 Fb.

🏨 **Imperial**, Sophienstr. 40 (F 90), ℰ 7 93 00 30, Telex 4189636, Fax 79300388 – 📳 ▤ 📺 ☎
⇔. 🆎 ⓪ 🗲 𝘝𝘐𝘚𝘈   CV **t**
M *(nur Abendessen)* a la carte 40/68 – **60 Z : 120 B** 240/370 - 290/380 Fb.

🏨 **Rhein-Main** garni, Heidelberger Str. 3 (F 1), ℰ 25 00 35, Telex 413434, Fax 252518 – 📳 📺
☎ 🅟. 🆎 ⓪ 🗲 𝘝𝘐𝘚𝘈. 🕸   CY **b**
48 Z : 72 B 180/250 - 280/450 Fb.

🏨 **Mozart** garni, Parkstr. 17 (F 1), ℰ 55 08 31 – 📳 📺 ☎. 🆎 ⓪ 🗲 𝘝𝘐𝘚𝘈   CV **p**
23. Dez. - 2. Jan. geschl. – **35 Z : 56 B** 125/145 - 195 Fb.

🏨 **Turm - Hotel** garni, Eschersheimer Landstr. 20 (F 1), ℰ 15 40 50, Fax 553578 – 📳 📺 ☎
🅟. 🆎 ⓪ 🗲 𝘝𝘐𝘚𝘈   EX **b**
23. Dez. - 2. Jan. geschl. – **75 Z : 130 B** 120 - 175 Fb.

🏨 **Continental**, Baseler Str. 56 (F 1), ℰ 23 03 41, Telex 412502, Fax 232914 – 📳 📺 ☎ –
🔬 30. 🆎 ⓪ 🗲 𝘝𝘐𝘚𝘈. 🕸   CY **y**
M *(Sonn- und Feiertage geschl.)* a la carte 34/61 ⅃ – **80 Z : 117 B** 140/160 - 195/300.

🏠 **Attaché** garni, Kölner Str. 10 (F 1), ℰ 73 02 82, Telex 414099, Fax 7392194 – 📳 📺 ☎ 🅟. 🕸
40 Z : 80 B Fb.   CY **u**

🏠 **Topas** garni, Niddastr. 88 (F 1), ℰ 23 08 52, Fax 237228 – 📳 📺 ☎. 🆎 ⓪ 🗲 𝘝𝘐𝘚𝘈. 🕸
31 Z : 60 B 95/190 - 165/290 Fb.   CY **z**

🏠 **Cristall** garni, Ottostr. 3 (F 1), ℰ 23 03 51, Telex 4170654, Fax 253368 – 📳 📺 ☎. 🆎 ⓪ 🗲
𝘝𝘐𝘚𝘈. 🕸 – *23. Dez. - 4. Jan. geschl.* – **30 Z : 58 B** 105/190 - 165/290 Fb.   CY **c**

🏠 **Am Dom** garni, Kannengießergasse 3 (F 1), ℰ 28 21 41, Telex 414955, Fax 283237 – 📳 📺
☎. 🗲 𝘝𝘐𝘚𝘈 – **30 Z : 48 B** 100/200 - 170/250 Fb – 4 Appart. 300.   EY **s**

🏠 **Falk** garni, Falkstr. 38 a (F 90), ℰ 70 80 94, Fax 708017 – 📳 📺 ☎ 🅟 – 🔬 25   CV **n**
Juli - Aug. 2 Wochen und 20. Dez. - 2. Jan. geschl. – **32 Z : 50 B** 110/125 - 175/190.

🏠 **Am Zoo** garni, Alfred-Brehm-Platz 6 (F 1), ℰ 49 07 71, Telex 4170082, Fax 439868 – 📳 📺
☎ 🅟. 🆎 ⓪ 🗲 𝘝𝘐𝘚𝘈   FX **q**
20. Dez. - 5. Jan. geschl. – **85 Z : 140 B** 100/110 - 150/160.

🏠 **Admiral** garni, Hölderlinstr. 25 (F 1), ℰ 44 80 21, Fax 439402 – 📳 📺 ☎ 🅟. 🆎 ⓪ 🗲 𝘝𝘐𝘚𝘈
47 Z : 67 B 85/105 - 130/160.   FX **w**

🏠 **Astoria** garni, Rheinstr. 25 (F 1), ℰ 74 50 46, Telex 411302, Fax 746026, ⇌ – 📺 ☎ 🅟 –
🔬 25/60. 🆎 ⓪ 🗲 𝘝𝘐𝘚𝘈. 🕸   CY **n**
21. Dez. - 2. Jan. geschl. – **57 Z : 82 B** 120/160 - 180/225 Fb.

🏠 **Arcade**, Speicherstr. 3 (F 1), ℰ 27 30 30, Fax 237024 – 📳 📺 ☎ & ⇔ 🅟 – 🔬 25. 🆎 🗲
𝘝𝘐𝘚𝘈. 🕸 Rest   CY **e**
M *(Samstag - Sonntag und Mitte Juli - Mitte Aug. geschl.)* a la carte 25/47 – **193 Z : 420 B**
115 - 160 Fb.

🏠 **Diana** garni, Westendstr. 83 (F 1), ℰ 74 70 07, Telex 416227 – 📺 ☎. 🆎 ⓪ 🗲 𝘝𝘐𝘚𝘈   CX **d**
29 Z : 43 B 75/90 - 130.

🏠 **Bauer Hotel Scala** garni, Schäfergasse 31 (F1), ℰ 28 50 41, Telex 413904, Fax 284234 –
📳 📺 ☎. 🆎 ⓪ 🗲 𝘝𝘐𝘚𝘈   EX **a**
44 Z : 90 B 129/159 - 149/169 Fb.

🏠 **Merkur** garni, Esslinger Str. 8 (F 1), ℰ 23 50 54 – 📳 📺 ☎ 🅟   CY **r**
22. Dez. - 2. Jan. geschl. – **42 Z : 70 B** 110 - 170 Fb.

🏠 **Corona** garni, Hamburger Allee 48 (F 90), ℰ 77 90 77 – 📳 ☎. 🆎 🗲   CX **n**
Mitte Dez. - Anfang Jan. geschl. – **27 Z : 52 B** 60/120 - 100/220.

🗶🗶🗶🗶 ⊛ **Restaurant français** (im Hotel Steigenberger Frankfurter Hof), Bethmannstr. 33 (F 1),
ℰ 2 15 02 – ▤. 🆎 ⓪ 🗲 𝘝𝘐𝘚𝘈   DY **e**
*Juli - Aug. 4 Wochen und außerhalb der Messezeiten Sonn- und Feiertage sowie Montag
geschl.* – **M** *(Tischbestellung ratsam)* a la carte 74/124.

🗶🗶🗶🗶 ⊛ **Weinhaus Brückenkeller**, Schützenstr. 6 (F 1), ℰ 28 42 38, « Alte Kellergewölbe mit
kostbaren Antiquitäten » – ▤. 🆎 ⓪ 🗲 𝘝𝘐𝘚𝘈. 🕸   FY **a**
*nur Abendessen, 20. Juli - 10. Jan. und außerhalb der Messezeiten Sonn- und Feiertage
geschl.* – **M** *(Tischbestellung ratsam)* 135/160 und a la carte 76/112.
Spez. Kartoffel-Kräutersuppe mit Meeresfischen, Geschmorte Rindsbäckchen in Rotwein mit Marknockerln,
Griessknödel mit Früchten.

🗶🗶🗶 ⊛ **Humperdinck**, Grüneburgweg 95 (Ecke Liebigstr.) (F 1), ℰ 72 21 22 – 🆎 ⓪ 🗲 𝘝𝘐𝘚𝘈. 🕸
Samstag bis 19 Uhr, Sonntag, Juni - Juli 2 Wochen und 22. Dez. - Anfang Jan. geschl. – **M** a
la carte 78/106   CV **a**
Spez. Variationen vom Gänsestopfleber, Nantaiser Ente mit Grünkernrisotto, Abgeflämmte Limonencreme
mit verschiedenen Saucen.

🗶🗶🗶 **Mövenpick-Baron de la Mouette**, Opernplatz 2 (F 1), ℰ 2 06 80, Fax 296135, 🍴 – ▤.
🆎 ⓪ 🗲 𝘝𝘐𝘚𝘈   DX **f**
M a la carte 46/79 – **Orangerie M** a la carte 32/61.

🗶🗶🗶 **Tse-Yang** (Chinesische Küche), Kaiserstr. 67 (F 1), ℰ 23 25 41, Fax 237825 – 🆎 ⓪ 🗲 𝘝𝘐𝘚𝘈.
🕸 – **M** 18 (mittags) und a la carte 43/75.   CY **v**

🗶🗶🗶 **Dynasty** (Chinesische Küche), Konrad-Adenauer-Str. 7 (im Arabella Grand Hotel) (F 1),
ℰ 29 30 41, Fax 283866 – 🆎 ⓪ 🗲 𝘝𝘐𝘚𝘈. 🕸   EX **c**
M a la carte 49/70.

Fortsetzung →
279

STRASSENVERZEICHNIS

An der Hauptwache . . S. 6 EX
Goethestraße . . . . S. 6 DX
Gr. Bockenheimer Straße . . . . S. 6 DX 27
Kaiserstraße . . . . S. 6 DY
Münchener Straße . . . S. 6 DY
Roßmarkt . . . . S. 6 EY
Schillerstraße . . . . S. 6 EX 55
Zeil . . . . S. 6 EX

Adalbertstraße . . . . . . S. 4 CX
Adickesallee . . . . S. 5 EV
Alfred-Brehm-Platz . . . S. 5 FX 2
Allerheiligenstr. . . . . . S. 6 EX 3
Alte Brücke . . . . S. 6 EY
Alte Gasse . . . . S. 6 EX
Am Tiergarten . . . . S. 5 FX
Arnsburger Straße . . . S. 5 FV 4
Bärenstraße . . . . S. 5 FX 6
Baseler Straße . . . . S. 4 CY
Battonnstraße . . . . S. 6 EY
Beethovenstraße . . . . . S. 4 CX
Berger Straße . . . . S. 5 FV
Berliner Straße . . . . . . S. 6 EY
Bethmannstraße . . . . . S. 6 DY 7
Biebergasse . . . . S. 6 EX
Bleichstraße . . . . S. 6 EX
Bleidenstraße . . . . S. 6 EY 9
Bockenheimer Anlage . . . . S. 6 DX
Bockenheimer Landstraße . . . . S. 6 DX 10
Börsenstraße . . . . S. 6 DX
Braubachstraße . . . . . S. 6 EY
Bremer Straße . . . . S. 4 DV 12
Brückenstraße . . . . S. 6 EY
Burgstraße . . . . S. 5 FV
Danziger Platz . . . . S. 5 FX
Darmstädter Landstr. . S. 5 FZ
Deutschherrnufer . . . . S. 6 EY
Diesterwegstraße . . . . S. 6 EY
Domstraße . . . . S. 6 EY 13
Dreieichstraße . . . . S. 5 FY
Dürerstraße . . . . S. 6 DY
Düsseldorfer Str. . . . . . S. 4 CY 14
Eckenheimer Landstr. S. 5 EV
Elisabethenstraße . . . . S. 6 EY 16
Eschenheimer Anlage . . . . S. 6 EX
Eschersheimer Landstr. . . . . S. 4 DV
Eysseneckstraße . . . . . S. 4 DV
Fahrgasse . . . . S. 6 EX
Flößerbrücke . . . . S. 5 FY 17
Frankenallee . . . . S. 4 CY
Franz-Rücker-Allee . . . S. 4 CV
Frauenlobstraße . . . . . S. 4 CV
Friedberger Anlage . . . S. 6 EX 20
Friedberger Landstr. . . S. 6 EX 22
Friedensbrücke . . . . . . S. 4 CY
Friedensstraße . . . . . . S. 6 DY 24
Friedrich-Ebert-Anlage . . . . S. 4 CY
Fürstenberger Str. . . . S. 4 CV
Gallusanlage . . . . S. 6 DY
Gartenstraße . . . . S. 6 EY
Gerbermühlstraße . . . S. 5 FY
Gießener Straße . . . . . S. 3 BR
Goetheplatz . . . . S. 6 DX
Gräfstraße . . . . S. 4 CV
Große Eschenheimer Straße . . . . S. 6 EX
Große Friedbergerstr. . . S. 6 EX 29
Große Gallusstraße . . . S. 6 DY
Großer Hirschgraben . S. 6 EY 30
Grüneburgweg . . . . S. 4 CV
Guiollettstraße . . . . . . S. 4 CX
Gunthersburgallee . . . S. 5 FV
Gutleutstraße . . . . S. 6 DY
Gutzkowstraße . . . . . . S. 6 EY
Habsburgerallee . . . . . S. 5 FV
Hafenstraße . . . . S. 4 CY
Hamburger Allee . . . . S. 4 CX
Hanauer Landstraße . . S. 5 FY
Hans-Thoma-Straße . . S. 6 EY
Hasengasse . . . . S. 6 EX
Henschelstraße . . . . . . S. 5 FX
Hochstraße . . . . S. 6 DX
Höhenstraße . . . . S. 5 FV
Holbeinstraße . . . . S. 6 DY
Holzhausenstraße . . . . S. 5 EV
Homburger Landstr. . . . S. 3 BR

Im Prüfling . . . . S. 5 FV
Isenburger Schneise S. 3 BT
Junghofstraße . . . . . S. 6 DX
Kalbächer Gasse . . . . S. 6 DX 32
Karlstraße . . . . S. 4 CY 33
Kennedy-Allee . . . . . S. 6 DY
Kleiner Hirschgraben S. 6 EY 35
Konrad-Adenauer-Straße . . . . S. 6 EX
Konstabler Wache . . S. 6 EX
Kurt-Schumacher-Straße . . . . S. 6 EY
Lange Straße . . . . . . S. 5 FY
Liebigstraße . . . . S. 4 CV
Limpurgergasse . . . . S. 6 EY 36
Mainkai . . . . S. 6 EY
Mainzer Landstr. . . . S. 4 CY
Markt . . . . S. 6 EY
Miquelallee . . . . S. 4 CV
Mörfelder Landstr. . . S. 5 EZ
Münzgasse . . . . S. 6 EY 40
Neebstraße . . . . S. 5 FV 42
Neue Mainzer Str. . . . S. 6 DY
Nibelungenallee . . . . S. 5 EV
Nordendstraße . . . . . S. 5 EV
Obermainanlage . . . . S. 5 FY
Obermainbrücke . . . . S. 5 FY 45
Oeder Weg . . . . S. 6 EX
Offenbacher Landstr. S. 5 FY
Oppenheimer Landstraße . . . . . . S. 6 EY
Oskar-von-Miller-Straße . . . . S. 5 FY
Ostendstraße . . . . . . S. 5 FY
Paradiesgasse . . . . . . S. 6 EY
Petersstraße . . . . S. 6 EX
Pfingstweidstraße . . S. 5 FX 47
Platz der Republik . . S. 4 CY
Rechneigrabenstr. . . . S. 6 EY 50
Reuterweg . . . . S. 6 DX
Rhönstraße . . . . S. 5 FX
Röderbergweg . . . . . S. 5 FX
Römerberg . . . . S. 6 EY
Rothschildallee . . . . S. 5 FV
Saalburgallee . . . . . . S. 5 FV
Saalburgstraße . . . . . S. 5 FV
Sachsenhäuser Ufer S. 6 EY
Sandweg . . . . S. 5 FX
Schäfergasse . . . . . . S. 6 EX
Schaumainkai (Museumsufer) . . . S. 6 EY
Scheffelstraße . . . . . S. 5 EV
Schifferstraße . . . . . S. 6 EY
Schloßstraße . . . . . . S. 4 CX
Schöne Aussicht . . . S. 6 EY
Schwanheimer Ufer . S. 2 AT
Schweizer Platz . . . . S. 6 EY
Schweizer Straße . . . S. 6 EY
Seehofstraße . . . . . . S. 5 FY 54
Seilerstraße . . . . S. 6 EX
Senckenberganlage . S. 4 CX
Siemensstraße . . . . . S. 5 FY 56
Siesmayerstraße . . . . S. 4 CV
Sonnemannstraße . . S. 5 FY
Sophienstraße . . . . . S. 4 CV
Sprendlinger Landstraße . . . . . . S. 3 BU
Stegstraße . . . . S. 6 EY
Stiftstraße . . . . S. 6 EX
Stoltzestraße . . . . . . S. 6 EX 58
Stresemannallee . . . . S. 4 DZ
Taunusanlage . . . . . . S. 6 DX
Taunusstraße . . . . . . S. 6 DY 62
Taunustor . . . . S. 6 DY
Textorstraße . . . . S. 6 EY
Theodor-Heuss-Allee . . . . S. 4 CX
Töngesgasse . . . . S. 6 EX
Untermainanlage . . . S. 6 DY 65
Untermainbrücke . . . S. 6 DY
Untermainkai . . . . . . S. 6 EY
Vilbeler Straße . . . . . S. 6 EX
Walter-Kolb-Straße . S. 6 EY
Wasserweg . . . . S. 5 FY 67
Weißfrauenstraße . . S. 6 DY 68
Wendelsweg . . . . S. 5 FZ
Weserstraße . . . . S. 6 DY 69
Westendstraße . . . . . S. 4 CX
Wilhelm-Leuschner-Straße . . . . S. 6 DY
Windeckstraße . . . . . S. 5 FY 74
Wittelsbacherallee . . S. 5 FX

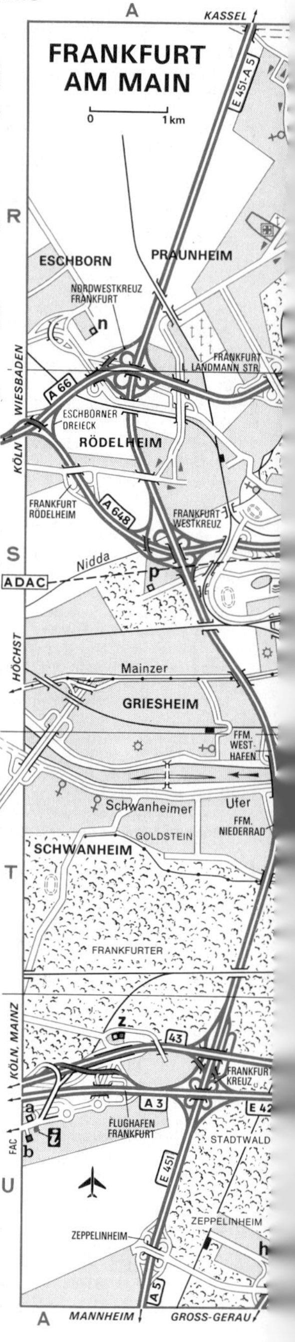
FRANKFURT AM MAIN
0
1 km
A
KASSEL
E 451-A 5
R
ESCHBORN
PRAUNHEIM
NORDWESTKREUZ FRANKFURT
n
FRANKFURT L. LANDMANN STR.
A 66
WIESBADEN
KÖLN
ESCHBORNER DREIECK
RÖDELHEIM
FRANKFURT RÖDELHEIM
A 648
FRANKFURT WESTKREUZ
S
Nidda
ADAC
p
HÖCHST
Mainzer
GRIESHEIM
FFM. WEST-HAFEN
Schwanheimer
Ufer
FFM. NIEDERRAD
GOLDSTEIN
SCHWANHEIM
T
FRANKFURTER
KÖLN, MAINZ
z
43
FRANKFURTER KREUZ
a
b
FAC
A 3
E 42
FLUGHAFEN FRANKFURT
STADTWALD
E 451
U
ZEPPELINHEIM
h
A 5
A
MANNHEIM
GROSS-GERAU

FRANKFURT AM MAIN

Straßenverzeichnis siehe Frankfurt S. 2

FRANKFURT
AM MAIN

XX **Windows im Europaturm** (Rotierendes Restaurant in 218 m Höhe), Wilhelm-Eppstein-Str. 50 (F 50), ℰ 53 30 77, Fax 533076, ⁂Frankfurt und Umgebung – 🗐. 🆎 ⓪ Ɛ 𝘝𝘐𝘚𝘈. ⁂ BR **z**
ab 19 Uhr geöffnet, Sonntag - Montag geschl. – **M** (Tischbestellung erforderlich) a la carte 67/89.

XX Il Cavaliere (Italienische Küche), Berger Str. 30 (F 1), ℰ 43 39 56 – 🗐. ⁂ FX **s**
(Tischbestellung ratsam).

XX **La Femme**, Am Weingarten 5 (F 90), ℰ 7 07 16 06 – 🆎 ⓪ Ɛ 𝘝𝘐𝘚𝘈. ⁂ CV **r**
nur Abendessen, Sonntag geschl. – **M** 73/108.

XX **Kikkoman** (Japanisches Restaurant), Friedberger Anlage 1 (Zoo-Passage) (F 1), ℰ 4 99 00 21, Fax 447032 – 🗐. 🆎 ⓪ Ɛ 𝘝𝘐𝘚𝘈. ⁂ FX **e**
Sonntag geschl. – **M** a la carte 44/80.

XX **Casa Toscana** (Italienische Küche), Friedberger Anlage 14 (F 1), ℰ 44 98 44, « Innenhof-Terrasse » – 🆎 ⓪ Ɛ 𝘝𝘐𝘚𝘈 FX **d**
Montag geschl. – **M** a la carte 52/75.

XX **Da Franco** (Italienische Küche), Fürstenbergerstr. 179 (F 1), ℰ 55 21 30 – 🗐. 🆎 Ɛ 𝘝𝘐𝘚𝘈 ⁂ DV **u**
Sonntag und Mitte Juli - Mitte Aug. geschl. – **M** a la carte 46/79.

XX **La Galleria** (Italienische Küche), Theaterplatz 2 (BfG-Haus UG) (F 1), ℰ 23 56 80 – 🗐. ⓪ Ɛ 𝘝𝘐𝘚𝘈. ⁂ DY **u**
Ostern, Weihnachten sowie außerhalb der Messezeiten Sonn- und Feiertage geschl. – **M** (Tischbestellung ratsam) a la carte 55/82.

XX **Frankfurter Stubb** (Restaurant im Kellergewölbe des Hotels Steigenberger Frankfurter Hof), Bethmannstr. 33 (F 1), ℰ 2 15 02 – 🗐. 🆎 ⓪ Ɛ 𝘝𝘐𝘚𝘈. ⁂ DY **e**
außerhalb der Messezeiten Sonn- und Feiertage geschl. – **M** (Tischbestellung ratsam) a la carte 37/63.

XX **Börsenkeller**, Schillerstr. 11 (F 1), ℰ 28 11 15, Fax 293144 – 🗐. 🆎 ⓪ Ɛ 𝘝𝘐𝘚𝘈 EX **z**
außerhalb der Messezeiten Sonn- und Feiertage geschl. – **M** a la carte 32/75.

XX **Intercity-Restaurant**, im Hauptbahnhof (1. Etage |≒|) (F 1), ℰ 27 39 50, Fax 27395168 – 🍴 25/80. Ɛ CY
M a la carte 31/59.

X **Gasthof im Elsass**, Waldschmidtstr. 59 (F 1), ℰ 44 38 39 FX **c**
nur Abendessen, 22. Dez.- 4. Jan. geschl. – **M** a la carte 44/71.

X **Ernos Bistro** (Französische Küche), Liebigstr. 15 (F 1), ℰ 72 19 97, 😚 – 🆎 ⓪ Ɛ 𝘝𝘐𝘚𝘈
außerhalb der Messezeiten Samstag - Sonntag und Mitte Juni - Mitte Juli geschl. – **M** (Tischbestellung erforderlich) a la carte 68/103. CX **s**

X **Gargantua** (Bistro-Restaurant), Friesengasse 3 (F 90), ℰ 77 64 42 – 🆎 ⓪ Ɛ 𝘝𝘐𝘚𝘈. ⁂
außerhalb der Messezeiten Samstag - Sonntag und Juni 3 Wochen geschl. – **M** (Tischbestellung ratsam) a la carte 68/88. CV **s**

In Frankfurt 60 - Bergen-Enkheim Stadtplan Frankfurt : S. 3 – ✪ 06109 :

🏠 **Klein**, Vilbeler Landstr. 55, ℰ 30 60, Fax 306421, 😚 – |≒| 📺 ☎ ❷ – 🍴 35. 🆎 ⓪ Ɛ 𝘝𝘐𝘚𝘈. ⁂ Rest BR **e**
M *(Samstag - Sonntag geschl.)* a la carte 43/59 – **60 Z : 87 B** 128/138 - 158/220 Fb.

XX **Eugen's Restaurant-Stadthalle**, Marktstr. 15, ℰ 2 33 34, 😚 – 🍴 25/700. 🆎 ⓪ Ɛ
Montag geschl. – **M** a la carte 31/62. BR **s**

In Frankfurt - Eschersheim Stadtplan Frankfurt : S. 4 :

🏠 **Motel Frankfurt** garni, Eschersheimer Landstr. 204 (F 1), ℰ 56 80 11, Fax 568010 – 📺 ☎ 🚗 ❷. 🆎 DV **e**
66 Z : 121 B 82/112 - 119/142 Fb.

In Frankfurt 80 - Griesheim Stadtplan Frankfurt : S. 2 :

🏨 Ramada Caravelle, Oeserstr. 180, ℰ 3 90 50, Telex 416812, Fax 3808218, 😚, 🔲 – |≒| ⁂ Zim 🗐 Rest 📺 ❷ – 🍴 25/350 AS **p**
238 Z : 444 B Fb.

In Frankfurt 80- Harheim N : 12 km über Homburger Landstraße BR und Bonames :

🏠 **Harheimer Hof**, Alt Harheim 11, ℰ (06101) 40 50, Fax 405411, 😚 – |≒| 📺 ☎ ♿ 🚗 ❷ – 🍴 25/80. 🆎 ⓪ Ɛ 𝘝𝘐𝘚𝘈 ⁂ Zim
24. Dez.- 2. Jan. geschl. – **M** *(Samstag bis 18 Uhr geschl.)* a la carte 47/76 – **44 Z : 86 B** 135/198 - 165/233 Fb.

In Frankfurt 80 - Höchst W : 10 km, über Mainzer Landstraße (AS) oder über die A 66 :

🏠 Höchster Hof, Mainberg 3, ℰ 3 00 40, Telex 414990, Fax 3004680, 😚 – |≒| 📺 ☎ ❷ – 🍴 25/100
140 Z : 220 B Fb.

In Frankfurt 56 - Nieder-Erlenbach N : 14 km über Homburger Landstraße BR :

🏠 **Alte Scheune**, Alt Erlenbach 44, ℰ (06101) 4 45 51, « Rustikales Restaurant mit Backsteingewölbe, Innenhofterrasse » – 📺 ☎ 🚗 – 🍴 40. 🆎 Ɛ. ⁂ Zim
M *(nur Abendessen, Sonntag geschl.)* (Tischbestellung ratsam) a la carte 44/75 – **27 Z : 38 B** 125 - 165 Fb.

285

In Frankfurt 56 - Nieder-Eschbach über Homburger Landstraße BR :

🏨 **Darmstädter Hof**, An der Walkmühle 1, ℘ 5 07 64 04, Fax 5074918, 🍴 – 🔟 ☎ 🅟
🛝 25/100. 🆎 𝘝𝘐𝘚𝘈 ⁓ Rest
M *(Dienstag geschl.)* a la carte 26/51 – **Die Traube** *(nur Abendessen, Dienstag geschl.)* **M**
la carte 40/62 – **14 Z : 20 B** 95 - 160.

🏨 **Markgraf**, Deuil-La-Barre-Str. 103, ℘ 5 07 57 67, Fax 5074761 – 🔟 ☎ ⟺ 🅟 🆎 🅴 𝘝𝘐𝘚
⁓ Zim
M *(Montag geschl.)* a la carte 22/48 – **18 Z : 24 B** 80/120 - 140/160.

In Frankfurt 71 - Niederrad Stadtplan Frankfurt : S. 3 :

🏨🏨 **Arabella Congress Hotel**, Lyoner Str. 44, ℘ 6 63 30, Telex 416760, Fax 6633666, 🖙, [
– 🛗 ⁓ Zim 🔟 ⟺ 🅟 – 🛝 25/500. 🆎 🅾 🅴 𝘝𝘐𝘚𝘈 BT
Restaurants (Samstag - Sonntag geschl.): **Capriccio M** a la carte 52/77 – **Brasserie M** a
carte 38/60 – **Tölzer Stube M** a la carte 26/40 – **400 Z : 600 B** 205/315 - 255/365 Fb
8 Appart. 440/660.

🏨🏨 **Queens Hotel**, Isenburger Schneise 40, ℘ 6 78 40, Telex 416717, Fax 6702634, 🍴 –
⁓ Zim 🛏 🔟 🅟 – 🛝 25/400. 🆎 🅾 🅴 𝘝𝘐𝘚𝘈 ⁓ Rest BT
Restaurants : **La Fleur M** a la carte 55/88 – **Brasserie Brentano M** a la carte 40/72 – **279 Z**
420 B 232/307 - 294/336 Fb – 3 Appart. 596/814.

🏨 **Dorint**, Hahnstr. 9, ℘ 66 30 60, Telex 4032180, Fax 66306600, 🖙, ☒ – 🛗 🔟 ☎ 🅟
🛝 60/200. 🆎 🅾 🅴 𝘝𝘐𝘚𝘈
M a la carte 38/65 – **191 Z : 380 B** 190/320 - 260/400 Fb. BT

✕✕ **Weidemann**, Kelsterbacher Str. 66, ℘ 67 59 96, 🍴 – 🅟 🆎 🅾 🅴 𝘝𝘐𝘚𝘈 BT
Samstag bis 18 Uhr sowie Sonn- und Feiertage geschl. – **M** (Tischbestellung ratsam) a
carte 62/87.

In Frankfurt 70 - Oberrad Stadtplan Frankfurt : S. 3 :

🏨 **Waldhotel Hensels Felsenkeller** 🐾, Buchrainstr. 95, ℘ 65 20 86, Fax 658371, 🍴 – 🅴
27. Dez.- 6. Jan. geschl. – **M** *(nur Abendessen, Dienstag geschl.)* a la carte 33/58 – **20 Z**
26 B 65/80 - 80/98 Fb. BS

In Frankfurt 70 - Sachsenhausen Stadtplan Frankfurt : S. 3, 5 und 6 :

🏨🏨 **Holiday Inn - Conference Center**, Mailänder-Str. 1, ℘ 6 80 20, Telex 411805, Fa
6802333, 🖙 – 🛗 ⁓ Zim 🔟 ᴔ ⟺ 🅟 – 🛝 25/400. ⁓ Rest
Restaurants : **Le Chef** *(nur Abendessen, Sonntag geschl.)* **M** a la carte 40/70 – **Kaffeemüh**
M 38/41 (Buffet) – **404 Z : 750 B** 288/418 - 381/541 Fb.

🏨 **Primus** garni, Große Rittergasse 19, ℘ 62 30 20, Telex 4189600, Fax 621238 – 🛗 🔟 ☎ 🅟
30 Z : 46 B. FY

✕✕ 🌢 **Bistrot 77**, Ziegelhüttenweg 1, ℘ 61 40 40, 🍴 – 🆎 🅾 🅴 𝘝𝘐𝘚𝘈 EZ
Samstag bis 19 Uhr, Sonntag, 15. Juni - 8. Juli und 23. Dez.- 6. Jan. geschl. – **M** a la ca
75/101
Spez. Perigord-Trüffel im Blätterteig (Nov.-März), Zanderfilet auf Linsen, Lammsattel mit Rosmarin (für 2 Pers

✕ **Henninger Turm - Drehrestaurant** (🛗 DM 3,50), Hainer Weg 60, ℘ 6 06 36 00, ⁓ Frankfu
« Rotierendes Restaurant in 101 m Höhe » – 🛗 🅟. ⁓ FZ

In Frankfurt 80-Sindlingen 6230 W : 13 km über die A 66 AS :

🏨 **Post**, Sindlinger Bahnstr. 12, ℘ (069) 3 70 10, Telex 416681, Fax 3701502, 🖙, ☒ – 🛗
☎ ⟺ 🅟 – 🛝 30. 🆎 🅾 🅴 𝘝𝘐𝘚𝘈 ⁓ Zim
M *(Samstag bis 18 Uhr sowie Sonn- und Feiertage geschl.)* a la carte 29/56 – **105 Z : 174**
112/198 - 170/290 Fb.

In Eschborn 6236 NW : 12 km :

🏨 **Novotel**, Philipp-Helfmann-Str. 10, ℘ (06196) 90 10, Telex 4072842, Fax 482114, 🍴
☒ (geheizt), 🎷 – 🛗 🛏 🔟 ☎ ᴔ 🅟 – 🛝 25/350 – **227 Z : 454 B** Fb. AR

In Neu-Isenburg 6078 S : 7 km (Stadtplan Frankfurt : S. 3) – 🌢 06102 :

🏨 **Isabella** (Restaurant in der 15. Etage mit ≤), Herzogstr. 61, ℘ 35 70, Telex 4185651, F
357211, 🖙 – 🛗 🛏 🔟 ☎ 🅟 – 🛝 25/70. 🆎 🅾 🅴 𝘝𝘐𝘚𝘈 ⁓ 🅟
M *(nur Abendessen, Freitag - Samstag und 20. Dez. - 5. Jan. geschl.)* a la carte 35/55
220 Z : 350 B 220 - 260 Fb.

🏨 **Wessinger**, Alicestr. 2, ℘ 2 70 79, Telex 4185654, Fax 27370, « Gartenterrasse » – 🛗
🛏 🅟 – 🛝 40. 🆎 🅾 𝘝𝘐𝘚𝘈 BU
M *(Montag geschl.)* 31 (mittags) und a la carte 46/85 – **40 Z : 54 B** 149/172 - 209/235 Fb.

🏨 **Alfa** garni, Frankfurter Str. 123 (B 3), ℘ 1 70 24 – ☎ 🅟. 🆎 🅾 🅴 𝘝𝘐𝘚𝘈 BU
31 Z : 51 B 50/110 - 95/180.

✕✕ **Neuer Haferkasten** (Italienische Küche), Löwengasse 4, ℘ 3 53 29, 🍴 – 🆎 🅾 🅴 𝘝𝘐𝘚𝘈
Sonntag, Mitte Juli - Mitte Aug. und 23. Dez.- 4. Jan. geschl. – **M** a la carte 48/
(bemerkenswertes Angebot italienischer Weine). BU

✕✕ **Am Kamin**, Frankfurter Str. 1, ℘ 42 76 – 🅟. 🆎 🅾 🅴 BU
Samstag bis 18 Uhr, Sonntag, Jan. 2 Wochen und Juli - Aug. 3 Wochen geschl. – **M** a
carte 41/55.

✕ **Grüner Baum** (traditionelles Äppelwoilokal), Marktplatz 4, ℘ 3 83 18, « Innenhof » – 🅴
🆎 𝘝𝘐𝘚𝘈 BU
außerhalb der Messezeiten Montag geschl. – **M** (Tischbestellung ratsam) a la carte 22/48

In Neu-Isenburg 2-Gravenbruch 6078 SO : 11 km :

🏨 **Gravenbruch-Kempinski-Frankfurt**, ✆ (06102) 50 50, Telex 417673, Fax 505445, 🍴, « Park », Massage, ➾, ⌂ (geheizt), 🏊, 🐎, ✵ – 📶 📺 ⟷ 🅿 – 🔬 25/600. 🖭 ⑩ 🖹 *VISA*. ✵ Rest   BU **t**
  M (siehe auch Gourmet-Rest.) a la carte 52/92 – **298 Z : 520 B** 320/470 - 485/545 Fb – 30 Appart. 720/1950.

XXXX **Gourmet Restaurant** (im Hotel Gravenbruch-Kempinski), ✆ (06102) 50 50 – 📶 🅿 🖭 ⑩ 🖹 *VISA*. ✵   BU **t**
  nur Abendessen, Juni - Juli 4 Wochen sowie außerhalb der Messezeiten Samstag, Sonn- und Feiertage geschl. – **M** (Tischbestellung ratsam) a la carte 74/123.

In Neu-Isenburg - Zeppelinheim 6078 ⑤ : 11 km, an der B 44 :

X **Forsthaus Mitteldick**, Flughafenstr. 20, ✆ (069) 69 18 01, 🍴 – 🅿 – 🔬 25/100. 🖭 ⑩ 🖹 *VISA*   AU **h**
  Sonntag geschl. – **M** a la carte 32/72.

Beim Rhein-Main Flughafen SW : 12 km (Nähe BAB-Ausfahrt Flughafen) – ✉ **6000** Frankfurt 75 – ☎ 069 :

🏨 **Sheraton**, Am Flughafen (Terminal Mitte), ✆ 6 97 70, Telex 4189294, Fax 69772209, *[¿]*, ➾, 🏊 – 📶 📺 🛄 🅿 – 🔬 25/550. 🖭 ⑩ 🖹 *VISA*. ✵ Rest   AU **a**
  Restaurants : **Papillon** (bemerkenswerte Weinkarte) *(Samstag bis 18 Uhr sowie Sonn- und Feiertage geschl.)* **M** a la carte 69/114 – **Kachelofen** *(nur Abendessen, Sonntag - Montag geschl.)* **M** a la carte 53/94 – **Maxwell's Bistro und Taverne** *(Samstag - Sonntag geschl.)* **M** a la carte 41/75 – **1050 Z : 2100 B** 322/507 - 399/584 Fb – 30 Appart..

🏨 **Steigenberger Hotel Frankfurt Airport**, Unterschweinstiege 16, ✆ 6 97 50, Telex 413112, Fax 69752505, ➾, 🏊 – 📶 📺 🛄 🅿 – 🔬 25/1000. 🖭 ⑩ 🖹 *VISA*   AU **z**
  M 39 (Buffet) und a la carte 49/75 *(Italienische Küche)* – **430 Z : 630 B** 300/485 - 390/510 Fb – 30 Appart. 650/2800.

XXX **Rôtisserie 5 Continents**, im Flughafen, Ankunft Ausland B (Besucherhalle, Ebene 3), ✆ 6 90 34 44, Fax 694730, ≼ – 🗐 – 🔬 30. 🖭 ⑩ 🖹 *VISA*. ✵   AU **b**
  M a la carte 57/95.

XX **Waldrestaurant Unterschweinstiege**, Unterschweinstiege 16, ✆ 69 75 25 00, « Gartenterrasse, rustikale Einrichtung » – 🗐 🅿. 🖭 ⑩ 🖹 *VISA*. ✵   AU **z**
  M (Tischbestellung ratsam) 39/Buffet (mittags) und a la carte 50/79.

An der Straße von Neu - Isenburg nach Götzenhain S : 13 km über die A 661 und Autobahnausfahrt Dreieich BU :

XXX **Gutsschänke Neuhof**, ✉ 6072 Dreieich-Götzenhain, ✆ (06102) 32 00 14, Telex 411377, « Rustikale Einrichtung, Gartenterrasse » – 🔥 🅿.

Siehe auch : *Maintal* ② : 13 km

MICHELIN-REIFENWERKE KGaA. Niederlassung 6000 Frankfurt 61-Fechenheim, Orber Str. 6 (BS), ✆ 41 70 06, Fax 426315.

FRANKFURT/ODER 1200. Brandenburg – 96 000 Ew – Höhe 30 m – ☎ 003730.
🛈 Frankfurt-Information, Karl-Marx-Str. 8 a, ✆ 32 52 16 – ✦Berlin - Ost 91 – Cottbus 80.

🏛 **Stadt Frankfurt**, Karl-Marx-Str. 193, ✆ 38 90, Telex 162249, Fax 326563 – 📶 📺 ☎ 🅿 – 🔬 40. 🖭 ⑩ 🖹 *VISA*
  M a la carte 33/56 – **Grillbar M** a la carte 27/48 – **190 Z : 322 B** 85/141 - 120/224 – 3 Appart. 294/360.

🏛 **Kongresshotel Frankfurter Hof**, Wilhelm-Pieck-Str. 1, ✆ 38 70, Telex 163204, *[¿]*, ➾
✦ – 📶 📺 ☎
  M a la carte 15/25 – **150 Z : 300 B** 95 - 125.

X **Ratskeller**, Rathausplatz, ✆ 32 70 05 – ✵
✦ **M** a la carte 21/36.

FRASDORF 8201. Bayern 🔢 T 23. 🔢 ㊲. 🔢 I 5 – 2 400 Ew – Höhe 598 m – ☎ 08052 (Aschau) – 🛈 Verkehrsamt, Hauptstr. 9, ✆ 7 71.
München 78 – Innsbruck 115 – Salzburg 64.

🏨 ⸙ **Landgasthof Karner** ⸙, Nußbaumstr. 6, ✆ 40 71, Fax 4711, « Einrichtung im alpenländischen Stil, Gartenterrasse », ➾, 🐎 – 📺 ☎ 🅿 – 🔬 25/80
  20 Z : 40 B Fb.

X **Alpenhof**, Hauptstr. 31, ✆ 22 95, 🍴 – 🅿
  Mittwoch und 7.- 31. Jan. geschl. – Menu a la carte 34/56 – **Stüberl** *(Tischbestellung erforderlich)* **M** 72/92.

In Frasdorf-Umrathshausen NO : 3 km :

🏨 **Landgasthof Goldener Pflug**, Humprehtstr. 1, ✆ 3 58, Fax 4684, 🍴, ➾, 🐎 – 📺 ☎ 🅿. 🖭 ⑩ 🖹 *VISA*
  M a la carte 32/53 – **28 Z : 60 B** 65/90 - 110/140.

FRAUENAU 8377. Bayern **413** W 20 — 3 000 Ew — Höhe 616 m — Erholungsort — Wintersport
620/800 m ⟪1 ⟪5 — 🕾 09926.

Sehenswert : Glasmuseum.

🛈 Verkehrsamt, Rathausplatz 4, ℰ 7 10.

♦München 187 — Cham 66 — Deggendorf 43 — Passau 57.

🏠 **Eibl-Brunner**, Hauptstr. 18, ℰ 3 16, ⓩ, ⟐, 🔲, 🚗 — 📶 🄣 🕾 🄿 🄴 ৯৯
➡ *13.- 26. April und 4. Nov.- 18. Dez. geschl.* — **M** a la carte 20/37 ⓙ — **48 Z : 96 B** 42/62
84/120 Fb — ½ P 58/72.

🏠 **Büchler**, Dörflstr. 18, ℰ 3 50, ≤, ⓩ, 🚗 — 🄿 🄰🄴 🅪 🄴
➡ *6. Nov.- 20. Dez. geschl.* — **M** a la carte 18/35 — **20 Z : 43 B** 37/45 - 74/78 — ½ P 49/53.

🏠 **Landgasthof Hubertus** ৯৯, Loderbauerweg 2, ℰ 7 01, 🚗 — 📶 🕾 🄿 🄴 ৯৯
➡ *10. Nov.- 15. Dez. geschl.* — **M** a la carte 18/36 — **42 Z : 80 B** 35/45 - 60/72 Fb.

🏠 **Gästehaus Poppen** ৯৯, Godehardstr. 18, ℰ 7 15, ≤, ⓩ, 🚗 ⟳ 🄿
(nur Abendessen für Hausgäste) — **16 Z : 44 B** 43 - 74 — ½ P 49/55.

🏠 **Café Ertl**, Krebsbachweg 3, ℰ 7 30, ⓩ, 🔲, 🚗 — 🄿 ৯৯
Nov.- 15. Dez. geschl. — (nur Abendessen für Hausgäste) — **20 Z : 40 B** 32/35 - 60.

FRAUENBERG Bayern siehe Haidmühle bzw. Laaber.

FRECHEN 5020. Nordrhein-Westfalen **987** ⓐⓑ, **412** D 14 — 44 000 Ew — Höhe 65 m — 🕾 02234

♦Düsseldorf 47 — ♦Aachen 62 — ♦Bonn 36 — ♦Köln 13.

🏨 **Bartmannkrug**, Kölner Str. 76, ℰ 1 84 60, Fax 184650, 🌤 — 📶 🄣 🕾 🄿 — 🔬 25/80. 🅴
🅪 🄴 *VISA*
M a la carte 30/58 — **40 Z : 62 B** 115/140 - 180 Fb.

🏠 **Haus Schiffer - Restaurant Costa Brava**, Elisabethstr. 6, ℰ 5 51 51 (Hotel
1 71 96 (Rest.), Fax 720990 — 🕾 🄿 🅪 🄴 *VISA*
M *(nur Abendessen, Sonntag und Juli geschl.)* (Spanische Küche) a la carte 30/49 — **21 Z :
38 B** 40/90 - 90/160.

ⵉ **Ristorante Ermanno** (Italienische Küche), Othmarstr. 46, ℰ 1 41 63 — 🅴 🄴
Samstag bis 19 Uhr, Sonntag, 6.- 12. Feb., 25. März - 3. April und 14.- 20. Okt. geschl. — **M**
la carte 56/74.

FREDEBURG Schleswig-Holstein siehe Ratzeburg.

FREDEN (LEINE) 3222. Niedersachsen **412** M 11 — 3 900 Ew — Höhe 95 m — 🕾 05184.

♦Hannover 61 — Einbeck 19 — Hildesheim 35.

🏤 **Steinhoff**, Mitteldorf 1, ℰ 3 91 — 📶 ⟳ 🄿 🄴 *VISA*
➡ **M** a la carte 20/44 — **26 Z : 48 B** 35/55 - 70/85.

FREDENBECK 2161. Niedersachsen — 4 200 Ew — Höhe 5 m — 🕾 04149.

♦Hannover 181 — ♦Bremen 91 — Bremerhaven 69 — ♦Hamburg 57.

🏠 **Fredenbeck** garni, Dinghorner Str. 19, ℰ 4 12 — 🄣 🕾 🄿 🅴 🄴
10 Z : 15 B 45/60 - 85/95 Fb.

ⵉ **Zur Dorfschänke** mit Zim, Schwingestr. 33, ℰ 2 44, 🌤 — 🄿 — 🔬 25/200 — **13 Z : 20 B**.

FREIAMT 7838. Baden-Württemberg **413** G 22, **242** ⓐⓑ, **87** ⑦ — 3 900 Ew — Höhe 434 m
— 🕾 07645.

🛈 Verkehrsamt, Kurhaus, Badstraße, ℰ 6 44.

♦Stuttgart 195 — ♦Freiburg im Breisgau 30 — Offenburg 53.

In Freiamt-Brettental :

🏨 **Ludinmühle** ৯৯, Brettental 20, ℰ 5 01, Fax 1247, 🌤, ⓩ, 🚗 — 🕾 🄿 — 🔬 30. 🅴 🅪
VISA
14.- 31. Jan. geschl. — Menu a la carte 27/65 ⓙ — **30 Z : 58 B** 64/80 - 110/150 Fb — ½ P 73/93

In Freiamt-Ottoschwanden :

🏠 **Heidhof** ৯৯, Gschächtrig 1, ℰ 13 43, ≤, 🌤, 🔲, 🚗 — 🄿
➡ *7.- 14. Feb. und 25. Okt.- 20. Nov. geschl.* — **M** *(Mittwoch geschl.)* a la carte 20/44 ⓙ —
16 Z : 29 B 34/39 - 68/78 — ½ P 48/53.

🏤 **Café Hipp**, Helgenstöckle 2, ℰ 2 42, 🚗, ৯৯ — ⟳ 🄿
➡ *Nov. 3 Wochen geschl.* — **M** *(nur Mittagessen, Montag geschl.)* 14/22 ⓙ — **14 Z : 23 B** 40/4
- 80/84 Fb — ½ P 48/52.

ⵉ **Sonne** mit Zim, Hauptstr. 20, ℰ 2 14, « Innenhofterrasse » — 🄿 🄴
➡ *Feb. geschl.* — **M** *(Montag 14 Uhr - Dienstag geschl.)* a la carte 20/43 ⓙ — **5 Z : 10 B** 27 - 5

In Freiamt-Reichenbach :

🏠 Freiämter Hof, Reichenbach 8, ℰ 3 13 — 🄣 🕾 🄿 — **8 Z : 14 B**.

FREIBERG AM NECKAR Baden-Württemberg siehe Ludwigsburg.

288

Sehenswert : Münster★★ : Turm★★★ (≤★), Hochaltar von Baldung Grien★★ BY — Ehemaliges Kaufhaus★ BY A — Rathausplatz★ und Neues Rathaus★ BY R1 — Augustiner-museum★ (mittelalterliche Kunst★★, Adelhauser Kreuz★★) BY M1.

Ausflugsziel : Schloßberg★ (≤★) 5 min mit der Seilbahn CY.

⌖ Kirchzarten, Krüttweg (② : 9 km), ℰ (07661) 55 69.

Messegelände an der Stadthalle (über ②), ℰ 7 10 20.

🛈 Freiburg-Information, Rotteckring 14, ℰ 3 68 90 90, Telex 761110.

ADAC, Karlsplatz 1, ℰ 3 68 80, Notruf ℰ 1 92 11.

Stuttgart 208 ④ — Basel 71 ④ — ✦Karlsruhe 134 ④ — Strasbourg 86 ④.

Stadtplan siehe nächste Seite.

🏨	✿ **Colombi-Hotel**, Rotteckring 16, ℰ 2 10 60, Telex 772750, Fax 31410 — 🛗 ✜ Zim 🍽 Rest 📺 ᗕ ᗑ — 🔒 25/200. 🆎 ⓞ E 🌇 🛳 Rest BY **a**
	M *(Tischbestellung erforderlich)* (Sonntag geschl.) 47 (mittags) und a la carte 66/103 — **Graf Anton von Colombi M** a la carte 38/75 — **96 Z : 180 B** 200/230 - 290/315 — 8 Appart. 360/645
	Spez. Gegrillte Langustinen mit Paprikamousse, Hummerfricassée mit Tortellini und Trüffel, Rinderfilet in Bordeauxwein pochiert.
🏨	**Senator Hotel Rheingold**, Eisenbahnstr. 47, ℰ 3 60 66, Telex 761126, Fax 36065, 🍴 — 🛗 📺 ᗑ ᗕ — 🔒 25/250. 🆎 ⓞ E 🌇 AY **d**
	M a la carte 40/62 — **46 Z : 91 B** 165/200 - 220/300.
🏨	**Zum Roten Bären** (Haus a.d.J. 1120, seit 1311 Gasthof), Oberlinden 12, ℰ 3 69 13, Telex 7721574, Fax 36916, 🍸 — 🛗 📺 ᗑ — 🔒 30/60. 🆎 ⓞ E 🌇 🛳 Rest BY **u**
	M a la carte 48/75 — **25 Z : 40 B** 155/165 - 200/210 Fb — 3 Appart. 320.
🏨	**Park Hotel Post** garni, Eisenbahnstr. 35, ℰ 3 16 83, Telex 7721528, Fax 31680 — 🛗 📺 ᗑ ᗕ. 🆎 ⓞ E 🌇 BY **v**
	41 Z : 76 B 118/133 - 175/195 Fb.
🏨	**Victoria**, Eisenbahnstr. 54, ℰ 3 18 81, Fax 33229 — 🛗 📺 ᗑ ᗕ ᗎ — 🔒 40. 🆎 ⓞ E 🌇 BY **r**
	M 26 (mittags) und a la carte 40/64 — **70 Z : 100 B** 135/150 - 185/210 Fb.
🏨	**Central-Hotel** garni, Wasserstr. 6, ℰ 3 19 70, Fax 3197100 — 🛗 📺 ᗑ ᗕ — 🔒 40. 🆎 ⓞ E 🌇 BY **k**
	49 Z : 91 B 120/145 - 180/210 Fb.
🏨	**Oberkirchs Weinstuben**, Münsterplatz 22, ℰ 3 10 11, 🍴 — 🛗 ᗑ ᗕ. E 🌇 BY **s**
	22. Dez.- 26. Jan. geschl. — **M** *(Sonn- und Feiertage geschl.)* a la carte 30/61 — **28 Z : 50 B** 90/130 - 180/270.
🏨	**Novotel Freiburg**, Am Karlsplatz, ℰ 3 12 95, Telex 772774, Fax 30767, 🍴 — 🛗 🍽 Rest 📺 ᗑ — 🔒 25/100. 🆎 ⓞ 🌇 BY **c**
	M a la carte 38/65 — **115 Z : 189 B** 160 - 196 Fb.
🏨	**Kolpinghaus**, Karlstr. 7, ℰ 3 19 30, Fax 3193202 — 🛗 📺 ᗑ ᗔ — 🔒 40. 🆎 ⓞ E 🌇 CY **v**
	M 15/23 (mittags) und a la carte 27/50 🍴 — **90 Z : 150 B** 88/98 - 120 Fb.
🏠	**Markgräfler Hof** (ehem. Stadtpalais a.d.J. 1476), Gerberau 22, ℰ 3 25 40, Fax 37947 — 📺 ᗑ ᗔ 🛳 BY **f**
	M *(Sonntag - Montag und Juli - Aug. 3 Wochen geschl.)* 35 (mittags) und a la carte 58/82 *(bemerkenswerte Weinkarte)* — **18 Z : 29 B** 90/120 - 140/160 Fb.
🏠	**Rappen**, Münsterplatz 13, ℰ 3 13 53, Fax 382252, 🍴 — 🛗 📺 ᗑ ᗔ. 🆎 ⓞ E 🌇 BY **b**
	M a la carte 26/60 — **19 Z : 36 B** 130 - 145 Fb.
🏠	Am Rathaus 🐾 garni, Rathausgasse 6, ℰ 3 11 29, Telex 7721828 — 🛗 📺 ᗑ ᗕ BY **z**
	40 Z : 60 B Fb.
XXX	**Wolfshöhle** (Italienische Küche), Konviktstr. 8, ℰ 3 03 03, 🍴 — 🆎 ⓞ E 🌇 BY **t**
	Sonntag geschl. — Menu 25/30 (mittags) und a la carte 34/70.
XXX	Ratskeller, Münsterplatz 11 (Untergeschoß), ℰ 3 75 30 BY **n**
XX	**Alte Weinstube zur Traube**, Schusterstr. 17, ℰ 3 21 90, Fax 26313 — 🆎 ⓞ E 🌇 🛳 BY **s**
	Sonntag - Montag 18 Uhr und 1.- 15. Juli geschl. — **M** (Tischbestellung ratsam) a la carte 48/86.
XX	**Greiffenegg-Schlössle**, Schloßbergring 3 (🛗), ℰ 3 27 28, « Terrasse mit ≤ Freiburg und Kaiserstuhl » — 🆎 ⓞ E 🌇 CY **m**
	Montag und Feb. geschl. — **M** a la carte 38/65.
XX	**Kleiner Meyerhof**, Rathausgasse 27, ℰ 2 69 41 — 🆎 ⓞ E 🌇 🛳 BY **g**
	im Sommer Sonntag geschl. — **M** a la carte 33/70.
XX	**Tessiner Stuben**, Bertoldstr. 17, ℰ 3 27 70, Fax 24398, « Gartenterrasse » — 🆎 E 🌇 BY **z**
	Sonn- und Feiertage sowie 7.- 25. Feb. geschl. — **M** a la carte 32/72.
XX	Schloßbergrestaurant Dattler, Am Schloßberg 1 (Zufahrt über Wintererstraße, oder mit Schloßbergs-Seilbahn, DM 2,80), ≤ Freiburg und Kaiserstuhl, 🍴 — ❷ CY **r**
X	Großer Meyerhof, Grünwälderstr. 7, ℰ 2 25 52 BY **e**
X	Greif, Sedanstr. 2, ℰ 3 98 77 AY **k**

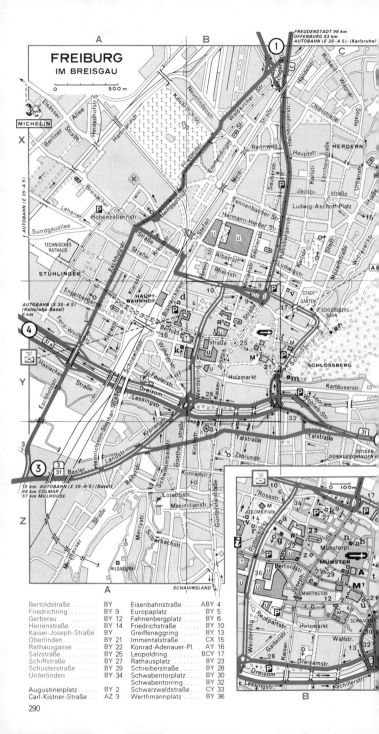

FREIBURG
IM BREISGAU

0   500 m

MICHELIN

FREUDENSTADT 96 km
OFFENBURG 63 km
AUTOBAHN (E 35-A 5)-(Karlsruhe)

AUTOBAHN (E 35-A 5) (Karlsruhe-Basel) 5 km

AUTOBAHN (E 35-A 5)

Sundgauallee

TECHNISCHES RATHAUS

STÜHLINGER

HAUPT-BAHNHOF

HERDERN

Ludwig-Aschoff-Platz

SCHLOSSBERG-BAHN

SCHLOSSBERG

STADT-GARTEN

Holzmarkt

10 km AUTOBAHN (E 35-A 5) (Basel)
48 km COLMAR
57 km MULHOUSE

TITISEE-DONAUESCHINGEN

Lorettostr.

SCHAUINSLAND

HILDAFARM

MÜNSTER

COLOMBIPARK

MARTINSTOR

SCHWABENTOR

In Freiburg-Betzenhausen ④ : 2 km :

🏠 **Bischofslinde** ⅏ garni, Am Bischofskreuz 15, ℰ 8 26 88 — 📺 ☎ 🅿
22 Z : 44 B 65/90 - 105 Fb.

In Freiburg-Ebnet ② : 3,5 km :

🏠 **Ruh**, Schwarzwaldstr. 225 (B 31), ℰ 6 20 65 — ☎ 🅿
➡ **M** *(Freitag geschl.)* a la carte 21/38 — **14 Z : 28 B** 50 - 85.

In Freiburg-Günterstal S : 2 km über Günterstalstraße BZ :

XX **Kühler Krug** mit Zim, Torplatz 1, ℰ 2 91 03, Fax 29782, 🌳 — 📺 ☎ 🅿. 🄴
Juni 3 Wochen geschl. — Menu *(Tischbestellung ratsam)* (Donnerstag-Freitag 18 Uhr geschl.)
a la carte 34/70 — **8 Z : 16 B** 80 - 90/120.

In Freiburg-Herdern :

🏠 **Panorama Hotel Mercure** ⅏, Wintererstr. 89, ℰ 5 10 30, Telex 772613, Fax 5103300,
≼ Freiburg und Kaiserstuhl, 🌳, Massage, ≘s, 🔲, 🏊 — 🛗 📺 🅿 — 🛣 25/80. 🄰🄴 🄴 𝓥𝓘𝓢𝓐
M *(auch vegetarisches Menu)* 32/81 — **87 Z : 140 B** 170/200 - 225/360 Fb.
über Immentalstr. CX

XX **Eichhalde**, Stadtstr. 91, ℰ 5 48 17 — 🄰🄴 ⓞ 🄴 𝓥𝓘𝓢𝓐
CX s
Samstag bis 17 Uhr und Dienstag geschl. — **M** 26/30 (mittags) und a la carte 51/81.

In Freiburg-Hochdorf NW : 7 km über Elsässer Straße AX :

🏠 **Hochdorfer Hirschen**, Zur March 2 (Ecke Benzhauser Str.), ℰ (07665) 10 77 — ☎ 🅿
(nur Abendessen) — **15 Z : 20 B**.

In Freiburg-Kappel SO : 7 km über ② und FR-Littenweiler :

🏠 **Zum Kreuz**, Großtalstr. 28, ℰ 6 20 55, 🌳, ≘s — 📺 ☎ ⇍ 🅿
Mitte Feb.- Anfang März geschl. — **M** *(Mittwoch - Donnerstag 17 Uhr geschl.)* a la carte
28/57 ⅃ — **17 Z : 33 B** 75/85 - 95/150 Fb.

🏠 **Adler**, Im Schulerdobel 1, ℰ 6 54 13, 🌳 — 🅿 — **10 Z : 16 B**.

In Freiburg-Lehen ④ : 3 km :

🏠 **Bierhäusle**, Breisgauer Str. 41, ℰ 8 50 17 — 🛗 📺 ☎ 🅿. ⓞ 🄴 𝓥𝓘𝓢𝓐
M *(Sonntag 15 Uhr - Montag und 16. Juli - 5. Aug. geschl.)* a la carte 25/62 ⅃ — **44 Z : 62 B**
48/95 - 90/160 Fb.

X **Hirschen** mit Zim, Breisgauer Str. 47, ℰ 8 21 18, 🌳 — 🅿
Menu *(Tischbestellung erforderlich)* (Donnerstag geschl.) a la carte 28/65 ⅃ — **9 Z : 17 B**
55 - 80.

In Freiburg-Littenweiler ② : 2 km :

🏠 **Schwärs Hotel Löwen**, Kappler Str. 120, ℰ 6 30 41, Fax 60690, 🌳 — 🛗 📺 ☎ ⇍ 🅿 —
🛣 25/120. 🄰🄴 ⓞ 🄴 𝓥𝓘𝓢𝓐
M a la carte 34/61 ⅃ — **60 Z : 100 B** 48/115 - 78/180 Fb.

In Freiburg-Opfingen W : 10,5 km über Carl-Kistner-Str. AZ :

🏠 **Zur Tanne** (Badischer Gasthof a.d. 18. Jh.), Altgasse 2, ℰ (07664) 18 10 — 🄴
➡ *Mitte Jan.- Mitte Feb. geschl.* — **M** *(Juli - Mitte April Dienstag geschl.)* (von Mitte April -
Mitte Juni nur Spargelgerichte) a la carte 21/53 ⅃ — **14 Z : 28 B** 34/45 - 58/80.

In Freiburg-St. Georgen ③ : 5 km :

🏠 **Zum Schiff**, Basler Landstr. 35, ℰ 47 30 41, Telex 7721984, Fax 475563, ≘s — 🛗 📺 ☎ ⇍
🅿. 🄰🄴 ⓞ 🄴 𝓥𝓘𝓢𝓐. ✁ Zim
M *(Sonn- und Feiertage geschl.)* a la carte 27/51 ⅃ — **60 Z : 120 B** 80/105 - 115/140 Fb.

🏠 **Ritter St. Georg** garni, Basler Landstr. 82, ℰ 4 35 93 — 📺 ☎ 🅿. 🄰🄴 ⓞ 🄴 𝓥𝓘𝓢𝓐. ✁
23. Juli - 6. Aug. und 23.- 27. Dez. geschl. — **17 Z : 30 B** 90/98 - 150/160 Fb.

Beim Thermalbad ③ : 9 km über die B 3 und B 31 :

🏠 **Dorint** ⅏, An den Heilquellen 8, ✉ 7800 Freiburg-St.Georgen, ℰ (0761) 4 90 80,
Telex 772409, Fax 4908100, 🌳, direkter Zugang zum Thermalbad — ✁ Zim 🔲 📺 ☎ ♿
⇍ 🅿. 🄰🄴 ⓞ 🄴 𝓥𝓘𝓢𝓐
M *(auch vegetarische Gerichte)* a la carte 37/67 — **84 Z : 140 B** 152/190 - 200/250.

In Freiburg-Tiengen ③ : 9,5 km :

X **Zum Anker**, Freiburger Landstr. 37, ℰ (07664) 14 85, Biergarten — 🅿
Dienstag geschl. — **M** *(auch vegetarische Gerichte)* a la carte 26/51 ⅃.

In Freiburg-Zähringen N : 2 km über Zähringer Str. BCX :

XX ❀ **Zähringer Burg**, Reutebachgasse 19, ℰ 5 40 41, « Badische Gaststube a.d. 18. Jh. » —
🅿. 🄰🄴 🄴 𝓥𝓘𝓢𝓐
Sonntag 15 Uhr - Montag und Aug. 3 Wochen geschl. — **M** (Tischbestellung ratsam) 38
(mittags) und a la carte 48/78
Spez. Feinschmeckersalat, Steinbutt in Morchelrahm, Dessertvariation.

Siehe auch : *Horben und Oberried-Schauinsland*

MICHELIN-REIFENWERKE KGaA. Niederlassung 7800 Freiburg-Hochdorf (Industriegebiet),
Weißerlenstraße (über Elsässer Str. AX) ℰ (0761) 1 60 81, Fax 132347.

FREIGERICHT 6463. Hessen 🅐🄻🄿 🅐🄻🄱 K 16 − 12 800 Ew − Höhe 178 m − ☎ 06055.
♦Wiesbaden 77 − Aschaffenburg 28 − ♦Frankfurt am Main 41.

In Freigericht 4-Horbach − Erholungsort :

🏠 **Haus Vorspessart**, Geiselbacher Str. 11, ℰ 31 33, 🔲 − 🛗 ☎ 🅿 E ॐ Zim
M *(Sonntag 14 Uhr - Montag 17 Uhr geschl.)* a la carte 30/51 − **16 Z : 28 B** 48/50 - 8
96 Fb.

FREILASSING 8228. Bayern 🅐🄻🄱 V 23, 🧒🃒🃗 ⑱. 🄸🄶🄶 ⑲ − 13 000 Ew − Höhe 425 m
Erholungsort − ☎ 08654.
♦München 139 − Bad Reichenhall 19 − Salzburg 7 − Traunstein 29.

🏨 **Moosleitner**, Wasserburger Str. 52 (W : 2,5 km), ℰ 20 81, Fax 62010, 🍴, 🔒, 🚗
ॐ (Halle) − 🛗 📺 ☎ 🕿 🅿 − 🔬 40. 🄰🄴 ⑩ E 🆅🄸🅂🄰
M *(Samstag bis 17 Uhr und 3.- 10. Jan. geschl.)* a la carte 30/62 − **45 Z : 70 B** 98/110
135/145 Fb.

🏠 **Rupertus**, Martin-Oberndorfer-Str. 6, ℰ 6 10 19, 🍴 − 🅿 🄰🄴 E 🆅🄸🅂🄰
Jan. geschl. − M *(Freitag geschl.)* a la carte 22/34 ⅙ − **25 Z : 42 B** 50/65 - 85/105.

🏠 **Zollhäusl**, Zollhäuslstr. 11, ℰ 6 20 11, Fax 66679, Biergarten, 🍴 − ☎ 🕿 🅿 🄰🄴 🄸
↔ 🆅🄸🅂🄰
M *(Montag geschl.)* (auch vegetarische Gerichte) a la carte 19/43 ⅙ − **17 Z : 30 B** 55/60
75/90 Fb − ½ P 53/75.

Siehe auch : *Salzburg* (Österreich)

FREILINGEN 5419. Rheinland-Pfalz 🧒🃒🃗 ㉔. 🄸🄶🄶 G 15 − 650 Ew − Höhe 370 m − Luftkurort
☎ 02666.
Mainz 88 − ♦Köln 94 − Limburg an der Lahn 28.

🏛 **Ludwigshöh**, Hohe Str. 33 (B 8), ℰ 2 80, 🍴, 🍴 − 🕿 🅿 ॐ Zim
Jan. geschl. − M *(Freitag geschl.)* a la carte 25/41 − **11 Z : 20 B** 25/42 - 60/80.

FREINSHEIM 6713. Rheinland-Pfalz 🄸🄶🄶 H 18 − 4 000 Ew − Höhe 100 m − ☎ 06353.
Mainz 79 − Kaiserslautern 42 − ♦Mannheim 22.

🏨 **An der alten Stadtmauer**, Hauptstr. 29, ℰ 20 21, Fax 8388, 🔒 − 📺 ☎ 🅿 − 🔬 25. ॐ
M *(nur Abendessen, Sonntag geschl.)* a la carte 63/92 − **23 Z : 43 B** 80/100 - 150/20
-(Eröffnung nach Umbau Mai 1991).

🏹 **von-Busch-Hof** (Restaurant in einem ehemaligen Klosterkeller), ℰ 77 05
wochentags nur Abendessen, Dienstag sowie Jan. und Aug. je 2 Wochen geschl. − **M** a
carte 43/55.

FREISING 8050. Bayern 🅐🄻🄱 S 21, 🧒🃒🃗 ㊲ − 35 000 Ew − Höhe 448 m − ☎ 08161.
Sehenswert : Domberg★ − Dom★ (Chorgestühl★, Benediktuskapelle★).
♦München 34 − Ingolstadt 56 − Landshut 36 − ♦Nürnberg 144.

🏨 **Isar-Hotel**, Isarstr. 4, ℰ 8 10 04, Telex 526552, Fax 84341 − 🛗 📺 ☎ 🅿 − 🔬 60. 🄰🄴 ⑩ 🄸
🆅🄸🅂🄰
M a la carte 27/52 − **42 Z : 78 B** 90/185 - 160/210 Fb.

🏨 **Bayerischer Hof**, Untere Hauptstr. 3, ℰ 30 37 − 🛗 ☎ 🕿 🅿
M *(Samstag und Aug. geschl.)* a la carte 23/39 − **70 Z : 90 B** 58/60 - 106/108.

🏹 **La Lanterna** (Italienische Küche), General-von-Nagel-Str. 16, ℰ 25 80 − 🄰🄴 ⑩ E 🆅🄸🅂🄰
Samstag bis 18 Uhr und Mittwoch geschl. − **M** a la carte 33/57.

In Freising-Haindlfing NW : 5 km :

🏹 **Gasthaus Landbrecht**, Freisinger Str. 1, ℰ (08167) 6 26 − 🅿
Montag - Mittwoch 18 Uhr, 7.- 14. Jan., Ende März - Mitte April und Ende Aug.- Mitte Sep
geschl. − Menu a la carte 27/53.

In Hallbergmoos 8055 S : 10 km :

🏨 **Cadettt Hotel Mövenpick**, Ludwigstr. 43, ℰ (0811) 88 80, Telex 526564, Fax 888444, 🍴
− 🛗 ⤢ Zim 🍴 📺 ☎ ⚹ 🅿 🄰🄴 ⑩ E 🆅🄸🅂🄰
M a la carte 28/55 − **122 Z : 162 B** 157 - 174 Fb.

FREMDINGEN 8864. Bayern 🅐🄻🄱 O 20 − 2 200 Ew − Höhe 475 m − ☎ 09086.
♦München 143 − ♦Nünberg 114 − ♦Würzburg 124.

In Fremdingen-Raustetten :

🏛 **Jägerblick** ॐ, Raustetten 10, ℰ 3 14, 🍴 − 🅿 ॐ Rest
20 Z : 41 B.

🏛 **Waldeck** ॐ, Raustetten 12, ℰ 2 30, 🔲 (Gebühr) − 🕿 🅿
19 Z : 35 B.

FREUDENBERG 6982. Baden-Württemberg **987** ㉕, **412** **413** K 17 − 4 000 Ew − Höhe 127 m − ✆ 09375 − ✦Stuttgart 145 − Aschaffenburg 48 − Heidelberg 85 − ✦Würzburg 64.

🏠 **Goldenes Faß**, Faßgelöße 3, ✆ 6 51, 🏖 − ☎ ⬅️ 🅿 − 🔏 25. Ⓞ **E**. 🍴 Rest
M (Montag geschl.) a la carte 32/48 − **14 Z : 22 B** 60/65 - 96/98.

XX **Rose** mit Zim, Hauptstr. 230, ✆ 6 53, 🏖 − 🅿. ⒶⒺ Ⓞ **E**
Feb. 2 Wochen geschl. − Menu (Dienstag geschl.) a la carte 23/60 🍷 − **6 Z : 12 B** 48 - 78.

In Freudenberg-Boxtal O : 10 km − Erholungsort :

🏠 **Rose** 🦢, Kirchstr. 15, ✆ (09377) 12 12, 🏖, 🐎 − 🅿. **E**
Jan. geschl. − **M** (Montag geschl.) a la carte 20/38 🍷 − **23 Z : 46 B** 33/42 - 57/77.

FREUDENBERG Bayern siehe Amberg.

FREUDENBERG 5905. Nordrhein-Westfalen **987** ㉔, **412** G 14 − 16 800 Ew − Höhe 300 m − Luftkurort − ✆ 02734.

Sehenswert : Fachwerkhäuser − Ausflugsziel : Wasserschloß Crottorf★ W : 11 km.
🏛 Städt. Verkehrsamt, Krottorfer Str. 25, ✆ 43 64.
✦Düsseldorf 119 − Dortmund 94 − Hagen 75 − ✦Köln 82 − Siegen 17.

🏠 **Haus im Walde** 🦢, Schützenstr. 31, ✆ 70 57, Fax 20386, 🍴, 🔍, 🐎 − 📶 ☎ ⬅️ 🅿 − 🔏 25/50
M a la carte 23/62 − **40 Z : 80 B** 60/105 - 110/140 − ½ P 75/115.

🏠 **Zum Alten Flecken** 🦢, Marktstr. 11, ✆ 80 41, Fax 1277, 🍴 − 📺 ☎ ⬅️. 🍴
M a la carte 27/57 − **25 Z : 46 B** 40/65 - 90/120 − ½ P 60/80.

In Freudenberg-Wilhelmshöhe O : 3 km :

🏠 **Waldhotel**, Krumme Birke 7 (an der BAB-Ausfahrt), ✆ 80 81, Fax 20528, Biergarten, 🍴 −
📺 ☎ 🅿 − 🔏 30. ⒶⒺ Ⓞ **E** 💳
M 19 (mittags) und a la carte 31/60 − **25 Z : 48 B** 75/95 - 125/170 Fb.

FREUDENSTADT 7290. Baden-Württemberg **413** J 21, **987** ㉟ − 21 500 Ew − Höhe 735 m − Heilklimatischer Kurort − Wintersport : 660/938 m �4 ∠8 − ✆ 07441.

Sehenswert : Marktplatz★ − Stadtkirche (Lesepult★★).

Ausflugsziel : Schwarzwaldhochstraße (Höhenstraße★★ von Freudenstadt bis Baden-Baden) ④.
🏌 Hohenrieder Straße, ✆ 30 60 − 🗓 Kurverwaltung, Promenadeplatz 1, ✆ 86 40.
✦Stuttgart 88 ② − Baden-Baden 57 ⑤ − ✦Freiburg im Breisgau 96 ③ − Tübingen 73 ②.

FREUDENSTADT

Benutzen Sie
auf Ihren Reisen in Europa
die Michelin-Länderkarten
1:400 000 bis 1:1 000 000.

Pour parcourir l'Europe,
utilisez les cartes Michelin
Grandes Routes
à 1/400 000 à 1/1 000 000.

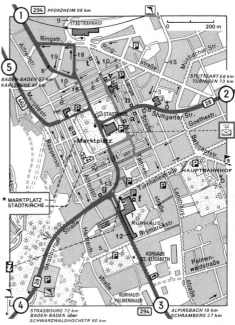

🏨 **Steigenberger-Hotel** ॐ, Karl-von-Hahn-Str. 129, ☎ 8 10 71, Telex 764266, Fax 84813
🍴, Bade- und Massageabteilung, ♨, ☎s, ⊠, ☛ – ⚑ ⇆ Zim �📺 ⚒ ⇔ ❷ – ♨ 25/15С
⏎ ⓪ ⅇ 𝚅𝙸𝚂𝙰 ⅋ Rest   über ⓖ
Restaurants : **Zum Jagdhorn M** a la carte 49/71 – **Im Schnokeloch M** a la carte 31/50 –
134 Z : 226 B 109/146 - 178/252 Fb – 3 Appart. 450 – ½ P 124/181.

🏨 **Kurhotel Sonne am Kurpark** ॐ, Turnhallestr. 63, ☎ 60 44, Telex 764388, Fax 6300
Bade- und Massageabteilung, ♨, ☎s, ⊠, ☛, ⚐ (Halle) – ⚑ �📺 ⚒ ⇔ ❷ – ♨ 25/85
⏎ ⓪ ⅇ 𝚅𝙸𝚂𝙰 ⅋
1.- 26. Dez. geschl. – **M** (auch Diät) a la carte 33/57 ⅃ – **45 Z : 60 B** 97/195 - 172/262 Fb –
½ P 124/191.

🏨 **Schwarzwaldhof** ॐ, Hohenrieder Str. 74 (beim Golfplatz), ☎ 74 21, Telex 764371, Fa
7425, 🍴, ☛, direkter Zugang zur Badeabteilung mit ⊠ des Kurhotel Eden – ⚑ ⇆ ⇔
❷ – ♨ 25/80. ⏎ ⓪ ⅇ 𝚅𝙸𝚂𝙰 ⅋ Rest   über Bahnhofst
M (auch vegetarische Gerichte) a la carte 40/70 – **40 Z : 66 B** 85/135 - 145/245 Fb –
2 Appart. 545 – ½ P 103/131.

🏨 **Hohenried** ॐ, Zeppelinstr. 5, ☎ 24 14, ☎s, ⊠, ☛ – 📺 ⚒ ⇔ – ♨ 4
⅋ Zim   über ⓖ
M (Montag geschl.) a la carte 30/54 – **27 Z : 42 B** 80/108 - 140/192 Fb – ½ P 95/133.

🏨 **Schwarzwaldhotel Birkenhof**, Wildbader Str. 95 (B 294), ☎ 40 74, Telex 764236, Fa
4763, 🍴, Bade- und Massageabteilung, ☎s, ⊠ – ⚑ ⇆ Zim 📺 ⚒ ⚒ ⇔ ❷ – ♨ 25/8С
⏎ ⓪ ⅇ 𝚅𝙸𝚂𝙰   über ⓖ
M a la carte 36/60 – **57 Z : 97 B** 95/125 - 170/200 Fb.

🏨 **Palmenwald**, Lauterbadstr. 56, ☎ 40 01, Fax 4006, Bade- und Massageabteilung, ♨, ☎s
⊠, ☛ – ⚑ 📺 ⚒ ❷ – ♨ 25/100. ⏎ ⓪ ⅇ 𝚅𝙸𝚂𝙰 ⅋
15. Nov.- 20. Dez. geschl. – **M** a la carte 32/50 – **94 Z : 128 B** 96/110 - 160/190 – ½ P 127/143

🏨 **Luz Posthotel**, Stuttgarter Str. 5, ☎ 24 21, Fax 84533, 🍴 – ⚑ 📺 ⚒ ⇔ ⏎ ⓪ ⅇ 𝚅𝙸𝚂𝙰 r
Nov. geschl. – **M** (auch vegetarische Gerichte) a la carte 34/58 – **50 Z : 80 B** 80/100
120/160 Fb – ½ P 85/125.

🏠 **Schwanen**, Forststr. 6, ☎ 22 67, Fax 83265, 🍴 – 📺 ⚒. 𝚅𝙸𝚂𝙰 ⅋ Zim
→   16. Nov.- 9. Dez. geschl. – **M** (Donnerstag geschl.) a la carte 21/47 ⅃ – **17 Z : 29 B** 45/75
100/122 Fb – ½ P 65/95.

🏠 **Landhaus Bukenberger** ॐ garni, Herrenfelder Str. 65, ☎ 27 71, ≤, ☛ – 📺 ⚒ ❷. 𝚅𝙸𝚂𝙰
15. Nov.- 15. Dez. geschl. – **14 Z : 26 B** 42/75 - 80/110 Fb.   über Herrenfelder Str

🏠 **Bären**, Langestr. 33, ☎ 27 29, Fax 2887 – 📺 ⚒ ⇔. ⓪ 𝚅𝙸𝚂𝙰
10.- 30. Jan. geschl. – **M** (Sonntag 14 Uhr - Montag geschl.) a la carte 32/60 – **15 Z : 28**
65/75 - 120/150 Fb.

🏠 **König Karl**, König - Karl- Str. 83, ☎ 22 87, 🍴, ☛ – ⚒ ⇔ ❷. ⓪ ⅇ 𝚅𝙸𝚂𝙰
8.- 22. Jan. geschl. – **M** (Montag geschl.) a la carte 30/55 – **12 Z : 22 B** 48 - 96 Fb – ½ P 68
über Bahnhofst

🏠 **Alte Kanzlei**, Straßburger Str. 6, ☎ 52 52, Fax 1866 – 📺 ⚒ ❷
M a la carte 23/53 – **16 Z : 30 B** 50/65 - 100/130 Fb – ½ P 63/78.

🏠 **Zur Traube**, Marktplatz 41, ☎ 28 80 – 📺
10. Nov.- 10. Dez. geschl. – (Restaurant nur für Hausgäste) – **26 Z : 46 B** 40/42 - 80/84 –
½ P 54/56.

🏠 **Gasthof See**, Forststr. 17, ☎ 26 88, Fax 1527 – ❷. ⏎ ⓪ ⅇ 𝚅𝙸𝚂𝙰 ⅋ Zim
→   7.- 28. April und 25. Okt.- 7. Nov. geschl. – **M** (Mittwoch geschl.) a la carte 19,50/37 ⅃ –
13 Z : 25 B 41/49 - 72/92 Fb – ½ P 48/61.

🏠 Jägerstüble (mit Gästehaus ॐ), Marktplatz 12, ☎ 23 87 – ⇔
19 Z : 35 B.

✗✗ **Zum Warteck** mit Zim, Stuttgarter Str. 14, ☎ 74 18 – 📺 ⚒. ⓪ 𝚅𝙸𝚂𝙰
Menu (Dienstag geschl.) a la carte 34/65 – **13 Z : 23 B** 55/70 - 90/120 Fb – ½ P 60/75.

An der B 28 ④ : 2 km :

🏨 **Langenwaldsee**, Straßburger Str. 99, ⊠ 7290 Freudenstadt, ☎ (07441) 22 34, ≤, 🍴, ☎s
⊠, ♨, ☛ – 📺 ⚒ ❷
2. Nov.- 15. Dez. geschl. – **M** a la carte 36/60 ⅃ – **40 Z : 70 B** 65/120 - 120/220 Fb.

In Freudenstadt-Igelsberg ① : 11 km – Erholungsort :

🏨 **Krone**, Hauptstr. 8, ☎ (07442) 34 58, ⊠, ☛ – ⚑ ❷ – ♨ 30. ⓪ ⅇ ⅋
12.- 30. Jan. und 1.- 20. Dez. geschl. – **M** a la carte 28/51 – **30 Z : 55 B** 53/68 - 98/146 Fb –
½ P 72/91.

In Freudenstadt-Lauterbad ③ : 3 km – Luftkurort :

🏨 **Kurhotel Lauterbad** ॐ, Amselweg 5, ☎ 8 10 06, Fax 82688, 🍴, 🛀, ☎s, ⊠, ☛ – 📺 ⚒
❷ – ♨ 40. ⅋ Rest
M (auch vegetarische Gerichte) (Donnerstag 14 Uhr - Freitag geschl.) a la carte 32/54 –
40 Z : 70 B 55/140 - 110/170 Fb – ½ P 80/165.

🏨 **Grüner Wald**, Kinzigtalstr. 23, ☎ 70 51, Fax 7055, 🍴, ⊠, ☛ – 📺 ⚒ ⇔ ❷ – ♨ 35. ⅇ
10.- 31. Jan. geschl. – **M** a la carte 31/66 ⅃ – **42 Z : 75 B** 56/80 - 106/160 Fb – ½ P 71/98.

🏠 **Gut Lauterbad** ⚜, Dietrichstr. 5, ℰ 74 96, Fax 82188, 🍽, 🚭, 🏊, 🎠 – 🔲 ☎ ℗ –
🔼 30. 🆎 ⓞ Ɛ 🆅🆂🅰
Mitte - Ende Jan. und Mitte Nov.- Mitte Dez. geschl. – **M** *(Mittwoch - Donnerstag 17 Uhr
geschl.)* a la carte 29/55 – **20 Z : 36 B** 52/68 - 96/120 Fb – ½ P 70/90.

🏠 **Landhaus Waldesruh** ⚜, Hardtsteige 5, ℰ 30 35, 🏊, 🎠 – ⇔ ℗
(nur Abendessen für Hausgäste) – **28 Z : 48 B** 35/50 - 70 Fb.

🏠 **Berghof** ⚜, Hardtsteige 20, ℰ 8 26 37, 🚭, 🏊, 🎠 – ⇔ ℗ ⓞ Ɛ
↝ *Mitte Nov.- Mitte Dez. geschl. –* **M** *(Dienstag geschl.)* a la carte 19,50/40 – **32 Z : 52 B**
30/46 - 58/92 – ½ P 42/58.

In Freudenstadt-Zwieselberg ④ : 8 km Richtung Bad Rippoldsau :

🏠 **Hirsch**, Hauptstr. 10, ℰ 21 10, 🍽, 🎠 – 🔲 ☎ ⇔ ℗
↝ *Anfang Nov.- Mitte Dez. geschl. –* **M** a la carte 18,50/45 ♨ – **35 Z : 60 B** 26/50 - 52/90.

Freudenstadt-Kniebis siehe : *Schwarzwaldhochstraße*

FREUDENTAL Baden-Württemberg siehe Besigheim.

FREYSTADT 8437. Bayern 🔢🔟🔢 QR 19 – 6 600 Ew – Höhe 406 m – ✪ 09179.
►München 134 – Ansbach 67 – Ingolstadt 61 – ◆Nürnberg 40.

🏠 **Pietsch**, Marktplatz 55, ℰ 51 04, Fax 2008 – ☎ ℗
↝ **M** *(Sonntag geschl.)* a la carte 20/43 – **55 Z : 105 B** 42/65 - 85/100.

FREYUNG 8393. Bayern 🔢🔟🔢 X 20, 🔢🔢🔢 ㉘, 🔢🔢🔢 ⑦ – 7 500 Ew – Höhe 658 m – Luftkurort –
Wintersport : 658/800 m ⚡3 ⚡7 – ✪ 08551.
🛈 Direktion für Tourismus, Rathaus, Langgasse 5, ℰ 44 55.
►München 205 – Grafenau 15 – Passau 34.

🏠 **Brodinger - Am Freibad**, Zuppinger Str. 3, ℰ 43 42, 🍽, 🚭, 🎠 – 🛗 ⇔ ℗
↝ *April und Nov. je 2 Wochen geschl. –* **M** *(Montag geschl.)* a la carte 20/43 – **15 Z : 32 B**
40/55 - 74/85 Fb – ½ P 50/68.

🏠 **Brodinger** ⚜, Schulgasse 15, ℰ 40 04, Fax 7283, 🏊, 🎠 – 🛗 ℗
↝ *April und Nov. je 2 Wochen geschl. –* **M** *(Samstag 15 Uhr - Sonntag geschl.)* a la carte
20/43 ♨ – **17 Z : 38 B** 38/60 - 76/90 – ½ P 51/63.

🏠 **Zur Post**, Stadtplatz 2, ℰ 40 25, 🎠 – 🛗 ℗
↝ *22. Mai - 3. Juni und 3.- 25. Nov. geschl. –* **M** *(Montag geschl.)* a la carte 19/38 ♨ – **30 Z :
53 B** 30/42 - 60/84 – ½ P 42/54.

Siehe auch : *Liste der Feriendörfer*

FRIBOURG **FRIBURGO** = Freiburg im Breisgau.

FRICKENHAUSEN Baden-Württemberg siehe Nürtingen.

FRICKENHAUSEN 8701. Bayern 🔢🔟🔢 N 17 – 1 300 Ew – Höhe 180 m – ✪ 09331 (Ochsenfurt).
►München 277 – Ansbach 61 – ◆Würzburg 21.

🏨 **Weingut Meintzinger** ⚜ garni, Jahnplatz 33, ℰ 30 77, Fax 7578 – 🔲 ☎ ⇔ ℗. 🆎 Ɛ
🆅🆂🅰
21 Z : 40 B 80/120 - 110/200 Fb.

🟈🟈 **Fränkische Weinstube**, Hauptstr. 19, ℰ 6 51, 🍽, « Ehrbars Keller »
24. Dez.- 19. Jan., 13.- 29. Aug. und Montag geschl. – **M** *(Tischbestellung ratsam)* a la carte
33/55 ♨.

Siehe auch : *Ochsenfurt*

FRICKINGEN 7771. Baden-Württemberg 🔢🔟🔢 K 23, 🔢🔟🔢 ⑱ – 2 400 Ew – Höhe 500 m – ✪ 07554
(Heiligenberg).
►Stuttgart 142 – Bregenz 67 – Sigmaringen 41.

🏠 **Paradies**, Kirchstr. 8, ℰ 81 71 – ☎ ⇔ ℗. 🕏 Zim
24. Dez.- 20. Jan. geschl. – **M** *(Samstag geschl.)* a la carte 23/35 – **18 Z : 28 B** 40 - 80.

FRIDINGEN AN DER DONAU 7203. Baden-Württemberg 🔢🔟🔢 J 22, 🔢🔢🔢 ㉘, 🔢🔢🔢 K 1 – 2 900 Ew
– Höhe 600 m – Erholungsort – ✪ 07463 (Mühlheim an der Donau).
▲Ausflugsziel : Knopfmacherfelsen : Aussichtskanzel ≤** , O : 3 km.
►Stuttgart 142 – ◆Freiburg im Breisgau 107 – ◆Konstanz 57 – ◆Ulm (Donau) 120.

In Fridingen-Bergsteig SW : 2 km Richtung Mühlheim – Höhe 670 m :

🟈🟈 **Landhaus Donautal** mit Zim, ℰ 4 69, ≤, 🍽, 🎠 – 🔲 ☎ ⇔ ℗ Ɛ
28. Jan.- Feb. geschl. – **M** *(Freitag ab 14 Uhr und Montag geschl.)* a la carte 29/58 – **5 Z :
9 B** 68 - 110.

FRIEDBERG 8904. Bayern 📖 PQ 21. 📖 ⊗ — 25 400 Ew — Höhe 514 m — ⚙ 0821.

♦München 75 — ♦Augsburg 7 — ♦Ulm 87.

🏨 **Zum Brunnen und Turmhotel** 🕊 garni, Bauernbräustr. 4 (Passage Brunnenhof),
♂ 60 30 23, Fax 606640 — 📺 ☎ ⇔, AE E VISA
15 Z : 29 B 85 - 130 — 2 Appart. 170/240.

FRIEDBERG/HESSEN 6360. Hessen 📖 ㉙. 📖 📖 J 15 — 25 000 Ew — Höhe 150 m —
⚙ 06031.

Sehenswert : Judenbad★ — Burg (Adolfsturm★) — Stadtkirche (Sakramentshäuschen★).

🛈 Amt für Fremdenverkehr, Am Seebach 2. (in der Stadthalle). ♂ 98 87.

♦Wiesbaden 61 — ♦Frankfurt am Main 32 — Gießen 36.

🏨 **Stadthalle**, Am Seebach 2, ♂ 60 70, Fax 607148, 🍴, 🔁 — 🛗 📺 ☎ ⇔ 🅿 — 🔬 25/800.
⑩ E VISA
M a la carte 30/55 — **84 Z : 115 B** 92/102 - 148.

FRIEDEBURG 2947. Niedersachsen 📖 ⑭ — 9 600 Ew — Höhe 10 m — Erholungsort — ⚙ 04465
— ♦Hannover 224 — Oldenburg 54 — Wilhelmshaven 25.

🏨 **Deutsches Haus**, Hauptstr. 87, ♂ 4 81, 🍴 — ☎ ⇔ 🅿 — 🔬 40
M (Samstag bis 18 Uhr und Montag geschl.) a la carte 23/35 — **20 Z : 34 B** 35/41 - 65/75.

🏨 **Oltmanns** (Gasthof a.d.J. 1804), Hauptstr. 79, ♂ 2 05, « Gartenterrasse », 🍴 — 🅿
M (Donnerstag geschl.) a la carte 23/42 — **17 Z : 33 B** 42 - 80.

🍴🍴 **Friedeburg**, Hopelser Weg 11 (W : 1,5 km, nahe der B 436), ♂ 3 67, « Gartenterrasse »
🅿 — Montag und Okt.- Nov. 2 Wochen geschl. — **M** a la carte 26/54.

FRIEDENFELS 8591. Bayern 📖 T 17 — 1 900 Ew — Höhe 537 m — Erholungsort — ⚙ 09683.

♦München 259 — Bayreuth 50 — ♦Nürnberg 112 — Weiden in der Oberpfalz 34.

🏨 **Pension Zeitler** 🕊 garni, Otto-Freundl-Str. 11, ♂ 2 73, 🍴 — 🅿
40 Z : 80 B 27/31 - 53/61.

FRIEDENWEILER 7829. Baden-Württemberg 📖 H 23 — 1 600 Ew — Höhe 910 m —
Kneippkurort — Wintersport : 920/1 000 m ≤1 ≥6 — ⚙ 07651 (Titisee-Neustadt).

🛈 Kurverwaltung, Rathausstr. 16, ♂ 50 34 — ♦Stuttgart 151 — Donaueschingen 25 — ♦Freiburg im Breisgau 42.

🏨 **Ebi** 🕊, Klosterstr. 4, ♂ 75 74, Fax 3875, 🔁, 🔲, 🍴 — 📺 ☎ ⇔ 🅿. ⑩ E VISA
Nov.-20. Dez. geschl. — **M** (auch vegetarische Gerichte) (Dienstag geschl.) a la carte 35/62
🍷 — **20 Z : 37 B** 78/90 - 132/140 Fb — ½ P 82/111.

🍴 **Steppacher** 🕊, Rathausstr. 4, ♂ 75 16, 🍴 — 🅿
13. Nov.- 15. Dez. geschl. — **M** (Montag geschl.) a la carte 19/37 🍷 — **12 Z : 20 B** 25 - 50.

In Friedenweiler-Rötenbach SO : 4 km — Erholungsort :

🏨 **Rössle**, Hauptstr. 14, ♂ (07654) 3 51, 🔁, 🍴 — 🛗 🅿
15. Nov.- 15. Dez. geschl. — **M** (Dienstag geschl.) a la carte 19/36 🍷 — **29 Z : 53 B** 25/40 -
50/100 — ½ P 40/55.

FRIEDEWALD 6431 Hessen — 2 400 Ew — Höhe 388 m — ⚙ 06674.

♦ Wiesbaden 179 — Erfurt 113 — Fulda 58 — Gießen 100 — ♦Kassel 81.

🍴🍴 **Zum Löwen** mit Zim, Hauptstr. 17, ♂ 7 36 — 📺 ⇔ 🅿. AE ⑩ E VISA
21. Mai - 5. Juni und Nov. 2 Wochen geschl. — **M** (Montag geschl.) 29 (mittags) und a la
carte 41/66 — **7 Z : 11 B** 58/70 - 100.

FRIEDLAND Niedersachsen siehe Göttingen.

FRIEDRICHRODA Thüringen siehe Gotha.

FRIEDRICHSDORF 6382. Hessen 📖 📖 I 16 — 23 000 Ew — Höhe 220 m — ⚙ 06172.

♦Wiesbaden 56 — Bad Homburg v.d.H. 5 — ♦ Frankfurt am Main 27 — Gießen 42.

🏨 **Queens Hotel im Taunus**, Im Dammwald 1, ♂ 73 90, Telex 415892, Fax 739852, 🔁, 🔲
— 🛗 ⇔ Zim 📺 ☎ 🅿 — 🔬 25/120. AE ⑩ E VISA. ✂ Rest
M a la carte 32/62 — **127 Z : 177 B** 185/260 - 235/350 Fb.

🏨 **Lindenhof**, Hugenottenstr. 47, ♂ 50 77, Fax 5079, Massage, 🔁, 🔲 (geheizt), 🍴 — 🛗
▤ Rest 📺 ☎ ⇔ 🅿. AE E VISA
M (auch vegetarische Gerichte) (nur Abendessen, Sonntag, 9.-29. Juli und 27. Dez.- 6. Jan
geschl.) a la carte 38/69 — **40 Z : 60 B** 120/139 - 160/175 Fb.

🍴🍴🍴 ❀ **Sängers Restaurant - Weißer Turm** mit Zim, Hugenottenstr. 121, ♂ 7 20 20,
bemerkenswerte Weinkarte — ☎ 🅿. ⑩ E
Hotel: 20. Dez.- 9. Jan., Restaurant: 1.- 14. Jan. geschl. — **M** (Tischbestellung ratsam
(Samstag bis 19 Uhr und Sonntag geschl.) 105/175 und a la carte 76/106 — **10 Z : 15 B**
55/100 - 105/160
Spez. Terrine von Entenbrust und Morcheln, Lotte mit roter Buttersauce, Gefüllter Ochsenschwanz in 2 Gänger
serviert.

RIEDRICHSHAFEN 7990. Baden-Württemberg **413** L 24. **987** ㉟ ㊱. **427** M 3 — 52 700 Ew —
öhe 402 m — ✆ 07541 — ✈ Friedrichshafen-Löwental, ① : 2 km, ℰ 7 00 90.
essegelände, am Riedlepark (BY), ℰ 2 30 01, Telex 734315.
Tourist-Information, Friedrichstr. 18 (am Yachthafen), ℰ 2 17 29.
tuttgart 167 ① — Bregenz 30 ② — ♦Freiburg im Breisgau 161 ③ — Ravensburg 20 ①.

RIEDRICHSHAFEN

Buchhornplatz	AY 3	Klosterstraße	AZ 22
Dammstraße	AY 6	Maybachstraße	AZ 23
Friedrichstraße	AY	Meistershofener Straße	BY 25
Goldschmiedstraße	AY 13	Montfortstraße	AZ 26
Karlstraße	AY	Östliche Uferstraße	BZ 28
Wilhelmstraße	AY 41	Olgastraße	AY 29
		Paulinenstraße	AY 30
Albrechtstraße	AZ 2	Ravensburger Straße	BZ 32
Charlottenstraße	BZ 4	Schanzstraße	AY 33
Eugen-Bolz-Straße	AY 8	Scheffelstraße	BZ 35
Flugplatzstraße	BY 10	Schloßstraße	AZ 36
Gebhardstraße	BZ 12	Schwabstraße	BY 37
Hans-Böckler-Straße	BZ 16	Seestraße	AY 38
Hofener Straße	AZ 18	Wendelgardstraße	BZ 39
Katharinenstraße	BZ 21	Zeppelinstraße	AZ 42

🏨🏨 **Buchhorner Hof**, Friedrichstr. 33, ℰ 20 50, Telex 734210, Fax 32663, ⇋ — 📶 📺 ↝ —
🛁 25/100. 🖭 ⓞ 🇪 𝖵𝖨𝖲𝖠
AZ **a**
22. Dez.- 6. Jan. geschl. — **M** 27/34 (mittags) und a la carte 44/89 — **65 Z : 120 B** 99/149 -
180/220 Fb.

🏨 **Föhr**, Albrechtstr. 73, ℰ 2 60 66, Telex 734248, Fax 27273, ← — 📶 📺 ☎ ᖴ ❶ — 🛁 40. 🖭
ⓞ 🇪 𝖵𝖨𝖲𝖠
über Albrechtstr. AZ
20. Dez.- 10. Jan. geschl. — **M** (Samstag und Sonntag nur Abendessen, außer Saison
Sonntag geschl.) a la carte 41/57 — **66 Z : 116 B** 96/110 - 170/280 Fb.

🏨 **City-Krone**, Schanzstr. 7, ℰ 2 20 86, Telex 734215, Fax 22080, ⇋, ⧖ — 📶 📺 ☎ ❶ —
🛁 40. 🖭 ⓞ 🇪 𝖵𝖨𝖲𝖠
AZ **c**
M (nur Abendessen, Samstag - Sonntag geschl.) a la carte 26/50 — **81 Z : 120 B** 80/120 -
140/185 Fb.

🏨 **Goldenes Rad - Drei König**, Karlstr. 43, ℰ 2 10 81 (Hotel) 2 16 25 (Rest.), Telex 734391,
➤ Fax 21085, ⇋ — 📶 📺 ☎ ❶
AY **n**
20. Dez.- 6. Jan. geschl. (nur Hotel) — **M** a la carte 20/56 — **60 Z : 120 B** 85/165 - 120/180 Fb.

🏨 **Zeppelin** garni, Eugenstr. 41/1, ℰ 2 50 71, Telex 734369, Fax 72242, ⇋ — 📶 📺 ☎ ↝ ❶.
🖭 ⓞ 🇪 𝖵𝖨𝖲𝖠
AZ **v**
22. Dez.- 10. Jan. geschl. — **19 Z : 22 B** 105/115 - 155 Fb.

🏨 **Krager**, Ailinger Str. 52, ℰ 7 10 11 — ☎ ↝ ❶. 🖭 ⓞ 🇪 𝖵𝖨𝖲𝖠. 🛇 Zim
BY **s**
➤ 20. Dez.- 10. Jan. geschl. — **M** (nur Abendessen, Freitag geschl.) a la carte 18,50/40 — **20 Z :
33 B** 65/85 - 105/125.

🍴🍴 **Kurgartenrestaurant**, Olgastr. 20 (im Graf-Zeppelin-Haus), ℰ 7 20 72, ← Bodensee,
« Terrasse am See » — ↝ — 🛁 50. 🖭 ⓞ 🇪 𝖵𝖨𝖲𝖠. 🛇 Zim
AZ **e**
M (auch vegetarische Gerichte) a la carte 33/65.

In Friedrichshafen 5-Ailingen N : 6 km, über Ailinger Str. BY — Erholungsort :

🏠 **Sieben Schwaben**, Hauptstr. 37, ℰ 5 50 98 — 劇 ⏺ 🕿 ➛ 🅿 — 🖾 35. 🖭 ⓘ 🖂 💳
M *(nur Abendessen, Montag geschl.)* a la carte 27/43 — **24 Z : 45 B** 65/90 - 110/130 Fb.

🏠 **Gerbe**, Hirschlatter Str. 14, ℰ 5 10 84, 🛋, 🖾, 🖾, ☛, 🛵, 🛥 — 🕿 🅿. 🖭 🖂
2.- 22. Jan. geschl. — **M** *(Freitag geschl.)* a la carte 24/50 — **38 Z : 67 B** 50/65 - 82/98 Fb.

In Friedrichshafen 1-Fischbach ③ : 5 km :

🏨 **Traube**, Meersburger Str. 13, ℰ 4 20 38, Telex 734366, Fax 41506, 🛋, 🛋, 🖾 — 劇 ⏺ 🕿
🅿 — 🖾 25. 🖭 🖂
1.- 7. Jan. geschl. — **M** a la carte 27/60 🍴 — **55 Z : 100 B** 75/120 - 120/180 Fb.

🏨 **Maier**, Poststr. 1, ℰ 49 15, Telex 734801, Fax 41700, 🛋 — 劇 ⏺ 🕿 🅿. 🖭 🖂 💳
24. Dez.- 12. Jan. geschl. — **M** *(Freitag bis 17 Uhr geschl.)* a la carte 34/61 — **45 Z : 85**
70/95 - 110/160 Fb.

In Friedrichshafen 1-Jettenhausen N : 2 km, über Riedleparkstr. AZ :

🏠 Knoblauch, Jettenhauser Str. 32, ℰ 5 10 44, 🛋 — 🕿 ➛ 🅿
31 Z : 65 B Fb.

In Friedrichshafen 1-Schnetzenhausen NW : 4 km, über Hochstr. AZ :

🏡 **Krone - Haus Sonnenbüchel**, Untere Mühlbachstr. 1, ℰ 40 80, Fax 43601, 🛋, 🛋
🏊 (geheizt), 🖾, 🛵, 🛥 (Halle) — 劇 ⏺ ➛ 🅿 — 🖾 50. 🖂 🛥 Zim
20.- 25 Dez. geschl. — **M** a la carte 28/57 — **97 Z : 170 B** 80/160 - 120/190 Fb.

🍴🍴 **Kachlofe**, Manzeller Str. 30, ℰ 4 16 92, 🛋, « Wintergarten » — ➛ 🅿. 🖭 ⓘ 🖂
Samstag - Sonntag 17 Uhr geschl. — **M** *(auch vegetarische Gerichte)* a la carte 40/58.

In Friedrichshafen - Waggershausen N : 3 km, über Hochstr. AZ :

🏠 **Traube**, Sonnenbergstr. 12, ℰ 5 50 07, Fax 56785, 🛋 — 劇 ⏺ 🕿 🅿. 🖭 ⓘ 🖂 💳
➛ 24.- 30. Dez. geschl. — **M** *(Montag bis 17 Uhr geschl.)* a la carte 20/45 — **46 Z : 80 B** 60/80
95/140 Fb.

FRIEDRICHSHALL, BAD 7107. Baden-Württemberg 🔢 ㉕. 🔢 🔢 K 19 — 11 800 Ew
Höhe 160 m — 🕓 07136.
♦Stuttgart 62 — Heilbronn 10 — ♦Mannheim 83 — ♦Würzburg 110.

In Bad Friedrichshall-Duttenberg NW : 4 km :

🍴🍴 **Alter Römer**, Torstr. 2, ℰ 52 30, Fax 3497 — 🅿
Samstag bis 18 Uhr und Montag geschl. — **M** 34 (mittags) und a la carte 49/68.

In Bad Friedrichshall 1-Jagstfeld :

🏠 **Zur Sonne**, Deutschordenstr. 16, ℰ 40 63, Fax 7208, ≤, 🛋 — 🕿 🅿. 🖭 🖂 💳
Menu *(Freitag - Samstag 16 Uhr und Mitte - Ende Aug. geschl.)* a la carte 29/55 — **14 Z : 26**
68 - 98.

🏠 Schöne Aussicht, Deutschordenstr. 2, ℰ 60 57, ≤, 🛋, 🛵 — 🅿 — **16 Z : 30 B**.

In Bad Friedrichshall 2-Kochendorf :

🏨 **Schloß Lehen**, Hauptstr. 2, ℰ 40 44, Fax 20155, 🛋 — 劇 ⏺ 🕿 ➛ 🅿 — 🖾 25/100. 🖭 🖂
M a la carte 56/90 — **Rittersaal M** a la carte 35/55 — **27 Z : 39 B** 85/135 - 165/210 Fb.

🏠 **Krone-Gästehaus Bauer**, Marktplatz 2, ℰ 36 94/2 42 75 — ⏺ 🅿. 🛥
Ende Okt.- Mitte Nov. und 26. Dez.- 2. Jan. geschl. — **M** *(im Winter Freitag geschl.)* a la
carte 29/38 🍴 — **70 Z : 110 B** 45/85 - 70/110.

FRIEDRICHSKOOG 2228. Schleswig-Holstein 🔢 ④ ⑤ — 3 000 Ew — Höhe 2 m — 🕓 04854.
🅱 Kurverwaltung, Koogstr. 66, ℰ 10 84.
♦Kiel 116 — ♦Hamburg 108 — Itzehoe 52 — Marne 13.

In Friedrichskoog-Spitze NW : 4 km — Seebad :

🏠 **Möven-Kieker** 🦢, Strandweg 6, ℰ 2 86, Fax 1689, Biergarten, 🛵 — ⏺ 🅿 — 🖾 30. 🖾
ⓘ 🖂 💳
3. Jan.- 15. Feb. geschl. — **M** *(Dienstag geschl.)* a la carte 28/60 — **11 Z : 24 B** 65/90 - 90/16
Fb — ½ P 67/112.

FRIEDRICHSRUHE Baden-Württemberg siehe Öhringen.

FRIEDRICHSTADT 2254. Schleswig-Holstein 🔢 ⑤ — 2 600 Ew — Höhe 4 m — Luftkurort
🕓 04881.
🅱 Tourist-Information, am Mittelburgwall 23, ℰ 72 40.
♦Kiel 82 — Heide 25 — Husum 15 — Schleswig 49.

🏠 **Aquarium**, Am Mittelburgwall 6, ℰ 6 91, Fax 7064, 🛋, 🛋, 🖾 — ⏺ 🕿 🅿. 🖭 ⓘ 🖂
M a la carte 30/58 — **38 Z : 80 B** 80/105 - 120/170 Fb.

🍴🍴 Holländische Stube mit Zim, Am Mittelburgwall 24, ℰ 72 45, 🛋, « Holländisches Hau
a.d. 17. Jh. » — ⏺ 🕿 — **7 Z : 18 B**.

FRIELENDORF Hessen siehe Liste der Feriendörfer.

FRIESENHEIM 7632. Baden-Württemberg **413** G 21, **242** ㉘ − 10 200 Ew − Höhe 158 m − ✆ 07821 (Lahr).

Stuttgart 158 − ♦Freiburg im Breisgau 54 − Offenburg 12.

  🏠 **Krone**, Kronenstr. 2 (B 3), ℰ 6 20 38, Fax 61642 − ☎ ⇌ 🅿 − 🏄 25/60
  ↔ *Juli - Aug. 2 Wochen und 27. Dez. - 11. Jan. geschl. − M (Freitag - Samstag 17 Uhr geschl.)*
  a la carte 21/56 ⅃ − **30 Z : 45 B** 30/52 - 66/92 Fb.

  In Friesenheim 2-Oberweier :

  XX **Mühlenhof** mit Zim, Oberweierer Hauptstr. 32, ℰ 65 20 − ☎ ⇌ 🅿
  *Jan. und Aug. je 3 Wochen geschl. − Menu (Dienstag geschl.) a la carte 28/45 ⅃ − **12 Z :
  18 B** 45/48 - 78/84.*

FRIESOYTHE 2908. Niedersachsen **987** ⑭ − 16 500 Ew − Höhe 9 m − 🄫 04491.

♦Hannover 199 − ♦Bremen 88 − Lingen 89 − ♦Osnabrück 97.

  🏠 **Stadt Friesoythe** 🌤 garni, Willohstr. 12, ℰ 39 85, ⇌, 🚗, − 📺 ☎ ⇌ 🅿
  9 Z : 14 B 60/75 - 120.

FRITZLAR 3580. Hessen **987** ㉕, **412** K 13 − 15 000 Ew − Höhe 235 m − 🄫 05622.

Sehenswert : Dom★ − Marktplatz★ − Stadtmauer (Grauer Turm★).

🄳 Verkehrsbüro, Rathaus, ℰ 8 03 43.

♦Wiesbaden 201 − Bad Hersfeld 48 − ♦Kassel 32 − Marburg 61.

  In Fritzlar-Ungedanken SW : 8 km :

  🏠 **Büraberg**, an der B 253, ℰ 40 40 − 📺 ☎ ⇌ 🅿, Ⓞ E 𝖵𝖨𝖲𝖠
  ↔ **M** *(Sonntag 15 Uhr - Montag 17 Uhr geschl.)* a la carte 20/39 − **14 Z : 25 B** 50/55 - 80/85 Fb.

FRÖNDENBERG 5758. Nordrhein-Westfalen **412** G 12 − 22 000 Ew − Höhe 140 m − 🄫 02373 (Menden).

♦Düsseldorf 97 − Dortmund 29 − Iserlohn 17.

  XX **Landhaus Toque Blanche** mit Zim, Sümbergstr. 29a, ℰ 73 91 − 📺 ☎ 🅿
  7 Z : 12 B.

FUCHSTAL 8915. Bayern **413** P 23, **426** E 5 − 2 500 Ew − Höhe 619 m − 🄫 08243.

♦München 69 − Garmisch-Partenkirchen 72 − Landsberg am Lech 12.

  🏠 **Landgasthof Hohenwart**, an der B 17 (Seestall), ℰ 22 31, Fax 2673, 🍴 − 🅿. **E**
  M *(Donnerstag - Freitag 17 Uhr geschl.)* a la carte 25/53 − **14 Z : 29 B** 40/50 - 65/90.

FÜRSTENAU 4557. Niedersachsen **987** ⑭ − 7 800 Ew − Höhe 50 m − 🄫 05901.

♦Hannover 195 − ♦Bremen 117 − Nordhorn 48 − ♦Osnabrück 44.

  🏠 **Stratmann**, Große Str. 29, ℰ 31 39 − ☎ ⇌ 🅿. 𝔸𝔼
  ↔ **M** a la carte 20/36 − **10 Z : 20 B** 38/43 - 76/86.

  🏠 **Wübbel**, Osnabrücker Str. 56 (B 214), ℰ 7 89 − 🅿. **E**. ⅏
  ↔ *Mitte Juli - Mitte Aug. geschl. − M (Dienstag geschl.)* a la carte 16/41 − **10 Z : 17 B** 50/80 -
  90/100.

  🏠 **Landwehr**, Buten Porten 1, ℰ 31 76, 🚗 − ⇌ 🅿
  ↔ *Ende Juli - Mitte Aug. geschl. − M* a la carte 19/37 − **9 Z : 13 B** 35 - 65.

FÜRSTENBERG 3476. Niedersachsen **412** L 11 − 1 300 Ew − Höhe 180 m − Erholungsort − 🄫 05271.

🄳 Verkehrsamt, Haus des Gastes, ℰ 51 01.

♦Hannover 107 − Göttingen 69 − ♦Kassel 66.

  🏠 **Hubertus** 🌤, Derentaler Str. 58, ℰ 59 11, 🍴, 🚗, ⅏ − 📺 ☎ 🅿. 𝔸𝔼 ⓄＥ 𝖵𝖨𝖲𝖠
  3. - 31. Jan. geschl. − M a la carte 26/49 − **23 Z : 45 B** 50/70 - 100/140 Fb − ½ P 55/75.

FÜRSTENFELDBRUCK 8080. Bayern **413** Q 22, **987** ㊱㊲, **426** ⑯⑰ − 32 000 Ew − Höhe 528 m − 🄫 08141.

♦München 26 − ♦Augsburg 42 − Garmisch-Partenkirchen 97.

  🏠 **Post**, Hauptstr. 7, ℰ 2 40 74, Fax 16755 − 🛗 📺 ☎ ⇌ 🅿 − 🏄 60. 𝔸𝔼 Ⓞ Ｅ 𝖵𝖨𝖲𝖠
  23. Dez. - 6. Jan. geschl. − M (Sonntag ab 15 Uhr und Samstag geschl.) a la carte 24/50 −
  44 Z : 65 B 80/100 - 100/135.

  🏠 **Gästehaus Brucker** garni, Kapellenstr. 3, ℰ 66 08, Fax 41331 − 📺 ☎ ⇌ 🅿. 𝔸𝔼
  13 Z : 21 B 85/125 - 125/145 Fb.

  🏠 **Drexler** garni, Hauptstr. 10, ℰ 50 61, Fax 5064 − 📺 ☎ ⇌
  *24. Dez. - 12. Jan. und Sonntag geschl. − **19 Z : 30 B** 70/90 - 100/120.

FÜRSTENLAGER (STAATSPARK) Hessen. Sehenswürdigkeit siehe Bensheim a.d. Bergstraße.

FÜRSTENZELL 8399. Bayern 🔢🔢🔢 W 21, 🔢🔢🔢 ㉜, 🔢🔢🔢 ⑦ – 7 000 Ew – Höhe 358 m – 🔘 08502.
♦München 169 – Linz 92 – Passau 14 – ♦Regensburg 121.

🏠 **Mayer**, Griesbacher Str. 6, 🖉 2 26 – 🚗 🅿
➤ 20. Aug.- 10. Sept. geschl. – **M** *(Samstag bis 18 Uhr geschl.)* a la carte 18/32 🍷 – **20 Z**
26 B 30/48 - 65/94.

In Fürstenzell-Altenmarkt NO : 4,5 km :

🏠 **Platte** 🍴, 🖉 2 00, ≤ Neuburger- und Bayerischer Wald – 🚗 🅿
➤ Mitte Jan.- Mitte Feb. geschl. – **M** *(Dienstag geschl.)* a la carte 20/29 🍷 – **15 Z : 25 B** 34
64.

FÜRTH 8510. Bayern 🔢🔢🔢 P 18, 🔢🔢🔢 ㉕ – 99 000 Ew – Höhe 294 m – 🔘 0911 (Nürnberg).

Siehe auch Nürnberg-Fürth (Umgebungsplan).

🅱 Verkehrsverein im ABR, Bahnhofplatz, 🖉 77 26 70.
ADAC, Theresienstr. 5, 🖉 77 60 06.
♦München 172 ⑧ – ♦Nürnberg 7 ⑧.

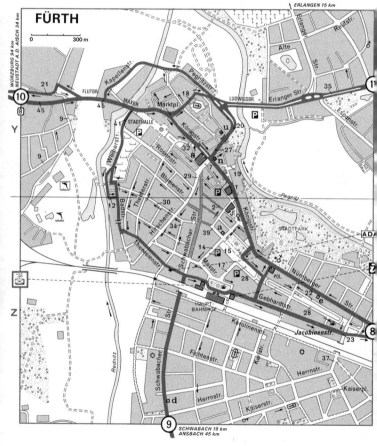

🏨 **Bavaria** garni, Nürnberger Str. 54, ℰ 77 49 41, Telex 626570, Fax 748015, ≘s, 🔟 – 📳 📺
🕿 ⇄ 🅿. 🖭 ⓞ 🖃 ᴠɪꜱᴀ   Z e
60 Z : 100 B 93/130 - 138/295.

🏨 **Park-Hotel** garni, Rudolf-Breitscheid-Str. 15, ℰ 77 66 66, Fax 7499064 – 📳 📺 🕿 ⇄ –
🛄 50. 🖭 🖃 ᴠɪꜱᴀ   Z a
60 Z : 90 B 109/148 - 158/208 Fb.

🍴🍴🍴 ✿ **Baumann** mit Zim, Schwabacher Str. 131, ℰ 77 76 50, Fax 746859 – 📳 📺 🕿 🅿. 🖭 ⓞ
🖃 ᴠɪꜱᴀ   Z d
M (Samstag und Montag jeweils bis 18 Uhr, Sonn- und Feiertage sowie Aug. geschl.)
82/133 und a la carte 68/93 ((Tischbestellung ratsam) – **21 Z : 33 B** 89/128 - 108/160
Spez. Hummer in Limonenbutter, Nantaiser Ente in zwei Gängen (2 Pers.), Soufflé von frischen Beeren.

🍴🍴 ✿ **Kupferpfanne**, Königstr. 85, ℰ 77 12 77, Fax 777637 – 🖭 ⓞ 🖃 ᴠɪꜱᴀ   Y n
Sonn- und Feiertage geschl. – **M** (bemerkenswerte Weinkarte) (Tischbestellung ratsam) 95
und a la carte 65/96
Spez. Hummerscheren mit Sprossen im Reisblatt, Fränkisches Täubchen mit Gemüsestrudel, Krokantparfait
mit Zwetschgen.

🍴 **Duckla**, Mühlstr. 2, ℰ 77 86 60 – 🖭 ⓞ 🖃 ᴠɪꜱᴀ   Y u
Samstag bis 18 Uhr, Sonn- und Feiertage, 1.- 7 Jan. sowie 30. Juli - 26. Aug. geschl. – **M**
(Tischbestellung ratsam) 40 (mittags) und a la carte 65/78.

Folgende Häuser finden Sie auf dem Stadtplan Nürnberg-Fürth :

In Fürth-Dambach :

🏨 **Forsthaus** ⑤, Zum Vogelsang 20, ℰ 77 98 80, Telex 626385, Fax 720885, 🌤, ≘s, 🔟 – 📳
📺 🅿 – 🛄 25/300. 🖭 ⓞ 🖃 ᴠɪꜱᴀ. ❄ Rest   AS g
M a la carte 59/93 – **107 Z : 145 B** 155/180 - 200/230 Fb – 3 Appart. 350/600.

In Fürth-Poppenreuth :

🏨 **Novotel Fürth**, Laubenweg 6, ℰ 79 10 10, Telex 622214, Fax 793466, ≘s, 🔟 (geheizt), 🐎 –
📳 ▤ 📺 🕿 & 🅿 – 🛄 25/300   AS n
131 Z : 262 B Fb.

FÜRTH IM ODENWALD 6149. Hessen ④⑫ ④⑬ J 18 – 10 100 Ew – Höhe 198 m –
rholungsort – ✿ 06253.

Wiesbaden 83 – ✦Darmstadt 42 – Heidelberg 36 – ✦Mannheim 33.

In Fürth-Weschnitz NO : 6 km :

🏨 **Erbacher Hof**, Hammelbacher Str. 2, ℰ 40 20, Fax 4804, ≘s, 🔟, 🐎 – 📺 🕿 🅿 –
🛄 25/60. 🖭 ⓞ 🖃 ᴠɪꜱᴀ
M a la carte 21/52 🍺 – **45 Z : 79 B** 50/55 - 90/95 – ½ P 70/75.

In Rimbach 6149 SW : 4,5 km :

🏨 **Berghof** ⑤, Holzbergstr. 27, ℰ (06253) 64 54, ≤, 🌤 – 📺 🕿 🅿. 🖭 🖃 ᴠɪꜱᴀ. ❄
M a la carte 27/49 – **12 Z : 28 B** 52 - 100.

FÜSSEN 8958. Bayern ④⑬ OP 24, ⑨⑧⑦ ⑧, ④②⑥ ⑮ – 15 300 Ew – Höhe 803 m – Kneipp- und
uftkurort – Wintersport : 810/950 m ✔3 ✔12 – ✿ 08362.

Sehenswert : St.-Anna-Kapelle (Totentanz✶) B.

Ausflugsziele : Schloß Neuschwanstein✶✶ ≤✶✶✶ ② : 4 km und 1,5 km zu Fuß – Schloß
Hohenschwangau✶ 4 km über ② – Alpsee✶ : Pindarplatz ≤✶ 4 km über ② – Romantische
Straße✶✶ (von Füssen bis Würzburg).

🛈 Kurverwaltung, Augsburger Torplatz 1, ℰ 70 77.

München 120 ② – Kempten (Allgäu) 41 ④ – Landsberg am Lech 63 ②.

Stadtplan siehe nächste Seite.

🏨 **Hirsch**, Schulhausstr. 4, ℰ 50 80, Telex 541308, Fax 508113, 🌤 – 🕿 🅿. 🖭 ⓞ ᴠɪꜱᴀ   e
7.- 31. Jan. geschl. – **M** a la carte 27/60 – **46 Z : 85 B** 85/120 - 135/180 Fb.

🏨 **Christine** ⑤ garni, Weidachstr. 31, ℰ 72 29, 🐎 – 📺 🕿 🅿. ❄   z
15 Z : 30 B.

🏨 **Fürstenhof** garni, Kemptener Str. 23 (B 310), ℰ 70 06 – 📺 🕿 🅿. 🖭 🖃   r
Nov. - 24. Dez. geschl. – **15 Z : 30 B** 52/75 - 104/108 Fb.

🏨 **Landhaus Sommer** ⑤ garni, Weidachstr. 74, ℰ 76 46, ≤, ≘s, 🔟, 🐎 – 🅿
10 Z : 20 B.   über Weidachstraße

🏨 **Sonne** garni, Reichenstr. 37, ℰ 60 61, Telex 541350, Fax 6064 – 📳 📺 🕿 🅿. 🖭 ⓞ
🖃 ᴠɪꜱᴀ   u
32 Z : 64 B 90 - 135 Fb.

🍴🍴 Kurhaus-Pulverturm, Schwedenweg 1 (im Kurhaus), ℰ 60 78, 🌤 – ▤ ⇄ 🅿 – 🛄 40/290.

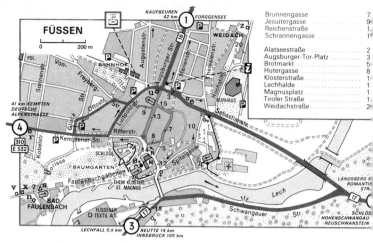

In Füssen - Bad Faulenbach – Mineral- und Moorbad :

🏨 **Kurhotel Wiedemann** ⑤, Am Anger 3, 𝒫 3 72 31, Bade- und Massageabteilung, ♨, ♠
– 🛗 ⇔ Rest ☎ ⇔ Ⓟ
Dez.- 10. Jan. geschl. – (Restaurant nur für Hausgäste) – **41 Z : 60 B** 60/65 - 120/130 Fb -
½ P 76/83.

🏨 **Alpenschlößle** ⑤, Alatseestr. 28, 𝒫 40 17, ♠ – 🖵 ☎ Ⓟ
M *(Dienstag geschl.)* 20 (mittags) und a la carte 35/67 – **10 Z : 20 B** 65/71 - 106/124 -
½ P 75/93.

🏨 **Kurhotel Berger** ⑤, Alatseestr. 26, 𝒫 60 31, Bade- und Massageabteilung, ♨, ⇔, 🗒
♠ – ☎ Ⓟ. 🍽 Rest – *10.- 31. Jan. und Nov.- 19. Dez. geschl.* – (Restaurant nur fü
Hausgäste) – **34 Z : 50 B** 60/68 - 125 Fb – ½ P 75/83.

🏠 **Frühlingsgarten**, Alatseestr. 8, 𝒫 61 07, 🍴
↝ *Nov.- 20. Dez. geschl.* – **M** *(Freitag geschl.)* a la carte 16,50/30 ⅛ – **17 Z : 30 B** 40/60
80/120 – ½ P 52/70.

In Füssen-Hopfen am See ① : 5 km :

🏨 **Geiger**, Uferstr. 18, 𝒫 70 74, Fax 38838, ≤ – 🖵 ☎ Ⓟ. ⓞ
8.- 19. April und 4. Nov.- 13. Dez. geschl. – **M** *(Jan.- April Donnerstag geschl.)* a la cart
25/53 – **23 Z : 40 B** 60/120 - 120/170 Fb – ½ P 82/142.

🏨 **Alpenblick**, Uferstr. 10, 𝒫 5 05 70, Telex 541343, Fax 505773, ≤, 🍴, Bade- un
Massageabteilung, ⇔ – 🛗 🖵 ☎ Ⓟ 🅰🅴 ⓞ 🅴 𝖵𝖨𝖲𝖠
M a la carte 24/60 – **46 Z : 96 B** 90/120 - 128/176 – ½ P 78/134.

🏨 **Landhaus Enzensberg** ⑤, Höhenstr. 53, 𝒫 40 61 – 🖵 ☎ ⇔
10 Z : 20 B Fb – 3 Appart.

🍽 **Fischerhütte**, Uferstr. 16, 𝒫 71 03, Fax 38670, ≤, « Terrasse am See » – Ⓟ. 🅰🅴 ⓞ 🅴 𝖵𝖨𝖲𝖠
Mitte Nov.- Mitte Dez. geschl., Nov.- Feb. auch Dienstag geschl. – **M** a l
carte 25/60.

In Füssen-Oberkirch ④ 7 km :

🏨 **Bergruh** ⑤, Alte Steige 16 (Hinteregg), 𝒫 77 42, Telex 541347, ≤, 🍴, Bade- un
Massageabteilung, ♨, ⇔, 🔲, ♠ – 🛗 🖵 ☎ Ⓟ 🅴 𝖵𝖨𝖲𝖠
11. Nov.- 24. Dez. geschl. – **M** a la carte 28/54 ⅛ – **27 Z : 50 B** 45/110 - 100/210 Fb -
3 Appart. 220 – ½ P 67/132.

🏠 **Steigmühle** garni, Alte Steige 3, 𝒫 73 73, ≤, ⇔ – ⇔ Ⓟ. 🍽 – **10 Z : 25 B** – 6 Fewo.

In Füssen-Weißensee ④ : 6 km :

🏨 **Seegasthof Weißensee**, an der B 310, 𝒫 70 95, ≤, 🍴, ⛵, ♠ – 🛗 ☎ Ⓟ
7. Jan.- Mitte Feb. und Anfang Nov.- 25. Dez. geschl. – **M** *(Montag geschl.)* a la carte 26/4
– **22 Z : 41 B** 61/85 - 112/138 Fb.

🏠 **Seehof**, Gschrifter Str. 5, 𝒫 68 22, ≤, 🍴, ♠ – 🖵 Ⓟ. 🅴. 🍽 Zim – *Nov.- 20. Dez. gesch
↝ – **M** *(Dienstag geschl.)* a la carte 21/34 – **14 Z : 26 B** 48/60 - 80/110 – ½ P 66/72.

In Dietringen 8959 ① : 9 km :

🏨 **Schwarzenbach's Landhotel**, an der B 16, 𝒫 (08367) 3 43, Fax 1061, ≤ Forggensee un
Allgäuer Alpen, 🍴, ⇔, ♠ – Ⓟ
10. Jan.- 10. Feb. geschl. – **M** *(Nov.- Juni Dienstag geschl.)* a la carte 23/51 ⅛ – **31 Z : 63 B**
55/100 - 64/180.

Siehe auch : *Schwangau*

FÜSSING, BAD 8397. Bayern 🔢🔢 W 21, 🔢🔢 ⑦ − 6 200 Ew − Höhe 324 m − Kurort − ☺ 08531.
🔲 Kurverwaltung, Rathausstr. 8, ℰ 22 62 45.
München 147 − Passau 32 − Salzburg 110.

🏨 **Kurhotel Wittelsbach**, Beethovenstr. 8, ℰ 2 10 21, Fax 22256, Bade- und Massageabteilung, ⬛, 🔲 (Thermal), 🔲, 🌸 − ♿ 📺 ⇔ 🅿 − 🔺 25/80. 🆎 **E**. ❄
Dez.- 3. Feb. geschl. − (Restaurant nur für Hausgäste) − **69 Z : 108 B** 120/150 - 210/250 Fb − 3 Appart. 330 − ½ P 130/160.

🏨 **Kurhotel Zink**, Thermalbadstr. 1, ℰ 2 20 31, Bade- und Massageabteilung, ⬛, 🔲 (Thermal), 🔲 (Gebühr), 🌸 − ♿ 📺 🅿. ❄
Ende Jan.- Mitte Jan. geschl. − (Restaurant nur für Hausgäste) − **115 Z : 164 B** 95/150 - 185/218 − 12 Appart. 250.

🏨 **Kurhotel Holzapfel**, Thermalbadstr. 5, ℰ 2 13 81, Bade- und Massageabteilung, 🌸, direkter Zugang zu den Thermalschwimmbädern − ♿ 📺 🕿 ⅙ 🅿. 🆎 **E**. ❄
Dez.- Jan. geschl. − Menu 19/28 (mittags) und a la carte 31/60 − **93 Z : 124 B** 87/97 - 174/250 Fb.

🏨 **Parkhotel** ❦, Waldstr. 16, ℰ 2 20 83, « Gartenterrasse », Bade- und Massageabteilung, ⬛, 🔲, 🌸 − ♿ ↔ Rest 🕿 🅿. ❄
Dez.- 2. Feb. geschl. − **M** a la carte 24/44 − **108 Z : 140 B** 75/125 - 144/220 Fb.

🏨 Am **Mühlbach**, Bachstr.15 (Safferstetten, S : 1 km), ℰ 2 20 11, Bade- und Massageabteilung, ⇔, 🔲, 🌸 − ♿ 📺 🕿 ⇔ 🅿. ❄
(Restaurant nur für Hausgäste) − **63 Z : 105 B** Fb.

🏨 **Zur Post**, Inntalstr. 36 (Riedenburg, SO : 1 km), ℰ 2 90 90, �& , 🌸 − ♿ 🕿 🅿
M *(Donnerstag und 7. Jan.- 18. Feb. geschl.)* a la carte 24/41 − **50 Z : 75 B** 52/57 - 92/108 Fb − ½ P 60/71.

🏨 **Bayerischer Hof**, Kurallee 18, ℰ 28 11, Bade- und Massageabteilung, 🔲 − ♿ 📺 🕿 🅿. ⓞ **E** 🆅🆂🆐. ❄ Rest
Dez.- Jan. geschl. − **M** a la carte 25/48 − **59 Z : 89 B** 90/125 - 156 Fb.

🏨 **Pension Diana** garni, Kurallee 12, ℰ 2 90 60, Massage, 🌸 − ♿ 📺 🕿 ⇔ 🅿. ❄
42 Z : 60 B 55/57 - 80/95 Fb.

🏨 Kurhotel **Sonnenhof**, Schillerstr. 4, ℰ 2 26 40, Bade- und Massageabteilung, 🔲, 🌸 − ♿ 📺 🕿 ⇔ 🅿 − 🔺 25/80. ❄
100 Z : 129 B Fb.

🏨 **Kurpension Falkenhof** ❦ garni, Paracelsusstr. 4, ℰ 20 32, Massage, ⇔, 🔲, 🌸 − ♿ 🕿 🅿. ❄
10. Dez.- Jan. geschl. − **42 Z : 62 B** 58/70 - 105 Fb.

🏨 **Sacher**, Schillerstr. 3, ℰ 2 10 44, Massage, 🌸 − ♿ 🕿 🅿. ❄ Rest
Dez.- Mitte Jan. geschl. − **M** *(Freitag - Samstag geschl.)* a la carte 21/46 − **38 Z : 46 B** 60 - 120 − ½ P 75.

🏨 **Brunnenhof** garni, Schillerstr. 9, ℰ 26 29, Massage, 🌸 − ♿ 🅿. ❄
März - Nov. − **28 Z : 40 B** 48/65 - 78/80.

✗ **Schloßtaverne**, Inntalstr. 26 (Riedenburg, SO : 1 km), ℰ 25 68, �& , Biergarten − 🅿
Mitte Jan.- Mitte Feb. und Mittwoch geschl. − **M** a la carte 23/46.

✗ **Aichmühle**, Hochrainstr. 50, ℰ 2 29 20, �& − ↔ 🅿
nur Saison.

FULDA 6400. Hessen 🔢🔢🔢 ㉙. 🔢🔢 🔢🔢 M 15 − 54 000 Ew − Höhe 280 m − ☺ 0661.
Sehenswert : Dom (Bonifatiusgruft : Bonifatiusaltar★, Domschatz★) − St.-Michael-Kirche★.
Ausflugsziel : Kirche auf dem Petersberg (romanische Steinreliefs★★, Lage★, ≤★) O : 4 km (über die B 458 Y).
🛫 Hofbieber (O : 11 km über die B 458), ℰ (06657) 13 34.
🔲 Städt. Verkehrsbüro, Schloßstr. 1, ℰ 10 23 46.
ADAC, Karlstr. 19, ℰ 7 71 11, Notruf 1 92 11.
◆Wiesbaden 141 ② − ◆Frankfurt am Main 99 ② − Gießen 109 ① − ◆Kassel 106 ① − ◆Würzburg 108 ②.

Stadtplan siehe nächste Seite.

🏨 **Romantik-Hotel Goldener Karpfen**, Simpliziusplatz 1, ℰ 7 00 44, Fax 73042, ⇔ − ♿ 📺 🕿 ⇔ 🅿 − 🔺 25/80. 🆎 ⓞ **E** 🆅🆂🆐. ❄   Z f
M a la carte 40/77 − **65 Z : 140 B** 150/220 - 200/350 Fb.

🏨 **Maritim-Hotel Am Schloßgarten**, Pauluspromenade 2, ℰ 28 20, Telex 49136, Fax 78340, « Restaurant in einem Gewölbekeller a.d. 17. Jh. », ⇔, 🔲 − ♿ 📺 − 🔺 25/200. ⓞ **E** 🆅🆂🆐   Y c
M a la carte 53/98 − **112 Z : 224 B** 155/225 - 226/326 Fb.

🏨 **Zum Ritter**, Kanalstr. 18, ℰ 81 65, Fax 71431 − ♿ 📺 🕿 🅿. 🆎 ⓞ **E** 🆅🆂🆐   Z a
M a la carte 30/50 − **33 Z : 66 B** 98/182 - 155/277.

🏨 **Zum Kurfürsten** (ehem. Palais a.d.J. 1737), Schloßstr. 2, ℰ 7 00 01, Fax 77919, ⇔ − ♿ 📺 🕿 🅿 − 🔺 30/70. 🆎 ⓞ **E** 🆅🆂🆐. ❄ Rest   Y n
M a la carte 39/63 − **69 Z : 132 B** 95/110 - 160/180.

🏨 **Kolpinghaus**, Goethestr. 13, ℰ 7 60 52, Fax 76057, �& − ♿ 📺 🕿 🅿 − 🔺 25/400. 🆎 ⓞ **E** 🆅🆂🆐. ❄ Rest   Z b
M a la carte 24/49 − **55 Z : 80 B** 80 - 130 Fb.

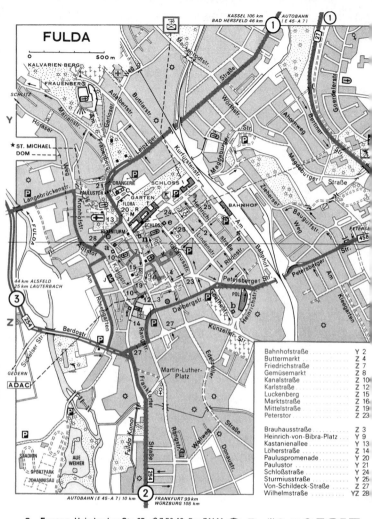

FULDA

0   500 m

KALVARIEN-BERG

FRAUENBERG

SCHLITZ

★ ST. MICHAEL
DOM

KASSEL 106 km
BAD HERSFELD 46 km
AUTOBAHN (E 45-A 7)

ORANGERIE

SCHLOSS

GARTEN
FLORA

BAHNHOF

44 km ALSFELD
25 km LAUTERBACH

GEDERN

ADAC

STADION

SPORTPARK

JOHANNISAU

AUE
WEIHER

Martin-Luther-
Platz

AUTOBAHN (E 45-A 7) 10 km   FRANKFURT 99 km
WÜRZBURG 108 km

🏠 **Europa**, Haimbacher Str. 65, ℘ 7 50 43, Fax 74144, 斎, 禾 – ⇄ ☎ ⟷ ℗. 𝔸𝔼 Ⓞ 𝐄 𝕍𝕀𝕊𝔸
   M a la carte 26/58 – **65 Z : 120 B** 45/125 - 94/130.   über Langebrückenstr.   Y

🏠 **Bachmühle** (Sandsteinbau a.d.J. 1840), Künzeller Str. 133, ℘ 3 40 01, 斎 – ☎ ℗. 𝔸𝔼 𝐄
   𝕍𝕀𝕊𝔸   über Künzeller Str.   Z
   M a la carte 25/49 – **19 Z : 38 B** 63 - 99 Fb.

🏠 **Hessischer Hof** garni, Nikolausstr. 22, ℘ 7 22 89 – ⟷. 𝔸𝔼 𝐄 𝕍𝕀𝕊𝔸   Y
   30 Z : 52 B 65/85 - 95/125.

🏠 **Peterchens Mondfahrt** garni, Rabanusstr. 7 (5. Etage), ℘ 7 70 94 – ⇄ 📺 ☎. 𝔸𝔼 Ⓞ
   𝕍𝕀𝕊𝔸   Y
   21 Z : 35 B 75/89 - 109/145.

✗✗ **Corniche de France**, Kanalstr. 3, ℘ 7 02 00 – 𝔸𝔼 Ⓞ 𝐄 𝕍𝕀𝕊𝔸 ✗   YZ
   Sonntag - Montag 18 Uhr sowie Feb. und Juli - Aug. jeweils 2 Wochen geschl. – **M** 3
   (mittags) und a la carte 60/90.

   In Fulda-Kämmerzell N : 6 km über Horaser Weg Y :

✗✗ **Zum Stiftskämmerer - Gewölbekeller**, Kämmerzeller Str. 10, ℘ 5 23 69 – ℗. 𝔸𝔼 Ⓞ
✦   𝐄 𝕍𝕀𝕊𝔸
   Dienstag geschl. – Menu a la carte 23/61 – **Bauernstube M** a la carte 19/43.

In Fulda-Lehnerz ① : 2,5 km über die B 27, nahe Autobahnausfahrt Nord :

🏠 **Keiper** garni, Leipziger Str. 180, 📞 6 90 70 – ⟸ 𝐐
16 Z : 20 B 35/45 - 75/85.

✗ **Grillenburg** mit Zim, Leipziger Str. 183, 📞 60 76 63 – 𝐐
← *1.- 15. März geschl. –* **M** *(Montag geschl.)* a la carte 18/49 ⅃ – **8 Z : 11 B** 45 - 82.

ULDATAL Hessen siehe Kassel.

URTH IM WALD 8492. Bayern 413 V 19. 987 ⑦ – 9 000 Ew – Höhe 410 m – Erholungsort Wintersport : 610/950 ⚡3 ⚡5 – 🕿 09973.

Gut Voitenberg (NW : 4 km), 📞 (09973) 12 40.

Fremdenverkehrsamt, Schloßplatz 1, 📞 38 13.

München 198 – Cham 19 – ♦Regensburg 75.

🏠 **Hohenbogen**, Bahnhofstr. 25, 📞 15 09, Fax 1502 – 📶 📺 🕿 ⟸ – 🍴 40. 𝐄
Menu a la carte 27/53 – **32 Z : 60 B** 42/52 - 84/104 Fb – ½ P 50/60.

🏠 **Zur Post**, Stadtplatz 12, 📞 15 06 – 🕿 𝐐
22 Z : 36 B.

URTWANGEN 7743. Baden-Württemberg 413 H 22. 987 ⑳ – 10 000 Ew – Höhe 870 m – ʰolungsort – Wintersport : 850/1 150 m ⚡6 ⚡5 – 🕿 07723.

usflugsziele : Brend : Aussichtsturm❇* NW : 6 km – Hexenlochschlucht★ SW : 10 km.

Fremdenverkehrsverein, Rathaus, Marktplatz 4, 📞 6 14 00.

Stuttgart 141 – Donaueschingen 29 – ♦Freiburg im Breisgau 48 – Offenburg 71.

🏠 **Ochsen**, Marktplatz 7, 📞 20 16, Fax 2716 – 🕿 𝐐. 𝐄
← **M** a la carte 21/41 – **23 Z : 45 B** 45/55 - 85/100.

🏠 **Kussenhof** ⌂, Kussenhofstr. 43, 📞 77 60, ≤, 🛋 – 🕿 𝐐
← *9. Nov.- 4. Dez. geschl. –* **M** *(Montag geschl.)* a la carte 18/35 ⅃ – **13 Z : 23 B** 27/40 - 60/70.

Neueck siehe : *Gütenbach*

USCHL AM SEE Österreich siehe Salzburg.

ʒÄRTRINGEN 7034. Baden-Württemberg 413 J 21 – 10 000 Ew – Höhe 476 m – 🕿 07034.
Stuttgart 32 – Freudenstadt 59 – ♦Karlsruhe 88.

🏠 **Bären**, Daimlerstr. 11, 📞 2 10 61, Fax 20391 – 📺 🕿 𝐐. 𝖠𝖤 ⓞ 𝐄 𝖵𝖨𝖲𝖠
24. Dez.- 10. Jan. geschl. – **M** *(Sonntag und 27. Juli - 15. Aug. geschl.)* a la carte 26/46 –
26 Z : 38 B 75/120 - 112/130 Fb.

ʒAGGENAU 7560. Baden-Württemberg 413 H 20. 987 ⑳ – 29 700 Ew – Höhe 142 m –
♦ 07225.
Stuttgart 103 – Baden-Baden 16 – ♦Karlsruhe 30 – Rastatt 14.

🏨 **Stadthotel Gaggenau**, Konrad-Adenauer-Str. 1, 📞 6 70, Telex 78808, Fax 76205, 🍽 –
📶 📺 ⏚ ⟸ – 🍴 25/200. 𝖠𝖤 ⓞ 𝐄 𝖵𝖨𝖲𝖠
Restaurants : **Triangel M** a la carte 63/97 – **Hechtstube M** a la carte 29/61 – **63 Z : 108 B**
131/210 - 201/230 Fb.

In Gaggenau 19-Michelbach NO : 3,5 km :

✗✗ **Zur Traube** (Restaurant in einem restaurierten Fachwerkhaus a.d. 18. Jh.), Lindenstr. 10,
📞 7 62 63 – 𝐐. 𝖠𝖤 𝐄 𝖵𝖨𝖲𝖠
M (abends Tischbestellung ratsam) a la carte 50/76.

In Gaggenau 15-Moosbronn NO : 8 km :

🏠 **Mönchhof** ⌂, Mönchskopfweg 2, 📞 (07204) 6 19, 🍽, « Ehem. Meisterhaus der Glashütte
a.d.J. 1723 », 🐾 – 𝐐
16 Z : 40 B Fb.

🏠 **Hirsch**, Herrenalber Str. 17, 📞 (07204) 2 37, 🍽, 🛋 – 🕿 𝐐
Mitte Nov.- Mitte Dez. geschl. – **M** *(Montag 19 Uhr - Dienstag geschl.)* a la carte 22/43 ⅃ –
10 Z : 15 B 38/45 - 76/90.

In Gaggenau 13 - Ottenau SO : 2 km :

✗✗ **Gasthaus Adler** (regionale Küche), Hauptstr. 255, 📞 37 06 – 𝐐
Sonntag 15 Uhr - Montag und Juli - Aug. 3 Wochen geschl. – Menu (Tischbestellung
ratsam) a la carte 34/64.

In Gaggenau 12-Bad Rotenfels NW : 2 km :

🏠 **Ochsen**, Murgtalstr. 20, 📞 15 82 – 🕿 ⟸ 𝐐. ❄ Zim
M *(Samstag und 23. Dez.- 15. Jan. geschl.)* a la carte 28/53 ⅃ – **33 Z : 50 B** 40/65 - 60/90.

ʒAHLEN Nordrhein-Westfalen siehe Schermbeck.

GAIENHOFEN 7766. Baden-Württemberg **413** JK 23. **216** ⑨ — 4 200 Ew — Höhe 400 m — ✪ 07735 — 🛈 Verkehrsbüro, Im Kohlgarten 1, ℘ 8 18 23.
♦Stuttgart 175 — Schaffhausen 29 — Singen (Hohentwiel) 23 — Zürich 68.

In Gaienhofen 3-Hemmenhofen — Erholungsort :

🏨 **Sport- und Tagungshotel Höri** ⌖, Uferstr. 20, ℘ 81 10, Telex 793740, Fax 811222, ◂
🏕, 🛥, 🖵, 🛶, 🚣, ⚒, 🎿 (Halle) — 📺 ☎ 🅿 — 🚗 25/200. 🖭 ⑩ 🗲 🖾
M a la carte 38/70 — **82 Z : 130 B** 110/170 - 210/280 Fb.

✕ **Landgasthaus Kellhof** mit Zim, Hauptstr. 318, ℘ 20 35, 🏕 — 🅿. 🖭 🗲 🖾
Jan.- Feb. geschl. — **M** (Dienstag geschl.) a la carte 26/53 — **16 Z : 30 B** 90/130 - 150/170.

In Gaienhofen 2-Horn :

🏠 **Hirschen - Gästehaus Verena**, Kirchgasse 1, ℘ 30 51, 🏕, 🛥, ⚒ — 🅿. 🛇
7.- 31. Jan. geschl. — **M** (Mai - Okt. Mittwoch bis 17 Uhr, Nov.- April Mittwoch - Donnersta
17 Uhr geschl.) a la carte 27/42 ⚶ — **28 Z : 50 B** 45/75 - 88/100 Fb — 2 Fewo 80/110.

GAILDORF 7160. Baden-Württemberg **413** M 19, 20. **987** ㉘ ㉙ — 10 500 Ew — Höhe 329 m — ✪ 07971.
♦Stuttgart 67 — Aalen 43 — Schwäbisch Gmünd 29 — Schwäbisch Hall 17.

In Gaildorf 3-Unterrot S : 3 km :

🏠 **Kocherbähnle**, Schönberger Str. 8, ℘ 70 54 — 📺 ☎ ⇔ 🅿. 🖭 ⑩ 🗲 🖾
Juli - Aug. 2 Wochen geschl. — **M** (auch vegetarische Gerichte) (Sonntag 15 Uhr - Monta
17 Uhr geschl.) a la carte 25/46 — **8 Z : 16 B** 48/50 - 88/90.

GAMMELBY Schleswig-Holstein siehe Eckernförde.

GAMMERTINGEN 7487. Baden-Württemberg **413** K 22. **987** ㉟ — 6 000 Ew — Höhe 665 m — ✪ 07574.
♦Stuttgart 77 — ♦Freiburg im Breisgau 160 — ♦Konstanz 100 — ♦Ulm (Donau) 79.

🏨 **Romantik Hotel Posthalterei**, Sigmaringer Str. 4, ℘ 8 76, Fax 878, 🛥 — 🛗 📺 ☎ 🅿
33 Z : 50 B Fb.

GANDERKESEE 2875. Niedersachsen **987** ⑭ — 27 600 Ew — Höhe 25 m — Erholungsort — ✪ 04222.
♦Hannover 140 — ♦Bremen 20 — Oldenburg 31.

🏠 **Atlas-Motel**, Adelheider Str. 21 (B 212), ℘ 20 41, 🏕, 🛥 — 📺 ☎ 🅿 — **57 Z : 80 B** Fb.

🔾 **Oldenburger Hof**, Wittekindstr. 16 (B 212), ℘ 33 09 — ☎ 🅿
22. Dez.- 6. Jan. geschl. — **M** a la carte 24/44 — **21 Z : 30 B** 55 - 85.

Am Flugplatz W : 2,5 km :

🏠 **Airfield Hotel**, ℘ (04222) 10 91, Fax 1094 — 📺 ☎ 🅿. 🖭 ⑩ 🗲 🖾
M a la carte 25/46 — **24 Z : 48 B** 55 - 90.

In Ganderkesee 2-Bookholzberg N : 8 km über die B 212 :

✕✕ Waldhof Hasbruch ⌖, mit Zim, Hedenkampstr. 20, ℘ (04223) 3 63, « Gartenterrasse »
📺 ☎ 🅿 — **12 Z : 24 B**.

In Ganderkesee 1-Hoyerswege SO : 2,5 km :

🏨 **Hof Hoyerswege**, Wildeshauser Landstr. 66 (B 213), ℘ 20 71, Fax 530
« Gartenterrasse », ⚒ — 📺 ☎ ⇔ 🅿 — 🚗 25/55. 🖭 ⑩ 🗲 🖾
M a la carte 34/68 — **20 Z : 30 B** 65 - 95.

In Ganderkesee 2-Stenum N : 6 km :

✕✕ **Lüschens Bauerndiele**, Dorfring 75, ℘ (04223) 4 44, « Gartenterrasse » — 🅿. 🖭 ⑩
🖾 — Mittwoch geschl. — **M** a la carte 24/55.

GANDERSHEIM, BAD 3353. Niedersachsen **987** ⑮, **412** N 11 — 11 300 Ew — Höhe 133 m — Heilbad — ✪ 05382.
🛈 Kurverwaltung, Stiftsfreiheit 12, ℘ 7 34 40.
♦Hannover 75 — ♦Braunschweig 71 — Göttingen 44 — Goslar 42.

In Kreiensen 1-Orxhausen 3350 W : 4 km :

✕ Grüner Jäger mit Zim, an der B 64, ℘ (05563) 3 05 — ☎ 🅿. 🛇 Zim — **6 Z : 12 B**.

GANGKOFEN 8314. Bayern **413** U 21, **987** ㉗, **426** ⑥ — 6 000 Ew — Höhe 440 m — ✪ 08722.
♦München 95 — Landshut 40 — Passau 88.

🔾 **Café Danner**, Marktplatz 13, ℘ 2 55
◂ 20. Aug.- 2. Sept. und 25. Dez.- 5. Jan. geschl. — **M** (Montag geschl.) a la carte 19/38
8 Z : 12 B 35 - 56.

GARBSEN Niedersachsen siehe Hannover.

GARCHING 8046. Bayern 413 RS 22, 426 ⑰ – 12 700 Ew – Höhe 485 m – ✆ 089 (München).

München 13 – Landshut 64 – ◆Regensburg 112.

🏠 **Hoyacker Hof**, Freisinger Landstr. 9a, ℘ 3 20 69 65, 🍴 – ⧉ 📺 ☎ ❷
(wochentags nur Abendessen) – **61 Z : 125 B** Fb.

🏠 **Am Park** garni, Bürgermeister-Amon-Str. 2, ℘ 3 20 40 84, Telex 5214233, Fax 3204089 –
☎ ⇔ ❷ 🆎 ① **E**
24. Dez.- 6. Jan. geschl. – **34 Z : 52 B** 105/115 - 155 Fb.

✕ **Bürgerstuben**, Bürgerplatz 9, ℘ 3 20 49 23 – 🆎 ① **E** 𝘝𝘐𝘚𝘈
M a la carte 25/48.

GARLSTORF Niedersachsen siehe Salzhausen.

GARMISCH-PARTENKIRCHEN 8100. Bayern 413 Q 24, 987 ㊲⑰, 426 F 6 – 26 500 Ew –
Höhe 707 m – Heilklimatischer Kurort – Wintersport : 800/2 950 m ✠12 ✦39 ✦3 – ✆ 08821.

Sehenswert : St.-Anton-Anlagen (Y) ≤★.

Ausflugsziele : Wank ※★★ O : 2 km und ✠ – Partnachklamm★★ 25 min zu Fuß (ab Skistadion)
– Zugspitzgipfel★★★ (※★★★) mit Zahnradbahn (Fahrzeit 75 min) oder mit ✠ ab Eibsee (Fahrzeit
10 min).

👥 Schwaigwang (N : 2 km), ℘ (08821) 24 73 ; 👥 Oberau, Gut Buchwies (NO : 10 km), ℘ (08824)
3 44.

🛈 Verkehrsamt, Dr.-Richard-Strauß-Platz, ℘ 18 06, Fax 18055.

🛈 Kurverwaltung, Schnitzschulstr. 19, ℘ 18 00, Fax 18050.

ADAC, Hindenburgstr. 14, ℘ 22 58, Telex 59672, Fax 50657.

München 89 ① – ◆Augsburg 117 ① – Innsbruck 60 ② – Kempten (Allgäu) 103 ③.

Stadtplan siehe nächste Seite.

🏨 **Grand-Hotel Sonnenbichl**, Burgstr. 97, ℘ 70 20, Telex 59632, Fax 702131, ≤, 🍴,
Massage, ☎, 🔲 – ⧉ ↔ Zim 📺 ❷ – 🔏 25/100. 🆎 ① **E** 𝘝𝘐𝘚𝘈. 🞕 Rest X u
M *(Aug. geschl.)* a la carte 40/80 – **90 Z : 170 B** 135/180 - 220/280 Fb – 3 Appart. 1000 –
½ P 145/215.

🏨 **Posthotel Partenkirchen**, Ludwigstr. 49, ℘ 5 10 67, Telex 59611, Fax 78568, « Historische
Herberge mit rustikaler Einrichtung » – ⧉ 📺 ❷ – 🔏 25/60. 🆎 ① **E** 𝘝𝘐𝘚𝘈 Y u
M a la carte 33/75 – **61 Z : 100 B** 105/165 - 195/260 Fb.

🏨 **Reindl's Partenkirchner Hof**, Bahnhofstr. 15, ℘ 5 80 25, Telex 592412, Fax 73401,
≤ Wetterstein, « Terrasse », ☎, 🔲, 🌴 – ⧉ 📺 ⇔ ❷ 🆎 ① **E** 𝘝𝘐𝘚𝘈 Z r
15. Nov.-15. Dez. geschl. – Menu *(bemerkenswerte Weinkarte)* (Tischbestellung ratsam) a la
carte 32/68 – **80 Z : 140 B** 114/155 - 178/248 Fb – 16 Appart. 278/370.

🏨 **Dorint Sporthotel** ⑤, Mittenwalder Str. 59, ℘ 70 60, Telex 592464, Fax 706618, ≤, 🍴,
Biergarten, Massage, 🛝, ☎, 🔲, 🌴, 🞕 (Halle) – 📺 ⫘ ⇔ ❷ – 🔏 25/200. 🞕 Rest
152 Z : 450 B Fb – 16 Appart.. X c

🏨 **Obermühle** ⑤, Mühlstr. 22, ℘ 70 40, Telex 59609, Fax 704112, ≤, « Gartenterrasse », ☎,
🔲, 🌴 – ⧉ ↔ Zim 📺 ⇔ ❷ – 🔏 25/100. 🆎 ① **E** 𝘝𝘐𝘚𝘈 X e
M a la carte 44/88 – **93 Z : 178 B** 110/240 - 200/290 Fb – 5 Fewo 260/290 – ½ P 135/205.

🏨 **Queens Hotel Residence**, Mittenwalder Str. 2, ℘ 75 61, Telex 592415, Fax 74268, 🍴,
☎, 🔲, 🞕 – ⧉ ↔ Zim 📺 ❷ – 🔏 25/150. 🆎 ① **E** 𝘝𝘐𝘚𝘈 Z m
M 30/Buffet (mittags) und a la carte 40/72 – **117 Z : 189 B** 142/224 - 199/243 Fb – 5 Appart.
275/357.

🏨 **Wittelsbach**, von-Brug-Str. 24, ℘ 5 30 96, Telex 59668, Fax 57312, ≤ Waxenstein und
Zugspitze, « Gartenterrasse », ☎, 🔲, 🌴 – ⧉ 📺 ⇔ ❷ 🆎 ① **E** 𝘝𝘐𝘚𝘈 🞕 Rest Y d
20. Okt.- 20. Dez. geschl. – **M** a la carte 39/79 – **60 Z : 100 B** 110/180 - 180/215 Fb –
½ P 118/163.

🏠 **Staudacherhof** ⑤ garni, Höllentalstr. 48, ℘ 5 51 55, Fax 55186, ≤, ☎, 🔳, 🔲, 🌴 – ⧉
📺 ☎ ⇔ ❷. **E** Z v
April - Mai 4 Wochen und Mitte Nov.- Mitte Dez. geschl. – **35 Z : 60 B** 115/195 - 196/243 Fb.

🏠 **Clausings Post - Romantik-Hotel**, Marienplatz 12, ℘ 70 90, Telex 59679, Fax 709205,
🍴, Biergarten – ⧉ 📺 ☎ ❷ – 🔏 25. 🆎 ① **E** 𝘝𝘐𝘚𝘈 Z e
M a la carte 22/68 – **31 Z : 57 B** 110/180 - 160/250 Fb – ½ P 115/185.

🏠 **Alpina**, Alpspitzstr. 12, ℘ 5 50 31, Telex 59691, Fax 71374, « Gartenterrasse », ☎,
🔳 (geheizt), 🔲 – ⧉ 📺 ❷ Z b
M *(1.- 20. Nov. geschl.)* a la carte 41/65 – **35 Z : 58 B** 120/160 - 190/340 Fb – ½ P 125/200.

🏠 **Boddenberg** ⑤ garni, Wildenauer Str. 21, ℘ 5 10 89, Fax 52911, ≤, « Garten »,
🔳 (geheizt), 🌴 – 📺 ☎ ⇔ ❷. 🆎 ① **E** 𝘝𝘐𝘚𝘈 X r
Nov.- 15. Dez. geschl. – **24 Z : 40 B** 65/85 - 120/170 Fb.

🏠 **Garmischer Hof** garni, Bahnhofstr. 51, ℘ 5 10 91, Fax 51440, « Garten », 🌴 – ⧉ 📺 ☎
❷. 🆎 ① **E** 𝘝𝘐𝘚𝘈 Y q
42 Z : 64 B 59/90 - 108/130 Fb.

Fortsetzung →

307

Bahnhofstraße .... YZ 8	Achenfeldstraße ..... Z 2	Ferdinand-Barth-Str. . X 12	Partnachstraße ..... YZ		
Hauptstraße ..... YZ	Alleestraße .... Y 3	Fürstenstraße ...... Y 14	Promenadestraße ... Y		
Ludwigstraße ..... YZ	Am Eisstadion ...... Z 4	Kramerstraße ...... Y 16	Schnitzschulstraße .. Y		
Marienplatz ...... Z 20	Am Holzhof.......... Z 6	Krottenkopfstraße ... Y 18	Sonnenbergstraße ... Y		
Rathausplatz ..... Y 29	Badgasse .... Z 7	Landschaftsstraße .. Y 19	St-Anton-Straße .... Y		
Von-Brug-Straße .. Y	Dr.-Richard-Strauß-Pl. . Y 9	Mohrenplatz .... Y 21	St-Joseph-Platz .... Z		
Zugspitzstraße .... Z	Enzianstraße .... Y 10	Parkstraße .... Y 24	Wildenauer Straße .. X		

🏨 **Mercure - Königshof**, St.-Martin-Str. 4, ℰ 72 70, Telex 59644, Fax 727100, 🎇, 🔲 – 📳
📺 🕿 ⇔ – 🔬 25/100. 🖭 ᴇ 𝘷𝘪𝘴𝘢. ℛ Rest Z
M a la carte 34/56 – **84 Z : 180 B** 122/187 - 184/242 Fb.

🏨 **Zugspitz** garni, Klammstr. 19, ℰ 10 81, Fax 78010, ≤, 🎇, 🔲, 🚗 – 📳 📺 🕿 ⇔ 🄿. 🖭 📳
𝘷𝘪𝘴𝘢 Z
38 Z : 60 B 78/170 - 140/196 Fb – 3 Appart. 260.

🏨 **Gabriele's Hotel** garni, Olympiastr. 21, ℰ 7 20 41, Fax 54741, ≤, 🎇, 🚗 – 📺 🕿 ⇔ 🄿
ᴇ 𝘷𝘪𝘴𝘢 Z
9. Nov.- 20. Dez. geschl. – **20 Z : 33 B** 105/155 - 190/250 Fb.

🏠 **Brunnthaler** garni, Klammstr. 31, ℰ 5 80 66, ≤, 🎇, 🚗 – 📳 🕿 ⇔ 🄿. ℛ Z
22 Z : 39 B 85/97 - 130/140 – 7 Fewo 100/130.

🏠 **Berggasthof Panorama** ⤴, St. Anton 3, ℰ 25 15, Fax 4884, ≤ Garmisch-Partenkirche
und Zugspitzmassiv, « Terrasse » – 📺 🕿 🄿 ᴇ X
Mitte Nov.- Mitte Dez. geschl. – **M** a la carte 25/48 – **20 Z : 38 B** 60/70 - 95/140 – 2 Few
120/180.

308

🏨 **Rheinischer Hof**, Zugspitzstr. 76, ℘ 7 20 24, Fax 59136, 🍴, 🛋, ⌧, 🌲 – 📶 📺 ☎ 🚗 🅿   X z
M a la carte 25/46 – **30 Z : 58 B** 85/100 - 136/186 Fb.

🏨 **Birkenhof** garni, St.-Martin-Str. 110, ℘ 37 96, 🌲 – 📺 ☎ 🚗 E 🎾   X b
20. April - 5. Mai und Nov.- 24. Dez. geschl. – **10 Z : 19 B** 60/70 - 102.

🏨 **Leiner**, Wildenauer Str. 20, ℘ 5 00 34, Fax 4938, ≤, 🍴, « Garten », 🛋, ⌧, 🌲 – 📶 ☎ 🅿 ᴀᴇ ⓞ E 🆅🅸🆂🅰 🎾 Rest   X a
Mitte April - Mitte Mai und Ende Okt.- Mitte Dez. geschl. – **M** a la carte 28/59 – **53 Z : 74 B** 61/75 - 114/127 Fb – ½ P 81/99.

🏨 **Gasthof Fraundorfer**, Ludwigstr. 24, ℘ 21 76, Telex 592430, Fax 71073, 🛋 – 📺 ☎ 🅿 ⟵ ⓞ E 🆅🅸🆂🅰   Z x
M (Dienstag und 5. Nov.- 10. Dez. geschl.) a la carte 20/47 –- **33 Z : 65 B** 52/85 - 100/220 – ½ P 75/135.

🏨 **Roter Hahn** garni, Bahnhofstr. 44, ℘ 5 40 65, Fax 54067, ⌧, 🌲 – 📶 ☎ 🅿 ⓞ E 🆅🅸🆂🅰   Y h
32 Z : 45 B 55/95 - 115/120.

🏨 **Bavaria** ৯, Partnachstr. 51, ℘ 34 66, 🌲 – 🅿 ᴀᴇ E 🎾   Y s
20. Okt.- 20. Dez. geschl. – (nur Abendessen für Hausgäste) – **30 Z : 50 B** 74 - 126 Fb – ½ P 80/100.

🏨 **Hilleprandt** ৯, Riffelstr. 17, ℘ 28 61, Fax 74548, 🛋, 🌲 – 📺 ☎ 🅿 E 🆅🅸🆂🅰 🎾   Z c
(nur Abendessen für Hausgäste) – **16 Z : 28 B** 66/100 - 114/150 – ½ P 76/93.

XX **Alpenhof**, Bahnhofstr. 74 (in der Spielbank), ℘ 5 90 55, 🍴 – 🅿 ⓞ E 🆅🅸🆂🅰   Y
11.- 29. Nov. geschl. – Menu a la carte 33/70.

XX **Husar**, Fürstenstr. 25, ℘ 17 13 – E   Y a
Montag - Dienstag 18 Uhr und 15. Aug.- 5. Sept. geschl. – **M** a la carte 37/70.

Außerhalb S : 4 km, über Wildenauer Str. X – Höhe 900 m, hoteleigene ⛷ :

🏨 **Forsthaus Graseck** ৯, Graseck 10, ✉ 8100 Garmisch-Partenkirchen, ℘ (08821) 5 40 06, Telex 59653, Fax 55700, ≤ Wetterstein, 🍴, Bade- und Massageabteilung, ⸸, 🛋, ⌧, 🌲 – 📶 ☎ 🚗 🅿 – 🏋 25
38 Z : 70 B Fb – 4 Appart..

Am Rießersee S : 2 km über Rießerseestraße X :

🏨 **Ramada-Sporthotel** ৯, Rieß 5, ✉ 8100 Garmisch-Partenkirchen, ℘ (08821) 75 80, Telex 59658, Fax 3811, ≤, Biergarten, 🛋, ⌧ – 📶 ⇆ Zim 📺 🚗 🅿 – 🏋 25/200. ᴀᴇ ⓞ E 🆅🅸🆂🅰
M a la carte 35/70 – **155 Z : 310 B** 180/210 - 250/310 Fb – ½ P 147/217.

XX **Café Restaurant Rießersee** ৯ mit Zim, Rieß 6, ✉ 8100 Garmisch-Partenkirchen, ℘ (08821) 5 01 81, Fax 72589, ≤ See und Zugspitzmassiv, « Seeterrasse », 🚴 – 📺 ☎ 🚗 🅿 ᴀᴇ E 🆅🅸🆂🅰
Nov.- 22. Dez. geschl. – **M** (Jan.- April Montag geschl.) a la carte 24/59 – **6 Z : 10 B** 100/130 - 120/180.

GARREL 4594. Niedersachsen 𝟿𝟾𝟽 ⑭ – 9 000 Ew – Höhe 20 m – ✆ 04474.
Hannover 190 – ♦Bremen 72 – Lingen 80 – ♦Osnabrück 88.

🏨 **Zur Post**, Hauptstr. 34, ℘ 80 00, 🍴 – 🅿 E
M a la carte 27/43 – **21 Z : 32 B** 30/45 - 60/90.

GARTOW 3136. Niedersachsen 𝟿𝟾𝟽 ⑯ – 1 300 Ew – Höhe 27 m – Luftkurort – ✆ 05846.
⬥ Kurverwaltung, Nienwalder Weg 1, ℘ 3 33.
Hannover 162 – Lüneburg 78 – Uelzen 66.

🏨 **Wendland**, Hauptstr. 11, ℘ 4 11, 🍴, 🌲 – 📺 ☎ 🅿
15 Z : 25 B Fb.

GAU-BISCHOFSHEIM Rheinland-Pfalz siehe Mainz.

GAUTING 8035. Bayern 𝟺𝟷𝟹 R 22, 𝟿𝟾𝟽 ㊲, 𝟺𝟸𝟼 ⑰ – 18 000 Ew – Höhe 585 m – ✆ 089 (München).
München 20 – ♦Augsburg 60 – Garmisch-Partenkirchen 83.

🏨 **Simon** garni, Bahnhofplatz 6, ℘ 8 50 14 15, Fax 8501474, 🛋 – 📶 📺 ☎ 🅿 E 🆅🅸🆂🅰
Mitte Dez.- Mitte Feb. geschl. – **27 Z : 55 B** 85 - 110/240.

GEESTHACHT 2054. Schleswig-Holstein 𝟿𝟾𝟽 ⑤⑥ – 25 000 Ew – Höhe 16 m – ✆ 04152.
Kiel 118 – ♦Hamburg 29 – ♦Hannover 167 – Lüneburg 29.

🏨 **Fährhaus Ziehl**, Fährstieg 20, ℘ 30 41, Fax 70788, 🍴 – 📺 ☎ 🚗 🅿 ᴀᴇ E 🆅🅸🆂🅰
M (Freitag geschl.) a la carte 22/51 – **19 Z : 30 B** 60/75 - 90/104.

🏨 **Lindenhof**, Joh.-Ritter-Str. 38, ℘ 30 61 – 📺 ☎ 🅿
(nur Abendessen) – **20 Z : 40 B** Fb.

XX **Plaisir**, Geesthachter Str. 5, ℘ 7 61 24 – ᴀᴇ E
Montag und Aug. 2 Wochen geschl. – **M** a la carte 44/75.

GEHRDEN 3007. Niedersachsen **412** L 10 − 13 800 Ew − Höhe 75 m − ✪ 05108.
♦Hannover 13 − Bielefeld 98 − Osnabrück 128.

🏨 **Ratskeller**, Am Markt 6, ℰ 20 98, Fax 2008 − 📶 📺 ☎ ⟸. 🖭 ⓞ 🗲 🎫
   M *(Samstag bis 18 Uhr, Montag und 1.- 28. Juli geschl.)* a la carte 25/54 − **15 Z : 23 B** 75/9\
   - 110/135.

GEILENKIRCHEN 5130. Nordrhein-Westfalen **987** ②, **412** B 14, **408** ② − 22 200 Ew − Höh\
75 m − ✪ 02451.
♦Düsseldorf 68 − ♦Aachen 25 − Mönchengladbach 40.

🏨 **Stadthotel** garni, Konrad-Adenauer-Str. 146, ℰ 70 77 − 📺 ☎ 🖭 🗲 🎫
   14 Z : 22 B 58/75 - 95.
🍴 **Jabusch**, Markt 3, ℰ 27 25 − ☎ ⟸. 🖭 🗲 🎫
   M *(Montag geschl.)* a la carte 22/46 − **13 Z : 20 B** 42/56 - 78/98.

GEISELHÖRING 8442. Bayern **413** U 20, **987** ㉗ − 5 900 Ew − Höhe 353 m − ✪ 09423.
♦München 113 − Landshut 44 − ♦Regensburg 33 − Straubing 15.

🏨 **Erlbräu**, Stadtplatz 17, ℰ 3 57, Biergarten − ⟸ 🅿
   25 Z : 34 B.

GEISELWIND 8614. Bayern **413** O 17 − 2 000 Ew − Höhe 330 m − ✪ 09556.
Ausflugsziel : Ebrach : Ehemaliges Kloster★★ (Klosterkirche★) N : 11 km.
🛆 Friedrichstr. 10, ℰ 17 77.
♦München 237 − ♦Bamberg 55 − ♦Nürnberg 67 − ♦Würzburg 44.

🏨🏨 **Land- und Golfhotel Franken** ⑤, Friedrichstraße 10, ℰ 1 70, Fax 1750, 🍴, 🛆 − 📺 🎮
   🅿 − 🔏 30. 🖭 🗲 🎫
   M a la carte 30/46 − **30 Z : 53 B** 80/110 - 150/180.
🏨 **Krone**, Kirchplatz 2, ℰ 2 44 − 📶 📺 ⟸ 🅿. 🖭 ⓞ 🗲 🎫
   M a la carte 19/34 ⅜ − **64 Z : 135 B** 48/56 - 74.
🏨 **Stern**, Marktplatz 11, ℰ 2 17, Fax 844 − ⟸ 🅿. 🖭 ⓞ 🗲 🎫
   4.- 20. Nov. geschl. − **M** *(Mittwoch geschl.)* a la carte 20/43 ⅜ − **34 Z : 68 B** 35/55 - 58\
   75 Fb.
🏨 **Gasthof Lamm**, Marktplatz 8, ℰ 2 47 − ⟸ 🅿 − 🔏 30. ⓞ 🗲
   M a la carte 15/35 ⅜ − **49 Z : 102 B** 32/35 - 56.

GEISENHAUSEN Bayern siehe Schweitenkirchen.

GEISENHEIM 6222. Hessen **412** G 17 − 11 700 Ew − Höhe 94 m − ✪ 06722 (Rüdesheim).
♦Wiesbaden 28 − ♦Koblenz 68 − Mainz 31.

🍴 **Rheingau-Pavillon**, Rheinufer, ℰ 85 15, ≤ Rhein, 🍴 − 🅿
   Donnerstag 15 Uhr - Freitag und 18. Dez.- 16. Feb. geschl. − **M** a la carte 30/55 ⅜.

Beim Kloster Marienthal N : 4 km :

🏨🏨 **Waldhotel Gietz** ⑤, Marienthaler Str. 20, ✉ 6222 Geisenheim-Marientha\
   ℰ (06722) 60 77, Fax 71447, 🍴, ☎, 🛆, ☞ − 📺 ☎ 🅿 − 🔏 25/60. 🖭 ⓞ 🗲 🎫
   M a la carte 32/60 ⅜ − **28 Z : 48 B** 70/180 - 130/240 Fb.

An der Straße nach Presberg N : 4,5 km :

🏨 **Haus Neugebauer** ⑤, ✉ 6222 Geisenheim-Johannisberg, ℰ (06722) 60 38, 🍴, ☞ −\
   📺 ☎ ⟸ 🅿. 🖭 ⓞ 🗲 🎫
   M a la carte 28/60 ⅜ − **13 Z : 26 B** 68/85 - 110/125.

GEISINGEN 7716. Baden-Württemberg **413** IJ 23, **987** ㉟, **427** J 2 − 5 700 Ew − Höhe 661 m
✪ 07704.
♦Stuttgart 128 − Donaueschingen 15 − Singen (Hohentwiel) 30 − Tuttlingen 17.

In Geisingen 3 - Kirchen-Hausen SO : 2,5 km :

🏨🏨 **Gasthof Sternen**, Ringstr. 2 (Kirchen), ℰ 60 01, Fax 577, 🍴, ☎, 🛆 − 📶 📺 ☎ 🅿
   🔏 40. 🖭 ⓞ 🗲 🎫
   M a la carte 21/58 − **54 Z : 100 B** 72 - 116.
🏨 **Zur Burg**, Bodenseestr. 4 (B 31) (Hausen), ℰ 2 35, 🍴, ☞ − ⟸ 🅿. 🖭 ⓞ 🗲 🎫
   🐞 Rest
   Nov. geschl. − **M** *(Mittwoch geschl.)* a la carte 23/52 − **10 Z : 18 B** 48/60 - 76/90 − 3 Few\
   100/170.

GEISLINGEN AN DER STEIGE 7340. Baden-Württemberg **413** M 21, **987** ㉟ − 26 300 Ew −
Höhe 464 m − ✪ 07331 − 🛈 Kultur- und Verkehrsamt, Hauptstr. 19, ℰ 2 42 66, Fax 24202.
♦Stuttgart 69 − Göppingen 18 − Heidenheim an der Brenz 30 − ♦Ulm (Donau) 32.

🏨 **Krone**, Stuttgarter Str. 148 (B 10), ℰ 6 10 71, Fax 61075 − 📶 📺 ☎ 🅿 − 🔏 25/100. 🐞
   34 Z : 67 B.

In Geislingen-Eybach NO : 4 km :

🏠 **Ochsen** (mit Gästehaus), von-Degenfeld-Str. 22, ℰ 6 20 51, 😤, ⇜ – 🔋 ☎ ⇐⇒ 🅿
M *(Freitag und Nov. geschl.)* a la carte 25/48 – **28 Z : 40 B** 45/75 - 90/130 Fb.

In Geislingen - Weiler ob Helfenstein O : 3 km – Höhe 640 m :

🏡 **Burghotel** 🐾 garni, Burggasse 41, ℰ 4 10 51, ⇔s, 🔲, ⇜ – 🕝 ☎ ⇐⇒ 🅿 ❀
Juli 3 Wochen geschl. – **23 Z : 34 B** 73/120 - 116/175.

XX **Burgstüble**, Dorfstr. 12, ℰ 4 21 62 – 🅿. 🖭 🕕 E 𝘝𝘐𝘚𝘈
nur Abendessen, Sonntag und Mitte Juli - Anfang Aug. geschl. – **M** *(auch vegetarisches Menu)* (Tischbestellung erforderlich) a la carte 44/75.

GEITAU Bayern siehe Bayrischzell.

GELDERN 4170. Nordrhein-Westfalen 𝟿𝟪𝟽 ㉚, 𝟺𝟷𝟸 B 12, 𝟺𝟶𝟿 L 1 – 29 000 Ew – Höhe 25 m – 🕿 02831.

Issum (O : 10 km), ℰ (02835) 36 26.

Düsseldorf 63 – Duisburg 43 – Krefeld 30 – Venlo 23 – Wesel 29.

🏠 **Rheinischer Hof**, Bahnhofstr. 40, ℰ 55 22 – ☎ ⇐⇒. 🖭 🕕 E 𝘝𝘐𝘚𝘈
M *(Samstag geschl.)* a la carte 23/46 – **25 Z : 48 B** 40/48 - 70/80 Fb.

GELNHAUSEN 6460. Hessen 𝟿𝟪𝟽 ㉘, 𝟺𝟷𝟸 𝟺𝟷𝟹 K 16 – 19 000 Ew – Höhe 159 m – 🕲 06051.

Sehenswert : Marienkirche★ (Chorraum★★).

Verkehrsbüro, Kirchgasse 2, ℰ 82 00 54.

Wiesbaden 84 – ◆Frankfurt am Main 42 – Fulda 62 – ◆Würzburg 86.

🏡 **Burg-Mühle**, Burgstr. 2, ℰ 8 20 50, Telex 4102439, Fax 820554, ⇔s – 🕝 ☎ 🅿 – 🔬 25/60.
🖭 🕕 E 𝘝𝘐𝘚𝘈. ❀ Rest
M *(Sonntag ab 14 Uhr geschl.)* a la carte 36/64 – **33 Z : 56 B** 85/95 - 105/150 Fb.

🏠 **Grimmelshausen-Hotel** garni, Schmidtgasse 12, ℰ 1 70 31, Fax 17033 – 🕝 ☎ ⇐⇒. 🖭
🕕 E 𝘝𝘐𝘚𝘈
23. Dez.- 6. Jan. geschl. – **24 Z : 40 B** 42/80 - 72/105.

🏠 **Stadt-Schänke**, Fürstenhofstr. 1, ℰ 1 60 51, Fax 16053, 😤 – 🕝 ☎ ৬ 🅿. 🖭 🕕 E 𝘝𝘐𝘚𝘈.
❀ Zim
M *(Mittwoch geschl.)* a la carte 25/50 – **13 Z : 21 B** 100/160 - 150/170 Fb.

XX **Altes Weinkellerchen** (Restaurant in einem Gewölbekeller a.d. 13. Jh.), Untermarkt 17,
ℰ 31 80
wochentags nur Abendessen, Montag, Anfang - Mitte Feb. und Ende Juli - Mitte Aug. geschl. – **M** *(Sonn- und Feiertage mittags Buffet)* a la carte 50/66.

In Gelnhausen 2-Meerholz SW : 5 km :

XX **Schießhaus**, Schießhausstr. 10, ℰ 6 69 29 – 🅿. 🕕 E
Mittwoch, 1.- 15. Jan. und Juli - Aug. 2 Wochen geschl. – **M** a la carte 41/58.

In Linsengericht 2-Eidengesäß 6464 SO : 4 km :

XX **Der Löwe**, Hauptstr. 20, ℰ (06051) 7 13 43 – 🖭 E 𝘝𝘐𝘚𝘈
nur Abendessen, Montag und Juli - Aug. 4 Wochen geschl. – **M** *(auch vegetarisches Menu)* a la carte 33/56.

GELSENKIRCHEN 4650. Nordrhein-Westfalen 𝟿𝟪𝟽 ⑭, 𝟺𝟷𝟸 E 12 – 285 000 Ew – Höhe 54 m – 🕲 0209.

Siehe Ruhrgebiet (Übersichtsplan).

Verkehrsverein, Hans-Sachs-Haus, ℰ 2 33 76.

ADAC, Ruhrstr. 2, ℰ 2 39 73, Notruf ℰ 1 92 11.

Düsseldorf 45 ③ – Dortmund 32 ② – ◆Essen 11 ④ – Oberhausen 19 ⑤.

Stadtplan siehe nächste Seite.

🏨 **Maritim**, Am Stadtgarten 1, ℰ 17 60, Telex 824636, Fax 207075, ≤, 😤, ⇔s, 🔲 – 🔋
⇔ Zim 🕝 🅿 – 🔬 25/500. 🖭 🕕 E 𝘝𝘐𝘚𝘈. ❀ Rest   Z a
M *(Sonntag ab 15 Uhr geschl.)* a la carte 37/65 – **265 Z : 500 B** 145/225 - 238/308 Fb –
28 Appart. 380/580.

🏠 **Ibis**, Bahnhofsvorplatz 12, ℰ 1 70 20, Telex 824705, Fax 209882, 😤 – 🔋 🕝 ☎ ৬ –
🔬 25/60. 🖭 E 𝘝𝘐𝘚𝘈   X a
M a la carte 30/58 – **104 Z : 156 B** 110 - 152 Fb.

🏠 **St. Petrus - Restaurant Dubrovnik**, Munckelstr. 3, ℰ 2 50 00 – 🔋 ☎ ⇐⇒. 𝘝𝘐𝘚𝘈   X u
M a la carte 20/50 – **18 Z : 36 B** 80/110 - 98/128.

XX **Hirt**, Arminstr. 14, ℰ 2 32 35   X t
Samstag geschl. – **M** 19/30 (mittags) und a la carte 32/65.

Fortsetzung →

GELSENKIRCHEN

RECKLINGHAUSEN 21 km
AUTOBAHN (E 34-A 2)

DORSTEN 22 km

ADAC

13 km BOTTROP

11 km ESSEN

BOCHUM 1

ESSEN 13 km

RUHRSCHNELLWEG 6 km

Siehe Stadtplan ESSEN

AUTOBAHN A 430
ESSEN

RUHRSCHNELLWEG
BOCHUM

In Gelsenkirchen - Buer :

🏠 **Monopol**, Springestr. 9, ℰ 37 55 62, Fax 378675, 🍽 – |🛏| 📺 ☎ ⟵⟶ 🚗, 𝘝𝘐𝘚𝘈   Y e
     M *(nur Abendessen)* a la carte 32/64 – **28 Z : 45 B** 100 - 135 Fb.

🏠 Zum Schwan, Urbanusstr. 40, ℰ 3 72 44 – 📺 ☎   Y b
     (wochentags nur Abendessen) – **15 Z : 21 B** Fb.

XX **Mövenpick Schloß Berge**, Adenauerallee 103, ℰ 5 99 58, Fax 597416, « Terrasse mit
     ⩽ » – 🍽 📵 – 🛤 25/200. 🆎 ⓞ 🅴 𝘝𝘐𝘚𝘈   Y s
     Restaurants : **Rössli M** a la carte 39/68 – **Belle Terrasse M** a la carte 31/60.

GEMMINGEN Baden-Württemberg siehe Eppingen.

GEMÜNDEN Rheinland-Pfalz siehe Daun.

GEMÜNDEN AM MAIN 8780. Bayern 𝟿𝟾𝟽 ㉖, 𝟺𝟷𝟸 𝟺𝟷𝟹 M 16 – 10 600 Ew – Höhe 160 m –
🌀 09351 – 🅱 Verkehrsamt, Scherenbergstr. 4, ℰ 38 30.
♦München 319 – ♦Frankfurt am Main 88 – Bad Kissingen 38 – ♦Würzburg 39.

🏠 **Atlantis Main-Spessart-Hotel**, Hofweg 11, ℰ 8 00 40, Telex 689453, Fax 800430 – |🛏|
     🌊 Zim 📺 ☎ 🅿 – 🛤 25/70. 🆎 ⓞ 🅴 𝘝𝘐𝘚𝘈
     M a la carte 29/57 – **52 Z : 98 B** 94/109 - 139 Fb.

🏠 **Koppen** (Sandsteinhaus a.d. 16. Jh.), Obertorstr. 22, ℰ 33 12 – 🅿. 🅴
     Mitte Jan.- Mitte Feb. geschl. – **M** a la carte 26/56 – **10 Z : 20 B** 45 - 78.

GEMÜNDEN (RHEIN-HUNSRÜCK-KREIS) 6545. Rheinland-Pfalz 𝟿𝟾𝟽 ㉔, 𝟺𝟷𝟸 F 17 – 1 200 Ew
– Höhe 282 m – Erholungsort – 🌀 06765 – Mainz 74 – ♦Koblenz 68 – Bad Kreuznach 44 – ♦Trier 95.

🏠 **Waldhotel Koppenstein** 🐾, SO : 1 km Richtung Bad Kreuznach, ℰ 2 04, Fax 4 94, ⩽,
     🍽, 🌳 – 🅿 🅴
     10.- 20. Jan. geschl. – **M** *(Montag geschl.)* a la carte 31/70 🍷 – **12 Z : 24 B** 50 - 92.

GENGENBACH 7614. Baden-Württemberg 𝟺𝟷𝟹 H 21, 𝟸𝟺𝟸 ㉘ – 10 500 Ew – Höhe 172 m –
Erholungsort – 🌀 07803 – 🅱 Kurverwaltung im Winzerhof, ℰ 82 58.
♦Stuttgart 160 – Offenburg 11 – Villingen-Schwenningen 68.

🏠 **Blume**, Brückenhäuserstr. 10, ℰ 24 39, Fax 5320 – ☎ ⟵⟶
     4. Jan.- 4. Feb. geschl. – **M** *(Sonntag 14 Uhr - Montag geschl.)* a la carte 26/47 🍷 – **20 Z :
     40 B** 48/68 - 90/110.

🏠 Jägerstüble 🐾, Mattenhofweg 3, ℰ 27 38, ⩽, 🍽, « Wildgehege » – ☎ 🅿 – **14 Z : 25 B**.

X **Pfeffermühle** (mit Gästehaus), Victor-Kretz-Str. 17, ℰ 37 05, Fax 6628, 🍽 – 📺 ☎. 🆎
     ⓞ 🅴 𝘝𝘐𝘚𝘈
     M *(Donnerstag - Freitag 16 Uhr und 16. Feb.- 15. März geschl.)* a la carte 28/53 – **11 Z : 20 B**
     51 - 82.

X Hirsch mit Zim, Grabenstr. 34, ℰ 33 87 – **4 Z : 8 B**.

In Berghaupten 7611 W : 2,5 km – Erholungsort :

XX **Hirsch** 🐾 (mit Gästehäusern), Dorfstr. 9, ℰ (07803) 28 90, ⇔ – 📺 ☎ ⟵⟶ 🅿 – 🛤 25.
     🅴 – *über Fastnacht und Aug. jeweils 2 Wochen geschl.* – Menu *(Montag - Dienstag 17 Uhr
     geschl.)* a la carte 33/61 – **17 Z : 30 B** 45/65 - 78/110 – ½ Pension P 62/75.

GEORGSMARIENHÜTTE 4504. Niedersachsen 𝟺𝟷𝟸 H 10 – 32 400 Ew – Höhe 100 m – 🌀 05401.
♦Hannover 142 – Bielefeld 51 – Münster (Westfalen) 51 – ♦Osnabrück 8,5.

In Georgsmarienhütte-Oesede :

🏠 **Herrenrest**, an der B 51 (S : 2 km), ℰ 53 83, 🍽 – ☎ ⟵⟶ 🅿 – 🛤 40. 🌊 Zim
⟵   **M** *(Montag geschl.)* a la carte 20/40 – **28 Z : 50 B** 55 - 85.

GERA 6500 Thüringen 𝟿𝟾𝟺 ㉘, 𝟿𝟾𝟽 ㉗ – 130 000 Ew – Höhe 205 m – 🌀 003770.
🅱 Gera-Information, Dr.-Rudolf-Breitscheid-Str. 1, ℰ 2 64 32.
♦Berlin - Ost 240 – Bayreuth 127 – Chemnitz 69 – Erfurt 88.

🏠🏠 **Gera**, Straße der Republik 30, ℰ 2 29 91, Telex 58144, ⇔ – |🛏| 🅿. 🆎 ⓞ 🅴 𝘝𝘐𝘚𝘈
     M a la carte 25/47 – **Ganymed** *(Montag - Donnerstag nur Abendessen)* **M** a la carte 40/76 –
     Lotos (asiatische Küche) *(geöffnet wie Ganymed)* **M** a la carte 29/46 – **314 Z : 377 B** 135/210
     - 225 Fb.

🏠 **Fuchsberg** 🐾, Am Stadtwald 1, ℰ 5 11 75, Telex 58559, ⩽, 🍽, ⇔ – 📺 ☎ ⟵⟶ 🅿 –
     🛤 25/60
     M a la carte 23/40 – **32 Z : 40 B** 150 - 195 Fb – 6 Appart. 270.

🏠 **Stadt Gera**, Franz-Petrich-Str. 1, ℰ 2 66 18, Telex 58384 – |🛏| ☎ 🅿 – 🛤 30/50
     M a la carte 18/29 – **61 Z : 120 B** 68 - 80/99 Fb.

X **Ratskeller**, Markt, ℰ 2 66 80
     M a la carte 26/36.

Am Hermsdorfer Kreuz Autobahnkreuz E 30/E 49 (W: 22 km):

🏨 **Autobahnhotel Hermsdorfer Kreuz**, ⊠ 6530 Hermsdorf, ℰ (00377091) 29 61 – 📺 ☎
⬩ 🅿 𝔸𝔼 ⓞ 🗲 🚾
M a la carte 13/24 – **27 Z : 49 B** 40/80 - 80/180.

GERETSRIED 8192. Bayern 𝟜𝟙𝟛 R 23, 𝟡𝟠𝟟 ㊲, 𝟜𝟚𝟞 G 5 – 20 000 Ew – Höhe 593 m – ✪ 08171
(Wolfratshausen).
♦ München 45 – Garmisch Partenkirchen 65 – Innsbruck 99.

In Geretsried-Gelting NW : 6 km :

🏨 **Zum alten Wirth**, Buchberger Str. 4, ℰ 71 94, Fax 76758, 😤, Biergarten, 😉 – 📺 ☎ 🅿
– 🔏 30. 𝔸𝔼 ⓞ 🗲 🚾
Menu *(Dienstag und 1.- 23. Aug. geschl.)* a la carte 22/58 – **40 Z : 60 B** 75/80 - 125 Fb.

GERLINGEN Baden-Württemberg siehe Stuttgart.

GERMERING 8034. Bayern 𝟜𝟙𝟛 R 22, 𝟡𝟠𝟟 ㊲, 𝟜𝟚𝟞 ㊲ – 35 200 Ew – Höhe 532 m – ✪ 089
(München).
♦München 18 – ♦Augsburg 53 – Starnberg 18.

🏨 **Mayer**, Augsburger Str. 15 (B 2), ℰ 84 40 71 (Hotel) 8 40 15 15 (Rest.), Fax 844094, 🔲 – 🛗
📺 ☎ 🅿 – 🔏 35/200. 𝔸𝔼 ⓞ 🗲 🚾
Menu *(Montag und Aug. 3 Wochen geschl.)* a la carte 29/57 – **65 Z : 93 B** 88/115 - 130/
185 Fb.

🏨 **Regerhof** garni, Dorfstr. 38, ℰ 84 00 40, 😉 – 🛗 📺 ☎ 🅿 𝔸𝔼 ⓞ 🗲 🚾
34 Z : 50 B 80 - 140 Fb.

In Germering - Unterpfaffenhofen S : 1 km :

🏨 **Huber**, Bahnhofplatz 8, ℰ 84 60 01, 😤 – 🛗 📺 ☎ 🅿 𝔸𝔼 🗲 🚾
M a la carte 30/55 – **50 Z : 90 B** 84/94 - 130/140 Fb.

In Puchheim 8039 NW : 2 km :

🏨 **Parsberg**, Augsburger Str. 1 (B 2), ℰ (089) 80 20 71 – 🛗 📺 ☎ 🚗 🅿 – 🔏 40. 𝔸𝔼 🗲 🚾
M *(Montag - Dienstag geschl.)* a la carte 27/55 – **44 Z : 85 B** 58/75 - 78/115 Fb.

GERMERSHEIM 6728. Rheinland-Pfalz 𝟡𝟠𝟟 ㉘ ㉟, 𝟜𝟙𝟚 𝟜𝟙𝟛 I 19 – 13 700 Ew – Höhe 105 m –
✪ 07274 – Mainz 111 – ♦Karlsruhe 34 – Landau in der Pfalz 21 – Speyer 18.

🏨 **Post** garni, Sandstr. 8, ℰ 30 98 – 📺 ☎ 🗲
19 Z : 30 B 78 - 115/160.

🏨 **Kurfürst**, Oberamtsstr. 1, ℰ 24 31
M *(wochentags nur Abendessen, Dienstag geschl.)* a la carte 23/44 🍷 – **19 Z : 31 B** 50/70 -
90/110.

XX **Alt Germersheim 1770**, Hauptstr. 12, ℰ 15 48 – 🗲
Samstag bis 18 Uhr, Donnerstag und Jan. 2 Wochen geschl. – Menu a la carte 31/56 🍷.

X **Bayerischer Hof** mit Zim, Hauptstr. 18, ℰ 25 58 – 🗲 ❀
20. Juni - 14. Juli und 21. Dez.- 5. Jan. geschl. – **M** *(Mittwoch ab 14 Uhr und Samstag
geschl.)* a la carte 25/48 🍷 – **6 Z : 8 B** 35 - 70.

GERNSBACH 7562. Baden-Württemberg 𝟜𝟙𝟛 HI 20, 𝟡𝟠𝟟 ㉟ – 14 000 Ew – Höhe 160 m –
Luftkurort – ✪ 07224.
Sehenswert : Altes Rathaus★.
🅱 Verkehrsamt, Rathaus, Igelbachstr. 11, ℰ 6 44 44.
♦Stuttgart 91 – Baden-Baden 11 – ♦Karlsruhe 35 – Pforzheim 41.

🏨 **Sonnenhof**, Loffenauer Str. 33, ℰ 64 80, Fax 64860, ≤, 😤, 😉, 🔲 – 🛗 📺 ☎ 🅿 –
🔏 𝔸𝔼 🗲 🚾
M a la carte 29/62 – **40 Z : 70 B** 65/85 - 100/260 Fb.

🏨 **Stadt Gernsbach** garni, Hebelstr. 2, ℰ 20 91, Fax 2094 – 🛗 📺 ☎ 🅿 𝔸𝔼 ⓞ 🗲 🚾
40 Z : 80 B 78/85 - 112/170 Fb.

An der Straße nach Baden-Baden und zur Schwarzwaldhochstr. SW : 4 km :

X **Nachtigall** mit Zim, Müllenbild 1, ⊠ 7562 Gernsbach, ℰ (07224) 21 29, 😤, ❀ – 📺 ☎
🚗 🅿
Feb. geschl. – **M** *(Montag geschl.)* a la carte 24/51 – **5 Z : 10 B** 55 - 100.

In Gernsbach 4-Lautenbach SO : 4 km :

🏨 Sonne (mit Gästehäusern), Lautenfelsenstr. 23, ℰ 26 02 – 🅿 – **34 Z : 60 B**.

In Gernsbach-Obertsrot S : 2 km :

X **Markgräflich Badische Gaststätte**, Im Schloß Eberstein, ℰ 21 50, « Terrasse mit
⬩ ≤ Murgtal » – 🅿 𝔸𝔼 🗲
Dienstag und Jan.- Feb. geschl. – **M** a la carte 20/46.

In Gernsbach 7-Reichental SO : 7 km – Höhe 416 m :

🏠 **Grüner Baum** ⑤, Süßer Winkel 1, ℰ 34 38 – ⟵ ❷
✦ **M** *(Montag geschl.)* a la carte 21/55 – **15 Z : 28 B** 45/55 - 68/90.

In Gernsbach 7 - Reichental-Kaltenbronn SO : 16 km – Höhe 900 m – Wintersport : 900/1 000 m ✔2 ⩟1 :

🏠 **Sarbacher**, Kaltenbronner Str. 598, ℰ 10 44, ㄥㄥ – ❷ ❷ AE ① E VISA
1. - 24. Dez. geschl. – **M** a la carte 28/66 – **14 Z : 23 B** 50/70 - 100/120 – ½ P 75/85.

In Gernsbach 3-Staufenberg W : 2,5 km :

🏠 **Sternen**, Staufenberger Str. 111, ℰ 33 08 – ⟵ ❷. E
Nov. geschl. – **M** *(Donnerstag geschl.)* a la carte 27/56 ⅃ – **13 Z : 25 B** 48 - 72 Fb.

GERNSHEIM 6084. Hessen 987 ㉘, 412 413 I 17 – 8 000 Ew – Höhe 90 m – ✪ 06258.
◆Wiesbaden 53 – ◆Darmstadt 21 – Mainz 46 – ◆Mannheim 39 – Worms 20.

🏠 **Hubertus**, Waldfrieden (O : 2 km), ℰ 22 57, ㄥㄥ – ❷ ❷ – ⌖ 25/100. ①
M a la carte 24/46 – **35 Z : 50 B** 40/110 - 65/150.

GEROLSBACH 8069. Bayern 413 R 21 – 2 400 Ew – Höhe 456 m – ✪ 08445.
◆München 63 – ◆Augsburg 47 – Ingolstadt 44.

🍴🍴 **Zur Post**, St.-Andreas-Str. 3, ℰ 5 02 – ❷
wochentags nur Abendessen, Montag - Dienstag geschl. – **M** (Tischbestellung ratsam) a la carte 50/70.

GEROLSTEIN 5530. Rheinland-Pfalz 987 ㉘, 412 D 16 – 7 000 Ew – Höhe 362 m – Luftkurort
– ✪ 06591.
🚹 Verkehrsamt, Rathaus, ℰ 13 82.
Mainz 182 – ◆Bonn 90 – ◆Koblenz 86 – Prüm 20.

🏨 **Wald- und Aparthotel Rose** ⑤, Zur Büschkapelle 5, ℰ 1 80, Fax 18250, ≤, ≘s, ⃞, 🐎, ✕ (Halle) – ⓣⓥ ❷ ❷ – ⌖ 30. AE ① E VISA. ⅝ Rest
M a la carte 30/63 – **30 Z : 60 B** 85/98 - 146/178 Fb – 48 Fewo.

🏠 **Seehotel** ⑤, Am Stausee 4, ℰ 2 22, ≘s, ⃞, 🐎 – ❷. ⅝ Rest
Nov.- 20. Dez. geschl. – **M** a la carte 23/45 – **35 Z : 70 B** 45/70 - 72/102.

🏠 **Landhaus Tannenfels**, Lindenstr. 68, ℰ 41 23, 🐎 – ⓣⓥ ⟵ ❷
M *(nur Abendessen)* a la carte 28/47 – **12 Z : 21 B** 49 - 98.

In Gerolstein-Müllenborn NW : 5 km :

🏨 Landhaus Müllenborn ⑤, Auf dem Sand 45, ℰ 2 88, Fax 8814, ≤, 🐎, ≘s – ⓣⓥ ❷ ⅄ ⟵
❷ – ⌖ 30. ⅝ Rest
20 Z : 47 B Fb.

GEROLZHOFEN 8723. Bayern 413 O 17, 987 ㉘ – 6 900 Ew – Höhe 245 m – ✪ 09382.
🚹 Verkehrsamt, im alten Rathaus, Marktplatz, ℰ 2 61.
◆München 262 – ◆Bamberg 52 – ◆Nürnberg 91 – Schweinfurt 22.

🏨 An der Stadtmauer garni, Rügshöfer Str. 25, ℰ 70 11, 🐎 – 🛗 ❷ – ⌖ 50
28 Z : 55 B Fb.

GERSFELD 6412. Hessen 987 ㉘ ㉚, 412 413 M 15 – 5 300 Ew – Höhe 482 m – Kneippheilbad
– Luftkurort – Wintersport : 500/950 m ✔5 ⩟7 – ✪ 06654.
Ausflugsziel : Wasserkuppe : ≤** N : 9,5 km über die B 284.
🚹 Kurverwaltung, Haus am Marktplatz, ℰ 70 77.
◆Wiesbaden 160 – Fulda 28 – ◆Würzburg 96.

🏨 **Gersfelder Hof** ⑤, Auf der Wacht 14, ℰ 70 11, Fax 7466, 🏛, Bade- und
Massageabteilung, ♨, ≘s, ⃞, 🐎, ✕ – 🛗 ⓣⓥ ❷ ❷ – ⌖ 25/70. AE ① E VISA. ⅝ Rest
Menu a la carte 33/58 – **65 Z : 105 B** 81/96 - 112/154 Fb – ½ P 78/108.

🏠 **Sonne**, Amelungstr. 1, ℰ 3 03, Fax 7649, ≘s – ⟵
1.- 22. Dez. geschl. – **M** a la carte 22/36 – **18 Z : 36 B** 35/43 - 62/99 – 6 Fewo 55/79.

In Gersfeld-Obernhausen NO : 5 km über die B 284 :

🏠 **Berghof Wasserkuppe**, an der B 284, ℰ 2 51, 🏛, ≘s, 🐎 – ❷. E
✦ **M** a la carte 18,50/45 ⅃ – **20 Z : 46 B** 35/55 - 64/68.

🏠 **Zur Fuldaquelle**, Obernhausen 4, ℰ 74 14 – ❷. ① E
✦ 5.- 30. Nov. geschl. – **M** *(Montag geschl.)* a la carte 17,50/41 ⅃ – **26 Z : 46 B** 33 - 60 –
½ P 42/45.

🍴 **Peterchens Mondfahrt** mit Zim, Auf der Wasserkuppe (N : 4 km), ℰ 3 81, ≤ – ❷ ❷. E
Nov.- 15. Dez. geschl. – **M** *(Montag 18 Uhr - Dienstag geschl.)* a la carte 24/45 – **7 Z : 13 B**
47 - 85.

GERSHEIM 6657. Saarland ⁴¹² E 19, ²⁴² ⑪ − 7 000 Ew − Höhe 240 m − ✆ 06843.

🚲 Gersheim-Rubenheim, ✆ (06843) 87 97.

◆Saarbrücken 30 − Sarreguemines 13 − Zweibrücken 23.

  🍴 **Quirin** mit Zim, Bliesstr. 5, ✆ 3 15 − 🅿
  ↠ **M** *(Samstag bis 18 Uhr und Montag geschl.)* a la carte 19/50 ⅃ − **2 Z : 4 B** 40 - 80.

  In Gersheim 6-Walsheim NO : 2 km :

  🏨 **Walsheimer Hof**, Bliesdalheimer Str. 4, ✆ 83 55 − 📺
  ↠ **M** *(Montag geschl.)* a la carte 14/40 − **6 Z : 12 B** 35/48 - 70/90.

GERSTHOFEN 8906. Bayern ⁴¹³ P 21, ⁹⁸⁷ ㊱ − 16 800 Ew − Höhe 470 m − ✆ 0821 (Augsburg).

◆München 65 − ◆ Augsburg 7 − ◆ Ulm (Donau) 76.

  🏨 **Via Claudia**, Augsburger Str. 130, ✆ 4 98 50, Telex 533538, Fax 4985506 − 📶 📺 🅿 −
  🅿 25/50. 🆎 ⓪ 🅴 𝚅𝙸𝚂𝙰
  M a la carte 34/60 − **90 Z : 185 B** 85/140 - 160/180 Fb.

  🏨 **Römerstadt** garni, Donauwörther Str. 42, ✆ 49 50 55, Fax 497156 − 📶 ☎ ⇐ 🅿 🆎 ⓪ 🅴
  𝚅𝙸𝚂𝙰 ⅌
  24. Dez.- 2. Feb. geschl. − **36 Z : 65 B** 90/100 - 140 Fb.

  An der Autobahn A 8-Südseite W : 6 km :

  🏨 Rasthaus Edenbergen, ✉ 8906 Gersthofen 2, ✆ (0821) 48 30 82, 🍴 − ⇐ 🅿
  (auch Self-service) − **22 Z : 42 B**.

> In this guide,
> a symbol or a character, printed in red or **black**, in **bold** or light type,
> does not have the same meaning.
> Please read the explanatory pages carefully.

GESCHER 4423. Nordrhein-Westfalen ⁹⁸⁷ ⑬, ⁴¹² E 11, ⁴⁰⁸ M 6 − 14 600 Ew − Höhe 62 m
− ✆ 02542.

🚺 Verkehrsverein, Inselstr. 5, ✆ 43 00.

◆Düsseldorf 107 − Bocholt 39 − Enschede 45 − Münster (Westfalen) 49.

  🏨 **Domhotel**, Kirchplatz 6, ✆ 8 86 − 📺 🅿 ⇐ 🅿 🆎 ⓪ 🅴 𝚅𝙸𝚂𝙰 ⅌ Zim
  Juli - Aug. 3 Wochen geschl. − Menu *(Montag geschl.)* a la carte 29/56 − **10 Z : 18 B** 55 - 95.

  🏨 **Tenbrock**, Hauskampstr. 12, ✆ 78 18 − ⇐ 🅿 🆎 🅴 ⅌
  ↠ Juli - Aug. 2 Wochen geschl. − **M** *(nur Abendessen, Sonntag nur Mittagessen)* a la carte
  18/38 − **10 Z : 20 B** 38 - 76.

GETTORF 2303. Schleswig-Holstein ⁹⁸⁷ ⑤ − 5 400 Ew − Höhe 15 m − ✆ 04346.

◆Kiel 16 − ◆Hamburg 112 − Schleswig 37.

  🏨 **Stadt Hamburg**, Süderstr. 1, ✆ 94 60 − ☎ 🅿 − 🅿 40
  M *(Sonntag geschl.)* a la carte 27/45 − **9 Z : 18 B** 50/60 - 85/95.

GEVELSBERG 5820. Nordrhein-Westfalen ⁹⁸⁷ ⑭, ⁴¹² F 13 − 31 000 Ew − Höhe 140 m −
✆ 02332.

Siehe Ruhrgebiet (Übersichtsplan).

◆Düsseldorf 57 − Hagen 9 − ◆Köln 62 − Wuppertal 17.

  🏨 **Alte Redaktion**, Mittelstr. 49, ✆ 15 31, Fax 15 34 − 📺 ☎ 🅿 🆎 ⓪ 🅴 𝚅𝙸𝚂𝙰
  M a la carte 43/62 − **25 Z : 35 B** 85/125 - 140/175 Fb.

  🏨 **Auto-Hotel**, Hagener Str. 225 (B 7), ✆ 63 87, Fax 62721 − ☎ 🅿
  M *(nur Abendessen, Sonntag und Mitte Juli - Aug. geschl.)* a la carte 27/54 − **27 Z : 45 B**
  65/75 - 75/105 Fb.

GIENGEN AN DER BRENZ 7928. Baden-Württemberg ⁴¹³ N 21, ⁹⁸⁷ ㊱ − 18 500 Ew − Höhe
464 m − ✆ 07322.

Ausflugsziel : Lonetal★ SW : 7 km.

◆Stuttgart 116 − ◆Augsburg 82 − Heidenheim an der Brenz 12 − ◆Ulm (Donau) 34.

  🏨 **Zum Lamm**, Marktstr. 19, ✆ 50 93 − 📶 ☎ 🅿 − 🅿 25/50. ⓪ 🅴 𝚅𝙸𝚂𝙰
  ↠ **M** a la carte 21/50 − **33 Z : 43 B** 65/90 - 80/145 Fb.

GIESSEN 6300. Hessen ⁹⁸⁷ ㉕, ⁴¹² ⁴¹³ J 15 − 71 000 Ew − Höhe 165 m − ✆ 0641.

Ausflugsziel : Burg Krofdorf-Gleiberg (Bergfried ⅌★) (NW : 6 km).

🚺 Verkehrs- und Informationsbüro, Berliner Platz 2, ✆ 3 06 24 89.

ADAC, Bahnhofstr. 15, ✆ 7 20 08, Notruf ✆ 1 92 11.

◆Wiesbaden 89 ⑤ − ◆Frankfurt am Main 61 ⑤ − ◆Kassel 139 ④ − ◆Koblenz 106 ②.

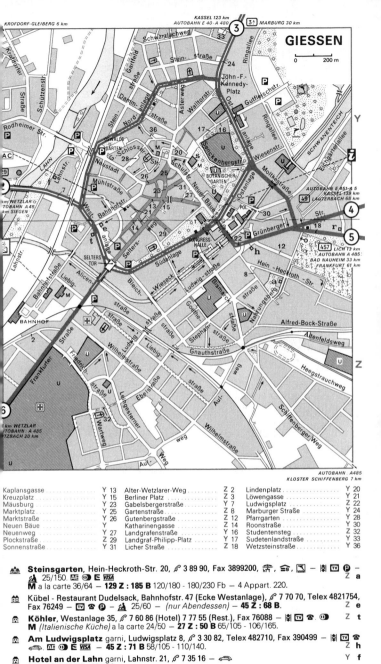

KASSEL 123 km
AUTOBAHN E 40 · A 480
MARBURG 30 km

KROFDORF-GLEIBERG 6 km

GIESSEN

0   200 m

AUTOBAHN E 451 · A 5
KASSEL 139 km
LAUTERBACH 68 km

AUTOBAHN E 485:
BAD NAUHEIM 33 km
FRANKFURT 61 km

LICH 13 km

km WETZLAR
TOBAHN A 45
km SIEGEN

km WETZLAR
TOBAHN A 485
TZBACH 20 km

AUTOBAHN A485
KLOSTER SCHIFFENBERG 7 km

Steinsgarten, Hein-Heckroth-Str. 20, ℰ 3 89 90, Fax 3899200, 佘, 🏤, 🔄 – 🛗 📺 🅟 –
🔺 25/150. 🆎 ⑩ 🗲 𝘝𝘐𝘚𝘈
M a la carte 36/64 – **129 Z : 185 B** 120/180 - 180/230 Fb – 4 Appart. 220.
Z a

Kübel - Restaurant Dudelsack, Bahnhofstr. 47 (Ecke Westanlage), ℰ 7 70 70, Telex 4821754,
Fax 76249 – 📺 🕿 🅟 – 🔺 25/60 – *(nur Abendessen)* – **45 Z : 68 B.**
Z e

Köhler, Westanlage 35, ℰ 7 60 86 (Hotel) 7 77 55 (Rest.), Fax 76088 – 🛗 📺 🕿. ⑩
M *(Italienische Küche)* a la carte 24/50 – **27 Z : 50 B** 65/105 - 106/165.
Z t

Am Ludwigsplatz garni, Ludwigsplatz 8, ℰ 3 30 82, Telex 482710, Fax 390499 – 🛗 📺 🕿
🚗. 🆎 ⑩ 🗲 𝘝𝘐𝘚𝘈 – **45 Z : 71 B** 58/105 - 110/140.
Z h

Hotel an der Lahn garni, Lahnstr. 21, ℰ 7 35 16 – 🚗
9 Z : 18 B 65/70 - 90/100.
Y f

Parkhotel Sletz garni, Wolfstr. 26, ℰ 4 20 96 – 📺 🕿 🚗. 🆎 ⑩ 🗲 𝘝𝘐𝘚𝘈
22 Z : 35 B 45/89 - 99/109 Fb.
Z r

In Wettenberg 1 - Krofdorf-Gleiberg 6301 NW : 6 km über Krofdorfer Str. Y :

🏨 **Wettenberg**, Am Augarten 1, ℰ (0641) 8 20 17, Telex 4821144, Fax 81958 – 📺 ☎ 🅿 –
🔬 25/200. 🝫 ⓞ 🔴 𝗩𝗜𝗦𝗔
M 22/34 (mittags) und a la carte 43/66 – **45 Z : 80 B** 77/92 - 122/136 Fb.

In Pohlheim 1-Watzenborn - Steinberg 6301 SO : 7,5 km über Schiffenberger Weg Z :

🏡 **Goldener Stern**, Kreuzplatz 6, ℰ (06403) 6 16 24 – 📺 ☎ 🚗 🅿 E ⌫
← Juli - Aug. 3 Wochen geschl. – M *(Freitag geschl.)* a la carte 21/41 – **17 Z : 27 B** 63 - 106.

🏶 **Dinges** (bemerkenswertes Weinangebot), Kirchstr. 2, ℰ (06403) 6 45 43, 🌇 – 🅿. 🝫 ⓞ
E 𝗩𝗜𝗦𝗔
nur Abendessen, Sonn- und Feiertage sowie Jan. geschl. – M (Tischbestellung ratsam) a la
carte 45/72.

GIFHORN 3170. Niedersachsen 𝟵𝟴𝟳 ⑯ – 36 000 Ew – Höhe 55 m – ✪ 05371.

🏌 Wilscher Weg 56, ℰ 1 67 37.

🛈 Tourist-Information, Cardenap 1 (Ratsweinkeller), ℰ 8 81 75.

♦Hannover 79 – ♦Braunschweig 28 – Lüneburg 88.

🏨 **Heidesee** ⌫ garni (siehe auch Restaurant Heidesee), Celler Str. 109 (B 188, W : 2 km)
ℰ 5 30 21, Fax 56482, 🤝, 🞕, 🐎 – 🛗 🚗 🅿 – 🔬 25/60. 🝫 ⓞ E 𝗩𝗜𝗦𝗔
23.- 29. Dez. geschl. – **45 Z : 68 B** 98/155 - 150/200 Fb.

🏡 **Grasshoff** garni, Weißdornbusch 4, ℰ 5 30 36, Fax 56361 – 📺 ☎ 🚗 🅿 E
19 Z : 36 B 86/91 - 123.

🏡 **Deutsches Haus**, Torstr. 11, ℰ 5 40 51, Fax 54672, Biergarten – 📺 ☎ 🅿 – 🔬 25/200
🝫 ⓞ E 𝗩𝗜𝗦𝗔
M *(Sonntag ab 15 Uhr geschl.)* a la carte 30/66 – **38 Z : 61 B** 65/80 - 95/130 Fb.

🏶 **Heidesee**, Celler Str. 109 (B 188, W : 2 km), ℰ 43 48, ≤, 🌇 – 🅿 – 🔬 25/350. ⓞ E 𝗩𝗜𝗦𝗔
M a la carte 30/58.

🏶 **Ratsweinkeller**, Cardenap 1, ℰ 5 91 11, « Renoviertes Fachwerkhaus a.d. 16. Jh. ».

🏶 **Rats - Stuben**, Marktplatz 1, ℰ 5 47 97.

In Gifhorn-Winkel SW : 6 km :

🏡 **Landhaus Winkel** ⌫ garni, Hermann-Löns-Weg 2, ℰ 1 29 55, 🐎 – 📺 ☎ 🅿 🅿
21 Z : 34 B Fb.

🏶 **Löns - Krug** mit Zim, Hermann - Löns - Weg 1, ℰ 5 30 38 – 📺 ☎ 🅿
M *(Montag geschl.)* a la carte 30/52 – **6 Z : 10 B** 50/60 - 100.

Am Tankumsee SO : 7 km :

🏨 **Seehotel** ⌫, Eichenpfad 2, ✉ 3172 Isenbüttel, ℰ (05374) 16 21, Telex 957137, Fax 4453, ≤,
🌇, 🤝, 🞕 – ⌫ Zim 📺 ☎ 🅿 🅿 – 🔬 25/100
45 Z : 89 B Fb.

GINSHEIM-GUSTAVSBURG Hessen siehe Mainz.

GLADBECK 4390. Nordrhein-Westfalen 𝟵𝟴𝟳 ⑬⑭. 𝟰𝟭𝟮 E 12 – 78 000 Ew – Höhe 30 m –
✪ 02043.
Siehe Ruhrgebiet (Übersichtsplan).

♦Düsseldorf 54 – Dorsten 11 – ♦Essen 16.

🏡 **Schultenhof**, Schultenstr. 10, ℰ 5 17 79 – ☎ 🚗 🅿
14 Z : 20 B.

🏶 **Schloß Wittringen**, Burgstr. 64, ℰ 2 23 23, 🌇, « Wasserschloß a.d.13. Jh. » – 🅿 –
🔬 25/100.

GLADENBACH 3554. Hessen 𝟵𝟴𝟳 ㉔㉕. 𝟰𝟭𝟮 I 14 – 11 500 Ew – Höhe 340 m – Kneippheilbad
– Luftkurort – ✪ 06462.

🛈 Kurverwaltung, im Haus des Gastes, Hainstraße, ℰ 17 30.

♦Wiesbaden 122 – Gießen 28 – Marburg 20 – Siegen 61.

🏡 **Am Schloßgarten** ⌫, Hainstr. 7, ℰ 70 15, 🤝, 🞕, 🐎 – 📺 ☎ 🅿 – 🔬 30. 🝫 ⓞ E
6.- 20. Jan. geschl. – M *(Montag geschl.)* a la carte 25/55 – **20 Z : 36 B** 56 - 110 Fb.

🏡 **Gladenbacher Hof**, Bahnhofstr. 72, ℰ 13 67, Fax 5236, 🤝, 🞕, 🐎 – ⌫ Zim ☎ 🕹 🚗
🅿 – 🔬 40. E
M *(Sonntag bis 18 Uhr geschl.)* a la carte 22/50 – **32 Z : 55 B** 50/75 - 90/135 – ½ P 58/85.

GLANDORF 4519. Niedersachsen 𝟵𝟴𝟳 ⑭. 𝟰𝟭𝟮 H 10 – 5 400 Ew – Höhe 64 m – ✪ 05426.

♦Hannover 148 – Bielefeld 38 – Münster (Westfalen) 33 – ♦Osnabrück 26.

🏡 **Herbermann**, Münsterstr. 25, ℰ 30 11 – ☎ 🅿 E
← M *(in der Gastwirtschaft, Montag und 18. Feb.- 16. März geschl.)* a la carte 17/38 – **18 Z :**
31 B 30/45 - 60/79.

GLASHÜTTE Nordrhein-Westfalen siehe Schieder-Schwalenberg.

GLASHÜTTEN 6246. Hessen **412** **413** I 16 − 5 500 Ew − Höhe 506 m − Luftkurort − ✆ 06174
(Königstein im Taunus).

Wiesbaden 34 − ♦Frankfurt am Main 30 − Limburg an der Lahn 33.

🏠 **Weitzel**, Limburger Str. 17, 𝒫 69 81, Fax 63813, 🍴, 🚉, 🐎 − ☎ ❷ − 🛏 25/50
30 Z : 48 B Fb.

XX **Glashüttener Hof** mit Zim, Limburger Str. 86, 𝒫 69 22, 🍴 − 📺 ☎ ❷. 🛇 Zim
M *(Montag geschl.)* 20/46 (mittags) und a la carte 44/72 − **9 Z : 14 B** 85 - 170.

In Glashütten 2-Schloßborn SW : 3,5 km :

XX **Schützenhof**, Langstr. 13, 𝒫 6 10 74, bemerkenswerte Weinkarte − ❷. 🛇
Sonntag, Dienstag und Mittwoch jeweils bis 19 Uhr, Montag und April geschl. − **M** a la carte 74/97.

GLAUBURG 6475. Hessen **412** **413** K 16 − 3 000 Ew − Höhe 130 m − ✆ 06041.

Wiesbaden 94 − ♦ Frankfurt am Main 52 − Fulda 63 − Gießen 50.

In Glauburg 1-Stockheim :

XX **Die Trüffel**, Bahnhofstr. 19, 𝒫 44 84, 🍴 − 🆑 **E**
Samstag bis 18 Uhr, Mittwoch und 2.- 14. Jan. geschl. − **M** a la carte 53/69.

GLEISZELLEN-GLEISHORBACH Rheinland-Pfalz siehe Bergzabern, Bad.

GLONN 8019. Bayern **413** S 23 − 4 000 Ew − Höhe 536 m − Erholungsort − ✆ 08093.

München 29 − Rosenheim 33.

🏠 **Café Schwaiger** garni, Feldkirchner Str. 3, 𝒫 50 88, Fax 5473 − 📺 ☎ 🐧 ⇐ ❷. ⓞ **E**
VISA
60 Z : 100 B 44/57 - 65/92.

XX **Zur Lanz**, Prof.-Lebsche-Str. 24, 𝒫 6 76 − ❷. ⓞ
Mittwoch - Freitag nur Abendessen, Montag - Dienstag sowie 21.- 28. Mai und 22. Juli - 15. Aug. geschl. − **M** (Tischbestellung ratsam) a la carte 38/70.

GLOTTERTAL 7804. Baden-Württemberg **413** G 22, **242** ⑳ − 2 500 Ew − Höhe 306 m − Erholungsort − ✆ 07684.

🏛 Verkehrsamt, In der Kur- und Sporthalle, Rathausweg 12, 𝒫 2 53.

♦Stuttgart 208 − ♦Freiburg im Breisgau 17 − Waldkirch 11.

🏨 **Hirschen** (mit Gästehaus Rebenhof und Winzerstube), Rathausweg 2, 𝒫 8 10, Telex 772349, « Gemütliche Restauranträume im Schwarzwaldstil », 🚉, 🐎, 🎿 − 📶 📺 ❷ − 🛏 25/60. **E** **VISA**
M *(Montag geschl.)* a la carte 42/81 − **55 Z : 90 B** 75/125 - 150/260 Fb − ½ P 105/160.

🏨 **Landgasthof Kreuz**, Landstr. 14, 𝒫 2 06, Fax 1032, 🚉 − 📶 📺 ☎ ❷ − 🛏 30. 🆑 ⓞ **E** **VISA**
Jan. 2 Wochen geschl. − **M** *(auch vegetarisches Menu)* (Donnerstag geschl.) a la carte 30/65 − **36 Z : 60 B** 58/85 - 96/116 Fb − ½ P 73/110.

🏨 **Schloßmühle**, Talstr. 22, 𝒫 2 29, 🍴 − 📶 ☎ ❷. 🆑 ⓞ **E** **VISA**
M *(Nov. und Mittwoch geschl.)* a la carte 30/70 − **12 Z : 20 B** 70 - 120 Fb.

🏠 **Zum Goldenen Engel**, Friedhofstr. 2, 𝒫 2 50, « Alter Schwarzwaldgasthof » − ⇐ ❷
M *(Mittwoch geschl.)* a la carte 28/63 − **9 Z : 18 B** 45/50 - 70/80.

🏠 **Schwarzenberg**, Talstr. 24, 𝒫 3 17, 🚉, 🔲 − ☎ ⇐ ❷. 🆑 ⓞ **E**
(nur Abendessen für Hausgäste) − **20 Z : 40 B** 50/70 - 90/120 − ½ P 60/80.

🏠 **Pension Faller** 🐾 garni, Talstr. 9, 𝒫 2 26, 🐎 − ☎ ⇐ ❷. 🛇
1.- 25. Dez. geschl. − **11 Z : 20 B** 45/75 - 70/120.

🏡 Zur Linde, Talstr. 98, 𝒫 2 49 − ❷
11 Z : 19 B.

XX **Zum Adler** mit Zim (Gasthaus mit rustikalen Schwarzwaldstuben), Talstr. 11, 𝒫 10 81, Fax 1083, 🍴, 🚉 − 📺 ☎ ❷ − 🛏 25. ⓞ **E** **VISA**
Menu *(Tischbestellung ratsam)* (Dienstag geschl.) 29/84 und a la carte 38/71 − **11 Z : 23 B** 80 - 130.

In Heuweiler 7803 W : 2,5 km − ✆ 07666

🏠 Grüner Baum, Glottertalstr. 3, 𝒫 20 99, 🍴, 🐎 − ☎ ❷
24 Z : 40 B Fb.

XXX **Petrus-Stube**, Glottertalstr. 1 (im Hotel zur Laube), 𝒫 22 67, Fax 8120, « Elegant-rustikale Einrichtung » − ❷. **E**. 🛇
Dienstag sowie Feb. und Juni jeweils 2 Wochen geschl. − **M** (Tischbestellung ratsam) a la carte 45/80.

XX **Zur Laube** mit Zim, Glottertalstr. 1, 𝒫 22 67, Fax 8120, 🍴, « Restauriertes Fachwerkhaus » − 📶 📺 ☎ ❷. **E**
Menu *(Dienstag sowie Feb. und Juni jeweils 2 Wochen geschl.)* (siehe auch Restaurant Petrus-Stube) 28/72 und a la carte 37/80 ♨ − **8 Z : 15 B** 75/79 - 128/138.

GLÜCKSBURG 2392. Schleswig-Holstein 987 ⑤ – 6 400 Ew – Höhe 30 m – Seeheilbad
✿ 04631 – Sehenswert : Wasserschloß (Lage★).

🏌 Glücksburg-Bockholm (NO : 3 km), ✆ (04631) 25 47.

🛈 Kurverwaltung, Sandwigstr. 1a (Kurmittelhaus), ✆ 9 21.

◆Kiel 93 – Flensburg 10 – Kappeln 40.

🏨 **Intermar** ⑤, Fördestr. 2, ✆ 4 90, Telex 22670, Fax 49525, ≤, ⊜, 🖬 – 📱 ↯ Zim 🍴 Res
📺 ☎ 🕭 ⇦ 🅿 – 🔬 25/150. 🆎 ⑩ 🈁 𝒱𝒮𝒜
Restaurants : **König von Dänemark M** a la carte 45/75 – **Dampfer M** a la carte 26/45 –
80 Z : 160 B 108/130 - 173/292 Fb – ½ P 130/173.

🏠 Kurpark-Hotel, Sandwigstr. 1, ✆ 5 51 – 📱 ☎ 🅿 – 🔬 – **40 Z : 100 B** Fb – 10 Appart.

In Glücksburg-Holnis NO : 5 km :

🏠 **Café-Drei** ⑤, Drei 5, ✆ 25 75, Fax 2983, Biergarten – 📺 ☎ 🅿
7. Jan.- 1. Feb. geschl. – **M** (Nov.- Mitte April Mittwoch geschl.) a la carte 30/60 – **10 Z :
20 B** 70/90 - 98/125.

GLÜCKSTADT 2208. Schleswig-Holstein 987 ⑤ – 12 000 Ew – Höhe 3 m – ✿ 04124.
🛈 Verkehrs- und Gewerbeverein, Am Fleth 43, ✆ 76 99.
◆Kiel 91 – Bremerhaven 75 – ◆Hamburg 54 – Itzehoe 22.

🏠 Raumann, Am Markt 5, ✆ 30 21 – 📺 ☎ – **40 Z : 70 B**.

🏫 **Tiessen's Hotel**, Kleine Kremper Str. 18, ✆ 21 16 – 📺 ☎ 🅿 🆎 🈁 𝒱𝒮𝒜
M (Montag-Freitag nur Abendessen, Donnerstag geschl.) a la carte 31/56 – **21 Z : 30 B**
60/85 - 100/125.

XX **Ratskeller**, Markt 4, ✆ 24 64 – 🈁
Feb. und Montag geschl., Okt.- März auch Sonntag ab 15 Uhr geschl. – **M** (Tischbestellung
ratsam) a la carte 42/72.

GMUND AM TEGERNSEE 8184. Bayern 413 S 23, 987 ⑦, 426 H 5 – 6 400 Ew – Höhe 739 m
– Luftkurort – Wintersport : 700/900 m ⚐3 ⚐3 – ✿ 08022 (Tegernsee).
🏌 Gut Steinberg, ✆ 7 40 31.
◆München 48 – Miesbach 11 – Bad Tölz 14.

🏫 **Oberstöger**, Tölzer Str. 4, ✆ 70 19, Biergarten – ☎ 🅿 ⑩ 🈁
Nov.- 5. Dez. geschl. – **M** (Mittwoch geschl.) a la carte 21/43 – **31 Z : 51 B** 46/50 - 80/120.

X **Gut Kaltenbrunn**, Kaltenbrunn 1, ✆ 79 69, ☆, Biergarten mit Selbstbedienung – 🅿. 🈁
Montag und 7. Jan.- 6. Feb. geschl. – **M** a la carte 30/57.

In Gmund-Ostin SO : 2 km :

🏠 **Obermoarhof** ⑤, Neureuthstr. 10, ✆ 70 95, Fax 74963, ⊜, ☆, ☆ – 📺 ☎ 🅿 🆎 ⑩ 🈁
Nov.- 20. Dez. geschl. – (Restaurant nur für Hausgäste) – **20 Z : 38 B** 67 - 104/124 Fb –
½ P 72/87.

🏠 Zum Kistlerwirt, Schlierseer Str. 60, ✆ 7 67 16, ☆, ⊜, ☆ – 🅿 – **23 Z : 50 B**.

GOCH 4180. Nordrhein-Westfalen 987 ⑬, 412 B 11, 408 J 6 – 30 000 Ew – Höhe 18 m –
✿ 02823 – 🛈 Verkehrsamt, Markt 15, ✆ 32 02 02.
◆Düsseldorf 87 – Krefeld 54 – Nijmegen 31.

🏨 **Sporthotel De Poort** ⑤, Jahnstr. 6, ✆ 73 19, Fax 80786, ⊜, 🖬, ☆ (Halle) – 📱 📺 ☎
🅿 – 🔬 40. 🆎 ⑩ 🈁 𝒱𝒮𝒜
M a la carte 31/56 – **53 Z : 100 B** 89/140 - 129/160 Fb.

🏠 **Stadt Goch**, Brückenstr. 46, ✆ 54 12, Fax 1212, ⊜ – ☎ ⇦ 🅿. 🆎 🈁 𝒱𝒮𝒜 ☆
M (Sonntag geschl.) a la carte 26/57 – **27 Z : 40 B** 40/80 - 80/120 Fb.

🏠 **Litjes**, Pfalzdorfer Str. 2, ✆ 40 16 – ☎ 🅿. 🈁
M (Montag geschl.) a la carte 27/49 – **17 Z : 27 B** 50 - 90 Fb.

🏠 **Zur Friedenseiche**, Weezer Str. 1, ✆ 73 58 – ⇦ 🅿. 🆎 🈁. ☆ Zim
23. Dez.- 12. Jan. geschl. – **M** (nur Abendessen, Sonntag geschl.) a la carte 20/39 – **18 Z :
26 B** 35/44 - 70/80.

In Goch 7-Nierswalde NW : 5 km :

🏠 **Martinschänke** ⑤, Dorfstr. 2, ✆ 20 53, Fax 29933, ☆ – 📺 ☎ 🅿. 🆎 ⑩ 🈁 𝒱𝒮𝒜
23. Dez.- 12. Jan. geschl. – **M** (Dienstag - Freitag nur Abendessen, Montag geschl.) a la
carte 30/50 – **14 Z : 24 B** 45/62 - 86/92.

GOCKENHOLZ Niedersachsen siehe Lachendorf.

GÖDENSTORF Niedersachsen siehe Salzhausen.

GÖGGINGEN Baden-Württemberg siehe Krauchenwies.

GÖHRDE Niedersachsen siehe Hitzacker.

GÖPPINGEN 7320. Baden-Württemberg 📘📗📘 LM 20, 📙📗📘 ㉟ ③ – 53 000 Ew – Höhe 323 m –
☎ 07161.

Ausflugsziel : Gipfel des Hohenstaufen ☀️*, NO : 8 km.

🏌 Donzdorf (O : 13 km), ℘ (07162) 2 71 71.

🏛 Verkehrsamt, Marktstr. 2, ℘ 65 02 92.

ADAC, Ulrichstr. 62, ℘ 2 19 19, Telex 727813.

♦Stuttgart 44 ⑤ – Reutlingen 49 ⑤ – Schwäbisch Gmünd 26 ① – ♦Ulm (Donau) 63 ④.

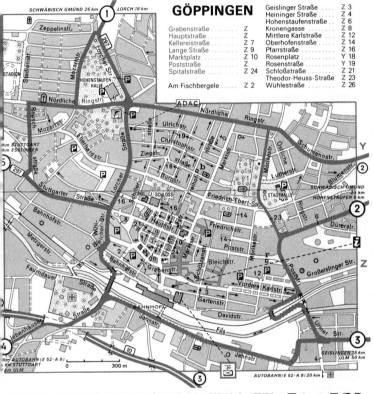

GÖPPINGEN

Grabenstraße	Z
Hauptstraße	Z
Kellereistraße	Z 7
Lange Straße	Z 9
Marktplatz	Z 10
Poststraße	Z
Spitalstraße	Z 24
Am Fischbergele	Z 2

Geislinger Straße	Z 3
Heininger Straße	Z 4
Hohenstaufenstraße	Z 6
Kronengasse	Z 8
Mittlere Karlstraße	Z 12
Oberhofenstraße	Z 14
Pfarrstraße	Z 16
Rosenplatz	Y 18
Rosenstraße	Y 19
Schloßstraße	Z 21
Theodor-Heuss-Straße	Z 23
Wühlestraße	Z 26

🏨 **Hohenstaufen**, Freihofstr. 64, ℘ 7 00 77, Telex 727619, Fax 73484 – 📺 ☎ 🚗. 🆎 ① 🅴 🆚🆂🅰
    Y b
    M *(Freitag - Samstag 18 Uhr und 24.- 30. Dez. geschl.)* a la carte 40/68 – **50 Z : 70 B** 95/120 -
    130/160 Fb.

🏨 **Im Kaiserbau** garni, Poststr. 14a, ℘ 6 89 47 – ⧈ 📺 ☎ 🚗 🆎 ① 🅴 🆚🆂🅰   Z r
    12 Z : 24 B 95 - 150/225.

🏨 **International**, Grünewaldweg 2, ℘ 7 90 31, Fax 69344, 🕿 – ⧈ 📺 ☎ 🚗 🅿 – 🔬 60. 🆎
    ① 🅴 🆚🆂🅰. 🛠 Rest   über Dürerstr.   Z
    Mitte Juli - Mitte Aug. geschl. – (nur Abendessen für Hausgäste) – **58 Z : 100 B** 75/140 -
    130/185 Fb.

🍴🍴 **Park Restaurant Stadthalle**, Blumenstr. 41, ℘ 6 80 06, Fax 683663, 🕿, Biergarten – 🅿
    – 🔬 25/500. 🅴 🆚🆂🅰   Y
    Sonntag 15 Uhr - Montag, 10.- 26. Feb. und 19.- 26. Mai geschl. – **M** *(auch vegetarische
    Gerichte)* a la carte 28/58.

In Göppingen 11-Hohenstaufen ② : 8 km :

🍴🍴 **Panorama-Hotel Honey-do** 🌲 mit Zim, Eutenbühl 1, ℘ (07165) 3 39, ≤ Schwäbische
    Alb – 📺 ☎ 🅿. 🛠
    M *(Dienstag geschl.)* a la carte 26/67 – **6 Z : 10 B** 62 - 124.

Fortsetzung →

In Göppingen 8-Jebenhausen ④ : 3 km :

🏠 **Pension Winkle** ॐ, Schopflenbergweg 5, ℰ 4 15 74, 🚗, 🔲 – ⇆ 🕿 ⇐ 🅟. 𝘝𝘐𝘚𝘈. ⅔
22. Dez.- 8. Jan. geschl. – (nur Abendessen für Hausgäste) – **17 Z : 23 B** 60/75 - 90/110.

In Göppingen 7-Ursenwang ③ : 5 km :

XXX **Bürgerhof - Alt-Tirol**, Tannenstr. 2, ℰ 81 12 26 – 🅟. ⅔
Montag - Dienstag und 15. Juli - 15. Aug. geschl. – **M** a la carte 36/64.

In Wangen 7321 ⑤ : 6 km :

🏠 **Linde**, Hauptstr. 30, ℰ (07161) 2 30 22, Fax 13685 – 📺 🕿 ⇐ 🅟 – 🏄 30. ⓞ 🄴 𝘝𝘐𝘚𝘈. ⅔
27. Mai - 9. Juni und 1.- 21. Nov. geschl. – **M** a la carte 33/58 🍴 – **11 Z : 16 B** 75/85 - 125.

XX **Landgasthof Adler**, Hauptstr. 103, ℰ (07161) 2 11 95 – 🅟. 🄰🄴 ⓞ 🄴
Montag und 15.- 31. Jan. geschl. – **M** a la carte 46/72.

In Albershausen 7337 ⑤ : 8 km :

🏨 **Stern**, Uhinger Str. 1, ℰ (07161) 3 20 81, 🔲 – 🛗 📺 ♿ 🅟 – 🏄 35. 🄴
1. - 16. Jan. geschl. – **M** a la carte 37/68 – **44 Z : 64 B** 85/100 - 130 Fb.

GÖSSWEINSTEIN 8556. Bayern 𝟺𝟷𝟹 QR 17, 𝟿𝟾𝟽 ㉘ – 4 200 Ew – Höhe 493 m – Luftkurort – 🕓 09242.

Sehenswert : Barockbasilika (Wallfahrtskirche) – Marienfelsen ≤★★ – Wagnershöhe ≤★.

Ausflugsziel : Fränkische Schweiz★★.

🛈 Verkehrsamt, Burgstr. 70, ℰ 4 56.

♦München 219 – ♦Bamberg 45 – Bayreuth 46 – ♦Nürnberg 75.

🏠 **Zur Rose**, Marktplatz 7, ℰ 2 25, Fax 1029, 🌴 – ⅔ Zim
➡ Nov. geschl. – **M** (Montag geschl.) a la carte 21/40 – **19 Z : 39 B** 44/54 - 70/78.

🏠 **Fränkischer Hahn** garni, Badanger Str. 355, ℰ 4 02 – 🕿 🅟. 🄴
10 Z : 20 B 45/50 - 80/90 Fb.

🏠 **Regina** garni, Pezoldstr. 109, ℰ 2 50, 🌴 – ⇐ 🅟
16 Z : 29 B 45/50 - 72/84.

🏡 **Fränkische Schweiz**, Pezoldstr. 21, ℰ 2 90, 🌴 – ⇐ 🅟
➡ 15. Nov.- 15. Dez. geschl. – **M** a la carte 15/27 🍴 – **12 Z : 22 B** 32 - 60.

X **Schönblick** ॐ mit Zim, August-Sieghardt-Str. 202, ℰ 3 77, ≤, 🌴 – 📺 🅟
2. Jan.- 2. Feb. geschl. – **M** (Dienstag geschl.) a la carte 31/45 – **7 Z : 14 B** 37/45 - 72/90.

In Gössweinstein - Behringersmühle :

🏠 **Frankengold**, Pottensteiner Str. 29, ℰ 15 05, 🌴, 🌴 – 🛗 🅟. 🄴
➡ 7. Jan.- 15. Feb. geschl. – **M** (Donnerstag geschl.) a la carte 20/46 – **18 Z : 33 B** 45/53 - 84/92 Fb – ½ P 62/73.

🏡 **Zur schönen Aussicht** ॐ, Haus Nr. 22, ℰ 2 94, ≤, 🌴 – ⅔
20. Dez.- 10. Jan. geschl. – (Restaurant nur für Hausgäste) – **10 Z : 19 B** 25/33 - 46/64 – ½ P 30/35.

GÖTTELFINGEN Baden-Württemberg siehe Seewald.

GÖTTINGEN 3400. Niedersachsen 𝟿𝟾𝟽 ⑤, 𝟺𝟷𝟸 M 12 – 133 000 Ew – Höhe 159 m – 🕓 0551.

Sehenswert : Fachwerkhäuser (Junkernschänke★) YZ **B**.

🛅 Schloß Levershausen (① : 20 km), ℰ (05551) 6 19 15.

🛈 Fremdenverkehrsamt, Altes Rathaus, Markt 9, ℰ 5 40 00, Fax 4002998.

🛈 Tourist Office, vor dem Bahnhof, ℰ 5 60 00.

ADAC, Herzberger Landstr. 3, ℰ 5 10 28, Notruf ℰ 1 92 11.

♦Hannover 122 ③ – ♦Braunschweig 109 ③ – ♦Kassel 47 ③.

Stadtplan siehe gegenüberliegende Seite.

🏨 **Park-Hotel Ropeter**, Kasseler Landstr. 45, ℰ 90 20, Telex 96821, Fax 902146, Massage, 🚗, 🔲, 🌴 – 🛗 🍽 Rest 📺 ⇐ 🅟 – 🏄 25/200   über ③
102 Z : 148 B Fb.

🏨 **Gebhards Hotel**, Goetheallee 22, ℰ 4 96 80, Fax 4968110, 🌴, 🔲 – 🛗 📺 🅟 – 🏄 25/150.   Y e
ⓞ 🄴 𝘝𝘐𝘚𝘈
M (Sonntag geschl.) a la carte 49/84 – **53 Z : 74 B** 110/210 - 165/270 Fb.

🏨 **Eden** ॐ, Reinhäuser Landstr. 22a, ℰ 7 60 07, Fax 76761, 🌴, 🚗, 🔲 – 🛗 📺 🕿 🅟 –   Z d
🏄 25/70. ⅔ Zim
Juli 2 Wochen geschl. – **M** (nur Abendessen, Freitag geschl.) a la carte 26/42 – **62 Z : 89 B** 96/130 - 140/200 Fb.

🏨 **Central** garni, Jüdenstr. 12, ℰ 5 71 57, Fax 371202 – 🕿 ⇐ 🅟. 🄰🄴 ⓞ 🄴 𝘝𝘐𝘚𝘈   Y n
44 Z : 65 B 80/120 - 140/200.

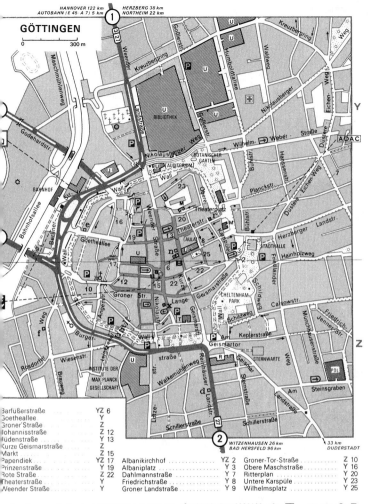

GÖTTINGEN

HANNOVER 122 km
AUTOBAHN (E 45· A 7) 5 km
HERZBERG 38 km
NORTHEIM 22 km

0 — 300 m

WITZENHAUSEN 26 km
BAD HERSFELD 96 km
33 km
DUDERSTADT

🏠 **Rennschuh** garni, Kasseler Landstr. 93, 𝒫 9 00 90, Fax 9009199, 🚗, 🔲 – ☎ 🚗 🅿. E
VISA   über ③
22. Dez.- 2. Jan. geschl. – **106 Z : 172 B** 55/70 - 84/100 Fb.

🏠 **Kasseler Hof**, Rosdorfer Weg 26, 𝒫 7 20 81 – ☎ 🅿. E VISA. ℜ   Z f
22.- 29. März und 20. Juli - 13. Aug. geschl. – (nur Abendessen für Hausgäste) – **30 Z : 48 B**
44/85 - 75/125.

🏠 **Garni Gräfin v. Holtzendorff** ℜ, Ernst-Ruhstrat-Str. 4 (im Industriegebiet), 𝒫 6 39 87
– E   über ④
20 Z : 30 B 39/65 - 68/96.

XX **Junkernschänke**, Barfüßerstr. 5, 𝒫 5 73 20, Fax 4968110, « Fachwerkhaus a. d. 15. Jh. »
– ⓪ E VISA   Y n
Montag geschl. – **M** a la carte 42/68.

XX Gauß-Keller, Obere Karspüle 22, 𝒫 5 66 16   Y r
nur Abendessen.

XX **Rathskeller**, Markt 9, 𝒫 5 64 33, 🍴 – AE ⓪ E VISA   Z u
M a la carte 28/61.

X **Zum Schwarzen Bären** (Gaststätte a. d. 16. Jh.), Kurze Str. 12, 𝒫 5 82 84 – AE ⓪ E
Sonntag 15 Uhr - Montag geschl. – **M** 19/25 (mittags) und a la carte 30/55.   Z x

323

In Göttingen - Groß-Ellershausen ③ : 4 km :

🏨 **Freizeit In**, Dransfelder Str. 3 (B 3), 𝒫 9 00 10, Telex 96681, Fax 9001100, Massage, 👐 ⚄, 🏊, ⚒ (Halle) – 🍴 ✕ Zim 📺 ⅃ ⓟ – 🔥 25/500. 🖭 ⓞ Ε 𝕍𝕀𝕊𝔸
M a la carte 33/64 – **120 Z : 240 B** 128/178 - 185/268 Fb.

🕽 **Lindenhof**, Dransfelder Str. 9 (B 3), 𝒫 9 22 52 – ⟵➤ ⓟ. 🖭 ⓞ Ε 𝕍𝕀𝕊𝔸
➤ 17.- 30. Sept. und 22. Dez.- 6. Jan. geschl. – **M** (Sonn- und Feiertage ab 14 Uhr geschl.) a la carte 20/38 – **21 Z : 29 B** 38/65 - 75/105.

In Göttingen 23-Nikolausberg   NO : 5 km über Nikolausberger Weg Y :

🏠 **Beckmann** ⚮ garni, Ulrideshuser Str. 44, 𝒫 2 10 55, Fax 21767 – ☎ ⟵➤ ⓟ. 🖭 ⓞ Ε
𝕍𝕀𝕊𝔸
28 Z : 42 B 44/66 - 74/96.

In Friedland 3403 ② : 12 km :

✕ **Biewald** mit Zim, Weghausstr. 20, 𝒫 (05504) 2 25, 🌳 – ⓟ. 🖭 ⓞ Ε
M (Montag geschl.) a la carte 25/52 – **7 Z : 14 B** 50/60 - 90.

In Friedland - Groß-Schneen 3403 ② : 10 km :

✕✕ **Schillingshof** ⚮ mit Zim, Lappstr. 14, 𝒫 (05504) 2 28, 🌳 – 📺 ☎ ⓟ. ⓞ Ε 𝕍𝕀𝕊𝔸
1.- 14. Jan. geschl. – **M** (Montag geschl.) a la carte 55/102 – **3 Z : 6 B** 70 - 100.

An der Autobahn A 7 (Westseite) ③ : 6,5 km :

🏨 **Autobahn-Rasthaus und Motel**, ✉ 3405 Rosdorf 1-Mengershausen, 𝒫 (05509) 80 80
Fax 808157 – 📺 ☎ ⅃ ⓟ. 🖭 ⓞ Ε 𝕍𝕀𝕊𝔸
Restaurant: nur Self-service – **32 Z : 64 B** 115 - 125/199 (ohne Frühstück).

Dans la plupart des hôtels, les chambres non réservées par écrit,
ne sont plus disponibles après 18 h.
Si on doit arriver après 18 h, il convient de préciser
l'heure d'arrivée – mieux – d'effectuer une réservation par écrit.

In most hotels telephone reservations will be respected only until 6pm,
unless you have come to an agreement with the proprietor.
Written confirmation is strongly recommended
should you expect to be arriving later.

GOLDBACH Bayern siehe Aschaffenburg.

GOLDKRONACH Bayern siehe Berneck im Fichtelgebirge, Bad.

GOMADINGEN 7423. Baden-Württemberg 𝟜𝟙𝟛 L 21 – 2 000 Ew – Höhe 675 m – Luftkurort –
Wintersport : 680/800 m ❄3 – ✆ 07385.
🛈 Verkehrsamt, Rathaus, Marktplatz 2, 𝒫 10 41.
♦Stuttgart 64 – Reutlingen 23 – ♦Ulm (Donau) 64.

In Gomadingen-Dapfen   SO : 5 km :

🏠 **Zum Hirsch**, Lautertalstr. 59, 𝒫 4 27, ⚄, 🏊, 🌳 – ⟵➤ ⓟ – 🔥 . ✕ Zim
20 Z : 40 B.

In Gomadingen-Offenhausen   W : 2 km :

🏨 **Landgasthaus Gulewitsch - Gestütsgasthof** ⚮, Ziegelbergstr. 24, 𝒫 16 11, Fax 1478,
🌳, ⚄, 🌳 – 📲 ☎ ⓟ – 🔥 50
Feb. geschl. – **M** (Dienstag - Mittwoch geschl.) a la carte 30/62 – **21 Z : 42 B** 48/63 - 88/
99 Fb.

GONDORF Rheinland-Pfalz siehe Bitburg.

GOSBACH Baden-Württemberg siehe Ditzenbach, Bad.

GOSLAR 3380. Niedersachsen 𝟡𝟠𝟟 ⑯ – 46 000 Ew – Höhe 320 m – ✆ 05321.
Sehenswert : Altstadt*** (Marktplatz**, Fachwerkhäuser**, Rathaus* mit Huldigungssaal**)
– Wallanlagen* B – Breites Tor* B – Neuwerkkirche* A.
Ausflugsziel : Klosterkirche Grauhof* ① : 3 km.
🛈 Kur- und Fremdenverkehrsgesellschaft, Markt 7, 𝒫 28 46.
🛈 Kurverwaltung Hahnenklee, Rathausstr. 16, 𝒫 (05325) 20 14.
ADAC, Breite Str. 31, 𝒫 2 40 43, Notruf 𝒫 1 92 11.
♦Hannover 90 ④ – ♦Braunschweig 43 ① – Göttingen 80 ④ – Hildesheim 59 ④.

POL.

JÜRGENOHL

GOSLAR

300 m

BRAUNSCHWEIG 47 Km
BRAUNSCHWEIG 53 km
VIENENBURG
BAD HARZBURG 10 km

ADAC

Berliner

Grummetwiese

ST-GEORG

GEORGENBERG
Köppelsbleek

BAHNHOF

Bismarckstraße

ROSENTOR
TEUFELSTURM

BREITES TOR

WEBERTURM

Bäckerstr.

NEUWERK-KIRCHE

OSTERFELD

WITTOR

Schilderstr.
Bäckerstr.

STADION

WASSERLOCH

Breite

KEGELWORTH TURM

Marktstr.

MARKTPLATZ ★★
RATHAUS ★

Burgstr.

ROSENBERG

WALLANLAGEN

Franken-berger Plan

DOMVORHALLE

KAISERPFALZ

ZWINGER

SCHNEIDERTURM

Straße

Werenbergstr.

★★ FACHWERKHÄUSER —		
HOF "AM WEISSEN SCHWAN" **A**, EING. ZUR MÜNZSTR. **V**,		
BRUSTTUCH **B**, BÄCKERSTR. **W**, SIEMENSHAUS **C**		
	A	**B**

m CLAUSTHAL-ZELLER...
m BAD GRUND

eite Straße	B	Am Heiligen Grabe	A 2
schemäkerstraße	B 6	Bäringerstraße	A 3
okenstraße	B	Brüggemannstraße	B 4
arktstraße	A	Fleischscharren	B 7
etersilienstraße	B 20	Hoher Weg	B 10
osentorstraße	AB 21	Jürgenweg	B 12

Kaiserbleek	A 13
Königstraße	B 15
Marstallstraße	A 16
Mauerstraße	B 17
Münzstraße	AB 18
Obere Kirchstraße	B 19
St-Annen-Höhe	B 22
Schielenstraße	B 23
Schreiberstraße	A 24
Schützenallee	B 25
Worthstraße	B 28

Der Achtermann, Rosentorstr. 20, ☎ 2 10 01, Telex 953847, Fax 42748, 🍴, Bade- und Massageabteilung, ≦s, 🔲 – 🛗 📺 🕭 – 🔬 25/300. ⁤🕮 ⓄⒹ Ɛ 𝑉𝐼𝑆𝐴 — A **r**
M a la carte 40/65 – **153 Z : 250 B** 175 - 278 Fb.

Kaiserworth (Haus a.d. 15. Jh.), Markt 3, ☎ 2 11 11, Telex 953874, Fax 21114 – 📺 ☎ Ⓟ – 🔬 25/100 – **56 Z : 100 B** Fb. — B **x**

Das Brusttuch (Haus a.d. 16. Jh.), Hoher Weg 1, ☎ 2 10 81 – 🛗 📺 ☎ — AB **B**
13 Z : 26 B Fb.

Schwarzer Adler, Rosentorstr. 25, ☎ 2 40 01, 🍴 – 📺 ☎ Ⓟ — A **e**
M (Sonntag 14 Uhr - Montag und Juli - Aug. 4 Wochen geschl.) a la carte 25/53 – **27 Z : 50 B** 80/100 - 110/130.

Villa Berger ⑤, Oberer Triftweg 6, ☎ 2 16 40, 🌳 – 📺 🚗. Ɛ. ✳ Rest — A **u**
M a la carte 31/54 – **12 Z : 22 B** 55/70 - 90/120 Fb.

Gästehaus Graul ⑤ garni, Bergdorfstr. 2, ☎ 2 19 31 — B **a**
9 Z : 16 B 40/60 - 70/90.

Goldene Krone, Breite Str. 46, ☎ 2 27 92 – Ⓟ. 🕮 ⓄⒹ Ɛ 𝑉𝐼𝑆𝐴 — B **d**
1.- 25. Feb. und 1.- 20. Nov. geschl. – **M** (Mittwoch geschl.) a la carte 34/48 – **25 Z : 37 B** 45/65 - 80/130.

Weißer Schwan - Balkan-Grill, Münzstr. 11, ☎ 2 57 37 — AB **A**

325

In Goslar 2-Hahnenklee SW : 15 km über ③ — Höhe 560 m — Heilklimatischer Kuror
— Wintersport : 560/724 m ⟨1 ⟨2 ⟨1 — ✿ 05325 :

🏨 **Dorint-Harzhotel Kreuzeck**, Am Kreuzeck (SO : 3,5 km), ℰ 7 41, Telex 953721, Fa
74839, 🍴, ≦s, ⬛, 🛋, ✕ — 🛗 ✇ Zim 📺 🏋 ⇐ 🅿 — 🔧 25/150. 🆎 ⓞ 🅴 ✸ Rest
M a la carte 30/66 — **104 Z : 200 B** 125/155 - 195/245 Fb — 8 Appart. 265/300.

🏨 **Diana-Café Seerose**, Parkstr. 4, ℰ 70 30, Fax 70310, ≤, 🍴, ≦s, ⬛ — 🛗 📺 ◀
⇐ 🅿
M *(Nov.- Mitte Dez. geschl.)* 14/28 (mittags) und a la carte 30/60 — **28 Z : 50 B** 65/85
100/170 Fb — 12 Appart. 170/300 — 10 Fewo 75/125 — ½ P 77/107.

🏨 **Hahnenkleer Hof** ⬖, Parkstr. 24a, ℰ 20 11, Fax 2111, 🍴, Biergarten, ≦s, ⬛, 🛋 —
📺 ☎ ⇐ 🅿 🆎 ⓞ 🅴 🈹 ✸ Rest
Mitte Nov.- Mitte Dez. geschl. — **M** a la carte 30/57 — **32 Z : 55 B** 85/140 - 160/200 Fb —
½ P 98/118.

🏨 **Walpurgis Hof**, Am Bocksberg 1, ℰ 70 90, Telex 953776, Fax 3081, ≦s — 🛗 📺 ☎ 🅿 ⬛
ⓞ 🅴 🈹
M a la carte 29/51 — **60 Z : 144 B** 95/125 - 150/230 Fb — ½ P 95/135.

🏨 **Hotel am Park** garni, Parkstr. 2, ℰ 20 31, ⬛ — 📺 ☎ 🅿
25 Z : 45 B 70/85 - 110/160.

🏠 **Der Waldgarten** ⬖, Lautenthaler Str. 36, ℰ 20 81, « Gartenterrasse », ⬛, 🛋 — 🛗 ◀
⇐ 🅿
Nov.- 20. Dez. geschl. — (Restaurant nur für Hausgäste) — **40 Z : 52 B** 65/83 - 120/134.

🏠 **Bellevue** ⬖ garni, Birkenweg 5 (Bockswiese), ℰ 20 84, ≦s, ⬛, 🛋 — 📺 ☎ ⇐ (
🅴
26 Z : 45 B 43/65 - 85/120 Fb — 6 Fewo 75/120.

🏠 **Harzer Hof**, Rathausstr. 9, ℰ 25 13 — ☎ 🅿. ✸ Zim
11.- 25. April und 21. Nov.- 15. Dez. geschl. — **M** *(Donnerstag geschl.)* a la carte 27/55 -
11 Z : 14 B 53/58 - 90/116 Fb.

GOTHA 5800. Thüringen 🅈🅈🅈 ㉓. 🅈🅈🅈 ㉘ — 57 000 Ew — Höhe 323 m — ✿ 0037622.

Ausflugsziele : Thüringer Wald ★★ (Großer Inselsberg ≤ ★★, Friedrichroda : Marienglas
höhle ★).

🅱 Gotha-Information, Marktstr. 2, ℰ 5 40 36.
♦Berlin - Ost 289 — Erfurt 25 — Gera 114 — Nordhausen 76.

🏠 **Slovan**, Hauptmarkt 20, ℰ 5 20 47 — 📺 ☎. ✸
→ **M** a la carte 20/50 — **15 Z : 30 B** 83/165 - 120/165 Fb.

✕ **Schloßgaststätte**, im Schloß Friedenstein, ℰ 5 23 31 — 🅿
→ *bis 19 Uhr geöffnet* — **M** a la carte 19/26.

✕ **Tanne**, Bürgeraue 5, ℰ 5 24 50, 🍴
→ **M** a la carte 15,50/29.

In Friedrichroda 5804 SW : 14 km :

🏠 **Schloßhotel Reinhardsbrunn** ⬖ (Jagdschloß a.d.J. 1864 mit Park), ℰ (00376227) 42 53
🍴 — 📺 ☎ 🅿 — 🔧 25/120. ✸
M a la carte 23/61 — **38 Z : 76 B** 45/127 - 60/170 Fb.

In Tabarz 5808 SW : 19 km — Luftkurort :

🏨 **Berghotel** ⬖ (mit Gästehaus), Max-Alvary-Str. 9, ℰ (003762299) 21 35, Telex 615265, 🍴
→ ≦s, ⬛ — 🛗 📺 ☎ 🅿
M a la carte 15/27 — **24 Z : 40 B** 65/130 - 85/150 — 4 Appart. 150/200.

GOTTINGA = Göttingen.

GOTTLIEBEN Schweiz siehe Konstanz.

GOTTMADINGEN 7702. Baden-Württemberg 🐌 J 23, 🐌 K 2, 🐌 ⑧ — 8 900 Ew — Höh
432 m — ✿ 07731 (Singen/Hohentwiel).
♦Stuttgart 159 — Schaffhausen 17 — Singen (Hohentwiel) 7.

🏠 **Sonne**, Hauptstr. 61, ℰ 7 16 28, Fax 73751 — 📺 ☎ 🅿. 🆎 ⓞ 🅴 🈹
M *(Freitag geschl.)* a la carte 26/44 — **36 Z : 75 B** 45/95 - 75/150.

🏠 Heilsberg ⬖, Heilsbergweg 2, ℰ 7 16 64, 🛋 — ⇐ 🅿
11 Z : 20 B.

✕✕ **Linde** mit Zim, Lindenstr. 8, ℰ 7 11 73 — ☎. ⓞ 🅴 🈹
6.- 31. Jan. geschl. — **M** *(Montag geschl.)* a la carte 30/52 — **15 Z : 26 B** 58/65 - 90/98 Fb.

In Gottmadingen 2-Bietingen W : 3 km :

🏠 **Landgasthof Wider**, Ebringer Str. 11, ℰ (07734) 22 68 — ☎ ⇐ 🅿. 🅴
→ *1.- 8. Nov. geschl.* — **M** *(Dienstag geschl.)* a la carte 21/38 ⅃ — **13 Z : 25 B** 42 - 75.

GRAACH 5550. Rheinland-Pfalz **412** E 17 — 830 Ew — Höhe 105 m — ✪ 06531 (Bernkastel - Kues).

Mainz 116 — Bernkastel-Kues 3 — ♦Trier 46 — Wittlich 13.

🏠 **Weinhaus Pfeiffer** garni, Gestade 12, ℰ 40 01, ≤ – ☎ ⇔ 🅿
   13 Z : 23 B 43/65 - 92.

🏠 **Antoniushof** garni, Bernkasteler Str. 11, ℰ 66 01, ≤, ⇔, 🚿 – ☎ 🅿
   nur Saison — **12 Z : 29 B**.

🏡 Zur Traube, Hauptstr. 102, ℰ 21 89 – 🅿 – **12 Z : 21 B**.

GRÄFELFING 8032. Bayern **413** R 22, **987** ⑰, **426** ⑰ — 13 300 Ew — Höhe 540 m — ✪ 089
(München).

München 12 — Garmisch-Partenkirchen 81 — Landsberg am Lech 46.

   In Gräfelfing-Lochham :

🏠 **Würmtaler Gästehaus**, Rottenbucher Str. 55, ℰ 8 54 50 56, Telex 524097, Fax 853897, 🚿
   – 📺 ☎ 🅿. 𝓥𝓘𝓢𝓐. ❊
   M *(Samstag geschl.)* a la carte 27/50 — **52 Z : 80 B** 65/110 - 90/170.

   In Planegg 8033 SW : 1 km :

🏠 **Planegg** ❧ garni, Gumstr. 13, ℰ (089) 8 57 10 70 — ⧉ 📺 🅿. **E**
   23. Dez.- 7. Jan. geschl. — **39 Z : 58 B** 80/90 - 120 Fb.

GRÄFENBERG 8554. Bayern **413** Q 18 — 5 000 Ew — Höhe 433 m — ✪ 09197.
♦München 190 — ♦Bamberg 42 — ♦Nürnberg 28.

   In Gräfenberg-Haidhof N : 7,5 km :

🏠 **Schloßberg** ❧, Haidhof 5, ℰ 5 67, 🏡, ⇔, 🚿 – 📺 ☎ ⇔ 🅿. **AE E**
↘ Jan. geschl. — **M** *(Montag geschl.)* a la carte 20/53 ⓙ — **27 Z : 52 B** 49 - 84 Fb.

GRAFENAU 8352. Bayern **413** X 20, **987** ⑳, **426** ⑰ — 8 000 Ew — Höhe 610 m — Luftkurort —
Wintersport : 610/700 m ⟨2 ⟩8 — ✪ 08552.
🛈 Verkehrsamt im Rathaus, Rathausgasse 1, ℰ 4 27 43.
♦München 190 — Deggendorf 46 — Passau 37.

🏨🏨 **Steigenberger-Hotel Sonnenhof** ❧, Sonnenstr. 12, ℰ 20 33, Telex 57413, Fax 4680, ≤,
   🏡, Bade- und Massageabteilung, 🔥, ⇔, 🏊, 🚿, ❊ – ⧉ ↝ Zim 📺 🛠 ⇔ 🅿 –
   🔬 25/150. **AE ① E 𝓥𝓘𝓢𝓐**. ❊ Rest
   M a la carte 35/60 — **196 Z : 320 B** 100/120 - 196/208 Fb — 4 Appart. 280/320 — ½ P 128/150.

🏨🏨 **Parkhotel** ❧, Freyunger Str. 51 (am Kurpark), ℰ 24 44, Fax 4380, ≤, 🏡, Massage, ⇔, 🏊,
   🚿 – ⧉ ↝ 📺 ⭐ ⇔ 🅿 – **51 Z : 90 B** Fb.

🏨 **Hotel am Kurpark** ❧, Freyunger Str. 49, ℰ 42 90, Telex 57463, Fax 429412, ≤, 🏡, ⇔,
   🏊 – ⧉ ↝ Zim 📺 🛠 ⇔ 🅿. **AE ① E 𝓥𝓘𝓢𝓐**
   M a la carte 23/53 — **115 Z : 230 B** 100 - 150/200 Fb — ½ P 98/123.

❌❌ ✿ **Säumerhof** mit Zim, Steinberg 32, ℰ 24 01, ≤, ⇔, 🚿 – 📺 ☎ 🅿
   M *(nur Abendessen)* 79/110 und a la carte 62/90 — **11 Z : 19 B** 59/84 - 118/180
   Spez. Kalbsbries mit gebratenen Artischocken, Rehrücken mit Zwiebellauch, Holunderblütencreme mit
   Minzesabayon.

   In Grafenau-Grüb N : 1,5 km :

🏠 **Hubertus** ❧, Grüb 20, ℰ 13 59, 🏡, ⇔, 🏊 – ⧉ 📺 ☎ ⇔ 🅿. **AE E**
↘ Nov. 3 Wochen geschl. — **M** *(Montag geschl.)* a la carte 19/45 — **33 Z : 66 B** 52/60 - 90/98 —
   ½ P 60/72.

   In Grafenau-Rosenau NO : 3 km :

🏡 Postwirt, ℰ 10 18, 🏡, ⇔, 🏊 – ⧉ ☎ 🅿. ❊ Zim — **36 Z : 68 B** Fb.

   In Neuschönau 8351 NO : 9 km :

🏠 Bayerwald ❧, Am Hansenhügel 5, ℰ (08558) 17 13, ⇔, 🏊 – ⧉ 🅿
   (nur Abendessen für Hausgäste) — **32 Z : 60 B** Fb.

GRAFENHAUSEN 7821. Baden-Württemberg **413** H 23, **427** I 2, **216** ⑥⑦ — 2 000 Ew — Höhe
895 m — Luftkurort — Wintersport : 900/1 100 m ⟨1 ⟩5 — ✪ 07748.
🛈 Kurverwaltung, Rathaus, ℰ 2 65.
♦Stuttgart 174 — Donaueschingen 41 — ♦Freiburg im Breisgau 58 — Waldshut-Tiengen 30.

🏠 **Tannenmühle** ❧ (Schwarzwaldgasthof mit Museumsmühle, Tiergehege und
   Forellenteichen), Tannenmühlenweg 5 (SO : 3 km), ℰ 2 15, Fax 1226, 🏡, 🚿 – 🅿
   Mitte Nov.- Mitte Dez. geschl. — **M** *(Dienstag geschl.)* a la carte 25/50 ⓙ — **17 Z : 37 B** 45/55
   - 80/100 Fb — ½ P 65/80.

   In Grafenhausen-Rothaus N : 3 km — Höhe 975 m :

🏨 **Kurhaus Rothaus**, ℰ 12 51, Fax 1251, Bade- und Massageabteilung, 🔥, ⇔, 🚿 – 📺
   ☎ ⇔ 🅿 – 🔬 40
   Anfang - Mitte April und 15. Nov.- 23. Dez. geschl. — **M** *(Dienstag geschl.)* a la carte 29/63
   — **51 Z : 90 B** 65/100 - 130/140 Fb.

GRAFENWIESEN 8491. Bayern **413** V 19 — 1 400 Ew — Höhe 509 m — Erholungsort — ✪ 0994 (Kötzting).

♦München 191 — Cham 26 — Deggendorf 50.

🏠 **Birkenhof** ⟩, Auf der Rast 7, ℘ 15 82, ≤, ☞ — 📶 ④
10. Jan.- 20. Feb. und 26. Okt.- 20. Dez. geschl. — (Restaurant nur für Hausgäste) — **40 Z**
72 B 38/60 - 64/80 Fb — ½ P 44/52.

🏠 **Wildgatter** ⟩, Kaitersberger Weg 27, ℘ 60 80, Fax 4650, ≤, ☞, ⇌s — 📺 ☎ ④. E
━ **M** a la carte 19/32 — **25 Z : 50 B** 42 - 64/84 — 64 Fewo 55/114.

GRAFING 8018. Bayern **413** S 22, **987** ㉗. **426** ⑱ — 10 500 Ew — Höhe 519 m — ✪ 08092.

🚉 Oberelkofen (S : 3 km), ℘ (08092) 74 94.

♦München 36 — Landshut 80 — Rosenheim 35 — Salzburg 110.

🏠 **Hasi** garni, Griesstr. 5, ℘ 40 27, Fax 3163 — ☎ ④. E
21 Z : 37 B 45/70 - 80/85.

GRAFLING Bayern siehe Deggendorf.

GRAINAU 8104. Bayern **413** Q 24, **987** ㊱. **426** F 6 — 3 500 Ew — Höhe 748 m — Luftkurort - Wintersport : 750/2 950 m ⸺5 3 ⸲5 5 ⸲4 4 — ✪ 08821 (Garmisch-Partenkirchen).

Ausflugsziel : Zugspitzgipfel★★★ (✳★★★) mit Zahnradbahn (40 min) oder ⸺5 ab Eibsee (10 min).

🛈 Verkehrsamt, Waxensteinstr. 35, ℘ 8 14 11, Fax 8488.

♦München 94 — Garmisch-Partenkirchen 6.

🏨 **Alpenhof** ⟩, Alpspitzstr. 22, ℘ 80 71, Fax 81680, ≤, ☞, ⇌s, ▣, ☞ — 📶 📺 ④. ⓪ E
VISA. ⸙
Mitte Nov.- Mitte Dez. geschl. — Menu a la carte 32/62 — **37 Z : 68 B** 70/125 - 170/245 Fb —
½ P 85/138.

🏨 **Eibsee - Hotel** ⟩, am Eibsee (SW : 3 km), ℘ 80 81, Telex 59666, Fax 82585, ≤ Eibsee, ☞
⇌s, ▣, ♨s, ☞, ⸙ — 📶 📺 ④ — ⛳ 25/180
120 Z : 225 B Fb — 9 Appart..

🏨 **Alpenhotel Waxenstein** ⟩, Eibseestr. 16, ℘ 80 01, Telex 59663, Fax 8401, ≤ Waxenstein
und Zugspitze, ☞, Massage, ⇌s, ▣, ☞ — 📶 📺 ☎ ⟸ ④ — ⛳ 25/80. 🆔 ⑩ E **VISA**
⸙ Rest
Menu (auch vegetarisches Menu) a la carte 26/66 — **50 Z : 90 B** 95/170 - 192/320 Fb —
½ P 95/170.

🏠 **Längenfelder Hof** ⟩ garni, Längenfelder Str. 8, ℘ 80 88, ≤, ⇌s, ▣, ☞ — ☎ ⟸ ④. ⸙
19 Z : 36 B — 4 Fewo.

🏠 **Wetterstein** garni, Waxensteinstr. 14c, ℘ 80 04, ⇌s, ☞ — ☎ ⟸ ④. ⸙
15 Z : 27 B.

🏠 **Alpspitz**, Loisachstr. 56, ℘ 8 16 85, ☞, ⇌s, ☞ — ☎ ④. E **VISA**
April und Nov. geschl. — **M** (Mittwoch geschl.) a la carte 23/45 — **20 Z : 40 B** 55/75
90/136.

🏠 **Haus Bayern** ⟩ garni, Zugspitzstr. 54a, ℘ 89 85, ≤, « Garten », ▣ (geheizt), ☞ — ☎
④. ⸙
16 Z : 24 B 55/60 - 80/120.

🏠 **Jägerhof** ⟩ garni, Enzianweg 1, ℘ 85 18, ☞ — ④
Nov.- 15. Dez. geschl. — **27 Z : 44 B** 58/76 - 110/140 Fb.

🏠 **Gästehaus Barbara** ⟩ garni, Am Krepbach 12, ℘ 89 24, ☞ — ⟸ ④. ⸙
13 Z : 23 B 60/65 - 76/80 — 5 Fewo 65/80.

🏠 **Post** ⟩ garni, Postgasse 10, ℘ 88 53, ≤, ☞ — ⟸ ④. 🆔 ⑩ E **VISA**
10. Jan.- 10. Feb. und 15. Okt.- 20. Dez. geschl. — **20 Z : 35 B** 69/79 - 118/150 — 10 Fewo
70/140.

🏠 **Gästehaus am Kurpark** ⟩ garni, Am Brücklesbach 3, ℘ 85 49, ☞ — ④. ⸙
12 Z : 21 B 45/55 - 90.

🏠 **Grainauer Hof**, Schmölzstr. 5, ℘ 5 00 61, ≤, ⇌s, ▣ (geheizt), ▣, ☞ — ☎ ④. 🆔 ⑩ E
Nov.- 15. Dez. geschl. — (nur Abendessen für Hausgäste) — **31 Z : 55 B** 70/90 - 96/150 Fb.

✕ **Gasthaus am Zierwald** mit Zim, Zierwaldweg 2, ℘ 88 40, Fax 82640, ≤, ☞, ☞ — ☎ ④
🆔 ⑩ E **VISA**
2.- 10. April und 28. Okt.- 4. Nov. geschl. — **M** (Mittwoch geschl.) a la carte 24/40 — **5 Z :**
10 B 46/55 - 88/96.

GRANDORF Niedersachsen siehe Holdorf.

GRASBRUNN 8011. Bayern **413** S 22 — 3 500 Ew — Höhe 560 m — ✪ 089 (München).
♦München 18 — Landshut 87 — Salzburg 141.

In Grasbrunn-Harthausen SO : 3 km :

🏠 Zum Forstwirt, Zum Forstwirt 1 (SO : 1 km), ℘ (08106) 73 74, Biergarten — ☎ ④
20 Z : 27 B.

GRASDORF Niedersachsen siehe Holle.

GRASELLENBACH 6149. Hessen **987** **988** J 18 − 3 000 Ew − Höhe 420 m − Kneippheilbad Luftkurort − ✪ 06207 (Wald-Michelbach).

Verkehrsbüro, Nibelungenhalle, 𝒫 25 54.

Wiesbaden 95 − Beerfelden 21 − ♦Darmstadt 55 − ♦Mannheim 46.

▪ Siegfriedbrunnen ⊗, Hammelbacher Str. 7, 𝒫 4 21, Fax 463823, 畵, Bade- und Massageabteilung, ⟂, ⊜, ▣ (geheizt), ▨ (Gebühr), 舞, ❀ − ▐ ☎ ❶ − 凶 25/80
62 Z : 99 B Fb.

▪ Café Marienhof ⊗, Güttersbacher Str. 43, 𝒫 60 90, ⊜, ▨, 舞 − ▐ ⓉⓋ ☎ ❶. ❀
(Restaurant nur für Hausgäste) − **26 Z : 44 B** Fb.

▪ Café Gassbachtal ⊗, Hammelbacher Str. 16, 𝒫 50 31, Bade- und Massageabteilung, ⟂, ⊜ − ▐ ☎ ❶. ❀
(Restaurant nur für Pensionsgäste) − **23 Z : 37 B** Fb.

▪ **Landhaus Muhn** ⊗, Im Erzfeld 10, 𝒫 23 16, 舞 − ⓉⓋ ❶. ❀
Mitte Nov.- Mitte Dez. geschl. − (Restaurant nur für Hausgäste) − **14 Z : 23 B** 55/66 - 110/120.

In Grasellenbach-Tromm SW : 7 km − Höhe 580 m :

▪ Zur schönen Aussicht ⊗, Auf der Tromm 2, 𝒫 33 10, ≤, 畵, 舞 − ⟸ ❶ − **17 Z : 27 B**.

In Grasellenbach-Wahlen S : 2 km :

▪ **Burg Waldau**, Volkerstr. 1, 𝒫 22 78, Biergarten − ⓉⓋ ❶ − 凶 35
M a la carte 21/40 ⅃ − **11 Z : 23 B** 45/50 - 80/100 − ½ P 55/65.

GRASSAU 8217. Bayern **987** U 23, **426** ⑧⑨ − 5 400 Ew − Höhe 557 m − Luftkurort − ✪ 08641.

Verkehrsbüro, Kirchplatz 3, 𝒫 23 40.

München 91 − Rosenheim 32 − Traunstein 25.

▪ Sporthotel Achental ⊗, Mietenkamer Str. 65, 𝒫 40 10, Fax 1758, 畵, Massage, ⊜, ▨, 舞, ❀ − ▐ ⓉⓋ ☎ ⚦❶ − 凶 25/100. ᴬᴱ ⓄⒹ Ε 𝗩𝗜𝗦𝗔
M a la carte 32/57 − **160 Z : 300 B** 130 - 170 Fb − ½ P 108/153.

▪ **Hansbäck**, Kirchplatz 18, 𝒫 40 50, Fax 405405, 畵 − ▐ ☎ ❶. ᴬᴱ ⓄⒹ Ε 𝗩𝗜𝗦𝗔
M a la carte 23/55 − **31 Z : 70 B** 65/110 - 90/160 Fb − 7 Fewo 75/105.

▪ Weißbräu, Rottauer Str. 1, 𝒫 24 83 − ▐ ☎ ❶ − **21 Z : 46 B**.

Außerhalb NW : 6 km über die B 305, nach Rottau links ab − Höhe 810 m :

▪ Berggasthof Adersberg ⊗, Höhe 815 m, ⊠ 8217 Grassau-Rottau, 𝒫 (08641) 30 11, ≤ Chiemsee und Alpenlandschaft, 畵, ⊜, ▣ (geheizt), 舞 − ☎ ⟸ ❶
25 Z : 50 B.

GREBENSTEIN 3523. Hessen **987** L 12 − 6 000 Ew − Höhe 175 m − ✪ 05674.

Wiesbaden 241 − ♦Kassel 17 − Paderborn 63.

✗ **Zur Deutschen Eiche**, Untere Schnurstr. 3, 𝒫 2 46 − ❶. ᴬᴱ ⓄⒹ Ε 𝗩𝗜𝗦𝗔
Mittwoch und 15. Juli - 7. Aug. geschl. − **M** a la carte 21/48.

GREDING 8547. Bayern **987** R 19, **987** ㉖㉗ − 6 500 Ew − Höhe 400 m − Erholungsort − ✪ 08463.

Verkehrsamt, Marktplatz (Rathaus), 𝒫 2 33.

München 113 − Ingolstadt 39 − ♦Nürnberg 55 − ♦Regensburg 61.

▪ **Schuster**, Marktplatz 23, 𝒫 16 16, Telex 55430, Fax 788, 畵, ⊜, ▨ − ▐ ⓉⓋ ☎ ⟸ ❶ − 凶 25/80. ᴬᴱ ⓄⒹ Ε 𝗩𝗜𝗦𝗔
M a la carte 21/50 − **69 Z : 130 B** 58/130 - 80/160.

▪ Hotel am Markt, Marktplatz 2, 𝒫 94 04, Fax 1602 − ☎ ❶ − **30 Z : 61 B**.

▪ **Bauer-Keller**, Kraftsbucher Str. 1 (jenseits der BAB-Ausfahrt), 𝒫 2 03, ≤, 畵, 舞 − ⟸
❶. ᴬᴱ ⓄⒹ Ε 𝗩𝗜𝗦𝗔
16. Nov.- 16. Dez. geschl. − **M** *(Sonntag bis 17 Uhr geschl.)* a la carte 21/43 − **28 Z : 49 B** 30/40 - 65.

GREETSIEL Niedersachsen siehe Krummhörn.

GREFRATH 4155. Nordrhein-Westfalen **987** C 13 − 13 700 Ew − Höhe 32 m − ✪ 02158.

Düsseldorf 48 − Krefeld 20 − Mönchengladbach 25 − Venlo 16.

▪ **Grefrather Hof**, Am Waldrand 1 (Nähe Eisstadion), 𝒫 40 70, Telex 854863, Fax 407200, 畵, ⊜, ▨, ❀ (Halle) − ▐ ⓉⓋ ☎ ❶ − 凶 25/80. ᴬᴱ ⓄⒹ Ε 𝗩𝗜𝗦𝗔
M a la carte 35/65 − **80 Z : 152 B** 96/142 - 132/162 Fb.

GREIFENSTEIN 6349. Hessen **987** H 15 − 7 100 Ew − Höhe 432 m − Erholungsort − ✪ 06449 Ehringshausen-Katzenfurt).

Wiesbaden 90 − Gießen 38 − Limburg an der Lahn 40 − Siegen 54.

▪ Simon ⊗, Talstr. 3, 𝒫 2 09, ≤, ⊜, 舞 − ❶ − **21 Z : 40 B**.

329

GREIFSWALD 2200. Mecklenburg-Vorpommern 984 ⑦. 987 ⑦ − 70 000 Ew − Höhe 6 m − 🕏 0037822.

Sehenswert : Marienkirche★ (Kanzel★) − Dom St. Nikolai★.

🖪 Greifswald-Information, Straße der Freundschaft 126, 𝒫 34 60.

• Berlin - Ost 207 − Neubrandenburg 67 − •Rostock 103 − Stralsund 32.

🏨 **Boddenhus**, Karl-Liebknecht-Ring 1, 𝒫 52 41, Fax 318346, 🏠, ⊜ − 🛗 📺 ☎ 🅿
→ 🛆 25/120. 🆎 ⓞ 🗲 𝐕𝐼𝐒𝐀. 🛪
   M a la carte 16,50/32 − **96 Z : 192 B** 52/123 - 104/164 Fb − 8 Appart. 174/244.

🏠 **Am Gorzberg**, Gorzberg, 𝒫 52 81 − 🅿
→ **M** (wochentags nur Abendessen) a la carte 11/26 − **154 Z : 335 B** 37/57 - 77 Fb − 8 Appa 131/139.

�%️ **Ratsweinkeller**, Platz der Freundschaft, 𝒫 32 85 − 🛪
→ Dienstag geschl. − **M** a la carte 19/26.

GREIMERATH Rheinland-Pfalz siehe Zerf.

GREIMHARTING Bayern siehe Rimsting.

GREMERSDORF 2440. Schleswig-Holstein − 900 Ew − Höhe 5 m − 🕏 04361 (Oldenburg i.H.).
•Kiel 62 − Oldenburg 7 − Puttgarden 29.

🏠 **Zum grünen Jäger**, an der B 207, 𝒫 70 28, Fax 8384 − 🅿. 🆎 ⓞ 🗲 𝐕𝐼𝐒𝐀
   M (nur Abendessen) a la carte 25/48 − **27 Z : 68 B** 45/65 - 90/125.

GREMSDORF Bayern siehe Höchstadt an der Aisch.

GRENZACH-WYHLEN 7889. Baden-Württemberg 413 FG 24, 427 GH 3. 216 ④ − 13 200 Ew Höhe 272 m − 🕏 07624 − •Stuttgart 271 − Basel 6 − Bad Säckingen 25.

   Im Ortsteil Grenzach :

🏠 **Eckert**, Basler Str. 20, 𝒫 50 01, Fax 2414, 🏠 − 🛗 📺 ☎ 🅿. 🗲
   M (Donnerstag 15 Uhr - Samstag 16 Uhr geschl.) a la carte 33/67 − **29 Z : 40 B** 75 - 11C 150 Fb.

   In Grenzach-Wyhlen-Rührberg N : 3 km :

🏠 **Rührberger Hof** 🛪, Inzlinger Str. 1, 𝒫 43 91, 🏠 − ☎ 🅿
   4.- 24. Feb. und 8.- 21. Juli geschl. − **M** (Montag - Dienstag geschl.) a la carte 35/58 ⅓ − **13 Z : 25 B** 50/60 - 90/110 Fb.

GREVEN 4402. Nordrhein-Westfalen 987 ⑭. 412 F 10 − 30 000 Ew − Höhe 52 m − 🕏 02571.
🖪 Verkehrsverein, Alte Münster Str. 23, 𝒫 13 00.
•Düsseldorf 141 − Enschede 59 − Münster (Westfalen) 20 − •Osnabrück 43.

🏠 **Wermelt Lengermann**, Nordwalder Str. 160 (W : 3,5 km), 𝒫 21 80, Fax 53883 − 📺 🛪
   🅿. 🆎 🗲
   M (wochentags nur Abendessen) a la carte 24/50 − **20 Z : 42 B** 48/68 - 84/98 Fb.

�%️ **Altdeutsche Gaststätte Wauligmann**, Schiffahrter Damm 22 (B 481, SO : 4,5 km
→ 𝒫 23 88, 🏠 − 🅿
   Montag - Dienstag, 4.- 27. Aug. und 23.- 31. Dez. geschl. − **M** a la carte 19/50.

   In Greven-Gimbte S : 4,5 km :

🏠 **Schraeder**, Dorfstr. 29, 𝒫 5 30 53, Fax 52090 − 📺 ☎ 🚗 🅿 − 🛆 30. 🆎 🗲
   M (Sonntag 14 Uhr - Montag 18 Uhr geschl.) a la carte 23/52 − **31 Z : 50 B** 50/60 - 9C 100 Fb.

GREVENBROICH 4048. Nordrhein-Westfalen 987 ㉘. 412 C 13 − 57 000 Ew − Höhe 60 m − 🕏 02181 − Ausflugsziel : Schloß Dyck★ N : 7 km − •Düsseldorf 28 − •Köln 31 − Mönchengladbach 26.

🏨 Sonderfeld-Restaurant Hahn, Bahnhofsvorplatz 6, 𝒫 14 33 (Hotel) 6 43 46 (Rest.), Fax 9628
   🏠 − 🛗 📺 ☎ 🅿 − 🛆 60. 🛪 Rest − **43 Z : 60 B** Fb.

🏠 **Stadt Grevenbroich** garni, Röntgenstr. 40, 𝒫 30 48 − ☎ 🅿. 🆎
   22. Dez.- Anfang Jan. geschl. − **27 Z : 37 B** 55/85 - 90/110 Fb.

🏠 **Zur Alten Schmiede**, Südwall 2, 𝒫 36 79 − 🛗 📺 ☎ 🅿. 🆎 ⓞ 🗲 𝐕𝐼𝐒𝐀
   M (Dienstag geschl.) a la carte 36/52 − **8 Z : 14 B** 79/98 - 120/168.

�%️�%️ ✿✿ **Zur Traube** mit Zim, Bahnstr. 47, 𝒫 6 87 67, Telex 8517193, Fax 61122, bemerkenswert Weinkarte − 📺 ☎ 🚗 🅿. 🆎 ⓞ 🗲 𝐕𝐼𝐒𝐀
   23. Dez.- 22. Jan., 24. März - 2. April und 14.- 30. Juli geschl. − **M** (Tischbestellun erforderlich) (Sonntag - Montag geschl.) 128/158 und a la carte 75/113 − **6 Z : 11 B** 190/290 290/490
   Spez. Variationen von Langustinen, Crépinettes vom Täubchen, Nougatparfait im Baumkuchenmantel.

�%️ Harlekin, Lilienthalstr. 16 (im Tennis-Center Heiderhof), 𝒫 6 35 34, 🏠 − 🅿.

   In Grevenbroich 5-Kapellen NO : 6 km :

�%️ **Zu den drei Königen**, Neusser Str. 49, 𝒫 (02182) 27 84 − 🅿. 🆎 ⓞ 🗲 𝐕𝐼𝐒𝐀
   Samstag bis 18 Uhr, Donnerstag und Juli - Aug. 3 Wochen geschl. − **M** a la carte 53/81.

RIESBACH IM ROTTAL 8394. Bayern **413** W 21, **987** ㉟, **426** ⑦ — 6 700 Ew — Höhe 535 m
Luftkurort — Thermalbad — ✿ 08532.

Schwaim 52, 𝒫 20 38 ; ⛳ Lederbach und ⛳ Uttlau, 𝒫 (08532) 74 18.

Kurverwaltung, Stadtplatz 3 und Kurallee 6 (Kurzentrum), 𝒫 10 41.

München 153 — Landshut 95 — Passau 41 — Salzburg 116.

🏨 Schloßhotel, Am Schloßberg 23, 𝒫 20 74, ㎡, Biergarten, ⬜ — 🛗 📺 ☎ 🅿
    26 Z : 52 B Fb.

🏨 **Residenz Griesbach**, Prof.-Baumgartner-Str. 1, 𝒫 70 80, Fax 708635, Bade- und
    Massageabteilung, ≘s, ⬜ — 🛗 ⇔ Zim 📺 ☎ 🅿 ⓞ 🄴 🆅🅸🆂🅰 ⋘ Rest
    M a la carte 28/50 — **134 Z : 273 B** 60/70 - 90/140.

🏠 **Rottaler Hof** ⑤ garni, Kronberger Str. 11, 𝒫 13 09, ≼, « Garten », ≘s, ㎡ — ⇔ 🅿
    15. Nov.- 25. Dez. geschl. — **19 Z : 30 B** 30/48 - 72/90.

In Bad Griesbach S : 3 km :

🏨 **Steigenberger-Hotel Bad Griesbach** ⑤, Am Kurwald 2, 𝒫 10 01, Telex 57606, Fax
    1033, ㎡, Bade- und Massageabteilung, ⬜ (Thermal), ⬜, ㎡, ⋇ (Halle) — 🛗 ⇔ Zim
    📺 ⇔ — ⚖ 25/260. 🄰🄴 ⓞ 🄴 🆅🅸🆂🅰 ⋘ Rest
    M a la carte 38/67 — **186 Z : 326 B** 125/170 - 210/390 Fb — ½ P 145/235.

🏨 **Parkhotel Bad Griesbach** ⑤, Am Kurwald 10, 𝒫 2 81, Fax 28204, Bade- und
    Massageabteilung, ≘s, ⬜ (geheizt), ⬜, ㎡, ⋇ — 🛗 ⇔ 📺 ⇔ 🄰🄴 ⓞ 🄴 🆅🅸🆂🅰 ⋘ Rest
    M a la carte 40/53 — **162 Z : 313 B** 140/160 - 230/270 Fb — 5 Appart. 360/460 — ½ P 155/200.

🏨 **Fürstenhof** ⑤, Am Kurwald 1, 𝒫 70 51, Fax 705535, Bade- und Massageabteilung,
    ≘s, ⬜ (geheizt), ⬜, ㎡ — 🛗 ⇔ Zim 📺 ☎ 🅿 🄴 🆅🅸🆂🅰
    (Restaurant nur für Hausgäste) — **147 Z : 240 B** 105/170 - 190/240 Fb — 8 Appart. 340 —
    ½ P 125/155.

🏨 **Konradshof** ⑤, Thermalbadstr. 30, 𝒫 70 20, Bade- und Massageabteilung, ㎡ — 🛗 📺
    ☎ ⇔ ⋘
    (Restaurant nur für Hausgäste) — **71 Z : 115 B** 70/82 - 140 Fb — ½ P 89/101.

🏨 **Glockenspiel** ⑤ garni, Thermalbadstr. 21, 𝒫 70 60, Bade- und Massageabteilung,
    ⬜ (geheizt), ㎡ — 🛗 📺 ☎ ⇔ ⋘
    52 Z : 100 B 65/72 - 116 Fb — 9 Fewo 82/90.

🏠 **Haus Christl** ⑤ garni, Thermalbadstr. 11, 𝒫 17 91, Massage, ≘s, ⬜, ㎡ — 📺 ☎ ⋘
    Dez.- 15. Jan. geschl. — **20 Z : 35 B** 47/55 - 88/110.

🏠 **Haus Kurpark** ⑤ garni, Thermalbadstr. 8, 𝒫 88 44, ㎡ — 📺 ☎
    39 Z : 56 B 53/74 - 100/104.

🏠 St. Leonhard ⑤, Thermalbadstr. 9, 𝒫 20 31, Biergarten, Massage — 📺 ☎
    21 Z : 39 B.

In Griesbach-Schwaim S : 4 km :

🏠 Venus-Hof, 𝒫 5 74, Fax 3315, Biergarten, ≘s, ㎡ — 🅿 ⋘
↖ **M** *(Montag geschl.)* a la carte 19/40 — **28 Z : 56 B** 55/60 - 100/120 Fb.

Beim Golfplatz S : 5 km, jenseits der B 388 :

XX Gutshof Bad Griesbach, Schwaim 52, ✉ 8394 Bad Griesbach, 𝒫 (08532) 20 36, ㎡ — 🅿.

Siehe auch : *Liste der Feriendörfer*

GRIESHEIM 6103. Hessen **412** **413** I 17 — 21 400 Ew — Höhe 145 m — ✿ 06155.

Wiesbaden 43 — Darmstadt 7 — ✦Frankfurt am Main 35.

🏨 **Prinz Heinrich** ⑤, Am Schwimmbad 12, 𝒫 6 00 90, Fax 6009288, ㎡,
    « Behaglich-rustikale Einrichtung », ≘s — 🛗 📺 ☎ 🅿 — ⚖ 30. 🄰🄴 🆅🅸🆂🅰
    23.- 31. Dez. geschl. — **M** *(wochentags nur Abendessen)* a la carte 37/54 — **80 Z : 100 B**
    92/118 - 147/185 Fb.

🏨 **Café Nothnagel** garni, Wilhelm-Leuschner-Str. 67, 𝒫 40 31, ≘s, ⬜ — 🛗 📺 ☎ 🅿
    32 Z : 50 B 85/90 - 140/145 Fb.

GRÖMITZ 2433. Schleswig-Holstein **987** ⑥ — 6 900 Ew — Höhe 10 m — Seeheilbad — ✿ 04562.

⛳ Am Schoor 46, 𝒫 39 90.

Kurverwaltung, Kurpromenade, 𝒫 6 92 55, Fax 69246.

Kiel 72 — Neustadt in Holstein 12 — Oldenburg in Holstein 21.

🏨 **Golf- und Sporthotel Reimers** ⑤, Am Schoor 46, 𝒫 39 90, Fax 399245, ≘s, ⬜, ㎡,
    ⋇ (Halle) — 🛗 📺 ☎ 🅿 — ⚖ 25/45
    M *(nur Abendessen)* a la carte 30/62 — **92 Z : 183 B** 99 - 198 Fb — 27 Fewo 145 — ½ P 119.

🏨 **Villa am Meer** ⑤, Seeweg 6, 𝒫 80 05, Fax 4658, ≘s — 🛗 📺 ☎ 🅿
    Ostern - Mitte Okt. — **M** a la carte 28/60 — **33 Z : 63 B** 80/150 - 148/160.

🏨 **Strandidyll** ⑤, Uferstr. 26, 𝒫 18 90, Fax 18989, ≼ Ostsee, ㎡, ≘s, ⬜ — 🛗 📺 ☎ 🅿. ⋘
    Mitte März - Anfang Nov. — **M** a la carte 30/70 — **31 Z : 75 B** 148 - 190 Fb — 5 Appart. 312 —
    60 Fewo 152 — ½ P 118/171.

🏨 Kaiserhof, Am Strande 14, 𝒫 80 07, ≼, ㎡ — 🛗 📺 ☎ 🅿
    nur Saison — **12 Z : 46 B** Fb — 45 Fewo (ganzjährig geöffnet).

GRÖMITZ

🏨 **Zur schönen Aussicht** 🦢, Uferstr. 12, ℰ 18 70, ≤ Ostsee, ⇔ – 🛗 ☎ ⇐⇒ 🅿. 🎿 Rest
März - Okt. – **M** a la carte 24/50 – **73 Z : 124 B** 65/95 - 130/170 Fb – 15 Fewo 150/180.

🏨 **Pinguin - Restaurant La Marée**, Christian-Westphal-Str. 52, ℰ 98 27, ⇔ – ⇐⇒ 🅿
10. Jan.- 15. März geschl. – **M** (nur Abendessen, Montag geschl.) a la carte 53/83 – **20**
28 B 50/150 - 120/180.

🏨 **Wanner**, Blankwasserweg 10, ℰ 80 27 – 🛗 📺 ☎ 🅿
nur Saison – **22 Z : 50 B** Fb – 5 Fewo.

GRÖNENBACH 8944. Bayern 413 N 23, 987 ③, 426 ⑮ – 4 600 Ew – Höhe 680 m
Kneippkurort – ✆ 08334.

🛈 Kurverwaltung, Haus des Gastes, Marktplatz, ℰ 77 11.

◆München 128 – Kempten (Allgäu) 27 – Memmingen 15.

🏩 **Kurhotel Allgäuer Tor** 🦢, Sebastian-Kneipp-Allee 7, ℰ 60 80, Fax 608199, 🍴, Bad
und Massageabteilung, ♨, ⇔, 🔲, 🌳 – 🛗 📺 ⇐⇒ 🅿 – 🔬 25/60. 🆎 ① E 🎿 Rest
Restaurants: **Kurrestaurant M** a la carte 42/58 – **Am Stiftsberg** (wochentags nur Abendesse
Montag - Dienstag geschl.) **M** a la carte 71/87 – **105 Z : 140 B** 132/245 - 280/410 Fb.

🏨 **Renate** 🦢 (mit Gästehaus, 🔲), Ziegelberger Str. 1, ℰ 10 12, Fax 6275, 🍴, Bade- un
Massageabteilung, ♨, ⇔, 🌳 – 📺 ☎ 🅿 – 🔬 25
21 Z : 46 B – 3 Appart..

🏤 **Zur Post**, Marktstr. 10, ℰ 2 06, 🌳 – 📺 ⇐⇒ 🅿
M (Dienstag geschl.) a la carte 20/45 ♨ – **18 Z : 30 B** 30/40 - 55/75.

XX **Badische Weinstube**, Marktplatz 8, ℰ 5 05, 🍴, « Gemütlich-rustikales Restaurant »
🅿. ① E
M a la carte 33/60.

GRONAU IN WESTFALEN 4432. Nordrhein-Westfalen 987 ⑭, 412 E 10, 408 ⑭ – 41 000 E
– Höhe 40 m – ✆ 02564.

🛈 Verkehrsverein, Konrad-Adenauer-Str. 45, ℰ 14 87.

◆Düsseldorf 133 – Enschede 10 – Münster (Westfalen) 54 – ◆Osnabrück 81.

🏨 **Landhaus Rottmann** 🦢, Amtsvennweg 60 (am Vogelpark, W : 4 km), ℰ 60 04, 🍴,
– 📺 ☎ 🅿 – 🔬 25/50. 🆎 ① E 🎿
2.- 17. Jan. geschl. – **M** (Montag bis 17 Uhr geschl.) a la carte 29/53 – **16 Z : 31 B** 53/6C
98.

🏨 **Gronauer Sporthotel** 🦢, Jöbkesweg 5 (O : 3 km, über Ochtruper Straße), ℰ 70 4
Telex 89661, Fax 70499, ⇔, 🔲 – 🅿 🔬 30. 🆎 ① E 🎿 Rest
23. Nov.- 7. Jan. geschl. – **M** (Sonntag ab 14 Uhr geschl.) a la carte 23/48 – **24 Z : 45**
50/75 - 94/150 Fb.

🏨 **Autorast Bergesbuer**, Ochtruper Str. 161 (B 54, O : 3,5 km), ℰ 43 23, 🏃(Halle) – 📺
⇐⇒ 🅿
15.- 31. Dez. geschl. – **M** (Freitag geschl.) a la carte 20/43 – **15 Z : 22 B** 45/65 - 85/120.

🏤 **Zum alten Fritz**, Enscheder Str. 59, ℰ 33 02 – ☎ ⇐⇒ 🅿. ① E
M (Sonntag 14 Uhr - Montag 17 Uhr geschl.) a la carte 23/43 – **15 Z : 25 B** 37/48 - 68/90.

XX **Driland mit Zim**, Gildehauser Str. 350 (NO : 4,5 km), ℰ 36 00, 🍴 – 📺 🅿 – 🔬 80. 🎿
5 Z : 10 B.

In Gronau-Epe S : 3,5 km – ✆ 02565 :

🏨 **Schepers**, Ahauser Str. 1, ℰ 12 67, Fax 3751, 🍴 – 🛗 📺 ☎ ⇐⇒ 🅿. 🆎 ① E 🎿. 🎿
22. Dez.- 10. Jan. geschl. – **M** (Samstag bis 18 Uhr und Sonntag geschl.) a la carte 27/57
23 Z : 38 B 65/85 - 120/150 Fb.

🏨 **Ammertmann**, Nienborger Str. 23, ℰ 13 14, Fax 6103 – ☎ ⇐⇒ 🅿
M (Sonntag 15 Uhr - Montag 18 Uhr geschl.) a la carte 22/48 – **23 Z : 37 B** 50/65 - 90/130.

XX **Heidehof**, Amtsvenn 1 (W : 4 km), ℰ 13 30, 🍴 – 🅿. 🆎 ① E 🎿
Montag und 15.- 30. Jan. geschl. – **M** a la carte 40/69.

GRONAU (LEINE) 3212. Niedersachsen 412 M 10 – 5 200 Ew – Höhe 78 m – ✆ 05182.

🚉 Rheden (S : 3 km), ℰ (05182) 26 80.

◆Hannover 39 – Hameln 40 – Hildesheim 18.

🏤 **Eichsfelder Hof** 🦢, Breitestr. 8, ℰ 20 29 – 📺 🅿 – 🔬 30
M (Montag geschl.) a la carte 26/54 – **7 Z : 14 B** 55 - 105/155.

X **Zur grünen Aue mit Zim**, Leintor 19, ℰ 24 72, 🍴 – 🅿. ① E 🎿
M (Mittwoch geschl.) a la carte 28/53 – **6 Z : 7 B** 30/35 - 60/70.

GROSSALMERODE 3432. Hessen 412 M 13 – 8 000 Ew – Höhe 354 m – Erholungsort
✆ 05604 – ◆Wiesbaden 255 – Göttingen 39 – ◆Kassel 23.

🏨 **Pempel**, In den Steinen 2, ℰ 70 57 – 📺 ☎ 🅿. E. 🎿
M a la carte 22/46 – **10 Z : 18 B** 48/55 - 90/120.

GROSSBETTLINGEN Baden-Württemberg siehe Nürtingen.

GROSSBOTTWAR 7141. Baden-Württemberg **413** KL 19, 20 − 6 900 Ew − Höhe 215 m − ☎ 07148.

Stuttgart 35 − Heilbronn 23 − Ludwigsburg 19.

  🏠 **Pension Bruker** garni, Kleinaspacher Str. 18, ℰ 80 63 − 📺 ☎ 🅿
      12 Z : 20 B 50 - 80 Fb.

  XX **Stadtschänke** mit Zim, Hauptstr. 36, ℰ 80 24, « Historisches Fachwerkhaus a. d. 15. Jh. »
      − 📺 ☎ 🖭 ⓘ 🖃 𝘝𝘐𝘚𝘈
      M *(Mittwoch geschl.)* a la carte 35/62 − **5 Z : 8 B** 60/65 - 100/110.

  X Zur Rose, Rosenplatz 1, ℰ 52 99 − 🅿.

GROSSBURGWEDEL Niedersachsen siehe Burgwedel.

GROSSENBRODE 2443. Schleswig-Holstein **987** ⑥ − 1 700 Ew − Höhe 5 m − Ostseeheilbad − ☎ 04367.

◢ Kurverwaltung im Rathaus, Teichstr.12, ℰ 80 01.

Kiel 75 − Oldenburg 20 − Puttgarden 17.

  XX Hanseatic, Strandpromenade, ℰ 2 84, ≤, 🏤 − 🅿.

    Am Yachthafen SW : 2 km :

  XX **Der Lachs**, von-Heswarth-Str. 16, ⊠ 2443 Großenbrode, ℰ (04367) 4 76, ≤, 🏤 − 🅿
      wochentags nur Abendessen − (Tischbestellung ratsam).

GROSSENKNETEN 2907. Niedersachsen − 11 500 Ew − Höhe 35 m − ☎ 04435.

Hannover 170 − ♦Bremen 57 − ♦Oldenburg 27 − ♦Osnabrück 82.

    In Großenkneten 1-Moorbek O : 5 km :

  🏦 **Gut Moorbeck** 🦢, Amelhauser Str. 56, ℰ (04433) 2 55, ≤, « Gartenterrasse am See »,
  ← 🚗, 🔄, 🐎 − ☎ 🅿 − 🛦 25/40. 🖭 ⓘ 🖃 𝘝𝘐𝘚𝘈. 🦖 Zim
      M *(Dienstag geschl.)* a la carte 19/56 − **16 Z : 29 B** 68/75 - 115/135.

GROSSER ARBER Bayern. Sehenswürdigkeit siehe Bodenmais.

GROSSER FELDBERG Hessen. Sehenswürdigkeit siehe Schmitten im Taunus.

GROSS-GERAU 6080. Hessen **987** ㉕. **412** **413** I 17 − 14 500 Ew − Höhe 90 m − ☎ 06152.

Wiesbaden 32 − Mainz 24 − ♦Darmstadt 14 − ♦Frankfurt am Main 31 − ♦Mannheim 58.

  🏦 **Adler**, Frankfurter Str. 11, ℰ 80 90, Fax 809503, 🚗, 🔄 − 🛗 📺 ☎ 🅿 − 🛦 25/150. 🖭 ⓘ
      🖃 𝘝𝘐𝘚𝘈. 🦖
      27. Dez - 2. Jan. geschl. − **M** *(auch vegetarische Gerichte)* (Sonntag ab 15 Uhr geschl.) a la
      carte 33/62 🅓 − **80 Z : 135 B** 97/150 - 125/200 Fb − 3 Appart. 280.

GROSSHEIRATH Bayern siehe Coburg.

GROSSHEUBACH 8766. Bayern **412** **413** K 17 − 4 500 Ew − Höhe 125 m − Erholungsort − ☎ 09371 (Miltenberg).

München 354 − Aschaffenburg 38 − Heidelberg 77 − Heilbronn 83 − ♦Würzburg 78.

  🏠 **Rosenbusch**, Engelbergweg 6, ℰ 81 42, 🚗 − 🚐 🅿. 🖃. 🦖 Zim
      März und 27. Okt. - 16. Nov. geschl. − **M** *(Donnerstag geschl.)* a la carte 23/38 🅓 − **18 Z :
      36 B** 48/58 - 88.

  XX **Zur Krone** mit Zim, Miltenberger Str. 1, ℰ 26 63 − 🅿. 🖃
      1.- 15. Aug. und 5.- 26. Nov. geschl. − **M** *(Montag geschl.)* a la carte 31/63 − **8 Z : 15 B**
      48/58 - 78.

GROSSKARLBACH Rheinland-Pfalz siehe Dirmstein.

GROSSKROTZENBURG Bayern siehe Kahl am Main.

GROSSMAISCHEID Rheinland-Pfalz siehe Dierdorf.

GROSS MECKELSEN Niedersachsen siehe Sittensen.

GROSSOSTHEIM 8754. Bayern **412** **413** K 17 − 13 100 Ew − Höhe 137 m − ☎ 06026.

München 363 − ♦Darmstadt 39 − ♦Frankfurt 44.

    In Großostheim 2-Ringheim W : 4 km :

  🏠 Landhaus Hotel - Weinstube Zimmermann 🦢, Ostring 8b, ℰ 60 81, 🏤 − 📺 ☎ 🅿
      (nur Abendessen) − **20 Z : 37 B** Fb.

GROSS-SACHSEN Baden-Württemberg siehe Hirschberg.

GROSS-UMSTADT 6114. Hessen 987 ㉖. 412 413 J 17 – 19 000 Ew – Höhe 160 m – ☎ 0607
♦ Wiesbaden 67 – ♦Darmstadt 22 – ♦Frankfurt am Main 37 – ♦Mannheim 75 – ♦Würzburg 108.

   🏨 **Brüder - Grimm - Hotel** ⏰ garni, Krankenhausstr. 8, ℰ 78 40, Fax 784444 – 🛗 📺 ☎ ♦
      🅿 – 🔬 25/60. 🆎 ⑩ 🝙 VISA
      51 Z : 71 B 95/180 - 150/210 Fb.

   🏠 **Gästehaus Jakob** ⏰ garni, Zimmerstr. 43, ℰ 20 28, ≤, ☒, ☞ – 📺 ☎ ⇔ 🅿. 🆎 ▮
      VISA ❀
      26 Z : 46 B 55/78 - 88/98 Fb.

GROSS WITTENSEE Schleswig-Holstein siehe Eckernförde.

GRÜNBERG 6310. Hessen 987 ㉖. 412 413 J 15 – 11 700 Ew – Höhe 273 m – Luftkurort
☎ 06401.

🛈 Fremdenverkehrsamt, Rabegasse 1 (Marktplatz), ℰ 8 04 54, Fax 80477.
♦Wiesbaden 102 – ♦Frankfurt am Main 73 – Gießen 22 – Bad Hersfeld 72.

   🏨 **Sporthotel Sportschule** ⏰, Am Tannenkopf (O : 1,5 km), ℰ 80 20, 🌤, « Park », ☎s
      ☒, ☞, ❀ (Halle) – 🛗 📺 ☎ 🅿 – 🔬 25/70. 🝙 ❀ Rest
      22.- 31. Dez. geschl. – **M** *(Sonntag ab 15 Uhr geschl.)* a la carte 37/60 – **52 Z : 98 B** 70 - 11
      Fb – 6 Fewo 75/130.

   An der Autobahn A 48 NW : 6 km :

   🏠 **Raststätte Reinhardshain**, Nordseite, ⌧ 6310 Grünberg 1, ℰ (06401) 88 90, Fax 8891▮
  ←   🌤 – ⇜ 📺 ☎ ᵫ ⇔ 🅿 – 🔬 25/40. 🝙
      M a la carte 18/43 – **26 Z : 50 B** 68/88 - 100/146.

GRÜNENPLAN Niedersachsen siehe Delligsen.

GRÜNSTADT 6718. Rheinland-Pfalz 987 ㉘. 412 H 18 – 12 400 Ew – Höhe 165 m – ☎ 06359.
Mainz 59 – Kaiserslautern 36 – ♦Mannheim 29 – Neustadt an der Weinstraße 28.

   In Grünstadt-Asselheim N : 2 km :

   🏨 **Pfalzhotel Asselheim**, Holzweg 6, ℰ 8 00 30, Fax 800399, 🌤, ☎s, ☒ – 📺 ☎ ⇔ 🅿 –
      🔬 25/80. ⑩ 🝙 VISA
      Juli geschl. – **M** *(Montag geschl.)* a la carte 27/68 – **26 Z : 48 B** 75/95 - 130/180 Fb –
      2 Fewo 60/100.

   In Neuleiningen 6719 SW : 3 km :

   🏠 **Haus Sonnenberg**, Am Sonnenberg 1, ℰ (06359) 8 26 60(Hotel) 26 06(Rest.), ≤, ☎s, ☒
      – 🅿
      22. Dez.- 20. Jan. geschl. – **M** *(Montag - Dienstag 17 Uhr geschl.)* a la carte 30/55 – **7 Z**
      15 B 62 - 94.

   XX **Liz' Stuben**, Am Goldberg 2, ℰ (06359) 53 41, 🌤 – 🅿
      nur Abendessen, Montag, Sonn- und Feiertage sowie 1.- 10. Jan. und 28. Mai - 27. Ju
      geschl. – **M** (Tischbestellung erforderlich) a la carte 57/74.

GRÜNWALD Bayern siehe München.

GRUND, BAD 3362. Niedersachsen 987 ⑮⑯ – 3 100 Ew – Höhe 325 m – Moor-Heilbad
☎ 05327.

🛈 Kurverwaltung, Clausthaler Str. 38, ℰ 20 21, Fax 2626.
♦Hannover 90 – ♦Braunschweig 77 – Göttingen 66 – Goslar 29.

   🏠 **Pension Berlin** ⏰, von-Eichendorff-Str. 18, ℰ 20 72, Fax 2618, ☎s, ☒, ☞ – 📺 ☎ 🅿
      Mitte Nov.- Mitte Dez. geschl. – (Restaurant nur für Hausgäste) – **22 Z : 39 B** 56/70
      94/106 Fb – ½ P 60/83.

   🏠 **Jägerstieg** ⏰, von-Eichendorff-Str. 9, ℰ 27 62, ☎s, ☒, ☞ – 🛗 📺 ☎ ⇔ 🅿. 🆎 ⑩ ▮
      VISA
      (Restaurant nur für Hausgäste) – **15 Z : 27 B** 50/65 - 99.

   🏠 **Rolandseck** ⏰, von-Eichendorff-Str. 10, ℰ 13 03, ☎s, ☒, ☞ – 📺 ⇔ 🅿
      (Restaurant nur für Hausgäste) – **14 Z : 24 B** Fb.

GRUNDHOF 2391. Schleswig-Holstein – 1 000 Ew – Höhe 35 m – ☎ 04636.
♦Kiel 88 – Flensburg 19 – Schleswig 47.

   X **Grundhof Krug** mit Zim, Holnisser Weg 4, ℰ 10 88, 🌤 – 📺 🅿 – 🔬 25/60 – **5 Z : 10 B**.

GSCHWEND 7162. Baden-Württemberg 413 M 20 – 4 300 Ew – Höhe 475 m – Erholungso
– ☎ 07972 – ♦Stuttgart 55 – Schwäbisch Gmünd 19 – Schwäbisch Hall 27.

   In Gschwend-Mittelbronn SO : 7 km :

   X **Stern**, Eschacher Str. 4, ℰ 4 98, Fax 6322 – 🅿 ⑩
      Mittwoch und Mitte Jan.- Mitte Feb. geschl. – **M** a la carte 25/53 ♨.

GSTADT AM CHIEMSEE 8211. Bayern **413** U 23, **987** ㊲, **426** ⑱ − 1 000 Ew − Höhe 534 m − Erholungsort − ✿ 08054.

Sehenswert : Chiemsee★.

◆München 94 − Rosenheim 27 − Traunstein 27.

🏠 **Gästehaus Grünäugl** garni, Seestr. 1, ✆ 5 35, ≤ − ☎ ⇔ 🅿. ❄
   Dez. - Jan. geschl. − **14 Z : 28 B** 78 - 100 − 2 Fewo 150.

🏠 **Pension Jägerhof** garni, Breitbrunner Str. 5, ✆ 2 42, ≘s, 🐾 − 🅿
   Ostern - Okt. − **30 Z : 50 B** 38/50 - 76/100.

🏠 **Gästehaus Heistracher** garni, Seeplatz 3, ✆ 2 51, ≤ − ⇔ 🅿
   23 Z : 46 B 38/60 - 70/90.

GUDENHAGEN Nordrhein-Westfalen siehe Brilon.

GÜGLINGEN 7129. Baden-Württemberg **412** **413** K 19 − 4 500 Ew − Höhe 220 m − ✿ 07135 (Brackenheim).

◆Stuttgart 48 − Heilbronn 20 − ◆Karlsruhe 54.

🏦 **Herzogskelter** (historisches Gebäude a.d. 16. Jh.), Deutscher Hof 1, ✆ 17 70, Fax 17777 − 🛗 📺 ☎ 🅿 − 🔬 40. 🆎 ⓞ E 𝗩𝗜𝗦𝗔
   M a la carte 40/71 − **33 Z : 60 B** 80/150 - 120/180.

   In Güglingen-Frauenzimmern O : 2 km :

🏠 **Gästehaus Löwen**, Brackenheimer Str. 23, ✆ 61 09 − 📺 ☎ 🅿
   22. Dez. - 13. Jan. geschl. − **M** *(im Gasthof Löwen)* (Mittwoch und Aug. 3 Wochen geschl.) a la carte 19/38 ⅃ − **14 Z : 30 B** 68 - 98/110 Fb.

GÜNNE Nordrhein-Westfalen siehe Möhnesee.

GÜNZ Bayern siehe Westerheim.

GÜNZBURG 8870. Bayern **413** N 21, **987** ㊱ − 18 500 Ew − Höhe 448 m − ✿ 08221.

🏌 Schloß Klingenburg (SO : 19 km), ✆ (08225)30 30.

◆München 112 − ◆Augsburg 54 − ◆Nürnberg 147 − ◆Ulm (Donau) 29.

🏦 **Zettler,** Ichenhauser Str. 26a, ✆ 3 00 08, Fax 6714, 🍽 − 🛗 📺 ☎ ⇔ 🅿 − 🔬 25/60. 🆎 ⓞ E 𝗩𝗜𝗦𝗔. ❄ Rest
   1. - 7. Jan. geschl. − **M** *(Sonn- und Feiertage ab 18 Uhr geschl.)* a la carte 40/78 − **26 Z : 52 B** 120/138 - 160/185 Fb.

🏠 **Bettina** garni, Augsburger Str. 68, ✆ 3 19 80 − 📺 ☎ 🅿. ❄
   11 Z : 19 B 58/68 - 98/135.

   In Ichenhausen 8873 S : 11 km über B 16 :

🏠 **Zum Hirsch**, Heinrich-Sinz-Str. 1, ✆ (08223) 20 33, Fax 2034, Biergarten − ☎ 🅿 − 🔬 25/70. ⓞ E 𝗩𝗜𝗦𝗔
   1. - 15. Aug. geschl. − **M** *(auch vegetarische Gerichte)* (Sonntag ab 15 Uhr geschl.) a la carte 17/43 ⅃ − **16 Z : 27 B** 45 - 80/90 Fb.

GÜSTROW 2600. Mecklenburg-Vorpommern **984** ⑦, **987** ⑥ − 40 000 Ew − Höhe 10 m − ✿ 0037851.

Sehenswert : Schloß★ − Dom★.

🚩 Güstrow-Information, Gleviner Str. 33, ✆ 6 10 23.

◆Berlin - Ost 199 − ◆Lübeck 129 − Neubrandenburg 87 − ◆Rostock 41.

🏠 **Zuckerfabrik**, Verbindungs-Chaussee 7 a, ✆ 5 54 00, Telex 328564, Fax 55348 − 🅿. ❄ Zim
   M *(nur Abendessen)* a la carte 12,50/17 − **40 Z : 80 B** 45 - 60.

🍴 **Schloßgaststätte**, Franz-Paar-Platz 1 (im Schloß), ✆ 6 30 30 − ❄
   Montag geschl. − **M** a la carte 24/45.

GÜTENBACH 7741. Baden-Württemberg **413** H 22 − 1 450 Ew − Höhe 860 m − Luftkurort − ✿ 07723 (Furtwangen).

◆Stuttgart 149 − Donaueschingen 37 − ◆Freiburg im Breisgau 41.

   Auf dem Neueck O : 3 km − Höhe 984 m :

🏠 **Neu-Eck**, Vordertalstr. 53, ⊠ 7741 Gütenbach, ✆ (07723) 20 83, Telex 792929, ≤, 🐾 − 📺 ☎ ⇔ 🅿. 🆎 ⓞ E 𝗩𝗜𝗦𝗔
   März 2 Wochen und Mitte Nov. - Mitte Dez. geschl. − **M** *(Dienstag geschl.)* a la carte 26/53 − **65 Z : 120 B** 52/72 - 85/150 Fb − ½ P 68/100.

GÜTERSLOH 4830. Nordrhein-Westfalen **987** ⑭, **412** I 11 − 82 000 Ew − Höhe 94 m − ✿ 05241.

🏌 Rietberg (③ : 8 km), ✆ (05244) 23 40.

🚩 Verkehrsverein, Rathaus, Berliner Str. 70, ✆ 82 27 49.

◆Düsseldorf 156 ④ − Bielefeld 17 ② − Münster (Westfalen) 57 ⑤ − Paderborn 45 ④.

GÜTERSLOH

Parkhotel Gütersloh, Kirchstr. 27, ℰ 87 70, Telex 933641, Fax 877400, 🏡 « Geschmackvolle, elegante Einrichtung, Park », Massage, 🔥, 🚦 – 🛗 🍽 Rest 📺 ⬚ ⟷ – 🔬 25/140. 🆀 ⓪ 🅴 𝓥𝓘𝓢𝓐. 🍽 Rest   BZ n
M a la carte 55/79 – **102 Z : 180 B** 190/215 - 250 Fb – 5 Appart. 495.

Stadt Gütersloh, Kökerstr. 23, ℰ 17 11, Fax 13497, « Elegant-rustikale Einrichtung », 🚦 – 🛗 📺 ⟷ – 🔬 25/60. 🆀 ⓪ 🅴 𝓥𝓘𝓢𝓐   BZ e
M (nur Abendessen, Sonntag geschl.) 38/98 – **54 Z : 95 B** 115/140 - 150/230 Fb.

Am Rathaus garni, Friedrich-Ebert-Str. 62, ℰ 1 30 44 – 🛗 📺 ☎ 🅿. 🆀 ⓪ 🅴 𝓥𝓘𝓢𝓐. 🍽 Juli geschl. – **18 Z : 26 B** 95/98 - 138 Fb.   BY b

Stadt Hamburg, Feuerbornstr. 9, ℰ 5 89 11 – 📺 ☎ ⟷ 🅿. ⓪ 🅴 𝓥𝓘𝓢𝓐   AZ u
M (nur Abendessen, Sonntag geschl.) a la carte 38/62 – **19 Z : 37 B** 80 - 120 Fb.

Center Hotel garni, Kökerstr. 6, ℰ 2 80 25 – 🛗 ☎ ⟷ 🅿   BZ c
24 Z : 32 B Fb.

Ravensberger Hof, Moltkestr. 12, ℰ 17 51 – 🛗 📺 ☎ 🅿 – 🔬 40   AY a
44 Z : 60 B Fb.

Busch, Carl-Bertelsmann-Str. 127, ℰ 18 01 – 📺 ☎ 🅿   über Carl-Bertelsmann-Str.   BZ
18 Z : 27 B Fb.

Appelbaum, Neuenkirchener Str. 59, ℰ 5 11 76 – 📺 ☎ 🅿   AZ s
M (nur Abendessen, Sonntag geschl.) a la carte 23/44 – **9 Z : 12 B** 60 - 95.

XX **Zur Deele**, Kirchstr. 13, ℘ 2 83 70 – AE E VISA AZ **v**
nur Abendessen, Samstag geschl. – **M** *(auch vegetarische Gerichte)* (Tischbestellung ratsam) a la carte 36/61 &.

XX **Stadthalle**, Friedrichstr. 10, ℘ 1 40 17, Fax 28234, 余 – P – 25/140. AE E VISA AZ
Samstag bis 18 Uhr und Montag geschl. – **M** 22 (mittags) und a la carte 35/65.

In Gütersloh 11 - Avenwedde NO : 4 km über Carl-Bertelsmann-Straße BZ :

XX Landhaus Altewischer (westfälisches Bauernhaus a.d. 18. Jh.), Avenwedder Str. 36, ℘ 7 66 11 – P
nur Abendessen.

In Gütersloh 1-Spexard ③ : 2 km :

Waldklause, Spexarder Str. 205, ℘ 7 30 51, Fax 77185 – TV ☎ P – 25/80
(wochentags nur Abendessen) – **25 Z : 45 B** Fb.

***In Verl* 4837** SO : 11 km über ③ :

XX **Bürmann's Hof**, Kirchplatz 5, ℘ (05246) 79 70, « Fachwerkhaus mit rustikaler Einrichtung » – P. E
Sonntag - Montag und Juli - Aug. 3 Wochen geschl. – **M** a la carte 42/76.

GÜTTERSBACH Hessen siehe Mossautal.

GULDENTAL 6531. Rheinland-Pfalz 412 G 17 – 2 600 Ew – Höhe 150 m – ☎ 06707.
Mainz 44 – ♦Koblenz 67 – Bad Kreuznach 7.

XXX ✪✪ **Le Val d'Or**, Hauptstr. 3, ℘ 17 07, Fax 8489, 余 – ⓞ E
Dienstag - Freitag nur Abendessen, Montag, Jan. 3 Wochen und Aug. 2 Wochen geschl. – **M** *(bemerkenswerte Weinkarte)* (Tischbestellung erforderlich) 120/145 und a la carte 85/128
Spez. Kalbsbriesparfait, Frühlingsrolle von Edelfischen, Gefüllte Bresse-Taube im Mangoldblatt.

X **Der Kaiserhof** mit Zim, Hauptstr. 2, ℘ 87 46
Menu *(abends Tischbestellung ratsam)* (Dienstag geschl.) a la carte 34/54 & – **7 Z : 14 B** 45 - 80.

GUMMERSBACH 5270. Nordrhein-Westfalen 987 ㉔, 412 F 13 – 50 500 Ew – Höhe 250 m – ☎ 02261.
ADAC, Hindenburgstr. 43, ℘ 2 36 77, Notruf ℘ 1 92 11.
Düsseldorf 91 – ♦Köln 54 – Lüdenscheid 44 – Siegen 55.

Theile garni, Karlstr. 9, ℘ 2 25 07 – ☎ P
23.- 31. Dez. geschl. – **17 Z : 25 B** 35/50 - 70/90.

In Gummersbach-Becke NO : 3 km :

Stremme, Beckestr. 55, ℘ 2 27 67 – TV ☎ ⇔ P – 30. ⓞ E VISA
M *(Freitag und 2.- 10. Jan. geschl.)* a la carte 25/55 – **18 Z : 30 B** 60/75 - 110/140.

In Gummersbach-Derschlag SO : 6 km :

Huland, Kölner Str. 26, ℘ 5 31 51, Telex 8874532, 余 – ☎ ⇔ P. ⓞ E VISA. ✻ Rest
2.- 22. Jan. und Juli - Aug. 3 Wochen geschl. – **M** a la carte 31/52 – **18 Z : 32 B** 40/80 - 75/140.

Haus Charlotte garni, Kirchweg 3, ℘ 5 73 18, 余 – ☎ ⇔ P. ⓞ E VISA
22. Dez.- 8. Jan. geschl. – **12 Z : 20 B** 30/55 - 75/100.

In Gummersbach-Dieringhausen S : 7 km :

XXX ✪ **Die Mühlenhelle** mit Zim, Hohler Str. 1, ℘ 7 50 97, Fax 74201, « Elegante Einrichtung » – ▤ Rest TV ☎ P. ⓞ E. ✻
Juli - Aug. 3 Wochen geschl. – **M** *(bemerkenswerte Weinkarte)* (Sonntag 14 Uhr - Montag geschl.) 75/110 und a la carte 66/96 – **7 Z : 11 B** 85/130 - 140/220
Spez. Wachtelroulade mit Gänsestopfleber, Lachs in der Kartoffel-Kräuterkruste, Lammnüßchen in Kräuterkruste mit Schalottensauce.

In Gummersbach-Hülsenbusch W : 7 km :

XX **Schwarzenberger Hof**, Schwarzenberger Str. 48, ℘ 2 21 75 – P. AE E
Montag, Aug. 2 Wochen und 23. Dez.- 7. Jan. geschl. – **Menu** a la carte 28/65.

In Gummersbach-Lieberhausen NO : 10 km :

Landgasthof Reinhold ⑤, Kirchplatz 2, ℘ (02354) 52 73, Fax 5873, ≘s – ☎ P. ⓞ E VISA
M *(auch vegetarische Gerichte)* (Donnerstag geschl.) a la carte 22/40 – **13 Z : 26 B** 35/48 - 60/85.

In Gummersbach-Rospe S : 2 km :

Tabbert, Hardtstr. 28, ℘ 2 10 05, 余 – TV ☎ ⇔ P. ⓞ
24. März - 7. April und 1.- 14. Juli geschl. – (nur Abendessen für Hausgäste) – **22 Z : 28 B** 48/70 - 98/120.

In Gummersbach-Vollmerhausen S : 6 km :

🏠 **Parr**, Vollmerhauser Str. 8, *&* 7 71 49, Fax 78036, 斎, ⇔, 🔦 – ☎ 🅿 – 🔬 25/50
M a la carte 31/51 – **31 Z : 60 B** 45/100 - 80/140.

In Gummersbach-Windhagen N : 1,5 km :

🏠🏠 **Heedt**, an der B 256, *&* 6 50 21, Telex 884400, Fax 28161, « Park, gemütlich
Restaurant-Stuben », ⇔, 🔦, 🐎, ✗ – 🔄 📺 ⇔ 🅿 – 🔬 25/120. 🖭 ⓞ 🄴 𝖵𝖨𝖲𝖠
M a la carte 43/69 – **120 Z : 220 B** 93/165 - 176/280 Fb.

GUMPEN Hessen siehe Reichelsheim.

GUNDELSHEIM 6953. Baden-Württemberg 🐙🐤🐦 ⑱. 🐌🐍 🐈🐉 K 19 – 6 900 Ew – Höhe 154
– 🟢 06269.
Ausflugsziel : Burg Guttenberg★ : Greifvogelschutzstation und Burgmuseum★ SW : 2 km.
♦Stuttgart 75 – Heidelberg 50 – Heilbronn 20.

🏠 **Zum Lamm**, Schloßstr. 25, *&* 10 61, Fax 1760 – 📺 ⇔ 🅿
M *(Donnerstag geschl.)* a la carte 35/67 – **45 Z : 90 B** 60/100 - 90/140 Fb.

GUNDERATH Rheinland-Pfalz siehe Liste der Feriendörfer.

GUNZENHAUSEN 8820. Bayern 🐈🐉 P 19. 🐙🐤🐦 ⑱ – 16 000 Ew – Höhe 422 m – 🟢 09831.
🅱 Städt. Verkehrsamt, Marktplatz 25, *&* 5 08 76, Fax 50879.
♦München 152 – Ansbach 28 – Ingolstadt 73 – ♦Nürnberg 53.

🏠🏠 Zur Post (fränkischer Gasthof a.d. 17. Jh.), Bahnhofstr. 7, *&* 70 61, Fax 9285, 斎 – 📺
⇔ 🅿
26 Z : 44 B Fb.

🏠 **Grauer Wolf**, Marktplatz 9, *&* 90 58 – 📺 ☎ 🅿
15 Z : 23 B.

🏠 **Krone**, Nürnberger Str. 7, *&* 6 08, 斎 – ☎ ⇔ 🅿. 🖭 ⓞ 🄴 𝖵𝖨𝖲𝖠
M *(Freitag geschl.)* a la carte 24/53 – **16 Z : 32 B** 60 - 95.

In Pfofeld-Langlau 8821 O : 10 km :

🏠 **Seehof-Langlau** 🏖, Seestr. 33, *&* (09834) 16 63, Fax 1707, ≤, 斎 – 📺 ☎ 🅿 – 🔬 25/5
ⓞ 🄴 𝖵𝖨𝖲𝖠
M a la carte 28/53 – **11 Z : 33 B** 78/98 - 118/158 Fb.

GUTACH IM BREISGAU 7809. Baden-Württemberg 🐈🐉 G 22. 🐌🐍 ⑱ – 3 600 Ew – Höh
290 m – 🟢 07681 (Waldkirch).
🏌 Golfstraße, *&* 2 12 43.
♦Stuttgart 208 – ♦Freiburg im Breisgau 21 – Offenburg 66.

In Gutach-Bleibach NO : 2 km – Erholungsort :

🏠🏠 **Silberkönig** 🏖, Am Silberwald 24, *&* (07685) 4 91, Fax 1031, ≤, 斎, ⇔, 🐎, ✗ – 🔄 ⵏ
☎ 🔧 🅿 – 🔬 25/80. 🖭 ⓞ 🄴 𝖵𝖨𝖲𝖠
11.- 25. Aug. geschl. – **M** *(Sonntag geschl.)* a la carte 44/68 – **41 Z : 81 B** 85 - 150 Fb.

In Gutach-Stollen NO : 1 km :

🏠🏠 **Romantik-Hotel Stollen** 🏖, Elzacher Str. 2, *&* (07685) 2 07, Fax 1550, « Behaglich
Einrichtung » – 📺 ☎ 🅿. 🖭 🄴
6.- 15. Jan. geschl. – **M** *(Dienstag - Mittwoch 18 Uhr geschl.)* a la carte 40/69 – **12 Z : 20**
85/105 - 135/180 Fb.

GUTACH (SCHWARZWALDBAHN) 7611. Baden-Württemberg 🐈🐉 H 22 – 2 300 Ew – Höh
300 m – Erholungsort – 🟢 07833 (Hornberg).
Sehenswert : Freilichtmuseum Vogtsbauernhof (N : 2 km).
♦Stuttgart 136 – ♦Freiburg im Breisgau 48 – Offenburg 41 – Villingen-Schwenningen 39.

🏠 **Linde** 🏖, Ramsbachweg 234, *&* 3 08, ⇔, 🔦, 🐎 – 🔄 ⇔ 🅿. 🄴
◄ 15. Jan.- 15. Feb. geschl. – **M** a la carte 21/41 🍴 – **24 Z : 40 B** 35/48 - 56/85.

GÜTENZELL-HÜRBEL Baden-Württemberg siehe Ochsenhausen.

GUTTENBERG (BURG) Baden-Württemberg siehe Hassmersheim.

GYHUM Niedersachsen siehe Zeven.

HAAN 5657. Nordrhein-Westfalen **412** E 13 – 28 000 Ew – Höhe 165 m – ✆ 02129.
◆Düsseldorf 19 – ◆Köln 40 – Wuppertal 14.

  Savoy garni, Neuer Markt 23, ℰ 5 00 06, Fax 54963, ⓢ, ⓝ – ⓘ ᕁ ⓣⓥ ⓗ ⟨⟩ – 🏛 50.
  ⒶⒺ ⓞ Ⓔ 𝘝𝘐𝘚𝘈
  24. Dez.- 2. Jan. geschl. – **55 Z : 110 B** 140/240 - 240/270 Fb.

  Schallbruch garni, Schallbruch 15 (nahe der B 228, NO : 2 km), ℰ 30 44, Fax 3034, ⓢ, ⓝ
  – ⓘ ⓣⓥ ☎ ⓟ ⟨⟩ ⓔ
  49 Z : 58 B 84/100 - 140 Fb.

  Friedrich Eugen Engels ⤳, Hermann-Löns-Weg 14, ℰ 30 10, ⓢ, ⓝ, 🎋 – ☎ ⟨⟩ ⓟ.
  ⁕ Zim
  M *(Donnerstag, Juli - Aug. 4 Wochen und 22. Dez.- 7. Jan. geschl.)* a la carte 30/50 – **20 Z :**
  29 B 65/90 - 120/140.

  Jakobs ⤳ garni, Neustr. 11, ℰ 40 45 – ⓣⓥ ☎ ⟨⟩. Ⓔ
  14 Z : 20 B 70/85 - 115/125.

HAAR Bayern siehe München.

HABICHSTHAL Bayern siehe Frammersbach.

HABISCHRIED Bayern siehe Bischofsmais.

HACHENBURG 5238. Rheinland-Pfalz **987** ㉔, **412** G 15 – 5 000 Ew – Höhe 370 m – Luftkurort
– ✆ 02662.
Ausflugsziel : Abteikirche Marienstatt, N:4 km.
📍 beim Dreifelder Weiher (S : 10 km), ℰ (02666) 82 20.
🖪 Städt. Verkehrsamt, Mittelstr. 2, (Rathaus), ℰ 63 83.
Mainz 106 – ◆Koblenz 54 – ◆Köln 40 – Limburg an der Lahn 46 – Siegen 55.

  ⤬⤬ **Friedrich** mit Zim, Graf-Heinrich-Str. 2, ℰ 10 71, 🌳 – ⓣⓥ ☎ ⟨⟩ ⓟ. ⒶⒺ ⓞ Ⓔ 𝘝𝘐𝘚𝘈
  Jan. geschl. – **M** *(Montag geschl.)* a la carte 36/68 – **7 Z : 11 B** 52/58 - 95/98.

  In Limbach 5239 N : 6,5 km :

  Waldesruh ⤳, Hardtweg 5, ℰ (02662) 71 06, 🌳 – ⓟ. Ⓔ
  15. Jan.- 15. Feb. und 21.- 29. Okt. geschl. – **M** *(Montag - Dienstag geschl.)* a la carte 29/56
  – **15 Z : 30 B** 31/50 - 62/80.

HACKENHEIM Rheinland-Pfalz siehe Kreuznach, Bad.

HADAMAR 6253. Hessen **987** ㉔, **412** H 15 – 11 000 Ew – Höhe 130 m – ✆ 06433.
◆Wiesbaden 60 – ◆Koblenz 57 – Limburg an der Lahn 8,5.

  Nassau-Oranien, Borngasse 21, ℰ 88 90, Fax 5914, ⓢ, ⓝ – ⓘ ⓣⓥ ☎ ⓗ ⓟ – 🏛 25/60.
  ⒶⒺ ⓞ Ⓔ 𝘝𝘐𝘚𝘈
  M a la carte 44/70 – **52 Z : 113 B** 95/115 - 130/350 Fb.

  In Hadamar 2-Niederhadamar :

  Zur Sonne, Mainzer Landstr. 119, ℰ 42 70 – ⓣⓥ ☎ ⓟ. ⒶⒺ ⓞ Ⓔ
  M *(Mittwoch geschl.)* a la carte 20/44 – **10 Z : 20 B** 48/60 - 90/150.

  In Hadamar 3-Oberzeuzheim :

  Waldhotel Hubertus ⤳, Waldstr. 12, ℰ 33 00, ⓢ, ⓝ, 🎋 – ⓟ. ⁕
  Nov.- 20. Dez. geschl. – (Restaurant nur für Hausgäste) – **21 Z : 37 B** 45 - 90.

HÄUSERN 7822. Baden-Württemberg **413** H 23, **427** I 2, **216** ⑥ – 1 300 Ew – Höhe 875 m –
Luftkurort – Wintersport : 850/1 200 m ⚡ 1 ⚡ 2 – ✆ 07672 (St. Blasien).
🖪 Kur- und Sporthaus, St.-Fridolin-Str. 5a, ℰ 14 62.
◆Stuttgart 186 – Basel 66 – Donaueschingen 60 – ◆Freiburg im Breisgau 58 – Waldshut-Tiengen 22.

  ✿ **Adler**, St.-Fridolin-Str. 15, ℰ 41 70, Fax 417150, ⓢ, ⓝ, 🎋, ⤬ – ⓘ ⓣⓥ ⟨⟩ ⓟ. ⒶⒺ ⓞ Ⓔ
  𝘝𝘐𝘚𝘈
  11. Nov.- 18. Dez. geschl. – **M** *(Montag - Dienstag geschl.)* 58/110 und a la carte 47/85 –
  44 Z : 76 B 77/130 - 120/196 Fb – 4 Appart. 220/350 – ½ P 99/215
  Spez. Adlerwirt's Fischteller, Ochsenschwanzragout, Gefüllte Wachtel auf Gemüse.

  Albtalblick, St. Blasier Str. 9 (W : 1 km), ℰ 5 10, Fax 9580, ⇐ Albtal mit Albsee, 🌳, Bade-
  und Massageabteilung, ♨, ⓢ, 🎋 – ⓘ ⓣⓥ ⟨⟩ ⓟ. ⒶⒺ ⓞ Ⓔ 𝘝𝘐𝘚𝘈
  15.- 30. Jan. geschl. – **M** a la carte 25/55 ♨ – **40 Z : 60 B** 48/150 - 94/210 Fb – 10 Fewo
  45/100 – ½ P 67/125.

  Schöpperle, Klemme 3, ℰ 21 61, 🌳, 🎋 – ⓣⓥ ⟨⟩ ⓟ
  13 Z : 25 B.

  ⤬ **Chämi-Hüsle**, St.-Fridolin-Str. 1, ℰ 41 70 (über Hotel Adler) – ⓟ
  wochentags nur Abendessen, Dienstag - Mittwoch und 11. Nov.- 18. Dez. geschl. – **M** a la
  carte 30/49.

HAGE Niedersachsen siehe Norden.

Siehe Ruhrgebiet (Übersichtsplan).

🏌 Hagen-Berchum (über Haldener Str. Y), ℰ (02334) 5 17 78 – 🚗 ℰ 6 07 00.

🛈 Hagen - Information, Friedrich-Ebert-Platz (Rathaus), ℰ 1 35 73.

ADAC, Körnerstr. 62, ℰ 2 43 16, Notruf ℰ 1 92 11.

♦Düsseldorf 65 ① – Dortmund 27 ① – ♦Kassel 178 ①.

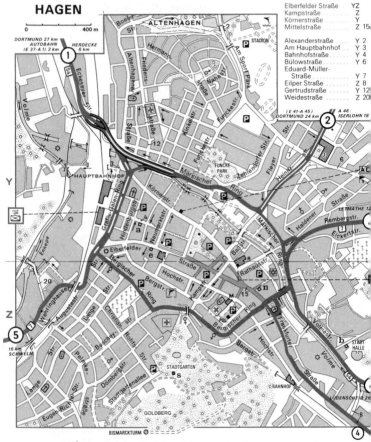

HAGEN

Elberfelder Straße	YZ
Kampstraße	Z
Körnerstraße	Y
Mittelstraße	Z 15
Alexanderstraße	Y 2
Am Hauptbahnhof	Y 3
Bahnhofstraße	Y 4
Bülowstraße	Y 6
Eduard-Müller-Straße	Y 7
Eilper Straße	Z 8
Gertrudstraße	Y 12
Weidestraße	Z 20

🏨 **Queens Hotel**, Wasserloses Tal 4, ℰ 39 10, Telex 823441, Fax 391153, 🏠, 🚿, 🔲 – 🛗
↔ Zim 🍴 Rest 📺 🅿 – 🔬 25/260. 🖭 ⑩ 🗲 💳
M a la carte 43/65 – **148 Z : 236 B** 175/204 - 236/358 Fb.   Z

🏨 **Central-Hotel** garni, Dahlenkampstr. 2, ℰ 1 63 02 – 🛗 📺 ☎ 🖭 ⑩ 🗲   Z
Juli - Aug. 3 Wochen und Weihnachten - Neujahr geschl. – **25 Z : 31 B** 80 - 118 Fb.

🏨 **Deutsches Haus** garni, Bahnhofstr. 35, ℰ 2 10 51, Fax 21568 – 🛗 📺 ☎ – 🔬 30. 🗲 💳   Y
38 Z : 50 B 85/100 - 110/160 Fb.

🏨 **Lex** garni, Elberfelder Str. 71, ℰ 3 20 30 – 🛗 ☎ 🚗 ⚆   Y
55 Z : 65 B 78/89 - 120/130 Fb.

🍴🍴 **Parkhaus Hagen** 🌲 mit Zim, Parkhaus 1, ℰ 33 10 57, Fax 331059, « Gartenterrasse » –
☎ 🅿 – 🔬 25/800   Z
M *(Montag geschl.)* 18,50/28 (mittags) und a la carte 29/60 – **8 Z : 16 B** 65 - 130.

In Hagen 1-Ambrock ④ : 6 km :

🏨 **Kehrenkamp**, Delsterner Str. 172 (B 54), ℰ 7 90 11 – ☎ 🚗 🅿 🖭 ⑩ 🗲
M *(Samstag geschl.)* a la carte 25/56 – **19 Z : 33 B** 65 - 95/150.

In Hagen-Dahl ④ : 9 km :

XX **Dahler Schweiz** ⑤ mit Zim, Am Hemker Bach 12, ℰ (02337)10 84, Fax 1087, 🍃 – 📺 ☎
⟸ 🅿 – 🛋 60. 🖭 ⓪ 🄴 𝘃𝘪𝘴𝘢 ✵
über Ostern und 27. Dez.- 7. Jan. geschl. – **M** *(nur Abendessen, Sonn- und Feiertage geschl.)* a la carte 53/72 – **10 Z : 17 B** 80 - 130.

In Hagen 1-Halden O : 5,5 km über Haldener Straße Y :

🏠 Landhotel Halden, Berchumer Str. 82, ℰ 5 18 69 – 📺 ☎ ⟸ 🅿 – **19 Z : 35 B** Fb.

In Hagen 7-Haspe ⑤ : 4 km :

🏠 **Union**, Kölner Str. 25, ℰ 4 90 91, Fax 462361, « Renoviertes Jugendstilhaus, elegante Einrichtung » – 📶 📺 ☎ – 🛋 25/60. 🖭 ⓪ 🄴 𝘃𝘪𝘴𝘢
21.- 31. Dez. geschl. – **M** *(nur Abendessen, Sonntag und Juli geschl.)* a la carte 50/70 –
40 Z : 54 B 105/150 - 165/195 Fb.

In Hagen 5-Hohenlimburg ③ : 8 km – ✪ 02334 :

🏠 Bentheimer Hof, Stennertstr. 20, ℰ 48 26 – 📺 ☎ ⟸ 🅿 – **30 Z : 50 B** Fb.

🏠 Reher Hof, Alter Reher Weg 13 (Ortsteil Reh), ℰ 5 11 83 – 🅿
(nur Abendessen) – **16 Z : 31 B**.

XX Schloßrestaurant, Alter Schloßweg 30, ℰ 20 56, 🍃 – 🅿.

In Hagen 8-Rummenohl ④ : 13 km :

🏠 Dresel, Rummenohler Str. 31 (B 54), ℰ (02337) 13 18, « Gartenterrasse » – ☎ ⟸ 🅿 –
🛋 25/150 – **19 Z : 30 B**.

In Hagen 1-Selbecke SO : 4 km über Eilper Straße Z :

🏠 **Schmidt**, Selbecker Str. 220, ℰ 7 00 77, Fax 70079, 🛁 – 📺 ☎ ⟸ 🅿. 🖭 ⓪ 🄴 𝘃𝘪𝘴𝘢.
⟵ ✵ Zim
M *(nur Abendessen, Samstag und 22. Dez.- 4. Jan. geschl.)* a la carte 20/49 – **28 Z : 45 B**
69/85 - 95/110 Fb.

HAGNAU 7759. Baden-Württemberg 🔲🔲🔲 K 23, 🔲🔲🔲 LM 2, 🔲🔲🔲 ⑩ – 1 400 Ew – Höhe 409 m –
Erholungsort – ✪ 07532 (Meersburg) – **Sehenswert** : ≼* vom Parkplatz an der B 31.

⚓ Verkehrsverein, Seestr. 16, ℰ 68 42.

Stuttgart 196 – Bregenz 43 – Ravensburg 29.

🏠 **Erbguth's Landhaus - Restaurant Kupferkanne** ⑤ (mit Gästehaus ⑤, ↦, ⚶),
Neugartenstr. 39, ℰ 62 02, Fax 6997, ≼, 🍃, 🛁, 🐎 – 📺 ☎ 🅿. 🖭 ⓪ 🄴 𝘃𝘪𝘴𝘢
5. Jan. - 1. März und 20.- 26. Dez. geschl. – **M** *(Dienstag - Mittwoch 18 Uhr geschl.)* a la
carte 50/90 – **22 Z : 40 B** 80/180 - 130/300 Fb – ½ P 110/195.

🏠 **Der Löwen** (Fachwerkhaus a.d.J. 1696), Hansjakobstr. 2, ℰ 62 41, 🍃, « Garten mit
Teichanlage », ⚶, 🐎 – 🅿. ✵ Zim
Mitte März - Okt. – **M** *(Montag - Freitag nur Abendessen, Mittwoch geschl.)* a la carte
31/54 – **17 Z : 29 B** 60/110 - 110/150 Fb.

🏠 **Alpina** garni, Höhenweg 10, ℰ 52 38 – 📺 ☎ ⟸ 🅿. 🖭 ⓪ 🄴 𝘃𝘪𝘴𝘢. ✵
18 Z : 36 B 95/120 - 150/230 Fb.

🏠 **Café Hansjakob** ⑤, Hansjakobstr. 17, ℰ 63 66, ≼, 🍃, 🐎 – 📺 ☎ ⟸ 🅿. ✵
nur Saison – *(nur Abendessen)* – **21 Z : 40 B** Fb.

🏠 **Landhaus Messmer** ⑤ garni, Meersburger Str. 12, ℰ 62 27, ≼, ⚶, 🐎 – ☎ 🅿. ✵
März - Okt. – **14 Z : 23 B** 80/110 - 135/180.

🏠 Pauli's Kajüte, Meersburger Str. 2, ℰ 62 50, ≼, 🍃, 🖾 – ⟸ 🅿
nur Saison – **18 Z : 28 B**.

🏠 **Strandhaus Dimmeler** garni, Seestr. 19, ℰ 62 57, ⚶, 🐎 – 🅿. ✵
März - 5. Nov. – **15 Z : 29 B** 55/65 - 110/145 – 2 Fewo 100/130.

🏠 Gästehaus Schmäh garni, Kapellenstr. 7, ℰ 62 10, 🐎 – 📺 🅿
nur Saison – **16 Z : 32 B**.

🏠 Zum Weinberg garni, Hauptstr. 34 (B 31), ℰ 3 01, 🐎 – 📺 ☎ 🕭 ⟸ 🅿
17 Z : 32 B Fb.

🏠 **Zur Winzerstube** ⑤ garni, Seestr. 1, ℰ 63 50, ≼, ⚶, – 🅿. ✵
Mitte März - Okt. – **10 Z : 19 B** 65/85 - 100/130.

🏠 **Gästehaus Mohren** garni, Sonnenbühl 4, ℰ 94 28, ≼, 🐎 – ⟸ 🅿. ✵
16 Z : 31 B 40/80 - 80/100.

🏠 **Scharfes Eck** garni, Kirchweg 2, ℰ 62 61 – 🅿
Nov.- Dez. geschl. – **14 Z : 23 B** 50 - 98.

HAHNHEIM 6501. Rheinland-Pfalz 🔲🔲🔲 🔲🔲🔲 H 17 – 1 300 Ew – Höhe 130 m – ✪ 06737.
Mainz 22 – ◆Frankfurt am Main 62 – ◆Mannheim 55.

XX **Rheinhessen-Stuben**, Bahnhofstr. 3, ℰ 12 71 – 🅿
Montag geschl. – **M** a la carte 48/63 ⑤.

HAIBACH Bayern siehe Aschaffenburg.

HAIDMÜHLE 8391. Bayern 🄰🄻🄱 Y 20. 🄰🄶🄱 ⑥ − 1 700 Ew − Höhe 831 m − Erholungsort − Wintersport : 800/1 300 m ✓3 ∄6 − 😊 08556.

Ausflugsziel : Dreisessel : Hochstein ☀*★ SO : 11 km − 🄱 Fremdenverkehrsamt, 𝒫 3 75.

◆München 241 − Freyung 25 − Passau 64.

🏠 Café Hochwald, Hauptstr. 97, 𝒫 3 01, 😤, ≦s, 🛋, − ⇐ ⚙ − **24 Z : 45 B**.

⚘ **Strohmaier** ⑤, Kirchbergstr. 25, 𝒫 4 90, 😤 − ⚙
➞ *Nov.- Mitte Dez. geschl.* − **M** *(außer Saison Dienstag geschl.)* a la carte 17,50/38 − **21 Z : 36 B** 29/34 - 50/62 − ½ P 38/47.

In Haidmühle-Auersbergsreut NW : 3 km − Höhe 950 m :

🏠 **Haus Auersperg** ⑤, 𝒫 3 53, 😤, ≦s, 🛋 − ⇐ ⚙. 🍽 Rest
➞ *2.- 16. Nov. geschl.* − **M** a la carte 19/43 − **17 Z : 35 B** 30/38 - 49/65 − ½ P 42/50.

In Haidmühle-Frauenberg S : 6 km − Höhe 918 m :

🏠 Adalbert-Stifter-Haus ⑤, 𝒫 3 55, ≤, ≦s, 🛋 − ⇐ ⚙ − **15 Z : 26 B** Fb.

Siehe auch : *Liste der Feriendörfer*

HAIGER 6342. Hessen 🄰🄻🄲 H 14 − 18 600 Ew − Höhe 280 m − 😊 02773.
◆Wiesbaden 130 − Gießen 50 − Siegen 25.

🏠 **Fuchs** garni, Bahnhofstr. 23 (B 277), 𝒫 30 68 − ☎ ⚙. 🄰🄴 ⓞ 🄴 𝚅𝙸𝚂𝙰
   11 Z : 15 B 65/70 - 99/104 Fb.

🏠 Reuter, Hauptstr. 82, 𝒫 30 10 − ⇐ − **27 Z : 40 B**.

🍴🍴 **La Toscana**, Bahnhofstr. 33 (B 277), 𝒫 38 38, Fax 2930, 😤 − ▤ ⚙ − 🅰 40. 🄰🄴 ⓞ 🄴 𝚅𝙸𝚂𝙰
   M a la carte 39/75.

In Haiger-Flammersbach SW : 3 km :

🏨 **Westerwaldstern Tannenhof** ⑤, Am Schimberg 1, 𝒫 50 11, Fax 71317, 𝟑𝟔, ≦s, 🔲 −
   🛗 📺 ☎ ⚙ − 🅰 25/120. 🄰🄴 🄴 𝚅𝙸𝚂𝙰
   M a la carte 32/55 − **65 Z : 130 B** 110/170 - 200/314 Fb.

HAIGERLOCH 7452. Baden-Württemberg 🄰🄻🄳 J 21. 🤐🤐🤐 ㊾ − 9 400 Ew − Höhe 425 m -
😊 07474 − **Sehenswert :** Lage★★ − Schloßkirche★ − ≤★ von der Oberstadtstraße unterhalb der Wallfahrtskirche St. Anna − 🄱 Verkehrsamt, Oberstadtstraße (Rathaus), 𝒫 60 61.

◆Stuttgart 70 − Freudenstadt 40 − Reutlingen 48 − Villingen-Schwenningen 59.

🏠 **Römer**, Oberstadtstr. 41, 𝒫 10 15, Fax 2299 − ☎ ⇐. 🄰🄴 ⓞ 🄴 𝚅𝙸𝚂𝙰
   M a la carte 25/54 − **16 Z : 28 B** 33/51 - 58/92 Fb.

⚘ **Krone**, Oberstadtstr. 47, 𝒫 4 11 − 🄰🄴 🄴
   30. Aug.- 24. Sept. geschl. − **M** *(Donnerstag geschl.)* a la carte 24/44 ♨ − **10 Z : 18 B** 35 - 70.

In Haigerloch-Bad Imnau NW : 5 km − Kurort :

⚘ **Eyachperle**, Sonnenhalde 2, 𝒫 84 36, ≦s, 🛋 − ⇐ ⚙. 🄴. 🍽
➞ *Anfang Jan.- Anfang Feb. geschl.* − **M** *(Mittwoch ab 14 Uhr und Montag geschl.)* a la carte 17,50/34 ♨ − **13 Z : 20 B** 40/50 - 75/85.

HALBLECH 8959. Bayern 🄰🄻🄳 P 24 − 3 000 Ew − Höhe 815 m − Erholungsort − Wintersport : 800/1 500 m ✓5 ∄6 − 😊 08368 − 🄱 Verkehrsamt, Bergstraße (Buching), 𝒫 2 85.
◆München 106 − Füssen 13 − Schongau 23.

In Halblech-Buching 🄰🄶🄱 E 6 :

🏨 **Bannwaldsee**, Sesselbahnstr. 10, 𝒫 8 51, ≤, 😤, ≦s, 🔲 − 🛗 ☎ ⚙. ⓞ 🄴 𝚅𝙸𝚂𝙰. 🍽 Zim
➞ *Nov.- 20. Dez. geschl.* − **M** a la carte 20/55 − **50 Z : 100 B** 80 - 130/150.

🏠 **Geiselstein**, Füssener Str. 26 (B 17), 𝒫 2 60, 😤, ≦s, 🛋 − ⇐ ⚙. 🍽 Zim
➞ *15. Nov.- 15. Dez. geschl.* − **M** a la carte 21/38 ♨ − **21 Z : 36 B** 30/50 - 70/80 − ½ P 40/60.

⚘ **Schäder**, Romantische Str. 16, 𝒫 13 40, 😤 − ⚙. 🄰🄴. 🍽 Zim
   Jan. 3 Wochen geschl. − **M** *(Nov.- April Montag geschl.)* a la carte 23/50 − **12 Z : 24 B** 42/48 - 75/85 − ½ P 50/60.

In Halblech-Trauchgau 🄰🄶🄱 E 6

🏠 Sonnenbichl ⑤, Am Müllerbichl 1, 𝒫 8 71, ≤, 😤, ≦s, 🔲, 🛋, 🍸 (Halle) − ☎ ⇐ ⚙
   24 Z : 44 B Fb.

HALDEM Nordrhein-Westfalen siehe Stemwede.

HALDENHOF Baden-Württemberg. Sehenswürdigkeit siehe Stockach.

HALFING 8201. Bayern 🄰🄻🄳 T 23. 🄰🄶🄱 ⑱ − 2 000 Ew − Höhe 602 m − 😊 08055.
◆München 68 − Landshut 78 − Rosenheim 17 − Salzburg 76 − Wasserburg am Inn 14.

⚘ **Schildhauer**, Chiemseestr. 3, 𝒫 2 28, ≦s, 🔲, 🛋 − ⚙. 🍽 Zim
➞ *Nov. geschl.* − **M** *(Dienstag geschl.)* a la carte 20/36 − **30 Z : 60 B** 35/42 - 80/90.

⚘ Kern, Kirchplatz 5, 𝒫 2 11, 😤, ≦s, 🛋 − ⚙ − **40 Z : 75 B**.

HALLBERGMOOS Bayern siehe Freising.

HALLE 4020. Sachsen-Anhalt 984 ⑲. 987 ⑰ — 230 000 Ew — Höhe 94 m — ✆ 003746.
Sehenswert : Händelhaus★ — Staatl. Galerie (Schloß Moritzburg★).
🏛 Halle-Information, Kleinschmieden 6, ✆ 2 33 40.
♦Berlin - Ost 155 — Gera 74 — ♦Leipzig 34 — Nordhausen 91.

🏨 **Stadt Halle**, Thälmannplatz 17, ✆ 3 80 41, Telex 4401, Fax 25924, Massage, ⇌ — 劇 📺 ☎
  ℗ ⌸ ⓞ 𝐄 𝑽𝑰𝑺𝑨
  M 16 und a la carte 30/62 — **340 Z : 374 B** 133/167 - 230/259 Fb.

🏡 **Rotes Roß**, Leipziger Str. 76, ✆ 3 72 71, 🏠 — 劇 📺 ☎. ⅏ Zim
  M a la carte 16/22 — **45 Z : 100 B** 63/75 - 98/108 Fb — 3 Appart. 204/219.

✕ **Bechershof**, Schmeerstr. 23, ✆ 2 67 56
  M a la carte 18/40.

HALLE IN WESTFALEN 4802. Nordrhein-Westfalen 987 ⑭. 412 I 10 — 18 500 Ew — Höhe 130 m — ✆ 05201 — ♦Düsseldorf 176 — Bielefeld 17 — Münster (Westfalen) 60 — ♦Osnabrück 38.

🏨 **St. Georg** ⌕ garni, Winnebrockstr. 2, ✆ 20 59, Fax 5354 — 📺 ☎ ℗. ⌸ 𝐄
  23. Dez.- 6. Jan. geschl. — **27 Z : 35 B** 55 - 90 Fb.

✕✕ **Hollmann** mit Zim, Alleestr. 20, ✆ 44 20 — 📺 ☎ ℗. 𝐄
  M (Freitag bis 17 Uhr, Montag und 1.- 21. Juli geschl.) a la carte 23/48 — **8 Z : 15 B** 44 - 80.

  In Werther 4806 O : 6 km :

🏨 **Kipps Krug**, Engerstr. 61, ✆ (05203) 2 66, Fax 268, Biergarten, ✕ (Halle) — 📺 ☎ ℗. ⓞ
  𝐄
  M (Donnerstag geschl.) a la carte 23/55 — **12 Z : 15 B** 48/65 - 75/100 Fb.

HALLENBERG 5789. Nordrhein-Westfalen 987 ㉘. 412 I 13 — 2 700 Ew — Höhe 385 m —
Wintersport : ⚞3 — ✆ 02984 — 🏛 Verkehrsverein, Merklinghauser Str. 1, ✆ 82 03.
♦Düsseldorf 200 — ♦Kassel 86 — Korbach 32 — Marburg 45 — Siegen 85 — ♦Wiesbaden 165.

🏤 Diedrich, Nuhnestr. 2, ✆ 83 70, Fax 2238, ⇌ — 劇 ℗ — **30 Z : 60 B** — 4 Fewo.

🏠 Sauerländer Hof, Merklinghauser Str. 27, ✆ 4 21 — 📺 ℗ — **15 Z : 30 B**.

  In Hallenberg-Hesborn N : 6 km :

🏨 **Zum Hesborner Kuckuck** ⌕, Ölfestr. 22, ✆ 4 75, Fax 477, 🏠, ⇌, 🔲 — ℗. ⅏ Rest
  10. Nov.- 15. Dez. geschl. — **M** a la carte 25/41 — **27 Z : 69 B** 54/62 - 88/103 Fb — ½ P 60/78.

HALLSTADT Bayern siehe Bamberg.

HALSENBACH Rheinland-Pfalz siehe Emmelshausen.

HALTERN 4358. Nordrhein-Westfalen 987 ⑭. 412 E 11 — 33 000 Ew — Höhe 35 m — ✆ 02364.
Ausflugsziel : Prickings-Hof (NO : 6 km) — 🏛 Städt. Verkehrsamt, Altes Rathaus, ✆ 10 02 56.
♦Düsseldorf 79 — Münster (Westfalen) 46 — Recklinghausen 15.

🏨 **Ratshotel**, Mühlenstr. 3, ✆ 34 65(Hotel) 1 26 42(Rest.) — 📺 ☎ ⇌ ℗. ⌸ ⓞ 𝐄 𝑽𝑰𝑺𝑨
  M a la carte 26/43 — **12 Z : 24 B** 65/78 - 95/120.

  In Haltern 4-Flaesheim SO : 5,5 km :

🏨 **Jägerhof zum Stift Flaesheim**, Flaesheimer Str. 360, ✆ 23 27 — 📺 ⇌ ℗ — 🔒 40
  22. Juli - 13. Aug. geschl. — **M** (Dienstag geschl.) a la carte 32/58 — **11 Z : 22 B** 48/50 -
  90/94.

  In Haltern-Lippramsdorf W : 5,5 km :

✕ **Himmelmann**, Weseler Str. 566 (B 58), ✆ (02360) 15 40, 🏠 — ℗
  Dienstag und 1.- 25. Juli geschl. — **M** 17/27 (mittags) und a la carte 28/50 ♨.

  In Haltern 5-Sythen N : 5 km :

🏨 **Pfeiffer**, Am Wehr 71, ✆ 64 45, 🏠 — 劇 ☎ ℗. ⌸ ⓞ 𝐄 𝑽𝑰𝑺𝑨. ⅏ Zim
  15. Juli - 9. Aug. geschl. — **M** (Donnerstag - Freitag 15 Uhr geschl.) a la carte 30/48 — **10 Z :
  16 B** 40/55 - 75/85.

HALVER 5884. Nordrhein-Westfalen 987 ㉔. 412 F 13 — 15 800 Ew — Höhe 436 m — ✆ 02353.
♦Düsseldorf 65 — Hagen 32 — Lüdenscheid 12 — Remscheid 26.

🏨 Halvara, Kölner Str. 16, ✆ 34 60 — ☎ ⇌ ℗ — **10 Z : 20 B**.

  In Halver-Carthausen NO : 4 km :

🏤 **Frommann**, ✆ 6 11, Fax 5113, 🏠, ⇌, 🔲, 🌲 — 📺 ☎ ⇌ ℗ — 🔒 30. ⌸ ⓞ 𝐄 𝑽𝑰𝑺𝑨
  M a la carte 30/65 — **22 Z : 38 B** 79/89 - 118/140 Fb.

HAMBERGE Schleswig-Holstein siehe Lübeck.

HAMBURG S. 1

HAMBURG 2000. **L** Stadtstaat Hamburg 987 ⑤ − 1 600 000 Ew − Höhe 10 m − ✿ 040.

Sehenswert : Jungfernstieg* DY − Außenalster*** (Rundfahrt***) EX − Tierpark Hagenbeck** T − Fernsehturm* (⚿**) BX − Kunsthalle** (Deutsche Malerei des 19. Jh.) EY **M1** − St. Michaelis* (Turm ⚿*) BZ − Stintfang (≤*) BZ − Hafen** (Rundfahrt**) BZ.

Ausflugsziele : Norddeutsches Landesmuseum** AV M − Altonaer Balkon ≤* AV **S**.

🛵 Hamburg-Blankenese, In de Bargen 59 (W : 17 km), 𝒫 81 21 77 ; 🛵 Ammersbek (15 km über die B 434 T), 𝒫(040) 6 05 13 37 ; 🛵 Hamburg-Wendlohe (N : 14 km über die B 432 T), 𝒫 5 50 50 14 ; 🛵 Wentorf, Golfstr. 2 (③ : 21 km), 𝒫 (040) 7 20 26 10.

✈ Hamburg-Fuhlsbüttel (N : 15 km T), 𝒫 50 80, City - Center Airport (Air Terminal im ZOB FY), Brockesstraße, 𝒫 50 85 57.

🚗 𝒫 39 18 65 56.

Messegelände (BX), 𝒫 3 56 91, Telex 212609.

🛈 Tourismus-Zentrale Hamburg, Burchardstr. 14, 𝒫 30 05 10, Telex 2163036, Fax 30051253.

🛈 Tourist-Information im Bieberhaus, Hachmannplatz, 𝒫 30 05 12 45.

🛈 Tourist-Information im Hauptbahnhof, 𝒫 30 05 12 30.

🛈 Tourist-Information im Flughafen, Terminal 3 (Ankunft), 𝒫 30 05 12 40.

ADAC, Amsinckstr. 39 (H 1), 𝒫 2 39 90, Notruf 𝒫 1 92 11.

◆Berlin 289 ③ − ◆Bremen 120 ⑥ − ◆Hannover 151 ④.

Die Angabe (H 15) nach der Anschrift gibt den Postzustellbezirk an : Hamburg 15
L'indication (H 15) à la suite de l'adresse désigne l'arrondissement : Hamburg 15
The reference (H 15) at the end of the address is the postal district : Hamburg 15
L'indicazione (H 15) posta dopo l'indirizzo precisa il quartiere urbano : Hamburg 15

Stadtpläne siehe nächste Seiten.

Beim Hauptbahnhof, in St. Georg, östlich der Außenalster Stadtplan : S. 5 und 7 :

🏨🏨🏨 **Atlantic-Hotel Kempinski** 🐾, An der Alster 72 (H 1), 𝒫 2 88 80, Telex 2163297, Fax 247129, ≤ Außenalster, Massage, ☎, 🔲 − 🛗 🗐 Rest 📺 ⟺ − 🔏 25/500. 🅰🅴 ⑩ 🇪 𝘝𝘐𝘚𝘈 ⚿ Rest EX ♦
M 52/59 (mittags) und a la carte 60/100 − **259 Z : 430 B** 293/375 - 360/440 Fb − 13 Appart 650/1250.

🏨🏨 **Holiday Inn Crowne Plaza**, Graumannsweg 10 (H 76), 𝒫 22 80 60, Telex 2165287, Fax 2208704, Massage, 🔲 − 🛗 ⚿ Zim 🗐 📺 🅿. 🅰🅴 ⑩ 🇪 𝘝𝘐𝘚𝘈 FX ♦
M 42 (mittags) und a la carte 61/85 − **290 Z : 370 B** 294/354 - 358/648 Fb.

🏨🏨 **Europäischer Hof**, Kirchenallee 45 (H 1), 𝒫 24 82 48, Telex 2162493, Fax 24824799, ☎ 🔲 − 🛗 🗐 Rest 📺 ⟺ − 🔏 25/250. 🅰🅴 ⑩ 🇪 𝘝𝘐𝘚𝘈 FY ♦
M a la carte 35/70 − **320 Z : 520 B** 194/264 - 208/348 Fb.

🏨🏨 **Maritim Hotel Reichshof**, Kirchenallee 34 (H 1), 𝒫 24 83 30, Telex 2163396, Fax 24833588 − 🛗 📺 ⟺ − 🔏 25/120. 🅰🅴 ⑩ 🇪 𝘝𝘐𝘚𝘈 ⚿ Rest FY ♦
M a la carte 43/73 − **300 Z : 430 B** 195/335 - 264/394 Fb − 6 Appart. 400/480.

🏨🏨 **Prem - Restaurant La mer**, An der Alster 9 (H 1), 𝒫 24 54 54, Telex 2163115, Fax 2803851 « Einrichtung mit antiken Möbeln, Garten », ☎ − 🛗 📺 🅿. 🅰🅴 ⑩ 🇪 𝘝𝘐𝘚𝘈 ⚿ Rest FX ♦
M *(Samstag - Sonntag nur Abendessen)* (bemerkenswerte Weinkarte) 60 (mittags) und a la carte 80/120 − **52 Z : 90 B** 185/305 - 269/339 Fb − 3 Appart. 529.

🏨🏨 **Berlin - Brasserie Miro**, Borgfelder Str. 1 (H 26), 𝒫 25 16 40, Telex 213939, Fax 25164413 − 🛗 🗐 Rest 📺 ☎ ⟺ 🅿 − 🔏 30. 🅰🅴 ⑩ 🇪 𝘝𝘐𝘚𝘈 ⚿ Rest GY ♦
M a la carte 45/85 − **93 Z : 120 B** 128/148 - 175/195 Fb.

🏨🏨 **Ambassador**, Heidenkampsweg 34 (H 1), 𝒫 23 00 02, Telex 2166100, Fax 230009, ☎, 🔲 − 🛗 📺 ☎ ⟺ 🅿 − 🔏 25/120. 🅰🅴 ⑩ 🇪 𝘝𝘐𝘚𝘈 ⚿ Rest GY ♦
M a la carte 30/63 − **124 Z : 200 B** 115/165 - 185/360 Fb.

🏨🏨 **St. Raphael**, Adenauer-Allee 41 (H 1), 𝒫 24 82 00, Telex 2174733, Fax 24820333, ☎ − 🛗 ⚿ Zim 📺 ☎ 🅿 − 🔏 25/70. ⚿ Rest − **135 Z : 230 B** Fb − 15 Appart.. FY ♦

🏨🏨 **Senator** garni, Lange Reihe 18 (H 1), 𝒫 24 12 03, Telex 2174002, Fax 2803717 − 🛗 ⚿ 📺 ☎ ⟺. 🅰🅴 ⑩ 🇪 𝘝𝘐𝘚𝘈 FY ♦
56 Z : 120 B 142/158 - 198/210 Fb.

🏨 **Aussen Alster Hotel**, Schmilinskystr. 11 (H 1), 𝒫 24 15 57, Telex 211278, Fax 2803231 ☎ − 🛗 📺 ☎ ☎ 🅿
M *(Samstag bis 18 Uhr und Sonntag geschl.)* a la carte 42/78 − **27 Z : 51 B** 165/195 210/290 Fb.

🏨 **Bellevue**, An der Alster 14 (H 1), 𝒫 24 80 11, Telex 2162929, Fax 2803380 − 🛗 📺 ☎ ⟺ 🅿 − 🔏 25/60. 🅰🅴 ⑩ 🇪 𝘝𝘐𝘚𝘈 FX ♦
M *(Juli - Aug. Sonntag geschl.)* a la carte 39/68 − **80 Z : 100 B** 130/170 - 195/220 Fb.

🏠 **Alte Wache**, Adenauer-Allee 25 (H 1), 𝒫 24 12 91, Telex 2162254 − 🛗 📺 ☎ 🅿 − 🔏 60 ⚿ − (nur Abendessen für Hausgäste) − **85 Z : 95 B**. FY ♦

🏠 **Fürst Bismarck** garni, Kirchenallee 49 (H 1), 𝒫 2 80 10 91, Telex 2162980, Fax 2801096 − 🛗 📺 ☎. 🅰🅴 ⑩ 🇪 𝘝𝘐𝘚𝘈 FY ♦
23.- 31. Dez. geschl. − **59 Z : 92 B** 98/125 - 155.

344

🏬 **Kronprinz - Restaurant Schiffer Börse**, Kirchenallee 46 (H 1), ℰ 24 32 58 (Hotel) 24 52 40 (Rest.), Telex 2161005, Fax 2801097 – 🛗 📺 ☎. 🖭 ① Ε FY **c**
M *(vorwiegend Fischgerichte)* a la carte 35/70 – **73 Z : 110 B** 110/145 - 155/170 Fb.

🏬 **Metro Merkur** garni, Bremer Reihe 12 (H 1), ℰ 24 72 66, Telex 2162683, Fax 240284 – 🛗 📺 ☎. 🖭 ① Ε *VISA* FY **z**
104 Z : 180 B 110/140 - 150/175.

🏬 **Wedina** ⚲ garni, Gurlittstr. 23 (H 1), ℰ 24 30 11, ⌂s, ⤴ (geheizt), 🌲 – ☎. 🖭 ① Ε *VISA* FX **n**
18. Dez - 10. Feb. geschl. – **23 Z : 38 B** 70/110 - 95/135.

🏬 **Eden** garni, Ellmenreichstr. 20 (H 1), ℰ 24 84 80, Telex 2174350 – 🛗 📺 ☎ FY **r**
63 Z : 101 B.

XX **Peter Lembcke**, Holzdamm 49 (H 1), ℰ 24 32 90 – 🖭 ① Ε *VISA* FY **t**
Samstag bis 18 Uhr sowie Sonn- und Feiertage geschl. – **M** (Tischbestellung ratsam) a la carte 55/95.

Binnenalster, Altstadt, Neustadt Stadtplan Hamburg : S. 6 und 7 :

🏨🏨 **Vier Jahreszeiten - Restaurant Haerlin**, Neuer Jungfernstieg 9 (H 36), ℰ 3 49 40, Telex 211629, Fax 3494602, ≤ Binnenalster – 🛗 ↔ Zim 📺 ⬅ – 🔬 25/70. 🖭 ① Ε *VISA* ❀ DY **v**
M *(Sonn- und Feiertage geschl.)* 48/62 (mittags) und a la carte 69/116 – **175 Z : 252 B** 355/405 - 524/650 – 11 Appart. 850/1109.

🏨🏨 **Ramada Renaissance Hotel**, Große Bleichen (H 36), ℰ 34 91 80, Fax 34918431, Massage, ⌂s – 🛗 ↔ Zim 📺 ◉ – 🔬 25/180. 🖭 ① Ε *VISA* ❀ Rest CY **e**
M a la carte 53/85 – **211 Z : 297 B** 320/485 - 405/510 Fb – 5 Appart. 950/2000.

🏨🏨 **Hamburg Marriott Hotel**, ABC-Str. 52 (H 36), ℰ 3 50 50, Telex 2165871, Fax 35051777, ʃ̌s, ⌂s, ⤴ – 🛗 ↔ Zim 📺 📺 & ⬅ – 🔬 25/200. 🖭 ① Ε *VISA* ❀ Rest CY **b**
M *(überwiegend Fischgerichte)* a la carte 59/93 – **276 Z : 380 B** 274/409 - 338/473 Fb – 6 Appart. 598/1148.

🏨🏨 **SAS Plaza Hotel**, Marseiller Str. 2 (H 36), ℰ 3 50 20, Telex 214400, Fax 35023333, ≤ Hamburg, ⌂s, ⤴ – 🛗 ↔ Zim 📺 & ⬅ – 🔬 25/600. 🖭 ① Ε *VISA* ❀ Rest CX **a**
M a la carte 35/60 – **562 Z : 1000 B** 235/385 - 285/460 Fb – 7 Appart. 590/1250.

🏨 **Hafen Hamburg**, Seewartenstr. 9 (H 11), ℰ 31 11 30, Telex 2161319, Fax 3192736, ≤ – 🛗 ↔ Zim 📺 📺 ◉ – 🔬 25/120. 🖭 ① Ε BZ **y**
M a la carte 47/81 – **252 Z : 420 B** 100/150 - 140/200 Fb.

🏨 **Baseler Hof**, Esplanade 11 (H 36), ℰ 35 90 60, Telex 2163707, Fax 35906918 – 🛗 📺 ☎ – 🔬 25/40. 🖭 ① Ε *VISA* ✂ DX **x**
M a la carte 20/50 – **Wein Bistro M** a la carte 38/64 – **160 Z : 202 B** 110/135 - 160/180.

🏨 **Alster-Hof** garni, Esplanade 12 (H 36), ℰ 35 00 70, Fax 35007514 – 🛗 📺 ☎. 🖭 ① Ε *VISA* DX **x**
23. Dez - 1. Jan. geschl. – **120 Z : 156 B** 125/160 - 180/250 Fb.

XXX **Zum alten Rathaus** (mit Unterhaltungslokal Fleetenkieker), Börsenbrücke 10 (H 11), ℰ 36 75 70 DZ **n**
(Tischbestellung ratsam).

XXX **Ratsweinkeller**, Große Johannisstr. 2 (H 11), ℰ 36 41 53, Fax 372201, « Hanseatisches Restaurant a.d.J. 1896 » – 🔬 25/400. 🖭 ① Ε DY **R**
Sonn- und Feiertage geschl. – **M** a la carte 36/76.

XX **Cölln's Austernstuben**, Brodschrangen 1 (H 11), ℰ 32 60 59 – 🖭 ① Ε *VISA* DZ **v**
Samstag bis 18 Uhr sowie Sonn- und Feiertage geschl. – **M** (Tischbestellung erforderlich) a la carte 80/114.

XX **Deichgraf**, Deichstr. 23 (H 11), ℰ 36 42 08, Fax 373055 – 🖭 ① Ε *VISA* CZ **a**
Samstag bis 18 Uhr sowie Sonn- und Feiertage geschl. – **M** (Tischbestellung ratsam) 40/99.

XX **il Ristorante** (Italienisches Restaurant), Große Bleichen 16 (1. Etage) (H 36), ℰ 34 33 35 – 🖭 ① Ε CY **c**
M a la carte 70/88.

XX **Mövenpick - Café des Artistes**, Große Bleichen 36 (Untergeschoß 🛗) (H 36), ℰ 34 10 00, Fax 3410042 – 🖭 ① Ε *VISA* CY **r**
Sonntag geschl. – **M** a la carte 48/77 – **Mövenpick-Restaurant M** a la carte 32/63.

XX Restaurant im Finnlandhaus, Esplanade 41 (12. Etage, 🛗) (H 36), ℰ 34 41 33, ≤ Hamburg, Binnen- und Außenalster – 🍽 DX **b**

X **Dominique**, Karl-Muck-Platz 11 (H 36), ℰ 34 45 11 – ① BCY **a**
Samstag bis 18 Uhr und Sonntag geschl. – **M** a la carte 45/66.

X **Viking** (im Chilehaus), Depenau 3 (H 1), ℰ 32 71 71 – 🖭 ① Ε *VISA* EZ **t**
Samstag ab 15 Uhr sowie Sonn- und Feiertage geschl. – **M** a la carte 44/70.

X **al Pincio** (Italienische Küche), Schauenburger Str. 59 (1. Etage, 🛗) (H 1), ℰ 36 52 55 – 🖭 ① Ε DY **a**
12. Juli - 9. Aug. sowie Sonn- und Feiertage geschl. – **M** (Tischbestellung ratsam) a la carte 41/75.

Fortsetzung →

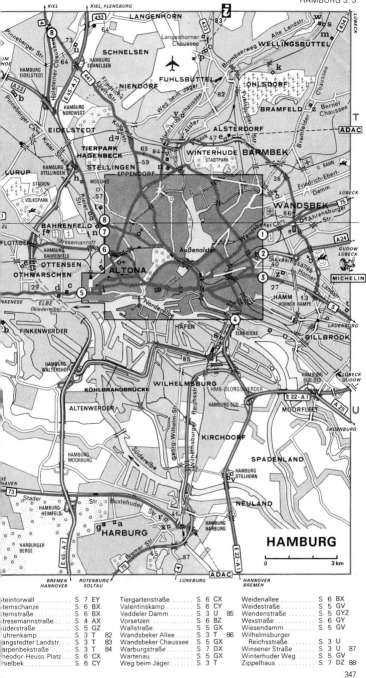

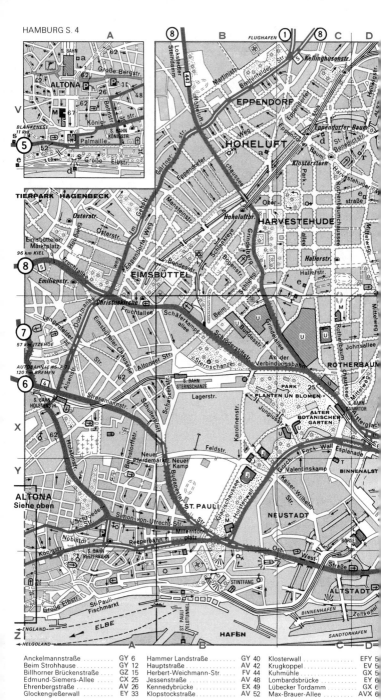

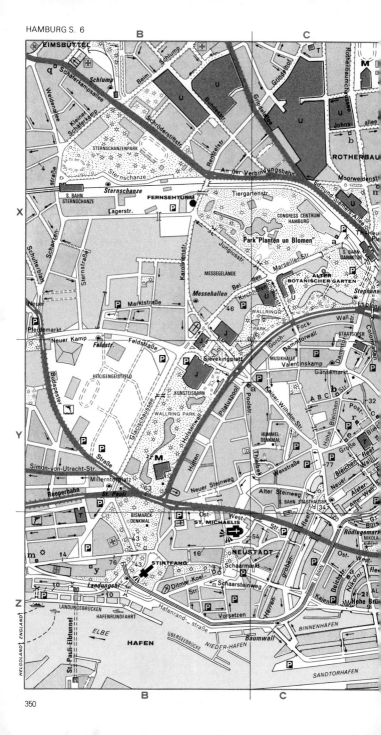

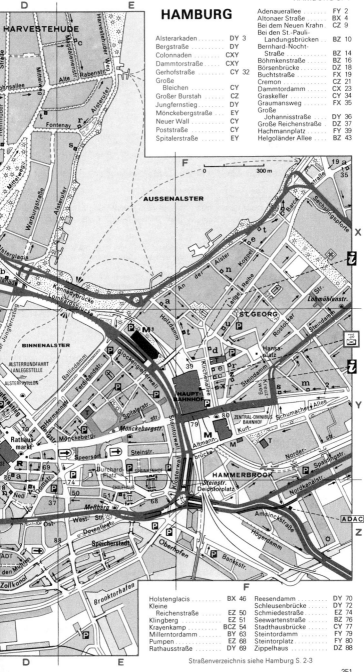

HAMBURG

AUSSENALSTER

Straßenverzeichnis siehe Hamburg S. 2-3

351

In den Außenbezirken :

In Hamburg-Alsterdorf :

🏨 Alsterkrug-Hotel, Alsterkrugchaussee 277 (H 60), ℰ 51 30 30, Telex 2173828, Fax 51303403
🛲 – 📳 ✠ Zim 📺 🚗 🅿 – 🛏 25/60. 🛠 Rest   T
80 Z : 160 B Fb.

In Hamburg-Altona :

🏨 **Raphael Hotel Altona**, Präsident-Krahn-Str. 13 (H 50), ℰ 38 12 39, Fax 3809009, 🛲 – 📳
📺 ☎ 🅿. 🕮 ⑩ 🇪 �ُۛ. 🛠 Rest   AV
23. Dez.- 2. Jan. geschl. – (nur Abendessen für Hausgäste) – **45 Z : 85 B** 115/170 – 140
220 Fb.

🏵🏵 **Landhaus Scherrer**, Elbchaussee 130 (H 50), ℰ 8 80 13 25, bemerkenswert
Weinkarte – 🅿. 🕮 🇪   U
Sonn- und Feiertage geschl. – **M** (Tischbestellung erforderlich) a la carte 70/118 –
Bistro-Restaurant (nur Mittagessen) **M** a la carte 53/85
Spez. Carpaccio vom Bonito, Roulade von Lachs und Zander im Mangoldblatt, Gefüllter Ochsenschwanz m
Burgundersauce.

🏵 **Le canard**, Elbchaussee 139 (H 50), ℰ 8 80 50 57, Fax 472413, ≤, 🍴 – 🅿. ⑩ 🇪 🌨
🛠   U
Sonntag und Juni - Juli 4 Wochen geschl. – **M** (bemerkenswerte Weinkarte
(Tischbestellung erforderlich) a la carte 78/134
Spez. Terrine von Taube und Gänsestopfleber, Steinbutt mit Räucheraal-Sauce, Délices variés.

🏶 Fischereihafen-Restaurant Hamburg (nur Fischgerichte), Große Elbstr. 143 (H 50,
ℰ 38 18 16, ≤ – 🅿   AV
(Tischbestellung ratsam).

🏶 **Landhaus Zavrakis**, Elbchaussee 94 (H 50), ℰ 3 90 67 26 – 🅿. ⑩ 🇪 🌨   AV
nur Abendessen, Montag sowie Jan.- Feb. und Juli - Aug. jeweils 2 Wochen geschl. – **M**
la carte 65/100 – **Bistro** (auch Mittagessen) **M** a la carte 43/72.

🏶 **La Mouette**, Neumühlen 50 (H 50), ℰ 39 65 04 – 🕮 ⑩ 🇪 🌨   AV
Sonntag - Montag geschl. – **M** (abends Tischbestellung ratsam) a la carte 50/72.

In Hamburg-Bahrenfeld

🏶 **Bahrenfelder Forsthaus**, Von-Hutten-Str. 45 (H 50), ℰ 89 40 21, Fax 8992984, 🍴 – 🅿
– 🛏 25/80. 🕮 🇪 🌨   U
M a la carte 37/68.

In Hamburg-Bergedorf 2050 ③ : 18 km über die B 5 U :

🏩 **Sachsentor** garni, Bergedorfer Schloßstr. 10 (H 80), ℰ 7 24 30 11, Telex 2165022, Fa:
7243014 – 📳 📺 🚗 🅿. 🕮 ⑩ 🇪 🌨
35 Z : 80 B 110 - 155 Fb.

🏶 **Laxy's Restaurant**, Bergedorfer Str. 138 (H 80), ℰ 7 24 76 40 – 🕮 ⑩ 🇪 🌨
Samstag und Montag jeweils bis 18 Uhr sowie Sonntag und 23. Juli - 6. Aug. geschl. – **M**
la carte 53/75.

In Hamburg-Bergstedt NO : 17 km über die B 434 T:

🏶 Landhaus zum Lindenkrug mit Zim, Bergstedter Chaussee 128 (B 434) (H 65), ℰ 6 04 80 05
🍴 – 📺 ☎ 🅿
6 Z : 10 B.

🏶 **Alte Mühle**, Alte Mühle 34 (H 65), ℰ 6 04 91 71, 🍴 – 🅿
Mittwoch geschl. – **M** a la carte 28/50.

In Hamburg-Billstedt :

🏨 **Panorama** garni, Billstedter Hauptstr. 44 (H 74), ℰ 73 17 01, Telex 212162, Fax 7326627, 📻
– 📳 📺 🚗 🅿 – 🛏 25/250. 🕮 ⑩ 🇪 🌨   U
24. Dez.- 2. Jan. geschl. – **111 Z : 162 B** 170 - 200/260 Fb – 7 Appart. 250/300.

In Hamburg-Blankenese W : 16 km über ⑤ und Elbchaussee U :

🏨 **Strandhotel** 🦢, Strandweg 13 (H 55), ℰ 86 13 44, Fax 864936, ≤, 🍴, « Ehem. Villa mi
eleganter Einrichtung », 🛲 – 📺 ☎ 🅿. 🕮 ⑩ 🇪 🌨
M (Sonntag 15 Uhr - Montag geschl.) a la carte 49/75 – **16 Z : 27 B** 148/238 - 230/386 Fb.

🏨 **Behrmann** garni, Elbchaussee 528 (H 55), ℰ 8 66 97 20, Telex 2165973, Fax 86697249 – 📺
☎ 🚗 🅿. 🛠
40 Z : 68 B.

🏵 **Süllberg**, Süllbergsterrasse 2 (H 55), ℰ 86 16 86, Fax 869052, « Gartenterrasse mit ≤ » –
🅿 – 🛏 25/220. 🕮 ⑩ 🇪 🌨
13. Jan.- 15. Feb. geschl. – **M** a la carte 47/81.

🏶 **Strandhof**, Strandweg 27 (H 55), ℰ 86 52 36, Fax 867475, ≤, 🍴 – 🅿. 🕮 ⑩ 🇪 🌨
Dienstag geschl. – **M** a la carte 36/74.

🏶 Sagebiels Fährhaus, Blankeneser Hauptstr. 107 (H 55), ℰ 86 15 14, « Gartenterrasse
mit ≤ » – 🅿.

In Hamburg-Bramfeld :

XX **Don Camillo e Peppone** (modern-elegantes Restaurant, Italienische Küche), Im Soll 50
(H 71), ℰ 6 42 90 21 − 🅰🅴 ⓞ 🄴   T z
nur Abendessen, Montag geschl. − **M** (Tischbestellung ratsam) a la carte 60/80.

In Hamburg-City Nord :

🏨 **Queens Hotel Hamburg**, Mexicoring 1 (H 60), ℰ 63 29 40, Telex 2174155, Fax 6322472 −
🛗 ⇄ Zim 📺 ⇔ ❷ − 🔬 25/200. 🅰🅴 ⓞ 🄴 🆅🅸🆂🅰   T e
M a la carte 48/76 − **185 Z : 331 B** 204/224 - 268/288 Fb. − 4 Appart. 332.

In Hamburg-Duvenstedt über Alte Landstr. T :

XX **Le Relais de France**, Poppenbütteler Chaussee 3 (H 65), ℰ 6 07 07 50 − ❷ 🅰🅴 ⓞ
nur Abendessen, Sonntag geschl. − **M** (Tischbestellung ratsam) a la carte 76/89 − **Bistro**
(auch Mittagessen) **M** a la carte 32/40.

In Hamburg-Eilbek :

🏠 **Helbing** garni, Eilenau 37 (H 76), ℰ 25 20 83 − 📺 ☎   GX a
15. Dez.- 2. Jan. geschl. − **17 Z : 23 B** 65/80 - 120/130.

In Hamburg-Eimsbüttel :

🏨 **Norge-Kon-Tiki-Grill**, Schäferkampsallee 49 (H36), ℰ 44 11 50, Telex 214942, Fax
44115577, Massage, ⇄ − 🛗 🍽 Rest 📺 ☎ ❷ − 🔬 25/200. 🅰🅴 ⓞ 🄴 🆅🅸🆂🅰 ❀ Rest   BX q
22.- 29. Dez. geschl. − **M** a la carte 39/67 − **88 Z : 170 B** 169/189 - 192/292 Fb.

XX **Martial**, Langenfelder Damm 10 (H 20), ℰ 40 41 52 − 🅰🅴   T t
Sonntag bis 19 Uhr und Montag geschl. − **M** a la carte 49/71 − **Bistro M** a la carte
32/46.

In Hamburg-Eppendorf :

XX ❀ **Anna e Sebastiano** (Italienische Küche), Lehmweg 30 (H 20), ℰ 4 22 25 95 − ⓞ 🄴 🆅🅸🆂🅰
❀   BV a
nur Abendessen, Sonntag - Montag, 1.- 29. Jan. und Juli - Aug. 3 Wochen geschl. − **M**
(Tischbestellung erforderlich) 90/100 und a la carte 67/77
Spez. Warmer Salat von Hummer und weißen Bohnen, Gebratene Gänsestopfleber im Nudelteig, Wolfsbarsch
im Spinatblatt.

XX **Il Gabbiano** (Italienische Küche), Eppendorfer Landstr. 145 (H 20), ℰ 4 80 21 59 − 🅰🅴 ⓞ
🆅🅸🆂🅰   T v
Sonntag geschl. − **M** (Tischbestellung ratsam) a la carte 50/72.

XX **Sellmer** (überwiegend Fischgerichte), Ludolfstr. 50 (H 20), ℰ 47 30 57 − ❷ 🅰🅴 ⓞ 🄴
🆅🅸🆂🅰   T n
M a la carte 45/81.

In Hamburg-Finkenwerder 2103 :

XX **Finkenwerder Elbblick**, Focksweg 42 (H 95), ℰ 7 42 70 95, ≤ Elbe, 🌣 − ❷. 🅰🅴 ⓞ
🄴   U b
M a la carte 42/77.

In Hamburg-Fuhlsbüttel :

🏨 **Airport Hotel Hamburg**, Flughafenstr. 47 (H 62), ℰ 53 10 20, Telex 2166399, Fax 53102222,
Massage, 🔲 − 🛗 ⇄ Zim 📺 ☎ ❷ − 🔬 25/240. 🅰🅴 ⓞ 🄴 🆅🅸🆂🅰   T p
M a la carte 39/62 − **158 Z : 253 B** 196/337 - 244/389 Fb.

🏠 Hadenfeldt, Friedhofsweg 15 (H 63), ℰ 59 62 40, 🌣 − ☎ ⇔ ❷   T k
26 Z : 39 B.

In Hamburg-Hamm :

🏨 **Hamburg International**, Hammer Landstr. 200 (H 26), ℰ 21 14 01, Telex 2164349, Fax
211409 − 🛗 📺 ☎ ⇔ ❷ − 🔬 25/40. 🅰🅴 🄴 🆅🅸🆂🅰   U z
M *(Sonntag geschl.)* a la carte 55/80 − **112 Z : 230 B** 110/200 - 155/260 Fb.

In Hamburg-Harburg 2100 :

🏨 **Panorama**, Harburger Ring 8 (H 90), ℰ 76 69 50, Telex 2164824, Fax 76695183 − 🛗 📺 ⇔
− 🔬 25/150   U x
M a la carte 34/70 − **98 Z : 160 B** 170 - 200 Fb − 8 Appart. 250/320.

🏨 **Haus Lindtner** 🦢, Heimfelder Str. 123 (H 90), ℰ 7 90 80 81, Fax 7909952,
« Gartenterrasse » − 📺 ☎ ❷ − 🔬 25/600. 🅰🅴 ⓞ 🄴 🆅🅸🆂🅰   U g
M a la carte 25/68 − **20 Z : 30 B** 125/145 - 185/215.

🏠 **Süderelbe** garni, Großer Schippsee 29 (H 90), ℰ 77 32 14 − 🛗 📺 ☎ ⇔. 🅰🅴 ⓞ 🄴 🆅🅸🆂🅰.
❀   U r
20. Dez.- 5. Jan. geschl. − **21 Z : 40 B** 95 - 130/135.

🏠 Heimfeld garni, Heimfelder Str. 91 (H 90), ℰ 7 90 56 78, 🌳 − 🛗 📺 ☎ ❷   U a
47 Z : 78 B Fb.

Fortsetzung →

In Hamburg-Harvestehude westlich der Außenalster :

🏨🏨🏨 **Inter-Continental**, Fontenay 10 (H 36), 𝒸 41 41 50, Telex 211099, Fax 414151
≤ Hamburg und Alster, 🌧️, Massage, ⇔, 🔲 – 🕼 ↔ Zim 🔳 🆃🆅 ⇐ 🅿 – 🔬 25/240.
🔘 🄴 VISA. 🎀 Rest   EX
Restaurants : Fontenay-Grill *(nur Abendessen)* **M** a la carte 62/105 – **Orangerie M** a la ca
47/63 – **300 Z : 600 B** 281/391 - 357/441 Fb – 16 Appart. 852/1252.

🏨🏨 **Garden Hotels Pöseldorf** 🦢 garni, Magdalenenstr. 60 (H 13), 𝒸 44 99 58, Telex 2126ℤ
Fax 449958, « Elegante Einrichtung », 🌧️ – 🕼 🆃🆅 ☎. 🄰🄴 🔘 🄴 VISA   EX
73 Z : 105 B 177/257 - 294/584.

🏨🏨 **Smolka**, Isestr. 98 (H 13), 𝒸 47 50 57, Telex 215275, Fax 473008 – 🕼 🆃🆅 ☎ ⇐. 🄰🄴 🔘
VISA. 🎀 Rest   CV
M *(Samstag ab 15 Uhr sowie Sonn- und Feiertage geschl.)* a la carte 38/61 – **38 Z : 60**
128/225 - 230/280 Fb.

🏨🏨 **Abtei** 🦢 garni, Abteistr. 14 (H 13), 𝒸 44 29 05, Telex 2165645, Fax 449820, 🌧️ – 🆃🆅 ☎. 🎀
– **12 Z : 20 B**.   DV

🏨🏨 **Mittelweg** garni, Mittelweg 59 (H 13), 𝒸 4 14 10 10, Telex 2165663, Fax 41410120 – 🆃🆅
⇐ 🅿   DV
26 Z : 40 B 110/152 - 194/224.

XXX **Die Insel - Restaurant Amadeus**, Alsterufer 35 (1. Etage) (H 36), 𝒸 4 10 69 55, F
4103713 – 🄰🄴 🔘 🄴 VISA   EX
nur Abendessen – **M** (Tischbestellung erforderlich) a la carte 91/108.

XX **La vite** (Italienische Küche), Heimhuder Str. 5 (H 13), 𝒸 45 84 01, 🌧️   DX
(Tischbestellung ratsam).

XX **Daitokai** (Japanisches Restaurant), Milchstr. 1 (H 13), 𝒸 4 10 10 61, Fax 4102296 – 🔳.
🔘 🄴 VISA. 🎀   DV
Sonntag geschl. – **M** (Tischbestellung ratsam) a la carte 53/83.

XX **Osteria Martini** (Italienische Küche), Badestr. 4 (H 13), 𝒸 4 10 16 51 – 🄰🄴 🔘 🄴 VISA
M (Tischbestellung ratsam) a la carte 39/69.   DX

In Hamburg-Langenhorn :

🏨🏨 **Schümann** 🦢 garni, Langenhorner Chaussee 157 (H 62), 𝒸 5 31 00 20 – 🆃🆅 ☎ ⇐
🄰🄴 🄴 VISA   T
52 Z : 78 B 113/128 - 148/249 Fb.

🏨 **Kock's Hotel** garni, Langenhorner Chaussee 79 (H 62), 𝒸 5 31 41 42, Fax 5314829 –
☎ 🅿   T
18 Z : 27 B 99 - 138.

X **Zum Wattkorn** mit Zim, Tangstedter Landstr. 230 (H 62), 𝒸 5 20 37 97, Fax 472413, 🌧️
🅿   über Tangstedter Landstraße T
M *(Montag geschl.)* a la carte 44/72 – **14 Z : 20 B** 52/80 - 90/116.

In Hamburg - Lehmsahl-Mellingstedt über Alte Landstraße T :

XXX **Ristorante Dante** (Italienische Küche), An der Alsterschleife 3 (H 65), 𝒸 6 02 00 43, ℤ
– 🅿. 🄰🄴 🔘
nur Abendessen, Montag geschl. – **M** (Tischbestellung ratsam) a la carte 47/68.

In Hamburg-Lohbrügge 2050 ③ : 15 km über die B 5 :

🏨🏨 **Alt Lohbrügger Hof**, Leuschner Str. 76 (H 80), 𝒸 7 39 60 00, 🌧️ – 🆃🆅 ☎ 🅿 – 🔬 25/120
43 Z : 78 B Fb.

In Hamburg-Lokstedt :

🏨🏨 **Engel** garni, Niendorfer Str. 59 (H 54), 𝒸 58 03 15, Fax 583485, ⇔ – 🆃🆅 ☎ 🕭 ⇐ 🅿.
🔘 🄴 VISA   T
50 Z : 71 B 95/125 - 137/173 Fb.

In Hamburg-Nienstedten ⑤ : 13 km über Elbchaussee U :

XX ❀ **Landhaus Dill**, Elbchaussee 404 (H 52), 𝒸 82 84 43, Fax 828213 – 🅿. 🄰🄴 🔘 🄴 VISA
Dienstag - Freitag nur Abendessen, Montag geschl. – **M** *(auch vegetarisches Men*
(Tischbestellung ratsam) a la carte 60/102 – **Bistro** *(nur Mittagessen, Dienstag - Freit*
geöffnet) **M** a la carte 51/65
Spez. Hummersalat am Tisch zubereitet (für 2 Pers.), Zander mit Zitronenbuttersauce, Flugentenbrust
Senfkörnersauce.

In Hamburg-Othmarschen :

🏨🏨 **Schmidt** garni, Reventlowstr. 60 (H 52), 𝒸 88 28 31, Fax 8808881, 🌧️ – 🕼 🆃🆅 ☎ 🅿   U
35 Z : 60 B 80/109 - 114/210.

In Hamburg-Poppenbüttel :

🏨🏨 **Poppenbütteler Hof**, Poppenbütteler Weg 236 (H 65), 𝒸 6 02 10 72, Telex 2165255, F
6023130 – 🕼 🆃🆅 ☎ 🅿 – 🔬 25/60. 🄰🄴 🔘 🄴 VISA   über Alte Landstraße   T
M a la carte 44/66 – **31 Z : 62 B** 156/276 - 227/327 Fb.

In Hamburg-Rahlstedt über ① :

🏤 Eggers, Rahlstedter Str. 78 (B 435) (H 73), ℰ 6 77 40 11, Telex 2173678, 🛱, 😂, 🔲 − 🛗 📺
🕿 ⟵🚗 🅿 − 🔏 25/50
(wochentags nur Abendessen) − **89 Z : 136 B** Fb.

In Hamburg-Rothenburgsort :

🏠 **Elbbrücken-Hotel** garni, Billhorner Mühlenweg 28 (H 26), ℰ 78 27 47 − 🛗 🕿. 🇪   GZ **a**
31 Z : 60 B 63/80 - 95/130.

In Hamburg-Rotherbaum :

🏨 **Elysee** 😂, Rothenbaumchaussee 10 (H 13), ℰ 41 41 20, Telex 212455, Fax 41412733,
Massage, 😂, 🔲 − 🛗 🔳 📺 🕭 ⟵🚗 − 🔏 25/500. 🆎 ⓞ 🇪 𝘝𝘐𝘚𝘈. ⚡ Zim   CX **m**
Restaurants : **Piazza Romana M** a la carte 50/63 − **Brasserie M** a la carte 40/55 − **299 Z :**
593 B 249/309 - 308/368 Fb − 4 Appart. 550/1150.

🏤 **Vorbach** garni, Johnsallee 63 (H 13), ℰ 44 18 20, Telex 213054 − 🛗 📺 🕿 ⟵🚗. 🆎 🇪 𝘝𝘐𝘚𝘈
106 Z : 170 B 125/165 - 145/220.   CX **b**

🟨🟨 **Ventana** (europäisch-asiatische Küche), Grindelhof 77 (H 13), ℰ 45 65 88, Fax 481719 −
🆎 ⓞ 🇪   CV **e**
Samstag bis 18 Uhr und Sonntag geschl. − **M** (abends Tischbestellung ratsam) a la carte
73/87.

🟨🟨 ✿ **L'auberge française** (Französische Küche), Rutschbahn 34 (H 13), ℰ 4 10 25 32 − 🆎
ⓞ 🇪 𝘝𝘐𝘚𝘈 ⚡   CVX **r**
Juli, Samstag bis 18 Uhr und Sonntag geschl. − **M** (Tischbestellung erforderlich) a la carte
56/85
Spez. Gebratene Gänsestopfleber in Trüffelsauce, Seeteufel in Safran-Sauce, Gratinierte Früchte mit
Kirschcreme.

🟨🟨 Fernsehturm-Restaurant (rotierendes Restaurant in 132 m Höhe), Lagerstr. 2 (🛗, Gebühr
DM 4,-) (H 6), ℰ 43 80 24, ⚘ Hamburg − 🔳 🅿   BX
(Tischbestellung ratsam).

In Hamburg-St. Pauli :

🟨🟨 Bavaria-Blick, Bernhard-Nocht-Str. 99 (7. Etage, 🛗) (H 4), ℰ 31 48 00, ⟵ Hafen − 🔳
(Tischbestellung ratsam).   BZ **m**

In Hamburg Sasel :

🏨 **Mellingburger Schleuse** 😂 (250 Jahre altes niedersächsisches Bauernhaus),
Mellingburgredder 1 (H 65), ℰ 6 02 40 01, Fax 6027912, 🛱, 🔲 − 📺 🕿 ⟵🚗 🅿 − 🔏 25/180.
🆎 ⓞ 🇪 𝘝𝘐𝘚𝘈   über Saseler Chaussee   T
M a la carte 35/62 − **34 Z : 70 B** 150 - 205/255 Fb.

🟩 **Saseler Dorfkrug**, Saseler Chaussee 101 (H 65), ℰ 6 01 77 71 − 🅿. 🆎   T **m**
M (wochentags nur Abendessen) a la carte 38/64.

In Hamburg-Schnelsen :

🏨 **Novotel**, Oldesloer Str. 166 (H 61), ℰ 5 50 20 73, Telex 212923, Fax 5592020, 🛱,
🏊 (geheizt) − 🛗 📺 🕿 ⟵🚗 🅿 − 🔏 25/250. 🆎 ⓞ 🇪 𝘝𝘐𝘚𝘈. ⚡ Rest   T **u**
M a la carte 34/60 − **122 Z : 244 B** 165 - 199 Fb.

In Hamburg-Stellingen :

🏨 **Helgoland**, Kieler Str. 177 (H 54), ℰ 85 70 01, Fax 8511445 − 🛗 📺 🕿 ⟵🚗 🅿 − 🔏 25. 🆎
ⓞ 🇪 𝘝𝘐𝘚𝘈   U **n**
(nur Abendessen für Hausgäste) − **109 Z : 218 B** 133/152 - 178/228 Fb.

🏠 **Münch** garni, Frühlingstr. 37 (H 54), ℰ 8 50 50 26, Fax 8511662, ⚘ − 📺 🕿 ⟵🚗. 🆎 ⓞ 🇪
𝘝𝘐𝘚𝘈 ⚡   T **a**
13 Z : 16 B 105/112 - 140/150 Fb.

🏡 **Rex** garni, Kieler Str. 385 (H 54), ℰ 54 48 13 − 🕿 🅿   T **h**
33 Z : 51 B 54/79 - 94/106.

In Hamburg-Stillhorn :

🏩 **Forte Hotel**, Stillhorner Weg 40 (H 93), ℰ 7 52 50, Telex 217940, Fax 7525444, 😂, 🔲 − 🛗
🔳 Rest 📺 🕭 🅿 − 🔏 25/200. 🆎 ⓞ 🇪 𝘝𝘐𝘚𝘈. ⚡ Rest   U **v**
Restaurants : **Senator M** a la carte 45/74 − **Moorwerder Stube M** a la carte 27/40 − **148 Z :**
296 B 188/243 - 221/468 Fb.

🏠 BAB Raststätte und Motel Stillhorn, an der A 1 (Ostseite) (H 93), ℰ 7 54 00 20, Telex 2161885,
Fax 7540029, 🛱 − ✜ Zim 📺 🕿 🕭 ⟵🚗 🅿 − 🔏 30   U **v**
52 Z : 116 B.

In Hamburg-Uhlenhorst :

🏨 **Parkhotel Alster-Ruh** 😂 garni, Am Langenzug 6 (H 76), ℰ 22 45 77 − 📺 🕿 ⟵🚗. 🆎 🇪
24 Z : 42 B 119/190 - 183/315 Fb.   FV **e**

🏨 **Nippon** (Japanische Einrichtung und Küche), Hofweg 75 (H 76), ℰ 2 27 11 40, Telex 211081,
Fax 22711490 − 🛗 📺 🕿 ⟵🚗. 🆎 ⓞ 🇪 𝘝𝘐𝘚𝘈. ⚡   FV **d**
M *(nur Abendessen, Montag geschl.)* a la carte 34/57 − **42 Z : 84 B** 160/210 - 210/331 Fb.

🟨🟨 Ristorante Roma (Italienische Küche), Hofweg 7 (H 76), ℰ 2 20 25 54   FX **h**

In Hamburg-Veddel :

🏨 **Carat-Hotel**, Sieldeich 9 (H 26), ℰ 78 96 60, Telex 2163354, Fax 786196, ⇌ᔒ – 📳 📺 📢
⟺ 🅿 – 🔏 25/40. 🆎 ⓪ 🇪 𝘝𝘐𝘚𝘈 U
M a la carte 37/55 – **92 Z : 170 B** 145/170 - 190/220 Fb.

In Hamburg-Volksdorf über ① :

🍴🍴 **Ristorante Due Torri** (Italienische Küche), Im alten Dorfe 40 (H 67), ℰ 6 03 40 42, 🏡 -
🅿. 🆎 ⓪ 🇪
Montag geschl. – **M** a la carte 45/56.

In Hamburg-Wellingsbüttel :

🏨 **Rosengarten** garni, Poppenbüttler Landstr. 10b (H 65), ℰ 6 02 30 36, ⇌ᔒ, 🚗 – 📺 📢
⟺ 🅿 🆎 🇪 T
24. Dez.- 2. Jan. geschl. – **10 Z : 17 B** 108 - 158.

🍴🍴 **Randel**, Poppenbüttler Landstr. 1 (H 65), ℰ 6 02 47 66, 🏡, « Großer Park » – 🅿
🔏 25/60. 🆎 ⓪ 🇪 𝘝𝘐𝘚𝘈 T
Montag geschl. – **M** a la carte 36/71.

In Hamburg-Winterhude :

🏨 **Hanseatic** garni, Sierichstr. 150 (H 60), ℰ 48 57 72, Telex 213165, « Elegante, wohnlich
Einrichtung », ⇌ᔒ – 📺 📞. 🆎 EV
13 Z : 26 B 185/220 - 250/420.

🍴🍴 **Benedikt**, Dorotheenstr. 182a (H 60), ℰ 4 60 34 64 – 🆎 ⓪ 🇪 𝘝𝘐𝘚𝘈 EV
Sonntag geschl. – **M** (Tischbestellung ratsam) a la carte 58/72.

🍴🍴 **Borsalino** (Italienische Küche), Barmbeker Str. 165 (H 60), ℰ 47 60 30 – 🆎 ⓪ 🇪 𝘝𝘐𝘚𝘈 FV
Montag geschl. – **M** a la carte 45/82.

🍴 **Schmitz**, Maria-Louisen-Str. 3 (H 60), ℰ 48 41 32 DV
(Tischbestellung ratsam).

MICHELIN-REIFENWERKE KGaA. Niederlassung 2000 Hamburg 74, Billbrookdeic
183 (Hamburg S. 3 U), ℰ 7 32 01 73, Fax 7328820.

HAMELN 3250. Niedersachsen 𝟿𝟾𝟽 ⑮, 𝟺𝟷𝟸 L 10 – 60 000 Ew – Höhe 68 m – 😊 05151.

Sehenswert : Hochzeitshaus★.

Ausflugsziel : Hämelschenburg★ ③ : 11 km.

📇 Schloß Schwöbber, 3258 Aerzen 16, ℰ (05154) 20 02, Fax 2264.

🔷 Verkehrsverein, Deisterallee, ℰ 20 26 17, Fax 202500.

ADAC, Ostertorwall 15 A, ℰ 33 35, Notruf ℰ 1 92 11.

◆Hannover 45 ① – Bielefeld 80 ⑤ – Hildesheim 48 ② – Paderborn 67 ④ – ◆Osnabrück 110 ⑤.

Stadtplan siehe gegenüberliegende Seite.

🏨 **Dorint Hotel Hameln**, 164er Ring 3, ℰ 79 20, Telex 924716, Fax 792191, 🏡, ⇌ᔒ, 🏊 –
📺 📞 🅿 – 🔏 25/400. 🆎 ⓪ 🇪 𝘝𝘐𝘚𝘈
M a la carte 35/63 – **103 Z : 156 B** 132/170 - 184/260 Fb.

🏨 **Christinenhof** garni, Alte Marktstr. 18, ℰ 71 68, Fax 43611, ⇌ᔒ – 📺 📞 🅿
18 Z : 31 B Fb.

🏨 **Zur Post** garni, Am Posthof 6, ℰ 76 30, Fax 7641 – 📳 📺 📞 ⟺. 🆎 🇪 𝘝𝘐𝘚𝘈
24 Z : 45 B 79/110 - 129/165 Fb.

🏠 **Zur Börse**, Osterstr. 41a (Zufahrt über Kopmanshof), ℰ 70 80 (Hotel) 2 25 75 (Rest.), Fa
25485 – 📳 📞 🅿. 🆎 ⓪ 𝘝𝘐𝘚𝘈
Hotel über Weihnachten und Neujahr geschl. – **M** a la carte 22/43 – **34 Z : 47 B** 55/92
102.

🏠 **Bellevue** garni, Klütstr. 34, ℰ 6 10 18, Fax 66179 – 📺 📞 🅿 über Klütstraß
19 Z : 35 B 65/85 - 98/110.

🍴 **Rattenfängerhaus**, Osterstr. 28, ℰ 38 88, « Renaissancehaus a.d.J. 1603 » – 🔏 25/6
🆎 ⓪ 🇪 𝘝𝘐𝘚𝘈
M a la carte 27/55.

🍴 **China-Restaurant Peking**, 164er Ring 5, ℰ 4 18 44 – ⛵

In Hameln-Klein Berkel ④ : 3 km :

🏠 **Klein Berkeler Warte**, an der B 1, ℰ 6 50 81, Fax 64074, 🏡 – 📞 ⟺ 🅿 – 🔏 30. ⓪
𝘝𝘐𝘚𝘈
1.- 10. Jan. geschl. – **M** a la carte 27/52 – **19 Z : 28 B** 63/80 - 110/150 Fb.

🏠 **Ohrberg** ⛳ garni, Margaretenweg 1, ℰ 6 50 55, 🏊 (geheizt), 🚗 – 📞 ⟺ 🅿
18 Z : 24 B 65/95 - 105/120.

Auf dem Klütberg W : 7 km über ④ :

🍴🍴 **Klütturm**, ✉ 3250 Hameln, ℰ (05151) 6 16 44, ≼ Weser und Hameln, 🏡 – 🅿. 🆎 🇪 𝘝𝘐𝘚𝘈
Dienstag und 10.- 31. Jan. geschl. – **M** a la carte 39/75.

In Aerzen 2-Groß Berkel 3258 ④ : 7 km :

🏠 **Dammköhler** garni, An der Breite 1, ℰ (05154) 21 36 – **P**
8.- 30. Juli geschl. – **9 Z : 12 B** 42 - 74.

In Aerzen 14-Multhöpen 3258 ④ : 13 km über Königsförde :

🏠 **Landluft** ॐ, Buschweg 7, ℰ (05154) 20 01, ≤, 斎, 絈 – TV ☎ **P**. ① E VISA
Mitte Jan.- Mitte Feb. geschl. – **M** *(wochentags nur Abendessen, Dienstag geschl.)* a la
carte 28/49 – **16 Z : 30 B** 52/60 - 92/110.

HAMM IN WESTFALEN 4700. Nordrhein-Westfalen 987 ⑭, 412 G 11 – 180 000 Ew – Höhe
3 m – ✆ 02381.

🛈 Verkehrsverein, Bahnhofsvorplatz (im Kaufhaus Horten), ℰ 2 34 00.

ADAC, Oststr. 48 a, ℰ 2 92 88, Notruf 1 92 11.

Düsseldorf 111 ③ – Bielefeld 76 ⑥ – Dortmund 44 ③ – Münster (Westfalen) 37 ⑥.

Stadtplan siehe nächste Seite.

🏨🏨 **Queens Hotel Hamm**, Neue Bahnhofstr. 3, ℰ 1 30 60, Telex 828886, Fax 13079, ≘s, ⊠
– 劇 ⇔ Zim ☰ TV & ⇔ – 🔏 25/450. AE ① E VISA   Z a
M a la carte 45/68 – **142 Z : 263 B** 205 - 244/264 Fb – 7 Appart. 338.

🏨 **Stadt Hamm**, Südstr. 9, ℰ 2 90 91, Fax 15210 – 劇 TV ☎ ⇔. AE ① E VISA. ℅   Y a
M *(nur Abendessen)* a la carte 32/52 – **25 Z : 46 B** 85/140 - 150/300 Fb.

🏠 **Herzog** garni, Caldenhofer Weg 22, ℰ 2 00 59, Fax 13802 – ☎ ⇔ **P**. AE ① E VISA
27 Z : 40 B 65/100 - 100/140.   Z e

🏠 **Breuer**, Ostenallee 95, ℰ 8 40 01 – ☎ ⇔. ℅ Zim   V b
M *(Freitag und Juli - Aug. 3 Wochen geschl.)* a la carte 22/52 – **23 Z : 30 B** 60/70 - 95.

357

HAMM
IN WESTFALEN

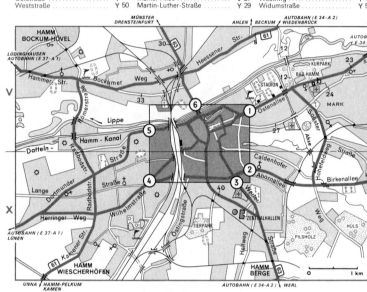

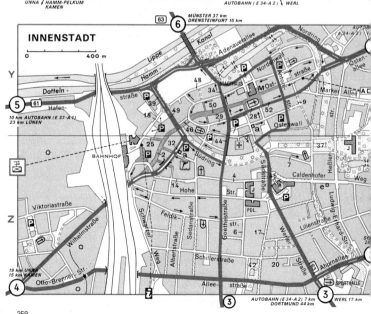

In Hamm 3-Pelkum ④ : 5 km über die B 61 :

🏨 **Selbachpark** ⑤, Kamener Straße (B 61, SO : 2 km), ℰ 4 09 44, Fax 405213 – 📺 ☎ 🅿 –
🔒 25/100
M a la carte 25/54 – **25 Z : 50 B** 75 - 140.

XXX Wieland - Stuben, Wielandstr. 84, ℰ 40 12 17, 🍴, « Elegante und rustikale Einrichtung »
– 🅿.

In Hamm 1-Rhynern ③ : 7 km :

🏨 **Grüner Baum**, Reginenstr. 3, ℰ (02385) 24 54, 🍴 – 🛗 📺 ☎ 🅿. 🆎 ⑩ 🖽 **VISA**
M a la carte 27/63 – **25 Z : 46 B** 95 - 170/250 Fb.

An der Autobahn A 2 über ③ :

🏨 **Rasthaus Rhynern Süd**, Im Zengerott 3, ✉ 4700 Hamm 1-Rhynern, ℰ (02385) 4 55, Fax
5984, 🍴 – 📺 🚗 🅿. 🆎 ⑩ 🖽
M (auch Self-Service) a la carte 24/48 – **13 Z : 21 B** 50/60 - 95.

🏨 **Rasthaus Rhynern-Nord**, Ostendorfstr. 62, ✉ 4700 Hamm 1-Rhynern, ℰ (02385) 4 65,
Fax 464, 🍴, 🈸 – 📺 🚗 🅿. 🆎 🖽
M (auch Self-Service) a la carte 26/56 – **39 Z : 50 B** 65/100 - 110/115.

HAMM (SIEG) 5249. Rheinland-Pfalz 🔲 G 14 – 11 000 Ew – Höhe 208 m – ✆ 02682.
Mainz 124 – ♦Bonn 63 – Limburg an der Lahn 64 – Siegen 48.

🏨 **Romantik-Hotel Alte Vogtei** (Fachwerkhaus a.d.J. 1753), Lindenallee 3, ℰ 2 59, 🍴 –
📺 ☎ 🚗. 🆎 ⑩ 🖽 **VISA**
20. Juli - 10. Aug. geschl. – Menu (Mittwoch - Donnerstag 17 Uhr geschl.) a la carte 28/59 –
15 Z : 30 B 75/85 - 140/160.

An der B 256 W : 2,5 km :

🏨 **Auermühle**, ✉ 5249 Hamm, ℰ (02682) 2 51, ⬛ (geheizt), 🍴 – ☎ 🚗 🅿. 🆎 ⑩ 🖽 **VISA**
M (2.- 20. Jan. und Freitag geschl.) 16/42 (mittags) und a la carte 24/59 – **23 Z : 36 B** 46/58 -
82/96.

In Seelbach-Marienthal 5231 S : 5 km :

🏨 **Waldhotel Imhäuser** ⑤, Hauptstr. 14, ℰ (02682) 2 71, 🍴 – ☎ 🅿. ⑩ 🖽
M (Montag geschl.) a la carte 26/53 – **17 Z : 29 B** 40/45 - 80/90.

HAMMELBURG 8783. Bayern 🔲 M 16, 🔲 ㉘ – 12 200 Ew – Höhe 180 m – ✆ 09732.
Tourist-Information, Kirchgasse 4, ℰ 8 02 49.
München 319 – ♦Bamberg 94 – Fulda 70 – ♦Würzburg 53.

🏨 **Kaiser**, An der Walkmühle 11, ℰ 40 38, 🍴, 🍴 – ☎ 🚗 🅿. 🖽
M (wochentags nur Abendessen, Montag geschl.) a la carte 22/45 ⅄ – **11 Z : 22 B** 45 - 75.

🏨 **Engel**, Marktplatz 12, ℰ 21 29 – ☎ 🚗
16 Z : 30 B.

In Hammelburg-Morlesau W : 8 km über Hammelburg-Diebach :

🏨 **Nöth** ⑤, Morlesauer Str. 6, ℰ (09357) 4 79, 🍴, ⬛ (geheizt), 🍴 – 🅿. ⑩ 🖽 **VISA**
1.- 14. Nov. geschl. – **M** (Okt.- März Montag geschl.) a la carte 23/49 – **20 Z : 40 B** 42/46 -
84/92 Fb.

In Wartmannsroth 8781 NW : 10 km :

🏨 **Fränkisches Landgasthaus Sepp Halbritter**, ℰ (09737) 8 90, Fax 8940 – 📺 ☎ 🅿. 🆎
🖽 **VISA**. ⚘
15. Jan.- 10. Feb. und 1.- 15. Aug. geschl. – **M** (Montag - Dienstag geschl.) a la carte 54/74
– **11 Z : 22 B** 140 - 190/220.

In Wartmannsroth-Neumühle 8781 W : 6 km über Hammelburg-Diebach :

🏨 **Neumühle** ⑤ (Fachwerkhäuser mit wertvoller antiker Einrichtung), ℰ (09732) 80 30, Fax
80379, 🈸, ⬛, 🍴, ⚘ – 📺 ☎ 🅿 – 🔒 25. ⚘ Rest
8. Jan.- 2. Feb. geschl. – **M** a la carte 41/66 – **29 Z : 62 B** 160/210 - 255/440.

HAMMER Bayern siehe Siegsdorf.

HAMMINKELN Nordrhein-Westfalen siehe Wesel.

HANAU AM MAIN 6450. Hessen 🔲 ㉘. 🔲 🔲 J 16 – 86 000 Ew – Höhe 105 m – ✆ 06181.
Hanau-Wilhelmsbad (über ⑤), ℰ 8 20 71.
Verkehrsamt, Markt 14, ℰ 25 24 00.
ADAC, Sternstraße (Parkhaus), ℰ 2 45 11, Notruf ℰ 1 92 11.
Wiesbaden 59 ③ – ♦Frankfurt am Main 20 ④ – Fulda 89 ① – ♦Würzburg 104 ②.

HANAU AM MAIN

🏨 **Brüder-Grimm-Hotel - Restaurant La Fontana**, Kurt-Blaum-Platz 6, ℰ 30 60 (Hote 3 38 38 (Rest.), Telex 4102317, Fax 306512, Massage, ≘ – 🛗 📺 ☎ & 🅿 – 🔬 25/70. 🔄 ① 🇪 𝘝𝘐𝘚𝘈   Z
M *(Samstag bis 18 Uhr und Sonntag geschl.)* a la carte 47/75 – **95 Z : 186 B** 118/160 185/190 Fb.

🏨 **Grahn**, Landwehr 1, ℰ 3 10 86, Fax 31820 – 📺 ☎ 🅿. 🔄 ① 🇪 𝘝𝘐𝘚𝘈   Z
M *(12.- 20. April, 15. Juli - 12. Aug., 27. Dez.- 6. Jan. und Sonntag geschl.)* a la carte 32/5 **16 Z : 28 B** 85/105 - 105/160 Fb.

🏨 **Café Menges** garni, Hirschstr. 16, ℰ 25 60 45 – 📺 ☎ 🅿. 🔄 ① 🇪 𝘝𝘐𝘚𝘈   Y
28 Z : 37 B 45/90 - 70/140 Fb.

🏨 **Royal**, Salzstr. 14, ℰ 2 41 57, Fax 255589 – 📺 ☎ ⟻. ① 🇪 𝘝𝘐𝘚𝘈 ✻   Y
M *(nur Abendessen, Samstag geschl.)* a la carte 32/56 – **17 Z : 32 B** 89/96 - 135 Fb.

In Hanau 6-Mittelbuchen ⑥ : 7 km :

🏨 **Sonnenhof** garni, Alte Rathausstraße 6, ℰ 7 10 99 – ☎ 🅿
21. Dez.- Anfang Jan. geschl. – **18 Z : 29 B** 53/60 - 92/102 Fb.

In Hanau 7-Steinheim ③ : 4 km :

🏨 **Birkenhof**, von-Eiff-Str. 37, ℰ 6 48 80, Fax 648839, 🐎 – 📺 ☎ ⟻ 🅿. 🔄 🇪 𝘝𝘐𝘚𝘈 20. Dez.- 4. Jan. und über Ostern geschl. – (nur Abendessen für Hausgäste) – **23 Z : 35** 99/110 - 150/180.

🏨 **Zur Linde**, Steinheimer Vorstadt 31, ℰ 65 90 71, 🐎 – 📺 ☎ 🅿. 🇪
M *(Samstag bis 18 Uhr und Donnerstag geschl.)* a la carte 30/48 – **31 Z : 45 B** 68/95 90/150 Fb.

In Hanau-Wilhelmsbad über ⑤ :

XX **Golf-Club - Restaurant da Enzo** 🦌 mit Zim, Wilhelmsbader Allee 3. ℰ 8 32 19 (Hotel) 8 53 97 (Rest.), ≤, 🍴, 🐦 – 📺 ☎ 🅿. 🔄 ① 🇪
Feb. geschl. – **M** *(Montag geschl.)* a la carte 40/76 – **7 Z : 14 B** 95 - 150 Fb.

In Rodenbach-Niederrodenbach 6458 NO : 5,5 km :

🏨 Princess-Motel garni, Gelnhäuser Str. 3 (B 43), ℘ (06184) 5 10 06 — 🛗 📺 ☎ 🅿. 🛝
23 Z : 37 B.

HANDELOH 2111. Niedersachsen — 1 700 Ew — Höhe 38 m — 🌣 04188.
♦Hannover 124 — ♦Bremen 89 — ♦Hamburg 50 — Lüneburg 46.

🏨 **Fuchs**, Hauptstr. 35, ℘ 4 14, 🏤, 😂, 🐎, 🎿 — 📺 ☎ 🅿 — 🔬 25/40
30 Z : 60 B Fb.

🏨 **Zum Lindenheim** (mit Gästehaus 🛝), Hauptstr. 38, ℘ 74 11, Fax 7561, 🐎 — ☎ 🅿. ⓞ 🇪
🆅🅸🆂🅰
M a la carte 22/56 — **22 Z : 42 B** 30/60 - 55/90 Fb — ½ P 45/75.

HANKENSBÜTTEL 3122. Niedersachsen 🎱🎰🎲 ⑯ — 3 600 Ew — Höhe 40 m — Luftkurort —
🌣 05832.
Sehenswert : Otter-Zentrum.
♦Hannover 83 — ♦Braunschweig 62 — Celle 40 — Lüneburg 65.

In Dedelstorf 1-Repke 3122 SW : 5 km :

🏨 **Dierks**, an der B 244, ℘ (05832) 60 82, 🐎 — 🚗 🅿
M a la carte 23/47 — **17 Z : 27 B** 46 - 84 — ½ P 50.

HANN. MÜNDEN Niedersachsen = Münden.

HANNOVER 3000. 🅻 Niedersachsen 🎱🎰🎲 ⑮, 🎲🎰🎲 M 9 — 500 000 Ew — Höhe 55 m — 🌣 0511.
Sehenswert : Herrenhäuser Gärten★★ (Großer Garten★★, Berggarten★) A — Kestner-Museum★
DY **M1** — Marktkirche (Schnitzaltar★★) DY A — Niedersächsisches Landesmuseum★ EZ **M2** —
Kunstmuseum★ (Sammlung Sprengel★) EZ **M4**.

🏌 Garbsen, Am Blauen See (⑯ : 14 km), ℘ (05137) 7 30 68 ; 🏌 Isernhagen FB, Gut Lohne, ℘ (05139)
29 98.

✈ Hannover-Langenhagen (① : 11 km), ℘ 7 30 51.

🚗 ℘ 1 28 54 52.

Messegelände (über ② und die B 6), ℘ 8 90, Telex 922728.

🅱 Verkehrsbüro, Ernst-August-Platz 8, ℘ 1 68 23 19.

ADAC, Hindenburgstr. 37, ℘ 8 50 00, Notruf ℘ 1 92 11.

♦Berlin 288 ② — ♦Bremen 123 ① — ♦Hamburg 151 ①.

Messe-Preise : siehe S. 8	**Foires et salons :** voir p. 16
Fairs : see p. 24	**Fiere :** vedere p. 32

Stadtpläne siehe nächste Seiten

🏨 **Inter-Continental**, Friedrichswall 11, ℘ 3 67 70, Telex 923656, Fax 3677195 — 🛗 🗙 Zim
🞑 Rest 📺 ♿ — 🔬 25/300. 🆀 ⓞ 🇪 🆅🅸🆂🅰. 🛝 Rest   DY **a**
Restaurants : **Prinz Taverne M** 32 (mittags) und a la carte 45/81 — **Wilhelm-Busch-Stube**
(Sonntag ab 15 Uhr und Feiertage geschl.) **M** a la carte 25/40 — **285 Z : 450 B** 265/500 -
330/565 Fb — 14 Appart. 850/1600.

🏨 **Maritim**, Hildesheimer Str. 34, ℘ 1 65 31, Telex 9230268, Fax 884846, 😂, 🔲 — 🛗 🗙 Zim
🞑 📺 ♿ 🚗 🅿 — 🔬 25/600. 🆀 ⓞ 🇪 🆅🅸🆂🅰. 🛝 Rest   EZ **b**
M a la carte 50/81 — **293 Z : 580 B** 205/375 - 254/524 Fb.

🏨 **Kastens Hotel Luisenhof**, Luisenstr. 1, ℘ 3 04 40, Telex 922325, Fax 3044807 — 🛗 🞑 Rest
📺 ♿ 🚗 🅿 — 🔬 25/150. 🆀 ⓞ 🇪 🆅🅸🆂🅰. 🛝 Rest   EX **b**
M *(Juli - Aug. Sonntag geschl.)* 30/50 (mittags) und a la carte 54/84 — **160 Z : 250 B** 183/339
- 218/498 Fb — 5 Appart. 450/800.

🏨 🕸 **Schweizerhof Hannover - Schu's Restaurant**, Hinüberstr. 6, ℘ 3 49 50 (Hotel)
3 49 52 52 (Rest.), Telex 923359, Fax 3495123 — 🛗 🞑 Rest 📺 🚗 — 🔬 25/160. 🆀 ⓞ 🇪
🆅🅸🆂🅰   EX **d**
M *(Samstag bis 18 Uhr geschl.)* (bemerkenswerte Weinkarte) a la carte 77/113 — **Gourmet's
Buffet M** a la carte 45/80 — **Zirbelstube M** a la carte 31/43 — **115 Z : 200 B** 235/310 - 335/375
Fb — 3 Appart. 650
Spez. Lauwarmer Salat vom Ochsenschwanz, Pot au feu vom Hummer, Pochierter Heidschnuckenrücken mit
Meerrettich überbacken (Saison).

🏨 **Congress-Hotel am Stadtpark**, Clausewitzstr. 6, ℘ 2 80 50, Telex 921263, Fax 814652,
🏤, Massage, 😂, 🔲 — 🛗 🗙 Zim 📺 🅿 — 🔬 25/3000. 🆀 ⓞ 🇪 🆅🅸🆂🅰   B **e**
M *(auch Diät)* 24/48 (mittags) und a la carte 38/78 — **252 Z : 303 B** 144/298 - 254/368 Fb —
4 Appart. 650/1200.

🏨 **Grand Hotel Mussmann** garni, Ernst-August-Platz 7, ℘ 32 79 71, Telex 922859, Fax 324325
— 🛗 📺 — 🔬 25/50. 🆀 ⓞ 🇪 🆅🅸🆂🅰   EX **v**
100 Z : 160 B 158/398 - 198/418 Fb.

🏨 **Königshof** garni, Königstr. 12, ℰ 31 20 71, Telex 922306, Fax 312079 – 🛗 📺 ☎ 🚗 – 🔬 30. 🖭 ⓞ ᴇ 𝘝𝘐𝘚𝘈   EX c
84 Z : 168 B 144/290 - 178/440 Fb.

🏨 **Plaza**, Fernroder Str. 9, ℰ 3 38 80, Telex 921513, Fax 3388488, 🍴, ⤟ Zim 🗏 📺 ☎ – 🔬 25/200. 🖭 ⓞ ᴇ 𝘝𝘐𝘚𝘈   EX e
M a la carte 44/59 – **102 Z : 159 B** 168/298 - 206/396 Fb.

🏨 **Mercure**, Am Maschpark 3, ℰ 8 00 80, Telex 921575, Fax 8093704, 🕿 – 🛗 ⤟ Zim 🗏 Rest 📺 ☎ ♿ 🚗 – 🔬 25/230. 🖭 ᴇ 𝘝𝘐𝘚𝘈   EZ n
M a la carte 40/71 – **141 Z : 200 B** 169/350 - 219/515 Fb.

🏨 **Central-Hotel Kaiserhof**, Ernst-August-Platz 4, ℰ 3 68 30, Telex 922810, Fax 3683114 – 🛗 📺 ☎ – 🔬 25/100. 🍴 – **81 Z : 120 B** Fb.   EX a

🏨 **Am Funkturm - Ristorante Milano**, Hallerstr. 34, ℰ 3 39 80 (Hotel) 31 70 33 (Rest.), Telex 922263 – 🛗 📺 ☎ ♿ 🅿. 🖭 ⓞ ᴇ 𝘝𝘐𝘚𝘈   EV s
nur Hotel: Aug. geschl. – **M** a la carte 38/58 –
45 Z : 65 B 88/198 - 158/296.

🏨 **Am Leineschloß** garni, Am Markte 12, ℰ 32 71 45, Telex 922010, Fax 325502 – 🛗 ⤟ 📺 ☎ 🚗. 🖭 ⓞ ᴇ 𝘝𝘐𝘚𝘈   DY z
81 Z : 180 B 163/265 - 223/325 Fb.

🏨 **Loccumer Hof**, Kurt-Schumacher-Str. 16, ℰ 32 60 51, Fax 131192 – 🛗 📺 ☎ 🚗 – 🔬 35. 🖭 ⓞ ᴇ 𝘝𝘐𝘚𝘈. 🍴 Rest   DX x
M (Samstag und Sonntag jeweils ab 15 Uhr geschl.) 22/36 (mittags) und a la carte 36/76 – **70 Z : 105 B** 95/135 - 140/180 Fb.

🏨 **Intercity-Hotel**, Ernst-August-Platz 1, ℰ 32 74 61, Telex 921171, Fax 324119 – 🛗 🗏 Rest 📺 ☎ – 🔬 25/100. 🖭 ⓞ ᴇ   EX r
M a la carte 21/48 – **57 Z : 92 B** 105/160 - 170/290 Fb.

🏨 **Körner**, Körnerstr. 24, ℰ 1 46 66, Telex 921313, Fax 18048, 🍴, 🔲 – 🛗 📺 ☎ 🚗 – 🔬 25/60. 🖭 ⓞ ᴇ 𝘝𝘐𝘚𝘈   DX e
M a la carte 37/60 – **81 Z : 120 B** 138/148 - 186/196 Fb.

🏨 **Vahrenwald**, Vahrenwalder Str. 205, ℰ 63 30 77, Telex 923713, Fax 673163 – 🛗 📺 ☎ 🅿. 🖭 ⓞ ᴇ 𝘝𝘐𝘚𝘈   B a
(nur Abendessen für Hausgäste) – **26 Z : 40 B** 95/136 - 130/190 Fb.

🏨 **Am Rathaus**, Friedrichswall 21, ℰ 32 62 68, Telex 923865, Fax 328868, 🕿 – 🛗 📺 ☎   EY y
47 Z : 71 B Fb.

🏨 **Vahrenwalder Hotel 181** garni, Vahrenwalder Str. 181, ℰ 35 80 60, Fax 3505250, 🕿 – 🛗 📺 ☎ 🅿 – **34 Z : 65 B** Fb.   B a

🏨 **Alpha-Tirol** garni, Lange Laube 20, ℰ 13 10 66, Fax 341535 – 📺 ☎ 🚗. 🖭 ⓞ ᴇ 𝘝𝘐𝘚𝘈
15 Z : 18 B 98/108 - 160/170.   DX f

🏨 **Thüringer Hof** garni, Osterstr. 37, ℰ 32 64 37, Telex 923994, Fax 3681793 – 🛗 📺 ☎. ⓞ ᴇ 𝘝𝘐𝘚𝘈   EY e
23. Dez.- 2. Jan. geschl. – **55 Z : 70 B** 85/185 - 150/250 Fb.

🏨 **Atlanta** garni, Hinüberstr. 1, ℰ 34 29 39, Telex 924603 – 🛗 📺 ☎ 🚗   EX t
38 Z : 55 B Fb.

🏨 **Bischofshol**, Bemeroder Str. 2 (nähe Messeschnellweg), ℰ 51 10 82, 🍴 – ☎ 🅿   B x
28. Dez.- 11. Jan. geschl. – **M** (Freitag geschl.) a la carte 23/47 – **12 Z : 20 B** 65/90 - 110/140.

🏨 **City-Hotel** garni, Limburgstr. 3, ℰ 32 66 81, Telex 9230122, Fax 3632656 – 🛗 📺 ☎. 🖭 𝘝𝘐𝘚𝘈 – **36 Z : 52 B** 77/108 - 140/150 Fb.   DX u

🍴🍴🍴🍴 ✪ **Landhaus Ammann** mit Zim, Hildesheimer Str. 185, ℰ 83 08 18, Telex 9230900, Fax 8437749, « Elegante Einrichtung, Innenhofterrasse », 🌳 – 🛗 📺 ♿ 🚗 🅿 – 🔬 25/100. 🖭 ⓞ ᴇ 𝘝𝘐𝘚𝘈. 🍴 Rest   B b
M (bemerkenswerte Weinkarte) 105/145 und a la carte 69/100 – **14 Z : 28 B** 210/250 - 265/450 Fb
Spez. Salat von Nudeln mit Kaviar und Langustinen, Perlhuhnküken auf Lauch mit Trüffeln, Lammfilet mit Rosmarinsauce und Gemüsegelee.

Adenauerallee	B 2
Bemeroder Straße	B 4
Clausewitzstraße	B 5
Friedrichswall	B 6
Friedrich-Ebert-Str.	B 8
Goethestraße	B 9
Gustav-Bratke-Allee	B 10
Humboldtstraße	B 13
Kirchröder Straße	B 16
Lavesallee	B 17
Leibnizufer	B 18
Otto-Brenner-Straße	B 20
Ritter-Brüning-Str.	B 21
Schloßwender Str.	B 22
Stöckener Straße	A 23
Stresemannallee	B 25

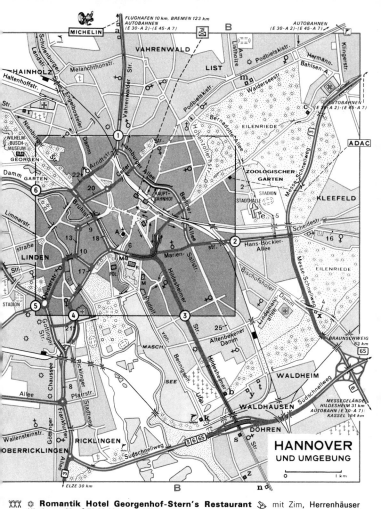

HANNOVER
UND UMGEBUNG

XXX ✿ **Romantik Hotel Georgenhof-Stern's Restaurant** �> mit Zim, Herrenhäuser
Kirchweg 20, ☎ 70 22 44, Fax 708559, « Niederdeutsches Landhaus, Gartenterrasse » – 📺
☎ 🅿 AE ⑩ E VISA   B r
M *(auch vegetarisches Menu)* (bemerkenswerte Weinkarte) 37/60 (mittags) und a la carte
71/121 – **14 Z : 20 B** 140/210 - 220/300 Fb
Spez. Steinbuttfilet in Champagner, Heidschnucken - Rücken (Saison), Barbarie - Ente mit Aprikosensauce.

XXX Mövenpick - Baron de la Mouette, Georgstr. 35 (1. Etage), ☎ 32 62 85, Fax 323160 –
📧   EX x

XXX **Lila Kranz**, Kirchwender Str. 23, ☎ 85 89 21, Fax 854383, 🏤 – ⑩ E VISA   FX b
Samstag und Sonntag nur Abendessen – **M** 36/48 (mittags) und a la carte 54/79.

XX **Stern's Sternchen**, Marienstr. 104, ☎ 81 73 22 – AE ⑩ E VISA   FY b
Sonntag - Montag und Juli - Aug. 3 Wochen geschl. – **M** a la carte 56/76.

XX **Das Körbchen**, Körnerstr. 3, ☎ 32 44 26   DX a
Sonntag geschl. – **M** a la carte 48/71.

XX **Ratskeller**, Köbelinger Str. 60 (Eingang Schmiedestraße), ☎ 1 53 63 – AE E VISA   DY n
Sonntag geschl. – **M** a la carte 35/65.

XX **Clichy**, Weißekreuzstr. 31, ☎ 31 24 47 – AE E   EV d
Sonntag und 10.- 31. Juli geschl. – **M** a la carte 60/96.

XX **Mandarin-Pavillon** (Chinesische Küche), Marktstr. 45 (Passage), ☎ 30 66 30 – AE ⑩ E
VISA – **M** *(auch vegetarische Gerichte)* a la carte 30/58.   DY x

363

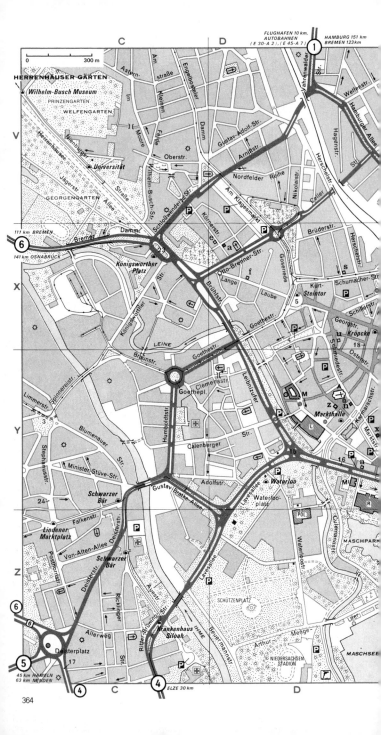

HANNOVER

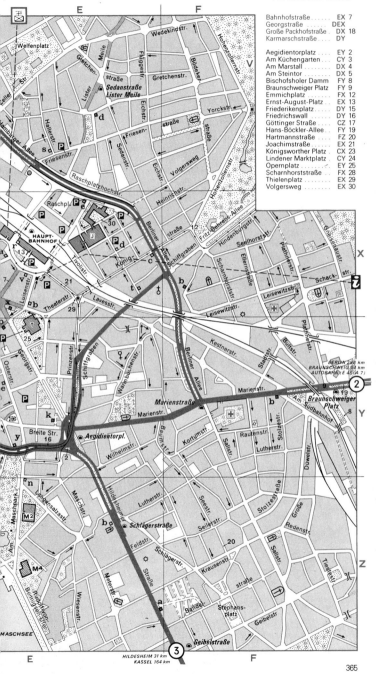

365

✗ **Rôtisserie Helvetia**, Georgsplatz 11, ℘ 30 47 47, Fax 304746, 佘 – ❶ E 𝕍𝕀𝕊𝔸   EY
M a la carte 26/55.

✗ **Tai-Pai** (Chinesische Küche), Hildesheimer Str. 73, ℘ 88 52 30   EZ
Montag geschl. – **M** a la carte 25/46.

✗ **Härke-Klause** (Brauerei-Gaststätte), Ständehausstr. 4, ℘ 32 11 75 – ᴬᴱ ❶ E 𝕍𝕀𝕊𝔸   EY
→ *Samstag 15 Uhr - Sonntag und Feiertage geschl.* – **M** a la carte 21/46.

In Hannover 51-Bothfeld über Podbielskistr. B :

🏠 **Residenz Hotel Halberstadt** garni, Im Heidkampe 80, ℘ 64 01 18, 🐎 – 📺 ☎ ❷ ᴬᴱ E
𝕍𝕀𝕊𝔸
20. Dez.- 3. Jan. geschl. – **36 Z : 50 B** 95/140 - 125/175 Fb.

✗✗✗ ⊛ **Witten's Hop**, Gernsstr. 4, ℘ 64 88 44, 佘, « Rustikale Einrichtung » – ❷
wochentags nur Abendessen – **M** a la carte 75/105
Spez. Hechtschaumklöße mit Hummersauce, In Riesling-Trockenbeeren-Auslese sautiertes Täubcher
Heidschnuckenrücken in der Kräuterkruste (Aug.- März).

✗✗ **Steuerndieb**, Steuerndieb 1 (im Stadtwald Eilenriede), ℘ 69 50 99, « Terrasse » – ❷ ᴬᴱ
❶ E 𝕍𝕀𝕊𝔸   B
Sonntag ab 18 Uhr geschl. – **M** a la carte 37/67.

In Hannover 51-Buchholz über Podbielskistr. B :

🏨 **Föhrenhof**, Kirchhorster Str. 22, ℘ 6 17 21, Fax 619719, 佘 – 🛗 📺 ☎ ❷ – 🛌 30. ᴬᴱ ❶
E 𝕍𝕀𝕊𝔸
M 25/33 (mittags) und a la carte 40/70 – **77 Z : 138 B** 130/200 - 190/250 Fb.

✗✗ **Buchholzer Windmühle**, Pasteurallee 30, ℘ 64 91 38, Fax 6478930, 佘 – ❷ 🕱
Montag sowie Sonn- und Feiertage geschl. – **M** a la carte 42/75.

In Hannover 81-Döhren :

✗✗✗ **Wichmann**, Hildesheimer Str. 230, ℘ 83 16 71, Fax 8379811, « Innenhof » – E 🕱   B
M a la carte 57/97.

✗✗ ⊛ **Etoile**, Wiehbergstr. 98, ℘ 83 55 24 – ᴬᴱ ❶ E 𝕍𝕀𝕊𝔸   B
nur Abendessen, Sonntag - Montag und Juli - Aug. 3 Wochen geschl. – **M** (Tischbestellung ratsam) a la carte 52/77
Spez. Rote Bete-Apfel-Suppe, Lammrücken aus dem Kräutersud, Dessertteller.

✗✗ **Die Insel** - Maschseeterrassen, Rudolf-von-Bennigsen-Ufer 81, ℘ 83 12 14, ≤, 佘 –
❷   B

In Hannover 42-Flughafen ① : 11 km :

🏨 **Holiday Inn**, Am Flughafen, ℘ 7 70 70, Telex 924030, Fax 737781, 🍸, 🏊 – 🛗 ✓ Zim 🍴
📺 🕭 ❷ – 🛌 25/160. ᴬᴱ ❶ E 𝕍𝕀𝕊𝔸
M a la carte 46/87 – **210 Z : 355 B** 256/370 - 316/400 Fb -(Anbau mit 65 Z ab Sommer 1991).

✗ **Mövenpick-Restaurant**, Abflugebene, ℘ 7 30 55 09, Fax 7305709 – 🍴 – 🛌 25/400. ᴬᴱ
❶ E 𝕍𝕀𝕊𝔸
M *(auch vegetarische Gerichte)* a la carte 28/56.

In Hannover 51 - Isernhagen Süd N : 12 km über Podbielskistr. B :

🏨 **Parkhotel Welfenhof**, Prüssentrift 85, ℘ 6 54 06, Fax 651050, 佘 – 🛗 📺 ☎ ❷ –
🛌 25/100. ᴬᴱ ❶ E 𝕍𝕀𝕊𝔸
M a la carte 33/65 – **115 Z : 200 B** 98/180 - 165/270 Fb.

In Hannover 71-Kirchrode über Kirchröder Straße B :

🏨 **Queens Hotel am Tiergarten** 🏡, Tiergartenstr. 117, ℘ 5 10 30, Telex 922748, Fax 526924,
佘 – 🛗 ✓ Zim 📺 ☎ 🚗 ❷ – 🛌 25/200. ᴬᴱ ❶ E 𝕍𝕀𝕊𝔸
M a la carte 42/65 – **108 Z : 184 B** 218/321 - 300/412 Fb – 3 Appart. 450.

In Hannover 71-Kleefeld über ② :

✗✗ **Alte Mühle**, Hermann-Löns-Park 3, ℘ 55 94 80, Fax 552680, « Niedersächsisches
Bauernhaus, Gartenterrasse » – ♿ ❷ ᴬᴱ ❶ E
Donnerstag, 28. Jan.- 15. Feb. und 22. Juli - 9. Aug. geschl. – **M** 30/45 (mittags) und a la
carte 50/79.

In Hannover 1-List :

🏨 **Waldersee** garni, Walderseestr. 39, ℘ 69 80 63, Fax 698065, 🍸, 🏊, 🐎 – 🛗 📺 ☎ ❷ ᴬᴱ
E 𝕍𝕀𝕊𝔸   B
28 Z : 46 B 90/160 - 150/250 Fb.

🏠 **Grünewald** garni, Grünewaldstr. 28, ℘ 69 50 41, 🍸, 🏊, 🐎 – 🛗 📺 ☎   B
30 Z : 50 B.

In Hannover 72-Messe über Messeschnellweg B :

🏨 **Parkhotel Kronsberg**, Laatzener Str. 18 (am Messegelände), ℘ 86 10 86, Telex 923448,
Fax 867112, 佘, 🍸, 🏊 – 🛗 🍴 Rest 📺 🚗 ❷ – 🛌 25/200. ᴬᴱ ❶ E 𝕍𝕀𝕊𝔸
M a la carte 36/70 – **145 Z : 210 B** 135/240 - 200/300 Fb.

Hannover 81-Waldhausen :

🏠 **Hubertus** ॐ, Adolf-Ey-Str. 11, ℰ 83 02 58, Fax 830681, « Garten » – 📺 ☎   B t
– (nur Abendessen für Hausgäste) – **19 Z : 26 B** 80/110 - 110/150 Fb.

🏠 **Eden** ॐ garni (ehem. Villa), Waldhausenstr. 30, ℰ 83 04 30, Fax 833094 – ☎. ⓪ E
23 Z : 35 B 55/80 - 85/120 Fb.   B y

In Hannover 89-Wülfel :

XX **Wülfeler Brauereigaststätten** mit Zim, Hildesheimer Str. 380, ℰ 86 50 86, Fax 876009,
🏠 – ☎ 🅿 – 🏛 25/600. ⓪ E 𝖵𝖨𝖲𝖠   B n
M *(Juni - Aug. Sonn- und Feiertage geschl.)* 20/29 (mittags) und a la carte 38/63 – **35 Z :**
45 B 47/95 - 94/170.

In Hemmingen 1-Westerfeld 3005 ④ : 8 km :

🏠 **Berlin** garni, Berliner Str. 4, ℰ (0511) 42 30 14, Telex 924676, Fax 232870, 🖙 – 🛗 🖙 📺
☎ 🅿. 🄰🄴 ⓪ E 𝖵𝖨𝖲𝖠
39 Z : 62 B 108/265 - 160/325 Fb.

In Laatzen 3014 ③ : 9 km :

🏨 **Britannia Hannover**, Karlsruher Str. 26, ℰ (0511) 8 78 20, Telex 9230392, Fax 863466, 🖙,
❧ (Halle) – 🛗 📺 ᕲ 🅿 – 🏛 25/80. 🄰🄴 ⓪ E 𝖵𝖨𝖲𝖠
M a la carte 41/75 – **100 Z : 200 B** 145/495 - 190/545 Fb.

🏠 **Haase**, Am Thie 4 (Ortsteil Grasdorf), ℰ (0511) 82 10 41, Fax 828079 – 📺 ☎ 🅿
M a la carte 33/50 – **40 Z : 60 B** 95/120 - 150/190 Fb.

In Langenhagen 3012 ① : 10 km :

🏨 **Grethe**, Walsroder Str. 151, ℰ (0511) 73 80 11, Fax 772418, 🏝, 🖙, 🧊 – 🛗 📺 ☎ 🅿 –
🏛 25/40. 🄰🄴 E
22. Juli - 22. Aug. und 22. Dez. - 8. Jan. geschl. – **M** *(Samstag - Sonntag geschl.)* a la carte
33/57 – **51 Z : 96 B** 98/160 - 140/210 Fb.

In Langenhagen 6-Krähenwinkel 3012 ① : 11 km :

🏨 Jägerhof, Walsroder Str. 251, ℰ (0511)7 79 60, Telex 9218211, Fax 7796111, 🏝 – 📺 ☎ 🅿
– 🏛 25/70 – **77 Z : 105 B** Fb.

In Ronnenberg-Benthe 3003 ⑤ : 10 km über die B 65 :

🏨 **Benther Berg** ॐ, Vogelsangstr. 18, ℰ (05108) 6 40 60, Telex 922253, Fax 640650, 🏝, 🖙,
🧊, 🐎 – 🛗 ▤ Rest 📺 ☎ 🅿 – 🏛 25/60. 🄰🄴 ⓪ E 𝖵𝖨𝖲𝖠 ❧
M *(Sonn- und Feiertage ab 18 Uhr geschl.)* a la carte 60/82 – **64 Z : 90 B** 104/145 - 160/
220 Fb.

In Isernhagen KB 3004 N : 14 km über Podbielskistraße B

XX **Hopfenspeicher**, Dorfstr. 16, ℰ (05139) 8 76 09, 🏝 – 🅿. ⓪. ❧
nur Abendessen, Montag sowie Jan. und Juli jeweils 2 Wochen geschl. – **M** a la carte
59/88.

In Garbsen 1-Havelse 3008 ⑥ : 12 km über die B 6 :

🏨 Wildhage, Hannoversche Str. 45, ℰ (05137) 7 50 33, Fax 75401, 🖙 – 📺 ☎ ⟺ 🅿 –
🏛 25/100 – **25 Z : 35 B** Fb.

In Garbsen 4-Berenbostel 3008 ⑥ : 13 km über die B 6 :

🏨 **Landhaus Köhne am See** ॐ, Seeweg, ℰ (05131) 9 10 85, Fax 8367, ≼,
« Gartenterrasse », 🖙, 🧊 (geheizt), 🐎, ❧ – 📺 ☎ 🅿. 🄰🄴 ⓪ E
15. Dez.- 2. Jan. geschl. – **M** a la carte 41/65 – **26 Z : 45 B** 90/160 - 135/195 Fb.

In Garbsen 1-Alt Garbsen 3008 ⑥ : 14,5 km über die B 6 :

🏠 **Waldhotel Garbsener Schweiz**, Alte Ricklinger Str. 60, ℰ (05137) 7 30 33, Fax 13620,
🏝, 🖙, 🧊 – 📺 ☎ 🅿 – 🏛 25/80. 🄰🄴 E 𝖵𝖨𝖲𝖠
23. Dez.- 1. Jan. geschl. – **M** a la carte 29/52 – **64 Z : 90 B** 80/110 - 140/150 Fb.

XX Troja (Griechische Küche), Gutenbergstr. 7, ℰ 7 46 12, 🏝 – 🅿. ❧.

In Garbsen 8-Frielingen 3008 ⑥ : 19 km über die B 6 :

🏠 Bullerdieck, Bürgermeister-Wehrmann-Str. 21, ℰ (05131)5 49 41 – ☎ 🅿
37 Z : 52 B Fb.

An der Autobahn A 2 Richtung Köln ⑥ : 15 km :

🏠 **Autobahnrasthaus-Motel Garbsen-Nord**, ✉ 3008 Garbsen 1, ℰ (05137) 7 20 21, Fax
71819, 🏝 – 🛗 📺 ᕲ 🅿 – 🏛 35. E 𝖵𝖨𝖲𝖠
M (auch Self-service) a la carte 24/53 – **39 Z : 78 B** 85/150 - 120/200 Fb.

An der Autobahn A 7 Kassel-Hamburg SO : 15 km über ② und die B 65 :

X Raststätte Wülferode Ost (mit Motel), ✉ 3000 Hannover 72, ℰ (0511) 52 27 55, 🏝 – 📺
☎ ᕲ 🅿 – **16 Z : 22 B**.

MICHELIN-REIFENWERKE KGaA. Niederlassung 3012 Langenhagen 7-Godshorn (über ①),
Bayernstr. 13, ℰ (0511) 78 10 15, Fax 781142.

HANSTEDT 2116. Niedersachsen 987 ⑮ − 4 600 Ew − Höhe 40 m − Erholungsort − ✪ 04184
🛈 Verkehrsverein, Am Steinberg 2, ✆ 5 25.
♦Hannover 118 − ♦Hamburg 41 − Lüneburg 31.

🏨 **Sellhorn**, Winsener Str. 23, ✆ 80 10, Fax 80185, « Gartenterrasse », 😤, 🏊, 🐎 − 🛗 🔟
   ☎ ⇐ 🅿 − 🔬 30. 🖭 ⓪ E 𝒱𝐼𝒮𝒜
   M a la carte 30/69 − **48 Z : 92 B** 99/125 - 118/230 Fb.

🏠 **Landhaus Augustenhöh** 🐦 garni, Am Steinberg 77 (W : 1,5 km), ✆ 3 23, 🐎 − 🅿
   März - Okt. − **13 Z : 18 B** 50 - 100.

   In Hanstedt-Nindorf S : 2,5 km :

🏠 **Zum braunen Hirsch**, Rotdornstr. 15, ✆ 10 68, Fax 8202, 🏡, « Garten », 🐎 − 🔟 ☎ 🅿
   E 𝒱𝐼𝒮𝒜
   M *(Mittwoch geschl.)* a la carte 28/61 − **15 Z : 28 B** 53/60 - 98/105.

   In Hanstedt-Ollsen S : 4 km :

🏠 **Landgasthof Zur Eiche**, Am Naturschutzpark 3, ✆ 2 16, 🏡, 🐎 − 🔟 🅿. 🖭 ⓪ E 𝒱𝐼𝒮𝒜
   15. Jan. - Feb. geschl. − **M** *(Montag geschl.)* 18/26 (mittags) und a la carte 30/53 − **9 Z
   17 B** 60/80 - 95/110 − 3 Fewo 112/160 − ½ P 67/99.

   In Hanstedt-Quarrendorf N : 3 km :

🏠 **Aben Hus** garni, Dorfstr. 26, ✆ 16 06 − 🔟 ☎ 🅿
   8 Z : 16 B 70 - 95.

HAPPURG-KAINSBACH Bayern siehe Hersbruck.

HARBURG (SCHWABEN) 8856. Bayern 413 P 20, 987 ㊱ − 5 600 Ew − Höhe 413 m − ✪ 0900,
Sehenswert : Schloß (Sammlungen★).
♦München 111 − ♦Augsburg 53 − Ingolstadt 67 − ♦Nürnberg 102 − ♦Stuttgart 129.

🏠 Fürstliche Burgschenke 🐦, Auf Schloß Harburg, ✆ 15 04, 🏡 − ☎ 🅿
   nur Saison − **7 Z : 14 B**.
🍴 **Zum Straußen**, Marktplatz 2, ✆ 13 98, 😤 − 🛗 ⇐ 🅿. 🛏 Zim
⟵ **M** a la carte 14,50/30 − **16 Z : 30 B** 30/36 - 60.

HARDEGSEN 3414. Niedersachsen 987 ⑮, 412 M 12 − 3 800 Ew − Höhe 173 m − ✪ 05505.
🛈 Kurverwaltung, Vor dem Tore 1, ✆ 10 33.
♦Hannover 115 − ♦Braunschweig 102 − Göttingen 21.

🏠 **Illemann**, Lange Str. 32, ✆ 21 37, 🏡 − ☎ ⇐ 🅿 − 🔬. 🖭 E
⟵ *Nov. geschl.* − **M** *(Freitag geschl.)* a la carte 20/43 − **16 Z : 30 B** 35/45 - 70/80.

   In Hardegsen-Goseplack SW : 5 km :

🏨 **Altes Forsthaus**, an der B 241, ✆ 24 22, 🏡, 🐎 − 🛗 🔟 ☎ 🔥 🅿 − 🔬 25/60. 🖭 ⓪ E
   14. Jan.- 14. Feb. geschl. − **M** *(auch vegetarische Gerichte)* (Dienstag geschl.) a la cart
   29/61 − **19 Z : 38 B** 59/74 - 115/125 Fb − 3 Appart. 165.

HARDERT Rheinland-Pfalz siehe Rengsdorf.

HARDHEIM 6969. Baden-Württemberg 413 L 18, 987 ㉟ − 6 700 Ew − Höhe 271 m −
Erholungsort − ✪ 06283.
♦Stuttgart 116 − Aschaffenburg 70 − Heilbronn 74 − ♦Würzburg 53.

🏠 Zur Wohlfahrtsmühle (mit Gästehaus), Miltenberger Str. 25 (NW : 2 km), ✆ 3 15, 🏡, 🐎
   − 🅿
   nur Saison − **19 Z : 33 B**.

   In Hardheim 2-Schweinberg O : 4 km :

🏠 **Landgasthof Ross**, Königheimer Str. 23, ✆ 10 51 − 🛗 ☎ 🅿
   Feb. 3 Wochen geschl. − **M** *(Sonntag 15 Uhr - Montag 17 Uhr geschl.)* a la carte 25/47 🍷 −
   27 Z : 44 B 40 - 65.

HARDT Nordrhein-Westfalen siehe Sendenhorst.

HARPSTEDT 2833. Niedersachsen 987 ⑭ − 3 000 Ew − Höhe 20 m − Erholungsort − ✪ 04244
♦Hannover 103 − ♦Bremen 31 − ♦Osnabrück 95.

🏠 **Zur Wasserburg**, Amtsfreiheit 4, ✆ 10 08, Fax 8094, 🏡, 🐎, ♻ − ☎ 🔥 ⇐ 🅿. 🖭 ⓪ E
   𝒱𝐼𝒮𝒜
   2.- 11. Jan. geschl. − **M** a la carte 27/49 − **32 Z : 57 B** 52/62 - 92/112 Fb.

HARRISLEE Schleswig-Holstein siehe Flensburg.

HARSEFELD 2165. Niedersachsen 987 ⑤⑮ − 8 500 Ew − Höhe 30 m − 🕿 04164.
♦Hannover 176 − ♦Bremen 82 − ♦Hamburg 55.

🏠 **Meyers Gasthof**, Marktstr. 17, ℘ 40 51 − 🖵 ☎ ⇔ 🄿. ⑩ E 𝖵𝖨𝖲𝖠
⬩ **M** a la carte 21/45 − **14 Z : 26 B** 56 - 94/98 − ½ P 67/76.

HARSEWINKEL 4834. Nordrhein-Westfalen 412 H 11 − 19 000 Ew − Höhe 65 m − 🕿 05247.
🏌 Marienfeld (SO : 4 km), ℘ (05247) 88 80.
♦Düsseldorf 158 − Bielefeld 29 − Münster (Westfalen) 46.

XXX ❀ **Poppenborg** mit Zim, Brockhägerstr. 9, ℘ 22 41, « Modern-elegantes Restaurant mit Art-Deco Elementen, Gartenrestaurant » − 🛏 🖵 ☎ ⇔ 🄿 − 🔬 30. 🄰🄴 ⑩ E 𝖵𝖨𝖲𝖠
⚞ Zim
M (Mittwoch sowie Jan., März und Okt. jeweils 1 Woche geschl.) (bemerkenswerte Weinkarte) 59/129 und a la carte 62/100 − **18 Z : 24 B** 45/70 - 100/110 Fb
Spez. Variationen von Gänseleber, Zander mit Estragonkruste, Ente auf Cassis-Sauce.

In Harsewinkel 3-Greffen W : 6 km :

🏠 **Zur Brücke**, Hauptstr. 38 (B 513), ℘ (02588) 6 16, ⇔, 🗲, − 🖵 ☎ 🄿 − 🔬 40. ⑩ E 𝖵𝖨𝖲𝖠
⬩ **M** (Sonntag ab 14 Uhr geschl.) a la carte 21/44 − **42 Z : 60 B** 60 - 120.

In Marienfeld 4834 SO : 4 km :

🏠 **Klosterpforte**, Klosterhof 3, ℘ (05247) 70 80, Fax 80484 − 🛏 🖵 ☎ 🄿 − 🔬 25/60.
⚞ Zim
M (wochentags nur Abendessen, Dienstag und Juni - Juli 3 Wochen geschl.) a la carte 30/57 − **78 Z : 118 B** 75/95 - 130/160 − ½ P 105/125.

HARTHAUSEN Bayern siehe Grasbrunn.

HARZBURG, BAD 3388. Niedersachsen 987 ⑯ − 24 000 Ew − Höhe 300 m − Heilbad − Heilklimatischer Kurort − Wintersport : 480/800 m ⟨🚠1 🚞3 🚞3 (Torfhaus) − 🕿 05322.
🏌 Am Breitenberg, ℘ 67 37.
🛈 Kurverwaltung im Haus des Kurgastes, Herzog-Wilhelm-Str. 86, ℘ 30 44, Fax 2872.
♦Hannover 100 − ♦Braunschweig 46 − Göttingen 90 − Goslar 10.

🏨 **Braunschweiger Hof**, Herzog-Wilhelm-Str. 54, ℘ 78 80, Telex 957821, Fax 53349, ⇔, 🗲, ☀ − 🛏 🖵 🄿 − 🔬 25/100. 🄰🄴 ⑩ E 𝖵𝖨𝖲𝖠
M a la carte 44/83 − **78 Z : 128 B** 105/195 - 188/248 Fb − 4 Appart. 288/378.

🏨 **Seela**, Nordhäuser Str. 5 (B 4), ℘ 79 60, Telex 957629, Fax 796199, Bade- und Massageabteilung, ⇔, 🗲, − 🛏 🖵 ☎ ⇔ 🄿 − 🔬 25/100. ⑩ E 𝖵𝖨𝖲𝖠 ⚞ Rest
M (auch Diät und vegetarische Gerichte) a la carte 24/55 − **Schlemmerstübchen** (nur Abendessen, Sonntag - Montag geschl.) **M** a la carte 38/64 − **122 Z : 250 B** 95/160 - 166/226 Fb − ½ P 111/188.

🏨 **Harz-Autel**, Nordhäuser Str. 3 (B 4), ℘ 30 11, Fax 53545, ⇔, 🗲, ☀, ✗ − 🖵 ☎ ⇔ 🄿. 🄰🄴 ⑩ E 𝖵𝖨𝖲𝖠
M a la carte 25/58 − **35 Z : 70 B** 75/120 - 120/160 Fb − 2 Fewo 85/105 − ½ P 83/143.

🏠 **Haus Eden** ⚲ garni, Amsbergstr. 27, ℘ 70 51 − ☎ 🄿
10 Z : 18 B − 5 Fewo.

🏠 **Parkblick** ⚲ garni, Am Stadtpark 6, ℘ 14 98 − 🖵 ☎ 🄿
15 Z : 24 B 38/63 - 84/104 Fb.

🏠 **Marxmeier-Dingel** ⚲ garni, Am Stadtpark 41, ℘ 23 67, ⇔, 🗲, − 🖵 ☎. ⚞
10. Nov.- 25. Dez. geschl. − **22 Z : 37 B** 48/51 - 96/102 Fb.

🏠 **Breitenberg-Hotel** ⚲, Am Breitenberg 54, ℘ 40 41, Fax 2337, ← − 🖵 ☎ ⇔ 🄿. E
(nur Abendessen für Hausgäste) − **14 Z : 28 B** 65/68 - 96/102 Fb − ½ P 64/86.

🏠 **Ein schönes Plätzchen** ⚲ garni, Am Rodenberg 39a, ℘ 36 44, ⇔, ☀ − ⇔ 🄿. ⚞
15. Nov. - 20. Dez. geschl. − **12 Z : 24 B** 40/80 - 80/100.

🏠 **Berliner Bär** ⚲ garni, Am Kurpark 2 a, ℘ 24 17 − ⇔. ⚞
Nov.- 19. Dez. geschl. − **14 Z : 20 B** 32/42 - 74.

XX **Brauner Hirsch** mit Zim, Herzog-Julius-Str. 52, ℘ 22 60 − ☎ 🄿
1.- 20. Dez. geschl. − **M** (Mittwoch geschl.) a la carte 29/64 − **11 Z : 19 B** 60/70 - 100/120 Fb.

HASEL Baden-Württemberg siehe Wehr.

HASELAU 2081. Schleswig-Holstein − 950 Ew − Höhe 2 m − 🕿 04122 (Uetersen).
♦Kiel 96 − ♦Hamburg 34 − Itzehoe 47.

🏠 **Haselauer Landhaus** ⚲, Dorfstr. 10, ℘ 8 14 14 − ☎ 🄿. 🄰🄴 ⑩ E 𝖵𝖨𝖲𝖠
M (Mittwoch und Okt. 3 Wochen geschl.) a la carte 25/49 − **8 Z : 12 B** 52 - 84 Fb.

HASELMÜHL Bayern siehe Kümmersbruck.

HASELÜNNE 4473. Niedersachsen 987 ⑭. 408 ⑭ – 11 000 Ew – Höhe 25 m – ☎ 05961.

♦Hannover 224 – ♦Bremen 113 – Enschede 69 – ♦Osnabrück 68.

🏛 **Burg-Hotel** garni (Stadtpalais a.d. 18. Jh.), Steinstr. 7, ℘ 15 44, Fax 502268, ⬛s – 📺
☎ ℗. 🅰🅴 ⓪ 🅴 𝚅𝙸𝚂𝙰
17 Z : 33 B 57/65 - 75/115 Fb.

🏠 **Haus am See** 🛇, am See 2 (im Erholungsgebiet), ℘ 55 25, ≤, 🏡 – 📺 ☎ ℗. 🅰🅴 ⓪ 🅴
𝚅𝙸𝚂𝙰
M a la carte 27/50 – **12 Z : 22 B** 55/60 - 96/102.

XX **Jagdhaus Wiedehage**, Steinstr. 9, ℘ 4 22, 🏡 – ℗
Montag geschl. – **M** a la carte 28/60.

In Haselünne-Eltern NO : 1,5 km :

🏠 **Bartels**, Löninger Str. 26 (B 213), ℘ 4 91, 🌳 – ☎ 🚗 ℗. 🅰🅴
21. Sept.- 7. Okt. und 21. Dez.- 5. Jan. geschl. – (nur Abendessen für Hausgäste) – **13 Z :
19 B** 28/40 - 54/66 – ½ P 42/45.

In Herzlake-Aselage 4479 O : 13 km :

🏛 **Zur alten Mühle** 🛇, ℘ (05962) 20 12, ⬛s, 🔲, 🌳, 🍴 (Halle) – 🔌 📺 ℗ – 🕳 25/90
58 Z : 116 B Fb – 3 Appart.

HASLACH IM KINZIGTAL 7612. Baden-Württemberg 413 H 22. 987 ㉞. 242 ㉘ – 6 000 Ew –
Höhe 222 m – Erholungsort – ☎ 07832.

Sehenswert : Schwarzwälder Trachtenmuseum.

🚩 Städt. Verkehrsamt, Klosterstr. 1, ℘ 80 80.

♦Stuttgart 174 – ♦Freiburg im Breisgau 46 – Freudenstadt 50 – Offenburg 28.

XX **Ochsen** mit Zim, Mühlenstr. 39, ℘ 24 46 – 📺 ℗
M *(Donnerstag ab 15 Uhr, Montag und 10.- 25. Sept. geschl.)* a la carte 31/49 ♨ – **8 Z : 14 B**
48/55 - 105/110.

In Haslach-Schnellingen N : 2 km :

🏠 Zur Blume, ℘ 23 82, 🌳 – ℗ – **25 Z : 47 B**.

HASSELBERG 2340. Schleswig-Holstein – 900 Ew – Höhe 10 m – ☎ 04642.

♦Kiel 68 – Flensburg 37 – Schleswig 42.

🏕 **Spieskamer** 🛇, ℘ 66 83, 🌳 – ℗. 🍴
🍴 **M** a la carte 17/30 – **15 Z : 30 B** 35 - 65.

HASSFURT 8728. Bayern 413 O 16, 987 ㉖ – 11 500 Ew – Höhe 225 m – ☎ 09521.

♦München 276 – ♦Bamberg 34 – Schweinfurt 20.

🏠 **Walfisch**, Obere Vorstadt 8, ℘ 84 07 – 🚗
🍴 *15. Juni - 10. Juli und 22. Dez.- 13. Jan. geschl.* – **M** *(Freitag geschl.)* a la carte 21/40 ♨ –
17 Z : 24 B 36/50 - 68/80.

HASSLOCH 6733. Rheinland-Pfalz 412 413 H 18. 242 ⑧. 57 ⑩ – 19 000 Ew – Höhe 115 m –
☎ 06324.

Mainz 89 – ♦Mannheim 24 – Neustadt an der Weinstraße 9,5 – Speyer 16.

🏛 **Pfalz-Hotel**, Lindenstr. 50, ℘ 40 47, Fax 82503, ⬛s, 🔲 – 🔌 🔳 Rest 📺 ☎ ℗ – 🕳 25. 🅴.
🍴 Rest
M *(nur Abendessen, 1.- 17. Feb. geschl.)* a la carte 32/55 ♨ – **38 Z : 60 B** 70/80 - 120/130 Fb.

🏠 **Gasthaus am Rennplatz**, Rennbahnstr. 149, ℘ 25 70, 🏡 – 📺 ☎ 🚗 ℗. 🍴 Zim
Okt.- Nov. 4 Wochen geschl. – **M** *(Montag geschl.)* a la carte 23/40 ♨ – **13 Z : 16 B** 36/45 -
68/88.

HASSMERSHEIM 6954. Baden-Württemberg 412 413 K 19 – 4 500 Ew – Höhe 152 m –
☎ 06266.

Ausflugsziel : Burg Guttenberg★ : Greifvogelschutzstation und Burgmuseum★ S : 5 km.

♦Stuttgart 78 – Heilbronn 27 – Mosbach 13.

Auf Burg Guttenberg S : 5 km – Höhe 279 m :

X **Burgschenke**, ✉ 6954 Hassmersheim-Neckarmühlbach, ℘ (06266) 2 28, Fax 7633,
≤ Gundelsheim und Neckartal, 🏡 – ℗
Montag - Dienstag und Mitte Nov.- Feb. geschl. – **M** a la carte 29/64.

HATTEN 2904. Niedersachsen – 10 500 Ew – Höhe 20 m – ☎ 04482.

♦Hannover 166 – Delmenhorst 25 – Oldenburg 15.

In Hatten-Streekermoor :

🏠 **Gasthof Ripken**, Bochersweg 150, ℘ (04481) 87 27, 🏡 – 📺 ☎ 🚗 ℗
🍴 **M** *(nur Abendessen, Mittwoch geschl.)* a la carte 19/30 – **9 Z : 22 B** 45 - 80.

HATTERSHEIM 6234. Hessen [412] [413] I 16 – 24 100 Ew – Höhe 100 m – ☎ 06190.
♦Wiesbaden 20 – ♦Frankfurt am Main 20 – Mainz 20.

🏨 **Am Schwimmbad** garni, Staufenstr. 35, ☎ 26 64 – [TV] ☎ [P]. 🐕
Juli - Aug. 3 Wochen geschl. – **17 Z : 26 B** 70/85 - 120/125 Fb.

🍴🍴 **Terrassen-Restaurant** (Italienische Küche), Ladislaus-Winterstein-Ring, ☎ 24 34, « Gartenterrasse » – [P]. [AE] [D] [E] [VISA]
Samstag und 27. Dez.- 21. Jan. geschl. – **M** a la carte 29/64.

HATTGENSTEIN 6589. Rheinland-Pfalz [412] E 17 – 300 Ew – Höhe 550 m – Wintersport (am Erbeskopf) : 680/800 m ⛷4 ⛷2 – ☎ 06782.
Mainz 114 – Birkenfeld 8 – Morbach 15 – ♦Trier 60.

🏨 **Waldhotel Hattgenstein** 🌲, Kiefernweg 9, ☎ 56 73, ←, 🪑 – [P]
M *(Dienstag geschl.)* a la carte 27/43 – **15 Z : 27 B** 50 - 100 – ½ P 65.

In Schwollen **6589** NO : 1 km :

🏠 **Manz**, Hauptstr. 48, ☎ (06787) 4 65, 🪑 – [lift] 🚗 [P]
(Restaurant nur für Hausgäste) – **12 Z : 21 B** 36 - 64.

HATTINGEN 4320. Nordrhein-Westfalen [987] ⑭, [412] E 12 – 60 000 Ew – Höhe 80 m – ☎ 02324.

Siehe Ruhrgebiet (Übersichtsplan).

♦Düsseldorf 44 – Bochum 10 – Wuppertal 24.

🍴🍴 Zur alten Krone 🌲 mit Zim, Steinhagen 6, ☎ 2 18 24 – ☎ – **4 Z : 8 B.**

🍴🍴 **Zum Kühlen Grunde** mit Zim, Am Büchsenschütz 15, ☎ 6 07 72, Fax 67641 – [P]. [AE] [D] [E]
1.- 21. Aug. geschl. – **M** *(Donnerstag geschl.)* a la carte 30/64 – **6 Z : 6 B** 50.

In Hattingen 15-Bredenscheid S : 5,5 km :

🏨 **Landhaus Siebe** 🌲, Am Stuten 29, ☎ 2 34 77, Fax 22024, 🪑, ⛷ – ☎ [P] – 🏛 25. [D] [E] [VISA]
24.- 30. Dez. geschl. – **M** *(Montag geschl.)* a la carte 30/58 – **19 Z : 31 B** 60/75 - 95/120.

In Hattingen 1-Niederelfringhausen SW : 7 km :

🍴🍴 **Landgasthaus Huxel**, Felderbachstr. 9, ☎ (02052) 64 15, 🪑, « Einrichtung mit vielen Sammelstücken » – [P]. [AE] [D] [E]
Montag und 13.- 27. Jan. geschl. – **M** a la carte 60/83.

In Hattingen-Welper :

🏠 **Hüttenau**, Marxstr. 70, ☎ 63 25 – ☎ 🚗. [D] [E] [VISA]
M a la carte 23/34 – **15 Z : 26 B** 60 - 95.

In Sprockhövel 1-Niedersprockhövel **4322** SO : 8 km :

🍴🍴🍴 ✽ **Rôtisserie Landhaus Leick** 🌲 mit Zim, Bochumer Str. 67, ☎ (02324) 76 15, Fax 77120, 🪑, « Park », 🏊 – [TV] ☎ [P]. [AE] [D] [E] [VISA]
M *(Samstag bis 18 Uhr, Montag und 1.- 20. Jan. geschl.)* 78/128 und a la carte 70/96 – **Die Pfannenschmiede M** a la carte 28/50 – **12 Z : 23 B** 135/175 - 184/224 – 4 Appart. 265.

🍴🍴 **Westfälischer Hof** mit Zim, Bochumer Str. 15, ☎ (02324)7 34 72 – ☎ [P]
Menu *(Samstag und Juli - Aug. 2 Wochen geschl.)* 23/30 und a la carte 31/56 – **8 Z : 12 B** 80 - 130.

In Sprockhövel 2-Haßlinghausen **4322** SO : 12 km:

🍴 **Die Villa** mit Zim, Mittelstr. 47, ☎ (02339) 60 18, 🪑 – ☎ [P]. [D] [E] [VISA]. 🐕 Zim
25. Feb.- 17. März geschl. – **M** *(Montag geschl.)* a la carte 29/59 – **7 Z : 12 B** 85 - 130.

Hattingen-Oberelfringhausen siehe : ***Wuppertal***

HATTORF AM HARZ 3415. Niedersachsen [412] N 12 – 4 400 Ew – Höhe 178 m – Erholungsort – ☎ 05584 – ♦Hannover 108 – ♦Braunschweig 95 – Göttingen 37.

🏨 Harzer Landhaus, Gerhart-Hauptmann-Weg, ☎ 3 41, 🪑 – [lift] ☎ [P] – 🏛 40 – **12 Z : 23 B.**

HATTSTEDTER MARSCH Schleswig-Holstein siehe Husum.

HAUENSTEIN 6746. Rheinland-Pfalz [412] [413] G 19, [242] ⑧⑫, [87] ① ② – 4 300 Ew – Höhe 249 m – Luftkurort – ☎ 06392.
[i] Verkehrsamt, im Rathaus, ☎ 4 02 10.
Mainz 124 – Landau in der Pfalz 26 – Pirmasens 24.

🏨 **Felsentor**, Bahnhofstr. 88, ☎ 40 50, Fax 40545, 🏊 – [TV] ☎ [P] – 🏛 25. [AE] [D] [E] [VISA]
2.- 22. Jan. geschl. – **Menu** *(Montag geschl.)* a la carte 31/58 🍷 – **25 Z : 47 B** 65/75 - 136/146 Fb – ½ P 95.

In Schwanheim **6749** SO : 7,5 km :

🍴 **Zum alten Nußbaum**, Wasgaustr. 17, ☎ (06392) 18 86, 🪑 – [P]
Mittwoch - Donnerstag 17 Uhr, Juli 1 Woche und Nov. 2 Wochen geschl. – **M** a la carte 26/54 🍷.

HAUSACH **7613.** Baden-Württemberg 413 H 22, 987 ㉞ – 5 000 Ew – Höhe 239 m – ☎ 07831.
♦Stuttgart 132 – ♦Freiburg im Breisgau 54 – Freudenstadt 40 – ♦Karlsruhe 110 – Strasbourg 62.

Zur Blume, Eisenbahnstr. 26, ✆ 2 86, – TV ☎ P. AE ⓓ E VISA
2.- 20. Jan. geschl. – **M** *(Nov.- Ostern Samstag geschl.)* a la carte 24/51 – **17 Z : 29 B** 52/60 - 80/90.

HAUSEN Rheinland-Pfalz siehe Waldbreitbach.

HAUSEN IM TAL Baden-Württemberg siehe Beuron.

HAUSEN-ROTH Bayern siehe Liste der Feriendörfer.

HAUZENBERG **8395.** Bayern 413 X 21, 426 ⑦ – 12 000 Ew – Höhe 545 m – Erholungsort – Wintersport : 700/830 m 2 1 – ☎ 08586.
Verkehrsamt im Rathaus, Schulstr. 2, ✆ 30 30.
♦München 195 – Passau 18.

Koller, Im Tränental 5, ✆ 12 61 –
M *(Montag bis 17 Uhr und Samstag ab 13 Uhr geschl.)* a la carte 17/32 – **10 Z : 14 B** 25/37 - 52/60.

In Hauzenberg-Geiersberg NO : 5 km – Höhe 830 m :

Berggasthof Sonnenalm, ✆ 47 94, ≤ Donauebene und Bayerischer Wald, , – P
Nov.- 24. Dez. geschl. – **M** a la carte 18/34 – **10 Z : 20 B** 40 - 64.

In Hauzenberg-Penzenstadl NO : 4 km :

Landhaus Rosenberger (auch Gästehaus mit Fewo), Penzenstadl 31, ✆ 22 51, ≤, , , , – TV P
37 Z : 72 B Fb – 12 Fewo.

Siehe auch : ***Liste der Feriendörfer***

HAVERLAH **3324.** Niedersachsen – 1 900 Ew – Höhe 152 m – ☎ 05341.
♦Hannover 62 – ♦Braunschweig 30 – Salzgitter-Bad 2.

In Haverlah-Steinlah N : 2,5 km :

Gutshof Steinlah, Lindenstr. 5, ✆ 33 84 41 – TV ☎ P
(nur Abendessen für Hausgäste) – **10 Z : 18 B.**

HAVIXBECK **4409.** Nordrhein-Westfalen 412 F 11, 408 N 6 – 10 600 Ew – Höhe 100 m – ☎ 02507 – ♦Düsseldorf 123 – Enschede 57 – Münster (Westfalen) 17.

Beumer, Hauptstr. 46, ✆ 12 36, , – ☎ P – 25/50. AE ⓓ E
20.- 30. Dez. geschl. – **M** *(Montag geschl.)* a la carte 25/50 – **18 Z : 33 B** 60/70 - 95.

In Nottuln-Stevern **4405** SW : 6 km :

Gasthaus Stevertal, ✆ (02502) 4 14, , bemerkenswerte Weinkarte – P
Freitag und 22. Dez.- 20. Jan. geschl. – **M** 14/29 (mittags) und a la carte 27/57.

HAYINGEN **7427.** Baden-Württemberg 413 L 22 – 2 000 Ew – Höhe 550 m – Luftkurort – ☎ 07386 – Verkehrsverein, Rathaus, Marktstr. 1, ✆ 4 12.
♦Stuttgart 85 – Reutlingen 40 – ♦ Ulm (Donau) 49.

In Hayingen-Indelhausen NO : 3 km :

Zum Hirsch (mit 2 Gästehäusern), Wannenweg 2, ✆ 2 76, Fax 206, , , – P
Mitte Nov.- Mitte Dez. geschl. – **M** *(Montag, Nov.- April auch Donnerstag geschl.)* a la carte 24/49 – **36 Z : 60 B** 36/50 - 62/88 – ½ P 45/56.

HAYNA Rheinland-Pfalz siehe Herxheim.

HEBERTSHAUSEN Bayern siehe Dachau.

HECHINGEN **7450.** Baden-Württemberg 413 J 21, 987 ㉟ – 16 600 Ew – Höhe 530 m – ☎ 07471 – **Ausflugsziel** : Burg Hohenzollern : Lage★★★, ★ S : 6 km.
Hagelwasen, ✆ 26 00.
Städt. Verkehrsamt, Rathaus, Marktplatz 1, ✆ 18 51 13.
♦Stuttgart 67 – ♦Freiburg im Breisgau 131 – ♦Konstanz 131 – ♦Ulm (Donau) 119.

Café Klaiber, Obertorplatz 11, ✆ 22 57 – ☎ P
(bis 19 Uhr geöffnet) – **21 Z : 33 B** Fb.

In Hechingen-Stetten SO : 1,5 km :

🏠 **Brielhof**, an der B 27, ⌧ 7450 Hechingen, ℰ 23 24 − 📺 ☎ ⇐ ❷ − 🅰 25/70. ⒶⒺ ⓪ Ε
🆅🅸🆂🅰
22.- 30. Dez. geschl. − Menu a la carte 31/60 − **25 Z : 39 B** 80/135 - 140/230.

In Bodelshausen 7454 N : 6,5km :

🏠 **Zur Sonne** garni, Hechinger Str. 84, ℰ (07471) 79 79, ⇔ − ❷
Weihnachten - Anfang Jan. geschl. − **14 Z : 21 B** 40/56 - 68/84 Fb.

HEGE Bayern siehe Wasserburg am Bodensee.

HEIDE 2240. Schleswig-Holstein 🮱🮲🮹 ⑤ − 21 000 Ew − Höhe 14 m − ✪ 0481.
▣ Fremdenverkehrsbüro, Rathaus, Postelweg 1, ℰ 69 91 17.
◆Kiel 81 − Husum 40 − Itzehoe 51 − Rendsburg 45.

🏠 **Berlin** ⑤ garni, Österstr. 18, ℰ 30 66, Telex 28839, Fax 88595, ⇔, 🛲 − 📺 ☎ ⇐ ❷ −
🅰 25. ⒶⒺ ⓪ Ε 🆅🅸🆂🅰
40 Z : 70 B 69/120 - 120/180 Fb.

🏠 **Kotthaus**, Rüsdorfer Str. 3, ℰ 80 11 − 📺 ☎ ⇐ ❷ − 🅰 25/100. ⒶⒺ ⓪ Ε. 🕱 Zim
M a la carte 29/62 − **13 Z : 26 B** 45/50 - 80/90 Fb.

🗙🗙 **Berliner Hof**, Berliner Str. 46, ℰ 55 51 − ❷. ⒶⒺ ⓪ Ε 🆅🅸🆂🅰
Mitte Jan.- Mitte Feb. und Montag geschl. − **M** a la carte 38/67.

HEIDELBERG 6900. Baden-Württemberg 🮱🮲🮹 ㉘. 🮵🮲🮴 🮵🮲🮷 J 18 − 135 000 Ew − Höhe 114 m
− ✪ 06221.
Sehenswert : Schloß*** (Rondell ≤*, Altan ≤*, Deutsches Apothekenmuseum* Z M) −
Schloßgarten* (Scheffelterrasse ≤**) − Kurpfälzisches Museum* (Windsheimer
Zwölfbotenaltar**, Gemälde und Zeichnungen der Romantik**) Y M − Haus zum Ritter* Y N −
Universitätsbibliothek (Buchausstellung*) Z A − Neckarufer (≤*** von der Neuenheimer- und
Ziegelhäuser Landstraße) − Philosophenweg* (≤*) Y.
Ausflugsziel : Molkenkur ≤* (mit Bergbahn) Z.
🮚 Lobbach-Lobenfeld (② : 20 km), ℰ (06226) 4 04 90.
🛈 Tourist-Information, Pavillon am Hauptbahnhof, ℰ 2 13 41, Fax 15108.
ADAC, Heidelberg-Kirchheim (über ④), Carl-Diem-Str. 2, ℰ 72 09 81, Telex 461487.
◆Stuttgart 122 ④ − ◆Darmstadt 59 ④ − ◆Karlsruhe 59 ④ − ◆Mannheim 20 ⑤.

Stadtplan siehe nächste Seite.

🏨🏨🏨 **Der Europäische Hof - Restaurant Kurfürstenstube**, Friedrich-Ebert-Anlage 1,
ℰ 51 50, Telex 461840, Fax 515555, 《 Gartenanlage im Innenhof 》 − ⧧📺 ⇐ − 🅰 25/300.
ⒶⒺ ⓪ Ε 🆅🅸🆂🅰   Z u
M a la carte 52/92 − **150 Z : 270 B** 239/329 - 320/480 Fb − 4 Appart. 650.

🏨🏨 **Heidelberg Penta Hotel**, Vangerowstr. 16, ℰ 90 80, Telex 461363, Fax 22977, ≤, 🏕,
Massage, ⇔, 🮖 − ⧧ 🕱 Zim 🮚 🮒 🮗 ⇐ ❷ − 🅰 25/300. ⒶⒺ ⓪ Ε 🆅🅸🆂🅰. 🕱 Rest   V a
M a la carte 46/72 − **251 Z : 502 B** 241/261 - 312/332 Fb − 3 Appart. 997.

🏨🏨 **Holiday Inn**, Kurfürstenanlage 1, ℰ 91 70, Telex 461170, Fax 21007, Massage, ⇔, 🮖 − ⧧
🕱 Zim 🮚 🮗 🮒 ⇐ − 🅰 25/180   Z s
Restaurants: Palatina − Atrium − **232 Z : 464 B** Fb − 4 Appart..

🏨🏨 **Hirschgasse** ⑤ (historisches Gasthaus a.d.J. 1472), Hirschgasse 3, ℰ 4 03 21 60,
Telex 461474, Fax 403230 − ⧧ 📺 ❷. ⒶⒺ ⓪ Ε 🆅🅸🆂🅰. 🕱   Y s
23. Dez.- 7. Jan. geschl. − **M** *(nur Abendessen, Sonn- und Feiertage geschl.)* a la carte
82/114 − **18 Z : 25 B** 352 - 494/694.

🏨🏨 **Rega-Hotel Heidelberg**, Bergheimer Str. 63, ℰ 50 80, Telex 461426, Fax 508500 − ⧧ 📺
⇐ − 🅰 25/60. ⒶⒺ ⓪ Ε 🆅🅸🆂🅰   V v
M a la carte 35/65 − **124 Z : 225 B** 160/190 - 210/230 Fb.

🏠 **Alt Heidelberg - Restaurant Graimberg**, Rohrbacher Str. 29, ℰ 91 50, Telex 461897,
Fax 164272, ⇔ − ⧧ 📺 ☎ ❷ − 🅰 40. ⒶⒺ ⓪ Ε 🆅🅸🆂🅰   X n
M *(Sonntag geschl.)* a la carte 48/69 − **80 Z : 150 B** 145/185 - 185/260 Fb.

🏠 **Romantik-Hotel Zum Ritter St. Georg**, Hauptstr. 178, ℰ 2 42 72, Telex 461506, Fax
12683, 《 Renaissancehaus a.d.J. 1592 》 − ⧧ 📺 ☎. ⒶⒺ ⓪ Ε 🆅🅸🆂🅰   Y N
M a la carte 37/75 − **40 Z : 70 B** 115/220 - 195/280 Fb.

🏠 **Schönberger Hof** (Haus a.d.J. 1772), Untere Neckarstr. 54, ℰ 2 26 15 − 📺 ☎   Y b
24. Dez.- 6. Jan. geschl. − **M** *(nur Abendessen, Samstag - Sonntag und Juli - Aug. 3
Wochen geschl.)* a la carte 40/76 − **15 Z : 24 B** 90/120 - 160/180.

🏠 **Holländer Hof**, Neckarstaden 66, ℰ 1 20 91, Telex 461882, Fax 22085, ≤ − ⧧ ☎ 🮒 −
🅰 25/60   Y v
40 Z : 72 B Fb.

🏠 **Parkhotel Atlantic** ⑤ garni, Schloß-Wolfsbrunnenweg 23, ℰ 16 40 51, Telex 461825,
Fax 164054, ≤, 《 Park 》 − 📺 ☎ ❷. ⓪ Ε 🆅🅸🆂🅰   Y t
23 Z : 40 B 110/140 - 150/190 Fb.

HEIDELBERG

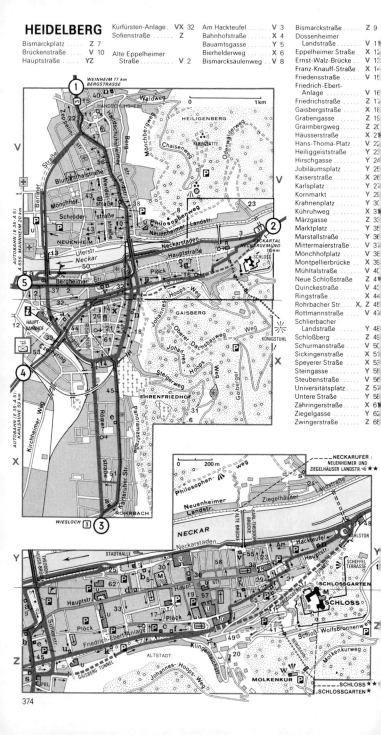

374

🏨 **Acor** garni, Friedrich-Ebert-Anlage 55, ℘ 2 20 44, Fax 28609 – 📳 📺 ☎ 🅿. ⓘ 🗲 𝚅𝙸𝚂𝙰   Z **f**
20. Dez.- 8. Jan. geschl. – **18 Z : 32 B** 145 - 195 Fb.

🏨 **Intercity-Hotel Arcade**, Lessingstr. 3 (am Hbf.), ℘ 91 30, Telex 461466, Fax 913300 – 📳
☎ & 🅿 – 🔬 30. 🆎 ⓘ 🗲 𝚅𝙸𝚂𝙰   X **r**
M *(nur Abendessen, Sonntag und 15. Dez.- 7. Jan. geschl.)* a la carte 25/46 – **99 Z : 210 B**
110 - 150 Fb.

🏨 **Perkeo** garni (siehe auch Restaurant Perkeo), Hauptstr. 75, ℘ 2 22 55 – 📺 ☎. 🆎 ⓘ 🗲
𝚅𝙸𝚂𝙰   YZ **d**
23. Dez.- 6. Jan. geschl. – **25 Z : 48 B** 110/125 - 160/180.

🏨 **Kurfürst** garni, Poststr. 46, ℘ 2 47 41, Telex 461566, Fax 28392 – 📳 📺 ☎ 🅿. 🆎 ⓘ 🗲
𝚅𝙸𝚂𝙰   V **v**
61 Z : 92 B 108/113 - 185.

🏠 **Am Schloss** garni, Zwingerstr. 20 (Parkhaus Kornmarkt), ℘ 16 00 11 – 📳 📺 ☎. 🆎 ⓘ 🗲
𝚅𝙸𝚂𝙰   Y **r**
22. Dez.- 6. Jan. geschl. – **24 Z : 44 B** 128/175 - 165/240.

🏠 **Bayrischer Hof** garni, Rohrbacher Str. 2, ℘ 1 40 45, Telex 461417, Fax 14049 – 📳 📺 ☎
& 🆎 ⓘ 🗲 𝚅𝙸𝚂𝙰   Z **b**
45 Z : 70 B 120 - 150/190 Fb.

🏠 **Neckar-Hotel** garni, Bismarckstr. 19, ℘ 1 08 14, Fax 23260 – 📳 📺 ☎ 🅿. 🆎 🗲 𝚅𝙸𝚂𝙰
Weihnachten - Anfang Jan. geschl. – **34 Z : 65 B** 110/150 - 140/190.   Z **a**

🏠 **Diana** garni, Rohrbacher Str. 152, ℘ 3 38 10, Telex 461658, « Garten » – 📳 ☎ 🅿. 🆎 ⓘ 🗲
𝚅𝙸𝚂𝙰   X **e**
15. Dez.- 1. Jan. geschl. – **45 Z : 90 B** 90/100 - 120/140 Fb.

🏠 **Central** garni, Kaiserstr. 75, ℘ 2 06 72 – 📳 ☎. 🆎 ⓘ 🗲 𝚅𝙸𝚂𝙰   X **a**
51 Z : 80 B 86/96 - 145.

🏠 **Kohler** garni, Goethestr. 2, ℘ 2 43 60, Fax 167481 – 📳 📺 ☎. 🗲 𝚅𝙸𝚂𝙰 .   X **x**
Mitte Dez.- Mitte Jan. geschl. – **43 Z : 70 B** 58/96 - 78/146.

🏠 **Anlage**, Friedrich-Ebert-Anlage 32, ℘ 2 64 25 – 📳 📺 ☎. 🆎 ⓘ 🗲 𝚅𝙸𝚂𝙰   Z **k**
(nur Abendessen für Hausgäste) – **20 Z : 35 B** 75/100 - 110/145.

🍴🍴🍴 **Zur Herrenmühle** (Haus a.d. 14. Jh.), Hauptstr. 239, ℘ 1 29 09, « Innenhofterrasse » –
🆎 ⓘ 🗲 𝚅𝙸𝚂𝙰   Y **n**
nur Abendessen – **M** (Tischbestellung ratsam) a la carte 73/91.

🍴🍴 ❀ **Simplicissimus**, Ingrimstr. 16, ℘ 1 33 36 – 🆎 ⓘ 🗲 𝚅𝙸𝚂𝙰. 🦞   YZ **h**
nur Abendessen, Dienstag und Aug. 3 Wochen geschl. – **M** (Tischbestellung ratsam) 75/98
und a la carte 66/84
Spez. Cremesuppe von Kaiserschoten mit Langostinos, Gefüllte Lotte auf Champagnersauce, Lammrücken auf
Basilikumsauce.

🍴🍴 **Molkenkur** 🦌 mit Zim, Klingenteichstr. 31, ℘ 1 08 94, Fax 26872, « Terrasse mit ≤ Schloß
und Neckartal » – ☎ 🅿. 🆎 ⓘ 🗲 𝚅𝙸𝚂𝙰   Z **w**
20. Dez.- 7. Jan. geschl., 8. Jan.- März garni – **M** a la carte 34/64 – **12 Z : 27 B** 85 - 120/
180 Fb.

🍴🍴 **Kurpfälzisches Museum**, Hauptstr. 97, ℘ 2 40 50, 🍽   Y **M**

🍴🍴 **Merian Stuben**, Neckarstaden 24 (im Kongresshaus Stadthalle), ℘ 2 73 81, Fax 164717,
🍽 – 🆎 ⓘ 🗲 𝚅𝙸𝚂𝙰   Y
Jan. und Montag geschl. – **M** a la carte 34/60.

🍴🍴 **Scheffeleck**, Friedrich-Ebert-Anlage 51, ℘ 2 61 72 – 🆎 ⓘ 🗲 𝚅𝙸𝚂𝙰   Z **c**
nur Abendessen, Sonntag geschl. – **M** a la carte 35/69.

🍴🍴 **Da Mario** (Italienische Küche), Rohrbacher Str. 3 (1. Etage), ℘ 1 35 91 – 🆎 ⓘ 🗲 𝚅𝙸𝚂𝙰
➖ **M** a la carte 18/51 &.   Z **b**

🍴 **Kupferkanne**, Hauptstr. 127 (1. Etage), ℘ 2 17 90   Y **c**
nur Abendessen, Sonntag und 22. Juli - 12. Aug. geschl. – **M** a la carte 36/52.

🍴 **Perkeo** (Altdeutsche Gaststätte a.d. J. 1891), Hauptstr. 75, ℘ 16 06 13, 🍽 – 🆎 🗲
𝚅𝙸𝚂𝙰   YZ **d**
M a la carte 28/55.

In Heidelberg-Grenzhof NW : 8 km über ⑤ und die B 37 :

🍴🍴 **Gutsschänke** 🦌 mit Zim, ℘ (06202) 36 04, 🍽 – 📺 ☎ 🅿
10 Z : 20 B Fb.

In Heidelberg-Handschuhsheim :

🍴🍴 **Zum Zapfenberg**, Große Löbingsgasse 13, ℘ 4 52 60 – 🆎 🗲. 🦞   V **n**
nur Abendessen, Sonntag geschl. – **M** (Tischbestellung ratsam) a la carte 63/81.

In Heidelberg-Kirchheim ④ : 3 km :

🏨 **Queens Hotel**, Pleikartsförsterstr. 101, ℘ 7 10 21, Telex 461650, Fax 7205631, 🚭 –
🌊 Zim ▤ Rest 📺 & 🅿 – 🔬 25/200. 🆎 ⓘ 🗲 𝚅𝙸𝚂𝙰
M a la carte 36/60 – **112 Z : 174 B** 180 - 240 Fb.

In Heidelberg-Pfaffengrund W : 3,5 km über Eppelheimer Straße X :

🏠 **Kranich-Hotel** garni, Kranichweg 37a, ℘ 77 60 06, Fax 700423 – 📺 ☎. 🆎 ⓘ 🗲 𝚅𝙸𝚂𝙰
28 Z : 40 B 75/90 - 105/130 Fb.

In Heidelberg - Pleikartsförsterhof ④ : 3 km :

※ **Pleikartsförsterhof**, ☎ 7 59 71 — ℗
Sept. und Dienstag geschl. — **M** a la carte 37/51 ₰.

In Heidelberg-Rohrbach :

※※ **Ristorante Italia**, Karlsruher Str. 82, ☎ 31 48 61 — ﷼ E 𝑽𝑰𝑺𝑨   X s
10. Juli - 2. Aug. und Mittwoch geschl. — **M** a la carte 53/78.

In Heidelberg-Schlierbach ② : 4 km :

※※ **Zum Wolfsbrunnen** (historisches Jagdhaus a.d. 16. Jh.), Wolfsbrunnensteige 15,
☎ 80 37 58, � — ℗. ﷼ E 𝑽𝑰𝑺𝑨
2. Jan.- Feb. und Montag - Dienstag geschl. — **M** a la carte 32/68.

In Heidelberg-Ziegelhausen O : 5 km über Neuenheimer Landstraße ∨ :

🏠 Schwarzer Adler, Kleingemünder Str. 6, ☎ 8 05 81, Fax 800300, 🌸 — ☎ ℗
18 Z : 32 B Fb.

※※ **Zum Goldenen Ochsen**, Brahmsstr. 6, ☎ 80 13 08 — ⚙
Dienstag, über Fasching 1 Woche und 29. Okt.- 3. Nov. geschl. — **M** a la carte 40/70.

In Eppelheim 6904 W : 4 km über Eppelheimer Str. X :

🏠 Rhein-Neckar-Hotel, Seestr. 75, ☎ (06221) 76 20 01 — 📺 ☎ ℗
24 Z : 32 B.

HEIDEN Nordrhein-Westfalen siehe Borken.

HEIDENAU 2111. Niedersachsen — 1 600 Ew — Höhe 35 m — ✪ 04182.
♦Hannover 126 — ♦Bremen 76 — ♦Hamburg 50.

🏠 **Heidenauer Hof** (mit Gästehaus, ☜), Hauptstr. 23, ☎ 41 44, Fax 4744, 🌸, 🍺 — ⇔ ℗.
E
M *(Dienstag geschl.)* a la carte 25/56 — **16 Z : 32 B** 50/85 - 90/110.

HEIDENHEIM AN DER BRENZ 7920. Baden-Württemberg N 20,21, ⑱ — 49 000 Ew
— Höhe 491 m — ✪ 07321.
🅱 Städt. Verkehrsamt, Grabenstr. 15, ☎ 32 73 40, Fax 327545, Telex 714858.
♦Stuttgart 87 — ♦Nürnberg 132 — ♦Ulm (Donau) 46 — ♦Würzburg 177.

🏠 **Linde**, St.-Pöltener-Str. 53, ☎ 5 20 41 — 📺 ☎ ⇔ ℗. ⓘ E 𝑽𝑰𝑺𝑨
⟵ *Aug. und 24. Dez.- 1. Jan. geschl.* — **M** *(Samstag geschl.)* a la carte 19,50/41 ₰ — **33 Z : 41 B**
55/75 - 95/115.

🏠 Raben, Erchenstr. 1, ☎ 2 18 39 — ☎ ⇔
20 Z : 28 B.

🏠 Haus Hellenstein, Seestr. 16, ☎ 2 20 71 — 📺 ☎ ⇔
15 Z : 30 B.

🏠 Pension Pöltl garni, Erchenstr. 14, ☎ 5 20 55 — 📺 ☎ ℗
15 Z : 25 B.

🏠 Gästehaus Traber ☜ garni, Ziegelstr. 39, ☎ 4 40 01 — ℗
13 Z : 17 B.

※※ **Weinstube zum Pfauen**, Schloßstr. 26, ☎ 4 52 95
5.- 20. Jan., Samstag bis 18 Uhr sowie Sonn- und Feiertage geschl. — Menu (abends
Tischbestellung ratsam) a la carte 34/62.

※※ **Haus Friedrich** mit Zim, Wilhelmstr. 80, ☎ 4 56 62 — 📺 ☎ ℗. E
Ende Juli - Anfang Aug. geschl. — **M** *(Freitag geschl.)* a la carte 27/55 — **8 Z : 15 B** 68/90 -
160/180.

※※ Schloßgaststätte-Panoramastuben, Schloßhaustr. 55, ☎ 4 10 66, ≤, 🌸 — ℗ — ⚓ 25/50.

※ **Haus Hubertus** mit Zim, Giengener Str. 82, ☎ 5 18 00, Fax 54120 — ☎ ⇔ ℗. ﷼ ⓘ E
M *(Samstag bis 16 Uhr geschl.)* a la carte 24/48 ₰ — **8 Z : 12 B** 42/45 - 70/80.

In Heidenheim 9-Mergelstetten S : 2 km über die B 19 :

🏠 **Hirsch** ☜ garni, Buchhofsteige 3, ☎ 5 10 30 — ▤ 📺 ☎ ⇔ ℗. ﷼ ⓘ E 𝑽𝑰𝑺𝑨
22. Dez.- 6. Jan. geschl. — **41 Z : 55 B** 80/90 - 110/140 Fb.

In Heidenheim 5-Mittelrain NW : 2 km :

※※ **Rembrandt-Stuben**, Rembrandtweg 9, ☎ 6 54 34, Fax 66646, 🌸 — ℗
Montag 14 Uhr - Dienstag, 7.- 15. Jan. und Sept. geschl. — Menu a la carte 34/72.

An der Straße nach Giengen SO : 7 km :

※※ Landgasthof Oggenhausener Bierkeller, ✉ 7920 HDH-Oggenhausen, ☎ (07321) 5 22 30, 🌸
— ℗
(abends Tischbestellung ratsam).

In Steinheim am Albuch 7924 W : 6 km :

🏨 **Zum Kreuz**, Hauptstr. 26, ℘ (07329) 60 07, Fax 1253, 🍴, 🚾 – 🛗 📺 ☎ 📩 – 🔏 25/60.
🖭 ⓞ 🖻 𝘝𝘐𝘚𝘈
1.- 6. Jan. geschl. – Menu a la carte 34/67 – **30 Z : 41 B** 69/95 - 108/170 Fb.

In Steinheim-Sontheim i. St. 7924 W : 7 km :

🏠 **Sontheimer Wirtshäusle** (mit Gästehaus), an der B 466, ℘ (07329) 2 85 – ⟷ 📩
Juli - Aug. 2 Wochen geschl. – Menu *(Samstag geschl.)* a la carte 30/63 – **16 Z : 28 B** 45/65
- 70/120.

HEIGENBRÜCKEN 8751. Bayern 🔢🔢 L 16 – 2 400 Ew – Höhe 300 m – Luftkurort –
📞 06020.

Kur- und Verkehrsamt, Rathaus, ℘ 3 81.

München 350 – Aschaffenburg 26 – ◆Würzburg 74.

🏨 **Wildpark**, Lindenallee 39, ℘ 4 94, 🍴, 🚾, 🔲 – 🛗 ☎ 📩 – 🔏 40. 🖭 ⓞ 🖻 𝘝𝘐𝘚𝘈
Aug. geschl. – **M** a la carte 26/64 – **40 Z : 80 B** 65 - 98.

🏡 **Zur frischen Quelle**, Hauptstr. 1, ℘ 4 62 – 📩. 🍽 Zim
Ende Okt.- Mitte Nov. geschl. – **M** *(Okt.- April Donnerstag geschl.)* a la carte 24/34 ⅃ –
14 Z : 25 B 25/33 - 56/60.

HEILBRONN 7100. Baden-Württemberg 🔢🔢 ㉟, 🔢🔢 K 19 – 111 000 Ew – Höhe 158 m –
📞 07131.

Sehenswert : St.-Kilian-Kirche (Turm★).

Städtisches Verkehrsamt, Rathaus, ℘ 56 22 70.

◆DAC, Innsbrucker Str. 26, ℘ 8 39 16, Telex 728590, Notruf ℘ 1 92 11.

Stuttgart 53 ③ – Heidelberg 68 ① – ◆Karlsruhe 94 ① – ◆Würzburg 105 ①.

Stadtplan siehe nächste Seite.

🏨 **Insel-Hotel**, Friedrich-Ebert-Brücke, ℘ 63 00, Telex 728777, Fax 626060, 🚾, 🔲, 🌳 – 🛗
📺 ⟷ 📩 – 🔏 25/100. 🖭 ⓞ 🖻 𝘝𝘐𝘚𝘈   Y r
Restaurants : **Royal** *(Freitag 14 Uhr - Sonntag geschl.)* **M** a la carte 48/82 – **Schwäbisches
Restaurant M** a la carte 35/76 – **120 Z : 180 B** 148/198 - 198/320 Fb – 4 Appart. 380/440.

🏨 **Götz**, Moltkestr. 52, ℘ 15 50, Telex 728926, Fax 155881 – 🛗 📺 ⅙ ⟷ – 🔏 25/90. 🖭 ⓞ
🖻 𝘝𝘐𝘚𝘈   Z a
M a la carte 40/62 – **90 Z : 165 B** 134/156 - 176/208 Fb.

🏨 **Park-Villa** ⚲ garni, Gutenbergstr. 30, ℘ 9 57 00, « Geschmackvolle Einrichtung, Park »
– 📺 ☎. 🖭 ⓞ 🖻 𝘝𝘐𝘚𝘈   Z p
25 Z : 42 B 100/130 - 150/185 Fb.

🏨 **Burkhardt**, Lohtorstr. 7, ℘ 6 22 40, Telex 728480, Fax 627828 – 🛗 📺 ☎ ⟷ 📩 –
🔏 25/100. 🖭 ⓞ 🖻 𝘝𝘐𝘚𝘈   Y b
M *(Aug. 3 Wochen geschl.)* a la carte 34/63 – **80 Z : 100 B** 99/139 - 156/250 Fb.

🏠 Arcade garni, Weinsberger Str. 29, ℘ 1 08 88, Fax 164777 – ☎ ⅙ ⟷ 📩 – 🔏 35   Y a
50 Z : 100 B Fb.

🏠 **City-Hotel** garni, Allee 40 (14. Etage), ℘ 8 39 58, ⟨ – 🛗 📺 ☎ ⟷. 🖭 ⓞ 🖻 𝘝𝘐𝘚𝘈   Y e
20. Dez.- 7. Jan. geschl. – **18 Z : 40 B** 77/95 - 130/160 Fb.

🏠 **Urbanus - Restaurant Moustache**, Urbanstr. 13, ℘ 8 13 44(Hotel) 6 88 81(Rest.), Fax
78415 – 📺 ☎   Z b
M *(Sonn- und Feiertage geschl.)* a la carte 28/61 – **32 Z : 45 B** 69/85 - 110/140 Fb.

XX Ratskeller, Marktplatz 7, ℘ 8 46 28, 🍴 – 🔏 25/80   Y R

XX **Beichstuhl**, Fischergasse 9, ℘ 8 95 86 – 🖭 🖻 𝘝𝘐𝘚𝘈   Z e
Samstag bis 18 Uhr und Sonntag geschl. – **M** a la carte 39/67.

XX **Stöber**, Wartbergstr. 46, ℘ 16 09 29 – 🖭 🖻   Y n
Samstag und Juli - Aug. 3 Wochen geschl. – **M** a la carte 36/65.

X **Haus des Handwerks**, Allee 76, ℘ 8 44 68 – 🔏 25/140. 🖭 ⓞ 🖻 𝘝𝘐𝘚𝘈   Y u
M a la carte 22/56 ⅃.

In Heilbronn-Sontheim über ④ :

X **Zum Freihof**, Hauptstr. 23, ℘ 57 20 39 – 📩
wochentags nur Abendessen, Montag und Juli 3 Wochen geschl. – **M** a la carte 33/50 ⅃.

Im Jägerhauswald O : 4 km, Zufahrt über Bismarckstraße Z :

X **Waldgaststätte Jägerhaus**, ✉ 7100 Heilbronn, ℘ (07131) 7 52 25, 🍴 – 📩. 🖻
Montag und Mitte Jan.- Mitte Feb. geschl. – **M** a la carte 28/55.

Auf dem Wartberg ② : 5 km – Höhe 303 m :

XX **Höhenrestaurant Wartberg**, ✉ 7100 Heilbronn, ℘ (07131) 7 32 74, ⟨ Heilbronn und
Weinberge, 🍴 – ⅙ 📩 – 🔏 25/60. 🖭 🖻 𝘝𝘐𝘚𝘈
Dienstag und 7.- 30. Jan. geschl. – **M** a la carte 28/70.

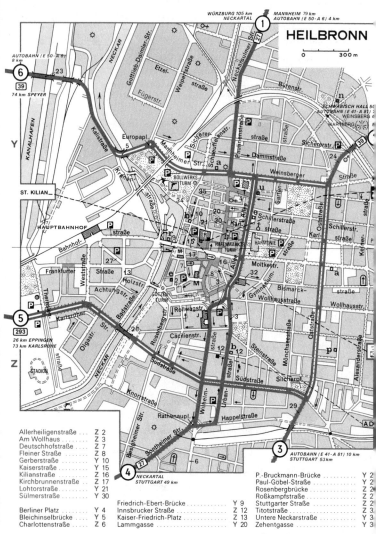

HEILBRONN

0   300 m

WÜRZBURG 105 km
NECKARTAL
①

MANNHEIM 79 km
AUTOBAHN (E 50 - A 6) 4 km

AUTOBAHN (E 50 - A 6)
8 km
⑥
[39]
74 km SPEYER

AUTOBAHN (E 41 - A 81) 10 km
STUTTGART 53 km
③

NECKARTAL
STUTTGART 49 km
④

26 km EPPINGEN
73 km KARLSRUHE
⑤
[293]

In Flein 7101 S : 5,5 km über Charlottenstr. Z :

🏠 **Wo der Hahn kräht** ⌲, Altenbergweg 11, 𝒫 (07131) 5 08 10, Fax 579630, ≤, 🏤, 🐎 –
📺 ☎ 🅿 – 🔥 40
M a la carte 28/58 ⅃ – **40 Z : 80 B** 85 - 150.

In Leingarten 7105 ⑤ : 7 km :

XX **Löwen**, Heilbronner Str. 43, 𝒫 (07131) 40 36 78
Samstag bis 18 Uhr, Montag, Mitte Jan.- Mitte Feb. und Aug. 1 Woche geschl. – **N**
(abends Tischbestellung ratsam) a la carte 43/68.

HEILBRUNN, BAD 8173. Bayern 🄳🄻🄱 R 23, 🄻🄶🄽 G 5 – 2 900 Ew – Höhe 682 m – Heilbad ·
🕒 08046 – 🚺 Kur- und Verkehrsamt, Haus des Gastes, Birkenallee 3, 𝒫 3 23, Fax 8131.
◆München 63 – Mittenwald 48 – Bad Tölz 8.

🏠 **Gästehaus Oberland** ⌲, Wörnerweg 45, 𝒫 2 38, 🏤, 🏠, 🐎 – 🅿
20. Dez.- Jan. geschl. – **M** *(Mittwoch geschl.)* a la carte 22/35 – **21 Z : 33 B** 34/58 - 72/96.

378

HEILIGENBERG 7799. Baden-Württemberg **418** KL 23, **987** ⑨, **427** LM 2 − 2 700 Ew − Höhe 26 m − Luftkurort − ✆ 07554.

Sehenswert : Schloßterrasse ≤ ★.

🛈 Kurverwaltung, Rathaus, ☎ 2 46.

Stuttgart 139 − Bregenz 70 − Sigmaringen 38.

🏨 **Berghotel Baader**, Salemer Str. 5, ☎ 3 03, Fax 8192, 🍽, 🛋, 🔲, 🌳 − 📺 ☎ 🅿 − 🔏 25. 🅰🅴 ⓪ 🅴. ⬚
M (Dienstag geschl.) (bemerkenswerte Weinkarte) a la carte 58/74 − **17 Z : 27 B** 55/65 - 110/130 Fb − ½ P 70/80.

🏠 **Post** ⬚, Postplatz 3, ☎ 2 08, ≤ Linzgau und Bodensee, 🍽 − ☎ ⬚ 🅿
Mitte Dez.- Mitte Jan. geschl. − M (Freitag geschl.) a la carte 25/40 − **12 Z : 18 B** 46/70 - 98/115 − ½ P 64/78.

✕ **Restaurant de Weiss im Hohenstein**, Postplatz 5, ☎ 7 65, 🍽, « Gemälde-Galerie » − 🅿 🅴
Mitte Jan.- Mitte Feb. und Montag geschl. − **M** a la carte 31/64.

In Heiligenberg-Steigen :

✕ **Hack** ⬚ mit Zim, Am Bühl 11, ☎ 86 86, ≤, 🌳 − 🅿
Nov. geschl. − M (Montag, im Winter auch Dienstag geschl.) a la carte 23/45 ⬚ − **11 Z : 19 B** 42 - 72/80.

HEILIGENHAFEN 2447. Schleswig-Holstein **987** ⑤ − 10 300 Ew − Höhe 3 m − Ostseeheilbad ✆ 04362.

🛈 Am Hohen Ufer 4, ☎ 55 05.

🛈 Kurverwaltung, Rathaus am Markt, ☎ 5 00 89.

Kiel 67 − ♦Lübeck 67 − Puttgarden 24.

🏠 **Deutsches Haus** (mit Gästehaus), Bergstr. 3, ☎ 22 38, Fax 5492, 🍽, 🌳 − 🅿. 🅰🅴 ⓪ 🅴 🆅🆂🅰
M a la carte 24/47 − **46 Z : 90 B** 65/120 - 120/220 Fb.

✕ **Zum alten Salzspeicher**, Hafenstr. 2, ☎ 28 28, « Haus a.d. 16. Jh. » − 🅰🅴 ⓪ 🅴 🆅🆂🅰
Okt.- Dez. Dienstag und Jan.- Feb. geschl., im Winter nur Abendessen − M a la carte 32/62.

HEILIGENHAUS 5628. Nordrhein-Westfalen **412** D 13 − 28 900 Ew − Höhe 174 m − ✆ 02056.
Siehe Ruhrgebiet (Übersichtsplan).

Düsseldorf 22 − ♦Essen 22 − Wuppertal 25.

🏨 **Waldhotel** ⬚, Parkstr. 38, ☎ 59 70, « Gartenterrasse » − 🛗 📺 ☎ 🕭 ⬚ 🅿 − 🔏 25/60. 🅴 🆅🆂🅰. ⬚ Rest
M a la carte 45/75 − Bistro M a la carte 30/50 − **32 Z : 54 B** 140/275 - 205/350.

✕✕ **Kuhs - Deutscher Hof**, Velberter Str. 146 (O : 2 km), ☎ 65 28 − 🅿
Montag - Dienstag und Juli - Aug. 4 Wochen geschl. − M 18/36 (mittags) und a la carte 32/56.

HEILIGENRODE Niedersachsen siehe Stuhr.

HEILIGENSTADT 8551. Bayern **418** Q 17 − 3 700 Ew − Höhe 367 m − ✆ 09198.

München 231 − ♦Bamberg 24 − Bayreuth 36 − ♦Nürnberg 60.

In Heiligenstadt-Veilbronn SO : 3 km − Erholungsort :

🛖 **Sponsel-Regus** ⬚, ☎ 2 22, 🍽 − ⬚ Rest ⬚ 🅿
14. Jan.- 21. Feb. geschl. − M (Okt.- April Dienstag geschl.) a la carte 19/34 ⬚ − **46 Z : 80 B** 37/43 - 63/76 Fb.

HEILIGKREUZSTEINACH 6901. Baden-Württemberg **412** **413** J 18 − 2 900 Ew − Höhe 280 m − Erholungsort − ✆ 06220.

Stuttgart 119 − Heidelberg 21 − ♦Mannheim 31.

In Heiligkreuzsteinach - Eiterbach N : 3 km :

✕✕ ⬚ **Goldener Pflug**, Ortsstr. 40, ☎ 85 09 − 🅿. 🅰🅴 ⓪ 🅴 🆅🆂🅰
Montag - Dienstag geschl., Mittwoch - Freitag nur Abendessen − M (Tischbestellung ratsam) 68/130 und a la carte 79/97
Spez. Pasteten und Terrinen, Fischgerichte, Lammkeule auf Hirse mit süßer Senfsauce.

HEILSBRONN 8807. Bayern **418** P 18, **987** ⑯ − 7 400 Ew − Höhe 410 m − ✆ 09872.

Sehenswert : Ehemalige Klosterkirche (Nothelfer-Altar ★).

München 189 − Ansbach 19 − ♦Nürnberg 25.

🏠 **Goldener Stern**, Ansbacher Str. 3, ☎ 12 62, 🔲, 🌳 − 📺 🕭 🅿. 🅰🅴 🅴. ⬚ Rest
21.- 30. Mai, 26. Aug.- 6. Sept. und 27. Dez.- 6. Jan. geschl. − M (Samstag geschl.) a la carte 17/30 ⬚ − **30 Z : 46 B** 35/65 - 60/95 − 2 Fewo 120.

HEIMBACH 5169. Nordrhein-Westfalen **412** C 15 − 4 200 Ew − Höhe 241 m − Luftkurort − ۞ 02446 − 🛈 Verkehrsamt, Seerandweg. ℰ 5 27.

♦Düsseldorf 91 − ♦Aachen 58 − Düren 26 − Euskirchen 26.

- 🏠 **Meiser**, Hengebachstr. 99, ℰ 2 27
  - ⇌ M (Okt.- April Dienstag geschl.) a la carte 21/41 − **10 Z : 20 B** 40 - 72.
- ✗ **Eifeler Hof**, Hengebachstr. 43, ℰ 4 42, 🍽
  - Montag und Dienstag jeweils ab 14 Uhr sowie 21. Feb.- 10. März geschl. − M a la carte 23/53.

In Heimbach 2-Hasenfeld W : 1,5 km :

- 🏠 **Haus Diefenbach** 🐾, Brementhaler Str. 44, ℰ 31 00, ≤, 🍴, 🌂, 🐎 − 🅿. **E**. 🐾 Rest
  - 16. Nov.- 27. Dez. geschl. − (nur Abendessen für Hausgäste) − **14 Z : 25 B** 42/65 - 78/98.
- 🏠 **Schade** 🐾 garni, Brementhaler Str. 11, ℰ 33 85, 🐎 − ☎ ⇐ 🅿 − 🏛 25 − **12 Z : 20 B**.
- ✗✗ **Landhaus Weber** mit Zim, Schwammenaueler Str. 8, ℰ 2 22, 🐎 − 🅿
  - Ende Jan.- Mitte Feb. geschl. − M (nur Abendessen, Dienstag - Mittwoch und Sept. Woche geschl.) a la carte 41/67 − **9 Z : 18 B** 40 - 80 Fb − ½ P 60.

In Heimbach 3-Hergarten SO : 6 km :

- ⛲ **Lavreysen**, Kermeterstr. 54, ℰ 35 25, 🌂, 🐎 − ☎ ⇐ 🅿. **E**
  - ⇌ 15. Jan.- 15. Feb. geschl. − M (Montag geschl.) a la carte 17,50/38 − **13 Z : 30 B** 42 - 80.

HEIMBORN 5239. Rheinland-Pfalz **412** G 14 − 300 Ew − Höhe 220 m − ۞ 02688 (Kroppach).

Mainz 117 − Limburg an der Lahn 55 − Siegen 49.

In Heimborn-Ehrlich NW : 2 km :

- 🏨 **Sollmann-Schürg**, Kragweg 2, ℰ 80 77, Fax 8866, 🍴, 🌂, 🐎, 🍽 − 📺 ☎ 🅿 − 🏛 30
  - **E** 🐾 Rest
  - (Restaurant nur für Hausgäste) − **33 Z : 60 B** 50/70 - 100/140.

HEIMBUCHENTHAL 8751. Bayern **412** **413** K 17 − 2 100 Ew − Höhe 171 m − Erholungsort − ۞ 06092.

♦München 346 − Aschaffenburg 19 − ♦Würzburg 70.

- 🏨 **Zum Lamm**, St.-Martinus-Str. 1, ℰ 70 31, Fax 7944, 🍽, 🍴, 🌂, 🐎 − 📳 📺 ☎ ⇐ 🅿 −
  - 🏛 30. 🐾 Zim
  - M 15/29 (mittags) und a la carte 27/57 − **44 Z : 80 B** 57/60 - 108/112 Fb.
- 🏨 **Panorama Hotel Heimbuchenthaler Hof** 🐾, Am Eichenberg 1, ℰ 70 58, Fax 6802, ≤
  - ⇌ 🍽, 🍴, 🌂, 🐎, 🍽 − 📳 📺 ☎ ⇐ 🅿 − 🏛 40. **E**. 🐾 Zim
  - M a la carte 21/48 ⅃ − **35 Z : 51 B** 68/90 - 108/118 Fb.
- 🏨 **Zum Wiesengrund** 🐾, Elsavastr. 9, ℰ 13 64, 🍽, 🍴, 🐎 − ☎ ⇐ 🅿. 🐾
  - ⇌ Ende Feb.- 10. März geschl. − M (20. Nov.- 16. Dez. geschl.) 15/27 (mittags) und a la carte 20/38 − **24 Z : 44 B** 45 - 80 Fb.
- 🏠 Elsava, Hauptstr. 82, ℰ 2 19, 🍽, 🐎 − ☎ 🅿. 🐾 − **18 Z : 34 B** Fb − 5 Fewo.

HEININGEN 3344. Niedersachsen − 800 Ew − Höhe 85 m − ۞ 05334 (Börsum).

♦Hannover 80 − ♦Braunschweig 23 − Goslar 20.

- ⛲ **Zum Landsknecht**, Hauptstr. 6 (B 4), ℰ 68 88, 🍽, 🍴, 🌂 − 🅿
  - ⇌ M (Donnerstag geschl.) a la carte 20/45 − **14 Z : 24 B** 38/50 - 70/85.

HEINSBERG 5138. Nordrhein-Westfalen **987** ㉓, **412** B 13, **212** ② − 38 000 Ew − Höhe 45 m − ۞ 02452.

♦Düsseldorf 63 − ♦Aachen 36 − Mönchengladbach 33 − Roermond 20.

In Heinsberg-Unterbruch NO : 3 km :

- ✗✗ **Altes Brauhaus**, Wurmstr. 4, ℰ 6 10 35, « Täfelung a.d. 16. Jh. »
  - wochentags nur Abendessen, Sonntag nur Mittagessen, Montag und Juli geschl. − M a la carte 25/59.

HEITERSHEIM 7843. Baden-Württemberg **413** FG 23, **427** GH 2, **242** ㊱ − 4 600 Ew − Höhe 254 m − ۞ 07634.

♦Stuttgart 223 − Basel 48 − ♦Freiburg im Breisgau 22.

- 🏨 **Krone**, Hauptstr. 7, ℰ 28 11, Fax 4588, 🍽, « Historischer Gewölbekeller », 🐎 − 📺 ☎
  - ⇐ 🅿. 𝐕𝐈𝐒𝐀. 🐾 Zim
  - M (Dienstag - Mittwoch 17 Uhr, Juli 2 Wochen und Okt. 1 Woche geschl.) a la carte 36/70 ⅃ − **12 Z : 20 B** 60/80 - 96/125.
- 🏠 **Ochsen**, Eisenbahnstr. 9, ℰ 22 18, Fax 3025 − 📺 ☎ ⇐ 🅿
  - 22. Dez.- 23. Jan. geschl. − M (Montag bis 17 Uhr und Freitag geschl.) a la carte 31/58 ⅃ − **30 Z : 50 B** 70/100 - 90/140 Fb.
- 🏠 **Löwen**, Hauptstr. 58, ℰ 22 84, Fax 1859 − ☎ 🅿 ⇐ 🅿. 𝐀𝐄 ⓞ **E**
  - 13. Feb.- 5. März und 25. Okt.- 15. Nov. geschl. − M (Freitag bis 17 Uhr und Sonntag 14 Uhr - Montag geschl.) a la carte 27/59 ⅃ − **22 Z : 45 B** 44/65 - 76/110.

HELGOLAND (Insel) 2192. Schleswig-Holstein 𝟵𝟴𝟳 ④ – 1 800 Ew – Höhe 5 m – Seebad, 60 km von Cuxhaven. Bademöglichkeit auf der vorgelagerten Düne. – Zollfreies Gebiet, Autos auf der Insel nicht zugelassen – ✆ 04725.

Sehenswert : Felseninsel★★ aus rotem Sandstein in der Nordsee – 🛥 ✆ 8 08 65, Telex 232194.

🚢 von Cuxhaven, Bremerhaven, Wilhelmshaven, Bensersiel, Büsum und Ausflugsfahrten von den Ost- und Nordfriesischen Inseln.

🖪 Verkehrsverein, Landungsbrücke, ✆ 8 08 50, Kurverwaltung, Rathaus, Lung Wai 28, ✆ 8 08 65.
Auskünfte über Schiffs- und Flugverbindungen, ✆ 8 08 65.

Auf dem Unterland :

🏠 **Insulaner** 🦢 garni, Am Südstrand 2, ✆ 6 02, Fax 1483, ≤, ≘s, 🛤 – 📺 ☎
19 Z : 36 B 90/150 - 160/180 Fb.

🏠 **Hanseat** 🦢 garni, Am Südstrand 21, ✆ 6 63, ≤ – 📺 ☎. ⋇
März - Okt. – **22 Z : 38 B** 70/85 - 145/160.

🏠 **Haus Hilligenlei** 🦢 garni, Kurpromenade 36, ✆ 77 33, ≤ – ☎. ⋇
24 Z : 39 B 95 - 140/150.

🏠 **Schwan** 🦢, Am Südstrand 17, ✆ 77 51, Fax 7756, ≤ – 📺. ⋇
(Restaurant nur für Pensionsgäste) – **19 Z : 31 B** 79/100 - 130/160.

🏠 **Helgoland** 🦢 garni, Am Südstrand 16, ✆ 2 20, Fax 801217, ≤ – ☎
nur Saison – **14 Z : 24 B** Fb.

✗ **Weddig's Fischerstube**, Friesenstr. 61, ✆ 72 35 – ⋇
Okt.- März Mittwoch geschl. – **M** a la carte 31/61.

Auf dem Oberland :

🏠 **Mailänder** 🦢, Am Falm 313, ✆ 5 66, Fax 7839, ≤ Nordsee mit Düne und Reede – ☎. 🝙
E. ⋇ Rest
Nov.- 15. Dez. geschl. – (Restaurant nur für Pensionsgäste) – **28 Z : 41 B** 41/90 - 82/138.

✗✗ **Zum Hamburger** 🦢 mit Zim, Am Falm 304, ✆ 4 09, ≤ Nordsee mit Düne und Reede, 🏡
nur Saison – **4 Z : 8 B**.

HELLENTHAL 5374. Nordrhein-Westfalen 𝟰𝟭𝟮 C 15 – 8 400 Ew – Höhe 420 m – ✆ 02482.

🖪 Verkehrsamt, Rathausstr. 2, ✆ 8 51 15.
◆Düsseldorf 109 – ◆Aachen 56 – Düren 44 – Euskirchen 36.

🏠 **Haus Lichtenhardt** 🦢, Lichtenhardt 26, ✆ 6 14, ≤, ≘s, 🟦, 🛤 – ☎ ❷ – 🔬 25
18.- 26. Dez. geschl. – **M** a la carte 23/49 – **18 Z : 30 B** 42/52 - 68/90.

🏠 **Pension Haus Berghof** 🦢, Bauesfeld 16, ✆ 71 54, ≤, 🛤 – ❷ ⋇
(Restaurant nur für Pensionsgäste) – **12 Z : 20 B** 29/45 - 70 – ½ P 46.

In Hellenthal-Hollerath SW : 5,5 km – Wintersport : 600/690 m ∠1 �ℐ1 :

🏠 **Hollerather Hof**, Luxemburger Str. 44 (B 265), ✆ 71 17, ≤, ≘s, 🟦, 🛤 – 📺 ☎ 🚗 ❷
◆– Nov. 2 Wochen geschl. – **M** a la carte 21/40 – **14 Z : 25 B** 45/50 - 80/90.

🏠 **St. Georg**, Luxemburger Str. 46 (B 265), ✆ 3 17, ≤ – ❷
◆– 23. Dez.- 6. Jan. geschl. – **M** (Dienstag geschl.) a la carte 21/37 – **17 Z : 31 B** 42 - 72.

HELMBRECHTS 8662. Bayern 𝟰𝟭𝟯 S 16, 𝟵𝟴𝟳 ㉗ – 10 800 Ew – Höhe 615 m – Wintersport : 620/725 m ⅀4 – ✆ 09252 – ◆München 277 – Bayreuth 43 – Hof 18.

🏠 **Zeitler**, Kulmbacher Str. 13, ✆ 10 11, Fax 1013 – 📺 ☎ 🚗 ❷
M a la carte 26/54 – **25 Z : 36 B** 52/62 - 77/92 Fb.

HELMSTEDT 3330. Niedersachsen 𝟵𝟴𝟳 ⑯ – 28 000 Ew – Höhe 110 m – ✆ 05351.

🖪 Amt für Information und Fremdenverkehr, Rathaus, Markt 1 (Eingang Holzberg), ✆ 1 73 33.
◆Hannover 96 – ◆Berlin 192 – ◆Braunschweig 41 – Magdeburg 53 – Wolfsburg 30.

🏠 **Petzold**, Schöninger Str. 1, ✆ 60 01 – ☎ 🚗 ❷. **E**
M (nur Abendessen, Samstag geschl.) a la carte 25/48 – **28 Z : 40 B** 65/105 - 105/120.

🏠 **Park-Hotel** garni, Albrechtstr. 1, ✆ 3 40 94, Fax 37032 – 📺 ☎ 🚗 ❷. 🝙 ⓞ **E** 𝗩𝗜𝗦𝗔
20 Z : 40 B 75/95 - 95/110.

🏠 **Schönitz**, Schöninger Str. 4, ✆ 4 20 15 – 📺 ☎ – **14 Z : 24 B**.

🏠 **Friso - Hotel** garni, Walbecker Str. 11, ✆ 3 30 25 – 📺 ☎ 🚗 ❷
13 Z : 23 B 65/95 - 105 Fb.

HEMAU 8416. Bayern 𝟰𝟭𝟯 S 19 – 6 800 Ew – Höhe 514 m – ✆ 09491.
◆München 125 – ◆Nürnberg 83 – ◆Regensburg 27.

🏚 **Brauerei-Gasthof Donhauser**, Unterer Stadtplatz 4, ✆ 4 31 – 🚗 ❷
M (Donnerstag geschl.) a la carte 15/27 – **9 Z : 18 B** 28/35 - 52/60.

HEMDINGEN 2081. Schleswig-Holstein – 1 300 Ew – Höhe 5 m – ✆ 04123 (Barmstedt).
◆Kiel 73 – ◆Hamburg 28 – ◆Hannover 197.

🏠 Hemdinger Hof, Barmstedter Str. 8, ✆ 20 58 – 📺 ☎ ❷ – 🔬 30
(Montag - Freitag nur Abendessen) – **27 Z : 46 B** Fb.

HEMER 5870. Nordrhein-Westfalen 987 Ⓜ. 412 G 12 − 33 800 Ew − Höhe 240 m − ✆ 02372.
♦Düsseldorf 86 − Arnsberg 35 − Hagen 23 − Soest 40.

In Hemer-Becke NO : 3 km über die B 7 :

XX　Zum Bären - Jagdhaus Keune Urbecke ⌇ mit Zim, ℘ 1 07 65 − ☎ ⇔ ℗ − **4 Z : 6 B**.

In Hemer-Stephanopel S : 3,5 km :

XX　Haus Winterhof, Stephanopeler Str. 30, ℘ 89 81, 🍽 − ℗.

In Hemer-Sundwig :

🏠　**Meise**, Hönnetalstr. 75, ℘ 67 37 − ℗
→　Aug. geschl. − **M** *(Samstag geschl.)* a la carte 18,50/39 − **24 Z : 36 B** 30/50 - 60/80.

In Hemer-Westig :

🏠　Haus von der Heyde ⌇, Lohstr. 6, ℘ 23 15 − ☎ ℗. ⌘ − **10 Z : 20 B**.

HEMMENHOFEN Baden-Württemberg siehe Gaienhofen.

HEMMINGEN Niedersachsen siehe Hannover.

HEMSBACH 6944. Baden-Württemberg 412 413 I 18 − 13 000 Ew − Höhe 100 m − ✆ 06201.
♦Stuttgart 141 − ♦Darmstadt 40 − Heidelberg 25 − ♦Mannheim 21.

In Hemsbach-Balzenbach O : 3 km :

🏨　**Watzenhof** ⌇, ℘ (06201) 77 67, Fax 73777, 🍽 − 📺 ☎ ⇔ ℗ − 🛦 25/50. 🆎 ⌘
　　M *(Okt.- März Sonntag 14 Uhr - Montag 18 Uhr geschl.)* a la carte 51/69 − **13 Z : 25 B**
　　100/140 - 140/180.

HENNEF (SIEG) 5202. Nordrhein-Westfalen 987 ㉔. 412 E 14 − 30 000 Ew − Höhe 70 m −
✆ 02242 − 🏌 Haus Dürresbach, ℘ 65 01.
♦Düsseldorf 75 − ♦Bonn 18 − Limburg an der Lahn 89 − Siegen 75.

🏨　**Schloßhotel Regina - Wasserburg**, Frankfurter Str. 124, ℘ 50 24, Fax 2747 − 📺 ☎ ℗.
　　🆎 ⑩ E 🆅🆂🅰
　　M *(nur Abendessen, Sonntag geschl.)* a la carte 27/51 − **20 Z : 28 B** 100/229 - 189/279 Fb.

🏨　Marktterrassen garni, Frankfurter Str. 98, ℘ 50 48 − 🛗 📺 ☎
　　15 Z : 23 B Fb.

🏠　Herting, Wehrstr. 46, ℘ 50 28 − 📺 ☎ ℗
　　21 Z : 36 B Fb.

XX　**Haus Steinen**, Hanftalstr. 94, ℘ 32 16 − ℗. E
　　Dienstag geschl. − **M** a la carte 29/67.

XX　**Rôtisserie Christine** mit Zim, Frankfurter Str. 55, ℘ 29 07 − 📺 ☎. 🆎 ⑩ E. ⌘
　　M *(Samstag bis 18 Uhr und Sonntag geschl.)* a la carte 48/73 − **6 Z : 9 B** 65/85 - 95/125.

In Hennef 1-Stadt Blankenberg O : 7 km :

🏠　Haus Sonnenschein, Mechtildisstr. 16, ℘ (02248) 23 58 − 📺 ☎ ℗ − 🛦 40
　　15 Z : 26 B.

An der Straße nach Winterscheid NO : 9 km :

🏩　**Winterscheider Mühle** ⌇, ✉ 5207 Ruppichteroth 4, ℘ (02247) 30 40, Telex 889683, Fax
　　304100, « Wildgehege », ⌇, ⌇, 🐎 − 🛗 📺 ⇔ ℗ − 🛦 25/100. 🆎 ⑩ E 🆅🆂🅰
　　22.- 25. Dez. geschl. − **M** a la carte 36/73 − **90 Z : 150 B** 80/115 - 160/185 Fb.

HENNSTEDT KREIS STEINBURG 2211. Schleswig-Holstein − 300 Ew − Höhe 30 m −
✆ 04877 − ♦ Kiel 51 − ♦Hamburg 71 − Itzehoe 19.

🏠　**Seelust** ⌇, Seelust 6 (S : 1,5 km), ℘ 6 77, ≤, 🍽 − 📺 ℗
　　M *(Montag - Freitag nur Abendessen, Dienstag geschl.)* a la carte 25/50 − **13 Z : 22 B** 45/95
　　- 79/115.

HENSTEDT-ULZBURG 2359. Schleswig-Holstein 987 ⑤ − 20 700 Ew − Höhe 38 m − ✆ 04193.
🏌 Alveslohe (W : 6 km), ℘ (04193) 9 20 21.
♦Kiel 68 − ♦Hamburg 31 − ♦Hannover 187 − ♦Lübeck 56.

Im Stadtteil Henstedt :

🏠　**Scheelke**, Kisdorfer Str. 11, ℘ 22 07 − 📺 ☎ ℗ − 🛦 25/70
　　7.- 22. Jan. und 10. Juli - 7. Aug. geschl. − **M** *(Mittwoch geschl.)* a la carte 24/52 − **11 Z :
　　18 B** 50/68 - 90/100.

Im Stadtteil Ulzburg :

🏠　**Wiking** garni, Hamburger Str. 81 (B 433), ℘ 90 80, Fax 92323, ≘ − 🛗 📺 ☎ ℗ − 🛦 25/80.
　　🆎 E
　　65 Z : 117 B 75 - 130/150 Fb − 4 Appart..

HEPPENHEIM AN DER BERGSTRASSE 6148. Hessen ⑨⑧⑦ ㉕. ④⑫ ④⑬ H 18 − 25 000 Ew −
Höhe 100 m − Luftkurort − ✆ 06252.

Sehenswert : Marktplatz★.

🏛 Verkehrsbüro, Großer Markt 3, ✆ 1 31 71.

◆Wiesbaden 69 − ◆Darmstadt 33 − Heidelberg 32 − Mainz 62 − ◆Mannheim 29.

🏨 **Hotel am Bruchsee** ≫, Am Bruchsee 1, ✆ 7 30 56, Telex 625291, Fax 75729, 🏢 − 🛗 📺
    ☎ 🔥 ⇔ 🅿 − 🔬 25/180. 🆎 ⓞ 🅴 𝘝𝘐𝘚𝘈
    M a la carte 45/67 − **73 Z : 108 B** 105/135 - 150/180 Fb.

🏩 **Halber Mond**, Ludwigstr. 5, ✆ 50 21 − 📺 ☎ − 🔬 25/120
    M a la carte 27/56 − **11 Z : 19 B** 65/110 - 105/125 Fb.

🏩 **Starkenburger Hof**, Kalterer Str. 7, ✆ 60 61, Fax 68183 − 🛗 ☎ 🅿. 🆎 ⓞ 🅴 𝘝𝘐𝘚𝘈. 🍴
➡   15. Dez.- 15. Jan. geschl. − **M** (wochentags nur Abendessen, Sonntag nur Mittagessen) a la
    carte 19/35 🍷 − **37 Z : 64 B** 56 - 86 Fb.

🏩 **Goldener Engel** (Fachwerkhaus a.d.J. 1782), Großer Markt 2, ✆ 25 63 − ⇔ 🅿. 🅴
➡   Anfang Dez.- Anfang Jan. geschl. − **M** (Nov.- März Samstag geschl.) a la carte 20/45 🍷 −
    36 Z : 60 B 40/85 - 62/110.

🏠 **Sickinger Hof**, Darmstädter Str. 18, ✆ 7 66 02 − 🅿
➡   20. Dez.- 15. Jan. geschl. − **M** (wochentags nur Abendessen, Dienstag und 20. Juli - 15.
    Aug. geschl.) a la carte 17,50/36 🍷 − **12 Z : 22 B** 40/52 - 70/86.

🏠 Schloßberg, Kalterer Str. 1, ✆ 22 97 − ⇔
    (nur Abendessen) − **17 Z : 31 B**.

XX Winzerkeller (ehem. kurfürstlicher Amtshof), Amtsgasse 5, ✆ 23 26 − 🅿.

HEPPINGEN Rheinland-Pfalz siehe Neuenahr-Ahrweiler, Bad.

HERBERN Nordrhein-Westfalen siehe Ascheberg.

HERBORN IM DILLKREIS 6348. Hessen ⑨⑧⑦ ㉔. ④⑫ H 14 − 22 000 Ew − Höhe 210 m −
✆ 02772 − 🏛 Verkehrsamt, Rathaus, ✆ 50 22 23.

◆Wiesbaden 118 − Gießen 38 − Limburg an der Lahn 49 − Siegen 39.

🏨 **Schloß-Hotel**, Schloßstr. 4, ✆ 70 60, Telex 873493, Fax 706630 − 🛗 📺 ☎ 🅿 − 🔬 25/100.
    🆎 ⓞ 🅴 𝘝𝘐𝘚𝘈
    M (Sonntag geschl.) a la carte 46/71 − **69 Z : 103 B** 102/135 - 165/220 Fb.

XX **Das Landhaus**, Döringweg 1 (nahe BAB-Ausfahrt Herborn West), ✆ 31 31 − 🅿
    Dienstag geschl. − **M** (Tischbestellung ratsam) 48 (mittags) und a la carte 66/75.

XX Hohe Schule ≫ mit Zim, Schulhofstr. 5, ✆ 30 19, « Innenhofterrasse » − ☎ 🅿
    10 Z : 14 B.

    In Herborn 2-Burg N : 2 km :

🏩 **Garni Engelbert**, Hauptstr. 50, ✆ 35 62, Fax 3556, ≦ₛ − ⇔ 🅿. 🅴
    15 Z : 24 B 45 - 75.

HERBRECHTINGEN 7922. Baden-Württemberg ④⑬ N 21, ⑨⑧⑦ ㉚ − 11 500 Ew − Höhe 470 m
− ✆ 07324.

◆Stuttgart 113 − Heidenheim an der Brenz 8 − ◆Ulm (Donau) 28.

🏩 **Grüner Baum**, Lange Str. 46, ✆ 30 83, 🍺 − 📺 ☎ 🔥 🅿 − 🔬 30. 🆎 ⓞ 🅴 𝘝𝘐𝘚𝘈
    M (Sonntag 14 Uhr - Montag 17 Uhr geschl.) a la carte 22/48 − **40 Z : 60 B** 55/70 - 90/
    100 Fb.

🏩 **May** ≫ garni, Ostpreußenstr. 1, ✆ 20 40, Fax 6984, ≦ₛ, 🔲, 🍺 − ☎ ⇔ 🅿
    20 Z : 30 B 70/85 - 110/150 Fb.

HERDECKE 5804. Nordrhein-Westfalen ④⑫ F 12 − 25 400 Ew − Höhe 98 m − ✆ 02330.

Siehe Ruhrgebiet (Übersichtsplan).

🏛 Verkehrsamt, Stiftsplatz 1(Rathaus), ✆6 10.

◆Düsseldorf 62 − Dortmund 16 − Hagen 6.

🏨 **Zweibrücker Hof**, Zweibrücker-Hof-Str. 4, ✆ 40 21, Telex 8239419, Fax 13712, ≤, 🏢,
    ≦ₛ, 🔲 − 🛗 📺 🅿 − 🔬 25/240. 🆎 ⓞ 🅴 𝘝𝘐𝘚𝘈
    M a la carte 33/59 − **70 Z : 97 B** 115/121 - 148/188 Fb.

🏩 **Landhotel Bonsmanns Hof**, Wittbräucker Str. 38 (B 54/234, NO : 4 km), ✆ 7 07 62, Fax
    71562, 🏢 − ☎ 🅿 🆎 ⓞ 🅴 𝘝𝘐𝘚𝘈
    M a la carte 35/63 − **11 Z : 14 B** 62/70 - 88/98.

XX Terrine, Wittener Landstr. 39 (NW : 4 km), ✆ 7 18 56 − 🅿
    (abends Tischbestellung ratsam).

HERDORF 5243. Rheinland-Pfalz ④⑫ G 14 − 7 400 Ew − Höhe 240 m − ✆ 02744.

Mainz 119 − Limburg an der Lahn 58 − Siegen 20.

X   **Haus Schneider** mit Zim, Hauptstr. 84, ✆ 61 15, ≦ₛ − 🅿. 🅴
    5.- 31. Juli geschl. − **M** (Mittwoch geschl.) a la carte 22/52 − **7 Z : 13 B** 42 - 76.

HERFORD 4900. Nordrhein-Westfalen 987 ⑭ ⑮, 412 J 10 − 61 000 Ew − Höhe 71 m − ✪ 05221.
Sehenswert : Johanniskirche (Geschnitzte Zunftemporen★).

🛐 Finnebachstr. 31 (östlich der A 2), ✆ (05228) 74 53.

🅑 Städtisches Verkehrsamt, Hämelinger Str. 4, ✆ 5 00 07 − **ADAC,** Lübberstr. 30, ✆ 5 80 20, Telex 934629.

♦Düsseldorf 192 ④ − Bielefeld 16 ⑤ − ♦Hannover 91 ③ − ♦Osnabrück 59 ①.

HERFORD

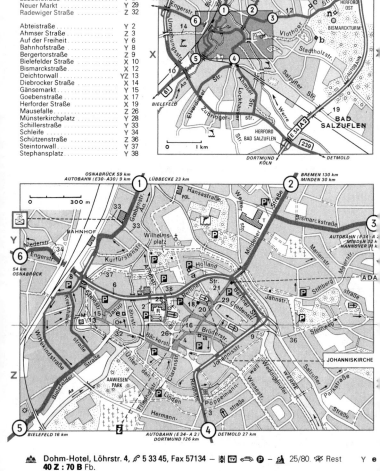

🏨 **Dohm-Hotel,** Löhrstr. 4, ✆ 5 33 45, Fax 57134 − 🛗 📺 🚗 🅿 − 🔬 25/80. 🍴 Rest   Y e
40 Z : 70 B Fb.

🏨 **Café Hansa** garni, Brüderstr. 40, ✆ 5 61 24, Fax 56126 − 🛗 ☎ 🅿. 🖭 E. 🍴   Z a
22. Juli - 18. Aug. geschl. − **21 Z : 30 B** 37/75 - 80/105.

🍴🍴 **Die Alte Schule,** Holland 39, ✆ 5 40 09, 🍴, « Modern eingerichtetes Fachwerkhaus a.d. 17. Jh. » − 🖭 ⓞ E 🖭   Y a
Samstag bis 18 Uhr und Montag geschl. − **M** a la carte 40/65.

🍴 **Waldrestaurant Steinmeyer,** Wüstener Weg 47, ✆ 8 10 04, ≤ Herford, 🍴 − 🅿. ⓞ E
🖭   X b
Montag geschl. − **M** a la carte 30/55.

In Herford-Eickum W : 4,5 km über Diebrocker Straße X :

XX **Tönsings Kohlenkrug**, Diebrocker Str. 316, 𝄐 3 28 36 – **Ⓟ ⒶⒺ ⓪ Ⓔ 𝘝𝘐𝘚𝘈**
Samstag bis 18 Uhr und Dienstag geschl. – **M** a la carte 56/87.

In Herford-Schwarzenmoor :

🏠 **Waldesrand**, Zum Forst 4, 𝄐 2 60 26, Fax 27389, 🌧 – 📺 ☎ Ⓟ ⒶⒺ ⓪ Ⓔ 𝘝𝘐𝘚𝘈   X n
M *(Montag bis 18 Uhr geschl.)* a la carte 26/59 – **22 Z : 30 B** 60/85 - 90/130.

🏠 **Schinkenkrug** ⌂, Paracelsusstr. 14, 𝄐 20 08, Fax 2000 – ☎ Ⓟ ⒶⒺ Ⓔ 𝘝𝘐𝘚𝘈   X c
Juli - Aug. 3 Wochen geschl. – **M** *(nur Abendessen, Donnerstag geschl.)* a la carte 32/55 –
21 Z : 35 B 65/70 - 120/130 Fb.

In Hiddenhausen 3 - Schweicheln-Bermbeck 4901 ① : 6 km :

🏨 **Freihof**, Herforder Str. 118 (B 239), 𝄐 (05221) 6 12 75, ⌂s, 🌧, 🏊 – 📺 ☎ ⌂ Ⓟ ⒶⒺ ⓪ Ⓔ
𝘝𝘐𝘚𝘈. 𝄐 Rest
M *(nur Abendessen, Sonntag geschl.)* a la carte 28/41 – **13 Z : 25 B** 55/80 - 90/120.

In Hiddenhausen 6-Sundern 4901 N : 2 km :

XX **Am Felsenkeller**, Bünder Str. 38, 𝄐 (05221) 6 22 24 – Ⓟ Ⓔ   X e
Mittwoch geschl. – **M** a la carte 46/67.

HERGENSWEILER Bayern siehe Lindau im Bodensee.

HERINGHAUSEN Hessen siehe Diemelsee.

HERLESHAUSEN 3443. Hessen 𝟿𝟾𝟽 ㉘㉙, 𝟺𝟷𝟸 N 13 – 3 400 Ew – Höhe 225 m – ☯ 05654.
◆Wiesbaden 212 – Erfurt 78 – Bad Hersfeld 49 – ◆Kassel 73.

🏠 **Schneider**, Am Anger 7, 𝄐 64 28, ⌂s – ⌂ Ⓟ
◆ *Feb. geschl.* – **M** *(Donnerstag ab 15 Uhr geschl.)* a la carte 17/30 – **19 Z : 36 B** 35/50 -
50/80.

🏠 **Gutsschänke**, Burgbergweg 2, 𝄐 13 75, 🌧 – Ⓟ ⒶⒺ Ⓔ
◆ *Feb. geschl.* – **M** *(Samstag geschl.)* a la carte 19/36 – **15 Z : 30 B** 50/70 - 70/80.

In Herleshausen 7-Holzhausen NW : 8 km über Nesselröden :

🏛 **Hohenhaus** ⌂ (moderner Hotelbau in einem Gutshof), 𝄐 6 80, Fax 1303, <, 🌧, « Park »,
⌂s, 🏊, 🌧, 🏊 – 📳 ☎ ⌂ Ⓟ – 🔥 40. 𝄐 Rest
M a la carte 49/92 – **26 Z : 43 B** 160/260 - 260/400 Fb – 3 Appart. 450/600.

HERMANNSBURG 3102. Niedersachsen 𝟿𝟾𝟽 ⑮ – 8 000 Ew – Höhe 50 m – Erholungsort –
☯ 05052.
🏢 Verkehrsamt, Harmsstr. 3 a, 𝄐 80 55.
◆Hannover 75 – Celle 32 – Lüneburg 79.

🏨 **Heidehof**, Billingstr. 29, 𝄐 80 81, Fax 3332, 🌧, ⌂s, 🏊 – 📳 📺 ☎ ⌂ Ⓟ – 🔥 25/100.
ⒶⒺ ⓪ Ⓔ 𝘝𝘐𝘚𝘈. 𝄐 Rest
M a la carte 29/53 – **50 Z : 93 B** 97/109 - 149/165 Fb.

🏠 **Völkers Hotel**, Billingstr. 7, 𝄐 80 97, Fax 3344 – 📺 ☎ ⌂ Ⓟ ⒶⒺ ⓪ Ⓔ 𝘝𝘐𝘚𝘈
M a la carte 26/45 – **16 Z : 30 B** 48/56 - 84/98 Fb – ½ P 62/76.

🏠 **Zur Heidschnucke**, Misselhorn 1 (O : 1,5 km), 𝄐 80 01, ⌂s, 🏊, 🌧 – ☎ Ⓟ
Mitte Feb.- Mitte März geschl. – **M** *(außer Aug.- Sept. Montag geschl.)* a la carte 24/49 –
23 Z : 41 B 60 - 100.

In Hermannsburg-Baven N : 1,5 km :

🏠 **Drei Linden**, Billingstr. 102, 𝄐 80 71, Fax 3430 – ☎ ⌂ Ⓟ Ⓔ
Feb. geschl. – **M** *(Okt.- April Dienstag geschl.)* a la carte 26/49 – **15 Z : 28 B** 65 - 102.

In Hermannsburg-Oldendorf S : 4 km :

🏠 **Im Oertzetal** ⌂, Escheder Str. 2, 𝄐 4 48, 🌧 – Ⓟ
M *(Montag geschl., Montag geschl.)* a la carte 26/49 – **18 Z : 34 B** 48/60 - 88/98 Fb.

X **Zur Alten Fuhrmanns-Schänke** ⌂ mit Zim, Dehninghof 1 (O : 3,5 km), 𝄐 (05054) 10 65,
🌧, « Einrichtung im Bauernstil », 🌧 – 📺 ☎ Ⓟ
12 Z : 20 B Fb – 5 Fewo.

HERMES Bayern siehe Marktleugast.

HERMESKEIL 5508. Rheinland-Pfalz 𝟿𝟾𝟽 ㉔, 𝟺𝟷𝟸 D 18 – 6 500 Ew – Höhe 613 m – ☯ 06503.
Mainz 135 – ◆Bonn 160 – ◆Saarbrücken 57 – ◆Trier 38.

🏠 **Beyer**, Saarstr. 95, 𝄐 72 27, 🌧, 🌧 – 📳 📺 ☎ ⌂ Ⓟ ⒶⒺ ⓪ Ⓔ 𝘝𝘐𝘚𝘈
M a la carte 25/47 – **12 Z : 24 B** 45/75 - 80/125.

🏠 **Pension Jakobs**, Saarstr. 25, 𝄐 10 38, ⌂s, 🌧 – Ⓟ
(*nur Abendessen für Hausgäste*) – **34 Z : 74 B** Fb – 4 Fewo.

[HERNE] **4690.** Nordrhein-Westfalen [987] ⑭, [412] E 12 – 178 000 Ew – Höhe 59 m – ☎ 02323.

Siehe Ruhrgebiet (Übersichtsplan).

[i] Verkehrsverein, Kulturzentrum, Berliner Platz 11, ☎ 16 28 44.

♦Düsseldorf 51 – Bochum 6 – Dortmund 25 – ♦Essen 21 – Recklinghausen 12.

- **Parkhotel - Restaurant Parkhaus** 🔇, Schaeferstr.109, ☎ 5 20 47 (Hotel) 5 50 71 (Rest.), Fax 18706, ≤, 🌳, 🏊 – [TV] ☎ 🚗 [P] – 🏛 25. [AE] [D] [E] [VISA]
  M *(Tischbestellung ratsam)* (Montag, 1.- 17. Jan. und 7. Juli - 5. Aug. geschl.) a la carte 28/58 – **40 Z : 73 B** 80/90 - 130 Fb.
- **Sicking** 🔇 garni, Bahnhofstr. 26, ☎ 5 03 18 – 🚗 [P]. [E]
  20 Z : 31 B 50/70 - 110/120.
- Zur Post garni, Poststr. 9, ☎ 5 20 54 – [TV] ☎
  22 Z : 31 B.

[HEROLDSBERG] **8501.** Bayern [413] Q 18, [987] ㉖ – 6 700 Ew – Höhe 362 m – ☎ 0911 (Nürnberg)

♦München 177 – Bayreuth 82 – ♦Nürnberg 12.

- **Landgasthof Gelber Löwe**, Hauptstr. 42 (B 2), ☎ 56 00 65, Fax 560068, 🏊, 🏊 – [lift] [TV]
  ☎ 🚗 [P] – 🏛 25. ✱ Rest
  4.- 18. Aug. und 20. Dez.- 7. Jan. geschl. – **M** *(Sonn- und Feiertage geschl.)* a la carte 32/5.. – **42 Z : 50 B** 85/95 - 100/135 Fb.
- **Rotes Roß**, Hauptstr. 10 (B 2), ☎ 56 00 03, Fax 5665341, Biergarten, 🌳 – ☎ 🚗 [P] –
  🏛 25/100. [D] [E] [VISA]
  24. Dez.- 6. Jan. geschl. – **M** *(Freitag und 5.- 25. Aug. geschl.)* a la carte 22/52 – **46 Z : 70 B** 45/80 - 80/120.

[HERRENALB, BAD] **7506.** Baden-Württemberg [987] ㉟, [413] I 20 – 7 000 Ew – Höhe 365 m – Heilbad – Heilklimatischer Kurort – Wintersport : 400/700 m ⛷1 – ☎ 07083.

⛳ Bernbacher Straße, ☎ 88 98.

[i] Städt. Kurverwaltung, Rathaus, ☎ 79 33, Fax 8943.

♦Stuttgart 80 – Baden-Baden 22 – ♦Karlsruhe 28 – Pforzheim 30.

- ✿ **Mönchs Posthotel - Restaurant Klosterschänke**, Dobler Str. 2, ☎ 74 40, Telex 7245123, Fax 74422, 🌳, « Park », Massage, 🏊 (geheizt), 🌳 – [lift] [TV] [P] – 🏛 25/50. [AE] [D] [E] [VISA]. ✱ Zim
  M *(Tischbestellung ratsam)* a la carte 52/88 – **Locanda** *(Dienstag - Mittwoch geschl.)* **M** a la carte 30/80 – **39 Z : 62 B** 100/210 - 190/320 – 3 Appart. 350/490.
- **Lacher am Park**, Rehteichweg 2, ☎ 74 90, Fax 749908, Bade- und Massageabteilung, 🏊, 🏊, 🌳 – [lift] [TV] ☎ 🚗 [P]. [VISA]. ✱
  (Restaurant nur für Hausgäste) – **64 Z : 95 B** 78/91 - 148/164 Fb.
- **Landhaus Marion** 🔇, Bleichweg 31, ☎ 74 00, Fax 740600, 🌳, 🏊, 🏊, 🌳 – [lift] ⇆ [TV]
  ☎ 🚗 [P] – 🏛 25/60. [D] [E]
  M a la carte 29/64 – **61 Z : 98 B** 62/98 - 116/180 Fb – ½ P 79/119.
- **Harzer**, Kurpromenade 1, ☎ 30 21 (Hotel) 31 09 (Rest.), 🌳, Massage, 🏊, 🏊 – [lift] [TV] ☎ 🚗. [AE] [E] [VISA]
  M *(Mitte Nov.- 20. Dez. und Dienstag geschl.)* a la carte 24/53 – **26 Z : 47 B** 85/120 - 130/170.
- **Parkhotel Adrion** 🔇, Oswald-Zobel-Str. 11, ☎ 30 41, Fax 2641, ≤, 🌳, Bade- und Massageabteilung, 🏃, 🏊, 🏊, 🌳 – [lift] ☎ 🚗 [P]. ✱
  M a la carte 26/54 – **65 Z : 112 B** 73/100 - 104/158 Fb – 20 Fewo 65/114 – ½ P 72/120.
- Haus Felsenblick garni, Ettlinger Str. 36, ☎ 24 46, 🌳 – [lift] [P]
  18 Z : 26 B Fb.
- **Thoma**, Gaistalstr. 46, ☎ 40 41, 🏊, 🌳 – [lift] ☎ ♿ [P]. [D] [E] [VISA]. ✱
  15. Nov.-15. Dez. geschl. – (Restaurant nur für Hausgäste) – **21 Z : 33 B** 38/62 - 76/102 Fb.
- **Landhaus Floride** 🔇 garni, Graf-Berthold-Str. 20, ☎ 16 57, « Garten », 🏊, 🏊, 🌳 – [lift]
  ☎ 🚗
  6. Jan.- 15. Feb. und Nov.- 15. Dez. geschl. – **29 Z : 50 B** 50/57 - 96/110 Fb.
- Kühler Brunnen, Ettlinger Str. 22, ☎ 23 02, 🌳 – [P]. ✱ Zim
  28 Z : 42 B.

In Bad Herrenalb 3-Althof NW : 6 km :

- **Zur Linde** 🔇, Lindenstr. 8, ☎ 23 01, Fax 1309, 🌳, 🏊, 🌳 – [lift] ☎ 🚗 [P]
  10. Jan.- 10. Feb. geschl. – **M** *(Montag geschl.)* a la carte 23/54 – **36 Z : 50 B** 48/55 - 110/120 Fb – ½ P 68/75.

In Bad Herrenalb-Gaistal S : 2 km :

- **Haus Hafner** 🔇, Im Wiesengrund 21, ☎ 30 16, Fax 1305, ≤, Massage, 🏊, 🌳 – ☎ [P]
  ✱
  Jan. 3 Wochen geschl. – **M** a la carte 20/45 – **21 Z : 40 B** 58/74 - 116/130 Fb – ½ P 68/84.
- **Schwarzwaldgasthof Linde** 🔇, Gaistalstr. 128, ☎ 88 32, 🌳, 🌳 – [P]
  M a la carte 27/50 – **17 Z : 32 B** 40 - 80.

In Bad Herrenalb 5-Neusatz NO : 6,5 km :

🏠 **Waldcafé Schumacher** ⌂, Calwer Str. 27, ℰ 28 86, ≤, 㵮, 🔲, 🐎 – ☎ 🅿
Mitte Dez.- Jan. geschl. – **M** a la carte 24/40 🍴 – **19 Z : 30 B** 40/50 - 66/84 Fb.

In Bad Herrenalb 4-Rotensol NO : 5 km :

🏠 **Lamm**, Mönchstr. 31, ℰ 23 80 – 🔲 ☎ ⟷ 🅿
◆ *Jan. geschl.* – Menu *(Montag geschl.)* a la carte 21/56 🍴 – **16 Z : 25 B** 48/54 - 76/98 –
½ P 53/72.

HERRENBERG 7033. Baden-Württemberg 👁👁👁 J 21. 👁👁👁 ㉟ – 26 000 Ew – Höhe 460 m –
🟦 07032.

🏛 Rathaus, Marktplatz, ℰ 1 42 24.

•Stuttgart 38 – Freudenstadt 53 – ◆Karlsruhe 96 – Reutlingen 33.

🏨 **Hasen**, Hasenplatz 6, ℰ 20 40, Telex 7265344, Fax 4941, 㵮, 🚬 – 🛗 🔲 ☎ & ⟷ 🅿 –
🔏 25/140. 🝏 🝏 **E** 𝕍𝕀𝕊𝔸
M a la carte 32/51 – **80 Z : 150 B** 105/165 - 145/250 Fb.

🏠 **Schönbuch**, Beethovenstr. 54, ℰ 40 60 – ☎ ⟷ 🅿. 🝏 🝏 **E** 𝕍𝕀𝕊𝔸
Ende Juli - Mitte Aug. geschl. – **M** *(Donnerstag bis 17 Uhr und Sonntag ab 15 Uhr geschl.)*
a la carte 22/47 – **30 Z : 48 B** 64/90 - 108 Fb.

🏠 **Café Neumann**, Reinhold-Schick-Platz 2, ℰ 51 39 – 🛗 ☎ 🅿
M *(Montag geschl.)* a la carte 22/35 – **9 Z : 13 B** 65 - 90.

XX **Auf der Höh**, Hildrizhauser Str. 83 (O : 1,5 km), ℰ 51 53, ≤ Schwäbische Alb,
« Gartenterrasse » – 🅿. 🝏 **E** 𝕍𝕀𝕊𝔸
Montag 14 Uhr - Dienstag, 9.- 27. Feb. und 18. Sept.- 9. Okt. geschl. – Menu a la carte 34/71.

X **Zum goldenen Ochsen**, Stuttgarter Str. 42, ℰ 52 31, 㵮
◆ *Montag und Aug. geschl.* – **M** a la carte 19,50/43.

In Herrenberg-Affstätt :

XX **Linde**, Kuppinger Str. 14, ℰ 3 16 70, 㵮 – 🔄 🅿. 🝏 **E** 𝕍𝕀𝕊𝔸
Dienstag - Mittwoch geschl. – **M** a la carte 30/65.

In Herrenberg-Mönchberg SO : 4 km über die B 28 :

🏠 **Kaiser** ⌂, Kirchstr. 10, ℰ 7 17 72, Fax 76475, 🚬 – 🔲 ☎ 🅿. 🝏 🝏 **E** 𝕍𝕀𝕊𝔸
20. Dez.- 15. Jan. geschl. – **M** *(Freitag - Samstag geschl.)* a la carte 30/64 🍴 – **28 Z : 44 B**
100/105 - 135 Fb.

HERRENSCHWAND Baden-Württemberg siehe Todtnau.

HERRIEDEN 8808. Bayern 👁👁👁 O 19. 👁👁👁 ㉘ – 6 250 Ew – Höhe 420 m – 🟦 09825.

•München 212 – Aalen 72 – Ansbach 11 – Schwäbisch Hall 73.

X **Gasthaus Limbacher**, Vordere Gasse 34, ℰ 53 73
Montag - Dienstag 18 Uhr und Jan. 2 Wochen geschl. – Menu 20 (mittags) und a la carte
30/57.

X **Zur Sonne** mit Zim, Vordere Gasse 5, ℰ 2 46 – ⟷ 🅿
◆ *24. Dez.- Mitte Jan. geschl.* – **M** *(Freitag geschl.)* a la carte 17/33 – **9 Z : 14 B** 30 - 60.

HERRISCHRIED 7881. Baden-Württemberg 👁👁👁 GH 23, 24. 👁👁👁 HI 2,3. 👁👁👁 ⑤ – 2 200 Ew –
Höhe 874 m – Luftkurort – Wintersport : 874/1 000 m ⚐4 ⚐3 – 🟦 07764.

🏛 Verkehrsamt, Rathaus, ℰ 61 91.

•Stuttgart 210 – Basel 51 – Bad Säckingen 20 – Todtmoos 11.

🏠 **Zum Ochsen** (mit Gästehaus ⌂), Hauptstr. 14, ℰ 2 10, 🐎 – 🅿
◆ *15. Nov.- 10. Dez. geschl.* – **M** *(Donnerstag geschl.)* a la carte 18/48 🍴 – **30 Z : 60 B** 30/35 -
60/70 Fb – 14 Fewo – ½ P 45/50.

In Herrischried-Kleinherrischwand N : 3,5 km :

🏠 **Pension Waldheim**, ℰ 2 42, 🐎 – 🔲 ⟷ 🅿
15. Nov.- 15. Dez. geschl. – (Restaurant nur für Hausgäste) – **15 Z : 30 B** 45/50 - 84/104 –
2 Fewo 60/90.

HERRSCHING AM AMMERSEE 8036. Bayern 👁👁👁 Q 22,23. 👁👁👁 ㊱㊲. 👁👁👁 ⑯ – 9 300 Ew –
Höhe 568 m – Erholungsort – 🟦 08152.

Sehenswert : Ammersee★.

Ausflugsziel : Klosterkirche Andechs★★ S : 6 km.

🏛 Verkehrsbüro, Bahnhofsplatz 2, ℰ 52 27.

•München 39 – Garmisch-Partenkirchen 65 – Landsberg am Lech 35.

387

🏨 **Alba Seehotel**, Summerstr. 32 (Seepromenade), ℰ 20 11, Telex 527732, Fax 5374, ≤, 😤 🚗, 🐾 – |🛗| 📺 ☎ 🅿 – 🔬 25/50. 🖭 ⓞ 🗲 𝘝𝘐𝘚𝘈
M a la carte 39/63 – **40 Z : 77 B** 125/160 - 180/200 Fb – ½ P 125/195.

🏨 **Piushof** ⚲, Schönbichlstr. 18, ℰ 10 07, Fax 8328, 😤, 🐴, 🎾 – 📺 ☎ 🅿 – 🔬 25/50. 🖭 ⓞ 🗲 𝘝𝘐𝘚𝘈
M *(Sonntag 18 Uhr - Montag 18 Uhr geschl.)* a la carte 45/72 – **23 Z : 40 B** 120/140 - 160/ 280 Fb.

🏨 **Sonnenhof** garni, Summerstr. 23, ℰ 20 19, 😤 – ☎ 🅿
15. Dez.- Jan. geschl. – **10 Z : 22 B** 95/115 - 130/160 – 2 Fewo 130.

🏨 **Promenade**, Summerstr. 6 (Seepromenade), ℰ 10 88, 😤 – 📺 ☎ 🚗 🅿. ⓞ 🗲 𝘝𝘐𝘚𝘈
🎾 Zim
20. Dez.- 25. Jan. geschl. – **M** *(Okt.- Mai Sonntag 18 Uhr - Montag geschl.)* a la carte 29/67 – **11 Z : 21 B** 98/150 - 148/178 Fb.

HERSBRUCK 8562. Bayern 🐷🐷🐷 R 18, 🐷🐷🐷 ⊛⊛ – 11 300 Ew – Höhe 345 m – ☻ 09151.
🛈 Verkehrsbüro, Schloßplatz 4 a, ℰ 47 55.
◆München 181 – Amberg 36 – Bayreuth 70 – ◆Nürnberg 35.

🏠 **Schwarzer Adler**, Martin-Luther-Str. 26, ℰ 22 31 – 🚗. ⓞ 𝘝𝘐𝘚𝘈
↤ **M** *(Mittwoch ab 15 Uhr, Freitag und 21. Mai - 5. Juni geschl.)* a la carte 16/41 🍷 – **17 Z : 25 B** 35/50 - 65/80.

🏠 **Buchenhof** ⚲ garni, Am Buch 15, ℰ 30 51, 🐴 – ☎ 🅿
1.- 15. Jan. geschl. – **11 Z : 22 B** 35/45 - 66/70 Fb.

✕ **Café Bauer** mit Zim, Martin-Luther-Str. 16, ℰ 28 16 – ⓞ 🗲 𝘝𝘐𝘚𝘈
↤ 7.- 16. Jan. und 22. Okt.- 6. Nov. geschl. – **M** *(Mittwoch geschl.)* a la carte 20/45 🍷 – **6 Z : 14 B** 38 - 70.

In Engelthal 8561 SW : 6 km :

✕ **Grüner Baum** mit Zim, Hauptstr. 9, ℰ (09158) 2 62, 😤 – 🅿
Feb. 2 Wochen sowie Juli und Nov. jeweils 1 Woche geschl. – Menu *(Montag 14 Uhr - Dienstag geschl.)* a la carte 24/47 – **5 Z : 9 B** 40 - 80.

In Happurg-Kainsbach 8569 SO : 5,5 km – Luftkurort:

🏨 **Kainsbacher Mühle** ⚲, ℰ (09151) 40 17, Fax 4010, « Gartenterrasse », Massage, 😤, 🔲, 🐴, 🎾 – 🛗 📺 ☎ 🚗 🅿 – 🔬 25. ⓞ 🗲 𝘝𝘐𝘚𝘈
M a la carte 31/70 – **34 Z : 68 B** 85/130 - 175/284 Fb – ½ P 114/127.

In Kirchensittenbach 8565 NW : 11,5 km – Höhe 550 m – Wintersport : 550/620 m 💢2 💢2 :

✕ Hohensteiner Hof mit Zim, ℰ (09152) 5 33, 😤, 🐴 – 📺 🚗 🅿
9 Z : 19 B.

In Kirchensittenbach - Kleedorf 8565 N : 7 km :

🏨 **Zum alten Schloß** ⚲, ℰ (09151) 60 25, Fax 6026, 😤, 😤, 🐴 – 🛗 📺 ☎ 🅿 – 🔬 25/50. ↤ 🖭 ⓞ 🗲 𝘝𝘐𝘚𝘈
M *(Montag geschl.)* a la carte 19,50/47 – **35 Z : 65 B** 55/65 - 100/120 Fb.

In Pommelsbrunn-Hubmersberg 8561 NO : 7,5 km :

🏨 **Lindenhof** ⚲, ℰ (09154) 10 21, Fax 1288, 😤, 😤, 🔲 – 🛗 📺 ☎ 🚗 🅿 – 🔬 30. ⓞ 🗲 𝘝𝘐𝘚𝘈
M *(Montag geschl.)* a la carte 29/66 – **30 Z : 57 B** 67/91 - 128/170 Fb – 5 Appart. 180/200.

HERSCHEID 5974. Nordrhein-Westfalen 🐷🐷🐷 G 13 – 6 800 Ew – Höhe 450 m – Erholungsort – ☻ 02357.
◆Düsseldorf 105 – Lüdenscheid 11 – Plettenberg 12.

🏧 Zum Adler, Marktplatz 1, ℰ 22 39 – 🚗 🅿
11 Z : 18 B.

In Herscheid-Wellin N : 5 km :

🏠 **Waldhotel Schröder** ⚲, ℰ 41 88, Fax 1078, 🐴 – 📺 ☎ 🚗 🅿. 🖭 ⓞ 🗲 𝘝𝘐𝘚𝘈
M a la carte 30/57 – **16 Z : 28 B** 59/65 - 92/98 Fb.

An der Straße nach Werdohl NW : 4,5 km über Lüdenscheider Straße :

🏧 **Herscheider Mühle** ⚲, ✉ 5974 Herscheid, ℰ (02357) 23 25, 😤 – 📺 ☎ 🚗 🅿
M *(Freitag und Juli - Aug. 3 Wochen geschl.)* a la carte 26/54 – **9 Z : 15 B** 40/65 - 70/95.

HERSFELD, BAD 6430. Hessen 🐷🐷🐷 ⊛, 🐷🐷🐷 M 14 – 30 000 Ew – Höhe 209 m – Heilbad – ☻ 06621.
Sehenswert : Ruine der Abteikirche ★ – Rathaus ≤★.
🛈 Verkehrsamt am Markt, ℰ 20 12 74, Fax 201244.
ADAC, Benno-Schilde-Str. 11, ℰ 7 67 77.
◆Wiesbaden 167 – Erfurt 126 – Fulda 46 – Gießen 88 – ◆Kassel 69.

🏰 **Hotel am Kurpark** ॐ, Am Kurpark 19, ℰ 16 40, Telex 493169, Fax 164710, ⇌, 🖳 – 📶
📺 🅿 – 🔬 25/300. ⒶⒺ ⓄⒹ Ⓔ 𝘝𝘐𝘚𝘈. ⅍ Rest
M a la carte 37/63 – **93 Z : 180 B** 99/126 - 178/260 Fb – ½ P 114/155.

🏰 **Romantik-Hotel Zum Stern** ॐ (historisches Gebäude a.d. 15. Jh.), Linggplatz 11,
ℰ 18 90, Fax 65552/189260, 佘, 🖳 – 📶 📺 🅿 – 🔬 25/80. ⒶⒺ ⓄⒹ Ⓔ 𝘝𝘐𝘚𝘈. ⅍ Zim
M (1.- 20. Jan. und Freitag bis 18 Uhr geschl.) a la carte 43/66 – **42 Z : 79 B** 95/120 - 170/220
Fb – ½ P 116/141.

🏨 **Parkhotel Rose**, Am Kurpark 9, ℰ 1 44 54, Telex 493279, Fax 15656, 佘 – 📶 📺 ☎ ⟵
🅿. ⒶⒺ ⓄⒹ Ⓔ 𝘝𝘐𝘚𝘈
M (Sonntag geschl.) a la carte 45/74 – **20 Z : 36 B** 95/125 - 165/195 Fb – ½ P 113/153.

🏠 **Wenzel**, Nachtigallenstr.3, ℰ 7 20 17, Fax 51116, 佘 – 📶 📺 ☎ ⟵ 🅿 – 🔬 25
M (27. Dez.- 3. Jan. geschl.) a la carte 29/50 ⅓ – **30 Z : 50 B** 74/97 - 112/167 Fb – ½ P 77/118.

🏠 **Schönewolf** ॐ, Brückenmüllerstr. 5, ℰ 7 20 28, Fax 51903 – 📺 ☎ ⟵. ⓄⒹ Ⓔ 𝘝𝘐𝘚𝘈
März - April 2 Wochen geschl. – **M** (Sonntag 14 Uhr - Montag 17 Uhr geschl.) a la carte
27/60 – **20 Z : 30 B** 65/130 - 120/170 Fb.

🏠 **Haus Deutschland** ॐ, Dr.-Ronge-Weg 2 (am Kurpark), ℰ 6 30 88, Fax 78355, 佘 – ☎
🅿. ⓄⒹ Ⓔ 𝘝𝘐𝘚𝘈
M a la carte 24/70 – **27 Z : 35 B** 64/126 - 79/136 – ½ P 54/91.

Nahe der B 324 NW : 4 km :

🏠 **Waldhotel Glimmesmühle** ॐ, ⊠ 6430 Bad Hersfeld, ℰ (06621) 30 81, 佘 – ☎ ⟵ 🅿.
ⓄⒹ Ⓔ 𝘝𝘐𝘚𝘈
M a la carte 24/43 – **22 Z : 34 B** 65/90 - 120.

HERTEN 4352. Nordrhein-Westfalen 𝟿𝟾𝟽 ⑭, 𝟺𝟷𝟸 E 12 – 72 000 Ew – Höhe 60 m – ⓒ 02366.

Siehe Ruhrgebiet (Übersichtsplan).

◆Düsseldorf 65 – Gelsenkirchen 12 – Recklinghausen 6.

🏨 **Hotel am Schloßpark**, Resser Weg 36, ℰ 8 00 50, Fax 83496, 佘 – ⅍ Zim 📺 ☎ 🅿.
⅍ Rest
47 Z : 59 B Fb.

🏠 **Lauer** garni, Gartenstr. 59, ℰ 3 10 81, Fax 36913 – 📺 ☎ ⟵ 🅿. ⒶⒺ ⓄⒹ Ⓔ 𝘝𝘐𝘚𝘈
19 Z : 24 B 70/120 - 120/140.

🍴 **Vestischer Hof**, Ewaldstr. 132, ℰ 3 30 38 – ☎ ⟵ 🅿. ⒶⒺ ⓄⒹ Ⓔ
M a la carte 23/36 – **18 Z : 25 B** 42/46 - 74/82.

HERTINGEN Baden-Württemberg siehe Bellingen, Bad.

HERXHEIM 6742. Rheinland-Pfalz 𝟺𝟷𝟸 𝟺𝟷𝟹 H 19. 𝟸𝟺𝟸 ⑫ – 8 900 Ew – Höhe 120 m – ⓒ 07276.
◆Mainz 125 – ◆Karlsruhe 28 – Landau in der Pfalz 10 – Speyer 31.

In Herxheim-Hayna SW : 2,5 km :

🏨 ⊛ **Krone - Kronenrestaurant** ॐ, Hauptstr. 62, ℰ 50 80, Fax 50814, ⇌ – 📺 ☎ 🅿 –
🔬 50
Restaurants : Jan. und Juli - Aug. jeweils 3 Wochen geschl. – **M** (Tischbestellung ratsam)
(Montag - Dienstag geschl.) a la carte 50/86 ⅓ – **Pfälzer Stube** (Dienstag geschl.)Menu a la
carte 33/68 ⅓ – **38 Z : 67 B** 88/98 - 128/138 Fb
Spez. Komposition von Lachs, Täubchen im Blätterteig, Pfälzer Kirschsoufflé.

HERZBERG AM HARZ 3420. Niedersachsen 𝟿𝟾𝟽 ⑯, 𝟺𝟷𝟸 O 12 – 17 700 Ew – Höhe 233 m –
ⓒ 05521.
🛈 Städt. Verkehrsamt, Marktplatz 30, ℰ 8 52 56, Fax 85258.
◆Hannover 105 – ◆Braunschweig 92 – Göttingen 38.

🏠 **Englischer Hof**, Vorstadt 10 (an der B 243), ℰ 50 32, 佘 – ☎ ⅙ 🅿
28 Z : 42 B.

🏠 **Gasthof zum Schloß**, Osteroder Str. 7, ℰ 26 43, Fax 5328 – 📺 ☎ 🅿. ⒶⒺ ⓄⒹ Ⓔ
7.- 20. Jan. und 15. Juli - 7. Aug. geschl. – **M** (Montag bis 18 Uhr geschl.) a la carte 30/56 –
8 Z : 16 B 55/65 - 88/108.

Nahe der B 243 NW : 3 km :

🏠 **Waldhotel Aschenhütte**, ⊠ 3420 Herzberg am Harz, ℰ (05521) 20 01, Fax 1713, 佘, ⇌,
🞳 ☎ ⟵ 🅿 – 🔬 25/100. ⓄⒹ Ⓔ 𝘝𝘐𝘚𝘈
M a la carte 31/50 – **36 Z : 65 B** 55/65 - 85/110.

An der Straße nach Sieber NO : 4,5 km :

🏠 **Zum Paradies**, Siebertal 2, ⊠ 3420 Herzberg am Harz, ℰ (05521) 24 83, 佘 – ⟵ 🅿
5. Nov.- 5. Dez. geschl. – **M** (Okt.- April Mittwoch geschl.) a la carte 24/49 – **9 Z : 15 B**
28/45 - 72.

In Herzberg 4-Scharzfeld SO : 4 km – Erholungsort :

🏨 **Harzer Hof**, Harzstr. 79, ✆ 50 96, ⛱, 🌲 – ☎ [P]
◆ **M** a la carte 19/46 – **9 Z : 17 B** 45 - 85 – ½ P 60.

In Herzberg 3-Sieber NO : 8 km – Luftkurort :

🏨 **Zur Krone**, An der Sieber 102, ✆ (05585) 3 36, Fax 1222 – ☎ [P]. [O] [E]
5. Nov.- 15. Dez. geschl. – **M** a la carte 24/48 – **30 Z : 55 B** 50/55 - 80/90 – 7 Fewo 50/60.

🏨 **Haus Iris** garni, An der Sieber 102 b, ✆ (05585) 3 55, 🏊, 🌲 – 🚗 [P]
18 Z : 30 B 33/45 - 64/74 Fb.

[HERZLAKE] Niedersachsen siehe Haselünne.

[HERZOGENAURACH] **8522.** Bayern [413] P 18, [987] ㉖ – 19 000 Ew – Höhe 295 m – ☎ 09132.

⛳ Herzo-Base, ✆ 8 36 28 ; ⛳ Puschendorf (SW : 8 km), ✆ (09101) 75 52.

◆München 195 – ◆Bamberg 52 – ◆Nürnberg 24 – ◆Würzburg 95.

🏨 **Sporthotel adidas** 🛋, Beethovenstr. 6, ✆ 80 81, Fax 8085, ⛱, ♨, 🏊, 🏊, 🌲, 🎾 – [lift]
[TV] [P] – 👥 25/60. [AE] [O] [VISA]. 🚫🐕 Rest
1.- 10. Jan. geschl. – **M** a la carte 47/72 – **32 Z : 65 B** 80/150 - 120/210 Fb.

🏨 Krone, Hauptstr. 37, ✆ 80 55 – [lift] ☎ [P] – **22 Z : 38 B.**

🏨 **Auracher Hof**, Welkenbacher Kirchweg 2, ✆ 20 80, ⛱ – ☎ [P] – 👥 30. [AE] [O] [E] [VISA]
Aug. und 27. Dez.- 7. Jan. geschl. – **M** *(Freitag 15 Uhr - Samstag geschl.)* a la carte 23/47 – **13 Z : 19 B** 40/65 - 66/86.

🍴 **Gasthaus Glass** (mit Gästehaus), Marktplatz 10, ✆ 32 72, ⛱ – [TV] ☎. [E]
M *(8.- 15. Jan., 20. Aug.- 10. Sept., Samstag bis 18 Uhr und Montag geschl.)* a la carte 42/56 – **9 Z : 16 B** 75/85 - 110/120.

[HERZOGENRATH] **5120.** Nordrhein-Westfalen [412] B 14, [408] ㉖, [409] ⑯ – 43 000 Ew – Höhe 112 m – ☎ 02406.

◆Düsseldorf 77 – ◆Aachen 12 – Düren 37 – Geilenkirchen 13.

🏨 **Stadthotel**, Rathausplatz 5, ✆ 30 91 – [TV] ☎
M *(Samstag geschl.)* a la carte 32/54 – **8 Z : 16 B** 59 - 98 Fb.

In Herzogenrath-Kohlscheid SW : 4 km :

🍴🍴🍴 **Parkrestaurant Laurweg**, Kaiserstr. 101, ✆ (02407) 35 71, Fax 8455, ⛱, « Park » – [P] – 👥 25/60. [AE] [E] [VISA]
Sonn- und Feiertage ab 15 Uhr sowie Montag geschl. – **M** 28/40 (mittags) und a la carte 39/66.

[HERZOGSTAND] Bayern. Sehenswürdigkeit siehe Kochel am See.

[HERZOGSWEILER] Baden-Württemberg siehe Pfalzgrafenweiler.

[HESEL] **2954.** Niedersachsen [987] ⑭ – 3 100 Ew – Höhe 10 m – ☎ 04950.

◆Hannover 220 – ◆Bremen 98 – Groningen 84 – Wilhelmshaven 52.

🏨 **Jagdhaus Kloster Barthe**, Stiekelkamper Str. 21, ✆ 26 33 – [TV] ☎ [P] – 👥 25. [AE] [O] [E] [VISA]
M a la carte 27/60 – **35 Z : 52 B** 50/55 - 88/98.

🏨 **Alte Posthalterei**, Leeraner Str. 4, ✆ 22 15, 🏊, 🏊, 🌲 – [TV] ☎ [P]. [AE] [O] [E] [VISA]
◆ **M** *(Samstag geschl.)* a la carte 21/46 – **18 Z : 28 B** 53 - 90.

In Holtland **2954** SW : 2,5 km :

🏨 **Preydt - Gasthof zur Nücke** (mit Gästehaus), Leeraner Str. 15 (B 75), ✆ (04950) 22 11 – [TV] ☎ 🚗 [P] – 👥 40. [O] [E]
M a la carte 30/51 – **25 Z : 40 B** 32/65 - 65/120.

[HESSENTHAL] Bayern siehe Mespelbrunn.

[HESSISCH OLDENDORF] **3253.** Niedersachsen [987] ⑮, [412] K 10 – 18 500 Ew – Höhe 62 m – ☎ 05152.

◆Hannover 54 – Hameln 12 – ◆Osnabrück 98.

In Hessisch Oldendorf 2-Fischbeck SO : 7,5 km :

🏨 **Weißes Haus** 🛋, ✆ 85 22, ⛱ – [TV] ☎ [P]. [E] [VISA]
Feb. geschl. – **M** *(Sonntag 18 Uhr - Montag geschl.)* a la carte 30/62 – **12 Z : 24 B** 60/80 - 95/110.

In Hessisch Oldendorf 18-Fuhlen S : 1,5 km :

🏨 **Weserterrasse**, Brüggenanger 14, ✆ 20 68, ⛱ – ☎ 🚗 [P]
◆ *Feb. 3 Wochen geschl.* – **M** a la carte 21/42 – **15 Z : 23 B** 55/95 - 85/105.

HEUBACH 7072. Baden-Württemberg **413** M 20 — 8 550 Ew — Höhe 466 m — ۞ 07173.
◆Stuttgart 66 — Aalen 14 — Schwäbisch Gmünd 13 — ◆Ulm (Donau) 66.

XX **Jägerhaus** mit Zim, Bartholomäer Str. 41 (S : 1,5 km), ℰ 69 07, 😤 — ☎ ⇔ ❷
Juli - Aug. 2 Wochen geschl. — Menu (Sonntag 15 Uhr - Dienstag 18 Uhr geschl.) a la carte
33/69 — **4 Z : 6 B** 48/55 - 70.

X Stadthalle, Hauptstr. 5, ℰ 62 59 — ❷.

HEUCHELHEIM-KLINGEN Rheinland-Pfalz siehe Billigheim - Ingenheim.

HEUSENSTAMM 6056. Hessen **412** **413** J 16 — 19 000 Ew — Höhe 119 m — ۞ 06104.
◆Wiesbaden 46 — Aschaffenburg 31 — ◆Frankfurt am Main 13.

🏠 **Birkeneck** 🦢, Ernst-Leitz-Str. 16 (Industriegebiet), ℰ 6 80 20, Fax 680268, 😤 — 📺 ☎
❷ 🖭 ⓪ **E** 𝘝𝘐𝘚𝘈
M (nur Abendessen, Freitag geschl.) a la carte 27/48 — **53 Z : 73 B** 85/145 - 110/170 Fb.

🏠 Schloßhotel - Restaurant Il Galeone, Frankfurter Str. 9, ℰ 31 31 — 🛗 ☎ ⇔ ❷. 🕸
32 Z : 44 B Fb.

XX Ratsstuben, Im Herrengarten 1 (Schloß), ℰ 52 52 — ❷.

HEUSWEILER 6601. Saarland **412** D 18, **242** ⑦ — 19 200 Ew — Höhe 233 m — ۞ 06806.
◆Saarbrücken 14 — Saarlouis 14 — St. Wendel 33.

In Heusweiler-Eiweiler N : 2 km :

XX Gästehaus Gengenbach, Lebacher Str. 73, ℰ 68 44, « Villa mit privat-wohnlicher
Atmosphäre, Garten » — ❷.

HEUWEILER Baden-Württemberg siehe Glottertal.

HIDDENHAUSEN Nordrhein-Westfalen siehe Herford.

HILCHENBACH 5912. Nordrhein-Westfalen **987** ㉘, **412** H 14 — 16 000 Ew — Höhe 350 m —
Wintersport (in Hilchenbach-Lützel) : 500/680 m 🚠2 — ۞ 02733.
🛈 Reise- u. Verkehrsbüro, Dammstr. 5, ℰ 70 44.
◆Düsseldorf 130 — Olpe 28 — Siegen 21.

🏠 **Haus am Sonnenhang** 🦢, Wilhelm-Münker-Str. 21, ℰ 70 04, ≤, 😤, 🐎 — 📺 ☎ ⇔
❷ — 🔬 25. 🖭 ⓪ **E**. 🕸 Rest
M (wochentags nur Abendessen, Freitag geschl.) a la carte 27/43 — **20 Z : 35 B** 65/95 -
100/150.

In Hilchenbach-Müsen W : 7 km :

🏠 **Stahlberg**, Hauptstr. 85, ℰ 62 97, 🐎 — ☎ ⇔ ❷. 🖭 ⓪ **E** 𝘝𝘐𝘚𝘈
15. - 30. Jan. geschl. — **M** (Montag geschl.) a la carte 26/59 — **12 Z : 20 B** 60 - 98 Fb.

In Hilchenbach-Vormwald SO : 2 km :

🏠 ۞ **Landhotel Siebelnhof - Restaurant Chesa**, Siebelnhofstr. 47, ℰ 70 07, Fax 7006,
Biergarten, Bade- und Massageabteilung, 🌡, 😭, 🔲, 🐎 — ☎ ⇔ ❷. 🖭 ⓪ **E**. 🕸 Zim
Mitte - Ende Aug. geschl. — **M** a la carte 54/94 — **30 Z : 40 B** 85/110 - 120/180 Fb
Spez. Steinbutt mit Trüffel-Wirsing, Lammrücken auf Bohnengratin mit Senfsauce, Pumpernickelcreme mit
Kirschsauce.

HILDEN 4010. Nordrhein-Westfalen **987** ㉓, **412** D 13 — 53 400 Ew — Höhe 46 m — ۞ 02103.
◆Düsseldorf 14 — ◆Köln 40 — Solingen 12 — Wuppertal 26.

🏨 **Am Stadtpark**, Klotzstr. 22, ℰ 57 90 (Hotel) 5 51 81 (Restaurant), Telex 8581637, Fax
579102, 😭, 🔲 — 🛗 📺 ⑤ ⇔ ❷ — 🔬 30. 🖭 **E**. 🕸 Rest
M (Samstag bis 18 Uhr geschl.) a la carte 35/70 — **105 Z : 134 B** 105/190 - 185/295 Fb.

🏨 **Bellevue**, Schwanenstr. 27 (Ecke Berliner Str.), ℰ 50 30, Fax 503444 — 🛗 ↩ Zim 🍴 Rest
📺 ☎ ⇔ ❷ — 🔬 25/90. 🖭 ⓪ **E** 𝘝𝘐𝘚𝘈
M a la carte 27/57 — **93 Z : 138 B** 144/264 - 184/314 Fb — 8 Appart. 384.

🏠 **Forstbacher Hof** 🦢, Forstbachstr. 47, ℰ 6 26 14 — ☎ ❷. 🕸
Juli - Aug. 4 Wochen geschl. — **M** (nur Abendessen, Samstag - Sonntag geschl.) a la carte
26/38 — **24 Z : 36 B** 70/75 - 95/105.

Carte stradali Michelin per la Germania :

n° **984** in scala 1/750 000

n° **987** in scala 1/1 000 000

n° **412** in scala 1/400 000 (Renania-Vestfalia, Renania-Palatinato, Assia, Saarland)

n° **413** in scala 1/400 000 (Baviera e Bade Wurtemberg)

HILDERS 6414. Hessen 987 ⑳ ⑳. 412 413 N 15 – 5 000 Ew – Höhe 460 m – Luftkurort – Wintersport : 500/700 m ≰1 ≰3 – ✿ 06681.

🛈 Verkehrsamt im Rathaus, Kirchstr. 2, ℘ 6 51.

◆Wiesbaden 200 – Fulda 29 – Bad Hersfeld 54.

🏠 **Engel**, Marktstr. 12, ℘ 71 04, Fax 7124 – 📺 ☎ – 🔬 25/80. 🕮 ⓞ 🄴 𝘝𝘐𝘚𝘈
M a la carte 29/52 – **19 Z : 38 B** 54/64 - 88/120 – ½ P 62/82.

🏠 **Hohmann**, Obertor 2, ℘ 2 96, Biergarten – ⇐⇒
→ 15. Nov.- 15. Dez. geschl. – **M** a la carte 20/41 – **18 Z : 28 B** 45 - 78.

🏠 **Deutsches Haus**, Marktstr. 19, ℘ 3 55 – 🄴. 🕮 Rest
→ 20. Nov.- 20. Dez. geschl. – **M** (Mittwoch geschl.) a la carte 19/36 – **29 Z : 50 B** 32/41 - 60/76.

🏠 **Rhön-Hotel** ⏃ garni, Battensteinstr. 17, ℘ 13 88, ≼, 🐎 – 📺 ⓟ
Nov. 3 Wochen geschl. – **12 Z : 24 B** 36 - 70.

Erfahrungsgemäß werden bei größeren Veranstaltungen,
Messen und Ausstellungen in vielen Städten und deren Umgebung
erhöhte Preise verlangt.

HILDESHEIM 3200. Niedersachsen 987 ⑮. 412 M 10 – 100 000 Ew – Höhe 89 m – ✿ 05121.

Sehenswert : Dom★ (Kunstwerke★, Kreuzgang★) – St. Michaelis-Kirche★ Y A – Römer-Pelizaeus-Museum★ Z M – St. Andreas-Kirche (Fassade★) Y B – Antoniuskapelle (Lettner★) Z C.

🛈 Verkehrsverein, Am Ratsbauhof 1c, ℘ 1 59 95, Fax 31704.

ADAC, Zingel 39, ℘ 1 20 43, Notruf ℘ 1 92 11.

◆Hannover 31 ⑤ – ◆Braunschweig 51 ② – Göttingen 91 ②.

Stadtplan siehe gegenüberliegende Seite.

🏨 **Forte Hotel**, Am Markt 5, ℘ 30 00, Telex 927269, Fax 300444, 😊, ⇆, ☒ – 🏢 ⇔ Zim
🍽 Rest 📺 ♿ ⇐⇒ – 🔬 25/150. 🕮 ⓞ 🄴 𝘝𝘐𝘚𝘈. ✻ Y e
Restaurants: **Stadtschänke** (Samstag bis 18 Uhr, Sonntag und 3. Aug.- 1. Sept. geschl.) **M** a la carte 52/85 – **Gildehaus M** a la carte 34/60 – **109 Z : 208 B** 165/367 - 220/385 Fb.

🏨 **Schweizer Hof** garni, Hindenburgplatz 6, ℘ 3 90 81, Telex 927426, Fax 38757 – 🏢 ⇔ Zim
☎. 🕮 ⓞ 🄴 𝘝𝘐𝘚𝘈 Z a
55 Z : 103 B 120/140 - 160/195 Fb.

🏨 **Gollart's-Hotel Deutsches Haus**, Bischof-Janssen-Str. 5, ℘ 1 59 71, Telex 927409, ⇆
☒ – 🏢 📺 ☎ ⓟ – 🔬 40. 🕮 🄴 𝘝𝘐𝘚𝘈 Y f
24. Dez.- 2. Jan. geschl. – **M** (Sonntag geschl.) a la carte 29/64 – **45 Z : 90 B** 94/125 - 148 Fb – 3 Appart. 185.

🏠 **Bürgermeisterkapelle**, Rathausstr. 8, ℘ 1 40 21, Fax 38813 – 🏢 📺 ☎ ⇐⇒ – 🔬 30. 🕮 ⓞ 🄴 𝘝𝘐𝘚𝘈 Y v
M a la carte 29/48 – **41 Z : 63 B** 70/100 - 130/150 Fb.

🏠 **Gästehaus Klocke** ⏃ garni, Humboldtstr. 11, ℘ 3 70 61 – 📺 ☎ ⓟ. 🕮 🄴 Z s
16 Z : 24 B 63/70 - 104/115.

🍴 **Ratskeller**, Markt 2, ℘ 1 44 41, Fax 12372 – 🔬 25/70. 🕮 🄴 Y R
Montag geschl. – **M** a la carte 36/62.

🍴 **Zum Knochenhauer** (Fachwerkhaus a.d.J. 1529), Am Markt 7 (Knochenhaueramtshaus, 1. Etage), ℘ 3 23 23 – 🕮 🄴 𝘝𝘐𝘚𝘈 Y c
Dienstag geschl. – **M** a la carte 42/65.

In Hildesheim-Himmelsthür über ④ :

🏠 Zum Osterberg, Linnenkamp 4, ℘ 4 24 61 – ☎ ⓟ – 🔬 25/100
(nur Abendessen) – **30 Z : 58 B**.

In Hildesheim-Ochtersum :

🏠 **Am Steinberg** garni, Adolf-Kolping-Str. 6, ℘ 26 11 42, Fax 44912 – 📺 ☎ ⓟ. 🕮 ⓞ 🄴 𝘝𝘐𝘚𝘈
24.- 31. Dez. geschl. – **24 Z : 47 B** 59/75 - 90/110. X s

Im Steinberg-Wald ③ : 5 km, Richtung Alfeld, 1 km hinter Ochtersum rechts abbiegen :

🍴🍴🍴 ⊛ **Romantik-Restaurant Kupferschmiede**, Steinberg 6, ✉ 3200 HI-Ochtersum
℘ (05121) 26 30 25, Fax 263070, 😊, bemerkenswerte Weinkarte – ⓟ – 🔬 25. 🕮 ⓞ 🄴 𝘝𝘐𝘚𝘈
Sonntag (außer Ostern, Pfingsten und Weihnachten) geschl. – **M** 49/99 und a la carte 51/85
Spez. Pot au feu vom Hummer, Doradefilet auf Trüffel-Lauch-Kartoffel-Ragout, Deichlammsattel mit Aromaten gebraten(für 2 Pers.).

In Schellerten 1 - Wendhausen 3209 ② : 7 km über die B 6 X :

🏠 **Altes Forsthaus** garni, Goslarsche Landstr. 1 (B 6), ℘ (05121) 3 10 88, ⌁, 🐎 – ⇐⇒ ⓟ
✻
15. Dez.- Jan. geschl. – **18 Z : 28 B** 58/95 - 95/180.

HILDESHEIM

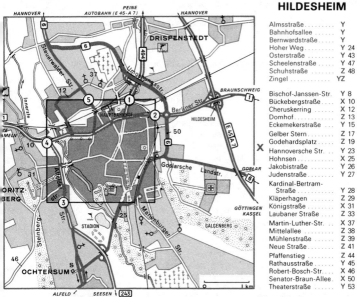

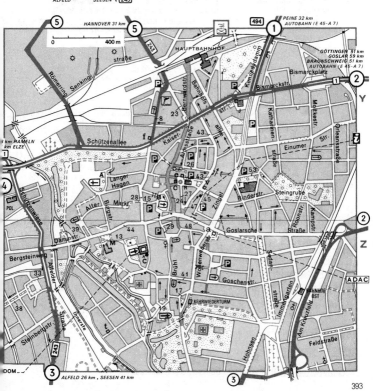

393

HILGEN Nordrhein-Westfalen siehe Burscheid.

HILLERSE 3171. Niedersachsen **④①②** M 11 — 1 800 Ew — Höhe 64 m — 🅶 05373.
♦Hannover 53 — ♦Braunschweig 25 — Hildesheim 49.

In Hillerse-Volkse NW : 3 km :

🏛 **Herrenhaus Volkse**, Rietzer Weg 1, 𝒫 13 83, 🐜, 🍴 — ☎ 🅿 — 🅐 30
M a la carte 31/65 — **31 Z : 55 B** 80 - 120 Fb.

HINDELANG 8973. Bayern **④①⑧** O 24. **⑨⑧⑦** ⑱, **④②⑥** ⑮ — 5 000 Ew — Höhe 850 m — Kneippkurort
— Heilklimatischer Kurort — Wintersport : 825/1600 m ⟨16 ⟩10 — 🅶 08324.
Sehenswert : Lage★ des Ortes.
Ausflugsziel : Jochstraße★★ : Aussichtskanzel ⟨★, NO : 8 km.
🛈 Kurverwaltung, Rathaus, Marktstr. 9, 𝒫 8 92 17.
♦München 161 — Kempten (Allgäu) 35 — Oberstdorf 22.

🏛 **Bad-Hotel Sonne**, Marktstr. 15, 𝒫 89 70, Fax 897499, 🍴, Bade- und Massageabteilung,
🏊, 🚬, 🔲, 🐜 — 🛗 📺 ☎ 🚗 🅿. 🆎 ① 🇪 📼. 🍴
4. Nov.- 14. Dez. geschl. — **M** a la carte 39/67 — **60 Z : 115 B** 57/90 - 124/194 Fb.

🏛 **Kur- und Sporthotel** 🐾 (Appartement - Hotel), Zillenbachstr. 50, 𝒫 8 40, Fax 84728, ⟨
🍴, Bade- und Massageabteilung, 🎿, 🏊, 🚬, 🔲 — 🛗 📺 ☎ 🚗 🅿 — 🅐 25/80. 🆎 ① 🇪
📼. 🍴 Rest
M a la carte 34/58 — **101 Z : 200 B** 80/140 - 140/180 Fb.

🏠 **Sonneck** 🐾, Rosengasse 10, 𝒫 22 78, ⟨, 🍴, 🔲, 🐜 — 🛗 🅿
Anfang Nov.- 20. Dez. geschl. — **M** (Montag geschl.) a la carte 27/45 — **23 Z : 40 B** 72/77 -
140/154 Fb — ½ P 90/97.

In Hindelang-Bad Oberdorf O : 1 km :

🏛🏛 **Prinz-Luitpold-Bad** 🐾, 𝒫 89 01, Fax 890379, ⟨ Allgäuer Alpen und Bad Oberdorf, Bade-
und Massageabteilung, 🎿, 🏊, 🚬, 🏊 (geheizt), 🔲, 🐜, 🍴 — 🛗 📺 🚗 🅿. 🍴 Rest
M a la carte 26/51 — **115 Z : 190 B** 90/150 - 200/284 Fb — ½ P 112/168.

🏠 **Café Haus Helgard** 🐾 garni, Luitpoldstr. 20, 𝒫 20 64, ⟨, 🐜 — ☎ 🚗 🅿
Ende April - Mitte Mai und 5. Nov.- 20. Dez. geschl. — **18 Z : 28 B** 50/75 - 95/130.

🏠 **Bären** 🐾, Bärengasse 1, 𝒫 20 01, ⟨, Bade- und Massageabteilung, 🚬, 🐜 — 🛗 ☎ 🅿
Nov.- 20. Dez. geschl. — (Restaurant nur für Hausgäste) — **30 Z : 47 B** 65/72 - 130/144 Fb —
½ P 90/97.

🏠 **Alte Schmiede**, Schmittenweg 14, 𝒫 25 52 — 🅿
16 Z : 27 B.

🟈🟈 **Alpengasthof Hirsch** mit Zim, Kurze Gasse 18, 𝒫 3 08 — 🅿
➡ *Ende April - Anfang Mai und Ende Okt.- Mitte Dez. geschl.* — **M** (Sonntag 14 Uhr - Montag
geschl.) a la carte 21/48 — **10 Z : 16 B** 32/37 - 64/74.

In Hindelang 4-Hinterstein SO : 5 km :

🏠 **Kurhotel Waidmannsheil** 🐾, Talstr. 35, 𝒫 81 01, ⟨, Bade- und Massageabteilung, 🏊,
🔲 — ☎ 🚗 🅿. 🍴
Ende Okt.- 20. Dez. geschl. — (Restaurant nur für Hausgäste) — **24 Z : 42 B** 50/75 - 100/120
— 5 Fewo 100 — ½ P 60/89.

In Hindelang-Oberjoch NO : 7 km — Höhe 1 130 m :

🏛 **Lanig** 🐾, Ornachstr. 11, 𝒫 77 12, ⟨ Allgäuer Alpen, 🍴, 🚬, 🏊, 🔲, 🐜, 🍴 — 🛗 ☎ 🅿
(nur Abendessen für Hausgäste) — **34 Z : 70 B** Fb.

🏠 Pension **Sepp Heckelmiller** 🐾 garni, Ornachstr. 8, 𝒫 71 37, ⟨ Allgäuer Alpen, 🚬, 🐜 —
☎ 🅿
nur Saison — **20 Z : 45 B**.

🏠 **Alpengasthof Löwen**, Paßstr. 17, 𝒫 77 03, 🍴 — ☎ 🚗 🅿
➡ *8.- 27. April und 4. Nov.- 19. Dez. geschl.* — **M** (Mai - Okt. Montag geschl.) a la carte 21/54 ⚱
— **25 Z : 44 B** 45/100 - 80/124 Fb — ½ P 60/84.

🏠 **Haus Schönblick**, Iselerstr. 2, 𝒫 77 44, ⟨, 🚬, 🐜
April und Nov. jeweils 3 Wochen geschl. — (Restaurant nur für Hausgäste) — **21 Z : 39 B**
32/45 - 64/90 — 3 Fewo 90/145 — ½ P 46/70.

In Hindelang-Unterjoch NO : 11 km :

🏡 Alpengasthof **Krone** 🐾, Sorgschrofenstr. 2, 𝒫 76 04, 🍴, 🐜 — 🛗 ♿ 🚗 🅿
35 Z : 65 B Fb.

🟈🟈 **Am Buchl** mit Zim, Obergschwend 10, 𝒫 71 66, ⟨, 🍴, 🐜 — ☎ 🚗 🅿
➡ *Nov.- 20. Dez. geschl.* — **M** (Montag geschl.) a la carte 22/53 — **6 Z : 12 B** 48 - 96 — ½ P 66.

HINRICHSFEHN Niedersachsen siehe Wiesmoor.

HINTERHEUBRONN Baden-Württemberg siehe Neuenweg.

HINTERLANGENBACH Baden-Württemberg siehe Baiersbronn.

INTERSEE Bayern siehe Ramsau.

INTERWEIDENTHAL 6787. Rheinland-Pfalz 987 ⊗, 412 413 G 19, 242 ⑧ − 1 800 Ew − Höhe 340 m − Erholungsort − ۞ 06396.

Mainz 136 − Landau in der Pfalz 33 − Pirmasens 15 − Wissembourg 31.

XX **Zum Patron**, Hauptstr. 73 (B 427), ℰ 3 20 − 𝐀𝐄 𝐄. ⋘
    Samstag bis 18 Uhr, Mittwoch sowie Jan.- Feb. und Juli - Aug. jeweils 2 Wochen geschl. −
    M a la carte 33/71 ₰.

INTERZARTEN 7824. Baden-Württemberg 413 H 23, 427 ⑤ − 2 200 Ew − Höhe 885 m − Heilklimatischer Kurort − Wintersport : 900/1 230 m ⸺3 ⸺10 − ۞ 07652.

▯ Kurverwaltung, Freiburger Straße, ℰ 12 06 42, Fax 120649.
◆Stuttgart 161 − Donaueschingen 38 − ◆Freiburg im Breisgau 26.

🏨🏨 **Park-Hotel Adler** ⤸, Adlerplatz 3, ℰ 12 70, Fax 127717, 🏤, « Park mit Wildgehege »,
    Massage, ⩲, 🔲, 🐎, ⋘ (Halle) − 📲 📺 ⟾ 🅿 − 🔏 25/120. 𝐀𝐄 ⓞ 𝐄 𝐕𝐈𝐒𝐀. ⋘ Rest
    M a la carte 47/104 − **76 Z : 145 B** 150/350 - 300/450 Fb − 8 Appart. 680/1100 − ½ P 200/330.

🏨 **Reppert** ⤸, Adlerweg 21, ℰ 1 20 80, Fax 120811, ⩲, 🔲, 🐎 − 📲 📺 ☎ 🅿. 𝐀𝐄 ⓞ 𝐄 𝐕𝐈𝐒𝐀.
    ⋘ Rest
    10. Nov.- 15. Dez. geschl. − (nur Abendessen für Hausgäste) − **34 Z : 53 B** 90/185 - 166/330
    Fb − ½ P 95/170.

🏨 **Kesslermühle** ⤸, Erlenbrucker Str. 45, ℰ 12 90, Fax 129159, ≤, ⩲, 🔲, 🐎 − 📲 ᚼᚼ Rest
    📺 ☎ 🅿. ⋘
    6. Nov.- 20. Dez. geschl. − (Restaurant nur für Hausgäste) − **37 Z : 60 B** 74/112 - 180/224 Fb
    − ½ P 94/132.

🏨 **Thomahof**, Erlenbrucker Str. 16, ℰ 12 30, Fax 123239, 🏤, ⩲, 🔲, 🐎 − 📲 📺 ☎ 🅿. ⓞ
    𝐄 𝐕𝐈𝐒𝐀. ⋘ Rest
    M 28 (mittags) und a la carte 42/61 − **40 Z : 70 B** 82/101 - 140/232 Fb − ½ P 96/142.

🏨 **Bergfried** ⤸, Sickinger Str. 28, ℰ 12 80, Fax 12888, ⩲, 🔲, 🐎 − 📲 📺 ☎ ⟾
    4. Nov.- 20. Dez. geschl. − (nur Abendessen für Hausgäste) − **35 Z : 60 B** 78/110 - 120/198
    Fb − ½ P 83/112.

🏨 **Sonnenberg** ⤸, Am Kesslerberg 9, ℰ 1 20 70, 🔲 − 📲 📺 ☎ ⟾. ⋘
    4. Nov.- 22. Dez. geschl. − (Restaurant nur für Hausgäste) − **20 Z : 35 B** 88/100 - 160/230 Fb
    − ½ P 105/140.

🏨 **Sassenhof** ⤸ garni, Adlerweg 17, ℰ 15 15, ⩲, 🔲, 🐎 − 📲 ☎ 🅿
    15. Nov.- 15. Dez. geschl. − **21 Z : 32 B** 66/126 - 140/180.

🏨 **Schwarzwaldhof - Gästehaus Sonne**, Freiburger Str. 2, ℰ 1 20 30, Fax 1413, ⩲ − 📲
    ☎ ⟾ 🅿. 𝐀𝐄 ⓞ 𝐄 𝐕𝐈𝐒𝐀. ⋘ Zim
    Mitte Nov.- Mitte Dez. geschl. − **M** *(Dienstag geschl.)* a la carte 27/50 ₰ − **39 Z : 72 B** 65/85
    - 100/120 Fb − ½ P 75/100.

🏠 **Waldhaus Tannenhain** ⤸, Erlenbrucker Str. 28, ℰ 16 56, Fax 5489, ≤, « Gemütliche,
    individuelle Einrichtung, Gartenterrasse » − 📺 ☎ 🅿. ⋘
    20. Nov.- 20. Dez. geschl. − (Restaurant nur für Hausgäste) − **24 Z : 41 B** 62/73 - 146 Fb −
    ½ P 102/134.

🏠 **Café Imbery** (mit Gästehaus), Rathausstr. 14, ℰ 10 92, Fax 1095, 🏤, ⩲, 🐎 − 📲 📺 ☎
    ⟾ 🅿. 𝐄
    8. April - 1. Mai geschl. − **M** *(Donnerstag geschl.)* 17/28 (mittags) und a la carte 28/52 −
    27 Z : 46 B 45/80 - 84/150 − ½ P 60/98.

In Hinterzarten-Alpersbach W : 5 km :

🏠 **Esche** ⤸, Alpersbach 9, ℰ 2 11, ≤, 🐎 − ⟾ 🅿
    April 2 Wochen und 2. Nov.- 20. Dez. geschl. − **M** *(Dienstag - Mittwoch geschl.)* a la carte
    22/46 ₰ − **18 Z : 32 B** 36/80 - 72/120 Fb − ½ P 53/71.

In Hinterzarten-Bruderhalde SO : 4 km :

🏨🏨 **Alemannenhof** ⤸, Bruderhalde 21 (am Titisee), ℰ 7 45, Fax 88142, ≤ Titisee, 🏤, ⩲,
    🔲, 🌊, 🐎 − 📲 📺 ☎ ᚼ 🅿 − 🔏 30. 𝐀𝐄 ⓞ 𝐄 𝐕𝐈𝐒𝐀
    4.- 21. März geschl. − **M** a la carte 35/67 − **22 Z : 44 B** 132/140 - 214/234 Fb − ½ P 145/175.

🏠 **Heizmannshof** ⤸, Bruderhalde 35, ℰ 14 36, Fax 5468, ≤, 🏤, 🐎, ⋘ − 📺 ☎ 🅿. 𝐀𝐄 ⓞ
    𝐄 𝐕𝐈𝐒𝐀
    15. Nov.- 15. Dez. geschl. − **M** *(Dienstag - Mittwoch 14 Uhr geschl.)* a la carte 29/55 −
    12 Z : 25 B 110/150 - 160/250 Fb − ½ P 103/143.

    Siehe auch : *Breitnau*

HIRSCHAID 8606. Bayern 418 PQ 17 − 9 000 Ew − Höhe 250 m − ۞ 09543.
◆München 218 − ◆Bamberg 13 − ◆Nürnberg 47.

🏠 **Göller**, Nürnberger Str. 96, ℰ 91 38, Fax 6098, 🏤, ⩲, 🔲, 🐎 − 📲 📺 ☎ ⟾ 🅿 −
➡ 🔏 25/100. 𝐀𝐄 ⓞ 𝐄 𝐕𝐈𝐒𝐀
    3.- 13. Jan. geschl. − **M** a la carte 21/49 − **65 Z : 120 B** 55/75 - 90/120 Fb.

HIRSCHAU 8452. Bayern 408 S 18, 987 ⑦ − 6 000 Ew − Höhe 412 m − ✪ 09622.
◆München 70 − Amberg 18 − ◆Regensburg 80 − Weiden 22.

🏨 Schloß-Hotel, Hauptstr. 1, ℰ 10 52, Biergarten − 📺 ☎ 🅿
12 Z : 21 B.

🏠 Josefshaus 🦐, Kolpingstr. 8, ℰ 16 86, 🍽, 🖴 − 📺 ☎ 🚗 🅿
12 Z : 24 B.

HIRSCHBACH Bayern siehe Königstein.

HIRSCHBERG 6945. Baden-Württemberg 412 418 I 18 − 9 600 Ew − Höhe 110 m − ✪ 06201.
◆Stuttgart 131 − ◆Darmstadt 50 − Heidelberg 15 − ◆Mannheim 17.

In Hirschberg 1-Großsachsen :

🏨 **Krone**, Bergstr. 9 (B 3), ℰ 50 50, Telex 465550, Fax 505400, 🍽, 🖴, 🏊 − 🛗 📺 ☎ 🅿 -
🎪 25/80. ⌶ ⓞ 🄴 💳
M a la carte 39/70 − **95 Z : 190 B** 85/110 - 115/160 Fb.

🏠 **Haas'sche Mühle**, Talstr. 10, ℰ 5 10 41, 🍽, 🌳 − 🛗 ☎ 🅿. ⌶ 🄴
3.- 20. Jan. geschl. − **M** *(Dienstag geschl.)* a la carte 28/55 ⅜ − **22 Z : 36 B** 65 - 104 Fb.

In Hirschberg 2-Leutershausen :

🏠 **Hirschberg**, Goethestr. 2 (B 3), ℰ 5 10 15, Fax 58137 − 📺 ☎ 🚗 🅿. ⌶ 🄴 💳
20. Dez.- 15. Jan. geschl. − **M** *(nur Abendessen, Nov.- März Sonntag geschl.)* a la cart
26/52 − **32 Z : 59 B** 70/105 - 95/130 Fb.

HIRSCHEGG Österreich siehe Kleinwalsertal.

HIRSCHHORN AM NECKAR 6932. Hessen 412 418 J 18 − 4 100 Ew − Höhe 131 m -
Luftkurort − ✪ 06272.
Sehenswert : Burg (Hotelterrasse ≤★).
🛈 Verkehrsamt, Haus des Gastes, Alleeweg 2, ℰ 17 42.
◆Wiesbaden 120 − Heidelberg 23 − Heilbronn 63.

🏨 **Schloß-Hotel** 🦐, Auf Burg Hirschhorn, ℰ 13 73, Fax 3267, ≤ Neckartal, 🍽 − 🛗 ☎ 🅿 -
🎪 25. ⌶ 🄴 💳. 🍴 Rest
16. Dez.- 16. Feb. geschl. − **M** a la carte 33/59 − **25 Z : 50 B** 100/150 - 145/195 Fb.

🏠 **Zum Naturalisten**, Hauptstr. 17, ℰ 25 50, 🍽 − 🛗 ☎ 🚗 − 🎪 40. ⌶ ⓞ 🄴 💳
2.- 15. Jan. geschl. − **M** *(Nov.- Feb. Samstag geschl.)* a la carte 30/55 − **24 Z : 48 B** 45/65
80/110 Fb − ½ P 60/80.

🏠 **Forelle**, Langenthaler Str. 2, ℰ 22 72 − 🅿
➜ **M** a la carte 21/40 − **15 Z : 30 B** 40/45 - 80/90.

🏠 **Haus Burgblick** 🦐 garni, Zur schönen Aussicht 3 (Hirschhorn-Ost), ℰ 14 20, ≤ − 🅿. 🖪
🍴
Dez.- Jan. geschl. − **8 Z : 16 B** 45/50 - 70/82 Fb.

In Hirschhorn-Langenthal NW : 5 km :

🏠 **Zur Linde**, Waldmichelbacher Str. 12, ℰ 13 66, 🍽, 🌳 − 🅿
24 Z : 48 B.

🏠 **Zur Krone**, Waldmichelbacher Str. 29, ℰ 25 10 − 🅿
12 Z : 25 B.

In Eberbach-Brombach 6930 NW : 6 km ⦂

✕✕ **Talblick** 🦐 mit Zim (Fachwerkhaus a.d.J. 1832, ,Einrichtung in altbäuerlichem Stil,
Gaisbergweg 5, ℰ (06272) 14 51 − 🅿. ⓞ 🄴. 🍴
7. - 31. Jan. und 8. Juli - 2. Aug. geschl., wochentags nur Abendessen − **M** ⸂(Tischbestellun
ratsam) (Sonntag ab 14 Uhr und Mittwoch - Donnerstag geschl.) a la carte 38/71 − **5 Z**
10 B 70/80 - 130/150.

Siehe auch : *Rothenberg (Odenwaldkreis)*

HIRZENHAIN 6476. Hessen 412 418 K 15 − 3 000 Ew − Höhe 240 m − Erholungsort − ✪ 0604⦁
🛈 Verkehrsamt, Rathaus, ℰ 3 77.
◆Wiesbaden 107 − ◆Frankfurt am Main 67 − Lauterbach 44.

🏤 **Stolberger Hof**, Nidderstr. 14 (B 275), ℰ 13 09, Fax 4959, 🖴, 🏊 − ☎ 🅿
➜ *1.- 22. Juli geschl.* − **M** *(Montag geschl.)* a la carte 16/34 ⅜ − **11 Z : 25 B** 31/42 - 54/68 −
½ P 39/49.

In Hirzenhain-Merkenfritz NO : 2 km :

✕ Henkelsmühle mit Zim, nahe der B 275, ℰ 72 05, 🍽 − 🅿
10 Z : 16 B.

HITTFELD Niedersachsen siehe Seevetal.

396

HITZACKER 3139. Niedersachsen 987 ⑯ – 4 200 Ew – Höhe 25 m – Luftkurort – ✆ 05862.

🛈 Kurverwaltung, Weinbergsweg 2, ✆ 80 22.

Hannover 142 – ♦Braunschweig 129 – Lüneburg 48.

🏨 **Parkhotel** ⑤, Am Kurpark 3, ✆ 80 81, Fax 8350, 🌤, ≘s, 🔲, 🐎 – 🛗 📺 ☎ 🕭 🅿 –
🔬 25/80. ⓞ
6.- 20. Jan. geschl. – **M** a la carte 29/53 – **79 Z : 142 B** 66/145 - 110/165 Fb – 6 Appart.
220/270.

🏨 **Scholz** ⑤, Prof.-Borchling-Str. 2, ✆ 79 72, 🌤, ≘s – 🛗 📺 ☎ 🕭 🅿 – 🔬 30
32 Z : 64 B Fb.

🏨 **Zur Linde** ⑤, Drawehnertorstr. 22, ✆ 3 47, 🐎 – 📺 ☎ 🖚 🅿
5. Jan.- 3. Feb. geschl. – **M** (Donnerstag geschl.) a la carte 26/45 – **11 Z : 20 B** 38/45 -
79/85.

In Göhrde 3139 W : 13 km :

🏠 **Zur Göhrde**, Kaiser-Wilhelm-Allee 1 (B 216), ✆ (05855) 4 23, 🌤, 🐎 – 🖚 🅿
Feb. geschl. – **M** (Nov.- März Dienstag geschl.) a la carte 27/50 – **17 Z : 28 B** 32/60 - 64/84.

HOBBACH Bayern siehe Eschau.

HOCHHEIM AM MAIN 6203. Hessen 412 413 I 16 – 17 000 Ew – Höhe 129 m – ✆ 06146.

♦Wiesbaden 12 – ♦Darmstadt 32 – ♦Frankfurt am Main 33 – Mainz 7.

🏨 **Rheingauer Tor** ⑤ garni, Taunusstr. 9, ✆ 40 07, Fax 4000 – 🛗 📺 ☎ 🅿. ⓐ
24. Dez.- 10. Jan. geschl. – **25 Z : 33 B** 83/98 - 120 Fb.

🏨 **Zur Stadt Saaz**, Jahnstr. 19, ✆ 97 76 – 🅿. ⯐
23. Dez.- 4. Jan. geschl. – Menu (nur Abendessen, Dienstag und 17. Juli - 12. Aug. geschl.) a
la carte 28/52 ⅜ – **11 Z : 16 B** 38/55 - 70/85.

XX **Hochheimer Hof**, Mainzer Str. 22, ✆ 20 89, 🌤 – 🔬 25/130. ⯑ ⓞ ⯐ 🆅🆂🅰
M a la carte 30/77.

XX **Frankfurter Hof** mit Zim, Frankfurter Str. 20, ✆ 22 52, 🌤
Jan. geschl. – **M** (Mittwoch 15 Uhr - Donnerstag geschl.) a la carte 33/60 ⅜ – **12 Z : 20 B**
55/75 - 90/100.

X **Hochheimer Riesling-Stuben** (alte Weinstube), Wintergasse 4, ✆ 40 71 – ⯑ ⯐ 🆅🆂🅰
ab 16 Uhr geöffnet – **M** (Tischbestellung ratsam) a la carte 50/71.

HOCKENHEIM 6832. Baden-Württemberg 987 ㉖, 412 413 I 19 – 17 000 Ew – Höhe 101 m
– ✆ 06205.

♦Stuttgart 113 – Heidelberg 23 – ♦Karlsruhe 50 – ♦Mannheim 24 – Speyer 12.

🏨 **Page-Kongresshotel** garni, Heidelberger Str. 8, ✆ 29 40, Telex 464909, Fax 5990077 – 🛗
📺 ☎ 🅿. ⯑ ⓞ ⯐ 🆅🆂🅰
80 Z : 160 B 130 - 170 Fb.

🏨 **Motodrom**, Hockenheimring, ✆ 40 61, Telex 465984, Fax 4135, 🌤, ≘s – 🛗 ⯐ 📺 ☎ 🖚
🅿 – 🔬 25/280. ⯑ ⓞ 🆅🆂🅰
Jan. geschl. – **M** a la carte 40/74 – **60 Z : 100 B** 109/168 - 162/207 Fb.

🏨 **Kanne**, Karlsruher Str. 3, ✆ 50 71 – 🛗 ☎ 🅿. ⯑ ⓞ ⯐ 🆅🆂🅰
M (nur Abendessen) a la carte 28/55 ⅜ – **28 Z : 47 B** 69 - 128 Fb.

HODENHAGEN 3035. Niedersachsen 987 ⑮ – 2 000 Ew – Höhe 26 m – ✆ 05164.

♦Hannover 55 – Braunschweig 99 – ♦Bremen 70 – ♦Hamburg 106.

🏨 **Hudemühle**, Hudemühlenburg 18, ✆ 80 90, Fax 80999, 🌤, ≘s, 🔲, 🐎 – 📺 🐾 🅿 –
🔬 30. ⯑ ⯐ 🆅🆂🅰
M 26 (mittags) und a la carte 37/67 – **51 Z : 106 B** 109/126 - 154/178 Fb.

HÖCHBERG Bayern siehe Würzburg.

HÖCHENSCHWAND 7821. Baden-Württemberg 413 H 23, 427 I 2, 216 ⑥ – 2 100 Ew – Höhe
1 008 m – Heilklimatischer Kurort – Wintersport : 920/1 015 m ⟊ 1 ⟊ 3 – ✆ 07672 (St. Blasien).

🛈 Kurverwaltung, Haus des Gastes, ✆ 25 47.

♦Stuttgart 186 – Donaueschingen 63 – ♦Freiburg im Breisgau 61 – Waldshut-Tiengen 19.

🏨🏨 **Porten-Hotel Kurhaus Höchenschwand** (mit Gästehaus Fernblick und
Appartmenthaus), Kurhausplatz 1, ✆ 41 10, Telex 7721212, Fax 411240, 🌤, « Garten »,
Bade- und Massageabteilung, 🔺, ≘s, 🔲, 🐎 – 🛗 📺 🖚 🅿. ⯑ ⓞ ⯐ 🆅🆂🅰. ⯐ Rest
Menu a la carte 30/68 ⅜ – **90 Z : 130 B** 98/118 - 196/216 Fb – 12 Fewo 60/100 – ½ P 123/143.

🏨 **Alpenblick**, St.-Georg-Str. 9, ✆ 41 80, 🌤, 🐎 – ☎ 🖚 🅿. ⯑ ⯐
Menu (auch Diät und vegetarische Gerichte) (Sonntag 18 Uhr - Montag geschl.) a la carte
23/46 – **32 Z : 47 B** 40/70 - 90/124 Fb – ½ P 64/94.

🏨 **Berghotel Steffi** ⑤, Panoramastr. 22, ✆ 8 55, ≤, 🐎 – 📺 ☎ 🅿
Nov.- 15. Dez. geschl. – (nur Abendessen für Hausgäste) – **16 Z : 26 B** 59 - 110.

🏨 **Nägele**, Schwimmbadstr. 11, ✆ 14 64, 🌤, 🐎 – 🛗 ☎ 🖚 🅿. ⯐
25 Z : 40 B Fb.

397

HÖCHST IM ODENWALD 6128. Hessen 987 ⑳. 412 413 J 17 − 8 500 Ew − Höhe 175 m − Erholungsort − ✪ 06163.

🛈 Verkehrsamt im Rathaus, Montmelianer Platz 4, 𝒫 30 41.

♦Wiesbaden 78 − Aschaffenburg 37 − ♦Darmstadt 33 − Heidelberg 72.

🏨 **Burg Breuberg**, Aschaffenburger Str. 4, 𝒫 51 33, Biergarten − 📺 ☎ 🅿 − 🔬 30. ﹐ᴁ E
⚌ Zim
Mitte Juli - Anfang Aug. geschl. − **M** a la carte 26/55 ⅄ − **20 Z : 35 B** 65 - 125 Fb.

HÖCHSTADT AN DER AISCH 8552. Bayern 413 P 17, 987 ㉖ − 11 300 Ew − Höhe 272 m − ✪ 09193.

♦München 210 − ♦Bamberg 31 − ♦Nürnberg 39 − ♦Würzburg 71.

🏠 **Alte Schranne**, Hauptstr. 3, 𝒫 34 41 − 🅿. ⚌
(nur Abendessen für Hausgäste) − **17 Z : 30 B** 60 - 85/105.

In Gremsdorf 8551 O : 3 km :

🏠 Scheubel, Hauptstr. 1 (B 470), 𝒫 (09193) 34 44, 🍴 − ⇐ 🅿
40 Z : 75 B.

In Adelsdorf 8555 O : 8 km über die B 470 :

🏠 **Drei Kronen**, Hauptstr. 8, 𝒫 (09195) 9 51, Fax 1308, Biergarten, ⇐, 🔲 − 📳 📺 ☎ 🅿 −
➜ 🔬 30. ⓞ E VISA
10.- 20. Nov. geschl. − **M** *(Mittwoch geschl.)* a la carte 21/39 − **53 Z : 100 B** 48/65 65/98 Fb.

An der Autobahn A 3 NW : 12 km :

🏠 Rasthaus-Motel Steigerwald, Autobahn-Südseite, ✉ 8602 Wachenroth, 𝒫 (09548) 4 33, Telex 662476, Fax 435, 🍴 − 📳 ☎ 🅿
(auch Self-Service) − **48 Z : 110 B**.

HÖFEN AN DER ENZ 7545. Baden-Württemberg 413 I 20 − 1 550 Ew − Höhe 366 m − Luftkurort − ✪ 07081 (Wildbad).

🛈 Verkehrsbüro, Rathaus, 𝒫 52 22.

♦Stuttgart 68 − Baden-Baden 38 − Freudenstadt 48 − Pforzheim 18.

🏨 **Schwarzwaldhotel Hirsch**, Alte Str. 40, 𝒫 50 25, Fax 6688 − 📳 📺 ☎ ⇐ 🅿 − 🔬 30.
ᴁ ⓞ E VISA
M *(auch vegetarische Gerichte)* a la carte 28/64 − **20 Z : 40 B** 83 - 128 Fb − ½ P 81/103.

🏨 Ochsen, Bahnhofstr. 2, 𝒫 50 21, Fax 7793, 🍴, ⇐, 🔲, ☞ − 📳 📺 ☎ ⇐ 🅿 − 🔬 25/40
62 Z : 104 B Fb − 3 Appart..

🏠 **Bussard** garni, Bahnhofstr. 24, 𝒫 52 68, ☞ − 📳 ⇐ 🅿
5.- 20. Nov. geschl. − **25 Z : 48 B** 45 - 80.

🏠 **Café Blaich** garni, Hindenburgstr. 55, 𝒫 52 38, Fax 5664 − 📺 ☎ ⇐ 🅿
15. Jan.- 15. Feb. geschl. − **7 Z : 15 B** 45/50 - 80/85 − 3 Fewo 75/95.

An der Straße nach Bad Herrenalb N : 2 km :

🏨 Zur alten Mühle ⚌, Im Gänsebrunnen, ✉ 7540 Neuenbürg, 𝒫 (07082) 6 04 01, Fax 7141, ≤,
🍴, ☞ − 📳 📺 ☎ ⅄ 🅿
(vorwiegend Fischgerichte) − **26 Z : 60 B** Fb.

🏠 **Eyachbrücke**, ✉ 7540 Neuenbürg, 𝒫 (07082) 88 58, 🍴, 🔲 − ⇐ 🅿
➜ *Nov.- 8. Dez. geschl.* − **M** *(Dienstag geschl.)* a la carte 18/32 ⅄ − **17 Z : 30 B** 32/45 - 64/84.

HÖGEL Bayern siehe Piding.

HÖGERSDORF Schleswig-Holstein siehe Segeberg, Bad.

HÖHR-GRENZHAUSEN 5410. Rheinland-Pfalz 412 G 15 − 9 100 Ew − Höhe 260 m − ✪ 02624.
Mainz 94 − ♦Koblenz 19 − Limburg an der Lahn 35.

🏨 Heinz ⚌, Bergstr. 77, 𝒫 30 33, Fax 5974, 🍴, Bade- und Massageabteilung, ⇐, 🔲, ☞,
⚌, ⇘ − 📳 📺 ☎ ⅄ 🅿 − 🔬 25/60. ᴁ ⓞ E VISA ⚌ Rest
über Weihnachten geschl. − **M** a la carte 33/59 − **60 Z : 100 B** 65/135 - 110/225 Fb −
½ P 73/140.

Im Stadtteil Grenzau N : 1,5 km :

🏨 **Sporthotel Zugbrücke** ⚌, im Brexbachtal, 𝒫 10 50, Telex 869505, Fax 105462, ⚆, ⇐,
🔲, ☞, ⚌ (Halle) − 📳 📺 ☎ ⅄ 🅿 − 🔬 25/180. ᴁ ⓞ E VISA
M a la carte 37/63 − **138 Z : 277 B** 61/153 - 101/220 Fb.

HÖLLE Bayern siehe Naila.

HÖNNINGEN, BAD 5462. Rheinland-Pfalz 987 ②. 412 E 15 — 6 100 Ew — Höhe 65 m — Heilbad — ✆ 02635.

☐ Verkehrsamt, Neustr. 2a, ✆ 22 73.

Mainz 125 — ♦Bonn 34 — ♦Koblenz 37.

☐ **Kurpark-Hotel** ⤳, am Thermalbad, ✆ 49 41, ≤, 🍴 — |☼| 🆃🆅 ☎ ❷. 🆎 ⓞ 🄴 🆅🅸🆂🅰. 🏖 Zim
  Feb. geschl. — **M** a la carte 30/52 — **20 Z : 40 B** 80/105 - 140/170.

☐ **St. Pierre** garni, Hauptstr. 142, ✆ 20 91, Fax 2093 — 🆃🆅 ☎ 🚗 ❷. 🆎 ⓞ 🄴 🆅🅸🆂🅰. 🏖
  19 Z : 45 B 60/75 - 110/140 Fb.

☐ **Rhein-Hotel** ⤳, Rheinallee 4, ✆ 25 26, ≤, 🍴 — 🆎 ⓞ 🄴 🆅🅸🆂🅰
  19. Nov.- 17. Dez. geschl. — **M** (Donnerstag geschl.) a la carte 31/53 — **16 Z : 28 B** 40/70 - 80/160 Fb.

HÖPFINGEN 6969. Baden-Württemberg 413 L 18 — 2 800 Ew — Höhe 390 m — ✆ 06283.

Stuttgart 119 — Aschaffenburg 73 — Heilbronn 77 — ♦Würzburg 56.

✗ **Engel** ⤳ mit Zim, Engelgasse 6, ✆ 16 15 — ❷
  7 Z : 13 B.

HÖRBRANZ Österreich siehe Bregenz.

HÖRNUM Schleswig-Holstein siehe Sylt (Insel).

HÖRSTEL 4446. Nordrhein-Westfalen 412 F 10 — 15 700 Ew — Höhe 45 m — ✆ 05459.

♦Düsseldorf 178 — Münster (Westfalen) 44 — ♦Osnabrück 46 — Rheine 10.

In Hörstel-Bevergern SW : 3 km :

☐ **Saltenhof** ⤳, Kreimershoek 71, ✆ 40 51, Fax 1251, 🍴 — 🆃🆅 ☎ ❷. 🆎 ⓞ 🄴 🆅🅸🆂🅰
  2.- 20. Jan. geschl. — **M** (Donnerstag bis 15 Uhr geschl.) 20/30 (mittags) und a la carte 33/57 — **12 Z : 21 B** 55/70 - 100/130.

In Hörstel-Riesenbeck SO : 6 km :

🏨 **Schloßhotel Surenburg** ⤳, Surenburg 13 (SW : 1,5 km), ✆ (05454) 70 92, Fax 7251, 🍴, ⇌, ◻, — 🆃🆅 ☎ ❷ — 🔬 25/60. ⓞ 🄴 🆅🅸🆂🅰
  M a la carte 33/59 — **23 Z : 42 B** 85/95 - 140/160 Fb.

☐ **Stratmann**, Sünte-Rendel-Str. 5, ✆ (05454) 70 83, ◻ — ☎ 🚗 ❷. 🏖 Zim
← **M** a la carte 20/46 — **24 Z : 48 B** 45 - 80.

HÖRSTGEN Nordrhein-Westfalen siehe Kamp-Lintfort.

HÖSBACH Bayern siehe Aschaffenburg.

HÖVELHOF 4794. Nordrhein-Westfalen 412 I 11 — 12 000 Ew — Höhe 100 m — ✆ 05257.

♦Düsseldorf 189 — Detmold 30 — ♦Hannover 129 — Paderborn 14.

✗✗ **Gasthof Brink** mit Zim, Allee 38, ✆ 32 23 — ☎ 🚗 ❷. 🏖
  Anfang - Mitte Jan. und Juli geschl. — **M** (nur Abendessen, Tischbestellung erforderlich) (Montag geschl.) a la carte 44/79 — **9 Z : 16 B** 60/90 - 110/140.

HÖXTER 3470. Nordrhein-Westfalen 987 ⑮. 412 L 11 — 35 000 Ew — Höhe 90 m — ✆ 05271.

Sehenswert : Dechanei* — Westerbachstraße : Fachwerkhäuser* — Kilianskirche (Kanzel**).

Ausflugsziele : Wesertal* (von Höxter bis Münden) — Schloß Corvey (O : 2 km).

☐ Verkehrsamt, Am Rathaus 7, ✆ 6 34 31.

♦Düsseldorf 225 — ♦Hannover 101 — ♦Kassel 70 — Paderborn 55.

🏨 **Niedersachsen**, Möllinger Str. 4, ✆ 68 80, Fax 688444, ⇌, ◻ — |☼| 🆃🆅 ☎ 🚗 — 🔬 30.
  🆎 ⓞ 🄴 🆅🅸🆂🅰
  M a la carte 37/65 — **70 Z : 120 B** 68/98 - 125/155 Fb.

☐ **Weserberghof-Restaurant Entenfang**, Godelheimer Str. 16, ✆ 10 87, Fax 3921, 🍴 —
  🆃🆅 ☎ ❷ — 🔬 60. 🏖 Rest
  M (Montag geschl.) a la carte 31/59 — **26 Z : 40 B** 50/75 - 85/95 Fb.

☐ **Corveyer Hof**, Westerbachstr. 29, ✆ 22 72, 🍴 — ☎ ❷
← **M** (15.- 31. Aug. und Mittwoch geschl.) a la carte 19/48 — **11 Z : 21 B** 45 - 75.

In Höxter 1-Bödexen NW : 9 km :

☐ **Obermühle** ⤳, Joh.-Todt-Str. 2, ✆ (05277) 2 07, ≤, 🍴, ⇌, ◻, 🌳 — |☼| ☎ ❷ — 🔬 30.
  🆎 🄴
  M (Montag geschl.) a la carte 22/45 — **28 Z : 52 B** 40/58 - 80/116 Fb — ½ P 55/70.

Fortsetzung →

HÖXTER

In Höxter-Corvey O : 2 km :

XX **Schloßrestaurant**, im Schloß, ℰ 83 23, Fax 37869, « Gartenterrasse » – 🕭 🅿 🆎 E
bis 19 Uhr geöffnet, Jan.- März geschl. – **M** a la carte 26/61.

In Höxter 1-Ovenhausen W : 7 km – Erholungsort :

🕋 **Haus Venken**, Hauptstr. 11, ℰ (05278) 2 79, 🏤, 🐎 – 🛎 ☎ 🚗 🅿
Feb. geschl. – **M** (Dienstag geschl.) a la carte 22/45 🍷 – **29 Z : 49 B** 45 - 80 – ½ P 48.

In Höxter 1-Stahle NO : 9 km :

🏚 **Kiekenstein**, Heinser Str. 74 (B 83), ℰ (05531) 40 08, ≤, 🏤 – 🚗 🅿 🆎 ⓞ E 🌇
M a la carte 22/52 – **13 Z : 22 B** 45 - 80.

HOF 8670. Bayern 🔢 S 16, 🔢 ㉗ – 52 000 Ew – Höhe 495 m – 🕲 09281.

🏌 Gattendorf-Haidt (über die B 173 Y), ℰ (09281) 4 37 49.

✈ Hof-Pirk, SW : 5 km über Bayreuther Str. Z , ℰ (09292) 3 48.

🅱 Tourist - Information, Klosterstr. 10, ℰ 81 52 33.

◆München 283 ② – Bayreuth 55 ② – ◆Nürnberg 133 ②.

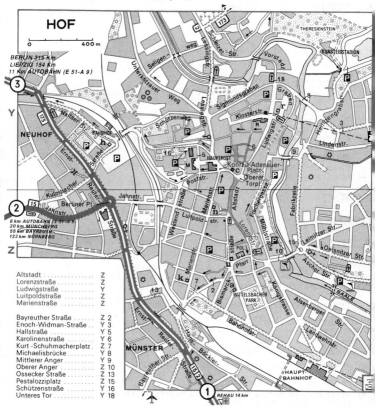

🏩 **Central**, Kulmbacher Str. 4, ℰ 68 84, Telex 643932, Fax 62440, Massage, 🕭 – 🛎 📺 🅿 –
🔼 25/600
Restaurants : **Hofer Stuben** (Sonntag - Montag 18 Uhr geschl.) **M** a la carte 25/49 –
Kastaniengarten (nur Abendessen, Donnerstag und Juli 2 Wochen geschl.) (auch
vegetarische Gerichte) **M** a la carte 60/81 – **50 Z : 100 B** 115 - 167/265 Fb.

🏨 **Strauß**, Bismarckstr. 31, ℰ 20 66, Biergarten – 🛎 📺 ☎ 🚗 🅿 – 🔼 70
58 Z : 80 B – 4 Appart..

🏨 **Am Maxplatz** 🦢 garni, Maxplatz 7, ℰ 17 39, Fax 87913 – 📺 ☎ 🚗. 🆎 E 🌇
18 Z : 28 B 85/115 - 115/140.

400

🏠 **Deutsches Haus** garni, Marienstr. 33, ℰ 10 48, 🚗 – 🛗 📺 ☎. 🖭 **E**   Z n
10 Z : 16 B 75/110 - 110/130.

🏠 **Am Kuhbogen**, Marienstr. 88, ℰ 17 08, 🚗 – 🛗 📺 ☎ ⟵⟶   Z k
24. Dez.- 6. Jan. geschl. – **M** (Freitag geschl.) a la carte 19/41 – **45 Z : 75 B** 58/78 - 94/
130 Fb.

🏠 **Burger** garni, Theresienstr. 15, ℰ 22 32 – ⟵⟶ **Ⓟ**. **E**   Z a
25 Z : 36 B 38/55 - 70/90.

✗ **Bürgergesellschaft**, Poststr. 6, ℰ 36 89   Y c
Sonntag 14 Uhr - Montag geschl. – **M** a la carte 19/43.

In Hof-Krötenbruck ① : 4 km, Abfahrt Flughafen :

🏠 **Munzert**, Eppenreuther Str. 100, ℰ 99 91, Fax 95134 – ☎ ⟵⟶ **Ⓟ**. 🖭 ⓞ **E**
Aug. geschl. – **M** (Samstag geschl.) a la carte 24/46 – **42 Z : 60 B** 40/80 - 80/120 Fb.

In Hof-Unterkotzau ③ : 3 km Richtung Hirschberg :

🏠 **Brauereigasthof Falter**, Hirschberger Str. 6, ℰ 68 44, Fax 61178, Biergarten – 📺 ☎
⟵⟶ **Ⓟ**
27. Dez.- 10. Jan. geschl. – **M** (Freitag geschl.) a la carte 26/43 – **28 Z : 35 B** 67/85 - 125/
145 Fb.

HOF Österreich siehe Salzburg.

HOFBIEBER Hessen siehe Liste der Feriendörfer.

HOFGEISMAR 3520. Hessen 987 ⑯. 412 L 12 – 15 000 Ew – Höhe 150 m – ✦ 05671.
🛈 Stadtverwaltung, Markt 1, ℰ 8 88 30.
♦Wiesbaden 245 – ♦Kassel 23 – Paderborn 63.

🏠 **Zum Alten Brauhaus** ﹩, Marktstr. 12, ℰ 30 81 – 🛗 ☎ ⟵⟶ **Ⓟ** – 🔬 60. 🖭 **E**
26. Dez.- 10. Jan. geschl. – **M** (Sonntag ab 18 Uhr und Dienstag geschl.) a la carte 22/41 ⅃
– **21 Z : 33 B** 42/55 - 75/85 Fb.

🏠 **Haus Hubertus**, Bahnhofstr. 42, ℰ 13 33 – ☎ **Ⓟ**
1.- 10. Jan. geschl. – **M** (Sonntag ab 14 Uhr geschl.) a la carte 21/43 – **10 Z : 17 B** 40 - 70.

🏠 **Müller**, Vor dem Schöneberger Tor 12, ℰ 7 75 – ☎ **Ⓟ**
M (Sonntag ab 14 Uhr geschl.) a la carte 19/36 – **32 Z : 70 B** 45 - 70 Fb.

In Hofgeismar-Sababurg NO : 14 km :

🏨 **Dornröschenschloß Sababurg** ﹩ (Burganlage a.d. 14. Jh. mit Trauzimmer und
Standesamt), ℰ (05671) 80 80, Fax 808200, ≼, Tierpark mit Jagdmuseum, « Burgterrasse »,
🚗 – 📺 ☎ **Ⓟ** – 🔬 30. 🖭 ⓞ **E** 𝕍𝕀𝕊𝔸
März - Nov. – **M** a la carte 37/70 – **19 Z : 36 B** 90/200 - 160/250 Fb.

In Hofgeismar-Schöneberg NO : 4 km :

✗ **Reitz**, Bremer Str. 17 (B 83), ℰ 55 91 – **Ⓟ**
Montag geschl. – **M** a la carte 20/48.

HOFHEIM AM TAUNUS 6238. Hessen 412 413 I 16 – 36 000 Ew – Höhe 150 m – ✦ 06192.
♦Wiesbaden 20 – ♦Frankfurt am Main 21 – Limburg an der Lahn 54 – Mainz 20.

🏨 **Burkartsmühle**, Kurhausstr. 71, ℰ 2 50 88, 🚗, ⊿ (geheizt), ✼ (Halle) – ☎ **Ⓟ** – 🔬 40
(Tischbestellung ratsam) – **12 Z : 25 B** Fb.

🏨 **Dreispitz**, In der Dreispitz 6 (an der B 519), ℰ 50 99, 🍴 – 📺 ☎ **Ⓟ**. **E**
Mitte Juli - Mitte Aug. geschl. – **M** (wochentags nur Abendessen, Freitag geschl.) a la carte
30/48 – **25 Z : 35 B** 80/85 - 120/140 Fb.

✗✗ **Da Lauda** (Italienische Küche), Oskar-Meyrer-Str. 3, ℰ 2 40 47 – **Ⓟ**. ✼✼.

✗✗ **Die Scheuer**, Burgstr. 12, ℰ 2 77 74, Fax 1892, « Restauriertes Fachwerkhaus » – 🖭 ⓞ
E 𝕍𝕀𝕊𝔸
Sonntag 15 Uhr - Montag geschl. – **M** a la carte 48/78.

In Hofheim-Diedenbergen SW : 3 km :

✗✗ **Völker's Hotel** mit Zim, Marxheimer Str. 4, ℰ 30 65 – ☎ **Ⓟ**. 🖭 ⓞ **E** 𝕍𝕀𝕊𝔸. ✼✼ Rest
M (Samstag bis 18 Uhr und Mittwoch geschl.) 32/38 (mittags) und a la carte 56/91 – **12 Z :
17 B** 75/100 - 135/150 Fb.

In Hofheim-Wallau SW : 5 km :

🏠 **Wallauer Hof**, Nassaustr. 8 (Gewerbegebiet Ost), ℰ (06122) 40 21, 🍴 – ☎ ⟵⟶ **Ⓟ**
Juni geschl. – **M** (Montag geschl.) a la carte 22/45 ⅃ – **40 Z : 64 B** 70/80 - 120/130.

In Kriftel 6239 SO : 2 km :

🏠 **Mirabell** garni, Richard-Wagner-Str. 33, ℰ (06192) 4 20 88, Fax 45169, 🚗, ⧄ – 🛗 📺 ☎
⟵⟶. **E** 𝕍𝕀𝕊𝔸
22. Dez.- 5. Jan. geschl. – **45 Z : 60 B** 95/125 - 150/190 Fb.

HOFHEIM IN UNTERFRANKEN 8729. Bayern 🎩🄝🄸 O 16, 🎩🄝🄾 ⑳ – 5 000 Ew – Höhe 265 m
🖝 09523.
♦München 284 – ♦Bamberg 49 – Coburg 47.

    In Hofheim-Gossmannsdorf O : 3,5 km :

🏠 **Landhaus Sulzenmühle** ⑊, 𝒫 64 12, ⊆⋽, ⭒, ♨(Halle und Schule) – 🅿
    M *(auch vegetarische Gerichte)* (Donnerstag und Mitte Dez.- Mitte März geschl.) a la carte
    26/48 ⅃ – **14 Z : 26 B** 44/69 - 88/114.

HOHEGEISS Niedersachsen siehe Braunlage.

HOHENAU 8351. Bayern 🎩🄝🄸 X 20, 🎩🄝🄶 ⑦ – 3 400 Ew – Höhe 806 m – 🖝 08558.
🅱 Rathaus, 𝒫 3 11.
♦München 198 – Passau 41 – ♦Regensburg 135.

    In Hohenau-Bierhütte SO : 3 km :

🏨 **Romantik-Hotel Bierhütte** ⑊ (bäuerlicher Barockbau a.d. 16. Jh. mit 2 Gästehäusern)
    𝒫 3 15, Fax 2387, « Terrasse mit ≤ », ⊆⋽, ⭒ – 📺 ☎ ⟷ 🅿 – 🔬 25/50. 🝙 ⓞ 🝔 🝩🝪🝫
    Menu a la carte 31/69 – **43 Z : 90 B** 79/192 - 128/204 Fb – 4 Appart. 276 – ½ P 94/158.

HOHENRODA 6431. Hessen 🎩🄝🄹 M 14 – 4 000 Ew – Höhe 311 m – Wintersport : ✽3 ⊰
🖝 06676.
♦Wiesbaden 185 – Fulda 39 – Bad Hersfeld 26.

    In Hohenroda-Oberbreitzbach :

🏨 **Hessen-Hotelpark Hohenroda** ⑊, Schwarzengrund 9, 𝒫 1 81, Telex 493340, Fax 1487
    ≤, 🍴, ⊆⋽, 🝲, ⭒, ✎, ♨ – 🛗 📺 ☎ ⓖ 🏃♨ 🅿 – 🔬 25/300. 🝙 ⓞ 🝔 🝩🝪🝫
    M a la carte 29/69 – **138 Z : 260 B** 69/74 - 118/128 Fb – 50 Fewo 71/107 – ½ P 80/95.

    Siehe auch : *Liste der Feriendörfer*

HOHENSTEIN 7425. Baden-Württemberg 🎩🄝🄸 KL 21 – 3 000 Ew – Höhe 740 m – 🖝 07387.
♦Stuttgart 63 – Pforzheim 115 – ♦ Ulm (Donau) 64.

    In Hohenstein - Ödenwaldstetten :

🏠 Brauerei-Gasthof Lamm, Im Dorf 5, 𝒫 2 75, 🍴, 🝲, ⭒ – 📺 🅿
    8 Z : 16 B.

HOHENSTEIN Hessen siehe Schwalbach, Bad.

HOHENTWIEL Baden-Württemberg. Sehenswürdigkeit siehe Singen (Hohentwiel).

HOHENWESTEDT 2354. Schleswig-Holstein 🎩🄝🄷 ⑤ – 5 100 Ew – Höhe 48 m – 🖝 04871.
♦Kiel 54 – ♦Hamburg 80 – ♦Lübeck 81 – Rendsburg 23.

🏨 **Landhaus**, Itzehoer Str. 39, 𝒫 9 44, Fax 3189, 🍴, ⊆⋽, ✎ – 📺 ☎ 🅿 – 🔬 25/130. 🝙 ⓞ
    🝔 🝩🝪🝫
    M *(Samstag bis 16 Uhr und 1.- 6. Jan. geschl.)* a la carte 30/61 – **18 Z : 28 B** 70/90 - 110,
    130 Fb.

HOHENZOLLERN (Burg) Baden-Württemberg. Sehenswürdigkeit siehe Hechingen.

HOHWACHT 2322. Schleswig-Holstein – 1 200 Ew – Höhe 15 m – Seeheilbad – 🖝 04381.
🅱 Kurverwaltung, Berliner Platz 1, 𝒫 70 85.
♦Kiel 41 – Oldenburg in Holstein 21 – Plön 27.

🏨 **Haus am Meer** ⑊, Dünenweg 1, 𝒫 60 96, Fax 6090, ≤, « Terrasse am Strand », ⊆⋽, 🝲
    ⭒ – 📺 ☎ 🅿. 🝔
    7.- 31. Jan. und 6. Nov.- 5. Dez. geschl. – **M** *(Okt.- April Donnerstag geschl.)* a la carte 26/48
    – **5 Z : 13 B** 95 - 140/210 Fb.

🏠 Hohwachter Hof ⑊, Strandstr. 6, 𝒫 70 31, 🍴, ⭒ – 📺 ☎ 🅿
    17 Z : 32 B Fb.

🏠 **Schulz** ⑊ garni, Strandstr. 8, 𝒫 94 10 – 📺 ☎ 🅿
    Mai - Sept., Fewo ganzjährig geöffnet – **14 Z : 30 B** 60/70 - 100/120 Fb – 7 Fewo 90/160.

🏠 **Strandhotel** ⑊, Strandstr. 10, 𝒫 60 91, Fax 6093, 🍴, ⊆⋽ – ☎ 🅿 – 🔬 40. ⓞ 🝔 🝩🝪🝫
    Ende März - Anfang Okt. – **M** a la carte 22/43 – **43 Z : 80 B** 49/90 - 84/190 – 5 Fewo
    70/170.

✗✗ **Genueser Schiff**, Seestr. 18, 𝒫 75 33, ≤ Ostsee – 🅿
    Mai - Okt. – **M** *(auch vegetarische Gerichte)* (nur Abendessen, Dienstag geschl.) a la carte
    39/62 – auch 8 Fewo 150.

HOLDORF 2841. Niedersachsen 987 ⑭ – 5 000 Ew – Höhe 36 m – ✆ 05494.
Hannover 129 – ♦Bremen 85 – Oldenburg 65 – ♦Osnabrück 40.

🏠 **Zur Post**, Große Str. 11, ℰ 2 34, 🍴 – 📺 🅿. 🖭 ⓞ 𝐄 𝘝𝘐𝘚𝘈. 🎿
  ➡ 23. Dez.- 4. Jan. geschl. – **M** a la carte 19/43 – **12 Z : 21 B** 45 - 80.

  In Holdorf-Grandorf S : 8 km :

XX Jagdhaus Flockme's Hein mit Zim, Grandorf 14, ℰ 3 80, « Terrasse mit ≤ Wildgehege » –
  📺 🚗 🅿
  6 Z : 13 B.

HOLLE 3201. Niedersachsen – 6 600 Ew – Höhe 108 m – ✆ 05062.
Hannover 51 – ♦Braunschweig 38 – Hildesheim 20.

  In Holle 1-Grasdorf N : 3 km :

🏠 Motel Hilpert garni, Ohebergstr. 120a, ℰ 18 94 – 🚗 🅿. 🎿
  11 Z : 22 B.

HOLLENSTEDT 2114. Niedersachsen 987 ⑮. 412 M 11 – 1 900 Ew – Höhe 25 m – ✆ 04165.
Hannover 150 – ♦Bremen 78 – ♦Hamburg 43.

🏠 **Hollenstedter Hof**, Am Markt 1, ℰ 83 35, Fax 8382 – 📺 ☎ 🚗 🅿 – 🔼 25/50. 🖭 ⓞ 𝐄
  𝘝𝘐𝘚𝘈
  M a la carte 29/62 – **22 Z : 44 B** 59/68 - 96/120 Fb.

🏠 **Eulennest-Haus Hubertus**, Moisburger Str. 12, ℰ 8 00 55, Fax 8720, 🍴 – ☎ 🅿 –
  🔼 30. 🖭 ⓞ 𝐄 𝘝𝘐𝘚𝘈
  M a la carte 28/63 – **29 Z : 50 B** 60 - 98/110.

HOLLERATH Nordrhein-Westfalen siehe Hellenthal.

HOLLFELD 8607. Bayern 413 QR 17. 987 ㉖ – 5 500 Ew – Höhe 402 m – Erholungsort –
✆ 09274.
Ausflugsziel : Felsengarten Sanspareil* N : 7 km.
München 254 – ♦Bamberg 38 – Bayreuth 23.

🏠 **Bettina** 📚, Treppendorf 22 (SO : 1 km), ℰ 3 28, 🍴, 🐎, 🎿 – 📺 ☎ 🅿 – 🔼 50. 🎿
  M *(Montag geschl.)* a la carte 32/59 – **11 Z : 21 B** 50/55 - 89/145 – ½ P 70/80.

HOLLWEGE Niedersachsen siehe Westerstede.

HOLTLAND Niedersachsen siehe Hesel.

HOLZAPPEL 5409. Rheinland-Pfalz 987 ㉔. 412 G 15 – 1 100 Ew – Höhe 270 m – ✆ 06439.
Mainz 77 – ♦Koblenz 42 – Limburg an der Lahn 16.

XXX Herrenhaus zum Bären - Goethehaus (Historisches Fachwerkhaus mit Zim. und
  Gästehaus), Hauptstr. 15, ℰ 70 14, Fax 7012, 🍴 – 🛗 📺 ☎. 🖭 ⓞ 𝐄 𝘝𝘐𝘚𝘈
  Jan. geschl. – **M** a la carte 50/90 – **24 Z : 40 B** 70/185 - 120/300.

  In Laurenburg 5409 S : 3 km :

🏯 **Zum Schiff**, Hauptstr. 9, ℰ (06439) 3 56, ≤ – 🚗 🅿
  8.- 22. Jan. geschl. – **M** *(Dienstag geschl.)* a la carte 22/42 🍴 – **17 Z : 30 B** 45/56 - 79/91.

HOLZERATH 5501. Rheinland-Pfalz 412 D 17 – 380 Ew – Höhe 450 m – ✆ 06588.
Mainz 147 – ♦Saarbrücken 72 – ♦Trier 20.

🏠 **Berghotel**, Römerstr. 34, ℰ 71 46, ≤, 🍴, 🚃, 🐎 – 🛗 🚗 🅿. 🖭
  ➡ 6. Jan.- 15. Feb. geschl. – **M** *(Dienstag geschl.)* a la carte 20/46 🍴 – **14 Z : 28 B** 37/64 -
  74/80 – ½ P 47/50.

HOLZHAUSEN Bayern siehe Bergen bzw. Teisendorf bzw. Utting a.A..

HOLZHAUSEN Hessen siehe Herleshausen.

HOLZKIRCHEN 8150. Bayern 413 S 23. 987 ㊲. 426 GH 5 – 11 500 Ew – Höhe 667 m –
✆ 08024.
♦München 34 – Rosenheim 41 – Bad Tölz 19.

🏠 Alte Post, Marktplatz 10a, ℰ 60 35 – 🛗 📺 ☎ 🚗 🅿 – 🔼 40
  42 Z : 100 B Fb.

Die Preise   Einzelheiten über die in diesem Führer angegebenen Preise
             finden Sie in der Einleitung.

HOLZMINDEN 3450. Niedersachsen 🔲🔲🔲 ⑤, 🔲🔲🔲 L 11 — 22 000 Ew — Höhe 99 m — 🔮 05531.

🅱 Verkehrsamt, Obere Str. 30, 𝒫 20 88.

🅱 Kurverwaltung (Neuhaus im Solling), Lindenstr. 8 (Haus des Gastes), 𝒫 (05536) 10 11.

♦Hannover 95 — Hameln 50 — ♦Kassel 80 — Paderborn 65.

- 🏨 **Parkhotel Interopa** 🐾 garni, Altendorfer Str. 19, 𝒫 20 01, 🍴 — 📺 ☎ 🅿
  43 Z : 80 B.

- 🏨 **Buntrock**, Karlstr. 23, 𝒫 20 77 — 🛗 📺 ☎ 🅿. 🖭 ⓞ 🄴 𝕍𝕀𝕊𝔸
  M (Samstag und Juli - Aug. 2 Wochen geschl.) a la carte 26/50 — **20 Z : 28 B** 62/75 - 95/105

- 🏨 **Schleifmühle** 🐾, Schleifmühle 3, 𝒫 50 98, 🏛, 🍽, 🔲, 🍴 — 📺 ☎ 🚗 🅿
  Juli 3 Wochen geschl. — **M** (nur Abendessen, Sonntag geschl.) a la carte 23/37 — **17 Z :
  26 B** 65/70 - 95 Fb.

- 🍴🍴 ❀ **Hellers Krug** mit Zim, Altendorfer Str. 19, 𝒫 21 15 — 🅿. 🖭 ⓞ 🄴 𝕍𝕀𝕊𝔸
  M (Samstag bis 18 Uhr sowie Sonn- und Feiertage geschl.) a la carte 43/74 — **10 Z : 15 B** 3
  - 65 Fb
  Spez. Variation von Edelfischen mit Safransauce, Sauté von Lamm und Wachtel, Ingwer-Limonenparfait mit
  Saucen.

  In Holzminden 2-Neuhaus im Solling SO : 12 km — Höhe 365 m — Heilklimatische
  Kurort — 🔮 05536 :

- 🏨 **Schatte** 🐾, Am Wildenkiel 15, 𝒫 10 55, Massage, 🍽, 🔲, 🍴 — 🛗 ☎ 🅿. 🖭 ⓞ 🄴
  Mitte Nov.- Mitte Dez. geschl. — **M** a la carte 23/51 — **50 Z : 80 B** 46/75 - 94/150 Fb —
  ½ P 64/92.

- 🏨 **Brauner Hirsch**, Am Langenberg 5, 𝒫 10 33, Fax 289, « Caféterrasse » — 🛗 📺 ☎ 🅿. 🄰
  ⓞ 🄴 𝕍𝕀𝕊𝔸
  7. Jan.- 7. Feb. geschl. — **M** a la carte 25/60 — **27 Z : 49 B** 38/52 - 76/104 — ½ P 55/69.

- 🏨 **Langenberg**, Am Langenberg 30, 𝒫 10 44, ≤, 🏛, 🔲 — 🛗 ☎ 🅿 — 🔬 60. 🎿
  M a la carte 22/56 — **27 Z : 43 B** 60/65 - 90/110.

- 🏨 **Am Wildenkiel** 🐾, Am Wildenkiel 18, 𝒫 10 47, 🏛, 🍽, 🍴 — ☎ 🚗 🅿. 🎿
  ← 27. Nov.- 20. Dez. geschl. — **M** a la carte 21/41 — **20 Z : 33 B** 56 - 90/110 Fb — ½ P 59/70.

- 🏨 **Zur Linde**, Lindenstr. 4, 𝒫 10 66, « Gartenterrasse », 🍽 — ☎ 🚗 🅿. ⓞ 🄴
  ← **M** a la carte 21/60 — **22 Z : 38 B** 41/65 - 74/116 Fb.

- 🏨 **Schwalbenhof** 🐾 garni, Wiesengrund 11, 𝒫 5 65, 🍴 — 📺 ☎ 🚗 🅿. 🎿
  23 Z : 32 B Fb — 6 Appart..

  In Holzminden 2-Silberborn SO : 12 km — Luftkurort :

- 🏨 **Sollingshöhe**, Dasseler Str. 15, 𝒫 (05536) 10 02, 🏛, 🍽, 🔲, 🍴 — ☎ 🅿
  Nov.- 24. Dez. geschl. — **M** (Dienstag geschl.) a la carte 26/46 — **30 Z : 50 B** 53/56 - 100
  110 Fb.

HOLZWICKEDE 4755. Nordrhein-Westfalen 🔲🔲🔲 F 12 — 16 000 Ew — Höhe 90 m — 🔮 02301.

♦ Düsseldorf 87 — Dortmund 14 — Hamm in Westfalen 32.

- 🏨 **Lohenstein** garni, Hauptstr. 21, 𝒫 86 17 — ☎ 🚗. 🎿
  16 Z : 21 B.

HOMBERG (Efze) 3588. Hessen 🔲🔲🔲 ⑧, 🔲🔲🔲 L 13 — 14 000 Ew — Höhe 270 m — 🔮 05681.

🅱 Verkehrsamt, Rathaus, Obertorstr. 4, 𝒫 7 72 50.

♦Wiesbaden 185 — Fulda 72 — Bad Hersfeld 32 — ♦Kassel 51 — Marburg 62.

- 🏨 **Stadt Cassel**, Westheimer Str. 25, 𝒫 70 61, Fax 7064 — 📺 ☎ 🚗 🅿
  13 Z : 22 B.

- 🏨 **Burghotel** garni, Holzhäuserstr. 32, 𝒫 8 93, Fax 7064 — 📺 ☎ 🅿
  14 Z : 29 B.

HOMBURG/SAAR 6650. Saarland 🔲🔲🔲 ⑧, 🔲🔲🔲 F 19. 🔲🔲🔲 ⑦ — 42 000 Ew — Höhe 233 m
🔮 06841.

🅱 Kultur- und Verkehrsamt, Am Forum, 𝒫 20 66.

♦Saarbrücken 35 — Kaiserslautern 42 — Neunkirchen/Saar 15 — Zweibrücken 11.

- 🏨🏨 **Schweizerstuben**, Kaiserstr. 72, 𝒫 14 11, Telex 447116, Fax 68038, 🏛, 🍽, 🔲 — 🛗 🛗
  🚗 🅿 — 🔬 25/150. 🄴 𝕍𝕀𝕊𝔸
  M (bemerkenswerte Weinkarte) (Sonntag geschl.) a la carte 52/98 — **28 Z : 52 B** 105/140
  170/220 Fb — 3 Appart. 240.

- 🏨🏨 **Stadt Homburg**, Ringstr. 80, 𝒫 13 31, Telex 44683, 🍽, 🔲 — 🛗 📺 🅿 — 🔬 25/150. 🄰
  ⓞ 🄴 𝕍𝕀𝕊𝔸
  M 35 (Buffet) — **42 Z : 75 B** 98 - 150/200 Fb.

- 🏨 **Euler**, Talstr. 40, 𝒫 6 00 77, Fax 5530 — ☎ 🚗. 🖭 ⓞ 🄴 𝕍𝕀𝕊𝔸. 🎿 Zim
  23. Dez.- 6. Jan. geschl. — **M** (Samstag geschl.) a la carte 26/47 — **51 Z : 96 B** 70/80 - 120.

- 🏨 **Bürgerhof** garni, Eisenbahnstr. 60, 𝒫 6 40 24 — 📺 ☎ 🅿. 🖭 ⓞ 🄴 𝕍𝕀𝕊𝔸
  30 Z : 44 B 45/55 - 76/98.

- 🍴 Boeuf, Bahnhofsplatz 5, 𝒫 28 41.

404

In Homburg-Erbach N : 2 km :

🏨 **Ruble**, Dürerstr. 164, ℰ 7 50 51, Fax 78972, 🍴, 😄 – ☎ 🅿. 🆎 ⑩ 🅴 💳
M a la carte 27/63 – **17 Z : 29 B** 60 - 85 Fb.

🏠 Landhaus Roth, Steinbachstr. 92, ℰ 76 14 – 🛗 ☎ 🅿
36 Z : 50 B Fb.

MICHELIN-REIFENWERKE KGaA. 6650 Homburg Berliner Straße, ℰ 70 41, Fax 704585.

*Nos guides hôteliers, nos guides touristiques et nos cartes routières
sont complémentaires. Utilisez-les ensemble.*

*Our hotel and restaurant guides, our tourist guides and our road maps
are complementary. Use them together.*

HOMBURG VOR DER HÖHE, BAD 6380. Hessen 987 ㉕, 412 413 I 16 – 52 000 Ew – Höhe
97 m – Heilbad – 🕿 06172.

Sehenswert : Kurpark★.

Ausflugsziel : Saalburg (Rekonstruktion eines Römerkastells)★ 6 km über ④.

🏌 Saalburgchaussee 2a (über ④ und die B 456 Y), ℰ 3 88 08.

🛈 Verkehrsamt im Kurhaus, Louisenstr. 58, ℰ 12 13 10.

ADAC, Louisenstr. 23, ℰ 2 10 93.

Wiesbaden 45 ② – ◆Frankfurt am Main 17 ② – Gießen 48 ① – Limburg an der Lahn 54 ③.

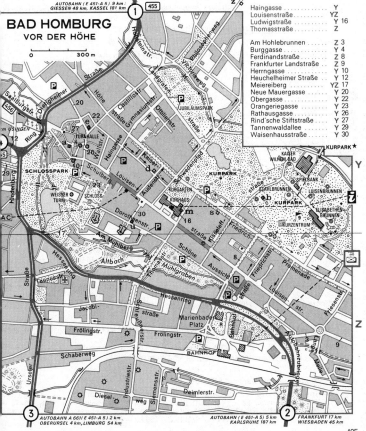

🏨 **Maritim Kurhaus - Hotel**, Ludwigstraße, ℰ 2 80 51, Telex 415357, Fax 24341, 斧, ⇔s
🖳 – 🛗 ⇔ Zim ▤ Rest 🆅 ⇔ – 🔏 25/600. 🖭 ⊙ 🔤 🚿 Rest   Y n
Restaurants : **Parkrestaurant** *(Sonntag ab 14 Uhr geschl.)* **M** a la carte 51/70 – **Bürgerstube**
M a la carte 31/52 – **148 Z : 221 B** 205/375 - 264/420 Fb.

🏨 **Parkhotel** 🌭 garni, Kaiser-Friedrich-Promenade 53, ℰ 80 10, Fax 801801, ⇔s – 🛗 ⇔ 🆅
🕿 ⇔ – 🔏 25/50. 🖭 ⊙ 🔤   Y s
100 Z : 160 B 172/264 - 234/298 Fb – 9 Appart. 388.

🏨 **Hardtwald** 🌭, Philosophenweg 31, ℰ 8 10 26, Telex 410594, Fax 82512, « Gartenterrasse »
– 🆅 🕿 🅿. 🖭 ⊙ 🔤 🚿   Y s
M *(Freitag und Mitte Dez.- Mitte Jan. geschl.)* a la carte 34/64 – **39 Z : 63 B** 115/155
148/235 Fb.

🏨 **Haus Daheim** garni, Elisabethenstr. 42, ℰ 2 00 98, Telex 4185081, Fax 25580 – 🕿 ⇔. 🖭
⊙ 🔤   Y s
18 Z : 32 B 95/128 - 145/185.

🏴 **Oberle's**, Obergasse 1, ℰ 2 46 62 – 🔤   Y s
Montag, 1.- 10. Jan. und 15. Juli - 6. Aug. geschl. – **M** 53/83.

🏴 **Assmann's Restaurant**, Kisseleffstr. 27, ℰ 2 47 10, 斧 – 🅿. 🖭 🔤   Y s
Mittwoch und 1.- 18. Jan. geschl. – **M** a la carte 60/91 – **Das Bistro M** a la carte 47/72.

🏴 **Schildkröte**, Mußbachstr. 19, ℰ 2 33 07 – 🖭 🔤   Y s
nur Abendessen, Sonntag geschl. – **M** a la carte 62/81.

🏴 **La Mamma** (Italienische Küche), Dorotheenstr. 18, ℰ 2 47 28   Y s

In Bad Homburg-Dornholzhausen über ④ und die B 456 :

🏛 **Sonne**, Landwehrweg 3, ℰ 3 10 23 – 🆅 🕿 🅿
(nur Abendessen) – **26 Z : 37 B**.

🏴 **Hirschgarten** (Böhmische Küche), Tannenwaldweg (W : 2,5 km), ℰ 3 35 25, ⇐, 斧 – 🅿
🚿.

In Bad Homburg-Gonzenheim über Frankfurter Landstr. Z :

🏴 **Darmstädter Hof**, Frankfurter Landstr. 77, ℰ 4 13 47, 斧 – 🅿.

In Bad Homburg-Obererlenbach über Frankfurter Landstraße Z :

🏴 **Bierbrunnen**, Ahlweg 2, ℰ 4 65 60 – 🖭 🔤 🔤
Montag geschl. – **M** a la carte 37/70.

HONAU Baden-Württemberg siehe Lichtenstein.

HONNEF, BAD 5340. Nordrhein-Westfalen 987 ㉔. 412 E 15 – 22 000 Ew – Höhe 72 m -
✪ 02224.

🐾 Windhagen-Rederscheid (SO : 10 km), ℰ (02645) 1 56 21.

🅱 Tourist-Information, Hauptstr. 28a, ℰ 18 41 70.
◆Düsseldorf 86 – ◆Bonn 17 – ◆Koblenz 51.

🏨 **Seminaris**, Alexander-von-Humboldt-Str. 20, ℰ 77 10, Telex 885617, Fax 771555, ⇔s, 🖳
🚿 – 🛗 ⇔ Zim 🆅 ⇔ 🅿 – 🔏 25/350. 🖭 ⊙ 🔤 🚿 Rest
M *(auch vegetarische Gerichte)* a la carte 35/57 – **213 Z : 270 B** 141/163 - 238/256 Fb –
9 Appart. 104.

🏛 **Gästehaus in der Au** 🌭 garni, Alexander-von-Humboldt-Str. 33, ℰ 52 19, 🌿
12 Z : 20 B 37/50 - 74/100.

🏴 **Das kleine Restaurant**, Hauptstr. 16a, ℰ 44 50, 斧 – 🔤
Sonntag geschl. – **M** (Tischbestellung ratsam) a la carte 54/71.

🏴 **Franco** mit Zim, Markt 3, ℰ 38 48, Fax 78648 – 🆅 🕿. 🖭 ⊙ 🔤
M *(Italienische Küche)* (Mittwoch geschl.) a la carte 35/68 – **8 Z : 15 B** 60 - 90.

An der Straße nach Asbach O : 2,5 km :

🏴 **Jagdhaus im Schmelztal**, Schmelztalstr. 50, ⊠ 5340 Bad Honnef, ℰ (02224) 26 26, 斧
– 🅿 – 🔏 70. ⊙ 🔤
Montag geschl. – **M** a la carte 39/68.

In Bad Honnef-Rhöndorf N : 1,5 km :

🏨 **Bellevue - Die Rheinterrassen**, Karl-Broel-Str. 43, ℰ 30 11, Telex 8869551, Fax 3031,
⇐ Rhein und Drachenfels, 斧 – 🛗 🆅 🅿 – 🔏 25/180. 🖭 🔤
M a la carte 42/75 – **85 Z : 150 B** 139/245 - 160/360 Fb – 10 Appart. 490/590.

🏴 Ristorante Caesareo, Rhöndorfer Str. 39, ℰ 7 56 39, 斧
(Tischbestellung ratsam).

In Windhagen-Rederscheid 5469 SO : 10 km :

🏨 **Dorint Sporthotel Waldbrunnen** 🌭, Brunnenstr. 7, ℰ (02645) 1 50, Telex 863020, Fax
15548, 斧, Massage, ⇔s, 🏊 (geheizt), 🖳, 🎾 (Halle), 🐾, 🏇 (Halle) – 🛗 🆅 👌 ⇔ 🅿 –
🔏 25/180. 🖭 ⊙ 🔤 🚿 Rest
M a la carte 48/83 – **118 Z : 204 B** 170/210 - 250/290 Fb – 8 Appart. 350/600.

HONRATH Nordrhein-Westfalen siehe Lohmar.

HOOKSIEL Niedersachsen siehe Wangerland.

HOPSTEN 4447. Nordrhein-Westfalen 🔢 F 9 – 6 400 Ew – Höhe 43 m – ✪ 05458.
♦Düsseldorf 197 – Lingen 26 – ♦Osnabrück 39 – Rheine 16.

⚓ **Kiepenkerl**, Ibbenbürener Str. 2, ℰ 2 34 – 🚗 🅿
♦ **M** *(Dienstag geschl.)* a la carte 17/36 – **11 Z : 17 B** 25/30 - 50/60.

✕ **Kerssen-Brons** mit Zim, Marktplatz 1, ℰ 70 06 – 🚗 🅿 E ❀
♦ 2.- 20. Nov. geschl. – **M** *(Donnerstag 14 Uhr - Freitag geschl.)* a la carte 20/46 – **10 Z : 14 B** 28/33 - 60/66.

HORB 7240. Baden-Württemberg 🔢 J 21, 🔢 ⑧ – 20 000 Ew – Höhe 423 m – ✪ 07451.
🛈 Verkehrsbüro, Rathaus, Marktplatz 8, ℰ 36 11.
♦Stuttgart 63 – Freudenstadt 24 – Tübingen 36.

✕✕ **Schillerstuben**, Schillerstr. 19, ℰ 82 22, 🍴 – 🆎 ⓪ E 🆅🆂🅰
Sonntag ab 14 Uhr, Samstag, 5.- 14. Jan. und 1.- 10. Dez. geschl. – **M** a la carte 26/59.

In Horb-Hohenberg N : 1 km :

⚓ **Steiglehof** (ehemaliger Gutshof), Steigle 35, ℰ 24 18 – 🅿
♦ 20. Dez.- 10. Jan. geschl. – **M** *(nur Abendessen, Samstag - Sonntag geschl.)* a la carte 20/30 – **13 Z : 20 B** 50 - 80.

In Horb-Isenburg S : 3 km :

🏠 **Waldeck** ⏚, Mühlsteige 33, ℰ 38 80, 🚡 – 🛗 🚗 🅿 ⓪ E 🆅🆂🅰
♦ Juli - Aug. 2 Wochen und Ende Dez.- Anfang Jan. geschl. – **M** *(Montag geschl.)* a la carte 21/44 🍴 – **23 Z : 45 B** 40/70 - 60/130 Fb.

Schloß Weitenburg siehe unter : *Starzach*

Die im Michelin-Führer
verwendeten Zeichen und Symbole haben –
***fett** oder dünn gedruckt, rot oder schwarz –*
jeweils eine andere Bedeutung.
Lesen Sie daher die Erklärungen aufmerksam durch.

HORBEN 7801. Baden-Württemberg 🔢 G 23, 🔢 ⑧, 🔢 ⑯ – 850 Ew – Höhe 600 m – ✪ 0761
(Freiburg im Breisgau).
♦Stuttgart 216 – ♦Freiburg im Breisgau 10.

In Horben-Langackern :

🏨 **Luisenhöhe** ⏚, ℰ 2 91 61, Fax 290448, ≤ Schauinsland und Schwarzwald,
« Gartenterrasse », 🚡, 🏊, 🛋, ✕ – 🛗 📺 ☎ 🚗 🅿 – 🔬 40
47 Z : 65 B Fb – 4 Appart..

🏠 **Engel** ⏚, ℰ 2 91 11, Fax 290627, ≤, « Gartenterrasse », 🛋 – ☎ 🚗 🅿 🆎 ⓪ E 🆅🆂🅰
M *(Montag und Jan. 3 Wochen geschl.)* a la carte 33/61 – **24 Z : 38 B** 45/85 - 85/130 Fb –
½ P 75/115.

HORBRUCH Rheinland-Pfalz siehe Morbach.

HORHAUSEN 5453. Rheinland-Pfalz 🔢 F 15 – 1 400 Ew – Höhe 365 m – ✪ 02687.
🛈 Verkehrsverein, Rheinstraße (Raiffeisenbank), ℰ 14 27.
Mainz 111 – ♦Bonn 52 – ♦Köln 68 – ♦Koblenz 37 – Limburg an der Lahn 52.

🏠 **Grenzbachmühle** ⏚, Grenzbachstr. 17 (O : 1,5 km), ℰ 10 83, 🍴, Damwildgehege, 🛋
– 🚗 🅿 ⓪ E
10. Nov.- 12. Dez. geschl. – **M** *(Dienstag geschl.)* a la carte 25/63 – **15 Z : 28 B** 45 - 90.

HORN-BAD MEINBERG 4934. Nordrhein-Westfalen 🔢 ⑮, 🔢 J 11 – 17 900 Ew – Höhe
220 m – ✪ 05234.
Ausflugsziel : Externsteine★ SW : 2 km.
🛈 Städt. Verkehrsamt in Horn, Rathausplatz 2, ℰ 20 12 62, Fax 201222.
🛈 Verkehrsbüro in Bad Meinberg, Parkstraße, ℰ 9 89 03.
♦Düsseldorf 197 – Detmold 10 – ♦Hannover 85 – Paderborn 27.

Im Stadtteil Horn :

🏠 **Garre**, Bahnhofstr. 55 (B 1), ℰ 33 38 – 🅿
♦ 22. Juli - 8. Aug. und 23. Dez.- 7. Jan. geschl. – **M** *(Samstag bis 17 Uhr und Sonntag geschl.)* a la carte 24/45 – **8 Z : 13 B** 48 - 80/90.

Im Stadtteil Bad Meinberg – Heilbad :

🏩 **Kurhotel Parkblick** ⤿, Parkstr. 63, ✆ 90 90, Fax 909150, Bade- und Massageabteilung, ♨, 🚗, ⬛ – 🔄 📺 🛁 ⟸ – 🅰 25/60. 🆀 ⓞ Ε 𝖵𝖨𝖲𝖠. ⚜ Rest
M a la carte 29/54 – **Gourmet-Restaurant M** a la carte 58/73 – **78 Z : 100 B** 90/105 - 145/165
Fb – 4 Appart. 210/260 – ½ P 88/120.

🏛 **Kurhaus zum Stern** ⤿, Parkstr. 15, ✆ 90 50, Telex 935685, Fax 905300, direkter Zugang
zum Kurmittelhaus, 🚗 – 🔄 📺 🛁 🅿 – 🅰 25/120. 🆀 ⓞ Ε 𝖵𝖨𝖲𝖠
M a la carte 27/63 – **128 Z : 205 B** 55/110 - 95/240 Fb.

🏛 **Teutonia**, Allee 19, ✆ 9 88 66, 🚗 – 🔄 📺 🅿. Ε 𝖵𝖨𝖲𝖠
Menu 18/21 (mittags) und a la carte 32/65 – **18 Z : 27 B** 55/68 - 110/138 Fb – ½ P 70/84.

🏠 **Gästehaus Mönnich** garni, Brunnenstr. 55, ✆ 9 88 45, « Galerie für Fotokunst und
Keramik, Garten », 🌳 – 🅿. ⚜
13 Z : 16 B 58/65 - 115/125.

🏠 **Lindenhof**, Allee 16, ✆ 9 88 11 – 🅿
18 Z : 22 B.

🏠 **Stille's Gästehaus** ⤿ garni, Am Ehrenmal 2, ✆ 9 89 82
15 Z : 21 B 40/42 - 76/84.

Im Stadtteil Billerbeck :

🏛 **Zur Linde**, Steinheimer Str. 219, ✆ (05233) 20 90, Fax 6404, 🚗, ⬛, 🌳 – 🔄 ☎ 🅿 –
🅰 25/150. Ε
3.- 27. Jan. geschl. – **M** (Dienstag geschl.) a la carte 30/45 – **45 Z : 88 B** 50/58 - 95/110 Fb
– ½ P 65/73.

Im Stadtteil Holzhausen-Externsteine – Luftkurort :

🏛 **Kurhotel Bärenstein** ⤿, Am Bärenstein 44, ✆ 20 90, Bade- und Massageabteilung, ♨,
🚗, ⬛, 🌳, ⚜ – 🔄 📺 ☎ 🅿. ⚜
25. Nov.- 26. Dez. geschl. – **M** (Montag geschl.) a la carte 29/39 – **74 Z : 95 B** 57/86 -
120/162 Fb.

🏠 **Lindenhof**, Stemberg 2, ✆ 23 47, 🌳 – ☎ ⟸ 🅿 – 🅰 25/100
16 Z : 26 B.

Im Stadtteil Leopoldstal :

🏛 **Feriengut Rothensiek** ⤿, Rothensieker Weg 50, ✆ 2 00 70, Fax 200766, 🌇, 🌳 – 📺
☎ 🅿 – 🅰 30. ⚜
M (Sonntag 14 Uhr - Montag geschl.) a la carte 26/45 – **14 Z : 28 B** 78/125 - 126/166 –
10 Fewo 106/146 – ½ P 81/101.

🏠 **Waldhotel Silbermühle** ⤿, Neuer Teich 57, ✆ 22 22, ⟨, 🌇, 🌳 – 🅿
M (Okt.- März Montag geschl.) a la carte 28/44 – **10 Z : 20 B** 40 - 80.

▐ **HORNBERG (Schwarzwaldbahn)** ▌ 7746. Baden-Württemberg 𝟜𝟙𝟪 H 22, 𝟡𝟪𝟽 ㊱ – 4 700 Ew –
Höhe 400 m – 🟤 Erholungsort – ✆ 07833.
🛈 Städt. Verkehrsamt, Bahnhofstr. 3, ✆ 60 72.
♦Stuttgart 132 – ♦Freiburg im Breisgau 50 – Offenburg 45 – Villingen-Schwenningen 34.

🏛 **Adler**, Hauptstr. 66, ✆ 3 67, Fax 548 – 🔄 📺 ☎. 🆀 ⓞ Ε 𝖵𝖨𝖲𝖠
Mitte Jan.- Mitte Feb. geschl. – **M** (Freitag geschl.) a la carte 24/64 🍴 – **26 Z : 48 B** 45/70 -
68/120.

🏠 **Schloß Hornberg** ⤿, Auf dem Schloßberg 1, ✆ 68 41, Fax 7231, ⟨ Hornberg und
Gutachtal, 🌇 – ☎ 🅿 – 🅰 40. 🆀 ⓞ Ε 𝖵𝖨𝖲𝖠
15. Dez.- Jan. geschl. – **M** (Montag geschl.) a la carte 37/54 – **39 Z : 97 B** 65/160 - 90/
180 Fb.

Am Karlstein SW : 9 km, über Niederwasser – Höhe 969 m :

🏠 **Zur schönen Aussicht** ⤿, ✉ 7746 Hornberg 2, ✆ (07833) 2 90, Fax 1603, ⟨, 🌇, 🚗,
⬛, 🌳 ⟸ 🅿 🆀 ⓞ Ε 𝖵𝖨𝖲𝖠
8.- 16. April und 2.- 21. Dez. geschl. – **M** a la carte 28/59 – **22 Z : 44 B** 55/60 - 104/120 Fb –
½ P 74/80.

▐ **HORRENBERG** ▌ Baden-Württemberg siehe Dielheim.

▐ **HORSTMAR** ▌ 4435. Nordrhein-Westfalen 𝟡𝟪𝟽 ⑭, 𝟜𝟙𝟤 E 10 – 6 400 Ew – Höhe 88 m – ✆ 02558.
♦Düsseldorf 123 – Enschede 42 – Münster (Westfalen) 28 – ♦Osnabrück 77.

In Horstmar-Leer N : 5 km:

🏚 **Horstmann**, Dorfstr. 9, ✆ (02551) 51 26 – ⟸ 🅿
← 18. Nov.- 1. Dez. geschl. – **M** a la carte 20/43 – **8 Z : 16 B** 30 - 55/60.

▐ **HORUMERSIEL** ▌ Niedersachsen siehe Wangerland.

▐ **HOYERSWEGE** ▌ Niedersachsen siehe Ganderkesee.

HUDE 2872. Niedersachsen 987 ⑭ − 12 400 Ew − Höhe 15 m − Erholungsort − 🅭 04408.
◆Hannover 152 − ◆Bremen 36 − Oldenburg 20.

🏠 Burgdorf's Gaststätte, Hohe Str. 21, 𝒫 18 37, 🍴 − 🄿
   10 Z : 20 B.

🟡🟡 Klosterschänke 🦢 mit Zim, An der Klosterruine, 𝒫 77 77, 🍴 − 📺 ☎ 🄿
   9 Z : 15 B.

HÜCKELHOVEN 5142. Nordrhein-Westfalen 412 B 13 − 35 500 Ew − Höhe 84 m − 🅭 02433.
◆Düsseldorf 58 − ◆Aachen 38 − ◆Köln 75.

   In Hückelhoven-Ratheim W : 2,5 km :

🏠 **Ohof**, Burgstr. 48, 𝒫 50 91 (Hotel) 5 15 69 (Rest.), Fax 60543 − 📺 ☎ 🄿. ⌁ Zim
   M *(nur Abendessen, Freitag geschl.)* a la carte 32/65 − **31 Z : 54 B** 45/90 - 90/150 Fb.

HÜCKESWAGEN 5609. Nordrhein-Westfalen 987 ㉘, 412 F 13 − 15 000 Ew − Höhe 258 m −
🅭 02192.
◆Düsseldorf 61 − ◆Köln 44 − Lüdenscheid 27 − Remscheid 14.

🟡🟡 Rats-Stuben, Marktstr. 4, 𝒫 73 81 − ⌁.

   In Hückeswagen-Kleineichen SO : 1 km :

🟡 **Kleineichen**, Bevertalstr. 44, 𝒫 43 75, 🍴 − 🄿
   Montag - Dienstag 18 Uhr und März 3 Wochen geschl. − **M** a la carte 25/56.

HÜDE Nordrhein-Westfalen siehe Lemförde.

HÜFINGEN 7713. Baden-Württemberg 413 I 23, 987 ㉟, 427 J 2 − 6 200 Ew − Höhe 686 m −
🅭 0771 (Donaueschingen).
◆Stuttgart 126 − Donaueschingen 3 − ◆Freiburg im Breisgau 59 − Schaffhausen 38.

   In Hüfingen 3 - Behla SO : 5 km :

🏠 **Landgasthof Kranz** (mit Gästehaus), Römerstr. 18 (B 27), 𝒫 6 10 66 − 📺 ☎ 🄿. **E**
   8.- 31. Jan. geschl. − **M** *(Freitag geschl.)* a la carte 24/43 ♨ − **24 Z : 52 B** 40/45 - 80/85 Fb.

   In Hüfingen 3-Fürstenberg SO : 9,5 km :

🏠 Gasthof Rössle, Zähringer Str. 12, 𝒫 6 19 22 − 🄿
   (Montag - Freitag nur Abendessen) − **13 Z : 25 B**.

HÜGELSHEIM 7571. Baden-Württemberg 413 H 20, 242 ⑯, 87 ③ − 1 600 Ew − Höhe 121 m
− 🅭 07229.
◆Stuttgart 108 − Baden-Baden 14 − Rastatt 10 − Strasbourg 43.

🏠 **Hirsch**, Hauptstr. 28 (B 36), 𝒫 22 55 (Hotel) 42 55 (Rest.), 🚿, ⌁, ⌁, ⌁ − 🛗 ☎ 🄿. **E** 𝕍𝕀𝕊𝔸
   M *(Mittwoch und Feb. geschl.)* a la carte 35/58 − **28 Z : 50 B** 52/72 - 105/135 Fb.

🏠 **Zum Schwan**, Hauptstr. 45 (B 36), 𝒫 22 07, ⌁ − ☎ ⌁ 🄿
   M *(Montag geschl.)* a la carte 43/75 − **21 Z : 40 B** 52/60 - 84/90.

HÜLLHORST Nordrhein-Westfalen siehe Lübbecke.

HÜLZWEILER Saarland siehe Schwalbach.

HÜNFELD 6418. Hessen 987 ㉘, 412 M 14 − 14 300 Ew − Höhe 279 m − 🅭 06652.
◆Wiesbaden 179 − Fulda 19 − Bad Hersfeld 27 − ◆Kassel 102.

🏠 **Jägerhof**, Niedertor 9 (B 84), 𝒫 22 37 − ⌁ 🄿
   März - April 3 Wochen und Weihnachten - Anfang Jan. geschl. − **M** *(Freitag, Samstag und Montag nur Abendessen, Sonntag Ruhetag, Nov.- Ostern auch Samstag geschl.)* a la carte 19/36 − **27 Z : 49 B** 30/38 - 72/78.

   In Hünfeld-Michelsrombach W : 7 km :

🏠 **Zum Stern**, Biebergasse 2, 𝒫 25 75 − ⌁ 🄿. **E**
   M a la carte 20/32 − **19 Z : 41 B** 36 - 60.

HÜNSTETTEN 6274. Hessen 412 413 H 16 − 8 350 Ew − Höhe 301 m − 🅭 06126 (Idstein).
◆Wiesbaden 29 − Limburg an der Lahn 20.

   In Hünstetten-Bechtheim :

🟡🟡 **Rosi's Restaurant**, Am Birnbusch 17, 𝒫 (06438) 21 26, 🍴 − 🄿
   Dienstag - Mittwoch 18 Uhr und 1.- 28. Aug. geschl. − Menu a la carte 31/60.

HÜRTGENWALD 5165. Nordrhein-Westfalen 𝟜𝟙𝟚 C 14 — 7 500 Ew — Höhe 325 m — ✆ 02429.
◆Düsseldorf 88 — ◆Aachen 41 — ◆Bonn 70 — Düren 8,5 — Monschau 35.

In Hürtgenwald-Simonskall :

🏦 **Haus Kallbach** ⤴, ✆ 12 74, Fax 2069, 🍴, ≘, 🔲, 🐾 — 📶 ☎ 🅿 — 🅰 25/80. ⓪ ⓔ 𝗩𝗜𝗦𝗔
   M a la carte 32/59 — **36 Z : 66 B** 70/80 - 120/140 Fb.

🏠 Wiesengrund ⤴, Hauptstr. 12, ✆ 21 13, 🍴 — 📶 🅿 — 🅰
   19 Z : 32 B.

In Hürtgenwald-Vossenack :

🏦 **Zum alten Forsthaus**, Germeter Str. 49, ✆ 78 22, Fax 2104, ≘, 🔲, 🐾 — 📶 ☎ ⇦ 🅿
   — 🅰 25/80. ⓪ ⓔ 𝗩𝗜𝗦𝗔
   M a la carte 32/56 — **27 Z : 48 B** 70/88 - 126/144 Fb.

HÜTTENFELD Hessen siehe Lampertheim.

HÜTTERSDORF Saarland siehe Schmelz.

HÜTZEL Niedersachsen siehe Bispingen.

HUMMELFELD Schleswig-Holstein siehe Fleckeby.

HUNDSBACH Baden-Württemberg siehe Forbach.

HUNGEN 6303. Hessen 𝟜𝟙𝟚 𝟜𝟙𝟛 J 15 — 11 800 Ew — Höhe 145 m — ✆ 06402.
◆Wiesbaden 82 — ◆Frankfurt am Main 53 — Gießen 21.

🏠 **Quellenhof**, Gießener Str. 37 (B 457), ✆ 70 11, Fax 7913, 𝄜 mit ≘ 🔲 im Haus — 📺 ☎
   🅿 — 🅰 40. ⓐⓔ ⓪ ⓔ 𝗩𝗜𝗦𝗔
   M *(Juli - Sept. Samstag geschl.)* a la carte 30/57 — **32 Z : 60 B** 70 - 110 Fb.

HUSSENHOFEN Baden-Württemberg siehe Schwäbisch Gmünd.

HUSUM 2250. Schleswig-Holstein 𝟿𝟾𝟽 ⑤ — 22 000 Ew — Höhe 5 m — ✆ 04841.
Sehenswert : Nordfriesisches Museum★.
Ausflugsziel : Die Halligen★ (per Schiff).
🏌 Schwesing-Hohlacker, ✆ (04841) 7 22 38.
🎫 Touristinformation, Zingel 4, ✆ 6 69 91, Fax 66982.
◆Kiel 84 — Flensburg 42 — Heide 40 — Schleswig 34.

🏦 Nordseehotel Husum ⤴, Am Seedeich, ✆ 50 22, ≼ Wattenmeer und Schiffahrt, ≘, 🔲
   — 📶 🅿 ☎ ⇦ 🅿 — 🅰 30
   21 Z : 35 B Fb.

🏦 **Hotel am Schloßpark** ⤴ garni, Hinter der Neustadt 76, ✆ 20 22, Fax 62062, 🐾 — 📺 ☎
   ⇦ 🅿 ⓐⓔ ⓔ 𝗩𝗜𝗦𝗔
   36 Z : 61 B 68/75 - 98/110 Fb.

🏦 Obsen's Hotel, Hafenstr. 3, ✆ 20 41 — 📶 📺 ☎ ⇦ 🅿
   17 Z : 40 B.

🏦 **Hinrichsen** garni, Süderstr. 35, ✆ 50 51, Fax 2801, ≘ — 📺 ☎ 🅿
   37 Z : 80 B 59/69 - 98/110 Fb — 3 Fewo.

🏦 **Thomas-Hotel**, Am Zingel 9, ✆ 60 87 — 📶 📺 ☎ 🅿 — 🅰 40. ⓐⓔ ⓪ ⓔ 𝗩𝗜𝗦𝗔
   M a la carte 24/52 — **36 Z : 58 B** 69/120 - 120/150 Fb.

🏠 **Rosenburg**, Schleswiger Chaussee 65 (B 201), ✆ 7 23 08, Fax 73893, 🍴, 🐾 — ⇦ 🅿. ⓐⓔ
   ⓪ ⓔ 𝗩𝗜𝗦𝗔
   M a la carte 30/66 — **16 Z : 32 B** 60/65 - 98/120 Fb.

🏠 **Zur grauen Stadt am Meer**, Schiffbrücke 9, ✆ 22 36, Fax 4019 — 📺 ☎ ⇦. ⓐⓔ ⓪ ⓔ
   𝗩𝗜𝗦𝗔
   15. Jan.- 15. Feb. geschl. — M a la carte 27/56 — **18 Z : 35 B** 45/70 - 90/120 Fb.

🏠 **Osterkrug**, Osterende 56, ✆ 28 85, Fax 2881, ≘ — 🅿. ⓪ ⓔ 𝗩𝗜𝗦𝗔
   M a la carte 24/55 — **27 Z : 51 B** 49 - 98.

🏠 Wohlert garni, Markt 30, ✆ 22 29 — 📺 ⇦
   10 Z : 20 B.

In Simonsberger Koog 2251 SW : 7 km :

🏦 **Lundenbergsand** ⤴, Lundenbergweg 3, ✆ (04841) 43 57, 🍴, 🐾 — 🅿. ⓐⓔ ⓪ 𝗩𝗜𝗦𝗔. 🦅
   M *(Okt.- März Montag und 7. Jan.- 8. Feb. geschl.)* a la carte 31/53 — **17 Z : 33 B** 80/100 -
   110/150 Fb.

In Witzwort-Adolfskoog 2251 SW : 10 km, über die B 5 :

🍴🍴 **Roter Haubarg**, ✆ (04864) 8 45, 🍴, « Renovierter nordfriesischer Bauernhof a.d. 18. Jh. »
   — 🅿. ⓐⓔ ⓪ ⓔ
   M a la carte 26/57.

In Hattstedter Marsch 2251 NW : 12 km - 9 km über die B 5, dann rechts ab :

🏠 **Arlauschleuse** 🦢 (Urlaubshotel in Marschlandschaft und Vogelschutzgebiet),
𝒫 (04846) 3 66, 🍽, 🏍 — ☎ 🅿
15. Jan.- 20. Feb. geschl. — **M** *(Nov.- März Dienstag geschl.)* a la carte 27/57 — **29 Z : 60 B**
51/70 - 82/91 Fb — 4 Fewo 70/76 — ½ P 57/70.

HUZENBACH Baden-Württemberg siehe Baiersbronn.

IBACH Baden-Württemberg siehe St. Blasien.

IBBENBÜREN 4530. Nordrhein-Westfalen 𝟡𝟠𝟟 ⑭. 𝟜𝟙𝟚 G 10 — 44 800 Ew — Höhe 79 m —
🅩 05451 — 🅱 Tourist-Information, Pavillon am Bahnhof, 𝒫 5 37 77.
♦Düsseldorf 173 — ♦Bremen 143 — ♦Osnabrück 30 — Rheine 22.

🏠 **Leischulte**, Rheiner Str. 10 (B 65), 𝒫 40 88, Fax 1080, 🍸, 🅇 — 📶 📺 ☎ ⟸ 🅿 — 🔏 40.
🆎 ⓞ 🅴 𝖵𝖨𝖲𝖠
M a la carte 30/61 — **41 Z : 60 B** 48/80 - 115/125 Fb.

🏠 **Hubertushof**, Münsterstr. 222 (B 219, S : 2,5 km), 𝒫 34 10, 🍽 — 📺 ☎ ⟸ 🅿 ⓞ 𝖵𝖨𝖲𝖠
20. Dez.- 20. Jan. geschl. — **M** *(Dienstag geschl.)* a la carte 25/60 — **17 Z : 27 B** 60/90 -
90/120 Fb.

🏠 **Brügge**, Münsterstr. 201 (B 219), 𝒫 1 30 98, 🍽 — 🅿 — **16 Z : 23 B**.

IBURG, BAD 4505. Niedersachsen 𝟡𝟠𝟟 ⑭. 𝟜𝟙𝟚 H 10 — 9 700 Ew — Höhe 140 m —
Kneippheilbad — 🅩 05403.
🅱 Kurverwaltung, Philipp-Sigismund-Allee 4, 𝒫 40 16 12.
♦Hannover 147 — Bielefeld 43 — Münster (Westfalen) 43 — ♦Osnabrück 16.

🏠 **Hotel im Kurpark** 🦢, Philipp-Sigismund-Allee 4, 𝒫 40 11, Fax 401444,
« Gartenterrasse », direkter Zugang zum Kurmittelhaus — 📶 ☎ 🅿 — 🔏 25/300. 🆎 ⓞ 🅴.
🦶 Zim
M 17/30 (mittags) und a la carte 32/53 — **50 Z : 100 B** 80/109 - 130/150 Fb — ½ P 85/129.

🏠 **Waldhotel Felsenkeller**, Charlottenburger Ring 46 (B 51), 𝒫 8 25, « Gartenterrasse,
➤ Wildgehege » — 📶 ☎ ⟸ 🅿 — 🔏 25/80. 🆎 ⓞ 🅴
7. Jan.- 10. Feb. geschl. — **M** *(Freitag geschl.)* a la carte 18/45 — **30 Z : 55 B** 50/65 - 80/
100 Fb — ½ P 65/75.

🏠 **Altes Gasthaus Fischer-Eymann**, Schloßstr. 1, 𝒫 3 11, 🏍 — 📺 ⟸ 🅿
➤ **M** a la carte 16/43 — **12 Z : 24 B** 37/45 - 74/90 — 2 Fewo 100 — ½ P 46/54.

ICHENHAUSEN Bayern siehe Günzburg.

IDAR-OBERSTEIN 6580. Rheinland-Pfalz 𝟡𝟠𝟟 ㉔. 𝟜𝟙𝟚 E 17 — 38 000 Ew — Höhe 260 m —
🅩 06781.
Sehenswert : Edelsteinmuseum★★ — Lage★ — ⩊★ von der Wasenstraße (in Oberstein).
Ausflugsziel : Felsenkirche★ 10 min zu Fuß (ab Marktplatz Oberstein).
🅱 Städt. Verkehrsamt, Bahnhofstr. 13 (Nahe-Center), 𝒫 2 70 25, Telex 426211.
ADAC, Mainzer Str. 79, 𝒫 4 39 22.
Mainz 92 — Bad Kreuznach 49 — ♦Saarbrücken 79 — ♦Trier 75.

Im Stadtteil Idar :

🏠 **Merian-Hotel** garni, Mainzer Str. 34, 𝒫 40 10, Telex 426262, Fax 401354, ⩊ — 📶 📺 ☎ 👶
— 🔏 25/80. 🆎 ⓞ 𝖵𝖨𝖲𝖠
106 Z : 212 B 98/108 - 138/170 Fb.

🏠 **Zum Schwan**, Hauptstr. 25, 𝒫 4 30 81 — 📺 ☎ ⟸. 🆎 ⓞ 𝖵𝖨𝖲𝖠
M 21/36 (mittags) und a la carte 32/68 — **15 Z : 28 B** 65/75 - 100 Fb.

Im Stadtteil Oberstein :

🏠 **City-Hotel** garni, Otto-Decker-Str. 15, 𝒫 2 20 62, Fax 27337 — 📺 ☎. 🆎 ⓞ 🅴 𝖵𝖨𝖲𝖠
22. Dez.- 9. Jan. geschl. — **14 Z : 24 B** 70/75 - 110/125.

🏠 Edelstein-Hotel garni, Hauptstr. 302, 𝒫 2 30 58, Massage, 🍸, 🅇 — 🅿 — **16 Z : 34 B**.

In Idar-Oberstein 3-Tiefenstein NW : 3,5 km ab Idar :

🏠 **Handelshof**, Tiefensteiner Str. 235 (B 422), 𝒫 3 10 11, Fax 31057, 🍽 — 📺 ☎ ⟸ 🅿 🆎
ⓞ 𝖵𝖨𝖲𝖠
M a la carte 22/60 🍴 — **15 Z : 26 B** 50/70 - 90/120 Fb.

In Idar-Oberstein 25 - Weierbach NO : 8,5 km :

🏠 **Hosser**, Weierbacher Str. 70, 𝒫 (06784) 2 21, 🍸 — ⟸ 🅿. 🅴
➤ **M** *(Freitag geschl.)* a la carte 22/39 — **13 Z : 29 B** 35/55 - 70/100.

🏠 **Rieth**, Weierbacher Str. 13, 𝒫 (06784) 3 96, Fax 9233 — 🅿. 🦶 Zim
➤ **M** *(Sonntag bis 18 Uhr geschl.)* a la carte 18/30 — **9 Z : 12 B** 28/32 - 60/64.

In Kirschweiler 6580 NW : 7 km ab Idar :

🏠 **Waldhotel** 🦢, Mühlwiesenstr. 12, 𝒫 (06781) 3 38 62, 🌇 – ☎ 🅿
M *(nur Abendessen)* a la carte 27/44 – **20 Z : 33 B** 45/55 - 75/95.

✗✗ **Kirschweiler Brücke**, Kirschweiler Brücke 2, 𝒫 (06781) 3 33 83 – 🅿. 🦌
Mittwoch geschl. – **M** a la carte 25/48.

In Allenbach 6581 NW : 13 km ab Idar :

🏠 **Steuer**, Hauptstr. 10, 𝒫 (06786) 20 89, 🤝, 🚿 – 🅿. 🅞 **E**
↤ **M** a la carte 19/43 – **17 Z : 36 B** 30/42 - 52/70.

In Veitsrodt 6581 N : 4 km ab Idar :

🏠 **Sonnenhof**, Hauptstr. 16a, 𝒫 (06781) 3 10 38, 🤝, 🔲, 🚿 – 🔉 ☎ 🛏 🅿. *VISA*. 🦌
M *(Mittwoch und 3. - 31. Jan. geschl.)* a la carte 28/55 ⅋ – **24 Z : 41 B** 49/65 - 90/100 Fb.

IDSTEIN 6270. Hessen 🈴🈴🈴 ㉘, 🔢🔢 🔢🔢 H 16 – 21 000 Ew – Höhe 266 m – 🆚 06126.

🏌 Henriettenthal, Am Nassen Berg, 𝒫 88 66.

🛈 Fremdenverkehrsamt, König-Adolf-Platz (Killingerhaus), 𝒫 7 82 15.

◆Wiesbaden 21 – ◆Frankfurt am Main 50 – Limburg an der Lahn 28.

🏠 **Felsenkeller**, Schulgasse 1, 𝒫 33 51, Fax 53804 – 🛏. **E**
↤ *25. März - 14. April geschl.* – **M** *(Freitag geschl.)* a la carte 17/30 – **16 Z : 25 B** 40/65 - 65/100.

✗ **Zum Tal** mit Zim, Marktplatz 4, 𝒫 30 67, 🌇 – 🅿
(wochentags nur Abendessen) – **13 Z : 26 B**.

✗ **Zur Peif**, Himmelsgasse 2, 𝒫 5 73 57 – **E** *VISA*
nur Abendessen, Mittwoch geschl. – **M** a la carte 29/52.

IFFELDORF 8127. Bayern 🔢🔢🔢 Q 23, 🔢🔢🔢 F 5 – 1 900 Ew – Höhe 603 m – 🆚 08856.

🏌 Iffeldorf-Eurach (NO : 2 km), 𝒫(08801) 13 32 ; 🏌 Beuerberg, Gut Sterz (NO : 12 km), 𝒫 (08179) 6 17 – 🛈 Verkehrsverein, Hofmark 9, 𝒫 37 46.

◆ München 52 – Garmisch-Partenkirchen 42 – Weilheim 22.

🏨 **Landgasthof Osterseen**, Hofmark 9, 𝒫 10 11, Fax 9606, « Terrasse mit ≼ Osterseen », Massage, 🤝 – 🔲 ☎ 🛏 🅿 – 🔬 25/40. 🆎 🅞 **E** *VISA*
2.- 17. Jan. und 21. Mai - 6. Juni geschl. – **M** *(Dienstag geschl.)* a la carte 28/58 – **24 Z : 48 B** 98/128 - 158/188 Fb.

IGEL Rheinland-Pfalz siehe Trier.

IHRINGEN 7817. Baden-Württemberg 🔢🔢🔢 F 22, 🔢🔢🔢 ㉘, 🔢🔢 ⑦ – 4 600 Ew – Höhe 225 m – 🆚 07668.

◆Stuttgart 204 – Colmar 29 – ◆Freiburg im Breisgau 21.

🏨 **Bräutigam's Weinstuben**, Bahnhofstr. 1, 𝒫 2 10, Fax 9360, « Gartenterrasse » – 🔲 ☎ 🅿 – 🔬 25. 🆎 🅞 **E** *VISA*. 🦌 Zim
16.- 31. Jan. und 1.- 15. Aug. geschl. – **M** *(Mittwoch geschl.)* a la carte 26/56 ⅋ – **23 Z : 37 B** 70/80 - 110/120 Fb.

🏠 **Winzerstube**, Wasenweiler Str. 36, 𝒫 50 51, Fax 9379, 🌇 – ☎ 🅿. 🆎 🅞 **E** *VISA*
20.- 28. Feb. geschl. – **M** *(Montag geschl.)* a la carte 35/66 – **16 Z : 22 B** 45/70 - 90/98.

🏤 **Goldener Engel** (mit 🏨 Gästehaus), Bachenstr. 27, 𝒫 50 28 – ☎ 🅿
↤ **M** *(Montag geschl.)* a la carte 21/46 ⅋ – **26 Z : 52 B** 40/70 - 65/95 – ½ P 51/79.

ILLERTISSEN 7918. Bayern 🔢🔢🔢 N 22, 🈴🈴🈴 ㉘, 🔢🔢🔢 C 4 – 13 100 Ew – Höhe 513 m – 🆚 07303.

◆München 151 – Bregenz 106 – Kempten 66 – ◆Ulm (Donau) 27.

🏨 **Am Schloß** 🦢, Lindenweg 6, 𝒫 30 40, 🌇, 🤝, 🚿 – 🔲 ☎ 🛏 🅿. **E**
23. Dez.- 7. Jan. geschl. – **M** *(nur Abendessen, Samstag geschl.)* a la carte 29/52 ⅋ – **17 Z : 34 B** 70/100 - 100/140.

🏠 **Bahnhof-Hotel Vogt**, Bahnhofstr. 11, 𝒫 60 01 – 🔲 ☎ 🛏 🅿
M *(Samstag und 17. Aug.- 7. Sept. geschl.)* a la carte 22/46 ⅋ – **30 Z : 45 B** 50/60 - 100.

✗✗ **Krone - Kronenstube**, Auf der Spöck 2, 𝒫 34 01 – 🅿. **E**
Mittwoch geschl. – **M** a la carte 52/70 – **Völhinstube** Menu a la carte 30/60.

In Illertissen-Dornweiler :

✗✗ **Dornweiler Hof**, Dietenheimer Str. 91, 𝒫 27 81, 🌇 – 🅿
Dienstag und Jan. 3 Wochen geschl. – Menu a la carte 27/59.

ILLSCHWANG 8451. 🔢🔢🔢 S 18 – 1 500 Ew – Höhe 500 m – 🆚 09666.

◆München 202 – Amberg 16 – ◆Nürnberg 49.

🏠 **Weißes Roß**, Am Kirchberg 1, 𝒫 2 23, Fax 284, 🚿 – 🔉 ☎ 🅿 – 🔬 25/50
M *(Montag geschl.)* a la carte 27/60 – **29 Z : 55 B** 45/60 - 80/120.

LSEDE Niedersachsen siehe Peine.

ILSFELD 7129. Baden-Württemberg 987 ⑳. 412 413 K 19 – 6 500 Ew – Höhe 252 m – ✆ 07062 Beilstein).

•Stuttgart 40 – Heilbronn 12 – Schwäbisch Hall 45.

🏠 **Lamm**, Auensteiner Str. 8, ✆ 6 15 27 – 📺 ☎ ⇦ 🅿. 🛏 Zim
→ **M** *(Samstag - Sonntag, 27. Jan. - 10. Feb. und Juli - Aug. 3 Wochen geschl.)* a la carte 19/30
⅛ – **26 Z : 37 B** 39/78 - 76/110 Fb.

🏠 **Ochsen**, König-Wilhelm-Str. 31, ✆ 68 01 – 📳 ☎ ⇦ 🅿
1.- 14. Jan. geschl. – **M** *(Mittwoch bis 17 Uhr geschl.)* a la carte 22/32 ⅛ – **30 Z : 47 B** 58/68
- 90/96.

🏠 Garni 🛏, Fischerstr. 30, ✆ 6 19 84 – ⇦ 🅿 – **11 Z : 20 B**.

LSHOFEN 7174. Baden-Württemberg 413 M 19 – 4 300 Ew – Höhe 441 m – ✆ 07904.

•Stuttgart 87 – Crailsheim 13 – Schwäbisch Hall 19.

🏠 **Park-Hotel**, Parkstr. 2 (B14), ✆ 70 33 22, Fax 703222, 🏡, ⇖, 🔲, 🐎 – 📳 🗐 📺 ☎ ⇦
🅿 – 🔏 25/200. ① 𝘝𝘐𝘚𝘈. 🛏 Rest
M a la carte 39/60 – **29 Z : 58 B** 110 - 149 Fb.

🏠 **Post**, Hauptstr. 5, ✆ 10 12 – ☎ ⇦ 🅿 – 🔏 40. ① 𝘝𝘐𝘚𝘈
→ *Mitte Juli - Anfang Aug. geschl.* – **M** a la carte 21/45 ⅛ – **17 Z : 30 B** 31/65 - 65/85 Fb.

IMMEKEPPEL Nordrhein-Westfalen siehe Overath.

IMMENDINGEN 7717. Baden-Württemberg 413 J 23, 427 ⑥ – 5 500 Ew – Höhe 658 m –
✆ 07462.

•Stuttgart 130 – Donaueschingen 20 – Singen (Hohentwiel) 32.

🏠 **Kreuz**, Donaustr. 1, ✆ 62 75, ⇖ – ☎ ⇦ 🅿. ① E
→ *22. Sept. - 14. Okt. geschl.* – **M** *(Montag bis 18 Uhr geschl.)* a la carte 21/32 ⅛ – **19 Z : 35 B**
42/45 - 75/80.

IMMENSTAAD AM BODENSEE 7997. Baden-Württemberg 413 KL 23, 24, 987 ⑳. 427 M 2,3
– 5 900 Ew – Höhe 407 m – Erholungsort – ✆ 07545.

🎗 Verkehrsamt, Rathaus, Dr.-Zimmermann-Str. 1, ✆ 20 11 10.

•Stuttgart 199 – Bregenz 39 – ◆Freiburg im Breisgau 152 – Ravensburg 29.

🏠 **Seehof** 🛏, Bachstr. 15, ✆ 7 84 (Hotel) 21 79 (Rest.), Fax 786, ≤, 🏡, 🚣, 🐎 – 📺 ☎ 🅿.
→ 🗚 E. 🛏 Zim
Hotel: 15. Dez.- 15. Feb. geschl., Restaurant: Nov.- Feb. geschl. – **M** a la carte 21/60 –
34 Z : 55 B 70/100 - 110/140 – 3 Fewo 120/150.

🏠 **Strandcafé Heinzler** 🛏, Strandbadstr. 10, ✆ 7 68, ≤, Bootssteg, « Gartenterrasse »,
⇖ – 📺 ☎ 🅿
Jan.- Feb. geschl. – **M** *(Mittwoch geschl.)* a la carte 31/57 – **16 Z : 32 B** 80 - 130 Fb –
3 Fewo 120.

🏠 **Hirschen**, Bachstr. 1, ✆ 62 38 – 📺 ⇦
Anfang Nov.- Mitte Jan. geschl. – **M** *(Montag geschl.)* a la carte 23/45 – **15 Z : 23 B** 50 - 95.

🏠 **Adler**, Dr.-Zimmermann-Str. 2, ✆ 14 70, Fax 1311, ⇖ – 🅿
→ *Dez.- Jan. 4 Wochen geschl.* – **M** *(Nov.- März Samstag geschl.)* a la carte 20/48 – **40 Z :
68 B** 40/60 - 70/95.

🏡 **Krone** 🛏, Wattgraben 3, ✆ 62 39, 🐎 – 🅿. 🛏 Zim
→ *März - Nov.* – **M** *(Donnerstag geschl.)* a la carte 21/34 – **18 Z : 35 B** 55/60 - 90/95 Fb.

In Immenstaad-Schloß Kirchberg W : 2 km :

XX **Schloß Kirchberg** mit Zim, an der B 31, ✆ 62 46, 🏡 – 🅿 – 🔏 40
März - Okt. – **M** *(Dienstag geschl.)* a la carte 28/64 – **3 Z : 7 B** 55 - 80/90.

IMMENSTADT IM ALLGÄU 8970. Bayern 987 ⑳. 413 N 24. 426 C 6 – 13 000 Ew – Höhe 732 m
– Erholungsort – Wintersport : 750/1 450 m ≤10 ≰12 – ✆ 08323.

🎗 Gästeamt, Marienplatz 3, ✆ 8 04 81, Fax 7846 – 🎗 Verkehrsamt, Seestr. 5, (Bühl am Alpsee), ✆ 8 04 83.

•München 148 – Kempten (Allgäu) 23 – Oberstdorf 20.

🏠 **Hirsch**, Hirschstr. 11, ✆ 62 18, Fax 80965 – 📳 📺 ⇦ 🅿
→ **M** a la carte 20/46 ⅛ – **30 Z : 50 B** 39/55 - 70/104 – ½ P 59/76.

🏠 **Lamm**, Kirchplatz 2, ✆ 61 92 – ⇦ 🅿. 🛏
(nur Abendessen für Hausgäste) – **26 Z : 40 B**.

X **Deutsches Haus**, Färberstr. 10, ✆ 89 94, 🏡 – 🅿. 🗚 ① E
Montag und 8.- 20. Mai geschl. – **M** a la carte 25/48 ⅛.

In Immenstadt - Bühl am Alpsee NW : 3 km – Luftkurort :

🏠 **Terrassenhotel Rothenfels**, Missener Str. 60, ✆ 40 87, Fax 4080, ≤, 🏡, ⇖, 🔲, 🐎 –
📳 ⇦ 🅿
Mitte Nov.- Mitte Dez.geschl. – **M** *(Okt.- Mai Donnerstag - Freitag 17 Uhr geschl.)* a la carte
22/55 – **34 Z : 70 B** 70/105 - 120/180 Fb – 3 Appart..

In Immenstadt-Knottenried NW : 7 km :

🏠 **Bergstätter Hof** ⤷, 𝄞 (08320) 2 87, ≼, 🍴, 🍺, 🔟, 🐎 – 📺 🅿
5. Nov.- 15. Dez. geschl. – **M** *(Montag - Dienstag 15 Uhr geschl.)* a la carte 32/60 – **27 Z 51 B** 40/75 - 72/116 Fb – ½ P 57/80.

In Immenstadt-Stein N : 3 km :

🏥 Krone, an der B 19, 𝄞 88 54, 🍴, 🍺, 🐎 – 📺 🕿 ⇦ 🅿 – 🛦 40
20 Z : 38 B Fb.

🏠 **Eß** ⤷ garni, Daumenweg 9, 𝄞 81 04, ≼, 🐎 – 🅿. ✻
12 Z : 20 B 44/52 - 80/96.

In Immenstadt-Thanners NO : 7 km :

🏡 Zur Tanne, an der B 19, 𝄞 (08379) 8 29, 🍴, 🐎 – 🕿 🅿
17 Z : 26 B – 8 Fewo.

INGELFINGEN 7118. Baden-Württemberg **👁👁👁** LM 19 – 5 400 Ew – Höhe 218 m – ⚙ 0794
(Künzelsau).

🛈 Verkehrsamt, Schloßstr. 12 (Rathaus), 𝄞 1 30 90.
♦Stuttgart 98 – Heilbronn 56 – Schwäbisch Hall 27 – ♦Würzburg 84.

🏠 **Haus Nicklass**, Mariannenstr. 47, 𝄞 35 73, 🍺 – 🅿. **E**
🍴 **M** *(Freitag ab 14 Uhr und 20. Dez.- 20. Jan. geschl.)* a la carte 17/39 🍼 – **23 Z : 38 B** 30/45
60/75 – 2 Fewo 55/95.

INGELHEIM AM RHEIN 6507. Rheinland-Pfalz **👁👁👁** H 17 – 23 000 Ew – Höhe 120 m – ⚙ 06132
Mainz 18 – Bingen 13 – Bad Kreuznach 25 – ♦Wiesbaden 23.

🏠 **Multatuli**, Mainzer Str. 255 (O : 1,5 km), 𝄞 71 83, ≼, 🐎 – 📺 🕿 🅿
M a la carte 27/42 🍼 – **18 Z : 36 B** 75 - 120.

🏠 **Erholung** garni, Binger Str. 94, 𝄞 70 63 – 📺 🕿 ⇦. ✻
19 Z : 35 B Fb.

INGOLSTADT 8070. Bayern **👁👁👁** R 20, **👁👁👁** ㊳㊲ – 100 000 Ew – Höhe 365 m – ⚙ 0841.
Sehenswert : Maria-de-Victoria-Kirche★ A A – Liebfrauenmünster (Hochaltar★) A B.
🏌 Gerolfinger Str. (über ④), 𝄞 8 57 78.
🛈 Städtisches Verkehrsamt, Hallstr. 5, 𝄞 30 54 17.
ADAC, Milchstr. 23, 𝄞 3 56 35, Telex 55831.
♦München 80 ① – ♦Augsburg 86 ① – ♦Nürnberg 91 ① – ♦Regensburg 76 ①.

Stadtplan siehe gegenüberliegende Seite.

🏨 **Queens-Hotel Ambassador**, Goethestr. 153, 𝄞 50 30, Telex 55710, Fax 5037, 🍴, 🍺 –
🛗 ≼→ Zim 🔲 📺 👤 🅿 – 🛦 25/120. 🆎 🛈 **E** 𝕍𝕀𝕊𝔸   über ①
M a la carte 30/59 – **119 Z : 200 B** 168 - 216 Fb.

🏨 **Rappensberger**, Harderstr. 3, 𝄞 31 40, Telex 55834, Fax 314200, 🍴 – 🛗 📺 🕿 ⇦ –
🛦 25/70. 🆎 🛈 **E** 𝕍𝕀𝕊𝔸   A ▮
23. Dez.- 2. Jan. geschl. – **M** *(Sonntag ab 15 Uhr, Samstag und 4.- 18. Aug. geschl.)* a la
carte 23/60 – **85 Z : 114 B** 90/115 - 145/185 Fb.

🏨 **Bavaria - Restaurant Beim Hummel** ⤷, Feldkirchener Str. 67, 𝄞 5 60 01, Telex 55791,
Fax 58802, 🍺, 🔟, 🍴 – 🛗 📺 🕿 ⇦ 🅿 – 🛦 35. 🆎 🛈 **E** 𝕍𝕀𝕊𝔸   B b
M *(nur Abendessen, Sonntag und 25. Dez.- 7. Jan. geschl.)* a la carte 25/51 – **58 Z : 80 B**
65/85 - 85/110 Fb.

🏨 **Donau-Hotel**, Münchner Str. 10, 𝄞 6 20 55, Fax 68744 – 🛗 📺 🕿 ⇦ 🅿 – 🛦 25/70. 🆎
🛈 **E** 𝕍𝕀𝕊𝔸. ✻   B a
M *(Sonntag ab 15 Uhr, Samstag und 2.- 25. Aug. geschl.)* a la carte 33/67 – **53 Z : 80 B**
62/75 - 105/115 Fb.

🏠 **Ammerland** garni, Ziegeleistr. 64, 𝄞 5 60 54, Fax 26115 – 📺 🕿 🅿. **E** 𝕍𝕀𝕊𝔸
20. Dez.- 10. Jan. geschl. – **27 Z : 54 B** 65/70 - 95/100 Fb.

über Friedrich-Ebert-Straße   B

🏠 **Bayerischer Hof**, Münzbergstr. 12, 𝄞 14 03 – 📺 🕿 🅿. 🆎 **E** 𝕍𝕀𝕊𝔸   B n
🍴 **M** *(Samstag 14 Uhr - Sonntag geschl.)* a la carte 17/37 – **34 Z : 57 B** 40/65 - 75/98 Fb.

🏠 **Pfeffermühle**, Manchinger Str. 68, 𝄞 6 70 30, Fax 66142, 🍴 – 🕿 🅿. 🆎 **E**   B s
M *(Sonntag geschl.)* a la carte 26/46 – **17 Z : 30 B** 65 - 95 Fb.

🏠 **Anker**, Tränktorstr. 1, 𝄞 3 00 50, Fax 300580 – 📺 🕿 🅿. **E** 𝕍𝕀𝕊𝔸   B z
🍴 **M** a la carte 17/47 – **42 Z : 70 B** 53/65 - 74/84 Fb.

🍽🍽 **Tafelmeier**, Theresienstr. 31, 𝄞 3 36 60, 🍴 – 🆎 **E**   A e
11.- 27. Jan. und Montag geschl. – **M** a la carte 26/67.

🍽🍽 **Im Stadttheater**, Schloßlände 1, 𝄞 13 41, Fax 1345, 🍴 – 🍽 – 🛦 25/100. 🆎 🛈 **E** 𝕍𝕀𝕊𝔸
Montag und Mitte Aug.- Anfang Sept. geschl. – **M** a la carte 39/60.   B ▮

🍽 et cetera, Josef-Ponschab-Str. 8, 𝄞 3 22 55   B u
(nur Abendessen).

414

INGOLSTADT

0   200 m

In Ingolstadt-Hagau SW : über ③

🏠 **Motel Meier** ⑆, Weiherstr. 13, ℰ (08450) 80 31, 🚗 – 📺 ☎ 🅿. 🛇
22. Dez.- 6. Jan. geschl. — (nur Abendessen für Hausgäste) – **10 Z : 20 B** 45 - 80.

An der B 13 ④ : 4 km :

🏠 **Heidehof**, Ingolstädter Str. 121 , ⊠ 8074 Gaimersheim, ℰ (08458) 6 40, Telex 55688, Fax
64230, 🏤, Bade- und Massageabteilung, 🎇, 🔲, 🚗 – 🛗 ⇄ Zim 📺 ⅙ 🚗 🅿 – 🔬 40.
🆎 ⒶⒹ Ⓔ 𝕍𝕀𝕊𝔸
M *(Karfreitag - Ostermontag geschl.)* a la carte 28/72 – **76 Z : 118 B** 93/143 - 144/230 Fb.

In Wettstetten 8071 N : 7 km :

🍴 **Provinz-Restaurant im Raffelwirt**, Kirchplatz 9 (1. Etage), ℰ (0841) 3 81 73 – 🛇
nur Abendessen, Sonntag - Montag, Anfang Jan. 1 Woche und Anfang - Mitte Aug. geschl.
— **M** a la carte 42/62.

INNERSTETALSPERRE Niedersachsen siehe Langelsheim.

INNING 8084. Bayern 413 Q 22, 987 ㊲㊳, 426 ⑯ – 2 800 Ew – Höhe 553 m – ✆ 08143.
▶München 37 – Garmisch-Partenkirchen 77 – Landsberg am Lech 23.

In Inning-Bachern SO : 1 km :

🏠 **Mutz** ⑆, Fischerstr. 4, ℰ 80 31, Fax 8034, 🏤 – 📺 ☎ 🚗 🅿
M *(Mittwoch geschl.)* a la carte 26/54 – **12 Z : 24 B** 55/70 - 90.

In Inning-Stegen :

🏠 **Wieser** garni, Landsberger Str. 82 (nahe der B 12), ℰ 87 81 – 🚗 🅿. 🛇
20. Dez.- 20. Jan. geschl. — **13 Z : 20 B** 55/80 - 80/100.

INZELL 8221. Bayern **413** V 23, **987** ⑱, **426** ⑲ — 3 700 Ew — Höhe 693 m — Luftkurort — Wintersport : 700/1 670 m ⽅6 ⽅5 — ⊙ 08665.

🛈 Verkehrsverein im Haus des Gastes, Rathausplatz 5, ℰ 8 62.

♦München 118 — Bad Reichenhall 15 — Traunstein 18.

🏛 **Zur Post**, Reichenhaller Str. 2, ℰ 60 11, Fax 7927, 🍴, ⇌, ☒ — ⧉ ᵉᵡᵉ Zim ▤ Rest 📺
   ➡ ⟵ ℗ — ⚿ 25/70. ⓪ 🎫 𝑽𝑰𝑺𝑨
   25. Nov.- 15. Dez. geschl. — **M** a la carte 21/57 — **40 Z : 80 B** 75/95 - 140/180 Fb — 15 Fewo
   85/160 — ½ P 95/115.

🏛 **Bayerischer Hof** ⌂, Kreuzfeldstr. 55, ℰ 67 70, Fax 677219, 🍴, ⇌, ☒ — ⧉ 📺 ☎ ⌂
   ⚒ ⟵ ℗. 🎫 ⓪ 🎫 𝑽𝑰𝑺𝑨
   M a la carte 26/48 — **43 Z : 106 B** 95 - 150/220 Fb — 54 Fewo 460/1000 pro Woche —
   ½ P 98/135.

🏨 Schwarzberg, Traunsteiner Str. 95 (B 306, NW : 2 km), ℰ 75 65, ≤, 🍴, ⋞ — ⟵ ℗
   24 Z : 46 B.

🏨 **Birkenhof** garni, Birkenweg 20, ℰ 5 80, ☒, ⋞ — ℗
   10 Z : 20 B 45/50 - 85/90.

   In Inzell-Schmelz SW : 2,5 km :

🏛 **Gasthof Schmelz**, Schmelzer Str. 132, ℰ 8 34, Fax 1718, 🍴, ⇌, ☒, ⋞ — ⧉ ⟵ ℗. 🎫
   25. Nov.- 13. Dez. geschl. — **M** (Montag geschl.) 16/24 (mittags) und a la carte 22/46 —
   36 Z : 80 B 70 - 110/190 Fb — 4 Fewo 85/150.

   In Schneizlreuth-Weißbach a.d. Alpenstraße 8230 SO : 4 km :

⛺ **Alpenhotel Weißbach**, Berchtesgadener Str. 17, ℰ (08665) 74 85, 🍴, ⋞ — ℗
   ➡ Nov.- 15. Dez. geschl. — **M** a la carte 21/40 — **25 Z : 45 B** 40/44 - 64/72 — ½ P 47/52.

INZLINGEN Baden-Württemberg siehe Lörrach.

IPHOFEN 8715. Bayern **413** N 17, **987** ⑱ — 4 000 Ew — Höhe 252 m — ⊙ 09323.

♦München 248 — Ansbach 67 — ♦Nürnberg 72 — ♦Würzburg 29.

🏛 **Romantik-Hotel Zehntkeller**, Bahnhofstr. 12, ℰ 30 62, Fax 1519, 🍴, ⋞ — ☎ ⟵ ℗
   — ⚒ 30. 🎫 ⓪ 🎫 𝑽𝑰𝑺𝑨
   14. Jan.- 4. Feb. geschl. — **M** (Tischbestellung ratsam) 33 (mittags) und a la carte 46/75 —
   43 Z : 68 B 85/100 - 110/170 Fb.

🏨 **Goldene Krone**, Marktplatz 2, ℰ 33 30 — ☎ ⟵ — ⚒ 30
   ➡ 5.- 19. Aug. und 22. Dez.- 14. Jan. geschl. — **M** (Dienstag geschl.) a la carte 21/59 ⌂ — **25 Z :**
   44 B 50/65 - 84/95.

🏨 **Gästehaus Huhn** garni, Mainbernheimer Str. 10, ℰ 12 46, ⋞ — 📺 ☎ ℗. 🎫
   8 Z : 16 B 48/66 - 78/110.

🍴🍴 ⊛ **Zur Iphöfer Kammer** (Einrichtung im fränkischen Biedermeier-Stil), Marktplatz 24,
   ℰ 19 07 — ℗
   Montag - Dienstag 18 Uhr sowie Feb. und Aug. jeweils 2 Wochen geschl. — **M** (abends
   Tischbestellung ratsam) 58/65 und a la carte 42/58 — 2 Fewo 50/70
   Spez. Terrine von Zander und Lachsforelle, Gefüllter Zickleinrücken, Apfel auf Blätterteig mit Hagebutteneis.

🍴 **Wirtshaus zum Kronsberg** mit Zim, Schwanbergweg 14, ℰ 35 40, 🍴 — 🎫 🎫
   ➡ **M** (Montag geschl.) a la carte 20/50 ⌂ — **6 Z : 12 B** 49 - 74/88.

   In Willanzheim 8711 SW : 3 km :

⛺ **Schwarzer Adler**, Hauptstr. 11, ℰ (09323) 34 45 — ℗
   ➡ 12.- 29. Nov. geschl. — **M** (Dienstag geschl.) a la carte 18/30 ⌂ — **10 Z : 19 B** 22/35 - 44/65.

   In Mainbernheim 8717 NW : 3 km :

⛺ **Zum Falken**, Herrenstr. 27, ℰ (09323) 2 23 — ℗
   ➡ 15.- 31. März und 1.- 15. Sept. geschl. — **M** (Dienstag geschl.) a la carte 23/38 ⌂ — **13 Z :**
   24 B 32/55 - 56/90.

🍴🍴 **Zum Bären** mit Zim, Herrnstr. 21, ℰ (09323) 52 90, Fax 35290 — ☎. 🎫 ⓪ 🎫 𝑽𝑰𝑺𝑨. 🎀 Zim
   Ende Jan.- Aschermittwoch geschl. — **M** (Nov.- März Montag geschl.) a la carte 38/55 —
   10 Z : 20 B 52 - 78/90.

   In Rödelsee 8711 NW : 3,5 km :

🏨 **Gasthof und Gästehaus Stegner**, Mainbernheimer Str. 26, ℰ (09323) 34 15, 🍴, ⋞ —
   ➡ ☎ ⟵ ℗. 🎀 Zim
   22.- 16. Jan. geschl. — **M** (Dienstag und 5.- 15. Aug. geschl.) a la carte 19/37 ⌂ — **18 Z :**
   30 B 43 - 70/75.

🍴 **Winzerstube**, Wiesenbronner Str. 2, ℰ (09323) 52 22
   ➡ wochentags nur Abendessen, Mittwoch, 11. Feb.- 2. März und 1.- 20. Juli geschl. — **M** a la
   carte 21/42 ⌂.

IRL Bayern siehe Regensburg.

RREL 5527. Rheinland-Pfalz 412 C 17, 409 M 6, 214 ⑳ − 1 400 Ew − Höhe 178 m − Luftkurort − ✪ 06525.

🛈 Verkehrsamt, Talstraße (Gemeindeverwaltung), ✆ 8 46.

Mainz 179 − Bitburg 15 − ◆Trier 25.

🏠 **Koch-Schilt**, Prümzurlayer Str. 1, ✆ 8 60, 🍴 − ☎ ⇐⊃ ❷ − 🔏 30. 🎇 Zim
➡ **M** a la carte 17,50/42 − **47 Z : 90 B** 45/55 - 70/100 − ½ P 47/62.

🏠 **Irreler Mühle** 🦢, Talstr. 17, ✆ 8 26, 🍴, 🍴 − ⇐⊃ ❷. ⊙ E 𝖵𝖨𝖲𝖠
10. Jan.- 1. März geschl. − **M** (Dienstag geschl.) a la carte 26/41 🍸 − **11 Z : 20 B** 37/40 - 70/74 − 2 Fewo 50/60 − ½ P 47/52.

In Prümzurlay 5521 NW : 4 km :

🏠 **Haller**, Michelstr. 3, ✆ (06523) 6 56, Telex 4729647, 🈺, 🍴 − 📺 ☎ ❷ − 🔏 25 − **25 Z : 47 B** 52/70 - 116/138 Fb − ½ P 73/90.
🎇 Zim
Mitte Jan.- Mitte Feb. geschl. − **M** (Montag geschl.) a la carte 24/46 🍸 − **25 Z : 47 B** 52/70 - 116/138 Fb − ½ P 73/90.

RSCHENBERG 8167. Bayern 413 S 23, 987 ㊲, 426 H 5 − 2 600 Ew − Höhe 730 m − ✪ 08062 Bruckmühl).

München 48 − Miesbach 8 − Rosenheim 23.

🏠 **Kramerwirt**, Wendelsteinstr. 1, ✆ 15 31, Fax 6652, ≤, 🍴, 🍴 − ⇐⊃ ❷
22 Z : 40 B.

An der Autobahn A 8 Richtung Salzburg SW : 1,5 km :

🏠 **Autobahn-Rasthaus Irschenberg**, ⊠ 8167 Irschenberg, ✆ (08025) 20 71, ≤ Alpen, 🍴 − ❷
18 Z : 30 B.

RSEE Bayern siehe Kaufbeuren.

SENBURG Rheinland-Pfalz siehe Dierdorf.

SERLOHN 5860. Nordrhein-Westfalen 987 ⑭, 412 G 12 − 93 000 Ew − Höhe 247 m − ✪ 02371.
Siehe Ruhrgebiet (Übersichtsplan).

🛈 Verkehrsbüro, Konrad-Adenauer-Ring 15, ✆ 1 32 33.

◆Düsseldorf 81 ④ − Dortmund 26 ⑤ − Hagen 18 ④ − Lüdenscheid 30 ③.

Stadtplan siehe nächste Seite.

🏩 **Waldhotel Horn** 🦢, Seilerwaldstr. 10, ✆ 48 71, Fax 40780, 🍴, 🈺, 🔲 − 🕌 📺 ❷ − 🔏 40. ⊙ E 𝖵𝖨𝖲𝖠   X a
M (2.- 24. Jan. geschl.) 30/39 (mittags) und a la carte 42/74 − **44 Z : 80 B** 70/150 - 160/230 Fb.

🏨 **Engelbert** 🦢 garni, Poth 4, ✆ 1 23 45, Fax 22158, 🈺 − 🕌 📺 ☎ − 🔏 25. ⚛ ⊙ E 𝖵𝖨𝖲𝖠
🎇   Z c
24. Dez.- 4. Jan. geschl. − **24 Z : 43 B** 110/135 - 170/190 Fb.

🏨 **Korth**, In der Calle 4, ✆ 4 04 10, Fax 44944, 🍴, Biergarten, 🈺, 🔲, 🍴 − 📺 ☎ ❷ − 🔏 30. ⚛ ⊙ E 𝖵𝖨𝖲𝖠   über Seilerseestr. und ①   X
M (Freitag geschl.) a la carte 31/68 − **18 Z : 30 B** 98/105 - 145/165 Fb.

🏨 **Franzosenhohl** 🦢, Danzweg 25, ✆ 2 00 07, Fax 20009, 🍴, 🈺, 🎾 − 🕌 📺 ☎ ❷ − 🔏 25
25 Z : 53 B Fb.   über Obere Mühle   X

🏠 **Café Spetsmann** garni, Poth 6, ✆ 1 40 49, Fax 12708 − ☎. 🎇   Z c
9 Z : 14 B 45/70 - 115.

✕✕ **Waldhaus Graumann**, Danzweg 29, ✆ 2 36 05, 🍴 − ❷   über Obere Mühle   X
Donnerstag geschl. − **M** 25/32 (mittags) und a la carte 37/60.

In Iserlohn 7-Dröschede W : 4 km über Oestricher Str. X :

🏠 **Peiler**, Oestricher Str. 145, ✆ (02374) 7 14 72, 🍴 − ☎ ❷ ⚛ ⊙ E 𝖵𝖨𝖲𝖠. 🎇 Zim
23. Dez.- 15. Jan. geschl. − **M** (Freitag geschl.) a la carte 23/48 − **15 Z : 25 B** 51 - 95 Fb.

In Iserlohn-Grüne ③ : 5 km :

🏠 **Zur Dechenhöhle**, Untergrüner Str. 8, ✆ (02374) 73 34 − ☎ ⇐⊃ ❷. ⚛ ⊙ E 𝖵𝖨𝖲𝖠. 🎇 Zim
Juli - Aug. 2 Wochen geschl. − **M** (Sonntag geschl.) a la carte 31/64 − **11 Z : 18 B** 45/65 - 90/115.

In Iserlohn-Kesbern S : 8 km über Obere Mühle X :

🏨 **Zur Mühle** 🦢, Grüner Talstr. 400 (Richtung Letmathe), ✆ (02352) 29 63, 🍴 − 📺 ☎ ⇐⊃ ❷ ⚛ ⊙ E
M (Montag geschl.) a la carte 30/51 − **15 Z : 26 B** 65/75 - 95/130.

In Iserlohn-Lössel ③ : 6 km :

🏨 **Neuhaus**, Lösseler Str. 149, ✆ 72 56, Fax 7664, 🈺 − 📺 ☎ ⇐⊃ ❷. ⚛ 𝖵𝖨𝖲𝖠
M (wochentags nur Abendessen, Dienstag geschl.) a la carte 37/65 − **15 Z : 25 B** 85/130 - 125/190.

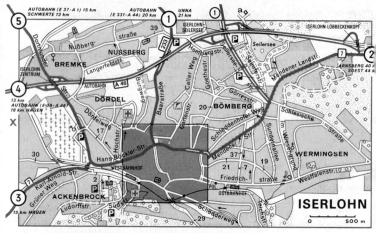

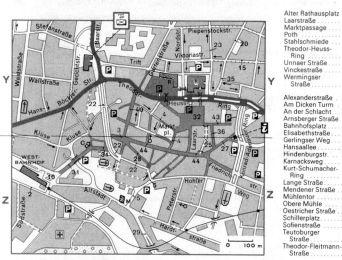

ISERNHAGEN Niedersachsen siehe Hannover.

ISING Bayern siehe Chieming.

ISMANING 8045. Bayern 🔢🔢🔢 S 22. 🔢🔢🔢 ㊲, 🔢🔢🔢 ⑰ – 13 000 Ew – Höhe 490 m – ☎ 089 (München) – ◆München 14 – Ingolstadt 69 – Landshut 58 – ◆Nürnberg 157.

🏨 **Zur Mühle**, Kirchplatz 5, ℰ 96 09 30, Telex 529537, Fax 96093110, Biergarten, « Gasträume mit rustikaler Einrichtung », ≘s, 🖊 – 🛗 📺 ☎ 🅿 – 🔏 35. ᴀᴇ ⓞ ᴇ 𝕍𝕚𝕤𝕒
M a la carte 32/60 – **108 Z : 170 B** 98/140 - 135/195 Fb.

🏠 **Fischerwirt** 🦢 garni, Schloßstr. 17, ℰ 96 48 53, Fax 963583, 🚿 – 🛗 📺 ☎ 🅿. ᴀᴇ ᴇ 𝕍𝕚𝕤𝕒 🦢
22. Dez.- 10. Jan. geschl. – **44 Z : 58 B** 60/145 - 86/197 Fb.

🏠 **Frey** garni, Hauptstr. 15, ℰ 96 30 33, Fax 967330, ≘s – ☎ 🅿. ᴀᴇ ⓞ ᴇ 𝕍𝕚𝕤𝕒
23 Z : 49 B 95/100 - 125/150 Fb.

🏠 **Neuwirt**, Schloßstr. 7, ℰ 96 48 61, Fax 964863, Biergarten – ☎ ⟸ 🅿
◆ 24.- 31. Dez. geschl. – **M** a la carte 19/45 – **41 Z : 50 B** 55/125 - 90/160 Fb.

🏠 **Zur Post**, Hauptstr. 7, ℰ 9 62 01 – 🛗 ⅛ 🅿 – **40 Z : 80 B** Fb.

ISNY 7972. Baden-Württemberg **987** ⑱, **413** N 23, **426** C 5 – 12 700 Ew – Höhe 704 m –
Heilklimatischer Kurort – Wintersport : 700/1 120 m ⟱9 ⟱13 – ✿ 07562.

🏛 Kurverwaltung, Untere Grabenstr. 18, ℰ 7 01 10, Fax 70172.

◆Stuttgart 189 – Bregenz 42 – Kempten (Allgäu) 25 – Ravensburg 41.

🏠 **Hohe Linde**, Lindauer Str. 75, ℰ 20 66, 🔲, 🌳 – ☎ 🚗 🅿 ☜ 🝰 ⓄⒺ 𝗩𝗜𝗦𝗔
M *(wochentags nur Abendessen, Freitag geschl.)* a la carte 32/62 – **26 Z : 43 B** 60/75 -
100/135 Fb.

🏠 **Garni am Roßmarkt**, Roßmarkt 8, ℰ 40 51, 🖙 – 📺 ☎ 🚗 🅿
23. Dez.- 6. Jan. geschl. – **14 Z : 23 B** 72/92 - 134 Fb.

✗ **Krone** mit Zim, Bahnhofstr. 13, ℰ 24 42 – 🚗 ⒶⒺ Ⓔ ⧚ Zim
Aug. 3 Wochen geschl. – **M** *(Sonntag ab 15 Uhr und Donnerstag geschl.)* 15/20 (mittags)
und a la carte 26/59 ⅃ – **6 Z : 12 B** 50 - 90.

In Isny-Großholzleute O : 4 km an der B 12 :

🏠 **Adler** (Haus a.d. 15. Jh., mit Gästehaus), ℰ 20 41, « Gaststuben im Bauernstil », Massage,
🖙, 🌳 – ☎ 🚗 🅿 – 🛤 30. ⒶⒺ Ⓞ Ⓔ 𝗩𝗜𝗦𝗔
Mitte Nov.- Mitte Dez. geschl. – **M** *(auch vegetarische Gerichte)* (Montag geschl.) a la carte
26/58 – **22 Z : 40 B** 60/70 - 110.

In Isny-Neutrauchburg :

🏠 **Terrassenhotel Isnyland** 🍃, Dengelshofer Hang 290, ℰ 20 45, ≤, 🍽, 🖙 – 📺 ☎
🚗 🅿 ⒶⒺ Ⓞ Ⓔ 𝗩𝗜𝗦𝗔
M *(auch vegetarische Gerichte)* (wochentags nur Abendessen, Freitag und Mitte Okt.- Mitte
Nov. geschl.) a la carte 24/55 – **25 Z : 44 B** 70 - 120/165 Fb – ½ P 84/107.

✗✗ **Schloßgasthof Sonne** mit Zim, Schloßstr. 7, ℰ 32 73, 🍽 – 🅿 – **6 Z : 10 B**.

An der Straße nach Maierhöfen S : 2 km :

🏠 **Gasthof zur Grenze**, Schanz 103, ⊠ 8999 Maierhöfen, ℰ (07562) 36 45, ≤, 🍽, 🌳 – 📺
☎ 🚗 🅿 ⧚ Zim
März - April 2 Wochen, Nov.- Dez. 4 Wochen geschl. – **M** *(Montag - Dienstag geschl.)* a la
carte 21/50 – **16 Z : 30 B** 65/85 - 120/180 Fb – ½ P 80/110.

Außerhalb NW : 6,5 km über Neutrauchburg :

🏛 **Berghotel Jägerhof** 🍃, ⊠ 7972 Isny, ℰ (07562) 7 70, Telex 7321511, Fax 77252,
≤ Allgäuer Alpen, 🍽, Massage, 🖙, 🔲, 🌳, 🏓, 🎿 – 🛗 📺 🅿 – 🛤 25/80. ⒶⒺ Ⓞ Ⓔ 𝗩𝗜𝗦𝗔
M *(nur Abendessen)* a la carte 42/68 – **69 Z : 120 B** 130/195 - 180/280 Fb – ½ P 125/230.

Siehe auch : *Argenbühl*

ISSELBURG 4294. Nordrhein-Westfalen **412** C 11, **408** K 6 – 10 000 Ew – Höhe 23 m – ✿ 02874
– 🏌 Isselburg-Anholt, Am Schloß 3, ℰ 34 44.

◆Düsseldorf 87 – Arnhem 46 – Bocholt 13.

In Isselburg 2-Anholt NW : 3,5 km :

🏛 **Parkhotel Wasserburg Anholt** 🍃, Klever Straße, ℰ 20 44, Fax 4035, ≤, 🍽,
« Wasserschloß a.d. 17. Jh., Park, Schloßmuseum » – 🛗 📺 🚗 🅿 – 🛤 25/50. Ⓞ Ⓔ
𝗩𝗜𝗦𝗔 ⧚ Rest
2.- 11. Jan. geschl. – Restaurants : **Grillroom** *(Montag bis 18 Uhr geschl.)* **M** a la carte
70/120 – **Treppchen** *(Montag ab 15 Uhr geschl.)* **M** a la carte 27/45 – **28 Z : 50 B** 130/200 -
170/230 Fb – ½ P 125/240.

ITTLINGEN 6921. Baden-Württemberg **412** **413** J 19 – 1 800 Ew – Höhe 154 m – ✿ 07266.
◆ Stuttgart 83 – Heilbronn 32 – ◆Karlsruhe 56 – ◆Mannheim 57.

✗✗ **Hammberger Hof**, Reihener Str. 60, ℰ 86 36, 🍽 – 🅿.

ITZEHOE 2210. Schleswig-Holstein **987** ⑤ – 32 400 Ew – Höhe 7 m – ✿ 04821.
◆Kiel 69 – Bremerhaven 97 – ◆Hamburg 57 – ◆Lübeck 87 – Rendsburg 44.

🏠 **Gästehaus Hinsch** 🍃 garni, Schillerstr. 27, ℰ 7 40 51, 🌳 – ☎ 🅿 Ⓔ
22. Dez.- 8. Jan. geschl. – **16 Z : 24 B** 70/90 - 90/130.

✗✗ **Prinzesshof**, Kirchenstr. 20, ℰ 21 31 – ⒶⒺ Ⓞ Ⓔ 𝗩𝗜𝗦𝗔
Montag und Aug. geschl. – **M** a la carte 31/66.

An der Straße nach Lägerdorf SO : 3 km :

✗✗ **Jagdhaus   Amönenhöhe**,   Breitenburger   Weg,   ⊠ 2210 Itzehoe-Breitenburg,
ℰ (04821) 98 68, 🍽 – 🅿. ⒶⒺ Ⓞ Ⓔ 𝗩𝗜𝗦𝗔
Dienstag geschl. – **M** a la carte 35/74.

In Oelixdorf 2210 O : 3,5 km :

🏠 **Auerhahn** 🍃, Horststr. 31a, ℰ (04821) 9 10 61 – 📺 ☎ 🅿
(nur Abendessen für Hausgäste) – **19 Z : 33 B** 60/70 - 90/130.

JAGDHAUS Nordrhein-Westfalen siehe Schmallenberg.

JAGSTHAUSEN 7109. Baden-Württemberg **413** L 19. **987** ㉙ – 1 400 Ew – Höhe 212 m – Erholungsort – ✪ 07943 (Schöntal).

Ausflugsziel : Ehemalige Abtei Schöntal : Kirche★ (Alabasteraltäre★★), Ordenssaal★ NO : 6 km.

🛈 Verkehrsverein, Schloßstr. 12, ℰ 22 95.

♦Stuttgart 82 – Heilbronn 40 – ♦Würzburg 80.

🏨 Burghotel Götzenburg ⌂, ℰ 22 22, Fax 8200 – ❷ – 🛦 25
  nur Saison – **15 Z : 29 B** Fb.

🏨 Zur Krone, Brückenstr. 1, ℰ 23 97 – ⇐⇒ ❷. 🦐 Zim – **11 Z : 18 B**.

JENA 6900. Thüringen **984** ㉝. **987** ㉖ – 105 000 Ew – Höhe 144 m – ✪ 003778.

🛈 Jena-Information, Ernst-Thälmann-Ring 35, ℰ 2 46 71.

♦Berlin - Ost 241 – Bayreuth 147 – Chemnitz 112 – Erfurt 33.

🏨 Schwarzer Bär, Lutherplatz 2, ℰ 2 25 43, Telex 587439 – ▮❙ ☎
⟵ **M** a la carte 18/43 – **63 Z : 84 B** 35/125 - 60/135 Fb.

🍴 Zur Sonne, Markt 22, ℰ 2 31 55
⟵ *Samstag und Sonntag nur Mittagessen* – **M** a la carte 11/20.

  In Jena - Lobeda-Ost 6902 S : 3,5 km :

🏨 Touristenhotel, Otto-Militzer-Str. 1, ℰ 3 17 11 – 📺 ❷. 🦐
  (nur Abendessen für Hausgäste) – **82 Z : 167 B** 80/95 - 90/140.

JESTEBURG 2112. Niedersachsen – 8 000 Ew – Höhe 25 m – Luftkurort – ✪ 04183.

🛈 Verkehrsverein, Niedersachsenplatz, ℰ 53 63.

♦Hannover 126 – ♦Hamburg 34 – Lüneburg 39.

🏨 Niedersachsen, Hauptstr. 60, ℰ 20 43, Telex 2189783, Fax 4554, �, �. ⊠, 🎣 – ▮❙ 📺
  ☎ ❷ – 🛦 25/60. 🖭 ⓘ 🗲 🖾
  20.- 24. Dez. geschl. – **M** a la carte 23/67 – **38 Z : 70 B** 89/112 - 128/152 Fb – ½ P 99/112.

🏨 Parkhotel Jesteburg ⌂, Am alten Moor 2, ℰ 20 51, Fax 2054, 🌭, �. 🎣 – 📺 ☎ ❷
  – 🛦 25. 🖭 ⓘ 🗲 🖾
  M a la carte 35/64 – **27 Z : 48 B** 98 - 150 Fb – ½ P 100/123.

🏨 Jesteburger Hof, Kleckerwaldweg 1, ℰ 20 08 – ☎ ❷ 🖭 ⓘ 🗲 🖾
  23.- 25. Dez. geschl. – **M** 15 (mittags) und a la carte 25/54 – **18 Z : 36 B** 35/60 - 65/90 –
  ½ P 48/73.

  In Asendorf 2116 SO : 4,5 km :

🏨 Zur Heidschnucke ⌂, Im Auetal 14, ℰ (04183) 20 94, Telex 2189781, Fax 4472, 🌭, �,
  ⊠, 🎣 – ▮❙ ⇆ Zim 📺 㔫 ❷ – 🛦 25/60. 🖭 ⓘ 🗲 🖾
  M 23/35 (mittags) und a la carte 35/69 – **50 Z : 100 B** 95 - 158/168 Fb.

JESTETTEN 7893. Baden-Württemberg **413** I 24. **427** J 3. **216** ⑦ – 4 200 Ew – Höhe 438 m – Erholungsort – ✪ 07745.

♦Stuttgart 174 – Schaffhausen 8 – Waldshut-Tiengen 34 – Zürich 42.

🏰 Zum Löwen (Gasthof a.d. 18. Jh.), Hauptstr. 22, ℰ 73 01 – ⇐⇒ ❷ – **10 Z : 20 B**.

JEVER 2942. Niedersachsen **987** ④ – 12 600 Ew – Höhe 10 m – ✪ 04461.

🛈 Verkehrsbüro, Alter Markt, ℰ 7 10 10.

♦Hannover 229 – Emden 59 – Oldenburg 59 – Wilhelmshaven 18.

🏨 Friesen-Hotel ⌂ garni, Harlinger Weg 1, ℰ 25 00, Fax 2606 – 📺 ☎ ⇐⇒ ❷. ⓘ 🖾 🦐
  37 Z : 56 B 62/84 - 98/126.

🏨 Stöber ⌂ garni, Hohnholzstr. 10, ℰ 55 80, 🎣 – 📺 ⇐⇒ ❷. 🦐
  9 Z : 18 B 48 - 84.

🍴🍴 Alte Apotheke, Apothekerstr. 1, ℰ 40 88, 🌭.

🍴 Haus der Getreuen, Schlachtstr. 1, ℰ 30 10, 🌭 – ❷. ⓘ 🗲 🖾
  M a la carte 22/53.

JOHANNESBERG Bayern siehe Aschaffenburg.

JONSDORF Sachsen siehe Zittau.

JORK 2155. Niedersachsen – 10 500 Ew – Höhe 1 m – ✪ 04162.

Sehenswert : Bauernhäuser ★.

♦Hannover 167 – ♦Bremen 108 – ♦Hamburg 46.

🏨 Zum Schützenhof - Restaurant Ollanner Buurhuus, Schützenhofstr. 16, ℰ 3 33, Fax
  5515, 🌭 – 📺 ☎ ❷ – 🛦 25/50. 🖭 🗲 🖾
  M *(Donnerstag geschl.)* a la carte 30/52 – **15 Z : 26 B** 60 - 90/110 Fb.

🍴🍴 Herbstprinz, Osterjork 76, ℰ 74 03, 🌭, « Ehem. Altländer Bauernhaus mit antiker Einrichtung » – ❷. 🖭 ⓘ 🗲 🖾
  Montag geschl. – **M** a la carte 40/64.

JÜLICH 5170. Nordrhein-Westfalen 987 @. 412 C 14 – 30 300 Ew – Höhe 78 m – © 02461.
•Düsseldorf 55 – ♦Aachen 26 – ♦Köln 53.

- 🏨 Kaiserhof, Bahnhofstr. 5, 🌮 40 66 – 📺 ☎ ⇌ 🅿 – 🔏 25/70 – **26 Z : 36 B** Fb.
- 🏠 Stadthotel garni, Kölnstr. 5, 🌮 24 08 – **26 Z : 42 B**.

JÜHÖHE Hessen siehe Mörlenbach.

JUIST (Insel) 2983. Niedersachsen 987 ③ – 1 600 Ew - Insel der ostfriesischen Inselgruppe, Autos nicht zugelassen – Seeheilbad – © 04935 – ⇌ von Norddeich (ca. 1 h 15 min), 🌮 5 87.
🛈 Kurverwaltung, Rathaus, 🌮 80 92 22, Fax 809223.
•Hannover 272 – Aurich/Ostfriesland 31 – Emden 35.

- 🏨 **Achterdiek** 🐾, Wilhelmstr. 36, 🌮 10 25, Fax 1754, 🍴, ☎, 🏊, 🌳 – ⇔ Rest 📺 – 🔏 30. 🛇 Rest
  10. Jan.- 15. März und Nov.- 20. Dez. geschl. – **M** a la carte 49/78 – **44 Z : 85 B** 115/135 - 220/350 Fb – 4 Appart. 260/400 – ½ P 160/215.
- 🏨 **Pabst** 🐾, Strandstr. 15, 🌮 10 14, Fax 1773, Bade- und Massageabteilung, ☎, 🌳 – 📳 📺 ☎ 🅰🅴 ① 🅴 🆅🆂🅰 🛇 Rest
  Nov.- 15. Dez. geschl. – **M** a la carte 34/66 – **50 Z : 100 B** 105/160 - 196/270 Fb – 7 Appart. 336/380 – ½ P 123/185.
- 🏨 Nordsee Hotel Freese 🐾, Wilhelmstr. 60, 🌮 10 81, Fax 1803, ☎, 🏊, 🌳 – 📺 ☎. 🛇 Rest
  nur Saison – **90 Z : 180 B** Fb – 5 Appart. – 5 Fewo.
- 🏠 **Friesenhof** 🐾, Strandstr. 21, 🌮 10 87, Fax 1812 – 📳 ☎. 🛇
  15. März - Anfang Okt. – **M** (auch vegetarische Gerichte) 16,50/24 (mittags) und a la carte 28/65 – **78 Z : 139 B** 73/131 - 126/218 Fb – ½ P 81/149.
- 🏠 **Westfalenhof** 🐾, Friesenstr. 24, 🌮 10 09, Fax 574 – 📺 ☎. 🛇
  10. Jan.- 15. März und 16. Okt.- 24. Dez. geschl. – (Restaurant nur für Pensionsgäste) – **30 Z : 50 B** 112 - 176/244 (½ P) – 3 Fewo 120/320.

JULIERS = Jülich.

JUNGHOLZ IN TIROL 8965 (über Wertach). 413 O 24. 426 ⑮ – Österreichisches Hoheitsgebiet, wirtschaftlich der Bundesrepublik Deutschland angeschlossen. Deutsche Währung – 280 Ew – Höhe 1 058 m – Wintersport : 1 150/1 600 m ⚡6 ⚡3 – © 08365 (Wertach).
🛈 Fremdenverkehrsverband, Rathaus, 🌮 81 20.
•Füssen 31 – Kempten (Allgäu) 31 – Immenstadt im Allgäu 25.

- 🏨 **Kur- und Sporthotel Tirol** 🐾, 🌮 81 61, Fax 8210, ≤ Sorgschrofen und Allgäuer Berge, 🍴, Bade- und Massageabteilung, ♨, ☎, 🏊 ⇌ 🅿 – 🔏 25/60. 🛇 Rest
  4. Nov.- 14. Dez. geschl. – **M** a la carte 31/58 – **100 Z : 160 B** 95/155 - 194/310 (½ P) Fb.
- 🏨 **Sporthotel Waldhorn** 🐾, 🌮 81 35, Fax 8265, ≤, 🍴, Massage, ☎, 🏊, 🌳, 🎾 – 📺 ☎ ⇌ 🅿 ①
  Nov.-15. Dez. geschl. – **M** a la carte 23/53 – **33 Z : 62 B** 63/93 - 126/146 Fb – ½ P 81/91.
- 🏠 **Sporthotel Adler** 🐾, 🌮 81 02, ≤, 🍴, ☎, 🏊, 🌳 – 📳 📺 ☎ 🅿
  April 3 Wochen und 5. Nov. - 15. Dez. geschl. – **M** a la carte 22/60 – **53 Z : 75 B** 29/95 - 60/136 Fb – ½ P 53/88.
- 🏠 **Alpenhof** 🐾, 🌮 81 14, ≤, 🍴, ☎, 🌳 – 📺 ☎ ⇌ 🅿. 🅴
  7.- 27. April und 28. Okt.- 7. Dez. geschl. – **M** a la carte 21/57 – **30 Z : 70 B** 50/75 - 112/150 Fb – 14 Appart. 170 – ½ P 75/110.

KAARST Nordrhein-Westfalen siehe Neuss.

KÄLBERBRONN Baden-Württemberg siehe Pfalzgrafenweiler.

KÄMPFELBACH 7539. Baden-Württemberg 413 I J 20 – 5 500 Ew – Höhe 196 m – © 07232 (Königsbach-Stein) – ♦Stuttgart 63 – ♦Karlsruhe 25 – Pforzheim 10.

In Kämpfelbach-Bilfingen :

- 🏠 **Langer** 🐾, Talstr. 9, 🌮 40 40, Fax 40420, 🍴 – 📺 ☎ 🕭 ⇌ 🅿. 🅴 🆅🆂🅰. 🛇 Zim
  M a la carte 28/66 🍷 – **23 Z : 39 B** 38/95 - 75/180 Fb.

KAHL AM MAIN 8756. Bayern 412 413 K 16 – 7 600 Ew – Höhe 107 m – © 06188.
♦München 369 – Aschaffenburg 16 – ♦Frankfurt am Main 33.

- 🏨 **Zeller**, Aschaffenburger Str. 2 (B 8), 🌮 8 12 22, Fax 81221, ☎ – 📺 ☎ 🅿. 🅰🅴 🅴
  M (Samstag bis 18 Uhr, Sonntag und 23. Dez.- 7. Jan. geschl.) a la carte 33/58 – **60 Z : 90 B** 92 - 140 Fb.
- 🏠 Mainlust garni, Aschaffenburger Str. 12 (B 8), 🌮 20 07 – 📺 ☎ 🅿 – **22 Z : 40 B**.

In Großkrotzenburg 6451 NW : 2 km :

- 🏠 **Post-Hotel** 🐾 garni, Schulstr. 10, 🌮 (06186) 80 56 – 📳 ☎ 🅿
  14.- 31. Dez. geschl. – **22 Z : 26 B** 50 - 75.

KAISERSBACH 7061. Baden-Württemberg **413** LM 20 — 2 100 Ew — Höhe 565 m —
Erholungsort — ✆ 07184 — ◆Stuttgart 48 — Heilbronn 53 — Schwäbisch Gmünd 50.

In Kaisersbach-Ebni SW : 3 km :

🏨 **Landhotel Hirsch Ebnisee** ⚜, ℰ 29 20, Fax 292204, 🍴, Massage, ⸗, ⸗, ⸗, 🔲, 🚗
🍽 — 🛗 📺 🄿 — 🛅 30
Restaurants : **Hirschstube** *(Sonntag 15 Uhr - Dienstag 19 Uhr und 7. Jan.- 21. Feb. geschl.)*
M a la carte 75/110 — **Flößerstube M** a la carte 43/60 — **50 Z : 70 B** (½ P) 170/190 - 260,
380 Fb — 3 Appart. 500.

KAISERSESCH 5443. Rheinland-Pfalz **412** E 16 — 2 500 Ew — Höhe 455 m — ✆ 02653.
Mainz 134 — Cochem 14 — ◆Koblenz 43 — Mayen 18.

🏤 **Zur Post**, Balduinstr. 1, ℰ 35 54 — ⇐⇒ 🄿. 🕸 Zim
Weihnachten - Neujahr geschl. — **M** *(Montag geschl.)* a la carte 24/47 — **15 Z : 28 B** 28/35 -
56/70.

KAISERSLAUTERN 6750. Rheinland-Pfalz **987** ㉔, **412 413** G 18, **242** ④ — 104 000 Ew — Höhe
235 m — ✆ 0631.

🛈 Verkehrs- und Informationsamt, Rathaus, ℰ 8 52 23 17, Fax 8522553.
ADAC, Altstadt-Parkhaus, Salzstraße, ℰ 6 30 81, Notruf ℰ 1 92 11, Telex 45849.
Mainz 90 ① — ◆Karlsruhe 92 ② — ◆Mannheim 61 ① — ◆Saarbrücken 70 ③ — ◆Trier 115 ③.

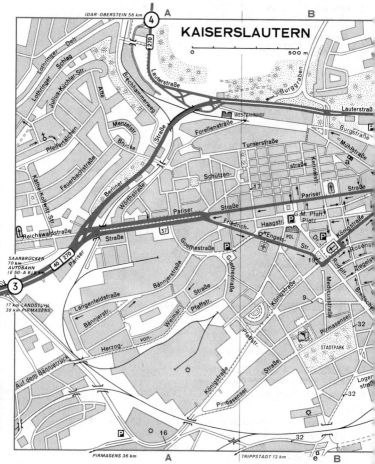

422

Dorint-Hotel Kaiserslautern, St.-Quentin-Ring 1, ℰ 2 01 50, Telex 45614, Fax 27640, 🍴, Massage, ≘s, ☒, ☞ – 🛊 ⇆ Zim ☎ 🚗 🅿 – 🔬 25/175. 🅰🅴 ⓞ 🅴 🆅🅸🆂🅰
🛐 Rest   über Kantstr. D
M a la carte 38/68 – **150 Z : 220 B** 155/170 - 205/220 Fb – 4 Appart. 310.

Gästehaus Schulte garni, Malzstr. 7, ℰ 20 16 90, Fax 2016919, « Modernes Hotel mit
eleganter Einrichtung », ≘s – 🛊 ☎ ☎ 🅿. 🅰🅴 ⓞ 🅴 🆅🅸🆂🅰. 🛐   C b
20. Dez.- 10. Jan. geschl. – **12 Appart. : 24 B** 184/225 Fb – 2 Z : 2 B 118.

Blechhammer ⤳, Am Hammerweiher 1, ℰ 7 00 71, 🍴 – ☎ 🅿 – 🔬
30 Z : 56 B Fb.   über Blechhammerweg   A

City-Hotel garni, Rosenstr. 28, ℰ 1 30 25, ≘s, ☒ – 🛊 ☎   C t
18 Z : 33 B 85 - 125.

Schweizer Stuben, Königstr. 9, ℰ 1 30 88 – ☎ ☞. 🛐 Zim   C s
20. Juni - Mitte Juli geschl. – **M** (Sonntag ab 15 Uhr geschl.) a la carte 31/58 – **11 Z : 16 B**
69/75 - 104.

Altstadt-Hotel garni, Steinstr. 51, ℰ 6 30 84 – ☎. 🅰🅴 🅴 🆅🅸🆂🅰   CD r
22 Z : 33 B 68 - 95.

Lautertalerhof garni, Mühlstr. 31, ℰ 7 30 31 – ☎ ☎. 🅰🅴 ⓞ 🅴   B a
24 Z : 30 B 70 - 120/150.

Altes Zollamt, Buchenlochstr. 1, ℰ 1 60 16, Fax 16019 – ☎. ⓞ 🅴 🆅🅸🆂🅰   B e
M (nur Abendessen, Samstag sowie Sonn- und Feiertage geschl.) a la carte 24/45 ⅄ –
12 Z : 22 B 92/95 - 125/135.

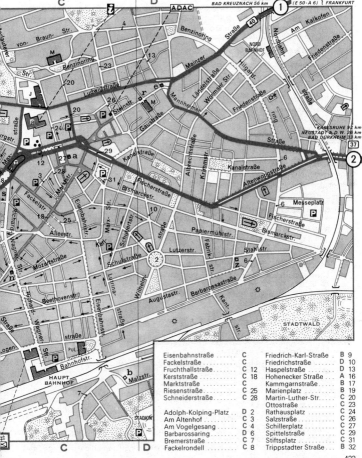

423

🏠 **Zepp** garni, Pariser Str. 4, ℰ 7 36 60 – 🅿. ℹ️ ⑩ 🄴 𝒱𝐼𝑆𝐴   C
   20. Dez.- 6. Jan. geschl. – **55 Z : 80 B** 37/61 - 76/96.

🏠 **Pommerscher Hof** ⚲ garni, Stahlstr. 12, ℰ 4 01 80 – ⟺. ℹ️ 🄴 𝒱𝐼𝑆𝐴   D
   16 Z : 23 B 34/68 - 68/82 Fb.

XX ✿ **Uwe's Tomate** (modernes Restaurant im Bistro-Stil), Schillerplatz 4, ℰ 9 34 06, 🍽
   🄴   C
   Sonntag - Montag und Okt. 3 Wochen geschl. – **M** 90 und a la carte 48/75
   Spez. Lasagne von Meeresfrüchten, Rehkeule in Wacholderrahm, Dessertteller.

XX **Haus Hexenbäcker**, Mühlstr. 1 (1. Etage), ℰ 7 29 20 – 🄴   C
   Samstag bis 18 Uhr, Sonntag und Juli 2 Wochen geschl., an Feiertagen nur Mittagessen
   M 18 (mittags) und a la carte 32/60.

XX **Alte Post**, Am Mainzer Tor 3, ℰ 6 43 71 – ℹ️ ⑩ 🄴 𝒱𝐼𝑆𝐴 ⚇   D
   Samstag bis 18 Uhr, Sonntag und 25. März - 7. April geschl. – **M** a la carte 46/83.

XX **Foyer**, Mühlstr. 31, ℰ 7 84 88 – ℹ️   B
   nur Abendessen, Montag - Dienstag und Mitte Juli - Mitte Aug. geschl. – **M** a la cart
   35/63.

X **BBK-Stammhaus**, Pirmasenser Str. 27, ℰ 2 64 26   C
   Sonntag und Jan.- Feb. 3 Wochen geschl. – Menu a la carte 34/55 ⚱.

   In Kaiserslautern 31 - Dansenberg SW : 6 km über Hohenecker Str. A :

🏠 **Gasthof Fröhlich**, Dansenberger Str. 10, ℰ 5 96 46, 🍽, ⚶ – 🅿 – 🔙 50. ℹ️ ▮
   𝒱𝐼𝑆𝐴 ⚇
   M *(Montag und 1.- 22. Jan. geschl.)* a la carte 27/48 ⚱ – **21 Z : 30 B** 45/60 - 90/120.

XX **Landhaus Woll** mit Zim, Dansenberger Str. 64, ℰ 5 16 02, Fax 52892, 🍽
   « Elegant-rustikale Einrichtung » – 🅿. ℹ️ ⑩ 🄴. ⚇
   15.- 25. Jan. und 8.- 17. Aug. geschl. – **M** *(Dienstag geschl.)* 35/65 – **9 Z : 18 B** 48 - 80.

   In Kaiserslautern 32-Hohenecken SW : 7 km über Hohenecker Str. A :

🏠 **Landgasthof Burgschänke**, Schloßstr. 1, ℰ 5 60 41, Biergarten – 📺 ☎ 🅿. ℹ️ ▮
   ⟵ 𝒱𝐼𝑆𝐴
   M a la carte 20/51 ⚱ – **14 Z : 23 B** 70 - 85/100 Fb.

   In Kaiserslautern 27-Morlautern N : 3,5 km über Morlauterer Str. C :

🏠 **Zum Hasselberg**, Otterbacher Str. 11, ℰ 7 27 84 – 📺 ☎ 🅿. ℹ️
   ⟵ *1.- 10. Jan. geschl.* – **M** a la carte 21/50 ⚱ – **30 Z : 54 B** 60 - 90 Fb.

KALBACH Hessen siehe Neuhof.

KALKAR 4192. Nordrhein-Westfalen 👁👁👁 ⑧. 👁👁👁 B 11 – 11 300 Ew – Höhe 18 m – ✆ 02824.
Sehenswert : Nikolaikirche (Ausstattung★★).

🛈 Stadtinformation, Grabenstr. 69, ℰ 1 32 09.

♦Düsseldorf 83 – Nijmegen 35 – Wesel 35.

🏠 **Siekmann**, Kesselstr. 32, ℰ 23 05, 🍽, ⚶, 🞉 – 📺 ☎ ⟺. 🄴
   ⟵ **M** *(Mittwoch geschl.)* a la carte 20/44 – **16 Z : 21 B** 50 - 100.

XXX **Ratskeller**, Markt 20, ℰ 24 60, « Ziegelgewölbe a. d. 15. Jh. » – ⚇
   Sonntag 15 Uhr - Montag und Mitte Juli - Anfang Aug. geschl. – **M** 25 (mittags) und a
   carte 36/67.

   In Kalkar-Kehrum SO : 6 km über die B 57 :

🏛 **Landhaus Beckmann**, Uedemer Str. 104, ℰ 20 86, Fax 2392, 🍽, 🞄 – ☎ 🅿 – 🔙 4Cℹ️
   ⑩ 🄴 𝒱𝐼𝑆𝐴
   Juli 2 Wochen geschl. – **M** *(Dienstag geschl.)* a la carte 23/44 – **22 Z : 31 B** 70/75 - 11C
   120 Fb.

KALL 5370. Nordrhein-Westfalen 👁👁 C 15 – 9 800 Ew – Höhe 377 m – ✆ 02441.
♦Düsseldorf 92 – ♦Aachen 62 – Euskirchen 23 – ♦Köln 54.

   In Kall-Sistig SW : 8 km :

🏠 **Haus West**, Schleidener Str. 24, ℰ (02445) 72 45, 🍽, 🞄 – 🅿
   M a la carte 26/53 – **14 Z : 28 B** 60 - 100.

KALLMÜNZ 8411. Bayern 👁👁👁 S 19 – 2 600 Ew – Höhe 344 m – ✆ 09473.
Sehenswert : Burgruine : ≼★.
♦München 151 – Amberg 37 – ♦ Nürnberg 80 – ♦ Regensburg 28.

X **Zum Goldenen Löwen** (Gasthaus a.d. 17. Jh., originelle Einrichtung), Alte Regensburge
   Str. 18, ℰ 3 80, « Hofterrase » – 🄴. ⚇
   Montag und 1.- 15. Nov. geschl. – Menu (Tischbestellung erforderlich) a la carte 24/41.

KALLSTADT 6701. Rheinland-Pfalz 📖📖 📖📖 H 18. 📖📖 ④. 📖 ⑩ − 1 000 Ew − Höhe 196 m − ☼ 06322 (Bad Dürkheim).

Mainz 69 − Kaiserslautern 37 − ◆Mannheim 26 − Neustadt an der Weinstraße 18.

XX **Weincastell zum Weißen Roß** mit Zim, Weinstr. 80, ℰ 50 33, nur Eigenbauweine − ☎
     Jan.- Feb. 4 Wochen geschl. − **M** *(Montag - Dienstag und Ende Juli - Anfang Aug. geschl.)*
     a la carte 50/81 − **13 Z : 26 B** 70/90 - 120/180.

XX Breivogel, Neugasse 59 (1. Etage), ℰ 6 11 08 − **❷**.

X **Gutsschänke Henninger**, Weinstr. 101, ℰ 6 34 69, 🍴, nur Eigenbauweine, « Restaurant
     in einem Gewölbekeller »
     Montag - Freitag nur Abendessen, Dienstag und 21. Jan.- 14. Feb. geschl. − **M** a la carte
     32/55 🍷.

X **Weinhaus Henninger**, Weinstr. 93, ℰ 22 77, 🍴, nur Eigenbauweine − **❷**
     Montag und 22. Dez.- 15. Jan. geschl. − **M** a la carte 33/60 🍷.

KALMIT Rheinland-Pfalz. Sehenswürdigkeit siehe Maikammer.

KALTENKIRCHEN 2358. Schleswig-Holstein 📖📖 ⑤ − 11 300 Ew − Höhe 30 m − ☼ 04191.

☞ Kisdorferwohld (O : 13 km), ℰ (04194) 3 83.

Kiel 61 − ◆Hamburg 39 − Itzehoe 40 − ◆Lübeck 63.

🏠 **Kaltenkirchener Hof**, Alvesloher Str. 2, ℰ 78 61, Telex 2180296 − 📺 ☎ 🚗 **❷** −
     🍽 25/50. 🎴 ⓞ **E** 𝑽𝑰𝑺𝑨
     22. Dez.- 5. Jan. geschl. − **M** *(nur Abendessen, Sonn- und Feiertage geschl.)* a la carte
     24/50 − **26 Z : 52 B** 65/90 - 110/130 Fb.

X **Kleiner Markt** mit Zim, Königstr. 7, ℰ 21 05, Biergarten − 📺 ☎ **❷**. 🎴 ⓞ **E** 𝑽𝑰𝑺𝑨. 🍴 Zim
     M *(Samstag und Mitte Jan.- Anfang Feb. geschl.)* a la carte 22/46 − **7 Z : 14 B** 70 - 95.

KAMEN 4708. Nordrhein-Westfalen 📖📖 ⑱. 📖📖 F 12 − 46 000 Ew − Höhe 62 m − ☼ 02307.
                          Siehe Ruhrgebiet (Übersichtsplan).

🎏 Heimat- und Verkehrsverein, Markt 1, ℰ 14 84 59.

◆Düsseldorf 91 − Dortmund 25 − Hamm in Westfalen 15 − Münster (Westfalen) 48.

🏠 **Stadt Kamen** garni, Markt 11, ℰ 77 02 − 📺 ☎. ⓞ **E** 𝑽𝑰𝑺𝑨
     14 Z : 23 B 75/90 - 138/146 Fb -(Anbau mit 50 B bis Frühjahr 1991).

🏠 **Gambrinus** garni, Ängelholmer Str. 16, ℰ 1 04 46, 🚲 − 📺 ☎ 🚗 **❷**
     12 Z : 24 B 60/75 - 95/115.

KAMP-BORNHOFEN 5424. Rheinland-Pfalz 📖📖 ②. 📖📖 F 16 − 2 000 Ew − Höhe 72 m −
☼ 06773.

Ausflugsziel : "Feindliche Brüder" Burg Sterrenberg und Burg Liebenstein ≤★★.

🎏 Verkehrsamt, Rheinuferstr. 34, ℰ 3 60.

Mainz 76 − ◆Koblenz 24 − Lorch 28.

🏠 **Rheinpavillon**, Rheinuferstr. 64a (B 42), ℰ 3 37, ≤, 🍴 − **❷**. 🎴 ⓞ **E** 𝑽𝑰𝑺𝑨
     Nov.- März nur an Wochenenden geöffnet − **M** a la carte 22/39 🍷 − **9 Z : 16 B** 47/70 - 86 Fb.

KAMPEN Schleswig-Holstein siehe Sylt (Insel).

KAMP-LINTFORT 4132. Nordrhein-Westfalen 📖📖 ⑬. 📖📖 C 12 − 39 400 Ew − Höhe 28 m −
☼ 02842.
                          Siehe Ruhrgebiet (Übersichtsplan).

◆Düsseldorf 44 − Duisburg 24 − Krefeld 24.

🏠 **Niederrhein**, Neuendickstr. 96, ℰ 21 04, Telex 812406, Fax 2109, « Gartenterrasse an einem
     Teich », 🚲, 🏊 (geheizt), 🔲, 🌳, 🍴 − 🛎 📺 🚗 **❷** − 🍽 25/50. 🎴 ⓞ **E** 𝑽𝑰𝑺𝑨. 🍴
     M a la carte 39/82 − **42 Z : 74 B** 110/200 - 190/250 Fb.

     In Kamp-Lintfort 13 - Hörstgen W : 6 km :

🏠 **Zur Post**, Dorfstr. 29, ℰ 46 96, Fax 41509, 🌳 − 📺 ☎ **❷**. 🎴 ⓞ **E** 𝑽𝑰𝑺𝑨
     M a la carte 46/74 − **17 Z : 31 B** 85/125 - 98/175 Fb.

KANDEL 6744. Rheinland-Pfalz 📖📖 ㉔. 📖📖 📖📖 H 19. 📖📖 ⑫ − 7 800 Ew − Höhe 128 m −
☼ 07275.

Mainz 140 − ◆Karlsruhe 20 − Landau in der Pfalz 15 − Speyer 36 − Wissembourg 22.

🏠 **Zur Pfalz**, Marktstr. 57, ℰ 50 21, Fax 8268 − 🛎 📺 ☎ 🍴 **❷** − 🍽 25/45. 🎴 ⓞ **E**
     M *(Montag bis 17 Uhr geschl.)* a la carte 22/56 🍷 − **44 Z : 76 B** 69/85 - 110/130 Fb.

🏠 Zum Rössel (restauriertes Fachwerkhaus a.d.J. 1761), Bahnhofstr. 9a, ℰ 50 01, 🍴 − 📺 ☎
     11 Z : 20 B.

KANDERN 7842. Baden-Württemberg **413** FG 23, **987** ㉞, **427** ④ − 6 500 Ew − Höhe 352 m − **☎** 07626.

🏡 Am Siedlungshof, *𝒫* 86 90.

🚗 Städt. Verkehrsamt, Hauptstr. 18, *𝒫* 70 29.

♦Stuttgart 252 − Basel 21 − ♦Freiburg im Breisgau 56 − Müllheim 15.

🏨 **Zur Weserei** (mit Gästehaus 🦢), Hauptstr. 70, *𝒫* 4 45, 🔁 − 📶 📺 ☎ **☻**. ⬜ **M** *(Montag - Dienstag 17 Uhr, Feb. und Juni je 2 Wochen sowie Nov. geschl.)* a la carte 34/72 ⑂ − **27 Z : 44 B** 50/90 - 90/150 Fb.

In Kandern-Riedlingen W : 1 km :

XX **Villa Umbach** 🦢 mit Zim, *𝒫* 88 00, « Gartenterrasse » − 📺 ☎ **☻** über Fastnacht 2 Wochen geschl. − **M** *(Dienstag - Mittwoch 18 Uhr geschl.)* a la carte 28/ − **5 Z : 9 B** 65 - 150/170.

KAPFENHARDT Baden-Württemberg siehe Unterreichenbach.

KAPPEL Baden-Württemberg siehe Lenzkirch.

KAPPEL (Wallfahrtskirche) Bayern. Sehenswürdigkeit siehe Waldsassen.

KAPPELN 2340. Schleswig-Holstein **987** ⑤ − 12 100 Ew − Höhe 15 m − **☎** 04642.

♦Kiel 58 − Flensburg 48 − Schleswig 32.

🏠 **Thomsen's Motel** garni, Theodor-Storm-Str. 5, *𝒫* 10 52 − 📺 **☻** **23 Z : 50 B** 60/70 - 100/105.

KAPPELRODECK 7594. Baden-Württemberg **413** H 21, **242** ⑳ − 5 500 Ew − Höhe 219 m − Erholungsort − **☎** 07842.

🚗 Verkehrsamt, Hauptstr. (Rathaus), *𝒫* 8 02 10.

♦Stuttgart 132 − Baden-Baden 38 − Freudenstadt 40 − Offenburg 31.

🏠 **Zum Prinzen**, Hauptstr. 86, *𝒫* 20 88, Fax 8718 − 📶 📺 ☎ **☻** − 🔒 30. ⬜ ⓞ **E** 𝓥𝓘𝓢𝓐 8.- 25. Jan. geschl. − Menu *(Montag und 25. Juni - 10. Juli geschl.)* a la carte 26/61 ⑂ **14 Z : 26 B** 65/70 - 96/100 Fb − ½ P 76/98.

🏠 **Hirsch**, Grüner Winkel 24, *𝒫* 21 90 − ☎ ⇔ **☻**. 🍴 Zim
➡ Mitte Nov.- Mitte Dez. geschl. − **M** *(Montag geschl.)* a la carte 21/40 ⑂ − **18 Z : 30 B** 37/ - 74/92.

X **Zur Linde**, Marktplatz 112, *𝒫* 22 61 − **☻** Dienstag und März 3 Wochen geschl. − **M** a la carte 23/47 ⑂.

In Kappelrodeck-Waldulm SW : 2,5 km :

X **Zum Rebstock** mit Zim, Kutzendorf 1, *𝒫* 36 85, 🌳 − **☻** 2.- 25. Dez. geschl. − Menu *(Montag geschl.)* a la carte 25/49 ⑂ − **6 Z : 12 B** 35 - 70 - ½ P 42.

KARBEN 6367. Hessen **412** **413** J 16 − 20 000 Ew − Höhe 160 m − **☎** 06039.

♦Wiesbaden 54 − ♦Frankfurt am Main 20 − Gießen 47.

In Karben 1-Groß Karben :

🏨 Stadt Karben (Restaurant im Bistrostil), St. Egrévè-Str. 25, *𝒫* 80 10, Fax 801222, 🌳 − 📺 ☎ ⇔ **☻** **37 Z : 68 B** Fb.

🏨 Quellenhof 🦢, Brunnenstr. 7 (beim Bahnhof Kloppenheim), *𝒫* 33 04, Fax 43272, 🌳, 🔁 🍴 (Halle) − 📶 📺 ☎ **☻** − 🔒 30 **19 Z : 34 B** Fb.

X **Zuem Strissel** (Elsässische Küche), Bahnhofstr. 10, *𝒫* 39 17 − **☻**. ⬜ ⓞ **E** 𝓥𝓘𝓢𝓐 Samstag bis 18 Uhr, Montag, Mitte - Ende Feb. und Mitte Aug.- Anfang Sept. geschl. − **M** (Tischbestellung ratsam) a la carte 27/62.

KARLSBAD 7516. Baden-Württemberg **413** I 20 − 13 500 Ew − Höhe 284 m − **☎** 07202.

♦Stuttgart 69 − ♦Karlsruhe 17 − Pforzheim 19.

In Karlsbad-Spielberg :

X **Turmfalke** 🦢 mit Zim, Im Obern Berg 3 (am Wasserturm), *𝒫* 64 66, ≤, 🌳 − **☻** Juli - Aug. 2.Wochen geschl. − **M** *(auch vegetarische Gerichte)* (Montag geschl.) a la carte 25/45 − **5 Z : 7 B** 45 - 80.

KARLSDORF-NEUTHARD Baden-Württemberg siehe Bruchsal.

KARLSFELD 8047. Bayern **408** R 22 — 14 500 Ew — Höhe 490 m — ✿ 08131.
München 14 — ✦ Augsburg 58.

In Karlsfeld-Rotschwaige NW : 2 km .

🏠 **Hubertus**, Münchner Str. 7, 𝒫 9 80 01, Telex 526659, Fax 97677, 𝄐, ≘s, 🔲, 🐎 — ⧉ 📺
🕿 ☻ — 🔬 25/120. 🖭 ⑩ 🝙 *VISA*
M a la carte 24/54 — **76 Z : 140 B** 90/95 - 140/150.

KARLSHAFEN, BAD 3522. Hessen **987** ⑯, **402** L 12 — 4 300 Ew — Höhe 96 m — Soleheilbad
✿ 05672.

ehenswert : Hugenottenturm ≼★.

Kurverwaltung, Rathaus, 𝒫 10 22, Fax 1096.

Wiesbaden 276 — Göttingen 65 — Hameln 79 — ✦Kassel 47.

🏠 **Zum Schwan** ⑤ (Jagdschloß, um 1765 erbaut), Conradistr. 3, 𝒫 10 44, Fax 1046, 𝄐,
« Blumengarten, Rokoko-Zimmer », 🐎 — ⧉ 📺 🕿 ⟵ — 🔬 30. 🖭 ⑩ 🝙 *VISA*
Anfang Jan.- 15. Feb. geschl. — **M** a la carte 38/62 — **32 Z : 55 B** 60/100 - 110/170 —
½ P 80/125.

🏠 **Parkhotel Haus Schöneck** ⑤, C.-D.-Stunzweg 10, 𝒫 20 66, 𝄐, « Park », 🔲, 🐎 — ⧉
📺 🕿 ♿ ☻. 🖭 ⑩ 🝙 *VISA*
M a la carte 25/48 — **24 Z : 60 B** 75 - 136 Fb — ½ P 86/92.

🏠 **Am Kurpark**, Brückenstr. 1, 𝒫 18 50, Fax 18510, ≼ — 🕿 ☻
Mitte Jan.- Mitte Feb. geschl. — **M** 14/18 (mittags) und a la carte 28/40 — **38 Z : 68 B** 70 -
120 Fb — ½ P 80/90.

🞊 **Weserdampfschiff**, Weserstr. 25, 𝒫 24 25, ≼, 𝄐 — ⟵ ☻
↦ *März - Okt.* — **M** *(im März, April und Okt. Montag geschl.)* a la carte 20/45 ♨ — **13 Z : 22 B**
49/62 - 90/96 — ½ P 58/65.

KARLSRUHE 7500. Baden-Württemberg **987** ㉟, **402** **408** I 19,20 — 267 000 Ew — Höhe 116 m
✿ 0721.

ehenswert : Staatliche Kunsthalle (Gemälde★★ altdeutscher Meister, Hans-Thoma-Gemälde-
ammlung★) EX **M1** — Schloß (Badisches Landesmuseum★: Türkenbeute★★) EX —
otanischer Garten (Gewächshäuser★) EX.

⊶, 𝒫 4 10 37.

arlsruher Kongreß- und Ausstellungszentrum (EY), Festplatz 3 (Ettlinger Straße), 𝒫 3 72 00.

Verkehrsverein, Bahnhofplatz 6, 𝒫 3 55 30.

Stadt - Information, Karl-Friedrich-Str. 22, 𝒫 1 33 34 55.

DAC, Steinhäuserstr. 22, 𝒫 8 10 40, Notruf 𝒫 1 92 11.

Stuttgart 88 ④ — ✦Mannheim 71 ② — ✦Saarbrücken 143 ⑦ — Strasbourg 82 ⑤.

Stadtpläne siehe nächste Seiten.

🏨 **Ramada Renaissance Hotel**, Mendelssohnplatz, 𝒫 3 71 70, Telex 7825699, Fax 377156
— ⧉ ⤢ Zim 🔲 & ♿ — 🔬 25/250. 🖭 ⑩ 🝙 *VISA*. ⚞ Rest   EY a
Restaurants: **Zum Markgrafen M** a la carte 52/79 — **Zum Brigande** *(wochentags nur
Abendessen, Aug. 3 Wochen geschl.)* **M** a la carte 35/61 — **215 Z : 365 B** 211/271 - 282/
492 Fb.

🏨 **Schloßhotel**, Bahnhofplatz 2, 𝒫 35 04, Telex 7826746, Fax 354413 — ⧉ ⤢ Zim 🔲 & ♿ —
🔬 25/100. 🖭 ⑩ 🝙 *VISA*   EZ a
Restaurants: **La Résidence M** a la carte 44/70 — **Schwarzwaldstube M** a la carte 34/59 —
96 Z : 158 B 145/195 - 195/280 Fb.

🏨 **Queens Hotel am Kongresszentrum**, Ettlinger Str. 23, 𝒫 3 72 70, Telex 7825443, Fax
3727170, 𝄐 — ⧉ ⤢ Zim 🔲 Rest 🔲 ♿ — 🔬 25/300. 🖭 ⑩ 🝙 *VISA*   EY t
M a la carte 42/74 — **147 Z : 193 B** 188/203 - 246/386 Fb.

🏠 **Unter den Linden**, Kaiserallee 71, 𝒫 84 91 85, Fax 848945 — 🔲 🕿 ⟵ — 🔬 30. 🖭 🝙
VISA   CX e
M *(Sonntag geschl.)* a la carte 40/87 — **18 Z : 32 B** 105/185 - 145/285 Fb.

🏠 **Residenz**, Bahnhofplatz 14, 𝒫 3 71 50, Telex 7826389, Fax 3715113, 𝄐 — ⧉ 📺 Rest 🔲 🕿
& ⟵ ♿ — 🔬 25/100. 🖭 ⑩ 🝙 *VISA*   DZ c
M a la carte 45/71 — **106 Z : 175 B** 95/170 - 180/250 Fb.

🏠 **Ambassador** garni, Hirschstr. 34, 𝒫 1 80 20, Telex 7826360, Fax 1802170 — ⧉ 📺 🕿 ⟵ —
🔬 40. 🖭 🝙   DX a
Weihnachten - 2. Jan. geschl. — **52 Z : 104 B** 140/160 - 190/210 Fb.

🏠 **Kaiserhof**, Karl-Friedrich-Str. 12, 𝒫 2 66 15, Telex 7825600, Fax 27672 — ⧉ 📺 🕿 —
🔬 25/80. 🖭 ⑩ 🝙 *VISA*   EX b
M a la carte 31/66 — **40 Z : 55 B** 120/130 - 170/180 Fb.

🏠 **Eden**, Bahnhofstr. 17, 𝒫 1 81 80, Fax 1818222, « Gartenterrasse » — ⧉ 📺 🕿 ⟵ —
🔬 25/60. 🖭 🝙   DY d
M a la carte 29/69 — **68 Z : 100 B** 118/130 - 164/194 Fb.

🏠 **Kübler** ⑤ garni, Bismarckstr. 39, 𝒫 14 40, Fax 144441, ≘s — ⧉ 📺 🕿 ⟵ ♿ — 🔬 50
97 Z : 150 B 98/148 - 120/220 Fb.   DX s

Fortsetzung →
427

KARLSRUHE

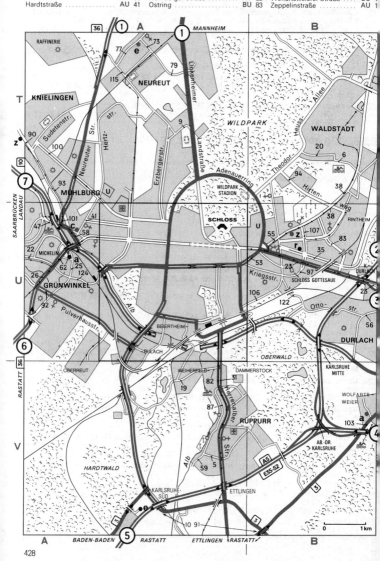

🏤 **National** garni, Kriegsstr. 90, ℰ 6 09 50, Telex 7826320, Fax 609560, 🖙 – 📶 🔄 📺 ☎
🚗 🅿 ⚿ ⓪ ℇ 𝚅𝙸𝚂𝙰   EY **v**
24. Dez.- 6. Jan. geschl. – **49 Z : 72 B** 125/165 - 184/224 Fb.

🏤 **Berliner Hof** garni, Douglasstr. 7, ℰ 2 39 81, Telex 7825889, Fax 27218, 🖙 – 📶 📺 ☎ 🅿
⚿ ⓪ ℇ 𝚅𝙸𝚂𝙰   DX **e**
55 Z : 70 B 110/120 - 145 Fb.

🏤 **Bahnpost** garni, Am Stadtgarten 5, ℰ 3 49 77, Telex 7826360, Fax 1802170 – 📶 📺 ☎. ⚿
26 Z : 40 B 120/130 - 140/160 Fb.   EZ **c**

🏤 **Rio**, Hans-Sachs-Str. 2, ℰ 84 50 61, Telex 7826426, Fax 845065 – 📶 📺 ☎ 🅿 ⚿ ⓪ ℇ 𝚅𝙸𝚂𝙰.
🈸 Rest   DX **q**
20. Dez.- 2. Jan. geschl. – **M** (Freitag - Sonntag 18 Uhr geschl.) a la carte 27/45 – **124 Z :**
163 B 120/130 - 163/180 Fb.

🏠 **Am Tiergarten** garni, Bahnhofplatz 6, ℰ 38 61 51 – 📶 📺 ☎   EZ **n**
20. Dez.- 1. Jan. geschl. – **19 Z : 37 B** 100/120 - 155/175 Fb.

🏠 **Alte Münze** garni, Sophienstr. 24, ℰ 2 49 81, Telex 7826360, Fax 1802170 – 📶 📺 ☎. ⚿ ℇ
20 Z : 30 B 120/130 - 140/160 Fb.   DXY **m**

🏠 **Astoria** garni, Mathystr. 22, ℰ 81 60 71, Fax 812460 – 📺 ☎. ⚿ ⓪ ℇ 𝚅𝙸𝚂𝙰   DY **s**
16 Z : 27 B 120/130 - 160/220 Fb.

🏠 **Hasen**, Gerwigstr. 47, ℰ 61 50 76, Fax 621101 – 📶 ☎. ⚿ ℇ 𝚅𝙸𝚂𝙰. 🈸   BU **r**
M (Sonntag - Montag, 15.- 20. Feb. und 20. Aug.- 16. Sept. geschl.) a la carte 51/87 – **37 Z :**
58 B 68/120 - 130/160 Fb.

🏠 **Am Markt** garni, Kaiserstr. 76, ℰ 2 09 21, Fax 28066 – 📶 📺 ☎. ⚿ ⓪ ℇ 𝚅𝙸𝚂𝙰   EX **a**
Weihnachten geschl. – **32 Z : 50 B** 78/120 - 125/150.

🏠 **Zum Winzerhaus**, Nowackanlage 1, ℰ 6 03 15, Fax 386358 – ☎. ⓪ ℇ 𝚅𝙸𝚂𝙰   EY **y**
M (Freitag - Samstag 18 Uhr und Mitte Juli - Mitte Aug. geschl.) a la carte 30/60 🅙 – **18 Z :**
30 B 80 - 120.

🍴🍴 **O'Henry's Restaurant**, Breite Str. 24, ℰ 38 55 51, Fax 387930 – 🅿. ⚿ ⓪ ℇ 𝚅𝙸𝚂𝙰   DZ **b**
Samstag bis 18 Uhr, Sonntag und Juli 2 Wochen geschl. – **M** (Tischbestellung ratsam) 35
und a la carte 40/79.

🍴🍴 **Oberländer Weinstube**, Akademiestr. 7, ℰ 2 50 66, bemerkenswerte Weinkarte,
« Innenhof » – ⚿ ⓪ ℇ 𝚅𝙸𝚂𝙰   DX **t**
Samstag bis 18 Uhr und Sonntag geschl. – **M** (Tischbestellung ratsam) a la carte 46/82.

🍴🍴 **Kühler Krug**, Wilhelm-Baur-Str. 3, ℰ 85 54 86, « Gartenterrasse » – 🅿 – 🅰 25/200. ℇ
Montag geschl. – **M** a la carte 32/74.   CY **m**

🍴🍴 **Santa Lucia** (Italienische Küche), Badenwerkstr. 1, ℰ 35 63 62, 🏛 – ⚿ ⓪ ℇ 𝚅𝙸𝚂𝙰
Dienstag geschl. – **M** a la carte 45/77.   EY **z**

🍴🍴 **Stadthallen-Restaurant**, Festplatz 4 (im Kongreß- Zentrum), ℰ 37 77 77, Fax 379576 –
🍽 🔖 – 🅰 25/150. ⚿ ℇ   EY
M a la carte 36/67.

🍴🍴 **Dudelsack**, Waldstr. 79, ℰ 2 21 66, « Innenhofterrasse » – ⚿   DY **f**
nur Abendessen, Sonntag geschl. – **M** (Tischbestellung ratsam) a la carte 47/74.

🍴 **Adria** (Italienische Küche), Ritterstr. 19, ℰ 35 66 55/ 2 06 65, 🏛 – 🈸   DY **u**
Sonntag - Montag, 21. Juli - 19. Aug. und 22. Dez.- 2. Jan. geschl. – **M** a la carte 41/59.

🍴 Tai Hu (Chinesische Küche), Stephanienstr. 2a, ℰ 2 22 69 – 🍽   DX **c**

🍴 **Zum Ritter** (Haus a.d.J. 1778), Hardtstr. 25, ℰ 55 14 55 – ⚿ ⓪ ℇ   AU **c**
Montag geschl. – **M** a la carte 30/64.

🍴 **Goldenes Kreuz** (Brauerei-Gaststätte), Karlstr. 21a, ℰ 2 20 54, 🏛   DX **z**
🍴 Mittwoch geschl. – **M** (auch vegetarische Gerichte) a la carte 16,50/49 🅙.

🍴 **Burghof** (Brauerei - Gaststätte), Haid- und Neu- Str. 18, ℰ 61 57 35, Fax 611638, Biergarten
🍴 – 🅿. ⓪ ℇ 𝚅𝙸𝚂𝙰   BU **z**
Sonntag geschl. – **M** a la carte 21/54.

In Karlsruhe 21-Daxlanden W : 5 km über Daxlander Straße AU :

🍴🍴 ❀ **Künstlerkneipe Zur Krone**, Pfarrstr. 18, ℰ 57 22 47, 🏛, « Altbadische Weinstube,
Bilder Karlsruher Künstler um 1900 »
Sonntag - Montag und 23.- 27. Dez. geschl. – **M** (Tischbestellung ratsam) 72/85 und a la
carte 53/78
Spez. Gänseleberterrine, Roulade von Edelfischen, Lammrücken vom Rost (ab 2 Pers.).

In Karlsruhe 41-Durlach O : 7 km über Durlacher Allee BU :

🏠 **Große Linde**, Killisfeldstr. 18, ℰ 4 22 95, Biergarten – ☎
M (Sonn- und Feiertage geschl.) a la carte 22/50 – **21 Z : 36 B** 50/78 - 80/98.

🍴🍴🍴 ❀ **Zum Ochsen**, Pfinztstr. 64, ℰ 4 23 73, bemerkenswerte Weinkarte, « Restauriertes
Gasthaus mit geschmackvoller Einrichtung » – ⓪ ℇ
Mittwoch und Juli - Aug. 3 Wochen geschl. – **M** (Tischbestellung ratsam) 48/95 und a la
carte 54/108
Spez. Hummersalat mit Orangenbuttersauce, Lachsfilet im Strudelteig, Tulipe mit Sorbets und Früchten.

🍴 Schützenhaus, Jean-Ritzert-Str. 8 (auf dem Turmberg), ℰ 49 13 68, 🏛 – 🅿.

KARLSRUHE

430

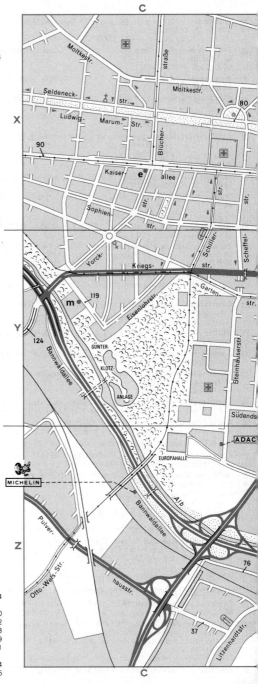

D

2
61
FACH –
HOCHSCHULE
89
Moltkestr.
Orangerie
SCHLOSSGARTEN
BOTANISCHER
GARTEN
SCHLOSS
X
str. c
40
BUNDESVERFASSUNGS
GERICHT
95
U
U
s
104
J
U
Bismarck-
R
(WEST)
3
t
M
J
125
50
110
49
e
112
a
50
12
Europapl.
z
29
P
50
68
R
q
89
a
str.
46
M
b
67
34
m
f
BUNDESGERICHTSHOF
M
i
52
v
ophien-
str.
str.
a
Kriegs-
str.
Garten-
P
T
16
70
Hirsch
str.
z
44
32
Jolly
str.
Ritter
u
KONGRESS
ZENTRUM
y
121
s
70
Karl-
116
Marienstr.
Brauerstr.
str.
POL.
d
SCHWARZWALD
HALLE
t
64
Y
Südend-
17
Str. 11
str.
32
str.
Hirsch
Stadtgarten
121
Rüppurrer
14
Zoo
8
32
74
Ebert-
str.
c
Rüppurrer
Str.
71
65
Kal-
13
a
86
21
n
Breite
b
str.
c
Fautenbruchstr.
113
P
32
98
Z
31
Neckerstr.
0
300 m

D
E

431

In Karlsruhe 41-Grötzingen ③ : 9 km :

XX **Schloß Augustenburg**, Kirchstr. 20, ℰ 46 80 11 – **P**. AE E VISA
M a la carte 35/63.

In Karlsruhe 21-Grünwinkel :

🏠 **Beim Schupi** garni, Durmersheimer Str. 6, ℰ 5 59 40, Fax 559480, Biergarten – 📺 ☎ **P**
AE ① E VISA ❄️ AU
34 Z : 45 B 90/110 - 150 Fb.

In Karlsruhe 21-Knielingen :

🏠 **Burgau**, Neufeldstr. 10, ℰ 56 30 34, Fax 563508 – 📺 ☎ **P**. ① E VISA AT
23. Dez.- 7. Jan. geschl. – **M** (Samstag, Sonn- und Feiertage sowie Juli - Aug. 3 Woche
geschl.) a la carte 32/55 🍷 – **17 Z : 29 B** 108/132 - 140/160 Fb.

In Karlsruhe 21-Maxau ⑦ : 9 km :

X Hofgut Maxau, ℰ 56 30 33, 🌤 – **P**.

In Karlsruhe 31-Neureut :

XX **Nagel's Kranz**, Neureuter Hauptstr. 210, ℰ 70 57 42, 🌤 – **P** AT
Samstag bis 17 Uhr sowie Sonn- und Feiertage geschl. – **M** (Tischbestellung ratsam) a
carte 47/78.

In Karlsruhe 41-Wolfartsweier :

X **Schloßberg-Stuben**, Wettersteinstr. 5, ℰ 49 48 53 – **P**. AE ① E VISA BV
Montag, Jan. 1 Woche und Juli - Aug. 3 Wochen geschl. – **M** (abends Tischbestellun
ratsam) a la carte 37/70.

In Pfinztal-Berghausen 7507 ③ : 13 km :

XX **Zur Linde** mit Zim, An der Bahn 1 (an der B 293), ℰ (0721) 4 61 18 – 📺 ☎. ① E VISA
❄️ Zim
M a la carte 38/61 – **12 Z : 17 B** 80/110 - 140.

An der Autobahn A 5 (Anschlußstelle Karlsruhe Süd): Hotel Scandic Crown siehe unte
Ettlingen.

MICHELIN-REIFENWERKE KGaA. 7500 Karlsruhe 21
Werk : Michelinstraße 4 AU ℰ (0721) 5 96 00, Fax 590831
Bereich Vertrieb : Bannwaldallee 60 CZ, ℰ (0721) 8 60 00, Telex 7825868, Fax 8600290.

KARLSTADT 8782. Bayern 987 ㉖, 412 413 M 17 – 14 000 Ew – Höhe 163 m – ✪ 09353.
♦München 304 – Aschaffenburg 52 – Bad Kissingen 45 – ♦Würzburg 24.

🏠 Alte Brauerei, Hauptstr. 58, ℰ 5 69, « Geschmackvolle, gemütliche Einrichtung » – 🛗 🛏
☎
20 Z : 38 B Fb.

🏠 **Weißes Lamm**, Alte Bahnhofstr. 20, ℰ 23 31 ÷ ⇌
➡ 26. Dez.- 8. Jan. geschl. – **M** (Dienstag geschl.) a la carte 19/33 🍷 – **15 Z : 30 B** 36/45
68/75 Fb.

KARTHAUS Rheinland-Pfalz siehe Konz.

KARWENDEL Bayern. Sehenswürdigkeit siehe Mittenwald.

KASENDORF 8658. Bayern 413 R 16 – 2 400 Ew – Höhe 367 m – Wintersport : 400/500 m ⚡
➳3 (in Zultenberg) – ✪ 09228 (Thurnau).
♦München 260 – ♦Bamberg 43 – Bayreuth 25 – Kulmbach 11.

🏠 **Goldener Anker**, Marktplatz 9, ℰ 6 22, 🍴, 🔲 – ⇌ **P**
➡ **M** a la carte 20/35 – **46 Z : 80 B** 40/90 - 80/100 – 6 Fewo 100/120.

KASSEL 3500. Hessen 987 ⑮, 412 L 13 – 189 000 Ew – Höhe 163 m – ✪ 0561.
Sehenswert : Wilhelmshöhe** (Schloßpark** : Wasserkünste*, Herkules**, ←*) – Schlo
Wilhelmshöhe (Gemäldegalerie***, Antikensammlung*) AZ M1 – Neue Galerie* BY M2 -
Karlsaue* (Marmorbad : Inneres**) BY – Hessisches Landesmuseum* (Deutsches Tapeten
museum**, Astronomisch-Physikalisches Kabinett**) BY M3.
Ausflugsziel : Schloß Wilhelmsthal* N : 12 km.
🏌 Kassel-Wilhelmshöhe, Am Ehlener Kreuz (AZ), ℰ 3 35 09.
🚗 ℰ 7 86 55 88.
Ausstellungsgelände (BY), ℰ 1 49 23.
🛈 Tourist-Information im Hauptbahnhof, ℰ 1 34 43 -(Umzug in den Intercity-Bahnhof Wilhelmshöhe Somme
1991).
ADAC, Rudolf-Schwander-Str. 17, ℰ 10 34 64, Telex 99737.
♦Wiesbaden 215 ④ – Dortmund 167 ⑤ – Erfurt 150 ③ – ♦Frankfurt am Main 187 ② – ♦Hannover 164 ②.

🏡🏡 **Domus**, Erzbergerstr. 1, ℰ 7 29 60, Telex 992542, Fax 7296498 – 🛗 📺 **❷** – 🔬 50. 🖭 ⓪
E 𝘝𝘐𝘚𝘈   BX **f**
M a la carte 30/66 – **51 Z : 73 B** 105/140 - 165/175 Fb – 3 Appart. 190.

🏡 **Dorint-Hotel Reiss**, Werner-Hilpert-Str. 24, ℰ 7 88 30, Telex 99740, Fax 7883777 – 🛗 📺
🕿 ⇔ **❷** – 🔬 30/400. 🖭 ⓪ **E** 𝘝𝘐𝘚𝘈   BX **a**
M a la carte 34/65 – **102 Z : 127 B** 128 - 168 Fb.

🏠 **City-Hotel garni**, Wilhelmshöher Allee 40, ℰ 7 18 71, Telex 99524, 🕿 – 🛗 📺 🕿 ⇔ **❷**
43 Z : 80 B Fb.   AY **r**

🏠 **Excelsior**, Erzbergerstr. 2, ℰ 10 29 84, Fax 15110 – 🛗 📺 🕿 – 🔬 60. 🖭 ⓪ **E** 𝘝𝘐𝘚𝘈   BX **v**
24.- 29. Dez. geschl. – **M** (nur Abendessen, Nov.- April Samstag - Sonntag geschl.) a la
carte 27/35 – **56 Z : 83 B** 75/95 - 115/130 Fb.

🏠 **Westend garni**, Friedrich-Ebert-Str. 135, ℰ 10 38 21, Fax 102599 – 🛗 📺 🕿. 🖭 ⓪ **E**
𝘝𝘐𝘚𝘈   AX **s**
22. Dez.- 5. Jan. geschl. – **43 Z : 80 B** 98/138 - 148/168 Fb.

XX **Landhaus Meister**, Fuldatalstr. 140 (Wolfsanger), ℰ 87 50 50, Fax 878065, 🍴 – **❷** –
🔬 25/100   über Fuldatalstr.   BX
                                                                                                                AX **e**
XX **Parkgärtchen**, Parkstr. 42, ℰ 1 40 50, Fax 776270, 🍴
nur Abendessen.

X **Ratskeller**, Obere Königsstr. 8 (Rathaus), ℰ 1 59 28, 🍴 – 🔬 30. 🖭 ⓪ 𝘝𝘐𝘚𝘈   BY **R**
M a la carte 26/60.

X **Weinhaus Boos**, Wilhelmshöher Allee 97, ℰ 2 22 09, 🍴 – **E**   AY **m**
nur Abendessen, Montag geschl. – **M** a la carte 28/56.

X **La Frasca** (Italienische Küche), Jordanstr. 11, ℰ 1 44 94   BY **a**
nur Abendessen, Sonntag - Montag und Juli - Aug. 4 Wochen geschl. – **M** a la carte 53/74.

In Kassel-Bettenhausen ② : 4 km, nahe BAB-Anschluß Kassel-Ost :

🏡🏡 **Queens Moat House Hotel**, Heiligenröder Str. 61, ℰ 5 20 50, Telex 99814, Fax 527400,
🕿, 🔳 – 🛗 ⇔ Zim 🔳 📺 🕭 **❷** – 🔬 25/150. 🖭 ⓪ **E** 𝘝𝘐𝘚𝘈
M a la carte 32/58 – **141 Z : 267 B** 152/177 - 214/239 Fb.

In Kassel-Harleshausen NW : 7 km über Rasenallee AZ :

🏠 **Am Sonnenhang** 🌲, Aspenstr. 6, ℰ 6 20 70, Fax 62246, 🍴 – 🛗 📺 🕿 ⇔ **❷**. **E**
27. Dez.- 14. Jan. geschl. – **M** (wochentags nur Abendessen, Freitag geschl.) a la carte
31/54 – **25 Z : 50 B** 63/73 - 114/135 Fb.

In Kassel-Niederzwehren ⑤ : 3,5 km :

🏡🏡 **Gude - Restaurant Pfeffermühle**, Frankfurter Str. 299, ℰ 4 80 50, Telex 99515, Fax
4805101, Bade- und Massageabteilung, 🕿, 🔳 – 🛗 📺 **❷** – 🔬 25/100. **E** 𝘝𝘐𝘚𝘈
M (Sonntag ab 15 Uhr geschl.) a la carte 26/60 – **56 Z : 110 B** 100/140 - 140/180 Fb.

In Kassel-Wilhelmshöhe :

🏡🏡 **Schloßhotel Wilhelmshöhe** 🌲, Schloßpark 2, ℰ 3 08 80, Telex 99699, Fax 3088428,
« Gartenterrasse mit ≼ Kassel », Bade- und Massageabteilung, 🕿, 🔳 – 🛗 📺 ⇔ **❷** –
🔬 25/250. 🖭 ⓪ **E** 𝘝𝘐𝘚𝘈   AZ **b**
M a la carte 45/74 – **105 Z : 185 B** 140 - 195 Fb – 5 Appart. 240/280.

🏡 **Kurparkhotel**, Wilhelmshöher Allee 336, ℰ 3 18 90, Telex 99812, Fax 3189124, 🍴 – 🛗
📺 🕭 🕿 ⇔ **❷** – 🔬 25/100. **E** 𝘝𝘐𝘚𝘈   AZ **u**
M (Sonntag ab 18 Uhr geschl.) a la carte 30/69 – **63 Z : 110 B** 120/160 - 180/240 Fb.

🏠 **Schweizer Hof**, Wilhelmshöher Allee 288, ℰ 3 40 48, Telex 992416 – 🛗 📺 🕿 **❷** –
🔬 50. 🖭 ⓪ **E**   AZ **r**
M (nur Abendessen, Sonntag geschl.) a la carte 26/53 – **49 Z : 98 B** 100 - 160/180.

XX **Calvados**, Im Druseltal 12 (1. Etage, 🛗), ℰ 30 44 20, 🍴 – 🕭 **❷**. 🖭 ⓪ **E** 𝘝𝘐𝘚𝘈   AZ **z**
M 18/35 (mittags) und a la carte 34/71.

XX **Haus Rothstein** mit Zim, Heinrich-Schütz-Allee 56, ℰ 3 37 84, 🍴 – 📺 🕿 **❷**. **E**   AZ **e**
M (Montag geschl.) 22/30 (mittags) und a la carte 34/66 – **5 Z : 9 B** 75/90 - 115/140.

In Calden 3527 NW : 14 km über ⑦ oder über Rasenallee AZ :

🏡 **Schloßhotel Wilhelmsthal** 🌲, Beim Schloß Wilhelmsthal (SW : 2 km), ℰ (05674) 8 48,
« Gartenterrasse » – 🕿 ⇔ **❷** – 🔬 40. ⓪ **E**
2.- 31. Jan. geschl. – **M** a la carte 33/58 – **18 Z : 31 B** 80/95 - 130/175.

In Espenau-Schäferberg 3501 ⑦ : 10 km :

🏡 **Waldhotel Schäferberg**, Wilhelmsthaler Str. 14 (B 7), ℰ (05673) 79 71, Telex 991814, Fax
7973, 🍴, 🕿 – 🛗 ⇔ Zim 📺 🕿 🕭 **❷** – 🔬 25/200. 🖭 ⓪ **E** 𝘝𝘐𝘚𝘈
M a la carte 28/71 – **95 Z : 180 B** 95/115 - 146/180 Fb – 6 Appart. 240.

In Fuldatal 2-Simmershausen 3501 ① : 7 km Luftkurort :.

🏡 **Haus Schönewald**, Wilhelmstr. 17, ℰ (0561) 81 17 08, 🚗 – **❷**. 🍴
4.- 20. Feb. und Juli geschl. – **M** (nur Abendessen, Mittwoch geschl.) a la carte 22/35 ⅄ –
26 Z : 47 B 40/45 - 75/80.

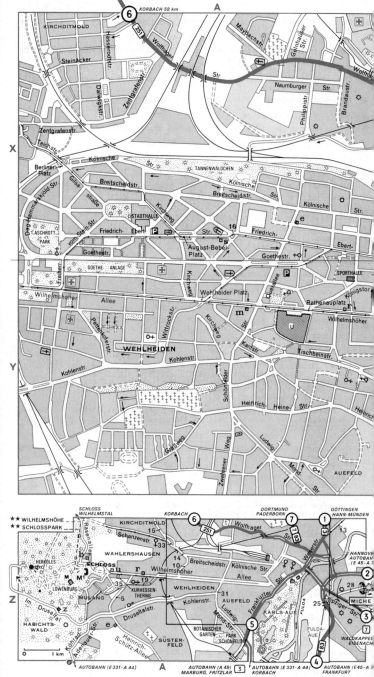

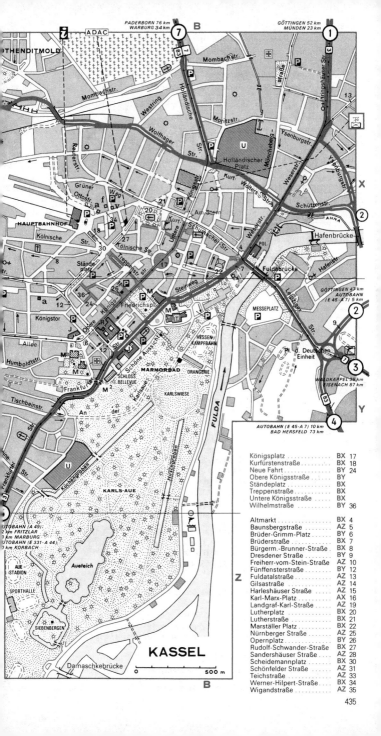

KASSEL

500 m

In Niestetal-Heiligenrode 3501 ② : 6 km, nahe BAB-Anschluß Kassel-Ost :

🏠 **Althans** 🏵 garni, Friedrich-Ebert-Str. 65, 𝒫 (0561) 52 27 09 − ☎ 🅿. 🛇
21. Dez.- 6. Jan. geschl. − **21 Z : 27 B** 40/54 - 68/88.

In Kaufungen-Niederkaufungen 3504 O : 9 km über ③

🏠 **Gasthaus am Steinertsee** 🏵, Am Steinertsee, 𝒫 (05605) 30 02, 😊, 🍴 − 🖵 ☎ 🄶
→ ⓓ 🄴
  M *(Montag bis 17 Uhr geschl.)* a la carte 21/46 − **9 Z : 18 B** 52/60 - 90/100 Fb.

An der Autobahn A 7 nahe Kasseler Kreuz ④ : 7 km :

🏨 **Autobahn-Rasthaus Kassel**, ✉ 3503 Lohfelden, 𝒫 (0561) 58 30 31, Fax 581917, ≤, 😊
  − 📶 ⇆ Zim 🖵 ☎ 🕭 ⇔ 🅿 − 🛄 25/150. 🄰🄴 ⓓ 🄴 🄥🄸🅂🄰
  M (auch Self-Service) a la carte 23/57 − **40 Z : 80 B** 102 - 158 Fb.

MICHELIN-REIFENWERKE KGaA. Niederlassung 3500 Kassel 1, Osterholzstr. 50 (AZ), 𝒫
(0561) 57 20 76, Fax 54596.

KASTELLAUN 5448. Rheinland-Pfalz 𝟡𝟠𝟟 ㉙, 𝟜𝟙𝟚 F 16 − 3 700 Ew − Höhe 435 m − ✿ 06762.

🛈 Verkehrsamt, Rathaus, Kirchstr. 1, 𝒫 40 30 − Mainz 80 − ◆Koblenz 44 − ◆Trier 96.

🏨 **Zum Rehberg** 🏵, Mühlenweg 1, 𝒫 13 32, Fax 2640, 🍴, 🐾 − 🖵 ☎ 🅿 − 🛄 25/50
  (Restaurant nur für Hausgäste) − **36 Z : 72 B** 50/70 - 76/180 − 8 Fewo 140/170.

KATTENES Rheinland-Pfalz siehe Löf.

KATZENELNBOGEN 5429. Rheinland-Pfalz 𝟜𝟙𝟚 G 16 − 1 700 Ew − Höhe 300 m − ✿ 06486.

Mainz 51 − ◆Koblenz 50 − Limburg an der Lahn 21 − ◆Wiesbaden 46.

In Berghausen 5429 SO : 2,5 km :

🏠 **Berghof**, Bergstr. 3, 𝒫 (06486) 70 94 − ☎ ⇔ 🅿. 🄰🄴 🄴
→ **M** *(Montag geschl.)* a la carte 19/37 🍷 − **30 Z : 60 B** 35/47 - 60/74 Fb − 2 Fewo 35 -
  ½ P 50/54.

In Klingelbach 5429 NW : 1,5 km :

🏠 **Sonnenhof** 🏵, Kirchstr. 31, 𝒫 (06486) 70 86, ≤, 😊, 🍴, 🐾, 🎿 − ☎ ⇔ 🅿 − 🛄 30
→ ⓓ 🄴
  3.- 17. Jan. geschl. − **M** *(Dienstag geschl.)* a la carte 21/47 🍷 − **24 Z : 42 B** 49/54 - 84/96 B
  − ½ P 52/61.

KAUB 5425. Rheinland-Pfalz 𝟡𝟠𝟟 ㉙, 𝟜𝟙𝟚 G 16 − 1 500 Ew − Höhe 79 m − ✿ 06774.

🛈 Verkehrsamt, im Rathaus, Metzgergasse 26, 𝒫 2 22 − Mainz 54 − ◆Koblenz 45 − ◆Wiesbaden 51.

🍴 **Zum Rebstock** mit Zim, Blücherstr. 55a (NO : 1 km), 𝒫 2 24 − 🅿. 🛇 Rest
  24. Dez.- 29. Jan. geschl. − **M** *(Dienstag geschl.)* a la carte 29/40 🍷 − **7 Z : 13 B** 35/40 - 70.

🍴 **Deutsches Haus** mit Zim, Schulstr. 1, 𝒫 2 66
→ *Jan. geschl.* − **M** *(Montag geschl.)* a la carte 20/50 🍷 − **11 Z : 19 B** 30/35 - 65/70.

KAUFBEUREN 8950. Bayern 𝟜𝟙𝟛 O 23, 𝟡𝟠𝟟 ㊲, 𝟜𝟚𝟞 D 5 − 41 000 Ew − Höhe 680 m −
Wintersport : 707/849 m ✂8 − ✿ 08341.

🛈 Verkehrsverein, Kaiser-Max-Str. 1 (Rathaus), 𝒫 4 04 05.

ADAC, Kaiser-Max-Str. 3, 𝒫 24 07, Telex 54693, Fax 74604.

◆München 87 − Kempten (Allgäu) 35 − Landsberg am Lech 30 − Schongau 26.

🏨 **Goldener Hirsch**, Kaiser-Max-Str. 39, 𝒫 4 30 30, Telex 541705, Fax 18273, 😊, 🍴 − 📶
  🖵 🕭 ⇔ − 🛄 35/150. 🄰🄴 ⓓ 🄴 🄥🄸🅂🄰
  M a la carte 29/65 − **42 Z : 80 B** 78/145 - 115/195 Fb.

🏠 **Hasen**, Ganghoferstr. 7, 𝒫 89 41, Fax 74451 − 📶 🖵 ☎ ⇔ 🅿. 🄰🄴 ⓓ 🄴 🄥🄸🅂🄰
→ **M** a la carte 18/47 🍷 − **56 Z : 110 B** 50/85 - 90/120 Fb.

🏠 **Leitner**, Neugablonzer Str. 68, 𝒫 33 44 − 🅿
→ **M** *(Freitag 14 Uhr - Samstag, 23. Dez.- 1. Jan. und Aug. 3 Wochen geschl.)* a la carte 19/34 🍷
  − **22 Z : 33 B** 30/50 - 50/80.

🏠 **Hofbräuhaus** garni, Josef-Landes-Str. 1, 𝒫 26 54 − ☎ ⇔ 🅿. 🄰🄴
  29 Z : 45 B 43/60 - 70/90.

In Kaufbeuren-Oberbeuren SW : 2 km :

🏠 **Engel**, Hauptstr. 10, 𝒫 21 24 − ⇔ 🅿. 🛇 Zim
→ **M** *(nur Abendessen, Samstag - Sonntag und Aug. geschl.)* a la carte 16,50/26 🍷 − **17 Z :
  31 B** 35/45 - 60/70.

In Biessenhofen 8954 S : 6,5 km :

🏨 **Neue Post**, Füssener Str. 17 (B 16), 𝒫 (08341) 85 25, Fax 8525, 😊, 🐾 − 🖵 ☎ ⇔ 🅿 -
  🛄 60. 🄰🄴 ⓓ 🄴 🄥🄸🅂🄰
  M a la carte 65/98 − **20 Z : 30 B** 70/100 - 120/150.

In Irsee 8951 NW : 7 km :

🏛 **Klosterbräustüble** ☜, Klosterring 1, ℰ (08341) 43 22 00, Fax 432269, 🎏, Brauereimuseum – ☎ 🅿
7.- 7. Jan. geschl. – **M** a la carte 26/43 – **42 Z : 78 B** 75/85 - 118/128 Fb.

In Pforzen-Hammerschmiede 8951 N : 6,5 km :

✗✗ **Landgasthof Hammerschmiede**, Kemptener Str. 46 (B 16), ℰ (08346) 2 71, Fax 245, 🎏 – 🅿. 🆎 **E**
M a la carte 29/56.

KAUFERING Bayern siehe Landsberg am Lech.

KAUFUNGEN Hessen siehe Kassel.

KAYHUDE 2061. Schleswig-Holstein – 1 000 Ew – Höhe 25 m – 🕓 040 (Hamburg).
◆Kiel 82 – ◆Hamburg 30 – ◆Lübeck 50 – Bad Segeberg 26.

✗✗ **Alter Heidkrug**, Segeberger Str. 10 (B 432), ℰ 6 07 02 52, 🎏 – 🅿 – 🅰 40. 🆎 ⓞ **E** 🚾
Donnerstag und Juli - Aug. 3 Wochen geschl. – **M** a la carte 27/50.

KEHL 7640. Baden-Württemberg 🗺 G 21, 🗺 ㉞, 🗺 ㉟ – 30 000 Ew – Höhe 139 m – 🕓 07851.
🎫 Verkehrsamt, Am Marktplatz, ℰ 8 82 26, Fax 88222.
ⱯDAC, Grenzbüro, Europabrücke, ℰ 21 88.
◆Stuttgart 149 – Baden-Baden 55 – ◆Freiburg im Breisgau 81 – ◆Karlsruhe 76 – Strasbourg 6.

🏛 **Europa-Hotel** garni, Straßburger Str. 9, ℰ 29 01 – 🛗 📺 ☎ 🅿 – 🅰 25/100
54 Z : 90 B Fb.

🏠 **Rebstock**, Hauptstr. 183, ℰ 24 70, Fax 78568 – ☎ 🅿
1.- 7. Jan. und 5.- 18. Feb. geschl. – **M** (wochentags nur Abendessen, Montag geschl.) a la carte 24/55 ⅜ – **31 Z : 58 B** 60/75 - 85/105 Fb.

🏠 Astoria garni, Bahnhofstr. 4, ℰ 30 66 – 🛗 ☎ 🅿 – **30 Z : 64 B** Fb.

In Kehl-Kork SO : 4 km :

🏠 **Schwanen**, Landstr. 3, ℰ 33 38, « Restaurant im alpenländischen Stil » – ☎ 🅿. **E** 🚾
M (Montag geschl.) a la carte 21/49 ⅜ – **34 Z : 65 B** 45/58 - 75/85.

🛖 **Hirsch**, Gerbereistr. 20, ℰ 36 00 – 🅿
Mitte Dez.- Anfang Feb. geschl. – Menu (nur Abendessen, Sonntag geschl.) a la carte 23/53 ⅜ – **53 Z : 100 B** 50/60 - 85/95.

In Kehl-Marlen S : 7 km :

✗ **Wilder Mann**, Schlossergasse 28, ℰ (07854) 2 14 – 🅿
Donnerstag und Freitag jeweils bis 17 Uhr, Mittwoch sowie 1.- 18. Aug. geschl. – Menu a la carte 31/63.

In Rheinau-Linx 7597 NO : 11 km :

✗ **Grüner Baum** mit Zim, Tullastr. 30, ℰ (07853) 3 58 – 🅿. 🆎 ⓞ **E** 🚾
4.- 18. Feb. geschl. – **M** (April - Sept. Montag, Okt.- März Sonntag 18 Uhr - Montag geschl.) a la carte 34/63 – **5 Z : 11 B** 40 - 70.

In Rheinau-Diersheim 7597 NO : 14 km :

🏠 **La Provence** garni, Hanauer Str. 1, ℰ (07844) 79 59 – ☎ 🅿
20. Dez.- 5. Jan. geschl. – **10 Z : 20 B** 88 - 105/120.

KEHLSTEIN Bayern. Sehenswürdigkeit siehe Berchtesgaden.

KEITUM Schleswig-Holstein siehe Sylt (Insel).

KELBERG 5489. Rheinland-Pfalz 🗺 ㉞㉟, 🗺 D 16 – 1 700 Ew – Höhe 490 m – Luftkurort – 🕓 02692.
🎫 Tourist - Information, Rathaus, Dauner Str. 22, ℰ 8 72 18.
Mainz 157 – ◆Aachen 115 – ◆Bonn 65 – ◆Koblenz 66 – ◆Trier 78.

🛖 **Eifeler Hof**, Am Markt (B 410), ℰ 3 20, 🐎 – 🅿
Dez.- Ostern garni – **M** (Montag geschl.) a la carte 23/40 – **13 Z : 22 B** 40/50 - 75/90.

KELHEIM 8420. Bayern 🗺 S 20, 🗺 ㉗ – 15 000 Ew – Höhe 354 m – 🕓 09441.
Ausflugsziele : Befreiungshalle★ W : 3 km – Weltenburg : Klosterkirche★ SW : 7 km – Schloß Prunn : Lage★, W : 11 km.
🎫 Verkehrsbüro, Ludwigsplatz, ℰ 70 12 34.
◆München 106 – Ingolstadt 56 – ◆Nürnberg 108 – ◆Regensburg 24.

🏠 **Stockhammer - Restaurant Ratskeller**, Am oberen Zweck 2, 🎱 32 54 – 📺 🄿 🖭 ▮
VISA
8.- 27. Aug. geschl. – **M** *(Montag geschl.)* a la carte 24/65 – **10 Z : 16 B** 45/50 - 80/90.

🏠 **Aukofer**, Alleestr. 27, 🎱 14 60 – 🕮 ⇔ 🄿 – 🕭 25/60
← 23. Dez.- 6. Jan. geschl. – **M** *(Dez. - März Samstag geschl.)* a la carte 16/33 – **70 Z : 120**
31/45 - 58/90.

🏠 **Klosterbrauerei** ⬡, Klosterstr. 5, 🎱 35 48, 🏤 – 🕮 ⇔ 🄿
← 22. Dez.- 10. Jan. geschl. – **M** *(Montag geschl.)* a la carte 17/36 – **38 Z : 65 B** 32/48 - 52/85

🏫 Weißes Lamm, Ludwigstr. 12, 🎱 98 25 – 🕮 ⇔ 🄿
32 Z : 60 B.

In Essing 8421 W : 8 km :

🏠 **Weihermühle**, 🎱 (09447) 3 55, Fax 683, Biergarten, 🖾, 🏊 (geheizt), 🐎 – 🕮 🕭 ⇔ 🄿
🖭 🅾 🅴
Jan. und Mitte Nov.- Mitte Dez. geschl. – **M** *(Nov.- April Dienstag geschl.)* 15 (mittags) un
a la carte 25/47 🍷 – **23 Z : 44 B** 50/70 - 75/100.

✕ **Brauerei-Gasthof Schneider**, Altmühlgasse 10, 🎱 (09447) 3 54, 🏤 – 🄿
Montag und Feb. 2 Wochen geschl. – **M** a la carte 24/52.

KELKHEIM 6233. Hessen 🍀🍀 🍀🍀🍀 I 16 – 27 000 Ew – Höhe 202 m – ✪ 06195.
🅱 Verkehrsamt, Frankfurter Str. 55, 🎱 20 02.
♦Wiesbaden 27 – ♦Frankfurt am Main 19 – Limburg an der Lahn 47.

🏨 **Arkaden Hotel**, Frankenallee 2, 🎱 20 88, Fax 2089, 🖾 – 📺 ☎ ⇔ – 🕭 50. 🖭 🅾 ▮
VISA
M a la carte 33/65 – **35 Z : 70 B** 95/150 - 150/220 Fb.

🏠 **Post**, Breslauer Str. 42, 🎱 20 58, Fax 2089 – 🕮 📺 ☎ ⇔ 🄿 – 🕭 25. 🖭 🅾 🅴 VISA
M *(Sonntag geschl.)* a la carte 46/73 – **18 Z : 36 B** 95/150 - 150/200.

🏠 **Kelkheimer Hof** garni, Großer Haingraben 7, 🎱 40 28, Fax 4031 – 📺 ☎ 🄿 🖭 🅾 🅴 VISA
23 Z : 38 B 96/130 - 140/186 Fb.

🏠 **Becker's Waldhotel** ⬡ garni, Unter den Birken 19, 🎱 20 97, Fax 201211, 🖾 – 📺 ☎ 🄿
🅾 🅴 VISA
17 Z : 24 B 75/98 - 130/150 Fb.

In Kelkheim-Münster :

🏫 **Zum goldenen Löwen**, Alte Königsteiner Str. 1, 🎱 40 91 – 📺 ☎ 🄿. 🅴
Juli - Aug. 2 Wochen und Weihnachten - Anfang Jan. geschl. – **M** *(Donnerstag geschl.)*
la carte 28/50 🍷 – **26 Z : 48 B** 73/79 - 107/116.

Außerhalb NW : 5 km über Fischbach und die B 455 Richtung Königstein :

🏰 **Schloßhotel   Rettershof** ⬡   (Schlößchen   mit   modernem   Hotelanbau
✉ 6233 Kelkheim, 🎱 (06174) 2 90 90, Fax 25352, 🏤, Park, 🖾, ✕ – 📺 ⇔ 🄿 – 🕭 3▮
🖭 🅾 🅴 VISA
M a la carte 63/82 – **35 Z : 69 B** 126/150 - 205/250 Fb.

✕ **Zum fröhlichen Landmann**, ✉ 6233 Kelkheim, 🎱 (06174) 2 15 41, 🏤 – 🄿
Montag - Dienstag und 15. Jan.- 13. Feb. geschl. – **M** a la carte 28/48 🍷.

KELL AM SEE 5509. Rheinland-Pfalz 🍀🍀 D 18 – 1 900 Ew – Höhe 441 m – Luftkurort
✪ 06589.
🅱 Tourist - Information, Brückenstraße (Alte Mühle), 🎱 10 44.
Mainz 148 – Saarburg 27 – ♦Trier 37.

🏠 **St. Michael**, Kirchstr. 3, 🎱 10 68, 🏤, 🖾, 🐎 – 🕮 📺 ☎ & 🄿 – 🕭 25/200. 🅾
← **M** *(Montag geschl.)* a la carte 17/41 – **35 Z : 70 B** 54/74 - 108/148.

🏠 **Haus Doris** ⬡, Nagelstr. 8, 🎱 71 10, 🖾, 🐎 – 🄿. ✕
← **M** *(Mittwoch geschl.)* a la carte 21/39 – **16 Z : 32 B** 40 - 70/80.

🏠 **Zur Post**, Hochwaldstr. 2, 🎱 16 00, 🐎 – ⇔ 🄿. 🅴
← Okt. 2 Wochen geschl. – **M** *(Freitag geschl.)* a la carte 18/40 – **14 Z : 26 B** 40 - 75.

KELLENHUSEN 2436. Schleswig-Holstein – 1 500 Ew – Höhe 10 m – Ostseeheilbad
✪ 04364 (Dahme).
🅱 Kurverwaltung, Strandpromenade, 🎱 10 81.
♦Kiel 83 – Grömitz 11 – Heiligenhafen 25.

🏠 Vier Linden ⬡, Lindenstr. 4, 🎱 10 50, 🖾 – 🕮 🄿. ✕
50 Z : 100 B.

🏠 **Erholung**, Am Ring 35, 🎱 2 36 – 🕮 ☎ 🄿
15. März - 25. Okt. – **M** a la carte 27/42 – **34 Z : 65 B** 50/62 - 104/119 Fb – 4 Fewo 65/100 -
½ P 68/80.

Siehe auch : *Liste der Feriendörfer*

KELSTERBACH 6092. Hessen **412** **413** I 16 – 14 500 Ew – Höhe 107 m – ✆ 06107.

◆Wiesbaden 26 – ◆Darmstadt 33 – ◆Frankfurt am Main 16 – Mainz 26.

🏨 **Novotel Frankfurt Rhein-Main** ⌂, Am Weiher 20, ℰ 7 50 50, Telex 4170101, Fax 8060, 🍴, 😊, 🏊, – 🛗 ✸← Zim 🔟 ☎ & ❷ – 🔬 30/190. 🖭 ◑ Ε 🚾
    M a la carte 38/75 – **151 Z : 302 B** 195 - 240 Fb.

🏠 **Tanne**, Tannenstr. 2, ℰ 30 81, Fax 5484 – ☎ ❷. 🖭 Ε 🚾
    M (nur Abendessen, Freitag - Sonntag geschl.) a la carte 28/46 – **36 Z : 56 B** 95/178 - 147/185.

🏠 **Zeltinger Hof** garni, Waldstr. 73, ℰ 21 26, Fax 3694 – 🔟 ☎ ❷. 🖭 ◑ Ε 🚾
    24. Dez.- 6. Jan. geschl. – **30 Z : 40 B** 77 - 124.

XX **Alte Oberförsterei**, Staufenstr. 16 (beim Bürgerhaus), ℰ 6 16 73, 🍴 – ❷. 🖭 ◑ Ε
    Samstag bis 18 Uhr, Montag und Juni - Juli 3 Wochen geschl. – **M** (Tischbestellung ratsam) a la carte 43/72.

KELTERN 7538. Baden-Württemberg **413** I 20 – 7 850 Ew – Höhe 190 m – ✆ 07236.

◆Stuttgart 61 – ◆Karlsruhe 24 – Pforzheim 11.

In Keltern-Dietlingen :

X **Zum Kaiser**, Bachstr. 41, ℰ 62 89
    Donnerstag - Freitag 17 Uhr, 8.- 14. Feb. und Mitte Juni - Mitte Juli geschl. – **M** a la carte 30/65.

In Keltern 2-Ellmendingen :

🏨 **Goldener Ochsen**, Durlacher Str. 8, ℰ 81 42, Fax 7108 – ☎ ⇐⇒ ❷
    M (Sonntag 17 Uhr - Montag geschl.) a la carte 36/69 – **12 Z : 21 B** 55/100 - 100/140.

🏡 Zum Löwen, Durlacher Str. 10, ℰ 81 31 – ❷ – 🔬 50
    11 Z : 20 B.

KEMMENAU Rheinland-Pfalz siehe Ems, Bad.

KEMPEN 4152. Nordrhein-Westfalen **987** ⑬, **412** C 12 – 32 500 Ew – Höhe 35 m – ✆ 02152.

◆Düsseldorf 37 – Geldern 21 – Krefeld 13 – Venlo 22.

XX **et kemp'sche huus** (restauriertes Fachwerkhaus a.d.J. 1725), Neustr. 31, ℰ 5 44 65 – 🖭 ◑ Ε 🚾. 🛠
    Samstag bis 18 Uhr und Montag geschl. – **M** (Tischbestellung ratsam) a la carte 53/79.

KEMPENICH 5446. Rheinland-Pfalz **987** ㉔, **412** E 15 – 1 500 Ew – Höhe 455 m – Erholungsort – ✆ 02655 (Weibern).

Mainz 144 – ◆Bonn 55 – ◆Koblenz 53 – ◆Trier 106.

🏠 **Eifelkrone**, In der Hardt 1 (nahe der B 412), ℰ 13 01, 🍴, 🌳 – ⇐⇒ ❷
    Nov.- 15. Dez. geschl. – **M** a la carte 21/38 – **16 Z : 32 B** 40/42 - 74/78 – ½ P 43/46.

KEMPFELD 6581. Rheinland-Pfalz **412** E 17 – 950 Ew – Höhe 530 m – Erholungsort – ✆ 06786.

Mainz 111 – Bernkastel-Kues 23 – Idar-Oberstein 15 – ◆Trier 66.

🏡 **Ferienfreude**, Hauptstr. 43, ℰ 13 08, 🌳 – ⇐⇒ ❷
    1.- 21. Nov. geschl. – **M** (Freitag geschl.) a la carte 21/39 – **10 Z : 20 B** 38 - 64 – ½ P 45.

In Asbacher Hütte, beim Feriendorf Harfenmühle 6581 NO : 2,5 km :

XX **Zur Scheune**, Harfenmühle, ℰ (06786) 13 04, 🍴 – ❷
    nur Abendessen, Dienstag und Jan. geschl. – **M** a la carte 39/64.

KEMPTEN (ALLGÄU) 8960. Bayern **413** N 23, **987** ㊱, **426** ⑤ – 58 000 Ew – Höhe 677 m – ✆ 0831.

🔰 Verkehrsamt, Rathausplatz 14, ℰ 2 52 52 37.

ᴬDAC, Bahnhofstr. 55, ℰ 2 90 31.

◆München 127 ② – ◆Augsburg 102 ② – Bregenz 73 ⑤ – ◆Konstanz 135 ⑤ – ◆Ulm (Donau) 89 ①.

Stadtplan siehe nächste Seite.

🏨 **Fürstenhof**, Rathausplatz 8, ℰ 2 53 61 00, Fax 2536120 – 🛗 🔟 ⇐⇒ – 🔬 25/150. 🖭 ◑ Ε 🚾   AY **v**
    M a la carte 39/70 – **74 Z : 144 B** 115/140 - 170/250 Fb – 4 Appart. 350.

🏨 **Bayerischer Hof** garni, Füssener Str. 96, ℰ 7 34 20, Fax 73708, 😊 – 🔟 ☎ ⇐⇒ ❷. 🖭 ◑ Ε 🚾   AY **s**
    38 Z : 58 B 88/95 - 140/150 Fb.

🏨 **Peterhof**, Salzstr. 1, ℰ 2 55 25, Telex 541535, Fax 2536120 – 🛗 🔟 ☎ ⇐⇒ – 🔬 25/60. 🖭 ◑ Ε 🚾   AY **c**
    M (Samstag - Sonntag geschl.) a la carte 30/48 – **51 Z : 102 B** 82/85 - 130/140 Fb.

🏨 **Auf'm Lotterberg** ⌂ garni, Königsberger Str. 31, ℰ 9 77 53, Fax 94452, ≤ – ☎ ⇐⇒ ❷. 🖭 ◑ Ε   über Lotterbergstr. BY
    10. Dez.- 10. Jan. geschl. – **26 Z : 33 B** 60 - 95 Fb.

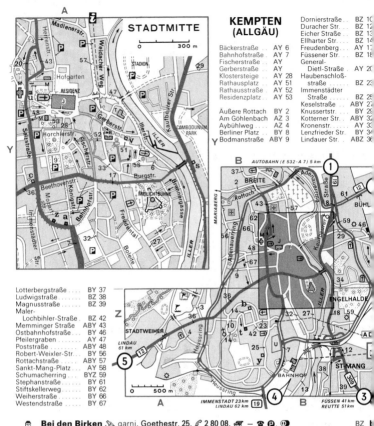

🏠 **Bei den Birken** 🌳 garni, Goethestr. 25, ℘ 2 80 08, 🐎 – ☎ 🅿. ⓞ   BZ k
20 Z : 25 B 35/55 - 65/85.

🏠 **Sonnenhang** 🌳, Mariaberger Str. 78, ℘ 9 37 56, ≤, 🍴, 🐎 – 📺 ☎ 🅿. 🖾 🎟
13.- 21. Feb. und 20.- 30. Mai geschl. – **M** (Mittwoch bis 17 Uhr, Sonntag ab 18 Uhr und
Donnerstag geschl.) a la carte 30/46 – **17 Z : 30 B** 58 - 92 Fb.   über Äußere Rottach BY

🏠 **Bahnhof-Hotel**, Mozartstr. 2, ℘ 2 20 73, Fax 10194 – 🚗 🖾 ⓞ 🎟   AY a
(nur Abendessen für Hausgäste) – **40 Z : 70 B** 46 - 88.

🍴 **le tzigane**, Mozartstr. 8, ℘ 2 63 69 – 🖾 🎟   AY z
Montag geschl., Samstag - Sonntag nur Abendessen – **M** (Tischbestellung ratsam) a la
carte 55/76.

🍴 **Haubenschloß**, Haubenschloßstr. 37, ℘ 2 35 10, Fax 18062, 🍴 – 🅿. 🖾 🎟   BZ v
Montag geschl. – **M** a la carte 27/62.

🍴 **Zum Stift** (Brauerei-Gaststätte), Stiftsplatz 1, ℘ 2 23 88, Biergarten   AY n
Montag geschl. – **M** a la carte 21/45.

In Kempten-Lenzfried O : 2 km über Lenzfrieder Str. BYZ :

🏠 **Berg-Café** 🌳, Höhenweg 6, ℘ 7 32 96, ≤, 🐎 – 🚗 🅿 – **M** (nur Abendessen, Freitag
und 24. Dez.- 3. Jan. geschl.) a la carte 25/36 ⅜ – **30 Z : 47 B** 29/38 - 60/72.

In Durach 8968 ③ : 4 km :

🏠 **Zum Schwanen**, Füssener Str. 26, ℘ (0831) 6 32 35 – 🅿
7.- 25. Okt. geschl. – **M** (Mittwoch geschl.) a la carte 21/41 ⅜ – **11 Z : 18 B** 28/40 - 55/70.

In Sulzberg 8961 S : 7 km über Ludwigstraße BZ :

🏠 **Sulzberger Hof**, Sonthofener Str. 17, ℘ (08376) 3 01, ≤, 🍴, 🍴, 🐎 – 🚗 🅿. 🖾
🐾 Zim – Ende Okt.- Anfang Dez. geschl. – **M** (Dienstag geschl.) a la carte 25/51 ⅜ –
15 Z : 27 B 55/93 - 120/170 Fb – ½ P 75/110.

Siehe auch : *Buchenberg, Waltenhofen* und *Wiggensbach*

KENZINGEN 7832. Baden-Württemberg **413** G 22, **987** ㉞, **242** ㉘ ㉜ − 7 200 Ew − Höhe 179 m − ✿ 07644.

♦Stuttgart 182 − ♦Freiburg im Breisgau 28 − Offenburg 40.

🏨 **Sporthotel**, Breitenfeldstr. 51, ℰ 80 90, 🌤, Massage, 🛁, 🚬, 🌊 (geheizt), 🎾 (Halle, Schule), Sportcenter − 🏢 📺 ☎ ⇐ ❷ − 🔬 25/50. ☉ 🄴 ⅦⅫ ⅏⅄ Rest
M a la carte 28/55 − **Castel Gardo** (Italienische Küche) *(nur Abendessen, Montag geschl.)* **M** a la carte 24/58 − **45 Z : 90 B** 68 - 108 Fb.

🏠 **Gasthaus Schieble**, Offenburger Str. 6 (B 3), ℰ 84 13, 🚬 − ☎ ❷. 🄰🄴 ☉ 🄴 ⅦⅫ
⬅ 15.- 28. Feb. und 25. Okt.- 9. Nov. geschl. − **M** *(Sonntag 15 Uhr - Montag geschl.)* a la carte 21/45 🍴 − **23 Z : 48 B** 55 - 90.

🏠 Beller, Hauptstr. 41 (B 3), ℰ 5 26 − ❷
12 Z : 23 B.

KERKEN 4173. Nordrhein-Westfalen **987** ⑬, **412** C 12 − 11 100 Ew − Höhe 35 m − ✿ 02833.

♦Düsseldorf 51 − ♦Duisburg 31 − Krefeld 17 − Venlo 22.

In Kerken-Aldekerk :

🍴🍴 **Haus Thoeren** mit Zim, Marktstr. 14, ℰ 44 31 − 📺 ☎. 🄴. 🌤 Zim
Juli - Aug. 3 Wochen geschl. − **M** *(auch vegetarische Gerichte)* (Montag geschl.) a la carte 28/52 − **8 Z : 16 B** 70/90 - 110/132.

In Kerken-Nieukerk :

🏠 **Wolters**, Sevelener Str. 15, ℰ 22 06, Fax 5154 − 📺 ☎ ⇐ ❷. 🄰🄴 ☉ 🄴 ⅦⅫ
M *(Samstag geschl.)* a la carte 27/48 − **11 Z : 22 B** 60/80 - 98/120 Fb.

KERNEN IM REMSTAL 7053. Baden-Württemberg **413** L 20 − 14 000 Ew − Höhe 265 m − ✿ 07151 (Waiblingen).

♦Stuttgart 19 − Esslingen am Neckar 9 − Schwäbisch Gmünd 43.

In Kernen 2-Stetten :

🏨 **Gästehaus Schlegel** garni, Tannenäckerstr. 13, ℰ 4 20 16 − 🏢 📺 ☎ ⇐ ❷. 🄰🄴 ☉ 🄴 ⅦⅫ
28 Z : 47 B 75/100 - 120/150 Fb.

🍴🍴 ✿ **Romantik-Restaurant Zum Ochsen** (ehem. Herberge a.d.J. 1763), Kirchstr. 15, ℰ 4 20 15 − ❷. 🄰🄴 ☉ 🄴 ⅦⅫ
Mittwoch und 7.- 27. Feb. geschl. − **M** a la carte 46/73
Spez. Gänsestopfleberterrine, Lammrücken provençale (2 Pers.), Variation von Früchten mit Zimt-Cassis-Parfait.

🍴🍴 **Weinstube Idler - Zur Linde** mit Zim, Dinkelstr. 1, ℰ 4 20 18, 🌤 − 📺 ☎ ⇐ ❷ − 🔬 80. 🄰🄴 ☉ 🄴 ⅦⅫ
2.- 14. Jan. und 27. Aug.- 9. Sept. geschl. − **M** *(Montag - Dienstag 17 Uhr geschl.)* a la carte 34/75 − **10 Z : 20 B** 60/70 - 120/130.

🍴🍴 **Weinstube Bayer**, Gartenstr. 5, ℰ 4 52 52 − 🄴
nur Abendessen, Sonntag - Montag, 23. Feb.- 6. März und 21. Sept.- 5. Okt. geschl. − **M** a la carte 38/67.

KERPEN 5014. Nordrhein-Westfalen **987** ㉓, **412** D 14 − 56 000 Ew − Höhe 75 m ✿ 02237.

♦Düsseldorf 60 − Düren 17 − ♦Köln 26.

In Kerpen-Blatzheim W : 5 km :

🍴 **Neffelthal** mit Zim, Dürener Str. 365, ℰ (02275)68 63 − ☎ ❷. 🄴
M *(Samstag bis 18 Uhr, Mittwoch und 7. Jan.- 1. Feb. geschl.)* 16,50/26 (mittags) und a la carte 28/57 − **8 Z : 11 B** 55/75 - 85/110.

In Kerpen-Horrem N : 6 km :

🏠 **Rosenhof**, Hauptstr. 119, ℰ (02273) 45 81 − ☎ ⇐ ❷. 🌤
Juli geschl. − **M** *(nur Abendessen, Mittwoch geschl.)* a la carte 27/40 − **23 Z : 28 B** 60/100 - 90/120.

In Kerpen-Sindorf NW : 4 km :

🏠 **Park-Hotel** garni, Kerpener Str. 183, ℰ (02273) 50 94, Fax 54985 − 🏢 📺 ☎ ⇐ ❷. 🄰🄴 ☉ 🄴 ⅦⅫ
25 Z : 37 B 70/85 - 100/140 Fb.

Erfahrungsgemäß werden bei größeren Veranstaltungen,
Messen und Ausstellungen in vielen Städten und deren Umgebung
erhöhte Preise verlangt.

KESTERT 5421. Rheinland-Pfalz F 16 — 900 Ew — Höhe 74 m — ✆ 06773.

Mainz 68 — ◆Koblenz 30 — Lorch 21.

🏠 **Krone**, Rheinstr. 37 (B 42), 𝒫 71 42, ≤, 🏤 — ☎ 🅿 — 🔏 25/50. 🖭 ⓪ 🄴 𝘝𝘐𝘚𝘈
↠ *Mitte Feb.- Mitte März geschl.* — **M** *(Montag geschl.)* a la carte 21/47 🍸 — **22 Z : 44 B** 35/45 - 60/100 Fb.

🏠 **Goldener Stern**, Rheinstr. 38 (B 42), 𝒫 71 02, ≤, 🏤 — ⓪ 🄴 𝘝𝘐𝘚𝘈
10. Jan.- 1. Feb. und Nov. 1 Woche geschl. — **M** *(Okt.- April Montag bis 18 Uhr geschl.)* a la carte 25/46 🍸 — **13 Z : 22 B** 35/45 - 60/86.

KETSCH Baden-Württemberg siehe Schwetzingen.

KEVELAER 4178. Nordrhein-Westfalen 𝟿𝟾𝟽 ⑬, 𝟺𝟷𝟸 B 12, 𝟺𝟶𝟾 J 7 — 23 100 Ew — Höhe 21 m — Wallfahrtsort — ✆ 02832.

🛈 Verkehrsverein, im neuen Rathaus, 𝒫 12 21 52.

◆Düsseldorf 74 — Krefeld 41 — Nijmegen 42.

🏛 **Am Bühnenhaus** 🦢 garni, Burg-St.Edmunds-Str. 13, 𝒫 44 67 — 📺 ☎ ⴛ 🅿
26 Z : 53 B Fb.

🛖 **Zum weißen Kreuz**, Kapellenplatz 21, 𝒫 54 09
↠ *22. Jan.- 15. Feb. geschl.* — **M** *(Montag geschl.)* a la carte 19/47 — **15 Z : 24 B** 32/52 - 64/104.

✗✗ **Zur Brücke** mit Zim, Bahnstr. 44, 𝒫 23 89, « Gartenterrasse » — 📺 ☎ 🅿. 🖭 ⓪ 🄴 𝘝𝘐𝘚𝘈 🦢
M *(Dienstag und Feb. 2 Wochen geschl.)* a la carte 36/54 — **6 Z : 12 B** 75 - 128.

In Kevelaer 3-Schravelen N : 1,5 km :

🏛 **Sporthotel Schravelsche Heide** 🦢, Grotendonker Str. 54, 𝒫 8 05 51, 🏤, 😂, 🔲, ✗ (Halle), 🏇(Halle) — 📺 ☎ 🅿 — 🔏 30. 🖭 ⓪ 𝘝𝘐𝘚𝘈
M *(auch vegetarische Gerichte)* a la carte 32/61 — **35 Z : 70 B** 69/76 - 132 Fb.

KIEDRICH 6229. Hessen 𝟺𝟷𝟸 H 16 — 3 500 Ew — Höhe 165 m — Erholungsort — ✆ 06123.

Sehenswert : Pfarrkirche (Ausstattung★★, Kirchengestühl★★, Madonna★).

Ausflugsziele : Ehem. Kloster Eberbach : Mönchsdormitorium★ — Keller (Keltern★★) W 4 km.

◆Wiesbaden 17 — Mainz 20.

🏠 **Nassauer Hof**, Bingerpfortenstr. 17, 𝒫 24 76, Fax 62220, 🏤 — ☎ 🅿 — 🔏 25. 🖭 ⓪ 🄴 𝘝𝘐𝘚𝘈
Ende Dez.- Ende Jan. geschl. — **M** *(Montag geschl.)* a la carte 27/56 🍸 — **28 Z : 51 B** 55/60 - 88/98 Fb.

KIEFERSFELDEN 8205. Bayern 𝟺𝟷𝟹 T 24, 𝟿𝟾𝟽 ㊲, 𝟺𝟸𝟼 I 6 — 6 000 Ew — Höhe 506 m — Luftkurort — Wintersport : 500/800 m ⚡2 ⚡3 — ✆ 08033.

🛈 Verkehrsamt, Rathausplatz 3, 𝒫 84 90.

ADAC, Grenzbüro, an der Autobahn, 𝒫 83 20, Telex 525516.

◆München 86 — Innsbruck 78 — Rosenheim 31.

🏠 **Zur Post**, Bahnhofstr. 26, 𝒫 70 51, Fax 8573, Biergarten, 😂, ✗ — 🛗 ☎ ⇦ 🅿 — 🔏 30.
↠ 🖭 ⓪ 🄴
M a la carte 16/40 — **39 Z : 80 B** 68 - 98 Fb.

🏠 **Gruberhof** 🦢, König-Otto-Str. 2, 𝒫 70 40, Fax 7550, 🏤, 😂, 🔲 (geheizt), ✗ — ☎ ⇦ 🅿 🖭 ⓪ 🄴 𝘝𝘐𝘚𝘈 🦢
Mitte Nov.- Mitte Dez. geschl. — **M** a la carte 26/46 — **34 Z : 65 B** 59/98 - 90/120 Fb — 2 Fewo 110.

🛖 **Schaupenwirt** 🦢, Kaiser-Franz-Josef-Allee 26, 𝒫 82 15, Biergarten, ✗ — 🅿
↠ *15. Okt.- 20. Nov. geschl.* — **M** *(Dienstag geschl.)* a la carte 19/36 — **11 Z : 21 B** 33 - 64.

Siehe auch : *Kufstein* (Österreich)

LE GUIDE VERT MICHELIN ALLEMAGNE

Paysages, monuments

Routes touristiques

Géographie

Histoire, Art

Itinéraires de visite

Plans de villes et de monuments.

KIEL 2300. 🛄 Schleswig-Holstein 🥇🥇🥇 ⑤ – 245 000 Ew – Höhe 5 m – ✪ 0431.

Sehenswert : Hindenburgufer ✶✶ (≤✶✶) – Rathaus (Turm ≤✶).

Ausflugsziele : Freilichtmuseum✶✶ ③ : 7,5 km – Kieler Förde✶✶ und Prinz-Heinrich-Brücke (≤✶)
N : 5 km R.

🐟 Heikendorf-Kitzeberg (① : 10 km), ℰ (0431) 2 34 04.

Ausstellungsgelände Ostseehalle (Y), ℰ 9 01 23 05, Telex 292511.

🛈 Touristinformation, Sophienblatt 30, ℰ 67 91 00, Fax 675439.

ADAC, Saarbrückenstr. 54, ℰ 6 60 20, Notruf ℰ 1 92 11.

Flensburg 88 ⑥ – ✦Hamburg 96 ⑤ – ✦Lübeck 92 ⑤.

Stadtpläne siehe nächste Seiten.

🏨 **Conti-Hansa**, Schloßgarten 7, ℰ 5 11 50, Telex 292813, Fax 5115444, 😤, 🚗 – 🔃 📺 ᘒ
⟷ – 🔏 25/270   X e
167 Z : 338 B Fb.

🏨 **Maritim-Bellevue** 🔊, Bismarckallee 2, ℰ 3 89 40, Telex 292444, Fax 338490, ≤ Kieler
Förde, 😤, 🚗, 🔲 – 🔃 📺 🕿 🅿 – 🔏 25/500. 🅰🅴 ⑩ 🅴 🅅🅸🆂🅰 . ✼ Rest   R e
M a la carte 43/78 – **89 Z : 180 B** 165/275 - 260/390 Fb – 10 Appart. 540/650.

🏨 **Kieler Kaufmann** 🔊, Niemannsweg 102, ℰ 8 50 11, Telex 292446, 🚗, 🔲 – 📺 🕿 🅿 –
🔏 25/80. ✼ Rest   R k
48 Z : 65 B Fb.

🏨 **Kieler Yacht-Club**, Hindenburgufer 70, ℰ 8 50 55, Telex 292869, Fax 85039, ≤ Kieler
Förde, 😤 – 🔃 📺 🕿 ⟷ 🅿 – 🔏 40. 🅴 🅅🅸🆂🅰   R m
M a la carte 40/72 – **60 Z : 100 B** 115/145 - 160/210 Fb.

🏨 **Berliner Hof** garni, Ringstr. 6, ℰ 6 20 57, Fax 671436 – 🔃 📺 🕿 ᘒ 🅿 – 🔏 30. 🅰🅴 ⑩ 🅴
🅅🅸🆂🅰   Z d
22. Dez. - 2. Jan. geschl. – **82 Z : 150 B** 85/110 - 120/150.

🏨 **Astor**, Holstenplatz 1, ℰ 9 30 17, Telex 292720, Fax 96378, ≤ – 🕿 ⟷ – 🔏 60. 🅰🅴 ⑩ 🅴
🅅🅸🆂🅰   Y a
M (Sonntag geschl.) a la carte 29/65 – **59 Z : 87 B** 95/110 - 140/160 Fb.

🏠 **Wiking - Restaurant Normandie**, Schützenwall 1, ℰ 67 30 51 (Hotel) 67 34 24 (Rest.),
Fax 673054, 🚗 – 🔃 📺 🕿 ⟷ 🅿 . 🅰🅴 ⑩ 🅴 🅅🅸🆂🅰 . ✼ Rest   Y s
M (nur Abendessen) 58/98 – **41 Z : 71 B** 80/120 - 130/170.

🏠 **Consul**, Walkerdamm 11, ℰ 6 30 15, Fax 63019 – 📺 🕿 🅿 . 🅰🅴 ⑩ 🅴 🅅🅸🆂🅰 . ✼ Rest   Y k
M a la carte 31/69 – **40 Z : 60 B** 95/140 - 140/180 Fb.

🏠 **Muhl's Hotel**, Lange Reihe 5, ℰ 9 30 01 – 📺 🕿 . ⑩ 🅴 🅅🅸🆂🅰   Y u
M (auch vegetarische Gerichte) (Sonntag geschl.) a la carte 26/56 – **41 Z : 67 B** 79/110 -
120/160 Fb.

🏠 **An der Hörn**, Gablenzstr. 8, ℰ 66 30 30, Fax 6630390 – 📺 🕿 🅿 . 🅰🅴 ⑩ 🅴 🅅🅸🆂🅰   Z b
M (nur Abendessen, Samstag geschl.) a la carte 29/46 – **34 Z : 61 B** 80/100 - 110/160 Fb.

🏠 **Erkenhof** garni, Dänische Str. 12, ℰ 9 50 08, Fax 978965 – 🔃 📺 🕿 . 🅰🅴 ⑩ 🅴 🅅🅸🆂🅰   Y e
19. Dez. - 4. Jan. geschl. – **28 Z : 50 B** 90/110 - 125/145 Fb.

🏠 **Rabe's Hotel**, Ringstr. 30, ℰ 67 60 91, Fax 673153 – 🕿 . 🅰🅴 ⑩ 🅴 🅅🅸🆂🅰   Z t
24. Dez. - 4. Jan. geschl. – (nur Abendessen für Hausgäste) – **27 Z : 50 B** 55/110 - 90/150.

🍴🍴🍴 **Restaurant im Schloß**, Wall 80, ℰ 9 11 58, Fax 91157, ≤ – 🔲 – 🔏 25/120. 🅰🅴 ⑩ 🅴
Sonntag 15 Uhr - Montag 18 Uhr geschl. – **M** a la carte 34/75.   XY

🍴🍴 **L'Ermitage**, Holtenauer Str. 203, ℰ 33 44 31   R a
Sonntag - Montag geschl. – **M** (Tischbestellung erforderlich) a la carte 55/80.

🍴 **September**, Alte Lübecker Chaussee 27 (1. Etage), ℰ 68 06 10, 😤 – ✼   Z s
nur Abendessen, Sonn- und Feiertage sowie 23. Dez. - 2. Jan. geschl. – **M** a la carte 51/69.

In Kiel 17-Holtenau :

🏠 **Zur Waffenschmiede**, Friedrich-Voss-Ufer 4, ℰ 36 28 74, Fax 363994, ≤, « Gartenterrasse » – 📺 🕿 🅿 . 🅴 ✼ Zim   R r
20. Dez. - 15. Jan. geschl. – **M** (Donnerstag geschl.) a la carte 27/51 – **12 Z : 20 B** 65/100 -
98/160.

In Kiel 1-Mettenhof über Hasseldieksdammer Weg Y :

🏨 **Birke-Restaurant Waldesruh** 🔊, Martenshofweg 8, ℰ 52 40 11 (Hotel) 52 07 59 (Rest.),
Telex 292396, Fax 529128, 🚗 – 🔃 📺 🕿 ᘒ 🅿 – 🔏 40. 🅴 🅅🅸🆂🅰
M (Sonntag ab 15 Uhr geschl.) a la carte 32/59 – **64 Z : 96 B** 88/170 - 130/210 Fb.

In Kiel 17-Schilksee ⑦ : 17 km :

🍴🍴 **Restaurant am Olympiahafen**, Fliegender Holländer 45, ℰ 37 17 17, ≤, 😤 – 🅿 . 🅴
M 20/32 (mittags) und a la carte 28/62.

In Molfsee 2300 SW : 6 km über die B 4 T :

🍴 **Bärenkrug**, Hamburger Chausee 10 (B 4), ℰ (04347) 33 09 – 🅿 .

In Raisdorf-Vogelsang 2313 ② : 10 km :

🏠 **Rosenheim**, Preetzer Str. 1, ℰ (04307) 50 11, Fax 6300 – 🕿 ᘒ 🅿 . 🅰🅴 ⑩ 🅴 🅅🅸🆂🅰 . ✼
M a la carte 26/50 – **26 Z : 32 B** 44/67 - 72/99.

443

KIEL
UND UMGEBUNG

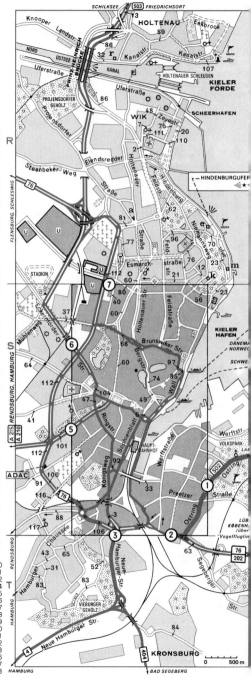

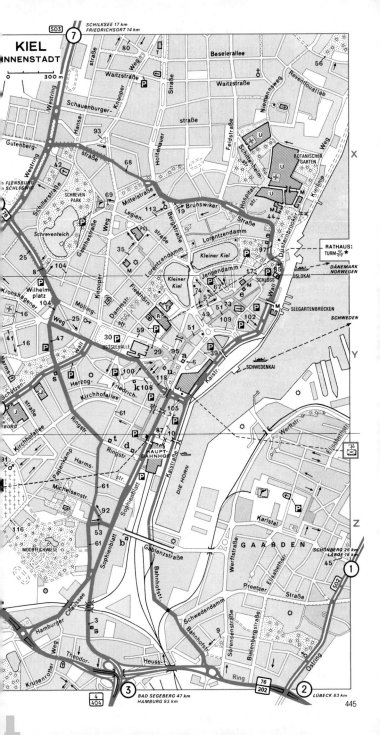

KINDERBEUERN Rheinland-Pfalz siehe Ürzig.

KINDING 8079. Bayern **413** R 19,20 – 2 400 Ew – Höhe 374 m – ✪ 08467.
♦München 107 – Ingolstadt 34 – ♦Nürnberg 62 – ♦Regensburg 61.

🏠 **Zum Krebs**, Marktplatz 1, 𝒫 3 39, 🍽 – ❷
→ Mitte Nov.- Mitte Dez. geschl. – **M** *(Nov.- April Mittwoch geschl.)* a la carte 15/35 – **28 ↑**
65 B 40/48 - 66/68.

🏛 **Krone**, Marktplatz 14, 𝒫 2 68 – ❷
→ 28. Okt. - 16. Nov. geschl. – **M** *(im Sommer Dienstag bis 17 Uhr, im Winter Dienst*
ganztägig geschl.) a la carte 13/26 – **30 Z : 55 B** 41 - 68/70.

KINHEIM 5561. Rheinland-Pfalz **412** E 17 – 1 100 Ew – Höhe 105 m – Erholungsort – ✪ 065
(Zeltingen).
Mainz 127 – Bernkastel-Kues 14 – ♦Trier 52 – Wittlich 15.

🏠 **Pohl**, Moselweinstr. 37 (B 53), 𝒫 21 96, ≤, 🍽, �#, 🖂 – ❷. ⓪ **E** 𝘝𝘐𝘚𝘈
8. Jan.- 1. Feb. geschl. – **M** *(Nov.- Mai Donnerstag geschl.)* a la carte 24/44 ⅃ – **30 Z : 55**
41/50 - 74/92.

🏛 **Zur Burg**, Moselweinstr. 49 (B 53), 𝒫 22 50, ≤, Biergarten – ❷ **E** 𝘝𝘐𝘚𝘈. ✾ Rest
→ 15. Jan.- 15. Feb. geschl. – **M** a la carte 18/38 ⅃ – **8 Z : 18 B** 35/44 - 50/70.

KIPFENBERG 8079. Bayern **413** R 20 – 4 800 Ew – Höhe 400 m – Erholungsort – ✪ 08465.
🅱 Fremdenverkehrsbüro, Marktplatz 2, 𝒫 1 74 30.
♦München 102 – Ingolstadt 28 – ♦Nürnberg 69.

In Kipfenberg-Arnsberg SW : 6 km :

🏠 Zum Raben, Schloßleite, 𝒫 13 00, 🍽 – ❷
15 Z : 34 B.

In Kipfenberg-Pfahldorf W : 6 km :

🏠 **Geyer** ⚘, Alte Hauptstr. 10, 𝒫 5 01, 🚍, 🚗 – 📶 📺 ❷. **E**
→ 10.- 22. Dez. geschl. – **M** *(im Sommer Donnerstag ab 14 Uhr, im Winter Donnerst.*
ganztägig geschl.) a la carte 19/30 ⅃ – **37 Z : 76 B** 42 - 62.

KIRCHBERG IM WALD 8371. Bayern **413** W 20 – 4 300 Ew – Höhe 736 m – Erholungsort
Wintersport :750/800 m ⚡1 ✦2 – ✪ 09927.
🅱 Verkehrsamt, Rathausplatz 1, 𝒫 10 14.
♦München 165 – Passau 52 – Regen 8 – ♦Regensburg 100.

🏛 **Zum Amthof**, Amthofplatz 5, 𝒫 2 72, 🍽, 🚍, 🖂, 🚗 – ☎ ❷
→ Mitte - Ende Okt. geschl. – **M** *(Mittwoch geschl.)* a la carte 16/30 – **27 Z : 54 B** 33/40
51/61 – ½ P 33/45.

KIRCHEN (SIEG) Rheinland-Pfalz siehe Betzdorf.

KIRCHENSITTENBACH Bayern siehe Hersbruck.

KIRCHHAM 8399. Bayern **413** W 21, **426** ⑦ – 2 300 Ew – Höhe 354 m – ✪ 08533.
🅱 Verkehrsamt, Rathaus, Kirchplatz 3, 𝒫 28 29.
♦ München 145 – Passau 34 – Salzburg 107.

🏨 Haslinger Hof ⚘, Ed 31 (NO : 1,5 km), 𝒫 29 50, Fax 295200, 🍽, Biergarten, « Rustikal
Einrichtung », Massage, 🚍, 🚗 – ☎ 🛏 ❷
44 Z : 80 B Fb – 32 Fewo.

KIRCHHEIM 6437. Hessen **987** ㉘, **412** L 14 – 4 000 Ew – Höhe 245 m – Luftkurort – ✪ 066Ϩ
♦Wiesbaden 156 – Fulda 42 – Gießen 76 – ♦Kassel 67.

🏠 **Eydt**, Hauptstr. 19, 𝒫 70 01, Telex 493124, Fax 5333 – 📶 📺 ☎ ❷ – 🔬 25/80. **E** 𝘝𝘐𝘚𝘈
→ **M** a la carte 21/51 – **60 Z : 120 B** 55/63 - 89/102 Fb.

An der Autobahnausfahrt S : 1,5 km :

🏨 **Motel-Center Kirchheim** ⚘, 🖂 6437 Kirchheim, 𝒫 (06625) 10 80, Telex 493337, Fa
→ 8656, ≤, 🍽, 🚍, 🏊, 🖂, 🚗 – ⇆ Zim 🛏 Rest 📺 ☎ ❷ – 🔬 40. ⚿ ⓪ **E** 𝘝𝘐𝘚𝘈
Restaurants: **Nord-Süd-Grill M** a la carte 32/59 – **Panorama M** a la carte 21/45 – **140 Z**
254 B 93/103 - 130/145.

Auf dem Eisenberg NW : 10 km – Höhe 636 m :

🏠 Berggasthof Eisenberg ⚘, Auf dem Eisenberg, 🖂 6437 Kirchheim, 𝒫 (06677) 7 33, ≤, 🍽
– ৬ ❷ – 🔬 40
30 Z : 50 B Fb.

Siehe auch : *Liste der Feriendörfer*

446

KIRCHHEIM BEI MÜNCHEN 8011. Bayern 🔲🔲🔲 S 22 − 11 700 Ew − Höhe 524 m − 🟠 089 (München).

München 17 − Landshut 86 − Rosenheim 74.

In Kirchheim-Heimstetten :

🏨 **Räter-Park-Hotel** garni, Räterstr. 9, 🖉 90 50 40, Fax 9044642, ⇌s − |$| ⛬ 📺 ☎ 🛆 ⟸
🅿 − 🛆 25/100. 🝆 ⓞ E 🝂
21. Dez.- 6. Jan. geschl. − **103 Z : 171 B** 130/150 - 170/190 Fb.

🞨 Zum Erdinger Weißbräu, Räterstr. 11, 🖉 9 03 66 89, 🛱 .

KIRCHHEIM UNTER TECK 7312. Baden-Württemberg 🔲🔲🔲 L 21, 🔲🔲🔲 ㉟ − 34 500 Ew − Höhe
◀ 1 m − 🟠 07021 − 🛱 Verkehrsverein, Alleenstr. 85, 🖉 30 27, Fax 83538.

Stuttgart 35 − Göppingen 19 − Reutlingen 30 − ♦Ulm (Donau) 59.

🏨🏨 **Zum Fuchsen**, Schlierbacher Str. 28, 🖉 57 80, Fax 6691, ⇌s − |$| 📺 🅿 − 🛆 40. 🝆 ⓞ E
🝂
M *(Sonntag geschl.)* a la carte 32/71 − **80 Z : 110 B** 95/160 - 140/195 Fb.

🏨 **Schwarzer Adler**, Alleenstr. 108, 🖉 4 63 53, Fax 71985 − |$| 📺 ☎ ⟸ 🅿. 🝆 E. 🞨 Zim
M *(Samstag - Sonntag geschl.)* a la carte 30/63 − **36 Z : 60 B** 55/110 - 85/150.

🞨🞨 **Altes Haus** (Fachwerkhaus a.d.J. 1422), Alleenstr. 52, 🖉 4 72 91, « Restaurant in einem
Natursteingewölbekeller » − E
nur Abendessen, Dienstag und Jan. 2 Wochen geschl. − **M** a la carte 43/77.

In Kirchheim-Nabern SO : 6 km :

🏠 **Rössle** (mit Gästehaus), Weilheimer Str. 1, 🖉 5 59 25, ⇌s, 🝈 − |$| ☎ 🅿. 🞨
23. Dez.- 6. Jan. geschl. − **M** *(wochentags nur Abendessen, Freitag geschl.)* a la carte 26/49
− **26 Z : 38 B** 60/65 - 100/120.

In Kirchheim-Ötlingen W : 2 km :

🞩 Ratstube, Stuttgarter Str. 196, 🖉 31 15 − 🅿 − **8 Z : 12 B**.

KIRCHHEIMBOLANDEN 6719. Rheinland-Pfalz 🔲🔲🔲 ㉔, 🔲🔲🔲 H 18 − 5 900 Ew − Höhe 285 m
- Erholungsort − 🟠 06352.

🛱 Reise- und Verkehrsbüro, Uhlandstr. 2, 🖉 17 12.

Mainz 50 − Kaiserslautern 36 − Bad Kreuznach 42 − Worms 33.

🏠 **Braun** garni, Uhlandstr. 1, 🖉 23 43, Fax 6228 − |$| 📺 ☎ ⟸ 🅿 − 🛆 25. 🝆 ⓞ E 🝂
36 Z : 72 B 58/70 - 90/102 Fb.

🏠 **Schillerhain** 🞤, Schillerhain 1, 🖉 41 41, 🛱, « Park », 🐎 − |$| 📺 ☎ ⟸ 🅿 − 🛆 50
Jan. 3 Wochen geschl. − **M** a la carte 28/49 ⅓ − **22 Z : 35 B** 60/85 - 110/160 Fb.

In Dannenfels-Bastenhaus 6765 SW : 9 km − Erholungsort :

🏠 **Bastenhaus**, 🖉 (06357) 71 28, ⟨, 🛱, ⇌s, 🐎 − 📺 ☎ ⟸ 🅿 − 🛆 25/65. 🝆
2.- 23. Jan. geschl. − **M** a la carte 23/50 ⅓ − **22 Z : 41 B** 38/58 - 65/85.

KIRCHHOFEN Baden-Württemberg siehe Ehrenkirchen.

KIRCHHUNDEM 5942. Nordrhein-Westfalen 🔲🔲🔲 ㉔, 🔲🔲🔲 H 13 − 12 700 Ew − Höhe 308 m −
🟠 02723 − 🛱 Verkehrsamt, Gemeindeverwaltung, 🖉 40 90.

♦Düsseldorf 136 − Meschede 51 − Olpe 22 − Siegen 35.

🏠 Zum Amtsgericht, Hundemstr. 57, 🖉 23 55 − |$| 🅿 − **22 Z : 38 B**.

In Kirchhundem 5 - Heinsberg S : 8 km :

🏠 **Schwermer** 🞤, Talstr. 60, 🖉 76 38, Fax 73300, 🐎 − 🅿. E 🝂
← **M** a la carte 20/48 − **22 Z : 45 B** 35/65 - 70/130 Fb.

In Kirchhundem 3-Selbecke O : 4 km :

🞩 **Zur Post** 🞤, Selbecke 21, 🖉 7 27 44, 🐎 − ⟸ 🅿. 🞨 Zim
Nov. geschl. − **M** *(Donnerstag geschl.)* a la carte 23/38 − **11 Z : 21 B** 35 - 70.

Am Panorama-Park Sauerland SO : 12 km, Richtung Erndtebrück :

🏠 Waldhaus Hirschgehege 🞤, ⟠ 5942 Kirchhundem 3, 🖉 (02723) 76 58, Fax 72140, ⟨, 🛱,
⇌s, 🐎, Massage − ☎ 🅿 − **18 Z : 30 B**.

KIRCHLINTELN 2816. Niedersachsen − 8 000 Ew − Höhe 40 m − 🟠 04237.

♦Hannover 87 − ♦Bremen 40 − Rotenburg (Wümme) 28.

In Kirchlinteln-Schafwinkel O : 10 km :

🏨 **Landhaus Badenhoop** 🞤, Zum Keenmoor 13, 🖉 8 88, Fax 539, 🛱, ⇌s, 🝈, 🐎 − |$| 📺
☎ 🅿 − 🛆 35. 🝆 E 🝂
M a la carte 26/44 − **Keenspieker** *(nur Abendessen)* **M** a la carte 33/54 − **18 Z : 38 B** 68/72 -
105/110 Fb.

KIRCHZARTEN 7815. Baden-Württemberg **413** G 23, **427** ⑤, **242** ㊱ − 8 300 Ew − Höhe 392
− Luftkurort − ☎ 07661.

Ausflugsziel : Hirschsprung★ SO : 10 km (im Höllental).

🛅 Krüttweg, ℰ 55 69.

🛈 Verkehrsamt, Hauptstr. 24, ℰ 39 39.

♦Stuttgart 177 − Donaueschingen 54 − ♦Freiburg im Breisgau 9,5.

🏠 Fortuna, Hauptstr. 7, ℰ 2 60 78, 🍴 − 🛗 ☎ 🅿 − 🛋
   34 Z : 64 B Fb.

🏠 **Zur Krone**, Hauptstr. 44, ℰ 42 15, 🛋 − 🅿. ⑩ 🕮 🗷 VISA ⁂ Zim
 → Jan.- Anfang Feb. geschl. − **M** (Nov.- Mai Dienstag 14 Uhr - Mittwoch geschl.) a la car
   20/47 ⅄ − **11 Z : 19 B** 45/65 - 76/90 Fb.

🏠 **Zur Sonne**, Hauptstr. 28, ℰ 6 20 15, Fax 7535, 🍴 − 📺 ☎ 🅿. 🕮 ⑩ 🕮 VISA
   1.- 10. März und 26. Okt.- 10. Nov. geschl. − **M** (Freitag - Samstag 17 Uhr geschl.) a la car
   25/50 ⅄ − **26 Z : 42 B** 45/60 - 88/110 Fb − ½ P 63/73.

🏠 **Haus Hubertus** ⊗ garni, Dr.-Gremmelsbacher-Str. 10, ℰ 41 01, 🛋 − ☎ 🅿. ⁂
   16 Z : 28 B 42 - 80.

🏠 Föhrenbacher garni, Hauptstr. 18, ℰ 54 16 − ☎ 🅿
   18 Z : 36 B.

XX **Landgasthof Zum Rössle** ⊗ mit Zim, Dietenbach 1 (S : 1 km), ℰ 22 40, 🍴 − ☎ 🅿. 🕮
   ⑩ 🕮
   8.- 26. Jan. geschl. − **M** (Mittwoch geschl.) a la carte 26/52 ⅄ − **6 Z : 12 B** 50 - 95.

   In Buchenbach 7801 O : 3,5 km :

🏠 Gasthaus Zum Himmelreich, Himmelreich 37 (B 31), ℰ (07661) 41 25, 🍴 − 🅿
   11 Z : 20 B Fb.

   In Stegen-Eschbach 7801 N : 4 km :

XX **Landgasthof Reckenberg** ⊗ mit Zim, Reckenbergstr. 2, ℰ (07661) 6 11 12 − ◂
   ⟿ 🅿
   1.- 20. Feb. geschl. − **M** (Dienstag - Mittwoch 18 Uhr geschl.) a la carte 49/77 ⅄ − **6 Z**
   12 B 50 - 80.

KIRKEL 6654. Saarland **412** E 19, **242** ⑦ − 9 100 Ew − Höhe 240 m − ☎ 06849.
♦Saarbrücken 25 − Homburg/Saar 10 − Kaiserslautern 48.

   In Kirkel 2-Neuhäusel :

XX **Alt Kirkel**, Kaiserstr. 87, ℰ 2 72 − 🅿. ⑩ 🕮 VISA
   Samstag bis 18 Uhr, Dienstag und 20. Juli - 20. Aug. geschl. − **M** a la carte 44/75.

KIRN 6570. Rheinland-Pfalz **987** ㉔, **412** F 17 − 9 500 Ew − Höhe 200 m − ☎ 06752.
Mainz 76 − Idar-Oberstein 16 − Bad Kreuznach 33.

🏨 **Parkhotel**, Kallenfelser Str. 40, ℰ 36 66, 🍴, 🐎 − ☎ ⟿ 🅿 − 🛋 30. 🕮. ⁂ Rest
   15. Jan.- 5. Feb. geschl. − **M** a la carte 30/62 ⅄ − **18 Z : 32 B** 48/60 - 78/95 Fb.

🏠 **Nahe-Hotel Spielmann**, an der B 41 (S : 2 km), ℰ 30 01, 🍴, 🐎 − ☎ ⟿ 🅿. 🕮 ⑩ 🕮
   VISA
   20. Dez.- 8. Jan. geschl. − **M** a la carte 22/48 − **22 Z : 30 B** 38/65 - 60/90.

XX **Kyrburg**, bei der Burgruine, ℰ 65 44, « Gartenterrasse mit ≤ Kirn und Nahetal » − 🅿. 🕮
   ⑩ 🕮 VISA
   Montag geschl. − **M** a la carte 48/88.

   In Bruschied - Rudolfshaus 6570 NW : 9 km :

🏨 **Forellenhof Reinhartsmühle** ⊗, ℰ (06544) 3 73, Fax 1080, « Terrasse am Teich », 🐎
   − 📺 ☎ 🅿. ⑩ 🕮 ⁂
   März - Nov. − Menu (Montag geschl.) a la carte 32/66 ⅄ − **30 Z : 60 B** 70/90 - 120/150 Fb.

KIRRWEILER Rheinland-Pfalz siehe Maikammer.

KIRSCHWEILER Rheinland-Pfalz siehe Idar-Oberstein.

KISSINGEN, BAD 8730. Bayern **413** N 16, **987** ㉖ − 23 200 Ew − Höhe 201 m − Heilbad
☎ 0971.

Ausflugsziel : Schloß Aschach : Graf-Luxburg-Museum★ 7 km über ① (Mai - Okt. Fahrten mi
hist. Postkutsche).

🛅 Euerdorfer Str. 11 (über ④), ℰ 36 08.

🛈 Staatl. Kurverwaltung, Am Kurgarten 1, ℰ 80 48 51.

♦München 329 ④ − ♦Bamberg 81 ③ − Fulda 62 ⑤ − ♦Würzburg 61 ④.

BAD KISSINGEN

Benutzen Sie
auf Ihren Reisen in Europa
die Michelin-Länderkarten
1:400 000 bis 1:1 000 000.

Pour parcourir l'Europe,
utilisez les cartes Michelin
Grandes Routes
à 1/400 000 à 1/1 000 000.

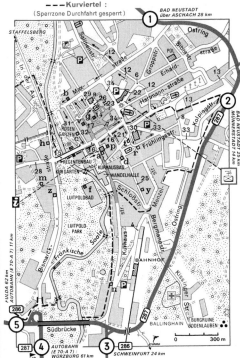

--- Kurviertel :
(Sperrzone Durchfahrt gesperrt)

🏨🏨 **Steigenberger Kurhaushotel** ⊗, Am Kurgarten 3, ℘ 8 04 10, Telex 672808, Fax 8041597, 🍽, Massage, ⊆s, 🏊, 🌿 – 🔄 ❊ Zim 📺 🕭 ⟺ – 🔏 25/130. 🝝 ⑩ 🖅 🗺. 🦐 Rest   **a**
M *(auch Diät)* a la carte 46/69 – **100 Z : 140 B** 149/205 - 220/340 Fb – ½ P 152/247.

🏨🏨 **Frankenland**, Frühlingsstr. 9, ℘ 8 10, Telex 672837, Fax 812810, 🍽, Bade- und Massageabteilung, 🐾, ⊆s, 🏊, 🌿 – 🔄 📺 🕭 ⟺ – 🔏 25/600. 🝝 🖅. 🦐 Rest   **r**
M *(auch Diät)* a la carte 35/65 – **320 Z : 450 B** 86/135 - 142/191 Fb – 3 Appart. 340 – 92 Fewo 112 – ½ P 101/165.

🏨 **Kurhaus Tanneck** ⊗, Altenbergweg 6, ℘ 40 36, Bade- und Massageabteilung, ⊆s, 🏊, 🌿 – 🔄 📺 🕭 🅿 🦐 Rest   **m**
Mitte Feb.- Anfang Nov. – (Restaurant nur für Hausgäste) – **48 Z : 67 B** 55/120 - 110/240 – ½ P 80/145.

🏨 **Laudensacks Parkhotel**, Kurhausstr. 28, ℘ 12 24, Fax 99013, « Parkanlage mit Teich und Terrasse », ⊆s – 🔄 📺 🕭 ⟺ 🅿 🝝 ⑩ 🖅 🗺   **n**
Mitte Dez.- Ende Jan. geschl. – **M** *(Tischbestellung ratsam)* (Donnerstag geschl.) a la carte 41/79 – **20 Z : 32 B** 85/135 - 146/184 Fb – ½ P 103/130.

🏨 **Diana** ⊗, Bismarckstr. 40, ℘ 91 60, Fax 916200, Bade- und Massageabteilung, ⊆s, 🏊, 🌿 – 🔄 🕭 🅿 🝝 ⑩ 🦐   **z**
März - Nov. – (Restaurant nur für Hausgäste) – **80 Z : 105 B** 80/115 - 160/230 Fb – ½ P 98/135.

🏨 **Bristol-Hotel** ⊗, Bismarckstr. 8, ℘ 82 40, Telex 672896, Fax 845656, Bade- und Massageabteilung, 🐾, ⊆s, 🏊, 🌿 – 🔄 📺 🕭 ⟺ 🅿 🦐   **h**
Jan.- Feb. geschl. – **M** a la carte 35/58 – **82 Z : 118 B** 105/175 - 195/265 Fb – ½ P 133/170.

🏨 **Kurhotel Das Ballinghaus**, Martin-Luther-Str. 3, ℘ 12 34, Fax 68469, « Park », Bade- und Massageabteilung, 🏊, 🌿 – 🔄 🕭 🅿 🖅 🗺 🦐 Rest   **d**
Mitte März - Okt. – (Restaurant nur für Hausgäste) – **70 Z : 100 B** 80/115 - 178/200 Fb – ½ P 109/135.

🏨 **Erika** ⊗, Prinzregentenstr. 23, ℘ 40 01, Bade- und Massageabteilung, ⊆s, 🌿 – 🔄 ❊ Rest 📺 🕭   **y**
Dez.- Jan. geschl. – (Restaurant nur für Hausgäste) – **30 Z : 42 B** 63/88 - 120/170 Fb.

🏨 **Astoria**, Martin-Luther-Str. 1, ℘ 8 04 30, 🍽 – 🔄 📺 🕭 ⟺ 🖅   **t**
Jan. geschl. – (Restaurant nur für Hausgäste) – **32 Z : 48 B** 71 - 115 Fb – ½ P 75/87.

🏨 **Humboldt** garni, Theresienstr. 24, ℘ 50 97 – 🔄 📺 🕭   **c**
15 Z : 26 B 49/75 - 98/106.

449

KISSINGEN, BAD

XX **Bayerischer Hof**, Maxstr. 9, ℰ 52 70 – ❷. ⬛
→ *Donnerstag geschl. –* **M** *(auch Diät)* a la carte 20/52.

XX **Casino-Restaurant ''le jeton''**, im Luitpold-Park, ℰ 40 81 – ❷
nur Abendessen, Dienstag und 7. Jan.- Feb. geschl. – **M** a la carte 32/54.

XX **Schubert's Weinstuben**, Kirchgasse 2, ℰ 26 24, « Hübsche rustikale Einrichtung » –
→ ஊ ⬛ ⬛ E 🆅🅸🆂🅰
Sonntag geschl. – **M** a la carte 19/54.

XX **Werner-Bräu** mit Zim, Marktplatz, ℰ 23 72, 🍴
7 Z : 10 B.

X **Kissinger Stüble**, Am Kurgarten 1, ℰ 8 04 15 40, 🍴 – ▦. ஊ ⬛ E 🆅🅸🆂🅰
Nov.- März Mittwoch geschl. – **M** a la carte 25/52.

In Bad Kissingen - Reiterswiesen SO : 1 km über Bergmannstraße :

🏨 **Sonnenhügel** ⑱, Burgstr. 15, ℰ 8 31, Telex 672893, Fax 834828, ≤, ≘, 🏊, 🐎, 🎾 (Halle)
– 🛗 ☎ 🏌 ⬅ ❷ – 🔬 25/400 ஊ ⬛ E
M a la carte 28/49 – **162 Z : 324 B** 94 - 144/164 Fb – 238 Fewo 68/79 – ½ P 96/118.

In Bad Kissingen-Winkels ② : 1 km :

🏨 **Arkadenhof** ⑱, Sonnenstraße, ℰ 6 11 11, ≘, 🐎 – 🛗 📺 ☎ ❷
(Restaurant nur für Hausgäste) – **21 Z : 32 B** 65/75 - 130/140 Fb.

KISSLEGG 7964. Baden-Württemberg 🔟🔟🔟 ㊱, 🔟🔟🔟 M 23, 🔟🔟🔟 N 2 – 8 000 Ew – Höhe 650
– Luftkurort – ❄ 07563.
🎋 Kurverwaltung, Im Neuen Schloß, ℰ 1 81 31 Fax 2382.
◆Stuttgart 185 – Bregenz 42 – Kempten (Allgäu) 46 – ◆Ulm (Donau) 93.

🏡 Gasthof Ochsen, Herrnstr. 21, ℰ 10 77 – 📺 ☎ ⬅ ❷
26 Z : 50 B Fb.

KITZINGEN 8710. Bayern 🔟🔟🔟 N 17. 🔟🔟🔟 ㉘ – 19 000 Ew – Höhe 187 m – ❄ 09321.
🎋 Larson Barracks, ℰ 49 56 – 🎋 Verkehrsbüro, Schrannenstr. 1, ℰ 2 02 05.
◆München 263 – ◆Bamberg 80 – ◆Nürnberg 92 – ◆Würzburg 20.

🏨 **Esbach-Hof**, Repperndorfer Str. 3 (B 8), ℰ 80 55, 🍴, Biergarten – 🛗 📺 ☎ ❷. ஊ ⬛ E
🆅🅸🆂🅰
8.- 22. Jan. und 23.- 25. Dez. geschl. – **M** a la carte 25/49 🍷 – **32 Z : 56 B** 80 - 115/130 Fb.

🏡 **Bayrischer Hof**, Herrnstr. 2, ℰ 61 47, Fax 4047, 🏊 – 📺 ☎ ⬅. ⬛ E 🆅🅸🆂🅰 🎿 Zim
→ *20. Dez.- 9. Jan. geschl. –* **M** a la carte 19/42 – **31 Z : 60 B** 65/80 - 90/120 Fb.

KLEF Nordrhein-Westfalen siehe Overath.

KLEINBLITTERSDORF Saarland siehe Saarbrücken.

KLEINWALSERTAL 🔟🔟🔟 N 24,25. 🔟🔟🔟 ㊱, 🔟🔟🔟 ⑮㉘ – Österreichisches Hoheitsgebiet
wirtschaftlich der Bundesrepublik Deutschland angeschlossen. Deutsche Währung, Grenzübertritt
mit Personalausweis – Wintersport : 1 100/2 000 m ⚡2 ⚡33 ⚡6 – ❄ 08329 (Riezlern).
Sehenswert : Tal★.

Hotels und Restaurants : Außerhalb der Saison variable Schließungszeiten.

🎋 Verkehrsamt, Hirschegg, im Walserhaus, ℰ 5 11 40 Fax 511421.
🎋 Verkehrsamt, Mittelberg, Walserstr. 89, ℰ 5 11 40.
🎋 Verkehrsamt, Riezlern, Walserstr. 54, ℰ 5 11 40.

In Riezlern 8984 – Höhe 1 100 m :

🏨 **Almhof Rupp** ⑱, Walserstr. 83, ℰ 50 04, Fax 3273, ≤, ≘, 🏊 – 🛗 📺 ☎ ❷. 🎿 Rest
7. April - 8. Mai und 4. Nov.- 22. Dez. geschl. – Menu *(Montag geschl., außerhalb der Saison
nur Abendessen)* (Tischbestellung ratsam) a la carte 34/71 – **30 Z : 57 B** 102/145 - 164
250 Fb.

🏨 **Jagdhof**, Walserstr. 27, ℰ 56 03, Fax 56034, ≘ – 🛗 📺 ☎ ⬅ ❷
Mitte Nov.- Mitte Dez. geschl. – **M** a la carte 26/61 – **25 Z : 49 B** 69/98 - 138/230 Fb.

🏨 **Haus Böhringer** ⑱ garni, Westeggweg 6, ℰ 53 38, Fax 3475, ≤, ≘, 🏊 – 📺 ☎ ⬅ ❷
🎿
Mitte April - Mitte Mai und Mitte Okt.- Mitte Dez. geschl. – **18 Z : 30 B** 67/74 - 128/148.

🏡 Stern, Walserstr. 61, ℰ 52 08, ≘, 🏊 (geheizt) – 🛗 📺 ☎ ❷. 🎿 Rest
41 Z : 70 B Fb.

🏡 Traube, Walserstr. 56, ℰ 52 07 – 🛗 📺 ☎ ❷
23 Z : 43 B.

🏡 **Wagner**, Walserstr. 1, ℰ 52 48, Fax 3266, ≤, ≘, 🏊, 🐎, 🎾 – 📺 ☎ ❷. 🎿 Rest
Ende April - Ende Mai und 3. Nov.- 10. Dez. geschl. – (nur Abendessen für Hausgäste) –
20 Z : 30 B 58/92 - 90/110 Fb – 9 Fewo 85/145 – ½ P 70/88.

🏡 **Post**, Walserstr. 48, ℰ 5 21 50, Fax 521525, 🍴 – 📺 ☎ ⬅ ❷. ஊ ⬛ E 🆅🅸🆂🅰
M a la carte 22/56 – **30 Z : 65 B** 75/95 - 130/180.

XX Casino-Restaurant Joker, Walserstr. 31, $\mathscr{P}$ 50 67 – **⊖**
nur Abendessen.

XX **Alpenhof Kirsch** ⊗ mit Zim, Zwerwaldstr. 28, $\mathscr{P}$ 52 76, 壽, 룬 – 📺 ☎ **⊖**. 🖭 ⓪ 🗲 𝗩𝗜𝗦𝗔
8. April - 8. Mai und 4. Nov.- 18. Dez. geschl. – **M** *(Mittwoch geschl.)* (abends Tischbestellung ratsam) a la carte 33/60 – **6 Z : 10 B** 80 - 140 Fb.

In Riezlern-Egg 8984   W : 1 km :

🏠 **Erlebach** ⊗, Eggstr. 21, $\mathscr{P}$ 53 69, ≤, 壽, ⇌, 🔲 – **⊖**
Mitte April - Ende Mai und Ende Okt.- Mitte Dez. geschl. – **M** (auch vegetarische Gerichte) a la carte 27/67 – **50 Z : 100 B** 85/120 - 144/220 Fb.

In Riezlern-Schwende 8984   NW : 2 km :

🏠 **Bellevue** ⊗, Außerschwende 4, $\mathscr{P}$ 56 20, ≤, 壽, ⇌, 룬 – **⊖**
34 Z : 60 B Fb – 4 Fewo.

In Hirschegg 8985 – Höhe 1 125 m :

🏠🏠 **Ifen-Hotel** ⊗, Oberseitestr. 6, $\mathscr{P}$ 50 71, Telex 59650, Fax 3475, ≤ Kleinwalsertal, 壽, Bade- und Massageabteilung, 🏋, ⇌, 🔲, 룬 – 🛗 📺 ⇔ **⊖** – 🛡 25/80. 🖭 ⓪ 🗲.
🛇 Rest
14. April - 19. Mai und 27. Okt.- 16. Dez. geschl. – **M** *(Montag geschl.)* a la carte 50/77 –
69 Z : 120 B 114/175 - 228/428 Fb – ½ P 139/239.

🏠🏠 **Walserhof**, Walserstr. 11, $\mathscr{P}$ 56 84, ≤, 壽, ⇌, 🔲, 룬, ※ – 🛗 📺 ☎ **⊖**
Mitte April - Anfang Mai und Anfang Nov.- Mitte Dez. geschl. – **M** a la carte 24/65 – **38 Z :
70 B** 60/104 - 120/230 Fb – 5 Fewo 89/152.

🏠🏠 **Gemma** ⊗, Schwarzwassertalstr. 21, $\mathscr{P}$ 53 60, ≤, ⇌, 🔲, 룬 – 🛗 📺 ☎ ⇔ **⊖**. ※ Rest
Mitte April - Mitte Mai und 5. Nov.- 15. Dez. geschl. – (nur Abendessen für Hausgäste) –
25 Z : 47 B (½ P) 100/115 - 144/258 Fb.

🏠 **Haus Tanneneck**, Walserstr. 25, $\mathscr{P}$ 57 67, ≤, 🔲, 룬 – ☎ **⊖**. ※
Mitte April - Mitte Mai und Nov.- 15. Dez. geschl. – (nur Abendessen für Hausgäste) –
15 Z : 30 B (½ P) 80/100 - 160/220 Fb.

🏠 **Adler**, Walserstr. 51, $\mathscr{P}$ 54 24, ≤, 壽, ⇌ – 📺 ☎ ⇔ **⊖**
15. April - 20. Mai und 15. Nov.- 20. Dez. geschl. – **M** *(im Sommer Mittwoch geschl.)* a la carte 34/55 – **21 Z : 37 B** 63/69 - 90/158 Fb.

🏠 **Pension Sonnenberg** ⊗ (450 J. altes Bauernhaus), Am Berg 26, $\mathscr{P}$ 54 33, Fax 543333,
≤ Kleinwalsertal, « Behagliche Atmosphäre, Gartenanlage », ⇌, 🔲, 룬 – ☎ **⊖**. ※ Rest
Mitte April - Mitte Mai und Ende Okt.- Mitte Dez. geschl. – (nur Abendessen für Hausgäste)
– **16 Z : 30 B** (½P) 84/129 - 148/220 Fb – 2 Fewo 110/140.

X **Restaurant im Walserhaus** (Italienische Küche), Walserstr. 64 (1. Etage), $\mathscr{P}$ 64 80 – **⊖**
– 🛡 25/500. 🗲 𝗩𝗜𝗦𝗔
Mai - Juni 4 Wochen, Nov. 2 Wochen, Samstag bis 17 Uhr sowie im Winter Dienstag, im Sommer Freitag geschl. – **M** a la carte 27/51.

In Mittelberg 8986 – Höhe 1 220 m :

🏠🏠 **Reinhard Leitner** ⊗, Walserstr. 55, $\mathscr{P}$ 57 88, ≤, ⇌, 🔲, 룬 – 📺 ☎ **⊖**. ※ Rest
Mitte April - 12. Juni und Nov.- 20. Dez. geschl. – (nur Abendessen für Hausgäste) – **25 Z :
50 B** 85/90 - 144 Fb – 25 Fewo 95/260.

🏠🏠 **Steinbock**, Bödmerstr. 46, $\mathscr{P}$ 50 33, Fax 3164, 壽, ⇌, 룬 – 📺 ☎ ⇔ **⊖**. 🖭 ⓪ 🗲 𝗩𝗜𝗦𝗔
Nov.- Mitte Dez. geschl. – **M** *(im Sommer Mittwoch geschl.)* a la carte 29/50 – **22 Z : 44 B**
70/123 - 130/220 Fb.

🏠 **Neue Krone**, Walserstr. 84, $\mathscr{P}$ 55 07 – ☎ **⊖**. 🖭 ⓪ 🗲 𝗩𝗜𝗦𝗔
Mitte April - Mitte Mai und Mitte Okt.- Mitte Dez. geschl. – **M** *(Mittwoch geschl.)* a la carte
23/43 – **30 Z : 55 B** 50/100 - 90/160 Fb – 8 Fewo 70/220.

X **Schwendle**, Schwendlestr. 5, $\mathscr{P}$ 59 88, ≤ Kleinwalsertal, 壽 – **⊖**
➔ *Montag, 8. April - 15. Mai und 21. Okt.- 19. Dez. geschl.* – **M** a la carte 20/35 🍷.

In Mittelberg-Höfle 8986   S : 2 km, Zufahrt über die Straße nach Baad :

🏠🏠 **IFA-Hotel Alpenhof Wildental** ⊗, Höfle 8, $\mathscr{P}$ 6 54 40, Fax 65448, ≤, 壽, ⇌, 🔲, 룬
– 🛗 📺 ⇔ **⊖**. ※
Mitte April - Mitte Mai und Ende Okt.- Mitte Dez. geschl. – **M** a la carte 25/40 – **57 Z :
109 B** (½P) 150 - 220/300 Fb.

In Mittelberg-Baad 8986   SW : 4 km – Höhe 1 250 m :

🏠 **Alpengasthof Pühringer** ⊗, $\mathscr{P}$ 51 74, ≤, 壽, ⇌, 룬 – ☎ **⊖**
33 Z : 55 B.

🏠 **Haus Hoeft** ⊗ garni, Starzelstr. 18, $\mathscr{P}$ 50 36, ≤, ⇌, 🔲, 룬 – **⊖**. ※
Mitte Okt.- Mitte Dez. geschl. – **19 Z : 35 B** 47 - 94.

Siehe auch : *Liste der Feriendörfer*

Ganz Europa auf einer Karte (mit Ortsregister) :
Michelin-Karte Nr. 🟥🟥🟥.

KLETTGAU 7895. Baden-Württemberg **4013** I 24. **206** ⑦ − 6 500 Ew − Höhe 345 m − ✪ 07742.
♦Stuttgart 179 − Donaueschingen 56 − Schaffhausen 24 − Waldshut-Tiengen 19 − Zürich 39.

In Klettgau-Griessen :

XX ✿ **Landgasthof Mange**, Kirchstr. 2, ℘ 54 17 − **℗**. **AE** **◑** **E** **VISA**
Dienstag - Mittwoch und 1.- 22. Aug. geschl. − **M** a la carte 38/65 ⅃
Spez. Kräuterflädle mit Meeresfrüchten, Lachsravioli in Basilikumsauce, Lammkotelett in Kräuterkruste.

KLEVE 4190. Nordrhein-Westfalen **987** ⑬. **402** B 11, **408** J 6 − 46 000 Ew − Höhe 46 m − ✪ 02821.

🏌 Bedburg-Hau/Moyland (SO : 8 km), ℘ (02824) 49 47.
♦Düsseldorf 95 − Emmerich 11 − Nijmegen 23 − Wesel 43.

🏨 **Parkhotel Schweizerhaus**, Materborner Allee 3, ℘ 80 70, Fax 807100, 😩 − 🛗 📺 ☎ ◖
℗ − 🔬 25/300. **AE** **◑** **E** **VISA**
M a la carte 26/60 − **110 Z : 220 B** 75/90 - 110/130 Fb.

🏠 **Heek** garni, Lindenallee 37, ℘ 2 50 84, ☒ − 🛗 📺 ☎ **℗**. **AE** **E** **VISA**
20 Z : 32 B 66 - 110.

XX **Cordes** (Restaurant in einer Villa aus der Zeit der Jahrhundertwende), Tiergartenst
50 (Ecke Klever Ring), ℘ 1 76 40 − **E**. ❀
Dienstag 1.- 10. Jan. geschl. − **M** (Tischbestellung ratsam) a la carte 44/67.

XX **Altes Landhaus Zur Münze**, Tiergartenstr. 68 (B 9), ℘ 1 71 47, 😩 − **℗**. **AE** **◑** **E** **VISA**
Montag und 10.- 24. Aug. geschl. − **M** (auch vegetarische Gerichte) a la carte 29/57.

In Bedburg-Hau 4194 S : 5 km :

🏯 **Jagdhaus Klobasa**, Peter-Eich-Str. 6, ℘ (02821) 64 99 − ⇐ **℗**. ❀ Zim
Juli - Aug. 3 Wochen geschl. − **M** (Dienstag geschl.) a la carte 21/40 − **10 Z : 13 B** 29 - 58.

X **Landhaus Perlitz** mit Zim, Gocher Landstr. 100 (B 9), ℘ (02821) 4 02 20, 😩 − 📺 ☎ **℗**
AE **◑** **E**
M a la carte 26/64 − **6 Z : 10 B** 65/95 - 130.

KLEVE KREIS STEINBURG 2213. Schleswig-Holstein − 600 Ew − Höhe 20 m − ✪ 04823.
♦Kiel 96 − ♦Hamburg 66 − Itzehoe 11.

🏠 **Gut Kleve**, Hauptstr. 34 (B 431), ℘ 86 85, « Park », ⊿ (geheizt), 🏸 (Halle) − **℗**
15. Jan.- 15. Feb. geschl. − **M** (Dienstag - Mittwoch 18 Uhr geschl.) a la carte 45/68 − **10 Z**
20 B 35/55 - 70/100.

KLINGELBACH Rheinland-Pfalz siehe Katzenelnbogen.

KLINGENBERG AM MAIN 8763. Bayern **412** **413** K 17 − 6 400 Ew − Höhe 141 m − ✪ 09372.
♦München 354 − Amorbach 18 − Aschaffenburg 29 − ♦Würzburg 78.

🏠 **Schöne Aussicht**, Bahnhofstr. 18 (am linken Mainufer), ℘ 30 07, 😩 − 🛗 📺 ☎ ⇐ **℗**
− 🔬 40. **E**. ❀
22. Dez.- 20. Jan. geschl. − Menu (Donnerstag geschl.) a la carte 28/57 ⅃ − **28 Z : 48 B** 63/8
- 95/106 − 3 Fewo 55/88.

XX **Winzerstübchen** mit Zim, Bergwerkstr. 8, ℘ 26 50 − **E**
19.- 28. Feb. und 15.- 28. Aug. geschl. − **M** (Donnerstag geschl.) a la carte 59/82 − **7 Z**
13 B 32/40 - 64/76.

In Klingenberg-Röllfeld S : 2 km :

🏨 **Paradeismühle** ❧, Paradeismühle 1 (O : 2 km), ℘ 25 87, Fax 1587, 😩, Wildgehege, ⇌
⊿, 🐎 − 📺 ☎ ⇐ **℗** − 🔬 25/40. **AE** **◑** **E**
M a la carte 26/66 − **31 Z : 78 B** 43/75 - 70/130 Fb.

KLINGENBRUNN Bayern siehe Spiegelau.

KLINK Mecklenburg-Vorpommern siehe Waren.

KLOSTERREICHENBACH Baden-Württemberg siehe Baiersbronn.

KNIEBIS Baden-Württemberg siehe Schwarzwaldhochstraße.

KNITTLINGEN 7134. Baden-Württemberg **412** **413** J 19 − 6 500 Ew − Höhe 195 m − ✪ 07043.
Sehenswert : Faust-Museum.
♦Stuttgart 49 − Heilbronn 50 − ♦Karlsruhe 32 − Pforzheim 23.

🏠 **Postillion** garni, Stuttgarter Str. 27, ℘ 3 18 58 − 📺 ☎ ⇐
7 Z : 16 B 55/96 - 84/140.

KNOPFMACHERFELSEN Baden-Württemberg. Sehenswürdigkeit siehe Fridingen an de Donau.

KNOTTENRIED Bayern siehe Immenstadt im Allgäu.

KNÜLLWALD 3589. Hessen **412** L 14 − 5 300 Ew − Höhe 265 m − ✦ 05685.
✦ Wiesbaden 180 − Bad Hersfeld 27 − Fulda 59 − ✦Kassel 52 − Marburg 75.

In Knüllwald-Rengshausen :

🏠 Sonneck ⚲, Zu den einzelnen Bäumen, ℰ 7 43, ≤, Bade- und Massageabteilung, ≋, 🔲,
🐎 − 🛗 🕿 ⇔ ❷ − 🔬 25/40
(Restaurant nur für Hausgäste) − **53 Z : 80 B** Fb.

KOBERN-GONDORF 5401. Rheinland-Pfalz **987** ㉔. **412** F 16 − 3 300 Ew − Höhe 70 m −
✦ 02607.
🛈 Verkehrsverein, Kirchstraße, ℰ 10 55.
Mainz 100 − Cochem 33 − ✦Koblenz 16.

🏠 **Simonis**, Marktplatz 4 (Kobern), ℰ 2 03, Fax 204 − 📺 🕿. **E**
27. Dez.- 19. Jan. geschl. − **M** (Montag geschl.) a la carte 31/60 − **17 Z : 31 B** 65/130 -
110/210 Fb.

Verwechseln Sie nicht ✗ und ⭐ :

✗ *kennzeichnet den Komfort des Restaurants,*

⭐ *kennzeichnet die überdurchschnittliche Qualität der Küche.*

KOBLENZ 5400. Rheinland-Pfalz **987** ㉔. **412** F 15 − 107 000 Ew − Höhe 60 m − ✦ 0261.
Sehenswert : Deutsches Eck★ (≤★).
Ausflugsziele : Festung Ehrenbreitstein★ : Aussichtskanzel ≤★★, Terrasse ≤★ O : 4 km −
Rheintal★★★ (von Koblenz bis Bingen) − Moseltal★★ (von Koblenz bis Trier).
🛈 Fremdenverkehrsamt, Pavillon gegenüber dem Hauptbahnhof, ℰ 3 13 04.
ADAC, Hohenzollernstr. 34, ℰ 1 30 30.
Mainz 100 ⑤ − ✦Bonn 63 ① − ✦Wiesbaden 102 ⑤.

Stadtplan siehe nächste Seite.

🏨 **Scandic Crown Hotel**, Julius-Wegeler-Str. 6, ℰ 13 60, Telex 862338, Fax 1361199, ≤,
�+= , ≋ − 🛗 ⇌ Zim ▦ 📺 & ❷ − 🔬 30/700. ▦ ⓪ **E** 𝚅𝙸𝚂𝙰. ✻ Rest   Y **c**
Restaurants: **Le Gourmet** (Sonn- und Feiertage sowie Juni 3 Wochen geschl.) **M** a la carte
66/77 − **Rhapsody M** a la carte 30/65 − **167 Z : 332 B** 190 - 250 Fb.

🏠 **Brenner** garni, Rizzastr. 20, ℰ 3 20 60, Fax 36278, « Stilmöbel, Garten » − 🛗 ⇌ 📺 ⇔.
▦ ⓪ **E** 𝚅𝙸𝚂𝙰   Y **d**
Mitte Dez.- Anfang Jan. geschl. − **25 Z : 45 B** 110/155 - 170/240.

🏠 **Kleiner Riesen** ⚲ garni, Kaiserin-Augusta-Anlagen 18, ℰ 3 20 77, Telex 862442, Fax
160725, ≤ − 🛗 🕿 ⇔. ▦ ⓪ **E** 𝚅𝙸𝚂𝙰   Y **a**
27 Z : 50 B 80/120 - 130/180 Fb.

🏠 **Continental-Pfälzer Hof** garni, Bahnhofsplatz 1, ℰ 3 30 73, Telex 862664, Fax 12390 −
🛗 📺 🕿 ⇔ − 🔬 30. ▦ ⓪ **E** 𝚅𝙸𝚂𝙰   Y **n**
20. Dez.- 20. Jan. geschl. − **30 Z : 55 B** 85/125 - 140/260 Fb.

🏠 **Hohenstaufen** garni, Emil-Schüller-Str. 41, ℰ 3 70 81, Telex 862329, Fax 32303 − 🛗 ⇌
📺 🕿 ▦ ⓪ **E** 𝚅𝙸𝚂𝙰   Y **s**
50 Z : 80 B 98/135 - 175/245 Fb.

🏠 **Scholz**, Moselweißer Str. 121, ℰ 40 80 21, Telex 862648, Fax 408026 − 🛗 📺 🕿 ❷ −
✦   🔬 25/60. ▦ ⓪ **E** 𝚅𝙸𝚂𝙰. ✻   X **c**
20. Dez.- 7. Jan. geschl. − **M** (nur Abendessen, Samstag - Sonntag geschl.) a la carte 21/40
🍷 − **62 Z : 120 B** 75 - 120 Fb.

🏠 **Höhmann** garni, Bahnhofsplatz 5, ℰ 3 50 11, Fax 18723 − 🛗 📺 🕿 ❷. ▦ ⓪ **E** 𝚅𝙸𝚂𝙰
41 Z : 72 B 79/100 - 130/160 Fb.   Y **e**

🏠 **Hamm** garni, St.-Josef-Str. 32, ℰ 3 45 46, Telex 862357, Fax 47172 − 🛗 📺 🕿. ▦ ⓪ **E** 𝚅𝙸𝚂𝙰
15. Dez.- 15. Jan. geschl. − **29 Z : 55 B** 70/85 - 120/145 Fb.   Y **u**

🏠 **Victoria** garni, Stegemannstr. 25, ℰ 1 85 95, Telex 862370, Fax 18564 − 🛗 ⇔. ▦ ⓪ **E**
𝚅𝙸𝚂𝙰   Y **k**
21. Dez.- 7. Jan. geschl. − **27 Z : 50 B** 70/95 - 140/160 Fb.

🏠 **Reinhard** garni, Bahnhofstr. 60, ℰ 3 48 35 − 🛗 🕿. ✻   Y **n**
21 Z : 34 B.

🏠 **Kornpforte** garni, Kornpfortstr. 11, ℰ 3 11 74   X **s**
22. Dez.- 8. Jan. geschl. − **20 Z : 35 B** 40/65 - 80/110.

✗✗ **Stresemann**, Rheinzollstr. 8, ℰ 1 54 64, ≤, 🌇 − ▦ ⓪ **E** 𝚅𝙸𝚂𝙰   X **t**
Dienstag geschl. − **M** a la carte 47/70.

✗✗ **Warsteiner Stuben**, Bahnhofstr. 58, ℰ 3 40 12 − ▦ ⓪ **E** 𝚅𝙸𝚂𝙰   Y **n**
Samstag bis 18 Uhr und 1.- 15. Jan. geschl. − **M** a la carte 42/60.

✗ **Ratsstuben**, Am Plan 9, ℰ 3 88 34, 🌇 − ▦ **E**   X **r**
Nov.- März Samstag geschl. − **M** a la carte 22/60 🍷.

Fortsetzung →

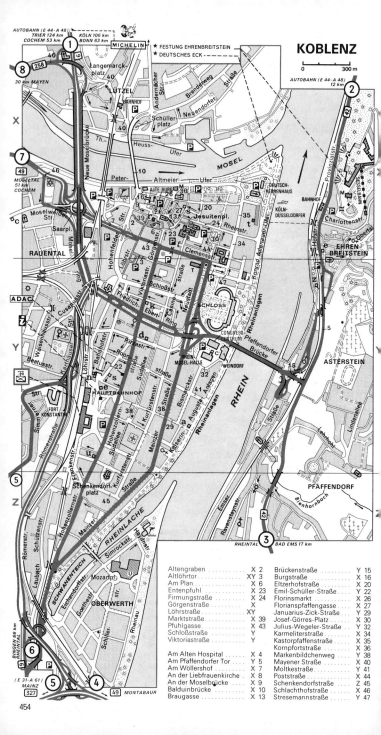

KOBLENZ

0 — 300 m

In Koblenz-Ehrenbreitstein :

🏨 **Diehls Hotel**, an der B 42, 𝄡 7 20 10, Telex 862663, Fax 72021, ≼ Rhein, 🍴, 🔲 – 🛗 📺 📞 – 🏛 25/100. 🖭 ⊙ 🅴 𝘝𝘐𝘚𝘈   Y z
M a la carte 43/74 – **68 Z : 120 B** 128/158 - 160/380 Fb.

🏨 **Hoegg**, Hofstr. 282 (B 42), 𝄡 7 36 29, Fax 77961 – 🏛 30. 🖭 🅴   X e
M a la carte 33/65 ⅜ – **31 Z : 54 B** 55/75 - 90/100 Fb.

In Koblenz-Güls über ⑧ :

🏨 **Weinhaus Kreuter**, Stauseestr. 31, 𝄡 4 40 88, 🍴 – 📺 📞 📞 🅴
→ **M** *(Freitag und 22. Dez.- 20. Jan. geschl.)* a la carte 20/41 – **36 Z : 65 B** 35/55 - 65/110.

🏡 **Weinhaus Grebel**, Planstr. 7, 𝄡 4 25 30 – 📞
→ **M** *(Freitag und 24. Dez.- 17. Jan. geschl.)* a la carte 18/42 ⅜ – **33 Z : 54 B** 32/80 - 64/100.

In Koblenz-Metternich über ⑧ :

🏨 **Fährhaus am Stausee** 🦢, An der Fähre 3, 𝄡 20 93, Fax 25912, ≼, 🍴 – 📺 📞 📞 – 🏛 25/60. 🖭 ⊙ 🅴 𝘝𝘐𝘚𝘈
22.- 30. Dez. geschl. – **M** *(Montag geschl.)* 15/40 (mittags) und a la carte 27/61 – **20 Z : 38 B** 80/98 - 120/150 Fb.

In Koblenz-Moselweiß über Moselweißer Str. X :

🏨 **Oronto** garni, Ferd.-Sauerbruch-Str. 27, 𝄡 4 80 81, Telex 862722, Fax 403192 – 🛗 📺 📞 ⇔ 🅴
21. Dez.- 14. Jan. geschl. – **41 Z : 81 B** 78/85 - 120/130 Fb.

🏨 **Haus Bastian** 🦢, Maigesetzweg 12, 𝄡 5 10 11 (Hotel) 5 14 75 (Rest.), Fax 57467, ≼, 🍴 – 📞 📞. 🖭 ⊙ 🅴. ⌗ Zim
M a la carte 29/62 ⅜ – **26 Z : 56 B** 65 - 110 Fb.

🏡 **Zum schwarzen Bären**, Koblenzer Str. 35, 𝄡 4 40 74, 🍴 – 📞 📞 – 🏛 40. 🖭 ⊙ 🅴 𝘝𝘐𝘚𝘈. ⌗ Zim
über Karneval 1 Woche und 8.- 29. Juli geschl. – Menu *(Sonntag 14 Uhr - Dienstag geschl.)* (bemerkenswerte Weinkarte) a la carte 26/72 ⅜ – **13 Z : 24 B** 70 - 110/120.

XX Zur Traube, Koblenzer Str. 24, 𝄡 4 28 02, 🍴 – 📞.

In Koblenz 32-Rübenach NW : 8 km über ⑧ :

🏡 **Haus Simonis**, Mauritiusstr. 1, 𝄡 2 26 80, Telex 862383, Fax 280726 – 📞. 🖭 ⊙ 🅴 𝘝𝘐𝘚𝘈
15.- 30. Dez. geschl. – **M** *(nur Abendessen)* a la carte 23/46 – **55 Z : 100 B** 44 - 80.

MICHELIN-REIFENWERKE KGaA. Niederlassung 5403 Mülheim-Kärlich 1, Industriestr. 15, 𝄡 (0261) 2 30 85, Fax 280159.

KOCHEL AM SEE 8113. Bayern 𝟦𝟣𝟥 R 24. 𝟫𝟪𝟩 ㉞. 𝟦𝟤𝟨 G 6 – 4 100 Ew – Höhe 610 m – Luftkurort – Wintersport: 610/1 760 m ≰5 ⟋3 – ✿ 08851.

Sehenswert : Franz-Marc-Museum – **Ausflugsziele** : Walchensee★ (S : 9 km) – Herzogstand Gipfel ⋇★★ (SW : 13,5 km, mit Sessellift ab Walchensee).

🛈 Verkehrsamt, Kalmbachstr. 11, 𝄡 3 38.

+München 70 – Garmisch-Partenkirchen 36 – Bad Tölz 23.

🏨 **Alpenhof-Postillion** garni, Kalmbachstr. 1, 𝄡 8 84, 🍴, 🔲 – 🛗 📞 ⇔ 📞 – 🏛 40. 🖭 🅴
34 Z : 70 B 62/85 - 130/160 Fb – 5 Fewo 60/110 – ½ P 84/102 (Mahlzeiten im Hotel Zur Post).

🏨 **Schmied von Kochel**, Schlehdorfer Str. 6, 𝄡 2 16, Fax 7331, 🍴 – 🛗 📺 📞 ⇔ 📞
34 Z : 60 B.

🏡 **Zur Post**, Schmied-von-Kochel-Platz 6, 𝄡 2 09, Fax 1513, 🍴 – 🛗 📞 ⇔ 📞. 🖭 🅴
→ **M** a la carte 21/59 – **20 Z : 35 B** 55/85 - 95/135 – 2 Fewo 70/140 – ½ P 78/99.

🏡 **Seehotel Grauer Bär**, Mittenwalder Str. 82 (B 11, SW : 2 km), 𝄡 8 61, ≼ Kochelsee, « Terrasse am See », ⚓ – 📞 ⇔ 📞
25 Z : 44 B – 2 Fewo.

🏡 **Waltraud**, Bahnhofstr. 20, 𝄡 3 33, 🍴 – 📞. 🖭 ⊙ 🅴
→ 7. Jan.- 10. Feb. geschl. – **M** *(Okt.- Mai Dienstag geschl.)* a la carte 20/43 – **30 Z : 53 B** 55/65 - 110/130.

🏡 **Herzogstand**, Herzogstandweg 3, 𝄡 3 24, 🍴, 🌼 – ⇔ 📞
nur Saison – *(nur Abendessen)* – **14 Z : 25 B**.

In Kochel-Ried NO : 5 km :

🏡 **Rabenkopf**, Kocheler Str. 23 (B 11), 𝄡 (08857) 2 08, Fax 9167, 🍴 – 📞. 🖭 ⊙ 🅴 𝘝𝘐𝘚𝘈
15. Feb.- 15. März und 5.- 15. Okt. geschl. – **M** *(Böhmische Küche, Donnerstag geschl.)* a la carte 27/49 – **18 Z : 32 B** 48/53 - 90/106.

KÖFERING Bayern siehe Regensburg.

KÖLAU Niedersachsen siehe Suhlendorf.

KÖLN 5000. Nordrhein-Westfalen 987 @@, 412 D 14 — 992 000 Ew — Höhe 65 m — ✿ 0221.

Sehenswert : Dom★★★ (Dreikönigsschrein★★★) DV — Römisch-Germanisches Museum★★★ (Dionysosmosaik) DV M1 — Wallraf-Richartz-Museum (Gemälde von Meistern der Kölner Schule des 14.- 16. Jh.) und Museum Ludwig★★★ DV M3 — Schnütgen-Museum★★ (Kölner Madonnen) DX M4 — St. Kolumba★ DX V — Neu St. Alban★ BU Z — St. Maria im Kapitol (Holztüren★★) DX D — St. Aposteln (Chorabschluß★) CX N — St. Severin (Inneres★) DY K — Rheinpark★ EU.

🏌 Köln-Marienburg, Schillingsrotter Weg (S), ✆ 38 40 53 ; 🏌 Bergisch Gladbach-Refrath (③ : 17 km), ✆ (02204) 6 31 14.

✈ Köln-Bonn in Wahn (④ : 17 km), ✆ (02203) 4 01.

🚗 ✆ 1 41 56 66.

Messe- und Ausstellungsgelände (EUV), ✆ 82 11, Telex 8873426.

🛈 Verkehrsamt, Am Dom, ✆ 2 21 33 40, Telex 8883421, Fax 2213320.

ADAC, Luxemburger Str.169, ✆ 47 27 47, Notruf ✆ 1 92 11.

◆Düsseldorf 40 ① — ◆Aachen 69 ⑨ — ◆Bonn 28 ⑤ — ◆Essen 68 ②.

Die Angabe (K 15) nach der Anschrift gibt den Postzustellbezirk an : Köln 15
L'indication (K 15) à la suite de l'adresse désigne l'arrondissement : Köln 15
The reference (K 15) at the end of the address is the postal district : Köln 15
L'indicazione (K 15) posta dopo l'indirizzo precisa il quartiere urbano : Köln 15

Messe-Preise : siehe S. 8   **Foires et salons :** voir p. 16
Fairs : see p. 24   **Fiere :** vedere p. 32

Stadtpläne : siehe Köln Seiten 3-7

Hotels und Restaurants : Wenn nichts anderes angegeben, siehe Plan Köln Seiten 6 und 7

🏨 **Excelsior Hotel Ernst - Restaurant Hanse Stube**, Trankgasse 1 (K 1), ✆ 27 01, Telex 8882645, Fax 135150 — 🛗 ▤ Rest 🗐 — 🔬 25/100. 🖭 ⓞ E 𝘝𝘐𝘚𝘈. ✸ Rest   DV **a**
M a la carte 56/101 — **160 Z : 250 B** 295/495 - 395/560 — 20 Appart. 950/1150.

🏨 **Dom-Hotel** 🌭, Domkloster 2a (K 1), ✆ 2 02 40, Telex 8882919, Fax 2024260, « Terrasse mit ≤ » — 🛗 🗐 🕭 — 🔬 25/60. 🖭 ⓞ E 𝘝𝘐𝘚𝘈. ✸   DV **d**
M a la carte 60/106 — **126 Z : 182 B** 311/361 - 433/572 Fb.

🏨 **Maritim**, Heumarkt 20 (K 1), ✆ 2 02 70, Telex 8886667, Fax 2027826, ≤, Massage, ≘s, 🔲 — 🛗 ✎ Zim 🗐 🕭 — 🔬 25/1100. 🖭 ⓞ E 𝘝𝘐𝘚𝘈. ✸ Rest   DX **m**
M a la carte 63/86 — **450 Z : 850 B** 250/375 - 300/454 Fb — 28 Appart..

🏨 **Ramada Renaissance Hotel**, Magnusstr. 20 (K 1), ✆ 2 03 40, Telex 8882221, Fax 2034777, 🍴, Massage, ≘s, 🔲 — 🛗 ✎ Zim 🗐 🕭 — 🔬 25/350. 🖭 ⓞ E 𝘝𝘐𝘚𝘈. ✸   CV **s**
Restaurants : **Raffael** (Sonntag geschl.) **M** a la carte 52/89 — **Valentino M** a la carte 38/68 — **240 Z : 296 B** 269/484 - 338/508 Fb — 9 Appart.

🏨 **Inter-Continental**, Helenenstr. 14 (K 1), ✆ 22 80, Telex 8882162, Fax 2281301, Massage, ≘s, 🔲 — 🛗 🗐 🗐 🕭 — 🔬 25/1000. 🖭 ⓞ E 𝘝𝘐𝘚𝘈. ✸ Rest   CV **p**
M a la carte 59/90 — **290 Z : 580 B** 279/474 - 353/498 Fb — 9 Appart. 828/1648.

🏨 **Hotel im Wasserturm** 🌭, Kaygasse 2 (K 1), ✆ 2 00 80, Telex 8881109, Fax 2008888, « Modernes Hotel in einem ehem. Wasserturm », ≘s — 🛗 🗐 🕭 ⟺ 🖭 ⓞ E 𝘝𝘐𝘚𝘈. ✸ Rest
M a la carte 59/90 — **90 Z : 170 B** 326/476 - 502 Fb — 42 Appart. 582/852.   DY **c**

🏨 **Holiday Inn Crowne Plaza**, Habsburger Ring 9 (K 1), ✆ 2 09 50, Telex 8886618, Fax 251206, Massage, ≘s, 🔲 — 🛗 ✎ Zim 🗐 🗐 🕭 ⟺ — 🔬 25/300. 🖭 ⓞ E   BX **r**
Restaurants : **Le Bouquet** (Montag geschl.) **M** a la carte 49/75 — **La Cave** (Samstag - Sonntag geschl.) **M** a la carte 27/40 — **300 Z : 415 B** 285/450 - 350/515 Fb — 3 Appart. 810/1475.

🏨 **Consul**, Belfortstr. 9 (K 1), ✆ 7 72 10, Telex 8885242, Fax 7721259, Massage, ≘s, 🔲 — 🛗 ✎ Zim 🗐 🗐 🕭 ⟺ — 🔬 25/250. 🖭 ⓞ E 𝘝𝘐𝘚𝘈. ✸ Rest   DU **v**
Restaurants : **Quirinal M** a la carte 45/74 — **Consülchen Pub M** a la carte 30/48 — **125 Z : 235 B** 175/300 - 229/475 Fb.

🏨 **Pullman - Hotel Mondial**, Kurt-Hackenberg-Platz 1 (K 1), ✆ 2 06 30, Telex 8881932, Fax 2063522, 🍴 — 🛗 ✎ Zim 🗐 🕭 ⟺ — 🔬 25/250. 🖭 ⓞ E 𝘝𝘐𝘚𝘈. ✸ Rest   DV **f**
M 28/38 (mittags) und a la carte 56/82 — **204 Z : 350 B** 182/298 - 222/316 Fb.

🏨 **Senats Hotel**, Unter Goldschmied 9 (K 1), ✆ 2 06 20, Telex 8881765, Fax 247863 — 🛗 🗐 — 🔬 25/350. 🖭 ⓞ E 𝘝𝘐𝘚𝘈. ✸ Rest   DX **b**
21.- 31. Dez. geschl. — **M** (Sonntag ab 15 Uhr geschl.) 25/35 (mittags) und a la carte 43/70 — **60 Z : 80 B** 195/235 - 275/330 Fb.

🏨 **Dorint Hotel**, Friesenstr. 44 (K 1), ✆ 1 61 40, Telex 8881483, Fax 1614010 — 🛗 ✎ Zim 🗐 ☎ 🕭 ⟺ — 🔬 25/150. 🖭 ⓞ E 𝘝𝘐𝘚𝘈. ✸ Rest   CV **n**
M a la carte 40/67 — **103 Z : 197 B** 229/360 - 284/520 Fb.

🏨 **Haus Lyskirchen**, Filzengraben 28 (K 1), ✆ 2 09 70, Telex 8885449, Fax 2097718, ≘s, 🔲 — 🛗 ▤ Rest 🗐 ☎ ⟺ ⓟ — 🔬 25/90. 🖭 ⓞ E 𝘝𝘐𝘚𝘈   DY **u**
23. Dez.- 2. Jan. geschl. — **M** (Samstag bis 18 Uhr sowie Sonn- und Feiertage geschl.) a la carte 41/70 — **95 Z : 130 B** 135/165 - 180/230 Fb.

🏨 **Altea Hotel Severinshof**, Severinstr. 199 (K 1), ℰ 2 01 30, Telex 8881852, Fax 2013666, 🍽, 😄 – |📶| 📺 ☎ 🚗 – 🔏 25/80. 🆔 ⓪ 🅴 𝗩𝗜𝗦𝗔   DY **a**
M a la carte 40/71 – **253 Z : 459 B** 168/258 - 216/276 Fb – 16 Appart. 306/396.

🏨 **Coellner Hof**, Hansaring 100 (K 1), ℰ 12 20 75, Telex 8885264, Fax 135235 – |📶| 📺 ☎ 🚗 – 🔏 30. 🆔 ⓪ 🅴 𝗩𝗜𝗦𝗔   DU **k**
M *(Freitag 15 Uhr - Samstag geschl.)* a la carte 38/67 – **70 Z : 110 B** 105/180 - 135/260 Fb.

🏨 **Viktoria** garni, Worringer Str. 23 (K 1), ℰ 72 04 76, Telex 8881979, Fax 727067 – |📶| 📺 ☎ Ⓟ 🆔 ⓪ 🅴 𝗩𝗜𝗦𝗔   DET **r**
24. Dez.- 1. Jan. geschl. – **47 Z : 75 B** 145/235 - 220/420 Fb.

🏨 **Savoy** garni, Turiner Str. 9 (K 1), ℰ 12 04 66, Telex 8886360, Fax 120470, 😄 – |📶| 🔆 Zim 📺 ☎. 🆔 ⓪ 🅴 𝗩𝗜𝗦𝗔   DU **s**
24. - 31. Dez. geschl. – **85 Z : 150 B** 145/250 - 185/400 Fb – 5 Appart. 600.

🏨 **Europa Hotel am Dom**, Am Hof 38 (K 1), ℰ 2 05 80, Telex 8881728, Fax 211021 – |📶| 📺 ☎ – 🔏 30. 🆔 ⓪ 🅴 𝗩𝗜𝗦𝗔   DV **z**
M siehe Restaurant Ambiance am Dom – **90 Z : 130 B** 149/269 - 249/349 Fb.

🏨 **Königshof** garni, Richartzstr.14 (K 1), ℰ 23 45 83, Telex 8881318, Fax 238642 – |📶| 📺 ☎. 🆔 ⓪ 🅴 𝗩𝗜𝗦𝗔   DV **n**
85 Z : 140 B 105/295 - 165/395 Fb.

🏨 **Ascot-Hotel** garni, Hohenzollernring 95 (K 1), ℰ 52 10 76, Telex 8883018, Fax 521070 – |📶| 📺 ☎. 🆔 ⓪ 🅴 𝗩𝗜𝗦𝗔. 🔆   CV **a**
22. Dez.- 1. Jan. geschl. – **46 Z : 78 B** 142/356 - 214/374 Fb.

🏨 **Kommerzhotel** garni, Breslauer Platz (K 1), ℰ 12 40 86, Fax 135927, 😄 – |📶| 📺 ☎. 🆔 ⓪ 🅴 𝗩𝗜𝗦𝗔   DV **r**
77 Z : 95 B 130/190 - 180/255 Fb.

🏨 **Am Augustinerplatz** garni, Hohe Str. 30 (K 1), ℰ 23 67 17, Fax 217533 – |📶| 📺 ☎. 🆔 ⓪ 🅴 𝗩𝗜𝗦𝗔   DX **a**
56 Z : 105 B 105/275 - 160/295 Fb – 4 Appart. 275/350.

🏨 **Lasthaus am Ring - Restaurant Charrue d'or**, Hohenzollernring 20 (K 1), ℰ 21 04 85 (Hotel) 21 76 10 (Rest.) – |📶| 📺 ☎ Ⓟ – 🔏 30   CX **r**
M *(Montag und Juni geschl.)* a la carte 50/90 – **52 Z : 75 B** 98/185 - 165/265 Fb.

🏨 **Bristol** garni (antike Zimmereinrichtung), Kaiser-Wilhelm-Ring 48 (K 1), ℰ 12 01 95, Telex 8881146, Fax 131495 – |📶| 📺 ☎. 🆔 ⓪ 🅴 𝗩𝗜𝗦𝗔   CU **m**
44 Z : 60 B 125/250 - 180/350 Fb.

🏨 **Eden-Hotel** garni, Am Hof 18 (K 1), ℰ 23 61 23, Telex 8882889, Fax 246604 – |📶| 📺 ☎. 🆔 ⓪ 🅴 𝗩𝗜𝗦𝗔   DV **w**
24. Dez.- 3. Jan. geschl. – **33 Z : 60 B** 171/264 - 217/285 Fb – 4 Appart..

🏨 **Residence** garni, Alter Markt 55 (K 1), ℰ 23 57 81, Telex 8885344, Fax 234140 – |📶| 📺 ☎. 🆔 ⓪ 🅴 𝗩𝗜𝗦𝗔   DX **c**
60 Z : 110 B 125/230 - 180/280 Fb – 3 Appart. 380.

🏨 **Kolpinghaus International**, St.-Apern-Str. 32 (K 1), ℰ 2 09 30, Fax 246518 – |📶| ☎ Ⓟ – 🔏 25/200. 🆔 ⓪ 🅴   CVX **q**
M a la carte 24/57 – **48 Z : 85 B** 90/110 - 135/150 Fb.

🏨 **Altea-Hotel Baseler Hof**, Breslauer Platz 2 (K 1), ℰ 1 65 40, Telex 8886982, Fax 134852 – |📶| 📺 ☎ – 🔏 – **109 Z : 150 B** Fb – 4 Appart.   DV **e**

🏨 **Central Hotel - Restaurant Banker's**, An den Dominikanern 3 (K 1), ℰ 13 50 80, Telex 8881807, Fax 135080 – |📶| 📺 ☎. 🆔 ⓪ 🅴 𝗩𝗜𝗦𝗔   DV **b**
20. Dez.- 6. Jan. geschl. – **M** *(Samstag - Sonntag geschl.)* a la carte 24/49 – **62 Z : 108 B** 105/195 - 160/310.

🏨 **Esplanade** garni, Hohenstaufenring 56 (K 1), ℰ 21 03 11, Telex 8881029, Fax 216822 – |📶| 📺 ☎. 🆔 ⓪ 🅴 𝗩𝗜𝗦𝗔   CY **a**
24. Dez.- 2. Jan. geschl. – **33 Z : 55 B** 125/250 - 185/380 Fb.

🏨 **Leonet** garni, Rubensstr. 33 (K 1), ℰ 23 60 16, Telex 8883506, Fax 210398, 😄, 🔲 – |📶| 📺 ☎ Ⓟ. 🆔 ⓪ 🅴 𝗩𝗜𝗦𝗔   CY **e**
20. Dez.- 5. Jan. geschl. – **78 Z : 150 B** 110/190 - 160/250 Fb.

🏠 **Astor und Aparthotel** garni, Friesenwall 68 (K 1), ℰ 23 58 11, Telex 8886367, Fax 230490 – |📶| 🔆 Zim 📺 ☎ Ⓟ. 🆔 ⓪ 🅴 𝗩𝗜𝗦𝗔   CX **a**
52 Z : 90 B 134/254 - 184/450.

🏠 **Conti** garni, Brüsseler Str. 40 (K 1), ℰ 25 20 62, Telex 8881644, Fax 252107 – |📶| 📺 🚗. 🆔 🅴 𝗩𝗜𝗦𝗔   BX **n**
13. Dez.- 1. Jan. geschl. – **43 Z : 78 B** 90/195 - 140/220 Fb.

🏠 **Windsor** garni, Von-Werth-Str. 36 (K 1), ℰ 13 40 31 – |📶| 📺 ☎ – **37 Z : 55 B**.   CU **e**

🏠 **Merian-Hotel** garni, Allerheiligenstr. 1 (K 1), ℰ 12 10 25, Telex 8883305, Fax 121029 – |📶| 📺 ☎ 🚗   DU **c**
22. Dez. - 4. Jan. geschl. – **32 Z : 52 B** 95/155 - 135/350 Fb.

🏠 **Ludwig** garni, Brandenburger Str. 24 (K 1), ℰ 16 05 40, Telex 8885326, Fax 137935 – |📶| 📺 ☎ 🚗. 🆔 🅴 𝗩𝗜𝗦𝗔   DU **x**
23. Dez.-1. Jan. geschl. – **61 Z : 100 B** 110/195 - 175/275 Fb.

🏠 **Buchholz** garni, Kunibertsgasse 5 (K 1), ℰ 12 18 24 – |📶| 📺 ☎. 🆔 ⓪ 🅴 𝗩𝗜𝗦𝗔   DU **e**
22. Dez.- 3. Jan. geschl. – **17 Z : 27 B** 95/115 - 120/170.

🏠 **Altstadt Hotel** garni, Salzgasse 7 (K 1), ℰ 23 41 87, Fax 234189, ☎ − 🛗 ☎. 🖭 ⓞ Ε 𝖵𝖨𝖲𝖠.
🎇 − 20. Dez.- 6. Jan. geschl. − **28 Z : 46 B** 80/95 - 120/190 Fb.   DX **p**

🏠 **Hotel am Chlodwigplatz** garni, Merowinger Str. 33 (K 1), ℰ 31 40 31 − 📺 ☎ 🚗. 🅿
ⓞ Ε 𝖵𝖨𝖲𝖠
20. Dez.- 10. Jan. geschl. − **23 Z : 43 B** 80/110 - 130/170.   DY **s**

XXXX ⌖ **Chez Alex**, Mühlengasse 1 (K 1), ℰ 23 05 60 − 🖭 ⓞ Ε 𝖵𝖨𝖲𝖠   DX **k**
Samstag nur Abendessen, Sonn- und Feiertage geschl. − **M** (Tischbestellung ratsam) a la
carte 80/120
Spez. Ravioli d'escargots, Lasagne de homard, Magret de canard en croûte de poivre.

XXX ⌖ **Rino Casati**, Ebertplatz 3 (K 1), ℰ 72 11 08, Fax 728097 − 🖭 ⓞ Ε 𝖵𝖨𝖲𝖠. 🎇   DU **t**
nur Abendessen, Juli und außerhalb der Messezeiten Sonntag geschl. − **M** (Tischbestellung
ratsam) a la carte 65/98
Spez. Hausgemachte Nudelgerichte, Gänsestopfleber in Torcolatoschaum, Lammcarré im Kartoffelmantel mit
zwei Saucen.

XXX **Die Bastei**, Konrad-Adenauer-Ufer 80 (K 1), ℰ 12 28 25, Fax 138047, ≤ Rhein − 🖭 ⓞ Ε
𝖵𝖨𝖲𝖠. 🎇 − Samstag bis 19 Uhr geschl. − **M** a la carte 68/115.   DU **b**

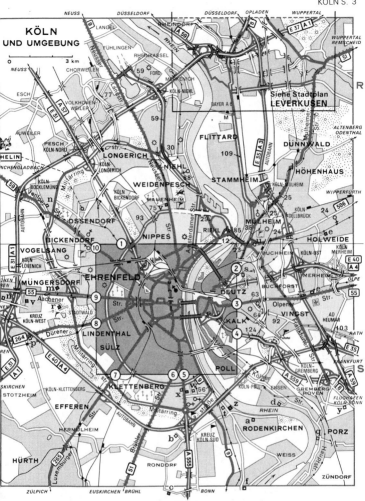

NEUSS   DÜSSELDORF   DÜSSELDORF   OPLADEN   WUPPERTAL

KÖLN
UND UMGEBUNG

0   3 km

XXX   ❄ **Restaurant Bado - La poêle d'or,** Komödienstr. 52 (K 1), ℰ 13 41 00 – 〔AE〕 Ⓞ E 〔VISA〕
  Sonntag - Montag 18 Uhr, an Feiertagen sowie Juli - Aug. 3 Wochen und Weihnachten -
  Neujahr geschl. – **M** 45 (mittags) und a la carte 85/115   DV **c**
  Spez. Saumon fumé chaud sauce raifort, La dorade au thym, Le nougat glacé.

XXX   **Börsen-Restaurant Maître,** Unter Sachsenhausen 10 (K 1), ℰ 13 30 21, Fax 134264 –
  〔≡〕 〔AE〕 Ⓞ E 〔VISA〕 ❄   CV **r**
  Sonn- und Feiertage geschl. – **M** 57/95 – **Börsenstube M** a la carte 31/72.

XXX   **Ambiance am Dom** (im Europa-Hotel am Dom), Am Hof 38 (K 1), ℰ 24 91 27 – 〔AE〕 Ⓞ E
  〔VISA〕   DV **z**
  Samstag bis 18 Uhr, Sonn- und Feiertage sowie Juli - Aug. 3 Wochen geschl. – **M** 48
  (mittags) und a la carte 72/100.

XX   **Em Krützche,** Am Frankenturm 1 (K 1), ℰ 21 14 32, « Straßenterrasse mit ≼ » – Ⓞ E
  〔VISA〕   DV **x**
  Montag geschl. – **M** (Tischbestellung ratsam) a la carte 50/75.

XX   **Ristorante Alfredo,** Tunisstr. 3 (K 1), ℰ 24 43 01 – 〔AE〕   DX **v**
  Samstag - Sonntag und Juni - Juli 3 Wochen geschl. – **M** (Tischbestellung ratsam) a la
  carte 66/86.

KÖLN S. 4

KÖLN

(1) (2)

A B C

NEU-EHRENFELD
Nußbaumer

KÖLN
EHRENFELD

(10)
59
31 km
GREVENBROICH
52 km MÖNCHENGLADBACH

S. BAHN
NIPPES

Subbelrather Str.

T

Ehrenfeldgürtel

Liebigstraße

Innere-

Herkulesstr.

Mecklenheimer Str.

Vogelsanger Straße

Venloer

BAHNHOF

Subbelrather

Straße

Einzelheiten
nächste Seiten

U

KÖLN-EHRENFELD

Oskar-

Kanalstraße

Straße

Erftstr.

Hansaring

Weinsbergstr.

Vogelsanger Str.

Venloer

WEST-
BAHNHOF

STADT-
GARTEN

48

72

Christophstr.

Jäger-

EHRENFELD

Weinsbergstr.

Hans-Böckler-Pl.

27

62

V

Ehrenfeldgürtel

Straße

Innere-

Hohenzollernring

BRAUNSFELD

Melatengürtel

MELATEN

Neumark

69 km AACHEN

82

(9)
55

Aachener Str.

Aachener Str.

P

100

P

57

Hahnenstr.

X

Stadtwaldgürtel

Klosterstr.

Dürener

Straße

M

Str.

Roonstr.

Hohenstaufenring

LINDENTHAL

Bachemer

Universitätsstraße

Straße

Weyerstr.

Neue-Weyer-
str.

Y

Dürener

Lindenburger Allee

Gleueler Str.

U

U

SÜD-
BAHNHOF

Sülzburgstr.

21

(8)
264
40 km DÜREN

Lindenthalgürtel

U

U

Saliering

Mommsenstr.

Kerpener

Zülpicher

Str.

Luxemburger

P

Weißhausstr.

Eifeltr.

VOLKSGARTEN

ADAC

SÜLZ

Sülzgürtel

Berrenrather

Pohligstr.

Gleueler

Str.

Str.

Str.

Weg

Mommsenstr.

Höninger

6

Zülpicher

Sülzburgstr.

Z

BEETHOVENPARK

Str.

Berrenrather

Luxemburger

Str.

KLETTENBERG

Gottes-

weg

ZOLLSTOCK

Vorgebirgstr.

Klettenberggürtel

(7)
265
ZÜLPICH 39 km

A B C

(6) (5)

460

AUTOBAHNEN (E 35-A 3)-(E 37-A 1) 9 km

REMSCHEID 43 km
LEVERKUSEN 16 km

AUTOBAHN
(A3-A4) 3 Km

OLPE 75 km
GUMMERSBACH 51 km

AUTOBAHN (E 40-A 4) 5 km
FLUGHAFEN 13 km
SIEGBURG 27 km

BRÜHL 13 km
EUSKIRCHEN 35 km

AUTOBAHN
(E 40-A 4) 6 km
BONN 28 km

461

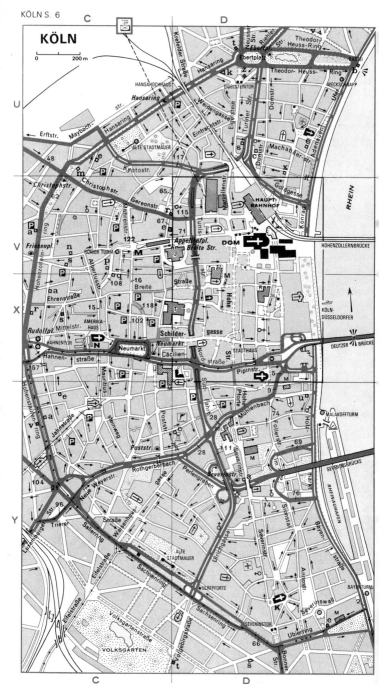

KÖLN

C   D

0   200 m

U

Erftstr.

Maybach-str.   Hansaring   Hansaring   Kreiteder Straße   Neusser Str.   Riehler Str.   Theodor-Heuss-Ring   Ebertpl.

HANSAHOCHHAUS   Ebertplatz   Theodor-Heuss-Ring   BASTEI   b

EIGELSTEINTOR   WECKSCHNAPP

Weidengasse   Eigelstein   Turiner Str.   Dagobert   Machabäer-str.

ALTE STADTMAUER   Kyotostr.   Eintrachtstr.   Goldgasse

48   e

Christophstr.   Christophstr.   Gereonstr.   Marzellenstr.   HAUPT-BAHNHOF   RHEIN

62   m   85   Tunis-str.

67   115   71   DOM

Appellhofpl.   Breite Str.

V   Friesenpl.   n   RÖMER TURM   M   122   Breite   Straße   Hohe   HOHENZOLLERNBRÜCKE

Hohenzollern-ring   Albertusstr.   16   Straße

108   118   Straße   M   R

Ehrenstraße   15   102   Schilder-   gasse   KÖLN-DÜSSELDORFER

X   r   AMERIKA-HAUS

Rudolfpl.   Mittelstr.   Schilder-   Stadthaus   DEUTZER BRÜCKE

HAHNENTOR   Neumarkt   Neumarkt   Nord   straße

Hahnen-straße   Cäcilien-   Pipinstr.   5

57   Mauritius-   Süd   Fahr   Hohe Pforte   Mühlenbach   74   MALAKOFFTURM

Hohenstaufen-   steinweg   Postst   28   Follerstr.   Holz   69

Jahnstraße   Poststr.   28   SEVERINSBRÜCKE

104   Rothgerberbach   Perlengraben   Severinstr.   111   M   RHEINAUHAFEN

21   Neue Weyerstr.   Waisenhaus-   gas-se   76

Y   Str. 96   Trierer   Sattelring   Straße   14   Stolkstr.   Severinstr.   Bayen-straße

Luxemburger   Eifelstr.   Waisenhaus   Ulrichgasse   Severinstr.   Bayenstraße   BAYENTURM

ALTE STADTMAUER   Sachsenring

Volksgartenstraße   Eifelstraße   Edelstraße   Sachsenring   ULREPFORTE   K   Severinswall

Sachsenring   Volksgarten-straße   SEVERINSTOR   M

VOLKSGARTEN   66   Ubierring   Bonner Str.   a

C   D

462

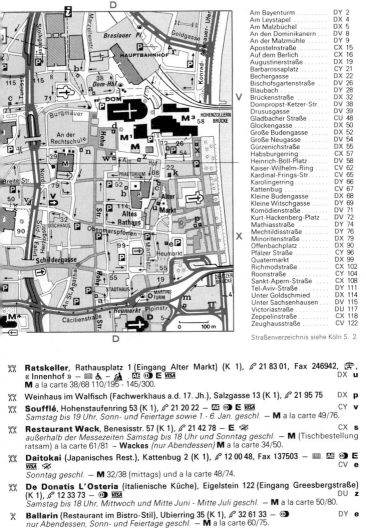

Straßenverzeichnis siehe Köln S. 2.

XX **Ratskeller**, Rathausplatz 1 (Eingang Alter Markt) (K 1), ℰ 21 83 01, Fax 246942, ☂, « Innenhof » – 🖭 ₲ – ₰ . 🖭 ⓪ 🗲 𝘝𝘐𝘚𝘈   DX **u**
M a la carte 38/68 110/195 - 145/300.

XX **Weinhaus im Walfisch** (Fachwerkhaus a.d. 17. Jh.), Salzgasse 13 (K 1), ℰ 21 95 75   DX **p**

XX **Soufflé**, Hohenstaufenring 53 (K 1), ℰ 21 20 22 – 🖭 ⓪ 🗲 𝘝𝘐𝘚𝘈   CY **v**
Samstag bis 19 Uhr, Sonn- und Feiertage sowie 1.- 6. Jan. geschl. – **M** a la carte 49/76.

XX **Restaurant Wack**, Benesisstr. 57 (K 1), ℰ 21 42 78 – **E**. ⧣   CX **s**
außerhalb der Messezeiten Samstag bis 18 Uhr und Sonntag geschl. – **M** (Tischbestellung ratsam) a la carte 61/81 – **Wackes** *(nur Abendessen)* **M** a la carte 34/50.

XX **Daitokai** (Japanisches Rest.), Kattenbug 2 (K 1), ℰ 12 00 48, Fax 137503 – 🖴. 🖭 ⓪ 🗲
𝘝𝘐𝘚𝘈. ⧣   CV **e**
Sonntag geschl. – **M** 32/38 (mittags) und a la carte 48/74.

XX **De Donatis L'Osteria** (Italienische Küche), Eigelstein 122 (Eingang Greesbergstraße) (K 1), ℰ 12 33 73 – ⓪ 𝘝𝘐𝘚𝘈   DU **z**
Samstag bis 18 Uhr, Mittwoch und Mitte Juni - Mitte Juli geschl. – **M** a la carte 50/80.

X **Ballarin** (Restaurant im Bistro-Stil), Ubierring 35 (K 1), ℰ 32 61 33 – ⓪   DY **e**
nur Abendessen, Sonn- und Feiertage geschl. – **M** a la carte 60/75.

X **Ristorante Pan e vin**, Heumarkt 75 (K 1), ℰ 24 84 10 – 🖭 🗲. ⧣   DX **e**
außerhalb der Messezeiten Montag geschl. – **M** a la carte 48/78.

X **La Baurie**, Vorgebirgstr. 35 (K 1), ℰ 38 61 49 – 🖭 🗲 𝘝𝘐𝘚𝘈   DY **t**
Samstag bis 18 Uhr und Montag geschl. – **M** a la carte 61/82.

In Köln 30-Bocklemünd :

🏠 **Garni Bocklemünd**, Grevenbroicher Str. 16, ℰ 50 84 61 – ☎   (Köln S. 3)   R **n**
20 Z : 36 B.

In Köln 41-Braunsfeld :

🏨 **Regent**, Melatengürtel 15, ℰ 5 49 90, Telex 8881824, Fax 5499998, ☎ – 🛗 ↔ Zim 📺 🅿
– ₰ 25/80. 🖭 ⓪ 🗲 𝘝𝘐𝘚𝘈   (Köln S. 4)   AX **a**
M *(auch vegetarische Gerichte)* a la carte 28/70 – **168 Z : 270 B** 187/297 - 246/416 Fb –
3 Appart. 896.

In Köln 91-Brück über ③ und die B 55 :

🏠 **Silencium** garni, Olpener Str. 1031, ℰ 89 90 40, Telex 887107, Fax 899489 – 🛗 📺 ☎ 🅿 -
🔬 30. ⓘ 🔄 𝘝𝘐𝘚𝘈. 𝒮𝓍
15. Dez.- 7. Jan. geschl. – **66 Z : 130 B** 125/260 - 155/310 Fb.

In Köln 80-Buchforst :

🏠 **Kosmos**, Waldecker Str. 11, ℰ 6 70 90, Telex 887706, Fax 6709321, ☎, 🔲 – 🛗 ⊱ Zir
📺 ☎ 🅿 – 🔬 25/120. 🄰🄴 ⓘ 🔄 𝘝𝘐𝘚𝘈 (Köln S. 3)   S
M *(Juli geschl.)* a la carte 33/67 – **157 Z : 259 B** 140/230 - 196/320 Fb.

In Köln 21-Deutz :

🏨 **Hyatt Regency**, Kennedy-Ufer 2a, ℰ 8 28 12 34, Telex 887525, Fax 8281370, ≼, Biergarten
☎, 🔲 – 🛗 ⊱ Zim 🔲 📺 ⅙ ⊱ 🅿 – 🔬 25/400. 🄰🄴 ⓘ 🔄 𝘝𝘐𝘚𝘈 (Köln S. 5)   EV
Restaurants : **Graugans** *(Samstag bis 18 Uhr und Sonntag geschl.)* **M** a la carte 70/95 –
Glashaus M a la carte 40/55 – **307 Z : 614 B** 308/568 - 331/591 Fb – 16 Appart. 973/2646.

🏠 **Ilbertz** garni, Mindener Str. 6, ℰ 88 20 49, Fax 883484, ☎ – 🛗 📺 ☎ ⊱. 🄰🄴 ⓘ 🔄 𝘝𝘐𝘚𝘈
30 Z : 60 B 75/130 - 95/190 Fb.   (Köln S. 5)   EX

✕✕ **Der Messeturm**, Kennedy-Ufer (18. Etage, 🛗), ℰ 88 10 08, Fax 811941, ≼ Köln – 🔲 –
🔬 25. 🄰🄴 ⓘ 🔄 𝘝𝘐𝘚𝘈. 𝒮𝓍   (Köln S. 5)   EV
Samstag bis 19 Uhr geschl. – **M** a la carte 49/83.

In Köln 30-Ehrenfeld :

🏠 **Imperial**, Barthelstr. 93, ℰ 51 70 57, Telex 8883452, Fax 520993, ☎ – 🛗 📺 ☎ ⊱ 🅿. ⓘ
🔄 𝘝𝘐𝘚𝘈   (Köln S. 4)   AV
M *(nur Abendessen)* a la carte 30/58 – **36 Z : 60 B** 150/190 - 240/290 Fb.

✕✕✕ **Zum offenen Kamin**, Eichendorffstr. 25, ℰ 55 68 78 – 🄰🄴 ⓘ 🔄 𝘝𝘐𝘚𝘈 (Köln S. 4) ABT
außerhalb der Messezeiten Samstag bis 18 Uhr und Sonntag geschl. – **M** 50 (mittags) und
a la carte 64/90.

In Köln 80-Holweide :

✕✕✕ **Isenburg**, Johann-Bensberg-Str. 49, ℰ 69 59 09, Fax 698703, � – 🅿. ⓘ 🔄 𝘝𝘐𝘚𝘈
Samstag bis 18 Uhr, Sonntag - Montag, Mitte Juli - Mitte Aug. sowie über Weihnachten und
Karneval geschl. – **M** *(Tischbestellung ratsam)* a la carte 46/78.   (Köln S. 3)   R

In Köln 50-Immendorf :

✕✕ **Weinstuben Bitzerhof** mit Zim (Gutshof a.d.J. 1821), Immendorfer Hauptstr. 21
ℰ (02236) 6 19 21, �, « Rustikale Einrichtung » – 📺 ☎ ⊱. 🔄. 𝒮𝓍 Zim
Juli - Aug. 4 Wochen geschl. – **M** a la carte 47/71 – **3 Z : 6 B** 95/115 - 135/150.
     (Köln S. 3)   S

In Köln 40-Junkersdorf :

✕✕ **Vogelsanger Stübchen**, Vogelsanger Weg 28, ℰ 48 14 78   (Köln S. 3)   S
Sonntag - Montag, Feb. 2 Wochen und 25. Aug.- 5. Sept. geschl. – **M** *(Tischbestellung*
ratsam) 25/39 (mittags) und a la carte 48/74.

In Köln 41-Lindenthal :

🏠 **Queens Hotel**, Dürener Str. 287, ℰ 4 67 60, Telex 8882516, Fax 433765, « Gartenterrasse »
– 🛗 ⊱ Zim 🔲 Rest 📺 ☎ ⊱ 🅿 – 🔬 25/600. 🄰🄴 🔄 𝘝𝘐𝘚𝘈. 𝒮𝓍 Rest   (Köln S. 4)   AY
M 30 (mittags) und a la carte 48/83 – **147 Z : 192 B** 199/289 - 278/343 Fb.

🏠 **Bremer**, Dürener Str. 225, ℰ 40 50 13, Telex 8882063, Fax 402034, ☎, 🔲 – 🛗 🔲 Rest 📺
☎ ⊱. 🄰🄴 ⓘ 🔄 𝘝𝘐𝘚𝘈. 𝒮𝓍 Rest   (Köln S. 4)   AY
28. März - 2. April und 23. Dez.- 2. Jan. geschl. – **M** *(Tischbestellung ratsam)* a la carte
56/78 – **69 Z : 90 B** 115/190 - 165/200.

✕✕✕ Rôtisserie zum Krieler Dom, Bachemer Str. 233 (Eingang Krieler Straße), ℰ 43 29 43
(Tischbestellung ratsam).   (Köln S.4)   AY

In Köln 40 - Lövenich über ⑨ : 8 km :

🏠 Landhaus Gut Keuchhof - Restaurant Zur Scheune ⌇, Braugasse 14
ℰ (02234) 7 60 33 (Hotel) 4 72 02 (Rest.), � – 📺 ☎ 🅿. 𝒮𝓍
43 Z : 64 B.

In Köln 51-Marienburg :

🏠 **Marienburger Bonotel**, Bonner Str. 478, ℰ 3 70 20, Telex 8881515, Fax 3702132, ☎ – 🛗
📺 ☎ ⊱ 🅿 – 🔬 25/100. 🄰🄴 ⓘ 🔄 𝘝𝘐𝘚𝘈. 𝒮𝓍 Rest   (Köln S. 3)   S
M a la carte 40/70 – **93 Z : 186 B** 180/310 - 215/325 Fb – 4 Appart..

🏠 Haus Marienburg ⌇ garni, Robert-Heuser-Str. 3, ℰ 38 84 97 – 📺 ☎ ⊱. 𝒮𝓍
13 Z : 21 B 85/162 - 130/190 Fb.   (Köln S. 3)   S

✕✕ **Marienburger Eule**, Bonner Str. 471, ℰ 38 15 78, Fax 343420 – 🄰🄴 ⓘ 🔄 𝘝𝘐𝘚𝘈
Samstag und Sonntag jeweils bis 18 Uhr geschl. – **M** a la carte 55/90.   (Köln S. 3)   S

In Köln 40-Marsdorf :

🏠 Novotel Köln-West, Horbeller Str. 1, ℰ (02234) 51 40, Telex 8886355, Fax 514106, �, ☎,
▨ (geheizt), 🔲 – 🛗 🔲 Rest 📺 ☎ ⅙ 🅿 – 🔬 25/300   (Köln S. 3)   S
199 Z : 396 B Fb.

In Köln 91-Merheim :

XXX ✿✿ **Goldener Pflug**, Olpener Str. 421 (B 55), ℰ 89 55 09 – **P**   (Köln S. 3)   S **e**
Sonn- und Feiertage sowie Juli - Aug. 3 Wochen geschl. – **M** 55 (mittags) und a la carte
106/156
Spez. Hummerragout mit Kerbel, Steinbutt mit Trüffeln, Nantaiser Ente (2 Pers.).

In Köln 80-Mülheim :

🏠 **Kaiser** garni, Genovevastr. 10, ℰ 62 30 57, Telex 8873546, Fax 623050 – 🛗 📺 ☎ **P** –
    🅰 40. 🅰🅴 ⓪ E 𝘝𝘐𝘚𝘈   (Köln S. 3)   RS **u**
46 Z : 90 B 95/195 - 125/300 Fb.

In Köln 41-Müngersdorf :

XXX **Landhaus Kuckuck**, Olympiaweg 2, ℰ 49 23 23, Fax 4972847, 🍴 – 🅰 25/100. 🅰🅴 ⓪ E
𝘝𝘐𝘚𝘈   (Köln S. 3)   S **r**
Montag geschl. – **M** a la carte 50/78.

XX **Remise**, Wendelinstr. 48, ℰ 49 18 81, « Historisches Gutsgebäude » – **P**. ⓪ E 𝘝𝘐𝘚𝘈
Samstag bis 18 Uhr und Sonntag geschl. – **M** (Tischbestellung ratsam) a la carte 56/90.
                                                (Köln S. 3)   S **m**

In Köln 90 - Porz :

🏨 **Rheinhotel Domicil**, Hauptstr. 369, ℰ (02203) 5 50 36 (Hotel) 5 51 13 (Rest.),
Telex 8878447, Fax 55931 – 🛗 📺 ☎ 🚗. 🅰🅴 ⓪ E 𝘝𝘐𝘚𝘈   (Köln S. 3)   S **q**
M 17,50/33 (mittags) und a la carte 37/63 – **50 Z : 97 B** 139/259 - 169/299 Fb.

🏨 **Terminal** garni, Theodor-Heuss-Str. 78 (Porz-Eil), ℰ (02203) 30 00 21, Telex 8873288, Fax
39738, 🚗 – 🛗 ⭇ Zim 📺 ☎. 🅰🅴 ⓪ E 𝘝𝘐𝘚𝘈   (Köln S. 3)   S **y**
61 Z : 120 B 134/224 - 184/264 Fb.

In Köln 90 - Porz-Grengel ④ : 15 km über die A 59 :

🏨 **Spiegel**, Hermann-Löns-Str. 122, ℰ (02203) 6 10 46, 🍴 – 📺 ☎ 🚗 **P**. E
M *(Freitag - Samstag 18 Uhr und Juli - Aug. 3 Wochen geschl.)* a la carte 41/78 – **19 Z :
25 B** 85/120 - 140/180 Fb.

In Köln 90 - Porz-Langel S : 17 km über Hauptstr. S :

XX **Zur Tant**, Rheinbergstr. 49, ℰ (02203) 8 18 83, ≤, 🍴 – **P**. 🅰🅴 ⓪ E
Donnerstag und über Karneval 2 Wochen geschl. – **M** a la carte 57/88 – **Hütter's Piccolo M**
a la carte 40/51.

In Köln 90 - Porz-Wahn ④ : 17 km über die A 59 :

🏨 **Geisler** garni, Frankfurter Str. 172, ℰ (02203) 6 10 20 – 🛗 📺 ☎ 🕭 **P** – 🅰 40. 🅰🅴 ⓪ E
𝘝𝘐𝘚𝘈
52 Z : 89 B 80/120 - 140/160 Fb.

In Köln 90 - Porz-Wahnheide ④ : 17 km über die A 59 – ✪ 02203 :

🏨 **Holiday Inn**, Waldstr. 255, ℰ 56 10, Telex 8874665, Fax 5619, 🚗, ⊠, 🏊 – 🛗 ⭇ Zim ▦
📺 ☎ **P** – 🅰 25/90. 🅰🅴 ⓪ E 𝘝𝘐𝘚𝘈
M a la carte 42/75 – **113 Z : 160 B** 252/342 - 364 Fb.

🏨 **Quelle** garni, Heidestr. 246, ℰ 60 81, Telex 8873597 – 🛗 📺 ☎ 🚗 **P** – 🅰 30
105 Z : 180 B.

🏠 **Karsten** garni, Linder Weg 4 (Zufahrt über Gunterstraße), ℰ 6 20 82, Fax 62229 – 📺 ☎
🚗 **P** 🅰🅴 E
24 Z : 36 B 85/155 - 120/195 Fb.

In Köln 90 - Porz-Westhoven :

🏨 **Ambiente** garni, Oberstr. 53, ℰ (02203) 1 40 97, Fax 14099 – 🛗 📺 ☎ **P** – 🅰 30. 🅰🅴 ⓪
E 𝘝𝘐𝘚𝘈. ✂   (Köln S. 3)   S **d**
22. Dez.- 2. Jan. geschl. – **27 Z : 40 B** 95/160 - 135/195.

In Köln 50 -Rodenkirchen :

🏨 **Atrium-Rheinhotel** ⌂ garni, Karlstr. 2, ℰ 39 30 45, Telex 889919, Fax 394054, 🚗 – 🛗
📺 ☎ 🚗 **P**. 🅰🅴 ⓪ E 𝘝𝘐𝘚𝘈   (Köln S. 3)   S **t**
50 Z : 90 B 98/198 - 148/328 Fb – 3 Appart..

🏨 **Rheinblick** ⌂ garni, Uferstr. 20, ℰ 39 12 82, ≤, 🚗, ⊠ – 📺 🚗   (Köln S. 3)   S **a**
24 Z : 40 B 85/130 - 100/150 Fb.

🏠 **An der Tennishalle Schmitte**, Großrotter Weg 1 (Hochkirchen), ℰ (02233) 2 27 77, Fax
23961, 🍴, ✂ (Halle) – 📺 ☎ **P** 🅰🅴 ⓪ E 𝘝𝘐𝘚𝘈   (Köln S. 3)   S **b**
M a la carte 31/56 – **18 Z : 26 B** 85/130 - 120/180.

XX **St. Maternus** ⌂ mit Zim, Karlstr. 9, ℰ 39 36 33, Fax 393245, « Terrasse mit ≤ » – 📺 ☎.
🅰🅴 ⓪ E 𝘝𝘐𝘚𝘈   (Köln S. 3)   S **z**
M *(Montag geschl.)* a la carte 36/65 – **10 Z : 18 B** 85/130 - 165/195.

In Köln 50-Sürth :

🏨 **Falderhof**, Falderstr. 29, ℰ (02236) 6 42 44 (Hotel) 6 78 16 (Rest.), Fax 68000 – ☎ 🕭
🛦 25/100. 🕮 ⓞ **E** 𝘝𝘐𝘚𝘈   (Köln S. 3)   S
M *(Samstag bis 18 Uhr und Sonntag geschl.)* a la carte 58/90 – **33 Z : 41 B** 145/240 ·
190/295 Fb.

In Köln 40-Weiden :

🏨 **Garten-Hotel** 🐎 garni, Königsberger Str. 5, ℰ (02234) 7 60 06, Fax 79160, 🛲 – 📳 📺 🕽
🖚. 🕮 **E** 𝘝𝘐𝘚𝘈   (Köln S. 3)   S
23.- 31. Dez. geschl. – **33 Z : 53 B** 80/90 - 130/140 Fb.

In Köln 60 -Weidenpesch :

✗ **Alte Post**, Neusser Str. 621, ℰ 74 84 86 – ⓟ. 🕮 ⓞ **E** 𝘝𝘐𝘚𝘈   (Köln S. 3)   R
M a la carte 28/64.

In Köln 71-Worringen   N : 18 km über die B 9 R :

🏠 **Matheisen**, In der Lohn 45, ℰ 78 10 61 – ☎ ⓟ. 🕮 **E**. 🦮 Zim
M *(Mittwoch geschl.)* a la carte 23/60 – **9 Z : 16 B** 64/98 - 106/140.

MICHELIN-REIFENWERKE KGaA. Niederlassung Köln 30-Ossendorf, Bleriotstr. 9 (Köl
S. 3 R) ℰ 59 20 11, Fax 592559.

Benutzen Sie immer die neuesten Ausgaben
der Michelin-Straßenkarten und -Reiseführer.

KÖNGEN 7316. Baden-Württemberg 𝟜𝟙𝟛 KL 20 – 8 200 Ew – Höhe 280 m – ✿ 07024.
♦Stuttgart 26 – Reutlingen 28 – ♦Ulm (Donau) 67.

🏨 **Schwanen**, Schwanenstr. 1, ℰ 88 64, Fax 83607 – 📳 📺 ☎ ⓟ – 🛦 25/80. 🕮 ⓞ **E**. 🦮
Jan. 2 Wochen geschl. – **M** *(Sonntag 14 Uhr - Montag geschl.)* a la carte 37/65 – **45 Z ·
60 B** 74/98 - 98/145 Fb.

🏠 **Neckartal**, Bahnhofstr. 19, ℰ 88 41, 🏤 – 📳 📺 ☎ ⓟ
40 Z : 60 B Fb.

🏠 **Römerkastell**, Altenberg 1, ℰ 89 21, Fax 82895, 🏤 – 📳 📺 ☎ ⓟ – 🛦 25/80. 🕮 ⓞ 🕽
𝘝𝘐𝘚𝘈
Anfang - Mitte Aug. und 23. Dez.- 11. Jan. geschl. – **M** *(Samstag bis 18 Uhr geschl.)* a ·
carte 36/60 – **42 Z : 84 B** 105 - 158 Fb.

KÖNIG, BAD 6123. Hessen 𝟡𝟠𝟟 ㉟. 𝟜𝟙𝟚 𝟜𝟙𝟛 K 17 – 8 500 Ew – Höhe 183 m – Heilbad ·
✿ 06063.
🛈 Verkehrsbüro, Elisabethenstr. 13, ℰ 15 65.
♦Wiesbaden 85 – Aschaffenburg 44 – ♦Darmstadt 40 – Heidelberg 65.

🏩 **Forst-Hotel Carnier** 🐎, Kimbacher Str. 218, ℰ 20 51, Telex 4191662, Fax 5302, 🏤, 🖙
🔲, 🎝, 🦯 – 📺 ⓟ – 🛦 25/40. 🕮 ⓞ **E** 𝘝𝘐𝘚𝘈. 🦮 Rest
M *(März - Okt. Sonntag 14 Uhr - Montag, Nov.- Feb. Sonntag - Montag 18 Uhr und 7. Juli -
4. Aug. geschl.)* a la carte 48/78 – **44 Z : 73 B** 95/150 - 154/210 Fb – 4 Appart. 230/300.

🏨 **Haus Ursula** 🐎 garni, Frankfurter Str. 6 (Eingang Schwimmbadstr.), ℰ 7 29, 🖙, 🔲, 🛲
– ☎ ⓟ. **E**. 🦮
20. Nov.- 20. Dez. geschl. – **25 Z : 45 B** 60/96 - 98/150 Fb.

🏠 **Haus Stefan** garni, Friedr.-Ebert-Str. 4, ℰ 25 04, Fax 3504, 🛲 – ⓟ. **E**
15. Dez. - 20. Jan. geschl. – **9 Z : 14 B** 40/45 - 80/90.

🏠 **Königsruhe** 🐎, Forststr. 26, ℰ 22 45, ≼, 🏤, 🛲 – 🖚 ⓟ
20 Z : 33 B.

🏠 **Büchner**, Frankfurter Str. 6, ℰ 6 05, Fax 5444 – ⪤ Rest. 🕮 **E** 𝘝𝘐𝘚𝘈. 🦮 Zim
Jan. geschl. – **M** *(Dienstag geschl.)* a la carte 22/56 – **18 Z : 28 B** 31/55 - 62/96 – ½ P 44/69

🏠 **Brunnen-Pension** garni, Frankfurter Str. 22a, ℰ 22 33, 🖙, 🐴 – 📺 🖚 ⓟ
2. Jan.- 10. Feb. geschl. – **10 Z : 16 B** 35 - 70.

🏠 **Haus Waldfrieden** 🐎 garni, Weyprechtstr. 55, ℰ 15 41, 🛲 – ⓟ. 🦮
5.- 20. Nov. geschl. – **14 Z : 21 B** 30/39 - 68/78.

In Bad König-Momart   SO : 2 km über Weyprechtstraße :

🏠 **Zur Post** 🐎, Hauswiesenweg 16, ℰ 15 10, ≼, 🏤, 🛲 – 📺 🖚 ⓟ
✦ 7. Jan.- 7. Feb. geschl. – **M** *(Montag geschl.)* a la carte 20/45 🍺 – **11 Z : 21 B** 42/48 - 72/76.

In Bad König-Zell   S : 2 km :

🏠 **Zur Krone**, Königer Str. 1, ℰ 18 13, 🛲 – 🖚 ⓟ
✦ *Mitte Jan.- Mitte Feb. geschl.* – **M** a la carte 20/40 – **31 Z : 53 B** 29/39 - 58/72 – ½ P 43/53.

KÖNIGHEIM Baden-Württemberg siehe Tauberbischofsheim.

KÖNIGSBACH-STEIN 7535. Baden-Württemberg **408** I 20 — 8 200 Ew — Höhe 192 m — ☎ 07232.

Stuttgart 65 — ✦Karlsruhe 23 — Pforzheim 16.

Im Ortsteil Königsbach :

🏨 **Europäischer Hof**, Steiner Str. 100, ℰ 10 05, Fax 4697 — 📺 ☎ ⟸ 🅿 — ♨ 25/40. ⚈
ⓞ E 𝖵𝖨𝖲𝖠
über Fastnacht 2 Wochen und Juli - Aug. 3 Wochen geschl. — **M** (abends Tischbestellung
ratsam) (Samstag bis 18 Uhr und Montag geschl.) a la carte 47/70 — **21 Z : 38 B** 85/100 -
150/160 Fb.

✗ **Zum Ochsen**, Marktstr. 11, ℰ 52 25 — E 𝖵𝖨𝖲𝖠
Samstag bis 18 Uhr geschl. — **M** (auch vegetarisches Menu) a la carte 28/61.

Im Ortsteil Stein :

✗ Zum goldenen Lamm, Marktplatz 2, ℰ 17 76 — 🅿

KÖNIGSBERG Hessen siehe Biebertal.

KÖNIGSBERG IN BAYERN 8729. Bayern **408** O 16 — 4 300 Ew — Höhe 276 m — ✿ 09525.

München 279 — ✦Bamberg 34 — Hofheim 8,5 — Schweinfurt 27.

🏠 **Herrenschenke** ⟍, Marienstr. 3, ℰ 3 71, 🍴 — ☎
◆ Nov. geschl. — **M** (Montag geschl.) a la carte 17/34 ⅃ — **9 Z : 18 B** 32/35 - 60/65.

KÖNIGSBRONN 7923. Baden-Württemberg **408** N 20 — 7 800 Ew — Höhe 500 m — Erholungsort — Wintersport : ☇1 — ✿ 07328.

Stuttgart 89 — Aalen 14 — Heidenheim an der Brenz 9.

🏠 **Brauereigasthof Weißes Rößle**, Zanger Str. 1, ℰ 62 82, Biergarten — 🅿 E
Mitte Jan.- Mitte Feb. geschl. — **M** (Montag geschl.) a la carte 25/46 — **19 Z : 30 B** 45 - 85.

In Königsbronn-Zang SW : 6 km :

✗✗ **Löwen** mit Zim, Struthstr. 17, ℰ 62 92, 🍴 — ☎ 🅿
Aug. 2 Wochen geschl. — **M** (Dienstag - Mittwoch 18 Uhr geschl.) a la carte 30/53 — **8 Z :
15 B** 45 - 85.

KÖNIGSBRUNN 8901. Bayern **408** P 22, **987** ㉟ — 20 550 Ew — Höhe 520 m — ✿ 08231.

🔌 Föllstr. 32a, ℰ 26 38 ; 🚌 Benzstr. 25, ℰ 3 11 53.

München 66 — ✦ Augsburg 12 — ✦ Ulm 94.

🏨 **Zeller**, Hauptstr. 78, ℰ 40 24, Fax 32545 — 🛗 📺 ☎ 🅿 — ♨ 25/280. ⚈ ⓞ E 𝖵𝖨𝖲𝖠
M a la carte 28/60 — **79 Z : 130 B** 84/98 - 122/142.

🏠 **Krone**, Hauptstr. 44, ℰ 8 60 60 — ☎ ⟸ 🅿. E
◆ **M** (Montag und 12. Aug.- 4. Sept. geschl.) a la carte 16/35 ⅃ — **25 Z : 52 B** 48 - 80 Fb.

KÖNIGSDORF 8197. Bayern **408** R 23, **426** G 5 — 2 100 Ew — Höhe 625 m — ✿ 08179.

🔌 Beuerberg, Gut Sterz (W : 5 km), ?to (08179) 6 17.

München 45 — Bad Tölz 11 — Weilheim 29.

🏨 **Posthotel Hofherr**, Hauptstr. 31 (B 11), ℰ 7 11, Fax 659, Biergarten, ⟨≋⟩ — 🛗 📺 ☎ 🅿 —
♨ 30. ⚈ E. 🏊 Zim
M (7.- 21. Jan., Ende Juni - Mitte Juli und Montag geschl.) a la carte 27/59 — **49 Z : 100 B** 85
- 136 Fb.

KÖNIGSFELD IM SCHWARZWALD 7744. Baden-Württemberg **408** I 22, **987** ㉟ — 5 400 Ew
— Höhe 761 m — Heilklimatischer Kurort — Kneippkurort — Wintersport : ☇5 — ✿ 07725.

🔌 Angelmoos 20, ℰ 24 77.

🏛 Kurverwaltung, Friedrichstr. 5, ℰ 80 09 45.

Stuttgart 126 — Schramberg 12 — Triberg 19 — Villingen-Schwenningen 13.

🏨 **Fewotel Schwarzwaldtreff** ⟍, Im Klimschpark, ℰ 80 80, Telex 7921558, Fax 808808,
🍴, Bade- und Massageabteilung, ⟨≋⟩, 🏊, 🌳, 🎾 (Halle) — 🛗 📺 ☎ 👫 🅿 — ♨ 25/130.
⚈ ⓞ E 𝖵𝖨𝖲𝖠 🏊 Rest
M a la carte 30/64 — **103 Z : 140 B** 115/125 - 170/230 Fb — 32 Fewo 113/163 — ½ P 125/155.

🏠 **Hembach** ⟍, Ostlandstr. 8, ℰ 70 35, 🍴, ⟨≋⟩, 🏊, 🌳 — ☎ 🅿. 🏊 Rest
(Restaurant nur für Hausgäste) — **18 Z : 30 B**.

🏠 **Kurpension Gebauer-Trumpf** ⟍, Bismarckstr. 10, ℰ 76 07, Bade- und
Massageabteilung, 🔥, ⟨≋⟩, 🌳 — ☎ 🅿 🏊 Rest
Nov.- 27. Dez. geschl. — (Restaurant nur für Hausgäste) — **22 Z : 30 B** 70/90 - 130/180 —
½ P 90/110.

🏠 **Zur Post**, Mönchweiler Str. 10, ℰ 74 48 — 🅿
Nov.- 15. Dez. geschl. — **M** (Montag geschl.) a la carte 24/40 ⅃ — **12 Z : 16 B** 40/50 - 100 —
½ P 65.

KÖNIGSHOFEN, BAD 8742. Bayern **413** O 16. **987** ⑱ − 5 900 Ew − Höhe 277 m − Heilba
− 🕿 09761 − 🛈 Kurverwaltung, im Kurzentrum, ℰ 8 27.
♦München 296 − ♦Bamberg 61 − Coburg 49 − Fulda 82.

🏨 **Kurpark Hotel**, Martin-Reinhard-Str. 30, ℰ 7 91, Fax 795, Bade- und Massageabteilun●
🏊, ⊆s, 🏊, − 🎴 🕿 & ℗ − 🅰 25/80. 🆎 ⓞ 🅴 𝑉𝐼𝑆𝐴. ✼ Rest
M a la carte 27/43 − **96 Z : 150 B** 68 - 116 Fb − ½ P 71/81.

🏠 **Zur Linde**, Hindenburgstr. 36, ℰ 15 09 − ℗
➜ **M** a la carte 20/38 ⅃ − **17 Z : 29 B** 35 - 60/68.

✗ **Schlundhaus mit Zim** (Historisches Gasthaus a.d. 17. Jh.), Marktplatz 25, ℰ 15 62 − 📺 🕿
4 Z : 8 B.

KÖNIGSLUTTER AM ELM 3308. Niedersachsen **987** ⑯ − 16 500 Ew − Höhe 125 m − 🕿 053⬛
Sehenswert : Ehemalige Abteikirche★ (Plastik der Hauptapsis★★, Nördlicher Kreuzgangflügel★).
🛈 Verkehrsbüro, Rathaus, ℰ 50 11 29.
♦Hannover 85 − ♦Braunschweig 22 − Magdeburg 67 − Wolfsburg 23.

🏨 **Königshof**, Braunschweiger Str. 21a (B 1), ℰ 50 30, Fax 503244, ⊆s, 🏊, ✼ (Halle) −
🕿 ℗ − 🅰 25/200. ⓞ 🅴 𝑉𝐼𝑆𝐴
M a la carte 28/54 − **La Trevise** (wochentags nur Abendessen) **M** a la carte 66/94 -
Grillstuben (nur Abendessen) **M** a la carte 30/60 − **160 Z : 340 B** 95/100 - 150/160 Fb −
15 Appart.

🏠 **Parkhotel** ⑤ garni, Poststr. 5, ℰ 84 30 − 🕿 ⇐⇒ ℗
17 Z : 25 B 60 - 90.

In Königslutter 2-Bornum W : 5 km über die B 1 :

🏠 **Lindenhof**, Im Winkel 23, ℰ 10 01, Fax 4648 − 🕿 ⇐⇒ ℗. ⓞ 🅴 𝑉𝐼𝑆𝐴
➜ Juli - Aug. 3 Wochen geschl. − **M** (Montag bis 17 Uhr geschl.) a la carte 21/40 − **19 Z : 30** ⬛
49/55 - 89/95 Fb.

KÖNIGSSEE Bayern siehe Schönau am Königssee.

KÖNIGSTEIN 8459. Bayern **413** R 18 − 1 550 Ew − Höhe 500 m − Erholungsort − 🕿 09665.
🛈 Fremdenverkehrsverein, Oberer Markt 20, ℰ 17 64, Fax 219.
♦München 202 − Amberg 29 − Bayreuth 52 − ♦Nürnberg 56.

🏠 **Königsteiner Hof**, Marktplatz 10, ℰ 7 42, ⊆s − 🕸 ℗
➜ 15. Nov.- 15. Dez. geschl. − **M** a la carte 15/32 ⅃ − **20 Z : 39 B** 35/42 - 64/70.

🏠 **Reif**, Oberer Markt 5, ℰ 2 52, ⊆s, 🐎, ✼ − ⇐⇒
➜ 5. Nov.- 17. Dez. geschl. − **M** a la carte 17,50/36 ⅃ − **20 Z : 40 B** 32/35 - 54/70 − ½ P 40/42.

🏠 **Wilder Mann**, Oberer Markt 1, ℰ 2 37, ⊆s − 🕸 🕿 ⇐⇒
➜ **M** (9. Nov.- 14. Dez.geschl.) a la carte 17/40 ⅃ − **28 Z : 46 B** 35/44 - 64/80 − ½ P 40.

🏛 **Post**, Marktplatz 2, ℰ 7 41, 🍽 − **15 Z : 28 B**.

In Edelsfeld 8459 SO : 7,5 km :

🏨 Goldener Greif, Sulzbacher Str. 5, ℰ (09665) 2 83, ⊆s, 🏊 − 🕸 📺 🕿 ℗ − **24 Z : 40 B**.

In Hirschbach 8459 SW : 10 km :

🏠 **Goldener Hirsch**, Dorfplatz 12, ℰ (09152) 85 07, 🍽, 🐎 − 📺 ⇐⇒ ℗. ⓞ
➜ Feb. geschl. − **M** (Montag geschl.) a la carte 13/25 ⅃ − **11 Z : 18 B** 19/30 - 37/60 − 2 Few●
45/60.

KÖNIGSTEIN IM TAUNUS 6240. Hessen **987** ㉔ ㉟. **412** **413** I 16 − 16 500 Ew − Höhe 362 ▮
− Heilklimatischer Kurort − 🕿 06174.
Sehenswert : Burgruine★.
🛈 Kurbüro, Hauptstr. 21, ℰ 20 22 51.
♦Wiesbaden 27 − ♦Frankfurt am Main 23 − Bad Homburg vor der Höhe 14 − Limburg an der Lahn 40.

🏩 **Sonnenhof** ⑤, Falkensteiner Str. 9, ℰ 2 90 80, Telex 410636, Fax 290875, ≤, 🍽, Park
⊆s, 🏊, ✼ − 📺 ℗ − 🅰 25/40. 🆎 ⓞ 🅴 𝑉𝐼𝑆𝐴. ✼ Zim
M (bemerkenswerte Weinkarte) 25/35 (mittags) und a la carte 43/78 − **43 Z : 68 B** 105/142 -
148/240 Fb.

🏨 **Königshof**, Wiesbadener Str. 30, ℰ 2 90 70, Fax 290752, ⊆s − 📺 🕿 ℗ − 🅰 30. 🆎 🅴
𝑉𝐼𝑆𝐴
23. Dez.- 3. Jan. geschl. − **M** (nur Abendessen, Freitag - Sonntag geschl.) a la carte 43/54 −
26 Z : 36 B 117/158 - 178 Fb.

🏠 **Zum Hirsch** ⑤ garni, Burgweg 2, ℰ 50 34 − 🕿
30 Z : 43 B 50/90 - 100/150.

✗✗ **Rats-Stuben**, Hauptstr. 44, ℰ 52 50 − 🆎 ⓞ 🅴 𝑉𝐼𝑆𝐴
Dienstag - Mittwoch 19 Uhr und Juli 3 Wochen geschl. − **M** 23 (mittags) und a la carte
41/70.

✗✗ **Weinstube Leimeister**, Hauptstr. 27, ℰ 2 18 37
Sonntag 15 Uhr - Montag und Mitte Juli - Mitte Aug. geschl. − **M** 18/40 (mittags) und a la
carte 43/67.

KÖNIGSWINTER 5330. Nordrhein-Westfalen 987 @, 412 E 14 — 34 000 Ew — Höhe 60 m — 02223.

Ausflugsziel : Siebengebirge* : Burgruine Drachenfels* (nur zu Fuß, mit Zahnradbahn oder zu Fuß erreichbar) ※ **.

Städtisches Verkehrsamt, Drachenfelsstr. 7, ℰ 88 93 25.

Düsseldorf 83 – ♦Bonn 11 – ♦Koblenz 57 – Siegburg 20.

Maritim, Rheinallee 3, ℰ 70 70, Telex 886432, Fax 707811, ⇔, 🖼 – 🛗 ⇔ Zim 🔲 🖂 ⇔
🅿 – 🔬 25/400. 🆎 ⓞ 🗲 𝑉𝐼𝑆𝐴
M a la carte 46/78 – **250 Z : 500 B** 189/329 - 254/454 Fb – 23 Appart..

Rheinhotel Königswinter, Rheinallee 9, ℰ 2 40 51, Telex 885264, Fax 26694, ≤, 🍽, ⇔,
🔲 – 🛗 🔲 🕾 ⇔ – 🔬 25/40. 🆎 ⓞ 🗲 𝑉𝐼𝑆𝐴
M 20/50 – **50 Z : 110 B** 110/200 - 150/260 Fb.

Loreley, Rheinallee 12, ℰ 2 30 13, Telex 8869458, Fax 24115, ≤ – 🛗 🔲 🕾 🅿. 🆎 ⓞ 🗲 𝑉𝐼𝑆𝐴
M 20/76 – **47 Z : 92 B** 130/160 - 180/280 Fb.

In Königswinter 41-Ittenbach O : 6 km :

Im Hagen ⑤, Oelbergringweg 45, ℰ 2 30 72, ≤, 🍽 – 🔲 🕾 ⇔ 🅿. 🆎 ⓞ 🗲 𝑉𝐼𝑆𝐴
Mitte Nov.- Mitte Dez. geschl. – **M** a la carte 25/56 – **20 Z : 35 B** 70/75 - 130/150 Fb.

In Königswinter 41-Margarethenhöhe O : 5 km :

Berghof ⑤ mit Zim, Löwenburger Str. 23, ℰ 2 30 70, Fax 21112, ≤ Siebengebirge, 🍽,
🍽 – 🔲 🕾 🅿. 🆎 ⓞ 🗲 𝑉𝐼𝑆𝐴 25/80.
1.- 24. Dez. geschl. – **M** (Montag geschl.) a la carte 29/63 – **10 Z : 18 B** 85 - 145.

In Königswinter 1-Oberdollendorf N : 2,5 km :

Weinhaus zur Mühle, Lindenstr. 7, ℰ 2 18 13, « Gemütliche Einrichtung » – 🅿. 🆎 ⓞ
🗲 𝑉𝐼𝑆𝐴
Donnerstag geschl. – **M** a la carte 26/60.

Bauernschenke, Heisterbacher Str. 123, ℰ 2 12 82
M a la carte 23/53.

In Königswinter 21-Stieldorf N : 8 km :

Sutorius, Oelinghovener Str. 7, ℰ (02244) 47 49 – 🆎 🗲. ⚘
Montag - Dienstag 18 Uhr, Mitte - Ende Jan. und Juli - Aug. 4 Wochen geschl. – **M** 57/94.

KÖRBECKE Nordrhein-Westfalen siehe Möhnesee.

KÖSSEN A-6345. Österreich 418 U 23, 426 ⑱ – 3 250 Ew – Höhe 600 m – Wintersport :
800/1 700 m ≰7 ≴10 – ✿ 05375 (innerhalb Österreich).

🐙, Mühlau 1, ℰ 21 22.

Fremdenverkehrsverband, Dorf 15, ℰ 62 87.

Wien 358 – Kitzbühel 29 – ♦München 111.

Die Preise sind in der Landeswährung (O.S.) angegeben

Auf dem Moserberg O : 6 km, Richtung Reit im Winkl, dann links ab :

Peternhof ⑤, Moserbergweg 60, ⊠ A-6345 Kössen, ℰ (05375) 62 85, Fax 6944, ≤ Reit im
Winkl, Kaisergebirge und Unterberg, 🍽, ⇔, 🔲, 🍽, ⚘, 🐾 – 🛗 🔲 🅿
5. Nov.- Mitte Dez. geschl. – **M** a la carte 165/500 – **87 Z : 175 B** 477/555 - 910/1065 Fb –
½ P 448/483.

In Kössen-Kranzach W : 6 km :

Seehof und Panorama, ⊠ A-6344 Walchsee, ℰ (05374) 56 61, Telex 51429, Fax 5665, ≤,
🍽, Massage, ⇔, 🔅 (geheizt), 🔲, ⚘, ⚘ (Halle) – 🛗 🕾 🅿. ⚘ Rest
Nov. - Mitte Dez. geschl. – **M** 130/300 – **142 Z : 260 B** 550/700 - 980/1340 Fb – ½ P 590/770.

In Walchsee A-6344 W : 7 km :

Schick, Dorf 32, ℰ (05374) 53 31, Telex 51447, Fax 5334550, ⇔, 🔲, ⚘ (Halle) – 🛗 🔲 🕾
🅿 – 🔬. ⚘ Rest
90 Z : 150 B Fb.

Seehotel Brunner, Kranzach 50, ℰ (05374) 53 20, ≤, 🍽, ⇔, 🐾, ⚘ – 🛗 🔲 🕾 🅿
50 Z : 95 B Fb.

KÖTZTING 8493. Bayern 418 V 19, 987 ㉗ – 6 800 Ew – Höhe 408 m – Luftkurort – ✿ 09941.

🛈 Verkehrsamt, Herrenstr. 10, ℰ 60 21 50.

♦München 189 – Cham 23 – Deggendorf 46.

Zur Post, Herrenstr. 10, ℰ 66 28 – 🅿 – 🔬 25/80
13 Z : 28 B.

Amberger Hof, Torstr. 2, ℰ 13 09, ⚘ – 🕾 ⇔ 🅿. 🗲
6.- 26. Dez. geschl. – **M** (Freitag geschl.) a la carte 16,50/32 ⚘ – **24 Z : 41 B** 45/49 - 78/
82 Fb.

In Kötzting-Bonried 8491 SO : 7 km :

🏠 **Gut Ulmenhof** 🦌, *&* (09945) 6 32, « Park », ⇌s, ◪, 🚗 — ⇐ 🅿
(nur Abendessen für Hausgäste) — **20 Z : 40 B** 48 - 96/116 Fb — ½ P 68.

In Kötzting-Liebenstein N : 6 km :

🏠 **Bayerwaldhof** 🦌, *&* 13 97, ≤, 😊, ⇌s, ◪, 🚗 — ⇐ 🅿
25 Z : 45 B Fb.

In Kötzting-Steinbach NW : 1,5 km :

🏠 **Am Steinbachtal**, *&* 16 94, 😊 — 🛗 🅿
Nov.- 20. Dez. geschl. — **M** a la carte 24/46 — **55 Z : 110 B** 50 - 90.

In Blaibach 8491 SW : 4 km :

🏠 **Blaibacher Hof** 🦌, Kammleiten 6b, *&* (09941) 85 88, ≤, 😊, Damwildgehege, ⇌s, 🚗 -
→ 🅿
10.- 30. Jan. und 5. Nov.- 20. Dez. geschl. — **M** *(Dienstag bis 18 Uhr geschl.)* a la carte 18/4
— **17 Z : 34 B** 35/50 - 70.

KOHLBERG Baden-Württemberg siehe Metzingen.

KOHLGRUB, BAD 8112. Bayern 🔳🔳🔳 Q 23, 🔳🔳🔳 ⑯ — 2 000 Ew — Höhe 815 m — Moorheilba
— Wintersport : 820/1 406 m ⚡4 ⚡ — ☎ 08845.
🅱 Kurverwaltung im Haus der Kurgäste, *&* 90 21.
♦München 83 — Garmisch-Partenkirchen 31 — Landsberg am Lech 51.

🏛 **Kurhotel Der Schillingshof** 🦌, Fallerstr. 11, *&* 10 01, Fax 8349, ≤, 😊, Bade- un
Massageabteilung, ⇌s, ◪, 🚗 — 🛗 ⬅ Rest 📺 ⇐ 🅿 — 🛗 25/115. ◪ ⓞ 🗲 VISA 🎾 Rest
M a la carte 28/57 — **131 Z : 248 B** 135 - 210/214 Fb — ½ P 125/155.

🏠 **Pfeffermühle** 🦌, Trillerweg 10, *&* 6 68 — ☎ 🅿. 🎾 Zim
Feb.- Okt. — **M** (Mittwoch 14 Uhr - Donnerstag geschl.) a la carte 28/53 — **9 Z : 14 B** 48/60
106 — ½ P 68/80.

KOLBERMOOR 8208. Bayern 🔳🔳🔳 T 23, 🔳🔳🔳 ⑦, 🔳🔳🔳 I 5 — 13 900 Ew — Höhe 465 m — ☎ 080
(Rosenheim).
♦München 63 — Rosenheim 5.

🏠 **Heider**, Rosenheimer Str. 35, *&* 9 60 76, Fax 91410 — 🛗 🅿. 🗲. 🎾 Zim
Mitte Dez.- Jan. geschl. — (nur Abendessen für Hausgäste) — **39 Z : 70 B** 52/65 - 95/120.

KOLLNBURG 8371. Bayern 🔳🔳🔳 V 19 — 2 700 Ew — Höhe 670 m — Erholungsort — Winterspor
600/1 000 m ⚡2 ⚡2 — ☎ 09942.
🅱 Verkehrsamt, Schulstr. 1, *&* 50 91.
♦München 177 — Cham 30 — Deggendorf 34.

🏠 **Burggasthof**, Burgstr. 11, *&* 86 86, ≤, 😊, ⇌s — 🅿 — **20 Z : 43 B**.

🏠 **Gästehaus Schlecht**, Viechtacher Str. 6, *&* 50 71, ⇌s — ☎ 🅿. 🗲. 🎾 Zim
→ *Nov. geschl.* — **M** a la carte 15/37 ⚡ — **33 Z : 66 B** 25/30 - 50/60 — ½ P 36/41.

KOLMBERG Bayern siehe St. Englmar.

KONKEN Rheinland-Pfalz siehe Kusel.

KONSTANZ 7750. Baden-Württemberg 🔳🔳🔳 K 23, 24, 🔳🔳🔳 ㊵, 🔳🔳🔳 ⑦ — 70 000 Ew — Höl
407 m — ☎ 07531.
Sehenswert : Lage★ — Seeufer★ — Münster★ (Türflügel★) A.
Ausflugsziel : Insel Mainau★★ 9 km über ②.
🇮🇸 Allensbach-Langenrain (NW : 15 km), *&* (07533) 51 24.
🅱 Tourist-Information, Bahnhofplatz 13, *&* 28 43 76.
ADAC, Wollmatinger Str. 6, *&* 5 46 60.
♦Stuttgart 180 ① — Bregenz 62 ③ — ♦Ulm (Donau) 146 ① — Zürich 76 ④.

Stadtplan siehe gegenüberliegende Seite.

🏨 **Steigenberger Insel-Hotel**, Auf der Insel 1, *&* 2 50 11, Telex 733276, Fax 2640
≤ Bodensee, « Kreuzgang des ehem. Klosters, Gartenterrasse am See », 🏖₆, 🚗 — 🛗
⬅ Zim 📺 🅿 — 🛗 25/70. ◪ ⓞ 🗲 VISA 🎾 Rest
Restaurants : **Seerestaurant M** a la carte 55/80 — **Dominikaner Stube** (regionale Küche) **M**
la carte 40/64 — **109 Z : 169 B** 165/265 - 260/450 Fb — 5 Appart. 380/500 — ½ P 180/275.

🏨 **Parkhotel am See** 🦌, Seestr. 25, *&* 5 10 77, Telex 733379, Fax 50143, ≤, 😊, ⇌s — 🛗
⇐ — 🛗 50. ◪ ⓞ 🗲 VISA 🎾 Rest   über ④
M a la carte 33/62 — **36 Z : 70 B** 169/229 - 199/299 Fb — 5 Appart. 275/380.

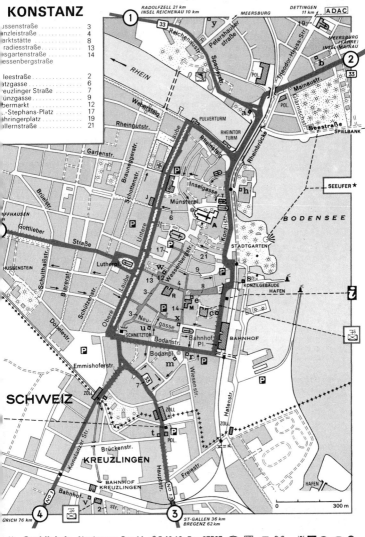

KONSTANZ

🏨 **Seeblick** 🦢, Neuhauser Str. 14, 𝒫 5 40 18, Fax 67567, 🍴, 🔲, 🚗, 🎱 – 🛗 📺 ☎ ⇐ 🅿️
– 🔬 25/60. 🄰🄴 Ⓞ 🄴 𝘝𝘐𝘚𝘈. ⅖ Rest   über ②
M a la carte 32/65 – **85 Z : 120 B** 99/120 - 168 Fb.

🏨 **Mago-Hotel** garni, Bahnhofplatz 4, 𝒫 2 70 01, Fax 27003 – 🛗 📺 ☎ ⇐ 🅿️. 🄴 𝘝𝘐𝘚𝘈   **c**
31 Z : 55 B 110/130 - 150/190 Fb – 3 Appart. 220.

🏨 **Buchner Hof** garni, Buchnerstr.6, 𝒫 5 10 35, Fax 67137, 🚐 – 📺 ☎ ⇐ 🄰🄴 Ⓞ   **b**
20. Dez.- 10. Jan. geschl. – **13 Z : 25 B** 95/130 - 130/190 Fb.

🏨 **Stadthotel** garni, Bruderturmgasse 2, 𝒫 2 40 72, Fax 29064 – 🛗 📺 ☎ 🄰🄴 Ⓞ 🄴 𝘝𝘐𝘚𝘈   **u**
24 Z : 44 B 85/130 - 135/175 Fb.

🏨 **Bayrischer Hof** garni, Rosgartenstr. 30, 𝒫 2 20 75, Fax 16931 – 🛗 📺 ☎ 🅿️. 🄰🄴 Ⓞ 🄴 𝘝𝘐𝘚𝘈
23. Dez.- 7. Jan. geschl. – **25 Z : 36 B** 95/130 - 150/170 Fb.   **x**

🏠 Petershof, St. Gebhard-Str. 14, 𝒫 6 53 67, Fax 53562 – ⇙ Zim 📺 ☎ – **37 Z : 51 B** Fb.   **y**

🏠 Barbarossa, Obermarkt 8, 𝒫 2 20 21, Telex 733257, Fax 27630 – 🛗 📺 ☎ – 🔬 25   **w**
65 Z : 100 B.

🏠 **Deutsches Haus** garni, Marktstätte 15, ℰ 2 70 65, Fax 27266 − 📶 📺 ☎ ⇔. 🖭 ⓪ **VISA**
15. Dez.- 15. Jan. geschl. − **42 Z : 56 B** 52/125 - 82/145 Fb.

🏠 **Goldener Sternen**, Bodanplatz 1, ℰ 2 52 28 − ⇔. 🖭 ⓪ **VISA**
7. Jan.- 7. Feb. geschl. − **M** a la carte 39/70 − **20 Z : 30 B** 55/80 - 120/140 Fb.

🏠 Hirschen, Bodanplatz 9, ℰ 2 22 38, 🛱
38 Z : 61 B.

XXXX ✿ **Seehotel Siber** ⑤ mit Zim, Seestr. 25, ℰ 6 30 44, Fax 64813, ≤, « Modernisiert
Jugendstilvilla, elegante Einrichtung, Terrasse » − 📺 ☎ ⇔ **VISA**   über (
Feb. 1 Woche geschl. − **M** 60 (mittags) und a la carte 83/116 − **11 Z : 22 B** 170/240-
250/300
Spez. Bouillabaisse von Bodenseefischen, Baby-Steinbutt in Thymiankruste mit Champagnersauc
Barbarie-Ente mit Beaujolaissauce (2 Pers.).

XXX **Casino-Restaurant**, Seestr. 21, ℰ 6 36 15, Terrasse mit ≤ − ⓟ. 🖭 ⓪ 🄴 **VISA**   über (
nur Abendessen, 29. März, 9. Mai, 1. Nov., 20. Nov. und 24.- 25 Dez. geschl. −
(Tischbestellung ratsam) a la carte 45/78.

XX **Zum Nicolai-Torkel** ⑤ mit Zim, Eichhornstr. 83, ℰ 6 48 02, 🛱 − 📺 ☎   über (
Jan. geschl. − **M** *(Dienstag - Mittwoch geschl.)* a la carte 39/60 − **5 Z : 10 B** 90 - 150.

XX **Neptun**, Spanierstr. 1 (Zufahrt über Seestraße), ℰ 5 32 33, 🛱 − ⓟ. 🖭 ⓪ 🄴 **VISA**
Donnerstag 15 Uhr - Samstag 18 Uhr und Mitte Dez.- Mitte Jan. geschl. − **M** a la cart
44/60.

X **Konzil-Gaststätten**, Hafenstr. 2, ℰ 2 12 21, Terrasse mit ≤ Bodensee und Hafen -
🕍 25/400
Okt.- April Montag 18 Uhr - Dienstag und 16. Dez.- 20. Jan. geschl. − **M** a la carte 32/56.

In Konstanz 19-Dettingen NW : 10 km über ① :

🏠 **Landhotel Traube** garni, Kapitän-Romer-Str. 9b, ℰ (07533) 30 33 − 📶 ☎ ⇔ ⓟ
🕍 50. 🖭 ⓪ 🄴
20 Z : 40 B 55/75 - 110/120 Fb.

In Konstanz-Staad ② : 4 km :

🏨 **Schiff**, William-Graf-Platz 2, ℰ 3 10 41, ≤, 🛱 − 📶 📺 ☎ ⓟ. 🖭 ⓪ 🄴 **VISA**
M *(Montag - Dienstag 15 Uhr geschl.)* a la carte 37/59 − **30 Z : 50 B** 88/130 - 116/170 -
3 Appart. 250.

🏠 **Schönblick** garni, Schiffstr. 12, ℰ 3 25 70 − ☎ ⇔ ⓟ
24. Dez.- 24. Jan. geschl. − **23 Z : 44 B** 70/80 - 120.

XX **Staader Fährhaus**, Fischerstr. 30, ℰ 3 31 18, 🛱 − 🖭 ⓪ 🄴 **VISA**
*Dienstag - Mittwoch 18 Uhr, über Fasching, Ende Sept.- Anfang Okt. und 24. Dez.- 2. Ja
geschl.* − **M** 30 (mittags) und a la carte 45/80.

In Konstanz-Wollmatingen NW : 5 km über ① :

🏠 **Goldener Adler-Tweer**, Fürstenbergstr. 70, ℰ 7 71 28, Fax 76989, 🚗 − ⓟ. 🖭 ⓪ 🄴 **VISA**
M *(nur Abendessen, Sonntag - Montag 16 Uhr und 22. Dez.- 15. Jan. geschl.)* a la car
24/57 − **30 Z : 60 B** 58/90 - 98/140.

In Kreuzlingen CH-8280 − ✪ 072 − 🄳 Verkehrsbüro, Hauptstr. 1a, ℰ 72 38 40.

Preise in Schweizer Franken (sfr)

🏠 **Bahnhof Post**, Nationalstr. 2, ℰ 72 79 72, Fax 724982, ⇆ − 📶 📺 ☎ ⓟ. 🖭 ⓪ 🄴 **VISA**
M a la carte 25/46 − **35 Z : 65 B** 60/80 - 90/110 Fb.

🏠 **Quellenhof** garni, Alleeweg 12, ℰ 72 77 22 − 📶 📺 ☎ ⇔ ⓟ. 🖭 ⓪ 🄴 **VISA**
24. Dez.- 2. Jan. geschl. − **26 Z : 55 B** 60 - 100 Fb.   über Alleestraß

🏠 **Schweizerland** garni, Hauptstr. 6, ℰ 72 17 17 − 📶 ☎ ⇔ ⓟ. 🖭 🄴 **VISA**
24. Dez.- 4. Jan. geschl. − **24 Z : 52 B** 38/48 - 72/92.

In Gottlieben CH-8274 ⑤ : 4 km :

🏨 Drachenburg und Waaghaus ⑤, Am Schloßpark, ℰ (072) 69 14 14, ≤, 🛱 − 📶 📺 ⓟ
🕍 25/180 − **60 Z : 100 B**.

🏨 **Romantik-Hotel Krone** ⑤, Seestr. 11, ℰ (072)69 23 23, Fax 692456, ≤, « Stilvoll
Einrichtung, Terrasse am See » − 📶 📺 ☎ ⓟ. 🖭 ⓪ 🄴 **VISA**
7. Jan.- 26. Feb. geschl. − **M** a la carte 47/95 − **22 Z : 40 B** 80/120 - 120/240 Fb.

In Bottighofen CH-8598 ③ : 5 km :

🏨 **Strandhotel Schlössli** ⑤, Seestraße, ℰ (072) 75 12 75, Fax 751540, ≤, « Garten
terrasse », 🚗, Bootssteg − 📺 ☎ ⇔ ⓟ − 🕍 25. 🖭 ⓪ 🄴 **VISA**
10. Jan.- 19. Feb. geschl. − **M** *(Okt.- April Mittwoch geschl.)* a la carte 49/84 − **Schifferstub**
M a la carte 38/66 − **11 Z : 21 B** 95/120 - 170/220 Fb.

In Ermatingen CH-8272 ⑤ : 10 km :

🏠 **Ermatingerhof** garni, Hauptstr. 82, ℰ (072) 64 24 11, 🚗 − 📶 ☎ ⓟ. 🖭 ⓪ 🄴 **VISA**
20 Z : 43 B 48/65 - 70/98.

XX **Adler** (Historischer Gasthof a.d. 16. Jh.), Fruthwiler Str. 2, ℰ (072) 64 11 33, 🛱 − ⓟ
🕍 25/50. 🖭 ⓪ 🄴 **VISA**
Mitte Jan.- Mitte Feb. und Montag 15 Uhr - Dienstag geschl. − **M** a la carte 33/63.

KONZ 5503. Rheinland-Pfalz 987 ⑳, 412 C 17, 409 M 6 – 15 700 Ew – Höhe 137 m – ✆ 06501.
🛈 Fremdenverkehrsgemeinschaft Obermosel - Saar, Granastr. 24, ✆ 77 90.

Mainz 171 – Luxembourg 42 – Merzig 40 – ◆Trier 9.

🏠 **Alt Conz** ⌖, Gartenstr. 8, ✆ 30 12, 🏤 – ☎ ℗ AE E VISA
   M (Montag geschl.) a la carte 22/45 – **19 Z : 32 B** 30/55 - 85/100 Fb.

🏠 **Römerstuben**, Wiltinger Str. 25, ✆ 20 75, Fax 2117 – 🛗 ☎ ℗ ⓞ E VISA
   M a la carte 23/55 – **25 Z : 48 B** 48/54 - 86/98.

✗ **Ratskeller**, Am Markt 11, ✆ 22 58, 🏤 – AE ⓞ E VISA
   Dienstag und Mitte Feb. - Mitte März geschl. – **M** 9/13 (mittags) und a la carte 31/58 ⌖.

   ### In Konz-Karthaus :

🏠 **Schons**, Merzlicher Str. 8, ✆ 20 41, 🕿 – 🚗 ℗
◆ 23. Dez. - 1. Jan. geschl. – **M** (Sonntag 14 Uhr - Montag 16 Uhr geschl.) a la carte 18/43 –
   42 Z : 68 B 38/48 - 75/90.

   ### In Wasserliesch 5505   W : 2,5 km :

🏠 ❄ **Scheid** ⌖, Reinigerstr. 48, ✆ (06501) 1 39 58, Fax 13959 – ℗ ⓞ E VISA
   11. - 21. Feb. und 23. - 27. Dez. geschl. – **M** (bemerkenswerte Weinkarte) (Montag - Dienstag
   18 Uhr geschl.) 88/105 und a la carte 68/95 – **13 Z : 23 B** 50/65 - 90/120
   Spez. Gänseleber mariniert in Eiswein, Hummerravioli in Corailsauce, Lammfilet in der Kartoffelkruste mit
   Thymianjus.

KORB Baden-Württemberg siehe Waiblingen.

KORBACH 3540. Hessen 987 ⑮, 412 J 13 – 23 000 Ew – Höhe 379 m – ✆ 05631.
🛈 Verkehrsamt, Rathaus, ✆ 5 32 31.

Wiesbaden 187 – ◆Kassel 60 – Marburg 67 – Paderborn 73.

🏠 **Touric**, Medebacher Landstr. 10, ✆ 80 61, direkter Zugang zum städt. 🏊 – 🛗 📺 ☎ ℗ –
   🔒 25/40. ⓞ E VISA
   M a la carte 28/50 – **40 Z : 80 B** 64/68 - 104/108 Fb.

🏠 **Zum Rathaus**, Stechbahn 8, ✆ 5 00 90, Fax 500959, 🕿 – 🛗 📺 ☎ 🚗 ℗ – 🔒 25/120.
   AE ⓞ E VISA
   M (Sonntag geschl.) a la carte 26/57 – **30 Z : 52 B** 58/85 - 98/130 Fb – 4 Appart. 180.

   ### In Korbach 62-Meineringhausen   SO : 6 km :

🏠 **Kalhöfer**, Sachsenhäuser Str. 35 (an der B 251), ✆ 34 25 – ℗ 🎿
◆ **M** (Freitag bis 17 Uhr geschl.) a la carte 19/37 – **13 Z : 20 B** 25/35 - 50/65.

KORDEL 5501. Rheinland-Pfalz 412 C 17, 409 M 6 – 2 500 Ew – Höhe 145 m – ✆ 06505.
Mainz 167 – Bitburg 21 – ◆Trier 15 – Wittlich 39.

🏠 **Raach**, Am Kreuzfeld 1, ✆ 5 99 – 🛗 ☎ ℗. AE
   Jan. geschl. – **M** (Donnerstag geschl.) a la carte 24/55 ⌖ – **15 Z : 27 B** 40/42 - 76/90.

   ### In Zemmer-Daufenbach 5506   N : 5 km :

✗✗ ❄ **Landhaus Mühlenberg**, Mühlenberg 2, ✆ (06505) 87 79, ⩽, 🏤 – ℗
   wochentags nur Abendessen, Montag - Dienstag sowie Jan. und Juli je 3 Wochen geschl.
   – **M** (Tischbestellung erforderlich) 75/95 und a la carte 58/82
   Spez. Kaninchen- und Entenstopfleber mit Rosinensauce, Entenbrust mit Burgundersauce, Mandelblätter
   gefüllt mit Krokanthalbgefrorenem.

KORNTAL-MÜNCHINGEN Baden-Württemberg siehe Stuttgart.

KORNWESTHEIM 7014. Baden-Württemberg 413 K 20, 987 ㉟ – 28 000 Ew – Höhe 297 m –
✆ 07154.
🛈 Aldinger Straße(O : 1 km), ✆ (07141)87 13 19.
🚗 ✆ 2 80 47.
◆Stuttgart 11 – Heilbronn 41 – Ludwigsburg 5 – Pforzheim 47.

🏠 **Domizil**, Stuttgarter Str. 1, ✆ 60 96, Fax 24142 – 🛗 📺 ☎ 🚗 – 🔒 25/60. AE ⓞ E VISA
   M a la carte 28/59 – **50 Z : 96 B** 140 - 170 Fb.

🏠 **Zum Hasen**, Christofstr. 22, ✆ 63 06 – 📺 ☎ ℗. 🎿 Zim
   Aug. 3 Wochen und über Weihnachten geschl. – **M** (Montag geschl.) a la carte 25/48 ⌖ –
   19 Z : 32 B 55/75 - 85/95.

🏠 **Gästehaus Im Kirchle** ⌖ garni, Zügelstr. 1, ✆ 2 45 46, 🕿 – ☎ 🚗
   Mitte Dez. - Anfang Jan. geschl. – **10 Z : 15 B** 60/65 - 100/105.

🏠 **Bäuerle** garni, Bahnhofstr. 80, ✆ 61 15 – ☎. E
   35 Z : 55 B 40/85 - 65/125.

🏠 **Stuttgarter Hof**, Stuttgarter Str. 130, ✆ 31 01, 🏤 – ℗. AE E
   Juli - Aug. 3 Wochen geschl. – **M** (Samstag geschl.) a la carte 23/43 – **23 Z : 31 B** 38/65 -
   75/85.

KORSCHENBROICH Nordrhein-Westfalen siehe Mönchengladbach.

KRÄHBERG Hessen siehe Beerfelden.

KRANZBERG 8051. Bayern 🔢 R 21 – 1 700 Ew – Höhe 486 m – ✆ 08166.
♦München 50 – Ingolstadt 46 – Landshut 50.

　🏛　**Metzgerwirt**, Obere Dorfstr. 11, ℰ 2 61 – 📺 🅿
　➡　**M** *(Montag geschl.)* a la carte 20/30 – **30 Z : 46 B** 35/55 -80/100.

　✗　Fischerwirt, Obere Dorfstr. 19, ℰ 78 88, 🍴 – 🅿.

KRAUCHENWIES 7482. Baden-Württemberg 🔢 K 22. 🔢 ⑤ – 4 200 Ew – Höhe 583 m
✆ 07576.
♦Stuttgart 123 – ♦Freiburg im Breisgau 131 – Ravensburg 46 – ♦Ulm (Donau) 78.

　In Krauchenwies 3 - Gögginen W : 4,5 km :

　🏛　**Löwen**, Mengener Str. 5, ℰ 8 12 – 🅿. **E**
　　　15. Feb.- 8. März geschl. – **M** a la carte 26/54 – **13 Z : 21 B** 39 - 68.

KRAUTHEIM 7109. Baden-Württemberg 🔢 L 18. 🔢 ② – 4 000 Ew – Höhe 298 m –
Erholungsort – ✆ 06294.
♦Stuttgart 99 – Heilbronn 59 – ♦Nürnberg 162 – ♦Würzburg 67.

　✗　**Krone** mit Zim, König-Albrecht-Str. 3, ℰ 3 62, 🍴 – 🕿 🚗 – 🛏 35
　➡　*Aug. geschl.* – **M** *(auch Diät und vegetarische Gerichte)* (Montag 14 Uhr - Dienstag geschl)
　　　a la carte 20/44 🍴 – **7 Z : 14 B** 39/42 - 76.

Si vous écrivez à un hôtel à l'étranger,
joignez à votre lettre un coupon réponse international
(disponible dans les bureaux de poste).

KREFELD 4150. Nordrhein-Westfalen 🔢 ⑤, 🔢 C 13 – 233 000 Ew – Höhe 40 m – ✆ 0215
Siehe Ruhrgebiet (Übersichtsplan).

🏌 Krefeld-Linn (Y), ℰ 57 00 71 ; 🏌 Krefeld-Bockum, Stadtwald (Y), ℰ 59 02 43.
🅱 Verkehrsverein, im Seidenweberhaus, ℰ 2 92 90.
ADAC, Friedrichplatz 14, ℰ 2 91 19, Notruf ℰ 1 92 11.
♦Düsseldorf 25 ② – Eindhoven 86 ⑤ – ♦Essen 38 ①.

Stadtplan siehe gegenüberliegende Seite.

🏰　**Parkhotel Krefelder Hof** 🏊, Uerdinger Str. 245, ℰ 58 40, Telex 853748, Fax 5843
　　« Gartenterrassen, Park », 🚬, 🔲 – 🛗 🔙 Zim 📺 🅿 – 🛏 25/400. 🄰🄴 ⑩ **E** 🆅🅸🆂🅰　Y
　　Restaurants : **L'escargot** *(18. Juli - Aug. geschl.)* **M** a la carte 55/97 – **Rôtisserie im Park**
　　a la carte 45/84 – **148 Z : 174 B** 190/260 - 260/320 Fb – 10 Appart. 400/600.

🏨　**Hansa Hotel**, Am Hauptbahnhof 1, ℰ 82 90, Fax 829150, 🚬 – 🛗 📺 🔥 🚗 – 🛏 25/15(
　　🄰🄴 ⑩ **E** 🆅🅸🆂🅰　Z
　　M a la carte 38/75 – **105 Z : 210 B** 159/209 - 225/299 Fb – 5 Appart. 390/450.

🏨　City-Hotel Dahmen, Philadelphiastr. 63, ℰ 6 09 51, Fax 60951 – 🛗 📺 🕿 🚗　Z
　　72 Z : 108 B Fb.

🏛　Bayrischer Hof garni, Hansastr. 105, ℰ 3 70 67, Telex 853383, Fax 37069 – 🛗 📺 🕿 🄰
　　⑩ **E** 🆅🅸🆂🅰　Z
　　16 Z : 21 B 81/95 - 125/165 Fb.

🏛　Comfort-Hotel, Schönwasserstr. 12a, ℰ 59 02 96, Telex 8589146 – 🛗 📺 🕿 🅿　Y
　　(nur Abendessen für Hausgäste) – **52 Z : 70 B** Fb.

✗✗✗　❀ **Koperpot**, Rheinstr. 30, ℰ 6 48 14, 🍴 – 🄰🄴 **E**　Z
　　Sonntag 14 Uhr - Montag sowie März - April und Juli - Aug. jeweils 2 Wochen geschl. – **M**
　　78/98 und a la carte 58/74
　　Spez. Spargelparfait mit Lachslaibchen (Saison), Wiener Tafelspitz in Dillsauce, Apfelstrudel mit Mohnmousse

✗✗✗　Aquilon, Ostwall 199, ℰ 80 02 07 – 🄰🄴 ⑩ **E**　Z
　　Samstag und Sonntag jeweils bis 18 Uhr sowie Juli - Aug. 3 Wochen und über Karnev
　　geschl. – **M** a la carte 47/75.

✗✗　Villa Medici mit Zim, Schönwasserstr. 73, ℰ 50 00 04, 🍴, « Restaurierte Villa, Garten
　　– 📺 🕿 🅿. 🄰🄴 ⑩ **E** 🆅🅸🆂🅰. ❀　Y
　　M *(Italienische Küche, Samstag geschl.)* a la carte 36/73 – **9 Z : 15 B** 80/100 - 120/130.

✗✗　Le Crocodile, Uerdinger Str. 336, ℰ 50 01 10, 🍴 – 🄰🄴　Y
　　Sonntag bis 18 Uhr, Montag sowie Feb.- März und Sept.- Okt. jeweils 2 Wochen geschl. –
　　M a la carte 45/64.

✗✗　Gasthof Korff, Kölner Str. 256, ℰ 31 17 89 – 🅿. 🄰🄴 ⑩ **E**　Y
　　Samstag bis 18 Uhr und Sonntag geschl. – **M** a la carte 53/71.

✗　Et Bröckske (Brauerei-Gaststätte), Marktstr. 41, ℰ 2 97 40, 🍴　Z
　　M a la carte 23/50.

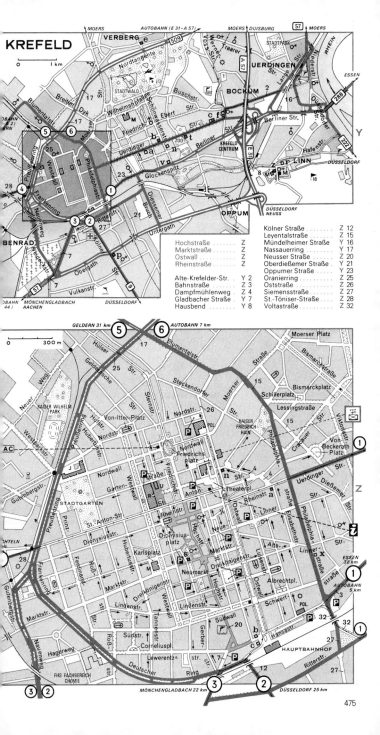

KREFELD

In Krefeld 2-Bockum :

🏠 **Benger**, Uerdinger Str. 620, ℰ 59 01 41, Telex 8531613, Fax 500888 – 📺 ☎ ⇐⇒. ⅢE ⬤ ▮
VISA
Y
24. Dez.- 3. Jan. geschl. – **M** *(Samstag geschl.)* a la carte 34/62 – **19 Z : 30 B** 78/85
110/120.

🏠 **Alte Post** garni, Uerdinger Str. 550a, ℰ 59 03 11, Telex 8531613, Fax 500888, ☞ – 🛗 🚪
☎ ⇐⇒ 🅿. ⅢE ⬤ E **VISA**
Y
22. Dez.- 2. Jan. geschl. – **29 Z : 46 B** 87/95 - 120/140 Fb.

XX **La Capannina** (Italienische Küche), Uerdinger Str. 552, ℰ 59 14 61, 🍴 – 🅿. ⅢE ⬤ E **VISA**
Samstag bis 18 Uhr und Sonntag geschl. – **M** a la carte 43/72.

XX **Sonnenhof**, Uerdinger Str. 421, ℰ 59 35 40, 🍴 – ⅢE E
Y
M a la carte 42/70.

In Krefeld 12-Linn :

🏠 Haus Dahmen 🦢, Rheinbabenstr. 122, ℰ 57 30 51, Telex 8531131 – 🛗 📺 ☎ ⇐⇒ – 🛋
24 Z : 34 B Fb.
Y

XX **Winkmannshof** (ehem. Bauernhaus), Albert-Steeger-Str. 19, ℰ 57 14 66, « Terrasse » –
ⅢE ⬤ E
M a la carte 45/85.

In Krefeld-Verberg :

X **Gut Heyenbaum**, Zwingenbergstr. 2, ℰ 5 67 66, Fax 563978, 🍴, « Ehemaliger Gutshof
bäuerliche Einrichtung » – 🅿. ⅢE ⬤ E **VISA**
Y
nur Abendessen, Samstag und 24. Dez.- 5. Jan. geschl. – **M** a la carte 38/70.

KREIENSEN Niedersachsen siehe Gandersheim, Bad.

KRESSBRONN AM BODENSEE 7993. Baden-Württemberg ⃝ L 24, ⃝ M 3. ⃝ A 6 –
7 200 Ew – Höhe 410 m – Erholungsort – ✪ 07543.
🛈 Verkehrsamt. Seestr. 20, ℰ 6 02 92.
◆Stuttgart 170 – Bregenz 19 – Ravensburg 23.

🏨 **Strandhotel** 🦢, Uferweg 5, ℰ 68 41, Fax 7002, ≤, « Terrasse am Seeufer », 🐕 – 🛗 📺
☎ ⇐⇒ 🅿. ⅢE
10. Jan.- Feb. geschl. – **M** *(Nov.- März Montag geschl.)* 20 (mittags) und a la carte 30/66 –
30 Z : 60 B 82/90 - 115/140.

🏠 **Seehof**, Seestr. 25, ℰ 64 80, ☞ – ☎ 🅿. 🍴
April - 10. Nov. – (nur Abendessen für Hausgäste) – **20 Z : 32 B** 60/80 - 95/105.

🏠 **Krone**, Hauptstr. 41, ℰ 64 20, 🍖, ☞ – 🅿. ⬤
→ 20. Okt.- 10. Nov. und 20. Dez.- 6. Jan. geschl. – **M** *(Mittwoch geschl.)* a la carte 20/40 🍸 –
20 Z : 38 B 36/45 - 72/80 – 3 Fewo 80/120 – ½ P 52/56.

🏨 **Engel**, Lindauer Str. 2, ℰ 65 42 – 🅿
→ 20. Dez.- 20. Jan. geschl. – **M** a la carte 20/31 🍸 – **18 Z : 34 B** 29/36 - 56/70.

X Weinstuben zur Kapelle, Hauptstr. 15, ℰ 62 71, « Rustikale Einrichtung » – 🅿.

In Kressbronn-Gohren S : 2,5 km :

🏨 **Bürgerstüble** 🦢, Tunauer Weg 6, ℰ 86 45, 🍴 – 📺 🅿
→ 26. Feb.- 5. März, 20. Okt.- 20. Nov. und 24.- 30. Dez. geschl. – **M** *(Dienstag geschl.)* a la
carte 19/32 🍸 – **15 Z : 26 B** 40 - 76.

KREUTH 8185. Bayern ⃝ S 24, ⃝ ⃝, ⃝ H 6 – 3 300 Ew – Höhe 786 m – Heilklimatischer
Kurort – Wintersport : 800/1 600 m ≰8 ≰5 – ✪ 08029.
🛈 Kurverwaltung, Nördl. Hauptstr. 3, ℰ 18 19, Fax 1841.
◆München 63 – Miesbach 28 – Bad Tölz 29.

🏨 **Zur Post**, Nördl. Hauptstr. 5, ℰ 10 21, Fax 322, 🍴, Biergarten, ≘ – 🛗 📺 ☎ 🖐 ⇐⇒ 🄶
– 🛋 25/100. ⅢE ⬤ E **VISA**
M a la carte 29/60 – **57 Z : 93 B** 105/130 - 150/170 Fb.

🏨 **Gästehaus Sonnwend** 🦢 garni, Setzbergweg 4, ℰ 3 68, ≤, ≘, ☞ – 🛗 ☎ 🅿
16 Z : 32 B.

In Kreuth-Weißach N : 6 km – ✉ 8183 Rottach-Weißach

🏩 Bachmair Weißach, Tegernseer Str. 103, ℰ (08022) 2 40 81, Telex 526900, Fax 67240, ≤, 🍴
Massage, ≘, 🍖, ☞, 🎾 (Halle) – 🛗 📺 🅿 – 🛋 30
54 Z : 85 B Fb.

KREUZAU Nordrhein-Westfalen siehe Düren.

KREUZLINGEN Schweiz siehe Konstanz.

Kurverwaltung, Kurhausstr. 23 (Bäderkolonnade), ℰ 9 23 25.
DAC, Kreuzstr. 15, ℰ 3 22 67.
Mainz 45 ② — Idar-Oberstein 50 ⑤ — Kaiserslautern 56 ④ — ♦Koblenz 81 ② — Worms 55 ②.

BAD KREUZNACH

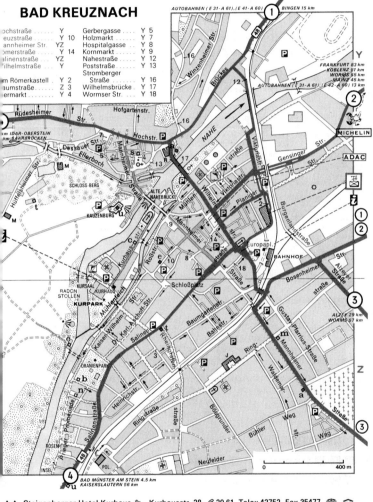

Steigenberger Hotel Kurhaus ⑤, Kurhausstr. 28, ℰ 20 61, Telex 42752, Fax 35477, 斎, 㐂,
direkter Zugang zum Thermal-Sole-Bad – 劇 ⇔ Zim ▥ – ⚐ 25/150. ⭑ Rest   Z
108 Z : 200 B Fb — 6 Appart.

Landhotel Kauzenberg ⑤, Auf dem Kauzenberg, ℰ 2 54 61, Telex 426800, Fax 25465,
㐂, ⏏ – ▥ 🕿 ℗ – ⚐ 40. ᴀᴇ ⓞ ᴇ 𝘝𝘐𝘚𝘈   Y t
M : siehe Restaurant Die Kauzenburg — **45 Z : 87 B** 106/114 - 155/190 Fb — ½ P 108/144.

Caravelle ⑤, im Oranienpark, ℰ 37 40, Telex 42888, Fax 374888, 斎, 㐂, ⌧ – 劇 ▥ 🕿
⛐ ⇔ ℗ – ⚐ 25/100. ᴀᴇ ⓞ ᴇ 𝘝𝘐𝘚𝘈   Z b
M a la carte 37/62 ⅃ — **110 Z : 160 B** 98/110 - 155/170 Fb — ½ P 103/135.

Der Quellenhof ⑤, Nachtigallenweg 2, ℰ 21 91, Fax 35218, ≤, 斎, Bade- und
Massageabteilung, 㐂, ⌧ – 🕿 ⇔ ℗ – ⚐ 30. ⓞ ᴇ 𝘝𝘐𝘚𝘈. ⭑ Zim   Z e
M a la carte 30/54 ⅃ — **45 Z : 65 B** 85/120 - 160/200 Fb.

🏨 **Insel-Hotel**, Kurhausstr. 10, ℰ 4 30 43, ㈜ – 🛗 📺 ☎ 🅿 🖭 ⑩ 🖃 𝐕𝐈𝐒𝐀 ⚞⚟   Y
    M *(Sonntag 14 Uhr - Montag und Feb. geschl.)* a la carte 56/73 – **23 Z : 37 B** 80/95 - 150/17
    Fb.

🏨 **Michel Mort** garni, Am Eiermarkt 9, ℰ 23 89 – 📺 ☎. 🖭 ⑩ 🖃 𝐕𝐈𝐒𝐀   Y
    17 Z : 36 B 76 - 134 Fb.

🏨 **Engel im Salinental**, Heinrich-Held-Str. 10, ℰ 21 02, Fax 43805 – 🛗 📺 ☎ 🅿 – ⬚ 4(
    ⑩ 🖃 𝐕𝐈𝐒𝐀 ⚞⚟   über (
    (Restaurant nur für Hausgäste) – **22 Z : 40 B** 85/90 - 140/150 Fb.

🏨 **Oranienhof** ⬚, Priegerpromenade 5, ℰ 3 00 71, Fax 36472, ㈜ – 🛗 ☎ – ⬚ 30   Z
    M a la carte 26/53 – **24 Z : 34 B** 52/73 - 95/140 Fb.

🏠 **Haus Hoffmann** garni, Salinenstr. 141, ℰ 3 27 39   Z
    17 Z : 27 B.

🏤 **Mannheimer Tor**, Mannheimer Str. 211, ℰ 6 80 30 –   Z r
    10 Z : 16 B.

🏷🏷 **La Cuisine**, Mannheimer Str. 270, ℰ 7 26 66 – 🖃   Z
    Samstag bis 18 Uhr, Donnerstag, 1.- 8. Jan. und Juni - Juli 3 Wochen geschl. – ▮
    (bemerkenswertes Angebot regionaler Weine) 25/35 (mittags) und a la carte 61/83.

🏷🏷 **Die Kauzenburg** (modernes Restaurant in einer Burgruine), Auf dem Kauzenberg
    ℰ 2 54 61, Telex 426800, Fax 25465, ≼ Bad Kreuznach, « Rittersaal in einem 800 J. alte
    Gewölbe, Aussichtsterrassen » – 🅿 🖭 ⑩ 🖃 𝐕𝐈𝐒𝐀   Y
    Montag geschl. – **M** a la carte 39/62 ⅃.

🏷 **Im Kleinen Klapdohr**, Kreuzstr. 72, ℰ 3 23 60   Y
    Donnerstag ab 15 Uhr, Sonntag 15 Uhr - Montag, Juli und 23. Dez.- 15. Jan. geschl. – **M**
    la carte 22/54 ⅃.

🏷 **Marco Polo** (Restaurant in einem Gewölbekeller), Salinenstr. 53, ℰ 3 45 45 – 🅿. 🖭 ▮
    𝐕𝐈𝐒𝐀 ⚞⚟   Z
    Mitte Juni - Mitte Juli geschl. – **M** *(Italienische Küche)* a la carte 33/60 ⅃.

🏷 **Historisches Dr.-Faust-Haus** (Fachwerkhaus a.d.J. 1492), Magister-Faust-Gasse 4
◆ ℰ 2 87 58, bemerkenswertes Weinangebot – 🅿   Y
    Montag - Freitag nur Abendessen, Dienstag geschl. – **M** a la carte 21/47 ⅃.

In Hackenheim 6551   SO : 2 km über Mannheimer Straße Z :

🏷🏷 **Metzlers Gasthof**, Hauptstr. 69, ℰ (0671) 6 53 12 – 🅿 🖃
    Sonntag 14 Uhr - Montag geschl. – **M** a la carte 54/75.

MICHELIN-REIFENWERKE KGaA. 6550 Bad Kreuznach, Michelinstraße (über ②), ℰ (0671
60 71, Telex 42733, Fax 74467.

▐**KREUZTAL**▌ 5910. Nordrhein-Westfalen 𝟿𝟾𝟽 ㉘, 𝟺𝟷𝟸 G 14 – 30 100 Ew – Höhe 310 m – ✿ 0273
◆Düsseldorf 120 – Hagen 78 – ◆Köln 83 – Siegen 11.

🏨 **Keller**, Siegener Str. 33 (B 54), ℰ 40 05, Biergarten, ㄟ – ☎ 🅿 🖭 ⑩ 🖃 𝐕𝐈𝐒𝐀
    M *(Samstag bis 15 Uhr geschl.)* a la carte 40/60 – **14 Z : 20 B** 78/85 - 98/130.

In Kreuztal-Ferndorf O : 2 km :

🏠 **Finke**, Marburger Str. 168 (B 508), ℰ 23 02, « Fachwerkhaus a.d.J. 1780 » – ☎ ⇐⇒ 🅿 🄰
    🖃
    M *(Samstag bis 18 Uhr geschl.)* a la carte 27/54 – **11 Z : 14 B** 35/49 - 78/98.

In Kreuztal 7-Krombach NW : 5 km :

🏤 **Hambloch**, Olper Str. 2 (B 54), ℰ 8 02 32, Fax 86156 – 🅿 – ⬚ 40. 🖭 ⑩ 🖃 𝐕𝐈𝐒𝐀
    Juli - Aug. 3 Wochen geschl. – **M** *(Dienstag geschl.)* a la carte 39/52 – **11 Z : 15 B** 35/50
    70/95.

▐**KREUZWERTHEIM**▌ Bayern siehe Wertheim.

▐**KRIFTEL**▌ Hessen siehe Hofheim am Taunus.

▐**KRÖV**▌ 5563. Rheinland-Pfalz 𝟺𝟷𝟸 E 17 – 2 500 Ew – Höhe 105 m – Erholungsort – ✿ 065
(Traben-Trarbach).
🛈 Verkehrsbüro, Robert-Schuman-Str. 63, ℰ 94 86, Fax 6799.
Mainz 131 – Bernkastel-Kues 18 – ◆Trier 56 – Wittlich 19.

🏠 **Ratskeller** (mit Gästehaus), Robert-Schuman-Str. 49, ℰ 99 97, Fax 3202 – 🛗 🅿 🖃
    10. Jan.- 10. Feb. geschl. – **M** *(Nov.- Mai Dienstag geschl.)* a la carte 23/54 – **29 Z : 60**
    45/70 - 90/140.

🏠 **Haus Sonnenlay**, Im Flurgarten 19 (an der B 53), ℰ 96 60, ≼ – 🅿
    (nur Abendessen für Hausgäste) – **16 Z : 30 B**.

Einige Hotels in größeren Städten
bieten preisgünstige **Wochenendpauschalen** an.

KRONACH 8640. Bayern **413** Q R 16, **987** ㉘ — 18 300 Ew — Höhe 325 m — ✆ 09261.

ehenswert : Veste Rosenberg (Fränkische Galerie).

Städt. Verkehrsamt, Rathaus, Marktplatz 5, ☎ 9 72 36.

München 279 — ◆Bamberg 58 — Bayreuth 44 — Coburg 32.

🏨 **Bauer,** Kulmbacher Str. 7, ☎ 9 40 58, Fax 52298 — 📺 ☎ **②**. 🖭 ⑩ **E** 𝑽𝑰𝑺𝑨. ❀ Rest
Menu *(Sonntag ab 14 Uhr, 1.-14. Jan. und 1.- 14. Aug. geschl.)* a la carte 27/66 — **18 Z : 28 B**
69/85 - 115/135 Fb.

🏠 Sonne, Bahnhofstr. 2, ☎ 34 34 — 📺 ☎ — **28 Z : 44 B.**

🏠 **Försterhof** ⑤, Paul-Keller-Str. 3, ☎ 10 41 — 📺 ☎ **②**. 🖭 ⑩ **E** 𝑽𝑰𝑺𝑨. ❀ Zim
M *(nur Abendessen, Sonntag und 5.- 20. Aug. geschl.)* a la carte 29/50 — **22 Z : 44 B** 59 -
100 Fb.

✗ **Kath. Vereinshaus,** Adolf-Kolping-Str. 14, ☎ 31 84
◆— *Montag geschl.* — **M** a la carte 21/38 ♨.

KRONBERG IM TAUNUS 6242. Hessen **412 413** I 16 — 18 000 Ew — Höhe 257 m — Luftkurort
— ✆ 06173 — 🛝 Schloß Friedrichshof, ☎ 14 26.

Verkehrsverein, Rathaus, Katharinenstr. 7, ☎ 70 32 23.

Wiesbaden 28 — ◆Frankfurt am Main 17 — Bad Homburg vor der Höhe 13 — Limburg an der Lahn 43.

🏨🏨 **Schloß-Hotel** ⑤, Hainstr. 25, ☎ 7 01 01, Telex 415424, Fax 701267, ≤ Schloßpark, 🏤,
« Einrichtung mit wertvollen Antiquitäten » — 🛗 📺 ☎ **②** — 🔬 25/60. 🖭 **E** 𝑽𝑰𝑺𝑨. ❀ Rest
M a la carte 80/115 — **57 Z : 88 B** 274/544 - 413/618 — 7 Appart. 728/1594.

🏠 **Frankfurter Hof,** Frankfurter Str. 1, ☎ 7 95 96 — ☎ ⇔ **②** **E**
Juli 3 Wochen geschl. — **M** *(wochentags nur Abendessen, Freitag geschl.)* a la carte 24/57
— **11 Z : 15 B** 55/90 - 110/140.

🏠 **Schützenhof,** Friedrich-Ebert-Str. 1, ☎ 49 68, 🏤
M *(Donnerstag geschl.)* a la carte 25/45 ♨ — **12 Z : 18 B** 55/90 - 110/180.

✗✗ **Kronberger Hof** mit Zim, Bleichstr. 12, ☎ 7 90 71, Fax 5905, 🏤, ☎ — ☎ ⇔ **②**. 🖭 **E**
M *(nur Abendessen, Samstag - Sonntag und Juni geschl.)* a la carte 27/55 — **12 Z : 18 B** 95 -
150/170 Fb.

✗✗ Zum Feldberg, Grabenstr. 5, ☎ 7 91 19, 🏤.

KRONENBURG Nordrhein-Westfalen siehe Dahlem.

KROZINGEN, BAD 7812. Baden-Württemberg **413** G 23, **987** ㉞, **427** ④ — 12 000 Ew — Höhe
33 m — Heilbad — ✆ 07633.

Kurverwaltung, Herbert-Hellmann-Allee 12, ☎ 40 08 63, Fax 150105.

Stuttgart 217 — Basel 53 — ◆Freiburg im Breisgau 15.

🏨 **Litschgi-Haus** (Patrizierhaus a.d.J. 1564), Basler Str. 10 (B 3), ☎ 1 40 33 (Hotel)
1 58 78 (Rest.), Telex 7721754, Fax 13231, ☎ — 🛗 ☎ **②** — 🔬 25/60. 🖭 **E**
M *(Montag - Dienstag 17 Uhr sowie Feb. und Juli jeweils 2 Wochen geschl.)* 39/79 — **26 Z :**
48 B 90/125 - 140/230 Fb — ½ P 100/155.

🏨 **Appartement-Hotel Amselhof** ⑤, Kemsstr. 21, ☎ 20 77, Fax 150187, 🏤, ⬜ — 🛗 📺
☎ ⇔ **②** — 🔬 40. 🖭 ⑩ **E** 𝑽𝑰𝑺𝑨
M *(Samstag bis 18 Uhr und Dienstag geschl.)* a la carte 31/61 — **30 Z : 50 B** 68/118 - 134/155
Fb — ½ P 91/126.

🏠 **Biedermeier** ⑤ garni, In den Mühlenmatten 12, ☎ 32 01 — ☎ **②**
15. Jan.- Feb. geschl. — **24 Z : 36 B** 50/70 - 86/120.

🏠 **Bären** ⑤, In den Mühlenmatten 3, ☎ 41 01 — 📺 ☎ ⇔ **②**
M *(Sonntag ab 14 Uhr, Donnerstag sowie Jan. und Juli jeweils 2 Wochen geschl.)* a la carte
27/56 ♨ — **20 Z : 30 B** 54/82 - 98/120.

🏠 **Gästehaus Hofmann** ⑤ garni, Litschgistr. 6, ☎ 31 40, 🏤 — ⇔ **②**. ⑩ **E**. ❀
24 Z : 35 B 36/70 - 70/101.

✗✗ **Batzenberger Hof** mit Zim, Freiburger Str. 2 (B 3), ☎ 41 50 — ☎ **②**. 🖭 ⑩ **E** 𝑽𝑰𝑺𝑨
Menu *(Sonntag 15 Uhr - Montag sowie Jan. und Aug. jeweils 2 Wochen geschl.)* a la carte
30/60 — **13 Z : 24 B** 58/98 - 98/120.

Im Kurgebiet :

🏨 **Haus Pallotti,** Thürachstr. 3, ☎ 4 00 60, Fax 400610, 🏤, 🌧 — 🛗 ☎ **②** — 🔬 . 🖭 ⑩ **E**
𝑽𝑰𝑺𝑨
M *(Sonntag 15 Uhr - Montag und Dez.- Jan. geschl.)* a la carte 26/40 ♨ — **63 Z : 83 B** 45/74 -
80/125 Fb — ½ P 57/88.

🏠 **Ascona** ⑤, Thürachstr. 11, ☎ 1 40 23, Fax 150260, 🌧 — ☎ **②**. ❀
Mitte Feb.- Mitte Nov. geschl. — (Restaurant nur für Hausgäste) — **27 Z : 32 B** 56 - 112 Fb —
½ P 77.

🏠 **Vier Jahreszeiten** ⑤, Herbert-Hellmann-Allee 24, ☎ 31 86, 🌧 — ☎ ⇔ **②**
Dez.- 25. Jan. geschl. — **M** *(nur Mittagessen, Donnerstag geschl.)* a la carte 24/34 — **17 Z :**
24 B 62/90 - 100/155 — ½ P 61/108.

✗✗ **Kurhaus Restaurant,** Kurhausstraße, ☎ 40 08 71, Fax 150105, ≤, 🏤 — **②** — 🔬 25/200.
🖭 ⑩ **E** 𝑽𝑰𝑺𝑨. ❀
1.- 6. Jan. geschl. — **M** *(auch Diät und vegetarische Gerichte)* a la carte 30/48.

KROZINGEN, BAD

In Bad Krozingen 2-Biengen NW : 4 km :

🏠 Gästehaus Hellstern garni, Hauptstr. 34, ℘ 38 14, 🐴 – 🛗 ☎ ⇐⇒ 🅿 🛠
16 Z : 28 B.

In Bad Krozingen 5-Schmidhofen S : 3,5 km :

✗ **Storchen**, Felix- und Nabor-Str. 2, ℘ 53 29 – 🅿
Montag - Dienstag 17 Uhr und Jan. geschl. – Menu a la carte 30/62 🍷.

KRÜN 8108. Bayern 413 Q 24, 987 ㊲. 426 F 6 – 2 000 Ew – Höhe 875 m – Erholungsort
Wintersport : 900/1 200 m ⟨⟨2 ⟩⟨4 – ✪ 08825.

🛈 Verkehrsamt, Schöttlkarspitzstr. 15, ℘ 10 94.

♦München 96 – Garmisch-Partenkirchen 16 – Mittenwald 8.

🏨 **Alpenhof** ⊗, Edelweißstr. 11, ℘ 10 14, ≼ Karwendel- und Wettersteinmassiv, ⊜s, ▣
🐴 – ☎ 🅿 🛠
6. April - 4. Mai und 19. Okt.- 18. Dez. geschl. – (Restaurant nur für Hausgäste) – **39 Z**
70 B 57/68 - 110/151 Fb – 3 Fewo 70/80.

🏠 **Schönblick** ⊗ garni, Soiernstr. 1, ℘ 20 08, ≼ Karwendel- und Wettersteinmassiv, 🐴 -
⇐⇒ 🅿 🛠
April - 5. Mai und Nov.- 15. Dez. geschl. – **29 Z : 45 B** 42/44 - 68/78 – 3 Fewo 75.

In Krün-Barmsee W : 2 km :

🏠 **Alpengasthof Barmsee** ⊗, Am Barmsee 4, ℘ 20 34, ≼ Karwendel- un
Wettersteinmassiv, 🏡, ⊜s, 🛥, 🐴 – ☎ ⇐⇒ 🅿
10.- 27. April und 21. Okt.- 20. Dez. geschl. – **M** *(Mittwoch geschl.)* a la carte 22/49 – **23 Z**
45 B 35/65 - 60/110 Fb – ½ P 46/69.

In Krün-Klais 8101 SW : 4 km :

🏠 **Post**, Bahnhofstr. 7, ℘ (08823) 22 19, 🏡, Biergarten – ⇐⇒ 🅿
◆ *8.- 26. April und 4. Nov.- 20. Dez. geschl.* – **M** *(Montag geschl.)* a la carte 21/46 – **11 Z**
20 B 40/60 - 90/120 – ½ P 57/77.

🏠 **Gästehaus Ingeborg** garni, An der Kirchleiten 7, ℘ (08823) 81 68, ≼, 🐴 – 🅿 🛠
Nov.- Mitte Dez. geschl. – **11 Z : 21 B** 32/42 - 62/64.

KRUMBACH Baden-Württemberg siehe Limbach.

| Europe | If the name of the hotel
is not in bold type,
on arrival ask the hotelier his prices. |

KRUMBACH 8908. Bayern 413 O 22, 987 ㊱. 426 CD 4 – 11 600 Ew – Höhe 512 m – ✪ 0828:
♦München 124 – ♦Augsburg 48 – Memmingen 38 – ♦Ulm (Donau) 41.

🏠 **Traubenbräu**, Marktplatz 14, ℘ 20 93 – 📺 ⇐⇒ 🅿 🖭 E
◆ **M** *(Samstag und 7.- 22. Aug. geschl.)* a la carte 20/42 – **20 Z : 36 B** 30/53 - 58/92.

🏠 **Diem**, Kirchenstr. 5, ℘ 30 60, ⊜s – ☎ 🅿 E
◆ **M** *(auch vegetarische Gerichte)* a la carte 20/41 🍷 – **29 Z : 48 B** 30/50 - 55/85 Fb.

🏠 **Falk**, Heinrich-Sinz-Str. 4, ℘ 20 11, Biergarten, 🐴 – 📺 ☎ ⇐⇒ 🅿 🖭 E
◆ **M** *(Samstag ab 14 Uhr geschl.)* a la carte 16/30 🍷 – **13 Z : 21 B** 45/50 - 80.

🏠 **Brauerei-Gasthof Munding**, Augsburger Str. 40 (B 300), ℘ 44 62, Biergarten – 📺 ⇐⇒
◆ 🏊 25/60
M a la carte 20/38 🍷 – **26 Z : 48 B** 27/38 - 53/75 Fb.

KRUMMHÖRN 2974. Niedersachsen – 12 300 Ew – Höhe 5 m – ✪ 04923.

🛈 Verkehrsbüro, Zur Hauener Hooge 15 (in Greetsiel), ℘ (04926) 13 31.

♦Hannover 265 – Emden 14 – Groningen 112.

In Krummhörn 3-Greetsiel – Erholungsort :

🏨 **Witthus** ⊗, Kattrepel 7, ℘ (04926) 5 40, Fax 1471, « Ständige Kunstausstellunge
Gartenterrasse » – ⤢⤢ 📺 ☎ 🖭 🛠
25. Nov.- 24. Dez. geschl. – **M** *(auch vegetarische Gerichte)* a la carte 31/58 – **12 Z : 24**
85 - 140/185 Fb.

KÜHLUNGSBORN Mecklenburg-Vorpommern siehe Rostock.

KÜMMERSBRUCK 8457. Bayern 413 S 18 – 7 900 Ew – Höhe 370 m – ✪ 09621.
♦ München 186 – Bayreuth 82 – ♦Nürnberg 68 – ♦Regensburg 62.

In Kümmersbruck-Haselmühl :

🏨 **Zur Post**, Vilstalstr. 82, ℘ 8 17 82, Biergarten, 🛠 – 📺 ☎ ⇐⇒ 🅿 🖭 ① E 🖭
◆ *1.- 17. Aug. geschl.* – **M** *(Mittwoch geschl.)* a la carte 19/44 🍷 – **27 Z : 47 B** 70 - 110 Fb.

KÜNZELSAU 7118. Baden-Württemberg **413** LM 19. **987** ㉘ ㉙ – 11 600 Ew – Höhe 218 m – ✿ 07940.

●Stuttgart 94 – Heilbronn 52 – Schwäbisch Hall 23 – ✦Würzburg 84.

🏡 **Frankenbach**, Bahnhofstr. 10, ✆ 23 33 – **❷**
  Juli - Aug. 3. Wochen geschl. – **M** *(Sonn- und Feiertage ab 14 Uhr sowie Dienstag geschl.)* a la carte 22/37 🍷 – **12 Z : 17 B** 32/42 - 60/80.

🏡 **Comburgstuben**, Komburgstr. 12, ✆ 35 70, 🌣 – 🍽
◆ *Juli - Aug 3 Wochen geschl. –* **M** *(Freitag 14 Uhr - Samstag geschl.)* a la carte 21/36 🍷 – **14 Z : 24 B** 42/53 - 84/94.

XX Ausonia (Italienische Küche), Gaisbacher Str. 2, ✆ 5 33 34.

KÜPS 8643. Bayern **413** Q 16 – 7 100 Ew – Höhe 299 m – ✿ 09264.

●München 278 – ✦ Bamberg 52 – Bayreuth 50 – Hof 59.

  In Küps-Oberlangenstadt :

🏠 **Hubertus** ⬙, Hubertusstr. 7, ✆ 5 68, Fax 8338, ≤, 🚗, 🔲, 🚬 – 📺 ☎ **❷** – 🔒 40. ⑩ **E**
  2.- 10. Jan. geschl. – **M** a la carte 30/57 – **24 Z : 48 B** 55 - 95 Fb.

KÜRNBACH 7519. Baden-Württemberg **412 413** J 19 – 2 600 Ew – Höhe 203 m – ✿ 07258.

●Stuttgart 67 – Heilbronn 37 – ✦Karlsruhe 42.

🏡 **Lamm**, Lammgasse 5, ✆ 65 88 – **❷** ⁒ Zim
◆ *Juli - Aug. 3 Wochen geschl. –* **M** *(Mittwoch geschl.)* a la carte 20/38 🍷 – **10 Z : 16 B** 38/40 - 75/80.

X **Weiss**, Austr. 63, ✆ 65 60 – ⁒
  Dienstag sowie Jan. und Juli - Aug. jeweils 2 Wochen geschl. – Menu (Tischbestellung ratsam) 55 und a la carte 28/50 🍷.

KÜRTEN 5067. Nordrhein-Westfalen **412** E 13 – 17 000 Ew – Höhe 250 m – Luftkurort – ✿ 02268.

●Düsseldorf 82 – ✦Köln 35 – Lüdenscheid 47.

  In Kürten-Waldmühle S : 1 km :

🏡 **Café Tritz** garni, Wipperfürther Str. 341, ✆ 4 74 – **❷**
  7 Z : 12 B 45 - 70/80.

KÜSTEN Niedersachsen siehe Lüchow.

KUFSTEIN A-6330. Österreich **413** T 24. **987** ㊲. **426** I 6 – 14 800 Ew – Höhe 500 m – Wintersport : 515/1 600 m ⛷9 ⛷4 – ✿ 05372 (innerhalb Österreich).

Sehenswert : Festung : Lage★, ≤★, Kaiserturm★.

Ausflugsziel : Ursprungspaß-Straße★ (von Kufstein nach Bayrischzell).

🛈 Fremdenverkehrsverband, Münchener Str. 2, ✆ 22 07, Fax 71455.

Wien 401 – Innsbruck 72 – ✦München 90 – Salzburg 106.

  Die Preise sind in der Landeswährung (ö. S.) angegeben.

🏨🏨 Andreas Hofer, Georg-Pirmoser-Str. 8, ✆ 32 82, Telex 51686, Fax 3282501 – 🛗 📺 ☎ 🍽
  ❷ – 🔒 25/70
  110 Z : 200 B Fb.

🏨🏨 **Alpenrose** ⬙, Weißachstr. 47, ✆ 21 22, Fax 212237, 🌣, 🚬 – 🛗 📺 ☎ 🍽 **❷** – 🔒 30.
  ⑩ **E**
  Menu 240/680 – **19 Z : 35 B** 460/595 - 900/980.

🏠 **Goldener Löwe**, Oberer Stadtplatz 14, ✆ 2 18 10, Fax 21818 – 🛗 📺 ☎. 🅰🅴 ⑩ **E** 🆅🅸🆂🅰
◆ **M** a la carte 140/300 – **37 Z : 70 B** 410/550 - 680/720 Fb.

🏠 Weinhaus Auracher Löchl, Römerhofgasse 3, ✆ 21 38, « Tiroler Weinstuben, Terrasse am Inn » – 🛗 **❷** – 🔒 25
  32 Z : 58 B Fb.

🏠 Tourotel-Kufsteiner Hof, Franz-Josef-Platz 1, ✆ 48 84, Telex 51561, Fax 71363 – 🛗 📺 ☎
  🍽
  42 Z : 90 B Fb.

🏠 **Tiroler Hof**, Am Rain 16, ✆ 23 31, 🌣 – 📺 ☎ 🍽 **❷**. **E** 🆅🅸🆂🅰
  2.- 23. April und 2.- 16. Nov. geschl. – **M** *(Montag geschl.)* a la carte 165/300 🍷 – **11 Z : 21 B** 380/450 - 605/680.

🏠 **Bären**, Salurner Str. 36, ✆ 22 29, Telex 51692, Fax 222941, 🚗 – 🛗 ☎ 🍽 **❷**. ⑩
◆ *23.- 30. April und 12. Nov.- 12. Dez. geschl. –* **M** *(Montag geschl.)* a la carte 150/290 – **25 Z : 50 B** 350/400 - 600.

If you write to a hotel abroad, enclose an International Reply Coupon
(available from Post Offices).

KULMBACH 8650. Bayern 🔲🔲🔲 R 16, 🔲🔲🔲 ㉖ — 28 700 Ew — Höhe 306 m — ✿ 09221.

Sehenswert : Plassenburg (Schöner Hof★★, Zinnfigurenmuseum★).

🅱 Fremdenverkehrs- und Veranstaltungsbetrieb, Sutte 2 (Stadthalle) ℰ 80 22 16.

♦München 257 ② — ♦Bamberg 60 ② — Bayreuth 22 ② — Coburg 50 ④ — Hof 49 ①.

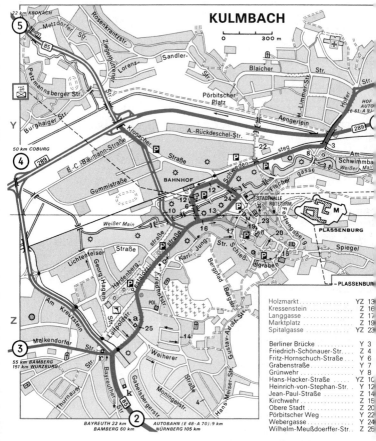

🏨 **Hansa-Hotel**, Weltrichstr. 2a, ℰ 79 95, Fax 66887 — 🛗 📺 ☎ ⇔ 🕮 ⓘ 🗲 VISA   Z
21.- 26. Dez. geschl. — **M** *(nur Abendessen, Sonntag, 29. Juli - 4. Aug. und 27. Dez.- 6. Ja.*
geschl.) a la carte 28/55 — **30 Z : 58 B** 86/95 - 145/165 Fb.

🏠 **Christl**, Bayreuther Str. 7 (B 85), ℰ 79 55 — 📺 ☎ ⇔ 🅿 🕮 🗲   Z
(nur Abendessen für Hausgäste) — **28 Z : 40 B** 46/55 - 80/105.

🏠 **Purucker**, Melkendorfer Str.4, ℰ 77 57, Fax 66949, ⇔ — ☎ ⇔ 🅿 🕮 ⓘ 🗲   Z
Ende Aug.- Mitte Sept. geschl. — **M** *(Samstag - Sonntag geschl.)* a la carte 27/52 — **26 Z**
50 B 58/65 - 100 Fb.

In Kulmbach-Höferänger ⑤ : 4 km :

🏨 **Dobrachtal** ⸎, Höferänger 10, ℰ 20 85, Fax 81418, ⇔, 🔲, 🌴 — 🛗 📺 ☎ ⇔ 🅿 🕮 ⓘ
🗲 VISA
21. Dez.- 5. Jan. geschl. — **M** *(Freitag geschl., im Winter Montag - Donnerstag n.*
Abendessen) a la carte 25/45 — **58 Z : 87 B** 62/85 - 108/140 Fb.

In Kulmbach-Ziegelhütten NW : 2 km über Ziegelhüttener Straße Y :

🏠 **Brauerei-Gasthof Schweizerhof**, Ziegelhüttener Str. 38, ℰ 39 85, Biergarten — 📺 ☎
← ⇔ 🅿
M a la carte 20/57 — **8 Z : 16 B** 63 - 106.

482

KUNREUTH-REGENSBERG Bayern siehe Forchheim.

KUPFERZELL 7115. Baden-Württemberg **413** M 19. **987** ⊗ − 4 100 Ew − Höhe 345 m − **✿** 07944.

● Stuttgart 86 − Heilbronn 46 − Schwäbisch Hall 17 − ◆Würzburg 91.

In Kupferzell-Beltersrot : S : 8 km :

🏠 **Gasthof Beck**, Hauptstr. 69, ⊠ 7177 Untermünkheim, ℰ (07944) 3 18 − **⊕**
➡ 10. Jan.- 10. Feb. geschl. − **M** (Montag geschl.) a la carte 20/45 − **18 Z : 27 B** 40 - 80.

In Kupferzell-Eschental SO : 6 km :

🏠 Landgasthof Krone, Hauptstr. 40, ℰ 20 96, 🏞 − ☎ **⊕**
13 Z : 21 B.

KUPPENHEIM 7554. Baden-Württemberg **413** H 20 − 6 200 Ew − Höhe 126 m − **✿** 07222 (Rastatt).

● Stuttgart 98 − Baden-Baden 12 − ◆Karlsruhe 24 − Rastatt 5,5.

XX **Ochsen**, Friedrichstr. 53, ℰ 4 15 30 − **⊕** ⓪ **E** 𝘝𝘐𝘚𝘈
Sonntag - Montag, 13.- 26. Feb. und 21. Juli - 13. Aug. geschl. − **M** a la carte 28/54.

In Kuppenheim 2-Oberndorf SO : 2 km :

XXX ⊗ **Raub's Restaurant** (modern-elegantes Restaurant), Hauptstr. 41, ℰ (07225) 7 56 23 −
⊕
Sonntag - Montag, über Fastnacht 1 Woche und Juli - Aug. 4 Wochen geschl. − **M** 98/140
und a la carte 74/97 − **Kreuz-Stübl** (badische Küche, 🏞) Menu a la carte 32/64
Spez. Kalbsbries und -leber mit Bohnen-Artischocken-Salat, Steinbutt und Hummer mit grünem Spargel,
Quarkpudding und -eis mit Beeren.

KUSEL 6798. Rheinland-Pfalz **987** ⊗, **412** F 18, **242** ③ − 6 100 Ew − Höhe 240 m − **✿** 06381.

Mainz 107 − Kaiserslautern 40 − ◆Saarbrücken 50.

🏠 **Rosengarten**, Bahnhofstr. 38, ℰ 29 33 − **⊕**
➡ **M** (Sonntag geschl.) a la carte 21/43 ⅄ − **27 Z : 50 B** 30/50 - 58/100.

In Blaubach 6799 NO : 2 km :

🏨 **Reweschnier** ⑤, Kuseler Str. 5, ℰ (06381) 50 46, Fax 40976, 🏞, 🍴, 🐎 − 📺 ☎ ⇐ **⊕**
− 🏄 25/80. **E** 𝘝𝘐𝘚𝘈 ⚐
M (Montag bis 17 Uhr geschl.) a la carte 24/56 ⅄ − **29 Z : 59 B** 49/59 - 88/98 Fb − 2 Fewo
60/65.

In Thallichtenberg 6799 NW : 5 km :

🏠 Burgblick ⑤, Ringstr. 6, ℰ (06381) 15 26, <, 🍴 − ☎ **⊕**
17 Z : 29 B Fb.

In Konken 6799 SW : 6 km **413** F 18 :

🏠 **Haus Gerlach**, Hauptstr. 39 (B 420), ℰ (06384) 3 27 − **⊕**
➡ **M** (Montag geschl.) a la carte 18/35 ⅄ − **8 Z : 14 B** 35 - 70.

KYLLBURG 5524. Rheinland-Pfalz **987** ⊗, **412** C 16, **409** M 5 − 1 200 Ew − Höhe 300 m −
Luftkurort − Kneippkurort − **✿** 06563.

🛈 Kurverwaltung, Haus des Gastes, Hochstr. 19, ℰ 59 38.

Mainz 157 − ◆Koblenz 103 − ◆Trier 48 − Wittlich 28.

🏨 **Kurhotel Eifeler Hof**, Hochstr. 2, ℰ 20 01, Fax 2046, « Gartenterrasse », Bade- und
Massageabteilung, 🛁, 🍴, 🏊 − 🛗 ☎ & **⊕**
19. Nov.- 15. Dez. geschl. − **M** a la carte 25/45 − **63 Z : 92 B** 60/100 - 110/170 Fb −
½ P 75/100.

🏠 Pension Müller, Mühlengasse 3, ℰ 85 85 − ⇐
(nur Abendessen für Hausgäste) − **19 Z : 34 B**.

In Malberg-Mohrweiler 5524 N : 4,5 km :

🏨 **Berghotel Rink** ⑤, Höhenstr. 14, ℰ (06563) 24 44, 🍴, 🏊, 🐎, ⅍ (Halle) − 📺 ⇐ **⊕**.
E ⚐ Rest
M (nur Abendessen) a la carte 39/54 ⅄ − **15 Z : 34 B** 50/60 - 80/120.

LAABER 8411. Bayern **413** S 19 − 4 500 Ew − Höhe 438 m − **✿** 09498.

München 138 − ◆Nürnberg 83 − ◆Regensburg 22.

In Frauenberg 8411 NO : 2 km :

🏠 **Frauenberg**, Marienplatz 7, ℰ (09498) 87 49, 🏞, 🏊 − **⊕** − 🏄 40/120
➡ Dez.- 25. Jan. geschl. − **M** (Freitag geschl.) a la carte 16/38 − **35 Z : 55 B** 45 - 70 −
½ P 50/60.

LAASPHE, BAD 5928. Nordrhein-Westfalen 987 ②, 412 I 14 — 16 000 Ew — Höhe 335 m — Kneippheilbad — ✆ 02752 — 🛈 Kurverwaltung, Haus des Gastes. ☎ 8 98, Telex 875219.
♦Düsseldorf 174 — ♦Kassel 108 — Marburg 43 — Siegen 44.

🏠 **Wittgensteiner Hof** ⑧, Wilhelmsplatz 1 (B 62), ☎ 8 29 — ☎ ⇔ 🅿
M a la carte 23/55 — **31 Z : 47 B** 42/46 - 84/92 — ½ P 50/54.

In Bad Laasphe - Feudingen W : 9 km — ✆ 02754 :

🏠🏠 **Doerr**, Sieg-Lahn-Str. 8, ☎ 12 81/30 81, Fax 3084, ⇔, ☒ — 🔄 ☎ 🅿 — 🔬 25/60. ⑩ **E**
VISA. 🦅
M a la carte 30/63 — **37 Z : 65 B** 88/158 - 176/256 Fb — 5 Appart..

🏠🏠 **Lahntal-Hotel**, Sieg-Lahn-Str. 23, ☎ 2 67, ⇔ — 🔄 📺 ☎ 🅿 — 🔬 25/100. 🦅 Zim
M *(Dienstag geschl.)* a la carte 26/51 — **25 Z : 48 B** 95/125 - 190/230 Fb — 3 Appart. 260 —
½ P 110/130.

🏠 **Im Auerbachtal** ⑧, Wiesenweg 5, ☎ 5 88, ⇔, ☒, ☆ — ☎ 🅿. 🦅
Nov.- Dez. geschl. — (Restaurant nur für Hausgäste) — **16 Z : 26 B** 50 - 100 — ½ P 62.

In Bad Laasphe-Glashütte W : 14 km über Bad Laasphe-Volkholz :

🏠🏠 **Jagdhof Glashütte** ⑧, Glashütter Str. 20, ☎ (02754) 88 14, « Einrichtung im
alpenländischen Stil », ⇔, ☒, ☆, ☆ — 🔄 📺 🅿 — 🔬 25/100. 🆎 ⑩ **E** *VISA*
M a la carte 36/75 — **Gourmet-Restaurant M** a la carte 65/85 — **25 Z : 50 B** 153/228 - 276/
396 Fb.

In Bad Laasphe 9-Hesselbach SW : 10 km :

XXX ✿ **L'école**, Hesselbacher Str. 23, ☎ 53 42, « Elegante Einrichtung » — 🅿. 🆎 **E**
Samstag bis 18 Uhr, Montag - Dienstag sowie Jan. und Juli - Aug. jeweils 2 Wochen geschl.
— **M** *(Tischbestellung ratsam)* a la carte 63/85
Spez. Cassolette von Seezunge und Hummer, Crépinette von Bresser Täubchen mit Chambertinsauce,
Birnenstrudel mit Ahornis.

LAATZEN Niedersachsen siehe Hannover.

LABOE 2304. Schleswig-Holstein 987 ⑤ — 4 300 Ew — Höhe 5 m — Seebad — ✆ 04343.
Sehenswert : Marine-Ehrenmal★ (Turm ⇐★★ auf Kieler Förde★★, Museum★).
🛈 Kurverwaltung, im Meerwasserbad, ☎ 73 53 — ♦Kiel 18 — Schönberg 13.

🏠 **Seeterrassen** ⑧, Strandstr. 86, ☎ 81 50, ⇐, ☆ — ☎ 🅿. **E**. 🦅
Dez. - Jan. geschl. — **M** a la carte 23/42 — **29 Z : 50 B** 45/50 - 80/96.

In Stein 2304 NO : 4 km :

🏠 **Deichhotel Stein** ⑧, Dorfring 36, ☎ (04343) 90 07, ⇐ Kieler Förde, ☆ — ☎ 🅿. 🦅 Zim
12 Z : 24 B.

LACHENDORF 3101. Niedersachsen — 4 400 Ew — Höhe 45 m — ✆ 05145.
♦Hannover 55 — ♦Braunschweig 54 — Celle 12 — Lüneburg 84.

In Lachendorf-Gockenholz NW : 3 km :

X Birkenhof, Garßener Str. 26, ☎ 5 29, ☆ — 🅿.

In Beedenbostel 3101 N : 4 km :

🏠 **Schulz**, Ahnsbecker Str. 6, ☎ (05145) 82 12 — ☎ ⇔ 🅿. **E**. 🦅 Zim
Mitte Juli - Mitte Aug. geschl. — **M** *(wochentags nur Abendessen, Montag geschl.)* a l
carte 26/48 — **7 Z : 11 B** 45 - 78.

LACKENHÄUSER Bayern siehe Neureichenau.

LADBERGEN 4544. Nordrhein-Westfalen 987 ⑭, 412 G 10 — 6 450 Ew — Höhe 50 m — ✆ 0548
♦Düsseldorf 149 — Enschede 66 — Münster (Westfalen) 28 — ♦Osnabrück 33.

🏠🏠 Zur Post (350 J. alter Gasthof), Dorfstr. 11, ☎ 21 07, ☆, ☆ — 📺 ☎ ⇔ 🅿 — **18 Z : 50 B**.

XX **Rolinck's Alte Mühle**, Mühlenstr. 17, ☎ 14 84, « Rustikale Einrichtung » — 🅿. ⑩ **E** *VISA*
Samstag bis 18 Uhr und Dienstag geschl. — **M** a la carte 54/85.

LADENBURG 6802. Baden-Württemberg 412 413 I 18 — 11 200 Ew — Höhe 98 m — ✆ 06203.
♦Stuttgart 130 — Heidelberg 13 — Mainz 82 — ♦Mannheim 13.

🏠 **Altes Kloster** ⑧ garni, Zehntstr. 2, ☎ 20 01, Fax 16565 — ☎. **E** *VISA*
Juli - Aug. 4 Wochen und 22. Dez.- 6. Jan. geschl. — **26 Z : 41 B** 76/110 - 125/165 Fb.

🏠 **Im Lustgarten**, Kirchenstr. 6, ☎ 59 74 — ☎ 🅿. ⑩ **E** *VISA*. 🦅
Jan. 2 Wochen und Juli - Aug. 3 Wochen geschl. — **M** *(nur Abendessen, Freitag ur
Sonntag geschl.)* a la carte 32/51 ☆ — **19 Z : 30 B** 55/85 - 85/115 Fb.

X **Zur Sackpfeife**, Kirchenstr. 45, ☎ 31 45, « Fachwerkhaus a.d.J. 1598, historisch
Weinstube, Innenhof »
Samstag bis 18 Uhr, Sonn- und Feiertage sowie 22. Dez.- 10. Jan. geschl. — ▮
(Tischbestellung ratsam) a la carte 38/55.

LE GUIDE MICHELIN DU PNEUMATIQUE

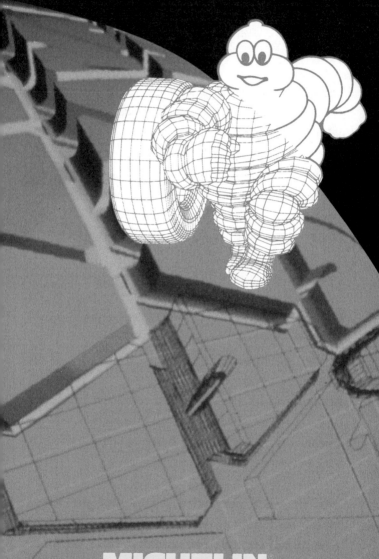

MICHELIN

QU'EST-CE QU'UN PNEU ?

Produit de haute technologie, le pneu constitue le seul point de liaison de la voiture avec le sol. Ce contact correspond, pour une roue, à une surface équivalente à celle d'une carte postale. Le pneu doit donc se contenter de ces quelques centimètres carrés de gomme au sol pour remplir un grand nombre de tâches souvent contradictoires:

Porter le véhicule à l'arrêt, mais aussi résister aux transferts de charge considérables à l'accélération et au freinage.

Transmettre la puissance utile du moteur, les efforts au freinage et en courbe.

Rouler régulièrement, plus sûrement, plus longtemps pour un plus grand plaisir de conduire.

Guider le véhicule avec précision, quels que soient l'état du sol et les conditions climatiques.

Amortir les irrégularités de la route, en assurant le confort du conducteur et des passagers ainsi que la longévité du véhicule.

Durer, c'est-à-dire, garder au meilleur niveau ses performances pendant des millions de tours de roue.

Afin de vous permettre d'exploiter au mieux toutes les qualités de vos pneumatiques, nous vous proposons de lire attentivement les informations et les conseils qui suivent.

Le pneu est le seul point de liaison de la voiture avec le sol.

Comment lit-on un pneu ?

① «Bib» repérant l'emplacement de l'indicateur d'usure.

② Marque enregistrée. **③** Largeur du pneu: ≃ 185 mm.

④ Série du pneu H/S: 70. **⑤** Structure: R (radial).

⑥ Diamètre intérieur: 14 pouces (correspondant à celui de la jante). **⑦** Pneu: MXV. **⑧** Indice de charge: 88 (560 kg).

⑨ Code de vitesse: H (210 km/h).

⑩ Pneu sans chambre: Tubeless. **⑪** Marque enregistrée.

Codes de vitesse maximum:

Q : 160 km/h
R : 170 km/h
S : 180 km/h
T : 190 km/h
H : 210 km/h
V : 240 km/h
Z : supérieure à 240 km/h.

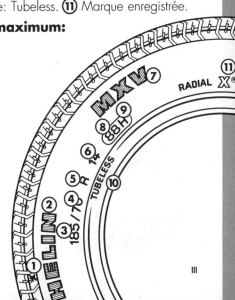

III

GONFLEZ VOS PNEUS, MAIS GONFLEZ-LES BIEN

POUR EXPLOITER AU MIEUX LEURS PERFORMANCES ET ASSURER VOTRE SECURITE.

Contrôlez la pression de vos pneus, sans oublier la roue de secours, dans de bonnes conditions:
Un pneu perd régulièrement de la pression. Les pneus doivent être contrôlés, une fois toutes les 2 semaines, à froid, c'est-à-dire une heure au moins après l'arrêt de la voiture ou après avoir parcouru 2 à 3 kilomètres à faible allure.

En roulage, la pression augmente; ne dégonflez donc jamais un pneu qui vient de rouler: considérez que, pour être correcte, sa pression doit être au moins supérieure de 0,3 bar à celle préconisée à froid.

Le surgonflage: si vous devez effectuer un long trajet à vitesse soutenue, ou si la charge de votre voiture est particulièrement importante, il est généralement conseillé de majorer la pression de vos pneus. Attention; l'écart de pression avant-arrière nécessaire à l'équilibre du véhicule doit être impérativement respecté. Consultez les tableaux de gonflage Michelin chez tous les professionnels de l'automobile et chez les spécialistes du pneu, et n'hésitez pas à leur demander conseil.

Le sous-gonflage: lorsque la pression de gonflage est  insuffisante, les flancs du pneu travaillent anormalement, ce qui entraîne une fatigue excessive de la carcasse, une élévation de température et une usure anormale.

Vérifiez la pression de vos pneus régulièrement et avant chaque voyage.

Le pneu subit alors des dommages irréversibles qui peuvent entraîner sa destruction immédiate ou future.

En cas de perte de pression, il est impératif de consulter un spécialiste qui en recherchera la cause et jugera de la réparation éventuelle à effectuer.

Le bouchon de valve: en apparence, il s'agit d'un détail; c'est pourtant un élément essentiel de l'étanchéité. Aussi, n'oubliez pas de le remettre en place après vérification de la pression, en vous assurant de sa parfaite propreté.

Voiture tractant caravane, bateau...

Dans ce cas particulier, il ne faut jamais oublier que le poids de la remorque accroît la charge du véhicule. Il est donc nécessaire d'augmenter la pression des pneus arrière de votre voiture, en vous conformant aux indications des tableaux de gonflage Michelin. Pour de plus amples renseignements, demandez conseil à votre revendeur de pneumatiques, c'est un véritable spécialiste.

POUR FAIRE DURER VOSPNEUS,GARDEZ UN OEIL SUR EUX.

Afin de préserver longtemps les qualités de vos pneus, il est impératif de les faire contrôler régulièrement, et avant chaque grand voyage. Il faut savoir que la durée de vie d'un pneu peut varier dans un rapport de 1 à 4, et parfois plus, selon son entretien, l'état du véhicule, le style de conduite et l'état des routes ! L'ensemble roue-pneumatique doit être parfaitement équilibré pour éviter les vibrations qui peuvent apparaître à partir d'une certaine vitesse. Pour supprimer ces vibrations et leurs désagréments, vous confierez l'équilibrage à un professionnel du pneumatique car cette opération nécessite un savoir-faire et un outillage très spécialisé.

Les facteurs qui influent sur l'usure et la durée de vie de vos pneumatiques:

les caractéristiques du véhicule (poids, puissance...), le profil

des routes (rectilignes, sinueuses), le revêtement (granulométrie: sol lisse ou rugueux), l'état mécanique du véhicule (réglage des trains avant, arrière, état des suspensions et des freins...), le

Une conduite sportive réduit la durée de vie des pneus.

style de conduite (accélérations, freinages, vitesse de passage en

courbe...), la vitesse (en ligne droite à 120 km/h un pneu s'use deux fois plus vite qu'à 70 km/h), la pression des pneumatiques (si elle est incorrecte, les pneus s'useront beaucoup plus vite et de manière irrégulière).

D'autres événements de nature accidentelle (chocs contre trottoirs, nids de poule...), en plus du risque de déréglage et

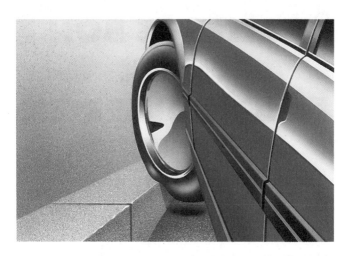

Les chocs contre les trottoirs, les nids de poule... peuvent endommager gravement vos pneus.

de détérioration de certains éléments du véhicule, peuvent provoquer des dommages internes au pneumatique dont les conséquences ne se manifesteront parfois que bien plus tard. Un contrôle régulier de vos pneus vous permettra donc de détecter puis de corriger rapidement les anomalies (usure anormale, perte de pression...). A la moindre alerte, adressez-vous immédiatement à un revendeur spécialiste qui interviendra pour préserver les qualités de vos pneus, votre confort et votre sécurité.

SURVEILLEZ L'USURE DE VOS PNEUMATIQUES:

Comment ? Tout simplement en observant la profondeur de la sculpture. C'est un facteur de sécurité, en particulier sur sol mouillé. Tous les pneus possèdent des indicateurs d'usure de 1,6 mm d'épaisseur. Ces indicateurs sont repérés par un Bibendum situé aux «épaules» des pneus Michelin. Un examen visuel suffit pour connaître le niveau d'usure de vos pneumatiques. Attention: même si vos pneus n'ont pas encore atteint la limite d'usure légale (en France, la profondeur restante de la sculpture doit être supérieure à 1 mm sur l'ensemble de la bande de roulement), leur capacité à évacuer l'eau aura naturellement diminué avec l'usure.

FAITES LE BON CHOIX POUR ROULER EN TOUTE TRANQUILLITE.

Le type de pneumatique qui équipe d'origine votre véhicule a été déterminé pour optimiser ses performances. Il vous est cependant possible d'effectuer un autre choix en fonction de votre style de conduite, des conditions climatiques, de la nature des routes et des trajets effectués.

Dans tous les cas, il est indispensable de consulter un spécialiste du pneumatique, car lui seul pourra vous aider à trouver la solution la mieux adaptée à votre utilisation.

Montage, démontage, équilibrage du pneu; c'est l'affaire d'un professionnel:

un mauvais montage ou démontage du pneu peut le détériorer et mettre en cause votre sécurité.

Le montage et l'équilibrage d'un pneu, c'est l'affaire d'un professionnel.

Sauf cas particulier et exception faite de l'utilisation provisoire de la roue de secours, les pneus montés sur un essieu donné doivent être identiques. Pour obtenir la meilleure tenue de route, les pneumatiques neufs ou les moins usés doivent être montés à l'arrière de votre voiture.

En cas de crevaison, seul un professionnel du pneu saura effectuer les examens nécessaires et décider de son éventuelle réparation.

Il est recommandé de changer la valve ou la chambre à chaque intervention.

Il est déconseillé de monter une chambre à air dans un ensemble tubeless.

L'utilisation de pneus cloutés est strictement réglementée; il est important de s'informer avant de les faire monter.

Attention: la capacité de vitesse des pneumatiques Hiver «M+S» peut être inférieure à celle des pneus d'origine. Dans ce cas, la vitesse de roulage devra être adaptée à cette limite inférieure.

INNOVER POUR ALLER PLUS LOIN

En 1889, Edouard Michelin prend la direction de l'entreprise qui porte son nom. Peu de temps après, il dépose le brevet du pneumatique démontable pour bicyclette. Tous les efforts de l'entreprise se concentrent alors sur le développement de la technique du pneumatique. C'est ainsi qu'en 1895, pour la première fois au monde, un véhicule automobile baptisé «l'Eclair» roule sur pneumatiques. Testé sur ce véhicule lors de la course Paris-Bordeaux-Paris, le pneumatique démontre immédiatement sa supériorité sur le bandage plein.

Créé en 1898, le Bibendum symbolise l'entreprise qui, de recherche en innovation, du pneu vélocipède au pneu avion, impose le pneumatique à toutes les roues.

En 1946, c'est le dépôt du brevet du pneu radial ceinturé acier, l'une des innovations majeures du monde du transport.

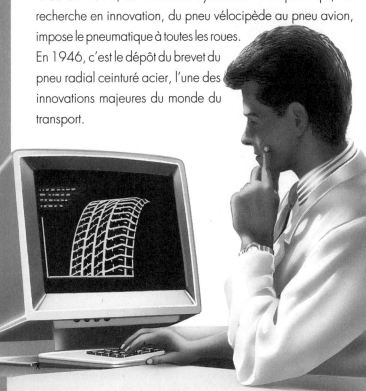

Concevoir les pneus qui font avancer tous les jours 2 milliards de roues sur la terre, faire évoluer sans relâche plus de 3 000 types de pneus différents, c'est ce que font chaque jour 4 500 cher- 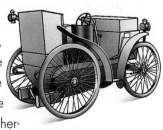 cheurs dans les centres de recherche Michelin.

Leurs outils: des ordinateurs qui calculent à la vitesse de 100 millions d'opérations par seconde, des laboratoires et des centres d'essais installés sur 6 000 hectares en France, en Espagne et aux Etats-Unis pour parcourir quotidiennement plus d'un million de kilomètres, soit 25 fois le tour du monde.

Leur volonté: écouter, observer puis optimiser chaque fonction du pneumatique, tester sans relâche, et recommencer.

C'est cette volonté permanente de battre demain le pneu d'aujourd'hui pour offrir le meilleur service à l'utilisateur, qui a permis à Michelin de devenir le leader mondial du pneumatique.

RENSEIGNEMENTS UTILES.

VOS PNEUMATIQUES: Vous avez des observations, vous souhaitez des précisions concernant l'utilisation de vos pneumatiques Michelin, écrivez-nous à:

Manufacture Française des Pneumatiques Michelin.
Boîte Postale Consommateurs
63040 Clermont Ferrand Cedex.

POUR PREPARER VOTRE VOYAGE: Itinéraires, temps de parcours, kilométrages, étapes…
Assistance Michelin Itinéraires sur Minitel:

3615 code Michelin

L'ETAT DES ROUTES:
- Centre de Renseignements Autoroutes, tél: (1) 47 05 90 01
Minitel: 3614 code ASFA.
- Centre National d'Informations Routières, tél: (1) 48 94 33 33
Minitel: 3615 code Route.
- Centres Régionaux d'Information et de Coordination Routière:

Bordeaux	56 96 33 33
Ile-de-France-Centre	(1) 48 99 33 33
Lille	20 47 33 33
Lyon	78 54 33 33
Marseille	91 78 78 78
Metz	87 63 33 33
Rennes	99 32 33 33

LAER, BAD 4518. Niedersachsen **987 H** 10 − 6 300 Ew − Höhe 79 m − Heilbad − 🖱 05424.
🔹 Kurverwaltung, Remseder Str. 1, 𝒫 92 97.
Hannover 141 − Bielefeld 37 − Münster (Westfalen) 39 − Bad Rothenfelde 5,5.

🏠 **Haus Große Kettler**, Bahnhofstr. 11 (am Kurpark), 𝒫 80 70, 🚬, 🔲, 🐎 − 📳 📺 ☎ 🄿 −
   🏛 25/50
   (Restaurant nur für Hausgäste) − **32 Z : 53 B** 64/79 - 110/118 − ½ P 67/91.

🏠 **Storck**, Paulbrink 4, 𝒫 90 08, 🚬, 🔲 − 📳 📺 ☎ 🄿. 🛇 Zim
   M *(Montag geschl.)* a la carte 22/48 − **14 Z : 26 B** 59/62 - 96/118.

   In Bad Laer-Winkelsetten :

🏠 **Lindenhof** ⑤, Winkelsettener Ring 9, 𝒫 91 07, 🏤, 🚬, 🐎, 🛇 − 📳 ☎ 🚗 🄿 − 🏛 40.
   🆎 ⓔ **E**
   7. Jan.- 7. Feb. geschl. − **M** *(Dienstag geschl.)* a la carte 27/56 − **22 Z : 33 B** 55/70 - 100/
   130 Fb.

LAGE (LIPPE) 4937. Nordrhein-Westfalen **987** ⑮, **412 J** 11 − 33 500 Ew − Höhe 103 m −
🖱 05232.
🔹 Ottenhauser Str. 100, 𝒫 6 68 29.
🔹 Verkehrsamt in Lage-Hörste, Freibadstr. 3, 𝒫 81 93.
Düsseldorf 189 − Bielefeld 20 − Detmold 9 − ♦Hannover 106.

🏠 **Zur Krone**, Heidenscher Str. 38, 𝒫 23 44 − 📺 ☎
   12 Z : 16 B.

🏠🏠 **Brinkmann'sches Haus**, Heidensche Str. 1, 𝒫 6 64 80 − 🆎 **E**
   Dienstag geschl. − **M** 11/29 (mittags) und a la carte 26/57.

   In Lage-Stapelage SW : 7 km − Luftkurort :

🏠 **Haus Berkenkamp** ⑤, Im Heßkamp 50 (über Billinghauser Straße), 𝒫 7 11 78,
   « Garten », 🚬 − 🄿. 🛇
   Nov. geschl. − (Restaurant nur für Hausgäste) − **17 Z : 28 B** 38/46 - 76/88.

LAHNAU Hessen siehe Wetzlar.

LAHNSTEIN 5420. Rheinland-Pfalz **987** ㉔, **412 F** 16 − 18 000 Ew − Höhe 70 m − 🖱 02621.
🔹 Städt. Verkehrsamt, Stadthalle (Passage), 𝒫 17 52 41.
Mainz 102 − Bad Ems 13 − ♦Koblenz 8.

🏨 **Dorint Hotel Rhein Lahn** ⑤, im Kurzentrum (SO : 4,5 km), 𝒫 1 51, Telex 869827, Fax
   15052, Panorama-Café und Abend-Restaurant (15. Etage) mit ≤ Rhein und Lahntal, Bade-
   und Massageabteilung, 🚬, 🔲 (geheizt), 🔲, 🐎, 🛇 (Halle) − 📳 📺 ☎ 🕭 🚗 🄿 −
   🏛 25/300. 🆎 ⓔ **E** 🗺 🛇 Rest
   M a la carte 39/65 − **210 Z : 330 B** 150/200 - 200/240 Fb − 10 Appart. 300/350.

🏠 **Straßburger Hof**, Koblenzer Str. 2, 𝒫 70 70, Fax 8484, 🏤 − ☎ 🚗 🄿 − 🏛 30
   Weihnachten - Mitte Jan. geschl. − **M** *(außer Saison Samstag geschl.)* 17/33 (mittags) und
   a la carte 28/52 🍴 − **28 Z : 50 B** 55/70 - 90/110.

🏠 **Kaiserhof**, Hochstr. 9, 𝒫 24 13
   20.- 29. Dez. geschl. − **M** *(Freitag geschl.)* a la carte 20/40 − **18 Z : 36 B** 40/50 - 80.

🏠🏠 ⌖ **Hist. Wirtshaus an der Lahn**, Lahnstr. 8, 𝒫 72 70 − 🄿. 🆎 **E**
   nur Abendessen, Donnerstag, über Fasching 1 Woche und August 2 Wochen geschl. − **M**
   (Tischbestellung ratsam) 68/98 und a la carte 59/75
   Spez. Terrine von Waldpilzen und Rehfilet, Roulade vom Kalbsrücken gefüllt mit Steinpilzmousse,
   Mokka-Bitterorangen-Charlotte.

LAHR/SCHWARZWALD 7630. Baden-Württemberg **413 G** 21, **987** ㉞, **87** ⑥ − 33 800 Ew −
Höhe 168 m − 🖱 07821.
🔹 Lahr-Reichenbach (O : 4 km), 𝒫 7 72 27.
🔹 Städt. Verkehrsbüro, Neues Rathaus, Rathausplatz 4, 𝒫 28 22 16.
Stuttgart 168 − ♦Freiburg im Breisgau 54 − Offenburg 26.

🏨 **Schulz**, Alte Bahnhofstr. 6, 𝒫 2 60 97, Fax 22674 − 📳 📺 ☎ 🚗 🄿. 🆎 ⓔ **E** 🗺
   Menu *(Samstag bis 18 Uhr und Sonntag geschl.)* 23/65 (mittags) und a la carte 32/63 🍴 −
   48 Z : 85 B 45/135 - 72/175 Fb.

🏨 **Schwanen**, Gärtnerstr. 1, 𝒫 2 10 74, Fax 37617 − 📳 ☎ 🄿. ⓔ **E** 🗺
   M *(Sonntag - Montag 18 Uhr geschl.)* a la carte 37/60 − **68 Z : 110 B** 65/110 - 95/200 Fb.

🏨 **Am Westend**, Schwarzwaldstr. 97, 𝒫 4 30 86, Fax 51709 − 📳 📺 ☎ 🚗 🄿
   20. Dez.- 6. Jan. geschl. − **M** *(nur Abendessen, Samstag, Sonn- und Feiertage geschl.)* a la
   carte 26/42 − **36 Z : 60 B** 79/100 - 110/130 Fb.

🏠 **Zum Löwen** (Fachwerkhaus a.d. 18. Jh.), Obertorstr. 5, 𝒫 2 30 22 − 📺 ☎ 🚗 − 🏛 25/70.
   🆎 ⓔ 🗺
   24. Dez.- 7. Jan. geschl. − **M** *(Sonntag geschl.)* a la carte 25/54 − **30 Z : 47 B** 60/90 -
   100/130.

In Lahr-Reichenbach O : 3,5 km — Erholungsort :

🏛 ❀ **Adler**, Reichenbacher Hauptstr. 18(B 415), ℰ 70 35, Fax 7033 — 📺 ☎ ⇔ 🅿. **E**. ℅ Zim
M *(Dienstag und 5.- 27. Feb geschl.)* a la carte 53/70 ⅃ — **21 Z : 40 B** 75/80 - 120/135
Spez. Lachs und Seezunge mit 2 Saucen, Rinderfilet mit Gänseleber und Burgundersauce, Eisgugelhupf auf
Schokoladensaucen.

An der Straße nach Sulz S : 2 km :

🏠 **Dammenmühle** ⑊, ⊠ 7630 Lahr-Sulz, ℰ (07821) 2 22 90, Fax 22262, « Gartenterrasse »
⇆ ⅃ (geheizt), 🐴 — 📺 🅿. **E**
M *(auch vegetarische Gerichte)* (Montag, Jan.- Feb. 3 Wochen und Sept.- Okt. 2 Wochen
geschl.) a la carte 21/50 ⅃ — **17 Z : 33 B** 40/75 - 76/110 — 2 Appart. 140.

LAICHINGEN 7903. Baden-Württemberg **413** LM 21, **987** ㉟ — 9 100 Ew — Höhe 756 m —
Wintersport : 750/810m, ✮ 2, ❄ 2 — ✿ 07333.
◆Stuttgart 75 — Reutlingen 46 — ◆Ulm (Donau) 33.

🏛 **Krehl zur Ratstube**, Radstr. 7, ℰ 40 21, Fax 4020 — ▯ ☎ 🅿 — ⚒ 40. ◑ **E** 🗺
M *(nur Abendessen, Samstag - Sonntag geschl.)* a la carte 30/39 — **30 Z : 54 B** 52/63 - 85,
93 Fb — 2 Fewo 95.

LAIMNAU Baden-Württemberg siehe Tettnang.

LALLING 8351. Bayern **413** W 20 — 1 300 Ew — Höhe 446 m — Wintersport : ❄5 — ✿ 09904.
◆München 167 — Deggendorf 24 — Passau 51.

Im Lallinger Winkel N : 2,5 km Richtung Zell :

🏦 **Thula Sporthotel** ⑊, ⊠ 8351 Lalling, ℰ (09904) 3 23, ≤ Donauebene, 🏝, 🖙, ▨, 🐴
℅ — ⇔ 🅿. ℅ Rest
Nov.- 20. Dez. geschl. — **M** a la carte 22/39 — **16 Z : 28 B** 46/50 - 88/100 — ½ P 50/54.

LAM 8496. Bayern **413** W 19, **987** ㉟ — 3 000 Ew — Höhe 576 m — Luftkurort — Wintersport
520/620 m ✮1 ❄2 — ✿ 09943.
🅱 Verkehrsamt, Marktplatz 1, ℰ 10 81.
◆München 196 — Cham 39 — Deggendorf 53.

🏨 **Steigenberger-Hotel Sonnenhof** ⑊, Himmelreich 13, ℰ 7 91, Telex 69932, Fax 8191
≤, 🏝, Bade- und Massageabteilung, 🖙, ▨, 🐴, ℅ (Halle) — ▯ 📺 🏌 ⇔ 🅿 —
⚒ 25/100. ▣ ◑ **E**. ℅ Rest
M *(auch vegetarisches Menu)* a la carte 35/66 — **158 Z : 295 B** 84/118 - 174/208 Fb —
22 Appart. 190/220 — ½ P 119/145.

🏛 **Ferienhotel Bayerwald**, Arberstr. 73, ℰ 7 12, Fax 8366, 🏝, Massage, 🖙, ▨, 🐴 — 📺
☎ ⇔ 🅿. ▣ ◑ **E**
Mitte Nov.- Mitte Dez. geschl. — **M** *(Sonntag ab 14 Uhr geschl.)* a la carte 19/43 — **60 Z :
100 B** 40/60 - 80/102 Fb — ½ P 56/66.

🏛 **Sonnbichl** ⑊, Lambacher Str. 31, ℰ 7 33, ≤, 🏝, 🖙, 🐴 — ▯ ☎ 🅿
12. Nov.- 21. Dez. geschl. — **M** *(Montag geschl.)* a la carte 17,50/36 — **31 Z : 60 B** 42 - 74 Fb.

🏠 **Café Wendl (mit Gästehaus)**, Marktplatz 16, ℰ 5 12, 🖙 — 📺 🅿
(nur Abendessen für Pensionsgäste) — **28 Z : 52 B** Fb.

🏠 **Post**, Marktplatz 6, ℰ 12 15, 🐴 — ▯ ☎ 🅿
Nov. geschl. — **M** *(Okt.- Mai Freitag geschl.)* a la carte 17/32 ⅃ — **20 Z : 40 B** 40 - 70 Fb —
½ P 48.

🏠 **Huber**, Arberstr. 39, ℰ 12 50 — 📺 ☎ 🅿
10. Nov.- 7. Dez. geschl. — (Restaurant nur für Hausgäste) — **11 Z : 20 B** 31/33 - 60/64 Fb —
½ P 44/46.

In Silbersbach 8496 SO : 4 km :

🏛 **Osserhotel** ⑊, ℰ (09943) 7 41, ≤, 🏝, Wildgehege, « Restaurant mit Ziegelgewölbe »
🐴 — ☎ 🅿. ℅ Rest
15. Nov.- 15. Dez. geschl. — **M** a la carte 18/50 ⅃ — **45 Z : 90 B** 46/60 - 78/100 Fb —
½ P 54/75.

LAMBACH Bayern siehe Seeon-Seebruck.

LAMBRECHT 6734. Rheinland-Pfalz **987** ㉗, **412** **413** H 18, **242** ⑧ — 4 300 Ew — Höhe 176 m
— ✿ 06325.
Mainz 101 — Kaiserslautern 30 — Neustadt an der Weinstraße 6,5.

🏦 **Kuckert**, Hauptstr. 51, ℰ 81 33 — ℅
Weihnachten - Anfang Jan. geschl. — **M** *(Freitag 14 Uhr - Samstag 18 Uhr geschl.)* a la carte
24/46 ⅃ — **19 Z : 34 B** 52 - 77.

In Lindenberg 6731 NO : 3 km — Erholungsort :

🏦 Hirsch, Hauptstr. 84, ℰ (06325) 24 69, 🏝, 🐴 — ⇔ — **17 Z : 30 B**.

AMMERSDORF Nordrhein-Westfalen siehe Simmerath.

AMPERTHEIM 6840. Hessen 987 ② ②, 412 413 I 18 – 30 500 Ew – Höhe 96 m – ☎ 06206.

Wiesbaden 78 – ♦Darmstadt 42 – ♦Mannheim 16 – Worms 11.

🏨 **Page-Hotel** garni, Andreasstr. 4, ℰ 5 20 97, Telex 466929, Fax 52097, ☎ – |≑| ⇆ 📺 ☎
⟷ – ⩜ 25. ⊞ ⓞ Ε ▓▓
67 Z : 134 B 125 - 170 Fb.

🏨 **Deutsches Haus**, Kaiserstr. 47, ℰ 20 22, Telex 466902, Fax 2024, ☞ – |≑| 📺 ☎ ⓟ. ⊞
ⓞ Ε ▓▓
27. Dez.- 10. Jan. geschl. – **M** (Freitag - Samstag 17 Uhr geschl.) a la carte 31/50 – **30 Z :
37 B** 65/85 - 100/118 Fb.

🏨 **Kaiserhof**, Bürstädter Str. 2, ℰ 26 93 – 📺 ☎. ⊞ ⓞ Ε ▓▓
Juni - Juli 3 Wochen geschl. – **M** (Samstag bis 18 Uhr, Sonntag ab 14 Uhr geschl.) a la
carte 34/58 – **10 Z : 12 B** 58 - 94.

XXX ۞ **Waldschlöss'l**, Neuschloßstr. 12a, ℰ 5 12 21 – ⓟ. ⓞ Ε ▓▓. ❀
Samstag bis 19 Uhr, Montag sowie Feb. und Juli - Aug. jeweils 2 Wochen geschl. – **M**
(Tischbestellung ratsam) 89/135 – **Bistro M** a la carte 43/86
Spez. Variation von Gänsestopfleber, Lasagne vom Lachs, Barbarie-Ente aus dem Ofen.

In Lampertheim-Hüttenfeld O : 9,5 km :

🏨 **Kurpfalz**, Lampertheimer Str. 26, ℰ (06256) 3 42, Biergarten – 📺 ⓟ. Ε
Ende Dez.- Mitte Jan. geschl. – **M** (Dienstag geschl.) a la carte 23/52 ⅋ – **9 Z : 14 B** 40 - 75.

ANDAU AN DER ISAR 8380. Bayern 413 V 20, 21. 987 ②⑦ – 11 500 Ew – Höhe 390 m –
09951 – ♦München 115 – Deggendorf 31 – Landshut 46 – Straubing 28.

🏨 **Gästehaus Numberger** ≶ garni (ehemalige Villa), Dr.-Aicher-Str. 2, ℰ 80 38, ☞ – ☎
⟷ ⓟ
18 Z : 24 B 43/48 - 80/90 Fb.

🏠 **Zur Post**, Hauptstr. 86, ℰ 4 41 – ⓟ. ⓞ
Aug. geschl. – **M** (Montag geschl.) a la carte 24/54 – **18 Z : 24 B** 30/40 - 50/60.

ANDAU IN DER PFALZ 6740. Rheinland-Pfalz 987 ②④, 412 413 H 19, 242 ⑧ – 39 400 Ew –
Höhe 188 m – ☎ 06341.

Büro für Tourismus, Neues Rathaus, Marktstr. 50, ℰ 1 33 01 – ADAC, Waffenstr. 14, ℰ 8 44 01.

Mainz 109 – ♦Karlsruhe 35 – ♦Mannheim 50 – Pirmasens 45 – Wissembourg 25.

🏨 **Kurpfalz**, Horstschanze 8, ℰ 45 23 – 📺 ☎ ⟷. Ε
M (nur Abendessen, Samstag geschl.) a la carte 32/47 ⅋ – **19 Z : 40 B** 65/70 - 110/120.

🏨 **Brenner**, Linienstr. 16, ℰ 2 00 39 – 📺 ☎ ⟷ ⓟ. Ε ▓▓
Juli 3 Wochen geschl. – **M** (Freitag 15 Uhr - Samstag 17 Uhr geschl.) a la carte 25/38 ⅋ –
25 Z : 40 B 65/70 - 115/130.

X **Augustiner**, Königstr. 26, ℰ 44 05. ⓞ ▓▓
Mittwoch, Feb. 1 Woche und Juli 3 Wochen geschl. – **M** a la carte 24/50 ⅋.

In Landau 16-Dammheim NO : 3 km :

🏠 **Zum Schwanen**, Speyerer Str. 26 (B 272), ℰ 5 30 78 – ☎ ⓟ
→ Juli geschl. – **M** (wochentags nur Abendessen, Montag geschl.) a la carte 20/39 – **17 Z :
28 B** 42/48 - 76/84.

In Landau 14-Godramstein W : 4 km :

XX **Keller**, Bahnhofstr. 28, ℰ 6 03 33 – ⓟ. ❀
→ Mittwoch 14 Uhr - Donnerstag, 28. Juni - 19. Juli und 21. Dez.- 10. Jan. geschl. – Menu
16,50/60 und a la carte 30/55 ⅋.

In Landau 15-Nußdorf NW : 3 km :

🏠 **Zur Pfalz**, Geisselgasse 15, ℰ 6 04 51 – ⟷ ⓟ. Ε
→ 29. Jan.- 25 Feb. und 19. Juni - 5. Juli geschl. – **M** (Sonntag 15 Uhr - Montag geschl.) a la
carte 21/40 ⅋ – **9 Z : 16 B** 38/55 - 76/98.

In Bornheim 6741 NO : 5,5 km :

🏨 **Zur Weinlaube** ≶ garni, Wiesenstr. 31, ℰ (06348) 15 84, ☎, ☞
18 Z : 30 B 38/65 - 72/90.

In Offenbach 6745 O : 6 km :

🏨 **Krone**, Hauptstr. 4, ℰ (06348) 70 64, ☎, 🔲 – ⓟ – ⩜ 25/50. Ε ▓▓
→ 1.- 12. Jan. und 29. Juni - 23. Juli geschl. – **M** (Sonntag 14 Uhr - Montag geschl.) a la carte
20/53 ⅋ – **45 Z : 82 B** 54 - 92/98.

In Birkweiler 6741 W : 7 km :

🏨 **St. Laurentius Hof** ≶ (moderner Gasthof mit rustikaler Einrichtung), Hauptstr. 21,
ℰ (06345) 89 45, « Innenhofterrasse » – 📺 ☎ ⓟ
M (Montag - Dienstag 17 Uhr geschl.) a la carte 25/53 ⅋ – **13 Z : 27 B** 100 - 140 Fb.

MICHELIN-REIFENWERKE KGaA. Regionales Vertriebszentrum, 6740 Landau-Mörlheim,
Landkommissärstraße 3, ℰ (06341) 59 50, Fax 54577.

LANDKIRCHEN Schleswig-Holstein siehe Fehmarn (Insel).

LANDSBERG AM LECH 8910. Bayern **413** P 22, **987** ㊱, **426** ⑯ − 20 000 Ew − Höhe 580 m
🌀 08191.
Sehenswert : Lage★ − Marktplatz★ − 🅱 Verkehrsamt, Rathaus, Hauptplatz, 🎍 12 82 46.
♦München 57 − ♦Augsburg 38 − Garmisch-Partenkirchen 78 − Kempten (Allgäu) 67.

🏠 **Goggl**, Herkomer Str. 19, 🎍 32 40, Telex 527273, Fax 324100 − 🔋 📺 ☎ ⇔, 🆎 ⑩ 💳
  M a la carte 27/63 − **54 Z : 104 B** 50/80 - 80/140 Fb.

🏠 **Landsberger Hof**, Weilheimer Str. 5, 🎍 3 20 20, Fax 3202100, 🍴 − ☎ 🅿. 🆎 ⑩ Ε 💳
  M (nur Abendessen) a la carte 22/49 − **35 Z : 70 B** 45/75 - 85/120 Fb.

🏡 **Zederbräu**, Hauptplatz 155, 🎍 22 41 −
  25. Okt.- 15. Nov. geschl. − **M** a la carte 22/44 − **18 Z : 36 B** 35 - 70.

XX **Schmalzbuckl**, Neue Bergstr. 7 (B 12), 🎍 4 77 73, « Einrichtung im bäuerlichen Stil ».

XX **Alt Landtsperg**, Alte Bergstr. 435, 🎍 58 38 − 🆎 Ε
  Samstag bis 17 Uhr, Mittwoch, nach Fasching 2 Wochen und Aug. 3 Wochen geschl. − **M**
  la carte 31/54.

  In Kaufering-West 8912 N : 7 km :

🏡 **Rid**, Bahnhofstr. 10, 🎍 (08191) 71 16, ⇔ − 🔋 📺 ⇔ 🅿 − **46 Z : 74 B**.

LANDSCHEID 5565. Rheinland-Pfalz **412** D 17 − 2 300 Ew − Höhe 250 m − 🌀 06575.
Mainz 141 − Bitburg 24 − ♦Trier 35 − Wittlich 12.

  In Landscheid-Burg NO : 3 km :

🏨 **Waldhotel Viktoria** 🦌, Burger Mühle, 🎍 6 41, Fax 8944, Damwildgehege, ⇔, 🐟, ♨
  − 📺 ☎ ⇔ 🅿 − 🔥 25/50. 🆎 ⑩ Ε 💳. 🎾 Rest
  6. Jan.- 1. Feb. geschl. − **M** a la carte 23/55 − **50 Z : 100 B** 62/80 - 104/124 − ½ P 72/87.

  In Landscheid-Niederkail SW : 2 km :

🏠 **Lamberty**, Brückenstr. 8, 🎍 42 86, 🍴, 🌳 − ☎ 🅿. 🎾
  Feb. geschl. − **M** (Montag geschl.) a la carte 22/54 − **21 Z : 40 B** 40/60 - 80/90.

LANDSHUT 8300. Bayern **413** T 21, **987** ㊲ − 59 000 Ew − Höhe 393 m − 🌀 0871.
Sehenswert : St. Martinskirche★ (Turm★★) − "Altstadt"★.
🅱 Verkehrsverein, Altstadt 315, 🎍 2 30 31 − ADAC, Kirchgasse 250, 🎍 2 68 36.
♦München 72 ⑤ − Ingolstadt 83 ① − ♦Regensburg 60 ② − Salzburg 128 ③.

Stadtplan siehe gegenüberliegende Seite.

🏨 **Romantik-Hotel Fürstenhof**, Stethaimer Str. 3, 🎍 8 20 25, Fax 89042, 🍴, « Restauran
  Herzogstüberl und Fürstenzimmer », ⇔ − 📺 ☎ ⇔ 🅿. 🆎 ⑩ Ε 💳   Y
  M (Sonntag geschl.) a la carte 52/75 − **22 Z : 40 B** 98/130 - 145/168 Fb.

🏨 **Kaiserhof**, Papiererstr. 2, 🎍 68 70, Telex 58440, Fax 687403, 🍴 − 🔋 📺 ☎ ⇔
  🔥 25/250. 🆎 ⑩ Ε 💳   Z
  M a la carte 46/63 − **144 Z : 276 B** 120 - 170 Fb.

🏨 **Goldene Sonne**, Neustadt 520, 🎍 2 30 87, Fax 24069, Biergarten − 🔋 📺 ☎ 🅿. 🆎 ⑩
  💳   Z
  1.- 10. Jan. geschl. − **M** (Freitag ab 14 Uhr geschl.) a la carte 25/45 − **55 Z : 78 B** 72/9⁵
  110/130 Fb.

🏠 **Zum Ochsenwirt**, Kalcherstr. 30, 🎍 2 34 39, Biergarten − 📺 ☎ 🅿   Z
✦ Mitte Aug.- Mitte Sept. und 27. Dez.- 5. Jan. geschl. − **M** (Dienstag geschl.) a la carte 18/
  🍷 − **9 Z : 18 B** 50/58 - 90/98.

XX **Beim Vitztumb** (gotisches Gewölbe a. d. 15. Jh.), Ländgasse 51, 🎍 2 21 96   Z
  wochentags nur Abendessen.

X **Stegfellner**, Altstadt 71, 🎍 2 80 15   Z

  In Landshut-Löschenbrand W : 2,5 km über Rennweg Y :

🏡 **Flutmulde**, Löschenbrandstr. 23, 🎍 6 93 13 − ⇔ 🅿
  (nur Abendessen für Hausgäste) − **20 Z : 23 B** 32/42 - 68.

  In Ergolding-Piflas 8300 NO : 2 km über Alte Regensburger Straße Y :

🏡 **Ulrich Meyer** 🦌, Dekan-Simbürger-Str. 22, 🎍 (0871) 7 34 07, Biergarten − 🅿
  Mitte Aug.- Anfang Sept. geschl. − (nur Abendessen für Hausgäste) − **32 Z : 46 B** 32/4⁰
  65/80 Fb.

  In Altdorf 8300 ① : 5 km :

🏠 **Wadenspanner**, Kirchgasse 2 (B 299), 🎍 (0871)3 18 21 − 📺 ☎ 🅿 − 🔥 50. 🆎 ⑩ Ε 💳
  2.- 10. Jan. und 12.- 29. Aug. geschl. − **M** (Montag geschl.) a la carte 24/45 − **17 Z : 28**
  57/67 - 95/120 Fb.

🏠 **Hahn**, Querstr. 6, 🎍 (0871) 3 20 88, 🍴 − ☎ 🅿
  M (Mittwoch geschl.) a la carte 23/42 − **33 Z : 55 B** 50 - 90.

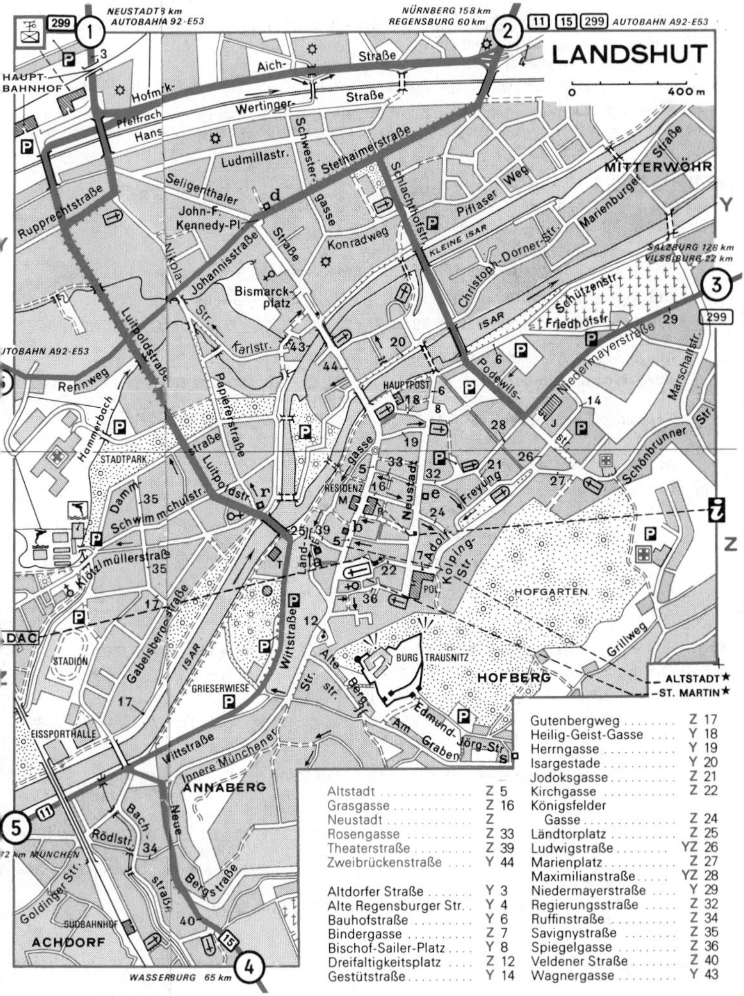
LANDSHUT
0 400 m
NEUSTADT 3 km AUTOBAHN A92-E53
NÜRNBERG 158 km REGENSBURG 60 km
AUTOBAHN A92-E53
SALZBURG 128 km VILSBIBURG 22 km
WASSERBURG 65 km
72 km MÜNCHEN
HAUPT-BAHNHOF
MITTERWÖHR
STADTPARK
HOFGARTEN
HOFBERG
BURG TRAUSNITZ
GRIESERWIESE
STADION
EISSPORTHALLE
ANNABERG
ACHDORF
SÜDBAHNHOF
ISAR
KLEINE ISAR
HAUPTPOST
RESIDENZ
ALTSTADT★
ST. MARTIN★
Altstadt Z 5
Grasgasse Z 16
Neustadt Z
Rosengasse Z 33
Theaterstraße Z 39
Zweibrückenstraße Y 44
Altdorfer Straße Y 3
Alte Regensburger Str. Y 4
Bauhofstraße Y 6
Bindergasse Z 7
Bischof-Sailer-Platz Y 8
Dreifaltigkeitsplatz Z 12
Gestütstraße Y 14
Gutenbergweg Z 17
Heilig-Geist-Gasse Y 18
Herrngasse Y 19
Isargestade Y 20
Jodoksgasse Z 21
Kirchgasse Z 22
Königsfelder Gasse Z 24
Ländtorplatz Z 25
Ludwigstraße YZ 26
Marienplatz Z 27
Maximilianstraße YZ 28
Niedermayerstraße Y 29
Regierungsstraße Z 32
Ruffinstraße Z 34
Savignystraße Z 35
Spiegelgasse Z 36
Veldener Straße Z 40
Wagnergasse Y 43

In Niederaichbach **8301** NO : 15 km über Niedermayerstraße Y :

XXX ✿ **Krausler**, Georg-Baumeister-Str. 25, ✆ (08702) 22 85, ≤, 🍽 – **P**. AE ⓓ E VISA. ✻
Montag - Dienstag und 26. Aug.- 3. Sept. geschl. – **M** 78/102 und a la carte 57/78
Spez. Zander im Kartoffelmantel, Taube auf Mangoldkuchen, Crêpes in Orangensauce mit Pralineneis.

LANDSTUHL **6790**. Rheinland-Pfalz 987 ㉔, 412 413 F 18, 57 ⑧ – **9 000 Ew** – **Höhe 248 m** – Erholungsort – ☎ 06371.

Mainz 100 – Kaiserslautern 17 – ♦Saarbrücken 56.

🏠 **Rosenhof**, Am Köhlerwäldchen 6, ✆ 20 28, Fax 16228, 🍽 – TV ☎ **P** – 🏛 25/50. AE ⓓ E VISA
M a la carte 41/75 – **Bauernstube M** a la carte 29/54 – **35 Z : 52 B** 60/80 - 100/180 Fb.

🏠 **Christine**, Kaiserstr. 3, ✆ 30 44 – TV ☎ **P**. AE ⓓ E VISA
20. Dez.- 10. Jan. geschl. – **M** *(nur Abendessen, Sonn- und Feiertage geschl.)* a la carte 29/45 – **41 Z : 76 B** 70/80 - 110/120.

🏠 **Zum Zuckerbäcker**, Hauptstr. 1, ✆ 1 25 55, Fax 17850, 🍽 – |♦| TV ☎ **P**. AE ⓓ E VISA
1.- 17. Jan. geschl. – **M** *(Mittwoch geschl.)* a la carte 26/45 🍷 – **21 Z : 38 B** 60/70 - 100/140 Fb.

LANGDORF 8371. Bayern **413** W 19 – 1 800 Ew – Höhe 675 m – Erholungsort – Wintersport : 650/700 m ≤1 ≤5 – ✪ 09921 (Regen).

🛈 Verkehrsamt, Rathaus, ✆ 46 41.

◆München 175 – Cham 55 – Deggendorf 32 – Passau 66.

🏠 **Wenzl** ⬞, Degenbergstr. 18, ✆ 23 91, 🍴, 🚪, 🔲, 🐎 – ⇔ 🅿
➡ Nov.- 20. Dez. geschl. – **M** (Sonntag bis 18 Uhr geschl.) a la carte 14/30⅛ – **24 Z : 48 B** 38 - 68 – ½ P 44/50.

LANGELSHEIM 3394. Niedersachsen **987** ⑯ – 14 500 Ew – Höhe 212 m - ✪ 05326.

🛈 Kurverwaltung, in Wolfshagen, Heinrich-Steinweg-Str. 8, ✆ 40 88.

◆Hannover 80 – ◆Braunschweig 41 – Göttingen 71 – Goslar 9.

XX **La Casserole**, Mühlenstr. 15, ✆ 14 60, 🍴 – **E**
Samstag bis 18 Uhr und vom 15.- 18. jeden Monats geschl. – **M** a la carte 44/60.

In Langelsheim-Wolfshagen S : 4 km – Höhe 300 m – Erholungsort :

🏠 **Wolfshof** ⬞, Kreuzallee 22, ✆ 79 90, Fax 799119, ≤, 🍴, Massage, 😓, 🔲, 🐎 – 🛗 📺
🕿 🅿 🖭 ① **E** ⬞
M a la carte 36/56 – **49 Z : 120 B** 95/115 - 130/180 Fb.

🏠 **Berg-Hotel**, Heimbergstr. 1, ✆ 40 62, Fax 4432, 🍴, 😓, 🐎 – 🕿 🅿 **E**
M a la carte 30/57 – **35 Z : 66 B** 48/56 - 96/100 Fb – ½ P 66/74.

🏠 **Graber** ⬞, Spanntalstr. 15, ✆ 41 40, 🍴, 😓, 🔲, 🐎 – 🛗 🕿 🅿
M 15/24 (mittags) und a la carte 25/45 – **25 Z : 50 B** 58/70 - 100/110 – ½ P 72/75.

In Langelsheim-Astfeld SO : 5 km :

🏠 **Granetalsperre** ⬞, Zur Granetalsperre 9, ✆ 80 38, 🍴 – 🅿
M (Montag geschl.) a la carte 24/38 – **13 Z : 27 B** 40 - 80.

An der Innerstetalsperre SW : 6 km :

⇞ **Berghof Innerstetalsperre** ⬞, ✉ 3394 Langelsheim 1, ✆ (05326) 10 47, ≤, 🍴, 😓 – 🅿
nur Hotel: Jan. - März geschl. – **M** (Freitag geschl.) a la carte 26/41 - **17 Z : 29 B** 32/50 - 60/94.

LANGEN 6070. Hessen **987** ㉕, **412** **413** J 17 – 32 000 Ew – Höhe 142 m - ✪ 06103.

🛈 Städt. Information, Südliche Ringstr. 80, ✆ 20 31 45.

◆Wiesbaden 42 – ◆Darmstadt 14 – ◆Frankfurt am Main 16 – Mainz 36.

🏨 Langener Hof, Robert-Bosch-Str. 26 (Industriegebiet), ✆ 77 01, Telex 413794, Fax 73448, 🍴 – 🛗 ▤ Rest 📺 🕿 ⇔ 🅿 – 🔏 25/80
60 Z : 100 B Fb.

🏠 **Dreieich**, Frankfurter Str. 49 (B 3), ✆ 2 10 01, Fax 52030 – 📺 🕿 🅿. 🖭 ① **E** 🆅🆂🅰. 🛠
M (nur Abendessen, Samstag - Sonntag geschl.) a la carte 24/51 – **60 Z : 115 B** 45/95 - 60/180 Fb.

🏠 **Deutsches Haus**, Darmstädter Str. 23 (B 3), ✆ 2 20 51, Fax 22052 – 🛗 📺 🕿 ⇔ 🅿 –
🔏 25/60. 🖭 ① **E** 🆅🆂🅰. 🛠 Rest
20. Dez.- 15. Jan. geschl. – **M** (wochentags nur Abendessen, Samstag geschl.) a la carte 35/56 – **60 Z : 80 B** 50/100 - 100/160 Fb.

🏠 **Scherer** garni, Mörfelder Landstr. 55 (B 486), ✆ 7 13 66 – 🕿 🅿
32 Z : 45 B 58/88 - 110/135 Fb.

LANGENARGEN 7994. Baden-Württemberg **413** L 24, **987** ㊱, **427** M 3 – 6 200 Ew – Höhe 398 m – Erholungsort – ✪ 07543.

🛈 Verkehrsamt, Obere Seestr. 2/2, ✆ 3 02 92.

◆Stuttgart 175 – Bregenz 24 – Ravensburg 27 – ◆Ulm (Donau) 116.

🏨 **Engel**, Marktplatz 3, ✆ 24 36, Fax 4201, ≤, « Terrasse am See », 🐟, 🐎 – 🛗 🕿 ⇔. ①
E 🛠
23. Dez.- 15. März geschl. – **M** (Mittwoch geschl.) a la carte 28/51 – **39 Z : 70 B** 70/120 - 98/170 Fb – 5 Fewo 70/90.

🏨 **Löwen**, Obere Seestr. 4, ✆ 30 10 (Hotel) 3 01 30 (Rest.), Fax 30151, ≤, 🍴 – 🛗 📺 🕿 ⇔
🅿. 🖭 ① **E** 🆅🆂🅰
Hotel Jan.- Feb., Rest. 2.- 28. Nov. geschl. – **M** (Dienstag, Dez.- Feb. auch Montag geschl.) a la carte 28/55 – **27 Z : 54 B** 110/160 - 150/200 Fb.

🏠 **Schiff**, Marktplatz 1, ✆ 24 07, Fax 4546, ≤ – 🛗 📺 🕿. ① **E** 🆅🆂🅰. 🛠
April - Okt. – **M** a la carte 32/48 – **43 Z : 70 B** 75/150 - 120/200 Fb.

🏠 **Seeterrasse** ⬞, Obere Seestr. 52, ✆ 20 98, Fax 3804, ≤, « Terrasse am See », 🔲 (geheizt), 🐎 – 🛗 📺 🕿 🅿. 🛠
Mitte April - Okt. – (nur Abendessen für Hausgäste) – **45 Z : 80 B** 75/150 - 140/240 – ½ P 90/140.

🏠 **Strand-Café** ⬞ garni (mit Gästehaus Charlotte), Obere Seestr. 32, ✆ 24 34, 🐎 – 📺 🕿 ⇔ 🅿. ① 🆅🆂🅰
Jan. geschl. – **16 Z : 27 B** 60/100 - 100/140 Fb.

🏠 **Litz**, Obere Seestr. 11, 𝒫 45 01, Fax 3232, ≤ − |≶| 🆚 ☎ ⇐⇒ Ⓟ E 🛇
Mitte März - Okt. − (Restaurant nur für Hausgäste) *−* **36 Z : 57 B** 65/120 - 90/150 Fb −
½ P 65/105.

🏠 **Adler**, Oberdorfer Str. 11, 𝒫 24 41 − 🆚 Ⓟ
Nov. 2 Wochen und über Weihnachten geschl. − **M** *(Sonntag - Montag 18 Uhr geschl.)* a la
carte 64/80 − **15 Z : 30 B** 75/120 - 130/180 -(Wiedereröffnung nach Umbau Mitte Feb. 1991).

In Langenargen-Oberdorf NO : 3 km :

🏠 **Hirsch** ⤳, Ortsstr. 1, 𝒫 22 17, 🍴, 🖈 − 🆚 ☎ Ⓟ. ⓄＥ 🆅🆂🅰. 🛇
20. Dez.- 15. Feb. geschl. − **M** *(wochentags nur Abendessen, Freitag geschl.)* a la carte
26/55 ⅊ − **25 Z : 48 B** 60/80 - 90/110 Fb.

In Langenargen-Schwedi NW : 2 km :

🏠 **Schwedi** ⤳, 𝒫 20 68, ≤, « Gartenterrasse am See », ⤴ (geheizt), 🖈 − 🆚 ☎ Ⓟ
24 Z : 41 B Fb.

LANGENAU 7907. Baden-Württemberg 🄰🄹🄱 N 21, 🄈🄇🄆 ㉟ − 11 600 Ew − Höhe 467 m − ✪ 07345.
◆Stuttgart 99 − ◆Augsburg 69 − Heidenheim an der Brenz 32 − ◆Ulm (Donau) 18.

🏠 **Pflug** garni, Hindenburgstr.56, 𝒫 70 71, Fax 3988 − |≶| 🆚 ☎. ⓄＥ 🆅🆂🅰
24. Dez.- 6. Jan. geschl. − **29 Z : 40 B** 45/54 - 90 Fb.

🏠 **Zum Bad**, Burghof 11, 𝒫 70 66 − ☎ Ⓟ. 🛇
← *Juli - Aug. 2 Wochen geschl. −* **M** *(Montag geschl.)* a la carte 21/40 ⅊ − **14 Z : 20 B** 55/65 -
92.

In Rammingen 7901 NO : 4 km :

🏠 **Romantik-Hotel Landgasthof Adler** ⤳, Riegestr. 15, 𝒫 (07345) 70 41, Fax 21145 −
🆚 ☎ ⇐⇒ Ⓟ. ⒶⒺ ⓄＥ 🆅🆂🅰
8.- 25. Jan. und 6.- 27. Aug. geschl. − **M** *(Montag - Dienstag 18 Uhr geschl.)* a la carte 33/56
− **12 Z : 18 B** 75/95- 130/150 Fb.

LANGENBRAND Baden-Württemberg siehe Schömberg (Kreis Calw).

LANGENBRÜCKEN Baden-Württemberg siehe Schönborn, Bad.

LANGENBURG 7183. Baden-Württemberg 🄰🄹🄱 M 19, 🄈🄇🄆 ㉟ ㊱ − 1 900 Ew − Höhe 439 m −
Luftkurort − ✪ 07905.
Sehenswert : Schloß (Innenhof★, Automuseum).
🅱 Verkehrsamt, Rathaus, Hauptstr. 15, 𝒫 10 11.
◆Stuttgart 105 − Heilbronn 65 − ◆Nürnberg 136 − Schwäbisch Hall 25 − ◆Würzburg 99.

🏠 **Post**, Hauptstr. 55, 𝒫 3 52 − ⇐⇒ Ⓟ
← *7. Jan.- Anfang Feb. geschl. −* **M** *(Montag geschl.)* a la carte 21/43 ⅊ − **15 Z : 27 B** 35/42 -
64/75.

LANGENFELD 4018. Nordrhein-Westfalen 🄈🄇🄆 ㉘㉔. 🄀🄁🄂 D 13 − 51 000 Ew − Höhe 45 m −
✪ 02173.
◆Düsseldorf 23 − ◆Köln 26 − Solingen 13.

🏠 **Mondial** garni, Solinger Str. 188 (B 229), 𝒫 2 30 33, Telex 8515657, Fax 22297, ☎, ☒ − |≶|
🆚 ☎ Ⓟ − ⚒ 30. ⒶⒺ ⓄＥ 🆅🆂🅰
24.- 31. Dez. geschl. − **75 Z : 140 B** 140/240 - 190/270 Fb − 7 Appart. 350.

🏠 **Kutscheid** ⤳ garni, Schulstr. 44, 𝒫 1 30 36 − 🆚 ☎ Ⓟ. ⒶⒺ ⓄＥ 🆅🆂🅰
15 Z : 25 B 70/75 - 105/110.

An der B 229 NO : 4 km :

🏠 **Lohmann's Hotel Gravenberg**, Elberfelder Str. 45, ✉ 4018 Langenfeld,
𝒫 (02173) 2 30 61, Fax 22777, 🍴, Damwildgehege, ☎, ☒, 🖈 − 🆚 ☎ ⇐⇒ Ⓟ − ⚒ 35.
ⒶⒺ ⓄＥ 🆅🆂🅰
23. Dez.- 2. Jan. geschl. − **M** *(Sonntag 15 Uhr - Montag und Mitte Juli - Mitte Aug. geschl.)*
a la carte 33/70 − **41 Z : 62 B** 118/168 - 160/235 Fb.

In Langenfeld-Reusrath S : 4 km :

🍴🍴 **Haus Hagelkreuz** mit Zim, Opladener Str. 19 (B 8), 𝒫 1 70 33, 🍴, « Gemütlich-rustikale
Einrichtung » − 🆚 ☎ Ⓟ
7 Z : 12 B.

LANGENFELD 5441. Rheinland-Pfalz 🄀🄁🄂 E 15 − 820 Ew − Höhe 510 m − ✪ 02655.
Mainz 157 − ◆Bonn 67 − ◆Koblenz 65 − ◆Trier 101.

🏠 **Zum Anker**, Mayener Str. 20, 𝒫 6 04, 🖈 − Ⓟ
10 Z : 20 B.

LANGENHAGEN Niedersachsen siehe Hannover.

LANGEOOG (Insel) 2941. Niedersachsen **987** ④ − 2 000 Ew − Seeheilbad − Insel der ostfriesischen Inselgruppe. Autos nicht zugelassen − ✪ 04972.

🚢 von Esens-Bensersiel (ca. 45 min), ℰ (04972) 69 30.

🛈 Kurverwaltung, Hauptstr. 28, ℰ 69 30.

◆Hannover 266 − Aurich/Ostfriesland 28 − Wilhelmshaven 54.

🏨 **Flörke** ॐ, Hauptstr. 17, ℰ 60 97, 😭, 🐎 − 🛗 🖵 ☎ − 🔬 30. 🎇 Rest
17. März - 4. Nov. − (Restaurant nur für Hausgäste) − **50 Z : 90 B** 78/90 - 150/180 Fb − ½ P 93/110.

🏨 **Strandeck** ॐ, Kavalierspad 2, ℰ 7 55, Fax 6277, 😭, 🔲, 🐎 − 🛗 🖵 ☎. ① E 🆅🆂🅰
🎇 Rest
Ende März - Mitte Okt. − **M** *(nur Abendessen, Dienstag geschl.)* (Tischbestellung erforderlich) 70/100 − **42 Z : 72 B** 97/139 - 194/250 Fb − ½ P 112/140.

🏨 **Upstalsboom** ॐ, Hauptstr. 38, ℰ 60 66, 🍴, 😭, 🐎 − 🖵 ☎. 🅰🅴 ① E 🆅🆂🅰
M a la carte 30/67 − **35 Z : 64 B** 109 - 198/250 Fb − 15 Fewo 169 − ½ P 122/132.

🏠 **Haus Westfalen** ॐ, Abke-Jansen-Weg 6, ℰ 2 65 − 🎇
10. Jan.- Feb. und Nov.- 25. Dez. geschl. − **M** a la carte 26/55 − **30 Z : 55 B** 70/89 - 140/ 180 Fb − ½ P 93/112.

Siehe auch : *Liste der Feriendörfer*

LANGERRINGEN Bayern siehe Schwabmünchen.

LATHEN 4474. Niedersachsen **987** ⑭ − 3 800 Ew − Höhe 30 m − ✪ 05933.

◆Hannover 235 − Cloppenburg 57 − Groningen 86 − Lingen 37.

🏨 **Pingel Anton**, Sögeler Str. 2, ℰ 3 27, Fax 1833, 🐎 − 🖵 ☎ 🚗 🅿. 🅰🅴 ① E 🆅🆂🅰
28. Dez.- 15. Jan. geschl. − **M** *(Montag geschl.)* a la carte 30/55 − **32 Z : 60 B** 60/70 - 115/125 Fb − 7 Fewo 60/70.

LATROP Nordrhein-Westfalen siehe Schmallenberg.

LAUBACH 6312. Hessen **413** JK 15 − 10 300 Ew − Höhe 250 m − Luftkurort − ✪ 06405.

🛈 Kurverwaltung, Friedrichstr. 11 (Rathaus), ℰ 2 81.

◆Wiesbaden 101 − ◆Frankfurt am Main 73 − Gießen 28.

🏨 **Waldhaus** ॐ, An der Ringelshöhe (B 276 - O : 2 km), ℰ 2 52, Fax 1041, 🍴, 😭, 🔲, 🐎 − 🛗 🖵 ☎ 🅿 − 🔬 30. 🅰🅴
M *(Sonntag ab 15 Uhr geschl.)* 16,50/33 (mittags) und a la carte 29/61 − **34 Z : 60 B** 45/75 - 102/120 Fb − ½ P 70/84.

❌ Ratskeller, Marktplatz 2, ℰ 2 55.

In Laubach-Gonterskirchen SO : 4 km :

❌❌ **Tannenhof** ॐ mit Zim, ℰ 17 32, Fax 3931, ≤, 🍴, 🐎 − 🖵 ☎ 🅿. 🅰🅴 ① E 🆅🆂🅰. 🎇
M *(Montag geschl.)* a la carte 26/58 − **11 Z : 20 B** 58/180 - 110/240 Fb − ½ P 70/100.

In Laubach-Münster W : 5,5 km :

🏠 **Zum Hirsch**, Licher Str. 32, ℰ 14 56, 🐎 − 🅿. 🅰🅴 E. 🎇 Zim
➤ *14.- 29. Jan. und 15.- 31. Juli geschl.* − **M** *(Montag geschl.)* a la carte 17/35 − **18 Z : 27 B** 40/50 - 75/80 − ½ P 52/55.

LAUBACH-LEIENKAUL 5443. Rheinland-Pfalz − 1 000 Ew − Höhe 467 m − ✪ 02653 (Kaisersesch).

Mainz 139 − Cochem 18 − ◆Koblenz 49 − ◆Trier 80.

🏠 Eifelperle, Eifelstr. 34 (Laubach), ℰ 34 25, 🐎 − 🚗 🅿
12 Z : 24 B.

LAUBENHEIM Rheinland-Pfalz siehe Bingen.

LAUCHRINGEN Baden-Württemberg siehe Waldshut-Tiengen.

LAUDA-KÖNIGSHOFEN 6970. Baden-Württemberg **413** M 18 − 14 900 Ew − Höhe 192 m − ✪ 09343.

◆Stuttgart 120 − Bad Mergentheim 12 − ◆Würzburg 40.

🏠 **Ratskeller**, Josef-Schmitt-Str. 17 (Lauda), ℰ 9 57, Fax 2820 − 🖵 ☎ 🚗 🅿. 🅰🅴 E. 🎇
Aug. 2 Wochen geschl. − **Menu** *(Montag bis 17 Uhr und Dienstag geschl.)* a la carte 31/61 🐾
− **11 Z : 20 B** 45/65 - 90/110.

❌❌ **Gemmrig's Landhaus** mit Zim, Hauptstr. 68 (Königshofen), ℰ 70 51 − ☎ 🅿
➤ *1.- 11. Jan. und 28. Juli - 10. Aug. geschl.* − **M** *(Sonntag 14 Uhr - Montag geschl.)* 14/48 🐾
− **5 Z : 9 B** 45 - 75.

492

In Lauda-Königshofen - Beckstein SW : 2 km ab Königshofen :

🏤 **Adler**, Weinstr. 24, ℰ 20 71, 🕾 – 🕿 ❷. **E**
M *(Donnerstag geschl.)* a la carte 24/48 ⅋ – **26 Z : 52 B** 40/50 - 76/96.

🏠 **Gästehaus Birgit** 🦢 garni (siehe auch Weinstuben Beckstein), Am Nonnenberg 12, ℰ 9 98, ≤, 🚗s, 🛏 – 🕿 ⇔ ❷
Jan. geschl. – **16 Z : 32 B** 45/60 - 70/100.

✗ **Weinstuben Beckstein**, Weinstr. 32, ℰ 82 00, 🕾 – ❷
◆ *Jan. und Mittwoch geschl.* – **M** a la carte 17,50/47 ⅋.

AUDENBACH 8761. Bayern **413** K 17 – 1 200 Ew – Höhe 129 m – ✪ 09372.
✦München 358 – Amorbach 14 – Aschaffenburg 32 – ◆Würzburg 82.

🏤 **Zur Krone** (Gasthof a.d.J. 1726), Obernburger Str. 4, ℰ 24 82, «Hübsches bäuerliches Restaurant;Gartenterrasse » – 📱 🕿 ❷
14. Feb.- 7. März und 25. Juli - 16. Aug. geschl. – **M** *(Donnerstag - Freitag 17 Uhr geschl.)* a la carte 36/73 – **12 Z : 24 B** 65/90 - 95/115 – 9 Appart. 135/165.

AUENBURG AN DER ELBE 2058. Schleswig-Holstein **987** ⑥⑯ – 11 000 Ew – Höhe 45 m – 04153.
❚Fremdenverkehrsamt, im Schloß, ℰ 59 09 81.
✦Kiel 121 – ◆Hannover 149 – ◆Hamburg 44 – Lüneburg 25.

🏠 **Möller**, Elbstr. 48 (Unterstadt), ℰ 20 11, Fax 53759, ≤, 🕾 – 📺 🕿 – 🔏 40. 🅰🅴 ① **E** 🌇
M a la carte 25/55 – **34 Z : 62 B** 39/90 - 72/140 Fb.

AUENSTEIN Niedersachsen siehe Salzhemmendorf.

AUF AN DER PEGNITZ 8560. Bayern **413** Q 18, **987** ㉖ – 23 000 Ew – Höhe 310 m – ✪ 09123.
✦München 173 – Bayreuth 62 – ◆Nürnberg 17.

🏠 **Gasthof Wilder Mann**, Marktplatz 21, ℰ 50 05, « Altfränkische Hofanlage » – 🕿 ⇔ ❷
24 Z : 34 B.

♞ **Weinstube Schwarzer Bär**, Marktplatz 6, ℰ 27 89
Mitte März - Mitte April und Mitte Nov.- Mitte Dez. geschl. – (nur Abendessen für Hausgäste) – **13 Z : 26 B** 30/55 - 55/80.

✗✗ **Altes Rathaus**, Marktplatz 1, ℰ 27 00
Montag und 1.- 18. Aug. geschl. – **M** a la carte 24/47.

An der Straße nach Altdorf S : 2,5 km :

🏤 **Waldgasthof Am Letten**, Letten 13, ✉ 8560 Lauf an der Pegnitz, ℰ (09123) 20 61, Telex 626887, Fax 2064, 🕾, Biergarten, 🚗s – 📱 📺 🕿 ❷ – 🔏 25/80
23. Dez.- 11. Jan. geschl. – **M** *(Montag geschl.)* a la carte 28/64 – **50 Z : 72 B** 69/89 - 110/130 Fb.

AUFELD Rheinland-Pfalz siehe Manderscheid.

AUFEN 8229. Bayern **413** V 23, **987** ㊳, **426** ⑲ – 5 800 Ew – Höhe 401 m – Erholungsort – ✪ 08682.
❚ Verkehrsverband, Laufen-Leobendorf, Römerstr. 6, ℰ 18 10.
✦München 151 – Burghausen 38 – Salzburg 20.

🏠 **Gästehaus Ruperti** garni, Kohlhaasstr. 7, ℰ 72 04 – ❷ – **22 Z : 44 B**.

Am Abtsdorfer See SW : 4 km :

♞ **Seebad** 🦢, ✉ 8229 Laufen-Abtsee, ℰ (08682) 2 58, Fax 1204, ≤, 🕾, 🛥, 🛏 – ❷
Dez. geschl. – **M** *(Freitag und Jan. geschl.)* a la carte 23/37 – **27 Z : 48 B** 30/48 - 54/102.

AUFENBURG (BADEN) 7887. Baden-Württemberg **413** H 24, **987** ㉞㉟, **427** I 3 – 7 500 Ew – Höhe 337 m – ✪ 07763.
✦Stuttgart 195 – Basel 39 – Waldshut-Tiengen 15.

🏠 Alte Post, Andelsbachstr. 6a, ℰ 78 36, 🕾, 🛏 – ❷ – **11 Z : 20 B** – 2 Fewo.

In Laufenburg-Luttingen O : 2,5 km :

🏠 **Kranz**, Luttinger Str. 22 (B 34), ℰ 38 33 – 📺 ⇔ ❷ 🅰🅴 ① **E** 🌇
Feb. 3 Wochen und Ende Juli - Anfang Aug. geschl. – **M** *(Dienstag 14 Uhr - Mittwoch geschl.)* a la carte 23/51 ⅋ – **13 Z : 18 B** 30/50 - 70/95.

LAUFFEN AM NECKAR 7128. Baden-Württemberg **413** K 19, **987** ㉖ – 9 000 Ew – Höhe 72 m – ✪ 07133.
✦Stuttgart 49 – Heilbronn 10 – Ludwigsburg 33.

🏤 **Elefanten**, Bahnhofstr. 12, ℰ 51 23 – 📱 🕿 ❷. 🅰🅴 ① **E** 🌇
1.- 20. Jan. geschl. – Menu *(Freitag geschl.)* a la carte 34/59 ⅋ – **13 Z : 22 B** 80/90 - 130/150.

493

LAUINGEN AN DER DONAU 8882. Bayern 🔳 O 21. 🔳 ⊛ − 9 400 Ew − Höhe 439 m − 🔂 09072.

✦München 113 − ✦Augsburg 55 − Donauwörth 31 − ✦Ulm (Donau) 48.

🏠 **Reiser**, Bahnhofstr. 4, 𝒫 30 96 − 🅿 ☎ ⊕ − 🔱 40. 🄴. 🛱 Rest
   Aug. geschl. − **M** (Sonn- und Feiertage ab 14 Uhr und Samstag geschl.) a la carte 22/53
   − **31 Z : 53 B** 47/65 - 70/100.

🏠 **Drei Mohren**, Imhofstr. 6, 𝒫 40 71 − 📺 ☎ ⟅⟆
   Weihnachten - 6. Jan. geschl. − **M** (Freitag 15 Uhr - Samstag und Aug.- Sept. 2 Woch
   geschl.) a la carte 25/60 − **13 Z : 18 B** 68 - 110 Fb.

LAUPHEIM 7958. Baden-Württemberg 🔳 M 22. 🔳 ⊛. 🔳 B 4 − 15 500 Ew − Höhe 515
− 🔂 07392.

✦Stuttgart 118 − Ravensburg 62 − ✦Ulm (Donau) 26.

🏠 **Krone**, Marktplatz 15, 𝒫 1 80 88, 🏜 − 🛏 📺 ☎. 🄰🄴 ⊙ 🄴 ꕕ𝗜𝗦𝗔
   M (auch vegetarische Gerichte) a la carte 25/48 − **13 Z : 25 B** 80 - 110/140 Fb.

🏠 **Post**, Ulmer Str. 2, 𝒫 60 27 − ☎ ⊕ − **11 Z : 21 B**.

✕✕ **Schildwirtschaft zum Rothen Ochsen** mit Zim (restauriertes Haus a.d.J. 1808
   Kapellenstr. 23, 𝒫 60 41, 🏜 − 📺 ☎. 🄰🄴 🄴
   Menu (abends Tischbestellung ratsam) (Samstag bis 18 Uhr und Dienstag geschl.) a la car
   34/56 ⅄ − **7 Z : 9 B** 65/70 - 100.

LAURENBURG Rheinland-Pfalz siehe Holzappel.

LAUTENBACH (ORTENAUKREIS) 7606. Baden-Württemberg 🔳 H 21. 🔳 ㉔ − 1 900 Ew −
Höhe 210 m − Luftkurort − 🔂 07802 (Oberkirch).
🄱 Verkehrsamt, Hauptstr. 48, 𝒫 23 13.

✦Stuttgart 143 − Freudenstadt 39 − Offenburg 19 − Strasbourg 33.

🏛 **Sonne - Gästehaus Sonnenhof**, Hauptstr. 51 (B 28), 𝒫 45 35, 🏜, 🍴 − 🛏 ☎ ⊕. 🄰🄴
➟ ꕕ𝗜𝗦𝗔
   Nov.- 3. Dez. geschl. − **M** (auch vegetarische Gerichte) (Mittwoch geschl.) a la carte 21/
   ⅄ − **32 Z : 52 B** 50/70 - 80/120 Fb − ½ P 65/95.

🏠 **Sternen**, Hauptstr. 47 (B 28), 𝒫 35 38 − 🅿 ⅄ ⟅⟆ ⊕ − 🔱 25/50. ⊙ 🄴 ꕕ𝗜𝗦𝗔
   Mitte Nov.- Mitte Dez. geschl. − **M** (Montag geschl.) a la carte 24/47 ⅄ − **43 Z : 70 B** 39/5
   - 72/100 − ½ P 55/62.

🏠 **Zum Kreuz**, Hauptstr. 66 (B 28), 𝒫 45 60, 🍴 − ⟅⟆ ⊕. 🄴
➟
   15. Nov.- 15. Dez. geschl. − **M** (Dienstag geschl.) a la carte 21/41 ⅄ − **25 Z : 45 B** 40/45 - 8
   − ½ P 50.

   Auf dem Sohlberg NO : 6 km − Höhe 780 m :

🏠 **Berggasthaus Wandersruh** 🍴, Sohlbergstr. 34, ✉ 7606 Lautenbach, 𝒫 (07802) 24 7
➟ ≤ Schwarzwald und Rheinebene, 🏜, 🔲, 🍴 − ⊕
   10. Jan.- 20. Feb. geschl. − **M** (Dienstag geschl.) a la carte 20/33 ⅄ − **25 Z : 50 B** 33/38
   66/76 − ½ P 41/46.

LAUTERBACH 7233. Baden-Württemberg 🔳 I 22 − 3 500 Ew − Höhe 575 m − Luftkurort −
Wintersport : 800/900 m ⚡1 ⚞2 − 🔂 07422 (Schramberg).
🄱 Verkehrsbüro, Rathaus, Schramberger Str. 5, 𝒫 43 70.

✦Stuttgart 122 − ✦Freiburg im Breisgau 60 − Freudenstadt 41 − Offenburg 55 − Schramberg 4.

🏠 **Tannenhof**, Schramberger Str. 61, 𝒫 30 81, ⟅⟆, 🍴 − 🛏 📺 ☎ ⟅⟆ ⊕ − 🔱 60
   33 Z : 63 B Fb.

🏠 **Holzschuh**, Siebenlinden 2, 𝒫 44 40, 🔲 (geheizt), 🍴 − ⟅⟆ ⊕
   9 Z : 18 B Fb.

   In Lauterbach-Fohrenbühl 7231 W : 4 km :

🏠 **Café Lauble** 🍴 garni, Fohrenbühl 65, 𝒫 (07833) 66 09, 🍴 − ⊕. 🛱
   Nov. geschl. − **22 Z : 35 B** 35 - 60.

LAUTERBACH 6420. Hessen 🔳 ⊛. 🔳 L 15 − 15 000 Ew − Höhe 296 m − Luftkurort −
🔂 06641.
🄱 Verkehrsverein, Rathaus, Marktplatz 14, 𝒫 1 84 12.

✦Wiesbaden 151 − Fulda 25 − Gießen 68 − ✦Kassel 110.

🏛 **Schubert**, Kanalstr. 12, 𝒫 30 75, Telex 49276, Fax 5171 − 📺 ☎ − 🔱 25/50. 🄰🄴 ⊙ 🄴 ꕕ𝗜𝗦𝗔
   🛱 Rest
   M (Sonntag 15 Uhr - Montag und Juli - Aug. 2 Wochen geschl.) 19/23 (mittags) und a l
   carte 32/57 − **29 Z : 48 B** 60/98 - 118/180 Fb − ½ P 85/123.

🏠 **Johannesberg**, Bahnhofstr. 39, 𝒫 40 26 − ☎ ⊕
   10 Z : 22 B.

LAUTERBAD Baden-Württemberg siehe Freudenstadt.

UTERBERG, BAD 3422. Niedersachsen 987 ⑯. 412 O 12 — 13 000 Ew — Höhe 300 m — ippheilbad und Schrothkurort — ✪ 05524.

ädtische Kur- und Badeverwaltung, im Haus des Kurgastes, ℰ 40 21.

nnover 116 — ◆Braunschweig 87 — Göttingen 49.

🏨 **Revita**, Promenade 56 (Am Kurpark), ℰ 8 31, Telex 96245, Fax 80412, 🍴, Bade- und Massageabteilung, ♨, 😑, 🏊, ※ (Halle) — 🛗 ✳ 📺 ㊅ ⇔ ℗ — 🔬 25/500. ⓓ E 𝕍𝕀𝕊𝔸. ※ Rest
M a la carte 30/55 — **283 Z : 564 B** 80/175 - 140/210 Fb — ½ P 100/145.

🏨 **Kneipp-Kurhotel Wiesenbeker Teich** ⑤, Wiesenbek 75 (O: 3 km), ℰ 29 94, ≤, « Gartenterrasse », Bade- und Massageabteilung, ♨, 😑, 🏊, 🌳 — 🛗 📺 ☎ ⇔ ℗. 🆎 ⓓ E 𝕍𝕀𝕊𝔸
M a la carte 32/67 — Le Gourmet (nur Abendessen) M a la carte 42/78 — **39 Z : 66 B** 60/85 - 110/160 — ½ P 80/110.

🏨 **Kneipp-Kurhotel St. Hubertusklause** ⑤, Wiesenbek 16, ℰ 29 55, Bade- und Massageabteilung, ♨, 😑, 🌳 — 🛗 ⇔ ℗. 🆎 E. ※ Zim
M a la carte 25/45 — **31 Z : 38 B** 50/70 - 100/140 Fb — ½ P 65/85.

🏨 **Alexander**, Promenade 4, ℰ 29 23, 🍴, 😑 — 📺 ☎ ⇔ ℗. ⓓ E 𝕍𝕀𝕊𝔸
M (Mittwoch geschl.) a la carte 24/47 — **14 Z : 27 B** 50/70 - 90.

UTERECKEN 6758. Rheinland-Pfalz 987 ㉔. 412 F 18 — 2 300 Ew — Höhe 165 m — ✪ 06382.

nz 83 — Bad Kreuznach 38 — Kaiserslautern 32 — ◆Saarbrücken 85.

🏨 **Pfälzer Hof**, Hauptstr. 12, ℰ 73 38, 😑 — ⇔ ℗. 🆎 ⓓ E 𝕍𝕀𝕊𝔸. ※
1.- 21. Juli geschl. — M (April - Okt. Sonntag ab 14 Uhr, Nov.- März Freitag geschl.) a la carte 18/37 🍷 — **15 Z : 30 B** 48 - 84.

BACH 6610. Saarland 987 ㉔. 412 D 18. 242 ⑥ ⑦ — 22 000 Ew — Höhe 275 m — ✪ 06881.

arbrücken 24 — Saarlouis 20 — St. Wendel 24.

🏨 **Klein**, Marktstr. 2, ℰ 23 05 — ⇔ ℗
(nur Abendessen für Hausgäste) — **14 Z : 20 B** 34/40 - 62/72.

CHBRUCK 8923. Bayern 413 P 23. 426 E 5 — 2 200 Ew — Höhe 730 m — Erholungsort — 08862.

sflugsziel : Wies : Kirche★★ SO : 10 km — 🛈 Verkehrsamt im Rathaus, Flößerstr. 1, ℰ 85 21.

ünchen 103 — Füssen 20 — Landsberg am Lech 47 — Marktoberdorf 20.

🏨 **Königshof** ⑤, Hochbergle 1a, ℰ 71 71, Telex 59755, Fax 8460, ≤, 🍴, Bade- und Massageabteilung, ♨, 😑, 🌳 — 🛗 ☎ ℗ — 🔬 25/100. 🆎 E 𝕍𝕀𝕊𝔸
M a la carte 30/55 — **57 Z : 114 B** 79/89 - 130/150 Fb — ½ P 88/113.

Siehe auch : **Liste der Feriendörfer**

CK 2262. Schleswig-Holstein 987 ④ ⑤ — 7 700 Ew — Höhe 6 m — ✪ 04662.

el 110 — Flensburg 33 — Husum 36 — Niebüll 11.

🏨 **Thorsten** garni, Hauptstr. 31, ℰ 9 63 — 📺 ☎ ℗. 🆎 E 𝕍𝕀𝕊𝔸
18 Z : 30 B 56 - 92.

In Stedesand 2263 SW : 6 km :

🏨 **Deichgraf**, an der B 5, ℰ (04662) 27 50 — ☎ ℗. ※ — **7 Z : 10 B**.

ER 2950. Niedersachsen 987 ⑭ — 30 000 Ew — Höhe 7 m — ✪ 0491.

Verkehrsbüro, Mühlenstraße (am Denkmal), ℰ 6 10 71, Telex 27603, Fax 5628.

annover 234 — Emden 31 — Groningen 69 — Oldenburg 63 — Wilhelmshaven 66.

🏨 **Ostfriesen Hof**, Groninger Str. 109, ℰ 6 30 66, Fax 66300 — 📺 ☎ ㊅ ℗ — 🔬 25/200. 🆎 ⓓ E 𝕍𝕀𝕊𝔸. ※ Zim
M a la carte 25/54 — **30 Z : 64 B** 65/75 - 110/120 Fb.

🏨 **Central-Hotel**, Pferdemarktstr. 47, ℰ 23 71 — 📺 ☎ ⇔ ℗
M a la carte 32/57 — **20 Z : 35 B** 55 - 98/120.

🏨 **Oberlediger Hof**, Bremer Str. 33, ℰ 1 20 72 — 📺 ☎ ℗ — **40 Z : 70 B**.

XX **Zur Waage und Börse**, Neue Str. 1, ℰ 6 22 44, 🍴 — ℗ — 🔬 25/60
(Tischbestellung ratsam).

Nahe der B 70, Richtung Papenburg SO : 4,5 km :

🏨 **Lange**, Zum Schöpfwerk 1, ✉ 2950 Leer-Nettelburg, ℰ (0491) 1 20 11, Fax 12016, ≤, 🍴, 😑, 🏊, 🌳 — 📺 ☎ ⇔ ℗ — 🔬 25/60. 🆎 ⓓ E 𝕍𝕀𝕊𝔸
M (Sonntag geschl.) a la carte 30/55 — **45 Z : 72 B** 75 - 120 Fb.

Nahe der B 75, Richtung Hesel NO : 5 km :

🏨 **Park-Hotel Waldkur** garni, Zoostr. 14, ✉ 2950 Leer-Logabirum, ℰ (0491) 7 10 88, Fax 72742 — 📺 ☎ ℗ — 🔬 40. 🆎 ⓓ E 𝕍𝕀𝕊𝔸
40 Z : 80 B 58/75 - 98/160 Fb.

EEZEN Schleswig-Holstein siehe Segeberg, Bad.

LEHRE 3306. Niedersachsen 987 ⑯ – 10 200 Ew – Höhe 90 m – ✪ 05308.
♦Hannover 72 – ♦Braunschweig 72 – Goslar 58.

In Lehre-Flechtorf NO : 4 km :

🏠 Zum Dorfkrug, Alte Braunschweiger Str. 24, ℘ 39 11 – 📺 ☎ Ⓟ
(nur Abendessen) – **26 Z : 36 B.**

LEHRTE 3160. Niedersachsen 987 ⑮. 412 M 9 – 40 800 Ew – Höhe 66 m – ✪ 05132.
♦Hannover 20 – ♦Braunschweig 47 – Celle 33.

🏨 Alte Post, Poststr. 8, ℘ 40 01, Fax 55151, ⇌s – ☎ Ⓟ – 🔏 25/100 – **40 Z : 58 B** Fb.

In Lehrte-Ahlten SW : 4 km :

🏠 **Zum Dorfkrug,** Hannoversche Str. 29, ℘ 60 03, ⇌s, 🔲 (Gebühr), 🚗 – 📺 ☎ Ⓟ. 🆎 E
1.- 20. Aug. geschl. – **M** *(nur Abendessen, Sonntag geschl.)* a la carte 30/49 – **29 Z : 5**
85/150 - 135/200.

LEICHLINGEN 5653. Nordrhein-Westfalen 412 E 13 – 24 600 Ew – Höhe 60 m – ✪ 02175.
♦Düsseldorf 29 – ♦Köln 23 – Solingen 11.

🏠 **Am Stadtpark,** Am Büscherhof 1a, ℘ 10 18, Fax 72510, 🍴, ⇌s – 🕴 📺 ☎ – 🔏 25/1
🆎 ⑩ E 🆚
M a la carte 34/60 – **35 Z : 60 B** 95/130 - 160/200 Fb.

✗ Bier- und Speisegasthaus Cremer, Bahnhofstr. 11 B, ℘ 9 00 01 – Ⓟ.

In Leichlingen-Witzhelden O : 8,5 km :

✗✗ **Landhaus Lorenzet,** Neuenhof 1, ℘ (02174) 3 86 86, 🍴 – Ⓟ. 🆎 ⑩ E
2.- 26. Jan. geschl. – **M** a la carte 44/74.

LEIDERSBACH 8751. Bayern 412 413 K 17 – 2 500 Ew – Höhe 196 m – ✪ 06092.
♦München 351 – Aschaffenburg 14 – ♦ Frankfurt am Main 51 – ♦Würzburg 75.

In Leidersbach 4 -Volkersbrunn SO : 3 km :

🕊 **Zur Rose,** Volkersbrunner Str. 11, ℘ 2 02, 🍴, ⇌s, 🚗 – ☎ Ⓟ
← 8.- 24. Juni und 25. Juli - 1. Aug. geschl. – **M** *(Donnerstag geschl.)* a la carte 20/42 🍷
8 Z : 15 B 37/50 - 66/94.

LEIMEN 6906. Baden-Württemberg 412 413 J 18 – 18 000 Ew – Höhe 120 m – ✪ 06
(Sandhausen) – ♦Stuttgart 109 – Bruchsal 28 – Heidelberg 7.

🏨 **Seipel** garni, Am Sportpark, ℘ 7 10 89, Fax 71080 – 🕴 📺 ☎ Ⓟ
22. Dez.- 7. Jan. geschl. – **24 Z : 35 B** 89/92 - 125/135 Fb.

🏠 **Zum Bären,** Rathausstr. 20, ℘ 7 60 46, Fax 77958, 🍴 – 🕴 📺 ☎ Ⓟ. 🆎 E 🆚
M *(Montag, Juli - Aug. 2 Wochen und 30. Dez.- 12. Jan. geschl.)* a la carte 32/54 🍷 – **29**
40 B 80/95 - 120/150 Fb.

🏠 **Traube,** St.-Ilgener-Str. 9, ℘ 7 60 86 – ☎. ⑩ E 🆚
23. Juli - 15. Aug. geschl. – **M** *(Sonntag geschl.)* a la carte 30/51 🍷 – **24 Z : 40 B** 50/8
85/135 Fb.

✗ **Seeger's Weinstube,** J.-Reidel-Str. 2, ℘ 7 14 96 – ⑩ E 🆚
Dienstag und Mitte Juli - Mitte Aug. geschl. – **M** a la carte 30/57.

In Leimen-Gauangelloch SO : 8 km :

✗✗ **Zum Schwanen** mit Zim, Hauptstr. 38, ℘ (06226) 32 19, Fax 6919, 🍴, « Geschmackvo
Einrichtung » – 📺 ☎ Ⓟ. 🆎 ⑩ E 🆚 🍴
M *(auch vegetarische Gerichte)* (Samstag bis 18 Uhr und Donnerstag geschl.) a la car
56/78 – **5 Z : 10 B** 125 - 165/175.

In Leimen 2-Lingental O : 3 km :

✗ **Lingentaler Hof** mit Zim, Kastanienweg 2, ℘ 7 19 12, 🍴 – ☎ Ⓟ
Juli - Aug. 4 Wochen geschl. – **M** *(Sonntag 18 Uhr - Montag geschl.)* a la carte 31/63
7 Z : 14 B 72/85 - 108/125 Fb -(Anbau mit 7 Z ab Frühjahr 1991).

In Nußloch 6907 S : 3 km :

🏠 **Felderbock,** Hauptstr. 26, ℘ (06224) 1 20 07, Fax 16553, 🍴 – ☎ Ⓟ. 🆎 E 🆚
M *(Italienische Küche)* (Dienstag geschl.) a la carte 33/67 – **18 Z : 30 B** 74/103 - 118/134 Ff

LEIMERSHEIM 6729. Rheinland-Pfalz 412 413 I 19 – 2 300 Ew – Höhe 110 m – ✪ 07272.
Mainz 126 – ♦Karlsruhe 26 – Landau 26 – ♦Mannheim 55.

✗ **Palmengarten,** Untere Hauptstr. 43, ℘ 84 96
Mittwoch geschl. – **M** a la carte 25/47 🍷.

LEINFELDEN-ECHTERDINGEN Baden-Württemberg siehe Stuttgart.

LEINGARTEN Baden-Württemberg siehe Heilbronn.

LEINSWEILER 6741. Rheinland-Pfalz 412 413 H 19, 242 ⑥, 87 ① — 450 Ew — Höhe 260 m — ✪ 06345 — Mairz 122 — Landau in der Pfalz 9 — Pirmasens 46 — Wissembourg 20.

🏛 **Leinsweiler Hof** ⑤, An der Straße nach Eschbach (S : 1 km), ℰ 36 40, Fax 3614, ≼ Weinberge und Rheinebene, « Gartenterrasse », ≦s, ☒ — ☎ 🐘 🅿 — 🔏 25/40. 🄴. ⛛ Rest
28. Jan.: Feb. geschl. — **M** (Montag geschl.) a la carte 35/59 ⑧ — **41 Z : 80 B** 65/85 - 130/150 Fb.

🏠 **Rebmann**, Weinstr. 8, ℰ 25 30, 🍴 — ☎ ☎ 🄴
15. Jan.· 15. Feb. geschl. — **M** (auch vegetarische Gerichte) (Mittwoch geschl.) a la carte 28/58 ⑧ — **11 Z : 20 B** 45/60 - 85/120.

LEIPHEIM 8874. Bayern 413 N 21, 987 ㉟ — 5 800 Ew — Höhe 470 m — ✪ 08221 (Günzburg).
◆München 117 — ◆Augsburg 59 — Günzburg 5 — ◆Ulm (Donau) 24.

🏠 **Zur Post**, Bahnhofstr. 6, ℰ 7 20 03, Telex 531645, Fax 71630, 🍴 — ⎢⎥ ☎ ☎ 🐘 🅿 — ➡ 🔏 25/6). 🄰🄴 🄴 🆅🅸🆂🅰
M a la carte 20/44 ⑧ — **56 Z : 100 B** 56/60 - 95/125 Fb.

An der Autobahn A 8 Richtung Augsburg :

🏠 **Rasthaus und Motel Leipheim**, ⊠ 8874 Leipheim, ℰ (08221) 7 20 37, 🍴 — 🅿
M (auch vegetarische Gerichte) a la carte 22/47 — **27 Z : 54 B** 45 - 89.

LEIPZIG 7010 Sachsen 984 ⑥, 987 ⑰ — 530 000 Ew — Höhe 88 m — ✪ 003741.

Sehenswert : Altes Rathaus★ BY — Thomaskirche★ BY — Alte Börse★ (Naschmarkt) BY E — Nikolaikirche CY — Karl-Marx-Platz (Neues Gewandhaus) CY — Ägyptisches Museum BZ M1 — Grassi-Museum DY M — Georgi-Dimitroff-Museum und Museum der bildenden Künste★★ BZ M2.
🛬 Leipzig-Schkeuditz (NW : 15 km), ℰ 39 13 65. Interflug-Stadtbüro, Sachsenplatz 1, ℰ 28 62 46 — Messegelände, Universitätsstr. 5 (Informationszentrum), ℰ 29 53 36. Messeamt, Markt 11, ℰ 7 18 10, Telex 512294, Fax 7181575.
◆Berlin - Ost 165 — ◆Dresden 109 — Erfurt 126.

Stadtplan siehe nächste Seite.

🏨 **Merkur**, Gerberstr. 15, ℰ 79 90, Telex 512609, Fax 7991229, 🍴, Massage, ≦s, ☒ — ⎢⎥ ▤ ▥ ▦ 🐘 🅿 — 🔏 30/350. 🄰🄴 🄾 🄴 🆅🅸🆂🅰 BX **a**
M (auch vegetarische Gerichte) a la carte 27/82 — **440 Z : 720 B** 220/260 - 295 Fb — 13 Appart. 410/820.

🏛 **Astoria**, Platz der Republik 2, ℰ 7 22 20, Telex 51535, Fax 7224747, Massage, ≦s — ⎢⎥ ▤ Rest ▥ 🐘 ▦ — 🔏 30/100 CX **b**
M a la carte 30/76 — **305 Z : 420 B** 145/160 - 200/250 Fb — 5 Appart. 300/400.

🏠 **Gästehaus am Park**, Schwägrichstr. 14, ℰ 3 93 90, Telex 512301, Fax 326098, 🍴, « Park » — ⎢⎥ ▥ ☎ ▦ 🐘 🅿 — 🔏 30/100 über Harkortstraße BZ
M a la carte 18/44 — **35 Z : 70 B** 189/289 - 309 Fb — 5 Appart. 400.

🏠 **Stadt Leipzig**, Richard-Wagner-Str. 1, ℰ 28 88 14, Telex 51426, Fax 284037, ≦s — ⎢⎥ ▥ ☎ 🅿 — 🔏 25/120. 🄰🄴 🄾 🄴 🆅🅸🆂🅰 CY **d**
M a la carte 24/60 — **348 Z : 384 B** 120/205 - 230 Fb.

🏠 **Deutschland**, Karl-Marx-Platz, ℰ 7 95 20, Telex 51559, Fax 289165 — ⎢⎥ ▥ ☎. 🄰🄴 🄾 🄴 🆅🅸🆂🅰. ⛛. CY **f**
M a la carte 23/62 — **275 Z : 400 B** 115/185 - 205 Fb — 8 Appart. 295.

🏠 **Zum Löwen**, Rudolf-Breitscheid-Str. 1, ℰ 7 22 30 — ⎢⎥ ▤ Rest ▥ ☎. 🄰🄴 🄾 🄴 🆅🅸🆂🅰 CX **g**
M a la carte 24/47 — **110 Z : 177 B** 90/110 - 160/230 Fb.

🏠 **International**, Tröndlinring 8, ℰ 7 18 80 — ⎢⎥ ☎ ☎ BX **h**
M a la carte 24/65 — **85 Z : 110 B** 95/155 - 145/205 Fb — 2 Appart. 280.

🏠 **Continental**, Georgiring 13, ℰ 75 66 — ⎢⎥ ☎. 🄰🄴 🄾 🄴 🆅🅸🆂🅰 CX **e**
M a la carte 22/41 — **52 Z : 97 B** 97 - 143 Fb.

🍴🍴 **Panorama-Restaurant** (Restaurant in 110 m Höhe, ⎢⎥ DM 1,50), Karl-Marx-Platz 9, ℰ 74 66, ≼Leipzig — ▤ CY **k**
M a la carte 35/61.

🍴🍴 **Falstaff**, Georgiring 9, ℰ 28 64 03 CY **m**
Montag geschl. — **M** a la carte 22/56.

🍴🍴 **Plovdiv** (Bulgarisches Nationalitäten-Restaurant), Katharinenstr. 17, ℰ 20 92 27 BY **p**
M (auch vegetarische Gerichte) 70 und a la carte 29/64.

🍴 **Auerbachs Keller**, Grimmaische Str. 2, ℰ 20 91 31 BY
Sonntag bis 16 Uhr und Montag ab 16 Uhr geschl. — **M** a la carte 21/49.

🍴 **Apels Garten**, Kolonnadenstr. 2, ℰ 28 50 93, 🍴 AY **q**
Samstag bis 18 Uhr und Sonntag ab 16 Uhr geschl. — **M** a la carte 18/42.

🍴 **Ratskeller**, Lotterstr. 1 (Neues Rathaus), ℰ 7 91 35 91 BZ **n**
Montag ab 15 Uhr geschl. — **M** a la carte 13/43.

🍴 **Thüringer Hof**, Burgstr. 19, ℰ 20 98 84 BY **r**
M a la carte 14/30.

🍴 **Kaffeebaum** (Historisches Bürgerhaus a.d. 15. Jh.), Kleine Fleischergasse 4, ℰ 20 04 52 BY **s**
M a la carte 19/37.

497

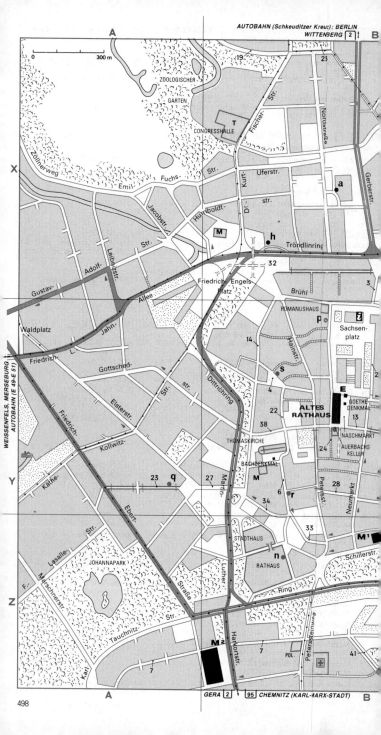

A

B

0   300 m

ZOOLOGISCHER
GARTEN

19

25

Fischer- Str.

Nordstraße

CONGRESSHALLE

T

X

Zöllnerweg

Emil   Fuchs-   Str.

Jacobstr.

Uferstr.

Dr.- Kurt- str.

Gerberstr.

a

Humboldt-

M

h

Tröndlinring

Gustav-

Adolf-

Leibnizstr.

Str.

Allee

Friedrich- Engels-
Platz

Brühl

3

Jahn-

ROMANUSHAUS

p

i

14

Waldplatz

Hainstr.

Sachsen-
platz

Friedrich-

Gottsched-

Str.

str.

Dittrichring

S

4

E

2

Elsterstr.

22

ALTES
RATHAUS

GOETHE-
DENKMAL

13

Friedrich-

Kollwitz-

38

THOMASKIRCHE

BACHDENKMAL

M

24

NASCHMARKT
AUERBACHS
KELLER

Y

Käthe-

23

q

27

Martin-

6

r

34

Pegraustr.

28

Neumarkt

Ebert-

Lasalle-

Str.

JOHANNAPARK

STADTHAUS

RATHAUS

n

33

Luther-

Ring

Schillerstr.

M¹

F.-

Marscherstr.

Str.

Straße

M²

Harkortstr.

7

POL.

Petersteinweg

41

Karl-

Tauchnitz-

Str.

7

A

B

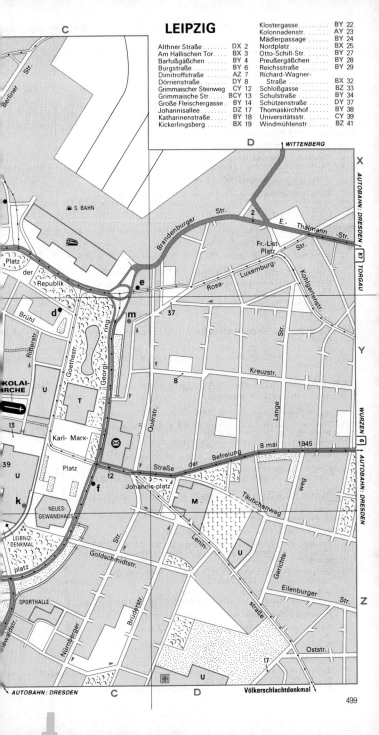

LEIPZIG

WITTENBERG

AUTOBAHN: DRESDEN / 87 TORGAU

WURZEN / 6 → AUTOBAHN: DRESDEN

S. BAHN

Berliner Str.

Brandenburger Str.

E.- Thälmann -Str.

Fr.-List Platz

Rosa- Luxemburg- Str.

Kohlgartenstr.

Platz der Republik

Brühl

Ritterstr.

Goethestr.

Georgi- ring

37

e

d

m

8

NIKOLAI-KIRCHE

U

13

T

Kreuzstr.

Lange

Querstr.

Karl- Marx-

8 mai 1945

39

U

Platz

12

Straße der Befreiung

Weg

f

Johannis-platz

Täubchenweg

k

NEUES-GEWANDHAUS

M

LEIBNIZ-DENKMAL

platz

Lenin-

U

Str.

Gerichts-

SPORTHALLE

Goldschmidtstr.

Eilenburger Str.

Nürnberger

Bruderstr.

straße

Oststr.

17

U

Völkerschlachtdenkmal

AUTOBAHN: DRESDEN

X

Y

Z

C

D

499

LEIWEN 5501. Rheinland-Pfalz **412** D 17 — 1 700 Ew — Höhe 114 m — ✪ 06507 (Neumagen-Dhron).
Mainz 142 — Bernkastel-Kues 29 — ♦Trier 33.

🏠 Weinhaus Weis, Römerstr. 10, ℰ 30 48, 佘, ≦s, ◻, 舟 — 🛗 📺 ☎ ❷
18 Z : 32 B Fb.

Außerhalb 0 : 2,5 km :

🏠 **Zummethof** ⑤, Panoramaweg 1, ⊠ 5501 Leiwen, ℰ (06507) 30 44, Fax 304
≼ Trittenheim und Moselschleife, « Terrasse », ≦s — ☎ ❷ — 🛏 25/80
7. Jan.- Feb. geschl. — **M** a la carte 23/51 ♨ — **24 Z : 52 B** 53/62 - 90/108.

LEMBERG 6786. Rheinland-Pfalz **412** **413** F 19, **242** ⑫, **87** ⑳ — 4 000 Ew — Höhe 320 m —
Erholungsort — ✪ 06331 (Pirmasens).
Mainz 129 — Landau in der Pfalz 42 — Pirmasens 5,5.

✗ **Gasthaus Neupert**, Hauptstr. 2, ℰ 4 92 36 — ❷
➡ *Mittwoch und 15. Jan.- 5. Feb. geschl.* — **M** a la carte 21/45.

In Lemberg-Langmühle SO : 2,5 km :

🛊 **Zum Grafenfels** ⑤, Salzbachstr. 33, ℰ 4 92 41, 佘 — ❷
➡ *Dez.- Feb. geschl.* — **M** *(Donnerstag - Freitag geschl.)* a la carte 16/34 ♨ — **18 Z : 32 B** 28/3
- 50/64 — ½ P 38/45.

LEMBRUCH 2841. Niedersachsen — 900 Ew — Höhe 40 m — Erholungsort — ✪ 05447.
♦Hannover 119 — ♦Bremen 77 — ♦Osnabrück 42.

🏨 **Seeschlößchen**, Große Str. 154, ℰ 12 12, 佘, ≦s — 📺 ☎ ♿ ❷ — 🛏 25/100. ⌶ ⓘ ▮
VISA
M a la carte 25/58 — **20 Z : 40 B** 79/89 - 118/128 Fb — 2 Fewo 80/90 — ½ P 81/101.

🏨 **Seeblick** ⑤, Birkenallee 44, ℰ 2 13, ≼, 佘, ≦s — 📺 ☎ ⇐⇒ ❷. ⓘ E
M *(Nov.- April Freitag geschl.)* a la carte 29/59 — **24 Z : 42 B** 58/78 - 98/138 Fb — ½ P 53/93.

🏠 **Strandlust** ⑤, Seestr. 1, ℰ 2 51, Fax 656, ≼, 佘, 舟 — 📺 ☎ ❷. ⌶ E. ⅏ Zim
Mitte Dez.-Mitte Jan. geschl. — **M** *(Okt.- April Dienstag geschl.)* a la carte 29/51 — **12 Z :
21 B** 58/85 - 95/125.

✗✗✗ ✿ **Landhaus Götker**, Tiemanns Hof 1, ℰ 12 57, bemerkenswerte Weinkarte — ❷. ⌶ ⓘ
E **VISA**
Montag - Dienstag 18 Uhr und 2.- 19. Jan. geschl. — **M** 50/130 und a la carte 60/91
Spez. Terrine vom Dümmerhecht, Dümmer-Zander auf Gurken mit Wermutsauce, Wildhasenrücken m
Civetsauce.

LEMFÖRDE 2844. Niedersachsen **987** ⑭, **412** I 9 — 2 100 Ew — Höhe 44 m — ✪ 05443.
♦Hannover 126 — ♦Bremen 84 — ♦Osnabrück 36.

In Lemförde-Stemshorn SW : 2,5 km :

🏨 **Tiemanns-Hotel**, An der Brücke 26, ℰ 5 38, Fax 2809, « Kleiner Garten, Terrasse » — 📺
☎ ⇐⇒ ❷ — 🛏 25/50. ⌶ ⓘ E **VISA**
Menu 22/68 und a la carte 34/56 — **28 Z : 48 B** 60/75 - 90/130 Fb.

In Hüde-Sandbrink 2844. NW : 3,5 km — Erholungsort :

🛊 **Gästehaus Sandbrink**, Sandbrinker Weg 42, ℰ (04543) 6 58, 佘, ≦s — ❷
➡ *Jan. geschl.* — **M** *(Mittwoch geschl.)* a la carte 17/41 — **16 Z : 32 B** 50 - 80.

LEMGO 4920. Nordrhein-Westfalen **987** ⑮, **412** J 10 — 39 600 Ew — Höhe 98 m — ✪ 05261.
Sehenswert : Marktplatz (Rathaus★★, Steingiebelhäuser).
🛈 Verkehrsamt, Papenstr. 7, ℰ 21 33 47.
♦Düsseldorf 198 — Bielefeld 29 — Detmold 12 — ♦Hannover 88.

🏨 **Stadtpalais** (Adelshof a.d. 16. Jh.), Papenstr. 24, ℰ 1 04 81 — 📺 ☎ ⇐⇒ ❷. ⓘ E **VISA** ⅏
24. Dez.- 5. Jan. geschl. — **M** *(nur Abendessen, Mittwoch geschl.)* a la carte 28/50 — **24 Z
46 B** 65/115 - 115/175 Fb.

🏠 **Lemgoer Hof**, Detmolder Weg 14 (B 238), ℰ 7 11 97 — ☎ ❷
(nur Abendessen) — **12 Z : 24 B** Fb.

✗✗ **In der Neustadt**, Breite Str. 40, ℰ 52 19 — E
Donnerstag und Juli - Aug. 3 Wochen geschl. — **M** a la carte 31/70.

In Lemgo 2-Kirchheide N : 8 km :

🏨 **Im Borke**, Salzufler Str. 132, ℰ (05266) 18 85, Fax 1231, ≦s, 舟 — ☎ ❷ — 🛏 25/100. E
⅏ Zim
M *(Mittwoch geschl.)* a la carte 24/51 — **41 Z : 70 B** 60 - 100/110 Fb.

In Lemgo 2-Matorf N : 5,5 km :

🏨 **Gasthof Hartmann - Hotel An der Ilse**, Vlothoer Str. 77, ℰ (05266) 80 90, Fax 1071
➡ ≦s, ◻, 舟 — 📺 ☎ ♿ ❷ — 🛏 25/50
M *(Dienstag geschl.)* a la carte 21/45 — **46 Z : 74 B** 39/49 - 72/85 Fb — 2 Fewo 74/86.

LENGERICH 4540. Nordrhein-Westfalen **987** ⑭, **412** G 10 − 21 000 Ew − Höhe 80 m − ✪ 05481.

🛈 Städt. Verkehrsamt, Rathausplatz 1, ℰ 3 74 71.

◆Düsseldorf 173 − Bielefeld 57 − Münster (Westfalen) 39 − ◆Osnabrück 17.

🏠 **Zur Mühle**, Tecklenburger Str. 29, ℰ 63 15 − 📺 ☎ ⇐ 🅿. ⚏ ⑩ E 𝘝𝘐𝘚𝘈
   Aug. 3 Wochen geschl. − **M** *(Dienstag geschl.)* a la carte 27/54 − **17 Z : 30 B** 35/70 - 75/120.

🏠 **Heckmann**, Lienener Str. 35, ℰ 40 88 − ☎ ⇐ 🅿. E
   22. Juli - 11. Aug. geschl. − **M** *(Sonntag geschl.)* a la carte 23/45 − **10 Z : 15 B** 43/50 - 78/92.

🏠 **Haus Werlemann**, Altstadt 8, ℰ 10 55 − ⇐ 🅿. ⚏ ⑩ E 𝘝𝘐𝘚𝘈
➡ **M** *(Sonntag ab 15 Uhr und Freitag geschl.)* a la carte 20/46 − **17 Z : 26 B** 40/52 - 76/95.

XX Römer, Rathausplatz 5 (1. Etage), ℰ 3 78 50 − ⚘.

   In Lengerich-Ringel S : 6,5 km :

🏠 Waldhotel Hilgemann ⅀, Ringeler Str. 197, ℰ (05484) 10 92, 🌫, ⚘ − 🅿
   (nur Abendessen) − **10 Z : 22 B**.

LENGGRIES 8172. Bayern **413** R 23, **987** ㊲, **426** G 5 − 8 200 Ew − Höhe 679 m − Luftkurort − Wintersport : 680/1 700 m ✦1 ✧20 ✧3 − ✪ 08042.

🛈 Verkehrsamt, Rathausplatz 1, ℰ 29 77, Fax 4435 − ◆München 60 − Bad Tölz 9 − Innsbruck 88.

🏨 **Brauneck-Hotel**, Münchner Str. 25, ℰ 50 20, ≤, Biergarten, 🖙 − 📳 📺 ☎ ⇐ 🅿 −
   ⚒ 25/200. ⚏ ⑩ E 𝘝𝘐𝘚𝘈. ⚘ Rest
   M a la carte 30/53 − **107 Z : 198 B** 115/130 - 160/175 Fb − 7 Appart. 200/250 − ½ P 110/160.

🏠 Alpenrose garni, Brauneckstr. 1, ℰ 80 61, 🖙, ⚘ − ☎ 🅿
   21 Z : 38 B.

🏠 **Altwirt**, Marktstr. 13, ℰ 80 85, 🌫, 🖙 − ☎ ⇐ 🅿
   12. Nov.- 20. Dez. geschl. − **M** *(Montag geschl.)* a la carte 25/46 ⚖ − **21 Z : 35 B** 48/54 - 76/86 Fb − ½ P 58/74.

🏠 **Gästehaus Seemüller** ⅀ garni, Oberreiterweg 3, ℰ 27 81, 🖙, 🔲, ⚘ − 📺 ☎ ⇐ 🅿
   13 Z : 23 B 50/90 - 100/110 Fb.

🏠 Zur Post, Marktstr. 3, ℰ 24 54, 🌫 − ⇐ 🅿. ⚘ Zim − **20 Z : 38 B**.

   In Lenggries-Fleck S : 3 km :

🏠 **Alpengasthof Papyrer**, Fleck 5, ℰ 24 67, 🌫, ⚘ − 📺 ☎ 🅿. ⚏ E 𝘝𝘐𝘚𝘈
   M *(Montag geschl.)* a la carte 25/54 − **15 Z : 30 B** 55/65 - 90/120 − ½ P 70/90.

LENNESTADT 5940. Nordrhein-Westfalen **987** ㉔, **412** H 13 − 27 000 Ew − Höhe 285 m − ✪ 02723 − 🛈 Verkehrsamt, Rathaus, Helmut-Kumpf-Str. 25 (Altenhundem), ℰ 60 88 01.

◆Düsseldorf 130 − Meschede 48 − Olpe 19.

   In Lennestadt 16-Bilstein SW : 6 km ab Altenhundem :

🏨 **Faerber-Luig**, Freiheit 42, ℰ (02721) 8 00 08, Fax 82025, 🖙, 🔲 − 📳 📺 🅿 − ⚒ 25/80.
   ⑩ 𝘝𝘐𝘚𝘈
   Juli 2 Wochen geschl. − **M** a la carte 40/70 − **75 Z : 130 B** 79/136 - 139/210 Fb.

   In Lennestadt 11-Bonzel W : 9 km ab Altenhundem :

🏠 **Haus Kramer**, Bonzeler Str. 7, ℰ (02721) 8 12 23, 🖙, 🔲 − 📺 ☎ 🅿 − ⚒ 60. ⚘ Rest
➡ *Jan.- Feb. 2 Wochen geschl.* − **M** *(Montag geschl.)* a la carte 20/40 − **28 Z : 50 B** 46/52 - 76/98.

   In Lennestadt 1-Gleierbrück O : 6 km ab Altenhundem :

🏠 Pieper, Gleierstr. 2, ℰ 82 11, Fax 80217, 🖙, 🔲, ⚘ − 📳 🅿 − **24 Z : 46 B**.

   In Lennestadt-Kirchveischede SW : 7 km ab Altenhundem :

🏠 **Landgasthof Laarmann**, Westfälische Str. 52, ℰ (02721) 8 13 30, Fax 81499 − 📺 ☎ ⇐
   🅿 − ⚒ 40. ⚏ ⑩ E 𝘝𝘐𝘚𝘈
   Jan.- Feb. 3 Wochen geschl. − **M** a la carte 40/77 − **20 Z : 37 B** 55/70 - 98/160 Fb.

   In Lennestadt-Oedingen NO : 11 km ab Altenhundem :

🏠 **Haus Buckmann**, Rosenweg 10, ℰ (02725) 2 51, 🌫, 🖙, ⚘ − ⇐ 🅿
   M *(Mittwoch geschl.)* a la carte 38/64 − **12 Z : 21 B** 42 - 78 Fb.

   In Lennestadt 1-Saalhausen O : 8 km ab Altenhundem − Luftkurort :

🏨 **Haus Hilmeke** ⅀, (O : 1 km), ℰ 81 71, ≤, 🌫, 🖙, 🔲, ⚘ − 📳 ☎ ⇐ 🅿. ⚘ Zim
   4. Nov.- 25. Dez. geschl. − **M** a la carte 26/50 − **27 Z : 45 B** 64/87 - 98/134.

🏨 **Voss**, Winterberger Str. 36, ℰ 81 14, 🌫, 🔲, ⚘ − 📳 ☎ ⇐ 🅿 − ⚒ 30. ⚘
   Ende Nov.- 25. Dez. geschl. − **M** *(Mittwoch ab 14 Uhr geschl.)* a la carte 26/55 − **19 Z : 33 B** 60/80 - 120/140 − ½ P 80/100.

🏠 **Haus Rameil**, Winterberger Str. 49 (B 236), ℰ 81 09, 🖙, ⚘ − 📳 🅿. ⑩ E
   Nov.- Dez. 3 Wochen geschl. − **M** *(Montag ab 14 Uhr, außer Saison Montag ganztägig geschl.)* a la carte 22/43 − **17 Z : 28 B** 45/53 - 80/105.

501

LENNINGEN 7318. Baden-Württemberg **𝟜𝟙𝟛** L 21 − 8 000 Ew − Höhe 530 m − Wintersport : 700/870 m ✂3 − ✪ 07026.

♦Stuttgart 44 − Reutlingen 27 − ♦Ulm (Donau) 66.

In Lenningen 3-Schopfloch :

✗ **Sommerberg** ⏱, Kreilerstr. 4, ✆ 21 07, ≼, 𝕬 − **⊕**. **E**
Montag 18 Uhr - Dienstag geschl. − **M** a la carte 27/49.

In Lenningen 2-Unterlenningen :

✗ **Lindenhof**, Kirchheimer Str. 29, ✆ 29 30 − **⊕**
Montag 14 Uhr - Dienstag, Ende Feb.- Mitte März und Ende Aug.- Mitte Sept. geschl. − **M** a la carte 32/57.

LENZFRIED Bayern siehe Kempten (Allgäu).

LENZKIRCH 7825. Baden-Württemberg **𝟜𝟙𝟛** H 23, **𝟡𝟠𝟟** ⊛, **𝟜𝟚𝟟** I 2 − 4 500 Ew − Höhe 810 m − Heilklimatischer Kurort − Wintersport : 800/1 192 m ✂5 ⸉8 − ✪ 07653.

🛈 Kurverwaltung, Kurhaus am Kurpark, ✆ 6 84 39, in Saig : Rathaus, ✆ 7 86, in Kappel : Rathaus, ✆ 3 09.

♦Stuttgart 158 − Donaueschingen 35 − ♦Freiburg im Breisgau 40 − Schaffhausen 50.

🏨 **Schwarzwaldhotel und Ferienpark Ruhbühl** ⏱ (O : 3 km, Richtung Bonndorf), ✆ 8 21, Telex 7722360, Fax 6643, ≼, 𝕬, 𝕤, ⬚, 𝕎, ⅍ − 𝕤 𝕋𝕍 𝕭 ⊕ 𝔸𝔼 **E** 𝕍𝕀𝕊𝔸
Nov.- Dez. 4 Wochen geschl. − **M** a la carte 30/62 − **38 Z : 76 B** 110/150 - 175/250 Fb − 30 Fewo und 40 Bungalows 65/140 − ½ P 100/155.

🏨 **Ursee** ⏱, Grabenstr. 18, ✆ 68 80, Fax 688188, ≼, 𝕬, 𝕤, 𝕎 − 𝕤 𝕋𝕍 ☎ 𝕭 ⊕ − 🏩 30. 𝔸𝔼 ⓞ **E** 𝕍𝕀𝕊𝔸
Mitte - Ende Jan. und Ende Nov.- Mitte Dez. geschl. − **M** *(Montag geschl.)* a la carte 33/60 ◊ − **49 Z : 82 B** 63/69 - 116/148 Fb − ½ P 86/97.

In Lenzkirch-Kappel NO : 3 km − Luftkurort :

🏨 **Zum Pfauen**, Mühlhaldenweg 1, ✆ 7 88, ≼, 𝕬, 𝕤, 𝕎 − 𝕤 ⊕. ⓞ **E**
Mitte - Ende April und 18. Nov.- 18. Dez. geschl. − **M** *(Montag geschl.)* a la carte 29/46 ◊ − **25 Z : 50 B** 40/46 - 76/88 Fb − ½ P 58/64.

🏨 **Straub** ⏱, Neustädter Str. 3, ✆ 2 22, ≼, 𝕤, 𝕎 − 𝕭 ⇐ ⊕. **E**
← *Mitte Nov.- Mitte Dez. geschl.* − **M** *(Samstag geschl.)* a la carte 21/45 ◊ − **35 Z : 57 B** 45/84 - 80/104 Fb − 15 Fewo 42/140 − ½ P 56/73.

In Lenzkirch-Raitenbuch W : 4 km :

🏨 **Grüner Baum** ⏱, Raitenbucher Str. 17, ✆ 2 63, ≼, 𝕎 − ⇐ ⊕
8.- 30. April und 2. Nov.- 20. Dez. geschl. − **M** *(Montag geschl.)* a la carte 22/43 ◊ − **18 Z : 35 B** 41/48 - 78/84 Fb − ½ P 54/63.

In Lenzkirch-Saig NW : 7 km − Heilklimatischer Kurort :

🏨 **Kur- und Sporthotel Saigerhöh** ⏱, ✆ 68 50, Telex 7722314, Fax 741, ≼, 𝕬, Bade- und Massageabteilung, ♨, 𝕤, ⬚, 𝕎, ⅍ (Halle) − 𝕤 ⇆ Zim 𝕋𝕍 𝕭 🚶 ⇐ ⊕ − 🏩 25/90. 𝔸𝔼 ⓞ **E** 𝕍𝕀𝕊𝔸
M *(auch vegetarische Gerichte)* a la carte 32/75 − **105 Z : 165 B** 76/113 - 148/216 Fb − 24 Appart. 256/276 − ½ P 104/143.

🏨 **Ochsen** (Schwarzwaldgasthof a.d. 17. Jh.), Dorfplatz 1, ✆ 7 35, Fax 6091, 𝕤, ⬚, 𝕎, ⅍ − 𝕤 ☎ ⇐ ⊕. **E**
8.- 24. April und 25. Nov.- 17. Dez. geschl. − **M** *(Dienstag - Mittwoch 17 Uhr geschl.)* a la carte 26/55 ◊ − **35 Z : 65 B** 69/82 - 100/164 Fb − ½ P 69/93.

🏨 **Hochfirst**, Dorfplatz 5, ✆ 7 51, « Gartenterrasse », 𝕤, ⬚, 𝕎 − ☎ ⇐ ⊕. 𝔸𝔼 ⓞ **E** 𝕍𝕀𝕊𝔸
8. April - 4. Mai und 4. Nov.- 21. Dez. geschl. − **M** *(Donnerstag geschl.)* a la carte 23/49 ◊ − **25 Z : 45 B** 36/70 - 78/170 Fb − ½ P 63/94.

🏨 **Café Alpenblick** ⏱, Titiseestr. 17, ✆ 7 30, ≼, 𝕎 − ⇐ ⊕
(Restaurant nur für Hausgäste) − **16 Z : 25 B** 40/45 - 80/90 Fb − 4 Fewo 85/110.

🏨 **Sporthotel Sonnhalde** ⏱, Hochfirstweg 24, ✆ 8 08, ≼, 𝕬, 𝕤, ⬚, 𝕎 − ☎ ⊕ − 🏩 25/70
10. Nov.- 20. Dez. geschl. − **M** *(Montag geschl.)* a la carte 23/44 ◊ − **35 Z : 70 B** 42/77 - 60/130 Fb − ½ P 45/80.

LEONBERG 7250. Baden-Württemberg **𝟜𝟙𝟛** JK 20, **𝟡𝟠𝟟** ⊛ − 40 200 Ew − Höhe 385 m − ✪ 07152.

♦Stuttgart 20 − Heilbronn 55 − Pforzheim 33 − Tübingen 43.

In Leonberg-Eltingen :

🏨 **Hirsch**, Hindenburgstr. 1, ✆ 4 30 71, Telex 7245714, Fax 73590, « Weinstube mit Innenhof », 𝕤 − 𝕤 𝕋𝕍 ☎ ⊕ − 🏩 30. 𝔸𝔼 ⓞ **E** 𝕍𝕀𝕊𝔸
M a la carte 32/63 − **69 Z : 100 B** 65/110 - 100/180 Fb.

🏨 **Kirchner**, Leonberger Str. 14, ✆ 6 06 30, Fax 606360 − 𝕤 ☎ ⊕ − 🏩 45. 𝔸𝔼 **E** 𝕍𝕀𝕊𝔸
M *(Samstag und 3.- 25. Aug. geschl.)* 12/23 (mittags) und a la carte 30/60 − **37 Z : 57 B** 85/115 - 115/160 Fb.

502

In Leonberg-Höfingen N : 4 km :

XX ⊗ **Schloß Höfingen** mit Zim (Schloß a.d. 11.Jh.), Am Schloßberg 17, ℰ 2 10 49 − 🔟 ☎
℗, AE ① E VISA
Juli - Aug. 4 Wochen geschl. − **M** (Samstag bis 18 Uhr und Dienstag geschl.) 69/115 und a
la carte 55/85 − **8 Z : 13 B** 90 - 135 Fb
Spez. Steinbutt mit Basilikumravioli in Tomatenbutter, Ochsenschwanz in Trollingersauce, Kaninchenrücken
im Kartoffelmantel mit Trüffeljus.

In Leonberg-Ramtel :

🏨 **Eiss**, Neue Ramtelstr. 28, ℰ 2 00 41, Telex 724141, Fax 42134, 㵆, ⇔s − 🛗 🔟 ⇔ ℗ −
🔬 25/150. AE ① E VISA
M a la carte 41/87 − **86 Z : 120 B** 142/190 - 200/280 Fb − 3 Appart. 450.

In Leonberg-Warmbronn SW : 6 km, über die B 295 :

X **Grüner Baum**, Büsnauer Str. 2, ℰ 4 31 36 − ℗
↦ Mittwoch - Donnerstag 17 Uhr und Juli - Aug. 3 Wochen geschl. − **M** a la carte 20/56 ⅃.

Im Glemstal SO : 4 km :

🏠 **Glemseck**, ⊠ 7250 Leonberg-Eltingen, ℰ (07152) 4 31 34, 㵆, Biergarten − ☎ ⇔ ℗ −
🔬 25/100 AE ① E VISA
M (Montag geschl.) a la carte 23/54 − **16 Z : 22 B** 75/85 - 120/150 Fb.

In Renningen 7253 SW : 6,5 km :

🏠 **Gästehaus am Kirchplatz** garni, Kleine Gasse 6, ℰ (07159) 60 78 − 🔟 ☎ ℗
8 Z : 12 B.

LEONI Bayern siehe Berg.

LEUN 6337. Hessen 412 413 I 15 − 5 000 Ew − Höhe 140 m − ✪ 06473.
♦ Wiesbaden 80 − ♦ Frankfurt am Main 83 − Gießen 27.

🏞 **Leuner Hof** ⤳, Vogelsang 4, ℰ 4 22, 㵆 − ⇔ ℗. ✻ Zim
↦ 2.- 10. Jan. und 15. Juli - 5. Aug. geschl. − **M** (Freitag geschl.) a la carte 18/35 − **11 Z : 15 B**
30/35 - 60/70.

LEUTERSHAUSEN Baden-Württemberg siehe Hirschberg.

LEUTESDORF 5458. Rheinland-Pfalz 412 F 15 − 2 300 Ew − Höhe 65 m − ✪ 02631 (Neuwied).
Mainz 119 − ♦Bonn 45 − ♦Koblenz 27 − Neuwied 9.

🏠 **Im Frontal** garni, Im Frontal 18, ℰ 7 17 68, ⇔s, ⌧ − 🔟 ⇔ ℗
17 Z : 31 B.

LEUTKIRCH 7970. Baden-Württemberg 413 N 23, 987 ㉜, 426 C 5 − 20 000 Ew − Höhe 655 m
− ✪ 07561.
🔰 Gästeamt, Gänsbühl 6, ℰ 8 71 54, Fax 87184.
♦Stuttgart 171 − Bregenz 50 − Kempten (Allgäu) 31 − ♦Ulm (Donau) 79.

🏠 **Zum Rad**, Obere Vorstadtstr. 5, ℰ 20 66 − ☎ ⇔ ℗
30 Z : 45 B.

🏠 **Mohren**, Wangener Str. 1, ℰ 24 00, 㵆 − ⇔ ℗
↦ Okt. 2 Wochen geschl. − **M** (Dienstag geschl.) a la carte 18/36 − **9 Z : 16 B** 40/50 - 75/85.

In Leutkirch 1-Adrazhofen SO : 2,5 km :

XX Schneiders Adler, Rathausstr. 29, ℰ 36 00, 㵆 − ℗ − 🔬 25/50.

LEVERKUSEN 5090. Nordrhein-Westfalen 987 ㉔, 412 D 13 − 157 000 Ew − Höhe 45 m −
✪ 0214.
Sehenswert : Agfa-Gevaert-Fotohistorama★ AY M.
🔰 Information im Stadthaus, Friedrich-Ebert-Platz 1, ℰ 3 52 83 16.
ADAC, Dönhoffstr. 10, ℰ 4 50 89, Notruf ℰ 1 92 11.
♦Düsseldorf 33 ① − ♦Köln 16 ⑥ − Wuppertal 41 ①.

Stadtplan siehe nächste Seite.

🏨 **Ramada**, Am Büchelter Hof 11, ℰ 38 30, Telex 8510238, Fax 383800, 㵆, ⇔s, ⌧ − 🛗
✻ Zim 🍴 🔟 ⇔ ℗ − 🔬 25/200. AE ① E VISA. ✻ Rest   AZ **h**
M (auch vegetarische Gerichte) a la carte 45/77 − **202 Z : 404 B** 197/302 - 260/464 Fb.

🏨 **City Hotel** garni, Wiesdorfer Platz 8, ℰ 4 20 46, Telex 8510244, Fax 43025 − 🛗 ✻ Zim 🔟
☎ − 🔬 3. AE ① E VISA   AZ **e**
71 Z : 140 B 114/295 - 168/320 Fb.

XX **La Concorde**, Hardenbergstr. 91, ℰ 6 39 38 − ① E VISA   AY **s**
Samstag bis 18 Uhr, Sonntag und Juli - Aug. 3 Wochen geschl. − **M** a la carte 45/78.

LEVERKUSEN

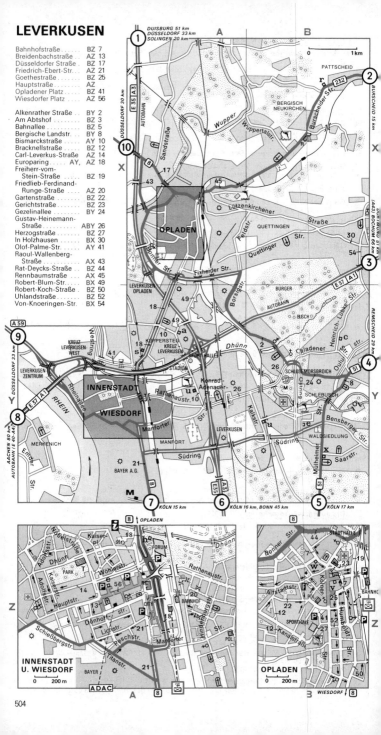

504

In Leverkusen-Fettehenne über ④ :

🏠 **Fettehenne** garni, Berliner Str. 40 (B 51), 𝒫 9 10 43, 🔽, 🐎 – 📺 ☎ 🅿. E
35 Z : 45 B 45/90 - 102/130.

In Leverkusen-Küppersteg :

🏠 **Haus Janes** garni, Bismarckstr. 71, 𝒫 6 40 43 – 📺 ☎ 🅿   AY **a**
48 Z : 61 B 42/100- 78/140.

🗙🗙 **Haus am Park**, Bismarckstr. 186, 𝒫 4 63 70 – 🅿. 🖭 ⓞ E 𝚅𝙸𝚂𝙰   AY **u**
M a la carte 33/58.

In Leverkusen-Manfort :

🏠 **Fück**, Kalkstr. 127, 𝒫 7 63 94 – ☎ 🔙 🅿. E   BY **u**
M *(nur Abendessen, Sonntag geschl.)* a la carte 25/57 – **20 Z : 30 B** 50/110 - 100/150 Fb.

In Leverkusen 3-Opladen :

🏠 **Astor**, Bahnhofstr. 16, 𝒫 (02171) 4 80 08, Fax 47228 – 📺 ☎ 🔙   BZ **v**
(Restaurant nur für Hausgäste) – **19 Z : 31 B**.

🏠 **Hohns** garni, Düsseldorfer Str. 33 (4. Etage), 𝒫 (02171) 12 81 – 🛗 📺 ☎ 🔙   BZ **w**
15 Z : 23 B 110/140 - 150/240.

In Leverkusen 3-Pattscheid :

🏠 **May-Hof**, Burscheider Str. 285 (B 232), 𝒫 (02171) 3 09 39, Fax 33872 – 📺 ☎ 🅿. ⓞ E
10.- 25. Juli und 22. Dez.- 5. Jan. geschl. – **M** *(Montag geschl.)* 15,50/27 (mittags) und a la
carte 26/45 – **15 Z : 21 B** 60/70 - 130/140 Fb.   BX **r**

In Leverkusen-Schlebusch :

🏨 **Atrium-Hotel** garni, Heinrich-Lübke-Str. 40, 𝒫 5 60 10, Telex 8510268, Fax 56011, �)) –
📺 ☎ 🅿 – 🔬 50. 🖭 ⓞ E 𝚅𝙸𝚂𝙰   BY **c**
24. Dez.- 1. Jan. geschl. – **51 Z : 102 B** 140/230 - 180/250 Fb.

🏠 **Kürten**, Saarstr. 1, 𝒫 5 50 51, Fax 505654, 🚍, 🔽 – ☎ 🅿. E   BY **x**
M *(Samstag geschl.)* 15/28 (mittags) und a la carte 26/55 – **37 Z : 66 B** 70/95 - 95/135.

🏠 **Alscher** ⁘ garni, Bogenstr. 1, 𝒫 5 59 11 – 🅿. 🛇   BY **e**
23 Z : 26 B.

In Leverkusen 1-Steinbüchel über ④ :

🗙🗙 **Angerhausen**, Berliner Str. 270(B 51), 𝒫 9 12 09 – 🅿. 🖭 ⓞ E 𝚅𝙸𝚂𝙰
Montag geschl. – **M** a la carte 34/62.

> *In this guide,*
> *a symbol or a character, printed in red or **black**, in **bold** or light type,*
> *does not have the same meaning.*
> *Please read the explanatory pages carefully.*

LICH 6302. Hessen 𝟵𝟴𝟳 ⓢ. 𝟰𝟭𝟮 𝟰𝟭𝟯 J 15 – 11 200 Ew – Höhe 170 m – Erholungsort – ✪ 06404.
Ausflugsziel : Ehemaliges Kloster Arnsburg★ : Ruine der Kirche★ SW : 4 km.
►Wiesbaden 87 – ♦Frankfurt am Main 59 – Gießen 13 – Bad Hersfeld 90.

🏠 **Pension Bergfried** ⁘ garni, Kreuzweg 25, 𝒫 20 41, Fax 63365, 🚍, 🐎 – ☎ 🅿. 🖭 E 𝚅𝙸𝚂𝙰
10. Dez.- 10. Jan. geschl. – **20 Z : 38 B** 55/60 - 95/100 Fb.

In Lich-Arnsburg SW : 4 km :

🏨 **Alte Klostermühle** ⁘, 𝒫 20 29, Fax 4867, 🚍, 🐎 – ⁘× Rest 📺 ☎ 🅿 – 🔬 25/40. 🖭 E
𝚅𝙸𝚂𝙰
M *(auch vegetarische Gerichte)* (Montag - Dienstag 17 Uhr geschl.) a la carte 28/69 – **25 Z :
40 B** 60/100 - 125/180 Fb.

In Lich 2-Eberstadt SW : 6 km :

🏠 **Zum Pfaffenhof**, Butzbacher Str. 25, 𝒫 (06004) 6 29 – 🅿
M a la carte 24/50 – **17 Z : 27 B** 32/55 - 58/85.

LICHTENAU 7585. Baden-Württemberg 𝟰𝟭𝟯 G 20, 𝟮𝟰𝟮 ⓢ – 4 900 Ew – Höhe 129 m – ✪ 07227.
►Stuttgart 122 – Baden-Baden 28 – Strasbourg 31.

In Lichtenau-Scherzheim S : 2,5 km :

🏠 **Zum Rössel** ⁘, Rösselstr. 6, 𝒫 34 82, 🚍, 🐎 – 🛗 ☎ 🅿. E
Anfang - Mitte Aug. geschl. – **M** *(Dienstag geschl.)* a la carte 27/56 ⁂ – **11 Z : 22 B** 58 -
110 Fb.

🏠 **Gasthaus Blume**, Landstr. 18 (B 36), 𝒫 23 42 – 🔙 🅿
16 Z : 30 B.

LICHTENAU 4791. Nordrhein-Westfalen 🄐🄑🄒 J 12 — 9 200 Ew — Höhe 308 m — 🕸 05295.
♦ Düsseldorf 186 — ♦Kassel 70 — Marburg 118 — Paderborn 17.

   In Lichtenau-Atteln SW : 9 km :

🛎 **Birkenhof**, Zum Sauertal 36 (NO : 1 km), ℰ (05292) 5 70, �; — ℗
↠ **M** a la carte 20/38 — **10 Z : 18 B** 32 - 64.

   In Lichtenau 5 - Herbram-Wald NO : 9 km :

🏨 **Hubertushof** ♿, Hubertusweg 5, ℰ (05259) 4 27, ⋧, ⋧s, 🔲, ⋧ — ☎ ℗ — 🖚 30. ◻
   ◑ 🄴 *VISA*
   M a la carte 26/56 — **52 Z : 97 B** 70/80 - 120/130 Fb.

🏠 **Waldpension Küchmeister** ♿, Eggering 10, ℰ (05259) 2 31, ⋧ — ℗
   (Restaurant nur für Hausgäste) — **18 Z : 33 B** 35 - 66.

   In Lichtenau-Kleinenberg SO : 7 km :

💥💥 **Landgasthof zur Niedermühle** ♿ mit Zim, Niedermühlenweg 7, ℰ (05647) 2 52, ⋧ -
   ℗. 🄰🄴 🄴
   M *(Dienstag geschl.)* a la carte 39/62 — **4 Z : 7 B** 45 - 85.

LICHTENBERG Hessen siehe Fischbachtal.

LICHTENFELS 8620. Bayern 🄐🄑🄒 Q 16, 🄨🄷🄸 ⑳ — 21 000 Ew — Höhe 272 m — 🕸 09571.
Ausflugsziel : Wallfahrtskirche Vierzehnheiligen★★ (Nothelfer-Altar★★) S : 5 km.
🛈 Städt. Verkehrsamt, Marktplatz 1, ℰ 79 52 21.
♦München 268 — ♦Bamberg 33 — Bayreuth 53 — Coburg 19.

🏨 **Krone**, Robert-Koch-Str. 11, ℰ 7 00 50, Fax 70065, ⋧ — 🛌 🍽 Rest 📺 ☎ ᵹ ℗ — 🖚 25/7◀
   🄰🄴 ◑ 🄴 *VISA*
   M 17/40 (mittags) und a la carte 26/46 — **67 Z : 135 B** 79/89 - 109/119 Fb.

🏠 **Preussischer Hof**, Bamberger Str. 30, ℰ 50 15, Fax 2802, ⋧s — 🛌 📺 ☎ ℗. 🛇 Zim
   24.- 30. Dez. geschl. — **M** *(Freitag ab 14 Uhr und 12.- 28. Juli geschl.)* a la carte 24/42 ⋧ -
   40 Z : 72 B 43/69 - 82/102 Fb.

   In Lichtenfels-Reundorf SW : 5 km :

🏠 **Müller** ♿, Kloster-Banz-Str. 4, ℰ 60 21, ⋧s, ⋧ — ☎ ℗. 🛇 Zim
↠ Mitte Nov.- Mitte Dez. geschl. — **M** *(Mittwoch geschl.)* a la carte 18/34 — **40 Z : 65 B** 38/45
   70 Fb — 7 Fewo 60.

   In Michelau 8626 NO : 5 km :

🛎 **Spitzenpfeil** ♿, Alte Post 4 (beim Hallenbad), ℰ (09571) 8 80 81 — ⋘ ℗
↠ 11.- 25. Aug. und 24. Dez.- 6. Jan. geschl. — **M** *(Mittwoch ab 13 Uhr und Sonntag bis 17 U▶*
   geschl.)* a la carte 16,50/32 — **14 Z : 21 B** 28/58 - 50/96.

   In Marktzeuln 8621 NO : 9 km :

🏠 **Mainblick** ♿, Schwürbitzer Str. 25, ℰ (09574) 30 33, Fax 4005, ≼, ⋧, ⋧s, ⋧ — ☎ ℗
   M a la carte 35/61 — **17 Z : 32 B** 45/65 - 85/105.

LICHTENFELS 3559. Hessen 🄐🄑🄒 J 13 — 4 400 Ew — Höhe 420 m — Erholungsort — 🕸 05636.
♦Wiesbaden 175 — ♦Kassel 76 — Marburg 55.

   In Lichtenfels 4-Fürstenberg :

🏠 **Zur Igelstadt**, Mittelstr. 2, ℰ 12 76, Fax 8018, ⋧s, 🔲 — ⋘ ℗. 🄰🄴 ◑ 🄴 *VISA*
↠ **M** *(Montag geschl.)* a la carte 17,50/32 — **19 Z : 35 B** 38/69 - 66/90 Fb — ½ P 45/81.

🛎 **Zum Deutschen Haus**, Violinenstr. 4, ℰ 12 27 — ⋘ ℗. 🄴
↠ **M**.*(Mittwoch geschl.)* a la carte 14/34 — **16 Z : 28 B** 30/32 - 58/60.

LICHTENSTEIN 7414. Baden-Württemberg 🄐🄑🄒 K 21 — 8 200 Ew — Höhe 565 m — Wintersport▶
700/820 m ⋋4 ⋦3 — 🕸 07129.
♦Stuttgart 57 — Reutlingen 16 — Sigmaringen 48.

   In Lichtenstein-Honau :

🏨 **Adler** (mit Gästehaus Herzog Ulrich 🛌), Heerstr. 26 (B 312), ℰ 40 41, ⋧, ⋧s — ☎ ℗ -
   🖚 25/100. ◑ 🄴
   M a la carte 25/55 — **56 Z : 100 B** 75/120 - 100/200 Fb.

🏠 **Forellenhof Rössle**, Heerstr. 20 (B 312), ℰ 40 01, ⋧ — 📺 ☎ ⋘ ℗
   14.- 24. Jan. geschl. — **M** a la carte 23/52 — **13 Z : 22 B** 50/65 - 75/95 Fb.

Ganz Europa auf einer Karte (mit Ortsregister) :
Michelin-Karte Nr. 🄨🄷🄾

LIEBENZELL, BAD 7263. Baden-Württemberg **413** IJ 20. **987** ③ − 7 200 Ew − Höhe 321 m − Heilbad und Luftkurort − ✆ 07052.

🛏 Bad Liebenzell-Monakam, ✆ 43 53.

ℹ Kurverwaltung, Kurhausdamm 4, ✆ 40 81 01, Fax 408108.

◆Stuttgart 46 − Calw 7,5 − Pforzheim 19.

🏛 **Kronen-Hotel - Haus Tanneck**, Badweg 7, ✆ 40 90, Fax 409420, 🌭, ≘s, 🏊, 🐎, ❀ − ❚⧓ ⬛ ⊝ − ⚿ 40. ❀
　　M 21/41 (mittags) und a la carte 45/91 − **60 Z : 100 B** 66/121 - 134/215 Fb − ½ P 106/141.

🏛 **Waldhotel-Post** ♨, Hölderlinstr. 1, ✆ 40 70, Fax 40790, ≤, Massage, ≘s, 🏊 − ❚⧓ ⬛
　　✍ ⊝ − ⚿ 25/40. **E**. ❀
　　M a la carte 37/70 − **43 Z : 72 B** 68/119 - 146/230 Fb − ½ P 97/148.

🏨 **Thermen-Hotel** garni (Fachwerkhaus a.d.J. 1415), am Kurpark, ✆ 40 83 00, Fax 408108, Bade- und Massageabteilung, 🐎 − ❚⧓ ⬛ ⬛ ☎ ⊝ − ⚿ 25/60. ⓘ **E** 🚾. ❀
　　22 Z : 42 B 80/95 - 150/170 Fb − 3 Appart. 190.

🏨 **Ochsen**, Karlstr. 12, ✆ 20 74, Fax 2076, 🌭, ≘s, 🏊, 🐎 − ❚⧓ ⇝⇞ Rest ☎ ⊝ − ⚿ 25/80. ⓘ **E** 🚾. ❀
　　M a la carte 32/67 − **42 Z : 64 B** 95/100 - 150/180 Fb − ½ P 102/122.

🏠 **Schwarzwaldhotel Emendörfer** garni, Neuer Schulweg 4, ✆ 23 23, ≘s, 🏊, 🐎 − ❚⧓ ☎
　　⊝
　　20 Z : 30 B 60/70 - 100/120 Fb.

🏠 **Am Bad-Wald** ♨ garni, Reuchlinweg 19, ✆ 30 11, ≤, ≘s, 🏊 − ❚⧓ ☎ ✍. **E**
　　38 Z : 58 B 38/56 - 80/96 Fb − 4 Fewo 65.

🏠 **Haus Hubertus** ♨ garni, Eichendorffstr. 2, ✆ 14 43, ≤, 🐎
　　12 Z : 21 B 34/56 - 58/80 Fb.

🏠 **Litz**, Wilhelmstr. 28, ✆ 20 08 − ⬛ ☎ ⊝. ⓘ **E** 🚾. ❀ Rest
　　15. Jan.- Feb. geschl. − M a la carte 34/54 − **37 Z : 50 B** 50/61 - 94/108 Fb.

🏠 **Gästehaus Koch** garni, Sonnenweg 3, ✆ 13 06, ≘s, 🐎 − ✍ ⊝. ❀
　　17 Z : 28 B 28/48 - 56/86.

　　In Bad Liebenzell-Monakam NO : 4,5 km − Höhe 536 m :

🏠 **Waldblick** ♨, Monbachstr. 25, ✆ 8 35, 🐎 − ☎ ⊝
　　Anfang Nov.- Mitte Dez. geschl. − (Restaurant nur für Hausgäste) − **10 Z : 16 B** 51/65 - 101 Fb.

　　Dans la plupart des hôtels, les chambres non réservées par écrit,
　　ne sont plus disponibles après 18 h.
　　Si on doit arriver après 18 h, il convient de préciser
　　l'heure d'arrivée − mieux − d'effectuer une réservation par écrit.

LIESER 5550. Rheinland-Pfalz **412** E 17 − 1 400 Ew − Höhe 107 m − ✆ 06531 (Bernkastel-Kues).
Mainz 117 − Bernkastel-Kues 4 − ◆Trier 40 − Wittlich 14.

🏠 **Mehn zum Niederberg**, Moselstr. 2, ✆ 60 19, 🌭, « Gemütliche Gasträume in altdeutschem Stil », ≘s − ☎ ⊝. ⓘ **E** 🚾
　　Jan.- 15. Feb. geschl. − M a la carte 26/53 ⅃ − **25 Z : 45 B** 42/65 - 85/120 Fb − 9 Fewo 60/80.

　　In Maring-Noviand 5554 NW : 2 km :

🏠 **Weinhaus Liesertal**, Moselstr. 39 (Maring), ✆ (06535) 8 48, Fax 1245, 🌭, 🐎 − ☎ ⊝. ⒜
　　ⓘ **E**
　　5.- 31. Jan. geschl. − M *(Nov.- März Montag - Dienstag geschl.)* a la carte 22/51 − **26 Z : 52 B** 60/75 - 90/120 Fb.

LILIENTHAL Niedersachsen siehe Bremen.

LIMBACH 6958. Baden-Württemberg **412** **413** K 18 − 4 400 Ew − Höhe 385 m − Luftkurort − ✆ 06287.

◆Stuttgart 101 − Amorbach 22 − Heidelberg 57 − Heilbronn 47.

🏠 **Volk** ♨, Baumgarten 3, ✆ 18 11, Fax 1488, ≘s, 🏊, 🐎 − ⬛ ☎ ⊝ − ⚿ 30. ⓘ **E** 🚾
　　Mitte Jan. - Anfang Feb. geschl. − M a la carte 20/57 − **24 Z : 45 B** 50/75 - 90/180 Fb − ½ P 65/85.

🍴 **Limbacher Mühle** ♨, Heidersbacher Str. 18 (O : 1 km), ✆ 10 20, 🌭, 🐎 − ⊝
　　15. Nov.- 10. Dez. geschl. − M *(Montag geschl.)* a la carte 18/36 − **7 Z : 12 B** 31 - 62.

　　In Limbach-Krumbach SW : 2 km :

🍴 **Engel-Restaurant Zur alten Scheune**, Engelstr. 19, ✆ 2 62, 🌭, ≘s, 🏊, 🐎 − ✍ ⊝
　　Hotel 1.- 24. Dez. geschl. − M *(wochentags nur Abendessen, Montag geschl.)* a la carte 22/47 − **20 Z : 39 B** 45/47 - 86/90 Fb.

LIMBACH Rheinland-Pfalz siehe Hachenburg.

LIMBURG AN DER LAHN 6250. Hessen 987 ㉔. 412 H 15 — 31 100 Ew — Höhe 118 m —
✆ 06431.

Sehenswert : Dom⋆ (Lage⋆⋆) — Friedhofterrasse ≼⋆ — Diözesanmuseum⋆ A M1.

Ausflugsziel : Burg Runkel⋆ (Lage⋆⋆) O : 7 km.

🛈 Städt. Verkehrsamt. Hospitalstr. 2, ✆ 20 32 22.

◆Wiesbaden 52 ② — ◆Frankfurt am Main 74 ② — Gießen 56 ① — ◆Koblenz 50 ① — Siegen 70 ①.

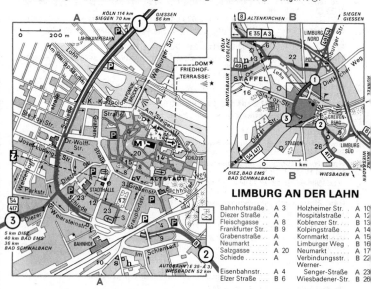

LIMBURG AN DER LAHN

Bahnhofstraße . .	A 3	Holzheimer Str. .	A	10
Diezer Straße . .	A	Hospitalstraße . .	A	12
Fleischgasse . . .	A 8	Koblenzer Str. . .	B	13
Frankfurter Str. .	B 9	Kolpingstraße . .	A	14
Grabenstraße . .	A	Kornmarkt	A	15
Neumarkt	A	Limburger Weg .	B	16
Salzgasse	A 20	Neumarkt	A	17
Schiede	A	Verbindungsstr. .	B	22
		Werner-		
Eisenbahnstr. . .	A 4	Senger-Straße	A	23
Elzer Straße . . .	B 6	Wiesbadener-Str.	B	26

🏛 **Romantik-Hotel Zimmermann**, Blumenröder Str. 1, ✆ 46 11, Fax 41314 — ≼ Zim 📺
🕿 🅿 ⅢＥ 🆅🆂🅰 ❄   A h
20. Dez.- 3. Jan. geschl. — (nur Abendessen für Hausgäste) — **30 Z : 55 B** 95/148 - 125/225.

🏛 **Dom-Hotel**, Grabenstr. 57, ✆ 2 40 77, Fax 6856 — ➦ 📺 🕿 🅿 ⅢＥ ⓞ Ｅ 🆅🆂🅰 ❄ Rest
Weihnachten - Anfang Jan. geschl. — M a la carte 29/60 — **59 Z : 101 B** 77/140 - 125/160 Fb.
A v

🏛 **Martin**, Holzheimer Str. 2, ✆ 4 10 01 — ➦ 🕿 ⇔ 🅿 ⅢＥ Ｅ 🆅🆂🅰   A s
M (nur Abendessen, Mittwoch und Juni - Juli 3 Wochen geschl.) a la carte 24/52 — **30 Z :
50 B** 68/95 - 108/128 Fb.

🏛 **Huss - China-Restaurant Lotos**, Bahnhofsplatz 3, ✆ 2 50 87 (Hotel) 63 66 (Rest.), Fax
25136 — ➦ 🕿 🅿 Ｅ 🆅🆂🅰   A f
M a la carte 26/46 — **34 Z : 68 B** 70/80 - 105/135 Fb.

✗✗ **St. Georgsstube**, Hospitalstr. 4 (Stadthalle), ✆ 2 60 27, Fax 22902 — ⅘ — 🔬 25/400. ⓞ
Ｅ 🆅🆂🅰   A e
M a la carte 25/57.

In Limburg 3 - Staffel NW : 3 km :

🏛 **Alt-Staffel**, Koblenzer Str. 56, ✆ 37 65 — 📺 🅿 ⅢＥ ⓞ Ｅ 🆅🆂🅰   B n
M (Sonntag und Jan. geschl.) a la carte 25/44 — **16 Z : 32 B** 50 - 90.

LIMBURGERHOF 6703. Rheinland-Pfalz 412 413 I 18 — 9 500 Ew — Höhe 98 m — ✆ 06236
(Neuhofen) — Mainz 86 — ◆Mannheim 9,5 — Neustadt an der Weinstraße 24 — Speyer 13.

🏨 **Rechner**, Brunckstr. 2 (Ecke Speyerer Straße), ✆ 82 39 — ⇔ 🅿 ❄
⇨ Juli 3 Wochen geschl. — **M** (Freitag - Samstag geschl.) a la carte 17/30 🍸 — **16 Z : 24 B**
32/45 - 64.

LINDAU IM BODENSEE 8990. Bayern 413 LM 24, 987 ㊳ ㊴, 427 AB 6 — 24 000 Ew — Höhe
400 m — ✆ 08382.

Sehenswert : Hafen mit Römerschanze ≼⋆ — Stadtgarten ≼⋆ — Altstadt.

Ausflugsziel : Deutsche Alpenstraße⋆⋆⋆ (von Lindau bis Berchtesgaden).

🏌 Am Schönbühl 5 (über ①), ✆ 7 80 90 ; 🏌 Weißensberg (NO : 7 km über ①), ✆ (08389) 8 91.

🚗 ✆ 40 00 — 🛈 Tourist-Information, am Hauptbahnhof, ✆ 2 60 00.

◆München 180 ① — Bregenz 10 ② — Ravensburg 33 ③ — ◆Ulm (Donau) 123 ①.

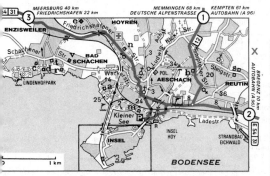

LINDAU
IM BODENSEE

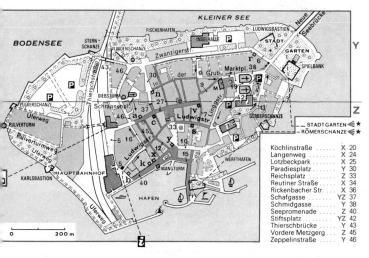

Auf der Insel :

Bayerischer Hof, Seepromenade, ℰ 50 55, Telex 54340, Fax 5055202, ⤳ (geheizt), ⽊ – 🔶 📺 🅿 – 🔬 25/120. ① 🖂 🆅🆂🅰 ⋘
M a la carte 48/65 – **104 Z : 190 B** 119/217 - 216/400 Fb.　　　　　　　Z **b**

Reutemann - Seegarten ⑤, Seepromenade, ℰ 50 55, Telex 54340, Fax 5055202, « Terrasse mit ≤ », ⤳ (geheizt), ⽊ – 🔶 📺 ⇔ 🅿 – 🔬 25/90. ① 🖂 🆅🆂🅰 ⋘　　Z **k**
M a la carte 43/65 – **64 Z : 116 B** 107/173 - 178/292 Fb.

Lindauer Hof, Seepromenade, ℰ 40 64, Fax 24203, ≤, 😤, ⇔, ⤳ – 🔶 📺. 🅰🅴 🖂 🆅🆂🅰
Mitte Jan.- Anfang März geschl., 15. Nov.- Jan. garni – **M** a la carte 23/57 – **23 Z : 46 B** 100/145 - 160/250 Fb – ½ P 96/171.　　　　　　　　　　　　　　　　　Z **y**

Helvetia ⑤, Seepromenade, ℰ 40 02, Fax 4004, « Terrasse mit ≤ », ⇔, ⤳ – 🔶 📺 ☎.
🅰🅴 ① 🖂 🆅🆂🅰　　　　　　　　　　　　　　　　　　　　　　　　　　　　Z **x**
März - Okt. – **M** a la carte 31/63 – **50 Z : 100 B** 95/160 - 160/260 Fb – ½ P 105/145.

Peterhof, Schafgasse 10, ℰ 57 00 – 🔶 📺. 🅰🅴 ① 🖂 🆅🆂🅰　　　　　　　Y **n**
März - Okt. – **M** *(Sonntag geschl.)* a la carte 37/50 – **30 Z : 60 B** 75/120 - 140/180 Fb.

Insel-Hotel ⑤ garni, Maximilianstr. 42, ℰ 50 17, Fax 6756 – 🔶 📺 ☎ ⇔　　　Z **a**
28 Z : 44 B Fb.

Brugger garni, Bei der Heidenmauer 11, ℰ 60 86, ⇔ – 📺 ☎. 🅰🅴 ① 🖂 🆅🆂🅰 ⋘　　Y **r**
21 Z : 44 B 65/80 - 120/140 Fb.

Spielbank-Restaurant, Oskar-Groll-Anlage 2, ℰ 52 00, ≤ Bodensee und Alpen, 😤 –
🅰🅴 ① 🖂 🆅🆂🅰　　　　　　　　　　　　　　　　　　　　　　　　　　　　Y
Nov.- März Sonntag - Montag geschl. – **M** 37/85.

🅇🅇 ⊛ **Bistro Beaujolais**, Ludwigstr. 7, ℰ 64 49 – ① 🆅🆂🅰　　　　　　　Z **s**
Montag - Dienstag 18 Uhr und März geschl. – **M** a la carte 65/86
Spez. Bouillabaisse, Lachs in weißem Morchelrahm, Dessertvariation.

X   Weinstube Frey, Maximilianstr. 15 (1. Etage), $\mathscr{E}$ 52 78   Z

X   **Zum Sünfzen**, Maximilianstr. 1, $\mathscr{E}$ 58 65, Fax 6756, 🍴 – AE ⓪ E 𝘝𝘐𝘚𝘈   Z
     28. Jan.- Feb. geschl. – **M** a la carte 24/52.

In Lindau-Aeschach :

🏠 Am Holdereggenpark, Giebelbachstr. 1, $\mathscr{E}$ 60 66 – ☎ 🚗 🅿   X
     nur Saison – (nur Abendessen für Hausgäste) – **26 Z : 40 B** Fb.

🏠 **Toscana** garni, Am Aeschacher Ufer 14, $\mathscr{E}$ 31 31, 🌳 – ☎ 🚗 🅿. 🍽   X
     Mitte Dez.- Mitte Feb. geschl. – **22 Z : 28 B** 62 - 92/108.

In Lindau - Hoyren :

🏠 Schöngarten garni, Schöngartenstr. 15, $\mathscr{E}$ 2 50 30, 🖭, 🌳 – 🛗 📺 ☎ 🔥 🚗 🅿   X
     12 Z : 21 B Fb.

XXX ❀ **Hoyerberg Schlössle**, Hoyerbergstr. 64 (auf dem Hoyerberg), $\mathscr{E}$ 2 52 95, « Terrasse
     mit ≤ Bodensee und Alpen » – 🅿. AE ⓪ E 𝘝𝘐𝘚𝘈   X
     Montag und 18. Jan.- Feb. geschl. – **M** (Tischbestellung ratsam) 94/140 und a la carte
     71/100
     Spez. Schaumsuppe von Scampi, Bodenseezander aus dem Ofen mit Kräutern, Milchlammkeule mit Kräutern.

In Lindau-Reutin :

🏛 **Reulein** 🌿 garni, Steigstr. 28, $\mathscr{E}$ 7 90 99, ≤, 🌳 – 🛗 📺 ☎ 🅿. AE ⓪ E 𝘝𝘐𝘚𝘈   X
     26 Z : 52 B 98/140 - 140/180 Fb.

🏠 **Köchlin** (ehemaliges Zollhaus), Kemptener Str. 41, $\mathscr{E}$ 7 90 37, Biergarten – 🍽 Rest 📺
     ☎ 🅿. AE ⓪ E 𝘝𝘐𝘚𝘈   X
     30. Okt.- 22. Nov. geschl. – **M** (Montag geschl.) a la carte 24/44 ⅄ – **21 Z : 34 B** 58/66 -
     110/116.

X   Brauereigasthof Steig mit Zim, Steigstr. 31, Höhe , $\mathscr{E}$ 7 80 66, Biergarten – ☎ 🅿   X
     10 Z : 14 B.

In Lindau-Bad Schachen :

🏨 Bad Schachen 🌿, Bad Schachen 1, $\mathscr{E}$ 50 11, Telex 54396, Fax 25390, ≤ Bodensee, Lindau
     und Alpen, 🍴, « Park », Bade- und Massageabteilung, 🏊 (geheizt), 🔲, 🏹, 🌳, 🎾 – 🛗
     📺 🔥 🚗 🅿 – 🔒 25/125. 🍽 Rest   X
     129 Z : 204 B Fb – 18 Appart.

🏨 **Strand-Hotel Tannhof** 🌿, Oeschländer Weg 24, $\mathscr{E}$ 60 44, Fax 28762, ≤, 🍴, « Park »
     🏊 (geheizt), 🏹, 🌳, 🎾 – 🛗 📺 🔥 🚗 🅿. 🍽 Rest   X
     Mitte März - Mitte Okt. – **M** a la carte 35/60 – **29 Z : 55 B** 105/147 - 194/260 Fb.

🏠 **Parkhotel Eden** 🌿, Schachener Str. 143, $\mathscr{E}$ 58 16, 🍴 – 🛗 ☎ 🅿. AE ⓪ E 𝘝𝘐𝘚𝘈   X
     Mitte März - Okt. – **M** a la carte 23/49 – **26 Z : 45 B** 70/100 - 140/145 Fb.

🏠 **Lindenhof** 🌿 garni, Dennenmoosstr. 3, $\mathscr{E}$ 40 75, 🖭, 🔲, 🌳 – 🅿. 🍽   X
     Mitte März - Mitte Nov. – **18 Z : 35 B** 73/125 - 130/185 Fb.

XX ❀ **Schachener Hof** 🌿 mit Zim, Schachener Str. 76, $\mathscr{E}$ 31 16, 🍴 – 📺 🅿. E. 🍽 Zim
     Jan.- 5. Feb. geschl. – **M** (wochentags nur Abendessen, Dienstag geschl.) a la carte 45/74
     – **6 Z : 12 B** 85 - 140/160   X
     Spez. Pot au feu vom Fisch, Taube auf Linsen mit Portweinjus, Lammrücken im Kräutermantel.

Auf dem Golfplatz Weißensberg NO : 7 km über ① :

🏨 **Golfhotel Bodensee** 🌿, Lampertsweiler 51, ✉ 8995 Weißensberg, $\mathscr{E}$ (08389) 89 10
     Telex 541836, Fax 89120, ≤, « Elegantes Landhaushotel », 🖭 – 🛗 📺 🅿 – 🔒 30. AE ⓪
     E 𝘝𝘐𝘚𝘈
     3. Jan.- Feb. geschl. – **M** a la carte 37/63 – **Gourmet-Restaurant M** a la carte 57/86 – **33 Z :**
     74 B 180/300 - 300/400 Fb – 3 Appart. 580.

In Hergensweiler - Stockenweiler 8997 NO : 10 km über ① :

XX ❀ **Stockenweiler**, an der B 12, $\mathscr{E}$ (08388) 2 43 – 🅿. ⓪ E
     nur Abendessen, Donnerstag sowie 15.- 31. Jan. und 16.- 30. Juni geschl. – **M**
     (Tischbestellung ratsam) 84 und a la carte 60/86
     Spez. Filet vom Bodenseezander mit Krebsen, Ochsenschwanzragout mit kleinem Gemüse, Dessertvariation.

Siehe auch : *Bregenz* (Österreich)

LINDBERG Bayern siehe Zwiesel.

LINDENBERG Rheinland-Pfalz siehe Lambrecht.

LINDENBERG IM ALLGÄU 8998. Bayern 🔳🔳🔳 M 24, 🔳🔳🔳 ⑳, 🔳🔳🔳 N 3 – 11 000 Ew – Höhe 800 m
– Höhenluftkurort – ✿ 08381 – 🚹 Städt. Verkehrsamt, im Rathaus, Stadtplatz 1, $\mathscr{E}$ 8 03 24.
◆München 174 – Bregenz 24 – Kempten (Allgäu) 56 – Ravensburg 36.

An der Deutschen Alpenstraße O : 2 km :

🏠 **Alpengasthof Bavaria**, Manzen 8, ✉ 8998 Lindenberg, $\mathscr{E}$ (08381) 13 26, ≤ Allgäuer
     Berge, 🍴, 🏊 (geheizt), 🌳 – 📺 ☎ 🚗 🅿
     16. Jan.- 12. Feb. geschl. – **M** (Freitag geschl.) a la carte 24/48 ⅄ – **20 Z : 36 B** 45/55 -
     75/90.

LINDENFELS 6145. Hessen **412** **413** J 17 – 4 700 Ew – Höhe 364 m – Heilklimatischer Kurort – ✪ 06255 – 🎫 Kurverwaltung im Rathaus, Burgstraße, 𝒫 24 25.

◆Wiesbaden 86 – ◆Darmstadt 46 – ◆Mannheim 42.

🏠 **Waldschlösschen**, Nibelungenstr. 102, 𝒫 24 60, 😊 – ☎ ⇌ ❷. ⓪ 🇪 𝘝𝘐𝘚𝘈
   Nov. geschl.) a la carte 27/57 ⅞ – **13 Z : 21 B** 50/80 - 100/110 Fb.

🏠 **Altes Rauch'sches Haus**, Burgstr. 31, 𝒫 5 21, 😊 – ⇌
➕ *10. Jan.- Feb. geschl. – M (Dienstag geschl.) a la carte 20/41* ⅞ – **14 Z : 22 B** 34/40 - 64/76.

   In Lindenfels-Kolmbach NW : 4 km :

🏠 **Buchenhof**, Winterkastener Weg 10, 𝒫 (06254) 8 33, Fax 836, ≤, 🌳 – 📺 ☎ ❷
   21. Jan.- 4. Feb. geschl. – Menu (Montag geschl.) a la carte 30/70 – **14 Z : 25** 58/68 - 88/98.

   In Lindenfels 2-Winkel NW : 3 km :

🏠 **Zum Wiesengrund** ॐ, Talstr. 3, 𝒫 20 71, 😊, ⇌s, ⊠, 🌳 – ☎ ⇌ ❷ – 🔬 40
➕ *Mitte Jan.- Anfang Feb. geschl. – M (Montag geschl.) 13/29 (mittags) und a la carte 20/46*
   ⅞ – **39 Z : 70 B** 49/52 - 90/94 Fb – ½ P 57/61.

   In Lindenfels 3-Winterkasten N : 6 km :

🏠 **Landhaus Sonne** ॐ garni, Bismarckturmstr. 26, 𝒫 25 23, ≤, ⇌s, ⊠, 🌳 – 📺 ☎ ❷
   8 Z : 14 B 45/70 - 88/95 Fb.

LINDERHOF (Schloß) Bayern. Sehenswürdigkeit siehe Ettal.

LINDLAR 5253. Nordrhein-Westfalen **412** F 13 – 18 700 Ew – Höhe 246 m – ✪ 02266.
🎵 Schloß Georghausen (SW : 8 km), 𝒫 (02207) 49 38.
🎫 Verkehrsamt, Eichenhofstr. 6, 𝒫 96 82 – ◆Düsseldorf 78 – Gummersbach 25 – ◆Köln 41 – Wipperfürth 13.

🏠 **Zum Holländer**, Kölner Str. 6, 𝒫 66 05 – 📺 ☎ ❷ – 🔬 30. 🇪 𝘝𝘐𝘚𝘈
   M a la carte 30/56 – **12 Z : 16 B** 80 - 90/100 Fb.

🏠 **Lintlo** garni, Hauptstr. 5, 𝒫 62 40 – 📺 ☎ ⇌ ❷. 🇪. ⅛
   15 Z : 30 B 60 - 90.

✗ **Schlemmer-Ecke**, Kölner Str. 2, 𝒫 63 55.

   In Lindlar-Frielingsdorf NO : 6 km :

🏠 **Montanushof**, Montanusstr. 8, 𝒫 80 85 – 📺 ☎ ❷ – 9 Z : 18 B.

   In Lindlar-Georghausen SW : 8 km :

🏠 **Schloß Georghausen** ॐ, im Sültzal, 𝒫 (02207) 25 61, Fax 7683, 🎵 – ❷ – 🔬 25/65. 🅰🇪 ⓪ 🇪 𝘝𝘐𝘚𝘈
   M *(Montag - Dienstag geschl.) a la carte 43/78* – **14 Z : 29 B** 100/125 - 135/175 Fb.

   In Lindlar 3-Kapellensüng N : 5 km :

🏠 **Zur Dorfschänke** ॐ, Anton-Esser-Str. 42, 𝒫 65 65, ⊐, 🌳 – ❷. ⅛ Zim
   Ende Juli - Mitte Aug. geschl. – M (Montag geschl.) a la carte 25/46 – **11 Z : 22 B** 35/45 -
   60/80.

LINGEN 4450. Niedersachsen **987** ⑭, **408** ⑭ – 49 600 Ew – Höhe 33 m – ✪ 0591.
🎵 Altenlingen, Gut Beversundern, 𝒫 (0591) 6 38 37.
🎫 Städt. Verkehrsbüro, Rathaus, Elisabethstr. 14, 𝒫 8 23 35.
◆Hannover 204 – ◆Bremen 135 – Enschede 47 – ◆Osnabrück 65.

🏠 **Parkhotel**, Marienstr. 29, 𝒫 5 38 88, 😊, ⇌s – 🛗 📺 ☎ ❷ – 🔬
   31 Z : 58 B Fb.

🏠 **B 70**, An der Kapelle 2 - Ecke Rheiner Str. (S : 3 km), 𝒫 42 63 – ☎ ❷ – 🔬. 🅰🇪 🇪 𝘝𝘐𝘚𝘈
   27. Dez.- 6. Jan. geschl. – M (Samstag bis 18 Uhr geschl.) a la carte 29/62 – **22 Z : 40 B**
   62 - 80.

🏠 **Ewald** garni, Waldstr. 90, 𝒫 6 23 42 – ☎ ❷
   14 Z : 20 B 42/45 - 70/74.

✗✗✗ ✿ **Altes Forsthaus Beck**, Georgstr. 22, 𝒫 37 98, « Ständige Kunstausstellung » – ❷.
   🅰🇪 🇪 𝘝𝘐𝘚𝘈. ⅛
   Samstag bis 18 Uhr und Montag geschl. – M 50/110
   Spez. Feigensuppe mit Sherry, Baby-Steinbutt mit Gänsestopflebersauce, Lammrücken mit gebackenen
   Salbeiblättern.

   In Lingen-Darme S : 4,5 km :

🏠 **Am Wasserfall** ॐ, Hanekenfähr, 𝒫 40 99, Fax 2278, ≤, 😊 – 📺 ☎ ❷ – 🔬 60
   M a la carte 38/66 – **39 Z : 54 B** 54/62 - 96/106 Fb.

   In Lingen-Schepsdorf SW : 3 km :

🏠 **Hubertushof**, Nordhorner Str. 18, 𝒫 35 14, Fax 51562, 😊 – 📺 ☎ ⇌ ❷. 🅰🇪 ⓪ 🇪 𝘝𝘐𝘚𝘈
   M a la carte 32/60 – **32 Z : 50 B** 65/80 - 90/105 Fb.

🏠 **Waldhotel Neerschulte**, Lohner Str. 1, 𝒫 30 60, 😊, ⇌s, ⊠ – ☎ ⇌ ❷. ⓪ 🇪 𝘝𝘐𝘚𝘈
➕ **M** *(Samstag bis 17 Uhr geschl.) a la carte 20/43* – **20 Z : 35 B** 45/55 - 90/100.

511

LINNICH 5172. Nordrhein-Westfalen **412** B 14, **409** ⑦ – 13 000 Ew – Höhe 67 m – ✿ 02462.
◆ Düsseldorf 59 – ◆Aachen 27 – ◆Köln 76.

   XX **Rheinischer Hof**, Rurstr. 21, ℰ 10 32 – ⓓ **E** *VISA*
       Samstag bis 18 Uhr, Dienstag 15 Uhr - Mittwoch und 18. Juli - 9. Aug. geschl. – **M** a la
       carte 29/63.

   XX **Waldrestraurant Ivenhain**, Ivenhain 1 (O : 1 km), ℰ 63 19 – **🅿**. ⓓ **E** *VISA*. 🛠
       Donnerstag, Aug. 3 Wochen und 24.- 31. Dez. geschl. – **M** a la carte 29/55.

LINSENGERICHT Hessen siehe Gelnhausen.

LINZ AM RHEIN 5460. Rheinland-Pfalz **987** ㉔, **412** E 15 – 6 000 Ew – Höhe 60 m – ✿ 02644.
🛈 Verkehrsamt, Rathaus, Marktplatz, ℰ 25 26.
Mainz 131 – ◆Bonn 28 – ◆Koblenz 40.

   🏠 **Café Weiß** garni, Mittelstr. 7, ℰ 70 81 – 🛗 ☎
       8 Z : 14 B 70/80 - 100/135.

   🏠 **Weinstock**, Linzhausenstr. 38 (B 42), ℰ 24 59, Fax 8857, « Gartenterrasse », �̄ – 🚗
       🅿. **AE** ⓓ **E** *VISA*
       März - Okt. – **M** *(Montag geschl.)* a la carte 27/65 – **26 Z : 48 B** 42/70 - 78/150.

   🏡 **Gut Frühscheid** 🛠, Am Roniger Weg (O : 2 km), ℰ 70 15, 🌳, 🚗, 🔲 – ☎ **🅿**. 🛠 Zim
       24. Dez.- 4. Jan. geschl. – **M** *(Dienstag geschl.)* a la carte 21/42 – **9 Z : 18 B** 55/60 -
       100/120.

LIPBURG Baden-Württemberg siehe Badenweiler.

LIPPOLDSBERG Hessen siehe Wahlsburg.

LIPPSPRINGE, BAD 4792. Nordrhein-Westfalen **987** ⑮, **412** J 11 – 13 000 Ew – Höhe 123 m
– Heilbad – Heilklimatischer Kurort – ✿ 05252.
🛈 Verkehrsbüro, Friedrich-Wilhelm-Weber-Platz 33, ℰ 5 03 03.
◆Düsseldorf 179 – Detmold 18 – ◆Hannover 103 – Paderborn 9.

   🏨🏨 **Parkhotel** 🛠, Peter-Hartmann-Allee 4, ℰ 20 10, Telex 936933, Fax 201111, 🚸, 🔲 – 🛗
       📺 **🅿** – 🔏 25/150. **AE** ⓓ **E** *VISA*. 🛠 Rest
       M a la carte 31/68 – **100 Z : 160 B** 152/182 - 204/234 Fb – ½ P 129/209.

   🏨 **Gästehaus Scherf** 🛠 garni, Arminiusstr. 23, ℰ 20 40, Fax 20488, 🚸, 🔲, 🌳 – 🛗 📺 ☎
       🅿. **E**
       28 Z : 36 B 60/90 - 100/140 Fb.

   🏠 **Zimmermann** garni, Detmolder Str. 180, ℰ 5 00 61 – 🛗 ☎ 🚗 **🅿**
       21. Dez.- 7. Jan. geschl. – **23 Z : 40 B** 60/65 - 92/100 Fb.

LIPPSTADT 4780. Nordrhein-Westfalen **987** ⑭, **412** I 11 – 63 000 Ew – Höhe 77 m – ✿ 02941.
✈ bei Büren-Ahden, SO : 17 km über Geseke, ℰ (02955) 7 70.
🛈 Städt. Verkehrsverein, Lange Str. 14, ℰ 5 85 15.
🛈 Kurverwaltung, Bad Waldliesborn, Quellenstr. 60, ℰ 80 00.
◆Düsseldorf 142 – Bielefeld 52 – Meschede 43 – Paderborn 31.

   🏨 **City-Hotel** garni, Lange Str. 1, ℰ 50 33, Fax 4930, 🚸 – 🛗 📺 ☎ **🅿**. **AE** ⓓ **E** *VISA*
       25 Z : 45 B 60/120 - 110/180 Fb.

   🏠 **Altes Brauhaus (Fachwerkhaus a.d.J. 1657)**, Rathausstr. 12, ℰ 45 31 – ☎ **🅿** – 🔏 40
       21 Z : 27 B Fb.

       In Lippstadt 4-Bad Waldliesborn N : 5 km :

   🏨 Parkhotel Ortkemper 🛠, Im Kreuzkamp 10, ℰ 88 20 – 🛗 ☎ 🛴 **🅿** – 🔏 25/70
       41 Z : 75 B Fb.

   🏠 **Hubertushof**, Holzstr. 8, ℰ 85 40 – 🚗 **🅿**. 🛠 Zim
       20. Dez.- 15. Jan. geschl. – **M** *(Montag geschl.)* a la carte 26/52 – **14 Z : 24 B** 48 - 96 –
       ½ P 63.

LIST Schleswig-Holstein siehe Sylt (Insel).

LOCHAU Österreich siehe Bregenz.

LÖCHERBERG Baden-Württemberg siehe Oppenau.

Se scrivete ad un albergo all'estero,

allegate alla vostra lettera un tagliando-risposta internazionale

(disponibile presso gli uffici postali).

)F 5401. Rheinland-Pfalz 412 F 16 – 2 100 Ew – Höhe 85 m – ☼ 02605.

.nz 94 – Cochem 26 – ♦Koblenz 23.

🏨 Krähennest, Auf der Kräh 26, ℰ 80 80, Telex 862366, Fax 808180, ≼, 🏤, 🐾, ℀ – 📺 ☎ 🅿
– 🛎 25/80
74 Z : 141 B Fb.

In Löf-Kattenes :

🏨 **Langen**, Oberdorfstr. 6, ℰ 45 75, 🏤, 🐾 – 🅿. 🖭 ⓘ 🅔 𝓥𝓘𝓢𝓐. ℀ Zim
← 15. Dez.- 20. Jan. geschl. – **M** *(Dienstag geschl.)* a la carte 19,50/41 ⅊ – **29 Z : 60 B** 30/50 -
60/80.

)FFINGEN 7827. Baden-Württemberg 413 HI 23, 987 ㊱, 427 J 2 – 6 000 Ew – Höhe 802 m
Erholungsort – ☼ 07654.

.urverwaltung, Rathausplatz 14, ℰ 4 00.

.uttgart 139 – Donaueschingen 16 – ♦Freiburg im Breisgau 46 – Schaffhausen 51.

🏨 **Pilgerhof** ⏅, Maienlandstr. 24, ℰ 3 58, 🚍, 🐾 – 📺 ☎ ⇐ 🅿 – 🛎 40
Nov. geschl. – **M** *(Montag geschl.)* a la carte 22/43 ⅊ – **26 Z : 50 B** 48/55 - 90/104 Fb.

🏨 Wildpark ⏅, am Wildpark (NW : 2 km), ℰ 2 39, 🏤, 🖾, 🐾, ℀ – ☎ ⇐ 🅿 – 🛎
23 Z : 50 B.

In Löffingen 5-Dittishausen NO : 3 km – Luftkurort :

☜ **Zum Rössle** ⏅, Fliederstr. 3, ℰ 2 16, 🐾 – 🅿
Mitte Nov.- Mitte Dez. geschl. – **M** *(Montag und Ende Feb.- Anfang März geschl.)* a la carte
22/49 ⅊ – **7 Z : 13 B** 29/32 - 54/62.

In Löffingen 6-Reiselfingen S : 3,5 km :

🏨 **Sternen** ⏅, Mühlezielstr. 5, ℰ 3 41, 🐾 – ⇐ 🅿
10.- 20. April geschl. – (nur Abendessen für Hausgäste) – **13 Z : 25 B** 45 - 85.

☜ **Krone**, Dietfurtstr. 14, ℰ 5 07, 🐾 – ⇐ 🅿
← Nov. geschl. – **M** *(Montag geschl.)* a la carte 16/28 ⅊ – **10 Z : 19 B** 32 - 64 – ½ P 43.

)HNE 4972. Nordrhein-Westfalen 987 ㊱, 412 J 10 – 36 500 Ew – Höhe 60 m – ☼ 05732.

Löhne-Wittel, Auf dem Stickdorn 65, ℰ (05228) 70 50.

.üsseldorf 208 – ♦Hannover 85 – Herford 12 – ♦Osnabrück 53.

In Löhne 2-Ort :

🏨 **Schewe** ⏅, Dickendorner Weg 48, ℰ 8 10 28, Fax 82669 – 📺 ☎ 🅿 – 🛎 40. 🅔 𝓥𝓘𝓢𝓐
M *(nur Abendessen, auch vegetarische Gerichte)* a la carte 23/47 – **30 Z : 42 B** 54/65 -
90/105 Fb.

In Löhne 3-Gohfeld :

🗙🗙 **Kramer**, Koblenzer Str. 183, ℰ (05731) 8 38 38, 🚍 – 🅿. 🅔
Samstag bis 18 Uhr geschl. – **M** 19/38 (mittags) und a la carte 32/64.

In Löhne 1-Wittel :

🗙🗙 **Landhotel Witteler Krug** mit Zim, Koblenzer Str. 305 (B 61), ℰ 31 31 – 📺 ⇐ 🅿. 🖭
ⓘ 🅔 𝓥𝓘𝓢𝓐
2.- 21. Jan. und 15.- 29. Juli geschl. – **M** 22/24 (mittags) und a la carte 32/62 – **7 Z : 10 B** 60
- 100.

)HNHORST Niedersachsen siehe Schwanewede.

)NINGEN 4573. Niedersachsen 987 ㊱ – 11 600 Ew – Höhe 35 m – ☼ 05432.

.annover 202 – ♦Bremen 91 – Enschede 91 – ♦Osnabrück 69.

🏨 **Deutsches Haus**, Langenstr. 14, ℰ 24 22, 🚍, Bade- und Massageabteilung, ≘, 🐾 –
☎ 🅿 – 🛎 60. 🖭 🅔. ℀ Rest
M *(Samstag geschl.)* a la carte 29/48 – **22 Z : 36 B** 38/65 - 72/105 Fb.

)RRACH 7850. Baden-Württemberg 413 G 24, 987 ㊱, 427 GH 3 – 41 000 Ew – Höhe 294 m
– ☼ 07621.

.usflugsziel : Burg Rötteln* N : 3 km – 🚃 ℰ 80 26.

.Verkehrsbüro, Bahnhofsplatz, ℰ 41 56 20.

.DAC, Brombacher Str. 76, ℰ 1 06 27 und Grenzbüro, Lörrach-Stetten, ℰ 17 22 50.

.tuttgart 265 – Basel 9 – Donaueschingen 96 – ♦Freiburg im Breisgau 69 – Zürich 83.

🏨 **Villa Elben** ⏅ garni, Hünerbergweg 26, ℰ 20 66, ≼, « Park », 🐾 – 🛗 📺 ☎ ⇐ 🅿
34 Z : 44 B 85/95 - 120/130 Fb.

🏨 **City-Hotel** garni, Wallbrunnerstr. 2a, ℰ 4 00 90, Fax 400966 – 🛗 📺 ☎ ⇐. 🖭 ⓘ 🅔 𝓥𝓘𝓢𝓐
28 Z : 56 B 95/105- 135/145 Fb.

🏨 Binoth am Markt garni, Basler Str. 169, ℰ 26 73 – 🛗 ☎
22 Z : 39 B.

513

LÖRRACH

XX **Zum Kranz** mit Zim, Basler Str. 90, ℰ 8 90 83, ㄍ – 🕾 ☎ ℗. ໔ ⑩ Ɛ 𝓥𝓘𝓢𝓐
M (Tischbestellung ratsam) (Sonn- und Feiertage geschl.) a la carte 44/75 – **9 Z : 1**
65/85 - 120/140.

In Lörrach-Haagen NO : 3,5 km :

🏠 **Henke** 🦢 garni, Markgrafenstr. 48, ℰ 5 15 10 – ☎ ⇦ ℗
20 Z : 36 B 35/60 - 65/85.

X **Markgrafen-Stuben**, Hauinger Str. 34, ℰ 5 23 65 – ໔ ⑩ Ɛ 𝓥𝓘𝓢𝓐
Montag - Dienstag geschl. – **M** a la carte 24/54 ₰.

An der B 316 SO : 4 km :

XX **Landgasthaus Waidhof**, ✉ 7854 Inzlingen, ℰ (07621) 26 29 – ℗
Sonntag 14 Uhr - Montag sowie Feb. und Juli jeweils 2 Wochen geschl. – **M** a la ca
46/83.

In Inzlingen 7854 SO : 6 km :

XX ⊛ **Inzlinger Wasserschloß** (Wasserschloß a.d.15.Jh.), Riehenstr. 5, ℰ (07621) 4 70 57
℗. ໔ Ɛ
Dienstag - Mittwoch und Ende Juli - Anfang Aug. geschl. – **M** (Tischbestellung ratsam
(mittags) und 79/119
Spez. Wachtel mit Gänseleber gefüllt, Steinbutt in Safransauce, Milchlamm-Carré "provençale".

LÖSCHENBRAND Bayern siehe Landshut.

LÖWENSTEIN 7101. Baden-Württemberg 꿰꿱 꿲꿳 L 19 – 2 500 Ew – Höhe 384 m – ✪ 0713
♦Stuttgart 49 – Heilbronn 18 – Schwäbisch Hall 30.

🏠 **Lamm**, Maybachstr. 43, ℰ 5 42 – 🕾 ☎ ℗
11.- 18. Feb. und 19. Aug. - 2. Sept. geschl. – **M** (Montag geschl.) a la carte 30/51 – **8
13 B** 60/70 - 98/115.

In Löwenstein-Hösslinsülz NW : 3,5 km :

🏠 **Roger**, Heiligenfeldstr. 56 (nahe der B 39), ℰ 67 36, Fax 6033, ㄍ – 🛗 🕾 ☎ ⅋ ⇦ ℗
♨ 30
M a la carte 23/46 ₰ – **41 Z : 72 B** 58/78 - 88/110.

Si vous cherchez un hôtel tranquille,
consultez d'abord les cartes thématiques de l'introduction
ou repérez dans le texte les établissements indiqués avec le signe 🦢 *ou* 🦢.

LOHBERG 8491. Bayern 꿰꿱꿲 W 19. 꾿꿁꿂 ㉘ – 2 000 Ew – Höhe 650 m – Erholungsort
Wintersport : 550/850 ≼1 ⚛6 – ✪ 09943 (Lam).
🛈 Verkehrsamt, Haus des Gastes, Rathausweg 1, ℰ 34 60.
♦München 205 – Cham 44 – Deggendorf 72 – Passau 90.

🏠 **Landhaus Baumann** 🦢, Ringstr. 7, ℰ 6 47, ≼, 🛋, ㄍ – ℗. 🛝
15. Okt.- 15. Dez. geschl. – (nur Abendessen für Hausgäste) – **12 Z : 21 B** 31/40 - 54/61
½ P 37/40.

In Lohberg-Altlohberghütte O : 3 km – Höhe 900 m :

🏠 **Bergpension Kapitän Goltz** 🦢, ℰ 13 87, ≼, ㄍ, 🛋, ㄍ – ☎ ℗. ໔ ⑩ Ɛ 𝓥𝓘𝓢𝓐
Mitte Nov.- Mitte Dez. geschl. – **M** (auch vegetarische Gerichte) a la carte 22/44 – **13
26 B** 32/35 - 60/78 Fb – ½ P 42.

In Lohberg-Sommerau SW : 2,5 km über Lohberghütte :

🏠 **Pension Grüne Wiese** 🦢, Sommerauer Str. 10, ℰ 12 08, Wildgehege, 🛋, 🔲, ㄍ –
Nov.- 24. Dez. geschl. – (nur Abendessen für Hausgäste) – **26 Z : 46 B** 39/45 - 70/80 Fb
½ P 48/53.

LOHMAR 5204. Nordrhein-Westfalen 꿰꿱꿲 E 14 – 26 600 Ew – Höhe 75 m – ✪ 02246.
♦Düsseldorf 63 – ♦Köln 23 – Siegburg 5.

X **Jägerhof**, Hauptstr. 35, ℰ 42 79 – ℗
wochentags nur Abendessen – **M** a la carte 23/51.

In Lohmar 1-Donrath :

XX **Meigermühle**, an der Straße nach Rösrath (NW : 2 km), ℰ 50 00, ㄍ – ℗. ໔ ⑩ Ɛ 𝓥𝓘𝓢.
Donnerstag ab 16 Uhr geschl. – **M** a la carte 29/61.

In Lohmar 21-Honrath N : 9 km :

XX **Haus am Berg** 🦢 mit Zim, Zum Kammerberg 22, ℰ (02206) 22 38, ≼, « Gartenterrasse
– ☎ ℗. 🛝
1.- 6. Jan. und 1.- 18. Aug. geschl. – **M** (Sonntag geschl.) a la carte 51/76 – **14 Z : 25
55/75 - 100/140.

514

In Lohmar 21-Wahlscheid NO : 4 km – 🕿 02206 :

🏨 **Landhotel Naafs - Häuschen**, an der B 484 (NO : 3 km), 🖉 8 00 81, Fax 82165, 🍴, �).
– 📺 🕿 ⟨⟩ 🅿 – 🔬 40. ⚙ 🇪 💳
M a la carte 35/70 – **44 Z : 60 B** 120/145 - 160 Fb.

🏨 **Schloß Auel**, an der B 484 (NO : 1 km), 🖉 20 41, Telex 887510, Fax 2316, 🍴, « Antike
Einrichtung, Park, Schloßkapelle », 🚄, 🛋, 🎾 – 📺 🕿 🅿 – 🔬 25/120. 🅰🅴 ⚙ 🇪 💳
M a la carte 48/68 – **23 Z : 44 B** 110/170 - 170/270 Fb.

🏠 **Aggertal-Hotel Zur alten Linde** 🤏, Bartholomäusstr. 8, 🖉 62 25, Fax 80525, 🍴, 🚄 –
📺 🕿 🅿 – 🔬 25/40. ⚙ 🇪 🎿
Juli - Aug. 3 Wochen geschl. – **M** (Dienstag geschl.) a la carte 37/63 – **27 Z : 36 B** 85/100 -
130/160 Fb.

🏠 **Haus Säemann** 🤏, Am alten Rathaus 17, 🖉 77 87, Fax 83017 – 🅿. 🇪
M (Montag geschl.) a la carte 27/50 – **10 Z : 14 B** 60/65 - 100/120 Fb.

🏠🏠 Haus Stolzenbach, an der B 484 (SW : 1 km), 🖉 (02246) 43 67, 🍴 – 🅿.

LOHNE 2842. Niedersachsen 🔢🔢🔢 ⑭ – 19 600 Ew – Höhe 34 m – 🕿 04442.
◆Hannover 123 – ◆Bremen 81 – Oldenburg 61 – ◆Osnabrück 50.

🏠 **Waldhotel** 🤏, Burgweg 16, 🖉 32 60, Fax 71036, 🍴 – ⟨⟩ 🅿. 🅰🅴 ⚙ 🇪 💳
M a la carte 25/55 – **14 Z : 20 B** 49 - 90 Fb.

🏠 **Deutsches Haus**, Brinkstr. 18, 🖉 15 44 – 🕿 ⟨⟩ 🅿. ⚙ 🇪
M (Samstag geschl.) a la carte 23/35 – **10 Z : 16 B** 44 - 75.

LOHR AM MAIN 8770. Bayern 🔢🔢🔢 ㉘. 🔢🔢🔢 🔢🔢🔢 L 17 – 17 000 Ew – Höhe 162 m – 🕿 09352.
🛈 Städt. Verkehrsamt, Rathaus, Hauptstraße, 🖉 50 02 82.
🛈 Verkehrsverein, Am Stadtbahnhof, 🖉 51 52.
◆München 321 – Aschaffenburg 35 – Bad Kissingen 51 – ◆Würzburg 41.

🏨 **Bundschuh**, Am Kaibach 7, 🖉 25 06, 🚄 – ⚙ 📺 🕿 ⟨⟩ 🅿. 🅰🅴 ⚙ 🇪. 🎿
22. Dez.- 15. Jan. geschl. – (nur Abendessen für Hausgäste) – **26 Z : 42 B** 58/130 - 95/200.

🏠 **Beck's Hotel** 🤏 garni, Lindenstr. 2, 🖉 20 93 – 🕿 ⟨⟩ 🅿
20 Z : 26 B 50/65 - 80/95.

In Lohr-Sendelbach SO : 1 km :

🏠 Zur alten Post, Steinfelder Str. 1, 🖉 27 65, Biergarten – 🕿 🅿
11 Z : 19 B.

In Lohr-Steinbach NO : 3 km :

🏠 Adler, Steinbacher Str. 14, 🖉 20 74, 🚄 – 🕿 🅿
18 Z : 29 B.

Bei Maria Buchen SO : 5,5 km über Lohr-Steinbach :

🏨 Buchenmühle 🤏 (Sandsteinbau a.d. 18. Jh.), Buchentalstr. 23, ✉ 8771 Lohr-Land,
🖉 (09352) 34 24, « Terrasse mit ≤ », 🚄 – 📺 🕿 ⟨⟩ 🅿. 🎿
16 Z : 28 B.

LOICHING Bayern siehe Dingolfing.

LONGUICH 5501. Rheinland-Pfalz 🔢🔢🔢 D 17 – 1 200 Ew – Höhe 150 m – 🕿 06502.
◆Mainz 151 – Bernkastel-Kues 38 – ◆Trier 13 – Wittlich 26.

🏠 Zur Linde, Cerisiersstr. 10, 🖉 55 82, 🍴, 🚄 – 🅿
13 Z : 24 B.

🏠🏠 **Auf der Festung**, Maximinstr. 30, 🖉 49 20, bemerkenswerte Weinkarte – 🅿. 🇪
Sonntag 14 Uhr - Montag und 27. Juni - 18. Juli geschl. – **M** a la carte 41/68.

LORCH 7073. Baden-Württemberg 🔢🔢🔢 M 20. 🔢🔢🔢 ㉟ – 9 200 Ew – Höhe 288 m – 🕿 07172.
◆Stuttgart 45 – Göppingen 18 – Schwäbisch Gmünd 8.

🏠 **Sonne**, Stuttgarter Str. 5, 🖉 73 73, Biergarten – 🅿
22. Okt.- 12. Nov. geschl. – **M** (Freitag geschl.) a la carte 21/42 – **27 Z : 55 B** 45/75 - 82/130.

LORCH AM RHEIN 6223. Hessen 🔢🔢🔢 ㉔. 🔢🔢🔢 G 16 – 5 000 Ew – Höhe 85 m – Erholungsort
– 🕿 06726.
Sehenswert : Pfarrkirche (Kruzifix★).
◆Wiesbaden 45 – ◆Koblenz 51 – Limburg an der Lahn 68 – Mainz 48.

🏠 **Arnsteiner Hof**, Schwalbacher Str. 8, 🖉 93 71 – 📺 🅿. ⚙ 🇪
M (Montag bis 16 Uhr geschl.) a la carte 24/36 🍷 – **14 Z : 20 B** 45/60 - 80/120.

An der Straße nach Bad Schwalbach, im Wispertal :

🏠🏠 **Alte Villa**, (NO : 9 km), ✉ 6223 Lorch, 🖉 (06726) 12 62, 🍴 – 🅿
Dienstag, 28. Jan.- 16. Feb. und 21.- 30. Nov. geschl. – **M** a la carte 46/72 🍷.

515

⚔   Laukenmühle, (NO : 13 km), ✉ 6223 Lorch 4, ₭ (06775) 3 55, « Gartenterrasse » – ♿ Ⓟ.

⚔   Kammerburg, (NO : 9 km), ✉ 6223 Lorch, ₭ (06726) 94 15, « Gartenterrasse » – Ⓟ.

In Lorch 4-Espenschied   NO : 15 km – Höhe 404 m – Luftkurort :

🏨   **Sonnenhang** ℡, Borngasse 1, ₭ (06775) 3 14, ≺, 🍽, 🗻, 📺, 🚲 – ♿ Ⓟ. ⛛
Mitte März - Mitte Nov. – **M** a la carte 23/66 ♨ – **16 Z : 27 B** 44/57 - 88/94 – ½ P 60/65.

LORELEY Rheinland-Pfalz. Sehenswürdigkeit siehe St. Goarshausen.

LORSCH 6143. Hessen **412** **413** I 18 – 10 900 Ew – Höhe 100 m – ◉ 06251 (Bensheim an der Bergstraße).

Sehenswert : Königshalle★.

📪 Kultur- und Verkehrsamt, Marktplatz 1, ₭ 59 67 50.

♦Wiesbaden 65 – ♦Darmstadt 29 – Heidelberg 34 – ♦Mannheim 26 – Worms 15.

🏨   Sandhas, Kriemhildenstr. 6, ₭ 50 18, Telex 468291, 🍽, « Restaurant Alte Abtei », ⇿ – 💹
    📽 ☎ Ⓟ – ⚲ 25/60
    104 Z : 150 B Fb.

⚔⚔   **Zum Schwanen**, Nibelungenstr. 52, ₭ 5 22 53 – Ⓜ
nur Abendessen, über Ostern, Juli - August 3 Wochen und 23. Dez.- 8. Jan. sowie Samstag geschl. – **M** *(Tischbestellung erforderlich)* a la carte 43/69.

LOSSBURG 7298. Baden-Württemberg **413** I 21. **987** Ⓦ – 5 500 Ew – Höhe 666 m – Luftkurort – Wintersport : 650/800 m ⛜1 ⛓6 – ◉ 07446.

📪 Kurverwaltung, Hauptstr. 34, ₭ 1 83 45.

♦Stuttgart 100 – Freudenstadt 8,5 – Villingen-Schwenningen 60.

🏨   **Hirsch**, Hauptstr. 5, ₭ 20 20 – 💹 📽 ☎ Ⓟ **E**
    Dez. 3 Wochen geschl. – **M** a la carte 22/50 – **46 Z : 80 B** 55/72 - 98/120 Fb – ½ P 71/94.

🏨   **Traube** ℡, Gartenweg 3, ₭ 15 14, 🍽, 📺, 🚲 – 💹 ⇿ Ⓟ. ⛛ Rest
    34 Z : 57 B Fb.

🏨   **Ochsen** ℡ garni, Buchenweg 12, ₭ 15 06, ⇿, 🚲 – ⇿ Ⓟ. ⛛
    11 Z : 22 B.

🏨   **Zum Bären**, Hauptstr. 4, ₭ 13 52, ⇿ – Ⓟ
→   **M** *(Okt.- März Donnerstag geschl.)* a la carte 18/42 ♨ – **22 Z : 40 B** 35/45 - 60/80 – ½ P 50/60.

In Lossburg-Oedenwald   W : 3 km :

🏨   **Adrionshof** ℡, ₭ 20 41, 📺, 🚲 – ☎ ⇿ Ⓟ. ⛛ Rest
    16. Okt.- Nov. geschl. – **M** a la carte 26/46 – **22 Z : 38 B** 50/56 - 82/100 Fb.

In Lossburg-Rodt :

🏨   Café Schröder ℡, Pflegersäcker 5, ₭ 5 74, 🍽, 🚲 – 💹 ☎ Ⓟ
    35 Z : 54 B Fb.

🏨   **Landhaus Hohenrodt** ℡, Obere Schulstr. 20, ₭ 7 24, 🚲 – ☎ Ⓟ
    15.- 31. Jan. geschl. – (Restaurant nur für Pensionsgäste) – **25 Z : 38 B** 47 - 90 Fb.

🏨   **Panorama-Hotel** ℡, Breuninger Weg 30, ₭ 20 91, ⇿, 📺, 🚲 – 💹 Ⓟ
→   *Nov.- 15. Dez. geschl.* – **M** *(Montag geschl.)* 15/30 – **38 Z : 73 B** 50/55 - 100.

In Lossburg-Wittendorf   O : 5 km :

🏨   Sonnenrain ℡, Sonnenrain 44, ₭ 21 72, ≺, 🍽, ⇿ – ☎ Ⓟ – ⚲ 25/120
    29 Z : 58 B.

LOXSTEDT 2854. Niedersachsen – 14 500 Ew – Höhe 3 m – ◉ 04744.

♦Hannover 178 – ♦Bremen 54 – Bremerhaven 12.

In Loxstedt-Dedesdorf   SW : 13 km :

⚔   Zum alten Dorfkrug mit Zim, Fährstr. 14, ₭ (04740) 10 11 – ☎ Ⓟ
    7 Z : 14 B.

LUBECCA = Lübeck.

LUDWIGSBURG 7140. Baden-Württemberg **413** K 20. **987** ⓌⓍ – 80 000 Ew – Höhe 292 m – ◉ 07141.

Sehenswert : Blühendes Barock : Schloß★ - Park★ (Märchengarten★★).

🏯 Ludwigsburg-Pattonville (über ①), Aldinger Straße, ₭ 87 13 19.

📪 Fremdenverkehrsamt, Wilhelmstr. 12, ₭ 91 02 52.

ADAC, Neckarstr. 102, ₭ 5 10 15, Telex 7264670.

♦Stuttgart 16 ① – Heilbronn 36 ① – ♦Karlsruhe 86 ④.

LUDWIGSBURG

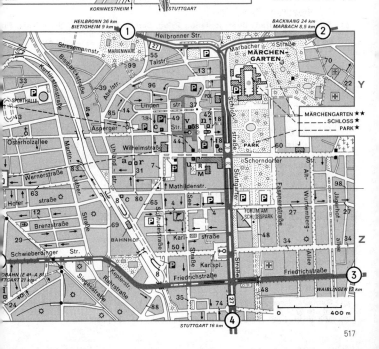

517

🏛 **Favorit** garni, Gartenstr. 18, ℰ 9 00 51, Fax 902991 – 🛗 📺 ☎ 🖐 ⇦. 🝙 ⓪ 🖃 𝗩𝗜𝗦𝗔   Y
50 Z : 57 B 110/125 - 160.

🏛 **Schiller-Hospiz**, Gartenstr. 17, ℰ 92 34 63, Fax 902991 – 🛗 📺 ☎ ❻ – 🏖 30. 🝙 🖃 𝗩𝗜𝗦𝗔
🌿
M *(Samstag sowie Sonn- und Feiertage geschl.)* a la carte 34/60 – **52 Z : 68 B** 95/125
130/160.

🏛 **Alte Sonne**, Bei der kath. Kirche 3, ℰ 92 52 31 – 📺 ☎. 🝙 ⓪ 🖃 𝗩𝗜𝗦𝗔   Y
9.- 17. Feb. und Juli - Aug. 3 Wochen geschl. – **M** *(bemerkenswerte Weinkart*
Tischbestellung ratsam) (Samstag - Sonntag geschl.) a la carte 32/68 – **12 Z : 16 B** 80/100
135/155.

🏠 Heim garni, Schillerstr. 19, ℰ 92 61 44, Telex 7264461, Fax 901880 – 🛗 ☎   Z
42 Z : 55 B (Wiedereröffnung nach Umbau im Frühjahr 1991).

🏠 **Westend**, Friedrich-List-Str. 26, ℰ 4 23 12 – ☎. 🝙. 🌿 Zim   Z
Juli - Aug. 3 Wochen geschl. – **M** *(Sonntag ab 14 Uhr und Freitag 14 Uhr - Samsta*
geschl.) a la carte 30/61 – **16 Z : 22 B** 55/85 - 98/125.

XX **Württemberger Hof**, Bismarckstr. 24, ℰ 90 16 02, Fax 901568, 🏡 – 🏖 25/90. 🝙 🖃
Dienstag und 1.- 13. Feb. geschl. – **M** *(auch vegetarische Gerichte)* a la carte 30/59.   Y

XX **Zum Postillion**, Asperger Str. 12, ℰ 92 47 77 – 🝙 ⓪ 🖃 𝗩𝗜𝗦𝗔   Y
Samstag und Montag jeweils bis 18 Uhr, Sonn- und Feiertage sowie 24. Dez.- 6. Jan. gesch
– **M** a la carte 36/62.

XX **Post-Cantz**, Eberhardstr. 6, ℰ 92 35 63 – 🝙 ⓪ 🖃 𝗩𝗜𝗦𝗔   Y
Mittwoch - Donnerstag und Juli - Aug. 3 Wochen geschl. – Menu a la carte 30/65.

XX **Ratskeller**, Wilhelmstr. 13, ℰ 2 67 19, Fax 902537, 🏡 – ❻ – 🏖 25/150. 🝙 ⓪ 🖃 𝗩𝗜𝗦𝗔
M a la carte 34/70.   Y

X Zum Justinus, Marktplatz 9, ℰ 92 48 28, 🏡   Y

In Ludwigsburg-Hoheneck :

🏠 **Hoheneck** 🦢, Uferstraße (beim Heilbad), ℰ 5 11 33, 🏡 – 📺 ☎ ❻   V
20. Dez.- 7. Jan. geschl. – **M** *(Sonn- und Feiertage geschl.)* a la carte 28/56 – **15 Z : 20 B**
60/90 - 140.

In Ludwigsburg-Oßweil W : 2 km über Schorndorfer Straße Y :

🏠 **Kamin** 🦢, Neckarweihinger Str. 52, ℰ 8 67 67 – 📺 ☎ ❻. 🌿
M *(nur Abendessen, Donnerstag geschl.)* a la carte 27/60 🍷 – **14 Z : 19 B** 75/85 - 115/140.

In Ludwigsburg 9-Pflugfelden :

🏛 **Stahl - Restaurant Zum goldenen Pflug**, Dorfstr. 4, ℰ 4 07 40, Telex 7264374, Fa.
407442 – 🛗 📺 ☎ ⇦. 🝙 ⓪ 🖃 𝗩𝗜𝗦𝗔   X
M *(Samstag bis 18 Uhr, Sonntag ab 15 Uhr und Montag geschl.)* a la carte 40/71 – **24 Z**
43 B 90/115- 160/170 Fb.

Beim Schloß Monrepos :

🏛 **Schloßhotel Monrepos** 🦢, ℰ 30 20, Telex 7264720, Fax 302200, « Gartenterrasse »
🍴, 🔲, 🎯 – 🛗 📺 ❻ – 🏖 25/80. 🝙 ⓪ 🖃 𝗩𝗜𝗦𝗔   V
22. Dez.- 7. Jan. geschl. – Restaurants : **Bugatti** (🔲, Italienische Küche) *(nur Abendesser*
Sonn- und Feiertage geschl.) **M** a la carte 52/90 – **Gutsschenke M** a la carte 40/72 – **81 Z**
120 B 170/210 - 240/380 Fb.

In Freiberg 7149   N : 4 km – ☎ 07141 :

🏠 **Gästehaus Baumann** garni, Ruitstr. 67 (Gewerbegebiet Ried), ℰ 7 30 57 – 📺 ☎ ❻
18 Z : 22 B 58 - 98 Fb.

XX **Schwabenstuben**, Marktplatz 5, ℰ 7 50 37, 🏡 – ❻. 🝙 ⓪ 🖃 𝗩𝗜𝗦𝗔
Samstag bis 17 Uhr, Montag, 1.- 15. Feb. und 5.- 28. Aug. geschl. – **M** a la carte 32/72.

XX **Spitznagel**, Ludwigsburger Str. 58 (Beihingen), ℰ 7 25 80, 🏡 – ❻. 🖃
Montag und Ende Juli - Mitte Aug. geschl. – **M** a la carte 32/60.

LUDWIGSHAFEN AM RHEIN 6700. Rheinland-Pfalz 🔲🔲🔲 ㉔ ㉕. 🔲🔲🔲 🔲🔲🔲 🗺 18 – 162 000 Ew –
Höhe 92 m – ☎ 0621.

Siehe auch Mannheim-Ludwigshafen (Übersichtsplan).

🛈 Verkehrsverein, Informationspavillon am Hauptbahnhof, ℰ 51 20 35.

ADAC, Theaterplatz 10, ℰ 51 93 61, Telex 464770.

Mainz 82 ② – Kaiserslautern 55 ② – ♦Mannheim 3 ④ – Speyer 22 ③.

Stadtplan siehe gegenüberliegende Seite.

🏛 **Ramada**, Pasadena-Allee 4, ℰ 51 93 01, Telex 464545, Fax 511913, 🍴, 🔲 – 🛗 ↔ Zim 🔲
📺 ⇦ ❻ – 🏖 25/180. 🝙 ⓪ 🖃 𝗩𝗜𝗦𝗔   Z
M a la carte 50/84 – **195 Z : 400 B** 215/240 - 290/320 Fb – 3 Appart. 460.

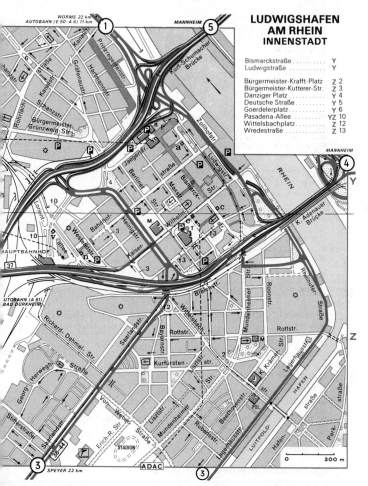

LUDWIGSHAFEN AM RHEIN INNENSTADT

Bismarckstraße	Y
Ludwigstraße	Y
Bürgermeister-Krafft-Platz	Z 2
Bürgermeister-Kutterer-Str.	Z 3
Danziger Platz	Y 4
Deutsche Straße	Y 5
Goerdelerplatz	Y 6
Pasadena-Allee	YZ 10
Wittelsbachplatz	Z 12
Wredestraße	Z 13

Excelsior, Lorientallee 16, ℘ 5 98 50, Telex 464540, Fax 5985500, ≤, ≘s, 🔲 – 🛗 ⇔× Zim
📺 ☎ ⇔ 🅿 – 🔬 25/50. 🖽 ⑩ 🗲 𝕍𝕀𝕊𝔸. ❄ Rest   Z n
M *(1.- 13. Jan., Samstag bis 18 Uhr sowie Sonn- und Feiertage geschl.)* a la carte 44/67 –
160 Z : 250 B 180 - 215/260 Fb.

Europa Hotel, Am Ludwigsplatz 5, ℘ 5 98 70, Telex 464701, Fax 5987122, ≘s, 🔲 – 🛗 🗒
📺 ☎ ⇔ – 🔬 25/280. 🖽 ⑩ 🗲 𝕍𝕀𝕊𝔸   **– 113 Z : 224 B** 168/198 - 208/330 Fb. Y a
M *(Samstag geschl.)* a la carte 40/68

Regina garni, Bismarckstr. 40, ℘ 51 90 26 – 🛗 ☎   Y c
34 Z : 58 B 65/73 - 90/98.

Magin's am Theater, Kaiser-Wilhelm-Str. 39, ℘ 51 27 74, 🍴   Z e

Folgende Häuser finden Sie auf dem Stadtplan Mannheim-Ludwigshafen :

In Ludwigshafen-Friesenheim :

Ebert Park Hotel garni, Kopernikusstr. 67, ℘ 6 90 60, Fax 6906601 – 🛗 📺 ☎ 🅿. 🖽 ⑩
🗲 𝕍𝕀𝕊𝔸   BV a
23. Dez.- 2. Jan. geschl. – **91 Z : 180 B** 100/107 - 139/149 Fb.

Karpp, Rheinfeldstr. 56, ℘ 69 10 78, 🍴 – 🛗 ☎. ❄ Rest   BV e
20.Dez.- Mitte Jan. geschl. – **M** *(nur Abendessen, Samstag - Sonntag geschl.)* a la carte
25/50 🍸 – **20 Z : 32 B** 55/85 - 85/120.

LUDWIGSHAFEN AM RHEIN

In Ludwigshafen-Gartenstadt :

🏠 **Gartenstadt**, Maudacher Str. 188, ℰ 55 10 51, Fax 551054, 🚘, 🔲, 🎾 (Halle) – 📳 📺
🅿 🖭 ⓞ 🖪 𝘝𝘐𝘚𝘈, 🕉 Rest BV
(nur Abendessen für Hausgäste) – **48 Z : 74 B** 88/98 - 130/160 Fb.

In Ludwigshafen 25 - Oggersheim :

🎟 **L'Echalote**, Schillerstr. 75 (im Oggersheimer Hof), ℰ 68 25 34 – 🖭 ⓞ 🖪 𝘝𝘐𝘚𝘈 AV
nur Abendessen, Sonntag, Juli 2 Wochen sowie Ostern und Weihnachten geschl. – **M** a
carte 33/48 🍷.

In Altrip 6701 SO : 10 km über Rheingönheim und Hoher Weg BCV :

🏨 **Strandhotel Darstein** 📎, Zum Strandhotel 10, ℰ (06236) 20 73, Fax 39323, ≼, 🏛 –
🕿 ⇔ 🅿 – 🛖 30. ⓞ 🖪 𝘝𝘐𝘚𝘈
M (Montag - Dienstag 18 Uhr und 2.- 21. Jan. geschl.) a la carte 28/64 🍷 – **17 Z : 29 B** 59,
- 124/159 Fb.

LUDWIGSTADT 8642. Bayern 🖽🖾 QR 15, 🗐🗐 🐾 – 3 900 Ew – Höhe 444 m – Erholungs
– Wintersport : 500/700 m ✍3 ⚞6 – 🕾 09263.
♦München 310 – ♦Bamberg 89 – Bayreuth 75 – Coburg 58.

In Ludwigstadt-Lauenstein N : 3 km :

🏨 **Posthotel Lauenstein**, Orlamünder Str. 2, ℰ 5 05, Fax 7167, ≼, 🏛, Bade- u
Massageabteilung, 🚘, 🔲 – 📳 🕿 🅿 – 🛖 30. ⓞ 🖪 𝘝𝘐𝘚𝘈
M a la carte 29/53 – **26 Z : 52 B** 38/65 - 70/98.

🏠 **Burghotel Lauenstein** 📎, Burgstr. 4, ℰ 2 56, Fax 7167, ≼, 🏛 – ⇔ 🅿 – 🛖 30. ⓞ
M a la carte 24/45 – **22 Z : 38 B** 30/55 - 55/95 – ½ P 46/50.

Siehe auch : *Steinbach am Wald*

LÜBBECKE 4990. Nordrhein-Westfalen 🗐🗐 🐾, 🖾🖽 I 10 – 23 200 Ew – Höhe 110 m – 🕾 05⁷
♦Düsseldorf 215 – ♦Bremen 105 – ♦Hannover 95 – ♦Osnabrück 45.

🏨 **Quellenhof** 📎, Obernfelder Allee 1, ℰ 70 13, Fax 7014, « Gartenterrasse », 🎏 – 📳
🕿 🅿 🖪 𝘝𝘐𝘚𝘈
2.- 9. Jan. geschl. – **M** (Freitag - Samstag 15 Uhr geschl.) a la carte 25/57 – **24 Z :** 39
70/100 - 120/180 Fb.

Im Industriegebiet N : 2 km :

🏠 **Borchard**, Langekamp 26, ✉ 4990 Lübbecke, ℰ (05741) 10 45 – 📺 🕿 🅿. 🕉
27 Z : 44 B Fb.

In Hüllhorst-Oberbauerschaft 4971 S : 4 km :

🏠 **Berghotel**, Buchenweg 1 (nahe der B 239), ℰ (05741) 9 03 03, 🚘, 🔲 – 🕿 🅿. 🖭 ⓞ
𝘝𝘐𝘚𝘈
2.- 30. Jan. und 15.- 30. Juli geschl. – **M** (Montag geschl.) a la carte 22/50 – **14 Z : 2⁶**
50/70 - 100/110.

During the season, particularly in resorts, it is wise to book in advance.

LÜBECK 2400. Schleswig-Holstein 🗐🗐 ⑥ – 211 000 Ew – Höhe 15 m – 🕾 0451.
Sehenswert : Altstadt★★★ – Holstentor★★ – Marienkirche★★ – Haus der Schiff
gesellschaft★ (Innenausstattung★★) – Rathaus★ – Heiligen-Geist-Hospital★
St.-Annen-Museum★ BYZ **M** – Burgtor★ BX **D** – Füchtingshof★ – Jakobikirche (Orgel★★) B⊇
– Katharinenkirche (Figurenreihe★ von Barlach).
🏌 Lübeck-Travemünde (über Kaiserallee C), ℰ (04502) 7 40 18.
🚹 Touristbüro, Markt, ℰ 1 22 81 06, Telex 26894.
🚹 Touristbüro, Beckergrube 95, ℰ 1 22 81 09.
🚹 Auskunftspavillon im Hauptbahnhof, ℰ 1 22 81 07.
ADAC, Katharinenstr. 37, ℰ 4 39 39, Telex 26213.
♦Kiel 92 ⑤ – ♦Hamburg 66 ⑥ – Neumünster 58 ⑤.

Stadtpläne siehe nächste Seiten.

🏨🏨 **Mövenpick Hotel Lysia**, Auf der Wallhalbinsel 3, ℰ 1 50 40, Telex 26707, Fax 15041
🏛 – 🕉 Zim 🗏 Rest 📺 🕹 ⇔ 🅿 – 🛖 25/300. 🖭 ⓞ 🖪 𝘝𝘐𝘚𝘈 AY
M a la carte 38/59 – **197 Z : 380 B** 153/188 - 211/271 Fb – 3 Appart. 326.

🏨 **Kaiserhof** garni (mit 2 Gästehäusern), Kronsforder Allee 13, ℰ 79 10 11, Telex 26603, F
795083, « Restaurierte Patrizierhäuser mit geschmackvoller Einrichtung », 🚘, 🔲 – 📳
🕿 🅿 – 🛖 30. 🖭 ⓞ 🖪 𝘝𝘐𝘚𝘈. 🕉 BZ
70 Z : 140 B 98/150 - 135/195 Fb – 5 Appart. 260/330.

🏨 **Alter Speicher** garni, Beckergrube 91, ℰ 7 10 45, Fax 704802, 🚘 – 📳 📺 🕿. 🖭 ⓞ
𝘝𝘐𝘚𝘈 BY
50 Z : 120 B 110/190 - 150/300 Fb.

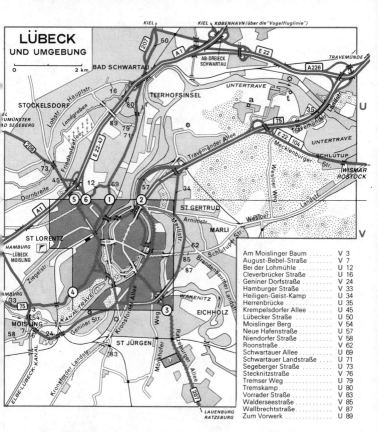

LÜBECK
UND UMGEBUNG

0   2 km

🏨 **Jensen**, Obertrave 4, ℰ 7 16 46, Telex 26360, Fax 73386 – 🛗 📺 ☎. 🆎 ⑩ ᴇ 𝘝𝘐𝘚𝘈, **M** a la carte 30/60 – **46 Z : 94 B** 90/120 - 130/170 Fb.　　　　　　　BY **k**

🏨 **Excelsior**, Hansestr. 3, ℰ 8 80 90, Telex 26595, Fax 880999 – 🛗 📺 ☎ ⇦ ⓟ – 🔬 25/60. 🆎 ⑩ ᴇ 𝘝𝘐𝘚𝘈. ⚘
(nur Abendessen für Hausgäste) – **70 Z : 130 B** 75/150 - 110/250 Fb.　　　　　AY **w**

🏨 **Lindenhof** garni, Lindenstr. 1a, ℰ 8 40 15, Telex 26621 – 🛗 📺 ☎ ⇦. ⑩ ᴇ 𝘝𝘐𝘚𝘈　AY **b**
51 Z : 85 B 90/105 - 130/160.

🏨 **Park Hotel** garni, Lindenplatz 2, ℰ 8 46 44 – 📺 ☎. 🆎 ⑩ ᴇ 𝘝𝘐𝘚𝘈　　　　　　　AY **a**
22. Dez.- 14. Jan. geschl. – **18 Z : 38 B** 89/98 - 120/150 Fb.

🏨 **Wakenitzblick**, Augustenstr. 30, ℰ 79 12 96, ≤, 🌳 – ☎ ⇦. 🆎 ᴇ　　　　　　BZ **n**
M a la carte 29/46 – **23 Z : 44 B** 75/100 - 95/135.

🏨 **Motel Zur Lohmühle**, Bei der Lohmühle 54, ℰ 47 33 81, Telex 26494, Fax 42827 – 📺 ☎ ⇦ ⓟ – 🔬 30. 🆎 ⑩ ᴇ 𝘝𝘐𝘚𝘈　　　　　　　　　　　　　　　AX **t**
M a la carte 28/48 – **36 Z : 104 B** 65/80 - 110/130 Fb.

🏨 **Altstadt-Hotel** garni, Fischergrube 52, ℰ 7 20 83, Fax 73778 – 📺 ☎　　　　　BX **n**
22. Dez.- 20. Jan. geschl. – **25 Z : 45 B** 50/110 - 110/140.

XX **Wullenwever** (Patrizierhaus a.d. 16. Jh.), Beckergrube 71, ℰ 70 43 33. 🆎 ⑩ ᴇ 𝘝𝘐𝘚𝘈
Samstag bis 19 Uhr, Montag und 1. 21. Jan. geschl. – **M** (Tischbestellung ratsam) 30
(mittags) und a la carte 67/91.　　　　　　　　　　　　　　　　　　　　　　BY **s**

XX **Stadtrestaurant**, Am Bahnhof 2 (1. Etage), ℰ 8 40 44 – 🔬 25/180. 🆎 ⑩ ᴇ 𝘝𝘐𝘚𝘈　AY
M 18/28 (mittags) und a la carte 32/67.

XX L'Etoile, Große Petersgrube 8, ℰ 7 64 40　　　　　　　　　　　　　　　　BY **r**

XX **Schiffergesellschaft**, Breite Str. 2, ℰ 7 67 76, Fax 73279, « Historische Gaststätte
a.d.J. 1535 mit zahlreichen Andenken an Lübecker Seefahrer » – 🔬 25/100　　BX **x**
Montag geschl. – **M** (Tischbestellung ratsam) a la carte 37/78.

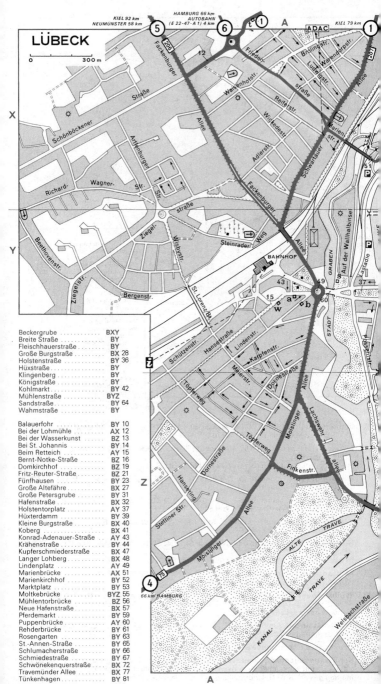

LÜBECK

0   300 m

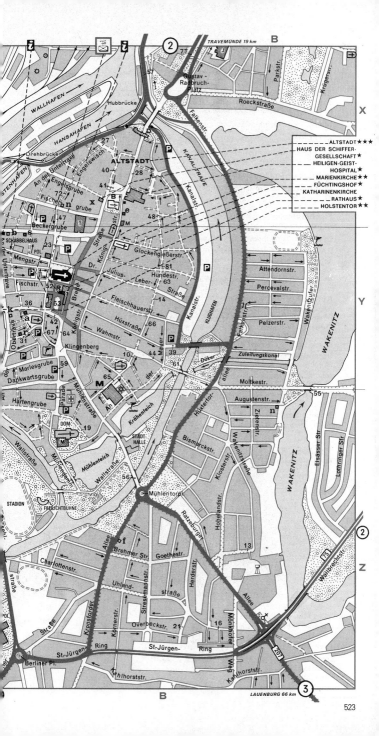

XX Die Gemeinnützige, Königstr. 5, ℱ 7 38 12, « Stilvolle Festsäle, Gartenterrasse » –
   🅰 25/200   BX

XX **Lübecker Hanse**, Kolk 3, ℱ 7 80 54 – 🆎 ⓪ Ɛ 𝓥𝓘𝓢𝓐   BY
   Samstag, Sonn- und Feiertage sowie 1.- 6. Jan. geschl. – **M** (Tischbestellung ratsam) 18/3
   (mittags) und a la carte 38/67.

X **Ratskeller**, Markt 13 (im Rathaus), ℱ 7 20 44, Fax 73239, 🏠, « Restaurant mit kleine
   Brauerei in einem Kreuzgewölbe a.d.J. 1235 » – 🆎 ⓪ Ɛ 𝓥𝓘𝓢𝓐   BY
   M *(auch vegetarische Gerichte)* a la carte 39/63.

In Lübeck 1-Gothmund :

In Lübeck-Ivendorf NO : 14 km über Travemünder Landstraße U:

🏠 **Grüner Jäger**, Ivendorfer Landstr. 40, ℱ 26 67, Fax 2065, 🏠, 🌳, – 🕿 🅿 Ɛ 𝓥𝓘𝓢𝓐
   M *(nur Abendessen, Montag geschl.)* a la carte 28/55 – **30 Z : 60 B** 65/75 - 120/130 Fb.

In Lübeck 1-Israelsdorf :

🏠 **Waldhotel Twiehaus** ⑳, Waldstr. 41, ℱ 39 33 13, 🏠 – 📺 🕿 🅿 Ɛ 𝓥𝓘𝓢𝓐   U
   M *(Montag, Freitag und 26. Dez.- Mitte Feb. geschl.)* a la carte 23/42 – **10 Z : 26 B** 85 - 15
   Fb.

XX **Fischerklause** ⑳ mit Zim, Fischerweg 21, ℱ 39 32 83, 🏠 – 📺 🕿 🅿 🆎 ⓪ Ɛ 𝓥𝓘𝓢𝓐
   M *(Montag geschl.)* a la carte 34/56 – **6 Z : 12 B** 75 - 120.   U

In Lübeck-Travemünde ② : 19 km – Seeheilbad – ☎ 04502.

🅱 Kurverwaltung, Strandpromenade 1b, ℱ 8 04 31.

🏚 **Maritim**, Trelleborgallee 2, ℱ 8 90, Telex 261432, Fax 74439, ≤ Lübecker Bucht un
   Travemündung, 🚝, 🔲 – 🛗 ⇎ Zim 🔳 Rest 📺 ⟸ – 🅰 25/1600. 🆎 ⓪ Ɛ 𝓥𝓘𝓢𝓐 🛢 Rest
   M a la carte 43/87 – **Über den Wolken** *(nur Abendessen, Sonntag geschl.)* **M** a la car
   70/94 – **240 Z : 435 B** 179/263 - 256/358 Fb – 10 Appart. 490/520.   C

🏨 **Kurhaus-Hotel**, Außenallee 10, ℱ 8 10, Telex 261414, Fax 74437, 🏠, 🚝, 🔲, 🌳 –
   ⇎ Zim 📺 🕿 🅿 – 🅰 25/500. 🆎 ⓪ Ɛ 𝓥𝓘𝓢𝓐
   M a la carte 45/80 – **104 Z : 170 B** 175/295 - 234/318 Fb – 4 Appart. 460.   C

🏠 **Deutscher Kaiser**, Vorderreihe 52, ℱ 50 28, Telex 261443, ≤, 🏠, 🔲 (geheizt) – 🛗 🛢
   ⟸. 🆎 ⓪ Ɛ 𝓥𝓘𝓢𝓐   C
   M a la carte 32/54 – **47 Z : 95 B** 95/150 - 150/195 Fb.

🏠 **Strandperle**, Kaiserallee 10, ℱ 7 42 49, ≤, 🏠 – 📺 🕿 🅿 🆎 ⓪ Ɛ 𝓥𝓘𝓢𝓐
   M *(Nov.- Jan. Dienstag geschl.)* a la carte 27/64 – **10 Z : 20 B** 85/100 - 140/160 Fb.

🏠 Atlantic garni, Kaiserallee 2a, ℱ 7 41 36 – 📺 🕿 🅿   C
   30 Z : 54 B Fb.

🏠 **Sonnenklause** garni, Kaiserallee 21, ℱ 7 33 30, Fax 75280 – 🕿 ⟸ 🅿 Ɛ. 🛢   C
   März - Okt. und Weihnachten - 7. Jan. geöffnet – **25 Z : 38 B** 73/115 - 135/190.

🏠 **Strand-Schlößchen** ⑳, Strandpromenade 7, ℱ 7 50 35, ≤, 🏠 – 🕿 🅿 🆎 ⓪ Ɛ 𝓥𝓘𝓢𝓐
   März - Okt. – **M** a la carte 30/61 – **34 Z : 50 B** 60/180 - 110/200 Fb.   C

LÜBECK-TRAVEMÜNDE

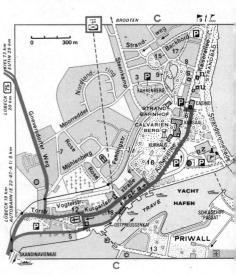

ХХХ **Casino - Restaurant**, Kaiserallee 2, $\mathscr{P}$ 8 20, Fax 82102, $\leqslant$, $\widehat{\mathbb{R}}$ – $\mathbf{Q}$. $\textcircled{1}$ **E** $\overline{\text{VISA}}$. $\mathscr{G}$
    wochentags nur Abendessen – **M** a la carte 46/95.   c

ХХ **Jägers Restaurant Lord Nelson** (Restaurant im Pub-Stil), Vorderreihe 56 (Passage),
    $\mathscr{P}$ 63 69 – $\textcircled{AE}$ $\textcircled{1}$ **E** $\overline{\text{VISA}}$ C v
    Okt.- März Dienstag und 15. Jan.- 15. Feb. geschl. – **M** (Tischbestellung ratsam) a la carte
    32/65.

    In Hamberge 2401 ④ : 7 km über die B 75 :

🏠 Oymanns Hotel garni, Stormarnstr. 12 (an der B 75), $\mathscr{P}$ (0451) 89 13 51 – **☎** $\Leftarrow$ $\mathbf{Q}$
    21 Z : 29 B.

LÜCHOW 3130. Niedersachsen $\overline{\text{987}}$ ⑯ – 9 600 Ew – Höhe 18 m – ✪ 05841.
Gästeinformation im Amtshaus, Theodor-Körner-Str. 4, $\mathscr{P}$ 1 26 49.
Hannover 138 – ♦Braunschweig 125 – Lüneburg 66.

🏠 **Altstadt** garni, Lange Str. 53, $\mathscr{P}$ 22 40 – $\textcircled{\tiny TV}$ **☎**. $\textcircled{AE}$ $\textcircled{1}$ **E**
    Mitte Dez.- Mitte Jan. geschl. – **7 Z : 12 B** 65 - 95 Fb.

🏠 **Ratskeller**, Lange Str. 56, $\mathscr{P}$ 55 10 – $\mathbf{Q}$
    Juli geschl. – **M** (Montag ab 14 Uhr und Samstag geschl.) a la carte 27/52 – **11 Z : 18 B**
    40/50 - 69/85 Fb.

🏠 **Jahn**, Burgstr. 2, $\mathscr{P}$ 22 15 – $\Leftarrow$
    22. Dez.- 5. Jan. geschl. – **M** (wochentags nur Abendessen, Sonntag ab 14 Uhr und Freitag
    geschl.) a la carte 25/47 – **21 Z : 35 B** 50 - 90 Fb.

    In Küsten-Lübeln 3131 W : 4,5 km :

🏠 Kartoffel-Hotel (restauriertes Fachwerkhaus a.d.J. 1805), $\mathscr{P}$ (05841) 50 81, Fax 1681, $\widehat{\mathbb{R}}$,
    $\widehat{\mathbb{m}}$ – $\textcircled{\tiny TV}$ **☎** $\mathbf{Q}$
    20 Z : 40 B.

LÜDENSCHEID 5880. Nordrhein-Westfalen $\overline{\text{987}}$ ㉔, $\overline{\text{412}}$ F 13 – 74 000 Ew – Höhe 420 m –
❀ 02351.
° Schalksmühle-Gelstern (N : 5 km), $\mathscr{P}$ (02351) 5 64 60.
ᗡAC, Knapper Str. 26, $\mathscr{P}$ 2 66 87, Notruf $\mathscr{P}$ 1 92 11.
Düsseldorf 97 – Hagen 30 – Dortmund 47 – Siegen 59.

🏨 **Queens Hotel Lüdenscheid**, Parkstr. 66, $\mathscr{P}$ 15 60, Telex 826644, Fax 39157, $\widehat{\mathbb{R}}$, Massage,
    $\widehat{\mathbb{m}}$, $\boxed{\text{⟋}}$, $\Leftarrow$ Zim $\textcircled{\tiny TV}$ **☎** $\mathbf{Q}$ – $\underline{\underline{A}}$ 25/280. $\textcircled{AE}$ $\textcircled{1}$ **E** $\overline{\text{VISA}}$
    M a la carte 41/67 – **165 Z : 304 B** 170 - 240 Fb – 4 Appart. 345.

🏠 Haus Sissi garni, Honseler Str. 7, $\mathscr{P}$ 88 57 – $\boxed{\natural}$ $\textcircled{\tiny TV}$ **☎** $\mathbf{Q}$
    11 Z : 22 B.

ХХ ✿ **Petersilie**, Loher Str. 19, $\mathscr{P}$ 8 32 31, « Villa a.d.J. 1884 » – $\Leftarrow$ $\mathbf{Q}$. **E**. $\mathscr{G}$
    nur Abendessen, 1.- 10. Jan. geschl. – **M** a la carte 66/81
    Spez. Parfait von geräuchertem Bachsaibling, Gefüllter Tafelspitz, Topfensoufflé.

Х Heerwiese, Heedfelder Str. 136, $\mathscr{P}$ 69 04 – $\mathbf{Q}$.

Х **Stadtgarten-Restaurant**, Freiherr-vom-Stein-Str. 9 (Kulturhaus), $\mathscr{P}$ 2 74 30 – $\mathbf{Q}$ –
    $\underline{\underline{A}}$ 25/450
    Montag geschl. – **M** a la carte 26/62.

    In Lüdenscheid-Brügge W : 5 km über die B 229 :

🏨 **Passmann**, Volmestr. 83, $\mathscr{P}$ 7 90 96, Fax 71483 – $\textcircled{\tiny TV}$ **☎** $\Leftarrow$ $\mathbf{Q}$ – $\underline{\underline{A}}$ 25. $\textcircled{AE}$ $\textcircled{1}$ **E** $\overline{\text{VISA}}$
    M (Samstag bis 17 Uhr geschl.) a la carte 44/75 – **28 Z : 50 B** 85 -140 Fb.

    In Lüdenscheid-Oberrahmede N : 4 km Richtung Altena :

🏨 Zum Markgrafen, Altenaer Str. 209, $\mathscr{P}$ 59 04, Fax 54521 – **☎** $\mathbf{Q}$
    12 Z : 19 B Fb – 3 Appart..

    Siehe auch : *Altena-Großendrescheid* (N : 8 km)

LÜDINGHAUSEN 4710. Nordrhein-Westfalen $\overline{\text{987}}$ ⑭, $\overline{\text{412}}$ F 11 – 20 000 Ew – Höhe 60 m –
❀ 02591.
Düsseldorf 97 – Dortmund 37 – Münster (Westfalen) 28.

🏠 **Westfalenhof**, Münsterstr. 17, $\mathscr{P}$ 38 20, Fax 3218, « Restaurant mit altdeutscher
    Einrichtung » – $\textcircled{\tiny TV}$ **☎** $\mathbf{Q}$. $\textcircled{AE}$ $\textcircled{1}$ **E** $\overline{\text{VISA}}$
    M (Samstag bis 18 Uhr und Sonntag - Montag 18 Uhr geschl.) a la carte 26/50 – **7 Z : 14 B**
    66 - 95/110 Fb.

    In Lüdinghausen-Seppenrade W : 4 km :

ХХ **Schulzenhof** mit Zim, Alter Berg 2, $\mathscr{P}$ 81 61, $\widehat{\mathbb{R}}$ – $\textcircled{\tiny TV}$ **☎** $\mathbf{Q}$
    Ende Jan.- Mitte Feb. geschl. – **M** (Dienstag ab 15 Uhr und Montag geschl.) a la carte
    35/65 – **8 Z : 16 B** 50 - 99.

LÜGDE 4927. Nordrhein-Westfalen **987** ⑮, **412** K 11 — 11 700 Ew — Höhe 106 m — ☺ 052
(Bad Pyrmont).

🛦 Auf dem Winzenberg 2, ℰ 81 96.

🛈 Verkehrsamt, Mittlere Str. 3, ℰ 7 80 29.

♦Düsseldorf 219 — Detmold 32 — ♦Hannover 68 — Paderborn 49.

🏠 **Stadt Lügde**, Vordere Str. 35, ℰ 7 80 71, 🛱 — 📳 ☎ ⓟ. 𝔸𝔼 ⓞ 𝔼 𝖵𝖨𝖲𝖠
    M a la carte 24/45 — **13 Z : 22 B** 50 - 100.

🏠 **Berggasthaus Kempenhof** ⦿, Am Golfplatz (W : 1,5 km), ℰ 86 47, ≤, 🛱, ⇔s, 🛲 — 📺 1
    ⇦ ⓟ — **17 Z : 32 B**.

🏠 **Sonnenhof**, Zum Golfplatz 2, ℰ 74 71, ≤, 🛱, 🛲 — ⇦ ⓟ
━   4.- 25. Jan. geschl. — **M** a la carte 21/40 — **22 Z : 37 B** 45/50 - 80.

🍴 Zu den zwei Linden, Höxterstr. 1, ℰ 71 79, 🛱, ⇔s, 🛲 — ⓟ — **10 Z : 21 B**.

    In Lügde-Hummersen SO : 16 km :

🏠 **Lippische Rose**, Detmolder Str. 35, ℰ (05283) 70 90, Fax 709155, ⇔s, 🏊, 🛲, ℀ — 📳 1
    ⓟ — 🔒 25/100. ⓞ 𝖵𝖨𝖲𝖠
    M a la carte 32/55 — **60 Z : 100 B** 65/75 - 110/140 Fb.

LÜNEBURG 2120. Niedersachsen **987** ⑮ — 60 000 Ew — Höhe 17 m — Heilbad — ☺ 04131.

Sehenswert : Rathaus** (Große Ratsstube**) — "Am Sande"* (Stadtplatz) — "Wasserviertel
(ehemaliges Brauhaus*) X **B**.

🛦 Ludersburg (NO : 16 km über ①), ℰ (04153) 61 12 ; 🛦 St. Dionys (N : 11 km über ①), ℰ (0413
62 77.

🛈 Verkehrsverein, Rathaus, Marktplatz, ℰ 3 22 00.

ADAC, Egersdorffstr. 1, ℰ 3 20 20, Notruf ℰ 1 92 11.

♦Hannover 124 ③ — ♦Braunschweig 116 ② — ♦Bremen 132 ⑤ — ♦Hamburg 55 ⑤.

               Stadtplan siehe gegenüberliegende Seite.

🏨 **Seminaris**, Soltauer Str. 3, ℰ 71 30, Telex 2182161, Fax 713727, 🛱, direkter Zugang zu
    Kurzentrum — 📳 ⇔ Zim ▦ Rest 📺 ⇦ — 🔒 25/250. 𝔸𝔼 ⓞ 𝔼 𝖵𝖨𝖲𝖠   Z
    M *(auch vegetarische Gerichte)* a la carte 30/63 — **185 Z : 248 B** 106/165 - 144/180 Fb —
    7 Appart. 280.

🏨 **Bergström**, Bei der Lüner Mühle, ℰ 30 80, Fax 308499, ≤, 🛱, ⇔s — 📳 ⇔ Zim 📺 ⅋ ⇦
    ⓟ — 🔒 25/40. 𝔸𝔼 ⓞ 𝔼 𝖵𝖨𝖲𝖠   X
    M a la carte 33/65 — **70 Z : 120 B** 153 - 183/211 Fb.

🏩 **Residenz**, Munstermannskamp 10, ℰ 4 50 47, Telex 2182213, Fax 401637, 🛱 — 📳 📺 1
    ⇦ ⓟ. 𝔸𝔼 ⓞ 𝔼 𝖵𝖨𝖲𝖠   Z
    M a la carte 41/72 — **35 Z : 60 B** 93/115 - 160 Fb.

🏩 **Bremer Hof** ⦿, Lüner Str. 13, ℰ 3 60 77, Fax 38304 — 📳 📺 ☎ ⓟ. 𝔸𝔼 ⓞ 𝔼 𝖵𝖨𝖲𝖠   X
    M *(Sonn- und Feiertage ab 15 Uhr geschl.)* a la carte 28/52 — **56 Z : 104 B** 61
    110 - 96/170 Fb.

🏩 **Wellenkamp's Hotel**, Am Sande 9, ℰ 4 30 26, Fax 43027 — 📺 ☎ — 🔒 30. 𝔸𝔼 ▮
    𝖵𝖨𝖲𝖠   Y
    M *(Sonntag ab 15 Uhr geschl.)* 24/32 und a la carte 43/68 — **45 Z : 70 B** 56/93 - 105/148 Fb.

🏠 **Heiderose**, Uelzener Str. 29, ℰ 4 44 10 — 📺 ☎ ⓟ. 𝔼. ℀   Z
    (Restaurant nur für Hausgäste) — **22 Z : 32 B** 52/57 - 78/95.

🏠 Zum Bierstein, Vor dem Neuen Tore 12, ℰ 6 21 93 — ⓟ — **19 Z : 36 B**.   über ⓖ

🏠 Hotel am Kurpark, Uelzener Str. 41, ℰ 4 47 92 — ☎ ⇦ ⓟ — **43 Z : 66 B**.   Z

🍴🍴 **Zum Heidkrug** mit Zim, Am Berge 5, ℰ 3 12 49, « Gotischer Backsteinbau a.d. 15. Jh. » -
    📺 ☎ ⇦. 𝔸𝔼 ⓞ 𝔼 𝖵𝖨𝖲𝖠   X
    4.- 14. Jan. geschl. — **M** a la carte 45/71 — **7 Z : 13 B** 85/95 - 140.

🍴🍴 **Ratskeller**, Am Markt 1, ℰ 3 17 57 — 𝔸𝔼 𝔼 𝖵𝖨𝖲𝖠   X ▮
    Mittwoch geschl. — **M** a la carte 26/50.

🍴 **Kronen-Brauhaus** (Brauerei-Gaststätte), Heiligengeiststr. 39, ℰ 71 32 00, Fax 40358
    Biergarten — 𝔸𝔼 𝔼 𝖵𝖨𝖲𝖠   Y
    M a la carte 29/59.

🍴 **Ristorante Italia**, Auf dem Schmaarkamp 2, ℰ 3 71 73 — ⓟ. 𝔸𝔼 ⓞ 𝔼 𝖵𝖨𝖲𝖠. ℀
    nur Abendessen, Dienstag geschl. — **M** a la carte 33/50.
                                 über Vor dem Bardowicker Tore   X

    An der B 4 ⑤ : 4 km :

🏠 **Motel Landwehr**, Hamburger Str. 37, ✉ 2120 Lüneburg, ℰ (04131) 12 10 24, Fax 12157
    🛱, 🏊 (geheizt), 🛲 — 📺 ☎ ⓟ. 𝔸𝔼 ⓞ 𝔼 𝖵𝖨𝖲𝖠. ℀
    21. Dez.- 27. Jan. geschl. — **M** *(nur Abendessen, Sonntag geschl.)* a la carte 26/50 — **34 Z**
    70 B 50/130 - 120/190.

    In Brietlingen 2121 ⑤ : 10 km über die B 209 :

🏠 **Gasthof Franck**, an der B 209, ℰ (04133) 4 00 90, Fax 400933, ⇔s, 🏊, 🛲 — 📺 ☎ ⓟ
    🔒 25/200. ⓞ 𝖵𝖨𝖲𝖠
    M *(Montag geschl.)* a la carte 25/56 — **33 Z : 63 B** 58/85 - 110/140 Fb.

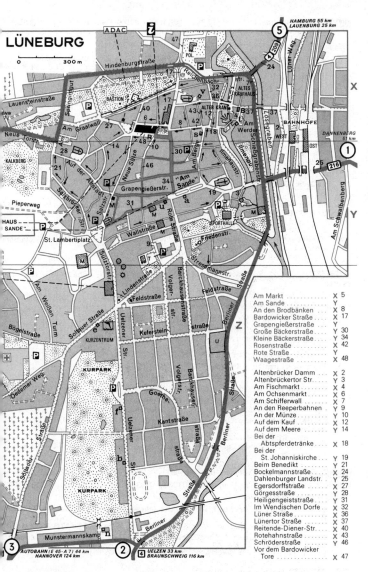

LÜNEBURG

0   300 m

HAMBURG 55 km
LAUENBURG 25 km

In Deutsch-Evern 2121 ② : 7 km :

X **Niedersachsen,** Bahnhofstr. 1, 𝄢 (04131) 7 93 74, « Gartenterrasse » – **℗** – 🏛 25/60.
⑩ E
Donnerstag geschl. – **M** a la carte 28/53.

In Embsen 2121 ③ : 10 km :

🏨 **Stumpf** (mit Gästehaus), Ringstr.6, 𝄢 (04134) 2 15, �, « Historische Sammlungen », 🖚
– 🚗 **℗**
M *(Montag bis 17 Uhr geschl.)* a la carte 20/36 – **12 Z : 28 B** 33/45 - 64/85.

In Südergellersen-Heiligenthal 2121 ③ : 6 km, in Rettmer rechts ab :

X **Wassermühle,** 𝄢 (04135) 71 57, � – **℗** **⑩** **𝓥𝓘𝓢𝓐**
wochentags nur Abendessen, Dienstag geschl. – **M** a la carte 28/44.

LÜNEN 4670. Nordrhein-Westfalen 𝟵𝟴𝟳 ⑭. 𝟰𝟭𝟮 F 12 — 89 000 Ew — Höhe 45 m — ✆ 02306.

Siehe Ruhrgebiet (Übersichtsplan).

♦Düsseldorf 94 — Dortmund 15 — Münster (Westfalen) 50.

🏠 **Zur Persiluhr**, Münsterstr. 25, ℰ 6 19 31, Fax 5810, 🏤 — 🕍 📺 ☎ ⇌ ⚘ Zim
17. Dez.- 7. Feb. geschl. — **M** (Samstag geschl.) a la carte 28/51 — **20 Z : 38 B** 65/85 98/118.

Beim Schloß Schwansbell SO : 2 km über Kurt-Schumacher-Straße :

XX **Schwansbell**, Schwansbeller Weg 32, ⊠ 4670 Lünen, ℰ (02306) 28 10, 🏤 — 🅿. ⁇ ①
E 𝚅𝙸𝚂𝙰
Montag und Dienstag geschl. — **M** a la carte 56/72.

An der Straße nach Bork NW : 4 km :

🏠 **Siebenpfennigsknapp**, Borker Str. 281 (B 236), ⊠ 4670 Lünen, ℰ (02306) 58 68 — ☎
⇌ 🅿
M (Montag und Donnerstag jeweils bis 17 Uhr und Freitag geschl.) 13,50/28 (mittags) und
la carte 24/48 — **23 Z : 39 B** 44/66 - 95/110.

In Selm 4714 NW : 12 km :

🏠 **Haus Knipping** ⑤, Ludgeristr. 32, ℰ (02592) 30 09 — 📺 ☎ 🅿. ⁇ ① E
◂ **M** (Mittwoch, Juli - Aug. 2 Wochen und Ende Dez.- Anfang Jan. geschl.) a la carte 20/47 —
20 Z : 30 B 55 - 100 Fb.

In Selm-Cappenberg 4714 N : 5 km :

🏠 **Kreutzkamp**, Cappenberger Damm 3, ℰ (02306) 58 89, 🏤, « Historisches Restaurant i
altdeutschem Stil » — 📺 ☎ ⇌ 🅿 — 🔏 25/120. ⁇ ① E 𝚅𝙸𝚂𝙰
M (Montag geschl.) a la carte 31/67 — **15 Z : 22 B** 80 - 140.

LÜTJENBURG 2322. Schleswig-Holstein 𝟵𝟴𝟳 ⑤ ⑥ — 5 400 Ew — Höhe 25 m — Luftkurort
✆ 04381.

🛈 Verkehrsamt, Markt 12, ℰ 91 49.

♦Kiel 34 — ♦Lübeck 75 — Neumünster 56 — Oldenburg in Holstein 21.

🏠 **Brüchmann**, Markt 20, ℰ 70 01, ☎ — 📺 ☎ 🅿. ⁇ ① E 𝚅𝙸𝚂𝙰
Feb. geschl. — **M** a la carte 29/53 — **28 Z : 48 B** 48/100 - 80/170 Fb.

🏠 **Ostseeblick** ⑤ garni, Am Bismarckturm, ℰ 66 88, Fax 7240, ≤, ☎, 🔲 — ☎ 🅿. ①
𝚅𝙸𝚂𝙰
3.- 31. Jan. geschl. — **24 Z : 48 B** 79 - 130 Fb.

X **Bismarckturm**, Vogelberg 3, ℰ 79 21, ≤, 🏤 — 🅿. ⁇ ① E
Okt.- März Montag und Jan. geschl. — **M** a la carte 28/53.

In Panker 2322 N : 4,5 km :

X **Ole Liese** ⑤ mit Zim, ℰ (04381) 3 74, 🏤, « Historischer Gasthof a.d.J. 1797 » — 🅿
27. Dez.- Feb. geschl. — **M** (Montag geschl.) a la carte 33/57 — **5 Z : 9 B** 68 - 111/131.

X ✿ **Forsthaus Hessenstein**, beim Hessenstein (W : 3 km), ℰ (04381) 94 16 — 🅿
wochentags nur Abendessen, Montag - Dienstag, 8. Jan.- 8. Feb. und 15. Okt.- 6. No
geschl. — **M** (Tischbestellung erforderlich) 69/95 und a la carte 59/79
Spez. Terrine von Lachs und Langostinos, Lammrücken mit Basilikumkruste (2 Pers.), Schwarzbrotauflauf n
Kirschkompott.

LÜTJENSEE 2073. Schleswig-Holstein — 2 500 Ew — Höhe 50 m — ✆ 04154 (Trittau).

🏌 Hoisdorf-Hof Bornbek (W : 2 km), ℰ (04107) 78 31 ; 🏌 Großensee (S : 5 km), ℰ (04154) 64 73.

♦Kiel 85 — ♦Hamburg 30 — ♦Lübeck 43.

🏠 **Fischerklause** ⑤, Am See 1, ℰ 71 65, ≤ Lütjensee, « Terrasse am See » — 📺 ☎ 🅿. ⁇
E
2.- 26. Jan. geschl. — **M** (Donnerstag geschl.) a la carte 45/74 — **12 Z : 19 B** 70/80 - 110/138

XX **Forsthaus Seebergen** ⑤ (mit Gästehäusern), ℰ 71 82, Fax 70645, ≤, « Terrasse a
See » — 📺 ☎ 🅿. ⁇ ① E 𝚅𝙸𝚂𝙰
M (Montag geschl.) a la carte 44/79 — **12 Z : 24 B** 55/110 - 90/160.

LÜTZELBACH Hessen siehe Modautal.

LÜTZENHARDT Baden-Württemberg siehe Waldachtal.

LUISENBURG Bayern. Sehenswürdigkeit siehe Wunsiedel.

LUTTER AM BARENBERGE 3372. Niedersachsen — 2 800 Ew — Höhe 165 m — ✆ 05383.

♦Hannover 70 — ♦Braunschweig 40 — Goslar 21.

X **Barenberger Hof** mit Zim, Frankfurter Str. 13, ℰ 2 71 — 🅿
M (Dienstag geschl.) a la carte 23/41 — **7 Z : 14 B** 40 - 70.

X **Kammerkrug** mit Zim, Frankfurter Str. 1, ℰ 2 51 — 🅿
M a la carte 23/43 — **7 Z : 11 B** 40 - 70.

An der Straße nach Othfresen O : 6 km :

🏖 **Der Harhof** ⤵, ⌧ 3384 Liebenburg 1, 𝒫 (05383) 3 66, « Gartenterrasse », 🍴 – 🚗 🅿
◆ *Anfang - Mitte Jan. und Anfang - Mitte Juni geschl.* – **M** *(Montag - Dienstag geschl.)* a la
carte 21/41 – **10 Z : 16 B** 35/40 - 62/70.

MAASHOLM 2341. Schleswig-Holstein – 750 Ew – Höhe 5 m – ✪ 04642.
◆Kiel 71 – Flensburg 36 – Schleswig 68.

🏠 **Martensen - Maasholm** ⤵, Hauptstr. 38, 𝒫 60 42 – 📺 ☎ 🅿 – **16 Z : 35 B**.

MAGDEBURG 3010 Sachsen-Anhalt 🄳🄸🄳 ⑮, 🄳🄸🄷 ⑯ – 287 000 Ew – Höhe 55 m – ✪ 003791.
Sehenswert : Dom★★ – Kloster Unser Lieben Frauen★.
🛈 Magdeburg-Information, Alter Markt 9, 𝒫 3 16 67.
◆Berlin - Ost 145 – ◆Braunschweig 89 – Dessau 63.

🏨 **International**, Otto-von-Guericke-Str. 87, 𝒫 38 40, Telex 8375, Fax 54140 – 🛗 📺 ☎ –
🛎 25/170. 🖭 ⓞ 🗲 🆅🅸🆂🅰. 🦐 Rest
M a la carte 26/59 – **350 Z : 600 B** 75/180 - 150/195 Fb – 6 Appart. 270/330.

🏨 **Goethestrasse**, Goethestr. 49, ⌧ 3080, 𝒫 3 29 87, 🛋 – 📺 ☎ – 🛎 25/45
◆ **M** a la carte 21/36 – **30 Z : 50 B** 95/162 - 147/164 Fb – 6 Appart. 190/324.

🏨 **Congress-Center**, Schmidtstr. 27 a, ⌧ 3018, 𝒫 24 20, 🛋 – 🛗 ☎ 🅿 – 🛎 25/500. 🆅🅸🆂🅰
◆ **M** a la carte 15/27 – **251 Z : 502 B** 75/125 - 90/205 Fb.

🏠 **Zur Ratswaage**, Ratswaageplatz 1, ⌧ 3040, 𝒫 5 83 71, Telex 8653 – 🛗 ☎ 🕭
(nur Abendessen für Hausgäste) – **55 Z : 110 B** 82 - 109 – 3 Appart. 168.

XX **Savarin**, Breiter Weg 226, 𝒫 34 47 10 – 🦐
◆ *Sonntag ab 15 Uhr und Juli - Aug. 2 Wochen geschl.* – **M** (Tischbestellung ratsam) a la
carte 20/39.

XX **Ratskeller**, Alter Markt 13, 𝒫 3 21 02
M a la carte 23/34.

X **Postkutsche**, Leiterstr. 6, 𝒫 3 19 12 – 🦐
◆ **M** a la carte 15/24.

MAGONZA = Mainz.

MAHLBERG 7631. Baden-Württemberg 🄴🄳🄸 G 22. 🄶🄳🄶 ㉘ – 3 300 Ew – Höhe 170 m – ✪ 07825
(Kippenheim).
◆ Stuttgart 173 – ◆Freiburg im Breisgau 40 – ◆Karlsruhe 98 – Strasbourg 51.

🏨 **Löwen**, Karl-Kromer-Str. 8, 𝒫 10 06, Fax 2830, 🍴 – ☎ 🚗 🅿 – 🛎 30. 🖭 ⓞ 🗲 🆅🅸🆂🅰
M a la carte 39/77 🍷 – **26 Z : 50 B** 70/95 - 120/170 Fb.

MAIBRUNN Bayern siehe St. Englmar.

MAIKAMMER 6735. Rheinland-Pfalz 🄳🄸🄴 🄴🄳🄸 H 19. 🄶🄳🄶 ⑧. 🄳🄸 ① – 3 700 Ew – Höhe 180 m
– Erholungsort – ✪ 06321 (Neustadt an der Weinstraße).
Ausflugsziel : Kalmit ※★★ NW : 6 km.
🛈 Verkehrsamt, Marktstr. 1,𝒫 58 99 17.
Mainz 101 – Landau in der Pfalz 15 – Neustadt an der Weinstraße 6.

🏨 **Waldhaus Wilhelm** ⤵, Kalmithöhenstr. 6 (W : 2,5 km), 𝒫 5 80 44, ≤, 🍴, 🍴 – ☎ 🅿.
🖭 ⓞ 🗲 🆅🅸🆂🅰
M *(Montag geschl.)* a la carte 27/61 🍷 – **28 Z : 45 B** 53/60 - 100/120 Fb – ½ P 63/75.

🏨 **Apart-Hotel Immenhof**, Immengartenstr. 26, 𝒫 5 80 01, Fax 58004, 🍴, 🛋 – 📺 ☎ 🕭
🅿 – 🛎 25/45. 🖭 ⓞ 🗲 🆅🅸🆂🅰
M *(Donnerstag und Mitte Dez.- Mitte Jan. geschl.)* a la carte 32/50 🍷 – **35 Z : 76 B** 59/80 -
103/110 Fb – ½ P 86/114.

🏨 **Motel am Immengarten** garni, Marktstr. 71, 𝒫 55 18, Fax 5510 – ☎ 🅿. ⓞ 🆅🅸🆂🅰 🦐
24. Dez.- 10. Jan. geschl. – **13 Z : 26 B** 60 - 93.

🏨 **Goldener Ochsen**, Marktstr. 4, 𝒫 5 81 01 – 🛗 📺 🅿 – 🛎 30. ⓞ 🆅🅸🆂🅰
20. Dez.- Jan. geschl. – **M** *(Donnerstag - Freitag 17 Uhr geschl.)* a la carte 26/54 🍷 – **24 Z :
43 B** 52/60 - 90/120 – ½ P 70.

🏠 **Gästehaus Mandelhöhe** ⤵ garni, Maxburgstr. 9, 𝒫 5 99 82 – 🅿
April - Nov. – **10 Z : 17 B** 36 - 64 – 2 Fewo 65.

X **Dorfchronik**, Marktstr. 7, 𝒫 5 82 40, 🍴
◆ *Dienstag und Feb. geschl.* – **M** a la carte 20/42.

In Kirrweiler 6731 O : 2,5 km :

🏨 **Zum Schwanen**, Hauptstr. 3, 𝒫 (06321) 5 80 68 – 📺 🅿. 🗲
Mitte Jan. - Mitte Feb. geschl. – **M** *(Mittwoch geschl.)* a la carte 24/46 🍷 – **17 Z : 34 B** 45 -
70.

🏠 **Gästehaus Sebastian** garni, Hauptstr. 77, 𝒫 (06321) 5 99 76, 🍴 – ☎ 🚗 🅿
13 Z : 26 B 45/65 - 85/95.

MAINAU (Insel) 7750. Baden-Württemberg **413** K 23, **427** ⑦, **216** ⑩ — Insel im Bodensee (tagsüber für PKW gesperrt, Eintrittspreis bis 18 Uhr 10 DM, ab 18 Uhr Zufahrt mit PKW möglich) — Höhe 426 m — ☎ 07531 (Konstanz) — Sehenswert : "Blumeninsel"★★.

♦Stuttgart 191 — ♦Konstanz 7 — Singen (Hohentwiel) 34.

　※　**Schwedenschenke**, ✆ 30 30, Fax 303248, 余 — ᵹ. AE ⓞ E VISA
　　　Sonntag ab 18 Uhr geschl. — **M** a la carte 25/62.

MAINBERNHEIM Bayern siehe Iphofen.

MAINBURG 8302. Bayern **413** S 21, **987** ㊲ — 11 100 Ew — Höhe 456 m — ☎ 08751.

🏌 Rudelzhausen-Weihern (S : 8 km), ✆ (08756) 17 00.

♦München 69 — Ingolstadt 44 — Landshut 34 — ♦Regensburg 53.

　※　**Espert-Klause**, Espertstr. 7, ✆ 13 42 — ⁂
　　　Aug. und Montag geschl. — **M** a la carte 24/38 ⅃.

MAINHARDT 7173. Baden-Württemberg **413** L 19 — 4 200 Ew — Höhe 500 m — Luftkurort — ☎ 07903 — 🚩 Rathaus, Hauptstraße, ✆ 20 21.

♦Stuttgart 53 — Heilbronn 35 — Schwäbisch Hall 16.

In Mainhardt-Ammertsweiler NW : 4 km :

　☖　**Zum Ochsen**, Löwensteiner Str. 15 (B 39), ✆ 23 91, 会, 余 — ⇔ ℗ — 🏚 40
　　　Mitte Feb.- Mitte März geschl. — **M** (Montag geschl.) a la carte 25/51 ⅃ — **21 Z : 40 B** 38/55 - 76/110.

In Mainhardt-Stock O : 2,5 km :

　🏚　**Löwen**, an der B 14, ✆ 10 91, 会, 🔲, 余 — ☎ ⇔ ℗ — 🏚 25/120. ⓞ
　　　M a la carte 26/45 ⅃ — **40 Z : 75 B** 63 - 100.

MAINTAL 6457. Hessen **412 413** J 16 — 38 000 Ew — Höhe 95 m — ☎ 06109.

♦Wiesbaden 53 — ♦Frankfurt am Main 13.

In Maintal 2-Bischofsheim :

　🏚　**Hübsch** ṏ, Griesterweg 12, ✆ 6 40 06, Telex 4185938, Fax 64009 — 🔲 📺 ☎ ℗ — 🏚 30. AE ⓞ E VISA
　　　24. Dez.- 2. Jan. geschl. — **M** (3.- 6. Jan., Juli 2 Wochen und außerhalb der Messezeiten Samstag - Sonntag geschl.) 39/108 — **80 Z : 100 B** 94/140 - 134/240 Fb.

　※※　**Ratsstuben**, Dörnigheimer Weg 21 (Bürgerhaus), ✆ 6 36 84, 余 — ℗ — 🏚 25/300.
　　　Sonntag 15 Uhr - Montag, 1.- 14. Jan. und Juli - Aug. 3 Wochen geschl. — **M** a la carte 30/62.

　※※　**Ristorante Lario**, Fechenheimer Weg 45, ✆ 6 57 67 — AE ⓞ E
　　　1.- 26. Jan. geschl. — **M** a la carte 44/66.

In Maintal 1-Dörnigheim :

　☖　**Zum Schiffchen** ṏ, Untergasse 21, ✆ (06181) 49 13 32, Fax 495805, ≤, 余 — ☎
　　　27. Dez.- 8. Jan. geschl. — **M** (Sonntag ab 15 Uhr, Samstag und Juli 3 Wochen geschl.) a la carte 30/55 — **25 Z : 40 B** 62/85 - 90/120 Fb.

　※※※　✦ **Hessler**, Am Bootshafen 4, ✆ (06181) 49 29 51, bemerkenswerte Weinkarte — ℗. E. ⁂
　　　Sonntag - Montag und Juli 3 Wochen geschl. — **M** (Tischbestellung erforderlich) 60/70 (mittags)und a la carte 88/109
　　　Spez. Lasagne von Meeresfrüchten in Kaviarschaum, Galantine von Kaninchenrücken in Trüffelsauce, Taube in Pироggenteig.

　※※　**Al Boschetto**, Eschenweg 3, ✆ (06181) 4 56 67 — ℗. AE E
　　　Samstag bis 18 Uhr, Montag, 27. Dez.- 11. Jan. und Juli 3 Wochen geschl. — **M** a la carte 47/70.

MAINZ 6500. 🅛 Rheinland-Pfalz **987** ㉔, **412 413** H 17 — 180 000 Ew — Höhe 82 m — ☎ 06131.
Sehenswert : Gutenberg-Museum★★★ — Leichhof ≤★★ — Dom★ (Grabstätte der Erzbischöfe★, Kreuzgang★) — Mittelrheinisches Landesmuseum★ BX **M** — Kurfürstliches Schloß (Römisch-Germanisches Zentralmuseum★) CX M1 — Ignazkirche (Kreuzigungsgruppe★) CY A — Stefanskirche (Chagall-Fenster★) CY.

Ausstellungsgelände Volkspark (DZ), ✆ 8 10 44.

🚩 Verkehrsverein, Bahnhofstr. 15, ✆ 23 37 41, Telex 4187725.

ADAC, Große Bleiche 47, ✆ 23 46 01.

♦Frankfurt am Main 42 ② — ♦Mannheim 82 ⑤ — ♦Wiesbaden 13 ⑧.

Stadtpläne siehe nächste Seiten.

　🏨🏨　Hilton International (mit Rheingoldhalle), Rheinstr. 68, ✆ 24 50, Telex 4187570, Fax 245589, ≤, 余, Massage, 会, direkter Zugang zur Spielbank — 🛗 🔲 📺 ṏ ⇔ ℗ — 🏚 25/200. ⁂ Rest
　　　Restaurants : **Rheingrill** (wochentags nur Abendessen) — **Römische Weinstube** — **435 Z : 844 B** Fb.
　　　　　　　　　　　　　　　　　　　　　　　　　　　　　　　　　　　　　　CXY **k**

🏨 **Favorite Parkhotel**, Karl-Weiser-Str. 1, ℰ 8 20 91, Telex 4187266, Fax 831025, ≤,
« Gartenterrasse » – 🛗 📺 ☎ ⇔ 🅿 – 🔬 25/200. 🕮 ⓪ 🗲 𝖵𝖨𝖲𝖠   DZ **a**
M *(Samstag geschl.)* a la carte 39/68 ⅃ – **46 Z : 90 B** 165 - 220/340 Fb.

🏨 **Mainzer Hof** garni, Kaiserstr. 98, ℰ 23 37 71, Telex 4187787, Fax 228255 – 🛗 📺 ☎ –
🔬 25/50. 🕮 ⓪ 🗲 𝖵𝖨𝖲𝖠   BCX **a**
99 Z : 121 B 149/250 - 190/380 Fb.

🏨 **Europahotel**, Kaiserstr. 7, ℰ 63 50, Telex 4187702, Fax 635555 – 🛗 ▤ Rest 📺 ☎ –
🔬 25/120. 🕮 ⓪ 🗲 𝖵𝖨𝖲𝖠   BX **r**
M a la carte 33/65 – **93 Z : 145 B** 133/243 - 261/434 Fb.

🏨 **Ibis**, Holzhofstr. 2 /Ecke Rheinstraße (B9), ℰ 24 70, Telex 4187424, Fax 234126 – 🛗 📺 ☎
🕭 ⇔ – 🔬 25/65. 🕮 🗲 𝖵𝖨𝖲𝖠   CY **b**
M a la carte 26/42 – **144 Z : 212 B** 122/152 - 166/196 Fb.

🏨 **Hammer** ⑤ garni, Bahnhofsplatz 6, ℰ 61 10 61, Telex 4187739, Fax 611065, ≘ – 🛗 📺 ☎
– 🔬 25/40. 🕮 ⓪ 🗲 𝖵𝖨𝖲𝖠   BY **z**
40 Z : 60 B 120/135 - 165/180.

🏠 **Central-Hotel Eden**, Bahnhofsplatz 8, ℰ 67 40 01, Telex 4187794, Fax 672806 – 🛗 📺 ☎.
🕮 ⓪ 🗲 𝖵𝖨𝖲𝖠   BY **h**
M siehe Restaurant L'échalote – **61 Z : 87 B** 97/198 - 146/210 Fb.

🏠 **Moguntia** ⑤ garni, Nackstr. 48, ℰ 67 10 41 – 🛗 📺 ☎ ⇔. 🕮 🗲 𝖵𝖨𝖲𝖠   AX **a**
18 Z : 35 B 98/125 - 145 Fb.

🏠 **City-Hotel Neubrunnenhof** garni, Große Bleiche 26, ℰ 23 22 37, Telex 4187320, Fax
232240 – 🛗 ☎ 🅿 – 🔬 25/40. 🕮 ⓪ 🗲 𝖵𝖨𝖲𝖠   BY **q**
42 Z : 66 B 89/110 - 138/160 Fb.

🏠 **Schottenhof** garni, Schottstr. 6, ℰ 23 29 68, Telex 4187664, Fax 221970 – 🛗 📺 ☎. 🕮 🗲
𝖵𝖨𝖲𝖠 – **38 Z : 55 B** 98/118 - 125/155.   BY **s**

🏠 **Stadt Mainz** garni, Frauenlobstr. 14, ℰ 67 40 84, Telex 4187312, ≘ – 🛗 📺 ☎ – 🔬 40.
🕮 ⓪ 🗲 𝖵𝖨𝖲𝖠   BX **e**
23. Dez.- 2. Jan. geschl. – **45 Z : 90 B** 108/120 - 160/180 Fb.

🏠 **Stiftswingert** garni, Am Stiftswingert 4, ℰ 8 24 41, Telex 4187370 – 📺 ☎ 🅿. 🕮 ⓪ 🗲
𝖵𝖨𝖲𝖠 – **30 Z : 42 B** 79/110 - 130/140 Fb.   CDZ **w**

XXX **Drei Lilien**, Ballplatz 2, ℰ 22 50 68 – 🕮 ⓪ 🗲 𝖵𝖨𝖲𝖠   CY **r**
Sonntag, Feb. 1 Woche und Juli - Aug. 2 Wochen geschl. – **M** (Tischbestellung ratsam) a la
carte 70/89 – **Drei Lilien-Keller** *(nur Abendessen)* **M** a la carte 44/65.

XXX **L'échalote**, Bahnhofsplatz 8, ℰ 61 43 31, Fax 672806 – 🕮 ⓪ 🗲 𝖵𝖨𝖲𝖠   BY **h**
nur Abendessen, Sonntag und 15. Dez.- 10. Jan. geschl. – **M** a la carte 59/90.

XXX **Walderdorff**, Karmeliterplatz 4, ℰ 22 25 15, 🏵 – 🕮 ⓪ 🗲 𝖵𝖨𝖲𝖠   CY **v**
Sonn- und Feiertage sowie Juni - Juli 3 Wochen geschl. – **M** *(auch vegetarisches Menu)* a
la carte 41/70.

XX **Rats- und Zunftstuben Heilig Geist**, Rentengasse 2, ℰ 22 57 57, Fax 236143,
→ « Kreuzrippengewölbe a.d. 13. Jh. » – 🕮 ⓪ 🗲 𝖵𝖨𝖲𝖠   CY **x**
Sonntag ab 15 Uhr sowie Juli - Aug. auch Montag geschl. – **M** a la carte 20/70 ⅃.

XX **Zum Leininger Hof**, Weintorstr.6 (Eingang Kappelhofgasse), ℰ 22 84 84, Fax 237045,
« Restaurant in einem Gewölbekeller » – 🕮 ⓪ 🗲 𝖵𝖨𝖲𝖠   CY **y**
nur Abendessen, Sonntag und über Fastnacht 1 Woche geschl., Sept.- März von Montag -
Freitag auch Mittagessen – **M** a la carte 56/80.

XX **Haus des deutschen Weines**, Gutenbergplatz 3, ℰ 22 86 76 – 🔬 50. 🕮 ⓪ 🗲 𝖵𝖨𝖲𝖠
Sonn- und Feiertage geschl. – **M** (bemerkenswerte Weinkarte) 24/37 (mittags) und a la
carte 44/81 ⅃.   CY **e**

XX **Geberts Weinstuben**, Frauenlobstr. 94, ℰ 61 16 19 – 🕮 ⓪ 🗲 𝖵𝖨𝖲𝖠   BV **e**
Samstag - Sonntag 18 Uhr und Juli 3 Wochen geschl. – **M** a la carte 43/75 ⅃.

XX **Man-Wah** (Chinesische Küche), Am Brand 42, ℰ 23 16 69, 🏵 – 🕮 ⓪ 🗲 𝖵𝖨𝖲𝖠   CY **p**
M a la carte 29/52.

X Weinhaus Schreiner, Rheinstr. 38, ℰ 22 57 20   CY **t**

X **Zum Salvator** (Brauerei-Gaststätte), Große Langgasse 4, ℰ 22 06 44, 🏵 – 🕮 ⓪ 🗲 𝖵𝖨𝖲𝖠
M a la carte 28/52.   CY **m**

In Mainz-Bretzenheim ⑥ : 3 km

🏨 **Novotel**, Essenheimer Str. 200, ℰ 36 10 54, Telex 4187236, Fax 366755, 🏵, ⌇, 🐎 – 🛗
▤ Rest 📺 ☎ 🕭 🅿 – 🔬 25/300. 🕮 ⓪ 🗲 𝖵𝖨𝖲𝖠
M a la carte 36/60 – **121 Z : 242 B** 145 - 181 Fb.

🏠 **Römerstein** garni, Draiser Str. 136 f, ℰ 36 40 36, Fax 364020, ≘ – 📺 ☎ 🅿. 🕮 ⓪ 🗲 𝖵𝖨𝖲𝖠
15 Z : 28 B 75/119 - 105/149.

In Mainz-Finthen ⑦ : 7 km :

🏨 **Kurmainz**, Flugplatzstr. 44, ℰ 49 10, Telex 4187001, Fax 491128, Massage, ≘, ⌇, 🐎, ％
– 🛗 📺 ☎ 🕭 🅿 – 🔬 25/60. 🕮 ⓪ 🗲 𝖵𝖨𝖲𝖠. ％
21. Dez.- 6. Jan. geschl. – **M** *(nur Abendessen, Sonntag geschl.)* a la carte 37/68 ⅃ – **81 Z :
150 B** 135/190 - 170/300 Fb.

MAINZ

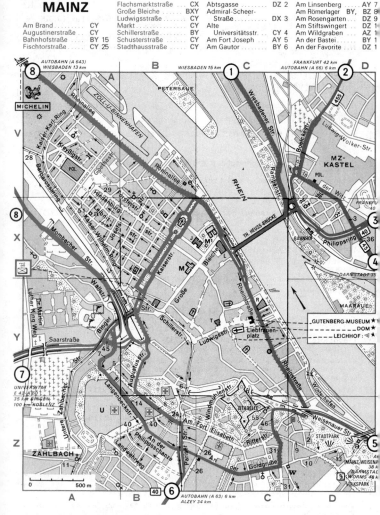

XX **Stein's Traube**, Poststr. 4, ℰ 4 02 49 − **E**
Montag und Mitte Juli - Mitte Aug. geschl. − Menu a la carte 28/60 ₰.

XX **Krone**, Flugplatzstr. 3, ℰ 4 02 77
Montag und Juni - Juli 3 Wochen geschl. − Menu a la carte 33/68.

X **Gänsthaler's Kuchlmasterei**, Kurmainzstr. 35, ℰ 47 42 75, 壺 − **E**
Sonntag - Montag und Juni - Juli 2 Wochen geschl. − **M** a la carte 34/63.

In Mainz-Gonsenheim ⑦ : 5 km :

XX **Zum Löwen**, Mainzer Str. 2, ℰ 4 36 05 − ❶ **E**
Sonntag 15 Uhr - Montag und Juli - Aug. 2 Wochen geschl. − **M** (abends Tischbestellun‹
ratsam) a la carte 66/97.

In Mainz-Hechtsheim S : 5 km über Hechtsheimer Straße CZ :

🏠 **Hechtsheimer Hof** garni, Alte Mainzer Str. 31, ℰ 50 90 16, Fax 509257 − 📺 ☎ 🅿. 🄰🄴 ⓪
E
24 Z : 47 B 91/105 - 113/150 Fb.

🏠 **Am Hechenberg** garni, Am Schinnergraben 82, ℰ 50 70 01, 🛋 − 📺 ☎ ⇦ 🅿
44 Z : 75 B Fb.

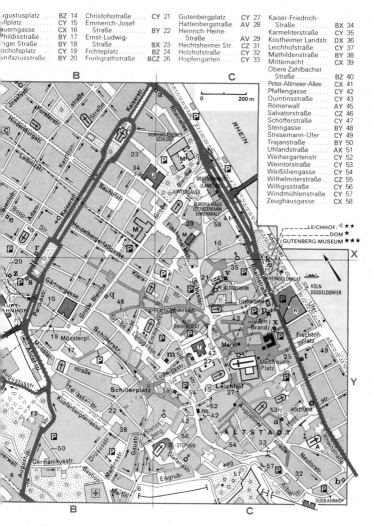

In Mainz-Kastel 6503 :

🏠 **Alina** garni, Wiesbadener Str. 124 (B 42), ℰ (06134) 6 10 45, Fax 69312 – 🛗 📺 ☎ ᖙ 🅿. 🆒 E 𝓥𝓘𝓢𝓐
über ①
35 Z : 60 B 99 - 129 Fb.

In Mainz-Lerchenberg ⑦ : 6 km :

🏠 Am Lerchenberg, Hindemithstr. 5, ℰ 7 30 01, 🌸, 🍴 – 🛗 📺 ☎ ᖙ 🅿 – 🔬 50
53 Z : 80 B Fb.

In Mainz-Mombach ⑧ : 3 km :

🏠 **Zum goldenen Engel**, Kreuzstr. 72, ℰ 68 10 26, Fax 681028 – ☎. 🆒 ⓜ E 𝓥𝓘𝓢𝓐
M (Samstag, Juli 2 Wochen und 27.- 30. Dez. geschl.) a la carte 24/60 – **15 Z : 22 B** 65/80 - 110/120 Fb.

In Mainz-Weisenau über Hechtsheimer Str. CZ :

🏠 **Bristol Hotel Mainz** 🍴, Friedrich-Ebert-Str. 20, ℰ 80 60, Telex 4187136, Fax 806100, 🍴,
🔲 – 🛗 🍴 Rest 📺 ☎ 🅿 – 🔬 25/130. 🆒 ⓜ E 𝓥𝓘𝓢𝓐. 🍴 Rest
M a la carte 42/67 – **72 Z : 150 B** 165/220 - 200/340 Fb.

13

In Ginsheim-Gustavsburg **6095** ④ : 9 km :

Rheinischer Hof ⚘, Hauptstr. 51 (Ginsheim), ☎ (06144) 21 48 – TV P
4.- 18. Feb. geschl. – **M** *(Sonntag 15 Uhr - Montag geschl.)* a la carte 30/60 – **25 Z : 40** 90/110 - 120/180 Fb.

Alte Post garni, Dr.-Hermann-Str. 28 (Gustavsburg), ☎ (06134) 5 20 41, Fax 52645, ≘s, – TV ☎ P. E. ✱
23. Dez.- 1. Jan. geschl. – **52 Z : 70 B** 55/120 - 90/130.

In Bodenheim **6501** ⑤ : 9 km :

Gutsausschank Kapellenhof, Kirchbergstr. 22, ☎ (6135) 22 57 – TV ☎ P. ✱
M *(nur Abendessen, Montag - Dienstag geschl.)* a la carte 22/35 – **11 Z : 18 B** 55 - 85.

In Gau-Bischofsheim **6501** S : 10 km über Freiligrathstraße BCZ :

XXX **Weingut Nack**, Pfarrstr. 13, ☎ (06135) 30 43, « Restaurant mit geschmackvoll Einrichtung in einem ehem. Weinguts-Keller » – P. AE ① E VISA
wochentags nur Abendessen, Dienstag geschl. – **M** 79/125.

In Nieder-Olm **6501** ⑥ : 10 km :

Dietrich garni, Maler-Metten-Weg 20, ☎ (06136) 50 85, Telex 4187239, Fax 3887, ≘s, TV ☎ P. AE ① E VISA. ✱
29 Z : 53 B 140/160 - 160/240 Fb.

In Nackenheim **6506** ⑤ : 13 km :

Kulla's Hotel, Im Brühl 1, ☎ (06135) 30 29 – TV ☎ P. AE ① E. ✱ Rest
M *(Sonntag geschl.)* 28/45 (mittags) und a la carte 50/83 ⅄ – **13 Z : 26 B** 85/95 - 140/160 F

In Stadecken-Elsheim **6501** ⑥ : 17 km, über die Autobahn, Abfahrt Nieder-Olm :

Gästehaus Christian ⚘ garni, Christian-Reichert-Str. 3 (Stadecken), ☎ (06136) 36 11, – TV ☎. ✱
8 Z : 18 B Fb.

MICHELIN-REIFENWERKE KGaA. Niederlassung 6500 Mainz-Mombach, Rheinallee 2 (über ⑧), ☎ (06131) 68 20 28, Fax 684230.

MAISACH 8031. Bayern 413 Q 22, 987 ㊱ ㊲, 426 ⑯⑰ – 10 000 Ew – Höhe 516 m – ✆ 08 (Fürstenfeldbruck).

♦München 29 – ♦Augsburg 46 – Landsberg am Lech 44.

Strobel garni, Josef-Sedlmayr-Str. 6, ☎ 9 05 31 – P
22 Z : 35 B.

MALBERG Rheinland-Pfalz siehe Kyllburg.

MALCHEN Hessen siehe Seeheim-Jugenheim.

MALENTE-GREMSMÜHLEN 2427. Schleswig-Holstein 987 ⑤⑥ – 11 500 Ew – Höhe 35 m Kneippheilbad – Luftkurort – ✆ 04523.

Sehenswert : Lage★.

ℹ Verkehrsverein, Pavillon am Bahnhof, ☎ 30 96.

♦Kiel 41 – ♦Lübeck 47 – Oldenburg in Holstein 36.

Dieksee ⚘, Diekseepromenade 13, ☎ 30 65, Fax 6468, ←, « Terrasse am See », – TV P – 30
9. Jan.- 8. März geschl. – **M** a la carte 35/68 – **66 Z : 115 B** 85/110 - 140/160 Fb ½ P 93/133.

Intermar, Diekseepromenade 2, ☎ 40 40, Telex 261367, Fax 6535, ←, Bade- u Massageabteilung, ≘s, – TV P – 25/260. AE ① E VISA. ✱ Rest
M a la carte 34/66 – **165 Z : 300 B** 105/135 - 170/185 Fb – 80 Appart. – ½ P 125/152.

Weißer Hof, Voßstr. 45, ☎ 39 62, « Garten, Terrasse », ≘s, – TV ☎ P
20 Z : 45 B Fb – 3 Appart..

Admiralsholm ⚘, Schweizer Str. 60 (NO : 2,5 km), ☎ 30 51, Fax 3053, ←, « Lage See, Park », Massage, ≘s, – TV ☎ P – 25. ✱ Rest
Jan.- Feb. geschl. – **M** *(Nov.- März Montag geschl.)* a la carte 38/60 – **25 Z : 40 B** 52/ 160/180 Fb – ½ P 80/123.

Dieksee Holm ⚘, Diekseepromenade 25, ☎ 30 88, ←, – TV ☎ P
36 Z : 72 B Fb.

Brahmberg, Bahnhofstr. 6, ☎ 12 22, Fax 4655, – TV ☎ P. AE E VISA
5. Jan.- März geschl. – **M** *(außer Saison Montag geschl.)* a la carte 37/60 – **29 Z : 4** 60/80 - 110/120 Fb – ½ P 85/100.

Diekseehöh garni, Diekseepromenade 17, ☎ 36 18, Fax 1266, ←, « Geschmackv Einrichtung », – TV ☎ P. ✱
15. Dez.- 2. Jan. geschl. – **9 Z : 18 B** 60/80 - 96/130.

🏠 **Kurhotel Godenblick** ⑤, Godenbergredder 7, 𝒫 26 44, Bade- und Massageabteilung,
🌳, 🔲, 🐎 – **❼**. ⑳
April - Okt. – (Restaurant nur für Hausgäste) – **46 Z : 80 B** 69 - 140 – ½ P 89.

🏠 **Diekseequell** ⑤ garni, Diekseepromenade 21, 𝒫 17 10, ≤, ≦⑤, 🔲, 🐎 – ☎ ⊂⊃ ❼
5. Jan.- Feb. geschl. – **22 Z : 44 B** 60/90 - 100/126.

🏠 **Raven** ⑤, Janusallee 16, 𝒫 33 56, 🐎 – ⊂⊃ ❼. ⑳
15. Jan.- Feb. geschl. – (nur Abendessen für Hausgäste) – **21 Z : 33 B** 40/60 - 76/94 –
½ P 55/74.

🏠 **Deutsches Haus**, Bahnhofstr. 71, 𝒫 14 05, 🐎 – ❼. 🆎 **E**
1.- 24. Nov. geschl. – **M** a la carte 26/50 – **28 Z : 50 B** 48/58 - 96/116 Fb.

🏠 **Godenberghorst** ⑤, Godenbergredder 15, 𝒫 36 66, 🐎 – ❼. ⑳
März - Okt. – (nur Abendessen für Hausgäste) – **17 Z : 24 B** 70 - 120.

In Malente-Gremsmühlen - Neversfelde N : 2 km :

🏠🏠 **Landhaus am Holzberg** ⑤, Grebiner Weg 2, 𝒫 40 90, « Park, Gartenterrasse », Bade-
und Massageabteilung, 🌳, ≦⑤, 🔲, 🐎, ⑳ – 🛗 📺 ❼ ⑤ ⊂⊃ ❼. ⑳ Rest
20. Nov.- 6. Jan. geschl. – **M** (auch Diät und vegetarische Gerichte) a la carte 37/61 – **48 Z :
70 B** 75/120 - 140/200 Fb – ½ P 96/126.

MALGARTEN Niedersachsen siehe Bramsche.

MALLERSDORF-PFAFFENBERG 8304. Bayern 🐚🐚 T 20. 🐚🐚🐚 ② – 6 000 Ew – Höhe 411 m –
⍟ 08772.
München 100 – Landshut 31 – ✦Regensburg 38 – Straubing 28.

Im Ortsteil Steinrain :

🏠 **Steinrain**, 𝒫 3 66, 🍴, 🐎 – ⊂⊃ ❼
➔ 28. Dez.- 6. Jan. geschl. – **M** a la carte 15/28 – **12 Z : 20 B** 25/30 - 50/60.

MALSCH 7502. Baden-Württemberg 🐚🐚 HI 20 – 12 000 Ew – Höhe 147 m – ⍟ 07246.
Stuttgart 90 – ✦Karlsruhe 18 – Rastatt 13.

In Malsch 4 - Waldprechtsweier-Tal S : 3 km :

🏠 **Waldhotel Standke** ⑤, Talstr. 45, 𝒫 10 88, Fax 5272, 🍴, ≦⑤, 🔲, 🐎 – ☎ ⊂⊃ ❼ –
🔏 40. ⓞ **E** 🆅🆂🅰
10. Jan.- 10. Feb. geschl. – **M** (Dienstag geschl.) a la carte 27/61 – **28 Z : 48 B** 63/80 -
80/135.

*Your recommendation is self-evident
if you always walk into a hotel or a restaurant Guide in hand.*

MALSFELD Hessen siehe Melsungen.

MALTERDINGEN Baden-Württemberg siehe Riegel.

MANDERSCHEID 5562. Rheinland-Pfalz 🐚🐚🐚 ②, 🐚🐚 D 16 – 1 400 Ew – Höhe 388 m –
Heilklimatischer Kurort – ⍟ 06572.
Sehenswert : Kaisertempel ≤✦✦ – Lage der Burgen✦ – Niederburg✦.
Kurverwaltung, im Kurhaus, Grafenstraße, 𝒫 89 49.
Mainz 168 – ✦Bonn 98 – ✦Koblenz 78 – ✦Trier 57.

🏠 **Zens**, Kurfürstenstr. 35, 𝒫 7 68, 🍴, « Garten », ≦⑤, 🔲 – ☎ ⊂⊃ ❼. ⑳ Rest
31 Z : 44 B Fb.

🏠 **Kaiser's Parkhotel** ⑤, Talblick, 𝒫 7 15, ≤, 🍴, ≦⑤, 🐎 – 📺 ☎ ❼. **E**
6. Jan.- 3. Feb. geschl. – **M** (Sonntag ab 18 Uhr geschl.) a la carte 29/46 – **13 Z : 24 B** 62/90
- 104/140 – ½ P 66/94.

🏠 **Heidsmühle** ⑤, Mosenbergstr. 22 (W : 1,5 km), 𝒫 7 47, 🍴, « Gartenterrasse » – 📺 ❼
10 Z : 17 B.

🏠 **Haus Burgblick** ⑤, Klosterstr. 18, 𝒫 7 84, ≤, 🐎 – ❼. ⑳ Rest
März - Mitte Nov. – (Restaurant nur für Hausgäste) – **21 Z : 35 B** 32/41 - 64/66 – ½ P 46.

🏠 **Café Bleeck** garni, Dauner Str. 10, 𝒫 44 31, ≦⑤, 🔲 – ❼. ⑳
16 Z : 26 B 48/78 - 90/98.

🏠 **Fischerheid**, Kurfürstenstr. 31, 𝒫 7 01, « Garten », 🐎 – ❼. 🆎 ⓞ **E** 🆅🆂🅰
Nov.- 20. Dez. geschl. – **M** a la carte 25/60 – **17 Z : 35 B** 45/60 - 68/90 – ½ P 49/78.

In Laufeld 5561 SO : 9 km – Erholungsort :

🏠🏠 **Laufelder Hof**, Hauptstr. 7, 𝒫 (06572) 7 62, 🍴, ≦⑤, 🔲, 🐎 – ☎ ❼ – 🔏 30. 🆎 ⓞ **E**
🆅🆂🅰 ⑳ Rest
M a la carte 28/58 – **25 Z : 50 B** 60 - 100 Fb.

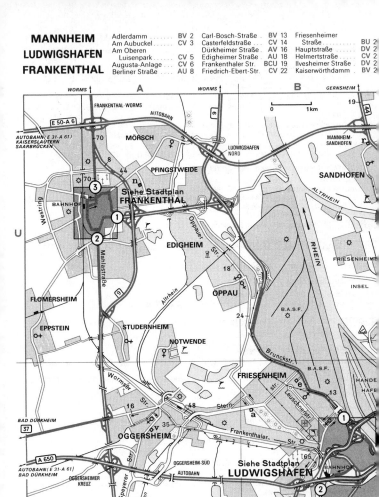

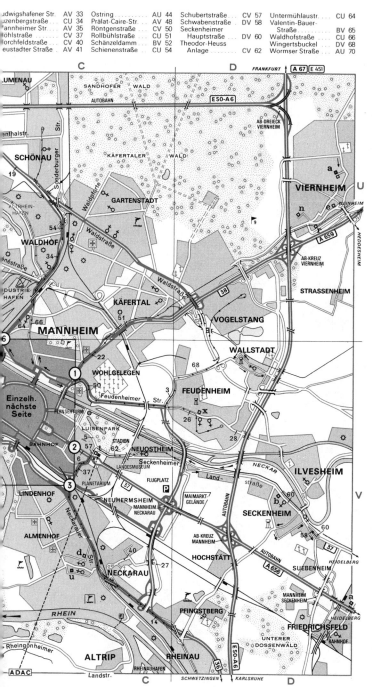

MANNHEIM

MANNHEIM 6800. Baden-Württemberg 987 ㉕, 412 413 I 18 – 305 000 Ew – Höhe 95 m – ☎ 0621.

Sehenswert : Städtische Kunsthalle★★ FY **B** – Quadratischer Grundriß der Innenstadt★ EFY – Städtisches Reiß-Museum★ EY **M** im Zeughaus – Hafen★ FY.

Viernheim, Alte Mannheimer Str. 3 (DU), ☎ (06204) 7 13 07.

Ausstellungsgelände (CV), ☎ 40 80 17, Telex 462594.

Verkehrsverein, Bahnhofplatz 1, ☎ 10 10 11.

ADAC, Am Friedensplatz 1, ☎ 41 60 11, Notruf 1 92 11.

♦Stuttgart 133 ② – ♦Frankfurt am Main 79 ① – Strasbourg 145 ②.

Stadtpläne siehe vorhergehende Seiten.

Maritim Parkhotel, Friedrichsplatz 2, ☎ 4 50 71, Telex 463418, Fax 152424, ☎, ☐ – 🛗 Zim ☐ TV – 🅰 25/200. ◑ E VISA. ✻ Rest FY **y**
M a la carte 48/80 – **187 Z : 262 B** 195/269 - 254/374 Fb – 3 Appart. 590.

Holiday Inn, N 6, ☎ 1 07 10, Telex 462264, Fax 1071167, ☎, ☎, ☐ – 🛗 Zim ☐ TV ♿ – 🅰 25/180. AE ◑ E VISA EY **p**
M a la carte 37/73 – **146 Z : 212 B** 216/245 - 278/310 Fb.

Steigenberger Mannheimer Hof, Augusta-Anlage 4, ☎ 4 00 50, Telex 462245, Fax 4005190, « Atriumgarten » – 🛗 Zim TV – 🅰 25/200. AE ◑ E VISA. ✻ Rest FY **a**
M a la carte 50/75 – **165 Z : 200 B** 175/235 - 240/450 Fb.

Augusta-Hotel, Augusta-Anlage 43, ☎ 41 80 01, Telex 462395, Fax 414624 – 🛗 TV – 🅰 25/90. AE ◑ E VISA FZ **c**
Restaurants (Samstag bis 18 Uhr sowie Sonn- und Feiertage geschl.) : **Le Petit Restaurant M** a la carte 62/79 – **Mannemer Stubb M** a la carte 37/68 – **105 Z : 150 B** 190 - 220/260 Fb.

Wartburg, F 4, 4 - 11, ☎ 2 89 91, Telex 463571, Fax 101337 – 🛗 TV ☎ – 🅰 25/350. AE ◑ E VISA EY **k**
M a la carte 35/62 – **150 Z : 250 B** 145/160 - 220/300 Fb.

Novotel, Auf dem Friedensplatz, ☎ 41 70 01, Telex 463694, Fax 417343, ☎, ☐ (geheizt) – 🛗 ☐ TV ☎ ♿ P – 🅰 25/300 CV **t**
180 Z : 360 B Fb.

Intercity-Hotel, im Hauptbahnhof, ☎ 1 59 50, Telex 463604, Fax 1595450 – 🛗 TV ☎ – 🅰 25/50. AE ◑ E VISA EFZ
M a la carte 25/50 – **47 Z : 87 B** 105/114 - 141/150 Fb.

Page-Hotel garni, L 12,15, ☎ 1 00 37, Fax 10037 – 🛗 TV ☎ – 🅰 25. AE ◑ E VISA EY **e**
62 Z : 107 B 130 - 170 Fb.

Am Bismarck garni, Bismarckplatz 9, ☎ 40 30 96, Telex 462975, Fax 444605 – 🛗 TV ☎. AE E VISA FZ **m**
20. Dez.- 6. Jan. geschl. – **48 Z : 75 B** 94 - 130 Fb. #135 ??

Holländer Hof garni, U 1,11, ☎ 1 60 95, Fax 101546 – 🛗 TV ☎. AE ◑ E VISA FY **d**
37 Z : 54 B 79/95 - 119/140 Fb.

Wegener garni, Tattersallstr. 16, ☎ 44 40 71 – 🛗 TV ☎ FZ **e**
24. Dez.- 7. Jan. geschl. – **54 Z : 74 B** 54/90 - 86/120 Fb.

XXX ✿✿ **Da Gianni** (elegantes italienisches Restaurant), R 7,34, ☎ 2 03 26 – AE E FY **f**
Montag, Feiertage und Juli 3 Wochen geschl. – **M** (Tischbestellung erforderlich) a la carte 73/94
Spez. Meeresfrüchte in Limonenvinaigrette, Steinbutt auf Artischocken, Rinderfilet mit Trüffel in Dolcetto.

XXX ✿ **Blass** (moderne, elegante Einrichtung), Friedrichsplatz 12, ☎ 44 80 04 – AE E FY **a**
Samstag bis 18.30 Uhr und Sonntag geschl. – **M** a la carte 64/95
Spez. Hummersalat, Petersfisch mit Thymiankruste, Lammcarré in Blätterteig.

XX ✿ **Kopenhagen**, Friedrichsring 2a, ☎ 1 48 70 – ☐. AE ◑ E VISA FY **z**
Sonn- und Feiertage sowie Mai - Juni 3 Wochen geschl. – **M** (Tischbestellung ratsam) a la carte 55/100
Spez. Schalen- und Krustentiere, Risotto mit Hummer, Steinbutt in Champagnersenfsauce.

XX **Martin**, Lange Rötterstr. 53, ☎ 33 38 14, ☎ – AE ◑ E VISA. ✻ FX **a**
Mittwoch und 13. Juli - 17. Aug. geschl. – **M** *(auch vegetarische Gerichte)* 20/95.

X **Quartier Latin**, T 3,3, ☎ 10 16 96 – AE ◑ E VISA FY **e**
nur Abendessen, Sonntag und 22. Juli - 17. Aug. geschl. – **M** a la carte 48/76.

X Henninger's Gutsschänke (Pfälzer Weinstube), T 6,28, ☎ 1 49 12 FY **u**
nur Abendessen.

In Mannheim 51-Feudenheim :

X **Zum Ochsen** mit Zim (Gasthof a.d.J. 1632), Hauptstr. 70, ☎ 79 20 65/79 95 50, Fax 796576/7995533, ☎ – TV ☎ P. AE E VISA DV **x**
nur Hotel : Mitte Jan.- Feb. geschl. – **M** *(abends Tischbestellung ratsam)* (Samstag bis 18 Uhr und Sonntag geschl.) 34/82 ♂ – **12 Z : 20 B** 85/95 - 125/160.

In Mannheim 71-Friedrichsfeld :

Stattmüller, Neckarhauser Str. 60, ☎ 47 30 11, Fax 474174, ☎ – ☎ P. AE ◑ E VISA DV **a**
M *(Dienstag geschl.)* a la carte 28/50 – **13 Z : 19 B** 47/50 - 84.

In Mannheim 24-Neckarau :

🏠 **Axt**, Adlerstr. 23, ℰ 85 14 77   CV **d**
↝ *Aug. geschl. — M (nur Abendessen, Freitag geschl.)* a la carte 18/37 ⅃ — **14 Z : 19 B** 50/65 -
80/90.

XX **Jägerlust**, Friedrichstr. 90, ℰ 85 22 35 — ⅋ⅇ ⓞ ⴹ *VISA* ⋇   CV **u**
Sonntag - Montag und Ende Aug.- Mitte Sept. geschl. — M (Tischbestellung ratsam) a la
carte 54/90.

In Mannheim 31-Sandhofen :

🏨 **Weber Hotel** garni (siehe auch Rest. Schwarzwaldstube), Frankenthaler Str. 85 (B 44),
ℰ 7 70 10, Telex 463537, Fax 7701113, ⛬ — ⧈ 🖵 ⅃ ⓟ — ⅍ 25/80. ⅋ⅇ ⓞ ⴹ *VISA*   BU **■**
100 Z : 140 B 96/160 - 150/220 Fb.

XX **Schwarzwaldstube** im Weber Hotel, Frankenthaler Str. 85 (B 44), ℰ 77 22 00 — ⓟ   BU **■**

In Mannheim 61-Seckenheim :

🏨 **Löwen**, Hauptstr. 159(B 37), ℰ 4 80 80 (Hotel) 4 80 81 50 (Rest.), Telex 463788, 🍴 — ⧈ 🖵
⛬ ⅃ ⓟ ⅋ⅇ ⴹ   DV **l**
23. Dez.- 7. Jan. geschl. — M (Samstag bis 17 Uhr sowie Sonn- und Feiertage geschl.) 2(
(mittags) und a la carte 38/74 — **70 Z : 91 B** 88/115 - 120/145 Fb.

In Edingen-Neckarhausen 6803 SO : 14 km :

🏠 Krone, Hauptstr. 347 (Neckarhausen), ℰ (06203) 30 18, 🍴 — ☎ ⓟ ⋇
(nur Abendessen) — **12 Z : 15 B**.

Siehe auch : **Ludwigshafen am Rhein** (auf der linken Rheinseite)

MARBACH AM NECKAR 7142. Baden-Württemberg ⅟⅓ K 20, ⅞⅞⅞ ⊛ — 13 000 Ew — Höh●
229 m — ✆ 07144.

Sehenswert : Schiller-Nationalmuseum★.

🛈 Stadtverwaltung, Rathaus, ℰ 10 22 45.

♦Stuttgart 32 — Heilbronn 32 — Ludwigsburg 8,5.

🏨 **Parkhotel Schillerhöhe** 🐾 garni, Schillerhöhe 14, ℰ 90 50, Fax 90588 — ⧈ 🖵 ☎ ⅃ ⇦
ⓟ ⴹ *VISA*
43 Z : 65 B 79 - 139/155 Fb.

X **Goldener Löwe**, Niklastorstr. 39, ℰ 66 63
wochentags nur Abendessen, Sonntag nur Mittagessen, Montag und Juli - Aug. 3 Woche
geschl. — M a la carte 34/57.

X **Stadthalle**, Schillerhöhe 12, ℰ 54 68, 🍴 — ⅃ ⓟ — ⅍ 25/360
Dienstag und Aug. 3 Wochen geschl. — M a la carte 22/56.

In Benningen 7141 NW : 2 km :

🏠 **Mühle** 🐾 garni, Ostlandstr. 2, ℰ (07144) 50 21 — 🖵 ☎ ⓟ ⴹ *VISA*
20 Z : 33 B 67/72 - 115/125 Fb.

MARBACH Hessen siehe Petersberg.

MARBURG 3550. Hessen ⅞⅞⅞ ⊛, ⅟⅟⅖ J 14 — 75 000 Ew — Höhe 180 m — ✆ 06421.
Sehenswert : Elisabethkirche★★ (Kunstwerke★★★ : Elisabethschrein★★) — Marktplatz★ -
Schloß★ — Universitätsmuseum für Kunst und Kulturgeschichte★ BY **M**.

Ausflugsziel : Spiegelslustturm ⩽★, O : 9 km.

🛋 Cölbe-Bernsdorf (① : 8 km), ℰ (06427) 85 58.

🛈 Verkehrsamt, Neue Kasseler Str. 1 (am Hauptbahnhof), ℰ 20 12 49.

ADAC, Bahnhofstr. 6b, ℰ 6 70 67.

♦Wiesbaden 121 ② — Gießen 30 ② — ♦Kassel 93 ① — Paderborn 140 ① — Siegen 81 ②.

Stadtplan siehe gegenüberliegende Seite.

🏨 **Europäischer Hof - Restaurant Atelier**, Elisabethstr. 12, ℰ 6 40 44 (Hote
ℰ 6 22 55 (Rest.), Telex 482636, Fax 66404 — ⧈ 🖵 ☎ ⇦ ⓟ — ⅍ 25. ⅋ⅇ ⓞ ⴹ *VISA*   BY
Hotel : 22. - 27. Dez. geschl. — M (Italienische Küche) (30. Juli - 21. Aug. geschl.) a la car●
33/59 — **100 Z : 170 B** 60/170 - 110/230 Fb.

🏨 **Waldecker Hof** garni, Bahnhofstr. 23, ℰ 6 00 90, Telex 4821945, Fax 600959, ⛬, 🖵 — ⎹
🖵 ☎ ⇦. ⅋ⅇ ⓞ ⴹ *VISA*   BY
41 Z : 60 B 98/160 - 135/220 Fb.

🏨 **Hansenhaus Rechts**, Sonnenblickallee 9, ℰ 18 60, Fax 18655 — 🖵 ☎ ⓟ. ⋇
M *(Montag geschl.)* a la carte 27/66 — **20 Z : 36 B** 110/160 - 145/185 Fb.
über Großseelheimer Str.   BZ

Zur Sonne (Fachwerkhaus a. d. 16. Jh.), Markt 14, ℰ 2 60 36, Fax 161348 – ☎ ⇔ 🄰🄴 ⓪ E 𝗩𝗜𝗦𝗔
AY s
23.- 26. Dez. geschl. – **M** (Montag geschl.) a la carte 26/48 – **8 Z : 16 B** 55/90 - 120.

✕ Milano (Italienische Küche), Biegenstr. 19, ℰ 2 24 88
BY e

In Marburg 18-Gisselberg ② : 5 km :

Fasanerie ⊗, Zur Fasanerie 13, ℰ 70 39, Fax 77491, ≤, 🈴, ≘s, 🐴 – 📺 ☎ ⇔ 🄿. E 𝗩𝗜𝗦𝗔
20. Dez.- 10. Jan. geschl. – **M** (wochentags nur Abendessen, Freitag geschl.) a la carte 25/50 – **35 Z : 50 B** 55/85 - 110/150.

In Marburg 9-Michelbach NW : 7 km über Marbacher Weg BY :

Stümpelstal ⊗, Stümpelstal 2, ℰ (06420) 5 15, Fax 514, 🈴, 🐴 – 📺 ☎ ⇔ 🄿 – ⚗ 25/80. E
M (Donnerstag geschl.) a la carte 33/53 – **53 Z : 100 B** 55/85 - 110/150 Fb.

In Marburg-Schröck SO : 5 km über Großseelheimer Str. BZ :

Elisabethbrunnen, Zum Elisabethbrunnen 104, ℰ 2 60 66, 🈴 – 📺 🄿. E
Juli - Aug. 3 Wochen geschl. – **M** (Dienstag geschl.) a la carte 33/61 – **11 Z : 18 B** 68/88 - 118/128.

In Marburg 1-Wehrshausen-Dammühle W : 5 km über Rotenberg BZ :

Dammühle ⊗, Dammühlenstr. 1, ℰ 3 10 07, Fax 36118, 🈴, 🐴 – 📺 ☎ 🄿. ⓪ E 𝗩𝗜𝗦𝗔
M (Freitag und 24. - 31. Dez. geschl.) a la carte 23/58 – **21 Z : 40 B** 59/80 - 105/130 Fb.

In Ebsdorfergrund 9-Frauenberg 3557 SO : 8 km über Cappeler Straße BZ :

🏠 **Seebode** 🦢 (Fachwerkhaus a.d. Zeit der Jahrhundertwende), Burgweg 2, 𝒫 (06424) 8
🏠 – 🔟 ☎ ⇔ 🅿. 🝙 E 𝒱𝒾𝒮𝒜. ⁎
20. Feb.- 20. März geschl. – **M** a la carte 26/57 – **12 Z : 20 B** 50 - 96.

🏠 **Zur Burgruine** 🦢, Cappeler Str. 10, 𝒫 (06424) 13 79, Biergarten, ⇌ – 🅿 – 🔥 25/60
Mitte Jan.- Mitte Feb. geschl. – **M** *(Montag geschl.)* a la carte 28/55 – **18 Z : 27 B** 55/7
110/128.

In Weimar-Wolfshausen 3556 ② : 10 km :

🏨 **Bellevue**, Hauptstr. 35 (an der B 3), 𝒫 7 90 90, Fax 790915, ≤, 🏠, ⇌, 🐎 – 🔟 ☎ � 🅿
🔥 30. 🝙 ⓞ E 𝒱𝒾𝒮𝒜
M a la carte 25/62 – **32 Z : 52 B** 45/147 - 85/180 Fb.

MARCH 7806. Baden-Württemberg 🔳🔳🔳 G 22. 🔳🔳🔳 ⊛. 🔳🔳 ⑦ – 8 200 Ew – Höhe 190 m
🔅 07665.
♦Stuttgart 198 – ♦Freiburg im Breisgau 11 – Offenburg 56.

In March 4-Holzhausen :

🍴 **Zum Löwen**, Vörstetter Str. 11, 𝒫 13 28, 🏠 – 🅿
Ende Jan.- Mitte Feb. und Ende Aug.- Mitte Sept. geschl. – **M** *(Montag - Dienstag 16 U
geschl.)* a la carte 25/48 ♨ – **12 Z : 24 B** 30/45 - 56/78.

In March 3-Neuershausen :

🏠 **Gästehaus Löwen** 🦢 garni, Hofackerstr. 5, 𝒫 22 06, ⇌, 🔳, 🐎 – ⇔ 🅿
20 Z : 30 B 35/50 - 70/90.

🍴🍴 **Zur Krone** mit Zim, Eichstetter Str. 26, 𝒫 15 05, 🏠 – 🔟 ☎ ⇔ 🅿. ⓞ E 𝒱𝒾𝒮𝒜
25. Feb.- 11. März geschl. – **M** *(Mittwoch geschl.)* a la carte 39/60 ♨ – **6 Z : 9 B** 48 - 96.

MARIA BUCHEN Bayern siehe Lohr am Main.

MARIA LAACH 5471. Rheinland-Pfalz – Höhe 285 m – Benediktiner-Abtei – 🔅 02652 (Mend
Sehenswert : Abteikirche ★.
Mainz 121 – ♦Bonn 55 – ♦Koblenz 31 – Mayen 13.

🏨 **Seehotel Maria Laach** 🦢, 𝒫 58 40, ≤, 🏠, 🔳, 🐎 – 🛗 ☎ ⇔ 🅿 – 🔥 25/100. 🝙 E
M a la carte 28/68 – **66 Z : 90 B** 60/70 - 110/130 Fb.

MARIA RAIN Bayern siehe Oy-Mittelberg.

MARIENBERG, BAD 5439. Rheinland-Pfalz 🔳🔳🔳 G 15 – 5 400 Ew – Höhe 500 m
Kneippheilbad – Luftkurort – Wintersport : 500/572 m ≰1 ♨2 – 🔅 02661.
🛈 Kurverwaltung, Wilhelmstr. 10, 𝒫 70 31.
Mainz 102 – Limburg an der Lahn 43 – Siegen 43.

🏨 **Kneipp-Kurhotel Wildpark** 🦢, Kurallee (am Wildpark, W : 1 km), 𝒫 62 20, Fax 622404,
🏠, Bade- und Massageabteilung, 🌊, ⇌, 🔳, 🐎 – 🛗 ☎ ⇔ 🅿 – 🔥 25/80
51 Z : 70 B Fb.

🏠 **Westerwälder Hof**, Wilhelmstr. 21, 𝒫 12 23, 🏠 – ☎ 🅿 – 🔥 50. 🝙 ⓞ E 𝒱𝒾𝒮𝒜
M a la carte 28/60 – **17 Z : 30 B** 55/74 - 90/118 Fb.

🏠 **Kristall** 🦢, Goethestr. 21, 𝒫 6 30 99, ≤, 🐎 – 🛗 🔟 ☎ 🅿. E
Nov. geschl. – **M** *(Dienstag geschl.)* 20 (mittags) und a la carte 32/53 – **20 Z : 31 B** 62 - 1
Fb – ½ P 68.

🏠 Landhaus Kogge 🦢, Rauscheidstr. 2, 𝒫 51 32, 🏠, 🐎 – ☎ 🅿 – **10 Z : 15 B**.

🍴 **Ferger**, Wilhelmstr. 11, 𝒫 51 21 – 🅿
M *(Donnerstag geschl.)* a la carte 23/40 – **18 Z : 30 B** 39/59 - 70/76.

MARIENBERGHAUSEN Nordrhein-Westfalen siehe Nümbrecht.

MARIENBURG Rheinland-Pfalz. Sehenswürdigkeit siehe Alf.

MARIENFELD Nordrhein-Westfalen siehe Harsewinkel.

MARIENHEIDE 5277. Nordrhein-Westfalen 🔳🔳🔳 F 13 – 13 400 Ew – Höhe 317 m – 🔅 02264.
🛈 Reise- und Verkehrsbüro, Landwehrstr. 2, 𝒫 70 21.
♦Düsseldorf 80 – Gummersbach 10 – Lüdenscheid 31 – Wipperfürth 12.

In Marienheide-Rodt SO : 3 km :

🏨 **Landhaus Wirth - Restaurant Im Krug** 🦢, Friesenstr.8, 𝒫 2 70, Fax 2788, ⇌, 🔳, ♦
– 🔟 ☎ 🅿 – 🔥 25/60. 🝙 ⓞ E 𝒱𝒾𝒮𝒜. ⁎ Zim
Juli - Aug. 2 Wochen und 22.- 30. Dez. geschl. – **M** *(Samstag bis 18 Uhr sowie Sonn- u
Feiertage geschl.)* a la carte 38/68 – **50 Z : 90 B** 94/180 - 120/280 Fb.

MARIENTHAL, KLOSTER Hessen siehe Geisenheim.

MARING-NOVIAND Rheinland-Pfalz siehe Lieser.

MARKDORF 7778. Baden-Württemberg [413] L 23, [987] ㉟, [427] M 2 – 10 900 Ew – Höhe 453 m
☏ 07544.

Fremdenverkehrsverein, Marktstr. 1, ℘ 50 02 90.

Stuttgart 167 – Bregenz 45 – •Freiburg im Breisgau 154 – Ravensburg 20.

🏨 **Bischofschloß**, Schloßweg 6, ℘ 81 41, Fax 72313, ⛱, 🧖 – |$| [TV] 🚗 – 👥 25/60. [AE] [D] E VISA
20. Dez.- 7. Jan. geschl. – **M** *(auch vegetarische Gerichte)* (Sonntag - Montag 18 Uhr geschl.) a la carte 32/70 – **43 Z : 80 B** 110/190 - 190/295 Fb.

🏨 **Landhaus Traube**, Steibensteg 7 (B 33, O : 1 km), ℘ 81 33, ⛱, 🌳 – [TV] ☎ 🚗 [P]. [AE] [D] E. 🐕 Zim
22. Dez.- 26. Jan. geschl. – Menu *(Freitag - Samstag 17 Uhr geschl.)* a la carte 31/59 – **11 Z : 20 B** 68/85 - 110/140 Fb.

In Bermatingen 7775 NW : 3,5 km :

🍴🍴 **Eichenhof**, Markdorfer Str. 9, ℘ (07544) 7 12 60, ⛱, bemerkenswerte Weinkarte, « Original Bodensee-Fachwerkhof » – 🐕
wochentags nur Abendessen, Montag, 8.- 28. Jan. und 25. Juni - 8. Juli geschl. – **M** a la carte 48/70.

MARKGRÖNINGEN 7145. Baden-Württemberg [413] K 20, [987] ㉕㉟ – 12 350 Ew – Höhe 286 m – ☏ 07145.

Sehenswert : Rathaus★.

Stuttgart 19 – Heilbronn 42 – Pforzheim 34.

🏨 **Goldener Becher** 🌙 garni, Schloßgasse 4, ℘ 80 54 – [TV] ☎. E
24. Dez.- 16. Jan. geschl. – **7 Z : 13 B** 58/68 - 84/98.

🍴 **Ratstüble** 🌙 mit Zim (Haus a.d. 16. Jh.), Marktplatz 2, ℘ 53 83 – [AE] [D] E VISA
Jan. 1 Woche und Sept. 2 Wochen geschl. – **M** *(Montag geschl.)* a la carte 26/53 🍷 – **6 Z : 8 B** 35 - 65.

MARKLOHE Niedersachsen siehe Nienburg (Weser).

MARKSBURG Rheinland-Pfalz. Sehenswürdigkeit siehe Braubach.

MARKT BIBART 8536. Bayern [413] O 18 – 1 900 Ew – Höhe 312 m – ☏ 09162 (Scheinfeld).

München 234 – •Bamberg 70 – •Nürnberg 58 – •Würzburg 50.

🏨 **Zum Hirschen**, Nürnberger Str. 13 (B 8), ℘ 82 78, Fax 8710 – 🚗 [P]
◆ **M** *(Montag geschl.)* a la carte 16,50/38 🍷 – **28 Z : 56 B** 35/38 - 70/76.

MARKTBREIT 8713. Bayern [413] N 17, 18, [987] ㉖ – 4 000 Ew – Höhe 191 m – ☏ 09332.

Sehenswert : Maintor und Rathaus★.

München 272 – Ansbach 58 – •Bamberg 89 – •Würzburg 25.

🏨 Löwen, Marktstr. 8, ℘ 30 85, « Gasthof a. d. J. 1450 » – 🚗. 🐕 Rest
50 Z : 80 B Fb.

MARKT ERLBACH 8531. Bayern [413] O 18, [987] ㉖ – 4 000 Ew – Höhe 382 m – ☏ 09106.

München 208 – •Bamberg 70 – •Nürnberg 33 – •Würzburg 80.

In Markt Erlbach-Linden W : 6 km:

🏨 **Zum Stern**, Hauptstr. 60, ℘ 8 91, ⛱, 🌳, 🐎 – [P]
◆ *Feb. geschl.* – **M** *(Mittwoch geschl.)* a la carte 14/32 🍷 – **15 Z : 28 B** 38/40 - 70.

MARKTHEIDENFELD 8772. Bayern [987] ㉕, [412] [413] L 17 – 9 700 Ew – Höhe 153 m – ☏ 09391.

Stadtverwaltung, Rathaus, Adenauer-Platz 17, ℘ 50 04 13.

München 322 – Aschaffenburg 46 – •Würzburg 29.

🏨 **Anker** garni (siehe auch Weinhaus Anker), Obertorstr. 6, ℘ 40 41, Telex 689608, Fax 1563 – |$| [TV] ☎ ♿ 🚗 [P] – 👥 35. [AE] E
38 Z : 65 B 90/115 - 140/260.

🏨 **Zum Löwen**, Marktplatz 3, ℘ 15 71
◆ **M** *(Mittwoch und Mitte Nov.- 7. Dez. geschl.)* a la carte 20/46 🍷 – **42 Z : 78 B** 48/58 - 72/90.

🏨 **Schöne Aussicht**, Brückenstr. 8, ℘ 34 55 – |$| 🚗 [P] – 👥 25/80
◆ **M** a la carte 20/56 – **48 Z : 94 B** 60/85 - 90/120.

Fortsetzung →

XXX ○ **Weinhaus Anker**, Obertorstr. 13, ♪ 17 36, bemerkenswerte Weinkarte – ⓪ **E**
Feb. 3 Wochen, März - Nov. Montag - Dienstag 18 Uhr und Dez.- Feb. Sonntag 15 Uhr
Dienstag geschl. – **M** (Tischbestellung ratsam) 60/110
Spez. Zander mit Kräutersauce (ab 2 Pers.), Gefülltes Rehfilet (Juni - Feb., ab 2 Pers.), Lammkeule
Ebereschen-Senf-Sauce.

In Esselbach 1-Kredenbach 8771 W : 6 km über die B 8 :

🏨 Spessartblick ⚔, Spessartstr. 34, ♪ (09394) 4 54, <, 🍽, ≃, ⛜, ☯ – ➡
25 Z : 52 B.

MARKTLEUGAST 8654. Bayern 413 R 16 – 4 100 Ew – Höhe 555 m – ★ 09255.
♦München 261 – Bayreuth 33 – Hof 32 – Kulmbach 19.

In Marktleugast-Hermes SW : 4 km :

🏨 Landgasthof Haueis ⚔, Hermes 1, ♪ 2 45, 🍽, ☯ – 🚙 ➡
40 Z : 68 B.

MARKTOBERDORF 8952. Bayern 413 O 23. 987 Ⓡ. 426 DE 5 – 15 500 Ew – Höhe 758 m
Erholungsort – ★ 08342.
♦München 99 – Füssen 29 – Kaufbeuren 13 – Kempten (Allgäu) 28.

🏢 **Sepp**, Bahnhofstr. 13, ♪ 20 48, Fax 2040, 🍽 – 📺 ☎ 🚙 ➡ – ⚔ 25/50
— **M** (Samstag und 15.- 30. Aug. geschl.) a la carte 21/50 – **54 Z : 94 B** 70/80 - 110/140 Fb.

MARKTREDWITZ 8590. Bayern 413 T 16, 17. 987 Ⓢ – 18 500 Ew – Höhe 529 m – ★ 09231.
ℹ Städt. Fremdenverkehrsbüro, historisches Rathaus, Markt, ♪ 50 11 28.
♦ München 288 – Bayreuth 54 – Hof 48.

🏨 Park-Hotel, Martin-Luther-Str. 5, ♪ 6 20 22 – 📊 ☎ 🚙 ➡
24 Z : 48 B.

XX **Stadtpark - Am Kamin** mit Zim, Klingerstr. 18, ♪ 24 89 – 📺 🚙 ➡
M (Samstag bis 18 Uhr sowie Sonn- und Feiertage geschl.) a la carte 25/53 – **8 Z : 12**
40/50 - 65/72.

MARKTSCHELLENBERG 8246. Bayern 413 W 23 – 1 800 Ew – Höhe 480 m
Heilklimatischer Kurort – Wintersport : 800/1 000 m ⛽1 ⛷1 – ★ 08650.
ℹ Verkehrsamt, Rathaus, ♪ 3 52.
♦München 144 – Berchtesgaden 10 – Salzburg 13.

Am Eingang der Almbachklamm S : 3 km über die B 305 :

X **Zur Kugelmühle** ⚔ mit Zim, ✉ 8246 Marktschellenberg, ♪ (08650) 4 61, <
— « Gartenterrasse, Sammlung von Versteinerungen » – ➡. ⚖ Zim
10. Jan.- 10. Feb. und 25. Okt.- 25. Dez. geschl. – **M** (Jan.- April Samstag geschl.) a la carte
19/38 – **8 Z : 16 B** 40 - 76 -(Zimmerumbau Jan.- April).

MARKTZEULN Bayern siehe Lichtenfels.

MARL 4370. Nordrhein-Westfalen 987 Ⓢ. 412 E 12 – 90 000 Ew – Höhe 62 m – ★ 02365.
Siehe Ruhrgebiet (Übersichtsplan).
Sehenswert : Skulpturenmuseum Glaskasten.
♦Düsseldorf 66 – Gelsenkirchen 17 – Gladbeck 12 – Münster (Westfalen) 62 – Recklinghausen 10.

🏢 **Novotel** ⚔, Eduard-Weitsch-Weg 2, ♪ 10 20, Telex 829916, Fax 14454, 🍽, ≃
⛷ (geheizt) – 📊 ↔ Zim 📺 ☎ ♿ ➡ – ⚔ 25/200. ℤ **E** 💳
M a la carte 29/56 – **93 Z : 186 B** 133 - 171 Fb.

🏨 Haus Müller garni, Breddenkampstr. 126, ♪ 4 30 85 – ☎. ⚖
20. Dez.- 5. Jan. geschl. – **11 Z : 13 B** 57/85 - 110.

In Marl-Hüls :

🏢 **Loemühle** ⚔, Loemühlenweg 221, ♪ 4 40 15, Fax 44256, « Park, Gartenterrasse »
Massage, ≃, ⛷ (geheizt), ▤, ☯ – 📺 ☎ ➡ – ⚔ 25/60. ℤ ⓪ **E** 💳
M a la carte 35/67 – **55 Z : 90 B** 65/130 - 135/175 Fb.

MARLOFFSTEIN Bayern siehe Erlangen.

MARNE 2222. Schleswig-Holstein 987 Ⓞ – 5 600 Ew – Höhe 3 m – ★ 04851.
♦Kiel 110 – Flensburg 111 – ♦ Hamburg 95 – Neumünster 77.

☎ **Gerson**, Königstr. 45 (B 5), ♪ 5 34 – ☎ ➡. ⓪ **E** 💳
M (Sonntag geschl.) a la carte 22/34 – **10 Z : 19 B** 55/65 - 80/90.

MARQUARTSTEIN 8215. Bayern **413** U 23, **987** ㉗, **426** ⑲ − 3 000 Ew − Höhe 545 m − Luftkurort − Wintersport : 600/1 200 m ⑤3 ⑳2 − ✆ 08641 (Grassau).

Verkehrsamt, Bahnhofstr. 3, ℘ 82 36.

München 96 − Rosenheim 37 − Salzburg 55 − Traunstein 23.

🏠 **Alpenrose** (mit Gästehaus, ⌀, ≦s, ⌂ (geheizt) ✹), Staudacher Str. 3 (B 305), ℘ 82 29, ☼ − ⟵ **⦿**
22 Z : 36 B.

🏠 **Prinzregent**, Loitshauser Str. 5, ℘ 82 56, ℘, ☼ − **⦿**
✦ **M** *(Montag - Dienstag nur Mittagessen)* a la carte 21/43 ⅃ − **14 Z : 30 B** 40/45 - 70/78 − ½ P 50/55.

In Marquartstein-Pettendorf N : 2 km :

🏠 **Weßnerhof**, Pettendorfer Str. 55, ℘ 89 23, ℘, ☼ − ⊟ ☎ **⦿**
✦ 10. Nov.- 10. Dez. geschl. − **M** *(Mittwoch geschl.)* a la carte 17/42 − **34 Z : 59 B** 37/40 - 70/98 − ½ P 47/52.

MARSBERG 3538. Nordrhein-Westfalen **987** ⑮, **412** J 12 − 20 700 Ew − Höhe 255 m − ✆ 02992.

Verkehrsbüro, Bülbergstr. 2, ℘ 33 88.

Düsseldorf 185 − Brilon 22 − ✦Kassel 67 − Paderborn 44.

🏠 **Kurhaus Karp**, Schildstr. 4, ℘ 7 39, Bade- und Massageabteilung, ♨, ≦s, ⌂ − ⊡ ☎ **⦿**
✦ **M** *(Mittwoch geschl.)* a la carte 20/42 − **16 Z : 30 B** 55/75 - 85/95.

🏠 **Haus Wegener** ⌀, Stobkeweg 8 (NO : 2 km), ℘ 26 29, ℘, ☼ − ⟵ **⦿**
7 Z : 13 B.

In Marsberg-Bredelar SW : 7 km :

🏠 **Haus Nolte**, Mester-Everts-Weg 6, ℘ (02991) 3 29, ℘ − ☎ **⦿**. ❀ Rest
M *(Montag geschl.)* 16/23 (mittags) und a la carte 33/55 − **9 Z : 18 B** 40/45 - 80/90.

In Marsberg-Helminghausen SW : 14 km, an der Diemeltalsperre :

🏠 **Waldschänke**, Uferrandstr. 139, ℘ (02991) 63 79, ≤, ℘, ≦s
✦ **M** a la carte 20/40 − **28 Z : 52 B** 30/45 - 60/84.

MARTINSZELL Bayern siehe Waltenhofen.

MASCHEN Niedersachsen siehe Seevetal.

MAULBRONN 7133. Baden-Württemberg **413** J 19, 20, **987** ㉕ − 5 900 Ew − Höhe 250 m − ✆ 07043.

Sehenswert : Ehemaliges Zisterzienserkloster★★ (Kreuzgang★★ mit Brunnen - Kapelle★★, Klosterräume★★, Klosterkirche★).

Stuttgart 45 − Heilbronn 55 − ✦Karlsruhe 37 − Pforzheim 20.

🏠 **Birkenhof**, Bahnhofstr. 1, ℘ 67 63, ≦s, ☼ − ⟵ **⦿**
M *(Dienstag geschl.)* a la carte 27/54 − **19 Z : 32 B** 48/60 - 96/120 Fb.

MAULBURG Baden-Württemberg siehe Schopfheim.

MAURACH Baden-Württemberg siehe Uhldingen-Mühlhofen.

MAUTH 8391. Bayern **413** X 20, **426** ⑦ − 2 800 Ew − Höhe 820 m − Erholungsort − Wintersport : 820/1 341 m ⑤3 ⑳8 − ✆ 08557.

Verkehrsamt, Rathaus, ℘ 3 15.

München 211 − Grafenau 21 − Passau 43.

🏠 **Gasthof Fuchs**, Am Goldenen Steig 16, ℘ 2 70, Biergarten, ≦s − ⟵ **⦿**
12 Z : 24 B Fb.

In Mauth-Finsterau N : 7 km − Höhe 998 m :

🏠 **Bärnriegel** ⌀, ℘ 7 01, ≤, ≦s, ☼ − ☎ **⦿**. ❀
11. Nov.- 9. Dez. geschl. − Menu *(April - Mai Mittwoch geschl.)* a la carte 22/46 ⅃ − **12 Z : 24 B** 35/39 - 60/68 − ½ P 47/56.

Pleasant hotels or restaurants
are shown in the Guide by a red sign.
Please send us the names
of any where you have enjoyed your stay.
Your Michelin Guide will be even better.

🏛🏛🏛 ... 🏠

XXXXX ... X

MAYEN 5440. Rheinland-Pfalz **987** ㉓, **412** E 15 — 19 500 Ew — Höhe 240 m — ☎ 02651.

Ausflugsziel : Schloß Bürresheim★ NW : 5 km.

🛈 Städtisches Verkehrsamt, im alten Rathaus, Markt, ℘ 8 82 60.

Mainz 126 — ♦Bonn 63 — ♦Koblenz 35 — ♦Trier 99.

🏠 **Neutor**, Am Neutor 2, ℘ 7 30 95 — 🛗 📺 ☎ 🖚 🅿. 🖭 **E**
   Juli - Aug. 3 Wochen geschl. — **M** *(Donnerstag 14 Uhr - Freitag 17 Uhr geschl.)* a la ca[r]
   24/47 🍷 — **20 Z : 30 B** 50/60 - 90/110 Fb.

🏠 **Katzenberg**, Koblenzer Str. 174, ℘ 4 35 85, 😦, 😦, 😦 — 📺 ☎ 🖚 🅿. ⓞ **E** 𝘝𝘐𝘚𝘈
   M 17/35 (mittags) und a la carte 23/57 — **28 Z : 56 B** 65 - 110.

🏠 **Zur Traube** 😦 garni, Bäckerstr. 6, ℘ 30 18 — 📺 ☎ 🖚. 🖭 **E**
   25 Z : 40 B 40/50 - 75/80.

🏠 **Zum Alten Fritz**, Koblenzer Str. 56, ℘ 4 32 72 — ☎ 🖚 🅿. 🖭 ⓞ **E** 𝘝𝘐𝘚𝘈
   Menu *(Dienstag und 24. Juni - 16. Juli geschl.)* a la carte 30/55 🍷 — **19 Z : 36 B** 25/45 - 50/9[0]

🏠 **Jägerhof**, Ostbahnhofstr. 33, ℘ 4 32 93 — ☎ 🖚. 🖭 ⓞ **E** 𝘝𝘐𝘚𝘈
   ↦ **M** *(Donnerstag geschl.)* a la carte 20/42 🍷 — **20 Z : 32 B** 32/38 - 66/76.

🏠 **Maifelder Hof**, Polcher Str. 74, ℘ 7 30 66, Fax 76558, Biergarten — 📺 🖚 🅿. 🖭 ⓞ
   𝘝𝘐𝘚𝘈
   23. Dez.- 1. Jan. geschl. — **M** *(Samstag geschl.)* 16,50/30 (mittags) und a la carte 23/45
   14 Z : 20 B 35/60 - 90/100.

XXX ❀ **Gourmet-Restaurant Wagner**, Markt 10, ℘ 28 61, Fax 76980 — ⓞ **E**
   wochentags nur Abendessen, Sonntag ab 14 Uhr sowie Feb. und Juli jeweils 2 Wochen geschl. —
   (Tischbestellung ratsam) (bemerkenswerte Weinkarte) a la carte 68/100
   Spez. Entensülze mit Trüffelvinaigrette, Gefülltes Zanderfilet auf Rahmsauerkraut, Rehrücken mit Mohnspätz[le]

X Im Römer, Marktstr. 46, ℘ 23 15.

In Riedener Mühlen 5441 NW : 11 km, im Nettetal :

🏠🏠 **Haus Hubertus** 😦, Hauptstr. 3a, ℘ (02655) 14 84, « Garten mit Wasserspielen », ⊆
   🔲, 😦, 😦 — 🛗 📺 ☎ 🖚 🅿 — 🔬 25/50. 🖭 ⓞ **E**
   M 15 (mittags) und a la carte 29/65 — **40 Z : 70 B** 70/90 - 120/180 Fb.

MAYENCE = Mainz.

MAYSCHOSS 5481. Rheinland-Pfalz **412** E 15 — 1 100 Ew — Höhe 141 m — ☎ 02643 (Altenahr).
Mainz 158 — Adenau 22 — ♦Bonn 34.

🏠 **Zur Saffenburg**, Bundesstr. 43 (B 267, ℘ 83 92, 😦 — 🖚 🅿
   21 Z : 40 B.

In Mayschoß-Laach :

🏠🏠🏠 **Lochmühle**, an der B 267, ℘ 80 80, Telex 861766, Fax 808445, ≤, 😦, 🔲 — 🛗 📺 🖚 🅿
   🔬 25/50.
   64 Z : 106 B Fb.

MECHERNICH 5353. Nordrhein-Westfalen **412** C 15 — 22 300 Ew — Höhe 298 m — ☎ 02443.
♦Düsseldorf 94 — ♦Bonn 43 — Düren 33 — ♦Köln 52.

In Mechernich-Kommern NW : 4 km :

🏠🏠 **Sporthotel Kommern am See**, an der B 266/477, ℘ 50 95, Telex 833312, 😦, 🔲, 😦
   😦 (Halle) — 📺 ☎ 🅿 — 🔬 25
   30 Z : 60 B Fb.

X Senftöpfchen, Kölner Str. 25, ℘ 66 00 — 🅿.

MECKENBEUREN 7996. Baden-Württemberg **413** L 23, **987** ㉟, **216** ⑪ — 9 900 Ew — Höh[e]
417 m — ☎ 07542 (Tettnang).
♦Stuttgart 158 — Bregenz 32 — Ravensburg 11.

In Meckenbeuren-Madenreute NO : 5 km über Liebenau :

🏠🏠 **Jägerhaus** 😦, ℘ 46 32, 😦, 😦 — 🛗 📺 ☎ 🅿. **E** 𝘝𝘐𝘚𝘈
   M *(im Gasthaus nur Abendessen, Mittwoch und Feb. geschl.)* a la carte 27/ — **22 Z : 41 B** 70/90 - 120/140 Fb.

In Meckenbeuren-Reute SW : 2 km :

🏠 Haus Martha garni, Hügelstr. 21, ℘ 26 66, 😦 — 🖚 🅿 — **14 Z : 30 B**.

MECKENHEIM 5309. Nordrhein-Westfalen **412** E 15 — 14 700 Ew — Höhe 160 m — ☎ 02225.
♦Düsseldorf 94 — ♦Bonn 26 — ♦Koblenz 65.

🏠🏠 **City-Hotel**, Bonner Str. 25, ℘ 60 95, Telex 886419, Fax 17720 — 🛗 📺 ☎ 🅿 — 🔬 25/20[0]
   🖭 ⓞ 𝘝𝘐𝘚𝘈
   M a la carte 29/55 — **97 Z : 137 B** 95/140 - 130/350 Fb.

🏠🏠 **Zwei Linden** garni, Merlerstr. 1, ℘ 60 22, Fax 12892 — 📺 ☎ 🅿. ⓞ **E** 𝘝𝘐𝘚𝘈 😦
   18 Z : 30 B 95 - 125 Fb.

MEDEBACH 5789. Nordrhein-Westfalen 987 ⑮⑳, 412 J 13 – 7 400 Ew – Höhe 411 m – ☎ 02982.

Düsseldorf 195 – ♦Kassel 76 – Marburg 61 – Paderborn 89 – Siegen 101.

☆ **Café Trippel**, Oberstr. 6, ℰ 85 70 – 劇 ❷
◆ *18. Mai - 5. Juni und 2. - 20. Nov. geschl.* – **M** *(Mittwoch geschl.)* a la carte 19/39 – **9 Z : 17 B** 42/48 - 80/85.

In Medebach 6-Küstelberg NW : 8,5 km :

🏠 **Schloßberghotel** ⑤, Im Siepen 1, ℰ (02981) 26 61, ≤, 斎, ≘s, ☒, 毎 – 劇 ❷. ⅍ Rest
14.- 26. April und 15. Nov.- 15. Dez. geschl. – **M** *(Mittwoch geschl.)* a la carte 26/54 – **17 Z : 30 B** 55 - 110/130 – ½ P 73/83.

MEERBUSCH Nordrhein-Westfalen siehe Düsseldorf.

MEERSBURG 7758. Baden-Württemberg 413 K 23, 987 ㊳, 216 ⑩ – 5 300 Ew – Höhe 444 m – Erholungsort – ☎ 07532.

Sehenswert : Oberstadt★ (Marktplatz★ B, Steigstraße★ A) – Neues Schloß (Terrasse ≤★) AB – Känzele (Belvedere ≤★★) B.

🛈 Kur- und Verkehrsamt, Kirchstr. 4, ℰ 8 23 83.

Stuttgart 191 ① – Bregenz 48 ① – ♦Freiburg im Breisgau 143 ① – Ravensburg 31 ①.

MEERSBURG

Kirchstraße . . . . B 8
Marktplatz . . . . B 9
Seepromenade . . . . A 13
Steigstraße . . . . A
Unterstadtstraße . . . . A

Bismarckplatz . . . . A 2
Bleicheplatz . . . . B 3
Burgweganlage . . . . A 5
Daisendorfer Straße . . . . A 6
Kirchplatz . . . . A 7
Schloßplatz . . . . B 12
Seminarstraße . . . . A 14
Spitalgasse . . . . A 15
Uhldinger Straße . . . . A 16
Vorburggasse . . . . B 18

Pour les grands voyages
d'affaires ou de tourisme
Guide MICHELIN rouge :
Main Cities EUROPE.

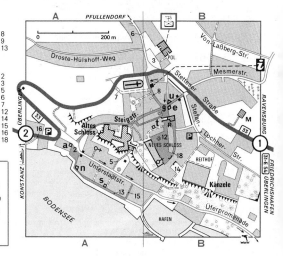

🏠 **Wilder Mann**, Bismarckplatz 2, ℰ 90 11, ≤, « Gartenterrasse, Rosengarten », 🐾, 毎 – 📺 ☎ ❷
nur Saison – **33 Z : 55 B** Fb.   A **a**

🏠 **Kurallee** ⑤ garni, Kurallee 2, ℰ 10 05, 毎 – 📺 ☎ ⇐ ❷. 🖭 E. ⅍
14 Z : 28 B 105/120 - 140/170.   über Daisendorfer Str.   A

🏠 **Terrassenhotel Weißhaar** ⑤, Stefan-Lochner-Str. 24, ℰ 90 06, ≤ Bodensee, « Gartenterrasse » – ☎ ⇐ ❷. E   über Stefan-Lochner-Str.   B
M *(15. Nov.- Feb. geschl.)* a la carte 27/65 – **26 Z : 48 B** 60/115 - 150/180.

🏠 **Villa Bellevue** ⑤ garni, Am Rosenhag 5, ℰ 97 70, ≤, 毎 – 📺 ☎ ⇐. 🖭
März - Okt. – **10 Z : 20 B** 80/90 - 148/190.   über Stefan-Lochner-Str.   B

🏠 **Löwen** (Gasthof a.d. 15. Jh.), Marktplatz 2, ℰ 60 13, Fax 71357 – 📺 ☎. 🖭 ⓞ E 🆅🆂🅰
15. Nov.- 15. Dez. geschl. – **M** *(Nov.- April Mittwoch geschl.)* a la carte 42/65 – **21 Z : 38 B** 80/140 - 135/155 Fb – ½ P 95/125.   B **e**

🏠 **Eden** ⑤ garni, Menizhofer Weg 4, ℰ 97 45, ≤, 毎 – ☎ ⇐ ❷
Jan. geschl. – **14 Z : 23 B** 75/95 - 120/160 Fb.   über Stefan-Lochner-Str.   B

🏠 **Bären** (Historischer Gasthof a. d. 17. Jh.), Marktplatz 11, ℰ 60 44 – ⇐. ⅍ Zim   B **u**
Jan.- Feb. geschl., 15. Nov.- 15. März garni – **M** *(Montag und außer Saison auch jeden 2. Dienstag geschl.)* a la carte 25/50 – **16 Z : 29 B** 55/99 - 105/115.

🏠 **Zum Schiff**, Bismarckplatz 5, ℰ 60 25, Fax 1537, ≤, 斎 – 📺 ☎ ❷. 🖭 ⓞ E 🆅🆂🅰   A **n**
Ostern - Mitte Okt. – **M** a la carte 28/60 – **35 Z : 70 B** 60/80 - 110/150 – ½ P 80/105.

🏠 **Café Off** ⑤, Uferpromenade 51, ℰ 3 33, ≤, 斎 – 📺 ☎ ⇐ ❷. E
März - Okt. – **M** a la carte 30/59 – **16 Z : 27 B** 80/90 - 120/140. über Uferpromenade   B

MEERSBURG

🏠 **Gästehaus Seegarten** 🛏 garni, Uferpromenade 47, ℰ 64 00/64 62, ≼ – 📶 TV 🕿 ⇐=
 🅿 über Uferpromenade B
 März - Okt. – **16 Z : 32 B** 100/120 - 150/180 Fb – 4 Appart. 180/200.

🏠 **Seehotel zur Münz - Restaurant Stärk** 🛏, Seestr. 7, ℰ 90 90 (Hotel) 77 28 (Rest.), ≼
 ╦ – 📶 🕿 ⇐=. 🖪 A
 Mitte Feb.- Mitte Nov. – **M** *(März - Okt.)* a la carte 30/52 – **14 Z : 28 B** 76/90 -108/146.

✗✗ **Winzerstube zum Becher**, Höllgasse 4, ℰ 90 09, Fax 1699 – 🖭 ⓪ VISA B
 Montag - Dienstag 17 Uhr und Mitte Dez.- Mitte Jan. geschl. – **M** (Tischbestellung ratsam
 a la carte 44/73.

MEHRING 5501. Rheinland-Pfalz 412 D 17 – 2 000 Ew – Höhe 122 m – ✆ 06502 (Schweich).

🛶 Ensch-Birkenheck (N : 7 km), ℰ (06507) 43 74.

Mainz 153 – Bernkastel-Kues 40 – ◆Trier 19.

🏠 **Weinhaus Molitor** 🛏 garni, Maximinstr. 9, ℰ 27 88, 🐎 – 🕭 ⇐= 🅿
 10 Z : 20 B.

🏠 **Zum Fährturm**, Peter-Schroeder-Platz 2 (B 53), ℰ 24 03, ≼, ╦ – ⇐= 🅿. ✸
 9 Z : 18 B.

 In Pölich 5501 O : 3 km :

🏡 **Pölicher Held**, Hauptstr. 5 (B 53), ℰ (06507) 33 17, ≼, ╦ – 🅿
 23. Dez.- 3. Jan. geschl. – **M** *(Nov.- April Donnerstag geschl.)* a la carte 19/40 🍷 – **10 Z
 24 B** 30/35 - 55/65.

MEHRSTETTEN Baden-Württemberg siehe Münsingen.

MEINERZHAGEN 5882. Nordrhein-Westfalen 987 ㉙, 412 F 13 – 19 800 Ew – Höhe 385 m –
Wintersport : 400/500 m ✂5 ⍾2 – ✆ 02354.

🛶 Kierspe-Varmert, an der B 237 (N : 9 km), ℰ (02269) 72 99.

🅱 Verkehrsamt, Bahnhofstr. 11, ℰ 7 71 32.

◆Düsseldorf 86 – Lüdenscheid 19 – Olpe 21 – Siegen 47.

🏠 **Wirth**, Hauptstr. 19, ℰ 60 58, Fax 6050 – 📶 TV 🕿 ⇐= 🅿 🖭 ⓪ 🖪 VISA
 (nur Abendessen für Hausgäste) – **19 Z : 35 B** 40/85 - 80/150.

 In Meinerzhagen - Willertshagen O : 4 km :

🏠 **Bauer**, ℰ 29 06, 🐎 – 🕿 🅿 – ⛑ 25/100. ✸
 24 Z : 36 B.

 In Meinerzhagen-Windebruch, an der Listertalsperre O : 16 km :

🏡 **Fischerheim**, Seeuferstr. 1, ℰ (02358) 2 70, ≼, ╦, 🐎 – ⇐= 🅿. ✸ Zim
 15. Dez.- 15. Feb. geschl. – **M** *(Donnerstag geschl.)* a la carte 27/53 – **12 Z : 20 B** 32 - 64.

MEISSEN 8250 Sachsen 984 ㉙, 987 ⑱ – 35 000 Ew – Höhe 110 m – ✆ 003753.

Sehenswert : Markt (Rathaus, Frauenkirche mit Porzellanglockenspiel) – Albrechtsburg★ –
Dom★ – Staatliche Porzellanmanufaktur★★.

🅱 Meißen-Information, An der Frauenkirche 3, ℰ 44 70.

◆Berlin - Ost 175 – Chemnitz 61 – ◆Dresden 23 – ◆Leipzig 85.

🏡 **Goldener Löwe**, Heinrichsplatz 6, ℰ 33 04 – ⟞⟝ Rest 🅿. ✸ Rest
 M a la carte 10/19 – **11 Z : 25 B** 40 - 70/160.

🏡 **Mitropa**, Großenhainer Str. 2 (im Bahnhof), ℰ 5 58 – TV 🕿
 M a la carte 11/21 – **18 Z : 35 B** 52 - 86/106.

✗ **Vincenz Richter**, An der Frauenkirche 12, ℰ 32 85, « Weinstube in einem historischen
 Gebäude a.d.J. 1523, Innenhofterrasse » – 🖪
 Montag - Dienstag und Okt. 2 Wochen geschl. – **M** a la carte 15/20.

✗ **Parkrestaurant**, Elbgasse 1, ℰ 22 86, ≼, ╦ – 🅿
 M a la carte 14/30.

MEITINGEN 8901. Bayern 413 P 21, 987 ㉟ – 9 000 Ew – Höhe 432 m – ✆ 08271.

◆München 79 – ◆Augsburg 21 – Donauwörth 21 – ◆Ulm (Donau) 90.

🏡 **Zur Alten Post**, Römerstr. 2 (B 2), ℰ 23 45, ╦ – ⇐= 🅿
 17 Z : 30 B.

Non confondete :	
Confort degli alberghi	: 🏨🏨 ... 🏠, 🏡
Confort dei ristoranti	: ✗✗✗✗✗ ... ✗
Qualità della tavola	: ✿✿✿, ✿✿, ✿, Menu

548

MELDORF 2223. Schleswig-Holstein 987 ⑤ − 7 200 Ew − Höhe 6 m − ✆ 04832.

🛈 Fremdenverkehrsverein, Nordermarkt 10, 𝒫 70 45.

Kiel 93 − Flensburg 94 − ♦Hamburg 95 − Neumünster 72.

🏠 **Zur Linde** (mit Gästehaus), Südermarkt 1, 𝒫 70 33, Fax 43 12, 🌳 − 📺 ☎ − 🔬 25/120.
🖭 E 𝘝𝘐𝘚𝘈
   M 17/21 (mittags) und a la carte 29/55 − **17 Z : 35 B** 52/58 - 85/95.

🏠 **Stadt Hamburg**, Nordermarkt 2, 𝒫 14 61, Fax 4053 − 📺 ☎ 🅿 − 🔬 25/120. 🖭 ① 𝘝𝘐𝘚𝘈
   M a la carte 23/53 − **13 Z : 25 B** 70 - 120.

   Am alten Meldorfer Hafen W : 2 km :

XX **Dithmarscher Bucht** mit Zim (restauriertes Gasthaus mit geschmackvoller Einrichtung;
   historische Spielzeugsammlung), ✉ 2223 Meldorf, 𝒫 (04832) 71 23, Fax 4077, 🌳, 🌇 − 🅿
   2 - 31. Jan. geschl. − **M** (auch vegetarische Gerichte) (Montag geschl., Okt.- Ostern Dienstag
   - Freitag nur Abendessen) a la carte 37/61 − **7 Z : 14 B** 55 - 90.

MELLE 4520. Niedersachsen 987 ⑭. 412 I 10 − 42 000 Ew − Höhe 80 m − Kurort (Solbad) −
✆ 05422.

🛈 Fremdenverkehrsamt, Rathaus, Am Markt, 𝒫 10 33 12.

Hannover 115 − Bielefeld 36 − Münster (Westfalen) 80 − ♦Osnabrück 26.

🏠 **Berghotel Menzel** ⑤, Walter-Sudfeldt-Weg 6, 𝒫 50 05, Fax 44450, « Terrasse mit ≤ »,
   ☎s, ◻ − 🛗 ☎ 🅿 − 🔬 25/150. 🖭 ① E 𝘝𝘐𝘚𝘈
   M a la carte 29/54 − **35 Z : 55 B** 70 - 110/150 Fb.

🏠 **Bayrischer Hof**, Bahnhofstr. 14, 𝒫 55 66, Biergarten − 📺 ☎ 🅿. E
   M a la carte 24/51 − **17 Z : 29 B** 45/60 - 85/95 Fb.

🏠 **Lumme**, Haferstr. 7, 𝒫 33 64 − ☎ ⟸ 🅿. 🎇 Zim
   24. Dez.- 4. Jan. geschl. − **M** (Montag und Juli geschl.) a la carte 24/41 − **11 Z : 17 B** 45/65 -
   75/110.

XX **Heimathof**, Friedr.-Ludwig-Jahn-Str. 10 (im Erholungszentrum Am Grönenberg), 𝒫 55 61,
   🌳, « Fachwerkhaus a.d. J. 1620 » − 🅿. 🖭 ① E
   Montag ab 14 Uhr und Freitag geschl. − **M** (auch vegetarisches Menu) 24/45 (mittags) und
   a la carte 35/70.

   In Melle 7-Riemsloh SO : 7 km :

🏠 **Alt Riemsloh**, Alt-Riemsloh 51, 𝒫 (05226) 55 44 − ☎ ⟸ 🅿. E. 🎇 Zim
   M (Samstag geschl.) a la carte 27/50 − **11 Z : 20 B** 46 - 78.

MELLINGHAUSEN Niedersachsen siehe Sulingen.

MELLRICHSTADT 8744. Bayern 987 ⑱. 412 413 N 15 − 6 300 Ew − Höhe 270 m − ✆ 09776.

🛈 Fremdenverkehrsbüro, Altes Rathaus, Marktplatz 2, 𝒫 92 41.

♦München 359 − ♦Bamberg 89 − Fulda 72 − ♦Würzburg 91.

🏠 **Sturm**, Ignaz-Reder-Str. 3, 𝒫 4 70, Fax 5709, ☎s, 🌇 − 🛗 ☎ ♿ 🅿 − 🔬 30/80
   M (Sonntag 14 Uhr - Montag 18 Uhr geschl.) a la carte 29/58 ⚖ − **44 Z : 77 B** 55/65 - 85/
   99 Fb.

MELSUNGEN 3508. Hessen 987 ㉕. 412 L 13 − 14 300 Ew − Höhe 182 m − Luftkurort −
✆ 05661.

Sehenswert : Rathaus★ − Fachwerkhäuser★.

🛈 Verkehrsbüro im Rathaus, am Markt, 𝒫 23 48.

♦Wiesbaden 198 − Bad Hersfeld 45 − ♦Kassel 34.

🏠 **Sonnenhof**, Franz-Gleim-Str. 11, 𝒫 60 51 − 🛗 ☎ 🅿. ① E 𝘝𝘐𝘚𝘈
   M (Freitag - Samstag nur Abendessen, Sonntag, 22. Juli - 6. Aug. und 27. Dez.- 7. Jan.
   geschl.) a la carte 42/80 − **23 Z : 38 B** 75/110 - 100/140.

🏠 **Hessischer Hof** ⑤, Rotenburger Str. 22, 𝒫 60 94, 🌇 − 🛗 ☎ ⟸ 🅿 − 🔬 25/40
   28 Z : 50 B.

   In Malsfeld-Beiseförth 3509 S : 7 km :

🏠 **Park-Hotel**, Bahnhofstr. 19, 𝒫 (05664) 4 66, 🌳, ☎s − 📺 ☎ 🅿 − 🔬 70. 🖭 ① E 𝘝𝘐𝘚𝘈
   M a la carte 24/50 − **14 Z : 25 B** 65 - 98 Fb.

   Auf dem Heiligenberg W : 7 km, über die B 253, nach der Autobahn rechts ab :

🏠 **Burg Heiligenberg** ⑤, ✉ 3582 Felsberg-Gensungen, 𝒫 (05662) 8 31, ≤ Edertal, 🌳 −
   ☎ ⟸ 🅿. E. 🎇
   Jan. geschl. − **M** 16/40 (mittags) und a la carte 25/59 − **30 Z : 50 B** 32/75 - 64/115.

MEMMELSDORF 8608. Bayern 413 PQ 17 − 8 100 Ew − Höhe 285 m − ✆ 0951.

♦München 240 − ♦Bamberg 7 − Coburg 45.

🏠 **Brauerei-Gasthof Drei Kronen**, Hauptstr. 19 (B 22), 𝒫 4 30 01 − 📺 ☎ 🅿
   31 Z : 54 B Fb.

MEMMINGEN 8940. Bayern 413 N 23, 987 ®, 426 C 4 – 38 000 Ew – Höhe 595 m – ✆ 08331.
Sehenswert : Pfarrkirche St. Martin (Chorgestühl★).

🏛 Städt. Verkehrsamt, Ulmer Str. 9 (Parishaus), ✆ 85 01 72 – **ADAC**, Sankt-Josefs-Kirchplatz 8, ✆ 7 13 03.
◆München 114 ② – Bregenz 74 ④ – Kempten (Allgäu) 35 ③ – ◆Ulm (Donau) 55 ⑤.

MEMMINGEN

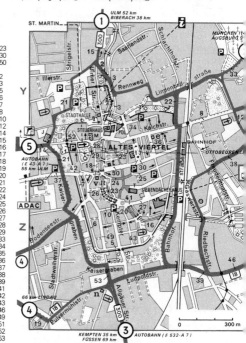

🏨 **Park-Hotel an der Stadthalle - Restaurant Schwarzer Ochsen**, Ulmer Str. 7,
✆ 8 70 41, Telex 541038, Fax 48439, Biergarten, 🕿 – 🛏 🛁 Zim 📺 ☎ – 🔒 25/400. 🖭 ⓞ
E 🚾
M 25/29 und a la carte 33/60 – **85 Z : 110 B** 85/125 - 125/170 Fb.　　　　　　Y r

🏨 **Falken** garni, Roßmarkt 3, ✆ 4 70 81, Fax 47086 – 🛏 📺 ☎ 🕭 ⟷. 🖭 ⓞ E 🚾　　Z v
Aug. und 20. Dez.- 8. Jan. geschl. – **40 Z : 63 B** 75/125 - 125/150 Fb.

🏨 **Weißes Ross**, Kalchstr. 16, ✆ 20 20, Fax 84057 – 🛏 ☎ ⟷. E 🚾　　　　　　Y e
M a la carte 27/54 – **40 Z : 75 B** 60/80 - 110/150 Fb.

🏨 **Garni am Südring**, Pulvermühlstr. 1, ✆ 31 37 – 🛏 ☎ ⟷ Ⓟ　　　　　　　Z n
24. Dez.- 6. Jan. geschl. – **40 Z : 52 B** 34/60 - 58/90.

✕ **Weinhaus Knöringer**, Weinmarkt 6, ✆ 27 15　　　　　　　　　　　　Z t
Freitag, Jan. 2 Wochen und Juli - Aug. 3 Wochen geschl. – **M** (auch vegetarische Gerichte)
15/18 (mittags) und a la carte 29/55.

In Memmingen-Amendingen ① : 2 km :

🏨 **Hiemer**, Obere Str. 24, ✆ 8 79 51 – 🛏 ☎ Ⓟ – 🔒 25/100. 🖭 ⓞ E 🚾
Anfang Jan. 1 Woche geschl. – **M** a la carte 23/52 – **32 Z : 56 B** 70 - 110/130 Fb.

In Buxheim 8941 ⑤ : 4,5 km :

🏨 **Weiherhaus** 🏡, Am Weiherhaus 13, ✆ (08331) 7 21 23, 🏤 – ☎ Ⓟ. 🖭 E. ℁ Zim
◆ **M** a la carte 20/48 – **8 Z : 15 B** 55 - 98.

MENDEN 5750. Nordrhein-Westfalen 987 ⑭, 412 G 12 – 56 900 Ew – Höhe 145 m – ✆ 02373.
◆Düsseldorf 92 – Dortmund 34 – Iserlohn 12.

🏨 **Central** garni, Unnaer Str. 33, ✆ 50 45, Fax 5531 – 🛏 📺 ☎ 🕭. 🖭 ⓞ E 🚾
Weihnachten - Anfang Jan. geschl. – **16 Z : 20 B** 80 - 110 Fb.

🏨 **Haus Slamic**, Unnaer Landstr. 2 (an der B 515, NW : 1,5 km), ✆ 6 30 91, Telex 8202894,
Fax 67316 – ☎ Ⓟ. 🖭 ⓞ E. ℁
M (Samstag bis 18 Uhr und Montag geschl.) a la carte 25/62 – **12 Z : 18 B** 65/85 - 110/
120 Fb.

MENDIG 5442. Rheinland-Pfalz **412** E 15 − 7 900 Ew − Höhe 200 m − 🕿 02652.
ainz 120 − ♦Bonn 56 − ♦Koblenz 29 − Mayen 8.

Im Ortsteil Niedermendig :

🏠 **Hansa**, Laacher-See-Str. 11, 🖉 44 10, Fax 2316, 🏤, 🍴 − 🕭 ⇦ 🅿 🖭 ⓞ 🎗 Zim
♦ Mitte Dez.- Feb. geschl. − **M** *(Donnerstag geschl.)* a la carte 20/45 − **24 Z : 50 B** 35/45 -
60/84.

🏠 **Felsenkeller**, Bahnstr. 35, 🖉 12 72 − ⇦ 🅿 🖭 ⓞ E 𝗩𝗜𝗦𝗔
M *(Samstag bis 18 Uhr, Sonntag und Juni - Juli 3 Wochen geschl.)* a la carte 27/52 − **28 Z :
51 B** 35/60 - 65/110.

In Bell 5441 NW : 4 km :

🏠 **Eifelperle**, Hauptstr. 62, 🖉 (02652) 44 18 − ⇦ 🎗
(Restaurant nur für Hausgäste) − **19 Z : 36 B** 23/36 - 46/60.

Siehe auch : *Maria Laach*

MENGEN 7947. Baden-Württemberg **413** KL 22, **987** ㉟, **427** M 1 − 9 500 Ew − Höhe 560 m −
🕿 07572.
Stuttgart 116 − Bregenz 89 − ♦Freiburg im Breisgau 138 − ♦Ulm (Donau) 72.

🏠 **Baier**, Hauptstr. 10, 🖉 35 01 − 🕿 ⇦ 🅿
♦ **M** *(Samstag geschl.)* a la carte 20/40 − **29 Z : 56 B** 55 - 90/100.

🏠 Rebstock, Hauptstr. 93, 🖉 34 11, 🏤 − 📺 🕿 ⇦ 🅿
15 Z : 22 B Fb.

🏠 **Roter Ochsen**, Hauptstr. 92, 🖉 29 83 − 📺 ⇦ 🅿 🖭 E 𝗩𝗜𝗦𝗔
M *(Montag geschl.)* a la carte 26/51 − **20 Z : 32 B** 50/98 - 100/140.

The overnight or full board prices may
in some cases be increased by the addition of a local bed tax or
a charge for central heating.
Before making your reservation confirm with the hotelier
the exact price that will be charged.

MEPPEN 4470. Niedersachsen **987** ⑭, **408** ⑭ − 31 200 Ew − Höhe 20 m − 🕿 05931.
Hannover 240 − ♦Bremen 129 − Groningen 96 − ♦Osnabrück 85.

🏨 **Pöker**, Herzog-Arenbergstr. 15a, 🖉 30 63, Fax 6945 − 🕼 📺 🕿 🅿 − 🔬 25/80. 🖭
M a la carte 23/49 − **45 Z : 66 B** 40/85 - 85/130 Fb.

🏠 **Hülsmann am Bahnhof**, Hüttenstr. 2, 🖉 22 21, Fax 5205 − 🕼 📺 🕿 🅿 E 𝗩𝗜𝗦𝗔
M *(Samstag bis 18 Uhr geschl.)* a la carte 22/51 − **26 Z : 42 B** 55/68 - 98/120 Fb.

🏠 **Parkhotel** 🔖, Lilienstr. 21 (nahe der Freilichtbühne), 🖉 1 80 11, 🏤 − 🕼 🕿 🅿
M a la carte 29/53 − **26 Z : 41 B** 65/90 - 120/180 Fb.

🏠 **Schmidt** 🔖, Markt 17, 🖉 1 22 80 − 🕼 🕿. ⓞ E 𝗩𝗜𝗦𝗔
Juli - Aug. 3 Wochen geschl. − **M** *(Freitag ab 14 Uhr geschl.)* a la carte 22/55 − **23 Z : 30 B**
50/55 - 90/100 Fb.

🏠 Von Euch, Kuhstr. 21, 🖉 1 25 28 − ⇦
12 Z : 17 B.

🏠 Zum Schlagbaum, Dürenkämpe 1 (B 402, O : 2 km), 🖉 66 83 − 🕿 🅿
21 Z : 31 B.

MERCHWEILER 6689. Saarland **412** E 18, **242** ⑦, **54** ⑥ − 12 500 Ew − Höhe 359 m − 🕿 06825.
Saarbrücken 18 − Homburg (Saar) 28 − Saarlouis 25.

XX Römerhof mit Zim, Hauptstr. 112, 🖉 53 73 − 🅿
8 Z : 11 B.

MERDINGEN 7801. Baden-Württemberg **413** FG 22, **242** ㉜, **62** ㉚ − 2 300 Ew − Höhe 260 m −
🕿 07668 (Ihringen).
Stuttgart 210 − Breisach am Rhein 12 − ♦Freiburg im Breisgau 16.

X **Gasthaus zum Pfauen** mit Zim, Langgasse 10, 🖉 2 67, 🍴 − 🕿 🅿
M *(Mittwoch geschl.)* a la carte 22/44 🕭 − **5 Z : 8 B** 30 - 56.

MERGENTHEIM, BAD 6990. Baden-Württemberg **413** M 18, **987** ㉙ − 19 800 Ew − Höhe 210 m
- Heilbad − 🕿 07931.
Sehenswert : Deutschordensschloß.
Ausflugsziel : Stuppach : Pfarrkirche (Stuppacher Madonna** von Grünewald) S : 6 km.
🛇 Erlenbachtal, 🖉 75 79.
Kultur- und Verkehrsamt, Marktplatz 3, 🖉 5 71 35.
Stuttgart 117 − Ansbach 78 − Heilbronn 75 − ♦Würzburg 53.

MERGENTHEIM, BAD

Maritim Parkhotel ⟪, Lothar-Daiker-Str. 6 (im Kurpark), 𝒫 53 90, Telex 74222, Fa
539100, 🍴, Bade- und Massageabteilung, ⇆, 🔲, 🎇 – 🛗 ↔ Zim 🔲 ⅋ ❶ – 🔬 25/22
🆎 ⓪ Ε 𝑽𝑰𝑺𝑨 ❀ Rest
M *(auch Diät)* a la carte 40/68 – **116 Z : 158 B** 155/225 - 226/296 Fb – ½ P 150/259.

Victoria, Poststr. 2, 𝒫 59 30, Telex 74224, Fax 593500, « Gartenterrasse », ⇆ – 🛗 ↔ Zi
🔲 ⅋ – 🔬 25/150. 🆎 ⓪ Ε 𝑽𝑰𝑺𝑨 ❀ Rest
M *(bemerkenswerte Weinkarte)* a la carte 42/80 – **84 Z : 140 B** 112/225 - 173/245 Fb
6 Appart. 265/295.

Bundschu, Cronbergstr. 15, 𝒫 30 43, Fax 3046, 🎇 – 🔲 🕿 ⅋ – 🔬 25. 🆎 ⓪ Ε 𝑽𝑰𝑺𝑨
Menu *(Montag und 21. Jan.- 14. Feb. geschl.)* a la carte 34/60 – **50 Z : 70 B** 70/110 - 130
160 Fb.

Kurhotel Stefanie ⟪, Erlenbachweg 11, 𝒫 70 55, Bade- und Massageabteilung, ⇆, 🎇
– 🛗 🕿 ⅋. ❀
15. Dez.- Jan. geschl. – *(Restaurant nur für Hausgäste)* – **30 Z : 43 B** 60/80 - 120/160 Fb.

Steinmeyer, Wolfgangstr. 2, 𝒫 72 20, Bade- und Massageabteilung – 🕿. 🆎 ⓪ Ε 𝑽𝑰𝑺𝑨
Weihnachten - Mitte Jan. geschl. – **M** *(Freitag geschl.)* a la carte 20/46 – **15 Z : 25 B** 65/£
- 120/130.

Garni am Markt, Hans-Heinrich-Ehrler-Platz 40, 𝒫 61 01 – 🛗 🕿 ⇦ ⓪ Ε 𝑽𝑰𝑺𝑨
März - Nov. – **30 Z : 40 B** 60/70 - 110/130 Fb.

Zum wilden Mann ⟪, Reichengässle 6, 𝒫 76 38 – ⅋
23. Dez.- 22. Jan. geschl. – **M** *(Mittwoch ab 15 Uhr geschl.)* a la carte 21/43 – **16 Z : 21**
28/45 - 60/84 – ½ P 43/60.

In Bad Mergentheim - Löffelstelzen NO : 4 km :

Hirschen, Alte Würzburger Str. 29, 𝒫 74 94 – ⇦ ⅋. ❀ Zim
20. Dez.- 28. Jan. geschl. – **M** *(Donnerstag geschl.)* a la carte 19,50/35 ⅄ – **12 Z : 16 B** 29
58.

In Bad Mergentheim - Markelsheim SO : 6 km :

Weinstube Lochner, Hauptstr. 39, 𝒫 20 81, Fax 2080, ⇆, 🔲 – 🔲 🕿 ⅋ – 🔬 25/80
50 Z : 95 B Fb.

In Bad Mergentheim - Neunkirchen S : 2 km :

Gasthof Rummler, Althäuser Str. 18, 𝒫 4 50 25, Biergarten, 🎇 – 🔲 🕿 ⇦ ⅋. ❀ Zim
5.- 25. Feb. und 10.- 23. Sept. geschl. – **M** *(Montag geschl.)* a la carte 24/50 ⅄ – **14 Z : 25**
25/55 - 50/95 – ½ P 38/68.

MERING 8905. Bayern 🄌🄌🄌 PQ 22. 🄌🄌🄌 ⑳. 🄌🄌🄌 ③ – 9 100 Ew – Höhe 526 m – ✪ 08233.
♦München 53 – ♦Augsburg 15 – Landsberg am Lech 29.

Schlosserwirt, Münchner Str. 29 (B 2), 𝒫 95 04 – ⅋
25. Juli - 10. Aug. geschl. – **M** *(Sonntag geschl.)* a la carte 19/37 ⅄ – **20 Z : 27 B** 40/60
76/110.

MERKENFRITZ Hessen siehe Hirzenhain.

MERKLINGEN 7901. Baden-Württemberg 🄌🄌🄌 M 21 – 1 600 Ew – Höhe 699 m – ✪ 073
(Nellingen).
♦Stuttgart 68 – Reutlingen 53 – ♦Ulm (Donau) 26.

Ochsen, Hauptstr. 12, 𝒫 2 83, 🎇 – 🔲 🕿 ⇦ ⅋. 🆎 Ε. ❀ Rest
Mitte - Ende Mai und Anfang - Mitte Dez. geschl. – **M** *(nur Abendessen, auch vegetarisch
Gerichte)* *(Sonntag geschl.)* a la carte 22/41 ⅄ – **19 Z : 40 B** 50/85 - 80/115 Fb.

In Berghülen 7901 S : 8 km :

Ochsen, Blaubeurer Straße 14, 𝒫 (07344)63 18 – ⇦ ⅋. ❀
14 Z : 25 B.

MERTESDORF Rheinland-Pfalz siehe Trier.

Les guides Michelin

Guides Rouges (hôtels et restaurants) :

**Benelux, España Portugal, France, Great Britain and Ireland, Italia,
Main Cities Europe**

Guides Verts (Paysages, monuments et routes touristiques) :

**Allemagne, Autriche, Belgique, Canada, Espagne, Grèce, Hollande, Italie,
Londres, Maroc, New York, Nouvelle Angleterre, Portugal, Rome, Suisse**
... la collection sur la **France**.

MERZIG 6640. Saarland 🔲🔲🔲 ⊛. 🔲🔲🔲 C 18, 🔲🔲🔲 M 7 — 29 500 Ew — Höhe 174 m — ✪ 06861.

🛈 Kultur- und Verkehrsamt, Zur Stadthalle 4, 𝒫 28 77.

◆Saarbrücken 46 — Luxembourg 56 — Saarlouis 21 — ◆Trier 49.

🏨 Zum Römer, Schankstr. 2, 𝒫 26 45, 🍴 — 🚗 🅿
13 Z : 18 B.

XX **Merll-Rieff** mit Zim, Schankstr. 27, 𝒫 25 65 — ☎ 🅿. 🖭 ⓞ 🄴 𝒱𝒾𝒮𝒜
Juli - Aug. 3 Wochen geschl. — **M** (Mittwoch geschl.) a la carte 22/52 ⅃ — **12 Z : 23 B** 45/60
- 80/110.

In Beckingen 4-Honzrath 6645 SO : 7 km :

🏨 Sporthotel Honzrath, beim Sportzentrum Hellwies, 𝒫 (06835) 40 41, 🍴, ⚒ — 📺 🅿
14 Z : 20 B.

MESCHEDE 5778. Nordrhein-Westfalen 🔲🔲🔲 ⓗ. 🔲🔲🔲 H 12 — 31 300 Ew — Höhe 262 m — ✪ 0291.

🛈 Verkehrsamt, Pavillon Am Rathaus, Ruhrstr. 25, 𝒫 20 52 77.

ᴬDAC, Ruhrplatz 2, 𝒫 14 13.

◆Düsseldorf 150 — Brilon 22 — Lippstadt 43 — Siegen 97.

🏨 **Von Korff**, Le-Puy-Str. 19, 𝒫 5 10 90, Fax 2309 — 📺 ☎ 🚗 🅿. 🖭 ⓞ 🄴 𝒱𝒾𝒮𝒜
Juli - Aug. 3 Wochen geschl. — **M** a la carte 35/61 — **Bistro-Café M** a la carte 25/46 — **12 Z :**
19 B 72/79 - 120 Fb.

🏨 Gercken garni, Zeughausstr. 7, 𝒫 71 66 — 🚗. ⚒ — **17 Z : 28 B**.

In Meschede 3-Freienohl NW : 10 km :

🏨 **Haus Luckai** ⚒, Christine-Koch-Str. 11, 𝒫 (02903) 77 52, 🌲 — 🚗 🅿. ⚒ Rest
M a la carte 23/50 — **12 Z : 25 B** 45/50 - 80.

In Meschede 12-Grevenstein SW : 13,5 km — Wintersport : 450/600 m ⚡1 — ✪ 02934 :

🏨 **Gasthof Becker**, Burgstr. 9, 𝒫 10 66 — ☎ 🅿 — 🔺 35. 🖭 ⓞ 🄴 𝒱𝒾𝒮𝒜
M (Dienstag geschl.) a la carte 36/68 — **11 Z : 20 B** 60 - 120 Fb.

🏨 **Holländer Hof**, Ohlstr. 4, 𝒫 2 60 — 🚗 🅿
16. Feb. - 2. März geschl. — **M** a la carte 23/50 — **15 Z : 28 B** 37/45 - 64/80.

🏨 Landhaus Rossel, Ostfeld 25, 𝒫 3 26, 🍴, 🌲 — 🚗 🅿 — **15 Z : 30 B**.

In Meschede-Olpe W : 9 km :

🏨 **Haus Hütter**, Freienohler Str. 31, 𝒫 (02903) 76 64, 🌲 — 🚗 🅿
M a la carte 25/47 — **12 Z : 20 B** 42 - 80.

In Meschede-Wehrstapel O : 4 km :

XX Schulte - St. Wendelin, Wehrstapeler Str. 18 (B 7), 𝒫 66 96, 🍴 — 🅿. ⚒.

MESPELBRUNN 8751. Bayern 🔲🔲🔲 ⊛. 🔲🔲🔲 🔲🔲🔲 K 17 — 2 200 Ew — Höhe 269 m — Erholungsort
— ✪ 06092 (Heimbuchenthal).

🛈 Verkehrsverein, Hauptstr. 158, 𝒫 3 19.

◆München 342 — Aschaffenburg 16 — ◆Würzburg 66.

🏨 **Schloß-Hotel** ⚒, Schloßallee 25, 𝒫 2 56, Fax 5175, 🍴, 🛥 — 📺 ☎ 🅿
3. Jan. - Feb. und 1. - 26. Dez. geschl. — **M** a la carte 20/40 — **45 Z : 70 B** 60/100 - 80/130.

🏨 **Engel**, Hauptstr. 268, 𝒫 3 13, 🍴, « Zirbelstube », 🌲 — ☎ 🚗 🅿
15. Nov. - 25. Dez. geschl. — **M** (Dez.- März Montag - Dienstag geschl.) a la carte 19/50 ⅃ —
23 Z : 38 B 30/58 - 60/85 — ½ P 38/50.

🏨 **Haus Sonnenhang** ⚒ garni, Schloßallee 21, 𝒫 2 98, 🌲 — 🅿
März - Okt. — **13 Z : 24 B** 35/45 - 65/82.

In Mespelbrunn 2-Hessenthal N : 4 km :

🏨 **Hobelspan**, Hauptstr. 49, 𝒫 2 62, Fax 5167, 🍴, ⅃ (geheizt), 🌲 — 🔔 🅿
6. Jan.- 1. Feb. geschl. — **M** (Dienstag geschl.) a la carte 18/45 — **25 Z : 43 B** 45/70 - 75/105
Fb — ½ P 43/72.

🏨 Spessart, Würzburger Str. 4, 𝒫 2 75, 🍴, ⅃, 🌲 — 🚗 🅿 — **17 Z : 32 B**.

MESSKIRCH 7790. Baden-Württemberg 🔲🔲🔲 K 23, 🔲🔲🔲 ⑦ — 7 100 Ew — Höhe 605 m —
✪ 07575.

🛈 Städt. Verkehrsamt, Schloßstr. 1, 𝒫 30 31.

◆Stuttgart 118 — ◆Freiburg im Breisgau 119 — ◆Konstanz 59 — ◆Ulm (Donau) 91.

🏨 **Adler - Alte Post**, Adlerplatz 5, 𝒫 8 22, Fax 1543 — 📺 ☎ — 🔺 25. 🖭 ⓞ 🄴 𝒱𝒾𝒮𝒜
Juli - Aug. 2 Wochen geschl. — **M** (Donnerstag geschl.) a la carte 33/58 — **21 Z : 42 B** 60 -
110.

In Messkirch-Menningen NO : 5 km :

XX **Zum Adler Leitishofen** mit Zim, Leitishofen 35 (B 311), 𝒫 31 57 — ☎ 🅿. 🄴
Ende Jan.- Mitte Feb. geschl. — Menu (Dienstag geschl.) 18 und a la carte 35/46 — **9 Z : 16 B**
45 - 78.

MESSTETTEN Baden-Württemberg siehe Albstadt.

METELEN 4439. Nordrhein-Westfalen 📖 E 10. 📖 ⑭ − 5 800 Ew − Höhe 58 m − ✿ 02556.
◆Düsseldorf 136 − Enschede 30 − Münster (Westfalen) 42 − ◆Osnabrück 69.

  🏠 Haus Herdering-Hülso garni, Neutor 13, 𝒫 70 48, 🥾 − 🅿
    8 Z : 16 B.

METTINGEN 4532. Nordrhein-Westfalen 📖 ⑭. 📖 G 10 − 10 000 Ew − Höhe 90 m − ✿ 05452.
◆Düsseldorf 185 − ◆Bremen 132 − Enschede 75 − ◆Osnabrück 21.

  🏨 **Romantik-Hotel Telsemeyer**, Markt 6, 𝒫 30 11, Fax 3581, 🍽, « Wintergarten,
    Tüöttenmuseum », 🔲 − 🔟 🅿 − 🔏 25/100. 🖭 **E**. ⋙
    M *(auch vegetarische Gerichte)* 22/39 (mittags) und a la carte 35/72 − **55 Z : 100 B** 70/110 -
    115/160 Fb.

METTLACH 6642. Saarland 📖 ㉓. 📖 C 18. 📖 M 7 − 12 400 Ew − Höhe 165 m − ✿ 06864.
Ausflugsziel : Cloef ≤★★, W : 7 km.
◆Saarbrücken 54 − Saarlouis 29 − ◆Trier 41.

  🏠 **Zum Schwan**, Freiherr-vom-Stein-Str. 34, 𝒫 72 79, Fax 7277, 🍽 − 🔟 ☎ 🅿. 🖭 ⓪ **E**
    VISA
    M a la carte 27/56 ⚫ − **12 Z : 24 B** 70/80 - 110/120 Fb.

  🏠 Zur Post, Heinertstr. 17, 𝒫 5 57, 🍽 − ☎ 🚙 🅿
    10 Z : 18 B.

  🏠 **Haus Schons** garni, von-Boch-Liebig-Str. 1, 𝒫 12 14 − ☎ 🅿
    7 Z : 12 B 47 - 70.

    In Mettlach 5-Orscholz NW : 6 km :

  🏨 **Zur Saarschleife** (mit Gästehaus), Cloefstr. 44, 𝒫 (06865) 7 11, Fax 290, 🍽, 🥾, 🔲, 🌳,
    ⋙ − 🔟 🔟 🛁 🚙 🅿 − 🔏 25/80. 🖭 ⓪ **E** **VISA**
    M *(10. - 25. Jan. geschl.)* a la carte 32/59 − **59 Z : 115 B** 65/120 - 98/160 Fb.

  🌲 **Zum Orkelsfels**, Cloefstr. 97, 𝒫 (06865) 3 17 − 🅿
  🔶 *10. März - 5. April geschl.* − **M** *(Donnerstag geschl.)* a la carte 18,50/36 ⚫ − **11 Z : 21 B**
    35/45 - 60/65.

METTMANN 4020. Nordrhein-Westfalen 📖 ㉔. 📖 D 13 − 35 700 Ew − Höhe 131 m −
✿ 02104.
◆Düsseldorf 16 − ◆Essen 33 − Wuppertal 16.

    In Mettmann-Metzkausen NW : 3 km :

  🏠 **Luisenhof** garni, Florastr. 82, 𝒫 5 30 31, Telex 8581254, Fax 54050, 🥾 − 🔟 ☎ 🅿 −
    🔏 30. 🖭 ⓪ **E** **VISA**
    35 Z : 55 B 110/250 - 150/270 Fb.

    An der B 7 W : 3 km :

  🏨 **Gut Höhne** 🐾, Düsseldorfer Str. 253, ✉ 4020 Mettmann, 𝒫 (02104) 77 80, Telex 8581297,
    Fax 75625, 🍽, « Rustikale Einrichtung », 𝐼₅, 🥾, 🔲 (geheizt), 🔲, 🌳, ⋙ − 🔟 🅿 −
    🔏 25/100. **E** **VISA**
    M a la carte 38/80 − **58 Z : 105 B** 135/195 - 255/380 Fb − 5 Appart. 450/960.

METTNAU (Halbinsel) Baden-Württemberg siehe Radolfzell.

METZINGEN 7430. Baden-Württemberg 📖 K 21. 📖 ㉟ − 20 000 Ew − Höhe 350 m −
✿ 07123.
◆Stuttgart 35 − Reutlingen 8 − ◆Ulm (Donau) 79.

  🏨 **Schwanen**, Bei der Martinskirche 10, 𝒫 13 16, Fax 6827, 🍽, 🥾 − 🔟 ☎ − 🔏 25/60. 🖭
    ⓪ **E**
    M *(Montag geschl.)* a la carte 38/60 − **36 Z : 60 B** 85/120 - 120/180 Fb.

  🏠 **Kuhn** garni, Bohlstr. 8, 𝒫 26 32 − ☎ 🚙 🅿
    21 Z : 26 B 34/50 - 65/80.

    In Metzingen 4-Glems S : 4 km :

  🏠 **Stausee-Hotel** 🐾, Unterer Hof 3 (am Stausee, W : 1,5 km), 𝒫 49 16, Fax 41572, ≤ Stausee
    und Schwäbische Alb − 🔟 ☎ 🅿 − 🔏 25/50. 🖭 ⓪ **E** **VISA**
    Feb. 2 Wochen geschl. − **M** *(Sonntag 18 Uhr - Montag geschl.)* a la carte 35/59 − **18 Z :**
    26 B 80/85 - 100/105.

  🏠 **Waldhorn**, Neuhauser Str. 32, 𝒫 1 51 67 − 🅿. **E**
    Jan. 1 Woche und Juli - Aug. 3 Wochen geschl. − **M** *(Dienstag geschl.)* a la carte 26/52 ⚫
    − **11 Z : 18 B** 48 - 88.

In Riederich 7434 N : 3 km :

🏛 **Parkhotel Lutz** ॐ, Hegwiesenstr. 20, *℘* 3 80 30, 🍽 − |≋| 📺 🅿 − 🛄 25/60. ⅋ ① **E** 𝑽𝑰𝑺𝑨
M *(auch vegetarische Gerichte)* a la carte 39/63 − **53 Z : 96 B** 140/160 - 160/250 Fb.

In Kohlberg 7441 NO : 5 km :

🏗 Beim Schultes, Neuffener Str. 1, *℘* (07025) 24 27, « Ehem. Rathaus a.d.J. 1665, Galerie verkäuflicher Bilder »
nur Abendessen − (Tischbestellung ratsam).

MICHELAU Bayern siehe Lichtenfels.

MICHELSTADT 6120. Hessen 𝟵𝟴𝟳 ㉙. 𝟰𝟭𝟮 𝟰𝟭𝟯 K 17 − 16 000 Ew − Höhe 208 m − ✆ 06061.
Sehenswert : Marktplatz★ − Rathaus★.
Ausflugsziel : Jagdschloß Eulbach : Park★ O : 9 km.
🛈 Verkehrsamt, Marktplatz 1, *℘* 7 41 46.
Wiesbaden 92 − Aschaffenburg 51 − ◆Darmstadt 47 − ◆Mannheim 62 − ◆Würzburg 99.

🏛 **Drei Hasen** (Sandsteinbau a.d.J. 1813), Braunstr. 5, *℘* 7 10 17, Biergarten − 📺 ☎ 🅿 ①
E 𝑽𝑰𝑺𝑨. ⅏ Zim
1.- 22. Jan. und 22.- 29. Juli geschl. − **M** *(Montag geschl.)* 20/32 (mittags) und a la carte 32/55 ⅃ − **20 Z : 36 B** 72/85 - 110/125 Fb.

🏠 **Zum Wilden Mann**, Erbacher Str. 10, *℘* 25 93 − ☎ ⇐⇒
24. Dez.- 20. Jan. geschl. − **M** *(nur Abendessen, Samstag geschl.)* a la carte 22/40 ⅃ −
21 Z : 41 B 36/56 - 70/95.

🏗 **Grüner Baum** mit Zim (Fachwerkhaus a.d.J. 1685), Große Gasse 17, *℘* 24 09, 🍽 − 📺. ⅋
◆ ① **E** 𝑽𝑰𝑺𝑨
M a la carte 21/52 ⅃ − **4 Z : 8 B** 40 - 80.

🗙 **Ratsschänke** mit Zim, Neutorstr. 2, *℘* 6 52 − ☎
◆ *11. Feb.- 12. März geschl.* − **M** *(Dienstag geschl.)* a la carte 20/42 ⅃ − **10 Z : 16 B** 30/60 - 70/100.

In Michelstadt-Vielbrunn NO : 13,5 km − Luftkurort − ✆ 06066 :

🏠 **Weyrich**, Waldstr. 5, *℘* 2 71, ⇐s, 🏊, 🌳 − 🅿
M a la carte 26/42 − **29 Z : 52 B** 54/60 - 108/120.

🏠 **Geiersmühle** ॐ (ehem.Getreidemühle), Im Ohrnbachtal (O :2 km), *℘* 7 21, 🍽, ⇐s − 🅿
7. Jan. - 7. Feb. und 5.- 18. Nov. geschl. − **M** *(Montag - Dienstag geschl., Mittwoch - Freitag nur Abendessen)* a la carte 35/64 − **11 Z : 20 B** 60 - 110/120.

🏠 **Haus Talblick** garni, Hauptstr. 61, *℘* 2 15, 🌳 − 🅿. ⅏
13 Z : 21 B 35 - 70.

In Michelstadt - Weiten-Gesäß NO : 6 km − Luftkurort :

🏠 **Berghof**, Hauptstr. 9, *℘* 37 01, ≤, 🌳 − ☎ ⇐⇒ 🅿 − 🛄 30. ① **E**. ⅏ Zim
Mitte Feb. - Mitte März geschl. − **M** *(auch vegetarische Gerichte)* (Dienstag geschl.) a la carte 27/60 ⅃ − **16 Z : 28 B** 58/66 - 104/116 Fb.

🏗 **Krone** ॐ, Schulstr. 6, *℘* 22 89, ⇐s, 🏊, 🌳 − ⇐⇒ 🅿
◆ *Nov.- 15. Dez geschl.* − **M** *(Donnerstag geschl.)* a la carte 17,50/35 ⅃ − **25 Z : 40 B** 28/40 - 56/72 − ½ P 45.

Siehe auch : *Liste der Feriendörfer*

MIESBACH 8160. Bayern 𝟰𝟭𝟯 S 23, 𝟵𝟴𝟳 ㊲. 𝟰𝟮𝟲 H 5 − 9 400 Ew − Höhe 686 m − ✆ 08025.
◆München 54 − Rosenheim 29 − Salzburg 101 − Bad Tölz 23.

🏠 **Gästehaus Wendelstein** garni, Bayrischzeller Str. 19 (B 307), *℘* 78 02, 🌳 − ⇐⇒ 🅿
Anfang Okt.- Anfang Nov. geschl. − **12 Z : 20 B** 45/60 - 95/100.

Auf dem Harzberg :

🏗 **Sonnenhof** ॐ, Heckenweg 8, ✉ 8160 Miesbach, *℘* (08025) 42 48, ≤, 🍽, 🌳 − ⇐⇒ 🅿.
◆ **E**
14. Nov.- 17. Dez. geschl. − **M** a la carte 19/37 − **25 Z : 50 B** 40/75 - 70/95.

MILTENBERG 8760. Bayern 𝟵𝟴𝟳 ㉙. 𝟰𝟭𝟮 𝟰𝟭𝟯 K 17 − 9 500 Ew − Höhe 127 m − ✆ 09371.
Sehenswert : Marktplatz★ − Hauptstraße mit Fachwerkhäusern★.
🛈 Tourist Information, Rathaus, *℘* 40 01 19.
◆München 347 − Aschaffenburg 44 − Heidelberg 78 − Heilbronn 84 − ◆Würzburg 71.

🏛 **Jagd-Hotel Rose** (Haus a. d. 17. Jh.), Hauptstr. 280, *℘* 4 00 60, Telex 689297, Fax 400617, 🍽 − 📺 ☎ 🅿 − 🛄 25/50. ⅋ ① **E** 𝑽𝑰𝑺𝑨
M *(Sonntag ab 18 Uhr geschl.)* a la carte 37/58 − **27 Z : 50 B** 75/89 - 125/139 Fb.

🏛 **Riesen** garni, Hauptstr. 97, *℘* 36 44, « Fachwerkhaus a.d.J. 1590 mit stilvoller Einrichtung »
− |≋| ☎ ⇐⇒. ① **E**
Mitte März - Anfang Dez. − **15 Z : 28 B** 68/98 - 108/178.

🏨 **Altes Bannhaus**, Hauptstr. 211, ℰ 30 61, « Restaurant in einem historische Gewölbekeller » – 🔊 📺 ☎. ℅ Zim
10 Z : 16 B.

🏨 **Brauerei Keller**, Hauptstr. 66, ℰ 30 77, Fax 2907 – 📺 ☎ ⟷ – 🛗 30. 🆎 ⑩ ∈ 𝘝𝘐𝘚𝘈
2.- 21. Jan. geschl. – **M** (Montag geschl.) a la carte 27/52 ⅛ – **28 Z : 48 B** 59/65 - 95/120 Fb

🏠 **Weinhaus am Alten Markt** ⅏ garni (Fachwerkhaus a.d.J. 1594), Marktplatz 185, ℰ 55 0
– 📺 ☎. ℅
Feb. geschl. – **9 Z : 14 B** 49/75 - 83/127.

🏠 **Hopfengarten**, Ankergasse 16, ℰ 31 31, 🍴 – 📺 ☎. ⑩ ∈ 𝘝𝘐𝘚𝘈
5. Feb.- 5. März und 15.- 30. Nov. geschl. – **M** (Dienstag geschl.) a la carte 32/57 ⅛ – **13 Z
23 B** 51/55 - 96/105 Fb.

🏠 **Mildenburg**, Mainstr. 77, ℰ 27 33, ≤, 🍴 – ∈ 𝘝𝘐𝘚𝘈
M (Montag geschl.) a la carte 22/41 ⅛ – **15 Z : 26 B** 35/58 - 66/96.

🏠 **Fränkische Weinstube**, Hauptstr. 111, ℰ 21 66 – 🆎 ⑩ ∈ 𝘝𝘐𝘚𝘈
← 6. Jan.- 6. Feb. und 1.- 7. Nov. geschl. – **M** (Mittwoch geschl.) a la carte 20/46 ⅛ – **8 Z
14 B** 42/45 - 78.

In Miltenberg-Breitendiel SW : 4 km :

✕ **Troll** ⅏ mit Zim, Odenwaldstr. 21, ℰ 72 83, ≤, 🍴 – ⓟ
M (Dienstag geschl.) a la carte 26/44 ⅛ – **5 Z : 9 B** 28/38 - 68.

"Check in (all'arrivo)
Nella maggior parte degli alberghi, le camere non prenotate per iscritto,
non sono più disponibili dopo le 18.
Se si prevede di arrivare dopo tale ora,
è preferibile precisare l'orario di arrivo o,
meglio ancora, effettuare la prenotazione per iscritto."

MINDELHEIM 8948. Bayern 🔢 O 22. 🔢 ⑱. 🔢 D 4 – 12 200 Ew – Höhe 600 m – ✪ 08261.
◆München 86 – ◆Augsburg 55 – Memmingen 28 – ◆Ulm (Donau) 66.

🏠 **Stern**, Frundsbergstr. 17, ℰ 15 17, 🍴 – ⟷ ⓟ – 🛗 25/80
← Aug. geschl. – **M** (Sonntag geschl.) a la carte 21/42 – **46 Z : 70 B** 47 - 90.

✕✕ **Weberhaus**, Mühlgasse 1 (1. Etage), ℰ 36 35, 🍴
Mittwoch geschl. – **M** (bemerkenswerte Weinkarte) (Tischbestellung ratsam) a la carte
37/60.

An der Straße nach Bad Wörishofen SO : 5 km :

🏨 **Jägersruh**, ✉ 8948 Mindelheim-Mindelau, ℰ (08261) 17 86, 🍴 – ☎ ⓟ
← **M** (Okt.- April Montag geschl.) a la carte 20/43 ⅛ – **16 Z : 28 B** 28/38 - 56/70 Fb.

MINDEN 4950. Nordrhein-Westfalen 🔢 ⑯. 🔢 J 10 – 78 000 Ew – Höhe 46 m – ✪ 0571.
Sehenswert : Dom★★ (Romanisches Kreuz★★) – Schachtschleuse★★ – Kanalbrücke★.
🛈 Verkehrs- und Werbeamt, Großer Domhof 3, ℰ 8 93 85.
ADAC, Königstr. 105, ℰ 2 31 56, Notruf ℰ 1 92 11.
◆Düsseldorf 220 ③ – ◆Bremen 100 ① – ◆Hannover 72 ② – ◆Osnabrück 81 ④.

Stadtplan siehe gegenüberliegende Seite.

🏨 **Bad Minden**, Portastr. 36, ℰ 5 10 49, Telex 97993, Fax 58953, Bade- und Massageabteilung
🍴 – 📺 ☎ ⓟ – 🛗 25/200. 🆎 ⑩ ∈ 𝘝𝘐𝘚𝘈. ℅   Z m
M 30/80 – **33 Z : 62 B** 88/198 - 120/298 Fb.

🏨 **Kruses Park-Hotel**, Marienstr. 108, ℰ 4 60 33, Telex 97986, Fax 49022 – 📺 ☎ ᵹ ⓟ. 🆎
⑩ ∈ 𝘝𝘐𝘚𝘈   Y r
M a la carte 30/58 – **34 Z : 60 B** 85/99 - 130/146 Fb.

🏨 **Kronprinz** garni, Friedrich-Wilhelm-Str. 1, ℰ 3 10 05, Fax 35162 – 🔊 📺 ☎. 🆎 ⑩ ∈ 𝘝𝘐𝘚𝘈
23. Dez.- 2. Jan. geschl. – **30 Z : 40 B** 95/125 - 160 Fb.

🏨 **Exquisit** garni, In den Bärenkämpen 2a, ℰ 4 30 55, Telex 97994, Fax 49799, 🍴, 🔲 – 🔊
📺 ☎ ⓟ – 🛗 35. 🆎 ⑩ ∈ 𝘝𝘐𝘚𝘈   über Hahler Straße und Sandtrift   Y
45 Z : 85 B 80/98 - 125/165 Fb.

🏠 **Silke** ⅏ garni, Fischerglacis 21, ℰ 2 37 36, 🍴, 🔲, 🌳 – 📺 ☎ ⟷ ⓟ   Y u
21 Z : 30 B 98 - 160/180.

🏠 **Altes Gasthaus Grotehof**, Wettinerallee 14, ℰ 5 40 18, 🍴, 🌳 – 📺 ☎ ⓟ. ∈
M (nur Abendessen, Sonntag, Juli - Aug. 3 Wochen und Weihnachten - Neujahr geschl.) a
la carte 33/59 – **20 Z : 32 B** 42/89 - 72/138 Fb.   über Rodenbecker Str.   Z

✕✕ **Alt Minden**, Hahler Str. 38, ℰ 2 22 08   Y b
wochentags nur Abendessen.

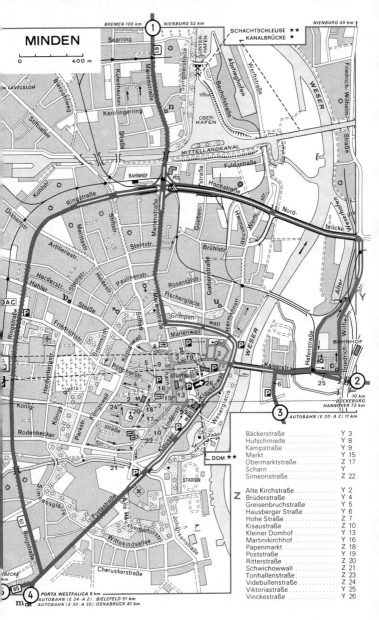

MINDEN

0   400 m

BREMEN 100 km   NIENBURG 52 km   NIENBURG 49 km

SCHACHTSCHLEUSE ★★
KANALBRÜCKE ★

MITTELLANDKANAL

WESER

OBER-HAFEN

UNTER-HAFEN

BAHNHOF

DOM ★★

PORTA WESTFALICA 6 km
AUTOBAHN (E 34 - A 2) : BIELEFELD 51 km
AUTOBAHN (E 30 - A 30) : OSNABRÜCK 81 km

10 km
BÜCKEBURG
HANNOVER 72 km

AUTOBAHN (E 30 - A 2) 11 km

Teilen Sie uns Ihre Meinung
über die von uns empfohlenen Hotels und Restaurants
sowie über ihre Spezialitäten mit.

557

MINGOLSHEIM Baden-Württemberg siehe Schönborn, Bad.

MISSEN-WILHAMS 8979. Bayern ⁴¹³ N 24, ⁴²⁶ C 6 − 1 200 Ew − Höhe 854 m − Erholungsor▮ − Wintersport : 790/1 000 m ≰5 -≴4 − ✿ 08320.

🛈 Verkehrsbüro, im Haus des Gastes, ✆ 4 56.

◆München 155 − Immenstadt 12 − Kempten (Allgäu) 31.

Im Ortsteil Wiederhofen W : 4,5 km ab Missen :

⚿ Thalerhöhe ≫, Zur Thaler Höhe 9, ✆ 5 84, ≤, 🏠, 🛲 − ❷ ⁒ Zim
19 Z : 38 B.

MITTELBERG Österreich siehe Kleinwalsertal.

MITTELBRONN Baden-Württemberg siehe Gschwend.

MITTELTAL Baden-Württemberg siehe Baiersbronn.

MITTELZELL Baden-Württemberg siehe Reichenau (Insel).

MITTENAAR 6349. Hessen ⁴¹² I 14 − 5 000 Ew − Höhe 230 m − ✿ 02772.

◆Wiesbaden 126 − Gießen 47 − Limburg an der Lahn 58 − Siegen 41.

In Mittenaar-Ballersbach :

🏠 Berghof ≫, Bergstr. 4, ✆ 6 20 55, ⇋s − 📺 ☎ ⇝ ❷ − **17 Z : 23 B**.

In Mittenaar 4-Bellersdorf :

✗✗ **Chez Bernard**, Herrenhof, ✆ (06444) 17 66 − ❷. ➊ 𝗘
nur Abendessen, Montag sowie Feb. und Juli - Aug. jeweils 2 Wochen geschl. − **M** (Tischbestellung erforderlich) a la carte 58/87.

In Mittenaar-Bicken :

🏠 **Thielmann**, Wiesenstr. 5, ✆ 6 20 11, Fax 63720, 🏠 − 📺 ☎ ⇝ ❷. 𝖠𝖤 ➊ 𝗘 𝘝𝘐𝘚𝘈
1.-15. Jan. und Juli - Aug. 2 Wochen geschl. − **M** *(Freitag - Samstag 18 Uhr geschl.)* a la carte 31/58 − **19 Z : 25 B** 42/65 - 94/130 Fb.

MITTENWALD 8102. Bayern ⁴¹³ Q 24, ⁹⁸⁷ ③⑦, ⁴²⁶ F 6 − 8 300 Ew − Höhe 920 m − Luftkuror▮ − Wintersport : 920/2 244 m ≰1 ≰7 -≴1 − ✿ 08823.

Sehenswert : Obermarkt★ (bemalte Häuser★★).

Ausflugsziel : Karwendel, Höhe 2 244 m, 10 Min. mit ≰, ≤ ★★.

🛈 Kurverwaltung und Verkehrsamt, Dammkarstr. 3, ✆ 3 39 81, Fax 3355.

ADAC, Beim Grenzzollamt (S : 5 km), ✆ 59 50.

◆München 103 − Garmisch-Partenkirchen 18 − Innsbruck 37.

🏰 **Post**, Obermarkt 9, ✆ 10 94, Fax 1096, 🏠, ⇋s, 🛁, 🛲 − 🛗 📺 ☎ ❷ − 🕮 30/80
M *(8. April - 3. Mai und 25. Nov.- 19. Dez. geschl.)* a la carte 22/54 − **95 Z : 165 B** 60/100 - 116/190 Fb − 7 Appart. 216/260.

🏰 **Alpenrose** (mit Gästehaus Bichlerhof ≫), Obermarkt 1, ✆ 50 55, ⇋s, 🛁, 🛲 − 📺 ☎ ᕫ ⇝ ❷. 𝖠𝖤 ➊ 𝗘 𝘝𝘐𝘚𝘈
M a la carte 23/56 − **44 Z : 85 B** 74/90 - 128/172 Fb − 5 Fewo.

🏰 **Berghotel Latscheneck** ≫, Kaffeefeld 1 (Höhe 1 100 m), ✆ 14 19, Fax 1058▮ ≤ Mittenwald und Karwendel, ⇋s, 🛲 − 📺 ☎ ❷
April - 15. Mai und 4. Nov.- 20. Dez. geschl. − (nur Abendessen für Hausgäste) − **14 Z :▮ 28 B** 110/140 - 230/250 Fb − ½ P 128/138.

🏰 **Rieger**, Dekan-Karl-Platz 28, ✆ 50 71, ≤, 🏠, ⇋s, 🛁, 🛲 − 📺 ☎ ⇝. 𝖠𝖤 ➊ 𝗘 𝘝𝘐𝘚𝘈
⁒ Rest
20.- 20. Dez. geschl. − **M** *(Montag geschl.)* a la carte 30/60 − **45 Z : 80 B** 72/90 - 118/172 Fb − ½ P 77/119.

🏰 ·**Berggasthof Gröblalm** ≫, Gröblalm (N : 2 km), ✆ 50 33, ≤ Mittenwald und Karwendel, 🏠, ⇋s, 🛲 − 🛗 ☎ ⇝ ❷
10.- 20. April und 28. Okt.- 20. Dez. geschl. − **M** *(Montag geschl.)* a la carte 25/63 − **27 Z :▮ 50 B** 74 - 120/136.

🏠 **Gästehaus Franziska** garni, Innsbrucker Str. 24, ✆ 50 51, ⇋s, 🛲 − ☎ ⇝ ❷. 𝖠𝖤 𝘝𝘐𝘚𝘈
4. Nov.- 14. Dez. geschl. − **19 Z : 36 B** 49/65 - 90/155 Fb.

🏠 **Mühlhauser**, Partenkirchner Str. 53, ✆ 15 90, 🏠, 🛲 − 🛗 ❷. ⁒
Mitte Nov.- Mitte Dez. geschl. − **M** *(wochentags nur Abendessen, Dienstag geschl.)* a la carte 22/44 − **19 Z : 38 B** 57/70 - 100/120 Fb.

🏠 **Gästehaus Sonnenbichl** ≫ garni, Klausnerweg 32, ✆ 50 41, ≤ Mittenwald und Karwendel, ⇋s, 🛲 − 🛗 📺 ☎ ❷. ⁒
3. April - 4. Mai und 4. Nov.- 14. Dez. geschl. − **20 Z : 40 B** 65/80 - 115/128.

🏠 **Pension Hofmann** garni, Partenkirchner Str. 25, ✆ 13 18 − ☎ ⇝ ❷. ⁒
Nov.- 20. Dez. geschl. − **26 Z : 45 B** 45/60 - 84/92.

🏠 **Gästehaus Zerhoch** ॐ garni, Hermann-Barth-Weg 7, ℰ 15 08, 🐾 – ⇐⇒
Nov.- 20. Dez. geschl. – **16 Z : 30 B** 45 - 80.

🏠 **Wipfelder** garni, Riedkopfstr. 2, ℰ 10 57 – ⇐⇒ 🅿
ab Ostern 3 Wochen und 20. Okt.- 20. Dez. geschl. – **11 Z : 22 B** 50/78 - 88/135.

%% **Arnspitze**, Innsbrucker Str. 68, ℰ 24 25, 🏠 – 🅿
ab Ostern 3 Wochen, 25. Okt.- 19. Dez. und Dienstag - Mittwoch 18 Uhr geschl. – Menu 33
und a la carte 38/66.

% **Postkeller** (Brauerei-Gaststätte), Innsbrucker Str. 13, ℰ 17 29 – 🅿 𝑽𝑰𝑺𝑨
✦ *6. Nov.- 6. Dez. und Montag geschl.* – **M** a la carte 20/47.

Außerhalb N : 4 km, Richtung Klais bis zum Schmalensee, dann rechts ab – Höhe
1 007 m :

🏠 **Tonihof** ॐ, Brunnenthal 3, ✉ 8102 Mittenwald, ℰ (08823) 50 31, Fax 3927, ≼ Karwendel
und Wettersteinmassiv, 🏠, ≘ₛ, 🏊, 🐾 – 📺 ☎ ⇐⇒ 🅿
Mitte April - Anfang Mai und Ende Okt.- 22. Dez. geschl. – **M** *(Mittwoch geschl.)* a la carte
22/51 – **18 Z : 30 B** 49/75 - 98/150 – ½ P 72/98.

MITTERFELS Bayern siehe Liste der Feriendörfer.

MITWITZ 8621. Bayern 𝟦𝟷𝟹 Q 16 – 3 000 Ew – Höhe 313 m – 🕾 09266.
München 285 – ✦ Bamberg 57 – Bayreuth 47 – Coburg 23 – Hof 65.

In Mitwitz-Bächlein NO : 4 km :

🏠 **Waldgasthof Bächlein** ॐ, ℰ 5 35, Fax 335, 🏠, ≘ₛ, 🐾 – 📺 🅿
6. Jan.- Mitte Feb. geschl. – **M** *(Montag geschl.)* a la carte 22/32 ₰ – **56 Z : 97 B** 46 - 80.

MODAUTAL 6101. Hessen 𝟦𝟷𝟸 𝟦𝟷𝟹 J 17 – 4 400 Ew – Höhe 405 m – 🕾 06254 (Gadernheim).
Wiesbaden 62 – ✦Darmstadt 13 – ✦Mannheim 60.

In Modautal 3-Lützelbach :

🏠 Zur Neunkircher Höhe, Brandauer Str. 3, ℰ 8 51, 🏠, 🐾 – ☎ ⇐⇒ 🅿
10 Z : 17 B.

MÖCKMÜHL 7108. Baden-Württemberg 𝟿𝟪𝟽 ❄ . 𝟦𝟷𝟸 𝟦𝟷𝟹 L 19 – 6 000 Ew – Höhe 179 m –
🕾 06298.
Stuttgart 77 – Heilbronn 35 – ✦Würzburg 86.

🕿 **Württemberger Hof**, Bahnhofstr. 11, ℰ 50 02 – ⇐⇒ 🅿 – 🔥 30. **E**. 🎸 Rest
16. Dez.- 10. Jan. geschl. – **M** *(Sonntag ab 14 Uhr und Samstag geschl.)* a la carte 22/50 ₰
– **16 Z : 26 B** 34/48 - 68/86.

In Möckmühl 2-Korb NO : 6 km :

🏠 **Krone**, Widderner Str. 2, ℰ 16 35 – ☎ 🅿
✦ **M** a la carte 20/38 ₰ – **11 Z : 19 B** 40 - 65.

In Roigheim 7109 N : 6 km :

% **Hägele**, Gartenstr. 6, ℰ (06298) 52 05 – 🅿. **E**. 🎸
Montag und Juli - Aug. 3 Wochen geschl. – **M** a la carte 28/52.

MÖGLINGEN 7141. Baden-Württemberg 𝟦𝟷𝟹 K 20 – 10 400 Ew – Höhe 270 m – 🕾 07141.
Stuttgart 17 – Heilbronn 38 – ✦Karlsruhe 70 – Pforzheim 38.

🏠 **Zur Traube** ॐ, Rathausplatz 5, ℰ 4 80 50 – 📶 📺 ☎ ⇐⇒. 🄰🄴 ⓸ **E** 𝑽𝑰𝑺𝑨
M *(nur Abendessen, Samstag - Sonntag geschl.)* a la carte 39/56 – **18 Z : 26 B** 95 - 125.

MÖHNESEE 4773. Nordrhein-Westfalen 𝟦𝟷𝟸 H 12 – 9 200 Ew – Höhe 244 m – 🕾 02924.
Sehenswert : 10 km langer Stausee∗ zwischen Haarstrang und Arnsberger Wald.
🛈 Verkehrsamt, in Möhnesee-Körbecke, Brückenstr. 2, ℰ 4 97.
✦Düsseldorf 122 – Arnsberg 13 – Soest 10.

In Möhnesee-Delecke :

🏠🏠 **Haus Delecke**, Linkstr. 12, ℰ 80 90, Fax 80967, ≼, 🏠, « Park », 🐾 – 📶 📺 ⇐⇒ 🅿 –
🔥 25/50. 🄰🄴 ⓸ **E** 𝑽𝑰𝑺𝑨
2.- 31. Jan. geschl. – **M** a la carte 57/86 – **35 Z : 60 B** 120/160 - 180/280.

🏠 **Haus Kleis**, Linkstr. 32, ℰ 18 74, 🏠, ≘ₛ – ⇐⇒ 🅿. 🎸
✦ *1.- 15. Nov. geschl.* – **M** *(Nov.- März Dienstag geschl.)* a la carte 21/54 – **15 Z : 30 B** 35/55 -
70/110.

%% **Torhaus** ॐ mit Zim, Arnsberger Str. 4 (S : 3 km), ℰ 6 81, Fax 5192, 🏠 – ☎ 🅿. 🄰🄴 ⓸ **E**
𝑽𝑰𝑺𝑨
M a la carte 39/74 – **9 Z : 16 B** 75 - 130 Fb.

MÖHNESEE

In Möhnesee-Günne :

※※ **Der Seehof**, Möhnestr. 10, ℘ 3 76, Fax 1768, ≤, 斎 – **P**. ⊙
M a la carte 31/62.

In Möhnesee-Körbecke :

🏠 **Haus Griese**, Seestr. 5 (am Freizeitpark), ℘ 18 40, ≤, 斎, 庵 – **P** – 🚗 25/50
M *(Donnerstag geschl.)* a la carte 37/56 – **21 Z : 40 B** 69 - 120 Fb.

In Möhnesee-Wamel :

🏠 **Parkhotel**, Seestr. 8 (B 516), ℘ 6 38, ≤, 斎 – 📺 ☎ **P** – 🚗 25/100. ⊙ **E** 💳 ❄ Rest
M a la carte 39/75 – **23 Z : 33 B** 70/88 - 110/130 Fb.

MÖLLN 2410. Schleswig-Holstein 987 ⑥ – 16 400 Ew – Höhe 19 m – Kneippkurort – ✆ 0454
Sehenswert : Seenlandschaft★ (Schmalsee★).
🏌 Grambek, Schloßstr. 21 (S : 7 km), ℘ (04542) 46 27.
🛈 Städt. Kurverwaltung, im Kurzentrum, ℘ 70 90.
◆Kiel 112 – ◆Hamburg 55 – ◆Lübeck 29.

🏨 **Schwanenhof** ⑤, am Schulsee, ℘ 50 15, Fax 87833, ≤, 斎, ≘s, 庵₆, 庵 – 🛗 ☎ **P**
🚗 50. ⒶⒺ ⊙ **E** 💳
M a la carte 33/64 – **28 Z : 56 B** 85/90 - 140/220 Fb – ½ P 85/110.

🏨 **Park-Hotel** ⑤ garni, Am Kurgarten, ℘ 39 30, 庵 – 🛗 📺 ☎ 🚗 **P**. ⒶⒺ ⊙ **E** 💳
❄ Zim
35 Z : 64 B 75/95 - 120/145.

🏠 **Kurhotel Waldlust** ⑤, Lindenweg 1, ℘ 28 37, 庵 – **P**. ❄ Rest
April - Okt. – (Restaurant nur für Pensionsgäste) – **24 Z : 35 B** 40 - 80 – ½ P 50.

🏠 **Haus Hubertus** ⑤ garni, Villenstr. 15, ℘ 35 93, 庵 – **P**
35 Z : 52 B 70/80 - 110 – 4 Fewo.

🏠 **Seeschlößchen** ⑤ garni (ehemalige Villa), Auf den Dämmen 11, ℘ 37 37, 庵₆, 庵 – 🚗
10 Z : 18 B 55/70 - 86/120 Fb.

※ **Paradies am See**, Doktorhofweg 16, ℘ 41 80, ≤, « Terrasse am See » – **P**
Montag geschl. – **M** a la carte 25/52.

※ **Forsthaus am Wildpark**, Villenstr. 13a, ℘ 46 40, 斎 – **P**. **E**
Dienstag und Ende Jan.- Ende Feb. geschl. – **M** 17/33 (mittags) und a la carte 29/53.

※ **Seeblick**, Seestr. 52, ℘ 28 26, ≤, « Terrasse am See » – **P**. **E**
20. Feb.- 20. März und Ende Okt.- Mitte Nov. geschl. – **M** a la carte 26/53.

MÖMBRIS 8752. Bayern 412 413 K 16 – 11 300 Ew – Höhe 175 m – ✆ 06029.
◆ München 356 – Aschaffenburg 12 – ◆Frankfurt am Main 46.

🏨 **Ölmühle**, Markthof 2, ℘ 80 01, Fax 8012, 斎 – 🛗 📺 ☎ 🚗 – 🚗 25/100. ⒶⒺ ⊙ **E** 💳
5.- 18. Aug. geschl. – **M** *(Sonntag geschl.)* a la carte 42/76 – **26 Z : 45 B** 70/80 - 120/150 Fb

MÖNCHBERG 8761. Bayern 412 413 K 17 – 2 200 Ew – Höhe 252 m – Luftkurort – ✆ 0937
(Eschau).
◆München 351 – Aschaffenburg 32 – Miltenberg 13 – ◆Würzburg 75.

🏨 **Schmitt** ⑤, Urbanusstr. 12, ℘ 3 83, ≤, 斎, « Gartenanlage mit Teich », ≘s, 🏊, ℀ – 🛗
☎ **P** – 🚗 30. **E** ❄ Zim
3.- 25. Jan. geschl. – **M** *(Nov.- April Samstag geschl.)* a la carte 24/57 – **40 Z : 72 B** 54/58
96/104 Fb – ½ P 64.

🏨 **Krone** ⑤, Mühlweg 7, ℘ 5 39, 庵 – **P**. ❄ Zim
33 Z : 52 B.

MÖNCHENGLADBACH 4050. Nordrhein-Westfalen 987 ㉓. 412 C 13 – 260 000 Ew – Höh
50 m – ✆ 02161.
🏌 Korschenbroich, Schloß Myllendonk (③ : 5 km), ℘ (02161) 64 10 49.
🛈 Verkehrsverein, Bismarckstr. 23-27, ℘ 2 20 01.
ADAC, Bismarckstr. 17, ℘ 2 03 76, Notruf ℘ 1 92 11.
◆Düsseldorf 31 ① – ◆Aachen 64 ⑥ – Duisburg 50 ① – Eindhoven 88 ① – ◆Köln 63 ① – Maastricht 81 ⑨.

Stadtpläne siehe nächste Seiten.

🏨 **Dorint-Hotel**, Hohenzollernstr. 5, ℘ 89 30, Telex 852656, Fax 87231, ≘s, 🏊 – 🛗 📺
🚗 25/100. ⒶⒺ ⊙ **E** 💳
Restaurants : **Park-Restaurant M** a la carte 39/67 – **Bierstube M** a la carte 28/48 – **163 Z** Y
250 B 185/295 - 235/320 Fb – 8 Appart. 320/360.

🏨 **Queens Hotel Ambassador**, Am Geroplatz, ℘ 30 70, Telex 852363, Fax 30719, ≘s, 🏊
🛗 ▤ 📺 🖧 **P** – 🚗 25/150. ⒶⒺ ⊙ **E** 💳 ❄ Rest
M a la carte 35/65 – **127 Z : 200 B** 182 - 240 Fb.

MÖNCHEN-GLADBACH

Benachrichtigen Sie
sofort das Hotel,
wenn Sie
ein bestelltes Zimmer
nicht belegen können

Prévenez immédiatement
l'hôtelier si vous
ne pouvez pas occuper
la chambre
que vous avez retenue.

🏨 **Dahmen**, Aachener Str. 120, ℰ 30 60, Telex 8529269, Fax 306140 – 📶 📺 ☎ ⇔ –
　🔺 25/120. 🖭 ⓞ 🗈 𝗩𝗜𝗦𝗔　　　　　　　　　　　　　　　　　　　　　　　Y **h**
　M *(nur Abendessen, außerhalb der Messezeiten Samstag - Sonntag geschl.)* a la carte 31/61
　– **98 Z : 142 B** 125/290 - 185/330 Fb.

🏨 abc-Hotel, Waldhausener Str. 126, ℰ 3 70 98, Fax 33574, ≘s – 📶 📺 ☎ ⇔ – 🔺 40
　65 Z : 140 B Fb.　　　　　　　　　　　　　　　　　　　　　　　　　　　Y **c**

🏨 Burgund, Kaiserstr. 85, ℰ 2 01 55 – 📶 📺 ☎　　　　　　　　　　　　　　Y **e**
　(nur Abendessen) – **14 Z : 22 B**.

XX Kaiser-Friedrich-Halle, Hohenzollernstr. 15, ℰ 1 70 10, ≤, 🈺 – ❷ – 🔺　　Y **u**

XX **Haus Baues**, Bleichgrabenstr. 23, ℰ 8 73 73 – ❷. 🖭 ⓞ 🗈 𝗩𝗜𝗦𝗔　　　　　X **c**
　Dienstag und 1.- 15. Aug. geschl. – **M** 22/36 (mittags) und a la carte 29/59.

In Mönchengladbach 5-Genhülsen :

🏨 **Haus Heinen** ⑤, Genhülsen 112, ℰ 5 86 00, Fax 584443, ≘s, 🏊, 🐎 – 📺 ☎ ❷ – 🔺 60.
→　🖭 ⓞ 🗈 𝗩𝗜𝗦𝗔　　　　　　　　　　　　　　　　　　　　　　　　　　X **e**
　M *(Dienstag und 2.- 10. Jan. geschl.)* a la carte 21/53 – **28 Z : 50 B** 90 - 160.

In Mönchengladbach 6-Hardt über ⑨ :

XX **Haus Herrentann** ⑤ mit Zim, Ungermannsweg 19 (Richtung Rheindahlen), ℰ 55 93 36,
　Fax 556249, « Park, Gartenterrasse » – ☎ ❷ – 🔺 25. 🖭 ⓞ 🗈 𝗩𝗜𝗦𝗔
　M *(Montag geschl.)* 27/85 – **7 Z : 10 B** 75/85 - 140/150.

In Mönchengladbach 2-Rheydt – ✆ 02166 :

🏨 **Coenen** ⑤, Giesenkirchener Str. 41 (B 230), ℰ 1 00 88, Fax 186795, « Garten » – 📶 📺
　⇔ ❷ – 🔺 25/80. 🖭 ⓞ 🗈 𝗩𝗜𝗦𝗔　　　　　　　　　　　　　　　　　　X **u**
　M *(wochentags nur Abendessen, Mittwoch geschl.)* a la carte 41/81 – **50 Z : 80 B** 120/145 -
　175/210 Fb.

🏨 **Spickhofen**, Dahlener Str. 88, ℰ 4 30 71, Telex 852245, Fax 42234, 🈺 – 📶 📺 ☎ & ❷. 🖭
　ⓞ 🗈 𝗩𝗜𝗦𝗔　　　　　　　　　　　　　　　　　　　　　　　　　　　　Z **m**
　M *(auch vegetarische Gerichte)* a la carte 22/56 – **42 Z : 84 B** 80/120 - 119/140 Fb.

🏨 **Besch-Parkhotel Rheydt**, Hugo-Junkers-Str. 2, ℰ 4 40 11, Telex 8529143, Fax 40857 –
　📶 ↔ Zim 📺 ☎ ⇔ ❷ – 🔺 60. 🖭 ⓞ 🗈 𝗩𝗜𝗦𝗔　　　　　　　　　　　Z **r**
　M *(Samstag bis 18 Uhr und Sonntag geschl.)* a la carte 41/76 – **33 Z : 53 B** 115/131 -
　194/250 Fb -(Anbau mit 35 Z ab Sommer 1991).

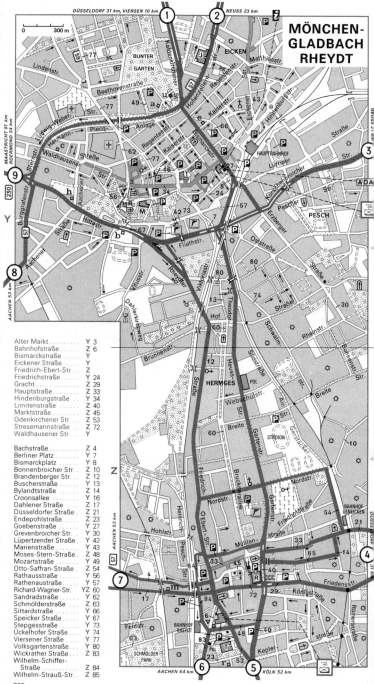

MÖNCHEN-GLADBACH RHEYDT

0 — 300 m

562

🏠 Elisenhof ॐ, Klusenstr. 97, ℰ 36 41, Telex 8529301, 🔲 – 📺 ☎ ⇔ 🅿   X   a
60 Z : 120 B Fb.

🏠 **Zur Post**, Bahnhofstr. 41, ℰ 4 70 23, Fax 49193 – 📺 ☎ 🅿 ☒ ⑩ E 𝘝𝘐𝘚𝘈   Z   v
M *(Samstag geschl.)* a la carte 28/59 – **24 Z : 44 B** 75/98 - 145/176 Fb.

In Korschenbroich 4052 ③ : 5 km :

🏠 St. Andreas garni, Gustav-Heinemann-Str. 1, ℰ (02161) 6 47 64, 🆘 – 🛗 📺 ☎ 🅿
19 Z : 30 B.

In Korschenbroich 2-Kleinenbroich 4052 ③ : 7 km :

🏠 Gästehaus im Kamp ॐ garni, Im Kamp 5, ℰ (02161) 6 74 79 – ☎ ⇔ 🅿. 🎾
16 Z : 25 B

XX **Zur Traube**, Haus-Randerath-Str. 15, ℰ (02161) 67 04 04, Fax 670010, Biergarten – 🅿. ☒
⑩ E 𝘝𝘐𝘚𝘈
Mittwoch und 2.- 25. Jan. geschl. – **M** a la carte 32/73.

MÖNCHSDEGGINGEN Bayern siehe Nördlingen.

MÖRFELDEN-WALLDORF 6082. Hessen 𝟒𝟏𝟐 𝟒𝟏𝟑 I 17 – 29 800 Ew – Höhe 95 m – ✪ 06105.
Wiesbaden 35 – ◆Darmstadt 19 – ◆Frankfurt am Main 17.

Im Stadtteil Walldorf :

🏨 **Walldorf** garni, Nordenstr. 42, ℰ 50 31, Fax 5033 – 🛗 📺 ☎ 🅿. ☒ E
58 Z : 72 B 80/150 - 120/150 Fb.

XX **La Fattoria** (Italienische Küche), Jourdanallee 4, ℰ 7 41 01, 🏫 – 🅿. ☒ ⑩ E 𝘝𝘐𝘚𝘈
Montag geschl. – **M** a la carte 61/78.

MÖRLENBACH 6942. Hessen 𝟒𝟏𝟐 𝟒𝟏𝟑 J 18 – 9 200 Ew – Höhe 160 m – Erholungsort –
✪ 06209.
Wiesbaden 81 – ◆Darmstadt 45 – Heidelberg 28 – ◆Mannheim 25.

In Mörlenbach-Juhöhe NW : 5 km :

🏠 **Waldschenke Fuhr** ॐ, Kreiswaldweg 25, ℰ (06252) 49 67, ≼, 🏫, 🛲 – 🛗 ☎ 🅿
M *(Dienstag geschl.)* a la carte 22/44 ⚖ – **18 Z : 36 B** 46 - 94.

XX **Haus Höfle**, ℰ (06252) 22 74, « Terrasse mit ≼ » – 🅿
Donnerstag ab 14 Uhr, Montag, 7. Jan.- 8. Feb. und 21. Nov.- 6. Dez. geschl. – **M** a la carte
23/40 ⚖ – 8 Fewo 75/80.

MÖRNSHEIM 8831. Bayern 𝟒𝟏𝟑 Q 20 – 1 700 Ew – Höhe 420 m – ✪ 09145.
München 127 – Ingolstadt 47 – ◆Nürnberg 86.

🍴 **Zum Brunnen**, Brunnenplatz 1, ℰ 71 27
➡ *Nov. geschl.* – **M** *(Mittwoch geschl.)* a la carte 16/30 – **8 Z : 17 B** 35 - 58.

XX Lindenhof, Marktstr. 25, ℰ 71 22.

MOERS 4130. Nordrhein-Westfalen 𝟗𝟖𝟕 ⑬, 𝟒𝟏𝟐 C 12 – 101 000 Ew – Höhe 29 m – ✪ 02841.
Siehe Ruhrgebiet (Übersichtsplan).
Stadtinformation, Unterwallstr. 9, ℰ 2 22 21.
Düsseldorf 40 – Duisburg 12 – Krefeld 17.

XX **Kurlbaum**, Burgstr. 7 (1. Etage), ℰ 2 72 00 – E
Samstag und Sonntag jeweils bis 18 Uhr sowie Dienstag geschl. – **M** (Tischbestellung
ratsam) a la carte 63/75.

X Zur Trotzburg, Rheinberger Str. 1, ℰ 2 27 54.

In Moers 3-Repelen N : 3,5 km :

🏨 **Zur Linde**, An der Linde 2, ℰ 7 30 61, Fax 71259, Biergarten, 🆘 – 🛗 📺 ☎ 🕭 ⇔ 🅿 –
🔬 25/100. ☒ ⑩ E 𝘝𝘐𝘚𝘈. 🎾
M a la carte 38/72 – **30 Z : 62 B** 95/150 - 145/220 Fb.

Nahe der Autobahn A 2 - Ausfahrt Moers-West SW : 2 km :

🏨 Motel Moers, Krefelder Str. 169, ⌧ 4130 Moers, ℰ (02841) 14 60, Telex 8121335, Fax 146239,
🏫 – 📺 ☎ 🕭 🅿 – 🔬
127 Z : 254 B Fb.

Les bonnes tables

Nous distinguons à votre intention certains restaurants par

Menu, ☆, ☆☆ ou ☆☆☆.

MÖSSINGEN 7406. Baden-Württemberg **413** K 21 – 15 500 Ew – Höhe 475 m – 😊 07473.

🛈 Reise- und Verkehrsbüro, Rathaus, Freiherr-vom-Stein-Str. 20, 𝒫 40 88.

◆Stuttgart 60 – Tübingen 14 – ◆Ulm (Donau) 112 – Villingen-Schwenningen 65.

🏠 **Brauhaus Mössingen** garni, Auf der Lehr 30, 𝒫 60 23 – 📶 ☎ 🅿
  30 Z : 50 B 41/57 - 79/84.

XX **Lamm**, Lange Str. 1, 𝒫 62 63 – 🅿. **E**
  Montag und Aug. 2 Wochen geschl. – **M** a la carte 29/62.

XX Ochsen, Falltorstr. 73, 𝒫 62 48 – 🅿.

MOGENDORF 5431. Rheinland-Pfalz **412** G 15 – 1 100 Ew – Höhe 300 m – 😊 02623 (Ransbach).

Mainz 91 – ◆Bonn 70 – ◆Koblenz 30 – Limburg an der Lahn 30.

An der Straße nach Oberhaid NW : 2 km :

🏡 **Pension Mausmühle** ⬚, ✉ 5419 Oberhaid, 𝒫 (02626) 4 11, 🚗 – 📺 🅿. 🍽 Rest
  Nov. geschl. – **M** *(abends nur kalte Speisen, Okt. - März Donnerstag geschl.)* a la carte
  20/33 – **10 Z : 16 B** 30/38 - 60/76.

MOLBERGEN 4599. Niedersachsen – 4 700 Ew – Höhe 32 m – 😊 04475.

◆ Hannover 189 – ◆ Bremen 76 – ◆ Osnabrück 87.

🏠 **Thole Vorwerk**, Cloppenburger Str. 4, 𝒫 3 31 – 🅿. 📭 ⑩ **E** 𝓥𝓘𝓢𝓐
  Juli - Aug. 2 Wochen geschl. – **M** *(bemerkenswerte Weinkarte, Montag und Samstag nu Abendessen)* a la carte 22/48 ♨ – **11 Z : 16 B** 28/36 - 56/68.

MOLFSEE Schleswig-Holstein siehe Kiel.

MOMMENHEIM Rheinland-Pfalz siehe Nierstein.

MONACO (DI BAVIERA) = München.

MONDSEE Österreich siehe Salzburg.

MONHEIM 4019. Nordrhein-Westfalen **412** D 13 – 41 800 Ew – Höhe 40 m – 😊 02173.

◆Düsseldorf 25 – ◆Köln 28 – Solingen 19.

🏠 **Climat**, An der alten Ziegelei 4, 𝒫 5 80 11, Telex 8515795, Fax 30076 – 📺 ☎ ♿ 🅿 -
  🏛 50. 📭 ⑩ **E** 𝓥𝓘𝓢𝓐
  Juli 3 Wochen geschl. – **M** a la carte 30/58 – **45 Z : 61 B** 116/161 - 162/217 Fb.

In Monheim-Baumberg N : 3 km :

🏠 **Lehmann** garni (mit Gästehaus), Thomasstr. 24, 𝒫 6 20 56, ⇌, 🚗 – ☎ 🅿
  24 Z : 34 B 79 - 110.

🏠 **Seifert** garni, Schallenstr. 12, 𝒫 6 40 01 – 📺 ☎
  13 Z : 20 B 70/80 - 100/120.

XX Baumberger Hof mit Zim (Italienische Küche), Kreuzstr. 3, 𝒫 6 71 10 – 📺 ☎ 🅿
  10 Z : 24 B.

MONREPOS (Schloß) Baden-Württemberg siehe Ludwigsburg.

MONSCHAU 5108. Nordrhein-Westfalen **987** ㉘, **412** B 15, **409** L 4 – 12 000 Ew – Höhe 405 r
– 😊 02472.

Sehenswert : Fachwerkhäuser★★ – Rotes Haus (Innenausstattung★) – Friedhofkapelle ≤★.

Ausflugsziel : ≤★★ vom oberen Aussichtsplatz an der B 258, NW : 2 km.

🛈 Tourist-Information, Stadtstr. 1, 𝒫 33 00.

◆Düsseldorf 110 – ◆Aachen 34 – Düren 43 – Euskirchen 53.

🏨 **Carat**, Laufenstr. 82, 𝒫 8 60, Fax 7784, ⇌, 🔲 – 📶 ⇖ Zim 📺 ☎ ♿ 🅿 – 🏛 25/100
  M a la carte 39/60 – **100 Z : 200 B** 125 - 160/230 Fb.

🏠 Horchem, Rurstr. 14, 𝒫 20 61, 🍴 – ⇐
  13 Z : 27 B.

🏠 **Royal** garni, Stadtstr. 6, 𝒫 20 33 – 📶 📺 ☎
  7. Jan. - 15. Feb. geschl. – **10 Z : 20 B** 55/70 - 100/110.

🏠 Haus Rolshausen garni, Kirchstr. 33, 𝒫 20 38, Telex 833915 – ☎
  19 Z : 32 B.

🏠 **Burgau** garni, St. Vither Str. 16, 𝒫 21 20, Fax 4962, 🚗 – 📺
  3. - 31. Jan. geschl. – **11 Z : 21 B** 60/80 - 90/120.

XX **Alte Herrlichkeit**, Stadtstr. 7, 𝒫 22 84
  Montag - Dienstag und 3. - 31. Jan. geschl. – **M** a la carte 25/66.

X **Hubertusklause** ⬚ mit Zim, Bergstr. 45, 𝒫 50 36, ≤, 🍴 – 📺 🅿
  M *(Mittwoch geschl.)* a la carte 20/50 – **7 Z : 13 B** 35/38 - 70/76.

564

In Monschau-Höfen S : 4 km — Wintersport : ★3 :

🏠 **Aquarium** ⌂, Heidgen 34, ℰ 6 93, 🚉, ⊥ (geheizt), 🛏 — 📺 ☎ 🚗 🅿
(nur Abendessen für Hausgäste) — **13 Z : 25 B** 65/75 - 92/126 — 2 Fewo 100.

In Monschau - Perlenau S : 2 km :

🏠 **Perlenau** ⌂, nahe der B 258, ℰ 22 28, Fax 4946, 🏡, 🛏, ℅ — ☎ 🅿. 🆔 🇪
M *(Mittwoch geschl.)* a la carte 27/60 — **7 Z : 14 B** 65 - 120/140.

MONTABAUR 5430. Rheinland-Pfalz 987 ㉘. 412 G 15 — 12 000 Ew — Höhe 230 m — ☎ 02602.
Tourist-Information, Kirchstr. 48a, ℰ 30 01.

ainz 71 — ◆Bonn 80 — ◆Koblenz 32 — Limburg an der Lahn 22.

🏠 **Am Peterstor** garni, Peterstorstr. 1, ℰ 16 07 20, Fax 160710 — 🛗 📺 ☎ 🚗 🅿 — 🔬 40.
🆔 ⑩ 🇪 𝚅𝙸𝚂𝙰
20 Z : 40 B 90 - 160 Fb — 4 Appart. 200.

🏠 **Zur Post**, Bahnhofstr. 30, ℰ 33 61 — 🛗 🚗 🅿. 🆔 ⑩ 🇪 𝚅𝙸𝚂𝙰
→ 24. Juli - 2. Aug. geschl. — **M** a la carte 20/51 — **22 Z : 39 B** 40/52 - 74/90.

🏠 **Schlemmer - Zur Goldenen Krone** (Gasthof seit 1673), Kirchstr. 18, ℰ 50 22 — 🚗
22. Dez.- 5. Jan. geschl. — **M** *(Sonntag geschl.)* a la carte 23/44 — **27 Z : 47 B** 48/60 - 80/120.

Im Gelbachtal SO : 3,5 km :

✕✕ **Stock** ⌂ mit Zim, ⌧ 5430 Montabaur, ℰ (02602) 40 13, 🏡 — 📺 🅿. 🇪
M a la carte 32/71 — **18 Z : 28 B** 58/93 - 116/141.

An der Autobahn A 3 NO : 4,5 km, Richtung Frankfurt :

🏠 Hotel Heiligenroth, ⌧ 5431 Heiligenroth, ℰ (02602) 50 44, Fax 5047, 🏡 — 🛗 📺 ☎ 🕭 🚗
🅿
30 Z : 67 B.

In Wirges 5432 NW : 5 km :

🏠 **Paffhausen**, Bahnhofstr. 100, ℰ (02602) 7 00 62, Fax 70065, 🛏 — 🛗 📺 ☎ 🅿 — 🔬 30. 🇪
M *(Samstag bis 18 Uhr und Sonntag ab 15 Uhr geschl.)* a la carte 28/62 — **36 Z : 70 B** 83/98 -
130/152.

MONTJOIE = Monschau.

MOOS Baden-Württemberg siehe Radolfzell.

MOOSBRONN Baden-Württemberg siehe Gaggenau.

MORBACH/Hunsrück 5552. Rheinland-Pfalz 987 ㉘. 412 E 17 — 10 000 Ew — Höhe 450 m —
uftkurort — ☎ 06533.
Verkehrsamt, Unterer Markt, ℰ 71 50.
ainz 107 — Bernkastel-Kues 17 — Birkenfeld 21 — ◆Trier 63.

🏠 **St. Michael**, Bernkasteler Str. 3, ℰ 30 25, Fax 1211, 🚉 — 🛗 ☎ 🚗 🅿 — 🔬 25/40. 🆔
⑩ 🇪 𝚅𝙸𝚂𝙰
M a la carte 26/52 — **41 Z : 70 B** 55/65 - 90/110 Fb — ½ P 60/85.

🏠 **Hochwaldcafé** garni, Unterer Markt 4, ℰ 33 78 — 🚗
15 Z : 27 B 40 - 80.

In Horbruch 6541 NO : 12 km über die B 327 :

🏠 **Historische Bergmühle** ⌂ (ehem. gräfliche Schloßmühle), ℰ (06543) 40 41, Fax 3178,
🏡, 🛏 — 📺 📺 ⑩ 🇪 𝚅𝙸𝚂𝙰 ℅
M *(Montag geschl.)* a la carte 49/81 — **11 Z : 21 B** 95/120 - 155/198 Fb.

✕ **Alter Posthof** mit Zim, Oberdorf 2, ℰ (06543) 40 60 — 📺 ☎ 🅿 🆔 ⑩ 🇪 𝚅𝙸𝚂𝙰 ℅ Zim
14. Jan.- 5. Feb. geschl. — **M** *(Dienstag geschl.)* a la carte 26/55 — **4 Z : 10 B** 55/60 -
100/110.

MORINGEN 3413. Niedersachsen 412 M 11 — 7 600 Ew — Höhe 179 m — ☎ 05554.
Hannover 106 — ◆Braunschweig 91 — Göttingen 27 — Hardegsen 8,5.

An der Straße nach Einbeck N : 2 km :

🏠 **Stennebergsmühle** ⌂, ⌧ 3413 Moringen, ℰ (05554) 80 02, Telex 965576, Fax 2268, 🏡,
🚉, 🛏 — 📺 ☎ 🚗 🅿 — 🔬 40. 🆔 ⑩ 🇪 𝚅𝙸𝚂𝙰
M a la carte 31/72 — **30 Z : 60 B** 80 - 140 Fb.

In Moringen 3-Fredelsloh NW : 8 km :

✕✕ Pfeffermühle im Jägerhof mit Zim, Schafanger 1, ℰ (05555) 4 10, 🏡 — 📺 ☎ 🅿 — 🔬 40
3 Z : 5 B.

MORSBACH 5222. Nordrhein-Westfalen 👁🅱🅹 ②⓪. 🅰🅻🅲 G 14 − 10 500 Ew − Höhe 250 m ♨ 02294.

Ausflugsziel : Wasserschloß Crottorf ★ NO : 10 km.

🛈 Verkehrsamt, Waldbröler Straße (Provinzialhaus), 𝄐 16 16.

◆Düsseldorf 107 − ◆Köln 70 − Siegen 33.

🏛 **Goldener Acker** ❧, Zum goldenen Acker 44, 𝄐 80 24, Fax 7375, ⭑s − ☎ ⇦ ℗
⚐ 25/55. **E**. ❀ Rest
3.- 20. Jan. und 7.- 28. Aug. geschl. − Menu *(Sonntag 14 Uhr - Montag geschl.)* a la ca
30/60 − **32 Z : 60 B** 55/70 - 98/120.

An der Straße nach Waldbröl NW : 5,5 km :

🏡 **Potsdam**, Hülstert 2, ⊠ 5222 Morsbach, 𝄐 (02294) 87 32, ≤, ♨, ☛ − ⇦ ℗
Anfang Jan. - Anfang Feb. geschl. − **M** a la carte 22/38 − **21 Z : 37 B** 45 - 80.

MORSUM Schleswig-Holstein siehe Sylt (Insel).

MOSBACH 6950. Baden-Württemberg 👁🅱🅹 ②⓪. 🅰🅻🅲 🅰🅻🅳 K 18 − 25 000 Ew − Höhe 151 m ♨ 06261.

🛈 Städtisches Verkehrsamt, Am Marktplatz, 𝄐 8 22 36, Fax 82249.

◆Stuttgart 87 − Heidelberg 45 − Heilbronn 33.

🏛 **Lamm** (Fachwerkhaus a.d. 18. Jh.), Hauptstr. 59, 𝄐 8 90 20, Fax 890291 − 🛗 📺 ☎. 🅰🅴 (
↔ **E** 𝙑𝙄𝙎𝘼
M a la carte 21/43 ⚱ − **55 Z : 96 B** 53/62 - 93/108.

✗ **Gärkammer**, Hauptstr. 12, 𝄐 1 69 14, ☛ − ⓪ **E** 𝙑𝙄𝙎𝘼
Montag und Aug. geschl. − **M** a la carte 30/52.

✗ **Gasthaus zum Amtsstüble**, Lohrtalweg 1, 𝄐 23 06 − ℗
Montag und Juli - Aug. 3 Wochen geschl. − **M** a la carte 26/49 ⚱.

In Mosbach-Neckarelz SW : 4 km :

🏛 **Lindenhof**, Martin-Luther-Str. 3, 𝄐 6 00 66 − ☎ ⇦ ℗. **E**
↔ *Juli - Aug. 2 Wochen geschl.* − **M** *(Mittwoch geschl.)* a la carte 20/45 ⚱ − **22 Z : 30 B** 4
80.

In Mosbach-Nüstenbach NW : 4 km :

🏛 **Gästehaus Haaß** ❧ garni, Im Weiler 8, 𝄐 1 26 81 − 📺 ☎ ⇦ ℗
8 Z : 14 B 40 - 80.

✗ **Landgasthof zum Ochsen**, Im Weiler 6, 𝄐 1 54 28, ☛ − 🅰🅴 **E**
Dienstag und 1.- 25. Aug. geschl. − **M** a la carte 32/60.

In Elztal-Dallau 6957 NO : 5,5 km :

🏡 **Zur Pfalz**, Hauptstr. 5 (B 27), 𝄐 (06261) 22 93, ☛ − ⇦ ℗. 🅰🅴
18. Feb.- 4. März geschl. − **M** *(auch vegetarische Gerichte)* (Montag geschl.) a la carte 22/
⚱ − **13 Z : 20 B** 28/38 - 56/76.

MOSELKERN 5401. Rheinland-Pfalz 🅰🅻🅲 F 16 − 600 Ew − Höhe 83 m − ♨ 02672 (Treis-Karden)
Ausflugsziel : Burg Eltz ★★, Lage ★★ NW : 1 km und 30 min zu Fuß.
Mainz 106 − Cochem 17 − ◆Koblenz 32.

🏛 **Anker-Pitt**, Moselstr. 42, 𝄐 13 03, ≤, ⭑s − 🛗 ℗ − ⚐ 40
25 Z : 50 B.

MOSELTAL Rheinland-Pfalz 👁🅱🅹 ②⓪. 🅰🅻🅲 D 17 - F 16.

Sehenswert : Tal★★ von Trier bis Koblenz (Details siehe unter den erwähnten Mosel-Orten).

MOSSAUTAL 6121. Hessen 🅰🅻🅲 🅰🅻🅳 J 18 − 2 500 Ew − Höhe 390 m − Erholungsort − ♨ 060
(Erbach im Odenwald).

◆Wiesbaden 99 − Beerfelden 12 − ◆Darmstadt 59 − ◆Mannheim 50.

In Mossautal 1-Güttersbach :

🏛 **Zentlinde** ❧, Hüttenthaler Str. 37, 𝄐 20 80, ⭑s, 🔲 − ☎ ℗ − ⚐ 30
Jan. 3 Wochen geschl. − **M** *(Montag geschl.)* a la carte 22/42 ⚱ − **38 Z : 70 B** 60 - 120 Fb
½ P 62/67.

🏛 **Haus Schönblick** ❧, Hüttenthaler Str. 30, 𝄐 53 80, ☛, ☛ − ℗
↔ *6.- 30. Jan. geschl.* − **M** *(Dienstag geschl.)* a la carte 18/32 ⚱ − **22 Z : 35 B** 35 - 70
½ P 37/45.

In Mossautal-Obermossau :

🏛 **Brauerei-Gasthof Schmucker**, Hauptstr. 91, 𝄐 (06061) 7 10 01, Biergarten, 🔲 (geheiz
↔ ☛, ✗ − 📺 ☎ ℗ − ⚐ 30
8.- 14. Feb. und 7.- 11. Juni geschl. − **M** *(Sonntag 18 Uhr - Montag geschl.)* a la carte 21/
− **25 Z : 50 B** 78 - 130/136 − ½ P 84/97.

MOTTEN 8781. Bayern 412 413 M 15 — 1 700 Ew — Höhe 450 m — 🕸 09748.
München 358 — Fulda 20 — ◆Würzburg 93.

In Motten-Speicherz S : 7 km :

🏠 **Zum Biber**, Hauptstr. 15 (B 27), 𝒫 2 14, Fax 1249, 🍽 — 🚗 🅿. E 𝕍𝕀𝕊𝔸
◆ *7. Jan.- 2. Feb. und 11.- 30. Nov. geschl.* — **M** a la carte 20/37 ⅄ — **39 Z : 70 B** 34/42 - 64/72.

MOTZEN Brandenburg siehe Teupitz.

MUCH 5203. Nordrhein-Westfalen 412 F 14 — 11 400 Ew — Höhe 195 m — 🕸 02245.
§ Burg Overbach, 𝒫 (02245) 55 50.
Düsseldorf 77 — ◆Bonn 33 — ◆Köln 40.

In Much-Sommerhausen SW : 3 km :

XXX **Landhaus Salzmann** 🦢 mit Zim, Sommerhausener Weg 97, 𝒫 14 26, ≤, 🏡 — 📺 ☎
🅿. 𝔸𝔼 ⓞ 𝕍𝕀𝕊𝔸
M *(Montag geschl.)* 39/65 — **2 Z : 4 B** 75 - 105.

MÜCKE 6315. Hessen 412 K 15 — 7 500 Ew — Höhe 300 m — 🕸 06400.
Wiesbaden 107 — Alsfeld 31 — Gießen 28.

In Mücke-Atzenhain :

🏠 **Zur Linde**, Lehnheimer Str. 2, 𝒫 (06401) 64 65, 😃, 🍽 — 🚗 🅿
◆ **M** a la carte 17/26 ⅄ — **23 Z : 36 B** 33/45 - 70/75.

In Mücke-Flensungen :

🏠 Landhotel Finkernagel, Bahnhofstr. 116, 𝒫 81 91, Biergarten — 🚗 🅿
14 Z : 25 B Fb.

MÜDEN Niedersachsen bzw. Rheinland-Pfalz siehe Faßberg bzw. Treis-Karden.

MÜHLACKER 7130. Baden-Württemberg 413 J 20. 987 ㉘ ㉟ — 23 800 Ew — Höhe 225 m —
🕸 07041.
◆Stuttgart 39 — Heilbronn 65 — ◆Karlsruhe 47 — Pforzheim 12.

In Ötisheim 7136 NW : 4 km :

🏠 **Zur Krone**, Maulbronner Str. 11, 𝒫 (07041) 28 07 — 🅿. 🍴 Zim
◆ *Jan. 2 Wochen und Juli - Aug. 3 Wochen geschl.* — **M** *(Montag geschl.)* a la carte 19/41 ⅄
— **17 Z : 25 B** 50 - 80.

MÜHLDORF AM INN 8260. Bayern 413 U 22. 987 ㊲. 426 J 4 — 14 400 Ew — Höhe 383 m —
🕸 08631.
◆München 80 — Landshut 57 — Passau 95 — Salzburg 77.

🏛 **Altöttinger Tor**, Stadtplatz 85, 𝒫 40 88 — ⧉ 📺 ☎. 𝔸𝔼 ⓞ E 𝕍𝕀𝕊𝔸
M a la carte 26/54 — **11 Z : 22 B** 75 - 105.

🏠 **Bastei**, Münchener Str. 69, 𝒫 58 02 — ⧉ 📺 ☎ 🕭 🅿
◆ **M** a la carte 21/48 — **25 Z : 37 B** 45/65 - 70/85.

🏠 **Wetzel** garni, Stadtplatz 36, 𝒫 73 36 — ⧉ ☎ 🚗. 𝔸𝔼 E 𝕍𝕀𝕊𝔸
22 Z : 35 B 39/70 - 79/95.

🏠 **Garni**, Pflanzenau 31 (nahe der B 12), 𝒫 70 54 — 🚗 🅿
20 Z : 25 B 36/41 - 63.

MÜHLENBACH 7611. Baden-Württemberg 413 H 22 — 1 500 Ew — Höhe 260 m — Erholungsort
— 🕸 07832 (Haslach im Kinzigtal).
◆Stuttgart 178 — ◆Freiburg im Breisgau 42 — Freudenstadt 54 — Offenburg 32.

🏠 **Kaiserhof**, Fanis 10 (B 294, S : 2,5 km), 𝒫 23 93, 🏡, 😃, 🏊, 🍽 — 🚗 🅿
◆ *Nov. geschl.* — **M** *(Nov.- Mai Donnerstag geschl.)* a la carte 22/34 ⅄ — **11 Z : 20 B**
40/45 - 58/70.

MÜHLHAUSEN Baden-Württemberg siehe Tiefenbronn.

MÜHLHAUSEN IM TÄLE Baden-Württemberg siehe Wiesensteig.

MÜHLHAUSEN 5700 Thüringen 984 ㉓. 987 ⑯ — 34 000 Ew — Höhe 244 m — 🕸 0037625.
Sehenswert : Altstadt* (Stadtmauer*, Kirche St Marien*).
🛈 Mühlhausen-Information, Görmarstr. 57, 𝒫 29 12.
◆Berlin - Ost 286 — Erfurt 58 — ◆Kassel 103.

🏠 **Stadt Mühlhausen**, Untermarkt 18, 𝒫 55 12 — ⧉ ☎
◆ **M** a la carte 14,50/26 — **42 Z : 66 B** 38/53 - 76.

Fortsetzung →

✗ **Zum Nachbarn**, Steinweg 65, ℰ 25 13
➥ *Samstag geschl.* — **M** a la carte 19/39.
✗ **Grüne Linde**, Görmarstr. 49, ℰ 33 85
➥ **M** a la carte 13/27.

In Ammern 5701 N : 4 km über die B 247 :

✗✗ **Am Brühl**, Hauptstraße, ℰ (0037625) 30 63, 🍴 – 🄿
➥ **M** a la carte 21/46.

MÜHLHEIM AM MAIN 6052. Hessen 📖📖 📖📖 J 16 – 24 500 Ew – Höhe 105 m – 🕭 06108.
◆Wiesbaden 51 – ◆Frankfurt am Main 14 – Hanau am Main 8.

🏠 **Adam** garni, Albertstr. 7, ℰ 6 09 11 – 📺 ☎ 🄿. 🄰🄴 🄴
    20. Dez. - 2. Jan. geschl. – **21 Z : 27 B** 79/125 - 120/170.

🏠 **Café Kinnel**, Gerhart-Hauptmann-Str. 54, ℰ 7 60 52, Fax 67684 – 📺 ☎ 🄿. 🄰🄴 🄴
    M *(nur Abendessen, Dienstag geschl.)* a la carte 35/54 – **40 Z : 60 B** 65/135 - 110/180 Fb.

In Mühlheim 3-Lämmerspiel SO : 5 km :

🏰 **Landhaus Waitz**, Bischof-Ketteler-Str. 26, ℰ 60 60, Fax 606488, 🍴 – 🛗 📺 🄿
    🍴 25/50. 🄰🄴 🄾🄳 🄴 🆅🆂🅰
    21. Dez.- 7. Jan. geschl. – **M** *(Samstag bis 18 Uhr, Sonntag ab 14 Uhr geschl.)* a la carte
    52/80 – **76 Z : 112 B** 125/165 - 200/380 Fb.

MÜHLTAL Hessen siehe Darmstadt.

MÜLHEIM AN DER RUHR 4330. Nordrhein-Westfalen 📖📖📖 ⑬⑭. 📖📖 D 12 – 176 000 Ew
Höhe 40 m – 🕭 0208.

Siehe Ruhrgebiet (Übersichtsplan).

🇮 Verkehrsverein, Viktoriastr. 15, ℰ 4 55 99 02.
ADAC, Löhstr. 3, ℰ 47 00 77, Notruf ℰ 1 92 11.
◆Düsseldorf 26 ③ – Duisburg 9 ④ – ◆Essen 10 ② – Oberhausen 5,5 ⑤.

Stadtplan siehe gegenüberliegende Seite.

🏨 **Noy** ⏴, Schloßstr. 28, ℰ 4 50 50, Fax 4505300 – 🛗 📺 ☎ – 🍴 50. 🄰🄴 🄾🄳 🄴 🆅🆂🅰 ⏴
    M *(Sonntag geschl.)* a la carte 41/74 – **60 Z : 80 B** 135/233 - 250/310 Fb.   Y

🏨 **Friederike** garni (ehemalige Villa), Friedrichstr. 32, ℰ 38 13 74, Fax 383215, « Garten » –
    📺 ☎. 🄰🄴 🄾🄳 🄴   Z
    28 Z : 38 B 88/148 - 115/158 Fb – 6 Appart. 188.

🏠 **Hopfen-Sack**, Kalkstr. 23, ℰ 38 36 36, Fax 592641 – 📺 ☎ ⏴. 🄰🄴 🄾🄳 🄴 🆅🆂🅰   Y ⏴
    M a la carte 29/49 – **24 Z : 41 B** 95/105 - 140/150.

🏠 **Kastanienhof - Restaurant Haus Dimbeck**, Dimbeck 27, ℰ 3 21 39, 🍴, « Garten », 🛋 –
    🛗📺 ☎ 🄿   Z ⏴
    28 Z : 50 B Fb.

🏠 **Hotel Am Schloß Broich** garni, Am Schloß Broich 27, ℰ 42 20 38, Fax 425575, 🛋 – 🛗 📺
    ☎ ⏴   Y
    22 Z : 36 B Fb.

🏠 **Kölner Hof**, Hagdorn 12, ℰ 3 59 59 – 📺 ☎ 🄿. 🄰🄴 🄾🄳 🄴 🆅🆂🅰   Y ⏴
    M *(nur Abendessen, Dienstag geschl.)* a la carte 28/54 – **10 Z : 15 B** 65/95 - 140/150.

✗✗ **Am Kamin** (Fachwerkhaus a.d.J. 1732), Striepensweg 62, ℰ 76 00 36, « Gartenterrasse
    mit offenem Kamin » – 🄿. 🄰🄴 🄴 🆅🆂🅰   X ⏴
    Aug. 3 Wochen geschl. – **M** a la carte 47/79.

✗✗ **Becker-Eichbaum**, Obere Saarlandstr. 5 (B 1), ℰ 3 40 93 – 🄿   Z ⏴
    M a la carte 40/65.

Im Rhein-Ruhr-Zentrum über ② und die B 1 :

✗✗ Mövenpick, Humboldtring 13, ℰ 4 99 48 – 🄿   siehe Stadtplan Essen   R ⏴

In Mülheim-Dümpten :

🏨 **Kuhn**, Mellinghofer Str. 277, ℰ 79 00 10, Fax 7900168, 🛋, ☑ – 🛗 📺 ☎ ⏴ 🄿. 🄰🄴 🄾🄳 🄵
    🆅🆂🅰   X ⏴
    M *(nur Abendessen, Sonntag und Aug. geschl.)* a la carte 29/53 – **60 Z : 100 B** 79/150 -
    120/220 Fb.

In Mülheim-Menden :

✗✗ **Müller-Menden**, Mendener Str. 109, ℰ 37 40 15, 🍴 – 🄿. 🄰🄴 🄾🄳 🄴 🆅🆂🅰   X ⏴
    Montag geschl. – **M** a la carte 31/60.

In Mülheim-Mintard über Mendener Brücke X :

🏠 Mintarder Wasserbahnhof ⏴, August-Thyssen-Str. 129, ℰ (02054) 72 72, « Terrasse mit
    ⭘ » – 📺 ☎ ⏴ 🄿
    33 Z : 42 B.

MÜLHEIM AN DER RUHR

In Mülheim-Saarn über Mendener Brücke X :

X   Dicken am Damm, Mintarder Str. 139, ℰ 48 01 15, Biergarten, « Terrasse mit ≤ » − **ℙ**.

In Mülheim-Speldorf über ④ :

XX Altes Zollhaus, Duisburger Str. 228, ℰ 5 03 49.

MÜLHEIM (MOSEL) 5556. Rheinland-Pfalz 🔲🔢 E 17 − 1 200 Ew − Höhe 110 m − 🔴 06534.
Mainz 119 − Bernkastel-Kues 6 − ♦Trier 40 − Wittlich 14.

🏠 **Zur Post**, Hauptstr. 65, ℰ 13 21, 🌲, 🌳 − ☎ ℙ. 🔳 **E**
      6.- 31. Jan. geschl. − **M** *(Dienstag geschl.)* a la carte 28/51 − **10 Z : 18 B** 45 - 84 Fb.

🏠 **Moselhaus Selzer**, Moselstr. 7 (B 53), ℰ 7 07, ≤, 🌲, 🌳 − ⟵ ℙ
      März - 10. Dez. − **M** *(Montag geschl.)* a la carte 25/45 ⅜ − **14 Z : 26 B** 40/60 - 78/98.

MÜLLHEIM 7840. Baden-Württemberg 🔲🔢 F 23, 🔢🔢 ⊛. 🔲🔢 G 2 − 14 000 Ew − Höhe 230
− 🔴 07631 − 🅱 Städtisches Verkehrsamt, Werderstr. 48, ℰ 40 70.
♦Stuttgart 238 − Basel 41 − ♦Freiburg im Breisgau 42 − Mulhouse 26.

🏨 **Alte Post**, an der B 3, ℰ 55 22, Telex 772916, Fax 15524, « Gartenterrasse » − 📺 ☎ ⟵
      ℙ − 🔼 25/80. 🔵 **E**
      M *(Dienstag geschl.)* 27/45 (mittags) und a la carte 45/78 − **50 Z : 80 B** 75/125 - 110/250 Fb

🏠 **Gästehaus im Weingarten** ⑤ (Appartementhotel), Kochmatt 8, ℰ 1 41 46, ≤, 🔲, ◀
      − 📺 ☎ 🔥 ⟵ ℙ
      (Restaurant nur für Hausgäste) − **9 Z : 18 B** 55/95 - 100/170.

🏠 **Bauer**, Eisenbahnstr. 2, ℰ 24 62, 🌲, 🌳 − 📲 ☎ ⟵ ℙ
      2.- 17. Feb. und 22. Dez.- 6. Jan. geschl. − **M** *(Sonntag geschl.)* a la carte 24/52 ⅜ − **59 Z**
      90 B 35/68 - 80/105.

🏡 **Zum Bad** ⑤, Badstr. 40, ℰ 38 85, 🌲 − 📺 ⟵ ℙ
      Feb. geschl. − **M** *(Dienstag - Mittwoch 17 Uhr geschl.)* a la carte 22/52 ⅜ − **9 Z : 17 B** 50/
      - 90 Fb.

X   **Parkrestaurant im Bürgerhaus**, Hauptstr. 122, ℰ 60 39, Fax 15428, « Gartenterrasse
      − 🔥 ℙ − 🔼 25/600. 🔵 **E** 🎴
      Dienstag geschl. − **M** *(auch vegetarische Gerichte)* a la carte 25/60 ⅜.

In Müllheim 16-Britzingen NO : 5 km − Erholungsort :

X   **Krone** mit Zim, Markgräfler Str. 32, ℰ 20 46 − ℙ
      Jan. geschl. − **M** *(Mittwoch 14 Uhr - Donnerstag geschl.)* 16/24 (mittags) und a la car
      31/46 ⅜ − **7 Z : 14 B** 50 - 60/70.

In Müllheim 14-Feldberg SO : 6 km :

X   **Ochsen** mit Zim (Landgasthof a.d. Jahre 1763), Bürgelnstr. 32, ℰ 35 03, 🌲, 🗣, 🌳 − (
      🏊 Zim
      7. Jan.- 8. Feb. und 8.- 19. Juli geschl. − **M** *(Donnerstag - Freitag 17 Uhr geschl.)* a la car
      29/65 ⅜ − **8 Z : 15 B** 56/64 - 90/110.

In Müllheim 11-Niederweiler O : 1,5 km − Erholungsort :

🏠 **Pension Weilertal** garni, Weilertalstr. 15, ℰ 57 94, 🌳 − ☎ ℙ. **E**
      15. Jan.- 15. Feb. geschl. − **10 Z : 18 B** 48/90 - 95/135.

MÜLLINGEN Niedersachsen siehe Sehnde.

MÜNCHBERG 8660. Bayern 🔲🔢 S 16, 🔢🔢 ㉗ − 11 800 Ew − Höhe 553 m − 🔴 09251.
♦München 266 − Bayreuth 37 − Hof 20.

🏨 **Seehotel Hintere Höhe** ⑤, Hintere Höhe (S : 2 km), ℰ 30 01, Fax 3976, ≤, 🌲, 🗣, ◀
      − 📺 ☎ ⟵ ℙ − 🔼 25/80. 🔳 🔵 **E** 🎴
      M a la carte 38/65 − **32 Z : 60 B** 90/130 - 140/220 Fb.

🏠 **Braunschweiger Hof**, Bahnhofstr. 13, ℰ 50 47 − ⟵ ℙ. 🔳 🔵 **E** 🎴
      Feb.- März 2 Wochen geschl. − **M** a la carte 22/52 − **27 Z : 40 B** 35/55 - 70/90 Fb.

In Weissdorf-Wulmersreuth 8661 O : 2,5 km :

🏡 **Walther** ⑤, ℰ (09251) 13 62, 🌲, 🌳 − ℙ
◆   Aug. 3 Wochen geschl. − **M** *(Freitag geschl.)* a la carte 18/34 − **10 Z : 17 B** 35 - 65.

In Sparneck 8663 SO : 6 km :

🏨 **Waldhotel Heimatliebe** ⑤, ℰ (09251) 81 13, « Gartenterrasse », 🗣, 🌳 − ☎ ⟵
      − 🔥 60. 🔵 **E** 🎴. 🏊 Rest
      8.- 25. Jan. geschl. − **M** *(Montag bis 17 Uhr geschl.)* a la carte 30/65 ⅜ − **25 Z : 50 B** 90/1
      - 140/160 Fb.

In Zell am Waldstein 8665 S : 7 km :

🏡 **Zum Waldstein**, Marktplatz 16, ℰ (09257) 2 61, 🌳
◆   **M** *(Mittwoch geschl.)* a la carte 15/26 − **17 Z : 28 B** 35/45 - 46/70.

MÜNCHEN 8000. 🗊 Bayern 🖪🗓🗓 R 22, 🗓🗓🗓 ⑰, 🗗🗓🗓 G 4 – 1 300 000 Ew – Höhe 520 m – 🕲 089.

Sehenswert : Marienplatz* KLY – Frauenkirche** (Turm 🔆*) KY – Alte Pinakothek*** KY – Deutsches Museum** LZ **M 1** – Residenz* (Schatzkammer**, Altes Residenztheater*) LY – Asamkirche* KZ A – Bayerisches Nationalmuseum** HV – Neue Pinakothek* GU – Münchner Stadtmuseum* (Moriskentänzer**) KZ **M2** – Städt. Galerie im Lenbachhaus (Porträts Lenbachs*) KY **M5** – Staatliche Antikensammlungen* (Etruskischer Schmuck*) KY **M6** – Glyptothek* KY **M7** – Deutsches Jagdmuseum * KY **M8** – Olympia-Park (Olympia-Turm 🔆***) CR – Neues Rathaus* LY R – Theatinerkirche* (Chor und Kuppel*) LY D – Englischer Garten (Blick vom Monopteros*) HU.

Ausflugsziel : Nymphenburg** (Schloß*, Park*, Amalienburg**, Botanischer Garten **) BS.

🏌 Straßlach, Tölzer Straße (S : 17 km), 🖉 (08170) 4 50 ; 🏌 München-Thalkirchen, Zentralländstr. 40 (CT), 🖉 7 23 13 04 ; 🏌 Eichenried (NO : 24 km), Münchener Str. 55, 🖉 (08123)10 05.

🛬 München-Riem (③ : 11 km) 🖉 92 11 21, City Air Terminal, Arnulfstraße (Hauptbahnhof, Nordseite) – 🚅 🖉 12 88 44 25.

Messegelände (EX), 🖉 5 10 70, Telex 5212086, Fax 5107506.

🛈 Verkehrsamt im Hauptbahnhof (gegenüber Gleis 11), 🖉 2 39 12 56.

🛈 Tourist-Information, Rathaus, 🖉 2 39 12 72.

🛈 Verkehrsamt im Flughafen München-Riem, 🖉 2 39 12 66.

ADAC, Sendlinger-Tor-Platz 9, 🖉 59 39 79, Notruf 🖉 1 92 11.

ÖTC, Amalienburgstr. 23 BS, 🖉 8 11 10 48, Telex 524508.

Innsbruck 162 ④ – ♦Nürnberg 165 ② – Salzburg 140 ④ – ♦Stuttgart 222 ⑦.

Die Angabe (M 15) nach der Anschrift gibt den Postzustellbezirk an : München 15

L'indication (M 15) à la suite de l'adresse désigne l'arrondissement : München 15

The reference (M 15) at the end of the address is the postal district : München 15

L'indicazione (M 15) posta dopo l'indirizzo, precisa il quartiere urbano : München 15

Messe-Preise : siehe S. 8   **Foires et salons :** voir p. 16
Fairs : see p. 24   **Fiere :** vedere p. 32

Stadtpläne : Siehe München Seiten 2-7

🏨🏨 🕸 **Vier Jahreszeiten Kempinski** ﮓ, Maximilianstr. 17 (M 22), 🖉 23 03 90, Telex 523859, Fax 23099693, Massage, 🖙, 🔲 – 🛗 ⇔ Zim 🗏 🏧 ⟷ – 🔬 25/350. 🖭 ⓞ 🖪 🎴 🖽 Rest LY **a**
M (Samstag und Montag jeweils bis 18 Uhr sowie Aug. geschl.) 85/130 und a la carte 60/100 – **Bistro-Eck** (auch vegetarische Gerichte) **M** a la carte 42/72 – **344 Z : 570 B** 343/413 - 466/586 Fb – 25 Appart. 1081/2806.
Spez. Salat von Meeresfrüchten und Krustentieren, Entenbrust in der Salzkruste, Lammsattel im Kräutersud.

🏨🏨 **Rafael**, Neuturmstr. 1 (M 2), 🖉 29 09 80, Telex 5213666, Fax 222539, « Dachgartenterrasse mit ⚊ » – 🛗 🗏 🏧 ⟷ – 🔬 25/100. 🖭 ⓞ 🖪 🖽 🎴 Rest LY **s**
M 45 (mittags) und a la carte 67/107 – **74 Z : 148 B** 350/550 - 500/650 – 7 Appart. 850/1850.

🏨🏨 🕸 **Königshof**, Karlsplatz 25 (M 2), 🖉 55 13 60, Telex 523616, Fax 55136113 – 🛗 🗏 🏧 ⟷ – 🔬 30/90. 🖭 ⓞ 🖪 🎴 🎴 Rest KY **s**
M (bemerkenswerte Weinkarte) (Tischbestellung ratsam) 108/138 und a la carte 72/104 – **106 Z : 181 B** 240/282 - 334/384 Fb – 9 Appart. 534/994.
Spez. Gänseleberterrine mit Madeiragelee, Kalbsbries in Hummersauce, Soufflierte Taubenbrust auf Trüffelsauce.

🏨🏨 **Bayerischer Hof - Palais Montgelas,** Promenadeplatz 6 (M 2), 🖉 2 12 00, Telex 523409, Fax 2120906, 🏮, Massage, 🖙, 🔲 – 🛗 ⇔ Zim 🏧 ⟷ – 🔬 25/800. 🖭 ⓞ 🖪 🖽 KY **y**
Restaurants : **Grill** (nur Abendessen) **M** a la carte 50/75 – **Trader Vic's** (nur Abendessen) **M** a la carte 42/68 – **Palais Keller M** a la carte 28/50 – **442 Z : 762 B** 253/343 - 395/515 – 45 Appart. 625/1590.

🏨🏨 **Park Hilton**, Am Tucherpark 7 (M 22), 🖉 3 84 50, Telex 5215740, Fax 38451845, 🏮, Biergarten, Massage, 🖙, 🔲 – 🛗 ⇔ Zim 🗏 🏧 🕭 ⟷ – 🔬 25/250. 🖭 ⓞ 🖪 🖽 HU **n**
Restaurants : **Hilton-Grill** (auch vegetarische Gerichte) (Samstag bis 18 Uhr, Jan. 1 Woche und Juli - Aug. 3 Wochen geschl.) **M** a la carte 66/95 – **Tse Yang** (China-Restaurant) **M** a la carte 45/76 – **Isar-Terrassen** (auch vegetarische Gerichte) **M** 39 (Buffet) – **477 Z : 954 B** 308/390 - 378/435 Fb – 21 Appart. 828/1628.

🏨🏨 **Continental**, Max-Joseph-Str. 5 (M 2), 🖉 55 15 70, Telex 522603, Fax 55157500, 🏮 – 🛗 ⇔ Zim 🏧 ⟷ – 🔬 25/160. 🖭 ⓞ 🖪 🖽 🎴 Rest KY **f**
M a la carte 48/87 – **149 Z : 245 B** 244/319 - 328/448 Fb – 18 Appart. 698/998.

🏨🏨 **Excelsior**, Schützenstr. 11 (M 2), 🖉 55 13 70, Telex 522419, Fax 55137121 – 🛗 🗏 – 🔬 30. 🖭 ⓞ 🖪 🖽 🎴 Rest JY **z**
M a la carte 55/85 – **114 Z : 166 B** 195/240 - 250/320 Fb – 4 Appart. 390.

🏨🏨 **Regent**, Seidlstr. 2 (M 2), 🖉 55 15 90, Telex 523787, Fax 55159154, 🏮 – 🛗 🗏 Rest 🏧 ⟷ – 🔬 25/70. 🖭 🖪 JY **d**
M a la carte 38/69 – **183 Z : 330 B** 190/264 - 250/390 Fb.

🏨🏨 **Eden-Hotel-Wolff**, Arnulfstr. 4 (M 2), 🖉 55 11 50, Telex 523564, Fax 55115555 – 🛗 🏧 ⟷ – 🔬 25/250. 🖭 ⓞ 🖪 🖽 JY **p**
M a la carte 30/66 – **214 Z : 320 B** 150/320 - 200/350 Fb – 4 Appart. 550.

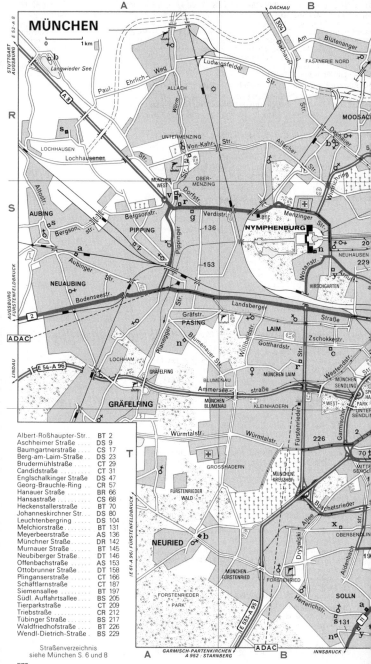

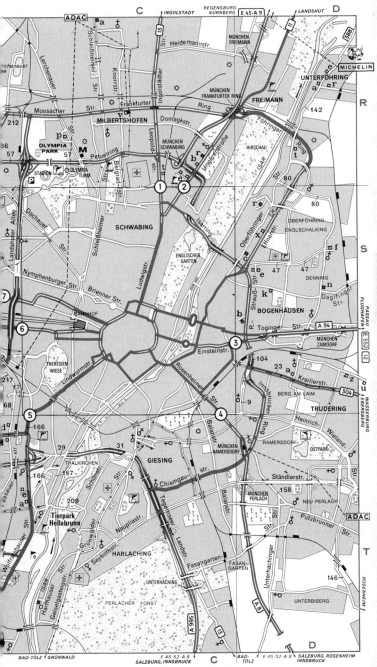

Straßenverzeichnis
siehe München S. 6 und 8

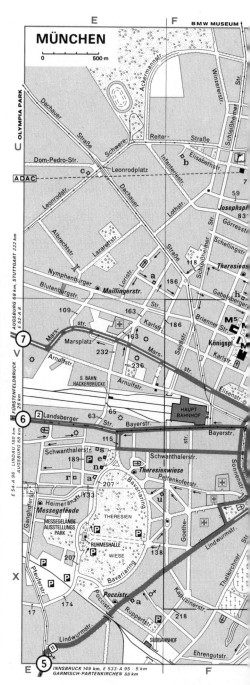

INGOLSTADT 79 km
NÜRNBERG 165 km
E 45 · A 9
LANDSHUT 68 km

LUITPOLD PARK

Karl- Théodor-

Bonner Platz
Bonner Pl.
Rheinstr.

Dietlindenstr.
Dietlindenstr.

Osterwaldstr.

Clemensstr.
Herzogstr.
Clemensstr.

Belgradstr.
Herzogstr.

Münchener Freiheit

Ungererstr.

Isarring

Hohenzollernpl.
Hohenzollernstr.
Hohenzollernstr.

SCHWABING

Herzogstr.

Wilhelmstr.

Feilitzschstr.

Kleinhesseloher

Tengstr.
Elisabethstr.
Franz- Joseph- Str.
Nordendstr.

Giselastr.

Königinstr.
Mandlstr.

Englischer

J. F. KENNEDY BRÜCKE

Isarring

Tengstr.
Adalbertstr.

Schellingstr.

Neue Pinakothek

Adalbertstr.

Leopoldstr.

Ohmstr.

SIEGESTOR

Universität

CHINESISCHER TURM

ISAR

Mauerkircherstr.

Montgelasstr.

ALTE PINAKOTHEK

Theresienstr.

Barer Str.

Königinstr.

MONOPTEROS

Garten

ADAC

Brienner Str.

Ludwigstr.

Widenmayerstr.

BAYERISCHES NATIONALMUSEUM

Ismaninger Str.

Scheinerstr.

RESIDENZ

D

FRAUENKIRCHE

M

R

Marienplatz

A

M

Frauenstr.

Lehel

Widenmayerstr.

Ismaninger Str.

Prinzregentenpl.

Prinzregentenstr.

Einsteinstr.

Max-Weber-Pl.

Kirchenstr.

Blumenstr.

Klenzestr.

Erhardtstr.

Preysingstr.

Steinstr.

Wörthstr.

Orleansstr.

Frauenhoferstr.

KULTURZENTRUM

HAIDHAUSEN

Orleanspl.

Hochstr.

Rosenheimer Str.

S. BAHN ROSENHEIMER PL.

OSTBAHNHOF

Auenstr.

AU

Regerstr.

Hochstr.

Franziskanerstr.

Orleansstr.

Friedenstr.

WITTELSBACHER BRÜCKE

ISAR

Eduard-Schmid-Str.

Asamstr.

Ohlmüllerstr.

A[e]rfeldstr.

Kolumbuspl.

Welfenstr.

ISARTAL

E 45-52-A 8 : 4 km
INNSBRUCK 162 km, SALZBURG 140 km

ROSENHEIM 61 km

PASSAU 177 km
WASSERBURG 54 km
FLUGHAFEN 8,5 km
EBERSBERG 32 km

STRASSENVERZEICHNIS

Fortsetzung siehe München S. 8

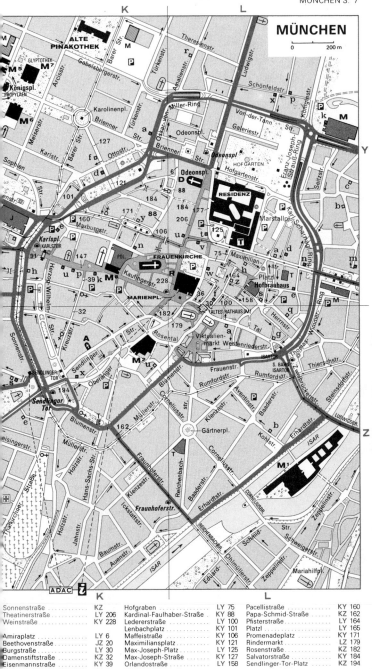

Ganz Europa auf einer Karte (mit Ortsregister) : **Michelin-Karte Nr. 970**

🏨🏨 **Arabella-Westpark-Hotel**, Garmischer Str. 2 (M 2), ℰ 5 19 60, Telex 523680, Fax 5196649,
≘s, 🔲 – 🛗 ⇆ Zim 🔳 Rest 📺 & ⇐ – 🔬 25/80. 🆎 ⓞ Ε 𝗩𝗜𝗦𝗔 CS t
M (auch vegetarische Gerichte) a la carte 35/63 – **258 Z : 495 B** 198/298 - 258/358 Fb –
5 Appart.

🏨🏨 **King's Hotel** garni, Dachauer Str. 13 (M 2), ℰ 55 18 70, Fax 5232667 – 🛗 ⇆ Zim 📺 ⇐
– 🔬 30. 🆎 ⓞ Ε 𝗩𝗜𝗦𝗔 JY f
23. Dez. - 1. Jan. geschl. – **85 Z : 148 B** 160 - 195 Fb – 8 Appart. 240/540.

🏨🏨 **Drei Löwen**, Schillerstr. 8 (M 2), ℰ 55 10 40, Telex 523867, Fax 55104905 – 🛗 ⇆ Zim 📺
– 🔬 35. 🆎 ⓞ Ε 𝗩𝗜𝗦𝗔 JY e
M a la carte 39/67 – **130 Z : 200 B** 149/165 - 198/228 Fb.

🏨🏨 **Trustee Parkhotel**, Parkstr. 31 (Zufahrt Gollierstraße) (M 2), ℰ 51 99 50, Telex 5218296,
Fax 51995420 – 🛗 📺 ⇐ – 🔬 25. EV r
24. Dez. - 2. Jan. geschl. – (nur Abendessen für Hausgäste) – **36 Z : 79 B** 189/279 - 253/
338 Fb – 7 Appart. 313/428.

🏨🏨 **Exquisit** garni, Pettenkoferstr. 3 (M 2), ℰ 5 51 99 00, Telex 529863, Fax 55199499, ≘s – 🛗
📺 & ⇐ – 🔬 25. 🆎 ⓞ Ε 𝗩𝗜𝗦𝗔 KZ s
50 Z : 95 B 180/220 - 240/260 Fb – 5 Appart. 340.

🏨 **Krone** garni, Theresienhöhe 8 (M 2), ℰ 50 40 52, Telex 5213870, Fax 506706 – 🛗 📺 ☎. 🆎
ⓞ Ε 𝗩𝗜𝗦𝗔 EV a
30 Z : 60 B 150/210 - 175/250 Fb.

🏨 **Platzl - Restaurant Pfistermühle**, Platzl 1 (Eingang Sparkassenstraße) (M 2),
ℰ 23 70 30, Telex 522910, Fax 23703800, ≘s – 🛗 ⇆ Zim 📺 ☎ & ⇐ – 🔬 25/120. 🆎 Ε
𝗩𝗜𝗦𝗔 ⅏ Rest LY z
M (Sonntag und 14. Juli - 18. Aug. geschl.) 32 (mittags) und a la carte 46/68 – **167 Z : 272 B**
175/246 - 235/280 Fb – 4 Appart. 350.

🏨 **Arabella-Central-Hotel** garni, Schwanthalerstr. 111 (M 2), ℰ 51 08 30, Telex 5216031,
Fax 51083249, ≘s – 🛗 ⇆ Zim 📺 ☎ ⇐ – 🔬 30. 🆎 ⓞ Ε 𝗩𝗜𝗦𝗔 EV s
21. Dez.- 7. Jan. geschl. – **103 Z : 210 B** 170/250 - 220/300 Fb.

🏨 **Erzgießerei - Europe**, Erzgießereistr. 15 (M 2), ℰ 1 26 82, Telex 5214977, Fax 1236198 –
🛗 📺 ☎ ⇐ – 🔬 70. 🆎 ⓞ Ε 𝗩𝗜𝗦𝗔 EU a
M (22. Dez.- 6. Jan. geschl.) a la carte 33/61 – **106 Z : 220 B** 155/215 - 185/250 Fb.

🏨 **Mercure** garni, Senefelder Str. 9 (M 2), ℰ 55 13 20, Telex 5218428, Fax 596444 – 🛗 📺 &
– 🔬 25/80 – **167 Z : 335 B** Fb. JY r

🏨 **Hungar-Hotel**, Paul-Heyse-Str. 24 (M 2), ℰ 51 49 00, Telex 522395, Fax 51490701, 🎇 –
🛗 📺 & ⇐ – 🔬 25/90. 🆎 ⓞ Ε 𝗩𝗜𝗦𝗔 JZ r
M a la carte 35/55 – **182 Z : 360 B** 170/262 - 199/368 Fb.

🏨 **Budapest**, Schwanthalerstr. 36 (M 2), ℰ 55 11 10, Telex 529213, Fax 55111992 – 🛗 🍽 Rest
📺 ☎ ⇐ – 🔬 25/150. 🆎 ⓞ Ε 𝗩𝗜𝗦𝗔 JY h
M (Sonntag und Juli- Aug. geschl.) a la carte 31/55 – **100 Z : 182 B** 170/262 - 199/395 Fb.

🏨 **Germania**, Schwanthalerstr. 28 (M 2), ℰ 5 16 80, Telex 523790, Fax 598491, ≘s – 🛗 ⇆ Zim
📺 ☎ – 🔬 40/60. 🆎 ⓞ Ε 𝗩𝗜𝗦𝗔 JY •a
M (Sonntag geschl.) a la carte 34/65 – **100 Z : 150 B** 205/305 - 305/355 Fb.

🏨 **Metropol**, Bayerstr. 43, (Eingang Goethestr.) (M 2), ℰ 53 07 64, Telex 522816, Fax 5328134
– 🛗 📺 ☎ – 🔬 25/60. 🆎 ⓞ Ε 𝗩𝗜𝗦𝗔 JY k
M a la carte 28/60 – **275 Z : 371 B** 105/130 - 140/185.

🏨 **Concorde** garni, Herrnstr. 38 (M 22), ℰ 22 45 15, Telex 522002, Fax 2283282 – 🛗 📺 ☎
⇐. 🆎 ⓞ Ε 𝗩𝗜𝗦𝗔 LZ q
23 Dez. - 1. Jan. geschl. – **73 Z : 115 B** 155/230 - 210/330 Fb.

🏨 **Domus** garni, St.-Anna-Str. 31 (M 22), ℰ 22 17 04, Telex 529835, Fax 2285359 – 🛗 📺 ☎
⇐. 🆎 ⓞ Ε 𝗩𝗜𝗦𝗔 LY b
23. Dez.- 2. Jan. geschl. – **45 Z : 82 B** 160/230 - 200/250 Fb.

🏨 Austrotel München, Arnulfstr. 2 (M 2), ℰ 5 38 60, Telex 522650, Fax 53862255, Restaurant in
der 15. Etage mit ≤ München – 🛗 📺 ☎ ⇐ – 🔬 25/300 JY s
174 Z : 300 B Fb.

🏨 **Intercity-Hotel**, Bayerstr. 10 (M 2), ℰ 55 85 71, Telex 523174, Fax 596229 – 🛗 📺 ☎ –
🔬 25/150. ⓞ Ε JY u
M a la carte 33/53 – **209 Z : 300 B** 140/204 - 194/228 Fb – 4 Appart. 265.

🏨 **Admiral** garni, Kohlstr. 9 (M 5), ℰ 22 66 41, Telex 529111, Fax 293674, 🌺 – 🛗 📺 ☎ ⇐.
🆎 ⓞ Ε 𝗩𝗜𝗦𝗔 LZ b
33 Z : 55 B 180/240 - 230/270 Fb.

🏨 **Torbräu** garni, Tal 37 (M 2), ℰ 22 50 16, Telex 522212, Fax 225019 – 🛗 📺 ☎ ⇐ 🅿. 🆎 Ε
𝗩𝗜𝗦𝗔 LZ g
23. Dez.- 7. Jan. geschl. – **88 Z : 150 B** 160/200 - 220/280 – 3 Appart.

🏨 **Atrium** garni, Landwehrstr. 59 (M 2), ℰ 51 41 90, Telex 5212162, Fax 598491, ≘s – 🛗
⇆ Zim 📺 ☎ ⇐ – 🔬 50. 🆎 ⓞ Ε 𝗩𝗜𝗦𝗔 JZ d
163 Z : 261 B 190 - 240 Fb.

🏨 **Apollo** garni, Mittererstr. 7 (M 2), ℰ 53 95 31, Telex 5212981, Fax 534033 – 🛗 📺 ☎ ⇐.
🆎 ⓞ Ε 𝗩𝗜𝗦𝗔 JY w
20.- 30. Dez. geschl. – **74 Z : 150 B** 130 - 165 Fb.

🏨 **Europäischer Hof** garni, Bayerstr. 31 (M 2), ℰ 55 15 10, Telex 522642, Fax 55151222 – 🛗
📺 ☎ ⇐ 🅿. 🆎 ⓞ Ε 𝗩𝗜𝗦𝗔 JY b
160 Z : 230 B 100/170 - 140/260 Fb.

🏨 **Splendid** garni, Maximilianstr. 54 (M 22), ℰ 29 66 06, Telex 522427, Fax 2913176 – 📶 📺
🕿 🖭 ⑩ 🗲 *VISA* HV d
40 Z : 60 B 95/310 - 145/375 Fb.

🏨 **Ariston** garni, Unsöldstr. 10 (M 22), ℰ 22 26 91, Telex 522437, Fax 2913595 – 📶 📺 🕿 ⇔
🅿 🖭 ⑩ 🗲 *VISA* LY c
Weihnachten - Anfang Jan. geschl. – **61 Z : 112 B** 120/160 - 140/195 Fb.

🏨 **An der Oper** garni, Falkenturmstr. 10 (M 2), ℰ 2 90 02 70, Telex 522588, Fax 29002729 – 📶
🕿 – **55 Z : 100 B**. LY h

🏨 **Königswache** - Restaurant Al Castello, Steinheilstr. 7 (M 2), ℰ 52 20 01 (Hotel)
5 23 31 83 (Rest.), Fax 5232114 – 📶 📺 🕿 ⇔ FU h
39 Z : 58 B Fb.

🏨 **Reinbold** garni, Adolf-Kolping-Str. 11 (M 2), ℰ 59 79 45, Telex 522539, Fax 596272 – 📶 ▤
📺 🕿 ⇔ 🖭 🗲 *VISA* JY t
61 Z : 95 B 92/216 - 192/226.

🏨 **Kraft** garni, Schillerstr. 49 (M 2), ℰ 59 48 23, Telex 5213466, Fax 5232856 – 📶 📺 🕿 🖭 ⑩
🗲 *VISA* JZ y
23.- 26. Dez. geschl. – **39 Z : 60 B** 120/180 - 160/190 Fb.

🏨 **Schlicker** garni, Tal 74 (M 2), ℰ 22 79 41, Fax 296059 – 📶 📺 🕿 🅿 🖭 ⑩ 🗲 *VISA* LZ a
20. Dez.- 7. Jan. geschl. – **70 Z : 120 B** 105/117 - 155/180 Fb.

🏨 **Brack** garni, Lindwurmstr. 153 (M 2), ℰ 77 10 52, Telex 524416, Fax 7250615 – 📶 📺 🕿
⇔ 🖭 ⑩ 🗲 *VISA* EX a
50 Z : 80 B 110/150 - 160/185 Fb.

🏨 **Mark** garni, Senefelderstr. 12 (M 2), ℰ 59 28 01, Telex 522721, Fax 553954 – 📶 📺 🕿 ⇔
🅿 🖭 ⑩ 🗲 *VISA* JY v
91 Z : 140 B 120/130 - 160/190 Fb.

🏨 **Arcade** garni, Dachauer Str. 21 (M 2), ℰ 55 19 30, Telex 523752, Fax 55193102 – 📶 📺 🕿
🕭 ⇔ – 🛣 25/80. 🗲 *VISA* JY j
202 Z : 373 B 120 - 160 Fb.

🏨 **Daniel** garni, Sonnenstr. 5 (M 2), ℰ 55 49 45, Telex 523863, Fax 553420 – 📶 📺 🕿 🖭 ⑩ 🗲
VISA KY h
76 Z : 120 B 105/155 - 160/250 Fb.

🏨 **Adria** garni, Liebigstr. 8 a (M 22), ℰ 29 30 81, Telex 5214111, Fax 227015 – 📶 📺 🕿 🖭 ⑩
🗲 *VISA* HV a
23. Dez.- 7. Jan. geschl. – **47 Z : 71 B** 98/175 - 145/190 Fb.

🏨 **Andi** garni, Landwehrstr. 33 (M 2), ℰ 59 60 67, Fax 553427 – 📶 📺 🕿 🖭 ⑩ 🗲 *VISA* JZ u
21. Dez.- 7. Jan. geschl. – **30 Z : 69 B** 95/115 - 120/140 Fb.

🏨 **Müller** garni, Fliegenstr. 4 (M 2), ℰ 26 60 63, Fax 268624 – 📶 📺 🕿 🅿 ⑩ 🗲 *VISA* KZ e
23.- 31. Dez. geschl. – **44 Z : 70 B** 105/165- 135/195 Fb.

🏨 Bosch garni, Amalienstr. 25 (M 2), ℰ 28 10 61, Telex 5214934, Fax 2854939 – 📶 🕿 LY r
75 Z : 120 B Fb.

🏨 **Luitpold** garni, Schützenstr. 14 (Eingang Luitpoldstr.) (M 2), ℰ 59 44 61, Fax 554520 – 📶
🕿 🖭 ⑩ 🗲 *VISA* JY x
48 Z : 76 B 110/160 - 160/280.

🏨 **Alfa** garni, Hirtenstr. 22 (M 2), ℰ 59 84 61, Telex 5212461, Fax 592301 – 📶 📺 🕿 🅿 🖭 ⑩
🗲 *VISA* JY n
80 Z : 130 B 120/195 - 160/230.

🏨 **Uhland** garni, Uhlandstr. 1 (M 2), ℰ 53 92 77, Telex 528368, Fax 531114 – 📶 📺 🕿 🅿 ⑩
🗲 *VISA* EX u
25 Z : 50 B 95/180 - 120/210 Fb. mit Amarettoeis.

🏨 **Amba** garni, Arnulfstr. 20 (M 2), ℰ 59 29 21, Telex 523389, Fax 554160 – 📶 🕿 ⇔ 🅿 🖭
⑩ 🗲 *VISA* JY d
86 Z : 150 B 95/120 - 130/200.

🏨 **Stachus** garni, Bayerstr. 7 (M 2), ℰ 59 28 81, Telex 523696, Fax 5232133 – 📶 📺 🕿 🖭 ⑩
🗲 *VISA* JY g
65 Z : 110 B 95/165 - 145/250 Fb.

🏨 **Blauer Bock** garni, Sebastiansplatz 9 (M 2), ℰ 23 17 80, Fax 23178200 – 📶 🕿 ⇔ KZ u
76 Z : 120 B 60/110 - 85/150 Fb.

🏠🏠🏠🏠 ❀❀❀ **Aubergine**, Maximiliansplatz 5 (M 2), ℰ 59 81 71, Fax 5236753 – ⑩ 🗲 *VISA* KY d
Sonntag - Montag, Feiertage, Anfang - Mitte Aug. und 23. Dez.- 7. Jan. geschl. – **M**
(Tischbestellung erforderlich) 165/225 und a la carte 95/145
Spez. Hummer mit Artischocken und Rotweinbutter, Lammcrepinetten mit Wirsing, Warme Aprikosen-Tarte mit Amarettoeis.

🏠🏠🏠 ❀ **Le Gourmet im Weinhaus Schwarzwälder**, Hartmannstr. 8 (1. Etage) (M 2),
ℰ 2 12 09 58 – 🖭 ⑩ 🗲 *VISA* KY n
Sonntag - Montag und Aug. geschl. – **M** (Tischbestellung erforderlich) 150/180 und a la
carte 75/115
Spez. Weißwurst von Meeresfrüchten, Souffliertes Seezungenfilet, Entenbrust mit Sesam-Ingwer-Sauce.

🏠🏠🏠 ❀ **Sabitzer**, Reitmorstr. 21 (M 22), ℰ 29 85 84, Fax 3003304 – 🖭 ⑩ 🗲 *VISA* HV r
nur Abendessen, Sonntag geschl. – **M** (Tischbestellung ratsam) a la carte 85/110
Spez. Wildlachs auf Gänsestopflebercrème, Lamm- und Wildgerichte, Topfenmousse auf Himbeermark.

XXX **Weinhaus Schwarzwälder** (altes Münchener Weinrestaurant), Hartmannstr. 8 (M 2), ℰ 2 12 09 79 – 🆎 ⓪ 🇪 𝚅𝙸𝚂𝙰 KY n
M a la carte 34/70.

XXX **El Toula**, Sparkassenstr. 5 (M 2), ℰ 29 28 69 – 🔲 🆎 ⓪ 🇪 𝚅𝙸𝚂𝙰 LY f
Sonntag bis 19 Uhr, Montag, 26. Mai - 3. Juni und 28. Juli - 19. Aug. geschl. – M (abends Tischbestellung ratsam) a la carte 65/95.

XX ⓼ **Boettner** (kleines Alt-Münchener Restaurant), Theatinerstr. 8 (M 2), ℰ 22 12 10 – 🆎 ⓪ 🇪 𝚅𝙸𝚂𝙰 LY u
Samstag ab 15 Uhr sowie Sonn- und Feiertage sowie Mai geschl. – M (Tischbestellung ratsam) a la carte 62/120
Spez. Hechtsoufflé mit Sauce Nantua, Hummereintopf "Hartung", Rote Grütze.

XX **Zum Bürgerhaus**, Pettenkoferstr. 1 (M 2), ℰ 59 79 09, « Bäuerliche Einrichtung, Innenhofterrasse » – KZ s
Samstag bis 18 Uhr sowie Sonn- und Feiertage geschl. – M (Tischbestellung erforderlich) 30 (mittags) und a la carte 48/76.

XX **Gasthaus Glockenbach** (ehemalige altbayerische Bierstube), Kapuzinerstr. 29 (M 2), ℰ 53 40 43 – 🇪 JZ s
Sonntag - Montag, Feiertage und 24. Dez.- 2. Jan. geschl. – M (Tischbestellung erforderlich) 45 (mittags) und a la carte 58/82.

XX **Halali**, Schönfeldstr. 22 (M 22), ℰ 28 59 09 LY x
Samstag bis 18 Uhr sowie Sonn- und Feiertage geschl. – M (Tischbestellung ratsam) 32 (mittags) und a la carte 53/78.

XX **La Belle Epoque**, Maximilianstr. 29 (M 22), ℰ 29 33 11, 🍽 – 🆎 ⓪ 𝚅𝙸𝚂𝙰 LY n
Samstag bis 18 Uhr, Sonntag und Aug. 3 Wochen geschl. – M (abends Tischbestellung ratsam) a la carte 48/75.

XX **Chesa Rüegg**, Wurzerstr. 18 (M 22), ℰ 29 71 14 – 🔲 LY d
(Tischbestellung ratsam).

XX **Austernkeller**, Stollbergstr. 11 (M 22), ℰ 29 87 87 – 🆎 ⓪ 🇪 𝚅𝙸𝚂𝙰. 🦐 LY e
nur Abendessen, Montag und 23.- 26. Dez. geschl. – M (Tischbestellung erforderlich) a la carte 45/83.

XX **La Piazzetta**, Oskar-v.-Miller-Ring 3 (M 2), ℰ 28 29 90, 🍽, Biergarten – 🆎 ⓪ 🇪 𝚅𝙸𝚂𝙰
Samstag bis 18.30 Uhr geschl. – M (Tischbestellung ratsam) a la carte 51/78 – **Rosticceria**
M a la carte 33/55. KY a

XX **Mövenpick**, Lenbachplatz 8 (M 2), ℰ 55 78 65, Fax 5236538, 🍽 – 🔬 25/280. 🆎 ⓪ 🇪 𝚅𝙸𝚂𝙰 KY e
über Weihnachten geschl. – M a la carte 33/67.

XX **Csarda Piroschka** (Ungarisches Restaurant mit Zigeunermusik), Prinzregentenstr. 1 (Haus der Kunst) (M 22), ℰ 29 54 25, Fax 293850 – ⓟ. 🆎 ⓪ 🇪 𝚅𝙸𝚂𝙰 LY k
ab 18 Uhr geöffnet, Sonntag geschl. – M (Tischbestellung ratsam) a la carte 38/65.

XX **Dallmayr**, Dienerstr. 14 (1. Etage) (M 2), ℰ 2 13 51 00, Fax 2135167 – 🆎 ⓪ 🇪 𝚅𝙸𝚂𝙰 LY w
Samstag 15 Uhr - Sonntag geschl., Aug. nur Mittagessen – M a la carte 43/83.

X **Goldene Stadt** (Böhmische Spezialitäten), Oberanger 44 (M 2), ℰ 26 43 82 – 🆎 ⓪ 🇪 𝚅𝙸𝚂𝙰 KZ x
M (abends Tischbestellung ratsam) a la carte 26/57.

X **Ratskeller**, Marienplatz 8 (M 2), ℰ 22 03 13, Fax 229195 – 🆎 🇪 LY R
M a la carte 29/55.

X Schönfelder Hof, Schönfeldstr. 15a (M 22), ℰ 28 53 57 LY p

X Zum Klösterl, St.-Anna-Str. 2 (M 22), ℰ 22 50 86 LY m
nur Abendessen – (Tischbestellung erforderlich).

Brauerei-Gaststätten:

X **Spatenhaus-Bräustuben**, Residenzstr. 12 (M 2), ℰ 22 78 41, Fax 294076, 🍽, « Einrichtung im alpenländischen Stil » – ⓪ 🇪 𝚅𝙸𝚂𝙰 LY t
M a la carte 40/69.

X **Augustiner Gaststätten**, Neuhauser Str. 16 (M 2), ℰ 55199257, « Biergarten » – 🆎 ⓪ 🇪 𝚅𝙸𝚂𝙰 – **M** a la carte 25/56. KY p

X **Franziskaner Fuchs'n Stuben**, Perusastr. 5 (M 2), ℰ 2 31 81 20, Fax 23181244, 🍽 – 🆎 ⓪ 🇪 𝚅𝙸𝚂𝙰 – **M** a la carte 27/58. LY v

X **Zum Pschorrbräu** (mit Weinkeller St. Michael), Neuhauser Str. 11 (M 2), ℰ 2 60 30 01, 🍽 – 🆎 ⓪ 🇪 KY k
M a la carte 26/58.

X **Zum Spöckmeier**, Rosenstr. 9 (M 2), ℰ 26 80 88, 🍽 – 🆎 ⓪ 🇪 𝚅𝙸𝚂𝙰 KYZ b
Juni - Aug. Sonntag geschl. – M a la carte 26/55.

X **Spatenhofkeller**, Neuhauser Str. 26 (M 2), ℰ 26 40 10, 🍽 – 🆎 🇪 KY u
◆ **M** a la carte 21/42.

X Löwenbräukeller, Nymphenburger Str. 2 (M 2), ℰ 52 60 21, Biergarten JY c

X **Hackerkeller und Schäfflerstuben**, Theresienhöhe 4 (M 2), ℰ 50 70 04, Fax 501721, Biergarten – 🆎 ⓪ 🇪 𝚅𝙸𝚂𝙰 EV e
M a la carte 32/64.

X Pschorr-Keller, Theresienhöhe 7 (M 2), ℰ 50 10 88, Biergarten – 🔬 25/800 EV n

14

In München 90-Au :

🏦 **Aurbacher** garni, Aurbacher Str. 5, ℰ 48 09 10, Telex 528439, Fax 48091600 – 🛗 📺 📞
🚗 ⅭⅢ Ε 𝑉𝐼𝑆𝐴   HX e
Weihnachten - Anfang Jan. geschl. – **59 Z : 79 B** 145/185 - 180/260 Fb.

In München 60-Aubing :

🏠 **Pollinger - Ristorante Da Sebastiano**, Aubinger Str. 162, ℰ 8 71 40 44 (Hotel)
8 71 38 90 (Rest.), Fax 8712203, 🌳, 🚗 – 🛗 📺 📞 🚗 – 🏥 35. ⅭⅢ ⓄⒺ 𝑉𝐼𝑆𝐴   AS a
21.- 30. Dez. geschl. – **M** *(Samstag und 11.- 26. Aug. geschl.)* a la carte 35/60 – **50 Z : 72 B**
95/160 - 140/210 Fb.

🏠 **Grünwald** garni, Altostr. 38, ℰ 87 52 26, Fax 8632329 – 📞 🚗 Ⓟ Ε 𝑉𝐼𝑆𝐴 ❄️   AS s
21. Dez.- 8. Jan. und Aug. 2 Wochen geschl. – **37 Z : 60 B** 75/80 - 105/115 Fb.

In München 80-Berg am Laim :

🏠 **Eisenreich** garni, Baumkirchner Str. 17, ℰ 43 40 21, Fax 4312924 – 🛗 📞 🚗. ⅭⅢ ⓄⒺ 𝑉𝐼𝑆𝐴
Weihnachten - 5. Jan. geschl. – **36 Z : 48 B** 83 - 125.   DS a

In München-Bogenhausen :

🏨 **Sheraton**, Arabellastr. 6 (M 81), ℰ 9 26 40, Telex 522391, Fax 916877, ≤ München,
Biergarten, Massage, 🚗, 🏊 – 🛗 ⬩⬩ Zim 🍽️ 📺 🚿 🚗 – 🏥 25/1200. ⅭⅢ ⓄⒺ 𝑉𝐼𝑆𝐴
❄️ Rest   DS e
Restaurants : **Atrium M** a la carte 50/85 – **Alt Bayern Stube** *(nur Abendessen)* **M** a la carte
37/67 – **650 Z : 1 300 B** 255/390 - 310/440 Fb – 16 Appart. 850/2000.

🏨 **Palace** garni, Trogerstr. 21 (M 80), ℰ 4 70 50 91, Telex 528256, Fax 4705090, « Elegante
Einrichtung mit Stilmöbeln », 🚗, 🌳 – 🛗 📺 🚗. ⅭⅢ ⓄⒺ 𝑉𝐼𝑆𝐴   HV 1
73 Z : 110 B 245/400 - 340/460 Fb – 6 Appart.

🏨 **Arabella-Hotel**, Arabellastr. 5 (M 81), ℰ 9 23 20, Telex 529987, Fax 92324449, ≤ München,
Massage, 🚗, 🌳 – 🛗 ⬩⬩ Zim 🍽️ Rest 🚿 🚗 – 🏥 25/320. ⅭⅢ ⓄⒺ 𝑉𝐼𝑆𝐴   DS e
M *(Aug. sowie Sonn- und Feiertage geschl.)* a la carte 35/69 – **478 Z : 780 B** 216/301
277/372 Fb – 32 Appart.

🏨 **Rothof** garni, Denninger Str. 114 (M 81), ℰ 91 50 61, Fax 915066, 🌳 – 🛗 📺 🚗. ⅭⅢ ⓄⒺ
𝑉𝐼𝑆𝐴 ❄️   DS k
37 Z : 74 B 198/298 - 278/460 Fb.

🏨 **Prinzregent** garni, Ismaninger Str. 42 (M 80), ℰ 41 60 50, Telex 524403, Fax 41605466, 🚗
– 🛗 📺 🚗 – 🏥 40. ⅭⅢ ⓄⒺ 𝑉𝐼𝑆𝐴   HV 1
23. Dez.- 7. Jan. geschl. – **68 Z : 102 B** 230/320 - 290/390 Fb.

🏦 **Queens Hotel München**, Effnerstr. 99 (M 81), ℰ 98 25 41, Telex 524757, Fax 983813 – 🛗
⬩⬩ Zim 🍽️ Rest 📺 📞 Ⓟ – 🏥 25/220. ⅭⅢ ⓄⒺ 𝑉𝐼𝑆𝐴   DS x
M a la carte 39/62 – **155 Z : 285 B** 206/301 - 292/362 Fb.

🍴 **da Pippo** (Italienische Küche), Mühlbaurstr. 36 (M 80), ℰ 4 70 48 48, Fax 476464, 🌳 – Ε
❄️   DS b
Samstag bis 18 Uhr, Sonn- und Feiertage sowie Mai und Dez. jeweils 2 Wochen geschl. –
M a la carte 46/80.

🍴 **Käfer Schänke**, Schumannstr. 1 (M 80), ℰ 4 70 63 00, 🌳, « Mehrere Stuben mit rustikale
und Stil-Einrichtung » – ❄️   HV s
(Tischbestellung erforderlich).

🍴 **Bogenhauser Hof** (ehemaliges Jagdhaus a.d.J. 1825), Ismaninger Str. 85 (M 80)
ℰ 98 55 86, Fax 9810221, « Gartenterrasse » – ⅭⅢ Ⓞ   HV c
Sonn- und Feiertage geschl. – **M** (Tischbestellung erforderlich) a la carte 55/100.

🍴 **Prielhof**, Oberföhringer Str. 44 (M 81), ℰ 98 53 53, 🌳 – ⓄⒺ   DS b
Samstag bis 18 Uhr, Sonn- und Feiertage sowie Jan. 2 Wochen geschl. – **M** (Tischbestellung
ratsam) 30 (mittags) und a la carte 52/75.

🍴 **Tai Tung** (China-Restaurant), Prinzregentenstr. 60 (Villa Stuck) (M 80), ℰ 47 11 00 – ⅭⅢ
ⓄⒺ 𝑉𝐼𝑆𝐴   HV e
M *(auch vegetarische Gerichte)* a la carte 38/61.

🍴 **Mifune** (Japanisches Restaurant), Ismaninger Str. 136 (M 80), ℰ 98 75 72, Fax 10256 –
❄️   HV v
(Tischbestellung ratsam).

🍴 **Zum Klösterl**, Schneckenburger Str. 31 (M 80), ℰ 47 61 98   HV y

In München 81-Denning :

🍴 **Casale** (Italienische Küche), Ostpreußenstr. 42, ℰ 93 62 68, 🌳 – ⓄⒺ   DS e
Dienstag geschl. – **M** a la carte 41/65.

In München 81-Englschalking :

🏦 **Kent** garni, Englschalkinger Str. 245, ℰ 93 50 73, Telex 5216716, Fax 935072, 🚗 – 🛗 📺 📞
– 🏥 25. ⅭⅢ ⓄⒺ 𝑉𝐼𝑆𝐴   DS e
49 Z : 90 B 140/185 - 215/260 Fb.

In München 80-Haidhausen :

🏨 **City Hilton**, Rosenheimer Str. 15, 𝒫 4 80 40, Telex 529437, Fax 48044804, 🍽 – 🛗 ⇔ Zim
🖭 🗏 ♿ ⟸ – ⚿ 25/180. 🖭 ⓞ 🖲 𝑉𝐼𝑆𝐴　　　　HX **s**
Restaurants – **Zum Gasteig M** a la carte 45/73 – **Löwenschänke M** a la carte 32/50 – **483 Z :**
765 B 257/397 - 333/513 Fb – 10 Appart. 513/1200.

🏨 **Preysing**, Preysingstr. 1, 𝒫 48 10 11, Telex 529044, Fax 4470998, 🍽, 🗏 – 🛗 🖭 🖭 ⟸
23. Dez.- 6. Jan. geschl. – **M** : siehe Restaurant Preysing-Keller – **76 Z : 92 B** 155/249 - 284
– 5 Appart. 357/515.　　　　HX **w**

🏨 **München Penta Hotel**, Hochstr. 3, 𝒫 4 48 55 55, Telex 529046, Fax 4488277, Massage,
🍽, 🗏 – 🛗 ⇔ Zim 🖭 🖭 ⟸ – ⚿ 25/400. 🖭 ⓞ 🖲 𝑉𝐼𝑆𝐴　　　　HX **t**
M 33 (Buffet) und a la carte 43/76 – **583 Z : 1130 B** 264/349 - 343/373 Fb – 12 Appart. 548.

🏠 **Habis**, Maria-Theresia-Str. 2a, 𝒫 4 70 50 71, Fax 4705101 – 🖭 🕿. 🖭 ⓞ 🖲 𝑉𝐼𝑆𝐴　　　　HV **f**
M (nur Abendessen) a la carte 35/60 – **25 Z : 40 B** 120 - 170 Fb.

🏠 **Stadt Rosenheim** garni, Orleansplatz 6a, 𝒫 4 48 24 24, Fax 485987 – 🛗 🖭 🕿. 🖭 ⓞ 🖲
𝑉𝐼𝑆𝐴　　　　HX **h**
58 Z : 98 B 59/109 - 98/174.

🍴🍴🍴 ❀ **Preysing-Keller**, Innere-Wiener-Str. 6, 𝒫 48 10 15, « Gewölbe mit rustikaler
Einrichtung » – 🗏　　　　HX **w**
nur Abendessen, 23. Dez.- 6. Jan. sowie Sonn- und Feiertage geschl. – **M** (bemerkenswerte
Weinkarte) (Tischbestellung ratsam) 109 und a la carte 61/82
Spez. Räucheraal-Parfait, Hasenrücken mit Walnußkruste, Barbarie-Ente auf bayerische Art (2 Pers.).

🍴🍴 **Balance**, Grillparzerstr. 1, 𝒫 4 70 54 72, 🍽 – 🖭 ⓞ 🖲　　　　HX **c**
Samstag bis 18 Uhr sowie Sonn- und Feiertage geschl. – **M** a la carte 46/68.

🍴 **Rue Des Halles** (Restaurant im Bistro-Stil), Steinstr. 18, 𝒫 48 56 75 – 🖲　　　　HX **a**
nur Abendessen – **M** (Tischbestellung ratsam) a la carte 54/66.

In München 90-Harlaching :

🍴 Gutshof Menterschwaige, Menterschwaigstr. 4, 𝒫 64 07 32, 🍽, Biergarten – ℗ –
⚿ 25/50　　　　CT **c**

In München 45-Harthof :

🍴🍴 **Zur Gärtnerei**, Schleißheimer Str. 456, 𝒫 3 13 13 73, 🍽 – ℗　　　　CR **a**
Mittwoch geschl. – Menu a la carte 32/60.

In München 21-Laim :

🏨 **Transmar-Park-Hotel** garni, Zschokkestr. 55, 𝒫 57 93 60, Telex 5218609, Fax 57936100,
🍽 – 🛗 🖭 🕿 ⟸ – ⚿ 30. 🖭 ⓞ 🖲 𝑉𝐼𝑆𝐴　　　　BS **c**
71 Z : 125 B 170/220 - 220/290 Fb.

🏠 **Petri** garni, Aindorferstr. 82, 𝒫 58 10 99, 🗏 – 🛗 🖭 🕿 ⟸. 🖭 ⓞ 🖲 𝑉𝐼𝑆𝐴　　　　BS **r**
45 Z : 70 B 109/162 - 140/170 Fb.

In München 60-Langwied :

🍴🍴 ❀ **Das kleine Restaurant im Gasthof Böswirth** 🐌 mit Zim, Waidachanger 9,
𝒫 8 11 97 63 – ⟸ ℗. 🖭 ⓞ 🖲　　　　AR **s**
19. Mai - 3. Juni und 23. Dez.- 21. Jan. geschl. – **M** (nur Abendessen, Sonn- und Feiertage
sowie Montag geschl.) (bemerkenswerte Weinkarte) 70/110 und a la carte 65/92 – **12 Z :**
19 B 70/85 - 110
Spez. Hummer in Basilikumsud, Milchkalbsnuß in Kartoffelkruste, Topfenmousse mit Beeren.

In München 40-Milbertshofen :

🏨 **Königstein** garni, Frankfurter Ring 28, 𝒫 3 54 19 69, Fax 3597880 – 🛗 ⇔ Zim 🖭 🕿 ⟸.
🖭 ⓞ 🖲 𝑉𝐼𝑆𝐴. 🛇　　　　CR **v**
22. Dez.- 7. Jan. geschl. – **42 Z : 57 B** 145/230 - 185/245 Fb.

In München 50-Moosach :

🏠 **Mayerhof** garni, Dachauer Str. 421, 𝒫 1 41 30 41, Telex 524675, Fax 1402417 – 🛗 🖭 🕿
⟸. 🖭 ⓞ 🖲 𝑉𝐼𝑆𝐴　　　　BR **b**
71 Z : 150 B 94/149 - 124/179 Fb.

In München 19-Neuhausen :

🏨 **Königin Elisabeth**, Leonrodstr. 79, 𝒫 12 68 60, Fax 12686459, 🍽 – 🛗 🖭 🕿. 🖭 ⓞ 🖲
𝑉𝐼𝑆𝐴　　　　EU **c**
M a la carte 29/50 – **80 Z : 130 B** 135/165 - 185/205 Fb.

In München 83-Neu Perlach :

🏨 **Orbis Hotel**, Karl-Marx-Ring 87, 𝒫 6 32 70, Telex 5213357, Fax 6327407, Biergarten, 🍽,
🗏 – 🛗 ⇔ Zim 🗏 Rest 🖭 ⟸ ℗ – ⚿ 25/130. 🖭 ⓞ 🖲 𝑉𝐼𝑆𝐴　　über Ständlerstr.　DT
Restaurants – **Perlacher Bürgerstuben M** a la carte 42/70 – **Hubertuskeller** (nur Abendessen)
M a la carte 32/50 – **Sakura** (nur Abendessen, Montag geschl.) **M** a la carte 30/45 – **185 Z :**
328 B 155/195 - 195/235 Fb – 4 Appart. 315.

In München 19-Nymphenburg :

🏠 **Kriemhild** garni, Guntherstr. 16, ℰ 17 00 77, Fax 177478, ≤s − 📺 ☎ 🅿. 🕮 E 💳   BS y
18 Z : 32 B 70/120 - 95/135 Fb.

✕ **Schloßwirtschaft zur Schwaige**, Schloß Nymphenburg Eingang 30, ℰ 17 44 21, Fax
1784101, Biergarten − 🅿. E   BS n
M a la carte 26/54.

In München 81-Oberföhring :

✕ Wirtshaus im Grün Tal, Grüntal 15, ℰ 98 09 84, Fax 981867, 😮, Biergarten − 🅿   DS ▪

In München 60-Obermenzing :

🏠 **Blutenburg** garni, Verdistr. 130, ℰ 8 11 20 35, Fax 8111925 − 📺 ☎ 🚗 🅿. 🕮 ⊙ E 💳   AS r
19 Z : 30 B 95/120 - 140/170 Fb.

🏠 **Verdi** garni, Verdistr. 123, ℰ 8 11 14 84 − 🅿. ℅   AS g
20. Dez.- 15. Jan. und 15.- 31. Juli geschl. − 15 Z : 20 B 50/85 - 82/108.

✕ **Weichandhof**, Betzenweg 81, ℰ 8 11 16 21, « Hübscher bayr. Landgasthof,
Gartenterrasse » − 🅿   AS v
Samstag geschl. − M (Tischbestellung ratsam) a la carte 30/65.

In München 60-Pasing :

🏠 **Stadt Pasing** garni, Blumenauer Str. 151, ℰ 8 34 40 66, Fax 8342318 − 📺 ☎ 🚗 🅿. E
💳. ℅   AS r
24. Dez.- 6. Jan. geschl. − 24 Z : 44 B 82/122 - 112/152 Fb.

🏠 **Petra** garni, Marschnerstr. 73, ℰ 83 20 41, 🐎 − ☎ 🚗. ℅   AS z
20. Dez.- 6. Jan. geschl. − 18 Z : 26 B 75/90 - 110/120.

In München 82-Riem über ③ und die A 94 DS :

🏨 **Landhotel Martinshof - Restaurant Goldene Gans**, Martin-Empl-Ring 8, ℰ 92 20 80,
Fax 92208400, 😮 − 📺 ☎ 🚗. 🕮 ⊙ E 💳
M (Sonntag geschl.) a la carte 42/65 − 15 Z : 27 B 145/185 - 180/225 Fb.

In München 40-Schwabing :

🏨🏨 **Ramada Parkhotel**, Theodor-Dombart-Str. 4 (Ecke Berliner Straße), ℰ 36 09 90,
Telex 5218720, Fax 36099684, 😮, ≤s − 🛗 ╳ Zim 📺 🚗 − 🔬 25/60. 🕮 ⊙ E 💳
M a la carte 35/70 − 260 Z : 520 B 235/325 - 305/390 Fb − 80 Appart. 500/600.   CR n

🏨🏨 **Marriott-Hotel**, Berliner Str. 93, ℰ 36 00 20, Telex 5216641, Fax 36002200, ♫, ≤s, 🔲 −
🛗 ╳ Zim 📺 👌 🚗 − 🔬 25/350. 🕮 ⊙ E 💳 ℅ Rest   CR e
M a la carte 48/81 − 350 Z : 482 B 329/379 - 403/433 Fb − 18 Appart. 483/798.

🏨 **Holiday Inn**, Leopoldstr. 194, ℰ 38 17 90, Telex 5215439, Fax 38179888, 😮, Massage, ≤s,
🔲 − 🛗 ╳ Zim 📺 🚗 − 🔬 25/320. 🕮 ⊙ E 💳
M 35 Buffet (mittags) und a la carte 42/74 − 363 Z : 690 B 225/325 - 310/410 Fb − 4 Appart.
600/1050.

🏨 **Residence**, Artur-Kutscher-Platz 4, ℰ 38 17 80, Telex 529788, Fax 38178951, 😮, 🔲 − 🛗
╳ Zim 🍽 Rest 📺 ☎ 🚗 − 🔬 25/100. 🕮 ⊙ E 💳. ℅ Rest   HU q
M a la carte 44/68 − 165 Z : 300 B 193/250 - 268/320.

🏨 **König Ludwig** garni, Hohenzollernstr. 3, ℰ 33 59 95, Telex 5216607, Fax 394658 − 🛗 📺
☎ 🚗. 🕮 ⊙ E 💳   GU u
46 Z : 87 B 169/225 - 225/300 Fb.

🏨 **Vitalis**, Kathi-Kobus-Str. 24, ℰ 12 00 80, Telex 5215161, Fax 1298382 − 🛗 📺 ☎ 🚗 🅿 −
🔬 25/100   FU b
(nur Abendessen) − 100 Z : 200 B Fb.

🏨 **Arabella - Olympiapark-Hotel**, Helene-Mayer-Ring 12, ℰ 3 51 60 71, Telex 5215231, Fax
3543730, 😮 − 🛗 📺 ☎ 🅿 − 🔬 30   CR p
105 Z : 200 B Fb.

🏨 **Weinfurtners Garden-Hotel** garni, Leopoldstr. 132, ℰ 36 80 04, Telex 5214315 − 🛗 📺 ☎
🚗 🅿 − 🔬 30 − 174 Z : 320 B Fb.   GU e

🏠 **Consul** garni, Viktoriastr. 10, ℰ 33 40 35 − 🛗 📺 ☎ 🚗 🅿   GU k
31 Z : 50 B Fb.

🏠 **Leopold**, Leopoldstr. 119, ℰ 36 70 61, Telex 5215160, Fax 367061, 😮 − 🛗 📺 ☎ 🚗 🅿.
🕮 ⊙ E 💳   GU t
22.- 31. Dez. geschl. − M (Samstag geschl.) a la carte 25/56 − 78 Z : 116 B 115/140 -
155/185 Fb.

🏠 **Ibis**, Ungererstr. 139, ℰ 36 08 30, Telex 5215080, Fax 363793, 😮 − 🛗 🍽 Rest 📺 ☎ 👌 🚗
− 🔬 35 − 138 Z : 203 B Fb.   CR b

🏠 **Biederstein** � garni, Keferstr. 18, ℰ 39 50 72, Fax 348511, 🐎 − 🛗 📺 ☎ 🚗. 🕮   HU m
31 Z : 39 B 120/155 - 160/210.

🏠 **Gästehaus Englischer Garten** � garni, Liebergesellstr. 8, ℰ 39 20 34, 🐎 − 📺 ☎ 🚗   HU i
14 Z : 22 B 85/152 - 122/172.

🏠 **Lettl** � garni, Amalienstr. 53, ℰ 28 30 26, Fax 2805318 − 🛗 📺 ☎ 🚗 🅿   GU s
Mitte Dez.- 6. Jan. geschl. − 27 Z : 55 B 94/145 - 150/190 Fb.

XXXXX ❀❀❀ **Tantris**, Johann-Fichte-Str. 7, ℘ 36 20 61, Fax 3618469, 斧 – 🗏 🅿. 🖭 ⓞ Ε 𝗩𝗜𝗦𝗔
℁ HU **b**
Montag und Samstag nur Abendessen, Sonn- und Feiertage, Jan. 1 Woche sowie 18. Mai -
9. Juni geschl. – **M** (Tischbestellung ratsam) a la carte 85/145
Spez. Lotte in Zitronensauce, Wachtelkotelett im Kartoffelmantel, Crépinettes vom Reh in Senfkörnersauce.

XX **Romagna Antica** (Italienische Küche), Elisabethstr. 52, ℘ 2 71 63 55, Fax 2711364, 斧 –
↤↦. ℁ – (Tischbestellung ratsam). FU **a**

XX **Seehaus**, Kleinhesselohe 3, ℘ 39 70 72, Fax 341803, ≤, « Terrasse am See » – 🅿. ⓞ Ε
𝗩𝗜𝗦𝗔 HU **t**
M a la carte 43/72.

XX **Walliser Stuben**, Leopoldstr. 33, ℘ 34 80 00, Biergarten – 🖭 ⓞ Ε 𝗩𝗜𝗦𝗔 GU **g**
nur Abendessen, Sonn- und Feiertage geschl. – **M** a la carte 34/64.

XX **Bistro Terrine**, Amalienstr. 89 (Amalien-Passage), ℘ 28 17 80, 斧 – 🖭 Ε. ℁ GU **q**
Sonn- und Feiertage, Montag bis 19 Uhr, 1.- 8. Jan., Juni 3 Wochen sowie 22.- 27. Dez.
geschl. – **M** (abends Tischbestellung ratsam) 37 (mittags) und a la carte 65/90.

XX **Daitokai** (Japanisches Restaurant), Nordendstr. 64 (Eingang Kurfürstenstr.), ℘ 2 71 14 21,
Fax 2718392 – 🗏. 🖭 ⓞ Ε 𝗩𝗜𝗦𝗔. ℁ GU **d**
Sonntag geschl. – **M** (Tischbestellung ratsam) a la carte 48/76.

XX **Restaurant 33**, Feilitzschstr. 33, ℘ 34 25 28, 斧 HU **a**
nur Abendessen – (Tischbestellung ratsam).

XX **Savoy** (Italienische Küche), Tengstr. 20, ℘ 2 71 14 45 – 🖭 ⓞ Ε 𝗩𝗜𝗦𝗔 GU **t**
Sonntag geschl. – **M** a la carte 38/64.

X **Ristorante Grazia** (Italienische Küche), Ungererstr. 161, ℘ 36 69 31 – Ε CR **r**
Samstag - Sonntag geschl. – **M** (Tischbestellung ratsam) a la carte 45/62.

In München 70-Sendling :

🏨 **Holiday Inn München-Süd**, Kistlerhofstr. 142, ℘ 78 00 20, Telex 5218645, Fax 78002672,
Biergarten, Massage, ⓢ, 🖥 – 🛗 ⇆ Zim 🗏 📺 ₺ ↤↦ – 🔬 25/100. 🖭 ⓞ Ε 𝗩𝗜𝗦𝗔
℁ Rest BT **x**
M a la carte 41/67 – **320 Z : 400 B** 233/363 - 346/406 Fb – 8 Appart. 446/596.

🏠 **Amenity** garni, Passauerstr. 28, ℘ 7 69 10 67, Fax 7694843 – 🛗 📺 ☎ ↤↦. ⓞ Ε
42 Z : 84 B 152/220 - 190/260 Fb. CT **f**

🏠 **Avella** garni, Steinerstr. 20, ℘ 7 23 70 91, Telex 5218116, Fax 7241675 – 🛗 📺 ☎ 🅿. ⓞ Ε
𝗩𝗜𝗦𝗔. ℁ CT **e**
20. Dez - 6. Jan. geschl. – **33 Z : 50 B** 110/140 - 140/200 Fb.

🏠 **Galleria** garni, Plinganserstr. 142, ℘ 7 23 30 01, Telex 5213122 – 📺 ☎ 🅿. 🖭 ⓞ Ε 𝗩𝗜𝗦𝗔
19 Z : 35 B 120/160 - 160/210 Fb. CT **a**

In München 71-Solln :

🏠 **Pegasus** garni, Wolfratshauser Str. 211, ℘ 7 90 00 24, ⓢ – 📺 ☎ ↤↦ BT **y**
22 Z : 30 B Fb.

🏠 **Villa Solln** garni, Wilh.-Leibl-Str. 16, ℘ 79 20 91, Fax 7900428, ⓢ, 🌳 – 📺 ☎ ↤↦. Ε. ℁
24. Dez - 4. Jan. geschl. – **24 Z : 40 B** 90/100 - 130/140 Fb. BT **n**

🏠 **Hotel und Gasthof Sollner Hof**, Herterichstr. 63, ℘ 79 20 90, Telex 5218264, Biergarten – ☎
↤↦ 🅿 – **25 Z : 38 B** Fb. BT **s**

XX **Al Pino** (Italienische Küche), Franz-Hals-Str. 3, ℘ 79 98 85, 斧 – 🅿. Ε BT **a**
Samstag bis 18 Uhr geschl. – **M** a la carte 38/64.

In München 82-Trudering über die B 304 DS :

🏨 **Am Moosfeld**, Am Moosfeld 35, ℘ 42 91 90, ⓢ – 🛗 📺 ☎ ↤↦ 🅿 – 🔬 30. 🖭 ⓞ Ε 𝗩𝗜𝗦𝗔
22. Dez - 1. Jan. geschl. – **M** *(nur Abendessen, Freitag - Samstag geschl.)* a la carte 29/53
– **75 Z : 140 B** 118/128 - 152/168 Fb.

🏠 **Am Schatzbogen** garni, Truderinger Str. 198, ℘ 42 92 79, Fax 429930 – 📺 ☎ ↤↦ 🅿. 🖭
ⓞ Ε 𝗩𝗜𝗦𝗔 DS **z**
24. Dez - 6. Jan. geschl. – **20 Z : 34 B** 120/160 - 155/210 Fb.

🏠 **Obermaier** garni, Truderinger Str. 304b, ℘ 42 90 21, Fax 426400 – 🛗 📺 ☎ 🅿. ⓞ Ε 𝗩𝗜𝗦𝗔
33 Z : 60 B 95/150 - 120/210 Fb. DS **u**

XX **Passatore** (Italienische Küche), Wasserburger Landstr. 212 (B 304), ℘ 4 30 30 00, 斧 –
🖭 ⓞ Ε 𝗩𝗜𝗦𝗔
Mittwoch geschl. – **M** (abends Tischbestellung ratsam) a la carte 46/70.

In München 50-Untermenzing :

🏨 **Romantik-Hotel Insel Mühle**, Von-Kahr-Str. 87, ℘ 8 10 10, Telex 5218292, Fax 8120571,
斧, Biergarten, « Restaurierte Mühle a.d. 16. Jh. » – 📺 ↤↦ 🅿. 🖭 ⓞ Ε 𝗩𝗜𝗦𝗔 AR **a**
M *(Sonn- und Feiertage geschl.)* 28 (mittags) und a la carte 51/77 – **37 Z : 80 B** 150/190 -
220/370.

In München 70-Untersendling :

🏨 **Carmen**, Hansastr. 146 (Einfahrt Haus Nr. 148), ℘ 7 60 10 99 (Hotel) 7 60 48 52 (Rest.),
Telex 5213121, Fax 7605843 – 🛗 📺 ☎ 🅿 – 🔬 25 CT **d**
M *(Samstag - Sonntag 18 Uhr und 21.- 31. Dez. geschl.)* a la carte 31/48 – **63 Z : 108 B**
105/205- 148/250 Fb.

MÜNCHEN S. 16

In Neuried 8027 :

✗ **Neurieder Hof**, Münchner Str. 2, ℰ (089) 7 55 82 72 – 🅿. 🆎 ⓸ 𝐄 𝗩𝗜𝗦𝗔   AT
  Montag 15 Uhr - Dienstag geschl. – **M** (abends Tischbestellung ratsam) a la carte 33/66.

In Unterföhring 8043 – ✪ 089 :

🏨 **Quality Inn**, Feringastr. 2, ℰ 95 71 60, Telex 5218885, Fax 95716111, Massage, ≋ –
  ⇔ Zim 📺 🅿 ⇐⇒ 🅿 – 🔬 80. 🆎 ⓸ 𝐄 𝗩𝗜𝗦𝗔   DR
  M *(auch vegetarische Gerichte)* a la carte 28/58 – **104 Z : 220 B** 150/195 - 190/360 Fb.

🏨 **Lechnerhof** 🐾 garni, Eichenweg 4, ℰ 9 50 61 41, Fax 9506966, ☞ – 🛗 📺 ☎ ⇐⇒ 🅿
  🔬 30. 🆎 ⓸ 𝐄 𝗩𝗜𝗦𝗔   DR
  24. Dez.- 1. Jan. geschl. – **40 Z : 75 B** 120/145 - 165/205 Fb.

🏠 Zum Gockl (Bayer. Landgasthof mit Gästehaus), Münchner Str. 73, ℰ 95 02 9
  Telex 5214799, Fax 9506542, 🛆, Biergarten – 🛗 📺 ☎ ⇐⇒ 🅿 – 🔬 25/80   DR
  75 Z : 130 B Fb.

🏠 **Tele-Hotel**, Bahnhofstr. 15, ℰ 95 01 46, Fax 9506652, 🛆 – 🛗 📺 ☎ ⇐⇒ 🅿. 🆎 ⓸ 𝐄 𝗩𝗜𝗦𝗔
  M *(Samstag geschl.)* a la carte 25/61 – **59 Z : 120 B** 95/130 - 130/200 Fb.   DR

In Feldkirchen 8016 ③ : 10 km :

🏨 **Bauer**, Münchner Str. 6, ℰ (089) 9 09 80, Telex 529637, Fax 9098414, 🛆, ≋, 🔲 – 🛗 🗗
  ☎ 🕭 ⇐⇒ 🅿 – 🔬 25/200. 🆎 ⓸ 𝐄 𝗩𝗜𝗦𝗔
  M a la carte 32/60 – **103 Z : 160 B** 115/135 - 155/200 Fb.

In Unterhaching 8025 S : 10 km über Tegernseer Landstraße und B 13 CT – ✪ 089 :

🏨 **Schrenkhof** garni, Leonhardsweg 6, ℰ 6 10 09 10, Fax 61009150, « Einrichtung i
  alpenländischen Stil », ≋ – 🛗 📺 ☎ ⇐⇒ 🅿 – 🔬 35. 🆎 ⓸ 𝐄 𝗩𝗜𝗦𝗔
  20. Dez.- 8. Jan. geschl. – **26 Z : 47 B** 160/190 - 200/310 Fb.

🏨 **Huber - Restaurant Huber Klausn**, Kirchfeldstr. 8, ℰ 61 90 51   (Hote
  ℰ 6 11 16 18 (Rest.), Fax 6113842, 🛆, ≋, 🔲, ☞, ✗ – 🛗 📺 ☎ ⇐⇒ 🅿 – 🔬 25/50. 🅃
  ⓸ 𝐄 𝗩𝗜𝗦𝗔. ✘
  Hotel : 20. Dez.- 10. Jan. geschl. – **M** *(Mai - Sept. Samstag - Sonntag, Okt.- April Samstag*
  Sonntag 17 Uhr, 2.- 6. Jan. und 29. Juli - 20. Aug. geschl.) a la carte 28/60 – **65 Z : 93 B** 120
  160 Fb.

🏠 **Demas** garni, Hauptstr. 32, ℰ 6 11 40 84, Fax 6115070 – 🛗 📺 ☎ ⇐⇒ 🅿. ⓸ 𝐄 𝗩𝗜𝗦𝗔
  23 Z : 38 B 103/115 - 136/146 Fb.

🏠 **Kölbl - Restaurant Pfeffermühle**, Münchner Str. 107, ℰ 6 11 43 65   (Hote
  ℰ 6 11 19 71 (Rest.), Fax 6113851, 🛆 – 📺 ☎ 🅿. 𝐄. ✘ Zim
  M *(nur Abendessen, Sonntag geschl.)* a la carte 48/72 – **17 Z : 27 B** 88/130 - 145/160 Fb.

✗ **Schrenkhof**, Leonhardsweg 2, ℰ 6 11 62 36, Fax 6116200, 🛆 – 🅿.

In Haar 8013 SO : 12 km über ③ – ✪ 089 :

🏠 **Wiesbacher**, Wadluststr. 25, ℰ 46 40 49, Fax 4605385, 🛆, Zugang zum öffentlichen ⅃
  – 🛗 📺 ☎ 🅿. 🆎 𝐄 𝗩𝗜𝗦𝗔
  M *(nur Abendessen)* a la carte 28/54 – **32 Z : 52 B** 115/120 - 170/190 Fb.

🏠 Motel Heberger garni, Jagdfeldring 95, ℰ 46 45 74, Fax 4603394 – 📺 ☎ ⇐⇒ 🅿
  24 Z : 35 B Fb.

✗✗ **Kreitmair** (bayerischer Landgasthof), Keferloh 2 (S : 1 km), ✉ 8011 Keferloh
  ℰ 46 46 57, Fax 4603768, Biergarten – 🅿. ⓸ 𝐄
  Montag und Jan. 3 Wochen geschl. – **M** (Tischbestellung ratsam) a la carte 34/67.

In Neubiberg 8014 SO : 12 km über Neubiberger Str. DT :

🏠 **Rheingoldhof** 🐾 garni, Rheingoldstr. 4, ℰ (089) 6 01 30 77 – ☎ ⇐⇒ 🅿. ⓸ 𝐄 𝗩𝗜𝗦𝗔
  Mitte Aug.- Mitte Sept. und 23. Dez.- Ende Jan. geschl. – **18 Z : 33 B** 62/74 - 98/110.

In Ottobrunn 8012 SO : 12 km über Neubiberger Str. DT – ✪ 089 :

🏨 **Aigner** garni, Rosenheimer Landstr. 118, ℰ 60 81 70, Telex 528210, Fax 6083213 – 🛗 📺 🕇
  ⇐⇒ 🅿. 🆎 ⓸ 𝐄 𝗩𝗜𝗦𝗔
  70 Z : 120 B 130/190 - 160/250 Fb.

🏠 **Gästehaus Heidi** garni, Bürgermeister-Wild-Str. 23, ℰ 6 09 72 77 – 📺 ☎ 🅿. 𝐄
  20. Dez.- 10. Jan. geschl. – **18 Z : 27 B** 68 - 90.

✗✗ **Bistro Cassolette**, Nauplia - Allee 6 (Eingang Margreider Platz), ℰ 6 09 86 83 – 𝐄
  Samstag bis 19 Uhr, Sonn- und Feiertage sowie 22. Dez.- 7. Jan. geschl. – **M** (abend
  Tischbestellung ratsam) 35 (mittags) und a la carte 56/78.

In Aschheim 8011 ③ : 13 km über Riem :

🏨 **Schreiberhof**, Erdinger Str. 2, ℰ (089) 90 00 60, Fax 90006459, 🛆 – 🛗 📺 ⅃ ⇐⇒ 🅿
  🔬 25/80. 🆎 ⓸ 𝐄
  M a la carte 47/67 – **86 Z : 144 B** 165/205 - 215/255 Fb.

🏨 **Zur Post**, Ismaninger Str. 11 (B 471), ℰ (089) 9 03 20 27, Fax 9044669, 🛆 – 🛗 📺 ☎ 🅿
  ➡ – 🔬 30. 𝐄
  M a la carte 24/46 – **55 Z : 80 B** 75/103 - 125/150 Fb.

586

In Grünwald 8022 S : 13 km über Geiselgasteigstr. CT – ☻ 089 :

🏠 **Tannenhof** garni, Marktplatz 3, ℘ 6 41 70 74, Fax 6415608, « Modernisiertes Jugendstilhaus » – 🆅 ☎ 🅿 AE ① E VISA
1.- 6. Jan. geschl. – **21 Z : 40 B** 120/160 - 160/200 Fb.

🏠 **Forsthaus Wörnbrunn** ♨, Im Grünwalder Forst (O : 1 km), ℘ 6 41 78 85, Fax 6413968, Biergarten – 🆅 ☎ 🅿 – 🔏 25/100. AE E
23. Jan.- 11. Feb. geschl. – **M** a la carte 38/72 – **17 Z : 30 B** 90/150 - 170/195 Fb.

🏠 **Alter Wirt**, Marktplatz 1, ℘ 6 41 78 55, Fax 6414266, 😤, « Bayerischer Landgasthof » – 🔹🆅 ☎ ⇔ 🅿 – 🔏 25/70. AE E
M a la carte 37/65 – **49 Z : 75 B** 98/140 - 130/180 Fb.

🏠 **Schloß-Hotel Grünwald** ♨, Zeillerstr. 1, ℘ 6 41 79 35, Fax 6414771, ≤, « Garten-terrasse » – 🆅 ☎ 🅿 AE ① E
1.- 15. Jan. geschl. – **M** a la carte 33/64 – **16 Z : 27 B** 105/220 - 175/260 Fb.

In Grünwald-Geiselgasteig 8022 S : 12 km über Geiselgasteigstr. CT :

🏠 **Ritterhof** garni, Nördliche Münchner Str. 6, ℘ (089) 6 49 32 41, Fax 6493012, ♨, 🐎 – 🆅 ⇔ 🅿 AE E
11 Z : 22 B 98/120 - 140/180.

XX **Zur Einkehr** (bayerischer Landgasthof), Nördliche Münchner Str. 2, ℘ (089) 6 49 23 04, Fax 649053, Biergarten – 🅿 AE ① E VISA
M a la carte 48/84.

In Oberhaching 8024 S : 14 km über die A 995 CT :

🏠 **Hachinger Hof** ♨, Pfarrer-Socher-Str. 39, ℘ (089) 6 13 50 91, Fax 6131492, ⇔s – 🔹 🆅 ☎ ⇔ 🅿 AE ① E VISA
24. Dez.- 8. Jan. geschl. – **M** *(nur Abendessen, Samstag - Sonntag geschl.)* a la carte 24/48 – **47 Z : 62 B** 105 - 130/160 Fb.

An der Autobahn A 8 Richtung Augsburg (W : 5 km ab Autobahneinfahrt Obermenzing) :

🏠 **Rasthaus Langwieder See**, Kreuzkapellenstr. 68, ✉ 8000 München 60, ℘ (089) 8 14 10 54, Fax 8143777, ≤, 😤 – ☎ 🅿 AE ① E VISA   AR **b**
M a la carte 26/54 – **94 Z : 179 B** 57/97 - 109/174.

MICHELIN-REIFENWERKE KGaA. Niederlassung 8046 Garching (über ② und die A 9), Gutenbergstr. 4, ℘ (089) 3 20 20 41, Fax 3202047.

Die im Michelin-Führer
verwendeten Zeichen und Symbole haben –
***fett** oder dünn gedruckt, rot oder schwarz –*
jeweils eine andere Bedeutung.
Lesen Sie daher die Erklärungen aufmerksam durch.

MÜNCHWEILER AN DER RODALB 6785. Rheinland-Pfalz 412 413 G 19, 242 ⑧, 87 ① – 3 100 Ew – Höhe 272 m – ☻ 06395.
•Mainz 131 – Landau in der Pfalz 39 – Pirmasens 9.

XXX ☺ **Krone** mit Zim, Hauptstr. 1, ℘ 16 81, bemerkenswerte Weinkarte – 🅿
12 Z : 13 B -(1991 Umzug nach Freinsheim, Stadtmauerhotel).

MÜNDEN 3510. Niedersachsen 987 ⑮, 412 L 12 – 28 000 Ew – Höhe 125 m – Erholungsort – ☻ 05541.
Sehenswert : Fachwerkhäuser★★ – Rathaus★.
Ausflugsziel : Wesertal★ (von Münden bis Höxter).
🛈 Städtisches Verkehrsbüro, Rathaus, ℘ 7 53 13.
•Hannover 151 ① – •Braunschweig 138 ① – Göttingen 34 ① – •Kassel 23 ②.
Stadtplan siehe nächste Seite.

🏠 **Berghotel Eberburg** ♨, Tillyschanzenweg 14, ℘ 50 88, ≤ Münden, 😤 – 🆅 ☎ 🅿
M *(nur Abendessen, Sonntag geschl.)* a la carte 32/50 – **27 Z : 51 B** 75/80 - 115/125 Fb.   Z **u**

🏠 **Schmucker Jäger**, Wilhelmshäuser Str. 45 (B 3), ℘ 50 49, Fax 2901 – ☎ 🅿 – 🔏 80. AE ① E VISA   Z **r**
2.- 14. Jan. geschl. – **M** *(Sonntag 15 Uhr - Montag 17 Uhr geschl.)* a la carte 19/56 – **30 Z : 58 B** 42/75 - 76/114.

🏠 **Jagdhaus Heede** ♨, Hermannshäger Str. 81, ℘ 23 95, 😤, 🐎 – 🅿 ⁒ Zim   über ① Nov. geschl. – **M** *(Montag geschl.)* a la carte 22/45 – **18 Z : 30 B** 48/60 - 84/93 – ½ P 55.

🏠 **Hainbuchenbrunnen** ♨, Hainbuchenbrunnen 4, ℘ 3 31 66, ≤, 😤, ⇔s, 🔲, 🐎, ⁒ – 🅿 ⁒   über Vogelsangweg Z
M *(nur Abendessen, Okt.- März Donnerstag geschl.)* a la carte 22/55 – **24 Z : 45 B** 43/70 - 80/116 Fb.

MÜNDEN

Burgstraße	YZ 6
Lange Straße	YZ
Marktstraße	Y 15
Rosenstraße	Z 20
Bremer Schlagd	Y 5
Friedrich-Ludwig-Jahn-Straße	Y 7
Fuldabrückenstraße	Z 9
Gartenstraße	Y 10
Kasseler Schlagd	Y 12
Kattenbühlstraße	Z 13
Markt	Y 14
Tanzwerderstraße	Y 25
Wanfrieder Schlagd	Y 29
Wilhelmshäuser Straße	Z 30
Ziegelstraße	Z 32

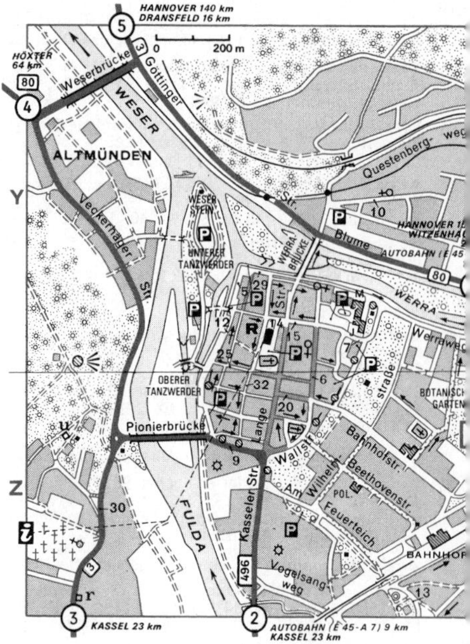

Si vous écrivez à un hôtel à l'étranger joignez à votre lettre un coupon réponse international (disponible dans les bureaux de poste).

In Münden-Bursfelde ⑤ : 18 km :

✕ **Klostermühle** mit Zim, Klosterhof 24, ☎ (05544) 72 49, ←, 🏞 – Ⓟ
Jan.- 15. Feb. geschl. – **M** *(Montag geschl.)* a la carte 22/37 – **6 Z : 11 B** 40/50 - 80.

In Münden 18-Laubach ① : 6 km :

🏨 **Werrastrand**, Buschweg 41, ☎ 3 32 58, Fax 33425, 🏞, 🏊 – ☎ 🚗 Ⓟ – 🏋 25/80. AE ◑ E VISA. ✂
Nov. geschl. – **M** *(Dienstag geschl.)* a la carte 24/70 – **16 Z : 29 B** 45/65 - 78/98.

MÜNDER AM DEISTER, BAD 3252. Niedersachsen 987 ⑮, 412 L 10 – 20 000 Ew – Höhe 120 m – Heilbad – ☎ 05042.

ℹ Kurverwaltung, im Haus des Kurgastes, ☎ 6 04 54.

♦Hannover 33 – Hameln 16 – Hildesheim 38.

🏨 **Kastanienhof** 🔇, Am Stadtbahnhof 11 (am Süntel), ☎ 30 63, 🏊, 🏊, 🌳 – 🛗 📺 ☎ ♿ 🚗 Ⓟ. E
M a la carte 32/66 – **36 Z : 72 B** 95/160 - 134/190 Fb – ½ P 82/165.

🏨 **Wiesengrund**, Lange Str. 70, ☎ 20 22, Fax 3823, 🌳 – 🛗 📺 ☎ Ⓟ. E. ✂ Zim
Nov.- 15. Dez. geschl. – **M** *(Freitag - Samstag geschl.)* a la carte 23/51 – **35 Z : 40 B** 75/230 - 130/260 Fb – ½ P 90/200.

🏨 **Terrassen-Café** 🔇, Querlandweg 2, ☎ 30 45, Fax 6303, 🏞, 🏊 – 🛗 📺 ☎ Ⓟ. AE ◑ E VISA
M a la carte 24/41 – **23 Z : 37 B** 80/98 - 140/170 Fb.

🏨 **Goldenes M** 🔇 garni, Lange Str. 70a, ☎ 27 17, 🌳 – Ⓟ
9 Z : 16 B 65/90 - 110/150.

In Bad Münder 1-Klein Süntel SW : 9 km :

🏨 **Landhaus Zur schönen Aussicht** 🔇, Klein-Sünteler-Str. 6, ☎ 5 10 31, ←, « Gartenterrasse », 🌳 – 📺 ☎ Ⓟ. E. ✂ Zim
Mitte Nov.- Anfang Dez. geschl. – **M** *(Dienstag geschl.)* a la carte 29/52 – **17 Z : 24 B** 60/75 - 110/140 Fb.

☛ *When in a hurry use the Michelin Main Road Maps :*
970 *Europe,* **980** *Greece,* **984** *Germany,* **985** *Scandinavia-Finland,*
986 *Great Britain and Ireland,* **987** *Germany-Austria-Benelux,* **988** *Italy,*
989 *France,* **990** *Spain-Portugal and* **991** *Yugoslavia.*

[MÜNNERSTADT] 8732. Bayern [413] N 16, [987] ㉖ – 8 100 Ew – Höhe 234 m – ☎ 09733.

ehenswert : Stadtpfarrkirche (Werke★ von Veit Stoss und Riemenschneider).

Tourist-Information, Marktplatz 1, ☎ 90 31.

München 331 – ◆Bamberg 86 – Fulda 76 – Schweinfurt 29.

🏨 **Bayerischer Hof** (Fachwerkhaus a.d. 17. Jh.), Marktplatz 9, ☎ 2 25, 🌳, ≘s – [TV] ☎ 🚗. AE E VISA
M *(bemerkenswerte Weinkarte)* a la carte 35/61 – **21 Z : 44 B** 64/68 - 108/118 Fb.

🏨 **Gasthof Hellmig**, Meiningerstr. 1, ☎ 30 72 ☎
◆ **M** *(Dienstag geschl.)* a la carte 19/39 🍷 – **9 Z : 14 B** 35/45 - 65/80 Fb.

🏠 **Café Winkelmann** garni, Marktplatz 13, ☎ 94 41
2.- 16. Nov. geschl. – **14 Z : 26 B** 26/36 - 50/72.

[MÜNSINGEN] 7420. Baden-Württemberg [413] L 21, [987] ㉟ – 11 200 Ew – Höhe 707 m – Wintersport : 700/850 m ⛷4 ⛷7 – ☎ 07381.

Fremdenverkehrsamt, Rathaus, Bachwiesenstr. 7, ☎ 18 21 45.

Stuttgart 61 – Reutlingen 32 – ◆Ulm (Donau) 51.

🏨 **Herrmann** (mit Gästehäusern), Ernst-Bezler-Str. 1, ☎ 22 02, ≘s – ⇕ [P]. E
22. Dez.- 6. Jan. geschl. – **M** *(Freitag geschl.)* a la carte 28/52 🍷 – **35 Z : 60 B** 45/55 - 78/95 Fb.

In Münsingen 1-Gundelfingen S : 13 km:

🏨 **Wittstaig**, Wittstaig 10, ☎ (07383) 12 72, 🌳, ≘s, 🏊, 🌳 – ⇕ [P]. 🚫🐕 Zim
◆ *8. Jan.- 9. Feb. geschl.* – **M** *(Dienstag geschl.)* a la carte 20/42 🍷 – **28 Z : 55 B** 39/55 - 66/86.

In Mehrstetten 7421 SO : 9 km :

🏨 **Zum Hirsch - Gästehaus Mandel** 🌿, Bahnhofstr. 7, ☎ (07381) 24 79, ≤, 🌳 – [P]. E
M *(Mittwoch geschl.)* a la carte 25/40 🍷 – **11 Z : 22 B** 50 - 80.

[MÜNSTER AM STEIN - EBERNBURG, BAD] 6552. Rheinland-Pfalz [987] ㉔, [412] G 17 – 100 Ew – Höhe 120 m – Heilbad – Heilklimatischer Kurort – ☎ 06708.

ehenswert : Felsenlandschaft★★ – Kurpark★ – Rheingrafenstein ≤★.

Drei Buchen (SW : 2 km), ☎ (06708) 37 55.

Verkehrsverein, Berliner Str. 56, ☎ 39 93.

ainz 51 – Kaiserslautern 52 – Bad Kreuznach 4,5.

🏨 **Hotel am Kurpark** 🌿, Kurhausstr.10, ☎ 12 92, ≤, Massage, ≘s, 🌳 – ☎ [P]. 🚫🐕
6. Jan.- Feb. und Nov.- 20. Dez. geschl. – (nur Abendessen für Hausgäste) – **32 Z : 40 B** 60/87 - 130/150 Fb – ½ P 82/109.

🏨 **Kurhotel Krone**, Berliner Str. 73, ☎ 8 40, Fax 84189, ≘s, 🏊 – ⇕ ☎ [P] – 👥 25/100. AE ⓓ E VISA
M a la carte 34/62 🍷 – **66 Z : 101 B** 85/105 - 140/160 Fb – 4 Appart. 246 – ½ P 92/127.

🏨 **Parkhotel Plehn** 🌿, Kurhausstr. 8, ☎ 8 30, Fax 1302 – ⇕ ☎ [P] – 👥 25/40. AE E VISA
M a la carte 29/54 🍷 – **68 Z : 103 B** 85/110 - 145/170 Fb – 5 Appart. 190/220.

🏨 **Haus Lorenz** 🌿, Kapitän-Lorenz-Ufer 18, ☎ 18 41, ≤, 🌳, 🌳 – 🚗. 🚫🐕
15. Nov.- 14. Jan. geschl. – **M** *(Montag geschl.)* a la carte 27/55 🍷 – **19 Z : 30 B** 58/65 - 102 – ½ P 68/75.

🏨 Weinhotel Schneider 🌿, Gartenweg 2a, ☎ 20 43 – ☎ [P]
9 Z : 18 B.

🏨 **Post**, Berliner Str. 33, ☎ 30 26, Fax 3027, 🌳, ≘s – ⇕ ☎ [P] – 👥 25/80. E
M a la carte 27/61 🍷 – **28 Z : 38 B** 66/90 - 120/126 Fb.

🏨 **Kaiserhof**, Berliner Str. 35, ☎ 39 50, 🏋, ≘s – 🚗 [P]
(Restaurant nur für Hausgäste) – **28 Z : 40 B** 56/63 - 96/114 – ½ P 68/81.

🏨 **Gästehaus Weingut Rapp** 🌿 garni, Schloßgartenstraße (Ebernburg), ☎ 23 12, 🌳 – [P]. 🚫🐕
15 Z : 30 B 50/53 - 76/80 – 4 Fewo 62/75.

🏨 **Haus in der Sonne** 🌿, Bismarckstr. 24, ☎ 15 36, ≤ – ☎ [P]. E. 🚫🐕
März - Nov. – (Restaurant nur für Hausgäste) – **12 Z : 20 B** 50/70 - 96.

[MÜNSTER] Hessen siehe Selters (Taunus).

LES GUIDES VERTS MICHELIN

Paysages, monuments
Routes touristiques
Géographie,
Histoire, Art
Itinéraires de visite
Plans de villes et de monuments.

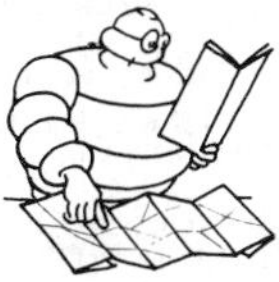

MÜNSTER (WESTFALEN) 4400. Nordrhein-Westfalen 987 ⑭, 412 F 11 — 252 000 Ew — Höh 62 m — ✆ 0251.

Sehenswert : Prinzipalmarkt★ — Dom★ (Domkammer★★ BY **M2**, astronomische Uhr★ Sakramentskapelle★) — Rathaus (Friedenssaal★) — Residenz-Schloß★ AY — Landesmuseum fü Kunst und Kulturgeschichte (Altarbilder★★) BY **M1** — Lambertikirche (Turm★) BY **A**.

Ausflugsziel : Straße der Wasserburgen★ (Vornholz, Hülshoff★, Lembeck★, Vischering★) (übe Albert-Schweitzer-Straße E).

🏌 Steinfurter Str. 448 (E), ✆ 21 12 01.

✈ bei Greven, N : 31 km über ⑤ und die A 1, ✆ (02571) 50 30.

🚂 ✆ 69 13 26.

Ausstellungsgelände Halle Münsterland (DZ), ✆ 6 60 00, Telex 892681.

🛈 Verkehrsverein, Berliner Platz 22, ✆ 51 01 80, Fax 5101830.

ADAC, Ludgeriplatz 11, ✆ 53 10 72, Notruf ✆ 1 92 11.

◆Düsseldorf 124 ④ — Bielefeld 87 ① — Dortmund 70 ④ — Enschede 64 ⑤ — ◆Essen 86 ④.

Stadtpläne siehe nächste Seiten.

🏨 **Dorint Hotel Münster**, Engelstr. 39, ✆ 4 17 10, Telex 891669, Fax 4171100, 🚿 — 📺 🛁 🍴 — 🛗 25/250 CZ
   156 Z : 260 B Fb — 4 Appart.

🏨 **Mövenpick Hotel am Aasee**, Kardinal-von-Galen-Ring 65, ✆ 8 90 20, Telex 891411, Fa 8902616, 🍴 — 🔖 ⇔ Zim 📺 🛁 🍴 — 🛗 25/200. 🖭 ⑩ 🖻 💳 E
   Restaurants : **Rössli M** a la carte 42/75 — **Mövenpick M** a la carte 28/61 — **120 Z : 165 B** 19 - 256 Fb — 4 Appart. 356.

🏨 **Schloß Wilkinghege** (Wasserschloß a.d. 16. Jh. mit Gästehaus in ländliche Parklandschaft), Steinfurter Str. 374 (B 54), ✆ 21 30 45, « Restauranträume mit stilvolle Einrichtung, Schloßkeller », 🏊, 🏌, — 📺 🍴 — 🛗 25/50. 🖭 ⑩ 🖻 💳 . 🕸 Rest E
   M a la carte 58/80 — **39 Z : 72 B** 135/165 - 185/210 Fb — 4 Appart. 390.

🏨 **Kaiserhof** garni, Bahnhofstr. 14, ✆ 4 00 59, Telex 892141, Fax 511412 — 🔖 📺 ☎ 🍴 🛗 25/60. 🖭 ⑩ 🖻 💳 CZ
   109 Z : 150 B 119 - 173 Fb — 6 Appart. 238.

🏨 **Am Schloßpark** garni, Schmale Str. 2, ✆ 2 05 41, Fax 22977 — 🔖 📺 ☎ 🍴. 🖭 ⑩ 🖻 💳 🕸 AX
   Juli - Aug. 3 Wochen und 23. Dez.- 1. Jan. geschl. — **28 Z : 53 B** 100/160 - 155/210 Fb 3 Appart. 265.

🏨 **Central**, Aegidiistr. 1, ✆ 4 03 55, Fax 40400 — 🔖 📺 ☎ ⇔. 🖭 ⑩ 🖻 💳 🕸 BY
   20. Dez.- 8. Jan. geschl. — Menu (Samstag 16 Uhr - Montag geschl.) a la carte 32/62 — **25 Z 40 B** 105/135 - 145/250.

🏨 **Steinburg**, Mecklenbecker Str. 80, ✆ 7 71 79, Fax 72267, ≤, 🍴 — 📺 ☎ 🍴 — 🛗 35. 🖪 ⑩ 🖻 💳 🕸
   23. Dez.- 6. Jan. geschl. — **M** (Sonntag 18 Uhr - Montag und 1.- 15. Aug. geschl.) a la cart 28/53 — **17 Z : 29 B** 92 - 149.

🏨 **Windsor** garni, Warendorfer Str. 177, ✆ 3 03 28, Telex 892604, Fax 391610, 🚿 — 🔖 📺 🖭 ⑩ 🖻 💳 E
   30 Z : 48 B 98/135 - 148/165 Fb.

🏨 **Feldmann**, An der Clemenskirche 14, ✆ 4 33 09 — 🔖 📺 ☎ — 🛗 30. 🖭 🖻 E CY r
   M (Sonn- und Feiertage sowie 5.- 25 Aug. geschl.) a la carte 31/69 — **29 Z : 45 B** 90/150 150/190.

🏨 **Überwasserhof**, Überwasserstr. 3, ✆ 4 17 70, Fax 4177100 — 🔖 📺 ☎ 🍴 AY
   50 Z : 80 B.

🏨 **City-Hotel** garni, Friedrich-Ebert-Str. 55, ✆ 7 72 44, Fax 791206 — 🔖 📺 ☎ 🍴 — 🛗 25/100 🖭 ⑩ 🖻 💳 CZ
   32 Z : 55 B 78/110 - 115/160.

🏨 **Martinihof** garni, Hörster Str. 25, ✆ 4 00 73 (Hotel) 4 66 43 (Rest.), Fax 54743 — 🔖 ☎ 🍴 ⑩ 🖻 💳 CY
   54 Z : 72 B 45/85 - 90/124 Fb.

🏨 **Conti** garni, Berliner Platz 2a, ✆ 4 04 44, Telex 892113, Fax 51711 — 🔖 📺 ☎ 🛁 🍴. 🖭 ⑩ 💳 CZ
   60 Z : 120 B 59/145 - 98/179 Fb.

🏨 **Mauritzhof** garni, Eisenbahnstr. 15, ✆ 4 17 20, Fax 46686 — 📺 ☎. 🖭 ⑩ 🖻 💳 CY
   24. Dez.- 1. Jan. geschl. — **31 Z : 54 B** 95/125 - 125/165 Fb.

🏨 **Hansa-Haus** garni, Albersloher Weg 1, ✆ 6 43 24, Fax 67665, 🚿 — 📺 ☎ 🍴. 🖭 ⑩ 💳 CZ
   20. Dez.- 6. Jan. geschl. — **13 Z : 19 B** 80/85 - 115/140.

XXX ✿ **Kleines Restaurant im Oerschen Hof** (Französische Küche), Königsstr. 42 ✆ 4 20 61, bemerkenswerte Weinkarte — 🖭 ⑩ 🖻 💳 BZ
   Sonntag - Montag 19 Uhr, über Karneval 2 Wochen und Juli - Aug. 3 Wochen geschl.
   M (Tischbestellung ratsam) 60 (mittags) und a la carte 85/130
   Spez. Gänsestopfleberpastete, Seeteufelmedaillons in Kaviarsauce, Croustade von Kalbsbries in Senfkornsauc

XX Tannenhof mit Zim, Prozessionsweg 402, ℰ 3 13 73, 佘 – **❷** – **6 Z : 10 B**.   E **v**

XX **Villa Medici** (Italienische Küche), Ostmarkstr. 15, ℰ 3 42 18 – **E**   DX **a**
Samstag und Sonntag nur Abendessen, Dienstag geschl. – **M** a la carte 39/60.

XX **Ratskeller**, Prinzipalmarkt 8, ℰ 4 42 26, Fax 57240 – **ᴀᴇ ❶ E 𝚅𝙸𝚂𝙰**   BY **R**
M a la carte 32/60.

X **Altes Brauhaus Kiepenkerl**, Spiekerhof 45, ℰ 4 03 35, 佘 – **ᴀᴇ ❶ E 𝚅𝙸𝚂𝙰**   BY **a**
Weihnachten und Dienstag geschl. – **M** a la carte 32/56.

X Wienburg 🍴 mit Zim, Kanalstr. 237, ℰ 29 33 54, Biergarten, « Gartenterrasse » – 🆃🆅 ☎
⇔ – **⚒** 40   E **n**
7 Z : 13 B.

X **Shanghai** (China-Restaurant), Verspoel 22, ℰ 5 64 77 – **ᴀᴇ ❶ E 𝚅𝙸𝚂𝙰**   BZ **d**
M a la carte 22/39.

Brauerei-Gaststätten :

X Altes Gasthaus Leve, Alter Steinweg 37, ℰ 4 55 95, « Gemütliche, altdeutsche Bierstuben »
    CY **u**

X **Restaurant Wielers - Kleiner Kiepenkerl**, Spiekerhof 47, ℰ 4 34 16, Fax 43417, 佘 –
ᴀᴇ ❶ E 𝚅𝙸𝚂𝙰   BY **a**
Montag sowie Weihnachten und Neujahr geschl. – **M** a la carte 25/59.

X **Pinkus Müller** (Altbier-Küche, traditionelles Studentenlokal), Kreuzstr. 4, ℰ 4 51 51, Fax
57136   BY **p**
Sonn- und Feiertage geschl. – **M** (westfälische und münstersche Spezialitäten) a la carte
28/54.

In Münster-Amelsbüren ③ : 11 km :

XXX ⓢ **Davert Jagdhaus** 🍴, Wiemannstr. 4, ℰ (02501) 5 80 58, « Gartenterrasse » – ☎ ❷.
❶ E 𝚅𝙸𝚂𝙰
Montag - Dienstag, Juli - Aug. 4 Wochen und Weihnachten - Neujahr geschl. – **M** a la
carte 60/78
Spez. Piccata von Lotte auf Olivensauce, Navarin von Fischen in Safransauce, Lammrücken mit Basilikum.

In Münster-Gremmendorf ② : 4 km :

🏨 Münnich 🍴, Heeremansweg 11, ℰ 62 40 81, 佘 – 🆃🆅 ☎ ❷ – **⚒** 25/100 – **46 Z : 90 B** Fb.

In Münster-Handorf ① : 7 km :

🏨🏨 **Romantik-Hotel Hof zur Linde** 🍴 (westfälischer Bauernhof), Handorfer Werseufer 1,
ℰ 32 50 02, Telex 891500, Fax 328209, « Geschmackvoll eingerichtete Zimmer in
verschiedenen Stilarten, Bauernstuben mit offenem Herdfeuer » – ⧆ 🆃🆅 ☎ ❷ – **⚒** 25/45.
ᴀᴇ ❶ E 𝚅𝙸𝚂𝙰 ⋇
M (auch vegetarische Gerichte) a la carte 47/78 – **34 Z : 64 B** 105/135 - 165/200 Fb.

🏨🏨 **Haus Eggert** 🍴, Zur Haskenau 81 (N : 5 km über Dorbaumstr.), ℰ 3 20 83, Telex 891487,
Fax 327147, 佘, ⇰, ☞ – 🆃🆅 ☎ ❷ – **⚒** 25/40. **ᴀᴇ ❶ E 𝚅𝙸𝚂𝙰**
M 20/35 (mittags) und a la carte 40/57 – **33 Z : 70 B** 95/110 - 140/180 Fb.

🏨🏨 **Deutscher Vater**, Petronillaplatz 9, ℰ 3 20 33, Fax 327321, ⇰ – ⧆ 🆃🆅 ☎ ❷ – **⚒** 25/50.
ᴀᴇ ❶ E 𝚅𝙸𝚂𝙰 ⋇ Zim
M (Freitag geschl.) a la carte 39/72 – **24 Z : 38 B** 55/80 - 90/135.

🏨 **Parkhotel Haus Vennemann** 🍴, Vennemannstr. 6, ℰ 3 21 01, Fax 327339,
« Gartenterrasse », ☞ – 🆃🆅 ☎ ❷ – **⚒** 25/150. **ᴀᴇ ❶ E 𝚅𝙸𝚂𝙰**
M (Sonn- und Feiertage nur Mittagessen) a la carte 33/56 – **23 Z : 40 B** 80/100 - 130/150 Fb.

🏨 **Handorfer Hof**, Handorfer Str. 22, ℰ 3 21 62 – 🆃🆅 ☎ ❷. **ᴀᴇ E 𝚅𝙸𝚂𝙰**
26. Dez.- 11. Jan. geschl. – **M** (Montag geschl.) a la carte 23/54 – **15 Z : 22 B** 65/70 -
110/120 Fb.

In Münster-Hiltrup ③ : 6 km – ✆ 02501 :

🏨🏨 **Waldhotel Krautkrämer** 🍴, Am Hiltruper See 173 (SO : 2,5 km), ℰ 80 50, Telex 892140,
Fax 805104, ≤, 佘, 🍴, ☞ – ⧆ 🆃🆅 ☎ ❷ – **⚒** 25/130. **ᴀᴇ ❶ E 𝚅𝙸𝚂𝙰** ⋇ Rest
23.- 26. Dez. geschl. – **M** (bemerkenswerte Weinkarte) 45 (mittags) und a la carte 64/99 –
Cabaret (Einrichtung im Stil der 20-er Jahre) (nur Abendessen) **M** a la carte 43/63 – **70 Z :
130 B** 200/270 - 270/330 Fb – 3 Appart. 460.

🏨 **Hiltruper Gästehaus** garni, Marktallee 44, ℰ 40 16 – ⧆ 🆃🆅 ☎ ❷. **ᴀᴇ ❶ E 𝚅𝙸𝚂𝙰** ⋇
21 Z : 42 B 95 - 135 Fb.

🏨 Gästehaus Landgraf 🍴, Thierstr. 26, ℰ 12 36, 佘 – 🆃🆅 ☎ ❷ – **10 Z : 19 B**.

In Münster-Roxel W : 6,5 km über Einsteinstraße E, vor der Autobahn links ab :

🏨🏨 **Parkhotel Schloß Hohenfeld** 🍴, Dingbänger Weg 400, ℰ (02534) 80 80, Fax 7114,
« Gartenterrasse », ⇰, 🍴, ☞ – ⧆ ⋇ Zim 🆃🆅 ☎ ♿ ❷ – **⚒** 25/120. **ᴀᴇ ❶ E 𝚅𝙸𝚂𝙰**
M a la carte 35/70 – **90 Z : 150 B** 120/195 - 195/225 Fb.

In Münster-Wolbeck SO : 9 km über Wolbecker Straße E :

🏨🏨 **Thier-Hülsmann** (westfälisches Bauernhaus a. d. J. 1676), Münsterstr. 33, ℰ (02506) 20 66,
Fax 3403, ☞ – 🆃🆅 ☎ ⇔ ❷ – **⚒** 25/40. **ᴀᴇ ❶ E 𝚅𝙸𝚂𝙰** ⋇
M (Dienstag geschl.) (bemerkenswerte Weinkarte) 26/43 (mittags) und a la carte 45/74 –
31 Z : 55 B 80/150 - 115/200 Fb.

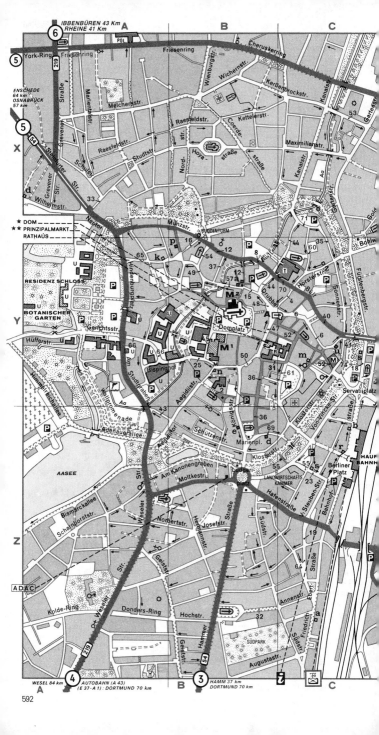

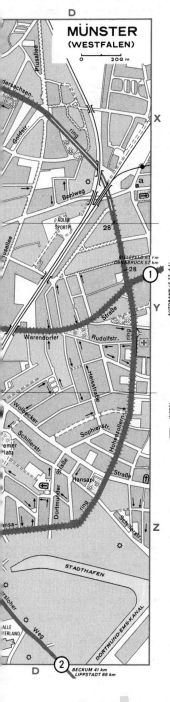

MÜNSTER
(WESTFALEN)

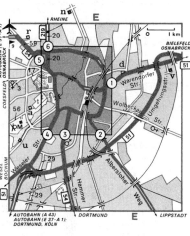

LE GUIDE VERT MICHELIN
ALLEMAGNE

Paysages, monuments
Routes touristiques
Géographie
Histoire, Art
Itinéraires de visite
Plans de villes et de monuments

593

MÜNSTEREIFEL, BAD 5358. Nordrhein-Westfalen 👥👥👥 ②. 👥👥👥 D 15 — 17 000 Ew — Höi 290 m — Kneippheilbad — ✪ 02253.

Sehenswert : Ehemalige Stadtbefestigung★ — Windeckhaus★.

🛈 Kurverwaltung, Langenhecke 2, ℘ 50 51 82.

◆Düsseldorf 91 — ◆Bonn 39 — Düren 43 — ◆Köln 50.

🏨 **Park-Hotel**, Im Schleidtal 4, ℘ 31 40, Fax 31480, 🌲, 🚿, 🔲, 🐎 — 📺 🕿 🅿 — 🔬 25/5 🕮 ⓪ 🄴 🆅🅸🆂🅰
M a la carte 31/59 — **53 Z : 110 B** 100/119 - 128/174 Fb — 3 Appart. 180.

🏠 **Jungmühle** 🅂 garni, Unnaustr. 14, ℘ 51 55, Bade- und Massageabteilung, 🔥, 🚿 — 🅿. 🚿
15.- 27. Dez. geschl. — **18 Z : 30 B** 55/60 - 90.

🏠 **Waldhotel Brezing**, Am Quecken, ℘ 45 81, 🚿, 🐎 — 📺 🕿 🅿. 🄴
Jan. geschl. — (Restaurant nur für Hausgäste) — **18 Z : 30 B** 60/80 - 90/100 Fb.

🏠 **Witten**, Werther Str. 5, ℘ 64 55, 🚿, 🔲 — 📺 🕿. 🚿 Zim
20 Z : 38 B.

🏠 **Grunwald's-Hotel**, Kettengasse 4, ℘ 81 50, 🚿 — 🕿 🚐. 🕮 ⓪ 🄴 🆅🅸🆂🅰
(Restaurant nur für Hausgäste) — **13 Z : 22 B** 42/61 - 74/90 Fb — ½ P 49/61.

✕ **Erftstübchen** (kleines Bistro-Restaurant), Wertherstr. 8, ℘ 51 14
(Tischbestellung erforderlich).

✕ **Weinhaus an der Rauschen**, Heisterbacher Str. 1, ℘ 73 37, 🌲 — ⓪ 🄴 🆅🅸🆂🅰
Montag - Dienstag 18 Uhr und 7. Jan.- 3. Feb. geschl. — **M** a la carte 33/58.

In Bad Münstereifel - Eicherscheid S : 3 km :

🏠 **Café Oberfollmühle**, Ahrweiler Str. 41, ℘ 79 04, 🌲, 🐎 — 🅿. 🚿 Rest
◆ 1.-26. Dez. geschl. — **M** (Nov.- März Mittwoch geschl.) 14/26 — **13 Z : 25 B** 45/50 - 66/100
½ P 57/62.

MUNSTER-SARMSHEIM Rheinland-Pfalz siehe Bingen.

MÜNSTERSCHWARZACH Bayern siehe Schwarzach.

MÜNSTERTAL 7816. Baden-Württemberg 👥👥👥 G 23. 👥👥👥 ③. 👥👥👥 H 2 — 4 600 Ew — Höhe 400 — Luftkurort — Wintersport : 800/1 300 m ⚡5 ⚡5 — ✪ 07636.

Ausflugsziel : Belchen ❄★★★ S : 18 km.

🛈 Kurverwaltung, Untermünstertal, ℘ 7 07 30.

◆Stuttgart 229 — Basel 65 — ◆Freiburg im Breisgau 27.

In Untermünstertal :

🏨 **Adler-Stube**, Münster 59, ℘ 2 34, Telex 772909, Fax 7244, 🌲, 🚿, 🐎 — 🕿 🅿. 🕮 🄴 🆅🅸🆂🅰
Mitte Nov.- Mitte Dez. geschl. — **M** (Dienstag 14 Uhr - Mittwoch geschl.) a la carte 28/62 — **19 Z : 35 B** 67/97 - 104/162 Fb — ½ P 82/127.

🏨 **Parkhotel**, Wasen 56, ℘ 2 29, Fax 7341, « Park mit Forellenteich », 🚿, 🔲 (geheizt), 🐎
🚿 — 🕿 🅿. 🕮 ⓪ 🄴 🆅🅸🆂🅰
11. Nov.- 9. Dez. geschl. — (Restaurant nur für Hausgäste) — **30 Z : 50 B** 60/80 - 120/150
3 Appart. 170.

🏠 **Landgasthaus Langeck** 🅂, Langeck 6, ℘ 2 09, ◁, 🌲 — 🛗 🅿
14 Z : 25 B Fb.

🏠 **Münstertäler Hof**, Hofstr. 49, ℘ 2 28 — 🅿
Mitte Feb.- Mitte März geschl. — **M** (Mittwoch - Donnerstag geschl.) a la carte 30/52
8 Z : 15 B 40/45 - 80 — ½ P 55.

✕✕ **Schmidt's Gasthof zum Löwen**, Wasen 54, ℘ 5 42, « Gartenterrasse » — 🅿
15. Jan.- Feb. und im Winter Montag 15 Uhr - Dienstag geschl. — **M** a la carte 43/82.

In Obermünstertal :

🏨 ✿ **Romantik-Hotel Spielweg** 🅂 (Schwarzwaldgasthof mit 2 Gästehäusern), Spielwe 61, ℘ 70 90, Fax 70966, 🌲, 🚿, 🔲 (geheizt), 🔲, 🐎, 🚿 — 🛗 📺 🕿 🚐 🅿. 🕮 ⓪ 🄴 🆅🅸🆂🅰
M (Montag - Dienstag 15 Uhr geschl.) (Tischbestellung ratsam) 50/105 — **42 Z : 80 B** 120/1 - 170/330 Fb — 5 Appart. 380/480 — ½ P 131/211
Spez. Lachsroulade mit Forellenmousse, Münstertäler Gamsrücken in Schupfnudelteig, Zwetschgenterrine r Zibärlli.

🏠 **Landgasthaus zur Linde** (historischer Gasthof a.d. 17. Jh.), Krumlinden 13, ℘ 4 47, F 1636, 🌲 — 📺 🕿 🅿
1.- 22. März geschl. — **M** (Montag geschl.) a la carte 28/54 ⅃ — **10 Z : 20 B** 49/65 - 92/124
½ P 73/89.

In Münstertal-Stohren NO : 6,5 km ab Spielweg — Höhe 1 070 m :

✕ **Zähringer Hof** 🅂 mit Zim, Stohren 10, ℘ (07602) 2 56, ◁, 🌲 — 🅿
März 3 Wochen und Ende Nov.- Mitte Dez. geschl. — **M** (Montag 14 Uhr - Dienstag geschl a la carte 25/62 ⅃ — **6 Z : 12 B** 30/40 - 60/70.

MUGGENDORF Bayern siehe Wiesenttal.

MULARTSHÜTTE Nordrhein-Westfalen siehe Roetgen.

MUMMENROTH Hessen siehe Brensbach.

MUNICH = München.

MUNSTER 3042. Niedersachsen **987** ⑮ – 16 000 Ew – Höhe 73 m – ✆ 05192.

Hannover 92 – ♦Bremen 106 – ♦Hamburg 82 – Lüneburg 48.

🏨 Kaiserhof, Breloher Str. 50, ✆ 50 22, Fax 7079 – 📺 ☎ 🚗 🅿 – 🔬 80
13 Z : 22 B.

🏚 Lüneburger Hof, Fr.-Heinrich-Platz 32, ✆ 31 23 – ☎ 🅿
17 Z : 27 B.

In Munster-Oerrel SO : 8 km :

🏠 **Kaminhof** (Niedersächsischer Bauernhof a.d.J. 1600), Salzwedeler Str. 5, ✆ 28 41, ☞ –
☎ 🚗 🅿. 🦌 Rest
Feb. geschl. – **M** a la carte 26/43 – **14 Z : 28 B** 60 - 90.

MURG 7886. Baden-Württemberg **413** H 24. **427** I 3. **216** ⑤⑥ – 6 500 Ew – Höhe 312 m –
◗ 07763.

Stuttgart 215 – Basel 37 – Zürich 70.

XX **Fischerhaus** mit Zim, Fährstr. 15, ✆ 60 74, 😋 – 📺 ☎ 🚗 🅿. 🕦 E
M *(15. Jan.- 15. Feb. und Sonntag 15 Uhr - Montag geschl.)* a la carte 28/53 👌 – **10 Z : 19 B**
50/75 - 110/130.

MURNAU 8110. Bayern **413** Q 23,24. **987** ㊲. **426** F 5 – 11 000 Ew – Höhe 700 m – Luftkurort
– ✆ 08841.

🛈 Verkehrsamt, Kohlgruber Str. 1, ✆ 20 74.

München 70 – Garmisch-Partenkirchen 24 – Weilheim 20.

🏰 **Alpenhof Murnau** ⑤, Ramsachstr. 8, ✆ 10 45, Fax 5438, ≤ Ammergauer Alpen und
Estergebirge, « Gartenterrasse », 🔟 (geheizt), ☞ – 📺 🅿 – 🔬 25/70. 🦌 Rest
7. Jan.- 7. Feb. geschl. – **M** *(bemerkenswerte Weinkarte)* a la carte 55/94 – **48 Z : 90 B**
140/265 - 185/340 Fb – ½ P 150/225.

🏨 **Seidlpark** ⑤, Seidlpark 2, ✆ 20 11, Telex 59530, Fax 4633, ≤, Bade- und Massageabteilung,
🔄, 🔟, ☞ – 🛗 📺 ☎ 🅿 – 🔬 25/100
62 Z : 93 B Fb.

🏠 **Klausenhof**, Burggraben 10, ✆ 50 41, 😋 – 🛗 📺 ☎ 🚗 – 🔬 30. E 🆅🆂🅰. 🦌 Zim
M a la carte 18/50 – **18 Z : 33 B** 68/120 - 96/165 Fb.

🏠 **Post** garni, Obermarkt 1, ✆ 18 61 – ☎ 🚗. E 🆅🆂🅰
Nov. geschl. – **20 Z : 30 B** 65 - 120.

🏚 **Griesbräu**, Obermarkt 37, ✆ 14 22 – 🛗 🅱 🅿
M *(Donnerstag geschl.)* a la carte 19/38 – **14 Z : 28 B** 45/65 - 80/125 – ½ P 60/75.

In Riegsee 8110 NO : 5 km :

🏠 **Alpspitz** ⑤ garni, Seestr. 14, ✆ (08841) 4 00 01, 🔄, 🔥🔥, ☞ – 📺 ☎ 🅿. E. 🦌
Nov. geschl. – **8 Z : 18 B** 50/80 - 102/140 Fb.

In Riegsee-Aidling 8110 NO : 6 km :

🏚 **Post** ⑤, Dorfstr. 26, ✆ (08847) 62 25, ≤ Wettersteingebirge, 😋 – 🅿
M *(Mittwoch geschl.)* a la carte 21/36 – **9 Z : 21 B** 42 - 70/80 – ½ P 53/60.

MURRHARDT 7157. Baden-Württemberg **413** L 20. **987** ㉕ – 13 000 Ew – Höhe 291 m –
Erholungsort – ✆ 07192.

Sehenswert : Stadtkirche (Walterichskapelle★).

🛈 Verkehrsamt, Marktplatz 10. ✆ 21 31 24.

Stuttgart 48 – Heilbronn 41 – Schwäbisch Gmünd 34 – Schwäbisch Hall 34.

🏨 **Sonne - Post**, Walterichsweg 1, ✆ 80 83, Fax 1550, 🔄, 🔟, ☞ – 🛗 📺 ☎ 🅿 – 🔬 40.
🆀🅴 🕦 E 🆅🆂🅰
M : siehe Restaurant Sonne-Post – **37 Z : 70 B** 97/127 - 137/192 Fb.

XX **Sonne-Post**, Karlstr. 6, ✆ 80 81 – 🅿 – 🔬 25/100. 🆀🅴 🕦 E 🆅🆂🅰
Menu a la carte 34/66.

In Murrhardt-Fornsbach O : 6 km :

🏠 **Landgasthof Krone**, Rathausplatz 3, ✆ 54 01 – 📺 ☎ 🅿
4.- 26. Feb. und Sept.- Okt. 2 Wochen geschl. – **M** *(Montag - Dienstag geschl.)* a la carte
21/44 👌 – **7 Z : 11 B** 48 - 84.

MUTLANGEN Baden-Württemberg siehe Schwäbisch Gmünd.

MUTTERSTADT 6704. Rheinland-Pfalz 987 ㉔ ㉕, 412 413 I 18 – 12 500 Ew – Höhe 95 m –
🅯 06234.
Mainz 77 – Kaiserslautern 58 – ♦Mannheim 12 – Speyer 22.

🏠 **Jägerhof**, An der Fohlenweide 29 (Gewerbegebiet-Süd), 🖉 10 31 – ☎ ⇔ 🅿. **E**. ⅌ Zim
  M (nur Abendessen, Freitag geschl.) a la carte 29/46 ⚖ – **20 Z : 28 B** 50/55 - 90/100.

🏠 **Ebnet**, Neustadter Str. 53, 🖉 17 31 – ☎ 🅿
  22. Dez.- 6. Jan. geschl. – **M** (nur Abendessen, Freitag - Sonntag geschl.) a la carte 24/42 ⚖
  – **22 Z : 42 B** 50/65 - 80/95 Fb.

NABBURG 8470. Bayern 413 T 18, 987 ㉗ – 6 500 Ew – Höhe 385 m – 🅯 09433.
♦München 184 – ♦Nürnberg 92 – ♦Regensburg 62 – Weiden in der Oberpfalz 29.

🏠 **Pension Ruhland** garni, Am Kastanienbaum 1, 🖉 5 34, ≤, 🐎 – ☎ 🅿
  15 Z : 28 B 31/37 - 54/65.

🍴 **Post**, Regensburger Str. 2 (B 15), 🖉 61 05 – ⇔ 🅿. ⓞ **E**
  20. Dez.- 15. Jan. geschl. – **M** (nur Abendessen, Samstag - Sonntag geschl.) a la carte
  17,50/30 – **28 Z : 37 B** 35/45 - 70/90.

NACKENHEIM Rheinland-Pfalz siehe Mainz.

NAGEL 8591. Bayern 413 S 17 – 2 000 Ew – Höhe 585 m – Erholungsort – 🅯 09236.
♦München 268 – Bayreuth 38 – Hof 56 – Weiden in der Oberpfalz 47.

  In Nagel-Grünlas SO : 1,5 km :

🍴 **Grenzhaus** ⑤, Grünlas 16, 🖉 2 52, ⓑ, 🐎 – 🅿
  20. Jan.- 20. April und 20. Okt.- 15. Dez. geschl. – **M** (Dienstag geschl.) a la carte 16/33 –
  16 Z : 29 B 25/40 - 50/70 Fb.

NAGOLD 7270. Baden-Württemberg 413 J 21, 987 ㉟ – 20 500 Ew – Höhe 411 m – 🅯 07452.
🚩 Rathaus, Marktstr. 27, 🖉 68 10.
♦Stuttgart 52 – Freudenstadt 39 – Tübingen 34.

🏠🏠 **Gästehaus Post** garni, Bahnhofstr. 3, 🖉 40 48, Fax 4040 – 🛗 📺 ☎ 🅿. **Æ** ⓞ **E** 𝘝𝘐𝘚𝘈
  23 Z : 33 B 90/110 - 140/172.

🏠 **Schiff**, Unterm Wehr 19, 🖉 26 05, ☂ – 🛗 📺 ☎ ⇔ 🅿. **Æ** ⓞ **E** 𝘝𝘐𝘚𝘈. ⅌ Rest
  Mitte Nov.- Anfang Dez. geschl. – **M** (Samstag geschl.) a la carte 25/55 – **23 Z : 40 B** 73/80
  - 120/130 Fb.

🍴 **Köhlerei**, Marktstr. 46, 🖉 20 07 – ⇔ 🅿
  Mitte Dez.- Mitte Jan. geschl. – **M** (Freitag geschl.) a la carte 22/48 ⚖ – **20 Z : 28 B** 38/58 -
  74/98 Fb.

XXX **Alte Post**, Bahnhofstr. 2, 🖉 42 21, « Fachwerkhaus a.d.J. 1697 » – 🅿. **Æ** ⓞ **E** 𝘝𝘐𝘚𝘈
  Samstag bis 18 Uhr, Mitte - Ende Jan. und Juli - Aug.2 Wochen geschl. – **M** (bemerkenswert
  Weinkarte) 35/105.

XX **Zur Burg**, Burgstr. 2, 🖉 37 35 – 🅿
  Montag 15 Uhr - Dienstag, 4.- 19. Feb. und 12. Aug.- 5. Sept. geschl. – **M** a la carte 25/56.

XX **Eles Restaurant**, Neuwiesenweg 44, 🖉 54 85 – 🅿
  nur Abendessen, Sonntag, Feb. 2 Wochen und 28. Juli - 18. Aug. geschl. – **M** a la carte
  42/61.

  In Nagold 4-Pfrondorf N : 4,5 km :

🏠🏠 **Pfrondorfer Mühle** (Gasthof mit modernem Gästehaus), an der B 463, 🖉 6 60 44, ☂
  🐎, ⅌ – 📺 ☎ ⇔ 🅿. **Æ** ⓞ **E** 𝘝𝘐𝘚𝘈
  1.- 20. Aug. geschl. – **M** a la carte 26/60 ⚖ – **16 Z : 23 B** 74 - 118 Fb.

NAILA 8674. Bayern 413 S 16, 987 ㉗ – 9 000 Ew – Höhe 511 m – Wintersport : 500/600 m
⤧1 ⤧1 – 🅯 09282 – 🚩 Fremdenverkehrsamt, Peunthgasse 5, 🖉 68 29.
♦München 288 – Bayreuth 59 – Hof 18.

🏠 **Grüner Baum**, Marktplatz 5, 🖉 70 61 – ☎. **E**
  Mitte Aug.- Mitte Sept. geschl. – **M** (Donnerstag geschl.) a la carte 20/36 – **14 Z : 17 B**
  31/40 - 60/72.

  In Naila-Culmitz SW : 5 km :

🍴 **Zur Mühle** ⑤, Zur Mühle 6, 🖉 63 61, 🐎 – ⇔ 🅿. **E**
  M a la carte 19/32 – **16 Z : 24 B** 31/37 - 64/74 – ½ P 38/44.

  In Naila-Hölle N : 6 km – Luftkurort :

🏠 **König David**, Humboldtstr. 27, 🖉 (09288) 10 08, Fax 5445, ☂ – ☎ ⇔ 🅿
  14.- 25. Jan. und 11.- 22. Nov. geschl. – **M** (Dienstag geschl.) a la carte 23/51 ⚖ – **33 Z :**
  56 B 50/75 - 75/100 – 3 Fewo 60.

NASSAU 5408. Rheinland-Pfalz [987] ㉔, [412] G 16 – 5 100 Ew – Höhe 80 m – Luftkurort – ☏ 02604.

ℹ Verkehrsamt, Rathaus, ✆ 7 02 30.

Mainz 57 – ◆Koblenz 26 – Limburg an der Lahn 49 – ◆Wiesbaden 52.

- 🏨 **Fischbach's Goldene Krone** (Historisches Fachwerkhaus), Bezirksstr. 20, ✆ 44 10, <, ⛱
  Jan. geschl. – **M** *(Montag geschl.)* a la carte 34/68 – **11 Z : 21 B** 52 - 90.
- ⌂ **Rüttgers** garni, Dr.-Haupt-Weg 4, ✆ 41 22 – ☎ Ⓟ. E
  14 Z : 24 B 49 - 90.

In Weinähr **5409** NO : 6 km :

- ⌂ Weinhaus Treis, Hauptstr. 1, ✆ (02604) 50 15, ⛱, ♨, ⛆ (geheizt), 🌳, 🎾 – 📺 ☎ Ⓟ – 👥 25/50
  50 Z : 85 B.

NASTÄTTEN 5428. Rheinland-Pfalz [412] G 16 – 3 300 Ew – Höhe 250 m – ☏ 06772.

Mainz 46 – ◆Koblenz 45 – Limburg an der Lahn 34 – ◆Wiesbaden 41.

- ⌂ **Oranien** 🌙, Oranienstr. 10, ✆ 10 35, 🌳, 🎾 – ☎ 🚗 Ⓟ. E. ✗ Zim
  7.- 25. Jan. geschl. – **M** *(Freitag geschl.)* a la carte 22/58 🍷 – **18 Z : 30 B** 35/65 - 80/120.

NAUHEIM, BAD 6350. Hessen [987] ㉕, [412] [413] [15] – 28 000 Ew – Höhe 145 m – Heilbad – ☏ 06032.

Ausflugsziel : Münzenberg (Burgruine★) N: 13 km.

⛳9 Am Golfplatz, ✆ 21 53.

ℹ Verkehrsverein, Pavillon in der Parkstraße, ✆ 21 20.

◆Wiesbaden 64 – ◆Frankfurt am Main 36 – Gießen 31.

- 🏨 **Parkhotel am Kurhaus** 🌙, Nördlicher Park 16, ✆ 30 30, Telex 415514, Fax 303419, <, ⛱, ♨, ⛆ – 🛗 🚭 Zim 📺 ♿ 🚗 Ⓟ – 👥 25/300. AE ⓓ E VISA
  M *(auch Diät und vegetarische Gerichte)* a la carte 32/68 – **99 Z : 166 B** 138/170 - 290 Fb – 8 Appart. 380.
- 🏨 **Rosenau**, Steinfurther Str. 1, ✆ 8 60 61, Fax 86063, ♨, ⛆ – 🛗 📺 Ⓟ – 👥 25/150. AE ⓓ E VISA. ✗
  M a la carte 55/85 – **54 Z : 100 B** 135/188 - 180/228 Fb.
- 🏨 **Am Hochwald** 🌙, Carl-Oelemann-Weg 9, ✆ 34 80, Telex 415518, Fax 348195, ⛱, Massage, ♨, ⛆ – 🛗 🚭 Zim ▤ Rest 📺 🚗 Ⓟ – 👥 25/350. AE ⓓ E VISA
  M a la carte 44/65 – **124 Z : 210 B** 125/157 - 164/208 Fb – 3 Appart. 350 – ½ P 110/185.
- 🏨 **Brunnenhof** 🌙 garni, Ludwigstr. 13, ✆ 20 17 – 🛗 ☎ Ⓟ
  21. Dez.- 2. Jan. geschl. – **28 Z : 52 B** 80/130 - 130/210 Fb.
- ⌂ **Rex**, Reinhardstr. 2, ✆ 20 47, Fax 2050 – 🛗 📺 ☎ 🚗. AE ⓓ E VISA
  (nur Abendessen für Hausgäste) – **24 Z : 44 B** 83/92 - 134/146 Fb – ½ P 86/110.
- ⌂ Intereuropa, Bahnhofsallee 13, ✆ 20 36, Telex 4102053, Fax 71254 – 🛗 📺 ☎
  35 Z : 65 B Fb.
- ⌂ Lindemann, Frankfurter Str. 95 (B 275), ✆ 8 20 74 – 📺 ☎ Ⓟ
  15 Z : 30 B.
- ✕ **Gaudesberger** mit Zim, Hauptstr. 6, ✆ 25 08 – ☎. AE ⓓ E VISA
  19. Jan.- 13. Feb. geschl. – **M** *(Mittwoch geschl.)* 16/25 (mittags) und a la carte 25/51 – **8 Z : 12 B** 36/43 - 66/78.

NAUMBURG 3501. Hessen [412] K 13 – 5 000 Ew – Höhe 280 m – Luftkurort – ☏ 05625.

Sehenswert : <★ von der Netzer Straße.

ℹ Verkehrsamt, Rathaus, Burgstraße, ✆ 8 97.

◆Wiesbaden 218 – ◆Kassel 36 – Korbach 27 – Fritzlar 17.

- ⌂ **Haus Weinrich**, Bahnhofstr. 7, ✆ 2 23, 🌳 – 🚗 Ⓟ. ⓓ E VISA. ✗ Zim
  ⟷ *Nov. geschl.* – **M** a la carte 21/46 – **17 Z : 27 B** 40 - 80 – ½ P 55.

In Naumburg 4-Heimarshausen SO : 9 km :

- ⌂ **Ferienhof Schneider** 🌙, Kirschhäuserstr. 7, ✆ (05622) 17 98, ⛱, ♨, 🌳, 🎾,
  ⟷ 🏇 (Reitplatz) – Ⓟ. ✗ Rest
  5. Jan.- 1. Feb. geschl. – **M** *(Montag geschl.)* a la carte 21/46 – **32 Z : 60 B** 42/47 - 75/85 – ½ P 52.

Cartes routières Michelin pour l'Allemagne :

n° [984] à 1/750.000

n° [987] à 1/1.000.000

n° [412] à 1/400.000 (Rhénanie-Westphalie, Rhénanie-Palatinat Hesse, Sarre)

n° [413] à 1/400.000 (Bavière et Bade-Wurtemberg)

NEBEL Schleswig-Holstein siehe Amrum (Insel).

NEBELHORN Bayern. Sehenswürdigkeit siehe Oberstdorf.

NECKARGEMÜND 6903. Baden-Württemberg 987 ㉘. 412 413 J 18 – 15 000 Ew – Höhe 124 m – ✿ 06223.

Ausflugsziel : Dilsberg : Burg (Turm ☀*) NO : 5 km.

🛈 Verkehrsamt, Hauptstr. 25, ℰ 35 53.

◆Stuttgart 107 – Heidelberg 10 – Heilbronn 53.

> 🏨 **Zum Ritter** (Haus a. d. 16. Jh.), Neckarstr. 40, ℰ 70 35, Telex 461837, Fax 73339, ≼ – 📺
> ☎ – 🕍 25/40. 🖭 ⴵ Ε 𝘝𝘐𝘚𝘈
> **M** a la carte 38/72 – **38 Z : 79 B** 69/120 - 98/180 Fb.

> ✕ **Zum letzten Heller**, Brückengasse 10, ℰ 35 65
> wochentags nur Abendessen, Montag und Ende Aug.- Mitte Sept. geschl. – **M** a la carte 42/75.

> *In Neckargemünd 2-Dilsberg* NO : 4,5 km :

> ✕✕ **Sonne**, Obere Str. 14, ℰ 22 10 – 🖭 ⴵ Ε 𝘝𝘐𝘚𝘈
> Donnerstag, 7.- 14. Feb. und 25. Juli - 7. Aug. geschl. – **M** a la carte 34/62.

> *In Neckargemünd-Kleingemünd* N : 1 km :

> 🏨 **Landgasthof zum Schwanen** ⚞, Uferstr. 16, ℰ 70 70, Fax 2413, ≼ – 📺 ☎ 🅿
> **M** a la carte 40/73 – **13 Z : 26 B** 120/150 - 165/200 -(Gästehaus mit 12 Z ab Frühjahr 1991).

> *In Neckargemünd-Rainbach* O : 2 km :

> ✕✕ **Landgasthof Die Rainbach**, Ortsstr. 9, ℰ 24 55, Fax 71491, « Gartenterrasse » 🅿. Ε
> Dienstag und Jan. geschl. – **M** a la carte 32/70.

> *In Neckargemünd - Waldhilsbach* SW : 5 km :

> ✕✕ **Zum Rössl** mit Zim, Heidelberger Str. 15, ℰ 26 65, ☆ – ⇐ 🅿
> Jan.- Feb. und Juli - Aug. jeweils 2 Wochen geschl. – **M** (Montag und Donnerstag geschl.)
> a la carte 30/60 ⚥ – **15 Z : 22 B** 48/54 - 84/92.

NECKARSTEINACH 6918. Hessen 987 ㉘. 412 413 J 18 – 3 900 Ew – Höhe 127 m – ✿ 06229.

◆Wiesbaden 111 – Heidelberg 14 – Heilbronn 57.

> 🏠 **Vierburgeneck**, Heiterswiesenweg 11 (B 37), ℰ 5 42, ≼, ☆, 🚗 – 🅿. 🗯
> 20. Dez.- 10. Feb. und 15. Aug.- 5. Sept. geschl. – **M** (nur Abendessen, Dienstag geschl.)
> la carte 23/44 – **15 Z : 31 B** 45/55 - 84/96 Fb.

NECKARSULM 7107. Baden-Württemberg 987 ㉘. 412 413 K 19 – 22 000 Ew – Höhe 150 m – ✿ 07132.

◆Stuttgart 58 – Heilbronn 5,5 – ◆Mannheim 78 – ◆Würzburg 106.

> 🏨 **Astron**, Sulmstr. 2, ℰ 38 80, Fax 388113, ⇌ – 🕍 ↹ Zim 📺 ☎ ♿ ⇐ 🅿 – 🕍 25/150
> 🖭 ⴵ Ε 𝘝𝘐𝘚𝘈
> **M** a la carte 39/64 – **84 Z : 168 B** 125 - 160/210 Fb.

> 🏠 **Linde**, Stuttgarter Str. 11, ℰ 8 11 17, Fax 82487, ☆ – 📺 ☎ 🅿. ⴵ Ε
> 1.- 7. Jan. und Juli - Aug. 3 Wochen geschl. – **M** (Sonntag ab 14 Uhr und Samstag geschl.)
> a la carte 40/64 ⚥ – **28 Z : 42 B** 69/95 - 110/130.

> 🏠 **Post**, Neckarstr. 8, ℰ 50 81 – 📺 ☎ 🅿 – 🕍 25. ⴵ 𝘝𝘐𝘚𝘈
> 1.- 15. Aug. und 24. Dez.- 10. Jan. geschl. – **M** (Samstag geschl.) a la carte 30/55 – **41 Z :
> 54 B** 75/100 - 120/160.

> 🏠 **Sulmana** ⚞ garni, Ganzhornstr. 21, ℰ 50 24, Fax 6891 – 🕍 📺 ☎ 🅿. 🖭 Ε. 🗯
> **29 Z : 50 B** 68/120 - 120/185 Fb.

> ✕✕ **Ballei**, Deutschordensplatz, ℰ 60 11 – 🅿 – 🕍 25/120. Ε 𝘝𝘐𝘚𝘈
> Montag und Juli - Aug. 3 Wochen geschl. – **M** a la carte 29/60.

NECKARTENZLINGEN 7449. Baden-Württemberg 413 K 21 – 5 000 Ew – Höhe 292 m – ✿ 07127.

◆Stuttgart 32 – Reutlingen 15 – Tübingen 18 – ◆ Ulm (Donau) 80.

> ✕✕ **Krone-Knöll** mit Zim, Marktplatz 1, ℰ 3 14 07 – 📺 ☎ 🅿. 🖭 Ε 𝘝𝘐𝘚𝘈. 🗯
> **M** (Freitag - Samstag 18 Uhr und Juli - Aug. 3 Wochen geschl.) a la carte 34/65 – **9 Z : 18 B**
> 90/110 - 140/180.

NECKARWESTHEIM 7129. Baden-Württemberg **002** **003** K 19 – 2 350 Ew – Höhe 266 m –
📞 07133 (Lauffen am Neckar).

🔓 Schloß Liebenstein, 𝒫 1 60 19.

Stuttgart 41 – Heilbronn 13 – Ludwigsburg 25.

🏨 **Schloßhotel Liebenstein** 🐾 (mit Renaissancekapelle a.d.J. 1600), S : 2 km, 𝒫 60 41,
Telex 720976, Fax 6045, ≤, 🏛 – 🛗 📺 ☎ 🅿 – 🔬 25/100. 🆑 ⓪ 🇪 𝘝𝘐𝘚𝘈. 🎇 Rest
2.- 31. Jan. geschl. – **M** (wochentags nur Abendessen, Montag geschl.) a la carte 58/84 –
24 Z : 33 B 155/170 - 220/300 Fb.

🍴 **Pension Hofmann** garni, Hauptstr. 12, 𝒫 78 76 – ☎ 🅿
Jan. geschl. – **17 Z : 26 B** 55/65 - 80.

NECKARZIMMERN 6951. Baden-Württemberg **002** **003** K 19 – 1 650 Ew – Höhe 151 m –
📞 06261 (Mosbach).

Stuttgart 80 – Heilbronn 25 – Mosbach 8.

🏨 **Burg Hornberg** 🐾 (Burg Götz von Berlichingens), 𝒫 40 64, Telex 466169, Fax 18864,
≤ Neckartal – ☎ 🅿 – 🔬 45. 🇪 𝘝𝘐𝘚𝘈
März - Nov. – **M** a la carte 37/70 – **24 Z : 48 B** 100/150 - 150/300 Fb.

NEETZE Niedersachsen siehe Bleckede.

NEHREN 5594. Rheinland-Pfalz **002** E 16 – 100 Ew – Höhe 90 m – 📞 02673.
Mainz 120 – Koblenz 63 – ◆Trier 74.

🏨 **Quartier Andre**, Moselstr. 2, 𝒫 40 15, 🍸, 🞄 – 📺 ☎ ⟵ 🅿. 🆑 ⓪ 🇪 𝘝𝘐𝘚𝘈. 🎇 Rest
6. Jan.- Feb. geschl. – **M** (Dienstag geschl.) a la carte 23/48 🍷 – **13 Z : 30 B** 55 - 90/98 –
4 Appart. 110.

NELLINGEN 7901. Baden-Württemberg **003** M 21 – 1 500 Ew – Höhe 680 m – 📞 07337.
Stuttgart 72 – Göppingen 41 – ◆Ulm 28.

🏠 **Landgasthof Krone**, Aicher Str. 7, 𝒫 2 86, Fax 288, ≘s, 🞄 – 🛗 📺 ☎ 🅿 – 🔬 50.
🞄 🎇 Rest
M (Sonn- und Feiertage sowie 24. Dez.- 20. Jan. geschl.) a la carte 21/42 🍷 – **40 Z : 80 B**
35/65 - 60/118 Fb.

NENNDORF, BAD 3052. Niedersachsen **987** ⑮. **002** L 9 – 8 800 Ew – Höhe 70 m – Heilbad
📞 05723.

Kur- und Verkehrsverein, Kurhausstr. 4, 𝒫 34 49.

Hannover 32 – Bielefeld 85 – ◆Osnabrück 115.

🏨 **Residenz-Hotel**, Kurhausstr. 1, 𝒫 60 11, Telex 972279, Fax 5069, ≘s – 🛗 📺 ☎ & ⟵
🅿 – 🔬 25/65. 🆑 ⓪ 🇪 𝘝𝘐𝘚𝘈
M a la carte 32/59 – **90 Z : 146 B** 138/198 - 195/260 Fb.

🏨 **Kurhotel Hannover** 🐾, Hauptstr. 12a, 𝒫 20 77, Fax 76144, 🍸, ≘s, 🞑 – 🛗 ☎ 🅿 –
🔬 25/200. 🆑 🇪 𝘝𝘐𝘚𝘈
M a la carte 31/61 – **58 Z : 72 B** 70/150 - 130/230 Fb.

🏨 **Kurpension Harms** 🐾, Gartenstr. 5, 𝒫 70 31, Massage, ≘s, 🞄 – 🛗 📺 ☎ 🅿
20. Dez.- 5. Jan. geschl. – (Rest. nur für Hausgäste) – **50 Z : 75 B** 57/67 - 89/132 Fb.

🏨 **Schaumburg-Diana**, Rodenberger Allee 28, 𝒫 50 94, Telex 972265, Fax 3585, 🞄 – 📺
☎ 🅿. 🆑 ⓪ 🇪 𝘝𝘐𝘚𝘈. 🎇 Rest
23. Dez.- 2. Jan. geschl. – (Rest. nur für Hausgäste) – **44 Z : 71 B** 60/130 - 112/180 Fb –
½ P 76/150.

🏠 **Villa Kramer** 🐾 garni, Kramerstr. 4, 𝒫 20 15, 🞄 – 🛗 ☎ ⟵. 🇪 𝘝𝘐𝘚𝘈. 🎇
6. Jan.- 6. Feb. geschl. – **15 Z : 19 B** 50/55 - 99/109.

In Bad Nenndorf 2 - Riepen NW : 4,5 km über die B 65 :

XXX 🕸 **Schmiedegasthaus - Restaurant La forge** 🐾 mit Zim, Riepener Str. 21,
𝒫 (05725) 50 55, Fax 7282 – 📺 ☎ 🅿 – 🔬 25/100. 🆑 ⓪ 🇪 𝘝𝘐𝘚𝘈
Jan. 2 Wochen und Juli - Aug. 3 Wochen geschl. – **M** (nur Abendessen, Schmiederestaurant
auch Mittagessen, Montag - Dienstag geschl.) a la carte 59/86 – **Schmiederestaurant** (nur
Montag geschl.) Menu a la carte 30/46 – **5 Z : 7 B** 95/170 - 170/295
Spez. Steinhuder Zander auf Majoransauce, Geschmortes Milchzicklein (März - April), Holunderbeermousse
mit Weinschaumsauce.

In Bad Nenndorf 3 - Waltringhausen NO : 1,5 km :

🏠 **Deisterblick** garni, Finkenweg 1, 𝒫 30 36, Fax 4686 – 📺 ☎ ⟵ 🅿
20. Dez.- 3. Jan. geschl. – **16 Z : 22 B** 68/76 - 96.

Außerhalb SO : 3,5 km, von der B 65 vor der Autobahnauffahrt rechts abbiegen :

X **Waldgasthof Mooshütte** 🐾 mit Zim, ✉ 3052 Bad Nenndorf, 𝒫 (05723) 36 10, 🍸 – 📺
⟵ 🅿
18. Dez.- 10. Jan. geschl. – **M** (Donnerstag geschl.) a la carte 23/31 – **5 Z : 7 B** 35/42 - 84 –
½ P 55.

NENNIG Saarland Sehenswürdigkeit siehe Perl.

NENTERSHAUSEN Hessen siehe Sontra.

NERESHEIM 7086. Baden-Württemberg **413** NO 20, **987** ㉟ − 6 700 Ew − Höhe 500 m − 🛂 07326.

Sehenswert : Klosterkirche★.

🏌 Hofgut Hochstadt (S : 3 km), 𝒫 (07326) 79 79.

🛈 Verkehrsamt, Hauptstr. 21, 𝒫 81 49, Fax 8146.

◆Stuttgart 101 − Aalen 26 − Heidenheim an der Brenz 21 − ◆Nürnberg 111.

   In Neresheim - Ohmenheim N : 3 km :

🏠 **Zur Kanne**, Brühlstr. 2, 𝒫 70 88, Fax 6343, 😑, ✗ − ☎ 🅿 − 🔬 35. 🕚 **E** 𝚅𝙸𝚂𝙰
   M a la carte 21/46 − **37 Z : 68 B** 44/52 - 70/90 Fb.

NESSELWANG 8964. Bayern **413** O 24, **987** ㊱, **426** D 6 − 3 100 Ew − Höhe 865 m − Luftkuro − Wintersport : 900/1 600 m ⟨7 ⟨2 3 − 🛂 08361.

🛈 Verkehrsamt, Rathaus, Hauptstr. 18, 𝒫 7 50, Fax 3788.

◆München 120 − Füssen 17 − Kempten (Allgäu) 24.

🏢 **Post**, Hauptstr. 25, 𝒫 3 09 10, Fax 30974, Brauereimuseum − 📺 ☎ 🚗 🅿
   M a la carte 26/51 − **23 Z : 38 B** 69/74 - 118/138 Fb.

🏢 **Bergcafé**, Sudetenweg 2, 𝒫 2 23, Fax 3696, ≼, 🍴, Bade- und Massageabteilung, 🜨 😑, 🔲, 🛲 − 🛗 ☎ 🅿
   Nov.- Mitte Dez. geschl. − **M** a la carte 26/44 − **40 Z : 75 B** 60/90 - 110/160 Fb − 2 Fewo 8 − ½ P 82/117.

🏢 Gisela 🍸, Falkensteinstr. 9, 𝒫 2 17, 🍴, 😑, 🛲 − 📺 ☎ 🅿. ⛇
   16 Z : 25 B.

🏠 **Marianne**, Römerstr. 11, 𝒫 32 18, ≼, 🍴, 🛲 − 🅿. ⛇
   Nov.- 21. Dez. geschl. − **M** a la carte 21/43 − **30 Z : 55 B** 41/67 - 94/114 − ½ P 63/75.

🏠 **Sportcafé Martin** 🍸, An der Riese 18, 𝒫 14 24, 🍴, 😑 − 🚗 🅿
   12. Nov.- 10. Dez. geschl. − **M** a la carte 21/48 🍷 − **20 Z : 38 B** 51/56 - 90/100 − ½ P 59/70.

   An der Bergstation der Alpspitzbahn Berg- und Talfahrt 10 DM − Höhe 1 500 m :

⛷ **Berggasthof Sportheim Böck** 🍸, ✉ 8964 Nesselwang, 𝒫 (08361) 31 11, ≼ Alpen, 😑 🛲 − 🅿 (an der Talstation)
   8. April - 8. Mai und 21. Nov.- 20. Dez. geschl. − **M** (außer Saison Montag geschl.) a la car 22/35 − **20 Z : 30 B** 33 - 60 − ½ P 42.

   In Nesselwang-Lachen NO : 2 km :

🏠 Löwen, an der Straße nach Marktoberdorf, 𝒫 6 40, 🍴, 😑, 🔲, 🛲 − 🛗 🅿
   27 Z : 58 B.

   Siehe auch : *Liste der Feriendörfer*

NETPHEN 5902. Nordrhein-Westfalen **412** H 14 − 22 700 Ew − Höhe 250 m − 🛂 02738.

🛈 Verkehrsverein, Amtsstr. 6 (Rathaus), 𝒫 60 30.

◆Düsseldorf 138 − Siegen 8.

✗ Landhaus Wagner mit Zim, Mühlenbachstr. 11, 𝒫 12 12 − 🅿. ⛇
   11 Z : 16 B.

   In Netphen 1-Sohlbach NO : 8 km :

🏠 **Waldhaus** 🍸, Vorm Breitenberg 27, 𝒫 12 84, ≼, 😑, 🔲, 🛲 − ☎ 🅿. 𝙰𝙴 **E** 𝚅𝙸𝚂𝙰
   Nov. geschl. − **M** (nur Abendessen, Mittwoch geschl.) a la carte 22/45 − **11 Z : 21 B** 42/53 68/96 − ½ P 47/62.

NETTETAL 4054. Nordrhein-Westfalen **987** ⑬ ㉓, **412** B 13 − 38 000 Ew − Höhe 46 m 🛂 02153.

◆Düsseldorf 47 − Krefeld 24 − Mönchengladbach 24 − Venlo 15.

   In Nettetal 1-Breyell :

✗✗ Hoege, Lindenallee 2, 𝒫 7 04 22 − 🅿.

   In Nettetal 1-Hinsbeck :

🏠 **Haus Josten**, Wankumer Str. 3, 𝒫 20 36 − 📺 ☎ 🚗 🅿 − 🔬 25/70. 𝙰𝙴 **E**
   15. Juli - 14. Aug. geschl. − **M** (Mittwoch geschl.) a la carte 31/50 − **18 Z : 33 B** 75 - 120.

🏠 **Zum Mühlenberg** 🍸 garni, Büschen 14, 𝒫 40 11 − 📺 ☎ 🚻 🅿. **E**
   15 Z : 30 B 50/75 - 80/85 − 2 Fewo 55.

✗ Berghof 🍸 mit Zim, Panoramaweg 19, 𝒫 37 04, 🍴 − ☎ 🚗 🅿
   6 Z : 10 B.

In Nettetal 2-Leuth :

🏨 **Leuther Mühle**, Hinsbecker Str. 34 (B 509), ℘ (02157)20 61, Fax 2527, 斎, 箒 – 📺 ☎ 🄿
– 🔬 25. 🖭 **E** 🚾 ✻
nur Hotel : 24.- 30. Dez. geschl. – **M** (Tischbestellung ratsam) 20/40 (mittags) und a la carte
40/60 – **26 Z : 52 B** 95 - 150 Fb.

In Nettetal 1-Lobberich :

🏠 **Haus am Rieth**, Reinersstr. 5, ℘ 6 00 41, 😊, 🔲 – 📺 ☎ 🛏 🄿. 🖭 **E**
22. Dez.- 8. Jan. geschl. – *(nur Abendessen für Hausgäste)* – **22 Z : 34 B** 55/65 - 105/
115 Fb.

🏠 **Zum Schänzchen**, Dyck 58 (südlich der BAB-Ausfahrt), ℘ 24 65, Fax 89618 – ☎ 🄿. **E**
M *(Montag geschl.)* a la carte 27/58 – **21 Z : 32 B** 50/75 - 90/130.

NEUALBENREUTH 8591. Bayern 🗺 U 17 – 1 450 Ew – Höhe 549 m – 🌀 09638.

🌄 Schloß Ernestgrün (S : 1 km), ℘12 71 – ◆München 254 – Bayreuth 83 – ◆Nürnberg 171.

🏨 **Schloßhotel Ernestgrün** ⑤, Rothmühle 15 (S : 1,5 km), ℘ 8 00, Fax 80400, 斎, 😊, 🔲,
✻ (Halle), 🌄 – 🛗 📺 ☎ 🄿 – 🔬 25/60. ⑩ **E** 🚾
M a la carte 26/52 – **76 Z : 152 B** 90/120 - 120/170 Fb.

In Neualbenreuth-Altmugl SO : 3,5 km :

🏠 **Altmugler Sonne**, ℘ 2 48, ≤, 箒 – 🄿
Nov. geschl. – *(Restaurant nur für Hausgäste)* – **11 Z : 22 B** 38/45 - 66/80 Fb.

NEUBEUERN 8201. Bayern 🗺 T 23, 🗺 I 5 – 3 200 Ew – Höhe 478 m – Luftkurort – 🌀 08035
(Raubling).

◆München 69 – Miesbach 31 – Rosenheim 12.

🏠 **Burghotel - Burgdacherl** ⑤, Marktplatz 2, ℘ 24 56, ≤ Riesenkopf und Kaisergebirge,
Massage, 😊 – 🛗 ☎ 🛏. 🖭 ⑩ **E** 🚾 ✻ Zim
15.- 28. Feb. geschl. – **M** *(Montag geschl.)* a la carte 22/50 – **13 Z : 26 B** 50/85 - 85/115 –
½ P 75/105.

🍴 **Hofwirt**, Marktplatz 5, ℘ 23 40, Biergarten – ⑩ **E** 🚾
28. Okt.- 26. Nov. geschl. – **M** *(Montag geschl.)* a la carte 22/40 – **17 Z : 34 B** 42/46 - 58/78.

NEUBIBERG Bayern siehe München.

NEUBRANDENBURG 2000 Mecklenburg-Vorpommern 🗺 ⑦, 🗺 ⑦ – 95 000 Ew – Höhe
19 m – 🌀 003790.

Sehenswert : Stadtbefestigung★ (Stargarder Tor★, Treptower Tor★).

🛈 Neubrandenburg-Information, Ernst-Thälmann-Str. 35, ℘ 61 87.

◆Berlin - Ost 140 – ◆Rostock 103 – Stralsund 99 – Szczecin 99.

🏨 **Vier Tore**, Ernst-Thälmann-Str. 1, ℘ 51 41, Telex 33176, 斎 – 🛗 ☎ 🄿 – 🔬 25/100. 🖭
⑩ **E** 🚾 ✻ Rest
M a la carte 21/41 – **249 Z : 450 B** 60/110 - 80/155 Fb – 10 Appart. 170/195.

🏠 **Centrum für Tourismus und Kongresse**, Friedrich-Engels-Ring 52, ℘ 68 60, Massage,
😊 – 🛗 ☎ – 🔬 25/350. ✻ Rest
M a la carte 19/29 – **175 Z : 350 B** 55/80 - 80/105 – 3 Appart. 170.

🍴 **Spezialitäten-Eck**, Behmenstr. 1, ℘ 60 50 – ✻
M 24/33 und a la carte 18,50/31.

🍴 **Weinstube am Wall**, 4. Ringstr. 5, ℘ 37 66
M a la carte 16,50/27.

In Usadel 2081 SO : 15 km, an der E 251 :

🏠 **Mitropa-Hotel Usadel**, ℘ (003799184) 2 23, 斎, 箒 📺 ☎ 🄿. 🖭 ⑩ **E** 🚾
M a la carte 14,50/25 – **37 Z : 50 B** 61 - 93 Fb.

NEUBRUNN 8702. Bayern 🗺 🗺 M 17 – 2 200 Ew – Höhe 290 m – 🌀 09307.

◆München 300 – Wertheim 14 – ◆Würzburg 21.

In Neubrunn-Böttigheim SW : 5 km :

🏠 **Berghof** ⑤, Neubrunner Weg 15, ℘ (09349) 12 48, ≤, 斎, 箒 – 📺 ☎ 🄿
M *(Montag und Mitte Jan.- Mitte Feb. geschl.)* a la carte 20/38 ⅛ – **13 Z : 22 B** 40 - 75.

Ne confondez pas :		
Confort des hôtels	: 🏨🏨🏨 … 🏠, 🏠	
Confort des restaurants	: XXXXX … X	
Qualité de la table	: ✿✿✿, ✿✿, ✿, Menu	

NEUBULACH 7265. Baden-Württemberg 四圖 J 20,21 — 3 800 Ew — Höhe 584 m — Luftkurort — ☺ 07053.

🛈 Kurverwaltung, Rathaus, ℘ 75 92.

♦Stuttgart 57 — Calw 10 — Freudenstadt 41.

  🏠 **Hirsch,** Calwer Str. 5, ℘ 70 90, ☞ — ⇐ ☻. ఞ Zim
    Mitte Nov.- Mitte Dez. geschl. — **M** *(Mittwoch geschl.)* a la carte 22/46 ⅃ — **14 Z : 26 B** 41/43 - 82/84 Fb.

  🏠 **Lamm,** Calwer Str. 22, ℘ 71 23, Fax 3202, ☞ — ⇔ ☻. ఞ Zim
  ◆ *17. Nov.- 11. Dez. geschl.* — **M** a la carte 21/37 — **15 Z : 26 B** 45/60 - 83/100.

  In Neubulach-Martinsmoos SW : 5 km :

  🏠 **Schwarzwaldhof,** Wildbader Str. 28, ℘ (07055) 3 55, ☞, ☞ — ⅃⅄ Rest ☻. ఞ Zim
  ◆ *16. Feb.- 8. März und 12. Nov.- 8. Dez. geschl.* — **M** *(Dienstag geschl.)* a la carte 20/40 — **16 Z : 26 B** 35/40 - 70.

  In Neubulach-Oberhaugstett SW : 1 km :

  🏠 **Löwen,** Hauptstr. 21, ℘ 62 00, ☞ — ⅃⅄ Rest ⇐ ☻
    Feb. und Nov. je 3 Wochen geschl. — **M** *(Dienstag ab 14 Uhr geschl.)* a la carte 23/41 ⅃ — **17 Z : 33 B** 38/45 - 66/80 — ½ P 45/52.

NEUBURG AN DER DONAU 8858. Bayern 四圖 Q 20. 旧旧旧 ⊛ — 24 400 Ew — Höhe 403 m — ☺ 08431 — 🏌 Gut Rohrenfeld (O : 7 km), ℘ (08431) 4 41 18.

🛈 Städt. Fremdenverkehrsbüro, Amalienstr. A 51, ℘ 5 52 40.

♦München 95 — ♦Augsburg 53 — Ingolstadt 22 — ♦Ulm (Donau) 124.

  🏠 **Bergbauer,** Fünfzehnerstr. 11, ℘ 4 70 95, ☞, ⇌ — 📺 ☎ ⇐. E 𝚅𝙸𝚂𝙰
    M *(Freitag - Samstag 17 Uhr geschl.)* a la carte 28/56 — **22 Z : 40 B** 60/69 - 115 Fb.

  🏠 **Garni,** Schrannenplatz C 153, ℘ 4 76 99 — ☎. E
    1.- 6. Jan. geschl. — **13 Z : 17 B** 44 - 72.

  🏠 **Kieferlbräu,** Eybstr. B 239, ℘ 20 14 — ☻. E
  ◆ *3.- 15. Aug. geschl.* — **M** a la carte 17/46 — **26 Z : 39 B** 35/64 - 59/96.

  🏠 Neuwirt, Färberstr. C 88, ℘ 20 78 — ☻
    30 Z : 40 B.

  In Neuburg-Bergen NW : 8 km :

  ✗ **Zum Klosterbräu** mit Zim, Kirchplatz 1, ℘ 30 78, ☞, « Altbayrischer Landgasthof », ఞ
  ◆ — ☎ ⇐ ☻
    Sept. 1 Woche und 24. Dez.- 17. Jan. geschl. — **M** *(Sonntag 17 Uhr - Montag geschl.)* a la carte 16/44 — **10 Z : 16 B** 42/46 - 66/72.

  In Neuburg-Bittenbrunn NW : 2 km :

  🏠 **Kirchbaur-Hof** (traditioneller Landgasthof), Monheimer Str. 119, ℘ 25 32, « Gartenterrasse », ☞ — 📺 ☎ ⇐ ☻
    26. Dez.- 6. Jan. geschl. — **M** *(Sonntag ab 15 Uhr und Samstag geschl.)* a la carte 29/60 — **40 Z : 60 B** 45/80 - 75/130 Fb.

NEUBURGWEIER Baden-Württemberg siehe Rheinstetten.

NEUDROSSENFELD 8581. Bayern 四圖 R 16 — 3 000 Ew — Höhe 340 m — ☺ 09203.

♦München 241 — ♦Bamberg 55 — Bayreuth 10.

  Im Ortsteil Altdrossenfeld S : 1 km :

  🏠 **Brauerei-Gasthof Schnupp,** ℘ 64 74, ☞, ☞ — ☎ ⇐ ☻
  ◆ **M** *(Freitag geschl.)* a la carte 19,50/40 — **18 Z : 33 B** 50/60 - 88/115 Fb.

NEUENAHR-AHRWEILER, BAD 5483. Rheinland-Pfalz 旧旧旧 ⊛, 四圖 E 15 — 28 000 Ew — Höhe 92 m — Heilbad — ☺ 02641 — 🏌, Köhlerhof (über ③), ℘ (02641) 23 25.

🛈 Kur- und Verkehrsverein Bad Neuenahr, Pavillon am Bahnhof und Verkehrsverein Ahrweiler, Marktplatz, ℘ 22 78.

Mainz 147 ③ — ♦Bonn 30 ② — ♦Koblenz 56 ③.

Stadtplan siehe gegenüberliegende Seite.

  Im Stadtteil Bad Neuenahr :

  🏨 **Steigenberger Kurhotel,** Kurgartenstr. 1, ℘ 22 91, Fax 70 01, ☞, ⇌, ⃟, direkter Zugang zum Bäderhaus — 🛗 ⅃⅄ Zim 📺 ☻ — 🛦 25/200. 𝙰𝙴 ⊙ E 𝚅𝙸𝚂𝙰. ఞ Rest   CZ 𝚟
    Restaurants : **Pfeffermühle M** a la carte 47/76 — **Kurhaus-Restaurant M** a la carte 35/57 — **171 Z : 223 B** 160/280 - 245/330 Fb — 12 Appart. 410/800 — ½ P 155/218.

  🏨 **Dorint-Hotel** ⑊, Am Dahliengarten, ℘ 89 50, Telex 861805, Fax 895834, « Terrasse mit ⩽ », Bade- und Massageabteilung, ⇌, ⃟ — 🛗 ⅃⅄ Zim 📺 ㆑ ⇐ ☻ — 🛦 25/250. 𝙰𝙴
    𝚅𝙸𝚂𝙰. ఞ Rest   BY 𝚞
    M *(auch Diät und vegetarische Gerichte)* a la carte 39/65 — **180 Z : 300 B** 168/178 - 246 Fb — 8 Appart. 370 — ½ P 156/201.

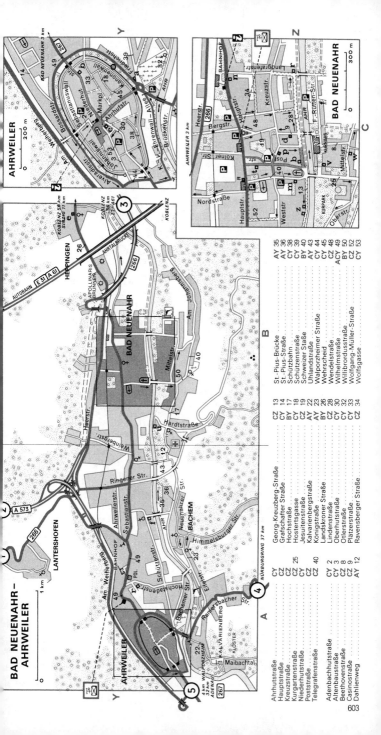

BAD NEUENAHR–AHRWEILER

AHRWEILER

BAD NEUENAHR

Ahrhutstraße	CY	Georg-Kreuzberg-Straße	CZ 13
Hauptstraße	CZ	Grafschafter Straße	CY 14
Kreuzstraße	CZ 25	Hochstraße	BY 17
Kurgartenstraße	CZ	Hostertsgasse	CY 18
Niederhutstraße	CY	Jesuitenstraße	CZ 19
Poststraße	CZ	Kalvarienbergstraße	AY 22
Telegrafenstraße	CZ 40	Königstraße	AY 23
		Landskroner Straße	BY 26
Adenbachhutstraße	CY 2	Lindenstraße	CZ 28
Altenbaustraße	CY 3	Oberhutstraße	CY 30
Beethovenstraße	CZ 8	Otterstraße	CY 32
Casinostraße	CZ 9	Plätzerstraße	CZ 33
Dahlienweg	AY 12	Ravensberger Straße	CZ 34

St.-Pius-Brücke	AY 35
St.-Pius-Straße	AY 36
Schutzbahn	CY 38
Schützenstraße	CY 39
Schweizer Staße	BY 40
Uhlandstraße	AY 43
Walporzheimer Straße	CY 44
Wehrscheid	CY 45
Wendelstraße	CZ 48
Wilhelmstraße	ACY 49
Willibrordusstraße	BY 50
Wolfgang-Müller-Straße	CZ 52
Wolfsgasse	CY 53

🏨 **Giffels Goldener Anker** ॐ, Mittelstr. 14, ℰ 80 40, Telex 861768, Fax 804192, 🏤,
« Garten », Bade- und Massageabteilung, ≘s, ⬛, ➹ – 🛗 ▤ Rest 🖭 🕿 ₲ ⅃ – 🛆 25/200.
ΑΕ ⓞ Ε 🆅🆂🅰. ⅔ Rest   CZ **w**
M *(auch Diät)* 25/65 – **89 Z : 150 B** 89/150 - 160/240 Fb – ½ P 108/153.

🏨 **Seta Hotel**, Landgrafenstr. 41, ℰ 80 30, Telex 861850, Fax 803555, Biergarten, ≘s, ❊ –
🛗 🖭 🕿 ₲ – 🛆 25/120. ΑΕ ⓞ Ε 🆅🆂🅰   CZ **r**
M a la carte 29/56 – **107 Z : 146 B** 106 - 168/189 Fb – ½ P 108/119.

🏨 **Aurora** ॐ, Georg-Kreuzberg-Str. 8, ℰ 2 60 20, Fax 79565, ≘s, ⬛ – 🛗 🖭 🕿 ₲. ΑΕ ⓞ Ε
🆅🆂🅰   CZ **z**
15. Nov.-14. Dez. geschl. – (Restaurant nur für Hausgäste) – **52 Z : 74 B** 75/200 - 160/
250 Fb – ½ P 99/149.

🏨 **Elisabeth** ॐ, Georg-Kreuzberg-Str. 11, ℰ 2 60 74, Fax 24068, 🏤, ≘s, ⬛ – 🛗 🖭 🕿 ₲
– 🛆 40. ⅔ Rest   CZ **z**
März-Nov. – **M** *(auch Diät)* a la carte 32/47 – **60 Z : 85 B** 73/148 - 160/190 Fb – 4 Fewo
128/140 – ½ P 97/162.

🏨 **Rieck** garni, Hauptstr. 45, ℰ 2 66 99, ➹ – 🖭 🕿 ⇦ ₲   CZ **n**
12 Z : 20 B 59/69 - 100/110.

🏨 **Krupp**, Poststr. 4, ℰ 22 73, Fax 79316 – 🛗 🕿 ₲ – 🛆 25/50. **E**. ⅔   CZ **t**
M *(auch Diät und vegetarische Gerichte)* (Montag und Donnerstag jeweils ab 14 Uhr geschl.)
a la carte 23/47 – **35 Z : 50 B** 75/85 - 140 Fb – ½ P 88.

🏨 **Central** ॐ garni, Lindenstr. 2, ℰ 2 55 46 – 🛗 🕿 ₲. ⅔   CZ **b**
22 Z : 46 B 70/80 - 135/150.

🏨 **Kurpension Haus Ernsing**, Telegrafenstr. 30 (1. Etage), ℰ 22 21 – 🛗 🕿. ⅔ Rest
➡ 20. Nov.- 19. Dez. geschl. – **M** a la carte 17/35 – **24 Z : 32 B** 37/60 - 94/110.   CZ **m**

✕✕ **Ratskeller**, Casinostr. 8, ℰ 2 54 66 – **E**   CZ **d**
Montag - Freitag nur Abendessen, Dienstag geschl. – **M** a la carte 51/83.

✕ **Astoria am Rathaus** mit Zim, Hauptstr. 12, ℰ 2 70 37, Fax 24236, 🏤 – 🛗 🕿 ₲. ΑΕ ⓞ Ε
🆅🆂🅰   CZ **R**
M a la carte 28/56 – **7 Z : 14 B** 63 - 96.

✕ **Piccola Milano da Gianni** (Italienische Küche), Kreuzstr. 8c, ℰ 2 43 75 – ΑΕ ⓞ Ε 🆅🆂🅰
Juni - Juli 4 Wochen geschl. – **M** a la carte 30/60.   CZ **p**

Im Stadtteil Ahrweiler :

🏨 **Hohenzollern an der Ahr** ॐ, Silberbergstr. 50, ℰ 42 68, Fax 5997, ⩽ Ahrtal,
« Gartenterrasse » – 🖭 🕿 ₲. ⅔   über ⑤
Mitte Jan.- Mitte Feb. geschl. – **M** a la carte 42/75 – **Wanderstube M** a la carte 27/45 –
17 Z : 34 B 75/120 - 100/150.

🏨 **Avenida** garni, Schützenstr. 136, ℰ 33 66, ⬛, ➹ – 🖭 🕿 ⇦ ₲. ΑΕ Ε 🆅🆂🅰. ⅔   AY **f**
21. Dez.- 2. Jan. geschl. – **23 Z : 40 B** 68/78 - 105/130 – 5 Fewo 65/75.

🏨 **Zum Ännchen** (mit Gästehaus), Niederhutstr. 10, ℰ 3 60 21 – 🛗 🕿 ₲. ΑΕ ⓞ Ε 🆅🆂🅰
➡ **M** *(28. Jan.- 12. Feb. geschl.)* a la carte 21/57 – **23 Z : 43 B** 58 - 98 – ½ P 64/73.   CY **b**

🏨 **Schützenhof - Restaurant Le Petit Manchot**, Schützenstr. 1, ℰ 3 43 77 (Hotel)
3 66 98 (Rest.), 🏤 – 🕿 ₲. ⅔ Zim   CY **a**
M *(Mittwoch und 1.- 16. Jan. geschl.)* a la carte 22/43 – **10 Z : 19 B** 55/60 - 96/110.

🏨 **Zum Römer** ॐ garni, Schülzchenstr. 11, ℰ 3 61 01 – ₲. ⅔   AY **r**
10 Z : 18 B 43/65 - 80.

🏨 Zum Stern, Markt 9, ℰ 3 47 38   CY **e**
17 Z : 34 B -(Wiedereröffnung nach Umbau Frühjahr 1991).

Im Stadtteil Heppingen :

✕✕✕ ⊛ **Steinheuer's Restaurant - Zur Alten Post** mit Zim, Landkroner Str. 110 (Eingang
Konsumgasse), ℰ 2 41 14 – 🖭 🕿 ₲. ΑΕ ⓞ Ε 🆅🆂🅰   BY **e**
Jan. 2 Wochen geschl. – **M** *(Dienstag - Mittwoch 18 Uhr geschl.)* 98/115 und a la carte
70/96 – **Poststuben** *(Dienstag - Mittwoch 18 Uhr geschl.)* **M** a la carte 39/54 – **6 Z : 12 B**
100/120 - 180/200
Spez. Gratinierte Steinbuttschnitte mit Pinienkernen, Lasagne von der Rotbarbe in Pestosauce, Quarkravioli
mit Passionsfruchtparfait.

Im Stadtteil Lohrsdorf über Landskroner Straße B :

✕✕ **Kaiser's Restaurant**, Sinziger Str. 11, ℰ 2 10 98, Fax 21078 – ₲. ΑΕ ⓞ Ε 🆅🆂🅰
wochentags nur Abendessen, Montag und Jan. geschl. – **M** (Tischbestellung ratsam) a la
carte 41/60.

Im Stadtteil Walporzheim ⑤ : 1 km ab Ahrweiler :

✕✕✕ ⊛ **Romantik-Restaurant Brogsitter's Sanct Peter** (Historisches Gebäude, Gasthaus
seit 1246), Walporzheimer Str. 134 (B 267), ℰ 38 99 11, Telex 861773, Fax 36659,
« Innenhofterrasse » – ₲ – 🛆 35. Ε 🆅🆂🅰
Sonntag bis 18 Uhr und Montag geschl. – **M** 115 und a la carte 73/112 – **Weinkirche M** a la
carte 50/82
Spez. Schwarzwurzel-Schaumsuppe mit Hummer, Überbackener Zander in Ahrriesling, Eifeler Milchlammkeule
in Spätburgundersauce (ab 2 Pers.).

NEUENBÜRG 7540. Baden-Württemberg **413** I 20, **987** ㉟ ⑲ — 7 200 Ew — Höhe 325 m — ✿ 07082.
Stuttgart 62 — Baden-Baden 40 — Pforzheim 12.

⌂ **Zum Grünen Baum**, Flößerstr. 7, ℰ 29 55, 🍽 — ☎. ⑩. ⋇ Zim
　　Okt.- Nov. 4 Wochen geschl. — **M** *(Freitag 14 Uhr - Samstag geschl.)* a la carte 23/56 —
　　10 Z : 21 B 45 - 80.

NEUENBURG 7844. Baden-Württemberg **413** F 23, **427** G 2, **242** ㊱ ㊵ — 8 200 Ew — Höhe
31 m — ✿ 07631 (Müllheim).
Stuttgart 232 — Basel 35 — ✦Freiburg im Breisgau 36 — Mulhouse 20.

⌂ **Zur Krone**, Breisacher Str. 1, ℰ 78 04, 🍽 — 🛉 ☎ ⇐ ⑫. ⑩ E 𝗩𝗜𝗦𝗔
➡　ab Pfingsten 2 Wochen und Mitte Okt.- Mitte Nov. geschl. — **M** *(Dienstag 14 Uhr - Mittwoch*
　　geschl.) a la carte 21/48 ⅃ — **25 Z : 48 B** 32/80 - 64/100.

⌂ **Touristik-Hotel** garni, Basler Str. 2, ℰ 78 76 — 📺 ⑫
　　Dez.- Jan. geschl. — **14 Z : 30 B** 78 - 101.

✕ **Ratskeller**, Bahnhofstr. 1, ℰ 7 26 11 — ⑫. ⑭ ⑩ E 𝗩𝗜𝗦𝗔
　　Montag - Dienstag 16 Uhr und Nov. 3 Wochen geschl. — **M** a la carte 25/57 ⅃.

NEUENDETTELSAU 8806. Bayern **413** P 19 — 7 000 Ew — Höhe 440 m — ✿ 09874.
München 187 — Ansbach 19 — ✦Nürnberg 41.

⌂ Sonne, Hauptstr. 43, ℰ 50 80, Fax 50818 — 🛉 ☎ ⇐ ⑫ — 🔬 30. ⋇ Rest
　　53 Z : 70 B.

NEUENHAUS 4458. Niedersachsen **408** ⑬ — 7 900 Ew — Höhe 22 m — ✿ 05941.
⊣Hannover 235 — ✦Bremen 166 — Groningen 101 — Münster(Westfalen) 84.

✕✕ **Haus Brünemann** ⟡ mit Zim, Kirchstr. 11, ℰ 50 25, 🍽 — 📺 ☎ ⑫. ⑭ ⑩ E 𝗩𝗜𝗦𝗔
　　M a la carte 46/70 — **4 Z : 8 B** 80 - 140.

NEUENKIRCHEN KREIS SOLTAU-FALLINGBOSTEL 3044. Niedersachsen **987** ⑮, **412** H 9 —
000 Ew — Höhe 68 m — Luftkurort — ✿ 05195.
◧ Verkehrsverein, Kirchstr. 9, ℰ 17 18.
Hannover 90 — ✦Bremen 71 — ✦Hamburg 88 — Lüneburg 62.

⌂ **Tödter**, Hauptstr. 2, ℰ 12 47 — 📺 ☎ ⇐ ⑫ — 🔬 40
　　Nov. geschl. — **M** *(Freitag geschl.)* a la carte 22/51 — **16 Z : 24 B** 40/50 - 80/90.

NEUENKIRCHEN KREIS STEINFURT 4445. Nordrhein-Westfalen **412** F 10 — 11 800 Ew —
Höhe 64 m — ✿ 05973.
◦Düsseldorf 180 — Enschede 37 — Münster (Westfalen) 43 — ✦Osnabrück 54.

⌂ **Wilminks Parkhotel**, Wettringer Str. 46 (B 70), ℰ 8 58, Fax 1817, 🍽, « Stilvolle, rustikale
　　Räume », ⥱, 🐎, ⋇ — 📺 ☎ ⇐ ⑫ — 🔬 25/80. ⑩ E 𝗩𝗜𝗦𝗔
　　M a la carte 32/70 — **30 Z : 46 B** 80/85 - 135/150 Fb.

NEUENKIRCHEN (OLDENBURG) 2846. Niedersachsen — 5 800 Ew — Höhe 31 m — ✿ 05493.
✦Hannover 179 — ✦Bremen 97 — ✦Osnabrück 28.

　　Beim Kloster Lage SW : 5 km :

🏨 **Kommende Lage** ⟡ (Hotel in einem Rittergut a.d. 13.Jh.), ✉ 4555 Rieste,
　　ℰ (05464) 51 51, Fax 5153, « Gartenterrasse », 🐎 — ☎ ⑫ — 🔬 25/80. E
　　7. Jan.- 1. Feb. geschl. — **M** *(Montag - Dienstag 17 Uhr geschl.)* a la carte 30/54 — **23 Z :**
　　40 B 60/90 - 93/125 Fb.

NEUENRADE 5982. Nordrhein-Westfalen **412** G 13 — 11 200 Ew — Höhe 324 m — ✿ 02392.
✦Düsseldorf 103 — Iserlohn 22 — Werdohl 6.

✕✕ **Kaisergarten** ⟡ mit Zim, Hinterm Wall 15, ℰ 6 10 15, Fax 61052 — 📺 ☎ ⇐ ⑫ —
　　🔬 25/400. ⑭ ⑩ E 𝗩𝗜𝗦𝗔
　　M *(Dienstag bis 18 Uhr geschl.)* a la carte 31/65 — **9 Z : 18 B** 67/70 - 97/105.

NEUENSTEIN 7113. Baden-Württemberg **413** L 19 — 5 100 Ew — Höhe 284 m — ✿ 07942.
Sehenswert : Schloß Neuenstein.
✦Stuttgart 74 — Heilbronn 34 — ✦ Nürnberg 132 — ✦ Würzburg 93.

⌂ **Am Schloß**, Hintere Str. 18, ℰ 20 95 — ☎ ⑫. ⑩ E 𝗩𝗜𝗦𝗔
　　Jan. 2 Wochen geschl. — **M** *(Montag geschl.)* a la carte 31/58 — **11 Z : 19 B** 64 - 108.

✕✕ Goldene Sonne (Fachwerkhaus a.d.J. 1786), Vorstadt 2, ℰ 30 55.

In large towns,
certain hotels offer all inclusive weekends
at interesting prices.

NEUENSTEIN 6431. Hessen **408** L 14 – 3 200 Ew – Höhe 400 m – ✆ 06677.
♦Wiesbaden 166 – Fulda 53 – Bad Hersfeld 11 – ♦Kassel 58.

In Neuenstein-Aua **987** ⊛ :

🏨 **Landgasthof Hess**, Geistalstr. 8, ℰ 4 43, Fax 1322, « Grillgarten », 😋, 🐎 – 📶 📺 🛎
⟵ 🅿 – 🚗 25/60. 🖭 ⓪ 🇪 💳
M a la carte 25/55 – **37 Z : 68 B** 63/75 - 105/130 Fb.

NEUENWEG 7861. Baden-Württemberg **418** G 23, **427** H 2, **242** ⊛⑩ – 380 Ew – Höhe 750 – Erholungsort – Wintersport : 800/1 414 m 🚠2 🏂1 – ✆ 07673 (Schönau im Schwarzwald).
♦Stuttgart 259 – Basel 49 – ♦Freiburg im Breisgau 49 – Müllheim 21.

🏨 **Markgräfler Hof**, Ortsstr. 22, ℰ 3 77 – 🅿. ⓪
Nov.- Mitte Dez. geschl. – **M** (Dienstag - Mittwoch geschl.) a la carte 23/52 🍷 – **25 Z : 45**
45/70 - 80/100.

🏠 **Belchenstüble**, Schönauer Str. 63, ℰ 72 05, 🐎 – 🅿. 🛏 – **11 Z : 20 B**.

In Neuenweg-Hinterheubronn NW : 5 km :

🏠 **Haldenhof** 🐚, ℰ 2 84, ≤, 🏖, 😋, 🐎 – ⟵ 🅿
← 15. Nov.-Dez. geschl. – **M** (Dienstag geschl.) a la carte 21/53 🍷 – **14 Z : 24 B** 40/45 - 64/75

In Bürchau 7861 S : 3 km – Wintersport : 🏂1 – Erholungsort :

🏨 **Berggasthof Sonnhalde** 🐚, Sonnhaldenweg 37, ℰ (07629) 2 60, ≤, 🏖, 🖾, 🐎, 🛝 -
← ⟵ 🅿
15. Nov.- 20. Dez. geschl. – **M** (Montag - Dienstag geschl.) a la carte 21/60 🍷 – **21 Z : 39**
36/46 - 72/88 Fb – ½ P 51/65.

NEUERBURG 5528. Rheinland-Pfalz **987** ⊛, **412** B 16, **409** LM 5 – 2 000 Ew – Höhe 337 m – Luftkurort – ✆ 06564 – 🛈 Tourist-Information, Herrenstr. 2, ℰ 26 73.
Mainz 189 – Bitburg 23 – Prüm 33 – Vianden 19.

🏠 **Zur Stadt Neuerburg**, Poststr. 10, ℰ 21 26 – 🅿. 🇪. 🛏 Zim
← Feb.- März 3 Wochen geschl. – **M** (Sept.- Mai Donnerstag geschl.) a la carte 20/42 – **20 Z**
40 B 35/40 - 68/77.

🏠 **Schloß-Hotel**, Bitburger Str. 13, ℰ 23 73 – ⟵ 🅿
← Ende Okt.- Anfang Dez. geschl. – **M** a la carte 16,50/38 – **27 Z : 52 B** 27/32 - 48/52 –
½ P 35/40.

NEUFAHRN 8056. Bayern **413** R 22 – 14 500 Ew – Höhe 463 m – ✆ 08165.
♦München 18 – Landshut 55 – ♦Regensburg 109.

🏨 **Gumberger**, Echinger Str. 1, ℰ 30 42, Telex 526728, Fax 62848 – 📶 📺 ☎ ⟵ 🅿 -
← 🚗 25/200. 🖭 ⓪ 🇪 💳
23. März - 7. April und 16.- 26. Dez. geschl. – **M** a la carte 19/42 – **55 Z : 100 B** 105/130
140/160 Fb.

NEUFARN Bayern siehe Vaterstetten.

NEUFELD Schleswig-Holstein siehe Brunsbüttel.

NEUFFEN 7442. Baden-Württemberg **413** L 21, **987** ⊛ – 5 000 Ew – Höhe 405 m – ✆ 07025.
Ausflugsziel : Hohenneuffen : Burgruine★ (🌸★), O : 12 km.
♦Stuttgart 41 – Reutlingen 17 – ♦Ulm (Donau) 70.

✗ **Traube** mit Zim, Hauptstr. 24, ℰ 28 94, 😋 – ☎ ⟵ 🅿. 🖭 🇪
← Juli - Aug. 3 Wochen geschl. – **M** (Freitag 14 Uhr - Samstag geschl.) a la carte 28/56 –
11 Z : 22 B 80/120 - 100/140.

✗ **Stadthalle**, Oberer Graben 28, ℰ 26 66 – 🅿 – 🚗 25/500. ⓪ 🇪
Montag 15 Uhr - Dienstag, 1.- 12. Jan. und Anfang - Mitte Aug. geschl. – **M** a la carte
31/60.

NEUHARLINGERSIEL 2943. Niedersachsen – 1 500 Ew – Höhe 2 m – Seebad – ✆ 04974.
🛈 Kurverwaltung, Hafenzufahrt-West 1, ℰ 4 01, Fax 788.
♦Hannover 257 – Emden 59 – Oldenburg 87 – Wilhelmshaven 46.

🏨 **Mingers**, Am Hafen - Westseite 1, ℰ 3 17, ≤ – 📺 ☎ ⟵ 🅿. ⓪. 🛏
← März - 20. Nov. – **M** (Mittwoch geschl.) a la carte 28/65 – **24 Z : 46 B** 70/88 - 140/178.

🏠 **Janssen's Hotel**, Am Hafen - Westseite 7, ℰ 2 24, ≤ – 📺 ☎ 🅿. 🖭 ⓪ 🇪. 🛏
Mitte Feb.- Mitte Nov. – (nur Abendessen für Hausgäste) – **23 Z : 43 B** 72 - 118.

🏠 **Rodenbäck**, Am Hafen - Ostseite 2, ℰ 2 25, ≤ – ☎. 🛏 Zim
← 5. Nov.- 26. Dez. geschl. – **M** (Montag geschl.) a la carte 24/51 – **14 Z : 23 B** 55/65 - 85/95.

In Neuharlingersiel-Großholum SW : 3 km :

🏠 **Kissmann's Hotel** garni, Ost 4, ℰ 2 44 – 🅿. 🛏
April - Okt. – **14 Z : 31 B** 42/55 - 78.

NEUHAUS AM INN 8399. Bayern 413 X 21 − 3 000 Ew − Höhe 312 m − © 08503.
München 162 − Linz 96 − Passau 18 − Regensburg 142.

🏠 **Alte Innbrücke** ⑤ garni, Finkenweg 7, 𝒫 80 01, Fax 8323, ≼, 🐎 − 🛗 ❷
   40 Z : 82 B 42/48 - 70.

NEUHAUS AN DER PEGNITZ 8574. Bayern 413 R 18 − 3 000 Ew − Höhe 400 m − © 09156.
Sehenswert : Lage★.
München 199 − Amberg 38 − Bayreuth 47 − ♦Nürnberg 53.

🏠 **Burg Veldenstein** ⑤, Burgstr. 88, 𝒫 6 33, 🌄, 🚬, 🐎 − ❷
   19 Z : 40 B.

🏠 **Bayerischer Hof**, Unterer Markt 9, 𝒫 6 71, 🌄, 🐎 − 🚗 ❷. 🍴 Zim
   1.- 28. Nov. geschl. − **M** (Montag geschl.) a la carte 17/36 ♨ − **13 Z : 22 B** 38/60 - 70/90.

NEUHOF 6404. Hessen 412 413 L 15 − 10 500 Ew − Höhe 275 m − © 06655.
Wiesbaden 133 − ♦Frankfurt am Main 89 − Fulda 15.

🏠 **Schützenhof**, Gieseler Str. 2, 𝒫 20 71, 🚬 − 🚗 ❷. ⓪ 𝐄
   Juli - Aug. 2 Wochen geschl. − **M** (Samstag bis 17 Uhr geschl.) a la carte 20/45 − **17 Z :
   32 B** 38/53 - 80/98.

   In Kalbach 1-Grashof 6401 S : 8 km über Kalbach - Mittelkalbach :

🏠 **Zum Grashof** ⑤, 𝒫 (06655) 27 72, Fax 1710, ≼, 🐎 − 🕿 🚗 ❷. 𝐄
   M (Montag geschl.) a la carte 26/48 − **18 Z : 24 B** 45/60 - 90/98.

NEUHOF AN DER ZENN 8501. Bayern 413 O 18 − 1 700 Ew − Höhe 335 m − © 09107.
München 198 − ♦Nürnberg 34 − ♦Würzburg 81.

🏨 **Riesengebirge**, Marktplatz 14, 𝒫 13 71, Telex 624321, Fax 1479, « Innenhofterrasse », 🚬
   − 🛗 📺 ❷ − 🔬 25/80. ⓪ 𝐄 𝚅𝙸𝚂𝙰. 🍴 Rest
   5.- 28. Aug. und 27. Dez.- 6. Jan. geschl. − **M** 28/36 (mittags) und a la carte 47/75 − **64 Z :
   105 B** 88/205 - 125/370 Fb.

Wenn Sie ein ruhiges Hotel suchen,
benutzen Sie zuerst die Übersichtskarte in der Einleitung
oder wählen Sie im Text ein Hotel mit dem Zeichen ⑤ bzw. ⑤.

EU-ISENBURG Hessen siehe Frankfurt am Main.

EUKIRCHEN Bayern siehe Teisendorf.

NEUKIRCHEN BEIM HL. BLUT 8497. Bayern 413 VW 19 − 4 200 Ew − Höhe 490 m −
Wintersport : 670/1 050 m ✗3 ✗4 − © 09947.
Verkehrsamt, Marktplatz 2, 𝒫 3 30.
München 208 − Cham 30 − Zwiesel 46.

🏠 **Zum Bach**, Marktstr. 1, 𝒫 12 18, 🐎 − 🚗 ❷
   10. Nov.- 5. Dez. geschl. − **M** (Donnerstag geschl.) a la carte 15/31 ♨ − **16 Z : 32 B** 28/30 -
   54 − ½ P 38.

NEUKIRCHEN (Knüllgebirge) 3579. Hessen 412 L 14 − 7 400 Ew − Höhe 260 m − Kneipp-
und Luftkurort − © 06694.
Kurverwaltung, im Rathaus, Kurhessenstraße, 𝒫 60 33.
Wiesbaden 148 − Bad Hersfeld 33 − ♦Kassel 80 − Marburg 52.

🏠 **Landgasthof Combecher**, Kurhessenstr. 32 (B 454), 𝒫 60 48, Fax 6116, 🌄, 🚬 − 📺 🕿
   🚗 ❷. 🖭 ⓪ 𝐄 𝚅𝙸𝚂𝙰
   4.- 21. Jan. geschl. − **M** (im Winter Montag bis 18 Uhr geschl.) a la carte 19/50 ♨ − **40 Z :
   75 B** 55/78 - 90/125 Fb − ½ P 58/91.

🏠 **Kneipp-Kurhotel Sonnenhof** ⑤, Kienbergweg 36, 𝒫 70 11, ≼, Bade- und
   Massageabteilung, ♨, 🏊, 🐎 − 🕿 ❷. 🍴
   9.- 16. April, 9.- 27. Juli und 15.- 22. Okt. geschl. − (Restaurant nur für Hausgäste) − **33 Z :
   44 B** 55/80 - 100/110 Fb.

NEUKIRCHEN KREIS NORDFRIESLAND 2268. Schleswig-Holstein 987 ④ − 1 300 Ew −
Höhe 2 m − © 04664.
Ausflugsziel : Hof Seebüll : Nolde-Museum★ N : 5 km.
Kiel 133 − Flensburg 56 − Niebüll 14.

🏠 **Fegetasch**, Osterdeich, 𝒫 2 02, 🐎 − ❷. 🍴
   22. Dez.- 6. Jan. geschl. − **M** (Okt.- April Sonntag ab 14 Uhr geschl.) a la carte 21/41 −
   22 Z : 42 B 29/45 - 58/75.

NEUKIRCHEN VORM WALD 8391. Bayern **413** X 20 — 2 400 Ew — Höhe 464 m — ✆ 08504.
🛈 Verkehrsamt,Pfründestr. 1,☎ 17 63.
♦München 191 — Passau 15 — ♦Regensburg 113 — Salzburg 150.

In Neukirchen-Feuerschwendt O : 6 km :

🏨 **Gut Giesel** ⑤, ☎ (08505)7 87, Fax 4149, ≤, ≘s, ◻, 屏, %, ♣ — ☎ ⅃ 🏃 ⇦ ●
    ❄ Rest
    15. Nov. - 15. Dez. geschl. — (Restaurant nur für Hausgäste) — **7 Z : 13 B** 62/77 - 104/1
    (½ P) Fb — 12 Appart. 196/256 (½ P).

NEUKLOSTER Mecklenburg-Vorpommern siehe Wismar.

NEULAUTERN Baden-Württemberg siehe Wüstenrot.

NEULEININGEN Rheinland-Pfalz siehe Grünstadt.

NEULINGEN Baden-Württemberg siehe Pforzheim.

NEU-LISTERNOHL Nordrhein-Westfalen siehe Attendorn.

NEUMAGEN-DHRON 5507. Rheinland-Pfalz **412** D 17 — 3 000 Ew — Höhe 120 m — ✆ 06507.
Mainz 133 — Bernkastel-Kues 20 — ♦Trier 39.

🏨 **Gutshotel** ⑤, Balduinstr. 1, ☎ 20 35, « Ehemaliges Weingut », ≘s, ◻, 屏, % — ☎ ●
    🖭 E 𝚅𝙸𝚂𝙰
    Jan. geschl. — **M** *(Montag - Dienstag 18 Uhr geschl.)* a la carte 38/73 — **19 Z : 50 B** 98/12●
    136/190 Fb.

🏠 **Berghof** ⑤ garni, Bergstr. 10, ☎ 21 08 — ●. ❄
    April - Okt. — **13 Z : 24 B** 40 - 60/70 — 2 Fewo 70/90.

🏠 **Zur Post** garni, Römerstr. 79, ☎ 21 14 — ⇦ ●
    16 Z : 29 B 45/50 - 75.

NEUMARKT IN DER OBERPFALZ 8430. Bayern **413** R 19, **987** ㉖㉗ — 31 600 Ew — Hö
429 m — ✆ 09181.
♦München 138 — Amberg 40 — ♦Nürnberg 40 — ♦Regensburg 72.

🏠 **Nürnberger Hof**, Nürnberger Str. 28a, ☎ 3 24 28 — 📺 ●
    24. Dez.- 10. Jan. geschl. — **M** *(nur Abendessen)* a la carte 21/38 — **59 Z : 98 B** 50/60 - 90/9

🏠 **Gasthof Ostbahn**, Bahnhofstr. 4, ☎ 50 41, Fax 6515 — ⅃ 📺 ☎ ⇦ ●. 🖭 ⑩ E 𝚅𝙸𝚂𝙰 ❄
    nur Hotel : 1.- 10. Jan. geschl. — **M** *(Dienstag und Ende Juni - Mitte Juli geschl.)* a la car
    18/40 — **20 Z : 39 B** 60/85 - 95/145.

🏠 **Mehl** ⑤, Kirchengasse 3, ☎ 57 16 — 📺 ☎ ⇦. ❄ Rest
    24. Dez.- 20. Jan. geschl. — **M** *(nur Abendessen, Sonntag geschl.)* a la carte 18/33 — **23 Z**
    33 B 35/65 - 65/98.

🏠 **Stern**, Oberer Markt 32, ☎ 52 38, Fax 21854 — ⅃ ⇦ ●. ⑩ E 𝚅𝙸𝚂𝙰
    15. Feb.- 15. März geschl. — **M** *(Mittwoch geschl.)* a la carte 18/37 — **50 Z : 100 B** 40/60
    80/104.

NEUMARKT-ST. VEIT 8267. Bayern **413** U 21, **987** ㊲ — 5 000 Ew — Höhe 448 m — ✆ 08639.
♦München 98 — Landshut 39 — Passau 93 — Salzburg 89.

🏤 **Peterhof**, Bahnhofstr. 31, ☎ 3 09 — ⇦ ●. E
    M *(Samstag geschl.)* a la carte 20/35 — **19 Z : 30 B** 26/38 - 56/68.

🏤 **Post**, Stadtplatz 21, ☎ 3 50, ≘s — ⇦ ●. 🖭 E
    M a la carte 16/32 — **15 Z : 27 B** 30 - 56/60.

In Niedertaufkirchen 8267 SO : 8 km :

🍴 **Söll** mit Zim, Hundhamer Str. 2, ☎ (08639) 2 27, 屏 — 📺 ⇦ ●. E
    29. Aug.- 10. Sept. geschl. — **M** *(Mittwoch geschl.)* a la carte 20/37 — **6 Z : 9 B** 35/40●
    56/72.

NEUMÜNSTER 2350. Schleswig-Holstein **987** ⑤ — 79 500 Ew — Höhe 22 m — ✆ 04321.
🛈 Tourist-Information, Großflecken (Verkehrspavillon), ☎ 4 32 80.
ADAC, Wasbeker Str. 306 (B 430), ☎ 6 22 22.
♦Kiel 34 ⑥ — Flensburg 100 ⑥ — ♦Hamburg 66 ⑤ — ♦Lübeck 58 ③.

Stadtplan siehe gegenüberliegende Seite.

🏨 **Parkhotel** garni, Parkstr. 29, ☎ 4 30 27, Telex 299602, Fax 43020 — ⅃ 📺 ☎ ⅃ ⇦ ●. ⌸
    ⑩ E 𝚅𝙸𝚂𝙰   Y
    53 Z : 95 B 98/115 - 130/165 Fb.

🏠 **Friedrichs** garni, Rügenstr. 11, ☎ 80 11, Telex 299510 — ⅃ 📺 ☎ ●   Z
    Weihnachten - Neujahr geschl. — **38 Z : 57 B** 62/70 - 98/107.

🏠 **Firzlaff's Hotel** garni, Rendsburger Str. 183 (B 205), ☎ 5 14 66 — 📺 ☎ ●. E   Y
    18 Z : 31 B 58/70 - 98/105.

608

NEUMÜNSTER

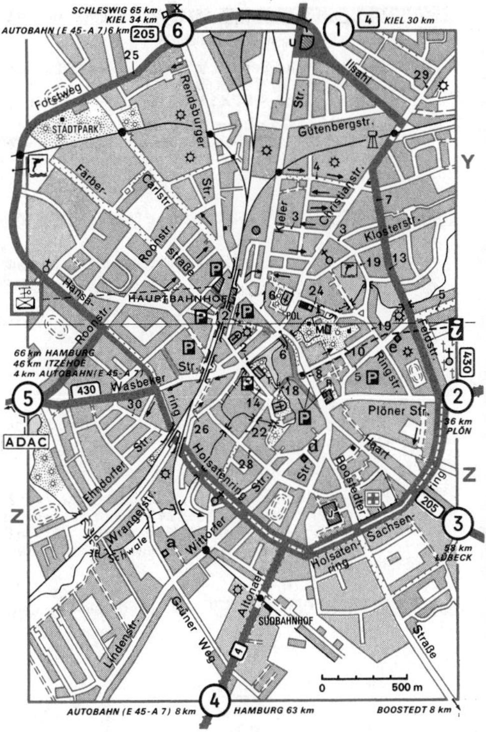

Benutzen Sie
auf Ihren Reisen in Europa
die Michelin-Länderkarten
1:400 000 bis 1:1 000 000.

Pour parcourir l'Europe,
utilisez les cartes Michelin
Grandes Routes
à 1/400 000 à 1/1 000 000.

XX **Am Kamin**, Probstenstr. 13, ℰ 4 28 53 – ᴁ **E**　　　　　　　　　　　　Z d
Sonn- und Feiertage sowie Juli - Aug. 2 Wochen geschl. – **M** a la carte 53/76.

XX **Ratskeller**, Großflecken 63, ℰ 4 23 99 – ᴁ ① **E**. ❄　　　　　　　　Z R
M a la carte 36/69.

X **Holsteiner Bürgerhaus** mit Zim, Brachenfelder Str. 58, ℰ 2 32 84 – ᴁ ① **E**　　Z e
M 22/36 (mittags) und a la carte 30/69 – **6 Z : 11 B** 55/60 - 90/98.

In Neumünster 2-Einfeld über ①

🏤 Tannhof - Waldschlößchen, Kieler Str. 452 (B 4), ℰ 52 91 97, 🔲, 🐎 – 📺 ☎ ₰ ℗ –
🛎 25/100. ❄ Zim
34 Z : 68 B – 3 Appart.

XX **Zur Alten Schanze**, Einfelder Schanze 96 (B 4), ℰ 5 22 55, Fax 528891, « Terrasse » –
℗. **E**
M 32/75.

In Neumünster 1 - Gadeland ③ : 3,5 km :

🏤 **Kühl** (mit Gästehaus), Segeberger Str. 74 (B 205), ℰ 7 11 18 – ⇐⇒ ℗
M *(nur Abendessen, Sonntag geschl.)* a la carte 25/48 – **34 Z : 56 B** 45/55 - 75/90.

NEUNKIRCHEN 6951. Baden-Württemberg ᴀ₁₂ ᴀ₁₃ K 18 – 1 500 Ew – Höhe 350 m –
❄ 06262.

•Stuttgart 92 – Heidelberg 34 – Heilbronn 40 – Mosbach 15.

🏤 **Park- und Sporthotel Stumpf** ⑤, Zeilweg 16, ℰ 8 98, Fax 4498, ≤, 🏡, « Garten »,
⇄, 🔲, ❄ – 🛎 📺 ☎ ℗ – 🛎 25. ᴁ ① **E** 🆅🆂🅰
M *(auch vegetarische Gerichte)* a la carte 30/59 – **47 Z : 88 B** 64/95 - 138/194 Fb – ½ P 74/94.

Si vous écrivez à un hôtel à l'étranger,
joignez à votre lettre un coupon réponse international
(disponible dans les bureaux de poste).

NEUNKIRCHEN AM BRAND 8524. Bayern **413** Q 18 – 6 500 Ew – Höhe 317 m – 🕿 09134.
♦München 190 – ♦Bamberg 40 – ♦Nürnberg 26.

🏛 **Selau** 🦢, In der Selau 5, 🖉 70 10, Telex 629728, Fax 70187, 😑, 🏊, 🐎, 🎾 (Halle) – |🔲
📺 🕿 ⇔ 🅿 – 🔬 25/80. 🆑 **E**
M a la carte 34/58 – **54 Z : 104 B** 85/128 - 126/180 Fb.

XX **Historisches Gasthaus Klosterhof** (Gebäude a.d. 17. Jh., rustikale Einrichtung), Innere
Markt 7, 🖉 15 85, 🍴, bemerkenswerte Weinkarte – 🆑 ⓪ **E** 🆅🆂🅰
Feb. 1 Woche, Mitte Aug.- Anfang Sept. und Montag geschl. – **M** (abends Tischbestellung
ratsam) a la carte 45/70.

NEUNKIRCHEN/SAAR 6680. Saarland **987** ㉔, **412** E 18, **242** ⑦ – 50 200 Ew – Höhe 255 m
– 🕿 06821.
♦Saarbrücken 22 – Homburg/Saar 15 – Idar-Oberstein 60 – Kaiserslautern 51.

🏛 **Am Zoo** 🦢 garni, Zoostr. 29, 🖉 2 70 74 – |🔲 📺 🕿 🅿 – 🔬 30/60
34 Z : 58 B Fb.

In Neunkirchen 5-Furpach SO : 4 km :

🏛 **Gutshof** garni, Beim Wallratsroth 1, 🖉 3 10 59 – 📺 🕿 🅿
20 Z : 34 B Fb.

🏛 **Furpacher Hof**, Kohlhofweg 3, 🖉 3 11 82 – 🅿
🍴 **M** (Montag - Freitag nur Abendessen, Samstag geschl.) a la carte 20/51 – **12 Z : 14 B** 33/44
- 72/85.

In Neunkirchen-Kohlhof SO : 5 km :

XXX ⊛ **Hostellerie Bacher** mit Zim, Limbacher Str. 2, 🖉 3 13 14, 🍴 – 📺 🕿 🅿. 🆑 ⓪ **E** 🆅🆂🅰
Juni - Juli 3 Wochen geschl. – **M** (Tischbestellung ratsam) (Sonntag geschl.) 60/130 und
la carte 50/86 (bemerkenswerte Weinkarte) – **4 Z : 7 B** 80 - 160 Fb
Spez. Wachtelbrüstchen im Kartoffelmantel, Kalbskopf in Meerrettichsauce, Geeiste Karamelmousse au
Schokoladen-Nußboden.

NEUNKIRCHEN-SEELSCHEID 5206. Nordrhein-Westfalen **412** F 14 – 16 500 Ew – Höhe
180 m – 🕿 02247.
♦Düsseldorf 81 – ♦Bonn 24 – ♦Köln 40.

Im Ortsteil Neunkirchen :

🏛 **Kurfürst**, Hauptstr. 13, 🖉 10 38, Fax 8884, 🐎 – 📺 🕿 🅿 – 🔬 25/100. 🆑 ⓪ **E** 🆅🆂🅰
M 22/68 – **22 Z : 38 B** 75/85 - 130 Fb.

NEUÖTTING 8265. Bayern **413** V 22, **987** ㊱㊲, **426** JK 4 – 7 900 Ew – Höhe 392 m – 🕿 08671.
♦München 94 – Landshut 62 – Passau 82 – Salzburg 74.

🍴 **Krone**, Ludwigstr. 69, 🖉 23 43 – |🔲 ⇔
🍴 24. Dez.- 4. Jan. geschl. – **M** (Samstag ab 14 Uhr geschl.) a la carte 18,50/27 🍷 – **25 Z**
40 B 25/40 - 50/75.

NEUPOTZ 6729. Rheinland-Pfalz **412** **413** H 19 – 1 600 Ew – Höhe 110 m – 🕿 07272.
Mainz 123 – ♦Karlsruhe 23 – Landau 23 – ♦Mannheim 52.

🏛 **Zum Lamm**, Hauptstr. 7, 🖉 28 09 – 🅿
M (Sonntag ab 14 Uhr, Dienstag und Juli - Aug. 3 Wochen geschl.) a la carte 22/49 🍷 –
12 Z : 18 B 32/38 - 64/76.

NEUREICHENAU 8391. Bayern **413** Y 20 – 3 700 Ew – Höhe 680 m – Erholungsort – 🕿 08583.
♦München 220 – Freyung 26 – Passau 43.

In Neureichenau-Lackenhäuser O : 8 km :

🏛 **Bergland-Hof** 🦢, 🖉 12 86, Fax 2586, ≤, 😑, 🏊, 🏊, 🐎 – 📺 🅿. 🎾
April - 10. Mai und Nov.- 15. Dez. geschl. – (nur Abendessen für Hausgäste) – **34 Z : 60 B**
44/65 - 78/109 Fb – ½ P 54/66.

NEURIED 7607. Baden-Württemberg **413** G 21, **242** ㉔ – 7 200 Ew – Höhe 148 m – 🕿 07807.
♦ Stuttgart 156 – ♦ Freiburg im Breisgau 59 – Lahr 21 – Offenburg 11 – Strasbourg 19.

In Neuried 2-Altenheim :

🏛 **Ratsstüble**, Kirchstr. 38, 🖉 8 05, 😑, 🐎 – 🕿 🅿
33 Z : 53 B.

NEURIED Bayern siehe München.

NEUSÄSS 8902. Bayern 4⃝1⃝3⃝ P 21 – 19 000 Ew – Höhe 525 m – © 0821 (Augsburg).
♦München 75 – ♦ Augsburg 7 – ♦ Ulm (Donau) 89.

🏠 **Neusässer Hof**, Hauptstr. 7, ℰ 46 10 51, Fax 467910, Biergarten – 劇 ☎ ⟸ ℗
⟶ 23. Dez.- 8. Jan. geschl. – **M** (im Gasthof Schuster, Dienstag geschl.) a la carte 20/45 –
50 Z : 60 B 48/75 - 88/110.

In Neusäß-Steppach S: 2 km :

🏠 **Brauereigasthof Fuchs**, Alte Reichsstr. 10, ℰ 48 10 57, Biergarten – 📺 ☎ ℗
24. Dez.- 8. Jan. geschl. – **M** (Montag geschl.) a la carte 25/45 – **32 Z : 59 B** 55/75 - 95/105.

NEUSCHÖNAU Bayern siehe Grafenau.

NEUSCHWANSTEIN (Schloß) Bayern. Sehenswürdigkeit siehe Füssen.

Les prix de chambre et de pension
peuvent parfois être majorés de la taxe de séjour et d'un supplément de chauffage.
Lors de votre réservation à l'hôtel,
faites-vous bien préciser le prix définitif qui vous sera facturé.

NEUSS 4040. Nordrhein-Westfalen 9⃝8⃝7⃝ ㉝, 4⃝1⃝2⃝ D 13 – 144 000 Ew – Höhe 40 m – © 02101 (ab Mitte 1991 : 02131).

Sehenswert : St. Quirinus-Münster★.

Ausflugsziel : Schloß Dyck★ SW : 9 km über ⑤.

🅘 Verkehrsverein, Friedrichstr. 40, ℰ 27 98 17.
ADAC, Markt 21, ℰ 27 33 80, Notruf ℰ 1 92 11.
♦Düsseldorf 10 ② – ♦Köln 38 ② – Krefeld 20 ⑦ – Mönchengladbach 21 ⑥.

Stadtplan siehe nächste Seite.

🏨 **Swissotel Rheinpark** 🖄, Rheinallee 1, ℰ 15 30, Telex 8517521, Fax 1531899, ≤, Massage,
🖾, ☒, – 劇 ⋈ Zim ☰ 📺 ⟸ ℗ – 🔏 25/1500. 🖭 ⓞ ℰ 𝗩𝗜𝗦𝗔. ⚘ Rest   X **b**
Restaurants : **Pavillon** (nur Abendessen) (Juli und außerhalb der Messezeiten Sonntag -
Montag geschl.) **M** a la carte 55/86 – **Petit Paris M** 34 (mittags Buffet) und a la carte 43/77
– **250 Z : 500 B** 240/405 - 305/465 Fb – 6 Appart. 650/1750.

🏨 **City-Hotel** garni, Adolf-Flecken-Str. 18, ℰ 27 50 21, Telex 8517780, Fax 277324 – 劇 📺 ☎
⟸ 🖭 ⓞ ℰ 𝗩𝗜𝗦𝗔   Y **r**
50 Z : 82 B 154/264 - 194/384 Fb.

🏨 **Viktoria** garni, Kaiser-Friedrich-Str. 2, ℰ 2 39 90, Fax 2399100 – 劇 ⋈ Zim. 🖭 ⓞ ℰ 𝗩𝗜𝗦𝗔
66 Z : 120 B 154/314 - 194/384 Fb.   Z **e**

🏠 **Hamtor-Hotel** (Restaurant im Bistrostil), Hamtorwall 17, ℰ 22 20 02, Fax 277694, ☎ – 劇
📺 ☎ ℗. 🖭 ⓞ ℰ 𝗩𝗜𝗦𝗔   Y **s**
M (nur Abendessen) a la carte 25/45 – **36 Z : 56 B** 78/98 - 145/150 Fb.

🏠 **Haus Hahn** garni, Bergheimer Str. 125 (B 477), ℰ 4 90 51, Fax 43908 – 📺 ☎ ℗. ⓞ ℰ 𝗩𝗜𝗦𝗔
5.- 28. Juli und 20. Dez.- 5. Jan. geschl. – **15 Z : 20 B** 90/120 - 150/200.   Z **u**

🏠 **Marienhof** garni, Kölner Str. 187 a, ℰ 15 05 41, Telex 8517645, Fax 120850 – 📺 ☎ ℗. ⓞ
ℰ 𝗩𝗜𝗦𝗔   X **r**
Weihnachten - Anfang Jan. geschl. – **23 Z : 29 B** 92/145 - 160/180 Fb.

🏠 **Hansa-Hotel** garni (mit Gästehaus), Krefelder Str. 22 (Bahnhofspassage), ℰ 22 20 81 –
劇 ☎   Y **n**
Weihnachten - Anfang Jan. geschl. – **61 Z : 91 B** 55/110 - 95/150 Fb.

XX **An de Poz** (Restaurant in einem alten Kellergewölbe), Oberstr. 7, ℰ 27 27 77, Fax 277104
– 🖭 ⓞ ℰ 𝗩𝗜𝗦𝗔   Z **b**
Samstag bis 18 Uhr, Sonn- und Feiertage, Juli - Aug. 3 Wochen und 24.- 31. Dez. geschl. –
M (Tischbestellung ratsam) a la carte 63/80.

XX **Bölzke**, Michaelstr. 29, ℰ 2 48 26   Z **a**

XX **Zum Stübchen**, Preussenstr. 73, ℰ 8 22 16, Fax 82325 – 🖭 ⓞ ℰ 𝗩𝗜𝗦𝗔   X **n**
Montag geschl. – **M** (Tischbestellung ratsam) a la carte 50/78.

XX **Rosengarten in der Stadthalle**, Selikumer Str. 25, ℰ 27 41 81, Fax 277493, ☀ – ℗ –
🔏 25/400. 🖭 ⓞ ℰ 𝗩𝗜𝗦𝗔   Z
M a la carte 35/57.

In Neuss-Erfttal SO : 5 km über die A 57, X, Autobahnausfahrt Norf :

🏨 **Novotel Neuss**, Am Derikumer Hof 1, ℰ 1 70 81, Telex 8517634, Fax 120687, ☀, ☒, ⚘
– 劇 📺 ☎ ⟸ ℗ – 🔏 25/90. 🖭 ℰ 𝗩𝗜𝗦𝗔
M a la carte 35/60 – **116 Z : 228 B** 165/182 - 200 Fb.

In Neuss-Grimlinghausen SO : 6 km über ③ :

🏨 **Landhaus Hotel**, Hüsenstr. 17, ℰ 3 70 30, Telex 8517891, Biergarten – 劇 📺 ☎ ᴖ ℗ –
🔏 50
30 Z : 55 B Fb.

NEUSS

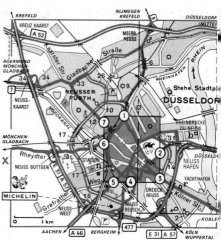

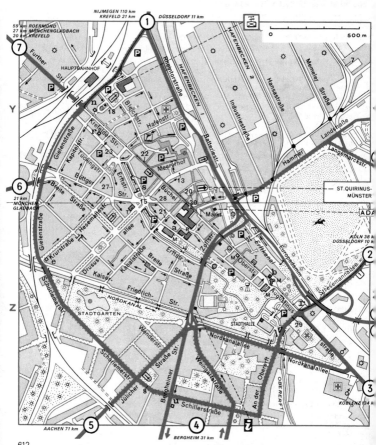

In Kaarst 4044 NW : 6 km über Karster Str. X :

🏠 **Landhaus Michels** garni, Kaiser-Karl-Str. 10, ℘ (02101/02131) 60 40 04, Fax 605339 – ☎
🖘 **📵. 🆎 ⑩ Ε 𝕍𝕀𝕊𝔸**
23. Dez.- 7. Jan. geschl. – **19 Z : 34 B** 55/100 - 90/140.

In Kaarst 2-Büttgen 4044 W : 6 km über Rheydter Str. X :

🏠 **Jan van Werth**, Rathausplatz 20, ℘ (02101/02131) 51 41 60, Fax 511433 – 🛗 📺 ☎ 📵. ⑩
Ε
M *(Montag geschl.)* a la carte 36/59 – **24 Z : 30 B** 75/100 - 125/145 Fb.

🏠 **Gästehaus Alt Büttgen** garni, Kölner Str. 30, ℘ (02101/02131) 51 80 66 – 📺 ☎ 📵
16 Z : 20 B 60/85 - 100/140.

In Kaarst 2 - Holzbüttgen 4044 NW : 7 km über ⑦ :

🏦 **Hotel im Open-Air-Tennispark**, August-Thyssen-Str. 13, ℘ (02101/02131) 66 20, Fax
662516, 🐧, 🚬, 🎾 (Halle) – 🛗 📺 ☎ 📵 – 🔬 25/40. 🆎 ⑩ Ε 𝕍𝕀𝕊𝔸
M a la carte 30/60 – **34 Z : 64 B** 116/156 - 166/211 Fb.

ICHELIN-REIFENWERKE KGaA. Niederlassung 4040 Neuss 1, Moselstr. 11 X , ℘ 4 90 61.

EUSTADT AM MAIN 8771. Bayern 🐝🐝 🐝🐝 L 17 – 1 500 Ew – Höhe 153 m – 🕙 09393.
München 338 – Lohr am Main 8 – ✦Würzburg 43.

🏛 **Zum Engel**, Hauptstr. 1, ℘ 5 05, 🈺 – 🛗 🖘 📵
← *15. Nov.- 15. Dez. geschl.* – **M** *(Montag geschl.)* a la carte 18,50/44 🍷 – **20 Z : 32 B** 35/55 -
65/90.

EUSTADT AN DER AISCH 8530. Bayern 🐝🐝🐝 O 18, 🐝🐝🐝 ② – 11 700 Ew – Höhe 292 m –
🕙 09161.
Verkehrsamt, Würzburger Str. 33 ℘ 6 66 47.
München 217 – ✦Bamberg 53 – ✦Nürnberg 41 – ✦Würzburg 67.

🏠 **Römerhof - Ristorante Forum**, Richard-Wagner-Str. 15, ℘ 30 11 (Hotel) 30 13 (Rest.)
– ☎ 📵. 🈺 Rest
nur Hotel : 20. Dez.- 10. Jan. geschl. – **M** *(Italienische Küche)* *(Dienstag und 10. Aug.- 10
Sept. geschl.)* a la carte 25/48 🍷 – **20 Z : 40 B** 50/65 - 95/110.

XX **Neustadt-Stuben**, Ansbacher Str. 20c, ℘ 56 22 – 📵. 🆎 ⑩ Ε 𝕍𝕀𝕊𝔸
Samstag bis 18 Uhr und Dienstag geschl. – **M** a la carte 38/58.

In Dietersheim 8531 SW : 6,5 km :

🏠 **Frankenland** 🈂, Schützenstr. 15, ℘ (09161) 28 76, 🈺 – 🖘 📵
← *Feb.- März 3 Wochen geschl.* – **M** *(Sonntag 15 Uhr - Montag geschl.)* a la carte 24/50 –
10 Z : 15 B 28/45 - 60/80.

In Dietersheim-Oberroßbach 8531 S : 6 km :

🏠 **Fiedler** 🈂, Oberroßbach 28, ℘ (09161) 24 25, 🈺, 🚬, 🐴 – 📵
← **M** *(Mittwoch geschl.)* a la carte 18,50/30 🍷 – **12 Z : 24 B** 40 - 70/78.

EUSTADT AN DER DONAU 8425. Bayern 🐝🐝🐝 S 20, 🐝🐝🐝 ② – 10 000 Ew – Höhe 355 m –
🕙 09445.
Kurverwaltung, Heiligenstädter Straße (Bad Gögging). ℘ 5 61.
München 90 – Ingolstadt 33 – Landshut 48 – ✦Regensburg 43.

🏠 **Gigl**, Herzog-Ludwig-Str. 6, ℘ 70 97 – ☎ 🖘 📵. Ε
← *27. Dez.- 26. Jan. geschl.* – **M** *(Samstag und 18.- 31. Aug. geschl.)* a la carte 15/34 🍷 –
22 Z : 35 B 27/38 - 52/66.

In Neustadt-Bad Gögging NO : 4 km – Heilbad :

🏨 **Eisvogel** 🈂, An der Abens 20, ℘ 80 75, Fax 8475, 🈺, Bade- und Massageabteilung, 🚬,
🔬, 🐴 – 🛗 📺 ☎ 🖘 📵 – 🔬 25/120. 📵 Ε 𝕍𝕀𝕊𝔸
M *(Montag und 7.- 28. Jan. geschl.)* a la carte 26/55 – **34 Z : 60 B** 60/110 - 100/175 Fb.

🏦 **Kurhotel Centurio** 🈂, Am Brunnenforum 6, ℘ 20 50, Fax 205420, 🈺, Bade- und
Massageabteilung, direkter Zugang zur Limestherme (Gebühr) – 🛗 📺 ☎ 🖘 📵 –
🔬 25/50. 🆎 ⑩ Ε
M a la carte 22/55 – **67 Z : 134 B** 77/88 - 122/147 Fb – ½ P 82/108.

EUSTADT AN DER SAALE, BAD 8740. Bayern 🐝🐝🐝 N 16, 🐝🐝🐝 ② – 14 300 Ew – Höhe 243 m
- Heilbad – 🕙 09771.
Kurverwaltung, Löhriether Str. 2, ℘ 9 09 83.
München 344 – ✦Bamberg 86 – Fulda 59 – ✦Würzburg 76.

🏦 **Romantik-Hotel Schwan und Post** (Gasthof a.d.J. 1772), Hohnstr. 35, ℘ 9 10 70, Fax
910720, 🈺, 🚬 – 📺 ☎ 🖘 📵 – 🔬 25/80. 🆎 ⑩ Ε 𝕍𝕀𝕊𝔸. 🈺 Rest
M a la carte 31/63 – **35 Z : 55 B** 95/135 - 130/200 Fb – ½ P 95/165.

🏠 **Zum goldenen Löwen**, Hohnstr. 26, ℘ 80 22 – ☎ 📵 – **31 Z : 50 B**.

NEUSTADT AN DER WALDNAAB 8482. Bayern **413** T 17, **987** ㉗ − 5 800 Ew − Höhe 408 − ✿ 09602.

♦München 210 − Bayreuth 60 − ♦Nürnberg 105 − ♦Regensburg 87.

🏨 **Grader,** Freyung 39, 𝒫 70 85, Fax 8220 − 📶 ☎ 🅟 − 🔬 25. 🆎 **E**
nur Hotel : 20. Dez.- 12. Jan. geschl. − **M** *(Samstag und Juli - Aug. 2 Wochen geschl.)* a
carte 25/47 🍷 − **49 Z : 80 B** 35/60 - 58/84 Fb.

🏠 **Zum Bären,** Stadtplatz 26, 𝒫 13 80, Biergarten − ☎
13 Z : 21 B.

🏠 **Kronprinz,** Knorrstr. 16, 𝒫 12 18 − ⟸
15 Z : 27 B Fb.

NEUSTADT AN DER WEINSTRASSE 6730. Rheinland-Pfalz **987** ㉙, **412** **413** H 18, **242** ⑧
50 000 Ew − Höhe 140 m − ✿ 06321.

🏌 Neustadt-Geinsheim (SO : 10 km), 𝒫 (06327) 29 73.

🛈 Touristik-Information, Exterstr. 4, 𝒫 85 53 29, Telex 454869.

ADAC, Martin-Luther-Str. 69, 𝒫 8 90 50, Telex 454849.

Mainz 94 − Kaiserslautern 36 − ♦Karlsruhe 56 − ♦Mannheim 29 − Wissembourg 46.

🏨 **Page-Hotel** garni, Exterstr. 2/ Ecke Landauer Straße, 𝒫 89 80, Telex 454649, Fax 89815
Bier- und Weingarten, ⟺ − 📶 📺 ☎ ♿ ⟸ − 🔬 01/1200. 🆎 ⓞ **E** 𝘝𝘐𝘚𝘈
123 Z : 246 B 125/150 - 160/190 Fb − 7 Appart. 300/400.

🏠 **Festwiese,** Festplatzstr. 6, 𝒫 8 20 81, Fax 31006 − 📶 📺 ☎ ⟸ 🅟 − 🔬 25/70. 🆎 ⓞ
𝘝𝘐𝘚𝘈
M *(Sonn- und Feiertage ab 14 Uhr geschl.)* a la carte 32/54 🍷 − **32 Z : 62 B** 90 - 140.

🏠 **Kurfürst** garni, Mussbacher Landstr. 2, 𝒫 74 41, Telex 454895 − 📶 📺 ☎ ⟸ 🅟
🔬 25/50. 🆎 ⓞ **E** 𝘝𝘐𝘚𝘈
40 Z : 60 B 85 - 130/150 Fb.

✕✕ **Saalbau - Restaurant,** Bahnhofstr. 1, 𝒫 3 31 00 − 🅟 − 🔬 .

In Neustadt 14-Gimmeldingen N : 3 km − Erholungsort :

✕ **Kurpfalzterrassen** 🌿 mit Zim, Kurpfalzstr. 162, 𝒫 62 68, ≼, 🌇 − 🅟 − 🔬 60. **E** 𝘝𝘐𝘚𝘈
Jan. und 1.- 20. Juli geschl. − **M** *(Montag - Dienstag geschl.)* a la carte 32/52 🍷 − **3 Z : 7**
38 - 70.

✕ **Mugler's Kutscherhaus,** Peter-Koch-Str. 47, 𝒫 6 63 62, « Winzerhaus a.d.J. 1773 »
nur Abendessen, Montag und über Fasching 3 Wochen geschl. − **M** a la carte 27/43 🍷.

In Neustadt 13-Haardt N : 2 km − Erholungsort :

🏨 **Tenner** 🌿 garni, Mandelring 216, 𝒫 65 41, Fax 69306, « Park », ⟺, 🏊, 🎿 − 📺 ☎ ⟸
🅟 − 🔬 30. 🆎 ⓞ **E**
über Weihnachten geschl. − **38 Z : 65 B** 80/100 - 125/170 Fb − 2 Fewo 85/120.

🏡 Haardter Herzel 🌿, Eichkehle 58, 𝒫 64 21, 🌇, 🎿 − ⟸ 🅟
9 Z : 19 B.

In Neustadt 19-Hambach SW : 3 km :

✕ **Rittersberg** 🌿 mit Zim, beim Hambacher Schloß, 𝒫 8 62 50, ≼ Rheinebene, 🌇 − 🅟
🔬 30. 🎿
Jan.- Feb. und Juni - Juli jeweils 2 Wochen geschl. − **M** *(Donnerstag geschl.)* a la car
24/46 🍷 − **5 Z : 12 B** 90/100 (Doppelzimmer).

NEUSTADT AN DER WIED 5466. Rheinland-Pfalz **412** F 15 − 5 500 Ew − Höhe 165 m
✿ 02683 (Asbach).

🛈 Verkehrsbüro, im Bürgerhaus, 𝒫 3 24 24.

Mainz 123 − ♦Koblenz 49 − ♦Köln 65 − Limburg an der Lahn 64.

In Neustadt-Fernthal SO : 4 km :

🏡 **Dreischläger Hof,** Dreischläger Str. 23, 𝒫 37 81 − 🅟
➡ Mitte - Ende März und Mitte - Ende Okt. geschl. − **M** *(Dienstag geschl.)* a la carte 18/35
9 Z : 18 B 25/38 - 60/70.

An der Autobahn A 3 S : 4,5 km :

🏠 **Autobahn-Rasthaus Fernthal,** ✉ 5466 Neustadt-Fernthal, 𝒫 (02683) 35 34, Fax 210
≼, 🌇 − ☎ 🅟 **E**
M *(auch vegetarische Gerichte)* a la carte 27/55 − **29 Z : 65 B** 64/97 - 105/169.

In occasione di alcune manifestazioni commerciali o turistiche,
i prezzi richiesti dagli albergatori possono subire un sensibile
aumento nelle località interessate e nei loro dintorni.

NEUSTADT BEI COBURG 8632. Bayern **413** Q 15, 16, **987** ㉖ — 17 000 Ew — Höhe 344 m — ✆ 09568.

München 296 — ◆Bamberg 61 — Bayreuth 68 — Coburg 14.

In Neustadt-Fürth am Berg SO : 7 km :

🏠 **Grenzgasthof** ⏚, Allee 37, ℘ 30 96, ≋s, 🛲 — ⇌ 🅿 — 🔏 25/200
   2.- 18. Aug. geschl. — **M** (Freitag geschl.) a la carte 24/46 — **40 Z : 68 B** 30/65 - 60/110 Fb.

In Neustadt-Wellmersdorf S : 5 km :

🏠 **Gästehaus Heidehof** ⏚, Wellmersdorfer Str. 50, ℘ 21 55, 🛲 — ⇌. 🏖 Zim
◆ Juli 2 Wochen geschl. — **M** (Sonntag geschl.) a la carte 18/35 — **41 Z : 81 B** 50/70 - 80/150.

NEUSTADT IN HOLSTEIN 2430. Schleswig-Holstein **987** ⑥ — 14 500 Ew — Höhe 4 m — ☐eebad — ✆ 04561.

🗡Kiel 60 — ◆Lübeck 34 — Oldenburg in Holstein 21.

🏠 **Hamburger Hof** garni, Lienaustr. 26a, ℘ 62 40 — 📺 ⇌ 🅿. 🖭 **E**. 🏖
   Weihnachten - Anfang Jan. geschl. — **10 Z : 20 B** 52/66 - 94/104.

🗴 **Ratskeller**, Am Markt 1, ℘ 80 11, 🏛 — 🖭 **E** 𝘝𝘐𝘚𝘈
   Montag und 4.- 24. Feb. geschl. — **M** a la carte 35/61.

In Neustadt 2-Pelzerhaken O : 5 km :

🗴🗴 **Eichenhain** ⏚ mit Zim, Eichenhain 3, ℘ 74 80, Fax 7833, ≤, 🏛, 🛲 — 📺 🕿 🅿. **E** 𝘝𝘐𝘚𝘈
   Hotel März - Okt., Restaurant auch Weihnachten - Neujahr geöffnet — **M** a la carte 35/65 —
   10 Z : 20 B 95/120 - 140/160 Fb — 10 Fewo 130/160.

NEUTRAUBLING Bayern siehe Regensburg.

Bei Übernachtungen in kleineren Orten
oder abgelegenen Hotels empfehlen wir, hauptsächlich in der Saison,
rechtzeitige telefonische Anmeldung.

NEU-ULM 7910. Bayern **413** N 21, **987** ㊱ — 50 000 Ew — Höhe 468 m — ✆ 0731 (Ulm/Donau).

Stadtplan siehe Ulm (Donau).

🛈 Städt. Verkehrsbüro, Ulm, Münsterplatz, ℘ 6 41 61.

ⒶDAC, Ulm, Neue Str. 40, ℘ 6 66 66, Notruf ℘ 1 92 11.

🏨 **Mövenpick-Hotel** ⏚, Silcherstr. 40 (Edwin-Scharff-Haus), ℘ 8 01 10, Telex 712539, Fax
   85967, ≤, 🏛, 🔲 — 🛗 ⇌ Zim 📺 ♿ 🅿 — 🔏 25/500. 🖭 ⓘ **E** 𝘝𝘐𝘚𝘈   Y **e**
   M a la carte 30/60 — **135 Z : 235 B** 178/218 - 236/354 Fb.

🏠 **City-Hotel** garni, Ludwigstr. 27, ℘ 7 40 25, Fax 78334 — 🛗 📺 🕿. 🖭 ⓘ **E** 𝘝𝘐𝘚𝘈. 🏖   Y **r**
   23. Dez.- 6. Jan. geschl. — **20 Z : 35 B** 85/90 - 120/135 Fb.

🏠 **Deckert**, Karlstr. 11, ℘ 7 60 81 — 🕿 ⇌   Y **s**
   22. Dez.- 8. Jan. geschl. — (nur Abendessen für Hausgäste) — **23 Z : 33 B** 44/72 - 88/104 Fb.

🗴🗴 **Glacis** (ehem. Villa mit Wintergarten), Schützenstr. 72, ℘ 8 68 43, 🏛 — 🅿. ⓘ **E** 𝘝𝘐𝘚𝘈
   Sonntag 18 Uhr - Montag geschl. — **M** a la carte 35/75.   Y **u**

In Neu-Ulm -Finningen O : 7 km über Reuttier Str. Y und Europastraße :

🏠 **Landgasthof Hirsch**, Dorfstr. 4, ℘ 7 01 71, Fax 724131, 🏛 — 🛗 📺 🕿 ⇌ 🅿 — 🔏 35.
   🖭 **E**
   M (Dienstag und 31. Juli - 17. Aug. geschl.) a la carte 22/50 — **22 Z : 39 B** 108 - 142/148 Fb.

In Neu-Ulm - Reutti SO : 6,5 km über Reuttier Str. Y :

🏠 **Landhof Meinl**, Marbacher Str. 4, ℘ 7 05 20, Fax 7052222, Massage, ≋s — 🛗 📺 🕿 🅿.
   🖭 ⓘ **E** 𝘝𝘐𝘚𝘈
   23. Dez.- 6. Jan. geschl. — (nur Abendessen für Hausgäste) — **30 Z : 50 B** 103 - 140 Fb.

In Neu-Ulm - Schwaighofen über Reuttier Str. Y :

🗴🗴 **Zur Post**, Reuttier Str. 172, ℘ 7 74 10, 🏛 — 🅿. **E**
   Samstag bis 17 Uhr, Montag, 2.- 7. Jan. und 12.- 31. Aug. geschl. — **M** a la carte 33/60.

NEUWEILER 7266. Baden-Württemberg **413** I 21 — 2 500 Ew — Höhe 640 m — Wintersport :
🏂4 — ✆ 07055.

🛈 Touristik-Information, Rathaus, ℘ 4 77.
◆Stuttgart 66 — Freudenstadt 36 — Pforzheim 41.

In Neuweiler-Oberkollwangen NO : 3 km :

🏠 **Talblick** ⏚, Breitenberger Str. 15, ℘ 2 32, ≋s, 🔲, 🛲 — 🅿
◆ 15. Nov.- 15. Dez. geschl. — **M** (Montag geschl.) a la carte 20/35 — **18 Z : 32 B** 41 - 82 Fb.

NEUWEILNAU Hessen siehe Weilrod.

NEUWIED 5450. Rheinland-Pfalz 987 ㉘, 412 F 15 — 63 000 Ew — Höhe 62 m — ✆ 02631.

🛈 Städt. Verkehrsamt, Kirchstr. 50, ℘ 80 22 60.

Mainz 114 — ♦Bonn 54 — ♦Koblenz 15.

🏠 **Stadt-Hotel** garni, Pfarrstr. 1a, ℘ 2 21 95 — 🛗 ☎ ⟸
  16 Z : 28 B Fb.

🏠 **Hubertus-Stuben** garni, Deichstr. 16, ℘ 2 40 46, Fax 23025 — 📺 ☎ ⟸. 🖭 ⓪ 🇪 🎫
  20 Z : 30 B 80 - 130/145.

🍴🍴 **Deichkrone**, Deichstr. 14, ℘ 2 38 93, ≤ Rhein, 🍴 — 🖭 ⓪ 🇪
  Montag geschl. — **M** a la carte 42/65.

🍴🍴 Im Leseverein, Marktstr. 72, ℘ 2 50 89, 🍴.

In Neuwied 21-Engers O : 7 km :

🏠 **Euro-Hotel Fink**, Werner-Egk-Str. 2, ℘ (02622) 49 50 (Hotel) 58 57 (Rest.) — ☎ 🅿
▬ 15. Juli - 10. Aug. geschl. — **M** (nur Abendessen, Freitag geschl.) a la carte 21/46 ⅄ — **35 Z :
  72 B** 40/45 - 80.

In Neuwied 22 - Heimbach-Weis NO : 7 km :

🏫 **Lindenhof**, Sayner Str. 34, ℘ (02622) 8 36 78 — ⟸ 🅿
  15. Juli - 10. Aug. geschl. — (nur Abendessen für Hausgäste) — **12 Z : 25 B** 35/40 - 70/80.

In Neuwied 11-Irlich NW : 2 km :

🍴 **Zum goldenen Karpfen**, Kurtrierer Str. 25, ℘ 7 18 73 — 🖭 ⓪ 🇪 🎫
  Montag - Dienstag und 4.- 25. Juli geschl. — **M** a la carte 37/65.

In Neuwied 23-Oberbieber NO : 6 km :

🏠 **Waldhaus Wingertsberg** ⌂, Wingertsbergstr. 48, ℘ 4 90 21, ≤ — ☎ ⟸ 🅿
  30 Z : 50 B.

In Neuwied 13-Segendorf N : 5,5 km :

🍴🍴 **Fischer** mit Zim, Austr. 2, ℘ 5 35 24, 🍴, 🌳 — ☎ 🅿. 🖭 🇪
  M (Freitag geschl.) a la carte 28/63 — **8 Z : 18 B** 45 - 90.

NEVERSFELDE Schleswig-Holstein siehe Malente-Gremsmühlen.

NIDDA 6478. Hessen 412 413 K 15 — 16 200 Ew — Höhe 150 m — ✆ 06043.
♦Wiesbaden 88 — ♦Frankfurt am Main 56 — Gießen 43.

In Nidda 11-Bad Salzhausen — Heilbad :

🏨 **Jäger** ⌂, Kurstr. 9, ℘ 8 00 70, Telex 6043914, Fax 800710, « Geschmackvolle, elegant
  Einrichtung », 🏊 — 🛗 📺 ⅄ ⟸ 🅿 — 🔬 25/50. 🖭 ⓪ 🇪 🎫
  M a la carte 57/85 — **29 Z : 52 B** 140/190 - 190/260 Fb.

🏨 **Kurhaus-Hotel** ⌂, Kurstr. 2, ℘ 9 17/ 4 09 17, 🍴, direkter Zugang zum Kurmittelhaus -
  🛗 ☎ ⟸ 🅿 — 🔬 25/250. 🖭 ⓪ 🇪 🎫
  M 21/30 (mittags) und a la carte 32/62 — **52 Z : 75 B** 60/90 - 130/180 — ½ P 83/113.

NIDDERAU 6369. Hessen 987 ㉘, 412 413 J 16 — 15 000 Ew — Höhe 182 m — ✆ 06187.
♦Wiesbaden 60 — ♦Frankfurt am Main 22 — Gießen 52.

In Nidderau 1 - Heldenbergen

🏠 **Zum Adler**, Windecker Str. 2, ℘ 30 58 — 📺 ☎ ⟸. 🇪
▬ **M** (Freitag geschl.) a la carte 20/52 ⅄ — **17 Z : 25 B** 50/70 - 92/110.

NIDEGGEN 5168. Nordrhein-Westfalen 987 ㉘, 412 C 14 — 9 000 Ew — Höhe 325 m -
Luftkurort — ✆ 02427.

🛈 Städt. Verkehrsamt, Rathaus, Zülpicher Str. 1, ℘ 80 90.
♦Düsseldorf 91 — Düren 14 — Euskirchen 25 — Monschau 30.

In Nideggen-Abenden S : 3 km :

🍴🍴 Zur Post mit Zim (Haus a.d. 16. Jh.), Mühlbachstr. 9, ℘ 2 79 — 🅿 — **14 Z : 24 B**.

In Nideggen-Rath N : 2 km :

🏨 **Forsthaus Rath**, Rather Str. 126, ℘ 2 65, ≤, 🌳 — ☎ 🅿 — 🔬 40
  20 Z : 36 B.

🏠 **Gästehaus Thomé** ⌂ garni, Im Waldwinkel 25, ℘ 61 73 — 🅿. 🐾
  16. Dez.- 14. Jan. geschl. — **10 Z : 13 B** 40 - 74.

In Nideggen-Schmidt SW : 9 km — Höhe 430 m :

🏠 **Roeb - Zum alten Fritz**, Monschauer Str. 1, ℘ (02474) 4 77, 🏊, 🖾, 🌳 — 🛗 ⟸ 🅿 -
  🔬 40
  2.- 28. Jan. geschl. — **M** (Dienstag geschl.) a la carte 22/50 ⅄ — **25 Z : 45 B** 36/48 - 64/86.

🏠 Bauernstube, Heimbacher Str. 53, ℘ (02474) 4 49, 🌳 — ☎ 🅿. 🐾 — **9 Z : 17 B**.

EBÜLL 2260. Schleswig-Holstein 𝟗𝟖𝟕 ④ − 6 800 Ew − Höhe 2 m − Luftkurort − ✆ 04661.
⚓ 𝄐 7 18.
remdenverkehrsverein, Hauptstr. 44, 𝄐 6 01 90.
el 121 − Flensburg 44 − Husum 42.

🏠 Bossen, Hauptstr. 15, 𝄐 7 31, ⇋ − 📺 ☎ 🅿 − 🛥 − **55 Z : 110 B.**

EDALTDORF Saarland siehe Rehlingen-Siersburg.

EDENSTEIN 3501. Hessen 𝟒𝟏𝟐 K 13 − 4 800 Ew − Höhe 305 m − Luftkurort − ✆ 05624.
ʼiesbaden 200 − ◆Kassel 22.

🏠 **Ratskeller**, Hauptstr. 15, 𝄐 7 44, 🍽 − ☎ 🅿
M a la carte 30/60 − **12 Z : 22 B** 49 - 90.

EDERAICHBACH Bayern siehe Landshut.

EDERAUDORF Bayern siehe Oberaudorf.

EDERAULA 6434. Hessen 𝟗𝟖𝟕 ㉚. 𝟒𝟏𝟐 L 14 − 5 500 Ew − Höhe 210 m − ✆ 06625.
ʼiesbaden 158 − Bad Hersfeld 11 − Fulda 35 − ◆Kassel 70.

🏠 **Schlitzer Hof** mit Zim, Hauptstr. 1, 𝄐 3 41 − ⇌ 🅿. 🆎 ⓞ 🅴
2.-31. Jan. geschl. − M (Montag geschl.) 30 (mittags) und a la carte 40/60 − **11 Z : 20 B** 68 -
110.

RESCHACH 7732. Baden-Württemberg 𝟒𝟏𝟑 I 22 − 4 500 Ew − Höhe 638 m − ✆ 07728.
:uttgart 108 − Freudenstadt 57 − Villingen-Schwenningen 12.

🏠 **Eschach - Hof**, Ifflinger Str. 29, 𝄐 13 30, 🍽, 🐎 − ☎ 🅿
M (Freitag bis 17 Uhr geschl.) a la carte 23/35 − **10 Z : 18 B** 35 - 60.

IEDERFISCHBACH 5241. Rheinland-Pfalz 𝟒𝟏𝟐 G 14 − 4 700 Ew − Höhe 270 m − ✆ 02734.
inz 169 − Olpe 29 − Siegen 13.

🏠 **Fuchshof**, Siegener Str. 22, 𝄐 54 77, ⇋, ▨ − ☎ 🅿. 🅴
◆ 23.- 29. Dez. geschl. − M (Sonntag ab 17 Uhr geschl.) a la carte 21/59 − **14 Z : 30 B** 52/85 -
104/170 Fb.

In Niederfischbach-Fischbacherhütte NW : 2 km :

🏠 **Bähner** ⚘, Konrad-Adenauer-Str. 26, 𝄐 65 46, ≼, 🍽, ⇋, ▨, 🐎 − ☎ ⇌ 🅿 −
🛥 25/50. 🆎 ⓞ 🅴 🆅🆂🅰
M a la carte 26/70 − **32 Z : 60 B** 98 - 140 Fb − 3 Appart. 160/180.

IEDERHAVERBECK Niedersachsen siehe Bispingen.

IEDERHELDEN Nordrhein-Westfalen siehe Attendorn.

IEDERKAIL Rheinland-Pfalz siehe Landscheid.

IEDERKASSEL 5216. Nordrhein-Westfalen 𝟒𝟏𝟐 E 14 − 27 500 Ew − Höhe 50 m − ✆ 02208.
◆üsseldorf 67 − ◆Bonn 20 − ◆Köln 23.

In Niederkassel-Ranzel N : 2,5 km :

🏠 **Zur Krone**, Kronenweg 1, 𝄐 35 01 − 🅿
◆ M (nur Abendessen, Mittwoch geschl.) a la carte 18/30 − **14 Z : 20 B** 38 - 70.

IEDERNHAUSEN 6272. Hessen 𝟒𝟏𝟐 𝟒𝟏𝟑 H 16 − 12 500 Ew − Höhe 259 m − ✆ 06127.
Viesbaden 14 − ◆Frankfurt am Main 43 − Limburg an der Lahn 41.

🏠 **Engel**, Wiesbadener Str. 43, 𝄐 59 00, 🍽 − 🅿
M (Sonntag ab 14 Uhr, Dienstag sowie Okt. und Dez.- Jan. jeweils 2 Wochen geschl.) a la
carte 22/45 − **13 Z : 24 B** 45/70 - 65/95.

In Niedernhausen 2-Engenhahn NW : 6 km :

🏠 **Wildpark-Hotel** ⚘, Trompeterstr. 21, 𝄐 (06128) 7 10 33, Fax 73874, 🍽, ▨ − 📺 ☎ ⇌
🅿 − 🛥 25/80. 🆎 ⓞ 🅴 🆅🆂🅰
Juli - Aug. 3 Wochen geschl. − M (Sonntag ab 18 Uhr geschl.) a la carte 35/65 − **40 Z :
70 B** 65/160 - 98/220 Fb.

🏠 **Sonnenhof** ⚘, Eschenhahner Weg 5, 𝄐 (06128) 7 19 62, Fax 73950, ≼, 🍽 − 📺 ☎ 🅿. 🅴
🆅🆂🅰
M (Montag - Dienstag 17 Uhr geschl.) a la carte 26/52 − **14 Z : 28 B** 65/75 - 95/110.

In Niedernhausen 4-Oberjosbach NO : 2 km :

🏠 Gästehaus Baum ⚘, Langgraben 4, 𝄐 84 28 − 📺 ☎ 🅿
(nur Abendessen) − **7 Z : 14 B.**

NIEDERNWÖHREN Niedersachsen siehe Stadthagen.

NIEDER-OLM Rheinland-Pfalz siehe Mainz.

NIEDEROTTERSBACH Nordrhein-Westfalen siehe Eitorf.

NIEDERSALWEY Nordrhein-Westfalen siehe Eslohe.

NIEDERSTETTEN 6994. Baden-Württemberg 〔413〕 M 18, 〔987〕 ㉙ ㉘ – 306 m – Höhe 307 m
● 07932.

♦Stuttgart 127 – Crailsheim 37 – Bad Mergentheim 21 – ♦Würzburg 52.

  🏠 **Krone**, Marktplatz 3, ℰ 12 22, Fax 1232 – ☎ 🄿. ⅋ **E**
    M *(Montag geschl.)* a la carte 27/55 ⅃ – **18 Z : 38 B** 60 - 110.

NIEDERSTOTZINGEN 7908. Baden-Württemberg 〔413〕 N 21, 〔987〕 ㉘ – 4 200 Ew – Höhe 450
– ● 07325.

♦Stuttgart 117 – ♦Augsburg 65 – Heidenheim an der Brenz 30 – ♦Ulm (Donau) 38.

  In Niederstotzingen-Oberstotzingen :

  🏨 **Schloßhotel Oberstotzingen** ⚶, Stettener Str. 37, ℰ 10 30, Fax 10370, �, ⇔,
    ⅍ – 🔟 ☎ 🄿 – 🕰 25/80. ⅋ ⓞ **E** 𝕍𝕀𝕊𝔸
    21. Dez.- 8. Jan. geschl. – **M** *(wochentags nur Abendessen, Montag geschl.)* a la ca
    52/90 – **17 Z : 33 B** 155/180 - 220/330.

NIEDERTAUFKIRCHEN Bayern siehe Neumarkt-St. Veit.

NIEDERWINKLING Bayern siehe Bogen.

  Verwechseln Sie nicht ✗ und ❀ :

  ✗ kennzeichnet den Komfort des Restaurants,

  ❀ kennzeichnet die überdurchschnittliche Qualität der Küche.

NIEFERN-ÖSCHELBRONN 7532. Baden-Württemberg 〔413〕 J 20 – 9 700 Ew – Höhe 228 m
● 07233.

🛞 Mönsheim (SO : 14 km), ℰ (07044) 69 09.
♦Stuttgart 47 – ♦Karlsruhe 42 – Pforzheim 7.

  Im Ortsteil Niefern :

  🏨 **Krone**, Schloßstr. 1, ℰ 12 37, Fax 5847, 🌤 – 🛗 🔟 ☎ ⇔ 🄿 – 🕰 25/60. ⅋ ⓞ **E** 𝕍
    ❀
    27. Dez.- 7. Jan. geschl. – **M** *(Sonntag ab 15 Uhr und Samstag geschl.)* a la carte 26/54
    55 Z : 80 B 98/118 - 130/168 Fb.

  🏠 **Kirnbachtal**, Hauptstr. 123, ℰ 31 11 – 🔟 ☎ ⇔ 🄿. **E**
    Feb. und Sept. jeweils 2 Wochen geschl. – **M** *(Freitag geschl.)* a la carte 23/49 – **20**
    30 B 44/80 - 73/109.

  🏠 **Goll** garni, Hebelstr. 6, ℰ 12 44, Fax 5831 – 🛗 🔟 ☎ 🄿
    16 Z : 33 B 55/70 - 89/111 Fb.

  Siehe auch : *Pforzheim* SW : 7 km

NIEHEIM 3493. Nordrhein-Westfalen 〔412〕 K 11 – 6 900 Ew – Höhe 183 m – ● 05274.
♦Düsseldorf 203 – Detmold 29 – Hameln 48 – ♦Kassel 90.

  🏠 Berghof ⚶, Piepenborn 17, ℰ 3 42, ≤, 🌤, 🔥 – ⇔ 🄿. ❀ Zim
    10 Z : 18 B.

  🏛 Westfälischer Hof, Marktstr. 27, ℰ 3 61 – ⇔ 🄿
    12 Z : 21 B.

NIENBURG (WESER) 3070. Niedersachsen 〔987〕 ⑮ – 30 000 Ew – Höhe 25 m – ● 05021.
🅱 Stadtkontor-Touristbüro, Lange Str. 18, ℰ 8 73 55, Fax 64070.
♦Hannover 48 – Bielefeld 103 – ♦Bremen 63.

  🏨 **Weserschlößchen**, Mühlenstr. 20, ℰ 6 20 81, Telex 502126, Fax 63257, ≤, ⇔ – 🛗 🔟
    🄿 – 🕰 25/100. ⅋ ⓞ **E** 𝕍𝕀𝕊𝔸
    M 20/30 (mittags) und a la carte 38/68 – **36 Z : 68 B** 88/120 - 125/150 Fb – 4 Appart. 190.

  🏨 **Nienburger Hof**, Hafenstr. 3, ℰ 1 30 48, Fax 13508 – 🛗 🔟 ☎ 🄿 – 🕰 40. ⅋ ⓞ **E** 𝕍𝕀𝕊𝔸
    M *(Mittwoch geschl.)* a la carte 26/56 – **20 Z : 30 B** 78/120 - 120/150.

  🏠 Zum Kanzler, Lange Str. 63, ℰ 30 77 – 🔟 ☎ ⇔ 🄿
    16 Z : 24 B Fb.

In Nienburg-Holtorf N : 4 km :

✗ **Der Krügerhof**, Verdener Landstr. 267 (B 215), ℰ 29 06 – **P**. **⑩** **E** **𝖵𝖨𝖲𝖠**
Montag geschl. – **M** a la carte 23/43.

In Marklohe-Neulohe 3072 NW : 9 km :

✗✗ **Neuloher Hof** mit Zim, Bremer Str. 26 (B 6), ℰ (05022) 3 82 – **P**. **E**
M *(Donnerstag geschl.)* a la carte 23/49 – **4 Z : 6 B** 35/40 - 60/70.

IENDORF Schleswig-Holstein siehe Timmendorfer Strand.

IENHAGEN Niedersachsen siehe Celle.

IENSTÄDT Niedersachsen siehe Stadthagen.

IERSTEIN 6505. Rheinland-Pfalz 𝟿𝟾𝟽 ㉙, 𝟺𝟷𝟸 𝟺𝟷𝟹 I 17 – 6 000 Ew – Höhe 85 m – ✪ 06133
⊃penheim).

Verkehrsverein, Rathaus, Bildstockstr. 10, ℰ 51 11.

⊐ainz 20 – ♦Darmstadt 23 – Bad Kreuznach 39 – Worms 28.

🏨 **Rheinhotel**, Mainzer Str. 16, ℰ 51 61, Telex 4187784, Fax 5165, ≤, 🍴 – **📺 ☎ ⟺ P**. **AE**
⑩ E 𝖵𝖨𝖲𝖠
10. Dez.- 9. Jan. geschl. – **M** *(Mitte Nov.- Mitte März Samstag - Sonntag geschl.)* (Weinkarte
mit über 250 rheinhessischen Weinen) a la carte 40/95 – **15 Z : 30 B** 109/220 - 139/350.

🛪 **Alter Vater Rhein**, Große Fischergasse 4, ℰ 56 28, Fax 5440 – 🕸
Juli und Dez.- Jan. je 3 Wochen geschl. – **M** *(Sonn- und Feiertage geschl.)* a la carte 25/60
🍸 – **11 Z : 18 B** 43 - 86.

In Mommenheim 6501 NW : 8 km :

🏠 **Zum Storchennest**, Wiesgartenstr. 3, ℰ (06138) 12 33, 🍴, 🐎 – ⟺ **P**. 🕸 Rest
⟵ *2.- 11. Jan. und 22 Juli - 9. Aug. geschl.* – **M** *(Montag geschl.)* a la carte 21/47 🍸 – **15 Z :
33 B** 35/45 - 65/75 Fb.

IESTETAL-HEILIGENRODE Hessen siehe Kassel.

IEUKERK Nordrhein-Westfalen siehe Kerken.

INDORF Niedersachsen siehe Hanstedt.

ITTEL 5515. Rheinland-Pfalz 𝟺𝟷𝟸 C 18, 𝟺𝟶𝟿 M 7, 𝟸𝟷𝟺 ㉙ – 1 700 Ew – Höhe 160 m – ✪ 06584
⍀ellen).

⊐ainz 187 – Luxembourg 32 – Saarburg 20 – ♦Trier 25.

🏨 **Zum Mühlengarten**, Uferstr. 5 (B 419), ℰ 3 87, 🍴, ☎, 🐎 – ⟺ **P**. **E**
7.- 25. Jan. geschl. – **M** *(Montag geschl.)* a la carte 22/49 🍸 – **21 Z : 41 B** 40 - 80.

ITTENAU 8415. Bayern 𝟺𝟷𝟹 T 19, 𝟿𝟾𝟽 ㉗ – 6 900 Ew – Höhe 350 m – ✪ 09436.

Verkehrsamt, Rathaus, ℰ 5 76.

⍀ünchen 158 – Amberg 49 – Cham 36 – ♦Regensburg 36.

🏠 **Pirzer**, Brauhausstr. 3, ℰ 82 26, Fax 1564, Biergarten, 🐎 – **P**
⟵ **M** *(Freitag geschl.)* a la carte 19/39 – **39 Z : 65 B** 27/36 - 56/72.

NÖRDLINGEN 8860. Bayern 𝟺𝟷𝟹 O 20, 𝟿𝟾𝟽 ㉘㉚ – 19 700 Ew – Höhe 430 m – ✪ 09081.

⊃ehenswert : St.-Georg-Kirche★ (Turm★, Magdalena-Statue★) – Stadtmauer★ – Museum ★
⊉1.

Verkehrsamt, Marktplatz 2, ℰ 43 80, Fax 84870.

⍀ünchen 128 ② – ♦Nürnberg 92 ① – ♦Stuttgart 112 ④ – ♦Ulm (Donau) 82 ③.

Stadtplan siehe nächste Seite.

🏨 **Am Ring**, Bürgermeister-Reiger-Str. 14, ℰ 40 28, Fax 23170 – 📳 📺 ☎ ⟺ **P** – 🛆 45.
AE ⑩ E   e
22. Dez.- 10. Jan. geschl. – **M** *(Sonntag ab 15 Uhr geschl.)* a la carte 26/50 🍸 – **39 Z : 65 B**
61/79 - 105/135 Fb.

🏠 **Schützenhof**, Kaiserwiese 2, ℰ 39 40, Fax 88815, Biergarten – 📺 ☎ ⟺ **P**. **AE ⑩ E**
𝖵𝖨𝖲𝖠. 🕸   z
Jan. und Aug. je 2 Wochen geschl. – **M** *(Sonntag ab 15 Uhr geschl.)* a la carte 32/71 –
15 Z : 28 B 62/78 - 104/140 Fb.

🏠 **Braunes Roß**, Marktplatz 12, ℰ 32 26   a
15 Z : 25 B.

NÖRDLINGEN

Michelin hängt keine Schilder

an die empfohlenen

Hotels und Restaurants.

☆ **Zum Engel**, Wemdinger Str. 4, ℰ 31 67 – ☎ ⇐⇒ ℗. ᴀᴇ E 🆅🆂🅰
↔ 1.- 28. Okt. geschl. – **M** *(Samstag geschl.)* a la carte 21/42 ⅋ – **9 Z : 15 B** 40/48 - 76/86.

☆ **Zum Goldenen Lamm**, Schäfflesmarkt 3, ℰ 42 06 – ℗
↔ Nov. geschl. – **M** *(Montag geschl.)* a la carte 17/30 ⅋ – **8 Z : 16 B** 25/36 - 50/75.

XX **Meyers-Keller**, Marienhöhe 8, ℰ 44 93, 🏤 – ℗ ᴀᴇ E   über Oskar-Mayer-St
Montag und Anfang - Mitte Jan. geschl. – **M** 49 (mittags) und a la carte 72/85.

In Mönchsdeggingen 8866 ② : 14 km über die B 25 :

X **Martinsklause** 🦌 mit Zim, im Klosterhof, ℰ (09088) 2 28, 🏤 – ℗
7. Jan.- 13. Feb. geschl. – **M** *(Montag geschl.)* a la carte 22/45 – **10 Z : 23 B** 28 - 56.

NÖRTEN-HARDENBERG 3412. Niedersachsen 🐾🐾🐾 ⑮, 🐾🐾🐾 M 12 – 8 800 Ew – Höhe 140
– ☺ 05503.
♦Hannover 109 – ♦Braunschweig 96 – Göttingen 11 – ♦Kassel 57.

🏛 **Burghotel Hardenberg** 🦌, Im Hinterhaus 11 a, ℰ 10 47, Telex 96634, Fax 1650, 🏤, ⊆
– 📶 🺟 ⅋ ⇐⇒ ℗ – ⛓ 25/200. ᴀᴇ ⓞ E 🆅🆂🅰
M *(Sonntag geschl.)* (bemerkenswerte Weinkarte) a la carte 39/92 – **46 Z : 86 B** 98/130
150/210 Fb.

Im Rodetal O : 3 km, an der B 446 :

XX **Rodetal** mit Zim, Rodetal 1, ⊠ 3406 Bovenden 1, ℰ (05594) 6 33, Fax 8158, 🏤 – 🺟
℗. E
3.- 28. Feb. geschl. – **M** a la carte 26/55 – **9 Z : 21 B** 70/75 - 110.

NOHFELDEN 6697. Saarland 🐾🐾🐾 ㉔, 🐾🐾🐾 E 18, 🐾🐾🐾 ③ – 10 650 Ew – Höhe 350 m – ☺ 06852.
♦ Saarbrücken 57 – Kaiserslautern 59 – ♦Trier 55 – ♦Wiesbaden 117.

In Nohfelden 14-Bosen W : 8,5 km:

🏚 **Seehotel Weingärtner** 🦌, Bostalstr. 12, ℰ 16 01, Telex 445359, Fax 81651, 🏤, ⊆s, ▭
🎠 – 📶 🺟 ☎ ℗ – ⛓ 25/80. ᴀᴇ ⓞ E 🆅🆂🅰
M a la carte 41/70 – **99 Z : 180 B** 73/135 - 124/196 Fb.

🏠 **Bostal-Hotel Merker**, Bostalstr. 46, ℰ 67 70 – ☎ ℗ – ⛓ 40. ᴀᴇ ⓞ E 🆅🆂🅰
M *(Dienstag geschl.)* a la carte 26/50 – **20 Z : 40 B** 50 - 90.

In Nohfelden-Neunkirchen/Nahe SW : 7,5 km :

🏠 **Landhaus Mörsdorf**, Nahestr. 27, ℰ 5 10, Fax 6659, 🏤 – ☎ ℗ – ⛓ 50. ᴀᴇ E 🆅🆂🅰
M a la carte 25/52 – **17 Z : 34 B** 52 - 92.

NONNENHORN 8993. Bayern 🔢 L 24 − 1 500 Ew − Höhe 406 m − Luftkurort − ✆ 08382 indau im Bodensee).

Verkehrsamt, Seehalde 2, ℰ 82 50.

München 187 − Bregenz 17 − Ravensburg 25.

🏠 **Engel-Seewirt** ⤳, Seestr. 15, ℰ 8 91 42, « Caféterrasse am See mit ≤ », 🌴 − 📶 📺 ☎
🚗 ℗
2. Dez.- 15. Feb. geschl. − **M** (Okt.- März Montag - Dienstag geschl.) a la carte 23/56 ⅌ −
30 Z : 54 B 60/70 - 90/170.

🏠 **Zum Torkel**, Seehalde 14, ℰ 84 12, 🍽, 🌴 − ☎ ℗
15. Dez.- Jan. geschl. − **M** (Mittwoch geschl.) a la carte 27/45 − **22 Z : 38 B** 50/60 - 100/
120 Fb.

🏠 **Haus am See** ⤳, Uferstr. 23, ℰ 82 69, ≤, 🛥, 🌴 − ℗. ⅍ Rest
nur Saison − (Restaurant nur für Hausgäste) − **26 Z : 47 B**.

XX **Altdeutsche Weinstube Fürst**, Kapellenplatz 2, ℰ 82 03 − ℗
Mittwoch, Mitte Feb.- März und Mitte - Ende Okt. geschl. − Menu 19,50 und a la carte 30/50.

NONNENMISS Baden-Württemberg siehe Wildbad im Schwarzwald.

NONNWEILER 6696. Saarland 🔢 D 18 − 8 400 Ew − Höhe 375 m − Heilklimatischer Kurort
✆ 06873.

Saarbrücken 50 − Kaiserslautern 75 − ✦Trier 42.

🏠 **Parkschenke**, Auensbach 68, ℰ 60 44 − ☎ ℗. ⑩ E
M (Montag geschl.) a la carte 19/40 ⅌ − **14 Z : 21 B** 40 - 74.

NORDDEICH Niedersachsen siehe Norden.

NORDDORF Schleswig-Holstein siehe Amrum (Insel).

NORDEN 2980. Niedersachsen 🔢 ③ ④, 🔢 ⑦ − 25 500 Ew − Höhe 3 m − ✆ 04931.
🛥 von Norden-Norddeich nach Norderney (Autofähre) und 🛥 nach Juist, ℰ 1 80 20,
ax 8520.

Kurverwaltung-Verkehrsamt, Dörperweg, ℰ 17 22 00.

Hannover 268 − Emden 31 − Oldenburg 97 − Wilhelmshaven 78.

🏨 **Reichshof**, Neuer Weg 53, ℰ 24 11, Fax 167219, 🍽 − 📶 📺 ☎ 🚗 ℗ − 🔬 25/350. 🆑
⑩ E 🆅🆂🆄
M (auch vegetarische Gerichte) a la carte 28/58 − **23 Z : 46 B** 48/55 - 96/110 Fb.

🏠 **Deutsches Haus**, Neuer Weg 26, ℰ 42 71, Fax 16592 − 📶 📺 ☎ 🚗 ℗ − 🔬 25/80
41 Z : 68 B Fb.

In Norden 2 - Norddeich NW : 4,5 km − Seebad :

🏨 **Regina Maris** ⤳, Badestr. 7c, ℰ 80 55, Fax 8057, 🍽, 🏊 − 📺 ☎ ℗
Mitte Jan.- Feb. und Mitte Nov.- Weihnachten geschl. − **M** a la carte 28/55 − **35 Z : 64 B** 90
- 150/160 Fb − 10 Fewo 130/145.

🏨 **Fährhaus**, Hafenstr. 1, ℰ 80 27, Telex 27252, Fax 8030, ≤ − 📺 ☎ 🚗 ℗. 🆑 ⑩ E 🆅🆂🆄
11. Nov.- 13. Dez. geschl. − **M** a la carte 38/78 − **35 Z : 65 B** 80/109 - 125/220.

🏠 **Deichkrone** ⤳, Muschelweg 21, ℰ 80 31, Fax 8057, 🛥, 🏊, 🌴 − 📺 ☎ ℗
30 Z : 60 B Fb.

🏠 **Reinders Hotel** ⤳ garni, Deichstr. 16, ℰ 80 92, Fax 81666, 🌴 − 📺 ℗
20 Z : 40 B Fb − 4 Fewo.

In Hage 2984 O : 6 km − Luftkurort :

XX **Lebers Restaurant**, Hauptstr. 4, ℰ (04931) 70 12, 🍽 − ℗. E
Nov.- Mai Montag - Dienstag 18 Uhr geschl. − Menu 29/79.

In Hage-Lütetsburg 2984 O : 3 km :

🏠 **Landhaus Spittdiek**, Landstr. 67, ℰ (04931) 34 13, Fax 14537, 🍽, 🌴 − 📺 ☎ 🚗 ℗
M (Montag bis 18 Uhr geschl.) a la carte 30/65 − **10 Z : 20 B** 50 - 90.

NORDENAU Nordrhein-Westfalen siehe Schmallenberg.

Gerenommeerde keukens

Fijnproevers

voor U hebben wij bepaalde

restaurants aangeduid met Menu, ⸙, ⸙⸙, ⸙⸙⸙.

NORDENHAM 2890. Niedersachsen 987 ④ − 28 700 Ew − Höhe 2 m − 🛇 04731.

◆Hannover 200 − ◆Bremen 81 − Bremerhaven 7 − Oldenburg 54.

🏠 **Am Markt**, Marktplatz, ℰ 50 94, Fax 8519, 🕿 − 🛗 📺 🕿 ⟺ − 🔏 25/60. 🖭 ◑ 🗲 🚾
   M a la carte 26/59 − **35 Z : 67 B** 85/95 - 125/150 Fb.

🏠 **Aits** garni, Bahnhofstr. 120, ℰ 8 00 44 − 📺 🕿 ⟺ 🅟. 🖭 ◑ 🗲 🚾
   21 Z : 35 B 60 - 96.

   In Nordenham-Abbehausen SW : 4,5 km :

🏠 **Butjadinger Tor**, Butjadinger Str. 67, ℰ 8 80 44, Fax 88422, 🏤 − 📺 🕿 🅟. 🖭 ◑ 🗲 🚾
   M a la carte 26/57 − **17 Z : 30 B** 55 - 90 Fb.

   In Nordenham-Tettens N : 10 km :

🍴🍴 **Landhaus Tettens** (Bauernhaus a.d.J. 1832), Am Dorfbrunnen 17, ℰ 3 94 24, 🏤
   bemerkenswerte Weinkarte − 🅟
   Montag, 25. Feb.- 8. März und 2.- 13. Sept. geschl. − Menu 30/62.

NORDERNEY (Insel) 2982. Niedersachsen 987 ③ ④ − 8 000 Ew − Seeheilbad − Insel d
ostfriesischen Inselgruppe − 🛇 04932.

🏌 Golfplatz (O : 5 km), ℰ 6 80.

✈ am Leuchtturm, ℰ 24 55.

⛴ von Norddeich (ca. 1h), ℰ 89 50, Fax 89513.

🅱 Verkehrsbüro, Bülowallee 5, ℰ 5 02.

◆Hannover 272 − Aurich/Ostfriesland 31 − Emden 35.

🏠 **Inselhotel Vier Jahreszeiten** 🐾, Herrenpfad 25, ℰ 89 40, Telex 27223, Fax 1460, Bad
   und Massageabteilung, 🕿, 🖳, − 🛗 📺 🕿. 🖭 ◑ 🗲 🚾
   M a la carte 38/64 − **93 Z : 186 B** 120/190 - 190/220 Fb − 3 Appart..

🏠 **Nordstern** 🐾, Luisenstr. 14, ℰ 80 40, Fax 804666, 🕿, 🖳, 🛗 📺 🕿
   8.- 31. Jan. geschl. − **M** *(nur Abendessen)* a la carte 35/66 − **50 Z : 150 B** 99/168 - 15
   188 Fb − 7 Appart. 315.

🏠 **Hanseatic** 🐾, Gartenstr. 47, ℰ 30 32, 🕿, 🖳, 🐎 − 🛗 📺 🕿. 🍽 Rest
   2. Nov.- 24. Dez. geschl. − (nur Abendessen für Hausgäste) − **36 Z : 72 B** 140/170 - 18
   260 Fb.

🏠 **Strandhotel Pique** 🐾, Am Weststrand 4, ℰ 7 53, ≤, 🏤, 🕿, 🖳, − 🛗 📺 🕿 🅟. 🖭 ◑
   🚾. 🍽
   10. Jan.- 15. Feb. und 4. Nov.- 26. Dez. geschl. − **M** *(Dienstag geschl.)* a la carte 36/62
   23 Z : 45 B 105/150 - 225/235 Fb − 3 Appart. 300.

🏠 **Golf-Hotel** 🐾, Am Golfplatz 1 (O : 5 km), ℰ 89 60, Fax 89666, ≤, 🏤, 🕿, 🖳, 🐎, 🍽
   🛗 📺 🕿 ⟺ 🅟
   M a la carte 30/70 − **35 Z : 65 B** 108/140 - 196/224 Fb − 3 Fewo 184.

🏠 **Strandhotel Georgshöhe** 🐾, Kaiserstr. 24, ℰ 89 80, Fax 892000, ≤, Massage, 🝔, ≤
   🖳, 🐎, 🍽 (Halle) − 🛗 📺 🕿 🅟 − 🔏 30. 🍽
   21. Jan.- 5. Feb. und 1.- 22. Dez. geschl. − **M** *(nur Abendessen, Nov.- März Dienst*
   geschl.) a la carte 43/65 − **96 Z : 200 B** 87/170 - 170/240 Fb.

🏠 **Haus am Meer - Rodehuus und Wittehuus** 🐾 garni, Kaiserstr. 3, ℰ 89 30, Fax 367
   ≤, 🕿, 🖳, − 🛗 📺 🕿 ⟺ 🅟. 🍽
   25. Nov.- 20. Dez. geschl. − **35 Z : 66 B** 94/175 - 175/310 Fb − 10 Fewo 150/240.

🏠 **Seeschlößchen** 🐾 garni, Damenpfad 13, ℰ 30 21, Fax 81046, 🕿 − 🛗 📺 🕿. 🍽
   14 Z : 24 B 89 - 160/234.

🏠 **Friese** 🐾, Friedrichstr. 34, ℰ 80 20, Fax 82203, 🕿 − 🛗 🕿. 🍽 Zim
   M *(Mittwoch geschl.)* a la carte 26/55 − **45 Z : 69 B** 88/125 - 156/176.

🏠 **Haus Waterkant** 🐾 garni, Kaiserstr. 9, ℰ 80 01 00, Fax 800200, ≤, Bade- u
   Massageabteilung, 🕿, 🖳 − 🛗 📺 🕿 🅟. 🍽
   Feb.- Nov. − **49 Z : 80 B** 89/150 - 116/190 − 6 Fewo 95/160.

🏠 Bruns Hotel 🐾 garni, Langestr. 7, ℰ 5 31, 🕿 − 🛗. 🍽
   70 Z : 150 B − 3 Fewo.

🍴 Le Pirate, Friedrichstr. 37, ℰ 18 66, Fax 1619
   (überwiegend Fischgerichte).

Grüne Michelin-Führer *in deutsch*

Paris	Provence
Bretagne	Schlösser an der Loire
Côte d'Azur (Französische Riviera)	Italien
Elsaß Vogesen Champagne	Spanien
Korsika	

NORDERSTEDT 2000. Schleswig-Holstein 987 ⑤ − 70 000 Ew − Höhe 26 m − ✆ 040 (Hamburg).

ADAC, Berliner Allee 38 (Herold Center). ✆ 5 23 38 00.

▶ Kiel 79 − ♦Hamburg 19 − Itzehoe 58 − ♦Lübeck 69.

XX **Kupferpfanne am Park**, Rathausallee 35 (Moorbek-Passage), ✆ 5 22 45 43, Biergarten
− AE ⓪ E VISA
Montag geschl. − **M** a la carte 55/80 − **Bistro M** a la carte 35/62.

In Norderstedt-Garstedt :

▥ **Maromme** garni, Marommer Str. 58, ✆ 52 10 90, Fax 5210930 − 📺 ☎ ❷ − ⚒ 25. AE ⓪
E VISA
18 Z : 37 B 95 - 135 Fb.

▥ **Heuberg** garni, Niendorfer Str. 52, ✆ 5 23 11 97, Fax 5238067 − 📺 ☎ ⟺ ❷. AE ⓪ E
VISA. ⁎
24 Z : 35 B 85/90 - 112/150.

▥ Gästehaus Maas garni, Friedrichsgarber Weg 122, ✆ 5 23 14 41 − 📺 ☎ ❷
11 Z : 18 B.

In Norderstedt-Glashütte :

▦ **Norderstedter Hof**, Mittelstr. 54, ✆ 5 24 00 46, Telex 2164128, Fax 5248366 − 🕼 📺 ☎ ❷.
AE ⓪ E VISA
23. Dez.- 2. Jan. geschl. − **M** *(nur Abendessen, Samstag - Sonntag geschl.)* a la carte 35/68
− **90 Z : 120 B** 88/99 - 144 Fb.

In Norderstedt-Harksheide :

▦ **Wilhelm Busch**, Wilhelm-Busch-Platz (B 432), ✆ 5 27 20 00, Fax 52720019, 🏤, 🍴 − 🕼
📺 ☎ 👌 ⟺ ❷. AE ⓪ E VISA
M a la carte 44/60 − **46 Z : 90 B** 103 - 160 Fb.

In Norderstedt-Harkshörn :

▦ **Schmöker Hof**, Oststr. 18, ✆ 52 60 70, Fax 5262231, 🏤, 🍴 − 🕼 📺 ☎ 👌 ❷ − ⚒ 25/150.
AE ⓪ E VISA
M a la carte 47/68 − **60 Z : 100 B** 120/175 - 165/220 Fb.

NORDHEIM Bayern siehe Volkach.

NORDHORN 4460. Niedersachsen 987 ⑭. 412 E 9, 408 ⑭ − 50 000 Ew − Höhe 22 m −
✆ 05921.

🛈 Verkehrs- und Veranstaltungsverein, Firnhaberstr. 17, ✆ 1 30 36.

ADAC, Firnhaberstr. 17, ✆ 3 63 83, Telex 98219.

Hannover 224 − ♦Bremen 155 − Groningen 113 − Münster (Westfalen) 73.

▦ **Determann**, Bernhard-Niehues-Str. 12, ✆ 60 21, Fax 77948, 🍴, 🔲 − 🕼 📺 ☎ ❷ −
⚒ 25/100. AE ⓪ E VISA
M *(Samstag bis 17 Uhr geschl.)* a la carte 24/55 − **47 Z : 65 B** 50/90 - 90/130 Fb.

▦ **Rolinck-Bräu**, Neuenhauser Str. 10, ✆ 3 40 98, Fax 5543 − 📺 ☎ ⟺ ❷. AE ⓪ E
M a la carte 28/63 − **17 Z : 24 B** 62 - 118 Fb.

▥ **Am Stadtring 31**, Am Stadtring 31, ✆ 1 47 70, Fax 75391 − ☎ ⟺ ❷ − ⚒ 25/70. AE ⓪
E VISA
M a la carte 29/53 − **20 Z : 29 B** 50 - 90/100 Fb.

▥ **Euregio**, Denekamper Str. 43, ✆ 50 77 − ☎ ❷. AE ⓪ E VISA
(nur Abendessen für Hausgäste) − **26 Z : 34 B** 47/50 - 79.

☆ **Möllers**, Lingener Str. 52, ✆ 3 54 14 − ⟺ ❷. E
M *(Sonntag ab 14 Uhr geschl.)* 13/24 (mittags) und a la carte 21/38 − **16 Z : 25 B** 35/45 -
70/90.

NORDRACH 7618. Baden-Württemberg 413 H 21, 242 ㉔ − 1 900 Ew − Höhe 300 m −
Luftkurort − ✆ 07838.

Stuttgart 130 − Freudenstadt 39 − Lahr 23 − Offenburg 28.

▥ **Stube**, Talstr. 144, ✆ 2 02 − ❷
8.- 30. Jan. geschl. − **M** *(Dienstag geschl.)* a la carte 24/47 − **13 Z : 20 B** 35/40 - 70/80.

NORDSTRAND 2251. Schleswig-Holstein 987 ④ − 2 700 Ew − Höhe 1 m − ✆ 04842.

Kiel 103 − Flensburg 61 − Husum 19 − Schleswig 53.

In Nordstrand-Herrendeich :

▥ Landgasthof Kelting ⁒, Herrendeich 6, ✆ 3 35, 🏤 − 📺 ❷
19 Z : 38 B.

NORIMBERGA = Nürnberg.

NORTHEIM 3410. Niedersachsen 987 ⑮. 412 M 11 — 33 000 Ew — Höhe 121 m — ✆ 05551.

🛈 Fremdenverkehrsbüro, Am Münster 30 (1. Etage). ✆ 6 36 50.

◆Hannover 98 — ◆Braunschweig 85 — Göttingen 27 — ◆Kassel 69.

🏠 **Leineturm**, an der B 241 (W : 1,5 km), ✆ 35 76, 🌲 — 📺 ☎ ⇦ 🅿 — 🏛 25/50. 🖭 ◉ E *VISA*
M a la carte 32/64 — **8 Z : 14 B** 65/75 - 120/150.

🏠 **Deutsche Eiche**, Bahnhofstr. 16, ✆ 22 93 — 📺 ☎ ⇦. 🖭 ◉ E *VISA*
20. Dez.- 2. Jan. geschl. — **M** (Sonn- und Feiertage geschl.) a la carte 24/45 — **22 Z : 32 B** 50/60 - 90/110.

🏠 **Sonne** garni, Breite Str. 59, ✆ 40 71 — |📞| ☎ ⇦. 🖭 E *VISA*
24 Z : 50 B 65/70 - 108/145.

Bei der Freilichtbühne O : 3 km über die B 241 :

🏨 **Waldhotel Gesundbrunnen** ≫, ⊠ 3410 Northeim, ✆ (05551) 60 70, Telex 965581, Fax 607200, 🌲, ⇔ — |📞| ☎ ⇦ 🅿 — 🏛 25/200. 🖭 ◉ E *VISA*
M a la carte 31/57 — **90 Z : 140 B** 75/90 - 118/128 Fb.

NORTORF 2353. Schleswig-Holstein 987 ⑤ — 6 000 Ew — Höhe 30 m — ✆ 04392.

◆Kiel 29 — Flensburg 81 — ◆Hamburg 78 — Neumünster 16.

🏨 **Kirchspiels Gasthaus**, Große Mühlenstr. 9, ✆ 49 22, Fax 3454 — 📺 ☎ ⇦ 🅿 — 🏛 25/80. 🖭 ◉ E *VISA*. 🞋
M a la carte 33/69 — **11 Z : 22 B** 65/85 - 90/115 Fb.

NOTHWEILER Rheinland-Pfalz siehe Rumbach.

NOTSCHREI Baden-Württemberg siehe Todtnau.

NOTTULN Nordrhein-Westfalen siehe Havixbeck.

NÜBELFELD Schleswig-Holstein siehe Quern.

☛ *Pour voyager rapidement, utilisez les cartes Michelin ''Grandes Routes'' :*
970 *Europe,* 980 *Grèce,* 984 *Allemagne,* 985 *Scandinavie-Finlande*
986 *Grande-Bretagne-Irlande,* 987 *Allemagne-Autriche-Benelux,* 988 *Italie,*
989 *France,* 990 *Espagne-Portugal,* 991 *Yougoslavie.*

NÜMBRECHT 5223. Nordrhein-Westfalen 412 F 14 — 12 000 Ew — Höhe 280 m Heilklimatischer Kurort — ✆ 02293.

🛈 Kur- und Verkehrsverein Homburger Land, Rathaus-Pavillon, Hauptstr. 18, ✆ 24 73.

◆Düsseldorf 91 — ◆Köln 53 — Waldbröl 8.

🏨 **Park-Hotel** ≫ (mit Gästehaus, 🖾), Parkstraße, ✆ 30 30, Telex 887943, Fax 3650, 🌲, ⇔ 🌲 — |📞| 🞋 Zim 📺 ⟺ 🅿 — 🏛 25/250. 🖭 ◉ E *VISA*. 🞋 Rest
M a la carte 43/67 — **85 Z : 150 B** 125/145 - 180/215 Fb.

🏠 **Derichsweiler Hof** ≫, Jacob-Engels-Str. 22, ✆ 60 61, Fax 4222, ⇔ — |📞| ☎ 🅿 — 🏛 40 🖭 E. 🞋
Juli geschl. — **M** (Montag geschl.) a la carte 33/60 — **52 Z : 82 B** 72/80 - 140.

🏠 **Am Kurpark** ≫, Lindchenweg 15, ✆ 15 76, 🌲, ⇔ — ☎ ⇦ 🅿. ◉ E *VISA*
5. Jan.- 16. Feb. geschl. — **M** (Nov.- April Dienstag geschl.) a la carte 23/45 — **18 Z : 36 B** 55/60 - 75/80 — ½ P 50/68.

XX **Rheinischer Hof** mit Zim, Hauptstr. 64, ✆ 67 89 — ⇦ 🅿. 🞋 Zim
12.- 20. Jan. und 20. Juli - 4. Aug. geschl. — **M** (Freitag geschl.) 15/22 (mittags) und a carte 28/55 — **11 Z : 15 B** 35/50 - 65/80.

In Nümbrecht-Marienberghausen NW : 8 km :

🏠 **Zur alten Post** ≫, Humperdinckstr. 6, ✆ 71 73, Fax 4332 — ☎ 🅿. E
23.- 27. Dez. geschl. — **M** (Montag geschl.) a la carte 26/50 — **16 Z : 27 B** 55/80 - 90/100.

NÜRBURG 5489. Rheinland-Pfalz 987 ㉖. 412 D 15 — 200 Ew — Höhe 610 m — Luftkurort ✆ 02691 (Adenau).

Sehenswert : Burg* (🞋*).

Mainz 152 — ◆Bonn 56 — Mayen 25 — Wittlich 57.

🏨 **Dorint**, Am Nürburg-Ring, ✆ 30 90, Fax 309460, ≼, 🌲, Massage, ⇔, 🖾 — |📞| 📺 ⇦ 🅿 — 🏛 25/130
M 28 (Buffet) und a la carte 40/68 — **137 Z : 250 B** 160/350 - 210/400 Fb — 8 Appar 350/1200.

🏠 **Zur Burg**, Burgstr. 4, ✆ 75 75, Fax 7711, ⇔ — 🅿 — 🏛 25. 🖭 ◉ E *VISA*. 🞋 Zim
15. Nov.- 15. Dez. geschl. — **M** a la carte 24/46 — **38 Z : 68 B** 35/80 - 70/120.

🏠 **Döttinger Höhe**, an der B 258 (NO : 2 km), ✆ 73 21, Fax 7323 — 📺 ☎ ⇦ 🅿
Mitte März - Nov. — **M** (Mittwoch geschl.) a la carte 26/49 — **17 Z : 30 B** 69/125 - 95/165 Fb

624

NÜRNBERG 8500. Bayern **413** Q 18, **987** ㉘ − 478 000 Ew − Höhe 300 m − ☼ 0911.

Sehenswert : Germanisches National-Museum★★ HZ **M1** − St.-Sebaldus-Kirche★ (Kunst-werke★★) HY **A** − Stadtbefestigung★ − Dürerhaus★ HY **B** − Schöner Brunnen★ HY **C** − St.-Lorenz-Kirche★ (Engelsgruß★★) HZ **D** − Kaiserburg (Sinnwellturm ≤★, Tiefer Brunnen★) HY .

ⓘN-Kraftshof (über Kraftshofer Hauptstr. CS), ℰ 30 57 30.

≰ Nürnberg BS, ℰ 37 54 40.

↹ ℰ 2 19 53 04.

Messezentrum (CT), ℰ 8 60 60, Fax 8606228.

🛈Tourist-Information, im Hauptbahnhof (Mittelhalle), ℰ 23 36 32 und Am Hauptmarkt (Rathaus), ℰ 23 36 35.

🛈AC, Prinzregentenufer 7, ℰ 5 39 01, Notruf ℰ 1 92 11.

München 165 ⑤ − ♦Frankfurt am Main 226 ⑧ − ♦Leipzig 276 ③ − ♦Stuttgart 205 ⑤ − ♦Würzburg 110 ⑧.

Die Angabe (N 15) nach der Anschrift gibt den Postzustellbezirk an : Nürnberg 15
L'indication (N 15) à la suite de l'adresse désigne l'arrondissement : Nürnberg 15
The reference (N 15) at the end of the address is the postal district : Nürnberg 15
L'indicazione (N 15) posta dopo l'indirizzo, precisa il quartiere urbano : Nürnberg 15

Messe-Preise : siehe S. 8	Foires et salons : voir p. 16
Fairs : see p. 24	Fiere : vedere p. 32

Stadtpläne siehe nächste Seiten.

Maritim, Frauentorgraben 11 (N 70), ℰ 2 36 30, Telex 622709, Fax 2363823, ⊆s, ⬛ − 🛗 ✇ Zim 📺 ㋡ ⇌ − 🔬 25/600. 🖭 ⓔ **E** **VISA**   HZ **e**
Restaurants : **Die Auster** *(nur Abendessen, Sonntag und Aug. geschl.)* **M** a la carte 72/86 − **Nürnberger Stuben M** 35 Buffet (mittags) und a la carte 52/75 − **316 Z : 520 B** 195/335 - 254/404 Fb − 9 Appart. 440/1000.

Grand-Hotel, Bahnhofstr. 1 (N 1), ℰ 2 32 20, Telex 622010, Fax 2322444, ⊆s − 🛗 ✇ Zim 📺 ㋡ − 🔬 25/250. 🖭 ⓔ **E** **VISA**   JZ **d**
M a la carte 37/62 − **185 Z : 280 B** 215/392 - 274/414 Fb − 5 Appart. 684.

Atrium-Hotel, Münchener Str. 25 (N 50), ℰ 4 74 80, Telex 626167, Fax 4748420, ㋡, ⊆s, ⬛ − 🛗 📺 ㋡ ㋡ − 🔬 25/120. 🖭 ⓔ **E** **VISA**. ⚘ Rest   GX **g**
M *(25. Dez.- 7. Jan. geschl.)* a la carte 48/72 − **200 Z : 300 B** 185/314 - 264/378 Fb.

Altea Hotel Carlton, Eilgutstr. 13 (N 70), ℰ 2 00 30, Telex 622329, Fax 2003532, « Gartenterrasse », ⊆s − 🛗 📺 ㋡ − 🔬 25/120. 🖭 ⓔ **E** **VISA**. ⚘ Rest   HZ **f**
M a la carte 46/75 − **130 Z : 200 B** 195/235 - 275/325 Fb − 2 Appart. 527/545.

Queens Hotel Nürnberg, Münchener Str. 283 (N 50), ℰ 4 94 41, Telex 622930, Fax 468865, ⊆s − 🛗 ✇ Zim 📺 ㋡ − 🔬 25/190. 🖭 ⓔ **E** **VISA**   BT **y**
M a la carte 47/80 − **141 Z : 211 B** 194/243 - 258/288 Fb.

Deutscher Hof, Frauentorgraben 29 (N 70), ℰ 20 38 21, Telex 622992, Fax 227634 − 🛗 🍽 Rest 📺 ㋡ − 🔬 25/200. 🖭 ⓔ **E** **VISA**. ⚘ Rest   HZ **p**
M a la carte 27/46 − **50 Z : 70 B** 120/160 - 180/200 Fb.
Weinstube Bocksbeutelkeller « Rustikale Einrichtung » *(ab 17 Uhr geöffnet)* **M** a la carte 27/46 − **50 Z : 70 B** 120/160 - 180/200 Fb.

Merkur, Pillenreuther Str. 1 (N 40), ℰ 44 02 91, Telex 622428, Fax 459037, ⊆s, ⬛ − 🛗 📺 ㋡ & ㋡ − 🔬 25/60. 🖭 ⓔ **E** **VISA**   FX **a**
M a la carte 30/61 − **160 Z : 300 B** 110/220 - 150/300 Fb.

Dürer-Hotel garni, Neutormauer 32 (N 1), ℰ 20 80 91, Telex 622167, Fax 223458, ⊆s − 🛗 📺 ㋡ & ⇌ − 🔬 25/50. 🖭 ⓔ **E** **VISA**   HY **r**
107 Z : 180 B 175 - 190/250.

Am Jakobsmarkt garni, Schottengasse 3 (N 1), ℰ 24 14 37, Telex 623853, Fax 22874, ⊆s − 🛗 📺 ㋡ ⇌ ㋡. 🖭 ⓔ **E** **VISA**   HZ **h**
24. Dez.- 2. Jan. geschl. − **70 Z : 110 B** 98/128 - 148/164 Fb − 3 Appart. 184.

Weinhaus Steichele, Knorrstr. 2 (N 1), ℰ 20 43 78, Fax 221914, ㋡ − 🛗 📺 ㋡ ㋡. ⚘ Rest   HZ **x**
Menu *(Sonn- und Feiertage bis 16 Uhr sowie Montag geschl.)* a la carte 27/47 − **52 Z : 90 B** 90/95 - 150/160 Fb.

Avenue garni, Josephsplatz 10 (N 1), ℰ 24 40 00, Fax 243600 − 🛗 📺 ㋡ − 🔬 30. 🖭 ⓔ **E** **VISA**   HZ **c**
23. Dez.- 6. Jan. geschl. − **41 Z : 73 B** 105/185 - 145/255 Fb.

Victoria garni, Königstr. 80 (N 1), ℰ 20 38 01, Telex 626923, Fax 227432 − 🛗 📺 ㋡ ㋡. 🖭 ⓔ **E** **VISA**   JZ **x**
23. Dez.- 6. Jan. geschl. − **64 Z : 90 B** 85/95 - 135/145 Fb.

Novotel Nürnberg-Süd, Münchener Str. 340 (N 50), ℰ 8 12 60, Telex 626449, Fax 8126137, ㋡, ⊆s, ⬛ (geheizt), ㋡ − 🛗 ✇ Zim 🍽 📺 ㋡ & ㋡ − 🔬 25/240. 🖭 **E** **VISA**. ⚘ Rest   CT **s**
M a la carte 38/60 − **117 Z : 234 B** 163/185 - 199/210 Fb − 8 Appart.265/360.

625

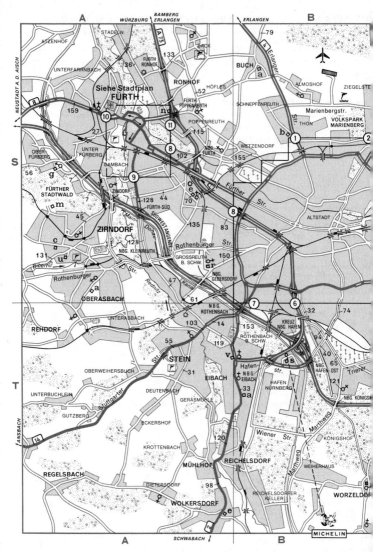

🏨 **Gästehaus Maximilian** garni, Obere Kanalstr. 11 (N 80), ☎ 2 72 40, Telex 623387, Fax 2724706, 🛁 – 🛗 📺 ☎ ⇔. 🆎 ⓞ E 𝚅𝙸𝚂𝙰
150 Z : 230 B 105/165 - 145/250 Fb.
DV

🏨 **Drei Linden**, Äußere Sulzbacher Str. 1 (N 20), ☎ 53 32 33, Telex 626455, Fax 554047 – ☎ Ⓟ. 🆎 E 𝚅𝙸𝚂𝙰
M a la carte 30/60 – **28 Z : 40 B** 95/120 - 140/170 Fb.
GU

🏨 **Senator** garni, Landgrabenstr. 25 (N 70), ☎ 4 19 71, Telex 626748, Fax 41978, 🛁 – 🛗 ☎ ⇔ Ⓟ 🆎 ⓞ E 𝚅𝙸𝚂𝙰
71 Z : 110 B 145/265 - 195/305 Fb.
EX

🏨 **Marienbad** garni, Eilgutstr. 5 (N 70), ☎ 20 31 47, Telex 626179, Fax 204260 – 🛗 📺 ☎ ⇔ Ⓟ – **55 Z : 100 B** Fb.
HZ

🏨 **Bayerischer Hof** garni, Gleißbühlstr. 15 (N 1), ☎ 2 32 10, Telex 626547, Fax 2321511 – ⟵⟶ Zim 📺 ☎ ⇔. 🆎 ⓞ E 𝚅𝙸𝚂𝙰
80 Z : 105 B 93/105 - 134/144 Fb.
JZ

NÜRNBERG
FÜRTH

🏨 **Romantik Hotel Am Josephsplatz** garni, Josephsplatz 30 (N 1), ℰ 24 11 56, Fax 243165, 🍴 – 📳 📺 ☎. 🆎 ⑩ 🅴 💳   HZ **k**
24. Dez.- 8. Jan. geschl. – **35 Z : 67 B** 90/150 - 120/180 Fb – 3 Appart..

🏨 **Hamburg** garni, Hasstr. 3 (N 80), ℰ 32 72 18, Fax 312589 – 📳 📺 ☎. ⑩ 🅴 💳   DV **e**
24. Dez.- 2. Jan. geschl. – **25 Z : 40 B** 85/120 - 113/170 Fb.

🏨 **Prinzregent** garni, Prinzregentenufer 11 (N 20), ℰ 53 31 07, Telex 622728 – 📳 📺 ☎. 🆎 ⑩ 🅴   JYZ **a**
23. Dez.- 7. Jan. geschl. – **55 Z : 90 B** 130 - 170 Fb.

🏨 **Burghotel-Großes Haus** garni, Lammsgasse 3 (N 1), ℰ 20 44 14, 🍴, 🔲 – 📳 📺 ☎. 🆎 ⑩ 🅴 💳   HY **k**
46 Z : 85 B 115/150 - 150/250.

🏨 **Drei Raben** garni, Königstr. 63 (N 1), ℰ 20 45 83, Fax 232611 – 📳 ⇆ Zim 📺 ☎. 🆎 ⑩ 🅴 💳   JZ **v**
31 Z : 40 B 105/115 - 150/180 Fb.

NÜRNBERG

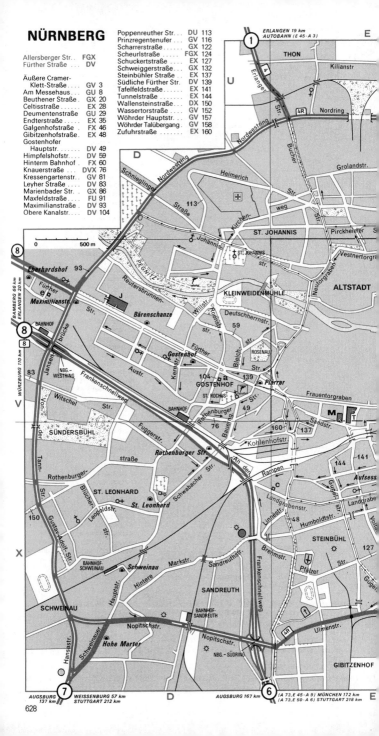

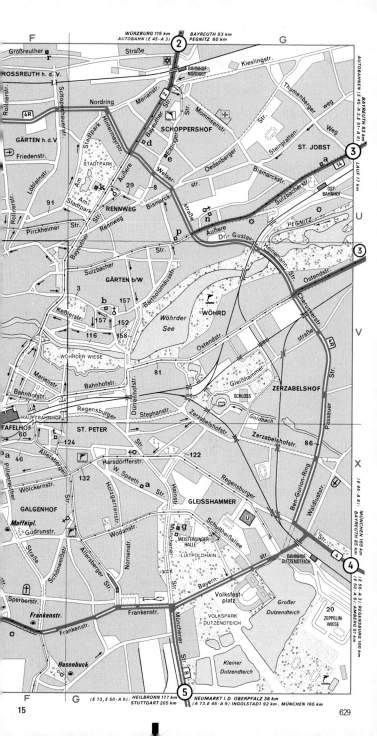

NÜRNBERG

🏨 **Reichshof** ⚘, Johannesgasse 16 (N 1), ℰ 20 37 17, Telex 626300, Fax 243504 – 🛗 📺
🔄 ⟸ 🅿 – 🛎 25/80. ⅍ ⓪ Ε 𝒱𝐼𝒮𝒜   JZ
M (Sonn- und Feiertage, Mitte - Ende Aug. und 26. Dez.- 6. Jan. geschl.) 17 (mittags) und
la carte 27/65 – **65 Z : 110 B** 100/135 - 150/180 Fb.

🏨 **Ibis**, Steinbühlerstr. 2 (N 70), ℰ 2 37 10, Telex 626884, Fax 223319 – 🛗 📺 ☎ 🔄 ⟸
🛎 25/60   HZ
155 Z : 235 B Fb.

🏨 **Petzengarten** ⚘, Wilhelm-Spaeth-Str. 47 (N 40), ℰ 4 95 81, Telex 622581, Fax 47283
Biergarten – 🛗 📺 ☎ ⟸   GX
32 Z : 57 B.

🏨 **Urbis** garni, Königstr. 74, ℰ 23 20 00, Telex 622300, Fax 209684 – 🛗 📺 ☎. ⅍ Ε 𝒱𝐼𝒮𝒜
53 Z : 62 B 122/152 - 166 Fb.   JZ

🏨 **Fackelmann** garni, Essenweinstr. 10 (N 70), ℰ 20 41 21, Fax 241604, ⟸ – 🛗 📺 ☎. Ε
24. Dez.- 3. Jan. geschl. – **34 Z : 50 B** 80/110 - 140/160 Fb.   HZ

🏨 **Merian - Restaurant Opatija**, Unschlittplatz 7 (N 1), ℰ 20 41 94 (Hotel) 22 71 96 (Res
– 📺 ☎. ⅍ ⓪ Ε 𝒱𝐼𝒮𝒜   HY
M a la carte 33/65 – **21 Z : 32 B** 110/125 - 145.

🏨 **Astoria** garni, Weidenkellerstr. 4 (N 70), ℰ 20 85 05, Fax 243670 – 🛗 📺 ☎. ⅍ ⓪
𝒱𝐼𝒮𝒜   HZ
26 Z : 60 B 99/140 - 150/170 Fb.

🏠 **Am Heideloffplatz** ⑤ garni, Heideloffplatz 9 (N 30), 𝒫 44 94 51, Fax 4469661 – 🛗 📺 🕿
🅿. 🖭 ⓞ 🇪 𝘝𝘐𝘚𝘈 FX **t**
24. Dez.-6. Jan. geschl. – **50 Z : 70 B** 76/115 - 140/160 Fb.

🏠 **Klughardt** ⑤ garni, Tauroggenstr. 40 (N 20), 𝒫 59 70 17, Fax 595989 – 📺 🕿 🅿. 🖭 ⓞ 🇪
𝘝𝘐𝘚𝘈 GU **n**
24. Dez.- 6. Jan. geschl. – **31 Z : 43 B** 60/95 - 100/130.

🏠 **Cristal** garni, Willibaldstr. 7 (N 20), 𝒫 56 40 05, Fax 564006, 😑 – 🛗 📺 🕿. 🖭 ⓞ 🇪 𝘝𝘐𝘚𝘈
42 Z : 60 B 80/90 - 95/120 Fb. GU **d**

🏠 **Burghotel-Kleines Haus** garni, Schildgasse 14 (N 1), 𝒫 20 30 40 – 🛗 📺 🕿. 🖭 ⓞ 🇪
𝘝𝘐𝘚𝘈 HY **a**
22 Z : 35 B 60/85 - 105/110.

🏠 **Kröll** garni, Hauptmarkt 6 (4. Etage) (N 1), 𝒫 22 71 13 – 🛗 🕿 HY **c**
28 Z : 52 B 60/110 - 98/130.

🏠 **Westend** garni, Karl-Martell-Str. 42 (N 80), 𝒫 31 37 63, Fax 3263601 – 🕿 🅿. 🇪 AS **e**
24. Dez.- 7. Jan. geschl. – **30 Z : 40 B** 59/75 - 88/108.

🏠 **Wöhrder Hof** ⑤ garni, Rahm 18 (N 20), 𝒫 53 60 60, Fax 538617 – 📺 🕿. 🖭 ⓞ 🇪 𝘝𝘐𝘚𝘈
27 Z : 38 B 79/115 - 130/140 Fb. GV **b**

🏠 **City-Hotel** garni, Königstr. 25 (3. Etage) (N 1), 𝒫 22 56 38, Fax 203999 – 🛗 🕿. 🖭 ⓞ 🇪
𝘝𝘐𝘚𝘈 HZ **z**
22. Dez.- 6. Jan. geschl. – **21 Z : 32 B** 85/100 - 140/150.

🏠 Pfälzer Hof garni, Am Gräslein 10 (N 1), 𝒫 22 14 11 – 🚗 HZ **a**
21 Z : 27 B.

XX **Goldener Pfau**, Lorenzer Platz 23 (N 1), 𝒫 23 26 66, Fax 226504, 😑 – 🇪. 🦐 HZ **r**
(Sonntag geschl.) – **M** a la carte 57/75.

XX **Stadtpark-Restaurant**, Berliner Platz 9 (N 10), 𝒫 55 21 02, « Parkterrasse » – 🅿 –
🔺 25/400. 🖭 🇪 GU **k**
M a la carte 30/59.

XX **Essigbrätlein**, Weinmarkt 3 (N 1), 𝒫 22 51 31, 😑 – ⓞ 🇪 𝘝𝘐𝘚𝘈 HY **z**
Samstag - Sonntag nur Abendessen, Montag geschl. – **M** (abends Tischbestellung
erforderlich) a la carte 67/85.

XX **Quo vadis** (Italienische Küche), Elbinger Str. 28 (N 20), 𝒫 51 55 53, 😑 – 🖭 🇪 GU **e**
Mittwoch und Aug. geschl. – **M** (Tischbestellung ratsam) a la carte 39/65.

XX **Parkrestaurant Meistersingerhalle**, Münchener Str. 21 (N 50), 𝒫 47 48 49, Fax 4748420,
😑 – 🅿 – 🔺 25/200. 🖭 ⓞ 🇪 𝘝𝘐𝘚𝘈 GX **g**
4. Aug.- 1.Sept. geschl. – **M** 27 (mittags) und a la carte 38/67.

XX **Caruso** (Italienische Küche), Burgstr. 25 (N 1), 𝒫 20 32 83 – 🖭 ⓞ 🇪 𝘝𝘐𝘚𝘈 HY **u**
Dienstag geschl. – **M** a la carte 33/60.

X **Zum Sudhaus**, Bergstr. 20 (N 1), 𝒫 20 43 14, Fax 226845, « Hübsche, rustikale
Einrichtung » – 🖭 ⓞ 🇪 𝘝𝘐𝘚𝘈 HY **n**
nur Abendessen, Sonntag geschl. – **M** a la carte 33/63.

X **Heilig-Geist-Spital**, Spitalgasse 16 (N 1), 𝒫 22 17 61, Fax 208655 – 🖭 ⓞ 🇪 𝘝𝘐𝘚𝘈 HY **e**
M a la carte 26/55.

X **Nassauer Keller**, Karolinenstr. 2 (N 1), 𝒫 22 59 67, « Kellergewölbe a.d.13.Jh. » – 🖭 ⓞ
🇪 HZ **u**
M a la carte 27/57.

X **Böhms Herrenkeller**, Theatergasse 19 (N 1), 𝒫 22 44 65 – ⓞ 🇪 𝘝𝘐𝘚𝘈 HZ **m**
Mai - Sept. Sonntag ganztägig, Okt.- April Sonntag ab 14 Uhr geschl. – **M** 15 (mittags) und
la carte 26/56.

Nürnberger Bratwurst-Lokale :

X **Bratwurst-Röslein**, Obstmarkt 1 (N 1), 𝒫 22 77 94 – 🖭 🇪 𝘝𝘐𝘚𝘈 HY **v**
◆ **M** a la carte 20/38.

X **Bratwurst-Häusle**, Rathausplatz 1 (N 1), 𝒫 22 76 95, 😑 HY **s**
◆ Sonn- und Feiertage geschl. – **M** a la carte 15/23.

X **Das Bratwurstglöcklein**, im Handwerkerhof (N 1), 𝒫 22 76 25, 😑 JZ **z**
◆ Sonn- und Feiertage sowie Weihnachten - Mitte März geschl. – **M** a la carte 14,50/25.

In Nürnberg 50-Altenfurt :

🏠 **Daucher**, Habsburgerstr. 9, 𝒫 83 56 99, Fax 836053, 😑 – 📺 🕿 🅿. 🖭 ⓞ 🇪 CT **b**
23. Dez.- 7. Jan. geschl. – **M** (Freitag, Sonntag und Aug. geschl.) a la carte 30/58 – **50 Z :
70 B** 55/75 - 90/110 Fb.

🏠 **Nürnberger Trichter** garni, Löwenberger Str. 147, 𝒫 83 43 07, Fax 835880 – 🕿 🚗 🅿.
ⓞ 🇪 CT **a**
Weihnachten - 6. Jan. geschl. – **35 Z : 60 B** 70/120 - 100/130 Fb.

In Nürnberg 90-Boxdorf ① : 9 km :

🏠 **Landhotel Schindlerhof**, Steinacher Str. 8, 𝒫 30 20 77, Fax 304038, « Ehem. Bauernhof
mit rustikaler Einrichtung, Innenhof mit Grill », 😑 – 📺 🕿 🚗 🅿 – 🔺 25/50. 🖭 ⓞ 🇪
𝘝𝘐𝘚𝘈
M a la carte 39/66 – **71 Z : 135 B** 155/175 - 205/225 Fb.

In Nürnberg 90-Buch :

XX ✿ **Gasthof Bammes**, Bucher Hauptstr. 63, 🕾 38 13 03, Fax 346313, ♨, « Fränkische
Gasthof » − ℗ − 🔬 30/80. 🖭 ① 🔄 🟦 *VISA*   BS ◆
Sonntag geschl. − **M** (Tischbestellung ratsam) 50 (mittags) und a la carte 64/92
Spez. Ragout vom Waller mit Meerrettichsauce (Sept.- April), Krautwickerl mit Zander und Lachs au
Gemüsebutter, Rehkotelett mit Pfifferlingen und Holundersauce.

In Nürnberg 60-Eibach :

🏨 **Arotel**, Eibacher Hauptstr. 135, 🕾 64 20 20, Telex 622128, Fax 633052, Biergarten, Massage
𝕴, 🚗 − 🛗 🔟 ℗ − 🔬 25/100. 🖭 ① 🔄 🟦 *VISA*   BT ◆
M a la carte 43/62 − **71 Z : 142 B** 150/165 - 180/244 Fb.

🏠 **Am Hafen** garni, Isarstr. 37 (Gewerbegebiet Maiach), 🕾 63 30 78, Fax 644778, 🚗 − 🛗 🔟
🕾 ℗. ① 🔄 *VISA*   BT
28 Z : 56 B 90 - 125.

🏠 **Eibacher Hof** garni, Eibacher Hauptstr. 2 a (B 2), 🕾 63 23 91 − 🕾 ℗   ABT ◆
Aug. 3 Wochen und Weihnachten - Anfang Jan. geschl. − **27 Z : 44 B** 60/75 - 90/110.

In Nürnberg 20-Erlenstegen :

🏨 **Erlenstegen** garni, Äußere Sulzbacher Str. 157, 🕾 59 10 33 − 🛗 🔟 🕾 ℗. 🖭 🔄 *VISA*
24. Dez.- 6. Jan. geschl. − **40 Z : 70 B** 99/135 - 145/180 Fb.   GU

XX **Goldener Stern** mit Zim, Erlenstegenstr. 95, 🕾 59 55 58 − ℗ − **5 Z : 9 B**.   CS

XX ✿ **Entenstub'n im Schießhaus**, Günthersbühler Str. 145, 🕾 5 98 04 13 − ℗. 🔄   CS
Samstag bis 18 Uhr, Sonntag 15 Uhr - Montag, 7.- 14. Jan. und 14.- 21. Aug. geschl. − **N**
(Tischbestellung ratsam) a la carte 64/85
Spez. Chartreuse von der Taube, Lachs in Nudelteig mit Basilikum, Kaninchenrücken in Kartoffelkruste.

In Nürnberg 50-Fischbach :

🏠 **Silberhorn**, Fischbacher Hauptstr. 112, 🕾 83 10 84, Telex 626342, Fax 832316, ♨, 🚗, 🔄
※ (Halle) − 🛗 🔟 🕾 ℗ − 🔬 25/100. 🖭 ① 🔄 *VISA*   CT
21. Dez.- 2. Jan. geschl. − **M** a la carte 34/57 − **65 Z : 115 B** 98/140 - 150/220 Fb.

XXX **Schelhorn**, Am Schloßpark 2, 🕾 83 24 24, ♨ − ℗. 🖭 ① 🔄 *VISA*. ※   CT
Montag geschl. − **M** a la carte 55/90.

In Nürnberg 80-Großreuth bei Schweinau :

XX **Romantik-Restaurant Rottner**, Winterstr. 15, 🕾 61 20 32, Fax 613759, « Gartenterrasse
Grill-Garten » − ℗. ① 🔄 *VISA*   AS
Samstag bis 18 Uhr, Sonn- und Feiertage sowie 27. Dez.- Jan. geschl. − **M** (Tischbestellun
ratsam) 48/98.

In Nürnberg 90-Kraftshof N : 7 km über ① und Kraftshofer Hauptstr. BS :

XXX ✿ **Schwarzer Adler**, Kraftshofer Hauptstr. 166, 🕾 30 58 58, ♨, « Historisches fränkische
Gasthaus a.d. 18. Jh., elegant-rustikale Einrichtung » − 🖭 ① 🔄
22. Dez.- 3. Jan. geschl. − **M** (Tischbestellung ratsam) 49 (mittags) und a la carte 67/90
Spez. Lasagne von Kohlrabi, Lachs und Kaviar, Milchferkelrücken mit Pfifferlingen, Schokoladenblätter m
Mangocreme.

X **Alte Post**, Kraftshofer Hauptstr. 164, 🕾 30 58 63 − 🖭 ① 🔄 *VISA* − **M** a la carte 26/60.

In Nürnberg-Langwasser :

🏨 **Arvena Park - Restaurant Arve**, Görlitzer Str. 51 (N 51), 🕾 8 92 20, Fax 8922115, ♨
🚗 − 🛗 ⋈ Zim 🍽 Rest 🔟 🛠 ℗ − 🔬 25/450. 🖭 ① 🔄 *VISA*   CT
23. Dez.- 5. Jan. geschl. − **M** (August sowie Sonn- und Feiertage geschl.) a la carte 57/80
240 Z : 350 B 189/295 - 239/370 Fb − 6 Appart.

🏨 **Am Messezentrum** garni, Bertolt-Brecht-Str. 2 (N 50), 🕾 8 67 11, Telex 623983, Fax 8686ǂ
− 🛗 🔟 🕾 ⇔ ℗ − 🔬 25/50. 🖭 ① 🔄 *VISA*   CT
24. Dez.- 6. Jan. geschl. − **62 Z : 100 B** 145/245 - 185/290 Fb.

In Nürnberg 30-Laufamholz :

🏠 **Park-Hotel** ⅏ garni, Brandstr. 64, 🕾 50 10 57, Fax 503510 − 🔟 🕾 ℗. 🖭 🔄. ※   CS
21. Dez.- 8. Jan. geschl. − **21 Z : 39 B** 80/108 - 118/148.

XX **Landgasthof Zur Krone**, Moritzbergstr. 29, 🕾 50 25 28, ♨ − ℗. 🖭 ① 🔄 *VISA*   CS
Montag und 6.- 26. Aug. geschl. − **M** 61/76.

In Nürnberg 30-Mögeldorf :

🏠 **Tiergarten** ⅏, Am Tiergarten 8, 🕾 54 70 71, Telex 626005, Fax 5441866, ♨ − 🛗 🔟
⇔ ℗ − 🔬 25/200. 🖭 ① 🔄   CS
M a la carte 26/58 − **63 Z : 118 B** 90/120 - 130/170 Fb.

In Nürnberg 90-Reutles ① : 11 km :

🏨 **Käferstein** ⅏ garni, Reutleser Str. 67, 🕾 3 09 05, Fax 30900, 🚗, 🔄, 🌳 − 🔟 🕾 ⇔ ◆
− 🔬 40. 🖭 ① 🔄 *VISA* − **47 Z : 84 B** 90/150 - 130/180 Fb.

🏨 **Höfler** ⅏, Reutleser Str. 61, 🕾 30 50 73, Telex 626913, 🚗, 🌳 − 🔟 🕾 ⇔ ℗ − 🔬 2
← 🖭 ① 🔄 *VISA*
M *(Samstag - Sonntag, 10.- 20. Aug. und 24. Dez.- 6. Jan. geschl.)* a la carte 20/55 − **35 Z**
60 B 95/125 - 130/180 Fb.

In Nürnberg 90 - Thon :

Kreuzeck (mit Anbau), Schnepfenreuther Weg 1, ☎ 34 14 74, – TV ☎ P. AE ⓓ E VISA BS b
M *(Sonntag geschl.)* a la carte 20/33 – **30 Z : 40 B** 60/130 - 85/150.

In Nürnberg 60-Worzeldorf :

XXX **Zirbelstube** mit Zim, Fr.-Overbeck-Str. 1, ☎ 88 15, – TV ☎ P. AE E BT z
M *(nur Abendessen)* (Tischbestellung ratsam) 76/98 – **8 Z : 16 B** 120/140 - 160/190.

In Nürnberg 30-Zerzabelshof :

Scandic Crown Hotel, Valznerweiherstr. 200, ☎ 4 02 90, Bade- und Massageabteilung, – TV P – 25/300. AE ⓓ E VISA. Rest CS u
M a la carte 36/72 – **152 Z : 304 B** 185/285 - 245/345 – 3 Appart. 480.

MICHELIN-REIFENWERKE KGaA. Niederlassung 8500 Nürnberg, Lechstr. 29 (Gewerbegebiet Maiach) ☎ (0911) 63 30 53, Fax 633413.

NÜRTINGEN 7440. Baden-Württemberg 413 KL 21, 987 ㉟ – 36 700 Ew – Höhe 291 m – ☎ 07022 – ♦Stuttgart 33 – Reutlingen 21 – ♦Ulm (Donau) 66.

Am Schloßberg, Europastr. 13, ☎ 70 40, Telex 7267355, Fax 704343, Massage, – TV – 25/270. AE ⓓ E VISA
M *(auch vegetarische Gerichte)* 28/92 – **170 Z : 320 B** 145/225 - 210/295 Fb.

Vetter, Marienstr. 59, ☎ 3 30 11, Fax 32617, – TV ☎ P – 30. ⓓ E VISA
24. Dez.- 6. Jan. geschl. – **M** *(nur Abendessen, Freitag - Sonntag geschl.)* a la carte 34/49 – **39 Z : 53 B** 75/95 - 120/150.

Pflum, Steingrabenstr. 6, ☎ 3 30 80, Fax 34156 – TV ☎ P
Ende Juli - Mitte Aug. geschl. – **M** *(Samstag geschl.)* a la carte 38/70 – **25 Z : 36 B** 80/90 - 130.

In Nürtingen-Hardt NW : 3 km :

XXX ✿ **Ulrichshöhe**, Herzog-Ulrich-Str. 14, ☎ 5 23 36, « Terrasse mit ‹ » – P. ⓓ
Sonntag - Montag und Juli - Aug. 3 Wochen geschl. – **M** (abends Tischbestellung ratsam) a la carte 76/106
Spez. Steinbutt mit Artischocken-Tortellinis, Ente mit Majoran (2 Pers.), Quittenstrudel mit Maroneneis (Okt.-Dez.).

In Frickenhausen 7443 SO : 4 km :

XX **Landgasthaus zum Mühlstein**, Wielandstr. 1, ☎ (07022) 4 56 56, « Gartenterrasse » – P. AE E VISA
Montag, 1.- 8. Jan. und 29. Juli- 13. Aug. geschl. – **M** *(auch vegetarische Gerichte)* 45/85.

In Großbettlingen 7441 SW : 5 km :

Café Bauer garni, Nürtinger Straße, ☎ (07022) 4 10 11 – TV ☎ P. E
15 Z : 20 B 65 - 98 Fb.

NUREMBERG = Nürnberg.

NUSSDORF AM INN 8201. Bayern 413 T 23, 426 I 5 – 2 200 Ew – Höhe 500 m – Erholungsort – Wintersport : 600/900 m 1 – ☎ 08034.
Verkehrsamt, Brannenburger Str. 10, ☎ 23 87.
♦München 75 – Innsbruck 96 – Passau 188 – Rosenheim 18 – Salzburg 89.

Café Heuberg, Mühltalweg 12, ☎ 23 35, – P – **18 Z : 27 B** – 3 Appart.

XX **Nußdorfer Hof** mit Zim, Hauptstr. 4, ☎ 75 66, Fax 1532, – P. AE ⓓ E VISA
M *(Dienstag geschl.)* a la carte 40/67 – **9 Z : 14 B** 50/55 - 75/125.

NUSSLOCH Baden-Württemberg siehe Leimen.

OBERAMMERGAU 8103. Bayern 413 Q 24, 987 ㊱, 426 ⑯ – 4 600 Ew – Höhe 834 m – Luftkurort – Wintersport : 850/1 700 m 1 11 4 – ☎ 08822.
Ausflugsziel : Schloß Linderhof*, Schloßpark**, SW : 10 km.
Verkehrsbüro, Eugen-Pabst-Str. 9a, ☎ 10 21, Fax 7325.
♦München 92 – Garmisch-Partenkirchen 19 – Landsberg am Lech 59.

Alois Lang, St.-Lukas-Str. 15, ☎ 7 60, Telex 59623, Fax 4723, « Gartenterrasse », – TV P – 25/100. AE ⓓ E VISA
M a la carte 32/60 – **72 Z : 140 B** 85/130 - 140/280 Fb – ½ P 95/125.

Wittelsbach, Dorfstr. 21, ☎ 10 11, Telex 592407, Fax 6688 – TV ☎. AE ⓓ E VISA
3. Nov.- 20. Dez. geschl. – **M** *(Dienstag geschl.)* a la carte 23/49 – **46 Z : 90 B** 65/90 - 120/160 Fb – ½ P 80/105.

Böld, König-Ludwig-Str. 10, ☎ 30 21, Telex 592406, Fax 7102, – TV ☎ P – 25/100. AE ⓓ E VISA. Rest
M a la carte 31/70 – **57 Z : 110 B** 99/118 - 148/168 Fb – ½ P 104/148.

🏠 **Turmwirt**, Ettaler Str. 2, ℰ 30 91, Telex 882281, Fax 1437 − 📺 ☎ 🅿
21 Z : 42 B Fb.

🏠 **Alte Post**, Dorfstr. 19, ℰ 10 91 − 📺 ☎ 🅿
28. Okt.- 20. Dez. geschl. − **M** a la carte 19/41 − **32 Z : 65 B** 50/80 - 120/140 − ½ P 77/87.

🏠 **Wolf**, Dorfstr. 1, ℰ 30 71, Fax 1096, 🍴, ⇔, ⌐, 🐎 − 🛗 📺 ☎ 🅿. 🆎 ⓞ 🅴 𝗩𝗜𝗦𝗔
M a la carte 25/70 − **32 Z : 55 B** 60/90 - 98/160 Fb − ½ P 60/85.

🏠 **Parkhotel Sonnenhof**, König-Ludwig-Str. 12, ℰ 10 71, Telex 592426, Fax 3047, 🍴, ⇔
− 🛗 📺 ☎ ⇦ 🅿 − 🔏 25/100. 🆎 ⓞ 🅴 𝗩𝗜𝗦𝗔
M (nur Abendessen) a la carte 33/60 − **72 Z : 140 B** 95/125 - 160/220 Fb − ½ P 83/145.

🏠 **Schilcherhof**, Bahnhofstr. 17, ℰ 47 40, 🐎 − ⇦ 🅿. 🎉
16. Nov.- 25. Dez. geschl. − (nur Abendessen für Hausgäste) − **26 Z : 45 B** 53/67 - 88/110 −
½ P 64/87.

🏠 **Friedenshöhe** ⚲, König-Ludwig-Str. 31, ℰ 5 98, Fax 4345, ≤, 🍴, 🐎 − ☎ 🅿. 🆎 ⓞ 🅴
𝗩𝗜𝗦𝗔
25. Okt.- 22. Dez. geschl. − **M** (Donnerstag geschl.) a la carte 23/54 − **11 Z : 20 B** 77/97 -
130/154.

🏠 **Wenger** ⚲, Ludwig-Lang-Str. 20, ℰ 47 88, 🍴, 🐎 − ☎ 🅿. 🅴 𝗩𝗜𝗦𝗔
20. Okt.- 15. Nov. geschl. − **M** (nur Abendessen, Montag geschl.) a la carte 30/63 − **7 Z :
13 B** 60/80 - 80/120 Fb − 2 Fewo 60/90 − ½ P 62/102.

🏠 **Enzianhof** garni, Ettaler Str. 33, ℰ 2 15 − 🅿
16 Z : 29 B.

🏡 **Zur Rose**, Dedlerstr. 9, ℰ 47 06 − 🅿
25 Z : 45 B − 10 Fewo.

OBERASBACH 8507. Bayern 🔲🔲🔲 P 18 − 15 300 Ew − Höhe 295 m − 🕓 0911 (Nürnberg).

Siehe Nürnberg (Umgebungsplan).

♦München 174 − ♦Nürnberg 10 − ♦Würzburg 108.

🏠 **Jesch** garni, Am Rathaus 5, ℰ 69 97 03, Fax 693319 − 🛗 📺 ☎ ⇦ 🅿. ⓞ 🅴 𝗩𝗜𝗦𝗔   AS **a**
25 Z : 32 B 65/75 - 95/105.

OBERAU Bayern siehe Farchant.

OBERAUDORF 8203. Bayern 🔲🔲🔲 T 24, 🔲🔲🔲 ⑦, 🔲🔲🔲 I 6 − 5 000 Ew − Höhe 482 m − Luftkurort
− Wintersport : 500/1 300 m ⚡20 🎿6 − 🕓 08033.

🅱 Kur- und Verkehrsamt, Kufsteiner Str. 6, ℰ 3 01 20.

♦München 81 − Innsbruck 82 − Rosenheim 28.

🏠 **Ochsenwirt** ⚲, Carl-Hagen-Str. 14, ℰ 40 21, Biergarten, ⇔, 🐎 − ☎ 🅿 − 🔏 30. 🅴
Mitte Nov.- Mitte Dez. geschl. − **M** a la carte 18/56 🍷 − **26 Z : 54 B** 48 - 86.

🏠 **Hotel am Rathaus**, Kufsteiner Str. 4, ℰ 14 70, 🍴 − 📺
Nov. geschl. − **M** (Mittwoch geschl.) a la carte 25/44 − **11 Z : 22 B** 60 - 90.

🏠 **Alpenhotel**, Marienplatz 2, ℰ 10 04 − ☎ ⇦
15. Nov.- 15. Dez. geschl. − **M** (Montag geschl.) a la carte 23/49 − **21 Z : 40 B** 55/65 -
96/130.

🏠 **Lambacher** garni, Rosenheimer Str. 4, ℰ 10 46 − 🛗 ☎ ⇦ 🅿. 🆎 ⓞ 🅴
23 Z : 46 B 60 - 90/110 Fb.

🏠 **Bayerischer Hof**, Sudelfeldstr. 12, ℰ 10 84, Fax 4391, 🍴, 🐎 − ☎ 🅿. 𝗩𝗜𝗦𝗔
M (Dienstag geschl.) a la carte 22/38 🍷 − **14 Z : 30 B** 42/49 - 90 Fb − ½ P 55.

🍴 **Alpenrose**, Rosenheimer Str. 3, ℰ 32 41, Biergarten − 🅴
Donnerstag und 23. Okt.- 23. Nov. geschl. − **M** a la carte 25/51.

Im Ortsteil Niederaudorf N : 2 km :

🏠 **Alpenhof**, Rosenheimer Str. 97, ℰ 10 36, ≤, 🍴, 🐎 − ⇦ 🅿. 🅴
20. Nov.- 20. Dez. geschl. − **M** (Donnerstag geschl.) a la carte 20/43 🍷 − **16 Z : 30 B** 48/60 -
88/96 Fb − ½ P 59/63.

An der Straße nach Bayrischzell NW : 10 km :

🏠 **Alpengasthof Feuriger Tatzelwurm** ⚲, ⊠ 8203 Oberaudorf, ℰ (08034) 86 95, Fax
7170, « Terrasse mit ≤ Kaisergebirge » , ⇔, 🐎 − 📺 ⇦ 🅿 − 🔏 40. 🆎 ⓞ 🅴
M a la carte 21/52 − **26 Z : 46 B** 48/65 - 80/140 Fb − 4 Fewo 60/100.

OBERAULA 6435. Hessen 🔲🔲🔲 L 14 − 3 700 Ew − Höhe 320 m − Luftkurort − 🕓 06628.

🏌 Am Golfplatz, ℰ 15 73.

♦Wiesbaden 165 − Fulda 50 − Bad Hersfeld 22 − ♦Kassel 69.

🏠 **Zum Stern**, Hersfelder Str. 1 (B 454), ℰ 80 91, Biergarten, « Garten mit Teich und
Grill-Pavillon » , ⇔, 🔲, 🐎, 🎾 (Halle) − ☎ 🅿 🅿 − 🔏 25/60. 🅴 🅴. 🎿 Zim
M a la carte 24/56 🍷 − **50 Z : 94 B** 44/60 - 78/120 Fb − ½ P 54/75.

OBERBECKSEN Nordrhein-Westfalen siehe Oeynhausen, Bad.

OBERBOIHINGEN 7446. Baden-Württemberg **408** L 21 — 4 500 Ew — Höhe 285 m — ✪ 07022 (Nürtingen).

•Stuttgart 32 — Göppingen 26 — Reutlingen 25 — ◆Ulm (Donau) 70.

※ **Traube** mit Zim, Steigstr. 45, ℰ 68 46 — 📺 ☎ ℗
　1.- 7. Jan. und Juli - Aug. 3 Wochen geschl. — **M** *(Samstag bis 17 Uhr und Montag geschl.)*
　a la carte 36/62 — **6 Z : 7 B** 65/80 - 100.

※ **Zur Linde**, Nürtinger Str. 24, ℰ 6 11 68 — ℗. 💳 ① 💳 🔆
　Montag, über Fasching 2 Wochen und Aug. 3 Wochen geschl. — Menu a la carte 28/64.

OBERBREITZBACH Hessen siehe Hohenroda.

OBERDING Bayern siehe Erding.

OBEREGGENEN Baden-Württemberg siehe Schliengen.

OBERELSBACH 8741. Bayern **402** **408** N 15 — 3 000 Ew — Höhe 420 m — Wintersport : ⚐3 — ✪ 09774.

🛈 Verkehrsamt, Rathaus, ℰ 2 12.

• München 325 — Bamberg 99 — ◆Frankfurt am Main 134 — Fulda 48 — ◆Würzburg 90.

🏠 Rhöner Trachtenstuben, Hauptstr. 13, ℰ 2 18, 🍴 — ☎ ℗
　7 Z : 11 B.

In Oberelsbach-Unterelsbach SO : 2,5 km :

🏠 **Hubertus** ⅍, Röderweg 9, ℰ 4 32, Bade- und Massageabteilung, 🍴, 🏊, 🎿, ※ (Halle) — 📺 ☎ 🚗 ℗
　M *(wochentags nur Abendessen, Mittwoch geschl.)* a la carte 27/51 — **16 Z : 36 B** 70 - 120 Fb.

OBERGÜNZBURG 8953. Bayern **408** O 23. **987** ㊱. **426** D 5 — 5 300 Ew — Höhe 737 m — Erholungsort — ✪ 08372.

•München 108 — Kempten (Allgäu) 21 — Landsberg am Lech 48 — Schongau 47.

※※ **Goldener Hirsch** mit Zim, Marktplatz 4, ℰ 74 80, 🍴 — 🛗 ☎ 💳 **E**
　M *(Montag - Dienstag 18 Uhr geschl.)* a la carte 30/65 — **5 Z : 8 B** 50 - 90.

OBERHACHING Bayern siehe München.

OBERHAMBACH Rheinland-Pfalz siehe Liste der Feriendörfer.

OBERHARMERSBACH 7617. Baden-Württemberg **408** H 21 — 2 400 Ew — Höhe 300 m — Luftkurort — ✪ 07837.

🛈 Verkehrsverein, Reichstalhalle, ℰ 2 77, Fax 678.

•Stuttgart 126 — ◆Freiburg im Breisgau 63 — Freudenstadt 35 — Offenburg 30.

🏠 **Schwarzwald-Idyll** ⅍, Obertal 50 (N : 4 km), ℰ 2 42, Fax 693, 🍴 — 🛗 ℗. 💳 ① **E** 💳 🔆 Zim
　11.- 24. Jan. und 20. Nov.- 20 Dez. geschl. — **M** *(Dienstag geschl.)* a la carte 21/44 🍷 — **25 Z : 46 B** 36/53 - 66/96 Fb — ½ P 45/62.

🏠 **Zur Stube**, Dorf 32, ℰ 2 07, 🍴, 🍴 — 🚗
　17. Feb.- 5. März geschl. — **M** *(Nov.- Mai Montag geschl.)* a la carte 20/42 🍷 — **37 Z : 70 B** 30/42 - 58/68 — ½ P 48/52.

🏠 **Sonne**, Obertal 12, ℰ 2 01, 🎿 — 🛗 🚗 ℗
　Mitte Jan.- Mitte Feb. und Mitte Nov.- Anfang Dez. geschl. — **M** *(Mittwoch geschl.)* a la carte 21/55 🍷 — **20 Z : 35 B** 24/49 - 48/72 — ½ P 40/55.

OBERHAUSEN 8859. Bayern **408** Q 20 — 1 900 Ew — Höhe 409 m — ✪ 08431.

•München 101 — Donauwörth 28 — Ingolstadt 28.

Im Ortsteil Unterhausen W : 1,5 km :

※ Lindenhof mit Zim, Lindenstr. 6 (B 16), ℰ 26 17 — ℗. 🔆
　4 Z : 7 B.

OBERHAUSEN 4200. Nordrhein-Westfalen **987** ㉝㉔. **402** D 12 — 224 000 Ew — Höhe 45 m — ✪ 0208.

Siehe Ruhrgebiet (Übersichtsplan).

🛈 Verkehrsverein, Berliner Platz 4, ℰ 80 50 51, Telex 856934.

ADAC, Lessingstr. 2 (Buschhausen), ℰ 65 40 01, Notruf ℰ 1 92 11, Telex 8561194.

•Düsseldorf 33 ③ — ◆Duisburg 10 ③ — ◆Essen 12 ② — Mülheim an der Ruhr 6 ③.

OBERHAUSEN

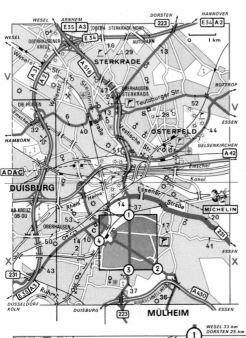

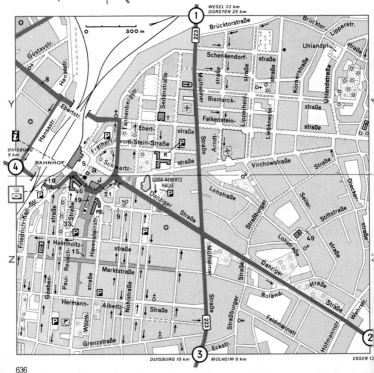

🏨 **Ruhrland**, Berliner Platz 2, ℰ 80 50 31, Fax 27340 – 🛗 📺 ☎ 🅿 – 🔏 25/100. 🆎 ⑩ **E** 𝓥𝓘𝓢𝓐. Y a
🦞
M a la carte 31/75 – **60 Z : 73 B** 65/140 - 130/260 Fb.

🏠 **Hagemann**, Buschhausener Str. 84, ℰ 2 00 58, Fax 26797 – 📺 ☎. 🆎 ⑩ **E** X c
M (nur Abendessen, Sonntag geschl.) a la carte 22/46 – **10 Z : 14 B** 65/80 - 130/140.

In Oberhausen 12-Osterfeld :

🏨 **Parkhotel Zur Bockmühle**, Teutoburger Str. 156, ℰ 6 90 20, Telex 856489, Fax 690258, 🍽 – 🛗 ⁙⁙ Zim 📺 ⇔ 🅿 – 🔏 25/100. 🆎 ⑩ **E** 𝓥𝓘𝓢𝓐 V s
22. Dez. - 2. Jan. geschl. – **M** a la carte 48/77 – **90 Z : 150 B** 102/152 - 170/254 Fb.

In Oberhausen 11-Schmachtendorf NW : 11 km über Weseler Str. V :

🏨 **Gerlach-Thiemann**, Buchenweg 14, ℰ 6 89 81, Fax 68983, 🍽 – 🛗 📺 ☎ 🅿 – 🔏 35. 🆎 ⑩ 𝓥𝓘𝓢𝓐. 🦞 Rest
M a la carte 32/65 – **21 Z : 40 B** 110 - 194 Fb.

ICHELIN-REIFENWERKE KGaA. Niederlassung Max-Eyth-Str. 2 (V), ℰ 65 40 21, x 653666.

BERHAVERBECK Niedersachsen siehe Bispingen.

BERHÖLL Bayern siehe Weiden in der Oberpfalz.

BERHOF 6055 Thüringen 𝟵𝟴𝟰 ㉓, 𝟵𝟴𝟳 ㉔ – 2 500 Ew – Höhe 835 m – Wintersport : – 🎿 2, ⁚ – 🕿 00376682.
:henswert : Rennsteiggarten★.
:usflugsziel : Ohratalsperre (N : 5 km).
Kurverwaltung, ℰ 3 97.
:erlin - Ost 316 – ◆Bamberg 106 – Eisenach 53 – Erfurt 52.

🏨 **Panorama** 🦞, Theodor-Neubauer-Str. 29, ℰ 5 01, Telex 62321, ≤, 🍽, ☒ – 🛗 📺 ☎ ⇔ 🅿. 🆎 ⑩ **E** 𝓥𝓘𝓢𝓐
Juli - 11. Aug. geschl. – **M** a la carte 22/61 – **373 Z : 860 B** 100/120 - 155/175 Fb – ½ P 103/145.

BERJOCH Bayern siehe Hindelang.

BERJOSBACH Hessen siehe Niedernhausen.

BERKIRCH 7602. Baden-Württemberg 𝟰𝟭𝟯 H 21, 𝟵𝟴𝟳 ㉞, 𝟮𝟰𝟮 ㉛ – 17 000 Ew – Höhe 194 m – Erholungsort – 🕿 07802.
Städt. Verkehrsamt, Eisenbahnstr. 1, ℰ 8 22 41.
:tuttgart 140 – Freudenstadt 42 – Offenburg 16 – Strasbourg 30.

🏨 **Romantik-Hotel Obere Linde**, Hauptstr. 25, ℰ 80 20, Telex 752640, Fax 3030, 🍽, « Geschmackvolle, gemütliche Einrichtung », 🐴, 💥 – 🛗 📺 🅿 – 🔏 25/200. 🆎 ⑩ **E** 𝓥𝓘𝓢𝓐
M a la carte 44/78 – **37 Z : 70 B** 115/155 - 155/270 Fb – ½ P 115/173.

🏨 **Lamm** 🦞, Gaisbach 1, ℰ 33 46, Fax 5966, 🍽, 🐴 – 🛗 📺 ☎ 🅿 – 🔏 25/60. 🆎 ⑩ **E** 𝓥𝓘𝓢𝓐. 🦞 Zim
M (Dienstag geschl.) a la carte 31/64 ♨ – **18 Z : 32 B** 70/78 - 95/120 Fb – ½ P 78/108.

🏨 **Pflug**, Fernacher Platz 1, ℰ 40 81, Fax 50322 – 🛗 ☎ ⇔ 🅿 – 🔏 40. **E** 𝓥𝓘𝓢𝓐
◆ 5.- 20. Jan. geschl. – **M** (Mittwoch geschl.) a la carte 21/47 – **36 Z : 68 B** 55/75 - 84/112 – ½ P 64/100.

🏠 **Pfauen**, Josef-Geldreich-Str. 18, ℰ 30 77, Fax 4529, 🍽 – ☎ ⇔ 🅿. 🆎 ⑩ **E** 𝓥𝓘𝓢𝓐
13. Feb.- 6. März geschl. – **M** (Mittwoch geschl.) a la carte 25/48 ♨ – **11 Z : 22 B** 45/55 - 84/104 – ½ P 62/79.

🏠 **Ochsen**, Obere Grendelstr. 14, ℰ 41 15 – ☎ 🅿
12 Z : 22 B.

XX **Haus am Berg** 🦞 mit Zim, Am Rebhof 5 (Zufahrt über Privatweg), ℰ 47 01, ≤ Oberkirch und Renchtal, « Lage in den Weinbergen, große Freiterrasse » – 🅿. **E** 𝓥𝓘𝓢𝓐
Feb. geschl. – Menu (Dienstag geschl.) 30/89 und a la carte 44/70 ♨ – **Gaststube M** a la carte 24/45 – **10 Z : 20 B** 55 - 90/100 – ½ P 70/80.

XX **Schwanen**, Eisenbahnstr. 1, ℰ 22 20, 🍽 – 🅿. **E**
Mitte Nov.- Anfang Dez. und Montag geschl. – **M** a la carte 28/50.

X **Löwen**, Hauptstr. 46, ℰ 45 51 – ⑩ **E**
Mittwoch geschl. – **M** a la carte 24/51.

In Oberkirch-Bottenau SW : 5 km :

🏠 Rebstock 🦞, Meisenbühl 19, ℰ 30 47, ≤, 🍽 – 🛗 ☎ 🅿
12 Z : 22 B.

637

In Oberkirch-Ödsbach S : 3 km :

🏨 **Waldhotel Grüner Baum** ⑤, Alm 33, ℰ 80 90, Telex 752627, Fax 80988, 斎, ≘s, ◪, ☞
🛎 – ▯ 🔟 ☎ ⇦ 🅿 – 🔬 25/50. 🝙 ⓪ **E** 𝖵𝖨𝖲𝖠
M a la carte 39/75 – **59 Z : 103 B** 75/150 - 130/240 Fb – ½ P 94/149.

In Oberkirch-Nußbach W : 6 km :

🏠 **Rose** ⑤, Herztal 48 (im Ortsteil Herztal), ℰ (07805) 35 40, ☞ – 🅿. **E**
➜ zwischen 10. Jan. und 10. März 4 Wochen und Aug. 2 Wochen geschl. – **M** (Dienst
geschl.) a la carte 21/48 ⅄ – **11 Z : 22 B** 37/46 - 74/90 – ½ P 52/56.

OBERKOCHEN 7082. Baden-Württemberg � N 20. 987 ㊱ – 8 000 Ew – Höhe 495 m
◐ 07364 – ◆Stuttgart 80 – Aalen 9 – ◆ Ulm/Donau 66.

🏨 **Am Rathaus** ⑤, Eugen-Bolz-Platz 2, ℰ 3 95, Fax 5955, 斎 – ▯ 🔟 ☎ ⇦ 🅿 – 🔬 3
⓪ **E** 𝖵𝖨𝖲𝖠. ⅏
2.- 10. Jan. und Juli - Aug. 2 Wochen geschl. – **M** (Freitag - Samstag 18 Uhr geschl.) a
carte 36/62 – **44 Z : 50 B** 79/120 - 130/160 Fb.

✗✗ **Lamm**, Heidenheimer Str. 2, ℰ 64 70 – 🝙 ⓪ **E** 𝖵𝖨𝖲𝖠
Sonntag 15 Uhr - Montag, 1.- 14. Jan. und 27. Mai - 10. Juni geschl. – Menu (Tischbestellur
ratsam) a la carte 31/59.

OBERKOLLWANGEN Baden-Württemberg siehe Neuweiler.

OBERLAHR Rheinland-Pfalz siehe Döttesfeld.

OBERLANGENSTADT Bayern siehe Küps.

OBERLEICHTERSBACH Bayern siehe Brückenau, Bad.

OBERLENGENHARDT Baden-Württemberg siehe Schömberg Kreis Calw.

OBERMAISELSTEIN Bayern siehe Fischen im Allgäu.

OBERMOSCHEL 6763. Rheinland-Pfalz ꚫ G 17 – 1 300 Ew – Höhe 187 m – ◐ 06362 (Alsenz
Mainz 63 – Kaiserslautern 46 – Bad Kreuznach 18.

🏠 **Burg-Hotel** ⑤, ℰ 34 70, ≤ Obermoschel, ≘s, ◪, ☞ – ⇦ 🅿
22. Dez.- 22. Jan. geschl. – **M** a la carte 26/45 ⅄ – **20 Z : 30 B** 49 - 90.

OBERMOSSAU Hessen siehe Mossautal.

OBERNBURG 8753. Bayern ꚫ Ꙭ K 17 – 7 100 Ew – Höhe 127 m – ◐ 06022.
◆München 356 – Aschaffenburg 20 – ◆Darmstadt 47 – ◆Würzburg 80.

🏠 **Anker** (Fachwerkhaus a.d. 16. Jh.), Mainstr. 3, ℰ 86 47, Fax 7545, 斎 – 🔟 ☎ 🅿. 🝙 ⓪ I
𝖵𝖨𝖲𝖠
M (Sonntag ab 14 Uhr geschl.) a la carte 35/65 – **35 Z : 70 B** 81 - 115 Fb.

🏠 **Karpfen** (mit Gästehaus), Mainstr. 8, ℰ 86 45, Fax 8645 – ▯ 🔟 ☎ 🅿. **E**. ⅏ Zim
M (Samstag geschl.) a la carte 26/50 ⅄ – **29 Z : 50 B** 65/80 - 100/120.

OBERNDORF 7238. Baden-Württemberg ꚫ I 22. 987 ㊱ – 13 800 Ew – Höhe 460 m
◐ 07423 – ◆Stuttgart 80 – Freudenstadt 36 – Rottweil 18.

🏠 **Wasserfall**, Lindenstr. 60, ℰ 35 79, ≘s – ☎ 🅿. ⓪ **E** 𝖵𝖨𝖲𝖠
➜ 2.- 21. Jan. und 12. Juli - 4. Aug. geschl. – **M** (Freitag - Samstag 17 Uhr geschl.) a la car
21/49 ⅄ – **25 Z : 45 B** 30/55 - 60/110 Fb.

In Oberndorf-Lindenhof W : 3 km :

🏠 **Bergcafé Link** ⑤, Mörikeweg 1, 斎, ☞ – ☎ ⇦ 🅿. **E** 𝖵𝖨𝖲𝖠
(nur Abendessen für Hausgäste) – **16 Z : 22 B** 45/50 - 75/90.

OBERNZELL 8391. Bayern ꚫ X 21. 987 ㉘㊿. Ꙭꙫ ⑦ – 3 500 Ew – Höhe 294 m
Erholungsort – ◐ 08591.
🗓 Verkehrsamt, Marktplatz 42, ℰ 18 77.
◆München 193 – Passau 16.

🏨 **Zur Post**, Marktplatz 1, ℰ 10 30, Fax 2576, Biergarten – ☎
M (Montag und Mitte Jan.- Mitte März geschl.) a la carte 24/49 – **16 Z : 29 B** 65 - 130.

🏨 Schwarzer Adler, Marktplatz 20, ℰ 3 73 – ☎ 🅿. ⅏ Rest – **34 Z : 60 B**.

In Obernzell-Erlau NW : 6 km :

🏠 **Zum Edlhof**, Edlhofstr. 10 (nahe der B 388), ℰ 4 66, Biergarten, ☞ – 🅿. ⅏ Zim
➜ 6.- 31. Jan. geschl. – **M** (Dienstag geschl.) a la carte 16/39 – **25 Z : 50 B** 40/45 - 70/80
3 Fewo 50/65.

BERNZENN 8802. Bayern **413** O 18 — 2 600 Ew — Höhe 376 m — 🕿 09107.
München 228 — Ansbach 26 — ◆Nürnberg 59 — ◆Würzburg 72.

🏛 **Grüne Au** ♨, Hechelbach 1, ℰ 2 77, ☒, 🌲 — 🅿
◆ 1.- 15. Juli und 16.- 25. Dez. geschl. — **M** *(Montag geschl.)* a la carte 18/36 ⅃ — **15 Z : 29 B**
41 - 72.

BERPFRAMMERN 8011. Bayern **413** S 22, **426** H 4 — 1 500 Ew — Höhe 613 m — 🕿 08093.
München 25 — Salzburg 119.

🏛 **Bockmaier** garni, Münchner Str. 3, ℰ 50 44 — 📺 🅿. **E**
30 Z : 50 B 65/80 - 90/110 Fb.

BER-RAMSTADT 6105. Hessen **412 413** J 17 — 14 000 Ew — Höhe 200 m — 🕿 06154.
Wiesbaden 58 — ◆Darmstadt 8,5 — ◆Mannheim 56.

🏨 **Hessischer Hof** (ehemalige Zehntscheune a.d. 17. Jh.), Schulstr. 14, ℰ 30 66, 🌇 — ☎
🅿 — 🚗 30. 🆑 **E**
15. Juli - 5. Aug. geschl. — Menu *(Freitag - Samstag 17 Uhr geschl.)* a la carte 29/60 — **19 Z :
25 B** 45/65 - 90/100.

In Ober-Ramstadt - Modau S : 3 km :

🏨 Zur Krone, Kirchstr. 39, ℰ 30 87, 🚗 — 🛗 📺 ☎ 🅿 — 🚗 35
35 Z : 53 B Fb.

BERREICHENBACH 7261. Baden-Württemberg **413** IJ 20 — 2 200 Ew — Höhe 600 m —
Wintersport : ⚡5 — 🕿 07051 (Calw).
Stuttgart 52 — Freudenstadt 40 — Pforzheim 30 — Tübingen 46.

In Oberreichenbach - Würzbach SW : 5 km :

🏛 **Pension Talblick** ♨, Panoramaweg 1, ℰ (07053) 87 53, 🚗, 🌲 — 🚗 🅿
◆ Mitte Nov.- Mitte Dez. geschl. — **M** a la carte 20/40 — **25 Z : 40 B** 35/45 - 70/100 —
½ P 50/70.

BERREIFENBERG Hessen siehe Schmitten im Taunus.

BERREUTE 8999. Bayern **413** M 24, **426** B 6 — 1 350 Ew — Höhe 860 m — Erholungsort —
Wintersport : 840/1 040 m ⚡1 ⚡3 — 🕿 08387 (Weiler-Simmerberg).
Verkehrsamt, Hauptstr. 34, ℰ 12 33.
München 182 — Bregenz 35 — Ravensburg 45.

✗ **Alpenhof** ♨, Unterreute 130, ℰ 4 96, 🌇 — 🅿
wochentags nur Abendessen, Dienstag, Ende März - Mitte April und Nov. geschl. — **M** a la
carte 33/48 — auch 5 Fewo 75/85.

BERRIED 7801. Baden-Württemberg **413** G 23, **87** ⑧ — 2 600 Ew — Höhe 455 m —
Erholungsort — Wintersport : 650/1 300 m ⚡8 ⚡4 — 🕿 07661.
Sehenswert : Schauinslandstraße★.
Verkehrsbüro, Rathaus, ℰ 79 93.
Stuttgart 182 — Basel 67 — Donaueschingen 59 — ◆Freiburg im Breisgau 13.

🏛 Zum Hirschen, Hauptstr. 5, ℰ 70 14, 🌲 — ☎ 🅿
14 Z : 33 B.

In Oberried-Hofsgrund SW : 6,5 km :

🏔 Zum Hof ♨, Silberbergstr. 21 (am Schauinsland), ℰ (07602) 2 50, 🌇, 🚗, 🌲, ✗ — ☎ 🅿
15 Z : 34 B.

In Oberried-Weilersbach NO : 1 km :

🏛 **Zum Schützen** ♨, Weilersbacher Str. 7, ℰ 70 11, 🌇, 🌲 — ☎ 🅿
◆ 7. Jan.- 7. Feb. und 26. Okt.- 6. Nov. geschl. — **M** *(Dienstag geschl.)* a la carte 20/47 — **15 Z :
30 B** 50 - 80 — 2 Fewo.

Am Notschrei (S : 11,5 km) siehe *Todtnau*.

BERRIMBACH Bayern siehe Burghaslach.

BERSCHEINFELD Bayern siehe Scheinfeld.

OBERSCHLEISSHEIM 8042. Bayern 413 R 22, 426 ⑦ – 10 800 Ew – Höhe 477 m – ✪ 0 (München).

Sehenswert : Schloß Schleißheim★.

♦München 14 – ♦Augsburg 64 – Ingolstadt 67 – Landshut 62.

🏠 **Blauer Karpfen** garni, Dachauer Str. 1, ℰ 3 15 40 51, Telex 523143, Fax 3154483 – 📺 ⬛
⟵ ❷ – 🔼 40. 亜 E 𝘝𝘐𝘚𝘈
35 Z : 53 B 85/130 - 110/140.

In Oberschleißheim-Lustheim O : 1 km :

🏠🏠 **Kurfürst**, Kapellenweg 5, ℰ 3 15 16 44/31 57 90, Telex 522560, Fax 3153850, ⇔s, 🔲 – ⬛
📺 ☎ ⟵ ❷ – 🔼 25/60
M *(20. Dez.- 7. Jan. geschl.)* a la carte 22/61 – **90 Z : 130 B** 90/115 - 110/160 Fb.

OBERSIMTEN Rheinland-Pfalz siehe Pirmasens.

OBERSTAUFEN 8974. Bayern 413 MN 24, 987 ⊛, 426 BC 6 – 6 500 Ew – Höhe 792 m
Schrothkurort – Heilklimatischer Kurort – Wintersport : 740/1 800 m ⬧1 ⬧36 ⬧12 – ✪ 08386.

🏌 Oberstaufen-Steibis, ℰ 85 29.

🎫 Kurverwaltung, Schloßstr. 8, ℰ 20 24, Telex 541136, Fax 1088.

♦München 161 – Bregenz 43 – Kempten (Allgäu) 37 – Ravensburg 53.

🏨🏨 **Parkhotel**, Argenstr. 1, ℰ 70 30, Fax 703704, ≤, �, « Rustikal-elegante Einrichtung i
alpenländischen Stil », Bade- und Massageabteilung, 𝄜, ⬆, ⇔s, 🔲, 🌿 – 🛗 📺 ⟵ ❷
⬤. 🍽
M 44/75 – **87 Z : 159 B** 175/235 - 280/380 Fb – 5 Appart. 400/510 – ½ P 160/255.

🏨🏨 **Allgäu Sonne** ⬧, Am Stießberg 1, ℰ 70 20, Telex 54370, Fax 7826, ≤ Weißachtal, Steib
und Hochgrat, �, Bade- und Massageabteilung, 𝄜, ⬆, ⇔s, 🔲, 🌿 – 🛗 📺 🏋 ⟵ ❷
🍽 Rest
168 Z : 320 B Fb.

🏨🏨 ❀ **Löwen**, Kirchplatz 8, ℰ 49 40, Telex 54398, Fax 494222, �, Massage, ⇔s, 🔲, 🌿 – ⬛
⟵ ❷. 亜 ⓞ 𝘝𝘐𝘚𝘈
Mitte Nov.- Mitte Dez. geschl. – **M** *(Mittwoch geschl.)* 48/155 – **Café am Markt** *(auc*
vegetarische Gerichte) *(Mittwoch geschl.)* **M** a la carte 30/53 – **31 Z : 52 B** 135/225 - 240/3
Fb – ½ P 175/185
Spez. Schwarze und weiße Champagnersuppe mit Hummer, Seeteufel mit Tomaten-Basilikumvinaigret
Taubenkotelette in Blätterteig mit Trüffelsauce.

🏨🏨 **Kurhotel Hirsch** garni, Kalzhofer Str. 4, ℰ 49 10, Fax 891317, Massage, ⇔s, 🔲, 🌿 – 🛗 ⬛
☎ ⟵. 🍽
36 Z : 48 B – 4 Appart..

🏨🏨 **Kurhotel Alpina** ⬧ garni, Am Kurpark 7, ℰ 16 61, Fax 2991, ⇔s, 🔲 – 📺 ☎ ⟵ ❷. ⓞ
𝘝𝘐𝘚𝘈. 🍽
1.- 20. Dez. geschl. – **10 Z : 20 B** 120 - 200/276 Fb.

🏨🏨 **Interest Aparthotel** ⬧, Auf der Höh 1, ℰ 16 33 (Hotel) 25 30 (Rest.), Fax 7925, Bade
und Massageabteilung, ⬆, ⇔s, 🔲, 🌿 – 🛗 📺 ☎ ⟵ ❷
M *(Mittwoch geschl.)* a la carte 30/50 – **52 Z : 110 B** 75/148 - 176/200 – ½ P 93/140.

🏠 **Kurhotel Hochbühl** ⬧ garni, Auf der Höh 12, ℰ 6 44, Fax 7619, Massage, ⇔s, 🔲, 🌿
📺 ☎ ❷. 🍽
21 Z : 27 B 85 - 160.

🏠 **Alpenhof** ⬧ garni, Gottfried-Resl-Weg 8a, ℰ 20 21, Massage, ⇔s, 🌿 – 📺 ☎ ❷. 亜 E
🍽
30. Nov.- 26. Dez. geschl. – **31 Z : 43 B** 65/85 - 150.

🏠 **Am Rathaus**, Schloßstr. 6, ℰ 20 40 – 📺 ☎. 🍽 Zim
Ende Nov.- Anfang Dez. geschl. – **M** *(Freitag - Samstag 17 Uhr geschl.)* a la carte 30/52 -
7 Z : 13 B 58 - 116.

🏠 **Sonnhalde** garni, Paul-Rieder-Str. 2, ℰ 20 82, Fax 2083, Massage, 🌿 – 📺 ☎ ⟵ ❷
20. Nov.- 20. Dez. geschl. – **15 Z : 25 B** 70/80 - 120/150 Fb.

🏠 **Kurhotel Pelz** garni, Bürgermeister-Hertlein-Str. 1, ℰ 20 88, Massage, ⇔s, 🔲, 🌿 – ⬛
☎ ⟵ ❷. 🍽
20. Nov.- 25. Dez. geschl. – **33 Z : 41 B** 65 - 130.

✕✕ **Beim Kesslar**, Lindauer Str. 1, ℰ 12 08, « Rustikale Gaststube in einem renovierte
Fachwerkhaus »
nur Abendessen, Dienstag sowie Juni und Dez. jeweils 2 Wochen geschl. – **N**
(Tischbestellung ratsam) a la carte 57/80.

In Oberstaufen-Bad Rain W : 1,5 km :

🏠 **Alpengasthof Bad Rain** ⬧, ℰ 3 58, Fax 7110, 🌺, Massage, ⇔s, 🔲, 🌿 – 📺 ☎ ❷
🍽
1.- 24. Dez. geschl. – **M** *(auch Diät)* (Montag geschl.) a la carte 25/46 – **18 Z : 34 B** 65/80
130/150 Fb – ½ P 90/100.

In Oberstaufen-Buflings N : 1,5 km :

🏨 **Kurhotel Engel**, ℰ 70 90, Fax 70982, ≤, 佘, Bade- und Massageabteilung, ♨, ≦s, ⃞,
佘 – 🕼 🔟 ☎ ⇦ 🅿. ℀ Zim
Anfang Nov.- 20. Dez. geschl. – **M** *(Montag und April geschl.)* a la carte 22/44 – **60 Z : 90 B**
60/122 - 104/250 Fb – ½ P 74/122.

In Oberstaufen-Konstanzer O : 7 km :

🏠 **Konstanzer Hof**, an der B 308, ℰ (08325) 4 61, Fax 738, 佘, 佘 – 🔟 ☎ 🅿. 🆎 ⑩ E 𝚅𝙸𝚂𝙰
◆ *27. Nov.- 24. Dez. geschl.* – **M** *(Montag 14 Uhr - Dienstag geschl.)* a la carte 21/52 – **24 Z :
47 B** 47/60 - 84 – ½ P 59/64.

In Oberstaufen-Steibis S : 5 km – Höhe 860 m :

🏨 **Kurhotel Burtscher**, ℰ 89 10, Telex 838681, Fax 891317, ≤, Bade- und Massageabteilung,
♨, ≦s, ⃞, ⃞, 佘, ℀ – 🕼 🔟 🅿. ℀
Mitte Nov.- Mitte Dez. geschl. – **M** *(nur Abendessen, Mittwoch - Donnerstag geschl.)* a la
carte 34/69 – **70 Z : 126 B** 100/230 - 190/260 Fb – 6 Appart. 280/360 – ½ P 120/250.

In Oberstaufen-Thalkirchdorf O : 6 km – Erholungsort :

🏨 **Traube** ⑤ (Altes Fachwerkhaus mit rustikaler Einrichtung), ℰ (08325) 4 51, Fax 756, ≦s,
⃞, 佘 – 🔟 ☎ ⇦ 🅿. 🆎 ⑩ E 𝚅𝙸𝚂𝙰. ℀ Zim
Anfang Nov.-Mitte Dez. geschl. – Menu *(Montag 14 Uhr - Dienstag geschl.)* a la carte 25/53
– **28 Z : 47 B** 71/91 - 108/132 Fb – ½ P 74/101.

In Oberstaufen-Weißach S : 2 km :

🏨 **Kurhotel Mühlenhof** ⑤ garni, ℰ 16 14, ≦s, ⃞ – 🔟 ☎ 🅿
15.- 26. Dez. geschl. – **22 Z : 34 B** 75/95 - 150/190 Fb.

◗BERSTDORF 8980. Bayern 🐓🐓🐓 N 24, 🐓🐓🐓 ㊱, 🐓🐓🐓 ⑮ – 10 000 Ew – Höhe 815 m –
eilklimatischer Kurort – Kneippkurort – Wintersport : 843/2 200 m 冬2 冬18 冬10 – ❀ 08322.
usflugsziele : Nebelhorn ❄★★ 30 min mit 冬 und Sessellift – Breitachklamm★★ SW : 7 km.
ᵣ Oberstdorf-Gruben (S : 2 km), ℰ 28 95.
ᵢ Kurverwaltung und Verkehrsamt, Marktplatz 7, ℰ 70 00.
⊠München 165 – Kempten (Allgäu) 39 – Immenstadt im Allgäu 20.

🏨 **Parkhotel Frank** ⑤, Sachsenweg 11, ℰ 70 60, Fax 706286, ≤, 佘, Bade- und
Massageabteilung, ≦s, ⃞, 佘 – 🕼 🔟 🛁 ⇦ 🅿. ℀ Rest
16.- 20. April und 3. Nov.- 20. Dez. geschl. – **M** a la carte 46/85 – **70 Z : 130 B** 125/240 -
250/352 Fb – ½ P 104/184.

🏨 **Kurhotel Filser** ⑤, Freibergstr. 15, ℰ 70 80, Fax 708530, 佘, Bade- und
Massageabteilung, ♨, ≦s, ⃞, 佘 – 🕼 🔟 ♿ ⇦ 🅿. ℀ Rest
Nov.- Mitte Dez. geschl. – **M** a la carte 30/56 – **93 Z : 145 B** 80/105 - 140/210 Fb –
½ P 100/135.

🏨 **Kneippkurhaus Christliches Hospiz** ⑤, Ludwigstr. 37, ℰ 70 10, Telex 54408, Fax
701516, ≤, 佘, Bade- und Massageabteilung, ♨, ⃞, 佘 – 🕼 ⇆ Zim 🔟 ♿ 🅿. ℀
Nov.- 15. Dez. geschl. – (Restaurant nur für Hausgäste) – **23 Z : 30 B** 128/191 - 256/405 Fb.

🏨 **Kur- und Sporthotel Exquisit** ⑤, Prinzenstr. 17, ℰ 10 34, Fax 1037, ≤, 佘, Bade- und
Massageabteilung, ♨, ≦s, ⃞, 佘 – 🕼 🅿. 🆎 ⑩. ℀ Rest
2. Nov.- 19. Dez. geschl. – (nur Abendessen für Hausgäste) – **38 Z : 80 B** 104/162 - 154/
322 Fb.

🏨 **Tannhof** ⑤, Stillachstr. 12, ℰ 40 66, ≤, ≦s, ⃞, 佘 – 🕼 🔟 ☎ ⇦ 🅿
(nur Abendessen für Hausgäste) – **17 Z : 31 B**.

🏨 **Alpenhof** ⑤, Zweistapfenweg 6, ℰ 30 95, ≤, ⃞, 佘 – ☎ ⇦ 🅿. ℀ Rest
29 Z : 45 B Fb.

🏨 **Haus Wiese** ⑤ garni, Stillachstr. 4a, ℰ 30 30, ≤, ⃞ – ☎ 🅿. ℀
13 Z : 21 B 75/130 - 140/190.

🏨 **Sporthotel Menning** ⑤ garni, Oeschlesweg 18, ℰ 30 29, ≦s, ⃞, 佘 – 🕼 🔟 ☎ ⇦
🅿. 🆎
21 Z : 40 B 83/110 - 110/180 Fb – 2 Fewo 100/130.

🏨 **Haus Annemarie** ⑤ garni, Fellhornstr. 26, ℰ 45 49, ≤, ≦s, ⃞, 佘 – 🔟 ☎ 🅿
10 Z : 20 B.

🏨 **Adler**, Fuggerstr. 1, ℰ 30 50 – ☎ ⇦ 🅿. E
15. April - 1. Mai und 4. Nov.- 18. Dez. geschl. – **M** *(Dienstag geschl.)* a la carte 28/65 –
33 Z : 61 B 75/130 - 138/168 Fb – 8 Fewo 130/180 – ½ P 98/159.

🏨 Kurparkhotel ⑤ garni, Prinzenstr. 1, ℰ 30 34, ≤, ≦s – 🔟 ☎ 🅿. ℀
23 Z : 43 B Fb.

🏨 **Wittelsbacher Hof** ⑤, Prinzenstr. 24, ℰ 10 18, Telex 541905, Fax 8106, ≤, ⃞, ⃞, 佘 –
🕼 ☎ ⇦ 🅿. 🆎 ⑩ E 𝚅𝙸𝚂𝙰
15. April - 13. Mai und 21. Okt.- 18. Dez. geschl. – **M** a la carte 38/67 – **90 Z : 140 B** 85/110 -
134/206 Fb – 4 Appart. 300 – ½ P 97/140.

🏨 **Waldesruhe** ⑤, Stillachstr. 20 (Zufahrt über Alte Walserstraße), ℰ 40 61, ≤ Allgäuer
Alpen, ⃞, ⃞ – 🕼 🔟 🅿
28. Okt.- 17. Dez. geschl. – **M** *(Dienstag geschl.)* a la carte 26/50 – **40 Z : 66 B** 78/115 -
146/184 Fb – ½ P 96/116.

OBERSTDORF

- 🏨 **Hölting** 🕸 garni, Lorettostr. 23, ℰ 40 99, ⇆, ☞ – 🔲 ☎ ⇦ 🅟 – **13 Z : 24 B** Fb.
- 🏨 **Landhaus Thomas** garni, Weststr. 49, ℰ 42 47, ⇆ – ☎ ⇦. ⚘
  14 Z : 27 B 55/70 - 110/140 Fb.
- 🏠 **Fuggerhof** 🕸, Speichackerstr. 2, ℰ 47 32, ≤, « Gartenterrasse », ☞ – ☎ 🅟 – **18 Z :**
  33 B Fb.
- 🏠 **Luitpold** garni, Ludwigstr. 18, ℰ 40 74, Bade- und Massageabteilung, ☞ – ☎ 🅟
  34 Z : 50 B 75 - 140 Fb – 2 Fewo 75.
- 🏠 **Marzeller** garni, Rechbergstr. 8, ℰ 25 86, ☞ – ☎ 🅟. ⚘ – **12 Z : 24 B**.
- 🏠 **Kappelerhaus** 🕸 garni, Am Seeler 2, ℰ 10 07, ≤, ☑ (geheizt), ☞ – 🛗 ☎ ⇦ 🅟. 🆎 ①
  🅴 🆅🆂🅰. ⚘
  60 Z : 90 B 55/80 - 92/120.
- 🏠 **Steinacker**, Am Otterrohr 3, ℰ 21 46, ≤, ☞ – ☎ 🅟. ⚘ Rest
  Ostern - Pfingsten und 6. Okt.- 20. Dez. geschl. – (nur Abendessen für Hausgäste) – **17 Z :**
  30 B 48/65 - 90/120 – 2 Fewo 95/110 – ½ P 65/82.
- 🏠 Rex 🕸 garni, Clemens-Wenzeslaus-Str. 3, ℰ 30 17, ☞ – ☎ 🅟 – **43 Z : 57 B** Fb.
- 🏠 **Haus Rieger** 🕸, Fellhornstr. 20, ℰ 45 50, Fax 4550, ≤, ⇆, ☞ – 🔲 ☎ 🅟. 🅴. ⚘
  (nur Abendessen für Hausgäste) – **17 Z : 31 B** 68/88 - 136/160 Fb – ½ P 88/110.
- ✕✕ **Grüns Restaurant**, Nebelhornstr. 49, ℰ 24 24 – 🅟. 🆎 🅴 🆅🆂🅰
  Montag - Dienstag 18 Uhr geschl. – **M** (abends Tischbestellung ratsam) a la carte 45/79.
- ✕✕ **Restaurant 7 Schwaben**, Pfarrstr. 9, ℰ 38 70 – 🆎 ① 🅴 🆅🆂🅰
  Mittwoch und ab Ostern 4 Wochen geschl. – **M** a la carte 28/61.
- ✕ **Bacchus-Stuben**, Freibergstr. 4, ℰ 47 87, 🎇 – 🅟
  Mitte April - 10. Mai, Mitte Okt.- 19. Dez., Montag und im Sommer Sonntag 14 Uhr - Montag
  geschl. – **M** a la carte 23/40 👶.
- ✕ Weiler mit Zim, Bachstr. 4, ℰ 44 38 – ☎ – **14 Z : 22 B**.

  In Oberstdorf-Jauchen W : 1,5 km – Höhe 900 m :

- 🏩 **Kurhotel Adula** 🕸, In der Leite 6, ℰ 70 90, Fax 709403, ≤ Oberstdorf und Allgäuer
  Alpen, 🎇, Bade- und Massageabteilung, ☒, ⇆, ☑, ☞ – 🛗 🔲 ⇦ 🅟 – 🛥 25/80. 🆎
  ① 🅴 🆅🆂🅰. ⚘ Rest
  M (auch Diät) a la carte 49/83 – **78 Z : 130 B** 152/244 - 276/296 Fb – 5 Appart. 346/386 –
  ½ P 175/227.

  In Oberstdorf-Reichenbach N : 4 km :

- ✕ Tannberg-Stuben, Haus Nr. 8, ℰ (08326) 79 23, ≤, 🎇 – 🅟 – auch 2 Fewo.

  In Oberstdorf-Reute W : 2 km – Höhe 950 m :

- 🏨 **Gebirgsaussicht**, ℰ 30 80, ≤ Allgäuer Alpen, 🎇, ⇆, ☑, ☞ – ☎ ⇦ 🅟. ①
  Ende Okt.- 20. Dez. geschl. – **M** a la carte 35/62 – **26 Z : 52 B** 68/91 - 136/164 Fb –
  ½ P 92/120.
- 🏨 **Panorama** 🕸, ℰ 30 74, ≤ Oberstdorf und Allgäuer Alpen, 🎇, ☞ – 🔲 ☎ 🅟
  2. April - 8. Mai und 14. Okt.- 21. Dez. geschl. – **M** a la carte 24/40 – **11 Z : 20 B** 65/100 -
  120/150 Fb – ½ P 78/93.

  In Oberstdorf-Tiefenbach NW : 6 km – Höhe 900 m :

- 🏨 **Bergruh** 🕸, Im Ebnat 2, ℰ 40 11, Fax 4656, ≤, 🎇, ⇆, ☞ – 🔲 ☎ 🅟. ⚘
  10. Nov.- 20. Dez. geschl. – **M** a la carte 30/57 – **29 Z : 56 B** 62/90 - 136 Fb – 6 Fewo
  100/130 – ½ P 72/78.

OBERSTENFELD 7141. Baden-Württemberg ⅏⅒⅓ ⅔⅕⅗ K 19 – 6 400 Ew – Höhe 227 m –
✪ 07062 (Beilstein).
♦Stuttgart 39 – Heilbronn 18 – Schwäbisch Hall 49.

- 🏨 **Zum Ochsen**, Großbottwarer Str. 31, ℰ 30 33, Fax 3208, 🎇, ⇆ – 🛗 🔲 ☎ 🅟 – 🛥 30
  🆎 ① 🅴 🆅🆂🅰
  M (1.- 21. Jan. und Dienstag geschl.) a la carte 30/62 👶 – **40 Z : 78 B** 40/89 - 118/150 Fb.

OBERTAL Baden-Württemberg siehe Baiersbronn.

OBERTHAL 6692. Saarland ⅏⅒⅓ E 18, ⅔⅕⅗ ③ – 6 300 Ew – Höhe 300 m – ✪ 06852.
♦Saarbrücken 50 – Idar Oberstein 39 – St.Wendel 9.

  In Oberthal 3-Steinberg-Deckenhardt NO : 5 km :

- ✕✕ **Zum Blauen Fuchs**, Walhausener Str. 1, ℰ 67 40 – 🅟. 🅴. ⚘
  wochentags nur Abendessen, Donnerstag sowie Feb. und Juni - Juli jeweils 2 Wochen
  geschl. – **M** (Tischbestellung ratsam) 48/85.

OBERTHULBA 8731. Bayern ⅏⅒⅓ M 16 – 4 400 Ew – Höhe 270 m – ✪ 09736.
♦München 327 – Fulda 58 – Bad Kissingen 9,5 – ♦Würzburg 59.

- 🏠 **Zum grünen Kranz**, Obere Torstr. 11, ℰ 40 14 – ☎ 🅟. 🆎 ① 🅴. ⚘ Rest
- ← 2.- 31. Jan. und Juli 2 Wochen geschl. – **M** a la carte 21/39 – **12 Z : 20 B** 42/45 - 70/72.

OBERTRAUBLING Bayern siehe Regensburg.

OBERTRUBACH 8571. Bayern 📖 R 17 − 2 100 Ew − Höhe 420 m − Erholungsort − 🏵 09245.
🔲 Verkehrsamt, Teichstr. 5 (Rathaus), 𝒫 7 11, Fax 778.
München 206 − Bayreuth 44 − Forchheim 28 − ◆Nürnberg 41.

🏠 **Fränkische Schweiz**, Bergstr. 1, 𝒫 2 18, 🍴, 🐎 − 🛗 ❶ ❶. 🕸 Zim
◆ 10.- 24. Nov. geschl. − **M** a la carte 16/30 − **30 Z : 56 B** 33/35 - 60/64.

🏠 **Treiber** 🐄, Reichelsmühle 5 (SW : 1,5 km), 𝒫 4 89, 🍴, 🚿, 🐎 − ❶. 🕸
◆ **M** (Freitag geschl.) a la carte 17,50/30 − **12 Z : 22 B** 38 - 70/76 − 3 Fewo 50/65 − ½ P 45/48.

In Obertrubach-Bärnfels N : 2,5 km :

🏠 **Drei Linden**, 𝒫 3 25 − 🚗 ❶
◆ **M** a la carte 16/33 − **28 Z : 56 B** 34/39 - 60/70.

OBERTSHAUSEN 6053. Hessen 📖 📖 J 16 − 24 000 Ew − Höhe 100 m − 🏵 06104
(Neusenstamm).
Wiesbaden 59 − Aschaffenburg 30 − ◆Frankfurt am Main 19.

🏠 **Park-Hotel**, Münchener Str. 12, 𝒫 47 63, Fax 44163 − 📺 ☎ ❶ − 🔬 25/50. 🝙 ❶ ᴇ 🆅🆂🅰
M a la carte 39/72 − **39 Z : 52 B** 75/135 - 120/200 Fb.

In Obertshausen 2-Hausen NO : 2 km :

🏠 **Kroko-Hotel** garni, Egerländer Platz 17, 𝒫 7 90 41, Telex 4185286 − 🛗 📺 ☎ 🚗 ❶. 🝙
❶ ᴇ 🆅🆂🅰
20. Dez.- 6. Jan. geschl. − **28 Z : 50 B** 75/85 - 100/125 Fb.

OBERUHLDINGEN Baden-Württemberg siehe Uhldingen-Mühlhofen.

OBERURSEL (Taunus) 6370. Hessen 📖 ㉟. 📖 📖 I 16 − 43 000 Ew − Höhe 225 m −
🏵 06171.
Wiesbaden 47 − ◆Frankfurt am Main 19 − Bad Homburg vor der Höhe 4.

🏠 **Parkhotel Waldlust**, Hohemarkstr. 168 (NW : 4 km), 𝒫 28 69, Fax 26627, 🍴, « Park » − 🛗
📺 ☎ ❶ − 🔬 25/100 − **105 Z : 140 B** Fb.

🏠 **Mergner** garni, Liebfrauenstr. 20, 𝒫 35 92 − ☎ ❶
12 Z : 20 B 45/75 - 76/105.

XX **Rôtisserie Le Cognac**, Liebfrauenstr. 6, 𝒫 5 19 23 − ❶. 🝙 ❶ ᴇ 🆅🆂🅰
Samstag - Sonntag jeweils bis 19 Uhr und Montag geschl. − **M** (auch vegetarisches Menu)
a la carte 44/80.

X **Zum Schwanen**, Hollerberg 7, 𝒫 5 53 83, 🍴. ᴇ
Mittwoch und Ende Dez.- Mitte Jan. geschl. − **M** 19/32 (mittags) und a la carte 34/54.

In Oberursel-Oberstedten :

🏠 **Sonnenhof** garni, Weinbergstr. 94, 𝒫 (06172) 3 10 72, 🐎 − 📺 ☎ ❶. 🕸
15 Z : 19 B 80/100 - 120/150.

OBERVEISCHEDE Nordrhein-Westfalen siehe Olpe/Biggesee.

OBERWARMENSTEINACH Bayern siehe Warmensteinach.

OBERWESEL 6532. Rheinland-Pfalz 📖 ㉟. 📖 G 16 − 4 600 Ew − Höhe 70 m − 🏵 06744.
Sehenswert : Liebfrauenkirche★ (Flügelaltäre★).
Ausflugsziel : Burg Schönburg★ S : 2 km.
🔲 Verkehrsamt, Rathausstr. 3, 𝒫 15 21.
Mainz 56 − Bingen 21 − ◆Koblenz 42.

🏠 **Burghotel Auf Schönburg** (Hotel in einer 1000-jährigen Burganlage), Schönburg (S :
2 km), Höhe 300 m, 𝒫 70 27, Telex 42321, Fax 1613, ≤, 🍴 − 🛗 📺 ☎ ❶. 🝙 ❶ ᴇ 🆅🆂🅰.
🕸 Rest
März - Nov. − **M** (auch vegetarisches Menu) (Montag geschl.) 49/89 − **21 Z : 40 B** 85/240 -
135/320.

🏠 **Weinhaus Weiler**, Marktplatz 4, 𝒫 70 03, 🍴 − 📺 ☎. 🝙 ᴇ 🆅🆂🅰
24. Jan.- Feb. geschl. − **M** (Donnerstag geschl.) a la carte 25/50 🍷 − **9 Z : 20 B** 50/70 -
75/100.

XX **Römerkrug** mit Zim, Marktplatz 1, 𝒫 81 76, 🍴 − 📺 ☎. ᴇ 🆅🆂🅰
15. Dez.- Jan. geschl. − **M** (Mittwoch geschl.) a la carte 32/62 🍷 − **7 Z : 14 B** 70/110 -
85/160.

In Oberwesel-Dellhofen SW : 2,5 km :

🏠 **Gasthaus Stahl** 🐄, Am Talblick 6, 𝒫 4 16, 🐎 − ❶
Dez.- Jan. geschl. − **M** (Mittwoch geschl.) a la carte 22/40 🍷 − **19 Z : 38 B** 30/50 - 60/100.

OBERWÖSSEN Bayern siehe Unterwössen.

OBERWOLFACH 7620. Baden-Württemberg **408** H 22 — 2 700 Ew — Höhe 280 m — Luftkuror — ✆ 07834 (Wolfach).

🛈 Verkehrsamt, Rathaus (Walke). ℰ 2 65.

◆Stuttgart 139 — ◆Freiburg im Breisgau 60 — Freudenstadt 40 — Offenburg 42.

In Oberwolfach-Kirche :

🏨 **Drei Könige**, Wolftalstr. 28, ℰ 2 60, Fax 285 — 📻 ☎ 🅿 — ⚖ 40. 🆎 ⓞ 🈂 🚾
   M *(Donnerstag geschl.)* a la carte 26/41 ♨ — **40 Z : 70 B** 50 - 84/90 Fb — ½ P 59/61.

In Oberwolfach-Walke :

🏨 **Hirschen**, Schwarzwaldstr. 2, ℰ 3 66, Fax 6775, ≘s, 🌇 — 📻 📺 ☎ 🅿 — ⚖ 25/40. 🆎 ⓞ
   🈂 🚾
   Jan. geschl. — **M** *(Montag geschl.)* a la carte 24/52 ♨ — **41 Z : 74 B** 48/80 - 80/130 Fb.

OBERZELL Baden-Württemberg siehe Reichenau (Insel).

OBING 8201. Bayern **408** U 22,23, **987** ㊲, **426** J 4,5 — 3 200 Ew — Höhe 564 m — ✆ 08624.

◆München 72 — Passau 123 — Rosenheim 31 — Salzburg 70.

🏠 **Oberwirt**, Kienberger Str. 14, ℰ 42 96, Biergarten, ≘s, 🏊, 🌇, ※ — 📻 ☎ ⇐ 🅿 —
   ⚖ 30. 🈂
   7.- 29. Okt. geschl. — **M** *(Mittwoch geschl.)* a la carte 20/49 — **37 Z : 72 B** 45/52 - 74/90.

In Obing-Großbergham SO : 2,5 km :

🏡 **Pension Griessee** ⟨⟩, ℰ 22 80, 🏊, 🌇 — ⇐ 🅿
   10. Jan.- 20. Feb. geschl. — **M** a la carte 18/34 ♨ — **28 Z : 56 B** 22/32 - 44/64 — ½ P 31/43.

OBRIGHEIM 6952. Baden-Württemberg **402** **408** K 18 — 5 100 Ew — Höhe 134 m — ✆ 0628 (Mosbach).

◆Stuttgart 85 — Eberbach am Neckar 24 — Heidelberg 39 — Heilbronn 31 — Mosbach 6.

🏨 **Schloß Neuburg** ⟨⟩, ℰ 70 01, Fax 7747, ≤ Neckartal und Neckarelz, �, 🌇 — ☎ 🅿 —
   ⚖ 25. 🆎 ⓞ 🈂
   1.- 6. Jan. und 1.- 11. Aug. geschl. — **M** *(Sonntag geschl.)* a la carte 45/73 — **13 Z : 25 ▮**
   70/80 - 135/155.

🏠 **Wilder Mann**, Hauptstr. 22, ℰ 6 20 91, ≘s, 🄳 — 📺 ☎ ⇐ 🅿
   10.- 24. Aug. und 20. Dez.- 6. Jan. geschl. — **M** *(Samstag geschl.)* a la carte 18/36 — **28 Z :**
   47 B 65 - 120 Fb.

Halten Sie beim Betreten des Hotels oder des Restaurants
den Führer in der Hand.
Sie zeigen damit, daß Sie aufgrund dieser Empfehlung gekommen sind.

OCHSENFURT 8703. Bayern **408** N 17,18, **987** ㉘ — 11 400 Ew — Höhe 187 m — ✆ 09331.

Sehenswert : Ehemalige Stadtbefestigung★ mit Toren und Anlagen.

🛈 Verkehrsbüro, Hauptstr. 39, ℰ 58 55.

◆München 278 — Ansbach 59 — ◆Bamberg 95 — ◆Würzburg 19.

🏠 **Bären**, Hauptstr. 74, ℰ 22 82 — ⇐ 🅿. ⓞ 🈂
   15. Jan.- Feb. geschl. — **M** *(wochentags nur Abendessen, Montag geschl.)* a la carte 33/62
   — **28 Z : 50 B** 45/85 - 78/130 Fb.

🏡 **Zum Schmied**, Hauptstr. 26, ℰ 24 38
   23 Z : 43 B.

In Ochsenfurt-Großmannsdorf NW : 3 km :

🏠 **Weißes Roß**, Rechte Bachgasse 5, ℰ 26 14, Fax 7115 — ⚖ 25/50
   24. Dez.- 6. Jan. geschl. — **M** *(Mittwoch geschl.)* a la carte 18,50/32 ♨ — **38 Z : 70 B** 45
   85/90.

Nahe der Straße nach Marktbreit O : 2,5 km :

🏩 **Waldhotel Polisina**, Marktbreiter Str. 265, ✉ 8701 Frickenhausen, ℰ (09331) 30 81, Fax
   7603, 🌇, ≘s, 🄳, 🌇, ※ — 📻 📺 🅿 — ⚖ 25/50. 🆎 ⓞ 🈂 🚾
   M a la carte 37/62 — **33 Z : 60 B** 115/160 - 160/290 Fb.

In Sommerhausen 8701 NW : 6 km über die B 13 — ✆ 09333 :

🏨 **Ritter Jörg**, Maingasse 14, ℰ 12 21 — ☎ 🅿
   M *(nur Abendessen, Montag geschl.)* a la carte 24/54 ♨ — **22 Z : 36 B** 60/75 - 98.

🏠 **Pension zum Weinkrug** garni, Steingraben 5, ℰ 2 92, Fax 281 — 📺 ☎ ⇐ 🅿. 🈂
   Mitte Dez.- Mitte Jan. geschl. — **13 Z : 29 B** 65/95 - 98/125 Fb.

🏡 **Weinhaus Unkel**, Maingasse 6, ℰ 2 27 — ⇐
   10. Feb.- 15. März geschl. — **M** *(nur Abendessen, Dienstag geschl.)* a la carte 23/38 — **12 Z :**
   22 B 38/65 - 68/85.

644

OCHSENHAUSEN 7955. Baden-Württemberg **413** MN 22, **987** ⑱, **426** B 4 — 7 000 Ew — Höhe 609 m — Erholungsort — ✪ 07352.

◆Stuttgart 139 — Memmingen 22 — Ravensburg 55 — ◆Ulm (Donau) 47.

🏨 **Mohren**, Grenzenstr. 4, ℰ 32 86, Fax 1707, Massage, 🚑 — 🛗 🆄 ☎ 🅿 — 🕍 25/80. ① 🅴
🆅🇮🇸🇦. 🛏 Zim
M a la carte 26/74 — **28 Z : 55 B** 67/91 - 110/155 Fb.

🏨 **Adler**, Schloßstr. 7, ℰ 15 03, Fax 4857, 🍴 — 🆄 ☎ 🅿
Mitte - Ende Feb. geschl. — **M** (Sonntag 14 Uhr - Montag geschl.) a la carte 28/60 — **9 Z : 17 B** 60 - 100.

🏨 **Zum Bohrturm**, Poststr. 41 (B 312), ℰ 32 22 — ⟵⟶
24.- 27. Dez. geschl. — **M** (Mittwoch, März 1 Woche und Juli - Aug. 3 Wochen geschl.) a la carte 22/41 — **20 Z : 30 B** 34/60 - 65/110 Fb — ½ P 45/67.

In Gutenzell-Hürbel 7959 NO : 6 km :

🏨 **Klosterhof** 🛏, Schloßbezirk 2 (Gutenzell), ℰ (07352) 30 21 — 🆄 ☎ 🅿
23.- 30. Dez. geschl. — **M** (Freitag geschl.) a la carte 25/48 🍴 — **18 Z : 29 B** 36/60 - 70/100.

OCHTENDUNG 5405. Rheinland-Pfalz **412** F 15 — 4 200 Ew — Höhe 190 m — ✪ 02625.
Mainz 110 — ◆Koblenz 20 — Mayen 13.

XX **Gutshof Arosa mit Zim**, Koblenzer Str. 2 (B 258), ℰ 44 71, « Innenhofterrasse » — ⟵⟶ 🅿.
🛏 — **11 Z : 22 B**.

OCHTRUP 4434. Nordrhein-Westfalen **987** ⑭, **412** E 10, **408** ⑭ — 17 200 Ew — Höhe 65 m — ✪ 02553.

◆Düsseldorf 139 — Enschede 21 — Münster (Westfalen) 43 — ◆Osnabrück 70.

🏨 **Münsterländer Hof**, Bahnhofstr. 7, ℰ 20 88, Fax 6330 — 🆄 ☎ ⟵⟶ 🅿. 🆎 ① 🅴 🆅🇮🇸🇦
M (Samstag bis 18 Uhr und Sonntag ab 14 Uhr geschl.) 19/37 (mittags) und a la carte 31/59 — **19 Z : 33 B** 45/78 - 80/120 Fb.

An der B 54 SO : 4,5 km :

X **Alter Posthof**, Bökerhook 4, ✉ 4434 Ochtrup-Welbergen, ℰ (02553) 34 87, 🍴,
« Historischer Münsterländer Gasthof » — 🅿. 🅴 🆅🇮🇸🇦
Montag und Ende Dez.- Anfang Jan. geschl. — **M** 20/30 (mittags) und a la carte 29/46.

OCKFEN 5511. Rheinland-Pfalz **412** C 18 — 600 Ew — Höhe 160 m — ✪ 06581 (Saarburg).
Mainz 173 — Saarburg 5 — ◆Trier 24.

🏨 Abtei St. Martin, Klosterstr. 1, ℰ 10 52, 🍴 — 🅿
21 Z : 53 B Fb.

🏨 **Klostermühle**, Hauptstr. 1, ℰ 30 91, 🍴 — 🍴 ⟵⟶ 🅿 — 🕍 40
➡ 8.- 31. Jan. geschl. — **M** (Dienstag geschl.) a la carte 19/37 🍴 — **16 Z : 31 B** 40/50 - 70/85.

OCKHOLM Schleswig-Holstein siehe Bredstedt.

ODELZHAUSEN 8063. Bayern **413** Q 22, **987** ㊱㊲ — 1 600 Ew — Höhe 507 m — ✪ 08134.
◆München 37 — Augsburg 33 — Donauwörth 65 — Ingolstadt 77.

🏨 **Staffler** garni, Hauptstr. 3, ℰ 60 06 — 🍴 🅿
20. Dez.- 20. Jan. und Pfingsten geschl. — **23 Z : 40 B** 55/65 - 85/90 Fb.

🏨 **Gutshaus** 🛏, Am Schloßberg 1, ℰ 60 21, 🚑, 🍽 — ☎ 🅿
M : siehe Schloßbräustüberl — **10 Z : 18 B**.

🏨 **Schloß-Hotel** 🛏 garni, Am Schloßberg 3, ℰ 65 98 — ☎ 🅿
Weihnachten - Anfang Jan. geschl. — **7 Z : 10 B** 75/100 - 115/160.

X **Schloßbräustüberl** (bayerischer Brauereigasthof), Am Schloßberg 1, ℰ 66 06, 🍴,
Biergarten — 🅿.

ODENTHAL 5068. Nordrhein-Westfalen **987** ㉔, **412** E 13 — 12 900 Ew — Höhe 80 m — ✪ 02202 (Bergisch Gladbach).

Ausflugsziel : Odenthal-Altenberg : Altenberger Dom (Buntglasfenster★) N : 3 km.

◆Düsseldorf 43 — ◆Köln 18.

X **Zur Post mit Zim**, Altenberger Domstr. 23, ℰ 7 81 24, « Gasthof im bergischen Stil » — 🅿
M (Donnerstag geschl.) 25/34 (mittags) und a la carte 45/62 — **4 Z : 8 B** 58 - 105.

In Odenthal-Altenberg N : 2,5 km :

🏨 **Altenberger Hof** 🛏, Eugen-Heinen-Platz 7, ℰ (02174) 42 42, Fax 41608 — 🍴 🆄 ☎ 🅿 —
🕍 25/80. 🆎 ① 🅴 🆅🇮🇸🇦
M a la carte 47/88 — **46 Z : 75 B** 99/139 - 137/187 Fb.

In Odenthal-Eikamp SO : 7 km :

🏨 **Eikamper Höhe** 🛏 garni, Schallemicher Str. 11, ℰ (02207) 23 21, 🚑 — ☎ ⟵⟶ 🅿. ①
🆅🇮🇸🇦
22 Z : 42 B 50/80 - 80/110 Fb.

OEDENWALD Baden-Württemberg siehe Loßburg.

ÖDENWALDSTETTEN Baden-Württemberg siehe Hohenstein.

ÖHNINGEN 7763. Baden-Württemberg 🗺️ J 24, 🗺️ K 3, 🗺️ ⑨ − 3 500 Ew − Höhe 440 m − Erholungsort − 🕿 07735.

🛈 Verkehrsbüro, Rathaus, 𝒫 5 05.

♦Stuttgart 168 − Schaffhausen 22 − Singen (Hohentwiel) 16 − Zürich 61.

🏠 **Adler**, Oberdorfstr. 14, 𝒫 4 50, 🐕, 🚗 − 🚗 🅿. 🛏️
  Mitte Feb.- Mitte März und Mitte Nov.- Anfang Dez. geschl. − **M** *(Dienstag geschl.)* a la carte 22/50 − **22 Z : 40 B** 45/65 - 80/92 − ½ P 55/80.

  In Öhningen 3-Wangen O : 3 km :

🏠 **Adler**, Kirchplatz 6, 𝒫 7 24, 🌳, 🐕, 🚗 − 🅿
  M *(Donnerstag geschl.)* a la carte 24/48 − **23 Z : 45 B** 45/65 - 70/100.

ÖHRINGEN 7110. Baden-Württemberg 🗺️ L 19, 🗺️ ㉘ − 18 000 Ew − Höhe 230 m − 🕿 07941.

Sehenswert : Ehemalige Stiftskirche★ (Margarethen-Altar★).

🏠 Friedrichsruhe (N : 6 km), 𝒫 (07941) 6 28 01.

♦Stuttgart 68 − Heilbronn 28 − Schwäbisch Hall 29.

🏠 **Post**, Karlsvorstadt 4, 𝒫 80 51, Fax 35856, 🚃 − 📺 🕿 🅿 − 🕍 25/50. 🆎 ⓞ 🆅🆂🅰
  1.- 6. Jan. geschl. − **M** *(Sonntag 15 Uhr - Montag 17 Uhr geschl.)* a la carte 30/60 🍷 − **40 Z : 80 B** 60/95 - 95/155 Fb.

🏠 **Krone** 🦢, Marktstr. 24, 𝒫 72 78 📺
  Jan. 3 Wochen geschl. − **M** *(Samstag geschl.)* a la carte 30/54 🍷 − **10 Z : 15 B** 32/65 - 95.

  In Öhringen-Cappel O : 2 km :

🏠 **Gästehaus Schmidt**, Haller Str. 128, 𝒫 88 80, 🚗 − 🚗 🅿
  28. März - 7. April geschl. − *(nur Abendessen für Hausgäste)* − **12 Z : 15 B** 35/45 - 68/75.

  In Friedrichsruhe 7111 N : 6 km :

🏨 🕸🕸 **Waldhotel und Schloß Friedrichsruhe** 🦢, 𝒫 (07941) 6 08 70, Telex 74498, Fax 61468, 🌳, Hirschfreigehege, « Garten, Park », 🚃, 🏊, 🏊, 🎾, 🏠 − 📱 🚗 🅿 − 🕍 25/80. 🆎 ⓞ 🆅🆂🅰
  M *(bemerkenswerte Weinkarte)* (Montag - Dienstag geschl.) 115/185 und a la carte 85/120 − **49 Z : 98 B** 165/308 - 278/368 − 11 Appart. 388/550
  Spez. Bretonischer Hummer auf marinierten Kartoffelscheiben, Steinbutt in Trüffelkruste mit zweierlei Champagnersaucen, Hohenloher Freilandpoularde in 2 Gängen.

OELDE 4740. Nordrhein-Westfalen 🗺️ ⑭, 🗺️ H 11 − 27 500 Ew − Höhe 98 m − 🕿 02522.

♦Düsseldorf 137 − Beckum 13 − Gütersloh 23 − Lippstadt 29.

🏠 **Mühlenkamp**, Geiststr. 36, 𝒫 21 71 − 📱 📺 🕿 🚗 🅿. 🆎 ⓞ 🆅🆂🅰
  Weihnachten - Neujahr geschl. − **M** *(Samstag bis 18 Uhr geschl.)* a la carte 32/55 − **30 Z : 53 B** 84 - 118 Fb.

🏠 **Engbert**, Lange Str. 24, 𝒫 10 94, Fax 3378 − 📱 📺 🕿 🚗 🅿. 🆎 ⓞ 🅴 🆅🆂🅰
  (nur Abendessen für Hausgäste) − **35 Z : 48 B** 65/80 - 98/120.

🏠 **Oelder Brauhaus**, Am Markt 3, 𝒫 22 09 − 🅿 − 🕍 25/70. ⓞ 🅴 🆅🆂🅰
  M *(Montag geschl.)* a la carte 27/55 − **8 Z : 14 B** 44/48 - 80/90.

  In Oelde 3-Lette N : 6,5 km :

🏠 **Hartmann**, Hauptstr. 40, 𝒫 (05245) 51 65 − 📺 🕿 🚗 🅿 − 🕍 25/250. 🛏️ Rest
  (wochentags nur Abendessen) − **49 Z : 85 B** Fb.

🏠 **Westermann**, Clarholzer Str. 26, 𝒫 (05245) 53 09 − 🕿 🅿. 🆎 🅴. 🛏️
  1.- 15. Jan. geschl. − **M** a la carte 22/46 − **23 Z : 46 B** 48 - 90.

  In Oelde 4-Stromberg SO : 5 km − Erholungsort :

🏠 **Zur Post**, Münsterstr. 16, 𝒫 (02529) 2 46, 🚗 − 🚗 🅿. 🛏️
— 15.- 30. Juli und 24. Dez.- 2. Jan. geschl. − **M** *(Montag geschl.)* a la carte 18,50/38 − **15 Z : 24 B** 35 - 70.

OELIXDORF Schleswig-Holstein siehe Itzehoe.

OER-ERKENSCHWICK 4353. Nordrhein-Westfalen 🗺️ E 12 − 25 000 Ew − Höhe 85 m − 🕿 02368.

Siehe Ruhrgebiet (Übersichtsplan).

♦ Düsseldorf 76 − Dortmund 29 − Münster (Westfalen) 64 − Recklinghausen 5.

🏠 **Stimbergpark** 🦢, Am Stimbergpark 78, 𝒫 10 67, ≤, 🌳 − 🕿 🕭 🅿 − 🕍 25/70. 🆎 ⓞ 🅴 🆅🆂🅰
  M a la carte 28/57 − **39 Z : 72 B** 60/80 - 90/130.

OERLINGHAUSEN 4811. Nordrhein-Westfalen **412** I 11 − 16 200 Ew − Höhe 250 m − © 05202.
◆Düsseldorf 182 − Bielefeld 13 − Detmold 19 − Paderborn 32.

🏠 **Berghotel Birner** ॐ, Danziger Str. 8, ℰ 34 73, ≤, 🍴 − ☎ ⇔ ℗
M a la carte 25/50 − **15 Z : 24 B** 59 - 96.

🏠 **Am Tönsberg** ॐ, Piperweg 17, ℰ 65 01, Fax 4235, 🗝 − 📺 ☎
(nur Abendessen für Hausgäste) − **14 Z : 20 B** Fb.

XX **Altes Gasthaus Nagel** mit Zim (Fachwerkhaus a.d.J. 1721), Hauptstr. 43, ℰ 56 55 − 📺
☎. 𝄐 E
M (wochentags nur Abendessen, Donnerstag geschl.) a la carte 26/51 − **6 Z : 8 B** 55/59 - 99.

OESTRICH-WINKEL 6227. Hessen **412** H 16 − 12 000 Ew − Höhe 90 m − © 06723.
🛈 Verkehrsamt, Rheinweg 20 (Stadtteil Winkel), ℰ 62 50.
◆Wiesbaden 21 − ◆Koblenz 74 − Mainz 24.

Im Stadtteil Oestrich :

🏨 **Schwan**, Rheinallee 5, ℰ 30 01, Fax 7820, ≤, « Gartenterrasse » − 🛗 📺 ☎ ℗ − 🔬 25/50.
𝄐 ⓪ E 𝓥𝓘𝓢𝓐
Ende Nov.- Mitte Feb. geschl. − M a la carte 46/68 − **60 Z : 112 B** 95/180 - 160/280 Fb.

Im Stadtteil Winkel :

🏨 **Nägler am Rhein**, Hauptstr. 1, ℰ 50 51, Fax 5054, ≤ Rhein und Ingelheim, 🍴, 🗝 − 🛗
📺 ☎ ♿ ℗ − 🔬 25/100. 𝄐 ⓪ E 𝓥𝓘𝓢𝓐
M a la carte 44/67 − **40 Z : 75 B** 115/155 - 160/250 Fb.

🏠 **Gästehaus Weingut Carl Strieth** garni, Hauptstr. 128, ℰ 33 57, 🍂 − ☎ ℗. 𝄐 E 𝓥𝓘𝓢𝓐
12 Z : 23 B 65/90 - 100/130.

XX ✿ **Graues Haus**, Graugasse 10 (an der B 42), ℰ 26 19, Fax 1848, 🍴, « Modernes Restaurant in einem historischen Steinhaus » − ℗. 𝄐 ⓪ E 𝓥𝓘𝓢𝓐. 🛇
6. Jan.- 15. Feb. und 12.- 21. Aug. geschl. − M (Tischbestellung ratsam) 78/120 und a la carte 71/95
Spez. Gänsestopfleber gebraten mit Honig-Schalotten, Steinbuttfilet mit rohem Lachs in Rieslingsauce, Rehkeule im Netz.

X **Haus am Strom**, Gänsegasse 13, ℰ 22 50, ≤, 🍴 − ℗
Dienstag - Mittwoch und Feb. 2 Wochen geschl. − M a la carte 28/53 ⅄.

Im Stadtteil Hallgarten N : 3 km ab Oestrich :

🏡 **Café Plath** ॐ garni, Am Rebhang, ℰ 21 66, ≤ Rheintal und Weinberge − ℗
März - Mitte Nov. − **17 Z : 30 B** 45 - 80.

ÖSTRINGEN 7524. Baden-Württemberg **412** **413** J 19 − 10 500 Ew − Höhe 165 m − © 07253.
◆Stuttgart 97 − Heilbronn 45 − ◆ Karlsruhe 41 − ◆ Mannheim 44.

In Östringen-Tiefenbach SO : 12 km :

🏠 **Kreuzberghof** ॐ (Gasthof im alpenländischen Stil), am Kreuzbergsee, ℰ (07259) 89 81, ≤,
🍴 − 📺 ☎ ℗. 𝄐 ⓪ 𝓥𝓘𝓢𝓐
14 Z : 27 B.

ÖTISHEIM Baden-Württemberg siehe Mühlacker.

OEVERSEE Schleswig-Holstein siehe Flensburg.

OEYNHAUSEN, BAD 4970. Nordrhein-Westfalen **987** ⑭⑮. **412** J 10 − 48 000 Ew − Höhe 71 m − Heilbad − © 05731.
🛆 Löhne-Wittel, ℰ (05228) 70 50.
🛈 Verkehrshaus, Am Kurpark, ℰ 2 04 30.
◆Düsseldorf 211 − ◆Bremen 116 − ◆Hannover 79 − ◆Osnabrück 62.

🏨 **Kurhotel Wittekind** ॐ, Am Kurpark 10, ℰ 2 10 96, Fax 3182 − 🛗 📺 ☎. ⓪ E 𝓥𝓘𝓢𝓐. 🛇
(Restaurant nur für Hausgäste) − **22 Z : 34 B** 70/95 - 140/160 Fb − ½ P 90/110.

🏠 **Westfälischer Hof**, Herforder Str. 16, ℰ 2 29 10, 🍂 − 🛗 📺 ☎ ℗. 🛇
Dez.- 15. Jan. geschl. − M (Freitag geschl.) a la carte 22/40 − **25 Z : 30 B** 53/60 - 105/120 Fb.

🏠 **Stickdorn**, Wilhelmstr. 17, ℰ 2 11 41, 🍴 − 📺 ☎ ♿ ⇔. 𝄐 E. 🛇
M 24/42 (mittags) und a la carte 42/64 − **22 Z : 40 B** 95/115 - 138/158 Fb.

🏠 **Bosse** garni, Herforder Str. 40, ℰ 2 80 61, Fax 28063 − 📺 ☎. E
32 Z : 44 B 65/98 - 110/150 Fb.

XXX **Kurhaus - Restaurant Lenné** (Spielcasino im Hause), Im Kurgarten 8, ℰ 2 99 55, 🍴 −
℗ − 🔬 25/500. 🛇
nur Abendessen, im Café auch Mittagessen − M 19/27 (mittags) und a la carte 40/78.

XX **Café Sonntag** mit Zim, Schützenstr. 2, ℰ 2 24 47, Fax 26837, « Gartenterrasse » − 📺 ☎
8 Z : 12 B Fb.

Nahe der B 61 NO : 2,5 km :

🏨 **Hahnenkamp** ⟪⟫, Alte Reichsstr. 4, ⊠ 4970 Bad Oeynhausen, ℰ (05731) 50 41, Fax 5047
🍽 – 🆃🆅 ☎ 🄿 – ⚐ 25/60. ⒶⒺ ⓞ Ⓔ 𝘝𝘐𝘚𝘈, ⚘
M 32 (mittags) und a la carte 48/75 – **24 Z : 40 B** 99/149 - 149/189 Fb.

In Bad Oeynhausen-Bergkirchen N : 10 km :

🏠 Zur Wittekindsquelle, Bergkirchener Str. 476, ℰ (05734) 22 05 – ⟜🗪 🄿. ⚘
12 Z : 19 B.

In Bad Oeynhausen-Lohe S : 3 km :

XX **Windmühle**, Detmolder Str. 273, ℰ 9 24 62, ⇐ – 🄿. ⒶⒺ ⓞ Ⓔ 𝘝𝘐𝘚𝘈
15. Jan.- 15. Feb. und Montag geschl. – Menu a la carte 30/72.

X **Trollinger Hof** mit Zim, Detmolder Str. 89, ℰ 90 91, Fax 980286, 🍽 – 🆃🆅 ☎ 🄿. ⒶⒺ ⓞ Ⓔ
𝘝𝘐𝘚𝘈
M (Dienstag geschl.) a la carte 34/54 – **16 Z : 20 B** 60/80 - 110/120 Fb – ½ P 70/95.

In Bad Oeynhausen-Oberbecksen SO : 4 km :

🏠 Forsthaus Alter Förster ⟪⟫, Forststr. 21, ℰ 9 19 88, Fax 95181, 🍽 – ☎ ⟜🗪 🄿 – ⚐ 30
⚘ Zim
30 Z : 45 B.

Siehe auch : *Löhne*

In questa guida
uno stesso simbolo, uno stesso carattere
stampati in rosso o in **nero***, in magro o in* **grassetto***,*
hanno un significato diverso.
Leggete attentamente le pagine esplicative.

OFFENBACH 6050. Hessen 𝟵𝟴𝟳 ⊛, 𝟰𝟭𝟮 𝟰𝟭𝟯 J 16 – 113 000 Ew – Höhe 100 m – ☺ 069 (Frankfur
am Main).

Sehenswert : Deutsches Ledermuseum★★.

Messehalle (Z), ℰ 81 70 91, Telex 411298.

🄱 Offenbach - Information, Am Stadthof 17 (Pavillon), ℰ 80 65 29 46.

ADAC, Frankfurter Str. 74, ℰ 8 01 61, Telex 4185494.

♦Wiesbaden 44 ④ – ♦Darmstadt 28 ④ – ♦Frankfurt am Main 6 ⑤ – ♦Würzburg 116 ④.

Stadtplan siehe nächste Seite.

🏨 Scandic Crown Hotel, Kaiserleistr. 45, ℰ 8 06 10, Telex 416839, Fax 8004797, 🛱, 🖵 – 🛗
⇔ Zim 🆃🆅 ⚅ ⟜🗪 – ⚐ 25/150. ⚘ Rest   X s
239 Z : 460 B Fb.

🏨 **Offenbacher Hof** garni, Ludwigstr. 33, ℰ 81 42 55, Telex 4152851, Fax 8004844, 🛱 – 🛗
🆃🆅 ☎ 🄿 – ⚐ 25/140. ⒶⒺ ⓞ Ⓔ 𝘝𝘐𝘚𝘈   Z ✝
Weihnachten - Anfang Jan. geschl. – **85 Z : 120 B** 95/250 - 130/270 Fb – 7 Appart. 300/600.

🏨 Novotel, Strahlenberger Str. 12, ℰ 81 80 11, Telex 413047, Fax 816484, ⌧ (geheizt), 🛋 –
🛗 ⇔ Zim 🖵 Rest 🆃🆅 ☎ 🄿 – ⚐ 25/300   X u
122 Z : 244 B Fb.

🏠 Kaiserhof - Restaurant Datscha, Kaiserstr. 8a, ℰ 81 40 54 (Hotel)   88 55 81 (Rest.),
Telex 4170303, Fax 816430 – 🛗 🆃🆅 ☎ ⟜🗪   Z a
(Russische Küche, nur Abendessen) – **36 Z : 60 B** Fb.

🏠 **Graf** garni, Ziegelstr. 4, ℰ 81 17 02, Fax 887937 – 🆃🆅 ☎ ⟜🗪. ⓞ Ⓔ 𝘝𝘐𝘚𝘈   Z g
Weihnachten - Anfang Jan. geschl. – **32 Z : 40 B** 85/135 - 130/170 Fb.

🏠 **Hansa** garni, Bernardstr. 101, ℰ 88 80 75, Fax 823218 – 🆃🆅 ☎ ⚅. ⒶⒺ ⓞ Ⓔ 𝘝𝘐𝘚𝘈   Z ✝
24. Dez.- 10. Jan. geschl. – **26 Z : 31 B** 55/100 - 100/140 Fb.

X **Die Terrine**, Luisenstr. 53, ℰ 88 33 39, 🍽, bemerkenswerte Weinkarte – 🄿. ⓞ Ⓔ 𝘝𝘐𝘚𝘈
Samstag bis 18 Uhr, Sonntag und Juli - Aug. 4 Wochen geschl. – **M** 15 (mittags) und a la
carte 35/69.   Z e

In Offenbach-Bürgel NO : 2 km über Mainstraße X :

🏨 Mainbogen, Altkönigstr. 4, ℰ 8 60 80 (Hotel) 8 60 86 00 (Rest.) – 🛗 🆃🆅 ☎ 🄿. ⚘
(nur Abendessen) – **39 Z : 57 B** Fb.

🏠 **Lindenhof** ⟪⟫, Mecklenburger Str. 10, ℰ 86 14 58, Fax 866196 – 🆃🆅 ☎ 🄿 – ⚐ 25/50. ⒶⒺ
ⓞ Ⓔ 𝘝𝘐𝘚𝘈
M (nur Abendessen) a la carte 31/62 – **32 Z : 60 B** 88/125 - 125/150 Fb.

XX **Zur Post** mit Zim, Offenbacher Str. 33, ℰ 86 13 37, 🍽 – ☎ ⟜🗪 🄿. ⚘ Zim
Juli geschl. – **M** (Sonntag 15 Uhr - Montag, 1.- 7. Jan. und März 2 Wochen geschl.) a la
carte 31/59 – **8 Z : 12 B** 75/90 - 120/140.

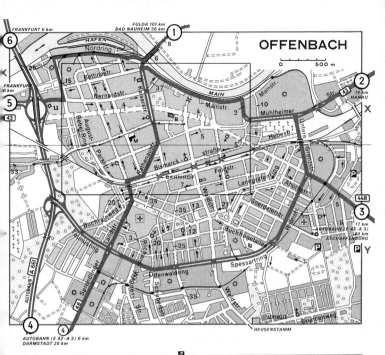

OFFENBACH

0   500 m

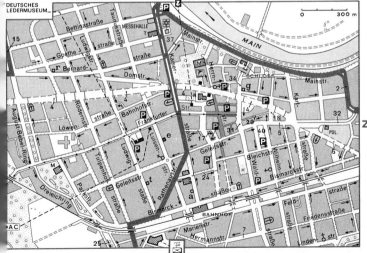

DEUTSCHES LEDERMUSEUM

0   300 m

OFFENBACH Rheinland-Pfalz siehe Landau in der Pfalz.

OFFENBURG 7600. Baden-Württemberg **413** GH 21, **987** ㉞, **242** ㉔ — 50 200 Ew — Höhe 165 m — ✆ 0781.

Messegelände Oberrheinhalle, Messeplatz, ℰ 5 20 31, Telex 752725.

🛈 Städt. Verkehrsamt, Gärtnerstr. 6, ℰ 8 22 53.

ADAC, Hindenburgstr. 8, ℰ 3 77 20.

◆Stuttgart 148 — Baden-Baden 54 — ◆Freiburg im Breisgau 64 — Freudenstadt 58 — Strasbourg 26.

🏨 **Dorint-Hotel,** Messeplatz (bei der Oberrheinhalle), ℰ 50 50, Telex 752889, Fax 505513, ⇔s, ⚕, 🆇 — 📶 ⇔ Zim 🍽 Rest 📺 ⚅ ⚇ — ⚗ 30/300. 🆎 ⚊ ⓔ 𝖵𝖨𝖲𝖠
M à la carte 36/73 — **132 Z : 220 B** 175 - 220 Fb — 4 Appart. 310.

🏨 **Palmengarten** ⚘, Okenstr. 13, ℰ 20 80, Telex 752744 — 📶 📺 ☎ ⚇ — ⚗ 25/200
65 Z : 140 B Fb — 4 Appart..

🏠 **Union** garni, Hauptstr. 19, ℰ 7 40 91, Fax 74093 — 📶 📺 ☎ ⇔
35 Z : 65 B Fb.

🏠 **Central-Hotel** garni, Poststr. 5, ℰ 7 20 04, Fax 74093 — 📺 ☎ ⚇. 🆎 ⚊ ⓔ 𝖵𝖨𝖲𝖠
20 Z : 35 B 95 - 120.

🏠 **Sonne,** Hauptstr. 94, ℰ 7 10 39 — ⇔. 🆎 ⓔ 𝖵𝖨𝖲𝖠
M *(Samstag, Mitte April - Mitte Mai und Mitte - Ende Okt. geschl.)* à la carte 28/49 — **37 Z : 56 B** 50/80 - 75/120 Fb.

XX **Le canard,** Hauptstr. 83a, ℰ 7 77 27, Fax 25725 — 🆎 ⚊ ⓔ 𝖵𝖨𝖲𝖠
Samstag bis 18 Uhr, Montag und Juli - Aug. 3 Wochen geschl. — **M** à la carte 64/92.

In Offenburg - Albersbösch :

🏠 **Hubertus,** Kolpingstr. 4, ℰ 6 55 15, Fax 59490 — 📶 📺 ☎ ⚇. 🆎 ⚊ ⓔ 𝖵𝖨𝖲𝖠. ✼ Rest
M *(Sonntag ab 15 Uhr, Samstag, über Fastnacht und Juli - Aug. 3 Wochen geschl.)* à la carte 29/56 ⚗ — **24 Z : 45 B** 83/150 - 113/220 Fb.

In Offenburg-Fessenbach SO : 2 km :

🏠 **Traube,** Fessenbacher Str. 115, ℰ 3 33 29, Telex 753109, ⛲ — 📺 ☎ ⚇. 🆎 ⚊ ⓔ 𝖵𝖨𝖲𝖠
M à la carte 34/64 — **23 Z : 48 B** 70/110 - 105/225 Fb.

In Offenburg-Rammersweier NO : 3 km — Erholungsort :

XX **Blume** mit Zim (Fachwerkhaus a.d. 18. Jh.), Weinstr. 160, ℰ 3 36 66, ⛲ — ☎ ⚇ — ⚗ 25/100. ⓔ 𝖵𝖨𝖲𝖠
1.- 16. Feb. und 1.- 17. Aug. geschl. — Menu *(Montag - Dienstag 17 Uhr geschl.)* à la carte 32/65 — **6 Z : 10 B** 62 - 95.

In Offenburg - Zell-Weierbach O : 3,5 km :

🏠 **Gasthaus Riedle-Rebenhof** ⚘, Talweg 43, ℰ 3 30 73, Fax 41154, 🆇 — ☎ ⚇ — ⚗ 25/200. 🆎
M *(Montag geschl.)* à la carte 26/47 ⚗ — **35 Z : 60 B** 68/72 - 110/130 Fb.

XX **Gasthaus Sonne** mit Zim, Obertal 1, ℰ 3 20 24 — 📺 ☎ ⇔ ⚇
über Fastnacht 1 Woche geschl. — Menu *(Dienstag - Mittwoch 16 Uhr geschl.)* à la carte 31/53 ⚗ — **6 Z : 9 B** 56 - 90.

In Ohlsbach 7601 SO : 6 km — Erholungsort :

🏠 Landgasthof Kranz, Hauptstr. 28, ℰ (07803) 20 47, « Gemütliche Gaststube » — ☎ ⚇ — ⚗ 25. ✼ Rest
14 Z : 28 B Fb.

In Ortenberg 7601 S : 4 km — Erholungsort :

XX **Glattfelder** mit Zim, Kinzigtalstr. 20, ℰ (0781) 3 12 19, ⛲ — ☎ ⚇. 🆎 ⚊ ⓔ 𝖵𝖨𝖲𝖠
7.- 13. Feb. geschl. — **M** *(Sonntag geschl.)* 30/89 ⚗ — **14 Z : 20 B** 38/45 - 70/78.

OFTERSCHWANG Bayern siehe Sonthofen.

OFTERSHEIM 6836. Baden-Württemberg **412** **413** I 18 — 10 600 Ew — Höhe 102 m — ✆ 06202.
🛅 an der B 291 (SO: 2 km), ℰ (06202) 5 37 67.
◆Stuttgart 119 — Heidelberg 11 — ◆ Mannheim 18 — Speyer 17.

In Oftersheim-Hardtwaldsiedlung S : 1 km über die B 291 :

XX **Landhof,** Am Fuhrmannsweg 1, ℰ 5 13 76, ⛲
nur Abendessen, Dienstag und Aug. geschl. — **M** (Tischbestellung ratsam) à la carte 44/63.

OHLENBACH Nordrhein-Westfalen siehe Schmallenberg.

OHLSBACH Baden-Württemberg siehe Offenburg.

650

OHLSTADT 8115. Bayern 418 Q 24, 987 ③⑦, 426 F 6 − 2 600 Ew − Höhe 644 m − Erholungsort − ✆ 08841.

🛈 Verkehrsamt, Rathausplatz 1, ℰ 74 80, Fax 7825.

▶München 63 − Garmisch-Partenkirchen 21 − Weilheim 26.

🏠 **Alpenhotel Ohlstadt** ⟨S⟩, Weischer Str. 5, ℰ 72 30, 佘, ≘s, ◻, 爫 − ❷. 匯 E
M *(Mittwoch geschl.)* a la carte 25/46 − **29 Z : 51 B** 45/68 - 85/98 Fb.

OLCHING 8037. Bayern 418 QR 22, 426 ⑰ − 20 400 Ew − Höhe 503 m − ✆ 08142.

T₈ Feursstr. 89, ℰ 32 40.

▶München 27 − ◆Augsburg 51 − Dachau 13.

🏠 **Am Krone-Center** ⟨S⟩ garni, Kemeter Str. 55, ℰ 1 87 01 − ⭐ ☎ ❷. 匯 ⓞ E 𝓥𝓘𝓢𝓐
38 Z : 72 B 79 - 119/150 Fb.

🏠 **Schiller**, Nöscherstr. 20, ℰ 28 40, Fax 28499, 佘, ≘s − ▯ ⭐ ☎ ⟨⟩ ❷ − 益 25/60. 匯
ⓞ E 𝓥𝓘𝓢𝓐
M *(Montag, 12.- 26. Aug. und 23.- 30. Dez. geschl.)* a la carte 25/60 − **58 Z : 98 B** 60/85 -
95/125 Fb.

OLDENBURG 2900. Niedersachsen 987 ⑭ − 139 000 Ew − Höhe 7 m − ✆ 0441.

Sehenswert : Schloßgarten *.

🛈 Verkehrsverein, Lange Str. 3, ℰ 1 57 44, Fax 27326.

ADAC, Julius-Moser-Platz 2, ℰ 1 45 45, Notruf ℰ 1 92 11.

▶Hannover 171 ② − ◆Bremen 49 ② − Bremerhaven 58 ① − Groningen 132 ④ − ◆Osnabrück 105 ③.

Stadtplan siehe nächste Seite.

🏨 **City-Club-Hotel**, Europaplatz 4, ℰ 80 80, Fax 808100, 佘, ≘s, ◻ − ▯ ⭐ ⎣ ❷ −
益 25/350. 匯 ⓞ E 𝓥𝓘𝓢𝓐 ✧   X c
M a la carte 31/63 − **90 Z : 200 B** 115/154 - 170/298 Fb.

🏠 **Heide**, Melkbrink 49, ℰ 80 40, Telex 25604, Fax 884060, ≘s, ◻ − ▯ ⭐ ☎ ⟨⟩ ❷ −
益 25/120. 匯 ⓞ E 𝓥𝓘𝓢𝓐 ✧ Rest   X b
M a la carte 24/64 − **91 Z : 180 B** 88/110 - 125/160 Fb − 3 Appart. 250/295.

🏠 **Wieting**, Damm 29, ℰ 2 72 14 − ▯ ⭐ ☎ ❷. 匯 ⓞ E 𝓥𝓘𝓢𝓐   Y z
 ◆ **M** *(nur Abendessen, Samstag - Sonntag geschl.)* a la carte 18,50/44 − **70 Z : 105 B** 70/95 -
100/160.

🏠 **Posthalter**, Mottenstr. 13, ℰ 2 51 94 − ▯ ⭐ ☎. 匯 ⓞ E 𝓥𝓘𝓢𝓐   Z u
M *(Sonntag geschl.)* a la carte 29/50 − **34 Z : 60 B** 69/98 - 95/130 Fb − 6 Appart. 150.

🏠 **Park-Hotel**, Cloppenburger Str. 418, ℰ 4 30 24, Telex 25811 − ⭐ ☎ ⟨⟩ ❷   über ③
M a la carte 25/50 − **32 Z : 62 B** 55/85 - 95/130 Fb.

🏠 **Schützenhof Eversten**, Hauptstr. 38, ℰ 5 00 90, Fax 500955 − ⭐ ☎ ❷ − 益 25/150. 匯
ⓞ E 𝓥𝓘𝓢𝓐   Y s
M a la carte 26/52 − **26 Z : 55 B** 52/70 - 98 Fb.

🏠 **Graf von Oldenburg** garni, Heiligengeiststr. 10, ℰ 2 50 77 − ▯ ⭐ ☎ ❷. 匯 ⓞ E
𝓥𝓘𝓢𝓐   X x
25 Z : 50 B 80/115 - 125/185.

✕✕ **Le Journal** (Bistro), Wallstr. 13, ℰ 1 31 28, 佘 − 匯 ⓞ E 𝓥𝓘𝓢𝓐   Z a
Sonntag bis 18 Uhr geschl. − **M** *(abends Tischbestellung erforderlich)* 32/38 (mittags) und
a la carte 52/85.

✕ **Harmonie** mit Zim, Dragonerstr. 59, ℰ 2 77 04, Fax 27706 − ❷ − 益 25/600. ⓞ E 𝓥𝓘𝓢𝓐
M *(Sonntag geschl.)* a la carte 28/61 − **9 Z : 14 B** 40 - 70.   Y h

An der Straße nach Rastede N : 6 km :

✕✕ **Der Patentkrug**, Wilhelmshavener Heerstr. 359 (B 69), ✉ 2900 Oldenburg,
ℰ (0441) 3 94 71, 佘 − ❷ − 益 25/100. 匯 ⓞ E 𝓥𝓘𝓢𝓐
Montag geschl. − **M** a la carte 30/64.

Siehe auch : *Rastede*

MICHELIN GREEN GUIDE GERMANY

Picturesque scenery, buildings

Scenic routes

Geography

History, Art

Touring programmes

Plans of towns and monuments.

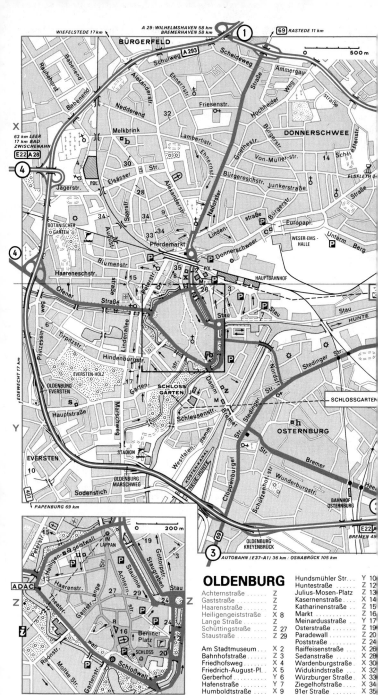

OLDENBURG

652

OLDENBURG IN HOLSTEIN 2440. Schleswig-Holstein 987 ⑥ – 9 800 Ew – Höhe 4 m – Erholungsort – ✿ 04361.
◆Kiel 55 – ◆Lübeck 55 – Neustadt in Holstein 21.

🏠 **Zur Eule** garni, Hopfenmarkt 1, ✆ 24 85 – **☎**. **①** **E**
   21. Dez.- 7. Jan. geschl. – **20 Z : 36 B** 68/100 - 98/115.

   Siehe auch : *Liste der Feriendörfer*

OLDENDORF Niedersachsen siehe Hermannsburg.

OLDESLOE, BAD 2060. Schleswig-Holstein 987 ⑤ – 22 000 Ew – Höhe 10 m – ✿ 04531.
ADAC, Sehmsdorfer Str. 56 (beim Verkehrsübungsplatz), ✆ 8 54 11.
◆Kiel 66 – ◆Hamburg 48 – ◆Lübeck 28 – Neumünster 45.

🏠 **Wigger's Gasthof**, Bahnhofstr. 33, ✆ 8 81 41 – **📺** **☎** **②**. **ⅎ** **①** **E** **VISA**
   Okt. 2 Wochen und 22. Dez.- 7. Jan. geschl. – **M** *(Samstag - Sonntag geschl.)* a la carte 28/52 – **24 Z : 37 B** 60/65 - 95.

OLFEN 4716. Nordrhein-Westfalen 412 F 11 – 9 100 Ew – Höhe 40 m – ✿ 02595.
◆Düsseldorf 88 – Münster (Westfalen) 37 – Recklinghausen 19.

   In Olfen-Kökelsum NW : 2 km :

XX **Füchtelner Mühle**, Kökelsum 66, ✆ 4 30, 斧 – **②**. 彩
   wochentags nur Abendessen, Montag - Dienstag geschl., Jan.- Feb. nur Samstag - Sonntag geöffnet – **M** a la carte 33/65.

   In Olfen-Vinnum SO : 4 km :

🏠 **Mutter Althoff**, Hauptstr. 42, ✆ 4 16, 斧, 🍴, – **📺** ⇔ **②** – **13 Z : 19 B**.

OLLSEN Niedersachsen siehe Hanstedt.

OLPE / BIGGESEE 5960. Nordrhein-Westfalen 987 ㉘, 412 G 13 – 24 000 Ew – Höhe 350 m – ✿ 02761.
Ausflugsziel : Biggetalsperre* N : 5 km.
🛈 Tourist-Information, Rathaus, Franziskanerstr. 6, ✆ 8 32 29.
◆Düsseldorf 114 – Hagen 62 – ◆Köln 75 – Meschede 63 – Siegen 34.

🏠 **Altes Olpe**, Bruchstr. 16, ✆ 51 71, Fax 40460 – **☎** **②** – **🔒** 40. **①** **E** **VISA**. 彩 Rest
   M *(Sonntag ab 15 Uhr geschl.)* a la carte 36/71 – **20 Z : 31 B** 55/105 - 125/145 Fb.

🏠 **Biggeschlößchen**, In der Wüste 24, ✆ 6 20 62, Fax 62061, 🍴 – **📺** **☎** **②**
   12 Z : 24 B.

🏠 **Zum Schwanen**, Westfälische Str. 26, ✆ 26 75, Fax 2013 – **📺** **☎** **②**. **ⅎ** **E**
   16. März - 1. April und 23. Juli - 8. Aug. geschl. – **M** *(Sonntag geschl.)* 19/59 – **16 Z : 32 B** 65/75 - 120/140 Fb.

🏠 **Tillmann's Hotel**, Kölner Str. 15, ✆ 26 07 – **☎** **②**
   15 Z : 26 B.

   In Olpe-Oberveischede NO : 10 km :

🏨 **Haus Sangermann**, Oberveischeder Str. 13 (B 55), ✆ (02722) 81 65 – **☎** **②** – **🔒** 25/50
   M 19/28 (mittags) und a la carte 24/43 – **17 Z : 33 B** 65 - 130.

OLSBERG 5787. Nordrhein-Westfalen 987 ⑭⑮, 412 I 12 – 15 000 Ew – Höhe 333 m – Kneippkurort – Wintersport : 480/780 m ⚡3 ⚡9 – ✿ 02962.
🛈 Kurverwaltung, Bigger Platz 6, ✆ 80 22 00.
◆Düsseldorf 167 – ◆Kassel 99 – Marburg 81 – Paderborn 58.

🏨 **Parkhotel** ⑤, Stehestr. 23, ✆ 80 40, Telex 296230, Fax 5889, 斧, direkter Zugang zum Kurmittelhaus, 🔲 – 🛗 **📺** **☎** **②** – **🔒** 25/150. 彩 Rest
   114 Z : 228 B Fb.

   In Olsberg 5-Assinghausen S : 6 km :

XX **Weiken-Kracht**, Grimmestr. 30, ✆ 18 47 – **②**
   Dienstag und 10.- Nov.- 15. Dez. geschl. – **M** a la carte 21/55 – auch 25 Fewo (2 - 9 Pers.) 45/140.

   In Olsberg 1-Bigge W : 2 km :

X **Schettel** mit Zim, Hauptstr. 52, ✆ 18 32 – **☎** ⇔ **②** – **10 Z : 16 B**.

   In Olsberg 8-Gevelinghausen W : 4 km :

🏨 **Schloß Gevelinghausen** ⑤, Schloßstr. 1, ✆ (02904) 80 30, Fax 1243, 斧, 🍴, 🔲, (Halle), 彩 – 🛗 🍴 **②** – **🔒** 40. **ⅎ** **①** **E**. 彩 Rest
   M a la carte 37/66 – **47 Z : 79 B** 80/108 - 160/168 Fb – ½ P 110/128.

🏠 **Stratmann**, Kreisstr. 2, ✆ (02904) 22 79, 斧, 🍴 – **②**
   Nov. geschl. – **M** *(Dienstag geschl.)* a la carte 21/50 – **17 Z : 34 B** 42 - 71/79 – ½ P 49/55.

OPPENAU 7603. Baden-Württemberg **413** H 21, **987** ㉞, **242** ㉙ — 4 900 Ew — Höhe 270 m Luftkurort — ✿ 07804.

🛈 Städt. Verkehrsamt, Rathausplatz 1, ℰ 20 43.

♦Stuttgart 150 — ♦Freudenstadt 32 — Offenburg 26 — Strasbourg 40.

🏡 **Krone**, Hauptstr. 32, ℰ 20 23 — 🍽 🅿
15. Nov.- 15. Dez. geschl. — **M** (Mittwoch geschl.) a la carte 27/48 ⅃ — **20 Z : 39 B** 27/35 54/60 — ½ P 45/53.

🏡 **Rebstock**, Straßburger Str. 13 (B 28), ℰ 7 28, 🐎 — 🅿
10. Nov.- 6. Dez. geschl. — **M** (Dienstag geschl.) a la carte 23/49 — **11 Z : 20 B** 35/40 - 70/ — ½ P 38.

✕ **Linde** mit Zim (modernisierter Gasthof a.d. 17. Jh.), Straßburger Str. 72 (B 28), ℰ 14 15 ☎ 🅿 ⒠
Jan. 3 Wochen geschl. — **M** (Montag geschl.) a la carte 28/65 ⅃ — **8 Z : 13 B** 40 - 75 ½ P 58.

✕ **Badischer Hof**, Hauptstr. 61, ℰ 6 81 — ⒠ 𝗩𝗜𝗦𝗔
↠ Dienstag, über Fasching und Juni 2 Wochen geschl. — **M** (Tischbestellung ratsam) 20/78 ⅃

In Oppenau-Kalikutt W : 5 km über Ramsbach — Höhe 600 m :

🏨 **Höhenhotel Kalikutt** ⤢, ℰ 6 02, ≺ Schwarzwald, 🆘, 🐎 — ⓔ 📺 ☎ 🍽 🅿 — 🔏 30 ⒠
7.- 31. Jan und 22.- 24. Dez. geschl. — **M** a la carte 25/50 ⅃ — **31 Z : 52 B** 52/90 - 90/136 F — ½ P 65/88.

In Oppenau-Lierbach NO : 3,5 km :

🏡 **Blume** ⤢, Rotenbachstr. 1, ℰ 30 04, 🍽, 🆘 — 📺 ☎ 🍽 🅿 ⒶⒺ ⓞ 𝗩𝗜𝗦𝗔
Feb. geschl. — **M** (Donnerstag geschl.) a la carte 23/52 ⅃ — **11 Z : 21 B** 45 - 80/88 ½ P 55/65.

In Oppenau-Löcherberg S : 5 km :

🏨 **Erdrichshof**, Schwarzwaldstr. 57 (B 28), ℰ 30 36, « Schöner Schwarzwaldgasthof », 🆘 🍽, 🐎 — 📺 ☎ 🍽 🅿 ⒶⒺ ⓞ ⒠ 𝗩𝗜𝗦𝗔 ⅃
M a la carte 26/60 ⅃ — **13 Z : 26 B** 68/85 - 130/160 — ½ P 89/110.

OPPENHEIM 6504. Rheinland-Pfalz **987** ㉔ ㉕. **412** **413** I 17 — 5 700 Ew — Höhe 100 m ✿ 06133.

Sehenswert : Katharinenkirche ✶.

🛈 Verkehrsverein, Rathaus, Marktplatz, ℰ 27 63.

Mainz 23 — ♦Darmstadt 23 — Bad Kreuznach 41 — Worms 26.

🏡 **Oppenheimer Hof**, Friedrich-Ebert-Str. 84, ℰ 24 95 — 🅿 — 🔏 45. ⒶⒺ ⓞ ⒠ 𝗩𝗜𝗦𝗔
M (Sonntag geschl.) a la carte 35/64 ⅃ — **25 Z : 45 B** 79/115 - 129/165.

ORB, BAD 6482. Hessen **987** ㉕, **412** **413** L 16 — 8 300 Ew — Höhe 170 m — Heilbad — ✿ 0605

🛈 Verkehrsverein, Untertorplatz, ℰ 10 16.

♦Wiesbaden 99 — ♦Frankfurt am Main 55 — Fulda 57 — ♦Würzburg 80.

🏩 **Steigenberger Kurhaus-Hotel** ⤢, Horststr. 1, ℰ 8 80, Telex 4184013, Fax 88135, 🍽 direkter Zugang zum Leopold-Koch-Bad — ⓔ ✢ Zim 📺 🍽 🅿 — 🔏 25/300. ⒶⒺ ⓞ ⒠ 𝗩𝗜𝗦𝗔. ⚭ Rest
M a la carte 51/81 — **112 Z : 176 B** 135/247 - 202/310 Fb — 8 Appart. 368/414 — ½ P 149/203

🏨 **Hohenzollern - Haus Roseneck** ⤢, Spessartstr. 4, ℰ 8 00 60, Massage, 🆘, 🍽, 🐎 — ⓔ 🅿 — 🔏 30. ⚭ Rest
(Restaurant nur für Hausgäste, siehe auch Restaurant Zollernschänke) — **38 Z : 53 B** Fb — 6 Fewo.

🏨 **Orbtal** ⤢, Haberstalstr. 1, ℰ 8 10, Fax 81444, « Park », Massage, 🍽, 🐎 — ⓔ ☎ 🅿 Ⓐ ⓞ ⒠ 𝗩𝗜𝗦𝗔. ⚭ Rest
(Restaurant nur für Hausgäste) — **36 Z : 65 B** 73/105 - 138/178 Fb — ½ P 87/123.

🏨 **Madstein** ⤢, Am Orbgrund 1, ℰ 20 28, direkter Zugang zur Badeabteilung mit 🍽 de Hotel Elisabethpark, 🍽 — ⓔ ☎ 🍽 🅿 — 🔏 40. ⒠ ⚭ Rest
M a la carte 31/62 — **40 Z : 60 B** 85/180 - 156/240 Fb.

🏨 **Elisabethpark** ⤢ garni, Rotahornallee 5, ℰ 30 51, Bade- und Massageabteilung, 🔏 🆘, 🍽 — ⓔ ☎ 🅿 ⒠
26 Z : 48 B 85/100 - 130/190 Fb.

🏡 **Weißes Roß** ⤢, Marktplatz 4, ℰ 20 91, « Garten » — ⓔ ☎ 🅿 ⒶⒺ ⓞ ⒠ 𝗩𝗜𝗦𝗔. ⚭ Rest
M a la carte 26/62 — **47 Z : 68 B** 50/80 - 91/140 Fb.

🏡 **Bismarck** ⤢ garni, Kurparkstr. 13, ℰ 30 88, Massage, 🆘, 🍽 — ⓔ 📺 ☎ 🅿
Mitte Dez.- Mitte Jan. geschl. — **17 Z : 28 B** 67/94 - 114/144 Fb.

🏡 **Fernblick** ⤢, Sälzerstr. 51, ℰ 10 81, ≺, Massage, 🆘 — ☎ 🍽 🅿 — 🔏 25. ⒠ 𝗩𝗜𝗦𝗔 ⚭ Rest
Feb. geschl. — (Restaurant nur für Hausgäste) — **27 Z : 38 B** 45/80 - 100/150 Fb — ½ P 60/85

🏡 **Helvetia** ⤢ garni, Lindenallee 19, ℰ 25 84 — ⓔ ☎ 🅿
März - Okt. — **15 Z : 20 B** 35/75 - 90/95 Fb.

✕✕ **Zollernschänke**, Spessartstr. 4, ℰ 80 06 57, « Gemütlich-rustikale Einrichtung » — 🅿
nur Abendessen — (Tischbestellung ratsam).

ORSCHOLZ Saarland siehe Mettlach.

ORSINGEN-NENZINGEN 7769. Baden-Württemberg 🄰🄸🄱 J 23. 🄟🄸🄶 ⑨ — 2 100 Ew — Höhe ▲50 m — ✿ 07771 (Stockach).
◆Stuttgart 155 — ◆Freiburg im Breisgau 107 — ◆Konstanz 40 — ◆Ulm (Donau) 117.

🏠 **Schönenberger Hof**, Stockacher Str. 16 (B 31, Nenzingen), 𝒫 20 12, 🍴, 🐴 — ☎ 🚗 🅿
18 Z : 30 B.

🏠 **Landgasthof Ritter**, Stockacher Str. 69 (B 31, Nenzingen), 𝒫 21 14, 🕾 — 🛗 🅿 — 🏛 40
Feb. und Nov. jeweils 2 Wochen geschl. — **M** (Dienstag geschl.) a la carte 23/47 — **22 Z :**
44 B 45/50 - 90/100.

✕ **Gasthof Auer** mit Zim, Stockacher Str. 62 (B 31, Nenzingen), 𝒫 24 97 — 🅿
◆ Nov.- Dez. 3 Wochen geschl. — **M** (Montag geschl.) a la carte 20/39 🍷 — **6 Z : 11 B** 35 - 65.

ORTENBERG Baden-Württemberg siehe Offenburg.

ORTENBURG 8359. Bayern 🄰🄸🄱 W 21. 🄠🄶🄶 ⑦ — 6 300 Ew — Höhe 350 m — Erholungsort —
✿ 08542.
🄸 Verkehrsamt, Marktplatz 11, 𝒫 73 21.
◆München 166 — Passau 24 — ◆Regensburg 127 — Salzburg 129.

In Ortenburg-Vorderhainberg O : 2 km :

🏠 **Zum Koch** ॐ, 𝒫 5 18, Fax 2859, 🍴, Massage, 🕾, 🏊, 🐴 — 🛗 🚗 🅿 — 🏛 25/50
◆ 7.- 17. Jan. und 18. Nov.- 5. Dez. geschl. — **M** a la carte 20/40 — **105 Z : 180 B** 33/42 - 56/65
— ½ P 37/42.

OSANN-MONZEL 5561. Rheinland-Pfalz 🄰🄸🄸 D 17 — 1 500 Ew — Höhe 140 m — ✿ 06535.
Mainz 124 — Bernkastel-Kues 11 — ◆ Trier 32 — Wittlich 12.

🏠 **Apostelstuben**, Steinrausch 3 (Osann), 𝒫 8 41, 🕾, 🏊 — ☎ 🅿. 🄰🄴 🄴
◆ **M** a la carte 20/53 🍷 — **32 Z : 64 B** 60/73 - 96/116.

OSNABRÜCK 4500. Niedersachsen 🄦🄰🄻 ⑭. 🄰🄸🄸 H 10 — 150 000 Ew — Höhe 65 m — ✿ 0541.
Sehenswert : Rathaus (Friedenssaal★) — Marienkirche (Passionsaltar★) Y B.
🏌 Lotte (W : 11 km über ⑤), 𝒫 (05404) 52 96.
✈ bei Greven, SW : 34 km über ⑤, die A 30 und A 1, 𝒫 (02571) 50 30.
🄸 Städt. Verkehrsamt, Markt 22, 𝒫 3 23 22 02 und Schloßwall 1 (Stadthalle), 𝒫 2 37 24.
ADAC, Dielinger Str. 40, 𝒫 2 24 88, Telex 94658.
◆Hannover 141 ④ — Bielefeld 55 ④ — ◆Bremen 121 ① — Enschede 91 ⑥ — Münster (Westfalen) 57 ⑤.

Stadtplan siehe nächste Seite.

🏨 **Hohenzollern**, Heinrich-Heine-Str. 17, 𝒫 3 31 70, Telex 94776, Fax 3317351, 🕾, 🏊 — 🛗
📺 🅿 — 🏛 25/350. 🄰🄴 🄾 🄴 𝓥𝓘𝓢𝓐   Z a
M a la carte 38/82 — **98 Z : 140 B** 95/210 - 140/350 Fb.

🏨 **Residenz** garni, Johannisstr. 138, 𝒫 58 63 58, Telex 944710, « Elegante, behagliche
Einrichtung » — 🛗 📺 ☎ 🚗 🅿   Z m
22 Z : 41 B 75/110 - 100/150 Fb.

🏨 **Nikolai-Zentrum** garni, Kamp 1, 𝒫 2 83 23, Fax 21262 — 🛗 📺 ☎ ♿. 🄰🄴 🄾 🄴 𝓥𝓘𝓢𝓐   Y a
29 Z : 53 B 88/140 - 120/160 Fb.

🏨 **Kulmbacher Hof**, Schloßwall 67, 𝒫 2 78 44, Fax 27848 — 🛗 📺 ☎ 🅿 — 🏛 50. 🄰🄴 🄾 🄴
𝓥𝓘𝓢𝓐   Z t
M (nur Abendessen, Sonntag geschl.) a la carte 23/57 — **39 Z : 67 B** 95 - 150 Fb.

🏨 **Walhalla** (Renoviertes Fachwerkhaus a.d. 17. Jh.), Bierstr. 24, 𝒫 2 72 06, 🕾 — 🛗 📺 ☎.
🄰🄴 🄾 🄴 𝓥𝓘𝓢𝓐   Y n
M a la carte 25/52 — **25 Z : 44 B** 95/140 - 140/170 Fb.

🏨 **Ibis**, Blumenhaller Weg 152, 𝒫 4 04 90, Telex 94831, Fax 41945 — 🛗 📺 ☎ ♿ 🅿 —
🏛 25/150. 🄰🄴 🄴 𝓥𝓘𝓢𝓐   X s
M a la carte 31/45 — **96 Z : 192 B** 111 - 151 Fb.

🏠 **Klute**, Lotter Str. 30, 𝒫 4 50 01, Fax 45302 — 📺 ☎ 🚗 🅿. 🄰🄴 🄾 🄴 𝓥𝓘𝓢𝓐   Y h
M (Sonntag ab 15 Uhr und Juli 2 Wochen geschl.) a la carte 36/52 — **20 Z : 32 B** 72/95 -
115/130 Fb.

🏠 **Welp**, Natruper Str. 227, 𝒫 12 33 07, 🐴 — 🛗 ☎ 🚗 🅿. 🄰🄴 🄾 🄴 𝓥𝓘𝓢𝓐   X r
M a la carte 25/44 — **25 Z : 33 B** 45/70 - 70/95.

🏠 **Intourhotel** ॐ garni, Maschstr. 10, 𝒫 4 66 43, Fax 434239 — ☎ 🚗. 🄰🄴 🄾 🄴   X x
29 Z : 48 B 35/75 - 69/120.

🍽 **Dom-Restaurant**, Kleine Domsfreiheit 5, 𝒫 2 15 54 — ☎. 🄾 𝓥𝓘𝓢𝓐   Y e
M (nur Abendessen) a la carte 22/36 — **2 Z : 30 B** 55/85 - 90/120 Fb.

✕ **Artischocke** (Bistro-Restaurant), Buersche Str. 2, 𝒫 2 33 31   Y s
nur Abendessen, über Ostern 1 Woche und Aug. 2 Wochen geschl. — **M** a la carte 33/60.

✕ Der Landgraf, Domhof 9, 𝒫 2 23 72   Y u

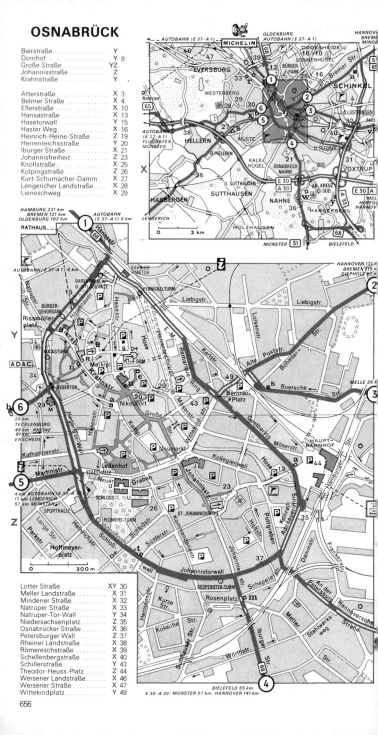

OSNABRÜCK

In Osnabrück-Gretesch (Richtung Osnabrück-Lüstringen):

Gretescher Hof garni, Sandforter Str. 1, ℰ 3 74 17 – 🖵 ☎ 🅿. 🖭 ⑩ Ɛ 𝘝𝘐𝘚𝘈   X v
20 Z : 32 B 69/99 - 119/139 Fb.

✗ Zur Post, Sandforter Str. 1, ℰ 3 70 25 – 🅿   X v

In Osnabrück-Nahne (Nähe Neues Kreishaus) :

Himmelreich ⏚, Zum Himmelreich 11, ℰ 5 17 00, Fax 53010, 🔲, 🐎 – ☎ ⇐ 🅿. 🖭 ⑩
𝘝𝘐𝘚𝘈   X w
(nur Abendessen für Hausgäste) – 42 Z : 52 B 69/88 - 98/122 Fb.

In Osnabrück-Schinkel :

✗ Niedersachsenhof, Nordstraße 109, ℰ 7 75 35, 🏤, « 200 Jahre altes Bauernhaus mit
rustikaler Einrichtung » – 🅿. 🖭 Ɛ   X a
Montag 15 Uhr - Dienstag und Feb. geschl. – M a la carte 28/54.

In Osnabrück-Voxtrup :

Haus Rahenkamp ⏚, Meller Landstr. 106, ℰ 38 69 71 – ⇐ 🅿 – 🔬 25/450   X e
M (nur Abendessen, Sonntag geschl.) a la carte 20/33 – 16 Z : 20 B 45 - 86.

Außerhalb, Nähe Franziskus-Hospital :

Haus Waldesruh, ✉ 4504 Georgsmarienhütte 4 - Harderberg, ℰ (0541) 5 43 23, 🏤 – ☎
⇐ 🅿. 🖭 ⑩ Ɛ 𝘝𝘐𝘚𝘈   X y
Feb. geschl. – M (Montag und Freitag geschl.) a la carte 18,50/45 ⅄ – 20 Z : 30 B 40/60 -
80/90 Fb.

In Wallenhorst 4512 ① : 10 km :

Bitter, Große Str. 26, ℰ (05407) 20 15, Fax 9943, 🚪 – 🛗 🖵 ☎ 🅿 – 🔬 25/70. 🖭 ⑩ Ɛ
𝘝𝘐𝘚𝘈
M a la carte 34/57 – 48 Z : 90 B 52/92 - 110/145 Fb.

In Belm-Vehrte 4513 ② : 12 km :

Kortlüke, Venner Str. 5, ℰ (05406) 20 01, ✗ – 🛗 🖵 ☎ 🅿
M (Dienstag geschl.) a la carte 18/44 – 20 Z : 40 B 48 - 80.

MICHELIN-REIFENWERKE KGaA. Niederlassung 4500 Osnabrück-Atterfeld, Im Felde 4 (X),
ℰ (0541) 12 60 84, Fax 128728.

Dans ce guide
un même symbole, un même mot,
imprimé en noir ou en rouge, en maigre ou en **gras,**
n'ont pas tout à fait la même signification.
Lisez attentivement les pages explicatives.

OSTBEVERN Nordrhein-Westfalen siehe Telgte.

OSTEN 2176. Niedersachsen – 2 100 Ew – Höhe 2 m – Erholungsort – ✪ 04771.
Hannover 206 – Bremerhaven 56 – Cuxhaven 47 – ◆Hamburg 85 – Stade 28.

Fährkrug ⏚, Deichstr. 1, ℰ 39 22, Fax 2338, ≤, 🏤, Bootssteg – ⇐ – 🔬 30. Ɛ
M a la carte 30/58 – 14 Z : 29 B 42/55 - 80/95.

OSTENFELDE Nordrhein-Westfalen siehe Ennigerloh.

OSTERBURKEN 6960. Baden-Württemberg 𝟜𝟙𝟛 L 18. 𝟿𝟾𝟽 ㉘ – 4 600 Ew – Höhe 247 m –
✪ 06291 (Adelsheim).
Stuttgart 91 – Heilbronn 49 – ◆Würzburg 68.

Märchenwald ⏚, Boschstr. 3 (NO : 2 km), ℰ 80 26, 🚪, 🔲 – ☎ 🅿 – 🔬 25/80. Ɛ
M (Sonntag ab 14 Uhr, Samstag und Aug. geschl.) a la carte 25/51 – 33 Z : 56 B 58/68 -
89/95 Fb.

OSTERHOFEN 8353. Bayern 𝟜𝟙𝟛 W 20. 𝟿𝟾𝟽 ㉘, 𝟜𝟚𝟞 ⑥ ⑦ – 11 000 Ew – Höhe 320 m –
✪ 09932.
Ausflugsziel : Klosterkirche* in Osterhofen - Altenmarkt (SW : 1 km).
München 152 – Deggendorf 27 – Passau 38 – Straubing 41.

Café Pirkl, Altstadt 1, ℰ 12 76, 🛁, 🚪, ✗ (Halle) – ⇐ 🅿
24. Dez.- 7. Jan. geschl. – M (Montag geschl.) a la carte 20/37 ⅄ – 19 Z : 27 B 38 - 76.

OSTERHOFEN Bayern siehe Bayrischzell.

OSTERHOLZ-SCHARMBECK 2860. Niedersachsen 987 ⑭⑮ − 25 000 Ew − Höhe 20 m
☎ 04791.

♦Hannover 144 − ♦Bremen 28 − Bremerhaven 45.

🏨 **Zum alten Torfkahn** ⑤ (rustikale Einrichtung), Am Deich 9, ℰ 76 08, Fax 59606, �36
　🅣🅥 ☎ 🅟 🕰 ⓞ 🅔 𝘝𝘐𝘚𝘈
　M *(Montag bis 17 Uhr und Samstag geschl.)* a la carte 63/76 − **12 Z : 25 B** 95 - 150/220.

🏠 **Tivoli**, Beckstr. 2, ℰ 80 50, Fax 80560 − 📲 🅣🅥 ☎ 🕭 🅟. ⓞ 🅔 ❀
　26. Dez.- 15. Jan. geschl. − **M** *(nur Abendessen, Sonntag geschl.)* a la carte 22/40 − **51**
　120 B 44/55 - 84/120 Fb.

　An der Straße nach Worpswede SO : 3 km :

🏛 **Tietjen's Hütte** ⑤ mit Zim, An der Hamme 1, ✉ 2860 Osterholz-Scharmbe
　ℰ (04791) 24 15, Bootssteg, « Gartenterrasse an der Hamme » − 🅣🅥 ☎ 🕭 🅟. ❀ Zim
　M a la carte 33/68 − **8 Z : 15 B** 75/95 - 150.

　Im Stadtteil Heilshorn W : 5 km, an der B 6 :

🏠 **Mildahn**, ℰ (04795) 15 61, �36, 🕰 − ☎ 🕭 🕭 🅟. ⓞ. ❀
　M *(Freitag geschl.)* a la carte 22/40 − **28 Z : 45 B** 55 - 92.

OSTERNOHE Bayern siehe Schnaittach.

OSTERODE AM HARZ 3360. Niedersachsen 987 ⑯ − 27 100 Ew − Höhe 230 m − ☎ 05522.
Ausflugsziel : Sösetalsperre★ O : 5 km.
🅱 Verkehrs- und Reisebüro, Dörgestr. 40, ℰ 68 55.

♦Hannover 94 − ♦Braunschweig 81 − Göttingen 48 − Goslar 30.

🏠 **Tiroler Stuben**, Scheerenberger Str. 45, ℰ 20 22, �36 − 🅣🅥 ☎ 🕭 🅟
　12 Z : 24 B.

🏠 **Zum Röddenberg**, Steiler Ackerweg 6, ℰ 40 84, Fax 3501 − 🅣🅥 ☎ 🕭 🅟. ⓞ 🅔
◆　**M** *(nur Abendessen,Sonntag geschl.)* a la carte 21/40 − **30 Z : 50 B** 35/65 - 65/100 Fb.

🏠 **Grüner Jäger**, Obere Neustadt 11, ℰ 33 67 − 🅣🅥 ☎. 🆎 🅔 𝘝𝘐𝘚𝘈
◆　**M** *(nur Abendessen, Montag geschl.)* a la carte 17/27 − **12 Z : 21 B** 42 - 84/100.

✕ **Ratskeller**, Martin-Luther-Platz 2, ℰ 64 44 − 🆎 ⓞ 🅔
　M 17/29 (mittags) und a la carte 27/55.

　In Osterode-Freiheit NO : 4 km :

✕ **Zur Alten Harzstraße** mit Zim, Hengstrücken 148 (an der B 241), ℰ 29 15, �36 − 🅟
　M *(Montag geschl.)* a la carte 23/50 − **4 Z : 8 B** 40 - 80.

　In Osterode-Lerbach NO : 5 km :

🏨 **Sauerbrey**, Friedrich-Ebert-Str. 129, ℰ 20 65, Fax 3817, �36, 🌲 − 📲 🅣🅥 ☎ 🅟. 🆎 ⓞ
　𝘝𝘐𝘚𝘈
　M a la carte 31/66 − **20 Z : 42 B** 70/80 - 95/110 Fb.

　In Osterode-Riefensbeek NO : 12 km − Erholungsort :

🏠 **Landhaus Meyer**, Sösetalstr. 23 (B 498), ℰ 38 37, �36, 🌲 − 🅟
◆　5. Nov.- 5. Dez. geschl. − **M** a la carte 21/43 − **10 Z : 22 B** 38/50 - 60/80.

OSTFILDERN 7302. Baden-Württemberg 413 K 20 − 28 000 Ew − Höhe 420 m − ☎ 07
(Stuttgart).

♦Stuttgart 22 − Göppingen 39 − Reutlingen 35 − ♦Ulm (Donau) 76.

　In Ostfildern 4-Kemnat :

🏨 **Kemnater Hof**, Sillenbucher Straße (NW : 1,5 km), ℰ 45 50 48, Fax 4569516, �36 − 📲 🅞
　☎ 🅟 − 🔔 25. 🆎 🅔 𝘝𝘐𝘚𝘈
　23. Dez.- 15. Jan. geschl. − **M** *(Sonntag 14 Uhr - Montag 17 Uhr geschl.)* a la carte 31/56
　28 Z : 52 B 100/125 - 130/160 Fb.

✕ Zum Lamm, Hauptstr. 28, ℰ 45 47 66 − 🅟.

　In Ostfildern 2-Nellingen :

🏨 **Filderhotel** ⑤, In den Anlagen 1, ℰ 34 20 91/3 41 20 91, Fax 342001, �36 − 📲 ✥ Zi
　▤ Rest 🅣🅥 ☎ 🕭 🕭 🅟. 🆎 ⓞ 🅔 𝘝𝘐𝘚𝘈. ❀
　M *(Freitag - Samstag, 1.- 14. Jan. und 19. Juli - 17. Aug. geschl.)* a la carte 29/65 − **45 Z**
　90 B 135/165 - 175/195 Fb.

🏠 **Germania** (mit Gästehäusern), Esslinger Str. 3, ℰ 3 41 13 93 − 🅣🅥 ☎ 🅟. ❀ Zim
◆　**M** *(nur Abendessen, Samstag - Montag geschl.)* a la carte 21/37 🍷 − **32 Z : 45 B** 55/115
　75/135 Fb.

🏠 **Adler** garni, Rinnenbachstr. 4, ℰ 3 41 14 24, Fax 3412767 − 🅣🅥 ☎ 🅟. 🆎 ⓞ 🅔 𝘝𝘐𝘚𝘈
　1.- 7. Jan. und 29. Juli - 19. Aug. geschl. − **22 Z : 37 B** 85 - 130 Fb.

✕ **Stadthalle**, In den Anlagen 6, ℰ 34 20 94, Fax 342001 − 🅟 − 🔔 25/90. 🆎 ⓞ 🅔 𝘝𝘐𝘚𝘈
　Samstag bis 18 Uhr sowie Sonn- und Feiertage jeweils ab 15 Uhr geschl. − **M** a la car
　25/54.

In Ostfildern 1-Ruit :

🏨 **Hirsch Hotel Gehrung**, Stuttgarter Str. 7, ☎ 44 20 88, Telex 722061, Fax 4411824 – [TV] ☎ 🚗 [P] – 25/60. [AE] [D] [E] [VISA]. Rest
M *(Sonntag geschl.)* a la carte 35/64 – **40 Z : 60 B** 120/135 - 150/195 Fb.

In Ostfildern 3-Scharnhausen :

🏨 **Lamm**, Plieninger Str. 3, ☎ (07158) 40 31, – [TV] ☎ ♿ 🚗 [P] – 30. [AE] [D] [E] [VISA]
M *(nur Abendessen, Samstag geschl.)* a la carte 30/49 – **27 Z : 50 B** 98/125 - 135/160 Fb.

OSTRACH 7965. Baden-Württemberg [413] L 23, [987] ㉟, [427] M 2 – 5 200 Ew – Höhe 620 m – ☎ 07585.
Stuttgart 128 – ♦Freiburg im Breisgau 144 – Ravensburg 33 – ♦Ulm (Donau) 83.

🏨 **Hirsch**, Hauptstr. 27, ☎ 6 01 – [TV] ☎ 🚗 [P]. [E]
Ende Okt.- Anfang Nov. geschl. – Menu *(Freitag geschl.)* a la carte 28/47 – **16 Z : 28 B** 56/60 - 95 Fb.

OSTWIG Nordrhein-Westfalen siehe Bestwig.

OTTENHÖFEN IM SCHWARZWALD 7593. Baden-Württemberg [413] H 21 – 3 200 Ew – Höhe 311 m – Luftkurort – ☎ 07842 (Kappelrodeck).
Ausflugsziel : Allerheiligen : Lage★ - Wasserfälle★ SO : 7 km.
Kurverwaltung, Rathaus, Allerheiligenstr. 14, ☎ 20 97.
Stuttgart 137 – Baden-Baden 43 – Freudenstadt 35.

🏨 **Pflug**, Allerheiligenstr. 1, ☎ 20 58, Fax 2846, – [TV] ☎ [P] – 25/70. [E]
8.- 31. Jan. geschl. – **M** a la carte 24/51 – **61 Z : 108 B** 49/85 - 98/118 Fb – ½ P 56/76.

🏨 **Wagen**, Ruhesteinstr. 77, ☎ 4 85, « Gartenterrasse », – ☎ [P] – 25/50
M a la carte 21/49 – **34 Z : 65 B** 28/50 - 56/90 – ½ P 50/68.

OTTERNDORF 2178. Niedersachsen [987] ④⑤ – 6 300 Ew – Höhe 5 m – Erholungsort – ☎ 04751 – [i] Tourist-Information, Rathausplatz, ☎ 1 31 31.
Hannover 217 – Bremerhaven 40 – Cuxhaven 17 – ♦Hamburg 113.

🏨 **Eibsens's Hotel**, Marktstr. 33, ☎ 27 73 – 🚗 [P]
M *(nur Abendessen, Sonntag und 24. Dez.- 3. Jan. geschl.)* a la carte 22/37 – **11 Z : 22 B** 50/70 - 86/120.

🍴 **Ratskeller**, Rathausplatz 1, ☎ 38 11 – [AE] [E].
Dienstag und 28. Jan.- 24. Feb. geschl. – **M** a la carte 35/64.

🍴 **Elb-Terrassen**, An der Schleuse 18 (NW : 2 km), ☎ 22 13, ←, – [P]. [AE] [D] [E].
Montag und Mitte Dez.- Jan. geschl. – **M** a la carte 26/58.

OTTLAR Hessen siehe Diemelsee.

OTTMARSBOCHOLT Nordrhein-Westfalen siehe Senden.

OTTOBEUREN 8942. Bayern [413] N 23, [987] ㊱, [426] C 5 – 7 300 Ew – Höhe 660 m – Kneippkurort – ☎ 08332.
Sehenswert : Klosterkirche★★★ (Vierung★★★, Chor★★, Chorgestühl★★, Chororgel★★).
Hofgut Boschach (S : 3 km), ☎ (08332) 13 10.
Kurverwaltung und Verkehrsamt, Marktplatz 14, ☎ 68 17.
München 110 – Bregenz 85 – Kempten (Allgäu) 29 – ♦Ulm (Donau) 66.

🏨 **Hirsch**, Marktplatz 12, ☎ 79 90, Fax 799103, – [TV] ☎ 🚗 – 25/100. Rest
M a la carte 22/45 – **62 Z : 100 B** 52/80 - 98/130 Fb.

OTTOBRUNN Bayern siehe München.

OTTWEILER 6682. Saarland [987] ㉔, [412] E 18, [242] ⑦ – 10 600 Ew – Höhe 246 m – ☎ 06824.
Saarbrücken 31 – Kaiserslautern 63 – ♦Trier 80.

🍴🍴 **Eisel-Ziegelhütte** (ehemalige Mühle), Mühlstr. 15a, ☎ 75 77 – [P]. [AE] [D] [E] [VISA]
Samstag bis 18 Uhr, Montag, Jan. 1 Woche und Juni - Juli 3 Wochen geschl. – **M** 48/90.

OVERATH 5063. Nordrhein-Westfalen [987] ㉔, [412] E 14 – 23 500 Ew – Höhe 92 m – ☎ 02206.
♦Düsseldorf 62 – ♦Bonn 30 – ♦ Köln 25.

In Overath-Brombach NW : 10 km :

🏨 **Zur Eiche**, Dorfstr. 1, ☎ (02207) 75 80, – ☎ [P]. Zim
24. Dez.- Mitte Jan. geschl. – **M** *(Donnerstag geschl.)* a la carte 27/55 – **12 Z : 22 B** 80 - 100.

In Overath-Immekeppel NW : 7 km :

XX **Sülztaler Hof** mit Zim, Lindlarer Str. 83, ℰ (02204) 77 46 — 🆅 ☎. 🆎 ⓞ. ❄ Zim
Juli - Aug. 3 Wochen geschl. — **M** *(Dienstag - Mittwoch 18 Uhr geschl.)* a la carte 44/79
4 Z : 6 B 95/130 - 170.

In Overath-Klef NO : 2 km :

🏠 **Lüdenbach**, Klef 99 (B 55), ℰ 21 53, Fax 81602, ☞ — ☎ ⇦ ⓟ. ❄ Zim
Mitte Juli - Mitte Aug. geschl. — **M** *(Dienstag - Freitag nur Abendessen, Montag gesch*
15/40 (mittags) und a la carte 28/57 — **22 Z : 44 B** 65/80 - 110.

OWSCHLAG 2372. Schleswig-Holstein — 2 300 Ew — Höhe 15 m — ✪ 04336.

♦Kiel 48 — Rendsburg 18 — Schleswig 21.

🏨 **Förster-Haus** 🐾, Beeckstr. 41, ℰ 2 02, Fax 625, ≤, 🍴, ☞, 🔳, ☞, ❄ — 🆅 ☎ ⓟ
🏊 30/100. 🆎 ⓞ 🄴 🆅🅸🆂🅰
M a la carte 28/52 — **68 Z : 120 B** 65/85 - 120/170 Fb.

OY-MITTELBERG 8967. Bayern 🐴🐴🐴 O 24. 🐴🐴🐴 ⑲. 🐴🐴🐴 D 6 — 4 000 Ew — Höhe 960 m — Lu'
und Kneippkurort — Wintersport : 950/1 200 m ✂2 ✂6 — ✪ 08366.

🛈 Kur- und Verkehrsamt, Oy, Wertacher Str. 11, ℰ 2 07.

♦München 124 — Füssen 22 — Kempten (Allgäu) 19.

Im Ortsteil Oy :

🏨 **Kurhotel Tannenhof** 🐾, Tannenhofstr. 19, ℰ 5 52, ≤, 🍴, Bade- und Massageabteilun
🏊, ☞, 🔳, ☞ — 🆅 ☎ ⇦ ⓟ. ❄ Rest
30 Z : 48 B Fb — 2 Fewo.

🏠 **Löwen**, Hauptstr. 12, ℰ 2 12, ☞ — 🆅 ⇦ ⓟ. 🆎 ⓞ 🄴
⬥ *4. Nov.- 20. Dez. geschl.* — **M** *(Mittwoch geschl.)* a la carte 19/45 🍷 — **17 Z : 36 B** 45/60
80/90 — ½ P 50.

Im Ortsteil Mittelberg :

🏨 **Kur- und Sporthotel Mittelburg** 🐾, ℰ 1 80, Fax 1835, ≤, Bade- und Massageabteilung, 🏊
☞, 🔳, ☞ — 🆅 ☎ ⓟ. ❄ Rest
(Restaurant nur für Hausgäste) — **31 Z : 55 B** Fb.

🏠 **Gasthof Rose** 🐾, Dorfbrunnenstr. 10, ℰ 8 76, 🍴, Biergarten — ⓟ. 🄴
⬥ *15.- 30. April und 4. Nov.- 20. Dez. geschl.* — **M** *(Montag - Dienstag 16 Uhr geschl.)* a
carte 20/42 — **15 Z : 28 B** 36/52 - 94 Fb — ½ P 46/56.

🏛 **Krone** 🐾, Dorfbrunnenstr. 2, ℰ 2 14, ☞ — ⓟ
⬥ *Mitte Nov.- Mitte Dez. geschl.* — **M** *(Mittwoch 14 Uhr - Donnerstag geschl.)* a la carte 19/
— **16 Z : 27 B** 36 - 72.

In Oy-Mittelberg - Maria Rain O : 5 km :

🏠 **Sonnenhof** 🐾, Kirchweg 3, ℰ (08361) 39 17, Fax 3973, ≤ Allgäuer Berge — 🆅 ☎ ⓟ
⬥ *4. Nov.- 20. Dez. geschl.* — **M** a la carte 19/38 — **22 Z : 42 B** 30/39 - 60/78 Fb — ½ P 43/53.

OYBIN Sachsen siehe Zittau.

OYTEN Niedersachsen siehe Bremen.

PADERBORN 4790. Nordrhein-Westfalen 🐴🐴🐴 ⑮. 🐴🐴🐴 J 11 — 123 000 Ew — Höhe 119 m
✪ 05251.

Sehenswert : Dom★ -- Paderquellen★ — Diözesanmuseum (Imadmadonna★) Z **M.**

🛺 Paderborn-Sennelager (über ⑥), ℰ (05252) 33 74.

🛩 bei Büren-Ahden, SW : 20 km über ⑤, ℰ (02955) 7 70.

🛈 Verkehrsverein, Marienplatz 2a, ℰ 2 64 61.

ADAC, Kamp 9, ℰ 2 77 76, Notruf ℰ 1 92 11.

♦Düsseldorf 167 ⑤ — Bielefeld 45 ⑥ — Dortmund 101 ③ — ♦Hannover 143 ⑥ — ♦Kassel 92 ④.

Stadtplan siehe gegenüberliegende Seite.

🏨 **Arosa**, Westernmauer 38, ℰ 20 00, Telex 936798, Fax 200806, ☞, 🔳 — 🛗 ❄ Zim 🗐 Res
🆅 ⓟ — 🏊 25/140. 🆎 ⓞ 🄴 🆅🅸🆂🅰 ❄
M a la carte 40/63 — **100 Z : 150 B** 132/168 - 209/270 Fb.

🏠 **Ibis**, Paderwall 3, ℰ 2 50 31, Telex 936972, Fax 27179 — 🛗 🆅 ☎ ⇦ ⓟ — 🏊 40. 🆎 🄴 🆅
M a la carte 31/48 — **90 Z : 117 B** 109 - 151 Fb.

XX **Schweizer Haus**, Warburger Str. 99, ℰ 6 19 61 — ⓟ. 🄴
Samstag bis 18 Uhr und Sonntag geschl. — **M** a la carte 45/74.

XX Ratskeller, im Rathaus, ℰ 2 57 53 — 🗐 🔥

PADERBORN

BIELEFELD
AUTOBAHN A 33

DETMOLD 27 km

PADERQUELLEN ★
DOM ★

BAD DRIBURG 20 km
HÖXTER 55 km

WARBURG 42 km

AUTOBAHN (A 33) 8 km   BRILON 47 km   ADAC

XX **Zu den Fischteichen**, Dubelohstr. 92, ℰ 3 32 36, ╦ – ℗ – 🚗 25/120. **E**
Donnerstag geschl. – **M** a la carte 28/60.   über Fürstenweg   Y

XX **L'Amaretto** (Italienische Küche), Kasseler Str. 1, ℰ 2 64 45 – AE **E** VISA   Z e
Montag bis 18 Uhr geschl. – **M** a la carte 27/52.

X **Bistro Le Mans**, Hathumarstr. 1, ℰ 2 58 51, ╦ – AE ◑ **E** VISA   Y n
Sonntag - Montag 18 Uhr und 1.- 15. Sept. geschl. – **M** (abends Tischbestellung ratsam) a
la carte 33/72.

In Paderborn-Elsen ⑥ : 4,5 km :

🏨 **Kaiserpfalz**, von-Ketteler-Str. 20, ℰ (05254) 55 11, Fax 69657, ⇌ – TV 🕿 AE ◑ **E** VISA
M *(nur Abendessen, Samstag geschl.)* a la carte 30/46 – **24 Z : 32 B** 85 - 140 Fb.

In Paderborn-Schloß Neuhaus ⑥ : 5 km :

🏠 **Hellmann**, Neuhäuser Kirchstr. 19, ℰ (05254) 22 97
M *(Montag - Freitag nur Abendessen)* a la carte 23/44 – **20 Z : 28 B** 45/50 - 79/90 Fb.

In Borchen 2-Nordborchen 4799 ④ : 6 km :

🏠 **Haus Amedieck**, Paderborner Str. 7 (B 480), ℰ (05251) 3 94 24, Fax 391918 – TV 🕿 ℗. **E**
21. Dez.- 7. Jan. geschl. – **M** *(nur Abendessen, Freitag und Sonntag geschl.)* a la carte
24/51 – **41 Z : 70 B** 75/85 - 110/120.

🏠 **Pfeffermühle**, Paderborner Str. 66 (B 480), ℰ (05251) 3 94 45, ╤ – 🛗 TV 🕿 ℗
30 Z : 50 B Fb.

PANKER Schleswig-Holstein siehe Lütjenburg.

Verwechseln Sie nicht :

Komfort der Hotels	:	🏨🏨🏨 ... 🏠, 🏠
Komfort der Restaurants	:	XXXXX ... X
Gute Küche	:	✿✿✿, ✿✿, ✿, Menu

PAPENBURG 2990. Niedersachsen 987 ⑭ − 30 000 Ew − Höhe 5 m − 🕲 04961.

🏌 Papenburg-Aschendorf, 𝒫 7 48 11.

🛈 Verkehrsverein, Rathaus, Hauptkanal rechts, 𝒫 8 22 21.

♦Hannover 240 − Groningen 67 − Lingen 68 − ♦Oldenburg 69.

🏨 **Stadt Papenburg**, Am Stadtpark 25, 𝒫 41 64 (Hotel) 63 45 (Rest.), Fax 3471, �, ⇍s −
📺 ☎ 🄿 − 🏄 25/60. 🆎 ⓸ 🄴 𝘝𝘚𝘈
M a la carte 34/69 − **46 Z : 90 B** 84/90 - 135/160 Fb − 5 Appart. 180/205.

🏨 **Am Stadtpark**, Deverweg 27, 𝒫 41 45 − |☰| 📺 ☎ 🄿 − 🏄 60
33 Z : 58 B Fb.

🏠 **Engeln**, Mittelkanal rechts 97, 𝒫 7 18 59, Fax 72056 − 📺 ☎ 🄿. 🆎 ⓸ 🄴. 🌮
M a la carte 28/56 − **73 Z : 132 B** 45/90 - 80/180 Fb.

🏠 **Graf Luckner**, Hümmlinger Weg 2, 𝒫 77 50, Fax 75764 − ☎ 🄿 − 🏄 50/120
(nur Abendessen) − **24 Z : 42 B**.

In Papenburg 2-Herbrum SW : 9,5 km :

🏠 **Emsblick** 🌮, Fährstr. 31, 𝒫 (04962) 2 45, ≤, �, ⇍s, 🔲 − 📺 ☎ ⇎ 🄿
30 Z : 50 B Fb.

PAPPENHEIM 8834. Bayern ⓺⓵⓷ PQ 20. 987 ㉘ − 4 200 Ew − Höhe 410 m − Luftkurort
🕲 09143.

🛈 Fremdenverkehrsbüro, Graf-Karl-Str. 3, 𝒫 62 66.

♦München 134 − ♦Augsburg 76 − ♦Nürnberg 72 − ♦Ulm (Donau) 113.

🏠 **Sonne**, Deisinger Str. 20, 𝒫 5 44 − ☎
→ *Jan. 3 Wochen geschl.* − **M** *(Sonntag 14 Uhr - Montag geschl.)* a la carte 21/39 − **12 Z**
20 B 35/48 - 62/78 − ½ P 42/47.

🏠 **Pension Hirschen** garni, Marktplatz 4, 𝒫 4 34 − 🌮
10 Z : 19 B 42/45 - 80/84.

🏡 **Gästehaus Dengler** garni, Deisinger Str. 32, 𝒫 63 52 − ⇎. 🌮
9 Z : 18 B 32/34 - 60/64.

PARSBERG 8433. Bayern ⓺⓵⓷ S 19. 987 ㉗ − 5 400 Ew − Höhe 550 m − 🕲 09492.

♦München 137 − Ingolstadt 63 − ♦Nürnberg 64 − ♦Regensburg 42.

🏠 **Zum Hirschen**, Dr.-Schrettenbrunner-Str. 1, 𝒫 60 60, Fax 6737, �, ⇍s, 🎯 − ☎ ⇎ 🄿
→ − 🏄 25/100. 🄴
23. Dez.- 13. Jan. geschl. − **M** a la carte 19/45 − **80 Z : 130 B** 45/57 - 80/94 Fb.

PARSDORF Bayern siehe Vaterstetten.

PARTNACHKLAMM Bayern. Sehenswürdigkeit siehe Garmisch-Partenkirchen.

PASSAU 8390. Bayern ⓺⓵⓷ X 21. 987 ㉘㉙, ⓺⓶⓺ ⑦ − 51 000 Ew − Höhe 290 m − 🕲 0851.

Sehenswert : Lage** am Zusammenfluß von Inn, Donau und Ilz − Dom* (Chorabschluß**) B.
Ausflugsziele : Veste Oberhaus (B) ≤** auf die Stadt − Bayerische Ostmarkstraße * (b)
Weiden in der Oberpfalz.

🏌 Thyrnau-Raßbach (NO : 9 km über ②), 𝒫 (08501) 13 13.

🛈 Fremdenverkehrsverein, Rathausplatz 3, 𝒫 3 34 21, Fax 35107.

ADAC, Nikolastr. 2a, 𝒫 5 11 31, Telex 5 77 13.

♦München 192 ⑦ − Landshut 119 ⑤ − Linz 110 ④ − ♦Regensburg 118 ⑦ − Salzburg 142 ⑤.

Stadtplan siehe gegenüberliegende Seite.

🏨 **Holiday Inn**, Bahnhofstr. 24, 𝒫 5 90 00, Telex 57818, Fax 5900514, ≤, �, ⇍s, 🔲 −
🌮 Zim ▤ 📺 ♿ − 🏄 25/200. 🆎 ⓸ 🄴 𝘝𝘚𝘈   A
M a la carte 33/60 − **132 Z : 240 B** 145/160 - 213/278 Fb.

🏨 **Passauer Wolf**, Rindermarkt 6, 𝒫 3 40 46, Telex 57817, Fax 36757, ≤ − |☰| 📺 ☎ ⇎
🏄 25/50. 🆎 ⓸ 🄴   A
M *(Sonntag ab 15 Uhr geschl.)* a la carte 35/66 − **40 Z : 60 B** 95/150 - 140/210 Fb.

🏨 **König** garni, Untere Donaulände 1, 𝒫 3 50 28, Telex 57956, Fax 31784, ≤, ⇍s − |☰| 📺 ☎ ⇎
⇎ − 🏄 45. 🆎 ⓸ 🄴 𝘝𝘚𝘈   A
39 Z : 78 B 85/95 - 140/150 Fb.

🏨 **Wilder Mann - Restaurant Kaiserin Sissi**, Am Rathausplatz, 𝒫 3 50 71 (Hotel)
3 50 75 (Restaurant), Fax 31712, « Restauriertes Patrizierhaus, Glasmuseum », 🔲 − |☰| 📺
☎ − 🏄 70. 🆎 ⓸ 🄴 𝘝𝘚𝘈 🌮 Zim   B
M 43 (mittags) und a la carte 58/90 − **49 Z : 78 B** 60/120 - 100/200 Fb.

🏨 **Residenz** garni, Fritz-Schäffer-Promenade, 𝒫 3 50 05, Telex 57910, Fax 36757 − |☰| 📺
🆎 ⓸ 🄴 𝘝𝘚𝘈   B
März - Nov. − **49 Z : 93 B** 79 - 140 Fb.

🏨 **Dreiflüssehof**, Danziger Str. 42, 𝒫 5 10 10, Fax 72478, � − |☰| 📺 ☎ ⇎ 🄿 − 🏄 50
Nov. 3 Wochen geschl. − **M** *(Sonntag - Montag 16 Uhr geschl.)* a la carte 23/41 − **67 Z :**
130 B 55/70 - 95/120 Fb.   über ①

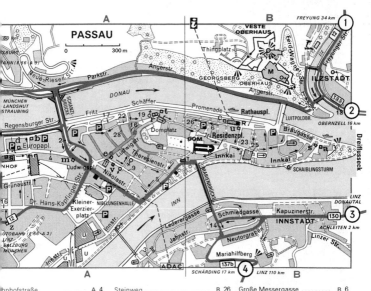

PASSAU

0 — 300 m

FREYUNG 34 km

VESTE OBERHAUS

Thingplatz

Ferd.-Wagner-Str.

ILZSTADT

Angerstr.

Neue-Riese-Str. Parkstr.

GEORGSBERG OBERHAUS

Angerstr.

DONAU Schäffer Promenade Rathauspl.

LUITPOLDBR.

OBERNZELL 16 km

Fritz Schäffer

MÜNCHEN LANDSHUT STRAUBING

Regensburger Str.

Bräugasse

Dreiflußeck

Domplatz DOM Residenzpl.

Europapl.

Ludwigstr. Theresienstr.

Innkai

Innkai

SCHAIBLINGSTURM

Grünaustr.

Dr. Hans-Kapfinger-Str. Nikolastr.

Kleiner Exerzier- platz

NIBELUNGENHALLE

INN

Lederergasse

Schmiedgasse

Kapuzinerstr.

LINZ DONAUTAL

LINZ DONAUTAL

INNSTADT

ACHLEITEN 2 km

AUTOBAHN (E 56-A 3) LINZ SALZBURG MÜNCHEN

Innstr.

Jahnstr.

Neutorgraben

Linzer Str.

Mariahilfberg

ADAC

SCHÄRDING 17 km

LINZ 110 km

🏨 **Weisser Hase,** Ludwigstr. 23, ℘ 3 40 66, Telex 57960, Fax 34069 – 📶 ☎ 🚗 – 🔺 25/100. 🆎 ⓞ 🇪 𝘝𝘐𝘚𝘈
M a la carte 24/46 🍴 – **117 Z : 210 B** 95 - 150.
A e

🏨 **Spitzberg** garni, Neuburger Str. 29, ℘ 5 70 15, Fax 57017, ☞ – 📺 ☎ 🚗 ⓞ 🇪 𝘝𝘐𝘚𝘈
29 Z : 60 B 60/75 - 110/140 Fb.
A z

🏨 **Donaulände** garni, Badhausgasse 1, ℘ 60 63 – 📶 ☎ 🚗. 🆎 ⓞ 🇪 𝘝𝘐𝘚𝘈
24 Z : 44 B 65/75 - 105/120 Fb.
A b

🏨 **Altstadt-Hotel Laubenwirt** ⤳, Bräugasse 27 (am Dreiflußeck), ℘ 33 70, Fax 337100, ←, 🏡 – 📶 📺 ☎ 🚗. 🆎 ⓞ 🇪 𝘝𝘐𝘚𝘈
M a la carte 27/63 – **40 Z : 78 B** 70/90 - 120/150 Fb.
B s

🏨 **Herdegen** garni, Bahnhofstr. 5, ℘ 5 69 95, Fax 54178 – 📶 📺 ☎ 🅿
34 Z : 60 B 60 - 120 Fb.
A m

🏨 **Zum König,** Rindermarkt 2, ℘ 3 40 98, Fax 34097, ←, 🏡 – 📶 📺 ☎ 🚗. 🆎 ⓞ 🇪 𝘝𝘐𝘚𝘈
M a la carte 21/47 – **20 Z : 40 B** 60/80 - 95/140 Fb.
A r

🏨 **Schloß Ort** ⤳, Ort 11 (am Dreiflußeck), ℘ 3 40 72 (Hotel) 3 33 31 (Rest.), ← – 📶 ☎ 🅿.
🆎 ⓞ 🇪 𝘝𝘐𝘚𝘈
B a
15. Jan.- 8. Feb. und 15. Nov.- 1. Dez. geschl. – **M** (Dienstag geschl.) a la carte 21/46 –
36 Z : 58 B 40/80 - 75/145.

✗ Heilig-Geist-Stift-Schenke, Heiliggeistgasse 4, ℘ 26 07, « Gaststätte a.d.J. 1358, Stiftskeller, Wachauer Garten »
A v

✗ **Johann-Strauß-Stüberl im Bahnhofrestaurant,** Bahnhofstr. 29, ℘ 5 13 67 – 🆎 ⓞ
🇪 𝘝𝘐𝘚𝘈
A s
M a la carte 22/39.

In Passau-Grubweg ② : 4 km :

🏨 **Firmiangut** ⤳, Firmiangut 12a, ℘ 4 19 55, Fax 49860, 🐎 – 📺 ☎ 🅿. 🆎 🇪
1.- 20. Jan. und Aug. 2 Wochen geschl. – (nur Abendessen für Hausgäste) – **27 Z : 47 B**
55/68 - 95/110 Fb.

In Passau-Kohlbruck ⑤ : 3 km :

🏨 **Albrecht,** Kohlbruck 18 (an der B 12), ℘ 5 10 11, Fax 70674, 🏡 – ⇆ Rest 📺 ☎ 🚗 🅿.
🆎 ⓞ 🇪 𝘝𝘐𝘚𝘈 ⛷
20. Dez.- 6. Jan. geschl. – **M** (Freitag geschl.) a la carte 20/37 – **36 Z : 72 B** 55/65 - 98/
110 Fb.

Fortsetzung →
663

PASSAU

In Passau 16-Rittsteig ⑥ : 7,5 km :

☆ **Rittsteig**, Alte Poststr. 58, ℰ 84 58 – ☎ ❻ **E**
↠ **M** *(Nov.- April Samstag geschl.)* a la carte 19/41 – **32 Z : 52 B** 45 - 84.

Außerhalb SW : 5 km über Innstraße A, nach dem Kraftwerk rechts ab :

⌂ **Abrahamhof** ॐ, Abraham 1, ⌧ 8390 Passau, ℰ (0851) 67 88, ≤, 余, ☛ – ☎ ❻
↠ **M** *(Montag geschl.)* a la carte 17/37 – **28 Z : 53 B** 35/50 - 75/85.

PATTENSEN 3017. Niedersachsen ⓐⓑⓒ M 10 – 14 000 Ew – Höhe 75 m – ❖ 05101.
♦Hannover 13 – Hameln 36 – Hildesheim 23.

⌂⌂ **Leine-Hotel**, Schöneberger Str. 43, ℰ 1 30 36, Fax 13367, ≘s – ⍚ ➾ Zim ⊤⊽ ☎ 占 ❻
⌂ 25/80. ⌶⌶ ⓞ **E** 𝘝𝘐𝘚𝘈
M a la carte 32/60 – **80 Z : 110 B** 99/259 - 165/345 Fb.

⌂ Zur Linde, Göttinger Str. 14 (B 3), ℰ 1 23 22, Fax 12332 – ⊤⊽ ☎ ❻
40 Z : 60 B Fb.

PEGNITZ 8570. Bayern ⓐⓑⓒ R 17, ⓖⓗⓘ ㉗ – 14 000 Ew – Höhe 424 m – Erholungsort – ❖ 092
🛈 Stadtverwaltung, Hauptstr. 37, ℰ 72 30.
♦München 206 – ♦Bamberg 67 – Bayreuth 33 – ♦Nürnberg 60 – Weiden in der Oberpfalz 55.

⌂⌂⌂ **Pflaums Posthotel**, Nürnberger Str. 14, ℰ 72 50, Telex 642433, Fax 404, 余, ₭₆, ≘s, ⬚
☛ – ⍚ ⊤⊽ ⇦ ❻ – ⌂ 25/80. ⌶⌶ ⓞ **E** 𝘝𝘐𝘚𝘈
M (Tischbestellung ratsam) a la carte 77/104 – *Posthalter-Stube* **M** 35 – **50 Z : 100**
169/386 - 210/590 Fb – 25 Appart. 470/985.

In Pegnitz-Hollenberg NW : 6 km :

⌂ **Landgasthof Schatz** ॐ, Hollenberg 1, ℰ 21 49, 余, ≘s – ⊤⊽ ☎ ⇦ ❻. ⅜ Zim
↠ Nov. geschl. – **M** *(nur Mittagessen, Montag geschl.)* a la carte 18/29 – **16 Z : 20 B** 46 - 88.

PEINE 3150. Niedersachsen ⓖⓗⓘ ⑮ ⑯ – 45 500 Ew – Höhe 67 m – ❖ 05171.
🛈 Verkehrsverein, Werderstr. 49, ℰ 4 06 78.
♦Hannover 39 – ♦Braunschweig 28 – Hildesheim 32.

⌂ Am Herzberg ॐ garni, Am Herzberg 18, ℰ 69 90 – ➾ Zim ⊤⊽ ☎ ⇦ ❻. ⅜
22 Z : 30 B.

⌂ Peiner Hof ॐ garni, Am Silberkamp 23, ℰ 1 50 92 – ☎ ⇦ ❻
16 Z : 20 B 60/90 - 110/140.

⌂ **Schützenhaus**, Schützenstr. 23, ℰ 1 52 09 – ☎. ⌶⌶ ⓞ **E** 𝘝𝘐𝘚𝘈
7. Juli - 7. Aug. geschl. – **M** *(Sonntag geschl.)* a la carte 26/56 – **9 Z : 13 B** 53/58 - 110.

In Peine-Stederdorf N : 3 km :

⌂ **Schönau**, Peiner Str. 17 (B 444), ℰ 30 26 – ⊤⊽ ☎ ❻
↠ 1.- 21. Aug. geschl. – **M** *(Samstag geschl.)* a la carte 20/48 – **24 Z : 35 B** 60/100 - 100/150.

In Ilsede 1-Groß Bülten 3152 S : 10 km :

✕✕ **Schuhmann - Gästehaus Ilsede** mit Zim, Triftweg 2, ℰ (05172) 60 88, Fax 5521 – ◀
⇦ ❻ – ⌂ 30/80
22. Juli - 11. Aug. geschl. – **M** *(Montag geschl.)* a la carte 28/62 – **12 Z : 20 B** 46/100
90/140.

In Wendeburg-Rüper 3304 NO : 9 km :

⌂ **Zum Jägerheim**, Meerdorfer Str. 40, ℰ (05303) 20 26, ≘s, ⬚ (Gebühr) – ⍚ ☎ 占 ❻
⌂ 25/60. ⅜
28. Dez.- 16. Jan. geschl. – **M** *(Montag geschl.)* a la carte 24/50 – **18 Z : 33 B** 60 - 110.

PEITING 8922. Bayern ⓐⓑⓒ P 23, ⓖⓗⓘ ㊱, ⓐⓑⓒ E 5 – 11 000 Ew – Höhe 718 m – Erholungso
– ❖ 08861.
🛈 Verkehrsverein, Hauptplatz 1, ℰ 65 35.
♦München 87 – Füssen 33 – Landsberg am Lech 30.

⌂ **Dragoner**, Ammergauer Str. 11 (B 23), ℰ 60 51, Fax 67758, 余, ≘s – ⍚ ☎ ❻ – ⌂ 35. ▮
↠ ⓞ **E** 𝘝𝘐𝘚𝘈
M a la carte 21/42 ⏦ – **51 Z : 95 B** 45/68 - 80/120 Fb – ½ P 58/86.

⌂ **Zum Pinzger**, Am Hauptplatz 9, ℰ 62 40, 余 – ⍚ ⊤⊽ ⇦ ❻. ⌶⌶ ⓞ **E** 𝘝𝘐𝘚𝘈. ⅜ Zim
↠ **M** a la carte 18/40 – **26 Z : 52 B** 36/56 - 62/110.

PELZERHAKEN Schleswig-Holstein siehe Neustadt in Holstein.

PENTLING Bayern siehe Regensburg.

ᴘᴇʀʟ 6643. Saarland **በ፬** C 18, **ᴬᴼᴮ** M 7, **ᴮᴬᴮ** ② − 6 500 Ew − Höhe 254 m − 🕲 06867.

ᴀusflugsziel : Nennig : Römische Villa (Mosaikfußboden ★★) N : 9 km.

Saarbrücken 72 − ♦Luxembourg 32 − Saarlouis 47 − ♦Trier 46.

🏠 **Hammes**, Hubertus-von-Nell-Str. 15, 𝒫 2 35, Fax 1240 − 🅿 **Ε**
→ 15.- 30. Juli geschl. − **M** (Mittwoch geschl.) a la carte 21/49 − **14 Z : 23 B** 40 - 80.

🏠 **Winandy**, Biringerstr. 2, 𝒫 3 64, 🌫 − ⇌ 🅿
→ Feb. geschl. − **M** (Montag geschl.) a la carte 21/38 − **10 Z : 20 B** 38 - 65.

ᴘᴇsᴛᴇɴᴀᴄᴋᴇʀ Bayern siehe Weil.

ᴘᴇᴛᴇʀsʙᴇʀɢ 6415. Hessen **በ፬** **ᴬᴼᴮ** M 15 − 13 000 Ew − Höhe 350 m − 🕲 0661 (Fulda).

Wiesbaden 147 − ♦ Frankfurt am Main 107 − Fulda 6 − ♦ Würzburg 114.

🏠 Hotel am Rathaus garni, Am neuen Garten 1, 𝒫 6 90 03, ⇌ − 🕿 ⇌ − **20 Z : 29 B** Fb.

In Petersberg 6-Almendorf NO : 2,5 km :

🏠 Berghof, Hubertusstr. 2, 𝒫 6 60 03, 🌫, ⇌, 🔳 − 📶 🕿 🅿 − 🔳 − **54 Z : 85 B** Fb.

In Petersberg 4-Horwieden O : 2 km :

🏠 **Horwieden**, Tannenküppel 2, 𝒫 6 50 01, Biergarten, ⇌, 🔳, ✵ (Halle) − 🕿 🅿
→ 24. Dez.- 20. Jan. geschl. − **M** (Sonntag 15 Uhr - Montag 17 Uhr geschl.) a la carte 20/41 −
22 Z : 31 B 30/45 - 60/80.

In Petersberg 3-Marbach N : 9 km :

🏦 Hahner, Bahnhofstr. 6, 𝒫 6 17 62 − ⇌ 🅿 − **22 Z : 32 B**.

ᴘᴇᴛᴇʀsʜᴀɢᴇɴ 4953. Nordrhein-Westfalen **ᴬᴮᴬ** ⑮, **በ፬** J 9 − 23 500 Ew − Höhe 45 m −
🕲 05707.

Düsseldorf 230 − ♦Bremen 90 − ♦Hannover 82 − ♦Osnabrück 78.

✗✗✗ **Schloß Petershagen** ⅏ mit Zim, Schloßstr. 5, 𝒫 3 46, ≼, 🌫, « Fürstbischöfliche
Residenz a.d. 14. Jh.; stilvolle Einrichtung », 🔳 (geheizt), 🐎, ✵ − 📺 🕿 🅿 − 🔳 30. ⬤
Ε ᴠɪsᴀ
Anfang Jan.- Anfang Feb. geschl. − **M** (auch vegetarische Gerichte) 30 (mittags) und a la
carte 52/77 − **11 Z : 19 B** 95/110 - 160/180 Fb.

In Petershagen 1-Wietersheim rechtes Weserufer :

🏠 Rasthaus Wietersheim, Lange Str. 49 (nahe der B 482), 𝒫 (05702) 90 39 − 📺 🕿 🅿
16 Z : 28 B.

ᴘᴇᴛᴇʀsᴛᴀʟ-ɢʀɪᴇsʙᴀᴄʜ, ʙᴀᴅ 7605. Baden-Württemberg **ᴬ፬Β** H 21, **ᴬᴮᴬ** ㉞ − 3 400 Ew −
Höhe 400 m − Heilbad − Kneippkurort − Wintersport : 700/800 m ⚡1 ⚡2 − 🕲 07806.

Kurverwaltung, Bad Peterstal, Schwarzwaldstr. 11, 𝒫 79 33, Fax 1040.

Stuttgart 115 − Freudenstadt 24 − Offenburg 34 − Strasbourg 48.

Im Ortsteil Bad Peterstal :

🏛 Hirsch, Insel 1, 𝒫 10 28, Biergarten, 🔳 − 📶 📺 🕿 🅿
45 Z : 73 B Fb − 8 Appart.

🏛 Bärenwirtshof, Schwimmbadstr. 4, 𝒫 10 74, « Gartenterrasse », Bade- und
Massageabteilung, ⬟, 🐎 − 📶 🕿 🅿 − **24 Z : 40 B** Fb.

🏠 **Kurhotel Faißt**, Am Eckenacker 5, 𝒫 5 22, Bade- und Massageabteilung, ⇌, 🔳 − 📶 🕿
🅿 − 🔳 25
M (Montag ab 14 Uhr und Nov.- Mitte Dez. geschl.) a la carte 25/50 − **25 Z : 45 B** 37/80 -
100/150 − ½ P 57/95.

🏠 **Hubertus** garni, Insel 3, 𝒫 5 95, ⇌, 🔳, 🐎 − ⇌ 🅿
5. Nov.- 15. Dez. geschl. − **16 Z : 24 B** 37/45 - 74/90.

🏠 **Schauinsland** ⅏, Forsthausstr. 21, 𝒫 81 91, ≼ Bad Peterstal, 🔳, 🐎 − 🅿
5. Nov.- 17. Dez. geschl. − (Restaurant nur für Hausgäste) − **12 Z : 24 B** 40/53 - 76/96 −
½ P 58/70.

🏦 **Schützen**, Renchtalstr. 21 (B 28), 𝒫 2 41, 🌫 − ✵ Zim
8. Jan.- 10. Feb. geschl. − **M** (Donnerstag geschl.) a la carte 25/47 🖞 − **11 Z : 20 B** 41/45 -
78/88.

Im Ortsteil Bad Griesbach :

🏛 **Kur- und Sporthotel Dollenberg** ⅏, Dollenberg 3, 𝒫 7 80, Fax 1272, ≼, Bade- und
Massageabteilung, ⬟, ⇌, 🔳, 🐎, ✵ − 📺 🕿 🅿 − 🔳 30. ⬤ **Ε ᴠɪsᴀ**
M a la carte 53/85 − **50 Z : 100 B** 68/93 - 132/240 Fb − ½ P 86/140.

🏠 **Adlerbad**, Kniebisstr. 55, 𝒫 10 71, 🌫, Bade- und Massageabteilung, ⇌ − 📶 📺 🕿 ⇌
🅿 **Ε**
25. Nov.- 19. Dez. geschl. − **M** (Mittwoch geschl.) a la carte 26/55 − **32 Z : 53 B** 62/75 -
100/120 Fb − ½ P 68/93.

🏠 **Döttelbacher Mühle**, Kniebisstr. 8, 𝒫 10 37, 🌫 − 📺 🕿 🅿
11. Nov.- 6. Dez. geschl. − **M** (Dienstag ab 13 Uhr geschl.) a la carte 23/54 🖞 − **16 Z : 28 B**
47/55 - 96/110 Fb − ½ P 54/68.

🏠 **Café Kimmig**, Kniebisstr. 57, 𝒫 10 55 − 🛗 ⇐⇒. **E**
M a la carte 25/45 − **11 Z : 22 B** 48/75 - 86/110 − ½ P 57/74.

🏠 **Hoferer** 🦢, Wilde Rench 29, 𝒫 85 66, 🏡 − 🛗 🅟
Mitte Nov.- Mitte Dez. geschl. − **M** *(Montag geschl.)* a la carte 23/46 − **14 Z : 23 B** 38/45 -
72/90.

🏡 **Herbstwasen** 🦢, Wilde Rench 68, 𝒫 6 27, ≤, 🚗 − ⇐⇒ 🅟
→ *25. Nov.- 23. Dez. geschl.* − **M** *(Mittwoch geschl.)* a la carte 20/38 − **18 Z : 30 B** 30/45 -
72/86.

Außerhalb SO : 5 km über die Straße nach Wolfach :

🏠 **Palmspring** 🦢, Palmspring 1, ✉ 7605 Bad Peterstal-Griesbach 1, 𝒫 (07806) 3 01, Fax 1282,
≤, 🏡, ⇐⇒, 🚗, ✂ − 📺 ☎ 🅟 ⑩ **E** 𝖵𝖨𝖲𝖠
8.- 27 Jan. geschl. − **M** *(Dienstag geschl.)* a la carte 26/52 ⅄ − **16 Z : 32 B** 47/55 - 90 -
100 Fb.

▮**PETTENDORF**▮ Bayern siehe Marquartstein bzw. Regensburg.

▮**PFABEN**▮ Bayern siehe Erbendorf.

▮**PFAFFENWEILER**▮ Baden-Württemberg siehe Ehrenkirchen.

▮**PFAHLDORF**▮ Bayern siehe Kipfenberg.

▮**PFALZGRAFENWEILER**▮ 7293. Baden-Württemberg ▮413▮ I 21, ▮987▮ ㊲ − 5 400 Ew − Höhe 635 -
− Luftkurort − ✿ 07445.
🛂 Kurverwaltung, im Haus des Gastes, Marktplatz, 𝒫 1 82 40.
◆Stuttgart 76 − Freudenstadt 16 − Tübingen 57.

🏠 **Schwanen**, Marktplatz 1, 𝒫 20 44, Fax 6821, ⇐⇒, 🚗 − 🛗 ☎ 🅟 − 🔥 30. **E**
7. Feb.- 3. März geschl. − **M** *(auch vegetarische Gerichte)* (Mittwoch geschl.) a la carte
22/49 ⅄ − **36 Z : 57 B** 50/68 - 96/125 Fb − ½ P 66/84.

🏡 Pfalzgraf, Bellingstr. 19, 𝒫 25 91, 🏡, 🚗 − ⇐⇒ 🅟
10 Z : 18 B.

In Pfalzgrafenweiler - Bösingen NO : 3 km :

🏨 **Mandelberg** 🦢, Finkenweg 4, 𝒫 20 41, Fax 6658, 🏡, ⇐⇒, 🚗 − ☎ ⇐⇒ 🅟 − 🔥 25/160,
→ ⑩ **E** 𝖵𝖨𝖲𝖠
M a la carte 21/52 ⅄ − **35 Z : 60 B** 75/85 - 110/130 Fb − ½ P 80/110.

In Pfalzgrafenweiler - Herzogsweiler SW : 4 km :

🏠 **Sonnenschein**, Birkenbuschweg 11, 𝒫 22 10, 🚗 − 🅟. **E**
Anfang Nov.- Mitte Dez. geschl. − (nur Abendessen für Hausgäste) − **33 Z : 55 B** 34/43 -
68/86 Fb − ½ P 52/60.

🏡 **Hirsch**, Alte Poststr. 20, 𝒫 22 91, 🚗 − ⇐⇒ 🅟
→ *Ende Okt.- Mitte Nov. geschl.* − **M** *(Montag geschl.)* a la carte 19/44 ⅄ − **28 Z : 45 B** 36/43 -
68/72 Fb.

In Pfalzgrafenweiler - Kälberbronn W : 7 km :

🏯 **Schwanen** 🦢, Große Tannenstr. 10, 𝒫 18 80, Fax 18899, 🏡, Bade- un
Massageabteilung, ⇐⇒, 🔲, 🚗 − 🛗 ⇐⇒ 🅟 − 🔥 25/50. ✾ Rest
Mitte Nov.- Mitte Dez. geschl. − **M** *(auch vegetarische Gerichte)* a la carte 28/65 − **55 Z** -
100 B 85/135 - 146/170 Fb.

🏨 **Waldsägmühle** 🦢, an der Straße nach Durrweiler (SO : 2 km), 𝒫 20 35, Fax 6750, 🏡
⇐⇒, 🔲, 🚗 − 🛗 📺 ☎ 🅟 − 🔥 25/70. ⑩ **E**
6. Jan.- 7. Feb. und Ende Okt.- Anfang Nov. geschl. − **M** *(Sonntag 17 Uhr - Montag geschl.)*
38/75 ⅄ − **38 Z : 69 B** 72/83 - 132/150 Fb − ½ P 92/104.

In Pfalzgrafenweiler - Neu-Nuifra SO : 5 km :

🏡 **Schwarzwaldblick**, Vörbacher Str. 3, ✉ 7244 Waldachtal 1, 𝒫 (07445) 24 79, 🚗 − 🅟
→ *Okt.- Nov. 4 Wochen geschl.* − **M** *(Montag geschl.)* a la carte 18/29 ⅄ − **17 Z : 34 B** 35 - 70.

▮**PFARRKIRCHEN**▮ 8340. Bayern ▮413▮ V 21, ▮987▮ ㊳, ▮426▮ ⑥ − 10 300 Ew − Höhe 380 m − ✿ 0856
🚉 beim Bahnhof Kaismühle (W : 2 km), 𝒫 (08561) 28 61.
◆München 135 − Landshut 70 − Passau 58.

🏠 **Ederhof**, Zieglstadl 1a, 𝒫 17 50, 🏡 − 🛗 ☎ 🅟. **E**
→ **M** *(Sonntag ab 14 Uhr geschl.)* a la carte 20/38 − **18 Z : 36 B** 49 - 78 Fb.

✗✗ **Casa Toscana** (Italienische Küche), Ringstr. 14, 𝒫 26 53 − 🆎 ⑩ **E** 𝖵𝖨𝖲𝖠
Montag geschl. − **M** a la carte 29/53.

FEDELBACH 7114. Baden-Württemberg **408** L 19 − 7 100 Ew − Höhe 237 m − 🖸 07941 hringen).

tuttgart 72 − Heilbronn 32 − Schwäbisch Hall 33.

🏠 Schellhorn, Max-Eyth-Str. 8, ℘ 70 03, ⭐s − |≱| 📺 ☎ 🅿 − 🔬 25/50 − **33 Z : 50 B** Fb.

In Pfedelbach-Untersteinbach SO : 8 km − Erholungsort :

🏠 **Gästehaus Karin** ⚲, In der Heid 3, ℘ (07949) 6 70, ⭐s, 🚗 − 🅿
(Restaurant nur für Hausgäste) − **12 Z : 19 B** 40 - 64.

FEFFENHAUSEN 8308. Bayern **408** S 20,21 − 4 200 Ew − Höhe 434 m − 🖸 08782.
München 85 − Landshut 24 − ✦Regensburg 61.

🟡 Brauerei-Gasthof Pöllinger, Moosburger Str. 23, ℘ 16 70, Biergarten − 🅿 − **13 Z : 26 B**.

FINZTAL Baden-Württemberg siehe Karlsruhe.

FOFELD Bayern siehe Gunzenhausen.

FORZEN Bayern siehe Kaufbeuren.

FORZHEIM 7530. Baden-Württemberg **408** J 20, **987** ㉟ − 105 500 Ew − Höhe 280 m −
🖸 07231 − Sehenswert : Reuchlinhaus AB **M** − Technisches Museum A**M**.

Ölbronn-Dürrn (NO : 9 km), Karlshäuser Hof, ℘ (07237) 91 00.

Stadtinformation, Marktplatz 1, ℘ 39 21 90 − ADAC, Bahnhofstr. 14, ℘ 1 30 55, Notruf ℘ 1 92 11.

tuttgart 53 ② − Heilbronn 82 ② − ✦Karlsruhe 36 ⑤.

Stadtplan siehe nächste Seite.

🏨 **Maritim Hotel Goldene Pforte**, Hohenstaufenstr. 6, ℘ 3 79 20, Fax 3792144, 🍴, ⭐s,
📉 − |≱| 📺 ⟷ − 🔬 25/300. 🆎 ⓞ 🅴 𝐕𝐈𝐒𝐀
M a la carte 43/76 − **115 Z : 219 B** 165/235 - 228/308 Fb. B s

🏨 **Ruf** garni, Bahnhofplatz 5, ℘ 10 60 11, Telex 783843, Fax 33139 − |≱| 📺 ☎. 🆎 ⓞ 🅴 𝐕𝐈𝐒𝐀
53 Z : 84 B 122/135 - 150/190 Fb. B a

🏨 Mönchs Schloßhotel, Lindenstr. 2, ℘ 1 60 51, Telex 783999 − |≱| 📺 ☎ B e
32 Z : 40 B Fb.

🏠 Gute Hoffnung garni, Dillsteiner Str. 9, ℘ 2 20 11, Telex 783912 − ☎ ⟷ A v
23 Z : 34 B.

🏠 **City** garni, Bahnhofstr. 8, ℘ 35 80 11 − |≱| 📺 ☎. 🆎 🅴 𝐕𝐈𝐒𝐀 B b
20 Z : 27 B 99/125 - 165/180.

XX **Goldener Bock**, Ebersteinstr. 1, ℘ 1 51 23 − 🆎 🅴 B c
Donnerstag - Freitag 17 Uhr, Juli - Aug. 3 Wochen und 27. Dez.- 10. Jan. geschl. − Menu
(abends Tischbestellung ratsam) a la carte 34/63.

XX **L'escale** (kleines Restaurant im Bistro-Stil), Parkstr. 16, ℘ 3 49 32, Fax 357301 − 🆎 ⓞ 🅴
𝐕𝐈𝐒𝐀 ⚘ B t
nur Abendessen, Dienstag und 31. Juli - 3. Sept. geschl. − **M** (Tischbestellung erforderlich)
a la carte 68/90.

XX Ratskeller, Marktplatz 1 (Rathaus), ℘ 10 12 22, 🍴 − ♿ B R

In Pforzheim-Brötzingen über ④ :

XX **Silberburg**, Dietlinger Str. 27, ℘ 4 11 59. 🅴
Montag - Dienstag 18 Uhr und Mitte Juli - Mitte Aug. geschl. − **M** a la carte 50/76.

In Pforzheim-Büchenbronn SW : 5 km über Kaiser-Friedrich-Str. A :

XX **Adler**, Lerchenstr. 21, ℘ 7 12 25, 🍴 − 🅿. ⓞ 🅴
*Sonn- und Feiertage ab 15 Uhr, Montag, Anfang Jan. 1 Woche, über Fasching sowie Mitte
Juli - Mitte Aug. geschl. −* **M** a la carte 27/59.

In Pforzheim-Dillweißenstein über ④ :

X **Trattoria Ballotta** (Italienische Küche), Hirsauer Str. 211 (B 463), ℘ 7 46 70, 🍴 − 🅿
Dienstag und 1.- 23. Sept. geschl. − **M** a la carte 38/60.

In Pforzheim-Eutingen ② : 3 km :

🟡 Stadt Pforzheim - Bären, Hauptstr. 70, ℘ 5 13 55 − 🅿 − 🔬 25/220 − **20 Z : 30 B**.

An der Straße nach Huchenfeld ③ : 4 km :

XX **Hoheneck**, Huchenfelder Str. 70, ℘ 7 16 33, 🍴 − 🅿. 🆎 ⓞ 🅴 𝐕𝐈𝐒𝐀
M a la carte 35/60.

An der Autobahnausfahrt Pforzheim-Ost ② : 6 km :

🏨 **Queens Hotel Niefern**, Pforzheimer Str. 52, ✉ 7532 Niefern-Öschelbronn,
℘ (07233) 12 11, Telex 783905, Fax 5365, 🍴 − |≱| ⭐ Zim 📺 ☎ 🅿 − 🔬 25/60. 🆎 ⓞ 🅴
𝐕𝐈𝐒𝐀
M a la carte 42/75 − **69 Z : 100 B** 145 - 198/249 Fb.

PFORZHEIM

Leopoldstraße . . . . B 18

Östliche Karl-
Friedrich-Straße . . . . . . B

Westliche Karl-
Friedrich-Straße . . . . . . A

Am Waisenhausplatz . . . B 2

In Birkenfeld 7534 ④ : 6,5 km :

XX **Zur Sonne** mit Zim, Dietlinger Str. 134, ℘ (07231) 4 78 24, « Gemütliche Einrichtung » -
TV ☎ ℗
Ende Juli - Anfang Aug. geschl. — M *(Mittwoch 14 Uhr - Donnerstag geschl.)* a la cart
44/70 **— 5 Z : 8 B** 70 - 130.

In Neulingen-Bauschlott 7531 ① : 10 km :

▥ **Goldener Ochsen**, Brettener Str. 1, ℘ (07237) 2 25, Biergarten — ℗ — 🎿 40
M *(auch vegetarische Gerichte)* (Montag bis 17 Uhr und Dienstag geschl.) a la carte 26/5
— 15 Z : 25 B 50/65 - 90.

In Wimsheim 7251 SO : 12 km über St.-Georgen-Steige B :

XX **Widmann - Le Gourmet**, Austr. 48, ℘ (07044) 4 13 23 — ℗ AE E
Montag, Jan.- Feb. 1 Woche und Juli - Aug. 3 Wochen geschl. — M a la carte 50/73.

PFRONTEN 8962. Bayern **413** O 24, **987** ⑧, **426** D 6 – 7 500 Ew – Höhe 850 m – Luftkurort – Wintersport : 840/1 840 m ⬥2 ⬥15 ⬥7 – ☺ 08363.

Verkehrsamt, Haus des Gastes, Pfronten-Ried, Vilstalstraße, ℘ 50 44.

München 131 – Füssen 12 – Kempten (Allgäu) 29.

Hotels und Restaurants : Außerhalb der Saison variable Schließungszeiten

In Pfronten-Dorf :

🏨 **Bavaria** ॐ, Kienbergstr. 62, ℘ 50 04, Fax 6815, ≤, Bade- und Massageabteilung, ≘s, ⬛ (geheizt), ⬛, ☞ ⇦ ❀ ➋ – ⌂ 25. 🝆
M *(nur Abendessen)* a la carte 44/65 – **51 Z : 100 B** 100/120 - 200/240 Fb – 3 Appart. 330.

🏠 **Haus Achtal** ॐ garni, Brentenjochstr. 4, ℘ 83 29, ≤, ≘s, ⬛, ☞, ❀ – ☎ ➋
Nov.- 20. Dez. geschl. – **16 Z : 26 B** 35/50 - 80/90.

In Pfronten-Halden :

🏨 **Zugspitzblick** ॐ garni, Edelsbergweg 71, ℘ 50 75, ≤ Tannheimer Gruppe und Pfronten, ≘s, ⬛ (geheizt), ⬛, ☞ – ☎ ☎ ⇦
Nov.- 15. Dez. geschl. – **51 Z : 110 B** 35/85 - 80/130.

In Pfronten-Heitlern :

🏠 **Café am Kurpark** ॐ garni, Schlickestr. 11, ℘ 81 12, ☞ – ➋. **E**. ❀
14 Z : 22 B 47/56 - 86/110.

In Pfronten-Meilingen :

🏠 **Alpenhotel** ॐ, Falkensteinweg 9, ℘ 50 55, ≤, ≘s, ⬛, ☞ – ☎ ☎ ➋
23 Z : 45 B Fb.

🏠 **Berghof** ॐ, Falkensteinweg 13, ℘ 50 17, ≤ Pfronten mit Kienberg und Breitenberg, 🍽, ≘s – ☎ ➋
29 Z : 50 B Fb – 6 Fewo.

🏠 **In der Sonne** ॐ, Neuer Weg 14, ℘ 50 19, 🍽, ≘s, ☞ – ☎ ⇦ ➋. ❀ Zim
5. Nov.- 15. Dez. geschl. – **M** *(Dienstag geschl.)* a la carte 23/40 ⅃ – **20 Z : 35 B** 55/60 - 90/116 Fb – 2 Fewo 95 – ½ P 62/78.

In Pfronten-Obermeilingen :

🏠 **Berghotel Schloßanger-Alp** ॐ, Am Schloßanger 1, Höhe 1 130 m, ℘ 60 86, Fax 6667, ≤ Tiroler Berge, 🍽, ≘s, ☞ – ⬛ ☎ ⇦ ➋. 🝆 ⓞ **E** 𝚅𝙸𝚂𝙰
24. Nov.- 20. Dez. geschl. – **M** *(Okt.- Mai Dienstag geschl.)* a la carte 24/55 – **14 Z : 30 B** 60/100 - 110/140 Fb – 16 Fewo 77/136 – ½ P 78/123.

In Pfronten-Ried :

🏠 **Haus Manhard** ॐ garni, Birkenweg 21, ℘ 66 38, ≘s, ☞ – ☎ ➋
Ende Okt.- Mitte Dez. geschl. – **18 Z : 31 B** 50 - 80.

✗ **Kutschers Einkehr**, Allgäuer Str. 37 (1. Etage), ℘ 82 29, 🍽
Dienstag und April 3 Wochen geschl. – **M** a la carte 25/45.

In Pfronten-Röfleuten :

🏠 **Frisch** ॐ, Zerlachweg 1, ℘ 50 89, ≤, 🍽, ≘s, ⬛, ☞ – ▮ ☎ ᕶ ⇦ ➋. 🝆 **E**
⬥ *4. Nov.- 15. Dez. geschl.* – **M** *(Mittwoch geschl.)* a la carte 25/42 – **34 Z : 58 B** 53/60 - 93/104 Fb – ½ P 65/77.

In Pfronten-Steinach :

🏨 **Chesa Bader** ॐ garni, Enzianstr. 12, ℘ 83 96, « Chalet mit rustikal-behaglicher Einrichtung », ≘s, ⬛, ☞ – ⬛ ☎ ⇦ ➋. ❀
15. Nov.- 15. Dez. geschl. – **8 Z : 16 B** 60/65 - 102/120.

In Pfronten-Weißbach :

🏨 **Post**, Kemptener Str. 14, ℘ 50 32, ≘s – ⬛ ☎ ⇦ ➋
37 Z : 74 B – 7 Fewo.

🏨 **Parkhotel Flora** ॐ, Auf der Geigerhalde 43, ℘ 50 71, Fax 1002, ≤ Allgäuer Berge, 🍽 – ☎ ➋. 🝆 ⓞ **E** 𝚅𝙸𝚂𝙰 ❀ Rest
Mitte Nov.- Mitte Dez. geschl. – **M** a la carte 24/52 – **57 Z : 100 B** 68/82 - 114/122 Fb – ½ P 78/89.

PFULLENDORF 7798. Baden-Württemberg **418** K 23, **987** ⑧, **427** L 2 – 10 500 Ew – Höhe 650 m – ☺ 07552.

Kultur- und Verkehrsamt, Marktplatz (Rathaus), ℘ 26 11 60.

Stuttgart 123 – ♦Freiburg im Breisgau 137 – ♦Konstanz 62 – ♦Ulm (Donau) 92.

🏠 **Adler**, Heiligenberger Str. 20, ℘ 80 54 – ▮ ⬛ ☎ ➋. ⓞ **E** 𝚅𝙸𝚂𝙰
M *(auch vegetarische Gerichte)* a la carte 33/62 – **28 Z : 46 B** 73/85 - 120/160 Fb.

🏠 **Krone**, Hauptstr. 18, ℘ 81 11, Fax 8358 – ⬛ ☎ ⇦. 🝆 ⓞ **E** 𝚅𝙸𝚂𝙰
22. Dez.- 15. Jan. geschl. – **M** a la carte 27/50 ⅃ – **25 Z : 48 B** 55/75 - 90/120 Fb.

🏠 **Stadtblick** garni, Am Pfarrösche 2/1, ℘ 3 11 – ⬛ ☎ ⇦ ➋. ❀
über Fastnacht 1 Woche geschl. – **14 Z : 27 B** 65 - 110.

PFULLINGEN 7417. Baden-Württemberg 四〇❸ K 21. 日日日 ㉟ − 16 000 Ew − Höhe 426 m
❸ 07121 (Reutlingen).

♦Stuttgart 53 − Reutlingen 4 − ♦ Ulm (Donau) 78.

  🏠   **Engelhardt** garni, Hauffstr. 111, ℘ 7 70 38, Fax 790287, ⇌ − 🛗 📺 ☎ ⇐⇒ 📵. 𝔸𝔼 ⓞ
   <u>VISA</u>
   58 Z : 95 B 70/95 - 100/130 Fb.

  💥   **Waldcafé**, Vor dem Urselberg 1 (O : 2 km), ℘ 7 10 81, ⩽ Pfullingen, � − 📵
   Donnerstag und 28. Jan.- Feb. geschl. − **M** a la carte 27/57.

PFUNGSTADT 6102. Hessen 日日日 ㉟. 四〇❷ 四〇❸ I 17 − 24 000 Ew − Höhe 103 m − ❸ 06157.

♦Wiesbaden 52 − ♦Darmstadt 10 − Mainz 45 − ♦Mannheim 45.

  🏠   Rheinischer Hof, Rheinstr. 40, ℘ 60 76 − 📺 ☎ 📵
   14 Z : 22 B.

  🏡   **Weingärtner** ⑤ garni, Sandstr. 26, ℘ 29 58 − 📵
   39 Z : 61 B 41/70 - 62/98.

  💥💥   Kirchmühle, Kirchstr. 31, ℘ 68 20, « Originelle Einrichtung aus Teilen einer alten Mühle »
   (Tischbestellung ratsam).

  💥   **Restaurant VM** (kleines Restaurant im Bistrostil), Borngasse 16 (Zentrum am Rathaus)
   ℘ 8 54 40
   Samstag und Montag nur Abendessen, Sonntag sowie März - April und Sept.- Okt. jeweils
   Wochen geschl. − Menu (Tischbestellung ratsam) 31/68.

  ### *An der Autobahn A 67 :*

  🏡   Raststätte und Motel (Ostseite), ✉ 6102 Pfungstadt, ℘ (06157) 30 31, � − 🛗 ☎ ⇐⇒ 📵
   50 Z : 72 B.

PHILIPPSREUT 8391. Bayern 四〇❸ X 20. 四❷❻ ⑦ − 900 Ew − Höhe 778 m − ❸ 08550.

🅱 Verkehrsamt, Hauptstr. 11, ℘ 2 65.

♦München 221 − Grafenau 30 − Passau 49.

  In Philippsreut-Mitterfirmiansreut NW : 5 km − Erholungsort − Wintersport 940/1140
  ⚡5 ⵑ2 :

  🏡   Almberg ⑤, Hauptstr. 60, ℘ (08557)3 61, ⩽, �, ⇌, 🖾, 🖛 − 📺 ☎ 📵
   40 Z : 80 B Fb.

  🏡   **Sporthotel Mitterdorf** ⑤ garni, Hauptstr. 54, ℘ (08557) 7 33, ⩽, ⇌, 🖛, 💥 (Halle)
   ⇐⇒ 📵
   Nov.- 20. Dez. geschl. − **30 Z : 50 B** 40/50 - 100/114.

PHILIPPSTHAL 6433. Hessen 四〇❷ N 14 − 5 400 Ew − Höhe 226 m − Erholungsort − ❸ 0662

♦Wiesbaden 190 − Fulda 77 − Bad Hersfeld 26.

  🏛   **Hessisches Wappen**, Rathausstr. 14, ℘ 2 09, ⇌, 🖛 − 📵
  ➡   *Juli 2 Wochen geschl.* − **M** *(Montag - Freitag nur Abendessen)* a la carte 19/40 − **11 Z**
   20 B 35/40 - 70/80.

PIDING 8235. Bayern 四〇❸ V 23. 四❷❻ ⑲ − 4 300 Ew − Höhe 457 m − Luftkurort − ❸ 08651 (B
Reichenhall).

🅱 Verkehrsamt, Thomastr. 2 (Rathaus), ℘ 38 60.

♦München 128 − Bad Reichenhall 9 − Salzburg 13.

  In Piding - Högl N : 4 km :

  🏠   **Berg- und Sporthotel Neubichler Alm** ⑤, Kleinhögl 87, Höhe 800 m, ℘ (08656) 8 7
   Fax 1233, ⩽ Salzburg und Berchtesgadener Land, �, ⇌, 🖾, 🖛, 💥, ⵑ − 🛗 ☎ 📵
   🅰 25/60. ⓞ 𝔼 <u>VISA</u>
   M a la carte 29/52 − **60 Z : 120 B** 75/120 - 125/175 Fb − ½ P 95/135.

  In Piding-Mauthausen :

  🏡   **Pension Alpenblick** ⑤, Gaisbergstr. 9, ℘ 43 60, ⇌, 🖛 − ☎ 📵. 💥
   (nur Abendessen für Hausgäste) − **17 Z : 36 B** 53/58 - 78/112.

PINNEBERG 2080. Schleswig-Holstein 日日日 ⑤ − 38 200 Ew − Höhe 11 m − ❸ 04101.

ADAC, Saarlandstr. 18, ℘ 2 22 23.

♦Kiel 89 − ♦Bremen 128 − ♦Hamburg 18 − ♦Hannover 173.

  🏠   **Cap Polonio** ⑤, Fahltskamp 48, ℘ 2 24 02, �, « Festsaal mit Original-Einrichtung de
   Dampfers Cap Polonio » − 🛗 📺 ☎ ⒦ 📵 − 🅰 25/150. 𝔸𝔼
   M a la carte 32/68 − **48 Z : 94 B** 86/99 - 130/148 Fb.

✆ 06331 − Sehenswert : Deutsches Schuhmuseum★ M.

essegelände Wasgauhalle, ✆ 6 40 41, Telex 452468.

Verkehrsamt, Messehaus, Dankelsbachstr. 19, ✆ 8 44 44.

)AC, Schloßstr. 6, ✆ 6 44 40, Telex 452348.

ainz 122 ① − Kaiserslautern 36 ① − Landau in der Pfalz 46 ② − ◆Saarbrücken 63 ①.

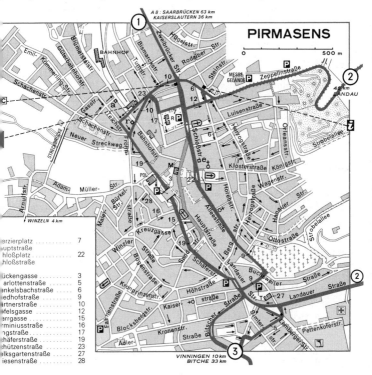

A 8 : SAARBRÜCKEN 63 km
KAISERSLAUTERN 36 km

PIRMASENS

VINNINGEN 10 km
BITCHE 33 km

WINZELN 4 km

erzierplatz 7
uptstraße
hloßplatz 22
hloßstraße

ückengasse 3
arlottenstraße 5
nkelsbachstraße 6
iedhofstraße 9
irtnerstraße 10
ifelsgasse 12
arrgasse 15
rminiusstraße 16
ngstraße 17
häferstraße 19
hützenstraße 23
lksgartenstraße 27
iesenstraße 28

🏨 **Matheis,** Bahnhofstr. 47, ✆ 6 30 75, Telex 452504, Fax 97764, 😂, 🈁, 🔲 − 📶 📺 ☎ ⇔
   − 🛎 25/100. 🆎 ⓞ ᴇ 𝚅𝙸𝚂𝙰   **a**
   27. Dez.- Anfang Jan. geschl. − **M** *(Samstag und Juli 2 Wochen geschl.)* 15/26 (mittags)
   und a la carte 25/60 ⅃ − **75 Z : 105 B** 45/60 - 66/100 Fb.

🏨 **Hans-Sachs-Hof,** Schloßstr. 59, ✆ 7 00 91, Telex 452428 − 📶 🍽 Rest ☎ Ⓟ − 🛎 25/60.
   🆎 ⓞ ᴇ 𝚅𝙸𝚂𝙰. ⅌ Rest   **e**
   M *(Sonntag geschl.)* a la carte 30/62 ⅃ − **75 Z : 115 B** 75/95 - 98/220 Fb.

🏠 **Wasgauland** garni, Bahnhofstr. 35, ✆ 6 60 23 − 📶 ☎ ⇔ Ⓟ. 🆎 ⓞ ᴇ 𝚅𝙸𝚂𝙰   **r**
   44 Z : 66 B 65 - 98/113 Fb.

   In Pirmasens 17 - Winzeln W : 4 km über Winzler Str. oder Arnulfstr. :

🏨 **Kunz,** Bottenbacher Str. 74, ✆ 9 80 53, 🈁, 🔲 − 📺 ☎ ⇔ Ⓟ − 🛎 25/100. ⓞ ᴇ 𝚅𝙸𝚂𝙰.
◆ ⅌ Rest
   24. Dez.- 5. Jan. geschl. − **M** *(Freitag - Samstag 18 Uhr und 5.- 21. Juli geschl.)* a la carte
   19/56 ⅃ − **42 Z : 80 B** 45/70 - 90/110 Fb.

   In Obersimten 6781 ③ : 5 km :

🏠 Berghof, Hauptstr. 1, ✆ (06331) 4 59 76, 😂, 🐎 − 📺 Ⓟ − **8 Z : 12 B**.

PLÄTTIG Baden-Württemberg siehe Schwarzwaldhochstraße.

PLAIDT 5472. Rheinland-Pfalz 412 F 15 − 5 500 Ew − Höhe 110 m − ✆ 02632 (Andernach).
ainz 109 − ◆Bonn 63 − ◆Koblenz 19.

🏠 Geromont, Römerstr. 3a, ✆ 60 55 − 📺 ☎ ⇔ Ⓟ
   (nur Abendessen) − **29 Z : 70 B** Fb.

PLANEGG Bayern siehe Gräfelfing.

PLATTLING 8350. Bayern 413 V 20. 987 ㉘ − 10 400 Ew − Höhe 320 m − 🕾 09931.
◆München 134 − Deggendorf 12 − Landshut 65 − Passau 53 − ◆Regensburg 71.

🏠 **Zur Grünen Isar**, Passauer Str. 2, 𝒫 24 17, 🍴 − 🛗 📺 ☎ 🝥 ⊙ 🈺 🗺️
◆ **M** *(Donnerstag geschl.)* a la carte 19/42 − **40 Z : 70 B** 59/80 - 96/120 Fb.

🏠 **Bahnhof-Hotel Liebl**, Bahnhofsplatz 3, 𝒫 24 12, 🍴 − 🚗 🅿 🈺 ⊙ 🄴 🗺️
◆ **M** *(Freitag geschl.)* a la carte 17/46 − **43 Z : 50 B** 31/45 - 55/110 Fb.

In Plattling-Altholz NO : 7 km :

❌❌ Reiter Stuben Hutter, 𝒫 (0991) 73 22, 🍴 − 🅿. 🛝.

PLAUEN 9900 Sachsen 984 ⑦, 987 ⑦ − 74 000 Ew − Höhe 350 m − 🕾 003775.
🛈 Plauen-Information, Rädelstr. 2, 𝒫 2 49 45.
◆Berlin - Ost 300 − Bayreuth 105 − Chemnitz 80 − Erfurt 144.

🏠 **Gästehaus Echo**, Alte Pausaer Str. 169, 𝒫 2 21 01, 🐎 − 🅿 − 🔏 25. 🛝
◆ **M** a la carte 14/27 − **20 Z : 37 B** 69/126 - 126 Fb − 9 Appart. 195/400.

🏩 **Frankfurter Hof** garni, Friedensstr. 35, 𝒫 2 45 36
13 Z : 23 B 55/90 - 105/110.

❌ **Ratskeller**, Herrenstr. 1, 𝒫 2 49 02
◆ **M** a la carte 15/25.

PLECH 8571. Bayern 413 R 18 − 1 200 Ew − Höhe 461 m − Erholungsort − 🕾 09244 (Betzenstei
◆München 192 − Bayreuth 40 − ◆Nürnberg 46.

In Plech-Bernheck NO : 2,5 km :

🏠 **Veldensteiner Forst** 🛝, 𝒫 4 14, 🍴, 🖘, 🔲, 🐎 − 📺 ☎ 🚗 🅿 − 🔏 25/50. 🈺 ⊙
◆ 🗺️. 🛝
Mitte Feb.- Mitte März geschl. − **M** *(Montag geschl.)* a la carte 21/47 ♨ − **35 Z : 56 B** 44/
- 86/100 Fb.

PLEINFELD 8835. Bayern 413 PQ 19 − 6 000 Ew − Höhe 371 m − 🕾 09144.
🛈 Verkehrs- und Reisebüro, Marktplatz 11, 𝒫 67 77.
◆München 140 − Donauwörth 49 − Ingolstadt 60 − ◆Nürnberg 46.

🏨 **Landhotel Der Sonnenhof** 🛝, Badstr. 11, 𝒫 5 41, Telex 625112, Fax 6463, 🍴, 🖘 −
☎ 🅿 − 🔏 25/100. 🈺 ⊙ 🄴 🗺️
M a la carte 31/66 − **54 Z : 104 B** 98 - 144/168 Fb.

🏩 **Zum Blauen Bock**, Brückenstr. 5, 𝒫 18 51 − 🅿
◆ 24. Dez.- 6. Jan. geschl. − **M** *(nur Abendessen, Mittwoch geschl.)* a la carte 18/24 − **15 Z**
31 B 35 - 60 Fb.

❌❌ **Landgasthof Siebenkäs** mit Zim, Kirchenstr. 1, 𝒫 82 82, 🍴 − ☎. 🄴
2.- 14. Jan. und 29. Juli - 12. Aug. geschl. − **M** *(Montag geschl.)* a la carte 30/63 − **4 Z : 6**
65/80 - 115.

PLEISWEILER-OBERHOFEN Rheinland-Pfalz siehe Bergzabern, Bad.

PLETTENBERG 5970. Nordrhein-Westfalen 987 ㉔, 412 G 13 − 28 200 Ew − Höhe 210 m −
🕾 02391.
◆Düsseldorf 117 − Arnsberg 43 − Hagen 50 − Lüdenscheid 23 − Olpe 29.

❌❌ **Berghaus Tanneneck**, Brachtweg 61, 𝒫 33 66, ≤ Plettenberg und Ebbegebirge − 🅿
Anfang - Mitte Jan. und Dienstag geschl. − **M** a la carte 29/55.

PLEYSTEIN 8481. Bayern 413 U 18 − 2 500 Ew − Höhe 549 m − Erholungsort − Winterspor
600/800 m ≰1 ≰4 − 🕾 09654.
🛈 Rathaus, Neuenhammer Str. 1, 𝒫 4 62.
◆München 216 − ◆Nürnberg 116 − ◆Regensburg 94 − Weiden in der Oberpfalz 23.

🏩 **Zottbachhaus** 🛝, Gut Peugenhammer (N : 2 km), 𝒫 2 62, 🍴, 🐎 − 🅿. 🛝
Nov.- 25. Dez. geschl. − **M** *(Montag geschl.)* a la carte 22/42 − **12 Z : 24 B** 30/45 - 70/90.

🏩 Weißes Lamm, Neuenhammer Str. 11, 𝒫 2 73, 🐎 − 🚗 🅿. 🛝 Zim
25 Z : 44 B.

PLIEZHAUSEN 7401. Baden-Württemberg 413 K 21 − 6 700 Ew − Höhe 350 m − 🕾 07127.
◆Stuttgart 32 − Reutlingen 8,5 − ◆Ulm (Donau) 80.

🏨 **Schönbuch-Hotel** 🛝, Lichtensteinstr. 45, 𝒫 72 86, Fax 7710, ≤ Schwäbische Alb, 🖘
🔲, 🐎 − 🛗 📺 ☎ ♿ 🚗 🅿 − 🔏 25/100. 🈺 ⊙ 🄴 🗺️
Aug. 2 Wochen geschl. − **M** a la carte 43/75 − **31 Z : 42 B** 140/180 - 220/250 Fb.

PLOCHINGEN 7310. Baden-Württemberg **413** L 20, **987** ㉟ − 12 100 Ew − Höhe 276 m −
☎ 07153.
Stuttgart 25 − Göppingen 20 − Reutlingen 36 − ♦Ulm (Donau) 70.

🏨 **Princess** (Restaurant im Bistrostil), Widdumstr. 3, 𝒫 2 10 67, Fax 72044 − |≡| 📺 ☎ ⇐⇒ −
⚗ 25. ⌘ Rest
M (nur Abendessen, Samstag, 10.- 25. Aug. und 24. Dez.- 5. Jan. geschl.) a la carte 33/40 −
42 Z : 53 B 95/160 - 155/200 Fb.

🏨 **Schurwaldhotel** ⚘ garni, Marktstr. 13, 𝒫 20 64, Fax 72675 − |≡| 📺 ☎ ⇐⇒
27 Z : 34 B Fb.

In Plochingen-Stumpenhof N : 3 km Richtung Schorndorf :

✕✕ **Stumpenhof**, Stumpenhof 1, 𝒫 2 24 25 − 🅿
Montag - Dienstag, über Fasching 2 Wochen und Juli geschl. − Menu a la carte 32/70.

In Altbach 7305 NW : 3 km :

🏨 **Altbacher Hof** (mit 4 Gästehäusern), Kirchstr. 11, 𝒫 (07153) 2 30 41, Fax 25072 − 📺 ☎
🅿. ◑ **E** 𝕍𝕀𝕊𝔸
M (nur Abendessen, Freitag - Samstag geschl.) a la carte 25/50 − **75 Z : 100 B** 60/85 - 120.

In Deizisau 7301 W : 3 km :

✕ **Ochsen**, Sirnauer Str. 1, 𝒫 (07153) 2 79 45 − 🅿
Sonntag 14 Uhr - Montag, 1.- 7. Jan. und Juli - Aug. 3 Wochen geschl. − **M** a la carte 26/57.

PLÖN 2320. Schleswig-Holstein **987** ⑤ − 10 000 Ew − Höhe 22 m − Luftkurort und Heilbad −
☎ 04522.
Sehenswert : Großer Plöner See★ − Schloßterrasse ≤★.
Kurverwaltung, Lübecker Straße (Schwentinehaus), 𝒫 27 17.
Kiel 29 − ♦Lübeck 55 − Neumünster 36 − Oldenburg in Holstein 41.

🏨 **A. C. Kurhotel Plön**, Ölmühlenallee 1a, 𝒫 80 90, Telex 261317, Fax 809160, 🌲, direkter
Zugang zum städt. 🏊, Bade- und Massageabteilung, ♨, ≘s, 🐎 − |≡| 📺 ☎ 🅿 −
⚗ 25/300. ◑ **E** 𝕍𝕀𝕊𝔸
M a la carte 35/67 − **53 Z : 106 B** 99/119 - 172/192 Fb − ½ P 112/145.

🏨 **Touristic** garni, August-Thienemann-Str. 1 (nahe der B 76), 𝒫 81 32, 🐎 − 🅿
16 Z : 35 B 50/80 - 85/95.

In Dörnick 2323 W : 3 km :

🏨 **Johannestal** garni, Fuchsberg 10 (nahe der B 430), 𝒫 (04522) 46 83, 🐎 − ☎ 🅿. **E** 𝕍𝕀𝕊𝔸
13 Z : 28 B.

POCKING 8398. Bayern **413** WX 21, **987** ㊳, **426** ⑦ − 12 000 Ew − Höhe 323 m − ☎ 08531.
München 149 − Landshut 102 − Passau 21 − Salzburg 112.

🏨 **Pockinger Hof** (mit Gästehaus), Klosterstr. 13, 𝒫 73 39, Fax 8881, 🌲 − |≡| 📺 🅿
→ **M** a la carte 17,50/32 ⅃ − **45 Z : 85 B** 39/60 - 70 Fb.

🏠 **Rauch**, Bahnhofstr. 3, 𝒫 73 12 − ⇐⇒ 🅿. **E**
→ 23. Dez.- 6. Jan. geschl. − **M** (Montag geschl.) a la carte 17/34 − **30 Z : 50 B** 27/39 - 50/75
Fb.

In Pocking 2-Hartkirchen O : 7 km :

✕✕ **Hasenbergerhof - Da Giovanni**, Schömerweg 14, 𝒫 (08538) 12 01, 🌲 − 🅿. 🄰🄴 **E**
wochentags nur Abendessen, 4.- 28. Feb. geschl. − **M** a la carte 42/60.

PÖCKING 8134. Bayern **413** Q 23 − 5 200 Ew − Höhe 672 m − ☎ 08157.
München 32 − ♦Augsburg 71 − Garmisch-Partenkirchen 65.

In Pöcking-Possenhofen SO : 1,5 km :

🏨 **Forsthaus am See** ⚘, Am See 1, 𝒫 73 07, Fax 4292, ≤, « Terrasse am See », Bootssteg
− |≡| 📺 ☎ ₰ ⇐⇒ 🅿 − ⚗ 30. 🄰🄴 **E**
M a la carte 44/73 − **21 Z : 44 B** 150/200 - 180/260 Fb.

PÖLICH Rheinland-Pfalz siehe Mehring.

PÖTTMES 8897. Bayern **413** Q 21, **987** ㊳ − 4 200 Ew − Höhe 406 m − ☎ 08253.
München 87 − ♦Augsburg 33 − Ingolstadt 42 − ♦Ulm (Donau) 104.

🏠 **Krone**, Kirchplatz 1, 𝒫 3 30 − ⇐⇒
→ 20. Juli - 12. Aug. geschl. − **M** (Montag - Dienstag geschl.) a la carte 19.50/40 ⅃ − **18 Z :
25 B** 30/35 - 60/65.

POHLHEIM Hessen siehe Gießen.

POING 8011. Bayern 🗺️🖪 S 22 — 6 200 Ew — Höhe 517 m — 🕿 08121.

♦München 21 — Landshut 95.

🏠 **Strasser**, Rathausstr. 5, 𝒫 8 10 31 (Hotel) 8 11 10 (Rest.), 🍴 — 🛗 📺 🕿 🚗 🅿. 🕮 🅴
   M *(Freitag geschl.)* a la carte 26/52 — **32 Z : 50 B** 65 - 110.

POLLE 3453. Niedersachsen 🗺️🖪 ⑮. 🗺️🖪 L 11 — 1 300 Ew — Höhe 100 m — Erholungsort -
🕿 05535.

🛶 Weißenfelder Mühle, 𝒫 (05535) 2 70.

♦Hannover 83 — Detmold 44 — Hameln 38 — ♦Kassel 88.

🏠 **Zur Burg**, Amtsstr. 10, 𝒫 2 06, 🍴 — 🚗 🅿. 🕮 ⓘ 🅴 𝖵𝖨𝖲𝖠
   M *(Montag geschl.)* a la carte 25/54 — **12 Z : 25 B** 40 - 80.

🍴 **Graf Everstein**, Amtsstr. 6, 𝒫 2 78, ≤, 🍴 — 🅿
   Okt.- März Dienstag geschl. — **M** a la carte 29/96.

POMMELSBRUNN Bayern siehe Hersbruck.

POMMERSFELDEN 8602. Bayern 🗺️🖪 P 17, 🗺️🖪 ㉖ — 2 200 Ew — Höhe 269 m — 🕿 09548.
Sehenswert : Schloß★ : Treppenhaus★.

♦München 216 — ♦Bamberg 21 — ♦Nürnberg 45 — ♦Würzburg 74.

🏛️ **Schloßhotel** 🌳, im Schloß Weißenstein, 𝒫 4 87, Fax 486, 🍴, « Schloßpark », ≦s, 🏊,
   🎾, ⚒ — 📺 🕿 🅿 — 🔬 25/50. ⚒ Zim
   M a la carte 27/49 — **90 Z : 180 B** 55/80 - 90/120 Fb.

   In Pommersfelden-Limbach S : 1,5 km :

🏡 **Vollarid**, 𝒫 2 81 — 🅿
➤ *30. April - 29. Mai geschl.* — **M** *(Dienstag geschl.)* a la carte 20/32 ⅃ — **12 Z : 30 B** 28/36
   46/56.

POPPELTAL Baden-Württemberg siehe Enzklösterle.

POPPENHAUSEN 8721. Bayern 🗺️🖪 N 16, 🗺️🖪 ㉘ — 3 500 Ew — Höhe 252 m — 🕿 09725.
♦München 317 — ♦Bamberg 71 — Bad Neustadt a.d. Saale 29 — Schweinfurt 11 — ♦Würzburg 49.

🏠 Landgasthof Schwarzer Adler, Bahnhofstr. 2, 𝒫 8 34, 🍴 — 🅿
   29 Z : 45 B Fb.

POPPENHAUSEN/WASSERKUPPE 6416. Hessen 🗺️🖪 🗺️🖪 M 15 — 2 700 Ew — Höhe 446 m
— Luftkurort — 🕿 06658.

♦Wiesbaden 201 — Fulda 18 — Gersfeld 7,5.

🏛️ **Hof Wasserkuppe** garni, Pferdskopfstr. 3, 𝒫 5 33, ≦s, 🏊, ⚒ — 🕿 🅿
   14 Z : 26 B 50/55 - 83/96 — 2 Fewo.

   In Poppenhausen-Rodholz O : 2 km :

🏠 **Berghotel Rhöndistel** 🌳, 𝒫 5 81, ≤, 🍴, ⚒ — 🕿 🅿. 🕮 ⓘ 🅴 𝖵𝖨𝖲𝖠
   Mitte Nov.- Mitte Dez. geschl. — **M** *(Montag - Freitag nur Abendessen, Mittwoch geschl.)*
   la carte 25/48 — **10 Z : 20 B** 78/98 - 98/120.

   In Poppenhausen-Schwarzerden O : 4 km :

🏛️ **Rhön-Hotel Sinai** 🌳, beim Guckaisee, 𝒫 5 11, Fax 796, 🍴, ≦s, 🏊, ⚒ — 🛗 📺 🕿 🚗
   🅿 — 🔬 25/70. ⓘ 🅴 𝖵𝖨𝖲𝖠
   M a la carte 37/67 — **51 Z : 110 B** 75/130 - 145/220 Fb.

   In Poppenhausen - Sieblos NO : 4 km :

🍴🍴 **Gasthof Alte Schule**, St. Laurentius-Str. 1, 𝒫 4 66, 🍴 — 🅿
   Mittwoch und Mitte Jan.- Feb. geschl. — **M** a la carte 29/60.

PORTA WESTFALICA 4952. Nordrhein-Westfalen 🗺️🖪 J 10 — 35 000 Ew — Höhe 50 m — 🕿 057
(Minden).

Sehenswert : Porta Westfalica★ : Kaiser-Wilhelm-Denkmal ≤★, Porta Kanzel ≤★ (auf dem rechten
Weserufer).

🖪 Haus des Gastes, Porta Westfalica - Hausberge, Kempstr. 4a, 𝒫 79 12 80.

♦Düsseldorf 214 — ♦Bremen 106 — ♦Hannover 71 — ♦Osnabrück 75.

   Im Ortsteil Barkhausen linkes Weserufer — Luftkurort :

🏛️ **Der Kaiserhof**, Freiherr-vom-Stein-Str. 1 (B 61), 𝒫 7 24 47, Fax 74884, 🍴 — 📺 🕿 🚗
   🅿 — 🔬 25/200. 🕮 🅴 𝖵𝖨𝖲𝖠
   M a la carte 28/60 — **37 Z : 75 B** 90/140 - 140/190 Fb.

🏠 **Friedenstal**, Alte Poststr. 4, 𝒫 7 01 47, Fax 710923, 🍴 — 📺 🕿 🚗 🅿. 🕮 ⓘ 🅴 𝖵𝖨𝖲𝖠
   3.- 31. Jan. geschl. — **M** *(im Winter Freitag geschl.)* a la carte 30/50 — **20 Z : 30 B** 55/85
   95/150 Fb.

674

Im Ortsteil Hausberge – Kneipp-Kurort :

🏨 **Porta Berghotel**, Hauptstr. 1, ℰ 7 20 61, Telex 97975, Fax 76393, ≼, 佘, ≘ѕ, ⌷ – 🛗 ✜ Zim 📺 ❷ – ᚸ 25/200. ஊ ◐ ☰ 𝘝𝘐𝘚𝘈
M a la carte 47/64 – **105 Z : 195 B** 99/145 - 160/222 Fb.

🏠 **Waldhotel Porta Westfalica** ⑤ garni, Findelsgrund 81, ℰ 7 27 29, ≘ѕ, ☞ – ❷
18 Z : 32 B 38/65 - 76/110 – 2 Fewo 80/120.

Im Ortsteil Lerbeck :

🏨 Haus Hubertus, Zur Porta 14, ℰ 73 27, Telex 97963, ≘ѕ – ☎ ⟸ ❷ – ᚸ
42 Z : 90 B Fb.

POSSENHOFEN Bayern siehe Pöcking.

POSTBAUER-HENG 8439. Bayern 𝟜𝟙𝟛 QR 19 – 5 700 Ew – Höhe 490 m – ✪ 09188.
München 152 – ♦Nürnberg 28 – ♦Regensburg 82.

In Postbauer-Heng - Dillberg O : 3 km, über die B 8 :

🏨 **Berghof** ⑤, ℰ 6 31, Fax 641, ≼, 佘, ☞ – 🛗 ☎ ❷ – ᚸ 25/80. ◐ ☰ 𝘝𝘐𝘚𝘈 . ❀ Rest
Aug. geschl. – **M** a la carte 37/60 – **34 Z : 60 B** 68/75 - 105/125.

POTSDAM 1500 Brandenburg 𝟿𝟠𝟜 ⑮. 𝟿𝟠𝟩 ⑰ – 140 000 Ew – Höhe 40 m – ✪ 003733.
Sehenswert : Schloß und Park Sanssouci★★★ (Neues Palais★★, Chinesisches Teehaus★★, Orangerie★★) – Schloß Cecilienhof★ – Neuer Garten★ – Nikolaikirche★ – Marstall★ – Wasserpumpwerk★.
▮ Potsdam-Information, Friedrich-Ebert-Str. 5, ℰ 2 11 00.
Berlin - Ost 24 – Brandenburg 38 – ♦Frankfurt/Oder 114 – ♦Leipzig 141.

🏨 **Potsdam**, Lange Brücke, ⊠ 1560, ℰ 46 31, Telex 15416, Massage, ≘ѕ – 🛗 📺 ☎ ❷ –
↤ ᚸ 25. ஊ ◐ ☰ 𝘝𝘐𝘚𝘈 . ❀ Rest
Restaurants: **Havellandgrill M** a la carte 35/67 – **Fortuna M** a la carte 21/34 – **187 Z : 363 B**
172 - 234 – 4 Appart. 410/630.

🏨 **Schloß Cecilienhof** ⑤ (ehem. Hohenzollernschloß im englischen Landhaus-Stil), Neuer
Garten, ⊠ 1561, ℰ 2 31 41, Telex 15571, Massage, ≘ѕ – 📺 ☎ ❷ – ᚸ 40. ஊ ◐ ☰ 𝘝𝘐𝘚𝘈
M a la carte 22/50 – **40 Z : 72 B** 90/120 - 180/250 Fb – 3 Appart. 450/800.

🏠 **Touristen- und Congreßhotel**, Otto-Grotewohl-Str. 60, ⊠ 1580, ℰ 8 60, ≘ѕ – 🛗 📺 ☎
↤ ❷ – ᚸ 25/600
M a la carte 20/40 – **230 Z : 490 B** 50/80 - 80/100 Fb.

POTTENSTEIN 8573. Bayern 𝟜𝟙𝟛 R 17 – 5 300 Ew – Höhe 368 m – Luftkurort – ✪ 09243.
Ausflugsziel : Fränkische Schweiz★★.
▮ Städtisches Verkehrsbüro, Rathaus, ℰ 8 33, Fax 1071.
München 212 – ♦Bamberg 51 – Bayreuth 40 – ♦Nürnberg 66.

🏨 **Kurhotel Schwan** ⑤ garni, Am Kurzentrum 6, ℰ 8 36, direkter Zugang zum Kurhaus –
🛗 ☎ ❷ – ᚸ 30. ☰
Mitte Jan.- Mitte Feb. geschl. – **28 Z : 51 B** 57/62 - 100/110 Fb.

🏠 **Tucher Stuben**, Hauptstr. 44, ℰ 3 39 – ⟸ ❷. ❀ Zim
↤ *Mitte Nov.- 20. Dez. geschl.* – **M** *(im Winter Dienstag geschl.)* a la carte 16/36 – **13 Z : 22 B**
45/55 - 50/90.

🏠 **Steigmühle** ⑤ garni, Franz-Wittmann-Gasse 24, ℰ 3 38, ≼ – ❷. ❀
18 Z : 34 B 30/56 - 65/81.

✗ **Wagner-Bräu**, Hauptstr. 1, ℰ 2 05 – ❷
Donnerstag und 10. Jan.- 10. Feb. geschl. – **M** a la carte 23/42.

In Pottenstein-Kirchenbirkig S : 4 km :

🏠 **Bauernschmitt**, ℰ 10 62, 佘, ☞ – ☎ ⟸ ❷
↤ *16. Nov.- 15. Dez. geschl.* – **M** *(Dez.- März Donnerstag geschl.)* a la carte 15/32 ♨ – **29 Z :**
55 B 33/38 - 60/71 Fb – ½ P 45/50.

In Pottenstein-Tüchersfeld NW : 4 km :

🏠 **Zur Einkehr** ⑤, ℰ (09242) 8 09 – ⟸ ❷. ❀
Nov. geschl. – (Restaurant nur für Hausgäste) – **10 Z : 18 B** 28/30 - 58 – ½ P 44/46.

PREETZ 2308. Schleswig-Holstein 𝟿𝟠𝟩 ⑤ – 15 600 Ew – Höhe 34 m – Luftkurort – ✪ 04342.
Kiel 16 – ♦Lübeck 68 – Puttgarden 82.

In Schellhorn 2308 SO : 1,5 km :

🏨 **Landhaus Hahn** ⑤, am Berg 12, ℰ (04342) 8 60 01, Fax 82791, ☞ – 📺 ☎ ❷ – ᚸ 25/100.
ஊ ◐ ☰ 𝘝𝘐𝘚𝘈
M *(Montag und Samstag nur Abendessen)* 25/37 (mittags) und a la carte 46/70 – **22 Z :**
50 B 75/120 - 110/195 Fb.

PRESSIG 8644. Bayern 413 Q 15 – 4 400 Ew – Höhe 400 m – ✪ 09265.

◆München 292 – ◆Bamberg 71 – Bayreuth 57 – Coburg 38.

🏛 **Barnickel**, Kronacher Str. 2 (B 85), ℰ 2 73 – ℗. **E**
➡ *Mitte Jan.- Mitte Feb. geschl.* – **M** *(Montag geschl.)* a la carte 20/39 – **6 Z : 9 B** 28 - 56/58.

In Pressig-Förtschendorf NO : 6 km :

🏠 Brauerei-Gasthof Leiner-Bräu, Bamberger Str. 13 (B 85), ℰ (09268) 2 27 – ☎ ⟵ ℗
11 Z : 20 B.

PREUSSISCH OLDENDORF 4994. Nordrhein-Westfalen 411 2 I 10 – 11 000 Ew – Höhe 72
– Luftkurort – ✪ 05742.

🇩 Verkehrsamt, Rathausstr. 3, ℰ 20 11.

◆Düsseldorf 225 – ◆Bremen 110 – ◆Hannover 105 – ◆Osnabrück 35.

In Preußisch Oldendorf - Börninghausen SO : 7 km :

✗ **Waidmanns Ruh** mit Zim, Bünder Str. 15, ℰ 22 80, 🏡 – 📺 ☎ ℗
➡ *25. Juni - 16. Juli geschl.* – **M** *(Donnerstag geschl.)* a la carte 21/40 – **9 Z : 13 B** 50 - 95.

PRICHSENSTADT 8718. Bayern 413 NO 17 – 2 800 Ew – Höhe 278 m – ✪ 09383 (Abtswind).
Sehenswert : Hauptstraße ★ mit Fachwerkhäusern.

◆ München 254 – ◆Bamberg 49 – ◆Nürnberg 82 – Schweinfurt 32 – ◆Würzburg 45.

🏠 **Zum Storch** (Gasthof a.d.J. 1658), Luitpoldstr. 7, ℰ 5 87, 🏡 – ℗
7.- 27. Jan. und 19.- 31. Aug. geschl. – **M** *(Dienstag geschl.)* a la carte 25/38 ⅛ – **9 Z : 20**
40 - 70/75.

PRIEN AM CHIEMSEE 8210. Bayern 413 U 23, 987 ㉟, 426 ⑱ – 9 700 Ew – Höhe 531 m -
Luftkurort – Kneippkurort – ✪ 08051.
Sehenswert : Chiemsee★ (Überfahrt zur Herren- und Fraueninsel).

🏌 Prien-Bauernberg, ℰ 6 22 15.

🇩 Kurverwaltung, Alte Rathausstr. 11, ℰ 6 90 50.

◆München 85 – Rosenheim 23 – Salzburg 64 – Wasserburg am Inn 27.

🏨 **Yachthotel Chiemsee** 🦢, Harrasser Str. 49, ℰ 69 60, Telex 525482, Fax 5171
≤ Chiemsee und Herrenchiemsee, « Gartenterrasse am See », Bade- un
Massageabteilung, ⏚, 🛁, 🏊, 🏍, 🛶, Yachthafen – 🛗 📺 ℗ – 🔒 25/200. 🖭 ⓞ **E** 💳
M a la carte 50/81 – **101 Z : 206 B** 155/205 - 195/245 Fb – 5 Appart. 310/390 – ½ P 133/240

🏨 **Sport-u. Golf-Hotel** 🦢 garni, Erlenweg 16, ℰ 10 01, ⏚, 🛁, 🏍 – 🛗 ☎ ℗. 🖭 **E**
Ostern - Okt. – **40 Z : 68 B** 86/110 - 150/220 Fb.

🏨 **Reinhart** 🦢, Seestr. 117, ℰ 10 45, Fax 1043, ≤, 🏡, 🏍 – 📺 ☎ ℗. 🖭 ⓞ 💳
Jan.- Ostern und 20. Okt.- 10. Dez. geschl. – **M** *(Donnerstag geschl.)* a la carte 30/50 -
24 Z : 44 B 80/95 - 120/190 Fb – ½ P 87/102.

🏨 **Luitpold am See** 🦢 garni, Seestr. 110, ℰ 60 91 00, Fax 62943, ≤, 🏍 – ☎ ⑂ ℗
März - Okt. – **39 Z : 51 B** 64/96 - 112/130 Fb.

🏨 **Bayerischer Hof**, Bernauer Str. 3, ℰ 10 95, Fax 62917, 🏡 – 🛗 ☎ ⟵ ℗ – 🔒 30. **E**
💳
Nov. geschl. – **M** *(Montag geschl.)* a la carte 25/53 – **47 Z : 90 B** 65/68 - 118/120 Fb –
½ P 105.

🏠 **Gästehaus Drexler** garni, Seestr. 95, ℰ 48 02 – ℗. 🖭 💳
17 Z : 36 B 45 - 90.

🏠 **Seehotel Feldhütter**, Seestr. 101, ℰ 43 21, Fax 2542, 🏡, Biergarten – ℗. 🖭 ⓞ **E** 💳
➡ *April - Okt.* – **M** a la carte 21/40 – **30 Z : 50 B** 55/70 - 90/100 Fb.

✗✗ ✤ **Le Petit**, Bernauer Str. 40, ℰ 37 96 – ℗. **E**
Dienstag - Mittwoch 18 Uhr geschl. – **M** 41 (mittags) und a la carte 58/77
Spez. Pastete vom Stubenküken, Kohlroulade mit Steinbutt in Rieslingsauce, Quarkrahmstrudel m
Milchreiseis.

In Prien-Harras SO : 4 km :

🏛 Fischer am See 🦢, Harrasser Str. 145, ℰ 10 08, ≤, « Terrasse am See », 🏍 – ☎ ℗
15 Z : 30 B.

PRINZBACH Baden-Württemberg siehe Biberach im Kinzigtal.

PROBSTEIERHAGEN 2316. Schleswig-Holstein – 1 700 Ew – Höhe 40 m – ✪ 04348.
◆Kiel 15 – ◆Hamburg 111 – ◆Lübeck 107.

✗✗ **Waldklause**, Hagener Moor 4, ℰ 3 85, « Gartenterrasse » – ℗. 🙅
Dienstag und Feb. geschl. – **M** a la carte 22/65.

PROBSTRIED Bayern siehe Dietmannsried.

PRÜM 5540. Rheinland-Pfalz **987** ㉓. **412** C 16 – 6 000 Ew – Höhe 442 m – Luftkurort – ✆ 06551.

☐ Verkehrsamt, Rathaus, Hahnplatz, ℰ 5 05.

Mainz 196 – ♦Köln 104 – Liège 104 – ♦Trier 64.

🏠 **Tannenhof**, Am Kurpark 2, ℰ 24 06, Fax 854, ≋, 🔲, ☞ – ☎ 🅿. E 𝚅𝚒𝚜𝚊. ⌇
M *(Sonntag 14 Uhr-Montag 17 Uhr geschl.)* a la carte 25/51 ⅃ – **27 Z : 40 B** 45/60 - 85/95 Fb
– ½ P 60/70.

🏠 **Haus am Kurpark** garni, Teichstr. 27, ℰ 8 46, ≋, 🔲 – 📺 ☎. ⌇
12 Z : 27 B 48/55 - 78/90.

🏠 **Zum Goldenen Stern** garni, Hahnplatz 29, ℰ 30 75 – ☎ 🅿
47 Z : 77 B 32/50 - 66/88.

In Prüm-Held S : 1,5 km :

🏠 **Zur Held**, an der B 51, ℰ 30 16, 🍴, ≋, ☞ – 🅿. ⌇
➡ Nov. geschl. – **M** *(Sonntag 16 Uhr - Montag geschl.)* a la carte 21/46 – **15 Z : 30 B** 31/75 - 60/100.

An der B 410 O : 5 km :

🏡 Schoos, ⌂ 5546 Fleringen - Baselt, ℰ (06558) 5 48, Fax 8542, 🍴, Damwildgehege, ≋, 🔲, ☞ – ☎ 🅿 – 🔬 25/100. ⌇ Rest
26 Z : 56 B.

In Weinsheim-Gondelsheim 5540 NO : 7 km :

🏡 **Kirst**, Am Bahnhof, ℰ (06558) 4 21, 🔲, ☞ – 🛗 🅿. ⌇
➡ **M** a la carte 18/38 – **23 Z : 36 B** 30/39 - 60/74.

In Bleialf 5542 NW : 14 km :

🏠 **Waldblick**, Oberbergstr. 2, ℰ (06555) 84 69, 🍴 – 🅿
➡ Sept. 2 Wochen geschl. – **M** *(Montag geschl.)* a la carte 19/40 – **11 Z : 20 B** 35 - 60.

PRÜMZURLAY Rheinland-Pfalz siehe Irrel.

PUCHHEIM Bayern siehe Germering.

PÜNDERICH 5587. Rheinland-Pfalz **412** E 16 – 1 000 Ew – Höhe 108 m – Erholungsort – ✆ 06542 (Zell a.d. Mosel).

Mainz 108 – Bernkastel-Kues 36 – Cochem 45.

🏠 **Weinhaus Lenz**, Hauptstr. 31, ℰ 23 50, ≤ – 🅿
➡ März geschl. – **M** *(Donnerstag geschl.)* a la carte 20/38 ⅃ – **14 Z : 27 B** 46/50 - 84/88.

🏡 Alte Dorfschenke ⌇, Marienburger Str. 20, ℰ 28 97
10 Z : 19 B.

PULHEIM 5024. Nordrhein-Westfalen **412** D 13 – 48 100 Ew – Höhe 45 m – ✆ 02238.

Düsseldorf 30 – ♦Köln 13 – Mönchengladbach 43.

In Pulheim 2 - Brauweiler S : 5 km :

🏨 **Abtei-Park-Hotel** garni, Bernhardstr. 50, ℰ (02234) 8 10 58, Telex 8886366, Fax 89232 – 🛗 📺 ☎. 🄰🄴 🅾 E 𝚅𝚒𝚜𝚊
40 Z : 61 B 95/150 - 145/170 Fb.

In Pulheim 2-Dansweiler SW : 6 km über Ortsteil Brauweiler :

✕✕ Zum Goldenen Adler, Zehnthofstr. 26, ℰ (02234) 8 21 46, 🍴
wochentags nur Abendessen – (Tischbestellung ratsam).

In Pulheim 4-Sinnersdorf NO : 3 km :

🏠 **Faßbender** garni, Stommelner Str. 92, ℰ 5 46 73 – 🚗 🅿. ⌇
22 Z : 31 B 38/55 - 65/75.

In Pulheim 3-Stommeln NW : 4 km :

🏠 **In der Gaffel**, Hauptstr. 45, ℰ 20 15, Fax 3844, 🍴 – ☎ 🅿. 🅾 E 𝚅𝚒𝚜𝚊. ⌇
M *(Donnerstag geschl.)* a la carte 28/50 – **15 Z : 20 B** 73 - 136.

PYRMONT, BAD 3280. Niedersachsen **987** ⑮. **412** K 11 – 22 000 Ew – Höhe 114 m – Heilbad – ✆ 05281.

Sehenswert : Kurpark★.

🏌 (2 Plätze), Schloß Schwöbber (N : 16 km) ℰ (05154) 20 04.

☐ Kur- und Verkehrsverein, Arkaden 14, ℰ 46 27.

Hannover 67 – Bielefeld 58 – Hildesheim 70 – Paderborn 54.

🏩 **Bergkurpark** ⌇, Ockelstr. 11, ℰ 40 01, Fax 4004, « Gartenterrasse », Bade- und Massageabteilung, ≋, 🔲, ☞ – 🛗 🚗 🅿 – 🔬 25/100. 🄰🄴 E 𝚅𝚒𝚜𝚊
M a la carte 36/74 – **57 Z : 70 B** 59/180 - 158/280 Fb – 3 Appart. 360 – ½ P 105/174.

🏨 **Park-Hotel Rasmussen**, Hauptalle 8, ℰ 44 85, Fax 606872, « Terrasse an der Allee »
📺 ☎ 🆎
März - Okt. – **M** *(Montag geschl.)* a la carte 36/60 – **12 Z : 20 B** 85/105 - 140/180 Fb.

🏨 **Pension Heldt**, Severinstr. 9, ℰ 26 23, ⬛, 📺 ☎ 🕸
nur Saison – (Restaurant nur für Hausgäste) – **25 Z : 28 B** Fb.

🏨 **Bad Pyrmonter Hof**, Brunnenstr. 32, ℰ 60 93 03 – 📳 📺 ☎ ⬅, 🆎 ⓪ E 𝘝𝘐𝘚𝘈
(Restaurant nur für Hausgäste) – **45 Z : 70 B** 55/90 - 120/150 – 7 Fewo 75/120 – ½ P 80/10

🏠 **Quellenhof**, Rathausstr. 22, ℰ 20 62, Telex 931634, Fax 3068, 🏖 – ☎ ⬅ – 🔐 25/10
🆎 ⓪ E 𝘝𝘐𝘚𝘈
M a la carte 30/53 – **40 Z : 60 B** 66/90 - 130/170 Fb.

🏠 **Kaiserhof**, Kirchstr. 1, ℰ 40 11, Fax 3006, 🏖 – 📳 📺 ☎ – 🔐 40. 🆎 ⓪ E 𝘝𝘐𝘚𝘈
M a la carte 17/36 – **49 Z : 86 B** 85/115 - 140/180 Fb – ½ P 85/120.

🏠 **Schloßblick** garni, Kirchstr. 23, ℰ 37 23 – 📺 ☎ ℗
April- Okt. – **18 Z : 28 B** 56/61 - 112/122 Fb.

🏠 **Schaumburg** garni, Annenstr. 1, ℰ 25 54 – 📳 ☎ ⬅ ℗
20. Dez.- 20. Feb. geschl. – **19 Z : 22 B** 45/65 - 95/110 Fb.

QUAKENBRÜCK 4570. Niedersachsen 𝟿𝟾𝟽 ⑭ – 10 500 Ew – Höhe 40 m – ✪ 05431.
🛈 Verkehrsamt, Rathaus, Marktstr. 1, ℰ 18 20.
◆Hannover 144 – ◆Bremen 90 – Nordhorn 84 – ◆Osnabrück 50.

🏠 **Niedersachsen**, St. Antoniort 2, ℰ 22 22 – ☎ ⬅ ℗. 🆎 ⓪ E 𝘝𝘐𝘚𝘈
M *(Sonntag geschl.)* a la carte 27/50 – **17 Z : 27 B** 64/70 - 100/108.

✕✕ **Zur Hopfenblüte**, Lange Str. 48, ℰ 33 59, « Fachwerkhaus a.d.J. 1661 » – 🕸
Dienstag und Sept.- Okt. 3 Wochen geschl. – **M** a la carte 23/48.

QUARRENDORF Niedersachsen siehe Hanstedt.

QUEDLINBURG 4300 Sachsen-Anhalt 𝟿𝟾𝟺 ⑲, 𝟿𝟾𝟽 ⑯ – 28 000 Ew – Höhe 122 m – ✪ 00374🔳
Sehenswert : Schloßberg★ – Stiftskirche St. Servatius★ – Markt★ – Fachwerkhäuser★★.
🛈 Quedlinburg-Information, Markt 1, ℰ 28 66.
◆Berlin - Ost 219 – Erfurt 133 – Halle 76 – Magdeburg 71.

🏛 **Motel**, Wipertistr. 9, ℰ 28 55 – 📺 ☎ ℗
M a la carte 16/25 – **40 Z : 80 B** 48/65 - 82/103 Fb.

🏛 **Bär**, Markt 3, ℰ 22 24 – 📺
M a la carte 15/28 – **34 Z : 61 B** 43 - 86/91 Fb.

QUERN 2391. Schleswig-Holstein 𝟿𝟾𝟽 ⑤ – 3 000 Ew – Höhe 47 m – ✪ 04632.
◆ Kiel 71 – Flensburg 19.

In Quern-Nübelfeld N : 3,5 km :

✕✕ **Landhaus Schütt** mit Zim, nahe der B 199, ℰ 3 18 – ⬅ ℗. 🆎 ⓪ E
15. Jan.- 5. Feb. und 17. Sept.- 1. Okt. geschl. – **M** *(Montag - Dienstag 18 Uhr geschl.)* a
carte 45/67 – **8 Z : 13 B** 43/48 - 85/90.

QUICKBORN 2085. Schleswig-Holstein 𝟿𝟾𝟽 ⑤ – 18 300 Ew – Höhe 25 m – ✪ 04106.
🏌 Quickborn-Renzel (SW : 2 km), ℰ 8 18 00 – ◆Kiel 76 – ◆Hamburg 23 – Itzehoe 45.

🏨 **Romantik-Hotel Jagdhaus Waldfrieden**, Kieler Str. 1 (B 4, N : 3 km), ℰ 37 71, Fa
69196, « Ehem. Villa, Park » – 📺 ☎ ℗. 🆎 ⓪ E 𝘝𝘐𝘚𝘈
M *(Montag geschl.)* 48 (mittags) und a la carte 62/85 – **25 Z : 45 B** 90/120 - 150/195 Fb.

🏨 **Sporthotel Quickborn**, Harksheider Weg 258, ℰ 40 91, Fax 67195, 🏖, ⬛, 🏖 – 📺 ◑
℗ – 🔐 35. 🆎 ⓪ E 𝘝𝘐𝘚𝘈 🕸 Zim
M a la carte 45/80 – **27 Z : 38 B** 90/110 - 142/150 Fb.

In Quickborn-Heide NO : 5 km :

✕✕ **Landhaus Quickborner Heide** (mit Gästehaus), Ulzburger Landstr. 447, ℰ 7 35 35, Fa
74969 – 📺 ☎ 🚭 ℗. 🆎 ⓪ E 𝘝𝘐𝘚𝘈
Dienstag geschl. – **M** a la carte 38/62 – **10 Z : 20 B** 108 - 140.

QUIERSCHIED 6607. Saarland 𝟺𝟷𝟸 E 19. 𝟸𝟺𝟸 ⑦. 𝟾𝟽 ⑪ – 16 800 Ew – Höhe 215 m – ✪ 0689
◆Saarbrücken 13 – Neunkirchen/Saar 12 – Saarlouis 24.

✕✕ **Da Nico** (Italienische Küche), Am Schwimmbad 1 (beim Freibad), ℰ 6 28 31 – ℗. 🆎 ⓪
E 𝘝𝘐𝘚𝘈 🕸
Donnerstag und Juni - Juli 3 Wochen geschl. – **M** a la carte 40/65.

Im Ortsteil Fischbach-Camphausen SW : 4,5 km :

✕ **Kerner** mit Zim, Dudweiler Str. 20, ℰ 6 10 99 – ℗. 🕸 Zim
Juli geschl. – **M** *(Sonntag 15 Uhr - Montag geschl.)* a la carte 21/50 – **10 Z : 17 B** 43/55
80/90.

RADEVORMWALD 5608. Nordrhein-Westfalen 987 ㉔, 412 F 13 − 23 800 Ew − Höhe 367 m − ✆ 02195.

Düsseldorf 51 − Hagen 27 − Lüdenscheid 22 − Remscheid 13.

Außerhalb NO : 3 km an der B 483, Richtung Schwelm :

🏨 **Zur Hufschmiede** ♨, Neuenhof 1, ✉ 5608 Radevormwald, ℘ (02195) 82 38, Fax 8742, 🐎 − 📺 ☎ ⇔ 🅿
M *(Donnerstag und Juli - Aug. 3 Wochen geschl.)* a la carte 33/58 − **17 Z : 23 B** 75/95 - 135/145.

RADOLFZELL 7760. Baden-Württemberg 413 J 23, 987 ㊱, 427 KL 2 − 25 100 Ew − Höhe 00 m − Kneippkurort − ✆ 07732.

🛈 Städt. Verkehrsamt, Rathaus, Marktplatz 2, ℘ 38 00.

Stuttgart 163 − ♦Konstanz 21 − Singen (Hohentwiel) 11 − Zürich 91.

🏠 **Am Stadtgarten** garni, Höllturmpassage Haus 2, ℘ 40 11 − 🛗 📺 ☎ ⇔. 🆑 ⑩ E 𝘝𝘐𝘚𝘈
31 Z : 55 B 70/85 - 130/150 Fb.

🏠 **Zur Schmiede** garni, Friedrich-Werber-Str. 22, ℘ 40 51, Fax 56134 − 🛗 ▤ 📺 ☎. ⑩ 𝘝𝘐𝘚𝘈.
⚘
8. Dez.- 6. Jan. geschl. − **28 Z : 52 B** 70/85 - 120/160 Fb.

🏠 **Kreuz** garni, Oberstr. 3, ℘ 40 66 − 📺 ☎. 🆑 ⑩ E 𝘝𝘐𝘚𝘈
24 Z : 48 B 60/80 - 110 Fb.

🏠 **Adler**, Seestr. 34, ℘ 34 73 − ☎. 🆑 ⑩ E 𝘝𝘐𝘚𝘈
20. Dez.- 15. Jan. geschl. − **M** *(Mittwoch geschl.)* a la carte 22/50 − **17 Z : 27 B** 55/75 - 110/120 Fb − ½ P 83/88.

🏠 **Krone am Obertor**, Obertorstr. 2, ℘ 48 04 − 📺 ☎. 🆑 ⑩ E 𝘝𝘐𝘚𝘈
M *(Freitag - Samstag 17 Uhr, Juni 2 Wochen und Nov. geschl.)* a la carte 30/56 − **12 Z : 20 B** 65/85 - 98/130.

✗✗ **Basilikum**, Löwengasse 30, ℘ 5 67 76 − **E**
Samstag bis 19 Uhr, Sonntag und Jan. 3 Wochen geschl. − **M** a la carte 42/66.

Auf der Halbinsel Mettnau :

🏠 **Café Schmid** ♨ garni, St.Wolfgang-Str. 2, ℘ 1 00 66, Fax 10162, 🐎 − 📺 ☎ 🅿
15. Dez.- 10. Jan. geschl. − **20 Z : 26 B** 75/85 - 140/170 Fb.

🏠 **Iris am See** ♨ garni, Rebsteig 2, ℘ 70 26 − 📺 ☎ 🅿
15. Dez.- 15. Jan. geschl. − **17 Z : 27 B** 70/114 - 130/148 Fb.

In Radolfzell 15-Güttingen N : 4,5 km :

🏠 **Adler - Gästehaus Sonnhalde** ♨, Schloßbergstr. 1, ℘ 1 50 20, ≤, 🍽, ≘, 🐎, ⚘ − 🛗 📺 🅿
Jan. geschl. − **M** *(Dienstag geschl.)* a la carte 23/45 ⚘ − **15 Z : 27 B** 40/50 - 75/120 - ½ P 57/78.

In Moos 7761 SW : 4 km :

🏠 **Gottfried**, Böhringer Str. 1, ℘ (07732) 41 61, Fax 52502, 🍽, ≘, 🔟, 🐎, ⚘ − 📺 ☎ ⇔ 🅿. ⑩ E 𝘝𝘐𝘚𝘈
Jan. 3 Wochen geschl. − **M** *(Donnerstag - Freitag 17 Uhr geschl.)* 30 (mittags) und a la carte 42/72 − **20 Z : 35 B** 80/90 - 110/170 − ½ P 85/115.

RAESFELD 4285 Nordrhein-Westfalen 987 ㊱, 412 D 11 − 9 200 Ew − Höhe 50 m − ✆ 02865.

Düsseldorf 77 − Borken 9 − Dorsten 16 − Wesel 23.

🏨 **Landhaus Krebber**, Weseler Str. 71, ℘ 6 00 00, Fax 600050, 🍽 − 📺 ☎ 🅿 − 🔬 25/75.
🆑 ⑩ E 𝘝𝘐𝘚𝘈
M a la carte 39/70 − **21 Z : 42 B** 100 - 150 Fb.

✗✗ Schloß Raesfeld, Freiheit 27, ℘ 80 18 − 🅿.

RAICHBERG Baden-Württemberg. Sehenswürdigkeit siehe Albstadt.

RAISDORF Schleswig-Holstein siehe Kiel.

RAITENBUCH Baden-Württemberg siehe Lenzkirch.

RAMBERG 6741. Rheinland-Pfalz 412 413 H 19 − 1 000 Ew − Höhe 270 m − ✆ 06345.

Mainz 121 − Kaiserslautern 51 − ♦ Karlsruhe 50 − Pirmasens 43.

🏠 Gästehaus Eyer ♨, Im Harzofen 4, ℘ 83 18, 🍽 − 🅿
18 Z : 36 B.

RAMMINGEN Baden-Württemberg siehe Langenau.

RAMSAU 8243. Bayern **413** V 24, **987** ⑧, **426** ⑨ — 1 700 m — Höhe 669 m — Heilklimatische Kurort — Wintersport : 670/1 400 m ≰6 ≰2 — ۞ 08657.

Ausflugsziele : Schwarzbachwachtstraße : ≤★★, N : 7 km — Hintersee★ W : 5 km.

🛈 Verkehrsamt, Im Tal 2, ℘ 12 13, Fax 772.

♦München 138 — Berchtesgaden 11 — Bad Reichenhall 17.

🏠 **Rehlegg** ⤸, Holzengasse 16, ℘ 12 14, Fax 501, ≤, �ております, 😭, 🎿 (geheizt), 🔲, 🛋, ℅ — |钅|
🔲 **⊕** — 🔏 40. 🝙
*Anfang Nov.- Anfang Dez. geschl. — **M** (wochentags Mittagessen nur für Hausgäste) a la*
carte 35/70 — **60 Z : 108 B** 99/109 - 156/260 Fb — ½ P 103/135.

🏠 **Oberwirt**, Im Tal 86, ℘ 2 25, Biergarten, 🌲 — |钅| **⊕**
*Nov.- 20. Dez. geschl. — **M** (Jan.- Mai Montag geschl.) a la carte 23/38 — **31 Z : 55 B** 58*
88/98.

Am Eingang der Wimbachklamm O : 2 km über die B 305 :

🏠 **Wimbachklamm**, Rotheben 1, ☒ 8243 Ramsau, ℘ (08657) 12 25, 🌲, 😭, 🔲 — |钅| 🔲 ◀
⊕
*20. Jan.- 10. Feb. und Nov.- 20. Dez. geschl. — **M** (Dienstag und 21. Dez.- April geschl.) a la*
carte 24/45 — **26 Z : 52 B** 55/65 - 90/124.

Am Eingang zum Zauberwald W : 2 km, Richtung Hintersee :

🏠 **Datzmann** ⤸, Hinterseer Str. 45, ☒ 8243 Ramsau, ℘ (08657) 2 35, ≤, 🌲 — |钅| **⊕**
*Mitte Jan.- Mitte Feb. und 25. Okt.- 20. Dez. geschl. — **M** (Donnerstag geschl.) a la carte*
25/48 ⅛ — **30 Z : 50 B** 40 - 76.

An der Alpenstraße N : 5 km :

🏠 **Hindenburglinde**, Alpenstr. 66, Höhe 850 m, ☒ 8243 Ramsau, ℘ (08657) 5 50, ≤, 🌲, 🌲
— **⊕**
*Nov.- 20. Dez. geschl. — **M** (Dienstag 17 Uhr - Mittwoch geschl.) a la carte 22/48 ⅛ — **9 Z**
18 B 35/40 - 78/82.

An der Straße nach Loipl N : 6 km :

✕ Schwarzeck, Schwarzecker Str. 58, Höhe 1 100 m, ☒ 8243 Ramsau, ℘ (08657) 5 29
≤ Watzmann, Hochkalter und Reiter-Alpe, 🌲 — **⊕**.

In Ramsau-Hintersee W : 5 km — Höhe 790 m :

🏠 **Seehotel Gamsbock** ⤸, Am See 75, ℘ 2 79, ≤ See mit Hochkalter, 🌲, 🌲 — ☎ **⊕**
*Nov.- 22. Dez. geschl. — **M** a la carte 24/45 — **26 Z : 45 B** 42/61 - 77/109 Fb.

🏠 **Alpenhof** ⤸, Am See 27, ℘ 2 53, ≤, 🌲 — **⊕**. ℅ Zim
◀ *März - Okt. — **M** (außer Saison Donnerstag geschl.) a la carte 18/39 — **18 Z : 35 B** 35/45
59/88.

RAMSDORF Nordrhein-Westfalen siehe Velen.

RAMSTEIN-MIESENBACH 6792. Rheinland-Pfalz **412** **413** F 18, **242** ③. **57** ⑧ — 7 700 Ew
Höhe 262 m — ۞ 06371 (Landstuhl) — Mainz 100 — Kaiserslautern 19 — ♦ Saarbrücken 57.

🏠 **Landgasthof Pirsch**, Auf der Pirsch 12 (Ramstein), ℘ 59 30, 🌲 — |钅| 🔲 ☎ **⊕**. ⓪ E 🎟
M (Samstag bis 18 Uhr, Sonntag und Juli 3 Wochen geschl.) a la carte 29/50 ⅛ — **37 Z**
73 B 65 - 95/140 Fb.

🏠 **Ramsteiner Hof**, Miesenbacher Str. 26 (Ramstein), ℘ 54 27 — 🔲 ☎ **⊕**. 🝙 ⓪ E 🎟
M (Samstag geschl.) a la carte 24/52 — **22 Z : 44 B** 70/80 - 100/110.

In Steinwenden 6791 NW : 3 km :

✕ **Raisch** mit Zim, Moorstr. 40, ℘ (06371) 5 06 70 — 🔲 ☎
M (nur Abendessen, Sonn- und Feiertage geschl.) (Tischbestellung ratsam) a la carte 30/6
— **14 Z : 21 B** 45/100 - 80/140 Fb.

RANDERSACKER 8701. Bayern **413** M 17 — 3 600 Ew — Höhe 178 m — ۞ 0931 (Würzburg).
♦München 278 — Ansbach 71 — ♦Würzburg 7.

🏠 **Gasthof und Gästehaus Bären**, Pförtleinsgasse 1, ℘ 70 81 88 (Hotel) 70 60 75 (Rest.) ·
☎ **⊕**
*Mitte Nov.- Mitte Dez. geschl. — **M** (Mittwoch - Donnerstag 17 Uhr geschl.) a la carte 26/5
⅛ — **36 Z : 65 B** 58/78 - 94/108 Fb.

RANFELS Bayern siehe Zenting.

RANSBACH-BAUMBACH 5412. Rheinland-Pfalz **412** G 15 — 6 900 Ew — Höhe 300 m
۞ 02623 — Mainz 92 — ♦Bonn 72 — ♦Koblenz 24 — Limburg an der Lahn 31.

🏠 Kannenbäckerland ⤸, Zur Fuchshohl (beim Tennisplatz), ℘ 30 51, 😭, ℅ (Halle) — ☎ **⊕**
12 Z : 24 B Fb.

🏠 **Eisbach**, Schulstr. 2, ℘ 23 76, 🌲 — 🚐 **⊕**
*1.- 20. Sept. und 24. Dez.- 20. Jan. geschl. — **M** (Samstag geschl.) a la carte 22/44 — **11 Z**
16 B 58 - 98.

680

ANZEL Nordrhein-Westfalen siehe Niederkassel.

APPENAU, BAD 6927. Baden-Württemberg 987 ㉘, 412 413 K 19 — 15 600 Ew — Höhe 5 m — Soleheilbad — ✪ 07264.

Kur- und Verkehrsamt, Salinenstr. 20, ☎ 8 61 25.

Stuttgart 74 — Heilbronn 22 — ♦Mannheim 71 — ♦Würzburg 122.

🏠 **Häffner Bräu** ⅀, Salinenstr. 24, ☎ 80 50, Fax 805119, 佘, 㑇 — 🛗 📺 ☎ ⇦ 🅿 —
🛁 35. AE ① E VISA
22. Dez.- 20. Jan. geschl. — **M** *(Freitag geschl.)* a la carte 25/45 — **62 Z : 88 B** 44/95 - 135/150
Fb — ½ P 76/123.

🏠 **Salinen-Hotel**, Salinenstr. 7, ☎ 10 93, Fax 5724, 佘 — 🛗 📺 ☎ 🅿 — 🛁 25/35
M a la carte 35/60 — **37 Z : 52 B** 59/95 - 138 Fb — ½ P 79/99.

In Bad Rappenau 4-Heinsheim NO : 6 km :

🏠 **Schloß Heinsheim** ⅀ (Herrensitz a.d.J. 1730), ☎ 10 45, Telex 782376, Fax 4208, 佘,
« Park, Schloßkapelle », 🏊, 🐎 — 🛗 📺 ☎ 🅿 — 🛁 25/120. ① E VISA
20. Dez.- Jan. geschl. — **M** a la carte 56/90 — **41 Z : 72 B** 115/165 - 165/205 Fb — ½ P 128/195.

RASTATT 7550. Baden-Württemberg 413 H 20, 987 ㉞, 242 ⑯ — 40 000 Ew — Höhe 123 m — ✪ 07222.

Ausflugsziel : Schloß Favorite★ S : 5 km.

Verkehrspavillon, Kaiserstraße, ☎ 3 30 53.

Stuttgart 97 ① — Baden-Baden 13 ② — ♦Karlsruhe 24 ① — Strasbourg 61 ③.

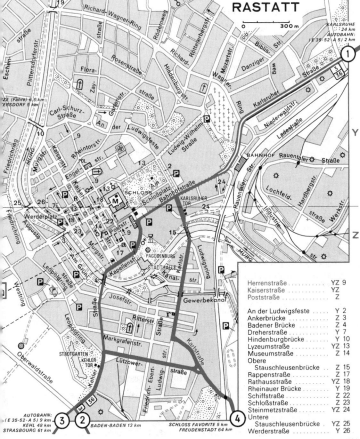

🏨 **Schwert** (im Barockstil erbautes Haus mit modernem Interieur), Herrenstr. 3a, ℰ 76 8
Telex 786574, Fax 768120 – 📺 📺 ☎ – 🔼 25/45. 🖭 ⓪ 🗷 💳   Z
M *(auch vegetarisches Menu)* (Sonntag - Montag geschl.) a la carte 38/76 – **50 Z : 78 B** 13
- 180/230 Fb.

🏨 **Zum Schiff** garni, Poststr. 2, ℰ 77 20, Fax 772127, 😑 – 📺 📺 ☎. ⓪ 🗷 💳 🛷   Z
22 Z : 40 B 75/85 - 100/120 Fb.

🏨 **Im Münchfeld** garni, Donaustr. 7, ℰ 3 12 70 – ☎ 🅟. 🖭 ⓪ 🗷 💳   über
10 Z : 20 B 68 - 100.

🍴 **Zum Storchennest**, Karlstr. 24, ℰ 3 22 60, 🏤 – 🗷   Z
Donnerstag und 8.- 28. Feb. geschl. – **M** a la carte 35/55.

RASTEDE 2902. Niedersachsen 🗐🗐🗐 ⑭ – 18 900 Ew – Höhe 20 m – Luftkurort – ✆ 04402.

🕠 Wemkendorf (NW : 3 km), ℰ (04402) 72 40.

◆Hannover 181 – ◆Oldenburg 11 – Wilhelmshaven 44.

🏨 **Petershof** 🛏, Peterstr. 14, ℰ 8 10 64, Fax 81126 – 📺 ☎ 🅟 – 🔼 25. 🖭 ⓪ 💳
M *(Sonntag ab 19 Uhr geschl.)* a la carte 26/45 – **28 Z : 38 B** 65/75 - 120/135 Fb.

🍴🍴🍴 ❀ **Landhaus am Schloßpark**, Sündener Str. 1, ℰ 32 43, « Gartenterrasse » – 🅟. 🖭 ⓬
🗷 💳
nur Abendessen, Montag - Dienstag geschl. – **M** (Tischbestellung ratsam) a la carte 70/95
Spez. Rasteder Aaltorte, Knurrhahn auf Räucherkraut, Lammhaxe im Kapernsud.

RATH Nordrhein-Westfalen siehe Nideggen.

RATINGEN 4030. Nordrhein-Westfalen 🗐🗐🗐 ⑬. 🗐🗐🗐 D 13 – 89 900 Ew – Höhe 70 m – ✆ 021

🕠 Rittergut Rommeljans, ℰ 8 10 92.

◆Düsseldorf 9,5 – ◆Duisburg 19 – ◆Essen 22.

🏨 **Altenkamp**, Marktplatz 17, ℰ 2 70 44, Telex 8585141, Fax 21217 – 📺 📺 ☎ 😑 – 🔼 3
🖭 ⓪ 🗷 💳
M *(Samstag - Sonntag und Juli - Aug. 4 Wochen geschl.)* 34/115 – **30 Z : 59 B** 130/160
180/250 Fb.

🏨 **Quality Inn**, Stadionring 1, ℰ 1 00 20, Telex 8589146, Fax 1002140 – 📺 📺 ☎ 🕭 😑 🅟
🔼 25/50
M *(Samstag und 22. Dez.- 1. Jan. geschl.)* a la carte 29/50 – **68 Z : 97 B** 149/209 - 189/2
Fb.

🏨 **Haus Kronenthal**, Brachter Str. 85, ℰ 8 50 80, Fax 850850, 🏤 – 📺 📺 ☎ 😑 🅟. 🖭 ⓬
🗷 💳
M *(Montag geschl.)* a la carte 39/62 – **30 Z : 50 B** 125/150 - 170/280 Fb.

🏨 **Astoria** garni, Mülheimer Str. 72, ℰ 8 20 05, Telex 8589111, Fax 845868 – 📺 📺 ☎ 🅟.
⓪ 🗷 💳
20. Dez.- 5. Jan. geschl. – **27 Z : 59 B** 135/190 - 180/270 Fb.

🏨 **Allgäuer Hof**, Beethovenstr. 24, ℰ 2 50 00 – 📺 📺 ☎ 😑 🅟 – 🔼 25. 🖭 ⓪ 🗷 💳
M *(Samstag bis 18 Uhr, Montag, 27. Dez.- 8. Jan. und Juli 2 Wochen geschl.)* 30/65 – **14 Z**
18 B 105/150 - 150/200.

🏨 **Anger - Steakhaus**, Angerstr. 20, ℰ 8 20 11 (Hotel) 84 61 47 (Rest.), Fax 870482 – 📺 📺
27 Z : 43 B Fb.

🏨 **Am Düsseldorfer Platz** garni, Düsseldorfer Platz 1, ℰ 2 70 14, Fax 25646 – 📺 ☎. 🖭 ⓬
🗷
22. Dez.- 8. Jan. geschl. – **29 Z : 45 B** 90/110 - 140/160 Fb.

🍴🍴 **Auermühle**, Auf der Aue (0 : 2 km), ℰ 8 10 64, 🏤 – 🅟. 🖭 ⓪ 🗷 💳
Montag geschl. – **M** 26/37 (mittags) und a la carte 41/65.

🍴🍴 **Haus zum Haus**, Mühlenkämpchen, ℰ 2 25 86, « Wasserschloß a.d. 13. Jh. » – 🅟. 🗷
⓪ 🗷 💳
23. Dez.- 3. Jan. und Samstag geschl. – **M** 50/95.

🍴🍴 **La Taverna** (Italienische Küche), Bahnstr. 7, ℰ 2 82 19, Fax 24223, 🏤 – 🖭 ⓪ 🗷 💳
Samstag bis 18 Uhr geschl. – **M** a la carte 47/74.

🍴🍴 **L'auberge fleurie - Chez René**, Mülheimer Str. 61, ℰ 87 06 26, 🏤 – 🅟. ⓪ 🗷 💳
Samstag und 4. Aug.- 1. Sept. geschl. – **M** a la carte 34/61.

🍴🍴 **Suitbertus-Stuben** (Restaurant mit Bierstube auf 3 Etagen), Oberstr. 23, ℰ 2 89 6
« Historisches Fachwerkhaus a.d. 15. Jh. »

In Ratingen-West :

🏨 **Relexa Hotel**, Berliner Str. 95, ℰ 45 80, Telex 8589108, Fax 458599, 😑 – 📺 ✑ Zi
🔲 Rest 📺 🕭 😑 🅟 – 🔼 25/140. 🖭 ⓪ 🗷 💳
M 29/Buffet (mittags) und a la carte 38/73 – **169 Z : 315 B** 195/355 - 255/420 Fb – 8 Appa
430/560.

🏨 **Holiday Inn**, Broichhofstr. 3, ℰ 45 60, Telex 8585235, Fax 456444, 😑, 🛆 (geheizt), 🔲, ✑
– ✑ Zim 🔲 📺 🕭 🅟 – 🔼 25/250. 🖭 ⓪ 🗷 💳
M 30/Buffet (mittags) und a la carte 47/74 – **199 Z : 288 B** 254/389 - 333/458 Fb.

Beim Autobahnkreuz Breitscheid N : 5 km, Ausfahrt Mülheim :

🏨 **Novotel Düsseldorf Nord**, Lintorfer Weg 75, ⊠ 4030 Ratingen 5 - Breitscheid, ℰ 18 70, Telex 8585272, Fax 18418, 🍴, ⌂s, ⌄ (geheizt), ☞, ※ – 🛗 ▤ 📺 ☎ ⅙ ❶ – 🕍 25/200. ⒶⒺ Ⓔ 𝐕𝐈𝐒𝐀
M a la carte 28/62 – **120 Z : 240 B** 160 - 198 Fb.

In Ratingen 4-Lintorf N : 4 km :

🏠 **Angerland** garni, Lintorfer Markt 10, ℰ 3 50 33 – 📺 ☎. Ⓔ
14 Z : 26 B 85/110 - 135/145 Fb.

🏠 **Am Hallenbad** garni, Jahnstr. 41, ℰ 3 41 79, Fax 37303, ⌂s – 📺 ☎. ⒶⒺ ⓞ Ⓔ 𝐕𝐈𝐒𝐀
11 Z : 22 B 110/120 - 145.

RATISBONA, RATISBONNE = Regensburg.

RATTENBERG 8441. Bayern ⒹⒶⒷ V 19 – 1 960 Ew – Höhe 570 m – Erholungsort – ✪ 09963.
Verkehrsamt, Gemeindeverwaltung, ℰ 7 03.
München 153 – Cham 25 – Deggendorf 43 – Straubing 33.

🏨 **Zur Post**, Dorfplatz 2, ℰ 10 00, Fax 1025, ⌂s, ⌄, ☞ – 🛗 📺 ☎ ❶. ⒶⒺ Ⓔ
M a la carte 19/41 ⅜ – **50 Z : 95 B** 50/60 - 90/120 – ½ P 58/73.

RATZEBURG 2418. Schleswig-Holstein ⒽⒼⒽ ⑥ – 12 000 Ew – Höhe 16 m – Luftkurort – ✪ 04541 – Sehenswert : Ratzeburger See★ – Dom★ (Hochaltarbild★) – Aussichtsturm ≼★.
Verkehrsamt, Alte Wache, Am Markt 9, ℰ 80 00 81, Fax 84253.
Kiel 107 – ✦Hamburg 68 – ✦Lübeck 24.

🏨🏨 **Der Seehof** (mit 🏠 Gästehaus Hubertus), Lüneburger Damm 3, ℰ 20 55, Telex 261835, Fax 7861, ≼, « Terrasse am See », ⌂s, ☞, Bootssteg – 🛗 📺 ⅙ ❶ – 🕍 25/80
64 Z : 137 B Fb.

🏨 **Hansa-Hotel**, Schrangenstr. 25, ℰ 20 94, Fax 6437 – 🛗 📺 ☎ ⇦ ❶
M *(Montag geschl.)* a la carte 34/55 – **28 Z : 45 B** 90/115 - 150 Fb.

🏠 **Wittlers Hotel - Gästehaus Cäcilie**, Große Kreuzstr. 11, ℰ 32 04 – 🛗 📺
20. Dez.- Jan. geschl. – **M** *(Okt.- März Sonntag geschl.)* a la carte 25/45 – **42 Z : 78 B** 45/85 - 90/140.

In Fredeburg 2418 SW : 5,5 km :

🏠 **Fredenkrug**, Lübecker Str. 5 (B 207), ℰ (04541) 35 55, 🍴, ☞ – ☎ ⇦ ❶
M a la carte 24/51 – **15 Z : 26 B** 60 - 90.

In Seedorf 2411 SO : 13 km :

🏠 **Schaalsee-Hotel** ⑤, Schloßstr. 9, ℰ (04545) 2 82, ≼, 🍴, ⌂s, ⌄, ☞ – 📺 ❶. Ⓔ.
⅙ Rest
März - Nov. – **M** *(Mittwoch geschl.)* a la carte 32/49 – **15 Z : 29 B** 60 - 110 Fb.

RAUBLING 8201. Bayern ⒹⒶⒷ T 23. ⒽⒼⒽ ㉗, ⒺⒶⒷ I 5 – 8 900 Ew – Höhe 459 m – ✪ 08035.
München 65 – Rosenheim 7 – Salzburg 81.

In Raubling - Kirchdorf S : 1,5 km :

✕ **Gasthof Lichtnecker** mit Zim, Kufsteiner Str. 56, ℰ 84 31, 🍴 – ❶. ⅙
29. Okt.- 9. Nov. geschl. – **M** *(Mittwoch - Donnerstag 17 Uhr geschl.)* a la carte 23/45 – **5 Z : 9 B** 30/40 - 50/55.

RAUENBERG 6914. Baden-Württemberg ⒶⒶⒷ ⒹⒶⒷ J 19 – 6 100 Ew – Höhe 130 m – ✪ 06222
Wiesloch – ✦Stuttgart 99 – Heidelberg 22 – Heilbronn 47 – ✦Karlsruhe 45 – ✦Mannheim 35.

🏨 **Winzerhof** ⑤, Bahnhofstr. 6, ℰ 6 20 67, Fax 64128, 🍴, ⌂s, ⌄ – 🛗 📺 ☎ ❶ – 🕍 25/100. ⒶⒺ ⓞ Ⓔ 𝐕𝐈𝐒𝐀
Menu *(auch vegetarische Gerichte)* (2.- 13. Jan. geschl.) a la carte 28/75 ⅜ – **Martins gute Stube** *(nur Abendessen, Sonntag - Montag, Jan. und Juli - Aug. 4 Wochen geschl.)* **M** a la carte 75/125 – **67 Z : 83 B** 95/115 - 136/196 Fb.

🍴 **Café Laier**, Wieslocher Str. 36, ℰ 6 27 95 – ☎ ⇦ ❶
29. April - 19. Mai und 27. Dez.- 2. Jan. geschl. – **M** *(Samstag bis 15 Uhr und Dienstag geschl.)* a la carte 19/38 ⅜ – **13 Z : 20 B** 35/70 - 68/90.

RAUNHEIM Hessen siehe Rüsselsheim.

RAUSCHENBERG 3576. Hessen ⒶⒶⒷ J 14 – 4 500 Ew – Höhe 282 m – Luftkurort – ✪ 06425.
Wiesbaden 140 – ✦Kassel 78 – Marburg 20.

🏠 **Schöne Aussicht**, an der B 3 (NW : 3,5 km), ℰ 7 17, Fax 2925, ⌂s, ⌄, ☞ – 📺 ☎ ⇦ ❶ – 🕍 50. ⓞ 𝐕𝐈𝐒𝐀. ⅙ Rest
2.- 15. Jan. geschl. – **M** *(Montag geschl.)* a la carte 21/42 – **12 Z : 19 B** 48/72 - 96.

RAVENSBURG 7980. Baden-Württemberg **413** LM 23. **987** ⑱ ⑳. **427** MN 2 − 43 200 Ew − Höhe 430 m − ✆ 0751.

Sehenswert : Liebfrauenkirche (Kopie der "Ravensburger Schutzmantelmadonna"★★).

🏛 Städt. Kultur- u. Verkehrsamt, Marienplatz 54, ℰ 8 23 24,Fax 82200.

ADAC, Jahnstr. 26, ℰ 2 37 08, Telex 732968.

♦Stuttgart 147 − Bregenz 41 − ♦München 183 − ♦Ulm (Donau) 86.

🏨🏨 ✿ **Waldhorn**, Marienplatz 15, ℰ 1 60 21, Telex 732311, Fax 17533 − 🛗 📺 🚗 − 🏛 25/6■
    AE ⓞ E VISA
    M (Tischbestellung ratsam) (Sonntag - Montag 18 Uhr und Jan. geschl.) 44 (mittags) und
    la carte 79/109 − **40 Z : 55 B** 88/130 - 130/230 Fb
    Spez. Tafelspitz mit Kräutern, Wildlachs im Shiso-Blatt, Dessert - Arrangement.

🏨 **Lamm**, Marienplatz 47, ℰ 39 14 − 🚗. AE ⓞ E VISA
    22. Dez.- 10. Jan. geschl. − **M** a la carte 31/49 − **50 Z : 65 B** 40/70 - 90/140 Fb.

🏨 **Sennerbad** 🍃 garni, Am Sennerbad 24 (Weststadt), ℰ 20 83, ≤, 🏖 − 🛗 ☎ 🅿. ⓞ ■
    VISA
    20. Dez.- 10. Jan. geschl. − **24 Z : 40 B** 35/63 - 100 Fb.

🏨 **Obertor**, Marktstr. 67, ℰ 3 20 81, Fax 25584, 🍴 − 📺 ☎ 🅿. AE ⓞ E VISA
    M (nur Abendessen, Sonntag und 22. Dez.- 5. Jan. geschl.) a la carte 31/50 − **30 Z : 47**
    60/85 - 115/130 Fb.

XX **Restaurant Sennerbad**, Am Sennerbad 18 (Weststadt), ℰ 3 18 48, ≤, 🏖 − 🅿
    Montag geschl. − **M** a la carte 31/60 🍴.

XX **Waldgasthof am Flappachweiher**, Strietach 4 (SO : 5 km über die B 32), ℰ 6 14 40, 🏖
    − 🅿
    Montag - Dienstag geschl. − **M** a la carte 26/54.

X **Ristorante La Gondola** (Italienische Küche), Gartenstr. 75 (B 32), ℰ 2 39 40 − 🅿. AE ■
    VISA
    Sonntag und Mitte Juli - Aug. geschl. − **M** a la carte 35/58.

    In Ravensburg-Dürnast SW : 9,5 km :

🏕 **Landvogtei** (Haus a.d.J. 1470), an der B 33, ℰ (07546) 52 39, Fax 1578, 🏖 − 🚗 🅿. ⓞ ■
⟶   VISA
    15. Nov.- 15. Dez. geschl. − **M** (Freitag geschl.) a la carte 21/36 🍴 − **18 Z : 36 B** 30/50
    58/85.

    In Ravensburg 19-Obereschach S : 6 km über die B 30 und die B 467 :

🏨 Bräuhaus 🍃, Kirchstr. 8, ℰ 6 20 63, Biergarten − ☎ 🚗 🅿. ✾
    10 Z : 20 B.

    In Berg 7981 N : 4 km :

🏨 **Haus Hubertus** 🍃, Maierhofer Halde 9, ℰ (0751) 4 10 58, Fax 54164, ≤, 🏖, Wildgeheg
    − ☎ 🅿 AE E VISA
    1.- 13. Jan. geschl. − **M** (Sonntag 15 Uhr - Montag 17 Uhr geschl.) a la carte 30/43 − **27 Z**
    41 B 72 - 102.

    In Schlier 7981 O : 5 km :

XX **Krone**, Eibeschstr. 2, ℰ (07529) 12 92, 🏖 − 🅿
    Dienstag - Mittwoch geschl. − **M** a la carte 38/70.

RAVENSBURG (Burg) Baden-Württemberg siehe Sulzfeld.

RECHTENBACH 8771. Bayern **412** **413** L 17 − 1 100 Ew − Höhe 335 m − ✆ 09352.
♦München 327 − Aschaffenburg 29 − ♦Würzburg 47.

🏕 **Krone**, Hauptstr. 52, ℰ 22 38, 🏖 − 🚗
⟶   **M** (Freitag geschl.) a la carte 17/33 🍴 − **17 Z : 28 B** 26/36 - 52/72.

    An der B 26 W : 3,5 km :

XX Bischborner Hof mit Zim, ✉ 8771 Neuhütten, ℰ (09352) 33 56, 🏖 − ☎ 🅿
    4 Z : 8 B.

RECKE 4534. Nordrhein-Westfalen **987** ⑭. **412** G 9 − 9 800 Ew − Höhe 60 m − ✆ 05453.
♦Düsseldorf 183 − ♦Bremen 140 − Enschede 70 − ♦Osnabrück 40.

🏨 **Altes Gasthaus Greve** 🍃, Markt 1, ℰ 30 99 − 🅿 ☎ 🚗 🅿
    M (Montag bis 17 Uhr geschl.) a la carte 27/48 − **17 Z : 27 B** 44/49 - 80/84.

RECKLINGHAUSEN 4350. Nordrhein-Westfalen **987** ⑭. **412** E 12 − 119 300 Ew − Höhe 76
− ✆ 02361.

    Siehe Ruhrgebiet (Übersichtsplan).

Sehenswert : Ikonenmuseum★★ − 🎪 Bockholter Str. 475 (über ⑥), ℰ 2 65 20.

🏛 Städt. Reisebüro, Kunibertustr. 23, ℰ 58 76 72 − ADAC, Martinistr. 11, ℰ 1 54 20, Notruf ℰ 1 92 11.

♦Düsseldorf 71 ④ − Bochum 17 ④ − Dortmund 28 ③ − Gelsenkirchen 20 ④ − Münster (Westfalen) 63 ⑦.

RECKLINGHAUSEN

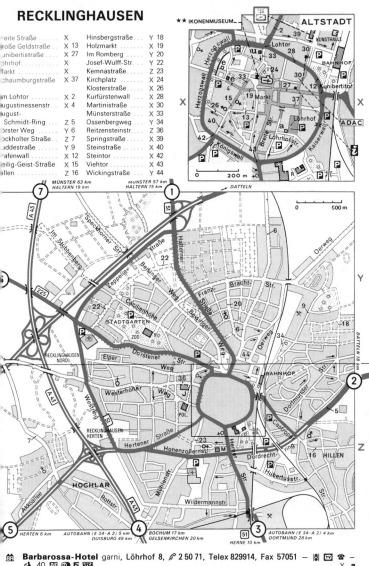

★★ IKONENMUSEUM — ALTSTADT

🏨 **Barbarossa-Hotel** garni, Löhrhof 8, ℰ 2 50 71, Telex 829914, Fax 57051 – 📶 📺 ☎ –
🔼 40. 🆀 ① ᛖ 𝑽𝑰𝑺𝑨
22. Dez.- 7. Jan. geschl. – **63 Z : 107 B** 85/120 - 150/270 Fb.   **X a**

🏨 **Sporthotel Quellberg-Park** ⤸ garni, Holunderweg 9, ℰ 4 80 50, Fax 480550, 🚗, 🏊 (Halle)
– 📺 ☎ 🅿 – 🔼 40 – **34 Z : 66 B** Fb.   über Castroper Straße   **Z**

XX **Landhaus Scherrer**, Bockholter Str. 385, ℰ 2 27 20, 🏤 – 🅿. 🆀 ① ᛖ 𝑽𝑰𝑺𝑨
Montag und 21. Juli - 3. Aug. geschl. – **M** a la carte 42/70.   über Bockholter Str.   **Y**

XX **Die weiße Brust**, Münsterstr. 4, ℰ 2 99 04, 🏤   **X u**
M a la carte 43/74.

X **Boente**, Augustinessenstr. 4, ℰ 1 76 09, Biergarten, « Kleine Brauerei im Restaurant »
M a la carte 27/52.   **X e**

X **Ratskeller**, Rathausplatz 3, ℰ 5 99 11, 🏤   **X R**
◆ **M** a la carte 20/53.

REDNITZHEMBACH 8540. Bayern 413 Q 19 – 4 300 Ew – Höhe 315 m – ☎ 09122 (Schwabach).
♦München 154 – Ansbach 41 – Donauwörth 74 – ♦Nürnberg 22.

In Rednitzhembach - Plöckendorf :

Hembacher Hof, Untermainbacher Weg 21, ☎ 70 91, Fax 61630 – ☎ Ⓟ – 25/250. E
M *(Sonn- und Feiertage ab 15 Uhr sowie Aug. 3 Wochen geschl.)* a la carte 26/50 – **22 Z : 37 B** 70/85 - 110/130 Fb.

Kuhrscher Keller, Bahnhofstr. 5, ☎ 70 71, – ☎ Ⓟ. Zim
M *(nur Abendessen, Freitag geschl.)* a la carte 21/33 – **12 Z : 24 B** 55 - 98.

In Schwanstetten-Schwand 8501 O : 3 km :

Erbschänke Zum Schwan (Fachwerkhaus a.d. 14. Jh.), Marktplatz 7, ☎ (09170) 10 5… Fax 2377, – TV ☎ Ⓟ. E VISA
M a la carte 22/50 – **20 Z : 35 B** 54 - 82 Fb.

REES 4242. Nordrhein-Westfalen 987 ⑬, 412 C 11 – 18 600 Ew – Höhe 20 m – ☎ 02851.
♦Düsseldorf 87 – Arnhem 49 – Wesel 24.

Rheinhotel Dresen, Markt 6, ☎ 12 55, ≤ Rheinschiffahrt, – TV ☎
2.- 18. Jan. und 2.- 12. Nov. geschl. – **M** *(Freitag geschl.)* 22 (mittags) und a la carte 34/6… – **14 Z : 22 B** 55/65 - 110/130.

XXX **Op de Poort**, Vor dem Rheintor 5, ☎ 74 22, ≤ Rheinschiffahrt, – Ⓟ.
Montag - Dienstag und 23. Dez.- 14. Feb. geschl. – Menu (Tischbestellung ratsam) a la cart… 33/68.

In Rees-Grietherort NW : 8 km :

XX Inselgasthof Nass mit Zim, ☎ 63 24, ≤, – TV Ⓟ. – **5 Z : 10 B.**

REGEN 8370. Bayern 413 W 20, 987 ㉘ – 11 000 Ew – Höhe 536 m – Erholungsort – Wintersport : 3 – ☎ 09921 – ℹ Verkehrsamt, Haus des Gastes, Stadtplatz 2, ☎ 29 29.
♦München 169 – Cham 49 – Landshut 100 – Passau 60.

Brauerei-Gasthof Falter, Am Sand 15, ☎ 43 13 – ☎ Ⓟ – 25/100. AE ⓓ E
Jan.- Feb. 3 Wochen geschl. – **M** *(Sonntag 14 Uhr - Montag 16 Uhr geschl.)* a la carte 21/5… – **12 Z : 19 B** 39 - 68/78.

Pension Panorama, Johannesfeldstr. 27, ☎ 23 56, ≤, – Ⓟ
März - Okt. – (nur Abendessen für Hausgäste) – **17 Z : 31 B** 37/40 - 58/78.

Krampersbacher Hof, Krampersbacher Steig 34, ☎ 31 10, – TV ☎ Ⓟ. AE ⓓ E VISA
Nov. 2 Wochen geschl. – **M** *(Montag bis 18 Uhr geschl.)* a la carte 18/40 – **11 Z : 21 …** 32/40 - 64/80 Fb.

Pichelsteinerhof, Talstr. 35, ☎ 24 72, – Ⓟ
M a la carte 18/30 – **9 Z : 18 B** 38 - 68/72.

In Regen 2-March W : 6,5 km :

Zur alten Post, Hauptstr. 37, ☎ 23 93, , – Ⓟ – **36 Z : 70 B.**

In Regen-Weißenstein SO : 3 km :

Burggasthof Weißenstein, ☎ 22 59, ≤, , – Ⓟ
Nov.- 18. Dez. geschl. – **M** *(Dienstag geschl.)* a la carte 21/45 – **15 Z : 26 B** 38 - 78.

Siehe auch : ***Liste der Feriendörfer***

REGENSBURG 8400. Bayern 413 T 19, 987 ㉗ – 128 000 Ew – Höhe 339 m – ☎ 0941.
Sehenswert : Dom★ (Glasgemälde★★) Z – Alter Kornmarkt★ Z – Alte Kapelle★ Z **D** – Stadtmuseum★ Z **M1** – St. Emmeram★ (Grabmal★ der Königin Hemma) Z **A** – Schloß Thurn un… Taxis : Marstallmuseum★ Z **M2** – St. Jakobskirche (romanisches Portal★) Z **B** – Steinern… Brücke (≤★) Z.
Ausflugsziel : Walhalla★ : Lage★, O : 10 km über Donaustaufer Str. Y.
18 Donaustauf, Jagdschloß Thiergarten (② : 13 km), ☎ (09403) 5 05.
ℹ Tourist-Information, Altes Rathaus, ☎ 5 07 21 41.
ADAC, Luitpoldstr. 2, ☎ 5 56 73, Notruf ☎ 1 92 11.
♦München 122 ④ – ♦Nürnberg 100 ④ – Passau 115 ③.

Stadtplan siehe gegenüberliegende Seite.

Ramada, Bamberger Str. 28, ☎ 8 10 10, Telex 65188, Fax 84047, Biergarten, – … Zim TV Ⓟ – 25/200. AE ⓓ E VISA über …
M a la carte 40/75 – **125 Z : 205 B** 175/195 - 210/230 Fb – 4 Appart. 420.

Avia-Hotel, Frankenstr. 1, ☎ 43 00, Telex 65703, Fax 42093, – TV Ⓟ – 25/7… AE ⓓ E VISA Y
M *(27. Dez.- 7. Jan. geschl.)* a la carte 34/63 – **81 Z : 123 B** 105/170 - 145/215 Fb.

Parkhotel Maximilian garni, Maximilianstr. 28, ☎ 5 10 42, Telex 65181, Fax 52942 – … TV – 25/100. AE ⓓ E VISA Z
52 Z : 103 B 190 - 240 Fb – 3 Appart. 480.

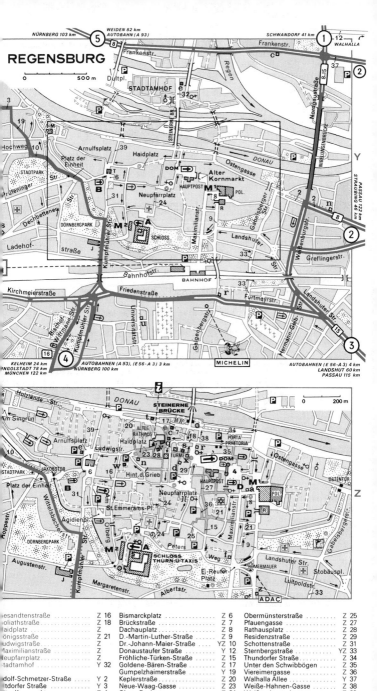

REGENSBURG

🏨 **Altstadt-Hotel Arch** garni, Am Haidplatz 4, ℰ 50 20 60, « Modernisiertes Patrizierhaus a.d. 18. Jh.» – 🛗 📺 ☎ 🝙 ⓐ ⓔ 𝗩𝗜𝗦𝗔   Z
40 Z : 68 B 98/135 - 150/250 Fb.

🏨 **Am Sportpark** garni, Gewerbepark D 90, ℰ 4 02 80, Telex 652604, Fax 49172 – 🛗 📺 🝙
ⓟ 🝙 ⓞ ⓔ 𝗩𝗜𝗦𝗔   über Donaustaufer Straße   Y
96 Z : 144 B 108/128 - 130/290 Fb.

🏨 **Bischofshof am Dom**, Krautermarkt 3, ℰ 5 90 86, Biergarten – 🛗 📺 ☎ – 🅰 25/60
🝙 ⓞ ⓔ 𝗩𝗜𝗦𝗔   Z
M a la carte 30/80 – **60 Z : 100 B** 95/198 - 140/280 Fb.

🏨 **Kaiserhof am Dom**, Kramgasse 10, ℰ 5 40 27, Fax 54025, 🍴 – 🛗 📺 ☎. 🝙 ⓔ 𝗩𝗜𝗦𝗔
23. Dez.- 6. Jan. geschl. – **M** a la carte 22/56 – **31 Z : 50 B** 70/90 - 115/120 Fb.

🏨 St. Georg, Karl-Stieler-Str. 8, ℰ 9 70 66, Telex 652504, 🖙 – 🛗 📺 ☎ ⓟ – 🅰 25/100
65 Z : 115 B Fb.   über Bischof-Wittmann-Str.   Y

🏨 Ibis, Furtmayrstr. 1, ℰ 7 80 40, Telex 652691, Fax 7804509 – 🛗 ⛶ Zim ▤ Rest 📺 ☎ 🕭 ⟲
ⓟ – 🅰 25/80   Y
114 Z : 185 B Fb.

🏨 **Karmeliten - Restaurant Taverne** (Spanische Küche), Dachauplatz 1
ℰ 5 43 08 (Hotel) 5 49 10 (Rest.), Telex 65170, Fax 791260 – 🛗 📺 ☎ ⓟ – 🅰 25/40. 🝙 ⓔ
nur Hotel : Mitte Dez.- Mitte Jan. geschl. – **M** (nur Abendessen, Sonntag geschl.) a la carte 30/50 🍷 – **72 Z : 130 B** 65/140 - 95/180 Fb.   Z

🏨 **Münchner Hof** 🍴, Tändlergasse 9, ℰ 5 82 62, Telex 652593, Fax 561709 – 🛗 📺 ☎. 🝙 ⓔ
𝗩𝗜𝗦𝗔   Z
M (Donnerstag geschl.) a la carte 18/38 – **41 Z : 70 B** 73/85 - 105/130 Fb.

🏨 **Arcade**, Hemauerstr. 2, ℰ 5 69 30, Telex 65736 – 🛗 📺 ☎ 🕭 ⟲ – 🅰 25/75   Z
123 Z : 249 B.

🏨 **Bischofshof Braustuben**, Dechbettener Str. 50, ℰ 2 14 73, Biergarten – ⓟ   Y
14 Z : 21 B Fb.

🏨 **Straubinger Hof**, Adolf-Schmetzer-Str. 33, ℰ 79 83 55, Fax 794826 – 🛗 📺 ☎ ⟲ ⓟ   Y
64 Z : 98 B Fb.

🏨 **Apollo 11**, Neuprüll 17, ℰ 9 70 47, Fax 948187, 🖙, 🔲 – 🛗 ☎ ⟲ ⓟ. 🝙 ⓞ ⓔ 𝗩𝗜𝗦𝗔
M (Samstag - Sonntag geschl.) 18/45 – **52 Z : 80 B** 38/68 - 65/100.
                                                                       über Universitätsstr.

🏛 **Wiendl**, Universitätsstr. 9, ℰ 9 04 16, Biergarten – ⓟ   Y
M (Samstag und 24. Dez.- 6. Jan. geschl.) a la carte 18/39 🍷 – **33 Z : 55 B** 36/60 - 65/85.

XXX ⚫ **Historisches Eck** (restauriertes Stadthaus a.d. 13. Jh.), Watmarkt 6, ℰ 5 89 20
« Historisches Kreuzgewölbe einer ehem. Hauskapelle » – 🝙 ⓔ   Z
Sonntag - Montag 19 Uhr und 20. Mai - 3. Juni geschl. – **M** (Tischbestellung ratsam) 3
(mittags) und a la carte 60/80
Spez. Hummermaultaschen in Pernod-Sauce, Pochiertes Rinderfilet in Rotweinbutter, Grießsoufflée.

XXX **Zum Krebs** (kleines Restaurant in einem renovierten Altstadthaus), Krebsgasse 6
ℰ 5 58 03 – 🝙 ⓞ ⓔ   Z
Sonntag und Mitte - Ende Aug. geschl. – **M** (Tischbestellung ratsam) a la carte 58/90
Bistro M a la carte 34/52.

XXX **Gänsbauer**, Keplerstr. 10, ℰ 5 78 58, « Gemütliche rustikale Einrichtung » – 🝙 ⓔ 𝗩𝗜𝗦𝗔
nur Abendessen, Sonntag geschl. – **M** (auch vegetarische Gerichte) (Tischbestellung ratsam) a la carte 56/75.

XX Ratskeller, Rathausplatz 1, ℰ 5 17 77, 🍴, Historischer Saal   Z

X **Alte Münze**, Fischmarkt 7, ℰ 5 48 86, Fax 560397, 🍴 – 🝙 ⓞ ⓔ 𝗩𝗜𝗦𝗔   Z
M a la carte 25/52.

X Alter Simpl, Fischgässel 4, ℰ 5 16 50   Z

X **Hofbräuhaus** (Brauereigaststätte), Waaggässchen 1, ℰ 5 12 80, Biergarten   Z
Mitte Mai - Mitte Sept. Sonntag geschl. – **M** a la carte 15/32 🍷.

X Brauerei Kneitinger (Brauereigaststätte), Arnulfsplatz 3, ℰ 5 24 55   Z

In Regensburg-Dechbetten SW : 4 km über Kirchmeierstr. Y :

🏛 **Dechbettener Hof**, Dechbetten 11, ℰ 3 52 83, 🍴 – ⓟ – 🅰 25/80
8.- 29. Jan. geschl. – **M** (Montag geschl.) a la carte 23/47 🍷 – **12 Z : 19 B** 33/39 - 63/73.

In Regensburg-Irl ② : 7 km :

🏨 **Held**, Irl 11, ℰ (09401) 10 41, Fax 7682, Biergarten, 🖙, 🌳 – 🛗 📺 ☎ ⓟ – 🅰 25/100. ⓒ
ⓔ
22.- 30. Dez. geschl. – **M** a la carte 22/44 🍷 – **70 Z : 120 B** 65/98 - 130/160 Fb.

In Regensburg-Stadtamhof :

XX Schildbräu mit Zim, Stadtamhof 24, ℰ 8 57 24   Y
6 Z : 12 B.

In Pentling 8401 ④ : 5 km :

🏨 **Vier Jahreszeiten - Schrammel**, An der Steinernen Bank 10, ℰ (09405) 3 30, Fax 33410,
 Biergarten, 🍴, 🎉 (Halle) – 🔌 ⚡ Zim 📺 ☎ 🚗 🅿 – 🔬 25/250. 🖭 ⓞ 🔇 🗺
 M a la carte 21/51 – **100 Z : 200 B** 95/135 - 140/180 Fb – 3 Appart. 285.

In Tegernheim 8409 NO : 7 km, Richtung Walhalla Y :

🏨 **Minigolf-Hotel** ⑤, Bergweg 2, ℰ (09403) 16 44, Fax 4122, 🎉, 🍴 – ☎ 🚗 🅿 –
 🔬 25/150
 27. Dez.- 7. Jan. geschl. – **M** *(Freitag geschl.)* a la carte 16,50/37 ⅄ – **42 Z : 63 B** 35/75 -
 55/110 Fb.

In Pettendorf-Mariaort 8411 ⑤ : 7 km :

🏨 **Gästehaus Krieger** garni, Heerbergstr. 3, ℰ (0941) 8 00 18, ≼ – 🔌 📺 ☎ 🚗 🅿
 24. Dez.- 5. Jan. geschl. – **27 Z : 52 B** 38/70 - 68/110.

🍴 **Gasthof Krieger**, Naabstr. 20, ℰ (0941) 8 42 78, ≼, Biergarten – 🅿
 Mittwoch, 19. Aug.- 4. Sept. und 23. Dez.- 3. Jan. geschl. – **M** a la carte 21/41.

In Pettendorf-Adlersberg 8411 ⑤ : 7 km :

🏨 **Prösslbräu** ⑤ (Brauerei-Gasthof in einer ehem. Klosteranlage a.d. 16. Jh.),
 Dominikanerinnenstr. 2, ℰ (09404) 18 22, Biergarten – 🅿
 23. Dez.- 15. Jan. geschl. – **M** *(Montag geschl.)* a la carte 17,50/36 – **14 Z : 21 B** 42 - 76.

In Obertraubling 8407 ③ : 8 km :

🏨 **Stocker**, St.-Georg-Str. 2, ℰ (09401)5 00 45, Biergarten – ☎ 🅿
 M *(Samstag geschl.)* a la carte 19/34 – **38 Z : 60 B** 45 - 75 Fb.

In Donaustauf 8405 O : 9 km, Richtung Walhalla Y :

🏨 **Kupferpfanne**, Lessingstr. 48, ℰ (09403) 43 56, Fax 4396, 🎉, 🍴 – 📺 ☎ 🅿. 🖭 🔇
 M *(Sonntag und 15.- 31. Aug. geschl.)* a la carte 27/60 – **20 Z : 37 B** 55/90 - 90/140.

🏨 **Pension Walhalla** ⑤ garni, Ludwigstr. 37, ℰ (09403) 15 22, ≼, 🌳 – 🔌 ☎ 🚗 🅿. 🖭 🔇
 21 Z : 42 B 48/54 - 69/79 Fb.

In Neutraubling 8402 SO : 10 km über ② :

🏨 Groitl, St. Michaelsplatz 2, ℰ (09401) 10 02 – 🅿
 26 Z : 47 B.

🏨 Am See, Teichstr. 6, ℰ (09401) 14 54, 🎉 – 🅿
 17 Z : 30 B.

In Köfering 8401 SO : 13 km über ③ :

🍴 Zur Post, Hauptstr. 1 (B 15), ℰ (09406) 3 34, Biergarten – 🅿.

MICHELIN-REIFENWERKE KGaA. Niederlassung 8400 Regensburg, Schikanederstr. 4 (Y),
ℰ (0941) 7 50 01, Fax 76483.

REHAU 8673. Bayern �419 T 16, �987 ㉗ – 10 400 Ew – Höhe 540 m – ⓒ 09283.
München 287 – Bayreuth 58 – Hof 14.

🏨 **Fränkischer Hof**, Sofienstr. 19, ℰ 10 34, Fax 3424, Biergarten – 📺 ☎ 🚗 🅿 –
 🔬 50/120. 🖭 ⓞ 🔇 🗺. ⚡ Zim
 M a la carte 34/52 – **11 Z : 15 B** 69/79 - 89/99 Fb.

🏨 **Krone**, Friedrich-Ebert-Str. 13, ℰ 10 01, 🎉 – ☎. 🖭 🔇
 Menu a la carte 22/60 – **14 Z : 18 B** 45/52 - 86 Fb.

REHBURG-LOCCUM 3056. Niedersachsen �987 ⑮, �412 K 9 – 9 800 Ew – Höhe 60 m – ⓒ 05037.
Hannover 44 – ♦ Bremen 89 – Minden 28.

🏨 **Rodes Hotel**, Marktstr. 22 (Loccum), ℰ (05766) 2 38 – 🚗 🅿. ⚡ Zim
 20. Dez.- 10. Jan. geschl. – **M** *(Freitag geschl.)* a la carte 23/50 – **22 Z : 36 B** 47/53 - 88/115.

REHLINGEN-SIERSBURG 6639. Saarland �412 D 18, �242 ⑥, �57 ⑤ – 10 000 Ew – Höhe 180 m
– ⓒ 06833.
♦ Saarbrücken 35 – Luxembourg 66 – ♦ Trier 63.

In Rehlingen-Siersburg-Niederaltdorf SW : 8 km :

🍴🍴 **Rôtisserie Biehl**, Neunkircher Str. 10, ℰ 3 77, Zugang zur Tropfsteinhöhle – 🅿. 🖭 🔇. ⚡
 Mittwoch ab 14 Uhr, Montag und 1.- 15. Jan. geschl. – **M** a la carte 39/66.

REICHELSHEIM 6101. Hessen �412 �413 J 17 – 7 600 Ew – Höhe 216 m – Luftkurort – ⓒ 06164.
🅳 Fremdenverkehrsamt, Rathaus, ℰ 5 08 26.
♦ Wiesbaden 84 – ♦ Darmstadt 36 – ♦ Mannheim 44.

🍴🍴 **Restaurant Treusch im Schwanen**, Rathausplatz 2, ℰ 22 26, 🎉 – 🅿 – 🔬 40. 🖭 ⓞ
 🔇 🗺
 Donnerstag, 4.- 22. Feb. und Okt. 2 Wochen geschl. – **M** *(auch vegetarisches Menu)* a la
 carte 37/75.

In Reichelsheim-Eberbach NW : 1,5 km:

🏠 **Landhaus Lortz** ⬧, Eberbachtal 3, ℰ 49 69, ≤, 🏤, 🕿, 🔲, 🛲 – 🅿 🏖
➡ *15. Jan.- 20. Feb. und 15. Nov.- 15. Dez. geschl.* – **M** *(Montag und Dienstag jeweils ab 1 Uhr geschl.)* à la carte 20/40 🍴 – **18 Z : 30 B** 38/59 - 74/118 Fb – 4 Fewo 60/95.

In Reichelsheim-Erzbach SO : 6,5 km :

🏠 Berghof, Forststr. 44, ℰ 20 95, 🕿, 🔲, 🛲, 🐎 – 🛗 🕿 🅿 🏖
24 Z : 46 B – 4 Fewo.

In Reichelsheim-Gumpen SW : 2,5 km :

🏛 **Schützenhof**, Kriemhildstr. 73 (B 47), ℰ 22 60, 🏤, 🛲 – 🅿
➡ **M** *(Dienstag geschl.)* à la carte 21/41 🍴 – **7 Z : 15 B** 30 - 60 – ½ P 40.

In Reichelsheim-Rohrbach SO : 5,5 km :

🏠 **Zum Fürstengrund**, Im Unterdorf 1, ℰ 22 65, 🏤, 🔲, 🛲 – 🚗 🅿
➡ *Mitte Nov.- Mitte Dez. geschl.* – **M** *(Montag geschl.)* à la carte 17/38 🍴 – **33 Z : 50 B** 40/4 - 76/80 – 3 Fewo 55/60.

In Reichelsheim - Unter-Ostern SO : 4 km :

XX Naumann - Restaurant Wetterhahn ⬧ mit Zim, Formbachstr. 3, ℰ 20 67, 🏤, 🍴 – 🅿
10 Z : 20 B.

REICHENAU (Insel) 7752. Baden-Württemberg 🔢 K 23, 🔢 L 2 – 4 800 Ew – Höhe 398 – Erholungsort – 🕿 07534.

Sehenswert : In Oberzell : Stiftskirche St. Georg (Wandgemälde★★) – In Mittelzell Münster★ (Münsterschatz★).

🛈 Verkehrsbüro, Mittelzell, Ergat 5, ℰ 2 76.
♦Stuttgart 181 – ♦Konstanz 10 – Singen (Hohentwiel) 29.

Im Ortsteil Mittelzell :

🏨 **Mohren**, Pirminstr. 141, ℰ 4 85, 🏤 – 🛗 📺 🕿 🅿 – 🔬 40. 🆎 ⓞ 🅴 🆅🆂🅰
M à la carte 28/51 – **44 Z : 85 B** 90/150 - 140/180 Fb.

🏨 **Seeschau** ⬧, Schiffslände 8, ℰ 2 57, Fax 7894, ≤, « Terrasse am See » – 📺 🕿 🚗 🅿
🆎 ⓞ 🅴 🆅🆂🅰
Jan.- Feb. geschl. – **M** *(Nov.- Dez. nur Abendessen)* à la carte 45/66 – **Gourmet-Restauran** *(nur Abendessen)* **M** à la carte 65/115 – **14 Z : 28 B** 80/130 - 150/190 Fb – 3 Appar 220/280.

🏨 Strandhotel Löchnerhaus ⬧, Schiffslände 12, ℰ 4 11, ≤, 🏤, 🛶, 🛲, Bootssteg – 🛗 🔲
🚗 🅿 – 🔬 25/70
45 Z : 74 B Fb.

Im Ortsteil Oberzell :

🏠 Kreuz, Zelleleweg 4, ℰ 3 32, 🛲 – 🅿
11 Z : 22 B.

REICHENBACH Baden-Württemberg siehe Waldbronn.

REICHENHALL, BAD 8230. Bayern 🔢 V 23, 🔢 ⑲, 🔢 K 5 – 18 500 Ew – Höhe 470 m – Heilbad – Wintersport : 470/1 600 m ⚡1 🚠3 🚡3 – 🕿 08651.

Sehenswert : St. Zeno-Kirche BZ – Alte Saline AZ.

🛈 Kur- und Verkehrsverein im Kurgastzentrum, Wittelsbacherstr. 15, ℰ 30 03, Fax 2427.
♦München 136 ① – Berchtesgaden 18 ② – Salzburg 19 ①.

Stadtplan siehe gegenüberliegende Seite.

🏰 **Steigenberger-Hotel Axelmannstein** ⬧, Salzburger Str. 4, ℰ 40 01, Telex 56112, Fa 4001, « Park », Bade- und Massageabteilung, 🛋, 🕿, 🔲, 🛲, 🍴 – 🛗 🔆 Zim 📺 🚗 🅶 – 🔬 25/120. 🆎 ⓞ 🅴 🆅🆂🅰 🏖 Rest
Restaurants : **Parkrestaurant M** à la carte 50/86 – **Axel-Stüberl** (regionale Küche *(Donnerstag geschl.)* **M** à la carte 24/48 – **151 Z : 20 B** 180/250 - 245/440 Fb – 8 Appar 490/890 – ½ P 175/300.

🏨 **Kurhotel Luisenbad** ⬧, Ludwigstr. 33, ℰ 60 40, Fax 62928, 🏤, « Garten », Bade- un Massageabteilung, 🕿, 🔲, 🛲 – 🛗 📺 🚗 🅿 – 🔬 25/120. ⓞ 🅴 🆅🆂🅰 🏖 Rest   AY *Nov.- 20. Dez. geschl.* – **M** 42/98 – **83 Z : 116 B** 148/182 - 258/318 Fb – 3 Appart. 398 – ½ P 164/234.

🏨 **Sonnenbichl** ⬧, Adolf-Schmid-Str. 2, ℰ 7 80 80, Fax 78059, 🕿, 🛲 – 🛗 📺 🕿 🚗 🅿
🆎 ⓞ 🅴 🆅🆂🅰 🏖   AY
15. Nov.- Jan. geschl. – (Restaurant nur für Hausgäste) – **40 Z : 60 B** 65/130 - 130/150 Fb – ½ P 165/230.

🏨 **Kurhotel Alpina** ⬧, Adolf-Schmid-Str. 5, ℰ 20 38, ≤, Bade- und Massageabteilung, 🛲
– 🛗 📺 🕿 🅿 🏖   AY
Feb.- Okt. – (Restaurant nur für Hausgäste) – **65 Z : 89 B** 70/90 - 130/150 Fb – ½ P 90/110.

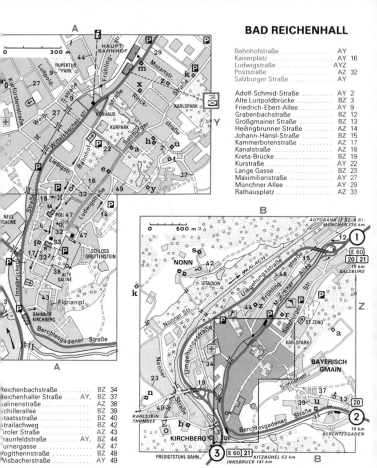

🏨 **Bayerischer Hof**, Bahnhofsplatz 14, ℰ 60 90, Telex 56123, Fax 609111, ㈜, Bade- und Massageabteilung, ㅌ, ☒ – ⫼ 🔟 ☎ ⅙ ⇔, ⴹ ◑ 🅴 𝑉𝐼𝑆𝐴 AY **m**
7. Jan. - 8. Feb. geschl. – **M** a la carte 25/58 – **64 Z : 91 B** 102/164 - 168/202 Fb – ½ P 105/133.

🏨 **Hofwirt**, Salzburger Str. 21, ℰ 6 20 21, ㈜, ⅀ – ⫼ ☎ 🅿 AY **k**
15. Jan. - 15. Feb. geschl. – **M** (Montag geschl.) a la carte 25/55 – **20 Z : 30 B** 75 - 130.

🏠 **Tivoli** ⑳ garni, Tivolistr. 2, ℰ 50 03, ≤, ㅌ – ⫼ 🔟 ☎ ⇐ 🅿, ⴹ ◑ 🅴 𝑉𝐼𝑆𝐴 AY **y**
April - Okt. – **20 Z : 31 B** 65/70 - 120/140 Fb.

🏠 **Brauerei-Gasthof Bürgerbräu**, Waaggasse 2, ℰ 60 89, Fax 608504, ㈜ – ⫼ 🔟 ☎ –
➜ 🅰 25/45. ⴹ ◑ 🅴 𝑉𝐼𝑆𝐴 AZ **f**
M a la carte 21/48 – **32 Z : 52 B** 77/105 - 149/170 Fb – ½ P 98/112.

🏠 **Kurhotel Mozart** garni, Mozartstr. 8, ℰ 50 36, ㅌ – ⫼ ⇆ ☎ ⇐ 🅿. ⅍
März - Okt. – **21 Z : 36 B** 60/75 - 110/130 Fb. AY **z**

🏠 **Hansi** ⑳, Rinckstr. 3, ℰ 31 08 – ⫼ ☎ 🅿 AY **x**
➜ 15. Nov. - 15. Dez. geschl. – **M** (auch Diät und vegetarische Gerichte) (Montag geschl.) a la carte 18/45 ⅃ – **18 Z : 28 B** 59/90 - 120/130 Fb – ½ P 75/89.

🏠 **Alfons Maria** ⑳ garni, Schillerstr. 19, ℰ 20 88, ㅌ – ⫼ ☎ 🅿 BZ **z**
Mitte Nov. - Anfang Feb. geschl. – **25 Z : 30 B** 50/60 - 104/114 Fb.

🏠 **Kurfürst**, Kurfürstenstr. 11, ℰ 27 10, ㅌ – ⴹ ◑ 🅴 𝑉𝐼𝑆𝐴. ⅍ Rest AY **r**
15. Dez. - 15. Jan. geschl. – (nur Mittagessen für Hausgäste) – **12 Z : 18 B** 49/65 - 88/110.

🏠 **Erika** ⑳, Adolf-Schmid-Str. 3, ℰ 30 93, ≤, « Garten » – ⫼ ☎ ⇐ 🅿. ⴹ 🅴 𝑉𝐼𝑆𝐴. ⅍ Rest
März - Anfang Nov. – (Restaurant nur für Hausgäste) – **36 Z : 50 B** 56/90 - 112/140 –
½ P 74/90. AY **u**

🏠 **Kraller** garni, Zenostr. 7, ℰ 27 52 – ⫼ ☎ 🅿. ⅍ BZ **r**
20. Nov. - 15. Dez. geschl. – **24 Z : 32 B** 55/70 - 90/95.

In Bad Reichenhall 3-Karlstein :

🏛 **Karlsteiner Stuben** ⏵, Staufenstr. 18, *𝒫* 13 89, 🏤, 🌳 – 🅿. 🎇 Zim   BZ
   8. Jan.- 3. März und 28. Okt.- 16. Dez. geschl. – **M** *(Dienstag geschl.)* a la carte 22/40 -
   48 Z : 78 B 46/57 - 74/94 Fb – ½ P 55/73.

In Bad Reichenhall 1-Kirchberg :

XXX ⚙ **Kirchberg-Schlößl**, Thumseestr. 11, *𝒫* 27 60, 🏤 – 🅿. 🆎 ⓞ 🇪 𝘝𝘐𝘚𝘈   BZ
   Mittwoch und März - April 3 Wochen geschl. – **M** 65/92 und a la carte 42/73
   Spez. Fischterrinen, Lammrücken in Kräutern, Tiroler Mohnkrapferl auf Vanillesauce.

In Bad Reichenhall 4-Marzoll ① *: 6 km :*

🏨 Schloßberghof ⏵, Schloßberg 5, *𝒫* 7 00 50, Fax 700548, ≤, 🏤, Bade- und
   Massageabteilung, ⬆, ≘s, 🔲, 🌳, ⛉ – 🛗 ☎ 🅿
   49 Z : 86 B Fb.

In Bad Reichenhall 3-Nonn :

🏨 **Neu-Meran** ⏵, *𝒫* 40 78, Fax 78520, ≤ Untersberg und Predigtstuhl, 🏤, ≘s, 🔲, 🌳 –
   🆀 ☎ 🅿   BZ
   10.- 31. Jan. und 15. Nov.- 12. Dez. geschl. – **M** *(Dienstag - Mittwoch 18 Uhr geschl.)*
   (bemerkenswerte Weinkarte) a la carte 32/70 ⅄ – **20 Z : 32 B** 75/85 - 136/240.

🏨 **Alpenhotel Fuchs** ⏵, *𝒫* 6 10 48, ≤ Untersberg und Predigtstuhl, « Gartenterrasse »
   🌳, ⛉ – 🛗 ☎ 🅿. 🆎 ⓞ 🇪 𝘝𝘐𝘚𝘈   BZ
   3. Nov.- 22. Dez. geschl. – **M** a la carte 23/50 – **36 Z : 60 B** 55/75 - 100/140 Fb – ½ P 67/92.

🏨 **Sonnleiten** ⏵ garni, *𝒫* 6 10 09, ≤, 🌳 – 🆀 ☎ 🅿   BZ
   10 Z : 19 B 70/100 - 116/200.

Am Thumsee W : 5 km über Staatsstraße BZ :

🏨 **Haus Seeblick** ⏵, ✉ 8230 Bad Reichenhall 3, *𝒫* (08651) 29 10, ≤ Thumsee und
   Ristfeucht-Horn, Massage, ≘s, 🔲, 🌳, ⛉, 🛶 – 🛗 🆀 ⇔ 🅿. 🎇 Rest
   2. Nov.- 18. Dez. geschl. – (Restaurant nur für Hausgäste) – **54 Z : 90 B** 46/80 - 92/140 F
   – ½ P 66/100.

In Bayerisch Gmain 8232 :

🏨 **Klosterhof** ⏵, Steilhofweg 19, *𝒫* (08651) 40 84, Fax 66211, ≤, 🏤, ≘s, 🌳 – 🆀 ☎ 🅿
   🇪 🎇   BZ
   Jan. und Nov. jeweils 2 Wochen geschl. – **M** *(Montag - Dienstag 14 Uhr geschl.)* a la carte
   32/54 – **14 Z : 27 B** 90/125 - 130/180 Fb – ½ P 89/134.

🏠 **Rupertus** garni, Rupertistr. 3, *𝒫* (08651) 6 20 53, ≘s, 🔲 – 🆀 ☎ 🅿. 🎇   über ⓒ
   20. Jan.- 20. Feb. und 15. Nov.- 24. Dez. geschl. – **17 Z : 31 B** 52/75 - 100/130 Fb.

🏠 **Amberger**, Schillerallee 5, *𝒫* (08651) 50 66, ≘s, 🔲, 🌳 – 🆀 ☎ ⇔ 🅿. 🇪   BZ
   (nur Abendessen für Hausgäste) **14 Z : 21 B** – 4 Fewo.

REICHSHOF 5226. Nordrhein-Westfalen 🖻🖻🖻 G 14 – 16 500 Ew – Höhe 300 m – ✪ 02265.
🖪 Verkehrsamt, Reichshof-Eckenhagen, Barbarossastr. 5, *𝒫* 4 70.
♦Düsseldorf 100 – ♦Köln 63 – Olpe 22 – Siegen 38.

In Reichshof 21-Eckenhagen – Luftkurort – Wintersport : 400/500 m ⛷2 ⛷7 :

🏨 **Haus Leyer** ⏵, Am Aggerberg 33, *𝒫* 90 21, ≤, ≘s, 🔲, 🌳 – 🆀 ☎ 🅿. 🆎 ⓞ 🇪 𝘝𝘐𝘚𝘈
   M a la carte 26/56 – **16 Z : 30 B** 78/93 - 150/180 Fb.

🏠 **Park-Hotel**, Hahnbucher Str. 12, *𝒫* 90 59, 🏤, ≘s – 🛗 ☎ 🅿 – ⬆ 40
   ➜ **M** *(Donnerstag geschl.)* a la carte 21/46 – **22 Z : 42 B** 60/80 - 100/140.

🏠 **Aggerberg** ⏵, Am Aggerberg 20, *𝒫* 90 87, Fax 8756, ≤, 🌳 – 🆀 ☎ 🅿
   M *(Sonntag ab 15 Uhr geschl.)* a la carte 35/58 – **11 Z : 22 B** 85/105 - 130/160 Fb.

🏠 **Zur Post**, Hauptstr. 30, *𝒫* 2 15, 🏤 – ☎ 🅿 – **12 Z : 24 B**.

In Reichshof-Wildbergerhütte :

🏠 **Landhaus Wuttke**, Crottorfer Str. 57, *𝒫* (02297) 13 30 – 🅿 – ⬆ 30. 🎇 Rest
   ➜ *Aug. 3 Wochen geschl. –* **M** a la carte 21/46 – **16 Z : 34 B** 48 - 78.

REIDELBACH Saarland siehe Wadern.

REIL 5586. Rheinland-Pfalz 🖻🖻🖻 E 16 – 1 600 Ew – Höhe 110 m – ✪ 06542 (Zell a.d. Mosel).
Mainz 110 – Bernkastel-Kues 34 – Cochem 47.

🏠 **Reiler Hof**, Moselstr. 27, *𝒫* 26 29, ≤, 🏤 – ⇔ 🅿
   ➜ *Dez.- Jan. geschl. –* **M** a la carte 21/48 ⅄ – **16 Z : 30 B** 40/48 - 70/85.

REINBEK 2057. Schleswig-Holstein 🖻🖻🖻 ⑤ – 25 500 Ew – Höhe 22 m – ✪ 040 (Hamburg).
♦Kiel 113 – ♦Hamburg 17 – ♦Lübeck 56.

🏨 **Sachsenwald-Congress-Hotel**, Hamburger Str. 4, *𝒫* 72 76 10, Telex 2163074, Fa
   72761215, ≘s – 🛗 🆀 ☎ 🅿 ⇔ – ⬆ 25/250. 🆎 ⓞ 🇪 𝘝𝘐𝘚𝘈
   M a la carte 38/75 – **66 Z : 118 B** 155/205 - 180/260 Fb.

XX **Waldhaus Reinbek**, Loddenallee 2, *𝒫* 7 22 68 46, 🏤 – 🅿 – ⬆ 25/180. 🆎 ⓞ 🇪 𝘝𝘐𝘚𝘈
   Montag geschl. – **M** a la carte 40/74.

692

REINFELD 2067. Schleswig-Holstein **987** ⑤ – 7 200 Ew – Höhe 17 m – ✦ 04533.
Kiel 66 – ◆Hamburg 55 – ◆Lübeck 17.

  🏠 Gästehaus Seeblick garni, Ahrensböker Str. 4, ℰ 14 23, ☎, 🚗 – 🚗 **🅿**
     14 Z : 25 B.

  XX Holsteinischer Hof mit Zim, Paul-von-Schönaich-Str. 50, ℰ 23 41 – 📺
     7 Z : 14 B.

REINHARDSHAGEN 3512. Hessen **412** L 12 – 4 700 Ew – Höhe 114 m – Luftkurort – ✦ 05544.
Verkehrsamt in Reinhardshagen-Vaake, Mündener Str. 44, ℰ 10 54.
Wiesbaden 246 – Münden 11 – Höxter 53.

In Reinhardshagen 1-Veckerhagen :

  🏠 **Peter**, Untere Weserstr. 2, ℰ 10 38, ≤, 🚗 – 🕭 **🅿**. ⓘ **E** 𝐕𝐈𝐒𝐀
  ◆ 2.- 12. Jan. geschl. – **M** *(Nov.- März Donnerstag geschl.)* a la carte 20/36 🍷 – **15 Z : 27 B**
     40/68 - 79/89.

  🏠 **Felsenkeller** 🕭, Felsenkellerstr. 25, ℰ 2 04, ≤, 🏡 – 📺 **🅿**. ⓘ 𝐕𝐈𝐒𝐀
     Nov. geschl. – **M** *(Dienstag geschl.)* 12/28 (mittags) und a la carte 23/46 – **10 Z : 17 B** 50 -
     100.

REISBACH Saarland siehe Saarwellingen.

REISBACH / VILS 8386. Bayern **413** UV 21, **426** ⑥ – 5 700 Ew – Höhe 405 m – ✦ 08734.
⑤ Reisbach-Grünbach, ℰ 70 35.
München 112 – Landshut 40 – ◆Regensburg 88.

  🏨 **Schlappinger Hof**, Marktplatz 40, ℰ 77 11, Biergarten – 🕿 **🅿**. 🖭 **E**. 🛇 Zim
  ◆ 24. Dez.- 6. Jan. geschl. – **M** *(Mittwoch geschl.)* a la carte 17/42 – **26 Z : 35 B** 45/55 - 78/88
     Fb.

REISEN Baden-Württemberg siehe Birkenau.

REIT IM WINKL 8216. Bayern **413** U 23, **987** ㉟, **426** ⑱ – 2 700 Ew – Höhe 700 m – Luftkurort
- Wintersport : 700/1 800 m ✂21 ✂8 – ✦ 08640.
Sehenswert : Oberbayrische Häuser★.
⑤ Reit im Winkl-Birnbach, ℰ 82 16.
🛈 Verkehrsamt, Rathaus, ℰ 8 00 20.
München 111 – Kitzbühel 35 – Rosenheim 52.

  🏩 **Unterwirt**, Kirchplatz 2, ℰ 80 10, Fax 801150, 🏡, ☎, 🏊, 🚗 – 📳 📺 🚗 **🅿**
     M a la carte 25/65 🍷 – **76 Z : 126 B** 67/149 - 134/340 – 5 Appart. 226/424 – 3 Fewo 167.

  🏨 **Gästehaus am Hauchen** garni, Am Hauchen 5, ℰ 87 74, ☎, 🏊 – 📺 🕿 **🅿**. 🛇
     Nov.- 15. Dez. geschl. – **26 Z : 52 B** 67 - 134/150 Fb.

  🏠 **Altenburger Hof** 🕭, Frühlingstr. 3, ℰ 89 94, ☎, 🏊, 🚗 – 📺 🕿 🚗 **🅿**. **E**
     Nov.- 18. Dez. geschl. – (nur Abendessen für Hausgäste) – **13 Z : 26 B** 59/87 - 110/172 Fb.

  🏠 **Bichlhof**, Alte Grenzstr. 1, ℰ 10 73, ☎, 🏊 – 🕿 **🅿**. 🖭 ⓘ **E** 𝐕𝐈𝐒𝐀
  ◆ **M** a la carte 20/41 – **25 Z : 45 B** 65/90 - 98/150.

  🏠 **Sonnwinkl** 🕭 garni, Kaiserweg 12, ℰ 16 44, ☎, 🏊, 🚗 – 📺 🕿 **🅿**. 🛇 – **23 Z : 40 B**.

  🏠 **Zum Postillion** garni, Dorfstr. 32, ℰ 88 86, ☎, 🏊, 🚗 – 📺 🕿 **🅿** – **25 Z : 40 B**.

  🏠 **Sonnleiten**, Holunderweg 1 (Ortsteil Entfelden), ℰ 88 82, Fax 301, ≤, 🏡, ☎, 🚗 – 📺
     🕿 **🅿**. ⓘ **E** 𝐕𝐈𝐒𝐀
     Mitte April - Mitte Mai und Mitte Okt.- Mitte Dez. geschl. – **M** *(nur Abendessen, Mittwoch
     geschl.)* a la carte 22/46 – **22 Z : 40 B** 55/65 - 100/130 Fb.

  🏠 **Zum Löwen**, Tiroler Str. 1, ℰ 89 01 – 📳 🕿 **🅿**
  ◆ 7. April - 8. Mai und 29. Okt.- 7. Dez. geschl. – **M** *(Mittwoch geschl.)* a la carte 19/36 🍷 –
     30 Z : 52 B 48/80 - 96.

  XX **Zirbelstube**, Am Hauchen 10, ℰ 82 85, « Gartenterrasse » – **🅿**
     M a la carte 23/50 – auch 13 Fewo 90/140.

  XX Klauser's Café-Weinstube mit Zim, Birnbacher Str. 8, ℰ 84 24, « Gartenterrasse » – 📺 🕿
     🅿
     2 Z : 4 B.

    Auf der Winklmoosalm SO : 10,5 km, Auffahrt im Sommer 5 DM Gebühr, im Winter nur
    mit Bus – Höhe 1 160 m :

  🏠 **Alpengasthof Winklmoosalm** 🕭, Dürrnbachhornweg 6, ⊠ 8216 Reit im Winkl,
  ◆ ℰ (08640) 10 97, ≤, 🏡, ☎, 🚗 – 📺 🕿 **🅿**
     7. April - 14. Mai und 14. Okt.- 20. Dez. geschl. – **M** *(Abendessen nur für Hausgäste, Mai -
     Okt. Freitag geschl.)* a la carte 21/35 – **18 Z : 36 B** 45/70 - 90/140.

  🕿 **Alpengasthof Augustiner** 🕭, Klammweg 2, ⊠ 8216 Reit im Winkl, ℰ (08640) 82 35, ≤,
  ◆ 🏡, 🚗 – **🅿**
     8. April - 8. Mai und 4. Nov.- 14. Dez. geschl. – **M** *(Sonntag 18 Uhr - Montag geschl.)* a la
     carte 21/37 – **24 Z : 50 B** 30/70 - 60/100 (im Winter nur ½P 65/85).

    Siehe auch : *Kössen (Österreich)*

REKEN 4421. Nordrhein-Westfalen 987 ⑭, 412 E 11 – 12 100 Ew – Höhe 65 m – ✆ 02864.
♦Düsseldorf 83 – Bocholt 15 – Dorsten 22 – Münster (Westfalen) 53.

In Reken - Groß-Reken :

- 🏠 **Schmelting**, Velener Str. 3, ℰ 3 11, 佘, Damwildgehege – 📺 ☎ ⇐ 🄿 🕮 E
- ← 20. Dez.- 10. Jan. geschl. – **M** (Freitag geschl.) a la carte 18/47 – **23 Z : 37 B** 42 - 80.

- 🏠 **Hartmann's-Höhe** ⑤, Werenzostr. 17, ℰ 13 17, ≤, 佘, 溜 – ☎ 🄿 – ⚠ 40. **E**. ❀ Zim
- 10.- 26. Dez. geschl. – **M** (auch vegetarische Gerichte) (Donnerstag geschl.) a la carte 22/4
  – **14 Z : 26 B** 45/48 - 80/90.

- ✕✕ **Haus Wilkes**, Bergstr. 1, ℰ 12 24, « Gartenterrasse » – 🄿. 🕮 E 𝖵𝖨𝖲𝖠
- ← Montag und 8.- 27. Aug. geschl. – **M** a la carte 21/56.

RELLINGEN 2084. Schleswig-Holstein – 14 000 Ew – Höhe 12 m – ✆ 04101.
♦Kiel 92 – ♦Bremen 124 – ♦Hamburg 17 – ♦Hannover 168.

- 🏠 **Rellinger Hof** (mit Gästehäusern), Hauptstr. 31, ℰ 2 80 71, Fax 512121 – 📺 ☎ 🄿
  ⚠ 25
  M 14 (mittags) und a la carte 28/54 – **45 Z : 70 B** 95 - 125/160 Fb.

In Rellingen-Krupunder SO : 5 km :

- 🏠🏠 **Fuchsbau**, Altonaer Str. 357, ℰ 3 10 31, Fax 33952, « Gartenterrasse », 🖙, 溜 – 📺 ▮
  🄿 – ⚠ 25/60. 🕮 ⑩ E 𝖵𝖨𝖲𝖠   siehe Stadtplan Hamburg S. 3   T
  M (nur Abendessen, Sonn- und Feiertage geschl.) a la carte 35/57 – **46 Z : 85 B** 95/124
  117/150.

- 🏠 **Krupunder Park** (mit Gästehaus), Altonaer Str. 325, ℰ 3 12 85, 佘 – 📺 ☎ 🄿
  M a la carte 36/56 – **22 Z : 40 B** 55/85 - 95/118.   siehe Stadtplan Hamburg S. 3   T

REMAGEN 5480. Rheinland-Pfalz 987 ⑳, 412 E 15 – 15 000 Ew – Höhe 65 m – ✆ 02642.
🅱 Verkehrsamt, Rathaus, Am Markt, ℰ 2 25 72.
Mainz 142 – ♦Bonn 23 – ♦Koblenz 38.

In Remagen 3-Kripp SO : 3,5 km :

- 🛎 **Rhein-Ahr**, Quellenstr. 67, ℰ 4 41 12, 🖙, 🔲 – ☎ 🄿. **E**
- ← 23. Dez.- 15. Jan. geschl. – **M** (Montag geschl.) a la carte 18/34 ᶫ – **14 Z : 28 B** 55/65
  85/95.

In Remagen 2-Oberwinter N : 5 km :

- ✕✕ **Waldheide - Restaurant du Maître** ⑤ mit Zim, Rheinhöhenweg 101, ℰ (02228) 72 92, ≤ ·
  ☎ ⇐ 🄿. ❀ Zim
  5 Z : 10 B.

In Remagen-Rolandseck N : 6 km :

- ✕ **Bellevuechen**, Bonner Str. 68 (B 9), ℰ (02228) 79 09, ≤, 佘 – 🄿. 🕮 ⑩ E 𝖵𝖨𝖲𝖠
  Montag - Dienstag, über Ostern und im Okt. jeweils 2 Wochen sowie Weihnachten - Anfar
  Jan. geschl. – **M** (abends Tischbestellung ratsam) a la carte 53/70.

REMELS Niedersachsen siehe Uplengen.

REMSCHEID 5630. Nordrhein-Westfalen 987 ⑳, 412 E 13 – 121 000 Ew – Höhe 366 m
✆ 02191.
🅱 Amt für Wirtschaft und Liegenschaften, Theodor-Heuss-Platz (Rathaus), ℰ 44 22 52.
ADAC, Fastenrathstr. 1, ℰ 2 68 60, Notruf ℰ 1 92 11.
♦Düsseldorf 39 ③ – ♦Köln 43 ② – Lüdenscheid 35 ② – Solingen 12 ③ – Wuppertal 12 ④.

Stadtplan siehe gegenüberliegende Seite.

- 🏠🏠 **Remscheider Hof**, Bismarckstr. 39, ℰ 43 20, Telex 8513516, Fax 432158 – 📱 ❀ Zim
  ▤ Rest 📺 ⇐ 🄿 – ⚠ 25/280. 🕮 ⑩ E 𝖵𝖨𝖲𝖠
  M (Sonntag ab 14 Uhr geschl.) a la carte 54/80 – **106 Z : 160 B** 179/347 - 269/369 Fb.

- 🏠 **Café Noll**, Alleestr. 85, ℰ 2 40 50 – 📱 ☎ ⇐. 🕮 E
- ← **M** (bis 19 Uhr geöffnet, Sonn- und Feiertage geschl.) 17/23 – **24 Z : 36 B** 65/95 - 140/150.

- ✕ **Ratskeller**, Theodor-Heuss-Platz 2 (im Rathaus), ℰ 2 65 60 – 🕮 ⑩ E 𝖵𝖨𝖲𝖠   ▮
  M a la carte 26/62.

Nahe der Autobahn SO : 5 km an der Zufahrt zur Talsperre :

- ✕ **In der Mebusmühle**, ✉ 5630 Remscheid, ℰ (02191) 3 25 34, 佘, « Werkzeuge de
  heimischen Industrie als Wandschmuck » – 🄿
  Montag geschl. – **M** a la carte 24/45.

An der Autobahn A 1 Ostseite, SO : 6 km :

- 🏠🏠 Bundesautobahn-Hotel Remscheid-Ost, ✉ 5630 Remscheid, ℰ (02191) 3 10 61, Tele:
  8513659, Fax 39196, 佘 – 📱 📺 ☎ 🄿 – ⚠ 25/180
  47 Z : 100 B Fb.

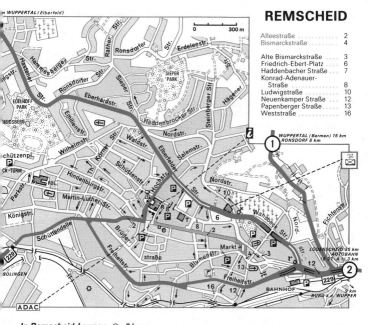

REMSCHEID

In Remscheid-Lennep ② : 6 km :

🏠 **Berliner Hof** garni, Mollplatz 1, ℰ 6 01 51 – ☎ 🚗
33 Z : 50 B.

In Remscheid-Lüttringhausen ① : 6 km :

🏠 **Fischer**, Lüttringhauser Str. 131, ℰ 58 35, Fax 50734, 🖨 – 📺 ☎ 🅿 – 🔬 30. ⓞ 🗲 𝓥𝓘𝓢𝓐.
🍽
M *(nur Abendessen, Dienstag geschl.)* a la carte 23/46 – **24 Z : 36 B** 80/120 - 115/160 Fb.

🏠 **Kromberg**, Kreuzbergstr. 24, ℰ 59 00 31, Fax 51869 – 📺 ☎ 🚗. 🅰🅴 ⓞ 🗲 𝓥𝓘𝓢𝓐
M *(Samstag geschl.)* a la carte 26/49 – **18 Z : 30 B** 75/90 - 115.

EMSECK AM NECKAR 7148. Baden-Württemberg 𝟜𝟙𝟛 K 20 – 16 300 Ew – Höhe 212 m –
📞 07146.

Stuttgart 12 – Heilbronn 44 – ◆Nürnberg 198.

In Remseck 2-Aldingen :

XX **Schiff**, Neckarstr. 1, ℰ 9 05 40 – 🅿. 🅰🅴 🗲
Mittwoch - Donnerstag, 28. Jan.- 7. Feb. und 25. Aug.- 12. Sept. geschl. – **M** *(auch
vegetarische Gerichte)* a la carte 38/75.

In Remseck 3-Hochberg :

XX **Gengenbach's Adler**, Am Schloß 2, ℰ 57 49, 🍸 – 🅿
Montag, Mitte Juli - Mitte Aug. und 27. Dez.- 3. Jan. geschl. – Menu a la carte 34/62.

EMSHALDEN 7064. Baden-Württemberg 𝟜𝟙𝟛 L 20 – 13 000 Ew – Höhe 267 m – 📞 07151
(Waiblingen).

Stuttgart 21 – Schwäbisch Gmünd 34 – Schwäbisch Hall 58.

In Remshalden-Grunbach :

🏠 **Hirsch** (Fachwerkhaus a.d.J. 1610), Reinhold-Maier-Str. 12, ℰ 7 24 52, 🍸, 🖨, 🔲 – 🛗 ☎
🅿 – 🔬 25/60. 🅰🅴 ⓞ 🗲 𝓥𝓘𝓢𝓐
2.- 20. Jan. geschl. – **M** *(Freitag geschl.)* a la carte 26/43 🔬 – **33 Z : 53 B** 50/65 - 100/110.

In Remshalden-Hebsack :

X **Zum Lamm** mit Zim (Gasthaus a.d.J. 1792), Winterbacher Str. 1, ℰ (07181) 7 16 57 – 📺
☎ 🅿. 🅰🅴 ⓞ 𝓥𝓘𝓢𝓐. 🍽
23. Juli - 16. Aug. geschl. – **M** *(Sonntag 15 Uhr - Montag geschl.)* a la carte 32/60 – **8 Z :
10 B** 50 - 75.

RENCHEN 7592. Baden-Württemberg **418** GH 21, **987** ㉞, **242** ⑳ – 6 000 Ew – Höhe 144 m
– ✿ 07843.

◆Stuttgart 132 – Baden-Baden 38 – Offenburg 15 – Strasbourg 29.

🏨 **Hanauer Hof**, Poststr. 30, ℰ 3 27 – 📺 ☎ ⇔ 🅿. ⓪ 🇪 𝘝𝘐𝘚𝘈
7.-30. Jan. geschl. – **M** (Montag geschl.) a la carte 28/50 – **15 Z : 25 B** 58/75 - 100/130 Fb.

🏨 **Ratsstube**, Hauptstr. 69 (B 3), ℰ 26 60 – ☎ ⇔ 🅿. 🆎 ⓪ 🇪 𝘝𝘐𝘚𝘈
M (Mittwoch sowie Feb. und Aug. jeweils 2 Wochen geschl.) a la carte 35/62 ⅄ – **11 Z**
16 B 55/80 - 118/130.

RENDSBURG 2370. Schleswig-Holstein **987** ⑤ – 31 000 Ew – Höhe 7 m – ✿ 04331.

Sehenswert : Eisenbahnhochbrücke★ B.

🏌 Sorgbrück (NW : 8 km über die B 77 B), ℰ (04336) 33 33.

◆Kiel 36 ① – Neumünster 38 ① – Schleswig 30 ②.

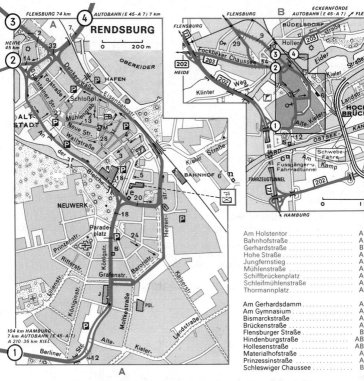

Am Holstentor	A
Bahnhofstraße	A
Gerhardstraße	B
Hohe Straße	A
Jungfernstieg	A
Mühlenstraße	A
Schiffbrückenplatz	A
Schleifmühlenstraße	A
Thormannplatz	A
Am Gerhardsdamm	A
Am Gymnasium	A
Bismarckstraße	A
Brückenstraße	A
Flensburger Straße	B
Hindenburgstraße	AB
Hollesenstraße	AB
Materialhofstraße	A
Prinzessinweg	A
Schleswiger Chaussee	B

🏨 **Conventgarten** ⅏, Hindenburgstr. 38, ℰ 5 90 50, Fax 590565, ≼, 🍴 – 🛗 📺 ☎ 🅿.
🛗 25/350. 🆎 ⓪ 🇪 𝘝𝘐𝘚𝘈. 🌾
M a la carte 28/60 – **46 Z : 96 B** 80 - 120 Fb. B

🏨 **Pelli-Hof - Restaurant Klöndeel** (historisches Gebäude a.d.J. 1720), Materialhofstr.
ℰ 2 22 16, Fax 23837, 🍴 – 📺 ☎ 🅿 – 🛗 25/100. 🆎 ⓪ 🇪 𝘝𝘐𝘚𝘈 A
M a la carte 28/55 – **28 Z : 39 B** 80/90 - 125/200 Fb.

🏠 **Tüxen Hotel**, Lancasterstr. 44, ℰ 2 70 99 – 📺 ☎ 🅿. 🆎 ⓪ 🇪 𝘝𝘐𝘚𝘈
M (nur Abendessen, Samstag geschl.) a la carte 30/50 – **20 Z : 40 B** 75 - 120 Fb.
über Kieler Straße B

🏠 **Neuwerk**, Königstr. 4, ℰ 53 66, Fax 27546 – 📺 ☎ 🅿. 🆎 ⓪ 🇪 𝘝𝘐𝘚𝘈 A
M (Sonntag bis 18 Uhr geschl.) a la carte 26/55 – **21 Z : 37 B** 75 - 110 Fb.

🏠 **Schützenheim** ⅏, Itzehoer Chaussee (Am Südufer des Kanals), ℰ 8 90 41 – 📺 ☎ ⇔
🅿. 🆎 ⓪ 🇪 𝘝𝘐𝘚𝘈 B
M a la carte 26/48 – **12 Z : 20 B** 55/65 - 91/105 Fb.

🏠 **Hansen**, Bismarckstr. 29, ℰ 2 25 50, Fax 21647 – ⇔ 🛗 30. 🆎 ⓪ 🇪 𝘝𝘐𝘚𝘈 A
M (Sonntag und 21. Juli - 12. Aug. geschl.) a la carte 32/58 – **21 Z : 34 B** 42/70 - 78/110.

Am Bistensee ④ : 13 km über Büdelsdorf-Holzbunge :

🏨 Töpferhaus ⑤, ☒ 2371 Alt-Duvenstedt, ℰ (04338) 3 33 (Hotel) 2 22 (Rest.), ≤ Bistensee, 🏤, ⛴s, ♨, 🌳, ❀ – 📺 ☎ ℗ – 🛦 25/80
34 Z : 55 B Fb.

ENGSDORF 5455. Rheinland-Pfalz 987 ⑳. 412 F 15 – 2 500 Ew – Höhe 300 m – ▪ilklimatischer Kurort – 🕲 02634.

Kurverwaltung, Westerwaldstr. 32 a, ℰ 23 41.

▪inz 118 – ♦Bonn 57 – ♦Koblenz 31.

🏨 **Obere Mühle** ⑤, an der Straße nach Hardert (N : 1 km), ℰ 22 29, 🏤, « Park », ⛴s, 🗲
    – 📺 ☎ ℗ – 🛦 25. ❀ Zim
    15. Nov.- 25. Dez. geschl. – **M** *(Dienstag geschl.)* a la carte 29/57 – **17 Z : 30 B** 55/70 -
    110/140.

🏨 **Zur Linde**, Westerwaldstr. 35, ℰ 21 55, 🏤, ⛴s – |🛗| ☎ ℗ – 🛦 25/80. 🆎 ⓞ 🅴 VISA
    M a la carte 32/68 – **59 Z : 98 B** 50/85 - 88/150 Fb – ½ P 73/114.

🏠 **Schmitz und Gästehaus Tanneneck**, Friedrich-Ebert-Str. 8, ℰ 22 85, 🌳
← *5. Nov.- 15. Dez. geschl.* – **M** a la carte 20/40 – **34 Z : 52 B** 45/70 - 80/120.

🏠 **Rengsdorfer Hof**, Westerwaldstr. 26, ℰ 22 13, 🌳 – 🆎 🅴
← *10.- 25. Jan. geschl.* – **M** *(Mittwoch geschl.)* a la carte 18/37 – **30 Z : 45 B** 40 - 80.

✗ **Am Wellenbad** ⑤ mit Zim, Buchenweg 18, ℰ 14 22 – ℗. ❀ Zim
    4. Jan.- 4. Feb. geschl. – **M** *(Dienstag geschl.)* a la carte 25/47 – **6 Z : 10 B** 35/49 -70/98.

In Hardert 5455 NO : 3 km :

🏠 **Zur Post** ⑤, Mittelstr. 13, ℰ (02634) 27 27, « Garten » – ⇔ ℗
    Mitte Nov.- Mitte Dez. geschl. – **M** a la carte 23/42 – **13 Z : 21 B** 37/42 - 74/84.

🏠 **Zur Linde** ⑤, Mittelstr. 27, ℰ (02634) 16 63, « Garten mit Teich » – ⇔ ℗
    M *(Dienstag geschl.)* a la carte 22/54 – **13 Z : 22 B** 45 - 90.

In Straßenhaus 5457 NO : 7 km :

🏨 **Zur Post**, Raiffeisenstr. 5, ℰ (02634) 50 90, Fax 50937, ⛴s, 🌳 – |🛗| ☎ ℗ – 🛦 25/150. 🆎
    🅴
    Restaurants *(Montag - Dienstag geschl.)* : **Poststuben M** a la carte 45/70 – **Klause M** a la
    carte 30/60 – **110 Z : 214 B** 95/145 - 170/260 Fb.

🏠 **Westfälischer Hof**, Raiffeisenstr. 9, ℰ (02634) 40 70, ⛴s, 🗲, 🌳 – ☎ ⇔. 🆎 🅴
    M a la carte 27/52 – **24 Z : 46 B** 60 - 110.

ENNEROD 5439. Rheinland-Pfalz 987 ⑳. 412 H 15 – 3 800 Ew – Höhe 450 m – 🕲 02664.
▪ainz 87 – Limburg an der Lahn 28 – Siegen 42.

✗✗ **Röttger - Restaurant Gourmet Stübchen** (mit Zim und Gästehaus ⑤, 🗲, ⛴s, 🌳),
    Hauptstr. 50, ℰ 10 75 – 📺 ☎ ⇔ ℗. 🅴 VISA
    Feb. und Juni - Juli jeweils 2 Wochen geschl. – Menu *(Sonntag bis 18 Uhr und Montag
    geschl.)* a la carte 34/70 – **12 Z : 24 B** 58/68 - 98/130.

ENNINGEN Baden-Württemberg siehe Leonberg.

ESTHAUSEN Niedersachsen siehe Cloppenburg.

ETTENBACH Bayern siehe St. Englmar.

ETZBACH Bayern siehe Zellingen.

EUSSENSTEIN Baden-Württemberg. Sehenswürdigkeit siehe Wiesensteig.

EUTLINGEN 7410. Baden-Württemberg 413 K 21, 987 ㉟ – 109 000 Ew – Höhe 382 m –
07121.
▪Fremdenverkehrsamt, Listplatz 1, ℰ 30 35 26, Fax 339590.
▪AC, Lederstr. 102, ℰ 34 00 00, Telex 729545.
▪tuttgart 41 ① – Pforzheim 77 ① – ♦Ulm (Donau) 75 ①.

Stadtplan siehe nächste Seite.

🏨 **Fürstenhof**, Kaiserpassage 5, ℰ 31 80, Telex 729976, Fax 318318, 🏤, ⛴s, 🗲 – |🛗| 📺 ♿
    – 🛦 25/80. 🆎 ⓞ 🅴 VISA   Y **c**
    M *(Samstag bis 18 Uhr, Sonn- und Feiertage sowie Juli - Aug. 4 Wochen geschl.)* a la carte
    50/82 – **Zum Landgraf M** a la carte 32/53 – **98 Z : 116 B** 135/190 - 190/220 Fb.

🏨 **Württemberger Hof**, Kaiserstr. 3, ℰ 1 70 56, Fax 44385 – |🛗| ⇔ Rest 📺 ☎ ℗. 🆎 ⓞ 🅴
    VISA. ❀ Rest   Y **r**
    M *(nur Abendessen, Freitag - Sonntag geschl.)* a la carte 35/48 – **50 Z : 68 B** 83/120 -
    135/150 Fb.

18   697

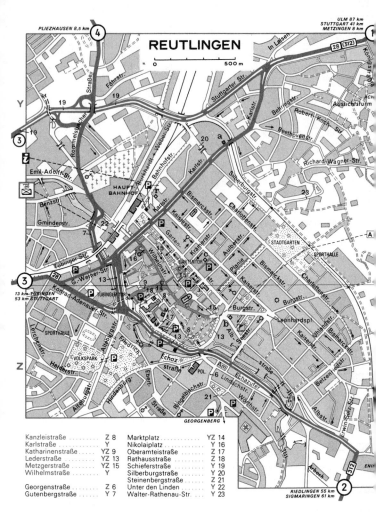

REUTLINGEN

0   500 m

ULM 87 km
STUTTGART 41 km
METZINGEN 8 km

PLIEZHAUSEN 8,5 km

PLIEZHAUSEN 8,5 km

13 km TÜBINGEN
53 km STUTTGART

GEORGENBERG

RIEDLINGEN 55 km
SIGMARINGEN 61 km

XX **Stadt Reutlingen**, Karlstr. 55, ☏ 4 23 91 – **®** ⒶⒺ ⓄⒺ   Y
    Samstag geschl. – **M** *(auch vegetarische Gerichte)* a la carte 41/68.

XX Zum goldenen Stern mit Zim, Burgplatz 2, ☏ 33 87 86, Fax 338195 – 🔏 100   Z
6 Z : 10 B.

XX Ratskeller, Marktplatz 22, ☏ 33 84 90, 😤 – 🔏 25/120   Z

    Auf der Achalm O : 4,5 km, Zufahrt über Königssträßle Y – Höhe 707 m :

🏠 **Achalm** 🔊, ✉ 7410 Reutlingen, ☏ (07121) 48 20, Fax 482100, ≤ Reutlingen u
Schwäbische Alb, 🛤 – 📺 ☎ 🄿 – 🔏 25/180. ⒶⒺ ⓄⒺ 🅥🅸🅂🅰
M siehe Höhenrestaurant Achalm – **43 Z : 68 B** 90/135 - 160/250 Fb.

XX **Höhenrestaurant Achalm**, ✉ 7410 Reutlingen, ☏ (07121) 48 23 33, ≤ Reutlingen u
Schwäbische Alb, 😤 – 🄿 ⒶⒺ ⓄⒺ 🅥🅸🅂🅰
M a la carte 39/73.

    In Reutlingen 11-Betzingen über ③ :

X **Lindner Grill**, Julius-Kemmler-Str. 35 (nahe der B 28), ☏ 5 25 98 – 🄿 ⓄⒺ 🅥🅸🅂🅰
    Sonn- und Feiertage geschl. – **M** a la carte 27/60.

In Reutlingen 27-Mittelstadt ① : 10 km :

🏠 **Klostermühle**, Neckartenzlinger Str. 90, ℰ (07127) 72 92 − 📺 ☎ ⟸ 🅿 − 🅰 25/80. 🖭
🔘 🗲 *VISA*
M *(Dienstag geschl.)* a la carte 30/55 − **14 Z : 18 B** 65/75 - 130.

In Eningen unter Achalm 7412 0 : 5 km Z :

🏠 Eninger Hof, Am Kappelbach 24, ℰ (07121) 8 29 09, 🌫 − ☎ 🅿
16 Z : 24 B.

HEDA-WIEDENBRÜCK 4840. Nordrhein-Westfalen 🔢 ⑭. 🔢 H 11 − 38 000 Ew − Höhe
m − 🟢 05242.

üsseldorf 151 − Bielefeld 33 − Münster (Westfalen) 54 − Paderborn 36.

Im Stadtteil Rheda :

🏨 **Reuter**, Bleichstr. 3, ℰ 4 20 52, Fax 42788 − 🛗 📺 ☎ 🅿. 🔘 🗲 *VISA*
23. Dez.- 1. Jan. geschl. − Menu *(Freitag 15 Uhr - Samstag, Juli - Aug. 3 Wochen und Dez.-Jan. 2 Wochen geschl.)* 27/85 − **28 Z : 40 B** 38/78 - 95/120.

Im Stadtteil Wiedenbrück :

🏨 **Romantik-Hotel Ratskeller**, Markt 11 (Eingang auch Langestraße), ℰ 70 51, Fax 7256,
« Historische Gasträume mit rustikaler Einrichtung », 🚐 − 🛗 📺 ☎ ⟸ − 🅰 30. 🖭 🔘
🗲 *VISA*
M 26 (mittags) und a la carte 38/69 − **38 Z : 60 B** 85/120 - 135/180 Fb − 3 Appart. 280.

Im Stadtteil Lintel O : 4 km über die B 64 :

🏠 **Landhotel Pöppelbaum**, Am Postdamm 86, ℰ 76 92, 🌫 − ☎ ⟸ 🅿 − 🅰 30. 🖭 🔘 🗲
M *(Montag geschl.)* a la carte 28/52 − **15 Z : 24 B** 50/60 - 100/110.

HEINAU Baden-Württemberg siehe Kehl.

HEINBACH 5308. Nordrhein-Westfalen 🔢 ㉓㉔. 🔢 D 15 − 22 500 Ew − Höhe 175 m −
02226.

Verkehrsbüro, Schweigelstr. 21, ℰ 8 11 70.

üsseldorf 87 − ◆Bonn 21 − Euskirchen 13 − ◆Köln 46.

🏠 Am Kamin, Langgasse 7, ℰ 1 24 26 − ☎ 🅿
33 Z : 55 B.

🏠 Ratskeller garni, Vor dem Voigtstor 1, ℰ 49 78, 🚐 − ☎ 🅿
24 Z : 45 B Fb.

HEINBERG 4134. Nordrhein-Westfalen 🔢 ⑬. 🔢 C 12 − 26 700 Ew − Höhe 25 m − 🟢 02843.
Siehe Ruhrgebiet (Übersichtsplan).

üsseldorf 51 − ◆Duisburg 25 − Krefeld 29 − Wesel 17.

🏠 **Rheintor**, Rheinstr. 63, ℰ 30 31 − ☎ ⟸ 🅿
24.- 31. Dez. geschl. − **M** *(Samstag geschl.)* a la carte 31/60 − **14 Z : 22 B** 55/60 - 110.

HEINBREITBACH 5342. Rheinland-Pfalz 🔢 E 15 − 4 000 Ew − Höhe 80 m − 🟢 02224 (Bad
nnef).

ainz 140 − ◆Bonn 20 − ◆Koblenz 49.

🏠 **Haus Bergblick** 🐾, Gebr.-Grimm-Str. 11, ℰ 56 01, 🌫, 🏊 (geheizt), 🐎 − ⟸. 🚫
M *(Mittwoch geschl.)* a la carte 26/46 🍴 − **17 Z : 35 B** 55/65 - 98/117.

🏠 Alt Breitbach, Kirchplatz 1, ℰ 32 85 − 📺 ☎
8 Z : 14 B.

HEINBROHL 5456. Rheinland-Pfalz 🔢 F 15 − 4 000 Ew − Höhe 65 m − 🟢 02635.

ainz 124 − ◆ Bonn 37 − ◆ Koblenz 35.

✕ **Im Krug zum grünen Kranze** mit Zim, Kirchstr. 11, ℰ 24 14, Biergarten − 🅿. 🖭 🔘 🗲
VISA
März geschl. − **M** *(Dienstag geschl.)* a la carte 32/60 − **6 Z : 10 B** 35/45 - 70/90.

Do not mix up :

Comfort of hotels	: 🏨🏨🏨 ... 🏠, 🏡
Comfort of restaurants	: ✕✕✕✕✕ ... ✕
Quality of the cuisine	: ✿✿✿, ✿✿, ✿, Menu

RHEINE 4440. Nordrhein-Westfalen 987 ⑧, 412 F 10 − 72 000 Ew − Höhe 45 m − ✆ 05971.
🛈 Verkehrsverein-Tourist Information, Bahnhofstr. 14, ✆ 5 40 55.
ADAC, Tiefe Str. 32, ✆ 5 71 11, Notruf ✆ 1 92 11.
♦Düsseldorf 166 − Enschede 45 − Münster (Westfalen) 45 − ♦Osnabrück 46.

🏨 **Lücke**, Heilig-Geist-Platz 1, ✆ 5 40 64, Fax 2008, 🍴 − 🛗 📺 ☎ ⇐ 🅿 − 🛄 25/100.
⑩ E 𝖵𝖨𝖲𝖠
M *(Sonntag geschl.)* 17/33 (mittags) und a la carte 30/54 − **39 Z : 63 B** 95/120 - 125/150 Fb

🏨 **Blömer**, Tiefe Str. 32, ✆ 5 40 26 − 🛗 ☎. ⑩ E 𝖵𝖨𝖲𝖠
M *(Sonntag ab 14 Uhr geschl.)* a la carte 23/44 − **35 Z : 50 B** 65/70 - 95/100.

🏨 **Freye** 🦢 garni, Emsstr. 1, ✆ 20 69 − ☎ ⇐. 🆎 ⑩ E
16 Z : 23 B 40/70 - 75/110.

🏨 **Zum Alten Brunnen**, Dreierwalder Str. 25, ✆ 6 68 60, Fax 87802, « Gartenrestaurant »
☎ ⇐ 🅿. E
24. Dez.- 1. Jan. geschl. − **M** *(nur Abendessen)* a la carte 32/55 − **13 Z : 21 B** 55/95 - 90/15

In Rheine 11-Elte SO : 7,5 km :

XX Zum Splenterkotten (Münsterländer Bauernhaus a.d.J. 1764), Ludgerusring ⁴
✆ (05975) 2 85, 🍴 − 🅿.

X Hellhügel 🦢 mit Zim, Roßweg 1, ✆ (05975) 81 48 − 🅿 − **10 Z : 13 B**.

In Rheine 11-Mesum SO : 7 km :

XX **Altes Gasthaus Borcharding** mit Zim, Alte Bahnhofstr. 13, ✆ (05975) 12 70, « Stilvol
rustikale Einrichtung, Innenhofterrasse » − 📺 ☎ 🅿. ⑩ E 𝖵𝖨𝖲𝖠. 🎉
Aug. 3 Wochen geschl. − **M** *(bemerkenswerte Weinkarte)* (Donnerstag - Freitag 18 L
geschl.) a la carte 36/65 − **9 Z : 18 B** 40/95 - 80/170.

An der B 70 N : 6 km :

X **Gutsschänke Holsterfeld** mit Zim, Feldstr. 30, ✉ 4442 Salzbergen, ✆ (05971) 7 06 5
🍴 − 📺 ☎ 🅿
25. Dez.- 7. Jan. geschl. − **M** *(Montag geschl.)* a la carte 29/56 − **12 Z : 19 B** 42 - 79.

In Salzbergen 4442 NW : 9 km :

🏨 **Zur Ems**, Emsstr. 12, ✆ (05976) 10 11 − ☎ 🅿
➡ 20. Dez.- 10. Jan. geschl. − **M** a la carte 19/46 − **19 Z : 34 B** 45 - 85.

RHEINFELDEN 7888. Baden-Württemberg 413 G 24. 987 ⑧, 427 H 3 − 28 000 Ew − Hö
283 m − ✆ 07623 − ♦Stuttgart 284 − Basel 19 − Bad Säckingen 15.

🏨 **Danner**, Am Friedrichsplatz, ✆ 85 34, Fax 63973 − 🛗 📺 ☎ ⇐ 🅿 − 🛄 25/100. 🆎 ⑩
𝖵𝖨𝖲𝖠
M 15/20 (mittags) und a la carte 30/60 − **36 Z : 60 B** 70/112- 112/140 Fb.

🏨 **Oberrhein** garni, Werderstr. 13, ✆ 10 16 − 🛗 📺 ☎ ⇐. 🎉 − **21 Z : 32 B** Fb.

In Rheinfelden-Eichsel N : 6 km :

XX **Café Elke**, Saaleweg 8, ✆ 44 37, « Gartenterrasse mit ≤ » − 🅿
Montag - Dienstag geschl. − **M** a la carte 24/65 🥂.

In Rheinfelden-Herten W : 6 km :

🏠 **Linde**, Rabenfelsstr. 1, ✆ 43 65, 🍴 − 🅿
Mitte Aug.- Mitte Sept. geschl. − **M** *(Donnerstag-Freitag 16 Uhr geschl.)* a la carte 31/5C
− **8 Z : 15 B** 29 - 59.

In Rheinfelden-Riedmatt NO : 5 km :

🏨 **Storchen**, Brombachstr. 3 (an der B 34), ✆ 51 94, Fax 5198, 🍴 − 🛗 📺 ☎ ⇐ 🅿. ⑩
E 𝖵𝖨𝖲𝖠
M *(auch vegetarische Gerichte)* (Freitag - Samstag 16 Uhr und 1.- 8. Jan. geschl.) 25/75
30 Z : 44 B 70/90 - 110/130 Fb.

RHEINSTETTEN 7512. Baden-Württemberg 413 HI 20 − 18 500 Ew − Höhe 116 m − ✆ 0724ᵃ
♦Stuttgart 88 − ♦ Karlsruhe 10 − Rastatt 14.

In Rheinstetten-Neuburgweier :

XX Zum Karpfen, Markgrafenstr. 2, ✆ 18 73, Biergarten.

RHEINTAL Rheinland-Pfalz 987 ⑳, 412 G 16.
Sehenswert : Tal★★★ von Bingen bis Koblenz (Details siehe unter den erwähnten Rhein-Orten).

RHENS 5401. Rheinland-Pfalz 412 F 16 − 3 000 Ew − Höhe 66 m − ✆ 02628.
🛈 Verkehrsamt, Rathaus, ✆ 7 51.
Mainz 95 − Boppard 12 − ♦Koblenz 9.

XX **Königstuhl** mit Zim, Am Rhein 1, ✆ 22 44, ≤, 🍴, « Haus a.d.J. 1573 mit altdeutsch
Einrichtung » − ⇐ 🅿. 🆎 ⑩ E 𝖵𝖨𝖲𝖠
nur Hotel : Jan. geschl. − **M** *(Montag geschl.)* a la carte 35/65 − **12 Z : 22 B** 46/70 - 92/12

RICKENBACH 7884. Baden-Württemberg **413** G 24, **427** H 3, **216** ⑤ − 3 500 Ew − Höhe 742 m − Erholungsort − ✆ 07765.

☐ Hennematt 7, ℰ 88 83 00.

☐ Verkehrsamt, Rathaus, ℰ 10 17.

Stuttgart 216 − Basel 42 − Bad Säckingen 11 − Todtmoos 17.

🏠 **Alemannenhof Engel**, Hauptstr. 6, ℰ 2 59, Fax 1079, Wildgehege, ☎, ☞ − 劇 ☎ ☻ −
🔬 25/280. ஊ ◑ **E** 𝖵𝖨𝖲𝖠
M (7.- 27. Jan. geschl.) a la carte 25/59 ₰ − **71 Z : 136 B** 60/90 - 90/150.

RIED Bayern siehe Kochel am See.

RIEDENBURG 8422. Bayern **413** RS 20, **987** ㉗ − 4 800 Ew − Höhe 354 m − Luftkurort −
✆ 09442.

☐ Haus des Gastes, Marktplatz, ℰ 25 40.

München 132 − Ingolstadt 59 − ♦Nürnberg 108 − ♦Regensburg 40.

🏠 **Tachensteiner Hof**, Burgstr. 28, ℰ 17 23, 綻, ☎ − ☻
15. Nov.- 1. Dez. geschl. − **M** (Nov.- Feb. Mittwoch geschl.) a la carte 24/40 − **13 Z : 26 B**
36/50 - 70.

RIEDENER MÜHLEN Rheinland-Pfalz siehe Mayen.

RIEDERICH Baden-Württemberg siehe Metzingen.

RIEDLINGEN 7940. Baden-Württemberg **413** L 22, **987** ㉟ − 8 500 Ew − Höhe 540 m − ✆ 07371.

Stuttgart 96 − ♦Freiburg im Breisgau 159 − Ravensburg 51 − ♦Ulm (Donau) 53.

🏠 **Brücke**, Hindenburgstr. 4, ℰ 1 22 66, Fax 13015, 綻 − ☎ ☎ ☻ − 🔬 60. ஊ ◑ **E** 𝖵𝖨𝖲𝖠
M a la carte 25/50 − **35 Z : 68 B** 65/70 - 110/130 Fb.

☝ **Mohren**, Marktplatz 7, ℰ 73 20, Fax 13119 − 劇 ⇆ − 🔬 25/80. ⚞ Zim
1.- 12. Jan. und Ende Juli - Mitte Aug. geschl. − **M** a la carte 22/45 ₰ − **35 Z : 50 B** 31/46 -
54/72.

RIEGEL 7839. Baden-Württemberg **413** G 22, **987** ㉞, **242** ㉜ − 2 700 Ew − Höhe 183 m −
✆ 07642 (Endingen).

Stuttgart 187 − ♦Freiburg im Breisgau 25 − Offenburg 45.

🏠 **Riegeler Hof**, Hauptstr. 69, ℰ 14 68, Fax 3653 − ☎ ☎ ☻. ஊ ◑ **E** 𝖵𝖨𝖲𝖠. ⚞
M (wochentags nur Abendessen, Sonntag 15 Uhr - Montag geschl.) a la carte 29/57 ₰ −
50 Z : 100 B 70 - 110 Fb.

In Malterdingen 7831 O : 2 km :

🏠 **Zum Rebstock**, Hauptstr. 45, ℰ (07644) 61 66, Fax 1716 − ⇆ ☻. ஊ **E**
23. Dez.- 25. Jan. geschl. − **M** (Samstag bis 16 Uhr und Sonntag geschl.) a la carte 33/50 ₰
− **22 Z : 40 B** 48/55 - 68/78.

XX **Landhaus Keller**, Gartenstr. 21, ℰ (07644) 13 88, 綻 − ☻. ஊ **E**
Donnerstag und 7. Jan.- 2. Feb. geschl. − **M** a la carte 43/68 ₰.

RIEGSEE Bayern siehe Murnau.

RIELASINGEN-WORBLINGEN Baden-Württemberg siehe Singen (Hohentwiel).

RIENECK 8786. Bayern **412 413** L 16 − 2 200 Ew − Höhe 170 m − Erholungsort − ✆ 09354.

München 325 − Fulda 72 − ♦Würzburg 45.

🏠 **Gut Dürnhof**, Burgsinner Str. 3 (N : 1 km), ℰ 10 01, Fax 1512, « Gartenterrasse », 🔲, ☞,
🐎 (Halle) − ☎ ☎ ☻ − 🔬 25/50. ◑ **E** 𝖵𝖨𝖲𝖠
12.- 25. Dez. geschl. − **M** a la carte 24/50 ₰ − **33 Z : 63 B** 54/90 - 88/150 Fb.

RIEPEN Niedersachsen siehe Nenndorf, Bad.

RIETBERG 4835. Nordrhein-Westfalen **987** ⑭, **412** I 11 − 23 500 Ew − Höhe 83 m − ✆ 05244.

☐ Gütersloher Str. 127, ℰ 23 40.

♦Düsseldorf 160 − Bielefeld 35 − Münster (Westfalen) 63 − Paderborn 27.

In Rietberg 3-Mastholte SW : 7 km :

XX ☺ **Domschenke**, Lippstädter Str. 1, ℰ (02944) 3 18 − ☻. ⚞
Samstag bis 19 Uhr, Dienstag, 5.- 24. Jan. und 22. Juli - 22. Aug. geschl. − **M** (abends
Tischbestellung ratsam) a la carte 55/80
Spez. Lachs in Hummersauce, Lammrücken mit Kräutern, Karamelisierter Blätterteig mit Früchten.

RIEZLERN Österreich siehe Kleinwalsertal.

RIMBACH 8491. Bayern 🗌🗌🗌 V 19 – 1 700 Ew – Höhe 560 m – Erholungsort – 🕾 09941 (Kötztin
– **🛈** Verkehrsamt, Hohenbogenstr. 10, ℰ 89 31.
♦München 202 – Cham 20 – Deggendorf 53.

🏨 Bayerischer Hof, Dorfstr. 32, ℰ 23 14, 🍴, 🍴 – 🛗 📺 🅿 – **100 Z : 200 B** Fb.

RIMBACH Hessen siehe Fürth im Odenwald.

RIMBERG Nordrhein-Westfalen siehe Schmallenberg.

RIMPAR 8709. Bayern 🗌🗌🗌 M 17 – 7 000 Ew – Höhe 224 m – 🕾 09365.
♦ München 285 – ♦Nürnberg 90 – Schweinfurt 35 – ♦Würzburg 9,5.

🍴 Schloßgaststätte, im Schloß Grumbach, ℰ 38 44, 🍴, « Ehemaliges Jagdschloß a.d.
1603 » – 🅿.

RIMSTING 8219. Bayern 🗌🗌🗌 U 23 – 2 900 Ew – Höhe 563 m – Luftkurort – 🕾 08051 (Prien a
Chiemsee) – **Sehenswert :** Chiemsee★.
🛈 Verkehrsamt, Rathaus, Schulstr. 4, ℰ 44 61 – ♦München 87 – Rosenheim 20 – Wasserburg am Inn 24.

In Rimsting-Greimharting SW : 4 km – Höhe 668 m :

🏨 **Der Weingarten** 🌲, Ratzingerhöhe, ℰ 17 75, ≼ Voralpenlandschaft, Chiemsee un
➡ Alpen, 🍴, 🍴 – 🗁 🅿
Nov.- Mitte Dez. geschl. – **M** (Montag geschl.) a la carte 19/35 – **20 Z : 40 B** 35/40 - 80 -
½ P 50.

In Rimsting-Schafwaschen NO : 1 km, am Chiemsee :

🏨 **Seehof** 🌲, ℰ 16 97, ≼, 🍴, 🚣, 🍴 – 🗁 🅿
➡ Okt.- Nov. 3 Wochen geschl. – **M** (Dienstag geschl.) a la carte 19/38 🍺 – **18 Z : 35 B** 40/50
66/95.

RINGELAI 8391. Bayern 🗌🗌🗌 X 20, 🗌🗌🗌 ⑦ – 960 Ew – Höhe 410 m – Erholungsort – 🕾 085
(Perlesreut) – ♦München 209 – Passau 33 – ♦Regensburg 138.

🏨 **Wolfsteiner Ohe** 🌲, Perlesreuter Str. 5, ℰ 5 76, 🍴, 🔲, 🍴 – 🕿 🅿
➡ Nov. geschl. – **M** (im Winter Montag geschl.) a la carte 16/30 🍺 – **26 Z : 46 B** 34/40 - 62/7

RINGGAU 3448 Hessen – 3 600 Ew – Höhe 300 m – 🕾 05659.
♦ Wiesbaden 211 – Göttingen 65 – Bad Hersfeld 47 – ♦Kassel 37.

In Ringgau - Datterode NW : 6 km:

🏨 **Danica** 🌲, Lohgasse 23, ℰ (05658) 10 47, 🍴, 🍴, 🔲, 🍴 – 🕿 🅿 – 🛣 40. 🖭 🖽 ⓞ 🗨 🗺
28. Dez.- 6. Jan. geschl. – **M** a la carte 23/50 – **35 Z : 65 B** 95/110 - 130/170 Fb.

RINGSHEIM 7636. Baden-Württemberg 🗌🗌🗌 G 22, 🗌🗌🗌 ㉘, 🗌🗌 ⑳ – 2 000 Ew – Höhe 166 m
🕾 07822 – ♦Stuttgart 175 – ♦Freiburg im Breisgau 35 – Offenburg 33.

🏨 **Heckenrose**, an der B 3, ℰ 14 84 – 🅿. 🗨 🗺
M a la carte 22/50 – **25 Z : 49 B** 50/90 - 90/145.

RINTELN 3260. Niedersachsen 🗌🗌🗌 ⑮, 🗌🗌🗌 K 10 – 25 700 Ew – Höhe 55 m – 🕾 05751.
🛈 Fremdenverkehrsbüro, Am Markt 7, ℰ 40 31 58.
♦Hannover 60 – Bielefeld 61 – Hameln 27 – ♦Osnabrück 91.

🏨 **Der Waldkater** 🌲, Waldkateralle 27, ℰ 1 79 80, Fax 179883, 🍴, 🍴 – 🛗 📺 🕿 🗁 🄶
– 🛣 25/100. 🖭 ⓞ 🗨 🗺
M a la carte 30/63 – **31 Z : 60 B** 85/110 - 150/220 Fb.

🏨 **Zum Brückentor** garni, Weserstr. 1, ℰ 4 20 95, Fax 44762 – 🛗 📺 🕿 🅿. 🖭 ⓞ 🗨 🗺. 🦌
22 Z : 40 B 70/100 - 100/125 Fb.

🏨 **Stadt Kassel**, Klosterstr. 42, ℰ 4 40 64, Fax 44066 – 📺 🕿 🅿. 🖭 ⓞ 🗨 🗺
M a la carte 24/48 – **22 Z : 38 B** 50/60 - 80/100.

In Rinteln 1-Todenmann NW : 3 km – Erholungsort :

🏨 **Altes Zollhaus**, Hauptstr. 5, ℰ 7 40 57, Fax 7761, ≼, 🍴, 🍴 – 🕿 🅿 🛣 25/5
🖭 ⓞ 🗨 🗺
M a la carte 28/62 – **21 Z : 36 B** 80/120 - 110/190 Fb.

🏨 **Weserberghaus** 🌲 garni, Weserberghausweg 1, ℰ 7 68 87, ≼, « Garten », 🍴, 🔲, 🦌
– 🅿. 🦌
22 Z : 33 B 35/58 - 80/104.

Nahe der BAB-Ausfahrt Bad Eilsen Ost NO : 5 km :

🏨 **Schlingmühle**, Bückebergstr. 2, ✉ 3061 Buchholz, ℰ (05751) 60 86, 🍴 – 📺 🕿 🅿. 🄶
ⓞ 🗨 🗺
Juli - Aug. 2 Wochen und 20. Dez.- 6. Jan. geschl. – **M** (Samstag - Sonntag geschl.) a
carte 27/45 – **11 Z : 18 B** 60/80 - 108.

RIPPOLDSAU-SCHAPBACH, BAD 7624. Baden-Württemberg **413** H 21, **987** ③ – 2 500 Ew
– Höhe 564 m – Heilbad – Luftkurort – ✆ 07440.

Kurverwaltung, Kurhaus (Bad Rippoldsau), ✆ 7 22.

Stuttgart 106 – Freudenstadt 15 – Offenburg 55.

Im Ortsteil Bad Rippoldsau :

🏨 **Kranz**, Reichenbachstr. 2, ✆ 7 25, Fax 511, 佘, ⇔, ◻, 舞 – 劇 ☎ ⇔ 🅿
Nov.- 15. Dez. geschl. – **M** a la carte 27/68 – **31 Z : 50 B** 90/120 - 130/160 – ½ P 85/120.

🏚 **Zum letzten G'stehr**, Wolftalstr. 17, ✆ 7 14 – 劇 ☎ 🅿
21 Z : 36 B Fb.

🏤 **Klösterle Hof**, Klösterleweg 2, ✆ 2 15, 佘 – ⇔ 🅿. ﷼
13 Z : 19 B.

Im Ortsteil Schapbach S : 10 km – ✆ 07839 :

🏚 **Ochsenwirtshof**, Wolfacher Str. 21, ✆ 2 23, ◻, 舞, ℁ – ⇔ 🅿. ﷼ Zim
5. Nov.- 15. Dez. geschl. – **M** *(Donnerstag geschl.)* a la carte 23/45 ♨ – **21 Z : 40 B** 50 - 92
Fb – ½ P 65.

🏚 **Sonne**, Dorfstr. 31, ✆ 2 22, 舞 – 🅿
M *(Montag geschl.)* a la carte 23/45 ♨ – **13 Z : 26 B** 42/45 - 72/92.

🏤 **Adler**, Dorfstr. 6, ✆ 2 15, 舞 – ⇔ 🅿
9 Z : 20 B Fb.

Im Ortsteil Bad Rippoldsau-Wildschapbach NW : 3 km ab Schapbach :

🏚 **Grüner Baum**, Wildschapbachstr. 15, ✆ (07839) 2 18, 佘 – 🅿. ﷼ Zim
10.- 31. Jan. geschl. – **M** *(Dienstag geschl.)* a la carte 20/47 ♨ – **10 Z : 20 B** 35 - 60.

RITTERSDORF Rheinland-Pfalz siehe Bitburg.

RITTSTEIG Bayern siehe Passau.

RIVERIS Rheinland-Pfalz siehe Waldrach.

RODACH 8634. Bayern **413** P 15, **987** ③ – 6 100 Ew – Höhe 320 m – Erholungsort mit
Heilquellenkurbetrieb – ✆ 09564.

Kurverwaltung, Markt 1 (Rathaus), ✆ 15 50.

München 300 – Coburg 18.

🏨 **Alt Rodach**, Heldburger Str. 57, ✆ 39 99, 佘, Massage, ⇔, 舞 – ☎ 🅿
16 Z : 28 B Fb.

🏨 **Zur Alten Molkerei** ⑤, Ernststr. 6, ✆ 2 38, Fax 230, ⇔, ◻ – 劇 ☎ 🅿
M *(Mahlzeiten im Restaurant Roesler-Stuben)* (wochentags nur Abendessen, Donnerstag
geschl.) a la carte 22/50 – **41 Z : 72 B** 48/75 - 72/98 Fb.

🏨 **Kurhotel am Thermalbad** ⑤, Thermalbadstr. 20, ✆ 2 07, ≤, 舞 – 劇 ☎ 🅿. ﷼ Zim
Jan. 2 Wochen geschl. – **M** a la carte 24/50 – **50 Z : 96 B** 61/80 - 91/108 Fb – 12 Fewo
49/70.

🏤 **Rodacher Hof**, Am Markt 13, ✆ 7 27 – 🅿. ﷼
Ende Jan.- Anfang Feb. und Ende Sept.- Anfang Okt. geschl. – **M** *(Freitag ab 15 Uhr und
Mittwoch geschl.)* a la carte 19/35 ♨ – **13 Z : 21 B** 35/40 - 70/80.

In Rodach-Gauerstadt SO : 4,5 km :

🏚 Gasthof Wacker, Billmuthäuser Str. 1, ✆ 2 25, 舞 – ☎ 🅿
17 Z : 31 B.

In Rodach-Heldritt NO : 3 km :

🏚 **Pension Tannleite** ⑤, Obere Tannleite 4, ✆ 7 44 – ☎ 🅿
Mitte Nov.- Mitte Dez. geschl. – **M** *(nur Abendessen, Mittwoch geschl.)* a la carte 16/26 –
13 Z : 25 B 35/43 - 65/69 Fb – 2 Fewo 50/75.

RODALBEN 6782. Rheinland-Pfalz **412** **413** F 19, **242** ⑧, **87** ① – 7 800 Ew – Höhe 260 m –
✆ 06331 (Pirmasens).

Mainz 119 – Kaiserslautern 32 – Pirmasens 6.

🏚 **Zum grünen Kranz - Villa Bruderfels**, Pirmasenser Str. 2, ✆ 1 80 36 – 📺 ☎ 🅿. 🅰🅴 ⓞ
E 🆅🅸🆂🅰
M *(Freitag geschl.)* a la carte 25/52 ♨ – **25 Z : 45 B** 44/48 - 74/80 Fb.

✕ **Pfälzer Hof**, Hauptstr. 108, ✆ 5 11 23 – 🅿. 🅰🅴 ⓞ E 🆅🅸🆂🅰. ﷼
Donnerstag ab 18 Uhr, Montag und 2.- 29. Juli geschl. – **M** a la carte 24/46 ♨.

RODENBACH MAIN-KINZIG-KREIS Hessen siehe Hanau am Main.

RODENKIRCHEN Niedersachsen siehe Stadland.

RODGAU 6054. Hessen **AV2** **AV3** J 16 — 39 500 Ew — Höhe 128 m — ✪ 06106.
◆Wiesbaden 54 — Aschaffenburg 27 — ◆Frankfurt am Main 21.

In Rodgau 6-Weiskirchen :

🏨 Darmstädter Hof, Schillerstr. 7, ℰ 1 20 21 (Hotel) 1 80 20 (Rest.) — 📺 ☎ 🚗 🅿
26 Z : 47 B Fb.

Siehe auch : *Seligenstadt*

RODHOLZ Hessen siehe Poppenhausen/Wasserkuppe.

RODING 8495. Bayern **AV3** U 19. **987** ㉗ — 10 400 Ew — Höhe 370 m — ✪ 09461.
🛈 Verkehrsamt, Rathaus, Schulstr. 12, ℰ 10 66.
◆München 163 — Amberg 62 — Cham 15 — ◆Regensburg 41 — Straubing 39.

🏨 **Brauereigasthof Brantl**, Schulstr. 1, ℰ 6 75 — 🅿 — 🔏 25/150
— **M** *(Mittwoch und 30. Juni - 10. Juli geschl.)* a la carte 15/29 — **16 Z : 28 B** 31 - 50.

In Roding-Mitterdorf W : 1 km :

🏠 Hecht, Hauptstr. 7, ℰ 22 94, 🐴 — 🚗 🅿
15 Z : 30 B.

In Roding-Neubäu NW : 9 km :

🏨 **Am See** 🦵, Seestr. 1, ℰ (09469) 3 41, ≤, 🐴, 🚣, 🏊, 🐴 — 🅿 — 🔏 25/80
— **M** a la carte 18/38 🍴 — **57 Z : 120 B** 43/65 - 65/95.

RODT Nordrhein-Westfalen siehe Marienheide.

RÖDELSEE Bayern siehe Iphofen.

RÖDENTAL Bayern siehe Coburg.

RÖDERMARK 6074. Hessen **AV2** **AV3** J 17 — 24 000 Ew — Höhe 141 m — ✪ 06106 (Rodgau).
◆Wiesbaden 54 — Aschaffenburg 30 — ◆Darmstadt 25 — ◆Frankfurt am Main 23.

In Rödermark - Ober-Roden **987** ㉘ :

🏩 **Parkhotel Atlantis**, Niederröder Str. 24 (NO : 1,5 km), ℰ 7 09 20, Telex 413555, Fax
7092282, « Gartenterrasse », 🚣, 🏊 — 📶 🍴 Zim 📺 📶 🅿 — 🔏 25/250. 🖭 ⓞ 🔃 **VISA**
🍴 Rest
Weihnachten - Anfang Jan. geschl. — **M** a la carte 40/70 — **146 Z : 270 B** 179/220 - 239/270
Fb — 3 Appart. 335.

🏨 **Eichenhof** 🦵, Carl-Zeiss-Str. 30 (Industriegebiet), ℰ 9 40 41, Fax 94044, 🐴, 🚣 — 📶 📶
☎ 🅿 — 🔏 25/50. 🖭 ⓞ 🔃 **VISA** 🍴
27. Dez.- 6. Jan. geschl. — **M** *(Freitag geschl.)* a la carte 35/60 — **36 Z : 62 B** 110/130
158/198 Fb.

In Rödermark-Urberach :

🏨 **Jägerhof**, Mühlengrund 18, ℰ (06074) 65 02, Fax 67948, 🚣 — ☎ 🅿
M *(Samstag geschl.)* a la carte 25/50 — **24 Z : 30 B** 80 - 140 Fb.

RÖHRNBACH 8391. Bayern **AV3** X 20 — 4 500 Ew — Höhe 436 m — Erholungsort — ✪ 08582.
◆München 203 — Freyung 13 — Passau 26.

🏨 **Jagdhof** 🦵, Marktplatz 11, ℰ 2 68, 🚣, 🏊 (geheizt), 🏊, 🐴 — 📶 🅿 — 🔏 25/150
— 5. Nov.- 20. Dez. geschl. — **M** a la carte 19/40 — **56 Z : 120 B** 43/48 - 72/94 Fb.

🏨 **Alte Post**, Marktplatz 1, ℰ 2 20, 🚣, 🏊, 🐴 — 🅿
15. Nov.- 20. Dez. geschl. — **M** *(Sonntag ab 14 Uhr geschl.)* a la carte 22/42 🍴 — **31 Z : 60 B**
53 - 90 Fb.

RÖNKHAUSEN Nordrhein-Westfalen siehe Finnentrop.

RÖSRATH 5064. Nordrhein-Westfalen **AV2** E 14 — 21 900 Ew — Höhe 72 m — ✪ 02205.
◆Düsseldorf 56 — ◆Köln 16 — Siegburg 12.

🍴🍴 **Klostermühle**, Zum Eulenbroicher Auel 15, ℰ 47 58, « Rustikale Einrichtung » — 🅿. ⓞ
🔃 **VISA**
Montag - Dienstag, Jan. 2 Wochen und Juli - Aug. 4 Wochen geschl. — **M** a la carte 56/85.

In Rösrath 3-Forsbach N : 4 km :

🏠 **Forsbacher Mühle** 🦵 garni, Mühlenweg 43, ℰ 42 41 — 🅿
1.- 15. Aug. geschl. — **23 Z : 36 B** 50/60 - 85/90.

RÖTENBACH Baden-Württemberg siehe Friedenweiler.

ROETGEN 5106. Nordrhein-Westfalen **412** B 15, **409** ⑯ – 7 100 Ew – Höhe 420 m – ✆ 02471.

☐ Verkehrsverein, Rathaus, Hauptstr. 55, ℘ 18 20.

Düsseldorf 96 – ◆Aachen 18 – Liège 59 – Monschau 15 – ◆Köln 85.

🏨 **Marienbildchen**, an der B 258 (N : 2 km), ℘ 25 23 – ☎ ℗ E. 🛠 Zim
15. Juli - 15. Aug. geschl. – **M** *(Sonntag geschl.)* a la carte 37/72 – **9 Z : 16 B** 50/90 - 95/150
– 3 Fewo 70/150.

✗ **Zum genagelten Stein** mit Zim, Bundesstr. 2 (B 258), ℘ 22 78, � – 📺 ☎ 🚗 ℗. AE E
Juli - Aug. 3 Wochen geschl. – **M** *(Donnerstag geschl.)* a la carte 45/74 – **5 Z : 10 B** 72/80 -
125.

In Roetgen-Mulartshütte NO : 7 km :

🏨 **Altes Jägerhaus**, Hahner Str. 2, ℘ (02408) 50 24 – 📺 ☎ ℗
M a la carte 25/55 – **15 Z : 30 B** 45/80 - 85/135.

An der Straße nach Monschau SO : 4 km :

✗✗ **Fringshaus**, an der B 258, ⊠ 5106 Roetgen, ℘ (02471) 31 13 – ℗. AE VISA
Mittwoch, 24. Juni - 10. Juli und 2. Dez.- 11. Jan. geschl. – **M** a la carte 24/62.

RÖTZ 8463. Bayern **413** U 18, **987** ㉗ – 3 400 Ew – Höhe 453 m – ✆ 09976.

München 204 – Amberg 56 – Cham 25 – Weiden in der Oberpfalz 56.

In Rötz-Bauhof NW : 3 km :

🏨 **Pension Bergfried** 🍃, ℘ 3 22, ⩽ Bayerischer Wald, 🚽, 🌳 – ☎ 🚗 ℗. E
◆ **M** a la carte 17/35 – **20 Z : 35 B** 38/40 - 68/74.

In Rötz-Grassersdorf N : 3 km :

🏨 **Alte Taverne** 🍃, ℘ 14 13, �, 🌳 – 🚗 ℗
◆ **M** a la carte 15/27 🝣 – **18 Z : 30 B** 28/30 - 56/60.

In Rötz-Hillstett W : 4 km :

🏨 **Die Wutzschleife** 🍃, ℘ 1 80, Fax 1878, ⩽, �, 🚽, 🏊, 🌳, 🎾 (Halle) – 📺 ☎ ℗ –
🔺 25/70. E VISA 🛠 Rest
10. - 24. Dez. geschl. – **M** a la carte 33/74 – **48 Z : 90 B** 68/120 - 138/310 Fb.

In Winklarn-Muschenried 8479 N : 10 km :

🏨 **Seeschmied** 🍃, Lettenstr. 6, ℘ (09676) 2 41, 🌳 – ℗. 🛠 Rest
◆ *23. Dez.- Jan. geschl.* – **M** *(Montag geschl.)* a la carte 21/39 – **15 Z : 30 B** 40 - 76.

ROHLSTORF-WARDER Schleswig-Holstein siehe Bad Segeberg.

ROHRBACH Hessen siehe Reichelsheim.

ROHRDORF 8201. Bayern **413** T 23, **426** I 5 – 4 100 Ew – Höhe 472 m – ✆ 08032.

München 69 – Innsbruck 110 – Passau 178 – Rosenheim 10 – Salzburg 73.

🏨 **Zur Post**, Dorfplatz 14, ℘ 50 41, Fax 5844, � – 🛗 🚗 ℗. AE ⓞ E
◆ **M** a la carte 19/45 – **95 Z : 200 B** 30/65 - 50/86.

ROIGHEIM Baden-Württemberg siehe Möckmühl.

ROITHAM Bayern siehe Seeon-Seebruck.

ROMANTISCHE STRASSE Baden-Württemberg und Bayern **987** ㉕㉗㉘, **413** M 17 bis P 24.
Sehenswert : Strecke ★★ von Würzburg bis Füssen (Details siehe unter den erwähnten Orten
entlang der Strecke).

ROMROD Hessen siehe Alsfeld.

RONNENBERG Niedersachsen siehe Hannover.

RONSHAUSEN 6447. Hessen **412** M 14 – 2 600 Ew – Höhe 210 m – Luftkurort – ✆ 06622
(Bebra).

Wiesbaden 189 – Bad Hersfeld 26 – ◆Kassel 73.

🏨 **Waldhotel Marbach** 🍃, Berliner Str. 7, ℘ 29 78, �, 🚽, 🏊, 🌳 – 🛗 ℗. 🛠
◆ *12. - 26. Okt. geschl.* – **M** a la carte 19/36 – **31 Z : 52 B** 48/56 - 85/91.

ROSCHE 3115. Niedersachsen – 2 200 Ew – Höhe 60 m – Erholungsort – ✆ 05803.

Hannover 110 – Dannenberg 32 – Lüchow 28 – Uelzen 14.

🏨 **Werner**, Lönsstr. 11, ℘ 5 55, 🚽, 🌳 – ℗. E
M a la carte 25/45 – **54 Z : 95 B** 30/40 - 60/80.

ROSENBERG 7092. Baden-Württemberg **409** N 19 − 2 400 Ew − Höhe 520 m − ✪ 07
(Jagstzell) − ◆Stuttgart 105 − Aalen 30 − Ansbach 64 − Schwäbisch Hall 28.

  🏦 ✿ **Landgasthof Adler,** Ellwanger Str. 15, ℰ 5 13, ㈜ − ☎ ⇐ ❷. ⛎
  Juli - Aug. 2 Wochen und Jan. geschl. − **M** *(Freitag und jeden 1. Sonntag im Mo*
  geschl.) 35/98 − **11 Z : 20 B** 59 - 98
  Spez. Pasteten und Terrinen, Saltimbocca von Lammrücken, Warmer Baumkuchen mit Feigeneis.

ROSENDAHL 4428. Nordrhein-Westfalen **402** E 10 − 9 500 Ew − Höhe 112 m − ✪ 02547.
◆ Düsseldorf 120 − Münster (Westfalen) 53.

  ### *In Rosendahl-Osterwick :*

  🏦 **Zur Post,** Fabianus-Kirchplatz 1, ℰ 71 35 − ☎ ⇐ ❷. 🆎 **E**
  ➡ **M** *(Sonntag 13 Uhr - Montag 17 Uhr geschl.)* a la carte 18/45 − **13 Z : 22 B** 35/40 - 70/80.

ROSENGARTEN 2107. Niedersachsen − 11 000 Ew − Höhe 85 m − ✪ 04108.
◆Hannover 140 − ◆Bremen 90 − Buchholz in der Nordheide 8 − ◆Hamburg 27.

  ### *In Rosengarten-Nenndorf :*

  🏦 **Rosenhof** ⛱, Rußweg 6, ℰ 71 81 − ☎ ❷
  M *(nur Abendessen, Sonntag geschl.)* a la carte 30/40 − **10 Z : 20 B** 60 - 100.

  ### *In Rosengarten 3-Sieversen :*

  🏦 **Holst,** Hauptstr. 31, ℰ 80 18, Fax 7879, ㈜, ⇐s, ⬛, ㈜ − ⧉ 📺 ☎ ❷ − 🔺 25/45. ⓞ
  VISA
  M a la carte 29/75 − **50 Z : 97 B** 88/110 - 156/190 Fb.

  🍴🍴 Zur Kutsche, Hauptstr. 24, ℰ 2 12, « Cafégarten » − ❷.

  ### *In Rosengarten-Sottorf :*

  🏛 **Cordes** (mit 🏦 Gästehaus), Sottorfer Dorfstr. 2, ℰ 80 31, Fax 6176, ㈜ − ⧉ 📺 ☎
  🆎 **E** 🔺 25/80.
  M a la carte 27/48 − **45 Z : 71 B** 30/75 - 70/120 Fb.

  ### *In Rosengarten-Tötensen :*

  🏦 Rosengarten, Woxdorfer Weg 2, ℰ 74 92, Fax 1877, ⇐s − 📺 ☎ ❷. 🆎 ⓞ **E** **VISA**
  19 Z : 30 B Fb.

ROSENHEIM 8200. Bayern **413** T 23, **987** ⑦, **426** I 5 − 54 000 Ew − Höhe 451 m − ✪ 08031.
🄱 Verkehrsbüro, Münchener Str. (am Salinengarten), ℰ 30 01 10, Fax 300163.
ADAC, Kufsteiner Str. 55, ℰ 3 23 55, Notruf ℰ 1 92 11.
◆München 69 − Innsbruck 108 − Landshut 89 − Salzburg 82.

  🏦 **Parkhotel Crombach,** Kufsteiner Str. 2, ℰ 1 20 82, Telex 525767, Fax 337.
  « Gartenterrasse » − ⧉ 📺 ☎ ⇐ ❷ − 🔺 25/120. 🆎 ⓞ **E** **VISA**
  M *(2. - 7. Jan. und Sonntag geschl.)* a la carte 33/55 − **63 Z : 93 B** 98/158 - 168/228 Fb.

  🏦 **Congress-Hotel** garni, Brixstr. 3, ℰ 30 60, Telex 525366, Fax 306415 − ⧉ 📺 ☎ ⬥
  🔺 25/180 − **89 Z : 178 B** Fb.

  🏦 **Alpenhotel Wendelstein,** Bahnhofstr. 4, ℰ 3 30 23, Fax 33024, Biergarten − ⧉ 📺
  ⇐. 🆎 ⓞ **E** **VISA**
  23. Dez.- 1. Jan. geschl. − **M** *(Sonntag geschl.)* a la carte 22/40 − **37 Z : 54 B** 85/9(
  140/150.

  🍴 **Weinhaus zur historischen Weinlände,** Weinstr. 2, ℰ 1 27 75 − 🆎 ⓞ **E** **VISA**
  Sonn- und Feiertage sowie 18. Aug.- 10. Sept. geschl. − **M** a la carte 22/59.

  ### *In Rosenheim-Happing* S : 3 km nahe der B 15 :

  🏦 Ariadne, Kirchenweg 38, ℰ 6 20 49 − ⧉ ☎ ⇐ ❷ − **33 Z : 61 B**.

  ### *In Rosenheim-Heilig Blut* S : 3 km über die B 15 Richtung Autobahn :

  🏦 **Fortuna,** Hochplattenstr. 42, ℰ 6 20 85, Fax 68821, ㈜ − ☎ ❷. 🆎 ⓞ **E** **VISA**
  M *(Italienische Küche)* (Dienstag und 25. Aug.- 15. Sept. geschl.) a la carte 28/52 ♨ − **18** ⃰
  33 B 35/65 - 70/105.

ROSSBACH 5461. Rheinland-Pfalz **412** F 15 − 1 400 Ew − Höhe 113 m − Luftkurort − ✪ 02(
(Waldbreitbach).
Mainz 132 − ◆Bonn 41 − ◆Koblenz 42.

  🏦 **Strand-Café,** Neustadter Str. 9, ℰ 51 15, ㈜, ㈜ − ☎ ❷
  ➡ *14. Jan.- 5. Feb. und 25. Nov.- 14. Dez. geschl.* − **M** *(Nov.- Ostern Montag - Dienst*
  geschl.) a la carte 21/46 − **21 Z : 34 B** 45 - 84.

  🏦 **Zur Post,** Wiedtalstr. 55, ℰ 2 80, ㈜, ㈜ − ❷. ⛎ Zim
  ➡ *6. Jan.- 15. März und 15. Dez. geschl.* − **M** a la carte 16/35 − **15 Z : 23 B** 30/40 - 58/7

  🏦 **Haus Tanneck** ⛱, Waldstr. 1, ℰ 52 15, ≤, ㈜, ㈜ − ☎ ❷. ⛎ Zim
  ➡ *10. Jan.- 15. März und 6. Nov.- 18. Dez. geschl.* − **M** a la carte 18/36 − **21 Z : 38 B** 35/3(
  66/72.

OSSFELD-RINGSTRASSE Bayern siehe Berchtesgaden.

OSSHAUPTEN 8959. Bayern 四B P 24, 四 ⑱. 四 E 6 – 1 700 Ew – Höhe 816 m –
ntersport : 800/1 000 m ⚡2 ⚡2 – 🏤 08367 – 🛈 Verkehrsamt, Hauptstr. 10, 𝓟 3 64.

inchen 118 – Füssen 11 – Marktoberdorf 18.

Kaufmann ⑤, Füssener Str. 44, 𝓟 8 23, ≤, 🍴 – ▥ ☎ 🚗 🅿. **E**
Mitte Jan.- Mitte Feb. geschl. – **M** (Freitag geschl.) a la carte 21/50 – **20 Z : 40 B** 39/73 -
98/136.

In Rosshaupten-Vordersulzberg W : 4 km :

Haflinger Hof ⑤, Vordersulzberg 1, 𝓟 (08364) 14 02, ≤, 🍴, 🐎, 🐴 – ☎ 🅿. 🕸
12. Nov.- 12. Dez. geschl. – **M** (Dienstag geschl.) a la carte 20/46 ⅜ – **9 Z : 20 B** 43/50 -
80/90 – 6 Fewo 82/120.

OSTOCK 2500 Mecklenburg-Vorpommern 四 ⑦. 四 ⑥ – 252 000 Ew – Höhe 14 m –
003781 – Sehenswert : Marienkirche★★ (Astronomische Uhr★★ Bronzetaufkessel★) –
fenrundfahrt★ – 🛈 Rostock-Information, Schnickmannstr. 13, 𝓟 3 46 02.

rlin - Ost 192 – ◆Lübeck 117 – Schwerin 89 – Stralsund 69.

Warnow, Hermann-Duncker-Platz 4, 𝓟 3 73 81, Fax 34728 – |☕| ▥ 🚗 🅿 – 🔬 25/50. 🖭
⓪ **E** 𝘝𝘐𝘚𝘈
Restaurants : **Malmö M** a la carte 30/64 – **Riga M** a la carte 39/65 – **Rostock M** a la carte
22/46 – **337 Z : 501 B** 115/175 - 160/210 Fb – 6 Appart. 295.

Hotel am Bahnhof, Gerhart-Hauptmann-Str. 13, 𝓟 3 63 31, Fax 34679, 🍴 – |☕| ▥ ☎ 🅿
M a la carte 16,50/29 – **73 Z : 118 B** 82/162 - 134/174 – 7 Appart. 264/284.

Gastmahl des Meeres, August-Bebel-Str. 111, 𝓟 2 23 01 – ▥ ☎ 🅿
M (überwiegend Fischgerichte) a la carte 13,50/30 ⅜ – **17 Z : 33 B** 70/110 - 110/120 Fb –
3 Appart. 150/170.

Seemanns-Hotel Haus Sonne, Neuer Markt 35, 𝓟 3 71 01 – |☕| – 🔬 40
M a la carte 18/29 – **128 Z : 231 B** 40/128 - 70/170 Fb.

Ratsweinkeller, Neuer Markt, 𝓟 2 35 77 – 🕸
M 12 und a la carte 18/34.

Zur Kogge (historische Seemannskneipe mit kleinem Speiseangebot), Wokreuter Str. 27,
𝓟 3 44 93 – 🕸 – **M** a la carte 18/21.

In Rostock-Lütten Klein 2520 NW : 7 km :

Congress-Hotel ⑤, Leningrader Str. 45, 𝓟 70 30, 🍴, 🐎 – |☕| – 🔬 25/500. 🕸
M a la carte 12/23 – **160 Z : 300 B** 56/66 - 72/92 Fb.

In Rostock-Warnemünde 2530 NW : 11 km – Seebad.

🚢 Fährlinie Warnemünde-Gedser, Fährhafen, 𝓟 (04371) 93 50.
🛈 Urlauber-Anmeldung, Heinrich-Heine-Str. 17, 𝓟 5 22 01.

Neptun, Seestraße, 𝓟 53 71, Telex 31351, Fax 54023, ≤, 🏖, 🈺, 🏊, – |☕| ▥ 🅿 –
🔬 25/450. 🖭 ⓪ **E** 𝘝𝘐𝘚𝘈. 🕸
Restaurants : **Koralle M** a la carte 27/50 – **Seemannskrug M** a la carte 24/53 – **350 Z : 700 B**
180/265 - 220/340 Fb – 3 Appart. 490.

Stolteraa ⑤, Strandweg 17, 𝓟 53 21, ≤, 🈺 – ▥ ☎ 🅿
M a la carte 18,50/33 – **18 Z : 31 B** 40/135 - 80/150 Fb – 4 Appart. 250.

Sanddorn ⑤, Strandweg 12, 𝓟 5 25 98 – ▥ 🅿
M a la carte 13,50/22 – **9 Z : 18 B** 65/85 - 80/100 Fb – 7 Appart. 180 – 2 Fewo 300.

Kurhaus, Seestraße, 𝓟 50 31, 🍴 – 🔬 200. ⓪ 𝘝𝘐𝘚𝘈
M a la carte 14/31.

Zur Post, Poststr. 6, 𝓟 5 24 20
Sonntag - Montag geschl. – **M** a la carte 14,50/34 ⅜.

Teepott, Am Leuchtturm, 𝓟 5 40 20, ≤
M a la carte 14,50/30.

In Bad Doberan 2560 W : 15 km – Bade- und Kurort – 🏤 0037 8193.

🛈 Kurverwaltung, Rathaus, Markt, 𝓟 30 61.

Kurhaus, August-Bebel-Str. 2, 𝓟 30 36, 🍴 – ▥ ☎ 🚻 🅿
M a la carte 18,50/28 – **37 Z : 78 B** 65/85 - 89/120 Fb.

In Kühlungsborn 2565 NW : 30 km – Seebad – 🏤 0037 45190.

🛈 Kurverwaltung, Straße des Friedens 26, 𝓟 6 20.

Arendsee, Straße des Friedens 30, 𝓟 4 46, Fax 645, ≤, 🍴, 🈺 – |☕| ▥ ☎ – 🔬 25. 🖭
⓪ **E** 𝘝𝘐𝘚𝘈 – **M** a la carte 18,50/35 – **66 Z : 132 B** 100/130 - 140/180 Fb – 6 Appart. 180/240.

Brunshöver Möhl, An der Mühle 3, 𝓟 9 37 – 🅿. 🖭 **E**
Okt. und Sonntag - Montag geschl. – **M** a la carte 18/32.

In Dierhagen 2591 NO : 28 km – Seebad – 🏤 0037 82596 :.

Käppn Brass, Wiesenweg, 𝓟 2 91, 🍴, 🈺, 🐎 – ▥ ☎ 🅿. 🕸 Rest
M a la carte 12,50/26 – **32 Z : 64 B** 85 - 110 Fb – 6 Appart. 200.

ROT AM SEE 7185. Baden-Württemberg **413** N 19 – 4 200 Ew – Höhe 419 m – ✿ 07955.
♦Stuttgart 132 – Crailsheim 18 – ♦Nürnberg 110.

  🏠 Café Mack ⌂, Erlenweg 24, ℰ 23 54, ⇔, 🔲, 🛋 – ⇦ ℗ – **26 Z : 41 B**.

  🏠 Gasthof Lamm, Kirchgasse 18, ℰ 23 44 – ⇦ ℗ – **12 Z : 19 B**.

ROT AN DER ROT 7956. Baden-Württemberg **413** MN 22, **426** C 4 – 3 800 Ew – Höhe 604 – ✿ 08395.
♦ Stuttgart 149 – Memmingen 17 – Ravensburg 46 – ♦Ulm (Donau) 58.

  🏠 **Landhotel Seefelder**, Theodor-Her-Str. 11, ℰ 3 38, Fax 7468, 🔛, ⇔, 🛋 – 🔲 ☎ ℗
   🍴 25/100. ⒶⒺ ⓪ Ⓔ 𝕍𝕀𝕊𝔸
   Jan. 2 Wochen geschl. – **M** a la carte 30/57 – **16 Z : 30 B** 55/75 - 85/135 Fb.

ROTENBURG/FULDA 6442. Hessen **987** ⑳, **412** M 14 – 14 800 Ew – Höhe 198 m – Luftku... – ✿ 06623.
🛈 Verkehrs- und Kulturamt, Marktplatz 15 (Rathaus), ℰ 55 55.
♦Wiesbaden 187 – Bad Hersfeld 20 – ♦Kassel 59.

  🏯 **Rodenberg** ⌂, Panoramastr. 1, ℰ 88 11 00, Telex 493299, Fax 888410, ≤, 🔛, Massa...
   ⇔, 🔲 (geheizt), 🔲, ❊ (Halle) – 🛗 ↝Zim 🔲 ⇦ ℗ – 🍴 25/250. ⒶⒺ ⓪ Ⓔ 𝕍
   ❊ Rest
   M a la carte 48/65 – **98 Z : 187 B** 105/115 - 180/195 Fb – 10 Appart. 260/350.

  🏠 **Silbertanne** ⌂, Am Wäldchen 2, ℰ 20 83, 🛋 – ☎ ℗. ⓪ Ⓔ 𝕍𝕀𝕊𝔸. ❊ Rest
   21. Jan.- 17. Feb. und 1.- 8. Juli geschl. – **M** *(Montag geschl.)* a la carte 29/60 – **11 Z : 2...**
   55/72 - 90/130.

ROTENBURG (WÜMME) 2720. Niedersachsen **987** ⑮ – 19 000 Ew – Höhe 28 m – ✿ 0426...
🏌 Hof Emmen Westerholz (N : 5 km), ℰ (04263) 33 52.
🛈 Fremdenverkehrsamt im Rathaus, Große Str. 1, ℰ 7 11 00.
♦Hannover 107 – ♦Bremen 46 – ♦Hamburg 80.

  🏯 Stadtpark-Hotel, Pferdemarkt 3, ℰ 30 55, Fax 2161 – 🛗 🔲 ☎ ℗ – 🍴 25/50 – **29 Z : 5...**
   Fb.

  🏠 **Bürgerhof**, Am Galgenberg 2, ℰ 52 74, Fax 63924 – ☎ ℗. ⒶⒺ ⓪ Ⓔ 𝕍𝕀𝕊𝔸
  ✦ **M** *(10.- 25. Jan. geschl.)* a la carte 20/43 – **20 Z : 38 B** 55/75 - 90/120.

  ✗ **Deutsches Haus**, Große Str. 51, ℰ 33 00 – ℗. ⒶⒺ ⓪ Ⓔ 𝕍𝕀𝕊𝔸. ❊
   Sonntag 14 Uhr - Montag und Sept. 2 Wochen geschl. – **M** a la carte 24/48.

  In Rotenburg-Waffensen W : 6 km :

  ✗✗ **Lerchenkrug**, an der B 75, ℰ (04268) 3 43 – ℗. ⒶⒺ ⓪ Ⓔ
   Montag - Dienstag, 31. Dez.- 13. Jan. und 7. Juli - 1. Aug. geschl. – **M** a la carte 32/57.

  In Ahausen-Eversen 2724 SW : 10 km :

  🏠 **Gasthaus Dönz** ⌂, Dorfstr. 10, ℰ (04269) 52 53, 🔛, « Ehemaliger Bauernhof » – 🔲
   M *(Montag bis 18 Uhr geschl.)* a la carte 30/54 – **10 Z : 15 B** 40 - 80.

  In Bothel 2725 SO : 8 km :

  ✗✗ **Botheler Landhaus**, Hemsbünder Str. 10, ℰ (04266) 15 17, 🔛 – ℗. ⒶⒺ ⓪ Ⓔ 𝕍𝕀𝕊𝔸
   nur Abendessen, Sonntag - Montag geschl. – **M** (Tischbestellung ratsam) a la carte 53/8...
   Spez. Botheler Kartoffelsüppchen, Deichlammrücken mit Kräuterkruste, Topfengratin.

ROTH KREIS ROTH 8542. Bayern **413** Q 19, **987** ㉖ – 22 000 Ew – Höhe 340 m – ✿ 09171.
🏌 Abenberg (W : 11 km), ℰ (09178) 55 41.
♦München 149 – Ansbach 52 – Donauwörth 67 – ♦Nürnberg 28.

  ✗✗ **Ratsstuben im Schloß Ratibor** (Schloßanlage a.d. 16. Jh.), Hauptstr. 1, ℰ 65 05 –
   – 🍴 40. ⒶⒺ ⓪ Ⓔ 𝕍𝕀𝕊𝔸
   Sonntag 15 Uhr - Montag geschl. – **M** a la carte 34/74.

  ✗ **Seerose** ⌂ mit Zim (mit Gästehaus), Obere Glasschleife 1 (NO : 1,5 km), ℰ (09171) 24 ...
  ✦ 🔛 – ⇦ ℗
   M *(Montag bis 17 Uhr geschl.)* a la carte 19/35 – **15 Z : 28 B** 40 - 70.

  In Roth 1-Pfaffenhofen N : 2,5 km :

  🏯 **Jägerhof**, Äußere Nürnberger Str. 40, ℰ 20 38 – 🛗 ☎ ℗ – 🍴 25/60. ⒶⒺ Ⓔ
   M *(Dienstag bis 14 Uhr geschl.)* a la carte 28/59 – **24 Z : 48 B** 60/100 - 90/160 Fb.

ROTH/OUR 5529. Rheinland-Pfalz **412** B 17, **409** L 26, **214** ⑲ – 280 Ew – Höhe 220 m – ✿ 06566 (Körperich).
Mainz 193 – Bitburg 29 – Neuerburg 18 – Vianden 2.

  🏠 **Ourtaler Hof**, Ourtalstr. 27, ℰ 2 18, 🔛, 🛋 – ℗. Ⓔ
   20. Dez.- Jan. geschl. – **M** *(20. Dez.- 3. Feb. geschl.)* a la carte 25/46 – **27 Z : 45 B** 30/7...
   60/90.

ROTHAUS Baden-Württemberg siehe Grafenhausen.

ROTHENBERG (ODENWALDKREIS) 6121. Hessen **412** **413** J 18 − 2 400 Ew − Höhe 450 m

☼ 06275 − ◆Wiesbaden 118 − ◆Frankfurt am Main 87 − Heidelberg 31 − Heilbronn 74 − ◆Mannheim 49.

🏠 **Zum Hirsch**, Schulstr. 3, 𝒫 2 63 − **🅟**
◆ 5.- 28. Feb. geschl. − **M** (Montag geschl.) a la carte 20/40 ⅜ − **28 Z : 55 B** 27/40 - 54/75.

In Rothenberg - Ober-Hainbrunn SW : 8 km :

✗ **Zur Krone** ⑊ mit Zim, Neckarstr. 4, 𝒫 2 58, 🌤, 🚗 − ☎ 🅟. ✼ Zim
◆ Mitte Okt.- Mitte Nov. geschl. − **M** (Montag geschl.) a la carte 19/40 ⅜ − **5 Z : 9 B** 36/40 - 72.

ROTHENBUCH 8751. Bayern **412** **413** L 17 − 1 500 Ew − Höhe 340 m − ☼ 06094.

München 337 − Aschaffenburg 24 − ◆Frankfurt am Main 63 − Schweinfurt 76.

🏠 **Spechtshaardt** ⑊, Rolandstr. 34, 𝒫 12 03, , 🌤, 🍺 − **🅟**
◆ **M** a la carte 21/48 − **34 Z : 68 B** 51/60 - 86/100 Fb.

ROTHENBURG OB DER TAUBER 8803. Bayern **413** N 18, **987** ㉘ − 11 100 Ew − Höhe 425 m
☼ 09861.

Sehenswert : Mittelalterliches Stadtbild★★★ − Rathaus★ (Turm ≤★★) − Plönlein★ −
Burggarten★ − Spital★ Z − Spitaltor★ Z − Stadtmauer★ YZ − St.-Jakob-Kirche (Hl.-Blut-Altar★★) − Kalkturm ≤★ Z − Reichsstadtmuseum Y **M**.

Ausflugsziel : Detwang : Kirche (Kreuzaltar★) 2 km über ④.

Städt. Verkehrsamt, Rathaus, 𝒫 4 04 92, Telex 61379.

München 236 ② − Ansbach 35 ② − ◆Stuttgart 134 ② − ◆Würzburg 62 ①.

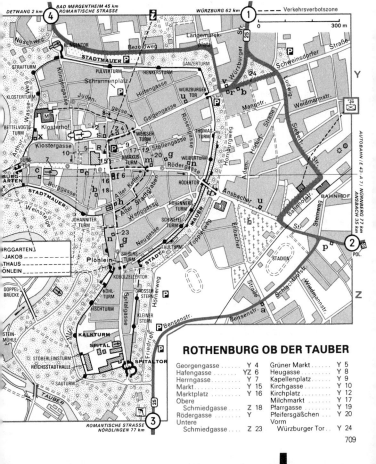

ROTHENBURG OB DER TAUBER

Georgengasse	Y 4	Grüner Markt	Y 5
Hafengasse	YZ 6	Heugasse	Y 8
Herrngasse	Y 7	Kapellenplatz	Y 9
Markt	Y 15	Kirchgasse	Y 10
Marktplatz	Y 16	Kirchplatz	Y 12
Obere		Milchmarkt	Y 17
Schmiedgasse	Z 18	Pfarrgasse	Y 19
Rödergasse	Y	Pfeifersgäßchen	Y 20
Untere		Vorm	
Schmiedgasse	Z 23	Würzburger Tor	Y 24

🏛 **Eisenhut**, Herrngasse 3, ℰ 70 50, Telex 61367, Fax 70545, « Gartenterrasse » – 🛗 📺 ⇐
– 🔬 25/80. 🖽 ◑ 🗲 💳 . 🕸 Rest   Y
M a la carte 56/90 – **80 Z : 140 B** 175/190 - 240/320 Fb – 4 Appart. 530.

🏛 **Tilman Riemenschneider**, Georgengasse 11, ℰ 20 86, Telex 61384, Fax 2979, 🏛, ⇐s
🛗 📺 ⅙ ⇐. 🖽 ◑ 🗲 💳   Y
M a la carte 35/60 – **65 Z : 125 B** 100/200 - 150/330 Fb.

🏠 **Romantik-Hotel Markusturm**, Rödergasse 1, ℰ 20 98, Fax 2692, « Geschmackvoll
Einrichtung », ⇐s – 📺 ☎ ⇐. 🖽 ◑ 🗲 💳   Y
15.- 31. Jan. geschl. – **M** a la carte 34/68 – **24 Z : 48 B** 130/220 - 170/300 Fb – 2 Fewo 250.

🏠 **Goldener Hirsch**, Untere Schmiedgasse 16, ℰ 70 80, Telex 61372, Fax 70810
« Restaurant Blaue Terrasse mit ≼ Taubertal » – 🛗 ☎ 🅿 – 🔬 40. 🖽 ◑ 🗲 💳   Z
18. Nov.- Jan. geschl. – **M** a la carte 46/82 – **73 Z : 135 B** 120/180 - 170/290.

🏠 **Burg-Hotel** ⍟ garni, Klostergasse 1, ℰ 50 37, Telex 61315, Fax 1487, ≼ Taubertal – 🗂
☎ ⅙ ⇐ 🅿. 🖽 ◑ 🗲 💳
14 Z : 28 B 135/170 - 180/270.

🏠 **Merian** garni, Ansbacher Str. 42, ℰ 30 96, Telex 61357, Fax 86787 – 🛗 📺 ☎ 🅿. 🖽 ◑
💳   Z
Ende März - Mitte Dez. – **32 Z : 56 B** 120/150 - 180/220 Fb.

🏠 **Bären** ⍟, Hofbronnengasse 9, ℰ 60 31, Telex 61380, ⇐s, 🖵 – 📺 ☎ ⇐. ◑ 🗲 💳
4. Jan.- Ostern und Nov. geschl. – **M** (nur Abendessen, Dienstag geschl.) a la carte 60/%
– **35 Z : 62 B** 150/180 - 240/320 Fb.

🏠 **Reichs-Küchenmeister**, Kirchplatz 8, ℰ 20 46, Fax 86965, 🏛, ⇐s – 🛗 📺 ☎ ⅙ ⇐ 🅿
🖽 ◑ 💳   Y
M (Dienstag geschl.) a la carte 28/62 – **30 Z : 60 B** 90/120 - 120/190.

🏠 **Glocke**, Am Plönlein 1, ℰ 30 25, Telex 61318, Fax 86711 – 🛗 ☎ ⇐ – 🔬 25/60. 🖽 ◑
💳 . 🕸 Rest   Z
23. Dez.- 14. Jan. geschl. – **M** (Sonntag ab 14 Uhr geschl.) a la carte 25/60 ⅑ – **28 Z : 48**
77/107 - 136/162.

🏠 **Mittermeier**, Vorm Würzburger Tor 9, ℰ 50 41, Fax 5040, ⇐s, 🖵 – 🛗 📺 ☎ ⇐ 🅿
4. Jan.- 20. Feb. geschl. – **M** a la carte 30/62 – **21 Z : 43 B** 80/140 - 140/210.   Y

🏠 **Stern-Hotel** garni, Rosengasse 1, ℰ 43 44, Fax 86428, ⇐s, 🖵 – 🛗 📺 ☎. 🕸   Y
April - Okt. – **11 Z : 20 B** 115/125 - 155/235.

🏠 **Spitzweg** garni (Haus a.d.J. 1536 mit rustikaler Einrichtung), Paradeisgasse 2, ℰ 60 61
☎ 🅿
15.- 31. Jan. geschl. – **10 Z : 20 B** 90/110 - 120/220.

🏠 **Bayerischer Hof**, Ansbacher Str. 21, ℰ 60 63 – 📺 ☎ 🅿. 🖽 🗲 💳   Z
Jan.- 15. März geschl. – **M** (Donnerstag geschl.) a la carte 27/55 – **9 Z : 20 B** 65/85
110/130.

🏠 **Linde**, Vorm Würzburger Tor 12, ℰ 74 44, Fax 6038 – 📺 ☎ 🅿. 🖽 ◑ 🗲 💳   Y
Feb. geschl. – **M** (Dienstag geschl.) a la carte 23/48 – **27 Z : 60 B** 56/75 - 90/130 Fb.

🏠 **Café Frei** garni, Galgengasse 39, ℰ 50 06 – 📺 ☎ ⇐. 🖽 ◑ 🗲 💳   Y
9. Aug.- 2. Sept. geschl. – **14 Z : 29 B** 60/80 - 98/110.

🏠 **Klosterstüble** ⍟, Heringsbronnengasse 5, ℰ 67 74, Fax 6474, 🏛 – 📺. ◑ 🗲 💳
M (Sonntag und Montag jeweils ab 14 Uhr, Dienstag sowie 24. Dez. - Feb. geschl.) a la car
25/50 – **12 Z : 24 B** 60 - 110/130.   YZ

🏠 **Alter Ritter**, Bensenstr. 1, ℰ 74 97, Telex 61316 – 🅿. 🖽 ◑ 🗲 💳   Z
(nur Abendessen für Hausgäste) – **26 Z : 53 B** 55/85 - 95/130 Fb.

🏠 **Roter Hahn**, Obere Schmiedgasse 21, ℰ 50 88, Telex 61304, Fax 5140 – 📺 ☎. 🖽 ◑
💳   Z
15. März - 22. Dez. – **M** a la carte 23/58 – **40 Z : 80 B** 85/170 - 110/250 Fb.

🏠 **Zum Rappen**, Vorm Würzburger Tor 6, ℰ 60 71, Telex 61319, Fax 6076 – 🛗 ☎ 🅿
– 🔬 25/300. 🖽 ◑ 🗲 💳   Y
7. Jan.- 9. Feb. geschl. – **M** (Montag geschl.) a la carte 27/60 – **73 Z : 125 B** 60/145
95/250.

🛎 **Goldener Greifen**, Obere Schmiedgasse 5, ℰ 22 81, 🏛 – ⇥ Rest 🅿. 🖽 🗲 💳   YZ
25. Aug.- 2. Sept. und 22. Dez.- Jan. geschl. – **M** (Sonntag - Montag geschl.) a la car
20/42 ⅑ – **22 Z : 36 B** 40/68 - 70/98.

✕ **Baumeisterhaus**, Obere Schmiedgasse 3, ℰ 34 04, Fax 86871, « Patrizierhof a.
16. Jh. » – 🖽 ◑ 🗲 💳   YZ
M a la carte 32/59.

In Windelsbach-Linden 8801 NO : 7 km über Schweinsdorfer Str. Y :

🛎 **Gasthof Linden - Gästehaus Keitel** ⍟, ℰ (09861) 43 34, 🏛, 🐎 – ⇐ 🅿. 🗲
Jan. 3 Wochen und Weihnachten geschl. – **M** (Montag geschl.) a la carte 16/36 ⅑ – **19 Z :**
36 B 35 - 70.

In Steinsfeld-Reichelshofen 8801 ① : 8 km :

🏠 **Landwehrbräu**, an der B 25, ℰ (09865) 8 33, Fax 716, 🏛 – 🛗 📺 ☎ ⅙ ⇐ 🅿 – 🔬 3
🕸 Zim
22. Dez.- Jan. geschl. – **M** (Samstag bis 17 Uhr geschl.) a la carte 28/55 – **30 Z : 65 B** 60/%
- 103/120 Fb.

ROTHENFELDE, BAD 4502. Niedersachsen 987 ⑭, 412 H 10 – 6 500 Ew – Höhe 112 m – Heilbad – ✆ 05424.

🛈 Kur- und Verkehrsverein, Salinenstr. 2, 𝒫 18 75.

Hannover 135 – Bielefeld 32 – Münster (Westfalen) 45 – ◆Osnabrück 25.

🏔🏔 **Residenz und Kurhaus**, Parkstr. 1, 𝒫 64 30, Fax 64130, 🌤, 🚬, 🔲 – 📶 📺 🅿 – 🔒 25/120. 🖭 ⑩ 𝐄 𝒱𝒮𝒜
M *(auch vegetarische Gerichte)* a la carte 28/65 – **64 Z : 114 B** 92 - 148/176 Fb – ½ P 99/117.

🏠 **Zur Post**, Frankfurter Str. 2, 𝒫 10 66, Fax 69540, « Restaurant Alte Küche », 🚬, 🔲, 🛋 – 📶 📺 ☎ 🅿 – 🔒 40. 🖭 ⑩ 𝐄 𝒱𝒮𝒜
M a la carte 26/67 – **44 Z : 64 B** 80/90 - 140/150 Fb – ½ P 85/105.

🏠 **Dreyer** garni, Salinenstr. 7, 𝒫 10 08 – 📺 ☎. 🛠
16 Z : 26 B 58 - 102 Fb.

🏠 **Drei Birken**, Birkenstr. 3, 𝒫 13 78, Bade- und Massageabteilung, 🚬, 🔲 – ☎ 🚗 🅿. 🖭 ⑩ 𝐄
3. Jan.- 24. Feb. geschl. – **M** *(Dienstag geschl.)* a la carte 26/58 – **25 Z : 45 B** 62/80 - 90/ 130 Fb.

🏠 **Parkhotel Gätje** ⑤, Parkstr. 10, 𝒫 10 88, 🌤, 🚬, 🛋 – 📶 ⤴ Rest 📺 ☎ 🅿. 🖭 ⑩ 𝐄 𝒱𝒮𝒜
M a la carte 27/64 – **35 Z : 54 B** 56/98 - 98/196 – ½ P 67/116.

In Bad Rothenfelde-Aschendorf :

🏠 **Kröger**, Versmolder Str. 26, 𝒫 47 88, « Gartenterrasse », 🚬, 🔲, 🛋 – 📺 ☎ 🅿. 🖭 ⑩. 🛠 Rest
M *(Dienstag geschl.)* a la carte 31/63 – **9 Z : 15 B** 45 - 80.

ROTT Rheinland-Pfalz siehe Flammersfeld.

ROTT AM INN 8093. Bayern 413 T 23, 987 ㊲, 426 I 5 – 2 900 Ew – Höhe 481 m – ✆ 08039.

München 55 – Landshut 73 – Rosenheim 16.

🏨 **Zur Post**, Marktplatz 5, 𝒫 12 25, Biergarten – 🅿. 🛠 Zim
← Aug.- Sept. 3 Wochen geschl. – **M** *(Montag geschl.)* a la carte 16/28 – **16 Z : 26 B** 28 - 55.

ROTTACH-EGERN 8183. Bayern 413 S 23, 987 ㊲, 426 H 5 – 6 500 Ew – Höhe 731 m – Heilklimatischer Kurort – Wintersport : 740/1 700 m ⚟1 ⚞6 ⚟2 – ✆ 08022 (Tegernsee).

🛈 Kuramt, Nördliche Hauptstr. 9 (Rathaus), 𝒫 67 13 41, Telex 526153, Fax 671329.

München 56 – Miesbach 21 – Bad Tölz 22.

🏔🏔🏔 **Bachmair am See** ⑤, Seestr. 47, 𝒫 27 20, Telex 526920, Fax 272790, ≤, « Park », Bade- und Massageabteilung, ♨, 🚬, 🔲 (geheizt), 🔲, 🛋, 🎾, Sport-Center – 📶 📺 🏕🏕 🚗 🅿 – 🔒 25/160. 🖭 ⑩. 🛠
M 38/Buffet (mittags) und a la carte 58/86 – **282 Z : 461 B** (½ P) 180/280 - 280/440 Fb – 67 Appart. 440/2000.

🏨🏨 **Seehotel Überfahrt** ⑤, Überfahrtstr. 7, 𝒫 66 90, Telex 526935, Fax 65835, « Terrasse mit ≤ », Massage, 🚬, 🔲, 🛋 – 📶 📺 🚗 🅿 – 🔒 25/150. 🖭 ⑩ 𝐄 𝒱𝒮𝒜. 🛠
M a la carte 52/81 – **115 Z : 210 B** 160/220 - 260/280 Fb – 12 Appart. 340/360.

🏔🏔 **Walter's Hof im Malerwinkel** ⑤, Seestr. 77, 𝒫 27 70, Fax 27754, ≤, 🌤, 🚬, 🔲 – 📶 📺 🚗 🅿. 🖭 ⑩ 𝐄 𝒱𝒮𝒜
M a la carte 63/85 – **36 Z : 59 B** 140/280 - 220/400 Fb – 3 Appart. 480/600.

🏠 **Gästehaus Maier zum Kirschner** garni, Seestr. 23, 𝒫 6 71 10, 🚬, 🛋 – 📶 📺 ☎ 🅿
30 Z : 50 B 80/90 - 130/185 – 11 Fewo 170/210.

🏠 **Gästehaus Haltmair** garni, Seestr. 35, 𝒫 27 50, Fax 27564, ≤, 🛋 – 📶 📺 ☎ 🅿. 🛠
30 Z : 55 B 75/100 - 130/180 Fb – 9 Fewo 110/200.

🏠 **Franzen-Restaurant Pfeffermühle**, Karl-Theodor-Str. 2a, 𝒫 60 87, Fax 5619, 🌤 – ☎ 🚗 🅿 𝐄
M *(Nov.- Dez. Mittwoch - Donnerstag geschl.)* a la carte 40/65 – **14 Z : 28 B** 95/150 - 140/300.

🏠 **Reuther** ⑤ garni, Salitererweg 6, 𝒫 2 40 24, 🛋 – 📺 ☎ 🅿. 🖭 ⑩ 𝐄. 🛠
26 Z : 42 B 54/70 - 100/130.

🏠 **Zur Post** garni, Nördliche Hauptstr. 17, 𝒫 2 60 85, Fax 5455, Biergarten – ☎ 🅿
45 Z : 72 B Fb.

🏠 **Seerose** ⑤ garni, Stielerstr. 13, 𝒫 20 21, 🛋 – 📶 ☎ 🅿
Nov.- 20. Dez. geschl. – **19 Z : 38 B** 73 - 109/119.

🏠 **Gästehaus Pfatischer** garni, Ludwig-Thoma-Str. 63, 𝒫 2 60 53, 🚬, 🔲, 🛋 – ☎ 🅿
18 Z : 32 B.

🏠 **Café Sonnenhof** ⑤ garni, Sonnenmoosstr. 20, 𝒫 58 12, ≤, « Garten » – ☎ 🚗 🅿
Nov.- 20. Dez. geschl. – **14 Z : 24 B** 52/60 - 85/108.

XXX **Oberland**, Südl. Hauptstr. 2 (1. Etage), 𝒫 2 47 64 – 🖭 𝐄
wochentags nur Abendessen, im Bistro auch Mittagessen, Donnerstag und Nov. 3 Wochen geschl. – **M** a la carte 61/91 – **Bistro M** a la carte 38/56.

ROTTACH-EGERN

In Rottach-Berg O : 1,5 km Richtung Sutten :

🏠 **Café Angermaier** 🐾 (ehemaliges Forst- und Bauernhaus), Berg 1, ℰ 2 60 19, ≤, ✿, 🐎 -
📺 ☎ 🅿
20 Z : 33 B Fb.

An der Talstation der Wallbergbahn S : 3 km :

✕ **Alpenwildpark**, Am Höhenrain 1, ⊠ 8183 Rottach-Egern, ℰ (08022) 58 32, « Terrasse m
← ≪ ≫ – 🅿
Mittwoch - Donnerstag, 8.- 26. April und 28. Okt.- 6. Dez. geschl. – **M** a la carte 21/45.

Weißach siehe unter : *Kreuth*

▰▰**ROTTENBUCH**▰▰ 8121. Bayern 🔢 PQ 23, 🔢 EF 5 – 1 700 Ew – Höhe 763 m – Erholungso
– 🔵 08867.
Sehenswert : Mariä-Geburts-Kirche★.
Ausflugsziel : Wies (Kirche★★) SW : 12 km.
🅱 Verkehrsverein im Rathaus, Klosterhof 36, ℰ 14 64, Fax 1858.
♦München 96 – Füssen 30 – Landsberg am Lech 40.

🏠 **Café am Tor** garni, Klosterhof 1, ℰ 2 55 – 🅿
12 Z : 20 B.

In Rottenbuch-Moos NW : 2 km :

🏠 **Moosbeck-Alm** 🐾, Moos 38, ℰ 13 47, « Gartenterrasse », ⚓ (geheizt), 🐎, ✕ – 📺
← ⇐ 🅿
15.- 31. Jan. geschl. – **M** *(Nov.- April Dienstag geschl.)* a la carte 21/42 🍴 – **17 Z : 34**
50/65 - 90/95 Fb – ½ P 66/86.

☛ *Benutzen Sie für weite Fahrten in Europa die Michelin-Länderkarten :*
970 *Europa,* **980** *Griechenland,* **984** *Deutschland,* **985** *Skandinavien-Finnland,*
986 *Großbritannien-Irland,* **987** *Deutschland-Österreich-Benelux,* **988** *Italien,*
989 *Frankreich,* **990** *Spanien-Portugal,* **991** *Jugoslawien.*

▰▰**ROTTENBURG AM NECKAR**▰▰ 7407. Baden-Württemberg 🔢 J 21, 🔢 ㉟ – 35 000 Ew – Höh
349 m – 🔵 07472.
🅱 Verkehrsamt, Marktplatz 18 (Rathaus), ℰ 16 52 74.
♦Stuttgart 52 – Freudenstadt 47 – Reutlingen 26 – Villingen-Schwenningen 76.

🏨 **Martinshof**, Eugen-Bolz-Platz 5, ℰ 2 10 21, Fax 24691 – 🛗 📺 ☎ 🅿 – 🔏 25/90. ⓞ
🏧 VISA
Juli - Aug. 4 Wochen geschl. – **M** a la carte 24/57 – **34 Z : 48 B** 70/90 - 110/130 Fb.
🏠 **Württemberger Hof**, Tübinger Str. 14, ℰ 66 60 – 🅿
M *(Sonntag 15 Uhr - Montag geschl.)* a la carte 31/50 – **17 Z : 26 B** 40/50 - 70/110.

Schloß Weitenburg siehe unter : *Starzach*

▰▰**ROTTENDORF**▰▰ Bayern siehe Würzburg.

▰▰**ROTTWEIL**▰▰ 7210. Baden-Württemberg 🔢 IJ 22, 🔢 ㉟ – 23 400 Ew – Höhe 600 m – 🔵 0741
Sehenswert : Heiligkreuzmünster (Altäre★) – Kapellenkirche (Turm★) – Hauptstraße ≤★
Lorenzkapelle (Plastiken-Sammlung★).
🅱 Städt. Verkehrsbüro, Rathaus, Rathausgasse, ℰ 49 42 80.
♦Stuttgart 98 – Donaueschingen 33 – Offenburg 83 – Tübingen 59.

🏨 **Johanniterbad** 🐾, Johannsergasse 12, ℰ 60 83, Telex 762705, Fax 41273 – 🛗 ☎ 🅿
🔏 25/50. 🏧 ⓞ 🇪 VISA
2.- 13. Jan. geschl. – **M** *(Sonntag ab 15 Uhr und 15.- 28. Juli geschl.)* 27/70 – **27 Z : 43**
65/115 - 118/160 Fb.
🏨 **Lamm**, Hauptstr. 45, ℰ 4 50 15, Fax 44273 – 🛗 📺 ☎ ⇐. 🏧 🇪 VISA
M *(Montag geschl.)* a la carte 33/69 – **11 Z : 19 B** 68/105 - 100/130.
🏨 **Romantik-Hotel Haus zum Sternen** (Haus a.d. 14. Jh.), Hauptstr. 60, ℰ 70 0
Telex 762816, Fax 23950, « Stilvolle Einrichtung » – 📺 ☎ ⇐
M *(Dienstag und Juli - Aug. 3 Wochen geschl.)* a la carte 34/63 – **13 Z : 21 B** 85/125
165/220.
🏠 **Bären**, Hochmaurenstr. 1, ℰ 2 20 46, ⇐ – 🛗 📺 ☎ ⇐ 🅿
23. Dez.- 13. Jan. geschl. – **M** *(Samstag geschl.)* a la carte 25/53 – **31 Z : 56 B** 50/90
85/145 Fb.
🏠 **Park-Hotel**, Königstr. 21, ℰ 60 64, Fax 8695 – 📺 ☎. 🇪 VISA
27. Dez.- 6. Jan. geschl. – **M** *(Samstag sowie Sonn- und Feiertage geschl.)* a la carte 33/
– **15 Z : 27 B** 80/100 - 126/146.

712

XX **Villa Duttenhofer - Restaurant L'Etoile**, Königstr. 1, ℘ 4 31 05, Fax 41595, 🏤 – 🅿.
   🖭 ⓞ E 🥅
   Donnerstag geschl. – **M** 28 (mittags) und a la carte 45/85.
X Paradies mit Zim, **Waldtorstr. 15 (1. Etage)**, ℘ 73 21
   8 Z : 15 B.

RUDERSBERG 7062. Baden-Württemberg 🗝🔢 L 20 – 9 600 Ew – Höhe 278 m – 🕲 07183.
Stuttgart 36 – Heilbronn 47 – Göppingen 37.

   In Rudersberg-Schlechtbach S : 1 km :
🏠 Sonne, Heilbronner Str. 70, ℘ 61 88 – 📺 🅿
   36 Z : 46 B.

RUDOLPHSTEIN Bayern siehe Berg.

RÜCKERSDORF 8501. Bayern 🗝🔢 Q 18 – 4 000 Ew – Höhe 326 m – 🕲 0911 (Nürnberg).
München 174 – Bayreuth 65 – ♦Nürnberg 14.
🏠 **Wilder Mann**, Hauptstr. 37 (B 14), ℘ 57 01 11, Fax 570116, 🏤 – 🕼 📺 ☎ ⇌ 🅿 –
   🔬 25/45. 🖭 ⓞ E 🥅
   24. Dez.- 6. Jan. geschl. – **M** a la carte 25/57 – **51 Z : 83 B** 81/95 - 126/145 Fb.

RÜCKHOLZ Bayern siehe Seeg.

RÜDESHEIM AM RHEIN 6220. Hessen 🗝🔢 ㉓, 🗝🔢 G 17 – 10 500 Ew – Höhe 85 m – 🕲 06722.
Ausflugsziel : Niederwald-Denkmal ≼*, NW : 3 km.
🛈 Städt. Verkehrsamt, Rheinstr. 16, ℘ 29 62, Telex 42171.
Wiesbaden 31 – ♦Koblenz 65 – Mainz 34.
🏠 **Traube-Aumüller**, Rheinstr. 6, ℘ 30 38, Telex 42144, Fax 1573, 🏤 – 🕼 ☎ – 🔬 35. 🖭
   ⓞ E 🥅
   Mitte März - Mitte Nov. – **M** a la carte 30/64 – **115 Z : 220 B** 80/150 - 120/220 – 3 Appart.
   300.
🏠 **Central-Hotel**, Kirchstr. 6, ℘ 30 36, Telex 42110, Fax 2807 – 🕼 ☎ ⇌ 🅿. 🖭 E 🥅
   März - Nov. – **M** a la carte 27/66 – **56 Z : 100 B** 89/129 - 148/192.
🏠 **Felsenkeller**, Oberstr. 39, ℘ 20 94, Telex 42156, Fax 47202 – 🕼 ☎ 🅿. 🖭 E 🥅. 🛇 Zim
   Ostern-Okt. – **M** (wochentags nur Abendessen) a la carte 24/60 – **60 Z : 113 B** 85/140 -
   130/160.
🏠 **Gasthof Trapp**, Kirchstr. 7, ℘ 10 41, Telex 42160, Fax 47745 – 🕼 ☎ 🅿. 🖭 ⓞ E 🥅
   Mitte März - Mitte Nov. – **M** (nur Abendessen) a la carte 27/60 🖁 – **32 Z : 60 B** 85/160 -
   130/190.
🏠 **Rüdesheimer Hof**, Geisenheimer Str. 1, ℘ 20 11, Telex 42148, Fax 48194, 🏤 – 🕼 ☎ 🅿.
   🖭 E 🥅
   Mitte Feb.- Mitte Nov. – **M** a la carte 22/55 🖁 – **42 Z : 83 B** 70/85 - 110/150 Fb.
🏠 **Zum Bären**, Schmidtstr. 24, ℘ 10 91, Telex 42100, Fax 1094, 🖚 – ☎. 🖭 ⓞ E 🥅
◆ **M** (Nov.- April Dienstag geschl.) a la carte 18/48 🖁 – **26 Z : 46 B** 75/100 - 100/160 Fb.
🏠 Rheinstein, Rheinstr. 20, ℘ 20 04, Telex 42130, ≼, 🏤 – 🕼 ☎
   nur Saison – **43 Z : 80 B**.
🏠 **Haus Dries** garni, Kaiserstr. 1, ℘ 24 20, Telex 420009, Fax 2663, 🖚, 🔲 – 🅿. 🖭 E 🥅
   🛇
   April - Okt. – **48 Z : 96 B** 70/75 - 100/105.

   Außerhalb NW : 5 km über die Straße zum Niederwald-Denkmal :
🏠 **Jagdschloß Niederwald** 🛇, ✉ 6220 Rüdesheim, ℘ (06722) 10 04, Telex 42152, Fax
   47970, « Gartenterrasse », 🖚, 🔲, 🎠, 🛇 – 🕼 📺 ☎ ⇌ 🅿 – 🔬 25/60. ⓞ E 🥅
   🛇 Rest
   Jan.- 15. Feb. geschl. – **M** a la carte 48/85 – **52 Z : 92 B** 135/195 - 198/340 Fb.

   In Rüdesheim 2-Assmannshausen NW : 5 km :
🏠 **Krone Assmannshausen**, Rheinuferstr. 10, ℘ 40 30, Fax 3049, ≼, « Historisches Hotel
   a.d. 16. Jh., Laubenterrasse », 🔲 (geheizt), 🏤 – 🕼 📺 ⇌ 🅿 – 🔬 40. ⓞ E 🥅
   Jan.- Feb. geschl. – **M** a la carte 58/100 – **55 Z : 100 B** 160/295 - 230/360 – 8 Appart..
🏠 **Unter den Linden**, Rheinallee 1, ℘ 22 88, Fax 47201, ≼, « Laubenterrasse » – 📺 ⇌
   🅿. E
   April - Mitte Nov. – **M** a la carte 28/69 – **28 Z : 53 B** 60/85 - 120/160.
🏠 **Anker**, Rheinuferstr. 7, ℘ 29 12, Telex 42179, Fax 48130, ≼, 🏤 – 🕼 🅿. 🖭 ⓞ E 🥅
   März - Okt. – **M** a la carte 26/58 🖁 – **52 Z : 97 B** 75/128 - 108/158 – 3 Appart. 178.
🏠 **Alte Bauernschänke - Nassauer Hof**, Niederwaldstr. 23, ℘ 23 13, Telex 42178, Fax
   47912, 🏤 – 🕼. 🖭 E
   Mitte März - Mitte Nov. – **M** a la carte 27/56 – **56 Z : 100 B** 80/85- 120/150.

🏠 **Lamm**, Rheinuferstr. 6, ℘ 20 55, Fax 4325, ≤, 🌇 — 🛗 📺 ☎ 🖭 *VISA*
März - Nov. — **M** a la carte 24/54 🍷 — **34 Z : 65 B** 70/130 - 110/160.

🏠 **Schön**, Rheinuferstr. 3, ℘ 22 25, ≤, 🌇 — ☎ 🅿 🖭 *VISA*
Mitte März - Okt. — **M** a la carte 34/65 — **25 Z : 50 B** 75/90 - 110/160.

🏠 **Ewige Lampe und Haus Resi**, Niederwaldstr. 14, ℘ 24 17
7. Jan.- 7. Feb. geschl. — **M** *(Dienstag geschl.)* a la carte 22/44 🍷 — **24 Z : 44 B** 45/75 90/120.

🏠 **Zwei Mohren**, Rheinuferstr. 1, ℘ 26 73, Fax 4585, ≤, 🌇 — 🛗 🖘 🖭 ⑩ 🖭 *VISA*
Mitte März - Mitte Nov. — **M** a la carte 27/53 🍷 — **30 Z : 50 B** 60/120 - 95/140.

🏠 Rheinstein, Niederwaldstr. 12, ℘ 22 97
(Restaurant nur für Hausgäste) — **27 Z : 52 B**.

🏠 **Café Post**, Rheinuferstr. 2, ℘ 23 26, Fax 48249, ≤, 🌇 — 🖭 ⑩ 🖭 *VISA*
März - Nov. — **M** a la carte 28/60 — **14 Z : 28 B** 60/100 - 80/160.

✕ **Altes Haus** (mit Zim. und Gästehaus), Lorcher Str. 8, ℘ 20 51, Fax 2053, « Fachwerkhaus a.d.J. 1578 » — ☎ 🖘 🖭 *VISA* 🌤 Zim
3. Jan.- 22. März geschl. — **M** *(Dienstag - Donnerstag nur Abendessen, Nov.- April Dienstag - Mittwoch geschl.)* a la carte 24/52 🍷 — **26 Z : 48 B** 55/75 - 90/140.

In Rüdesheim-Presberg N : 13 km :

🏠 **Haus Grolochblick** 🌬, Schulstr. 8, ℘ (06726) 7 38, ≤, 🐎 — 🅿
Mitte Dez.- Mitte Feb. geschl. — (Restaurant nur für Hausgäste) — **20 Z : 38 B** 35 - 68.

RÜGEN (INSEL) Mecklenburg-Vorpommern 📧📧📧 ③. 📧📧📧 ⑦ — Seebad.

Sehenswert : Sassnitz Stubbenkammer★★ — Göhren★.

ab Saßnitz : ◆Berlin - Ost 290 — Greifswald 83 — Stralsund 51.

Binz 2337 — 2 000 Ew — Höhe 5 m — ✪ 0037 8278.

🏠 **Kurhaus Binz**, Strandpromenade 27, ℘ 51 31, 🌇 — 📺 🅿
↝ **M** *(Montag geschl.)* a la carte 15/35 — **40 Z : 80 B** 55/110 - 90/120.

Göhren 2345 — 2 500 Ew — Höhe 30 m — ✪ 0037 82798.

🏠🏠 **Nordperd** 🌬, Nordperdstraße, ℘ 70, Telex 31584, ≤, 🌇, Massage, 🏋 — 🛗 📺 ☎ 🅿 🖭
↝ ⑩ 🖭 *VISA*. 🌤
M 8/10 (mittags) und a la carte 19,50/36 — **53 Z : 107 B** 110/120 - 140/150 Fb — 3 Appart. 240.

Saßnitz 2355 — 16 000 Ew — Höhe 25 m — ✪ 0037 8277.

🚢 Fährlinie Saßnitz-Trelleborg, ℘ 6 70 — 🅗 Reisebüro, Karl-Marx-Str. 6, ℘ 2 23 82.

🏠🏠 **Mitropa-Rügen-Hotel**, Seestr. 1, ℘ 3 20 90, Telex 31530, ≤, 🌇, ≘s, 🔄, 🐎 — 🛗 📺 ☎
↝ — 🛎 25/120. 🖭 ⑩ 🖭 *VISA*. 🌤 Rest
M a la carte 13,50/33 — **118 Z : 277 B** 90 - 100/120 Fb — 4 Appart. 180.

✕ **Gastmahl des Meeres** (Fischrestaurant), Strandpromenade 2, ℘ 2 23 20 — 🖘. 🌤
↝ **M** a la carte 13,50/24.

Sellin 2356 — 2 000 Ew — Höhe 20 m — ✪ 0037 82793.

🏠🏠 **Cliff-Hotel Rügen** 🌬, Siedlung am Wald, ℘ 80, Telex 31555, 🌇, Massage, 🏋, ≘s, 🔄
🖘, 🐎, 🌤 (Halle) — 🛗 📺 🛁 🅿 — 🛎 25/100. 🌤 Rest
M a la carte 30/48 — **168 Z : 336 B** 120/170 - 150/170 Fb — 102 Appart. 195/300.

🏠 **Frieden**, Wilhelm-Pieck-Str. 25, ℘ 3 74, 🌇 — 🌤
↝ *Jan. geschl.* — **M** a la carte 14/25 — **70 Z : 130 B** 33/45 - 55/77 Fb.

RÜLZHEIM 6729. Rheinland-Pfalz 📧📧📧 📧📧📧 H 19 — 6 100 Ew — Höhe 112 m — ✪ 07272.

Mainz 117 — ◆Karlsruhe 27 — Landau in der Pfalz 16 — Speyer 25.

🏠 **Südpfalz** garni, Schubertring 48, ℘ 80 61, Fax 1044 — ☎ 🅿 🖭 ⑩ 🖭 *VISA*
20. Dez.- 3. Jan. geschl. — **23 Z : 46 B** 60/65 - 85/90 Fb.

Besonders angenehme Hotels oder Restaurants
sind im Führer rot gekennzeichnet.

Sie können uns helfen, wenn Sie uns die Häuser angeben,
in denen Sie sich besonders wohl gefühlt haben.

Jährlich erscheint eine komplett überarbeitete Ausgabe
aller Roten Michelin-Führer.

🏨🏨🏨 ... 🏠

✕✕✕✕✕ ... ✕

RÜSSELSHEIM 6090. Hessen **987** ㉔ ㉕, **412** **413** I 17 − 63 000 Ew − Höhe 88 m − ✆ 06142.

▮ Verkehrsamt im Rathaus, Marktplatz, ✆ 60 02 13.

DAC, Marktplatz 8, ✆ 6 30 27, Telex 4182850.

Wiesbaden 19 − ◆Darmstadt 27 − ◆Frankfurt am Main 24 − Mainz 12.

🏨 **Dorint-Hotel**, Eisenstr. 54 (Gewerbegebiet Im Hasengrund), ✆ 60 70, Telex 4182842, Fax 607510, ≦s − ▐§▐ ✦⊃ Zim 🅣 ዼ ❷ − 🍴 25/120. 🆎 ⓞ 🅴 𝘝𝘐𝘚𝘈
M a la carte 53/79 − **126 Z : 202 B** 180/290 - 230/320 Fb.

🏨 City-Hotel, Marktstr. 2, ✆ 6 50 51, Telex 4182187, ≦s − ▐§▐ 🅣 ☎ − **84 Z : 150 B** Fb.

In Raunheim 6096 NO : 4 km :

🏠 **City Hotel** garni, Ringstr. 107 (Stadtzentrum), ✆ (06142) 4 40 66, Telex 4182814, Fax 21138 − 🅣 ☎ ❷. 🆎 ⓞ 🅴 𝘝𝘚𝘈
27 Z : 47 B 110/145 - 125/185 Fb.

RÜTHEN Nordrhein-Westfalen siehe Warstein.

RUHPOLDING 8222. Bayern **413** U 23, **987** ㊲ ㊳, **426** ⑱ − 6 400 Ew − Höhe 660 m − Luftkurort - Wintersport : 740/1 636 m ☇1 ☇20 ☇4 − ✆ 08663.

▮ Kurverwaltung, Hauptstr. 60, ✆ 12 68.

München 115 − Bad Reichenhall 23 − Salzburg 43 − Traunstein 14.

🏨 **Steinbach-Hotel**, Maiergschwendter Str. 10, ✆ 16 44, Fax 370, 🌤, Massage, ≦s, 🏊 − 🅣 🖙 ❷ − 🍴 40. 🆎 🅴
Ende Okt.- Mitte Dez. geschl. − **M** a la carte 30/60 − **84 Z : 144 B** 70/130 - 140/240 Fb.

🏨 **Zur Post**, Hauptstr. 35, ✆ 54 30, Fax 1483, 🌤, Massage, ≦s, 🏊, 🖈 − ▐§▐ 🅣 🖙 ❷. ⌁
M *(Mittwoch geschl.)* a la carte 25/52 − **60 Z : 100 B** 75/100 - 110/150.

🏨 **Sporthotel am Westernberg** 🞹, Am Wundergraben 4, ✆ 16 74, Fax 638, ≤, Massage, ≦s, 🏊, 🖈, ⌁, 🐎(Halle) − 🅣 ☎ ❷. ⓞ 🅴 𝘝𝘚𝘈. ⌁ Rest
6. Nov.- 15. Dez. geschl. − **M** *(nur Abendessen, Mittwoch geschl.)* a la carte 33/65 − **36 Z : 60 B** 69/140 - 120/210 Fb − 10 Appart. 260/300.

🏨 **Ruhpoldinger Hof**, Hauptstr. 30, ✆ 12 12, 🌤, Biergarten, 🏊 − ▐§▐ ☎ ❷. 🆎 ⓞ 🅴 𝘝𝘚𝘈
M *(Dienstag geschl.)* a la carte 23/60 − **45 Z : 70 B** 45/110 - 80/195 Fb.

🏨 **Haus Flora** garni, Zellerstr. 13, ✆ 59 54, ≦s, 🏊, 🖈 − 🖙 ❷
10. Nov.- 15. Dez. geschl. − **28 Z : 46 B** 70/80 - 120/150 Fb.

🏠 **Almhof** garni, Maiergschwendter Str. 5, ✆ 14 52, 🖈 − ❷. ⌁
Nov.- 20. Dez. geschl. − **20 Z : 34 B** 50/105 - 90/105.

🏠 **Alpina** 🞹, Niederfeldstr. 11, ✆ 99 05, ≦s, 🖈 − 🅣 ☎ ❷
Nov.- 15. Dez. geschl. − (nur Abendessen für Hausgäste) − **15 Z : 34 B** 70/85 - 125/130 Fb.

🏠 **Haus Hahn** 🞹, Niederfeldstr. 16, ✆ 93 90, ≦s, 🖈 − ❷ 🖙 ❷
10. Nov.- 10. Dez. geschl. − (nur Abendessen für Hausgäste) − **14 Z : 30 B** 75 - 120 Fb.

🏠 **Diana**, Kurhausstr. 1, ✆ 97 05 − ☎ ❷
Nov.-15. Dez. geschl. − **M** a la carte 25/55 ⅃ − **26 Z : 48 B** 55/70 - 98/120 − ½ P 68/89.

🏠 **Zum Fuchs**, Brandstätter Str. 38a, ✆ 3 47, Fax 692, 🌤 − ❷ − **16 Z : 35 B** Fb.

🏠 **Maiergschwendt** 🞹, Maiergschwendt 1 (SW : 1,5 km), ✆ 90 33, ≤, 🌤, ≦s, 🖈 − 🅣 ☎ 🖙 ❷
15. Nov.- 15. Dez. geschl. − **M** a la carte 25/45 − **27 Z : 50 B** 70/80 - 140/160 Fb.

🏠 **Sonnenbichl**, Brandstätter Str. 48, ✆ 12 35, ≦s − 🅣 ☎ ❷
13.- 27. April und 26. Okt.- 15. Dez. geschl. − **M** *(Montag geschl.)* a la carte 22/47 ⅃ − **16 Z : 29 B** 47/85 - 90/116 Fb.

🏠 **Vier Jahreszeiten** garni, Brandstätter Str. 41, ✆ 17 49, ≤, 🖈 − 🖙 ❷
15 Z : 25 B 36/60 - 60/74.

🞕 Fischerwirt 🞹, Rauschbergstr. 1 (Zell, SO : 2 km), ✆ 17 05, ≤, 🌤, 🖈 − 🅣 🖙 ❷
20 Z : 33 B.

🞩 **Berggasthof Weingarten** 🞹 mit Zim, Weingarten 1 (SW : 3 km), ✆ 92 19, ≤ Ruhpolding und Trauntal, 🌤 − ❷
April und Nov.- 22. Dez. geschl. − **M** *(Montag geschl.)* a la carte 20/36 − **6 Z : 12 B** 35/40 - 60/70.

RUHRGEBIET Nordrhein-Westfalen **987** ⑬⑭.

Hotels und Restaurants siehe unter den nachfolgend aufgeführten Städten :

Voir ressources hotelières aux localités suivantes :

For hotels and restaurants see towns indicated below :

Vedere alberghi e ristoranti al testo delle località seguenti :

Bochum - Bottrop - Castrop-Rauxel - Datteln - Dinslaken - Dorsten - Dortmund - Duisburg - Essen Gelsenkirchen - Gevelsberg - Gladbeck - Hagen - Hattingen - Heiligenhaus - Herdecke - Herne - Herten - Iserlohn - Kamen - Kamp-Lintfort - Krefeld - Lünen - Marl - Moers - Mülheim - Oberhausen Oer-Erkenschwick - Recklinghausen - Rheinberg - Schermbeck - Schwerte - Unna - Velbert - Voerde - Waltrop - Werne - Wesel - Witten.

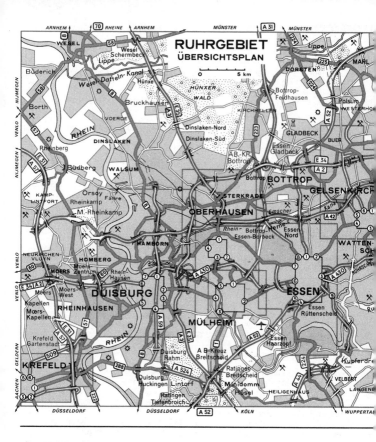

RUHSTORF 8399. Bayern **413** WX 21. **426** ⑦ − 6 200 Ew − Höhe 318 m − ✆ 08531.
♦München 155 − Passau 24 − Salzburg 118.

  🏠 **Antoniushof**, Ernst-Hatz-Str. 2, ✆ 30 44, Fax 31318, 余, « Garten », ≦s, ⌧, 🚗 − ⧖ ⬛
  ☎ ⟵⟶ Ⓟ ᴁᴱ ⓞ 🅴 𝓥𝓘𝓢𝓐
  M *(Montag bis 18 Uhr geschl.)* a la carte 29/60 − **29 Z : 48 B** 49/126 - 90/252 Fb.
  🏠 **Mathäser**, Hauptstr. 19, ✆ 30 74 − ⧖ ᴛᴠ ☎ ⟵⟶ Ⓟ − 🛏 30
  − **M** *(Freitag geschl.)* a la carte 20/37 🍷 − **30 Z : 55 B** 55/68 - 92/114 Fb.

RUHWINKEL Schleswig-Holstein siehe Bornhöved.

RUMBACH 6749. Rheinland-Pfalz **412** **413** G 19. **242** ⑳. **87** ② − 500 Ew − Höhe 230 m
✆ 06394 − Mainz 150 − Landau in der Pfalz 38 − Pirmasens 31 − Wissembourg 19.

  🏠 **Haus Waldeck** ⌂, Im Langenthal 75, ✆ 4 94, 余, 🚗 − ⟵⟶ Ⓟ 🅴 ⋇
  − **M** *(Montag - Freitag nur Abendessen)* a la carte 21/37 🍷 − **15 Z : 31 B** 35/50 - 64/68.

  In Nothweiler 6749 S : 3,5 km :

  🏠 **Landgasthaus Wegelnburg** (mit Pension Kraft ⌂), Hauptstr. 15, ✆ (06394) 2 84, 余 −
  − ⟶ Rest Ⓟ
  5.- 25. Jan. und 22. Nov.- 1. Dez. geschl. − **M** *(Montag 14 Uhr - Dienstag geschl.)* a la carte
  21/38 🍷 − **16 Z : 35 B** 40/50 - 70/80.

RUMMENOHL Nordrhein-Westfalen siehe Hagen.

RUNKEL Hessen. Sehenswürdigkeit siehe Limburg an der Lahn.

RURBERG Nordrhein-Westfalen siehe Simmerath.

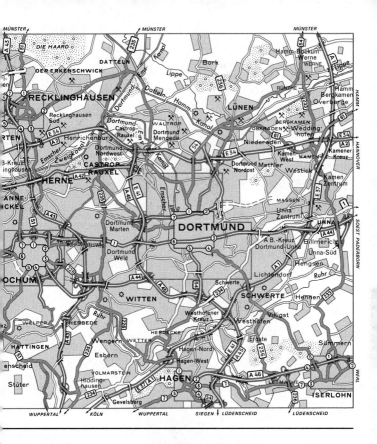

SAARBRÜCKEN 6600. L Saarland 987 ㉘, 412 E 19, 242 ⑦ − 200 000 Ew − Höhe 191 m − ✆ 0681.

✈ Saarbrücken-Ensheim (SO : 12 km, über Saarbrücker Straße X), ✆ (06893) 8 31.

🚂 ✆ 3 08 55 79.

Messegelände (X), ✆ 5 30 56.

Verkehrsverein und Städt. Verkehrsamt, Trierer Str. 2, (Info-Pavillon), ✆ 3 65 15.

Verkehrsverein, Rathaus, Rathausplatz, ✆ 3 00 14 04.

DAC, Am Staden 9, ✆ 68 70 00, Notruf ✆ 1 92 11.

Bonn 212 ⑦ − Luxembourg 93 ⑥ − ◆Mannheim 128 ③ − Metz 67 ⑤ − Strasbourg 124 ④ − ◆Wiesbaden 162 ③.

Stadtplan siehe nächste Seite.

🏨 **Bauer Hotel Rodenhof,** Kalmanstr. 47-51, ✆ 4 77 22, Telex 4421477, Fax 43785, �, Massage, ⇌, 🔲 − 🛗 📺 ⇌ − 🕍 25/150. 🖭 ⓞ 🇪 𝚅𝙸𝚂𝙰   X e
M a la carte 43/74 − **110 Z : 250 B** 159/189 - 199/229 Fb − 15 Appart. 359/459.

🏨 **Pullman Kongreß-Hotel,** Hafenstr. 8, ✆ 3 06 91, Telex 4428942, Fax 372266, ⇌, 🔲 − 🛗 ⇌ Zim 📺 ዾ ⇌ 🅿 − 🕍 25/75. 🖭 ⓞ 🇪 𝚅𝙸𝚂𝙰   AY x
M a la carte 38/79 − **150 Z : 300 B** 170/268 - 221/296 Fb − 5 Appart. 368/396.

🏨 **Am Triller** ⑤, Trillerweg 57, ✆ 58 00 00, Telex 4421123, Fax 58000303, ≼, ⇌, 🔲, ⊼ − 🛗 📺 ☎ ⇌ 🅿 − 🕍 25/130   AZ a
122 Z : 236 B Fb.

🏨 **Novotel,** Zinzinger Str. 9, ✆ 5 86 30, Telex 4428836, Fax 582242, 🌇, ⊼ (geheizt), ⊼ − 🛗 🟦 📺 ☎ ዾ 🅿 − 🕍 25/250. 🖭 🇪 𝚅𝙸𝚂𝙰   X v
M a la carte 38/62 − **99 Z : 198 B** 144 - 181 Fb.

🏨 **La Résidence** garni, Faktoreistr. 2, ✆ 3 30 30, Fax 35570, ⇌ − 🛗 📺 ☎ − 🕍 30. ⓞ 🇪 𝚅𝙸𝚂𝙰   AY x
74 Z : 132 B 99/180 - 180/260 Fb -(Hotelerweiterung um 60 Z ab Mai 1991).

717

SAARBRÜCKEN

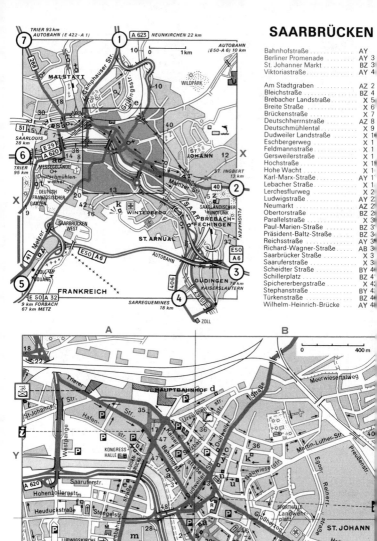

718

🏨 **Haus Kiwit** ⟨S⟩, Theodor-Heuss-Straße, ℰ 85 20 77, « Terrasse mit ≤ », ⟨≦⟩ – 📺 ☎ 🅿 – 🔬 30. 🖭 ⑩ 🖢 *VISA*　　　　　　　　　　　　　　X **k**
M *(Samstag geschl.)* a la carte 34/60 – **19 Z : 35 B** 75/140 - 125/180 Fb.

🏨 **Christine** garni, Gersweiler Str. 39, ℰ 5 50 81, Telex 4428736, Fax 55086, ⟨≦⟩, ⟨📞⟩ – 🄸 📺 ☎ ⟨⇔⟩ 🅿 – 🔬 25/70. 🖭 ⑩ 🖢 *VISA*　　　　　　　　　　X **a**
über Weihnachten geschl. – **70 Z : 98 B** 99/140 - 140/160 Fb – 4 Appart. 190.

🏨 **Bauer Hotel Windsor** garni, Hohenzollernstr. 41, ℰ 5 60 52, Telex 4421477, Fax 57105, ⟨≦⟩ – 🄸 📺 ☎ ⟨⇔⟩ 🅿 – 🔬 25/50. 🖭 ⑩ 🖢 *VISA*　　　　　　　　AY **f**
38 Z : 71 B 109/120 - 144/164 Fb.

🏨 **Park-Hotel**, Deutschmühlental 4, ℰ 58 10 33 (Hotel) 58 10 44 (Rest.), Fax 53060, 🌫 – 🄸 📺 ☎ 🅿 – 🔬 25/120. 🖭 ⑩ 🖢 *VISA*　　　　　　　　　　　　　X **t**
M *(Mittwoch geschl.)* 40/70 – **42 Z : 62 B** 77/107 - 102/142 Fb.

🏨 **City-Hotel** ⟨S⟩ garni, Richard-Wagner-Str. 67, ℰ 3 40 88 – 🄸 📺 ☎ ⟨⇔⟩ 🅿. 🖭 🖢 *VISA*
21. Dez.- 7. Jan. geschl. – **37 Z : 68 B** 80/110 - 110/145 Fb.　　　　　　BY **k**

🏨 **Meran** garni, Mainzer Str. 69, ℰ 6 53 81, Fax 61520, ⟨≦⟩, ⟨📞⟩ – 🄸 ☎　　　BZ **r**
51 Z : 66 B 65/90 - 117/120 Fb.

🏨 **Kirchberg-Hotel** garni, St. Josef-Str. 18, ℰ 4 77 83, ⟨≦⟩, ⟨📞⟩ – 🄸 ☎ ⟨⇔⟩. 🖭 ⑩ 🖢 *VISA*
21. Dez.- 2. Jan. geschl. – **34 Z : 49 B** 80/88 - 125/170 Fb.　　　　　　X **s**

🏨 **Römerhof**, Am Kieselhumes 4, ℰ 6 17 07, ⟨≦⟩, ⟨📞⟩ – ☎ 🅿　　　　　　X **r**
21. Dez.- 3. Jan. geschl. – (nur Abendessen für Hausgäste) – **25 Z : 40 B** 75/100 - 105/140.

🏨 **Stadt Hamburg** garni, Bahnhofstr. 71, ℰ 3 46 92 – 🄸 ☎. 🖭 ⑩ 🖢 *VISA*　　AY **a**
21. Dez.- 6. Jan. geschl. – **28 Z : 40 B** 50/83 - 95/110 Fb.

🏨 **Industrie-Hotel** garni, Dudweiler Str. 35, ℰ 3 96 52, Fax 3905373 – 🄸 📺 ☎. 🖭 ⑩ 🖢 *VISA*
22. Dez.- 3. Jan. geschl. – **46 Z : 70 B** 75/105 - 85/140 Fb.　　　　　　BY **y**

🏨 **Atlantic** garni, Ursulinenstr. 59, ℰ 3 10 18 – 🄸 ☎. 🖭 ⑩ 🖢 *VISA*　　　BY **d**
16 Z : 27 B 60/78 - 95/128.

🏨 **Kaiserhof**, Mainzer Str. 78, ℰ 6 64 26 – 🄸 ☎. 🖭 ⑩ 🖢 *VISA*　　　　　BZ **v**
(nur Abendessen für Hausgäste) – **23 Z : 42 B** 69/79 - 93/120.

XXX **La Touraine**, Am alten Hafen (Kongreßhalle, 1. Etage), ℰ 4 93 33 – 🅿. ⑩ 🖢 *VISA*　AY
Samstag bis 19 Uhr und Sonntag geschl. – **M** a la carte 45/70.

XXX **Kuntze's Handelshof**, Wilhelm-Heinrich-Str. 17, ℰ 5 69 20 – 🖭 ⑩ 🖢 *VISA*　　AZ **m**
Sonntag 15 Uhr - Montag und Juni - Juli 2 Wochen geschl. – **M** a la carte 60/80.

XXX **Légère**, Cecilienstr. 7, ℰ 3 59 00　　　　　　　　　　　　　　　　　BY **n**
Samstag bis 18 Uhr, Sonntag und Juli geschl. – **M** a la carte 63/84.

XX **Bitburger Residenz**, Dudweiler Str. 56 (1. Etage), ℰ 37 23 12 – 🅿. 🖭 ⑩ 🖢 *VISA*　BY **c**
Samstag bis 18 Uhr, Sonntag und Juni - Juli 2 Wochen geschl. – **M** a la carte 41/56 –
Brasserie M a la carte 26/46.

XX **Fröschengasse**, Fröschengasse 18, ℰ 37 17 15 – 🖭 ⑩ 🖢 *VISA*　　　　　BZ **a**
Samstag bis 18 Uhr sowie Sonn- und Feiertage geschl. – **M** a la carte 43/70.

XX **Ratskeller**, Kaltenbachstraße (im Rathaus), ℰ 3 47 80, Fax 3904968 – 🔬 25/120. ⑩ 🖢 *VISA*　　　　　　　　　　　　　　　　　　　　　　　　　　　BY **R**
Sonntag 15 Uhr - Montag geschl. – **M** *(auch vegetarische Gerichte)* a la carte 28/56.

XX **Rebstock**, St. Johanner Markt 43, ℰ 3 68 95 – 🖭 ⑩ *VISA*　　　　　　BZ **x**
Dienstag, 1.- 10. Jan. und Juni - Juli 3 Wochen geschl. – **M** a la carte 50/68.

XX **Ristorante Roma** (Italienische Küche), Klausener Str. 25, ℰ 4 54 70 – 🖭 ⑩ 🖢 *VISA*
Montag geschl. – **M** a la carte 46/56.　　　　　　　　　　　　　AY **t**

X **Horch**, Mainzer Str. 2, ℰ 3 44 15　　　　　　　　　　　　　　　　BZ **f**
Samstag und Juli geschl. – **M** a la carte 27/50.

X **Die Neue Brücke**, Cecilienstr. 12, ℰ 39 80 39 – ⑩ 🖢 *VISA*　　　　　　BY **u**
Montag 15 Uhr - Dienstag geschl. – **M** a la carte 36/60.

X **Bastei**, Saaruferstr. 16, ℰ 5 11 54　　　　　　　　　　　　　　　AY **e**

X **Yang Tsao** (China-Restaurant), Mainzer Str. 49a, ℰ 6 81 40 – 🖭 ⑩ 🖢 *VISA*　BZ **e**
M a la carte 30/59.

X **Gasthaus zum Stiefel** (Brauereigaststätte), Am Stiefel 2, ℰ 3 12 46, 🌫 – 🖭 ⑩ 🖢 *VISA*
M a la carte 28/53.　　　　　　　　　　　　　　　　　　　BZ **s**

X **Jörgs Bistro**, Breite Str. 47, ℰ 4 29 80 – 🖢　　　　　　　　　　　X **s**
Samstag bis 18 Uhr, Sonntag und Juni - Juli 4 Wochen geschl. – **M** a la carte 31/65 ⟨🍴⟩.

Auf dem Halberg SO : 4 km :

XXX **Schloß Halberg**, ⊠ 6600 Saarbrücken 3, ℰ (0681) 6 31 81 – 🖃 🅿 – 🔬 25/120. 🖭 ⑩ 🖢 *VISA*　　　　　　　　　　　　　　　　　　　　　　　　　X **z**
Sonntag geschl., an Feiertagen kein Abendessen – **M** a la carte 50/78.

In Saarbrücken-Altenkessel 6623 ⑥ : 8 km :

🏨 **Wahlster**, Gerhardstr. 12, ℰ (06898) 8 13 94 – 📺 ☎
M *(nur Abendessen, Sonn- und Feiertage geschl.)* a la carte 27/40 – **24 Z : 34 B** 49/56 - 80/90.

In Saarbrücken - Brebach-Fechingen 6604 SO : 8 km über Saarbrücker Str. X :

🏠 **Budapest**, Bliesransbacher Str. 74, ℰ (06893) 20 23, 🍴 – ☎ 🚗 🅿. **E**
M *(nur Abendessen)* a la carte 23/42 – **22 Z : 35 B** 60/70 - 90/100.

In Saarbrücken-Bübingen 6601 SO : 9 km über die B 51 X :

🏠 **Angelo**, Saargemünder Str. 28, ℰ (06805) 10 81 – 📺 ☎ 🅿. 🖭 ⑩ **E** 𝗩𝗜𝗦𝗔 ⋘
M *(Dienstag geschl.)* a la carte 33/60 – **12 Z : 24 B** 85 - 125.

In Saarbrücken - Dudweiler-Süd 6602 NO : 6,5 km über Meerwiesertalweg BY :

🏠🏠 Burkhart, Kantstr. 58, ℰ (06897) 70 17, Biergarten – 📺 ☎ 🅿
14 Z : 20 B.

In Kleinblittersdorf 6601 SO : 13 km über die B 51 X – ✆ 06805

🏠 **Zum Dom** garni, Elsässer Str. 51, ℰ 10 35 – 📺 ☎ 🅿. **E**
12 Z : 24 B 62/78 - 89/160.

𝕏 **Roter Hahn**, Saarbrücker Str. 20, ℰ 30 55 – 🛁 60. **E**
Montag 15 Uhr - Dienstag geschl. – **M** a la carte 30/54.

SAARBURG 5510. Rheinland-Pfalz 𝟵𝟴𝟳 ㉓, 𝟰𝟭𝟮 C 18, 𝟰𝟬𝟵 M 7 – 6 500 Ew – Höhe 148 m –
Erholungsort – ✆ 06581.

🛈 Verkehrsamt, Graf-Siegfried-Str. 32, ℰ 8 12 15.

Mainz 176 – ◆Saarbrücken 71 – Thionville 44 – ◆Trier 24.

🏠 **Zunftstube**, Am Markt 11, ℰ 36 96 – ☎. 🖭 ⑩ **E** 𝗩𝗜𝗦𝗔
Feb. 3 Wochen geschl. – **M** *(Donnerstag geschl.)* a la carte 22/46 ⅃ – **7 Z : 14 B** 44 - 72/76.

🏠 **Brizin - Restaurant Chez Claude** 🦐, Kruterberg 14 (S : 1 km), ℰ 21 33, ≤, 🏡 – 🅿.
🖭 ⑩ **E** 𝗩𝗜𝗦𝗔. ⋘ Rest
ab Rosenmontag 2 Wochen geschl. – **M** *(Dienstag geschl.)* 39/85 – **8 Z : 13 B** 30/40 - 60.

𝕏𝕏 **Burg-Restaurant**, Schloßberg 12 (in der Burg), ℰ 26 22, « Terrasse mit ≤ » – 🅿. 🖭 ⑩
E 𝗩𝗜𝗦𝗔
Montag und 2. Jan.- 21. Feb. geschl. – **M** a la carte 36/62.

𝕏𝕏 **Saarburger Hof** mit Zim, Graf-Siegfried-Str. 37, ℰ 23 58, Fax 2194, 🏡 – 📺 ☎. ⑩ **E**
𝗩𝗜𝗦𝗔
27. Dez.- 20. Jan. geschl. – **M** *(Montag geschl.)* a la carte 33/60 ⅃ – **6 Z : 12 B** 50 - 90/100.

In Trassem 5511 SW : 4,5 km :

🏠 **St. Erasmus**, Kirchstr. 6a, ℰ (06581) 26 84, 🏡 – 🅿 – 🛁 25. ⑩ **E**
➤ **M** *(Donnerstag geschl.)* a la carte 21/49 ⅃ – **23 Z : 46 B** 44 - 78/88.

Siehe auch : *Liste der Feriendörfer*

SAARLOUIS 6630. Saarland 𝟵𝟴𝟳 ㉓㉔, 𝟰𝟭𝟮 D 19, 𝟮𝟰𝟮 ⑥ – 39 000 Ew – Höhe 185 m – ✆ 06831

🏌 Wallerfangen - Gisingen (W : 10 km), ℰ (06837) 4 01.

🛈 Stadt-Info, Großer Markt, ℰ 44 32 63.

◆Saarbrücken 28 ② – Luxembourg 75 ⑤ – Metz 57 ④ – ◆Trier 70 ⑤.

Stadtplan siehe gegenüberliegende Seite.

🏠🏠 **Ratskeller** garni, Kleiner Markt 7, ℰ 20 90, Fax 48347 – 📺 ☎. 🖭 ⑩ **E** 𝗩𝗜𝗦𝗔   B c
29 Z : 50 B 69/104 - 124 Fb.

🏠🏠 **City-Hotel Posthof**, Postgäßchen 5 (Passage), ℰ 20 40, Fax 2983 – 🛗 📺 ☎. 🖭 ⑩ **E**
𝗩𝗜𝗦𝗔. ⋘   B
M *(Samstag bis 18 Uhr und 1.- 18. Jan. geschl.)* a la carte 27/52 – **43 Z : 53 B** 85/140
140/190 Fb.

𝕏𝕏 **Peter Zaunmüller**, Postgäßchen 6, ℰ 4 03 40, 🏡 – **E** 𝗩𝗜𝗦𝗔. ⋘   B
Montag ab 14 Uhr, Sonn- und Feiertage sowie über Fasching geschl. – **M** a la carte 60/80.

𝕏𝕏 **Restaurant Müller - Via Veneto**, In den Kasematten, ℰ 4 25 74, 🏡 – 🖭 ⑩ **E** 𝗩𝗜𝗦𝗔. ⋘
Donnerstag bis 18 Uhr und Montag geschl. – **M** a la carte 38/60.   B

𝕏𝕏 **Marché vital**, Französische Str. 7 (Untergeschoß), ℰ 28 27, Fax 84758 – 🖭 ⑩ **E** 𝗩𝗜𝗦𝗔
➤ Sonn- und Feiertage geschl. – **M** a la carte 23/52.   B

In Saarlouis 5 - Beaumarais W : 3 km über Wallerfanger Straße A :

🏠🏠 **Altes Pfarrhaus Beaumarais - Engels Restaurant** (ehem. Sommer-Residenz a.d.
1762), Hauptstr. 2, ℰ 63 83 (Hotel) 6 08 48 (Rest.), Fax 62898, 🏡, « Gemälde-Ausstellung
und Antiquitäten » – 📺 🛁 🅿 – 🛁 60. 🖭 ⑩ **E** 𝗩𝗜𝗦𝗔
M *(Samstag bis 19 Uhr und Sonntag geschl.)* a la carte 60/93 – **35 Z : 65 B** 100/170
160/220.

In Saarlouis 3-Fraulautern :

🏠 **Hennrich**, Rodener Str. 56, ℰ 8 00 91 – 📺 ☎ 🚗 🅿   A
M *(Montag geschl.)* a la carte 32/52 – **21 Z : 36 B** 50/65 - 110 Fb.

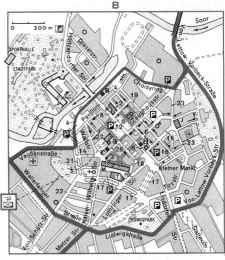

SAARLOUIS

In Saarlouis-Picard ④ : 4 km :

🏠 **Taffing's Mühle** 🕸, Am Taffingsweiher, ℰ 20 45, Fax 46789, 🍽 – 📺 ☎ 🅿 – 🔬 40. ⒶⒺ ① Ⓔ 𝘝𝘐𝘚𝘈
M a la carte 34/60 – **12 Z : 19 B** 55/85 - 108 Fb.

In Saarlouis-Roden :

🏠 **Reiter**, Zur Saarmühle 1 (B 51), ℰ 8 00 10 – 📺 ☎ ⇦⇨ 🅿. ① Ⓔ 𝘝𝘐𝘚𝘈   A t
M *(nur Abendessen)* a la carte 22/48 – **23 Z : 42 B** 60/105 - 90/145 Fb.

In Saarlouis-Steinrausch :

🏠 **Steinrauschhalle** 🕸, Kurt-Schumacher-Allee 129 (beim Freibad), ℰ 8 00 25 – 📺 🅿 –
🔬 30/50. ⚘   A u
18 Z : 35 B Fb.

In Wallerfangen 6634 W : 4 km über Wallerfanger Straße A :

XXX ❀ **Villa Fayence** mit Zim, Hauptstr. 12, ℰ (06831) 6 20 66, Fax 62068, 🍽, « Villa a.d.J. 1835 in einem großen Park » – 📺 ☎ 🅿. ⒶⒺ ① Ⓔ 𝘝𝘐𝘚𝘈. ⚘
Montag geschl. – **M** a la carte 58/98 – **Bistro** *(Sonntag bis 18 Uhr und Montag geschl.)* **M** a la carte 40/68 – **4 Z : 8 B** 130/170 - 170/230
Spez. Blumenkohl-Broccoli-Terrine mit Hummer, Taubenbrust mit Gänseleber in Strudelteig, Passionsfruchtmousse in Baumkuchenmantel.

XX **Bernard Epe**, Hauptstr. 15, ℰ (06831) 66 69 – 🅿. ⒶⒺ ① Ⓔ 𝘝𝘐𝘚𝘈
Montag geschl. – **M** a la carte 40/62.

In Wallerfangen 5-Kerlingen 6634 W : 9 km über Wallerfanger Straße A :

🏨 **Haus Scheidberg** 🕸, ℰ (06837) 7 50, Fax 7530, ≤, 🍽, ⇔, 🏊 – 🛗 📺 ☎ 🅿 – 🔬 25/150. ⒶⒺ ① Ⓔ 𝘝𝘐𝘚𝘈
1.- 15. Jan. geschl. – **M** *(Sonn- und Feiertage ab 15 Uhr geschl.)* a la carte 32/59 – **49 Z : 76 B** 65/80 - 98/110 Fb.

In Überherrn-Berus 6636 ③ : 9,5 km :

🏨 **Margaretenhof** 🕸, Orannastraße, ℰ (06836) 20 10, ≤, 🍽, ⇔, 🏊, 🎠 – 📺 ☎ ⇦⇨ 🅿. Ⓔ
27. Dez.- 10. Jan. geschl. – **M** *(nur Abendessen, Freitag geschl.)* a la carte 29/57 – **14 Z : 24 B** 75/78 - 110/120 Fb.

L'EUROPE en une seule feuille **Carte Michelin** n° 𝟗𝟕𝟎

SAARWELLINGEN 6632. Saarland 四一二 D 18, 二四二 ⑥, 五七 ⑥ — 14 200 Ew — Höhe 200 m — ✆ 06838.

♦Saarbrücken 25 — Lebach 14 — Saarlouis 4,5.

🏛 **Maurer**, Schloßstr. 58, ℰ 27 35 — ⇐ 🅿. 🕏 Rest
3.- 17. Juli geschl. — **M** (Freitag geschl.) a la carte 22/58 — **25 Z : 40 B** 35/40 - 68/78.

In Saarwellingen 3-Reisbach 0 : 6 km :

XX **Landhaus Kuntz** mit Zim, Kirchplatz 3, ℰ 5 05, « Hübsche Inneneinrichtung » — 📺 ☎
🅿. ⓞ 𝘝𝘐𝘚𝘈
M (bemerkenswerte Weinkarte, Tischbestellung ratsam) (Samstag bis 19 Uhr und Sonntag
15 Uhr - Montag 19 Uhr geschl.) a la carte 41/82 — **7 Z : 12 B** 85/110 - 125/160 Fb.

SACHRANG Bayern siehe Aschau im Chiemgau.

SACHSA, BAD 3423. Niedersachsen 九八七 ⑯ — 6 300 Ew — Höhe 360 m — Heilklimatischer
Kurort — Wintersport : 500/650 m ⤊4 ⟲1 — ✆ 05523.
🅱 Kurverwaltung, Am Kurpark 6, ℰ 3 00 90.

♦Hannover 129 — ♦Braunschweig 95 — Göttingen 62.

🏨 **Harzhotel Romantischer Winkel** ⑤, Bismarckstr. 23, ℰ 10 05, Fax 7171, �ります, ⇌, 🔲,
🐎 — 🔟 ⇐ 🅿 — 🔏 40. 🕮 E 𝘝𝘐𝘚𝘈. 🕏 Rest
Mitte Nov.- Mitte Dez. geschl. — **M** a la carte 32/65 — **72 Z : 115 B** 85/120 - 165/210 Fb —
½ P 109/141.

🏠 **Birkenhof** ⑤ garni, Tannenweg 6, ℰ 10 77, Fax 3711, ⇌, 🔲 — ⇐ 🅿
20 Z : 34 B 48/55 - 86/96.

SACHSENHEIM 7123. Baden-Württemberg 四一三 K 20 — 14 800 Ew — Höhe 260 m — ✆ 07147.

♦Stuttgart 31 — Heilbronn 31 — Ludwigsburg 15 — Pforzheim 29.

In Sachsenheim 1-Großsachsenheim :

🏠 Schloßhotel, Obere Str. 15, ℰ 30 33 — ☎ 🅿. 🕏 — **10 Z : 16 B.**

In Sachsenheim-Ochsenbach NW : 10 km :

XX **Landgasthof zum Schwanen**, Dorfstr. 47, ℰ (07046) 21 35, �ります — 🅿
Sonntag 15 Uhr - Dienstag 18 Uhr geschl. — Menu (Tischbestellung ratsam) a la carte 34/63.

SÄCKINGEN, BAD 7880. Baden-Württemberg 四一三 GH 24, 九八七 ㊟, 四二七 H 3 — 15 400 Ew —
Höhe 290 m — Heilbad — ✆ 07761.

Sehenswert : Fridolinsmünster★.

🅱 Kurverwaltung, Waldshuter Str. 20, ℰ 5 13 16.

♦Stuttgart 205 — Basel 31 — Donaueschingen 82 — Schaffhausen 67 — Zürich 58.

🏨 **Schneckenhalde** ⑤ garni, Schneckenhalde 12, ℰ 30 07, Fax 58387 — 📺 ☎ 🅿. 🕮 ⓞ E.
🕏
22 Z : 40 B 66/83 - 140.

🏠 **Goldener Knopf**, Rathausplatz 9, ℰ 60 78 (Hotel) 5 71 60 (Rest.), ⩽, �ります — 🛗 📺 ☎ 🅿 —
🔏 40. 🕮 ⓞ E 𝘝𝘐𝘚𝘈
22. Dez.- 7. Jan. geschl. — **M** (Sonntag geschl.) a la carte 37/70 — **55 Z : 82 B** 70/100 -
120/140 Fb.

🏠 Zur Flüh ⑤, Weihermatten 38, ℰ 85 13, �ります, ⇌, 🔲 — 📺 ☎ ⇐ 🅿 — **40 Z : 55 B** Fb.

XX **Fuchshöhle** (Haus a.d. 17. Jh.), Rheinbrückstr. 7, ℰ 73 13 — ⓞ E
Sonntag - Montag, über Fastnacht und Aug. jeweils 2 Wochen geschl. — **M** a la carte 41/67.

X **Margarethen-Schlößle**, Balther Platz 1, ℰ 15 25, �ります
Montag und Dienstag nur Mittagessen, Mittwoch und Jan. geschl. — **M** a la carte 32/53.

SAHRENDORF Niedersachsen siehe Egestorf.

SAIG Baden-Württemberg siehe Lenzkirch.

SALACH 7335. Baden-Württemberg 四一三 M 20 — 6 400 Ew — Höhe 365 m — ✆ 07162 (Süßen).

♦Stuttgart 52 — Göppingen 8 — ♦Ulm (Donau) 43.

🏠 **Bernhardus**, Weberstr. 15, ℰ 80 61 — 🛗 📺 ☎ 🅿 — 🔏 35. 🕮 ⓞ E 𝘝𝘐𝘚𝘈
M (Sonntag ab 15 Uhr geschl.) a la carte 30/57 — **29 Z : 58 B** 95 - 162 Fb.

🏠 **Klaus**, Hauptstr. 87 b, ℰ 80 36, �ります, 🔲, 🐎 — 🛗 📺 ☎ 🅿. 🕮 E 𝘝𝘐𝘚𝘈
M (nur Abendessen, Samstag - Sonntag geschl.) a la carte 30/55 — **18 Z : 21 B** 85 - 150 Fb.

🏛 **Garni**, Hauffstr. 12, ℰ 83 07 — ⇐ 🅿. E
19 Z : 26 B 38/48 - 75/85.

Bei der Ruine Staufeneck O : 3 km :

XX **Burgrestaurant Staufeneck** ⑤ mit Zim, ✉ 7335 Salach, ℰ (07162) 50 28, ⩽ Gingen
und Filstal, �ります — 🛗 ☎ 🅿 — 🔏 25/140. 🕮 ⓞ E 𝘝𝘐𝘚𝘈
2.- 16. Jan. geschl. — **M** (Donnerstag geschl.) a la carte 46/77 — **4 Z : 5 B** 55 - 110.

SALEM 7777. Baden-Württemberg **413** K 23, **987** ㉟, **427** L 2 — 9 000 Ew — Höhe 445 m —
✪ 07553.

Sehenswert : Ehemaliges Kloster★ (Klosterkirche★) — Schloß★.

🛈 Reisebüro Salem, Schloßhalle 20 (Mimmenhausen), 𝒫 70 11.

◆Stuttgart 149 — Bregenz 62 — Sigmaringen 47.

  🏠 **Schwanen**, beim Schloß, 𝒫 2 83, 🍴 — ❶
        Jan.- 14. März geschl. — **M** *(im Sommer Donnerstag ab 15 Uhr, im Winter Donnerstag
        ganztägig geschl.)* a la carte 28/50 — **15 Z : 30 B** 55/69 - 89/1∣05.

  🏠 **Salmannsweiler Hof** ⑤, Salmannsweiler Weg 5, 𝒫 70 46, 🍴 — ☎ ❶
        Mitte Okt.- Anfang Nov. geschl. — **M** *(Mittwoch geschl.)* a la carte 24/55 — **10 Z : 21 B** 55/75
        - 80/90.

  🍽 **Lindenbaum - Gästehaus Jehle**, Neufracher Str. 1, 𝒫 2 11, 🛏 — 🚗 ❶
  ➜ *Nov. geschl.* — **M** *(Montag 14 Uhr - Dienstag geschl.)* a la carte 21/34 ⅄ — **7 Z : 12 B** 25/35 -
        50/70.

    In Salem 2-Mimmenhausen S : 2 km :

  🍽 **Hirschen**, Bodenseestr. 135, 𝒫 3 76, 🍴 — ❶
  ➜ **M** *(Mittwoch geschl.)* a la carte 19/36 — **8 Z : 16 B** 48 - 85.

SALMBACH Baden-Württemberg siehe Engelsbrand.

SALZBERGEN Nordrhein-Westfalen siehe Rheine.

SALZBURG A-5020. 🆑 Österreich **413** W 23, **987** ㊳, **426** ⑲ ⑳ — 140 000 Ew — Höhe 425 m
— ✪ 0662 (innerhalb Österreich).

Sehenswert : ≤★★ auf die Stadt (vom Mönchsberg) Y K — Hohensalzburg★★ X , Z : ≤★★ (von der
Kuenburgbastei), ⛲★★ (vom Reckturm), Burgmuseum★ Z M3 — Petersfriedhof★★ Z — Stiftskirche
St. Peter★★ Z — Residenz★★ Z — Haus der Natur★★ Y M2 — Franziskanerkirche★Z A —
Getreidegasse★ Y — Mirabellgarten★ V — Hettwer Bastei★ : ≤★ Y — Mozarts Geburtshaus Y D.

Ausflugsziele : Gaisbergstraße★★ (≤★) über ① — Untersberg★ über ② : 10 km (mit 🚠) —
Mondsee ★ ① : 28 km (über die Autobahn A 1).

🏌 Salzburg-Wals, Schloß Klessheim, 𝒫 85 08 51 ; 🏌 in Hof (① : 20 km), 𝒫 (06229) 23 90 ; 🏌 in
St. Lorenz (① : 29 km), 𝒫 (06232) 38 35.

Festspiel-Preise : siehe S. 8

Prix pendant le festival : voir p. 16

Prices during tourist events : see p. 24

Prezzi duranti i festival : vedere p. 32.

✈ Innsbrucker Bundesstr. 95 (über ③), 𝒫 85 12 23 - City Air Terminal (Autobusbahnhof),
Südtirolerplatz V.

🚃 𝒫 71 54 14 22.

Salzburger Messegelände, Linke Glanzeile 65, 𝒫 3 45 66.

🛈 Tourist-Information, Mozartplatz 5, 𝒫 84 75 68.

ÖAMTC, Alpenstr. 102, (über ②), 𝒫 2 05 01, Fax 2050145.

Wien 292 ① — Innsbruck 177 ③ — ◆München 140 ③.

Die Preise sind in der Landeswährung (ö. S.) angegeben.

Stadtpläne siehe nächste Seiten.

  🏨 **Salzburg Sheraton Hotel**, Auerspergstr. 4, 𝒫 79 32 10, Telex 632518, Fax 881776, « Terrasse
        im Kurpark », direkter Zugang zum Kurmittelhaus — 🛗 ≝ Zim ▥ 🅾 🚗 — 🅰 25/150.
        ❄ Rest   V **s**
        Restaurants : **Mirabell** — **Bistro** — **165 Z : 330 B** Fb — 9 Appart..

  🏨 **Österreichischer Hof**, Schwarzstr. 5, 𝒫 7 25 41, Telex 633590, Fax 7525514, « Terrassen
        an der Salzach mit ≤ Altstadt und Festung » — 🛗 ≝ ▥ 🚗 — 🅰 25/70. 🆎 ⓪ 🅴 𝚅𝙸𝚂𝙰
        Restaurants : **Zirbelzimmer M** a la carte 390/560 — **Salzach Grill M** a la carte 320/490 —
        119 Z : 228 B 2050/3100 - 2680/4200 Fb — 3 Appart. 11500.   Y **b**

  🏨 **Bristol**, Makartplatz 4, 𝒫 7 35 57, Telex 633337, Fax 735576 — 🛗 ▤ Rest ▥ — 🅰 80. 🆎
        ⓪ 🅴 𝚅𝙸𝚂𝙰. ❄ Rest   Y **a**
        10. Jan.- 21. März geschl. — **M** 270 (mittags) und a la carte 420/620 — **75 Z : 130 B** 2250/3980
        - 2950/5200 Fb — 10 Appart. 6900/8000.

  🏨 **Schloß Mönchstein** ⑤, Am Mönchsberg 26, 𝒫 8 48 55 50, Telex 632080, Fax 848559,
        ≤ Salzburg und Umgebung, 🍴, « Schlößchen mit eleganter, stilvoller Einrichtung,
        Hochzeitskapelle, Park », 🌳, ❞ — 🛗 ▥ 🅾 — 🅰 40. 🆎 ⓪ 🅴 𝚅𝙸𝚂𝙰 ❄ Rest   X **e**
        M a la carte 450/910 — **17 Z : 33 B** 2000/2800 - 2600/6500.

  🏨 **Goldener Hirsch**, Getreidegasse 37, 𝒫 84 85 11, Telex 632967, Fax 848517845, « Patrizierhaus
        a.d.J. 1407 mit stilvoller Einrichtung » — 🛗 ≝ Zim ▤ Rest ▥ — 🅰 25/70   Y **e**
        71 Z : 135 B Fb — 3 Appart.

  🏨 **Rosenberger**, Bessarabierstr.94, 𝒫 3 55 46, Telex 3622405, Fax 3951095, 🛏 — 🛗 ≝ Zim
        ▥ 🚗 🅾 — 🅰 25/360. 🆎 ⓪ 🅴 𝚅𝙸𝚂𝙰   über ④
        M a la carte 210/380 ⅄ — **120 Z : 240 B** 910/1050 - 1260/1500 Fb.

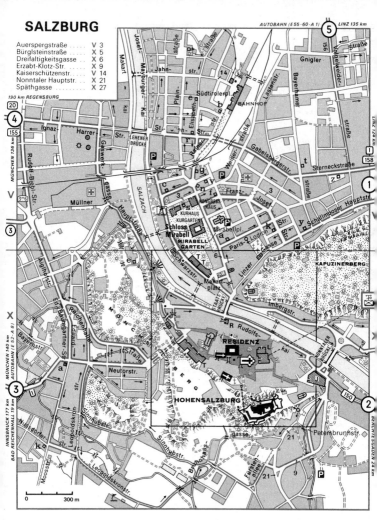

SALZBURG

AUTOBAHN (E 55-60-A 1)
LINZ 135 km
190 km REGENSBURG
190 km REGENSBURG
MÜNCHEN 136 km
INNSBRUCK 177 km
BAD REICHENHALL 19 km
BERCHTESGADEN 24 km

Dorint - Hotel, Sterneckstr. 20, ℘ 88 20 31, Telex 631075, Fax 8820319, 🕿 – 🛗 ⚡ Zim
🍽 Rest 📺 🕭 🚗 – 🔬 25/300
140 Z : 280 B Fb.
V z

Mercure, Bayerhamerstr. 14, ℘ 88 14 38, Telex 632341, Fax 71111411, 🍴 – 🛗 ⚡ Zim 📺
🕭 🚗 🅿 – 🔬 25/300. 🆎 ⓪ ᴇ 🆅🆂🅰
M a la carte 260/440 – **121 Z : 242 B** 1700 - 1980 Fb.
V t

Theater-Hotel, Schallmooser Hauptstr. 13, ℘ 8 81 68 10, Telex 632319, 🍴, Massage, 🕿
– 🛗 📺 ☎ 🚗 – 🔬 40. 🆎 ⓪ ᴇ 🆅🆂🅰 🍽 Rest
M a la carte 205/395 – **58 Z : 120 B** 1500/2060 - 2180 Fb – 11 Appart. 2880.
V y

Carlton garni, Markus-Sittikus-Str. 3, ℘ 88 21 91, Fax 7478447, 🕿 – 🛗 ⚡ 📺 ☎ 🅿. 🆎
⓪ ᴇ 🆅🆂🅰
40 Z : 80 B 1400/1650 - 1670/1990 Fb – 12 Appart. 2200/2700.
V c

Novotel Salzburg City, Franz-Josef-Str. 26, ℘ 88 20 41, Telex 632886, Fax 74240 – 🛗 📺 ☎
🕭 🚗 🅿 – 🔬 25/140
140 Z : 280 B Fb.
V k

Winkler, Franz-Josef-Str. 7, ℘ 7 35 13, Telex 633961, Fax 72176, 🍴 – 🛗 ⚡ Zim 📺 ☎ –
🔬 40. 🆎 ⓪ ᴇ 🆅🆂🅰
M a la carte 255/460 – **103 Z : 200 B** 1200/1600 - 1750/3260 Fb.
V f

SALZBURG

0   200 m

🏨 **Pitter**, Rainerstr. 6, ☎ 7 85 71, Telex 633532, Fax 7857190, ☞ – 🛗 📺 ☎ – 🔬 25/150. 🅰🅴 ⓞ 🅴 🆅🆂🅰
     M a la carte 205/390 🍴 – **200 Z : 340 B** 740/1200 - 1440/2350 Fb.   V n

🏨 **Europa**, Rainerstr. 31, ☎ 73 39 10, Telex 633424, Fax 732958, Restaurant in der 14. Etage
     mit ≤ Salzburg und Umgebung – 🛗 🍽 Rest 📺 ☎ 🅿 – 🔬 25/80. 🅰🅴 ⓞ 🅴 🆅🆂🅰. 🕸 Rest
     M a la carte 280/400 – **104 Z : 156 B** 930/1125 - 1310/1900 Fb.   V b

🏨 **Austrotel**, Mirabellplatz 8, ☎ 88 16 88, Telex 632361, Fax 881687 – 🛗 📺 ☎ 🕭 – 🔬 45
     73 Z : 116 B Fb.   V a

🏨 **Schaffenrath**, Alpenstr. 115, ☎ 2 31 53, Telex 633207, Fax 29314, ☞, Massage, ☎ – 🛗
     📺 ☎ 🅿 – 🔬 25/100. 🅰🅴 ⓞ 🅴 🆅🆂🅰   über ②
     M a la carte 193/400 – **50 Z : 100 B** 890/2000 - 1400/2900 Fb.

🏨 **Kasererhof**, Alpenstr. 6, ☎ 2 12 65, Telex 633477, Fax 28376, ☞, ☞ – 🛗 📺 ☎ 🅿. 🅰🅴 🅴
     🆅🆂🅰   über ②
     Feb. geschl. – **M** (Samstag - Sonntag geschl.) a la carte 250/540 – **51 Z : 100 B** 1260/1560 -
     2015/3015 Fb – 6 Appart. 3620/4520.

🏨 **Hohenstauffen** garni, Elisabethstr. 19, ☎ 7 21 93, Fax 7219251 – 🛗 📺 ☎ 🕳. 🅰🅴 ⓞ 🅴
     🆅🆂🅰   V e
     27 Z : 53 B 720/920 - 1240/1520.

🏨 **Stieglbräu** (Brauerei-Gasthof), Rainerstr. 14, ☎ 7 76 92 (Hotel) 7 76 94 (Rest.),
     Telex 633671, Fax 7769271, ☞ – 🛗 📺 ☎ 🅿 – 🔬 25. 🅰🅴 ⓞ 🅴 🆅🆂🅰   V g
     M a la carte 216/400 – **50 Z : 100 B** 850/1480 - 1350/2000 Fb.

🏨 **Fuggerhof** garni, Eberhard-Fugger-Str. 9, ☎ 2 04 79/6 41 29 00, Telex 632533, Fax 64129040,
     ≤, ☎, ☞ – 🛗 📺 ☎ 🅿. 🕸   über Bürglsteinstr.   X
     20. Dez.- 20. Jan. geschl. – **20 Z : 40 B** 950/1100 - 1200/2200.

🏨 **Zum Hirschen**, St.-Julien-Str. 21, ☎ 73 14 10, Telex 632691, Fax 7314158, ☞, Massage, ☎
     – 🛗 📺 ☎ 🅿 – 🔬 25/50. 🕸 Rest   V r
     80 Z : 140 B Fb.

🏨 **Elefant** 🦢, Sigmund-Haffner-Gasse 4, ☎ 84 33 97, Telex 632725 – 🛗 📺 ☎. 🅰🅴 ⓞ 🅴 🆅🆂🅰
     M (Dienstag und 1.- 25. Nov. geschl.) a la carte 170/360 – **38 Z : 60 B** 650/800 - 1200/
     1800 Fb.   Y f

🏠 **Weiße Taube** 🦢 garni, Kaigasse 9, ℰ 84 24 04, Telex 633065, Fax 84178350 – 🛗 ☎. 🅿️
⑩ **E** 𝑉𝐼𝑆𝐴. ⚡   Z
33 Z : 59 B 750/1200 - 1250/1600.

🏠 **Nußdorfer Hof** garni, Moosstr. 36, ℰ 82 48 38, Telex 632515, Fax 82493715, ⇔
⊒ (geheizt), 🛋, ⚓ – 🛗 📺 ☎ ⇔ 🅿️ **E**   X
Nov. geschl. – **35 Z : 65 B** 650/1280 - 1080/1480 Fb.

🏠 **Gablerbräu**, Linzer Gasse 9, ℰ 7 34 41, Telex 631067, Fax 7316555, 🏠 – 🛗 ☎ – ﯼ 25/6(
🅰️🅴 ⑩ **E** 𝑉𝐼𝑆𝐴   Y
M a la carte 210/360 – **54 Z : 92 B** 710/1180 - 1260/1890 Fb.

🏠 **Markus Sittikus** garni, Markus-Sittikus-Str. 20, ℰ 71 12 10, Telex 632720 – 🛗 ☎. 🅰️🅴 ⑩
E 𝑉𝐼𝑆𝐴   Y
20.- 26. Dez. geschl. – **40 Z : 63 B** 590/750 - 980/1140.

🍴🍴 **Café Winkler** (modernes Café-Restaurant mit Spiel-Casino), Mönchsberg 32 (Zufahrt m
🛗, 19 ö.S.), ℰ 8 41 21 50, Fax 84525830, ≤ Salzburg, 🏠 – ﯼ 25/120. 🅰️🅴 ⑩ **E** 𝑉𝐼𝑆𝐴   Y
Sept.- Juli Montag geschl. – **M** 310 (mittags) und a la carte 390/570.

🍴🍴 Riedenburg, Neutorstr. 31, ℰ 84 92 64, 🏠 – 🅿️   X

🍴🍴 K u. K Restaurant am Waagplatz, Waagplatz 2 (1. Etage), ℰ 84 21 56, Fax 84215770, 🏠
« Mittelalterliches Essen mit Theateraufführung im Freysauff-Keller (auf Vorbestellung)
(Tischbestellung ratsam).   Z

🍴🍴 **Mozart**, Getreidegasse 22 (1. Etage, 🛗), ℰ 84 37 46, Fax 846852 – 🅰️🅴 ⑩ **E** 𝑉𝐼𝑆𝐴   Y
Donnerstag - Freitag 19 Uhr und 22. Mai - 16. Juni geschl. – **M** (Tischbestellung ratsam)
la carte 340/580.

🍴🍴 Zum Mohren, Judengasse 9, ℰ 84 23 87 – ⚡   Y
(Tischbestellung ratsam).

In Salzburg-Aigen A-5026 über Bürglsteinstr. X :

🏠 **Doktorwirt**, Glaser Str. 9, ℰ 2 29 73, Telex 632938, 🏠, ⇔, ⊒ (geheizt), 🛋 – 📺 ☎ 🅿️
🅰️🅴 ⑩ **E** 𝑉𝐼𝑆𝐴. ⚡ Rest
10.- 25. Feb. und 20. Okt.- Nov. geschl. – **M** *(Montag geschl.)* a la carte 180/370 ⅋ – **39 Z**
75 B 700/1100 - 1000/1400.

🍴 **Gasthof Schloß Aigen**, Schwarzenbergpromenade 37, ℰ 2 12 84, 🏠 – 🅿️. 🅰️🅴 ⑩ **E**
𝑉𝐼𝑆𝐴
Mittwoch - Donnerstag 18 Uhr geschl. – **M** a la carte 170/400 ⅋.

In Salzburg-Liefering A-5020 über ④ :

🏨 **Brandstätter**, Münchner Bundesstr. 69, ℰ 34 53 50, Fax 3453590, 🏠, ⇔, 🔲, 🛋 – 🛗 🔲
☎ 🅿️ – ﯼ 40. 🅰️🅴 ⑩ **E** 𝑉𝐼𝑆𝐴
23.- 27. Dez. geschl. – Menu *(Tischbestellung ratsam)* (4.- 18. Jan. geschl.) a la carte 240/5£
⅋ – **36 Z : 63 B** 660/950 - 1000/1950.

In Salzburg-Maria Plain A-5101 über Plainstr. V :

🏠 Maria Plain 🦢 (Landgasthof aus dem 17. Jh.), Plainbergweg 33, ℰ 5 07 01, Telex 63280
Fax 507119, « Gastgarten mit ≤ » – 🛗 🔲 ☎ ⇔ 🅿️ – ﯼ 40
30 Z : 56 B Fb – 3 Appart..

In Salzburg-Nonntal A-5020:

🍴🍴 **Purzelbaum** (Restaurant im Bistrostil), Zugallistr. 7, ℰ 84 88 43, 🏠 – 🅰️🅴 ⑩ **E** 𝑉𝐼𝑆𝐴. ⚡
Sept.- Juni Sonntag geschl. – **M** (abends Tischbestellung ratsam) a la carte 325/460.
                                                                                                   Z

In Salzburg-Parsch A-5020 über Bürglsteinstr. X :

🏨 **Fondachhof** 🦢, Gaisbergstr. 46, ℰ 64 13 31, Telex 632519, Fax 641576, ≤, « 200-jährige
Herrenhaus in einem Park », ⇔, ⊒ (geheizt), 🛋 – 🛗 🔲 ⇔ 🅿️ – ﯼ 25. 🅰️🅴 ⑩ **E** 𝑉𝐼𝑆𝐴
⚡ Rest
20. März - Okt. – (Restaurant nur für Hausgäste) – **28 Z : 45 B** 1100/2000 - 2300/3300 –
4 Appart. 3200/5200.

🏨 Villa Pace 🦢 , Sonnleitenweg 9, ℰ 64 15 01, Telex 631141, Fax 64150122, ≤ Salzbur
und Festung, ⇔, ⊒ (geheizt), 🛋 – 🔲 ☎ ⇔ 🅿️. ⚡ Rest
(Tischbestellung erforderlich) – **12 Z : 22 B**.

Auf dem Heuberg NO : 3 km über ① – Höhe 565 m :

🏠 **Schöne Aussicht** 🦢, ✉ A-5023 Salzburg, ℰ (0662) 64 06 08, Telex 631153, Fax 640690
« Gartenterrasse mit ≤ Salzburg und Alpen », ⇔, ⊒ (geheizt), 🛋, ⚓ – 🔲 ☎ 🅿️
ﯼ 40. 🅰️🅴 ⑩ **E** 𝑉𝐼𝑆𝐴. ⚡
7. Jan.- März geschl. – **M** *(Sonntag geschl.)* a la carte 252/530 – **30 Z : 58 B** 950 - 140C
1800 Fb.

Auf dem Gaisberg über ① :

🏨 **Kobenzl** 🦢, Gaisberg 11, Höhe 750 m, ✉ A-5020 Salzburg, ℰ (0662) 64 15 10, Fa
64223871, 🏠, « Schöne Panorama-Lage mit ≤ Salzburg und Alpen », Massage, ⇔, 🔲
⚓ – 🔲 ⇔ 🅿️ – ﯼ 40. 🅰️🅴 ⑩ 𝑉𝐼𝑆𝐴. ⚡ Rest
Mitte März - Okt. – **M** a la carte 350/560 – **35 Z : 70 B** 1450/2850 - 1950/5550 Fb –
4 Appart. 5900/6500.

🏠 Die Gersberg Alm ⤴, Gaisberg 37, Höhe 800 m, ⊠ A-5020 Salzburg, ℰ (0662) 64 12 57, Fax 64125780, 🍴, ⇔ – 🖵 ☎ 🅿 – 🔬 25/60. ❀
42 Z : 80 B Fb.

🏠 **Berghotel Zistel-Alm** ⤴, Gaisberg 16, Höhe 1 001 m, ⊠ A-5026 Salzburg-Aigen, ℰ (0662) 64 10 67, Fax 20104200, ≤ Alpen, 🍴, ⤲, 🐎 – ☎ ⇔ 🅿. 🆎 ⓞ 🅴 𝖵𝖨𝖲𝖠. ❀ Rest
26. Okt.- 20. Dez. geschl. – **M** a la carte 170/450 ⓙ – **24 Z : 38 B** 390/630 - 730/1400 –
6 Fewo.

In Anif A-5081 ②: 7 km – 🕓 06246 :

🏠 Point Hotel, Berchtesgadener Str. 364, ℰ 42 56, Telex 631003, Fax 4256443, 🍴, Massage, ⇔, ⤲ (geheizt), 🐎, ❀ (Halle) – 🛗 🖵 ☎ 🅿 – 🔬 25/100
62 Z : 114 B Fb.

🏠 **Friesacher** (mit Gästehaus Aniferhof), ℰ 20 75, Telex 632943, Fax 207549, 🍴, ⇔, 🐎, ❀
– 🛗 🖵 ☎ 🅿 – 🔬 25/100
2.- 22. Jan. geschl. – **M** *(Mittwoch geschl.)* a la carte 185/380 ⓙ – **70 Z : 130 B** 680/780 -
980/1380 Fb.

🏠 **Hubertushof**, Neu Anif 4 (nahe der Autobahnausfahrt Salzburg Süd), ℰ 24 78, Telex 632684, Fax 421768, 🍴 – 🛗 🖵 ☎ 🅿 – 🔬 25/60
70 Z : 140 B Fb.

🏠 **Romantik-Hotel Schloßwirt** (Gasthof a. d. 17.Jh. mit Biedermeier-Einrichtung), Halleiner Bundesstr. 22, ℰ 21 75, Telex 631169, Fax 217580, 🍴, 🐎 – 🛗 ☎ ⇔ 🅿. 🆎 ⓞ
🅴 𝖵𝖨𝖲𝖠
Feb. geschl. – **M** a la carte 280/440 – **32 Z : 55 B** 850/1250 - 1200/1700 Fb.

In Bergheim-Lengfelden A-5101 N : 7 km über Vogelweiderstr. V :

🏠 **Gasthof Bräuwirt**, ℰ (0662) 5 21 63, Telex 631109, Fax 5216353, 🍴 – 🛗 🖵 ☎ ⓕ ⇔ 🅿
– 🔬 25/80. 🅴 𝖵𝖨𝖲𝖠
M *(Dienstag und 26. Okt.- Nov. geschl.)* a la carte 165/385 – **39 Z : 70 B** 580/750 - 780/
1250 Fb.

In Hof A-5322 über ① : 20 km :

🏨 **Schloß Fuschl** ⤴ (ehem. Jagdschloß a.d. 15. Jh. mit 3 Gästehäusern), ℰ (06229) 2 25 30, Telex 633454, Fax 2253531, ≤, 🍴, Massage, ⇔, 🏊, 🐴ⓢ, 🐎, ❀ – 🛗 🖵 ⇔ 🅿 –
🔬 25/100. 🆎 ⓞ 🅴 𝖵𝖨𝖲𝖠. ❀ Rest
M 400 (mittags) und a la carte 500/720 – **84 Z : 160 B** 1500/2100 - 2500/3400 Fb – 5 Appart.
4800/5800.

🏠 **Jagdhof am Fuschlsee** (ehemaliges Bauernhaus a.d.J. 1783, mit Gästehaus), ℰ (06229) 2 37 20, Telex 633454, Fax 2253531, ≤, 🍴, « Jagdmuseum », ⇔, 🏊, 🐎 – 🖵
☎ 🅿 – 🔬 25/180. 🆎 ⓞ 🅴 𝖵𝖨𝖲𝖠. ❀ Rest
M a la carte 210/380 ⓙ – **50 Z : 96 B** 600/750 - 1000/1350 Fb.

In Fuschl am See A-5330 über ① : 26 km :

🏨 **Parkhotel Waldhof** ⤴, Seepromenade, ℰ (06226) 2 64, Telex 632487, Fax 644, ≤, 🍴, Massage, ⇔, 🏊, 🐴ⓢ, 🐎, ❀ – 🔬 25/90. ❀ Rest
10. Jan.- März geschl. – **M** a la carte 250/450 – **67 Z : 125 B** 650/825 - 1060/1790 Fb.

❌❌ **Brunnwirt**, ℰ (06226) 2 36, 🍴 – 🅿. 🆎 ⓞ 🅴 𝖵𝖨𝖲𝖠. ❀
außer während der Festspielzeit nur Abendessen, Sonntag 7.- 25. Jan. geschl. – **M**
(Tischbestellung erforderlich) a la carte 370/700.

Am Mondsee A-5310 ① : 28 km (über Autobahn A 1) – 🕓 06232 :

🏨 **Seehof** ⤴, (SO : 7 km), ⊠ A-5311 Loibichl, ℰ 2 55 00, Fax 255051, ≤, 🍴, Massage, ⇔, 🐴ⓢ, 🐎 – 🖵 🅿
10. Mai - 25. Sept. – **M** a la carte 320/580 – **31 Z : 61 B** 1800/2200 - 2160/3300 Fb –
10 Appart. 3300/4000 – ½ P 1480/2600.

🏠 ❀ **Weißes Kreuz**, Herzog-Odilo-Str. 25, ⊠ A-5310 Mondsee, ℰ 22 54, Fax 225434, 🍴, bemerkenswertes Weinangebot – 🛗 🖵 ☎ ⇔ 🅿. 🆎
12. Nov.- 12. Dez. geschl. – **M** *(Tischbestellung ratsam)* (Mai - Okt. Mittwoch, Nov.- April Dienstag - Mittwoch geschl.) a la carte 374/590 – **10 Z : 18 B** 500/700 - 900/1200
Spez. Ganslsuppe mit Schinkenknöderl (Okt.- Mai), Mondsee-Zander auf Eierschwammerlcreme, Marillenblätterteig mit Himbeerschaum.

❌❌❌ ❀ **Landhaus Eschlböck-Plomberg** mit Zim, (S : 5 km), ⊠ A-5310 St. Lorenz-Plomberg, ℰ 35 72, Fax 316620, ≤, 🍴, ⇔, 🐴ⓢ, 🐎, Bootsteg – 🖵 ☎ ⇔ 🅿. ⓞ 🅴
Jan. 3 Wochen geschl. – **M** *(Tischbestellung ratsam)* (Sept.- Mai Montag geschl.) a la carte 380/670 – **12 Z : 24 B** 750/885 - 1200/2600
Spez. Pasteten und Terrinen, Lachsforelle mit Selleriebutter, Marillengratin mit Vanilleparfait.

SALZDETFURTH, BAD 3202. Niedersachsen 𝟿𝟪𝟽 ⑮, 𝟦𝟣𝟤 N 10 – 15 000 Ew – Höhe 155 m – Heilbad – 🕓 05063.

∃ Bad Salzdetfurth-Wesseln, ℰ 15 16.

Hannover 47 – ✦Braunschweig 52 – Göttingen 81 – Hildesheim 16.

🏨 **Relexa-Hotel**, An der Peesel 1 (in Detfurth), ℰ 2 90, Telex 927444, Fax 29113, 🍴, ⇔, 🏊, 🐎 – 🛗 ❀ Zim 🖵 🅿 – 🔬 25/300. 🆎 ⓞ 🅴 𝖵𝖨𝖲𝖠. ❀ Rest
M a la carte 35/65 – **132 Z : 267 B** 145/360 - 175/410 Fb.

SALZGITTER 3320. Niedersachsen 987 ⑯ − 110 000 Ew − Höhe 80 m − ✪ 05341.

🏌 Salzgitter - Bad, Mahner Berg, ℰ 3 73 76.

🛈 Fremdenverkehrsbüro, Salzgitter-Bad, Marktplatz 11, ℰ 39 37 38.

♦Hannover 64 − ♦Braunschweig 28 − Göttingen 79 − Hildesheim 33.

In Salzgitter 51-Bad − Heilbad :

🏨 **Ratskeller - Golfhotel** ⑤, Marktplatz 10, ℰ 3 70 25, Telex 954485, Fax 35020, 斎 − ▮
📺 ☎ & ⇦ 🅿 − 🔬 25/300. 🆎 ⓞ ᠍ 🗹
M a la carte 34/58 − **52 Z : 87 B** 80/110 - 115/138 Fb.

🏨 **Kniestedter Hof** garni, Breslauer Str. 20, ℰ 3 60 15, ⥵ − 🛗 📺 ☎ ⇦ 🅿. 🆎 ᠍ 🗹
23 Z : 33 B 79 - 118 Fb.

🏨 **Harß - Hof**, Braunschweiger Str. 128 (B 248), ℰ 39 05 90, Fax 34084, Massage, ⥵ − ▯
☎ 🅿. 🆎 ⓞ ᠍ 🗹
M (nur Abendessen) a la carte 29/45 − **19 Z : 32 B** 79/98 - 108/138.

🏠 **Haus Liebenhall** ⑤ garni, Bismarckstr. 9, ℰ 3 40 91 − ☎ 🅿
15 Z : 24 B 70/84 - 105/133.

In Salzgitter 1-Lebenstedt :

🏨 **Gästehaus** ⑤, Kampstr. 37, ℰ 18 90, Fax 18989 − 🛗 📺 ☎ ⇦ 🅿 − 🔬 30/300. 🆎 ⓞ ▮
🗹
M (Sonntag ab 15 Uhr geschl.) 18/25 (mittags) und a la carte 30/68 − **47 Z : 60 B** 82/133
119/186 Fb.

XX **Reinhardt's Höhe**, Thiestr. 18 (Zufahrt Wehrstraße), ℰ 4 44 47 − 🅿. ⌘
nur Abendessen − (Tischbestellung ratsam).

In Steinlah 3324 NW : 6 km ab Salzgitter-Bad :

🏨 **Gutshof** ⑤ (ehem. Gutshof a.d. 18. Jh.), Lindenstr. 5, ℰ (05341) 33 84 41, Fax 34084 − ▯
☎ 🅿. 🆎 ⓞ ᠍ 🗹
(nur Abendessen für Hausgäste) − **19 Z : 38 B** 79/98 - 118/148.

SALZHAUSEN 2125. Niedersachsen 987 ⑮ − 3 200 Ew − Höhe 60 m − ✪ 04172.

♦Hannover 117 − ♦Hamburg 45 − Lüneburg 18.

🏨 **Romantik-Hotel Josthof**, Am Lindenberg 1, ℰ 2 92, Fax 6225, 斎, « Alte
Niedersächsischer Bauernhof » − ☎ 🅿. 🆎 ⓞ ᠍ 🗹
M (bemerkenswerte Weinkarte) a la carte 38/72 − **16 Z : 30 B** 95/135 - 115/195 Fb.

🏠 **Rüter's Gasthaus**, Hauptstr. 1, ℰ 66 17, Fax 6610, 斎, ⥵, 🖾 − ☎ 🅿 − 🔬 80. 🆎 ▮
🗹
M (Nov.- April Mittwoch geschl.) a la carte 27/45 − **20 Z : 35 B** 50/75 - 92/105 Fb.

In Garlstorf am Walde 2125 W : 5 km :

🏨 **Hohe Geest**, Egestorfer Landstr. 10, ℰ (04172) 71 35, Fax 14 80, 斎 − 📺 ☎ 🅿. 🆎 ⓞ ▮
🗹. ⌘
Jan. geschl. − **M** (nur Abendessen, Montag geschl.) a la carte 45/69 − **20 Z : 35 B** 75/95
120/180 Fb.

🏠 **Niemeyer's Heidehof**, Winsener Landstr. 4, ℰ (04172) 71 27, Fax 7931, 斎, 🚣 − ☎ 🅿
ⓞ ᠍ 🗹. ⌘
M (Donnerstag geschl.) a la carte 33/67 − **12 Z : 22 B** 65/79 - 98/140 Fb.

In Gödenstorf 2125 W : 3 km :

🏠 **Gasthof Isernhagen**, Hauptstr. 11, ℰ (04172) 3 13, 斎, 🚣 − ☎ ⇦ 🅿
← 4.- 27. März geschl. − **M** (Dienstag geschl.) a la carte 21/46 − **10 Z : 17 B** 54 - 98.

In Gödenstorf-Lübberstedt 2125 SW : 6 km :

🏠 **Gellersen's Gasthaus**, Lübberstedter Str. 20, ℰ (04175) 4 94, 🚣 − 🅿
← Nov. geschl. − **M** (Mittwoch geschl.) a la carte 20/39 − **13 Z : 24 B** 36/40 - 72/80.

SALZHEMMENDORF 3216. Niedersachsen 412 L 10 − 10 800 Ew − Höhe 200 m − Kurort
✪ 05153.

🛈 Fremdenverkehrsamt, Hauptstr. 33, ℰ 8 08 80.

♦Hannover 49 − Hameln 23 − Hildesheim 31.

🏨 **Ith-Saale Hotel** ⑤, Alleestr. 7, ℰ 80 60, Fax 80670, 斎 − 🛗 📺 ☎ & 🅿 − 🔬 25/100. 🆎
ⓞ ᠍ 🗹
M 19/29 (mittags) und a la carte 30/54 − **33 Z : 66 B** 65/30 - 115/125 Fb − ½ P 73/95.

In Salzhemmendorf 2-Lauenstein NW : 3 km :

🏠 **Lauensteiner Hof**, Im Flecken 54, ℰ 64 12 − 🅿
← Juli - Aug. 4 Wochen geschl. − **M** (nur Abendessen, Dienstag geschl.) a la carte 20/32 −
14 Z : 24 B 30/50 - 55/80.

ALZKOTTEN 4796. Nordrhein-Westfalen 987 ⑭⑮, 412 I 11 — 20 000 Ew — Höhe 100 m — 05258.

Salzkotten-Thüle, Glockenpohl, ℰ 64 98.

üsseldorf 157 — Lippstadt 19 — Paderborn 12.

🏠 **Walz,** Paderborner Str. 21 (B 1), ℰ 60 33 — 🔟 ☎ 🅿 ◫ ⓪ Ε 🆅🆂🅰
   M a la carte 26/51 — **17 Z : 30 B** 80 - 120 Fb.

🏠 **Sälzer** ⑤, Am Stadtgraben 26, ℰ 63 74 — 🅿 ◫ Ε
   27. Dez.- 7. Jan. geschl. — **M** (Freitag geschl.) a la carte 27/58 — **16 Z : 20 B** 55 - 110.

🏠 **Hermann Hentzen,** Geseker Str. 20 (B 1), ℰ 63 80 — ⟺ 🅿 ⓪ Ε ⁣🌲
➡ 15. Dez.- 5. Jan. geschl. — **M** (Samstag geschl.) a la carte 15/25 — **18 Z : 29 B** 35/48 - 68/85.

ALZSCHLIRF, BAD 6427. Hessen 987 ㉘, 412 L 15 — 2 900 Ew — Höhe 250 m — Heilbad — 06648.

Kur- und Verkehrsverein, Rathaus, ℰ 22 66 — 🛈 Kurverwaltung, im Kurpark, ℰ 1 81 61, Fax 18180.

Wiesbaden 161 — Fulda 18 — Gießen 81 — Bad Hersfeld 36.

🏠 **Kurhotel Badehof** ⑤, (mit Gästehäusern), Lindenstr. 2 (im Kurpark), ℰ 1 81 83, Fax 18180, « Terrasse mit ≤ », Bade- und Massageabteilung, 🔲, 🌲, direkter Zugang zum Moorbadehaus — 🛗 🖨 🕭 🅿 — 🔬 25/110. ◫ Ε. 🌲
   M (auch vegetarische Gerichte) a la carte 30/58 — **113 Z : 164 B** 65/86 - 112/158 Fb — ½ P 76/106.

🏠 **Arnold,** Schlitzer Str. 12, ℰ 23 06 — 🛗 ⟺. 🌲
➡ 2. Jan.- Feb. geschl. — **M** (Montag und Dienstag kein Abendessen) a la carte 20/42 — **18 Z : 25 B** 45/50 - 80/90 — ½ P 53/65.

🏠 **Paradies,** Bahnhofstr. 30, ℰ 22 73, 🌲 — 🅿
➡ März - Okt. — **M** (Dienstag geschl.) a la carte 16/36 — **17 Z : 24 B** 35/55 - 70/96.

ALZUFLEN, BAD 4902. Nordrhein-Westfalen 987 ⑮, 412 J 10 — 53 000 Ew — Höhe 80 m — Heilbad — 🐧 05222.

Schwaghof (N : 3 km), ℰ 1 07 73.

Kurverwaltung, Parkstr. 20, ℰ 18 30, Fax 17154.

üsseldorf 191 — Bielefeld 22 — ♦Hannover 89.

🏩 **Maritim Staatsbadhotel** ⑤, Parkstr. 53, ℰ 18 10, Telex 9312173, Fax 15953, Bade- und Massageabteilung, ♨, 🔁, 🔲, 🌲 — 🛗 🍴 Rest 🔟 ⟺ 🅿 — 🔬 25/240. ◫ ⓪ Ε 🆅🆂🅰. 🌲 Rest
   M a la carte 51/86 — **200 Z : 300 B** 165/235 - 248/308 Fb — 9 Appart. 360/480.

🏠 **Schwaghof** ⑤, Schwaghof (N : 3 km), ℰ 39 60, Telex 9312216, Fax 396555, ≤, 🌲, 🔁, 🔲, 🌲, 🎯 — 🛗 🔟 🕭 🕭 ⟺ 🅿 — 🔬 25/200. ⓪ Ε 🆅🆂🅰
   M a la carte 38/69 — **86 Z : 160 B** 135 - 190 Fb — 3 Appart. 340.

🏠 **Lippischer Hof,** Mauerstr. 1a, ℰ 53 40, Fax 50571, Bade- und Massageabteilung, 🔁, 🔲 — 🛗 🌲⁣ Zim 🔟 ☎ ⟺ 🅿 — 🔬 25/60. ◫ Ε 🆅🆂🅰. 🌲 Rest
   M a la carte 34/88 — **65 Z : 100 B** 80/175 - 140/255 Fb — 3 Appart. 325.

🏠 **Stadt Hamburg** ⑤, Asenburgstr. 1, ℰ 66 55, Fax 1449, 🌲, 🌲 — 🛗 ☎ 🅿 ◫ ⓪ Ε 🆅🆂🅰. 🌲
   M (Donnerstag geschl.) a la carte 30/66 — **35 Z : 46 B** 78/85 - 130/140 Fb.

🏠 **Haus der Königin** ⑤, Roonstr. 7, ℰ 18 02 10, « Ehemalige Villa, stilvolle Einrichtung », 🌲 — 🔟 ☎ — **9 Z : 18 B.**

🏠 **Café Rosengarten** garni, Bismarckstr. 8, ℰ 18 02 22, Telex 9312243 — 🔟 ☎ 🅿
   14 Z : 21 B — 2 Fewo.

🏠 **Kurpark-Hotel** ⑤, Parkstr. 1, ℰ 39 90, Fax 399462, 🌲 — 🛗 🔟 ☎. ⓪ Ε 🆅🆂🅰. 🌲
   7. Jan.- 9. Feb. geschl. — **M** a la carte 25/53 — **44 Z : 65 B** 85/170 - 170/360 Fb — ½ P 115/210.

🏠 **Café Bauer** ⑤, An der Hellrüsche 41, ℰ 14 32, 🌲 — 🔟 ☎ 🅿. ◫ Ε 🆅🆂🅰
   M (Montag geschl.) a la carte 27/58 — **21 Z : 36 B** 60/80 - 100/140 Fb.

🏠 **Eichenhof** garni, Friedenstr. 1, ℰ 5 05 15 — 🔟 ☎ ⟺ — **21 Z : 34 B** Fb.

XX **Restaurant im Kurhaus,** Parkstr. 26, ℰ 14 75, 🌲 — 🔬 25/100. ⓪ Ε
   Nov.- März Montag und 16.- 30. Dez.geschl. — **M** a la carte 35/66.

In Bad Salzuflen 5-Werl :

🏠 **Ried-Hotel,** Riedweg 24, ℰ 36 37, Fax 59568, 🌲 — ☎ ⟺ 🅿. ◫ ⓪ Ε 🆅🆂🅰. 🌲 Rest
   M (Sonntag geschl.) a la carte 30/57 — **19 Z : 32 B** 45/85 - 120.

AMERBERG 8201. Bayern 413 T 23 — 2 200 Ew — Höhe 700 m — Erholungsort — Wintersport : 0/1 569 m ⚡1 ⚡4 ⚡10 — 🐧 08032.

Verkehrsverein, Samerberg-Törwang, Rathaus, ℰ 86 06.

München 76 — Rosenheim 16 — Traunstein 44.

In Samerberg-Duft S : 6 km ab Törwang — Höhe 800 m :

🏠 **Berggasthof Duftbräu** ⑤, ℰ 82 26, ≤, 🌲 — ⟺ 🅿
➡ **M** (Nov.- März Donnerstag geschl.) a la carte 19/35 — **16 Z : 28 B** 45/50 - 90/100 — ½ P 65/70.

729

SAND Hessen siehe Emstal.

SANDBERG 8741. Bayern 412 413 N 15 – 1 000 Ew – Höhe 470 m – ✂ 09701 (Waldberg).
◆München 362 – Fulda 48 – Schweinfurt 55.

🏠 **Berghotel Silberdistel**, Blumenstr. 22, ℰ 7 13, ≤, 綜, ≘s – ☎ ❷ – ⚓ 25. **E**
   M a la carte 20/55 – **17 Z : 34 B** 38/42 - 64/68.

SANDE 2945. Niedersachsen 987 ⑭ – 9 500 Ew – ✂ 04422.
◆Hannover 217 – Oldenburg 47 – Wilhelmshaven 9.

🏠 **Landhaus Tapken**, Bahnhofstr. 46, ℰ 22 92, Fax 4699 – 📺 ☎ & ❷ – ⚓ 40/120. ﻷﻹ
   E 𝘝𝘐𝘚𝘈
   23.- 26. Dez. geschl. – **M** (Samstag bis 18 Uhr geschl.) a la carte 25/47 – **20 Z : 40 B** 68/8
   88/120 Fb.

SANDSTEDT 2856. Niedersachsen – 1 800 Ew – Höhe 15 m – ✂ 04702.
◆Hannover 163 – ◆ Bremen 44 – Bremerhaven 23.

🏠 **Deutsches Haus**, Osterstader Str. 23, ℰ 10 26 – ❷. ﻷﻹ **E**
   M (Jan. geschl.) a la carte 28/40 – **13 Z : 24 B** 44 - 82.

ST. ANDREASBERG 3424. Niedersachsen 987 ⑯ – 2 600 Ew – Höhe 630 m
Heilklimatischer Kurort – Wintersport : 600/894 m ⚡9 ⚡8 – ✂ 05582.
Sehenswert : Lage★.
🅱 Kur- und Verkehrsamt, Am Glockenberg 12 (Stadthbahnhof), ℰ 8 03 36.
◆Hannover 126 – ◆Braunschweig 72 – Göttingen 58.

🏠 **Tannhäuser**, Clausthaler Str. 2a, ℰ 10 55, ≘s, 綜 – ❷ ❷. ﻷﻹ ⑩
   26. Nov.- 15. Dez. geschl. – **M** (Mittwoch geschl.) a la carte 30/47 – **23 Z : 41 B** 50/6
   98/110 Fb – ½ P 65/73.
🏠 **Fernblick** ⑲, St.Andreasweg 3, ℰ 2 27, ≤, 綜 – ⟸ ❷
   Nov.- 15. Dez. geschl. – (Restaurant nur für Pensionsgäste) – **15 Z : 25 B** 34 - 56/70.
🏠 **Vier Jahreszeiten** ⑲ garni, Quellenweg 3, ℰ 5 21, ≘s, ▨, 綜 – ❷
   5. Nov.- 15. Dez. geschl. – **14 Z : 25 B** 30/40 - 60/74.
🏠 **In der Sonne** ⑲, An der Skiwiese 12, ℰ 2 80, 綜, ≘s, ▨, 綜 – ❷
   15 Z : 29 B.
🏠 **Skandinavia** ⑲, An der Rolle, ℰ 6 44, ≤, ≘s, ▨, 綜 – ⥣ Zim ❷. ⚜
   M (nur Abendessen, Montag und 4. Nov.- 19. Dez. geschl.) a la carte 28/54 – **13 Z : 26**
   55/70 - 76/120 – ½ P 56/88.

ST. AUGUSTIN 5205. Nordrhein-Westfalen 412 E 14 – 55 000 Ew – Höhe 50 m – ✂ 02241.
◆ Düsseldorf 71 – ◆ Bonn 7 – Siegburg 4.

🏩 **Regina**, Markt 81, ℰ 2 80 51, Telex 889796, Fax 28385, 綜, ≘s – 📱 📺 ⟸ – ⚓ 25/4
   ﻷﻹ ⑩ **E** 𝘝𝘐𝘚𝘈
   M a la carte 38/74 – **59 Z : 114 B** 99/229 - 179/289 Fb.
🏠 **Augustiner Hof**, Uhlandstr. 8, ℰ 2 90 21 – ☎ ⟸ ❷ – ⚓
   31 Z : 51 B.

   In St. Augustin 2-Hangelar :

🏨 **Hangelar**, Lindenstr. 21, ℰ 2 10 25, ≘s, ▨, 綜 – 📺 ☎ & ⟸ ❷ – ⚓ 30
   22. Dez.- 10. Jan. geschl. – (nur Abendessen für Hausgäste) – **31 Z : 50 B** 80/90 - 10
   120 Fb.

ST. BLASIEN 7822. Baden-Württemberg 418 H 23, 987 ㉟㉞, 427 I 2 – 3 300 Ew – Höhe 762
– Heilklimatischer Kneippkurort – Wintersport : 900/1 350 m ⚡7 ⚡6 – ✂ 07672.
Sehenswert : Dom★.
🅱 Städt. Kurverwaltung, Haus des Gastes, am Kurgarten, ℰ 4 14 30.
🅱 Kurverwaltung, im Rathaus Menzenschwand, ℰ (07675) 8 76.
◆Stuttgart 187 – Basel 62 – Donaueschingen 64 – ◆Freiburg im Breisgau 62 – Zürich 71.

🏠 **Domhotel**, Hauptstr. 4, ℰ 3 71 – **E**
   Mitte Nov.- Mitte Dez. geschl. – **M** (Mittwoch geschl.) a la carte 25/54 – **11 Z : 21 B** 55/6
   104 – ½ P 70/78.
🏠 **Kurhotel Bellevue - Restaurant Bergstüble** ⑲, Am Kalvarienberg 19, ℰ 7
   (Hotel) 26 19 (Rest.), ≤, Bade- und Massageabteilung, 🛁, 綜 – ❷. ⚜ Zim
   M (Montag - Dienstag 17 Uhr, Mai und Nov. jeweils 2 Wochen geschl.) a la carte 26/55
   17 Z : 28 B 53/65 - 96/118.

   In St. Blasien 3-Kutterau S : 5 km über die Straße nach Albbruck :

🏠 **Vogelbacher** ⑲, ℰ 28 25, 綜, 綜 – ❷
   Nov.- Mitte Dez. geschl. – **M** (Mittwoch geschl.) a la carte 18,50/40 ⚘ – **15 Z : 32 B** 40
   64/70 Fb – ½ P 42/52.

730

In St. Blasien 2-Menzenschwand NW : 9 km — Luftkurort — ✆ 07675 :

🏔 **Sonnenhof**, Vorderdorfstr. 58, ℰ 5 01, Fax 504, ≼, 斎, Massage, ♨, ≘s, ⬛, 🐎 – ☎ 🅿
Anfang Nov.- 19. Dez. geschl. — **M** *(außer Saison Dienstag geschl.)* a la carte 29/52 — **28 Z :
42 B** 65/115 - 100/200 Fb.

🏠 Waldeck, Vorderdorfstr. 74, ℰ 2 72, 斎, ≘s, 🐎 – ☎ 🅿 – **21 Z : 40 B**.

🏠 Café Weinstube Lärchenhof 🏡 garni, Am Fischrain 6, ℰ 2 83, 🐎 – 🅿 – **15 Z : 30 B**.

In Ibach - Mutterslehen 7822 W : 6 km — Höhe 1 000 m — Erholungsort :

🏠 Schwarzwaldgasthof Hirschen, Hauptstraße, ℰ (07672) 8 66, ≼, 斎, ≘s, 🐎 – ☎ 🅿
15 Z : 30 B.

ST. ENGLMAR 8449. Bayern 🄌🄌🄌 V 19 — 1 400 Ew — Höhe 805 m — Luftkurort — Wintersport :
0/1 000 m ≰18 ≰6 – ✆ 09965 – 🅱 Verkehrsbüro, Rathaus, ℰ 2 21, Fax 1463,.

ünchen 151 — Cham 37 — Deggendorf 30 — Straubing 31.

🏔 **Angerhof** 🏡, Am Anger 38, ℰ 18 60, Fax 18619, ≼, 斎, ≘s, ⬛ – 🕻 📺 ☎ 🅿
↝ *April 2 Wochen und Nov.- Mitte Dez. geschl.* — **M** a la carte 20/41 — **40 Z : 80 B** 58/100 -
90/180 Fb — ½ P 62/107.

In St. Englmar-Grün NW : 3 km :

🏠 **Reinerhof**, ℰ 5 88, ≼, ≘s, ⬛, 🐎 – 🕻 ☎ 🅿
5. Nov.- 10. Dez. geschl. — (nur Abendessen für Hausgäste) — **31 Z : 60 B** 52/60 - 96/113 —
½ P 53/63.

In St. Englmar-Kolmberg N : 7 km :

🏩 **Bernhardshöhe** 🏡, Kolmberg 5, ℰ 2 58, ≼, 斎, 🐎, ⚝, ≴ – 🅿. **E**
↝ *Nov.- 20. Dez. geschl.* — **M** *(Freitag geschl.)* a la carte 19/35 — **23 Z : 44 B** 33/39 - 65/72 —
½ P 41/46.

In St. Englmar-Maibrunn NW : 5 km :

🏠 **Berghotel Maibrunn** 🏡, ℰ 2 92, Fax 1464, ≼, 斎, ≘s, ⬛ (geheizt), ⬛, 🐎 – ☎ ⟺ 🅿.
↝ **E** ⚝ Zim
Mitte. Nov.- Mitte Dez. geschl. — **M** a la carte 18/39 — **26 Z : 50 B** 44/64 - 88/132 Fb.

🏠 Beim Simmerl 🏡 (mit Gästehaus), ℰ 5 90, ≼, 斎, ≘s, 🐎, 🦌 – 🅿 – **28 Z : 56 B**.

In St. Englmar-Predigtstuhl O : 2 km :

🏨 Kur- und Sporthotel St. Englmar 🏡, Am Predigtstuhl 12, ℰ 3 12, Telex 69844, Fax 1314, ≼,
斎, Bade- und Massageabteilung, ≘s, ⬛, 🐎, ⚝ (Halle) – 🕻 📺 ☎ ⟺ 🅿 – ♨ 30.
⚝ Rest – **72 Z : 130 B** Fb — 5 Appart.

In St. Englmar-Rettenbach SO : 4,5 km :

🏨 **Gut Schmelmerhof** 🏡, ℰ 18 90, Fax 189140, 斎, « Rustikales Restaurant mit
Ziegelgewölbe, Garten », Bade- und Massageabteilung, ≘s, ⬛ (geheizt), ⬛, 🐎 – 🕻 📺
☎ ⟺ 🅿 – ♨ 30. 🆎 **E** ⚝
M a la carte 29/57 — **52 Z : 83 B** 56/126 - 126/164 Fb — 6 Appart. 189/252 — 5 Fewo 90/148.

ST. GEORGEN 7742. Baden-Württemberg 🄌🄌🄌 HI 22, 🄌🄌🄌 ⊛ — 14 500 Ew — Höhe 810 m —
holungsort — Wintersport : 800/1 000 m ≰5 ≰3 – ✆ 07724.

Städt. Verkehrsamt, Rathaus, ℰ 87 28.

tuttgart 127 — Offenburg 65 — Schramberg 18 — Villingen-Schwenningen 14.

🏠 **Hirsch** 🏡, Bahnhofstr. 70, ℰ 71 25, Fax 7865 – 📺 ☎. 🆎 ⓞ **E** 🆅🆂🅰
M *(Freitag geschl.)* a la carte 26/65 — **22 Z : 29 B** 60/80 - 110/140 Fb.

🏠 **Café Kammerer** 🏡 garni, Hauptstr. 23, ℰ 60 15 – 🕻 ☎ ⟺. 🆎 **E**
7.- 25. Jan. geschl. — **18 Z : 30 B** 50/68 - 84/94 Fb.

ST. GOAR 5401. Rheinland-Pfalz 🄌🄌🄌 ⊛. 🄌🄌🄌 F 16 — 3 500 Ew — Höhe 70 m — ✆ 06741.

ehenswert : Burg Rheinfels** — 🅱 Verkehrsamt, Heerstr. 120, ℰ 3 83.

ainz 63 — Bingen 28 — ✦Koblenz 35.

🏨 **Schloßhotel auf Burg Rheinfels** 🏡, Schloßberg 47, ℰ 20 71, Fax 7652, ≼ Rheintal,
斎, ≘s, ⬛ – ☎ ⟺ 🅿 – ♨ 25/80. 🆎 📺 ⓞ **E** 🆅🆂🅰
M a la carte 36/65 ⅋ — **46 Z : 90 B** 80/105 - 155/290 Fb — ½ P 103/170.

🏠 **Zum Goldenen Löwen**, Heerstr. 82, ℰ 16 74, ≼, 斎 – 📺 ☎
Mitte Feb.- Okt. — **M** *(Mitte Feb.- Mitte März geschl.)* a la carte 35/65 — **12 Z : 24 B** 75/95 -
95/140.

🏠 **Montag**, Heerstr. 128, ℰ 16 29, Fax 2086, ≘s – ☎. 🆎 **E** 🆅🆂🅰
M a la carte 24/40 ⅋ — **27 Z : 52 B** 55/110 - 80/120.

In St. Goar-Fellen NW : 3 km :

🏠 **Landsknecht**, an der Rheinufer-Straße (B 9), ℰ 20 11, Fax 7499, ≼, « Terrasse am Rhein »,
🐎 – 📺 ☎ 🅿. 🆎 🆅🆂🅰
6.- 31. Jan. geschl. — **M** *(Nov.- Feb. Dienstag geschl.)* a la carte 31/59 — **15 Z : 30 B** 65/110 -
110/280.

ST. GOARSHAUSEN 5422. Rheinland-Pfalz 🔢 ㉔. 🔢 G 16 − 2 000 Ew − Höhe 77 m
🌀 06771 − **Ausflugsziel :** Loreley★★★ ⇐★★, SO : 4 km.

🛈 Verkehrsamt, Rathaus, Bahnhofstr. 8, 𝒫 4 27.

Mainz 63 − ◆Koblenz 35 − Limburg an der Lahn 48 − Lorch 16.

🏠 **Erholung,** Nastätter Str. 15, 𝒫 26 84 − 🅿
   15. März - 15. Nov. − **M** a la carte 23/48 ⅜ − **57 Z : 104 B** 40/46 - 80/92.

🕎 **Colonius,** Bahnhofstr. 37, 𝒫 26 04, Fax 2488, ⇐ − 🅿
   15. März - 15. Nov. − **M** a la carte 21/47 − **34 Z : 58 B** 35/50 - 72/98.

ST. INGBERT 6670. Saarland 🔢 ㉔. 🔢 E 19. 🔢 ⑦ − 41 000 Ew − Höhe 229 m − 🌀 0689
◆Saarbrücken 13 − Kaiserslautern 55 − Zweibrücken 25.

🏠 **Goldener Stern,** Ludwigstr. 37, 𝒫 30 17, Fax 35623 − 📺 ☎ 🅿 ⚒ Zim − **23 Z : 43 B** Fb.

❌❌ **Die Alte Brauerei,** Kaiserstr. 101, 𝒫 44 51, ☼ − ☎ 🅿 ⚏ ⓘ 𝖤
   Samstag bis 18 Uhr und Montag geschl. − **M** a la carte 35/62.

❌❌ **Stadtkrug,** Poststr. 33, 𝒫 32 62 − 🅿
   Sonn- und Feiertage, 25. März - 1. April sowie 17. Juni - 7. Juli geschl. − **M** a la carte 25/65

   An der Autobahn-Ausfahrt St. Ingbert West SW : 3 km :

🏨 **Alfa-Hotel,** ✉ 6670 St. Ingbert, 𝒫 (06894) 70 90, Fax 870146 − 📺 ☎ ⇔ 🅿 − 🔥 30.
   ⓘ 𝖤 ⚏
   M : siehe Restaurant Le jardin − **26 Z : 40 B** 95/165 - 130/269 Fb.

❌❌❌ **Le jardin,** ✉ 6670 St. Ingbert, 𝒫 (06894) 8 71 96, Fax 870146, ☼ − 🅿 ⚏ ⓘ 𝖤 ⚏
   Samstag bis 18 Uhr, Montag und 1.- 15. Jan. geschl. − **M** a la carte 61/91.

   In St. Ingbert - Rohrbach O : 3 km :

🏠 **Zum Mühlehannes,** Obere Kaiserstr. 97, 𝒫 5 20 61 − 📺 ☎ 🅿 ⓘ 𝖤 ⚏
   M *(Samstag bis 18 Uhr geschl.)* a la carte 28/59 − **15 Z : 22 B** 50/75 - 80/120.

   In St. Ingbert - Schüren N : 3 km :

🏨 **Waldhof** ⑤, Schüren 22, 𝒫 40 11, ☼, ⇐s, ⌁ (geheizt), 🐎, ⚒ − 📺 ☎ ⇔ 🅿
   🔥 25. ⚏ ⓘ 𝖤 ⚏
   26. Dez.- 11. Jan. geschl. − **M** *(Freitag - Samstag 15 Uhr geschl.)* a la carte 35/63 − **24 .**
   48 B 80/110 - 130/180 Fb.

ST. JOHANN 7411. Baden-Württemberg 🔢 L 21 − 4 400 Ew − Höhe 750 m − Erholungs◆
− Wintersport : 750/800 m ⚞2 ⚟2 − 🌀 07122.

🛈 Verkehrsverein, Rathaus, Schulstr. 1 (Würtingen), 𝒫 90 71.

◆Stuttgart 57 − Reutlingen 17 − ◆Ulm (Donau) 65.

   In St. Johann-Lonsingen :

🕎 **Grüner Baum** (mit Gästehaus 🏨 , ⑤), Albstr. 4, 𝒫 92 77, ⇐s, 🐎 − ⚑ 📺 ⇔ 🅿
   🔥 50. ⚒ Zim
   20. Nov.- 15. Dez. geschl. − **M** *(Montag geschl.)* a la carte 20/47 ⅜ − **42 Z : 90 B** 35/6◆
   70/90 Fb.

   In St. Johann-Ohnastetten :

🏠 **Nußbaum Hof,** Würtinger Str. 13, 𝒫 34 09 − 📺 🅿
   15.- 30. Aug. geschl. − **M** *(Sonntag geschl.)* a la carte 23/44 ⅜ − **11 Z : 25 B** 50 - 80.

ST. MÄRGEN 7811. Baden-Württemberg 🔢 H 22,23. 🔢 ㉞. 🔢 ㉜ − 1 700 Ew − Höhe 898
− Luftkurort − Wintersport : 900/1 100 m ⚞1 ⚟2 − 🌀 07669 − 🛈 Kurverwaltung, Rathaus, 𝒫 10 66
◆Stuttgart 230 − ◆Freiburg im Breisgau 24 − Donaueschingen 51.

🏨 **Hirschen,** Feldbergstr. 9, 𝒫 7 87, Fax 1303, ☼, ⇐s, 🐎 − ⚑ ☎ ⇔ 🅿 ⚏ ⓘ 𝖤 ⚏
   Mitte Nov.- Mitte Dez. geschl. − **M** *(Mitte Okt.- Juli Mittwoch geschl.)* a la carte 26/59 ⅜ −
   41 Z : 75 B 55/66 - 104/120 Fb − ½ P 74/88.

🏠 **Pension Kranz** ⑤, Südhang 20, 𝒫 3 11, ⇐, ☼, 🐎 − ⚑ 🅿 ⚏ 𝖤
   Mitte Nov.- Mitte Dez. geschl. − *(Restaurant nur für Hausgäste)* − **12 Z : 20 B** 40/55 - 78/9
   − ½ P 57/73.

🏠 **Rössle,** Wagensteigstr. 7, 𝒫 2 13, ☼ − 🅿
   Mitte Nov.- Mitte Dez. geschl. − **M** *(Donnerstag geschl.)* a la carte 20/48 − **17 Z : 35**
   31/34 - 60/66 − ½ P 45/49.

   An der Straße nach Hinterzarten :

🏠 **Neuhäusle,** Erlenbach 1 (S : 4 km), ✉ 7811 St. Märgen, 𝒫 (07669) 2 71, ⇐ Schwarzwal◆
   ☼, ⇐s, 🐎 − ⚑ ⇔ 🅿
   25. Nov.- 21. Dez. geschl. − **M** *(Montag geschl.)* a la carte 21/43 ⅜ − **24 Z : 44 B** 40/47
   62/90 − ½ P 49/69.

🏠 **Thurnerwirtshaus,** (S : 7 km), Höhe 1 036 m, ✉ 7811 St. Märgen, 𝒫 (07669) 2 10, ⇐, ⇐s
   ⌁, 🐎 − ⚑ 🅿
   15. Nov.- 20. Dez. geschl. − **M** *(Montag geschl.)* a la carte 21/42 ⅜ − **25 Z : 50 B** 44/65
   74/112 − ½ P 57/80.

ST. MARTIN 6731. Rheinland-Pfalz 412 413 H 19, 242 ⑧ — 2 000 Ew — Höhe 240 m — Erholungsort — ✿ 06323.

🛈 Verkehrsamt, Haus des Gastes, ℰ 53 00.

Mainz 102 — Kaiserslautern 46 — ✦ Karlsruhe 51 — ✦ Mannheim 42.

🏨 **St. Martiner Castell**, Maikammerer Str. 2, ℰ 20 95, Fax 2098, ☎ — 🛎 📺 ☎ 🅿 — 🔬 40
Feb.- Mitte März geschl. — **M** a la carte 35/60 ⅃ — **18 Z : 39 B** 68/78 - 116 Fb — ½ P 83/93.

🏨 **Winzerhof**, Maikammerer Str. 22, ℰ 20 88, Fax 2558, 🏤 — 🔬 40. 🆎 ⓞ E 🚾
2. Jan.- 9. Feb. geschl. — **M** (Donnerstag geschl.) a la carte 28/57 ⅃ — **16 Z : 29 B** 65/80 - 116/120 Fb — ½ P 86/93.

🏨 **Albert Val. Schneider**, Maikammerer Str. 44, ℰ 70 81, 🏤, ☎ — 🛎 📺 ☎ 🅿 — 🔬 25/60
39 Z : 71 B Fb.

🏠 **Haus am Rebenhang** �токᴗ, Einlaubstr. 64, ℰ 44 19, ≤ St. Martin und Rheinebene — ☎ 🅿.
E
M (Mittwoch geschl.) a la carte 31/58 — **20 Z : 37 B** 56/69 - 96/112.

XX **Grafenstube**, Edenkobener Str. 38, ℰ 27 98
Montag - Dienstag und Anfang Jan.- Mitte Feb. geschl. — **M** a la carte 22/58 ⅃.

X **Weinstube Altes Rathaus**, Tanzstr. 9, ℰ 24 04
Mittwoch 14 Uhr - Donnerstag und Mitte Dez.- Mitte Jan. geschl. — **M** a la carte 27/49 ⅃.

ST. OSWALD-RIEDLHÜTTE 8356. Bayern 413 X 20 — 3 300 Ew — Höhe 700 m — Erholungsort - Wintersport : 700/800 m ⅀2 ⅀6 — ✿ 08553.

Sehenswert : Waldgeschichtliches Museum.

🛈 Verkehrsamt, Klosterallee 4 (St. Oswald), ℰ 7 50.

München 188 — Passau 45 — ✦ Regensburg 115.

Im Ortsteil Riedlhütte :

🏠 **Berghotel Wieshof** ⍱текᴗ, Anton-Hiltz-Str. 8, ℰ 4 77, 🏤, ☎ — 🅿
5. Nov.- 20. Dez. geschl. — **M** a la carte 21/40 — **15 Z : 32 B** 37/45 - 66/86 Fb — ½ P 43/53.

ST. PETER 7811. Baden-Württemberg 413 H 22, 242 ⑳ — 2 300 Ew — Höhe 722 m — Luftkurort - Wintersport : ⅀1 — ✿ 07660.

🛈 Kurverwaltung, Rathaus, ℰ 2 74.

Stuttgart 224 — ✦Freiburg im Breisgau 18 — Waldkirch 20.

🏠 **Zur Sonne**, Zähringerstr. 2, ℰ 2 03, 🏤 — ☎ ⇐ 🅿. ⓞ E
Mitte Jan.- Mitte Feb. geschl. — Menu (Mittwoch geschl.) a la carte 31/63 — **14 Z : 28 B** 49/56 - 92 — ½ P 71/81.

🏔 **Zum Hirschen**, Bertholdsplatz 1, ℰ 2 04, 🏤
Mitte - Ende März und Ende Nov.- Anfang Dez. geschl. — **M** (Donnerstag - Freitag 17 Uhr geschl.) a la carte 25/49 — **21 Z : 39 B** 38/43 - 70/80 — ½ P 53/56.

ST. PETER-ORDING 2252. Schleswig-Holstein 987 ④ — 5 500 Ew — Nordseeheil- und Schwefelbad — ✿ 04863.

🛈 St. Peter-Böhl, ℰ 35 45.

🛈 Kurverwaltung, St. Peter-Bad, Im Bad 27, ℰ 8 39, Fax 8337.

Kiel 125 — Heide 40 — Husum 50.

In St. Peter-Bad :

🏨 **Ambassador** ⍱текᴗ, Im Bad 26, ℰ 70 90, Telex 28420, Fax 2666, ≤, 🏤, ☎, 🔲 — 🛎 📺 ⇐
🅿 — 🔬 25/250. 🆎 ⓞ E 🚾
M a la carte 40/70 — **90 Z : 180 B** 185/215 - 230/260 Fb — ½ P 150/250.

🏨 **Vier Jahreszeiten** ⍱текᴗ, Friedrich-Hebbel-Str. 2, ℰ 20 66, Fax 2689, 🏤, ☎, 🔲, 🌳, ⁇ (Halle) — 🛎 📺 ☎ ⇐ 🅿. ⁇
M a la carte 36/64 — **59 Z : 130 B** 175 - 190/280 Fb — ½ P 135/215.

🏠 **Tannenhof**, Im Bad 59, ℰ 22 16, ☎, 🌳 — 🅿. ⁇
44 Z : 80 B Fb — 3 Fewo.

🏠 **Dünenhotel Eulenhof** ⍱текᴗ garni, Im Bad 83, ℰ 21 79, ☎, 🔲, 🌳 — 📺 ☎ 🅿. E
8. Jan.- 15. März geschl. — **28 Z : 46 B** 60/110 - 128/150 Fb.

🏠 **Fernsicht** ⍱текᴗ, Am Kurbad 17, ℰ 20 22, Fax 2020, ≤, 🏤 — ☎ ⇐ 🅿. 🆎 ⓞ E 🚾
24. Nov.- 21. Dez. geschl. — **M** (6. Jan.- 2. März geschl.) a la carte 30/55 — **23 Z : 45 B** 60/80 - 110/150 Fb — ½ P 90/110.

🏠 **Strandhotel** garni, Im Bad 16, ℰ 24 40 — 🅿
31 Z : 62 B — 4 Fewo.

Im Ortsteil Ording :

🏠 **Ordinger Hof** ⍱текᴗ, Am Deich 31, ℰ 22 08, Fax 2657, 🏤, 🌳 — 🅿. ⁇ Zim
7. Jan.- März geschl. — **M** a la carte 25/51 — **12 Z : 24 B** 68/70 - 124/140 — ½ P 81/89.

🏠 **Kurpension Eickstädt** ⍱текᴗ, Waldstr. 19, ℰ 20 58, Fax 2735, 🌳 — 🅿
Mitte Dez.- Mitte Jan. geschl. — (Restaurant nur für Hausgäste) — **35 Z : 60 B** 80/100 - 150/200 — 8 Fewo 150/200.

🏠 Garni Twilling 🦢 garni, Strandweg 10, ℰ 27 33 – 🅿
nur Saison – **24 Z : 48 B** – 8 Fewo.

🏠 Waldesruh 🦢, Waldstr. 11, ℰ 20 56, 🦌 – 🅿 – **43 Z : 70 B**.

XX Gambrinus, Strandweg 4, ℰ 29 77, 🏠 – 🅿.

In St. Peter-Süd :

🏠 **Zum Landhaus** 🦢 garni, Olsdorfer Str. 7, ℰ 22 74, 🦌 – 🅿. 🕸
Mitte Okt.- Mitte Nov. geschl. – **18 Z : 28 B** 45 - 80/90.

ST. ROMAN Baden-Württemberg siehe Wolfach.

ST. WENDEL 6690. Saarland 987 ㉔, 412 E 18, 242 ③ – 28 000 Ew – Höhe 286 m – 🌣 06851.
🛈 Verkehrsamt, Rathaus, Schloßstr. 7, ℰ 80 91 32.
◆Saarbrücken 41 – Idar-Oberstein 43 – Neunkirchen/Saar 19.

🏠🏠 Stadt St. Wendel, Tholeyer Straße (B 41), ℰ 8 00 60, Fax 800680, 🏠, 🛁 – 🛗 📺 ☎ 🖛
🅿 – 🛄 25/50
22 Z : 44 B Fb.

🏠 Kurschlößchen 🦢, Am Eichbösch 29, ℰ 7 08 09, 🏠 – ☎ 🅿. 🕸
7 Z : 14 B.

🏠 **Posthof**, Brühlstr. 18, ℰ 40 28, Fax 83212 – 📺 ☎ 🅿. 🖭 ᴇ
M a la carte 30/50 – **24 Z : 48 B** 55/65 - 99/150 Fb.

XX **Palme**, Wendalinusstr. 4a, ℰ 49 68, 🏠 – ⓪ ᴇ 🆅🆂🅰
Samstag bis 19 Uhr, Dienstag und Mitte - Ende Sept. geschl. – **M** a la carte 46/63.

In St. Wendel-Bliesen NW : 5,5 km :

XX **Kunz**, Kirchstr. 22, ℰ (06854) 81 45 – 🅿. ᴇ 🆅🆂🅰. 🕸
Montag geschl. – **M** a la carte 40/70.

In St. Wendel-Urweiler N : 1,5 km :

🕏 **Vollmann**, Hauptstr. 66, ℰ 25 54, 🦌 – 🖛 🅿
◆ **M** *(nur Abendessen, Samstag geschl.)* a la carte 15/33 🍷 – **13 Z : 20 B** 35/45 - 60/70.

ST. WOLFGANG 8257. Bayern 413 T 22, 426 I 4 – 3 200 Ew – Höhe 508 m – 🌣 08085.
◆München 54 – Landshut 41 – Rosenheim 48 – Salzburg 128.

In St. Wolfgang-Großschwindau N : 1,5 km :

X **Goldachquelle** mit Zim, an der B 15, ℰ 12 41 – 🅿
7.- 29. Jan. und 9.- 17. Sept. geschl. – Menu *(wochentags nur Abendessen, Montag
Dienstag geschl.)* a la carte 28/53 – **5 Z : 10 B** 30 - 60.

SARREBRUCK = Saarbrücken.

SARRELOUIS = Saarlouis.

SASBACH 7831. Baden-Württemberg 413 F 22, 242 ㉜, 87 ⑦ – 2 600 Ew – Höhe 180 m -
🌣 07642.
◆ Stuttgart 196 – ◆Freiburg im Breisgau 35 – Offenburg 52.

In Sasbach-Leiselheim SO : 2,5 km :

🏠 Leiselheimer Hof, Meerweinstr. 3, ℰ 72 70 – 🛗 ☎ 🅿. 🕸 Zim
12 Z : 23 B.

SASBACHWALDEN 7595. Baden-Württemberg 413 H 21, 242 ⑳ – 2 200 Ew – Höhe 260 m
– Luftkurort – Kneippkurort – 🌣 07841 (Achern).
🛈 Kurverwaltung, im Kurhaus "Zum Alde Gott", ℰ 10 35.
◆Stuttgart 131 – Baden-Baden 37 – Freudenstadt 45 – Offenburg 30.

🏠🏠 🌣 **Talmühle**, Talstr. 36, ℰ 10 01, Fax 5404, « Gartenterrasse », 🦌 – 🛗 🖛 🅿 – 🛄 30. ᴇ
🕸 Zim
1.- 25. Dez. geschl. – Restaurants : **Le jardin und Badische Stuben M** 65/120 und a la carte
42/87 – **30 Z : 52 B** 68/120 - 136/212 – ½ P 100/138
Spez. Kutteln im Rieslingsud, Zanderfilet auf Linsensauce mit gefüllten Pfannküchle, Passionsfrucht-Süpple
mit Kokosnußeis.

🏠 **Tannenhof** 🦢, Murbergstr. 6, ℰ 2 30 27, Fax 22091, ≤, 🏠, Bade- und Massageabteilung
🛁, 🏊 – 📺 ☎ 🅿
M *(wochentags nur Abendessen, Montag geschl.)* a la carte 28/47 🍷 – **19 Z : 33 B** 99/124
158/198 Fb – ½ P 109/154.

🏠 **Engel**, Talstr. 14, ℰ 30 00 – ☎ 🅿 – 🛄 30. ᴇ 🆅🆂🅰
2.- 18. Jan. geschl. – **M** *(Montag geschl.)* a la carte 32/63 🍷 – **13 Z : 22 B** 36/75 - 72/136 –
½ P 55/87.

XX Zum Alde Gott, Talstr. 51, *𝒫* 2 12 90, 🍽 – 🅿 – ♨ 25/300.

X   **Sonne** (badischer Landgasthof), Talstr. 32, *𝒫* 2 52 58 – 🅿 **E** *VISA*
    Mittwoch 14 Uhr - Donnerstag geschl. – Menu a la carte 28/58 ♨.

    In Sasbachwalden-Brandmatt SO : 5 km – Höhe 722 m :

X   **Berghotel Brandmatt** mit Zim, *𝒫* 33 84, ≤ Rheinebene, 🍽, 🐎 – ⇐ 🅿. *VISA*
    ab Aschermittwoch 3 Wochen geschl. – **M** *(Dienstag geschl.)* a la carte 26/57 ♨ – **6 Z :**
    12 B 32/65 - 64/110 – ½ P 50/57.

ASSENBERG 4414. Nordrhein-Westfalen **987** ⑭. **412** H 11 – 8 600 Ew – Höhe 57 m –
◑ 02583.

Düsseldorf 154 – Bielefeld 42 – Münster (Westfalen) 33 – ◆Osnabrück 37.

⌂   **Börding**, von-Galen-Str. 10 (B 475), *𝒫* 10 39 – 🅿
◆   **M** *(Montag geschl.)* a la carte 21/33 – **14 Z : 24 B** 40 - 80.

ASSENDORF, BAD 4772. Nordrhein-Westfalen **412** H 12 – 9 400 Ew – Höhe 90 m – Heilbad
◑ 02921 (Soest).

Kurverwaltung, Kaiserstr. 14, *𝒫* 50 11, Fax 501599.

Düsseldorf 123 – Beckum 27 – Lippstadt 20 – Soest 5.

🏨 **Maritim-Hotel Schnitterhof** ⑤, Salzstr. 5, *𝒫* 59 90, Telex 847311, Fax 52627, 🍽, 🚱,
    🏊, 🐎 – 📶 ⇌ Zim 📺 ♿ 🅿 – ♨ 25/150. **AE** ⓞ **E** *VISA*. 🍽 Rest
    M a la carte 40/70 – **142 Z : 257 B** 165/235 - 258/308 Fb – 3 Appart. 350 – ½ P 167/273.

🏨 **Gästehaus Hof Hueck** ⑤, garni, Wiesenstr. 12, *𝒫* 56 77 – 📺 ♿ ♿ 🅿. **AE** ⓞ **E** *VISA*. 🍽
    29 Z : 58 B 86/98 - 130/150 Fb.

🏠 **Hof Hueck** ⑤, Im Kurpark, *𝒫* 57 61, Fax 53241, 🍽, « Restauriertes westfälisches
    Bauernhaus a.d. 17.Jh. » – 📺 ☎ 🅿. **AE** ⓞ **E** *VISA* 🍽
    M *(Montag bis 18 Uhr geschl.)* a la carte 33/74 – **16 Z : 24 B** 100 - 160 Fb – ½ P 114/134.

🏠 **Wulff** ⑤ garni, Berliner Str. 31, *𝒫* 57 73, 🚱, 🏊 – 📺 ☎ 🅿. 🍽
    31 Z : 41 B 48/90 - 90/140.

AUENSIEK 2151. Niedersachsen – 1 700 Ew – Höhe 20 m – ◑ 04169.

Hannover 162 – ◆Bremen 74 – ◆Hamburg 49.

⌂   **Klindworth's Gasthof**, Hauptstr. 1, *𝒫* 6 50 – 🅿. **E**
◆   **M** *(Montag geschl.)* a la carte 21/35 – **15 Z : 33 B** 40 - 70.

XX **Hüsselhus** (ehem. Bauernhaus), Hauptstr. 12, *𝒫* 6 50 – 🅿. **E**. 🍽
    wochentags nur Abendessen, Montag geschl. – **M** a la carte 31/55.

AUERLACH 8029. Bayern **413** R 23. **987** ㊲. **426** G 5 – 5 200 Ew – Höhe 619 m – ◑ 08104.

München 22 – Innsbruck 144 – Salzburg 122.

🏨 Sauerlacher Post, Tegernseer Landstr. 2, *𝒫* 8 30, Telex 5218117, Fax 8383, Biergarten – 📶
    📺 ☎ 🅿 – ♨ 25/100
    51 Z : 98 B Fb.

AULGAU 7968. Baden-Württemberg **413** L 22. **987** ㊱. **427** M 1 – 15 000 Ew – Höhe 593 m
- ◑ 07581.

Verkehrsamt, Rathaus, Oberamtstr. 11, *𝒫* 42 68.

Stuttgart 114 – Bregenz 73 – Reutlingen 74 – ◆Ulm (Donau) 69.

🏨 **Kleber-Post**, Hauptstr. 100, *𝒫* 30 51, Fax 4437 – ☎ ⇐ 🅿 – ♨ 40. ⓞ **E** *VISA*
    M a la carte 50/80 – **43 Z : 65 B** 68/105 - 110/170 Fb.

🏠 **Schwarzer Adler**, Hauptstr. 41, *𝒫* 73 30 – ⇐ 🅿
    17 Z : 24 B.

🏠 **Bären**, Hauptstr. 93, *𝒫* 87 78 – ⇐ 🅿
    Juli - Aug. 2 Wochen und über Weihnachten 1 Woche geschl. – **M** *(Samstag geschl.)* a la
    carte 24/43 – **23 Z : 30 B** 38/55 - 80/115.

AULHEIM 6501. Rheinland-Pfalz **412** H 17 – 5 700 Ew – Höhe 208 m – ◑ 06732.

Mainz 20 – Koblenz 96 – Bad Kreuznach 25 – ◆Mannheim 60.

XX **La Maison de Marie**, Weedengasse 8, *𝒫* 33 31, 🍽 – **AE E**
    wochentags nur Abendessen, Montag, 1.- 6. Jan. und 1.-22. Juli geschl. – **M** a la carte
    45/72.

SCHACKENDORF Schleswig-Holstein siehe Segeberg, Bad.

Orte mit mindestens einem für Rollstuhlfahrer geeigneten Hotel bzw.
mit eigenem Tennisplatz,
Golfplatz oder Reitpferden finden Sie auf einer Liste am Ende des Führers.

SCHÄFTLARN 8021. Bayern R 23 − 5 000 Ew − Höhe 693 m − ✆ 08178.

Sehenswert : Barocke Klosterkirche.

♦München 19 − ♦Augsburg 84 − Garmisch-Partenkirchen 69.

In Schäftlarn-Ebenhausen :

🏨 **Gut Schwaige** ⚶ garni, Rodelweg 7, ✆ 40 51, Fax 4054 − 📺 ☎ 🅿 🎫 ⑩ 🇪 𝘝𝘐𝘚𝘈
   19 Z : 32 B 95/115 - 135/165 Fb.

XX **Hubertus mit Zim**, Wolfratshauser Str. 53 (B 11), ✆ 39 51 (Hotel) 48 51 (Rest.), 🐎 − 🍽
   🅿 − (Tischbestellung ratsam) − **6 Z : 10 B**.

SCHAFFLUND 2391. Schleswig-Holstein − 1 600 Ew − Höhe 15 m − ✆ 04639.

♦Kiel 104 − Flensburg 18 − Niebüll 27.

🏠 **Utspann**, Hauptstr. 47 (B 199), ✆ 12 02, 🍴 − 📺 ☎ 🅿 − 🛎 25/200. 🎫 🇪 𝘝𝘐𝘚𝘈
   M a la carte 29/43 − **11 Z : 22 B** 50 - 98.

SCHAFWINKEL Niedersachsen siehe Kirchlinteln.

SCHALKENMEHREN Rheinland-Pfalz siehe Daun.

SCHALKSMÜHLE 5885. Nordrhein-Westfalen F 13 − 11 200 Ew − Höhe 225 m − ✆ 0235

🏷 Schalksmühle-Gelstern, ✆ (02351) 5 64 60.

♦Düsseldorf 83 − Dortmund 43 − Hagen 18 − Lüdenscheid 14 − Siegen 66.

In Schalksmühle 2-Dahlerbrück :

XX **Haus im Dahl**, Im Dahl 72, ✆ 13 63, Fax 1366, ≤, 🍴 − 🅿
   Donnerstag und 22. Dez.- 9. Jan. geschl. − **M** a la carte 30/50.

SCHALLBACH Baden-Württemberg siehe Binzen.

SCHALLSTADT 7801. Baden-Württemberg G 23. ㊱. ㉚ − 5 000 Ew − Höhe 233
− ✆ 07664.

♦Stuttgart 213 − Basel 66 − ♦Freiburg im Breisgau 8,5 − Strasbourg 90.

In Schallstadt-Wolfenweiler :

XX **Zum Schwarzen Ritter**, Basler Str. 54, ✆ 6 01 36, Fax 6833, 🍴, « Kellergewölbe »
   🅿 🎫 ⑩ 🇪
   Feb. und Sonntag - Montag 19 Uhr geschl. − **M** a la carte 30/54.

SCHANZE Nordrhein-Westfalen siehe Schmallenberg.

SCHARBEUTZ 2409. Schleswig-Holstein ⑥ − 9 900 Ew − Seeheilbad − ✆ 045
(Timmendorfer Strand).

🅱 Kur- und Erholungsbetriebe, Strandallee 134, ✆ 7 42 55.

♦Kiel 59 − ♦Lübeck 26 − Neustadt in Holstein 12.

🏨 **Kurhotel Martensen - Die Barke**, Strandallee 123, ✆ 71 17, Telex 261445, Fax 73540, ≤
   Massage, ≘s, 🏊, − 🛗 📺 ☎ 🅿 ⑩ 🇪 𝘝𝘐𝘚𝘈 ✂
   März - Okt. − **M** a la carte 32/65 − **40 Z : 60 B** 85/165 - 170/275 Fb − ½ P 107/167.

🏠 **Appartment-Hotel Baltic** garni, Hamburger Ring 2, ✆ 7 41 41, ≘s, 🏊, 🐎 − 📺 ☎ 🅿
   🎫 ⑩ 𝘝𝘐𝘚𝘈
   Mitte Feb.- Mitte Nov. − **25 Z : 75 B** 95/120 - 130/200.

🏠 **Petersen's Landhaus** garni, Seestr. 56a, ✆ 7 30 01, 🏊 − 🅿 🇪
   10. Jan.- 10. Feb. und 10. Nov.- 10. Dez. geschl. − **14 Z : 40 B** 89/99 - 136/156 Fb.

🏠 **Wennhof**, Seestr. 62, ✆ 7 23 54, 🍴, ≘s, 🐎 − ☎ 🍽 🅿 🇪
   M a la carte 26/60 − **28 Z : 60 B** 65 - 130/150 Fb.

🏠 **Villa Scharbeutz** garni, Seestr. 26, ✆ 7 20 08, 🐎 − 📺 🅿
   10 Z : 19 B 66/80 - 121/132 Fb.

🏠 **Windrose** garni, Strandallee 122, ✆ 7 35 36, ≤, 🐎 − 🅿. ✂
   Mitte März - Mitte Okt. − **18 Z : 30 B** 78/110 - 156 Fb.

In Scharbeutz-Haffkrug :

🏠 **Maris-Restaurant Tante Alma**, Strandallee 10, ✆ (04563) 51 82, Fax 1084, ≤, 🍴, ≣
   − 🛗 📺 🍽 🅿. 🎫 ⑩ 🇪 𝘝𝘐𝘚𝘈
   M (Okt.- Mai Montag und 26. Nov.- 24. Dez. geschl., Jan.- Feb. nur an Wochenende
   geöffnet) 16 (mittags) und a la carte 26/55 − **13 Z : 25 B** 69/110 - 142 − 4 Fewo 120/130.

Siehe auch : Liste der Feriendörfer

SCHEDA Nordrhein-Westfalen siehe Drolshagen.

SCHEER Baden-Württemberg siehe Sigmaringen.

SCHEIBENHARDT 6729. Rheinland-Pfalz 412 413 H 20, 242 ②. 87 ② – 500 Ew – Höhe 120 m – 🕭 06340.

ₐinz 168 – ♦Karlsruhe 26 – Landau in der Pfalz 32 – Wissembourg 16.

In Scheibenhardt 2-Bienwaldmühle NW : 5,5 km :

✕ Zur Bienwaldmühle, 𝒫 2 76, ☆ – 🅿.

SCHEIDEGG 8999. Bayern 413 M 24, 426 B 6, 427 N 3 – 3 700 Ew – Höhe 804 m – ₑeilklimatischer Kurort – Kneippkurort – Wintersport : 804/1024 m ⟜5 🛷2 – 🕭 08381.

Kurverwaltung, Rathausplatz 4, 𝒫 14 51.
ₘünchen 177 – Bregenz 22 – Ravensburg 40.

🏨 **Panorama Kurhotel** ⌂, Kurstr. 22, 𝒫 80 20, Fax 80284, ≤ Alpen, ☆, Bade- und Massageabteilung, ⌶₄, ⌶₊, ≘s, 🔲, 🐎, ✖ (Halle – 🔋 ☎ ⇐ 🅿 – ⌂ 25/100
M *(auch Diät und vegetarische Gerichte)* a la carte 35/62 – **73 Z : 110 B** 85/135 - 160/300 Fb – 8 Fewo 85/100 – ½ P 101/111.

🏨 **Gästehaus Allgäu** ⌂, Am Brunnenbühl 11, 𝒫 52 50, ≤, ≘s, 🐎 – 🔲 ⅙ ⇐ 🅿. 𝐄. ✖
(nur Abendessen für Hausgäste) – **14 Z : 25 B** 43/52 - 77/98 Fb – 2 Fewo 68/86 – ½ P 52/55.

🏨 **Gästehaus Bergblick** ⌂ garni, Am Brunnenbühl 12, 𝒫 72 91, ≤, 🐎 – ⇐ 🅿. ✖
14 Z : 26 B 45/70 - 90.

🏨 Post, Kirchplatz 5, 𝒫 66 15 (Hotel) 22 09 (Rest.), ☆
28 Z : 52 B Fb.

🏨 **Gästehaus Montfort** ⌂ garni, Höhenweg 4, 𝒫 14 50, ≤, 🔲, 🐎, ✖ – 🅿. ✖
Nov.- Dez. geschl. – **12 Z : 24 B** 55 - 80.

SCHEINFELD 8533. Bayern 413 O 17,18, 987 ⊗ – 4 100 Ew – Höhe 306 m – 🕭 09162.
ₘünchen 244 – ♦Bamberg 62 – ♦Nürnberg 57 – ♦Würzburg 54.

🏨 **Weinstube Posthorn**, Adi-Dassler-Str. 4, 𝒫 3 40 – 🔲 ☎
(nur Abendessen für Hausgäste) – **14 Z : 28 B** 50/70 - 80/120.

✕ **Zur Schrotmühle** mit Zim, Würzburger Str. 19, 𝒫 4 41 – 🅿
15.- 31. Jan. geschl. – **M** a la carte 23/44 🍴 – **7 Z : 12 B** 45/56 - 75/85.

In Oberscheinfeld 8531 NW : 8 km :

🏨 **Ziegelmühle** ⌂ garni, 𝒫 (09167) 7 47, ≘s, 🔲 – 🔲 🅿
7 Z : 14 B 60/80 - 90/130 – 5 Fewo 90.

SCHELLERTEN Niedersachsen siehe Hildesheim.

SCHELLHORN Schleswig-Holstein siehe Preetz.

SCHENKENZELL 7623. Baden-Württemberg 413 HI 22 – 2 000 Ew – Höhe 365 m – Luftkurort
🕭 07836 (Schiltach).

Kurverwaltung, Rathaus, Reinerzaustr. 12, 𝒫 22 58.
ₜtuttgart 104 – Freudenstadt 23 – Villingen-Schwenningen 46.

🏨 **Sonne**, Reinerzaustr. 13, 𝒫 10 41, Fax 10 49, ☆, ≘s, 🐎 – ☎ 🅿. 𝐀𝐄 ⓞ 𝐄 𝘝𝘐𝘚𝘈
Jan. 2 Wochen geschl. – **M** 17 (mittags) und a la carte 24/54 – **38 Z : 70 B** 63/68 - 110/120 Fb – ½ P 68/70.

🏨 **Café Winterhaldenhof** ⌂, Winterhalde 8, 𝒫 72 48, ≤, ☆ – 🔋 🔲 ☎ ⇐ 🅿. ✖
2. Nov.- 20. Dez. geschl. – **M** *(Donnerstag geschl.)* a la carte 25/50 – **18 Z : 36 B** 70/80 - 112/132 Fb.

🏨 **Waldblick**, Schulstr. 12, 𝒫 3 48, ☆ – 🔲 ☎ 🅿. 𝐀𝐄 ⓞ
M *(Nov.- März Dienstag geschl.)* a la carte 23/52 – **13 Z : 23 B** 40/66 - 72/108 Fb – ½ P 50/81.

SCHENKLENGSFELD 6436. Hessen 412 M 14 – 4 800 Ew – Höhe 310 m – 🕭 06629.
ₓiesbaden 178 – Fulda 38 – Bad Hersfeld 13.

🟙 **Steinhauer**, Hersfelder Str. 8, 𝒫 2 22, ≘s – ⇐ 🅿
◆ **M** *(Sonntag ab 14 Uhr geschl.)* a la carte 21/33 – **12 Z : 20 B** 30/35 - 60/70.

SCHERMBECK 4235. Nordrhein-Westfalen 987 ⑬. 412 D 11 – 12 900 Ew – Höhe 34 m – ₒ 02853.

Siehe Ruhrgebiet (Übersichtsplan).

ₔüsseldorf 69 – Dorsten 10 – Wesel 19.

🏨 **Haus Hecheltjen**, Weseler Str. 24, 𝒫 22 14, ☆ – ⇐ 🅿
◆ *22. Dez.- 6. Jan. geschl.* – **M** *(Dienstag geschl.)* a la carte 21/46 – **14 Z : 22 B** 42/45 - 80/84.

In Schermbeck-Gahlen S : 4 km :

🏨 **Op den Hövel**, Kirchstr. 71, 𝒫 44 47, Fax 5575, ☆, ≘s, 🔲 – 🔲 ☎ 🅿
◆ *23. Dez.- 6. Jan. geschl.* – **M** *(Donnerstag und 27. Dez.- 18. Jan. geschl.)* a la carte 19/48 – **16 Z : 32 B** 50 - 90.

In Schermbeck - Gahlen-Besten S : 7,5 km :

XX **Landhaus Spickermann**, Kirchhellener Str. 1, ℰ (02362) 4 11 32 − **℗**. **E**
wochentags nur Abendessen, Montag und März - April 2 Wochen geschl. − **M** a la car
67/95.

In Schermbeck-Voshövel NW : 13 km :

XX **Gaststätte Voshövel** mit Zim, Am Voshövel 1, ℰ (02856) 20 82, Fax 744, 🏠 − 📺 ◀
⟺ **℗**. **◑** **E** 𝑽𝑰𝑺𝑨
Feb.- März 2 Wochen geschl. − **M** *(Montag geschl.)* a la carte 28/65 − **14 Z : 27 B** 75/12⁵
125/195.

SCHESSLITZ 8604. Bayern 🔢 Q 17. 🔢 ⊛ − 6 800 Ew − Höhe 309 m − 🄯 09542.
♦München 252 − ♦Bamberg 14 − Bayreuth 47 − ♦Nürnberg 70.

In Scheßlitz-Würgau O : 5 km :

🏚 **Brauerei-Gasthof Hartmann**, Hauptstr. 31 (B 22), ℰ 5 37, Biergarten − **℗**
➤ **M** *(24.- 30. Dez. und Dienstag geschl.)* a la carte 20/48 − **10 Z : 18 B** 40 - 70.

☖ **Sonne**, Hauptstr. 55 (B 22), ℰ 3 12, 🏠, 🐎 − 🕴 ⟺ **℗**
➤ *Aug.- Sept. und Dez.- Jan. jeweils 2 Wochen geschl.* − **M** *(Montag geschl.)* a la carte 18/.
− **35 Z : 56 B** 32/38 - 52/60.

SCHIEDER-SCHWALENBERG 4938. Nordrhein-Westfalen 🔢 ⑮. 🔢 K 11 − 9 000 Ew
Höhe 150 m − 🄯 05282.
🅱 Kurverwaltung (Schieder), im Kurpark, ℰ 2 98.
♦Düsseldorf 209 − Detmold 22 − ♦Hannover 80 − Paderborn 39.

Im Ortsteil Schieder − Kneippkurort :

🏚 Nessenberg, Nessenberg 1 (an der B 239, W : 2 km), ℰ 2 45, 🏠 − 📺 ⟺ **℗**
15 Z : 27 B.

Im Ortsteil Schwalenberg :

🏚 **Schwalenberger Malkasten**, Neue-Tor-Str. 1, ℰ (05284) 52 78, Fax 5108, 🕿 − **℗**. ◀
E 𝑽𝑰𝑺𝑨. ❤ Zim
2. Jan.- 4. Feb. und 12.- 27. Dez. geschl. − **M** a la carte 27/49 − **35 Z : 67 B** 40/66 - 7
110 Fb.

🏚 **Burg Schwalenberg** ⧑, ℰ (05284) 51 67, Fax 5567, ⩻ Schwalenberg und Umgebung
📺 🕿 **℗** − 🛄 50. 🄰🄴 **◑** **E** 𝑽𝑰𝑺𝑨
M *(auch vegetarische Gerichte)* a la carte 34/70 − **18 Z : 30 B** 85/150 - 150/210 Fb.

In Schieder-Glashütte NO : 5 km − Kneippkurort :

🏚 **Herlingsburg**, Bergstr. 29, ℰ 2 24, ⩻, 🏠, Bade- und Massageabteilung, 🔥, 🐎 − **℗**
Mitte Jan.- 1. März geschl. − **M** a la carte 24/60 − **42 Z : 63 B** 51/74 - 94.

In Schieder-Siekholz N : 3 km ab Schieder :

🏚 **Haus Fahrenbusch**, Siekholzer Str. 27, ℰ 2 18, 🏠, 🕿, ▨, 🐎 − 📺 🕿
M a la carte 26/50 − **18 Z : 33 B** 45/53 - 80/90 Fb.

An der Straße nach Bad Pyrmont NO : 5 km ab Schieder

🏚 **Fischanger**, Fischanger 25, ✉ 4938 Schieder-Schwalenberg 1, ℰ (05282) 2 37, 🏠, ≤
🐎 − ⟺ **℗**. **E**
Mitte Jan.- Mitte Feb. geschl. − **M** *(Dienstag geschl.)* a la carte 26/40 − **15 Z : 25 B** 36/4.
70/84.

SCHIFFERSTADT 6707. Rheinland-Pfalz 🔢 ⊛ ⊛. 🔢 🔢 I 18 − 18 000 Ew − Höhe 102
− 🄯 06235.
Mainz 83 − ♦Mannheim 16 − Speyer 9,5.

🏚 **Kaufmann**, Bahnhofstr. 81, ℰ 70 41, Fax 3771, 🏠, 🐎, ❤ − 📺 🕿 **℗**. 🄰🄴 **◑** **E** 𝑽𝑰𝑺𝑨
27. Dez.- 6. Jan. geschl. − **M** *(Sonntag ab 14 Uhr und Samstag geschl.)* a la carte 34/63
18 Z : 32 B 45/125 - 95/200.

🏚 **Zur Kanne**, Kirchenstr. 9, ℰ 26 64 − 📺 🕿 **℗**. ❤
20. Dez.- 10. Jan. geschl. − **M** *(Dienstag - Mittwoch 17 Uhr geschl.)* 13 (mittags) und a
carte 27/51 ⧰ − **26 Z : 50 B** 65 - 100 Fb.

🏚 Palatia, Am Sportzentrum 4, ℰ 34 52, Fax 82314, 🏠 − 🕿 **℗**
10 Z : 19 B.

XX **Am Museum**, Kirchenstr. 13, ℰ 51 69, « Innenhofterrasse » − 🄰🄴
Montag und Juli geschl. − **M** a la carte 43/70.

Le carte stradali Michelin sono costantemente aggiornate.

CHILLINGSFÜRST 8813. Bayern 👁👁👁 N 19 – 2 200 Ew – Höhe 515 m – Erholungsort – ¹intersport : 🎿3 – 🕲 09868.

München 188 – Ansbach 28 – Heilbronn 121 – ♦ Nürnberg 86.

🏠 **Die Post**, Rothenburger Str. 1, ℰ 4 73, Fax 5876, ≼, 🛒 – 🚗 🅿
M *(Montag bis 17 Uhr und Mitte Dez.- Mitte Jan. geschl.)* a la carte 22/48 🍴 – **14 Z : 28 B** 40/50 - 72/90.

🏠 **Zapf**, Dombühler Str. 9, ℰ 50 29, 🚐, 🛒 – 🕿 🅿. 🖭 ⓞ 🗉 𝘝𝘐𝘚𝘈
15. Dez.- 14. Jan. geschl. – M *(im Winter Samstag geschl.)* a la carte 22/40 🍴 – **26 Z : 44 B** 45/80 - 80/110 – ½ P 54/69.

CHILTACH 7622. Baden-Württemberg 👁👁👁 HI 22, 👁👁👁 ㉟ – 3 800 Ew – Höhe 325 m – ¹ftkurort – 🕲 07836.

Städt. Verkehrsamt, Hauptstr. 5, ℰ 6 48.

¹tuttgart 126 – Freudenstadt 27 – Offenburg 51 – Villingen-Schwenningen 42.

✗ **Rößle** mit Zim, Schenkenzeller Str. 42, ℰ 3 87 – 🚗 🅿
◆ *über Fastnacht 2 Wochen geschl.* – M *(Sonntag 14 Uhr - Montag geschl.)* a la carte 21/56 – **3 Z : 6 B** 42 - 84 Fb.

CHLADERN Nordrhein-Westfalen siehe Windeck.

CHLANGENBAD 6229. Hessen 👁👁👁 ㉔, 👁👁👁 H 16 – 6 300 Ew – Höhe 318 m – Heilbad – 06129.

Verkehrsbüro, Rheingauer Str. 20, ℰ 88 21.

Viesbaden 16 – ♦Koblenz 63 – Limburg an der Lahn 43 – Mainz 21.

🏩 Kurhotel Schlangenbad, Rheingauer Str. 47, ℰ 4 20, Telex 4186468, Fax 41420, 🏡, Bade- und Massageabteilung, direkter Zugang zum Thermalbewegungsbad, 🛒 – 📶 🖵 🚗 🅿 – 🏛 25/250
99 Z : 140 B Fb.

🏠 **Schlangenbader Hof**, Rheingauer Str. 7, ℰ 20 33, Fax 2055, 🚐, 🖵 – 📶 🕿 🅿 – 🏛 25/250. 🖭 ⓞ
M a la carte 35/65 – **60 Z : 100 B** 102/132 - 146/176 Fb.

🏠 **Sonnenhof** 🦢, Mühlstr. 17, ℰ 20 71, 🚐 – 📶 🖵. 🗉 𝘝𝘐𝘚𝘈 🍴
(Restaurant nur für Hausgäste) – **30 Z : 40 B** 60/110 - 100/180 Fb – ½ P 68/108.

🏠 **Russischer Hof**, Rheingauer Str. 37, ℰ 20 05, 🛒 – 🕿. 🗉
Nov. geschl. – (nur Abendessen für Hausgäste) – **21 Z : 36 B** 48/58 - 90/108 Fb.

🏠 Grüner Wald, Rheingauer Str. 33, ℰ 20 61, 🚐, 🛒 – 🖵
22 Z : 38 B Fb – 8 Fewo.

In Schlangenbad-Georgenborn SO : 2,5 km :

🏠 **Gästehaus Werner** 🦢 garni, Mainstr. 38, ℰ 23 58 – 🅿. 🗉
10 Z : 17 B 40/46 - 64/84.

CHLECHING 8211. Bayern 👁👁👁 U 23, 👁👁👁 ㊲, 👁👁👁 ⑱ – 1 700 Ew – Höhe 570 m – Luftkurort Wintersport : 600/1 400 m ⟜3 ⟜5 – 🕲 08649.

Verkehrsamt, Haus des Gastes, Schulstr. 4, ℰ 2 20.

¹ünchen 104 – Rosenheim 45 – Traunstein 34.

🏠 **Zur Post**, Kirchplatz 7, ℰ 12 14, Fax 1332, ≼, 🏡, 🚐 – 🕿 🅿 – 🏛 40
◆ April geschl. – M *(Montag geschl.)* a la carte 21/40 – **25 Z : 50 B** 70 - 120 Fb.

✗ **Zum Geigelstein** mit Zim, Hauptstr. 5, ℰ 2 81, 🏡 – 🅿
15. April - 10. Mai und 15. Nov.- 24. Dez. geschl. – M *(Dienstag geschl.)* a la carte 32/59 – **7 Z : 12 B** 45/47 - 76/84.

In Schleching-Ettenhausen SW : 2 km :

🏩 **Steinweidenhof** 🦢, Steinweiden 8, ℰ 5 11, 🏡, « Einrichtung im alpenländischen Stil », 🚐, 🛒 – 🖵 🕿 🚗 🅿
Nov.- 20. Dez. geschl. – M *(nur Abendessen, Donnerstag geschl.)* a la carte 34/62 – **9 Z : 20 B** 80/160 - 100/200.

CHLECHTBACH Baden-Württemberg siehe Schopfheim.

CHLEDEHAUSEN Niedersachsen siehe Bissendorf Kreis Osnabrück.

CHLEHDORF 8118. Bayern 👁👁👁 Q 24, 👁👁👁 F 6 – 1 000 Ew – Höhe 609 m – 🕲 08851 (Kochel See).

¹ünchen 54 – Garmisch-Partenkirchen 31 – Bad Tölz 23.

🎍 Klosterbräu, Seestr. 2, ℰ 2 86 – 🅿
27 Z : 54 B – 5 Fewo.

SCHLEIDEN 5372. Nordrhein-Westfalen **987** ㉓, **412** C 15 – 13 500 Ew – Höhe 348 m – ✪ 024
– **B** Kurverwaltung (Schleiden-Gemünd), Kurhausstr. 6, ℘ (02444) 20 12.
◆Düsseldorf 103 – ◆Aachen 57 – Düren 38 – Euskirchen 30.

XXX ✿ **Alte Rentei** mit Zim, Am Markt 39, ℘ 6 99 – 📺 ☎ ⓞ E 𝘝𝘐𝘚𝘈
  M *(Montag - Dienstag geschl.)* a la carte 65/85 – **Rentei-Keller** Menu a la carte 32/64 – **7 Z**
  14 B 68/120 - 120/200
  Spez. Lotte und Hummer in Rote Bete-Schaum, Gefüllte Wachtel mit Trüffelsauce, Lammrückenstück in Brottei

In Schleiden-Gemünd NO : 6 km – Kneippkurort – ✪ 02444 :

🏠 **Friedrichs**, Alte Bahnhofstr. 16, ℘ 6 00, Fax 3108, ㈜, ⊜ – 🛗 📺 ☎ ⟷ 🅿 – 🔏 25/4❚
  𝔸𝔼 ⓞ E 𝘝𝘐𝘚𝘈
  M *(Dienstag geschl.)* a la carte 31/58 – **21 Z : 37 B** 55/75 - 90/120 Fb.

🏠 **Kurpark Hotel** ⅍ garni, Parkallee 1, ℘ 17 29, ⊜ – 📺 ☎. ⅏
  20 Z : 30 B 45/50 - 90.

🏠 **Haus Salzberg** ⅍, Am Lieberg 31, ℘ 4 94, ⊜, ㈜ – 📺 ☎ 🅿. 𝔸𝔼 E
  M *(Montag geschl.)* a la carte 25/48 – **10 Z : 22 B** 58/70 - 86/130.

🏠 **Zum Urfttal**, Alte Bahnhofstr. 12, ℘ 30 41, ㈜ – 🛗 ☎ 🅿. E
  Nov.- *26. Dez. geschl.* – *(nur Abendessen für Hausgäste)* – **18 Z : 33 B** 48 - 86 Fb.

X **Kettner's Parkrestaurant**, Kurhausstr. 5, ℘ 7 76, « Gartenterrasse » – ⅙ – 🔏 25/50
  E
  Montag und Nov. 3 Wochen geschl. – **M** a la carte 28/60.

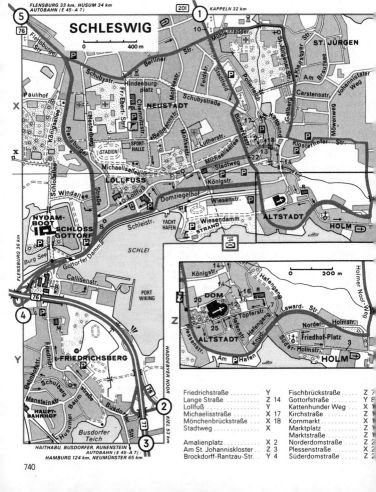

Sehenswert : Nydam-Boot*** Y − Schloß Gottorf : Landesmuseum für Kunst- und Kulturgeschichte **, Kapelle ** Y − Dom* (Bordesholmer Altar**) Z − ≼* vom Parkplatz an der B 76 Y − Fischerviertel "Holm" (Friedhof-Platz*) Z.

🛈 Städt. Touristbüro, Plessenstr. 7, ℰ 81 42 26.

➤Kiel 53 ② − Flensburg 33 ⑤ − Neumünster 65 ③.

Stadtplan siehe gegenüberliegende Seite.

🏨🏨 **Strandhalle** 🐆, Strandweg 2 (am Jachthafen), ℰ 2 20 21, Fax 28933, ≼, ㈭, « Garten »,
🗔 − 🖵 ☎ 🅿 − 🛦 25/120. 🖭 ⓞ 🄴 𝖵𝖨𝖲𝖠   Y f
M a la carte 37/54 − **28 Z : 44 B** 75/130 - 120/160.

🏨 **Waldhotel** 🐆, Stampfmühle 1 (am Schloß Gottorf), ℰ 2 32 88, 🚗 − ☎ ⟸ 🅿 −
🛦 25/100. 🖭 🄴   X x
M a la carte 25/48 − **9 Z : 17 B** 65/68 - 105/115.

🏨 **Skandia**, Lollfuß 89, ℰ 2 41 90 − 🖵 ☎ 🅿 − 🛦   Y s
30 Z : 50 B.

In Schleswig-Pulverholz SW : 1,5 km, Zufahrt über Brockdorff-Rantzau-Straße Y :

🏨🏨 **Waldschlößchen**, Kolonnenweg 152, ℰ 38 32 83, Telex 221306, Fax 383105, 🚬, 🗔 − 🗚
🖵 🛦 🅿 − 🛦 25/280. 🖭 ⓞ 🄴 𝖵𝖨𝖲𝖠
M a la carte 32/57 − **80 Z : 140 B** 65/95 - 108/147 Fb.

Stuttgart 243 − Basel 28 − Müllheim 9.

🍴 Holzschopf mit Zim, Altinger Str. 1, ℰ 12 29 − 🅿
7 Z : 14 B.

In Schliengen 5-Obereggenen O : 7 km :

🏨 Landgasthof Graf 🐆, Kreuzweg 6, ℰ 12 64, ㈭, 🚗 − ⟸ 🅿
15 Z : 25 B Fb.

🏠 **Zum Rebstock**, Kanderner Str. 4, ℰ 12 89, ㈭, 🚗 − 🅿
Ende Juni - Anfang Juli und Mitte Nov.- Mitte Dez. geschl. − **M** *(Dienstag - Mittwoch 17
Uhr geschl.)* a la carte 28/57 🍸 − **12 Z : 18 B** 28/42 - 78/90.

SCHLIER Baden-Württemberg siehe Ravensburg.

Sehenswert : Pfarrkirche*.

Ausflugsziel : Spitzingsattel : Aussichtspunkt ≼*, S : 9 km.

🛈 Kurverwaltung, Am Bahnhof, ℰ 23 25.

München 62 − Rosenheim 36 − Bad Tölz 25.

🏨🏨 **Schlierseer Hof**, Seestr. 21, ℰ 40 71, Telex 526945, Fax 4953, ≼, « Gartenterrasse », 🚬,
🖵 (geheizt), 🐾🐾, 🚗 − 🗚 🖵 🅿 − 🛦 30. 🖭 ⓞ 🄴 𝖵𝖨𝖲𝖠
M a la carte 29/60 − **46 Z : 75 B** 110/130 - 160/220 Fb − 3 Appart. 230 − ½ P 110/160.

🏨🏨 **Arabella Schliersee Hotel** 🐆, Kirchbichlweg 18, ℰ 60 80, Telex 526947, Fax 608811,
㈭, Massage, 🚬, 🗔, 🚗 − 🗚 🖵 🛦 🏃🏃 ⟸ 🅿 − 🛦 25/120. 🖭 ⓞ 🄴 𝖵𝖨𝖲𝖠. 🛠 Rest
M a la carte 33/54 − **32 Z : 113 B** 125/150 - 195/210 Fb − 33 Fewo 110/260 − ½ P 130/182.

🏨 **Terofal**, Xaver-Terofal-Platz 2, ℰ 40 45, ㈭ − ☎ 🅿
M *(Montag bis 17 Uhr, außer Saison Montag ganztägig und März geschl.)* a la carte 23/52 −
24 Z : 51 B 60/95 - 105/135 Fb.

🏨 **Gästehaus am Kurpark** 🐆, Gartenstr. 7, ℰ 40 41, 🚗 − ☎ ⟸ 🅿. 🛠 Rest
(nur Abendessen für Hausgäste, außer Saison garni) − **28 Z : 47 B** 63/75 - 102/112 Fb.

🏨 Lechner am See garni, Seestr. 33, ℰ 40 91, ≼, 🐾🐾, 🚗 − ☎ 🅿. 🛠
11 Z : 24 B Fb.

🏨 **Seeblick** garni, Seestr. 25, ℰ 40 31, Fax 40 33, 🚬 − 🖵 ☎ 🅿
22 Z : 50 B Fb.

In Schliersee-Fischhausen S : 3 km :

🍴 Zum Bartlbauer, Neuhauser Str. 3, ℰ 47 33, Fax 6671, ㈭ − 🅿.

In Schliersee-Neuhaus S : 4 km :

🏨 **Dahms** 🐆, Schönfeldstr. 5, ℰ 70 94, Fax 71596, 🚬, 🗔, 🚗 − 🖵 ☎ ⟸ 🅿
16. Nov.- 15. Dez. geschl. − (nur Abendessen für Hausgäste) − **17 Z : 38 B** 77/120 - 110/
176 Fb − ½ P 73/117.

🍴🍴 **Sachs**, Neuhauser Str. 12, ℰ 72 38, ㈭, « Einrichtung im alpenländischen Stil » − 🅿. 🖭
🄴
Nov. und Montag geschl. − **M** a la carte 33/64.

In Schliersee-Spitzingsee S : 10 km — Höhe 1 085 m :

🏨 **Arabella Spitzingsee Hotel** ⚙, Spitzingstr. 5, ℰ 79 80, Telex 526944, Fax 798879, ≤, 🍴, Massage, ≘s, 🏊, 🐾, 🛥, 🎿 — 🕼 TV ⟸ ℗ — 🚐 25/80. ⅀ ⓘ E 𝖵𝖨𝖲𝖠. 🦐 Rest
M a la carte 44/65 — **76 Z : 140 B** 128/155 - 180/210 Fb — 3 Appart. 374 — ½ P 125/190.

🏠 **Gundl-Alm - Jagdhof** ⚙, Spitzingstr. 8, ℰ 74 12, Fax 71530, ≤, 🍴, ≘s, 🐾 — ℗
🔸 *Anfang - Mitte April und Mitte Nov.- Mitte Dez. geschl.* — **M** a la carte 20/44 — **35 Z : 60 B**
55/80 - 90/100 — 15 Fewo 70/100 — ½ P 64/79.

🏡 Postgasthof St. Bernhard ⚙, Seeweg 1, ℰ 7 10 11, ≤, 🍴, 🐾, 🐾 — 🕿 ℗
10 Z : 20 B.

SCHLIFFKOPF Baden-Württemberg siehe Schwarzwaldhochstraße.

SCHLITZ 6407. Hessen 𝟵𝟴𝟳 ⑳. 𝟰𝟭𝟮 L 14 — 9 400 Ew — Höhe 240 m — Erholungsort — ✆ 06642.
🛈 Verkehrsamt, Rathaus, Am der Kirche, ℰ 8 05 60.
◆Wiesbaden 165 — Fulda 20 — Bad Hersfeld 28 — ◆Kassel 91.

🏠 **Guntrum**, Otto-Zinßer-Str. 5, ℰ 50 93 — 🕿 ⟸ ℗ — 🚐 30. ⅀ ⓘ E 𝖵𝖨𝖲𝖠
M *(Montag geschl.)* a la carte 22/45 — **25 Z : 36 B** 48 - 85 Fb.

🏠 **Vorderburg** ⚙, An der Vorderburg, ℰ 50 41, 🍴 — 🕼 🕿 ℗ — 🚐 30
7. Jan.- Mitte Feb. geschl. — **M** *(Mittwoch geschl.)* a la carte 29/49 — **28 Z : 43 B** 50/68
92 Fb.

In Schlitz 1 - Willofs W : 6 km :

🏡 Roth, Schlitzer Str. 1, ℰ 16 25, 🐾 — ⟸ ℗ — **8 Z : 16 B.**

SCHLOSSBÖCKELHEIM 6558. Rheinland-Pfalz 𝟰𝟭𝟮 G 17 — 400 Ew — Höhe 150 m — ✆ 06758.
Mainz 56 — Idar-Oberstein 40 — Bad Kreuznach 12.

An der Nahe SO : 1,5 km :

🏨 **Weinhotel Niederthäler Hof**, ✉ 6558 Schlossböckelheim, ℰ (06758) 69 96, Fax 6999
≤, 🍴, ≘s — 🕼 🕿 ℗ — 🚐 30. ⅀ E
Jan. geschl. — **M** a la carte 32/57 ⚖ — **23 Z : 43 B** 60/70 - 98/120 Fb.

SCHLOSSBORN Hessen siehe Glashütten.

SCHLOSS HOLTE-STUKENBROCK 4815. Nordrhein-Westfalen 𝟰𝟭𝟮 I 11 — 21 000 Ew — Höh
135 m — ✆ 05207.
◆Düsseldorf 178 — Bielefeld 18 — Detmold 19 — Paderborn 25.

Im Ortsteil Stukenbrock :

🏠 **Westhoff**, Hauptstr. 24 (B 68), ℰ 33 69 — 🕼 🕿 ℗. ⅀ E
M *(Freitag geschl.)* a la carte 24/48 — **25 Z : 45 B** 45/48 - 75/80.

SCHLUCHSEE 7826. Baden-Württemberg 𝟰𝟭𝟯 H 23. 𝟵𝟴𝟳 ⑭ ⑳. 𝟰𝟮𝟳 I 2 — 2 400 Ew — Höh
951 m — Heilklimatischer Kurort — Wintersport : 1 000/1 130 m ✂3 ✂6 — ✆ 07656.
🛈 Kurverwaltung, Haus des Gastes, ℰ 77 32.
◆Stuttgart 172 — Donaueschingen 49 — ◆Freiburg im Breisgau 47 — Waldshut-Tiengen 33.

🏨 **Hetzel-Hotel Hochschwarzwald** ⚙, Am Riesenbühl 13, ℰ 7 03 26, Telex 7722331, Fa.
70323, ≤, 🍴, Bade- und Massageabteilung, ≘s, 🏊 (geheizt), 🏊, 🐾, 🎿 (Halle) — 🕼 TV
🕭 🛠 ⟸ ℗ — 🚐 25/200. ⅀ ⓘ E 𝖵𝖨𝖲𝖠. 🦐 Rest
Restaurants : **Panorama** *(nur Abendessen)* **M** a la carte 45/75 — **Bella Vista M** a la cart
30/54 — **Kachelofen M** a la carte 25/50 — **219 Z : 450 B** 135/225 - 280/320 Fb.

🏨 **Hegers Parkhotel Flora** ⚙, Sonnhalde 22, ℰ 4 52, Fax 1433, ≤, ≘s, 🏊, 🐾 — TV 🕿
⟸ ℗. ⅀ ⓘ E
Anfang Nov.- 24. Dez. geschl. — *(Restaurant nur für Hausgäste)* — **34 Z : 70 B** 93/113
125/175 Fb — ½ P 92/122.

🏨 **Mutzel**, Im Wiesengrund 2, ℰ 5 56, ≘s, 🐾 — 🕼 TV 🕿 🕭 ⟸ ℗
M a la carte 26/60 — **24 Z : 44 B** 70/85 - 140/160 — 2 Fewo.

🏠 **Berghotel Mühle** ⚙ (Schwarzwaldgasthof), Mühlenweg 13 (NO : 1,5 km übe
Giersbühlstraße), ℰ 2 09, 🍴, 🐾 — ℗
April und 1.- 24. Dez. geschl. — **M** *(Mittwoch geschl.)* a la carte 26/60 — **14 Z : 25 B** 65/70
90/120 Fb — ½ P 65/90.

🏠 **Schiff**, Kirchplatz 7, ℰ 2 52, ≤, 🍴, ≘s — 🕼 🕿 ℗
4. Nov.- 20. Dez. geschl. — **M** *(Montag geschl.)* a la carte 27/53 — **29 Z : 60 B** 75/85
120/170 Fb.

🏠 **Sternen**, Dresselbacher Str. 1, ℰ 2 51, Fax 1798, 🍴, 🐾 — 🕼 🕭 ⟸ ℗. ⅀ E 𝖵𝖨𝖲𝖠
Nov.- 20. Dez.geschl. — **M** *(Donnerstag geschl.)* a la carte 24/50 — **36 Z : 63 B** 60/78
110/160 — ½ P 75/88.

🍴🍴 **Schwarzwaldstube**, Lindenstraße (im Kurhaus), ℰ 12 00, ≤, 🍴 — 🕼 🕭 ℗
M a la carte 28/60.

In Schluchsee-Fischbach NW : 5 km :

🏠 **Hirschen**, Schluchseestr. 9, ℰ 2 78, ⇔s, 槑, ⅄ – ฿ 🖵 ☎ 👌 ❷
16. Nov.- 22. Dez. geschl. – **M** *(auch vegetarische Gerichte)* (Donnerstag geschl.) a la carte
23/50 – **27 Z : 50 B** 45/50 - 72/80 – ½ P 54/68.

In Schluchsee-Seebrugg SO : 2 km :

🏨 **Seehotel Hubertus** (mit Gästehaus), ℰ 5 24, ≤, « Ehem. Jagdschloß a.d.J. 1897, Terrasse
über dem See », 🐾 – 🖵 ☎ 🚗 ❷. 🆅🆂🅰
M *(auch vegetarische Gerichte)* a la carte 31/62 – **13 Z : 25 B** 59/180 - 90/196 Fb – ½ P 75/82.

SCHLÜSSELFELD 8602. Bayern 🄸🄸🄸 O 17. 🄨🄧🄯 ⑳ – 5 200 Ew – Höhe 299 m – ❸ 09552.
◾München 227 – ♦Bamberg 44 – ♦Nürnberg 56 – ♦Würzburg 57.

🏠 **Zum Storch**, Marktplatz 20, ℰ 10 16, Telex 662914, Fax 1006 – ฿ 🖵 ☎ 🚗. 🅰🅴 ⓞ 🅴 🆅🆂🅰
↤ **M** a la carte 21/47 🕯 – **44 Z : 95 B** 33/50 - 62/90.

🏠 **Amtmann-Bräu**, Kirchplatz 1, ℰ 70 63, 槑 – 🚗 ❷
33 Z : 65 B.

In Schlüsselfeld-Attelsdorf SO : 2 km :

🏠 **Herderich**, nahe der BAB - Ausfahrt Schlüsselfeld, ℰ 4 19 – 🚗 ❷. 🅰🅴 🅴 🆅🆂🅰
↤ Mitte Nov.- Mitte Dez. geschl. – **M** *(Sonntag ab 15 Uhr geschl.)* a la carte 21/36 🕯 – **24 Z :
43 B** 30/38 - 60/75.

In Schlüsselfeld-Reichmannsdorf NO : 7,5 km :

🏠 **Schloßgasthof**, Untere Hauptstr. 2, ℰ (09546) 61 72, 槑 – 🖵 ☎ ❷. 🅰🅴 🅴
7. Jan.- 5. Feb. geschl. – **M** *(Montag - Dienstag 18 Uhr geschl.)* a la carte 28/50 – **11 Z :
22 B** 61 - 96.

SCHMALLENBERG 5948. Nordrhein-Westfalen 🄨🄧🄯 ⑳, 🄸🄸🄸 H 13 – 26 500 Ew – Höhe 410 m
- Luftkurort – Wintersport : 480/800 m, ⅄15 ⚄ 34 – ❸ 02972.
ⓘ Schmallenberg 38-Winkhausen (O : 6 km), ℰ (02972)50 34.
◾Verkehrsamt, Weststr. 32, ℰ 77 55.
◾Düsseldorf 168 – Meschede 35 – Olpe 38.

🏨 **Störmann**, Weststr. 58, ℰ 40 55, Fax 2945, « Behagliches Restaurant, Garten », ⇔s, 🔲 –
฿ 🖵 ☎ 🚗 ❷ – 🔬 30. 🅰🅴 ⓞ 🅴 🆅🆂🅰. 🛠 Rest
März 2 Wochen und 21.- 26. Dez. geschl. – **M** *(auch vegetarisches Menu)* (Sonntag ab 14
Uhr geschl.) a la carte 35/68 – **39 Z : 60 B** 55/96 - 110/198 Fb – ½ P 74/115.

In Schmallenberg 3-Bödefeld NO : 17 km :

🏠 **Albers**, Graf-Gottfried-Str. 2, ℰ (02977) 2 13, ⇔s, 🔲, 槑 – ☎ ❷. 🅴
25. Nov.- 25. Dez. geschl. – **M** *(Mittwoch geschl.)* a la carte 25/53 – **38 Z : 75 B** 48/50 -
96/100 Fb – ½ P 64/66.

🏡 **Haus Fehr**, Graf-Gottfried-Str. 6, ℰ (02977) 2 73, ⇔s – 🚗 ❷
↤ 15. Nov.- 4. Dez. geschl. – **M** *(Montag geschl.)* a la carte 20/45 – **14 Z : 25 B** 39 - 78 Fb –
½ P 45.

In Schmallenberg 12-Fleckenberg SW : 2 km :

🏨 **Hubertus** ⟨S⟩, Latroper Str. 24, ℰ 50 77, Fax 1731, 槑 – ฿ ⅄⟩⟨ Rest ☎ ❷. 🛠
1.- 25. Dez. geschl. – **M** a la carte 28/55 – **24 Z : 39 B** 67/87 - 133/188 Fb – ½ P 72/92.

In Schmallenberg 2-Fredeburg NO : 7 km – Kneippkurort :

🏨 **Kleins Wiese** ⟨S⟩, (NO : 2,5 km), ℰ (02974) 3 76, 槑, ⇔s, 槑 – 🖵 ☎ ❷. 🛠 Zim
25. Nov.- 20. Dez. geschl. – **M** a la carte 28/57 – **20 Z : 30 B** 60/65 - 120/150 Fb.

🆇🆇 **Haus Waltraud** mit Zim, Gartenstr. 20, ℰ (02974) Fax 1369, 槑 – 🖵 ☎. ⓞ 🅴.
🛠 Zim
Ende Nov.- Mitte Dez. geschl. – **M** a la carte 27/60 – **9 Z : 18 B** 48/58 - 96/116.

In Schmallenberg 11-Grafschaft SO : 4,5 km – Luftkurort :

🏨 **Maritim Hotel Grafschaft** ⟨S⟩, An der Almert 11, ℰ 30 30, Fax 303168, 槑, ⇔s, 🔲, 🛠,
🐾 – ฿ ⅄⟩⟨ Zim 🖵 ☎ 👌 🚗 ❷ – 🔬 25/150. 🅰🅴 ⓞ 🅴 🆅🆂🅰. 🛠 Rest
M a la carte 39/75 – **116 Z : 210 B** 120/195 - 206/296 Fb – 12 Appart. 375/500.

🏠 **Gasthof Heimes**, Hauptstr. 1, ℰ 10 51, ⇔s – ฿ ⅄⟩⟨ Rest ☎ ❷. 🛠
Mitte Nov.- Mitte Dez. geschl. – **M** *(Dienstag geschl.)* a la carte 26/42 🕯 – **18 Z : 31 B** 32/52
- 64/90.

In Schmallenberg 12-Jagdhaus S : 7 km :

🏘 **Jagdhaus Wiese** ⟨S⟩, ℰ 30 60, Fax 306288, « Park », ⇔s, 🔲, 🛠 – ฿ 🖵 🚗 ❷. 🛠 Zim
27. Nov.- 27. Dez. geschl. – **M** *(ab 19.30 Uhr geschl.)* a la carte 35/70 – **66 Z : 105 B** 78/145 -
143/233 Fb – 12 Appart. 228/269 – ½ P 103/176.

🏠 **Gasthaus Tröster** ⟨S⟩, ℰ 63 00, 槑, 🛠 – ฿ ☎ ❷. 🛠 Zim
20. Nov.- 27. Dez. geschl. – **M** *(Abendessen nur für Hausgäste)* a la carte 25/32 – **18 Z :
33 B** 57/74 - 108/122 – ½ P 67/85.

743

In Schmallenberg 12-Latrop SO : 8 km :

🏨 **Hanses Bräutigam** ﹪, *ℰ* 50 37, ≋ѕ, 🖳, 🚗 – 🛗 📺 ☎ 🏕 ⇦ 🅿 ⅏ ⓞ Ɛ 𝑉𝐼𝑆𝐴
15. Nov.- 26. Dez. geschl. – **M** a la carte 30/55 – **23 Z : 38 B** 71/120 - 134/164 Fb.

🏡 **Zum Grubental** ﹪, *ℰ* 63 27, 🍴, ≋ѕ, 🚗, ℀ – ☎ ⇦ 🅿 ⅏ Zim
20. Nov.- 26. Dez. geschl. – **M** (Montag geschl.) a la carte 25/45 – **19 Z : 30 B** 40/55
90/114 – 3 Fewo 50/70 – ½ P 59/70.

In Schmallenberg 7-Nordenau NO : 13 km – ✆ 02975 :

🏨 **Kur- und Sporthotel Gnacke** ﹪, Astenstr. 6, *ℰ* 8 30, Fax 8370, « Caféterrasse mit ≤ »
Bade- und Massageabteilung, ⚕, ≋ѕ, 🖳, 🚗 – 🛗 📺 ⇦ 🅿 – 🕰 25/50. ⅏ ⓞ Ɛ
25. Nov.- 26. Dez. geschl. – **M** 18/38 (mittags) und a la carte 40/68 – **57 Z : 96 B** 82/129
170/258 Fb – ½ P 97/141.

🏡 **Tommes** ﹪, Talweg 14, *ℰ* 2 20, ≋ѕ, 🖳, 🚗, ℀ – ☎ ⇦ 🅿 ⅏ ⓞ Ɛ
20. Nov.- 20. Dez. geschl. – **M** 19/33 (mittags) und a la carte 29/59 – **46 Z : 80 B** 50/80
100/150 Fb – 6 Fewo 70/120 – ½ P 64/89.

🏡 **Nordenauer Landhaus** ﹪ garni, Sonnenpfad 1a, *ℰ* 88 32, ≤, ≋ѕ, 🖳, 🚗 – ☎ 🅿. ✆
15 Z : 28 B 49/55 - 94/128.

In Schmallenberg 8-Oberkirchen O : 8 km :

🏨 **Schütte**, Eggeweg 2 (B 236), *ℰ* (02975) 8 20, Telex 841558, Fax 82522, 🍴, « Behagliche
Restaurant », Massage, ≋ѕ, 🏊 (geheizt), 🖳, 🚗, 🐎 – 🛗 📺 ⇦ 🅿 – 🕰 35. ⅏ ⓞ Ɛ
𝑉𝐼𝑆𝐴
26. Nov.- 26. Dez. geschl. – **M** 22/38 (mittags) und a la carte 40/72 – **70 Z : 115 B** 87/160
156/288 Fb – 4 Appart. 330 – ½ P 98/164.

🏡 Schauerte, Alte Poststr. 13 (B 236), *ℰ* (02975) 3 75, ≋ѕ, 🚗 – ⇦ 🅿
18 Z : 31 B.

In Schmallenberg 9-Ohlenbach O : 15 km :

🏨 ✿ **Waldhaus Ohlenbach** ﹪, Ohlenbach 10, *ℰ* (02975) 8 40, Fax 8448, ≤ Rothaargebirge
🍴, ≋ѕ, 🖳, 🚗, ℀ – 📺 ☎ 🔥 ⇦ 🅿 ⅏ Ɛ 𝑉𝐼𝑆𝐴 ✆ Zim
Mitte Nov.- 20. Dez. geschl. – **M** 70/100 und a la carte 45/80 – **50 Z : 90 B** 80/130 - 160
260 Fb – ½ P 100/160
Spez. Medaillons vom Seeteufel mit Kapernvinaigrette, Lammrücken mit Buchweizenkruste, Baumkuchen mi
Orangenmousse.

In Schmallenberg 2-Rimberg NO : 13 km :

🏨 **Knoche** ﹪, Rimberg 1, Höhe 713 m, *ℰ* (02974) 77 70, Fax 77790, ≤, 🍴, ≋ѕ, 🖳, 🚗, 🐎
🔥 – 🛗 ☎ ⇦ 🅿 – 🕰 25/40. ✆
10.- 26. Dez. geschl. – **M** a la carte 41/65 – **54 Z : 88 B** 53/88 - 106/168 Fb – ½ P 71/106.

In Schmallenberg 11-Schanze SO : 9 km :

🏠 **Gasthof Alfons Hanses** ﹪, *ℰ* (02975) 4 73, ≤, ≋ѕ, 🚗 – 🅿
5. Nov.- 1. Dez. geschl. – **M** (Dienstag geschl.) a la carte 24/42 – **14 Z : 24 B** 35/44 - 80/84.

In Schmallenberg 29-Sellinghausen N : 14 km :

🏨 Stockhausen ﹪, *ℰ* (02971) 8 20, Fax 82102, 🍴, ≋ѕ, 🏊 (geheizt), 🖳, 🚗, ℀, 🐎 – 🛗 📺
☎ 🅿 – 🕰 25/80. ✆ Rest
64 Z : 103 B Fb.

In Schmallenberg 8-Vorwald O : 13 km :

🏡 **Gasthof Gut Vorwald** ﹪ (ehem. Gutshof a.d.J. 1797), *ℰ* (02975) 3 74, ≤, 🍴, 🚗, ℀
🔥 – 🐎 – ☎ ⇦ 🅿 ⅏ ⓞ Ɛ
15. Nov.- 26. Dez. geschl. – **M** a la carte 19/40 – **24 Z : 47 B** 35/50 - 60/99 – ½ P 43/59.

In Schmallenberg 35 -Westernbödefeld NO : 15 km :

🏡 **Zur Schmitte**, Am Roh 2, *ℰ* (02977) 2 68, ≋ѕ, 🚗, ℀ – 🛗 ☎ ⇦ 🅿
🔥 12. Nov.- 11. Dez. geschl. – **M** (Montag geschl.) a la carte 20/38 🍴 – **17 Z : 32 B** 35/45
70/90 – ½ P 45/48.

In Schmallenberg 9-Westfeld O : 12 km :

🏨 **Berghotel Hoher Knochen** ﹪, am Hohen Knochen (O : 2 km), Höhe 650 m
ℰ (02975) 4 96, Telex 841559, Fax 421, 🍴, ≋ѕ, 🖳, 🚗, ℀ – 🛗 📺 ☎ ⇦ 🅿 – 🕰 25/6
ⓞ Ɛ
25. Nov.- 19. Dez. geschl. – **M** a la carte 33/60 – **59 Z : 92 B** 79/105 - 150/190 Fb –
3 Appart. 250 – ½ P 95/120.

🏨 **Bischof** ﹪, Am Birkenstück 3, *ℰ* (02975) 2 56, 🍴, ≋ѕ – ☎ 🅿. Ɛ ✆ Rest
11.- 28. März und 16.- 26. Dez. geschl. – **M** (Mittwoch geschl.) a la carte 22/44 – **18 Z : 35**
48/53 - 96/106 – ½ P 57/67.

In Schmallenberg 38-Winkhausen O : 6 km :

🏨 **Deimann zum Wilzenberg**, an der B 236, *ℰ* (02975) 8 10, Fax 81289, 🍴, Bade- un
Massageabteilung, ⚕, ≋ѕ, 🖳, 🚗, ℀ – 🛗 📺 ⇦ 🅿
17.- 25. Dez. geschl. – **M** 22/40 (mittags) und a la carte 47/70 – **42 Z : 76 B** 77/104 - 19
228 Fb – 10 Fewo 75/150 – ½ P 87/124.

SCHMELZ 6612. Saarland **402** D 18, **202** ②. **507** ⑥ – 17 400 Ew – Höhe 300 m – 🕿 06887.
Saarbrücken 30 – Dillingen/Saar 17 – Saarlouis 20 – ◆Trier 52.

- 🍴 **Staudt** mit Zim, Trierer Str. 17, ℰ 21 45 – 🅿. ⊙ 🗲 *VISA*. 🛠 Zim
- ◆ Juni - Juli 3 Wochen geschl. – **M** *(Freitag geschl.)* a la carte 21/50 – **4 Z : 6 B** 30 - 60.

In Schmelz 5-Hüttersdorf S : 3 km :

- 🍴🍴 **Wilhelm**, Kanalstr. 3a, ℰ 25 84 – 🖭 ⊙ 🗲 *VISA*
- wochentags nur Abendessen, Dienstag und Juli - Aug. 3 Wochen geschl. – **M** *(bemerkenswerte Weinkarte)* (Tischbestellung ratsam) a la carte 48/83.

SCHMITTEN IM TAUNUS 6384. Hessen **402** **403** I 16 – 7 800 Ew – Höhe 534 m – Luftkurort – Wintersport : 534/880 m ≰4 ≰2 – 🕿 06084.
Ausflugsziel : Großer Feldberg : ※★★ S : 8 km.
Verkehrsamt, Parkstr. 2 (Rathaus), ℰ 46 29.
Wiesbaden 37 – ◆Frankfurt am Main 37 – Gießen 55 – Limburg an der Lahn 39.

- 🏠 **Kurhaus Ochs**, Kanonenstr. 6, ℰ 4 80, Telex 415380, Fax 4880, 🍸, �) – 🔟 🕿 ◆ 🅿 – 🔬 25/55. 🗲
  M a la carte 27/58 – **38 Z : 60 B** 75/130 - 110/190 Fb – ½ P 83/158.
- 🏠 **Haus Freund**, Wiesensteg 2, ℰ 5 38 – 🕿 🅿 – 🔬 25/60
  33 Z : 62 B.

In Schmitten 3-Oberreifenberg SW : 4 km – Höhe 650 m – 🕿 06082 :

- 🏠 **Waldhotel** 🞈, Tannenwaldstr. 12 (O : 1 km), ℰ 6 42, « Gartenterrasse », 🚗 – 🔟 🕿 ◆ 🅿 – 🔬 30
  23 Z : 32 B.

- 🏠 **Haus Reifenberg** 🞈, Vorstadt 5, ℰ 29 75, 🍸, 🚗 – 🔟 🕿 ◆ – 🔬 60. 🛠 Zim
- ◆ **M** *(Dienstag und 15. Nov.- 24. Dez. geschl.)* a la carte 20/43 – **20 Z : 30 B** 40/90 - 77/150 – 6 Fewo 70.

- 🏠 **Haus Burgfried** 🞈 garni, Arnoldshainer Weg 4, ℰ 21 31 – 🔟 🕿 ◆
  12 Z : 18 B 40/50 - 80.

SCHNAITTACH 8563. Bayern **413** R 18 – 6 900 Ew – Höhe 352 m – 🕿 09153.
München 178 – Amberg 49 – Bayreuth 55 – ◆Nürnberg 32.

- 🏠 **Kampfer**, Fröschau 1, ℰ 6 71, 🍸, 🚗 – 🕿 ◆. ⊙ 🗲 *VISA*
- ◆ Mitte Dez.- Mitte Jan. geschl. – **M** *(Freitag geschl.)* a la carte 18,50/42 – **30 Z : 43 B** 35/62 - 54/85 Fb.

In Schnaittach 2-Osternohe N : 5 km – Höhe 596 m – Erholungsort – Wintersport : 480/620 m ≰1 :

- 🏠 **Igelwirt** 🞈, Igelweg 6, ℰ 2 97, ≤, 🍸 – 🅿 – 🔬 40
- ◆ 7.- 29. Jan. geschl. – **M** *(Montag geschl.)* a la carte 19/39 🍷 – **27 Z : 48 B** 32/45 - 60/74 – ½ P 42/48.

- 🞈 **Goldener Stern**, An der Osternohe 2, ℰ 75 86, 🍸, 🚗 – 🅿
- ◆ 4.- 28. Nov. geschl. – **M** *(Donnerstag geschl.)* a la carte 17/32 🍷 – **18 Z : 35 B** 27/43 - 50/70.

Nördlich der Autobahnausfahrt Hormersdorf NO : 11 km :

- 🏠 **Schermshöhe** (mit Gästehaus, 🞈), ⊠ 8571 Betzenstein, ℰ (09244) 4 66, 🍸, 🚗, 🗓 – 🕿 ◆ 🅿 – 🔬 50. 🖭 🗲
  28. Okt.- 5. Dez. geschl. – **M** a la carte 22/45 🍷 – **49 Z : 82 B** 49/69 - 90/130.

SCHNEIZLREUTH Bayern siehe Inzell.

SCHNELLDORF 8816. Bayern **413** N 19 – 3 000 Ew – Höhe 530 m – 🕿 07950.
München 174 – ◆Nürnberg 83 – ◆Würzburg 90.

- 🏠🏠 **Kellermann**, Am Birkenberg 1 (nahe BAB-Ausfahrt), ℰ 20 55, Fax 24 80, 🍸 – 🛗 🕿 ◆ 🅿 – 🔬 25/70
  M a la carte 27/58 – **31 Z : 58 B** 81 - 125 Fb.

SCHNELLINGEN Baden-Württemberg siehe Haslach im Kinzigtal.

Les hôtels ou restaurants agréables
sont indiqués dans le guide par un signe rouge.
Aidez-nous en nous signalant les maisons où,
par expérience, vous savez qu'il fait bon vivre.
Votre guide Michelin sera encore meilleur.

🏰🏰🏰 ... 🏠

XXXXX ... 🍴

19

SCHNEVERDINGEN 3043. Niedersachsen 🔟🔟🔟 ⑮ — 16 800 Ew — Höhe 85 m — Luftkurort
🔵 05193.

🅱 Verkehrsamt, Schulstr. 6a, 𝒫 70 66.

♦Hannover 97 – ♦Bremen 74 – ♦Hamburg 63.

　　🏨 **Landhaus Höpen** 🌊, Höpener Weg 13, 𝒫 8 20, Fax 8213, ≤, 🚉, 🔲, 🌳 – 📺 🅿
　　　　🔼 25/80. **E**
　　　　M a la carte 48/85 – **44 Z : 78 B** 149/254 - 223/317 Fb – 3 Fewo 190/220.

　　　In Schneverdingen-Barrl NO : 10 km :

　　🏠 **Hof Barrl**, an der B 3, 𝒫 (05198) 3 51, 🏡, 🌳 – 📺 ⬅🟰➡ 🅿
　　　　Mitte Jan.- Mitte Feb. geschl. – **M** *(Montag 15 Uhr - Dienstag geschl.)* a la carte 26/48 -
　　　　8 Z : 14 B 38/55 - 75/85.

　　　In Schneverdingen-Heber SO : 13 km :

　　🏠 Hof Tütsberg 🌊 (Niedersächsischer Bauern- und Reiterhof), Tütsberg (NO : 6 km
　　　　𝒫 (05199) 2 41, 🌳 – ⬅🟰➡ 🅿 – 🔼 25
　　　　25 Z : 42 B.

SCHÖMBERG (Zollernalbkreis) 7464. Baden-Württemberg 🔟🔟🔟 J 22 – 3 250 Ew – Höh
670 m – 🔵 07427.

♦Stuttgart 90 – Rottweil 13 – Tübingen 46.

　　🏛 **Pension Kern**, Egertstr. 24, 𝒫 26 08 – 🅿. 🌊 Zim
　　　　20. Dez.- 10. Jan. geschl. – (nur Abendessen für Hausgäste) – **14 Z : 18 B** 32/35 - 60.

SCHÖMBERG (Kreis Calw) 7542. Baden-Württemberg 🔟🔟🔟 I 20 – 7 100 Ew – Höhe 633
– Heilklimatischer Kurort und Kneippkurort – Wintersport : 500/700 m, 🚠 1, 🎿 1 – 🔵 07084.

🅱 Kurverwaltung, Rathaus, 𝒫 71 11.

♦Stuttgart 74 – Calw 15 – Pforzheim 24.

　　🏨 **Mönch's Lamm**, Hugo-Römpler-Str. 21, 𝒫 64 12, Fax 5272 – 📳 📺 ☎ 🅿 – 🔼 40
　　　　6.- 23. Jan. geschl. – **M** a la carte 30/56 – **40 Z : 50 B** 69/83 - 128 Fb.

　　🏠 **Krone**, Liebenzeller Str. 15, 𝒫 70 77, Fax 6641 – 📳 📺 ☎ ⬅🟰➡ 🅿 – 🔼 40. 🆎 ① **E** 𝚅𝙸𝚂𝙰
　　　　M a la carte 27/56 – **40 Z : 65 B** 50/80 - 95/120 – ½ P 72/90.

　　　In Schömberg 3-Langenbrand NW : 2 km – Luftkurort:

　　🏠 **Schwarzwald-Sonnenhof**, Salmbacher Str. 35, 𝒫 75 88, 🌳 – 📺 ☎ 🅿
　　　　Nov. geschl. – (Restaurant nur für Hausgäste) – **20 Z : 40 B** 34/50 - 60/90 Fb.

　　🏠 **Ehrich**, Schömberger Str. 26, 𝒫 2 89, Fax 5376, 🏡, 🚉, 🌳 – 📺 ☎ 🅿 – 🔼 40. 🆎 ①
　　　　3. Nov.- 3. Dez. geschl. – **M** *(Montag geschl.)* a la carte 25/50 – **29 Z : 48 B** 55/70 - 98
　　　　120 Fb.

　　🏠 **Hirsch**, Forststr. 4, 𝒫 75 27, 🏡 – ⬅🟰➡ 🅿
　　➡　*Nov. geschl.* – **M** *(Donnerstag geschl.)* a la carte 21/33 ⧖ – **15 Z : 25 B** 35/45 - 60/80 -
　　　　½ P 48/52.

　　🏛 **Café Waldblick** garni, Zum Felsenmeer 3, 𝒫 61 43 – ☎ 🅿
　　　　16 Z : 35 B – 2 Fewo.

　　　In Schömberg 5-Oberlengenhardt SO : 3 km – Erholungsort :

　　🏠 **Ochsen** 🌊, Burgweg 3, 𝒫 70 65, 🌳 – ☎ 🅿
　　　　11 Z : 22 B.

SCHÖNAICH Baden-Württemberg siehe Böblingen.

SCHÖNAU a. d. BREND 8741. Bayern 🔟🔟🔟 N 15 – 1 400 Ew – Höhe 310 m – Erholungsort
🔵 09775.

♦München 356 – ♦Bamberg 95 – Fulda 47 – ♦Würzburg 88.

　　🏨 **Im Krummbachtal** 🌊, Krummbachstraße 24, 𝒫 8 80, Fax 8810, Biergarten, 🚉, 🔲, 🌳
　　　　– 📺 ☎ 🅿 – 🔼 25/100. 🆎 ① **E**
　　　　(Restaurant nur für Hausgäste) – **32 Z : 62 B** 70/95 - 115/140 Fb – ½ P 78/90.

SCHÖNAU AM KÖNIGSSEE 8240. Bayern 🔟🔟🔟 V 24 – 5 200 Ew – Höhe 620 m
Heilklimatischer Kurort – Wintersport : 560/1 800 m 🚡 1 🚠 6 🚡 3 – 🔵 08652 (Berchtesgaden).

Ausflugsziele : Königssee** S : 2 km – St. Bartholomä : Lage* (nur mit Schiff ab Königssee
erreichbar).

🅱 Kur- und Verkehrsverein, im Haus des Gastes, 𝒫 17 60.

♦München 159 – Berchtesgaden 5 – Bad Reichenhall 23 – Salzburg 28.

　　　Im Ortsteil Faselsberg :

　🏨 **Kur- und Sporthotel Alpenhof** 🌊, Richard-Voss-Str. 30, 𝒫 60 20, Fax 64399, ≤, 🏡
　　　　Bade- und Massageabteilung, 🛁, 🚉, 🔲, 🌳, 🎾 – 📳 📺 🅿. 🆎 ① **E** 𝚅𝙸𝚂𝙰. 🌊 Zim
　　　　13. Jan.- 5. Feb. und 3. Nov.- 20. Dez. geschl. – **M** 35/80 – **55 Z : 100 B** 95/150 - 185/265 F
　　　　– ½ P 115/155.

Im Ortsteil Königssee 987 ⑱ :

🏠 **Schiffmeister** 🍴 garni, Seestr. 34, *℘* 40 15, ≤, ⬚, 🌳 – 📳 ☎ 🅿 ⒶⒺ ⓄⒹ Ⓔ 𝗩𝗜𝗦𝗔
15. Jan.- Ostern und Nov.- 25. Dez. geschl. – **30 Z : 60 B** 51/80 - 90/150.

Im Ortsteil Oberschönau :

🏨 **Stoll's Hotel Alpina** 🍴, Ulmenweg 14, *℘* 50 91, ≤ Kehlstein, Hoher Göll, Watzmann und Hochkalter, « Garten », Bade- und Massageabteilung, ≦ₛ, ⬚ (geheizt), 🌳 – 📳 ☎ 🅿
4. Nov.- 17. Dez. geschl. – **M** a la carte 30/52 – **50 Z : 100 B** 70/130 - 110/170 Fb – 4 Appart. 200/250 – ½ P 70/150.

🏨 **Zechmeisterlehen** 🍴, Wahlstr. 35, *℘* 6 20 81, Fax 62084, ≤, ≦ₛ, ⬚, 🌳 – 📳 📺 ☎ 🅿
2. Nov.- 18. Dez. geschl. – (nur Abendessen für Hausgäste) – **39 Z : 75 B** 64/110 - 148/ 196 Fb.

🏨 **Georgenhof** 🍴, Moderegweg 21, *℘* 6 20 66, Fax 62067, ≤ Hoher Göll, Watzmann und Hochkalter, 🌳 – 📺 ☎ 🕭 🅿 🛇 Rest
Nov.- 15. Dez. geschl. – (nur Abendessen für Hausgäste) – **20 Z : 40 B** 62/76 - 116/164 Fb.

Im Ortsteil Schwöb :

🏠 **Lichtenfels**, Alte Königsseer Str. 15, *℘* 40 35, Fax 64443 – 📺 ☎ 🅿 ⒶⒺ ⓄⒹ Ⓔ 𝗩𝗜𝗦𝗔
Nov.- Dez. 4 Wochen geschl. – **M** (Mittwoch - Donnerstag 17 Uhr geschl.) a la carte 28/56 – **10 Z : 20 B** 55 - 110 Fb.

🏡 **Café Waldstein** 🍴, Königsseefußweg 17, *℘* 24 27, 😀, 🌳 – 🅿
Mai - Mitte Okt. – **M** (Montag geschl.) a la carte 20/38 – **20 Z : 36 B** 40/46 - 80/90 Fb.

Im Ortsteil Unterschönau :

🏠 **Köppleck** 🍴, Am Köpplwald 15, *℘* 6 10 66, ≤ Kehlstein, Jenner und Watzmann, 😀, 🌳 – 📺 ☎ 🅿
Mai - Okt. – **M** a la carte 30/50 – **22 Z : 42 B** 60 - 96 Fb.

SCHÖNAU IM SCHWARZWALD 7869. Baden-Württemberg 𝟰𝟭𝟯 G 23. 987 ㉞. 𝟮𝟰𝟮 ⑱ ㊵ – 300 Ew – Höhe 542 m – Luftkurort – Wintersport : 800/1 414 m ✻3 ✻4 – 🏂 07673.

Ausflugsziel : Belchen ✻ ***, NW : 14 km.

Kurverwaltung, Haus des Gastes, Gentnerstr. 2a, *℘* 4 08.

Stuttgart 186 – Basel 42 – Donaueschingen 63 – ◆Freiburg im Breisgau 38.

🏠 **Adler**, Talstr. 7, *℘* 6 11, 😀 – 📺 🅿 ⒶⒺ Ⓔ 𝗩𝗜𝗦𝗔
13.- 28. Feb. und 17. Nov.- 2. Dez. geschl. – **M** (Sonntag 17 Uhr - Montag geschl.) a la carte 21/45 ⅊ – **10 Z : 18 B** 40/50 - 80/120.

🏠 **Kirchbühl** 🍴, Kirchbühlstr. 6, *℘* 2 40, 😀 – ☎ 🅿 ⓄⒹ Ⓔ 𝗩𝗜𝗦𝗔 🛇 Zim
20. Nov.- 10. Dez. geschl. – **M** (Dienstag geschl.) a la carte 27/59 ⅊ – **10 Z : 19 B** 48/55 - 88 Fb – ½ P 63.

🏠 **Vier Löwen**, Talstr. 18, *℘* 2 35 – 🅿
7 Z : 14 B Fb.

In Tunau 7869 SO : 3 km :

🏡 **Zur Tanne** 🍴 (Schwarzwaldgasthof), Alter Weg 4, *℘* (07673) 3 10, ≤, ≦ₛ, ⬚, 🌳 – 🅿
Mitte Nov.- Mitte Dez. geschl. – **M** (Samstag ab 18 Uhr und Dienstag geschl.) a la carte 25/40 ⅊ – **15 Z : 25 B** 40/55 - 80/110 – ½ P 50/60.

SCHÖNAU (RHEIN-NECKAR-KREIS) 6917. Baden-Württemberg 𝟰𝟭𝟮 𝟰𝟭𝟯 J 18 – 4 600 Ew Höhe 175 m – 🏂 06228.

Stuttgart 115 – Heidelberg 18 – Mosbach 43.

🏨 **Pfälzer Hof**, Ringmauerweg 1, *℘* 82 88 – 🅿 – 🔨 40. ⒶⒺ ⓄⒹ Ⓔ 𝗩𝗜𝗦𝗔
Mitte Jan.- Mitte Feb. geschl. – **M** (Montag- Dienstag geschl., Mittwoch - Freitag nur Abendessen) a la carte 40/85 – **13 Z : 25 B** 50/75 - 95/125.

In Schönau-Altneudorf N : 3 km :

✕ **Zum Pflug**, Altneudorfer Str. 16, *℘* 82 07 – 🅿 ⒶⒺ Ⓔ
Montag - Dienstag geschl. – **M** a la carte 32/54 ⅊.

✕ **Deutscher Kaiser**, Altneudorfer Str. 117, *℘* 82 74, 😀 – 🅿
Montag und Mitte - Ende Jan. geschl. – **M** a la carte 19/46 ⅊.

SCHÖNBERG 8351. Bayern 𝟰𝟭𝟯 X 20. 987 ㉘. 𝟰𝟮𝟲 ⑦ – 3 500 Ew – Höhe 565 m – Luftkurort Wintersport : 650/700 m ✻1 ✻1 – 🏂 08554.

Verkehrsamt, Rathaus, *℘* 8 21.

München 181 – Cham 74 – Deggendorf 38 – Passau 34.

🏠 **Zur Post**, Marktplatz 19, *℘* 14 12 – ☎ ⇔ 🅿 ⒶⒺ Ⓔ
13. Nov.- 6. Dez. geschl. – **M** a la carte 19/39 ⅊ – **29 Z : 52 B** 39/42 - 68/72 Fb.

🏠 **Dorfner**, Marktplatz 3, *℘* 8 95, ≦ₛ – 🅿
5.- 25. Nov. geschl. – **M** (Freitag geschl.) a la carte 18/38 ⅊ – **10 Z : 21 B** 35 - 64 – ½ P 40/43.

747

SCHÖNBERG 2306. Schleswig-Holstein 987 ⑤ − 4 900 Ew − Höhe 18 m − Erholungsort − 🏢 04344.

🔼 Kurverwaltung, Rathaus, ℰ 38 35.

♦Kiel 26 − Lütjenburg 22 − Preetz 19.

🏠 Ruser's Hotel, Albert-Koch-Str. 4, ℰ 20 13, 🍴, 😩s − 🔌 ☎ 🅿
   31 Z : 65 B.

In Schönberg-Kalifornien N : 5 km :

🏠 **Kalifornien** 🦢, Deichweg 3, ℰ 13 88, 🍴 − 🚗 🅿. ※ Zim
   Nov. geschl. − **M** *(Sept.- März Montag geschl.)* a la carte 23/40 − **14 Z : 30 B** 30/50
   60/100.

SCHÖNBORN, BAD 7525. Baden-Württemberg 987 ㉕, 412 413 I 19 − 8 900 Ew − Höl
110 m − Heilbad − 🏢 07253.

🔼 Kurverwaltung im Haus des Gastes, Kraichgaustr. 10, ℰ 40 46, Fax 32571.

♦Stuttgart 79 − Heidelberg 25 − Heilbronn 51 − ♦Karlsruhe 37.

In Bad Schönborn - Langenbrücken :

🏠 **Monica** garni, Kirchbrändelring 42, ℰ 40 16, 🌳 − 📺 ☎ 🅿. ※
   13 Z : 26 B 79 - 95 Fb.

🏠 **Peters** 🦢 garni, Franz-Peter-Sigel-Str. 39, ℰ 68 56, 😩s, 🌳 − 📺 ☎ 🅿. ※
   16 Z : 20 B 55/70 - 95 Fb.

🏠 **Zu den Drei Königen**, Huttenstr. 2, ℰ 60 14, Fax 1838 − 📺 ☎ 🅿. 🆎 ⓞ 🇪
   M *(Samstag bis 17 Uhr geschl.)* a la carte 28/49 − **15 Z : 24 B** 70 - 110.

In Bad Schönborn - Mingolsheim :

🏠 Waldparkstube, Waldparkstr. 1, ℰ 46 73, Fax 4676 − 📺 ☎ 🅿 − 🏖 30. ※
   30 Z : 40 B Fb.

🏠 Gästehaus Prestel 🦢 garni, Beethovenstr. 20, ℰ 41 07, 🌳 − 🔌 ☎ 🅿. ※
   33 Z : 52 B.

✕ **Schweizer Stube**, Friedrichstr. 48 (am Marktplatz), ℰ 46 85 − 🅿
   Freitag - Samstag 18 Uhr und 1.- 15. März geschl. − **M** a la carte 24/48.

SCHÖNBUSCH (Park) Bayern. Sehenswürdigkeit siehe Aschaffenburg.

*Die im Michelin-Führer erwähnten Orte sind auf den Karten Nr. 412 und 413
rot unterstrichen.*

SCHÖNECKEN 5544. Rheinland-Pfalz 987 ㉓, 412 C 16, 409 M 5 − 1 900 Ew − Höhe 400 m
🏢 06553.

Mainz 199 − Euskirchen 76 − Prüm 7,5 − ♦Trier 56.

🏠 **Burgfrieden** 🦢, Rammenfeld 6, ℰ 22 09, ≤, 🍴, 🌳 − 🚗 🅿. 🆎 🇪 𝕍𝕀𝕊𝔸
   M à la carte 25/60 − **13 Z : 26 B** 45 - 80.

SCHÖNEGRÜND Baden-Württemberg siehe Baiersbronn.

SCHÖNENBERG - KÜBELBERG Rheinland-Pfalz siehe Waldmohr.

SCHÖNMÜNZACH Baden-Württemberg siehe Baiersbronn.

SCHÖNSEE 8476. Bayern 413 U 18, 987 ㉗ − 2 700 Ew − Höhe 656 m − Erholungsort −
Wintersport : 550/900 m ⼒5, ⼓10, Sommerrodelbahn − 🏢 09674.

🔼 Verkehrsamt, Rathaus, ℰ 4 18, Fax 318.

♦München 235 − Cham 56 − ♦Nürnberg 136 − Weiden in der Oberpfalz 51.

🏨 **St. Hubertus** 🦢, Hubertusweg 1, ℰ 4 15, Fax 252, ≤, 🍴, « Jagdmuseum », Bade- ur
   Massageabteilung, 😩s, 🏊, 🌳, ※ (Halle) − 🔌 📺 ☎ 🚗 🅿 − 🏖 25/150. 🆎 ⓞ 🇪 𝕍𝕀𝕊𝔸
   25. Feb.- 22. März geschl. − **M** *(auch vegetarisches Menu)* a la carte 22/49 − **81 Z : 150**
   57/70 - 86/108 Fb − 25 Fewo 85 − ½ P 73/98.

🏟 **Haberl**, Hauptstr. 9, ℰ 2 14 − 🅿
   März - April und Dez. jeweils 2 Wochen geschl. − **M** *(Montag geschl.)* a la carte 15/30
   15 Z : 31 B 30 - 60.

In Schönsee 3-Gaisthal SW : 6 km :

🏠 Gaisthaler Hof, Schönseer Str. 16, ℰ 2 38, 🍴, 😩s, 🏊, 🌳, 🐎 (Reitschule) − 📺 ☎ 🅿
   24 Z : 45 B.

🏟 **Zur Waldesruh** 🦢, Am Buchberg 2, ℰ 14 93, ≤, 🍴, 🌳 − 🅿
   Nov. 3 Wochen geschl. − **M** *(Dez.- Mai Dienstag geschl.)* a la carte 18/35 ⅜ − **11 Z : 21**
   37 - 70.

SCHÖNTAL 7109. Baden-Württemberg **413** L 19 – 5 700 Ew – Höhe 210 m – ☎ 07943.
Sehenswert : Ehemalige Klosterkirche★ (Alabasteraltäre★★) – Klosterbauten (Ordenssaal★).
Stuttgart 86 – Heilbronn 44 – ◆Würzburg 67.

In Kloster Schöntal :

🏠 **Pension Zeller** ﹩ garni, Honigsteige 21, 𝄆 6 00, 🛋 – ⟚ 🄿. ﹪
  20. Dez.- Mitte Jan. geschl. – **17 Z : 34 B** 29/43 - 51/67.

SCHÖNWALD 7741. Baden-Württemberg **413** H 22. **987** ㉞ ㉟ – 2 400 Ew – Höhe 988 m –
Heilklimatischer Kurort – Wintersport : 950/1 150 m ≰5 ⫽5 – ☎ 07722 (Triberg).
🛈 Kurverwaltung, Rathaus, 𝄆 40 46, Telex 792415.
Stuttgart 146 – Donaueschingen 37 – ◆Freiburg im Breisgau 56 – Offenburg 63.

🏨 **Dorer** ﹩, Franz-Schubert-Str. 20, 𝄆 10 66, Fax 1068, 🔳, 🛋 – 📺 ☎ ⟚ 🄿. 🆀 ⓞ E
  VISA. ﹪ Rest
  (Restaurant nur für Hausgäste) – **20 Z : 34 B** 67/124 - 128/160 Fb – ½ P 88/106.

🏨 **Zum Ochsen**, Ludwig-Uhland-Str. 18, 𝄆 10 45, Telex 792606, Fax 3018, ≤, 🏘, ☖s, 🔳,
  🛋, ﹪ – 📺 ☎ ⟚ 🄿 – 🔏 35. 🆀 ⓞ E **VISA**
  M *(Dienstag und 5. Nov.- 12. Dez. geschl.)* a la carte 46/80 ⅋ – **39 Z : 76 B**
  81/101 - 136/176 Fb – 5 Appart. 194/202 – ½ P 95/128.

🏨 **Pension Silke** ﹩ garni, Feldbergstr. 8, 𝄆 60 81, Fax 7840, ≤, ☖s, 🛋 – ☎ 🄿. 🆀 E
  4. Nov.- 24. Dez. geschl. – **36 Z : 60 B** 40/50 - 72/100 Fb.

🏠 **Landgasthof Falken**, Hauptstr. 5, 𝄆 43 12 – ☎ ⟚ 🄿. 🆀 ⓞ E **VISA**
  15. Nov.- 15. Dez. geschl. – **M** *(Donnerstag - Freitag 18 Uhr geschl.)* a la carte 27/58 –
  15 Z : 28 B 48/58 - 96/110.

🏠 **An der Sonne** ﹩, Kandelstr. 7, 𝄆 24 44, Fax 2447, ☖s, 🛋 – 📺 ☎ ⟚
  10. Nov.- 19. Dez. geschl. – **M** *(nur Abendessen, Dienstag geschl.)* a la carte 22/43 – **28 Z :
  56 B** 55/79 - 98/142 Fb.

🏠 **Löwen**, Furtwanger Str. 8 (Escheck S : 2 km), 𝄆 41 14, 🛋 – ⟚ 🄿. ﹪
  Mitte Nov.- Mitte Dez. geschl. – **M** *(Mittwoch geschl.)* a la carte 22/46 – **11 Z : 21 B** 45 - 80.

SCHÖNWALD 8671. Bayern **413** T 16 – 4 250 Ew – Höhe 626 m – ☎ 09287 (Selb).
München 297 – Bayreuth 68 – Hof 22.

🏠 **Ploss**, Grünhaid 1 (B 15), 𝄆 54 86 – ▧ 📺 ☎ 🄿
  27 Z : 48 B Fb.

SCHÖNWALDE AM BUNGSBERG 2437. Schleswig-Holstein **987** ⑥ – 2 300 Ew – Höhe
600 m – Erholungsort – ☎ 04528.
Kiel 53 – ◆Lübeck 44 – Neustadt in Holstein 11 – Oldenburg in Holstein 17.

🏠 **Café Feldt**, Eutiner Str. 6, 𝄆 2 31, Fax 1031, 🛋 – 📺 🄿. E ﹪
◆ **M** a la carte 21/41 – **28 Z : 51 B** 45/48 - 76/90.

❌❌ **Altes Amt**, Eutiner Str. 39, 𝄆 7 75 – 🄿. ﹪
  1.- 20. Feb. und Dienstag geschl. – **M** (Tischbestellung erforderlich) a la carte 48/72.

SCHÖPPINGEN 4437. Nordrhein-Westfalen **412** E 10 – 5 500 Ew – Höhe 94 m – ☎ 02555.
Düsseldorf 133 – Enschede 31 – Münster (Westfalen) 33 – ◆Osnabrück 74.

🏠 **Zum Rathaus**, Hauptstr. 52, 𝄆 2 05, ☖s – 📺 ☎ 🄿 – 🔏 30. 🆀 ⓞ E **VISA**
  M *(Dienstag geschl.)* 20/40 (mittags) und a la carte 38/50 – **20 Z : 40 B** 45/75 - 90/180 Fb.

🏠 **Zur alten Post**, Hauptstr. 82, 𝄆 2 22, Fax 1020, ☖s – ☎ ⟚ 🄿. ⓞ E **VISA**. ﹪
◆ **M** *(Mittwoch geschl.)* a la carte 19/56 – **21 Z : 42 B** 38/80 - 76/130.

In Schöppingen-Eggerode S : 4 km :

🏠 **Winter**, Gildestr. 3, 𝄆 (02545) 2 55, ﹪ – ⟚ 🄿
◆ **M** a la carte 21/36 – **13 Z : 25 B** 45 - 80.

🏠 **Haus Tegeler**, Vechtestr. 24, 𝄆 (02545) 6 97 – ☎ 🄿. E **VISA**. ﹪ Zim
  15. Jan.- 15. Feb. geschl. – **M** *(Donnerstag geschl.)* a la carte 29/49 – **11 Z : 18 B** 45 - 85.

SCHOLLBRUNN 8771. Bayern **412** **413** L 17 – 800 Ew – Höhe 392 m – Erholungsort –
☎ 09394.
München 325 – Aschaffenburg 34 – Wertheim 11 – ◆Würzburg 49.

🏠 **Benz** ﹩, Am Herrengrund 1, 𝄆 2 92, ☖s, 🔳, 🛋 – ⟚ 🄿 – 🔏 30. ﹪
  (Restaurant nur für Hausgäste) – **34 Z : 64 B**.

🏠 **Zur Sonne**, Brunnenstr.1, 𝄆 3 44, 🛋 – 🄿
◆ **M** *(Dienstag geschl.)* a la carte 18/41 ⅋ – **38 Z : 76 B** 50 - 85.

Einige Hotels in größeren Städten
bieten preisgünstige **Wochenendpauschalen** an.

SCHONACH 7745. Baden-Württemberg **413** H 22 − 4 400 Ew − Höhe 885 m − Luftkurort - Wintersport : 900/1 152 m ⤓4 ⤓4 − 🚉 07722 (Triberg).

🛈 Kurverwaltung, Haus des Gastes, Hauptstraße, ℰ 60 33, Telex 792600.

♦Stuttgart 143 − Offenburg 60 − Triberg 4 − Villingen-Schwenningen 30.

🏨 **Rebstock**, Sommerbergstr. 10, ℰ 53 27, Fax 7878, ≼, ≘s, 🔲 − 🛗 ⟺ 🅿. ⒶⒺ ⓄⒹ Ε
März geschl. − **M** *(Montag 15 Uhr - Dienstag geschl.)* a la carte 28/55 ♨ − **25 Z : 44 B** 52 - 104 Fb.

🏨 **Lamm**, Hauptstr. 21, ℰ 53 06 − ☎ 🅿
28 Z : 50 B.

🏨 **Schwanen** (Schwarzwaldgasthof a.d. 18. Jh.), Hauptstr. 18, ℰ 52 96, ≼, 😤 − 🆃🆅 ☎ ⟺
🅿. ⒶⒺ ⓄⒹ Ε 𝑽𝑰𝑺𝑨
21. Okt.- 25. Nov. geschl. − **M** *(Montag geschl.)* a la carte 30/50 − **22 Z : 38 B** 46/58 - 84 150 Fb.

🏨 Schloßberg, Sommerbergstr. 28, ℰ 53 33, 🌿 − 🛗
34 Z : 58 B.

✗✗ **Michel's Restaurant**, Triberger Str. 42, ℰ 55 16 − 🅿. ⒶⒺ ⓄⒹ Ε 𝑽𝑰𝑺𝑨
Montag 15 Uhr- Dienstag geschl. − **M** 40/80.

SCHONGAU 8920. Bayern **413** P 23, **987** ㊱, **426** E 5 − 10 300 Ew − Höhe 710 m − Erholungsor − 🚉 08861.

🛈 Verkehrsverein, Bahnhofstr. 44, ℰ 72 16.

♦München 83 − Füssen 36 − Garmisch-Partenkirchen 50 − Landsberg am Lech 27.

🏨 **Holl** ⑤, Altenstädter Str. 39, ℰ 40 51, Fax 8943, ≼ − 🆃🆅 ☎ 🅿 − ⚖ 25. ⒶⒺ ⓄⒹ Ε 𝑽𝑰𝑺𝑨
M *(nur Abendessen, Samstag - Sonntag, Feiertage u. 20. Dez.- 15. Jan. geschl.)* a la cart 32/60 − **25 Z : 50 B** 80 - 130 Fb.

🏨 **Rössle** garni, Christophstr. 49 (2. Etage, 🛗), ℰ 26 46, Fax 2647 − 🆃🆅 ☎ ⟺ 🅿
17 Z : 34 B Fb.

🏨 **Alte Post**, Marienplatz 19, ℰ 80 58, Fax 7037 − 🆃🆅 ☎. Ε
➤ *24. Dez.- 7. Jan. geschl.* − **M** *(Samstag sowie Sonn- und Feiertage geschl.)* a la carte 18/3
♨ − **31 Z : 70 B** 55/85 - 110/150 Fb.

SCHOPFHEIM 7860. Baden-Württemberg **413** G 24, **987** ㊱, **427** H 3 − 16 000 Ew − Höh 374 m − 🚉 07622.

🛈 Verkehrsamt, Hauptstr. 31 (Rathaus), ℰ 39 61 16.

♦Stuttgart 275 − Basel 23 − ♦Freiburg im Breisgau 79 − Zürich 77.

🏛 **Adler**, Hauptstr. 100, ℰ 27 30 − ☎ ⟺ 🅿. Ⓞ
➤ *Mitte Juli - Anfang Aug. geschl.* − **M** *(Freitag - Samstag 17 Uhr geschl.)* a la carte 21/47 ♨
− **17 Z : 25 B** 35/45 - 65/84 Fb.

✗✗✗ **Alte Stadtmühle**, Entegaststr. 9, ℰ 24 46, Fax 2403
Dienstag - Samstag nur Abendessen, Montag und über Fastnacht 2 Wochen geschl. − **M**
(nur vegetarische Küche) 72/145 − **Bistro** *(auch Mittagessen)* **M** a la carte 27/40.

✗ **Glöggler**, Austr. 5, ℰ 21 67, 😤
Dienstag 14 Uhr - Mittwoch und 20. Juli - 13. Aug. geschl. − **M** a la carte 25/64 ♨.

In Schopfheim 5-Gersbach NO : 16 km − Erholungsort − Wintersport : 870/970 m ⤓2 :

🏨 **Mühle zu Gersbach** ⑤, Zum Bühl 4, ℰ (07620) 2 25, Fax 371, 😤, 🌿 − 🆃🆅 ☎ 🅿 −
⚖ 30
Anfang Jan.- Anfang Feb. geschl. − Menu *(Montag 15 Uhr - Mittwoch 15 Uhr geschl.)* a l
carte 24/74 ♨ − **16 Z : 32 B** 58/70 - 96/150.

In Schopfheim-Gündenhausen W : 2 km :

🏨 **Löwen**, Hauptstr. 16 (B 317), ℰ 80 12, 😤, 🌿 − ☎ ⟺ 🅿. ✂ Rest
Aug. geschl. − **M** *(Samstag - Sonntag geschl.)* a la carte 28/52 ♨ − **23 Z : 40 B** 37/55 65/95 Fb.

In Schopfheim-Schlechtbach NO : 12 km :

🏛 **Auerhahn** ⑤, Hauptstr. 5, ℰ (07620) 2 28, 😤, 🌿 − ⟺ 🅿
Mitte Feb.- Anfang März geschl. − **M** *(Mittwoch 15 Uhr - Donnerstag geschl.)* a la cart
23/66 ♨ − **10 Z : 18 B** 26/38 - 52/72.

In Schopfheim-Wiechs SW : 3 km :

🏨 **Krone - Landhaus Brunhilde** ⑤, Am Rain 6, ℰ 76 06, ≼, 😤, 🔲, 🌿 − 🆃🆅 ☎ ♨ 🅿. Ε
➤ ✂ Zim
M *(Freitag - Samstag 17 Uhr geschl.)* a la carte 21/54 ♨ − **39 Z : 66 B** 54/65 - 98/103 Fb.

🏛 **Berghaus Hohe Flum** ⑤, Auf der Hohen Flum 2, ℰ 27 82, ≼, 😤, 🌿 − 🅿
22. Dez.- Jan. geschl. − **M** *(Donnerstag 15 Uhr - Freitag geschl.)* a la carte 24/49 ♨ − **9 Z
16 B** 30/48 - 90.

In Maulburg 7864 W : 3 km :

🏨 **Murperch** garni, Hotzenwaldstr. 1, ℰ (07622) 80 44, 🌿 − 🆃🆅 ☎ 🅿. ⒶⒺ ⓄⒹ Ε 𝑽𝑰𝑺𝑨
14 Z : 20 B 72 - 90/120 Fb.

SCHOPFLOCH Baden-Württemberg siehe Lenningen.

SCHORNDORF 7060. Baden-Württemberg **413** L 20, **987** ㊟ − 34 600 Ew − Höhe 256 m − ☎ 07181.

Sehenswert : Oberer Marktplatz★.

Stuttgart 29 − Göppingen 20 − Schwäbisch Gmünd 23.

XX **Erlenhof**, Mittlere Uferstr 70 (Erlensiedlung), ℘ 7 56 54, 佘 − 🅿
Sonntag 15 Uhr - Montag und Aug. 3 Wochen geschl. − **M** a la carte 35/68.

X **Zum Pfauen**, Höllgasse 9, ℘ 6 25 83 − **E**
Sonntag - Montag und Mitte - Ende Juli geschl. − **M** *(auch vegetarische Gerichte)* a la carte 25/67.

In Winterbach 7065 W : 4 km :

🏠 **Am Engelberg**, Ostlandstr. 2 (nahe der B 29), ℘ (07181) 70 09 60, Fax 700969, 佘, 🔲 − 🛗
📺 ☎ ⇦ 🅿 − 🔬 30. 🆀 ⓞ 🅴 🆅🆂🅰
Ende Juli - Mitte Aug. geschl. − **M** *(nur Abendessen, Samstag - Sonntag geschl.)* a la carte 30/50 − **36 Z : 50 B** 63/95 - 98/145.

SCHOTTEN 6479. Hessen **987** ㊟, **412** **413** K 15 − 11 100 Ew − Höhe 274 m − Luftkurort − Wintersport : 600/773 m ⚡5 ⚡4 − ☎ 06044.

Lindenstr. 5, ℘ 13 75.

Stadtverwaltung, Vogelsbergstr. 184, ℘ 66 51.

Wiesbaden 100 − ◆Frankfurt am Main 72 − Fulda 52 − Gießen 41.

🏠 **Haus Sonnenberg** ⑤, Laubacher Str. 25, ℘ 7 71, Fax 8624, ≤, 佘, ⤸, 🔲, 🦌 − 📺 ☎
🅿 − 🔬 40. 🆀 **E**
M a la carte 29/47 − **50 Z : 90 B** 48/58 - 80/98 Fb.

XX **Zur Linde**, Schloßgasse 3, ℘ 15 36 − 🆀 ⓞ 🅴 🆅🆂🅰
wochentags nur Abendessen, Dienstag geschl. − **M** a la carte 49/70.

In Schotten 19-Betzenrod : NO : 2,5 km :

🏠 **Landhaus Appel** ⑤, Altenhainer Str. 38, ℘ 7 05, ≤, ⤸ − ☎ 🅿 − 🔬 30. 🆀 ⓞ 🅴
7.- 13. Jan. und 15. Juli - 1. Aug. geschl. − **M** *(auch vegetarische Gerichte)* a la carte 22/48 ⓥ
− **26 Z : 44 B** 38/48 - 64/74 Fb − ½ P 51/62.

Auf dem Hoherodskopf O : 8 km − Höhe 764 m :

XX **Taufsteinhütte**, ⊠ 6479 Schotten 12 - Breungeshain, ℘ (06044) 23 81, 佘 − 🅿 ⓞ 🅴
🆅🆂🅰
Montag und Nov. geschl. − **M** a la carte 26/56.

SCHRAMBERG 7230. Baden-Württemberg **413** HI 22, **987** ㊟ − 18 500 Ew − Höhe 420 m − Erholungsort − ☎ 07422.

Städt. Verkehrsbüro, Hauptstr. 25, ℘ 2 92 15, Fax 29209.

Stuttgart 118 − ◆Freiburg im Breisgau 64 − Freudenstadt 37 − Villingen-Schwenningen 32.

🏠 **Parkhotel** ⑤ (ehem. Villa), Im Stadtpark, ℘ 2 08 18, Fax 21191, 佘 − 📺 ☎ ⇦ 🅿. 🆀
ⓞ 🅴 🆅🆂🅰
Juli geschl. − **M** *(Sonntag 17 Uhr - Montag geschl.)* a la carte 24/54 − **11 Z : 19 B** 63/71 -
115/125.

XX **Hirsch** mit Zim, Hauptstr. 11, ℘ 2 05 30 − 📺 ☎. 🆀 ⓞ 🅴 🆅🆂🅰
Juli geschl. − **M** *(Sonntag 14 Uhr - Dienstag 18 Uhr geschl.)* (Tischbestellung ratsam) a la
carte 49/78 − **5 Z : 7 B** 90/150 - 250/270.

X **Schilteckhof** ⑤ mit Zim, Schilteck 1, ℘ 36 78, ≤, 佘, 🦌 − 🅿
über Fasching 2 Wochen und Mitte Okt.- Mitte Nov. geschl. − **M** *(Montag - Dienstag
geschl.)* a la carte 29/48 − **4 Z : 8 B** 32 - 64.

X Braustube Schraivogel, Hauptstr. 51, ℘ 46 70 − ⇥.

Außerhalb W : 4,5 km über Lauterbacher Straße :

X **Burgstüble** ⑤ mit Zim, Hohenschramberg 1, ⊠ 7230 Schramberg, ℘ (07422) 77 73,
→ ≤ Schramberg und Schwarzwaldhöhen, 佘 − 🅿. 🆀 ⓞ
7.-31. Jan. geschl. − **M** *(Mittwoch 17 Uhr - Donnerstag geschl.)* a la carte 21/47 ⓥ − **6 Z :
13 B** 44 - 88 − ½ P 52.

In Schramberg-Sulgen O : 5 km :

🏠 **Drei Könige** ⑤, Birkenhofweg 10, ℘ 5 40 91, ≤ − 🛗 📺 ☎ 🅿. 🅴 🆅🆂🅰. 🦌
18. Juli - 11. Aug. geschl. − (nur Abendessen für Hausgäste) − **17 Z : 30 B** 70 - 120 Fb.

XX **Waldeslust** ⑤ mit Zim, Lienberg 59 (N : 3 km über Aichhalder Straße), ℘ 84 44, 佘 −
📺 ☎. 🅿. ⓞ 🅴 🆅🆂🅰
Feb. 1 Woche und Okt. 2 Wochen geschl. − **M** *(Montag 14 Uhr - Dienstag geschl.)* a la carte
34/65 − **5 Z : 10 B** 65 - 100.

SCHRIESHEIM 6905. Baden-Württemberg **412** **18** I 18 − 14 100 Ew − Höhe 120 m − ✪ 0620?

♦Stuttgart 130 − ♦Darmstadt 53 − Heidelberg 8 − ♦Mannheim 18.

 🏠 **Neues Ludwigstal**, Strahlenberger Str. 2, ℰ 6 10 28, ㎡, − ☎ ⇐⇒ 🅿
 ➡ **M** *(Mittwoch - Donnerstag 16 Uhr und Jan. 3 Wochen geschl.)* a la carte 20/44 ⅃ − **32 Z**
 52 B 48/55 - 80/85 Fb.

 🏠 Gästehaus Weinstuben Hauser, Steinachstr. 12, ℰ 6 14 45 − 🅿
 (nur Abendessen) − **24 Z : 38 B**.

 ✗✗ **Strahlenburger Hof** (ehem. Bauernhaus a.d.J. 1240), Kirchstr. 2, ℰ 6 30 76, ㎡, − 🆎 ①
 E 𝚅𝙸𝚂𝙰
 nur Abendessen, Sonn- und Feiertage geschl. − **M** a la carte 60/80.

 ✗✗ **Strahlenburg**, Auf der Strahlenburg (O : 3 km), ℰ 6 12 32, Fax 68685, « Terrasse mit ·
 Schriesheim » − 🅿. 🆎 **E** 𝚅𝙸𝚂𝙰
 Okt.- März Dienstag und Jan.- 15. Feb. geschl. − **M** a la carte 35/68.

   In Schriesheim-Altenbach O : 7,5 km :

 ⚲ **Bellevue** ⌂, Röschbachstr. 1, ℰ (06220) 15 20, ㎡, ⚘ − 🅿. ⚒ Zim
 ➡ **M** a la carte 20/39 ⅃ − **10 Z : 18 B** 48/60 - 80/95.

SCHROBENHAUSEN 8898. Bayern **413** Q 21, **987** ㊱ − 14 300 Ew − Höhe 414 m − ✪ 08252.

♦München 74 − ♦Augsburg 42 − Ingolstadt 36 − ♦Ulm (Donau) 113.

 🏠🏠 Zur Post garni, Lenbachplatz 9, ℰ 70 84 − 🛗 📺 ☎ ⇐⇒
 25 Z : 39 B Fb.

 🏠 **Grieser**, Bahnhofstr. 36, ℰ 20 04, Fax 2007, Biergarten − 📺 ☎ ⇐⇒ 🅿 − ⚚ 35. 🆎 ① ▮
 𝚅𝙸𝚂𝙰
 10.- 30. Aug. geschl. − Menu *(Freitag - Samstag 17 Uhr geschl.)* a la carte 32/57 − **25 Z**
 33 B 42/62 - 68/88 Fb.

   In Schrobenhausen-Hörzhausen SW : 5 km :

 🏠 **Gästehaus Eder** ⌂, Bernbacher Str. 3, ℰ 24 15, ㎡, ⇌s, ⬛, ⚘ − 📺 ☎ 🅿. ① **E** 𝚅𝙸𝚂𝙰
 1.- 17. Jan. und 15. Aug.- 9. Sept. geschl. − **M** *(nur Abendessen, Sonntag geschl.)* a la car
 25/55 − **15 Z : 24 B** 50 - 85 Fb.

SCHÜTTORF 4443. Niedersachsen **987** ⑭, **412** E 10, **408** ⑭ − 13 600 Ew − Höhe 32 m −
✪ 05923.

♦Hannover 201 − Enschede 35 − Nordhorn 23 − ♦Osnabrück 63.

 🏠 **Löhr**, Pagenstr. 1, ℰ 23 91 − 🅿. 🆎 ①
 ➡ **M** a la carte 20/41 − **20 Z : 35 B** 45 - 85.

 ✗ **Nickisch**, Nordhorner Str. 71, ℰ 18 72, ㎡, − ▤ ⅃ 🅿. **E**
 17. Juli - 5. Aug. geschl. − **M** *(auch vegetarische Gerichte)* a la carte 23/52.

   In Schüttorf-Suddendorf SW : 3 km :

 🏠🏠 **Stähle** ⌂, Postweg 115, ℰ 50 24, « Gartenterrasse », ⇌s, ⬛, ⚘ − 📺 ☎ ⇐⇒ 🅿. **E**
 M a la carte 33/55 − **20 Z : 41 B** 65/90 - 100/160 Fb.

SCHULD 5489. Rheinland-Pfalz **412** D 15 − 800 Ew − Höhe 270 m − ✪ 02695 (Insul).

Mainz 176 − Adenau 11 − ♦Bonn 46.

 ⚲ Schäfer, Schulstr. 2, ℰ 3 40, « Cafeterrasse mit ≤ » − 🅿
 10 Z : 20 B.

SCHUSSENRIED, BAD 7953. Baden-Württemberg **413** LM 22, **987** ㉟㊱, **426** A 4 − 7 200 E
− Höhe 580 m − Heilbad − ✪ 07583.

Sehenswert : Ehemaliges Kloster (Bibliothek ★).

Ausflugsziel : Bad Schussenried-Steinhausen : Wallfahrtskirche ★ NO : 4,5 km.

♦ Stuttgart 120 − Ravensburg 35 − ♦Ulm (Donau) 61.

 🏠 **Barbara**, Georg-Kaess-Str. 2, ℰ 26 50, ⇌s − ☎. ① **E** 𝚅𝙸𝚂𝙰
 (nur Abendessen für Hausgäste) − **20 Z : 38 B** 58/68 - 89/110 Fb.

SCHUTTERTAL 7631. Baden-Württemberg **413** G 22, **242** ㉘ − 3 400 Ew − Höhe 421 m
Erholungsort − ✪ 07823 (Seelbach).

🛈 Verkehrsamt, Rathaus, Hauptstr. 5 (Dörlinbach), ℰ (07826) 2 38.

♦Stuttgart 180 − ♦Freiburg im Breisgau 50 − Offenburg 38.

 🏠 **Adler**, Talstr. 5, ℰ 22 76, Fax 5409, ㎡, ⅃ (geheizt), ⚘, 👣 − ⇐⇒ 🅿 − ⚚ 40. ① **E** 𝚅𝙸𝚂𝙰
 über Fastnacht 3 Wochen geschl. − **M** *(Montag geschl.)* a la carte 23/53 ⅃ − **19 Z : 40 B** 4
 - 90.

   In Schuttertal 1 - Dörlinbach S : 2,5 km :

 ⚲ Löwen, Hauptstr. 4, ℰ (07826) 3 24, ⇌s, ⚘ − 🅿
 15 Z : 28 B.

SCHWABACH 8540. Bayern **413** PQ 18,19, **987** ㉖ — 35 500 Ew — Höhe 328 m — 🛎 09122.
München 167 — Ansbach 36 — ♦Nürnberg 15.

🏨 **Löwenhof**, Rosenberger Str. 11, ℰ 20 47 — 📺 ☎ ⇐⇒. 𝔸𝔼 ⓞ 𝔼 𝓥𝓘𝓢𝓐
22. Dez.- 7. Jan. geschl. — **M** *(nur Abendessen, Sonntag geschl.)* a la carte 22/42 — **20 Z : 30 B** 80 - 120/125.

🏨 **Raab - Inspektorsgarten**, Äußere Rittersbacher Str. 14 (Forsthof), ℰ 8 50 53, 😤 — 📺
◆ ☎ ⓟ
M *(Dienstag geschl.)* a la carte 21/44 — **12 Z : 18 B** 70 - 110 Fb.

XX **Zur goldenen Sonne**, Limbacher Str. 19, ℰ 51 46 — 𝔸𝔼 ⓞ 𝔼 𝓥𝓘𝓢𝓐
Sonntag 14 Uhr - Montag, Jan. 1 Woche und Aug.- Sept. 3 Wochen geschl. — **M** a la carte 46/70.

In Schwabach-Wolkersdorf N : 4 km — siehe Nürnberg (Umgebungsplan) :.

🏨 **Adam Drexler**, Wolkersdorfer Hauptstr. 42, ℰ (0911) 63 00 99, 😤 — ☎ ⓟ. 𝔸𝔼 𝔼   AT e
◆ Aug. geschl. — **M** *(Freitag 15 Uhr - Sonntag geschl.)* a la carte 19/38 ⅛ — **45 Z : 57 B** 35/52 - 60/85.

SCHWABMÜNCHEN 8930. Bayern **413** P 22, **987** ㊱, **426** ⑯ — 10 300 Ew — Höhe 557 m — 🛎 08232 — ♦München 75 — ♦Augsburg 25 — Kempten (Allgäu) 77 — Memmingen 58.

🏨 **Deutschenbaur**, Fuggerstr. 11, ℰ 40 31, Fax 4034 — 📺 ☎ ⇐⇒ ⓟ — 🏖 35. 𝔼. 🛱
22. Dez.- 6. Jan. und 2.- 18. Aug. geschl. — **M** *(Freitag - Samstag geschl.)* a la carte 24/50 — **24 Z : 35 B** 53 - 90 Fb.

In Langerringen - Schwabmühlhausen 8936 S : 9 km :

🏨 **Untere Mühle** 🐾, ℰ (08248) 10 11, Fax 7279, 😤, 🏊, 🚲, 🛱 — 📺 ☎ ⓟ — 🏖 60. 𝔸𝔼 ⓞ 𝔼 𝓥𝓘𝓢𝓐
M a la carte 26/60 — **25 Z : 42 B** 60/70 - 100/120 Fb.

SCHWABSTEDT 2251. Schleswig-Holstein — 1 300 Ew — Höhe 17 m — Luftkurort — 🛎 04884.
Fremdenverkehrsverein, Haus des Kurgastes, An der Treene, ℰ 4 20.
Kiel 81 — Heide 33 — Husum 16 — Rendsburg 45.

XX **Drei Kronen** 🐾 mit Zim, Kirchenstr. 9, ℰ 4 44 — ⓟ. 𝔸𝔼 ⓞ 𝔼
15. Jan.- 15. Feb. geschl. — **M** *(wochentags nur Abendessen, Dienstag geschl.)* a la carte 42/65 — **8 Z : 16 B** 60/80 - 95/115.

SCHWÄBISCH GMÜND 7070. Baden-Württemberg **413** M 20, **987** ㊲ ㊱ — 58 000 Ew — Höhe 321 m — Wintersport : 400/781 m ≤6 ≰3 — 🛎 07171 — Sehenswert : Heiligkreuz-Münster★.
Verkehrsamt und Fremdenverkehrsverein, Johannisplatz 3, (Prediger), ℰ 60 34 15 und 6 62 44 - (1991 Umzug ins Kornhaus, Kornhausstraße).
Stuttgart 53 ⑤ — ♦Nürnberg 151 ② — ♦Ulm (Donau) 68 ③.

Stadtplan siehe nächste Seite.

🏨 **Das Pelikan**, Türlensteg 9, ℰ 35 90, Telex 7248763, Fax 359359 — 📳 📺 ⑤ ⇐⇒ ⓟ — 🏖 25/100. 𝔸𝔼 ⓞ 𝔼 𝓥𝓘𝓢𝓐   Y n
M a la carte 30/65 — **64 Z : 110 B** 130/150 - 185/275 Fb.

🏨 **Fortuna** garni, Hauberweg 4, ℰ 10 90, Fax 109113, 😓 — 📳 📺 ⑤ ⓟ — 🏖 25. 𝔸𝔼 ⓞ 𝔼 𝓥𝓘𝓢𝓐   Z s
75 Z : 150 B 96/99 - 148/155 Fb.

🏨 **Einhorn**, Rinderbacher Gasse 10, ℰ 6 30 23, Telex 7248803, Fax 61680 — 📳 📺 ☎. 𝔸𝔼 ⓞ 𝔼 𝓥𝓘𝓢𝓐. 🛱   Y r
M *(Sonntag - Montag 18 Uhr, 1.- 14. Jan. und 15. Juli - 15. Aug. geschl.)* a la carte 27/55 — **18 Z : 32 B** 105 - 150 Fb.

🏨 **Staufen** 🐾 garni, Pfeifergäßle 16, ℰ 6 20 85, Fax 4824 — 📳 📺 ☎ ⑤ ⇐⇒ ⓟ. 𝔸𝔼 ⓞ 𝔼 𝓥𝓘𝓢𝓐   YZ a
17 Z : 31 B 85 - 130 Fb.

🏨 **Patrizier**, Kornhausstr. 25, ℰ 3 04 34 — 📺 ☎. 𝔼   Z e
M *(Sonn- und Feiertage geschl.)* a la carte 22/40 ⅛ — **25 Z : 40 B** 55/85 - 98/130.

XXX ❀ **Postillion**, Königsturmstr. 35, ℰ 6 15 84, Fax 63201 — ⓟ. 𝔸𝔼 ⓞ 𝔼 𝓥𝓘𝓢𝓐   Y z
Montag, Juni - Aug. auch Sonntag geschl. — **M** *(bemerkenswerte Weinkarte)* (Tischbestellung ratsam) 78/125 und a la carte 60/94 — (Sept. 1991 Umzug nach Stuttgart, Alte Weinsteige 71)
Spez. Risotto mit Langustinen, Rotbarben in Hermitage-Buttersauce, Gefüllter Kaninchenrücken.

XX **Fuggerei** (restauriertes Fachwerkhaus a.d. 14. Jh.), Münstergasse 2, ℰ 3 00 03, 📳 ⓞ 𝔼 𝓥𝓘𝓢𝓐   Z b
Dienstag, Jan. 2 Wochen und Ende Juli - Anfang Aug. geschl. — Menu *(auch vegetarische Gerichte)* 30/98.

XX **Stadtgarten-Restaurant** (Stadthalle), Rektor-Klaus-Str. 9, ℰ 6 90 24, 😤 — ⓟ — 🏖 25/700. 𝔸𝔼 ⓞ 𝔼   Z
Montag und 20. Jan.- 8. Feb. geschl. — **M** a la carte 31/56.

X **Brauerei-Gaststätte Kübele**, Engelgasse 2, ℰ 6 15 94   Y v
Sonn- und Feiertage ab 15 Uhr, Montag und Juli - Aug. 3 Wochen geschl. — **M** a la carte 24/45.

753

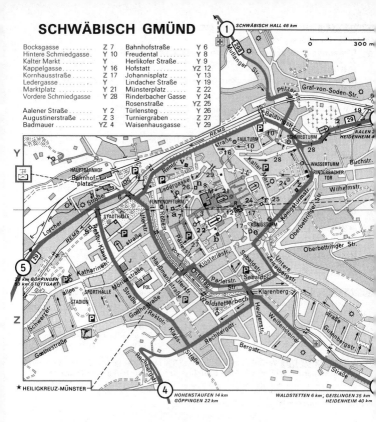

SCHWÄBISCH GMÜND

In Schwäbisch Gmünd - Degenfeld ③ : 14 km :

♤ **Zum Pflug** ⟩⟩, Kalte-Feld-Str. 3, ℘ (07332) 53 42, Fax 3176 – **Ⓟ**
➡ 1.- 28. Juni geschl. – **M** (Mittwoch 14 Uhr - Donnerstag geschl.) a la carte 19/41 ⅃ – **8 Ⓩ**
12 B 38/58 - 80/90.

In Schwäbisch Gmünd - Hussenhofen ② : 4,5 km :

🏦 **Gelbes Haus**, Hauptstr. 83, ℘ 8 23 97, Fax 88368 – |🛗| Ⓣⓥ ☎ & ⟨⟩ **Ⓟ** – ⚒ 35/50. ⅢⒺ ⓒ
Ⓔ 𝖵𝖨𝖲𝖠 ⅏ Rest
M (Samstag geschl.) a la carte 26/57 ⅃ – **36 Z : 55 B** 62/75 - 102/130 Fb.

In Schwäbisch Gmünd - Rechberg ④ : 8 km :

✕ **Zum Rad** mit Zim, Hohenstaufenstr. 1, ℘ 4 28 20 – ☎ ⟨⟩ **Ⓟ**. ⅢⒺ ⓞ Ⓔ 𝖵𝖨𝖲𝖠
➡ **M** (Montag geschl.) a la carte 20/40 ⅃ – **5 Z : 8 B** 45 - 75.

In Schwäbisch Gmünd - Straßdorf ④ : 4 km :

🏠 **Adler**, Einhornstr. 31, ℘ 4 10 41, 🌳 – Ⓣⓥ ☎ ⟨⟩ **Ⓟ**. ⅏ Zim
26 Z : 30 B.

In Mutlangen 7075 ① : 3,5 km :

🏠 **Mutlangerhof** ⟩⟩, Ringstr. 49, ℘ (07171) 7 11 29, ☎⟩ – ⟨⟩ **Ⓟ**. ⅏ Zim
➡ Aug. geschl. – **M** (Samstag geschl.) a la carte 20/39 – **10 Z : 15 B** 50/60 - 90.

In Waldstetten 7076 S : 6 km :

✕✕ **Sonnenhof**, Lauchgasse 19, ℘ (07171) 4 23 09, 🌳 – **Ⓟ** – ⚒ 25/60. ⅢⒺ
Montag geschl. – Menu a la carte 32/58.

In Waldstetten-Weilerstoffel 7076 S : 8 km :

♤ **Hölzle** ⟩⟩, Waldstettener Str. 19, ℘ (07171) 4 21 84, 🌳 – **Ⓟ**. Ⓔ
➡ **M** (Dienstag geschl.) a la carte 21/45 ⅃ – **12 Z : 20 B** 35 - 70.

:HWÄBISCH HALL 7170. Baden-Württemberg 413 M 19, 987 ㉕ – 31 500 Ew – Höhe 270 m
☎ 0791.

ɪenswert : Marktplatz★★ : Rathaus★ **R**, Michaelskirche (Innenraum★) **D** – Kocherufer ⩽★ **F**.

sflugziele : Ehemaliges Kloster Groß-Comburg★ : Klosterkirche (Leuchter★★★, tependium★) – Romanisches Klostertor★ **SO** : 3 km – Hohenloher Freilandmuseum in ıckershofen, **NW** : 4 km über ④.

ourist-Information, Am Markt 9, ✆ 75 12 46, Fax 751375.

ıttgart 68 ④ – Heilbronn 53 ① – ♦Nürnberg 138 ② – ♦Würzburg 107 ①.

SCHWÄBISCH HALL

Spitalbach	3
nhofstraße	5
oinger Gasse	
ıe Straße	18
watzbühlgasse	21
Schuppach	2
ıtorweg	4
'Isheimer Straße	6
nnasiumstraße	7
enmarkt	8
ıbronner Straße	10
ıkersbrücke	13
Weiler	14
·ktstraße	17
ere Herrngasse	19
:ere Herrngasse	23
:erlimpurger Straße	24
'lertor	25
hüttengasse	26
nger	28

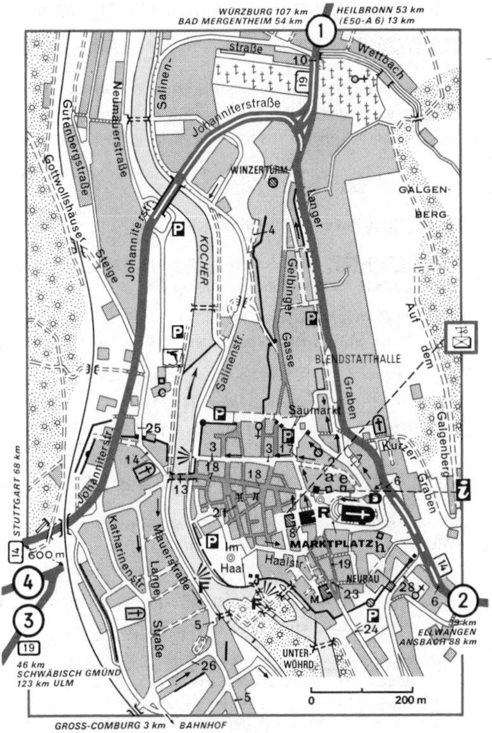

Benutzen Sie
ıuf Ihren Reisen in Europa
die Michelin-Länderkarten
1:400 000 bis 1:1 000 000.

Pour parcourir l'Europe,
ıtilisez les cartes Michelin
Grandes Routes
à 1/400 000 à 1/1 000 000.

Hohenlohe, Im Weilertor 14, ✆ 7 58 70, Telex 74870, Fax 758784, ⩽, 🏞, Massage, ≘, 🏊 (geheizt), 🏊 – 🛗 📺 ♿ 🚗 🅟 – 🏛 25/80. AE ⓞ E VISA. ⛔ Rest — **c**
M *(auch vegetarische Gerichte)* 28/90 – **98 Z : 150 B** 109/159 - 168/280 Fb.

Der Adelshof, Am Markt 12, ✆ 7 58 90, Fax 6036 – 🛗 📺 🅟 – 🏛 25/80. AE ⓞ E VISA — **e**
M *(Montag geschl.)* a la carte 40/65 – **46 Z : 92 B** 130/155 - 170/275 Fb.

Romantik-Hotel Goldener Adler, Am Markt 11, ✆ 61 68, Fax 7315 – 📺 ☎ 🚗 – 🏛 50. E VISA — **a**
M *(Mittwoch geschl.)* a la carte 36/55 – **21 Z : 40 B** 85/120 - 130/180 Fb.

Café Scholl garni, Klosterstr. 3, ✆ 7 10 46 – 🛗 📺 ☎ — **h**
31 Z : 60 B 78/98 - 110/150.

In Schwäbisch Hall 4-Hessental ② : 3 km :

Krone (Haus a.d.J. 1754 mit modernem Anbau), Schmiedsgasse 1, ✆ 21 28, Telex 74870, Fax 3131, « Barocksaal », ≘ – 🛗 📺 ☎ ♿ 🚗 🅟 – 🏛 25/160. AE ⓞ E VISA
M *(Dienstag, 3.- 12. Jan. und 5.- 15. Aug. geschl.)* a la carte 26/54 – **40 Z : 70 B** 79/118 - 128/158 Fb.

Wolf - Restaurant Eisenbahn, Karl-Kurz-Str. 2, ✆ 21 12 – 🛗 📺 ☎ 🅟 – 🏛 40. AE ⓞ E VISA. ⛔
8.- 18. Feb. geschl. – **Menu** *(Montag und 22. Juli - 5. Aug. geschl.)* a la carte 34/70 – **28 Z : 50 B** 70/85 - 112/128 Fb.

Bahnhof-Hotel, Karl-Kurz-Str. 24, ✆ 25 84 – 🚗 🅟
14 Z : 22 B.

SCHWAIG 8501. Bayern 🔢 Q 18 — 8 200 Ew — Höhe 325 m — 🔴 0911 (Nürnberg).

Siehe Stadtplan Nürnberg (Umgebungsplan).

♦München 171 — Lauf 6,5 — ♦Nürnberg 11.

🏠 **Schwaiger Hof** garni, Röthenbacher Str. 1 b, ℰ 50 00 47 — 🛗 ☎ 🅿. 🖭 ⓞ 🗲 🚾 CS
   27 Z : 56 B 79/89 - 118/128 Fb.

🏠🏠 **La Tartaruga** (Italienische Küche), Nürnberger Str. 19, ℰ 50 85 55, 🍴 CS
   (abends Tischbestellung ratsam).

   In Schwaig 2 - Behringersdorf :

🏠 Weißes Ross, Schwaiger Str. 2, ℰ 57 49 71 — 📺 ☎ 🅿 — **18 Z : 40 B**. CS

SCHWAIGERN 7103. Baden-Württemberg 🔢 ㉘. 🔢 🔢 K 19 — 8 900 Ew — Höhe 185 m
🔴 07138.

📓 Schwaigern-Stetten, Pfullinger Hof 1, ℰ 6 74 42.

♦Stuttgart 69 — Heilbronn 15 — ♦Karlsruhe 53.

🏠🏠 **Zum Alten Rentamt** mit Zim (historisches Fachwerkhaus), Schloßstr. 6, ℰ 52 58, 🍴
   1325, 🍴 — ☎ 🅿
   M *(Montag, jeden 1. Dienstag im Monat und 10. Jan.- 9. Feb. geschl.)* a la carte 48/72
   14 Z : 26 B 45/100 - 80/190.

SCHWAIM Bayern siehe Griesbach im Rottal.

SCHWALBACH 6635. Saarland 🔢 D 19, 🔢 ⑥ — 19 200 Ew — Höhe 160 m — 🔴 06834.
♦Saarbrücken 25 — Kaiserslautern 84 — Saarlouis 6.

   In Schwalbach-Elm SO : 2 km :

🏠 **Zum Mühlenthal**, Bachtalstr. 214, ℰ 50 17 (Hotel) 5 21 17 (Rest.) — 📺 ☎ 🚙 🅿. 🗲
   🍴 Rest
   M *(nur Abendessen, Sonntag geschl.)* a la carte 25/45 — **25 Z : 46 B** 58/75 - 80/100 Fb.

   In Schwalbach-Hülzweiler N : 3 km :

🏠🏠 **Strauß**, Fraulauterner Str. 50, ℰ (06831) 5 26 31, 🍴 — 📺 ☎ 🅿 — 🔒 35
   M *(Montag geschl.)* a la carte 22/52 — **12 Z : 24 B** 70 - 120 Fb.

SCHWALBACH, BAD 6208. Hessen 🔢 ㉔. 🔢 H 16 — 10 000 Ew — Höhe 330 m — Heilb
— 🔴 06124.

🆙 Verkehrsbüro in der Kurverwaltung, Am Kurpark, ℰ 50 20.

♦Wiesbaden 18 — ♦Koblenz 60 — Limburg an der Lahn 36 — Lorch am Rhein 32 — Mainz 27.

🏠🏠 Staatliches Kurhotel und Sanatorium, Goetheplatz 1, ℰ 50 23 29, direkter Zugang zu
   Stahlbadehaus — 🛗 ☎ 🅿 — 🔒 25/40. 🍴
   (Restaurant nur für Hausgäste) — **100 Z : 119 B** Fb — 3 Appart..

🏠 Helenenhof, Parkstr. 9, ℰ 40 55, 🍴, 🔲, 🍴 — ☎
   (Restaurant nur für Hausgäste) — **27 Z : 42 B**.

🏠 **Café Lutz**, Parkstr. 2, ℰ 86 20, 🍴 — 🅿. ⓞ 🗲
   M *(Dienstag geschl.)* a la carte 22/42 — **25 Z : 35 B** 43/60 - 90/120 Fb — ½ P 58/75.

🏠 **Park-Villa** 🔗 garni, Parkstr. 1, ℰ 22 94
   Mitte Dez.- Mitte Jan. geschl. — **21 Z : 33 B** 41/65 - 80/100 Fb.

🏠 **Malepartus**, Brunnenstr. 43, ℰ 23 05, 🍴
   3.- 21. Jan. geschl. — **M** *(Sonntag 14 Uhr - Montag und 14.- 26. Nov. geschl.)* a la carte 28/
   🍴 — **11 Z : 20 B** 52 - 95.

🏠🏠 Moorgrube, im Kurhaus, ℰ 50 23 51 — 🅿.

   In Hohenstein (Oberdorf) **6209** N : 7 km, 5 km über die B 54 dann links ab :

🏠🏠 **Waffenschmiede** 🔗 mit Zim, Burgstr. 12 (in der Burg Hohenstein), ℰ (06120) 33 57, 🍴
   6330, ⬅, 🍴 — 📺 ☎ 🅿. ⓞ 🗲 🚾. 🍴 Zim
   Jan.- 15. Feb. sowie Ende Juli und Ende Okt. je 1 Woche geschl. — **M** *(Montag - Dienst*
   geschl.) a la carte 38/75 — **8 Z : 15 B** 88/110 - 145/155.

SCHWALEFELD Hessen siehe Willingen (Upland).

SCHWALMSTADT 3578. Hessen 🔢 ㉘. 🔢 K 14 — 18 000 Ew — Höhe 220 m — 🔴 06691.
🆙 Verkehrsbüro der Schwalm, Paradeplatz (Ziegenhain), ℰ 7 12 12.

♦Wiesbaden 154 — Bad Hersfeld 41 — ♦Kassel 70 — Marburg 43.

   In Schwalmstadt 2-Ziegenhain :

🏠 **Rosengarten** (Fachwerkhaus a.d.J. 1620 mit Hotelanbau), Muhlystr. 3 (an der B 25
   ℰ 30 84, 🍴 — 📺 ☎ 🅿 — 🔒 25/150. 🖭 ⓞ 🗲
   M a la carte 23/50 — **15 Z : 29 B** 31/55 - 55/94 Fb.

🏠 Landgraf mit Zim (Fachwerkhaus a.d.J. 1816), Landgraf-Philipp-Str. 3, ℰ 40 83, Biergart
   — ☎ — **7 Z : 16 B**.

SCHWALMTAL 4056. Nordrhein-Westfalen **412** B 13, **213** ⑫ − 15 000 Ew − Höhe 60 m − ⓣ 02163.

Düsseldorf 44 − Krefeld 25 − Mönchengladbach 12 − Roermond 24.

Im Schwalmtal SW : 3,5 km ab Ortsteil Waldniel :

🏠 **Lüttelforster Mühle** ⒮, ✉ 4056 Schwalmtal 1, ℘ (02163) 4 52 77, Fax 30472, ☞ − **℗** − 🚗 25. 🖭 ⓞ **E** 𝗩𝗜𝗦𝗔
Jan. geschl. − **M** *(Montag geschl.)* a la carte 28/58 − **11 Z : 18 B** 50 - 90.

SCHWANAU 7635. Baden-Württemberg **413** G 21, **242** ㉘, **87** ⑤ − 5 000 Ew − Höhe 150 m − ⓣ 07824.

Stuttgart 164 − ♦ Freiburg im Breisgau 50 − ♦ Karlsruhe 93 − Strasbourg 44.

In Schwanau-Ottenheim :

✗ **Erbprinzen** mit Zim, Schwarzwaldstr. 5, ℘ 24 42 − ⧱ Rest 🖭 ⟵ **℗**. ⓞ **E**
über Fastnacht 1 Woche und Nov. geschl. − Menu *(auch vegetarische Gerichte)* (Mittwoch bis 18 Uhr, Montag und jeden 1. Sonntag im Monat geschl.) a la carte 32/55 ⅋ − **14 Z : 27 B** 42/75 - 75/115.

SCHWANDORF 8460. Bayern **413** T 18, 19, **987** ㉗ − 20 000 Ew − Höhe 365 m − ⓣ 09431.
München 167 − ♦Nürnberg 83 − ♦Regensburg 41 − Weiden in der Oberpfalz 46.

🏠 **Zur Schwefelquelle**, An der Schwefelquelle 12, ℘ 2 05 69, Fax 42260, ☞ − 🖭 ☎ ⚬ **℗**
→ **M** *(Dienstag und 3.- 17. Juni geschl.)* a la carte 16/35 − **13 Z : 25 B** 45 - 85.

SCHWANEWEDE 2822. Niedersachsen **987** ⑭ − 17 200 Ew − Höhe 12 m − ⓣ 0421 (Bremen).
Hannover 145 − ♦Bremen 28 − Bremerhaven 40.

In Schwanewede-Löhnhorst SO : 4 km :

🏛 **Waldhotel Köster**, Hauptstr. 9, ℘ 62 10 71, Fax 621073, ☞ − 🖭 ☎ **℗**. 🖭 ⓞ **E** 𝗩𝗜𝗦𝗔.
✎ Zim
M 23 (mittags) und a la carte 33/70 − **12 Z : 21 B** 79/85 - 120/130 Fb.

SCHWANGAU 8959. Bayern **413** P 24, **426** E 6 − 3 600 Ew − Höhe 800 m − Heilklimatischer Kurort − Wintersport: 830/1 720 m ⨪1 ⨪5 ⨪4 − ⓣ 08362 (Füssen).

Ausflugsziele : Schloß Neuschwanstein** ⩽***, S : 3 km − Schloß Hohenschwangau* S : ⟶ km − Alpsee* : Pindarplatz ⩽*, S : 4 km − St. Colomanskirche.

Kurverwaltung, Rathaus, ℘ 8 10 51, Fax 81103.

München 116 − Füssen 3 − Kempten (Allgäu) 44 − Landsberg am Lech 60.

🏛 **König Ludwig**, Kreuzweg 11, ℘ 8 10 81, Fax 81779, ☞, ⬛, 🖾, ☞, ✗ − 🖭 ☎ ⟵ **℗** − 🚗 30. ✎ Rest
91 Z : 244 B Fb.

🏠 **Weinbauer**, Füssener Str. 3, ℘ 8 10 15, Fax 81606 − 🛗 🖭 ☎ 🕭 **℗**. ✎ Zim
7. Jan.- 8. Feb. geschl. − **M** *(Mittwoch geschl.)* a la carte 25/46 ⅋ − **42 Z : 80 B** 47/70 - 88/110 Fb − ½ P 63/79.

🏠 **Post**, Münchener Str. 5, ℘ 82 35, Telex 541353 − **℗**. 🖭 ⓞ **E** 𝗩𝗜𝗦𝗔
→ 20. Nov.- 10. Dez. geschl. − **M** *(Montag, Okt.- Ostern auch Dienstag geschl.)* a la carte 18/45 − **40 Z : 70 B** 60/90 - 95/125.

🏠 **Hanselewirt**, Mitteldorf 13, ℘ 82 37 − **℗**
M *(Mittwoch geschl.)* a la carte 23/40 − **10 Z : 18 B** 45 - 75.

In Schwangau-Alterschrofen :

🏠 **Waldmann**, Parkstr. 5, ℘ 84 26, ☞ − ⟵ **℗**. 🖭 **E** 𝗩𝗜𝗦𝗔. ✎
25. Okt. 20. Nov. geschl. − **M** *(Mittwoch geschl.)* a la carte 22/45 ⅋ − **22 Z : 42 B** 40/90 - 75/120.

In Schwangau-Brunnen :

🏠 **Ferienhof Huber** ⒮, Seestr. 67, ℘ 8 13 62, ☞, ⬛, ☞ − 🖭 **℗**
→ **M** *(Montag geschl.)* a la carte 20/40 − **16 Z : 32 B** 45/65 - 70/94 Fb − 4 Fewo 70/120.

🏠 **Seeklause** ⒮, Seestr. 75, ℘ 8 10 91, ⩽, ☞, ☞ − ☎ **℗**
9 Z : 18 B.

🏠 **Haus Martini** ⒮, Seestr. 65, ℘ 82 57, ⩽, ☞, ☞ − ⟵ **℗**
→ Nov.- 20. Dez. geschl. − **M** *(Donnerstag geschl.)* a la carte 20/35 − **16 Z : 32 B** 46/60 - 82/90.

In Schwangau-Hohenschwangau :

🏛 **Müller** ⒮, Alpseestr. 16, ℘ 8 19 90, Telex 541325, Fax 819913, « Terrasse mit ⩽ » − 🛗 🖭 **℗**. 🖭 ⓞ **E** 𝗩𝗜𝗦𝗔
5. Nov.- 20. Dez. geschl. − **M** *(bemerkenswerte Weinkarte)* a la carte 30/80 − **45 Z : 80 B** 120/170 - 150/290 Fb − ½ P 105/200.

🏛 **Lisl und Jägerhaus** ⒮, Neuschwansteinstr. 1, ℘ 8 10 06, Telex 541332, Fax 81107, ⩽, ☞ − 🛗 ☎ ⟵ **℗**. 🖭 ⓞ 𝗩𝗜𝗦𝗔
Anfang Jan.- Mitte März geschl. − **M** a la carte 27/55 − **56 Z : 110 B** 50/120 - 80/240.

In Schwangau-Horn :

🏨 **Rübezahl** ⑤, Am Ehberg 31, ℘ 83 27, Fax 81701, ≤, 🏤, « Gemütlich-rustika
Einrichtung », ≦ – ⃞ ⃞ ⃝ ℗. E
Mitte Nov.- Mitte Dez. geschl. – **M** *(Mittwoch geschl.)* a la carte 28/58 – **30 Z : 54 B** 55
100/106 Fb – ½ P 68/73.

In Schwangau-Waltenhofen :

🏨 **Gasthof am See** ⑤, Forggenseestr. 81, ℘ 83 93, ≤, 🏤, ≦, 🚗 – ⃞ ℗
13. Nov.- 11. Dez. geschl. – **M** *(Dienstag geschl.)* a la carte 23/42 ⅞ – **23 Z : 46 B** 48 - 74/
– ½ P 55/66.

🏨 **Kur- und Ferienhotel Waltenhofen** ⑤, Marienstr. 16, ℘ 8 10 39, 🏤, Bade- un
Massageabteilung, ♨, ≦ – ⃞ ⃞ ⃝ ☎ ⅋ 🚗 ℗. ⒶⒺ ⃝ E 𝕍𝕀𝕊𝔸
15. Nov.- 26. Dez. geschl. – **M** a la carte 28/45 – **28 Z : 56 B** 65/105 - 100/180 Fb
½ P 70/125.

🏨 **Café Gerlinde** ⑤ garni, Forggenseestr. 85, ℘ 82 33, ≦, 🚗 – ℗
März 2 Wochen und Mitte Nov.- 20. Dez. geschl. – **10 Z : 17 B** 45/48 - 76/104 – 9 Few
75/103.

🏠 **Haus Kristall** ⑤ garni, Kreuzweg 24, ℘ 85 94, 🚗 – ☎ ℗. ⚘
10. Nov.- 15. Dez. geschl. – **11 Z : 21 B** 43/70 - 86/90.

SCHWANHEIM Rheinland-Pfalz siehe Hauenstein.

SCHWANN Baden-Württemberg siehe Straubenhardt.

SCHWANSTETTEN Bayern siehe Rednitzhembach.

SCHWARMSTEDT 3033. Niedersachsen ⑨⑧⑦ ⑮ – 4 300 Ew – Höhe 30 m – ✆ 05071.
♦Hannover 42 – ♦Bremen 88 – Celle 33 – ♦Hamburg 118.

🏨 **Bertram**, Moorstr. 1, ℘ 80 80, Fax 80845 – ⃞ ⃞ ☎ ℗ – ⚑ 25/60. ⒶⒺ ⃝ E 𝕍𝕊𝔸. ⚘ Rest
M a la carte 30/61 – **44 Z : 74 B** 85/105 - 128/158 Fb.

An der Straße nach Ostenholz NO : 8 km :

🏨 **Heide-Kröpke** ⑤, ⊠ 3031 Ostenholz Moor, ℘ (05167) 2 88, Fax 291, ≦, ⃢, 🚗, ⚘
– ⃞ ⃞ ⅋ ♨ 🚗 ℗ – ⚑ 30. ⒶⒺ ⃝ E 𝕍𝕊𝔸. ⚘ Rest
M a la carte 48/78 – **52 Z : 96 B** 130/150 - 175/198 Fb – 5 Appart. 230 – ½ P 123/180.

SCHWARTAU, BAD 2407. Schleswig-Holstein ⑨⑧⑦ ⑤⑥ – 20 000 Ew – Höhe 10 m – Heilba
– ✆ 0451 (Lübeck).
🛈 Touristinformation, Eutiner Ring 12, ℘ 20 04 45.
♦Kiel 72 – ♦Lübeck 8 – Oldenburg in Holstein 50.

🏠 **Waldhotel Riesebusch** ⑤, Sonnenweg 1, ℘ 2 15 81, 🏤 – ⃞ ☎ 🚗 ℗. ⒶⒺ E 𝕍𝕊𝔸. ⚘
24.- 31. Dez. geschl. – **M** *(Donnerstag geschl.)* a la carte 34/55 – **14 Z : 24 B** 70/80 - 11
130 Fb.

SCHWARZACH 6951. Baden-Württemberg ⑷⑴⑵ ⑷⑴⑶ J 18 – 3 100 Ew – Höhe 200 m
Erholungsort – ✆ 06262 (Aglasterhausen).
♦Stuttgart 115 – Heilbronn 42 – ♦Mannheim 53 – ♦Würzburg 110.

In Schwarzach-Unterschwarzach :

🏨 **Haus Odenwald** ⑤, Wildparkstr. 8, ℘ 8 01, Fax 3492, 🏤, ≦, ⃢, 🚗 – ⃞ ☎ 🚗 ℗
⚑ 30. ⒶⒺ ⃝ E
M a la carte 26/56 – **24 Z : 47 B** 72/92 - 132/138 Fb.

SCHWARZACH 8719. Bayern ⑷⑴⑶ N 17 – 3 100 Ew – Höhe 200 m – ✆ 09324.
♦München 255 – ♦Bamberg 47 – Gerolzhofen 9 – Schweinfurt 35 – ♦Würzburg 33.

Im Ortsteil Münsterschwarzach :

🏨 **Zum Benediktiner** ⑤ garni, Weideweg 7, ℘ 8 51, Fax 3315, 🚗 – ⃞ ☎ ⅋ 🚗 ℗
𝕍𝕊𝔸
32 Z : 64 B 75/80 - 110/130 Fb.

✕ **Gasthaus zum Benediktiner**, Schweinfurter Str. 31, ℘ 37 05, 🏤 – ℗. E 𝕍𝕊𝔸
20. Dez.- 10. Jan. geschl. – **M** a la carte 28/57 ⅞.

Ne confondez pas :

Confort des hôtels   : 🏨🏨 … 🏠, 🏡
Confort des restaurants   : ✕✕✕✕✕ … ✕
Qualité de la table   : ❀❀❀, ❀❀, ❀, Menu

CHWARZENBACH AM WALD 8678. Bayern **408** R 16 — 6 500 Ew — Höhe 667 m — intersport : ⚡3 – 🕿 09289.

ısflugziel : Döbraberg : Aussichtsturm ⁂*, SO : 4 km und 25 min. zu Fuß.

1ünchen 283 – Bayreuth 54 – Coburg 64 – Hof 24.

In Schwarzenbach - Schübelhammer SW : 7 km :

🏠 **Zur Mühle**, an der B 173, 𝒫 4 24, 🚖, 🔽 – 🖘 🅿
↦ Nov.- Dez. 2 Wochen geschl. – **M** a la carte 20/40 – **21 Z : 36 B** 35/44 - 80/88.

In Schwarzenbach - Schwarzenstein SW : 2 km :

🏠 **Rodachtal**, Alte Bundesstr. 173, 𝒫 2 39, 🏤, 🚗 – 🖘 🅿
↦ Mitte Okt.- Mitte Nov. geschl. – **M** *(Montag geschl.)* a la carte 18/39 🍸 – **28 Z : 43 B** 29/42 - 56/82.

CHWARZENBERG Baden-Württemberg siehe Baiersbronn.

CHWARZENFELD 8472. Bayern **408** T 18, **987** ㉗ – 6 000 Ew – Höhe 363 m – 🕿 09435.

Kemnath bei Fuhrn (SO : 9 km), 𝒫 (09439) 4 66.

1ünchen 175 – ◆Nürnberg 82 – ◆Regensburg 53 – Weiden in der Oberpfalz 38.

🏨 **Brauerei-Gasthof Bauer**, Hauptstr. 30, 𝒫 15 05, 🚖 – 🕿 🅿 ⓞ 🗲 🆅🆂🅰
↦ 24. Dez.- 6. Jan. geschl. – **M** *(Samstag geschl.)* a la carte 19/35 – **40 Z : 70 B** 30/50 - 60/90 Fb.

In Fensterbach - Wolfringmühle 8451 W : 7,5 km :

🏨 **Wolfringmühle** ⑤, 𝒫 (09438) 15 02, Fax 1070, Biergarten, 🚖, 🔽, 🐎, ✵ – 📺 🕿 🅿 –
↦ 🏛 25/100
Mitte - Ende Jan. geschl. – **M** a la carte 19/38 – **30 Z : 65 B** 48/55 - 90/92.

CHWARZWALDHOCHSTRASSE Baden-Württemberg **408** HJ 20, 21 – 50 km lange ıhenstraße** von Baden-Baden bis Freudenstadt – Wintersport : 700/1 166 m ⚡21 ⚡6

Plättig	Einsam gelegenes Hotel
	Einsam gelegenes Restaurant
FORBACH	Ort mit Unterkunftsmöglichkeiten
Plättig	Hôtel isolé
	Restaurant isolé
FORBACH	Localité à ressources hôtelières
Plättig	Isolated hotel
	Isolated restaurant
FORBACH	Town with hotels or restaurants
Plättig	Albergo isolato
	Ristorante isolato
FORBACH	Localitá con risorse alberghiere

Halten Sie beim Betreten
des Hotels oder des Restaurants
den Führer in der Hand.
Sie zeigen damit, daß Sie aufgrund
dieser Empfehlung gekommen sind.

Die Hotels sind in der Reihenfolge
von Baden-Baden
nach Freudenstadt angegeben

ıes hôtels sont indiqués suivant l'itinéraire
Baden-Baden à Freudenstadt

The hotels are listed as they are found
on the route from Baden-Baden
to Freudenstadt

Gli alberghi sono indicati seguendo
l'itinerario : Baden-Baden - Freudenstadt

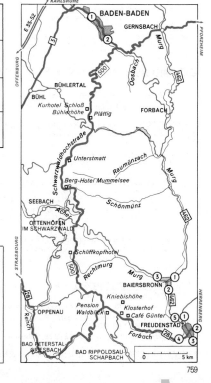

🏰🏰 ⚙ **Schloßhotel Bühlerhöhe - Restaurant Imperial** ≫, Höhe 800 m, ⊠ 7580 Bühl 1
   🏠 (07226)5 51 00, Fax 55777, ≤ Schwarzwald und Rheinebene, 😊, « Park », Bade- u
   Massageabteilung, ♨, 🐎, 🔲, 🚗, 🎾 (Halle) — 🛗 🍽 Rest 📺 ⟺ 🅿 — 🔬 25/80. 🎖 ⓔ
   ⓔ 🆅🆂🅰. 🎾 Rest
   M *(Mittwoch - Donnerstag geschl.)* 96/148 und a la carte 70/112 — **Schloßrestaurant** *(au*
   vegetarische Gerichte) **M** a la carte 54/85 — **90 Z : 170 B** 235/340 - 480/540 — 20 Appa
   650/3300 — ½ P 295/400
   Spez. Gerösteter Kalbskopf und Gänseleber in Trüffelvinaigrette, Gefüllter Steinbutt im Strudelbla
   Rehrückenmedaillons im Steinpilzmantel.

🏰🏰 **Plättig**, Höhe 800 m, ⊠ 7580 Bühl 13, 🏠 (07226) 5 53 00, Fax 55444, ≤, 😊, 😊, 🔲, 🚗
   🛗 📺 🅿 — 🔬 25/110. 🎖 ⓞ ⓔ 🆅🆂🅰
   M a la carte 32/63 — **57 Z : 92 B** 100/135 - 170/180 Fb — 8 Appart. 220/320 — ½ P 113/163.

🏰 **Höhenhotel Unterstmatt**, Höhe 930 m, ⊠ 7580 Bühl 13, 🏠 (07226) 2 04, 😊, 🚗 —
   📺 ☎ ⟺ 🅿 🎖 ⓞ ⓔ 🆅🆂🅰
   April 2 Wochen und 2. Nov.- 15. Dez. geschl. — **M** *(Montag 16 Uhr - Dienstag geschl.)* a
   carte 47/77 — **16 Z : 28 B** 55/90 - 110/130 — ½ P 80/115.

🏯 Berghotel Mummelsee, Höhe 1 036 m, ⊠ 7596 Seebach, 🏠 (07842)10 88, ≤, 😊 — 📺 🅿
   30 Z : 55 B.

🏰🏰 **Schliffkopfhotel**, Höhe 1 025 m, ⊠ 7292 Baiersbronn-Schliffkopf, 🏠 (07449) 2 05, F
   1247, ≤ Schwarzwald, 😊, 🔲, 🚗, ⚓, — 🛗 📺 ☎ 🅿 — 🔬 30. 🎾 Zim
   8.- 26. April und 25. Nov.- 20. Dez. geschl. — **M** a la carte 32/66 — **22 Z : 42 B** 90/12(
   160/180.

Auf dem Kniebis — Höhe 935 m — ⊠ 7290 Freudenstadt 1-Kniebis :

🏰 **Waldblick** ≫, Eichelbachstr. 47, 🏠 (07442) 20 02, 🔲, 🚗 — 🛗 📺 ☎ ⟺ 🅿 — 🔬 25/8
   🎾 Rest
   April 2 Wochen und 6. Nov.- 18. Dez. geschl. — **M** *(Dienstag geschl.)* a la carte 34/55
   34 Z : 62 B 69/117 - 114/194 Fb — ½ P 84/124.

✕ **Moosgrund** ≫ mit Zim, Eichelbachstr. 76, 🏠 (07442) 21 40, 😊 — 📺 🅿. ⓔ. 🎾 Rest
   April geschl. — **M** *(Montag geschl.)* a la carte 30/65 — **3 Z : 6 B** 44/60 - 88.

In Kniebis-Dorf — Höhe 920 m — Luftkurort — ⊠ 7290 Freudenstadt 1-Kniebis — ⚙ 0744

🏠 **Kniebishöhe** ≫, Alter Weg 42, 🏠 23 97, Fax 50276, 😊 — 🛗 🍽 🅿
   15.- 30. April und Nov.- 15. Dez. geschl. — **M** *(Dienstag geschl.)* a la carte 28/50 ⅃ — **14 Z**
   26 B 42/47 - 80/110 Fb — ½ P 65/80.

🏠 **Klosterhof**, Alte Paßstr. 49, 🏠 21 15, 😊, 🔲, 🚗 — 🛗 ☎ 🅿. ⓔ 🆅🆂🅰
   Nov.- 15. Dez. geschl. — **M** *(Sonntag 14 Uhr - Montag geschl.)* a la carte 24/38 — **22 Z : 40**
   35/60 - 60/110 Fb — 5 Fewo 50/100 — ½ P 45/70.

🏠 **Café Günter**, Baiersbronner Str. 26, 🏠 21 14 — 🛗 📺 ☎ ⟺ 🅿. ⓔ
➔   *10.- 25. April und 2. Nov.- 15. Dez. geschl.* — **M** a la carte 21/40 ⅃ — **17 Z : 30 B** 37/6(
   64/110 — 3 Fewo 50/85.

SCHWEDENECK 2307. Schleswig-Holstein — 3 000 Ew — Höhe 2 m — Seebad — ⚙ 04308.
♦Kiel 20 — Flensburg 75.

In Schwedeneck - Dänisch-Nienhof :

🏯 Zur Schmiede, Eckernförder Str. 49, 🏠 3 24, 🚗 — 🅿 — **24 Z : 45 B** Fb.

SCHWEICH 5502. Rheinland-Pfalz 🔢🔢🔢 ⓐ, 🔢🔢🔢 D 17 — 5 700 Ew — Höhe 125 m — ⚙ 06502.
🅱 Verkehrsamt, Brückenstr. 26 (Rathaus), 🏠 40 71 17 — Mainz 149 — Bernkastel-Kues 36 — ♦Trier 13 — Witt
24.

🏠 **Haus Grefen**, Brückenstr. 31, 🏠 30 81, Fax 3083, 🚗 — ☎ 🅿. 🎖 ⓞ ⓔ 🆅🆂🅰
   1.- 24. Feb. geschl. — **M** *(Sonntag 15 Uhr - Montag 17 Uhr geschl.)* a la carte 22/44 ⅃
   23 Z : 41 B 40/65 - 80/95 Fb.

🏠 **Zur Moselbrücke**, Brückenstr. 1, 🏠 10 68, Fax 7680, 😊, 🚗 — ☎ ⟺ 🅿 — 🔬 25. 🎖
   ⓔ 🆅🆂🅰
   Jan. geschl. — **M** a la carte 24/45 — **23 Z : 45 B** 45/60 - 80/90 Fb.

🏠 **Bender**, Hofgartenstr. 21, 🏠 84 06, 😊 — ⟺ 🅿
➔   *20. Dez.- 15. Jan. geschl.* — **M** *(Mittwoch bis 16 Uhr geschl.)* a la carte 18/37 — **15 Z : 33**
   40/75 - 75/90.

Nahe der Autobahnausfahrt N : 1,5 km :

🏠 **Leinenhof**, ⊠ 5502 Schweich, 🏠 (06502) 10 51, 😊, 🚗 — ☎ ⟺ 🅿. ⓔ
➔   *Ende Dez.- Mitte Jan. geschl.* — **M** *(Montag geschl.)* a la carte 19/43 ⅃ — **24 Z : 46 B** 45/5
   80/85.

SCHWEIGEN-RECHTENBACH 6749. Rheinland-Pfalz 🔢🔢 🔢🔢🔢 G 19. 🔢🔢🔢 ⓐ. 🔢🔢 ② — 1 300 ⎸
— Höhe 220 m — ⚙ 06342.
Mainz 162 — ♦Karlsruhe 46 — Landau in der Pfalz 21 — Pirmasens 47 — Wissembourg 4.

🏠 **Am deutschen Weintor** garni, Bacchusstr. 1 (Rechtenbach), 🏠 73 35 — 🅿
   17 Z : 31 B 48/60 - 80/100.

🏠 Schweigener Hof, Hauptstr. 2 (B 38, Schweigen), 🏠 2 44, 😊 — 🅿 — **12 Z : 23 B**.

SCHWEINBERG Baden-Württemberg siehe Hardheim.

SCHWEINFURT 8720. Bayern **413** N 16, **987** ㉖ − 51 500 Ew − Höhe 226 m − ✆ 09721.

Schweinfurt-Information, Rathaus, ✆ 5 14 98.

ADAC, Rückertstr. 17, ✆ 2 22 62, Telex 673321.

München 287 ② − ◆Bamberg 57 ① − Erfurt 156 ⑤ − Fulda 85 ④ − ◆Würzburg 44 ③.

SCHWEINFURT

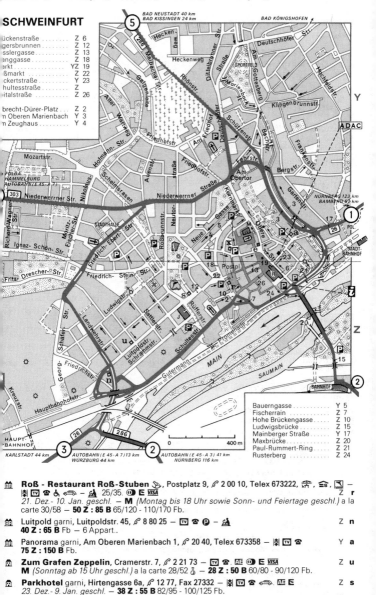

🏛 **Roß - Restaurant Roß-Stuben** ⑤, Postplatz 9, ✆ 2 00 10, Telex 673222, ㄻ, ⓢ, ▨ − ⌀ 📺 ☎ ₰, ⌂ − ⌸ 25/35. ⓪ 🄴 **VISA**   Z r
21. Dez.- 10. Jan. geschl. − **M** (Montag bis 18 Uhr sowie Sonn- und Feiertage geschl.) a la
carte 30/58 − **50 Z : 85 B** 65/120 - 110/170 Fb.

🏛 **Luitpold** garni, Luitpoldstr. 45, ✆ 8 80 25 − 📺 ☎ ❷ − ⌸   Z n
40 Z : 65 B Fb − 6 Appart..

🏛 **Panorama** garni, Am Oberen Marienbach 1, ✆ 20 40, Telex 673358 − ⌀ 📺 ☎   Y a
75 Z : 150 B Fb.

🏠 **Zum Grafen Zeppelin**, Cramerstr. 7, ✆ 2 21 73 − 📺 ☎. 🄰🄴 ⓪ 🄴 **VISA**   Z u
M (Sonntag ab 15 Uhr geschl.) a la carte 28/52 ⅄ − **28 Z : 50 B** 60/80 - 90/120 Fb.

🏠 **Parkhotel** garni, Hirtengasse 6a, ✆ 12 77, Fax 27332 − ⌀ 📺 ☎ ⇌. 🄰🄴 🄴   Z s
23. Dez.- 9. Jan. geschl. − **38 Z : 55 B** 82/95 - 100/125 Fb.

🏠 **Central-Hotel** garni, Zehntstr. 20, ✆ 2 00 90, Telex 673349 − ⌀ 📺 ☎ ⇌. 🄰🄴 ⓪ 🄴 **VISA**   Y x
35 Z : 65 B 78/108 - 118/158 Fb.

✕ **Brauhaus am Markt**, Am Markt 30, ✆ 1 63 16, ㄻ − ⌸   Y e

In Bergrheinfeld 8722 ③ : 5 km :

🏨 **Weißes Roß**, Hauptstr. 65 (B 26), ℰ (09721) 9 00 84, 😚 – ℗ – **41 Z : 61 B**.

🏨 **Astoria**, Schweinfurter Str. 117 (B 26), ℰ (09721) 9 00 51 – ☎ 👝 ℗
70 Z : 105 B.

SCHWEITENKIRCHEN 8069. Bayern 🔟🔟🔟 R 21 – 4 000 Ew – Höhe 520 m – 🔾 08444.
♦München 46 – ♦Augsburg 70 – Landshut 60 – ♦Nürnberg 123.

Im Ortsteil Geisenhausen N : 6 km :

🛎 **Liebhardt**, Hauptstr. 3, ℰ (08441) 50 20 – ℗
↦ 15. Nov.- 14. Dez. geschl. – **M** a la carte 17/30 – **14 Z : 24 B** 36/38 - 52/64.

An der Autobahn A 9 :

🏨 Motel Holledau, ✉ 8069 Schweitenkirchen-Geisenhausen, ℰ 8 59 64 – ⅋ 👝 ℗
25 Z : 42 B (Frühstück im Rasthaus).

SCHWELM 5830. Nordrhein-Westfalen 🔟🔟🔟 ⑭㉔, 🔟🔟🔟 E 13 – 31 200 Ew – Höhe 220 m
🔾 02336.
♦Düsseldorf 50 – Hagen 16 – Wuppertal 9.

🏨 **Haus Wünsche** ⑤, Göckinghofstr. 47, ℰ 8 20 30, Fax 82126, ≤, 😚, 🏡 – 📺 ℗ 👝 (
– 🕿 40. ⑩ E ▥ ☜
Ostern, Pfingsten, Weihnachten und Sylvester geschl. – (nur Abendessen für Hausgäste)
19 Z : 25 B 75/85 - 110/120.

🏨 **Frese**, Schulstr. 56, ℰ 29 63 – ☎. ☜ Zim
*Juli - Aug. 3 Wochen und Weihnachten - Sylvester geschl. – **M** (Freitag 15 Uhr - Samsta
geschl.)* a la carte 30/60 – **16 Z : 25 B** 45/65 - 80/95.

SCHWEND Bayern siehe Birgland.

SCHWENDI 7959. Baden-Württemberg 🔟🔟🔟 MN 22, 🔟🔟🔟 ㊱, 🔟🔟🔟 BC 4 – 5 300 Ew – Höhe 530
– 🔾 07353.
♦Stuttgart 127 – Memmingen 36 – Ravensburg 67 – ♦Ulm (Donau) 35.

🛎 **Zum Stern**, Hauptstr. 32, ℰ 29 41 – ℗
↦ 23.- 30. Dez. geschl. – **M** (Freitag geschl.) a la carte 19/45 🍷 – **14 Z : 20 B** 32/60 - 60/100.

SCHWENNINGEN / HEUBERG 7476. Baden-Württemberg 🔟🔟🔟 JK 22 – 1 600 Ew – Höl
864 m – 🔾 07579.
♦Stuttgart 112 – ♦Ulm (Donau) 110 – ♦Konstanz 75 – ♦Freiburg im Breisgau 123.

🗶🗶 **Landhaus Müller** mit Zim, Hauser Talstr. 23, ℰ 5 95, 😚 – ℗ ⌶ ⑩ E ▥
28. Jan.- 12. Feb. und 18.- 25. Nov. geschl. – **M** (Dienstag geschl.) a la carte 32/49 🍷 – **5 Z**
8 B 45 - 90.

SCHWERIN 2758 Mecklenburg-Vorpommern 🔟🔟🔟 ⑦⑪, 🔟🔟🔟 ⑥ – 130 000 Ew – Höhe 43 m
🔾 003784.
Sehenswert : Schloß★ – Schweriner See★ – Staatliche Galerie★.
🛈 Schwerin-Information, Am Markt 11, ℰ 81 23 14.
♦Berlin - Ost 207 – ♦Lübeck 67 – ♦Rostock 89.

🏩 **Stadt Schwerin**, Grünthalplatz 5, ℰ 52 61, Telex 32350, 😚 – 📳 📺 ☎ – 🕿 25/60. 🖪
↦ ⑩ E ▥
M a la carte 19,50/34 – **166 Z : 268 B** 87/92 - 124/144 Fb – 4 Appart. 210.

🏨 **Niederländischer Hof**, Karl-Marx-Str. 12, ℰ 8 37 27 – 📺 ☎. E. ☜
↦ **M** a la carte 18/32 – **32 Z : 66 B** 45/90 - 50/100 Fb -(ab Okt. 1991 wegen Umbau geschl.).

🗶🗶 **Weinhaus Uhle**, Schusterstr. 15, ℰ 86 44 55, « Weinhaus mit Gewölbe a.d. 18. Jh. »
☜
*letzter Montag im Monat geschl. – **M** a la carte 24/49.*

🗶 **Wald-Burg** (mit Garten-Grill), Schloßgartenallee 70 b, ℰ 81 25 52, « Schlößchen in eine
kleinen Park »
*Montag geschl. – **M** a la carte 22/40.*

🗶 **Gastmahl des Meeres** (Fischrestaurant), Großer Moor 5, ℰ 86 41 82 – ☜
↦ **M** a la carte 21/44.

In Schwerin-Zippendorf SO : 3 km :

🏨 **Ferienhotel Fritz Reuter** ⑤, Räthenweg 4, ℰ 29 11 11, Fax 211177, 🛁, 😚, 🏊, 🏡
↦ ℗ – 🕿 25/150
M a la carte 10/25 – **400 Z : 700 B** 44/62 - 88/96 Fb.

🏨 **Strand-Hotel**, Am Strand 13, ℰ 21 30 53, Telex 32316, Fax 321174, 😚 – 📺 ℗
↦ **M** a la carte 25/47 – **25 Z : 60 B** 100 (Doppel-Z.) Fb.

SCHWERTE 5840. Nordrhein-Westfalen 987 ⑭, 412 F 12 — 49 800 Ew — Höhe 127 m — ✪ 02304.

Siehe Ruhrgebiet (Übersichtsplan).

●Düsseldorf 75 — Dortmund 13 — Hagen 19 — Hamm in Westfalen 40.

In Schwerte 6-Geisecke O : 5,5 km :

🏨 **Gutshof Wellenbad**, Zum Wellenbad 7, ℰ 48 70, 😤 — 📺 ☎ 🅿. 🆎 ① 🅴 💳
M a la carte 55/88 — **11 Z : 18 B** 100 - 150/170.

In Schwerte 5-Villigst SO : 3 km :

🍴🍴 **Haus Becker**, Am Buschufer 7, ℰ 7 31 35, « Gartenterrasse » — 🅿. ① 🅴
Donnerstag geschl. — **M** 28/43 (mittags) und a la carte 46/78.

SCHWETZINGEN 6830. Baden-Württemberg 987 ㉕. 412 413 I 18 — 18 000 Ew — Höhe 102 m — ✪ 06202.

Sehenswert : Schloßgarten**.

🛈 Verkehrsverein, Schloßplatz (Palais Hirsch), ℰ 49 33.

●Stuttgart 118 — Heidelberg 10 — ◆Mannheim 16 — Speyer 16.

🏨 **Adler-Post**, Schloßstr. 3, ℰ 1 00 36, Fax 21442, 😤, ⊆ₛ — 📺 ☎ 🕭 ⇔ — 🔬 25/50. 🆎 ① 🅴 💳
M *(auch vegetarische Gerichte)* (Sonntag 15 Uhr - Montag, 1.- 13. Jan. und 29. Juli - 20. Aug. geschl.) 28 und a la carte 39/87 — **29 Z : 49 B** 99/150 - 190/260 Fb.

🏨 **Am Theater**, Hebelstr. 15 (am Meßplatz), ℰ 1 00 28, Fax 12202, 😤 — 📺 ☎. 🆎 ① 🅴 💳
1.- 10. Jan. und Juli - Aug. 2 Wochen geschl. — **M** *(außer Festspielzeit Samstag bis 18 Uhr und Sonntag geschl.)* a la carte 29/61 🍸 — **19 Z : 28 B** 95/110 - 175/185 Fb — 3 Appart. 300.

🏨 **Romantik-Hotel Löwe**, Schloßstr. 4, ℰ 2 60 66, Fax 10726, 😤 — 📺 ☎ ⇔. 🆎 ① 🅴 💳
M *(außer Festspielzeit Sonntag 14 Uhr - Montag geschl.)* a la carte 32/82 — **20 Z : 39 B** 115/175 - 170/250 Fb — 5 Appart. 280.

🏠 **Zum Erbprinzen**, Karlsruher Str. 1 (Schloßplatz), ℰ 1 00 42, 😤 — ☎. 🆎 🅴 💳
M a la carte 30/57 🍸 — **23 Z : 38 B** 60/110 - 110/160 Fb.

In Ketsch 6834 SW : 5 km :

🏨 **See-Hotel** ⑤, Kreuzwiesenweg 2, ℰ (06202) 66 31, Fax 62080, 😤 — 📺 ☎ 🅿 — 🔬 35. 🅴 💳
1.- 6. Jan. geschl. — **M** *(Sonn- und Feiertage geschl.)* a la carte 33/62 — **42 Z : 75 B** 90/105 - 145/165 Fb.

🍴🍴 **Hirsch**, Hockenheimer Str. 47, ℰ (06202) 6 14 39 — 🆎 ① 🅴
Dienstag und Ende Juni - Mitte Juli geschl. — **M** a la carte 35/63.

SCHWIEBERDINGEN 7141. Baden-Württemberg 413 K 20 — 9 600 Ew — Höhe 251 m — ✪ 07150.

●Stuttgart 16 — Heilbronn 42 — ◆ Karlsruhe 66 — Pforzheim 35.

🏠 Schloßhof, Bahnhofstr. 4, ℰ 3 32 03, Fax 31756 — 📳 ☎ 🅿. 🌤 Zim
21 Z : 29 B.

SCHWOLLEN Rheinland-Pfalz siehe Hattgenstein.

SCHWÜLPER Niedersachsen siehe Braunschweig.

SEEBACH 7596. Baden-Württemberg 413 H 21, 242 ⑳ — 1 500 Ew — Höhe 406 m — Luftkurort — ✪ 07842 (Kappelrodeck).

🛈 Verkehrsbüro, Rathaus, Ruhesteinstr. 21, ℰ 6 96.

●Stuttgart 142 — Baden-Baden 48 — Freudenstadt 30.

🏠 **Zum Adler**, Ruhesteinstr. 62 (O : 2 km), ℰ 27 27, 😤, 🎏, 🎱 — ☎ 🅿. 🅴 💳 🌤
➤ *25. Feb.- 22. März geschl.* — **M** *(Dienstag geschl.)* a la carte 21/50 🍸 — **10 Z : 22 B** 50/55 - 80/120 Fb.

🏠 **Pension Bohnert** ⑤ garni, Bohnertshöfe 6, ℰ 31 61, ⊆ₛ, 🎏 — 📺 🅿
24. Okt.- 3. Nov. und 20.- 26. Dez. geschl. — **7 Z : 14 B** 54 - 80 — 4 Fewo 100.

SEEBRUCK Bayern siehe Seeon-Seebruck.

SEEDORF Schleswig-Holstein siehe Ratzeburg.

Gute Küchen

haben wir durch

Menu, ✿ ✿✿ oder ✿✿✿ kenntlich gemacht.

SEEFELDEN Baden-Württemberg siehe Uhldingen-Mühlhofen.

SEEG 8959. Bayern **413** O 24, **426** D 6 – 2 300 Ew – Höhe 854 m – Luftkurort – 🅲 08364.
🔲 Verkehrsamt, Hauptstr. 26, 𝒫 6 42.
♦München 142 – Kempten (Allgäu) 34 – Pfronten 11.

🏠 **Pension Heim** 🦢 garni, Aufmberg 8, 𝒫 2 58, ≤ Voralpenlandschaft, ⭲, 🐾 – ☎ 🅿. 🗶
    Nov.- 20. Dez. geschl. – **18 Z : 33 B** 55/65 - 100/110.

    In Rückholz-Seeleuten 8961 SW : 2 km :

🏠 **Café Panorama** 🦢, Seeleuten 62, 𝒫 (08364) 2 48, ≤ Voralpenlandschaft, 🐾 – ⇦ 🅿
    Nov.- 25. Dez. geschl. – (Restaurant nur für Hausgäste) – **17 Z : 30 B** 35/45 - 70/90 –
    ½ P 48.

SEEHEIM-JUGENHEIM 6104. Hessen **987** ㉕, **412** **413** I 17 – 16 600 Ew – Höhe 140 m –
Luftkurort – 🅲 06257.
♦Wiesbaden 56 – ♦Darmstadt 13 – Heidelberg 47 – Mainz 48 – ♦Mannheim 44.

    Im Ortsteil Jugenheim :

🏨 **Jugenheim** 🦢 garni, Hauptstr. 54, 𝒫 20 05 – 📺 ☎ 🅿. 🆎 ⓞ Ε *VISA*. 🗶
    20. Dez.- 10. Jan. geschl. – **18 Z : 27 B** 75/90 - 98/135 Fb.

🏠 **Brandhof** 🦢, Im Stettbacher Tal 61 (O: 1,5 km), 𝒫 26 89, � – 📺 ☎ 🅿 – 🔏 40. ⓞ Ε
    Nov. geschl. – **M** a la carte 28/52 🍷 – **45 Z : 70 B** 68/70 - 120/130.

    Im Ortsteil Malchen :

🏠 **Malchen** 🦢, Im Grund 21, 𝒫 (06151) 5 50 31 – 📺 ☎ & ⇦ 🅿. 🆎 ⓞ Ε *VISA*
    (nur Abendessen für Hausgäste) – **21 Z : 46 B** 85/105 - 130/145 Fb.

SEELBACH 7633. Baden-Württemberg **413** G 22, **242** ㉘, **87** ⑥ – 4 500 Ew – Höhe 217 m –
Luftkurort – 🅲 07823.
♦Stuttgart 175 – ♦Freiburg im Breisgau 61 – Offenburg 33.

🏠 **Ochsen**, Hauptstr. 100, 𝒫 20 34, Fax 2036, � – ⇦ 🅿 – 🔏 35. ⓞ Ε *VISA*. 🗶 Zim
    Feb. 3 Wochen geschl. – **M** *(Mittwoch geschl.)* a la carte 21/46 🍷 – **29 Z : 54 B** 58 - 96.

    In Seelbach-Schönberg NO : 6 km – Höhe 480 m :

🏠 **Geroldseck** garni, 𝒫 20 44, Fax 5500, ≤, ⭲, 📶, 🐾 – ☎ ⇦ 🅿 – 🔏 25. ⓞ Ε *VISA*
    26 Z : 52 B 70/90 - 130/160 Fb.

🗶 **Löwen** (Gasthof a.d.J. 1370), an der B 415, 𝒫 20 44, Fax 5500, ≤, � – 🅿. ⓞ Ε
    Montag geschl. – **M** a la carte 35/67.

SEELBACH Rheinland-Pfalz siehe Hamm (Sieg).

SEEON-SEEBRUCK 8221. Bayern **413** U 23 – 4 450 Ew – Höhe 540 m – Erholungsort
🅲 08624 (Seeon) und 08667(Seebruck).
Sehenswert : Chiemsee★.
🔲 Verkehrsamt Seebruck, Am Anger 1, 𝒫 71 33.
🔲 Verkehrsamt Seeon, Weinbergstr. 6, 𝒫 21 55.
♦München 80 – Rosenheim 39 – Wasserburg am Inn 26.

    Im Ortsteil Seebruck **987** ㊲, **426** ⑱ – Luftkurort :

🏨 **Wassermann**, Ludwig-Thoma-Str.1, 𝒫 87 10, Fax 871498, ≤, �, ⭲, 📶 – 🛗 📺 ☎ 🅿 –
    🔏 40. 🆎 ⓞ Ε *VISA*. 🗶 Rest
    M a la carte 26/57 – **41 Z : 90 B** 76/95 - 122/156 Fb – ½ P 89/114.

🏠 **Gästehaus Kaltner** garni, Traunsteiner Str. 4, 𝒫 71 14, ⭲, 🐾, 🐾 – 📺 ☎ ⇦ 🅿
    16 Z : 29 B Fb – 14 Fewo.

🗶🗶 **Segelhafen**, Im Jachthafen 7, 𝒫 6 11, ≤, � – 🅿.

    Im Ortsteil Seebruck-Lambach SW : 3 km ab Seebruck :

🏠 **Malerwinkel**, 𝒫 4 88, Terrasse mit ≤ Chiemsee und Alpen, ⭲, 🐾, 🐾 – 📺 ☎ 🅿. Ε
    M (Tischbestellung ratsam) a la carte 33/64 – **20 Z : 46 B** 70/100 - 120/140.

    Im Ortsteil Seeon :

🏨 **Schanzenberg** 🦢, Schanzenberg 1, 𝒫 20 31, Fax 4305, ≤, « Gartenterrasse
    Oldtimermuseum », 🐾, 🐾 – 📺 ☎ 🅿 – 🔏 30. 🆎 Ε
    27. Dez.- 18. Jan. geschl. – **M** *(Montag geschl., Okt.- Mitte Mai Dienstag bis Freitag nu*
    Abendessen) a la carte 28/54 – **20 Z : 38 B** 80/100 - 115/160.

    Im Ortsteil Seeon-Roitham S : 4 km ab Seeon :

🛖 **Gruber-Alm** 🦢, Almweg 18, 𝒫 (08667) 6 96, ≤, ⭲, 🐾, 🐾 – 🅿. ⓞ Ε
    Nov. geschl. – **M** *(Dienstag geschl.)* a la carte 24/40 🍷 – **19 Z : 34 B** 33/45 - 62/82 –
    ½ P 45/57.

SEESEN 3370. Niedersachsen 987 ⑮ ⑯ – 22 500 Ew – Höhe 250 m – ✦ 05381.

◼ Städt. Verkehrsamt, Marktstr. 1, ℰ 7 52 43.

Hannover 77 – ◆Braunschweig 62 – Göttingen 53 – Goslar 26.

🏨 **Goldener Löwe**, Jacobsonstr. 20, ℰ 12 01, Fax 3840 – 🛗 📺 ☎ ⇔ – 🔬 25/100. 🖭 ⑩ E 𝘝𝘐𝘚𝘈
    M *(Samstag bis 18 Uhr geschl.)* a la carte 36/68 – **37 Z : 55 B** 85/115 - 118/150 Fb.

🏠 **Alter Fritz**, Frankfurter Str. 2, ℰ 18 11, Fax 3338, ⇌ – 🛗 📺 ☎ 🕭 🅿. 🖭 ⑩ E 𝘝𝘐𝘚𝘈
    M a la carte 26/47 – **25 Z : 52 B** 50/70 - 80/120 Fb.

🏠 **Wilhelmsbad**, Frankfurter Str. 10, ℰ 10 35, Fax 47590 – 📺 ☎ ⇔ 🅿. 🖭 ⑩ E 𝘝𝘐𝘚𝘈
    Mitte Juli - Mitte Aug. geschl. – **M** *(Sonntag geschl.)* a la carte 24/52 – **14 Z : 25 B** 40/80 - 60/140.

SEESTERMÜHLE 2201. Schleswig-Holstein – 800 Ew – Höhe 3 m – ✦ 04125.

Kiel 99 – Cuxhaven 77 – ◆Hamburg 43 – Itzehoe 34.

%% **Ton Vossbau**, Am Altenfeldsdeich, ℰ 3 13 – 🅿
    wochentags nur Abendessen, Dienstag und Juli 2 Wochen geschl. – **M** a la carte 45/75.

SEEVETAL 2105. Niedersachsen 987 ⑤ ⑮ – 35 000 Ew – Höhe 25 m – ✦ 04105.

◾ Am Golfplatz 24, ℰ 23 31 – ◆Hannover 130 – ◆Bremen 101 – ◆Hamburg 22 – Lüneburg 33.

In Seevetal 1-Hittfeld :

🏨 **Meyer's Hotel** garni, Hittfelder Twiete 1, ℰ 28 27 – 📺 ☎ 🅿. 🖭 E
    16 Z : 28 B 89/105 - 145/168 Fb.

🏨 **Krohwinkel**, Kirchstr. 15, ℰ 25 07, Fax 53799, Spielbank im Hause – 📺 ☎ 🅿 – 🔬 35. 🖭 ⑩ E 𝘝𝘐𝘚𝘈
    M a la carte 24/50 – **16 Z : 27 B** 79/89 - 114/124 Fb.

🏠 Zur Linde, Lindhorster Str. 3, ℰ 20 23, Fax 20 25, « Gartenterrasse » – 📺 ☎ 🅿
    36 Z : 61 B Fb.

In Seevetal 1-Karoxbostel :

🏠 **Derboven**, Karoxbosteler Chaussee 68 (Ecke Winsener Landstraße), ℰ 24 87 – 🅿. 🖭
    1.- 6. Jan. und 27. Juli - 26. Aug. geschl. – **M** *(Freitag - Samstag geschl.)* a la carte 22/43 – **28 Z : 40 B** 40/50 - 66/88 Fb.

In Seevetal 3-Maschen :

🏨 **Maack**, Hamburger Str. 6 (B 4), ℰ 81 70, Fax 817777 – 📺 ☎ 🅿 – 🔬 25/60
    80 Z : 120 B Fb.

SEEWALD 7291. Baden-Württemberg 413 I 21 – 2 100 Ew – Höhe 750 m – Luftkurort – Wintersport : 700/900 m ≰1 ≴2 – ✦ 07448.

◼ Rathaus in Besenfeld, Freudenstädter Str. 12, ℰ (07447) 10 07.

Stuttgart 76 – Altensteig 13 – Freudenstadt 23.

In Seewald-Besenfeld : – ✦ 07447 :

🏨 **Oberwiesenhof** ♨, Freudenstädter Str. 60, ℰ 10 01, Fax 897, 🏞, ⇌, 🔲, 🐎, ℁ – 🛗 📺 ☎ ⇔ 🅿 – 🔬 25/50. 🖭 ⑩ E 𝘝𝘐𝘚𝘈. ℀ Rest
    6.- 21. Dez. geschl. – **M** 23 (mittags) und a la carte 33/66 – **55 Z : 98 B** 78/94 - 140/192 Fb – ½ P 96/120.

🏠 **Sonnenblick**, Freudenstädter Str. 40 (B 294), ℰ 3 19, 🔲, 🐎 – 🛗 📺 ⇔ 🅿. ℀ Rest
    26 Z : 48 B.

🏠 **Café Konradshof** ♨ garni, Freudenstädter Str. 65 (B 294), ℰ 12 22, 🐎 – 🛗 📺 ☎ ⇔ 🅿
    16 Z : 31 B 40/46 - 68/90.

🏠 **Pferdekoppel-Unterwiesenhof** ♨, Kniebisstr. 65, ℰ 3 64, ≤, 🏞, 🐎, 🏇(Halle,
◆ Schule) – 📺 ☎ 🅿
    6. Nov.- 12. Dez. geschl. – **M** *(Montag geschl.)* a la carte 20/42 – **14 Z : 25 B** 40 - 66/74.

🏠 **Kapplerhof** garni, Römerweg 33, ℰ 4 37, 🐎 – ☎ 🅿
    20. Okt.- 20. Dez. geschl. – **13 Z : 26 B** 35/40 - 70/75 – 2 Fewo 60.

In Seewald-Eisenbach :

🏠 **Tannenhof**, Ortsstr. 14, ℰ 2 28, 🐎 – 🅿
◆ *22. Okt.- 8. Nov. und 26. Nov.- 20. Dez. geschl.* – **M** *(Dienstag geschl.)* a la carte 20/43 – **14 Z : 26 B** 41 - 76 – ½ P 51.

In Seewald-Göttelfingen :

🏠 **Traube**, Altensteiger Str. 15, ℰ 2 13, 🐎 – ⇔ 🅿
    M *(Donnerstag geschl.)* a la carte 24/49 – **33 Z : 60 B** 39 - 74/78.

An der Straße Göttelfingen-Altensteig SO : 4 km ab Göttelfingen :

% **Kropfmühle** ♨ mit Zim, ⊠ 7291 Seewald-Omersbach, ℰ (07448) 2 44, 🏞, 🐎 – ⇔ 🅿 E
    Mitte Jan.- Feb. geschl. – **M** *(Montag geschl.)* a la carte 24/51 – **12 Z : 18 B** 24/32 - 48/64.

SEGEBERG, BAD 2360. Schleswig-Holstein 987 ⑤ − 15 500 Ew − Höhe 45 m − Luftkurort
✿ 04551.

🛈 Tourist-Information, Oldesloer Str. 20, ℰ 5 72 33.

◆Kiel 47 − ◆Hamburg 63 − ◆Lübeck 31 − Neumünster 26.

🏨🏨 **Intermar Kurhotel** ⑤, Kurhausstr. 87, ℰ 80 40, Telex 261619, Fax 804602, ≤, 🏤, ≘s, [
− 🛗 📺 ℗ − 🛦 25/300. 🖭 ⓪ 🛦 E 𝖵𝖨𝖲𝖠
M a la carte 37/68 − **110 Z : 220 B** 109/169 - 179/299 Fb − 50 Fewo 147/157.

🏠 **Stadt Hamburg** ⑤, Kurhausstr. 2, ℰ 22 10, 🏤 − 📺 ☎ ℗
21 Z : 37 B Fb.

🏠 **Central Gasthof**, Kirchstr. 32, ℰ 27 83 − 📺 ⟵⟶. 🖭 ⓪ E 𝖵𝖨𝖲𝖠
Okt. 3 Wochen geschl. − **M** a la carte 23/48 − **11 Z : 20 B** 45/58 - 80/98.

In Bad Segeberg-Schackendorf NW : 5 km :

✗✗ Immenhof, Neukoppel 1, ℰ 32 44, 🏤 − ℗.

In Högersdorf 2360 SW : 3,5 km :

✗✗ **Holsteiner Stuben** ⑤ mit Zim, Dorfstr. 19, ℰ (04551) 40 41, Fax 1576, 🏤 − ☎ ℗. 🖭 ⓪
E 𝖵𝖨𝖲𝖠
M (Mittwoch geschl.) a la carte 37/50 − **6 Z : 10 B** 70 - 105.

In Rohlstorf-Warder 2361 NO : 8 km :

🏠 **Am See** ⑤, Seestr. 25, ℰ (04559) 7 16, Fax 720, 🏤, ≘s, 🏤 − 🛗 📺 ☎ ℗. 🖭 E 𝖵𝖨𝖲𝖠
M 27 (mittags) und a la carte 37/56 − **44 Z : 88 B** 58/79 - 92/124 Fb − ½ P 65/99.

In Leezen 2361 SW : 10 km :

🏠 **Teegen**, Heiderfelder Str. 5 (B 432), ℰ (04552) 2 90, 🏤, ≘s, 🔲 (Gebühr), 🏤 − ⟵⟶ (
◆ 🖭 ⓪ E 𝖵𝖨𝖲𝖠
Juli - Aug. 3 Wochen geschl. − **M** (Montag geschl.) a la carte 20/39 − **17 Z : 25 B** 31/42
62/84 − ½ P 41/53.

In Bark-Bockhorn 2361 W : 12 km :

🏠 **Schäfer** garni, Bockhorner Landstr. 10 a(B 206), ℰ (04558) 10 66 − 📺 ☎ ℗
11 Z : 25 B 60 - 105.

SEHNDE 3163. Niedersachsen 987 ⑮, 412 M 10 − 18 500 Ew − Höhe 64 m − ✿ 05138.

◆Hannover 17 − ◆Braunschweig 48 − Hildesheim 38.

In Sehnde 4-Bilm NW : 5 km :

🏨🏨 **Parkhotel Bilm** ⑤, Behmerothsfeld 6, ℰ 20 47, Telex 922485, Fax 2359, 🏤, ≘s, 🔲, 🏤
− 🛗 📺 ☎ ℗ − 🛦 30. ⓪ E 𝖵𝖨𝖲𝖠
M (Samstag bis 18 Uhr und Sonntag ab 17 Uhr geschl.) a la carte 47/82 − **52 Z : 70 B** 95/2
- 124/340 Fb.

In Sehnde 14-Müllingen SW : 7 km :

✗✗ Müllinger Tivoli ⑤ mit Zim, Müllinger Str. 41 (N : 1,5 km), ℰ 13 80, 🏤 − ℗
6 Z : 10 B.

SEHRINGEN Baden-Württemberg siehe Badenweiler.

SELB 8672. Bayern 413 T 16, 987 ㉗ − 21 000 Ew − Höhe 555 m − ✿ 09287.

🛈 Verkehrsverband für Nordostbayern, Friedrich-Ebert-Str. 7, ℰ 27 59.

◆München 291 − Bayreuth 62 − Hof 27.

🏨🏨 **Rosenthal-Casino** ⑤, Kasinostr. 3, ℰ 80 50, Fax 80548, « Zimmer mit modern
Einrichtung und Dekor verschiedener Künstler » − 📺 ☎ ℗. 🖭 ⓪ E 𝖵𝖨𝖲𝖠
Jan. 1 Woche und Aug. 2 Wochen geschl. − **M** (Samstag bis 17 Uhr und Sonntag geschl.)
la carte 30/55 − **20 Z : 26 B** 80/85 - 110/120 Fb.

🏨🏨 **Parkhotel**, Franz-Heinrich-Str. 29, ℰ 7 89 91, Telex 61124, Fax 3222, ≘s − 🛗 📺 ☎ ℗. [
E
M (nur Abendessen, Aug.- Sept. 3 Wochen geschl.) a la carte 26/43 − **40 Z : 66 B** 75/85
110/155 Fb.

🏠 **Schmidt**, Bahnhofstr. 19, ℰ 7 89 01 (Hotel) 7 95 67 (Rest.) − 📺 ☎ ⟵⟶
◆ **M** (Donnerstag 14 Uhr - Freitag und 7.- 30. Juni geschl.) a la carte 21/43 − **17 Z : 30 B** 60/
- 90/98.

✗✗ **Altselber-Stuben** mit Zim, Martin-Luther-Platz 5, ℰ 22 00 − ☎. ⓪ E
2.- 6. April, 21.- 31. Mai und 16. Aug.- 10. Sept. geschl. − **M** (Freitag - Samstag 17 U
geschl.) a la carte 25/52 ⅃ − **6 Z : 12 B** 70 - 98 Fb.

Im Wellertal S : 6 km Richtung Schirnding :

✗✗ Gut Blumenthal ⑤ mit Zim (ehem. Gutshof mit Hutschenreuther-Museum), Blumenthal
✉ 8672 Selb, ℰ (09235) 5 28, 🏤 − 📺 ☎ ℗. 🦌
(Italienische Küche) − **7 Z : 14 B**.

SELBECKE Nordrhein-Westfalen siehe Kirchhundem bzw. Hagen.

SELBITZ 8677. Bayern 🅰🅱🅱 S 16 — 5 000 Ew — Höhe 525 m — ✆ 09280.
München 285 — Bayreuth 56 — Hof 15.

🏚 **Napoleon,** Mühlberg 4, ✆ 16 60 — 🚗 🅿 **E.** 🛇
(nur Abendessen für Hausgäste) — **7 Z : 12 B** 32 - 64.

In Selbitz-Stegenwaldhaus O : 4 km über die B 173, in Sellanger rechts ab :

🏚 **Leupold** ⑤, ✆ 2 72, 🐦 — 🚗 🅿
⟶ **M** *(Montag geschl.)* a la carte 21/30 — **13 Z : 23 B** 32/40 - 64/80.

SELIGENSTADT 6453. Hessen 🆗🅱🅗 ⑳, 🅰🅘🅑 🅰🅘🅑 J 16 — 18 500 Ew — Höhe 108 m — ✆ 06182.
◀ Verkehrsbüro, Aschaffenburger Str. 1, ✆ 8 71 77.
Wiesbaden 58 — Aschaffenburg 17 — ◆Frankfurt am Main 25.

🏨 **Mainterrasse - Ristorante La Gondola,** Kleine Maingasse 18, ✆ 2 70 56, ≤, 🐦 — 📺
🕿, 🆎 ⓞ **E** 🆅🆂🅰. 🛇
über Weihnachten geschl. — **M** *(Freitag geschl.)* a la carte 34/69 — **24 Z : 33 B** 95 - 160 Fb.

🏠 **Zum Ritter,** Würzburger Str. 31, ✆ 2 60 34, Fax 3933 — 📺 🕿 🚗 🅿
⟶ 21. Dez.- 6. Jan. geschl. — **M** *(nur Abendessen, Sonn- und Feiertage geschl.)* a la carte
21/47 ⚖ — **24 Z : 36 B** 45/80 - 80/110.

XX Klosterstuben, Freihofplatz 7, ✆ 35 71, 🐦.

In Seligenstadt-Froschhausen NW : 3 km :

🏚 **Zum Lamm,** Seligenstädter Str. 36, ✆ 70 64 — 🕿 🅿
⟶ 22. Dez.- 4. Jan. geschl. — **M** *(Juli und Freitag - Samstag geschl.)* a la carte 20/33 ⚖ — **27 Z :**
36 B 50 - 90.

An der Autobahn A 3 NW : 6 km :

🏠 **Motel Weiskirchen** garni, Autobahn-Nordseite, ✉ 6054 Rodgau 6, ✆ (06182) 6 80 38 —
📯 🕿 🅿 **E**
30 Z : 60 B 68 - 95.

SELLINGHAUSEN Nordrhein-Westfalen siehe Schmallenberg.

SELM Nordrhein-Westfalen siehe Lünen.

SELTERS (TAUNUS) 6251. Hessen 🅰🅘🅑 H 15 — 6 600 Ew — Höhe 140 m — ✆ 06483.
Wiesbaden 49 — ◆ Frankfurt am Main 62 — Limburg an der Lahn 18.

In Selters 3-Münster — Erholungsort :

XX **Stahlmühle** ⑤, mit Zim, Bezirksstr. 34 (NO : 1,5 km), ✆ 56 90, 🐦 — 🕿 🅿. 🆎
Feb. 2 Wochen geschl. — **M** *(Französische Küche)* (Mittwoch geschl.) a la carte 57/83 —
5 Z : 10 B 89/138 - 137/191.

SELTERS 5418. Rheinland-Pfalz 🅰🅘🅑 G 15 — 2 200 Ew — Höhe 246 m — ✆ 02626.
Mainz 94 — ◆Bonn 70 — ◆Koblenz 35 — Limburg an der Lahn 35.

🏠 **Adler,** Rheinstr. 24, ✆ 7 00 44 — 📺 🕿 🚗. 🆎 **E** 🆅🆂🅰. 🛇
M *(Samstag bis 18 Uhr geschl.)* a la carte 32/60 — **15 Z : 23 B** 63/74 - 110/120.

SENDEN 7913. Bayern 🅰🅘🅑 N 22 — 19 000 Ew — Höhe 470 m — ✆ 07307.
München 143 — Memmingen 48 — ◆Ulm (Donau) 11.

🏨 **Feyrer,** Bahnhofstr. 18, ✆ 40 87, Fax 34253, 🐦 — 📯 📺 🕿 🅿 — 🅰 25/50. **E**
2.- 7. Jan. und 30. Juli - 17. Aug. geschl. — **M** *(Freitag bis 17 Uhr und Sonntag ab 14 Uhr
geschl.)* a la carte 28/60 — **36 Z : 60 B** 85/90 - 135/140 Fb.

SENDEN 4403. Nordrhein-Westfalen 🅰🅘🅑 F 11, 🅰🅞🅑 N 6 — 16 500 Ew — Höhe 60 m — ✆ 02597.
Düsseldorf 129 — Lüdinghausen 10 — Münster (Westfalen) 18.

XX Haus Scharlau, Laurentiusplatz 7, ✆ 2 89, « Gediegene, gemütliche Einrichtung » —.

In Senden-Ottmarsbocholt SO : 4 km :

XXX ✿ **Averbeck's Giebelhof,** Kirchstr. 12, ✆ (02598) 3 93, 🐦, « Elegante Einrichtung » —
🅿. 🆎. 🛇
Montag bis 18 Uhr und Donnerstag-Freitag 18 Uhr geschl. — **M** *(bemerkenswerte Weinkarte)*
a la carte 79/108 — **Grüner Zeisig** *(Donnerstag geschl., 15. Okt.- März nur Abendessen)* Menu
a la carte 34/55
Spez. Mousse von der Wildente, Hummermedaillons auf Orangennudeln, Gratin von Zitrusfrüchten mit
Grapefruitsorbet.

SENDENHORST 4415. Nordrhein-Westfalen **412** G 11 – 10 600 Ew – Höhe 53 m – ✆ 02526.

☞ Everswinkel-Alverskirchen (NW : 7 km), ℰ (02582) 2 27.

◆Düsseldorf 136 – Beckum 19 – Münster (Westfalen) 22.

　　 ✗ **Zurmühlen** mit Zim, Osttor 38, ℰ 13 74 – **E**
　　　　 M *(Freitag geschl.)* a la carte 25/37 – **9 Z : 15 B** 33/55 - 66/110.

　　　 In Sendenhorst-Hardt SO : 2 km :

　　 ✗✗ **Waldmutter**, an der Straße nach Beckum, ℰ 12 72, « Gartenterrasse » – **℗** – 🅰 100
　　　　 Feb. und Montag geschl. – **M** a la carte 25/48.

SENHEIM 5594. Rheinland-Pfalz **412** E 16 – 700 Ew – Höhe 90 m – ✆ 02673 (Ellenz-Poltersdorf).

Mainz 104 – Cochem 16 – ◆Koblenz 74 – ◆Trier 75.

　　 🏠 **Schützen** ⍟, Brunnenstr. 92, ℰ 43 06 – ⇐ **℗**. **E**. ✕
　　　　 April - Dez. – **M** *(Montag geschl.)* a la carte 23/46 ⟨ – **15 Z : 28 B** 37/45 - 56/72 Fb
　　　　 ½ P 45/52.

SESSLACH 8601. Bayern **413** P 16 – 3 800 Ew – Höhe 271 m – ✆ 09569.

◆München 275 – ◆Bamberg 40 – Coburg 16.

　　 ✗✗ **Mally** ⍟ mit Zim, Dr.-Josef-Otto-Kolb-Str.7, ℰ 2 28, 🍴, « Moderne, elegant
　　　　 Einrichtung »
　　　　 Jan. und Sept. geschl. – **M** *(nur Abendessen, Tischbestellung ratsam)* (Montag geschl.)
　　　　 la carte 46/66 – **7 Z : 12 B** 50 - 80.

SIEDELSBRUNN Hessen siehe Wald-Michelbach.

SIEGBURG 5200. Nordrhein-Westfalen **987** ㉙, **412** E 14 – 36 000 Ew – Höhe 61 m – ✆ 0224

🛈 Verkehrsamt, im Rathaus, ℰ 10 23 83 – ADAC, Humperdinckstr. 64, ℰ 6 95 50, Notruf ℰ 1 92 11.

◆Düsseldorf 67 – ◆Bonn 11 – ◆Koblenz 87 – ◆ Köln 27.

　　 🏨 **Kranz - Parkhotel**, Mühlenstr. 32, ℰ 6 00 51, Telex 889411, Fax 60183, ⇐ – |≋| ⟷ Zi
　　　　 📺 ⅙ ⇐ – 🅰 25/120. 🖭 ⊙ **E** 𝓥𝓘𝓢𝓐. ✕ Rest
　　　　 M a la carte 43/68 – **70 Z : 130 B** 165/200 - 225/345 Fb.

　　 🏨 **Kaspar** garni, Elisabethstr. 11 (am Rathaus), ℰ 6 30 73, Fax 51686 – |≋| 📺 ☎. 🖭 ⊙ **E** 𝓥𝓘𝓢
　　　　 22. Dez.- 5. Jan. geschl. – **25 Z : 35 B** 75/120 - 110/160 Fb.

　　 🏠 **Siegblick**, Nachtigallenweg 1, ℰ 6 00 77, 🍴 – ☎ ⇐ **℗**. **E**
　　　　 1.- 18. Jan. und 20. Juli - 9. Aug. geschl. – **M** *(Freitag geschl.)* a la carte 30/56 – **20 Z : 31**
　　　　 60/110 - 95/140 Fb.

　　 🏠 **Kaiserhof**, Kaiserstr. 80, ℰ 5 00 71, Fax 68294 – |≋| 📺 ☎ ⇐. 🖭 ⊙ **E** 𝓥𝓘𝓢𝓐
　　　　 M a la carte 32/63 – **32 Z : 48 B** 80/100 - 130/150.

SIEGEN 5900. Nordrhein-Westfalen **987** ㉙, **412** H 14 – 119 000 Ew – Höhe 236 m – ✆ 0271.

🚗 in Siegen 21-Weidenau, ℰ 59 13 25.

🛈 Tourist-Information, Pavillon am Hauptbahnhof, ℰ 5 77 75.

ADAC, Koblenzer Str. 65, ℰ 33 50 44, Notruf ℰ 1 92 11.

◆Düsseldorf 130 ⑤ – ◆Bonn 99 ⑤ – Gießen 73 ③ – Hagen 88 ⑤ – ◆Köln 93 ⑤.

　　　　　　　 Stadtplan siehe gegenüberliegende Seite.

　　 🏨 **Park Hotel Siegen**, Koblenzer Str. 135, ℰ 3 38 10, Telex 872617, Fax 3381450, Bade- un
　　　　 Massageabteilung, ⇐ – |≋| ⟷ Zim 📺 ⅙ **℗** – 🅰 25/400. 🖭 ⊙ **E** 𝓥𝓘𝓢𝓐　　　　　　 Z
　　　　 M a la carte 47/64 – **91 Z : 139 B** 183 - 246/342 Fb.

　　 🏨 **Hotel am Kaisergarten**, Kampenstr. 83, ℰ 5 40 72, Telex 872734, Fax 21146, Massag
　　　　 ⇐, 🞐 – |≋| ⟷ Zim ⇐ – 🅰 25/90. 🖭 ⊙ **E** 𝓥𝓘𝓢𝓐. ✕ Rest　　　　　　　　　 Y
　　　　 M a la carte 42/60 – **94 Z : 126 B** 155/205 - 205/286 Fb.

　　 🏨 **Kochs Ecke**, Koblenzer Str. 53, ℰ 5 20 23, Fax 21070 – |≋| 📺 ☎ ⇐. 🖭 ⊙ **E** 𝓥𝓘𝓢　　 Z
　　　　 M *(Samstag bis 18 Uhr geschl.)* a la carte 30/62 – **40 Z : 60 B** 65/110 - 100/200 Fb.

　　 🏨 **Berghotel Johanneshöhe**, Wallhausenstr. 1, ℰ 31 00 08, Fax 315039, ⩽ Siegen – 📺 ☎
　　　　 ⇐ **℗**. 🖭 ⊙ **E** 𝓥𝓘𝓢𝓐. ✕ Rest　　　　　　　　　 über Achenbacher Straße　 Z
　　　　 M a la carte 30/64 – **25 Z : 44 B** 75/110 - 110/175 Fb.

　　 🏠 **Bürger** garni, Marienborner Str. 134, ℰ 6 25 51 – |≋| ⇐ **℗**. ✕
　　　　 60 Z : 90 B.　　　　　　　　　　　　　　　　 über Marienborner Straße　 YZ

　　 🏠 **Jakob** garni, Tiergartenstr. 61, ℰ 5 23 75 – ☎ **℗**　　　　　　　　　　　 Y
　　　　 10 Z : 18 B 55/60 - 95.

　　 ✗✗ **Pfeffermühle**, Frankfurter Str. 261, ℰ 5 45 26, 🍴 – **℗**. **E**　　　　　 über ⓒ
　　　　 Dienstag geschl. – **M** a la carte 35/63.

　　 ✗✗ **Schloß-Stuben**, Im Oberen Schloß, ℰ 5 65 66, « Terrasse im Schloßhof »　　 Y

　　 ✗✗ **Siegerlandhalle**, Koblenzer Str. 151, ℰ 33 10 00 – ⅙ **℗** – 🅰 25/1500. 🖭 **E**　 Z
　　　　 Juli geschl. – **M** 19/38 (mittags) und a la carte 31/60.

　　 ✗ **Schwarzbrenner**, Untere Metzgerstr. 29, ℰ 5 12 21 – **E**　　　　　　　　 Z
　　　　 nur Abendessen, Montag und Aug. 2 Wochen geschl. – **M** *(Tischbestellung ratsam)* a
　　　　 carte 43/68.

SIEGEN

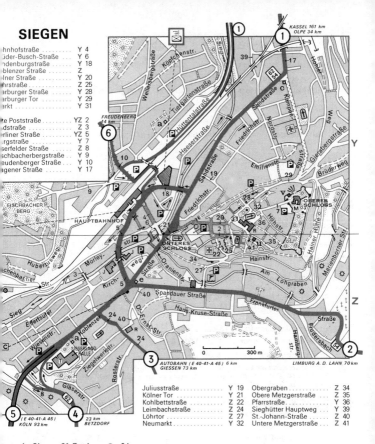

In Siegen 21-Buchen ① : 8 km :

🏠 **Ongelsgrob**, Buchener Str. 22, ℰ 8 13 48, 🚗 – ☎ 🚗 🅿. Ε. 🏵 Rest
➔ **M** *(nur Abendessen, Freitag geschl.)* a la carte 20/42 – **8 Z : 12 B** 29/37 - 58/74.

In Siegen 21-Dillnhütten ① : 7 km :

🏠 **Reuter**, Geisweider Str. 144 (B 54), ℰ 8 55 66 – 🚗 🅿
➔ Juli - Aug. 3 Wochen geschl. – **M** *(Sonn- und Feiertage geschl.)* a la carte 18/40 – **6 Z : 10 B** 35/38 - 70.

In Siegen 31-Eiserfeld ④ : 5 km :

🏠 Haus Hennche, Eiserntalstr. 71, ℰ 38 16 45 – ☎ 🅿
16 Z : 22 B.

🏠 **Haus Siegboot** garni, Eiserfelder Str. 230, ℰ 38 15 23 – 📶 📺 ☎ 🚗 🅿
29 Z : 50 B 70/80 - 110.

In Siegen 21-Geisweid ① : 6 km :

🏠 **Café Römer** garni, Rijnsburger Str. 4, ℰ 8 10 45, Fax 870140 – 📶 ☎ 🚗. 🖭 ① Ε 𝗩𝗜𝗦𝗔
16 Z : 20 B 70 - 110 Fb.

XXX **Ratskeller**, Lindenplatz 7 (im Rathaus), ℰ 8 43 33 – 🅿 – 🔏 25. 🖭 ① Ε 𝗩𝗜𝗦𝗔
Samstag bis 17 Uhr, Sonntag und 22. Juli - 10. Aug. geschl. – **M** 18/26 (mittags) und a la carte 32/60.

In Siegen 1-Kaan-Marienborn O : 4 km über Marienborner Str. YZ :

X **Weißtalhalle**, Blumertsfeld 2, ℰ 6 40 74 – 🅿 ⏦ 🔏 25/70. Ε
➔ Sonntag - Montag 17 Uhr und 21. März - 12. April geschl. – **M** a la carte 21/56.

In Siegen 1-Seelbach ⑥ : 7 km :

XX **Am Weiher**, Freudenberger Str. 671, ℰ (02734) 72 84, ≤, 🍴 – 🅿. 🖭 ①
Samstag bis 18 Uhr, Montag und 2.- 25. Jan. geschl. – **M** a la carte 45/62.

In Siegen 21-Sohlbach ① : 7 km :

🏠 **Kümmel**, Gutenbergstr. 7, ℰ 8 30 69 – ☎ ⇦ 🅿 🄰🄴 🄴 𝚅𝙸𝚂𝙰
M *(Freitag geschl.)* a la carte 28/57 – **10 Z : 13 B** 65/70 - 98.

In Siegen 21-Weidenau ① : 4 km :

🏠 **Oderbein**, Weidenauer Str. 187 (am Bahnhof), ℰ 4 50 27 – 📳 📺 ☎ 🅿 – 🔬 30. 🄰🄴 ⑩ 𝚅𝙸𝚂𝙰
M a la carte 23/54 – **30 Z : 60 B** 82/150 - 120/220 Fb.

In Wilnsdorf-Obersdorf 5901 ② : 6 km :

XXX **Haus Rödgen** mit Zim, Rödgener Str. 100 (B 54), ℰ (0271) 3 91 73, ≤, 🌴 – 📺 ☎ ⇦ ◖ 🄰🄴 ⑩ 🄴
M a la carte 41/73 – **7 Z : 12 B** 90/120 - 140/160.

In Wilnsdorf 5901 ② : 11 km :

🏠 **Kölsch**, Frankfurter Str. 7 (B 54), ℰ (02739) 22 53 – 🅿. 🄰🄴 🄴
20. Dez.- 7. Jan. geschl. – **M** *(Dienstag geschl.)* a la carte 24/60 – **8 Z : 12 B** 29/45 - 59/72

SIEGENBURG Bayern siehe Abensberg.

SIEGSDORF 8227. Bayern 🄰🄸🄱 U 23, 🎵🎵🎵 ㊲ ㊳, 🄸🄶🄱 ⑲ – 7 200 Ew – Höhe 615 m – Luftkur – 🕲 08662 – 🖪 Verkehrsamt, Rathausplatz 2, ℰ 79 93.

◆München 105 – Bad Reichenhall 32 – Rosenheim 48 – Salzburg 36 – Traunstein 7.

🏠 **Forelle**, Traunsteiner Str. 1, ℰ 70 93, 🌴 – ☎ 🅿. ⑩ 🄴 𝚅𝙸𝚂𝙰
Feb. geschl. – **M** a la carte 23/53 – **22 Z : 45 B** 47 - 85.

🏠 **Edelweiß**, Hauptstr. 21, ℰ 92 96 – ⇦ 🅿
14 Z : 26 B.

🏠 **Neue Post**, Kirchplatz 2, ℰ 92 78 – ⇦ 🅿
◆ 2. Nov.- 16. Dez. geschl. – **M** *(Montag geschl.)* a la carte 19/42 – **21 Z : 40 B** 30/55 - 60/ – ½ P 45/70.

In Siegsdorf-Eisenärzt S : 3 km:

🏠 **Eisenärzter Hof**, Arztbergstr. 1, ℰ 94 00, 🌴 – 🅿 – **11 Z : 23 B** Fb.

In Siegsdorf-Hammer SO : 6 km :

🏠 **Hörterer**, Schmiedstr. 1 (B 306), ℰ 93 21, Fax 7146, 🌴, 🛋 – 📺 ☎ 🅿. 🄰🄴 🄴 𝚅𝙸𝚂𝙰
4. Nov.- 14. Dez. geschl. – Menu *(Dienstag 14 Uhr - Mittwoch geschl.)* a la carte 29/49
25 Z : 50 B 50/65 - 95/100 Fb.

SIERKSDORF 2430. Schleswig-Holstein – 1 300 Ew – Höhe 15 m – Seebad – 🕲 04563.
🖪 Kurverwaltung, Vogelsang 1, ℰ 70 23.

◆Kiel 57 – ◆Lübeck 28 – Neustadt in Holstein 8,5.

🏠 **Ostseestrand**, Am Strande 2, ℰ 81 15, ≤, 🌴 – 📺 ⇦ 🅿. 🄰🄴 🄴
Nov. geschl. – **M** *(Okt.- März Dienstag - Mittwoch geschl.)* a la carte 28/51 – **12 Z : 22** 58/85 - 98/120 – 8 Fewo 70/125.

XX **Seehof** 🔊 mit Zim, Gartenweg 30, ℰ 70 31, Fax 7485, ≤ Ostsee, 🌴, « Park » – ☎ ⇦ 🅿
Jan.- Feb. geschl. – **M** *(Okt.- April Dienstag geschl.)* a la carte 31/54 – **9 Z : 25 B** 75/120 130/150 Fb – 10 Fewo 115/145 – ½ P 96/135.

SIEVERSEN Niedersachsen siehe Rosengarten.

SIGMARINGEN 7480. Baden-Württemberg 🄰🄸🄱 K 22, 🎵🎵🎵 ㊴ – 15 000 Ew – Höhe 570 m 🕲 07571.

🖪 Verkehrsamt, Schwabstr. 1, ℰ 10 62 23.

◆Stuttgart 101 – ◆Freiburg im Breisgau 136 – ◆Konstanz 76 – ◆Ulm (Donau) 85.

🏠 **Fürstenhof**, Zeppelinstr. 14 (SO : 2 km), ℰ 30 76, Fax 2976, ≤ – 📳 📺 ☎ ⇦ 🅿 🔬 25/100. 🄰🄴 ⑩ 🄴 𝚅𝙸𝚂𝙰
M a la carte 33/66 – **31 Z : 65 B** 65/75 - 110/160 Fb.

🏠 **Jägerhof** garni, Wentelstr. 4, ℰ 20 21, Fax 50476 – 📺 ☎ ⇦ 🅿 – **18 Z : 31 B** Fb.

🏠 **Gästehaus Schmautz** 🔊 garni, Im Mucketäle 33 (Gorheim), ℰ 5 15 54, ≤ – ⇦ 🅿
15 Z : 24 B 45/55 - 76/85 Fb.

In Scheer 7486 SO : 10 km :

🏠 **Donaublick**, Bahnhofstr. 21, ℰ (07572) 67 67 (Hotel) 22 93 (Rest.), 🌴 – 📺 ☎ 🅿. ⑩ 𝚅𝙸𝚂𝙰
M *(Donnerstag 14 Uhr - Freitag geschl.)* a la carte 29/52 – **11 Z : 20 B** 55/63 - 95/100 Fb.

XX **Brunnenstube**, Mengener Str. 4, ℰ (07572) 36 92 – 🅿
Samstag bis 18 Uhr, Sonntag 15 Uhr - Montag, 7.- 14. Jan. und 1.- 19. Aug. geschl. – Menu la carte 33/60.

SILBERSBACH Bayern siehe Lam.

SILBERSTEDT **2381**. Schleswig-Holstein – 1 500 Ew – Höhe 20 m – ☎ 04626.

Kiel 66 – Flensburg 44 – ♦Hamburg 133 – Schleswig 15.

🏨 **Schimmelreiter**, Hauptstr. 56 (B 201), ✆ 10 44, Fax 1047 – [TV] ☎ 🚗 [P] – 👥 25/150. [AE] E [VISA]
M a la carte 31/59 – **29 Z : 51 B** 70 - 120 Fb.

SILZ **6749**. Rheinland-Pfalz [412] [413] G 19, [242] ⑫ – 900 Ew – Höhe 211 m – Erholungsort – ☎ 06346 (Annweiler).

ainz 128 – Kaiserslautern 49 – ♦ Karlsruhe 50 – Landau in der Pfalz 17 – Wissembourg 21.

🏨 **Sonnenberg-Haus am Walde** 🪑 garni, Waldstr. 20, ✆ 52 61, 🏊 (geheizt), 🌳 – [P]. 🐕
12 Z : 22 B 45 - 79/99.

SIMBACH bei Landau/Isar **8384**. Bayern [413] V 21, [987] ㊲㊳, [426] ⑥ – 3 200 Ew – Höhe 33 m – ☎ 09954.

München 127 – Passau 66 – ♦Regensburg 88 – Salzburg 118.

🏨 **Pension Hacker** garni (Einrichtung im Bauernstil), Kreuzkirchenstr. 1, ✆ 2 24, 🏊 (geheizt), 🌳 – [P]
9 Z : 17 B 40 - 70.

SIMBACH AM INN **8346**. Bayern [413] VW 22, [987] ㊳, [426] ⑲⑳ – 9 000 Ew – Höhe 345 m – ☎ 08571 – ♦München 122 – Landshut 89 – Passau 54 – Salzburg 85.

🏨 **Gasthof Weißbräu**, Schulgasse 6, ✆ 14 18 – [AE] [D] E
➜ **M** *(Montag geschl.)* a la carte 19/39 🍷 – **13 Z : 25 B** 35 - 65.

In Stubenberg-Prienbach **8399** NO : 4,5 km :

🏨 **Zur Post**, Poststr. 1 (an der B 12), ✆ (08571) 20 08, ⛱, ♨, 🎾 – [TV] ☎ 🚗 [P]. [AE] [D] E [VISA]
27. Dez.- 20. Jan. geschl. – **M** *(Mittwoch geschl.)* a la carte 27/69 – **32 Z : 48 B** 62/77 - 95/130 Fb.

SIMMERATH **5107**. Nordrhein-Westfalen [987] ㉓, [412] B 15, [409] L 4 – 14 000 Ew – Höhe 540 m ☎ 02473.

usflugsziel : Rurtalsperre* O : 10 km.

Verkehrsamt, Rathaus, ✆ 88 39 – [i] Verkehrsverein Monschauer Land, Rathaus, ✆ 17 10.

Düsseldorf 107 – ♦Aachen 30 – Düren 34 – Euskirchen 45 – Monschau 10.

In Simmerath-Erkensruhr SO : 12 km – Erholungsort :

🏨 **Tal - Café** 🪑, ✆ (02485) 4 14, ⛱, ♨, 🏊, 🌳 – ↕ [TV] ☎ 🚗 [P] – 👥 25/40. [AE] [D] E
1.- 27. Dez. geschl. – **M** a la carte 24/57 – **30 Z : 50 B** 56/68 - 112/136 Fb – ½ P 71/91.

In Simmerath-Lammersdorf NW : 3 km :

🏨 **Lammersdorfer Hof**, Kirchstr. 50, ✆ 80 41 – [TV] ☎ [P]. E. 🐕 Zim
M *(Mittwoch und 12.- 24. Aug. geschl.)* a la carte 23/50 – **9 Z : 16 B** 45/50 - 75/80.

In Simmerath-Rurberg NO : 8,5 km :

🍴 **Ziegler** 🪑 mit Zim, Dorfstr. 24, ✆ 23 10, ⛱, 🌳 – [P]
➜ *2. Jan.- 2. Feb. geschl.* – **M** *(Donnerstag geschl.)* a la carte 21/53 – **6 Z : 10 B** 27/55 - 50/80.

SIMMERN **6540**. Rheinland-Pfalz [987] ㉔, [412] F 17 – 6 200 Ew – Höhe 330 m – ☎ 06761.

Fremdenverkehrsamt, Rathaus, ✆ 68 80.

ainz 67 – ♦Koblenz 61 – Bad Kreuznach 48 – ♦Trier 97.

🏨 **Bergschlößchen**, Nannhauser Straße, ✆ 40 41, Fax 12429, ⛱ – ↕ [TV] ☎ ♿ 🚗 [P] – 👥 40. [AE] [D] E [VISA]
Mitte Jan.- Ende Feb. geschl. – **M** *(Montag geschl.)* a la carte 28/50 🍷 – **22 Z : 42 B** 75 - 110/130.

🏨 **Haus Vogelsang** garni, Am Vogelsang 1, ✆ 21 62, 🌳 – [TV] [P]
24. März - 7. April geschl. – **9 Z : 15 B** 44 - 69/73.

Nahe der Straße nach Oberwesel NO : 5 km :

🏨 **Jagdschloß** 🪑, ✉ 6540 Pleizenhausen, ✆ (06761) 22 84, ⛱, 🌳 – [P]
➜ *15. Jan.- 15. Feb. geschl.* – **M** a la carte 21/42 🍷 – **28 Z : 45 B** 30/65 - 58/120.

An der Straße nach Laubach N : 6 km :

🏨 **Birkenhof** 🪑, ✉ 6540 Klosterkumbd, ✆ (06761) 50 05, Fax 5176, ♨, 🌳 – ↕ [TV] ☎ [P]. [AE] [D] E [VISA]. 🐕 Rest
Anfang Jan.- Anfang Feb. geschl. – **M** *(Montag geschl.)* a la carte 32/63 🍷 – **22 Z : 44 B** 61/76 - 92/120 Fb.

SIMMERTAL 6573. Rheinland-Pfalz **412** F 17 — 1 750 Ew — Höhe 182 m — Erholungsort
☎ 06754.

Mainz 69 — Idar-Oberstein 26 — Bad Kreuznach 27.

🏠 Landhaus Felsengarten, Banzel-Auf der Lay 2, ℰ 84 61, ≘s — 🅿
   19 Z : 41 B.

SIMONSBERGER KOOG Schleswig-Holstein siehe Husum.

SIMONSKALL Nordrhein-Westfalen siehe Hürtgenwald.

SIMONSWALD 7809. Baden-Württemberg **418** H 22. **987** ㉞ ㊴. **242** ㉜ — 2 800 Ew — Höh
330 m — Luftkurort — ☎ 07683.

🛈 Verkehrsamt, Talstr. 14 a, ℰ 2 55.

♦Stuttgart 215 — Donaueschingen 49 — ♦Freiburg im Breisgau 28 — Offenburg 73.

🏠 **Tannenhof**, Talstr. 13, ℰ 3 25, ≘s, 🐟, 🚗 — 📺 🅿 — 🏛 25/40. 🛇
   3. Jan.- 5. März geschl. — **M** (Mitte Okt.- Mitte April Dienstag geschl.) a la carte 26/42 –
   34 Z : 68 B 60 - 104 Fb.

🏠 **Engel**, Obertalstr. 44 (SO : 4 km), ℰ 2 71, Fax 1336, 🏡, 🐟 — 🚗 🅿. **E**
   6.- 27. Feb. und 23. Okt.- 13. Nov. geschl. — **M** (Dienstag geschl.) a la carte 23/44 ⅛ — **32 Z**
   64 B 51 - 85 Fb.

🏠 Hirschen, Talstr. 11, ℰ 2 60, 🏡, ≘s — 🅿
   26 Z : 50 B.

🏠 Krone-Post, Talstr. 8, ℰ 2 65, 🏊, 🐟, 🎿 — 🅿
   30 Z : 50 B.

Restaurants with the mention Menu, ❀, ❀❀ or ❀❀❀ : see maps in the introduction

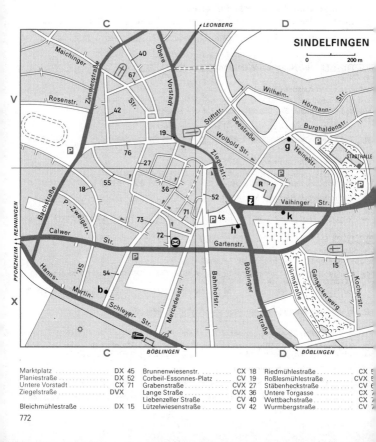

772

Siehe auch Böblingen (Übersichtsplan).

Messehalle, Mahdentalstr. 116 (BS), ✆ 8 58 61.

Verkehrsamt, Pavillon am Rathaus, ✆ 94 3 25.

DAC, Tilsiter Str. 15 (Breuningerland), ✆ 8 30 77, Telex 7265836.

Stuttgart 19 ① – ◆Karlsruhe 80 ① – Reutlingen 34 ② – ◆Ulm (Donau) 97 ①.

Stadtplan siehe gegenüberliegende Seite.

🏨 **Ramada** ⌘, Mahdentalstr. 68, ✆ 69 60, Telex 7265385, Fax 696880, Massage, ≘s, 🔲 – 🛗 ❄ Zim 🔟 & ⇔ – ⚒ 25/300. 🖭 ⓪ **E** 𝓥𝓘𝓢𝓐. ⛛ BS **a**
Restaurants : **Graf Rudolf M** a la carte 58/80 – **4-Seasons M** 34/38 (Buffet) – **260 Z : 340 B** 238/373 - 296/396 Fb – 4 Appart. 696/1046.

🏨 **Holiday Inn**, Schwertstr. 65 (O : 2 km), ✆ 6 19 60, Telex 7265569, Fax 84990, ≘s, 🔲 – 🛗 ❄ Zim 🔟 🔟 🕿 & ❶ – ⚒ 25/150. 🖭 ⓪ **E** 𝓥𝓘𝓢𝓐 BS **d**
M a la carte 39/65 – **185 Z : 331 B** 210/230 - 265/310 Fb.

🏨 **Queens Hotel Bristol**, Wilh.-Haspel-Str. 101 (O : 2 km), ✆ 61 50, Telex 7265778, Fax 874981, ⌊6, ≘s – 🛗 ❄ Zim 🔟 🕿 ❶ – ⚒ 25/80. 🖭 ⓪ **E** 𝓥𝓘𝓢𝓐 BS **e**
M a la carte 40/76 – **146 Z : 189 B** 194/269 - 259/325 Fb.

🏨 **Berlin - Restaurant Adlon**, Berliner-Platz 1, ✆ 6 19 70, Telex 7265591, Fax 6197178, ≘s, 🔲 – 🛗 ❄ Zim 🔟 Rest 🔟 🕿 & ⇔ ❶ – ⚒ 25/80. 🖭 ⓪ **E** 𝓥𝓘𝓢𝓐 BT **c**
M (Samstag bis 18 Uhr und Sonntag geschl.) 35/106 und a la carte 62/86 – **100 Z : 150 B** 196 - 260 Fb – 3 Appart..

🏨 **Senator** garni, Riedmühlestr. 18, ✆ 69 80, Telex 7265343, Fax 698600, ≘s – 🛗 🔟 🕿 ⇔ ❶
103 Z : 130 B Fb. CX **b**

🏨 **Knote**, Vaihinger Str. 14, ✆ 8 40 45, Fax 83302, 🏦 – 🔟 🕿 ❶. 🖭 ⓪ **E** 𝓥𝓘𝓢𝓐 DX **k**
M a la carte 42/83 – **33 Z : 48 B** 135/160 - 195/215 Fb.

🏨 **Am Klostersee** garni (Weinstube im Hause), Burghaldenstr. 6, ✆ 8 50 81, Fax 873398 – 🛗 🔟 🕿 & ❶ DV **g**
71 Z : 135 B Fb.

🏨 **Linde**, Marktplatz, ✆ 87 60 60, Fax 874653 – 🕿. 🖭 **E** 𝓥𝓘𝓢𝓐 DX **h**
24. Dez.- 7. Jan. geschl. – **M** (Freitag 14 Uhr - Sonntag 18 Uhr geschl.) a la carte 32/74 – **25 Z : 38 B** 65/110 - 110/160 Fb.

✗ **Park-Restaurant Stadthalle**, Schillerstr. 23, ✆ 8 24 09 – ❶ – ⚒ 25/120 DV

In Sindelfingen-Maichingen NW : 5 km :

🏨 **Abacon** garni, Stuttgarter Str. 49, ✆ 3 10 61, Fax 31060, ≘s – 🛗 ❄ Zim 🔟 🕿 ❶ – ⚒ 25/90. 🖭 ⓪ **E** 𝓥𝓘𝓢𝓐 AS **n**
M a la carte 34/66 – **81 Z : 110 B** 120/172 - 198/250 Fb.

✗ **Alte Pfarrei**, Sindelfinger Str. 49, ✆ 3 13 40 – 🖭 **E** 𝓥𝓘𝓢𝓐 AS **b**
Samstag und 4.- 22. Feb. geschl. – **M** a la carte 31/60.

Ausflugsziele : Hohentwiel : Lage★★ – Festungsruine ≤ ★, W : 2 km.

Verkehrsamt, August-Ruf-Str. 7, ✆ 8 54 73.

DAC, Schwarzwaldstr. 40, ✆ 6 65 63.

Stuttgart 154 ⑤ – ◆Freiburg im Breisgau 106 ⑤ – ◆Konstanz 32 ① – Zürich 79 ③.

Stadtplan siehe nächste Seite.

🏨 **Jägerhaus**, Ekkehardstr. 86, ✆ 6 50 97, Fax 63338 – 🛗 🔟 🕿 – ⚒ 40. 🖭 ⓪ **E** 𝓥𝓘𝓢𝓐 B **s**
M (Dienstag und Juli - Aug. 3 Wochen geschl.) a la carte 30/64 – **26 Z : 46 B** 75/95 - 115/140.

🏨 **Lamm**, Alemannstr. 42, ✆ 4 10 11, Telex 793791, Fax 41016 – 🛗 🔟 & ⇔ ❶. ⓪ **E** B **v**
15. Dez.- 15. Jan. geschl. – **M** (Sonntag geschl.) a la carte 29/51 – **79 Z : 115 B** 55/90 - 100/150.

🏨 **Widerhold**, Schaffhauser Str.58 (B 34), ✆ 8 80 70 – 🔟 🕿 ⇔ ❶. ⓪ **E** 𝓥𝓘𝓢𝓐 A **x**
20. Dez.- 8. Jan. geschl. – **M** (Freitag geschl.) a la carte 31/53 – **35 Z : 70 B** 42/68 - 80/120.

🏨 **Sternen**, Schwarzwaldstr. 6, ✆ 6 22 79 – 🔟 ❶ B **r**
M (Freitag und Mitte Juli - Mitte Aug. geschl.) a la carte 15/33 ⌀ – **24 Z : 38 B** 33/58 - 65/110.

In Rielasingen-Worblingen 7703 ② : 4 km :

🏨 **Krone**, Hauptstr. 3 (Rielasingen), ✆ (07731) 20 46, « Rustikale und elegante Einrichtung », ≘s – 🔟 🕿 ⇔ ❶ – ⚒ 25/60. ⓪ **E** 𝓥𝓘𝓢𝓐
Juli 2 Wochen und 26. Dez.- 5. Jan. geschl. – **M** (Montag geschl.) a la carte 24/52 – **21 Z : 39 B** 60/85 - 105/132 Fb.

✗✗ **Zur Alten Mühle** mit Zim, Singener Str. 3 (Rielasingen), ✆ (07731) 5 20 55, 🏦, « Ehemalige Mühle mit rustikaler Einrichtung » – 🕿 ❶
6 Z : 10 B.

✗✗ **Franziskaner-Stube**, Hardstr. 29 (Worblingen), ✆ 2 73 49 – ❶. **E** 𝓥𝓘𝓢𝓐
Montag geschl. – **M** a la carte 28/54.

SINGEN
(HOHENTWIEL)

August-Ruf-Straße	B
Ekkehardstraße	B
Erzbergerstraße	AB 8
Freiheitstraße	B
Scheffelstraße	AB 30

Alpenstraße	B	2
Aluminiumstraße	B	3
Am Posthalterswäldle	B	5
Am Schloßgarten	A	6
Anton-Bruckner-Straße	A	7
Fichtestraße	B	9
Goethestraße	A	10
Herderstraße	A	12
Hilzinger Straße	A	13
Hohenhewenstraße	B	14
Hohenstoffelnstraße	A	15

Hohgarten	A	
Holzacker	B	
Kreuzensteinstraße	B	
Mühlenstraße	A	
Radolfzeller Straße	B	
Reckholderbühl	A	
Remishofstraße	A	
Rielasinger Straße	B	
Ringstraße	B	
Schlachthausstraße	A	
Waldeckstraße	B	

We have established for your use a classification
of certain restaurants by awarding them the mention
Menu, ❀, ❀❀ or ❀❀❀.

SINNERSDORF Nordrhein-Westfalen siehe Pulheim.

SINSHEIM 6920. Baden-Württemberg **987** ㉕. **412** **413** J 19 — 28 000 Ew — Höhe 159 m
✆ 07261.

Sehenswert : Auto- und Technikmuseum.

🛈 Rathaus, Wilhelmstr. 14, ℰ 40 41 09.

◆Stuttgart 87 — Heilbronn 35 — ◆Mannheim 50 — ◆Würzburg 135.

  🏠 **Lott** garni, Hauptstr. 22, ℰ 53 70 — 🛗 📺 ☎ ⇔ 🅿. 🅰🅴 🅴 𝘝𝘐𝘚𝘈
     20. Dez.- 10. Jan. geschl. — **20 Z : 23 B** 68 - 98 Fb.

  🏠 **Löwen**, Hauptstr. 119, ℰ 10 41 — 🛗 📺 ☎ ⇔ 🅴 𝘝𝘐𝘚𝘈
     M (Dienstag geschl.) a la carte 23/52 — **23 Z : 45 B** 65/70 - 98/105 Fb.

  XX **Poststuben**, Friedrichstr. 16 (am Bahnhof), ℰ 20 21 — 🅿
     Freitag - Samstag 18 Uhr und Juli - Aug. 4 Wochen geschl. — Menu a la carte 34/60.

  In Zuzenhausen 6921 NW : 7 km :

  XX **Brauereigasthof Adler**, Hoffenheimer Str. 1 (B 45), ℰ (06226) 14 93 — 🅿
     Samstag bis 17 Uhr, Montag und 25. Feb.- 21. März geschl. — **M** a la carte 29/52.

SINZIG 5485. Rheinland-Pfalz **987** ㉔, **412** E 15 – 13 000 Ew – Höhe 65 m – ✆ 02642 (Remagen).
Verkehrsamt, Bad Bodendorf, Pavillon am Kurgarten, ☎ 4 26 01.
Mainz 135 – ◆Bonn 27 – ◆Koblenz 36.

- X **Alt Sinzig** mit Zim, Kölner Str. 5, ☎ 4 27 57 – ☎
  1.- 7. Jan., 24. Juni - 15. Juli und 21.- 28. Okt. geschl. – **M** (Montag - Dienstag 18 Uhr geschl.) a la carte 32/60 – **3 Z : 6 B** 45 - 80.

  In Sinzig-Bad Bodendorf NW : 3 km – Thermalheilbad :

- 🏨 **Kurhaus Spitznagel** ⑤, Weinbergstr. 29, ☎ 4 20 91, Fax 43544, « Gartenterrasse », Bade- und Massageabteilung, 👍, ≦s, ☒, ☞ – 👖 ⇔ Rest 🆀 ☎ 🅿. 🅰🅴 ① Ε 🆅🅸🆂🅰. ❀ Rest
  M a la carte 31/54 – **33 Z : 55 B** 62/90 - 110/210 Fb.

- 🏠 **Haus am Weiher** ⑤, Bäderstr. 46, ☎ 4 33 24, ☞, ☞ – 🅿. Ε
  Mitte Feb.- Mitte März geschl. – **M** (im Winter Dienstag geschl.) a la carte 22/50 – **13 Z : 19 B** 44/55 - 88/94.

SIPPLINGEN 7767. Baden-Württemberg **413** K 23, **427** L 2 – 2 100 Ew – Höhe 401 m – Erholungsort – ✆ 07551 (Überlingen).
Verkehrsbüro, Haus des Gastes (ehem. Bahnhof), an der B 31, ☎ 6 17 43.
Stuttgart 168 – ◆Freiburg im Breisgau 123 – ◆Konstanz 40 – Ravensburg 50 – ◆Ulm (Donau) 142.

- 🏠 **Seeblick** ⑤, Prielstr. 4, ☎ 6 12 27, ≤, ≦s, ☒ – 🆀 ☎ 🅿
  März - Nov. – (nur Abendessen für Hausgäste) – **10 Z : 20 B** 90/110 - 160 Fb.

- 🏠 **Zum Sternen** ⑤, Burkhard-von-Hohenfels-Str. 20, ☎ 6 36 09, Fax 3169, ≤ Bodensee und Alpen, ☞, ☞ – ⇔ 🅿
  8. Jan.- 10. März geschl. – **M** (auch vegetarische Gerichte) (Dienstag geschl.) a la carte 25/44 ⑤ – **13 Z : 31 B** 48/74 - 93/148 Fb – ½ P 59/87.

- 🏠 **Krone**, Seestr. 54 (B 31), ☎ 6 32 11, Fax 3905, 👍s, ☞, ☞ – 👖 🅿. 🅰🅴 ① Ε 🆅🅸🆂🅰
  12. Nov.- 25. Dez geschl. – **M** (Montag geschl.) a la carte 21/43 – **26 Z : 49 B** 51 - 90 Fb – ½ P 57/63.

SITTENSEN 2732. Niedersachsen **987** ⑮ – 4 250 Ew – Höhe 20 m – ✆ 04282.
Hannover 130 – ◆Bremen 63 – ◆Hamburg 58.

- 🏠 **Zur Mühle**, Bahnhofstr. 25, ☎ 32 32, Fax 3257, ≦s – 🆀 ☎ 🅿. 🅰🅴 ① Ε 🆅🅸🆂🅰
  (nur Abendessen für Hausgäste) – **11 Z : 22 B** 69/75 - 95/125 Fb.

  In Groß Meckelsen 2732 W : 5 km :

- 🏠 **Schröder**, Am Kuhbach 1, ☎ (04282) 15 80, Fax 3535, ☞ – 🆀 ☎ 🅿 – 🔬 25/50. ① Ε 🆅🅸🆂🅰
  M a la carte 28/39 – **29 Z : 65 B** 59 - 89 Fb.

SOBERNHEIM 6553. Rheinland-Pfalz **412** F 17 – 7 000 Ew – Höhe 150 m – Felke-Kurort – ✆ 06751 – 🖪 Kur- und Verkehrsamt, am Bahnhof, Haus des Gastes, ☎ 8 12 41.
Mainz 64 – Idar-Oberstein 31 – Bad Kreuznach 19.

- 🏨 **Kurhaus am Maasberg** ⑤, am Maasberg (N : 2 km), ☎ 20 43, Fax 2044, ☞, Bade- und Massageabteilung, 👍, ≦s, ☒, ☞, ✗ – 👖 ☎ 🅿 – 🔬 25/80. ❀ Rest
  3.- 19. Jan. und 1.- 21. Dez. geschl. – **M** (auch vegetarische Gerichte) a la carte 37/64 ⑤ – **97 Z : 125 B** 86/155 - 172/240 – ½ P 106/132.

- 🏠 **Hammer**, Staudernheimer Str. 2, ☎ 24 01, ☞ – ⇔ 🅿. 🅰🅴
  26. Dez.- 15. Jan. geschl. – **M** (Freitag geschl.) a la carte 18,50/43 ⑤ – **9 Z : 15 B** 40/45 - 85.

  Siehe auch : *Schloßböckelheim* O : 6 km

SODEN AM TAUNUS, BAD 6232. Hessen **987** ㉔ ㉕, **412** **413** I 16 – 18 300 Ew – Höhe 200 m – Heilbad – ✆ 06196 – 🖪 Kurverwaltung, Königsteiner Str. 88 (im Kurhaus), ☎ 20 82 80.
Wiesbaden 31 – ◆Frankfurt am Main 17 – Limburg an der Lahn 45.

- 🏩 **Parkhotel**, Königsteiner Str. 88, ☎ 20 00, Telex 4072548, Fax 200153, ☞, ≦s – 👖 ⇔ Zim 🆀 🅿 – 🔬 25/900. 🅰🅴 ① Ε 🆅🅸🆂🅰. ❀ Rest
  Restaurants : **Parkrestaurant M** a la carte 54/79 – **Zum Reichsapfel M** a la carte 37/71 – **130 Z : 260 B** 175/265 - 235/325 Fb.

- 🏨 **Salina Hotel** ⑤, Bismarckstr. 20, ☎ 6 20 88, Telex 4072597, Fax 28927, ≦s, ☒, ☞ – 👖 🆀 ☎ 🅿 – 🔬 40. Ε 🆅🅸🆂🅰
  23. Dez.- 8. Jan. geschl. – (Restaurant nur für Hausgäste) – **47 Z : 82 B** 108/160 - 160/240 Fb – ½ P 105/160.

- 🏨 **Concorde**, Am Bahnhof 2, ☎ 2 70 13, Fax 27075 – 👖 🆀 ☎ 🅿 – 🔬 30. 🅰🅴 ① Ε 🆅🅸🆂🅰
  20. Dez.- 5. Jan. geschl. – **M** (nur Abendessen, Freitag - Sonntag und Mitte Juli - Mitte Aug. geschl.) a la carte 25/52 – **70 Z : 105 B** 110/240 - 160/280 Fb.

- 🏠 **Waldfrieden** ⑤ garni, Seb.-Kneipp-Str. 1, ☎ 2 50 14, Fax 62439, ≦s, ☞ – 🆀 ☎ 🚗. 🅰🅴
  22. Dez.- 2. Jan. geschl. – **35 Z : 45 B** 95/115 - 140/168 Fb.

- 🏠 **Rohrwiese** ⑤ garni, Rohrwiesenweg 11, ☎ 2 35 88 – 🆀 ☎ 🅿
  36 Z : 48 B 90/125 - 145/150 Fb.

- 🏠 Thermen-Hotel - Restaurant Cheval blanc, Kronberger Str. 17, ☎ 2 40 61 (Hotel) 2 68 61 (Rest.) – 🆀 ☎ 🅿 – **16 Z : 25 B** Fb.

SODEN-SALMÜNSTER, BAD 6483. Hessen **987** ㉕, **412** **413** L 16 – 12 200 Ew – Höhe 150
– Heilbad – ✆ 06056.

☖ Alsberg (O : 5 km), ✆ (06056) 35 94.

🅱 Verkehrsverein, Badestr. 8a, ✆ 14 33.

♦Wiesbaden 105 – ♦Frankfurt am Main 61 – Fulda 47.

Im Ortsteil Salmünster :

XX **Country Club**, Fuldaer Str. 18, ✆ 12 00 – ❷
wochentags nur Abendessen, Donnerstag und Juni - Juli 3 Wochen geschl. – **M** a la cart
28/53.

Im Ortsteil Bad Soden :

🏨 **Carlton House**, Sprudelallee 16c, ✆ 7 30 60, Fax 730666, ⇌ – 🛗 ⇔ Zim 📺 ☎ ❷
🕰 25/150. 🄰🄴 **E**
M *(Samstag bis 18 Uhr geschl.)* a la carte 26/60 – **42 Z : 71 B** 78/98 - 160/195 Fb.

🏨 **Zum Heller** garni, Gerhard-Radke-Str. 1, ✆ 73 50, 🔲 – 📺 ☎ ❷
24 Z : 58 B 48/54 - 78/98.

🏨 Kurhotel Ottilie ⊱, Frowin-von-Hutten-Str. 24, ✆ 16 36, Massage, 🔲, 🐎 – 🛗 ❷ 🦆 Res
(Restaurant nur für Hausgäste) – **70 Z : 100 B**.

🏨 **Pension Sehn** ⊱ garni, Brüder-Grimm-Str. 11, ✆ 16 09, ≤, 🐎 – ☎ ❷ 🦆
15. Nov.- 15. Feb. geschl. – **14 Z : 23 B** 44 - 84.

In Brachttal 5-Udenhain 6486 NW : 10 km :

🏨 **Zum Bäcker**, Hauptstr. 1, ✆ (06054) 55 58, Biergarten, ⇌, 🐎 – ❷ **E**
Jan. geschl. – **M** *(Montag geschl.)* a la carte 21/39 – **18 Z : 36 B** 45/55 - 75/80 Fb.

SÖGEL 4475. Niedersachsen **987** ⑭ – 4 700 Ew – Höhe 50 m – ✆ 05952.

♦Hannover 220 – Cloppenburg 42 – Meppen 26 – Papenburg 37.

🏠 **Café Jansen**, Clemens-August-Str. 33, ✆ 12 30 – ☎ ❷
M *(Montag geschl.)* a la carte 15/40 – **13 Z : 22 B** 40 - 70.

"Check in (all'arrivo)
Nella maggior parte degli alberghi, le camere non prenotate per iscritto,
non sono più disponibili dopo le 18.
Se si prevede di arrivare dopo tale ora,
è preferibile precisare l'orario di arrivo o,
meglio ancora, effettuare la prenotazione per iscritto."

SOEST 4770. Nordrhein-Westfalen **987** ⑭, **412** G 12 – 43 000 Ew – Höhe 98 m – ✆ 02921.
Sehenswert : St. Patroklidom★ (Westwerk★★ und Westturm★★) Z – Wiesenkirche
(Aldegrevers-Altar★) Y – Nikolaikapelle (Nikolai-Altar★) Z A.

🅱 Städt. Kultur- und Verkehrsamt, Am Seel 5, ✆ 10 33 23, Fax 103423.

ADAC, Arnsberger Str. 7, ✆ (01308) 41 16, Notruf ✆ 1 92 11.

♦Düsseldorf 118 ② – Dortmund 52 ② – ♦Kassel 121 ② – Paderborn 49 ①.

Stadtplan siehe gegenüberliegende Seite.

🏨 **Hanse**, Siegmund-Schultze-Weg 100, ✆ 7 70 22, Telex 84309, Fax 76270 – 📺 ☎ ⇔ ❷
🕰 25/50. ⓞ **E** 🆅🆂🅰 über ② und Arnsberger St
M a la carte 26/61 – **45 Z : 70 B** 60/80 - 110/140 Fb.

🏨 **Stadt Soest** garni, Brüderstr. 50, ✆ 18 11 – 📺 ☎ ⇔. 🄰🄴 ⓞ **E** 🆅🆂🅰 Y
20 Z : 34 B 65/80 - 100/120.

XX ❀ **Biermann's Restaurant** (modern-elegante Einrichtung), Thomästr. 47, ✆ 1 33 10 – ❷
🄰🄴 ⓞ **E** 🆅🆂🅰 Z
Montag und Juli - Aug. 3 Wochen geschl. – **M** (Tischbestellung ratsam) a la carte 63/98 -
Bistro M a la carte 45/61
Spez. Salat von Meeresfrüchten, Entenbrust chinesische Art, Baumkuchen - Weincremepudding.

XX **Im wilden Mann** mit Zim, Am Markt 11, ✆ 1 50 71 – 📺 ☎ – 🕰 25/80. 🄰🄴 ⓞ **E** 🆅🆂🅰
M a la carte 34/58 – **14 Z : 25 B** 50/95 - 105/125. Y

XX **Pilgrim-Haus** mit Zim, Jakobistr. 75, ✆ 18 28, Fax 12131, « Gasthaus a.d. 14. Jh. » – 📺
☎ 🄴 🆅🆂🅰 Z
über Weihnachten und Neujahr geschl. – **M** *(Montag - Freitag nur Abendessen, Diensta
geschl.)* a la carte 32/57 – **6 Z : 10 B** 89 - 144/150.

X **Altes Gasthaus zum Zuckerberg** (restauriertes Fachwerkhaus, rustikale Einrichtung)
Höggenstr. 1, ✆ 28 68, ⇌ – **E** Z
Montag und Juli - Aug. 3 Wochen geschl. – **M** a la carte 27/55.

776

SOEST

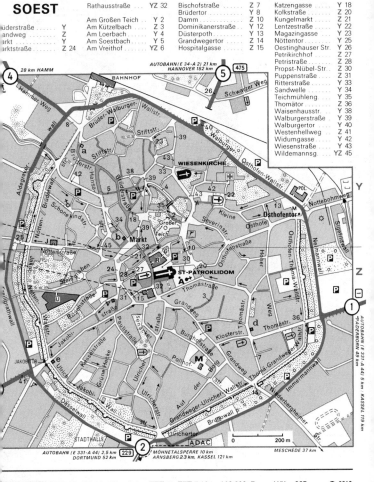

SOLINGEN 5650. Nordrhein-Westfalen 987 ②④. 412 E 13 – 162 600 Ew – Höhe 225 m – ✦ 0212.

Ausflugsziele : Solingen-Gräfrath : Deutsches Klingenmuseum★ 4 km über ① – Solingen-Burg : Schloß Burg (Lage★) 8 km über ③ – ADAC, Schützenstr. 21, ℘ 4 50 05, Notruf ℘ 1 92 11.

Düsseldorf 27 ⑤ – ✦Essen 35 ① – ✦Köln 36 ④ – ✦Wuppertal 16 ②.

Stadtplan siehe nächste Seite.

🏠 **Goldener Löwe**, Heinestr. 2, ℘ 1 20 30, Fax 202158 – 🛗 📺 ☎. ⪤ Zim   Z **a**
M *(wochentags nur Abendessen, Dienstag geschl.)* a la carte 20/53 ⅙ – **15 Z : 27 B** 85/105 - 120/160.

🏠 **Atlantic-Hotel** garni, Goerdeler Str. 9, ℘ 1 60 01, Fax 16004 – 🛗 📺 ☎ 🅿   Z **r**
21 Z : 30 B Fb.

🏠 **Turmhotel** garni, Kölner Str. 99, ℘ 1 30 50, Telex 8514944, ≤ – 🛗 📺 ☎ 🅿. ⅋ 🖪 ✸   Z **v**
43 Z : 80 B 88/134 - 125/164.

🏠 **Zum Roten Ochsen** garni, Konrad-Adenauer-Str. 20, ℘ 1 00 03 – 🛗 📺 ☎. ⅋ 🖪 ⪤   Y **e**
24. Dez.- 7. Jan. geschl. – **19 Z : 27 B** 95/110 - 145/155.

XX **Zum goldenen Spiess**, Entenpfuhl 1, ℘ 1 08 95 – ⅋ ⓞ 🖪 VISA   Z **n**
Donnerstag und Juli - Aug. 4 Wochen geschl. – **M** 23/36 (mittags) und a la carte 39/58.

XX **Landhaus Schmalzgrube** mit Zim, Mangenberger Str. 356, ℘ 1 80 03, 🍴 – ☎ 🅿. ⓞ 🖪
VISA   über Mangenberger Straße   YZ
M *(Samstag bis 18 Uhr und Donnerstag geschl.)* 20/26 (mittags) und a la carte 34/68 – **9 Z : 12 B** 75/90 - 130.

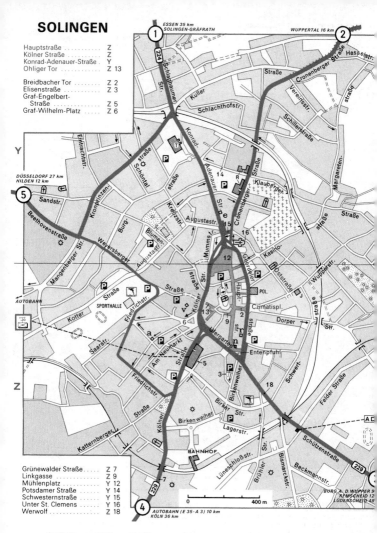

SOLINGEN

Hauptstraße .... Z
Kölner Straße .... Z
Konrad-Adenauer-Straße. . Y
Ohliger Tor .... Z 13

Breidbacher Tor ...... Z 2
Elisenstraße .... Z 3
Graf-Engelbert-
  Straße .... Z 5
Graf-Wilhelm-Platz .... Z 6

Grünewalder Straße..... Z 7
Linkgasse .... Z 9
Mühlenplatz .... Y 12
Potsdamer Straße ..... Y 14
Schwesternstraße ..... Y 15
Unter St. Clemens .... Y 16
Werwolf .... Z 18

In Solingen 25-Burg ③ : 8 km :

🏠 **Haus in der Straßen** (Gasthof a.d. 17. Jh.), Wermelskirchener Str. 12, ☏ 4 40 11, Telex 8514558, Fax 47549, « Zinn- und historische Hausratsammlung » – 🖵 ☎ ⇔ 🅿 – 🔒 25/120. 🆎 🖼 . ⚓ Rest
M a la carte 61/81 – **28 Z : 60 B** 95/105 - 140/180.

🏠 **Haus Niggemann**, Wermelskirchener Str. 22, ☏ 4 10 21, Fax 49175, 🍴 – 🛏 ☎ 🅿 – 🔒 50. ⑩ 🇪 🖼
Ende Dez.- Mitte Jan. geschl. – **M** *(Freitag geschl.)* a la carte 31/62 – **30 Z : 50 B** 110/140 - 150/180 Fb.

✕✕ **Schloß-Restaurant**, Schloßplatz 1, ☏ 4 30 50, « Terrasse mit ≤ » – 🅿 . ⚓
Montag geschl. – **M** a la carte 39/78.

✕✕ **Haus Striepen - Burger Hof** mit Zim, Eschbachstr. 13, ☏ 4 24 61 – 🖵 ☎ 🅿 . ⑩ 🇪 🖼
M 18/30 (mittags) und a la carte 35/64 – **7 Z : 13 B** 60/75 - 90/110.

In Solingen 11-Ohligs ⑤ : 7 km :

🏨 **Parkhotel Solingen**, Hackhauser Str. 62, ☏ 7 60 41, Fax 74662, 🈴 – 🛏 🖵 ⇔ 🅿 – 🔒 25/70. 🆎 ⑩ 🇪 🖼
M a la carte 50/71 – **70 Z : 120 B** 159/195 - 250/295 Fb.

In Solingen 19 -Wald ① : 6 km :

🏠 **Schwerthof**, Focher Str. 82, ℰ 5 70 13 − 📺 ☎ 🅿. 🖭 ⓪ 🅴 𝕍𝕀𝕊𝔸
M *(wochentags nur Abendessen, Dienstag geschl.)* a la carte 29/53 − **26 Z : 37 B** 75 - 130 Fb.

✗✗ **Parkrestaurant Ittertal**, Ittertalstr. 50, ℰ 31 47 45 − 🅿. 🖭 ⓪ 🅴
Samstag bis 18 Uhr und Montag geschl. − **M** a la carte 49/72.

SOLTAU 3040. Niedersachsen 🟨🟨🟨 ⑮ − 20 000 Ew − Höhe 64 m − Erholungsort − 🍮 05191.

Hof Loh (S : 3 km), ℰ 1 40 77.

Verkehrsbüro, Bornemannstr. 7, ℰ 24 74.

annover 79 − ✦Bremen 92 − ✦Hamburg 77 − Lüneburg 51.

🏠 **Heidland**, Winsener Str. 109, ℰ 1 70 33, Telex 924168, Fax 4263, 🏤, 🚭, 🐎 − ⇔ Zim 📺 ☎ ๖. 🅿 − 🔬 25/140 − **46 Z : 72 B** Fb.

🏠 **Meyn**, Poststr. 19, ℰ 20 01, Telex 924169, Fax 17575 − ☎ ⇐⇒ 🅿 − 🔬 25/150. 🖭 ⓪ 🅴 𝕍𝕀𝕊𝔸
20.- 26. Dez. geschl. − **M** a la carte 28/56 − **45 Z : 85 B** 70/100 - 90/150 Fb − ½ P 63/95.

🏠 **Heidehotel Anna**, Saarlandstr. 2, ℰ 1 50 26, Fax 15401, 🚭 − 📺 ☎ 🅿
(nur Abendessen) − **14 Z : 23 B** Fb.

🏠 **Heide-Paradies** garni, Lüneburger Str. 6, ℰ 30 86 − 📺 ☎ 🅿
16 Z : 32 B 78 - 120 Fb.

In Soltau-Friedrichseck NO : 4,5 km, Richtung Bispingen :

🏠 **Haus Waldfrieden** 🦢, ℰ 40 82, 🚭, 🔲, 🐎 − 📺 🅿. 🎾
Mitte Jan.- Mitte Feb. geschl. − (Restaurant nur für Hausgäste) − **21 Z : 38 B** 90 - 144.

In Soltau-Wolterdingen N : 5 km :

✗✗ **Zu den Eichen-Schlößchen** mit Zim, Soltauer Str. 1, ℰ 34 44, 🏤 − 🅿
5.- 25. Juli geschl. − **M** *(nur Abendessen, Dienstag geschl.)* a la carte 43/72 − **7 Z : 14 B** 40/50 - 90/95.

SOMMERACH 8711. Bayern 🟨🟨🟨 N 17 − 1 150 Ew − Höhe 200 m − 🍮 09381 (Volkach).

⸱ünchen 263 − ✦Bamberg 62 − ✦Nürnberg 93 − Schweinfurt 30 − ✦Würzburg 30.

🏠 **Zum weißen Lamm**, Hauptstr. 2, ℰ 93 77
← *Weihnachten - 10. Jan. geschl.* − **M** *(Mittwoch geschl., Mai - Juni nur Abendessen)* a la carte 19,50/46 🍴 − **16 Z : 30 B** 42/50 - 66/98 Fb.

🏠 **Bocksbeutelherberge** garni, Weinstr. 22, ℰ 14 65 − 📺 ☎ 🅿. 🎾
8 Z : 16 B 45 - 75.

SOMMERAU Bayern siehe Lohberg.

SOMMERHAUSEN Bayern bzw. Nordrhein-Westfalen siehe Ochsenfurt bzw. Much.

SONDHEIM VOR DER RHÖN 8741. Bayern 🟨🟨🟨 🟨🟨🟨 N 15 − 1 200 Ew − Höhe 360 m − 09779 (Nordheim).

⸱ünchen 371 − ✦Bamberg 104 − Fulda 52 − ✦Würzburg 102.

In Sondheim-Stetten NW : 3 km :

✗ **Zur Linde**, Obertor 1, ℰ 12 16 − 🅿
nur Abendessen, Dienstag sowie Jan.- Feb. und Aug.- Sept. jeweils 2 Wochen geschl. − Menu a la carte 30/54.

SONNENBÜHL 7419. Baden-Württemberg 🟨🟨🟨 K 21 − 5 800 Ew − Höhe 720 m − Wintersport : 0/880 m ⚡3 ⚡4 − 🍮 07128.

Sonnenbühl-Undingen, ℰ 20 18.

⸱Fremdenverkehrsverein, Rathaus, (Erpfingen), ℰ 38 70.

⸱tuttgart 67 − ✦Konstanz 120 − Reutlingen 26.

In Sonnenbühl 2-Erpfingen − Luftkurort :

🏠 **Gästehaus Sonnenmatte** 🦢, Im Feriendorf Sonnenmatte, ℰ 8 91, Fax 3517, 🏤, 🔲 − ☎ 🅿 − 🔬 25/80
8. Jan.- 6. Feb. und 17.- 24. Dez. geschl. − **M** *(Sonntag 18 Uhr - Montag geschl.)* a la carte 29/45 − **20 Z : 40 B** 55 - 90 − ½ P 70/80.

🏠 **Löwen**, Trochtelfinger Str. 2, ℰ 22 22, 🏤 − 🅿 − **10 Z : 16 B**.

✗✗ **Hirsch** mit Zim, Im Dorf 12, ℰ 22 12, 🏤 − 🅿. 🎾
4.- 11. März. 1.- 9. Juli und 4.- 28. Nov. geschl. − Menu *(Dienstag - Mittwoch 18 Uhr geschl.)* a la carte 34/65 − **4 Z : 8 B** 45/50 - 80/90 − ½ P 60/65.

In Sonnenbühl 4 - Willmandingen :

🏠 **Sonnenbühl**, Egelsbergstr. 12, ℰ 17 71, 🏤, 🎾 (Halle) − 📺 🅿 − **14 Z : 28 B**.

SONSBECK 4176. Nordrhein-Westfalen 📊📊📊 ⑬, 📊📊📊 C 12 – 6 900 Ew – Höhe 22 m – 😊 028

♦Düsseldorf 72 – Krefeld 52 – Nijmegen 58.

- XX **Waldrestaurant Höfer**, Gelderner Str. 69 (S : 2 km), 🍴 24 42 – 🅿. 🖭 ⑩ E
  Montag geschl. – **M** a la carte 28/72.

SONTHOFEN 8972. Bayern 📊📊📊 NO 24, 📊📊📊 ⑱, 📊📊📊 ⑮ – 20 500 Ew – Höhe 742 m – Luftkur◦
– Wintersport : 750/1 050 m 🚠3 ✈12 – 😊 08321.

📷 Ofterschwang (SW : 4 km), 🍴 (08321) 72 76.

🚗 🍴 24 11.

🅱 Verkehrsamt, Rathausplatz 3, 🍴 7 62 91.

♦München 152 – Kempten (Allgäu) 27 – Oberstdorf 13.

- 🏨 **Der Allgäu Stern** ⑤, Auf der Staiger Alp, 🍴 7 90, Telex 54402, Fax 79444, ≤ Allgäu◦
  Berge, Bade- und Massageabteilung, 🔥, 🈯, 🛆, 🛆, 🌲 – 🔌 📺 ☎ 🏌 🚗 🅿
  🔒 25/100. 🖭 ⑩ E 𝒱𝒮𝒜 🍴 Rest
  M a la carte 45/67 – **450 Z : 850 B** 131/208 - 182/336 Fb.

- 🏨 **Zum Ratsherrn**, Hermann-von-Barth-Str. 4, 🍴 29 29, 🈯 – ☎ 🅿. 🍴
  Nov. geschl. – **M** *(nur Abendessen, Montag geschl.)* a la carte 23/38 – **13 Z : 22 B** 45 -
  – ½ P 55/60.

- 🏯 **Schwäbele Eck**, Hindelanger Str. 9, 🍴 47 35 – 🚗 🅿
  Nov. geschl. – **M** *(Montag geschl.)* a la carte 20/36 👶 – **20 Z : 42 B** 40/60 - 80/106 Fb
  ½ P 55/65.

- XX **Alte Post**, Promenadenstr. 5, 🍴 25 08 – E
  Freitag - Samstag 18 Uhr, Mitte - Ende Jan. und Juni 2 Wochen geschl. – **M** a la ca◦
  23/52.

- XX **Rathaus Stube**, Rathausplatz 2, 🍴 8 73 84, 🌤 – 🖭 ⑩ E 𝒱𝒮𝒜
  Sonntag und März 2 Wochen geschl. – **M** 13,50/25 (mittags) und a la carte 27/50.

  In Sonthofen-Rieden NW : 1 km :

- 🏨 Bauer, Hans-Böckler-Str. 86, 🍴 70 91, Fax 87727, 🌤 – 📺 ☎ 🚗 🅿. 🍴 Rest
  12 Z : 24 B Fb – 2 Fewo.

  In Blaichach-Ettensberg 8976 NW : 4 km :

- 🏨 **Wolf** ⑤ garni, Schwandener Str. 21, 🍴 (08321) 44 95, Fax 87451, 🛆 – 📺 ☎ 🚗 🅿. ◦
  E
  1.- 15. Dez. geschl. – **15 Z : 30 B** 35/65 - 70/95.

  In Blaichach-Seifriedsberg 8976 NW : 4 km :

- 🏨 **Kühberg**, 🍴 (08321) 20 11, ≤, 🈯, 🛆, 🌲 – ☎ 🅿
  M a la carte 25/42 – **33 Z : 65 B** 48/60 - 100/110.

  In Ofterschwang 8972 SW : 6 km :

- 🏨 **Landhaus Süßdorf** ⑤, 🍴 (08321) 90 28, Fax 88751, ≤, 🌤, 🈯, 🛆, 🌲 – 📺 ☎ 🚗 ◦
  🖭 𝒱𝒮𝒜 🍴 Rest
  Nov.- 20. Dez. geschl. – (Restaurant nur für Hausgäste) – **17 Z : 32 B** 40/87 - 69/120 Fb
  ½ P 50/90.

  In Ofterschwang-Schweineberg 8972 SW : 4 km :

- 🏨🏨 **Sport- und Kurhotel Sonnenalp** ⑤, 🍴 (08321) 7 20, Telex 54465, Fax 72242,
  « Außenanlagen mit Terrassen », Bade- und Massageabteilung, 𝕱, 🔥, 🈯, 🛆 (geheiz◦
  🛆, 🌲, 🍴 (Halle), 📷 – 🔌 📺 🏌 🚗 🅿 – 🔒 25/100. 🍴
  (Restaurant nur für Hausgäste) – **230 Z : 425 B** (nur ½ P) 226/346 - 458/558 Fb – 19 Appa◦
  650/1300 – 4 Fewo 263/410.

- 🏨 **Dora** ⑤, 🍴 (08321) 35 09, ≤, 🈯, 🛆, 🌲 – ☎ 🚗 🅿
  (nur Abendessen für Hausgäste) – **20 Z : 32 B** 82/112 - 144/164 – 3 Appart. 284.

  In Ofterschwang-Tiefenberg 8972 S : 3 km :

- 🏨 **Gästehaus Gisela**, 🍴 (08321) 8 90 72, ≤, 🈯, 🛆, 🌲 – ☎ 🚗 🅿. 🍴
  Nov.- 16. Dez. geschl. – (Restaurant nur für Hausgäste) – **14 Z : 24 B** 32/55 - 80/95
  ½ P 47/70.

  Auf der Alpe Eck W : 8,5 km Richtung Gunzesried, Zufahrt über Privatstraße, Gebü◦
  4 DM, Hausgäste frei, Tagesgäste 2 DM – ⊠ **8972** Sonthofen :

- 🏨 **Allgäuer Berghof** ⑤, Höhe 1 260 m, 🍴 (08321) 80 60, Fax 806219, ≤ Allgäuer Alpen, 🌤
  « Park », Massage, 🈯, 🛆, 🌲, 🍴, Skischule, 🚡 – 🔌 ☎ 🏌 🚗 🅿 – 🔒 40. 🍴 Rest
  Mitte Nov.- Mitte Dez. geschl. – **M** a la carte 30/54 – **68 Z : 119 B** 61/221 - 168/392 Fb
  ½ P 106/181.

SONTRA 6443. Hessen 987 ㉘. 412 M 13 — 8 900 Ew — Höhe 242 m — Luftkurort — ✿ 05653.
Wiesbaden 201 — Göttingen 62 — Bad Hersfeld 34 — ♦Kassel 56.

🏠 Link, Bahnhofstr. 17, 𝒸 6 83, ♨ — 🔄 🅿 — 🍴 25/100
41 Z : 73 B.

In Nentershausen 2-Weißenhasel 6446 S : 5 km :

🏠 **Johanneshof**, Kupferstr. 24, 𝒸 (06627) 7 88, Fax 789, ♨, ☞ — 📺 ☎ 🅿. ① E 𝘝𝘐𝘚𝘈
2.- 14. Jan. geschl. — **M** a la carte 24/47 ⅛ — **23 Z : 45 B** 32/60 - 64/110 Fb.

SOODEN - ALLENDORF, BAD 3437. Hessen 987 ⑯⑯. 412 M 13 — 10 000 Ew — Höhe 160 m
- Heilbad — ✿ 05652.

ehenswert : Allendorf : Fachwerkhäuser★ (Bürgersches Haus★, Kirchstr. 29, Eschstruthsches
aus★★, Kirchstr. 59).

Gäste - Informationsdienst in Bad Sooden, am Kurpark, 𝒸 5 01 66.

Wiesbaden 231 — Göttingen 36 — Bad Hersfeld 68 — ♦Kassel 36.

Im Ortsteil Bad Sooden :

🏠 **Martina** ॐ, Westerburgstr. 1, 𝒸 20 88, Fax 2732, ☞ — 🔄 ☎ 🅿. 🄰🄴 ① E 𝘝𝘐𝘚𝘈
M 15/30 (mittags) und a la carte 25/53 — **67 Z : 94 B** 51/88 - 99/132.

🏠 **Central** ॐ (mit Gästehaus - Kurhotel Kneipp), Am Haintor 3, 𝒸 25 84, Bade- und
Massageabteilung, 🔥, 🛋, 🔲, ☞
M a la carte 24/43 — **61 Z : 88 B** 43/60 - 80/110 Fb — ½ P 55/72.

✕ **Stöbers - Restaurant**, Auf dem Herrengraben 2, 𝒸 61 56, ♨ — 🄰🄴 ① E 𝘝𝘐𝘚𝘈
Dienstag und 2.- 26. Jan. geschl. — **M** a la carte 33/58.

Im Ortsteil Allendorf :

🏠 **Werratal**, Kirchstr. 62, 𝒸 20 57, 🛋 — 🔄 ☎ 🥡
➥ 20. Dez.- 20. Jan. geschl. — **M** a la carte 19/58 — **35 Z : 50 B** 40/48 - 76/96 — ½ P 50/61.

Im Ortsteil Ahrenberg NW : 6 km über Ellershausen :

🏠 **Berggasthof Ahrenberg** ॐ, 𝒸 20 03, ≼ Werratal, ♨, ☞ — 🅿. 🄰🄴 ① E 𝘝𝘐𝘚𝘈
2. Jan.- 15. Feb. geschl. — **M** a la carte 27/60 — **11 Z : 18 B** 40/45 - 80/90 Fb — ½ P 55.

SOTTORF Niedersachsen siehe Rosengarten.

SPAICHINGEN 7208. Baden-Württemberg 413 J 22. 987 ㉟ — 9 500 Ew — Höhe 670 m —
✆ 07424.

usflugsziel : Dreifaltigkeitsberg : Wallfahrtskirche ✻★ NO : 6 km.

Stuttgart 112 — Rottweil 14 — Tuttlingen 14.

🏠 Kreuz, Hauptstr. 113, 𝒸 59 55 — ☎ 🥡 🅿
12 Z : 16 B.

SPALT 8545. Bayern 413 P 19 — 5 000 Ew — Höhe 357 m — ✿ 09175.
München 149 — Ansbach 35 — Ingolstadt 70 — ♦Nürnberg 45.

🏠 Krone, Hauptstr. 23, 𝒸 3 70 — 🥡 🅿
➥ Sept. 2 Wochen geschl. — **M** (Dienstag geschl.) a la carte 21/34 ⅛ — **15 Z : 25 B** 35 - 65/70.

In Spalt-Enderndorf S : 4,5 km :

✕ Zum Hochreiter, Enderndorf 4a, 𝒸 7 49, ≼, ♨ — 🅿.

In Spalt-Stiegelmühle NW : 5 km :

✕ **Gasthof Blumenthal**, 𝒸 (09873) 3 32, ♨ — 🅿
Montag - Dienstag und Ende Jan.- Mitte Feb. geschl. — Menu a la carte 26/50.

SPANGENBERG 3509. Hessen 987 ㉘. 412 L 13 — 7 000 Ew — Höhe 265 m — Luftkurort —
● 05663.

Verkehrsamt, Kirchplatz 4, 𝒸 72 97.

Wiesbaden 209 — Bad Hersfeld 50 — ♦Kassel 36.

🏰 **Schloß Spangenberg** ॐ (Burganlage a.d. 13. Jh.), 𝒸 8 66, Telex 99988, Fax 7567,
≼ Spangenberg, ♨ — 📺 ☎ 🅿 — 🍴 25/100. 🄰🄴 ① E 𝘝𝘐𝘚𝘈. ✻
27. Dez.- 15. Jan. geschl. — **M** (Sonntag ab 18 Uhr geschl.) 36/46 (mittags) und a la carte
52/76 — **26 Z : 51 B** 85/150 - 135/250.

✕✕ Ratskeller, Markt 1, 𝒸 3 41
(Tischbestellung ratsam).

SPARNECK Bayern siehe Münchberg.

SPEICHERZ Bayern siehe Motten.

Sehenswert : Dom★★ (Krypta★★★, Querschiff★★) B — ≤★★ vom Fuß des Heidentürmchens a
den Dom B **E**.

🛈 Verkehrsamt, Maximilianstr. 11, 𝒫 1 43 95.

Mainz 93 ① — Heidelberg 21 ② — ◆Karlsruhe 57 ② — ◆Mannheim 22 ① — Pirmasens 73 ④.

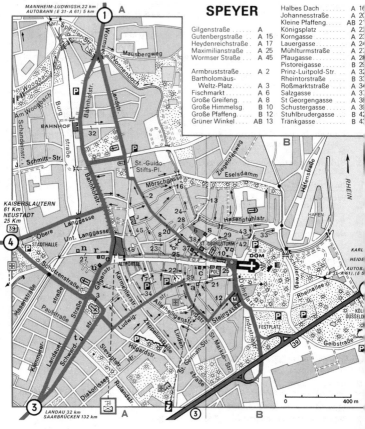

SPEYER

Gilgenstraße	A
Gutenbergstraße	A 15
Heydenreichstraße	A 17
Maximilianstraße	A 25
Wormser Straße	A 45
Armbruststraße	A 2
Bartholomäus-Weltz-Platz	A 3
Fischmarkt	A 6
Große Greifeng.	A 8
Große Himmelsg.	B 10
Große Pfaffeng.	B 12
Grüner Winkel	AB 13

Halbes Dach	A 16
Johannesstraße	A 20
Kleine Pfaffeng.	AB 21
Königsplatz	A 22
Korngasse	A 23
Lauergasse	A 24
Mühlturmstraße	A 27
Pfaugasse	A 29
Pistoreigasse	B 29
Prinz-Luitpold-Str.	A 32
Rheintorstraße	B 33
Roßmarktstraße	A 34
Salzgasse	A 37
St Georgengasse	A 38
Schustergasse	A 39
Stuhlbrudergasse	B 42
Tränkgasse	A 43

🏦 **Domhof** ⑤ garni, Im Bauhof 3, 𝒫 1 32 90, Fax 132990 — 📺 ⇐⇒ 🅿 — 🔬 25/120. 🖭 ①
VISA
49 Z : 93 B 140/160 - 170/240 Fb.   B

🏦 **Goldener Engel** garni, Mühlturmstr. 1a, 𝒫 1 32 60, Fax 132695 — 🛗 📺 ☎ 🅿. 🖭 ① E 🎦
23. Dez.- 2. Jan. geschl. — **43 Z : 73 B** 86/135 - 130/195 Fb.   A

🏦 **Graf's Hotel Löwengarten**, Schwerdstr. 14, 𝒫 7 10 51, Telex 467666, Fax 26452, 🍴
🛗 📺 ☎ ⇐⇒ 🅿 — 🔬 25/60. 🖭 ① E 🎦. ❄   A
M (nur Abendessen, Freitag - Sonntag geschl.) a la carte 31/60 ⅊ — **40 Z : 70 B** 75/135
145/175 Fb.

🏦 **Kurpfalz** garni, Mühlturmstr. 5, 𝒫 2 41 68 — ☎ 🅿. 🖭 ① E 🎦. ❄   A
11 Z : 20 B 90/120 - 130/160.

🏡 **Am Wartturm** garni, Landwehrstr. 30, 𝒫 3 60 66 — ☎ 🅿. ❄
14 Z : 27 B.   über Wormser Landstr.   A

🏠 **Trutzpfaff**, Webergasse 5, 𝒫 7 83 99 — 🅿. ❄ Zim   A
M (Samstag geschl.) a la carte 19,50/33 ⅊ — **8 Z : 16 B** 59 - 89.

XX **Kutscherhaus**, Am Fischmarkt 5a, 𝒫 7 05 92, 🍴 — 🖭 E   AB
Mittwoch - Donnerstag 17 Uhr geschl. — **M** a la carte 27/60 ⅊.

XX **Rôtisserie Weißes Roß**, Johannsstr. 2, 𝒫 2 83 80   A
Montag ab 15 Uhr, Samstag und Mitte Juli - Anfang Aug. geschl. — **M** a la carte 27/57 ⅊.

✗ **Tulla Hof**, Tullastr. 51, ℘ 4 15 35, 🍴 – **❷**

✗ **Ratskeller**, Maximilianstr. 12, ℘ 7 86 12   A **c**

✗ **Pfalzgraf**, Gilgenstr. 26 b, ℘ 7 47 55 – 🅰🅴 **E**   A **u**
   Mittwoch 15 Uhr - Donnerstag geschl. – **M** a la carte 27/56 🍴.

✗ **Wirtschaft zum Alten Engel**, Mühlturmstr. 1a, ℘ 7 67 32, « Altes Backsteingewölbe,
   antikes Mobiliar » – 🅰🅴 ⓞ **E** 𝖵𝖨𝖲𝖠   A **r**
   nur Abendessen, Sonntag und 5.- 19. Aug. geschl. – **M** a la carte 29/54.

An der Rheinbrücke rechtes Ufer :

🏨 **Rheinhotel Luxhof**, ✉ 6832 Hockenheim, ℘ (06205) 35 81, Fax 3583, 🏖 – 📺 ☎ 🍴 **❷**
   – 🍴 25/80. 🅰🅴 ⓞ **E** 𝖵𝖨𝖲𝖠   über ②
   M a la carte 28/50 🍴 – **45 Z : 80 B** 65/90 - 98/150 Fb.

SPIEGELAU 8356. Bayern 🛤🛤🛤 X 20, 🛤🛤🛤 ⑦ – 4 050 Ew – Höhe 730 m – Erholungsort –
Wintersport : 780/830 m ⚡2 ⚡4 – ✪ 08553.

Verkehrsamt, Rathaus, Hauptstr. 30, ℘ 4 19, Fax 6424.

München 193 – Deggendorf 50 – Passau 45.

🏠 **Hubertushof** garni, Hauptstr. 1, ℘ 5 22, 🏖, 🌿 – **❷**. ⚘
   10. März - April und 25. Okt.- 20. Dez. geschl. – **36 Z : 65 B** 45/50 - 86/94 Fb.

🏠 **Tannenhof** ⚘, Auf der List 27, ℘ 3 54, « Terrasse mit ≤ » , 🏖, 🔲, 🌿 – 🍴 **❷**
   Nov.- 20. Dez. geschl. – **M** a la carte 22/35 – **40 Z : 63 B** 47/60 - 92/112 Fb.

🏠 **Waldfrieden** ⚘, Waldschmidtstr. 10, ℘ 12 47, Massage, 🏖, 🔲, 🌿 – **❷**
   April - 6. Mai und Nov.- 15. Dez. geschl. – (nur Abendessen für Hausgäste) – **28 Z : 50 B** 48
   - 86 Fb.

In Spiegelau-Klingenbrunn NW : 4 km – Höhe 820 m :

🏨 Hochriegel, Frauenauer Str. 31, ℘ 3 43, Massage, 🏖, 🔲, 🌿 – 🛗 📺 **❷**. ⚘
   (nur Abendessen für Hausgäste) – **40 Z : 80 B** Fb.

SPIEKEROOG (Insel) 2941. Niedersachsen 🛤🛤🛤 ④ – 600 Ew – Seeheilbad – Insel der
ostfriesischen Inselgruppe. Autos nicht zugelassen – ✪ 04976.

🚢 von Neuharlingersiel (40 min.), ℘ (04976) 2 17.

Kurverwaltung, Noorderpad 25, ℘ 1 70.

Hannover 258 – Aurich (Ostfriesland) 33 – Wilhelmshaven 46.

🏨 **Inselfriede** ⚘, Süderloog 12, ℘ 2 33, Fax 617, 🏖, 🔲, 🌿 – ☎. ⓞ
   10. Jan.- 15. März geschl. – **M** a la carte 28/54 – **17 Z : 27 B** 68/78 - 120/144 – 15 Fewo
   85/100.

🏨 Upstalsboom ⚘, Pollerdiek 4, ℘ 3 64, 🏖, 🌿 – 📺 ☎
   (nur Abendessen) – **30 Z : 60 B** Fb.

🏠 **Zur Linde** ⚘, Noorderloog 5, ℘ 2 34, Fax 646, 🌿 – 📺 ☎
   6. Jan.- 10. Feb. und 15. Nov.- 28. Dez. geschl. – **M** *(auch vegetarische Gerichte)* (Dienstag
   geschl.) a la carte 31/56 – **22 Z : 40 B** 55/65 - 90/120 – ½ P 67/87.

SPIRE = Speyer.

SPITZINGSEE Bayern siehe Schliersee.

SPRINGE AM DEISTER 3257. Niedersachsen 🛤🛤🛤 ⑮, 🛤🛤🛤 L 10 – 29 000 Ew – Höhe 113 m –
Erholungsort – ✪ 05041.

Verkehrsverein, Am Markt/Ecke Burgstraße (Haus Peters), ℘ 7 32 73.

Hannover 26 – Hameln 20 – Hildesheim 33.

🏠 **Garni**, Zum Oberntor 9, ℘ 40 11 – ☎
   24. Dez.- 2. Jan. geschl. – **17 Z : 28 B** 59 - 85/90 Fb.

SPROCKHÖVEL Nordrhein-Westfalen siehe Hattingen.

Michelin road maps for Germany :
no 🟡🟡🟡 at 1:750 000
no 🟡🟡🟡 at 1:1 000 000
no 🟡🟡🟡 at 1:400 000 (Rhineland-Westphalia, Rhineland-Palatinate, Hessen, Saar)
no 🟡🟡🟡 at 1:400 000 (Bavaria and Baden-Württemberg)

STADE 2160. Niedersachsen 987 ⑤ − 45 000 Ew − Höhe 7 m − ✪ 04141.

🏢 Fremdenverkehrsamt, Bahnhofstr. 3, ℰ 40 14 50, Fax 401228.

ADAC, Hinterm Teich 1, ℰ 6 32 22, Notruf ℰ 1 92 11.

♦Hannover 178 − Bremerhaven 76 − ♦Hamburg 57.

 🏨 **Parkhotel Staderhof - Restaurant Contrescarpe**, Schifferstorstr. 8 (Stadeum)
  ℰ 49 90 (Hotel) 40 91 99 (Rest.), Fax 499100, 斎, ≤ − 劇 ⊡ ☎ ⇦ ❷ − 🔬 25/800.
  ⊙❶ E 𝘝𝘐𝘚𝘈
  M a la carte 41/58 − **100 Z : 200 B** 90/110 - 130/180 Fb.

 🏨 **Herzog Widukind** garni, Große Schmiedestr. 14, ℰ 4 60 96, Telex 218627, Fax 3603 −
  ↔ Zim ⊡ ☎ ᕔ ⇦, ⊙❶ E 𝘝𝘐𝘚𝘈
  45 Z : 80 B 115/125 - 145/155 Fb.

 🏨 **Vier Linden** ⑤, Schölischer Str. 63, ℰ 4 40 11, Fax 2865, ≤ − ⊡ ☎ ❷ − 🔬 25/50.
  M (nur Abendessen) a la carte 27/51 − **46 Z : 90 B** 60/85 - 105/150.

 🏠 **Zur Einkehr**, Freiburger Str. 82, ℰ 23 25, Fax 2455, ≤ − ⊡ ☎ ⇦ ❷ − 🔬 25/50. 🄰🄴
  E 𝘝𝘐𝘚𝘈
  M a la carte 27/56 − **40 Z : 70 B** 65/75 - 105/115.

 🏠 **Schwedenkrone**, Richeweg 15, ℰ 8 11 74, Fax 86488 − ⊡ ☎ ❷. 🄰🄴 ⊙❶ E 𝘝𝘐𝘚𝘈
  M (wochentags nur Abendessen, Sonntag ab 14 Uhr geschl.) a la carte 26/48 − **31 Z : 51**
  68/70 - 110.

 🏠 Zur Hanse garni (mit Gästehäusern), am Burggraben 4, ℰ 4 44 41 − ⊡ ☎ ❷
  14 Z : 28 B Fb − 4 Fewo.

 XX **Alte Schleuse**, Salzstr. 29, ℰ 30 63, 斎 − ❷. 🄰🄴 E
  Sonntag ab 18 Uhr geschl. − **M** a la carte 31/75.

 X **Ratskeller**, Hökerstr. 10, ℰ 4 42 55, 斎, « Gotisches Kreuzgewölbe a.d. 13. Jh. » −
  ⊙❶ E 𝘝𝘐𝘚𝘈
  Montag und Jan. geschl. − **M** a la carte 30/61.

 X **Insel-Restaurant**, Auf der Insel 1, ℰ 20 31, 斎 − ᕔ ❷ − 🔬 40
  M a la carte 33/64.

STADECKEN-ELSHEIM Rheinland-Pfalz siehe Mainz.

STADLAND 2883. Niedersachsen − 7 800 Ew − Höhe 2 m − ✪ 04732.

♦Hannover 187 − ♦Bremen 68 − Oldenburg 40.

 In Stadland 1-Rodenkirchen :

 🏠 **Friesenhof** garni, Friesenstr. 13 (B 212), ℰ 6 48, 🐎, ℅ − ⊡ ☎ ⇦ ❷
  15 Z : 18 B 60/66 - 100.

STADTALLENDORF 3570. Hessen 412 K 14 − 21 000 Ew − Höhe 255 m − ✪ 06428.

♦Wiesbaden 141 − Alsfeld 27 − Marburg 21 − Neustadt Kreis Marburg 8.

 🏩 **Parkhotel** ⑤, Schillerstr. 1, ℰ 70 80, Telex 4821000, Fax 708259, 斎, 🐎, ℅ − ⊡ ⇦
  − 🔬 25/50. 🄰🄴 ⊙❶ E 𝘝𝘐𝘚𝘈. ℅ Rest
  M a la carte 38/67 − **50 Z : 88 B** 82/222 - 146/296 Fb.

STADTBERGEN 8901. Bayern 413 P 21 − 11 600 Ew − Höhe 491 m − ✪ 0821 (Augsburg).

♦München 88 − ♦ Augsburg 6 − ♦ Ulm (Donau) 74.

 🏠 **Café Weinberger** garni, Bismarckstr. 55, ℰ 43 20 71 − 劇 ☎ ❷. ℅
  Mitte - Ende Aug. geschl. − **27 Z : 31 B** 39/48 - 78.

STADTHAGEN 3060. Niedersachsen 987 ⑮. 412 K 10 − 23 100 Ew − Höhe 67 m − ✪ 05721.

🝙 Obernkirchen (SW : 4 km), ℰ (05724) 46 70 − ♦Hannover 44 − Bielefeld 76 − ♦Osnabrück 106.

 🏠 **Parkhotel** ⑤ garni, Büschingstr. 10, ℰ 30 44, Fax 5559, ≤ − ⊡ ☎ ⇦ ❷. 🄰🄴 ⊙❶ E 𝘝𝘐𝘚.
  20 Z : 36 B 78/128 - 118/168.

 In Stadthagen-Obernwöhren SO : 5 km :

 🏠 **Oelkrug** ⑤, Waldstr. 2, ℰ 7 60 51 − 劇 ☎ ❷ − 🔬 30. ℅ Rest
  13. Jan.- 7. Feb. und 15. Juli - 15. Aug. geschl. − **M** (Montag geschl.) a la carte 29/60
  20 Z : 33 B 65/85 - 110/165.

 In Nienstädt-Sülbeck 3065 SW : 6 km :

 XX **Sülbecker Krug** mit Zim, Mindener Str. 17 (B 65), ℰ (05724) 60 31, Fax 3780 − ⊡ ☎ ⇦
  ⊙❶ E 𝘝𝘐𝘚𝘈
  Feb. 2 Wochen geschl. − **M** (Freitag - Samstag 17 Uhr geschl.) a la carte 41/69 − **15 Z**
  20 B 65/85 - 150 Fb.

 In Niedernwöhren 3066 NW : 6 km :

 XX **Landhaus Heine - Restaurant Ambiente**, Brunnenstr. 17, ℰ (05721) 21 21 − ❷. 🄰🄴
  E 𝘝𝘐𝘚𝘈. ℅
  Dienstag sowie Jan. und Juli - Aug. jeweils 2 Wochen geschl. − Menu (bemerkenswert
  Weinkarte) a la carte 34/63.

STADTKYLL 5536. Rheinland-Pfalz 𝟿𝟾𝟽 ㉓. 𝟺𝟷𝟸 C 15 − 1 200 Ew − Höhe 460 m − Luftkurort − ✆ 06597.

Verkehrsbüro, Kyllplatz 1, ℰ 87 48.

Mainz 190 − Euskirchen 48 − Mayen 64 − Prüm 22.

🏠 **Haus am See**, Wirftstraße, ℰ 23 26, ≤, 🍴, ≋, ✗ − 🅿. 🏖
   M *(Okt.- März Dienstag geschl.)* a la carte 25/53 − **19 Z : 34 B** 46/70 - 80/110 Fb − ½ P 55/85.

STADTLOHN 4424. Nordrhein-Westfalen 𝟿𝟾𝟽 ⑬⑭. 𝟺𝟷𝟸 D 11. 𝟺𝟶𝟾 L 5 − 17 400 Ew − Höhe 0 m − ✆ 02563.

Verkehrsverein, Rathaus, Markt 3, ℰ 87 48.

Düsseldorf 105 − Bocholt 31 − Enschede 38 − Münster (Westfalen) 56.

🏨 **Tenbrock**, Pfeifenofen 2, ℰ 10 72, Fax 1075, ≋, 🎬 − ☎ 🅿 − 🔼 35. 🖭 ⓞ 𝐄 𝑽𝑰𝑺𝑨
   Weihnachten - Anfang Jan. und Juli - Aug. 3 Wochen geschl. − **M** a la carte 28/60 − **30 Z : 48 B** 65/80 - 110/140.

STAFFELSTEIN 8623. Bayern 𝟺𝟷𝟹 PQ 16. 𝟿𝟾𝟽 ㉖ − 10 500 Ew − Höhe 272 m − ✆ 09573.

Ausflugsziele : Ehemaliges Kloster Banz : Terrasse ≤*, N : 5 km − Wallfahrtskirche Vierzehnheiligen** (Nothelfer-Altar**), NO :5 km.

Städt. Verkehrsamt, Alte Darre am Stadtturm, ℰ 41 92.

München 261 − ◆Bamberg 26 − Coburg 26.

🏨 **Rödiger**, Zur Herrgottsmühle 2, ℰ 8 95, 🍴, ≋, 🎬 − 🛗 📺 ☎ 🅿 − 🔼 50. 🖭 ⓞ 𝐄 𝑽𝑰𝑺𝑨
   Aug. geschl. − **M** *(Freitag geschl.)* a la carte 23/50 − **51 Z : 90 B** 58/65 - 90/98 Fb.

   In Staffelstein-Grundfeld NO : 4 km :

🏠 **Maintal**, ℰ (09571) 31 66, 🌳 − ☎ 🅿. 🏖
⟶ 22. Dez.- 22. Jan. geschl. − **M** *(Freitag geschl.)* a la carte 20/46 🍷 − **20 Z : 32 B** 40/55 - 70/80.

   In Staffelstein-Romansthal O : 3 km :

🏠 **Zur schönen Schnitterin** ﹩, ℰ 43 73, ≤ − ⟸ 🅿
⟶ 2.- 26. Dez. geschl. − **M** *(Montag geschl.)* a la carte 20/33 🍷 − **15 Z : 27 B** 34 - 64.

   In Staffelstein-Unnersdorf NW : 4 km :

✗ **Berggasthof** mit Zim, Unnersdorf 47, ℰ 59 63, ≤, 🍴, 🥾, 🌳 − 📺 🅿
⟶ Nov. geschl. − **M** *(Montag geschl.)* a la carte 19/38 − **7 Z : 13 B** 40 - 80.

STAMSRIED 8491. Bayern 𝟺𝟷𝟹 U 19 − 1 900 Ew − Höhe 450 m − ✆ 09466.

München 172 − ◆ Nürnberg 131 − Passau 124 − ◆ Regensburg 50.

🏠 **Pusl**, Marktplatz 6, ℰ 3 26, ≋, 🎬, 🌳 − ⟸
⟶ 25. Nov.- 6. Dez. geschl. − **M** *(Dienstag ab 14 Uhr geschl.)* a la carte 18/38 − **22 Z : 44 B** 35/37 - 68/74 Fb.

   Siehe auch : *Liste der Feriendörfer*

STAPELFELD 2000. Schleswig-Holstein − 1 500 Ew − Höhe 20 m − ✆ 040 (Hamburg).

Kiel 91 − ◆Hamburg 22 − ◆Lübeck 47.

🏨 **Zur Windmühle**, Hauptstr. 99, ⊠ 2000 Hamburg 73, ℰ 67 50 70 03, Fax 67507299, 🍴 − 📺 ☎ 🅿 − 🔼 30. 🖭 ⓞ 𝐄 𝑽𝑰𝑺𝑨
   M a la carte 35/66 − **49 Z : 63 B** 90 - 135 Fb.

STARNBERG 8130. Bayern 𝟺𝟷𝟹 R 22,23. 𝟿𝟾𝟽 ㊲. 𝟺𝟸𝟼 ⑦ − 17 800 Ew − Höhe 587 m − ✆ 08151.

Starnberg-Hadorf, ℰ 1 21 57 ; Gut Rieden, ℰ 88 11.

Verkehrsverein, Kirchplatz 3, ℰ 1 32 74.

München 27 − ◆Augsburg 95 − Garmisch-Partenkirchen 70.

🏨 **Seehof**, Bahnhofsplatz 6, ℰ 60 01 (Hotel) 22 21 (Rest.), Fax 28136 − 🛗 📺 ☎ ⟸ 🅿 − 🔼 70. 🖭 ⓞ 𝐄 𝑽𝑰𝑺𝑨
   M *(Italienische Küche)* a la carte 33/61 − **32 Z : 60 B** 90/120 - 120/155 Fb.

🏨 **Tutzinger Hof**, Tutzinger-Hof-Platz 7, ℰ 30 81, Fax 28138, 🍴 − 📺 ☎ 🅿. 🖭 ⓞ 𝐄 𝑽𝑰𝑺𝑨
   M a la carte 23/52 🍷 − **34 Z : 78 B** 45/90 - 90/110.

🏨 **Pension Happach** garni, Achheimstr. 2, ℰ 1 25 37 − ⟸
   11 Z : 20 B.

✗✗ **Isola d'Elba** (Italienische Küche), Theresienstr. 9, ℰ 1 67 80, 🍴 − 🅿. 🖭 ⓞ 𝐄
   M a la carte 35/61 🍷.

✗ **Starnberger Alm - Illguth's Gasthaus**, Josef-Jägerhuber-Str. 15, ℰ 1 55 77, « Sammlung alter handwerklicher Geräte » − 🅿. 🖭 ⓞ 𝐄 𝑽𝑰𝑺𝑨
⟶ Dienstag - Donnerstag nur Abendessen, Sonntag - Montag, 2.- 8. April, 20.- 31. Aug. und 24. Dez.- 7. Jan. geschl. − **M** a la carte 19/40.

STARZACH 7245. Baden-Württemberg 413 J 21 – 3 000 Ew – Höhe 400 m – ☎ 07457.
Schloß Weitenburg, ✆ (07472) 80 61.
♦Stuttgart 66 – Freudenstadt 29.

In Starzach-Börstingen N : 7 km :

Schloß Weitenburg ⛰, ✆ 80 51, Fax 8054, ≤, 🏞, « Schloß a.d.J. 1585, Park Schloßkapelle », 🏊, 🏊, 🐎(Halle) – |🛗| TV ☎ P – 🏛 25/120. Ⓓ E VISA
M a la carte 45/77 – **35 Z : 60 B** 69/100 - 130/176 Fb – ½ P 107/142.

STAUDACH-EGERNDACH 8217. Bayern 413 U 23 – 1 100 Ew – Höhe 600 m – ☎ 0864 (Grassau).
ℹ Verkehrsbüro, Marquartsteiner Str. 3, ✆ 25 60.
♦München 91 – Rosenheim 34 – Traunstein 20.

Im Ortsteil Staudach :

Mühlwinkl ⛰, Mühlwinkl 14, ✆ 24 14, 🏞, 🚗 – P
Nov.- 20. Dez. geschl. – **M** *(Dienstag geschl.)* a la carte 18/34 – **17 Z : 30 B** 30/40 - 60/70.

Im Ortsteil Egerndach :

Gasthof Ott ⛰, ✆ 21 83, 🚗 – 🚗 P
28 Z : 55 B.

STAUFEN 7813. Baden-Württemberg 413 G 23, 427 H 2, 242 ㊱ – 6 600 Ew – Höhe 290 m – Erholungsort – ☎ 07633.
Sehenswert : Staufenburg : Lage★.
ℹ Verkehrsamt, Rathaus, ✆ 8 05 36.
♦Stuttgart 222 – Basel 58 – ♦Freiburg im Breisgau 20.

Hirschen ⛰, Hauptstr. 19, ✆ 52 97, 🚗 – |🛗| TV P
M *(Montag - Dienstag und Ende Okt.- Ende Nov. geschl.)* a la carte 24/47 🍷 – **12 Z : 24 B** 55/60 - 85/90.

✕✕ **Zum Löwen - Fauststube** mit Zim (Gasthaus seit 1407), Hauptstr. 47, ✆ 70 78, 🏞 – ⛔
6.- 31. Jan. geschl. – **M** *(Tischbestellung ratsam)* (Sonntag ab 15 Uhr geschl.) a la carte 44/82 – **4 Z : 8 B** 125 - 135/160.

✕ **Kreuz-Post** mit Zim, Hauptstr. 65, ✆ 52 40, 🏞 – VISA. ⛔ Zim
Nov. geschl. – **M** *(Mittwoch 14 Uhr - Donnerstag geschl.)* a la carte 31/58 🍷 – **9 Z : 16 B** 35/45 - 53/75.

STAUFENBERG 6301. Hessen 412 J 15 – 7 400 Ew – Höhe 163 m – ☎ 06406.
♦Wiesbaden 102 – ♦Frankfurt am Main 73 – Gießen 11 – ♦Kassel 116.

Burghotel Staufenberg ⛰ (Burg a.d. 12.Jh. mit modernem Hotelanbau), Burggasse 10, ✆ 30 12, Fax 72492 – TV ☎ P – 🏛 25/50. E VISA
M *(Juli - Aug. 2 Wochen geschl.)* a la carte 26/65 – **26 Z : 40 B** 95/125 - 160/200 Fb.

STEBEN, BAD 8675. Bayern 413 R 15 – 3 700 Ew – Höhe 580 m – Heilbad – Wintersport 585/650 m ⛷1 ⛷5 – ☎ 09288.
ℹ Kurverein, ✆ 2 88.
ℹ Staatl. Kurverwaltung, Badstr. 31, ✆ 10 93.
♦München 295 – Bayreuth 66 – Hof 25.

Relexa Kurhotel - Parkschlößchen ⛰, Badstr. 26, ✆ 7 20, Telex 643423, Fax 72113, 🏞, Bade- und Massageabteilung, 🏊, 🏊 – |🛗| TV P – 🏛 25/400. AE Ⓓ E VISA. ⛔ Rest
M *(auch Diät)* a la carte 30/69 – **123 Z : 159 B** 150 - 230 Fb – 6 Appart. 270.

Modena ⛰, Hemplastr.1, ✆ 85 28, « Garten mit Teichen » – TV ☎
(Restaurant nur für Hausgäste) – **19 Z : 29 B** 70/100 - 110/140 Fb.

Promenade ⛰, Badstr. 16, ✆ 10 21, 🏊 – |🛗| ☎ P
M a la carte 20/45 – **47 Z : 60 B** 45/75 - 106/118 Fb.

In Bad Steben-Bobengrün S : 3 km :

✕ **Spitzberg** mit Zim, Nr. 66, ✆ 3 13, Biergarten, 🚗 – 🚗 P
Mitte Okt.- Mitte Nov. geschl. – **M** *(Dienstag geschl.)* a la carte 21/49 – **7 Z : 12 B** 35/50 - 70/90.

Le ottime tavole

Per voi abbiamo contraddistinto alcuni ristoranti con Menu, ✿, ✿✿ o ✿✿✿.

TEGEN Baden-Württemberg siehe Kirchzarten.

TEIBIS Bayern siehe Oberstaufen.

TEIN Schleswig-Holstein siehe Laboe.

TEINACH 7619. Baden-Württemberg **413** H 22, **242** ㉘ — 3 600 Ew — Höhe 205 m — ✿ 07832
ıslach im Kinzigtal).

ıttgart 170 — ◆Freiburg im Breisgau 50 — Offenburg 24.

🏠 **Alte Bauernschänke**, Kirchgasse 8, ⌀ 23 44, « Restaurant im Schwarzwälder Bauernstil » — 📺 ☎ ❷ — 🍴 40. 🕮 Ε 𝘝𝘐𝘚𝘈
3.- 23. Feb. geschl. — **M** (Sonntag - Montag 17 Uhr geschl.) a la carte 28/52 — **17 Z : 33 B** 56 - 90 Fb.

✕ **Schwarzer Adler mit Zim** (Fachwerkhaus a.d.J. 1716), Hauptstr. 39, ⌀ 25 09, 🏡, 🐎 — ☎ ⇌ ❷
7 Z : 11 B.

TEINACH Bayern siehe Bocklet, Bad.

TEINAU AN DER STRASSE 6497 Hessen **412** **413** L 16 — 10 000 Ew — Höhe 173 m — 06663.

ʌiesbaden 110 — Fulda 39 — ◆Frankfurt am Main 69 — Giessen 106 — ◆Würzburg 114.

In Steinau-Hintersteinau N : 14 km :

✕✕ **Pfanne**, Rhönstr. 7, ⌀ (06666) 2 35 — ❷. 🕮 Ε
Dienstag und Ende Jan.- Ende Feb. geschl. — **M** a la carte 35/59.

TEINBACH AM WALD 8641. Bayern **413** QR 15 — 3 700 Ew — Höhe 600 m — Wintersport : J/720 m ✰1, ✿3 — ✿ 09263.

ʌünchen 300 — ◆Bamberg 83 — Bayreuth 69.

🏠 **Pietz**, Otto-Wiegand-Str. 4, ⌀ 3 74, 🐎, 🐎 — 📺 ☎ ❷
✦ Mitte Nov.- Mitte Dez. geschl. — **M** (Dienstag geschl.) a la carte 16/36 ⅓ — **35 Z : 64 B** 21/38 - 44/60.

🏠 **Rennsteig**, Rennsteigstr. 33, ⌀ 13 50, 🐎, 🐎 — 📺 ❷
16 Z : 34 B Fb.

TEINBERG 2391. Schleswig-Holstein — 1 000 Ew — Höhe 15 m — ✿ 04632 (Steinbergkirche).

ıel 78 — Flensburg 28 — Kappeln 20.

🏠 Ties Möller, Süderstr. 1 (B 199), ⌀ 3 11 — ⇌ ❷
10 Z : 17 B.

TEINEBACH Bayern siehe Wörthsee.

TEINEN 7853. Baden-Württemberg **413** G 24, **427** H 3, **216** ⑤ — 4 600 Ew — Höhe 335 m — 07627.

ıttgart 269 — Basel 17 — ◆Freiburg im Breisgau 73 — Schopfheim 7.

🏠 **Gästehaus Pflüger** garni, Lörracher Str. 15, ⌀ 14 18, 🐎 — ☎ ⇌ ❷
15 Z : 23 B 50/55 - 80/90.

TEINENBRONN 7049. Baden-Württemberg **413** K 21 — 4 700 Ew — Höhe 430 m — ✿ 07157.

ıttgart 20 — Reutlingen 33 — ◆Ulm (Donau) 92.

🏨 **Krone**, Stuttgarter Str. 47, ⌀ 70 01, Fax 7006, 🐎, 🔲 — 📱 📺 ☎ ⇌ ❷ — 🍴 30. 🕮 ① Ε 𝘝𝘐𝘚𝘈
20. Dez.- 15. Jan. geschl. — **M** (Sonntag 15 Uhr - Montag geschl.) a la carte 39/76 — **45 Z :** 60 B 105/115 - 150/165 Fb.

🏠 **Zum Löwen** garni, Stuttgarter Str. 3, ⌀ 70 27, Fax 2395, 🐎 — 📱 📺 ☎ ⇌ ❷. 🕮 ① Ε 𝘝𝘐𝘚𝘈. 🦞
23 Z : 28 B 85/110 - 145/165 Fb.

🏠 **Weinstube Maier**, Tübinger Str. 21, ⌀ 40 41 — ☎ ⇌ ❷. 🕮 ① Ε. 🦞
M (nur Abendessen, Freitag - Sonntag und 4. Aug.- 9. Sept. geschl.) a la carte 22/45 ⅓ — **23 Z : 35 B** 55/70 - 85/95 Fb.

TEINFELD 2841. Niedersachsen **987** ⑭ — 6 600 Ew — Höhe 49 m — ✿ 05492.

ıannover 122 — ◆Bremen 90 — Oldenburg 121 — ◆Osnabrück 45.

In Steinfeld-Lehmden O : 5 km :

✕✕ Zur Post, Lehmden Nr. 65, ⌀ 22 42, 🏡 — ❷.

787

STEINFURT 4430. Nordrhein-Westfalen **408** F 10 — 33 000 Ew — Höhe 70 m — **۞** 02551.

⌕ Steinfurt-Bagno, *𝒫* 51 78.

₿ Verkehrsverein Steinfurt- Burgsteinfurt, Markt 2, *𝒫* 13 83.

♦Düsseldorf 162 — Enschede 39 — Münster (Westfalen) 25 — ♦Osnabrück 58.

In Steinfurt-Borghorst **987** ⑭ :

🏛 **Schünemann**, Altenberger Str. 109, *𝒫* (02552) 23 30 — 📺 ☎ **۞** . 🆎 ⓞ **E** 𝘝𝘐𝘚𝘈
   M *(Montag bis 17 Uhr geschl.)* 17/40 (mittags) und a la carte 36/63 — **20 Z : 40 B** 75 - 120 F

🏛 **Posthotel Riehemann**, Münsterstr. 8, *𝒫* (02552) 40 59 — 📺 ☎ ⇜ **۞** . ⓞ **E** 𝘝𝘐𝘚𝘈 . ✻ Zi
   1.- 7. Jan. und 11.- 28. Aug. geschl. — **M** *(Freitag - Samstag 17 Uhr geschl.)* a la carte 25/
   — **18 Z : 25 B** 42/70 - 95/110.

In Steinfurt-Burgsteinfurt **987** ⑭ :

🏠 **Zur Lindenwirtin**, Ochtruper Str. 38, *𝒫* 20 15 — **۞** . ✻
   22. Juli - 11. Aug. geschl. — **M** *(Sonntag 14 Uhr - Montag 17.30 Uhr geschl.)* a la carte 22/
   — **19 Z : 32 B** 42/52 - 68/82.

STEINGADEN 8924. Bayern **413** P 23, **987** ㊲, **426** E 5 — 2 600 Ew — Höhe 763 m
Erholungsort — **۞** 08862.

Sehenswert : Klosterkirche★.

Ausflugsziel : Wies : Kirche★★ SO : 5 km.

♦München 103 — Füssen 21 — Weilheim 34.

In Steingaden-Wies SO : 5 km :

✗ Moser ⌕ mit Zim, Wies 1, *𝒫* 5 03, ☂ — ⇜ **۞**
   5 Z : 10 B.

Europe	Wenn der Name eines Hotels dünn gedruckt ist, dann hat uns der Hotelier Preise und Öffnungszeiten nicht oder nicht vollständig angegeben.

STEINHEIM 4939. Nordrhein-Westfalen **987** ⑮, **408** K 11 — 12 100 Ew — Höhe 144 m
۞ 05233.

♦Düsseldorf 208 — Detmold 21 — ♦Hannover 85 — Paderborn 38.

🛏 **Hubertus**, Rosentalstr. 15, *𝒫* 52 46 — ⇜ **۞** . **E**
↝ 25. Aug.- 20. Sept. geschl. — **M** *(Montag geschl.)* a la carte 20/42 — **5 Z : 8 B** 40/48 - 85.

In Steinheim-Bergheim SW : 7 km :

🛏 **Gasthof Hegge**, Koobenweg 1, *𝒫* 52 25 — 📺 ☎ ⇜ **۞** . **E**
↝ **M** *(Mittwoch geschl.)* a la carte 20/33 — **11 Z : 18 B** 45 - 90.

In Steinheim 2-Sandebeck SW : 12 km :

🏛 **Germanenhof**, Teutoburger-Wald-Str. 29, *𝒫* (05238) 14 33 — 📺 ☎ ⇜ **۞** . 🆎 ⓞ **E**
   M *(Dienstag geschl.)* a la carte 33/58 — **16 Z : 31 B** 48/58 - 90/110.

STEINHEIM AM ALBUCH Baden-Württemberg siehe Heidenheim an der Brenz.

STEINHEIM AN DER MURR 7141. Baden-Württemberg **413** K 20 — 9 600 Ew — Höhe 202
— **۞** 07144 (Marbach am Neckar).

♦Stuttgart 32 — Heilbronn 28 — Ludwigsburg 16.

🏛 **Hotel Mühlenscheuer** ⌕ garni, Mühlweg 5, *𝒫* 2 90 49 — 📺 ☎ **۞** . **E** 𝘝𝘐𝘚𝘈
   23 Z : 44 B 72 - 115 Fb.

🛏 **Zum Lamm**, Marktstr. 32, *𝒫* 2 93 90 — 📺 ⇜ **۞** . **E** 𝘝𝘐𝘚𝘈
↝ **M** *(Montag bis 17 Uhr geschl.)* a la carte 21/45 ⅄ — **24 Z : 45 B** 45/64 - 70/98.

In Steinheim 2-Kleinbottwar N : 2 km :

🛏 **Rädle**, Steinheimer Str. 12, *𝒫* (07148) 13 33 — ⇜ **۞** . **E**
   Mitte Aug.- Mitte Sept. geschl. — **M** *(wochentags nur Abendessen, Sonntag 15 Uhr
   Montag geschl.)* a la carte 26/48 ⅄ — **11 Z : 17 B** 45/50 - 80/85.

STEINLAH Niedersachsen siehe Salzgitter.

STEINSFELD Bayern siehe Rothenburg o.d.T.

STEINWENDEN Rheinland-Pfalz siehe Ramstein-Miesenbach.

STEISSLINGEN 7705. Baden-Württemberg **413** J 23, **427** K 2, **216** ⑨ – 3 500 Ew – Höhe 465 m – Erholungsort – ✿ 07738.

🛈 Verkehrsbüro, Langestr. 34, ℰ 4 27.

Stuttgart 152 – ♦Konstanz 29 – Singen (Hohentwiel) 9.

🏠 **Café Sättele** ⑤, Schillerstr. 9, ℰ 3 58, ≤, 佘, 雨 – ☎ ⇐ ❷
Feb. 2 Wochen geschl. – **M** *(Donnerstag geschl.)* a la carte 28/46 – **16 Z : 28 B** 65/70 - 120/140 Fb.

🏠 Schinderhannes, Singener Str. 45, ℰ 2 31, 雨 – ☎ ❷ – **11 Z : 23 B**.

⚐ Krone, Schulstr. 18, ℰ 2 25, 佘 – ❷. **E**
Jan. - Feb. 3 Wochen und Okt. 2 Wochen geschl. – **M** *(Montag geschl.)* a la carte 19/48 ⬧ – **13 Z : 20 B** 30/35 - 55/70.

STEMSHORN Niedersachsen siehe Lemförde.

STEMWEDE 4995. Nordrhein-Westfalen **412** I 9 – 12 500 Ew – Höhe 65 m – ✿ 05745.

Düsseldorf 227 – Minden 36 – ♦Osnabrück 33.

In Stemwede 2-Haldem NW : 8,5 km ab Levern :

🏨 **Berggasthof Wilhelmshöhe** ⑤, ℰ (05474) 10 10, Fax 1371, 佘, « Garten » – 📺 ☎ ⇐ ❷. 🖭 ⓪ **E** **VISA**. ※ Zim
21. Jan. - 12. Feb. geschl. – **M** *(Dienstag geschl.)* a la carte 26/58 – **14 Z : 22 B** 50/70 - 100/120.

STENDAL 3500 Sachsen-Anhalt **984** ⑮, **987** ⑯ – 50 000 Ew – Höhe 33 m – ✿ 0037921.

Sehenswert : Dom St Nicolai★.

🛈 Stendal-Information, Kornmarkt 8, ℰ 21 61 86.

Berlin - Ost 125 – Dessau 133 – Magdeburg 60 – Schwerin 135.

⚐ **Bahnhofshotel**, Bahnhofstr. 30, ℰ 21 32 00 – 📺. ※
M a la carte 16/25 – **29 Z : 58 B** 45 - 57/103.

⚐ **Schwarzer Adler**, Kornmarkt 5, ℰ 21 22 65 – ❷. ※
Ende Juli - Anfang Aug. geschl. – **M** *(Sonntag - Montag geschl.)* a la carte 15/20 – **17 Z : 35 B** 15 - 21.

✗ **Ratskeller** (im Rathaus a.d.J. 1460), Kornmarkt, ℰ 21 26 65 – ※
M a la carte 14/25.

STEPPACH Bayern siehe Neusäß.

STERNENFELS 7137. Baden-Württemberg **412** **413** J 19 – 2 200 Ew – Höhe 347 m – ✿ 07045 (Oberderdingen).

Stuttgart 52 – Heilbronn 33 – ♦Karlsruhe 41.

⚐ **Zum Löwen**, Heilbronner Str. 2, ℰ 6 17 – ❷. **E**
9. - 28. Jan. geschl. – **M** *(Montag geschl.)* a la carte 20/36 ⬧ – **6 Z : 12 B** 40/45 - 80.

STERUP 2396. Schleswig-Holstein – 1 400 Ew – Höhe 40 m – ✿ 04637.

Kiel 74 – Flensburg 30 – Schleswig 45.

🏠 **Allmanns Kroog**, Flensburger Str. 1, ℰ 8 20, Fax 82280, Biergarten – 📺 ☎ ❷ – 🔏 25/100. 🖭 ⓪ **E** **VISA**
M a la carte 30/61 – **30 Z : 60 B** 75/95 - 99/165.

STETTEN Baden-Württemberg siehe Kernen im Remstal.

STETTEN AM KALTEN MARKT 7488. Baden-Württemberg **413** K 22 – 5 100 Ew – Höhe 650 m – ✿ 07573.

Stuttgart 124 – Sigmaringen 20 – Tuttlingen 44 – ♦Ulm (Donau) 105.

🏠 **Gasthaus zum Kreuz**, Hauptstr. 9, ℰ 8 02, 佘 – ❷
M *(Dienstag geschl.)* a la carte 26/59 – **11 Z : 20 B** 45/60 - 90/98.

STEYERBERG 3074. Niedersachsen – 5 000 Ew – Höhe 60 m – ✿ 05764.

Hannover 62 – ♦Bremen 74 – Minden 38 – Nienburg (Weser) 19.

⚐ **Deutsches Haus**, Am Markt 5, ℰ 16 12 – 📺 ☎ ⇐ ❷
M *(Montag bis 17 Uhr geschl.)* a la carte 21/44 – **14 Z : 20 B** 44/48 - 78.

⚐ **Süllhof** ⑤, Kirchstr. 41, ℰ 16 04 – ☎ ⇐ ❷. ※ Zim
M a la carte 15/37 – **12 Z : 16 B** 28/38 - 66/72.

TIERBACH Hessen siehe Brensbach.

STIPSHAUSEN 6581. Rheinland-Pfalz **412** E 17 − 1 000 Ew − Höhe 500 m − Erholungsort · Wintersport : 500/746 m ⅍2 ⅍1 − ✿ 06544.

Mainz 106 − Bernkastel-Kues 26 − Bad Kreuznach 62 − Idar-Oberstein 24.

 🏠 **Brunnenwiese** ⌁, Mittelweg 3, 𝒫 85 85, ⇌s, 🐎 − 📺 ⅄ 🅿. ⅍
  10 Z : 20 B.

STOCCARDA = Stuttgart.

STOCKACH 7768. Baden-Württemberg **413** JK 23, **987** ㉟, **216** ⑨ − 13 100 Ew − Höhe 491 · − ✿ 07771.

Ausflugsziel : Haldenhof ≤★★, SO : 13 km.

◆Stuttgart 157 − ◆Freiburg im Breisgau 112 − ◆Konstanz 36 − ◆Ulm (Donau) 114.

 🏠 **Goldener Ochsen**, Zoznegger Str. 2, 𝒫 20 31, Telex 793235, Fax 2034 − 📳 ☎ ⇌ 🅿 ·
  🄰 35. 🄰🄴 ⓪ 🄴 𝒱𝒾𝒮𝒜
  2.- 21. Jan. geschl. − **M** (Mittwoch bis 18 Uhr geschl.) a la carte 35/65 − **35 Z : 54 B** 65/90
  96/130 Fb.

 🏠 **Zur Linde**, Goethestr. 23, 𝒫 6 10 66, 🍽 − 📳 ☎ ⇌ 🅿 − 🄰 60. 🄰🄴 ⓪ 🄴 𝒱𝒾𝒮𝒜
  1.- 18. März geschl. − **M** (Freitag und Mitte - Ende Feb. geschl.) a la carte 26/61 − **25 Z :**
  47 B 45/70 - 58/110.

 🏠 **Paradies**, Radolfzeller Str. 36 (B 31), 𝒫 35 20, 🍽 − ⇌ 🅿
  15. Dez.- 15. Jan. geschl. − **M** (Freitag geschl.) a la carte 25/45 − **36 Z : 65 B** 30/48 - 56/80.

STOCKHEIM Hessen siehe Glauburg.

STOCKSBERG Baden-Württemberg siehe Beilstein.

STOCKSTADT AM MAIN 8751. Bayern **412** **413** K 17 − 7 000 Ew − Höhe 110 m − ✿ 06027.

◆München 361 − ◆Darmstadt 36 − ◆Frankfurt am Main 35.

 🏠 **Brößler**, Obernburger Str. 2, 𝒫 72 37, Biergarten − 📺 ☎ 🅿. 🄰🄴 🄴
  1.- 8. Jan. geschl. − **M** (Samstag geschl.) a la carte 23/47 − **12 Z : 18 B** 70 - 120 Fb.

STOHREN Baden-Württemberg siehe Münstertal.

STOLBERG 5190. Nordrhein-Westfalen **987** ㉓, **412** B 14, **409** ⑯ − 56 400 Ew − Höhe 180 · − ✿ 02402.

◆Düsseldorf 80 − ◆Aachen 11 − Düren 23 − Monschau 36.

 🏨 **Parkhotel am Hammerberg** ⌁ garni, Hammerberg 11, 𝒫 1 23 40, Fax 123480, ⇌s, 🔲
  🐎 − 📺 ☎ 🅿 − 🄰 25. 🄰🄴 ⓪ 🄴 𝒱𝒾𝒮𝒜
  28 Z : 50 B 85/125 - 160/200 Fb.

 🏠 **Stadthalle**, Rathausstr. 71, 𝒫 2 30 56 − 📳 📺 ☎ ⅄ 🅿 − 🄰 25/200. 🄰🄴 ⓪ 🄴 𝒱𝒾𝒮𝒜
  M a la carte 30/51 − **19 Z : 25 B** 70 - 110.

 🍴🍴🍴 **Romantik-Hotel Burgkeller** ⌁ mit Zim, Klatterstr. 10, 𝒫 2 72 72, Fax 123480, 🍽 − 🔲
  ☎. 🄰🄴 ⓪ 🄴 𝒱𝒾𝒮𝒜. ⅍
  7.- 14. Feb. geschl. − **M** (Samstag bis 18 Uhr geschl.) a la carte 47/79 − **7 Z : 12 B** 125
  175/200.

 In Stolberg-Zweifall SO : 6,5 km :

 🏨 **Sporthotel Zum Walde**, Klosterstr. 4, 𝒫 76 90, Fax 76910, « Gartenterrasse », ⇌s, 🔲
  🐎 − 📳 📺 ☎ ⇌ 🅿 − 🄰 35. 🄰🄴 ⓪ 🄴 𝒱𝒾𝒮𝒜
  M a la carte 38/58 − **57 Z : 142 B** 125 - 170 − 17 Fewo 200/350 − ½ P 110/150.

STOMMELN Nordrhein-Westfalen siehe Pulheim.

STRAELEN 4172. Nordrhein-Westfalen **987** ⑬, **412** B 12, **409** L 1 − 13 200 Ew − Höhe 45 · − ✿ 02834.

🅱 Fremdenverkehrsamt, Rathaus, 𝒫 70 20, Fax 702101.

◆Düsseldorf 66 − Venlo 12 − Wesel 39.

 🏠 **Zum Siegburger**, Annastr. 13, 𝒫 15 81, ⇌s − 🅿 − **11 Z : 20 B**.

STRALSUND 2300 Mecklenburg-Vorpommern **984** ③, **987** ⑦ − 70 000 Ew − Höhe 5 m ✿ 0037821.

Sehenswert : Rathaus★ − Meereskundliches Museum und Aquarium★

🅱 Stralsund-Information, Alter Markt 15, 𝒫 24 39.

◆Berlin - Ost 239 − Greifswald 32 − ◆Rostock 71.

 🏠 **Baltic**, Frankendamm 22, 𝒫 53 81, 🍽 − 📳 📺 ☎ 🅿. ⅍ Rest
  M a la carte 18,50/33 − **34 Z : 50 B** 54 - 108/132 Fb − 3 Appart. 204/274.

 🏠 **Schweriner Hof**, Neuer Markt 1, 𝒫 52 81 − ☎ 🅿
  M a la carte 14/24 − **30 Z : 63 B** 40 - 75/82 Fb.

TRANDE 2307. Schleswig-Holstein — 1 700 Ew — Höhe 5 m — Seebad — ✆ 04349 (änischenhagen).

Verkehrsbüro, Strandstr. 12, ✆ 2 90.

iel 17 — Eckernförde 26.

🏠 **Strandhotel**, Strandstr. 21, ✆ 80 80, Fax 80811, 佘, ⇌ — 📺 ☎ 🅿. 🆎 ⑩ 🅴 🆅🆂🅰
M a la carte 31/55 — **16 Z : 30 B** 125/165 - 160/200 Fb.

🏠 **Seglerhus** garni, Rudolf-Kinau-Weg 2, ✆ 8 08 10 — 📺 ☎ 🅿
16 Z : 32 B Fb.

🏠 **Petersen's Hotel** garni, Dorfstr. 9, ✆ 3 11 — 📺 ☎ 🅿
23 Z : 36 B.

XX **Jever-Stuben**, Strandstr. 15, ✆ 81 19, ≤, 佘 — 🅿. 🆎 ⑩ 🅴 🆅🆂🅰
M a la carte 29/60.

TRASSENHAUS Rheinland-Pfalz siehe Rengsdorf.

TRAUBENHARDT 7541. Baden-Württemberg 🔢 I 20 — 8 500 Ew — Höhe 416 m — ✆ 07082 (euenbürg).

Verkehrsamt, Rathaus Conweiler, ✆ 10 21.

tuttgart 67 — Baden-Baden 38 — ◆Karlsruhe 25 — Pforzheim 17.

In Straubenhardt 4-Schwann :

🏠 **Adlerhof** 🦢, Mönchstr. 14 (Schwanner Warte), ✆ 5 00 51, Fax 60161, ≤, 佘, 🐎 — 📺 ☎
🅿
6. Jan.- 16. Feb. geschl. — **M** (Montag - Dienstag 16 Uhr geschl.) a la carte 25/60 — **25 Z :
39 B** 58/80 - 116/158 Fb.

Im Holzbachtal SW : 6 km :

🏠 **Waldhotel Bergschmiede** 🦢, ✉ 7541 Straubenhardt 6, ✆ (07248) 10 51,
« Hirschgehege, Gartenterrasse », ⇌, 🏊, 🐎, ❊ — 📺 ☎ ⟷ 🅿 🅴 🆅🆂🅰
7. Jan.- 4. Feb. geschl. — **M** (Dienstag geschl.) a la carte 30/61 ♨ — **23 Z : 35 B** 48/65 -
90/118 Fb. — ½ P 75/95.

TRAUBING 8440. Bayern 🔢 U 20, 🔢 ㉗ — 40 600 Ew — Höhe 330 m — ✆ 09421.

ehenswert : Stadtplatz★.

Städt. Verkehrsamt, Theresienplatz 20, ✆ 1 63 07.

)AC, Am Stadtgraben 44a, ✆ 2 25 55.

Vlünchen 120 — Landshut 51 — Passau 79 — ◆Regensburg 48.

🏠 **Heimer**, Schlesische Str. 131, ✆ 6 10 91, Telex 65507, ⇌ — 🛗 📺 ☎ ↻ ⟷ 🅿 — 🔬 25/500
36 Z : 70 B Fb.

🏠 **Seethaler** 🦢, Theresienplatz 25, ✆ 1 20 22, 佘 — 📺 ☎ 🅿
M (Sonntag 15 Uhr - Montag und Jan. 1 Woche geschl.) a la carte 23/45 — **25 Z : 40 B** 85/90
- 125/135 Fb.

🏠 **Wenisch**, Innere Passauer Str. 59, ✆ 2 20 66, Fax 23768 — 📺 ☎ 🅿. 🆎 🅴
→ **M** (Samstag 15 Uhr - Sonntag und 22. Dez.- 6. Jan. geschl.) a la carte 17/41 — **40 Z : 55 B**
45/65 - 90/100.

🏠 **Römerhof**, Ittlinger Str. 136, ✆ 6 12 45 — 📺 ☎ ⟷ 🅿. 🆎 ⑩ 🅴 🆅🆂🅰. ❊ Rest
M (nur Abendessen) a la carte 25/37 — **20 Z : 40 B** 59/75 - 85/145 Fb.

🏠 **Wittelsbach**, Stadtgraben 25, ✆ 15 17 — 🛗 📺 ☎ 🅿. 🆎 ⑩ 🅴 🆅🆂🅰
→ **M** (Sonntag 15 Uhr-Montag 18 Uhr geschl.) a la carte 17,50/46 ♨ — **37 Z : 57 B** 60/75 -
95/120 Fb.

XX **La Mirage** mit Zim, Regensburger Str. 46, ✆ 20 51 — 📺 ☎ ⟷. 🆎 ⑩ 🅴 🆅🆂🅰. ❊
M (Sonntag 14 Uhr - Montag und 11.- 25. Aug. geschl.) 49/95 — **18 Z : 24 B** 55/80 - 100/110.

In Aiterhofen 8441 SO : 6 km :

🏠 **Murrerhof**, Passauer Str. 1, ✆ (09421) 3 27 40, 佘 — ⟷ 🅿
24. Dez.- 8. Jan. geschl. — **M** (Freitag - Samstag geschl.) a la carte 24/51 — **25 Z : 40 B** 43/62
- 80/92.

TREITBERG Bayern siehe Wiesenttal.

TROMBERG KREIS KREUZNACH 6534. Rheinland-Pfalz 🔢 ㉔, 🔢 G 17 — 2 500 Ew —
öhe 235 m — ✆ 06724.

Am Südhang 1a, ✆ 10 35.

ainz 45 — ◆Koblenz 59 — Bad Kreuznach 18.

🏠 **Burghotel Stromburg** 🦢, Schloßberg (O : 1,5 km), ✆ 10 26, Fax 3307, ≤, 佘 — 📺 ☎
🅿 — 🔬 80. 🆎 ⑩ 🅴 🆅🆂🅰
M a la carte 53/78 — **22 Z : 40 B** 85 - 140/160 Fb.

🏠 **Goldenfels**, August-Gerlach-Str. 2a, ✆ 36 05 — 🅿
20 Z : 34 B.

STRÜMPFELBRUNN Baden-Württemberg siehe Waldbrunn.

STRULLENDORF 8618. Bayern 🔲🔲🔲 P 17 — 6 700 Ew — Höhe 253 m — ✆ 09543.
♦München 220 — ♦Bamberg 9 — Bayreuth 68 — ♦Nürnberg 50 — ♦Würzburg 93.

🏠 **Christel**, Forchheimer Str. 20, ℰ 91 18, Fax 4970, 佘, ☎, 🗊, – 🛗 📺 ☎ 🚗 🅿 – 🔬 3
↔ 🕧 🅴 𝗩𝗜𝗦𝗔 ❄
M *(Sonntag geschl.)* a la carte 20/53 — **42 Z : 60 B** 65/80 - 110/135 Fb.

STRYCK Hessen siehe Willingen (Upland).

STUBENBERG Bayern siehe Simbach am Inn.

STÜHLINGEN 7894. Baden-Württemberg 🔲🔲🔲 I 23, 🔲🔲🔲 ㊱, 🔲🔲🔲 J 2 — 5 000 Ew — Höhe 501
— Luftkurort — ✆ 07744.
🅱 Verkehrsamt, Schloßstr. 9, ℰ 5 32 34.
♦Stuttgart 156 — Donaueschingen 30 — ♦Freiburg im Breisgau 73 — Schaffhausen 21 — Waldshut-Tiengen 27.

🏠 **Rebstock** (mit Gästehaus), Schloßstr. 10, ℰ 3 75, 🍴 — 📺 🚗 🅿
15. Nov.- 8. Dez. geschl. — **M** *(Donnerstag geschl.)* a la carte 22/46 ⅄ — **30 Z : 52 B** 45/5(
90/120 Fb.

🏯 Krone, Stadtweg 2, ℰ 3 21, 🍴 — ☎ 🚗 🅿 — **20 Z : 30 B**.

In Stühlingen-Weizen NO : 4 km :

🏠 **Zum Kreuz**, Ehrenbachstr. 70 (B 315), ℰ 3 35, 佘 — 🚗 🅿
Mitte Okt.- Mitte Nov. geschl. — **M** *(Montag geschl.)* a la carte 22/46 ⅄ — **19 Z : 30 B** 37/4Ω
74/84 — ½ P 52.

STUHR 2805. Niedersachsen — 28 000 Ew — Höhe 4 m — ✆ 0421 (Bremen).
♦Hannover 125 — ♦Bremen 9,5 — Wildeshausen 29.

In Stuhr 1-Brinkum SO : 4 km 🔲🔲🔲 ⑮ :

🏨 **Bremer Tor**, Syker Str. 4 (B 6), ℰ 8 97 03, Fax 891423 — 🛗 🍽 Rest 📺 ☎ ⅃ 🅿 — 🔬 25/12
🆎 🕧 🅴 𝗩𝗜𝗦𝗔
M a la carte 31/57 — **38 Z : 65 B** 84/99 - 115/135 Fb.

In Stuhr 1-Brinkum-Nord O : 4 km :

🏠 Zum Wiesengrund, Bremer Str. 116a (B 6), ℰ 87 50 50, 佘, ☎ — 🛗 ☎ 🅿
17 Z : 30 B Fb.

In Stuhr-Groß Mackenstedt SW : 5 km :

🏨 **Delme-Tor**, Moordeicher Landstr. 79 (BAB-Abfahrt Delmenhorst-Ost), ℰ (04206) 90 6
Fax 7103 — 📺 ☎ ⅃ 🅿 — 🔬 25/180. 🆎 🕧 🅴 𝗩𝗜𝗦𝗔
M a la carte 30/56 — **52 Z : 104 B** 87/97 - 126/146 Fb.

In Stuhr 1-Heiligenrode SW : 7 km :

✖ **Klosterhof** 🐾 mit Zim, Auf dem Kloster 2, ℰ (04206) 2 12, 佘 — 🅿. 🅴
Juli - Aug. 3 Wochen geschl. — **M** *(Dienstag geschl.)* 18/29 (mittags) und a la carte 30/56
7 Z : 13 B 39/58 - 78/116.

In Stuhr-Moordeich W : 2 km:

✖✖ Nobel, Neuer Weg 13, ℰ 5 68 08, 佘 — 🅿

Benutzen Sie auf Ihren Reisen in Europa :

die Michelin-Länderkarten (1:400 000 bis 1:1 000 000) ;

die Michelin-Abschnittskarten (1:200 000) ;

die Roten Michelin-Führer (Hotels und Restaurants) :

**Benelux, España Portugal, France, Great Britain and Ireland, Italia,
Main Cities Europe**

die Grünen Michelin-Führer (Sehenswürdigkeiten und interessante Reisegebiete) :
Italien, Spanien

die Grünen Regionalführer von **Frankreich**
(Sehenswürdigkeiten und interessante Reisegebiete) :
Paris, Bretagne, Côte d'Azur (Französische Riviera)**,
Elsaß Vogesen Champagne,
Korsika, Provence, Schlösser an der Loire**

STUTTGART 7000. [L] Baden-Württemberg **413** KL 20, **987** ⑤ – 559 000 Ew – Höhe 245 m – 0711.

ἰhenswert : Lage★★ – Park Wilhelma DU und Höhenpark Killesberg★★ BU – Fernsehturm★★
★★) DZ – Birkenkopf ⁂★★ AY – Liederhalle★ BX – Altes Schloß (Innenhof★) CX –
ἰaatsgalerie Stuttgart★ CX M1 – Stifts-Kirche (Grafenstandbilder★) CX A – Württembergisches
ἰndesmuseum (mittelalterliche Kunst★★) CX M2 – Daimler-Benz-Museum★ EX M –
ἰrsche-Museum★ HR M.

ἰsflugsziel : Bad Cannstatt : Kurpark★ O : 4 km EU.

Kornwestheim, Aldinger Straße (N : 11 km), ℰ (07141) 87 13 19 ; ⬚ Mönsheim (NW : 30 km ἰer die A8 FS), ℰ (07044) 69 09.

⬚ Stuttgart-Echterdingen (JT), ℰ 7 90 11, City-Air-Terminal, Lautenschlagerstr. 14 (CX), 20 12 68.

ἰ siehe Kornwestheim.

ἰessegelände Killesberg (BU), ℰ 2 58 91, Telex 722584.

ἰouristik-Zentrum des Verkehrsamts, Klett-Passage (Unterführung Hbf, U 1), ℰ 2 22 82 40, Telex 723854.
ἰAC, Am Neckartor 2, ℰ 2 80 00, Notruf ℰ 1 92 11.

ἰrankfurt am Main 204 ⑧ – ◆Karlsruhe 88 ⑥ – ◆München 222 ④ – Strasbourg 156 ⑥.

Messe-Preise : siehe S. 8	Foires et salons : voir p. 16
Fairs : see p. 24	Fiere : vedere p. 32

Stadtpläne siehe nächste Seiten.

🏨 ❁ **Steigenberger-Hotel Graf Zeppelin** ⑤, Arnulf-Klett-Platz 7, ℰ 29 98 81, Telex 722418, Fax 292141, Massage, ⇆, 🔲 – 🛗 ⇆ Zim 🍽 📺 ⅏ – 🔬 25/300. 🆎 ⓞ 🇪 𝘝𝘐𝘚𝘈 CX s
M (Mitte Juli - Mitte Aug., Samstag sowie Sonn- und Feiertage geschl.) Tischbestellung ratsam) 45/60 (mittags) und a la carte 64/98 – **Bistro Zepp 7 M** a la carte 33/53 – **280 Z : 400 B** 269/360 - 360/480 Fb – 20 Appart. 600/1650
Spez. Hummer auf Sesamkruste, Stern von Lachs, Seezunge und Jacobsmuscheln, Rehrücken im Wirsingmantel.

🏨 **Inter-Continental**, Neckarstr. 60, ℰ 2 02 00, Telex 721996, Fax 202012, ♨, ⇆, 🔲 – 🛗 ⇆ Zim 🍽 📺 ⅏ – 🔬 25/500. 🆎 ⓞ 🇪 𝘝𝘐𝘚𝘈 DX t
Restaurants : **Les Continents** (Samstag bis 18.30 Uhr geschl.) **M** a la carte 70/100 – **Neckarstube** (Sonntag geschl.) **M** a la carte 38/60 – **277 Z : 554 B** 315/415 - 390/490 Fb – 24 Appart. 800/3500.

🏨 **Am Schloßgarten**, Schillerstr. 23, ℰ 2 02 60, Telex 722936, Fax 2026888, « Terrasse mit ≼ » – 🛗 🍽 Rest 📺 ⇆ – 🔬 25/120. 🆎 ⓞ 🇪 𝘝𝘐𝘚𝘈. ❈ Rest CX u
M a la carte 54/92 – **125 Z : 169 B** 175/265 - 340/615 Fb.

🏨 **Royal**, Sophienstr. 35, ℰ 62 50 50, Telex 722449, Fax 628809 – 🛗 🍽 Rest 📺 ⇆ 🅿 – 🔬 25/50. 🆎 ⓞ 🇪 𝘝𝘐𝘚𝘈 BY b
M a la carte 41/72 – **90 Z : 120 B** 208/373 - 275/415 Fb – 3 Appart. 605.

🏨 **Park-Hotel**, Villastr. 21, ℰ 2 80 10, Telex 723405, Fax 284353, 🏕 – 🛗 📺 ⇆ 🅿 – 🔬 25/80. 🆎 ⓞ 🇪 𝘝𝘐𝘚𝘈 DV r
M a la carte 47/85 – **Radiostüble** (nur Abendessen, Sonn- und Feiertage geschl.) **M** a la carte 31/66 – **75 Z : 100 B** 180/220 - 250/580 Fb.

🏨 **Ruff**, Friedhofstr. 21, ℰ 2 58 70, Telex 721645, Fax 2587404, ⇆, 🔲 – 🛗 📺 ☎ ⇆ 🅿. 🆎 ⓞ 🇪 𝘝𝘐𝘚𝘈 CV a
21. Dez.- 2. Jan. und 28. März - 1. April geschl. – **M** (Samstag - Sonntag 18 Uhr geschl.) 18/29 (mittags) und a la carte 28/56 – **85 Z : 136 B** 117/155 - 160/180 Fb.

🏨 **Rega Hotel**, Ludwigstr. 18, ℰ 61 93 40, Telex 722701, Fax 6193477 – 🛗 📺 ☎ ⇆ – 🔬 30. 🆎 ⓞ 🇪 𝘝𝘐𝘚𝘈 AX a
M a la carte 27/59 – **60 Z : 110 B** 155/185 - 195 Fb.

🏨 **Intercity-Hotel** garni, Arnulf-Klett-Platz 2, ℰ 29 98 01, Telex 723543, Fax 2261899 – 🛗 📺 ☎ – 🔬 25/60 CX p
112 Z : 146 B Fb.

🏨 **Unger** garni, Kronenstr. 17, ℰ 2 09 90, Telex 723995, Fax 2099100 – 🛗 📺 ☎ ⇆. 🆎 ⓞ 🇪 𝘝𝘐𝘚𝘈 CX a
21. Dez.- 6. Jan. geschl. – **80 Z : 100 B** 139/173 - 209/219 Fb.

🏨 **Bergmeister** garni, Rotenbergstr. 16, ℰ 28 33 63, ⇆ – 🛗 📺 ☎ 🅿. 🆎 ⓞ 🇪 𝘝𝘐𝘚𝘈 DX r
26 Z : 60 B 148/168 - 185/210 Fb.

🏨 **Kronen-Hotel** garni, Kronenstr. 48, ℰ 29 96 61, Telex 723632, Fax 296940, ⇆ – 🛗 📺 ☎ ⇆. 🆎 ⓞ 🇪 𝘝𝘐𝘚𝘈 BX m
20. Dez.- 7. Jan. geschl. – **85 Z : 104 B** 105/190 - 160/280 Fb.

🏨 **Wörtz zur Weinsteige** ⑤, Hohenheimer Str. 30, ℰ 24 06 81, Telex 723821, Fax 6407279, « Gartenterrasse » – 📺 ☎. 🆎 ⓞ 🇪 𝘝𝘐𝘚𝘈 CY p
15. Dez.- 15. Jan. geschl. – **M** (Samstag, Sonn- und Feiertage geschl.) a la carte 30/72 – **25 Z : 40 B** 75/210 - 100/240 Fb.

🏨 **Stadthotel am Wasen** garni, Schlachthofstr. 19, ℰ 48 30 61, Telex 722030 – 🛗 📺 ☎ ⇆ 🅿. 🆎 ⓞ 🇪 𝘝𝘐𝘚𝘈. ❈ EVX e
31 Z : 46 B 110 - 139/150 Fb.

20

793

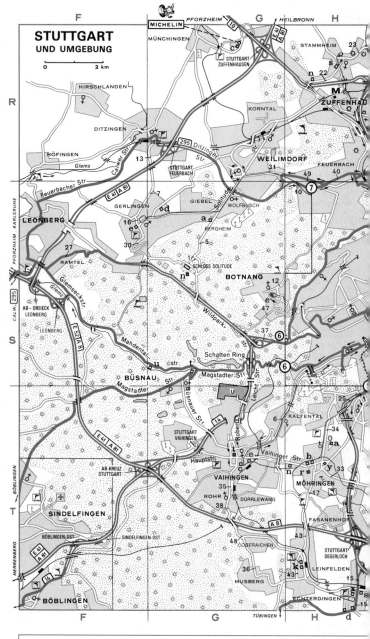

STUTTGART
UND UMGEBUNG

0   2 km

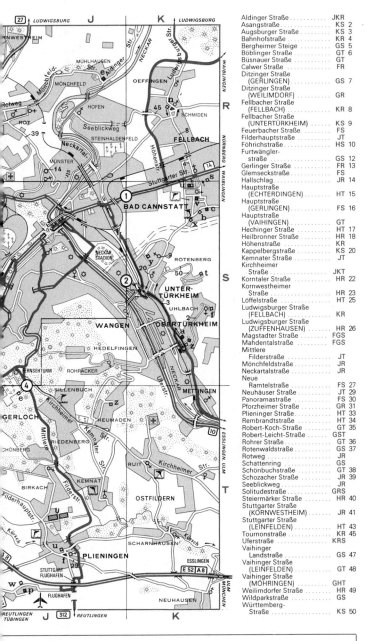

Se scrivete ad un albergo all' estero,

allegataalla vostra lettera un tagliando-risposta internazionale

(disponibile presso gli uffici postali)

STUTTGART

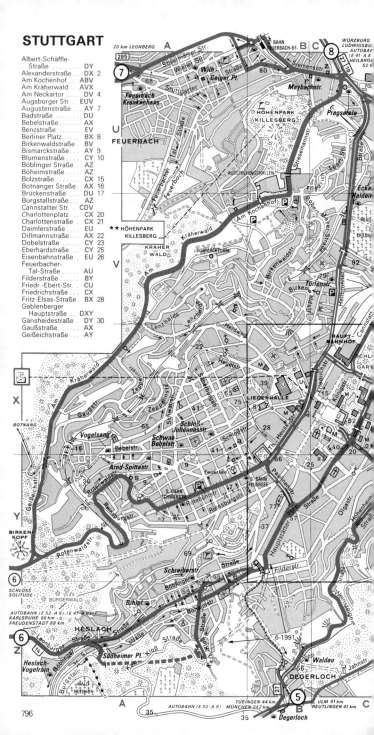

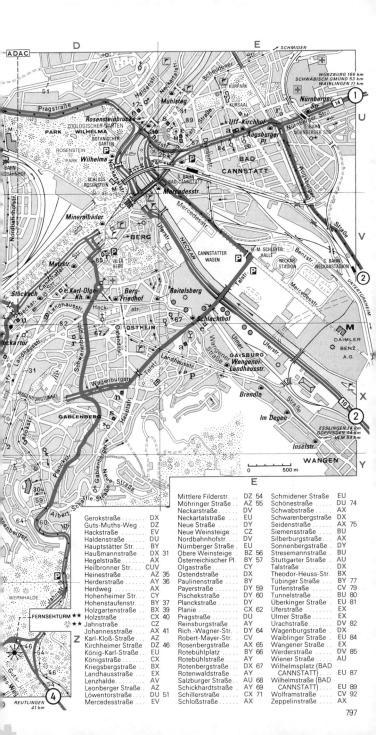

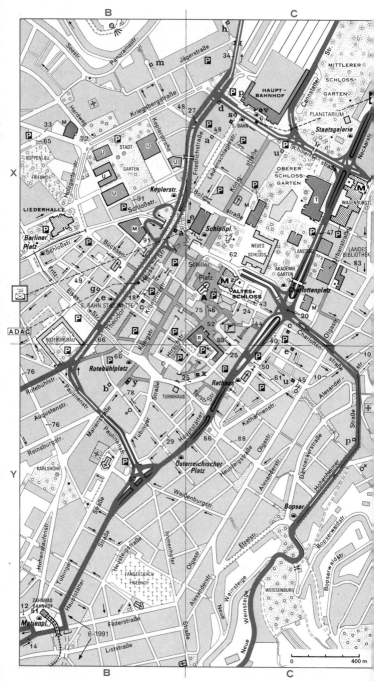

STUTTGART

🏠 **Azenberg** ⚘, Seestr. 114, ℰ 22 10 51, Fax 297426, ⇔, ☒ – 🕸 📺 ☎ ⇔ 🅿 🕮 ⑩ E
VISA   AV e
(nur Abendessen für Hausgäste) – **55 Z : 80 B** 130/200 - 180/230 Fb.

🏠 **Wartburg**, Lange Str. 49, ℰ 2 04 50, Telex 721587, Fax 2045450 – 🕸 🍴 Rest 📺 ☎ 🅿 –
🚗 45   BX g
81 Z : 100 B Fb.

🏨 **Ketterer**, Marienstr. 3, ℰ 2 03 90, Telex 722340, Fax 2039600 – 🕸 📺 ☎ ⇔ 🕮 ⑩ E **VISA**
21. Dez.- 7. Jan. geschl. – **M** (Freitag - Samstag und 21. Juli - 17. Aug. geschl.) a la carte
32/54 – **107 Z : 150 B** 127/175 - 173/220 Fb.   BY y

🏨 **Rieker** garni, Friedrichstr. 3, ℰ 22 13 11 – 🕸 📺 ☎   CX d
63 Z : 80 B.

🏨 **Am Feuersee**, Johannesstr. 2, ℰ 62 61 03 – 🕸 📺 ☎   AY t
21. Dez.- 7. Jan. geschl. – **M** (nur Abendessen, Samstag - Sonntag und Feiertage geschl.) a
la carte 25/50 – **38 Z : 47 B** 125/135 - 150/170 Fb.

🏨 **Astoria** garni, Hospitalstr. 29, ℰ 29 93 01, Telex 722783, Fax 299307 – 🕸 📺 ☎ 🅿 🕮 ⑩
E **VISA**   BX e
55 Z : 67 B 75//150 - 160/240 Fb.

🏨 **Mack und Pflieger** garni, Kriegerstr. 7, ℰ 29 29 42, Fax 293489 – 🕸 📺 ☎ 🅿 🕮 ⑩ E
VISA   CX h
23. Dez.- 2. Jan. geschl. – **85 Z : 110 B** 68/125 - 130/175 Fb.

🏨 **Bellevue**, Schurwaldstr. 45, ℰ 48 10 10 – 📺 ☎ ⇔ 🕮 ⑩ E **VISA**. ⚘ Zim   EX p
Ende Juli - Mitte Aug. geschl. – **M** (Dienstag 15 Uhr - Mittwoch geschl.) a la carte 29/54 🍴
– **13 Z : 20 B** 85/110 - 130/140.

🏨 **Münchner Hof**, Neckarstr. 170, ℰ 28 30 86, Fax 2626170 – 🕸 ☎ 🕮 ⑩ E **VISA**   DV e
24.- 31. Dez. geschl. – **M** (Samstag, Sonn- und Feiertage sowie 1.- 6. Jan. geschl.) a la carte
33/65 – **18 Z : 26 B** 88/130 - 148/160.

🏨 **Haus von Lippe** garni, Rotenwaldstr. 68, ℰ 63 15 11 – 🕸 ☎ ⇔ 🅿   AY s
22. Dez.- 7. Jan. geschl. – **42 Z : 50 B** 85/105 - 160.

🏨 **Killesberg** garni, Am Kochenhof 60, ℰ 25 30 68, Fax 252371 – 📺 ☎ 🕮 ⑩ E **VISA**   AV f
12 Z : 24 B 110/150 - 170/200 Fb.

XXX ❀ **Alte Post**, Friedrichstr. 43, ℰ 29 30 79 – ⑩ E **VISA**   CX e
Samstag und Montag jeweils bis 18 Uhr, Sonn- und Feiertage sowie Ende Juli - Mitte Aug.
geschl. – **M** (Tischbestellung ratsam) 58 (mittags) und a la carte 65/100
Spez. Gänseleberterrine, Gefüllter Seeteufel in Vin Jaune, Kaninchenrückenfilet im Pinienmantel.

XXX **Da Franco** (modernes Restaurant mit italienischer Küche), Calwer Str. 23, ℰ 29 15 81
🍴   BX c

XXX **Mövenpick-Rôtisserie Baron de la Mouette**, Kleiner Schloßplatz 11 (Eingang
Theodor-Heuss-Straße), ℰ 2 26 89 34, Fax 2268728, 🌳 – 🍴 🕮 ⑩ E **VISA**   BX a
M a la carte 45/75.

XX **Martins Stuben im Engelhorn**, Neckarstr. 119, ℰ 26 16 31, Fax 265210 – 🕮 E   DV u
Samstag, Sonn- und Feiertage – **M** a la carte 38/75.

XX **Intercity-Restaurant**, Arnulf-Klett-Platz 2, ℰ 29 49 46   CX v

XX **Der Goldene Adler**, Böheimstr. 38, ℰ 6 40 17 62 – 🅿 🕮 ⑩ E **VISA**   AY e
Montag und Aug. geschl. – **M** a la carte 38/68.

XX **Gaisburger Pastetchen**, Hornbergstr. 24, ℰ 48 48 55   EX a
Samstag bis 18 Uhr sowie Sonn- und Feiertage geschl. – **M** a la carte 57/78.

Zeppelin-Stüble, Lautenschlagerstr. 2 (im Hotel Graf Zeppelin), ℰ 22 40 13, 斎 – ■. 〔 ⓪ 🖪 *VISA*   CX
M *(Schwäbische Küche)* (Tischbestellung ratsam) a la carte 31/59.

Krämer's Bürgerstuben, Gablenberger Hauptstr. 4, ℰ 46 54 81 – 🖭 ⓪ 🖪 *VISA*   DX
Montag und Juli - Aug. 3 Wochen geschl. – **M** (Tischbestellung ratsam) a la carte 51/78.

Brauereigasthof Ketterer, Marienstr. 3b, ℰ 29 75 51   BY
Sonntag geschl. – **M** a la carte 21/44.

Schwäbische Weinstuben (kleines Speisenangebot) :

Kachelofen, Eberhardstr. 10 (Eingang Töpferstraße), ℰ 24 23 78   CY
ab 17 Uhr geöffnet, Sonn- und Feiertage sowie 23. Dez.- 9. Jan. geschl. – **M** a la carte 3 45.

Weinstube am Stadtgraben, Am Stadtgraben 6 (S 50 - Bad Cannstatt), ℰ 56 70 06   EU
Samstag, Sonn- und Feiertage sowie Sept.- Okt. 2 Wochen geschl. – **M** a la carte 2 37.

Weinstube Schreinerei, Zaisgasse 4 (S 50-Bad Cannstatt), ℰ 56 74 28, 斎 – ⓟ   DEU
Samstag 15 Uhr - Sonntag und Feiertage geschl. – **M** a la carte 27/57.

Bäcka-Metzger, Aachener Str. 20 (S 50 - Bad Cannstatt), ℰ 54 41 08   DU
ab 17 Uhr geöffnet, Sonn- und Feiertage, Montag sowie 20. Aug.- 10. Sept. und 23. Dez.- 1 Jan. geschl. – **M** a la carte 28/42.

Weinhaus Stetter, Rosenstr. 32, ℰ 24 01 63, bemerkenswerte Weinkarte   CY
Montag - Freitag ab 15 Uhr, Samstag bis 14 Uhr geöffnet, Juli - Aug. 3 Wochen, 24. Dez.- Jan. sowie Sonn- und Feiertage geschl. – **M** *(nur Vesperkarte)* 12/17 ♨.

Weinstube Träuble, Gablenberger Hauptstr. 66, ℰ 46 54 28 – ⅍   DX
ab 17 Uhr geöffnet, Sonn- und Feiertage, 1.- 6. Jan. und 24. Aug.- 15. Sept. geschl. – **M** *(n Vesperkarte)* a la carte 16/25.

Weinstube Schellenturm, Weberstr. 72, ℰ 23 48 88, 斎 – 🖭. ⅍   CY
ab 17 Uhr geöffnet, Sonn- und Feiertage sowie 24. Dez.- 1. Jan. geschl. – **M** a la carte 29/4

Weinstube Klösterle (historisches Klostergebäude a.d.J. 1463), Marktstr. 71 (S 50-Ba Cannstatt), ℰ 56 89 62   DEU
ab 16 Uhr geöffnet, 24. Dez.- 6. Jan. sowie Sonn- und Feiertage geschl. – **M** a la carte 32/5

Zur Kiste, Kanalstr. 2, ℰ 24 40 02   CX
Montag - Freitag ab 17 Uhr, Samstag bis 15 Uhr geöffnet, 24. Dez.- 5. Jan. sowie Sonn- un Feiertage geschl. – **M** *(nur Vesperkarte)* a la carte 13/32.

In Stuttgart 1 - Botnang :

Hirsch, Eltinger Str. 2, ℰ 69 29 17, Fax 6990788 – 🛗 ☎ ⟷ ⓟ – 🔬 25/140. 🖭 ⓪ 🖪 *VISA* ⅍ Zim   GS
24.- 27. Dez. geschl. – **M** *(Sonntag 15 Uhr - Montag geschl.)* a la carte 31/64 – **40 Z : 60** 88/110 - 128/140 Fb.

In Stuttgart 80 - Büsnau :

Relexa Waldhotel Schatten, Gewandschatten 2, ℰ 6 86 70, Telex 7255557, Fax 686799 斎, ☎ – 🛗 ⅍ Zim 🖭 ♿ ⟷ ⓟ – 🔬 25/120. 🖭 ⓪ 🖪 *VISA*. ⅍ Rest   GS
*Restaurants : **La Fenêtre** (nur Abendessen, Sonntag - Montag und Juli - Aug. 4 Woche geschl.)* **M** a la carte 70/95 – **Kaminrestaurant M** a la carte 37/73 – **144 Z : 257 B** 170/280 200/300 Fb – 9 Appart. 375/490.

Waldgasthaus Glemstal, Mahdentalstr. 1, ℰ 68 16 18, Fax 682822, 斎 – ☎ ⟷ ⓖ 🖭   FGS
27. Dez.- 5. Jan. geschl. – **M** *(Dienstag geschl.)* a la carte 32/68 – **24 Z : 33 B** 85/100 140/160 Fb.

In Stuttgart 50 - Bad Cannstatt :

Spahr garni, Waiblinger Str. 63 (B 14), ℰ 55 39 30, Telex 7254608, Fax 5539333 – 🛗 🖭 ⟷ ⓟ – 🔬 50. 🖭 ⓪ 🖪 *VISA*   EU
62 Z : 98 B 135/170 - 200/230.

Krehl's Linde, Obere Waiblinger Str. 113, ℰ 52 75 67, Fax 548370, 斎 – 🖭 ☎ ⟷. 🖾 🖪   EU
M *(Sonntag - Montag und Juli - Aug. 3 Wochen geschl.)* a la carte 35/79 – **25 Z : 30** 85/150 - 150/200 Fb.

Weinstube Pfund, Waiblinger Str. 61A, ℰ 56 63 63, 斎, Biergarten – ⓟ. 🖭 ⓪ 🖪 *VISA*   EU
Samstag bis 18 Uhr, Sonn- und Feiertage, Aug. 3 Wochen und 23. Dez.- 6. Jan. geschl. – **M** a la carte 39/70.

In Stuttgart 70 - Degerloch :

Waldhotel Degerloch ⑤, Guts-Muths-Weg 18, ℰ 76 50 17, Telex 7255728, Fax 76776 斎, ☎, ⅍ – 🛗 🖭 ☎ ⓟ – 🔬 25/100. 🖭 ⓪ 🖪 *VISA*   JT
M a la carte 35/68 – **50 Z : 68 B** 165 - 230 Fb.

Fäßle, Löwenstr. 51, ℰ 76 01 00   HT
Samstag - Sonntag 18 Uhr und Aug. geschl. – **M** a la carte 40/74.

STUTTGART

In Stuttgart 30 - Feuerbach :

Messehotel Europe, Siemensstr. 33, ℰ 81 48 30, Telex 7252132, Fax 8148348 — 🛗 ⑤ Zim
🔲 📺 ⇔. 🖭 ⑩ 🗲 💌   BCU **r**
M a la carte 40/70 — **120 Z : 200 B** 210/250 - 250/500 Fb.

Kongresshotel Europe, Siemensstr. 26, ℰ 81 50 91, Telex 723650, Fax 854082, ≘s — 🛗
🔲 📺 ⇔ - 🔬 25/130. 🖭 ⑩ 🗲 💌   CU **s**
M a la carte 34/46 — **150 Z : 250 B** 150/200 - 220/350 Fb.

Anker, Grazer Str. 42, ℰ 85 44 19 — 🖭 ⑩ 🗲   AU **a**
Sonntag ab 14 Uhr, Samstag, 12. Juli - 2. Aug. und 23. Dez.- 6. Jan. geschl. — **M** *(auch
vegetarische Gerichte)* a la carte 32/69.

In Stuttgart 23 - Flughafen :

Airport Mövenpick-Hotel, Randstraße, ℰ 7 90 70, Telex 7245677, Fax 793585, 🛖, ≘s
— 🛗 ⑤ Zim 🔲 Rest 📺 🕹 ⑤ - 🔬 25/70. 🖭 ⑩ 🗲 💌   JT **w**
M a la carte 34/66 — **230 Z : 390 B** 216/346 - 294/404 Fb.

top air, Randstraße (im Flughafen), ℰ 79 01 21 37, Fax 7979210, ≼ — 🔲. 🖭 ⑩ 🗲 💌
M a la carte 55/84.   JT **p**

In Stuttgart 75 - Heumaden :

Seyboldt 🌸 garni, Fenchelstr. 11, ℰ 44 53 54 — ☎ 🅿   JT **z**
19. Juli - 11. Aug. und 24. Dez.- 6. Jan. geschl. — **17 Z : 24 B** 75/85 - 98/110.

In Stuttgart 80 - Möhringen :

Gloria - Restaurant Möhringer Hexle, Sigmaringer Str. 59, ℰ 7 18 50, Fax 7185121, ≘s
— 🛗 📺 ⇔ ⇔ 🅿 - 🔬 25/50   HT **y**
M a la carte 25/47 — **79 Z : 133 B** 113/129 - 157/175 Fb.

Möhringen garni, Filderbahnstr. 43, ℰ 71 60 80, Fax 7160850 — 🛗 📺 ☎ ⇔. 🖭 ⑩ 🗲 💌
39 Z : 60 B 140/150 - 190/250 Fb.   HT **b**

Neotel garni, Vaihinger Str. 151, ℰ 7 80 06 35, Telex 7255179, Fax 7804314 — 🛗 📺 ☎ 🅿.
🖭 ⑩ 🗲 💌   HT **n**
71 Z : 120 B 147/154 - 203/209 Fb.

Anker, Vaihinger Str. 76, ℰ 71 30 31 (Hotel) 71 78 09 (Rest.) — 🛗 ☎ ⇔   HT **b**
25 Z : 34 B Fb.

Hirsch-Weinstuben, Maierstr. 3, ℰ 71 13 75, bemerkenswerte Weinkarte — 🅿. 🖭 ⑩
🗲 💌. 🍴   HT **r**
*über Ostern 1 Woche, Montag und Samstag jeweils bis 18 Uhr sowie Sonn- und Feiertage
geschl.* — **M** (Tischbestellung ratsam) 52/155 und a la carte 48/85
Spez. Gänselebeterrine mit Traminergelee, Lachs vom Grill auf Burgundersauce, Kalbsleber auf Senfsabayon.

Landgasthof Riedsee, Elfenstr. 120, ℰ 71 24 84, 🛖 — 🅿. 🖭 ⑩ 🗲 💌   HT **a**
Sonntag 14 Uhr - Montag geschl. — **M** a la carte 45/65.

In Stuttgart 50 - Mühlhausen :

Öxle's Löwen, Veitstr. 2, ℰ 53 22 26 — 🖭 🗲   JR **e**
*1.- 10. Jan., Juli - Aug. 2 Wochen, Montag und Samstag jeweils bis 18 Uhr sowie Sonn- und
Feiertage geschl.* — **M** (Tischbestellung ratsam) 95/125 und a la carte 53/72
Spez. Variation von Hummer, Suprême von Lachs mit Brennesselpüree, Pochierte Taube mit Gänseleberravioli.

In Stuttgart 61 - Obertürkheim :

Brita Hotel - Restaurant Post, Augsburger Str. 671, ℰ 32 02 30, Fax 32023400 — 🛗
⑤ Zim 🔲 Rest 📺 ⇔ - 🔬 30/80. 🖭 ⑩ 🗲 💌   KS **z**
M *(Sonntag geschl.)* a la carte 37/66 — **70 Z : 117 B** 102/197 - 184/334 Fb.

Weinstube Paule, Augsburger Str. 643, ℰ 32 14 71 — 🅿. 🖭 ⑩ 🗲 💌   KS **a**
*7.- 20. Feb., 1.- 25. Aug., 24.- 30. Dez., Mittwoch 15 Uhr - Donnerstag und jeden letzten
Sonntag im Monat geschl.* — Menu a la carte 32/59.

Wirt am Berg, Uhlbacher Str. 14, ℰ 32 12 26   KS **z**
Aug. 3 Wochen, Sonn- und Feiertage sowie jeden 1. Samstag im Monat geschl. — **M** *(auch
vegetarische Gerichte)* a la carte 28/58.

In Stuttgart 70 - Plieningen :

Fissler-Post, Filderhauptstr. 2, ℰ 4 58 40, Fax 4584333 — 🛗 📺 ☎ ⇔ 🅿 - 🔬 25/80. 🖭
⑩ 🗲 💌   JT **f**
Menu *(auch vegetarisches Menu)* (Tischbestellung ratsam) 33/40 und a la carte 42/74 —
61 Z : 100 B 88/150 - 120/180 Fb — 10 Appart. 198.

Traube, Brabandtgasse 2, ℰ 45 48 33, Fax 4569567, 🛖 — ☎ 🅿   JT **u**
23. Dez.- 6. Jan. und Aug. 3 Wochen geschl. — **M** *(Tischbestellung erforderlich)* (Samstag -
Sonntag geschl.) a la carte 48/96 — **22 Z : 28 B** 125/160 - 180/280.

Recknagel's Nagelschmiede, Brabandtgasse 1, ℰ 45 74 54 — 🅿   JT **u**
wochentags nur Abendessen, Dienstag und Aug. 3 Wochen geschl. — **M** a la carte 37/66.

801

In Stuttgart 60 - Rotenberg :

🏠 **Rotenberg-Hotel** ⚶ garni, Stettener Str. 87, ℘ 33 12 93, ≼ Stuttgart, ⇔ — 📺 ☎
Ⓟ 🖭 ⓪ Ⅎ 𝘝𝘐𝘚𝘈
20. Dez.- 20. Jan. geschl. — **23 Z : 30 B** 55/125 - 100/160 Fb.   KS

In Stuttgart 40 - Stammheim :

🏨 **Novotel**, Korntaler Str. 207, ℘ 80 10 65, Telex 7252137, Fax 803673, ⇔, ⩳ (geheizt) —
▤ 📺 ☎ ৬ Ⓟ — 🛣 25/200. 🖭 Ⅎ 𝘝𝘐𝘚𝘈   HF
M a la carte 35/58 — **117 Z : 234 B** 163 - 201 Fb.

🏠 **Strobel**, Korntaler Str. 35a, ℘ 80 15 32 — Ⓟ   HF
34 Z : 46 B.

In Stuttgart 61 - Uhlbach :

🏠 **Gästehaus Münzmay** ⚶ garni, Rührbrunnenweg 37, ℘ 32 40 28, ⇔ — ৠ 📺 ☎ ⇐∍
20. Dez.- 7. Jan. geschl. — **15 Z : 19 B** 98/110 - 150/160 Fb.   KS

✗ **Zum Hasenwirt**, Innsbrucker Str. 5, ℘ 32 20 70, ☞ — Ⓟ   KS

In Stuttgart 60 - Untertürkheim :

🏠 **Spahr** ⚶, Klabundeweg 10 (Zufahrt über Sattelstraße), ℘ 33 23 45, Fax 331455 — ৠ
☎ 🖭 Ⅎ 𝘝𝘐𝘚𝘈   KS
19. Dez.- 13. Jan. geschl. — (nur Abendessen für Hausgäste) — **30 Z : 41 B** 85/130 - 140/1

In Stuttgart 80 - Vaihingen :

🏩 **Fontana**, Vollmöllerstr. 5, ℘ 73 00, Telex 7255763, Fax 7302525, Bade-
Massageabteilung, 𝄐, ⇔, ⩳, ☞ — ৠ ↢ Zim ▤ 📺 ৬ ⇐∍ Ⓟ — 🛣 25/380. 🖭
𝘝𝘐𝘚𝘈. ☞ Rest   G
Restaurants : **Fontana M** a la carte 53/80 — Bräustube **M** a la carte 34/67 — **250 Z : 45**
209/310 - 249/350 Fb — 5 Appart. 475/1000.

🏨 **Fremd-Gambrinus**, Möhringer Landstr. 26, ℘ 73 17 67, Fax 7354743 — 📺 ☎ ⇐∍ Ⓟ.
Ⅎ 𝘝𝘐𝘚𝘈. ☞   G
22. Dez.- 6. Jan. geschl. — **M** *(Dienstag und Juli - Aug. 3 Wochen geschl.)* a la carte 25/5
17 Z : 28 B 104 - 140 Fb.

✗ **Zum Ochsen** (Brauerei-Gaststätte), Hauptstr. 26, ℘ 73 19 38 — Ⓟ. 🖭 ⓪ Ⅎ 𝘝𝘐𝘚𝘈   G
M a la carte 28/58.

In Stuttgart 31 - Weilimdorf :

🏠 **Zum Muckestüble**, Solitudestr. 25 (in Bergheim), ℘ 86 51 22, « Gartenterrasse » — ৠ
⇐∍ Ⓟ   GS
Juli geschl. — **M** *(Dienstag geschl., Samstag und Sonntag nur Mittagessen)* a la carte 24
𝄐 — **25 Z : 40 B** 62 - 104.

Beim Schloß Solitude :

✗✗✗ **Herzog Carl Eugen**, ✉ 7000 Stuttgart, ℘ (0711) 6 99 07 24, Fax 6990771, ☞ — Ⓟ. 🅰
𝘝𝘐𝘚𝘈   GS
Sonntag - Montag und Feiertage geschl. — **M** a la carte 58/84 — Schloß-Restaurant (a
vegetarische Gerichte) *(Montag geschl.)* **M** a la carte 30/53.

In Stuttgart 40 - Zuffenhausen :

🏠 **Garten** garni, Unterländer Str. 88, ℘ 87 10 55, Fax 874912 — ☎ ⇐∍   HF
21. Dez.- 7. Jan. geschl. — **18 Z : 44 B** 120/134 - 160/170 Fb.

In Fellbach 7012 — ✪ 0711 :

🏩 **Kongresshotel**, Tainer Str. 7, ℘ 5 85 90, Telex 7254900, Fax 5859304, ⇔ — ৠ 📺 ⇐∍
— 🛣 30. 🖭 ⓪ Ⅎ 𝘝𝘐𝘚𝘈   KS
M : siehe Rest. Alt Württemberg — **148 Z : 296 B** 175 - 240 Fb.

🏠 **City-Hotel** garni, Bruckstr. 3, ℘ 58 80 14, Fax 582627 — 📺 ☎ Ⓟ. 🖭 ⓪ Ⅎ 𝘝𝘐𝘚𝘈. ☞   KS
12.- 26. Juli geschl. — **26 Z : 40 B** 59/80 - 95/125 Fb.

🏠 **Alte Kelter**, Kelterweg 7, ℘ 58 90 74 — 📺 ☎ ⇐∍ Ⓟ. 🖭 Ⅎ 𝘝𝘐𝘚𝘈   KS
(Restaurant nur für Hausgäste) — **20 Z : 40 B** 90 - 140.

🏠 **Waldhorn**, Burgstr. 23, ℘ 58 21 74 — Ⓟ. 🖭 Ⅎ   KS
Juli und 23. Dez.- 6. Jan. geschl. — **M** *(nur Abendessen, Sonntag geschl.)* a la carte 27/4
— **18 Z : 21 B** 35/50 - 70/78.

✗✗ **Alt Württemberg**, Tainer Str. 7 (Schwabenlandhalle), ℘ 58 00 88 — ▤ Ⓟ. 🖭 ⓪ Ⅎ 𝘝𝘐𝘚
M a la carte 47/72.

✗ **Weinstube Germania** mit Zim, Schmerstr. 6, ℘ 58 20 37 — 📺 ☎. ☞   KS
Mitte Juli - Mitte Aug. und 24. Dez.- 9. Jan. geschl. — **M** *(Sonn- und Feiertage sc*
Montag geschl.) a la carte 34/58 — **8 Z : 10 B** 68/75 - 125.

✗ **Weinkeller Häussermann** (Gewölbekeller a.d.J. 1732), Kappelbergstr. 1, ℘ 58 77 7ξ
▤ Ⅎ   KS
nur Abendessen, Sonn- und Feiertage sowie Juli - Aug. 2 Wochen geschl. — **M** a la c
27/48.

In Fellbach-Schmiden 7012 :

🏨 **Hirsch**, Fellbacher Str. 2, ℰ (0711) 51 40 60, Fax 5181065, ⬛, ⬛ – ⧉ 📺 ☎ ⬅ 🅿 –
🏊 25. 🆎 ⓞ 🅴 𝗩𝗜𝗦𝗔   KR n
M *(Freitag und Sonntag geschl.)* a la carte 30/59 – **92 Z : 114 B** 85/120 - 120/170 Fb.

🏛 **Schmiedener Eintracht**, Brunnenstr. 4, ℰ (0711) 51 20 35, Fax 519915 – 📺 ☎ 🅿   KR n
1.- 7. Jan. geschl. – **M** *(Samstag geschl.)* a la carte 37/63 – **28 Z : 41 B** 50/92 - 115/125 Fb.

In Gerlingen 7016 :

🏨 **Krone**, Hauptstr. 28, ℰ (07156) 2 10 04, Fax 21009 – ⧉ 📺 ☎ ⬅ 🅿 – 🏊 25/80. 🆎 ⓞ 🅴
𝗩𝗜𝗦𝗔   FS e
M *(Montag, Sonn- und Feiertage, über Ostern und Weihnachten sowie Juli - Aug. 3 Wochen geschl.)* (Tischbestellung ratsam) a la carte 42/78 – **50 Z : 74 B** 110/140 - 160/230 Fb.

🏛 **Balogh** garni, Max-Eyth-Str. 16, ℰ (07156) 2 30 95, Fax 29140 – ⧉ 📺 ☎ ⬅ 🅿. 🆎 🅴
46 Z : 54 B 80/95 - 115/145 Fb.   GS d

In Korntal-Münchingen 2 7015 nahe der Autobahn-Ausfahrt S-Zuffenhausen :

🏨 Mercure, Siemensstr. 50, ℰ (07150) 1 30, Telex 723589, Fax 13266, Biergarten, ⬛, ⬛ – ⧉
⬛ 📺 🛁 🅿 – 🏊 25/170   GR c
209 Z : 300 B Fb – 6 Appart..

In Leinfelden-Echterdingen 1 7022 :

🏛 **Drei Morgen** garni, Bahnhofstr. 39, ℰ (0711) 75 10 85 – ⧉ 📺 ☎ ⬅ 🅿. 🆎 🅴 𝗩𝗜𝗦𝗔   HT k
25 Z : 33 B 90/100 - 125/135 Fb.

🏛 **Stadt Leinfelden** garni, Lessingstr. 4, ℰ (0711) 75 25 10 – ☎ 🅿   HT k
20 Z : 30 B 80 - 120.

In Leinfelden-Echterdingen 2 7022 – ✆ 0711 :

🏨 **Filderland** garni, Tübinger Str. 16, ℰ 7 97 89 13, Telex 7255972, Fax 7977576 – ⧉ 📺 ☎
⬅ – 🏊 25. 🆎 ⓞ 🅴 𝗩𝗜𝗦𝗔   HT d
24. Dez.- 2. Jan. geschl. – **48 Z : 96 B** 120/160 - 140/190 Fb.

🏨 **Lamm**, Hauptstr. 98, ℰ 79 90 65, Fax 795275 – ☎ 🅿. 🆎 ⓞ 🅴 𝗩𝗜𝗦𝗔   HT s
M a la carte 23/49 – **26 Z : 42 B** 95/110 - 130 Fb.

🏛 **Adler**, Obergasse 16, ℰ 79 35 90, ⬛, ⬛ – ⧉ 📺 ☎ 🅿 – 🏊 30   HT x
24. Dez.- 6. Jan. geschl. – **M** *(Samstag - Sonntag und Juli - Aug. 3 Wochen geschl.)* a la
carte 27/59 – **18 Z : 24 B** 100/110 - 150/160.

🏛 **Martins Klause** garni, Martin-Luther-Str. 1, ℰ 94 95 90, Fax 9495959 – ⧉ 📺 ☎ 🅿. 🆎 🅴
𝗩𝗜𝗦𝗔   HT d
18 Z : 24 B 90 - 130.

In Leinfelden-Echterdingen 3 - Stetten 7022 über die B 27 JT :

🏨 Nödingerhof, Unterer Kasparswald 22, ℰ (0711) 79 90 67, Fax 7979224, ≤, 🌳 – ⧉ 📺 ☎
⬅ 🅿 – 🏊 35
54 Z : 70 B.

ICHELIN-REIFENWERKE KGaA. Niederlassung 7015 Korntal-Münchingen 2, Siemensstr.
(GR), ℰ (07150) 20 31, Fax 8933.

UDDENDORF Niedersachsen siehe Schüttorf.

UDERAU 2204. Schleswig-Holstein – 750 Ew – Höhe 2 m – ✆ 04824 (Krempe).
iel 94 – ♦Hamburg 48 – Itzehoe 22.

In Süderau-Steinburg NO : 6 km :

🏡 **Zur Steinburg**, Hauptstr. 42, ℰ 4 74 – 📺 ☎ ⬅ 🅿
20. Dez.- 4. Jan. geschl. – **M** *(Samstag geschl.)* a la carte 23/45 – **19 Z : 30 B** 35/56 - 70/90.

UDERENDE Schleswig-Holstein siehe Föhr (Insel).

UDERGELLERSEN Niedersachsen siehe Lüneburg.

UDLOHN 4286. Nordrhein-Westfalen 🔢🔢 D 11 – 7 400 Ew – Höhe 40 m – ✆ 02862.
üsseldorf 98 – Bocholt 24 – Münster (Westfalen) 64 – Winterswijk 12.

🏛 **Haus Lövelt**, Eschstr. 1, ℰ 72 76 – ☎ ⬅ 🅿. 🅴. 🍽 Rest
M a la carte 19,50/43 – **14 Z : 29 B** 40/42 - 80/84.

USSEN 7334. Baden-Württemberg 🔢🔢🔢 M 20, 🔢🔢🔢 ⓢ ⓢ – 8 600 Ew – Höhe 364 m – ✆ 07162.
tuttgart 53 – Göppingen 9 – Heidenheim an der Brenz 34 – ♦Ulm (Donau) 41.

🏨 Löwen, Hauptstr. 3, ℰ 50 88 – ⧉ 📺 ☎ 🅿
36 Z : 48 B.

SUHL 6000 Thüringen − 57 000 Ew − Höhe 450 m − Erholungsort − ❀ 003766.
🛈 Suhl-Information, Steinweg 1, 𝒫 2 00 52.
♦Berlin - Ost 328 − ♦Bamberg 94 − Erfurt 78.

🏨 **Thüringentourist**, Ernst-Thälmann-Platz 2, 𝒫 56 05, Telex 62265 − 📱 📺 ☎. 🎩 ⓞ
 𝘝𝘐𝘚𝘈. 𝒮𝒽 Rest
 M a la carte 24/60 − **111 Z : 180 B** 100/135 - 170/250.

🏨 **Stadt Suhl**, Straße des 7. Oktober 25, 𝒫 56 81, 🍴 − 📱 📺 ☎ 🅿. 🎩 ⓞ E 𝘝𝘐𝘚𝘈
 M a la carte 22/49 − **117 Z : 213 B** 86/89 - 133/153 Fb − 5 Appart. 193.

🍽 **Waffenschmied**, Gothaer Str. 8, 𝒫 2 22 03 − 🎩
 M a la carte 15,50/33.

 In Suhl-Neundorf :

🍽 **Goldener Hirsch**, An der Hasel 91, 𝒫 2 20 48, 🍴
 M a la carte 14,50/32.

SUHLENDORF 3117. Niedersachsen − 2 650 Ew − Höhe 66 m − ❀ 05820.
♦Hannover 111 − Uelzen 15.

 In Suhlendorf-Kölau S : 2 km :

🏨 **Brunnenhof** 🐾, 𝒫 17 55, Fax 1777, 🍴, « Ehemaliges Bauernhaus », 🍴, 🗔, 🐎, 🐾
 🐾 (Halle) − ☎ 🅿 − 🔬 25/80
 M a la carte 28/48 − **30 Z : 60 B** 64/110 - 118/124 Fb − 5 Appart. 148/176.

SULINGEN 2838. Niedersachsen 🔟🔢🔤 ⑭⑮ − 11 600 Ew − Höhe 30 m − ❀ 04271.
♦Hannover 77 − Bielefeld 100 − ♦Bremen 51 − ♦Osnabrück 84.

🏨 Zur Börse, Langestr. 50, 𝒫 22 47 − 📺 ☎ 🚗 🅿 − 🔬 25/70 − **25 Z : 35 B** Fb.

 In Mellinghausen 2839 NO : 8 km über die B 214 :

🏨 **Gesellschaftshaus Märtens** 🐾, 𝒫 (04272) 16 04, 🐎 − 📺 ☎ 🅿 − 🔬 25. E
 Juli - Aug. 3 Wochen geschl. − **M** *(Montag geschl.)* a la carte 23/43 − **33 Z : 45 B** 55/6
 90/95.

SULZ AM NECKAR 7247. Baden-Württemberg 🔢🔟🔢 I 21. 🔟🔢🔤 ㉟ − 10 700 Ew − Höhe 430
− Erholungsort − ❀ 07454 − 🛈 Rathaus, Obere Hauptstr. 2, 𝒫 7 60.
♦Stuttgart 76 − Horb 16 − Rottweil 30.

 In Sulz-Glatt N : 4 km :

🏨 **Kaiser**, Oberamtstr. 23, 𝒫 (07482) 10 11, 🍴, 🗔, 🐎 − 📺 ☎ 🅿 − 🔬 30
 Jan. geschl. − **M** *(Donnerstag geschl.)* a la carte 21/54 − **30 Z : 60 B** 65/70 - 130/140 Fb
 ½ P 83/88.

🏨 **Zur Freystatt** 🐾, Schloßplatz 11, 𝒫 (07482) 3 33, 🍴 − 📺 🅿. E. 𝒮𝒽 Zim
 4. Feb.- 4. März geschl. − **M** *(Montag - Dienstag 18 Uhr geschl.)* a la carte 28/56 − **30**
 40 B 50/60 - 90/96.

SULZBACH AN DER MURR 7158. Baden-Württemberg 🔢🔟🔢 L 19. 🔟🔢🔤 ㉟ − 4 900 Ew − Hö
467 m − Erholungsort − ❀ 07193.
♦Stuttgart 41 − Heilbronn 34 − Schwäbisch Gmünd 41 − Schwäbisch Hall 27.

🍽 **Krone** mit Zim, Haller Str. 1, 𝒫 2 87 − 🚗 🅿. E 𝘝𝘐𝘚𝘈
 Juli - Aug. 3 Wochen geschl. − **M** *(Dienstag geschl.)* a la carte 23/43 ⚗ − **11 Z : 15 B** 42,
 - 74/86.

SULZBACH-LAUFEN 7166. Baden-Württemberg 🔢🔟🔢 M 20 − 2 300 Ew − Höhe 335 m
Wintersport : ⚡3 − ❀ 07976 − 🛈 Fremdenverkehrsverein, Rathaus, Eisbachstr. 24, 𝒫 2 83.
♦Stuttgart 82 − Aalen 35 − Schwäbisch Gmünd 29 − ♦Würzburg 149.

🏨 **Krone**, Hauptstr. 44 (Sulzbach), 𝒫 2 81, 🍴, 🍴 − 📺 ☎ 🚗 🅿 − 🔬 30. 🎩 ⓞ E 𝘝𝘐𝘚𝘈
 M *(Montag und Juli - Aug. 2 Wochen geschl.)* a la carte 25/47 ⚗ − **16 Z : 32 B** 65/8
 95/115.

SULZBACH-ROSENBERG 8458. Bayern 🔢🔟🔢 S 18. 🔟🔢🔤 ㉗ − 19 000 Ew − Höhe 450 m
❀ 09661 − 🛈 Verkehrsamt, Bühlgasse 5, 𝒫 51 01 10, Fax 4333.
♦München 205 − Bayreuth 67 − ♦Nürnberg 59 − ♦Regensburg 77.

🏠 **Sperber-Bräu**, Rosenberger Str. 14, 𝒫 30 44
 M *(Montag bis 17 Uhr geschl.)* a la carte 17/30 − **24 Z : 40 B** 35/45 - 58/68.

🏠 **Zum Bartl**, Glückaufstr. 2 (B 14, N : 1,5 km), 𝒫 45 30, ≤, 🍴 − 🚗 🅿
 21. Mai - 7. Juni geschl. und 10.- 13. Sept. geschl. − **M** *(Montag geschl.)* a la carte 14/25 ⚗ − **11**
 18 B 30/45 - 60/90.

 In Sulzbach-Rosenberg - Forsthof NW : 6 km über die B 85 :

🏠 **Heldrich - Am Forsthof** 🐾, Forsthof 8, 𝒫 48 29, 🗔, 🐎, 𝒮𝒽 − 🅿
 20. Dez.- 10. Jan. geschl. − **M** a la carte 15/31 − **17 Z : 31 B** 35 - 56.

ULZBACH/SAAR 6603. Saarland 987 ㉙, 412 E 19, 242 ⑦ − 14 000 Ew − Höhe 215 m − 06897.

aarbrücken 11 − Kaiserslautern 61 − Saarlouis 33.

In Sulzbach-Hühnerfeld N : 1,5 km :

🏠 **Dolfi**, Grühlingstr. 69, ℰ 33 75, ⓡ, 🔲 − 🔲 ☎ − **31 Z : 61 B** Fb.

ULZBACH/TAUNUS 6231. Hessen 412 413 I 16 − 7 000 Ew − Höhe 190 m − 🕲 06196 (Bad den).

Viesbaden 28 − ◆Frankfurt am Main 15 − Mainz 28.

🏨 **Holiday Inn**, Am Main-Taunus-Zentrum 1 (S : 1 km), ℰ 78 78, Telex 4072536, Fax 72996, ⓡ, 🔲, ⚓ − 🛗 ½⤸ Zim 🔲 🔲 ♿ ❷ − 🔬 25/200. 🕮 🕦 🖪 🗓. ⪧ Rest
M a la carte 36/73 − **291 Z : 565 B** 187/370 - 286/390 Fb.

🏠 **Sulzbacher Hof** ⑤ garni, Mühlstr. 11, ℰ 77 11 − 🔲 ☎ ❷
22 Z : 33 B 70/80 - 105/115 Fb.

ULZBERG Bayern siehe Kempten (Allgäu).

ULZBURG 7811. Baden-Württemberg 413 G 23, 427 H 2, 242 ㊳ − 2 700 Ew − Höhe 474 m Luftkurort − 🕲 07634.

Verkehrsamt, Rathaus, ℰ 7 02.

tuttgart 229 − Basel 51 − ◆Freiburg im Breisgau 28.

🏨 **Waldhotel Bad Sulzburg** ⑤, Badstr. 67 (SO : 4 km), ℰ 82 70, Fax 8212, « Gartenterrasse », ⓡ, 🔲, ⚓, ⪧ − 🛗 ❷ − 🔬 25/40. 🕦 🖪 🗓
7. Jan.- 6. Feb. geschl. − Menu (Tischbestellung ratsam) 32/78 und a la carte 41/58 − **38 Z : 67 B** 74/98 - 110/154 Fb − ½ P 83/112.

XXX ⭐ **Hirschen** mit Zim (Gasthof a.d. 18. Jh.), Hauptstr. 69, ℰ 82 08, Fax 6717, « Einrichtung mit Antiquitäten und Stilmöbeln »
7.- 29. Jan. und 29. Juli - 13. Aug. geschl. − **M** (bemerkenswerte Weinkarte, Tischbestellung ratsam) (Montag - Dienstag geschl.) a la carte 78/108 − **7 Z : 14 B** 90/150 - 120/180
Spez. Variation von Gänseleber, Maultäschle von Hummer mit Trüffel, Bäckeofe von der Taube.

In Sulzburg-Laufen W : 2 km :

XXX ⭐ **La Vigna** (kleines Restaurant in einem Hofgebäude a.d.J. 1837), Weinstr. 7, ℰ 80 14, bemerkenswerte ital. Wein- und Grappaauswahl − ❷. ⪧
Sonntag - Montag, Juli - Aug. 3 Wochen und 24. Dez.- 2. Jan. geschl. − **M** (Tischbestellung erforderlich) 36 (mittags) und a la carte 70/85
Spez. Risotto con crostacei, Agnolotti con tartufi, Semifreddo al caffè.

In Ballrechten-Dottingen 7801 NW : 2 km :

🏠 **Winzerstube** (mit Gästehaus), Neue Kirchstr. 30 (Dottingen), ℰ (07634) 7 05, ⚓ − 🔲 ⤸ ❷
Anfang Jan.- Anfang Feb. geschl. − **M** (Donnerstag - Freitag 17 Uhr geschl.) a la carte 26/57 ♨ − **8 Z : 14 B** 35/40 - 64/78.

ULZFELD 7519. Baden-Württemberg 412 413 J 19 − 3 500 Ew − Höhe 192 m − 🕲 07269.

tuttgart 68 − Heilbronn 33 − ◆Karlsruhe 44.

Auf Burg Ravensburg SO : 2 km − Höhe 286 m :

X Burgschenke, ⊠ 7519 Sulzfeld, ℰ (07269) 2 31, ≤, 🍴 − ❷.

ULZHEIM 8722. Bayern 413 O 17 − 1 800 Ew − Höhe 235 m − 🕲 09382 (Gerolzhofen).

München 214 − ◆Bamberg 55 − ◆Nürnberg 96 − Schweinfurt 15 − ◆Würzburg 44.

🏠 **Landgasthof Goldener Adler**, Otto-Drescher-Str. 12, ℰ 10 94 − ❷
Hotel : 24. Dez.- 2. Jan. geschl., Restaurant : 15.- 29. Aug. und 20. Dez.- 14. Jan. geschl. − **M** (Freitag geschl.) a la carte 17/37 ♨ − **44 Z : 65 B** 24/55 - 48/95.

In Sulzheim-Alitzheim :

🏠 **Grob**, Dorfplatz 1, ℰ 2 85 − ☎ ⤸ ❷ − 🔬 50
M (Samstag und Sonntag jeweils ab 14 Uhr geschl.) a la carte 21/40 ♨ − **34 Z : 60 B** 40/55 - 70/90 Fb.

UNDERN 5768. Nordrhein-Westfalen 987 ⑭, 412 H 13 − 27 800 Ew − Höhe 250 m − 🕲 02933.

Fremdenverkehrsamt (Rathaus), Mescheder Str. 20, ℰ 8 12 51.

Düsseldorf 111 − Arnsberg 12 − Lüdenscheid 48.

In Sundern 9-Allendorf SW : 6,5 km :

🏠 **Clute-Simon**, Allendorfer Str. 85, ℰ (02393) 3 72, ⓡ, ⚓ − 🔲 ☎ ⤸ ❷ − 🔬 50. 🕮 🕦 🖪 🗓
5.- 27. März geschl. − **M** (Dienstag geschl.) 13/42 (mittags) und a la carte 28/58 − **14 Z : 21 B** 44/60 - 80/120 − ½ P 50/69.

In Sundern 16-Altenhellefeld SO : 7,5 km :

🏨 Gut Funkenhof ≫, Altenhellefelder Str. 10, ℰ (02934) 10 12, Fax 1474, ⇔, ⬛, 🌳 – ☎ 🅿
– 🔬 25/200
71 Z : 140 B Fb – 4 Appart.

In Sundern 8-Dörnholthausen SW : 6 km :

🏨 **Klöckener**, Stockumer Str. 44, ℰ 37 28, ⬛ – 🅿 – 🔬 25. **E**
4.- 24. März geschl. – **M** *(Dienstag geschl.)* a la carte 25/44 – **18 Z : 30 B** 40 - 80 Fb –
½ P 47.

In Sundern 13-Langscheid NW : 4 km – Luftkurort – 😊 02935 :

🏨 Landhaus Pichel, Langscheider Str. 70, ℰ 20 33, ≤, 🌫, 🌳 – ☎ 🅿
12 Z : 22 B Fb.

🏨 **Seegarten**, Zum Sorpedamm 21, ℰ 15 79, ⬛ – ☎ 🅿 – 🔬 30. ⓞ
M a la carte 31/59 – **24 Z : 50 B** 45/80 - 90/140 Fb.

🏨 **Haus Volmert**, Langscheider Str. 46, ℰ 25 00, ≤ – 📺 ⇔ 🅿
M *(Mittwoch geschl.)* a la carte 26/42 – **11 Z : 20 B** 42 - 72 – ½ P 51/57.

✗ **Deutsches Haus**, Langscheider Str. 41, ℰ 6 15, ≤, 🌫 – 🅿
Dienstag geschl. – **M** a la carte 24/46.

In Sundern-Stockum SW : 5 km :

🏨 Willecke ≫, Am Markt 5, ℰ 13 82 – ☎ 🅿. ✾ Zim
18 Z : 36 B.

SWISTTAL 5357. Nordrhein-Westfalen 🄬🄀🄫 D 14 – 10 000 Ew – Höhe 130 m – 😊 022⬛
(Weilerswist).

♦Düsseldorf 73 – ♦Bonn 20 – Düren 43 – ♦Köln 35.

In Swisttal-Heimerzheim :

🏨 Weidenbrück ≫, Nachtigallenweg 27, ℰ 40 66 – ▮ 📺 ☎ 🅿
41 Z : 70 B Fb.

SYKE 2808. Niedersachsen 🄮🄇🄀 ⑮ – 19 100 Ew – Höhe 40 m – 😊 04242.

♦Hannover 89 – ♦Bremen 22 – ♦Osnabrück 106.

In Syke-Steimke SO : 2,5 km :

🏨 **Steimker Hof**, Nienburger Str. 68 (B 6), ℰ 22 20, 🌫 – ▮ ☎ 🅿. 🄰🄴 ⓞ **E** 𝖵𝖨𝖲𝖠
M a la carte 25/49 – **11 Z : 20 B** 55 - 85/95.

SYLT (Insel) Schleswig-Holstein 🄮🄇🄀 ④ – Seebad – Größte Insel der Nordfriesische
Inselgruppe mit 36 km Strand, durch den 12 km langen Hindenburgdamm (nur Eisenbahn, c
30 min) mit dem Festland verbunden.

Sehenswert : Gesamtbild✶✶ der Insel – Keitumer Kliff✶.

🏌 Kampen-Wenningstedt, ℰ (04651) 4 53 11 ; 🏌 Westerland, ℰ (04651) 70 37 ; 🏌 Sylt-Os⬛
Morsum, ℰ (04654)3 87.

🛫 Westerland, ℰ (04651) 53 55.

🚗 ℰ (04651) 2 40 57, Autoverladung in Niebüll.

Hörnum 2284 – 1 400 Ew – 😊 04653.
🅱 Kurverwaltung, Strandweg 2, ℰ 10 65.
Nach Westerland 18 km.

🏨 Helene ≫ garni (Appartement-Hotel), An der Düne 38, ℰ 10 52, ⇔, ⬛ – 📺 ☎ ⇔ 🅿
26 Z : 76 B.

✗ **Seehof**, Strandstr. 2, ℰ 16 78, 🌫 – 🅿. **E**
Mittwoch, 15. Jan.- 15. Feb. und Mitte Nov.- Mitte Dez. geschl. – **M** a la carte 34/60.

Kampen 2285 – 1 000 Ew – 😊 04651.
🅱 Kurverwaltung, im Kamp-Hüs, ℰ 4 10 91.
Nach Westerland 6 km.

🏨 Walter's Hof ≫ garni, Kurhausstraße, ℰ 44 90, Fax 45403, ≤, Massage, ⇔, ⬛ – 📺
🅿
30 Z : 60 B Fb.

🏨 Hamburger Hof ≫, Kurhausstr. 1, ℰ 4 10 56, 🌫, Massage, ⇔, 🌳 – 📺 ☎ 🅿
(nur Abendessen für Hausgäste) – **11 Z : 21 B** Fb.

✗✗✗ Gogärtchen, Strönwai, ℰ 4 12 42, « Wechselnde Gemäldeausstellungen » – 🅿. ✾
nur Saison – (Tischbestellung ratsam).

✗ **Manne Pahl**, Zur Uwe Düne 2, ℰ 4 25 10, 🌫 – 🅿. 🄰🄴 ⓞ **E** 𝖵𝖨𝖲𝖠
Nov.- Feb. Mittwoch geschl. – **M** a la carte 42/74.

List 2282 – 3 300 Ew – 🕲 04652.

🛈 Kurverwaltung, Haus des Kurgastes, 𝒫 10 14.

Nach Westerland 18 km.

🏛 **Landhaus Silbermöwe** 🦢 garni, Süderhörn 7, 𝒫 12 14, ⊜, 🚗 – ❷
14 Z : 36 B Fb.

✗✗ **Alte Backstube**, Südhörn 2, 𝒫 5 12, « Gartenterrasse » – ❷.

Sylt Ost 2280 – 6 100 Ew – 🕲 04651.

🛈 Kurverwaltung, im Ortsteil Keitum, Am Tipkenhoog 5, 𝒫 3 10 50.

Nach Westerland 5 km.

Im Ortsteil Keitum – Luftkurort :

🏛 **Benen Diken Hof** 🦢 garni, Süderstraße, 𝒫 3 10 35, Telex 221252, Fax 31038, ⊜, 🔲, 🚗
– 📺 ❷. 🆎 ⑩ 🗲 🚾 🛠
38 Z : 73 B 170/310 - 190/500 Fb.

🏛 **Seiler Hof** (modernisiertes Friesenhaus a.d.J. 1761), Gurtstig 7, 𝒫 3 10 64, Fax 35370,
« Garten », ⊜ – 📺 ☎ ❷. 🛠
(nur Abendessen für Hausgäste) – **12 Z : 25 B** 125/220 - 200/250 Fb – 3 Appart. 340.

🏠 **Wolfshof** 🦢 garni, Osterweg 2, 𝒫 34 45, ⊜, 🔲, 🚗 – 📺 ☎ ❷
15 Z : 30 B Fb.

✗✗ **Fisch-Fiete**, Weidemannweg 3, 𝒫 3 21 50, « Gartenterrasse » – ❷
März - Okt. – **M** (Tischbestellung erforderlich) a la carte 36/76.

Im Ortsteil Morsum :

✗✗✗ 🕸 **Landhaus Nösse**, Nösistig, 𝒫 (04654) 15 55, Fax 1658, 🍃, « Schöne Lage am Morsum
Kliff » – ❷. 🆎 ⑩ 🗲 🚾
Sept.- April Montag und 29. Okt.- 20. Dez. geschl. – **M** 59/65 (mittags) und a la carte 73/99
– **Bistro M** a la carte 43/67
Spez. Sylter Austernparfait, Hummerfrikassee in Portwein, Deichlammrücken mit Rosmarinsauce.

Im Ortsteil Tinnum :

✗✗✗ 🕸 **Romantik-Restaurant Landhaus Stricker**, Boy-Nielsen-Str. 10, 𝒫 (04651) 3 16 72,
Fax 35455, bemerkenswerte Weinkarte – ❷. 🆎 ⑩ 🗲 🚾 🛠
M (Tischbestellung ratsam) 28/38 (mittags) und a la carte 64/93
Spez. Gebeizte Lammscheiben mit Pesto und Schafskäse, Holsteiner Ente in Orangensauce, Gebackene
Pflaumen mit Zimteis und Sabayon.

Wenningstedt 2283 – 2 500 Ew – Seeheilbad – 🕲 04651.

🛈 Verkehrsverein, Westerlandstr. 1, 𝒫 4 32 10.

Nach Westerland 4 km.

🏛 **Strandhörn** 🦢, Dünenstr. 1, 𝒫 4 19 11 – 📺 ☎ ❷
(nur Abendessen) – **16 Z : 27 B** Fb.

🏠 **Friesenhof**, Hauptstr. 16, 𝒫 4 10 31, Fax 45526, ⊜, 🚗 – 📺 ☎ ❷. 🛠 Zim
Ostern - Okt. – **M** *(Mittwoch geschl.)* a la carte 31/57 – **14 Z : 25 B** 85/95 - 170/190 –
10 Fewo 100/160 – ½ P 105/115.

✗✗ **Hinkfuss am Dorfteich** 🦢 mit Zim, Am Dorfteich 2, 𝒫 54 61, 🍃 – 📺 ☎ ❷. 🆎 🗲 🚾
10. Jan.- 15. Feb. geschl. – **M** *(Montag - Dienstag 18 Uhr geschl.)* a la carte 35/60 (mittags)
64/118 (abends) – **3 Z : 6 B** 125 - 195 Fb.

Westerland 2280. 🗾 ④ – 9 000 Ew – Seeheilbad – 🕲 04651.

🛈 Fremdenverkehrszentrale, am Bundesbahnhof, 𝒫 2 40 01.

✦Kiel 136 – Flensburg 55 – Husum 53.

🏛 **Stadt Hamburg**, Strandstr. 2, 𝒫 85 80, Telex 221223, Fax 858220, 🚗 – 🛗 📺 ❷ –
🔬 25/50. 🆎 🗲. 🛠 Rest
M 34 (mittags) und a la carte 57/82 – **85 Z : 135 B** 137/283 - 264/368 – 22 Appart. 418/598
– ½ P 173/340.

🏛 **Dorint-Hotel Sylt** 🦢, Schützenstr. 22, 𝒫 85 00, Fax 850150, 🍃, ⊜, 🔲 – 🛗 📺 ♿ ❷.
🆎 ⑩ 🗲 🚾 🛠 Rest
M a la carte 46/85 – **71 Z : 170 B** 295/595 - 470/635 Fb.

🏛 **Wünschmann**, Andreas-Dirks-Str. 4, 𝒫 50 25, Fax 5028 – 🛗 📺 ❷ ♿. 🆎 🛠
7. Nov.- 24. Dez. geschl. – (nur Abendessen für Hausgäste) – **33 Z : 54 B** 129/234 - 200/342
– 4 Fewo 100/558.

🏛 **Miramar** 🦢, Friedrichstr. 43, 𝒫 85 50, Fax 855222, ≤, Massage, ⊜, 🔲 – 🛗 📺 ☎ ❷ –
🔬 40. 🆎 ⑩ 🗲 🚾. 🛠
15. Nov.- 15. Dez. geschl. – **M** a la carte 34/72 – **86 Z : 160 B** 145/400 - 260/490 Fb –
8 Appart. 600/850 – ½ P 170/370.

🏛 **Hanseat** garni, Maybachstr. 1, 𝒫 2 30 23 – 📺 ☎
21 Z : 35 B Fb.

🏨 **Atlantic** ॐ, Johann-Möller-Str. 30, ℰ 60 46, Fax 28313, ☎, 🔟 – 🔟 ☎ 🅿. ① 🖪 𝒱𝐼𝒮𝐴
M *(nur Abendessen, 23. Feb.- 15. März, 4. Nov.- 15. Dez. und außer Saison Donnerst*
geschl.) a la carte 46/73 – **27 Z : 47 B** 100/145 - 195/295 Fb.

🏨 **Strandhotel Monbijou** garni, Andreas-Dirks-Str. 6, ℰ 60 81, Fax 27870 – 🛗 🔟 ☎ ⟸
🅿
28 Z : 52 B 120/340 - 180/360.

🏠 **Monopol** garni, Steinmannstr.11, ℰ 2 40 96 – 🛗 🔟 ☎ ⟸
24 Z : 36 B 100/130 - 170/200 Fb.

🏠 **Vier Jahreszeiten** ॐ, Johann-Möller-Str. 40, ℰ 2 30 28 – 🔟 ☎ 🅿. 🖪 🖪 𝒱𝐼𝒮𝐴. ✥ Rest
Mitte Dez.- Mitte Jan. geschl. – *(nur Abendessen für Hausgäste)* – **26 Z : 40 B** 90/130
190/220 Fb.

🏠 **Gästehaus Hellner** garni, Maybachstr. 8, ℰ 69 45, ☎ – 🛗 🔟 ☎ 🅿
18 Z : 26 B 70/95 - 140/220.

🏠 Windhuk, Brandenburger Str. 6, ℰ 60 33 – 🔟 ☎ 🅿. 🖪 🖪. ✥
(nur Abendessen) – **35 Z : 50 B**.

🏵🏵🏵🏵 ❀ **Restaurant Jörg Müller** mit Zim, Süderstr. 8, ℰ 2 77 88, « Modern-elegante
Restaurant in einem Friesenhaus » – 🔟 ☎ 🅿. 🖪 ① 🖪 𝒱𝐼𝒮𝐴
Dienstag - Mittwoch 18 Uhr, 13. Jan.- 14. Feb. und 1.- 20. Dez. geschl. – **M** *(bemerkenswe*
Weinkarte) (in beiden Restaurants : Tischbestellung ratsam) a la carte 76/120 – **Pesel M** a
carte 48/65 – **3 Z : 6 B** 180 - 230/260
Spez. Gänseleberguglhupf in Traminergelee, Munkmarscher Muschelteigtaschen im Safransud, Steinb
und Hummer mit 2 Saucen.

🏵🏵 **Webchristel**, Süderstr. 11, ℰ 2 29 00 – 🅿. 🖪 ① 🖪
nur Abendessen, Sept.- Juni Dienstag geschl. – **M** a la carte 42/70.

🏵🏵 See-Garten, Andreas-Dirks-Str. 10 (Kurpromenade), ℰ 2 36 58, ≤, 🍴 – ♿.

🏵🏵 **Alte Friesenstube**, Gaadt 4, ℰ 12 28, « Haus a.d.J. 1648 mit rustikal-friesisch
Einrichtung »
nur Abendessen, Sept.- Mai Montag und 6. Jan.- 19. Feb. geschl. – **M** (Tischbestellur
ratsam) a la carte 44/75.

🏵 **Bratwurstglöckl**, Friedrichstr. 37, ℰ 74 25, Fax 27884 – 🖪 ① 🖪
M a la carte 27/53.

TABARZ Thüringen siehe Gotha.

TACHERTING 8221. Bayern 🗺🗺🗺 U 22, 🗺🗺🗺 J 4 – 4 300 Ew – Höhe 473 m – ✿ 08621 (Trostberg
♦München 92 – Altötting 22 – Rosenheim 52 – Salzburg 70.

In Engelsberg-Wiesmühl 8261 N : 3 km :

🏠 **Post**, Altöttinger Str. 9 (B 299), ℰ (08634) 15 14, 🍴 – ⟸ 🅿
🠖 *20. Aug.- 10. Sept. geschl.* – **M** *(Freitag geschl.)* a la carte 17,50/43 ⅃ – **15 Z : 25 B** 27/3
48/60.

TACHING Bayern siehe Waging am See.

TÄNNESBERG 8481. Bayern 🗺🗺🗺 TU 18 – 1 500 Ew – Höhe 693 m – Erholungsort – ✿ 0965
♦München 186 – ♦Nürnberg 106 – ♦Regensburg 69 – Weiden in der Oberpfalz 25.

🏠 **Wurzer**, Marktplatz 12, ℰ 2 57, 🍴, 🐎 – 🛗 🅿
🠖 *10.- 20. Jan. geschl.* – **M** a la carte 19/35 – **38 Z : 70 B** 35/45 - 60/80.

TALHEIM 7129. Baden-Württemberg 🗺🗺🗺 🗺🗺🗺 K 19 – 3 500 Ew – Höhe 195 m – ✿ 07133.
♦Stuttgart 48 – Heilbronn 9 – Ludwigsburg 32.

🏠 **Sonne** ॐ, Sonnenstr. 44, ℰ 42 97 – 🛗 ☎
Jan. und Juli - Aug. jeweils 2 Wochen geschl. – **M** *(Montag geschl.)* a la carte 24/48 ⅃
27 Z : 44 B 38/58 - 70/100.

TAMM Baden-Württemberg siehe Asperg.

TANGENDORF Niedersachsen siehe Toppenstedt.

TANN (RHÖN) 6413. Hessen 🗺🗺🗺 ⊛⊛, 🗺🗺🗺 N 15 – 5 300 Ew – Höhe 390 m – Luftkurort
✿ 06682 – 🛈 Verkehrsamt, Stadtverwaltung, Marktplatz, ℰ 80 11.
♦Wiesbaden 226 – Fulda 39 – Bad Hersfeld 52.

🏠 **Berghotel Silberdistel** ॐ, Bergstr.10 (O : 1 km), ℰ 2 30, ≤ Tann und Rhön, 🍴, 🐎 –
⟸ 🅿 – **11 Z : 21 B**.

In Tann-Lahrbach S : 3 km :

🏠 **Gasthof Kehl** (mit Gästehaus), Eisenacher Str. 15, ℰ 3 87, ☎, 🐎 – ⟸ – ♿ 4
🠖 ✥ Zim
Okt. 3 Wochen geschl. – **M** *(Dienstag geschl.)* a la carte 17/32 ⅃ – **26 Z : 52 B** 24/26 - 48/
– ½ P 33/37.

[TAPFHEIM] Bayern siehe Donauwörth.

[TARP] 2399. Schleswig-Holstein – 5 000 Ew – Höhe 22 m – ☎ 04638.
Kiel 76 – Flensburg 17 – Schleswig 25.

Bahnhofshotel, Bahnhofstr. 1, ☎ 9 92, Fax 8110 – ☎ [P] – 80. [AE] [O] [E]
M *(Freitag bis 17 Uhr geschl.)* a la carte 22/51 – **52 Z : 92 B** 28/40 - 56/75 Fb.

[TAUBERBISCHOFSHEIM] 6972. Baden-Württemberg [413] LM 18, [987] ㉕ – 12 500 Ew – Höhe 181 m – ☎ 09341.
Stuttgart 117 – Heilbronn 75 – •Würzburg 37.

Am Brenner ⛰, Goethestr. 10, ☎ 30 91, Fax 5874, ←, 🌳, ♨ – Zim [TV] ☎ [P] – 35. [AE] [O] [E] [VISA]
M *(Freitag geschl.)* a la carte 27/55 🍷 – **31 Z : 50 B** 60/72 - 98/114 Fb.

Henschker, Bahnhofstr. 18, ☎ 23 36, Fax 2143 – [TV] ☎ 🚗 – 60. [E] [VISA]
20. Dez.- 20. Jan. geschl. – **M** *(Sonntag-Montag 17 Uhr geschl.)* a la carte 20/49 🍷 – **15 Z : 23 B** 50/62 - 90/105 Fb.

Badischer Hof, Hauptstr. 70, ☎ 16 24 – 🚗 [P] – 25
15. Dez.- 15. Jan. geschl. – **M** *(Freitag geschl.)* a la carte 23/40 🍷 – **26 Z : 41 B** 49/70 - 79/99.

Am Schloß ⛰ garni, Hauptstr. 56, ☎ 32 71 – [E]
9 Z : 17 B 50 - 75.

In Königheim **6976** W : 7 km :

Schwan, Hardheimer Str. 6, ☎ (09341) 38 99, 🌳 – 🚗 [P]
26. Dez.- 15. Jan. geschl. – **M** *(Donnerstag 14 Uhr - Freitag geschl.)* a la carte 20/36 – **11 Z : 19 B** 34/39 - 65.

[TAUBERRETTERSHEIM] Bayern siehe Weikersheim.

[TAUFKIRCHEN] 8252. Bayern [413] T 21, [987] ㊲ – 8 000 Ew – Höhe 456 m – ☎ 08084.
München 53 – Landshut 26 – Passau 129 – Rosenheim 66 – Salzburg 126.

In Taufkirchen-Hörgersdorf SW : 6 km :

🍴 **Landgasthof Forster**, Hörgersdorf 23, ☎ 23 57 – [P]
Montag - Dienstag und Ende Aug.- Mitte Sept. geschl. – Menu a la carte 32/55.

[TAUNUSSTEIN] 6204. Hessen [412] H 16 – 24 700 Ew – Höhe 343 m – ☎ 06128.
Wiesbaden 12 – Limburg an der Lahn 38 – Bad Schwalbach 10.

In Taunusstein 4-Neuhof [413] H 16 :

Zur Burg, Limburger Str. 47 (B 417/275), ☎ 7 10 01 – [TV] ☎ [P] – 40. [AE] [E]
M *(Samstag geschl.)* a la carte 23/55 🍷 – **24 Z : 43 B** 80/90 - 120/140.

[TECKLENBURG] 4542. Nordrhein-Westfalen [987] ⑭, [412] G 10 – 9 000 Ew – Höhe 235 m – Luftkurort – ☎ 05482.
Westerkappeln-Velpe (NO : 9 km), ☎ (05456) 4 19 ; [9] Wallen-Lienen (W : 3 km), ☎ (05455) 10 35.
Verkehrsbüro, Haus des Gastes, Markt 7, ☎ 4 94.
Düsseldorf 160 – Münster (Westfalen) 39 – •Osnabrück 28.

Parkhotel Burggraf ⛰, Meesenhof 7, ☎ 4 25, Telex 941345, Fax 6125, ← Münsterland, ♨, 🏊, 🌳 – [TV] [P] – 25/120. [AE] [O] [E] [VISA]. ✻
M a la carte 46/79 – **44 Z : 55 B** 115/150 - 135/180 Fb – ½ P 101/162.

Drei Kronen, Landrat-Schultz-Str. 15, ☎ 2 25, ←, 🌳, ♨ – ☎ [P]. [AE] [O] [VISA]
8.- 30. Jan. und 18.- 28. Dez. geschl. – **M** *(Mittwoch geschl.)* 20/28 (mittags) und a la carte 32/65 – **17 Z : 30 B** 60/85 - 100/120 Fb – ½ P 80/105.

Landhaus Frische ⛰, Sundernstr. 52 (am Waldfreibad), ☎ 74 10, ←, 🌳 – ☎ [P]. [AE] [O] [E] [VISA]. ✻ Zim
M *(auch vegetarische Gerichte)* (Montag geschl.) a la carte 33/59 – **8 Z : 18 B** 60/80 - 120/130 Fb.

Bismarckhöhe, Am Weingarten 43, ☎ 2 33, ← Münsterland, 🌳, Biergarten – [TV] [P]. [O]
24. Nov.- 15. Dez. geschl. – **M** *(Dez.- März Montag geschl.)* a la carte 21/46 – **28 Z : 52 B** 35/50 - 70/90 – ½ P 47/57.

In Tecklenburg 2-Brochterbeck W : 6,5 km :

Teutoburger Wald, Im Bocketal 2, ☎ (05455) 10 65, Fax 219, ♨, 🏊, 🌳 – [TV] ☎ 🚗 [P] – 35. [O] [E] [VISA]
2.- 25. Dez. geschl. – (Restaurant nur für Hausgäste) – **28 Z : 48 B** 68/80 - 100/140 Fb.

In Tecklenburg 4-Leeden O : 8 km :

XX **Altes Backhaus**, Am Ritterkamp 27, ℰ (05481) 65 33, 佘 – **℗**. ⓞ **E** 𝓥𝓘𝓢𝓐
Dienstag und Mitte Jan.- Anfang Feb. geschl. – Menu à la carte 30/69.

An der Autobahn A 1 NO : 7 km :

🏠 **Raststätte Tecklenburger Land (West)**, ⊠ 4542 Tecklenburg 4 - Leeder
ℰ (05456) 5 66, 佘 – ☎ ⇐ **℗**. ⅄ ⓞ **E** 𝓥𝓘𝓢𝓐
M à la carte 28/64 – **24 Z : 44 B** 63/85 - 100/130 Fb.

TEGERNHEIM Bayern siehe Regensburg.

TEGERNSEE 8180. Bayern 🅰🅱🅲 S 23. 🄈🄉🄊 ⑦. 🄋🄌🄍 H 5 – 4 000 Ew – Höhe 732 m -
Heilklimatischer Kurort – Wintersport : 730/900 m ⚡1 – ⚙ 08022.
🅱 Kuramt, im Haus des Gastes, Hauptstr. 2, ℰ 18 01 40.
♦München 53 – Miesbach 18 – Bad Tölz 19.

🏠🏠 **Bayern** ⑤, Neureuthstr. 23, ℰ 18 20, Fax 3775, ≤ Tegernsee und Berge, 佘, ≘s, ⬜, ☂
– 🛗 📺 ☎ ℗ – 🔬 25/100. ⅄ ⓞ **E** 𝓥𝓘𝓢𝓐. ⅍ Rest
M à la carte 40/67 – **92 Z : 151 B** 106/188 - 177/251 Fb.

🏠 **Bastenhaus** garni, Hauptstr. 71, ℰ 30 80, ≤, ≘s, ⬜, 🞣, 🞣, 🞣 – ☎ ℗
20 Z : 38 B 70/80 - 100/115.

🏠 **Gästehaus Fackler** ⑤, Karl-Stieler-Str. 14, ℰ 39 45, ≤, 佘, ≘s, ⬜, 🞣 – 📺 ☎ ℗. ⅍
5. Nov.- 22. Dez. geschl. – (Restaurant nur für Hausgäste) – **14 Z : 23 B** 65/80 - 105/180 F
– ½ P 73/105.

🏠 **Gästehaus Gartenheim** ⑤ garni, Hauptstr. 13, ℰ 45 37, ≤, « Garten », 🞣 – ℗
Nov.- 25. Dez. geschl. – **22 Z : 38 B** 46/57 - 90/140.

🏠 **Seehotel zur Post**, Seestr. 3, ℰ 39 51, Fax 1699, ≤, 佘 – 🛗 ☎ ⇐ ℗. ⓞ **E** 𝓥𝓘𝓢𝓐
8. Jan.- 15. Feb. geschl. – **M** à la carte 23/50 – **47 Z : 85 B** 40/115 - 85/155 Fb – ½ P 60/110

🏠 **Ledererhof** garni, Schwaighofstr. 89, ℰ 6 71 80, ≘s, 🞣 – 📺 ☎ ⇐ ℗
10. Nov.- 20. Dez. geschl. – **20 Z : 50 B** 65/100 - 105/130.

🏡 **Fischerstüberl am See**, Seestr. 51, ℰ 46 72, ≤, 佘, ⬜, 🞣 – ℗
Mitte Jan.- Anfang Feb. und 15. Nov.- 23. Dez. geschl. – **M** *(Mittwoch geschl.)* à la cart
22/48 – **20 Z : 34 B** 40/78 - 76/160.

XX **Der Leeberghof** ⑤ mit Zim, Ellingerstr. 10, ℰ 39 66, ≤ Tegernsee und Berge
« Gartenterrasse » – 📺 ☎ ℗. ⅄ **E**
M *(Nov.- März Dienstag - Mittwoch geschl.)* à la carte 35/70 – **4 Z : 10 B** 120 - 200/320.

TEINACH-ZAVELSTEIN, BAD 7264. Baden-Württemberg 🅰🅱🅲 I J 20 – 2 400 Ew – Höhe 392
– Heilbad – ⚙ 07053.
🅱 Kurverwaltung, Rathaus (Bad Teinach), ℰ 84 44.
♦Stuttgart 56 – Calw 9 – Pforzheim 37.

Im Stadtteil Bad Teinach :

🏠🏠 **Bad-Hotel** ⑤, Otto-Neidhart-Allee 5, ℰ 2 90, Fax 29177, freier Zugang zum Kurhaus m
⬜, ≘s, ⅍ – 🛗 📺 ⇐ ℗ – 🔬 25/80. ⅄ ⓞ **E** 𝓥𝓘𝓢𝓐. ⅍
M à la carte 40/78 – **Brunnen-Schenke M** à la carte 22/35 – **56 Z : 90 B** 105/115 - 190/210 F
– 3 Appart. 270 – ½ P 130/140.

🏠 **Mühle** garni, Otto-Neidhart-Allee 2, ℰ 88 17 – 🛗 ℗. ⅍
Nov.- 15. Dez. geschl. – **19 Z : 36 B** 45/50 - 90.

🏠 Schloßberg ⑤, Burgstr. 2, ℰ 12 18, ≤, 佘 – 📺 ☎ ⇐ ℗. ⅍ Zim
14 Z : 24 B Fb.

🏠 Goldenes Faß, Hintere Talstr. 2, ℰ 88 03, 🞣 – 🛗 ⇐ ℗
22 Z : 34 B Fb.

🏠 **Lamm**, Badstr. 17, ℰ 12 22 – 🛗 ℗. **E**. ⅍ Zim
• *Mitte Jan.- Feb. geschl.* – **M** *(Dienstag geschl.)* à la carte 20/42 – **21 Z : 35 B** 50/55
100/120 Fb.

🏠 Café Gossger garni, Badstr. 28, ℰ 12 38 – ⅍
12 Z : 17 B.

🏡 **Waldhorn**, Hintere Talstr. 9, ℰ 88 21 – ⅍ Zim
• *Nov.- 22. Dez. geschl.* – **M** *(Donnerstag geschl.)* à la carte 21/40 ⅃ – **18 Z : 28 B** 40/50
90/120 – 7 Fewo 100/120.

Im Stadtteil Zavelstein – Luftkurort :

🏠 **Lamm**, Marktplatz 3, ℰ 84 14, 佘, 🞣 – ☎ ℗. ⅍ Zim
• *Mitte Nov.- Mitte Dez. geschl.* – **M** *(Donnerstag geschl.)* à la carte 21/46 ⅃ – **14 Z : 25**
32/48 - 64/96 – ½ P 46/62.

Im Stadtteil Sommenhardt :

🏡 Löwen, Calwer Str. 20, ⊠ 7264 Bad Teinach-Zavelstein 4, ℰ (07053) 88 56, 佘, 🞣 – ℗
15 Z : 29 B.

TEISENDORF 8221. Bayern **413** V 23, **987** ㉞, **426** ⑲ — 8 000 Ew — Höhe 504 m — Erholungsort
🔧 08666.
München 120 — Bad Reichenhall 22 — Rosenheim 61 — Salzburg 22.

In Teisendorf-Achthal SW : 5 km :

🏤 **Reiter**, Teisendorfer Str. 80, 𝒫 3 27, 🍴, 🗜 — 🚗 🅿
⟶ 8.- 21. April und 4.- 25. Nov. geschl. — **M** *(Donnerstag geschl.)* a la carte 15/35 ⅄ — **9 Z :**
16 B 33/35 - 66/70 — ½ P 42/44.

In Teisendorf-Holzhausen N : 2 km :

🏨 **Kurhaus Seidl** 🦢, 𝒫 80 10, Fax 801102, ≤, 🍴, Bade- und Massageabteilung, 🏋, ⊠,
🔥, 🎾 (Halle) — 🛗 ⇖ Rest 🕿 🅿 — 🔬 30. 🎿 Zim
M *(auch Diät)* a la carte 25/38 — **66 Z : 91 B** 80/90 - 140/160 Fb.

In Teisendorf-Neukirchen SW : 8 km :

🏠 **Berggasthof Schneck** 🦢, Pfarrhofweg 20, 𝒫 3 56, ≤, 🍴 — 🅿
⟶ Nov.- 24. Dez. geschl. — **M** a la carte 18/42 — **11 Z : 20 B** 45/50 - 75/85.

TEISING Bayern siehe Altötting.

TEISNACH 8376. Bayern **413** VW 19 — 2 800 Ew — Höhe 467 m — 🔧 09923.
Verkehrsamt, Rathaus, 𝒫 5 62.
München 168 — Cham 40 — Deggendorf 24 — Passau 75.

In Teisnach-Kaikenried SO : 4 km :

🏠 **Das kleine Sporthotel**, Am Platzl 2, 𝒫 5 74, 🍴, 🗜 — 📺 🕿 🅿
M *(Montag geschl.)* a la carte 25/48 — **14 Z : 26 B** 44 - 78.

TELGTE 4404. Nordrhein-Westfalen **987** ⑭, **412** G 11 — 16 800 Ew — Höhe 49 m — 🔧 02504.
ㅤhenswert : Heimathaus Münsterland (Hungertuch★).
Verkehrsamt, Markt 1, 𝒫 1 33 27.
Düsseldorf 149 — Bielefeld 62 — Münster (Westfalen) 12 — ✦Osnabrück 47.

🏨 **Heidehotel Waldhütte** 🦢, Im Klatenberg 19 (NO : 3 km, über die B 51), 𝒫 20 16, Fax
7906, « Waldpark, Gartenterrasse », 🗜, 🔥 — 📺 🕿 ⇖ 🅿 — 🔬 25/70. 🎿 ⓪ ㅌ 🎦
M a la carte 36/64 — **28 Z : 56 B** 90/95 - 150/160 Fb.

🏨 **Marienlinde**, Münstertor 1, 𝒫 50 57, Fax 5059 — 📺 🕿 🅿. 🎿 ⓪ ㅌ 🎦. ⇖ Rest
(nur Abendessen für Hausgäste) — **18 Z : 34 B** 72/85 - 110/140 Fb.

🏠 **Telgter Hof**, Münsterstr. 29, 𝒫 30 44 — 🛗 📺 🕿
12 Z : 18 B.

In Ostbevern 4412 NO : 7 km :

🏤 **Beverhof**, Hauptstr. 35, 𝒫 (02532) 51 62 — ⇖ 🅿
⟶ **M** *(Donnerstag bis 17 Uhr geschl.)* a la carte 16/30 — **7 Z : 12 B** 35/40 - 70.

TENINGEN 7835. Baden-Württemberg **413** G 22, **242** ㉒, **87** ⑦ — 10 500 Ew — Höhe 189 m —
🔧 07641 (Emmendingen).
Stuttgart 192 — ✦Freiburg im Breisgau 20 — Offenburg 50.

In Teningen 3 - Bottingen SW : 4 km über Nimburg :

🏠 **Landgasthof Rebstock** 🦢, Wirtstr. 2, 𝒫 (07663) 18 43 — 🅿
20 Z : 40 B.

TENNENBRONN 7741. Baden-Württemberg **413** HI 22 — 3 700 Ew — Höhe 662 m — Luftkurort
🔧 07729.
Verkehrsamt, Rathaus, Hauptstr. 23, 𝒫 2 02.
Stuttgart 116 — ✦ Freiburg im Breisgau 86 — Freudenstadt 44 — Villingen-Schwenningen 24.

🏠 Adler, Hauptstr. 60, 𝒫 2 12 — 🅿
15 Z : 26 B.

TETTNANG 7992. Baden-Württemberg **413** L 23, **987** ㉟ ㊱, **427** ⑧ — 15 500 Ew — Höhe 468 m
🔧 07542.
Verkehrs- und Heimatverein, Montfortplatz 7, 𝒫 51 02 13.
Stuttgart 160 — Bregenz 28 — Kempten (Allgäu) 65 — Ravensburg 13.

🏩 **Rad**, Lindauer Str. 2, 𝒫 54 00, Telex 734245, Fax 53636, 🗜 — 🛗 🍽 Rest 📺 ⇖ 🅿 —
🔬 30/120. 🎿 ⓪ ㅌ 🎦
Anfang - Mitte Jan. geschl. — Menu a la carte 32/76 — **70 Z : 100 B** 83/150 - 122/180 Fb.

🏨 **Der Rosengarten**, Ravensburger Str. 1, 𝒫 68 83, Telex 734331, 🗜 — 🛗 📺 🕿 ⇖ 🅿 —
🔬. 🎿 ㅌ
M *(Sonntag 15 Uhr - Montag 17 Uhr geschl.)* a la carte 24/52 — **50 Z : 90 B** 68/86 - 88/
108 Fb.

🏨 **Ritter**, Karlstr. 2, 𝒫 5 20 51, Fax 5797, 😤 – 🕅 ☎ ⇐⇒ 🅿. 🖭 ① **E**
2.- 14. Jan. und 20. Okt.- 4. Nov. geschl. – **M** *(Freitag bis 17 Uhr, im Winter Freita*
ganztägig geschl.) a la carte 28/56 – **24 Z : 44 B** 58/72 - 88//112 Fb.

🏨 **Panorama** garni, Weinstr. 5, 𝒫 71 89 – 🖭 ⇐⇒
Mitte Dez.- Mitte Jan. geschl. – **19 Z : 35 B** 50/60 - 75/90.

🏨 **Bären**, Bärenplatz 1, 𝒫 69 45 – ⇐⇒ 🅿. 🖭 ① **E** 🎫
✦ *1.- 16. Nov. und 26. Dez.- 2. Jan. geschl.* – **M** *(Freitag geschl.)* a la carte 21/45 – **40 Z : 60** ▮
50/80 - 90/110.

In Tettnang-Laimnau SO : 8 km :

🗶🗶 ❀ **Landgasthof Ritter**, Ritterstr. 5, 𝒫 (07543) 64 60 – 🅿
wochentags nur Abendessen, Sonntag nur Mittagessen, Montag sowie Jan. und Juli je
Wochen geschl. – **M** *(Tischbestellung erforderlich)* 78/115 und a la carte 52/73 -(Umzu*
nach Langenargen, Hotel Adler, Feb. 1991)
Spez. Gratin von Edelfischen, Lammrücken mit Kräuterkruste, Karamelisierter Apfelcrêpe mit Quarke,
(Okt.-Feb.).

TEUPITZ 1612 Brandenburg 𝟡𝟠𝟜 ⑯, 𝟡𝟠𝟟 ⑰⑱ – 1 000 Ew – Höhe 40 m – ✿ 0037 32986.
Ausflugsziel : Spreewald✶✶ (Kahnfahrt ab Lübbenau, Freilandmuseum Lehde✶).
✦Berlin - Ost 26 – Cottbus 81 – ✦Dresden 137 – ✦Frankfurt/Oder 70.

🏨🏨 **Schloßhotel Teupitz** ⑤, Kirchstr. 8, 𝒫 2 66, ≼, 😤, ⇌, 🐾⑥, 🚿 – 🖭 ☎ 🅿 – 🔏 30
🎾
M a la carte 24/44 – **33 Z : 65 B** 60/120 - 140 Fb – 21 Appart. 170/180.

In Motzen 1601 N : 11 km :

🏨 **Residenz am Motzener See**, 𝒫 (003732989) 2 42, ≼, 😤, ⇌, 🐾⑥, 🚿 – 🖭 🅿. 🎾
M a la carte 23/35 – **10 Z : 22 B** 70 - 105/110 – 6 Appart. 140/210.

THALFANG 5509. Rheinland-Pfalz 𝟡𝟠𝟟 ㉔, 𝟜𝟙𝟚 D 17 – 1 700 Ew – Höhe 440 m – Erholungso
– Wintersport : 500/818 m ✮4 🚠3 (am Erbeskopf) – ✿ 06504.
Ausflugsziel : Hunsrück-Höhenstraße✶.
🛈 Verkehrsamt, Rathaus, Saarstr. 9, 𝒫 4 43.
Mainz 121 – Bernkastel-Kues 31 – Birkenfeld 20 – ✦Trier 49.

🏨 **Haus Vogelsang** ⑤, Im Vogelsang 7, 𝒫 10 88, 😤, 🚿 – 🖭 ☎ 🅿. **E**. 🎾
✦ **M** *(Mittwoch geschl.)* a la carte 20/40 ⅃ – **11 Z : 20 B** 39/45 - 70/84 – ½ P 47/57.

Siehe auch : *Liste der Feriendörfer*

THALHAUSEN Rheinland-Pfalz siehe Dierdorf.

THALKIRCHDORF Bayern siehe Oberstaufen.

THALLICHTENBERG Rheinland-Pfalz siehe Kusel.

THANNHAUSEN 8907. Bayern 𝟜𝟙𝟛 O 22, 𝟡𝟠𝟟 ㊱ – 5 200 Ew – Höhe 498 m – ✿ 08281.
✦München 113 – ✦Augsburg 37 – ✦Ulm (Donau) 59.

🏩 **Sonnenhof**, Messerschmittstr. 1 (an der B 300), 𝒫 20 14, 😤 – 🖭 ☎ ⇐⇒ 🅿
✦ *8.- 20. Aug. und Weihnachten - Anfang Jan. geschl.* – **M** a la carte 21/37 – **16 Z : 28** ▮
42/50 - 72/100.

THELEY Saarland siehe Tholey.

THIERGARTEN Baden-Württemberg siehe Beuron.

THOLEY 6695. Saarland 𝟡𝟠𝟟 ㉔, 𝟜𝟙𝟚 E 18, 𝟚𝟜𝟚 ③ – 12 000 Ew – Höhe 370 m – Erholungso
– ✿ 06853.
Ausflugsziel : Kastel : Ehrenfriedhof ≼✶, N : 11 km.
✦Saarbrücken 37 – Birkenfeld 25 – ✦Trier 58.

🗶🗶 **Hubertus** mit Zim, Metzer Str. 1, 𝒫 24 04 – 🖭 ① 🎫 🎾
Samstag bis 18 Uhr, Montag und Juli - Aug. 2 Wochen geschl. – **M** a la carte 58/79 – **7 Z**
13 B 55/75 - 98/140.

Im Ortsteil Theley N : 2 km :

🏨 **Bard**, Primstalstr. 22, 𝒫 20 80 – 🖭 ☎ ⇐⇒ 🅿. 🖭 ① **E** 🎫
Jan. geschl. – **M** *(Samstag bis 18 Uhr und Sonntag 15 Uhr - Montag 18 Uhr geschl.)* a la
carte 26/60 – **14 Z : 22 B** 30/52 - 55/90.

THUMBY 2335. Schleswig-Holstein − 550 Ew − Höhe 2 m − ✪ 04352.
Kiel 46 − Flensburg 61 − Schleswig 34.

In Thumby-Sieseby NW : 3 km :

XX **Schlie-Krog**, Dorfstraße, ✉ 2335 Damp 1, ℰ (04352) 25 31, 斎 − **P**. ℅
Montag - Dienstag, Mitte Jan.- Mitte Feb. und Mitte Okt.- Anfang Nov. geschl. − **M** 30/45
(mittags) und a la carte 43/75.

THURMANSBANG 8391. Bayern 413 W 20, 426 ⑦ − 2 700 Ew − Höhe 503 m − Erholungsort
- Wintersport : 490/800 m ⟋2 ⟍8 − ✪ 08504.
Ausflugsziel : Museumsdorf am Dreiburgensee SO : 4 km.
Verkehrsamt, Schulstr. 5, ℰ 16 42.
München 171 − Deggendorf 38 − Passau 26.

🏠 **Waldhotel Burgenblick** ⟩, Auf der Rast 12, ℰ 83 83, 斎, ⓢ, ⬛, ℱ, ℅ − ⟵ **P**.
℅
6. Jan.- 18. Mai und Okt.- 20. Dez. geschl. − **M** a la carte 23/47 − **70 Z : 130 B** 52/62 - 91/
117 Fb.

In Thurmansbang-Traxenberg W : 1,5 km :

🏠 **Landgut Traxenberg** ⟩, ℰ (09907) 9 12, ≤, 斎, ⓢ, ⬛, ℱ, ℅, 🐎 (Halle und Parcours)
← − ⬛ ☎ **P** − 🄰 30. ⒶⒺ ⓪ Ⲉ ⱱⱤⱭ
M *(Mittwoch geschl.)* a la carte 19/37 − **34 Z : 62 B** 50/55 - 94/104 Fb − ½ P 57/65.

THURNAU 8656. Bayern 413 R 16 − 4 200 Ew − Höhe 359 m − ✪ 09228.
🛈 Petershof 1, ℰ 10 22.
München 256 − ♦Bamberg 44 − Bayreuth 21.

🏠 Gästehaus Boschen ⟩ garni, Dr.-Pollmann-Str.10, ℰ 6 61, Fax 5687, ⓢ, ⬛, ℱ − ⬛ ☎
⟵ **P**
6 Z : 12 B.

🏠 **Fränkischer Hof**, Bahnhofstr. 19, ℰ 2 39, 斎, ℱ − ☎ **P**
← *Sept. 2 Wochen geschl.* − **M** *(Dienstag geschl.)* a la carte 19/30 ⅃ − **16 Z : 26 B** 26/35 -
52/68.

TIEFENBACH Bayern siehe Oberstdorf.

TIEFENBRONN 7533. Baden-Württemberg 413 J 20. 987 ㊉ − 4 600 Ew − Höhe 432 m −
✪ 07234 − Sehenswert : Pfarrkirche (Lukas-Moser-Altar★★).
Stuttgart 39 − Heilbronn 73 − Pforzheim 15 − Tübingen 59.

🏨 **Ochsen-Post** (renoviertes Fachwerkhaus a.d. 17. Jh.), Franz-Josef-Gall-Str. 13, ℰ 80 30,
Fax 5554 − ⬛ ☎ **P**
1.- 15. Jan. geschl. − **M** *(Sonntag 14 Uhr - Dienstag 18 Uhr geschl.)* a la carte 60/85 − **19 Z :
30 B** 75/98 - 98/138 Fb.

X **Bauernstuben**, ℰ 85 35, 斎 − **P**
nur Abendessen, Dienstag und über Fasching 3 Wochen geschl. − **M** a la carte 36/78.

In Tiefenbronn 1-Mühlhausen SO : 4 km :

🏨 **Adler**, Tiefenbronner Str. 20, ℰ 80 08, Fax 256, 斎, ⓢ, ℱ − 🛗 ⬛ ☎ ⟵ **P** − 🄰 40.
ⒶⒺ ⓪ Ⲉ ⱱⱤⱭ
M a la carte 42/73 − **22 Z : 35 B** 78/89 - 125/139 Fb.

Im Würmtal W : 4 km :

XX **Häckermühle** (mit Gästehaus), Im Würmtal 5, ✉ 7533 Tiefenbronn, ℰ (07234) 2 46, 斎,
ⓢ − ⬛ ☎ **P**. ⒶⒺ ⓪ Ⲉ ⱱⱤⱭ ℅
M *(auch vegetarisches Menu, Tischbestellung ratsam)* (Montag und Dienstag nur
Abendessen, 2.- 21. Jan. geschl.) a la carte 50/95 − **15 Z : 24 B** 80/115 - 140/170 Fb.

IMMENDORFER STRAND 2408. Schleswig-Holstein 987 ⑥ − 7 900 Ew − Höhe 10 m −
Seeheilbad − ✪ 04503 − 🛝 (2 Plätze) Am Golfplatz 3, ℰ 51 52.
Kurverwaltung, im Kongresshaus, ℰ 60 09 82.
Kiel 64 − ♦Lübeck 21 − Lübeck-Travemünde 9.

🏨🏨 **Seeschlößchen** ⟩, Strandallee 141, ℰ 60 11, Fax 601333, ≤, 斎, Bade- und
Massageabteilung, 🛁, ⓢ, ⬛ (geheizt), ⬛, ℱ − 🛗 ⬛ ⚥ ⟵ **P** − 🄰 25/80. ℅ Rest
M a la carte 39/79 − **125 Z : 204 B** 165/278 - 240/290 Fb − 9 Appart. 350/500 − 30 Fewo
125/250 − ½ P 153/286.

🏨🏨 **Maritim Golf- und Sporthotel** ⟩, An der Waldkapelle 26, ℰ 60 70, Telex 261433, Fax
2996, Ostsee, ⓢ, ⬛ (geheizt), ⬛, ℱ, ℅ (Halle), 🛝 − 🛗 ⬛ ⚥ ⟵ **P** − 🄰 25/150.
ⒶⒺ ⓪ Ⲉ ⱱⱤⱭ ℅ Rest
M a la carte 42/85 − **200 Z : 400 B** 169/324 - 232/364 Fb − ½ P 153/286.

🏨🏨 Maritim Seehotel ⟩, Strandallee 73b, ℰ 60 50, Telex 261431, Fax 2932, ≤, Massage, ⓢ,
⬛ (geheizt), ⬛, 🛝 − 🛗 ⬛ ⚥ ⟵ **P** − 🄰 25/600. ℅
241 Z : 464 B Fb − 4 Appart.

🏛 **Landhaus Carstens**, Strandallee 73, ℘ 25 20, « Gartenterrasse », ⇌ – 🆃🆅 ☎ ♿ ℗
M *(Montag geschl.)* a la carte 42/92 – **27 Z : 51 B** 120/180 - 230/380.

🏛 **Royal** 🦢 garni, Kurpromenade 2, ℘ 50 01, Fax 6820, ⇌, 🔲 – 🛗 🆃🆅 ☎ ⟸ 🆅🅸🆂🅰
40 Z : 74 B 125/200 - 190/270 Fb.

🏛 **Atlantis**, Strandallee 60, ℘ 50 51, Fax 5056, �, « Schifferklause », ⇌, 🔲 – 🛗 ☎ ⟸
℗ – ⚏ 25/50. **E**
M a la carte 30/60 – **47 Z : 80 B** 95/135 - 140/160 Fb.

🏛 **von Oven's Landhaus**, Strandallee 154, ℘ 60 13 35, Fax 601333 – 🆃🆅 ☎. 🌿 Rest
Ostern - Okt. – **M** *(nur Abendessen)* a la carte 31/60 – **22 Z : 40 B** 103/163 - 156/196 Fb.

🏛 **Bellevue** garni, Strandallee 139 a, ℘ 6 00 30, Fax 60060, ≤, ⇌, 🔲 – 🛗 🆃🆅 ☎ ℗
Nov.- 2. Jan. geschl. – **50 Z : 80 B** 110/150 - 190/235 Fb – 5 Appart. 240/255.

🏛 **Ancora** garni, Strandallee 58, ℘ 20 16, ⇌, 🔲 – 🛗 🆃🆅 ☎ ⟸
24 Z : 47 B 100/110 - 170/240 Fb – 3 Appart. 250.

🏛 **Holsteiner Hof**, Strandallee 92, ℘ 20 22, 🌿 – ☎ ℗
M a la carte 36/64 – **16 Z : 30 B** 120 - 180/230 Fb.

🏠 **Dryade**, 🌿, ⇌, 🔲 – 🛗 🆃🆅 ☎ ℗. ⓞ **E**. 🌿 Rest
Nov.- 15. Dez. geschl. – **M** a la carte 29/62 – **53 Z : 85 B** 90/149 - 160/200 Fb – 3 Appart
230 – ½ P 108/163.

🏠 **Brigitte** garni, Poststr. 91, ℘ 42 91, ⇌ – ℗
13 Z : 24 B 69/100 - 120/160.

🏠 **Ostsee-Hotel** garni, Poststr. 56, ℘ 24 07, 🔲, 🌿 – ☎ ℗
Mitte März - Mitte Okt. – **18 Z : 30 B** 65/85 - 116/140 Fb.

🏠 **Seestern** garni, Strandallee 124, ℘ 26 51 – ⟸ ℗
Ostern - Sept. – **19 Z : 34 B** 50/98 - 90/120.

In Timmendorfer Strand - Hemmelsdorf S : 3 km :

✕✕ **Am Hemmelsdorfer See** mit Zim, Seestr. 16, ℘ 58 50, 🌿 – ℗. 🅰🅴 ⓞ **E**
M *(Mittwoch - Donnerstag 17 Uhr geschl.)* a la carte 35/64 – **4 Z : 8 B** 55/65 - 90.

In Timmendorfer Strand - Niendorf O : 1,5 km :

🏨 **Yachtclub Timmendorfer Strand**, Strandstr. 94, ℘ 50 61, Fax 5065, ⇌, 🔲 – 🛗 🆃🆅 🆖
– ⚏ 25/60. 🅰🅴 ⓞ **E** 🆅🅸🆂🅰. 🌿 Rest
Jan. - Feb. geschl. – **M** a la carte 38/77 – **60 Z : 120 B** 124/200 - 208/300 Fb – 8 Appart
320/400.

🏠 **Friedrichsruh**, Strandstr. 65, ℘ 25 93, ≤, 🌿 – 🛗 ☎ ℗. **E**
4. Feb.- 15. März geschl. – **M** *(Mitte Nov.- Ostern Montag - Dienstag geschl.)* a la cart
24/62 – **29 Z : 50 B** 80/100 - 135/180 Fb.

✕ **Muschel** (überwiegend Fischgerichte), Strandstr. 37, ℘ 23 66, Fax 4568, 🌿 – ℗.

✕ **Fischkiste** (überwiegend Fischgerichte), Strandstr. 56, ℘ 35 43, Fax 4568, 🌿 – ℗. 🅰🅴 🅴
Nov.- Feb. nur Freitag - Sonntag geöffnet – **M** a la carte 31/65.

TINNUM Schleswig-Holstein siehe Sylt (Insel).

TIRSCHENREUTH 8593. Bayern 🆀🆁🅱 U 17. 🔢 ⑳ – 9 500 Ew – Höhe 503 m – ☎ 09631.
♦München 283 – Bayreuth 63 – ♦Nürnberg 131.

🏠 **Haus Elfi** 🦢 garni, Theresienstr. 23, ℘ 28 02 – 🆃🆅 ☎ ⟸ ℗. 🌿
22. Dez.- 6. Jan. geschl. – **13 Z : 23 B** 40 - 70 Fb.

TITISEE-NEUSTADT 7820. Baden-Württemberg 🆀🆁🅱 H 23. 🔢 ㉞ ㊲ – 11 000 Ew – Höh
849 m – Heilklimatischer Kurort – Wintersport : 820/1 200 m ≤5 🎿10 – ☎ 07651.
Sehenswert : See★ – 🄱 Kurverwaltung Titisee, im Kurhaus, ℘ 81 01.
🄱 Kurverwaltung Neustadt, Sebastian-Kneipp-Anlage, ℘ 2 06 68.
♦Stuttgart 160 ② – Basel 74 ③ – Donaueschingen 32 ② – ♦Freiburg im Breisgau 30 ④ – Zürich 95 ③.

Stadtplan siehe gegenüberliegende Seite.

Im Ortsteil Titisee :

🏨 **Treschers Schwarzwald-Hotel** 🦢, Seestr. 12, ℘ 81 11, Telex 7722341, Fax 8116, ≤
🌿, Bade- und Massageabteilung, ⇌, 🔲, 🅰🅴, 🌿, ✕ – 🛗 🆃🆅 ⟸ ℗ – ⚏ 25/150. 🄲
E 🆅🅸🆂🅰   BZ
Nov.- 23. Dez. geschl. – **M** a la carte 46/80 – **86 Z : 150 B** 170/200 - 180/280 Fb – ½ P 135/22

🏨 **Kur-Hotel Brugger am See** 🦢, Strandbadstr. 14, ℘ 80 10, Telex 7722332, Fax 8238, ≤
« Gartenterrasse », Bade- und Massageabteilung, 🅰🅴, ⇌, 🔲, 🅰🅴, 🌿, ✕ – 🛗 🆃🆅 ℗
⟸ ℗ – ⚏ 25/50. 🅰🅴 ⓞ **E** 🆅🅸🆂🅰   AZ
M *(auch Diät und vegetarische Gerichte)* a la carte 41/76 – **67 Z : 120 B** 95/160 - 150/280 F
– ½ P 117/202.

🏨 **Maritim Titisee-Hotel** 🦢, Seestr. 16, ℘ 80 80, Telex 7722304, Fax 808603, ≤, 🌿, ⇌, 🔲
🅰🅴, 🌿 – 🛗 🆃🆅 ⟸ ℗ – ⚏ 25/100   BZ
132 Z : 222 B Fb.

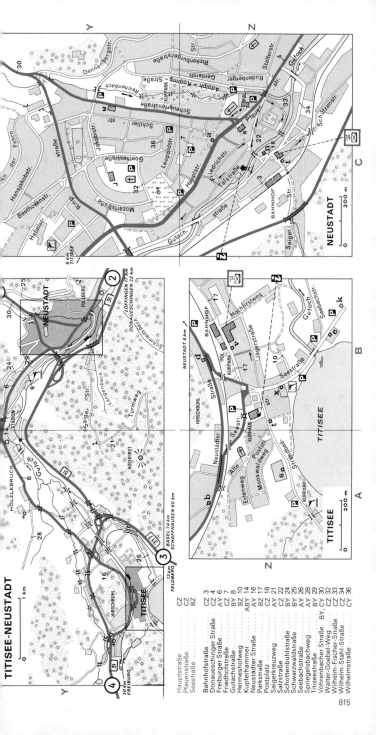

TITISEE-NEUSTADT

NEUSTADT

TITISEE

🏨 **Seehotel Wiesler** 🦢, Strandbadstr. 5, ℰ 83 30, ≤, 🌲, ⇔, 🔲, 🐎, 🛲 – 🔄 📺 ☎ ⇐
   🅿 – **32 Z : 59 B** Fb.
   BZ

🏨 **Parkhotel Waldeck**, Parkstr. 6, ℰ 80 90, Fax 80999, ⇔, 🔲, 🛲 – 📺 ☎ 🅿. 🖭 🕦 E 🎟
   🍽
   BZ
   1.- 20. Dez. geschl. – (nur Abendessen für Hausgäste) – **47 Z : 90 B** 75/100 - 130/180 Fb
   ½ P 85/100.

🏨 **Bären**, Neustädter Str. 35, ℰ 82 23, Fax 88138, ⇔, 🔲 – 🔄 ☎ 🅿. 🕦 E 🎟
   BZ
   8.- 26. April und 3. Nov.- 20. Dez. geschl. – **M** *(Montag geschl.)* a la carte 22/50 🍷 – **60 Z**
   115 B 70/100 - 120/170 Fb – ½ P 80/110.

🏨 **Rauchfang**, Bärenhofweg 2, ℰ 82 55, Fax 88186, ⇔, 🔲, 🛲 – 📺 ☎ ⇐ 🅿. 🕦 E 🎟
   🍽 Rest
   AZ
   M *(nur Abendessen)* a la carte 28/52 – **18 Z : 34 B** 65/85 - 126/150 Fb – 12 Fewo 49/125
   ½ P 83/100.

🏨 **Seehof am See** garni, Seestr. 47, ℰ 83 14, ≤, 🐎, 🛲 – 🔄 ☎ ⇐ 🅿. 🖭 🕦 E 🎟
   3. Nov.- 20. Dez. geschl. – **25 Z : 45 B** 58/90 - 132/140 Fb.
   BZ

   Siehe auch : *Hinterzarten-Bruderhalde*

   Im Ortsteil Neustadt – Kneippkurort :

🏨 **Romantik-Hotel Adler Post**, Hauptstr. 16, ℰ 50 66, Fax 3729, ⇔, 🔲 – 📺 ☎ ⇐ 🅿
   🛄 25. 🖭 🕦 E 🎟
   CZ
   4.- 21. März geschl. – **M** a la carte 34/73 – **30 Z : 50 B** 78/108 - 128/178 Fb – ½ P 94/138.

🏨 **Neustädter Hof**, Am Postplatz 5, ℰ 50 25, Fax 4125, ⇔ – ☎ ⇐ 🅿 – 🛄 60. 🕦 E 🎟
   M a la carte 24/51 🍷 – **30 Z : 58 B** 60 - 100 – ½ P 68/78.
   CZ

🏨 **Jägerhaus**, Postplatz 1, ℰ 50 55 – 🔄 ☎ ⇐ 🅿
   CZ
→ Nov. geschl. – **M** *(Montag geschl.)* a la carte 21/43 🍷 – **30 Z : 57 B** 60/90 - 100/170
   ½ P 66/106.

   Im Jostal NW : 6 km ab Neustadt :

🏨 **Josen** 🦢, Jostalstr. 90, ⊠ 7820 Titisee-Neustadt, ℰ (07651) 56 50, Fax 5504, 🌲, ⇔, 🔲
   🛲 – 🔄 ☎ 🅿 – 🛄 30. 🖭 🕦 E 🎟
   Mitte Nov.- Mitte Dez. geschl. – **M** *(Donnerstag - Freitag 17 Uhr geschl.)* 24/34 (mittag
   und a la carte 38/65 🍷 – **30 Z : 60 B** 91/96 - 134/162 Fb – ½ P 89/112.

   Im Ortsteil Langenordnach N : 5 km über Titiseestr. BY :

🏨 **Zum Löwen "Unteres Wirtshaus"** 🦢, ℰ 10 64, 🌲, 🛲 – ⇐ 🅿
→ 8.- 26. April und 2.- 20. Dez. geschl. – **M** *(Montag geschl.)* a la carte 21/48 🍷 – **25 Z : 45**
   37/85 - 60/120 – 3 Fewo 59/89 – ½ P 44/89.

   Im Ortsteil Waldau N : 10 km über Titiseestr. BY :

🏨 **Sonne-Post** 🦢, Landstr. 13, ℰ (07669) 7 78, 🌲, 🛲 – ☎ ⇐ 🅿
→ 12. Nov.- 20. Dez. geschl. – **M** *(Montag geschl.)* a la carte 18/41 🍷 – **18 Z : 36 B** 41/48
   70/94 – ½ P 49/59.

🏨 **Traube** 🦢, Sommerbergweg 1, ℰ (07669) 7 55, Fax 1350, ≤, ⇔, 🛲 – ☎ ⇐ 🅿. 🕦 E
→ *März - April 2 Wochen und Nov.- Dez. 3 Wochen geschl.* – **M** *(Dienstag geschl.)* a la car
   18/45 🍷 – **29 Z : 60 B** 44/64 - 68/112 Fb – 2 Fewo 49/76 – ½ P 46/71.

TITTING 8079. Bayern 🄸🄳🄱 Q 20 – 2 500 Ew – Höhe 466 m – 🕓 08423.
◆München 119 – Ingolstadt 42 – ◆Nürnberg 73 – Weißenburg in Bayern 22.

   In Titting-Emsing O : 4,5 km :

🏨 **Dirsch** 🦢, Hauptstr. 13, ℰ 6 23, Fax 1370, 🛲 – 🔄 🅿 – 🛄 25/70. E
→ 29. Okt.- 24. Nov. geschl. – **M** a la carte 18,50/43 – **87 Z : 165 B** 54 - 88 Fb.

TITTLING 8391. Bayern 🄸🄳🄱 X 20, 🄙🄞🄙 ⑦ – 4 000 Ew – Höhe 528 m – Erholungsort – 🕓 085
Ausflugsziel : Museumsdorf am Dreiburgensee NW : 2,5 km.
🖪 Verkehrsamt im Grafenschlößle, Marktplatz 10, ℰ 26 66.
◆München 197 – Passau 29.

🏨 **Habereder**, Marktplatz 14, ℰ 17 14, 🌲 – ⇐ 🅿 – **32 Z : 58 B**.

🏤 **Zur Post**, Marktplatz 6, ℰ 17 37, 🌲 – 🔄 ⇐ 🅿 – 🛄 50/100 – **40 Z : 70 B**.

   In Tittling-Rothau NW : 2,5 km :

🍴 **Landgasthof Schmalhofer mit Zim**, Dorfstr. 9, ℰ 16 27, 🌲 – 🅿 – **8 Z : 15 B**.

   Am Dreiburgensee NW : 3,5 km :

🏨 **Ferienhotel Dreiburgensee** 🦢 (mit Gästehaus, 🦢, ≤, « Restauriertes Bauernhaus n
→ rustikaler Einrichtung »), beim Museumsdorf, ⊠ 8391 Tittling, ℰ (08504) 20 92, Telex 5778
   Fax 4926, 🌲, ⇔, 🔲, 🐎, 🛲 – 🔄 ☎ 🅿 – 🛄 50/200. 🖭 🕦 E 🎟. 🍽
   März - Okt. – **M** a la carte 20/40 – **240 Z : 410 B** 44 - 87/106 – ½ P 59/68.

🏨 **Seehof Tauer** 🦢, Seestr. 20, ℰ 7 60, 🌲, ⇔, 🛲 – ⇐ 🅿. 🍽 Zim
→ Nov.- 15. Dez. geschl. – **M** *(Jan.- Feb. nur am Wochenende geöffnet)* a la carte 19/36
   27 Z : 52 B 36 - 66.

TODTMOOS 7865. Baden-Württemberg **413** GH 23, **987** ㊲, **427** HI 2 – 2 000 Ew – Höhe 821 m – Heilklimatischer Kurort – Wintersport : 800/1 263 m ≰4 ⍤4 – ✿ 07674.

▮ Kur- und Verkehrsamt, Wehratalstraße, ✆ 5 34, Fax 1054.

Stuttgart 201 – Basel 48 – Donaueschingen 78 – ♦Freiburg im Breisgau 76.

🏨🏨 **Schwarzwald-Kurhotel Todtmoos**, Hauptstr. 3, ✆ 84 90, Telex 7721140, Fax 849202, ⌂, Bade- und Massageabteilung, ≘s, 🐎 – 🛗 📺 ⇦ 🅿. 🖭 ⓞ E 𝘝𝘐𝘚𝘈
M a la carte 31/70 – **60 Z : 120 B** 100/135 - 150/170 Fb – ½ P 107/152.

🏨 Löwen, Hauptstr. 23, ✆ 5 05, 🍃, ≘s, ◻, 🐎 – 🛗 📺 ☎ 🅿
42 Z : 70 B Fb.

In Todtmoos-Strick NW : 2 km :

🏨 **Rößle** ⌂ (Schwarzwaldgasthof a.d.J. 1670 mit Gästehaus), Kapellenweg 2, ✆ 5 25, Fax 8838, ≤, « Gartenterrasse », ≘s, 🐎, ⚝, ⚞ – 🛗 ▤ Rest 📺 ☎ 🅿
5. Nov.- 20. Dez. geschl. – **M** *(Dienstag geschl.)* a la carte 28/48 ⅙ – **28 Z : 54 B** 70/80 - 110/160 Fb – ½ P 80/105.

In Todtmoos-Weg NW : 3 km :

🏠 **Schwarzwald-Hotel** ⌂, Alte Dorfstr. 29, ✆ 2 73, ≘s, 🐎 – 📺 ☎ ⇦ 🅿. 🖭 ⓞ E 𝘝𝘐𝘚𝘈
10. Nov.- 20. Dez. geschl. – **M** *(Montag geschl.)* a la carte 29/61 ⅙ – **14 Z : 27 B** 50/70 - 84/110 Fb – ½ P 64/77.

🏠 Gersbacher Hof (Schwarzwaldgasthof), Hochkopfstr. 8, ✆ 4 44, 🍃, 🐎 – 🅿
12 Z : 22 B.

Siehe auch : *Liste der Feriendörfer*

TODTNAU 7868. Baden-Württemberg **413** G 23, **987** ㊲, **242** ㊱ – 5 200 Ew – Höhe 661 m – uftkurort – Wintersport : 660/1 388 m ≰21 ⍤7 – ✿ 07671.

▪ehenswert : Wasserfall★.

Ausflugsziel : Todtnauberg★ (N : 6 km).

▮ Kurverwaltung, Haus des Gastes, Meinrad-Thoma-Str. 21, ✆ 3 75.

Stuttgart 179 – Basel 49 – Donaueschingen 56 – ♦Freiburg im Breisgau 31.

🏠 **Waldeck**, Poche 6 (nahe der B 317, O : 1,5 km), ✆ 2 16, 🍃 – ⇦ 🅿. 🖭 ⓞ E 𝘝𝘐𝘚𝘈
15.- 30. April und 25. Nov.- 20. Dez. geschl. – **M** *(Montag 14 Uhr - Mittwoch 17 Uhr geschl.)* a la carte 32/55 ⅙ – **14 Z : 28 B** 50/65 - 90/100 – 11 Fewo 50/120 – ½ P 72/82.

In Todtnau-Aftersteg NW : 3 km – Höhe 780 m – Erholungsort :

✕ **Aftersteger Mühle** ⌂ mit Zim, Talstr. 14, ✆ 2 13 – 📺 🅿. 🖭 ⓞ E
6.- 26. April und 4. Nov.- 19. Dez. geschl. – **M** *(Dienstag - Mittwoch geschl.)* a la carte 26/58 – **7 Z : 15 B** 45/55 - 76/90.

In Todtnau-Brandenburg NO : 3,5 km – Höhe 800 m :

🏠 **Zum Hirschen**, Kapellenstr. 1 (B 317), ✆ 18 44 – 🅿
10. Nov.- 10. Dez. geschl. – **M** *(Montag 16 Uhr - Dienstag geschl.)* a la carte 24/37 ⅙ – **10 Z : 14 B** 40 - 80 – ½ P 52.

✕ Landgasthaus Kurz mit Zim, Passtr. 38 (B 317), ✆ 5 22, 🍃 – 🅿
6 Z : 12 B Fb – 2 Fewo.

In Todtnau-Fahl NO : 4,5 km – Höhe 900 m :

🏠 **Lawine** (Schwarzwaldgasthof), an der B 317, ✆ (07676) 3 55, ≘s, 🐎 – ☎ 🅿. 🖭 ⓞ E 𝘝𝘐𝘚𝘈
8.- 26. April und 18. Nov.- 20. Dez. geschl. – **M** *(Donnerstag geschl.)* a la carte 29/52 ⅙ – **18 Z : 33 B** 50/52 - 90 – ½ P 63/69.

In Todtnau-Herrenschwand S : 14 km – Höhe 1 018 m :

🏠 **Waldfrieden** ⌂, Dorfstr. 18, ✆ (07674) 2 32, 🐎 – 📺 ⇦ 🅿. ⓞ
8.- 27. April und 4. Nov.- 20. Dez. geschl. – **M** *(Dienstag 14 Uhr - Dienstag geschl.)* a la carte 27/47 ⅙ – **15 Z : 27 B** 34/50 - 68/96 – ½ P 53/64.

In Todtnau-Muggenbrunn NW : 5 km – Höhe 960 m :

🏠 **Adler**, Schauinslandstr. 13, ✆ 7 83, 🐎 – ☎ ⇦ 🅿. 🖭 ⓞ E 𝘝𝘐𝘚𝘈
→ April geschl. – **M** *(Montag geschl.)* a la carte 21/50 ⅙ – **30 Z : 50 B** 50 - 84/90 Fb – ½ P 62/70.

Am Notschrei N : 2,5 km ab Muggenbrunn – Höhe 1 121 m :

🏨 **Waldhotel am Notschrei**, ✉ 7801 Oberried 2, ✆ (07602) 2 19, Fax 220, 🍃, ≘s, ◻, 🐎 – 🛗 📺 ☎ 🏋 ⇦ 🅿 – 🔬 25/45. 🖭 ⓞ E 𝘝𝘐𝘚𝘈
M *(Dienstag geschl.)* a la carte 30/59 – **32 Z : 62 B** 69/95 - 127/172 Fb – ½ P 94/125.

In Todtnau-Präg SO : 7 km :

🏠 **Landhaus Sonnenhof** ⌂, Hochkopfstr. 1, ✆ 5 38, 🍃, 🐎 – 🅿. 🖭 ⓞ E
4.- 30. Nov. geschl. – **M** *(Montag geschl.)* a la carte 24/53 – **20 Z : 35 B** 54/64 - 88/105 Fb – ½ P 62/82.

In Todtnau-Todtnauberg N : 6 km − Höhe 1 021 m − Luftkurort :

🏨 **Kur- und Sporthotel Mangler** 🦌, Ennerbachstr. 28, *𝒫* 6 39, Fax 8693, ≼, Bade- und
Massageabteilung, 🔥, ≘s, 🔲, 🖛 − 🗐 📺 ☎ 🅿. 🚿
2.- 20. Dez. geschl. − **M** a la carte 33/57 🍷 − **32 Z : 60 B** 85/105- 140/180 Fb − ½ P 98/133.

🏨 **Engel**, Kurhausstr.3, *𝒫* 2 06, Fax 8014, ♨, ≘s, 🔲 − 🗐 📺 ☎ ⟺ 🅿 🆎 🇪 𝓥𝓘𝓢𝓐
← *April 2 Wochen und Nov. geschl.* − **M** a la carte 21/46 🍷 − **40 Z : 75 B** 58/140 - 88/220 Fb −
½ P 58/98.

🏨 **Sonnenalm** 🦌, Hornweg 21, *𝒫* 18 00, ≼ Schwarzwald und Berner Oberland, ≘s, 🔲, 🖛
− 📺 ☎ 🅿. 🚿
Mitte Nov.- Mitte Dez. geschl. − (nur Abendessen für Hausgäste) − **13 Z : 26 B** 65/75
96/124 Fb − ½ P 68/99.

🏠 **Arnica** 🦌, Hornweg 26, *𝒫* 3 74, ≼ Schwarzwald und Berner Oberland, ≘s, 🔲, 🖛 − 📺
🅿. 🚿
Mitte April - Anfang Mai und Nov.- Mitte Dez. geschl. − (nur Abendessen für Hausgäste) −
13 Z : 26 B 55/60 - 100/150 Fb − ½ P 66/83.

🏠 **Herrihof** 🦌, Kurhausstr. 21, *𝒫* 2 82, ≼, ≘s, 🔲, 🖛 − 🅿
nach Ostern 2 Wochen und Mitte Nov.- Mitte Dez. geschl. − **M** a la carte 23/40 🍷 − **22 Z**
45 B 45/85 - 90/150 Fb.

TÖLZ, BAD 8170. Bayern 𝟦𝟷𝟹 R 23. 𝟫𝟪𝟽 ⓦ, 𝟦𝟸𝟨 G 5 − 13 600 Ew − Höhe 657 m − Heilbad -
Heilklimatischer Kurort − Wintersport : 670/1 250 m ≤3 ≤2 − ✪ 08041.

Sehenswert : Marktstraße ✶.

🏌 Flint-Kaserne, *𝒫* 32 10 ; 🏌 Wackersberg, Straß 124 (W : 2 km), *𝒫* (08041) 99 94.

🛈 Städt. Kurverwaltung, Ludwigstr. 11, *𝒫* 7 00 71.

♦München 53 − Garmisch-Partenkirchen 65 − Innsbruck 97 − Rosenheim 52.

Rechts der Isar :

🏠 **Terrassenhotel Kolbergarten**, Fröhlichgasse 5, *𝒫* 90 67, Fax 9069, Biergarten, 🖛 − 📺 ☎
🅿 − **16 Z : 26 B** Fb.

🏠 **Posthotel Kolberbräu**, Marktstr. 29, *𝒫* 91 58 − 🗐 📺 ☎ ⟺ 🅿 − 🏛 25/50
43 Z : 60 B.

🏠 **Am Wald**, Austr. 39, *𝒫* 90 14, ♨, Bade- und Massageabteilung, ≘s, 🔲, 🖛 − 🗐 ☎ 🅿
← 🆎 🇪 𝓥𝓘𝓢𝓐. 🚿 Zim
7. Nov.- 20. Dez. geschl. − **M** *(Dienstag geschl.)* a la carte 21/44 🍷 − **37 Z : 55 B** 50/60
86/90 Fb − ½ P 62/72.

🏠 **Grünerbräu**, Marktstr. 8, *𝒫* 60 91, ≘s − ☎ − **23 Z : 42 B**.

🏵 ✿ **Zum alten Fährhaus** 🦌 mit Zim, An der Isarlust 1, *𝒫* 60 30 − 📺 ☎ 🅿. 🇪. 🚿 Zim
Jan.- Feb. 3 Wochen geschl. − **M** *(Montag - Dienstag geschl.)* 85/130 und a la carte 60/9
− **5 Z : 10 B** 105 - 160
Spez. Zander in Strudelteig, Milchlammrücken mit Kräuterkruste, Mehlspeisenschmankerl.

🏵 **Weinstube Schwaighofer**, Marktstr. 17, *𝒫* 27 62
Mittwoch, 26. Mai - 14. Juni und 1.- 7. Nov. geschl. − Menu a la carte 32/65.

Links der Isar :

🏨 **Jodquellenhof** 🦌, Ludwigstr. 15, *𝒫* 50 90, Telex 526242, Fax 509441, direkter Zugang
zum Kurmittelhaus und Alpamare-Badezentrum − 🗐 📺 🅿 − 🏛 25/60. 🆎 🇴 🇪 𝓥𝓘𝓢𝓐
🚿 Rest
M a la carte 43/70 − **81 Z : 115 B** 119/152 - 210/304 Fb − 3 Fewo 85 − ½ P 133/180.

🏨 **Kurhotel Eberl** 🦌, Buchener Str. 17, *𝒫* 40 50, Bade- und Massageabteilung, ≘s, 🔲 − 🗐
📺 🅿. 🚿
(Restaurant nur für Hausgäste) − **32 Z : 50 B** Fb − 3 Appart.

🏨 **Residenz** 🦌, Stefanie-von-Strechine-Str. 16, *𝒫* 80 10, Telex 526243, Fax 801127, ≘s, 🖛 −
🗐 📺 ☎ ⟺ 🅿 − 🏛 25/80
91 Z : 180 B Fb.

🏨 **Bellaria** 🦌 garni, Ludwigstr. 22, *𝒫* 8 00 80, Telex 526237, ≘s, 🖛 − 🗐 📺 ☎ 🅿. 🆎 🇴 🇪
𝓥𝓘𝓢𝓐
26 Z : 40 B 85/99 - 120/140 Fb.

🏨 **Alpenhof** 🦌 garni, Buchener Str. 14, *𝒫* 40 31, Fax 72383, ≘s, 🔲, 🖛 − 🗐 📺 ☎ ⟺ 🅿
🚿
28 Z : 54 B 70/120 - 120/150 Fb − 4 Appart.

🏨 **Tölzer Hof** 🦌, Rieschstr. 21, *𝒫* 7 00 61, Fax 1028 − 🗐 📺 ☎ ⟺ 🅿 − 🏛 30. 🆎 🇴 🇪
𝓥𝓘𝓢𝓐
(Restaurant nur für Hausgäste) − **80 Z : 160 B** 93/98 - 142/220 Fb − ½ P 95/135.

🏠 **Haus an der Sonne**, Ludwigstr. 12, *𝒫* 61 21, ≘s − 🗐 ☎ 🅿. 🆎 🇴 🇪 𝓥𝓘𝓢𝓐
7. Nov.- 8. Dez. geschl. − *(Restaurant nur für Hausgäste)* − **22 Z : 40 B** 55/70 - 98/118 −
½ P 63/93.

🏠 **Kurhotel Tannenberg** 🦌 garni, Tannenbergstr. 1, *𝒫* 28 68, Bade- und Massageabteilung
🔥, ≘s, 🔲, 🖛 − 🗐 ☎ 🅿
16 Z : 28 B 50/80 - 100/140 Fb.

ÖTENSEN Niedersachsen siehe Rosengarten.

ONBACH Baden-Württemberg siehe Baiersbronn.

OPPENSTEDT 2096. Niedersachsen − 1 100 Ew − Höhe 50 m − ✆ 04173.
⬩annover 117 − ♦Hamburg 43 − Lüneburg 27.

In Toppenstedt-Tangendorf N : 4 km :

🏠 **Gasthof Voßbur**, Wulfsener Str. 4, ✆ 3 12, 😨 − 📺 ☎ ⬅ 🅿 − 🔥 25. 🆎 **E**
M *(Donnerstag geschl.)* a la carte 31/51 − **19 Z : 34 B** 60/65 - 95/120 Fb.

ORNESCH 2082. Schleswig-Holstein − 9 000 Ew − Höhe 11 m − ✆ 04122 (Uetersen).
⬩iel 104 − ♦Hamburg 29 − Itzehoe 35.

🏠 **Esinger Hof** garni, Denkmalstr. 7 (Esingen), ✆ 5 10 71 − 📺 ☎ ♿ 🅿
23 Z : 43 B 55 - 90 Fb.

OSSENS Niedersachsen siehe Butjadingen.

OSTEDT 2117. Niedersachsen 🄉🄇🄈 ⑮ − 10 300 Ew − Höhe 32 m − ✆ 04182.
⬩annover 119 − ♦Bremen 78 − ♦Hamburg 51 − Lüneburg 64.

🏠 Zum Meierhof, Buxtehuder Str. 3, ✆ 13 37 − ⬅ 🅿
15 Z : 25 B.

OSTERGLOPE Niedersachsen siehe Dahlenburg.

RABEN-TRARBACH 5580. Rheinland-Pfalz 🄉🄇🄈 ㉔, 🄃🄁🄂 E 17 − 6 500 Ew − Höhe 120 m −
⬩ftkurort − ✆ 06541.
Kurverwaltung und Verkehrsamt in Traben, Bahnstr. 22, ✆ 90 11.
⬩ainz 104 − Bernkastel-Kues 24 − Cochem 55 − ♦Trier 60.

Im Ortsteil Traben :

🏨 **Appartementhotel Moselschlößchen**, Neue Rathausstr. 12, ✆ 70 10, Fax 70155, 😨,
⬩ 😨 − 🛗 📺 ☎ ⬅ − 🔥 25/100. 🆎 ① **E** 𝘝𝘐𝘚𝘈
M a la carte 46/66 − **40 Z : 100 B** 114/197 - 152/249 Fb.

🏨 **Bellevue** 🦢, Aacherstr. 1, ✆ 20 65, Telex 4729227, Fax 2551, ≼, « Um 1900 erbautes
Jugendstil-Haus mit modernem Anbau », 😨, 🔲 − 🛗 📺 ☎ − 🔥 25/40. 🆎 ① **E** 𝘝𝘐𝘚𝘈
M a la carte 30/62 − **50 Z : 120 B** 95/140 - 140/240 Fb.

🏨 **Krone** 🦢, An der Mosel 93, ✆ 60 04, Fax 4237, ≼, 😨, 🦅 − ☎ 🅿. ① **E** 𝘝𝘐𝘚𝘈. 𝒮𝓇 Rest
Menu *(Montag geschl.)* a la carte 34/55 − **22 Z : 43 B** 68/80 - 98/125.

🏠 **Bisenius** 🦢 garni, An der Mosel 56, ✆ 68 10, ≼, 😨, 🔲, 🦅 − 🅿. 🆎 ① **E** 𝘝𝘐𝘚𝘈
12 Z : 22 B 65/90 - 125.

🏠 **Central-Hotel**, Bahnstr. 43, ✆ 62 38 − 🛗 🅿. **E**
⬩ *Jan. geschl.* − **M** a la carte 19,50/35 ♨ − **32 Z : 60 B** 40/48 - 74/84 − ½ P 53/63.

🏠 **Trabener Hof** garni, Bahnstr. 25, ✆ 94 00
18 Z : 31 B 32/45 - 40/84.

🏠 **Sonnenhof** garni, Köveniger Str. 36, ✆ 64 51, 🦅 − 🅿
20. Dez.- 5. Jan. geschl. − **13 Z : 25 B** 31/34 - 58/68.

Im Ortsteil Trarbach :

🏨 **Altes Gasthaus Moseltor**, Moselstr. 1, ✆ 65 51, Fax 4922 − 📺 ☎ ⬅. 🆎 ① **E** 𝘝𝘐𝘚𝘈.
𝒮𝓇 Rest
Feb. geschl. − **M** *(Dienstag geschl.)* a la carte 40/68 − **11 Z : 21 B** 60/85 - 90/140.

🏠 **Zur Goldenen Traube**, Am Markt 8, ✆ 60 11 − 🆎 ① **E** 𝘝𝘐𝘚𝘈
M a la carte 30/59 − **15 Z : 30 B** 45/49 - 78/95 Fb.

Am Moselufer W : 1,5 km :

🏠 **Gonzlay**, Am Goldbach 3, ⬛ 5580 Traben-Trarbach, ✆ (06541) 69 21, Fax 6931, ≼, 😨,
😨, 🔲, Bootssteg − ☎ 🅿. **E**
6. Jan.- 14. Feb. geschl. − **M** a la carte 34/61 ♨ − **39 Z : 84 B** 60/75 - 110/120.

RAITSCHING 8499. Bayern 🄃🄁🄃 U 19 − 3 300 Ew − Höhe 400 m − ✆ 09974.
⬩München 179 − Cham 7,5 − ♦ Regensburg 57 − Straubing 44.

In Traitsching-Sattelbogen SW : 6 km :

🏠 **Sattelbogener Hof - Gästehaus Birkenhof** 🦢, Im Wiesental 2, ✆ 3 77, ≼, 😨, 😨, 🔲, 🦅
− 🅿 − 🔥 25/80
51 Z : 102 B.

RASSEM Rheinland-Pfalz siehe Saarburg.

RAUCHGAU Bayern siehe Halblech.

TRAUNSTEIN 8220. Bayern 🅰🅙🅛🅑 UV 23. 🄷🄾🄿 ㊲ ㊳. 🄷🄾🄑 ⑲ — 17 000 Ew — Höhe 600 m — Wintersport : ✦4 — ✆ 0861.

🅷 Städt. Verkehrsamt, im Stadtpark (Kulturzentrum), ✆ 6 52 73.
♦München 112 — Bad Reichenhall 32 — Rosenheim 53 — Salzburg 41.

🏠 **Park-Hotel Traunsteiner Hof**, Bahnhofstr. 11, ✆ 6 90 41, Fax 8512, Biergarten — 🛗 🄳
   ☎ ⇔ 🅿 — 🔥 30. ⅅⅇ ⓞ 🄴 𝕍𝕀𝕊𝔸. 🦐 Rest
   M *(Freitag 14 Uhr - Samstag, Mitte - Ende Okt. und 27. Dez. - 7.Jan. geschl.)* a la carte 30/⁸ — **60 Z : 85 B** 60/100 - 96/150.

🏡 Rosenheimer Hof, Rosenheimer Str. 58, ✆ 49 00 — 🅿 — **15 Z : 28 B**.

🏡 **Auwirt**, Karl-Theodor-Platz 9, ✆ 41 92 — ⇔
➡ *Okt. 3 Wochen geschl.* — **M** *(Sonntag 14 Uhr - Montag geschl.)* a la carte 19/31 — **23 Z :**
   41 B 32/48 - 58/78.

✕ Brauerei Schnitzlbaumer-Malztenne, Stadtplatz 13, ✆ 45 34, Fax 4203.

   In Traunstein-Hochberg SO : 5 km — Höhe 775 m :

🏡 **Alpengasthof Hochberg** ⦤, ✆ 42 02, ≤, Biergarten — ⇔ 🅿
➡ *Nov. geschl.* — **M** *(Dienstag - Mittwoch 15 Uhr geschl.)* a la carte 18.50/27 — **15 Z : 30**
   32/35 - 64/70.

TREBUR 6097. Hessen 🄰🄵🄸 🄰🄵🄹 I 17 — 10 900 Ew — Höhe 86 m — ✆ 06147.
♦Wiesbaden 25 — ♦Darmstadt 21 — ♦Frankfurt am Main 37 — Mainz 19.

✕ Zum Erker mit Zim, Hauptstr. 1, ✆ 70 11 — 📺 ☎ 🅿 — **8 Z : 11 B**.

TRECHTINGSHAUSEN Rheinland-Pfalz siehe Bingen.

TREFFELSTEIN-KRITZENTHAL Bayern siehe Waldmünchen.

TREIA 2381. Schleswig-Holstein 🄷🄾🄿 ⑤ — 1 500 Ew — Höhe 20 m — ✆ 04626.
♦Kiel 70 — Flensburg 45 — ♦Hamburg 137 — Schleswig 19.

✕✕ **Osterkrug** mit Zim, Treenestr. 30 (B 201), ✆ 5 50, Fax 1502, « Gemütlich-rustikaler Gasth◄
   a.d. 18. Jh. », ⤤ — 📺 ☎ 🅿. ⅅⅇ ⓞ 🄴 𝕍𝕀𝕊𝔸
   M a la carte 30/65 — **8 Z : 18 B** 50/70 - 100/130 Fb.

TREIS-KARDEN 5402. Rheinland-Pfalz 🄰🄵🄸 E 16 — 2 600 Ew — Höhe 85 m — ✆ 02672.
🅷 Verkehrsamt am Rathaus (Treis), ✆ 61 37.
Mainz 100 — Cochem 12 — ♦Koblenz 41.

   Im Ortsteil Treis :

🏠 **Koch**, Mosellee 120, ✆ 71 97, Fax 2353, ≤, 🌲 — ⇔ 🅿 — 🔥 40. ⅅⅇ ⓞ 🄴 𝕍𝕀𝕊𝔸
➡ *3. Jan.- 7. Feb. geschl.* — **M** *(Nov.- April Montag - Dienstag geschl.)* a la carte 21/45 ♨
   28 Z : 59 B 40/50 - 66/86 Fb.

   Im Ortsteil Karden :

🏠 Schloß-Hotel Petry, Bahnhofstr. 80, ✆ 80 80, Fax 8423, 🌲 — 🛗 ☎ 🅿 — 🔥 25/80
   56 Z : 115 B Fb.

🏠 **Brauer**, Moselstr. 26, ✆ 12 11, ≤, 🌲 — ⇔ 🅿. 🦐
   23. Dez.- 15. Feb. geschl. — Menu *(Nov.- März Mittwoch geschl.)* a la carte 28/60 — **35 Z :**
   70 B 28/42 - 56/84.

🏠 **Weinhaus Stiftstor** (mit Gästehaus ≤), Bahnhofstr. 17, ✆ 13 63
   M a la carte 22/43 ♨ — **26 Z : 51 B** 40/45 - 76/90 Fb.

🏠 **Zum Rebstock**, Bahnhofstr. 47, ✆ 13 98 — 🅿. 🄴
➡ *Jan. geschl.* — **M** a la carte 18,50/46 — **37 Z : 65 B** 40/45 - 70/90.

   In Treis-Karden - Lützbach O : 4 km :

🏠 Ostermann, an der B 49, ✆ 12 38, ≤, 🌲, ⤤, 🏊, 🎿 — 📺 ⇔ 🅿 — 🔥 25/40
   26 Z : 50 B Fb.

   In Müden 5401 O : 4 km :

🏠 **Sewenig**, Moselstr. 82, ✆ (02672) 13 34, Fax 1730, ≤, 🌲, ⤤ — 🛗 📺 🅿 — 🔥 50. ⅅⅇ ◄
   🄴 𝕍𝕀𝕊𝔸. 🦐 Rest
   Jan. geschl. — **M** *(Nov.- Feb. Dienstag geschl.)* a la carte 22/43 ♨ — **32 Z : 60 B** 50/55
   90/100.

TRENDELBURG 3526. Hessen 🄷🄾🄿 ⑮. 🄰🄵🄸 L 12 — 5 700 Ew — Höhe 190 m — Luftkurort
✆ 05675.
🅷 Verkehrsamt, im Rathaus, ✆ 10 24.
♦Wiesbaden 257 — Göttingen 77 — Hameln 91 — ♦Kassel 35.

🏠 Burghotel ⦤ (Burganlage a.d. 14.Jh.), ✆ 10 21, Fax 9362, ≤, 🌲 — ☎ 🅿 — 🔥 25/4
   🦐 Rest
   22 Z : 40 B Fb — 3 Appart.

REUCHTLINGEN 8830. Bayern **413** P 20, **987** ㉟ − 12 000 Ew − Höhe 414 m − Erholungsort − 😊 09142.

Verkehrsbüro, Haus des Gastes (Schloß), 🖉 10 29, Fax 3424.

München 131 − ◆Augsburg 73 − ◆Nürnberg 66 − ◆Ulm (Donau) 110.

🏨🏨 **Schlosshotel** 🦢, Heinrich-Aurnhammer-Str. 5, 🖉 10 51, Telex 624628, Fax 1557, 🍴, Bade- und Massageabteilung, ≦s − 🛗 📺 🅿 − 🔬 25/60. 🆎 ① **E**
M a la carte 30/55 − **22 Z : 42 B** 95/150 - 160/220 Fb.

🏨 **Gästehaus Stuterei Stadthof** garni, Luitpoldstr. 27, 🖉 10 11, Telex 625118, Fax 5379 −
📺 ☎ 🅿 − 🔬 25. 🛇
22. Dez.- 6. Jan. geschl. − **26 Z : 45 B** 67 - 117.

🏨 **Prinz Luitpold**, Luitpoldstr. 8, 🖉 12 52
➡ 24. Dez.- 6. Jan. geschl. − **M** (Sonn- und Feiertage sowie Aug. 2 Wochen geschl.) a la carte
16,50/27 🍷 − **16 Z : 32 B** 34/42 - 58/74.

RÈVES **TREVIRI** = Trier.

RIBERG 7740. Baden-Württemberg **413** H 22, **987** ㉞ ㉟ − 6 000 Ew − Höhe 700 m − eilklimatischer Kurort − Wintersport : 800/1 000 m ⟨1 ⟨2 − 😊 07722.

ehenswert : Wasserfall★ − Wallfahrtskirche "Maria in der Tanne" (Ausstattung★) − chwarzwaldmuseum − 🚉 Kurverwaltung, Kurhaus, 🖉 8 12 30.

tuttgart 139 − ◆Freiburg im Breisgau 61 − Offenburg 56 − Villingen-Schwenningen 26.

🏨🏨 ✿ **Parkhotel Wehrle**, Marktplatz, 🖉 8 60 20, Fax 860290, « Park », ≦s, 🏊 (geheizt), 🔲 −
🛗 ⅙ Rest 📺 🅿 − 🔬 25/40. 🆎 ① **E** 🌃
M 65/120 und a la carte 46/86 − **56 Z : 96 B** 92/149 - 164/274 − ½ P 100/160
Spez. Das Forellen-Hors d'oeuvre, Ente mit Honigsauce, Geeiste Quitten-Charlotte.

🏠 Pfaff, Hauptstr. 85, 🖉 44 79, 🍴 − **10 Z : 21 B**.

🏠 **Berg-Café** 🦢, Hermann-Schwer-Str. 6, 🖉 79 01, ≤, 🍴 − 🚗
März und Mitte Nov.- Mitte Dez. geschl. − **M** (Dienstag geschl.) a la carte 23/40 − **10 Z :
22 B** 38/48 - 76/96.

🏠 **Café Ketterer am Kurgarten**, Friedrichstr. 7, 🖉 42 29, ≤, 🍴 − ☎ 🚗 🅿 **E** 🌃
M a la carte 22/35 − **10 Z : 20 B** 46/56 - 90/95.

🏠 Central garni, Hauptstr. 64, 🖉 43 60 − 🛗 🚗 − **14 Z : 28 B**.

🏠 **Schwarzwald-Hotel Tanne**, Wallfahrtsstr. 35, 🖉 43 22, ≦s, 🍴 − 🚗 🅿 🆎 ① **E** 🌃
Nov.- 10. Dez. geschl. − **M** (Okt.- Mai Dienstag geschl.) a la carte 24/43 🍷 − **22 Z : 40 B**
38/50 - 74/98.

✗ Landgasthof zur Lilie, Am Wasserfall 1, 🖉 44 19, « Rustikale Einrichtung, Gartenterrasse »
− 🅿.

In Triberg 3-Gremmelsbach NO : 9 km (Zufahrt über die B 33 Richtung St. Georgen, auf der Wasserscheide Sommerau links ab) :

🏠 **Staude** 🦢, Obertal 20, Höhe 889 m, 🖉 48 02, ≤, 🍴, 🍴 − 🅿
Ende Okt.- Anfang Juni geschl. − Menu (Montag 16 Uhr - Dienstag geschl.) a la carte 24/52 −
16 Z : 31 B 31/42 - 58/84 − ½ P 44/54.

In Triberg 2-Nussbach O : 2 km:

🏠 **Römischer Kaiser**, Sommerauer Str. 35 (B 33), 🖉 44 18, Fax 4401 − 📺 🚗 🅿 🆎 ① **E**
🌃
Mitte - Ende März und Mitte Nov.- Anfang Dez. geschl. − **M** (Mittwoch geschl.) a la carte
36/58 🍷 − **26 Z : 48 B** 50/65 - 80/95 − ½ P 55/73.

RIER 5500. Rheinland-Pfalz **987** ㉔, **412** C 17, **409** M 6 − 95 300 Ew − Höhe 124 m − 😊 0651.

ehenswert : Porta Nigra★★ − Liebfrauenkirche★★ (Grabmal des Domherren Metternich★) − aiserthermen★★ − Rheinisches Landesmuseum★ BY M1 − Dom★ (Domschatzkammer★, reuzgang ≤★, Inneres Tympanon★ des südlichen Portals) − Bischöfliches Museum ★)eckenmalerei des Konstantinischen Palastes ★★) BXY M2 − Palastgarten★ − St. Paulin★ CX A.

usflugsziel : Moseltal★★ (von Trier bis Koblenz).

Touristik-Information, an der Porta Nigra, 🖉 4 80 71, Telex 472689, Fax 44759.

)AC, Fahrstr. 3, 🖉 7 60 76, Telex 472739, Notruf 🖉 1 92 11.

ainz 162 ① − ◆Bonn 143 ① − ◆Koblenz 124 ① − Luxembourg 47 ④ − Metz 98 ③ − ◆Saarbrücken 93 ①.

Stadtplan siehe nächste Seite.

🏨🏨 **Scandic Crown Hotel**, Zurmaiener Str. 164, 🖉 14 30, Telex 472808, Fax 1432000, ≤, Massage, ≦s, 🔲 − 🛗 ⅙ Zim 📺 🅿 − 🔬 25/300. 🆎 ① **E** 🌃   CV **e**
Restaurants : La Brochette (Sonntag geschl.) **M** a la carte 45/85 − **Rhapsody M** a la carte
33/66 − **217 Z : 369 B** 175/205 - 235/265 Fb.

🏨🏨 **Dorint-Hotel**, Porta-Nigra-Platz 1, 🖉 2 70 10, Telex 472895, Fax 2701170, 🍴 − 🛗 ⅙ Zim
📺 🕭 🚗 🅿 − 🔬 25/180. 🆎 **E** 🌃 🛇 Rest   BX **z**
M a la carte 46/78 − **106 Z : 170 B** 130/280 - 180/360 Fb.

🏨🏨 **Europa Parkhotel**, Kaiserstr. 29, 🖉 7 19 50, Telex 472858, Fax 7195801, 🍴 − 🛗 📺 🚗
🅿 − 🔬 25/900. 🆎 ① **E** 🌃   AY **s**
M a la carte 46/78 − **85 Z : 150 B** 160/200 - 220/250 Fb − 4 Appart. 340.

821

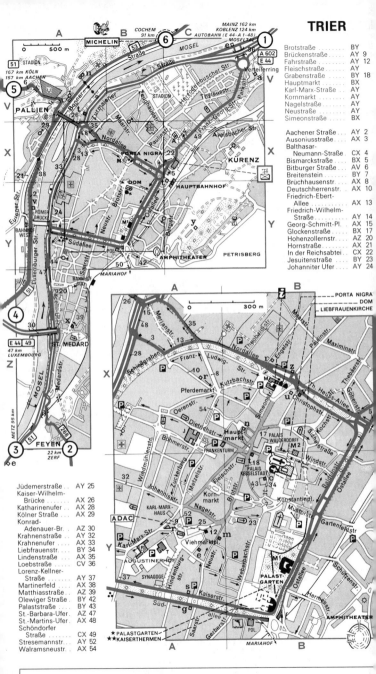

TRIER

Les **cartes Michelin** sont constamment tenues à jour.

822

🏨 **Nell's Parkhotel**, Dasbachstr. 12, 🕿 2 80 91, Fax 149390, ≤, 🛱, « Park » – ⒩ 🆃🆅 🕿 🅿 – ⒨ 30/100   CV **a**
56 Z : 109 B Fb.

🏨 **Petrisberg** ⑤ garni, Sickingenstr. 11, 🕿 4 11 81, ≤ Trier – 🕿 ⟺ 🅿 ⚘   CY **y**
37 Z : 70 B 83/94 - 127/143 Fb – 3 Appart. 193.

🏨 **Villa Hügel** ⑤, Bernhardstr. 14, 🕿 3 30 66, Fax 37958, ≤ – 🆃🆅 🕿 🕭 🅿. 🆀🆃 ⓞ 🅴 𝘝𝘐𝘚𝘈
(nur Abendessen für Hausgäste) – **26 Z : 52 B** 80/110 - 130/160.
über die Straße nach Mariahof   BY

🏨 **Altstadt-Hotel** garni, Am Porta-Nigra-Platz, 🕿 4 80 41, Fax 41293 – ⒩ 🆃🆅 🕿 🅿. 🆀🆃 ⓞ 🅴
𝘝𝘐𝘚𝘈   BX **v**
32 Z : 73 B 90/110 - 140/200 Fb.

🏨 **Kessler** garni, Brückenstr. 23, 🕿 7 67 71, Fax 76773 – ⒩ 🆃🆅 🕿 ⟺. 🆀🆃 🅴 𝘝𝘐𝘚𝘈   AY **r**
21 Z : 40 B 70/100 - 100/150.

🏨 **Casa Calchera** garni, Engelstr. 8, 🕿 2 10 44, Fax 27881 – ⒩ 🆃🆅 🕿 🅿. 🆀🆃 ⓞ 🅴 𝘝𝘐𝘚𝘈. ⚘
18 Z : 40 B 80/100 - 125/170 Fb.   BX **r**

🏨 **Deutscher Hof**, Südallee 25, 🕿 4 60 20, Telex 472799, Fax 4602412 – ⒩ 🕿 🕭 ⟺ 🅿 – ⒨ 25/120. 🅴 𝘝𝘐𝘚𝘈   AY **g**
22. Dez.- 15. Jan. geschl. – **M** a la carte 26/35 – **98 Z : 178 B** 80/120 - 120/140 Fb.

🏨 **Deutschherrenhof** garni, Deutschherrenstr. 32, 🕿 4 83 08 – 🆃🆅 🕿 ⟺. 🆀🆃 🅴 𝘝𝘐𝘚𝘈
15 Z : 30 B 75/90 - 110/145.   AX **r**

🏨 **Monopol** garni, Bahnhofsplatz 7, 🕿 7 47 55 – ⒩ 🕿. ⓞ 🅴 𝘝𝘐𝘚𝘈   CXY **t**
24. Dez.- 15. Feb. geschl. – **35 Z : 71 B** 47/65 - 95 Fb.

🏨 **Zum Christophel**, Simeonstr. 1, 🕿 7 40 41, Fax 74732, 🛱 – 🆃🆅 🕿. 🅴   BX **u**
M a la carte 25/46 ⅃ – **13 Z : 24 B** 40/80 - 75/110.

🏨 **Weinhaus Haag** garni, Stockplatz 1, 🕿 7 23 66 – 🆀🆃 ⓞ 🅴 𝘝𝘐𝘚𝘈   BX **n**
16 Z : 25 B 43/65 - 75/130.

🏨 Zur Alten Brücke, Aachener Str. 5, 🕿 8 53 33, ≤ – 🕿 🅿   AY **v**
23 Z : 40 B Fb.

XXX **Pfeffermühle**, Zurlaubener Ufer 76, 🕿 2 61 33, bemerkenswerte Weinkarte – 🅿. 🅴
⚘   AV **t**
Sonntag, 4.- 13. Feb. und 5.- 24. Juli geschl. – **M** (Tischbestellung ratsam) a la carte 60/90.

XX **Palais Kesselstatt**, Liebfrauenstr. 10, 🕿 4 02 04, Fax 73316, 🛱 – 🅿. 🆀🆃 ⓞ 🅴 𝘝𝘐𝘚𝘈   BY **c**
Sonntag und 3.- 24. Feb. geschl. – **M** a la carte 42/74.

XX **Quo vadis**, Neustr. 15, 🕿 4 83 83   AY **m**

X **Zum Domstein**, Hauptmarkt 5, 🕿 7 44 90, Fax 74499, 🛱, bemerkenswerte Weinkarte,
« Innenhof » – 🕭. ⓞ 🅴 𝘝𝘐𝘚𝘈   BY **t**
M a la carte 27/48 ⅃.

X **Alte Kate**, Matthiasstr. 71, 🕿 3 07 33, 🛱 – 🅿. 🅴   AZ **x**
Dienstag geschl. – **M** a la carte 33/57.

X **Brunnenhof**, Im Simeonstift, 🕿 4 85 84, Fax 74732, « Innenhof » – 🅴   BX **M**
10. Jan.- Feb. geschl. – **M** (auch vegetarisches Menu) a la carte 24/50 ⅃.

X **Lenz Weinstuben**, Viehmarkt 4, 🕿 4 53 10 – 🆀🆃 ⓞ 🅴 𝘝𝘐𝘚𝘈   AY **e**
Montag und Juni - Juli 3 Wochen geschl. – **M** a la carte 28/55 ⅃.

Auf dem Kockelsberg ⑤ : 5 km :

🏨 **Berghotel Kockelsberg** ⑤, ✉ 5500 Trier, 🕿 (0651) 8 90 38, ≤ Trier, 🛱 – 🕿 🅿 –
➤ ⒨ 25/100. 🆀🆃 ⓞ 🅴 𝘝𝘐𝘚𝘈
M a la carte 20/47 – **32 Z : 60 B** 49/109- 79/119.

In Trier-Ehrang ⑥ : 8 km :

XX **Kupfer-Pfanne**, Ehranger Str. 200 (B 53), 🕿 6 65 89 – 🅴. ⚘
Samstag bis 18 Uhr geschl. – **M** (Tischbestellung ratsam) a la carte 41/70.

In Trier-Euren SW : 3 km über Eurener Str. AY :

🏨 **Eurener Hof**, Eurener Str. 171, 🕿 8 80 77, Telex 472555, Fax 800900, 🛱, « Rustikale
Einrichtung », ≘, 🏊 – ⒩ 🆃🆅 🅿 – ⒨ 30. ⚘ Rest
M a la carte 29/63 ⅃ – **60 Z : 104 B** 97/130 - 155/180 Fb – 4 Appart. 210.

🏨 **Schütz** ⑤ garni, Udostr. 74, 🕿 8 88 38, 🌳
Weihnachten - Neujahr geschl. – **22 Z : 36 B** 45 - 70/80.

In Trier-Olewig über Olewiger Str. BY :

🏨 **Blesius-Garten** (ehemaliges Hofgut a.d.J. 1789), Olewiger Str. 135, 🕿 3 60 60,
Telex 472441, Fax 360633, 🛱, ≘, 🏊 – ⒩ 🆃🆅 🅿 – ⒨ 25/110. 🆀🆃 ⓞ 🅴 𝘝𝘐𝘚𝘈
M a la carte 24/64 ⅃ – **60 Z : 120 B** 80/110 - 140/170 Fb.

In Trier-Pallien :

X **Weisshaus**, Weisshaus 1 (bei der Bergstation der Kabinenbahn), 🕿 8 34 33, ≤ Trier, 🛱
– 🕭 🅿 – ⒨ 40. 🅴   AV **n**
Montag und 8. Jan.- 1. Feb. geschl. – **M** a la carte 26/52.

In Trier-Pfalzel ⑥ : 7 km :

🏨 **Klosterschenke** ॐ, Klosterstr. 10, ℰ 60 89, 佘 – ☎ ❷. ॐ Zim
Mitte Dez.- Anfang März geschl. – **M** *(Montag - Dienstag 15 Uhr geschl.)* a la carte 29/57 –
11 Z : 21 B 65/75 - 105/120.

In Trier-Zewen SW : 7 km über ④ :

🏠 **Pension Rosi** ॐ garni, Turmstr. 14, ℰ 8 70 85, 😩, 🛲 – ☎. ॐ
23. Dez.- 10. Jan. geschl. – **10 Z : 23 B** 35 - 55/70.

An der B 51 SW : 5 km :

🏠 Estricher Hof, ⊠ 5500 Trier, ℰ (0651) 3 30 44, ≤, 佘 – 🛊 ☎ 🕭 ⇐⇒ ❷ – 🏍 40   AZ
16 Z : 36 B Fb.

In Igel 5501 SW : 8 km :

🏠 **Igeler Säule**, Trierer Str. 41 (B 49), ℰ (06501) 1 20 61, Fax 15861, 佘, 😩, 🗋 – ☎ ❷
↠ **M** *(Montag bis 18 Uhr geschl.)* a la carte 20/47 🕭 – **39 Z : 74 B** 50/70 - 80/98 Fb.

In Mertesdorf 5501 O : 9 km über Trier-Ruwer :

🏠 **Weis** ॐ, Eitelsbacher Str. 4, ℰ (0651) 51 34, Fax 53630, ≤, 佘 – 🛊 ⇐⇒ ❷ – 🏍 25/100
E
M a la carte 27/52 🕭 – **60 Z : 106 B** 45/75 - 80/100 Fb.

🏠 **Karlsmühle** ॐ, Im Mühlengrund 1, ℰ (0651) 51 23, Fax 52016, 佘, 🛲 – ❷. 🖭
↠ **M** *(nur Abendessen, Dienstag, Jan.- Mitte Feb. und März geschl.)* a la carte 20/42 🕭 –
42 Z : 78 B 40/58 - 66/86.

MICHELIN-REIFENWERKE KGaA. 5500 Trier-Pfalzel, Eltzstraße (über ⑥ : 7 km) ℰ (0651)
68 10, Fax 681234.

TRIPPSTADT 6751. Rheinland-Pfalz 🔢 🔢 G 18, 🔢 ⑥. 🔢 ① – 2 700 Ew – Höhe 420 r
– Luftkurort – ✪ 06306.
🅱 Verkehrsamt, Hauptstr. 32, ℰ 3 41.
Mainz 96 – Kaiserslautern 13 – Pirmasens 34.

🏠 **Zum Schwan**, Kaiserslauterer Str. 4, ℰ 3 93, « Gartenterrasse », 🛲 – ❷
↠ *Anfang Feb.- Anfang März geschl. –* **M** *(Nov.- März Dienstag geschl.)* a la carte 19/42 🕭 –
11 Z : 19 B 35/45 - 70/75.

🏠 **Gunst** ॐ garni, Hauptstr. 99a, ℰ 17 85, 🛲
11 Z : 20 B 40 - 80 – 2 Fewo 70.

In Trippstadt-Johanniskreuz SO : 9 km :

🏨 Waldhotel, an der B 48, ℰ 13 04, « Park, Gartenterrasse », 😩, 🗋, 🛲 – 🛊 ☎ ⇐⇒ ❷ –
🏍 25/110
46 Z : 80 B Fb.

TRITTENHEIM 5501. Rheinland-Pfalz 🔢 ㉘. 🔢 D 17 – 1 300 Ew – Höhe 121 m – ✪ 0650
(Neumagen-Dhron).
🅱 Verkehrsamt, Moselweinstr. 55, ℰ 22 27.
Mainz 138 – Bernkastel-Kues 25 – ♦Trier 34.

🏠 **Moselperle**, Moselweinstr. 42, ℰ 22 21, 佘 – ⇐⇒ ❷. 🖭 ⑩ **E** 🌇
22. Dez.- 6. Jan. geschl. – **M** *(Montag geschl.)* a la carte 26/43 🕭 – **14 Z : 25 B** 35/50 - 60/9
– 7 Fewo (im Gästehaus mit 🗋) 350/700 pro Woche.

🏠 Krone ॐ (Appartementhotel), Moselpromenade 9, ℰ 20 11, Fax 5764, ≤, 佘, 😩, 🗋 –
☎ ❷ – **20 Z : 78 B** Fb.

In Büdlicherbrück 5509 S : 8 km :

🔱 **Robertmühle** ॐ, Im Dhrontal, ℰ (06509) 5 15, 佘, 🛲 – ❷
↠ **M** a la carte 19,50/46 🕭 – **16 Z : 30 B** 29/43 - 55/71.

In Bescheid-Mühle 5509 S : 10 km über Büdlicherbrück :

🏠 Forellenhof ॐ, Im Dhrontal, ℰ (06509) 2 31, 佘, Wildgehege, 🛲, 🐎 – ❷
17 Z : 40 B.

TROCHTELFINGEN 7416. Baden-Württemberg 🔢 K 22 – 5 200 Ew – Höhe 720 m
Erholungsort – Wintersport : 690/815 m ⚡2 ⚡2 – ✪ 07124.
🅱 Verkehrsamt, Rathaus, Rathausplatz 9, ℰ 27 71.
♦Stuttgart 68 – ♦Konstanz 109 – Reutlingen 27.

🏠 **Zum Rößle**, Marktstr. 48, ℰ 12 21, Fax 555, 😩, 🗋 – 📺 ☎ ⇐⇒ ❷. **E**
↠ **M** *(Freitag ab 14 Uhr, Montag, 1.- 14. Jan. und Juli - Aug. 2 Wochen geschl.)* a la carte 21/4
🕭 – **31 Z : 51 B** 43/57 - 78/105 Fb.

🗶🗶 **Ochsen**, Marktstr. 21, ℰ 22 00
Mittwoch - Donnerstag 18 Uhr, Ende Jan.- Anfang Feb. und 1.- 13. Aug. geschl. – Menu à l
carte 35/66.

ROISDORF 5210. Nordrhein-Westfalen **987** ㉔, **412** E 14 — 63 700 Ew — Höhe 65 m — ⊕ 02241.

Düsseldorf 65 — ◆Köln 21 — Siegburg 5.

🏠 **Regina** garni, Hippolytusstr. 23, ℰ 7 29 18, Telex 889796, Fax 28385 — |📶| 📺 🕿 ⇦
36 Z : 62 B Fb.

🏠 **Wald-Hotel Haus Ravensberg**, Altenrather Str. 51, ℰ 7 61 04, Fax 74184 — |📶| 🕿 ❷. 🖭
⓪ 🄴 𝐕𝐈𝐒𝐀
M a la carte 36/66 — **24 Z : 40 B** 89/95 - 125/150 Fb.

🏠 **Kronprinz** garni, Poststr. 87, ℰ 7 50 58, ⇨ — |📶| 📺 🕿 ⇦
42 Z : 60 B Fb.

ROMM Hessen siehe Grasellenbach.

ROSSINGEN 7218. Baden-Württemberg **418** I 22 — 11 600 Ew — Höhe 699 m — ⊕ 07425.

Verkehrsamt, Rathaus, Schultheiß-Koch-Platz 1, ℰ 2 51 20.

Stuttgart 106 — Donaueschingen 27 — Rottweil 14.

🏠 **Bären**, Hohnerstr. 25, ℰ 60 07, Fax 21395 — 📺 🕿 ⇦ ❷. 🖭 ⓪ 🄴
M (Samstag geschl.) a la carte 28/64 — **24 Z : 35 B** 42/90 - 85/140.

🏠 **Schoch**, Eberhardstr. 20, ℰ 70 25, ⇨, 📺 — 🕿 ⇦. 🖭 ⓪ 🄴 𝐕𝐈𝐒𝐀
◆ M (Freitag und Juli - Aug. 2 Wochen geschl.) a la carte 21/45 🍴 — **22 Z : 35 B** 40/78 - 72/156.

ROSTBERG 8223. Bayern **418** U 22, **987** ㊲, **426** J 4 — 10 000 Ew — Höhe 481 m — ⊕ 08621.

München 86 — Passau 109 — Rosenheim 46 — Salzburg 64.

🏚 **Pfaubräu** (Haus a.d. 15. Jh.), Hauptstr. 2, ℰ 24 26, Biergarten — ⇦
25 Z : 36 B.

🏚 **Zur Post**, Vormarkt 30, ℰ 6 10 88 — 📺 🕿 ❷
22 Z : 34 B.

TÜBINGEN 7400. Baden-Württemberg **418** K 21, **987** ㉟ — 78 000 Ew — Höhe 341 m — ⊕ 07071.

Sehenswert : Eberhardsbrücke ⇐** — Platanenallee** — Marktplatz* — Rathaus* — Stiftskirche (Grabtumben**, Turm ⇐*, Kanzel*) — Schloß (Renaissance-Portale*).

Ausflugsziel : Bebenhausen* : ehemaliges Kloster* 6 km über ①.

Verkehrsverein, An der Eberhardsbrücke, ℰ 3 50 11, Fax 35070.

DAC, Wilhelmstr. 3, ℰ 5 27 27, Telex 7262888.

Stuttgart 46 ① — ◆Freiburg im Breisgau 155 ③ — ◆Karlsruhe 105 ① — ◆Ulm (Donau) 100 ②.

Stadtplan siehe nächste Seite.

🏨 **Krone** ⑤, Uhlandstr. 1, ℰ 3 10 36, Telex 7262762, Fax 38718, « Stilvolle Einrichtung » — |📶|
🍴 📺 ⇦ ❷ — 🕍 25/90. 🖭 ⓪ 🄴 𝐕𝐈𝐒𝐀 Z b
22.- 30. Dez. geschl. — M a la carte 48/80 — **48 Z : 70 B** 145/220 - 220/300 — 3 Appart. 380.

🏨 **Stadt Tübingen**, Stuttgarter Str. 97, ℰ 3 10 71, Fax 38245, 🍴 — 📺 🕿 ❷ — 🕍 25/250 X a
68 Z : 130 B Fb.

🏨 **Domizil - Restaurant Carat**, Wöhrdstr. 5-9, ℰ 13 90 (Hotel) 13 91 00 (Rest.), Fax 139250,
⇨ — |📶| 📺 🕿 ♿, 🖭 ⓪ 🄴 𝐕𝐈𝐒𝐀 Z n
M (Sonntag 15 Uhr - Montag und Juli - Aug. 2 Wochen geschl.) 39/53 (mittags) und a la
carte 62/80 — **80 Z : 120 B** 130/160 - 170/250 Fb — 4 Appart. 300.

🏠 **Kupferhammer** garni, Westbahnhofstr. 57, ℰ 4 11 11, Fax 49067 — 📺 🕿 ⇦ ❷. 🖭 ⓪
🄴 𝐕𝐈𝐒𝐀 Y m
22. Dez.- 6. Jan. geschl. — **20 Z : 39 B** 70/90 - 98/140.

🏠 **Am Bad** ⑤, Am Freibad 2, ℰ 7 30 71 — 📺 🕿 ❷. 🖭 🄴 𝐕𝐈𝐒𝐀 X f
20. Dez.- 10. Jan. geschl. — (nur Abendessen für Hausgäste) — **36 Z : 54 B** 70/98 - 120/
150 Fb.

🏠 **Barbarina**, Wilhelmstr. 94, ℰ 2 60 48 — |📶| 🕿 ❷ X r
(nur Abendessen) — **23 Z : 35 B** Fb.

🏠 **Haus Katharina** ⑤ garni, Lessingweg 2, ℰ 6 70 21 — 📺 🕿 ⇦ ❷ X e
16 Z : 26 B 70/125 - 145/165.

🛇🛇 **Museum**, Wilhelmstr. 3, ℰ 2 28 28 — ❷ — 🕍 25/70. 🖭 ⓪ 🄴 𝐕𝐈𝐒𝐀 Y T
M (auch vegetarische Gerichte) a la carte 30/75.

🛇🛇 **Landgasthof Rosenau**, beim neuen Botanischen Garten, ℰ 6 64 66, Fax 60083, 🍴 —
❷. 🖭 ⓪ 🄴 𝐕𝐈𝐒𝐀 über Frondsbergstr. Y
Dienstag geschl. — M (auch vegetarische Gerichte) a la carte 37/70.

🛇 **Forelle** (Weinstube a.d.J. 1895), Kronenstr. 8, ℰ 2 29 38 Z v
◆ Mitte Aug.- Mitte Sept., Donnerstag ab 14 Uhr und Dienstag geschl. — M a la carte 21/38.

In Tübingen-Bebenhausen ① : 6 km :

🏠 **Landhotel Hirsch**, Schönbuchstr. 28, ℰ 6 80 27, Fax 600803, 🍴 — 📺 🕿 ❷. 🖭 ⓪ 🄴 𝐕𝐈𝐒𝐀
M (auch vegetarische Gerichte) (Dienstag geschl.) a la carte 40/72 — **12 Z : 20 B** 102/140 -
170/190 Fb.

TÜBINGEN

★ RATHAUS
SCHLOSS
★ MARKTPLATZ
STIFTSKIRCHE
★★ PLATANENALLEE
EBERHARDSBRÜCKE

XXX ❀ **Waldhorn**, Schönbuchstr. 49 (B 27), ℰ 6 12 70, bemerkenswerte Weinkarte − **Ⓟ**
Donnerstag - Freitag 18 Uhr, 2.- 8. Jan. und Juli - Aug. 3 Wochen geschl. −
(Tischbestellung ratsam) 90/130 und a la carte 65/95
Spez. Hummer im Nudelteig, Taube mit Pomerolsauce, Hägemark-Eisbömble.

In Tübingen-Kilchberg ④ : 5 km :

🏠 **Gästehaus Hirsch** ⅗ garni, Closenweg 4/2, ℰ 7 29 35 − TV ☎ Ⓟ ΛΞ Ε ⅏
20. Dez.- 15. Jan. geschl. − **15 Z : 25 B** 70/90 - 100/120.

In Tübingen-Lustnau :

🏠 **Adler** garni, Bebenhäuser Str. 2 (B 27), ℰ 8 18 06 − Ⓟ   X
20. Dez.- 7. Jan. geschl. − **30 Z : 45 B** 46/70 - 78/120.

In Tübingen 6-Unterjesingen ⑤ : 6 km :

🏠 **Am Schönbuchrand** garni, Klemsenstr. 3, ℰ (07073) 60 47, ⇌, 🔲 − 🛗 TV ☎ Ⓟ
24. Dez.- 10. Jan. geschl. − **13 Z : 18 B** 60/80 - 90/110.

TÜSCHENBROICH Nordrhein-Westfalen siehe Wegberg.

ÜSSLING Bayern siehe Altötting.

UNAU Baden-Württemberg siehe Schönau im Schwarzwald.

UTTLINGEN 7200. Baden-Württemberg 413 J 23, 987 ㉟, 427 K 2 – 32 000 Ew – Höhe 645 m
✆ 07461.

Verkehrsamt, Rathaus (Möhringen), ✆ (07462) 3 40, Fax 7572.

Stuttgart 128 ⑥ – ♦Freiburg im Breisgau 88 ④ – ♦Konstanz 59 ③ – ♦Ulm (Donau) 116 ②.

TUTTLINGEN

hnhofstraße	Z	Alleenstraße	YZ 2	Marktplatz	Z 13
nigstraße	YZ 9	Balinger Straße	Y 3	Neuhauser Straße	Z 14
ere Hauptstraße	Z 15	Bismarckstraße	Z 4	Rathausstraße	YZ 18
tere Hauptstraße	Y 24	Donaueschinger Straße	Z 6	Schaffhauser Straße	Z 19
		Donaustraße	YZ 7	Stadtkirchstraße	Z 22
		Kronenstraße	Z 10	Umgehungsstraße	Z 23
		Ludwigstaler Straße	Y 12	Untere Vorstadt	Y 25

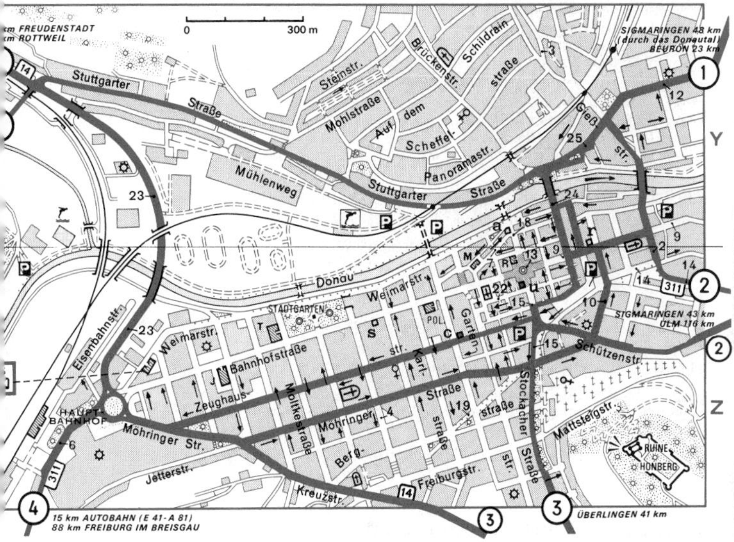

🏨 **Stadt Tuttlingen**, Donaustr. 30, ✆ 1 70 40 – 🛗 📺 ☎ 🚗. 🚫 **49 Z : 85 B** Fb.	Y	a
🏨 **Café Schlack**, Bahnhofstr. 59, ✆ 7 20 81, Fax 72083 – 📺 ☎ 🚗 🅿 **37 Z : 62 B** Fb.	Z	s
🏨 **Rosengarten** garni, Königstr. 17, ✆ 51 04 – 🛗 🚗. *20. Dez.- 20. Jan. geschl.* – **25 Z : 40 B** 38/60 - 76/98.	Y	r
✕✕ Kupferkanne, Zeughausstr. 8, ✆ 32 32	Z	c
✕✕ **Engel**, Obere Hauptstr. 4, ✆ 7 86 00, 🌳 – AE E *Montag geschl.* – **M** a la carte 24/50.	Z	u

In Tuttlingen - Möhringen ④ : 5 km – Luftkurort :

Löwen, Mittlere Gasse 4, ✆ (07462) 62 77, 🚿 – 🚗 🅿. E
15. Okt.- 15. Nov. geschl. – **M** *(Mittwoch geschl.)* a la carte 19/36 🍷 – **23 Z : 45 B** 32/55 - 60/100.

✕ Zum Hecht mit Zim, Hechtgasse 1, ✆ (07462) 62 87 – 🅿
4 Z : 7 B.

Gli alberghi o ristoranti ameni sono indicati nella guida con un simbolo rosso.
Contribuite a mantenere la guida aggiornata segnalandoci gli alberghi e ristoranti dove avete soggiornato piacevolmente.

🏨🏨🏨🏨🏨 ... 🏨
✕✕✕✕✕ ... ✕

TUTZING 8132. Bayern 🅐🅑🅒 Q 23, 🅖🅗🅣 ⑰, 🅐🅑🅖 F 5 — 10 000 Ew — Höhe 610 m — Luftkurort
🟢 08158.

🚠 Tutzing-Deixlfurt (W : 2 km), ℰ 36 00.

🛈 Verkehrsamt, Kirchenstr. 9, Rathaus, ℰ 20 31.

♦München 42 — Starnberg 15 — Weilheim 14.

- 🏠 **Zum Reschen** garni, Marienstr. 7, ℰ 20 63, Fax 7755 — 📺 ☎ ⟸. **E**
  22. Dez.- 7. Jan. geschl. — **19 Z : 36 B** 85/120 - 140 Fb.

- 🏠 **Engelhof**, Heinrich-Vogl-Str. 9, ℰ 30 61 — 📺 ☎ ❷
  M (wochentags nur Abendessen, Freitag geschl.) a la carte 40/80 — **14 Z : 26 B** 90/12○ 130/250 Fb.

- 🏠 **Café am See** ⑊, Marienstr. 16, ℰ 4 90, ≼, ㄍ — ⌐ 📺 ❷
  Anfang Nov.- Anfang Dez. geschl. — **M** (Montag 15 Uhr - Dienstag geschl.) a la carte 29/ — **10 Z : 18 B** 80/90 - 110 — 4 Fewo 60/100.

- 🏠 **Andechser Hof**, Hauptstr. 25, ℰ 18 22, Biergarten — ⟸ ❷ **E**
  7.- 27. Jan. geschl. — **M** (Donnerstag geschl.) a la carte 28/49 — **22 Z : 38 B** 45/95 - 75/1○ Fb — ½ P 58/85.

- 💥 ⑊ **Härings Wirtschaft im Midgardhaus**, Midgardstr. 3, ℰ 12 16, ≼, Biergarte «Terrasse am See» — ❷ 🆎 ⓪ **E** 🆅🆂🅰
  Montag und Nov. geschl. — **M** (Tischbestellung ratsam) a la carte 32/72
  Spez. Geschnetzeltes von Lachsforelle und Waller, Saures Kalbsherz mit Semmelknödel, Marinierte Beeren r Pralineneis.

- 💥 **Forsthaus Ilka - Höhe**, auf der Ilka-Höhe (SW : 2,5 km), ℰ 82 42, ≼ Starnberger S und Alpen, ㄍ, Biergarten — ❷
  Montag bis 18 Uhr, Dienstag und Jan.- Feb. 4 Wochen geschl. — Menu a la carte 35/72.

TWIST 4477. Niedersachsen 🅐🅑🅒 ⑭ — 8 400 Ew — Höhe 20 m — 🟢 05936.

♦ Hannover 255 — ♦Bremen 147 — Groningen 99 — Nordhorn 26.

- 💥 **Gasthof Backers** mit Zim, Kirchstr. 25, ℰ 3 30 — ☎ ❷ **E**. ⑊ Zim
  1.- 7. Jan. und Juli - Aug. 3 Wochen geschl. — **M** (Samstag bis 18 Uhr und Dienstag geschl a la carte 28/53 — **5 Z : 10 B** 40 - 70.

ÜBACH-PALENBERG 5132. Nordrhein-Westfalen 🅐🅑🅒 B 14, 🅐🅑🅒 ⑱, 🅐🅑🅒 ⑦ — 23 000 Ew Höhe 125 m — 🟢 02451 (Geilenkirchen).

♦Düsseldorf 72 — ♦Aachen 18 — Geilenkirchen 6.

- 🏠 **Stadthotel**, Freiheitstr. 8 (Übach), ℰ 40 62, Fax 4063 — 📺 ☎ — ⚒ 25/600
  M (wochentags nur Abendessen, Sonntag nur Mittagessen) a la carte 18/42 — **18 Z : 27** 50 - 100.

- 🏠 **Weydenhof**, Kirchstr. 17 (Palenberg), ℰ 4 14 10 — ⟸ ❷ **E**
  Juli geschl. — **M** (nur Abendessen, Freitag geschl.) a la carte 22/38 — **15 Z : 23 B** 40/5○ 70/90.

ÜBERHERRN Saarland siehe Saarlouis.

ÜBERKINGEN, BAD 7347. Baden-Württemberg 🅐🅑🅒 M 21 — 4 500 Ew — Höhe 440 m Heilbad — 🟢 07331 (Geislingen an der Steige).

🛈 Kurverwaltung, Gartenstr. 1, ℰ 20 09 10.

♦Stuttgart 64 — Göppingen 21 — ♦Ulm (Donau) 37.

- 🏨 **Bad-Hotel**, Badstr. 12, ℰ 30 20, Fax 2014, ㄍ — ⛓ 📺 ❷ — ⚒ 25/60. 🆎 ⓪ **E**. ⑊
  20.- 30. Dez. geschl. — **M** (auch vegetarische Gerichte) 25 und a la carte 41/66 — **20 Z : 37** 95/160 - 190/250 Fb — ½ P 125/155.

- 🏨 **Golfhotel Altes Pfarrhaus** (restauriertes Fachwerkhaus a.d. 16. Jh. mit geschmackvoll Einrichtung), Badstr. 2, ℰ 6 30 36, Fax 63030 — 📺 ☎. 🆎 ⓪ **E** 🆅🆂🅰. ⑊
  M (Tischbestellung ratsam) a la carte 47/84 — **14 Z : 23 B** 98/145 - 190/240.

ÜBERLINGEN 7770. Baden-Württemberg 🅐🅑🅒 K 23, 🅖🅗🅣 ⑱, 🅐🅑🅣 L 2 — 18 000 Ew — Höhe 403 — Kneippheilbad und Erholungsort — 🟢 07551.

Sehenswert : Stadtbefestigungsanlagen★★ A — Münster★ B E — Seepromenade★ AB — Ratha (Ratssaal★) B R.

🛈 Städt. Kurverwaltung, Landungsplatz 14, ℰ 40 41.

♦Stuttgart 172 ③ — Bregenz 63 ② — ♦Freiburg im Breisgau 129 ③ — Ravensburg 46 ①.

Stadtplan siehe gegenüberliegende Seite.

- 🏨 **Parkhotel St. Leonhard** ⑊, Obere St.-Leonhard-Str. 71, ℰ 80 80, Telex 733983, F 808531, ≼ Bodensee und Alpen, ㄍ, «Park, Wildgehege», 🔲, ⑊ (Halle) — ⛓ 📺 ❷ ⚒ 25/180. 🆎 **E**. ⑊ Rest   über Obertorstr.   B
  M a la carte 34/77 — **144 Z : 280 B** 110/157 - 182/230 Fb — 3 Appart. 312 — ½ P 122/188.

ÜBERLINGEN

ichelin puts no plaque
sign on the hotels
id restaurants
entioned in this guide.

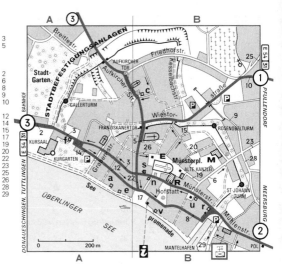

🏠 **Bürgerbräu**, Aufkircher Str. 20, ℰ 6 34 07 – 📺 ☎ 🅿. 🅰🅴 **E** 𝘝𝘐𝘚𝘈. ⁄% Zim   B **c**
Ende Okt.- Mitte Nov. geschl. – **M** *(Donnerstag, im Winter auch Freitag bis 18 Uhr geschl.)*
a la carte 36/60 – **12 Z : 19 B** 70/80 - 120 Fb – ½ P 82/92.

🏠 **Rosengarten**, Bahnhofstr. 12, ℰ 48 95, 🌺 – 📺 ☎ 🚗 🅿. ⁄% Zim   über ③
22. Dez.- 7. Jan. geschl. – **M** *(nur Abendessen, Donnerstag und Nov.- Mitte März geschl.)* a
la carte 34/58 – **16 Z : 29 B** 95/150 - 140/220 Fb.

🏠 **Seegarten** ⑳, Seepromenade 7, ℰ 6 34 98, Fax 3981, ≤, « Gartenterrasse » – ♿ ☎
Dez.- Jan. geschl. – **M** a la carte 32/60 – **21 Z : 32 B** 80/101 - 130/190 – ½ P 108/129.   A **e**

🏠 **Bad Hotel**, Christophstr. 2, ℰ 6 10 55, Telex 733909, Fax 67079, 🍴, 🌺 – ♿ ☎ 🅿 –
🔬 25. 🅰🅴 ⓞ **E** 𝘝𝘐𝘚𝘈. ⁄% Rest   A **f**
10. Jan.- Feb. geschl. – **M** *(Nov.- März Dienstag geschl.)* a la carte 30/60 – **50 Z : 80 B**
90/200 - 150/210 Fb – ½ P 107/172.

🏠 **Walter** ⑳, Seepromenade 13, ℰ 48 01, Fax 7818, ≤ – 📺 ☎. ⁄%   B **v**
Dez.- Jan. geschl. – **M** *(Donnerstag geschl.)* a la carte 28/51 – **9 Z : 16 B** 75/90 - 120/160.

🏠 **Ochsen**, Münsterstr. 48, ℰ 40 67, Fax 3290, 🍴 – ♿ ☎ 🚗 🅿. 🅰🅴 ⓞ **E** 𝘝𝘐𝘚𝘈   B **r**
M *(24.-31. Dez. geschl.)* a la carte 30/58 – **43 Z : 63 B** 70/85 - 120/150.

🏠 **Stadtgarten**, Bahnhofstr. 22, ℰ 45 22, 🚲, 🔲, 🌺 – 📺 🅿   über ③
April - Okt. – **M** *(Restaurant nur für Hausgäste)* – **26 Z : 44 B** 60/65 - 130 – ½ P 75/80.

🏠 **Zähringer Hof** garni, Münsterstr. 36, ℰ 6 36 65   B **u**
Mitte März - Anfang Nov. – **30 Z : 42 B** 40/60 - 80/112.

XX **Romantik-Hotel Hecht** mit Zim, Münsterstr. 8, ℰ 6 33 33, Fax 3310 – 📺 ☎ 🚗. ⓞ **E**
𝘝𝘐𝘚𝘈. ⁄% Zim   B **n**
5.- 20. Jan. geschl. – Menu *(Tischbestellung ratsam)* (Sonntag 15 Uhr - Montag geschl.) a la
carte 34/80 – **9 Z : 15 B** 75/110 - 150.

X Mokkas Grillstuben mit Zim, Münsterstr. 3 (1. Etage), ℰ 6 37 57 – ☎ – **5 Z : 7 B**.   B **s**

X **Weinstube Reichert** ⑳ mit Zim, Seepromenade 3, ℰ 6 38 57, ≤, 🍴 – 📺 🅰🅴 ⓞ **E**
𝘝𝘐𝘚𝘈   A **a**
M *(Montag, Nov.- März auch Dienstag geschl.)* a la carte 31/56 – **8 Z : 14 B** 53/76 - 105/116.

In Überlingen-Andelshofen ① : 3 km :

🏠 **Johanniter-Kreuz** ⑳, Johanniterweg 11, ℰ 6 10 91, Fax 67336, 🍴, « Fachwerkhaus a.d.
17. Jh., rustikale Einrichtung », 🌺 – 📺 ☎ 🚗 🅿. 🅰🅴 ⓞ **E** 𝘝𝘐𝘚𝘈. ⁄%
2.- 20. Jan. geschl. – **M** *(Montag - Dienstag 17 Uhr geschl.)* a la carte 34/66 – **14 Z : 24 B**
70/110 - 120/170 Fb.

- In Überlingen 12-Lippertsreute ① : 9 km :

X **Landgasthof zum Adler** mit Zim (Fachwerkhaus a.d.J. 1635), Hauptstr. 44,
ℰ (07553) 75 24 – 🚗 🅿
März und Dez. jeweils 2 Wochen geschl. – **M** *(Donnerstag 14 Uhr - Freitag geschl.)* a la
carte 23/45 🔬 – **8 Z : 16 B** 40/50 - 76/80.

In Überlingen 18-Nußdorf ② : 3 km :

🏠 **Seehotel Zolg**, Zur Forelle 1, ℰ 6 21 49, ≤, 🍴, 🚲, 🌺 – 📺 ☎ 🅿. ⓞ **E** 𝘝𝘐𝘚𝘈. ⁄% Zim
Mitte Dez.- Mitte Jan. geschl. – **M** *(Montag geschl., Nov.- Mitte März garni)* a la carte 27/50
– **17 Z : 30 B** 68/80 - 120/145 Fb – ½ P 79/99.

UBERSEE 8212. Bayern ᴀ┃┃ᴮ U 23. ᴀ⓴ᴮ ⑲ – 3 800 Ew – Höhe 525 m – Luftkurort – 🕲 08642.

🛈 Verkehrsamt, Feldwieser Str. 27. ℘ 2 95.

◆München 95 – Rosenheim 36 – Traunstein 20.

Am Chiemsee N : 4 km :

🏠 **Chiemgauhof** ⬩⬩, Julius-Exter-Promenade 21, ⊠ 8212 Übersee-Feldwie℘ (08642) 12 81, ≤, « Terrasse am See », ⇔, ⬛, ⬤, ⇌ – 📺 ☎ 🅿
   6. Jan.- Ostern und Nov.- 25. Dez. geschl. – **M** a la carte 27/55 – **16 Z : 35 B** 65/85 - 1¶
   150 Fb.

ÜHLINGEN-BIRKENDORF 7899. Baden-Württemberg ᴀ┃┃ᴮ HI 23, ᴀ⓴⓻ I 2, ᴮ┃⓺ ⑥ ⑦ – 4 400
– Höhe 644 m – Wintersport : 644/900 m ⦙6 – 🕲 07743.

🛈 Verkehrsbüro Ühlingen, Rathaus, ℘ 55 11.

🛈 Kurverwaltung Birkendorf, Haus des Gastes, ℘ 3 80, Fax 1277.

◆Stuttgart 172 – Donaueschingen 46 – ◆Freiburg im Breisgau 67 – Waldshut-Tiengen 21.

Im Ortsteil Ühlingen – Erholungsort :

🏠 Zum Posthorn, Hauptstr. 12, ℘ 2 44, 🍴 – ⇌ 🅿
   – **16 Z : 30 B**.

Im Ortsteil Birkendorf – Luftkurort :

🏠 **Sonnenhof-Gästehaus Sonnhalde**, Schwarzwaldstr. 9, ℘ 58 58, 🍴, ⇔, ⬛, ⇌ –
   ☎ 🅿 – 🔬 40. ᴀ🄴 ⓸ 🄴 VISA
   M a la carte 24/49 ⬩ – **46 Z : 85 B** 50/60 - 90/116 Fb – ½ P 63/78.

In Ühlingen-Birkendorf-Witznau SW : 10 km :

✗ **Witznau**, Schlüchttalstraße, ℘ (07747) 2 15, 🍴 – 🅿 ⓸ 🄴 VISA
   Montag und Feb. geschl. – **M** a la carte 29/60 ⬩.

UELSEN 4459. Niedersachsen ᴀ┃⓶ D 9, ᴀ⓸ᴮ ⑬ – 3 500 Ew – Höhe 22 m – Erholungsort▌
🕲 05942.

◆Hannover 240 – Almelo 23 – Lingen 36 – Rheine 56.

🏠 Am Waldbad ⬩⬩, Zum Waldbad 1, ℘ 10 61, 🍴, direkter Zugang zum städtischen ⬛, ⬱
   ⇌ – 📺 ☎ 🅿 – 🔬 35
   14 Z : 24 B.

UELZEN 3110. Niedersachsen ᴮ┃⓻ ⑯ – 38 000 Ew – Höhe 35 m – 🕲 0581.

🛈 Verkehrsbüro, Veerßer Str. 43, ℘ 80 01 32.

◆Hannover 96 – ◆Braunschweig 83 – Celle 53 – Lüneburg 33.

🏨 **Stadt Hamburg**, Lüneburger Str. 4, ℘ 1 70 81 – 🛗 📺 ☎ ♿ – 🔬 25/100. ᴀ🄴 ⓸ 🄴 VISA
   M a la carte 36/76 – **34 Z : 56 B** 70/90 - 140/150 Fb.

🏨 Uelzener Hof, Lüneburger Str. 47, ℘ 7 39 93, Fax 70191, « Altes Fachwerkhaus » – 📺
   ⇌
   29 Z : 53 B Fb.

🏠 **Stadthalle Schützenhaus**, Am Schützenplatz 1, ℘ 23 78, Fax 73326 – 🛗 📺 ☎ 🅿
   🔬 25/600. ᴀ🄴 🄴 VISA
   M a la carte 32/70 – **14 Z : 25 B** 44/66 - 88/112 Fb.

🏠 Am Stern, Sternstr. 13, ℘ 63 29, ⇔ – 🛗 📺 ☎ 🅿 – 🔬 40. ⬉
   (nur Abendessen) – **32 Z : 57 B** Fb.

ÜRZIG 5564. Rheinland-Pfalz ᴀ┃⓶ E 17 – 1 000 Ew – Höhe 106 m – 🕲 06532 (Zeltingen).
Mainz 124 – Bernkastel-Kues 10 – ◆Trier 46 – Wittlich 11.

🏨 **Moselschild**, Moselweinstr. 14 (B 53), ℘ 30 01, Fax 3004, ≤, 🍴, « Geschmackvo▌
   Einrichtung », ⇔ – 📺 ☎ ⇌ 🅿. ᴀ🄴 ⓸ 🄴 VISA
   10.- 30. Jan. geschl. – **M** (bemerkenswertes Angebot regionaler Weine) a la carte 41/72
   14 Z : 27 B 77/95 - 130/160.

🏠 **Ürziger Würzgarten**, Moselweinstr. 44 (B 53), ℘ 20 83, Fax 2086, ≤, ⇔, ⬛, ⇌ – 🛗
   🅿 – 🔬 25/50. ⬉ Zim
   M a la carte 22/55 ⬩ – **33 Z : 61 B** 50/80 - 100/125.

🏠 **Zehnthof**, Moselufer 38, ℘ 25 19, ≤, 🍴 – ⇌ 🅿. ⬉ Zim
   April - Okt. – **M** a la carte 25/57 – **20 Z : 40 B** 70/80 - 110/140.

🏠 **Zur Traube**, Moselweinstr. 16 (B 53), ℘ 45 12, ≤, 🍴 – ⇌ 🅿. ⓸ 🄴 VISA
➔ Jan.- Feb. geschl. – **M** a la carte 20/49 – **12 Z : 23 B** 30/80 - 60/160.

🏠 **Ürziger Rotschwänzchen**, Moselufer 18, ℘ 21 83 – ⓸
   M (Mittwoch geschl.) a la carte 32/55 – **10 Z : 18 B** 36/38 - 60/72.

In Kinderbeuern 5561 N : 4,5 km :

🏨 **Alte Dorfschänke**, Hauptstr. 105, ℘ (06532) 24 94, « Gartenterrasse » – 🅿. ᴀ🄴 🄴
   Feb. geschl. – **M** (Montag geschl.) a la carte 32/60 ⬩ – **12 Z : 24 B** 45 - 90.

JETERSEN 2082. Schleswig-Holstein **987** ⑤ — 17 000 Ew — Höhe 6 m — ✿ 04122.

Kiel 101 — ♦Hamburg 34 — Itzehoe 35.

🏠 **Hotel im Rosarium** 📾, Berliner Str. 10, 𝒫 70 66, Fax 45376, « Gartenterrasse mit ≤ » —
📶 📺 ☎ ⅙ ⇦ 🅿 — 🅰 25. 🖭
M a la carte 30/70 — **31 Z : 62 B** 82/98 - 117/165 Fb.

✗ Stadt Hamburg, Tornescher Weg 31, 𝒫 22 56 — 🅿.

JETTINGEN 8702. Bayern **412** **413** M 17 — 1 250 Ew — Höhe 230 m — ✿ 09369.

München 294 — ♦ Frankfurt am Main 101 — ♦Würzburg 17.

🏠 **Fränkischer Landgasthof**, Würzburger Str. 8 (B 8), 𝒫 82 89 — 📺 ☎ ⇦ 🅿. �
← 4.- 28. Nov. geschl. — **M** *(Donnerstag geschl.)* a la carte 17/39 ⅙ — **9 Z : 15 B** 46/56 - 79.

JETZE 3162. Niedersachsen **987** ⑮ — 18 000 Ew — Höhe 50 m — ✿ 05173.

Hannover 39 — ♦Braunschweig 38 — Celle 23.

✗ **Landhaus Wilhelmshöhe** mit Zim, Marktstr. 13 (N : 1,5 km Richtung Celle), 𝒫 8 10, 🏤
⇦ 🅿. **E**
← *Juli - Aug. 4 Wochen geschl.* — **M** *(Montag - Dienstag geschl.)* a la carte 26/45 — **8 Z : 12 B**
48/68 - 84/120.

JXHEIM 5538. Rheinland-Pfalz **412** D 15 — 1 500 Ew — Höhe 510 m — ✿ 02696.

🔚 Hillesheim (SW : 11 km), Kölner Straße, 𝒫 (06593) 12 41.

Mainz 176 — ♦Bonn 65 — ♦Koblenz 85 — ♦Trier 92.

In Üxheim-Niederehe S : 4 km :

🏠 **Sporthotel Niedereher Mühle**, Kerpener Str. 4, 𝒫 5 55, 🏤, 🔲, ✗ — ☎ 🅿. **E**
18. Feb.- 11. März geschl. — **M** *(Montag - Dienstag 17 Uhr geschl.)* a la carte 32/60 — **24 Z :**
40 B 60/70 - 120 Fb.

✗ **Fasen-Schröder** mit Zim, Kerpener Str. 7, 𝒫 10 48, Biergarten, 🏤 — 🅿
← 15.- 31. Okt. geschl. — **M** *(Dienstag geschl.)* a la carte 21/42 ⅙ — **8 Z : 12 B** 35 - 64.

JFFENHEIM 8704. Bayern **413** N 18, **987** ㉖ — 5 500 Ew — Höhe 330 m — ✿ 09842.

München 242 — Ansbach 40 — ♦Bamberg 88 — ♦Würzburg 38.

🏠 Grüner Baum, Marktplatz 14, 𝒫 3 10 — 🅿 — **40 Z : 80 B**.

🏡 **Schwarzer Adler**, Adelhofer Str. 1, 𝒫 82 87, Biergarten — 🅿. **E**. ✗ Zim
← 14. Jan.- 4. Feb. geschl. — **M** *(Montag geschl.)* a la carte 18/40 — **11 Z : 25 B** 30/42 - 56/68.

🏡 **Uffenheimer Hof**, Am Bahnhof 4, 𝒫 70 81, Fax 7180, Biergarten — ☎ ⇦ 🅿. **E** 𝕍𝕀𝕊𝔸
← 29. Juli - 16. Aug. und 24. Dez.- 6. Jan. geschl. — **M** *(Montag geschl.)* a la carte 17,50/38 —
24 Z : 50 B 65 - 100.

UHLDINGEN-MÜHLHOFEN 7772. Baden-Württemberg **413** K 23, **427** L 2 — 5 800 Ew — Höhe
98 m — Erholungsort — ✿ 07556.

Ausflugsziel : Birnau-Maurach : Wallfahrtskirche★ : Lage★★, NW : 3 km.

🔲 Verkehrsamt, Unteruhldingen, Schulstr. 12, 𝒫 80 20.

Stuttgart 181 — Bregenz 55 — Ravensburg 38.

Im Ortsteil Maurach :

🏠 **Pilgerhof** 📾, (Nähe Campingplatz), 𝒫 65 52, Fax 6555, 🏤, 🏤, 🏤 — 📺 ☎ 🅿. 🖭 ① **E**
𝕍𝕀𝕊𝔸. ✗ Zim
M *(Montag geschl.)* a la carte 32/60 — **38 Z : 76 B** 85/100 - 130/150 Fb — 8 Appart. 170 —
½ P 90/120.

Im Ortsteil Oberuhldingen :

🏠 **Storchen**, Aachstr. 17, 𝒫 65 91, 🏤, ✗ — 📺 ⇦ 🅿. ① 𝕍𝕀𝕊𝔸
← 22. Dez.- 15. Jan. geschl. — **M** a la carte 21/40 ⅙ — **22 Z : 40 B** 34/72 - 65/104 Fb —
½ P 48/68.

Im Ortsteil Seefelden :

🏠 Landgasthof Fischerhaus 📾 (Fachwerkhaus a.d. 17. Jh.), 𝒫 85 63, ≤, 🔲 (geheizt), 🏤,
🏤 — 📺 ☎ 🅿. ✗ Zim
nur Saison — *(Tischbestellung erforderlich)* — **22 Z : 40 B** Fb.

Im Ortsteil Unteruhldingen :

🏠 **Gästehaus Bodensee** garni, Seestr. 5, 𝒫 67 91, 🏤, 🏤 — 📺 ☎ ⇦ 🅿
← März - Okt. — **17 Z : 34 B** 75/120 - 140 Fb.

🏠 **Seehof** (mit Gästehaus Seevilla), Seefelder Str. 8, 𝒫 65 15, Fax 5691, ≤,
« Gartenterrasse », 🏤 — 📶 📺 ☎ 🅿
25. Nov.- 20. Jan. geschl. — **M** a la carte 25/52 — **50 Z : 100 B** 65/160 - 120/180 Fb.

🏠 **Café Knaus**, Seestr. 1, 𝒫 80 08, Fax 5533, 🏤, 🏤 — 📺 ☎ ⇦ 🅿. **E**. ✗
← März - Mitte Nov. — **M** *(Montag geschl.)* a la carte 21/40 — **28 Z : 50 B** 77/90 - 124/170 Fb.

🏠 **Mainaublick**, Seefelder Str. 22, 𝒫 85 17, 🏤 — 📺 ☎ 🅿. **E**
Ostern - Mitte Okt. — **M** *(außer Saison Donnerstag geschl.)* a la carte 26/61 — **23 Z : 39 B**
60/66 - 120 Fb.

ULM (Donau) 7900. Baden-Württemberg **四13** MN 21. **987** ⑥ – 101 000 Ew – Höhe 479 m ✪ 0731.

Sehenswert : Münster★★★ (Chorgestühl★★★, Turm ☀★★) Z – Jahnufer (Neu-Ulm) ≤★★ Z Fischerviertel★ Z – Ulmer Museum★ Z **M1.**

Ausflugsziel : Ulm-Wiblingen : Klosterkirche (Bibliothek★) S : 5 km.

🛪 Wochenauer Hof (S : 12 km), ✗ (07306) 21 02.

Ausstellungsgelände a. d. Donauhalle (über Wielandstr. X), ✗ 6 44 00.

🛈 Städt. Verkehrsbüro, Münsterplatz, ✗ 6 41 61.

ADAC, Neue Str. 40, ✗ 6 66 66, Notruf ✗ 1 92 11.

◆Stuttgart 94 ⑥ – ◆Augsburg 80 ① – ◆München 138 ①.

Stadtplan siehe gegenüberliegende Seite.

🏨 **Neuthor**, Neuer Graben 23, ✗ 1 51 60, Telex 712401, Fax 1516513 – 📳 📺 ⇔ 🅿   Z
  🔒 25/80. 🆎 ⑩ Ε 🎫
  23. Dez.- 10. Jan. geschl. – **M** a la carte 30/63 – **85 Z : 130 B** 115/179 - 147/200 Fb.

🏨 **Stern**, Sterngasse 17, ✗ 6 30 91, Fax 63077, ☎ – 📳 📺 ⇔ 🅿   Z
  M a la carte 28/60 – **62 Z : 90 B** 98/150 - 135/200 Fb.

🏦 **Goldener Bock**, Bockgasse 25, ✗ 2 80 79 – ☎. 🆎 ⑩ Ε 🎫   Z
  M *(Sonntag geschl.)* a la carte 48/73 – **13 Z : 18 B** 80/90 - 120.

🏦 **Astra**, Steinhövelstr. 6, ✗ 2 20 84 – 📳 📺 ☎ ⇔   X
  22. Dez.- 2. Jan. geschl. – **M** *(Freitag geschl.)* a la carte 24/40 – **19 Z : 38 B** 89 - 127 Fb.

🏠 **Ulmer Spatz**, Münsterplatz 27, ✗ 6 80 81, 🍽 – 📳 ☎   Z
  M a la carte 25/55 – **36 Z : 52 B** 75/102 - 120/136 Fb.

🏠 **Ibis**, Neutorstr. 12, ✗ 61 90 01, Telex 712927, Fax 63103 – 📳 📺 ☎ 🛓 ⇔ – 🔒 30   Z
  (nur Abendessen) – **90 Z : 135 B** Fb.

🏠 **Am Rathaus** - Reblaus garni, Kronengasse 10, ✗ 6 40 32 – ☎   Z
  34 Z : 62 B.

🏠 **Roter Löwe**, Ulmer Gasse 8, ✗ 6 20 31 – 📳 📺 ☎ ⇔   Z
➜ *24. Dez.- 6. Jan. geschl.* – **M** *(Sonntag geschl.)* a la carte 20/44 – **30 Z : 40 B** 52/90 100/135 Fb.

XXX **Florian-Stuben**, Keplerstr. 26, ✗ 61 02 20, « Rustikale Einrichtung im Schweizer Stil »
  Sonntag - Montag 18 Uhr und Aug. 3 Wochen geschl. – **M** *(abends Tischbestellung*   X
  ratsam) a la carte 60/90.

XX **Pflugmerzler**, Pfluggasse 6, ✗ 6 80 61   Z
  (Tischbestellung ratsam).

XX **Zur Forelle**, Fischergasse 25, ✗ 6 39 24 – ⑩ Ε 🎫   Z
  Sonn- und Feiertage geschl. – **M** a la carte 44/73.

X **Gerberhaus**, Weinhofberg 9, ✗ 6 94 98 – ⑩ Ε 🎫   Z
  Freitag geschl. – **M** a la carte 25/60.

In Ulm-Böfingen über ① :

🏠 **Sonnenhof**, Eberhard-Finckh-Str. 17, ✗ 2 60 91, ≤, 🍽 – 📺 ☎ 🅿. 🆎 ⑩ Ε 🎫
  M a la carte 24/65 – **25 Z : 33 B** 55/70 - 100 Fb.

In Ulm-Grimmelfingen ④ : 5 km :

🏠 **Hirsch**, Schultheißenstr. 9, ✗ 38 10 08, « Gartenwirtschaft » – 📺 ☎ 🅿. 🆎 ⑩ Ε
➜ *Mitte Dez.- Mitte Jan. geschl.* – **M** *(Dienstag geschl.)* a la carte 21/44 – **25 Z : 35 B** 75/85 108/130 B.

In Ulm-Lehr ⑥ : 3 km :

🏦 **Engel**, Loherstr. 35, ✗ 6 08 84, Fax 610395, 🍽, ☎ – 📳 📺 ☎ 🅿 – 🔒 40. 🆎 ⑩ Ε 🎫
  M *(Sonn- und Feiertage ab 15 Uhr geschl.)* a la carte 26/58 – **46 Z : 70 B** 88/128 - 14 150 Fb.

In Ulm-Wiblingen S : 5 km über Wiblinger Str. Y :

🏠 **Grüner Baum**, Donautalstr. 21, ✗ 4 10 80 – 📺 ☎ 🅿
  42 Z : 64 B Fb.

An der Autobahn A 8 - Ausfahrt Ulm-Ost ① : 8 km :

🏠 **Rasthaus Seligweiler**, an der B 19, ✉ 7900 Ulm (Donau), ✗ (0731) 2 05 40, Fax 205440
➜ 📳 – 📳 📺 ☎ ⇔ 🅿 – 🔒 40. 🆎 ⑩ Ε 🎫
  24.- 25. Dez. geschl. – **M** a la carte 18/42 – **118 Z : 200 B** 50/88 - 85/128 Fb.

In Dornstadt 7909 ⑥ : 9 km :

🏠 **Krone**, Lange Str. 1 (B 10), ✗ (07348) 2 10 33, Fax 22180, 🍽, ☎ – 📳 📺 ☎ ⇔ 🅿
  🔒 25/170. 🆎 ⑩ Ε 🎫
  24.- 25. Dez. geschl. – **M** *(auch vegetarische Gerichte)* a la carte 31/56 🍸 – **43 Z : 90** 60/80 - 95/120 Fb.

Siehe auch : *Neu-Ulm.*

MICHELIN-REIFENWERKE KGaA. Niederlassung Dornier Str. 5 (über ④, Industriegebi. Donautal) ✗ (0731) 4 50 88, Fax 481925.

832

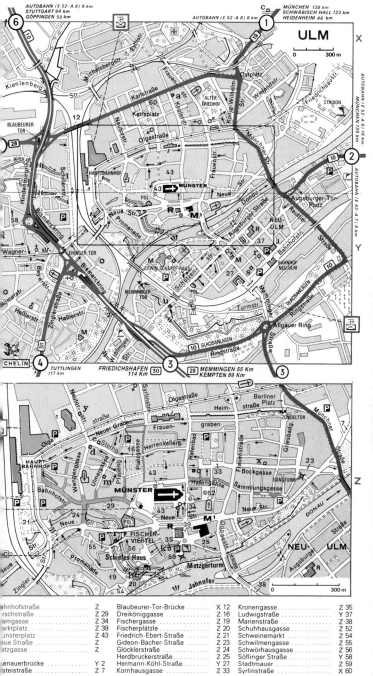

ULM

ULMET 6799. Rheinland-Pfalz **[412]** F 18 − 800 Ew − Höhe 185 m − ✦ 06387.

Mainz 98 − Kaiserslautern 31 − ♦Saarbrücken 76 − ♦Trier 98.

🏠 **Felschbachhof** 🐾, nahe der B 420 (W : 1,5 km), 𝒫 4 25, Fax 7500, 余, 畲, 禾, ℀ − ■
↔ ☎ ⑲ − 🛦 25/50. 𝔸𝔼 𝔼. ℀ Zim
Jan.- Mitte März geschl. − **M** a la carte 20/40 ▲ − **25 Z : 50 B** 50 - 85 Fb.

ULRICHSTEIN 6314. Hessen **[412] [413]** K 15 − 3 200 Ew − Höhe 614 m − Erholungsort ✦ 06645.

Sehenswert : Schloßruine ❄✱.

♦Wiesbaden 122 − ♦Frankfurt am Main 94 − Gießen 43 − Lauterbach 21.

🏠 **Landgasthof Groh**, Hauptstr. 1, 𝒫 3 10, 畲 − ⇐⇒ ⑲ − 🛦 30
↔ *Mitte Feb.- Mitte März geschl.* − **M** *(Montag geschl.)* a la carte 21/43 − **18 Z : 30 B** 35/5
70/105.

In Ulrichstein 1 - Ober-Seibertenrod NW : 3 km :

🏡 Zum Ohmtal, Obergasse 6, 𝒫 3 81, 畲, ◳, 禾 − ⑲ − **16 Z : 28 B**.

UMKIRCH 7801. Baden-Württemberg **[413]** G 22, **[242]** ㉜ − 4 800 Ew − Höhe 207 m − ✦ 0766
♦Stuttgart 206 − Colmar 41 − ♦Freiburg im Breisgau 9.

🏨 **Heuboden** garni (siehe auch Restaurant Heuboden), Gansacker 6a, 𝒫 5 00 90, Fax 5009
畲 − 🛉 ☰ ⑲ 𝔸𝔼 ⑩ 𝔼 𝚅𝙸𝚂𝙰
50 Z : 76 B 70/100 - 110/120 Fb.

🏠 **Landgasthof Zum Pfauen**, Hugstetter Str. 2, 𝒫 65 34, 余 − ⑲ ☎ ⑲. 𝔸𝔼 𝔼
M *(Mittwoch geschl.)* a la carte 40/70 − **11 Z : 20 B** 75/98 - 118/158.

℀℀℀ **Heuboden**, Am Gansacker 3, 𝒫 50 09 99, Fax 500996, 余 − ⑲. 𝔸𝔼 ⑩ 𝔼 𝚅𝙸𝚂𝙰
Samstag bis 18 Uhr und Sonntag geschl. − **M** a la carte 32/70.

UMRATHSHAUSEN Bayern siehe Frasdorf.

UNDELOH 2111. Niedersachsen − 850 Ew − Höhe 60 m − ✦ 04189.

Sehenswert : Typisches Heidedorf✱.

🄱 Verkehrsverein, Zur Dorfeiche 27, 𝒫 3 33.

♦Hannover 113 − ♦Hamburg 53 − Lüneburg 35.

🏠 **Heiderose - Gästehaus Heideschmiede** 🐾, Wilseder Str. 13, 𝒫 3 11, Fax 314, 余
畲, ◳, 禾 − ⑲ ⑲. ⑩ 𝔼
M a la carte 27/62 − **37 Z : 75 B** 60/75 - 110/140.

🏠 **Witte's Hotel** 🐾, Zum Loh 2, 𝒫 2 67, Fax 629, 余, 禾 − ☎ ⑲. 𝔼 𝚅𝙸𝚂𝙰. ℀ Zim
10. Dez.- 10. Feb. geschl. − **M** *(Montag geschl.)* a la carte 27/50 − **22 Z : 40 B** 61/6
108/128.

℀ **Undeloher Hof** 🐾 mit Zim, Wilseder Str. 22, 𝒫 4 57, 余 − ⑲ ☎ ⑲
M a la carte 26/58 − **6 Z : 12 B** 70 - 120.

In Undeloh-Wesel NW : 5 km :

🏠 **Heidelust** 🐾, Weseler Dorfstr. 9, 𝒫 2 72, 余, 畲, 禾 − ☎ ⑲ − 🛦 30
Jan. geschl. − **M** *(Okt.- März Donnerstag geschl.)* a la carte 28/54 − **27 Z : 50 B** 40/6
76/118 Fb − 3 Fewo 65/75.

UNKEL 5463. Rheinland-Pfalz **[412]** E 15 − 4 300 Ew − Höhe 58 m − ✦ 02224 (Bad Honnef).

🄱 Verkehrsamt, Linzer Str. 6, 𝒫 33 09.

Mainz 137 − ♦Bonn 22 − Neuwied 28.

🏨 **Rheinhotel Schulz** 🐾, Vogtsgasse 4, 𝒫 23 02, Telex 886486, ≤, « Gartenterrasse »
⑲ ☎ ⑲ − 🛦 40. 𝔸𝔼 ⑩ 𝔼 𝚅𝙸𝚂𝙰. ℀
M a la carte 49/72 − **28 Z : 48 B** 90/125 - 150/190 Fb.

🏠 **Gästehaus Korf - Weinhaus Zur Traube**, Vogtsgasse 2, 𝒫 33 15, Rebengarten − ◦
⑲
nur Hotel: Nov. - Ostern geschl. − **M** *(nur Abendessen, Dienstag und Feb.- Mitte M
geschl., Nov.- April nur Donnerstag - Sonntag geöffnet)* a la carte 25/55 − **14 Z : 26 B** 37
- 90.

UNNA 4750. Nordrhein-Westfalen **[987]** ⑲, **[412]** G 12 − 58 300 Ew − Höhe 96 m − ✦ 02303.

Siehe Ruhrgebiet (Übersichtsplan).

🄱 Verkehrsverein, Bahnhofstr. 45, 𝒫 10 32 13.

♦Düsseldorf 87 − Dortmund 21 − Soest 35.

🏨 **Gut Höing** 🐾 garni (Gutshof a.d. 15. Jh. mit Gästehaus), Ligusterweg (nahe Eissporthal
𝒫 6 10 52, Fax 61013, 禾 − ⑲ ☎ ⇐⇒ ⑲ − 🛦 25. ⑩ 𝔼 𝚅𝙸𝚂𝙰
46 Z : 77 B 85/99 - 130/159.

🏠 **Kraka**, Gesellschaftsstr. 10, 𝒫 18 11, Fax 2410, 畲 − ⑲ ☎ ⇐⇒ − 🛦 40
Juli - Aug. 3 Wochen geschl. − **M** *(wochentags nur Abendessen, Sonn- und Feiertage at
Uhr geschl.)* a la carte 22/48 − **23 Z : 41 B** 65/95 - 109/150.

XX **Haus Kissenkamp**, Hammer Str. 102 (N : 2 km), ✆ 6 03 77, Fax 63308, 🏞 – **P** – 🏛 30. AE ⓓ VISA
Montag und Jan. 2 Wochen geschl. – Menu a la carte 30/67.

X **Ölckenthurm** (modernes Restaurant mit integriertem Turm a.d.J. 1475), Grabengasse 27 (am Neumarkt), ✆ 1 40 80, 🏞 – 🏛 40. AE ⓓ E VISA
Montag geschl. – **M** a la carte 34/60.

In Unna-Königsborn :

XX **Le Gourmet** (modern-elegantes Restaurant in einem ehem. Bahnhof), Hubert-Biernat-Str. 2, ✆ 6 31 11 – **P**. AE ⓓ E VISA
Samstag bis 18 Uhr geschl. – **M** a la carte 41/70.

UNNAU 5239. Rheinland-Pfalz 412 G 15 – 1 600 Ew – Höhe 358 m – Luftkurort – ☎ 02661 (Bad Marienberg) – Mainz 106 – Hachenburg 8 – Limburg an der Lahn 47 – Siegen 47.

Goebel, Erbacher Str. 10, ✆ 52 32, 🏞 – **P**
Okt. geschl. – **M** *(Montag geschl.)* a la carte 23/35 – **11 Z : 21 B** 37 - 74 – ½ P 49.

UNTERBACH Nordrhein-Westfalen siehe Düsseldorf.

UNTERELCHINGEN Bayern siehe Elchingen.

UNTERELSBACH Bayern siehe Oberelsbach.

UNTERFÖHRING Bayern siehe München.

UNTERGRUPPENBACH 7101. Baden-Württemberg 412 413 K 19 – 6 400 Ew – Höhe 270 m ☎ 07131 – •Stuttgart 42 – •Heilbronn 10 – •Nürnberg 166 – •Würzburg 108.

Landgasthof Fromm, Happenbacher Str. 54, ✆ 70 20 40 – ☎ **P**. 🚫
M *(nur Abendessen, Sonntag geschl.)* a la carte 18/40 – **9 Z : 16 B** 35/55 - 65/90 Fb.

UNTERHACHING Bayern siehe München.

UNTERHAUSEN Bayern siehe Oberhausen.

UNTERJOCH Bayern siehe Hindelang.

UNTERKIRNACH 7731. Baden-Württemberg 413 HI 22 – 2 400 Ew – Höhe 800 m – Luftkurort – Wintersport : 800/900 m ⛷1 ⛷3 – ☎ 07721 (Villingen-Schwenningen).
Bürgermeisteramt, Hauptstr. 19, ✆ 5 30 37.
Stuttgart 122 – Donaueschingen 25 – •Freiburg im Breisgau 65.

XX **Zum Stadthof**, Hauptstr. 6, ✆ 5 70 77, 🏞 – **P**. AE ⓓ E VISA
Sonntag ab 15 Uhr, Freitag und 20. Juli - 5. Aug. geschl. – **M** a la carte 42/84.

XX **Rößle-Post**, Hauptstr. 16, ✆ 5 45 21 – **P**. AE ⓓ E
Montag - Dienstag geschl. – Menu a la carte 25/58.

UNTERLENNINGEN Baden-Württemberg siehe Lenningen.

UNTERLÜSS 3104. Niedersachsen – 5 000 Ew – Höhe 110 m – ☎ 05827.
Hannover 80 – Celle 37 – Lüneburg 65 – Munster 31.

Zur Post, Müdener Str. 72, ✆ 3 59 – 🚗 **P**
Okt. - Nov. 3 Wochen geschl. – **M** *(Mittwoch geschl.)* a la carte 16/42 – **8 Z : 13 B** 31/38 - 72.

UNTERPFAFFENHOFEN Bayern siehe Germering.

UNTERREICHENBACH 7267. Baden-Württemberg 413 I J 20 – 2 100 Ew – Höhe 525 m – Erholungsort – ☎ 07235 – •Stuttgart 62 – Calw 14 – Pforzheim 12.

In Unterreichenbach - Kapfenhardt :

Mönchs Waldhotel Kapfenhardter Mühle 🐦, ✆ 79 00, Telex 783443, Fax 790190, ≤, 🏞, ≘s, 🏊, 🎾 – 🛗 📺 **P** – 🏛 40. AE ⓓ E VISA. 🚫
M 27 (mittags) und a la carte 38/72 – **65 Z : 101 B** 85/140 - 150/220 Fb – ½ P 114/158.

Jägerhof 🐦, Hasenrain 1, ✆ 81 30, 🏞, 🌳 – ☎ 🚗 **P** – 🏛 40
Mitte- Ende Feb. geschl. – **M** *(Montag geschl.)* a la carte 26/48 – **14 Z : 28 B** 53 - 96 Fb – ½ P 70/75.

Untere Kapfenhardter Mühle 🐦, ✆ 2 23, Fax 7180, 🏞, ≘s, 🌳 – 🛗 ☎ **P** – 🏛 25/60. E VISA
Ende Nov.- Anfang Dez. geschl. – **M** *(Nov.- Mitte April Dienstag geschl.)* a la carte 21/45 🍷 – **34 Z : 65 B** 55/78 - 100/135 Fb – ½ P 68/95.

UNTERSCHLEISSHEIM 8044. Bayern [413] R 22, [987] ㊲ – 20 000 Ew – Höhe 474 m – ☎ 089 (München) – ◆München 18 – ◆Augsburg 69 – Ingolstadt 62 – Landshut 60.

- **Mercure** garni, Rathausplatz 8 (Lohof), ☎ 3 10 20 34, Telex 529888, Fax 3173596, ≘s – |♦| [TV] ☎ – 🏛 40. [AE] [E] [VISA]
  57 Z : 114 B 124/150 - 140/186 Fb.

UNTERSTEINBACH Baden-Württemberg siehe Pfedelbach.

UNTERSTMATT Baden-Württemberg siehe Schwarzwaldhochstraße.

UNTERUHLDINGEN Baden-Württemberg siehe Uhldingen-Mühlhofen.

UNTERWÖSSEN 8218. Bayern [413] U 23, [426] ⑲ – 2 900 Ew – Höhe 600 m – Luftkurort – Wintersport : 600/900 m ⛷5 ⛷2 – ☎ 08641 (Grassau).

[i] Verkehrsamt, Rathaus, ☎ 82 05.

◆München 99 – Rosenheim 40 – Traunstein 29.

- Zum Bräu, Hauptstr. 70, ☎ 83 03, 🍴 – |♦| ♿ [P]. ✗ Zim – **32 Z : 65 B.**
- **Zur Post**, Hauptstr. 51, ☎ 87 36, 🍴 – ☎ 🚗 [P]. [O] [E]
  Mitte Nov.- 20. Dez. geschl. – **M** a la carte 22/45 – **33 Z : 60 B** 35/70 - 70/110.
- **Haus Gabriele** 🐦, Bründlsberggasse 14, ☎ 86 02, 🌳 – 🚗 [P]
  Nov. geschl. – (Restaurant nur für Hausgäste) – **32 Z : 60 B** 40/50 - 76/80.

In Unterwössen-Oberwössen S : 5,5 km :

- **Post**, Dorfstr. 22, ☎ (08640) 82 91, 🍴, 🌳 – [P]. ✗ Zim
  Nov.- 19. Dez. geschl. – **M** *(Dienstag geschl.)* a la carte 23/46 – **22 Z : 40 B** 42/65 - 80/140.

UPLENGEN 2912. Niedersachsen – 9 300 Ew – Höhe 10 m – ☎ 04956.

◆Hannover 206 – Emden 42 – Oldenburg 38 – Wilhelmshaven 48.

In Uplengen-Remels :

- **Uplengener Hof**, Ostertorstr. 57 (B 75), ☎ 12 25 – 🚗 [P]. [O]. ✗ Zim
  Ende Juli - Anfang Aug. und 24. Dez.- 2. Jan. geschl. – **M** *(Dienstag geschl.)* a la cart 16/36 – **7 Z : 11 B** 40/44 - 80/88.

In Uplengen-Südgeorgsfehn S : 10 km ab Remels :

- 🍴 **Ostfriesischer Fehnhof**, Südgeorgsfehner Str. 85, ☎ (04489) 27 79 – [P]. [AE] [O] [E]
  Montag - Dienstag und Jan.- Feb. 4 Wochen geschl. – **M** a la carte 30/61.

URACH, BAD 7432. Baden-Württemberg [413] L 21, [987] ㉟ – 11 000 Ew – Höhe 465 m – Heilbad und Luftkurort – ☎ 07125.

[i] Kurverwaltung, Haus des Gastes, Bei den Thermen 4, ☎ 17 61, Fax 70174.

◆Stuttgart 46 – Reutlingen 19 – ◆Ulm (Donau) 56.

- **Parkhotel**, Bei den Thermen 10, ☎ 14 10, Fax 141109 – |♦| [TV] ☎ [P] – 🏛 25/100. [AE] [O] [E] [VISA]. ✗
  M a la carte 41/66 – **100 Z : 140 B** 120 - 180/220 Fb – ½ P 124/154.
- **Graf Eberhard** 🐦, Bei den Thermen 2, ☎ 14 80 (Hotel)74 66 (Rest.), Fax 8214, 🍴 – ⇆ Zim [TV] ☎ 🚗 [P] – 🏛 25/200. [AE] [O] [E] [VISA]. ✗ Zim
  M *(auch vegetarische Gerichte)* a la carte 28/69 – **77 Z : 150 B** 76/96 - 120/195 Fb ½ P 87/124.
- **Frank-Vier Jahreszeiten**, Stuttgarter Str. 5, ☎ 16 96, Fax 1656 – |♦| [TV] ☎. [O] [E] [VISA]
  Feb. geschl. – **M** a la carte 28/60 – **32 Z : 64 B** 67/98 - 98/178 Fb – ½ P 71/120.
- **Ratstube** 🐦 (ehem. Zunfthaus a.d. 16. Jh.), Kirchstr. 7, ☎ 18 44, Fax 1846 – [TV] ☎ [P]
  4.- 27. Feb. und 17.- 27. Nov. geschl. – **M** *(Montag geschl.)* a la carte 28/61 – **15 Z : 26** 58/75 - 89/104 Fb – ½ P 63/93.
- **Café Buck**, Neue Str. 5, ☎ 17 17 – |♦| [TV] ☎ 🚗. [AE] [E]
  M a la carte 28/51 – **25 Z : 44 B** 59/84 - 106/138 Fb – 7 Fewo 130 – ½ P 77/108.
- **Breitenstein** 🐦 garni, Eichhaldestr. 111, ☎ 16 77, ≤, Bade- und Massageabteilung, ≘ 🏊, 🌳 – |♦| [TV] ☎ 🚗 [P]
  16 Z : 27 B 59/80 - 106/115 Fb.
- **Hotel am Berg**, Ulmer Str. 12, ☎ 17 14, ≤ – |♦| [TV] ☎ 🚗 [P]. [AE] [O] [E] [VISA]
  15. Dez.- 15. Jan. geschl. – **M** *(Sonntag 15 Uhr - Montag geschl.)* a la carte 25/50 – **40 Z : 60 B** 40/95 - 80/125 – ½ P 65/90.
- **Bächi** 🐦 garni, Olgastr. 10, ☎ 18 56, 🏊 (geheizt), 🌳 – ☎ [P]. ✗
  16 Z : 23 B 55/60 - 85/90 Fb.
- **Traube** 🐦, Kirchstr. 8, ☎ 7 00 63, 🍴 – ☎
  Feb.- März 2 Wochen geschl. – **M** *(auch Diät und vegetarische Gerichte)* (Nov.- Mä Donnerstag geschl.) a la carte 22/40 – **12 Z : 23 B** 59 - 92.

USADEL Mecklenburg-Vorpommern siehe Neubrandenburg.

SINGEN 6390. Hessen 987 ㉔ ㉕, 412 413 I 15 − 12 500 Ew − Höhe 270 m − 🕿 06081.

Wiesbaden 62 − ♦Frankfurt am Main 33 − Gießen 41 − Limburg an der Lahn 41.

🏠 **Zur goldenen Sonne**, Obergasse 17, 𝒫 30 08 − 📺 ☎ ⇐ 🅿
Ende Juni - Mitte Juli geschl. − **M** (Montag geschl.) a la carte 24/59 − **27 Z : 44 B** 72/85 - 98/115 Fb.

SLAR 3418. Niedersachsen 987 ⑮, 412 L 12 − 17 300 Ew − Höhe 173 m − Erholungsort − 05571.

Tourist-Information, Grafplatz 3, 𝒫 50 51, Fax 30747.

Hannover 133 − ♦Braunschweig 120 − Göttingen 39 − ♦Kassel 62.

🏨 **Romantik-Hotel Menzhausen**, Lange Str. 12, 𝒫 20 51, Fax 5820, « Reich verzierte 400-jährige Fachwerkfassade », ⇐, 🔲, 🔲 − 🛗 📺 ☎ ⇐ 🅿 − 🕍 25/50. 🆑 ⑩ 🄴 🎛
M a la carte 35/69 − **38 Z : 65 B** 80/130 - 130/210 Fb − 4 Appart. 250.

🏠 **Unter den Linden**, Grafplatz 1, 𝒫 31 37, Fax 6295 − ☎. 🄴
M (Mittwoch und 7.- 20. Jan. geschl.) a la carte 24/42 − **11 Z : 19 B** 40/45 - 79/88.

In Uslar - Fürstenhagen S : 12 km :

🏂 **Zur Linde** ⑤, Ahornallee 32, 𝒫 (05574) 3 22, ⇐ − 🕍 30
↙ **M** (Mittwoch geschl.) a la carte 19/33 − **22 Z : 43 B** 30 - 60.

In Uslar 1-Schönhagen NW : 7 km − Erholungsort :

🏂 **Fröhlich-Höche**, Amelither Str. 6 (B 241), 𝒫 26 12, ⇐, 🌲 − 🅿
↙ **M** (Donnerstag geschl.) a la carte 17/43 − **21 Z : 27 B** 25/40 - 50/70.

In Uslar 2-Volpriehausen O : 8 km :

🏨 **Landhotel am Rothenberg** ⑤, Rothenbergstr. 4, 𝒫 (05573) 3 62, Fax 1564, ⇐, 🌲 − 🛗
📺 ☎ & 🅿 − 🕍 25/60. 🆑 🄴. 🎛
20. Dez.- Feb. geschl. − **M** a la carte 24/49 − **45 Z : 90 B** 40/70 - 70/130 Fb.

SSELN Hessen siehe Willingen (Upland).

TTING AM AMMERSEE 8919. Bayern 413 Q 22, ⑯ − 2 900 Ew − Höhe 554 m − 🕿 08806.

München 41 − ♦Augsburg 60 − Landsberg am Lech 24.

In Utting-Holzhausen :

🏂 **Sonnenhof** ⑤, Ammerseestr. 1, 𝒫 73 74, Fax 2789, 🌲, 🌲 − 🅿
↙ 22. Dez.- 1. Feb. geschl. − **M** (Dienstag geschl.) a la carte 19/44 − **25 Z : 50 B** 45/85 - 70/110.

ALLENDAR 5414. Rheinland-Pfalz 412 F 15 − 10 800 Ew − Höhe 69 m − 🕿 0261.

ainz 115 − ♦ Bonn 65 − ♦ Koblenz 9.

🏠 **Alexander v. Humboldt**, Rheinstr. 31 (B 42), 𝒫 6 60 46, ⇐ − 🛗 📺 ☎ 🅿 − 🕍 50. 🆑 ⑩ 🄴 🎛
M (wochentags nur Abendessen, Montag geschl.) a la carte 28/55 🍸 − **22 Z : 43 B** 70/90 - 120/130 Fb.

XX **Die Traube - Schlemmerstübchen**, Rathausplatz 12 (1. Etage), 𝒫 6 11 62, « Fachwerkhaus a.d.J. 1698 » − 🆑 ⑩ 🎛
Samstag bis 18 Uhr und Dienstag geschl. − **M** (Tischbestellung ratsam) a la carte 40/70.

ALWIG Rheinland-Pfalz siehe Cochem.

AREL 2930. Niedersachsen 987 ⑭ − 24 300 Ew − Höhe 10 m − 🕿 04451.

annover 204 − Oldenburg 34 − Wilhelmshaven 25.

🏨 Friesenhof (mit Gästehaus), Neumarktplatz 6, 𝒫 50 75 − 📺 ☎ ⇐ 🅿
55 Z : 95 B Fb.

🏂 Ahrens, Bahnhofstr. 53, 𝒫 57 21 − ☎ ⇐ 🅿
15 Z : 20 B.

XX Schienfatt, Neumarktplatz 3, 𝒫 47 61, « Friesisches Heimatmuseum »
wochentags nur Abendessen, Montag und Juli - Aug. 3 Wochen geschl. − **M** a la carte 39/63.

In Varel 2-Obenstrohe SW : 4,5 km :

🏨 **Waldschlößchen Mühlenteich** ⑤, Mühlteichstr. 78, 𝒫 8 40 61, Fax 84064, 🌲, 🌲, ⇐,
🔲 − 📺 🅿 − 🕍 25/70. 🎛
M (Mittagessen nur für Hausgäste) a la carte 35/70 − **54 Z : 104 B** 82/130 - 136/261 Fb.

🏠 Landgasthof Haßmann, Wiefelsteder Str. 71, 𝒫 26 02 − 📺 ☎ 🅿
M a la carte 24/45 − **10 Z : 20 B** 45 - 80.

ASBECK Hessen siehe Diemelsee.

VATERSTETTEN 8011. Bayern **413** S 22 − 19 000 Ew − Höhe 528 m − ✪ 08106 (Zorneding).

♦München 17 − Landshut 76 − Passau 160 − Salzburg 138.

🏨 **Cosima** garni, Bahnhofstr. 23, 🖉 3 10 59, Fax 31104 − 📺 ☎ 🖘 🅿. 🖭 ⑩ E 𝚅𝙸𝚂𝙰
22. Dez.- 6. Jan. geschl. − **31 Z : 58 B** 78/120 - 98/138.

In Vaterstetten-Neufarn NO : 7,5 km :

🏨 **Stangl** (mit 🏨 Gasthof), Münchener Str. 1 (B 12), 🖉 (089) 90 50, Fax 905013⬚
Biergarten, « Renovierter Gutshof mit Jugendstileinrichtung » − |🛗| 📺 🅿 − 🛎 40. 🖭 ⬚
E 𝚅𝙸𝚂𝙰
M a la carte 24/51 − **53 Z : 92 B** 75/140 - 100/170.

🏠 Gasthof Anderschitz, Münchener Str. 13 (B 12), 🖉 (089) 9 03 51 17 − 🅿
24 Z : 38 B.

In Vaterstetten-Parsdorf N : 4,5 km **987** ⑰

🏨 **Erb** garni (mit Gästehaus), Posthalterring 1, 🖉 (089) 9 03 73 74, Fax 9044457, 🖘 − |🛗| 📺
🖘 🅿 − 🛎 40
51 Z : 84 B Fb.

VECHTA 2848. Niedersachsen **987** ⑭ − 23 200 Ew − Höhe 37 m − ✪ 04441.

♦Hannover 124 − ♦Bremen 69 − Oldenburg 49 − ♦Osnabrück 61.

🏨 **Igelmann,** Lohner Str. 22, 🖉 50 66 − 📺 ☎ 🅿. 🖭 ⑩ E
(nur Abendessen für Hausgäste) − **22 Z : 44 B** 60/65 - 90/110 Fb.

🏨 **Schäfers,** Große Str. 115, 🖉 30 50 − 📺 ☎ 🅿. 🖭 ⑩ E 𝚅𝙸𝚂𝙰
➡ **M** *(wochentags nur Abendessen, Freitag geschl.)* a la carte 20/45 − **17 Z : 33 B** 63 - 87/95.

🏨 **Sauna-Hotel** garni, Neuer Markt 20, 🖉 52 21 − 📺 🖘 🅿. ⑩ E
13 Z : 20 B 40/50 - 70/80.

VECKERHAGEN Hessen siehe Reinhardshagen.

VEILBRONN Bayern siehe Heiligenstadt.

VEITSHÖCHHEIM 8707. Bayern **412** **413** M 17 − 9 400 Ew − Höhe 178 m − ✪ 0931 (Würzbu⬚

Sehenswert : Rokoko-Hofgarten∗.

🖪 Tourist-Information, Rathaus, Erwin-Vornberger-Platz, 🖉 9 00 96 39.

♦München 287 − Karlstadt 17 − ♦Würzburg 7.

🏨 **Hotel am Main** 🍃 garni, Untere Maingasse 35, 🖉 9 30 25 − 📺 ☎ 🅿. ⑩ E
20. Dez.- 8. Jan. geschl. − **22 Z : 35 B** 75/85 - 115 Fb.

🏨 Ratskeller 🍃, Erwin-Vornberger-Platz, 🖉 9 11 49, 🍽 − ☎ 🅿
9 Z : 15 B Fb.

🏨 **Spundloch,** Kirchstr. 19, 🖉 9 12 13, 🍽 − 📺 ☎. E 𝚅𝙸𝚂𝙰
Jan. 3 Wochen geschl. − **M** a la carte 23/48 🍶 − **10 Z : 20 B** 65/75 - 96/120 Fb −(Anbau ⬚
10 Z bis Sommer 1991).

VEITSRODT Rheinland-Pfalz siehe Idar Oberstein.

VELBERT 5620. Nordrhein-Westfalen **987** ⑭, **412** E 12 − 88 700 Ew − Höhe 260 m − ✪ 020⬚

Siehe Ruhrgebiet (Übersichtsplan).

🖪 Verkehrsverein, Pavillon am Denkmal, Friedrichstr. 181 a, 🖉 31 32 96.

♦Düsseldorf 37 − ♦Essen 16 − Wuppertal 19.

🏨 **Parkhotel** 🍃, Günther-Weisenborn-Str. 7, 🖉 49 20, Telex 2051315, Fax 492175,
« Terrasse, Park », 🖘 − |🛗| 📺 ♿ 🅿 − 🛎 25/60. 🖭 ⑩ E 𝚅𝙸𝚂𝙰
M a la carte 42/65 − **82 Z : 146 B** 182/278 - 258/300 Fb.

🏨 **Stüttgen,** Friedrichstr. 168, 🖉 42 61, Fax 55561 − 📺 ☎ − 🛎 25/50. ⑩ E 𝚅𝙸𝚂𝙰. 🍽
Juli und 23.- 31. Dez. geschl. − (nur Abendessen für Hausgäste) − **24 Z : 30 B** 83/1⬚
168/228 Fb.

🏨 **Zur Traube,** Friedrichstr. 233, 🖉 5 32 31, Fax 59572 − 📺 ☎ 🅿. 🖭 ⑩ E
M *(Freitag und 24. Dez.- 10. Jan. geschl.)* a la carte 23/62 − **28 Z : 35 B** 75/95 - 120/180.

In Velbert 15-Neviges SO : 4 km :

🏨 **Kimmeskamp** 🍃, Elberfelder Str. 19, 🖉 (02053) 25 46 − 🅿. E
23. Dez.- 24. Jan. geschl. − **M** *(Montag - Dienstag geschl.)* a la carte 34/65 − **8 Z : 14 B** ⬚
110.

✕✕ **Haus Stemberg,** Kuhlendahler Str. 295, 🖉 (02053) 56 49, 🍽 − 🅿. 🖭 ⑩ E 𝚅𝙸𝚂𝙰
Donnerstag - Freitag, 7.- 22. Feb. und Aug. 3 Wochen geschl. − Menu (Tischbestell⬚
ratsam) 19/42 (mittags) und a la carte 32/75.

VELBURG 8436. Bayern **413** S 19. **987** ⑦ – 4 100 Ew – Höhe 516 m – ✿ 09182.
München 144 – ◆Nürnberg 60 – ◆Regensburg 51.

🏠 **Zum Löwen**, Stadtplatz 11, ℰ 4 97, � – 🛎 🚗
25 Z : 50 B Fb.

🏠 **Zur Post**, Parsberger Str. 2, ℰ 16 35 – 🛎 🚗 **🅿** – 🛄 25/200
◆ **M** a la carte 15/31 – **101 Z : 200 B** 38/43 - 66 Fb.

VELEN 4282. Nordrhein-Westfalen **412** D 11 – 10 300 Ew – Höhe 55 m – ✿ 02863.
Düsseldorf 98 – Bocholt 30 – Enschede 54 – Münster (Westfalen) 52.

🏛 **Sportschloß Velen** 🦢, ℰ 20 30, Fax 203788, 🚌, 🔲, 🐎, ✗ (Halle) – 🛎 ✗ Zim 📺 🕭
🅿 – 🛄 25/110. 🖭 ⑩ **E** 𝓥𝓘𝓢𝓐
M (auch vegetarische Gerichte) a la carte 50/76 – **Orangerie - Keller** (wochentags nur
Abendessen, Dienstag geschl.) **M** a la carte 38/56 – **114 Z : 162 B** 120/175 - 185/235 Fb.

🏠 **Emming-Hillers**, Kirchplatz 1, ℰ 13 70 – 🕿 **🅿**. ✗ Zim
◆ 20. Okt.- 5. Nov. geschl. – **M** (Mittwoch geschl.) a la carte 18/40 – **6 Z : 12 B** 45 - 80.

In Velen 2-Ramsdorf W : 5 km :

🏠 **Rave** 🦢, Hüpohlstr. 31, ℰ 52 55, Fax 6632, 🚌, 🐎 – **🅿**
M (wochentags nur Abendessen, Donnerstag geschl.) a la carte 22/45 – **43 Z : 76 B** 35/40 -
66/70.

VELLBERG 7175. Baden-Württemberg **413** M 19 – 3 700 Ew – Höhe 369 m – Erholungsort –
✿ 07907.
Sehenswert : Pfarrkirche St. Martin ≤★.
Fremdenverkehrsamt im Schloß, Marktplatz, ℰ 87 70.
Stuttgart 81 – Aalen 49 – Schwäbisch Hall 13.

🏛 **Schloß Vellberg** 🦢 (mit Gästehäusern), ℰ 87 60, Fax 1361, ≤, 🍴, « Schloßkapelle,
Kaminzimmer, Rittersaal », 🚌 – 📺 🕿 **🅿** – 🛄 25/50. 🖭 ⑩ **E** 𝓥𝓘𝓢𝓐
M (Jan. geschl.) a la carte 30/70 🌢 – **35 Z : 54 B** 70/110 - 100/180 Fb – ½ P 85/145.

In Vellberg-Eschenau SO : 1,5 km :

✗ **Rose**, Ortsstr. 13, ℰ 22 94 – **🅿**. **E**
Montag, über Karneval 2 Wochen und Juli - Aug. 3 Wochen geschl. – Menu a la carte 24/54
🌢.

VELMEDE Nordrhein-Westfalen siehe Bestwig.

VERDEN AN DER ALLER 2810. Niedersachsen **987** ⑮ – 25 500 Ew – Höhe 25 m – ✿ 04231.
Verkehrsamt im Pavillon, Osterstr. 7a, ℰ 1 23 17.
Hannover 88 – ◆Bremen 38 – Rotenburg (Wümme) 25.

🏛 **Höltje**, Obere Str. 13, ℰ 89 20, Fax 892111, 🍴, 🚌, 🔲 – 📺 🕿 **🅿** – 🛄 25/40. 🖭 ⑩ **E**
𝓥𝓘𝓢𝓐
M a la carte 31/70 – **46 Z : 83 B** 98/110 - 145 Fb.

🏛 **Haag's Hotel Niedersachsenhof**, Lindhooper Str. 97, ℰ 66 60, Fax 64875, 🍴, 🚌 – 🛎
📺 🕿 🕭 **🅿** – 🛄 25/400. 🖭 ⑩ **E** 𝓥𝓘𝓢𝓐
M a la carte 26/58 – **82 Z : 160 B** 65/85 - 98/165 Fb.

🏛 **Parkhotel Grüner Jäger**, Bremer Str. 48 (B 215), ℰ 50 91, Fax 82200, 🍴, 🚌, 🔲 – 🛎
📺 🕿 **🅿** – 🛄 25/400. 🖭 ⑩ **E** 𝓥𝓘𝓢𝓐
M a la carte 32/60 – **41 Z : 70 B** 82/90 - 118/151 Fb.

✗✗ **Haus Schlepegrell**, Von-Einem-Platz 7, ℰ 30 60
nur Abendessen, Sonntag geschl. – **M** a la carte 50/65.

✗✗ **Landhaus Hesterberg**, Hamburger Str. 27, ℰ 7 39 49, 🍴, « 350 Jahre altes, restauriertes
Fachwerkhaus » – **🅿**. **E**
Montag und Juli - Aug. 2 Wochen geschl. – **M** a la carte 35/58.

✗ **Zum Burgberg** mit Zim, Grüne Str. 36, ℰ 22 02 – 📺 **🅿**. ✗ Zim
M (Montag geschl.) a la carte 28/64 – **3 Z : 5 B** 70 -100.

In Verden-Walle NO : 7 km :

🏡 Schützenhof, Waller Heerstr. 97 (B 215), ℰ (04230) 2 33 – 🕿 🚗 **🅿**
15 Z : 22 B.

In Dörverden 2817 S : 10 km :

🏠 **Pfeffermühle** (mit Gästehaus), Große Str. 70 (B 215), ℰ (04234) 22 31, Fax 2150, 🍴, 🐎
– 🕿 🕭 🚗 **🅿**. **E**
M a la carte 30/50 – **17 Z : 29 B** 52/90 - 82/120 Fb.

In Dörverden-Barnstedt 2817 SO : 9 km :

✗✗ Fährhaus mit Zim, ℰ (04239) 3 33, ≤, « Terrasse an der Aller » – 🕿 **🅿**
4 Z : 8 B.

VERL Nordrhein-Westfalen siehe Gütersloh.

VERSMOLD 4804. Nordrhein-Westfalen 987 ⑭, 412 H 10 — 18 700 Ew — Höhe 70 m — 🕿 054.

🛏 Schultenallee 1, 𝒫 70 52.

♦Düsseldorf 165 — Bielefeld 33 — Münster (Westfalen) 44 — ♦Osnabrück 33.

🏨 **Altstadthotel**, Wiesenstr. 4, 𝒫 30 36, Fax 43149, ⇌ — |‡| 📺 🕿 🅟 — 🔬 25/200. 🖭 ⓪
VISA
   M *(Sonntag geschl.)* a la carte 45/70 — **27 Z : 48 B** 114 - 178 Fb.

   In Versmold-Bockhorst NO : 6 km :

🍴 **Alte Schenke** mit Zim, An der Kirche 3, 𝒫 85 97 — 📺 🕿 🅟
   Anfang Jan. 1 Woche und Juli - Aug. 2 Wochen geschl. — **M** *(wochentags nur Abendesse*
   Montag geschl.) a la carte 44/70 — **3 Z : 5 B** 80 - 160.

VIECHTACH 8374. Bayern 413 V 19, 987 ㉗ — 8 000 Ew — Höhe 450 m — Luftkurort
Wintersport : ✝8 — 🕿 09942.

🛈 Verkehrsamt, Stadtplatz 1, 𝒫 8 08 25, Fax 1616.

♦München 174 — Cham 27 — Deggendorf 31 — Passau 82.

🏨 **Schmaus**, Stadtplatz 5, 𝒫 16 27, Telex 69441, 🍽, ⇌, 🔲 — |‡| 📺 🕿 ⇐ 🅟 — 🔬 25/5
   🖭 ⓪ 🄴 VISA. 🍴 Rest
   6. Jan.- 3. Feb. geschl. — **M** a la carte 30/57 — **42 Z : 74 B** 57/75 - 104/130 Fb — ½ P 77/100

   In Viechtach-Neunußberg NO : 10 km :

🏨 **Burggasthof Sterr-Gästehaus Burgfried** 🏞, 𝒫 88 20, ≤, 🍽, ⇌, 🔲, 🌳 — ⇐ 🅟
➡ 5. Nov.- 15. Dez. geschl. — **M** a la carte 17/30 — **33 Z : 56 B** 40/47 - 68/84 Fb.

VIENENBURG 3387. Niedersachsen 987 ⑯ — 11 700 Ew — Höhe 140 m — 🕿 05324.

♦Hannover 101 — ♦Braunschweig 38 — Göttingen 91 — Goslar 11.

🏡 **Multhaupt**, Goslarer Str. 4 (B 241), 𝒫 30 27 — ⇐. 🍴
➡ **M** a la carte 19/35 — **13 Z : 24 B** 40 - 65.

VIERNHEIM 6806. Hessen 987 ㉘, 412 413 I 18 — 30 000 Ew — Höhe 100 m — 🕿 06204.

Siehe Stadtplan Mannheim-Ludwigshafen.

🛏 Alte Mannheimer Str. 3 (beim Viernheimer Kreuz), 𝒫 7 13 07.

♦Wiesbaden 82 — ♦Darmstadt 47 — Heidelberg 21 — ♦Mannheim 11.

🏨 **Continental**, Bürgermeister-Neff-Str. 12 (Rhein-Neckar-Zentrum), 𝒫 60 90, Telex 46545   DU
   Fax 609222, 🍽, ⇌, 🔲 — |‡| ✂Zim 🖹 📺 🕿 👌 🅟 — 🔬 25/120. 🖭 ⓪ 🄴 VISA
   M a la carte 28/64 — **121 Z : 225 B** 180/220 - 198/238 Fb.

🏨 **Post** garni, Luisenstr. 3, 𝒫 7 09 10 — |‡| 📺 🕿 ⇐ 🅟 — 🔬 45. 🍴   DU
   16 Z : 32 B Fb.

🏨 **Central-Hotel** garni, Hölderlinstr. 4, 𝒫 20 81, ⇌ — |‡| 📺 🕿 🅟. 🖭 ⓪ 🄴 VISA   DU
   23.- 31. Dez. geschl. — **40 Z : 80 B** 95/130 - 135/155 Fb — 3 Appart..

🏡 **Am Kapellenberg** garni, Mannheimer Str. 59, 𝒫 7 70 77 — 📺 🕿 🅟   DU
   18 Z : 28 B 73 - 100 Fb.

🍴 **Die Stubb**, Luisenstr. 10, 𝒫 7 23 73 — 🖭   DU
   nur Abendessen, Sonntag und 30. Juli - 26. Aug. geschl. — **M** (Tischbestellung ratsam) a
   carte 52/85.

   In Viernheim-Neuzenlache über die A 659 DU, Ausfahrt Viernheim-Ost :

🍴🍴🍴 ⚙ **Pfeffer und Salz**, Neuzenlache 8, 𝒫 7 70 33, 🍽, bemerkenswerte Weinkarte — 🅟.
   Samstag bis 18 Uhr, Montag, Sonn- und Feiertage sowie Mitte Juli - Mitte Aug. geschl.
   M (Tischbestellung ratsam) a la carte 67/100
   Spez. Terrinen, Gänseleber süß-sauer, Fisch- und Wildgerichte (nach Saison).

VIERSEN 4060. Nordrhein-Westfalen 987 ㉓, 412 413 C 13 — 80 000 Ew — Höhe 41 m — 🕿 02162

♦Düsseldorf 33 — Krefeld 20 — Mönchengladbach 10 — Venlo 23.

🏨 **Kaisermühle** (ehemalige Mühle), An der Kaisermühle 20, 𝒫 3 00 31, Fax 34751, 🍽 —
   🕿 🅟 ⓪ 🄴 VISA
   M a la carte 35/67 — **12 Z : 20 B** 115/195 - 150/230.

🍴🍴 **Stadtwappen** mit Zim, Gladbacher Str. 143 (B 59), 𝒫 3 20 11, Fax 31414 — 🅟
   Juli - Aug. 3 Wochen geschl. — **M** *(Samstag bis 18 Uhr und Montag geschl.)* a la carte 36/
   — **7 Z : 10 B** 45/55 - 75/95.

   In Viersen 11-Dülken W : 5,5 km :

🏡 **Ratsstube**, Lange Str. 111, 𝒫 43 36, Fax 4338 — 📺 🕿 ⇐. 🄴 VISA. 🍴 Zim
   M a la carte 36/65 — **14 Z : 20 B** 75/85 - 115.

   In Viersen 12-Süchteln NW : 4,5 km 987 ⑬㉓ :

🍴🍴 **Restaurant Petit Chateau im Höhenhotel Gehring** mit Zim (ehem. Vill
   Hindenburgstr. 67, 𝒫 72 77, Fax 80359 — 📺 🕿 ⇐ 🅟. 🖭 ⓪ 🄴
   M *(Sonntag 15 Uhr - Montag 17 Uhr geschl.)* 24/35 (mittags) und a la carte 43/70 — **7 Z**
   11 B 58/78 - 110/130.

VIERZEHNHEILIGEN Bayern. Sehenswürdigkeit siehe Lichtenfels und Staffelstein.

VILLINGENDORF 7211. Baden-Württemberg 413 I 22 – 2 400 Ew – Höhe 621 m – ☎ 0741 (Rottweil).

Stuttgart 89 – Oberndorf 13 – Rottweil 5,5 – Schramberg 23.

Kreuz, Hauptstr. 8, ☎ 3 40 57, – ☎ P. E
1.- 12. Jan. und 11. Juli - 22. Aug. geschl. – **M** *(auch vegetarische Gerichte)* (Mittwoch - Donnerstag 16 Uhr geschl.) a la carte 28/50 – **8 Z : 11 B** 45 - 85.

Linde, Rottweiler Str. 3, ☎ 3 18 43, Fax 34181 – P. AE E
Montag 14 Uhr - Dienstag und Juli - Aug. 3 Wochen geschl. – Menu a la carte 33/66.

"Check in (all'arrivo)
Nella maggior parte degli alberghi, le camere non prenotate per iscritto,
non sono più disponibili dopo le 18.
Se si prevede di arrivare dopo tale ora,
è preferibile precisare l'orario di arrivo o,
meglio ancora, effettuare la prenotazione per iscritto."

VILLINGEN-SCHWENNINGEN 7730. Baden-Württemberg 413 I 22, 987 ㉟ – 78 500 Ew – Höhe 704 m – Kneippkurort – ☎ 07721.

Verkehrsamt, Villingen, Rietstr. 8, ☎ 8 23 11.

ADAC, Kaiserring 1 (Villingen), ☎ 2 40 40, Telex 7921533.

Stuttgart 115 ③ – •Freiburg im Breisgau 78 ⑤ – •Konstanz 90 ⑤ – Offenburg 79 ① – Tübingen 83 ③.

Stadtplan siehe nächste Seite.

Im Stadtteil Villingen :

Ketterer, Brigachstr. 1, ☎ 2 20 95, Telex 792554, Fax 27918 – TV ☎. DC E VISA A r
M *(Sonntag ab 15 Uhr und Samstag geschl.)* a la carte 38/60 – **38 Z : 50 B** 85/105 - 129/163 Fb.

Bosse, Oberförster-Ganter-Str. 9 (Kurgebiet), ☎ 5 80 11, Fax 58013, – TV ☎ P. AE DC E VISA. Rest über ⑥
M *(Freitag und 24. Dez.- Mitte Jan. geschl.)* a la carte 30/65 – **36 Z : 56 B** 75/98 - 108/145.

Bären, Bickenstr. 19, ☎ 5 55 41 – ☎. E VISA A a
M *(auch vegetarische Gerichte)* (Freitag geschl.) a la carte 23/50 – **38 Z : 56 B** 38/52 - 68/84 Fb.

Im Stadtteil Schwenningen – ☎ 07720 :

Central-Hotel, Alte Herdstr. 12 (Muslen-Parkhaus), ☎ 3 80 03 – TV ☎ – 25/50. AE DC E VISA B c
(nur Abendessen für Hausgäste) – **57 Z : 96 B** 95 - 140 Fb.

Ochsen, Bürkstr. 59, ☎ 3 40 44, Fax 21590 – TV ☎ P – 25/45. DC E VISA
Menu *(Freitag, 1.- 15. Jan. und 29. Juli - 18. Aug. geschl.)* a la carte 34/64 – **43 Z : 60 B** 70/105 - 120/160. B a

Royal, August-Reitz-Str. 27, ☎ 3 40 01, « Uhrensammlung », – TV ☎ B h
Aug. geschl. – **M** *(nur Abendessen, Sonn- und Feiertage geschl.)* a la carte 30/52 – **21 Z : 25 B** 68/85 - 110/130 Fb.

Zur Post, Friedrich-Ebert-Str. 16, ☎ 3 53 84 B r
Sonn- und Feiertage sowie 20. Juli - 10. Aug. und 24.- 31. Dez. geschl. – **M** a la carte 28/55.

Im Stadtteil Obereschach N : 5 km über Vockenhauser Str. A :

Sonne, Steinatstr. 17, ☎ 7 04 75 – ☎ P
25. Okt.- 15. Nov. geschl. – **M** *(Dienstag geschl.)* a la carte 23/42 – **16 Z : 25 B** 40 - 70.

Im Stadtteil Weigheim über ③ : 7 km :

Schützen, Deißlinger Str. 2, ☎ (07425) 75 76 – ☎ P. AE DC E VISA
Mitte Aug.- Mitte Sept. geschl. – **M** *(Dienstag geschl.)* a la carte 20/38 – **9 Z : 16 B** 38/42 - 70.

In Dauchingen **7735** NO : 4 km über Dauchinger Staße B :

Schwarzwälder Hof, Schwenninger Str. 3, ☎ (07720) 55 38, – ☎ P
41 Z : 55 B.

Landgasthof Fleig, Villinger Str. 17, ☎ (07720) 59 09 – ☎ P
18 Z : 29 B.

In Brigachtal-Klengen **7734** S : 7 km über Donaueschinger Str. A :

Sternen, Hochstr. 2, ☎ (07721) 2 14 66 – P
M *(Freitag 14 Uhr - Samstag und 6.- 23. Jan. geschl.)* a la carte 20/40 – **41 Z : 61 B** 25/32 - 56/64 Fb.

VILLINGEN - SCHWENNINGEN

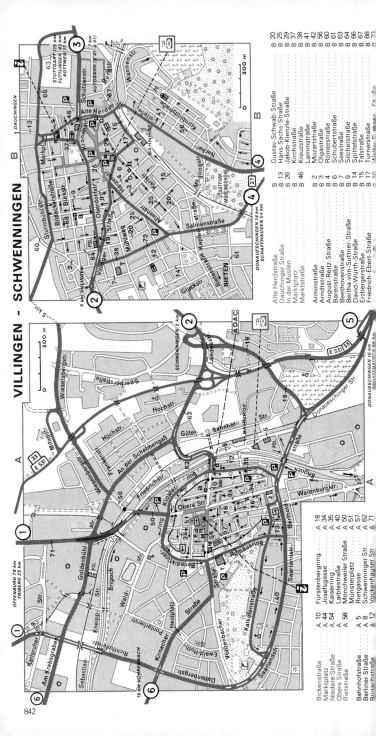

▮ILSHOFEN 8358. Bayern 🄰🄱🄳 W 21, 🄷🄱🄵 ㉘㉟, 🄸🄲🄺 ⑦ – 14 600 Ew – Höhe 307 m – ☎ 08541.
München 164 – Passau 23 – ✦Regensburg 101.

🏠 **Bayerischer Hof**, Vilsvorstadt 32, ℰ 50 65, 🏤 – ☎ ⇐ 🄿. E
→ 27. Dez.- 7. Jan. geschl. – **M** *(Samstag, im Winter auch Freitag ab 15 Uhr geschl.)* a la carte 19/40 – **31 Z : 42 B** 35/65 - 59/110.

▮ISSELHÖVEDE 2722. Niedersachsen 🄷🄱🄵 ⑮ – 10 000 Ew – Höhe 56 m – Erholungsort – 🐚 04262.

Verkehrsamt, Haus des Gastes, Waldweg, ℰ 16 67.
◀Hannover 81 – ✦Bremen 60 – ✦Hamburg 98 – Lüneburg 72 – Rotenburg (Wümme) 19.

In Visselhövede-Hiddingen NO : 3 km :

🏠 **Röhrs Gasthaus**, Neuenkirchener Str.1, ℰ 13 72, Fax 4435, « Garten », ⇐ – 📺 ☎ 🄿 – 🔥 25/80. 🄰🄴
M *(Freitag bis 17 Uhr geschl.)* 15/24 (mittags) und a la carte 24/55 – **28 Z : 53 B** 50/60 - 85 Fb.

In Visselhövede-Jeddingen SW : 5 km :

🏠 **Jeddinger Hof**, Heidmark 1, ℰ 5 40, Fax 736, 🏤, 🌳 – 📺 ☎ 🄿 – 🔥 25/50. 🄰🄴 ⓞ E
M a la carte 23/51 – **50 Z : 108 B** 65/85 - 95/135 Fb.

▮LOTHO AN DER WESER 4973. Nordrhein-Westfalen 🄷🄱🄵 ⑮, 🄰🄱🄵 J 10 – 19 500 Ew – Höhe ◀ m – ☎ 05733.

Vlotho-Exter, Heideholz 8 (SW : 8 km), ℰ (05228) 74 34.
◀Düsseldorf 206 – ✦Bremen 116 – ✦Hannover 76 – ✦Osnabrück 72.

🏠 **Lütke**, Poststr. 26, ℰ 50 75 – 📺 ☎ 🄿 – 🔥 25/60. 🄰🄴 ⓞ E 𝚅𝙸𝚂𝙰
Juli - Aug. 4 Wochen geschl. – Menu 21/32 (mittags) und a la carte 31/70 – **20 Z : 30 B** 55/65 - 90/95 Fb.

🏠 **Fernblick** ⑄, Lange Wand 16, ℰ 41 94, Fax 10827, ≤ Wesertal und Porta Westfalica, 🏤 – 📺 ☎ 🄿. ⓞ E
M *(Dienstag geschl.)* a la carte 24/58 – **18 Z : 36 B** 58 - 98 Fb.

In Vlotho-Exter SW : 8 km :

🏠 **Grotegut**, Detmolder Str. 252, ℰ (05228) 2 16 – 📺 ☎ ⇐ 🄿. 🄰🄴 ⓞ E 𝚅𝙸𝚂𝙰. 🍴 Zim
Menu *(Sonntag 15 Uhr - Montag 18 Uhr geschl.)* a la carte 28/65 – **12 Z : 22 B** 60 - 120.

🏠 **Landhotel Ellermann**, Detmolder Str. 250, ℰ (05228) 10 88 – 📺 ☎ ⇐ 🄿. 🄰🄴 ⓞ E. 🍴 Aug. geschl. – **M** *(Dienstag geschl.)* a la carte 28/48 – **18 Z : 32 B** 55 - 90 Fb.

▮OHRENBACH 7741. Baden-Württemberg 🄰🄱🄳 HI 22 – 3 900 Ew – Höhe 800 m – ◀holungsort – Wintersport : 800/1 100 m ⟵4 ⟷3 – ☎ 07727.

Verkehrsamt, Rathaus, Friedrichstr. 8, ℰ 50 11 15.
◀tuttgart 131 – Donaueschingen 21 – ✦Freiburg im Breisgau 56 – Villingen-Schwenningen 18.

🏠 Kreuz, Friedrichstr. 7, ℰ 70 17 – ⇐ 🄿 – **15 Z : 30 B** Fb.

🏠 Ochsen, Kälbergäßle 5, ℰ 2 24 – 🄿 – **15 Z : 30 B**.

✗✗ **Zum Engel** mit Zim, Schützenstr. 2, ℰ 70 52 – 🄿
7.- 17. Jan. und Mitte Juli - Anfang Aug. geschl. – Menu *(Montag - Dienstag 18 Uhr geschl.)* a la carte 30/68 – **3 Z : 6 B** 35 - 70.

An der Straße nach Unterkirnach NO : 3,5 km – Höhe 963 m :

🏠 **Friedrichshöhe**, ✉ 7741 Vöhrenbach, ℰ (07727) 2 49, 🏤, 🌳 – ☎ ⇐ 🄿
→ 4. Nov.- 7. Dez. geschl. – **M** *(Montag geschl.)* a la carte 21/45 – **18 Z : 34 B** 42/48 - 80/ 88 Fb.

▮OHRINGEN 7917. Bayern 🄰🄱🄳 N 22, 🄷🄱🄵 ㉜ – 12 900 Ew – Höhe 498 m – ☎ 07306.
◀München 146 – Kempten (Allgäu) 75 – ✦Ulm (Donau) 22.

In Vöhringen-Illerberg 2 NO : 3 km :

✗✗ Burgthalschenke, Hauptstr. 4 1/2 (Thal), ℰ 52 65, 🏤 – 🄿.

▮ÖLKLINGEN 6620. Saarland 🄷🄱🄵 ㉔, 🄰🄱🄵 D 19, 🄸🄸🄸 ⑥ – 44 300 Ew – Höhe 185 m – ☎ 06898.
Amt für Verkehrs- und Wirtschaftsförderung, Rathaus, Hindenburgplatz, ℰ 1 32 14.
◀aarbrücken 11 – Saarlouis 12.

🏠 **Parkhotel Gengenbach**, Kühlweinstr. 70, ℰ 2 36 55, 🏤 – 📺 ☎ 🄿
12 Z : 19 B.

🏠 **Montan-Hotel**, Karl-Janssen-Str. 47, ℰ 2 33 11, Fax 16148 – 📺 ☎ 🄿
M *(Samstag geschl.)* a la carte 22/47 – **24 Z : 28 B** 55/70 - 85/120 Fb.

In Völklingen-Fürstenhausen S : 1,5 km :

🏠 **Saarhof** garni, Saarbrücker Str. 65, ℰ 3 72 39 – 📺 ☎ ⇐ 🄿
14 Z : 17 B 57/79 - 117.

In Völklingen-Geislautern SW : 2 km :

🏠 **Gästehaus Irene** garni, Im Kirchenfeld 16, ℰ 7 81 40 – ☎ ⇐ 🅿 – **11 Z : 15 B** 67 - 98.

XX **Alte Post** mit Zim, Ludweiler Str. 178, ℰ 70 11 – ☎ ⇐ 🅿. ⓪ E
M *(Samstag bis 18 Uhr und Sonntag ab 15 Uhr geschl.)* a la carte 28/64 – **16 Z : 28 B** 35/50
70/80.

VOERDE 4223. Nordrhein-Westfalen 🗺🗺🗺 D 12 – 34 000 Ew – Höhe 26 m – ✆ 02855.
♦Düsseldorf 56 – Duisburg 23 – Wesel 10.

XX **Wasserschloß Haus Voerde**, Allee 64, ℰ 36 11 – 🅿. E
Samstag bis 18 Uhr und Montag geschl. – **M** a la carte 40/64.

VÖRSTETTEN Baden-Württemberg siehe Denzlingen.

VOGT 7981. Baden-Württemberg 🗺🗺🗺 M 23, 🗺🗺🗺 N 2, 🗺🗺🗺 B 5 – 3 800 Ew – Höhe 700 m
✆ 07529 – ♦Stuttgart 178 – Kempten (Allgäu) 57 – Ravensburg 13.

XX **Landgasthaus Adler** mit Zim, Ravensburger Str. 2, ℰ 15 22, « Fachwerkhaus m
elegant-rustikaler Einrichtung » – 📺 ☎ 🅿 – 🍴 25/100
7.- 18. Jan. geschl. – **M** a la carte 48/77 – **10 Z : 20 B** 89 - 149.

VOGTSBURG IM KAISERSTUHL 7818. Baden-Württemberg 🗺🗺🗺 FG 22, 🗺🗺🗺 ❷, 🗺🗺 ⑦
5 100 Ew – Höhe 220 m – ✆ 07662.
♦Stuttgart 200 – Breisach 10 – ♦Freiburg im Breisgau 25 – Sélestat 28.

In Vogtsburg-Achkarren :

🏠🏠 **Zur Krone**, Schloßbergstr. 15, ℰ 7 42, 🌳, 🍴 – ☎ ⇐ 🅿
7. Jan.- 5. Feb. geschl. – **M** *(Mittwoch geschl.)* a la carte 25/60 🍷 – **22 Z : 41 B** 55/62
82/95 – ½ P 60/68.

🏠 **Haus am Weinberg** 🌿, In den Kapellenmatten 8, ℰ 7 78, 🔔, 🔲, 🌳 – ☎ ⇐ 🅿. E
8. Jan.- 10. Feb. geschl. – (nur Abendessen für Hausgäste) – **12 Z : 26 B** 70/98 - 110/128 F
– ½ P 75/100.

In Vogtsburg-Bickensohl :

🏠🏠 Rebstock, Neunlindenstr, 23, ℰ 7 73, 🏵 – 🅿 – **13 Z : 25 B**.

In Vogtsburg-Bischoffingen :

🏠🏠 **Weinstube Steinbuck** 🌿, Steinbuckstr. 20 (in den Weinbergen), ℰ 7 7
≼ Kaiserstühler Rebland, 🌳 – ⇐ 🅿 – 🍴 25/50. E. 🍸 Zim
Mitte Jan.- Feb. geschl. – **M** *(Montag 14 Uhr - Dienstag geschl.)* a la carte 29/52 🍷 – **18 Z**
32 B 50/60 - 80/92.

In Vogtsburg-Burkheim :

🏠 **Kreuz-Post**, Landstr. 1, ℰ 5 96, Fax 1298, ≼, 🌳 – ☎ ⇐ 🅿. ⓪ E 𝗩𝗜𝗦𝗔
10. Nov.- 10. Dez. geschl. – **M** *(Dienstag geschl.)* a la carte 30/49 🍷 – **16 Z : 30 B** 36/80
56/110 Fb.

🏠 Krone, Mittelstadt 17, ℰ 2 11, « Terrasse mit ≼ » – 🅿 – **9 Z : 17 B**.

In Vogtsburg-Oberbergen :

XXX ✿✿ **Schwarzer Adler** mit Zim, Badbergstr. 23, ℰ 7 15, Telex 772685, Fax 719, 🏵, groß
Auswahl an regionalen und französischen Weinen, 🔔, 🔲 – ☎ ⇐ 🅿. ⓪ E 𝗩𝗦
🍸 Rest
7. Jan.- 6. Feb. geschl. – **M** *(Tischbestellung ratsam)* (Mittwoch - Donnerstag gesch
78/150 und a la carte 50/100 - 90/150 – **9 Z : 18 B** 90/130 - 100/150
Spez. Salat mit Wachtelbrüstchen, Trüffelrisotto mit Langustinen, Täubchen Bordelaise.

In Vogtsburg-Oberrotweil :

🏠 **Landgasthof Winzerstube**, Bahnhofstr. 47, ℰ 3 00, 🏵 – 🅿. ⓪ E
27. Dez.- 19. Jan. geschl. – **M** *(Donnerstag geschl.)* a la carte 28/56 🍷 – **10 Z : 20 B** 32/35
62/70.

In Vogtsburg-Schelingen :

X **Zur Sonne** mit Zim, Mitteldorf 5, ℰ 2 76 – 🆎 ⓪ E
8.- 23. Jan. und 1.- 17. Aug. geschl. – **M** *(Tischbestellung ratsam)* (Dienstag geschl.) a
carte 32/53 🍷 – **4 Z : 8 B** 35 - 68.

VOHENSTRAUSS 8483. Bayern 🗺🗺🗺 U 18, 🗺🗺🗺 ⑦ – 7 000 Ew – Höhe 570 m – ✆ 09651.
🔰 Verkehrsamt, Marktplatz 9 (Rathaus), ℰ 55 30.
♦München 205 – ♦Nürnberg 108 – Passau 179 – ♦Regensburg 81.

🔔 **Drei Lilien**, Friedrichstr. 15, ℰ 23 61 – ⇐
→ **M** *(Dienstag bis 17 Uhr geschl.)* a la carte 17/30 🍷 – **22 Z : 50 B** 36/40 - 60/70.

🔔 **Gasthof Janner**, Marktplatz 20, ℰ 22 59 – ⇐
→ *25. Aug.- 14. Sept. geschl.* – **M** *(Samstag bis 18 Uhr geschl.)* a la carte 18/30 – **14 Z : 21**
25/35 - 50/70.

Siehe auch : *Liste der Feriendörfer*

VOLKACH 8712. Bayern **413** N 17, **987** ㉖ – 8 500 Ew – Höhe 200 m – Erholungsort – ✆ 09381.

Sehenswert : Wallfahrtskirche "Maria im Weingarten" : Madonna im Rosenkranz NW: 1 km.

🏛 Verkehrsamt, Rathaus, Marktplatz, ✆ 4 01 12.

München 269 – ◆Bamberg 64 – ◆Nürnberg 98 – Schweinfurt 24 – ◆Würzburg 35.

🏨 **Romantik-Hotel Zur Schwane**, Hauptstr. 12, ✆ 5 15, Fax 4415, « Altfränkische Stuben, Innenhofterrasse » – 📺 ☎ 🚗 ➔ ⓞ **E** 𝖵𝖨𝖲𝖠 🍴
20. Dez.- 20. Jan. geschl. – Menu *(Montag geschl.)* 33/103 und a la carte 56/75 ⅋ – **24 Z : 38 B** 70/100 - 130/170 Fb.

🏨 **Vier Jahreszeiten**, Hauptstr. 31, ✆ 37 77, Fax 4773, 🌢 – 📺 ☎ 🚗 ⓞ
M a la carte 30/60 – **18 Z : 35 B** 150 - 240 Fb.

🏠 **Gasthof und Gästehaus Rose**, Oberer Markt 7, ✆ 12 94, 🌰 – 🛄 ☎ ⓞ – 🛁 25/50. **E**
← 20. Jan.- Feb. geschl. – **M** *(Juli - April Mittwoch geschl.)* a la carte 21/48 ⅋ – **23 Z : 44 B** 39/72 - 60/110.

In Volkach-Escherndorf W : 3 km :

🏚 **Engel**, Bocksbeutelstr. 18, ✆ 24 47
7. Jan.- 13. Feb. geschl. – **M** *(Donnerstag geschl.)* a la carte 23/38 ⅋ – **11 Z : 22 B** 35/40 - 55/65.

🍴 **Zur Krone**, Bocksbeutelstr. 1, ✆ 28 50 – **E**
Dienstag, Feb. 3 Wochen und Mitte Juli - Anfang Aug. geschl. – **M** a la carte 38/65 ⅋.

In Nordheim 8711 SW : 4 km :

🏠 **Zur Weininsel**, Mainstr. 17, ✆ (09381) 8 75, 🌢 – ⓞ 🍴 Zim
← 27. Dez.- Mitte Jan. geschl. – **M** *(Mittwoch geschl.)* a la carte 21/30 ⅋ – **9 Z : 18 B** 38 - 65.

🍴 **Zehnthof Weinstuben**, Hauptstr. 2, ✆ (09381) 17 02, 🌢
Montag geschl. – **M** a la carte 23/42 ⅋.

In Eisenheim-Obereisenheim 8702 NW : 9,5 km :

🏚 **Rose**, Gaulberg 2, ✆ (09386) 2 69 – ⓞ **E**
← **M** *(Montag geschl.)* a la carte 20/35 – **20 Z : 40 B** 28/45 - 56/80.

VOLKERSBRUNN Bayern siehe Leidersbach.

VOSSENACK Nordrhein-Westfalen siehe Hürtgenwald.

VREDEN 4426. Nordrhein-Westfalen **987** ⑬, **412** D 10, **408** L 5 – 18 500 Ew – Höhe 40 m – ✆ 02564.

🏛 Verkehrsverein, Markt 6, ✆ 46 00.

Düsseldorf 116 – Bocholt 33 – Enschede 25 – Münster (Westfalen) 65.

🏠 **Hamaland**, Up de Bookholt 28, ✆ 13 22 – 📺 ☎ ⓞ ⓞ **E** 𝖵𝖨𝖲𝖠
Mitte Juli - Anfang Aug. geschl. – **M** *(Samstag bis 17 Uhr und Montag geschl.)* a la carte 26/49 – **9 Z : 18 B** 46/52 - 90/100.

WACHENHEIM 6706. Rheinland-Pfalz **412** **413** H 18, **242** ④, **57** ⑩ – 4 600 Ew – Höhe 158 m – Erholungsort – ✆ 06322 (Bad Dürkheim).

Mainz 86 – Kaiserslautern 35 – ◆Mannheim 24 – Neustadt an der Weinstraße 12.

🏠 **Goldbächel** 🌿, Waldstr. 99, ✆ 73 14, Fax 5068, 🌢, 🚬, 🌰 – ☎ ⓞ
M *(Montag geschl.)* a la carte 26/59 ⅋ – **16 Z : 30 B** 70/85 - 100/115 Fb – ½ P 89/95.

🏚 Burgstüb'l, Waldstr. 54, ✆ 85 59 – ⓞ
17 Z : 32 B.

🍴 **Kapellchen**, Weinstr. 29, ✆ 6 54 55 – 🖭 ⓞ **E** 𝖵𝖨𝖲𝖠 🍴
Sonntag - Montag 18 Uhr und 7.- 30. Juni geschl. – **M** a la carte 33/67 ⅋.

WACHTBERG 5307. Nordrhein-Westfalen **412** E 15 – 17 000 Ew – Höhe 230 m – ✆ 0228 (Bonn).

🏛 Wachtberg-Niederbachem, Landgrabenweg, ✆ 34 40.

Düsseldorf 99 – ◆ Bonn 20 – ◆ Koblenz 67 – ◆ Köln 52.

In Wachtberg-Adendorf :

🍴 **Gasthaus Kräutergarten**, Töpferstr. 30, ✆ (02225) 75 78 – ⓞ
wochentags nur Abendessen, Montag - Dienstag, 3.- 18. Juni, Sept. 1 Woche und Weihnachten geschl. – **M** (Tischbestellung ratsam) a la carte 49/70.

In Wachtberg-Niederbachem :

🏨 **Dahl** 🌿, Heideweg 9, ✆ 34 10 71, Telex 885495, ≤, 🌢, 🚬, 🔲 – 🛗 📺 ☎ 🚗 ⓞ – 🛁 25/200. 🖭 ⓞ **E** 𝖵𝖨𝖲𝖠 🍴 Zim
22.- 27. Dez. geschl. – **M** a la carte 29/56 – **63 Z : 85 B** 80/105 - 125/220 Fb.

845

WADERN 6648. Saarland **412** D 18, **57** ⑥, **242** ② – 17 000 Ew – Höhe 275 m – ✆ 06871.
♦Saarbrücken 51 – Birkenfeld 32 – ♦Trier 42.

In Wadern-Bardenbach S : 6 km :

🏠 **Felsenhof** ⊗, Am Fels 24, ℰ 30 41, Fax 5350, 🌲, bemerkenswerte Weinkarte, ☎, ⊒
🍴, ✤ – 🕪 🗺 ☎ ⓟ – 🔥 40. 🖭 ⑩ E 𝑉𝐼𝑆𝐴
M *(Dienstag ab 14 Uhr geschl.)* a la carte 43/71 – **35 Z : 70 B** 60/99 - 90/143 Fb.

In Wadern-Reidelbach NW : 7 km :

🏠 Reidelbacher Hof, ℰ 30 28, ≼, 🌲 – ☎ ⇦ ⓟ
11 Z : 21 B.

WADERSLOH 4724. Nordrhein-Westfalen **412** H 11 – 11 000 Ew – Höhe 90 m – ✆ 02523.
♦Düsseldorf 153 – Beckum 16 – Lippstadt 11.

🏠 **Bomke**, Kirchplatz 7, ℰ 13 01, Fax 1366, 🌲, ✤ – 🗺 ☎ ⓟ. 🖭 ⑩ E 𝑉𝐼𝑆𝐴. ✻ Zim
Menu *(Samstag bis 18 Uhr und Donnerstag geschl.)* a la carte 29/70 – **23 Z : 37 B** 45/91
90/161.

WÄSCHENBEUREN 7328 Baden-Württemberg **413** M 20 – 2 600 Ew – Höhe 408 m – ✆ 0717
(Lorch).
♦Stuttgart 54 – Göppingen 10 – Schwäbisch Gmünd 16.

In Wäschenbeuren-Wäscherhof NO : 1,5 km :

🏠 **Zum Wäscherschloß** ⊗, Wäscherhof 2, ℰ 73 70, 🌲, ✤ – ⇦ ⓟ. ✻ Zim
➠ Okt. geschl. – **M** *(Mittwoch geschl.)* a la carte 21/40 🍴 – **25 Z : 50 B** 45 - 85/90.

WAGENFELD 2841. Niedersachsen **987** ⑭ – 6 000 Ew – Höhe 38 m – ✆ 05444.
♦Hannover 100 – ♦Bremen 74 – ♦Osnabrück 64.

🏠 **Central-Hotel**, Hauptstr. 68 (B 239), ℰ 3 61 – 🗺 ⇦ ⓟ. E
➠ 20. Juli - 12. Aug. geschl. – **M** *(Freitag - Samstag 17 Uhr geschl.)* a la carte 20/37 – **12 Z**
24 B 28/42 - 50/75.

WAGING AM SEE 8221. Bayern **413** V 23, **987** ㊳, **426** K 5 – 5 200 Ew – Höhe 450 m –
Luftkurort – ✆ 08681.
🛈 Verkehrsbüro, Wilh.-Scharnow-Str. 20, ℰ 3 13.
♦München 124 – Salzburg 31 – Traunstein 12.

🏠 **Wölkhammer**, Haslacher Weg 3, ℰ 2 08, Telex 563013, Fax 4333, 🌲 – 🗺 ☎ ⓟ. ✻ Zim
➠ Nov. geschl. – **M** *(Freitag geschl.)* a la carte 20/41 – **53 Z : 90 B** 43/75 - 90/180 -(Anbau mi
35 B, ☎ ab Mai 1991).

🏠 **Unterwirt**, Seestr. 23, ℰ 2 43, Fax 9938, ☎, 🖾 – 🔥 30. 🖭 E. ✻
3.- 28. Jan. geschl. – **M** *(Montag geschl.)* a la carte 24/39 – **36 Z : 64 B** 45/70 - 88/100 Fb –
½ P 58/75.

🏠 **Gästehaus Tanner** ⊗ garni, Hochfellnstr. 17, ℰ 92 19 – ⓟ. ✻
10.- 25. Jan. und Mitte Nov.- Mitte Dez. geschl. – **13 Z : 26 B** 35/50 - 60/80 Fb.

XXX ✿ **Kurhaus Stüberl**, am See (NO : 1 km), ℰ 46 66, Fax 9494, ≼ – ⓟ. 🖭 ⑩ E 𝑉𝐼𝑆𝐴
nur Abendessen, Montag - Dienstag, Okt. 2 Wochen und Jan. geschl. – **M** 98/150 und a l
carte 71/115
Spez. Marinierte Renke mit Apfel-Gurken-Salat, Gefüllter Kalbsschwanz, Mus von weißen Holunderblüten.

In Taching 8221 N : 4 km – Erholungsort :

🏠 Unterwirt, Tachernseestr. 3, ℰ (08681) 2 52, 🐾, ✤ – ⓟ. ✻ Zim
18 Z : 36 B.

WAHLEN Hessen siehe Grasellenbach.

WAHLSBURG 3417. Hessen **412** L 12 – 2 900 Ew – Höhe 150 m – ✆ 05572.
Sehenswert : In Lippoldsberg : Ehemalige Klosterkirche★.
🛈 Verkehrsamt (Lippoldsberg), Am Mühlbach 15, ℰ 10 77.
♦Wiesbaden 265 – Göttingen 48 – Höxter 40 – Münden 30.

In Wahlsburg-Lippoldsberg – Luftkurort :

🏠 **Lippoldsberger Hof** ⊗, Schäferhof 16, ℰ 3 36, 🌲, ✤ – ⇦. 🖭 E
➠ 16.- 27. März geschl. – **M** *(Mittwoch geschl.)* a la carte 19/33 – **15 Z : 24 B** 40/45 - 75/90 –
½ P 48/53.

WAHLSCHEID Nordrhein-Westfalen siehe Lohmar.

WAIBLINGEN 7050. Baden-Württemberg **413** KL 20. **987** ㉟ — 46 200 Ew — Höhe 229 m —
✆ 07151.
•Stuttgart 11 — Schwäbisch Gmünd 42 — Schwäbisch Hall 57.

🏨 **Koch**, Bahnhofstr. 81, ✆ 5 50 81, Fax 55976 — 🛗 📺 🕿 ⇐ 🅿. 🆔 🕦 **E** 𝓥𝓘𝓢𝓐
   23. Dez.- 8. Jan. geschl. — **M** (Samstag bis 18 Uhr und Sonntag ab 14 Uhr geschl.) a la carte
   30/67 — **52 Z : 76 B** 99/115 - 170/270 Fb.

🏨 **Waldhorn** ⌂, Fronackerstr. 10, ✆ 5 30 31, 🏠 — 🛗 📺 🕿 🅿. 🆔 🕦 **E** 𝓥𝓘𝓢𝓐
   M a la carte 28/53 — **70 Z : 110 B** 130 - 200/250.

✕✕ **Remsstuben**, An der Talaue (im Bürgerzentrum, 1. Etage, 🛗), ✆ 2 10 78, 🏠 — 🔥 🅿 —
   🅰 25/500. 🆔 🕦 **E**. ✻
   M a la carte 39/67.

   In Waiblingen 4-Hegnach NW : 3 km :

🏠 Lamm, Hauptstr. 35, ✆ 5 40 98, Fax 51519, ⇐s — 📺 🕿 🅿 — **25 Z : 40 B** Fb.

   In Waiblingen 8-Neustadt N : 2,5 km :

✕ Goldener Ochsen mit Zim, Am Rathaus 9, ✆ 8 39 97 — 🕿 🅿
   6 Z : 9 B.

   In Korb 7054 NO : 3 km :

🏨 **Rommel** garni, Boschstr. 7 (Gewerbegebiet), ✆ (07151) 39 76, Fax 35966 — 🛗 📺 🕿 ⇐
   🅿. **E** 𝓥𝓘𝓢𝓐
   44 Z : 73 B 88/135 - 120/180 Fb.

   In Korb-Kleinheppach 7054 O : 6 km :

♨ Zum Lamm ⌂, Im Hofacker 2, ✆ (07151) 6 43 52 — 🕿 🅿
   17 Z : 32 B.

WAISCHENFELD 8551. Bayern **413** R 17. **987** ㉖ — 3 100 Ew — Höhe 349 m — Luftkurort —
✆ 09202.

Ausflugsziel : Fränkische Schweiz★★.

🛈 Verkehrsamt im Rathaus, Marktplatz, ✆ 10 88.
•München 228 — ♦Bamberg 48 — Bayreuth 26 — ♦Nürnberg 82.

   Im Wiesenttal, an der Straße nach Behringersmühle :

🏠 **Café-Pension Krems** ⌂, Rabeneck 17 (SW : 3 km), ✉ 8551 Waischenfeld,
   ✆ (09202) 2 45, ⇐, 🌳 — 🔥 ⇐ 🅿. ✻ Zim
   9. Nov.- 18. Dez. geschl. — (Restaurant nur für Hausgäste) — **16 Z : 30 B** 40/55 - 72/85 —
   ½ P 51/70.

🏠 **Pulvermühle** ⌂, Pulvermühle 35 (SW : 1 km), ✉ 8551 Waischenfeld, ✆ (09202) 10 44,
   🏠, 🌳 — ⇐ 🅿
   Jan. 3 Wochen geschl. — **M** (im Winter Mittwoch geschl.) a la carte 25/40 — **9 Z : 17 B** 50 -
   100.

🏠 **Heinlein** ⌂, Doos (SW : 6 km), ✉ 8551 Waischenfeld, ✆ (09196) 7 66, 🏠, 🌳 — 🕿 🅿.
   🕦 **E**
   23. Nov.- 25. Dez. geschl. — **M** (im Winter Montag geschl.) a la carte 23/55 — **14 Z : 24 B**
   58/75 - 95/110 Fb — ½ P 73/100.

🏠 **Waldpension Rabeneck** ⌂, Rabeneck 27 (SW : 3 km), ✉ 8551 Waischenfeld,
➡ ✆ (09202) 2 20, ⇐, 🏠, 🌳 — 🅿
   Feb. geschl. — **M** a la carte 20/38 — **25 Z : 50 B** 29/41 - 68/82.

   In Waischenfeld-Langenloh SO : 2,5 km :

🏠 **Gasthof Thiem** ⌂, Langenloh 14, ✆ 3 57, 🏠 — 📺 🕿 🅿. ✻ Zim
➡ 15. Jan.- März und Nov.- 25. Dez. geschl. — **M** (Dienstag geschl.) a la carte 20/35 — **10 Z :
   23 B** 25/40 - 50/70 — ½ P 34/49.

WALCHSEE Österreich siehe Kössen.

WALDACHTAL 7244. Baden-Württemberg **413** I 21 — 5 100 Ew — Höhe 600 m — Wintersport :
⚐5 — ✆ 07443.

🛈 Kurverwaltung, in Lützenhardt, Rathaus, ✆ 29 40.
Stuttgart 83 — Freudenstadt 17 — Tübingen 64.

   In Waldachtal-Lützenhardt — Luftkurort :

🏨 **Pfeiffer's Kurhotel - Restaurant Le Carosse** ⌂, Willi-König-Str. 25, ✆ 80 21, Bade-
   und Massageabteilung, ♨, ⇐s, ⧈, 🌳 — 🛗 🅿. 🆔. ✻
   8. Jan.- 14. Feb. geschl. — **M** (auch Diät) (Mittwoch geschl.) a la carte 32/67 — **107 Z : 172 B**
   50/60 - 100 — ½ P 75.

🏠 Breitenbacher Hof ⌂, Breitenbachstr. 18, ✆ 80 16, 🏠, ⇐s, 🌳 — 🛗 📺 🕿 🅿
   23 Z : 38 B Fb.

🏠 Sattelacker Hof, Sattelackerstr. 21, ✆ 80 31, ⇐, 🏠, 🌳 — 🛗 🅿
   36 Z : 50 B Fb.

847

WALDBREITBACH 5454. Rheinland-Pfalz 🔟🔢 F 15 — 2 100 Ew — Höhe 110 m — Luftkurort -
🅒 02638 — 🅹 Verkehrsamt, Neuwieder Str. 61, ℰ 40 17.

Mainz 124 — ◆Bonn 48 — ◆Koblenz 38.

🏠 **Zur Post**, Neuwieder Str. 44, ℰ 89 90, Fax 89920, ⛵ — 🅿 — 🛎 25/80. 🄰🄴 ⓞ 🄴 𝗩𝗜𝗦𝗔
🛰 Zim
M a la carte 26/45 — **45 Z : 85 B** 50/55 - 100/110 Fb — ½ P 60/75.

🏠 **Sport-Hotel Am Mühlenberg** ⑤, Am Mühlenberg 1, ℰ 55 05, ⛵, 🔲, 🛋, ℀ (Halle)
— ☎ 🅿
15. Nov.- 27. Dez. geschl. — (Restaurant nur für Hausgäste) — **23 Z : 43 B** 42/57 - 78/124.

🏠 **Vier Jahreszeiten**, Neuwieder Str. 67, ℰ 50 51, 🏖, ⛵, 🛋 — 🄣🄥 ☎ 🅿 — 🛎 25/50
5.Jan.- 5. Feb. geschl. — **M** a la carte 24/48 — **35 Z : 55 B** 38/41 - 66/78.

In Hausen-Seidenhahn 5461 SW : 4 km :

🏠 Engelsburg ⑤, Hausener Str. 2, ℰ (02638) 56 03, ⩽, 🏖 — 🅿 — **13 Z : 27 B**.

WALDBRONN 7517. Baden-Württemberg 🔟🔢 I 20 — 12 500 Ew — Höhe 260 m — 🅒 0724
(Ettlingen).

🅹 Kurverwaltung, im Haus des Kurgastes (beim Thermalbad, ℰ 60 95 50.
◆Stuttgart 71 — ◆Karlsruhe 16 — Pforzheim 22.

In Waldbronn 2-Busenbach :

🏠🏠 **Römerberg** ⑤, Waldring 3a, ℰ 60 60, Fax 65923 — 📶 🄣🄥 ☎ 🅿 — 🛎 25/90. 🄰🄴 ⓞ 🄴 𝗩𝗜𝗦𝗔
🛰 Rest
M a la carte 28/52 — **60 Z : 102 B** 95 - 150 Fb.

🏠🏠 **Kurhotel Bellevue** ⑤ garni, Waldring 1, ℰ 60 80, Fax 608444 — 📶 🄣🄥 ☎ 🅿. 🄰🄴 🄴 𝗩𝗜𝗦𝗔
42 Z : 72 B 95/105 - 140/160 Fb.

🏠🏠 **Badner Hof - Restaurant Mormodes**, Marktplatz 3, ℰ 62 84, Biergarten — 📶 🄣🄥 ☎. 🄰🄴
ⓞ 🄴 𝗩𝗜𝗦𝗔
M *(auch vegetarische Gerichte)* (Freitag - Samstag 18 Uhr geschl.) a la carte 30/55 — **20 Z :
32 B** 72/77 - 115/125 Fb.

🏠 **Sonne**, Ettlinger Str. 65, ℰ 6 14 20 — 🄣🄥 ☎ ⇆ 🅿. 🛰
M *(wochentags nur Abendessen, Mittwoch und Ende Juli - Mitte Aug. geschl.)* a la carte
22/48 — **10 Z : 13 B** 55 - 90 Fb.

In Waldbronn 1-Reichenbach — Luftkurort :

🏠 **Weinhaus Steppe** ⑤, Neubrunnenschlag 18, ℰ 6 90 21, Fax 65986, ⛵, 🔲, 🛋 — 🄣🄥 ☎
🅿. 🄴 𝗩𝗜𝗦𝗔
M *(wochentags nur Abendessen, Mittwoch, 1.- 13. Jan. und 12.- 25. Aug. geschl.)* a la carte
32/60 🍷 — **25 Z : 36 B** 75/80 - 110/120 Fb.

🏠 **Krone**, Kronenstr. 12, ℰ 6 11 40, ⛵ — 🅿 🄣🄥 ☎ 🅿. 🄰🄴 🄴
Juli - Aug. 4 Wochen geschl. — **M** *(Samstag ab 14 Uhr und Mittwoch geschl.)* a la carte
29/60 🍷 — **20 Z : 30 B** 35/70 - 70/120 Fb.

WALDBRUNN 6935. Baden-Württemberg 🔟🔢 🔟🔢 K 18 — 4 200 Ew — Höhe 514 m —
Luftkurort — 🅒 06274.

🅹 Verkehrsamt, Alte Marktstraße, ℰ 14 88.

◆ Stuttgart 108 — Heidelberg 37 — Heilbronn 54 — ◆Mannheim 55.

In Waldbrunn 1-Strümpfelbrunn :

🏠🏠 **Sockenbacher Hof**, Zu den Kuranlagen 4, ℰ 68 31, Fax 6839, 🏖, 🛋, ℀ — 🄣🄥 ☎ 🅿. 🄰🄴
ⓞ 🄴
27. Dez.- 6. Jan. geschl. — **M** *(Montag geschl.)* a la carte 38/72 — **25 Z : 42 B** 85 - 170
190 Fb.

Siehe auch : *Liste der Feriendörfer*

WALDECK 3544. Hessen 🔟🔢 ⑥. 🔟🔢 K 13 — 6 800 Ew — Höhe 380 m — Luftkurort — 🅒 05623.
Sehenswert : Schloßterrasse ⩽★★ — Ausflugziel : Edertalsperre★ SW : 2 km.

🅹 Verkehrsamt, Altes Rathaus, Sachsenhäuser Str. 10, ℰ 53 02.
◆Wiesbaden 201 — ◆Kassel 57 — Korbach 23.

🏠🏠 **Schloß Waldeck** ⑤, ℰ 58 90, Fax 589289, ⩽ Edersee und Ederhöhen, 🏖, ⛵, 🔲 — 📶
🛰 Zim 🄣🄥 🅿 — 🛎 25/150. ⓞ 🄴 𝗩𝗜𝗦𝗔. 🛰 Rest
5. Jan.- 15. Feb. geschl. — Restaurants: **Alte Turmuhr M** a la carte 48/84 — **Hexenturm M**
la carte 33/63 — **43 Z : 83 B** 125/145 - 205/290 Fb — ½ P 151/173.

🏠🏠 **Roggenland**, Schloßstr. 11, ℰ 50 21, Fax 6008, 🏖, ⛵, 🔲 — 📶 🄣🄥 ☎ 🅿 — 🛎 25/100. 🄰🄴
ⓞ 🄴 𝗩𝗜𝗦𝗔. 🛰
M a la carte 28/54 — **51 Z : 94 B** 89 - 126/154 — ½ P 86/112.

🏠 **Seeschlößchen** ⑤, Kirschbaumweg 4, ℰ 51 13, Fax 5564, ⩽ Edersee und Ederhöhen,
Massage, ⛵, 🔲, 🛋 — 🅿. 🛰
5. Jan.- 15. Feb. und Nov.- 15. Dez. geschl. — (Restaurant nur für Hausgäste) — **24 Z : 48 B**
46/68 - 90/112 Fb — 3 Fewo 64/136 — ½ P 64/78.

Am Edersee SW : 2 km :

🏠 **Waldhotel Wiesemann** ⌂, Oberer Seeweg 1, ⊠ 3544 Waldeck 2, ℘ (05623) 53 48, ⩽ Edersee, 🍴, 🛋, 🏊, 🛌 – 📺 ☎ 🅿. ⓘ E 𝘝𝘐𝘚𝘈. ⅍ Rest
M *(Nov.- März Montag - Dienstag geschl.)* a la carte 23/54 – **15 Z : 30 B** 55/100 - 90/160 – ½ P 65/120.

🏡 **Seehof** ⌂, Seeweg 2, ⊠ 3544 Waldeck 2, ℘ (05623) 54 88, ⩽ Edersee, 🍴 – 🅿. ⓘ E
M *(Abendessen nur für Hausgäste)* a la carte 20/39 – **14 Z : 28 B** 34/58 - 63/80.

In Waldeck - Nieder-Werbe W : 6 km :

🏠 **Werbetal**, Uferstr. 28, ℘ 71 96 – ☎ ⇐ 🅿. 🆎 ⓘ E 𝘝𝘐𝘚𝘈. ⅍
Mitte März - Mitte Dez. – M a la carte 26/50 – **22 Z : 45 B** 42/65 - 70/116 – 2 Fewo 45/75 – ½ P 55/70.

In Edertal 3-Affoldern am See 3593 S : 10 km :

🍴🍴 **Brombach** mit Zim, Hemfurter Str. 17, ℘ (05623) 47 29, Fax 2598, 🍴 – 📺 ⟡ 🅿. 🆎 ⓘ E 𝘝𝘐𝘚𝘈
12. Feb.- 5. März geschl. – Menu *(Dienstag geschl.)* a la carte 28/70 – **9 Z : 17 B** 40/70 - 70/100.

ALDENBUCH 7035. Baden-Württemberg 👁👁👁 K 21, 👁👁👁 ㉟ – 8 000 Ew – Höhe 362 m – ✆ 07157.

tuttgart 26 – Tübingen 20 – ♦ Ulm (Donau) 94.

🏠 **Rössle**, Grabenstr. 5 (B 27), ℘ 29 59, Fax 2326 – 📺 🅿. ⓘ E 𝘝𝘐𝘚𝘈
Mitte Aug.- Anfang Sept. und 27. Dez.- 7. Jan. geschl. – M *(Dienstag geschl.)* a la carte 38/54 – **15 Z : 20 B** 80 - 120.

ALDENBURG 7112. Baden-Württemberg 👁👁👁 LM 19 – 3 000 Ew – Höhe 506 m – Luftkurort ✆ 07942 (Neuenstein).

Verkehrsamt im Rathaus, ℘ 5 64, Fax 2014.

tuttgart 82 – Heilbronn 42 – Schwäbisch Hall 19.

🏨 **Panoramahotel Waldenburg**, Hauptstr. 84, ℘ 20 01, Fax 8884, ⩽, 🛋, 🏊 – 🛗 📺 ☎ 🅿 – 🔧 25/50. 🆎 ⓘ E 𝘝𝘐𝘚𝘈
M a la carte 37/60 – **36 Z : 66 B** 95/100 - 130/199 Fb.

🏠 **Mainzer Tor** garni, Marktplatz 8, ℘ 23 35 – ☎
Anfang Okt.- Anfang Nov. geschl. – **12 Z : 23 B** 55 - 95.

🏠 **Bergfried**, Hauptstr. 30, ℘ 5 44, ⩽, 🍴 – 🔧 40. 🆎 E
Ende Dez.- Mitte Jan. geschl. – M *(Dienstag 15 Uhr - Mittwoch geschl.)* a la carte 28/47 ₰ – **13 Z : 20 B** 40/58 - 66/92.

ALDESCH 5401. Rheinland-Pfalz 👁👁 F 16 – 2 300 Ew – Höhe 350 m – ✆ 02628.

ainz 90 – ♦ Bonn 83 – ♦ Koblenz 11.

🏨 **König von Rom** ⌂, Lindenweg 10, ℘ 20 93, ⩽, 🍴, 🛌 – ☎ ⇐ 🅿 – 🔧 30. 🆎 ⓘ E 𝘝𝘐𝘚𝘈
M a la carte 31/58 – **19 Z : 32 B** 40/75 - 81/115.

ALDKATZENBACH Baden-Württemberg siehe Liste der Feriendörfer : Waldbrunn.

ALDKIRCH 7808. Baden-Württemberg 👁👁👁 GH 22, 👁👁👁 ㉞, 👁👁👁 ② – 19 100 Ew – Höhe ¹4 m – Kneippkurort – ✆ 07681.

Touristik-Information, Kirchplatz 2, ℘ 20 61 06, Fax 206179.

tuttgart 204 – ♦ Freiburg im Breisgau 17 – Offenburg 62.

🏨 **Parkhotel** ⌂, Merklinstr. 20, ℘ 67 97 – ☎ 🅿 – 🔧 25/100 – **16 Z : 28 B** Fb.

🏨 **Felsenkeller** ⌂, Schwarzenbergstr. 18, ℘ 60 33, Fax 6033, ⩽, Bade- und Massageabteilung, ⊿, 🛋, 🛌 – 📺 ☎ ⇐ 🅿. 🆎 ⓘ E 𝘝𝘐𝘚𝘈
M a la carte 30/65 ₰ – **30 Z : 60 B** 70/75 - 115/130 Fb.

🏠 **Scheffelhof**, Scheffelstr. 1, ℘ 65 04 – 🅿 – **16 Z : 30 B**.

🏡 **Rebstock**, Lange Str. 46, ℘ 93 80 – 📺 ⇐
Feb.- März 4 Wochen geschl. – M *(Dienstag geschl.)* a la carte 25/55 – **12 Z : 23 B** 50/55 - 80/90 Fb.

In Waldkirch-Buchholz SW : 4 km :

🏨 **Hirschen-Stube - Gästehaus Gehri** ⌂, Schwarzwaldstr. 45, ℘ 98 53, 🛋, 🛌 – 📺 ☎ 🅿
M *(Sonntag 15 Uhr - Montag und 10.- 31. Jan. geschl.)* a la carte 28/58 – **20 Z : 40 B** 58/80 - 90/125 – 4 Fewo 70/135 – ½ P 70/85.

🍴 **Zum Rebstock** mit Zim, Schwarzwaldstr. 107, ℘ 98 72 – 🅿
Feb. und Sept. jeweils 2 Wochen geschl. – M *(Dienstag - Mittwoch 16 Uhr geschl.)* a la carte 24/45 ₰ – **4 Z : 8 B** 30 - 65.

🍴 **Löwen** mit Zim, Schwarzwaldstr. 34, ℘ 98 68 – 🅿 – **5 Z : 10 B**.

In Waldkirch 2-Kollnau NO : 2 km :

🏠 **Kohlenbacher Hof** ⬙, Kohlenbach 8 (W : 2 km), ℰ 88 28, ≤, ㄓ, 栞 – 📺 ☎ 🅿 ⒶⒺ (
E 𝚅𝙸𝚂𝙰
6.- 31. Jan. geschl. – **M** *(Montag 14 Uhr - Dienstag geschl.)* a la carte 25/56 – **18 Z : 35**
70 - 130 Fb – ½ P 85/90.

In Waldkirch-Suggental SW : 4 km :

🏠 **Suggenbad**, Talstr. 1, ℰ 80 46, ㄓ, 栞 – ◁⬛ 🅿
Nov. 3 Wochen geschl. – **M** *(Freitag geschl.)* a la carte 29/58 ⅃ – **15 Z : 28 B** 45/55 - 90/9

An der Straße zum Kandel SO : 3,5 km :

🏠 **Altersbach** ⬙, ⬚ 7808 Waldkirch-Altersbach, ℰ (07681) 72 00 – 🅿
M *(auch vegetarische Gerichte)* (Montag geschl.) a la carte 23/54 ⅃ – **15 Z : 30 B** 37/5
70/100.

WALDKIRCHEN 8392. Bayern 𝟜𝟙𝟛 X 20, 𝟿𝟾𝟽 ㉘, 𝟜𝟚𝟞 ⑦ – 9 600 Ew – Höhe 575 m – Luftkur
– Wintersport : 600/984 m ⚞4 – ✿ 08581.

🝡 Dorn (SO : 3 km), ℰ (08581) 10 40.

🛈 Fremdenverkehrsamt, Ringmauerstr. 14, (Bürgerhaus). ℰ 2 02 50.

◆München 206 – Freyung 12 – Passau 29.

🏨 **Vier Jahreszeiten** ⬙, Hauzenberger Str. 48, ℰ 7 65, Telex 571131, Fax 3525, ≤, ㄓ, ≤
栞 – 📺 ☎ 🅿 – 🔏 25/120. ⒶⒺ ⓪ E
M *(auch vegetarische Gerichte)* a la carte 24/51 – **112 Z : 240 B** 66/79 - 98/189 Fb
½ P 68/114.

🏨 **Sporthotel Reutmühle** ⬙ (Aparthotel), Frauenwaldstr. 7 (SO : 3 km), ℰ 20 3
Telex 571121, Fax 203170, ㄓ, Massage, ⅃ₛ, ≤ₛ, ▨, ❨ (Halle) – 📺 ☎ ◁⬛ 🅿 – 🔏 25/€
ⒶⒺ ⓪ E 𝚅𝙸𝚂𝙰
M a la carte 22/50 – **140 Z : 350 B** 92/111 - 144/172 Fb – ½ P 94/133.

🏠 **Gottinger Keller** (mit Aparthotel), Hauzenberger Str. 10, ℰ 80 11, Fax 3814, ≤, Biergarte
≤ₛ, 栞 – ☎ 🅿, ⓪ E 𝚅𝙸𝚂𝙰
M a la carte 22/40 – **22 Z : 39 B** 50/57 - 82/94 Fb – 38 Fewo 60/110 – ½ P 57/73.

🏯 **Lamperstorfer** (mit 🏨 Gästehaus ⬙), Marktplatz 19, ℰ 10 00 – 📺 ☎ ◁⬛ ⒶⒺ ⓪
◆ **M** a la carte 18/35 – **22 Z : 44 B** 38/42 - 60/76 – ½ P 45/57.

WALDKRAIBURG 8264. Bayern 𝟜𝟙𝟛 U 22, 𝟿𝟾𝟽 ㊲, 𝟜𝟚𝟞 J 4 – 22 000 Ew – Höhe 434 m
✿ 08638.

◆München 71 – Landshut 60 – Passau 107 – Rosenheim 64.

🏠 **Garni**, Berliner Str. 35, ℰ 30 21 – 📺 ☎ 🅿, ⒶⒺ E
25 Z : 34 B 65/70 - 89 Fb.

WALD-MICHELBACH 6948. Hessen 𝟿𝟾𝟽 ㉕, 𝟜𝟙𝟚 𝟜𝟙𝟛 J 18 – 11 500 Ew – Höhe 346 m
Erholungsort – Wintersport : 550 m ⚞1 ⚟2 – ✿ 06207.

🛈 Verkehrsamt, Rathaus, Bahnhofstr. 17, ℰ 4 01.

◆Wiesbaden 101 – ◆Darmstadt 61 – ◆Mannheim 36.

In Wald-Michelbach 4 - Aschbach NO : 2 km :

❌❌ **Vettershof**, Waldstr. 12, ℰ 23 13, Fax 3971 – 🅿, ⒶⒺ ⓪ E 𝚅𝙸𝚂𝙰
Montag, Juli - Aug. 2 Wochen und Jan. geschl. – **M** (Tischbestellung ratsam) a la car
39/75 ⅃.

Auf der Kreidacher Höhe W : 3 km :

🏨 **Kreidacher Höhe** ⬙, ⬚ 6948 Wald-Michelbach, ℰ (06207) 26 38, Fax 1650,
« Einrichtung im Landhausstil », ≤ₛ, ⅃ (geheizt), ▨, 栞, ❨ – ⛐📺 ☎ ⅃ 🅿 – 🔏 40. 🅴
M a la carte 35/74 – **32 Z : 60 B** 95/125 - 172/194 Fb – ½ P 113/152.

In Wald-Michelbach 5 - Siedelsbrunn SW : 7 km :

🏠 Morgenstern, Weinheimer Str. 51, ℰ 31 43, ≤, ㄓ – 📺 🅿 – 🔏 30. ❀ Zim
12 Z : 23 B.

🏠 **Tannenblick** ⬙, Am Tannenberg 17, ℰ 53 82, ≤, ㄓ, ⚞ – 🅿
◆ 1.- 20. Dez. geschl. – **M** *(Dienstag geschl.)* a la carte 21/41 ⅃ – **16 Z : 32 B** 42 - 72.

Verwechseln Sie nicht :

Komfort der Hotels	: 🏨🏨 ... 🏠, 🏯
Komfort der Restaurants	: ❌❌❌❌❌ ... ❌
Gute Küche	: ✾✾✾, ✾✾, ✾, Menu

WALDMOHR 6797. Rheinland-Pfalz 412 413 F 18. 242 ⑦. 57 ⑦ − 5 100 Ew − Höhe 269 m − 06373.

ainz 127 − Kaiserslautern 36 − ♦Saarbrücken 37.

XX **Le marmiton**, Mühlweier 1, ℰ 91 56, 余 − 🄿. ⓪ Ε 𝗩𝗜𝗦𝗔
Montag - Dienstag 18 Uhr geschl. − **M** a la carte 46/70.

In Waldmohr-Waldziegelhütte NW : 2 km :

🏠 Landhaus Hess ⑤, Haus Nr. 13, ℰ 24 11, 余, ⇔s − 🄣 ☎ 🄿. ⁓
14 Z : 20 B.

An der Autobahn A 6 - Nordseite SO : 3 km :

🏠 **Raststätte Waldmohr**, ⊠ 6797 Waldmohr, ℰ (06373) 32 35 − 🄿
M a la carte 28/48 − **15 Z : 21 B** 70 - 140/170.

In Schönenberg-Kübelberg 6796 NO : 5 km :

X **Landgut Jungfleisch** ⑤ mit Zim, Campingpark Ohmbachsee, ℰ (06373) 40 01, Fax 40 02,
余 − 🄣 🄿. ⓪ Ε 𝗩𝗜𝗦𝗔
7. Jan.- 10. Feb. geschl. − **M** a la carte 39/60 − **6 Z : 13 B** 63 - 106 − 2 Fewo 48/69.

WALDMÜHLE Nordrhein-Westfalen siehe Kürten.

WALDMÜNCHEN 8494. Bayern 413 V 18. 987 ⑦ − 7 200 Ew − Höhe 512 m − Luftkurort −
intersport : 750/920 m ≼3 ≰7 − ✿ 09972.

Verkehrsamt, Marktplatz, ℰ 2 62.

ünchen 210 − Cham 21 − Weiden in der Oberpfalz 70.

🏠 Post, Marktplatz 9, ℰ 14 16 − ⁓ − **16 Z : 26 B.**

🏠 Schmidbräu (mit Gästehaus), Marktplatz 5, ℰ 13 49, 余 − ▮≋▮ 🄣 ☎ ⇐ − **35 Z : 70 B.**

In Waldmünchen-Geigant : S : 9 km − Höhe 720 m :

🏠 **Roßhof** ⑤, ℰ (09975) 2 70, ≼, 余, 🚘 − ⇐ 🄿. ⁓
← *Nov.- 18. Dez. geschl.* − **M** *(außer Saison Mittwoch geschl.)* a la carte 16/33 − **23 Z : 46 B**
29/35 - 50/54.

In Waldmünchen-Herzogau SO : 4 km − Höhe 720 m :

🏠 **Pension Gruber** ⑤, ℰ 14 39, ≼, ⇔s, 🚘 − 🄿
(Restaurant nur für Hausgäste) − **13 Z : 23 B** 23/26 - 46/52 − 2 Fewo 50 − ½ P 31/34.

In Treffelstein-Kritzenthal 8491 NW : 10 km Richtung Schönsee, nach 8 km rechts ab :

🏠 **Katharinenhof** ⑤, ℰ (09673) 4 12, Fax 415, 余, « Restaurant-Stuben im ländlichen Stil »,
← ⇔s, 🏊, 🚘 − ☎ 🄿 − 🔬 25/50
Nov.- 15. Dez. geschl. − **M** a la carte 20/52 − **55 Z : 100 B** 50/55 - 90/100 Fb.

WALDPRECHTSWEIER Baden-Württemberg siehe Malsch.

WALDRACH 5501. Rheinland-Pfalz 412 D 17 − 2 200 Ew − Höhe 130 m − ✿ 06500.

ainz 163 − Hermeskeil 22 − ♦Trier 11 − Wittlich 36.

🏠 Waldracher Hof, Untere Kirchstr. 1, ℰ 6 19, Biergarten − ☎ ⇐ 🄿
27 Z : 52 B.

In Riveris 5501 SO : 3 km :

🏠 **Landhaus zum Langenstein** ⑤, Auf dem Eschgart 50, ℰ (06500) 2 87, 余, 🚘 − 🄿
← **M** *(Montag geschl.)* a la carte 21/38 − **21 Z : 40 B** 40/50 - 70/80.

WALDSASSEN 8595. Bayern 413 TU 16, 17. 987 ⑦ − 8 000 Ew − Höhe 477 m − ✿ 09632.

ehenswert : Klosterkirche* (Chorgestühl*, Bibliothek**).

usflugsziel : Kappel : Lage** - Wallfahrtskirche* NW : 7 km.

Verkehrsamt, Johannisplatz 11, ℰ 88 28.

ünchen 311 − Bayreuth 77 − Hof 55 − Weiden in der Oberpfalz 49.

🏠 Zrenner, Dr.-Otto-Seidl-Str. 13, ℰ 12 26, « Innenhofterrasse » − 🄣 ☎ ⇐
M *(Freitag und Mitte Jan.- Mitte Feb. geschl.)* a la carte 31/70 − **22 Z : 36 B** 55/65 - 95/120
Fb.

🏠 Ratsstüberl, Basilikaplatz 5, ℰ 17 82, 余 − 🄣 🄿. Ε
← **M** *(Dienstag und Sonntag jeweils ab 14 Uhr geschl.)* a la carte 19/35 − **20 Z : 35 B** 40/50 -
60/70.

WALDSEE, BAD 7967. Baden-Württemberg 413 M 23. 987 ⑧ ⑥. 427 ⑧ − 15 000 Ew − Höhe
37 m − Heilbad − Kneippkurort − ✿ 07524 − **Sehenswert :** Stadtsee*.

Hofgut Hopfenweiler (NO: 1 km), ℰ 59 00.

Kurverwaltung, Ravensburger Str. 1, ℰ 10 13 41, Fax 101345.

Stuttgart 154 − Ravensburg 21 − ♦Ulm (Donau) 66.

Grüner Baum, Hauptstr. 34, ✆ 14 37, Fax 4229 – TV ☎. AE E. ✻ Zim
24. Dez.- 2. Jan. geschl. – **M** *(Mittwoch und Mitte Sept.- Anfang Okt. geschl.)* a la car
27/55 – **14 Z : 25 B** 72/86 - 120/150 Fb.

Kurpension Schwabenland ⊗, Badstr. 26 (Kurgebiet), ✆ 50 11, Bade- ur
Massageabteilung, ✻ – ☎ P. ✻
Dez.- Jan. geschl. – (Restaurant nur für Pensionsgäste) – **17 Z : 32 B** 59 - 96 – ½ P 58/69.

Post, Hauptstr. 1, ✆ 15 07, ≘s – |$| TV ☎. E
20. Dez.- 15. Jan. geschl. – **M** *(Sonntag ab 14 Uhr und Samstag geschl.)* a la carte 16/44
– **30 Z : 40 B** 30/70 - 60/120.

In Bad Waldsee-Gaisbeuren SW : 4 km :

Gasthaus Adler, an der B 30, ✆ 67 47 – P
Donnerstag und Mai - Juni 3 Wochen geschl. – **M** a la carte 26/47 ₰.

WALDSHUT-TIENGEN 7890. Baden-Württemberg 413 H 24, 987 ㉟, 427 I 3 – 21 500 Ew
Höhe 340 m – ☎ 07751.

☐ Städtisches Verkehrsamt, Waldshut, im Oberen Tor, ✆ 16 14.

♦Stuttgart 180 – Basel 56 – Donaueschingen 57 – ♦Freiburg im Breisgau 80 – Zürich 45.

Im Stadtteil Waldshut :

Waldshuter Hof, Kaiserstr. 56, ✆ 20 08, Fax 7601 – |$| TV ☎. E VISA
M *(Montag geschl.)* a la carte 34/55 – **23 Z : 39 B** 70/75 - 120/130 Fb.

Fährhaus (mit Gästehaus), Konstanzer Str. 7 (B 34) (SO : 2 km), ✆ 30 12 – TV
P. ✻ Zim
17 Z : 23 B.

Schwanen, Amthausstr. 2, ✆ 36 32 –
M *(Montag geschl.)* a la carte 28/55 ₰ – **14 Z : 24 B** 38/45 - 70/80 Fb.

Taverna, Kaiserstr. 98 (im Rheinischen Hof), ✆ 25 55, ☂.

Rheinterrasse, Rheinstr. 33, ✆ 31 10, ≤, ☂.

Im Stadtteil Tiengen :

Bercher, Bahnhofstr. 1, ✆ (07741) 6 10 66, ☂, ≘s – |$| TV ☎ P – 🏛 25/100
35 Z : 60 B Fb.

Brauerei Walter (Gasthof mit modernem Hotelanbau), Hauptstr. 23, ✆ (07741) 45 30
TV ☎ P. ⓓ E VISA
M *(Sonntag geschl.)* a la carte 35/51 – **26 Z : 43 B** 38/65 - 76/120 Fb.

In Waldshut-Tiengen - Schmitzingen N : 3,5 km ab Stadtteil Waldshut :

Löwen, Hochtannweg 1, ✆ 69 44 – P.

In Lauchringen 2-Oberlauchringen **7898** SO : 4 km ab Stadtteil Tiengen :

Feldeck, Klettgaustr. 1 (B 34), ✆ (07741) 22 05, ☐, ✻ – |$| TV ☎ P – 🏛 30
M *(Samstag geschl.)* a la carte 21/41 ₰ – **32 Z : 52 B** 50/65 - 80/100 Fb.

Adler (Historischer Gasthof a.d. 16. Jh.), Klettgaustr. 20 (B 34), ✆ (07741) 24 97 – P
Mitte Okt. - Mitte Nov. geschl. – **M** *(Donnerstag geschl.)* a la carte 20/38 ₰ – **8 Z : 14**
25/40 - 50/75.

WALDSTETTEN Baden-Württemberg siehe Schwäbisch Gmünd.

WALDULM Baden-Württemberg siehe Kappelrodeck.

WALLDORF 6909. Baden-Württemberg 987 ㉕, 412 413 I 19 – 13 200 Ew – Höhe 110 m
☎ 06227.

♦Stuttgart 107 – Heidelberg 15 – Heilbronn 54 – ♦Karlsruhe 42 – ♦Mannheim 30.

Holiday Inn, Roter Straße (SW : 1,5 km), ✆ 3 60, Telex 466009, Fax 36504, ☂, Massag
≘s, ☐ (geheizt), ☐, ✻, ✻ – |$| ✻ Zim ☰ TV ♿ P – 🏛 25/150. AE ⓓ E VISA. ✻ Rest
M a la carte 33/72 – **150 Z : 255 B** 254/274 - 318/338 Fb.

Vorfelder, Bahnhofstr. 28, ✆ 20 85, Telex 466016, Fax 30541, ☂, ✻ – |$| TV ☎ P
🏛 25/45. AE ⓓ E VISA
M a la carte 47/77 – **36 Z : 54 B** 90/120 - 140/180 Fb.

Saint Max, Am neuen Schulhaus 4, ✆ 60 20, Fax 602100, ≘s – |$| TV ☎ ♿ P
🏛 25/100. AE ⓓ E VISA
(Restaurant nur für Hausgäste) – **73 Z : 146 B** 120/140 - 170/280 Fb.

Haus Landgraf mit Zim (ehem. Bauernhaus a.d. 17. Jh.), Hauptstr. 25, ✆ 40 36, « Stilvoll
rustikale Einrichtung, Innenhof » – ☎ P
(nur Abendessen) – **9 Z : 15 B.**

WALLDÜRN 6968. Baden-Württemberg **987** ㉙. **412** **413** L 18 – 10 500 Ew – Höhe 398 m – Erholungsort – ✆ 06282.

₫ Verkehrsamt, im alten Rathaus, Hauptstr. 27, ℘ 6 71 07.

Stuttgart 125 – Aschaffenburg 64 – Heidelberg 93 – ♦Würzburg 62.

🏨 **Landgasthof Zum Riesen** (restauriertes Fachwerkhaus a.d.J. 1724, ehemaliges Palais), Hauptstr. 14, ℘ 5 31, Fax 6618, 🍴 – 🛗 📺 ☎ 🅿 – 🔬 40. 🆑 ⑩ 🖃 𝘝𝘐𝘚𝘈
Jan. geschl. – **M** a la carte 35/76 – **28 Z : 60 B** 51/85 - 92/135 Fb.

🏨 **Zum Ritter,** Untere Vorstadtstr. 2, ℘ 60 55 – 📺 ☎ – 🔬 30. 🖃
→ *16. Feb.- 16. März geschl.* – **M** *(Freitag geschl.)* a la carte 19/43 ⅙ – **19 Z : 35 B** 27/65 - 50/100 Fb.

In Walldürn 3-Reinhardsachsen NW : 9 km :

🏨 **Haus am Frankenbrunnen** 🕸, Am Kaltenbach 3, ℘ (06286) 7 15, Fax 1330, 🍴, 🚭, 🐎
– 📺 ☎ 🚗 🅿 ⑩ 🖃 𝘝𝘐𝘚𝘈 🎝 Rest
7. Jan.- 18. Feb. geschl. – **M** *(Donnerstag geschl.)* a la carte 23/51 ⅙ – **20 Z : 50 B** 65/115 - 100/150 Fb.

WALLENHORST Niedersachsen siehe Osnabrück.

WALLERFANGEN Saarland siehe Saarlouis.

WALLGAU 8109. Bayern **413** Q 24, **426** F 6 – 1 100 Ew – Höhe 868 m – Erholungsort – Wintersport : 900/1 000 m ≰1 ⚞5 – ✆ 08825 (Krün).

₫ Verkehrsamt, Dorfplatz 7, ℘ 4 72.

München 93 – Garmisch-Partenkirchen 19 – Bad Tölz 47.

🏨 **Parkhotel,** Barmseestr. 1, ℘ 20 11, Fax 366, Massage, 🚭, 🖃, 🐎 – 🛗 📺 🕭 🚗 🅿
13.- 18. April und 5. Nov.- 20. Dez. geschl. – (nur Abendessen für Hausgäste) – **52 Z : 95 B**
134/194 - 230/243 (½ P) Fb – 12 Appart. 360/387 (½ P).

🏨 **Post,** Dorfplatz 6, ℘ 10 11, Biergarten, 🚭 – 🛗 ☎ 🅿. 🖃 𝘝𝘐𝘚𝘈
M *(Anfang Nov.- Mitte Dez. geschl.)* a la carte 24/50 – **30 Z : 55 B** 59/65 - 118/139 Fb –
3 Appart. 154 – ½ P 84/95.

🏨 **Vita Bavarica** 🕸 garni, Lange Äcker 17, ℘ 5 72, ≤ Karwendel und Wettersteinmassiv,
🚭, 🖃 (geheizt), 🐎 – ☎ 🅿 🎝
25. Okt.- 18. Dez. geschl. – **13 Z : 27 B** 40/59 - 79/120.

🏨 **Wallgauer Hof** 🕸, Isarstr. 15, ℘ 20 24, Fax 1893, 🚭, 🐎 – ☎ 🅿. 🖃
Nov.- 15. Dez. geschl. – (nur Abendessen für Hausgäste) – **23 Z : 42 B** 47/74 - 90/128 Fb –
3 Appart. 149 – ½ P 60/90.

🏠 Isartal, Dorfplatz 2, ℘ 10 44 – 🚗 🅿 – **20 Z : 35 B.**

WALLUF 6229. Hessen **412** H 16 – 5 600 Ew – Höhe 90 m – ✆ 06123.

Wiesbaden 10 – ♦Koblenz 71 – Limburg an der Lahn 51 – Mainz 13.

🏨 **Zum neuen Schwan** 🕸 garni, Rheinstr. 3, ℘ 7 10 77 – 📺 ☎ 🅿. 🆑 ⑩ 🖃 𝘝𝘐𝘚𝘈
15. Dez.- 8. Jan. geschl. – **20 Z : 39 B** 84/144 - 119/194 Fb.

🏨 **Ruppert,** Hauptstr. 61 (B 42), ℘ 7 10 89, Fax 71215 – ☎ 🅿 – 🔬 30. 🎝 Zim
→ **M** *(Montag - Dienstag geschl.)* a la carte 21/52 ⅙ – **30 Z : 50 B** 40/60 - 80/100.

🟈🟈 Schwan 🕸 mit Zim, Rheinstr. 4, ℘ 7 24 10 – 🅿
4 Z : 8 B.

🟈🟈 **Zum Treppchen,** Kirchgasse 14, ℘ 7 17 68 – 🖃
*nur Abendessen, Mittwoch, Sonn- und Feiertage sowie Feb.- März und Aug.- Sept. je 3
Wochen geschl.* – **M** *(Tischbestellung ratsam)* a la carte 48/77.

WALPORZHEIM Rheinland-Pfalz siehe Neuenahr-Ahrweiler, Bad.

WALSHEIM Saarland siehe Gersheim.

WALSRODE 3030. Niedersachsen **987** ⑮ – 24 000 Ew – Höhe 35 m – Erholungsort – ✆ 05161.

Ausflugsziel : Vogelpark★★ N : 3 km.

🟆 Walsrode-Tietlingen, ℘ (05162) 38 89.

₫ Fremdenverkehrsamt, Lange Str. 20, ℘ 20 37, Fax 73395.

♦Hannover 61 – ♦Bremen 61 – ♦Hamburg 102 – Lüneburg 76.

🏨 **Landhaus Walsrode** 🕸 garni (ehem. Bauernhaus in einer Parkanlage), Oskar-Wolff-Str.
1, ℘ 80 53, Fax 2352, 🖃 (geheizt), 🐎 – ☎ 🚗 🅿. 🆑 🖃
15. Dez.- 15. Jan. geschl. – **18 Z : 30 B** 70/155 - 120/210 Fb.

🏨 Kopp-Rats-Café, Lange Str. 4, ℘ 7 30 73 – 📺 ☎ 🅿 – 🔬 25/70 – **13 Z : 26 B.**

🏨 Walsroder Hof, Lange Str. 48, ℘ 58 10 – 🛗 📺 🚗 🅿 – 🔬 30. 🎝 – **35 Z : 50 B** Fb.

🏠 Stadtschänke, Lange Str. 73, ℘ 57 76 – 🅿
(nur Abendessen für Hausgäste) – **10 Z : 18 B.**

🏠 **Hannover,** Lange Str. 5, ℘ 55 16, Fax 5513, Biergarten – 🚗 🅿. 🆑 🖃 𝘝𝘐𝘚𝘈
→ *2.- 16. Jan. geschl.* – **M** a la carte 20/44 – **26 Z : 47 B** 60/70 - 86/98.

In Walsrode-Hünzingen N : 5 km :

🏠 Forellenhof ⑤, ℰ 20 91, Fax 6585, 🍴, 🐎, 🐎 – ☎ 🅿
26 Z : 49 B.

In Walsrode 2-Südkampen W : 13 km über die B 209 :

🏠 **Landhaus Meyer** (mit Gästehaus), Haus Nr. 53, ℰ (05166) 2 45, Wildgehege, 🌳, 🐎, 🐎
– 🅿
Nov. geschl. – **M** (Dienstag geschl.) a la carte 19/39 – **32 Z : 55 B** 34/42 - 64/84 – ½ P 44/54

In Walsrode-Tietlingen O : 9 km :

🏠 **Sanssouci** ⑤, Tietlingen 4, ℰ (05162) 30 47, « Gartenterrasse », 🐎 – 📺 ☎ 🅿 ☒ E
Feb. geschl. – **M** (Nov.- März Donnerstag ab 14 Uhr geschl.) a la carte 28/47 – **12 Z : 22 B**
65/70 - 100/110.

WALTENHOFEN 8963. Bayern ⑬⑬ N 23, 24, ⑷⑵⑹ ⑮ – 8 000 Ew – Höhe 750 m – 🟢 08303.
🖪 Verkehrsamt, Rathaus, ℰ 8 22.
◆München 131 – Bregenz 73 – Kempten (Allgäu) 6 – ◆Ulm (Donau) 97.

In Waltenhofen 2-Martinszell S : 5,5 km – Erholungsort :

🏠 **Adler**, Illerstr. 10, ℰ (08379) 2 07, Fax 488 – ☎ ⟸ 🅿
← 8.- 20. Jan. geschl. – **M** a la carte 20/42 ♨ – **30 Z : 50 B** 52 - 104 – ½ P 65.

WALTRINGHAUSEN Niedersachsen siehe Nenndorf, Bad.

WALTROP 4355. Nordrhein-Westfalen ⑨⑧⑦ ⑭, ⑷⑴⑵ F 12 – 27 000 Ew – Höhe 60 m – 🟢 02309.
Siehe Ruhrgebiet (Übersichtsplan).
◆Düsseldorf 85 – Münster (Westfalen) 50 – Recklinghausen 15.

🏠 **Haus der Handweberei** garni, Bahnhofstr. 95, ℰ 30 03 – ☎ 🅿 – 🔒 30. ❄
18 Z : 32 B 50 - 85/100.

XX **Rôtisserie Stromberg**, Dortmunder Str. 5 (Eingang Isbruchstr.), ℰ 42 28 – 🅿 ☒ ⓞ E
𝓥𝓘𝓢𝓐
Montag geschl. – **M** a la carte 45/66.

WAMEL Nordrhein-Westfalen siehe Möhnesee.

WANGEN IM ALLGÄU 7988. Baden-Württemberg ⑬⑬ M 23, ⑨⑧⑦ ㊱, ⑷⑵⑹ B 5 – 23 500 Ew –
Höhe 556 m – 🟢 07522.
Sehenswert : Marktplatz★.
🖪 Gästeamt, Rathaus, Marktplatz, ℰ 7 42 11, Fax 74111.
◆Stuttgart 194 – Bregenz 27 – Ravensburg 23 – ◆Ulm (Donau) 102.

🏨 **Romantik-Hotel Alte Post**, Postplatz 2, ℰ 40 14, Telex 732774, Fax 2604, « Einrichtung
im Barock- und Bauernstil » – 📺 ☎ ⟸ 🅿 – 🔒 30. ☒ ⓞ E 𝓥𝓘𝓢𝓐
M (Montag - Dienstag 18 Uhr und 6.- 21. Jan. geschl.) a la carte 32/71 – **19 Z : 31 B** 75/120
135/168 Fb.

🏨 **Romantik-Hotel Postvilla** garni, Schönhalde 2, ℰ 40 36, ≼, « Ehem. Villa mit eleganter
Einrichtung », 🐎 – 📺 ☎ 🅿 – 🔒 30
8.- 20. Jan. geschl. – **10 Z : 18 B** 70/90 - 150/180 Fb.

🏨 **Vierk's Privat-Hotel**, Bahnhofsplatz 1, ℰ 8 00 61, Fax 22482, 🍴, 🚿 – 📺 ☎ ⟸ 🅿 ☒
M (Sonntag 14 Uhr - Montag geschl.) a la carte 34/63 – **14 Z : 28 B** 50/75 - 90/130 Fb.

🏠 **Haus Waltersbühl** ⑤, Max-Fischer-Str. 4, ℰ 50 57, 🍴, 🚿, 🌳, 🏊, 🐎 – ☎ ⟸ 🅿 –
🔒 25/100. ❄
14.- 30. Juli und 16.- 27. Dez. geschl. – **M** (Sonntag geschl.) a la carte 24/50 ♨ – **54 Z : 96 B**
62/80 - 120/160 Fb.

🏠 **Rössle** garni, Ebnetstr. 2, ℰ 40 71 – 📺 ☎ 🅿 ☒ ⓞ E 𝓥𝓘𝓢𝓐
8 Z : 17 B 75/95 - 125/175 Fb.

🏠 **Mohren-Post**, Herrenstr. 27, ℰ 2 10 76 – ⟸
M (Freitag - Samstag und Sept. geschl.) a la carte 31/53 ♨ – **14 Z : 20 B** 50/60 - 90/100.

In Wangen-Herfatz NW : 3 km, über die B 32 :

🏠 **Waldberghof** ⑤, Am Waldberg, ℰ 67 71, 🚿, 🏊, 🐎 – 📺 ☎ 🅿 E 𝓥𝓘𝓢𝓐
M (nur Abendessen, Sonntag geschl.) a la carte 22/40 – **16 Z : 29 B** 65 - 110 Fb.

In Wangen 4-Neuravensburg SW : 8 km :

🏠 **Waldgasthof zum Hirschen** ⑤, Grub 1, ℰ (07528) 72 22, « Gartenterrasse », 🐎, 🚿 –
🅿
M (Montag geschl.) a la carte 25/45 ♨ – **5 Z : 9 B** 55/75 - 95.

🏠 **Mohren**, Bodenseestr. 7, ℰ (07528) 72 45, 🚿, 🏊, 🚿 – 📺 ☎ ⟸ 🅿
26. Nov. - 10. Dez. geschl. – **M** (Montag - Dienstag 17 Uhr geschl.) a la carte 22/41 ♨ –
22 Z : 42 B 55/60 - 95.

WANGEN Baden-Württemberg siehe Göppingen bzw. Öhningen.

WANGERLAND 2949. Niedersachsen − 10 600 Ew − Höhe 1 m − 🕲 04426.
Kurverwaltung, Zum Hafen 3 (Horumersiel), ℘ 87 10, Fax 8787.
Hannover 242 − Emden 76 − Oldenburg 72 − Wilhelmshaven 21.

In Wangerland 3-Hooksiel 987 ④ − Seebad :

XX **Packhaus** 🦐 mit Zim, am Hafen 1, ℘ (04425) 12 33, ≤, 斋 − 🔟 ☎ ❷. 🖭 ⓪ E 𝚟𝚒𝚜𝚊
   M a la carte 35/60 − **6 Z : 12 B** 68/85 - 100/120.

XX **Zum Schwarzen Bären**, Lange Str. 15, ℘ (04425) 2 34, Fax 394 − ❷. 🖭 ⓪ E 𝚟𝚒𝚜𝚊
   Juli - Aug. Mittwoch bis 15 Uhr, Sept.- Juni Mittwoch ganztägig geschl. − **M** a la carte
   28/55.

In Wangerland 2-Horumersiel − Seebad :

🏤 Atlanta 🦐, Am Tief 6, ℘ 15 21, ≘ₛ, 🔲 − 🛗 🔟 ☎ ❷ − 🔬 40
   (wochentags nur Abendessen) − **36 Z : 135 B** Fb − 15 Fewo.

🏠 Mellum 🦐, Fasanenweg 9, ℘ 6 16, 斋, 🛲 − ❷
   20 Z : 40 B − 4 Fewo.

In Wangerland 2-Schillig − Seebad :

🏤 **Apart-Hotel Upstalsboom** 🦐, Mellumweg 6, ℘ 8 80, Fax 88101, ≤, Massage, ≘ₛ − 🛗
   🔟 ☎ & ❷ − 🔬 25/70. 🖭 ⓪ E 𝚟𝚒𝚜𝚊 🛠 Rest
   M a la carte 27/49 − **72 Z : 161 B** 95 - 160/225 Fb − 9 Fewo 130/155.

In Wangerland 3-Waddewarden

X **Waddewarder Hof**, Hooksieler Str. 1, ℘ (04461) 24 12 − ❷
   Montag und Ende Sept.- Mitte Okt. geschl. − **M** a la carte 27/47.

WANGEROOGE (Insel) 2946. Niedersachsen 987 ④ − 1 400 Ew − Seeheilbad − Insel der
Ostfriesischen Inselgruppe. Autos nicht zugelassen − 🕲 04469.
🚢 von Wittmund-Harlesiel (ca. 1 h 15 min), ℘ (04464) 3 45.
Verkehrsverein, Pavillon am Bahnhof, ℘ 3 75.
Hannover 256 − Aurich/Ostfriesland 36 − Wilhelmshaven 41.

🏠 Kaiserhof 🦐, Strandpromenade 27, ℘ 2 02, ≤, 斋 − 🛠
   nur Saison − **55 Z : 88 B**.

WANK Bayern. Sehenswürdigkeit siehe Garmisch-Partenkirchen.

WARBURG 3530. Nordrhein-Westfalen 987 ⑮. 412 K 12 − 23 500 Ew − Höhe 205 m − 🕲 05641.
Fremdenverkehrsamt, Zwischen den Städten 2, ℘ 9 25 55.
Düsseldorf 195 − ◆Kassel 34 − Marburg 107 − Paderborn 42.

🏠 **Berliner Hof** 🦐, Gerhart-Hauptmann-Str. 11, ℘ 21 37 − ⇐⇒ ❷
   26. Juli - 18. Aug. geschl. − **M** *(Sonntag ab 14 Uhr und Freitag geschl.)* a la carte 22/45 −
   13 Z : 23 B 39/65 - 69/98.

In Warburg 2-Scherfede NW : 10 km :

🏠 **Wulff**, Wiggenbreite 3, ℘ (05642) 2 08, 斋, 🛲 − ⇐⇒ ❷
   M *(nur Abendessen, Sonntag geschl.)* a la carte 21/42 − **8 Z : 14 B** 45 - 75.

WAREN 2060 Mecklenburg-Vorpommern 984 ⑦⑱. 987 ⑦ − 25 000 Ew − Höhe 80 m −
🕲 0037993.
Waren (Müritz)- Information, Neuer Markt 19, ℘ 41 72.
Berlin - Ost 169 − ◆Hamburg 212 − Neubrandenburg 49 − ◆Rostock 81.

🏨 **Goldene Kugel**, Große grüne Str. 16, ℘ 23 41 − 🔟
   Mitte Sept.- Mitte Okt. geschl. − **M** *(Montag geschl.)* a la carte 17/26 − **10 Z : 24 B** 25/35 -
   60.

In Klink 2065 SW : 7 km :

🏠 **Ferienhotel Klink** 🦐, ℘ (0037993) 5 70, Telex 33673, ≤, 斋, ≘ₛ, 🔲, 🛥, 🛲, 🎾 − 🛗
   ❷ 🖭 ⓪ E 𝚟𝚒𝚜𝚊
   M a la carte 13/27 − **500 Z : 1000 B** 61/72 - 64/102 Fb − 9 Appart. 114/126.

Besonders angenehme Hotels oder Restaurants
sind im Führer rot gekennzeichnet.

Sie können uns helfen, wenn Sie uns die Häuser angeben,
in denen Sie sich besonders wohl gefühlt haben.

Jährlich erscheint eine komplett überarbeitete Ausgabe
aller Roten Michelin-Führer.

🏨🏨🏨 ... 🏠

XXXXX ... X

WARENDORF 4410. Nordrhein-Westfalen 🔟🔟🔟 ⑭, 🔟🔟🔟 G 11 — 34 000 Ew — Höhe 56 m - ✦ 02581.

Ausflugsziel : Freckenhorst : Stiftskirche★ (Taufbecken ★) SW : 5 km.

🏌 Vohren 41 (O : 3 km), ℘ (02586) 17 92.

🛈 Verkehrsamt, Markt 1, ℘ 5 42 22.

♦Düsseldorf 150 — Bielefeld 47 — Münster (Westfalen) 27 — Paderborn 63.

🏨 **Im Engel** ⑤, Brünebrede 37, ℘ 70 64, Fax 62726, ⇔ – 🛗 📺 ☎ ❷ – 🔬 25/100. 🖭 ⓪ 🖪 𝓥𝓘𝓢𝓐
Juli 3 Wochen geschl. — **M** (Weinkarte mit über 500 Spitzenweinen, abends Tischstellung ratsam) (Donnerstag - Freitag 18 Uhr geschl.) a la carte 49/68 — **23 Z : 40 B** 68/150 - 105, 250 Fb.

🏨 **Mersch**, Dreibrückenstr. 66, ℘ 80 18 (Hotel) 6 21 75 (Rest.), Fax 62686, ⇔, 🚗 – 🛗 📺 ☎ ⟷ – 🔬 30. 🖭 ⓪ 🖪 𝓥𝓘𝓢𝓐
M (wochentags nur Abendessen) a la carte 37/57 — **24 Z : 47 B** 70/90 - 120/145 Fb.

🏨 **Wiesenhof**, Lange Wieske 52, ℘ 7 80 61, Fax 7552, Biergarten, « Gartenterrasse » – 📺 ☎ ❷ 🖭 ⓪ 🖪 𝓥𝓘𝓢𝓐
M (Montag bis 18 Uhr geschl.) a la carte 31/60 — **16 Z : 28 B** 70/95 - 130/150 Fb.

🏠 Emshof, Sassenberger Str. 39, ℘ 23 00 – 📺 ❷. 🛏 Zim — **33 Z : 48 B**.

XX Haus Allendorf, Neuwarendorf 16 (B 64, W : 4 km), ℘ 21 07, � – ❷.

WARMENSTEINACH 8581. Bayern 🔟🔟🔟 S 17, 🔟🔟🔟 ㉗ — 3 000 Ew — Höhe 558 m — Luftkuror — Wintersport : 560/1 024 m ≰10(Skizirkus Ochsenkopf) ≰7 – ✦ 09277.

🛈 Verkehrsamt, Freizeithaus, ℘14 01.

♦München 253 — Bayreuth 24 — Marktredwitz 27.

🏠 Gästehaus Preißinger ⑤, Bergstr. 134, ℘ 15 54, ≼, ⇔, 🔲, 🚗 – ❷
(nur Abendessen für Hausgäste) — **33 Z : 58 B** Fb.

🏠 **Krug** ⑤, Siebensternweg 15, ℘ 2 09, Fax 880, « Terrasse mit ≼ », 🚗 – 🛗 ❷. 🖭 🖪
M (Montag geschl.) a la carte 23/48 — **33 Z : 53 B** 45/53 - 84/100 — ½ P 57/68.

Im Steinachtal S : 2 km :

🏖 **Pension Pfeiferhaus**, ✉ 8581 Warmensteinach, ℘ (09277) 2 56, 🌣, 🚗 – ⟷ ❷
← Anfang Feb.- Mitte März und Mitte Okt.- Mitte Dez. geschl. — **M** (Mittwoch geschl.) a la carte 15/26 — **23 Z : 40 B** 28/37 - 51/75 — ½ P 33/45.

In Warmensteinach-Fleckl NO : 5 km :

🏠 **Sport-Hotel Fleckl** ⑤, Fleckl 5, ℘ 2 34, Fax 867, ⇔, 🔲, 🚗 – ⟷ ❷
Anfang Nov.- Mitte Dez. geschl. — (nur Abendessen für Hausgäste) — **24 Z : 40 B** 33/64 66/150 Fb.

🏠 **Berggasthof** ⑤, Fleckl 20, ℘ 2 70, 🚗 – ⟷ ❷
← 20. Nov.- 18. Dez. geschl. — **M** a la carte 18/34 — **15 Z : 30 B** 34/44 - 60/70 — ½ P 44/48.

In Warmensteinach - Oberwarmensteinach O : 2 km :

🏠 **Goldener Stern**, ℘ 2 46, 🚗 – ⟷ ❷
← 25. Okt.- 1. Dez. geschl. — **M** a la carte 18/37 — **20 Z : 40 B** 34/37 - 50/66 — ½ P 36/47.

WARSTEIN 4788. Nordrhein-Westfalen 🔟🔟🔟 ⑭, 🔟🔟🔟 I 12 — 29 200 Ew — Höhe 300 m – ✦ 02902
🛈 Kultur- und Fremdenverkehrsamt, Rathaus, Dieplohstr. 1, ℘ 8 12 56.

♦Düsseldorf 149 — Lippstadt 28 — Meschede 15.

🏠 **Lindenhof** ⑤, Ottilienstr. 4, ℘ 25 27, ⇔ – ⟷ ❷
M a la carte 22/49 — **54 Z : 100 B** 45 - 80/85.

🏠 **Hölter**, Siegfriedstr. 2, ℘ 24 40 – ☎ ⟷ ❷. ⓪ 🖪 🌣
Juli - Aug. 2 Wochen geschl. — **M** (Montag geschl.) a la carte 27/48 — **10 Z : 16 B** 34/40 65/75.

XX **Domschänke**, Dieplohstr. 12, ℘ 25 59 (Rest.) 27 23 (Gästehaus), Biergarten, « Sauerlände Fachwerkhaus » – 🔬 100. 🖭 ⓪ 🖪 𝓥𝓘𝓢𝓐
Dienstag und 6.- 27. Aug. geschl. — **M** a la carte 41/62 — Bistro **M** a la carte 32/55 -(auch Gästehaus Waldfrieden, 20 Z : 30 B 83 - 126).

Bei der Tropfsteinhöhle SW : 3 km, Richtung Hirschberg :

🏠 Warsteiner Waldhotel, Im Bodmen 52, ✉ 4788 Warstein, ℘ (02902) 50 44, 🌣 – 📺 ☎ ⟷ ❷ – **16 Z : 32 B** Fb.

In Warstein 2-Allagen NW : 11 km :

🏠 Postillion, Victor-Röper-Str. 5, ℘ (02925) 33 83, Fax 80820, 🌣, 🚗 – ☎ ❷ – 🔬 25/120 **14 Z : 26 B**.

In Warstein 1-Hirschberg SW : 7 km — Erholungsort :

🏠 **Cramer** (Fachwerkhaus a.d.J. 1788), Prinzenstr. 2, ℘ 29 27, « Gemütliche Gaststube » – 📺 ☎ ⟷ ❷
5.- 25. Aug. geschl. — **M** (Mittwoch - Donnerstag 17 Uhr geschl.) a la carte 25/49 — **15 Z : 28 B** 48/80 - 85/130.

In Warstein 2-Mülheim NW : 7 km :

XX **Bauernstübchen**, Erlenweg 45 (B 516), $\mathscr{C}$ (02925) 28 21 – **P**. **① E**
Montag geschl. – **M** a la carte 25/55.

In Rüthen-Kallenhardt 4784 NO : 6 km :

🏠 **Knippschild**, Theodor-Ernst-Str. 1, $\mathscr{C}$ (02902) 24 77 – **☎** ⇐⇒ **P**. **⫸** Zim
← *Januar 3 Wochen und Nov. 1 Woche geschl.* – Menu *(Donnerstag geschl.)* a la carte 21/52 –
21 Z : 34 B 37/50 - 70/95.

WARTENBERG KREIS ERDING 8059. Bayern **413** S 21 – 3 000 Ew – Höhe 430 m – **☸** 08762.
♦München 49 – Landshut 27.

🏨 **Reiter-Bräu**, Untere Hauptstr. 2, $\mathscr{C}$ 8 91, Fax 3729 – 🛗 **☎ P**. **🖭 ①**. **⫸**
M *(Donnerstag, 12.- 20. Juni und 29. Juli - 22. Aug. geschl.)* a la carte 22/45 – **34 Z : 68 B**
48/54 - 78/88.

🏠 **Antoniushof** ⤳ garni, Fichtenstr. 24, $\mathscr{C}$ 30 43, ⓔ⓼, **⧅**, **☞** – **☎ P**. **🖭** **VISA**. **⫸**
6.- 20. Jan. geschl. – **19 Z : 35 B** 54/60 - 88/94.

X **Bründlhof**, Badstr. 44, $\mathscr{C}$ 35 53, 😾 – **P 🖭 ① E VISA**. **⫸**
Dienstag - Mittwoch und Jan. geschl. – **M** a la carte 51/68.

WARTMANNSROTH Bayern siehe Hammelburg.

WASSENACH 5471. Rheinland-Pfalz **412** E 15 – 1 100 Ew – Höhe 280 m – Luftkurort – **☸** 02636
(Burgbrohl).

Mainz 126 – ♦Bonn 51 – ♦Koblenz 34.

🏠 **Mittnacht**, Hauptstr. 43, $\mathscr{C}$ 23 07, 😾, ⓔ⓼ – **P**
← **M** a la carte 19/39 – **12 Z : 24 B** 32 - 58.

Europe	Si le nom d'un hôtel figure en petits caractères demandez, à l'arrivée, les conditions à l'hôtelier.

WASSENBERG 5143. Nordrhein-Westfalen **987** ㉝. **412** B 13. **212** ㉝ – 13 200 Ew – Höhe 70 m
– **☸** 02432.

♦Düsseldorf 57 – ♦Aachen 42 – Mönchengladbach 27 – Roermond 18.

🏨 **Burg Wassenberg** ⤳, Kirchstr. 17, $\mathscr{C}$ 40 44, Fax 20191, ≤, 😾, « Hotel in einer Burganlage
a.d. 16. Jh. » – **📺 ☎** ⇐⇒ **P** – 🔬 25/120. **🖭 ① E VISA**
Juli - Aug. 2 Wochen geschl. – **M** a la carte 51/97 – **28 Z : 45 B** 95/180 - 160/240 Fb.

XX **La Mairie**, Am Rosstor 1, $\mathscr{C}$ 51 30 – **🖭 E**. **⫸**
Donnerstag und Aug. geschl., Freitag - Samstag nur Abendessen – **M** (Tischbestellung
ratsam) a la carte 54/84.

XX **Tante Lucie**, An der Windmühle 31 (1. Etage), $\mathscr{C}$ 23 32, 😾 – **P** – 🔬 40. **🖭 ① E VISA**
Montag geschl. – **M** a la carte 38/71.

WASSERBURG AM BODENSEE 8992. Bayern **413** L 24. **426** A 6. **427** M 3 – 3 000 Ew – Höhe
406 m – Luftkurort – **☸** 08382 (Lindau im Bodensee).

🛈 Verkehrsverein, Rathaus, Bahnhofstraße, $\mathscr{C}$ 55 82.

♦München 185 – Bregenz 15 – Ravensburg 27.

🏨 **Zum lieben Augustin** ⤳, Hauptstr. 19, $\mathscr{C}$ 2 88 94, Fax 6674, ≤, 😾, Massage, ⓔ⓼, **⧅**,
🌡⓼, **☞** ⇐⇒ **P**. **🖭 ① E VISA**
10. Jan.- 15. März geschl. – **M** a la carte 37/62 – **27 Z : 54 B** 85/140 - 125/168 Fb –
16 Appart. 205/220 – ½ P 91/168.

🏠 **Haus Lipprandt** ⤳, Hauptstr. 26, $\mathscr{C}$ 53 83, Fax 23440, 😾, ⓔ⓼, **⧅**, **🌡⓼**, **☞** – **☎** ⇐⇒ **P**.
E VISA
7. Jan. - 15. März geschl. – **M** a la carte 25/57 – **33 Z : 60 B** 72/85 - 128/166 – ½ P 90/111.

🏠 **Seestern** garni, Hauptstr. 27, $\mathscr{C}$ 60 49, **⧅**, **☞** – **📺 ☎ P**. **⫸**
20. März - Okt. – **17 Z : 34 B** 70/80 - 130/140.

🏠 Schloß Wasserburg ⤳, Hauptstr. 5, $\mathscr{C}$ 56 92, ≤, **🌡⓼**, **☞** – 🛗 **P**. **⫸** Rest
19 Z : 36 B.

🏠 **Pfälzer Hof**, Hauptstr. 83 (Lindenplatz), $\mathscr{C}$ 65 11, 😾 – **☎** ⇐⇒ **P**
← *Weihnachten - 10. Jan. geschl., Nov.- März garni* – **M** a la carte 21/43 ⓘ – **10 Z : 20 B** 40/43
- 66/86.

In Wasserburg-Hege NW : 1,5 km :

XX **Weinstube Gierer** mit Zim, $\mathscr{C}$ 2 65 63, 😾, ⓔ⓼, **⧅** – 🛗 **📺 ☎ P**. **🖭 ① E VISA**
Anfang Nov.- Anfang Dez. und Anfang Feb.- Anfang März geschl. – **M** a la carte 32/60 –
19 Z : 35 B 58/68 - 86/136 Fb – ½ P 65/90.

WASSERBURG AM INN 8090. Bayern **413** T 22, **987** ⑳, **426** I 4 – 10 500 Ew – Höhe 427 m –
😊 08071.

Sehenswert : Malerische Lage★.

🏌 Pfaffing (W : 7 km), Köckmühle, 🏌 (08076) 17 18.

🅱 Städt. Verkehrsbüro, Rathaus, Eingang Salzsenderzeile, 🏌 1 05 22.

◆München 54 – Landshut 64 – Rosenheim 31 – Salzburg 88.

🏨 **Fletzinger**, Fletzingergasse 1, 🏌 80 10, Fax 40810 – ▧ 📺 ☎ ⇔ – 🔼 30. ◭ ⓪ Ε ▨
7. Dez.- 19. Jan. geschl. – **M** (Nov.- März Samstag geschl.) a la carte 18/50 – **39 Z : 74 B**
69/89 - 99/135 Fb.

🏠 **Paulanerstuben**, Marienplatz 9, 🏌 39 03, ☕, « Prächtige Rokokofassade » – ☎ ⇔
10.- 20. April und 15. Okt. - 15. Nov. geschl. – **M** (Dienstag geschl.) a la carte 19/37 – **17 Z :**
35 B 46/56 - 73/85.

🗶🗶 **Herrenhaus**, Herrengasse 17, 🏌 28 00 – ◭ Ε
Sonntag 14 Uhr - Montag und 30. Juli - 12. Sept. geschl. – **M** a la carte 37/68.

An der B 15 S : 8 km :

🔼 Fischerstüberl, Elend 1, ✉ 8091 Wasserburg-Attel, 🏌 (08071) 25 98, ☕ – ⓟ – **9 Z : 19 B**.

In Wasserburg-Burgau W : 2,5 km :

🏠 **Pichlmayr**, Anton-Wagner-Str. 2, 🏌 4 00 21, ☕, ⇔s – 📺 ☎ ⇔ ⓟ – 🔼 25. ◭ ⓪ Ε
▨
M a la carte 24/52 – **25 Z : 55 B** 60 - 110.

WASSERKUPPE Hessen. Sehenswürdigkeit siehe Gersfeld.

WASSERLIESCH Rheinland-Pfalz siehe Konz.

WASSERTRÜDINGEN 8822. Bayern **413** O 19, **987** ⑳ – 5 900 Ew – Höhe 420 m – 😊 09832.

◆München 154 – Ansbach 34 – Nördlingen 26 – ◆Nürnberg 69.

🏠 **Zur Ente**, Dinkelsbühler Str. 1, 🏌 8 14, ⇔s – ☎ ⇔ ⓟ
M a la carte 19/38 ⅛ – **28 Z : 54 B** 45 - 78 Fb.

🔼 **Zur Sonne**, Dinkelsbühler Str. 2, 🏌 3 28 – ⓟ
M (Montag geschl.) a la carte 14/33 – **14 Z : 26 B** 35/42 - 60.

WEDEL 2000. Schleswig-Holstein **987** ⑤ – 30 600 Ew – Höhe 2 m – 😊 04103.

Sehenswert : Schiffsbegrüßungsanlage beim Schulauer Fährhaus ⩽ ★.

◆Kiel 106 – ◆Bremen 126 – ◆Hamburg 21 – ◆Hannover 170.

🏨 **Diamant** garni, Schulstr. 4, 🏌 1 60 01, Fax 7740 – ▧ 📺 ☎ ⅚ ⇔ – 🔼 30. ◭ ⓪ Ε ▨
39 Z : 72 B 110/120 - 160/180 Fb.

🏨 **Wedel** garni, Pinneberger Str. 69, 🏌 72 87, Fax 88558 – 📺 ☎ ⇔ ⓟ. ◭ ⓪ Ε ▨
14 Z : 23 B 73/93 - 116/157.

🏠 **Motel Roland**, Marktplatz 8, 🏌 54 11 – ▧ ☎ ⇔ ⓟ. Ε. ⅏
23. Dez.- 1. Jan. geschl. – **M** a la carte 21/48 ⅛ – **27 Z : 47 B** 75 - 104.

🗶🗶 **Wedeler Wassermühle**, Mühlenstr. 30a, 🏌 1 38 66 – ◭ ⓪ Ε
wochentags nur Abendessen, Montag und Feb. 2 Wochen geschl. – **M** (Tischbestellung
ratsam) a la carte 51/80.

WEDEMARK 3002. Niedersachsen **987** ⑮, **412** M 9 – 24 500 Ew – Höhe 45 m – 😊 05130.

◆Hannover 20 – ◆Bremen 98 – Celle 27 – ◆Hamburg 128.

In Wedemark 2-Bissendorf :

🗶🗶 **Brunnenhof** mit Zim, Burgwedeler Str. 1, 🏌 83 38, Fax 60324 – 📺 ☎ ⓟ. ◭ ⓪ Ε ▨
M a la carte 29/57 – **10 Z : 20 B** 65/105 - 130/170 Fb.

In Wedemark 1-Brelingen :

🔼 **Deutscher Hermann** ⅏, Bennemühler Str. 8, 🏌 22 94 – ⇔ ⓟ
Juli - Aug. 3 Wochen geschl. – **M** (Montag - Dienstag geschl.) a la carte 26/45 – **12 Z :**
22 B 35/70 - 70/120.

WEGBERG 5144. Nordrhein-Westfalen **987** ㉓, **412** C 13, **213** ⑫ – 25 000 Ew – Höhe 60 m –
😊 02434 – 🏌 Schmitzhof (W : 7 km), 🏌 (02436) 4 79.

◆Düsseldorf 47 – Erkelenz 9,5 – Mönchengladbach 16.

🗶🗶 **Burg Wegberg**, Burgstr. 8, 🏌 13 27, « Gartenterrasse » – ⓟ – 🔼 25/300
Mittwoch geschl. – **M** a la carte 28/59.

In Wegberg-Beeck SO : 2 km :

🗶🗶🗶 **Haus Brender - Restaurant Ambiente**, Im Wiesengrund 2, 🏌 10 69 – ◭ ⓪ Ε. ⅏
Samstag bis 18 Uhr, Dienstag sowie Feb. und Juli - Aug. jeweils 2 Wochen geschl. – **M** a la
carte 60/85.

In Wegberg-Kipshoven SO : 5 km :

🏛 **Esser** 🍴, von-Agris-Str. 43, ℰ (02161) 5 89 95, Fax 570854 – 📺 ☎ 🍽 🅿 – 🔬 25/50. 🖭
Ⓜ 🖃 E ⓋⒾⓈⒶ
M *(Juli - Aug. 2 Wochen geschl.)* a la carte 28/55 – **20 Z : 31 B** 70/95 - 130/140 Fb.

In Wegberg-Rickelrath NO : 3 km :

🍴🍴 **Molzmühle** 🍴 mit Zim, Im Bollenberg 41, ℰ 2 43 33, Fax 25723, �🍴, « Wassermühle
a.d.J. 1627 » – ☎ 🅿. 🖭 E ⓋⒾⓈⒶ
7.- 31. Jan. geschl. – **M** *(Montag geschl.)* a la carte 38/71 – **12 Z : 24 B** 120 - 150/280.

In Wegberg-Schwaam N : 5 km über Rickelrath :

🏠 **Schüppen** 🍴, Zum Thomes Hof 1, ℰ 33 83, 🌍, 🐎 – 🍽 🅿. 🕱
M *(Donnerstag geschl.)* a la carte 26/50 – **11 Z : 19 B** 45/65 - 90/95.

In Wegberg-Tüschenbroich SW : 2 km :

🍴🍴🍴 Tüschenbroicher Mühle, Gerderhaner Str. 1, ℰ 42 80, ≤, « Terrasse am See » – 🅿 –
🔬 40

WEHINGEN 7209. Baden-Württemberg 🔢 J 22 – 3 100 Ew – Höhe 777 m – 🔵 07426.
♦Stuttgart 100 – Sigmaringen 46 – Villingen-Schwenningen 40.

🏛 **Café Keller**, Bahnhofstr. 5, ℰ 10 68, Fax 7900 – ☎ 🍽 🅿. 🖭 Ⓜ E
M *(Samstag und Sonntag nur Mittagessen, Freitag geschl.)* a la carte 24/47 – **21 Z : 32 B**
48/66 - 90/120 Fb.

WEHLMÄUSEL Bayern siehe Feuchtwangen.

WEHR 7867. Baden-Württemberg 🔢 G 24, 🔢 ㉞, 🔢 H 3 – 12 000 Ew – Höhe 365 m –
🔵 07762.
🅹 Kultur - und Verkehrsamt, Rathausplatz, ℰ 8 08 80.
♦Stuttgart 216 – Basel 31 – Lörrach 22 – Bad Säckingen 11 – Todtmoos 17.

🏛 **Klosterhof**, Frankenmatt 8 (beim Schwimmbad), ℰ 86 50, Fax 4645, 🌍 – 📶 ☎ 🅿. Ⓜ E
ⓋⒾⓈⒶ
M *(Sonntag ab 15 Uhr, Freitag und Feb. geschl.)* a la carte 32/59 🍷 – **36 Z : 50 B** 55/80 -
90/120 Fb.

In Hasel 7861 N : 4 km :

🏛 **Landgasthof Erdmannshöhle**, Hauptstr. 14, ℰ (07762) 97 52, 🌍 – ☎ 🅿 – 🔬 60. Ⓜ
E ⓋⒾⓈⒶ
M *(Nov.- März Sonntag ab 15 Uhr geschl.)* a la carte 44/66 🍷 – **17 Z : 26 B** 54/70 - 84/140 Fb.

WEHRHEIM 6393. Hessen 🔢 🔢 I 16 – 8 400 Ew – Höhe 320 m – 🔵 06081.
Ausflugsziel : Saalburg★ (Rekonstruktion eines Römerkastells) S : 4 km.
♦Wiesbaden 57 – ♦Frankfurt am Main 28 – Gießen 46 – Limburg an der Lahn 46.

🏠 Zum Taunus, Töpferstr. 2 (B 456), ℰ 51 68 – 🍽. 🕱 Zim
(wochentags nur Abendessen) – **16 Z : 25 B** Fb.

Am Bahnhof Saalburg SO : 3 km :

🏛 **Lochmühle** 🍴 (historisches Fachwerkhaus a.d. 18. Jh.), Thronerfeld 6, 🖂 6393
Wehrheim, ℰ (06175) 2 81, Fax 3198, 🌍, 🐎 – 📺 ☎ 🅿. E ⓋⒾⓈⒶ
M *(Okt.- März Montag geschl.)* a la carte 36/61 – **12 Z : 18 B** 90/151 - 172/188 Fb.

WEIBERSBRUNN 8751. Bayern 🔢 ㉞, 🔢 🔢 L 17 – 2 000 Ew – Höhe 354 m – 🔵 06094.
🅹 Tourist-Information Franken, an der Autobahn A 3 (Rasthaus Spessart Südseite), ℰ (06094) 2 20 (geöffnet :
Ostern - Mitte Okt.).
♦München 337 – Aschaffenburg 19 – ♦Würzburg 61.

🏛 **Brunnenhof**, Hauptstr. 231, ℰ 3 64, Fax 1064, 🌍, 🐎 – 📶 ☎ 🍽 🅿 – 🔬 25/100. E
M a la carte 28/56 – **52 Z : 100 B** 50/90 - 85/118.

🏠 Jägerhof, Hauptstr. 223, ℰ 3 61, 🌍 – 🅿 – **20 Z : 40 B**.

An der Autobahn A 3 Ausfahrt Rohrbrunn :

🏛 **Rasthaus und Motel im Spessart - Südseite**, 🖂 8751 Rohrbrunn, ℰ (06094) 5 31, Fax
535, 🌍 – ☎ 🅿
M a la carte 24/51 – **34 Z : 62 B** 92/103 - 128/133.

WEICHERING 8859. Bayern 🔢 Q 20 – 1 500 Ew – Höhe 372 m – 🔵 08454.
♦ München 91 – ♦Augsburg 56 – Ingolstadt 8.

🏛 **Gasthof Vogelsang** 🍴, Bahnhofstr. 24, ℰ 8 79, 🌍 – ☎ 🅿. 🕱 Rest
4.- 15. März und 9.- 20. Sept. geschl. – **M** *(Montag geschl.)* a la carte 17/37 – **12 Z : 26 B** 35
- 60.

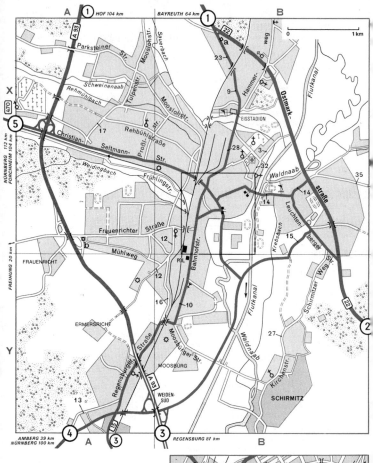

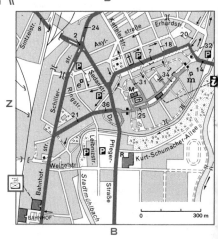

WEIDEN
IN DER OBERPFALZ

Ausflugsziel : Bayerische Ostmarkstraße ✶ (bis Passau).

🛈 Verkehrsamt, Altes Rathaus, Oberer Markt. ℘ 8 14 11.

◆München 243 ④ − Bayreuth 64 ① − ◆Nürnberg 100 ④ − ◆Regensburg 82 ③.

Stadtplan siehe gegenüberliegende Seite.

🏨 **Stadtkrug**, Wolframstr. 5, ℘ 3 20 25, Fax 36268, Biergarten − 📺 ☎ ⇐⇒. ⚙ ⓪ 𝐄 𝓥𝐼𝑆𝐴
   24. Dez.- 7. Jan. geschl. − **M** (Samstag, Sonn- und Feiertage geschl.) a la carte 27/56 −
   52 Z : 75 B 60/85 - 100/130 Fb.   BZ **e**

🏨 **Europa**, Frauenrichter Str. 173, ℘ 2 50 51, Fax 61562 − 🛗 📺 ☎ ⇐⇒ 🅿. ⚙ ⓪ 𝐄 𝓥𝐼𝑆𝐴
   1.- 14. Jan. geschl. − **M** (Montag bis 18 Uhr sowie Sonn- und Feiertage geschl.) a la carte
   38/72 − **26 Z : 35 B** 60/80 - 95/130 Fb.   AX **b**

🏠 **Am Tor**, Hinterm Wall 24, ℘ 50 14, ⇌ − 📺 ☎ ⇐⇒ 🅿. ⚙ ⓪ 𝐄 𝓥𝐼𝑆𝐴. ⌘ Rest   BZ **m**
   M (nur Abendessen, Samstag - Sonntag, 29. März - 7. April und 22. Dez.- 6. April geschl.) a la
   carte 26/54 − **19 Z : 33 B** 69/79 - 98/168 Fb.

🏠 **Waldlust**, Neustädter Str. 46, ℘ 3 50 05 − 📺 ☎ ⇐⇒ 🅿. ⚙ ⓪ 𝐄 𝓥𝐼𝑆𝐴   BX **a**
   17. Mai - 2. Juni und 21. Dez.- 6. Jan. geschl. − **M** (Samstag - Sonntag geschl.) a la carte
   19/35 ⅄ − **17 Z : 31 B** 48/58 - 80/105.

   In Weiden-Oberhöll ② : 7 km :

🏠 **Hölltaler Hof** ⌘, Oberhöll 2, ℘ 4 30 93, 😊, 🌲 − 📺 ☎ ⇐⇒ 🅿. ⚙ ⓪ 𝐄 𝓥𝐼𝑆𝐴
   1.- 15. Aug. und 20.- 31. Dez. geschl. − **M** (Montag bis 17 Uhr geschl.) a la carte 20/42 ⅄ −
   28 Z : 40 B 38/55 - 70/90.

◆München 244 − Bayreuth 15 − Weiden in der Oberpfalz 58.

🏠 **Gasthof Kilchert**, Lindenstr. 14, ℘ 2 77 − 🅿
   30. Okt.- 28. Nov. geschl. − **M** (Montag geschl.) a la carte 16/25 ⅄ − **16 Z : 33 B** 38/45 -
   76/84.

Mainz 89 − Kaiserslautern 19 − ◆Mannheim 42 − Neustadt an der Weinstraße 19.

🏠 **Birkenhof**, Hauptstr. 226, ℘ 3 08 − ⇐⇒ 🅿 − **11 Z : 22 B**.

🛈 Städt. Verkehrsamt, Marktplatz. ℘ 72 72.

◆Stuttgart 128 − Ansbach 67 − Heilbronn 82 − ◆Würzburg 42.

🏨 **Laurentius**, Marktplatz 5, ℘ 70 07, Fax 7077, 😊 − 🛗 📺 ☎ ⓪ 𝐄 𝓥𝐼𝑆𝐴
   16. Jan.- Feb. geschl. − Menu (Dienstag geschl.) 33/85 − **12 Z : 20 B** 75/80 - 130/145.

🏠 **Grüner Hof**, Marktplatz 10, ℘ 2 52, 😊 − ⌘
   Mitte Jan.- Feb. geschl. − **M** (Montag geschl.) a la carte 25/42 − **22 Z : 35 B** 55/65 - 90/95.

🏠 **Deutschherren-Stuben**, Marktplatz 9, ℘ 83 76, Fax 695, 😊, ⇌
   März - Nov. − **M** (Dienstag geschl.) a la carte 26/45 − **22 Z : 40 B** 65 - 100.

   In Weikersheim - Laudenbach SO : 4,5 km :

🏠 **Zur Traube**, Mörikestr. 1, ℘ 88 63 − 🅿
   M (Dienstag geschl.) a la carte 19/37 − **21 Z : 37 B** 50 - 80/90 − ½ P 53/63.

   In Tauberrettersheim 8701 NO : 4 km :

🏠 **Zum Hirschen**, Mühlenstr. 1, ℘ (09338) 3 22, 😊, ⇌, 🌲 − ☎ ⇐⇒ 🅿
   14. Feb.- 1. März und Nov. 2 Wochen geschl. − **M** (Mittwoch geschl.) a la carte 18/35 ⅄ −
   13 Z : 25 B 45 - 75.

◆München 54 − ◆Augsburg 34 − Landsberg am Lech 10.

   In Weil-Pestenacker NO : 7 km :

🏠 **Post** ⌘, Hauptstr. 22, ℘ 2 77, 🌲 − ⇐⇒ 🅿
   25. Aug.- 10. Sept. und 23. Dez.- 10. Jan. geschl. − **M** (Dienstag geschl.) a la carte 16/28 ⅄
   − **17 Z : 25 B** 30 - 60.

◆Stuttgart 267 − Basel 7,5 − ◆Freiburg im Breisgau 65 − Lörrach 5.

🏨 **Atlas Hotel**, Alte Str. 58 (nahe der BAB-Abfahrt Weil am Rhein), ℘ 70 70, Fax 707650,
   ⇌, ⌘ (Halle) − 🛗 📺 🅿 − 🔏 25/140. ⚙ ⓪ 𝐄 𝓥𝐼𝑆𝐴
   M a la carte 42/69 − **160 Z : 320 B** 135/248 - 165/270 Fb.

XXX ❀ **Zum Adler** (mit Zim. und Gästehaus), Hauptstr. 139, ℰ 7 11 88, Fax 75676 — 🖵 ☎ ℗
　　M *(Tischbestellung ratsam)* (Sonntag-Montag, Anfang - Mitte Jan. und Anfang - Mitte Aug
　　geschl.) 52/65 (mittags) und a la carte 70/99 — **Spatz** (ehem. Gewölbekeller) **M** a la cart
　　30/52 — **25 Z : 49 B** 90/150 - 140/250 Fb
　　Spez. Guglhupf von Gänseleber, Edelfische und Meeresfrüchte im Safransud, Schokoladenfächer mit dreierle
　　Mousses au chocolat.

XX **Zur Krone** mit Zim (Landgasthof a.d. J. 1572), Hauptstr. 58, ℰ 7 11 64 — 🖵 ☎ ⇦ ℗ 🅐
　　⓪ **E** 𝘝𝘐𝘚𝘈
　　1.- 15. Aug. geschl. — **M** *(Tischbestellung ratsam)* (Montag - Dienstag geschl.) a la cart
　　41/76 — **11 Z : 20 B** 60/130 - 80/150 Fb.

　　In Weil-Haltingen N : 3 km :

🏠 **Rebstock** ⋟, Große Gass 30, ℰ 6 22 57, Fax 65550 — ☎ ⇦ ℗
　　24. Dez. - 10. Jan. geschl. — **M** *(Montag - Freitag nur Abendessen)* a la carte 33/65 🍴 -
　　18 Z : 36 B 45/70 - 80/140 Fb.

XX **Weinstube zum Hirschen** mit Zim (Gasthaus a.d.J. 1747), Große Gass 1, ℰ 6 23 44
　　« Gartenterrasse » — ☎ ℗ ⅍ ⓪ **E** 𝘝𝘐𝘚𝘈 ⋊ Zim
　　M *(Montag sowie Feb. und Okt. jeweils 2 Wochen geschl.)* a la carte 38/75 — **9 Z : 15 ▮**
　　50/70 - 80/100.

　　In Weil-Märkt NW : 5 km :

XX **Zur Krone** mit Zim, Rheinstr. 17, ℰ 6 23 04, 😑 — ℗
　　Feb. und Sept. jeweils 2 Wochen geschl. — **M** *(Montag - Dienstag geschl.)* a la carte 28/6
　　— **5 Z : 7 B** 55/65 - 90.

WEILBACH 8761. Bayern 🔢🔢 K 17 — 2 100 Ew — Höhe 166 m — ☻ 09373 (Amorbach).
◆München 353 — ◆Frankfurt am Main 79 — Heilbronn 87 — ◆Mannheim 84 — ◆Würzburg 79.

　　In Weilbach-Ohrnbach NW : 8 km :

🏠 **Zum Ohrnbachtal** ⋟, Hauptstr. 5, ℰ 14 13, 😑, ☎, 🏊, 🐎, ⋊ — ⇦ ℗. ⋊ Zim
　　4. Jan.- 4. Feb. geschl. — **M** *(Mittwoch geschl.)* a la carte 23/44 🍴 — **23 Z : 41 B** 45/55
　　84/88 Fb.

WEILBURG 6290. Hessen 🔢🔢 ㉔, 🔢🔢 🔢🔢 H 15 — 13 500 Ew — Höhe 172 m — Luftkurort —
☻ 06471.
Sehenswert : Lage★.
🄱 Kur- und Verkehrsverein, Mauerstr. 10, ℰ 76 71.
◆Wiesbaden 72 — Gießen 40 — Limburg an der Lahn 22.

🏛 **Schloßhotel Weilburg** ⋟, Langgasse 25, ℰ 3 90 96, Telex 484730, Fax 39199, 😑, ☎
　　🏊 — 🕼 🖵 ⇦ ℗ — 🔼 25/250. **E** 𝘝𝘐𝘚𝘈
　　M a la carte 32/65 — **43 Z : 95 B** 105/135 - 175/240 Fb.

🏠 Lindenhof, Frankfurter Str. 23, ℰ 3 00 69, Biergarten — ☎ ⇦ ℗ — 🔼
　　30 Z : 64 B.

XX **Sibenik**, Marktplatz 10, ℰ 21 30, 😑 — ⅍ ⓪ **E** 𝘝𝘐𝘚𝘈
　　15.- 28. Feb. geschl. — **M** a la carte 35/63.

X **Weilburger Hof**, Schwanengasse 14, ℰ 71 53. ⅍ **E**
　　Montag geschl. — **M** 15 (mittags) und a la carte 22/58.

　　In Weilburg-Kubach O : 4 km über die B 49 :

🏠 **Kubacher Hof** ⋟, Hauptstr. 58, ℰ 48 22, 🏊, 🐎 — ℗
━　　**M** *(Montag geschl.)* a la carte 19/35 🍴 — **16 Z : 30 B** 45/50 - 92.

WEILER-SIMMERBERG IM ALLGÄU 8999. Bayern 🔢🔢 M 24, 🔢🔢 B 6, 🔢🔢 N 3 — 5 000 Ew —
Höhe 631 m — Heilbad — Luftkurort — Wintersport : 630/900 m ⟆5 ⟆6 — ☻ 08387.
🄱 Kur- und Verkehrsamt, Weiler, Hauptstr. 14, ℰ 6 51.
◆München 179 — Bregenz 32 — Ravensburg 42.

　　Im Ortsteil Weiler :

🏛 **Kur- und Tennishotel Tannenhof** ⋟, Lindenberger Str. 32, ℰ 12 35, Fax 1231, Bade- un
　　Massageabteilung, ♨, ☎, 🏊, 🐎, ⋊ (Halle) — 🖵 ☎ ℗
　　40 Z : 85 B Fb.

🏠 **Post**, Fridolin-Holzer-Str. 4, ℰ 10 70 — ⇦ ℗
　　15. Nov.- 15. Dez. geschl. — **M** *(Mittwoch geschl.)* a la carte 23/41 — **17 Z : 29 B** 40/60
　　78/84 Fb.

　　Im Ortsteil Weiler-Bremenried :

🏠 **Kreuz**, Bregenzer Str. 91, ℰ 4 45, 😑 — ℗
　　Nov. geschl. — **M** *(Mittwoch 14 Uhr - Donnerstag geschl.)* a la carte 24/44 🍴 — **11 Z : 19 ▮**
　　44 - 70/80 — ½ P 43/52.

WEILHEIM 8120. Bayern 413 Q 23, 987 ㊲, 426 F 5 − 17 300 Ew − Höhe 563 m − 🕿 0881.

📷 Pähl (N : 9 km), Gut Hochschloß, 𝒫(08808)13 30.

♦München 53 − Garmisch-Partenkirchen 44 − Landsberg am Lech 37.

  🏠 **Vollmann** 🐾, Marienplatz 12, 𝒫 42 55, 🏤 − 📺 ⬛ 🄿 E 𝓥𝓘𝓢𝓐
     M *(Sonntag 15 Uhr - Montag und 10.- 31. Aug. geschl.)* a la carte 25/49 − **35 Z : 60 B** 45/65 - 70/92 Fb.

  XX La Galleria, Prälatenweg 2, 𝒫 26 20.

  An der B 2 NO : 8,5 km :

  XX **Hirschberg Alm** mit Zim, ⊠ 8121 Pähl, 𝒫 (08808) 6 16, ≤, 🏤, 🐎 − ⬛ 🄿 🄰🄴 ⓪ E 𝓥𝓘𝓢𝓐
     M *(Mittwoch geschl.)* a la carte 29/54 − **12 Z : 21 B** 40/45 - 60/70.

WEILHEIM AN DER TECK 7315. Baden-Württemberg 413 L 21, 987 ㉟ − 8 200 Ew − Höhe 385 m − 🕿 07023.

Ausflugsziel : Holzmaden : Museum Hauff★ N : 4 km.

♦Stuttgart 44 − Göppingen 15 − ♦Ulm (Donau) 52.

  🛖 **Zur Post**, Marktplatz 12, 𝒫 28 16 − ⬛ 🄿
     M *(Sonntag ab 14 Uhr geschl.)* a la carte 22/36 − **16 Z : 26 B** 35/40 - 66/76.

WEILROD 6395. Hessen 412 413 I 16 − 5 900 Ew − Höhe 370 m − Erholungsort − 🕿 06083.

📷 Weilrod-Altweilnau, Merzhäuser Landstraße, 𝒫 18 83.

♦Wiesbaden 42 − ♦Frankfurt am Main 39 − Gießen 51 − Limburg an der Lahn 33.

  In Weilrod 7-Altweilnau 987 ㉔ ㉕ :

  🛖 **Burgrestaurant**, Weilnauer Str. 1, 𝒫 3 10, ≤, 🏤, 🐎 − ⬛ 🄿
  ← 4. Nov.- 13. Dez. geschl. − **M** *(Okt.- März Dienstag geschl.)* a la carte 18/33 ⅊ − **23 Z : 38 B** 40/70 - 70/90.

  In Weilrod 6-Neuweilnau :

  🏨 **Sporthotel Erbismühle** 🐾, 𝒫 28 80, Fax 288700, 🏤, ≘s, 🏊, 🐎, 🎾, ⚓ − 🕼 📺 ☎ 🏧
     🄿 − 🔬 25/150. 🄰🄴 ⓪ E 𝓥𝓘𝓢𝓐
     M a la carte 37/64 − **75 Z : 135 B** 70/220 - 130/260 Fb.

WEIMAR 5300 Thüringen 984 ③, 987 ㉖ − 62 000 Ew − Höhe 248 m − 🕿 0037621.

Sehenswert : Marktplatz (Rathaus, Lucas-Cranach-Haus) − Goethehaus★★ − Schillerhaus★ − Deutsches Nationaltheater (Doppelstandbild★★★ von Goethe und Schiller) − Wittumspalais★ (mit Wielandmuseum) − Stadtkirche (Cranachaltar★★) − Stadtschloß (Cranachsammlung★★★) − Goethes Gartenhaus★★.

Ausflugsziele : Schloß Tiefurt (NO : 1 km) − Schloß Belvedere★ (SO : 4 km).

🛈 Weimar-Information, Marktstr. 4, 𝒫 21 73.

♦Berlin - Ost 262 − Chemnitz 132 − Erfurt 22.

  🏨 **Russischer Hof**, Goetheplatz 2, 𝒫 6 23 31, Telex 618971 − 🕼 📺 🖧 − 🔬 90. 🄰🄴 ⓪ E
  ← 𝓥𝓘𝓢𝓐
     M a la carte 19/39 − **84 Z : 148 B** 85/100 - 130/180 Fb.

  🏨 **Elephant**, Markt 19, 𝒫 6 14 71, Telex 618961, 🏤 − 🕼 📺 ☎ − 🔬 25. 🄰🄴 ⓪ E 𝓥𝓘𝓢𝓐
  ← **M** a la carte 36/67 − **Elephantenkeller M** a la carte 20/37 − **102 Z : 162 B** 117/163 - 188/255
     Fb − 3 Appart. 329/447.

  🏠 **Thüringen**, Brennerstr. 42, 𝒫 36 75 − 📺
  ← **M** a la carte 18/26 − **22 Z : 46 B** 60/120 - 90/150.

  🛖 **International**, Leninstr. 17, 𝒫 21 62
  ← **M** a la carte 15/27 − **45 Z : 80 B** 60 - 78/90 Fb − 4 Appart. 148.

  XX **Weißer Schwan**, Frauentorstr. 23 (Am Frauenplatz), 𝒫 6 17 15
     letzter Montag im Monat geschl. − **M** a la carte 32/58.

WEIMAR Hessen siehe Marburg.

WEINÄHR Rheinland-Pfalz siehe Nassau.

WEINGARTEN 7987. Baden-Württemberg 413 LM 23, 987 ㉟ ㉟, 216 ⑪ − 22 600 Ew − Höhe 458 m − 🕿 0751 (Ravensburg).

Sehenswert : Basilika★★.

🛈 Städt. Kultur- und Verkehrsamt, Münsterplatz 1, 𝒫 40 51 25, Fax 405110.

♦Stuttgart 143 − Biberach an der Riß 43 − Ravensburg 4 − ♦Ulm (Donau) 85.

  🏨 **Mövenpick Hotel**, Abt-Hyller-Str. 37, 𝒫 50 40, Telex 732325, Fax 504400 − 🕼 ↹ Zim 📺
     🄿 − 🔬 25/400. 🄰🄴 ⓪ E 𝓥𝓘𝓢𝓐
     M a la carte 29/63 − **72 Z : 122 B** 156/178 - 206/226 Fb.

  🏨 **Altdorfer Hof**, Burachstr. 12, 𝒫 5 00 90, Fax 500970 − 🕼 📺 ☎ ⬛ 🄿 − 🔬 25/60. 🄰🄴 ⓪
     E 𝓥𝓘𝓢𝓐
     20. Dez.- 11. Jan. geschl. − **M** *(Sonntag ab 15 Uhr und Freitag geschl.)* a la carte 27/49 −
     46 Z : 68 B 59/88 - 98/150.

🏠 **Alt. Ochsen**, Ochsengasse 5, 𝒫 5 20 15, Fax 52017 – 🕸 📺 ☎ 🕭 ⟺ 🅿 ⓞ E 𝗩𝗜𝗦𝗔
Juli - Aug. 3 Wochen geschl. – **M** *(Dienstag geschl.)* a la carte 22/37 – **29 Z : 48 B** 41/77
75/100 Fb.

🏠 **Bayrischer Hof** garni, Abt-Hyller-Str. 22, 𝒫 4 20 84, Fax 43214, 🔄 – 📺 ☎ 🅿 🎟 ⓞ ▮
𝗩𝗜𝗦𝗔
22 Z : 30 B 69/90 - 105/125.

🏠 **Bären**, Kirchstr. 3, 𝒫 4 23 80, Fax 43941 – 📺 ☎ ⟺ 🅿 🎟 ⓞ E
➡ *Juli - Aug. 3 Wochen geschl. –* **M** *(Montag geschl.)* a la carte 21/46 – **17 Z : 30 B** 58/75
94/115 Fb.

🏡 **Waldhorn**, Karlstr. 47, 𝒫 4 42 79 – ⟺ 🅿 ⓞ E 𝗩𝗜𝗦𝗔
➡ *März 1 Woche und Mitte Aug. - Anfang Sept. geschl. –* **M** *(Montag geschl.)* a la carte 20/4
🍴 – **11 Z : 19 B** 45 - 80.

🍴🍴 **Zur Post** (Italienische Küche), Postplatz 8, 𝒫 5 25 75, 🍴 – E
Montag geschl. – **M** a la carte 27/47.

In Wolpertswende 1 - Mochenwangen 7984 N : 7,5 km :

🏡 **Rist**, Bahnhofstr. 8, 𝒫 (07502) 13 74 – ⟺ 🅿
➡ *Juli - Aug. 3 Wochen geschl. –* **M** *(Freitag geschl.)* a la carte 18,50/30 🍴 – **16 Z : 23 B** 30/4
- 58/68.

WEINGARTEN KREIS KARLSRUHE 7504. Baden-Württemberg 𝟜𝟙𝟚 𝟜𝟙𝟛 I 19 – 8 200 Ew -
Höhe 120 m – ✆ 07244.

♦Stuttgart 88 – Heidelberg 46 – ♦Karlsruhe 16.

🏠 **Kärcherhalle**, Bahnhofstr. 150, 𝒫 23 57, 🍴 – 📺 ☎ 🅿
über Ostern 2 Wochen und Juli - Aug. 3 Wochen geschl. – **M** *(Freitag und Samstag jewei*
bis 18 Uhr sowie Sonn- und Feiertage geschl.) a la carte 30/57 – **13 Z : 21 B** 30/75 - 90/100.

🏡 Zur Krone, Marktplatz 6 (B 3), 𝒫 23 16
17 Z : 26 B.

🍴🍴 ✿ **Gaststuben Walk'sches Haus** mit Zim, Marktplatz 7 (B 3), 𝒫 20 31, « Restaurierte
Fachwerkhaus a.d.J. 1701 » – 📺 ☎ 🎟
1.- 7. Jan. geschl. – **M** *(Tischbestellung ratsam)* (Sonntag geschl.) 63/120 und a la cart
68/91 – **13 Z : 23 B** 90/130 - 140/190 Fb.
Spez. Terrinen, Cannelloni von Lachs, Rehmedaillon in Gewürzkuchensauce mit Gänseleber.

WEINHEIM AN DER BERGSTRASSE 6940. Baden-Württemberg 𝟡𝟠𝟟 ㊲, 𝟜𝟙𝟚 𝟜𝟙𝟛 J 18 -
42 000 Ew – Höhe 135 m – ✆ 06201.

Sehenswert : Schloßpark★ – Wachenburg ≤★.

🛈 Verkehrsverein, Bahnhofstr. 15, 𝒫 1 65 03.

♦Stuttgart 137 – ♦Darmstadt 45 – Heidelberg 20 – ♦Mannheim 17.

🏘 **Fuchs'sche Mühle**, Birkenauer Talstr. 10, 𝒫 6 10 31, 🍴, 🔄, 🔲 – 🕸 ☎ ⟺ 🅿 🎟 ⓞ
E 𝗩𝗜𝗦𝗔 🐾
M a la carte 37/63 – **21 Z : 40 B** 95 - 120/130 Fb.

🏘 **Zur Pfalz** 🍷, Am Marktplatz 7, 𝒫 6 40 94, 🍴 – 📺 ☎ 🎟 ⓞ E 𝗩𝗜𝗦𝗔
M a la carte 32/62 – **16 Z : 27 B** 85/105 - 125/140 Fb.

🏘 **Haus Masthoff**, Lützelsachsener Str. 5, 𝒫 6 30 33, Fax 16735, 🔲 – ☎ ⟺ E 𝗩𝗜𝗦𝗔
M *(Montag geschl.)* a la carte 34/56 🍴 – **18 Z : 30 B** 50/90 - 90/120.

🏠 **Waldschloß**, Gorxheimer Talstr. 23 (SO : 4 km), 𝒫 10 72 32, Fax 182579 – 🕸 ☎ 🅿 -
🔥 25/50. 🎟 E 𝗩𝗜𝗦𝗔
M *(auch vegetarische Gerichte)* a la carte 31/60 🍴 – **48 Z : 70 B** 85 - 110/140 Fb.

🍴🍴 **Schloßparkrestaurant**, Obertorstr. 9, 𝒫 1 23 24, Fax 67158, ≤, 🍴 – ⓞ E 𝗩𝗜𝗦𝗔
Dienstag und Mitte Jan.- Mitte Feb. geschl. – **M** a la carte 33/72.

In Weinheim-Lützelsachsen S : 3 km :

🏠 Schmittberger Hof (mit Gästehaus), Weinheimer Str. 43, 𝒫 5 25 37 – 🕸 🅿
34 Z : 59 B.

🏡 Alte Pfalz (mit Gästehaus 🍷), Wintergasse 47, 𝒫 5 51 69 – ⟺ 🅿
(Dienstag - Freitag nur Abendessen) – **15 Z : 24 B.**

🍴🍴 **Winzerstube**, Sommergasse 7, 𝒫 5 22 98 – 🅿 🎟 ⓞ E 𝗩𝗜𝗦𝗔
nur Abendessen, Sonn- und Feiertage geschl. – **M** a la carte 53/75.

WEINSBERG 7102. Baden-Württemberg 𝟡𝟠𝟟 ㊲, 𝟜𝟙𝟚 𝟜𝟙𝟛 K 19 – 9 200 Ew – Höhe 200 m
✆ 07134.

♦Stuttgart 53 – Heilbronn 6 – Schwäbisch Hall 42.

🍴 Postwirt, Marktplatz 1, 𝒫 24 23.

Außerhalb SO : 2 km :

🏠 Gutsgasthof Rappenhof, ✉ 7102 Weinsberg, 𝒫 (07134) 30 73, ≤, 🍴, 🐎 – ☎ 🅿 – 🔥 4
39 Z : 60 B Fb.

In Eberstadt 7101 NO : 4 km :

▥ **Krone**, Hauptstr. 47, ℰ (07134) 40 86, Fax 15752, ㄍ – ☎ ❻. ᴬᴱ ⑩ ᴱ ⱱⁱˢᵃ
M a la carte 30/61 – **18 Z : 30 B** 60/90 - 98/130 Fb.

In Erlenbach 7101 NW : 3 km :

XX **Zum Alten Stapf**, Weinsberger Str. 6, ℰ (07132) 1 64 13, nur Eigenbauweine – ❻ ᴱ ⱱⁱˢᵃ
*Samstag bis 18 Uhr, Sonntag 15 Uhr - Montag sowie Feb. und Aug. jeweils 2 Wochen
geschl.* – **M** a la carte 44/74 ⅄.

WEINSHEIM Rheinland-Pfalz siehe Prüm.

WEINSTADT 7056. Baden-Württemberg **413** L 20 – 23 900 Ew – Höhe 290 m – ✆ 07151
(Waiblingen).
Stuttgart 16 – Esslingen am Neckar 13 – Schwäbisch Gmünd 38.

In Weinstadt 1-Beutelsbach :

XX **Krone**, Marktstr. 39, ℰ 6 51 81
Mittwoch und Juli - Aug. 4 Wochen geschl. – **M** a la carte 29/66 -(Hotel mit 60 B ab
Frühjahr 1991).

In Weinstadt 2-Endersbach :

▥ **Gästehaus und Gasthof Rössle**, Waiblinger Str. 2, ℰ 6 10 01 – ☎ ⟵ ❻
Juli - Aug. 3 Wochen geschl. – **M** *(Freitag geschl.)* a la carte 23/47 ⅄ – **25 Z : 35 B** 62/70 -
90/100.

▥ **Gästehaus Zefferer** garni, Strümpfelbacher Str. 10, ℰ 60 00 34 – 📺 ☎ ❻
12 Z : 24 B 78/85 - 110/130 Fb.

XX **Weinstube Muz**, Traubenstr. 3, ℰ 6 13 21, Fax 61131 – ᴬᴱ ᴱ ⱱⁱˢᵃ
nur Abendessen, Sonn- und Feiertage geschl. – **M** a la carte 39/62.

In Weinstadt 3-Großheppach :

X Häckermühle (ehem. Mühle a.d. 17. Jh.), Brückenstr. 9, ℰ 60 05 06 – ❻.

In Weinstadt 4-Schnait :

🏠 **Gasthof zum Lamm** (restauriertes Fachwerkhaus a.d.J. 1797), Silcherstr. 75, ℰ 6 50 03,
Fax 65005, ㄍ – 📺 ☎ ⟵ ❻ – ⌂ 25. ᴬᴱ
M *(Dienstag geschl.)* a la carte 34/62 – **20 Z : 32 B** 75/105 - 120/175.

X Fäßle ⌖ mit Zim, Lenzhalde 35, ℰ 6 51 01 – 📺 ☎ ❻
6 Z : 8 B.

In Weinstadt 5-Strümpfelbach :

▥ **Gästehaus Amalie** garni, Hindenburgstr. 16, ℰ 6 11 02 – ☎ ⟵ ❻. ⌘
Juli - Aug. 3 Wochen und 22. Dez.- 10. Jan. geschl. – **15 Z : 25 B** 45/55 - 80/95.

X **Lamm**, Hindenburgstr. 16, ℰ 6 23 31 – ᴬᴱ ⑩ ᴱ ⱱⁱˢᵃ
Montag - Dienstag, Jan. 2 Wochen und Aug. 3 Wochen geschl. – Menu a la carte 34/66.

WEISENDORF 8521. Bayern **413** P 18 – 3 800 Ew – Höhe 300 m – ✆ 09135.
München 204 – ◆Bamberg 53 – ◆Nürnberg 33 – ◆Würzburg 86.

🏠 **Jägerhof**, Auracher Bergstr. 2, ℰ 30 94 – 📺 ☎ ❻ – ⌂ 25. ⑩ ᴱ ⱱⁱˢᵃ
Aug. 3 Wochen geschl. – **M** *(Freitag geschl.)* a la carte 22/51 – **19 Z : 35 B** 65/90 - 100/
130 Fb.

WEISKIRCHEN 6649. Saarland **412** D 18, **242** ②, **57** ⑥ – 6 400 Ew – Höhe 400 m –
Heilklimatischer Kurort – ✆ 06876.
Kurverwaltung, Kirchenweg 2 (Rathaus), ℰ 72 24, Fax 70938.
Saarbrücken 45 – Merzig 21 – Saarburg 24 – ◆Trier 35.

🏨 **Sporthotel Kurzentrum** ⌖, Im Besen, ℰ 70 80, Telex 445441, Fax 172285, ㄍ, ≘s, ⬜, 🐎,
⌘ (Halle) – ▤ 📺 & ⟵ ❻ – ⌂ 25/100
54 Z : 74 B Fb.

▥ **Hofhaus Antz**, Trierer Str. 21, ℰ 2 02, ㄍ – ☎ ⟵ ❻ – ⌂ 25/50
16 Z : 30 B.

🏠 **Am Holzbachtal**, Im Hänfert 39, ℰ 3 50, ㄍ, 🐎, ⌘ – ❻. ᴱ ⱱⁱˢᵃ
⟶ **M** a la carte 20/41 – **11 Z : 20 B** 45 - 75 – ½ P 48/55.

WEISMAIN 8628. Bayern **413** Q 16, **987** ㉘ – 5 000 Ew – Höhe 315 m – ✆ 09575.
München 276 – ◆Bamberg 43 – Bayreuth 35 – Coburg 41.

▥ **Alte Post**, Am Markt 14, ℰ 2 54, ㄍ, ≘s – 📺
40 Z : 70 B.

▥ **Krone**, Am Markt 13, ℰ 12 66, ⬜, 🐎 – ⌘
⟶ *Jan. geschl.* – **M** *(Samstag geschl.)* a la carte 15/28 – **38 Z : 65 B** 25/45 - 50/80.

WEISSACH 7251. Baden-Württemberg 413 J 20 – 6 100 Ew – Höhe 350 m – ☎ 07044.
♦ Stuttgart 37 – Heilbronn 74 – ♦Karlsruhe 59 – Pforzheim 28.

In Weissach-Flacht SW : 2 km :

✗ **Adler**, Leonberger Str. 39, ☎ 3 23 29 – AE ⓓ E VISA .
Samstag bis 17 Uhr und Montag geschl. – **M** (Tischbestellung erforderlich) a la ca
26/63 ♁.

WEISSACH Bayern siehe Kreuth.

WEISSDORF Bayern siehe Münchberg.

WEISSENBURG IN BAYERN 8832. Bayern 413 P 19, 987 ㉖ – 17 000 Ew – Höhe 420 m
☎ 09141.

Sehenswert : Römer-Museum und -Thermen.

Ausflugsziel : Ellingen (Schloß : Ehrentreppe★) N : 4 km.

ℹ Städt. Verkehrsamt, Martin-Luther-Platz 3 (Römermuseum), ☎ 90 71 24.

♦München 131 – ♦Augsburg 82 – ♦Nürnberg 55 – ♦Ulm (Donau) 119.

- **Rose**, Rosenstr. 6, ☎ 20 96, Fax 70752, 余, ≘s – TV ☎. AE ⓓ E VISA
  M *(Samstag bis 18 Uhr geschl.)* a la carte 31/73 – **29 Z : 50 B** 68/130 - 110/180.
- **Am Ellinger Tor**, Ellinger Str. 7, ☎ 40 19, 余 – ☎ ⇔. AE ⓓ E VISA
  M *(Sonntag 15 Uhr - Montag geschl.)* a la carte 31/48 – **17 Z : 34 B** 55/78 - 98.
- Wittelsbacher Hof, Friedrich-Ebert-Str. 21, ☎ 37 95 – ☎ ⇔
  22 Z : 42 B.
- ✗ **Goldener Adler** mit Zim, Marktplatz 5, ☎ 24 00, 余 – TV ☎. AE E VISA
  M *(Okt.- Mai Freitag und Feb. geschl.)* a la carte 20/40 – **11 Z : 19 B** 65/75 - 96/120.

WEISSENHÄUSER STRAND Schleswig-Holstein siehe Liste der Feriendörfer : Oldenburg i.H

WEISSENHORN 7912. Bayern 413 N 22, 987 ㉟ – 11 000 Ew – Höhe 501 m – ☎ 07309.
♦München 146 – Memmingen 41 – ♦Ulm (Donau) 22.

- **Löwen** ⛱, Martin-Kuen-Str. 5, ☎ 50 14, Fax 5016 – ☎. E
  1.- 15. Aug. geschl. – Menu *(Tischbestellung ratsam)* (auch vegetarische Gerichte, Sonnt
  geschl.) a la carte 27/61 – **20 Z : 27 B** 65/75 - 95/120 Fb.

WEISSENSBERG Bayern siehe Lindau im Bodensee.

WEISSENSTADT 8687. Bayern 413 S 16, 987 ㉗ – 3 800 Ew – Höhe 630 m – Erholungsort
☎ 09253 – ℹ Verkehrsamt, Rathaus, Kirchplatz 1, ☎ 7 11.
♦München 265 – Bayreuth 36 – Hof 28.

- Post-Reichsadler, Wunsiedler Str. 11, ☎ 3 66 – TV. ✻ Zim – **11 Z : 23 B.**
- **Welzel**, Wunsiedler Str. 4, ☎ 3 62, Fax 8227, Biergarten – ⇔ Ⓟ. AE ⓓ E
  M *(Donnerstag und 6. Jan.- 6. Feb. geschl.)* a la carte 25/59 – **13 Z : 24 B** 40 - 80.
- **Zum Waldstein**, Kirchenlamitzer Str. 8, ☎ 2 70 – ☎ ⇔
  20. Feb.- 3. März und 28. Aug.- 11. Sept. geschl. – **M** *(Montag geschl.)* a la carte 18/42
  14 Z : 22 B 30/70 - 60/86.
- ✗✗ ✿ **Egertal**, Wunsiedler Str. 49, ☎ 2 37, Fax 500 – Ⓟ. ⓓ E VISA
  Montag - Freitag nur Abendessen, Dienstag und Jan.- Feb. 3 Wochen geschl. –
  (Tischbestellung ratsam) 98 und a la carte 67/87
  Spez. Lachsscheiben mit Basilikumsauce, Zander in Frankenweinsauce, Milchlammnüßchen mit Schalot
  gratiniert.

WEISWEIL 7831. Baden-Württemberg 413 G 22 – 1 600 Ew – Höhe 173 m – ☎ 07646.
♦Stuttgart 181 – ♦Freiburg im Breisgau 35 – Offenburg 39.

✗ **Landgasthof Baumgärtner**, Sternenstr. 2, ☎ 3 47 – Ⓟ
Montag - Dienstag 18 Uhr und Aug. 3 Wochen geschl. – **M** a la carte 40/70 ♁.

WEITENBURG (Schloß) Baden-Württemberg siehe Starzach.

WEITERSTADT Hessen siehe Darmstadt.

WEITNAU 8961. Bayern 426 C 6 – 3 800 Ew – Höhe 797 m – Erholungsort – Winterspo
850/980 m ⛷4 ⛷3 – ☎ 08375.
♦München 155 – Bregenz 52 – Kempten (Allgäu) 25.

In Weitnau-Wengen NO : 12 km :

Engel, Alpe-Egg-Weg 2 (B 12), ☎ 3 17, 余, 🛋 – Ⓟ
Anfang - Mitte Nov. geschl. – **M** *(Dienstag geschl.)* a la carte 21/36 – **20 Z : 32 B** 29/39 -
– ½ P 42/52.

VELLIN Nordrhein-Westfalen siehe Herscheid.

VELSCHNEUDORF Rheinland-Pfalz siehe Liste der Feriendörfer.

VEMDING 8853. Bayern **413** P 20, **987** ⊛ − 5 000 Ew − Höhe 460 m − Erholungsort − ✿ 09092.
Verkehrsamt, Haus des Gastes, ℰ 80 01, Fax 8242.
München 128 − ✦Augsburg 70 − Nördlingen 18 − ✦Nürnberg 93.

🏠 **Meerfräulein**, Wallfahrtsstr. 1, ℰ 80 21, Fax 8574, 🚗 − 🛗 📺 ☎ ⟵. **E**. ⚸ Zim
  M *(Dienstag geschl.)* a la carte 25/41 ⅊ − **48 Z : 90 B** 50/75 - 80/100 − ½ P 60/65.

VENDEBURG Niedersachsen siehe Peine.

VENDELSTEIN 8508. Bayern **413** Q 18 − 13 800 Ew − Höhe 340 m − ✿ 09129.
  Siehe Nürnberg (Umgebungsplan).
München 157 − Ingolstadt 84 − ✦Nürnberg 12 − ✦Regensburg 100.

🏠 **Zum Wenden**, Hauptstr. 32, ℰ 22 45 − 📺 ☎ ⟵. **➊ E** 𝗩𝗜𝗦𝗔   CT **c**
  M *(Montag geschl.)* a la carte 23/56 − **18 Z : 32 B** 79/89 - 89/98.

XX **Ofenplatt'n**, Nürnberger Str. 19, ℰ 34 30 − **➋ E**   CT **v**
  Sonntag geschl. − **M** (Tischbestellung ratsam) a la carte 60/84.

VENDELSTEIN Bayern. Sehenswürdigkeit siehe Bayrischzell und Brannenburg.

VENDEN 5963. Nordrhein-Westfalen **412** G 14 − 15 700 Ew − Höhe 360 m − ✿ 02762.
Wenden-Ottfingen, ℰ (02762) 75 89.
Düsseldorf 109 − ✦Köln 72 − Olpe 11 − Siegen 22.

An der Straße nach Hünsborn S : 2 km :

🏠 **Landhaus Berghof** ⚘, ℰ (02762) 50 88 (Hotel) 52 66 (Rest.), ≤ − ☎ **➊**. 🏧 **E**. ⚸
  M *(Montag geschl.)* a la carte 29/56 − **12 Z : 18 B** 50/55 - 90/96.

In Wenden 5-Brün W : 5,5 km über Gerlingen :

🏨 **Wacker**, Mindener Str. 1, ℰ 80 88, Telex 876623, Fax 6200, 🚗, 🔲, 🌿, ⚸ − 📺 ☎ ⟵
  ➊ − 🔏 50. 🏧 **➊ E** 𝗩𝗜𝗦𝗔. ⚸ Rest
  M a la carte 30/47 − **45 Z : 90 B** 65/115 - 110/165 Fb.

VENDLINGEN AM NECKAR 7317. Baden-Württemberg **413** L 20 − 14 800 Ew − Höhe 280 m
✿ 07024.
Stuttgart 29 − Göppingen 28 − Reutlingen 31 − ✦Ulm (Donau) 69.

🏨 **Erbschenk** garni, Unterboihinger Str. 25, ℰ 79 51, Fax 53182, 🚗 − 🛗 📺 ☎ **➊** − 🔏 30.
  🏧 **➊ E** 𝗩𝗜𝗦𝗔
  28 Z : 46 B 99 - 140 Fb.

X **Keim** mit Zim, Bahnhofstr. 26, ℰ 73 87 − ☎ ⟵ **➊** − 🔏 80
  Juli - Aug. 3 Wochen geschl. − **M** *(Samstag geschl.)* a la carte 28/60 − **9 Z : 14 B** 40/48 -
  70/90.

In Wendlingen-Unterboihingen :

🏠 **Löwen**, Nürtinger Str. 1, ℰ 73 43, Fax 7385, 🍽 − 📺 ☎ **➊** − 🔏 30
  Aug. 3 Wochen geschl. − **M** *(Sonn- und Feiertage ab 14 Uhr sowie Samstag geschl.)* a la
  carte 24/51 − **28 Z : 40 B** 60/85 - 90/125 Fb.

VENGEN Bayern siehe Weitnau.

VENHOLTHAUSEN Nordrhein-Westfalen siehe Eslohe.

VENNINGSTEDT Schleswig-Holstein siehe Sylt (Insel).

VERDOHL 5980. Nordrhein-Westfalen **987** ⑭, **412** G 13 − 21 200 Ew − Höhe 185 m − ✿ 02392.
Düsseldorf 104 − Arnsberg 43 − Hagen 39 − Lüdenscheid 15.

In Werdohl-Kleinhammer S : 5 km über die B 229 :

🏠 **Zum Dorfkrug**, Brauck 7, ℰ (02392) 7 02 07 − ☎ ⟵ **➊**. **E**
  M *(Montag und Samstag jeweils bis 17 Uhr geschl.)* a la carte 27/56 − **14 Z : 26 B** 58 - 100.

We have established for your use a classification

of certain restaurants by awarding them the mention

Menu, ✿, ✿✿ or ✿✿✿.

WERL 4760. Nordrhein-Westfalen 987 ⑭. 412 G 12 – 28 100 Ew – Höhe 90 m – ✪ 02922.
☞ Werl-Stadtwald, ✆ (02922) 25 22.
♦Düsseldorf 103 – Arnsberg 25 – Dortmund 37 – Hamm in Westfalen 17 – Soest 15.

🏨 **Parkhotel Wiener Hof**, Hammer Str. 1, ✆ 26 33, « Gartenterrasse » – 🖵 ☎ ⇦ 🄿
⚐ 25/40. 🄰🄴 ⓞ 🄴 𝖵𝖨𝖲𝖠
M a la carte 41/76 – **9 Z : 16 B** 65/90 - 100/130 Fb.

🏨 **Bartels - Restaurant Kupferspieß**, Walburgisstr. 6, ✆ 70 66 (Hotel) 13 22 (Rest.), F 85550 – 🖵 ☎ ⇦ 🄿
M a la carte 29/65 – **32 Z : 50 B** 60 - 100/110 Fb.

XX **Alte Mühle**, Neheimer Str. 53, ✆ 33 39 – 🄿
nur Abendessen, Montag und 1.- 15. Juli geschl. – **M** a la carte 27/55.

WERMELSKIRCHEN 5632. Nordrhein-Westfalen 987 ㉔. 412 E 13 – 34 000 Ew – Höhe 310 – ✪ 02196 – ♦Düsseldorf 52 – ♦Köln 34 – Lüdenscheid 38 – Wuppertal 30.

🏨 **Zur Eich**, Eich 7, ✆ 60 08, Fax 6000 – 🖵 ☎ ⇦ 🄿 – ⚐ 25/50. 🄰🄴 ⓞ 🄴 𝖵𝖨𝖲𝖠
M a la carte 34/58 – **38 Z : 50 B** 67/88 - 122/145 Fb.

🏨 **Zum Schwanen**, Schwanen 1, ✆ 30 07, Fax 84772 – 🖵 ☎ 🄿. 🄰🄴 ⓞ 🄴 𝖵𝖨𝖲𝖠
M *(15. Juli - 9. Aug. geschl.)* a la carte 35/71 – **24 Z : 36 B** 80/90 - 140/150 Fb.

In Wermelskirchen 2-Dabringhausen SW : 8 km :

XX **Gasthof Zur Post** mit Zim, Altenberger Str. 90, ✆ (02193) 20 88, « Antiquitäte ausstellung » – 🖵 ☎ 🄿
Jan. 3 Wochen geschl. – **M** *(Montag - Dienstag 18 Uhr geschl.)* a la carte 47/72 – **8 Z 11 B** 75 - 110.

WERNAU 7314. Baden-Württemberg 413 L 20 – 11 400 Ew – Höhe 255 m – ✪ 07153.
♦Stuttgart 32 – Göppingen 21 – Reutlingen 34 – ♦Ulm (Donau) 67.

🏩 **Maître**, Kranzhaldenstr. 3, ✆ 33 75, Fax 39170, ㇑ – 🖵 ☎ 🄿. 🄰🄴 🄴
M *(nur Abendessen)* a la carte 24/50 – **33 Z : 42 B** 80 - 120 Fb.

🏨 **Bad Hotel Lämmle**, beim Freibad, ✆ 33 15, Fax 37173, ㇑, ⇌, ⬚, 🞉 – 🖵 ☎ 🄿. ⓞ 🄴 𝖵𝖨𝖲𝖠
13. Juli - 10. Aug. geschl. – **M** *(nur Abendessen, Samstag geschl.)* a la carte 24/47 – **64 Z 100 B** 85/105 - 125/145 Fb.

XX **Maître** mit Zim, Kirchheimer Str. 83, ✆ 3 02 55 – 🖵 ☎ 🄿. 🄰🄴 🄴
M *(Freitag geschl.)* a la carte 33/60 – **6 Z : 10 B** 68 - 90.

X **Stadthalle**, Kirchheimer Str. 70, ✆ 3 13 16 – 🄿 – ⚐ 25/600
Montag, 1.- 10. Jan. und 15. Juli - 10. Aug. geschl. – **M** a la carte 30/52.

WERNBERG-KÖBLITZ 8475. Bayern 413 T 18. 987 ㉗ – 5 000 Ew – Höhe 377 m – ✪ 09604.
♦München 193 – ♦Nürnberg 95 – ♦Regensburg 71 – Weiden in der Oberpfalz 18.

🏨 Pari ⌂, Zur Roten Marter 5, ✆ 5 22, ≼, « Gartenterrasse », ㇑ – 🖵 ☎ ⇦ 🄿 – ⚐ 25/ (nur Abendessen für Hausgäste) – **26 Z : 42 B** Fb.

X **Landgasthof Burkhard** mit Zim, Marktplatz 10, ✆ 25 09 – 🖵 ☎ 🄿
Menu *(Donnerstag geschl.)* a la carte 29/65 – **10 Z : 18 B** 65/95 - 110/180.

WERNE 4712. Nordrhein-Westfalen 987 ⑭. 412 F 11 – 29 000 Ew – Höhe 52 m – ✪ 02389.
Siehe Ruhrgebiet (Übersichtsplan).
🛈 Touristik-Information, Markt 19 (Stadtsparkasse), ✆ 53 40 80.
♦Düsseldorf 105 – Dortmund 25 – Hamm in Westfalen 15 – Münster (Westfalen) 40.

🏨 **Ickhorn**, Markt 1, ✆ 28 24 – 🖵 ☎ ⇦ 🄿
M *(Samstag geschl.)* a la carte 23/47 – **14 Z : 22 B** 60/75 - 100.

🏨 **Baumhove** (Fachwerkhaus a.d.J. 1484), Markt 2, ✆ 22 98, « Restaurant mit rustika Einrichtung » – 🕴 ☎ ⇦. ⓞ 🄴 𝖵𝖨𝖲𝖠
M *(Sonntag 14 Uhr - Montag 16 Uhr und 22. Juli - 9. Aug. geschl.)* a la carte 24/55 – **18 Z 28 B** 40/70 - 100/110.

In Werne 3-Stockum O : 5 km :

🏨 Stockumer Hof, Werner Str. 125, ✆ 34 39 – 🄿 – **13 Z : 19 B**.

WERNECK 8727. Bayern 413 N 17. 987 ㉘ – 10 000 Ew – Höhe 221 m – ✪ 09722.
♦München 295 – Schweinfurt 13 – ♦Würzburg 27.

🏩 **Krone-Post**, Balthasar-Neumann-Str. 1, ✆ 20 63, Fax 7583 – ☎ ⇦ 🄿 – ⚐ 30. 🄴 𝖵𝖨 ➡ ⌘ Rest
M *(Montag bis 17 Uhr geschl.)* a la carte 21/39 ⅊ – **56 Z : 97 B** 48/72 - 88/110.

WERNIGERODE 3700 Sachsen-Anhalt 984 ⑲. 987 ⑯ – 37 000 Ew – Höhe 230 m – ✪ 00376
Sehenswert : Rathaus★ – (Umgebung : Roßtrappe★★).
🛈 Tourist-Information, Breite Str. 12, ✆ 3 30 35.
♦Berlin - Ost 236 – ♦Braunschweig 88 – Erfurt 145 – Göttingen 98.

X **Ratskeller**, Markt 1, ✆ 3 27 04
➡ **M** a la carte 19/27.

ERSAU Hessen siehe Brensbach.

ERSHOFEN 5489. Rheinland-Pfalz **412** D 15 − 960 Ew − Höhe 497 m − ✪ 02694.
inz 176 − Adenau 19 − ✦Bonn 53.

🏠 **Pfahl**, Hauptstr. 76, ℰ 2 32, Fax 530, ≼, ≊, 🐴 − **🅿**. 🖭 **E**
   7.- 31. Jan. geschl. − **M** *(Donnerstag geschl.)* a la carte 27/45 − **22 Z : 46 B** 39/47 - 72/78.

🏠 **Kastenholz**, Hauptstr. 1, ℰ 3 81, ≼, Wildgehege, ⬛, 🐴 − **🅿** − 🛦 25
   16 Z : 30 B Fb.

ERTACH 8965. Bayern **413** O 24. **987** ㉟, **426** D 6 − 2 300 Ew − Höhe 915 m − Luftkurort −
intersport : 915/1 450 m ⫻4 ⫻3 − ✪ 08365.
.Verkehrsamt, Rathaus, ℰ 2 66.
ünchen 127 − Füssen 24 − Kempten (Allgäu) 25.

🏠 **Gasthof Engel - Kupferpfanne**, Marktstr. 7, ℰ 2 10, 🛋 − ☎ **🅿**
   M *(Montag geschl.)* a la carte 24/52 − **25 Z : 47 B** 50/55 - 95/110.

🏠 **Alpengasthof Hirsch**, Marktstr. 21, ℰ 4 31, Fax 1522, 🛋 − ☎ **🅿**
   15. Nov.- 20. Dez. geschl. − **M** *(Donnerstag geschl.)* a la carte 25/54 − **10 Z : 20 B** 50/55 -
   95/100.

🏠 **Drei Mühlen**, Alpenstr. 1, ℰ 3 34, 🐴 − ☎ ⟸ **🅿**. 🛐 Zim
   März - April 3 Wochen und 22. Okt.- 20. Dez. geschl. − **M** *(Dienstag - Mittwoch geschl.)* a la
   carte 22/38 ⅃ − **20 Z : 40 B** 48/51 - 76/82.

ERTHEIM 6980. Baden-Württemberg **987** ㉟, **412** **413** L 17 − 20 600 Ew − Höhe 142 m −
09342.
henswert : Stiftskirche (Grabdenkmäler✶ : Isenburgsches Epitaph✶✶) − Linkes Tauberufer ≼✶.
sflugsziel : Bronnbach : Klosterkirche✶ SO : 9,5 km.
Fremdenverkehrsgesellschaft, Am Spitzen Turm, ℰ 10 66.
.uttgart 143 − Aschaffenburg 47 − ✦Würzburg 42.

🏨 **Kette**, Lindenstr. 14, ℰ 10 01, 🛋, ≊ − 🏚 ☎ ⟸ **🅾 E** 🆅🆂🅰
   über Fasching 2 Wochen geschl. − **M** *(Montag geschl.)* a la carte 38/70 − **30 Z : 50 B** 53/70
   - 100/130 Fb.

🏨 **Schwan** (mit Gästehaus), Mainplatz 8, ℰ 12 78, 🛋 − 🖵 ☎ − 🛦 30. 🖭 🅾 **E** 🆅🆂🅰
   🛐 Zim
   22. Dez.- Ende Jan. geschl. − **M** a la carte 27/61 − **32 Z : 65 B** 79/110 - 110/220.

🏠 **Bronnbacher Hof**, Mainplatz 10, ℰ 77 97, Fax 39977, 🛋 − ☎
   26 Z : 50 B.

In Wertheim-Bettingen O : 10 km :

🏩 ✿✿ **Schweizer Stuben** ⑊, Geiselbrunnweg 11, ℰ 30 70, Telex 689190, Fax 307155, 🛋,
   « Hotelanlage in einem Park », ≊, ⬛ (geheizt), 🐴, 🍴 (Halle) − 🖵 **🅿** − 🛦 30. 🖭 🅾
   E 🆅🆂🅰
   M *(1.- 26. Jan., Sonntag bis 19 Uhr und Montag - Dienstag 19 Uhr geschl.)* (siehe auch
   Restaurants Taverna La vigna und Schober) 158/198 und a la carte 95/145 *(Tischbestellung
   erforderlich)* − **33 Z : 66 B** 210/345 - 260/395 − 11 Appart. 420/990
   Spez. Langustinen in Limonen-Ingwer-Sud, Gefüllter Kalbsschwanz auf Kartoffel-Lauch-Gemüse,
   Schokoladenüberraschung Schweizer Stuben.

XX **Taverna La vigna** (Italienische Küche), Geiselbrunnweg 11, ℰ 30 70 (über Schweizer
   Stuben) − **🅿**. 🖭 🅾 **E** 🆅🆂🅰
   Sonntag ab 15 Uhr, Dienstag - Mittwoch 18 Uhr und 29. Jan.- 21. Feb. geschl. − **M**
   (Tischbestellung ratsam) a la carte 70/92.

XX **Schober**, Geiselbrunnweg 11, ℰ 30 70 (über Schweizer Stuben) − **🅿**. 🖭 🅾 **E** 🆅🆂🅰
   Donnerstag und Freitag nur Abendessen, Mittwoch und 1.- 24. Jan. geschl. − Menu a la
   carte 32/65.

In Wertheim-Dertingen O : 14 km :

🏡 **Zum Roß**, Aalbachstr. 45, ℰ (09397) 2 36, 🛋 − **🅿**
   M *(Donnerstag geschl.)* a la carte 19/30 ⅃ − **6 Z : 11 B** 35 - 60.

In Wertheim-Mondfeld W : 10 km − Erholungsort :

🏠 **Weißes Rössel**, Haagzaun 12, ℰ (09377) 12 15, 🛋, 🐴 − 🖵 ⟸ **🅿**
   11 Z : 22 B.

In Wertheim-Reicholzheim SO : 7 km − Erholungsort :

🏠 **Gästehaus Martha** ⑊, Am Felder 11, ℰ 78 96, ≼, 🛋, ≊, ⬛, 🐴 − ☎ **🅿**. 🛐 Zim
   M a la carte 22/46 ⅃ − **10 Z : 20 B** 45 - 80/100.

In Kreuzwertheim 6983, Bayern, auf der rechten Mainseite :

🏨 **Lindenhof**, Lindenstr. 41 (NO: 2 km), ℰ (09342) 10 41, ≼, 🛋 − ☎ ⟸ **🅿**
   22. Dez.- 10. Jan. geschl. − **M** a la carte 37/67 − **13 Z : 24 B** 80/120 - 98/180 Fb.

🏠 **Herrnwiesen**, In den Herrnwiesen 4, ℰ (09342) 3 70 31, 🐴 − ☎ ⟸ **🅿**. **E** 🆅🆂🅰
   (nur Abendessen für Hausgäste) − **20 Z : 38 B** 65/95 - 98/150.

WERTHER Nordrhein-Westfalen siehe Halle in Westfalen.

WERTINGEN 8857. Bayern 413 OP 21, 987 ㊱ — 4 200 Ew — Höhe 419 m — ✪ 08272.
♦München 90 — ♦Augsburg 32 — Donauwörth 24 — ♦Ulm (Donau) 74.

  🏠 **Hirsch**, Schulstr. 7, ℰ 80 50 — ☎ ⇦ ℗ — ▵ 25/80. 🄰🄴 🄴 𝓥𝓘𝓢𝓐
  → **M** *(Samstag und 23. Dez.- 6. Jan. geschl.)* a la carte 17/32 ⅃ — **28 Z : 40 B** 30/45 - 59/82.

WESCHNITZ Hessen siehe Fürth im Odenwald.

WESEL Niedersachsen siehe Undeloh.

WESEL 4230. Nordrhein-Westfalen 987 ⑬, 412 C 12 — 58 000 Ew — Höhe 25 m — ✪ 0281.
Siehe Ruhrgebiet (Übersichtsplan).

🛈 Verkehrsverein, Franz-Etzel-Platz 4, ℰ 2 44 98.
♦Düsseldorf 64 — Bocholt 24 — Duisburg 31.

  🏠 **Zur Aue**, Reeser Landstr. 14 (B 8), ℰ 2 10 00 — ☎ ℗ 🄰🄴 🄾 🄴 𝓥𝓘𝓢𝓐
  → **M** *(Sonntag geschl.)* a la carte 19/42 — **23 Z : 42 B** 45/65 - 70/95.

  XX **Lippeschlößchen**, Hindenburgstr. 2 (SO : 2 km), ℰ 44 88, 🍴 — ℗. 🄰🄴 🄾 🄴 𝓥𝓘𝓢𝓐
    Dienstag geschl. — **M** a la carte 34/64.

  In Wesel 14-Büderich SW : 6 km :

  🏚 **Wacht am Rhein**, Rheinallee 30, ℰ (02803) 3 02, Fax 1741, ≤, 🍴 — ℗ — ▵ 25/200.
    🄴 𝓥𝓘𝓢𝓐
    M a la carte 24/55 — **21 Z : 32 B** 55/65 - 85/125.

  In Wesel 14-Feldmark N : 4 km über Reeser Landstraße :

  🏨 **Waldhotel Tannenhäuschen** 🦌, Am Tannenhäuschen 7, ℰ 6 10 14, Fax 64153, 🍴, ≋
    🄳, 🔥 — ▮🖀▮ 📺 ⇦ ℗ — ▵ 25/80. 🄰🄴 🄾 🄴 𝓥𝓘𝓢𝓐. 🦌 Rest
    M a la carte 47/99 — **46 Z : 92 B** 128/155 - 171/200 Fb — 4 Appart. 226/270.

  In Wesel 1-Flüren NW : 5 km:

  X **Waldschenke**, Flürener Weg 49, ℰ 7 02 81, 🍴 — ℗. 🄰🄴 🄾 🄴 𝓥𝓘𝓢𝓐
    Donnerstag sowie 12. Feb.- 7. März und 8.- 22. Aug. geschl. — **M** a la carte 26/55.

  An der Autobahn A 3 Richtung Arnheim SO : 10 km :

  🏠 **Autobahnrestaurant und Waldhotel**, ✉ 4224 Hünxe-Ost, ℰ (02858) 70 57, Fax 2953▮
    📺 ☎ ⅄ ℗. 🄰🄴 🄾 🄴 𝓥𝓘𝓢𝓐
    M a la carte 25/54 — **25 Z : 45 B** 95/105 - 140 Fb.

  In Hamminkeln 3-Marienthal 4236 NO : 14 km :

  🏨 **Romantik-Hotel Haus Elmer** 🦌, An der Klosterkirche 12, ℰ (02856) 20 41, Fax 20▮
    « Gartenterrasse » 📺 ☎ ℗ — ▵ 25/50. 🄾 🄴 𝓥𝓘𝓢𝓐. 🦌 Zim
    M a la carte 45/68 — **25 Z : 45 B** 95/150 - 140/220 Fb.

WESSELING 5047. Nordrhein-Westfalen 412 D 14 — 30 000 Ew — Höhe 51 m — ✪ 02236.
♦Düsseldorf 55 — ♦Bonn 15 — ♦Köln 12.

  🏨 **Pontivy**, Cranachstr. 75, ℰ 4 30 91, Fax 404738, Biergarten, 🍴 — 📺 ☎ ℗. 🄰🄴 🄾 🄴
    M *(Samstag geschl.)* a la carte 33/60 — **23 Z : 28 B** 85/115 - 105/140 Fb.

  🏠 **Haus Burum** garni, Bonner Str. 83, ℰ 4 10 51, Fax 1406 — ▮🖀▮ ☎ ℗. 🄾 🄴 𝓥𝓘𝓢𝓐
    24. Dez.- 2. Jan. geschl. — **24 Z : 30 B** 65/95 - 100/130.

  X **Kölner Hof** mit Zim, Kölner Str. 83, ℰ 4 28 41 — 📺 ☎ ℗. 🄰🄴 🄴 𝓥𝓘𝓢𝓐. 🦌 Zim
    M *(Samstag und 15. Juli - 15. Aug. geschl.)* a la carte 27/61 — **8 Z : 11 B** 50/55 - 100.

WESSOBRUNN 8129. Bayern 413 Q 23, 987 ㊱, 426 F 5 — 1 740 Ew — Höhe 701 m — ✪ 088▮
♦München 64 — ♦Augsburg 66 — Weilheim 10.

  X **Zur Post** mit Zim, Zöpfstr. 2, ℰ 2 08, 🍴 — ⇦ ℗
    M *(Nov.- April Dienstag geschl.)* a la carte 22/49 — **6 Z : 11 B** 30 - 59.

WESTERHEIM 8941. Bayern 413 NO 22 — 2 000 Ew — Höhe 580 m — ✪ 08336 (Erkheim).
♦München 102 — ♦Augsburg 83 — Memmingen 12.

  In Westerheim-Günz N : 2 km :

  🏚 **Brauereigasthof Laupheimer**, Hauptstr. 6, ℰ 76 63 — ℗ — ▵ 30
  → 24. Dez.- 9. Jan. geschl. — **M** *(Dienstag geschl.)* a la carte 21/47 — **11 Z : 15 B** 26/30 - 56/▮

WESTERHORN 2205. Schleswig-Holstein — 950 Ew — Höhe 3 m — ✪ 04127.
♦Kiel 80 — ♦Hamburg 50 — Itzehoe 21.

  X **Landkrog**, Birkenweg 6, ℰ 3 97 — 🄰🄴 🄾 🄴
    Dienstag - Freitag nur Abendessen, Montag geschl. — **M** a la carte 38/67.

ESTERLAND Schleswig-Holstein siehe Sylt (Insel).

ESTERNBÖDEFELD Nordrhein-Westfalen siehe Schmallenberg.

ESTERSTEDE 2910. Niedersachsen 987 ⑭ – 18 400 Ew – Höhe 13 m – ✪ 04488.
Tourist-Information, Rathaus, Am Markt, ℰ 18 88, Fax 5555.
Hannover 195 – Groningen 110 – Oldenburg 24 – Wilhelmshaven 42.

🏨 **Voss**, Am Markt 4, ℰ 51 90, Fax 6062, ⇌, ⧠ – ⧠ ⇌ Zim �📺 ☎ 🅿 – 🔬 25/200. ⅋ ① 🇪
🇻🇮🇸🇦
M a la carte 28/63 – **60 Z : 110 B** 80/100 - 140/180 Fb.

🏠 **Zur Linde**, Wilhelm-Geiler-Str. 1, ℰ 26 73, 🌳 – 📺 ☎ 🅿. ⅋ ① 🇪 🇻🇮🇸🇦
← 1.- 20. Jan. geschl. – **M** (Sonntag geschl.) 20/37 (mittags) und a la carte 39/58 – **11 Z : 22 B**
80/90 - 130/140 Fb.

🏠 **Ammerländer Hof**, Langestr. 24, ℰ 22 73, Fax 72486 – 📺 ☎ 🅿. ⅋ ① 🇪 🇻🇮🇸🇦
M a la carte 25/41 – **23 Z : 48 B** 55 - 85 Fb.

In Westerstede 1-Hollwege NW : 3 km :

🏠 **Heinemann's Gasthaus**, Liebfrauenstr. 13, ℰ 22 47, 🌴 – 📺 ☎ ⇌ 🅿. ❀
← 23. Dez.- 4. Jan. geschl. – **M** (Sonn- und Feiertage geschl.) a la carte 21/35 – **18 Z : 32 B**
35/50 - 65/90.

ETTENBERG Hessen siehe Gießen.

*The overnight or full board prices may
in some cases be increased by the addition of a local bed tax or
a charge for central heating.
Before making your reservation confirm with the hotelier
the exact price that will be charged.*

ETTMAR Niedersachsen siehe Burgwedel.

ETTRINGEN 4441. Nordrhein-Westfalen 987 ⑭, 412 E 10, 408 ⑭ – 6 600 Ew – Höhe 55 m
– ✪ 02557.
Düsseldorf 160 – Enschede 32 – Münster (Westfalen) 37 – ◆Osnabrück 59.

🏠 **Zur Post**, Kirchstr. 4 (B 70), ℰ 70 02 – ☎ ⇌. 🇪
← Aug. 2 Wochen geschl. – **M** (Samstag bis 18 Uhr und Sonntag geschl.) a la carte 20/46 –
20 Z : 38 B 39 - 74.

🏛 **Zur Sonne**, Metelener Str. 8 (B 70), ℰ 12 31 – ☎ ⇌ 🅿
← **M** a la carte 15/29 – **9 Z : 15 B** 39 - 72.

ETTSTETTEN Bayern siehe Ingolstadt.

ETZLAR 6330. Hessen 987 ㉜ ㉟, 412 413 I 15 – 50 000 Ew – Höhe 168 m – ✪ 06441.
Sehenswert : Altstadt (Dom, Eisenmarkt, Kornmarkt), Lottehaus★ (Stadtmuseum und
Industriemuseum) Z.
Amt für Wirtschaft und Verkehr, Domplatz 8, ℰ 40 53 38.
ADAC, Bergstr. 2. ℰ 2 66 66, Telex 483718.
Wiesbaden 96 ② – Gießen 17 ② – Limburg an der Lahn 42 ⑧ – Siegen 64 ⑧.

Stadtplan siehe nächste Seite.

🏩 **Mercure**, Bergstr. 41, ℰ 4 80 31, Telex 483739, Fax 42504, ⇌, ⧠ – ⧠ ▤ Rest 📺 🅿 –
🔬 25/400. ⅋ 🇪 🇻🇮🇸🇦   Z c
M a la carte 35/62 – **144 Z : 250 B** 157/202 - 174/241 Fb.

🏩 **Bürgerhof**, Konrad-Adenauer-Promenade 20, ℰ 4 40 68, Telex 483735, Fax 47177 – ⧠ 📺
← 🅿 ⅋ ① 🇪 🇻🇮🇸🇦   Z e
M (Juli - Aug. 3 Wochen geschl.) 17/30 (mittags) und a la carte 25/60 ⅃ – **44 Z : 74 B** 85/105
- 130/155 Fb.

🏨 **Wetzlarer Hof**, Obertorstr. 3, ℰ 4 80 21, Telex 4821144, Fax 81958, 🌴 – ☎ 🅿 – 🔬 25/50.
⅋ ① 🇪 🇻🇮🇸🇦   Z d
M (Samstag geschl.) 22/43 (mittags) und a la carte 33/55 – **28 Z : 45 B** 73/95 - 116/140 Fb.

🏠 **Euler Haus** garni, Buderusplatz 1, ℰ 4 70 16, Telex 483763, Fax 48815 – ⧠ 📺 ☎   Y a
24 Z : 36 B Fb.

🍴🍴 **Zehntscheune**, Ludwig-Erk-Platz 1, ℰ 4 78 00 – ⅋ ① 🇪 🇻🇮🇸🇦   Z u
Sonntag - Montag geschl. – **M** (bemerkenswerte Weinkarte) (Tischbestellung ratsam) 25/28
(mittags) und a la carte 50/78.

🍴 **Tapferes Schneiderlein**, Garbenheimer Str. 18, ℰ 4 25 51, 🌴 – 🅿   Y n
Montag und Samstag nur Abendessen, Sonntag, Jan. 2 Wochen und Juli - Aug. 3 Wochen
geschl. – **M** (auch vegetarisches Menu) a la carte 42/56.

871

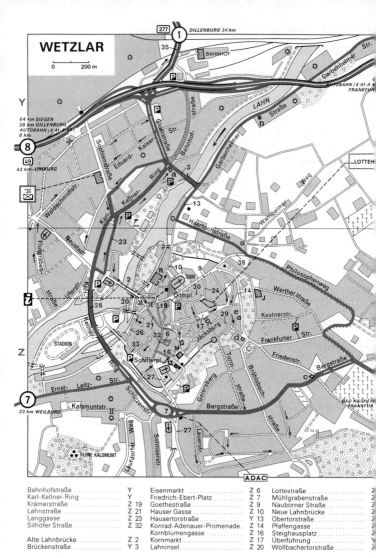

WETZLAR

0 — 200 m

In Wetzlar-Kirschenwäldchen S : 4,5 km über ⑥ :

🏠 **Stoppelberg** ♨, Kirschenwäldchen 18, ℰ 2 40 15, Fax 25416, « Gartenterrasse » –
🚗 🅿 ⓘ 🗲 𝗩𝗜𝗦𝗔 ✾
M *(Donnerstag geschl.)* a la carte 24/54 ⅃ – **14 Z : 30 B** 62/67 - 98/115 Fb.

In Lahnau 3-Atzbach 6335 ② : 7,5 km :

🍴🍴 **Bergschenke**, Bergstr. 15, ℰ (06441) 6 19 02, Fax 64644, ≤, 😤 – 🅿 🗚 🗲
Montag geschl. – **M** a la carte 43/66.

WEYARN 8153. Bayern 🄘🄘🄘 S 23, 🄘🄘🄘 H 5 – 2 700 Ew – Höhe 654 m – ✿ 08020.
♦München 37 – Innsbruck 124 – Salzburg 104.

Im Mangfalltal NW : 2,5 km :

🍴 **Waldgasthaus Maxlmühle**, ⊠ 8155 Valley, ℰ (08020) 7 72/17 72, 😤 – 🅿 ⓘ
Mittwoch - Donnerstag und 28. Jan.- Feb. geschl. – Menu a la carte 23/57.

YERBUSCH Rheinland-Pfalz siehe Altenkirchen im Westerwald.

YHAUSEN Niedersachsen siehe Wolfsburg.

YHER Rheinland-Pfalz siehe Edenkoben.

CKEDE (RUHR) 5757. Nordrhein-Westfalen [412] G 12 – 11 600 Ew – Höhe 155 m – ☎ 02377.
sseldorf 105 – Dortmund 41 – Iserlohn 28.

Haus Gerbens mit Zim, Hauptstr. 211 (B 63), ☎ 10 13, Biergarten – [TV] ☎ [P]. [AE] [D] [E] [VISA]
M *(Samstag bis 17 Uhr geschl.)* 22/48 (mittags) und a la carte 35/71 – **8 Z : 12 B** 55 - 95.

EDEN 7861. Baden-Württemberg [413] G 23, [242] ㊱, [216] ⑤ – 500 Ew – Höhe 850 m –
olungsort – Wintersport : 850/1 100 m, ⛷2, ⛷5 – ☎ 07673 (Schönau).
urbüro, Rathaus, ☎ 3 03.
ttgart 246 – Basel 50 – ♦Freiburg im Breisgau 44 – Todtnau 11.

Hirschen, Ortsstr. 8, ☎ 10 22, ♨, ♨, [☐], 🌳, 🎾 – [lift] ☎ 🚗 [P]. [D] [E] [VISA]
Mitte Nov.- Mitte Dez. geschl. – **M** *(Montag - Dienstag 17 Uhr geschl.)* a la carte 27/55 🍷 –
28 Z : 60 B 38/65 - 120 Fb.

Moosgrund 🔇 garni, Steinbühl 16, ☎ 79 15, ≤, ♨, 🌳 – [TV] [P]
8 Z : 18 B 40 - 70.

An der Straße zum Belchen W : 4 km :

Berghotel Wiedener Eck, Höhe 1 050 m, ✉ 7861 Wieden, ☎ (07673) 10 06, Fax 1009, ≤,
♨, ♨, [☐], 🌳 – [lift] [TV] ☎ 🚗 [P]. [D] [E] [VISA]
M a la carte 28/60 – **32 Z : 54 B** 55/70 - 96/140 Fb – ½ P 73/95.

EFELSTEDE 2901. Niedersachsen – 11 000 Ew – Höhe 15 m – ☎ 04402 (Rastede).
nnover 188 – Oldenburg 13 – Bad Zwischenahn 14.

Sporthotel Wiefelstede 🔇, Alter Damm 9, ☎ 61 18, Fax 60761, 🎾 (Halle) – [TV] ☎ [P]
– 🎤 25. [AE] [D] [E] [VISA]
M a la carte 27/62 – **25 Z : 40 B** 65 - 95 Fb.

EHL 5276. Nordrhein-Westfalen [412] F 14 – 22 000 Ew – Höhe 192 m – ☎ 02262.
ur- und Verkehrsverein, Rathaus, Bahnhofstraße, ☎ 9 92 00.
sseldorf 85 – ♦Köln 48 – Siegen 53 – Waldbröl 17.

Zur Post, Hauptstr. 8, ☎ 90 91, Telex 884297, Fax 92595, Biergarten, ♨, [☐] – [lift] [TV] ☎ [P]
– 🎤 25/80. [AE] [D] [E] [VISA]
M a la carte 35/79 – **55 Z : 70 B** 80/120 - 120/220 Fb.

Platte, Hauptstr. 25, ☎ 90 75, Fax 97876 – ☎ 🚗 [P]. [AE] [D] [VISA]
5.- 19. Juli geschl. – **M** a la carte 25/51 – **17 Z : 33 B** 75/85 - 130/150 Fb.

An der Tropfsteinhöhle S : 2 km :

Waldhotel Hartmann, Pfaffenberg 1, ✉ 5276 Wiehl, ☎ (02262) 90 22, Fax 93400, ♨, [☐],
🌳 – [lift] [TV] ☎ ♿ [P] – 🎤 25/60. 🚭 Zim
40 Z : 74 B Fb.

ENHAUSEN Niedersachsen siehe Celle.

ES Bayern siehe Steingaden.

ESAU 8597. Bayern [413] T 17, [987] ㉗ – 4 800 Ew – Höhe 506 m – ☎ 09634.
nchen 274 – Bayreuth 60 – Hof 70 – Weiden in der Oberpfalz 32.

Deutsches Haus, Hauptstr. 61, ☎ 12 32, 🌳 – 🚗 [P]
21 Z : 30 B.

ESBADEN 6200. [L] Hessen [987] ㉔, [412] [413] H 16 – 260 000 Ew – Höhe 115 m – Heilbad
☎ 0611.
Wiesbaden-Delkenheim, Auf der Heide (O : 12 km), ☎ (06122) 5 22 08 ; ⛳ Wiesbaden-
uenstein (W : 6 km), ☎ (06121) 82 38 89 ; ⛳ Chausseehaus (NW : 5 km), ☎ (06121) 46 02 38.
stellungs- und Kongreßzentrum Rhein-Main-Halle (BZ), ☎ 14 40.
erkehrsbüro, Rheinstr. 15, ☎ 31 28 47, Fax 378542.
erkehrsbüro, im Hauptbahnhof, ☎ 31 28 48.
AC, Grabenstr. 5, ☎ 37 70 71, Notruf ☎ 1 92 11.
nn 153 ① – ♦Frankfurt am Main 41 ② – ♦Mannheim 89 ③.

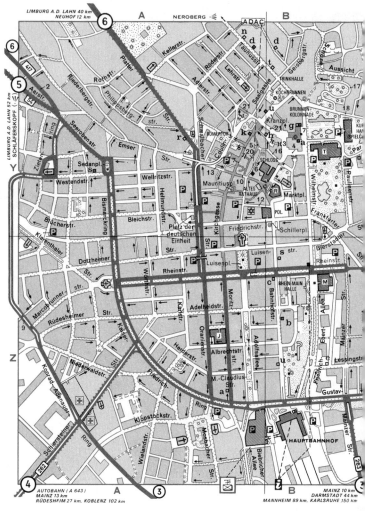

🏨🏨🏨 **Nassauer Hof - Restaurant Orangerie** 🦢, Kaiser-Friedrich-Platz 3, ℰ 13
Telex 4186847, Fax 133632, ☆, Massage, ⬧, 🔲 – 🕴 ⬧ Zim 🍽 Rest 📺 ⬧ – 🔬 25/1
🆎 ⓪ Ⓔ 𝘝𝘐𝘚𝘈 , 🛇 Rest   BY
M (siehe auch Rest. **Die Ente vom Lehel**) a la carte 50/87 – **210 Z : 350 B** 320/405 – 4
710 Fb – 14 Appart. 950/2000.

🏨🏨 **Aukamm-Hotel** 🦢, Aukamm-Allee 31, ℰ 57 60, Telex 4186283, Fax 576264, ☆ –
🍽 Rest 📺 ⬧ ⓟ – 🔬 25/180. 🆎 ⓪ Ⓔ   über Bierstadter Str. BYZ
M a la carte 46/86 – **174 Z : 300 B** 270 - 310 Fb – 15 Appart. 525/975.

🏨🏨 **Holiday Inn Crowne Plaza**, Bahnhofstr. 10, ℰ 16 20, Telex 4064404, Fax 304599, ⬧,
– 🕴 ⬧ Zim 🍽 📺 🖐 ⬧ – 🔬 25/150. 🆎 ⓪ Ⓔ 𝘝𝘐𝘚𝘈   BZ
M a la carte 43/70 – **234 Z : 350 B** 259/299 - 308/348 Fb.

🏨🏨 **Penta-Hotel**, Auguste-Viktoria-Str. 15, ℰ 37 70 41, Telex 4186497, Fax 30 39 60, ☆,
– 🕴 ⬧ Zim 📺 ⓟ – 🔬 25/400. 🆎 ⓪ Ⓔ 𝘝𝘐𝘚𝘈 🛇 Rest   BZ
M a la carte 42/78 – **200 Z : 340 B** 200/290 - 230/309 Fb.

🏨🏨 **Klee am Park**, Parkstr. 4, ℰ 30 50 61, Telex 4186916, Fax 304048 – 🕴 📺 ⓟ – 🔬 30
⓪ Ⓔ 𝘝𝘐𝘚𝘈   BY
M a la carte 50/77 – **60 Z : 90 B** 153/188 - 221/301 Fb.

AUTOBAHN (A 643)
MAINZ 13 km
RÜDESHEIM 27 km, KOBLENZ 102 km
MAINZ 10 km
DARMSTADT 44 km
MANNHEIM 89 km, KARLSRUHE 150 km

WIESBADEN

<table>

🏨 **Forum-Hotel**, Abraham-Lincoln-Str. 17, ℰ 79 70, Telex 4186369, Fax 761372, 佘, ≦s, 🏊 – 🛗 🖭 📺 ☎ 🅿 – 🔬 25/80. 🖭 ⓘ 🖻 🗺 ✧ Rest über ②
M a la carte 40/65 – **157 Z : 250 B** 194/359 – 253/469 Fb.

🏨 **Oranien**, Platter Str. 2, ℰ 52 50 25, Telex 4186217, Fax 525020 – 🛗 📺 ☎ ⅙ 🅿 – 🔬 25/100 🖭 ⓘ 🖻 🗺 AY **r**
M (nur Abendessen, Freitag - Sonntag und 20. Juli - 15. Aug. geschl.) a la carte 26/42 – **87 Z :** 130 B 102/122 - 168/175.

🏨 **Hotel de France**, Taunusstr. 49, ℰ 52 00 61, Telex 4186362 – 🛗 📺 ☎. 🖭 ⓘ 🖻 🗺 AY **n**
22. Dez.- 6. Jan. geschl. – **M** : siehe Restaurant de France – **37 Z : 65 B** 100/170 - 160/195 Fb.

🏨 **Fontana** garni, Sonnenberger Str. 62, ℰ 52 00 91, Fax 521894 – 🛗 📺 ☎ 🅿. 🖭 ⓘ 🖻 🗺 ✧ über Sonnenberger Str. BY
23 Z : 43 B 145/245 - 220/395 Fb.

🏨 **Hansa Hotel**, Bahnhofstr. 23, ℰ 3 99 55, Telex 4186123, Fax 300319 – 🛗 📺 ☎ 🅿 – 🔬 30. 🖭 ⓘ 🖻 🗺 BZ **c**
15. Dez.- 3. Jan. geschl. – **M** (Sonntag geschl.) a la carte 38/57 – **86 Z : 120 B** 105/120 - 150/160 Fb.

🏨 **Bären** garni, Bärenstr. 3, ℰ 30 10 21, Fax 301024, Massage, 🏊 – 🛗 📺 ☎. 🖭 ⓘ 🖻 🗺 ABY **h**
60 Z : 90 B 120/180 - 190/260 Fb.

🏨 **Am Kochbrunnen** garni, Taunusstr. 15, ℰ 52 20 01, Fax 373044 – 🛗 📺 ☎ ⇦⇨. 🖭 🗺 BY **t**
24 Z : 45 B 85/110 - 120/145.

🏨 **Klemm** garni, Kapellenstr. 9, ℰ 58 20, Fax 582222 – 📺 ☎. 🖭 ⓘ 🖻 🗺 BY **d**
60 Z : 100 B 90/120 - 160 Fb.

🏨 **Am Landeshaus** garni, Moritzstr. 51, ℰ 37 30 41, Fax 373044 – 🛗 📺 ☎ 🅿. 🖭 🗺 AZ **a**
21. Dez.- 7. Jan. geschl. – **21 Z : 41 B** 100 - 145/150 Fb.

🏨 **Central Hotel** garni, Bahnhofstr. 65, ℰ 37 20 01, Telex 4186604, Fax 372005 – 🛗 ☎ ⇦⇨. 🖭 ⓘ 🖻 🗺 BZ **u**
70 Z : 100 B 65/130 - 90/155.

XXXX ❀ **Die Ente vom Lehel**, Kaiser-Friedrich-Platz 3 (im Hotel Nassauer Hof), ℰ 13 36 66, Fax 133632 – 🗐. 🖭 ⓘ 🖻 🗺 ✧ BY **g**
nur Abendessen, im Bistro auch Mittagessen, Montag, Sonn- und Feiertage sowie Juli - Aug. 4 Wochen geschl. – **M** (bemerkenswerte Weinkarte) (Tischbestellung erforderlich) 115/155 und a la carte 85/110 – **Bistro** mit 佘 **M** a la carte 65/93
Spez. Sülze von Entenleber und Kohlrabi, Steinbuttfilet im Reisteig mit Karottenbutter, Marzipan-Soufflé mit Champagnerschaum.

XXX ❀ **Restaurant de France**, Taunusstr. 49, ℰ 5 12 51 – 🖻 🗺. ✧ AY **n**
nur Abendessen, Sonn- und Feiertage, Ende Juni - Mitte Juli sowie 22. Dez.- 6. Jan. geschl. – **M** (Tischbestellung ratsam) a la carte 85/125
Spez. Kuchen von Rinderfilet und Gänseleber mit Spargelsalat, Hummermaultasche und Trüffel im Sud, Marzipanomelette mit Kirschenragout.

X **Le Gourmet**, Bahnhofstr. 42, ℰ 30 16 54 – 🖭 🖻 BZ **b**
Samstag bis 18 Uhr und Sonntag geschl. – **M** (Tischbestellung ratsam) a la carte 60/85.

X **Lanterna** (Italienische Küche), Westendstr. 3, ℰ 40 25 22 – 🖭 ⓘ 🖻 🗺 AY **s**
Freitag - Samstag 18 Uhr geschl. – **M** a la carte 62/96.

X **Alte Krone**, Sonnenberger Str. 82, ℰ 56 39 47, Fax 560914 – 🖭 ⓘ 🖻 🗺
M a la carte 54/80. über Sonnenberger Str. BY

X **Alt-Prag** (Böhmische Spezialitäten), Taunusstr. 41, ℰ 52 04 02 AY **d**

X **Alte Münze**, Kranzplatz 5, ℰ 52 48 33, 佘 – 🖭 ⓘ 🖻 🗺 ABY **u**
Sonn- und Feiertage geschl. – **M** (abends Tischbestellung ratsam) a la carte 49/77.

X **Zum Dortmunder** (Brauerei Gaststätte), Langgasse 34, ℰ 30 20 96, 佘 AY **k**

X **China-Restaurant Man-Wah**, Wilhelmstr. 52 (6. Etage, 🛗), ℰ 30 64 30, « Dachgarten mit ≤ » – 🖭 ⓘ 🖻 🗺 BY **a**
M a la carte 33/55.

</table>

In Wiesbaden-Altklarenthal NW : 5 km über Klarenthaler Str. YZ :

XX **Landhaus Diedert** ⤷ mit Zim, Am Kloster Klarenthal 9, ☎ 46 10 66, « Gartenterrasse »
– 📺 ☎ 🅿. 🆔 ⓞ E 🆅🆂🅰
27. Dez.- 15. Jan. geschl. – **M** *(Samstag bis 18 Uhr und Montag geschl.)* a la carte 52/80.
15 Z : 28 B 140/150 - 200/300.

In Wiesbaden 1-Biebrich S : 4,5 km, über Biebricher Allee AZ :

X **Weihenstephan**, Armenruhstr. 6, ☎ 6 11 34, � – 🆔 E
Samstag, 1.- 8. Jan. und 4.- 20. Aug. geschl. – Menu a la carte 34/73.

In Wiesbaden-Dotzheim W : 3,5 km, über Dotzheimer Str. AZ :

🏠 Rheineck, Stegerwaldstr. 2, ☎ 42 10 61, ⟱ – 📺 ☎ 🅿 – ⚓
(nur Abendessen) – **38 Z : 68 B** Fb.

In Wiesbaden-Nordenstadt O : 10 km über ② und die A 66, Ausfahrt Nordenstadt :

🏠🏠 **Treff-Hotel**, Ostring 9, ☎ (06122) 80 10, Telex 801114 – 🛗 📺 ☎ 🅿 – ⚓ 25/150. 🆔
E 🆅🆂🅰
M a la carte 32/60 ⅄ – **144 Z : 204 B** 125/160 - 165/190 Fb.

In Wiesbaden-Schierstein ④ : 5 km :

⚱ **Link's Weinstube**, Karl-Lehr-Str. 24, ☎ 2 00 20 – 🅿
20. Juli - 12. Aug. und 20. Dez.- 10. Jan. geschl. – **M** *(nur Abendessen, Freitag-Samstag geschl.)* a la carte 24/41 ⅄ – **20 Z : 25 B** 57/65 - 105/110.

WIESEN 8752. Bayern 🔢🔢 🔢🔢 L 16 – 1 040 Ew – Höhe 394 m – 📞 06096.
◆München 362 – ◆ Frankfurt am Main 76 – Fulda 76 – ◆ Würzburg 81.

🏠 Berghof ⤷, Am Berg 1, ☎ 3 30, ≤, �, ⟱, 🌳 – 🅿
13 Z : 24 B.

WIESENSTEIG 7346. Baden-Württemberg 🔢🔢🔢 L 21. 🔢🔢🔢 ㉟ – 2 500 Ew – Höhe 592 m –
Erholungsort – Wintersport : 370/750 m ⤪2, ✺3 – 📞 07335.
Ausflugsziel : Reußenstein : Lage✶✶ der Burgruine ≤✶, W : 5 km.
◆Stuttgart 57 – Göppingen 27 – ◆Ulm (Donau) 45.

In Mühlhausen im Täle 7341 NO : 3 km :

🏠🏠 **Bodoni**, Bahnhofstr. 4, ☎ 50 76, ⟱ – 📺 ☎ – ⚓ 25. 🆔 ⓞ E 🆅🆂🅰
M a la carte 22/51 ⅄ – **15 Z : 29 B** 80/90 - 130/140 Fb.

🏠 **Höhenblick** mit Zim, Obere Sommerbergstr. 10, ☎ (07335) 50 66, Fax 5069, ≤,
◆ – 🛗 📺 ☎ 🅿 – ⚓ 25/80. 🆔 ⓞ E 🆅🆂🅰
Aug. geschl. – **M** *(Sonntag geschl.)* a la carte 20/45 ⅄ – **76 Z : 153 B** 45/78 - 75/125.

WIESENTTAL 8551. Bayern 🔢🔢🔢 Q 17. 🔢🔢🔢 ㉟ – 2 500 Ew – Höhe 320 m – Luftkurort – 📞 09...
🅱 Rathaus, Marktplatz (Muggendorf), ☎ 7 17.
◆München 226 – ◆Bamberg 38 – Bayreuth 53 – ◆Nürnberg 56.

Im Ortsteil Muggendorf :

🏠🏠 ✿ **Feiler**, Oberer Markt 4, ☎ 3 22, Fax 362, « Innenhofterrasse » – 📺 ☎ ⟱ 🅿
8. Jan.- 3. Feb. geschl. – **M** *(Nov.- April Montag, Mai - Okt. Montag bis 18 Uhr geschl.)* a la
carte 67/90 – **14 Z : 29 B** 90/120 - 130/150 Fb – 4 Appart. 280
Spez. Wildkräutersuppe (März - Nov.), Waldpilze mit hausgemachten Nudeln (Aug.- Nov.), Fränkischer
Bachsaibling im Strudelteig.

🏠 **Goldener Stern**, Marktplatz 6, ☎ 2 04, Fax 690, ⟱ – 📺 ☎ 🅿
Jan. geschl. – **M** *(Nov.- April Mittwoch geschl.)* a la carte 26/47 ⅄ – **28 Z : 55 B** 45/E
80/100 Fb.

🏠 **Sonne**, Forchheimer Str. 2, ☎ 7 54, � – ☎ 🅿. 🆔 ⓞ E
◆ **M** *(Nov.- März Montag geschl.)* a la carte 20/38 – **12 Z : 21 B** 47/55 - 80 Fb.

⚱ Zur Wolfsschlucht, Wiesentweg 2, ☎ 3 24, � – ⟱ 🅿
17 Z : 28 B.

⚱ **Seybert** ⤷ garni, Oberer Markt 12, ☎ 3 72 – 🅿
14 Z : 24 B 32/47 - 62/76.

Im Ortsteil Streitberg :

🏠 **Stern's Posthotel**, Dorfplatz 1, ☎ 5 79, Biergarten, 🌳 – ☎ 🅿
Jan. geschl. – **M** *(Nov.- April Mittwoch geschl.)* a la carte 26/47 – **33 Z : 60 B** 45/E
80/100 Fb.

XX Altes Kurhaus mit Zim, ☎ 7 36, 🌳 – ☎ ⟱ 🅿. ✂ Zim
7 Z : 12 B.

IESLOCH 6908. Baden-Württemberg 📖⑨⑧⑦ ⊛. 📧⓵② 📧⓵③ J 19 − 22 500 Ew − Höhe 128 m − ✆ 06222.

Wiesloch-Baiertal, Hohenhardter Hof, 🎿 7 20 81.

‡tuttgart 102 − Heidelberg 14 − Heilbronn 49 − ◆Karlsruhe 48 − ◆Mannheim 36.

🏨 ☼ **Mondial - Restaurant La Chandelle**, Schwetzinger Str. 123, 🎿 57 60, Fax 576333, 🌤,
🚿, 🍴 − 🔟 📺 🅿 🆎 ⓘ 🄴 💳
M *(Montag und Samstag nur Abendessen, Sonntag, über Fasching 2 Wochen und Juli -
Aug. 3 Wochen geschl.)* a la carte 69/93 − **Brasserie M** a la carte 29/51 − **44 Z : 87 B**
130/190 - 170/230 Fb.
Spez. Zanderauflauf mit Rieslingsauce, Lammrücken im Gemüsemantel, Baumkuchenterrine.

XX **Freihof** (historisches Weinrestaurant), Freihofstr. 2, 🎿 25 17, 🌤 − 🆎 ⓘ 🄴 💳
Dienstag, Feb. 2 Wochen und Aug. 3 Wochen geschl. − Menu a la carte 30/62.

XX **Roberto** mit Zim, Schloßstr. 8, 🎿 5 44 59 − ☎. 🆎 ⓘ 🄴 💳
Juli 2 Wochen geschl. − **M** *(Italienische Küche, Dienstag geschl.)* a la carte 36/60 − **10 Z :
16 B** 40/50 - 75/85.

X **Langen's Turmstuben**, Höllgasse 32, 🎿 10 00, 🌤 − 🅿. 🆎 🄴
Mittwoch und Juli - Aug. 3 Wochen geschl. − **M** a la carte 27/57 ⅃.

X Ratsschenke, Marktstr. 13 (im neuen Rathaus), 🎿 5 20 06.

Am Gänsberg SW : 2 km, über Hauptstraße :

🏠 **Landgasthof Gänsberg** 🍃, ⊠ 6908 Wiesloch, 🎿 (06222) 44 00, ≤ − 📺 ☎ 🅿
23. Dez.- 8. Jan. geschl. − **M** *(Montag geschl.)* a la carte 23/43 ⅃ − **5 Z : 7 B** 50 - 90.

IESMOOR 2964. Niedersachsen 📖⑨⑧⑦ ⑭ − 11 500 Ew − Höhe 10 m − Luftkurort − ✆ 04944.

Wiesmoor-Hinrichsfehn (S : 4,5 km), 🎿 30 40.

Verkehrsbüro, Hauptstr. 199, 🎿 8 74, Fax 1748.

annover 222 − Emden 47 − Oldenburg 51 − Wilhelmshaven 36.

🏨 **Fehn-Hotel** garni, Hauptstr. 153, 🎿 10 28 − 🔟 ≪≫ ☎ 🅿. 🆎 ⓘ 🄴 💳
33 Z : 59 B 58/78 - 105/125 Fb.

🏨 **Friesengeist**, Am Rathaus 1, 🎿 10 44, Telex 27474, Fax 605, 🌤, 🍴, 🔲 − 🔟 📺 ☎ 🅿 −
🔼 25/120. 🆎 ⓘ 🄴 💳. 🍴 Rest
M a la carte 34/58 − **34 Z : 60 B** 59/95 - 136/166 Fb.

🏠 **Christophers**, Marktstr. 11, 🎿 20 05, 🌤 − ⇔
← *Mitte Dez.- Anfang Jan. geschl.* − **M** a la carte 16,50/43 − **34 Z : 56 B** 37/52 - 70/100.

🏠 **Zur Post** 🍃 (mit 🏨 Gästehaus), Am Rathaus 6, 🎿 10 71 − 📺 ☎ ⇔ 🅿. 🄴
M *(Montag bis 17 Uhr geschl.)* 16 (mittags) und a la carte 28/53 − **21 Z : 42 B** 35/45 - 70/90.

In Wiesmoor-Hinrichsfehn S : 4,5 km, ca. 3,5 km über die Straße nach Remels, dann
rechts ab :

XX **Blauer Fasan** 🍃 (mit Gästehaus), Fliederstr. 1, 🎿 10 47, Fax 30477, 🌤, « Blumengarten »,
🍴, 🔲 − 📺 ☎ 🅿. 🆎 ⓘ 🄴 💳
2. Jan.- Feb. geschl. − **M** *(Okt.- März Montag geschl.)* 24/43 (mittags) und a la carte 46/87
− **26 Z : 46 B** 100/110 - 175/189.

IESSEE, BAD 8182. Bayern 📧⓵③ S 23, 📖⑨⑧⑦ ㊲, 📧②⑥ GH 5 − 5 000 Ew − Höhe 730 m − Heilbad
Wintersport : 730/880 m ⚡5 ⚡3 − ✆ 08022.

‡henswert : Ortsbild★★.

‡Robognerhof, 🎿 87 69.

Kuramt, Adrian-Stoop-Str. 20, 🎿 8 60 30, Fax 860330.

‡ünchen 54 − Miesbach 19 − Bad Tölz 18.

🏨 **Lederer am See** 🍃, Bodenschneidstr. 9, 🎿 82 91, Telex 526963, Fax 829261, ≤, 🌤,
« Park », 🍴, 🔲, 🐾, 🍴 − 🔟 📺 🅿 − 🔼 40. 🆎 ⓘ 🄴. 🍴 Rest
März - Okt. − **M** a la carte 33/59 − **96 Z : 150 B** 95/250 - 170/280 − 5 Appart. 300 − 17 Fewo
145/190 − ½ P 115/185.

🏨 **Terrassenhof**, Adrian-Stoop-Str. 50, 🎿 86 30, Fax 863142, ≤, « Gartenterrasse », Massage,
🍴, 🌤, 🔲, 🌤 − 🔟 📺 ☎ ⇔ 🅿
82 Z : 125 B Fb.

🏨 **Rex**, Münchner Str. 25, 🎿 8 20 91, « Park », 🌤 − 🔟 ☎ 🅿. 🍴
10. April - Okt. − (Restaurant nur für Hausgäste) − **62 Z : 90 B** 82/130 - 160/230 −
½ P 100/150.

🏨 **Landhaus Sapplfeld** 🍃, Im Sapplfeld 8, 🎿 8 20 67, Fax 83560, Massage, 🍴, 🔲, 🌤 −
📺 ☎ ⇔ 🅿. ⓘ 🄴 💳. 🍴 Rest
10. Nov.- 20. Dez. geschl. − (nur Abendessen für Hausgäste) − **17 Z : 34 B** 104/190 -
168/230 Fb − ½ P 114/160.

🏨 **Marina - Gästehaus Marinella** 🍃, Furtwänglerstr. 9, 🎿 8 60 10, Fax 860140, 🌤, 🔲,
🌤 − 🔟 ☎ 🅿 − 🔼 40. 🆎 🄴
8. Nov.- 15. Dez. geschl. − **M** 17 (mittags) und a la carte 27/51 − **51 Z : 110 B** 65/90 -
134/170 Fb.

🏨 **St. Georg** ⑤ garni, Jägerstr. 20, ℰ 81 97 00, Fax 819611 — 🛗 📺 ☎ 🅿
15 Z : 21 B 106/185 - 188/265 Fb.

🏨 **Alpenrose** ⑤ garni, Freihausweg 7, ℰ 8 11 29, ← Tegernsee und Bad Wiessee
« Alpenländische Einrichtung », 🐴 — 🚗 🅿
15 Z : 24 B 50/65 - 90/120 Fb.

🏨 **Toskana** ⑤, Freihausstr. 27, ℰ 8 36 95, 😭, 🐴 — ☎ 🚗 🅿 Ⓞ Ε 𝘝𝘐𝘚𝘈
(Restaurant nur für Hausgäste) — **17 Z : 28 B** 55/70 - 110/140 Fb — ½ P 80/95.

🏨 **Landhaus Midas** ⑤ garni, Setzbergstr. 12, ℰ 8 11 50, 🐴 — 📺 ☎ 🅿
14.- 31. Jan. geschl. — **12 Z : 17 B** 85/144 - 140/180 Fb.

🏨 **Bellevue-Weinstube Weinbauer** garni, Hirschbergstr. 22, ℰ 8 40 37, Fax 84033, 😭
🛗 📺 ☎ 🅿 🆎 Ⓞ Ε 𝘝𝘐𝘚𝘈
17. Nov.- 14. Dez. geschl. — **27 Z : 50 B** 75/115 - 110/150 Fb.

🏨 **Resi von der Post** ⑤, Zilcherstr. 14, ℰ 8 27 88, Fax 83216, 🐴 — 🛗 📺 ☎ 🚗 🅿 🆎 ⓮
Ε 𝘝𝘐𝘚𝘈
nur Hotel : 15. Jan.- 15. Feb. geschl. — **M** a la carte 27/56 — **35 Z : 49 B** 68/95 - 110/155 Fb
3 Appart. 120 — ½ P 74/99.

🏨 **Kurhotel Edelweiß**, Münchner Str. 21, ℰ 8 40 47, 🐴 — 📺 ☎ 🅿 ✻ Rest
10. Nov.- 24. Dez. geschl. — (nur Abendessen für Hausgäste) — **40 Z : 56 B** 50/70 - 88/112 Ⅱ
— ½ P 62/88.

🏨 **Concordia** ⑤ garni, Klosterjägerweg 4, ℰ 8 40 16, 😭, 🏊, 🐴 — 🛗 ☎ 🚗 🅿
Nov.- 20. Dez. geschl. — **36 Z : 50 B** 60/90 - 110/130.

🏨 **Jägerheim** ⑤ garni, Freihausstr. 12, ℰ 8 17 23, 😭, 🏊, 🐴 — 🅿 ✻
10. Nov.- 15. Feb. geschl. — **28 Z : 42 B** 50/75 - 100/110.

🏨 **Roseneck** ⑤ garni, Sonnenfeldweg 26, ℰ 8 40 51, Caféterrasse, 🐴 — 📺 ☎ 🅿 ✻
Nov.- 20. Dez. geschl. — **22 Z : 40 B** 80/90 - 130/150 Fb.

XX **Freihaus Brenner**, Freihaus 4, ℰ 8 20 04, ← Tegernsee und Berge, 🌳, « Rustikal
Berggasthaus » — 🅿 Ε
M (Tischbestellung erforderlich) 32 (mittags) und a la carte 47/80.

Außerhalb W : 2 km — Höhe 830 m :

🏨 **Berggasthof Sonnenbichl** ⑤, Sonnenbichlweg 1, ✉ 8182 Bad Wiessee
ℰ (08022) 8 40 10, ← Tegernsee und Wallberg, 🌳, 🐴 — 📺 ☎ 🅿 🆎 Ε
28. Okt.- 21. Dez. geschl. — **M** (Abendessen nur für Hausgäste, Donnerstag geschl.) a
carte 28/51 — **13 Z : 23 B** 65/117 - 130/150.

Siehe auch : *Kreuth*

WIETZE 3109. Niedersachsen — 7 000 Ew — Höhe 40 m — ✿ 05146.
♦Hannover 47 — ♦Bremen 93 — Celle 18.

🏨 Wietzer Hof, Nienburger Str. 62 (B 214), ℰ 3 93 — 📺 ☎ 🅿 — 🏛 40 — **29 Z : 54 B** Fb.

WIGGENSBACH 8961. Bayern 🔢🔢 N 23, 🔢🔢🔢 ⑮ — 3 500 Ew — Höhe 857 m — Erholungsort
Wintersport : 857/1 077 m ≰1 ⚡3 — ✿ 08370.
🏌 Hof Waldegg, ℰ 7 33.
🛈 Verkehrsamt, Rathaus, ℰ 10 11.
♦München 133 — ♦ Augsburg 112 — Kempten (Allgäu) 10 — ♦ Ulm (Donau) 87.

🏨 Goldenes Kreuz, Marktplatz 1, ℰ 80 90, Fax 80949 — 🛗 📺 ☎ 👤 🚗 🅿 — 🏛 25/60
23 Z : 44 B.

X **Zum Kapitel**, Marktplatz 5, ℰ 2 06
— Mittwoch - Donnerstag 17 Uhr geschl. — **M** a la carte 20/46 🍴.

WILDBAD IM SCHWARZWALD 7547. Baden-Württemberg 🔢🔢 I 20, 🔢🔢🔢 ⑮ — 10 500 Ew
Höhe 426 m — Heilbad — Luftkurort — Wintersport : 685/769 m ≰2 ⚡4 — ✿ 07081.
🛈 Verkehrsbüro, König-Karl-Str. 7, ℰ 1 02 80, Telex 7245122.
🛈 Verkehrsbüro in Calmbach, Lindenplatz 3, ℰ 1 02 88.
♦Stuttgart 76 — Freudenstadt 39 — Pforzheim 26.

🏩 **Badhotel Wildbad**, Kurplatz 5, ℰ 17 60, Fax 176170, Caféterrasse, « Elegant
Einrichtung », direkter Zugang zum Eberhardsbad und Kurmittelhaus — 🛗 📺 👤 🚗
🏛 25/60. Ⓞ Ε 𝘝𝘐𝘚𝘈
M 32 (mittags) und a la carte 44/73 — **83 Z : 129 B** 110/150 - 210/240 Fb — 8 Appart. 260/2
— ½ P 135/180.

🏨 Valsana am Kurpark ⑤, Kernerstr. 182, ℰ 13 25, Badeabteilung, ⛲, 😭, 🏊 — 🛗 🈁 Re
☎ 👤 🚗 🅿 — 🏛 25/70 — **35 Z : 65 B** Fb.

🏨 **Bären**, Kurplatz 4, ℰ 30 10, Fax 8915, 🌳 — 🛗 📺 ☎ 👤 🚗 — 🏛 35. Ⓞ Ε 𝘝𝘐𝘚𝘈
10. Jan.- Feb. geschl. — **M** (Mittwoch ab 18 Uhr geschl.) a la carte 35/70 — **44 Z : 56 B** 61/
- 144/190 Fb — ½ P 100/123.

🏨 **Weingärtner**, Olgastr. 15, ℰ 1 70 60 — 🛗 ☎ ✻
Mitte Feb.- Mitte Nov. — (Restaurant nur für Hausgäste) — **37 Z : 54 B** 55/68 - 100/106
½ P 70/88.

🏠 **Kurhotel Post** garni, Kurplatz 2, ℰ 16 11, ☂ – 劇 ☎. 歴 ◉ **E**
10. Nov.- 20. Dez. geschl. – **40 Z : 52 B** 75/85 - 125/135 Fb.

🏠 **Traube**, König-Karl-Str. 31, ℰ 20 66 – 劇 ☎ ⇔ ℗. **E**
M *(Dienstag geschl.)* a la carte 30/54 – **38 Z : 55 B** 67/105 - 130/152 Fb.

🏠 **Sonne**, Wilhelmstr. 29, ℰ 13 31 – 劇 ▽ ☎
10. Jan.- 10. Feb. geschl. – **M** *(Mittwoch geschl.)* a la carte 23/50 – **23 Z : 40 B** 54/65 - 106/130 Fb – ½ P 75/85.

🏠 **Gästehaus Rothfuß** 🍃 garni, Olgastr. 47, ℰ 16 87, ≤, ≘s, 🐎 – 劇 ☎ ⇔. ⚘
Ende Nov.- 20. Dez. geschl. – **30 Z : 43 B** 46/70 - 84/116 Fb.

🏠 **Gästehaus Post** 🍃 garni, Uhlandstr. 40, ℰ 16 27, ≘s, 🏊, 🐎 – 劇 ☎ ⇔ ℗
22 Z : 30 B Fb – 4 Fewo.

🏠 **Alte Linde**, Wilhelmstr. 74, ℰ 24 77 – 劇 � ⇔ ℗. ⚘ Zim
30 Z : 45 B Fb.

🏠 **Gästehaus Vogelsang** 🍃 garni, Alte Steige 34, ℰ 20 86, ≤, ≘s – 劇 ☎ ⇔. ⚘
16 Z : 21 B.

Auf dem Sommerberg W : 3 km (auch mit Bergbahn zu erreichen) :

🏩 **Sommerberghotel** 🍃, ⌨ 7547 Wildbad im Schwarzwald, ℰ (07081) 17 40, Telex 724015, Fax 174612, ≤ Wildbad und Enztal, ☂, « Hirschgehege », Massage, ≘s, 🏊, ⚘ – 劇 ▽ ⇔ ℗. **E**
M a la carte 53/75 – **90 Z : 120 B** 95/220 - 180/260 Fb – 11 Appart. 320/360 – ½ P 120/185.

🏠 **Waldhotel Riexinger** 🍃, ⌨ 7547 Wildbad im Schwarzwald, ℰ (07081) 13 64, ≤, ☂, 🐎 – ☎ ℗. 歴 ◉ **VISA**
Mitte Nov.- Mitte Dez. geschl. – **M** a la carte 30/53 – **14 Z : 19 B** 49/59 - 96/100 Fb.

In Wildbad-Calmbach N : 4 km – Luftkurort :

🏡 **Christa-Maria**, Eichenstr. 4, ℰ 74 52, 🏊 – ℗
M *(Montag geschl.)* a la carte 26/40 – **10 Z : 19 B** 48 - 92/96 – ½ P 66.

🏡 **Sonne**, Höfener Str. 15, ℰ 64 27 – ⇔ ℗
Nov.- Mitte Dez. geschl. – **M** *(Montag geschl.)* a la carte 20/32 – **29 Z : 65 B** 38 - 76.

In Wildbad-Nonnenmiss 7546 SW : 10 km, Richtung Enzklösterle :

🏠 **Tannenhöh** 🍃, Eichenweg 33, ℰ (07085) 3 71, ≤, ☂, ≘s – 劇 ▽ ☎ ⇔ ℗
Dez. 3 Wochen geschl. – **M** *(Mittwoch ab 15 Uhr geschl.)* a la carte 18/40 ♨ – **16 Z : 32 B** 39/44 - 76/88.

WILDBERG 7277. Baden-Württemberg 四回 J 21 – 8 400 Ew – Höhe 395 m – Luftkurort – 07054.
╪tuttgart 52 – Calw 15 – Nagold 12.

🏨 **Bären**, Marktstr. 15, ℰ 51 95, ≤ Nagoldtal, ≘s – ☎ ⇔ ℗ – 🔏 50. **E**. ⚘ Zim
18. Dez.- 5. Jan. geschl. – **M** *(Samstag geschl.)* a la carte 25/38 ♨ – **23 Z : 42 B** 50/68 - 90/98 Fb – ½ P 68/72.

🏠 **Krone**, Talstr. 68 (B 463), ℰ 52 71 – ⇔ ℗ – 🔏 25/50. **E**
7.- 25. Jan. geschl. – **M** a la carte 24/45 ♨ – **18 Z : 32 B** 37/58 - 69/98 – ½ P 43/63.

In Wildberg-Schönbronn W : 5 km – Erholungsort :

🏠 **Zum Löwen**, Eschbachstr. 1, ℰ 56 01, ≘s, 🐎 – 劇 ☎ ℗ – 🔏 40
22 Z : 40 B.

WILDEMANN 3391. Niedersachsen – 1 350 Ew – Höhe 420 m – Kneippkurort – Wintersport : 3 – ❸ 05323 (Clausthal-Zellerfeld).
╪Kurverwaltung, Bohlweg 5, ℰ 61 11.
╪annover 95 – ✦Braunschweig 82 – Goslar 28.

🏠 **Waldgarten** 🍃, Schützenstr. 31, ℰ 62 29, ☂, 🏊, 🐎 – ℗. ⚘ Zim
M a la carte 22/50 – **34 Z : 61 B** 50/80 - 95/120 Fb.

🏠 **Rathaus**, Bohlweg 37, ℰ 62 61, ☂ – ⇔ ℗ **E**. ⚘ Zim
16. Nov.- 15. Dez. geschl. – **M** *(Donnerstag geschl.)* a la carte 19/45 – **11 Z : 19 B** 37/4̤2 - 62/78 – ½ P 43/54.

WILDENSEE Bayern siehe Eschau.

WILDESHAUSEN 2878. Niedersachsen 團回 ⑭ – 14 400 Ew – Höhe 20 m – Luftkurort – 04431.
╪henswert : Alexanderkirche (Lage★).
╪sflugsziel : Visbeker Steindenkmäler★ : Visbeker Braut★, Visbeker Bräutigam★ (4 km von ╪sbeker Braut entfernt) SW : 11 km.
╪Glaner Straße (NW : 6 km), ℰ 12 32.
╪annover 149 – ✦Bremen 38 – Oldenburg 37 – ✦Osnabrück 84.

🏠 **Am alten Rathaus** garni, Kleine Str. 4, 🔗 43 56 — ⚞ — **10 Z : 18 B.**

🛏 **Stadt Bremen**, Huntetor 5 (B 213), 🔗 30 30 — 🅟
⟶ **M** a la carte 19/41 — **10 Z : 15 B** 35 - 70.

✕ Ratskeller, Markt 1, 🔗 33 77.

An der Straße nach Oldenburg N : 1,5 km :

🏨 **Gut Altona**, Wildeshauser Straße, ⊠ 2879 Dötlingen, 🔗 (04431) 22 30, Fax 1652, 🍴, ⚞
— 📺 ☎ ⟸ 🅟 — 🛎 30. 🆎 ⑩ 🔳 ⚟
M a la carte 25/49 — **36 Z : 72 B** 70 - 100/110 Fb.

▐**WILDUNGEN, BAD**▐ 3590. Hessen 🔢 ㉟, 🔢 K 13 — 16 000 Ew — Höhe 300 m — Heilbad
🟢 05621 — Sehenswert : Evangelische Stadtkirche (Wildunger Altar★★).

🟤 Talquellenweg, 🔗 37 67.

🅱 Kurverwaltung, Langemarckstr. 2, 🔗 70 41 13, Fax 704107.

◆Wiesbaden 185 — ◆Kassel 44 — Marburg 65 — Paderborn 108.

🏨 **Staatliches Badehotel** ⚟, Dr.-Marc-Str. 4, 🔗 8 60, Telex 994612, Fax 86379, 🍴, Bad
und Massageabteilung, ⚞, 🔳, 🌳 — 🗋 ☎ ⟸ 🅟 — 🛎 25/200. 🆎 ⑩ 🔳 ⚟. ⚞ Rest
Anfang Jan.- Mitte März geschl. — **M** a la carte 34/62 — **74 Z : 100 B** 93/130 - 166/230 Fb
½ P 113/160.

🏠 **Bellevue** ⚟ garni, Am Unterscheid 10, 🔗 20 18, ≼, 🌳 — 🅟. 🔳
Mitte März - Mitte Nov. — **22 Z : 32 B** 48/55 - 94/100 Fb.

🏠 Café **Schwarze**, Brunnenallee 42, 🔗 40 64, 🍴 — 📺 ☎. ⚞
(tägl. Tanz ab 19.30 Uhr) — **26 Z : 38 B.**

🏠 **Homberger Hof** ⚟, Am Unterscheid 12, 🔗 33 50, ≼, 🍴, 🌳 — 📺 ☎ 🛆 ⟸ 🅟. ⚞ Re
8.- 31. Jan. geschl. — **M** (Dienstag geschl.) a la carte 26/53 — **26 Z : 52 B** 42/98 - 84/150 Fb

🏠 **Haus Heilquell** ⚟ garni, Hufelandstr. 15, 🔗 23 92 — 🅟. 🔳
März - Okt. — **15 Z : 22 B** 55/60 - 105.

✕✕ Kurhaus-Restaurant, Langemarckstr. 13, 🔗 70 47 84, 🍴 — 🛆 — 🛎 25/60. ⚞.

In Bad Wildungen - Bergfreiheit S : 12 km :

🏠 **Hardtmühle** ⚟, Im Urftal 5, 🔗 (05626) 7 41, 🍴, Bade- und Massageabteilung, 🔥, ⚞
🔳, 🌳, ✕ — 🗋 ☎ 🅟 — 🛎 25/40. 🔳
10. Jan.- 5. Feb. geschl. — **M** a la carte 29/57 — **36 Z : 60 B** 59/69 - 98/140 Fb.

In Bad Wildungen-Reinhardshausen SW : 4 km über die B 253 :

🏠 Haus Orchidee und Haus Mozart garni, Masurenallee 13, 🔗 55 52, 🌳 — 📺 ☎ 🅟
12 Z : 19 B.

▐**WILFINGEN**▐ Baden - Württemberg siehe Dachsberg.

▐**WILGARTSWIESEN**▐ 6741. Rheinland-Pfalz 🔢 🔢 G 19, 🔢 ⑧ — 1 200 Ew — Höhe 200 m
🟢 06392 (Hauenstein).

Mainz 122 — Kaiserslautern 60 — Landau 22 — Pirmasens 24.

🏠 **Am Hirschhorn** ⚟ garni, Am Hirschhorn 12, 🔗 17 23, ≼, ⚞, 🔳 — ⟸ 🅟. 🔳. ⚞
15. März - 15. Nov. — **16 Z : 30 B** 40/52 - 78/84.

▐**WILHELMSFELD**▐ 6916. Baden-Württemberg 🔢 🔢 J 18 — 3 000 Ew — Höhe 433 m
Luftkurort — Wintersport : ✿ 4 — 🟢 06220.

🅱 Verkehrsamt, Rathaus, 🔗 10 21.

◆Stuttgart 117 — Heidelberg 17 — Heilbronn 66 — ◆Mannheim 27.

✕ **Talblick** ⚟ mit Zim, Bergstr. 38, 🔗 16 26, ≼, 🍴 — ⟸ 🅟
⟶ 25. Feb.- 11. März geschl. — **M** (Montag und 6.- 24. Dez. geschl.) a la carte 20/40 🍷 — **3
5 B** 35 - 70.

▐**WILHELMSHAVEN**▐ 2940. Niedersachsen 🔢 ④ ⑭ — 94 000 Ew — Seebad — 🟢 04421.

🟤 An der Raffineriestraße, 🔗 (04425) 13 22.

🅱 Wilhelmshaven-Information, Börsenstr. 55b, 🔗 2 62 61.

ADAC, Börsenstr. 55, 🔗 1 32 22, Telex 253309.

◆Hannover 228 ① — Bremerhaven 70 ① — Oldenburg 58 ①.

Stadtplan siehe gegenüberliegende Seite.

🏨 **Am Stadtpark**, Friedrich-Pfaffrath-Str. 116, 🔗 86 21, Fax 802300, ⚞, 🔳 — 🗋 📺 ☎
🆎 ⑩ 🔳 ⚟   über Friedrich-Pfaffrath-Straße   A
M (nur Abendessen) a la carte 31/54 — **62 Z : 124 B** 122/152 - 204/224 Fb.

🏨 **Kaiser**, Rheinstr. 128, 🔗 4 20 04, Telex 253475, Fax 44242 — 🗋 📺 ☎ — 🛎 25/70. 🆎
🔳. ⚞ Rest   B
M a la carte 25/63 — **80 Z : 140 B** 68/90 - 98/250 Fb.

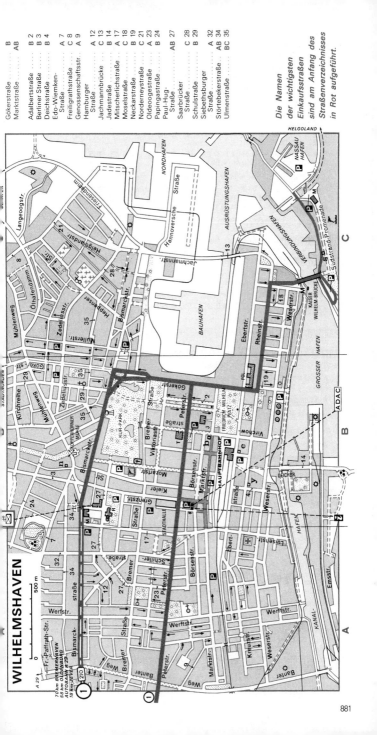

WILHELMSHAVEN

Die Namen der wichtigsten Einkaufsstraßen sind am Anfang des Straßenverzeichnisses in Rot aufgeführt.

881

🏨 **Seerose** 🐾 garni, Südstrand 112, 𝒫 4 33 66, ⇐ – 🆎 ⓪ **E** 𝘝𝘐𝘚𝘈. ⚘   C
15 Z : 25 B 55/60 - 85/95.

🏨 **Jacobi**, Freiligrathstr. 163, 𝒫 6 00 51, Fax 61779, 🚗 – �� ☎ ⇔ ℗. 🆎 ⓪ **E** 𝘝𝘐𝘚𝘈 ⚘
M *(nur Abendessen, Freitag geschl.)* a la carte 27/50 – **15 Z : 25 B** 60/85 - 85/130.
über Freiligrathstr.   C

🏨 Zur Krone, Ebertstr. 104, 𝒫 4 30 48 – |≣| ☎ ℗   B
60 Z : 100 B Fb.

🏨 Kopperhörner Mühle garni, Kopperhörner Str. 7, 𝒫 3 10 72 – 🀄 ☎ ℗   B
23 Z : 40 B.

🏨 **Keil** garni, Marktstr. 23, 𝒫 4 14 14 – ☎. 🆎 ⓪ **E** 𝘝𝘐𝘚𝘈   B
15 Z : 25 B 58/90 - 88/130.

🟵🟵 **Ratskeller**, Rathausplatz 1, 𝒫 2 19 64 – ⅅ – 🅰 25/60. 🆎 ⓪ **E** 𝘝𝘐𝘚𝘈   B
Sonntag ab 15 Uhr geschl. – **M** a la carte 25/40.

Am Ölhafen NO : 5 km über Olhafendamm C :

🏨 **Nordsee-Hotel Wilhelmshaven** 🐾, Ölhafendamm 205, ⊠ 2940 Wilhelmshaven
𝒫 (04421) 6 00 73, Fax 60072, ⇐ʂ – 🀄 ☎ ℗ – 🅰 40. 🆎 ⓪ **E** 𝘝𝘐𝘚𝘈
M a la carte 35/61 – **32 Z : 60 B** 78/128 - 123/148 Fb.

Siehe auch : *Sande* ① : 9 km

WILLANZHEIM Bayern siehe Iphofen.

WILLEBADESSEN 3533. Nordrhein-Westfalen 𝟜𝟙𝟚 K 12 – 7 800 Ew – Höhe 250 m
– Luftkurort – ☺ 05646.
🛈 Tourist-Information, Haus des Gastes, 𝒫 5 95.
♦Düsseldorf 199 – Bad Driburg 17 – ♦Kassel 68 – Paderborn 27.

🏨 Der Jägerhof, Am Jägerpfad 2, 𝒫 13 91, ⇐, �, 🚗 – |≣| 🀄 ☎ ℗ – 🅰 25/80
50 Z : 100 B Fb.

WILLERTSHAGEN Nordrhein-Westfalen siehe Meinerzhagen.

WILLICH 4156. Nordrhein-Westfalen 𝟜𝟙𝟚 C 13 – 41 000 Ew – Höhe 48 m – ☺ 02154.
♦Düsseldorf 22 – Krefeld 8 – Mönchengladbach 16.

🏨 **Hotel am Park** garni, Parkstr. 28, 𝒫 39 11, 🚗 – 🀄 ☎ ℗. **E**
24 Z : 47 B 85/95 - 130/150.

In Willich 3-Schiefbahn S : 3 km :

🟵 **Stieger** (Restauriertes Bauernhaus a.d.J. 1765), Unterbruch 8, 𝒫 57 65, Biergarten – ●
🆎 **E**
Sonntag geschl. – **M** a la carte 38/68.

An der Straße von Anrath nach St. Tönis NW : 9 km :

🟵🟵 **Landhaus Hochbend**, Düsseldorfer Str. 11, ⊠ 4154 Tönisvorst 2, 𝒫 (02156) 32 17, �
℗. 🆎 ⓪ **E**
Montag geschl. – **M** a la carte 57/90.

WILLINGEN (Upland) 3542. Hessen 𝟵𝟴𝟳 ⑮, 𝟜𝟙𝟚 I 13 – 7 800 Ew – Höhe 550 m
– Kneippheilbad – Wintersport : 560/843 m ⁄16 ₰9 – ☺ 05632.
🛈 Kurverwaltung, Korbacher Str. 10, 𝒫 4 01 80.
♦Wiesbaden 208 – ♦Kassel 81 – Lippstadt 62 – Marburg 88 – Paderborn 64.

🏨 **Kölner Hof**, Briloner Str. 48 (B 251), 𝒫 60 06, Fax 6000, ⇐ʂ, 🏊, 🚗 – |≣| 🀄 ☎ ℗
🅰 50. 🆎 ⓪ **E** 𝘝𝘐𝘚𝘈
M a la carte 27/50 – **62 Z : 120 B** 86/120 - 144/166 Fb – 8 Appart. 176/200 – 7 Fewo 70/95
– ½ P 97/116.

🏨 **Rüters Parkhotel** 🐾, Bergstr. 3a, 𝒫 60 86, Telex 991113, Fax 69445, �, Massage, ⇐
🏊, 🚗 – |≣| 🀄 ☎ ⚊⚊ ⇔ ℗ – 🅰 25/40. **E**. ⚘ Rest
M a la carte 35/60 – **47 Z : 82 B** 67/100 - 120/210 Fb.

🏨 **Göbel**, Korbacher Str. 5 (B 251), 𝒫 60 91, Fax 6884, ⇐ʂ, 🏊 – |≣| 🀄 ☎ ⇔ ℗. ⚘ Rest
25. Nov.- 15. Dez. geschl. – **M** *(Donnerstag geschl.)* a la carte 22/43 – **30 Z : 55 B** 60/75
120/140 Fb – 5 Fewo 60/110 – ½ P 75/98.

🏨 **Sporthotel Zum hohen Eimberg**, Zum hohen Eimberg 3a, 𝒫 60 94, Fax 69061, ⇐ʂ, ⌂
– 🀄 ☎ ℗ – 🅰 25/40. **E**
M a la carte 32/63 – **42 Z : 85 B** 79/145 - 130/229 Fb – ½ P 72/135.

🏨 **Waldhotel Willingen** 🐾, Am Köhlerhagen 3 (W : 2,5 km), 𝒫 60 16, Fax 69039, ⇐,
⇐ʂ, 🏊, 🚗, ⚛ (Halle) – ☎ ℗. ⓪ **E** 𝘝𝘐𝘚𝘈. ⚘ Rest
M a la carte 35/72 – **36 Z : 60 B** 89/105 - 178/194 Fb – 3 Appart. 280.

🏨 Willinger Hof, Zum Kurgarten 3, 𝒫 67 67, ⇐ʂ, 🏊, 🚗 – |≣| 🀄 ☎ ⇔ ℗
27 Z : 50 B Fb.

🏨 **Fürst von Waldeck**, Briloner Str. 1 (B 251), ℰ 60 74, ➘, 🖾 – 🛗 📺 ☎ ⇔
↦ *26. Nov.- 15. Dez. geschl.* – **M** *(Donnerstag geschl.)* a la carte 19,50/49 – **30 Z : 53 B** 63/77 -
96/154 Fb – ½ P 60/87.

🏨 **Bürgerstuben**, Briloner Str. 40 (B 251), ℰ 60 99, Fax 6051, Bade- und Massageabteilung,
🔺, 🖾, 🛲 – 🛗 ☎ ⇔ 📂 ℗. 🖭 ⓪ Ε 📖
M a la carte 28/53 – **49 Z : 90 B** 70/85 - 130/170 Fb – 3 Appart. 214 – 8 Fewo 60/105 –
½ P 72/107.

🏨 **Waldecker Hof**, Korbacher Str. 24 (B 251), ℰ 6 93 66, Fax 69946, ➘, 🖾, 🛲 – 🛗 ☎ ⇔
℗ 🖭 ⓪ Ε
2.- 19. Dez. geschl. – **M** a la carte 23/50 – **39 Z : 61 B** 55/60 - 110/120.

🏨 **Magdalenenhof**, Zum hohen Eimberg 12, ℰ 60 83, ≤, ➘, 🖾, 🛲, 🐎 – 📺 ☎ ℗.
🎇 Rest
(Restaurant nur für Hausgäste) – **14 Z : 29 B** 66/72 - 116/140 Fb.

🏨 Domizil **Jägerhaus** 🏡 garni (Appartementhotel), Stryckweg 2, ℰ 63 91, Telex 991175, Fax
69941, ➘, 🖾, 🛲 – 📺 ☎ ℗
10 Z : 35 B.

🏨 **Lehnert** 🏡, In der Bärmeke 10, ℰ 64 39, ≤, 🌲, 🛲 – ℗
14 Z : 28 B Fb.

🏨 **Hof Elsenmann**, Zur Hoppecke 1, ℰ 6 90 07, 🌲, 🛲 – 📺 ☎ ℗. ⓪ Ε
↦ *Mitte Nov.- Mitte Dez. geschl.* – **M** a la carte 21/48 – **17 Z : 30 B** 46/70 - 92/120 Fb –
½ P 60/65.

🏡 **Wald-Eck** 🏡, Hoppecketalstr. 43 (W : 2,5 km), ℰ 6 94 06, 🌲, ➘, 🖾, 🛲 – ⇔ ℗.
🎇 Rest
17 Z : 30 B.

In Willingen-Schwalefeld NO : 3,5 km :

🏡 **Berghaus Püttmann**, Upland Str. 51, ℰ 62 97, ≤, 🌲, ➘, 🖾 – 🛗 ℗
↦ *Nov.- 24. Dez. geschl.* – **M** a la carte 17,50/30 – **40 Z : 73 B** 41/43 - 74/78 – ½ P 52/54.

In Willingen-Stryck SO : 3,5 km :

🏨 **Romantik-Hotel Stryckhaus** 🏡, Mühlenkopfstr. 12, ℰ 60 33, Fax 69961, 🌲,
« Garten », ➘, 🔟 (geheizt), 🖾, 🛲 – 🛗 ৬ ⇔ ℗ – 🔬 25/40. 🖭 ⓪ Ε 📖. 🎇 Rest
M a la carte 41/72 – **61 Z : 100 B** 90/125 - 180/250 Fb – ½ P 120/155.

In Willingen 1-Usseln SO : 4,5 km :

🏨 **Post-Hotel Usseln**, Korbacher Str. 14 (B 251), ℰ 50 41, Telex 991158, Fax 5040, ➘, 🖾,
🛲 – 🛗 📺 ☎ ⇔ ℗ – 🔬 30. 🖭 ⓪ Ε 📖. 🎇
17. Nov.- Mitte Dez. geschl. – **M** a la carte 30/61 – **32 Z : 65 B** 59/89 - 114/170 Fb –
½ P 73/116.

🏨 **Fewotel - Der Sauerland Treff** 🏡, Am Schneppelnberg 9, ℰ 3 10, Fax 31413, ≤, 🌲,
➘, 🖾, 🛲 – 🛗 📺 ☎ 🚷 ℗ – 🔬 25/80. 🖭 ⓪ Ε 📖. 🎇 Rest
M a la carte 37/56 – **110 Z : 400 B** 79/115 - 138/230 Fb – 18 Fewo 58/122 – ½ P 94/140.

🏨 **Berghof** 🏡, Schneppelnberg 14, ℰ 50 91, 🌲, ➘, 🖾, 🛲 – 🛗 📺 ☎ ৬ ℗. 🖭 ⓪ Ε 📖
↦ **M** a la carte 19/52 – **23 Z : 45 B** 58/74 -110/139 Fb – 6 Fewo 79/101 – ½ P 69/88.

🏨 **Stöcker** 🏡, Birkenweg 3, ℰ 73 15, 🛲 – ℗. 🎇
Nov.- 15. Dez. geschl. – (Restaurant nur für Hausgäste) – **10 Z : 18 B** 35/39 - 68/74 –
½ P 45/55.

WILNSDORF Nordrhein-Westfalen siehe Siegen.

WILSTER 2213. Schleswig-Holstein 🔠🔠🔠 ⑤ – 4 400 Ew – Höhe 6 m – ✆ 04823.
iel 81 – ✦Hamburg 66 – Itzehoe 10.

🏨 **Busch**, Kohlmarkt 38, ℰ 82 52, Fax 6586 – ℗. 🖭 ⓪ Ε 📖
↦ **M** *(nur Abendessen)* a la carte 21/40 – **38 Z : 60 B** 45/50 - 80/85 Fb.

WIMPFEN, BAD 7107. Baden-Württemberg 🔠🔠🔠 ㉘, 🔠🔠🔠 🔠🔠🔠 K 19 – 6 000 Ew – Höhe 202 m
Heilbad – ✆ 07063.
ıhenswert : Wimpfen am Berg★★ : Klostergasse★ – Wimpfen im Tal : Stiftskirche St. Peter
reuzgang★★).
ısflugsziel : Burg Guttenberg★ : Greifvogelschutzstation und Burgmuseum★ N : 8 km.
Verkehrsamt, Rathaus, Marktplatz, ℰ 5 31 51.
tuttgart 64 – Heilbronn 16 – ✦Mannheim 73 – ✦Würzburg 113.

🏨 **Am Kurpark** 🏡 garni, Kirschenweg 16, ℰ 70 91, ➘, 🛲 – 📺 ☎ ℗
8 Z : 16 B 85/105 - 110/140 Fb.

🏨 **Sonne** (mit Gästehaus), Hauptstr. 87, ℰ 2 45 – 📺 ℗. 🎇
M *(Donnerstag geschl.)* a la carte 35/56 – **24 Z : 45 B** 65/75 - 100/130.

✗ **Alte Kelter**, Schiedstr. 40, ℰ 78 35 – 🖭 ⓪ Ε 📖
Montag geschl. – **M** a la carte 24/52.

WIMSHEIM Baden-Württemberg siehe Pforzheim.

WINCHERINGEN 5517. Rheinland-Pfalz 🔢 C 18, 🔢 ⑦, 🔢 ② – 1 400 Ew – Höhe 220 m
🔴 06583.

Ausflugsziel : Nennig (Mosaikfußboden★★ der ehem. Römischen Villa) S : 12 km.

Mainz 189 – Luxembourg 34 – Saarburg 13 – ♦Trier 32.

☼ **Jung**, Am Markt 11, 🖋 2 57 – **℗**
10 Z : 19 B.

✗✗ **Haus Moselblick** mit Zim, Am Mühlenberg 1, 🖋 2 88, ≤ Moseltal, 🏡 – **℗**. **ⓔ**
27. Dez.- 27. Jan. geschl. – **M** *(Dienstag geschl.)* a la carte 25/57 ⅃ – **4 Z : 7 B** 35 - 66.

WINDEBRUCH Nordrhein-Westfalen siehe Meinerzhagen.

WINDECK 5227. Nordrhein-Westfalen 🔢 ㉔, 🔢 F 14 – 18 300 Ew – Höhe 235 m – 🔴 022🔢
🚹 Verkehrsverein, Kirchstr. 4 (Windeck-Rosbach), 🖋 6 01 74.
♦Düsseldorf 114 – ♦Koblenz 77 – Limburg an der Lahn 71.

In Windeck-Schladern :

🏠 **Bergischer Hof**, Elmores Str. 8, 🖋 22 83, 🏡 – 🚗 **℗**
← *Aug. 3 Wochen geschl.* – **M** *(Montag geschl.)* a la carte 19/40 – **10 Z : 20 B** 39/49 - 78/98.

WINDELSBACH Bayern siehe Rothenburg ob der Tauber.

WINDEN 7809. Baden-Württemberg 🔢 H 22, 🔢 ㉜ – 2 600 Ew – Höhe 320 m – Erholungs●
– 🔴 07682 (Elzach).
🚹 Verkehrsbüro, Rathaus in Oberwinden, 🖋 3 86.
♦Stuttgart 192 – ♦Freiburg im Breisgau 28 – Offenburg 46.

In Winden-Oberwinden :

🏛 **Schwarzbauernhof** ⑧, Rüttlersberg 5 (S : 2 km, über Bahnhofstr.), 🖋 85 67,
« Freizeit- und Außenanlagen », 🛋, 🔲, 🏡, 🎾 – 🍴 📺 **℗**. 🛡
Anfang Nov.- Anfang Dez. geschl. – (Restaurant nur für Hausgäste) – **55 Z : 100 B** (n●
½ P) 93/150 - 222/290 Fb.

🏠 **Lindenhof**, Bahnhofstr. 14, 🖋 3 69, 🏡, 🛋, 🔲 – 📺 ☎ 🚗 **℗**
M *(Dienstag geschl.)* a la carte 25/51 ⅃ – **20 Z : 38 B** 54/57 - 100/106 Fb – ½ P 67/70.

🏠 **Waldhorn**, Hauptstr. 27 (B 294), 🖋 2 32 – 🚗 **℗**
7.- 31. Jan. geschl. – Menu *(Mittwoch geschl.)* a la carte 24/66 ⅃ – **22 Z : 41 B** 47/52 - 68/
– ½ P 58/62.

🏠 **Rebstock** (mit Gästehaus), Hauptstr. 36, 🖋 2 27 – 🍴 **℗**
Mitte Okt.- Mitte Nov. geschl. – **M** *(Dienstag geschl.)* a la carte 22/44 ⅃ – **29 Z : 53 B** 28/
- 50/64 – ½ P 37/49.

WINDHAGEN Nordrhein-Westfalen siehe Honnef, Bad.

WINDISCHESCHENBACH 8486. Bayern 🔢 T 17, 🔢 ㉗ – 6 000 Ew – Höhe 428 m
🔴 09681.
🚹 Verkehrsamt, Hauptstr. 32, 🖋 17 51, Fax 3860.
♦München 261 – Bayreuth 49 – ♦Nürnberg 115.

🏠 **Weißer Schwan**, Pfarrplatz 1, 🖋 12 30, 🛋 – 🚗
28 Z : 35 B Fb.

🏠 **Oberpfälzer Hof**, Hauptstr. 1, 🖋 7 88 – 🔳 ① **ⓔ** 🆅
← *Nov. geschl.* – **M** *(Mittwoch geschl.)* a la carte 15/34 – **33 Z : 60 B** 35/45 - 60/70 Fb.

In Windischeschenbach-Neuhaus O : 1 km :

🏠 **Zum Waldnaabtal**, Marktplatz 1, 🖋 37 11 – ☎ 🚗
12 Z : 24 B Fb.

An der B 15 O : 9,5 km :

🏠 **Igl** ⑧, ⌧ 8481 Püchersreuth-Baumgarten, 🖋 (09681) 14 22, Fax 2798, 🏡 – ☎ 🚗 **℗**. ●
← ① **ⓔ** 🆅
3.- 19. Jan. geschl. – **M** a la carte 19/43 – **31 Z : 60 B** 48/52 - 70/80.

WINDORF 8359. Bayern 🔢 W 21 – 4 300 Ew – Höhe 306 m – 🔴 08541.
♦München 181 – Passau 20 – ♦ Regensburg 104 – Straubing 72.

In Windorf-Rathsmannsdorf NO : 4,5 km :

🏠 **Zur Alten Post**, Schloßplatz 5, 🖋 (08546) 10 37 – **℗**. **ⓔ**
← *1.- 28. Nov. geschl.* – **M** *(Montag geschl.)* a la carte 20/31 – **27 Z : 50 B** 33 - 66.

WINDSHEIM, BAD 8532. Bayern 🔢 O 18, 🔢 ㉖ − 12 500 Ew − Höhe 321 m − Heilbad − 09841.

Sehenswert : Fränkisches Freilandmuseum.

Verkehrsamt, Rathaus, ℰ 9 04 40.

München 236 − Ansbach 33 − ♦Bamberg 72 − ♦Nürnberg 44 − ♦Würzburg 57.

🏠 **Reichsstadt**, Pfarrgasse 20, ℰ 90 70, Fax 7447, 🍴, 🚬 − 🛗 ⇔ Zim 📺 ☎ 🚗 − 🕍 25/60. **E**
M a la carte 33/63 − **47 Z : 100 B** 80/140 - 140/190 Fb − ½ P 95/165.

🏠 **Kurhotel Residenz** 🦢, Erkenbrechtallee 33, ℰ 9 11, Telex 61526, Fax 91663, 🍴, Bade- und Massageabteilung, 🚬, 🔲, 🌿, ☞ − 🛗 📺 ☎ 🕭 🅿 − 🕍 25/600. 🆎 ⓞ **E** 🎴
M a la carte 31/55 − **125 Z : 205 B** 98/118 - 146/194 Fb − ½ P 95/120.

🏠 **Reichel's Parkhotel** 🦢, Am Stauchbrunnen 7, ℰ 20 16, ☞ − 🛗 📺 ☎ 🅿
20. Dez.- 20. Jan. geschl. − (Restaurant nur für Hausgäste) − **32 Z : 56 B** 60/85 - 90/120 Fb − ½ P 63/103.

🏠 **Am Kurpark** 🦢, Oberntiefer Str. 40, ℰ 90 20, Telex 61522, ☞ − 🛗 📺 ☎ 🕭 🅿 − 🛁 40
(Restaurant nur für Hausgäste) − **30 Z : 52 B** 75/85 - 100/135 Fb.

🏠 **Goldener Schwan**, Rothenburger Str. 5, ℰ 50 61 − 📺 ☎. **E**
♦ **M** (Mittwoch und 27. Dez.- 20. Jan. geschl.) a la carte 21/47 − **20 Z : 35 B** 48/65 - 80/90 − ½ P 58/65.

🏠 **Zum Storchen**, Weinmarkt 6, ℰ 20 11 − 📺 ☎. ⓞ **E** 🎴
M (Montag geschl.) a la carte 27/46 − **18 Z : 30 B** 45/60 - 80/85 − ½ P 57/65.

WINGST 2177. Niedersachsen − 3 400 Ew − Höhe 25 m − Luftkurort − 🌣 04778.

Kurverwaltung, Dorfgemeinschaftshaus Dobrock, ℰ 3 12.

Hannover 218 − Bremerhaven 54 − Cuxhaven 39 − ♦Hamburg 97.

🏠 **Waldschlößchen Dobrock** 🦢, Wassermühle 7, ℰ 70 66, Fax 7527, 🍴, « Park », 🚬, 🔲, ☞, 🎾 − 📺 ☎ 🚗 🅿 − 🕍 25/300. 🆎 ⓞ **E** 🎴
M a la carte 27/56 − **44 Z : 78 B** 59/85 - 104/160 Fb − ½ P 74/107.

🏠 **Wikings Inn** 🦢, Schwimmbadallee 6, ℰ 80 90, Fax 1234, ☞ − 🛗 ☎ 🅿 − 🛁 25/120. 🆎 **E**. 🕸
M a la carte 30/53 − **60 Z : 148 B** 55/98 - 90/128 Fb.

🏠 **Forsthaus Dobrock** 🦢, Hasenbeckallee 39, ℰ 2 90, « Gartenterrasse », ☞ − ☎ 🅿 − 🛁 25/150
7. Jan.- 21. März geschl. − **M** (Montag 17 Uhr- Dienstag geschl.) a la carte 25/54 − **25 Z : 44 B** 58/70 - 100/120 − ½ P 56/70.

🏠 **Peter** (mit Gästehaus), Bahnhofstr. 1 (B 73), ℰ 2 79 − 🅿. 🆎 ⓞ **E** 🎴. 🕸
2. Jan.- 4. Feb. geschl. − **M** (Nov.- April Montag bis 18 Uhr geschl.) a la carte 22/40 − **27 Z : 54 B** 50/58 - 92.

WINKHAUSEN Nordrhein-Westfalen siehe Schmallenberg.

WINKLARN Bayern siehe Rötz.

WINKLMOOSALM Bayern siehe Reit im Winkl.

WINNENDEN 7057. Baden-Württemberg 🔢 L 20, 🔢 ㉟ − 21 600 Ew − Höhe 292 m − 07195.

Stuttgart 20 − Schwäbisch Gmünd 44 − Schwäbisch Hall 48.

In Winnenden-Birkmannsweiler SO : 3 km :

🏠 **Heubach-Krone**, Hauptstr. 99, ℰ 78 53 − 📺 ☎ 🚗 🅿
15. Juli - 10. Aug. geschl. − **M** (Dienstag - Mittwoch geschl.) a la carte 27/51 🍸 − **12 Z : 19 B** 35/58 - 65/98.

In Winnenden-Bürg NO : 4,5 km :

🏠 **Schöne Aussicht** 🦢, Neuffenstr. 18, ℰ 7 11 67, ≤ Winnenden und Umgebung, 🍴 − 📺 ☎ 🅿. **E**
M (Montag geschl.) a la carte 24/60 − **16 Z : 32 B** 88 - 128 Fb.

In Berglen-Lehnenberg 7069 SO : 6 km :

🏠 **Blessings Landhotel**, Lessingstr. 13, ℰ (07195) 78 11, Fax 74099, 🍴 − 📺 ☎ 🅿 − 🛁 50. **E**
M (Donnerstag und 15.- 31. Juli geschl.) a la carte 30/53 🍸 − **22 Z : 37 B** 88/95 - 138/145.

In Berglen-Oppelsbohm 7069 SO : 7 km :

XX **Waldhorn** (Elsässische Küche), Beethovenstr. 30, ℰ (07195) 7 13 02 − 🅿. **E**
Montag, Okt.- Mai auch Dienstag geschl. − **M** a la carte 32/63.

🛈 Verkehrsverein, Rathaus, August-Horch-Str. 3, 𝒫 22 14.

Mainz 111 − Cochem 38 − ◆Koblenz 11.

🏨 **Moselblick**, an der B 416, 𝒫 22 75, Fax 1343, ≤, 🌳, Biergarten, ≘s, Bootssteg − ⧉ 📺
   🅿 − 🛴 25/40
   34 Z : 68 B Fb.

🏤 **Marktschenke**, Am Markt 5, 𝒫 3 55
   Jan. geschl. − **M** *(Dienstag geschl.)* a la carte 20/41 ⅄ − **11 Z : 21 B** 45/50 - 78/84.

✗ **Weinhaus Hoffnung**, Fährstr. 37, 𝒫 3 56
   Montag und 15.- 30. Dez. geschl. − **M** a la carte 20/52 ⅄.

WINSEN / ALLER Niedersachsen siehe Celle.

WINSEN (LUHE) 2090. Niedersachsen 👨👨👨 ⑮ − 27 000 Ew − Höhe 8 m − ✪ 04171.

🛈 Reisebüro, Rathausstr. 2, 𝒫 29 10.

◆Hannover 129 − ◆Bremen 112 − ◆Hamburg 34 − Lüneburg 21.

🏨 **Zum weißen Roß**, Marktstr. 10, 𝒫 22 76, Fax 61655, 🌳, « Gemütliche Restauranträume
   − 📺 ☎ 🅿. 🄰🄴 ⓞ 🄴 𝖵𝖨𝖲𝖠
   M *(Montag geschl.)* a la carte 35/63 − **10 Z : 22 B** 75/85 - 105/160.

🏠 **Röttings Hotel**, Rathausstr. 4, 𝒫 40 98, Fax 4984 − ⧉ ☎ 🚗 🅿
   24 Z : 36 B Fb.

✗✗ **Schwabenstüble**, Lüneburger Str. 112, 𝒫 7 47 67 − 🅿. 🄰🄴 🄴. 🛇
   Montag bis 17 Uhr und Mittwoch ab 14 Uhr geschl. − **M** a la carte 32/56.

In Winsen-Borstel O : 2 km :

✗ **Habichtshorst**, Lüneburger Str. 218, 𝒫 7 19 72, 🌳 − 🅿. 🄰🄴 ⓞ 🄴 𝖵𝖨𝖲𝖠
   Dienstag geschl. − **M** a la carte 31/53.

WINTERBACH Baden-Württemberg siehe Schorndorf.

WINTERBERG 5788. Nordrhein-Westfalen 👨👨👨 ㉒㉓ − 14 500 Ew − Höhe 670 m
Heilklimatischer Kurort − Wintersport : 672/841 m ⭍51 ⭎20 − ✪ 02981.

🏌 an der Straße nach Silbach (NW : 3 km), 𝒫 17 70.

🛈 Kurverwaltung, Hauptstr. 1, 𝒫 70 71.

◆Düsseldorf 186 − Marburg 60 − Paderborn 79 − Siegen 69.

🏨 ❀ **Waldhaus** ⑤, Kiefernweg 12, 𝒫 20 42, Fax 3670, ≤, 🌳, ≘s, 🖾, 🛱 − ⧉ 📺 ☎ 🅿. 🌣
   🄴 𝖵𝖨𝖲𝖠
   22. Nov.- 22. Dez. geschl. − **M** *(Montag geschl.)* 40/90 − **28 Z : 52 B** 40/100 - 110/200 Fb
   2 Fewo 80/90 − ½ P 65/125
   Spez. Gänsestopfleber in Sauternes-Gelee, Taube in Blätterteig, Rehmedaillons in der Schwarzbrotkruste.

🏨 **Hessenhof**, Am Waltenberg 1, 𝒫 22 17, Fax 6995, ≘s, 🖾, 🛱 − ⧉ 📺 ☎ 🅿. ⓞ 🄴
   8.- 25. April geschl. − **M** a la carte 20/46 − **49 Z : 90 B** 58/66 - 98/126 − 2 Fewo 80/120
   ½ P 76/86.

🏨 **Sporthotel Ambassador** ⑤, Auf der Wallme 5, 𝒫 20 75, Fax 2078, ≘s, 🖾 − ⧉ 📺 ☎
   🅿. − 🛴 30. 🄰🄴 ⓞ 🄴 𝖵𝖨𝖲𝖠
   25. Nov.- 16. Dez. geschl. − **M** *(nur Abendessen)* a la carte 30/50 − **35 Z : 67 B** 84 - 134 F
   − 20 Fewo 120/160 − ½ P 96/113.

🏠 **Zur Sonne**, Schneilstr. 1, 𝒫 14 68, 🌳 − 🅿. 🛇
   1.- 22. Dez. geschl. − **M** a la carte 25/48 − **18 Z : 30 B** 61 - 80/100 − 3 Fewo 65/85
   ½ P 65/80.

🏠 **Steymann**, Schneilstr. 2, 𝒫 70 05, Fax 3619, ≘s, 🖾, 🛱 − ☎ 🅿. 🄴. 🛇 Rest
   M a la carte 24/58 − **34 Z : 60 B** 60/65 - 120/130 Fb − ½ P 75/80.

🏠 **Engemann-Kurve**, Haarfelder Str. 10 (B 480), 𝒫 4 14, ≘s, 🖾 − 🚗 🅿
   M a la carte 25/44 − **23 Z : 36 B** 40/60 - 90/120 − ½ P 57/77.

🏠 **Winterberger Hof**, Am Waltenberg 33, 𝒫 14 84, Biergarten − 🅿
   April 2 Wochen geschl. − **M** *(außer Saison Mittwoch geschl.)* a la carte 27/65 − **10 Z : 18**
   45/65 - 90/130.

🏠 **Haus Nuhnetal** ⑤, Nuhnestr. 12, 𝒫 26 17, ≘s, 🖾 − 🅿. 🛇 Rest
   15. April - 14. Mai geschl. − (Restaurant nur für Hausgäste) − **21 Z : 37 B** 45/50 - 80/94.

🏠 **Haus am Walde**, Am Waltenberg 91, 𝒫 4 73, 🛱 − 🅿. 🛇
   April und Nov.- 26. Dez. geschl. − (Restaurant nur für Hausgäste) − **14 Z : 22 B** 50/53
   100/104.

🏠 **Haus Herrloh** ⑤, Herrlohweg 3, 𝒫 4 70, ≤, 🛱 − ☎ 🚗 🅿. 🛇 Rest
   3. Nov.- 5. Dez. geschl. − **M** a la carte 25/52 − **16 Z : 29 B** 29/40 - 58/80 − ½ P 44/55.

An der Straße nach Altastenberg W : 3 km :

🏨 **Berghotel Nordhang - Axel's Restaurant**, In der Renau 5, ✉ 5788 Winterberg
   𝒫 (02981) 22 09, Fax 804110, 🌳 − 📺 ☎ 🅿. 🄰🄴 ⓞ 🄴
   M a la carte 43/78 − **11 Z : 20 B** 65 - 130 − ½ P 80.

In Winterberg 8-Altastenberg W : 5 km :

🏨 **Berghotel Astenkrone**, Astenstr 24, 𝒫 80 90, Fax 809198, ≤, 佘, ≘s, ☒ – 🛗 📺 ☎ ⅄,
⇔ ➋ – 🕍 25/80. 🝙 ⓔ ▮ Ⅵ▨Ⓐ. ⅏ Rest
M a la carte 51/75 – **42 Z : 80 B** 95/150 - 175/230 Fb – ½ P 128/155.

🏨 **Mörchen**, Astenstr. 8, 𝒫 70 38, 佘, ≘s, ☒, ☞ – ☎ ➋
20. Nov.- 20. Dez. geschl. – **M** a la carte 28/59 – **39 Z : 70 B** 68/88 - 110/170 Fb – 3 Appart..

🏨 **Sporthotel Kirchmeier** 🦺, Renauweg 54, 𝒫 80 50, Telex 84509, Fax 805111, ≤, 佘, ≘s,
☒, ☞, ⅏ (Halle) – 🛗 ☎ ⋇ ➋ – 🕍 25/250. ⓔ E. ⅏ Rest
M a la carte 28/60 – **114 Z : 225 B** 90/105 - 150/180 Fb – 5 Appart. 170/220 – ½ P 110/140.

🏠 **Haus Clemens** 🦺, Renauweg 48, 𝒫 13 58, ≘s, ☒, ☞ – 📺 ☎ ⇔ ➋
8.- 18. April und 11. Nov.- 24. Dez. geschl. – **M** *(Montag geschl.)* a la carte 22/55 – **16 Z :
27 B** 39/55 - 68/108.

In Winterberg 5-Hildfeld NO : 7 km :

🏨 **Heidehotel-Hildfeld** 🦺, Am Ufer 13, 𝒫 (02985) 83 73, ≤, 佘, ≘s, ☒, ☞ – ☎ ➋ –
🕍 25/50
M 19 (mittags) und a la carte 32/62 – **43 Z : 80 B** 73/80 - 121/170 Fb.

In Winterberg 6-Langewiese SW : 7,5 km :

🏠 **Wittgensteiner Landhaus** 🦺, Grenzweg 2, 𝒫 (02758) 2 88, ≤ Rothaargebirge und
Sauerland, ≘s, ☞ – ➋
(Restaurant nur für Hausgäste) – **19 Z : 36 B** 30/45 - 80/90 – ½ P 39/54.

In Winterberg 7-Neuastenberg SW : 6 km :

🏨 **Dorint Ferienpark**, Winterberger Str. (B 236), 𝒫 20 33, Telex 84539, Fax 3322, ≤, ≘s, ☒,
☞, ⅏ (Halle) – 🛗 ☎ ⋇ ➋ – 🕍 25/150. 🝙 ⓔ E ▮ Ⅵ▨Ⓐ. ⅏ Rest
M a la carte 34/64 – **80 Z : 160 B** 125/135 - 230/270 Fb – 54 Appart. 270/290 – 60 Fewo
220/240 – ½ P 143/163.

🏠 **Berghaus Asten** 🦺, Am Gerkenstein 21, 𝒫 18 82, ≤, 佘, ☞ – ➋ – **10 Z : 16 B**.

In Winterberg 5-Niedersfeld N : 8,5 km :

🏠 **Cramer**, Ruhrstr. 50 (B 480), 𝒫 (02985) 4 71, 佘, ≘s, ☒, ☞ – ☎ ⇔ ➋ – 🕍 30. 🝙 ⓞ
E ▮▨Ⓐ. ⅏ Rest
M *(Dienstag geschl.)* a la carte 30/55 – **23 Z : 44 B** 60/72 - 120/144 Fb – ½ P 78/90.

In Winterberg 2-Siedlinghausen NW : 10 km :

🏠 **Schulte - Werneke** 🦺, Alter Hagen 1, 𝒫 (02983) 82 66, Fax 1221, 佘, « Garten mit
◆ Teich » – 📺 ⇔ ➋. E
Mitte März - Anfang April geschl. – **M** *(Montag geschl.)* a la carte 21/54 – **26 Z : 49 B** 50/80
- 100/140 Fb – ½ P 65/85.

In Winterberg 4-Silbach NW : 7 km :

🏠 Büker, Bergfreiheit 56, 𝒫 (02983) 3 87, ≘s, ☒, ☞ – 🛗 📺 ☎ ➋ – 🕍 40 – **19 Z : 34 B**.

In Winterberg 3-Züschen SO : 6,5 km :

🏠 Walsbachtal 🦺, Zum Homberg 11 (W : 2 km), 𝒫 17 80, 佘, ≘s, ☒, ☞ – ➋ – **25 Z :
48 B**.

WINTERBURG 6551. Rheinland-Pfalz – 300 Ew – Höhe 350 m – Erholungsort – ✪ 06756.
Mainz 65 – Kirn 25 – Bad Kreuznach 21.

🏠 **Beck** 🦺, Soonwaldstr. 46, 𝒫 2 11, ☒, ☞ – ⅏ Rest ➋. ⅏
(Restaurant nur für Hausgäste) – **26 Z : 50 B** 54/60 - 106/112 – ½ P 58/61.

WIPPERFÜRTH 5272. Nordrhein-Westfalen 🟥🟥🟥 ⑳ – 21 700 Ew – Höhe 275 m – ✪ 02267.
Düsseldorf 67 – ◆Köln 50 – Lüdenscheid 27 – Remscheid 20.

XX **Lohmühle** mit Zim, Leiersmühle 25, 𝒫 50 30 – 📺 ☎ ➋. 🝙 ⓞ E ▮▨Ⓐ
Ende März - Anfang April und Juli - Aug. 2 Wochen geschl. – **M** *(nur Abendessen, Montag
geschl.)* a la carte 43/68 – **4 Z : 8 B** 79 - 125.

X **Zum Schützenhof**, Gaulstr. 71, 𝒫 93 36 – ➋. 🝙 E
Samstag bis 17 Uhr, Mittwoch, Juli - Aug. 3 Wochen und 24. Dez.- 5. Jan. geschl. – **M** a la
carte 23/57.

In Wipperfürth-Neye NW : 1 km :

🏠 **Neyehotel**, Joseph-Mäurer-Str. 2, 𝒫 70 19, ☒, ☞ – 📺 ☎ ➋. ⓞ E ▮▨Ⓐ
M *(Montag - Freitag nur Abendessen, Dienstag geschl.)* a la carte 23/53 – **15 Z : 24 B** 45/75
- 85/95.

XX **Landhaus Alte Mühle** 🦺 mit Zim, Neyetal 2, 𝒫 30 51, ≤, « Gartenterrasse » – 📺 ☎ ➋
– 🕍 30. 🝙 ⓞ E ▮▨Ⓐ
M *(Donnerstag geschl.)* a la carte 33/53 – **4 Z : 8 B** 95 - 130/140.

In Wipperfürth-Wasserfuhr NO : 4 km Richtung Halver :

🏠 **Haus Koppelberg**, 𝒫 50 51, 佘, ☞ – ☎ ➋. E
M *(Montag geschl.)* a la carte 23/48 – **11 Z : 21 B** 50/55 - 75/85.

WIRGES Rheinland-Pfalz siehe Montabaur.

WIRSBERG 8655. Bayern 🔢🔢🔢 R 16 − 2 000 Ew − Höhe 355 m − Luftkurort − 🅔 09: (Neuenmarkt).

🅱 Kurverwaltung, Rathaus, Sessenreuther Str. 2, ℰ 8 82.

◆München 250 − Bayreuth 21 − Hof 41.

🏨 **Romantik-Hotel Post**, Marktplatz 11, ℰ 8 61, Telex 642906, Fax 5860, ⇔s, 🔲, 🐎 − 📺 ☎ 🅿 − 🔬 25/60. 🆎 ⓪ 🖃 𝚅𝙸𝚂𝙰
   M a la carte 41/75 − **42 Z : 85 B** 88/180 - 128/288 Fb − 6 Appart..

🏨 **Reiterhof Wirsberg** 🔊, Sessenreuther Str. 50 (SO : 1 km), ℰ 8 88, Fax 7058, ≤, 🔊 Massage, ⇔s, 🔲, 🐎, 🕂, 🐎(Halle) − 🛗 📺 ☎ ⟷ 🅿 − 🔬 25/80. 🆎 ⓪ 🖃 𝚅𝙸𝚂𝙰
   M *(Montag-Samstag nur Abendessen)* a la carte 38/59 − **51 Z : 109 B** 90/140 - 160/220 Fb.

🏠 **Am Lindenberg** 🔊, Am Lindenberg 2, ℰ 8 60, 🍴, ⇔s, 🔲, 🐎 − 🛗 ☎ 🅿 − 🔬 70.
◆ 🖃. ⬥% Rest
   M *(nur Abendessen)* a la carte 20/43 − **30 Z : 58 B** 55/75 - 110/140 Fb − ½ P 73/88.

WISMAR 2400. Mecklenburg-Vorpommern 🔢🔢🔢 ⑦. 🔢🔢🔢 ⑥ − 56 500 Ew − Höhe 14 m 🅔 0037824 − Sehenswert : Marktplatz★.

🅱 Wismar-Information, Bohrstr. 5 a, ℰ 29 58.

◆Berlin - Ost 238 − ◆Lübeck 59 − ◆Rostock 58 − Schwerin 31.

🏦 **Wismar**, Breite Str. 10, ℰ 24 98
◆ **M** a la carte 14/32 − **17 Z : 28 B** 35/38 - 59/66 Fb.

✕ **Alter Schwede**, Am Markt 16, ℰ 35 52 − ⬥%
   M a la carte 22/41.

In Neukloster 2405 SO : 18 km − 🅔 0037 8248 :.

🏠 **Waldhotel** 🔊, Rosa-Luxemburg-Str. 28, ℰ 3 01, 🍴, 🐎 − 📺 🅿 − 🔬 40
◆ **M** *(Montag geschl.)* a la carte 10/22 − **36 Z : 85 B** 35/45 - 70/90 Fb.

🏦 **Stadt Neukloster**, Platz des Friedens, ℰ 3 74, 🍴 − ⟷ 🅿
◆ **M** a la carte 10/19 − **30 Z : 70 B** 28 - 41.

WISPERTAL Hessen siehe Lorch.

WISSEN 5248. Rheinland-Pfalz 🔢🔢🔢 ㉔ − 9 300 Ew − Höhe 155 m − Luftkurort − 🅔 02742.
Mainz 127 − ◆Köln 82 − Limburg an der Lahn 67 − Siegen 39.

🏠 **Nassauer Hof**, Nassauer Str. 2, ℰ 40 07 − 📺 ☎ ⟷ − 🔬 25/60. 🆎 ⓪ 🖃 𝚅𝙸𝚂𝙰
   23. Dez. - 11. Jan. geschl. − **M** a la carte 28/60 − **12 Z : 20 B** 55/60 - 90/100 − ½ P 60/70.

WISSENBACH Hessen siehe Eschenburg.

WITTDÜN Schleswig-Holstein siehe Amrum (Insel).

WITTEN 5810. Nordrhein-Westfalen 🔢🔢🔢 ⑭ − 105 000 Ew − Höhe 80 m − 🅔 02302.
   Siehe Ruhrgebiet (Übersichtsplan).

◆Düsseldorf 62 − Bochum 10 − Dortmund 21 − Hagen 17.

🏨 **Parkhotel**, Bergerstr. 23, ℰ 5 70 41, Telex 8229195, Bade- und Massageabteilung, ⇔s, 🔲
   🛗 📺 ☎ 🅿 − 🔬 25/50
   74 Z : 142 B Fb.

🏨 **Haus Hohenstein** 🔊, Hohenstein 32, ℰ 15 61, Fax 1684, 🍴, « Kleiner Park », ⇔s − 🅲
   ☎ 🅿 − 🔬 25. 🆎 ⓪ 🖃 𝚅𝙸𝚂𝙰
   M a la carte 30/57 − **33 Z : 41 B** 105/115 - 150/160 Fb.

✕✕ **Theater-Stuben**, Bergerstr. 25 (Städt. Saalbau), ℰ 5 44 40, 🍴 − 🔬 25/50
   Samstag bis 18 Uhr und Aug. geschl. − **M** a la carte 34/61.

In Witten-Annen :

🏦 **Specht**, Westfalenstr. 104, ℰ 6 03 93 − ☎ 🅿. ⬥% Zim
◆ 15. Juli - 15. Aug. geschl. − **M** *(nur Abendessen, Sonn- und Feiertage nur Mittagessen,*
   Juli - 15. Aug. geschl.) a la carte 20/34 − **17 Z : 28 B** 45/65 - 85/90.

✕✕ **Petersilie** (ehemaliges Försterhaus a.d. 18. Jh.), Ardeystr. 287, ℰ 69 05 95, Fax 690599, 🍴
   − 🅿. 🆎 ⓪ 🖃 𝚅𝙸𝚂𝙰
   Montag geschl. − **M** a la carte 46/73.

A l'occasion de certaines manifestations commerciales ou touristiques,
les prix demandés par les hôteliers risquent d'être sensiblement majorés
dans certaines villes et leurs alentours même éloignés.

WITTENBERG (Lutherstadt) 4600 Sachsen-Anhalt − 51 000 Ew − Höhe 65 m − 🕾 0037451.
Sehenswert : Rathaus★ − Lutherhaus★ − Schloßkirche★.
Ausflugsziel : Wörlitz (Schloß und Park★★), W : 20 km.
🛃 Wittenberg-Information, Collegienstr. 8, ℰ 22 39.
♦Berlin - Ost 78 − Dessau 36 − ♦Dresden 151 − ♦Leipzig 74.

　🏦　**Goldener Adler**, Markt 7, ℰ 20 53 − 👍 − 🛃 30
　➡　**M** *(Mittwoch ab 15 Uhr geschl.)* a la carte 21/38 − **40 Z : 80 B** 49/72 - 75/94 Fb.

WITTENSCHWAND Baden-Württemberg siehe Dachsberg.

WITTINGEN 3120. Niedersachsen 987 ⑯ − 11 400 Ew − Höhe 80 m − 🕾 05831.
♦Hannover 93 − ♦Braunschweig 65 − Celle 50 − Lüneburg 64.

　🏠　**Nöhre**, Bahnhofstr. 2, ℰ 10 15, Fax 7405, 🚄, 🔽 − 🕾 🅿 − 🛃 25/100
　　M 16 (mittags) und a la carte 24/45 − **30 Z : 50 B** 35/56 - 65/95 Fb.
　🏦　Rühlings-Hotel, Bahnhofstr. 51, ℰ 4 11 − 🅿
　　11 Z : 15 B.
　XX　**Stadthalle**, Schützenstr. 21, ℰ 3 46 − 🅿 − 🛃 25/80
　➡　*Mittwoch geschl.* − **M** 15/27 (mittags) und a la carte 21/48.

WITTLICH 5560. Rheinland-Pfalz 987 ㉓ ㉔ − 17 000 Ew − Höhe 155 m − 🕾 06571.
🛃 Fremdenverkehrsverein, altes Rathaus, Marktplatz, ℰ 40 86.
Mainz 129 − ♦Koblenz 91 − ♦Trier 37.

　🏨　**Lindenhof** ⑳, Am Mundwald (S : 2 km über die B 49), ℰ 69 20, Fax 692502, ≤, 🏤, 🚄,
　　🔽 − 🛏 🔽 🕾 👍 🅿 − 🛃 25/350. 🅰🅴 ⑩ 🅴 𝘝𝘐𝘚𝘈
　　M a la carte 35/72 − **40 Z : 80 B** 81/95 - 150/175 Fb − 30 Fewo 108/154.
　🏠　**Well** garni, Marktplatz 5, ℰ 70 88, Fax 69883 − 🛗 🔽 🕾 ⇔. 🅰🅴 ⑩ 🅴 𝘝𝘐𝘚𝘈
　　25 Z : 40 B 50/65 - 90/95 Fb.

　　In Dreis 5561 SW : 8 km :

　🏨　✿✿ **Waldhotel Sonnora** ⑳, Auf dem Eichelfeld, ℰ (06578) 4 06, ≤, « Garten » − 🔽 🕾
　　🅿 🅴. ✿✿
　　7. Jan.- 7. Feb. geschl. − **M** *(Tischbestellung ratsam)* (Montag-Dienstag 18 Uhr geschl.)
　　85/105 und a la carte 66/90 − **20 Z : 38 B** 60/80 - 100/120
　　Spez. Ravioli von Langustinen in Krustentiersauce, Loup de mer mit Kartoffelschuppen, Täubchen mit
　　Trüffelsauce.

WITTMUND 2944. Niedersachsen 987 ④ − 19 500 Ew − Höhe 8 m − 🕾 04462.
🛃 Fremdenverkehrsamt, Rathaus, Knochenburgstr. 11, ℰ 83 38.
♦Hannover 237 − Emden 51 − Oldenburg 67 − Wilhelmshaven 26.

　　In Wittmund-Ardorf SW : 8 km :

　XX　**Hilgensteen**, Heglitzer Str. 20, ℰ (04466) 2 89, Biergarten − 🅿
　　Okt.- März Dienstag geschl. − Menu *(auch vegetarisches Menu)* a la carte 33/61.

　　In Wittmund 2-Harlesiel N : 14 km :

　🏠　**Wien** ⑳, Am Yachthafen 32, ℰ (04464) 2 59, ≤, 🏤 − 🅿 🅴
　　M *(Okt.- März Donnerstag geschl.)* a la carte 27/40 − **18 Z : 31 B** 56/60 - 100/110.

WITZENHAUSEN 3430. Hessen 987 ⑮ − 18 700 Ew − Höhe 140 m − 🕾 05542.
🛃 Städt. Verkehrsamt, Rathaus, ℰ 57 45.
♦Wiesbaden 248 − Göttingen 26 − ♦Kassel 36.

　🏨　**Stadt Witzenhausen** ⑳ garni, Am Sande 8, ℰ 40 41, Fax 71971 − 🛗 🕾 ⇔ 🅿. ⑩ 🅴
　　𝘝𝘐𝘚𝘈
　　21 Z : 40 B 55 - 80 Fb.
　🏠　**Zur Burg** garni, Oberburgstr. 10, ℰ 25 06 − 🅿. ⑩ 🅴 𝘝𝘐𝘚𝘈
　　17 Z : 32 B 43/45 - 70/98.

　　In Witzenhausen 11-Dohrenbach S : 4 km − Luftkurort :

　🏠　**Zur Warte** ⑳, Warteweg 1, ℰ 30 90, 🏤, 🚄, 🔽, 🏹 − 🅿 🅴
　➡　**M** a la carte 21/40 − **18 Z : 32 B** 40/42 - 76/80.
　🏠　**Zum Stern**, Rainstr. 12, ℰ 30 93, Fax 71097, 🏹 − 🔽 🕾 🅿 🅴
　　M a la carte 28/54 − **12 Z : 24 B** 50 - 90 − ½ P 45/50.
　XX　**Sommersberg-Hotel** ⑳ mit Zim, Rainstr. 32, ℰ 40 97 − 🔽 🕾 🅿. 🅰🅴 ⑩ 🅴
　　Menu *(bemerkenswerte Weinkarte)* (Montag geschl.) 25/45 (mittags) und a la carte 31/79 −
　　5 Z : 10 B 50/56 - 90/100.

WITZWORT Schleswig-Holstein siehe Husum.

WÖRISHOFEN, BAD 8939. Bayern 🔢 O 22,23, 🔢 ⊗, 🔢 D 4 – 13 500 Ew – Höhe 626 m – Kneippheilbad – ✪ 08247.

🛖 Rieden, Schlingener Str. 27 (SO : 8 km), ✆ (08346) 7 77.

🅱 Städt. Kurdirektion im Kurhaus, Hauptstr. 16, ✆ 35 02 55.

♦München 80 – ♦Augsburg 50 – Kempten (Allgäu) 55 – Memmingen 43.

🏨 **Kurhotel Residenz**, Bahnhofstr. 8, ✆ 35 20, Telex 531534, Fax 352214, Bade- und Massageabteilung, ⬜, ⊆s, ⊒ (geheizt), ⬜ – 📶 📺 ⟷ 🅿 – 🛎 40. 🎫 ⓞ 🄴 ⋇
25. Nov.- 16. Dez. geschl. – **M** a la carte 46/73 – **113 Z : 185 B** 120/230 - 240/320 Fb – 33 Appart. 420/490 – 15 Fewo 100/140 – ½ P 170/240.

🏨 **Kurhotel Tanneck** ⌂, Hartenthaler Str. 29, ✆ 30 70, Telex 531522, Fax 307280, Bade- und Massageabteilung, ⬜, ⊆s, ⊒ (geheizt), ⬜, 🏖, ⋇ – 📶 📺 ᕲ ⟷ – 🛎 60. ⋇
(Restaurant nur für Hausgäste) – **110 Z : 170 B** 80/200 - 150/300 Fb – 7 Appart. 420 – ½ P 105/180.

🏨 **Kurhotel Kreuzer** ⌂, F.-Kreuzer-Str. 1a, ✆ 35 30, Fax 353138, 🍴, Massage, ⬜, ⊆s, ⬜ – 📶 📺 ⟷ 🅿. ⋇
Mitte Nov.- Mitte Jan. geschl. – **M** *(auch Diät und vegetarische Gerichte)* (Donnerstag geschl.) a la carte 40/76 – **100 Z : 140 B** 90/200 - 170/260 Fb – 6 Appart. 370 – 7 Fewo 160/250 – ½ P 135/215.

🏨 **Der Sonnenhof** ⌂, Hermann-Aust-Str. 11, ✆ 40 21, Telex 539122, Fax 8938, Bade- und Massageabteilung, ⬜, ⊆s, ⬜, 🏖 – 📶 📺 ⟷ 🅿. ⋇
Mitte Nov.- Ende Jan. geschl. – **M** *(auch Diät)* a la carte 34/64 – **98 Z : 150 B** 100/230 - 200/300 Fb – 12 Appart. 310/340 – ½ P 118/248.

🏨 **Kneipp-Kurhotel Fontenay** ⌂, Eichwaldstr. 10, ✆ 30 60, Fax 306185, Massage, ⬜, ⊆s, ⬜, 🏖 – 📶 📺 ⋇ Rest 📺 ☎ ⟷. 🎫 🄴. ⋇
(Restaurant nur für Hausgäste) – **50 Z : 60 B** 90/200 - 160/250 Fb – 3 Appart. 280/340 – ½ P 110/180.

🏨 **Kur- und Sporthotel Tannenbaum** ⌂, Am Tannenbaum 1, ✆ 3 00 80, Fax 300820, 🍴, Bade- und Massageabteilung, ⬜, ⊆s, ⬜, 🏖 – 📶 📺 ☎ 🖋 ⟷ 🅿 – 🛎 40. 🎫 ⓞ 🄴 𝐕𝐈𝐒𝐀. ⋇ Zim
M a la carte 33/50 – **45 Z : 70 B** 80/169 - 180/290 Fb – ½ P 105/155.

🏨 **Kurhotel Edelweiß** ⌂, Bürgermeister-Singer-Str. 11, ✆ 3 50 10, Bade- und Massageabteilung, ⬜, ⊆s, ⬜, 🏖 – 📶 ☎ ⟷ 🅿. ⋇
Dez. - 7. Jan. geschl. – (Restaurant nur für Hausgäste) – **52 Z : 80 B** 55/99 - 110/170 Fb.

🏨 **Kurhotel Eichinger** ⌂, Hartenthaler Str. 22, ✆ 20 37, Massage, ⬜, ⊆s, ⬜, 🏖 – 📶 ☎ ⟷ 🅿. ⋇
(Restaurant nur für Hausgäste) – **41 Z : 55 B** 55/80 - 110/140 Fb – 2 Fewo 85/90 – ½ P 65/88.

🏨 **Kurhotel Eichwald** ⌂, Eichwaldstr. 20, ✆ 60 94, 🍴, Massage, ⬜, ⊆s, ⬜, 🏖 – 📶 📺 ☎ ⟷. ⋇ Rest
Nov.- 20. Dez. geschl. – **M** *(auch Diät)* a la carte 29/49 – **53 Z : 95 B** 90/120 - 170/210 Fb – ½ P 130/150.

🏨 **Kurhotel Sonnengarten** ⌂, Adolf-Scholz-Allee 5, ✆ 30 90, Fax 1068, 🍴, Bade- und Massageabteilung, ⬜, ⊆s, ⬜, 🏖 – ⋇ Zim 📺 ☎ 🖋 ⟷ 🅿 – 🛎 25/100. 🎫 🄴 𝐕𝐈𝐒𝐀
M a la carte 30/51 – **78 Z : 116 B** 95/165 - 190/330 Fb – ½ P 100/175.

🏨 **Kurhotel Brandl** ⌂, Hildegardstr. 3, ✆ 20 56, Fax 2058, Bade- und Massageabteilung, ⬜, ⊆s, ⬜, 🏖 – 📶 ☎ ⋇ Rest
Dez.- Mitte Feb. geschl. – (Restaurant nur für Hausgäste) – **24 Z : 36 B** 78/130 - 140/205 Fb – ½ P 97/130.

🏨 **Allgäuer Hof**, Türkheimer Str. 2, ✆ 50 98, Fax 5090, 🍴 – 📶 📺 ☎ ⟷ 🅿. 🎫 ⓞ 🄴 𝐕𝐈𝐒𝐀 ⋇
M a la carte 28/55 – **32 Z : 48 B** 68/78 - 106/112 Fb.

🏨 **Alpenhof**, Gammenrieder Str. 6, ✆ 3 00 50, Massage, ⬜, ⊆s, ⬜, 🏖 – 📶 ☎ 🅿. ⋇
Mitte Nov.- Mitte Jan. geschl. – (Restaurant nur für Hausgäste) – **24 Z : 37 B** 50/71 - 100/166 Fb.

🏨 **Adler**, Hauptstr. 40, ✆ 20 91, 🍴 – 📶 ☎ ⟷ 🅿. 🎫 ⓞ 🄴 𝐕𝐈𝐒𝐀. ⋇ Rest
M *(Freitag geschl.)* a la carte 20/37 ♨ – **56 Z : 70 B** 35/70 - 72/100 Fb.

🏨 **Löwenbräu**, Hermann-Aust-Str. 2, ✆ 50 56, 🍴 – 📶 ☎ ⟷ 🅿
15. Dez.- 7. Jan. geschl. – **M** *(auch Diät und vegetarische Gerichte)* (Montag - Dienstag 14 Uhr geschl.) a la carte 26/49 – **22 Z : 32 B** 55/75 - 89/118 Fb – 6 Fewo 50/70.

🏨 **Schwabenhof** ⌂ garni, Füssener Str. 12 (Eingang am Trieb), ✆ 50 76, Massage, ⬜, 🏖 – 📶 🅿. ⋇
Dez.- Jan. geschl. – **22 Z : 33 B** 55/90 - 110/160 Fb.

✖✖ **Sonnenbüchl** ⌂ mit Zim, Sonnenbüchl 1, ✆ 67 91, 🍴 – 📺 🅿. 🎫 🄴
6. Jan.- 10. Feb. geschl. – **M** *(auch vegetarische Gerichte)* (Montag geschl.) a la carte 38/68 – **4 Z : 7 B** 60/70 - 100/140.

✖ **Landhaus Alfons**, Kaufbeurer Str. 6, ✆ 67 50, 🍴 – 🅿. 🄴
Dienstag - Mittwoch 17 Uhr, 7. Jan.- 4. Feb. und 25. Juni - 5. Juli geschl. – **M** a la carte 30/55.

In Bad Wörishofen 3-Schlingen SO : 4 km :

✖✖✖ **Jagdhof**, Allgäuer Str.1, ✆ 48 79 – 🅿. 🎫 🄴
Montag - Dienstag und 2.- 31. Jan. geschl. – **M** a la carte 33/67.

890

WÖRTH AM RHEIN 6729. Rheinland-Pfalz 413 H 19, 987 ㉔ ㉕ – 18 200 Ew – Höhe 104 m – 07271.

Mainz 154 – ♦Karlsruhe 12 – Landau in der Pfalz 23.

Anker, Wilhelmstr. 7, 7 93 66 – – **16 Z : 27 B.**

In Wörth-Maximiliansau SO : 1,5 km :

Einigkeit, Karlstr. 16, 44 44, bemerkenswerte Weinkarte (abends Tischbestellung ratsam).

In Wörth-Schaidt W : 14,5 km :

Landgasthof Zur Linde mit Zim, Hauptstr. 93, (06340) 81 36, – **6 Z : 14 B.**

WÖRTH AN DER DONAU 8404. Bayern 413 U 19,20, 987 ㉗ – 3 500 Ew – Höhe 360 m – 09482.

♦München 147 – ♦Regensburg 25 – Straubing 23.

Butz, Kirchplatz 3, 22 46 – – **54 Z : 80 B.**

WÖRTHSEE 8031. Bayern 413 Q 22, 426 ⑯ – 4 000 Ew – Höhe 590 m – 08153.

18 Gut Schluifeld, 24 25.

♦München 32 – Augsburg 55 – Garmisch-Partenkirchen 75.

In Wörthsee-Steinebach :

Florianshof garni, Hauptstr. 48 (Auing), 88 20, – **50 Z : 93 B** Fb.

WOLFACH 7620. Baden-Württemberg 413 H 22, 987 ㉞ ㉟ – 6 300 Ew – Höhe 262 m – Luftkurort – 07834.

Sehenswert : Dorotheen-Glashütte.

Kur- und Verkehrsamt, Hauptstr. 28, 91 99.

♦Stuttgart 137 – ♦Freiburg im Breisgau 58 – Freudenstadt 38 – Offenburg 40.

Schwarzwaldhotel garni, Kreuzbergstr. 26, 40 11, – *April - Okt.* – **10 Z : 16 B** 54/68 - 98/130.

Hecht, Hauptstr. 51, 5 38 – *4. Jan.- 6. Feb. geschl.* – **M** *(Montag geschl.)* a la carte 25/50 – **12 Z : 22 B** 44 - 80.

In Wolfach-St. Roman 7622 NO : 12 km – Höhe 673 m :

Adler, (07836) 3 42, Wildgehege, – – 30. AE E *23. Nov.- 22. Dez. geschl.* – **M** *(Montag geschl.)* a la carte 23/47 – **28 Z : 55 B** 62/68 - 98/116 Fb – ½ P 63/77.

WOLFEGG 7962. Baden-Württemberg 413 M 23, 987 ㊱, 427 N 2 – 3 000 Ew – Höhe 673 m – Luftkurort – 07527.

Verkehrsamt, Rathaus, Rötenbacher Str. 11, 62 71.

♦Stuttgart 167 – Bregenz 46 – Ravensburg 17 – ♦Ulm (Donau) 76.

Zur Post (mit Gästehaus,), Rötenbacher Str. 5, 68 52, – E *1.- 14. März geschl.* – **M** *(Dienstag geschl.)* a la carte 21/40 – **17 Z : 30 B** 39/48 - 72/82 Fb – ½ P 51/60.

WOLFENBÜTTEL 3340. Niedersachsen 987 ⑯ – 50 000 Ew – Höhe 75 m – 05331.

Sehenswert : Stadtbild★★ – Fachwerkhäuser★★ – Stadtmarkt★ – Schloß (Turm★).

Tourist-Information, Stadtmarkt 9, 8 64 87, Fax 86444.

♦Hannover 74 ⑤ – ♦Braunschweig 12 ⑤ – Goslar 31 ②.

Stadtplan siehe nächste Seite.

Landhaus Dürkop garni, Alter Weg 47, 70 53, – AE E über ⑤ **30 Z : 51 B** 69/75 - 110/150 Fb.

Bayrischer Hof, Brauergildenstr. 5, 50 78, Biergarten – AE E VISA **s** **M** a la carte 25/44 – **18 Z : 29 B** 70/80 - 120 Fb.

Waldhaus, Adersheimer Str. 75, 4 32 65, Fax 41050 – AE E VISA über ③ **M** a la carte 26/63 – **23 Z : 43 B** 78/93 - 120/145 Fb.

Altstadt, Harzstr. 1, 2 74 74, Fax 6042 **a** *wochentags nur Abendessen, Dienstag geschl.* – **M** a la carte 39/55.

In Wolfenbüttel-Ahlum über ① : 4 km :

Landhaus Spill, Adenemer Weg 25, 70 61, Fax 76472, Biergarten – AE E VISA **M** a la carte 30/53 – **Merlin** *(nur Abendessen, Sonn- und Feiertage geschl.)* **M** a la carte 49/70 – **34 Z : 60 B** 85/105 - 130/195 Fb.

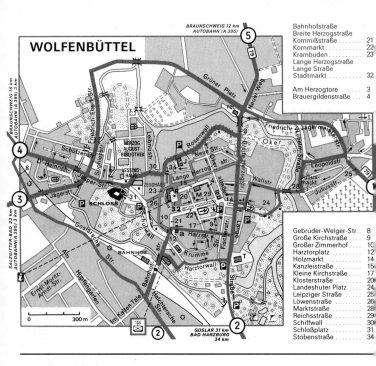

WOLFENWEILER Baden-Württemberg siehe Schallstadt.

WOLFERTSCHWENDEN 8941. Bayern 413 N 23, 426 C 5 – 1 300 Ew – Höhe 676 m – ☎ 083 (Grönenbach) – ♦München 129 – Kempten (Allgäu) 27 – Memmingen 15.

  🏠 **Weißenhorn**, Hauptstr. 4, ℰ 2 20, 斎 – ☎ 🅿
    Mai 2 Wochen geschl. – **M** *(Montag geschl.)* a la carte 24/55 – **12 Z : 24 B** 50 - 95.

WOLFHAGEN 3549. Hessen 987 ⑮ – 13 000 Ew – Höhe 280 m – ☎ 05692.
♦Wiesbaden 238 – ♦Kassel 31 – Paderborn 68.

  🏫 **Zum Schiffchen** (Fachwerkhaus a.d. 16. Jh.), Hans-Staden-Str. 27, ℰ 22 75 – 📺 🚗 🅿
    3.- 13. Jan. geschl. – **M** *(Sonntag ab 15 Uhr geschl.)* a la carte 21/43 – **20 Z : 30 B** 30/38
    60/70 Fb.

WOLFRAMS-ESCHENBACH 8802. Bayern 413 P 19 – 2 000 Ew – Höhe 445 m – ☎ 09875.
♦München 177 – Ansbach 16 – Nördlingen 54 – ♦Nürnberg 48.

  🏠 **Alte Vogtei** (Haus a.d. 14. Jh.), Hauptstr. 21, ℰ 2 70 – 📺 ☎ 🅿. ⓘ
    Nov. 2 Wochen und 24.- 30. Dez. geschl. – **M** *(Montag geschl.)* a la carte 21/43 – **18 Z**
    33 B 49/60 - 90/110.

  🏠 **Pension Seitz** 🦢, Duchselgasse 1, ℰ 2 30, 🤝, 🗲 (geheizt), 🔭 – 🚗 🅿
    (Restaurant nur für Hausgäste) – **20 Z : 35 B** 41/45 - 76 Fb.

WOLFRATSHAUSEN 8190. Bayern 413 R 23, 987 ㊲, 426 G 5 – 15 500 Ew – Höhe 577 m –
☎ 08171 – ♦München 29 – Garmisch-Partenkirchen 57 – Bad Tölz 23 – Weilheim 31.

  🏨 **Thalhammer** garni, Sauerlacher Str. 47 d, ℰ 71 49, Fax 76185, 🤝 – 📺 ☎ 🚗 🅿. E
    23. Dez.- 7. Jan. geschl. – **23 Z : 40 B** 75/110 - 120/195 Fb.

  🏫 **Humplbräu**, Obermarkt 2, ℰ 71 15, Fax 76291 – 📺 ☎ 🚗 🅿. E
    Mai - Juni 4 Wochen geschl. – **M** *(Sonntag ab 14 Uhr geschl.)* a la carte 20/41 – **22 Z : 50**
    45/68 - 68/98 – 8 Fewo 100/120.

  In Egling 8195 O : 7 km :

  🏠 **Zur Post**, Hauptstr. 11, ℰ (08176) 3 84, 🤝 – ☎ 🚗 🅿. E
    Nov. 3 Wochen geschl. – **M** *(Montag - Dienstag geschl.)* a la carte 19/46 ♨ – **8 Z : 14 B** 49
    88.

  Siehe auch : *Geretsried*

WOLFSBURG

893

WOLFSBURG 3180. Niedersachsen **987** ⑯ — 128 500 Ew — Höhe 60 m — ✿ 05361.

🛈 Tourist-Information, Pavillon, Rathausplatz, ℰ 28 28 28, Fax 282500.

ADAC, Goethestr. 44, ℰ 2 50 84, Notruf ℰ 1 92 11.

♦Hannover 91 ③ — ♦Berlin 229 ② — ♦Braunschweig 33 ③ — Celle 80 ③ — Magdeburg 91 ②.

Stadtplan siehe vorhergehende Seite.

🏨🏨 **Holiday-Inn**, Rathausstr. 1, ℰ 20 70, Telex 958475, Fax 207981, 😤, ⊜, ⊠ — 🕼 ⇔ Zim   Y **a**
     🗐 📺 🅿 — 🔬 25/120. 🖭 ◍ 🗲 𝚅𝙸𝚂𝙰. ✻ Rest
     M a la carte 42/68 — **207 Z : 318 B** 200/216 - 232/282 Fb.

🏨 **Goya**, Poststr. 34, ℰ 2 30 66, Fax 23777 — 📺 ☎ 🅿. 🖭 ◍ 🗲 𝚅𝙸𝚂𝙰   Y **b**
     M (nur Abendessen, Samstag - Sonntag und Juli - Aug. 3 Wochen geschl.) a la carte 28/55
     — **40 Z : 48 B** 95/120 - 125/160 Fb.

🏨 **Alter Wolf** ⑤, Schloßstr. 21, ℰ 6 10 15, « Gartenterrasse » — 📺 ☎ 🅿 — 🔬 25/100. 🖭   X **s**
     ◍ 🗲 𝚅𝙸𝚂𝙰
     M a la carte 26/70 — **31 Z : 41 B** 75/95 - 130/170.

In Wolfsburg-Brackstedt NW : 8 km über die B 188 X :

🏠 **Brackstedter Mühle** (ehem. Mühle a.d. 16. Jh.), Mühlenweg 2, ℰ (05366) 4 08, Fax 417,
     😤 — ☎ 🅿. 🖭 ◍ 🗲 𝚅𝙸𝚂𝙰
     M (Montag bis 17 Uhr geschl.) a la carte 31/59 — **48 Z : 80 B** 70/105 - 105/140.

In Wolfsburg 12-Fallersleben — ✿ 05362 :

🏨🏨 **Ludwig im Park - Restaurant La Fontaine**, Gifhorner Str. 25, ℰ 5 10 51, Fax 3515,
     « Stilvolle Einrichtung » — 🕼 📺 🅿 — 🔬 30. 🖭 ◍ 🗲 𝚅𝙸𝚂𝙰. ✻ Rest   X **n**
     Juli - Aug. 4 Wochen geschl. — **M** (nur Abendessen, Sonntag geschl.) a la carte 59/95 —
     40 Z : 50 B 150/160 - 210/250 Fb.

🏠 **Zur Börse**, Sandkämperstr. 6, ℰ 23 95 — 📺 ☎ ⇔ 🅿. 🖭 ◍ 🗲 𝚅𝙸𝚂𝙰   X **a**
     M (Samstag - Sonntag 18 Uhr geschl.) a la carte 32/58 — **13 Z : 21 B** 80 - 126 Fb.

🏠 **Hoffmannhaus** (Geburtshaus von Hoffmann von Fallersleben), Westerstr. 4, ℰ 30 02, Fax
     64108, 😤 — 📺 🅿 — 🔬 30. ✻ — **18 Z : 30 B** Fb.   X **r**

In Wolfsburg 27-Hattorf SW : 10 km über die A 39 X :

🏠 **Landhaus Dieterichs**, Krugstr. 31, ℰ (05308) 22 11 — 📺 ☎ 🅿. ✻
     (nur Abendessen für Hausgäste) — **35 Z : 60 B** 45/52 - 80/90 Fb.

In Wolfsburg 16-Sandkamp :

🏨 **Jäger** ⑤ garni, Fasanenweg 5, ℰ 3 10 11, Fax 31015, 🐎 — ☎ ⇔ 🅿   X **e**
     20 Z : 32 B 85/95 - 120 Fb.

In Wolfsburg 1-Steimkerberg :

🏨🏨 **Parkhotel Steimkerberg** ⑤, Unter den Eichen 55, ℰ 50 50, Fax 505250, 😤 — 📺 🅿 —
     🔬 25/60. 🖭 ◍ 🗲 𝚅𝙸𝚂𝙰   X **b**
     M (Juli - Aug. 3 Wochen geschl.) a la carte 45/68 — **40 Z : 60 B** 120/140 - 180/200 Fb.

In Wolfsburg 11-Vorsfelde über die B 188 X :

🏠 **Vorsfelder Hof**, Achtenbüttler Weg 2, ℰ (05363) 41 81 — 📺 ☎ 🅿. 🖭 🗲 𝚅𝙸𝚂𝙰
     M (nur Abendessen, Sonntag geschl.) a la carte 28/50 — **51 Z : 75 B** 75/98 - 125/155 Fb.

🏠 **Conni**, Bahnhofstr. 19, ℰ (05363) 41 41, ⊜ — ☎ 🅿
     M (wochentags nur Abendessen, Sonntag nur Mittagessen) a la carte 28/55 — **30 Z : 50 B**
     40/70 - 75/105.

In Wolfsburg 1-Westhagen :

🏨 Simonshof, Braunschweiger Str. 200, ℰ 7 55 76, Fax 75414, ⊜, ⊠ — 📺 ☎ ⇔ 🅿   X **c**
     (wochentags nur Abendessen) — **46 Z : 86 B** Fb.

In Weyhausen 3171 NW : 9 km über die B 188 X :

🏨🏨 **Alte Mühle**, Wolfsburger Str. 72 (B 188), ℰ (05362) 6 20 21, Telex 958345, Fax 77108, 😤
     « Moderner Hotelbau mit rustikalem Restaurant », ⊜, ⊠ — 🕼 📺 🅿 — 🔬 25/120. 🖭 ◍
     🗲 𝚅𝙸𝚂𝙰
     M a la carte 52/80 — **50 Z : 84 B** 178 - 230 Fb.

WOLFSTEIN 6759. Rheinland-Pfalz — 2 500 Ew — Höhe 188 m — ✿ 06304.

Mainz 83 — Kaiserslautern 23 — Bad Kreuznach 47.

In Wolfstein-Reckweilerhof N : 3 km :

🏠 **Reckweilerhof**, an der B 270, ℰ 6 18, ⊜, 🐎 — ⇔ 🅿. 🖭 ◍ 🗲 𝚅𝙸𝚂𝙰
—   **M** (Montag ab 14 Uhr geschl.) a la carte 20/45 🍴 — **20 Z : 40 B** 39 - 74.

WOLNZACH 8069. Bayern **413** R 21. **987** ㊲ — 7 300 Ew — Höhe 414 m — ✿ 08442.

♦München 59 — Ingolstadt 31 — Landshut 47 — ♦Regensburg 65.

🏛 **Schloßhof**, Schloßstr. 12, ℰ 35 49 — ⇔
—   24. Dez.- 15. Jan. geschl. — **M** (Samstag geschl.) a la carte 18/29 — **20 Z : 30 B** 35/60
     60/100.

WOLPERTSWENDE Baden-Württemberg siehe Weingarten.

WORMS 6520. Rheinland-Pfalz **418** I 18, **987** ㉔ ㉕ – 72 000 Ew – Höhe 100 m – ✪ 06241.

ehenswert : Dom✶✶ (Reliefs aus dem Leben Christi✶) – Judenfriedhof✶ Z.

▮ Verkehrsverein, Neumarkt 14, ℰ 85 35 60 – ADAC, Ludwigstr. 19, ℰ 66 17.

Mainz 45 ① – ♦Darmstadt 43 ② – Kaiserslautern 53 ④ – ♦Mannheim 22 ③.

WORMS

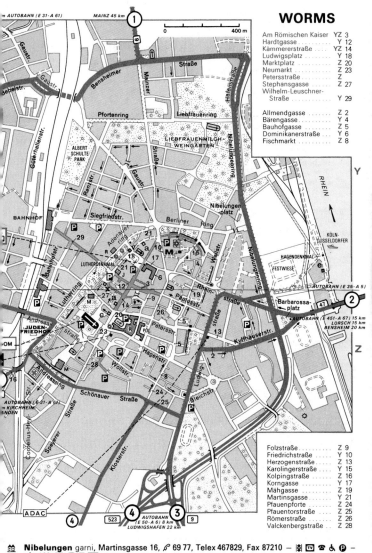

Am Römischen Kaiser	YZ 3
Hardtgasse	Y 12
Kämmererstraße	YZ 14
Ludwigsplatz	Y 18
Marktplatz	Z 20
Neumarkt	Z 23
Petersstraße	Z
Stephansgasse	Z 27
Wilhelm-Leuschner-Straße	Y 29

Allmendgasse	Z 2
Bärengasse	Y 4
Bauhofgasse	Z 5
Dominikanerstraße	Y 6
Fischmarkt	Z 8

Folzstraße	Z 9
Friedrichstraße	Y 10
Herzogenstraße	Z 13
Karolingerstraße	Y 15
Kolpingstraße	Z 16
Korngasse	Z 17
Mähgasse	Z 19
Martinsgasse	Y 21
Pfauenpforte	Z 24
Pfauentorstraße	Z 25
Römerstraße	Z 26
Valckenbergstraße	Z 28

🏛 **Nibelungen** garni, Martinsgasse 16, ℰ 69 77, Telex 467829, Fax 87210 – 🛗 📺 ☎ ↔ 🅿 – 🛏 100. 🆎 ⑩ 🗲 𝘝𝘐𝘚𝘈
46 Z : 68 B 100/140 - 160/180 Fb.   Y a

🏛 **Dom-Hotel**, Obermarkt 10, ℰ 69 13, Telex 467846, Fax 23515 – 🛗 📺 ☎ ↔ – 🛏 50. 🆎 ⑩ 🗲 𝘝𝘐𝘚𝘈
M (Samstag bis 18 Uhr und Sonntag geschl.) a la carte 30/65 ⅌ – **60 Z : 90 B** 83/98 - 115/195 Fb.   Y x

895

🏠 **Central** garni, Kämmererstr. 5, 🍴 64 57 − 🛗 📺 ☎ ⟵⟶ 🅰🅴 ⓘ 🄴 𝑽𝑰𝑺𝑨   Z
20. Dez.- 5. Jan. geschl. − **19 Z : 30 B** 74/100 - 120/130.

🏠 **Kriemhilde**, Hofgasse 2, 🍴 62 78, Fax 6277 − ☎. ⓘ 🄴 𝑽𝑰𝑺𝑨   Z
M *(Samstag geschl.)* a la carte 25/45 ⅄ − **20 Z : 32 B** 80/90 - 130 Fb.

🍽🍽 **Tivoli** (Italienische Küche), Adenauer-Ring 4, 🍴 2 84 85 − 🅰🅴 ⓘ 🄴   Y
Dienstag und Juni - Juli 4 Wochen geschl. − **M** a la carte 32/60 ⅄.

🍽 **Rheinischer Hof - Rheincafé**, Am Rhein 3, 🍴 2 39 50, Fax 24978, ≤, 🌳 − 🅿 🄴   Y
Montag und 20. Dez. - 15. Jan. geschl., im Winter nur Mittagessen − **M** a la carte 28/54 ⅄.

In Worms 21 - Pfeddersheim ⑤ : 5,5 km :

🏠 **Pfeddersheimer Hof**, Zellertalstr. 35 (B 47), 🍴 (06247) 8 11, Biergarten − 🅿
M *(Freitag geschl.)* a la carte 26/41 ⅄ − **18 Z : 34 B** 45/50 - 70.

In Worms 31-Rheindürkheim ① : 9 km :

🍽🍽 ⊛ **Rôtisserie Dubs**, Kirchstr. 6, 🍴 (06242) 20 23
(bemerkenswerte Weinkarte).

WORPSWEDE 2862. Niedersachsen − 8 600 Ew − Höhe 50 m − Erholungsort − ⊛ 04792.
🐴 Vollersode, Giehlermühlen (N : 18 km), 🍴 (04763) 73 13.
🛈 Fremdenverkehrsbüro, Bergstr. 13, 🍴 14 77.
♦Hannover 142 − ♦Bremen 25 − Bremerhaven 59.

🏨 **Eichenhof** ⚜ garni, Ostendorfer Str. 13, 🍴 26 76, ≘s, 🌳 − 📺 ☎ 🅿 🅰🅴 ⓘ 🄴
Mitte Dez.- Jan. geschl. − **16 Z : 33 B** 95/140 - 140/175 Fb.

🏠 **Hotel am Kunstcentrum** ⚜ garni, Hans-am-Ende-Weg 4, 🍴 5 50, ≘s, 🌳 − ☎ 🅿 🅰
ⓘ 🄴 𝑽𝑰𝑺𝑨 🛋
17. Dez.- 5. Jan. geschl. − **21 Z : 40 B** 79/94 - 130/135.

🏠 **Haar** garni, Hembergstr. 13, 🍴 12 88, 🌳 − ⟵⟶ 🅿
Dez. geschl. − **15 Z : 26 B** 54/62 - 88/102.

🏠 **Bonner's Hotel** ⚜ garni, Hinterm Berg 24, 🍴 12 73, Fax 3426, ≘s − 📺 ☎ 🅿 🅰🅴 ⓘ 🄴
𝑽𝑰𝑺𝑨
8 Z : 16 B 98/110 - 148/158.

🏠 **Deutsches Haus**, Findorffstr. 3, 🍴 12 05, 🌳 − 🅿
9 Z : 14 B.

WREMEN 2851. Niedersachsen − 1 500 Ew − Höhe 2 m − ⊛ 04705.
♦Hannover 195 − Bremerhaven 18 − Cuxhaven 32.

🍽 **Zur Börse**, Lange Str. 22, 🍴 4 24 − 🅰🅴 ⓘ 🄴 𝑽𝑰𝑺𝑨
Mittwoch und Ende Jan.- Feb.geschl. − **M** *(auch vegetarische Gerichte)* a la carte 32/64.

WRIEDEL Niedersachsen siehe Amelinghausen.

WÜLFRATH 5603. Nordrhein-Westfalen − 20 700 Ew − Höhe 195 m − ⊛ 02058.
♦Düsseldorf 21 − ♦Essen 24 − ♦Köln 50 − Wuppertal 15.

🍽🍽 **Ratskeller**, Wilhelmstr. 131, 🍴 55 01 − 🄴 𝑽𝑰𝑺𝑨
Samstag bis 18 Uhr, Mittwoch und 1.- 23. Aug. geschl. − **M** a la carte 30/56.

WÜNNENBERG 4798. Nordrhein-Westfalen 📊📊📊 ⑮ − 9 800 Ew − Höhe 271 m − Luftkuro⚫
− Kneippkurort − ⊛ 02953.
🛈 Verkehrsamt, Im Aatal 3, 🍴 17 20.
♦Düsseldorf 169 − Brilon 20 − ♦Kassel 84 − Paderborn 28.

🏨 **Jagdhaus** ⚜, Schützenstr. 58, 🍴 2 23, Fax 8819, 🌳, ≘s, 🔲, 🌳 − 📺 ☎ ⟵⟶ 🅿
🏊 25/60. 🅰🅴 ⓘ 🄴
M *(Dienstag ab 14 Uhr geschl.)* a la carte 22/60 − **40 Z : 75 B** 75/90 - 130/200 Fb.

🏠 **Park-Café Haus Rabenskamp** ⚜ garni, Hoppenberg 2, 🍴 83 49 − 🅿
Mitte Okt.- Nov. geschl. − **16 Z : 26 B** 44 - 76.

In Wünnenberg-Bleiwäsche S : 8 km :

🏨 **Waldwinkel** ⚜ (mit Gästehaus), Roter Landweg, 🍴 70 70, Fax 707222, ≤
« Gartenterrasse », Bade- und Massageabteilung, 🔧, ≘s, 🔲, 🌳 − 🛗 📺 🅿 − 🏊 30. 🅰
ⓘ 🄴 𝑽𝑰𝑺𝑨
M a la carte 29/61 − **74 Z : 140 B** 90/180 - 170/270 Fb − ½ P 95/140.

In Wünnenberg-Haaren N : 7,5 km :

🏠 **Münstermann**, Paderborner Str. 7, 🍴 (02957) 10 20, ≘s, 🔲 − 🅿 − 🏊 40. 🄴
Dez. 2 Wochen geschl. − **M** *(Donnerstag 14 Uhr - Freitag 17 Uhr geschl.)* a la carte 22/40 −
43 Z : 69 B 40/50 - 70/90.

WÜRSELEN 5102. Nordrhein-Westfalen **408** ㉖, **212** ②, **213** ㉔ – 33 600 Ew – Höhe 180 m – ☎ 02405.

Düsseldorf 80 – ◆Aachen 6,5 – Mönchengladbach 47.

🏠 **Park-Hotel**, Aachener Str. 2 (B 57), ℰ 25 36 – 🛗 📺 ☎ 🚗 🅿 **E**. 🛇
➝ **M** (Sonntag ab 14 Uhr geschl.) a la carte 21/49 – **58 Z : 69 B** 58/63 - 90/95.

XX **Rathaus-Restaurant**, Morlaix-Platz 3, ℰ 51 30 – 🅿 **AE** ⑩ **E** **VISA**
Montag geschl. – **M** a la carte 30/63.

In Würselen-Bardenberg NW : 2,5 km :

XX **Alte Mühle** 🐿 mit Zim, Im Wurmtal, ℰ 1 50 66, Fax 17402, 🏤, 😭, 🏊, 🐎 – 📺 ☎ 🅿 –
🔬 25/80. **AE** ⑩ **E**
M a la carte 31/60 – **20 Z : 34 B** 85 - 130.

WÜRZBACH Baden-Württemberg siehe Oberreichenbach.

WÜRZBURG 8700. Bayern **413** M 17, **987** ㉘ ㉙ – 124 000 Ew – Höhe 182 m – ✆ 0931.

Sehenswert : Residenz** (Kaisersaal**, Hofkirche**, Treppenhaus*, Hofgarten*) – Haus zum Falken* X N – Mainbrücke* Y – St.-Alfons-Kirche* Z – Neumünster (Fassade*) XY E – Festung Marienberg : Mainfränkisches Museum**, Fürstengarten ≤* Z – Käppele (Terrasse ≤**) Z A.

Ausflugsziel : Romantische Straße** (von Würzburg bis Füssen).

🛫 ℰ 3 43 43.

🛈 Verkehrsamt, Pavillon vor dem Hauptbahnhof, ℰ 3 74 36 und Marktplatz (Haus zum Falken). ℰ 3 73 98.
🛈 Verkehrsamt im Würtzburg-Palais, am Congress-Centrum, ℰ 3 73 35.
ADAC, Sternplatz 1, ℰ 5 23 26, Notruf ℰ 1 92 11.

◆München 281 ② – ◆Darmstadt 123 ④ – ◆Frankfurt am Main 119 ④ – Heilbronn 105 ④ – ◆Nürnberg 110 ②.

Stadtplan siehe nächste Seite.

🏨 **Maritim Hotel Würzburg**, Pleichertorstr. 5, ℰ 3 05 30, Telex 680005, Fax 18682, 😭, 🏊
– 🛗 ⇔ Zim 🍽 📺 🔥 🚗 – 🔬 25/850. **AE** ⑩ **E**. 🛇 Rest X k
M (Aug. 3 Wochen geschl.) a la carte 71/96 – **293 Z : 530 B** 189/289 - 248/348 Fb –
4 Appart. 480/640.

🏨 **Dorint-Hotel**, Eichstraße, ℰ 3 05 40, Telex 68514, Fax 3054423, 🏤, Bade- und
Massageabteilung, 😭, 🏊 🛗 ⇔ Zim 📺 🔥 🚗 – 🔬 25/140. 🛇 Rest X f
159 Z : 287 B Fb.

🏨 **Rebstock** (Rokokofassade a.d.J. 1737), Neubaustr. 7, ℰ 3 09 30, Telex 68684, Fax 3093100
– 🛗 🍽 Rest 📺 🅿 – 🔬 25/100. **AE** ⑩ **E** **VISA** Y v
M (Sonn- und Feiertage ab 15 Uhr geschl.) 29 (mittags) und a la carte 43/70 – **81 Z : 116 B**
130/217 - 250/314.

🏨 **Walfisch** 🐿, Am Pleidenturm 5, ℰ 5 00 55, Telex 68499, Fax 51690, ≤ Main und Festung
– 🛗 🍽 📺 🅿 – 🔬 25/60. **AE** ⑩ **E** Y b
Menu (auch vegetarische Gerichte) (Sonntag ab 15 Uhr und 23.- 27. Dez. geschl.) a la carte
31/58 – **41 Z : 60 B** 130/180 - 180/250 Fb.

🏨 **Amberger**, Ludwigstr. 17, ℰ 5 01 79, Telex 68465, Fax 54136 – 🛗 📺 ☎ 🚗 – 🔬 25/45.
AE ⑩ **E** **VISA** X t
24. Dez.- 6. Jan. geschl. – **M** (auch vegetarische Gerichte) (Sonntag 15 Uhr - Montag
geschl.) a la carte 28/56 – **75 Z : 115 B** 120/150 - 170/230 Fb.

🏨 **Grüner Baum** garni, Zeller Str. 35, ℰ 4 70 81, Fax 408688 – 📺 ☎ 🚗. **AE** ⑩ **E** **VISA**
23. Dez.- 7. Jan. geschl. – **24 Z : 48 B** 115/150 - 150/195 Fb. Z e

🏨 **Alter Kranen** garni, Kärrnergasse 11, ℰ 5 00 39 – 🛗 📺 ☎. **AE** ⑩ **E** **VISA** X a
17 Z : 26 B 90/110 - 120/150.

🏨 **Strauss - Restaurant Würtzburg**, Juliuspromenade 5, ℰ 3 05 70, Fax 3057555 – 🛗 📺
☎ 🚗 🅿 – 🔬 40. **AE** ⑩ **E** **VISA** X v
20. Dez.- 4. Feb. geschl. – **M** (Dienstag geschl.) a la carte 26/43 🍷 – **75 Z : 125 B** 75/90 -
110/120 Fb.

🏨 **Franziskaner** garni (siehe auch Restaurant Klosterschänke), Franziskanerplatz 2,
ℰ 1 50 01, Fax 57743 – 🛗 ☎. **AE** ⑩ **E** **VISA** Y x
24. Dez.- 1. Jan. geschl. – **47 Z : 74 B** 60/110 - 95/145.

🏠 **Zur Stadt Mainz** (altfränkische Gaststuben), Semmelstr. 39, ℰ 5 31 55, Fax 58510 – 📺
☎. **E** X p
20. Dez.- 20. Jan. geschl. – Menu (Tischbestellung ratsam) (Feiertage und Sonntag 15 Uhr -
Montag geschl.) a la carte 26/60 – **15 Z : 27 B** 120 - 180.

🏠 **St. Josef** garni, Semmelstr. 28, ℰ 30 86 80 – 🛗 ☎ 🚗. 🛇 X p
Aug. 3 Wochen und 22. Dez.- 12. Jan. geschl. – **35 Z : 50 B** 75/95 - 120/150.

🏠 **Schönleber** garni, Theaterstr. 5, ℰ 1 20 68 – 🛗 ☎. **AE** ⑩ **E** **VISA**. 🛇 X n
34 Z : 50 B 50/110 - 85/140.

🏠 **Würzburger Hof** garni, Barbarossaplatz 2, ℰ 5 38 14, Telex 68453, Fax 58324 – 🛗 📺 ☎.
AE ⑩ **E** **VISA** X r
24. Dez.- 2. Jan. geschl. – **36 Z : 60 B** 90/150 - 160/230 Fb.

WÜRZBURG

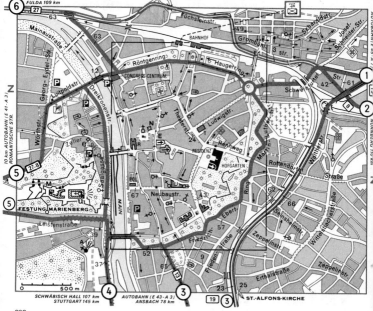

Bahnhofhotel Excelsior garni, Hauger Ring 2, ℰ 5 04 84, Telex 68435, Fax 58777 – 🛗 ☎.
AE ⓪ E VISA   X m
46 Z : 62 B 50/100 - 90/200 Fb.

Stift Haug garni, Textorstr. 16, ℰ 5 33 93 – E VISA ⚶   X u
20 Z : 30 B 48/85 - 80/115.

Russ, Wolfhartsgasse 1, ℰ 5 00 16 (Hotel) 5 91 29 (Rest.) – ☎ ⟺   Y k
M (15.- 31. Aug. geschl.) a la carte 23/46 – **30 Z : 42 B** 50/95 - 80/145.

Central garni, Koellikerstr. 1, ℰ 5 69 52 – 🛗 📺 ☎ ⟺. AE ⓪ E VISA   X e
23 Z : 35 B 44/70 - 96/120.

Urlaub 🍴, Bronnbachergasse 4, ℰ 5 48 13, Fax 59646, ☎ – 🛗 ☎ ⟺   X s
20. Dez.- 15. Jan. geschl. – **M** (Sonntag 15 Uhr - Montag und Juli - Aug. 2 Wochen geschl.)
a la carte 26/43 ⅜ – **24 Z : 37 B** 48/75 - 70/120.

🗙 Ratskeller - Ratsbierstube, Langgasse 1, ℰ 1 30 21   Y R

🗙 **Klosterschänke**, Franziskanerplatz 2, ℰ 5 52 21   Y x
Sonntag 15 Uhr - Montag, 26. Feb. - 12. März und 6.- 29. Aug. geschl. – **M** a la carte 25/51.

🗙 **Weinrestaurant - Haus des Frankenweins**, Kranenkai 1, ℰ 5 70 77, 🏡 – AE E
M a la carte 28/51.   X c

🗙 **Burggaststätte**, In der Festung Marienberg, ℰ 4 70 12, ≤ Würzburg, 🏡 – ₲ ℗   Z
Montag und 8. Jan.- 13. Feb. geschl. – **M** a la carte 23/42.

Fränkische Weinstuben :

🗙 **Weinhaus zum Stachel**, Gressengasse 1, ℰ 5 27 70, « Innenhof "Stachelhof" » – E
ab 16 Uhr geöffnet, Sonntag, 1.- 10. Jan. und Mitte Aug.- Anfang Sept. geschl. – **M** a la
carte 25/55 ⅜.   X b

🗙 **Bürgerspital-Weinstuben**, Theaterstr. 19, ℰ 1 38 61, Fax 571512, 🏡   X y
Dienstag und Aug. 3 Wochen geschl. – **M** a la carte 23/40 ⅜.

🗙 **Juliusspital**, Juliuspromenade 19, ℰ 5 40 80   X d
Mittwoch und Feb. geschl. – **M** a la carte 28/47 ⅜.

In Würzburg-Heidingsfeld ④ : 3 km :

Post Hotel, Mergentheimer Str. 162, ℰ 6 50 05 (Hotel) 61 23 04 (Rest.), Telex 68471, Fax
65850 – 🛗 📺 ☎ ⟺ ℗. AE ⓪ E VISA
M (Balkan-Küche) (Dienstag geschl.) a la carte 25/46 – **66 Z : 130 B** 79/129 - 119/179 Fb.

In Würzburg-Lindleinsmühle ① : 2 km :

Lindleinsmühle garni, Frankenstr. 15, ℰ 2 30 46, Fax 21780, ☎ – 🛗 ☎ ⟺ ℗. E
21 Z : 39 B 50/55 - 90.

In Würzburg-Versbach ① : 3 km :

Mühlenhof-Daxbaude, Frankenstr. 205, ℰ 2 10 01, Telex 680077, Fax 285551, ☎ – 📺
☎ ℗ – 🔏 25/70. AE ⓪ E VISA
M (nur Abendessen, Sonntag geschl.) a la carte 39/60 – **34 Z : 70 B** 100/120 - 140.

In Würzburg-Zellerau ⑤ : 2 km :

Wittelsbacher Höh 🍴, Hexenbruchweg 10, ℰ 4 20 85, Telex 680085, Fax 415458,
≤ Würzburg, « Gartenterrasse », ☎ – 📺 ℗ – 🔏 25/80. AE ⓪ E VISA
M a la carte 36/75 – **69 Z : 130 B** 93/145 - 150/220 Fb.

Im Steinbachtal SW : 5 km über ④ :

🗙🗙 Waldesruh, Steinbachtal 82, ⋈ 8700 Würzburg, ℰ (0931) 8 76 25, 🏡 – ℗.

Auf dem Steinberg ⑥ : 6,5 km, schmale Zufahrt ab Unterdürrbach :

Schloß Steinburg 🍴, ⋈ 8700 Würzburg, ℰ (0931) 9 30 61, Telex 680102, Fax 97121,
≤ Würzburg und Marienberg, « Gartenterrasse », ☎, 🎱 – 📺 ☎ ⟺ ℗ – 🔏 25/50. AE
⓪ E VISA
M a la carte 35/65 – **50 Z : 90 B** 95/130 - 150/240 Fb.

In Höchberg 8706 ⑤ : 4 km :

Lamm, Hauptstr. 76, ℰ (0931) 40 90 94, 🏡 – 🛗 ☎ ℗ – 🔏 25/50. E VISA
M (Mittwoch geschl.) a la carte 24/58 ⅜ – **38 Z : 60 B** 75/95 - 100/135 Fb.

Frankenhof, Hauptstr. 3, ℰ (0931) 40 90 91 – ☎ ⟺ ℗ – **27 Z : 52 B** Fb.

In Rottendorf 8702 ② : 6 km :

Zum Kirschbaum, Würzburger Str. 18 (B 8), ℰ (09302) 8 12 – 🛗 ℗ – **61 Z : 84 B**.

🗙 **Waldhaus**, nahe der B 8, ℰ (09302) 12 56, 🏡 – ℗
Donnerstag, 11.- 22. Feb. und 19. Aug.- 9. Sept. geschl. – **M** a la carte 24/46 ⅜.

In Biebelried 8710 ② : 12 km, nahe der Autobahnausfahrt A 3 und A 7 :

Leicht (altfränkische Gaststuben), Würzburger Str. 3 (B 8), ℰ (09302) 8 14, Fax 3163 – 🛗
⟺ ℗ – 🔏 25. AE ⓪ E VISA
Ende Dez.- Anfang Jan. sowie Ostern und Pfingsten geschl. – **M** (Sonntag geschl.) a la
carte 34/58 – **70 Z : 105 B** 85/110 - 140/180 Fb.

In Erlabrunn 8702 ⑥ : 12 km :

🏠 **Gästehaus Tenne** garni, Würzburger Str. 4, ℰ (09364) 93 84, « Bäuerliche Einrichtung »
– **❷**. ⁂
13 Z : 21 B 45 - 80.

🏠 **Weinhaus Flach**, Würzburger Str. 16, ℰ (09364) 13 19, Fax 5310, 🏤 – ☎ **❷** – 🔏 40
➡ *Mitte Jan.- Anfang Feb. und Aug. 2 Wochen geschl.* – **M** *(Dienstag geschl.)* à la carte
18,50/48 ⅄ – **22 Z : 35 B** 42/45 - 74/80.

WÜSTENROT 7156. Baden-Württemberg 🐾 L 19 – 5 900 Ew – Höhe 485 m – Erholungsort
– ✪ 07945.

◆Stuttgart 58 – Heilbronn 27 – Schwäbisch Hall 24.

🏨 **Waldhotel Raitelberg** 🦌, Schönblickstr. 39, ℰ 83 11, Fax 2031, 🏤, 🈂, 🐴 – ⇔ 🗘
☎ **❷** – 🔏 30. **E**
M *(Montag geschl.)* à la carte 32/57 ⅄ – **35 Z : 55 B** 70/92 - 102/165 Fb – ½ P 71/102.

In Wüstenrot-Neulautern SW : 4 km :

🍴 **Café Waldeck** 🦌, Waldeck 7, ℰ (07194) 3 23, ≤, 🏤, 🐴 – **❷**. ⁂ Zim
Mitte Dez.- Mitte Feb. geschl. – **M** à la carte 23/47 ⅄ – **17 Z : 28 B** 32/39 - 60/90 –
½ P 38/53.

WUNSIEDEL 8592. Bayern 🐾 ST 16, 🐾 ㉗ – 10 000 Ew – Höhe 537 m – ✪ 09232.

Ausflugsziel : Luisenburg : Felsenlabyrinth** S : 3 km.

🚩 Verkehrsamt, Jean-Paul-Str. 5 (Fichtelgebirgshalle), ℰ 60 21 62.

◆München 280 – Bayreuth 48 – Hof 36.

🏨 **Wunsiedler Hof**, Jean-Paul-Str. 3, ℰ 40 81, Fax 2462, 🏤 – 🛗 📺 ☎ ⇐⇒ **❷** – 🔏 25/50
🅰🅴 ① **E** 𝗩𝗜𝗦𝗔
M à la carte 27/63 – **35 Z : 70 B** 60 - 96 Fb.

🏨 **Kronprinz von Bayern**, Maximilianstr. 27, ℰ 35 09 – 📺 ☎ **❷**
M *(Montag geschl.)* à la carte 23/63 – **27 Z : 45 B** 45/65 - 90/110.

In Wunsiedel-Juliushammer O : 3,5 km Richtung Arzberg :

🏨 Juliushammer 🦌, ℰ 10 85, Telex 641279, Fax 8549, 🈂, 🛁 (geheizt), 🔲, 🐴, ⁂ – 📺 🈂
❷ – 🔏 40
26 Z : 52 B Fb – 4 Fewo.

Bei der Luisenburg SW : 2 km :

🍴🍴 **Jägerstueberl**, Luisenburg 5, ☒ 8592 Wunsiedel, ℰ (09232) 44 34, 🏤 – **❷**. ① **E**
nur Abendessen, Sonntag und Sept. 2 Wochen geschl. – **M** à la carte 52/70.

WUNSTORF 3050. Niedersachsen 🐾 ⑮, 🐾 L 9 – 40 000 Ew – Höhe 50 m – ✪ 05031.

🚩 Städt. Verkehrsamt, Steinhude, Meerstr. 2, (Strandterrassen), ℰ 17 45.

◆Hannover 23 – Bielefeld 94 – ◆Bremen 99 – ◆Osnabrück 124.

🏠 **Wehrmann**, Kolenfelder Str. 86, ℰ 1 21 63 – 🛗 ☎ **❷** – 🔏 25/150. **E** 𝗩𝗜𝗦𝗔. ⁂
Juli - Aug. 3 Wochen und 23. Dez.- 2. Jan. geschl. – **M** *(nur Abendessen, Sonn- un*
Feiertage geschl.) à la carte 23/32 – **25 Z : 33 B** 55/65 - 88/95.

In Wunstorf 2-Steinhude NW : 8 km – Erholungsort – ✪ 05033 :

🏠 **Haus am Meer** 🦌, Uferstr. 3, ℰ 10 22, ≤, « Gartenterrasse » – 📺 ☎ **❷**. **E**
15. Dez.- Jan. geschl. – **M** à la carte 35/59 – **13 Z : 26 B** 60/100 - 85/185.

🍴 **Tiedemann** 🦌 garni, Am Knick 4, ℰ 53 94
8 Z : 14 B 38/55 - 72.

✕ **Schweers-Harms-Fischerhus**, Graf-Wilhelm-Str. 9, ℰ 52 28, 🏤, « Alte
niedersächsisches Bauernhaus » – **❷**. 🅰🅴 **E** 𝗩𝗜𝗦𝗔
Montag und 2.- 9. Feb. geschl. – **M** à la carte 25/52.

✕ Strandterrassen, Meerstr. 2, ℰ 50 00, ≤, 🏤 – **❷**.

Michelin-Straßenkarten für Deutschland :

Nr. 🐾 im Maßstab 1:750 000
Nr. 🐾 im Maßstab 1:1 000 000
Nr. 🐾 im Maßstab 1:400 000 (Nordrhein-Westfalen, Rheinland-Pfalz, Hessen, Saarland)
Nr. 🐾 im Maßstab 1:400 000 (Bayern und Baden-Württemberg)

Sehenswert : Schwebebahn★ — Von-der-Heydt-Museum★.

☖ Siebeneickerstr. 386 (AX), ℰ (02053) 71 77 ; ⓕ Frielinghausen 1, ℰ (0202) 64 70 70.

Informationszentrum, Wuppertal-Elberfeld, Pavillon Döppersberg. ℰ 5 63 21 80.

ⓐDAC, Wuppertal-Elberfeld, Friedrich-Ebert-Str. 146, ℰ 31 34 52 und Wuppertal-Barmen, Friedrich-Engels-Allee 305, ℰ 8 26 26, Notruf ℰ 1 92 11.

Düsseldorf 36 ④ — Dortmund 48 ① — Duisburg 55 ⑦ — ♦Essen 35 ⑤ — ♦Köln 56 ①.

Stadtpläne siehe nächste Seiten.

In Wuppertal 2-Barmen :

🏨 **Golfhotel Juliana**, Mollenkotten 195, ℰ 6 47 50, Telex 8591227, Fax 6475777, « Terrasse mit ≤ », Bade- und Massageabteilung, ⊆s, 🏊 (geheizt), 🏊, 🐎, ✗, ⓕ — ⑤ ⇆ Zim 📺 🅿 — ⚓ 25/150 BX **u**
(Tischbestellung ratsam) **140 Z : 273 B** Fb.

🏨 **Villa Christina** ⚑ garni, Richard-Strauss-Allee 18, ℰ 62 17 36, « Ehem. Villa in einem kleinen Park », 🏊 (geheizt), 🐎 — 📺 ☎ 🅿 🇪 DZ **y**
7 Z : 11 B 80/90 - 135/140.

🏠 **Zur Krone** garni, Gemarker Ufer 19, ℰ 59 50 20, Fax 559769 — ⑤ ☎ ⇐⇒. 🅰🇪 ⓞ 🇪 📼 DZ **a**
17 Z : 24 B 76 - 98.

🏠 **Paas**, Schmiedestr. 55 (B 51), ℰ 66 11 06 — ☎ 🅿 BX **n**
12 Z : 18 B.

✗✗ **Restaurant an der Oper**, Friedrich-Engels-Allee 378 (B 7), ℰ 55 52 70, Fax 741623 — 🅿. 🅰🇪 ⓞ 🇪 📼 BX **x**
Samstag bis 18 Uhr und Juli - Aug. 3 Wochen geschl. — **M** a la carte 36/60.

✗✗ **Palette Röderhaus**, Sedanstr. 68, ℰ 50 62 81, 🌳, « Antiker Hausrat, Gemäldegalerie » nur Abendessen. DZ **d**

✗✗ **Jagdhaus Mollenkotten**, Mollenkotten 144, ℰ 52 26 43, 🌳 — 🅿. 🅰🇪 ⓞ 🇪 📼 BX **e**
Montag - Dienstag, Jan. 2 Wochen und Juni - Aug. 3 Wochen geschl. — **M** a la carte 26/60.

✗✗ **Maître**, Hugostr. 12, ℰ 50 55 89 — ⓞ 🇪 📼 BX **a**
wochentags nur Abendessen, Montag geschl. — **M** a la carte 31/55.

✗✗ **Zum Futterplatz**, Obere Lichtenplatzer Str. 102, ℰ 55 63 49 — 🅿. BY **a**
Dienstag geschl. — **M** a la carte 40/74.

✗ **Villa Foresta**, Forestastr. 11, ℰ 62 19 75, « Gartenterrasse » — 🅿 BXY **r**
M a la carte 27/55.

✗ **Im Vockendahl**, Märkische Str. 124, ℰ 52 05 17 — 🅿. 🇪 BX **c**
Dienstag geschl. — **M** a la carte 31/63.

In Wuppertal 12-Cronenberg :

🏠 **Zur Post** garni, Hauptstr. 49, ℰ 47 40 41 — 📺 ☎ ⇐⇒ 🅿. 🅰🇪 ⓞ 🇪 📼. ✻ AY **e**
17 Z : 22 B 60/98 - 135/145.

In Wuppertal 1-Elberfeld :

🏨 **Kaiserhof**, Döppersberg 50, ℰ 4 30 60, Telex 8591405, Fax 456959, ⊆s — ⑤ ⇆ Zim ▤ 📺 ♿ ⇐⇒ — ⚓ 25/200. 🅰🇪 ⓞ 🇪 📼 CZ **a**
M a la carte 27/64 — **160 Z : 236 B** 187/307 - 314/369 Fb — 4 Appart. 544/744.

🏨 **Zur Post** ⚑ garni, Poststr. 4, ℰ 45 01 31, Fax 451791 — ⑤ 📺 ☎. ⓞ 🇪 📼 CZ **v**
55 Z : 80 B 105/135 - 135/155 Fb.

🏠 **Rubin** garni, Paradestr. 59, ℰ 45 00 77, Fax 456489, « Sammlung alter Werkzeuge » — ⑤ 📺 ☎ ⇐⇒ 🅿. ⓞ 🇪 📼. ✻ CZ **f**
16 Z : 22 B 75/85 - 110/120 Fb.

🏠 **Astor** garni, Schloßbleiche 4, ℰ 45 05 11, Telex 8591892, Fax 453844 — ⑤ 📺 ☎. 🅰🇪 ⓞ 🇪 📼 CZ **e**
45 Z : 55 B 105/140 - 140/180 Fb.

🏠 **Hanseatic** garni, Friedrich-Ebert-Str. 116a, ℰ 31 00 88, Fax 309233 — 📺 ☎. 🅰🇪 ⓞ 🇪 📼 AY **r**
22. Dez.- 3. Jan. geschl. — **16 Z : 24 B** 80/95 - 110/140 Fb.

✗✗ **La Lanterna** (Italienische Küche), Friedrich-Ebert-Str.15, ℰ 30 41 51, 🌳 — 🅿. ⓞ 🇪 📼 CZ **n**
Sonntag und März - April 3 Wochen geschl. — **M** a la carte 37/60.

✗ **Am Husar**, Jägerhofstr. 2, ℰ 42 48 28, Fax 437986 — 🅿. 🅰🇪 ⓞ 🇪 AY **a**
Samstag bis 18 Uhr und Mittwoch geschl. — **M** a la carte 44/70.

✗ Zum alten Kuhstall, Boettinger Weg 3, ℰ 74 34 27, 🌳 — 🅿 AY **s**

In Wuppertal 21-Ronsdorf :

🏨 **Atlantic**, In der Krim 11, ℰ 46 40 55, Fax 4660645, ⊆s — 📺 ☎ 🅿 — ⚓ 30. 🅰🇪 ⓞ 🇪 📼 BY **n**
23. Dez.- 2. Jan. geschl. — **M** *(Samstag bis 18 Uhr geschl.)* a la carte 30/59 — **29 Z : 58 B** 108 - 148 Fb — 4 Appart. 198.

In Wuppertal 11-Sonnborn :

🏠 **Vollrath** garni, Möbeck 42, ℰ 74 30 10, Fax 743448 — 📺 ☎ 🅿. 🇪 📼 AY **t**
30 Z : 38 B 50/80 - 100/150.

✗✗✗ **Le Menu**, Rutenbecker Weg 159, ℰ 74 42 43, 🌳 — 🅿. ⓞ 🇪 📼 AY **c**
wochentags nur Abendessen, Montag geschl. — **M** a la carte 62/86.

WUPPERTAL

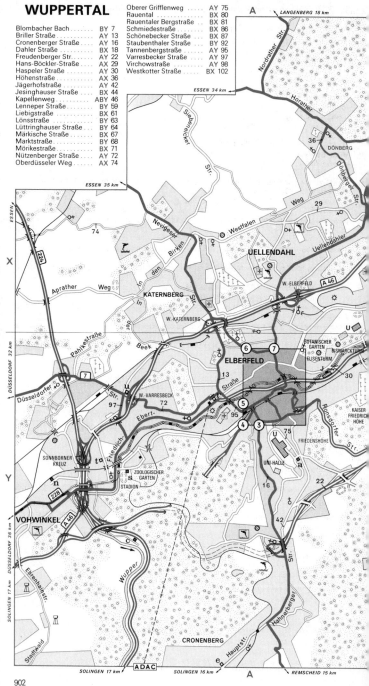

902

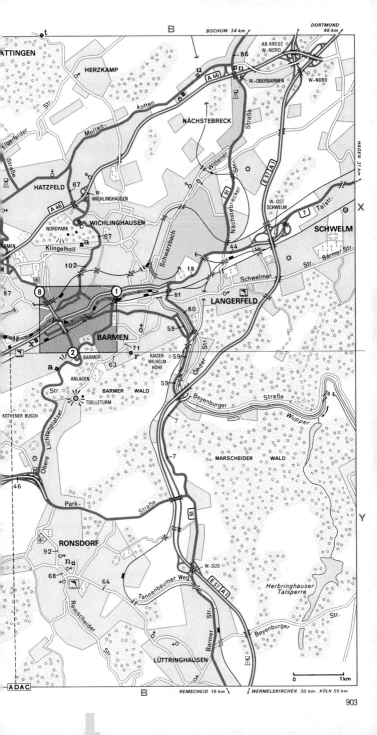

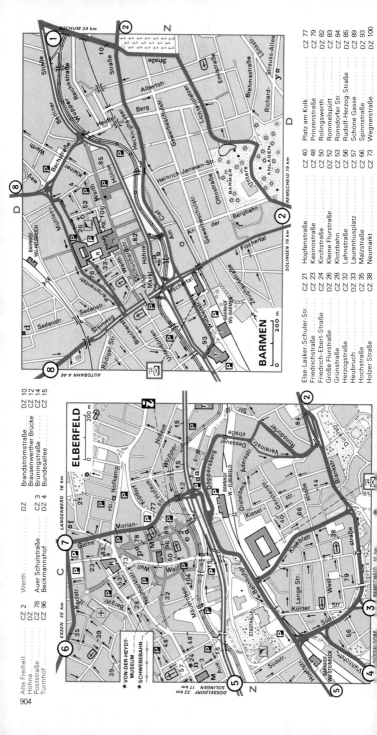

ELBERFELD

BARMEN

★ VON-DER-HEYDT-MUSEUM
★ SCHWEBEBAHN

In Wuppertal 1-Varresbeck :

🏨 **Novotel**, Otto-Hausmann-Ring 203, ✆ 7 19 00, Telex 8592350, Fax 7190333, 🔟 (geheizt),
🐎 – 📶 ↔ Zim 🗐 🔟 ☎ 👪 👤 – 🔬 25/250. 🖭 ⋿ 🚾   AY **u**
M a la carte 33/58 – **128 Z : 256 B** 141 - 177 Fb.

In Wuppertal 11-Vohwinkel :

XXX **Scarpati** mit Zim (Italienische Küche), Scheffelstr. 41, ✆ 78 40 74, Fax 789828, 🌄,
« Jugendstilvilla mit mod. Restaurant-Anbau » – 🔟 ☎ 👤. 🖭 ⓞ ⋿ 🚾   AY **n**
M a la carte 48/79 – **7 Z : 11 B** 130/180 - 180/250.

In Hattingen-Oberelfringhausen 4320 N : 8 km :

XXX **Landhaus Felderbachtal**, Felderbachstr. 133, ✆ (0202) 52 20 11, Fax 522012,
« Gartenterrasse » – 🗐 👤 – 🔬 25/50. 🖭 ⓞ ⋿ 🚾   BX **t**
M (Tischbestellung ratsam) a la carte 59/86.

WURTZBOURG = Würzburg.

Si vous devez faire étape dans une station
ou dans un hôtel isolé,
prévenez par téléphone, surtout en saison.

WURZACH, BAD 7954. Baden-Württemberg 🔢 M 23, 🔢 ㊱, 🔢 B 5 – 12 000 Ew – Höhe
652 m – ✪ 07564.

🟥 Kurverwaltung, Mühltorstr. 1, ✆ 30 21 53.

♦Stuttgart 159 – Bregenz 66 – Kempten (Allgäu) 47 – ♦Ulm (Donau) 68.

🏨 **Rößle**, Schulstr. 12, ✆ 20 55, Fax 2057 – 🔟 ☎ – 🔬 25/50. 🖭 ⋿
M a la carte 27/65 – **21 Z : 34 B** 75/80 - 135/140.

WYK Schleswig-Holstein siehe Föhr (Insel).

XANTEN 4232. Nordrhein-Westfalen 🔢 ㊳, 🔢 C 12 – 16 600 Ew – Höhe 26 m –
Erholungsort – ✪ 02801.

Sehenswert : Dom St. Viktor★.

🟥 Verkehrsamt, Rathaus, Karthaus 2, ✆ 3 72 38.

♦Düsseldorf 66 – Duisburg 42 – Kleve 26 – Wesel 16.

🏨 **Van Bebber**, Klever Str. 12, ✆ 66 23, Fax 5914, « Historischer Gasthof mit antiker
Einrichtung » – 📶 ↔ Zim 🔟 ☎ 👤 – 🔬 25/100. 🖭 ⋿. ⚘ Zim
15. Juli - 14. Aug. geschl. – **M** 23 (mittags) und a la carte 39/64 – **14 Z : 28 B** 95/115 -
175/195.

🏨 **Hövelmann**, Markt 31, ✆ 40 81 (Hotel) 30 03 (Rest.), Fax 4084 – 📶 🔟 ☎ 👤. 🖭 ⓞ ⋿ 🚾
♦ **M** *(Donnerstag geschl.)* a la carte 21/53 – **24 Z : 42 B** 80 - 120/140.

🏨 **Limes Hotel**, Niederstr. 1, ✆ 7 80, Fax 5484 – 📶 🔟 ☎ 👪 ⇔ – 🔬 25/80. 🖭 ⓞ ⋿ 🚾
M *(Montag geschl.)* a la carte 40/57 – **40 Z : 80 B** 99 - 139 Fb.

Außerhalb SW : 2 km, Richtung Sonsbeck :

XX Landhaus Am Rös'chen mit Zim, Philosophenweg 2, ✉ 4232 Xanten, ✆ (02801) 14 12, 🌄
– 🔟 ☎ 👤
6 Z : 12 B Fb.

ZABERFELD 7129. Baden-Württemberg 🔢 🔢 J 19 – 2 900 Ew – Höhe 227 m – ✪ 07046.

♦Stuttgart 54 – Heilbronn 26 – ♦Karlsruhe 48.

In Zaberfeld-Leonbronn NW : 3 km :

🏠 **Löwen**, Zaberfelder Str. 11, ✆ 26 03 – ☎ 👤. ⚘ Zim
Weihnachten - Mitte Jan. geschl. – **M** *(wochentags nur Abendessen, Donnerstag geschl.)*
a la carte 22/35 ⅄ – **5 Z : 9 B** 35 - 70.

ZANG Baden-Württemberg siehe Königsbronn.

ZEIL AM MAIN 8729. Bayern 🔢 O 16 – 5 300 Ew – Höhe 237 m – ✪ 09524.

♦München 270 – ♦Bamberg 29 – Schweinfurt 27.

🏠 **Kolb**, Krumer Str. 1, ✆ 90 11, 🌄 – 🔟 ☎ 👤
♦ **M** a la carte 21/41 ⅄ – **21 Z : 37 B** 35/54 - 74/92 Fb.

ZEISKAM Rheinland-Pfalz siehe Bellheim.

ZEITLOFS Bayern siehe Brückenau, Bad.

ZELL AM HARMERSBACH 7615. Baden-Württemberg **413** H 21. **242** ⑳ − 6 300 Ew − Höh*
223 m − Erholungsort − ✪ 07835.
🛈 Verkehrsbüro, Alte Kanzlei 2, ℘ 7 83 47.
◆Stuttgart 168 − ◆Freiburg im Breisgau 55 − Freudenstadt 43 − Offenburg 22.

🏠 **Hirsch**, Hauptstr. 46, ℘ 2 17, 🍴 − ☎ 🚗. 🐾
18 Z : 32 B.

🏠 **Sonne**, Hauptstr. 5, ℘ 13 44, 🍴 − 📺 ☎ 🚗 🅿. 🅰🅴 **E**. 🐾 Zim
Feb. und 15. Juni - 6. Aug. geschl. − Menu *(Donnerstag geschl.)* a la carte 26/58 − **19 Z
34 B** 58 - 100.

🏠 **Zum Schwarzen Bären**, Kirchstr. 5, ℘ 2 51, 🌲 − 🛗 ☎ 🚗. **E**. 🐾 Zim
Mitte Nov.- Mitte Dez. geschl. − **M** *(auch vegetarische Gerichte)* (Mittwoch geschl.) a la
carte 25/62 − **28 Z : 45 B** 55/65 - 110/120 Fb − ½ P 75/85.

🏯 **Kleebad** 🏊, Jahnstr. 8, ℘ 33 15, 🌲 − ♿ 🅿. 🐾
20. Nov.- 10. Dez. geschl. − (Restaurant nur für Hausgäste) − **21 Z : 33 B** 43/50 - 82 −
½ P 53/59.

In Zell-Unterharmersbach :

🏠 **Rebstock**, Hauptstr. 104, ℘ 39 13, 🌲 − 🅿. **E**
6. Feb.- 8. März geschl. − **M** *(Dienstag geschl.)* a la carte 23/54 ⅄ − **18 Z : 32 B** 48 - 88 −
½ P 60/64.

🏠 **Schützen**, Hauptstr. 170, ℘ 4 09 − 🚗 🅿. ⓪ **E** 🆅🆂🅰
➤ *März 2 Wochen geschl.* − **M** *(auch vegetarische Gerichte)* (Donnerstag geschl.) a la cart*
20/48 ⅄ − **17 Z : 30 B** 45 - 84.

ZELL AM WALDSTEIN Bayern siehe Münchberg.

ZELL AN DER MOSEL 5583. Rheinland-Pfalz **987** ㉙. **412** E 16 − 5 500 Ew − Höhe 94 m -
✪ 06542.
Sehenswert : Zell-Kaimt : ≼★★ von der Umgehungsstraße.
🛈 Tourist - Information, Rathaus, Balduinstr. 44, ℘ 7 01 22.
Mainz 105 − Cochem 39 − ◆Trier 69.

🏨 **Zum grünen Kranz**, Balduinstr. 12, ℘ 45 49, ≼, 🛋, 🔲 − 🛗 ☎. 🆅🆂🅰
M a la carte 25/58 − **32 Z : 55 B** 45/70 - 110/140.

🏠 **Zur Post**, Schloßstr. 25, ℘ 42 17, 🍴 − 🛗 🅿. 🅰🅴 ⓪ **E** 🆅🆂🅰
28. Jan.- 26. Feb. und 23.- 28. Dez. geschl. − **M** *(Montag geschl.)* a la carte 23/47 ⅄ − **16 Z
30 B** 48/65 - 95/105 − ½ P 60/65.

🏠 **Am Brunnen - Restaurant Belle Epoque**, Balduinstr. 51, ℘ 40 60, ≼
M *(Tischbestellung ratsam)* a la carte 45/80 − **19 Z : 33 B** 60/75 - 120/150.

🏠 **Weinhaus Mayer**, Balduinstr. 15, ℘ 45 30, ≼
nur Saison − **17 Z : 34 B**.

In Zell-Kaimt :

🏠 **Zur Schröter-Klause** 🏊 (mit Weinstube), Marientaler Au 58, ℘ 4 16 55, 🍴, 🛋, 🌲
🐾 − 🅿
Mitte März - Mitte Nov. − (nur Abendessen für Hausgäste) − **9 Z : 16 B** 45/55 - 85/100 Fb.

In Zell - Merl :

🍽 **Bürgerstube**, Mühlental 29, ℘ 2 17 71 − **E**
➤ *Dienstag und Jan. geschl.* − **M** a la carte 19/51 ⅄.

ZELL IM WIESENTAL 7863. Baden-Württemberg **413** G 23. **242** ㊵. **427** H 2 − 6 400 Ew − Höh*
444 m − Erholungsort − ✪ 07625.
🛈 Verkehrsbüro, Schopfheimer Str. 3, ℘ 1 33 15.
◆Stuttgart 196 − Basel 32 − Donaueschingen 73 − ◆Freiburg im Breisgau 48.

🏠 **Löwen**, Schopfheimer Str. 2, ℘ 2 08, Fax 8086, Biergarten − ☎ 🚗 🅿. ⓪ **E**
M *(Donnerstag 14 Uhr - Samstag 18 Uhr geschl.)* a la carte 24/55 ⅄ − **36 Z : 65 B** 40/55
75/100 Fb.

In Zell-Pfaffenberg N : 5,5 km − Höhe 700 m :

🏠 **Berggasthof Schlüssel** 🏊, Pfaffenberg 2, ℘ 3 75, ≼, « Terrasse » − 🅿
➤ *Mitte Jan.- Mitte Feb. geschl.* − Menu *(Montag - Dienstag geschl.)* 19 und a la carte 29/70 ⅄
− **12 Z : 18 B** 41 - 72 − ½ P 50.

ZELLINGEN 8705. Bayern **412** **413** M 17 − 5 400 Ew − Höhe 166 m − ✪ 09364.
◆München 296 − Aschaffenburg 60 − Bad Kissingen 53 − ◆Würzburg 16.

In Zellingen - Retzbach :

🏠 Zum Löwen, Untere Hauptstr. 9, ℘ 99 17, Telex 689702, 🛋, 🔲 − ☎ 🅿 − ⛴
33 Z : 60 B Fb.

ZELTINGEN-RACHTIG 5553. Rheinland-Pfalz **412** E 17 — 2 500 Ew — Höhe 105 m — Erholungsort — 🕿 06532.

🛃 Verkehrsamt, Zeltingen, Uferallee 13, 🖉 24 04.

Mainz 121 — Bernkastel-Kues 8 — ♦Koblenz 99 — ♦Trier 43 — Wittlich 10.

In Zeltingen :

🏤 **Nicolay zur Post**, Uferallee 7, 🖉 20 91, Fax 2306, ≤, 佘, ≦s, ⊠ – 🛏 🕿 ⟺ ❶ – 🛦 25/100. ⓞ E 𝘝𝘐𝘚𝘈. ❤ Rest
7. Jan.- 2. Feb. geschl. – **M** *(Montag geschl.)* a la carte 37/65 – **37 Z : 70 B** 65/75 - 90/120 Fb.

🏤 **St. Stephanus**, Uferallee 9, 🖉 20 55, Fax 3970, ≤, 佘, ≦s, ⊠ – 🛏 📺 🕿 🕭 ❶ – 🛦 30
49 Z : 94 B Fb.

🏠 **Winzerverein**, Burgstr. 7, 🖉 23 21, ≤, 佘 – 🕿 ❶. ⪼ ⓞ E 𝘝𝘐𝘚𝘈
➡ *März - 15. Nov.* – **M** a la carte 19/48 – **45 Z : 90 B** 40/50 - 70/80.

ZEMMER Rheinland-Pfalz siehe Kordel.

ZENTING 8359. Bayern **413** W 20. **426** ⑦ – 1 200 Ew – Höhe 450 m – Wintersport : 600/1 000 m ⟂2 – 🕿 09907.

♦München 172 – Cham 89 – Deggendorf 30 – Passau 33.

Im Ortsteil Ranfels S : 4 km :

🏠 **Birkenhof** ⟆, 🖉 2 69, ≤, 佘, ⟂ (geheizt), 🦌, 🐂 – ❶. ❤ Zim
➡ *Mitte Nov.- Mitte Dez. geschl.* – **M** a la carte 17/38 – **19 Z : 39 B** 38 - 46/74.

🏠 **Zur Post** ⟆, Schloßbergweg 4, 🖉 2 30, Biergarten, ≦s – 📺 ❶
22 Z : 50 B.

ZERF 5504. Rheinland-Pfalz **412** D 18. **57** ⑤ – 1 500 Ew – Höhe 400 m – 🕿 06587.
Mainz 160 – ♦Saarbrücken 61 – ♦Trier 22.

✗ **Zur Post** mit Zim, Marktplatz 1, 🖉 2 43, 佘 – 🕿 ❶
M *(Donnerstag geschl.)* a la carte 22/43 ⟅ – **3 Z : 6 B** 36 - 72.

In Greimerath 5501 S : 7 km :

🏠 **Dohm - Hotel Zur Post**, Hauptstr. 73, 🖉 (06587) 8 57 – 🕿 ❶
➡ *Dez.- Jan. 2 Wochen geschl.* – **M** *(Dienstag geschl.)* a la carte 21/40 ⟅ – **12 Z : 22 B** 32/45 - 60/80.

ZEVEN 2730. Niedersachsen **987** ⑮. **412** C 17 – 11 900 Ew – Höhe 30 m – 🕿 04281.
♦Hannover 147 – ♦Bremen 55 – Bremerhaven 60 – ♦Hamburg 74.

🏤 **Hotel Landhaus** garni, Kastanienweg 17, 🖉 30 22, Fax 3411, 🦌 – 📺 🕿 ⟺ ❶. ⪼ ⓞ
E ❤
15 Z : 29 B 58 - 91 Fb.

🏠 **Paulsen**, Meyerstr. 22, 🖉 25 17, Fax 8340 – 📺 🕿 ❶ – 🛦 25/80. ⓞ E 𝘝𝘐𝘚𝘈
M *(Sonntag geschl.)* a la carte 32/63 – **36 Z : 72 B** 53/65 - 85/98 Fb.

🏠 **Garni**, Poststr. 20, 🖉 34 92, Fax 8Ä4, 🦌 – 📺 🕿 ⟺ ❶. ⪼ ⓞ E 𝘝𝘐𝘚𝘈. ❤
22 Z : 40 B 45/60 - 80/90 Fb.

🏠 **Spreckels**, Bremer Str. 2, 🖉 24 33 – 📺 ⟺ ❶. ❤
➡ **M** *(Samstag - Sonntag nur Abendessen)* a la carte 20/43 – **26 Z : 42 B** 45/50 - 80/90.

In Gyhum-Sick 2730 S : 10 km :

🏠 **Niedersachsen-Hof**, Sick 13 (an der B 71), 🖉 (04286) 10 56 – 🕿 ⟺ ❶ – 🛦 25. ⪼ ⓞ
E 𝘝𝘐𝘚𝘈 ❤ Zim
Aug.2 Wochen geschl. – **M** *(Freitag geschl.)* a la carte 23/45 – **15 Z : 22 B** 47 - 79.

ZICHERIE Niedersachsen siehe Brome.

ZIERENBERG 3501. Hessen **412** K 12 – 6 700 Ew – Höhe 280 m – Luftkurort – 🕿 05606.
♦Wiesbaden 235 – ♦Kassel 20 – Warburg 28.

In Zierenberg 4-Burghasungen SW : 6 km :

🏠 **Panorama**, Ludwig-Müller-Str.1, 🖉 90 21, Fax 7895, ≤ – 📺 🕿 ❶ – 🛦 35/60. E 𝘝𝘐𝘚𝘈
M a la carte 25/56 – **19 Z : 36 B** 60 - 95 Fb.

🛎 **Gasthof Gerhold**, Zierenberger Str. 9, 🖉 92 26 – ❶. ❤ Zim
➡ *Mitte Juli - Mitte Aug. geschl.* – **M** *(nur Abendessen, Donnerstag geschl.)* a la carte 15/25 – **8 Z : 14 B** 33/40 - 60/75 – ½ P 45/48.

Europe

Wenn der Name eines Hotels dünn gedruckt ist,
dann hat uns der Hotelier Preise
und Öffnungszeiten nicht oder nicht vollständig angegeben.

ZIRNDORF 8502. Bayern **413** P 18. **987** ㉖ — 21 000 Ew — Höhe 290 m — ✪ 0911 (Nürnberg).

Siehe Nürnberg (Umgebungsplan).

♦München 175 — Ansbach 35 — ♦Nürnberg 9.

🏨 **Rangau**, Banderbacher Str. 27, ℰ 60 70 17 — 🛗 ⇔ Zim 📺 ☎ ♿ 🅿 — 🛳 25/40. ᴱ. ⽊
   M *(Montag geschl.)* a la carte 27/60 — **14 Z : 28 B** 79/110 - 119/155 Fb.   AS ◆

🏨 **Knorz** garni, Volkhardtstr. 18, ℰ 60 70 61 — ☎ ⇔   AS ◆
   16 Z : 28 B 48/60 - 75/90.

🏡 **Kneippkurhotel** ⑤, Achterplätzchen 5, ℰ 60 90 03, 🌳 — ☎ ⇔ 🅿   AS n◆
   M *(Sonntag - Montag 17 Uhr geschl.)* a la carte 25/45 — **19 Z : 28 B** 50 - 85 Fb.

   In Zirndorf-Wintersdorf SW : 5 km über Rothenburger Straße AS :

🏡 **Landgasthof Lämmermann**, Ansbacher Str. 28, ℰ (09127) 88 19, 🌳 — ☎ ⇔ 🅿
   M *(Montag, 1.- 8. Jan. und 21. Aug.- 9. Sept. geschl.)* a la carte 20/47 ⑂ — **24 Z : 35 B** 32/50
   60/90 Fb.

ZITTAU 8800. Sachsen **984** ㉔. **987** ⑱ — 37 000 Ew — Höhe 242 m — ✪ 0037522.

Sehenswert : Marktplatz (Rathaus, Marsbrunnen) — Peter- und Paulskirche.

Ausflugsziel : Zittauer Gebirge★ (Oybinblick, ≼) SW : 10 km.

🛈 Zittau-Information, Rathausplatz 6, ℰ 39 86.

♦Berlin - Ost 297 — ♦Dresden 99 — Görlitz 35.

🏡 **Volkshaus**, Äußere Weberstr. 6, ℰ 30 44 — 🛗 📺 ☎
   M a la carte 12/28 — **35 Z : 84 B** 33/45 - 56/115 Fb.

✗ **Dreiländereck**, Bautzener Str. 9, ℰ 35 15
   M a la carte 12/31.

   In Oybin 8806 SW : 9 km — Höhe 450 m — Kurort :

🏡 **Oybiner Hof**, Hauptstr. 5, ℰ (003752294) 2 97, 🌳, 🍴 — 📺 ♿ 🅿
   M a la carte 16/42 — **40 Z : 90 B** 72/88 - 84/104 Fb — 2 Appart. 160.

   In Jonsdorf 8805 SW : 10 km — Höhe 450 m — Kurort :

🏡 **Kurhaus**, Straße der Jugend 9, ℰ (003752294) 2 52, 🌳 — 📺 🅿. ⽊
   M *(Freitag ab 14 Uhr geschl.)* a la carte 10/19 — **21 Z : 36 B** 28 - 51/66 Fb.

ZORGE 3421. Niedersachsen — 1 600 Ew — Höhe 340 m — Luftkurort — ✪ 05586.

🛈 Kurverwaltung, Am Kurpark 4, ℰ 2 51 — ♦Hannover 137 — Braunlage 15 — Göttingen 70.

🏡 **Landhotel Kunzental** ⑤, Im Förstergarten 7, ℰ 12 61, Fax 660, 🌳, 🐎 — 🅿
   1.- 15. Dez. geschl. — M *(Okt.- März Donnerstag geschl.)* a la carte 22/60 — **24 Z : 46 B** 57
   102 — ½ P 70.

🏡 **Wolfsbach**, Hohegeißer Str. 25, ℰ 4 26, 🐎 — 📺 🅿. ⴹ ⓞ ᴱ. ⽊
   5. Nov.- 20. Dez. geschl. — (Restaurant nur für Hausgäste) — **16 Z : 25 B** 37/40 - 69/76.

ZORNEDING 8011. Bayern **413** S 22 — 7 000 Ew — Höhe 560 m — ✪ 08106.

♦München 20 — Wasserburg am Inn 34.

🏡 **Neuwirt**, Münchner Str. 4 (B 304), ℰ 28 25, Fax 29916, 🌳 — ☎ ⇔ 🅿. ⴹ ⓞ ᴱ 𝘝𝘐𝘚𝘈. ⽊
   29. Juli - 16. Aug. geschl. — M a la carte 21/53 ⑂ — **30 Z : 48 B** 75/85 - 95/110 Fb.

ZUGSPITZE Bayern Sehenswürdigkeit siehe Garmisch-Partenkirchen bzw. Grainau.

ZUZENHAUSEN Baden-Württemberg siehe Sinsheim.

ZWEIBRÜCKEN 6660. Rheinland-Pfalz **987** ㉔. **412 413** F 19. **87** ⑪ — 35 900 Ew — Höhe 226 r
— ✪ 06332 — 🛈 Verkehrsamt, Schillerstr. 6, ℰ 87 16 90.

ADAC, Poststr. 14, ℰ 1 58 48 — Mainz 139 — Pirmasens 25 — ♦Saarbrücken 41.

🏨 **Europas Rosengarten** ⑤, Rosengartenstr. 60, ℰ 4 90 41, 🌳 — 🛗 ☎ ♿ 🅿 — 🛳 25/8○
   ⴹ ⓞ ᴱ 𝘝𝘐𝘚𝘈
   M a la carte 31/49 ⑂ — **47 Z : 94 B** 68 - 106 Fb.

🏡 **Hitschler**, Fruchtmarktstr. 8, ℰ 7 55 74 — ⓞ ᴱ 𝘝𝘐𝘚𝘈
   Menu *(Freitag - Samstag 18 Uhr geschl.)* a la carte 27/55 — **9 Z : 13 B** 48 - 84.

🏡 **Rosen Hotel** garni, Von-Rosen-Str. 2, ℰ 7 60 14 — 🛗 📺 ☎. ⴹ ⓞ ᴱ 𝘝𝘐𝘚𝘈
   43 Z : 56 B 50/55 - 88 Fb.

   Außerhalb O : 3 km :

🏰 **Romantik-Hotel Fasanerie** ⑤, Fasaneriestr. 1, ⊠ 6660 Zweibrücken, ℰ (06332) 4 40 74
   Telex 451182, Fax 45176, « Terrasse mit ≼ », 🍴, 🔲 — ⇔ Zim 📺 🅿 — 🛳 25/100. ⴹ ⓞ
   ᴱ 𝘝𝘐𝘚𝘈
   M a la carte 49/70 — **50 Z : 100 B** 110/130 - 160/220 Fb.

   In Battweiler 6661 NO : 9 km :

🏡 **Schweizer Haus**, Hauptstr. 17, ℰ (06337) 3 83 — 📺 ☎ 🅿. ⴹ ⓞ ᴱ 𝘝𝘐𝘚𝘈
   M *(Dienstag geschl.)* a la carte 28/52 ⑂ — **6 Z : 12 B** 95 - 110 Fb.

ZWEIFALL Nordrhein-Westfalen siehe Stolberg/Rheinland.

ZWESTEN 3584. Hessen − 3 300 Ew − Höhe 215 m − Luftkurort − 🕲 05626.
🛈 Kurverwaltung, Rathaus, ℘ 7 73.
◆Wiesbaden 171 − Bad Wildungen 11 − ◆Kassel 43 − Marburg 50 − Paderborn 115.

🏠 **Altenburg**, Hardtstr. 1, ℘ 7 35, 🍴, 🚬, 🐎 − 🕿 ♿ ❷ − 🏛 25/80. 🎫 ⓞ 🖃 *VISA*
12. Feb.- 1. März geschl. − **M** *(Donnerstag geschl.)* a la carte 24/50 − **45 Z : 73 B** 43/61 -
80/102 Fb − ½ P 53/69.

🏠 **Landhotel Kern**, Brunnenstr. 10, ℘ 7 86, 🍴, 🚬, 🆇, 🐎 − 🍴 🕿 ❷ − 🏛 25/50. 🎫 ⓞ
🖃 *VISA*
5. Jan.- 7. Feb. geschl. − **M** *(Dienstag geschl.)* a la carte 26/48 − **60 Z : 80 B** 55/60 -
100/110.

ZWICKAU 9540. Sachsen 🎴🎴 ㉘. 🎴🎴 ⑦ − 116 000 Ew − Höhe 434 m − 🕲 003774.
Sehenswert : Dom St. Marien** (Hauptaltar**) − Robert-Schumann-Haus − Städt. Museum.
🛈 Zwickau-Information, Hauptstr. 46, ℘ 60 07.
◆Berlin - Ost 245 − ◆Dresden 106 − ◆Leipzig 80.

🏤 **Stadt Zwickau**, Bahnhofstr. 67, ℘ 47 81, Fax 2568 − 🍴 📺 🕿
→ **M** a la carte 15/35 − **95 Z : 179 B** 59/99 - 99/149 Fb.

🍴🍴 **Goldener Anker**, Hauptmarkt 6, ℘ 59 36, 🍴
→ **M** a la carte 19/36.

🍴🍴 **Zur letzten Posthalterei**, Wilhelm-Pieck-Str. 27, ℘ 53 50, 🍴
→ erster Mittwoch im Monat geschl. − **M** a la carte 15/35.

🍴 **Ringgaststätte**, Dr.-Friedrichs-Ring 21 a, ℘ 25 96
→ **M** a la carte 19/30.

ZWIEFALTEN 7942. Baden-Württemberg 🎴🎴🎴 L 22. 🎴🎴 ㉚ − 2 300 Ew − Höhe 540 m −
Erholungsort − 🕲 07373.
Sehenswert : Ehemalige Klosterkirche**.
◆Stuttgart 84 − Ravensburg 63 − Reutlingen 43 − ◆Ulm (Donau) 50.

🏤 **Zur Post**, Hauptstr. 44, ℘ 3 02, 🍴, 🐎 − 🖦 ❷
→ 7.- 31. Jan. geschl. − **M** *(Dienstag geschl.)* a la carte 20/40 ⅃ − **13 Z : 25 B** 35/45 - 60/90 −
2 Fewo 30/70 − ½ P 49/64.

🏤 **Hirsch**, Reutlinger Str. 2, ℘ 3 18 − 🖦 ❷
→ **M** *(Montag geschl.)* a la carte 18/27 − **10 Z : 17 B** 30/35 - 60/70.

ZWIESEL 8372. Bayern 🎴🎴🎴 W 19. 🎴🎴 ㉘. 🎴🎴🎴 ⑦ − 10 500 Ew − Höhe 585 m − Luftkurort −
Wintersport : 600/700 m ⟋2 ⟍10 − 🕲 09922.
🛈 Verkehrsamt, Stadtplatz 27 (Rathaus), ℘ 13 08.
◆München 179 − Cham 59 − Deggendorf 36 − Passau 63.

🏠 **Waldbahn**, Bahnhofplatz 2, ℘ 30 01, 🍴, « Garten », 🚬 − 🕿 ❷. 🎐 Zim
25. Okt.- 1. Dez. geschl. − **M** a la carte 25/44 ⅃ − **28 Z : 56 B** 50/65 - 80/110 Fb − ½ P 55/70.

🏠 **Kapfhammer**, Holzweberstr. 6, ℘ 13 06, 🚬 − ❷. 🎐 Rest
→ Nov.- 5. Dez. geschl. − **M** a la carte 20/40 − **36 Z : 75 B** 40/50 - 80.

🏠 **Deutscher Rhein**, Stadtplatz 42, ℘ 16 51, Biergarten − 📺 🕿 ❷. 🎫 ⓞ 🖃 *VISA*
M *(Sonntag 15 Uhr - Montag und Dez. 3 Wochen geschl.)* a la carte 23/50 − **18 Z : 41 B**
55/67 - 88/100 − ½ P 73/85.

🏠 **Kurhotel Sonnenberg** 🐾, Augustinerstr. 9, ℘ 20 31, ≤, 🚬, 🆇, 🐎 − 🕿 ❷
1.- 20. Dez. geschl. − **M** a la carte 25/46 − **31 Z : 39 B** 48/65 - 99/140 Fb − ½ P 60/78.

🏠 **Zwieseler Hof**, Regener Str. 5, ℘ 26 31, 🍴 − 📺 🕿 🖦 ❷. 🖃
→ **M** a la carte 19/48 − **19 Z : 35 B** 37 - 70 Fb.

🏠 **Zum Goldwäscher**, Jahnstr. 28, ℘ 95 12, 🚬 − 🕿 🖦 ❷
→ Ende Nov.- Mitte Dez. geschl. − **M** a la carte 18/40 − **10 Z : 18 B** 38/65 - 70/76.

In Zwiesel-Rabenstein NW : 5 km − Höhe 750 m :

🏠 **Linde** 🐾, Lindenweg 9, ℘ 16 61, ≤ Zwiesel u. Bayer. Wald, 🍴, 🚬, 🆇, 🆇, 🐎 − 🍴 📺
🕿 ❷. 🎐 Rest
7.- 26. April und Nov.- 24. Dez. geschl. − **M** *(nur Abendessen)* a la carte 28/48 − **39 Z : 75 B**
65 - 102/130 Fb.

In Lindberg-Zwieslerwaldhaus 8372 N : 10 km − Höhe 700 m − Wintersport : ⟍4 :

🏠 **Waldgasthof Naturpark** 🐾, ℘ (09925) 5 81, 🚬, 🆇, 🐎 − 📺 ❷. 🖃
→ 3. Nov.- 25. Dez. geschl. − **M** *(Dienstag geschl.)* a la carte 19/42 − **16 Z : 33 B** 40/51 - 76/86
Fb − ½ P 50/63.

ZWIESELBERG Baden-Württemberg siehe Freudenstadt.

ZWINGENBERG 6144. Hessen 412 413 | 17 − 5 600 Ew − Höhe 97 m − ✆ 06251 (Bensheim an der Bergstraße).

◆Wiesbaden 61 − ◆Darmstadt 23 − Mainz 62 − ◆Mannheim 37 − Heidelberg 45.

🏠 **Freihof**, Marktplatz 8, ✆ 7 95 59 − 🔟 ☎ 🅿. E. ⚹⚹
   M *(abends Tischbestellung ratsam)* (Sonntag ab 14 Uhr geschl.) a la carte 42/74 − **10 Z : 16 B** 65/85 - 105.

🏠 **Zum Löwen**, Löwenplatz 6 (B 3), ✆ 7 11 34 − 🔟 ☎ 🅿 − ⚒ 30
   M *(Montag geschl.)* a la carte 35/62 − **10 Z : 20 B** 90 - 120/160.

ZWISCHENAHN, BAD 2903. Niedersachsen 987 ⑭ − 24 500 Ew − Höhe 11 m − Moorheilbad − ✆ 04403.

Sehenswert : Parkanlagen⋆.

🚹 Kurverwaltung, Auf dem Hohen Ufer 24, ✆ 5 90 81, Fax 61158.

◆Hannover 185 − Groningen 121 − Oldenburg 17 − Wilhelmshaven 53.

🏠 **Am Kurgarten** ♨ garni, Unter den Eichen 30, ✆ 5 90 11, Fax 59620, ≦s, ⬜, 🐎 − 🔟 ⇦ ﭏ E. ⚹⚹
   19 Z : 35 B 120/140 - 180/260 Fb.

🏨 **Seehotel Fährhaus** ♨, Auf dem Hohen Ufer 8, ✆ 60 00, Fax 4712, ≤, « Terrasse am See », ⬜, 🐎, Bootssteg − 📶 🔟 ☎ ⇦ 🅿 − ⚒ 25/150. ⓞ E 𝒱𝐼𝒮𝒜
   M a la carte 32/61 − **54 Z : 100 B** 80/160 - 120/210 Fb − ½ P 84/119.

🏨 **Bad Zwischenahn** ♨, Am Badepark 5, ✆ 5 90 84, Fax 59221, 🎇, ≦s − 📶 🔟 ☎ 🅿 − ⚒ 25/60. ﭏ ⓞ E 𝒱𝐼𝒮𝒜
   M *(Montag geschl.)* a la carte 35/56 − **50 Z : 97 B** 80/95 - 120/160 Fb − 5 Appart. 210.

🏨 **Burg-Hotel** ♨, Zum Rosenteich 14, ✆ 10 93, Fax 58744, 🎇, ≦s − 📶 🔟 ☎ 🅿 − ⚒ 25. ﭏ ⓞ E 𝒱𝐼𝒮𝒜
   M a la carte 32/55 − **47 Z : 91 B** 80/165 - 140/230 Fb − ½ P 91/110.

🏨 **Kopenhagen**, Brunnenweg 8, ✆ 5 90 88, 🎇, ≦s − 🔟 ☎ 🅿. ﭏ ⓞ E 𝒱𝐼𝒮𝒜
   M a la carte 25/55 − **12 Z : 24 B** 75/105 - 150/200 Fb − ½ P 79/124.

🏨 **La mer** garni, Weißer Weg 20, ✆ 5 90 78, Fax 4415, ⬜, 🐎 − 🔟 ☎ 🅿. ⚹⚹
   15 Z : 27 B 74/98 - 148 Fb.

🏨 **Haus Ammerland** ♨, Rosmarinweg 24, ✆ 10 74, 🐎 − 🔟 ☎ 🅿. ⚹⚹
   (nur Abendessen für Hausgäste) − **23 Z : 45 B** 60/90 - 110/115 − 8 Appart. 130 − 6 Fewo 70/110 − ½ P 70/80.

🏠 **Am Torfteich** ♨ garni, Rosmarinweg 7, ✆ 10 33, ≦s − 🔟 ☎ 🅿
   12 Z : 21 B 73/88 - 110/150 Fb.

🏠 Hof von Oldenburg, Am Brink 4, ✆ 21 69, Fax 58054, 🎇 − 🔟 ☎ ⇦ 🅿
   11 Z : 22 B Fb.

XX **Der Ahrenshof**, Burgweg 7, ✆ 39 89, « Einrichtung eines Ammerländer Bauernhauses, Gartenterrasse » − 🅿. ﭏ ⓞ E 𝒱𝐼𝒮𝒜
   M *(abends Tischbestellung ratsam)* 22/50 (mittags) und a la carte 39/80.

In Bad Zwischenahn - Aschhauserfeld NO : 4 km Richtung Wiefelstede :

🏨 **Romantik-Hotel Jagdhaus Eiden** ♨, ✆ 69 80 00, Fax 698398, 🎇, Spielcasino im Hause, « Gartenterrasse », ≦s, ⬜, 🐎 − ⇦ Zim 🔟 ☎ 🅿 − ⚒ 30/60. ﭏ ⓞ E 𝒱𝐼𝒮𝒜. ⚹⚹ Zim
   M *(bemerkenswerte Weinkarte)* (siehe auch Rest. **Apicius**) a la carte 41/75 − **64 Z : 112 B** 78/126 - 142/255 Fb − ½ P 108/175.

🏠 Pension Andrea garni, Wiefelsteder Str. 43, ✆ 47 41, 🐎 − 🔟 ☎ 🅿
   16 Z : 26 B.

🏠 **Haus Borggräfe** ♨ garni, Veilchenweg 17, ✆ 34 55, ≦s, ⬜, 🐎 − 🔟 ☎ 🅿
   14 Z : 24 B 55/75 - 110/120.

XXX **Apicius**, im Jagdhaus Eiden, ✆ 69 84 16 − 🅿. ﭏ ⓞ E 𝒱𝐼𝒮𝒜. ⚹⚹
   nur Abendessen, Sonntag - Montag, Jan. 3 Wochen und Juli - Aug. 2 Wochen geschl. −
   M *(bemerkenswerte Weinkarte)* (Tischbestellung ratsam) a la carte 62/102.

XX **Goldener Adler**, Wiefelsteder Str. 47, ✆ 26 97, 🎇, « Ammerländer Bauernhaus » − 🅿. E
   Montag - Dienstag und 9. Jan.- 26. Feb. geschl. − **M** a la carte 38/70.

In Bad Zwischenahn - Aue NO : 6 km Richtung Wiefelstede :

X **Klosterhof**, Wiefelsteder Str. 67, ✆ 87 10, Fax 8860, 🎇, « Ammerländer Bauernhaus » − 🅿. ﭏ ⓞ E 𝒱𝐼𝒮𝒜
   Montag geschl. − **M** a la carte 33/58.

Les hôtels ou restaurants agréables
sont indiqués dans le guide par un signe rouge.
Aidez-nous en nous signalant les maisons où,
par expérience, vous savez qu'il fait bon vivre.
Votre guide Michelin sera encore meilleur.

🏰🏰🏰 ... 🏠

⚹⚹⚹⚹⚹ ... X

FERIENDÖRFER - FERIENZENTREN (Auswahl)

*Die angegebenen Preise gelten pro Wohneinheit und Tag. Eventuelle Neben-
kosten sind nicht enthalten.*

*Alle Wohnungen haben Kochgelegenheit, die meisten Anlagen verfügen über
ein Restaurant.*

LOCALITÉS POSSÉDANT UN CENTRE DE VACANCES

*Les prix indiqués ne concernent que le logement, par jour et ne comprennent
pas les éventuels suppléments.*

*Tous les appartements sont équipés d'une cuisine, mais la plupart des centres
de vacances possèdent aussi un restaurant.*

TOWNS WITH A HOLIDAY VILLAGE

*The prices given apply only to accommodation. These are daily rates and do
not include any additional expenses.*

Every flat has a kitchen, but most holiday villages have a restaurant as well.

LOCALITÀ CON CENTRO VACANZE

*I prezzi indicati corrispondono al solo alloggio giornaliero e non comprendono
eventuali supplementi.*

*Tutti gli appartamenti dispongono di cucina sebbene, nella maggior parte dei
centri vacanze, esista anche un ristorante.*

Bischofsmais 8379. Bayern 🗺 W 20 – 😊 09920

Waldferiendorf Dürrwies 🏡, (SO : 4,5 km über Seiboldsried vorm Wald), 🖉 3 35,
Ferienwohnungen in hist. Bauernhäusern, ⬛, 🔆, 🌳, ⚙ – 🅿
nur Selbstverpflegung – 24 Fewo (2-8 Pers.) 55/210.

Bitburg 5520. Rheinland-Pfalz 🗺 C 17. 🗺 ⑨. 🗺 M 6 – 😊 06561

Dorint Ferienpark Südeifel 🏡, Am Stausee Bitburg, ⊠ 5521 Biersdorf (NW : 12 km),
🖉 (06569) 9 90, Fax 7909, ≤, Benutzung der Einrichtungen des Sporthotels – 🛗 🖥 ☎ 👫
🅿. 🅰🅴 ⓞ 🇪 💳
Restaurant im Sporthotel – 59 Fewo und 55 Bungalows (2-7 Pers.) 70/175.

Brodersby - Schönhagen 2343. Schleswig-Holstein – 😊 04644

Dorint Aparthotel Schönhagen 🏡, Schloßstr. 1, 🖉 17 01, Telex 22890, 🏖, ⬛, 🔆,
🎾 (Halle) – 🛗 🖥 ☎ 👫 🅿 – 🔔 30. 🅰🅴 ⓞ 🇪 💳. 🎾 Rest
Mitte März - Okt. – **M** a la carte 34/56 – 182 Fewo (2-7 Pers.) 70/185 (Übernachtung mit
Frühstück möglich).

Damp 2335. Schleswig-Holstein – 😊 04352

Ostseebad Damp Haus Klabautermann, 🖉 8 06 66, Telex 29322, Bade- und
Massageabteilung, 🔆, ⬛, 🔆, 🎾 (Halle) – 🛗 ☎ 👫 🅿 – 🔔 25/500. 🅰🅴 ⓞ 🇪 💳
M *(5 Restaurants)* a la carte 25/56 – 400 Fewo und 291 Häuser (2-8 Pers.) 75/189.

Daun 5568. Rheinland-Pfalz 🗺 D 16. 🗺 ⑨ – 😊 06592

Dorint Hotel und Eifel-Ferienpark Daun 🏡, Im Grafenwald (S : 3 km), 🖉 71 30, Fax
7221, ⬛, 🔆, ⬛, 🎾 (Halle) – 🖥 ☎ 👫 ⬅ 🅿 – 🔔 25/150. 🅰🅴 ⓞ 🇪 💳
M a la carte 33/71 – 66 Fewo und 73 Bungalows (2-6 Pers.) 355/1563 pro Woche.

Dorum 2853. Niedersachsen 🗺 ④ – 😊 04742

Ferienpark Land Wursten 🏡, in Dorum-Neufeld (NW : 6,5 km), 🖉 (04741) 29 48, 🌳 –
🖥 ☎ 🅿
nur Selbstverpflegung – 13 Fewo und 90 Häuser (4-6 Pers.) 150/808 pro Woche.

Esens 2943. Niedersachsen 🗺 ④ – 😊 04971

Aquantis, Bensersiel (NW : 4 km), 🖉 20 20, Fax 202800, Bade- und Massageabteilung,
⬛, ⬛, 🌳 – 🛗 🖥 👫 ⬅ 🅿. 🅰🅴 ⓞ 🇪 💳
Anfang März - Okt. – **M** a la carte 28/55 – 217 Fewo (2-6 Pers.) 139/220.

911

Fehmarn 2448. Schleswig-Holstein 987 ⑥ – ✪ 04371

IFA Ferien-Centrum-Südstrand ⍩, Südstrandpromenade 1, ℰ 50 11 01, Telex 29825, ≼ – 🛗 ♿ ❷ – 🏊 25/600
M *(4 Rest., auch Self-service)* (Nov.- 15. März geschl.) a la carte 25/48 – 800 Fewo (2-4 Pers.) 70/190.

Frankenau 3559. Hessen 412 J 13 – ✪ 06455

Feriendorf Frankenau, Am Sternberg (N : 2 km), ℰ 80 11, Telex 482520, Fax 8646, ⇌, 🏊, 🞄, 💆 (Halle), 🞄 (Halle), ⚓ – 📺 ♿ ❷. ⓪ E
M *(15. Nov.- 15. Dez. geschl., Nov.- März Montag Ruhetag)* a la carte 23/43 – 136 Häuser (3-6 Pers) 224/940 pro Woche.

Freyung 8393. Bayern 413 X 20. 987 ㉘. 426 ⑦ – ✪ 08551

Feriendorf Franz Hajek ⍩, Bergstr. 30, ℰ 44 19, ≼ – ❷
nur Selbstverpflegung – 20 Häuser (2-6 Pers.).

Frielendorf 3579. Hessen 412 K 14 – ✪ 05684

Ferienwohnpark am Silbersee ⍩, ℰ 74 72, Telex 991732, Fax 8560, ⇌, 🏊, 🞄, 🞄, 🞄 (Halle), 🞄 – 📺 ♿ ❷. ⓪ E. ❄ Zim
M *(Nov. - April Montag geschl.)* a la carte 25/40 – 47 Fewo und 77 Häuser (2-8 Pers.) 168/987 pro Woche.

Griesbach im Rottal, Bad 8394. Bayern 413 W 21. 987 ㉘ – ✪ 08532

Appartementhotel Griesbacher Hof ⍩, Thermalbadstr. 24, ℰ 70 10, 🞄, Bade- und Massageabteilung, ⇌, 🞄 – 🛗 📺 ☎ ☎. ❄
148 Fewo (1-4 Pers.).

Gunderath 5441. Rheinland-Pfalz 412 D 16 – ✪ 02657

Gran Dorado Heilbachsee ⍩, Am Kurberg, ℰ 80 90, Fax 1460, ≼, ⇌, 🏊 (geheizt), 🏊, 🞄, 🞄, ⚓ – 📺 ♿ 🞄 ❷. ❄ Rest
M a la carte 27/45 – 460 Bungalows (2-8 Pers.) 330/1310 pro Woche.

Haidmühle 8391. Bayern 413 Y 20. 426 ⑥ – ✪ 08556

Ferienhaus Wiesengrund ⍩, Bischofsreut (NW : 4 km), ℰ (08556) 3 59, Damwildgehege, Forellenteich, 🏊, 🞄 – ❷. ❄
Mitte April - Mitte Mai und Mitte Okt.- Mitte Dez. geschl. – nur Abendessen für Hausgäste – 24 Fewo (1-4 Pers.) 41/85.

Appartement-Hotel Dreisessel ⍩, Adalbert-Stifter-Str. 94, ℰ 4 22, ≼ – 🛗 📺 ☎ 🞄 ❷
15. April - 10. Mai und 15. Okt. - 22. Dez. geschl. – nur Selbstverpflegung – 80 Fewo (2-5 Pers.) 40/100.

Apparthotel Hochstein ⍩, Adalbert-Stifter-Str. 95, ℰ 4 05, ⇌, 🞄 – 📺 ☎ 🞄 🞄 ❷
M *(nur Abendessen)* – 70 Fewo (2-5 Pers.).

Hausen-Roth (Naturpark-Rhön) 8741. Bayern 412 413 N 15 – ✪ 09779

Rhön-Park-Hotel ⍩, Rother Kuppe (SW : 5 km), ℰ 9 10, Telex 672877, Fax 911840, ≼ Rhön, ⇌, 🏊, 🞄, 🞄 (Halle) – 🛗 ☎ 🞄 🞄 ❷ – 🏊 25/130. 🅰 ⓪ E 𝐕𝐈𝐒𝐀
M *(auch Self-service)* a la carte 25/59 – 320 Fewo (1-4 Pers.) 63/163.

Hauzenberg 8395. Bayern 413 X 21. 426 ⑦ – ✪ 08586

Ferienanlage Adalbert Stifter ⍩, im Ortsteil Raßreuth (N : 2 km), ℰ 53 23, ≼, ⇌, 🏊 (geheizt), 🞄, 🞄 – 📺 🞄 ❷
nur Selbstverpflegung – 57 Fewo (3-5 Pers.).

Apparthotel Raßreuther Hof ⍩, im Ortsteil Raßreuth (N : 2 km), ℰ 23 96, ≼, 🞄 – 📺 ❷
M *(Dienstag geschl.)* a la carte 20/35 – 27 Fewo (2-6 Pers.) 50/110.

Hofbieber 6417. Hessen 412 413 M 15 – ✪ 06657

Ferienpark Hofbieber - Hotel Georgshöh ⍩, Fuldaer Str. 1, ℰ 80 52, ≼, ⇌, 🏊, 🞄, 🞄 – 📺 ☎ 🞄 ❷
18 Fewo und 9 Häuser (2-6 Pers.) und 16 Z : 28 B.

Fohlenweide ⍩, in Hofbieber - Fohlenweide (SO : 5 km über Langenbieber), ℰ 80 61, 🞄, 🞄 – ☎ 🞄 ❷ – 🏊 30
26 Fewo (1-5 Pers.).

Hohenroda 6431. Hessen 412 M 14 – ✪ 06676

Ferienanlage Hohenroda ⍩, in Hohenroda-Oberbreitzbach (W : 1 km), ℰ 8 90, Telex 493146, ≼, 🞄 – 📺 ☎ ❷
nur Selbstverpflegung – 67 Bungalows (2-6 Pers.).

Kellenhusen 2436. Schleswig-Holstein – ☎ 04364 (Dahme).

IFA-Ostsee-Hotel ⑤, Leuchtturmweg 4, ℘ 8 91, Telex 297424, Fax 1765 – 劇 ☎ 🛠 🅿
(Restaurant nur April - Okt. geöffnet) – 100 Fewo (2-4 Pers).

Kirchheim 6437. Hessen 987 ⑳. 412 L 14 – ☎ 06628

See-Park-Kirchheim, Reimboldshausen (SW : 4,5 km), ℘ 8 80, Telex 493115, Fax 88119, ≤, 🏤, 🚗, 🔲, 🎿, 🚗, ⁎ (Halle), Wasserskilift, Sporthalle, Wasserorgel – 劇 ☎ 🛠
🅿 – 🔏 25/500. 🖭 ⑩ E
M a la carte 25/49 – 40 Fewo und 105 Bungalows (2-6 Pers.) 329/840 pro Woche.

Kleinwalsertal Vorarlberg 426 N 24,25. 987 ⑳. 426 ⑮⑳ – ☎ 08329 (Riezlern).

Aparthotel Kleinwalsertal, Wildentalstr. 3, ⊠ 8986 Mittelberg, ℘ 6 51 10, Telex 59145, 🏤, 🚗, 🔲 – 劇 🔲 ☎ ⁎ 🛠 🚗 🅿. ⁎⁎ Rest
136 Fewo (2-5 Pers.).

IFA - Appartement Ferienhotel ⑤, Oberseitestr. 23, ⊠ 8985 Hirschegg, ℘ 5 07 80, Fax 507849, ≤, 🏤, 🚗, 🔲, 🚗 – 劇 🔲 ☎ ⁎ 🛠 🚗 🅿. ⁎⁎ Rest
4. Nov.- 22. Dez. geschl. – M a la carte 30/55 – 29 Fewo (3-5 Pers.) 140/250.

Langeoog (Insel) 2941. Niedersachsen 987 ④ – ☎ 04972

Aquantis am Strand ⑤ (auch Aquantis am Kurviertel, 80 Fewo), Kavalierspad, ℘ 60 70, Fax 6105, 🚗 – 劇 🔲 🅿. 🖭 ⑩ E 🖭
Nov.- Mitte Dez. geschl. – M a la carte 28/56 – 100 Fewo (2-4 Pers.) 119/209.

Lechbruck 8923. Bayern 413 P 23. 426 E 5 – ☎ 08862

Allgäuer Urlaubsdorf Lechbruck am See ⑤, Hochbergle 2, ℘ 77 11, Telex 59719, Fax 771387, ≤, 🎿 – ☎ ⁎ 🅿 🖭 ⑩ E
Anfang Nov.- Mitte Dez. geschl. – M *(Mittwoch geschl.)* a la carte 22/40 – 146 Häuser (4-7 Pers.) 60/131.

Michelstadt 6120. Hessen 412 413 K 17. 987 ⑳ – ☎ 06061

Feriendorf Vielbrunn ⑤, in Michelstadt-Vielbrunn (NO : 13,5 km), ℘ (06066) 5 84, 🚗, 🔲, 🚗, 🐎 – 🔲 🅿. ⁎⁎ Zim
M *(Montag und 15. Jan.- 25. Feb. geschl.)* a la carte 19/42 ⅃ – 84 Häuser (2-6 Pers.) 294/735 pro Woche.

Mitterfels 8446. Bayern 413 UV 20 – ☎ 09961

Appartement-Hotel ⑤, Steinburger Str. 2, ℘ 5 53, Telex 69720, ⁎ (Halle) – 🔲 ☎ 🅿 – 🔏 25/200
60 Fewo (2-6 Pers.).

Nesselwang 8964. Bayern 413 O 24. 987 ⑳. 426 D 6 – ☎ 08361

Feriendorf Reichenbach ⑤ in Nesselwang-Reichenbach (SW : 2 km), Bürgermeister-Martin-Str. 8, ℘ 6 16, ≤, 🔲 (geheizt), 🚗, ⁎ – 🔲 ☎ 🚗 🅿
nur Selbstverpflegung – 15 Fewo und 70 Häuser (2-10 Pers.) 58/163.

Oberhambach 6589. Rheinland-Pfalz 412 E 17 – ☎ 06782

Hunsrück-Ferienpark Hambachtal ⑤, ℘ 10 10, Telex 426605, Fax 101108, Massage, 🏤, 🔲, 🚗, ⁎ (Halle), 🐎, 🎿 – 劇 🔲 ⁎ 🅿 – 🔏 25/160. 🖭 ⑩ E 🖭
M a la carte 25/55 – 218 Bungalows (2-6 Pers.) 90/170 (auch 48 Z : 96 B 63/115 - 100/163).

Oldenburg in Holstein 2440. Schleswig-Holstein 987 ⑥ – ☎ 04361

Ferienzentrum Weissenhäuser Strand, Seestr. 1 (NW : 6 km), ℘ 49 01, Telex 297417, Bade- und Massageabteilung, 🏤, 🔲, ⁎ – 劇 ☎ 🛠 ⁎ 🅿 – 🔏 25/500. 🖭 ⑩ E 🖭. ⁎⁎
Jan.- 7. März geschl. – M *(3 Rest., auch Self-service)* a la carte 26/55 – 900 Fewo und 107 Bungalows (2-8 Pers.) 35/243.

Regen 8370. Bayern 413 W 20. 987 ⑳ – ☎ 09921

Ferienanlage Weißenstein ⑤, in Regen-Kattersdorf, Siegfried-von-Vegesack-Str. 1, ℘ 10 86, Fax 7472, ≤, 🏤, 🔲, 🚗 ⁎ 🅿. 🖭 ⑩ E
Nov.- 15. Dez. geschl. – M a la carte 22/41 – 213 Fewo (2-4 Pers.) 50/68.

Saarburg 5510. Rheinland-Pfalz 987 ⑳. 412 C 18. 242 ② – ☎ 06581

Feriendorf Hostenberg ⑤, (W : 7 km über Saarburg-Kahren), ℘ 44 40, Fax 3074, ≤, 🚗 – 🔲 ☎ 🅿
Selbstverpflegung – 30 Fewo und 25 Häuser (2-6 Pers.).

Scharbeutz 2409. Schleswig-Holstein 987 ⑥ – ☎ 04503 (Timmendorfer Strand).

Ferienparadies Klingberg am See - Restaurant Zum Moorteich ⑤, Uhlenflucht 24 (Klingberg), ℘ (04524) 97 75 (Fewo) 17 78 (Rest.), 🏤, 🏤, 🔲, 🎿, 🚗, ⁎ – 🔲 ☎ 🅿
M *(Mittwoch geschl.)* a la carte 28/46 – 11 Fewo und 60 Häuser (2-8 Pers.) 99/158.

Stamsried 8491. Bayern 🔲🔲🔲 U 19 – ✪ 09466

Ferienpark Glocknerhof ⌂, Glocknerhofstr. 1, ☏ 10 92, ⛲, 🌳, ❊ (Halle) – 📺 🅿. 📶
E
1.- 20. Nov. geschl. – **M** *(Montag geschl.)* a la carte 21/40 – 15 Fewo und 6 Häuser (2 Pers.) 70/240.

Thalfang 5509. Rheinland-Pfalz 🔲🔲🔲 ㉛. 🔲🔲🔲 D 17 – ✪ 06504

Ferienpark Himmelberg ⌂, Himmelberg 73, ☏ 4 18, Fax 8789, ≤, ⛱, 🌳, ❊ (Halle)
📺 🅿
nur Selbstverpflegung – 76 Fewo und 58 Bungalows (2-8 Pers.) 60/130.

Todtmoos 7867. Baden-Württemberg 🔲🔲🔲 GH 23. 🔲🔲🔲 ㉛. 🔲🔲🔲 HI 2 – ✪ 07674

Appartement-Hotels Sonne und Sonnenhof, Forsthausstr. 11, ☏ 5 91, ⛱, 🔲 – ☎ ⇔ 🅿
nur Selbstverpflegung – 46 Fewo (2-6 Pers.).

Vohenstrauss 8483. Bayern 🔲🔲🔲 U 18. 🔲🔲🔲 ㉗ – ✪ 09651

Der Oberpfalz Treff - Maximilianshof ⌂, in Vohenstrauss 3-Böhmischbruc
☏ (09656) 8 90, Fax 89100, ⛱, 🔲, 🌳 – ☎ 🅿. **E**
2. Nov.- 15. Dez. geschl. – **M** *(Nov.- März Montag geschl.)* a la carte 20/40 – 93 Fewo un
80 Häuser (2-5 Pers.) 35/80.

Waldbrunn 6935. Baden-Württemberg 🔲🔲🔲 🔲🔲🔲 K 18 – ✪ 06274

Feriendorf Waldbrunn ⌂, Waldbrunn-Waldkatzenbach, ☏ 15 24, 🌳, ❊ – 📺 🅿
nur Selbstverpflegung – 193 Häuser (2-6 Pers.) 250/700 pro Woche.

Welschneudorf 5431. Rheinland-Pfalz 🔲🔲🔲 G 15 – ✪ 02608

Landhotel Rückerhof ⌂, Tiergartenweg, ☏ 2 08, 🌳, 🐾 (Halle) – 🅿
(wochentags nur Abendessen) – 12 Fewo und 7 Häuser (2-6 Pers.).

	(1)	(2)	(3)	(4)			(1)	(2)	(3)	(4)
Ditzenbach, Bad				x	Garmisch-Partenkirchen	x			
Dörentrup				x	Geiselwind		x		
Döttesfeld	x				Gelnhausen				x
Donaueschingen		x	x	x	Gelsenkirchen				x
Dortmund	x			x	Gernsbach	x			
Dresden				x	Gerolstein	x			x
Driburg, Bad	x	x	x		Gersfeld	x			
Drolshagen	x				Gifhorn				x
Duderstadt				x	Gladenbach				x
Dürkheim, Bad				x	Glonn				x
Dürrheim, Bad				x	Glottertal	x			
Düsseldorf				x	Glücksburg				x
Duisburg				x	Gmund a. T.	x			
Durbach				x	Goch	x			
Ebersberg	x				Göppingen				x
Ebrach				x	Göttingen	x			x
Eckernförde	x			x	Goslar	x			x
Egestorf	x	x			Grafenau	x			x
Eichstätt				x	Grainau	x			
Eigeltingen		x			Grasellenbach	x			
Eisenberg	x				Grassau	x			
Eisenberg (Pfalz)				x	Grefrath	x			
Eisenschmitt	x				Griesbach i. R.	x			
Elfershausen				x	Grömitz	x			
Ellwangen		x			Gronau in Westfalen	x	x		
Emmerich				x	Groß-Umstadt				x
Ems, Bad				x	Grünberg	x			x
Emsdetten				x	Gütersloh				x
Emstal				x	Gummersbach	x			
Erlangen				x	Gunderath	x			x
Eschbach	x				Gutach im Breisgau	x			x
Eschenlohe				x	Haan				x
Eschwege	x				Hadamar				x
Esens				x	Häusern	x			
Eslohe	x			x	Hagnau				x
Essen	x			x	Halblech	x			
Esslingen				x	Halle i. W.	x			
Ettal	x				Hamburg				x
Ettlingen				x	Hamm in Westf.				x
Euskirchen				x	Hammelburg	x			
Extertal		x			Hanau				x
Fassberg	x				Handeloh	x			
Fehmarn				x	Hannover	x			x
Feldafing	x				Harpstedt	x			x
Feuchtwangen	x				Harzburg, Bad	x			
Filderstadt				x	Haselünne	x			
Fischen im Allgäu	x				Hausen-Roth	x			
Fischerbach				x	Hauzenberg	x			
Fleckeby	x				Heidelberg				x
Flensburg	x			x	Heilbronn				x
Frankenau	x	x			Heiligenhaus				x
Frankfurt am Main	x			x	Heimborn	x			
Freiamt	x				Heimbuchental	x			
Freiburg im Breisgau	x			x	Heitersheim				x
Freilassing	x				Heppenheim a.d. Bergstraße				x
Freising				x	Herbrechtingen				x
Freudenstadt		x			Herleshausen	x			x
Freyung				x	Herrenalb, Bad				x
Friedrichshafen	x	x	x		Herrenberg				x
Frielendorf	x	x	x		Herrsching am Ammersee	x			
Fürstenberg	x				Hersbruck	x			
Fürth				x	Herzberg				x
Füssing, Bad				x	Herzogenaurach	x			
Fulda	x			x	Hilden				x
Gaggenau		x	x		Hildesheim				x
Gaienhofen	x	x							

916

	♨	🛏	🐎	♿
Hillerse	x			
Hindelang	x		x	
Hinterzarten	x			
Hitzacker			x	
Höfen				x
Höhr-Grenzhausen	x		x	x
Höxter				x
Hofbieber	x			
Hofheim am Taunus	x			
Hofheim in Unterfranken		x		
Hohenroda	x		x	x
Hohenwestedt	x			
Hollfeld	x			
Honnef, Bad	x	x	x	x
Horben	x			
Horn-Bad Meinberg	x		x	
Idar-Oberstein			x	
Immenstadt im Allgäu		x		
Ingolstadt			x	
Inzell			x	
Iserlohn	x			
Ismaning			x	
Isny	x			
Jesteburg			x	
Jungholz in Tirol	x		x	
Kämpfelbach			x	
Kaisersbach	x			
Kamp-Lintfort	x			
Kandel			x	
Karben	x			
Karlshafen, Bad			x	
Karlsruhe			x	
Kassel			x	
Katzenelnbogen	x			
Kaufbeuren			x	
Kelheim			x	
Kelkheim	x			
Kell am See			x	
Kellenhusen			x	
Kelsterbach			x	
Kenzingen	x			
Kevelaer	x		x	x
Kiel			x	
Kirchheim (6437)	x		x	
Kirchheim (8011)			x	
Kissingen, Bad	x		x	
Kleinwalsertal	x			
Kleve			x	
Kleve, Kreis Steinburg		x		
Koblenz			x	
Köln	x	x		
König, Bad	x	x		
Königsfeld im Schwarzwald	x			
Königshofen, Bad			x	
Königslutter	x			
Königstein	x			
Königstein im T.	x			
Kössen	x	x		
Konstanz	x			
Krefeld			x	
Kreuth	x		x	
Kreuznach, Bad			x	
Kümmersbruck	x			
Kyllburg	x		x	
Laasphe, Bad	x			
Laer, Bad	x			

	♨	🛏	🐎	♿
Lahnstein	x			x
Lalling	x			
Lam	x			
Langeoog				x
Lautenbach				x
Lauterberg, Bad	x			x
Leer				x
Leipzig				x
Lembruch				x
Lemgo				x
Lenzkirch	x			x
Lichtenfels				x
Liebenzell, Bad	x			
Limburg a.d. L.				x
Lindau im Bodensee	x			x
Lindlar		x		
Lippstadt				x
Löf	x			
Löffingen	x			
Löwenstein				x
Lohmar	x			
Lorch am Rhein				x
Ludwigsburg				x
Ludwigshafen am Rhein	x			
Lübeck				x
Lügde	x			
Lüneburg				x
Magdeburg				x
Maikammer				x
Mainau (Insel)				x
Mainz	x			x
Malente-Gremsmühlen	x			x
Mannheim				x
Marbach				x
Marburg				x
Markterlbach			x	
Marktheidenfeld				x
Marl				x
Mayen	x			
Mechernich	x			
Mehring				x
Mellrichstadt				x
Memmingen				x
Menden				x
Mendig				x
Mergentheim, Bad				x
Merzig	x			
Mettlach	x			x
Mettmann	x			
Michelstadt			x	
Minden				x
Mittenwald				x
Mitterfels	x			
Mönchberg	x			
Mönchengladbach				x
Moers				x
Monheim				x
Monschau	x			x
Montabaur				x
Mossautal	x			
Mühldorf am Inn				x
Müllheim				x
München	x			x
Münden	x			
Münder am Deister, Bad				x
Münster (Westfalen)	x	x		x

917

	⚔	🛏	🐎	♿
Schwäbisch Gmünd			x	
Schwäbisch Hall			x	
Schwandorf			x	
Schwangau	x		x	
Schwarmstedt	x		x	
Schwarzach			x	
Schwarzenfeld	x			
Schwarzwaldhochstraße	x			
Schweinfurt			x	
Schweitenkirchen			x	
Schwetzingen			x	
Seebach	x			
Seeheim-Jugenheim			x	
Seesen			x	
Seewald	x	x		
Siegburg			x	
Siegen			x	
Simbach am Inn	x			
Simmern			x	
Simonswald	x			
Sindelfingen			x	
Singen (Hohentwiel)			x	
Sobernheim	x			
Soden a. T., Bad			x	
Soltau			x	
Sonnenbühl	x			
Sonthofen	x	x		
Stade			x	
Stadland	x			
Stadtallendorf	x			
Stadtkyll	x			
Stamsried	x			
Starzach		x		
Stipshausen			x	
Stolberg/Rhld.			x	
Straubenhardt	x			
Straubing			x	
Stuhr			x	
Stuttgart	x		x	
Suhlendorf	x	x		
Sulzbach/Rosenberg	x			
Sulzbach/Taunus			x	
Sulzburg	x			
Sylt (Insel)			x	
Teinach-Zavelstein, Bad	x			
Teisendorf	x			
Thalfang	x			
Thurmannsbang	x	x		
Timmendorfer Strand	x	x		x
Titisee-Neustadt	x		x	
Todtmoos	x			
Tornesch			x	
Trier			x	
Trittenhein		x		
Tübingen			x	
Überlingen	x			
Uelzen			x	
Uetersen			x	
Üxheim	x			
Uhldingen-Mühlhofen	x			
Ulm (Donau)			x	
Ulmet	x			
Unterreichenbach	x			
Unterwössen			x	
Uslar			x	
Velbert			x	
Velen	x			x
Verden a.d. A.				x
Viernheim				x
Vogtsburg	x			
Wadern	x			
Waiblingen				x
Waischenfeld				x
Waldbreitbach	x			
Waldbrunn	x			
Waldeck				x
Waldkirchen	x			
Wald-Michelbach	x			x
Walldorf	x			x
Wallgau				x
Walsrode			x	
Wangen im Allgäu	x			
Wangerland				x
Waren	x			
Wedel				x
Weil am Rhein	x			
Weilbach	x			
Weiler-Simmerberg	x			
Weilrod	x			x
Weimar				x
Weingarten				x
Weiskirchen	x			x
Welschneudorf			x	
Wenden	x			
Wertheim	x			
Wesel				x
Wieden	x			
Wiefelstede	x			
Wiehl				x
Wiesbaden				x
Wiesmoor		x		
Wiessee, Bad	x			
Wiggensbach				x
Wildbad im Schwarzwald	x			x
Wildeshausen	x			
Wildungen, Bad	x			x
Wilhelmshaven				x
Willingen (Upland)	x		x	x
Winden	x			
Windsheim, Bad				x
Wingst	x			
Winterberg	x			x
Wirsberg	x	x		
Wittenberg				x
Wittlich				x
Wörishofen, Bad	x			x
Wörthsee	x			
Wolfach			x	
Worms				x
Würzburg				x
Wunsiedel	x			
Wuppertal	x	x		x
Xanten				x
Zell am H.				x
Zell an der Mosel	x			
Zeltingen-Rachtig				x
Zenting			x	
Zirndorf				x
Zittau				x
Zweibrücken				x
Zwesten				x

ENTFERNUNGEN
DISTANCES
DISTANZE

Einige Erklärungen :

In jedem Ortstext finden Sie Entfernungen zur Landeshauptstadt und zu den nächstgrößeren Städten in der Umgebung. Sind diese in der nebenstehenden Tabelle aufgeführt, so wurden sie durch eine Raute ♦ gekennzeichnet. Die Kilometerangaben der Tabelle ergänzen somit die Angaben des Ortstextes.

Da die Entfernung von einer Stadt zu einer anderen nicht immer unter beiden Städten zugleich aufgeführt ist, sehen Sie bitte unter beiden entsprechenden Ortstexten nach. Eine weitere Hilfe sind auch die am Rande der Stadtpläne erwähnten Kilometerangaben.

Die Entfernungen gelten ab Stadtmitte unter Berücksichtigung der günstigsten (nicht immer kürzesten) Strecke.

Quelques précisions :

Au texte de chaque localité vous trouverez la distance de la capitale du " Land " et des villes environnantes. Lorsque ces villes sont celles du tableau ci-contre, leur nom est précédé d'un losange ♦. Les distances intervilles du tableau les complètent.

La distance d'une localité à une autre n'est pas toujours répétée en sens inverse : voyez au texte de l'une ou l'autre. Utilisez aussi les distances portées en bordure des plans.

Les distances sont comptées à partir du centre-ville et par la route la plus pratique, c'est-à-dire celle qui offre les meilleures conditions de roulage, mais qui n'est pas nécessairement la plus courte.

Commentary :

The text on each town includes its distances to the '' land '' capital and to its neighbours. Towns specified in the table opposite are preceded by a lozenge ♦ in the text. The distances in the table complete those given under individual town headings for calculating total distances.

To avoid excessive repetition some distances have only been quoted once, you may, therefore have to look under both town headings. Note also that some distances appear in the margin of the town plans.

Distances are calculated from centres and along the best roads from a motoring point of view - not necessarily the shortest.

Qualche chiarimento :

Nel testo di ciascuna località troverete la distanza dalla capitale del '' land '' e dalle città circostanti. Quando queste città appaiono anche nella tabella a lato, il loro nome è preceduto da una losanga ♦. Le distanze tra le città della tabella le completano.

La distanza da una località ad un'altra non è sempre ripetuta in senso inverso : vedete al testo dell'una o dell'altra. Utilizzate anche le distanze riportate a margine delle piante.

Le distanze sono calcolate a partire dal centro delle città e seguendo la strada più pratica, ossia quella che offre le migliori condizioni di viaggio, ma che non è necessariamente la più breve.

DISTANCES ENTRE PRINCIPALES VILLES

DISTANCES BETWEEN MAJOR TOWNS

DISTANZE TRA LE PRINCIPALI CITTÀ

Beispiel — Example — Example — Esempio

88 km

Karlsruhe – Stuttgart

Distance table (all distances in km). Cities in diagonal order:
Aachen, Augsburg, Bamberg, Berlin, Bonn, Braunschweig, Bremen, Darmstadt, Dresden, Düsseldorf, Essen, Frankfurt/Main, Freiburg, Hamburg, Hannover, Karlsruhe, Kassel, Kiel, Koblenz, Köln, Konstanz, Leipzig, Lübeck, Mannheim, München, Nürnberg, Osnabrück, Regensburg, Rostock, Saarbrücken, Stuttgart, Trier, Ulm, Wiesbaden, Würzburg.

from \ to	Aachen	Augsburg	Bamberg	Berlin	Bonn	Braunschweig	Bremen	Darmstadt	Dresden	Düsseldorf	Essen	Frankfurt/Main	Freiburg	Hamburg	Hannover	Karlsruhe	Kassel	Kiel	Koblenz	Köln	Konstanz	Leipzig	Lübeck	Mannheim	München	Nürnberg	Osnabrück	Regensburg	Rostock	Saarbrücken	Stuttgart	Trier	Ulm	Wiesbaden
Augsburg	569																																	
Bamberg	466	238																																
Berlin	639	591	405																															
Bonn	91	499	384	376																														
Braunschweig	415	553	393	230	361																													
Bremen	380	681	521	391	451	167																												
Darmstadt	268	328	216	595	178	393	521																											
Dresden	672	512	326	186	633	230	563	558																										
Düsseldorf	81	558	435	633	73	339	305	258	678																									
Essen	260	595	531	563	93	307	290	343	724	31																								
Frankfurt/Main	711	678	105	410	596	517	616	33	451	469	490																							
Freiburg	480	352	412	803	195	120	580	148	724	400	362	903																						
Hamburg	490	709	549	288	451	123	133	486	239	343	364	393	752																					
Hannover	356	566	406	289	317	64	133	40	517	148	175	345	134	151																				
Karlsruhe	356	232	288	677	284	351	608	197	598	316	125	280	451	626	303																			
Kassel	354	408	286	451	270	151	279	68	459	233	68	429	609	307	164	245																		
Kiel	309	286	248	385	253	214	216	334	111	363	455	646	337	211	96	284	325																	
Koblenz	576	68	232	247	183	183	206	805	508	485	410	363	429	442	377	377	541	365																
Köln	152	232	68	627	68	582	753	334	578	420	420	917	810	209	209	284	92	245	106															
Köln/Konstanz	69	233	288	68	205	253	386	459	508	79	68	646	645	420	284	519	509	512	524	437														
Konstanz	575	247	505	753	214	178	506	724	517	197	226	254	66	377	365	71	262	880	529	900	276													
Leipzig	593	767	686	183	641	271	521	620	111	364	397	378	563	209	262	684	662	709	591	692	427	344												
Lübeck	548	286	319	554	509	641	753	230	508	470	79	810	410	420	290	480	880	185	484	258	377	839	621											
Mannheim	284	286	253	454	253	582	386	355	620	139	226	527	676	467	251	71	808	141	258	203	355	668	236	165										
München	627	68	407	398	625	585	582	362	587	362	333	495	377	338	471	185	808	317	377	692	375	276	324	408	483									
Nürnberg	480	171	214	228	640	753	230	434	177	434	325	609	410	141	185	444	808	471	508	1013	375	117	870	122	100	637									
Osnabrück	267	582	553	553	553	681	121	228	362	303	565	327	465	183	196	722	808	185	609	1013	355	375	767	785	637	404	582								
Regensburg	579	160	63	503	160	537	681	372	446	565	565	609	465	339	722	196	808	722	609	1013	375	236	728	471	138	363	712	583							
Rostock	674	787	505	346	553	360	168	518	554	372	306	816	730	183	273	773	769	88	365	236	473	128	180	222	205	441	533	831	995					
Saarbrücken	250	413	384	346	206	213	552	188	405	303	306	197	208	326	143	124	680	273	365	365	728	652	173	408	516	363	496	841	831	260				
Stuttgart	416	164	143	429	80	258	484	554	730	405	204	800	303	460	203	167	203	792	464	458	676	173	216	371	408	371	566	496	822	93	94			
Trier	157	458	429	505	263	665	755	214	552	405	236	303	276	203	150	356	392	615	146	190	652	216	173	138	207	328	328	841	207	93	305	388		
Ulm	499	80	263	360	80	537	441	258	488	203	41	721	516	550	150	89	615	792	371	164	458	89	216	261	261	360	360	693	822	343	94	388	295	
Wiesbaden	435	365	247	365	80	360	569	102	569	225	119	276	89	102	215	178	615	190	371	302	339	178	571	110	261	209	328	737	737	162	212	164	295	154
Würzburg	373	209	96	497	357	418	485	119	342	363	119	319	513	513	193	110	612	571	238	319	571	212	178	281	110	386	209	737	737	291	147	336	193	154

	Berlin	Düsseldorf	Frankfurt	Hamburg	München	
669	227	446	441	837	*Amsterdam*
1853	1376	1318	1802	1370	*Barcelona*
862	528	327	811	399	*Basel*
958	624	423	907	435	*Bern*
1348	825	991	1178	1236	*Birmingham*
1647	1109	1159	1477	1272	*Bordeaux*
1925	1868	1667	2121	1338	*Brindisi*
1271	748	914	1101	1159	*Bristol*
781	223	402	593	769	*Bruxelles-Brussel*
2137	1599	1649	1967	1762	*Burgos*
1144	621	787	974	1032	*Cherbourg*
1311	836	776	1260	918	*Clermont-Ferrand*
1771	1806	1583	1967	1184	*Dubrovnik*
1855	1332	1498	1685	1743	*Edinburgh*
1121	787	586	1070	599	*Genève*
1144	621	787	974	1032	*Le Havre*
384	697	785	305	939	*København*
849	326	520	679	887	*Lille*
2888	2350	2400	2718	2513	*Lisboa*
1536	1013	1179	1366	1424	*Liverpool*

	Berlin	Düsseldorf	Frankfurt	Hamburg	München	
1284	761	927	1114	1172	*London*
767	228	248	618	557	*Luxembourg*
1223	746	688	1172	741	*Lyon*
2378	1840	1890	2208	2040	*Madrid*
2849	2388	2314	2756	2366	*Málaga*
1534	1057	999	1483	1053	*Marseille*
1040	871	670	1117	560	*Milano*
1453	915	965	1283	1210	*Nantes*
967	1280	1368	888	1522	*Oslo*
2438	2381	2180	2634	1851	*Palermo*
1069	532	587	899	832	*Paris*
2709	2171	2221	2539	2334	*Porto*
350	733	510	665	369	*Praha*
1505	1448	1247	1701	918	*Roma*
1893	1355	1405	1723	1518	*San Sebastián*
1014	1327	1415	935	1569	*Stockholm*
751	417	216	700	358	*Strasbourg*
1757	1280	1222	1706	1274	*Toulouse*
642	933	710	957	435	*Wien*
1085	1120	897	1281	564	*Zagreb*

Beispiel — Example
Exemple — Esempio

Barcelona - Frankfurt

1318 km

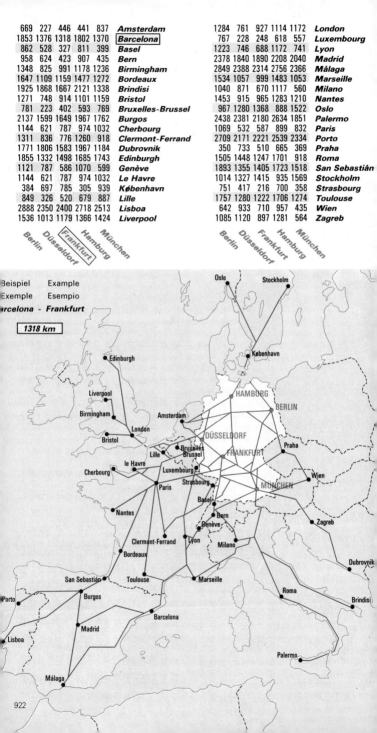

HAUPTVERKEHRSSTRASSEN

- ▢ Hotels und Motels an der Autobahn
- ◇ Freizeitparks
  Siehe auch S. 928

PRINCIPALES ROUTES

- ▢ Hôtels d'autoroutes
- ◇ Parcs de récréation
  voir aussi p. 928

MAIN ROADS

- ▢ Motorway hotels
- ◇ Leisure centres
  see also p. 928

PRINCIPALI STRADE

- ▢ Alberghi autostradali
- ◇ Parchi di divertimenti
  vedere anche p. 928

Itzeho
Cuxhaven
Ostfriesische Inseln
Wilhelmshaven
Bremerhaven
Emden
BREMEN
Oldenburg
Freizeitpark
Ems
Ferienzentrum Schloß Dankern
Hase
Hunte
Lingen
potts park
Minden
Osnabrück
Rheine
Tecklenburger Land
Bielefeld
Detmold
Enschede
NEDERLAND
Münster
Ems
Hollywood-P
Paderborn
Arnhem
Bocholt
Lippstadt
RHEIN
Nijmegen
Hunxe
Traumland
Lippe
Rhynern
Gelsenkirchen
Dortmund
Eindhoven
Duisburg
Bochum
Fort Fun
Essen
Minidomm Hösel
Hagen
Krefeld
Wuppertal
MAAS
Mönchengladbach
DÜSSELDORF
Ruhr
Panorama-Park Sauerland
Remscheid
Olpe
BELGIË
KÖLN
Siegen
Marbu
Reinhardsh
Aachen
Phantasialand
Bonn
Giessen
Fernthal
Lahn
Liège
Heiligenroth
BELGIQUE
Koblenz
Limburg
Camberg
FRANKFURT
Eifelpark
Mosel
Taunus-Wunderland
Wiesbaden
Weiskirch
Mainz
LUXEMBOURG
Bad Kreuznach
Nahe
Pfungstadt
Darm
RHEIN

925

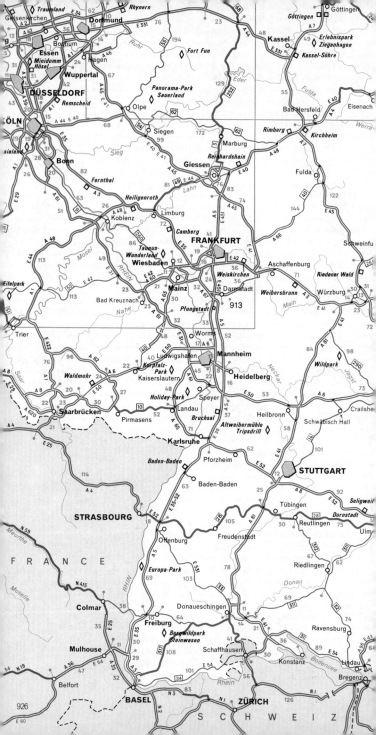

FREIZEITPARKS

LEISURE CENTRES

PARCS DE RÉCRÉATION

PARCHI DI DIVERTIMENTI

Ort	*Freizeitpark*	*nächste Autobahn-Ausfahrt*	
Bestwig	Fort Fun	A 44	Erwitte/Anröchte
Bottrop-Kirchhellen	Traumland	A 2	Bottrop
Brühl	Phantasialand	A 553	Brühl-Süd
Cham	Churpfalzpark Loifling	A 3	Straubing
Cleebronn	Altweibermühle Tripsdrill	A 81	Ilsfeld
Geiselwind	Freizeit-Land	A 3	Geiselwind
Gondorf	Eifelpark	A 1/48	Wittlich
Haren/Ems	Ferienzentrum Schloß Dankern	A 1	Cloppenburg
Haßloch/Pfalz	Holiday-Park	A 61	Haßloch
Hodenhagen	Serengeti-Safaripark	A 7	Westenholz
Kirchhundem	Panorama-Park Sauerland	A 45	Olpe
Mergentheim, Bad	Wildpark	A 81	Tauberbischofsheim
Minden-Dützen	potts park	A 2	Porta Westfalica
Oberried	Bergwildpark Steinwasen	A 5	Freiburg-Mitte
Plech	Fränkisches Wunderland	A 9	Plech
Ratingen	Minidomm	A 3/52	AB-Kr. Breitscheid
Rust/Baden	Europa-Park	A 5	Ettenheim
Schlangenbad	Taunus-Wunderland	A 66	Wiesbaden-Frauenstein
Schloß Holte-Stukenbrock	Hollywood-Park	A 2	Bielefeld-Sennestadt
Sierksdorf	Hansapark	A 1	Eutin
Soltau	Heide-Park	A 7	Soltau-Ost
Uetze	Erse-Park	A 2	Peine
Verden/Aller	Freizeitpark	A 27	Verden-Ost
Wachenheim	Kurpfalz-Park	A 650	Feuerberg
Walsrode	Vogelpark	A 27	Walsrode-Süd
Witzenhausen	Erlebnispark Ziegenhagen	A 7	Hann. Münden/Werratal

FERIENTERMINE
(Angegeben ist jeweils der erste und letzte Tag der Sommerferien)

VACANCES SCOLAIRES
(premier et dernier jour des vacances d'été)

SCHOOL HOLIDAYS
(dates of summer holidays)

VACANZE SCOLASTICHE
(primo ed ultimo giorno di vacanza dell' estate)

	1991	*1992*
Baden-Württemberg	11.7. − 24.8	2.7. − 15.8.
Bayern	25.7. − 9.9	30.7. − 14.9.
Berlin	4.7. − 17.8	25.6. − 8.8.
Bremen	4.7. − 17.8	25.6. − 8.8.
Hamburg	1.7. − 10.8	18.6. − 1.8.
Hessen	27.6. − 7.8	18.6. − 1.8.
Niedersachsen	4.7. − 14.8	25.6. − 5.8.
Nordrhein-Westfalen	18.7. − 31.8	16.7. − 29.8.
Rheinland-Pfalz	20.6. − 31.7	23.7. − 2.9.
Saarland	18.6. − 31.7	23.7. − 5.9.
Schleswig-Holstein	28.6. − 10.8	18.6. − 1.8.

Messe- und Ausstellungsgelände sind im Ortstext angegeben.

Baden-Baden	Frühjahrs-Meeting	25. 5. - 2. 6.
	Rennwoche	23. 8. - 1. 9.
Bayreuth	Wagner-Festspiele	25. 7. - 28. 8.
Berlin	Internationale Grüne Woche	25. 1. - 3. 2.
	Internationale Tourismus-Börse (ITB)	2. 3. - 7. 3.
	Internationale Funkausstellung	30. 8. - 8. 9.
Bielefeld	Urlaub - Touristik - Freizeit	27. 4. - 5. 5.
Brandenburg	Camping - Reise - Freizeit	5. 4. - 8. 4.
Bregenz (A)	Festspiele	23. 7. - 22. 8.
Chemnitz	Techno	25.10. - 3.11.
Dortmund	Internationale Zweirad-Ausstellung	27. 2. - 3. 3.
Dürkheim, Bad	Dürkheimer Wurstmarkt	7. 9. - 16. 9.
Düsseldorf	Internationale Bootsausstellung	19. 1. - 27. 1.
	IGEDO - Internationale Modemesse	10. 3. - 13. 3.
Essen	Camping-Touristik	16. 3. - 24. 3.
	Internationaler Caravan-Salon	28. 9. - 6.10.
	Motor-Show	29.11. - 8.12.
Ettlingen	Schloß-Spiele	13. 6. - 25. 8.
Frankfurt	Internationale Frankfurter Messen	16. 2. - 20. 2.
		24. 8. - 28. 8.
	IAA - Internationale Automobilausstellung	12. 9. - 22. 9.
	Frankfurter Buchmesse	9.10. - 14.10.
	Internationale Touristica	2.11. - 10.11.
Freiburg	Camping- und Freizeitausstellung	9. 3. - 17. 3.
Friedrichshafen	IBO - Messe	4. 5. - 12. 5.
	Internationale Wassersportausstellung	
	(INTERBOOT)	21. 9. - 29. 9.
Hamburg	REISEN - Tourismus, Caravan, Auto	9. 2. - 17. 2.
	INTERNORGA	15. 3. - 20. 3.
	Internationale Boots-Ausstellung	19.10. - 27.10.
Hannover	ABF (Ausstellung Auto-Boot-Freizeit)	16. 2. - 24. 2.
	Hannover Messe CeBIT	13. 3. - 20. 3.
	Hannover Messe INDUSTRIE	10. 4. - 17. 4.
Heidelberg	Schloß-Spiele mit Mozartwochen	20. 7. - 31. 8.
Hersfeld, Bad	Festspiele und Opern	19. 6. - 18. 8.
Karlsruhe	Offerta	26.10. - 3.11.
Kempten i.A.	Allgäuer Festwoche	10. 8. - 18. 8.
Kiel	FREIZEIT - Camping - Boote - Touristik	22. 3. - 25. 3.
Köln	Internationale Möbelmesse	22. 1. - 27. 1.
	DOMOTECHNIKA	19. 2. - 22. 2.
	ANUGA	12.10. - 17.10.
Leipzig	Frühjahrsmesse	17. 3. - 23. 3.
	Internationale Buchmesse	24. 4. - 29. 4.
	Herbstmesse	1. 9. - 7. 9.

Magdeburg	Auto Ma	25. 5. - 2. 6.
Mannheim	Maimarkt	27. 4. - 7. 5.
München	C - B - R Caravan - Boot - Reisemarkt	2. 2. - 10. 2.
	Internationale Handwerksmesse	16. 3. - 24. 3.
	Opern-Festspiele	6. 7. - 31. 7.
	Oktoberfest	21. 9. - 6.10.
Nürnberg	Internationale Spielwarenmesse	31. 1. - 6. 2.
	Freizeit - Boot - Caravan - Camping - Touristik	23. 2. - 3. 3.
	Christkindlsmarkt	29.11. - 24.12.
Offenburg	Oberrhein-Messe	27. 9. - 6.10.
Saarbrücken	FREIZEIT Touristik - Camping - Sport	16. 3. - 24. 3.
	Internationale Saarmesse	20. 4. - 28. 4.
Salzburg (A)	Festspiele	23. 3. - 1. 4.
	Festspiele	26. 7. - 31. 8.
Segeberg, Bad	Karl-May-Spiele	29. 6. - 25. 8.
Stuttgart	CMT - Ausstellung für Caravan, Motor, Touristik	19. 1. - 27. 1.
	Cannstatter Volksfest	28. 9. - 13.10.
	AMA - Auto- und Motorrad-Ausstellung	26.10. - 3.11.
Ulm	Leben-Wohnen-Freizeit	6. 4. - 14. 4.
Villingen - **Schwenningen**	Südwest-Messe	25. 5. - 2. 6.
Wiesbaden	JFR + Outdoor (Freizeit - und Reisemarkt)	9. 1. - 13. 1.
Wunsiedel	Luisenburg-Festspiele	21. 6. - 5. 8.

TELEFON-VORWAHLNUMMERN EUROPÄISCHER LÄNDER

INDICATIFS TÉLÉPHONIQUES EUROPÉENS

EUROPEAN DIALLING CODES

INDICATIVI TELEFONICI DEI PAESI EUROPEI

	von de from dal		nach en to in	von de from dal		nach en to in
B	Belgien	0049*	→ Deutschland		0032 →	Belgien
DK	Dänemark	00949 →	»		0045 →	Dänemark
SF	Finnland	99049 →	»		00358 →	Finnland
F	Frankreich	1949* →	»		0033 →	Frankreich
GR	Griechenland	0049 →	»		0030 →	Griechenland
GB	Großbritannien	01049 →	»		0044 →	Großbritannien
IRL	Irland	1649 →	»		00353 →	Irland
I	Italien	0049 →	»		0039 →	Italien
YU	Jugoslawien	9949 →	»		0038 →	Jugoslawien
FL	Liechtenstein	0049 →	»		0041 →	Liechtenstein
L	Luxemburg	0049 →	»		00352 →	Luxemburg
NL	Niederlande	0949* →	»		0031 →	Niederlande
N	Norwegen	09549 →	»		0047 →	Norwegen
A	Österreich	06 →	»		0043 →	Österreich
P	Portugal	0049 u. 0749 →	»		00351 →	Portugal
S	Schweden	00949 →	»		0046 →	Schweden
CH	Schweiz	0049 →	»		0041 →	Schweiz
E	Spanien	0749* →	»		0034 →	Spanien

Wichtig: Bei Auslandsgesprächen von und nach Deutschland darf die voranstehende Null (0) der Ortsnetzkennzahl nicht gewählt werden, ausgenommen bei Gesprächen von Luxemburg und Österreich nach Deutschland.

* *nach den ersten beiden Vorwahlziffern erneuten Wählton abwarten, dann weiterwählen.*

Important : Pour les communications d'un pays étranger (Luxembourg et Autriche exceptés) vers l'Allemagne, le zéro (0) initial de l'indicatif interurbain allemand n'est pas à chiffrer.

* *après les deux premiers chiffres : attendre la tonalité.*

Note : When making an international call (excluding Luxemburg and Austria) to Germany do not dial the first "0" of the city codes.

* *After the first two digits wait for the dialling tone.*

Importante : per comunicare con la Germania da un paese straniero (Lussemburgo e Austria esclusi) non bisogna comporre lo zero (0) iniziale dell'indicativo interurbano tedesco.

* *composte le prime due cifre, aspettare il segnale di "libero".*

NOTIZEN

© **MICHELIN-REIFENWERKE KGaA. KARLSRUHE**
Touristikabteilung
Satz : S.C.I.A., La Chapelle d'Armentières — Frankreich
Druck und Bindung : MAURY Imprimeur à Malesherbes — Frankreich — N° 32181

MANUFACTURE FRANÇAISE DES PNEUMATIQUES MICHELIN
Société en commandite par actions au capital de 875 000 000 de francs
Place des Carmes-Déchaux - 63 Clermont-Ferrand (France)
R.C.S. Clermont-Fd B 855 200 507

© MICHELIN ET Cie, propriétaires-éditeurs, 1990
Dépôt légal 12-90 — ISBN 3 92 107 901-2

MICHELIN-KARTEN

1/1.000.0[0]

987

**Deutschland
Österreich
Benelux
Duitsland
Oostenrijk**

1/1000 000 – 1cm:10 km

GRÜNE MICHELIN REISEFÜHRER

DEUTSCHE AUSGABEN

ITALIEN — SPANIEN
BRETAGNE
CÔTE D'AZUR
FRANZÖSISCHE RIVIERA
ELSASS - VOGESEN - CHAMPAGNE
KORSIKA — PARIS — PROVENCE
SCHLÖSSER AN DER LOIRE

MICHELIN-KARTEN

1/750 000

984

Deutschland

1/750 000 – 1 cm: 7,5 km

Vergrößerter Ausschnitt
aus der Michelin-Karte Nr. 987 1:1000 000

CARTE ROUTIÈRE ET TOURISTIQUE

MICHELIN

413

Deutschland

Bayern
Baden-Württemberg

Index der Orte

Stadtpläne:
München
Nürnberg
Stuttgart

412

Deutschland

Nordrhein-Westfalen
Rheinland-Pfalz
Hessen, Saarland

Ortsverzeichnis

1/400 000 – 1 cm : 4 km

Stadtpläne:
Berlin
Dortmund
Düsseldorf
Essen
Frankfurt
Hannover
Köln

CARTE ROUTIÈRE ET TOURISTIQUE

MICHELIN

Neu
1/400 000